MANUAL DE DIREITO PROCESSUAL CIVIL

RENATO MONTANS DE SÁ

Especialista e Mestre em Direito Processual Civil pela Pontifícia Universidade Católica de São Paulo (PUC-SP). Membro do Instituto Brasileiro de Direito Processual (IBDP). Professor do Departamento de Direito Processual Civil da Universidade Presbiteriana Mackenzie. Professor coordenador de Pós-Graduação em Direito Processual Civil na Faculdade ATAME, na LEGALE e na EBRADI. Professor de Direito Processual Civil na Escola Superior da Advocacia (ESA) e na Escola Paulista de Direito (EPD). Advogado e sócio do Montans e Nacle Advogados. Consultor.

MANUAL DE DIREITO PROCESSUAL CIVIL

10ª edição

2025

- O autor deste livro e a editora empenharam seus melhores esforços para assegurar que as informações e os procedimentos apresentados no texto estejam em acordo com os padrões aceitos à época da publicação, *e todos os dados foram atualizados até a data de fechamento do livro.* Entretanto, tendo em conta a evolução das ciências, as atualizações legislativas, as mudanças regulamentares governamentais e o constante fluxo de novas informações sobre os temas que constam do livro, recomendamos enfaticamente que os leitores consultem sempre outras fontes fidedignas, de modo a se certificarem de que as informações contidas no texto estão corretas e de que não houve alterações nas recomendações ou na legislação regulamentadora.

- Data do fechamento do livro: 19/12/2024

- O autor e a editora se empenharam para citar adequadamente e dar o devido crédito a todos os detentores de direitos autorais de qualquer material utilizado neste livro, dispondo-se a possíveis acertos posteriores caso, inadvertida e involuntariamente, a identificação de algum deles tenha sido omitida.

- Direitos exclusivos para a língua portuguesa
  Copyright ©2025 by
  Saraiva Jur, um selo da SRV Editora Ltda.
  Uma editora integrante do GEN | Grupo Editorial Nacional
  Travessa do Ouvidor, 11
  Rio de Janeiro – RJ – 20040-040

- Atendimento ao cliente: https://www.editoradodireito.com.br/contato

- Reservados todos os direitos. É proibida a duplicação ou reprodução deste volume, no todo ou em parte, em quaisquer formas ou por quaisquer meios (eletrônico, mecânico, gravação, fotocópia, distribuição pela Internet ou outros), sem permissão, por escrito, da **SRV Editora Ltda.**

- Capa: Tiago Dela Rosa
  Diagramação: Fabricando Ideias Design Editorial

- **DADOS INTERNACIONAIS DE CATALOGAÇÃO NA PUBLICAÇÃO (CIP)**
  VAGNER RODOLFO DA SILVA – CRB-8/9410

S111m   Sá, Renato Montans de
  Manual de Direito Processual Civil / Renato Montans de Sá. – 10. ed. – São Paulo : Saraiva Jur, 2025.

  1.464 p.
  ISBN 978-85-5362-519-2 (Impresso)

  1. Direito. 2. Direito Processual Civil. I. Título.

	CDD 341.46
2024-4165	CDU 347.9

Índices para catálogo sistemático:
1. Direito Processual Civil   341.46
2. Direito Processual Civil   347.9

Respeite o direito autoral

PREFÁCIO

Nós, professores de processo civil, estamos vivendo um momento bom e difícil.

De um lado, somos convocados pela história para dar as primeiras aulas (primeiras para nós, também!) sobre o novo Código de Processo Civil – o que é ótimo e um grande desafio; de outro, temos de imaginar quais serão os futuros problemas e, ao mesmo tempo, elaborar as soluções dogmaticamente aceitáveis para eles – o que é muito difícil.

Imagine ser professor e, simultaneamente, autor. Imagine ser autor de um livro didático, que se predispõe a apresentar todo o processo – da teoria geral à execução, da petição inicial aos recursos, do procedimento comum aos procedimentos especiais.

Pois bem.

Renato é "tudo isso ao mesmo tempo agora", como dizia um célebre vinil dos Titãs, paulistas como Montans: professor, jurista e autor de livro didático. Não é pouca coisa.

Para dar conta dessa missão histórica, é preciso ter coragem. E coragem é o que não falta a Renato, que apresenta ao público uma das primeiras obras sistemáticas integrais sobre o novo Código (até o momento em que escrevia este prefácio, somente havia sido publicada uma obra didática completa sobre o novo CPC). E ele não apresenta qualquer obra; a leitura do sumário já revela algumas ousadias, que são dignas de registro. Permito-me apontar duas: a) a menção expressa ao princípio da eficiência, cuja concretização no processo civil ainda não está clara; b) Montans defende a existência de um microssistema de julgamento de casos repetitivos, proposta tão sofisticada quanto imprescindível para a compreensão do novo Direito Processual Civil brasileiro.

Estou ansiosíssimo para esmiuçar este livro – e acho que o leitor deveria fazer o mesmo.

Parabéns a Renato e à Editora.

Salvador, 3 de abril de 2015.

Fredie Didier Jr.

SUMÁRIO

PREFÁCIO V

INTRODUÇÃO AO ESTUDO DO DIREITO PROCESSUAL CIVIL

1. CONCEITO DE DIREITO PROCESSUAL CIVIL 3

2. EVOLUÇÃO HISTÓRICA DO DIREITO PROCESSUAL CIVIL 6

3. RELAÇÃO DO DIREITO PROCESSUAL CIVIL COM AS DEMAIS DISCIPLINAS DO DIREITO 12

4. FONTES DO DIREITO PROCESSUAL CIVIL 15

5. A LEI PROCESSUAL NO TEMPO E NO ESPAÇO 18

6. TUTELA JURISDICIONAL 21

7. O PROCESSO CIVIL E O PODER JUDICIÁRIO 25

8. EXISTE UMA TEORIA UNITÁRIA DO PROCESSO? 30

PARTE GERAL

1. PRINCÍPIOS 35
   1.1. Introdução 35
   1.2. Princípio do devido processo legal 40
   1.3. Princípio da isonomia (paridade ou igualdade de armas) 43
      1.3.1. Consumidor 44
      1.3.2. Fazenda Pública e Ministério Público 44
      1.3.3. A regra do art. 72 do CPC 46
      1.3.4. Pessoa idosa e enfermo 46
      1.3.5. Ordem cronológica dos processos 47
   1.4. Princípio do contraditório e da ampla defesa 48

1.4.1.	Julgamento antecipado do mérito (total ou parcial)	51
1.4.2.	Inquérito policial e inquérito civil	51
1.4.3.	Execução (processo ou fase)	52
1.4.4.	A advertência do art. 250 do CPC	52
1.4.5.	Liminar	52
1.4.6.	Matérias cognoscíveis de ofício e a terceira vertente do princípio do contraditório	53
1.4.7.	Multas sancionatórias	54
1.4.8.	Contraditório desnecessário	54
1.5.	**Princípio da inafastabilidade da jurisdição (ubiquidade)**	55
1.5.1.	Juízo de admissibilidade e demais exigências processuais	58
1.5.2.	Arbitragem	58
1.6.	**Princípio do juiz e do promotor natural**	59
1.7.	**Princípio da publicidade**	61
1.8.	**Princípio da motivação (fundamentação)**	63
1.9.	**Princípio da duração razoável do processo**	65
1.10.	**Princípio da eficiência**	67
1.11.	**Princípio da probidade processual (boa-fé)**	68
1.12.	**Princípio da cooperação**	70
1.13.	**Princípio da inércia**	73
1.14.	**Princípio da primazia do mérito e a jurisprudência defensiva**	73

2. JURISDIÇÃO 79

2.1.	Introdução	79
2.2.	A jurisdição na tripartição de poderes	79
2.3.	Definição e noções gerais	81
2.4.	Teorias sobre a jurisdição	82
2.5.	Atividade judicial criativa	84
2.6.	Funções da jurisdição	86
2.7.	Classificação da jurisdição	86
2.8.	Características	86
2.8.1.	Substitutividade	86
2.8.2.	Imperatividade	87
2.8.3.	Imutabilidade (definitividade)	88
2.8.4.	Inafastabilidade	88
2.8.5.	Indelegabilidade	88
2.8.6.	Inércia	89
2.8.7.	Investidura	91
2.8.8.	Aderência ao território	91
2.8.9.	Unidade	91
2.8.10.	Imparcialidade	92
2.8.11.	Adstrição ao ordenamento jurídico	92
2.9.	Jurisdição contenciosa e voluntária	92

2.10. Jurisdição de direito e por equidade	97
2.11. Meios adequados ou formas alternativas de composição de conflitos (a denominada justiça multiportas)	98
2.12. Ordem cronológica de julgamento *ope legis*	104
2.12.1. Introdução	104
2.12.2. Posicionamento doutrinário sobre o tema	104
2.12.2.1. Posicionamento contrário	105
2.12.2.2. Posicionamento favorável	106
2.12.3. Exceções	106
2.12.4. Conclusão	107
3. AÇÃO	**108**
3.1. Introdução	108
3.2. Conceito de ação	108
3.3. Teorias sobre a ação	110
3.3.1. Teoria imanentista (clássica, civilista)	110
3.3.2. Teoria concreta	110
3.3.3. Teoria abstrata	111
3.3.4. A teoria eclética e as denominadas condições da ação	112
3.3.4.1. Especificamente sobre as condições da ação	113
3.3.4.1.1. Interesse de agir	115
3.3.4.1.2. Legitimidade de parte	117
3.3.5. Teorias sobre as condições da ação – asserção *versus* apresentação	118
3.4. Elementos da ação	123
3.4.1. Introdução	123
3.4.2. Dimensão objetiva da demanda	124
3.4.2.1. Causa de pedir	124
3.4.2.1.1. Introdução	124
3.4.2.1.2. Causa de pedir e o objeto litigioso	125
3.4.2.1.3. Conceito da causa de pedir	127
3.4.2.1.3.1. Fatos constitutivos (causa de pedir remota)	127
3.4.2.1.3.2. Fundamento jurídico (causa de pedir próxima)	128
3.4.2.1.3.3. As denominadas teorias da substanciação e da individualização	129
3.4.2.1.4. Causa de pedir passiva e ativa	132
3.4.2.2. Pedido	133
3.4.3. Dimensão subjetiva da demanda	133
3.4.3.1. Partes	133
4. PROCESSO E PRESSUPOSTOS PROCESSUAIS	**134**
4.1. Histórico do processo	134
4.2. Conceito de processo	137
4.2.1. Processo, procedimento e cognição judicial	137
4.2.1.1. Processo	137

4.2.1.2. Procedimento	140
4.2.1.3. Cognição judicial	144
4.2.2. Procedimentos rígidos e flexíveis	147
4.3. Pressupostos processuais	**151**
4.3.1. Introdução	151
4.3.2. Classificação dos pressupostos processuais	153
4.3.2.1. Positivos	153
4.3.2.1.1. Pressupostos processuais de existência do processo	153
4.3.2.1.1.1. Demanda	153
4.3.2.1.1.2. Jurisdição	153
4.3.2.1.1.3. Citação	154
4.3.2.1.2. Pressupostos processuais de desenvolvimento (validade) do processo	155
4.3.2.1.2.1. Petição inicial apta	155
4.3.2.1.2.2. Competência do juízo e imparcialidade do juiz	155
4.3.2.1.2.3. Citação válida	156
4.3.2.1.2.4. Capacidade postulatória	156
4.3.2.1.2.5. Legitimação para o processo	156
4.3.2.2. Pressupostos negativos	157
4.3.2.2.1. Perempção	157
4.3.2.2.2. Litispendência	157
4.3.2.2.3. Coisa julgada	157
4.3.2.2.4. Compromisso arbitral	157
5. COMPETÊNCIA	**158**
5.1. Conceito	**158**
5.1.1. Características	159
5.2. *Perpetuatio jurisdictionis*	**160**
5.3. Competência absoluta e competência relativa	**162**
5.3.1. Competência relativa	162
5.3.2. Competência absoluta	164
5.4. Critérios de competência	**167**
5.4.1. Competência da jurisdição brasileira	167
5.4.2. Competência interna	169
5.4.2.1. Critério objetivo	169
5.4.2.2. Critério funcional	171
5.4.2.3. Critério territorial	172
5.4.3. Competência originária dos tribunais	172
5.4.4. Competência das justiças especiais	172
5.4.5. Competência da justiça comum	173
5.4.6. Competência de foro	175
5.4.7. Competência de juízo	179
5.5. Da cooperação nacional	**180**

5.6.	Dinâmica da competência (modificação da competência)	182
6. SUJEITOS DO PROCESSO		**189**
6.1.	Partes	189
6.1.1.	Definição	189
6.1.2.	Legitimação	192
6.1.2.1.	Legitimação processual (capacidade para o processo)	193
6.1.2.1.1.	Capacidade da pessoa física	193
6.1.2.1.1.1.	Capacidade de ser parte	193
6.1.2.1.1.2.	Capacidade de estar em juízo	194
6.1.2.1.1.3.	Capacidade postulatória	194
6.1.2.1.2.	Capacidade da pessoa jurídica (e outros entes)	196
6.1.2.1.3.	Capacidade especial (cônjuges ou conviventes)	198
6.1.2.1.3.1.	Como réus (litisconsórcio necessário)	198
6.1.2.1.3.2.	Cônjuges como autores (integração da capacidade subjetiva)	199
6.1.2.1.3.3.	Forma de consentimento	200
6.1.2.1.3.4.	Suprimento de outorga	200
6.1.2.1.4.	Controle da capacidade	200
6.1.2.2.	Legitimação para a causa	201
6.1.2.2.1.	Legitimação ordinária	202
6.1.2.2.2.	Legitimação extraordinária	203
6.1.2.2.2.1.	Representação	206
6.1.2.2.2.1.1. Introdução		206
6.1.2.2.2.1.2. Curador especial		206
6.1.2.2.2.2.	Da sucessão processual	208
6.1.3.	Deveres das partes e dos procuradores	210
6.1.3.1.	Introdução	210
6.1.3.2.	Responsabilidade pelos danos processuais	210
6.1.3.3.	Responsabilidade pelas despesas processuais	215
6.1.4.	Da gratuidade da justiça, da assistência jurídica e judiciária	223
6.2.	Litisconsórcio	227
6.2.1.	Introdução	227
6.2.2.	Cabimento do litisconsórcio	228
6.2.3.	Litisconsórcio multitudinário	229
6.2.4.	Classificação do litisconsórcio	231
6.2.4.1.	Quanto à posição do litisconsorte	231
6.2.4.2.	Quanto ao momento de sua formação	232
6.2.4.3.	Quanto à uniformidade da decisão	235
6.2.4.4.	Quanto à obrigatoriedade do litisconsórcio	236
6.2.5.	Ausência do litisconsorte no processo	237
6.2.6.	Problemas do litisconsórcio ativo necessário	238

6.2.7.	Questões processuais pertinentes	240
6.2.8.	Demais modalidades de litisconsórcio: eventual, alternativo e sucessivo	241

6.3. Intervenção de terceiros 242
    6.3.1. Teoria geral das intervenções de terceiros 242
        6.3.1.1. Introdução 242
    6.3.2. Conceituação de terceiro 243
    6.3.3. Classificação de terceiros 244
    6.3.4. Sistematização das intervenções de terceiro 245
    6.3.5. Assistência 247
        6.3.5.1. Assistência simples 248
        6.3.5.2. Assistência litisconsorcial 249
        6.3.5.3. Poderes do assistente 250
        6.3.5.4. Efeitos da sentença 251
        6.3.5.5. Procedimento 253
    6.3.6. Denunciação da lide 254
        6.3.6.1. Introdução 254
        6.3.6.2. Hipóteses de cabimento 255
        6.3.6.3. Ampliação do objeto litigioso na denunciação 256
        6.3.6.4. Obrigatoriedade da denunciação da lide? 257
        6.3.6.5. Litisdenunciação sucessiva e denunciação *per saltum* 258
        6.3.6.6. Procedimento 259
    6.3.7. Chamamento ao processo 262
        6.3.7.1. Introdução 262
        6.3.7.2. Cabimento e procedimento 265
        6.3.7.3. Da denunciação da lide e do chamamento ao processo nas relações de consumo 266
    6.3.8. Intervenção anômala do poder público 267
    6.3.9. Do *amicus curiae* 268
        6.3.9.1. Introdução e requisitos para sua admissão 268
        6.3.9.2. Natureza jurídica 270
        6.3.9.3. Regulamentação normativa 270
        6.3.9.4. Procedimento 271
    6.3.10. Incidente de desconsideração da personalidade jurídica 272
        6.3.10.1. Direito material 273
        6.3.10.2. Direito processual 274

6.4. Ministério Público 277
    6.4.1. Definição 277
    6.4.2. Composição 277
    6.4.3. Formas de participação do Ministério Público no processo 278
        6.4.3.1. Ministério Público como parte 278
        6.4.3.2. Ministério Público como fiscal da ordem jurídica 279
    6.4.4. Procedimento 280

6.5. Advocacia Pública	281
6.5.1. Estrutura	282
6.5.2. Função institucional	282
6.5.3. Atuação judicial	283
6.6. Defensoria Pública	283
6.6.1. Introdução	283
6.6.2. Princípios	284
6.6.3. Função	284
6.6.4. Procedimento	285
6.7. Do juiz	287
6.7.1. Introdução	287
6.7.2. Ativismo judicial e garantismo	288
6.7.3. Condução formal e material do processo	291
6.7.3.1. Poderes do juiz na condução do processo	291
6.7.4. Da vedação ao *non liquet*	296
6.7.5. Princípio da congruência (correlação, adstrição, correspondência)	298
6.7.6. Processo simulado e fraudulento	298
6.7.7. Responsabilidade do juiz	299
6.7.8. Existe discricionariedade judicial?	299
6.7.9. Do impedimento e da suspeição	301
6.8. Auxiliares da justiça	301
6.9. Dos conciliadores e mediadores judiciais	303
6.9.1. Introdução	303
6.9.2. Princípios	305
6.9.3. Operacionalização	307
7. ATOS PROCESSUAIS	**308**
7.1. Introdução	308
7.2. Ato processual	309
7.3. Princípios dos atos e negócios jurídicos processuais	311
7.3.1. Negócio jurídico processual	315
7.4. Classificação dos atos processuais	324
7.5. Forma dos atos processuais	330
7.5.1. Do tempo e do lugar	330
7.5.2. Dos prazos	332
7.5.2.1. Definição	332
7.5.2.2. Classificação dos prazos	332
7.5.2.3. Contagem do prazo	336
7.5.2.4. Dinâmica dos prazos	336
7.6. Preclusão	342
7.6.1. Introdução	342
7.6.2. Classificação	343
7.6.3. Distinção com outras figuras	344

7.6.4. Preclusão judicial.. 345
7.7. Comunicação dos atos processuais 345
  7.7.1. Citação.. 345
    7.7.1.1. Definição 345
    7.7.1.2. Citação direta e indireta... 346
      7.7.1.2.1. Teoria da aparência... 347
    7.7.1.3. Momento da citação 348
    7.7.1.4. Efeitos da citação... 349
    7.7.1.5. Ônus da parte em promover a citação 351
    7.7.1.6. Modalidades de citação 352
      7.7.1.6.1. Citação pelo correio... 355
      7.7.1.6.2. Citação por mandado (oficial de justiça).................. 355
      7.7.1.6.3. Citação por edital... 356
        7.7.1.6.3.1. Citação por edital decorrente da lei (CPC, art. 259)............. 357
      7.7.1.6.4. Citação por hora certa 358
  7.7.2. Das intimações... 358
    7.7.2.1. Introdução 358
    7.7.2.2. Modalidades de intimação 359
    7.7.2.3. Das intimações especiais 360
  7.7.3. Das cartas... 361
7.8. Processo eletrônico... 364

8. INVALIDADES PROCESSUAIS (O SISTEMA DAS "NULIDADES PROCESSUAIS").... 372
8.1. Introdução: o ato processual... 372
8.2. A teoria das invalidades.. 372
8.3. Princípios ligados às invalidades 374
8.4. Existência, validade e eficácia 378
8.5. Classificação.. 380
8.6. Convalidação das invalidades... 384
8.7. Sobre a apreciação das invalidades em sede de recurso especial e extraordinário..... 386
8.8. Especificamente sobre o Ministério Público 386

9. DA TUTELA PROVISÓRIA (DE URGÊNCIA E DE EVIDÊNCIA) 388
9.1. Introdução.. 388
9.2. Regras gerais.. 390
9.3. Tutela provisória de urgência.. 398
  9.3.1. Introdução... 398
  9.3.2. Modalidades: sobre as tutelas antecipada e cautelar................................... 399
  9.3.3. Requisitos para sua concessão... 402
  9.3.4. Pressuposto negativo: irreversibilidade... 405
  9.3.5. Responsabilidade objetiva 407
  9.3.6. Tutela antecipada.. 408
    9.3.6.1. Momento... 408

9.3.6.2.	Hipóteses	409
9.3.6.3.	Forma	410
9.3.6.4.	Modalidades	410
9.3.6.5.	Estabilização da tutela antecipada	411

9.3.7. Tutela cautelar 417
    9.3.7.1. Introdução 417
    9.3.7.2. Características 418
    9.3.7.3. Procedimento 423

9.4. Tutela de evidência 423
  9.4.1. Abuso do direito de defesa ou manifesto propósito protelatório da parte 425
  9.4.2. Alegações de fato que puderem ser comprovadas apenas documentalmente e quando houver tese firmada em julgamento de casos repetitivos ou em súmula vinculante (tutela de evidência fática + jurídica) 427
  9.4.3. Pedido reipersecutório fundado em prova documental em contrato de depósito (tutela de evidência fundada em contrato de depósito) 428
  9.4.4. Petição inicial instruída com prova documental suficiente dos fatos constitutivos do direito do autor, a que o réu não oponha prova capaz de gerar dúvida razoável (tutela de evidência fática) 429

10. FORMAÇÃO, SUSPENSÃO E EXTINÇÃO DO PROCESSO 430

10.1. Formação do processo 430

10.2. Suspensão do processo 432
  10.2.1. Introdução 432
  10.2.2. Causas de suspensão do processo 433
    10.2.2.1. Morte ou perda da capacidade processual de qualquer das partes, de seu representante legal ou de seu procurador 433
    10.2.2.2. Convenção das partes 433
    10.2.2.3. Arguição de impedimento e suspeição 433
    10.2.2.4. Pela admissão do incidente de demandas repetitivas 434
    10.2.2.5. Questões externas 434
    10.2.2.6. Força maior 435
    10.2.2.7. Quando houver pendência perante Tribunal Marítimo de questão que seja pertinente ao processo a ser julgado 435
    10.2.2.8. Em decorrência de recente maternidade ou paternidade 435
    10.2.2.9. Demais casos 436
  10.2.3. Prática de atos durante a suspensão 437
  10.2.4. Suspensão para apuração de fato criminal 437

10.3. Extinção do processo 437
  10.3.1. Extinção do processo sem resolução de mérito (CPC, art. 485) 437
    10.3.1.1. Indeferimento da petição inicial (inciso I) 438
    10.3.1.2. Abandono da causa pelas partes (inciso II) 439
    10.3.1.3. Abandono da causa pelo autor (inciso III) 440
    10.3.1.4. Falta de pressupostos processuais (inciso IV) 440

10.3.1.5. Perempção, litispendência e coisa julgada (inciso V) 441
10.3.1.6. Carência de ação [ausência de legitimidade ou interesse processual] (inciso VI) 441
10.3.1.7. Convenção de arbitragem (inciso VII) 443
10.3.1.8. Desistência da ação (inciso VIII) 443
10.3.1.9. Ação intransmissível (inciso IX) 444
10.3.1.10. Demais casos em lei 445
10.3.2. Extinção do processo com resolução de mérito (CPC, art. 487) 445
    10.3.2.1. Acolhimento ou rejeição do pedido formulado na ação ou na reconvenção (inciso I) 445
    10.3.2.2. Prescrição e decadência (inciso II) 446
    10.3.2.3. Reconhecimento jurídico do pedido (inciso III, *a*) 446
    10.3.2.4. Transação (inciso III, *b*) 446
    10.3.2.5. Renúncia à pretensão (inciso III, *c*) 447

PARTE ESPECIAL

PROCESSO DE CONHECIMENTO – PROCEDIMENTO COMUM **451**

1. PETIÇÃO INICIAL 451
1.1. Introdução 451
1.2. Elementos da petição inicial 452
  1.2.1. O juízo a que é dirigida 453
  1.2.2. Qualificação das partes 453
  1.2.3. O fato e os fundamentos jurídicos do pedido 454
  1.2.4. O pedido com suas especificações 455
    1.2.4.1. Formalização do pedido 457
    1.2.4.2. Espécies de pedido 460
    1.2.4.3. Estabilização da demanda 467
  1.2.5. Valor da causa 471
  1.2.6. Provas com que se pretende demonstrar a verdade dos fatos alegados 472
  1.2.7. A opção do autor pela realização ou não da audiência de conciliação ou de mediação 473
1.3. Controle de admissibilidade da petição inicial 473
  1.3.1. Hipóteses de indeferimento 476
1.4. Especificamente sobre o julgamento liminar do pedido 477
  1.4.1. Introdução 477

2. MODALIDADES DE RESPOSTA 482
2.1. Teoria geral das respostas 482
2.2. Exceção, objeção, substancial, processual 484
2.3. Contestação 484
  2.3.1. Introdução 484
  2.3.2. Princípios da contestação 485

2.3.3.	Efeitos da contestação	490
2.3.4.	Estrutura lógica da contestação	490
2.3.4.1.	Preliminares	492
2.3.4.2.	Mérito	496
2.3.5.	Da alegação de incompetência	498
2.3.6.	Da alegação de ilegitimidade (alteração tardia do réu)	499
2.4.	Reconvenção	503
2.4.1.	Introdução	503
2.4.2.	Requisitos da reconvenção	504
2.4.3.	Ações dúplices e pedido contraposto	507
2.4.4.	Procedimento	509
2.5.	"Exceções rituais" (impedimento e suspeição)	510
2.5.1.	Introdução	510
2.5.2.	Acepções gerais	511

3. DA REVELIA E DA FASE ORDINATÓRIA 516

3.1.	Da revelia	516
3.1.1.	Introdução	516
3.1.2.	Efeitos	517
3.1.3.	Questões processuais pertinentes	520
3.2.	Da fase ordinatória	520
3.2.1.	Introdução	520
3.2.2.	Providências preliminares	522
3.2.3.	Julgamento conforme o estado do processo	523
3.2.4.	Saneamento do processo	527

4. AUDIÊNCIA DE CONCILIAÇÃO OU MEDIAÇÃO 533

4.1.	Histórico	533
4.2.	Especificamente sobre a conciliação e a mediação	534
4.3.	Procedimento em audiência	534

5. AUDIÊNCIA DE INSTRUÇÃO E JULGAMENTO 539

5.1.	Introdução	539
5.2.	Características	540
5.3.	Atos preparatórios	541
5.4.	Fases da audiência	541
5.5.	Adiamento da audiência	543

6. PROVAS 545

6.1.	Teoria geral das provas	545
6.1.1.	Introdução	545
6.1.2.	Natureza da prova	547
6.1.3.	Direito constitucional à prova	548
6.1.4.	Especificamente sobre as provas ilícitas e as provas obtidas por meio ilícito	549

6.1.5. Princípios regentes das provas 552
    6.1.5.1. Identidade física 552
    6.1.5.2. Imediatidade 552
    6.1.5.3. Princípio da aquisição da prova (ou da comunhão da prova) 553
    6.1.5.4. Contraditório no sistema de provas 554
6.1.6. O juiz na instrução do processo (ativismo judicial) 554
6.1.7. Objeto de prova 558
    6.1.7.1. Fatos que independem de prova 558
    6.1.7.2. Prova de direito 561
    6.1.7.3. A prova de fatos negativos 562
6.1.8. Ônus da prova 562
    6.1.8.1. Conceito 562
    6.1.8.2. Inversão do ônus da prova 566
        6.1.8.2.1. Momento de inversão do ônus da prova 567
    6.1.8.3. Os *standards* probatórios, vieses cognitivos e estatísticas judiciais 568
    6.1.8.4. Ônus probatório e regra de aquisição da prova 570
    6.1.8.5. Sobre o ônus dinâmico da prova 571
6.1.9. Fontes e meios de prova 573
6.1.10. Momento em que a prova deve ser apresentada 574
6.1.11. Sistemas de apreciação (valoração) de provas 574
    6.1.11.1. Introdução 574
    6.1.11.2. Sistema da prova legal (prova tarifada) 575
    6.1.11.3. Sistema da livre convicção 575
    6.1.11.4. Sistema da persuasão racional 576
6.1.12. Presunções e indícios 578
    6.1.12.1. Introdução 578
    6.1.12.2. Presunções absolutas (*iure et de iure*) e relativas (*iuris tantum*) 579
    6.1.12.3. Presunção e prova 582
6.1.13. Provas atípicas 582
6.1.14. Da produção antecipada de provas 586
    6.1.14.1. Introdução e definição 586
    6.1.14.2. Cabimento 587
    6.1.14.3. Competência 588
    6.1.14.4. Procedimento 589
6.2. Provas em espécie 590
  6.2.1. Da ata notarial 590
  6.2.2. Depoimento da parte 591
    6.2.2.1. Introdução 591
    6.2.2.2. Quem pode prestar 592
    6.2.2.3. Consequências 593
    6.2.2.4. Modalidades 593
    6.2.2.5. Forma de produção 594

6.2.2.6.	Recusa (direito ao silêncio)	596
6.2.3.	Confissão	597
6.2.3.1.	Introdução	597
6.2.3.2.	Classificação	598
6.2.3.3.	Questões importantes	599
6.2.3.4.	Limitações à confissão	600
6.2.4.	Exibição de documento ou coisa	601
6.2.4.1.	Introdução	601
6.2.4.2.	Acepções gerais	602
6.2.4.3.	Exibição pela parte	604
6.2.4.4.	Exibição por terceiros	605
6.2.5.	Prova documental	606
6.2.5.1.	Introdução	606
6.2.5.2.	Força probante dos documentos	606
6.2.5.2.1.	Documento público	606
6.2.5.2.2.	Documento particular	607
6.2.5.3.	Arguição de falsidade documental	611
6.2.5.4.	Produção da prova documental	613
6.2.6.	Prova testemunhal	614
6.2.6.1.	Introdução	614
6.2.6.2.	Cabimento	614
6.2.6.3.	Sujeitos que podem testemunhar	615
6.2.6.4.	Prerrogativas das testemunhas. Deveres das testemunhas	618
6.2.6.5.	Local	619
6.2.6.6.	Produção da prova testemunhal	620
6.2.6.6.1.	Atos preparatórios	620
6.2.6.6.2.	Dinâmica na audiência	622
6.2.7.	Prova pericial	623
6.2.7.1.	Definição	623
6.2.7.2.	Perícia e máximas de experiência	624
6.2.7.3.	Espécies de perícia	624
6.2.7.4.	Perito e assistente técnico	625
6.2.7.5.	Perícia complexa	627
6.2.7.6.	Escusa e substituição do perito	627
6.2.7.7.	Assistente técnico	628
6.2.7.8.	Procedimento	628
6.2.7.9.	Prova técnica simplificada	631
6.2.7.10.	Valoração	631
6.2.8.	Inspeção judicial	632
6.2.8.1.	Definição	632
6.2.8.2.	Objeto	633
6.2.8.3.	Processamento	633

7. SENTENÇA E DEMAIS DECISÕES JUDICIAIS 635
7.1. Conceito 635
7.2. Classificação (sentenças com e sem resolução de mérito) 638
7.2.1. Sentenças terminativas 639
7.2.2. Sentenças definitivas 640
7.3. Elementos integrantes da sentença 641
7.3.1. Relatório 641
7.3.2. Fundamentação 641
7.3.3. Dispositivo 651
7.3.4. Demais elementos da sentença 654
7.4. Publicação da sentença e o "princípio da invariabilidade" 654
7.5. Classificação das sentenças de procedência 656
7.5.1. Sentença declaratória 656
7.5.2. Sentença constitutiva 657
7.5.3. Sentença condenatória 658
7.5.4. Sentença mandamental 658
7.5.5. Sentença executiva 661
7.5.6. Como harmonizar os conceitos de sentença condenatória, executiva e mandamental? 662
7.6. Capítulos da sentença 664
7.6.1. Introdução 664
7.6.2. Aplicabilidade 666
7.6.3. Classificação 666
7.6.3.1. Quanto à uniformidade do objeto de cognição 666
7.6.3.2. Quanto à hierarquia 667
7.6.3.3. Quanto à autonomia 667
7.6.4. A teoria dos capítulos das decisões na liquidação de sentença: a questão à luz da redação dos arts. 63 e 387, IV, do CPP 667
7.7. Princípio da congruência 671
7.7.1. Congruência externa 672
7.7.1.1. Sentença *extra petita* 672
7.7.1.2. Sentença *ultra petita* 672
7.7.1.3. Sentença *infra petita (citra petita)* 673
7.7.2. Congruência interna 674
7.7.2.1. Certeza 675
7.7.2.2. Liquidez 675
7.7.2.3. Clareza 676
7.8. Fatos supervenientes 676
7.8.1. Introdução 676
7.8.2. Sistematização 676
7.9. Efeitos da sentença (principais, anexos e reflexos) 678
7.9.1. Introdução e efeito principal 678
7.9.2. Efeito anexo 678

7.9.2.1.	Hipoteca judiciária	678
7.9.3.	Efeitos reflexos	680
7.10.	Sentenças determinativas (dispositivas)	680
7.11.	Sentenças objetivamente complexas e subjetivamente complexas	681

8. COISA JULGADA 682

8.1. Introdução 682
8.2. Um debate doutrinário sobre a coisa julgada no direito moderno 683
   8.2.1. A coisa julgada como presunção absoluta de verdade 683
   8.2.2. A coisa julgada como ficção de verdade (teoria da representação) 683
   8.2.3. A coisa julgada como certeza judicial 684
   8.2.4. A coisa julgada como eficácia da sentença 684
      8.2.4.1. Revisitando os conceitos de eficácia, efeito e conteúdo 684
      8.2.4.2. A coisa julgada como eficácia da sentença 686
   8.2.5. A coisa julgada como qualidade dos efeitos da sentença – a doutrina de Liebman ... 688
   8.2.6. A coisa julgada como qualidade da força da sentença – a doutrina de Barbosa Moreira 690
   8.2.7. O direito positivo brasileiro e a nossa posição 691
8.3. Coisa julgada formal e material e as estabilidades processuais 694
8.4. Função positiva e negativa da coisa julgada e conflito entre coisas julgadas 696
8.5. Limites objetivos e subjetivos da coisa julgada 698
   8.5.1. Limites subjetivos 698
   8.5.2. Limites objetivos 701
      8.5.2.1. Introdução 701
      8.5.2.2. Teoria restritiva 702
      8.5.2.3. Teoria ampliativa 703
      8.5.2.4. Nossa posição 704
      8.5.2.5. Código de Processo Civil atual 705
      8.5.2.6. Os motivos 709
      8.5.2.7. A verdade dos fatos como fundamento da sentença 711
   8.5.3. Os limites objetivos e subjetivos da coisa julgada e o *collateral estoppel* 712
8.6. Produção da coisa julgada 715
8.7. Sobre a desconsideração da coisa julgada material 716
   8.7.1. Revisão atípica da coisa julgada 717
8.8. Aspectos temporais da coisa julgada 721
8.9. Eficácia preclusiva da coisa julgada 723

PROCESSO DE CONHECIMENTO – PROCEDIMENTOS ESPECIAIS 732

PROCEDIMENTOS ESPECIAIS DE JURISDIÇÃO CONTENCIOSA 732

Introdução – Procedimentos Especiais 732

1. AÇÃO DE CONSIGNAÇÃO EM PAGAMENTO 736

1.1.	Introdução	736
1.2.	Modalidades	737
1.2.1.	Consignação extrajudicial	737
1.2.2.	Consignação judicial	738
1.2.2.1.	Inicial	738
1.2.2.2.	Defesa	739
1.2.2.3.	Sentença	740

2. AÇÃO DE EXIGIR CONTAS 741

2.1.	Introdução	741
2.2.	Legitimidade	742
2.3.	Petição inicial	742
2.4.	Competência	743
2.5.	Procedimento	743

3. AÇÕES POSSESSÓRIAS 746

3.1.	Introdução	746
3.2.	Legitimidade	747
3.3.	Petição inicial e competência	748
3.4.	Procedimento	748
3.5.	Fungibilidade	751
3.6.	Da manutenção e da reintegração de posse	752
3.7.	Do interdito proibitório	753

4. AÇÃO DE DIVISÃO E DE DEMARCAÇÃO DE TERRAS PARTICULARES 754

4.1.	Introdução	754
4.1.1.	Regras gerais	756
4.2.	Da demarcação	756
4.2.1.	Petição inicial	756
4.2.2.	Legitimidade	756
4.2.3.	Competência	758
4.2.4.	Procedimento	758
4.3.	Da divisão	760
4.3.1.	Petição inicial	760
4.3.2.	Legitimidade	760
4.3.3.	Competência	760
4.3.4.	Procedimento	760

5. AÇÃO DE DISSOLUÇÃO PARCIAL DE SOCIEDADE 762

5.1.	Introdução	762
5.2.	Petição inicial	764
5.3.	Legitimidade	764
5.4.	Procedimento	764

6. INVENTÁRIO E PARTILHA 767

6.1. Introdução 767
6.2. Inventário 768
   6.2.1. Inventário negativo 768
   6.2.2. Obrigatoriedade do inventário 769
   6.2.3. Procedimento do inventário 769
   6.2.4. Competência 770
   6.2.5. Prazo para abertura 770
   6.2.6. Abertura do inventário 770
   6.2.7. Administrador provisório 772
   6.2.8. Inventariante 772
   6.2.9. Procedimento do inventário 774
      6.2.9.1. Petição inicial 774
      6.2.9.2. Primeiras declarações 774
      6.2.9.3. Citações 775
      6.2.9.4. Impugnações 775
      6.2.9.5. Avaliações 776
      6.2.9.6. Últimas declarações 776
      6.2.9.7. Colações 777
   6.2.10. Do pagamento das dívidas 777
6.3. Partilha 778
   6.3.1. Modalidades 778
      6.3.1.1. Partilha amigável 778
      6.3.1.2. Partilha judicial 779
   6.3.2. Procedimento da partilha 779

7. EMBARGOS DE TERCEIRO 781

7.1. Introdução 781
7.2. Diferença com outras medidas 782
7.3. Hipóteses de cabimento 782
7.4. Legitimidade 783
   7.4.1. Legitimidade ativa 783
   7.4.2. Legitimidade passiva 783
7.5. Petição inicial 784
7.6. Competência 784
7.7. Procedimento 785

8. OPOSIÇÃO 786

8.1. Introdução 786
8.2. Legitimidade 788
8.3. Petição inicial 788
8.4. Competência 788
8.5. Procedimento 788

9. HABILITAÇÃO ... 790
9.1. Introdução ... 790
9.2. Legitimidade ... 791
9.3. Petição inicial ... 791
9.4. Competência ... 791
9.5. Procedimento ... 791

10. AÇÕES DE FAMÍLIA ... 792
10.1. Introdução ... 792
10.2. Legitimidade ... 793
10.3. Petição inicial ... 793
10.4. Competência ... 793
10.5. Procedimento ... 794

11. AÇÃO MONITÓRIA ... 796
11.1. Introdução e cabimento ... 796
    11.1.1. Introdução ... 796
    11.1.2. Cabimento ... 797
11.2. Legitimidade ... 800
11.3. Petição inicial ... 800
11.4. Competência ... 801
11.5. Procedimento ... 801

12. HOMOLOGAÇÃO DO PENHOR LEGAL ... 805
12.1. Introdução ... 805
12.2. Legitimidade ... 806
12.3. Petição inicial ... 806
12.4. Competência ... 806
12.5. Procedimento ... 806
    12.5.1. Procedimento extrajudicial ... 806
    12.5.2. Procedimento judicial ... 807

13. REGULAÇÃO DE AVARIA GROSSA ... 808
13.1. Introdução ... 808
13.2. Legitimidade ... 809
13.3. Petição inicial ... 809
13.4. Competência ... 810
13.5. Procedimento ... 810

14. RESTAURAÇÃO DE AUTOS ... 811
14.1. Introdução ... 811
14.2. Legitimidade ... 812
14.3. Competência ... 812
14.4. Petição inicial ... 812
14.5. Procedimento ... 812

PROCEDIMENTOS ESPECIAIS DE JURISDIÇÃO VOLUNTÁRIA... 814

Introdução 814

1. DAS NOTIFICAÇÕES E INTERPELAÇÕES.. 816

2. DAS ALIENAÇÕES JUDICIAIS 818

3. DO DIVÓRCIO E DA EXTINÇÃO DE UNIÃO ESTÁVEL CONSENSUAIS E DA ALTERAÇÃO DO REGIME DE BENS DO MATRIMÔNIO... 819

4. DOS TESTAMENTOS E CODICILOS 822

5. DA HERANÇA JACENTE 824

6. DOS BENS DOS AUSENTES 826

7. DAS COISAS VAGAS 830

8. DOS INTERDITOS E SUA CURATELA 832

9. DAS DISPOSIÇÕES COMUNS À TUTELA E À CURATELA... 838

10. DA ORGANIZAÇÃO E DA FISCALIZAÇÃO DAS FUNDAÇÕES 840

10.1. Constituição das fundações... 840
10.2. Extinção das fundações 841

11. DA RATIFICAÇÃO DOS PROTESTOS MARÍTIMOS E DOS PROCESSOS TESTEMUNHÁVEIS FORMADOS A BORDO 842

PROCESSO DE EXECUÇÃO E CUMPRIMENTO DE SENTENÇA **844**

PARTE GERAL **844**

1. TEORIA GERAL DA TUTELA JURISDICIONAL EXECUTIVA 844

1.1. Introdução 844
1.2. A execução no CPC – classificação... 846
   1.2.1. Quanto à origem do título.. 846
      1.2.1.1. Vasos comunicantes... 847
   1.2.2. Quanto à autonomia.. 848
   1.2.3. Quanto à natureza da obrigação apresentada em juízo............................ 848
   1.2.4. Quanto à estabilidade do título... 849
   1.2.5. Quanto à forma de efetivação 849
1.3. Princípios da execução 849
   1.3.1. Princípio da autonomia da execução 850
   1.3.2. Princípio da *nulla executio sine titulo* 851
   1.3.3. Princípio da patrimonialidade... 853

1.3.4.	Princípio da disponibilidade da execução (desfecho único)	854
1.3.5.	Princípio da máxima efetividade da execução e da menor onerosidade	856
1.3.6.	Princípio da tipicidade da execução	858
1.3.7.	Princípio da lealdade processual	862
1.3.8.	Princípio da responsabilidade objetiva do exequente	865

2. LEGITIMIDADE NA EXECUÇÃO 866

2.1. Introdução 866
2.2. Legitimidade ativa 867
    2.2.1. O credor a quem a lei confere título executivo 867
    2.2.2. O Ministério Público 868
    2.2.3. Herdeiros e sucessores 868
    2.2.4. Cessão de crédito 868
    2.2.5. Sub-rogação 869
2.3. Legitimidade passiva 869
    2.3.1. Do devedor 869
    2.3.2. Espólio, herdeiros e sucessores 869
    2.3.3. O novo devedor 870
    2.3.4. Fiador do débito em título extrajudicial 870
    2.3.5. O responsável titular do bem vinculado por garantia real ao pagamento do débito 871
    2.3.6. Responsável tributário 871

3. COMPETÊNCIA NA EXECUÇÃO 873

3.1. Execução de título executivo judicial 873
    3.1.1. Execução nos tribunais 873
    3.1.2. Execução em primeiro grau 874
    3.1.3. Competência para a execução de sentenças processadas fora do juízo cível 875
3.2. Execução de título executivo extrajudicial 876

4. TÍTULO EXECUTIVO 877

4.1. Introdução 877
    4.1.1. Tipicidade 879
    4.1.2. Vinculação 879
    4.1.3. Declinabilidade 880
4.2. Natureza jurídica 881
4.3. Elementos (requisitos) do título 882
    4.3.1. Requisitos formais (tipicidade) 882
    4.3.2. Requisitos substanciais 882
4.4. Classificação 883
4.5. Execução com base em mais de um título 884
4.6. Título estrangeiro 885
4.7. Títulos executivos judiciais (CPC, art. 515) 885
4.8. Títulos executivos extrajudiciais (CPC, art. 784) 891

5. LIQUIDAÇÃO DE SENTENÇA ... 896
5.1. Introdução ... 896
5.2. Natureza jurídica ... 898
5.3. Liquidação de título executivo extrajudicial ... 899
5.4. A liquidação no Código de Processo Civil (modalidades) ... 899
    5.4.1. Introdução ... 899
    5.4.2. Fase de liquidação ... 900
    5.4.3. Processo de liquidação ... 900
    5.4.4. Liquidação incidental ... 901
5.5. Espécies de liquidação ... 901
    5.5.1. "Liquidação por cálculos" (liquidação extrajudicial) ... 901
        5.5.1.1. Definição ... 901
    5.5.2. Liquidação por arbitramento (CPC, arts. 509, I, e 510) ... 903
        5.5.2.1. Definição ... 903
        5.5.2.2. Procedimento ... 903
    5.5.3. Liquidação pelo procedimento comum (CPC, arts. 509, II, e 511) ... 904
        5.5.3.1. Definição ... 904
        5.5.3.2. Procedimento ... 905
5.6. Decisão que julga liquidação de sentença ... 905
5.7. Questões processuais pertinentes ... 905
    5.7.1. Legitimidade ... 905
    5.7.2. Competência ... 906
    5.7.3. Liquidação provisória ... 906
    5.7.4. Princípio da fidelidade do título (CPC, art. 509, § 4º) ... 907
    5.7.5. Liquidação com dano zero ... 908
    5.7.6. Liquidação de sentença e capítulos da decisão ... 909

6. RESPONSABILIDADE PATRIMONIAL ... 910
6.1. Introdução ... 910
6.2. Obrigação e responsabilidade ... 910
6.3. Interpretação do art. 789 do CPC ... 911
6.4. Hipóteses especiais de responsabilidade (primária e secundária) – CPC, art. 790 ... 912
    6.4.1. Bens do sucessor a título singular ... 913
    6.4.2. Bens do sócio ... 914
    6.4.3. Bens do devedor ainda que em poder de terceiros ... 915
    6.4.4. Bens do cônjuge ou companheiro ... 916
    6.4.5. Bens alienados ou gravados com ônus real em fraude à execução ... 917
    6.4.6. Bens cuja alienação ou gravação com ônus real tenha sido anulada em razão de reconhecimento, em ação autônoma, de fraude contra credores ... 917
    6.4.7. Bens do responsável nos casos de desconsideração da personalidade jurídica ... 917
6.5. Fraude contra credores e fraude à execução ... 919
    6.5.1. Introdução ... 919
    6.5.2. Fraude contra credores ... 919

6.5.3. Fraude à execução 920
    6.5.3.1. Conceito 920
    6.5.3.2. Hipóteses de incidência 924
        6.5.3.2.1. Pender sobre os bens ação fundada em direito real ou pretensão reipersecutória, desde que a pendência do processo tenha sido averbada no respectivo registro público (se houver) 924
        6.5.3.2.2. Quando tiver sido averbada, no registro do bem, a pendência do processo de execução, na forma do art. 828 do CPC 924
        6.5.3.2.3. Quando tiver sido averbada, no registro do bem, hipoteca judiciária ou outro ato de constrição judicial originário do processo em que foi arguida a fraude 925
        6.5.3.2.4. Quando, ao tempo da alienação/oneração, tramitava contra o devedor ação capaz de reduzi-lo à insolvência 925
        6.5.3.2.5. Demais casos previstos em lei 926
6.6. Impenhorabilidades 926
  6.6.1. Impenhorabilidades no CPC 926
  6.6.2. Impenhorabilidade do bem de família (Lei n. 8.009/90) 931
    6.6.2.1. Definição e extensão 931
    6.6.2.2. Hipóteses de exclusão legal do bem imóvel 934

EXECUÇÕES EM ESPÉCIE 936

1. TÍTULO JUDICIAL 936
1.1. Cumprimento provisório da sentença 936
  1.1.1. Introdução 936
  1.1.2. Cumprimento provisório com base em título judicial 937
  1.1.3. Procedimento 937
1.2. Cumprimento definitivo de sentença (execução de título executivo judicial) – pagamento de quantia certa 941
  1.2.1. Introdução 941
  1.2.2. Procedimento 944
  1.2.3. Protesto da sentença 950
1.3. Tutela específica das obrigações de fazer, não fazer e entrega de coisa certa ou incerta com base em título executivo judicial 952
  1.3.1. Obrigações de fazer e não fazer 952
    1.3.1.1. Introdução – a tutela específica no Brasil 952
    1.3.1.2. Tutela específica ou o resultado prático equivalente 952
    1.3.1.3. Mecanismos de efetivação da tutela específica (princípio da atipicidade dos atos executivos) 954
        1.3.1.4.1. Prisão civil e prisão penal como medidas de efetivação da tutela específica? 963
    1.3.1.5. Multa 965
        1.3.1.5.1. Introdução 965

	1.3.1.5.2.	Multa coercitiva e multa sancionatória	965
	1.3.1.5.3.	Características	966
	1.3.1.5.4.	Legitimidade	971
	1.3.1.5.5.	A multa e a improcedência da demanda	972
	1.3.1.5.6.	Fazenda Pública e a incidência da multa	973
1.3.1.6.	Perdas e danos		974
1.3.1.7.	Defesa do executado		976
1.3.1.8.	Tutela específica: inibitória e remoção de ilícito		976
	1.3.1.8.1.	Tutela inibitória	977
	1.3.1.8.2.	Tutela de remoção do ilícito	980
1.3.2.	Entrega de coisa certa ou incerta		981
	1.3.2.1.	Introdução	981
	1.3.2.2.	Questões processuais	982
	1.3.2.3.	Procedimento	983
	1.3.2.4.	Conversão em perdas e danos	984
	1.3.2.5.	Retenção por benfeitorias	985

2. TÍTULO EXTRAJUDICIAL 986

2.1. Pagamento de quantia certa 986
- 2.1.1. Introdução 986
- 2.1.2. Fase inicial (proposição) 988
- 2.1.3. Fase da penhora 996
  - 2.1.3.1. Introdução 996
  - 2.1.3.2. Efeitos da penhora 997
    - 2.1.3.2.1. Efeitos objetivos 997
    - 2.1.3.2.2. Efeitos subjetivos 998
  - 2.1.3.3. Ordem da penhora 998
  - 2.1.3.4. Modificações na penhora 1000
  - 2.1.3.5. Efeitos espaciais da penhora 1004
  - 2.1.3.6. Penhoras especiais 1005
    - 2.1.3.6.1. Penhora de dinheiro em depósito ou aplicação financeira (on-line) 1005
    - 2.1.3.6.2. Penhora de créditos 1008
    - 2.1.3.6.3. Penhora de quotas ou ações de sociedades personificadas 1009
    - 2.1.3.6.4. Penhora sobre empresa, de outros estabelecimentos e de semoventes (CPC, arts. 862-865) 1010
    - 2.1.3.6.5. Penhora de percentual de faturamento da empresa 1012
  - 2.1.3.7. Procedimento 1012
- 2.1.4. Parcelamento judicial e avaliação 1013
  - 2.1.4.1. Parcelamento judicial 1013
    - 2.1.4.1.1. Introdução 1013
    - 2.1.4.1.2. Questões processuais pertinentes 1014
    - 2.1.4.1.3. Descumprimento (CPC, art. 916, § 5º) 1016
  - 2.1.4.2. Avaliação (CPC, arts. 870-875) 1016

- 2.1.5. Fase da expropriação 1017
  - 2.1.5.1. Introdução 1017
  - 2.1.5.2. Adjudicação 1018
    - 2.1.5.2.1. Introdução 1018
    - 2.1.5.2.2. Legitimidade 1019
    - 2.1.5.2.3. Formalização da adjudicação 1021
  - 2.1.5.3. Alienação por iniciativa particular 1022
    - 2.1.5.3.1. Introdução 1022
    - 2.1.5.3.2. Legitimidade, prazo e preço 1023
    - 2.1.5.3.3. Procedimento 1024
    - 2.1.5.3.4. Especificamente sobre o corretor 1025
  - 2.1.5.4. Alienação em leilão judicial (arrematação) 1026
    - 2.1.5.4.1. Introdução 1026
    - 2.1.5.4.2. Edital 1028
    - 2.1.5.4.3. Procedimento 1030
  - 2.1.5.5. Penhora de frutos e rendimentos de coisa móvel ou imóvel 1034
    - 2.1.5.5.1. Introdução 1034
    - 2.1.5.5.2. Natureza jurídica 1035
    - 2.1.5.5.3. Pressupostos 1035
    - 2.1.5.5.4. Procedimento 1036
- 2.1.6. Satisfação do crédito 1037

2.2. Execução de obrigação de fazer e não fazer com base em título executivo extrajudicial (CPC, arts. 814-823) 1038
- 2.2.1. Introdução 1038
- 2.2.2. Execução das obrigações de fazer 1038
- 2.2.3. Execução das obrigações de não fazer 1041

2.3. Execução de entrega de coisa certa e incerta com base em título executivo extrajudicial (CPC, arts. 806-813) 1041
- 2.3.1. Execução de entrega de coisa certa 1041
- 2.3.2. Execução de entrega de coisa incerta 1043

3. RESPOSTAS DO EXECUTADO 1044

3.1. Embargos à execução 1045
- 3.1.1. Introdução 1045
- 3.1.2. Natureza jurídica 1045
- 3.1.3. Matérias arguíveis 1046
  - 3.1.3.1. Inexequibilidade do título ou inexigibilidade da obrigação 1047
  - 3.1.3.2. Penhora incorreta ou avaliação errônea 1047
  - 3.1.3.3. Excesso de execução ou cumulação indevida de execuções 1048
  - 3.1.3.4. Retenção por benfeitorias necessárias ou úteis, nos casos de execução para entrega de coisa certa 1049
  - 3.1.3.5. Incompetência absoluta ou relativa do juízo da execução 1050
  - 3.1.3.6. Qualquer matéria que lhe seja lícito deduzir como defesa em processo de conhecimento 1050

3.1.4. Procedimento 1050
3.2. Impugnação (CPC, art. 525) 1054
  3.2.1. Definição e natureza jurídica 1054
  3.2.2. Matérias (fundamentos) 1055
    3.2.2.1. Falta ou nulidade de citação se, na fase de conhecimento, o processo correu à revelia 1055
    3.2.2.2. Ilegitimidade das partes 1055
    3.2.2.3. Inexequibilidade do título ou inexigibilidade da obrigação 1055
    3.2.2.4. Penhora incorreta ou avaliação errônea 1056
    3.2.2.5. Excesso de execução ou cumulação indevida de execuções 1056
    3.2.2.6. Incompetência absoluta ou relativa do juízo da execução 1056
    3.2.2.7. Qualquer causa impeditiva, modificativa ou extintiva da obrigação como pagamento, novação, compensação, transação ou prescrição desde que superveniente à sentença 1057
  3.2.3. Garantia do juízo 1057
  3.2.4. Prazo 1057
  3.2.5. Efeito suspensivo 1057
  3.2.6. Sobre a coisa julgada inconstitucional (especificamente os arts. 525, §§ 12 a 15, e 535, §§ 5º a 8º, CPC) 1058
    3.2.6.1. Introdução 1058
    3.2.6.2. Modulação dos efeitos 1061
    3.2.6.3. Alcance temporal 1061
3.3. Exceção executiva – "exceção de pré-executividade" 1063
  3.3.1. Introdução 1063
  3.3.2. Cabimento e nomenclatura 1064
  3.3.3. Procedimento 1065

4. SUSPENSÃO E EXTINÇÃO DO PROCESSO DE EXECUÇÃO 1068
4.1. Suspensão 1068
  4.1.1. Hipóteses de suspensão da execução 1068
  4.1.2. Prática de atos durante o período de suspensão 1070
4.2. Extinção da execução 1070

5. EXECUÇÕES ESPECIAIS 1072
5.1. Execução de alimentos 1072
  5.1.1. Alimentos no plano do direito material 1072
  5.1.2. Modalidades de execução de alimentos 1075
    5.1.2.1. Cumprimento de sentença 1075
      5.1.2.1.1. Procedimento 1075
      5.1.2.1.2. Protesto 1076
      5.1.2.1.3. Desconto em folha 1077
      5.1.2.1.4. Constituição de renda (CPC, art. 533) 1079
      5.1.2.1.5. Prisão civil 1080

5.1.2.1.6.	Execução por quantia – meios expropriatórios	1082
5.1.2.2.	Execução de alimentos (título executivo extrajudicial)	1083

5.2. Execução contra a Fazenda Pública 1084

5.2.1.	Introdução	1084
5.2.2.	Conceito de Fazenda Pública e alcance da execução	1085
5.2.3.	Regime da execução contra a Fazenda Pública no CPC	1086
5.2.4.	Procedimento	1087
5.2.4.1.	Cumprimento de sentença	1087
5.2.4.2.	Execução de título extrajudicial em face da Fazenda Pública	1090
5.2.5.	O pagamento pelo poder público: expedição de precatório e requisição de pequeno valor	1092
5.2.5.1.	Introdução	1092
5.2.5.2.	Procedimento do precatório	1093
5.2.5.3.	Exceções ao regime dos precatórios	1095
5.2.5.4.	Sequestro	1098
5.2.5.5.	Parcelamento de precatórios	1099
5.2.5.6.	Compensação	1100

PROCESSO NOS TRIBUNAIS E MEIOS DE IMPUGNAÇÃO DAS DECISÕES JUDICIAIS 1101

1. PRECEDENTES JUDICIAIS 1101

1.1.	Histórico	1101
1.2.	Introdução ao estudo dos precedentes no direito atual	1105
1.3.	Definição e classificação	1106
1.3.1.	Definição	1106
1.3.2.	Classificação	1111
1.3.2.1.	Quanto à forma de aplicação	1111
1.3.2.2.	Quanto à origem do precedente	1111
1.3.2.3.	Quanto à obrigatoriedade	1112
1.4.	Importância dos precedentes	1112
1.5.	Aplicação	1114
1.6.	Dinâmica dos precedentes (técnicas de superação, distinção, sinalização ou transformação)	1118
1.7.	Aplicação dos precedentes no CPC	1121
1.7.1.	Uma sistematização dos precedentes no CPC	1121
1.7.2.	Dinâmica do precedente no CPC brasileiro: superação (*overruling*) e distinção (*distinguish*)	1133
1.7.3.	Precedentes: modulação dos efeitos	1134

2. O MICROSSISTEMA DA COLETIVIZAÇÃO DE JULGAMENTOS REPETITIVOS NO ORDENAMENTO BRASILEIRO 1137

2.1.	Introdução	1137

2.2.	Incidente de resolução de demandas repetitivas	1139
	2.2.1. Cabimento e requisitos	1141
	2.2.2. Legitimidade	1143
	2.2.3. Competência	1144
	2.2.4. Não cabimento	1145
	2.2.5. Procedimento	1145
2.3.	Julgamento de recursos especial e extraordinário repetitivos	1150
	2.3.1. Introdução	1150
	2.3.2. Cabimento	1151
	2.3.3. Procedimento	1152

3. INCIDENTE DE ASSUNÇÃO DE COMPETÊNCIA 1158

3.1.	Cabimento	1158
3.2.	Procedimento	1160

4. AÇÃO RESCISÓRIA 1162

4.1.	Introdução e natureza jurídica	1162
4.2.	*Iudicium rescindens* e *iudicium rescissorium*	1167
4.3.	Hipóteses de cabimento em espécie (causa de pedir)	1169
	4.3.1. Prevaricação, concussão ou corrupção do juiz	1169
	4.3.2. Proferida por juiz impedido ou por juízo absolutamente incompetente	1170
	4.3.3. Dolo ou coação da parte vencedora em detrimento da parte vencida ou colusão ou simulação entre as partes a fim de fraudar a lei	1170
	4.3.4. Ofensa à coisa julgada	1172
	4.3.5. Violar manifestamente norma jurídica	1174
	4.3.6. Prova falsa	1176
	4.3.7. Prova nova	1177
	4.3.8. Erro de fato	1178
4.4.	Ação anulatória e ação declaratória de inexistência	1179
	4.4.1. Nomenclatura e sua diferença com ação rescisória	1179
	4.4.2. Cabimento	1179
	4.4.3. Procedimento	1181
	4.4.4. Ação declaratória de inexistência	1181
4.5.	Legitimidade	1182
	4.5.1. Parte no processo ou sucessor	1182
	4.5.2. Terceiro juridicamente interessado	1183
	4.5.3. Ministério Público	1184
	4.5.4. Aquele que não foi ouvido no processo	1185
4.6.	Competência	1185
	4.6.1. Regra geral	1185
	4.6.2. A competência na teoria dos capítulos das decisões	1187
4.7.	Prazo	1189
4.8.	Procedimento	1191

5. PRORROGAÇÃO DOS JULGAMENTOS NÃO UNÂNIMES PELO TRIBUNAL 1197

5.1. Introdução 1197
5.2. A transformação do recurso em técnica de julgamento 1198
5.3. Hipóteses de cabimento 1198
5.4. Procedimento 1200
5.5. Não cabimento 1201

6. RECLAMAÇÃO 1202

6.1. Introdução 1202
6.2. Previsão legal 1203
6.3. Natureza jurídica 1203
6.4. Cabimento 1204
6.5. Não cabimento de reclamação 1209
6.6. Legitimidade 1211
6.7. Competência 1211
6.8. Medidas concorrentes 1213
6.9. Procedimento 1213

7. DEMAIS INCIDENTES NO TRIBUNAL 1215

7.1. Do incidente de arguição de inconstitucionalidade 1215
7.2. Conflito de competência 1216

8. ORDEM DOS PROCESSOS NOS TRIBUNAIS 1218

8.1. Introdução 1218
8.2. Distribuição 1219
8.3. Atividade do relator 1220
8.4. Fase de julgamento 1224

9. SISTEMA RECURSAL: A TEORIA GERAL DOS RECURSOS 1229

9.1. Conceito de recurso, natureza jurídica, remédios 1229
9.2. Classificação dos recursos 1234
    9.2.1. Quanto à finalidade: recursos ordinários e extraordinários 1234
    9.2.2. Quanto à cognição: recursos de fundamentação livre e vinculada 1235
    9.2.3. Quanto à autonomia: recursos de interposição livre e subordinada (recurso adesivo) 1236
9.3. Duplo grau de jurisdição 1239
9.4. Juízo de admissibilidade e juízo de mérito 1243
    9.4.1. Admissibilidade (regramento geral) 1243
        9.4.1.1. Regras gerais 1243
        9.4.1.2. Juízo de admissibilidade em espécie 1248
            9.4.1.2.1. Pressupostos objetivos 1248
            9.4.1.2.2. Pressupostos subjetivos 1266
    9.4.2. Mérito recursal 1274

9.4.2.1.	Causa de pedir recursal. Vício de juízo e vício de atividade	1274
9.4.2.2.	Proibição da *reformatio in pejus* e vedação ao benefício comum	1276

9.5. Efeitos dos recursos ... 1278
   9.5.1. Efeito obstativo ... 1278
   9.5.2. Efeito devolutivo (vertical, horizontal, translativo e expansivo) ... 1279
   9.5.3. Efeito suspensivo ... 1281
   9.5.4. Efeito regressivo ou retratação ... 1282
   9.5.5. Efeito substitutivo ... 1283
   9.5.6. Efeito ativo ... 1284
   9.5.7. Demais efeitos ... 1284
9.6. Princípio da voluntariedade, consumação, complementaridade e unirrecorribilidade ... 1284
9.7. Remessa necessária ... 1285
   9.7.1. Introdução ... 1285
   9.7.2. Natureza jurídica ... 1286
   9.7.3. Hipóteses de cabimento ... 1287
   9.7.4. Exclusões legais ... 1289
   9.7.5. Procedimento ... 1290
9.8. Honorários advocatícios em sede de recurso ... 1291

10. RECURSOS EM ESPÉCIE ... 1295

10.1. Apelação ... 1295
   10.1.1. Introdução ... 1295
   10.1.2. Os efeitos da apelação ... 1297
      10.1.2.1. Efeito devolutivo ... 1298
         10.1.2.1.1. A ampliação da extensão do efeito devolutivo (o denominado efeito devolutivo condicionado) ... 1299
      10.1.2.2. Efeito translativo (efeito devolutivo vertical ou profundidade) ... 1301
         10.1.2.2.1. CPC, art. 1.013, §§ 1º e 2º ... 1303
         10.1.2.2.2. CPC, art. 1.013, §§ 3º e 4º ... 1306
         10.1.2.2.3. Matérias de ordem pública ... 1310
         10.1.2.2.4. Remessa necessária (CPC, art. 496) ... 1311
      10.1.2.3. Efeito suspensivo ... 1311
         10.1.2.3.1. Modulação dos efeitos da apelação ... 1312
         10.1.2.3.2. Efeito suspensivo e os capítulos da sentença ... 1313
   10.1.3. Processamento da apelação ... 1313
   10.1.4. Retratação (o denominado efeito regressivo) ... 1316
   10.1.5. A proibição do *jus novorum* ... 1317
10.2. Agravo de instrumento ... 1319
   10.2.1. Introdução e cabimento ... 1319
   10.2.2. Procedimento ... 1329
      10.2.2.1. Peças para a formação do instrumento ... 1329
      10.2.2.2. Sobre o específico requisito de admissibilidade do art. 1.018 do CPC ... 1331
      10.2.2.3. Formas de interposição do agravo de instrumento ... 1332

10.2.2.4. Poderes do relator no agravo de instrumento 1332
    10.2.2.4.1. Introdução 1332
    10.2.2.4.2. Atividade do relator 1333
    10.2.2.4.3. Situação do agravo quando da prolação de sentença 1335
10.3. **Agravo interno** 1337
  10.3.1. Poderes do relator 1337
  10.3.2. Cabimento 1337
  10.3.3. Agravo regimental 1338
  10.3.4. Natureza 1338
  10.3.5. Procedimento 1339
  10.3.6. Efeitos 1340
  10.3.7. Dialeticidade e fundamentação adequada 1340
  10.3.8. Agravo interno protelatório 1340
10.4. **Embargos de declaração** 1341
  10.4.1. Introdução 1341
  10.4.2. Cabimento 1342
  10.4.3. Processamento 1345
    10.4.3.1. Competência 1345
    10.4.3.2. Preparo e contraditório 1347
      10.4.3.2.1. Especificamente sobre o efeito modificativo dos embargos (efeito infringente) 1347
    10.4.3.3. O julgamento será realizado em cinco dias 1349
  10.4.4. Questões processuais 1349
    10.4.4.1. Efeitos 1349
    10.4.4.2. Embargos de declaração de embargos de declaração 1352
    10.4.4.3. *Reformatio in pejus* 1353
    10.4.4.4. Princípio da complementaridade 1353
    10.4.4.5. Multa 1354
    10.4.4.6. Fungibilidade 1355
10.5. **Recurso ordinário** 1356
  10.5.1. Introdução 1356
  10.5.2. Recurso ordinário para o Supremo Tribunal Federal 1357
  10.5.3. Recurso ordinário para o Superior Tribunal de Justiça 1357
    10.5.3.1. Mandado de segurança 1357
    10.5.3.2. Causas internacionais 1358
  10.5.4. Processamento 1358
10.6. **Recursos especial e extraordinário** 1359
  10.6.1. Definição 1359
  10.6.2. Histórico 1360
  10.6.3. Funções dos recursos de estrito direito 1361
    10.6.3.1. Defesa da norma jurídica 1362
    10.6.3.2. Uniformização da jurisprudência 1363
    10.6.3.3. Função paradigmática 1364

10.6.4. Hipóteses de cabimento dos recursos extraordinário e especial 1364
    10.6.4.1. Recurso especial (art. 105, III, CF) 1364
    10.6.4.2. Recurso extraordinário (art. 102, III, CF) 1367
10.6.5. Características 1369
    10.6.5.1. Prévio exaurimento das instâncias ordinárias 1369
    10.6.5.2. Decisão de tribunal 1370
    10.6.5.3. Não servem para revisão da matéria de fato (recursos de estrito direito) ... 1371
    10.6.5.4. Repercussão geral no recurso extraordinário e a relevância no recurso especial 1374
        10.6.5.4.1. Da repercussão geral 1374
            10.6.5.4.1.1. A função do STF sob a ótica interna 1374
            10.6.5.4.1.2. Análise externa do STF 1375
        10.6.5.4.2. Localizando a repercussão geral no sistema normativo 1376
        10.6.5.4.3. Natureza jurídica 1376
        10.6.5.4.4. Cabimento 1377
        10.6.5.4.5. Presunção de repercussão 1377
        10.6.5.4.6. Dimensão subjetiva da repercussão geral 1378
        10.6.5.4.7. Procedimento 1378
        10.6.5.4.8. A relevância no recurso especial (EC n. 125/2022) 1381
            10.6.5.4.8.1. Introdução 1381
            10.6.5.4.8.2. Presunção de relevância 1382
            10.6.5.4.8.3. Competência e *quorum* 1384
    10.6.5.5. Prequestionamento 1385
        10.6.5.5.1. Introdução e definição 1385
        10.6.5.5.2. Natureza e objeto de incidência 1385
        10.6.5.5.3. Prequestionamento implícito e explícito 1387
        10.6.5.5.4. Prequestionamento e as matérias de ordem pública (a profundidade do efeito devolutivo na instância especial) 1388
        10.6.5.5.5. Os embargos de declaração para fins de prequestionamento e a teoria do prequestionamento ficto 1390
    10.6.5.6. Sobre a questão do parágrafo único do art. 1.034 do CPC 1391
    10.6.5.7. Decisões definitivas 1392
10.6.6. Processamento 1393
10.7. Embargos de divergência 1400
10.7.1. Introdução 1400
10.7.2. Distinção com outras figuras 1400
10.7.3. Cabimento 1401
10.7.4. Procedimento 1403

REFERÊNCIAS 1405

INTRODUÇÃO AO ESTUDO DO DIREITO PROCESSUAL CIVIL

1.

CONCEITO DE DIREITO PROCESSUAL CIVIL

Para compreender o sentido e o alcance do direito processual civil é importante estabelecer uma importante relação entre o **direito e o processo**. O direito, denominado **material ou substancial, consiste num conjunto de normas aptas a regulamentar a vida em sociedade**. Isso porque os relacionamentos mantidos entre as pessoas (físicas, jurídicas) e demais entes necessitam da devida regulamentação (*ubi societas ibi ius*). Evidente que nem tudo ligado à atividade humana é preocupação do Estado, havendo as denominadas normas meramente sociais, como a amizade, a opção pelos alimentos que se consomem ou o gosto musical.

Aquelas que são reguladas pelo direito são denominadas relações jurídicas. O legislador, ao criar de forma abstrata a regulação da vida em sociedade, estabelece posições de vantagem e de desvantagem da qual os sujeitos são submetidos. São esses critérios de definem os direitos que prevalecem e, em contraposição, os direitos que serão tolhidos[1].

Aqueles que ocupam uma posição de vantagem em relação à norma possuem o que se denomina **direito subjetivo**. Portanto, possui um direito subjetivo aqueles a quem a norma reconhece ou confere um determinado direito. Assim, no direito subjetivo há um preceito que atribui um direito e a faculdade de exercer esse direito. A soma deles confere os contornos do direito subjetivo[2]. Dessa forma, "o direito subjetivo é subjetivo porque as permissões, com base na norma jurídica e em face dos demais membros da sociedade, são próprias das pessoas que as possuem, podendo ser ou não usadas por elas"[3].

Contudo, o direito subjetivo é oriundo da concepção clássica do processo analisado sob a ótica individual de que somente pode se ingressar no Poder Judiciário diante de uma violação a esse direito subjetivo.

Entretanto, as mudanças qualitativas de litígio, a que a sociedade se submeteu, deram espaço aos direitos (ou interesses) **metaindividuais** (transindividuais, supraindividuais). Aqui, não se trata do direito particular do indivíduo que vai a juízo buscar um direito próprio: o direito decorre de uma situação que envolve uma coletividade de pessoas (direitos difusos, direitos coletivos em sentido estrito e direitos individuais homogêneos) e que podem ser concedidos até mesmo em detrimento dos direitos subjetivos (desapropriação, por exemplo).

---
1   BEDAQUE, José Roberto dos Santos. *Direito e processo*. 2. ed. São Paulo: Malheiros, 2001, p. 10.
2   RÁO, Vicente. *O direito e a vida dos direitos*. 6. ed. São Paulo: RT, 2005, p. 557.
3   DINIZ, Maria Helena. *Compêndio de introdução à ciência do direito*. 25. ed. São Paulo: Saraiva, 2014, p. 265.

Esses interesses ou direitos metaindividuais são resultado da moderna sociedade na qual vivemos em que as decisões, condutas e atitudes têm aptidão de atingir uma coletividade de pessoas transcendendo a noção individualista do direito subjetivo (os denominados direitos fundamentais de segunda e terceira geração).

Em qualquer desses casos (direitos subjetivos ou metaindividuais), tem espaço o **direito processual que regula um conjunto de normas criadas para garantir que o direito material seja cumprido** porque a) o destinatário da norma não o cumpriu de forma espontânea, ou, porque as pessoas envolvidas no litígio possuem pontos de vista diversos sobre os fatos ou sobre o direito que deveria ser aplicado no caso, o que poderia, por esse desacordo, impedir a realização espontânea do direito[4] ou b) porque a norma substancial somente poderá produzir efeitos com a chancela ou homologação do Poder Judiciário (como, por exemplo, a jurisdição voluntária). Em qualquer dessas hipóteses, o Estado, para cumprir o direito, poderá impor uma sanção à parte que resiste em obedecer ao comando judicial.

A relação do direito com o processo é de autonomia, mas de plena interação, decorrente da denominada *instrumentalidade do processo* em relação ao direito material controvertido. Constitui uma relação circular (Hermes Zanetti) na qual o direito material idealiza a conduta da sociedade e o direito processual realiza o direito material quando não cumprido na prática.

Se o processo nada mais é do que a narrativa de uma situação de direito material em juízo, ele deve se adaptar e se estruturar às peculiaridades do direito material. Por isso há no sistema brasileiro mecanismos para tornar o processo mais rente à realidade substancial, como os procedimentos especiais (dentro e fora do CPC), os negócios jurídicos processuais (art. 190, CPC) e a possibilidade de adaptação do procedimento em casos de cumulação (art. 292, § 2º, CPC).

O direito processual se materializa por meio de um **processo**, que consiste (dentre diversas outras funções) em um conjunto de atos hábeis a conferir um resultado prático ao conflito ou situação jurídica (**tutela jurisdicional**). Isso só é possível porque aos juízes é conferido um poder para tornar a pretensão realidade (**jurisdição**).

O Direito Processual Civil é, portanto, o sistema de normas que regulam o funcionamento e o exercício da jurisdição civil. É ramo do **direito público**, e o é porque regula a relação não somente das partes (quando o processo é subjetivo) ou de legitimados (em processos objetivos), mas conta com a participação efetiva do Estado-juiz na condição de exercente do poder estatal que resolverá a questão. A natureza publicista do processo gera relevantes impactos ao processo como a possibilidade de produção de provas de ofício, o conhecimento de matérias de ordem pública e a aplicação de multas por litigância de má-fé.

O adjetivo *civil* é usado como mera nomenclatura e não quer dizer que o processo civil cuida somente do "direito civil". Cuida de todas as questões não penais e trabalhistas (pois estas, como serão vistas, possuem normas processuais próprias). Essa, aliás, é uma nomenclatura usada na Itália (*procedura civile*) e na Alemanha (*Zivilprozeβrecht*). Dessa forma, **o processo civil se aplica a todos os conflitos em que o legislador não tenha regulamentado um "processo próprio"**.

O processo civil é regulamentado prioritariamente pelo Código de Processo Civil (Lei n. 13.105/2015), pela Constituição Federal e por diversas legislações extravagantes que regulamentam procedimentos especiais e também regimentos internos e leis de organização

---

4   MITIDIERO, Daniel. *Processo Civil*. São Paulo: RT, 2021, p. 23. O autor exemplifica divergência de fato como a discussão se a entrega de um bem foi dado em doação ou comodato.

judiciária. É importante perceber que não é a localização da lei que a faz processual (dentro do Código de Processo Civil, por exemplo), mas a sua matéria que pode estar nas mais diversas fontes do direito.

Contudo, o processo poderá ser regulamentado a partir da experiência do cotidiano forense, por meio de adaptações ao modelo legal de processo, pelo que se convencionou denominar negócio jurídico processual.

As leis de processo possuem duplo sentido vetorial: tanto são criadas e, a partir delas, o operador do direito processual atua (por exemplo, a estruturação do rol dos recursos, os meios de prova admissíveis ou os requisitos da carta precatória) como também a lei pode ser criada com base nos costumes e na reiterada prática do foro (como um prazo diferenciado para determinados entes, formas alternativas de citação e mecanismos para efetivação das decisões judiciais).

Por fim, importante ressaltar que, normalmente, os litígios são, em regra, bipolares (possuem dois polos da qual o magistrado decide qual delas possui razão). Contudo, há situações em que os processos são multipolares e que, ao contrário dos bipolares, há a participação de diversos interessados com a estruturação gradual da resolução do conflito. São os denominados **processos estruturais**. O Poder Judiciário vem sendo demandado para interferir em questões além do conflito, muitas vezes ligadas a políticas públicas. A despeito de não haver previsão legal, o objetivo é conduzir o processo não apenas para dar solução àquele caso concreto, mas também resolver a causa do problema outorgando um sistema mais definitivo, ou seja, há um estado de desconformidade entre o que seria ideal e o que ocorre na prática (desorganização estrutural), e a decisão judicial serve para regular essa situação. A doutrina traz alguns exemplos relevantes: "(i) o direito de locomoção das pessoas portadoras de necessidades especiais é afetado pela falta de adequação e de acessibilidade das vias, dos logradouros, dos prédios e dos equipamentos públicos numa determinada localidade; (ii) o direito à saúde de uma comunidade é afetado pela falta de plano de combate ao mosquito *Aedes aegypti* pelas autoridades de determinado município; (iii) o direito de afrodescendentes e de indígenas é afetado pela falta de previsão, em determinada estrutura curricular do ensino público, de disciplinas ou temas relacionados à história dessa comunidade; (iv) a dignidade, a vida e a integridade física da população carcerária são afetadas pela falta de medidas de adequação dos prédios públicos em que essas pessoas se encontram encarceradas"[5], e, ainda, "As ações concursais – como, por exemplo, a falência e a recuperação judicial – também se baseiam em problemas estruturais. Elas partem de uma situação de desorganização, em que há rompimento da normalidade e do estado ideal de coisas, e exigem uma intervenção (re)estruturante, que organize as contas da empresa em recuperação ou que organize os pagamentos devidos pela massa falida. Essa desorganização pode advir do cometimento de ato ilícito, como no caso da falência, ou não necessariamente, como no caso da recuperação judicial"[6].

---

[5] DIDIER JR., Fredie; ZANETI JR., Hermes; OLIVEIRA, Rafael Alexandria de. Elementos para uma teoria do processo estrutural aplicada ao processo civil brasileiro. *RePro*, 303, São Paulo: RT, 2020, p. 45-81.

[6] Idem, ibidem. Ainda, como exemplo: "Imagine que se trate de uma empresa com marcada importância para a economia local, que empregue diversos trabalhadores e gere renda para inúmeras famílias. Basta lembrar as situações em que há o fechamento de unidades de montadoras de veículos automotores e a preocupação das autoridades com a desmobilização do efetivo operacional. O fechamento de uma unidade fabril não é, necessariamente, um ato ilícito, mas é uma situação que pode romper com o estado de coisas tido como ideal, com ampla repercussão na vida de certa comunidade, a exigir uma intervenção reestruturante".

2.
EVOLUÇÃO HISTÓRICA DO DIREITO PROCESSUAL CIVIL

O direito processual civil tal qual o conhecemos hoje é fruto de uma longa e trabalhosa evolução histórica, permeada por uma série de avanços e retrocessos.

Por se tratar de assunto de menor interesse prático, mas relevante para o conhecimento do nosso estágio atual, a narrativa que aqui se propõe será resumida aos pontos principais e condensada na tabela a seguir:

FASE INICIAL	Surgimento das primeiras normas processuais e possibilidade de levar as pretensões a uma autoridade pública.
PROCESSO CIVIL NA FASE DA GRÉCIA ANTIGA	Início do estudo do processo civil como ciência independente de questões religiosas. Observância do princípio dispositivo e da oralidade.
PROCESSO CIVIL NA FASE DO IMPÉRIO ROMANO	Desenvolvido em três fases: **1) Período *legis actiones*:** as partes apenas poderiam usar as cinco ações que estavam previstas em lei para tutelar seus direitos. O procedimento era solene, não envolvia advogados e era prioritariamente oral. Possuía duas fases distintas: a primeira perante um juiz, que verificava a admissibilidade e fixava o litígio. A outra perante cidadãos na função de árbitros para prolação da sentença. **2) Período formulário:** com a expansão do império, foi necessária a criação de novos processos e procedimentos. Com isso se permitiu ao magistrado estabelecer fórmulas para que os litígios pudessem ser resolvidos. **3) Período da extraordinária *cognitio*:** nessa fase se aboliram os árbitros privados para dar lugar a funcionários do Estado. Adotou-se a forma escrita.
IDADE MÉDIA	A queda do Império Romano gerou um retrocesso na evolução do processo, com disparidade de entendimentos e forte influência da religião sobre o direito. Houve a fusão dos direitos germânico, romano e canônico, dando origem ao processo comum.

PROCESSO CIVIL NO SÉCULO XIX	Em decorrência do liberalismo, o Estado mínimo preconizado reduziu o poder do juiz, fortalecendo a liberdade das partes. O legalismo (Estado Legislativo) foi uma forma de retirar o poder do regime absolutista até então existente. O direito era exclusivamente o que a lei dizia, e esta, a lei, possuía ampla legitimidade, já que produzida por autoridade dotada de competência normativa. Para não afrontar especialmente os princípios da igualdade e da liberdade, as leis deveriam ser gerais e abstratas, como garantia de isonomia e imparcialidade de quem as aplicava. O juiz não podia levar em conta peculiaridades ou circunstâncias diferentes do caso concreto.
PROCESSO CIVIL NO SÉCULO XX	O juiz voltou a ter amplos poderes em decorrência da visão publicista do processo. Em decorrência disso, passou a ter permissão para produzir provas sem provocação e conhecer de determinadas matérias em nome do interesse público.
PROCESSO CIVIL NO SÉCULO XXI	Mantendo a natureza pública do processo, a Constituição Federal passou a exercer forte influência sobre o processo civil (o denominado *neoprocessualismo*, *pós-positivismo* ou *neoconstitucionalismo*), fortalecendo os princípios constitucionais, em especial o do devido processo legal. Essas questões serão mais bem estudadas *infra*.
PROCESSO CIVIL BRASILEIRO	Com a independência do Brasil, as **Ordenações Filipinas** se mantiveram em vigor naquilo em que não afrontassem a soberania do governo. **Regulamento n. 737:** primeiro Código brasileiro que regulava apenas causas comerciais (em virtude do advento do Código Comercial de 1850). **Códigos Estaduais:** em decorrência da legitimidade conferida pela Constituição de 1891, diversos Estados elaboraram seus próprios Códigos de Processo. **CPC/39:** projeto de Pedro Batista Martins com forte influência dos direitos alemão e português. **CPC/73:** Código estruturado por Alfredo Buzaid com base nos ensinamentos do professor italiano *Enrico Tullio Liebman*. **CPC/2015:** originado do Projeto Legislativo n. 166/2010, passou, ao longo de sua tramitação, por uma série de mudanças no Congresso. Foram instituídas diversas comissões de juristas, além de audiências públicas para o seu resultado final, que se vê analisado neste Manual.

O processo civil que conhecemos hoje nem sempre foi dessa forma. Ao longo de sua história, passou por diversas etapas. Pode ser dividido em quatro grandes fases. A identificação dessas bases teóricas constitui importante ferramenta para a compreensão do estágio atual do direito processual:

FASE SINCRÉTICA OU PRAXISTA	O processo civil não era considerado uma ciência autônoma, sendo tratado como um departamento do direito civil e se confundindo com o próprio direito material postulado em juízo. Não havia teorização sobre a ciência do processo civil, e o interesse se concentrava na prática forense. Processo e procedimento eram vistos como uma coisa só (sincretismo): mera formalidade necessária para a resolução do caso.

FASE CIENTÍFICA, PROCESSUALISTA OU AUTÔNOMA	O processo civil começou a ser tratado como ciência autônoma e relação jurídica diversa do direito material (entendimento que teve início com Oskar von Bulow em 1868). Foi a denominada fase científica, na qual o processo civil não apenas adquiriu *status* de ciência como passou a ser estudado (especialmente por juristas alemães e italianos) como disciplina autônoma. Como bem observam Oliveira-Mitidiero: "se de um lado, o direito processual civil ganha em precisão e refinamento, de outro, resta fragilizado o seu relacionamento com o direito material e desligado da realidade social (...) se o direito não pertence à cultura, e pode ser teorizado no modelo epistemológico das ciências exatas[1], então os institutos de direito processual são invariavelmente institutos desligados da realidade social e válidos em qualquer contexto social".
FASE INSTRUMENTALISTA OU TELEOLÓGICA	Foi criada a partir dos exageros da fase anterior, que estudava o processo como ciência, mas sem se preocupar com as peculiaridades do direito material. Apesar do isolamento entre o direito processual e o material, que é importante para o aprofundamento dos estudos do processo civil, não se pode esquecer que o processo é instrumento do direito material. Não existe processo civil sem que conviva (em verdadeira relação de simbiose) com outros ramos do direito. Ou seja, **o processo é autônomo enquanto ciência, mas dependente enquanto função do direito material.** Por isso, autores italianos como Vittorio Denti e Mauro Cappelletti desenvolveram a denominada fase instrumentalista, em que o processo deve ser analisado não pelo que ele é, mas por sua finalidade, que é conceder o direito a quem o tenha. Para isso, o processo deve ser moldado para atender ao direito material (o que se verifica, por exemplo, na criação de determinados procedimentos especiais) e com a atuação de um magistrado mais ativo, que deve entender que "o processo deve dar, quando for possível praticamente, a quem tenha um direito, tudo aquilo e exatamente aquilo que ele tenha direito de conseguir" (Chiovenda). O maior expoente dessa teoria no Brasil é o professor do Largo São Francisco Cândido Rangel Dinamarco, que estudou a instrumentalidade do processo por meio de três escopos: **Escopos sociais:** a função social da jurisdição é a pacificação e a eliminação do conflito (efeito primário). Ademais, gera um efeito secundário, que é a educação da sociedade sobre o dever de obediência às normas do direito brasileiro. Contudo, a pacificação social não pode ser analisada de forma isolada, por se tratar do resultado da atividade jurisdicional em uma de suas vertentes. Assim, nem só de pacificação vive a jurisdição (v.g., jurisdição voluntária), e nem só a jurisdição exerce pacificação (v.g., outros mecanismos de composição de conflito, como a arbitragem).

---

1 OLIVEIRA-MITIDIERO. *Curso de direito processual civil*. São Paulo: Atlas, 2010, v. 1, p. 14.

	Escopos políticos: trata-se da estabilidade das instituições políticas. Trabalha-se na consolidação do ordenamento jurídico com o cumprimento contínuo do direito material, assegurando a todos a possibilidade de exercer seus direitos por meio dos instrumentos processuais colocados à disposição dos jurisdicionados. **Escopos jurídicos:** constituem conceito ultrapassado para a nova ideia de processo. É, em verdade, uma reminiscência da teoria de Chiovenda (declaratória), segundo a qual o Estado não teria criatividade judicial e, portanto, não poderia criar a norma individual e concreta. Assim, o processo teria poderes eminentemente jurídicos como um (mero) instrumento do direito material. É possível fazer uma releitura dos fins jurídicos à luz do sistema de precedentes adotados pelo CPC brasileiro. A estruturação da obediência aos precedentes gera: a) uniformidade do direito na preservação de uma unidade decisória para casos análogos; b) desestímulo à litigiosidade judicial, uma vez que o dissídio interpretativo e as variadas decisões em sentido diverso incentivam as partes a buscar o Poder Judiciário na esperança de sua causa ser distribuída a um magistrado simpatizante de sua tese; c) segurança e previsibilidade, no sentido de as partes terem condição de saber qual posicionamento será adotado no seu caso tendo em vista as decisões pretéritas sobre situações similares. A aplicação efetiva da Constituição Federal no CPC, embora de certa maneira já seja objeto de alguma elaboração por parte da doutrina, ainda não é colocada como protagonista.
FASE NEOPROCESSUALISTA, INSTRUMENTAL-CONSTITUCIONAL OU DO FORMALISMO VALORATIVO	Inegavelmente, o processo civil é autônomo e instrumental, mas precisou passar por mais algumas mudanças em decorrência da: **A – Força normativa da Constituição:** apesar de os Códigos de Processo Civil brasileiros, ao longo da história conviverem com as Constituições vigentes, foi apenas a partir da CF/88 que se reconheceu sua verdadeira força normativa. Isso se reflete no art. 1º do CPC/15, que estabelece: "O processo civil será ordenado, disciplinado e interpretado conforme os valores e as normas fundamentais estabelecidos na *Constituição da República Federativa do Brasil*, observando-se as disposições deste Código". Em consequência desse reconhecimento, o sistema processual brasileiro passou: **a1)** a adotar os princípios como importante fonte do direito, reconhecendo sua categoria de norma jurídica; **a2)** a reconhecer a análise da funcionalidade do processo para concretizar os direitos fundamentais, como o direito à saúde (art. 196, CF)[2], e a autoaplicação desses direitos fundamentais (art. 5º, § 1º, CF), **a3)** a promover a ampla expansão da jurisdição constitucional, em especial com o controle de constitucionalidade (concentrado e difuso); **a4)** a mostrar que a CF serve para preencher os "buracos" deixados pelo processualista, especialmente na fase científica.

---

2   CF, art. 196: "A saúde é direito de todos e dever do Estado, garantido mediante políticas sociais e econômicas que visem à redução do risco de doença e de outros agravos e ao acesso universal e igualitário às ações e serviços para sua promoção, proteção e recuperação".

B – Mudança na técnica legislativa: a produção das normas infraconstitucionais, especialmente a partir do Código Civil de 2002, mudou radicalmente. Historicamente, sempre se adotou o método casuístico, para evitar ao máximo a interpretação do juiz[3]. Por exemplo, o CC/16 estabelecia que o homem era o chefe do lar conjugal e que a mãe sempre ficaria com a guarda do filho no caso de divórcio (desquite). Na atual sistemática convivem, ao lado das normas casuísticas (aquelas que fixam prazos ou requisitos da petição inicial), normas de conceito vago e indeterminado, bem como cláusulas gerais. O juiz hoje tem um papel muito mais ativo para concretizar, com base na realidade social, econômica, jurídica e política em que vive, as normas de baixa densidade semânticas como "boa-fé contratual", "função social da propriedade", "bons costumes", "repercussão geral", "tempo suficiente", entre outras.

C – Adoção da criatividade judicial: como consequência, a lei não constitui a única ou essencial fonte do direito para que o juiz possa julgar. Na análise do caso concreto o magistrado pode se valer das mais diversas fontes, ponderando sua aplicação e criando a solução para regular a causa[4]. O CPC sutilmente explicita essa mudança ao substituir a função do MP de "fiscal da lei" para "fiscal da ordem jurídica"; igualmente, o art. 3º do CPC constitui reprodução quase integral do art. 5º, XXXV, da CF, mas sem a palavra "lei"; especialmente, o art. 140 do CPC constitui a versão atualizada do art. 126 do CPC/73. O direito é sempre interpretado, aliás a interpretação e sua correlata aplicação são indissociáveis, aplicadas em momentos cronologicamente sucessivos. Assim, é clássica a distinção entre texto (escrito da lei) e norma (interpretação judicial do texto).

D – Adoção do modelo cooperativo (colaborativo) de processo: nesse modelo há amplo incentivo à participação e colaboração das partes na denominada democracia processual. O juiz, mais do que ativo, deve ser cooperativo, oportunizando a ampla participação das partes e a comunicação entre elas para um processo efetivo e justo.

Denomina-se formalismo-valorativo porque "o formalismo do processo é formado a partir de valores – justiça, igualdade, participação, efetividade e segurança –, base axiológica a partir da qual ressaem princípios, regras e postulados para sua elaboração dogmática, organização, interpretação e aplicação"[5].

Dessa forma, o estágio é o do **formalismo-valorativo**. Antes a jurisdição estava na posição central da teoria geral do processo (nota marcante do instrumentalismo) já que o julgador possuía uma relação de superioridade (= não assimétrica) com as partes o que permitia

---

3 Fruto do pensamento liberal e iluminista do século XIX.
4 Sobre o assunto, reporta-se o leitor ao capítulo sobre jurisdição.
5 OLIVEIRA-MITIDIERO. *Curso de direito processual civil*. São Paulo: Atlas, 2010, v. 1, p. 16.

a prolação de decisões arbitrárias. Dessa forma, é **formalismo** porque coloca o processo em primeiro plano no centro da teoria a fim de evitar excessos jurisdicionais e é **valorativo** quando se verifica que a atividade de cognição desenvolvida pelo Poder Judiciário reconstrói o direito procedendo verdadeiramente uma atividade criativa (que será melhor vista no capítulo sobre jurisdição. Dessa forma, "o fim último do processo já não é mais a realização do direito material, mas a concretização da justiça material, segundo as peculiaridades do caso"[6].

---

6   OLIVEIRA, Carlos Alberto. *Do formalismo no processo civil*. 3. ed. São Paulo: Saraiva, 2009, p. 3.

3.

RELAÇÃO DO DIREITO PROCESSUAL CIVIL COM AS DEMAIS DISCIPLINAS DO DIREITO

O processo civil, como disciplina instrumental, possui, em diferentes níveis, relação com os demais ramos do direito. O processo não apenas mantém íntima relação com o direito material (nas mais diversas disciplinas) como também entre as próprias vertentes processuais. Assim, é possível estabelecer correspondência entre:

A – Direito processual do trabalho e direito processual penal: no plano estrutural, a despeito dos inúmeros ramos do direito material (direito civil, penal, tributário, previdenciário, constitucional e administrativo, entre outros), é comum estudar apenas três modalidades de processo: o processo penal, que tutela o direito penal, o processo do trabalho que tutela o direito do trabalho, e o processo civil, que tutela todas as outras demais disciplinas do direito material.

Cada uma dessas modalidades possui um aglutinado de normas próprias, com seus prazos, seus recursos e suas diretrizes principiológicas.

Contudo, é comum, no plano do processo civil, a doutrina proceder a subdivisões em "pequenas áreas do processo", como processo coletivo, processo constitucional, processo tributário, processo societário, processo do consumidor, entre outros.

Não existe divisão no plano legislativo, já que não há lei que regulamente somente o processo tributário ou o processo constitucional, por exemplo. Contudo, para fins didáticos e de modo a auxiliar o operador do direito (que, por exemplo, atue apenas no denominado "contencioso tributário" ou "contencioso societário") é que diversas publicações literárias grupam os artigos ou leis que possam dar um sentido comum a essa disciplina.

É importante saber que a subdivisão não desnatura o fato de que todos esses "processos" fazem parte do ramo direito processual civil.

Voltando aos processos penal e do trabalho, essas duas disciplinas possuem, em regra, regime processual próprio. Contudo, o Código de Processo Civil constitui fonte subsidiária e supletiva na falta de normas que regulem, no plano processual, a questão, conforme o art. 15 do CPC: "Na ausência de normas que regulem processos eleitorais, trabalhistas ou administrativos, as disposições deste Código lhes serão aplicadas supletiva e subsidiariamente". No processo do trabalho há diversos temas que são tratados exclusivamente pelo processo civil, por exemplo, tutela provisória, ação rescisória, consignação em pagamento, ação monitória, preliminares de contestação, embargos de terceiro e algumas questões sobre penhora. No processo penal, apesar de sofrer menor influência do processo civil, há diversos temas que são trazidos para responder a problemas do processo penal. Essa autorização não decorre apenas do já citado art. 15 do CPC, mas do art. 3º do Código de Processo Penal, que é expresso ao dizer que "*a lei processual penal admitirá interpretação extensiva e aplicação analógica*". Ademais, há dispositivos do CPP que expressamente invocam o CPC, como os arts. 139, 362 e 790. Mas há outras importantes regras do processo civil que se aplicam ao processo penal, por exemplo: i) a necessidade de estabilidade da jurisprudência e da vinculação dos juízos aos precedentes (arts. 926 e 927, NCPC); ii) o atendimento ao contraditório material (art. 10, CPC); iii) a teoria da fundamentação analítica (art. 489, § 1º, CPC); iv) a *perpetuatio jurisdictionis* (art. 43, CPP); v) a calendarização processual (art. 191, CPC); vi) o IRDR e assunção de competência (arts. 976 e 946, CPC). Para realçar o que foi dito aqui, o Enunciado 3 da I Jornada de Direito Processual Civil (CJF) estabelece: "As disposições do Código de Processo Civil aplicam-se supletiva e subsidiariamente ao Código de Processo Penal, no que não forem incompatíveis com esta Lei".

B – Direito constitucional: não existe diploma que exerça tanta influência sobre o processo civil como a Constituição Federal. Apesar de desnecessário, o CPC traz expressa essa submissão: "Art. 1º O processo civil será ordenado, disciplinado e interpretado conforme os valores e as normas fundamentais estabelecidos na Constituição da República Federativa do Brasil, observando-se as disposições deste Código".

Assim, a Constituição Federal: i) regulamenta a tripartição de poderes e a autonomia do Poder Judiciário (art. 2º, CF); ii) regulamenta os órgãos do Poder Judiciário (art. 92, CPC); iii) disciplina o cabimento dos recursos especial, extraordinário e ordinário[1]; iv) disciplina, igualmente, os remédios constitucionais, como o mandado de segurança, o *habeas data* e o mandado de injunção; v) estabelece a previsão de alguns denominados "precedentes vinculantes", como a decisão em controle concentrado de constitucionalidade pelo STF e a súmula vinculante (arts. 102, § 2º, e 103-A da CF); vi) regulamenta um sem-número de princípios com ampla incidência na seara processual, como o do devido processo legal, o do juiz natural, o da legalidade e outros que possuem previsão tanto na CF como no CPC (duração razoável do processo, isonomia, contraditório e ampla defesa, inafastabilidade); vii) estabelece as garantias dos juízes (art. 95 da CF): vitaliciedade, inamovibilidade e irredutibilidade de vencimentos; viii) regulamenta uma série de regras de competência, em especial a das justiças especializadas, a da justiça federal e a competência originária dos tribunais; ix) regulamenta o processamento dos precatórios (art. 100, CF) para os pagamentos nos casos de execução contra a Fazenda Pública (arts. 534 e 910, CPC).

C – Direito administrativo: apesar do adjetivo "civil", o direito processual não serve apenas ao direito civil, mas a todas as matérias de direito público. Ademais, para os administrativistas, jurisdição voluntária é procedimento administrativo e não jurisdicional. A regulamentação da execução fiscal, da execução contra a Fazenda Pública, das prerrogativas da Fazenda Pública em juízo e da remessa necessária são pontos de intersecção entre ambas as matérias. Ele também se presta a fornecer subsídios ao processo administrativo, regulamentado na Lei n. 9.784/99.

D – Direito civil e empresarial: o processo civil serve ao direito civil e empresarial em relação de instrumentalidade (ainda que essa expressão seja criticada por segmentos da doutrina). Especialmente quanto ao direito civil, os procedimentos especiais foram edificados com

---

[1] Não obstante a previsão específica de cabimento desse recurso para as matérias não penais no art. 1.027 do CPC.

base nas relações privadas de direito material, assim como existe uma profícua ligação entre ambas as disciplinas no que concerne às provas, desconsideração da personalidade jurídica, participação dos cônjuges no processo, prescrição e decadência, evicção, penhora, entre outros.

E – Direito penal: o direito penal participa da vida do processo civil no plano da ilicitude, seja para regular o *tipo* de situação passível de ação rescisória (art. 966, I, CPC – prevaricação corrupção e concussão), seja na aplicação dos crimes de desobediência (art. 330, CP e arts. 403, parágrafo único, 524, § 3º, 529, § 1º, 532, 536, § 3º, e 912, § 1º, CPC).

4.

FONTES DO DIREITO PROCESSUAL CIVIL

Assim como todos os demais ramos do direito, o direito processual civil é regulamentado por diversas fontes, como a lei, a doutrina, a jurisprudência, os precedentes, os princípios, a analogia e os costumes. Aqui se fala de fontes formais do direito (leis, jurisprudência, doutrina etc.) não se relacionando com as fontes materiais (fatores que criam os direitos).

CÓDIGO DE PROCESSO CIVIL	O Código de Processo Civil (Lei n. 13.105/2015) é, por definição, o diploma que prevê o maior número de disposições que disciplinam a atividade processual. São 1.072 artigos inteiramente voltados a essa atividade. Código é uma técnica legislativa que pretende concentrar todo o regramento de determinada matéria. Contudo, é mera pretensão, já que há diversas regras processuais que se encontram fora do Código, como se verá abaixo.
CONSTITUIÇÃO FEDERAL	A Constituição é reconhecidamente a principal fonte a iluminar a aplicação do processo civil (art. 1º, CPC). É dela que se extraem alguns princípios e garantias que regem a estrutura processual, a organização judiciária e a competência de diversos tribunais (Tribunais superiores e tribunais federais), bem como a previsão de diversos remédios constitucionais (ações do controle, *habeas data*, mandado de segurança, mandado de injunção, ação popular, entre outros).
TRATADOS E CONVENÇÕES INTERNACIONAIS	Os tratados e convenções internacionais assumem importante papel no processo civil, o que, aliás, é previsto expressamente (art. 13, CPC e 5º, § 2º CF). É deles que se extrai a cooperação jurídica internacional decorrente de tratado ou reciprocidade manifestada pela via diplomática (art. 26 e seu § 1º, CPC).
LEIS FEDERAIS	As leis federais podem ser divididas em dois grandes grupos: **a) leis extravagantes ou esparsas:** há diversas leis que orbitam em torno do CPC e regulam a atividade processual, como o mandado de segurança, a ação civil pública, a parte processual do CDC, a lei do divórcio, leis dos alimentos, lei de locação, as três leis que regulamentam os Juizados Especiais (cível, federal e da Fazenda Pública);

	b) normas heterotópicas: são regras destinadas a outra disciplina, mas que servem como fonte do processo civil (Código Civil, especialmente no regramento material dos procedimentos especiais, nas questões de família, provas e inventário).
NEGÓCIO JURÍDICO PROCESSUAL	Quando criado pelas partes (com ou sem a participação do juiz), constitui fonte de direito processual. Assim, é possível ampliar os prazos previstos em lei, estabelecer calendário processual para a prática de atos, escolher o perito ou o conciliador.
LEIS E CONSTITUIÇÕES ESTADUAIS	As Constituições estaduais, pelo que foi delegado da CF (art. 125, § 1º), regulamentam os Tribunais estaduais e sua competência. As leis estaduais podem regular custas, instituir organização judiciária, regras de competência de foro e juízo (criação e extinção de comarcas e instituição de determinada vara especializada).
REGIMENTO INTERNO	Os Regimentos Internos são de criação exclusiva dos Tribunais (art. 96, I, CF) e versam sobre a **competência interna** de cada tribunal, com a divisão entre as câmaras, seções, turmas e grupos, as funções de cada órgão e as atribuições dos desembargadores.
"DIREITO JURISPRUDENCIAL"	"Direito jurisprudencial" é a nomenclatura utilizada por parte da doutrina para identificar a jurisprudência, as súmulas e os precedentes. Constituem todos eles importantes fontes de direito. Primeiro porque "Os tribunais devem uniformizar sua jurisprudência e mantê-la estável, íntegra e coerente" (art. 926, CPC). Segundo porque o Brasil (como será visto no capítulo sobre precedentes) adota, ao lado dos precedentes facultativos, os precedentes obrigatórios ou vinculantes dispostos no art. 927, CPC. Além da adoção dos enunciados de súmulas (vinculantes ou não).

As demais fontes como costumes, analogia, princípios (art. 4º, LINDB) e doutrina serão estudados no curso desse Manual.

Essas fontes sempre foram usadas em maior ou menor medida ao longo da história, de acordo os valores do momento em que se estuda, e considerando as diversas opções do ordenamento jurídico. Apenas em caráter ilustrativo, o CPC/73, em seu art. 126, conferia caráter preferencial à aplicação da lei em qualquer caso, permitindo o uso das demais fontes do direito na falta de omissão legislativa. O CPC atual, em seu art. 140, retirou essa preferência.

Sobre esse exemplo, dois foram os grandes fatos motivadores dessa questão. **Primeiro**, em 1988, com o advento da atual Constituição Federal, impôs-se sua obrigatória observância em relação ao processo civil, que somente poderá ser estudado e interpretado conforme as diretrizes que estão ali dispostas, já que antes o sistema nervoso para as soluções processais orbitava exclusivamente ao redor do Código. **Segundo**, com o atual Código de Processo Civil estabeleceu-se a força normativa que os precedentes já possuíam, em alguns casos, na CF (controle concentrado de constitucionalidade e súmula vinculante).

O que vale dizer que o Código de Processo Civil e as leis (texto) ainda constituem a principal fonte do direito processual, afinal o Brasil ainda é arraigado ao sistema *civil law*, a própria lei autoriza as demais fontes (como exemplo, arts. 926, 927, CPC e 4º LINDB). Apenas à guisa de explicação os precedentes somente são vinculantes no Brasil por força de lei e não decorrente de uma atividade consuetudinária como ocorre nos países de tradição *common law*.

Exceção ao que se estabelece na Constituição Federal e nos princípios constitucionais (ainda que não positivados), que constituem norma hierarquicamente superior. Vale dizer, se algum artigo do CPC colidir com um princípio de *status* constitucional (ainda que não previsto expressamente, art. 5º, § 2º, CF), prevalece este.

Contudo, a lei hoje divide esse protagonismo com as demais fontes do direito, seja pela insuficiência legislativa para regular todas as situações, sejam pela dificuldade de se fazer o devido encaixe da lei em determinados casos, seja pela falta de aderência da lei ao caso em decorrência de não refletir mais o pensamento social contemporâneo, seja, por fim, pela complexidade da atual vida em sociedade.

Ademais, a lei incorre no que se denomina **dupla indeterminação do direito** (*Guastini*): o texto de lei permite se extrair dois significados bem como a lei pode aduzir mais ou menos do que deveria dizer. Para além do texto, a norma igualmente é indeterminada, pois depende da interpretação de cada juiz sobre a referida lei. Há uma série de fatores, jurídicos, culturais, políticos e, principalmente, sociais que levam o Poder Judiciário a adoção de determinada interpretação.

Todas essas questões serão vistas com bastante vagar nos capítulos seguintes.

5.

A LEI PROCESSUAL NO TEMPO E NO ESPAÇO

O direito intertemporal é regido pelos arts. 14, 1.045, 1.046 e 1.047, CPC. Só têm interesse para o seu estudo para os processos pendentes: os findos, em decorrência da segurança jurídica processual, foram acobertados pela coisa julgada (art. 5º, XXXVI). Aos processos vindouros, obviamente, aplica-se a lei nova.

Processos findos: aplica-se a lei anterior. Protegidos pela coisa julgada.

Processos pendentes: *tempus regit actum*.

Processos futuros: aplicar-se-á a lei de vigência no momento da propositura da demanda.

É importante entender duas questões distintas:

I – Entrada da lei em vigor – Esta segue a regra aplicável a todas as leis em geral. Compete ao próprio legislador estabelecer o prazo da *vacatio legis*. Caso não haja essa previsão será de 45 dias depois de oficialmente publicada (art. 1º, da LINDB) e perdura até que outra lei posterior a revogue de maneira expressa ou por incompatibilidade.

II – Aplicação da lei nos processos em cursos – Nesse caso, há três sistemas que explicitam a aplicação do direito intertemporal:

a) o **sistema da unidade processual**, segundo o qual o processo em trâmite se encerrará com a lei que a ele deu início;
b) o **sistema das fases processuais**, pelo qual a nova lei apenas passa a incidir na mudança de fase (sabendo que se trata das fases postulatória, instrutória e decisória); e
c) o **sistema da imediatidade da aplicação da lei processual**, cujas novas regras incidem nos processos pendentes, dentro da mesma fase, mas respeitando o direito adquirido processual. O sistema brasileiro adota essa posição (arts. 14, 1.046 e 1.047, CPC).

Isso porque cada ato do processo tem a devida proteção para o caso de mudança legislativa.

Quanto aos processos pendentes, objeto deste estudo, a nova lei processual os atinge diretamente a "partir de então", sendo constitucionalmente vedados os efeitos retroativos da nova lei a situações consolidadas. A retroação da lei ou a aplicação da lei mais benéfica apenas tem importância em algumas situações de direito material.

O processo, como procedimento dinâmico que perdura no tempo, deverá, para a perfeita compreensão da aplicação da nova lei, proceder ao isolamento dos atos. Estes (que em si são concatenados aos outros) possuem um grau de proximidade e dependência variado a depender da etapa processual e das especificidades dos próprios atos.

O CPC entrou em vigor um ano após sua publicação oficial (art. 1.045, CPC). Como foi publicado no dia 17 de março de 2015, apenas no dia 16 de março de 2016 o novo Código de Processo Civil entrou em vigor.

É importante enfrentar algumas questões de direito intertemporal:

RECURSOS	Aplica-se a lei anterior mesmo na fluência do prazo de recurso. Assim, a abertura do prazo recursal enseja uma situação jurídica pendente. Isso quer dizer que, se a decisão foi publicada no dia 14 de março de 2016, será utilizado o recurso da lei antiga ainda que este não mais exista ou tenha prazo diverso da lei nova.
PROCEDIMENTOS	Se o CPC atual entrou em vigor enquanto pendente uma ação que corre pelo rito sumário ou algum outro procedimento especial que tenha sido extinto pelo diploma novo (p. ex., usucapião judicial ou ação de depósito), o procedimento da lei antiga permanece até a sentença, quando, então, desaparece a especialidade do procedimento seguindo o regime da lei nova.
LEGISLAÇÃO EXTRAVAGANTE	Salvo as alterações/revogações empreendidas pelo CPC (arts. 1.060 a 1.072), mantém-se a legislação extravagante em vigor
PROVAS	Se a prova foi requerida ou determinada de ofício antes da vigência desse Código, aplicam-se as normas do diploma anterior.

É recomendável a leitura dos Enunciados administrativos 2 a 4 do STJ bem como os Enunciados 267, 268, 275, 295, 308, 311, 341, 354, 355, 356, 479, 567 e 568 do Fórum Permanente dos Processualistas Civis.

Quanto à lei processual no espaço, aplica-se o princípio da territorialidade das leis processuais, o que vale dizer, o juiz aplicará as leis apenas circunscritas ao local em que exerce jurisdição. Assim, o CPC é norma obrigatória em todo território nacional.

Nada impede, contudo, que um processo tramitando no Brasil, seguindo as regras do nosso CPC, o direito material controvertido seja decidido com base em direito estrangeiro (ex.: art. 10, LINDB).

É o que se estabelece no art. 13: "A jurisdição civil será regida pelas normas processuais brasileiras, ressalvadas as disposições específicas previstas em tratados, convenções ou acordos internacionais de que o Brasil seja parte" e no art. 16 do CPC: "A jurisdição civil é exercida pelos juízes e pelos tribunais em todo o território nacional, conforme as disposições deste Código".

Contudo, há duas exceções:

I – os tratados, convenções e acordos internacionais em que o Brasil seja parte (art. 13, parte final, CPC);

II – no plano probatório, prevalece a lei estrangeira quando o contrato ou negócio jurídico outro é praticado em outro país, ainda que a demanda seja apresentada em território nacional (art. 13, LINDB)[1].

---

1 Art. 13. A prova dos fatos ocorridos em país estrangeiro rege-se pela lei que nele vigorar, quanto ao ônus e aos meios de produzir-se, não admitindo os tribunais brasileiros provas que a lei brasileira desconheça.

6.

TUTELA JURISDICIONAL

A) DEFINIÇÃO

O ponto de partida para a compreensão da tutela jurisdicional reside no art. 5º, XXXV, da CF e no art. 3º do CPC, que a um só tempo preconiza o princípio da inafastabilidade (ou ubiquidade) do acesso à justiça e da efetividade da jurisdição[1].

Ao se estabelecer que não se pode excluir da apreciação do Poder Judiciário lesão ou ameaça a direito, confere-se ao Estado o dever de analisar a tutela de um direito que a parte alega possuir.

É obrigação do Estado responder a essa "provocação" da parte, ainda que para dizer, à luz do ordenamento jurídico, que ela, parte, não tem razão. O que não se pode é deixar o processo sem resultado (*non liquet*).

Tutela, no sentido léxico, é a proteção, a salvaguarda do direito que a parte possui, já que em nosso ordenamento não se pode (salvo raríssimas exceções) fazer justiça com as próprias mãos.

Mas o que vem a ser tutela jurisdicional, então?

A expressão "tutela jurisdicional" é, no plano doutrinário, polissêmica. Ela tanto significa a) os meios para a obtenção do resultado do processo[2] como b) o pedido requerido ao Estado ou c) os efeitos práticos desse pedido[3].

Entendemos que a tutela jurisdicional é, num primeiro momento, a realização prática, a materialização concreta daquilo que a parte requer no Poder Judiciário. Mas esse conceito é insuficiente, pois a tutela jurisdicional deve proteger ambas as partes, ou seja, a tutela será outorgada a quem tem razão e a quem não tem razão.

Há quem defenda no Brasil que a tutela jurisdicional seja a "análise do fenômeno processual do ângulo de quem tem razão"[4]. Sob esse argumento, todos poderiam postular em juízo

---

1 SCARPINELLA BUENO, Cassio. *Curso sistematizado de direito processual civil*. 4. ed. São Paulo: Saraiva, 2010, v. 1, p. 302.
2 YARSHELL, Flávio. *Tutela jurisdicional*. 2. ed. São Paulo: DPJ, 2006, p. 34. Assim como ocorre na produção de provas ou mesmo pedido de tutela provisória da qual o magistrado concede tutela jurisdicional independentemente de a parte ter razão no plano do direito material.
3 BEDAQUE, José Roberto dos Santos. *Direito e processo*. 2. ed. São Paulo: Malheiros, 2001, p. 30.
4 Idem, p. 25.

(direito de petição); quem preenchesse os requisitos de admissibilidade, pressupostos e condições da ação teria direito a um provimento (inafastabilidade), mas apenas quem esteja amparado pelo direito material usufrui da tutela jurisdicional[5].

Não concordamos com essa posição.

O vencedor, à luz do direito material, terá a tutela jurisdicional, podendo usufruir, *in natura*, do bem ou direito postulado. A outra parte também recebe a tutela jurisdicional (= proteção do Estado) no sentido de se declarar a inexistência do direito que postula (ou resiste).

O réu, quando o pedido do autor é julgado improcedente, recebe a tutela jurisdicional ao se garantir a não afetação de sua esfera jurídica. É o que ocorre, outrossim, com a ação declaratória de inexistência jurídica com pedido julgado procedente.

A resolução do processo sem análise do mérito (art. 485, CPC) não gera tutela jurisdicional propriamente dita, pois não há a outorga do direito a quem assiste razão. Contudo, de certa forma, constitui uma tutela jurisdicional para o réu (ainda que mitigada), pois a decisão terminativa impede a invasão na sua esfera jurídica, o que é sua pretensão. É mitigada, contudo, pois essa decisão, em regra, não fica acobertada pela coisa julgada material, permitindo a nova propositura da demanda sob os mesmos fundamentos.

Dessa forma, é possível definir tutela jurisdicional como a proteção concreta dada pelo Poder Judiciário, dentro do processo, aos direitos que lhe são apresentados.

Não se pode, por fim, confundir tutela jurisdicional com prestação jurisdicional, já que esta consiste na atividade (serviço) exercida pelo Poder Judiciário em sentido lato (juízes e auxiliares)[6].

B) CLASSIFICAÇÃO

Quanto à classificação da tutela jurisdicional, há diversas formas de se analisar a questão. A primeira é a possibilidade de se falar sobre as **tutelas diferenciadas**. A tutela diferenciada parte da óbvia premissa que a proteção de direitos materiais diferenciados requer o emprego de técnicas procedimentais distintas das regulares para que possa se ajustar de maneira mais rente à realidade.

E aqui não se está apenas a falar da clássica distinção entre os procedimentos especiais do procedimento comum, mas o emprego de medidas, em qualquer desses procedimentos (especial ou comum) que possa adaptar-se ao direito material diferenciado e/ou as circunstâncias do caso concreto. Assim, tem-se a possibilidade de negócio jurídico processual para alteração do procedimento (arts. 190 e 191, CPC), as flexibilizações de prazo (art. 139, VI), prática de medidas indutivas, coercitivas, mandamentais e sub-rogatórias (arts. 139, IV, 497, 536 e 537, CPC) dentre outras.

Ademais, hoje o sistema brasileiro se divide, no que concerne aos litígios, em três grandes grupos: i) os denominados e tradicionais litígios individuais, ii) os litígios coletivos (direitos difusos, coletivos em sentido estrito e individual homogêneo) que em regra são patrocinados por legitimados extraordinários (Ministério Público, associações, entidades de classe, sindicatos,

---

5   LEONEL, Ricardo de Barros. *Tutela jurisdicional diferenciada*. São Paulo: RT, 2010, p. 17.
6   Como bem observado por LOPES, João Batista. Natureza jurídica do processo e conceito de tutela jurisdicional. In: ZUFELATO, Camilo; YARSHELL, Flávio Luiz (Coord.). *40 anos da teoria geral do processo no Brasil*. São Paulo: Malheiros, 2013, p. 508.

defensoria pública) com a propositura das denominadas *class actions*[7] e iii) macrolides, demandas em massa ou de alta intensidade, que são causas individuais homogêneas "que dão margem à propositura de ações individuais repetitivas ou seriais, que possuem como base pretensões isomórficas, com especificidades, mas que apresentam questões (jurídicas e/ou fáticas) comuns para a resolução da causa"[8].

Sob outro enfoque, da função, a tutela poderá ser definitiva ou provisória.

A tutela provisória constitui uma tutela sem caráter de definitividade com base em cognição não exauriente. A tutela provisória também é uma tutela diferenciada.

As técnicas que levarão a obter esse bem jurídico dependem do embasamento probatório que o autor tem à sua disposição. Aqui tem-se a classificação sob o enfoque da atividade exercida. Se portador de título executivo, a lei autoriza a pretensão a ser judicializada por meio da execução. Nessa modalidade de processo, a discussão de direito material subjacente reveste-se de menor importância, dada a eficácia abstrata do título. Como consequência, o contraditório é diferido. Constitui, em sua essência, um processo satisfativo e não cognitivo. A discussão do direito material é eventual.

Quem não for portador de título executivo, contudo, deverá demonstrar seu direito pleiteando uma tutela de conhecimento. É de conhecimento porque o juiz exerce predominantemente a cognição para analisar os argumentos e as provas trazidas pelas partes e, quando satisfeito, profere decisão decidindo a causa. A tutela de conhecimento poderá ser veiculada em um procedimento especial (procedimento tipificado em lei) ou comum (todos os demais casos que não tiverem previsão expressa de rito). A tutela de conhecimento, comum ou especial, poderá ser declaratória, condenatória ou constitutiva a depender da crise do direito material: certificação, situação jurídica ou inadimplemento (assunto de que trataremos adiante). Nesse caso, observa-se a tutela jurisdicional sob o enfoque dos seus efeitos.

Contudo, entre a petição inicial e a outorga definitiva dessa tutela perpassará um longo espaço de tempo. Aqui, o tempo não pode ser visto como algo nefasto, inimigo da celeridade, mas como um instrumento necessário para maior certeza judicial sobre o que se discute.

O magistrado precisa dele para poder analisar os argumentos trazidos pelas partes, produzir as provas (reiterá-las, se necessário), analisar os fatos à luz do direito e refletir com base na sua experiência sobre a melhor solução a ser tomada.

Entretanto, apesar de o tempo trabalhar em prol da estabilidade, labora contra a efetividade. Isso porque, além da natural insatisfação decorrente da demora, o longo itinerário do processo pode causar danos ao bem jurídico discutido em juízo ou mesmo prejudicar a fruição do resultado pretendido.

Dessa forma, quanto maior o tempo demorado, mais chance há de ocorrer o perecimento de algum direito, direito este que justamente o processo tem por objetivo proporcionar.

Some-se a demora indesejável e patológica do processo, decorrente da burocracia e do número excessivo de demandas sob o comando de cada juízo, além das dificuldades operacionais, como o baixo número de funcionários, a falta de estrutura, entre outras.

Assim, além da tutela definitiva, obtida por meio de procedimento adequado e cognição exauriente, o ordenamento estabeleceu a existência de tutelas provisórias de urgência e de evidência, que objetivam neutralizar os nocivos efeitos do tempo por meio de medidas

---

7 NUNES, Dierle Coelho. Novo enfoque para as tutelas diferenciadas no Brasil? Diferenciação procedimental a partir da diversidade de litigiosidades. *RePro*, São Paulo: Revista dos Tribunais, vol. 184, p. 109-140, jun. 2010.
8 Idem, ibidem.

diferenciadas para permitir a pronta fruição ou assegurar que o bem jurídico seja entregue de maneira incólume.

Em todos esses casos, o tempo é fator fundamental. A demora excessiva poderá ser prejudicial em duas situações: a) risco da demora na outorga da tutela, que poderá gerar perecimento de direitos; e b) indevida distribuição do ônus do tempo a quem tenha de ficar privado do bem quando mostra a evidência do seu direito.

A tutela provisória sem caráter de definitividade, em regra, é concedida com base em cognição não exauriente.

O convívio dessas duas tutelas depende da perfeita harmonização entre segurança e efetividade. É possível afirmar que, historicamente, a segurança jurídica sempre prevaleceu sobre a efetividade no sistema processual. Principalmente porque, em tempos remotos, não havia a cultura do Judiciário: estatisticamente, o número de demandas era menor, e isso acarretava uma diminuição do impacto do tempo no processo. Quem pensaria, em 1973, quando da promulgação do Código anterior, na possibilidade da existência de penhora *on-line*, tutela antecipada generalizada e desconsideração da personalidade jurídica, figuras que atestam a preocupação do ordenamento com a efetividade?

O notório aumento das demandas e a procura incessante pelo Judiciário acarretaram a influência no tempo da outorga da tutela. Dessa forma, a busca pela efetividade se tornou necessária. As tutelas provisórias objetivam cumprir esse papel.

O fundamento constitucional da tutela provisória advém tanto da inafastabilidade da "lesão ou ameaça a direito" (art. 5º, XXXV, CF) como da duração do processo sem dilações indevidas (art. 5º, LXVIII, CF).

A tutela jurisdicional, por fim, pode ser analisada quanto ao momento em relação a existência ou não do direito material violado ou não. Se o direito já foi violado a tutela jurisdicional será repressiva, já se o direito ainda não foi violado, mas há uma ameaça a tutela será preventiva ou inibitória (sobre o tema, falaremos com mais vagar no item sobre tutela específica (1.3.1.8).

Graficamente, pode-se verificar a tutela jurisdicional da seguinte forma:

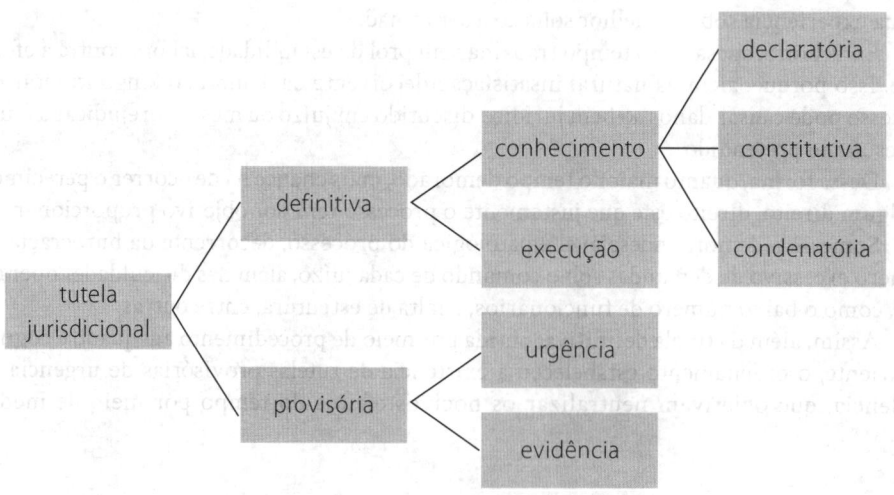

7.
O PROCESSO CIVIL E O PODER JUDICIÁRIO

Nosso ordenamento adotou a teoria da tripartição de poderes (CF, art. 2º), que melhor seria chamada de **tripartição das funções estatais**, já que o poder é uno.

A razão de ser da separação dos Poderes é a melhor descentralização da atividade e, principalmente, da necessidade de evitar que o poder se concentre na mão de apenas um órgão. Dessa forma, com a atribuição específica para cada poder, teve origem a construção doutrinária denominada *freios e contrapesos*, na medida em que a atuação de um poder específico impediria a atuação arbitrária de outro poder.

Há ainda um relevante motivo para a separação: a **especialidade** (especialização do Judiciário), ou seja, exercendo função específica, exerce-a melhor e de maneira mais efetiva (CF, art. 5º, LXXVIII). Dessa forma, o Estado moderno, para que melhor possa conservar as condições da sociedade, afinal essa é a sua função, exerce três funções distintas, mas harmônicas entre si: **legislativo, executivo** e **judiciário**.

O legislador estrutura a ordem jurídica. Formula as leis destinadas à regulação da sociedade. O Estado, no exercício da função executiva, aplica a lei. Essa função administrativa garante a incolumidade do bem comum. Já a função jurisdicional objetiva compor os conflitos de eventuais lides surgidas da não observância do ordenamento jurídico ou das regras de conduta predispostas na sociedade, além de operar nos casos em que a situação jurídica somente poderá produzir seus regulares efeitos com a chancela do Estado (jurisdição voluntária).

A especialidade deve ser levada em consideração não apenas em sua acepção extrínseca (em relação aos demais poderes) mas também na intrínseca (dentro do próprio Poder Judiciário).

No plano formal, a divisão de atribuições do Poder Judiciário é estudada nas regras de competência (assunto que será tratado no capítulo 5). No plano estrutural, deve-se analisar como o Poder Judiciário se estabelece organicamente no país.

Essa divisão não é importante apenas no plano da divisão estrutural do Poder Judiciário, mas também para a fixação do órgão competente e para saber qual matéria (normas de direito material e processual) que incidirá como forma de atuação desses entes[1].

---

1 MONNERAT, Fábio Victor da Fonte. *Introdução ao estudo do direito processual civil*. São Paulo: Saraiva, 2015, p. 111.

O Poder Judiciário possui como função típica a atividade jurisdicional (que será vista abaixo), mas também possui **função administrativa** (como a realização dos seus concursos públicos, a administração financeira, as licitações, a concessão de benefícios aos servidores e a gestão financeira). Por isso que o próprio Poder Judiciário possui seus órgãos de controle previstos na CF, como o Conselho Nacional de Justiça, o Conselho Superior da Justiça do Trabalho e o Conselho da Justiça Federal.

Ademais, o Poder Judiciário possui **função legislativa** ao criar seus próprios regimentos internos, resoluções, iniciar processos legislativos para apresentação de projetos de lei e, no âmbito do STF, editar súmulas vinculantes.

Quanto à atividade jurisdicional do Poder Judiciário (sua função típica), a Constituição Federal estabelece as denominadas **justiças especiais**. Essa classificação toma como premissa a natureza da situação jurídica posta em juízo. Dessa forma, tem-se a Justiça do Trabalho (art. 114, CF) a Justiça Eleitoral (art. 121, CF) e a Justiça Militar (art. 124, CF).

O processo civil atua de forma supletiva e subsidiária nas justiças eleitoral e trabalhista, ou seja, para que o processo civil seja aplicado a essas justiças é necessário que haja: a) omissão legislativa na esfera trabalhista ou eleitoral sobre a norma de processo ou procedimento que se deseja aplicar e b) uma chancela jurisprudencial, ou seja, a mera omissão legislativa não acarreta aplicação automática, pois será necessária a autorização especialmente dos órgãos responsáveis pelo processamento e julgamento das causas.

O TST, por exemplo, pode não permitir a incidência de determinado instituto do CPC na Justiça do Trabalho, mesmo sendo omissa a CLT nesse assunto.

Em contraposição a essas hipóteses, por mera exclusão tem-se a **justiça comum**, que se encarrega de tutelar todas as demais situações (litigiosas ou não) que não se abarcam nas situações enumeradas nos referidos artigos constitucionais.

A justiça comum é dividida em **justiça federal** e **justiça estadual**. Na justiça comum é possível a divisão entre jurisdição **penal** e **civil**. A jurisdição penal, tanto no âmbito federal como no estadual, atua na previsão, processamento, julgamento e cumprimento de práticas de crimes em suas mais diferentes espécies.

A jurisdição não penal (federal ou estadual) é denominada jurisdição civil (federal ou estadual).

Na jurisdição civil adota-se integralmente o Código de Processo Civil e demais legislações processuais correlatas que possam de certa maneira regulamentar a atividade da justiça comum (v.g., Lei n. 9.289/96, Lei n. 12.016/2009, Regimentos Internos etc.).

A justiça federal é regulamentada pelos arts. 108 e 109 da Constituição Federal, que assim dispõem:

Art. 108. Compete aos Tribunais Regionais Federais:
I – processar e julgar, originariamente:
a) os juízes federais da área de sua jurisdição, incluídos os da Justiça Militar e da Justiça do Trabalho, nos crimes comuns e de responsabilidade, e os membros do Ministério Público da União, ressalvada a competência da Justiça Eleitoral;
b) as revisões criminais e as ações rescisórias de julgados seus ou dos juízes federais da região;
c) os mandados de segurança e os *habeas data* contra ato do próprio Tribunal ou de juiz federal;
d) os *habeas corpus*, quando a autoridade coatora for juiz federal;
e) os conflitos de competência entre juízes federais vinculados ao Tribunal;

II – julgar, em grau de recurso, as causas decididas pelos juízes federais e pelos juízes estaduais no exercício da competência federal da área de sua jurisdição.
Art. 109. Aos juízes federais compete processar e julgar:
I – as causas em que a União, entidade autárquica ou empresa pública federal forem interessadas na condição de autoras, rés, assistentes ou oponentes, exceto as de falência, as de acidentes de trabalho e as sujeitas à Justiça Eleitoral e à Justiça do Trabalho;
II – as causas entre Estado estrangeiro ou organismo internacional e Município ou pessoa domiciliada ou residente no País;
III – as causas fundadas em tratado ou contrato da União com Estado estrangeiro ou organismo internacional;
IV – os crimes políticos e as infrações penais praticadas em detrimento de bens, serviços ou interesse da União ou de suas entidades autárquicas ou empresas públicas, excluídas as contravenções e ressalvada a competência da Justiça Militar e da Justiça Eleitoral;
V – os crimes previstos em tratado ou convenção internacional, quando, iniciada a execução no País, o resultado tenha ou devesse ter ocorrido no estrangeiro, ou reciprocamente;
V – as causas relativas a direitos humanos a que se refere o § 5º deste artigo;
VI – os crimes contra a organização do trabalho e, nos casos determinados por lei, contra o sistema financeiro e a ordem econômico-financeira;
VII – os *habeas corpus*, em matéria criminal de sua competência ou quando o constrangimento provier de autoridade cujos atos não estejam diretamente sujeitos a outra jurisdição;
VIII – os mandados de segurança e os *habeas data* contra ato de autoridade federal, excetuados os casos de competência dos tribunais federais;
IX – os crimes cometidos a bordo de navios ou aeronaves, ressalvada a competência da Justiça Militar;
X – os crimes de ingresso ou permanência irregular de estrangeiro, a execução de carta rogatória, após o *exequatur*, e de sentença estrangeira, após a homologação, as causas referentes à nacionalidade, inclusive a respectiva opção, e à naturalização;
XI – a disputa sobre direitos indígenas.
§ 1º As causas em que a União for autora serão aforadas na seção judiciária onde tiver domicílio a outra parte.
§ 2º As causas intentadas contra a União poderão ser aforadas na seção judiciária em que for domiciliado o autor, naquela onde houver ocorrido o ato ou fato que deu origem à demanda ou onde esteja situada a coisa, ou, ainda, no Distrito Federal.
§ 3º Serão processadas e julgadas na justiça estadual, no foro do domicílio dos segurados ou beneficiários, as causas em que forem parte instituição de previdência social e segurado, sempre que a comarca não seja sede de vara do juízo federal, e, se verificada essa condição, a lei poderá permitir que outras causas sejam também processadas e julgadas pela justiça estadual.
§ 4º Na hipótese do parágrafo anterior, o recurso cabível será sempre para o Tribunal Regional Federal na área de jurisdição do juiz de primeiro grau.
§ 5º Nas hipóteses de grave violação de direitos humanos, o Procurador-Geral da República, com a finalidade de assegurar o cumprimento de obrigações decorrentes de tratados internacionais de direitos humanos dos quais o Brasil seja parte, poderá suscitar, perante o Superior Tribunal de Justiça, em qualquer fase do inquérito ou processo, incidente de deslocamento de competência para a Justiça Federal.

É de se ver que, em quase todos os casos, a justiça federal atua quando figurar como autor, réu ou interveniente a União Federal e seus entes correlatos. Há, contudo, exceções como as causas que envolvam o INSS (quando a comarca não for sede de justiça federal), bem como juízes estaduais no âmbito da competência da justiça federal (art. 108, II, CF).

A justiça estadual possui competência residual e abrange todas as causas que não forem previstas nas hipóteses dos arts. 108 e 109 da CF.

Assim, serão levadas à justiça comum estadual, entre outras, as causas de família, cíveis em geral, tributos municipais e estaduais, causas entre particulares, causas de direito do consumidor, meio ambiente, direito empresarial, demandas que envolvam a Fazenda Pública estadual ou municipal (é importante frisar que não há uma "justiça municipal", de modo que as demandas contra os entes municipais serão propostas na justiça estadual).

É possível, ainda, no plano estrutural, dividir o Poder Judiciário pelos seus diferentes graus de jurisdição.

Antes de tudo, não se devem baralhar os conceitos de grau de jurisdição e instância.

Instância é termo ligado à organização judiciária, sendo certo que na estrutura do Poder Judiciário existem órgãos hierarquicamente inferiores e superiores. É um conceito estático, pois se refere à condição do juiz dentro do sistema organizacional do Estado.

Assim, os juízes de primeira instância são aqueles lotados nas comarcas/seções judiciárias dos fóruns; os desembargadores estão nos Tribunais Regionais e locais, que funcionam como segunda instância; os ministros dos tribunais superiores exercem suas atividades em instância especial.

Grau de jurisdição é um conceito dinâmico, pois não é ligado à organização judiciária de forma estática, mas no contato do Poder Judiciário com a causa. E esse contato (das diversas instâncias) pode variar conforme as regras de competência estabelecidas em lei.

Assim, uma ação de despejo será processada em primeira instância e em primeiro grau de jurisdição (primeiro contato do Judiciário com a causa). Aquele que foi sucumbente poderá interpor recurso de apelação para o segundo grau de jurisdição, na segunda instância.

Mas nem sempre é assim.

Pelas regras de competência previstas no ordenamento, a ação rescisória será julgada originariamente por um tribunal. Assim, se o tribunal competente for o Tribunal de Justiça do Estado de Minas Gerais (por exemplo), a ação será processada na segunda instância (organização judiciária), mas em primeiro grau de jurisdição (primeiro contato do Judiciário com aquela causa).

Essa visão vertical do Poder Judiciário decorre a) da possibilidade de existência de recursos contra as decisões de primeiro grau para outro órgão hierarquicamente superior e b) da competência originária dos tribunais para determinadas demandas. Assim, a jurisdição dos tribunais pode ser categorizada da seguinte maneira:

JURISDIÇÃO VERTICAL	DESEMPENHADA POR	COMPOSIÇÃO
1ª instância (Fórum) + juizados especiais	Juízes	Comarcas para a justiça estadual, seções ou subseções judiciárias para a justiça federal
2ª instância (Tribunais e Turmas Recursais)	Desembargadores (juízes nos casos de juizados especiais)	27 tribunais estaduais e 5 Tribunais Regionais Federais
Instâncias especiais (Tribunais Superiores)	Ministros	Superior Tribunal de Justiça e Supremo Tribunal Federal

Por fim, a estrutura orgânica do Poder Judiciário é disposta da seguinte maneira:

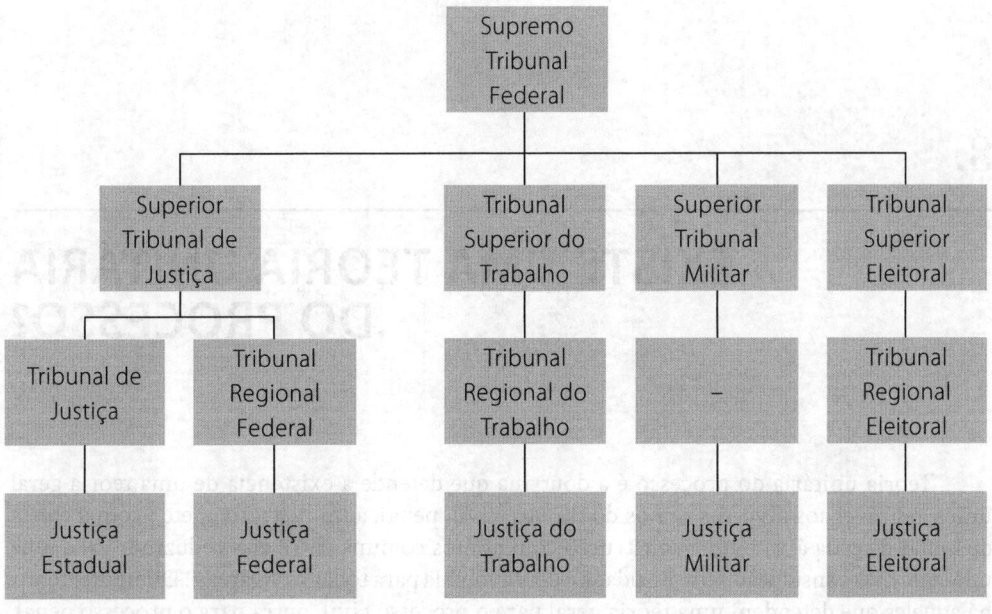

8.

EXISTE UMA TEORIA UNITÁRIA DO PROCESSO?

Teoria unitária do processo é a doutrina que defende a existência de uma teoria geral única aplicável aos diversos ramos do direito (civil, penal, administrativo, etc.) com a coleta de temas de cada área e uma construção com pontos comuns entre elas reduzindo-os a uma unidade. Essa construção seria estudada e desenvolvida para todas essas áreas[1]. Diferentemente, há aqueles que defendem uma teoria geral para o processo civil, outra para o processo penal, e cada qual teria sua própria estrutura em compartimentos estanques.

Essa discussão remonta a teoria de *Bullow* ao estabelecer a autonomia entre direito material e processo por terem relações jurídicas e objeto diversos. Dessa autonomia, os italianos focaram no estudo da ação (a partir de *Chiovenda*) e, se desgarrando da ação, os estudos de *Carnelutti* no seu famoso desenvolvimento da lide como polo metodológico do processo. Assim, se a função do juiz cível e penal é de julgar a lide, pode-se construir uma teoria unitária entre essas áreas[2].

O estudo da teoria geral unitária com base na lide foi deslocado para a análise do processo na obra de outro italiano, *Elio Fazzalari*. A partir dessa alteração de órbita, diversos processualistas desenvolveram suas ideias unitárias com base em atividades não apenas jurisdicionais (civil, penal) como para além da jurisdição (arbitral, administrativo, legislativo), afinal, todas essas áreas se desenvolvem por meio do processo, mas nem todos possuem jurisdição.

O processo, como catalisador das normas e institutos comuns que, aglutinados, formariam uma teoria geral, sofreu diversas críticas. A principal delas é que o processo, como instrumento, serve ao direito material e há muitas diferenças entre esses direitos que são tutelados, o que faz com que os processos sejam moldados a essas inúmeras peculiaridades de cada área.

Basta pensar que o processo civil é regido prioritariamente por normas dispositivas, já que o direito discutido, em regra, é disponível. Contrário é o que ocorre com o processo penal, regido prioritariamente pelo princípio inquisitivo[3] (já que, de ordinário, versa sobre direito litigioso indisponível).

---

1   Entre os defensores dessa teoria unitária, divergem acerca da abrangência (=quais áreas fariam parte desse estudo).
2   Mesmo havendo estudos que refutam a existência de lide no processo penal (VIDIGAL, Luis Eulálio de Bueno. Por que unificar o direito processual? *REpro* n. 27, jul.-set./1982, p. 48).
3   Sem prejuízo de uma recente e significativa flexibilização com as possibilidades da transação penal (art. 76, Lei n. 9.099/95), suspensão condicional do processo (art. 89, Lei n. 9.099/95), colaboração premiada

Outra importante diferença reside na presunção de inocência estabelecida no processo penal (art. 5º, LVII, CF) em contraposição ao processo civil em que as partes são regidas pelo princípio da isonomia (art. 5º, CF, art. 7º, CPC).

Como consequência, o contraditório no processo civil é apenas oportunizado, ou seja, a parte terá o ônus de se defender (e influenciar) o julgador. Quando não exercido, sofrerá as sanções previstas na lei (revelia). No processo penal o contraditório é praticamente imposto, pois a parte que não se defende será defendida por alguém (art. 261, CP). No processo civil não há a autodefesa, até mesmo porque a parte não pode requerer seu próprio depoimento.

Como reflexo dessa situação a estrutura procedimental do processo civil e do processo penal são totalmente distintas. Desde a admissibilidade da demanda, passando pela defesa, fase probatória, sistema recursal, coisa julgada e execução.

Enfim, há aqueles que entendem: a) haver uma teoria unitária que possui como fato gerador o processo; b) não haver uma teoria unitária e respeitando cada qual suas peculiaridades; e c) aqueles que defendem uma teoria unitária, mas deslocam a órbita do estudo para a jurisdição e não para o processo (Ludovico Mortara).

Sobre esse último item, é importante traçar algumas questões.

Os defensores desse posicionamento entendem que a jurisdição, em todas as suas manifestações, é uma função unitária[4]. A divisão que existe de trabalho é matéria para o estudo da competência e não da jurisdição.

Assim, a jurisdição seria o único instituto que tem condições de, com base nela, traçar uma teoria geral do processo unitária tendo em vista a incapacidade de outros institutos estabelecerem a aglutinação dos diversos ramos do processo (lide, ação, processo etc.).

Evidente que ao transportar o núcleo comum para a jurisdição, naturalmente se afastam da classificação os processos administrativo e legislativo (pois esses não são conduzidos por um juiz). Mas, como assevera a doutrina, "o que se perde em extensão, se ganha em profundidade. Trata-se de diminuir para crescer"[5].

Assim, estabelecer uma teoria unitária permitiria o estudo mais plural (empreendido por diversas áreas do direito) dos inúmeros institutos do direito processual.

Entendemos, contudo, que, independentemente do instituto que se tome como premissa (jurisdição, lide, processo, ação), é difícil estabelecer uma teoria unitária entre o processo civil e o processo penal. Isso porque:

a) As diferenças entre os objetivos do processo penal e do processo civil são completamente diversas. Conforme ressaltado, o bem jurídico, por ser distinto, gera uma estrutura mais dispositiva no cível e mais inquisitória no penal. A presunção de inocência no penal e a visão de paridade no cível. O contraditório garantido no penal e o oportunizado no cível. Essas notórias diferenças refletem no modo-de-ser do processo e impedem uma análise, a nosso ver, unitária;

b) Não entendemos haver utilidade numa teoria unitária. Dada as realidades distintas entre os dois campos, a aplicação de determinado instituto processual de um ramo em outro precisará da devida *filtragem* por quem receberá essa aplicação extensiva desse instituto. Assim, não é necessária uma teoria única, basta permitir (como de fato se permite) o devido **diálogo**

(art. 4º da Lei n. 12.850/13), acordo de não persecução penal (Resoluções n. 181/17 e 183/18 do Conselho Nacional do MP).
4   GONÇALVES, Marcelo Barbi. *Teoria geral da jurisdição*. Salvador: JusPodivm, 2020, p. 352.
5   Idem, p. 356.

das fontes. Isso pode ser estruturado a partir de uma leitura mais ampla do art. 15 do CPC[6] combinado com o art. 3º do CPP[7].

Assim é que temas como: i) a necessidade de estabilidade da jurisprudência e da vinculação dos juízos aos precedentes (arts. 926 e 927, NCPC); ii) o atendimento ao contraditório material (art. 10, CPC); iii) a teoria da fundamentação analítica (art. 489, § 1º, CPC); iv) a *perpetuatio jurisdictionis* (art. 43, CPP); v) a calendarização processual (art. 191, CPC); vi) o IRDR e assunção de competência (arts. 976 e 946, CPC); vii) a repercussão geral (art. 1.035, CPC); viii) bem como os arts. 139, 362 e 790 do CPP (que expressamente mencionam o CPC), o processo civil se aplica dentro do processo penal.

Igualmente, há dispositivos do processo penal que se inserem na realidade do processo civil como a questão do arquivamento do inquérito penal (art. 28 do CPP), a qual é também utilizada quando do arquivamento do inquérito civil. Igualmente a *emendatio libelli* (art. 383, CPP).

---

6   Art. 15, CPC. Na ausência de normas que regulem processos eleitorais, trabalhistas ou administrativos, as disposições deste Código lhes serão aplicadas supletiva e subsidiariamente.
7   Art. 3º, CPP. A lei processual penal admitirá interpretação extensiva e aplicação analógica, bem como o suplemento dos princípios gerais de direito. E, nesse sentido, o Enunciado n. 3 da I Jornada de Direito Processual Civil (CJF) estabelece: "As disposições do Código de Processo Civil aplicam-se supletiva e subsidiariamente ao Código de Processo Penal, no que não forem incompatíveis com esta Lei".

PARTE GERAL

TEORIA GERAL DO PROCESSO

1.

PRINCÍPIOS

1.1. INTRODUÇÃO

Princípio é uma norma. Princípio é uma fonte do direito, assim como é a lei, a doutrina, os enunciados de súmula, os precedentes e a jurisprudência.

As teorias sobre a norma jurídica começaram a ser desenvolvidas na primeira metade do século XX, especialmente com a edição da obra *Teoria pura do direito* de Hans Kelsen, na qual o conceito de direito se confunde com o próprio conceito de norma. No mesmo sentido, Robert Alexy em seu *Teoria dos direitos fundamentais*. Alexy, assim como Kelsen, defende que a norma preexiste ao fato e dessa forma fica mais fácil verificar questões de antinomia entre essas normas. Friedrich Miller, contudo, foi o primeiro a levantar-se contra essa teoria com a expressão **pós-positivismo** e com sua obra denominada *Teoria estruturante do direito*. Ele não é contra (anti) o positivismo, mas pós.

Nesse mesmo sentido, para superar o positivismo legalista e sua forma de aplicação ao texto literal (na qual a lei possui completude para resolver todos os problemas jurídicos), surgiram, no final do século XIX o realismo jurídico (EUA) e a Escola do direito livre. No realismo jurídico, o direito é aquilo que os tribunais dizem e na Escola do direito livre o ato do juiz é individual e não decorrente de um arquétipo lógico previsto na lei.

Herbert Hart defende discricionariedade (zona de liberdade para agir na omissão da lei) apenas nos casos difíceis. Para ele, na sua tese "textura aberta" há um núcleo duro (resolvido com os critérios de subsunção) e uma zona de penumbra externa a esse núcleo duro (resolvida com discricionariedade, pois são *hard cases*).

É possível compreender essas duas escolas da seguinte maneira:

NORMATIVA OU POSITIVISTA (KELSEN, ALEXY)	CONSTRUTIVISTA OU PÓS-POSITIVISTA (DWORKIN E FRIEDRICH MILLER)
A norma possui caráter semântico, pois preexiste ao caso concreto (artificialismo) e depois há a subsunção do fato à norma. A norma é esquema de interpretação.	A norma é fruto da interpretação baseada no caso concreto. Somente pode ser verificada após a problematização (plano pragmático). A norma é a própria interpretação

NORMATIVA OU POSITIVISTA (KELSEN, ALEXY)	CONSTRUTIVISTA OU PÓS-POSITIVISTA (DWORKIN E FRIEDRICH MILLER)
Norma, que é um mandamento de otimização, podem ser regras (leis) e princípios (Alexy). A norma é a própria lei, a própria súmula e a própria *ratio decidendi*.	*Texto normativo (programa normativo):* é o elemento de linguagem da norma jurídica (lei, súmula, *ratio decidendi* de uma decisão precedente). *Âmbito normativo:* a realidade a ser aplicada o texto normativo que será fruto de interpretação. Norma só existe após o caso concreto no momento da aplicação. Não dá para ser preexistente, pois o sistema possui lacunas e a aplicação não pode ser apenas pelo método de silogismo
Fato + norma (sistema de aplicação é subsuntivo).	Fato + valor + norma (mesmo as súmulas e demais precedentes devem ser interpretados, pois são textos normativos). Dessa forma, o enunciado de súmula e a *ratio decidendi* não são a norma (são, apenas para o processo em que se formou), mas a interpretação sobre ele aplicando ao caso concreto, sim. Esses são apenas os pontos de partida do complexo mecanismo de interpretação. No processo que se formou é norma. Nos processos em que serão aplicados, é texto normativo que depende de interpretação.
A lei é o sistema nervoso	A CF é o sistema nervoso
Fato e direito são bem divisados.	A diferença entre fato e direito perde sua importância, pois se confundem, já que a norma é a própria interpretação. Ademais o direito é formado pelo fato, valor e norma (teoria tridimensional). Há hoje questões predominantes de fato e predominantes de direito, mas nunca exclusivas.
No positivismo a interpretação revela a *mens legis* ou *mens legislatoris* que não são aplicadas pelo método silogístico no caso concreto. Ou seja, a vontade é preexistente e definida pelo legislador. E compete ao intérprete descobrir essa vontade por meio da discricionariedade (oportunidade e conveniência) como se a lei tivesse um sentido originário absoluto que precisasse ser desvendado.	O significado do texto somente existe após a problemática trazida pelo caso real e será concretizado pelo intérprete. Essa interpretação varia de acordo com a realidade histórica, social, cultural e política. Não há busca, no Estado Constitucional da vontade da lei. Há a aplicação da lei com base na interpretação. Essa interpretação deve ser justificada, ou seja, devem ser demonstradas as razões por que aquela decisão foi tomada com base na CF, Leis, precedentes etc. O juiz poderá superar o entendimento decorrente de precedente vinculante quando houver mudança legal social, histórica ou cultural (FPPC, En. 324) e não apenas pelo procedimento do art. 927, CPC

NORMATIVA OU POSITIVISTA (KELSEN, ALEXY)	CONSTRUTIVISTA OU PÓS-POSITIVISTA (DWORKIN E FRIEDRICH MILLER)
No positivismo o texto já possui os fatos e as respostas são dadas antes das perguntas serem formuladas. Quando há interpretação, há discricionariedade. Em verdade, os casos fáceis se aplicam por mera subsunção. Os casos difíceis (casos em que não há um enquadramento perfeito do fato ao texto), por discricionariedade.	Os textos normativos não são suficientes para abranger todas as situações. Dessa forma, na era do Estado Constitucional, muitos textos são cláusulas gerais. Não há discricionariedade.
Para Alexy, os casos difíceis não conseguem ser resolvidos com o direito, podendo ser resolvidos com conceitos de moral e justiça. Os casos difíceis igualmente serão julgados pela ponderação de princípios que será decidida com a subjetividade do juiz (o que não afasta o desacerto da decisão).	Para Dworkin na sua teoria sobre a integridade do direito (*Levando o direito a sério, uma questão de princípio*), só admite uma resposta correta, mesmo para casos difíceis. Para tanto, não se busca a percepção da vontade da lei/legislador, mas se exige uma atividade interpretativa e construtivista do direito como um todo. Um juiz Hércules, com capacidade e paciência sobre-humanas. Compara a atividade jurisdicional com a de um romance em cadeia. Como interpretação e aplicação são fenômenos indissociáveis, não há se falar em casos difíceis. Magistrado é agente público e não pode julgar com base em subjetividade ou convicções pessoais
Diferencia princípios de regras pela generalidade da norma.	A decisão não se baseia apenas na apreciação subjetiva dos princípios, mas na repercussão desse princípio na sociedade

Voltando aos princípios especificamente. E, como norma, constitui fonte de direito para que o Poder Judiciário o aplique na solução das causas que lhe são submetidas.

Contudo, para que se possa entender a estrutura principiológica e mesmo o grau de incidência dos princípios no sistema processual civil – e em que medida eles convivem com as regras (leis) – é importante refletir, novamente, sobre a (estreita) relação entre o direito processual e o direito constitucional.

Assim, a Constituição, em sua função de tutelar o ordenamento, estabelece as diretrizes e os contornos da vida do processo. Não apenas enunciando os princípios a serem seguidos, mas na estruturação do Poder Judiciário, na fixação de competência, na previsão de determinados recursos e medidas judiciais, entre outros. No entanto, essa função constitucional não se dá apenas de cima para baixo. Ou seja, não apenas a Constituição alimentará o processo com regras, princípios e diretrizes. O vetor pode ser visto pelo outro lado: o processo poderá mudar as características da Constituição.

Essa condição é muito evidente se se imaginar que as decisões exaradas pelos Tribunais, nos seus mais diversos níveis, podem mudar a interpretação de determinados dispositivos constitucionais. Veja-se que o magistrado, com fundamentos *válidos* no próprio ordenamento (regras postas e princípios), altera o modo de ser da Constituição. Essa atuação, vista no cotidiano forense com base nas decisões judiciais, pode ser denominada **indireta**.

Porém, existe uma forma de atuação **direta** nos casos de controle difuso (demanda cujo controle de constitucionalidade será feito por qualquer magistrado *incidenter tantum*) ou concentrado (demanda em que o objeto litigioso é a própria questão da constitucionalidade da norma).

Pois bem.

É importante estabelecer uma premissa: conquanto o Brasil tenha sido, ao longo de sua história, considerado um país filiado à escola do *civil law* (e, portanto, de tradição legalista, fruto em boa parte da herança do Estado Liberal do século XIX), nos tempos atuais chegou-se à conclusão de que a simples utilização da lei seja insuficiente ou inapta para solucionar todas as questões com as quais o Poder Judiciário se depara diante de uma necessidade do direito material.

Essa inaptidão decorre de três fatores principais que não exaurem, evidentemente, todas as situações possíveis:

> a) a multiplicidade de situações encontradiças no direito material, que torna fisicamente impossível ao legislador abranger uma área tão extensa de conduta. É dizer, a lei não pode, não consegue e (por que não dizer) não quer solucionar todas as situações carecedoras de tutela. Mas é fato que toda sociedade deve ser regida pelo direito (*ubi societas ibi ius*);
> b) as constantes alterações do direito material decorrentes de novas relações, mudanças de costumes e ideologias, novas tecnologias, eventos da natureza, sociedade da informação, entre outros[1]. É fato que a notória burocracia na cadeia produtiva de uma lei no Congresso é infinitamente mais lenta que as inúmeras mudanças que ocorrem na sociedade; e
> c) a intrínseca impossibilidade de a lei ater-se a minúcias e situações particulares, já que desenvolvida e engendrada para ser geral e abstrata[2]. A generalidade e a abstração nem sempre conseguem solucionar a questão posta em juízo, pois a norma não se "enquadra" de forma perfeita ao caso.

É nessa situação que se revela a importância capital dos princípios, não apenas para ordenar o sistema, mas também para interpretar ou complementar nos casos de lacuna, dubiedade, vagueza ou imperfeição legislativa. É dessa forma que não se pode aceitar que os princípios sejam meros instrumentos de supressão de lacunas (como erroneamente se apresenta no art. 4º da LINDB)[3].

É possível constatar que o direito processual é informado por diversos preceitos constitucionais. Esses preceitos servirão como base para que o legislador possa estabelecer as regras infraconstitucionais. São os princípios e garantias.

---

1   Até pouco tempo atrás o legislador se preocupava em produzir leis para regular determinada situação jurídica naquele momento histórico, sem se preocupar que a lei, com o decorrer dos anos e com as (naturais) alterações da sociedade, pudesse se tornar obsoleta.
2   Não se nega que hoje o ordenamento, fugindo um pouco das raízes napoleônicas, preocupa-se em desenvolver leis com maior grau de abstração possível, conferindo, em contrapartida, poderes ao magistrado para que integre a norma participando "mais" da solução do litígio.
3   Art. 4º Quando a lei for omissa, o juiz decidirá o caso de acordo com a analogia, os costumes e os princípios gerais de direito.

Princípios são normas fundantes. Fazem parte de um gênero maior, as normas jurídicas, que têm como espécie também as regras. Tanto as regras como os princípios são obrigatórios. A diferença está (como será visto) na abstração: por ser abstrato, o princípio não exige um comportamento específico, conferindo apenas um caminho. Diferente das regras que têm uma incidência direta. Os princípios exercem uma força gravitacional que atrai a melhor regra para o caso concreto.

Alguns autores defendem que os princípios sejam mandamentos de otimização, pois devem ser realizados, dentro das possibilidades existentes, da melhor forma possível (Alexy)[4].

É relativamente tranquilo na doutrina o entendimento de que a diferença entre as regras e os princípios está no grau de densidade normativa.

A forma de interpretar um princípio difere de uma regra. A começar pelo campo de abrangência: as regras atingem aquela específica e particular situação; já os princípios têm natureza generalista, cobrindo uma área de incidência ainda maior.

Ademais, no campo das antinomias, em que se estuda o conflito normativo, as regras são vistas de forma diferente dos princípios. As regras têm caráter claro de revogação. Em geral, duas normas não podem disciplinar o mesmo caso concreto. Portanto, uma regra revoga a outra naquela situação. Ronald Dworkin assevera que a aplicação das regras decorre do tudo ou nada (*all or nothing*)[5], não há ponderação entre elas. Já os princípios, por terem densidade normativa menor, o critério não é da exclusão, mas da ponderação. Não há revogação de um princípio em detrimento de outro; determinado princípio (à luz da proporcionalidade) se sobrepõe a outro (assim, na concessão de uma liminar, o princípio da efetividade se sobrepõe ao da bilateralidade da audiência).

Portanto, enquanto as regras se excluem, os princípios convivem. Como bem observa Edilson Vitorelli, "Todo ordenamento jurídico tenta estabelecer um equilíbrio entre justiça e segurança. Os princípios são bons provedores de justiça, porque são adaptáveis às necessidades do caso, mas maus provedores de segurança, pela abstração de seu conteúdo. As regras, ao contrário, são boas provedoras de segurança e más provedoras de justiça"[6].

À luz da autoaplicabilidade dos direitos fundamentais, os princípios não precisam estar previstos para terem sua incidência aplicada. Não é, pois, necessário o aguardo de lei (ainda não editada) para regulamentar uma específica situação, sendo perfeitamente encontrada no sistema principiológico a solução para o caso concreto.

Exemplo bem identificado foi dado por Cassio Scarpinella Bueno, segundo o qual, mesmo antes da EC n. 45, a "duração razoável do processo" (hoje alçada a *status* constitucional – CF, art. 5º, LXXVIII) já devia ser observada no foro[7].

Os princípios também podem exercer função: **a) integrativa**, na medida em que podem ajudar na complementação de regras incompletas (v.g., a criação de um dado procedimento sem previsão de contraditório poderá admiti-lo em atenção ao princípio da ampla defesa), ou **b) hermenêutica**, pois servem como mecanismo de compreensão de regras existentes.

Assim, os princípios ajudam a compreender o sistema, conferindo-lhe coesão, logicidade, unidade, eficiência e dando base a todo ordenamento. Servem ainda como meio de supressão de lacunas, quando o direito posto (= regras) não estabelece ou prevê com pouca clareza.

---

4   *Teoria dos direitos fundamentais*. São Paulo: Malheiros, 2008, p. 90.
5   *Taking rights seriously*. 7. ed. Cambridge: Harvard University Press, p. 116-117.
6   A prática do sistema de precedentes judiciais obrigatórios. In: *Processo civil contemporâneo:* homenagem aos 80 anos do professor Humberto Theodoro Jr. São Paulo: Gen, 2018, p. 750.
7   BUENO, Cassio Scarpinella. *Curso sistematizado de direito processual civil*, São Paulo: Saraiva, 2007, v. 1, p. 95.

Alguns princípios serão trabalhados sistematicamente neste capítulo, por serem os principais dentro da cadeia do processo. Entretanto, os demais também serão estudados no decorrer do presente *Manual*, dentro da matéria a que corresponde (v.g., princípio da vedação da prova ilícita ou instrumentalidade das formas).

As normas fundamentais decorrentes do Estado de Direito geram três balizas fundamentais: **o princípio da liberdade** (da qual se insere o princípio dispositivo, da congruência e da inércia), **o princípio da isonomia** (que contempla não apenas a isonomia em sentido estrito como a colaboração, o contraditório) e **o princípio da segurança jurídica** (que nele contém a boa-fé, a fundamentação, a publicidade, a duração razoável do processo, o duplo grau de jurisdição e as decisões não surpresa).

O CPC, justamente para deixar claro quais são as regras, e quais são as regras-princípios (princípios que estão previstos expressamente na lei), estabeleceu, nos arts. 1º a 11, as denominadas normas fundamentais, que são as regras de caráter principiológico.

1.2. PRINCÍPIO DO DEVIDO PROCESSO LEGAL

O direito, em especial o direito processual, é regido por uma série de princípios que garantem o seu devido andamento (contraditório, publicidade, motivação das decisões, duração razoável etc.). O devido processo legal constitui uma **cláusula organizatória**, condensando metodologicamente todos esses princípios e garantias constitucionais que se aplicam dentro do processo[8].

Tem por finalidade estabelecer que as causas sejam dirigidas de acordo com a ideia de um modelo constitucional de processo. Daí por que alguns autores preferem valer-se da expressão "devido processo constitucional"[9].

O devido processo legal teve sua origem (embora sem referência expressa) na Constituição do Rei inglês João Sem Terra, de 1215, que se refere à época do *law of the land*.

É expressão que assume outras nomenclaturas no direito comparado como "princípio do processo equitativo" (no direito português)[10].

Sobre o tema Cândido Dinamarco diz que a cláusula do devido processo legal "tem o significado sistemático de fechar o círculo das garantias e exigências constitucionais relativas ao processo, numa fórmula sintética destinada a afirmar a indispensabilidade de todas e reafirmar a autoridade de cada uma"[11].

Este mandamento, praticamente seguido por toda doutrina, explicita que a *due process of law* age como um princípio hierarquicamente superior a todos os outros a ponto de Araken de Assis observar que há certa redundância ou superposição na medida em que a mera inserção da cláusula do devido processo legal no ordenamento já implicaria observância restrita ao contraditório e ampla defesa[12].

---

8 DINAMARCO, Cândido Rangel; BADARÓ, Gustavo Henrique Righi Ivany; LOPES, Bruno Vasconcelos Carrilho. *Teoria geral do processo*. 32. ed. São Paulo: Malheiros e JusPodivm, 2020, p. 108.
9 CÂMARA, Alexandre Freitas. Dimensão processual do devido processo constitucional. *Novo CPC. Doutrina selecionada*. Salvador: JusPodivm, 2015, v. 1, p. 246.
10 RODRIGUES, Fernando Pereira. *Novo processo civil e os princípios estruturantes*. Coimbra: Almedina, 2013, p. 187-193.
11 *Instituições de direito processual civil*, cit., 2003, v. 1, p. 244-245.
12 *Processo civil brasileiro*. São Paulo: RT, 2015, v. 1, p. 408.

Preconiza o art. 5º, LIV, da CF que "ninguém será privado da liberdade ou de seus bens sem o devido processo legal". Este comando, em sentido amplo, estabelece que estes valores não poderão ser atingidos sem que haja um prévio processo jurisdicional.

Se a inafastabilidade representa a ideia de acesso ao judiciário para todos, o devido processo legal estabelece as mínimas condições de atuação jurisdicional por meio do processo. Evidente que este método deve obedecer a um padrão imposto pela própria Constituição. Este é o motivo que leva parte da doutrina a entender que seria melhor denominar o princípio "devido processo constitucional".

É de se constatar que o devido processo legal age como uma forma de evitar o abuso do poder do Estado (o princípio exerce uma atividade limitadora) em qualquer de suas esferas.

Daí o porquê de se denominar devido processo, pois esta atuação deve ser efetivada com normas determinadas previamente e que, dentro dessas normas impostas, seja oportunizada a ampla participação das partes. Até mesmo quando no negócio jurídico processual (alteração do procedimento ou da conduta das partes com base no caso concreto) deve se observar as garantias constitucionais sob pena de nulidade (art. 190, parágrafo único, CPC).

Porém, hoje o devido processo também alcança as relações privadas. Há entendimentos do STF[13] no sentido de que não se pode expulsar um associado de uma entidade associativa sem que ele possa ter um "devido processo" no âmbito interno. Trata-se da denominada **eficácia horizontal dos direitos fundamentais**: direitos que foram pensados e criados para controlar a atuação estatal, mas que se aplicam também à relação entre particulares. Essas decisões motivaram a inserção do art. 57 no CC: "A exclusão do associado só é admissível havendo justa causa, assim reconhecida em procedimento que assegure direito de defesa e de recurso, nos termos previstos no estatuto". Ou, ainda, para que o condomínio possa punir o condômino em virtude de ato ilícito praticado (STF, RE 201.819).

A garantia do devido processo legal surgiu, num primeiro momento, para tutelar exclusivamente o processo, mas com o passar do tempo a doutrina começou a analisar igualmente, sob a ótica material, o que passou a admitir a denominada cláusula do **devido processo legal substancial** (*substantive due process of law*). Assim, além de um processo adequado, as leis (de direito material) também devem ser razoáveis para atender com exatidão as necessidades da sociedade.

O devido processo substancial tem sua incidência de forma mais destacada com a nova forma de pensar do Estado na criação e (consequentemente) na interpretação do direito. Ele decorre da nova abertura hermenêutica que permite maior participação do órgão julgador na aplicação da norma.

Estas "aberturas" são as técnicas para solução do caso concreto, denominadas cláusulas gerais e normas de conceito vago e indeterminado.

A garantia do *due process* não pode ser meramente formal (possibilidade de se constituir um advogado e fazer valer seus direitos em juízo), mas de acesso ao Judiciário de forma efetiva e plena, independentemente dos empecilhos econômicos, sociais e políticos.

Assim, a garantia do acesso à justiça deve se municiar de elementos tendentes a permitir que as partes tenham ampla e irrestrita contraprestação estatal por meio de processo justo (équo). Há quem defenda que o devido processo legal não constitua postulado fundamental, pois subordinado ao acesso à justiça já que "sem o direito ao processo, inexistiria o próprio processo"[14].

---

13 Ver as decisões nos RE 201.819 (Rel. Min. Ellen Grace) e RE 158.825 (Rel. Min. Marco Aurélio).
14 Idem, p. 410.

Mauro Cappelletti e Bryant Garth[15] desenvolveram primorosa obra acerca do acesso à justiça e reconhecem três grandes ondas de acesso à justiça: **a) a luta pela assistência judiciária; b) a representação dos interesses difusos; e c) um novo enfoque de acesso à justiça.**

Primeira onda. A primeira delas observa que a busca de acesso ao judiciário é usualmente onerosa, gerando dispêndio para aquele que se envereda em juízo. O nosso ordenamento, com a Lei n. 1.060/50 e o CPC nos arts. 98-102, estabeleceu duas vertentes para possibilitar o acesso à justiça: i) a isenção de pagamento de custas ao hipossuficiente de recursos financeiros, bem como ii) a possibilidade de contar com advogado gratuito, como a defensoria pública, os advogados conveniados com o Estado e os escritórios de advocacia mantidos pelas Faculdades de Direito.

A **segunda onda** decorre de outro problema levantado pelos autores. A despeito de o obstáculo econômico ter sido (ao menos em grande parte) superado, é importante frisar, como bem observa Alexandre Freitas Câmara, que "nem todos os interesses e posições jurídicas de vantagem eram ainda passíveis de proteção através da prestação jurisdicional. Isto resultava do fato de o Direito Processual ter sido construído com base em um sistema filosófico e político dominante na Europa continental dos séculos passados, o liberalismo, no qual instituiu um culto ao individualismo"[16].

É de se ver que, ao longo da história, a legislação processual brasileira foi criada para a defesa dos interesses individuais, sendo que a possibilidade de se buscar direito alheio em nome próprio no ordenamento é exceção (o que se mantém no atual CPC, art. 18), exceção esta que deve estar expressamente prevista no ordenamento[17].

Assim, entendia-se que os direitos metaindividuais, por não possuírem nenhum titular específico, não autorizavam que alguém (em nome próprio) buscasse a tutela desses direitos em prol da coletividade (direito alheio).

O Brasil, ao longo do tempo, vem criando mecanismos efetivos para a tutela dos interesses difusos e coletivos com leis especiais (Código de Defesa do Consumidor, Ação Civil Pública, Ação Popular, Mandado de Segurança Coletivo), bem como no CPC regras específicas para a coletivização de direitos, como os incidentes para julgamento de casos e recursos repetitivos (IRDR e recursos especial e extraordinário repetitivos).

Por fim, a **terceira onda** disciplina o novo enfoque do acesso à justiça.

Nesse campo, não se trabalha mais com os mecanismos do processo e sua maneira de desenvolver melhor as regras procedimentais. O terceiro enfoque tem seus olhos voltados para a satisfação do jurisdicionado. É de se perguntar: todas as medidas criadas pelo Estado são satisfatórias àqueles que buscam a tutela?

A EC n. 45 criou o CNJ (Conselho Nacional de Justiça), órgão que objetiva controlar o exercício administrativo e financeiro do Poder Judiciário.

Veja-se também a possibilidade de procedimentos mais expeditos, como os Juizados Especiais Cível, da Fazenda Pública e Federal (este último informado, em sua integralidade, pelo processo eletrônico). A possibilidade de Comissão de Conciliação Prévia nos conflitos trabalhistas, ainda que subaproveitada (CLT, art. 625-B), os meios paraestatais de composição

---

15 CAPPELLETTI, Mauro; GARTH, Bryant. *Acesso à justiça*. Tradução de Ellen Gracie Northfleet. Porto Alegre: Sérgio Antônio Fabris, 1988.
16 *Lições de direito processual civil*, 18. ed. Rio de Janeiro: Lumen Juris, 2008, v. 1, p. 36.
17 Há na doutrina quem defenda a possibilidade de negócio jurídico processual para se estabelecer legitimação extraordinária (DIDIER JR., Fredie. *Curso de direito processual civil*, 17. ed. Salvador: JusPodivm, 2015, v. 1, p. 351-355).

de conflito, como a arbitragem e a mediação, agora fortemente recrudescidos com as novas regras dispostas no CPC atual.

O devido processo legal alcança também os processos administrativos e legislativos. É de se ver pelo Enunciado n. 312 da súmula do STJ ("No processo administrativo para imposição de multa de trânsito, são necessárias as notificações da autuação e da aplicação da pena decorrente da infração") bem como de posicionamento desta Corte (REsp 536.463).

É importante, por fim, nos atentarmos se a existência de um *devido processo legal eletrônico*, especialmente em decorrência dos significativos avanços tecnológicos que a sociedade experimentou nos últimos anos, pode impactar nas garantias constitucionais e processuais das partes. O aumento de litígios e a repetibilidade de demandas obrigaram o Estado a municiar o sistema com mecanismos de gestão de causas repetidas (como o recurso repetitivo e o IRDR), bem como com ferramentas tecnológicas, como o VICTOR, sistema de inteligência artificial do STF para selecionar processos que já possuem causas previamente definidas. Porém, como bem advertem Edilson Vitorelli e Gustavo Osna: "A máquina judiciária acaba sendo cooptada e monopolizada pelo volume de processos de interesses de grandes corporações, como bancos, seguradoras e até mesmo o próprio Estado litigante, que são geridas por tais partes, privilegiadas com grande automação e produtividade por seus advogados e procuradores com auxílio de sistemas inteligentes e, proporcionalmente, com muito menos esforço, quando comparadas aos pequenos escritórios, que trabalham artesanalmente ou de maneira tradicional"[18].

1.3. PRINCÍPIO DA ISONOMIA (PARIDADE OU IGUALDADE DE ARMAS)

A isonomia vem deflagrada na Constituição Federal no *caput* do art. 5º, que determina serem todos iguais perante a lei. Esta regra possui regulamentação infraconstitucional nos arts. 7º e 139, I, do CPC, que determina ao juiz tratamento igualitário às partes e aos demais sujeitos do processo.

A isonomia deve ser verificada como a igualdade de oportunidades dentro do processo aos litigantes (**paridade de armas**) e, em decorrência do prestígio da isonomia, o juiz evidencia sua imparcialidade ao demonstrar que não há favorecimento a nenhuma das partes no processo. Assim, apenas à guisa de exemplo, as partes terão prazo uniforme (de quinze dias) para interpor e responder aos recursos (salvo os embargos de declaração em que o prazo será de cinco dias e o contraditório fica condicionado ao potencial efeito infringente do julgado).

Entretanto, o nosso ordenamento é recheado de situações em que, à primeira vista, demonstram desigualdade de tratamento entre as partes. É de se perguntar se estas situações ofendem ou não o princípio da isonomia e em que medida estas regras são justificáveis.

É pacífico o entendimento de que o nosso ordenamento adota a **igualdade substancial (ou material, real)** – igualdade na medida do possível – e não a **igualdade formal**, e isto porque determinadas situações permitem que pessoas desiguais (pela estrutura ou condição) sejam tratadas de forma diversa, de modo a corrigir as diferenças entre elas. As desigualdades decorrem de fatores externos ao processo (hipossuficiências de diversas ordens) que são equilibradas pela lei e pelo juiz no campo interno do processo.

É o caso do consumidor, da Fazenda Pública, do incapaz, do réu preso, do réu revel, do Ministério Público e da pessoa idosa.

Nesses casos haverá uma verdadeira adequação do procedimento para atender essas diferenças de maneira isonômica.

---

18 *Introdução ao processo civil e a resolução de conflitos*. Salvador: JusPodivm, 2022.

1.3.1. CONSUMIDOR

A Lei n. 8.078/90 regulamenta o Código de Defesa do Consumidor objetivando (como o próprio nome sugere) a proteção de determinada categoria de pessoas[19] (CDC, art. 4º, I). Uma das prerrogativas que possui o consumidor em juízo é a inversão do ônus probatório previsto no art. 6º, VIII, do CDC (não devendo ser confundida com a regra abstrata contida no art. 373, § 1º, do CPC, que estabelece a dinamização e não a mera inversão, para qualquer tipo de relação). Esta inversão permite que o consumidor se desincumba de provar aquilo que alegou, competindo ao fornecedor produzir essa prova desde que demonstrada a hipossuficiência do consumidor e a cabal possibilidade de o fornecedor, por ter melhores condições, produzir a referida prova.

1.3.2. FAZENDA PÚBLICA E MINISTÉRIO PÚBLICO

Fazenda Pública é a personificação do Estado ou o nome que se dá ao Estado em juízo. É utilizada essa expressão para designar as pessoas jurídicas de direito público que figurem em juízo. Diante do interesse público tutelado pelas Fazendas, o ordenamento lhe confere uma série de prerrogativas para que o exercício adequado dos seus direitos seja equiparado ao exercício do particular.

O Ministério Público é instituição essencial à administração da justiça (art. 127, CF).

Os principais benefícios da Fazenda são: a) prazo diferenciado; b) remessa necessária; c) desnecessidade de adiantamento das custas processuais e condenação em honorários advocatícios; d) intimação/citação pessoal, e) dispensa de recolhimento do depósito de 5% para ajuizar ação rescisória.

a) Prazo. O art. 180 do CPC preconiza que o Ministério Público tem o prazo em dobro para manifestar-se nos autos. Essa prerrogativa também se aplica à Fazenda Pública (União, Estados, DF, Municípios e respectivas autarquias e fundações públicas), conforme art. 183 do mesmo diploma legal. A lei, em ambos os casos, restringiu o prazo do regime anterior (o prazo para contestação era em quádruplo), mas ampliou esse prazo em dobro para todas as hipóteses de atos e não apenas para recursos e contestação.

b) Remessa necessária[20] **(CPC, art. 496)** que não constitui recurso de acordo com majoritária doutrina, mas sim condição de eficácia da sentença contra o Poder Público. Essa sentença só transitará em julgado após ser reanalisada pelo Tribunal de 2º grau. Isso quer dizer que, na grande maioria dos casos, a sentença contra a Fazenda Pública somente produzirá efeitos após a sua revisão pelo Tribunal a que submete o juízo prolator da decisão. De outro lado, a inércia do advogado do particular na não apresentação do recurso acarreta o trânsito em julgado da decisão, já que a natureza recursal é marcada pela voluntariedade. Entretanto, caso a Fazenda decida não recorrer, a sentença, mesmo assim, será levada ao Tribunal de ofício, por força do efeito translativo.

Discute-se na doutrina dúvida se seria possível a *reformatio in pejus* contra a Fazenda Pública. O Enunciado n. 45 da súmula do STJ preconiza que "no reexame necessário, é defeso,

---

19 O ideal seria nominar como Código das Relações de Consumo (a despeito de a expressão "código" ser igualmente criticada pela doutrina) já que o Código não pode prejulgar uma causa na medida em que o fornecedor pode ter razão no caso concreto.

20 O reexame necessário será estudado de forma mais aprofundada no capítulo dos recursos.

ao Tribunal, agravar a condenação imposta à Fazenda Pública". Em sentido contrário, Nelson Nery Jr. entende que esse entendimento fere, sem justificativa, o princípio da isonomia[21].

c) Honorários e custas. O art. 85, § 2º, do CPC estabelece que os honorários sejam fixados entre 10% a 20% de acordo com algumas condições estabelecidas no próprio artigo no tocante aos advogados de forma geral. Entretanto, em sendo a Fazenda Pública sucumbente, poderá o juiz fixar honorários de valor diverso conforme alguns critérios definidos nos incisos do § 3º do art. 85 do CPC (que serão estudados no capítulo sobre partes). Essa regra, todavia, entremostra-se inconstitucional, segundo entendemos, pois, se a Fazenda foi sucumbente, evidentemente que não há nenhum interesse público a ser tutelado, desaparecendo a prerrogativa que lhe foi concedida.

Quanto ao adiantamento das custas do processo, estabelece o art. 82 que compete às partes adiantar as despesas dos atos a serem praticados no processo. Estas custas adiantadas retornarão ao patrimônio da parte vencedora.

Assim, seguindo as mesmas premissas já estabelecidas para as prerrogativas anteriormente apresentadas, à Fazenda, à Defensoria e ao MP, nos termos do art. 91 do CPC, não se impõe essa exigência (salvo se se tratar de despesas não abarcadas pelas custas judiciais como as perícias, que, se requeridas, poderão ser realizadas por entidades públicas ou mesmo com o pagamento prévio, em havendo previsão orçamentária, consoante dispõem o art. 91, § 1º, do CPC e o Enunciado n. 232 da súmula do STJ[22])[23].

Caso não haja previsão orçamentaria, será pago ou no exercício seguinte ou ao final, pelo vencido, se o processo terminar antes.

d) Intimações. Consoante se depreende do art. 272 do CPC, as intimações serão feitas, via de regra, pelo Órgão Oficial. Entretanto a Fazenda Pública possui a prerrogativa de sua intimação ser sempre pessoal (CPC, art. 183, e LOMP, art. 41, IV) no órgão de Advocacia Pública responsável pela sua representação judicial. As Fazendas possuem a prerrogativa de sua citação ser feita sempre por oficial de justiça (CPC, art. 247, III). Assevera Leonardo José Carneiro da Cunha[24] que "a necessidade de citação da Fazenda Pública por oficial de justiça tem razão de ser. Sua justificativa resulta da burocracia interna da Administração Pública. Sendo inerente à atividade pública a formalidade dos atos administrativos, cumpre revestir o ato de comunicação processual de maiores cuidados, a fim de evitar descontroles, desvios, perdas e extravios de documentos, aí incluída a citação como ato de comunicação processual".

O Ministério Público, a Defensoria Pública e a Advocacia Pública são obrigados a manter cadastro junto ao sistema de processo em autos eletrônicos para recebimento de intimações e citações (art. 246, § 2º, CPC). Essa regra se aplica também a empresas de grande porte e empresas públicas.

e) Dispensa de depósito de 5%. O Poder Público está dispensado de recolhimento prévio do valor de 5% para a propositura da ação rescisória nos termos do art. 968, § 1º, CPC. Contudo, o objetivo do depósito prévio é que este se "converterá em multa caso a ação seja, por

---

21 *Princípios do processo civil*, cit., p. 95.
22 Enunciado n. 232 da súmula do STJ: "A Fazenda Pública, quando parte no processo, fica sujeita à exigência do depósito prévio dos honorários do perito".
23 Na LACP (Lei n. 7.347/85, art. 18) o MP fica isento de adiantamento não apenas das custas judiciais como de todas as demais despesas como honorários do perito, v.g. Havia entendimento jurisprudencial no sentido de se isentar este adiantamento referente aos honorários do perito para o MP (aplicação extensiva do art. 18 da referida Lei) e no sentido contrário, qual seja, exigir este adiantamento também por aplicação extensiva, mas do referido Enunciado n. 232 da súmula do STJ. Agora a regra do CPC alcança todas as situações não abrangidas pela LACP.
24 *A Fazenda Pública em juízo*, 6. ed. São Paulo: Dialética, 2008, p. 87.

unanimidade de votos, declarada inadmissível ou improcedente". Dessa forma, a Fazenda está isenta do recolhimento, mas não do pagamento da multa.

Discute-se, especialmente no tocante à Fazenda Pública, se esse tratamento processual diferenciado seria prerrogativa ou privilégio. Havendo quem entenda nítida ofensa ao princípio da isonomia[25].

Acreditamos tratar-se de prerrogativa decorrente da já denominada desigualdade substancial que necessita ser recomposta. Os motivos que levaram à prerrogativa de tratamento diferenciado são:

- Estrutura: as Fazendas, bem como o MP, não detêm a mesma estrutura de que usualmente usufruem os advogados particulares para o exercício de suas funções;
- Inafastabilidade: os advogados particulares podem recusar causas que não lhes sejam interessantes pela matéria, trabalho ou mesmo financeiramente. Já as Fazendas e o MP, em razão de sua função pública, não podem declinar das causas levadas ao seu crivo;
- Função: é inegável que um advogado exerce função privativa para seu cliente, decorrente da relação contratual estabelecida. Já a Fazenda e o MP exercem o interesse da coletividade (art. 176, CPC).

Contudo, essas prerrogativas seriam mais bem aceitas se, do outro lado, não houvesse tamanha dificuldade no recebimento dos créditos oriundos dos entes estatais via precatório (art. 100, CF).

1.3.3. A REGRA DO ART. 72 DO CPC

O art. 72 do CPC é portador de importante regra no tocante à isonomia substancial. Isso porque será nomeado **curador especial** em hipóteses que flagrantemente o réu estará em desvantagem no processo. Trata-se de um **representante processual** (que não opera no plano do direito material) para proceder ao equilíbrio das partes. Assim será nomeado para as seguintes situações:

a) réu revel citado de maneira ficta – edital e hora certa;
b) réu preso revel;
c) incapaz quando: c1) não tiver representante legal ou c2) quando os interesses daquele colidirem com os deste.

Nessas situações, portanto, haverá curador seja pela ausência física do réu, seja nos casos em que a representação não existe ou está inadequada aos interesses da parte. Trata-se de instrumento para gerar equilíbrio entre as partes do processo para a devida prática dos atos processuais.

1.3.4. PESSOA IDOSA E ENFERMO

O art. 1.048 do CPC, seguindo a redação estabelecida pela Lei 10.173/2001, confere tratamento diferenciado à condição de pessoa idosa (idade igual ou superior a sessenta anos). Este

---

25 DINAMARCO, Cândido. *Instituições de direito processual civil*. São Paulo: Malheiros, 2003, v. 1, p. 211.

tratamento concede prioridade na tramitação de atos e diligências em qualquer instância. Há entendimentos doutrinários contrários, propugnando pela inconstitucionalidade da lei, na medida em que protege determinado grupo de pessoas (pessoas idosas) em detrimento de outros que necessitariam de igual ou maior proteção como os deficientes físicos, os menores, os pobres miseráveis, dentre outros.

A prioridade na tramitação também se aplica a outras situações, como a repercussão geral (em que, uma vez reconhecida, terá prioridade no julgamento de todos os demais recursos e ações originárias, salvo *habeas corpus* e réu preso), bem como o mandado de segurança, conforme o art. 20 da LMS: "Os processos de mandado de segurança e os respectivos recursos terão prioridade sobre todos os atos judiciais, salvo *habeas corpus*".

A Lei n. 13.466/2017 trouxe mais uma regra de prioridade na tramitação das causas propostas por pessoas idosas. Estabelece o seu art. 2º, § 2º, que as pessoas idosas de mais de 80 anos terão prioridade entre aqueles já considerados legalmente pessoas idosas (acima de sessenta anos). Assim: "Dentre as pessoas idosas, é assegurada prioridade especial aos maiores de oitenta anos, atendendo-se suas necessidades sempre preferencialmente em relação as demais pessoas idosas". Como consequência, o art. 71, § 5º da mesma lei estabelece que, nos processos com pessoas idosas, as pessoas idosas com mais de 80 anos terão prioridade de tramitação sobre as demais pessoas idosas (com idade entre 60 e 79 anos).

É importante frisar que a pessoa idosa possui legitimidade exclusiva para requerer o benefício e ninguém poderá postular em nome dele. Isso porque "de acordo com a dicção legal, cabe a pessoa idosa postular a obtenção do benefício fazendo prova da sua idade. Depende, portanto, de manifestação de vontade do interessado, por se tratar de direito subjetivo processual. A necessidade do requerimento é justificada pelo fato de que nem toda tramitação prioritária será benéfica a pessoa idosa, especialmente em processos nos quais há alta probabilidade de que o resultado lhe seja desfavorável. Cabe ao titular do direito à preferência, por meio de pedido dirigido ao magistrado, demonstrar o seu interesse em fazer jus ao benefício legal" (STJ, REsp 1.801.884/SP). O direito se aplica também à vítima de violência doméstica e familiar (Lei n. 13.894/2019).

Igualmente haverá prioridade na tramitação do feito nos casos em que havendo violência doméstica após o ajuizamento do divórcio ou dissolução de união estável, a ação terá preferência no juízo onde estiver (art. 14-A, § 2º da Lei n. 11.340/2016, com a redação dada pela Lei n. 13.894/2019).

1.3.5. ORDEM CRONOLÓGICA DOS PROCESSOS

A ordem cronológica de conclusão para proferir sentenças e acórdãos (art. 12, CPC), bem como a determinação para escrivão ou chefe de secretaria que devem preferencialmente respeitar a ordem cronológica para publicação e efetivação dos pronunciamentos judiciais (art. 153, CPC), também constitui atendimento à isonomia material, conforme será visto oportunamente no item 2.12, *infra*.

Não se trata de comando obrigatório (com a mudança empreendida pela Lei n. 13.256/2016), mas continua sendo importante instrumento para aplicação da isonomia no processo e evitar que advogados com prestígio no tribunal consigam antecipar seus julgamentos em detrimento dos demais.

1.4. PRINCÍPIO DO CONTRADITÓRIO E DA AMPLA DEFESA

Preconiza o art. 5º, LV, da Constituição Federal que "aos litigantes, em processo judicial ou administrativo, e aos acusados em geral são assegurados o contraditório e ampla defesa, com os meios e recursos a ela inerentes".

O princípio do contraditório e da ampla defesa são corolários da **isonomia** (pois apresentam a necessidade de paridade de armas) e da **inafastabilidade** (pois o acesso à justiça e de se manifestar em juízo não pode ser negado pelo Estado).

Esse princípio assevera que a todos deve se dar o direito de conhecer da demanda que lhes é proposta, tomar ciência de todos os atos do processo bem como ter a possibilidade de reagir aos atos contrários ao seu direito.

Veja que a expressão "possibilidade de reagir" possui relevante função para o entendimento do sistema, pois o princípio do contraditório possui proporção diversa no âmbito processual civil e processual penal.

A teor dos arts. 261 e 497, V, do CPP, é imperiosa a apresentação de defesa mesmo tendo o réu incidido na revelia, já que é exigido um defensor. **Já no processo civil, não se trabalha com a defesa concreta, mas com a oportunidade de manifestação**. É fundamental que se permita ao réu a possibilidade de se defender (formalizada pela citação), entretanto, poderá o réu ser revel e sofrer uma sentença desfavorável decorrente de sua contumácia (art. 344 do CPC).

Exatamente por esse motivo, autorizada doutrina defende que o princípio do contraditório no âmbito civil, em verdade, deveria denominar-se **"princípio da bilateralidade da audiência"**, já que nem sempre haverá manifestação.

O princípio do contraditório é a exposição da democracia dentro do processo. É tamanha sua importância que alguns autores relacionam sua existência (contraditório) à própria existência do processo[26]. Se uma das acepções do conceito de processo é que se trata de procedimento em contraditório, não havendo contraditório pode-se dizer que não há processo.

É por isso que consideramos inconstitucional a sanção de ser a parte proibida de falar nos autos constatado o atentado (art. 77, § 7º, CPC)[27].

Veja que a Constituição também explicita acerca do processo administrativo, exigindo que se oportunize às partes a possibilidade de apresentar manifestações.

Aliás, com esse propósito se justifica a Súmula Vinculante n. 3 do STF:

> Nos processos perante o Tribunal de Contas da União, asseguram-se o contraditório e a ampla defesa quando da decisão puder resultar anulação ou revogação de ato administrativo que beneficie o interessado, excetuada a apreciação da legalidade do ato de concessão inicial de aposentadoria, reforma e pensão.

E também na arbitragem, conforme se verifica no art. 21, § 2º, da Lei n. 9.307/96.

Aliás, não é sequer necessária a previsão do contraditório dentro do processo, pois, enquanto princípio de eficácia direta, exerce uma função integrativa (já que agregam elementos não existentes em outros princípios ou regras). Dessa forma, "ainda que não haja regra expressa determinando a oitiva das partes a respeito de ato judicial com 'potencial' para influir na esfera

---

26 Elio Fazzalari defendia posicionamento seguido por parcela da doutrina brasileira (ver por todos Rosemiro Pereira Leal) que processo é o "procedimento em contraditório".
27 O atentado ocorre quando há violação ao inciso VI, do art. 77 do CPC "VI – não praticar inovação ilegal no estado de fato de bem ou direito litigioso".

jurídica de uma delas, deverá ser oportunizada a sua manifestação por conta justamente dessa função integrativa do contraditório"[28].

O sistema do contraditório no Brasil pode ser analisado sob duas óticas: o contraditório formal e material.

Contraditório formal – O contraditório possui dois componentes: permite que as partes participem do processo por meio da obrigatoriedade da **informação** e a possibilidade de **manifestação** sobre esse ato. A informação, que se dará no processo civil por meio de citação, intimação ou notificação[29], objetiva dar ciência à parte para que ela possa tempestivamente se manifestar. Quanto à possibilidade de se manifestar, conforme vimos, no Brasil constitui um ônus e não um dever, pois a parte tem a opção de ficar silente diante da situação em que lhe é oportunizada a manifestação. Contudo, nas demandas que versem sobre direitos indisponíveis, o sistema processual cria mecanismos para abrandar os efeitos nocivos da contumácia. Assim, não há incidência dos efeitos materiais da revelia (art. 345, II, CPC), além de que, sobre essas matérias, a confissão ser ineficaz (art. 392, CPC). Em conclusão, enquanto nos direitos disponíveis, somente haverá reação quando a parte se manifestar (reação fática), nos direitos indisponíveis, caso não haja reação, a norma produzirá esses efeitos como se o ato tivesse sido emitido (reação jurídica).

Contraditório material – Nessa modalidade, agrega-se aos dois componentes acima (informação e manifestação) um terceiro elemento: o **poder de influência**. Dessa forma, para esse posicionamento (trazido pela doutrina alemã e portuguesa) não basta haver apenas a comunicação e a participação (reação), mas também a possibilidade de influenciar a decisão do juiz. O direito a participação (influência) é a permissibilidade de se criarem condições concretas para o exercício do contraditório. Constitui a manifestação de uma das acepções do "princípio da cooperação", que será visto mais detalhadamente *infra*. Esta cooperação permite municiar o magistrado de mais (e melhores) elementos para que possa decidir.

O art. 7º do CPC estabelece que compete ao magistrado "zelar pelo efetivo contraditório", efetivo no sentido de real, verdadeiro, eficaz e não apenas se limitando ao seu aspecto "formal" (informação + reação).

Ademais, para dar vigência a esse contraditório material, o CPC estabelece, especialmente em dois artigos, a concretização dessa regra:

> Art. 9º Não se proferirá decisão contra uma das partes sem que ela seja previamente ouvida.
> Parágrafo único. O disposto no *caput* não se aplica:
> I – à tutela provisória de urgência;
> II – às hipóteses de tutela da evidência previstas no art. 311, incisos II e III.
> Art. 10. O juiz não pode decidir, em grau algum de jurisdição, com base em fundamento a respeito do qual não se tenha dado às partes oportunidade de se manifestar, ainda que se trate de matéria sobre a qual deva decidir de ofício.

---

28 LUCON, Paulo Henrique dos Santos. Tutela do contraditório no Código de Processo Civil de 2015. In: *Questões relevantes sobre recursos, ações de impugnação e mecanismos de uniformização de jurisprudência*. São Paulo: RT, 2017, p. 33.

29 Essa apenas nos casos de convocar a autoridade coatora no mandado de segurança para prestar informações (art. 7º, I, Lei n. 12.016/2009) ou no *habeas data* (art. 9º, Lei n. 9.507/97).

Assim, o princípio do contraditório tem como principal pressuposto a proibição de **decisões-surpresa**. Dessa forma, não basta apenas a parte poder ter ciência da decisão e poder reagir, mas, especialmente poder influenciar o magistrado.

Se o juiz verifica a ocorrência de prescrição num determinado processo ele não poderá dar a sentença de imediato (art. 487, II, CPC), pois cumpriria apenas com o contraditório formal (**ciência** da decisão + possibilidade de **reação** por recurso contra a sentença). O devido atendimento ao contraditório cooperativo pressupõe que o magistrado intime as partes sobre a potencial prescrição (**ciência**), conferindo prazo para que as partes possam se manifestar (**reação**) e eventualmente influenciar na convicção do juiz (**influência**), cada qual demonstrando os fundamentos da ocorrência ou não do decurso do prazo para a propositura da demanda[30].

Como decorrência dessa moderna concepção do contraditório, não se pode mais ter a antiga acepção descontextualizada do brocardo *da mihi factum, dabo tibi ius* (me dê os fatos que te dou o direito) e *iura novit curia* (o juiz conhece o direito), ou, ainda, a tese do amplo conhecimento do direito (art. 3º da LINDB). O Estado-juiz não possui o monopólio da aplicação do direito, como bem observa a doutrina: "O juiz tem poder de decisão. Porém, precisa legitimá-lo através do contraditório. Tal necessidade altera o método de aplicação da regra *iura novit curia*"[31]. Aos poucos vem se relativizando essa ideia arraigada da teoria da substanciação (adotada no Brasil) em que o magistrado poderia alterar o enquadramento jurídico do caso desde que mantenham os fatos incólumes mesmo sem ouvir as partes (ex.: numa ação de reparação de danos alterar a responsabilidade objetiva apresentada pelo autor por responsabilidade subjetiva, ou numa ação de rescisão contratual alterar "dolo" por "erro"). Por isso, criticável, em nossa opinião, o Enunciado n. 1 da ENFAM (Escola Nacional de Formação e Aperfeiçoamento de Magistrados), que dispõe: "Entende-se por "fundamento" referido no art. 10 do CPC o substrato fático que orienta o pedido, e não o enquadramento jurídico atribuído pelas partes". E o Enunciado n. 6: "Não constitui julgamento surpresa o lastreado em fundamentos jurídicos, ainda que diversos dos apresentados pelas partes, desde que embasados em provas submetidas ao contraditório". Dessa forma estar-se-ia tolhendo o contraditório quando o magistrado alterasse o fundamento jurídico eleito pela parte. O STJ decidiu que não há ofensa ao princípio da não surpresa quando o magistrado, diante dos limites da causa de pedir, do pedido e do substrato fático delineado nos autos, realiza a tipificação jurídica da pretensão no ordenamento jurídico posto, aplicando a lei adequada à solução do conflito, ainda que as partes não a tenham invocado (*iura novit curia*) e independentemente de oitiva delas, até porque a lei deve ser do conhecimento de todos, não podendo ninguém se dizer surpreendido com a sua aplicação." (AgInt no REsp 1.799.071/PR, Rel. Min. Moura Ribeiro, Terceira Turma, j. 15-8-2022). E ainda (EDcl nos EREsp 1.213.143-RS, Rel. Ministra Regina Helena Costa, Primeira Seção, por unanimidade, j. 8-2-2023).

Contudo, evidente que o magistrado não precisa prestar contas de absolutamente todo fundamento jurídico diverso do trazido pelas partes. Essa dinâmica, além de utópica, traria uma demora absurda na tramitação do processo. Assim:

---

30 Aliás, o Enunciado n. 581 da VII Jornada de Direito Civil estabelece que "a decretação *ex officio* da prescrição ou da decadência deve ser precedida de oitiva das partes".
31 ASSIS, Araken de. *Processo civil brasileiro*. São Paulo: RT, 2015, v. 1, p. 419.

> a) se o magistrado vai acolher a pretensão de uma das partes e apenas complementa com outras fontes do direito não trazidas pelos litigantes (novos artigos de leis, doutrina, jurisprudência, súmulas etc.), não viola o contraditório e constitui mero exercício da *iura novit curia*. Ex.: o juiz entende que o réu tem razão, mas apresenta julgados não trazidos, complementa com súmulas não ventiladas e artigos que não foram mencionados, mas dentro da linha de fundamentação que o réu levantou;
>
> b) entretanto, se o magistrado vai acolher a pretensão de uma das partes, mas traz um novo caminho, uma nova tese jurídica, deve-se abrir vista ao contraditório a fim de não surpreender as partes. Ex.: o juiz entende que o autor tem razão, mas a legislação aplicável ao caso é o Código de Defesa do Consumidor, e não o Código Civil, que foi objeto de discussão pelas partes no processo).

A vedação das decisões-surpresa também exerce importante impacto nos limites objetivos da coisa julgada, pois o art. 503, § 1º, do CPC permite que os efeitos da coisa julgada alcancem (excepcionalmente) a questão prejudicial se: "II – a seu respeito tiver havido contraditório prévio e efetivo, não se aplicando no caso de revelia".

A ampla defesa, conquanto confundida com o contraditório no mais das vezes (especialmente no plano material), possui uma acepção mais ampla: a ampla defesa permite a concretização do contraditório, mas (e este é o posicionamento defendido por alguns autores brasileiros) é destinada apenas ao réu, enquanto o contraditório se aplica a ambas as partes (João Batista Lopes).

Importante apresentar algumas situações em que os princípios do contraditório e da ampla defesa serão colocados em análise:

1.4.1. JULGAMENTO ANTECIPADO DO MÉRITO (TOTAL OU PARCIAL)

De acordo com o art. 355 do CPC, o julgamento antecipado do mérito se dará em duas circunstâncias: uma, quando não houver necessidade de dilação probatória e a outra, quando decorrer o efeito da revelia e não houver o requerimento de outras provas, conforme o art. 349 do CPC.

Nesses dois casos, é dispensável a remessa do processo para a fase instrutória. Assim, a efetividade e economia do processo são valores mais importantes do que a desnecessária instrução para satisfazer um virtual contraditório. O julgamento antecipado se justifica por já possuir o processo todos os elementos necessários para seu julgamento e a fase probatória seria mero formalismo que não mudaria o conjunto fático-probatório do processo.

Essa regra se aplica também ao julgamento antecipado parcial do mérito (CPC, art. 356).

1.4.2. INQUÉRITO POLICIAL E INQUÉRITO CIVIL

Igualmente não ofendem a ampla defesa e o contraditório o inquérito policial e o civil. O primeiro se instaura numa fase pré-judicial e nesta fase não se tem procedimento acusatório (previsto no judicial, com amplo contraditório), mas sim inquisitório, para busca de elementos de autoria e materialidade. As provas produzidas no inquérito servirão de base para a ação penal, unicamente.

Já o inquérito civil vem previsto na Lei n. 7.347/85 (LACP) em seu art. 8º, § 1º, com a possibilidade de o MP (legitimado para ingressar com esse tipo de demanda) reunir elementos para a propositura da competente ação. É lapidar o ensinamento de Eduardo Arruda Alvim sobre o tema: "Como tal procedimento não visa um fim em si mesmo, mas apenas aparelhar eventual futura ação, o fato de ser inquisitório não atrita com a grandeza constitucional do princípio do contraditório"[32].

1.4.3. EXECUÇÃO (PROCESSO OU FASE)

A execução confere ao titular da pretensão uma posição de vantagem não verificada nas demandas cognitivas, que é a existência de título executivo. O título executivo, portador de eficácia abstrata, é o permissivo para se atuar a sanção. Com base nessa premissa, importante asseverar que o contraditório amplo aqui não é encontrado, já que este é meramente eventual. O executado não é citado (ou intimado, se for execução de título judicial) para se defender, mas sim para cumprir (daí o porquê da função da execução ser eminentemente satisfativa). O contraditório pode se exercer de quatro formas: a) as defesas típicas (embargos e impugnação); b) defesa atípica (a denominada "exceção de pré-executividade"); c) as defesas heterotópicas (ação prejudicial autônoma à execução); e d) meras manifestações no processo de execução (v.g., substituição do bem penhorado, manifestação sobre arrematação, adjudicação, ou impugnação ao cálculo apresentado pelo exequente), conforme explicita de maneira generalizada o art. 518 do CPC.

1.4.4. A ADVERTÊNCIA DO ART. 250 DO CPC

A citação é o principal instituto que explica o contraditório. Por meio dela a relação processual se concretiza e todo processo em contraditório se desenvolve a partir de então. Entretanto, é necessário que constem do mandado os efeitos da não apresentação da defesa consoante se depreende da redação do art. 250, II, do CPC, ou seja, que a não apresentação de contestação possa operar os efeitos da revelia.

Veja que, não constando a advertência no mandado, não incidirão os efeitos da revelia, já que o réu, de regra, não possui conhecimentos técnicos para aquilatar a gravidade da não apresentação de defesa no prazo legal (nesse sentido, STJ, 4ª Turma, REsp 10.137/MG). Essa regra, contudo, não se aplica à intimação prevista no art. 343, § 1º, do CPC (intimação para contestar reconvenção), já que a intimação que ali se aduz tem efeitos citatórios. E isso porque a intimação será feita na pessoa do advogado, que já detém conhecimentos sobre as consequências de não cumprimento do preceito (essa regra igualmente não se aplica também à oposição e aos embargos de terceiro em que já há ação em curso).

1.4.5. LIMINAR

Talvez um dos casos em que o princípio do contraditório atrita de maneira mais contundente com outra garantia constitucional igualmente importante é o da concessão das medidas liminares (feita, naturalmente, sem a oitiva da outra parte).

Aqui o magistrado, utilizando-se do princípio da proporcionalidade, deverá verificar quais valores estão em jogo para determinar qual princípio deverá prevalecer no caso concreto: o contraditório, atrelado à segurança jurídica, ou a concessão da medida de urgência ligada a

---

32   *Direito processual civil*, 2. ed., São Paulo: Revista dos Tribunais, 2008, p. 125.

efetividade. E isso porque, em diversas situações, a oportunidade do contraditório pode gerar perecimento de direitos, já que usualmente os requerimentos de pleitos nesse sentido são de situações de extrema urgência e não concessão pode gerar o perecimento do direito.

> Imagine ter a necessidade de cumprir o contraditório e intimar/citar o plano de saúde sobre a decisão liminar para a concessão de uma cirurgia de urgência em que o autor tem pouquíssimos dias de vida, ou a citação/intimação prévia do requerido sobre a concessão de liminar em cautelar na qual o réu dolosamente vem dilapidando o seu patrimônio para se tornar insolvente.

Constitui uma "limitação imanente à bilateralidade da audiência"[33]. Nesses casos o contraditório não será relegado, apenas será postergado para outro momento em atenção à já referida efetividade.

A concessão das medidas liminares não decorre apenas da urgência (tutela provisória de urgência), mas também o contraditório poderá ser concedido nas tutelas provisórias com base na evidência. A tutela de evidência, como será estudado em capítulo próprio, consiste numa antecipação de tutela sem *periculum in mora*. A motivação da antecipação não é o perecimento do direito, mas a grande probabilidade do direito apresentado *initio litis*, o que acarreta uma adequação do ônus do tempo do processo. O art. 311 do CPC permite a concessão liminar (sem contraditório) nas hipóteses dos incisos II e III. Os demais incisos, pela sua estrutura, dependem do contraditório para a configuração das hipóteses de tutela de evidência. Contudo, há outros casos fora do rol do art. 311 em que o direito evidente enseja o diferimento do contraditório, como as possessórias e os embargos de terceiro (arts. 562 e 678, CPC).

O próprio art. 9º, parágrafo único, do CPC, preconiza as situações em que será desnecessária a prévia intimação da parte para se proferir decisão (além das hipóteses já mencionadas, a expedição de mandado monitório para pagamento, entrega e obrigação de fazer/não fazer nos termos do art. 701, CPC).

1.4.6. MATÉRIAS COGNOSCÍVEIS DE OFÍCIO E A TERCEIRA VERTENTE DO PRINCÍPIO DO CONTRADITÓRIO

Sabe-se que existem determinadas matérias que podem ser apreciadas de ofício pelo magistrado e, portanto, não se submetem aos efeitos preclusivos do tempo (arts. 485, § 3º, e 337, § 5º, CPC). A expressão conhecer de ofício significa "sem provocação". A locução sem provocação não é sinônimo de sem manifestação, pena de ofensa ao contraditório. Veja, o fato de o magistrado ter a permissibilidade de conhecer determinadas matérias não o autoriza, em absoluto, decidir sem que as partes previamente se manifestem e, portanto, tenham a possibilidade de influenciar na decisão. E isso porque uma vertente que deve ser levada em consideração em relação ao princípio do contraditório (juntamente com a necessidade de ciência e de reação) é a possibilidade de influenciar o teor da decisão. Assim, não se pode confundir conhecimento de ofício com decisão *inaudita*.

Dessa forma, antes de decretar (v.g.) determinada nulidade ou inconstitucionalidade de uma lei, deverá o magistrado comunicar previamente as partes. Não se trata evidentemente de prejulgamento, mas de uma possibilidade de as partes se manifestarem e terem a potencialidade de influenciar a decisão.

Esta regra está sedimentada no art. 10, que estabelece: "O juiz não pode decidir, em grau algum de jurisdição, com base em fundamento a respeito do qual não se tenha dado às

---

33 NERY JR., Nelson. *Princípios do processo civil*, cit., p. 185.

partes oportunidade de se manifestar, ainda que se trate de matéria sobre a qual deva decidir de ofício".

Os sistemas francês (art. 16, CPC) e português (art. 3º, CPC) já contam com dispositivos semelhantes.

Contudo, há ainda resistência na aplicação do referido artigo, conforme se verifica do Enunciado n. 3 do ENFAM, que estabelece: "É desnecessário ouvir as partes quando a manifestação não puder influenciar na solução da causa". O Enunciado é de difícil digestão. Como o magistrado pode inadmitir o contraditório sem saber qual tipo de manifestação a parte apresentará?

1.4.7. MULTAS SANCIONATÓRIAS

O juiz poderá fixar de ofício multas para apenar o réu/executado por improbidade processual (CPC, arts. 77-81, 1.026, § 2º, 774). Esta, aliás, é a interpretação que deve ser feita do art. 772, II, do CPC, ao asseverar que "o juiz pode, em qualquer momento do processo: (...) II – advertir ao devedor que o seu procedimento constitui ato atentatório à dignidade da justiça".

1.4.8. CONTRADITÓRIO DESNECESSÁRIO

Sobre tudo o que se falou acerca do contraditório até o presente momento, traz-se ínsita a ideia de sua inafastabilidade no caso concreto. Como contraponto, contudo, não se pode meramente estabelecer o "contraditório pelo contraditório", pois há outros valores em jogo que devem ser sopesados para o fim de se moldar a estrutura do devido processo legal. Se o contraditório foi estabelecido para a proteção das partes no processo, não poderá ser anulado o ato se a sua ausência não acarretou prejuízo. O que, aliás, tem previsão expressa no CPC (arts 282, § 1º e 283, parágrafo único, CPC)[34].

Assim, tem-se a regra do art. 332 do CPC, que estabelece a "improcedência liminar do pedido" nas hipóteses ali enquadradas. Se a decisão só pode ser de improcedência (o que corresponde à tutela jurisdicional a ser pleiteada pelo réu), qual a finalidade de sua oitiva?

Da mesma forma o art. 932, IV, que permite ao relator negar provimento ao recurso da parte contrário à súmula ou precedentes. Não há necessidade de oitiva do recorrido se a decisão alcançou plenamente as suas expectativas.

Há outros casos: processo em que homônimo foi citado, mas foi julgado improcedente ou documento apresentado pela parte sem a oitiva da outra (e no final a parte prejudicada sagrou-se vencedora).

Uma prova da vigência do "contraditório utilitarista"[35] reside na necessidade de intimação para contrarrazões nos embargos de declaração apenas se os embargos puderem (tiverem a potencialidade) alterar o resultado da decisão (art. 1.023, § 2º, CPC).

---

34 Art. 282. (...) § 1º O ato não será repetido nem sua falta será suprida quando não prejudicar a parte; e art. 283. (...) Parágrafo único. Dar-se-á o aproveitamento dos atos praticados desde que não resulte prejuízo à defesa de qualquer parte.
35 Expressão utilizada por BORRING ROCHA, Felipe. Contraditório utilitarista, *RePro*, v. 39, n. 229, p. 171-197, mar. 2014.

1.5. PRINCÍPIO DA INAFASTABILIDADE DA JURISDIÇÃO (UBIQUIDADE)

Constitui certamente o princípio constitucional mais estudado no ordenamento processual. O art. 5º, XXXV, da Constituição Federal assevera que "a lei não excluirá da apreciação do Poder Judiciário lesão ou ameaça a direito". O CPC, com pequenas alterações, reproduz a mesma regra no seu art. 3º.

Refere-se ao grau de abertura imposto pela Constituição Federal ao processo civil[36]. O referido princípio possui duas acepções no tocante ao acesso à justiça: **a) no plano formal**, a possibilidade de acesso ao Poder Judiciário propondo ação ou sendo demandado. Nesse caso, se confunde com o próprio conceito tradicional de inafastabilidade, **b) no plano material**, constitui-se na representação do devido processo legal, no sentido de não bastar apenas acessar o Judiciário, mas ter direito a uma tutela adequada, célere e efetiva[37].

Importante que o legislador, quando emprega a expressão "lesão ou ameaça a direito", confere dois conceitos temporais relevantes: o **retrospectivo (lesão)** e o **prospectivo (ameaça a direito)**. E isso porque o primeiro é voltado para as lesões ocorridas (ressarcitória ou remoção do ilícito) e o outro para evitar que a lesão ocorra (tutela inibitória). Tanto a ação de remoção de ilícito como a inibitória, hoje vêm expressamente previstas no art. 497, parágrafo único, do CPC/2015.

Evidentemente que à primeira vista imagina-se que o destinatário da norma seja o judiciário, pois os magistrados fazem o controle de acesso das demandas que lhes são submetidas. Entretanto, a norma é destinada também ao legislador infraconstitucional. E isso porque é a legislação ordinária que estabelece os limites e contornos do exercício do direito de ação.

O princípio da inafastabilidade (ou da ubiquidade) preconiza que todos podem postular no Judiciário pretensão a uma tutela jurisdicional. Nenhuma causa pode ser excluída do crivo do Judiciário. Contudo há duas situações em que se vedam ou diferem a possibilidade de se socorrer da atividade jurisdicional:

a) Atividade jurisdicional vedada. É proibido se buscar o Poder Judiciário nas hipóteses de crime de responsabilidade de determinados entes (CF, art. 51, I e II).

b) Atividade jurisdicional condicionada (instância administrativa de curso forçado). Em regra, o ordenamento não exige o esgotamento de alguma seara administrativa ou outra para que somente então se possa buscar o judiciário. Há poucas exceções nesse tocante no nosso ordenamento como a justiça desportiva (CF, art. 217, § 1º), em que se exige o exaurimento por essa via especializada para a sua tutela no Poder Judiciário, e ainda nos casos da Súmula 673 do STJ[38]. O ingresso de reclamação constitucional condicionada ao exaurimento das vias administrativas (Lei federal n. 11.417/2006, art. 7º, § 1º[39]) não ofende o referido princípio, pois a lei veda apenas a utilização daquela medida (reclamação), mas não outro meio idôneo.

Da mesma forma, as comissões de conciliação prévia da Justiça do Trabalho (CLT, art. 625-A) contudo, não são de natureza obrigatória (ADI 2.139/DF).

---

36 BUENO, Cassio Scarpinella. *Curso sistematizado de direito processual civil*. São Paulo: Saraiva, 2007, v. 1, p. 101.
37 Nos Estados Unidos, por exemplo, esse direito não é tão amplo, já que alguns direitos somente podem ser exigidos do Executivo, e não do Poder Judiciário.
38 Súmula 673, STJ. "A comprovação da regular notificação do executado para o pagamento da dívida de anuidade de conselhos de classe ou, em caso de recurso, o esgotamento das instâncias administrativas são requisitos indispensáveis à constituição e execução do crédito".
39 Art. 7º Da decisão judicial ou do ato administrativo que contrariar enunciado de súmula vinculante, negar-lhe vigência ou aplicá-lo indevidamente caberá reclamação ao Supremo Tribunal Federal, sem prejuízo dos recursos ou outros meios admissíveis de impugnação. § 1º Contra omissão ou ato da administração pública, o uso da reclamação só será admitido após esgotamento das vias administrativas.

Não se confunde **direito de ação** com **direito de petição** (CF, art. 5º, XXXIV, a). O direito de petição, é um direito político[40]. Direito político este desprovido de forma procedimental rígida utilizado para pleitear ao poder público a defesa de alguma ilegalidade ou abuso de poder. Conquanto muitas vezes esse direito é confundido como ocorre com a Reclamação em que o STF considera um direito de petição, mas exige requisitos de uma verdadeira ação).

O que diferencia o direito de petição do direito de ação é que neste último necessária a presença de *interesse*. No primeiro, o peticionário não necessita provar a lesão pessoal, pois o interesse é político e geral. O segundo constitui direito particular (salvo, evidentemente, alguns casos como os processos objetivos e a tutela de direitos difusos e coletivos) tendente à salvaguarda de um direito específico relacionado à pessoa que pleiteia.

O princípio da inafastabilidade espraia seus efeitos nas normas infraconstitucionais (art. 140 do CPC e art. 4º da LINDB). O primeiro artigo em comento disciplina que "o juiz não se exime de decidir sob a alegação de lacuna ou obscuridade do ordenamento jurídico". Trata-se da regra de vedação ao *non liquet*, ou seja, é vedado ao judiciário não dar resultado à tutela pleiteada.

O art. 140 é carregado de muita simbologia. Isso porque a redação anterior do dispositivo (art. 126, CPC/73), manifestamente influenciada pela doutrina liberal do século XIX, colocava a lei como plano quase absoluto na aplicação do direito e apenas seriam utilizadas outras fontes na falta daquela. Estabelecia uma notória primazia da lei sobre as demais fontes do direito condicionando a aplicação dessas demais fontes se e quando a lei fosse omissa[41]. O atual CPC estabelece que o juiz não poderá deixar de decidir sob alegação de lacuna ou obscuridade do ordenamento jurídico. Sem ingressar na seara da definição de ordenamento jurídico o que extrapola os limites deste *Manual*, é possível compreender que ordenamento jurídico não constitui um mero compêndio das regras postas, mas sim um sistema que compreende "as fontes de direito e todos os seus conteúdos e projeções" já que há fontes "elaboradas para suprir as lacunas do sistema, bem como as que cobrem os claros deixados ao poder discricionário dos indivíduos (normas negociais)"[42]. Em confirmação ao quanto exposto, o art. 8º do CPC não prevê a submissão exclusiva da lei, mas do ordenamento jurídico[43].

Não se pode negar que a crise do positivismo enrijeceu a importância de outras fontes do direito. Ademais, é fisicamente impossível a lei disciplinar todas as relações jurídicas existentes. A uma, porque o ordenamento é muito rico e o legislador, por mais minucioso, não conseguiria abarcar todas as situações carecedoras de regulamentação e também ao fato de a sociedade ser marcada pelo dinamismo: sempre novas relações surgirão decorrentes de novas tecnologias ou necessidades. A duas, porque a lei é geral e abstrata, não podendo se ater a minúcias nem a peculiaridades de tal ou qual relação. Dessa forma, a lei expressamente autoriza que o magistrado integre a lacuna. A três, porque o atual CPC retirou a ideia da lei como o centro do universo jurídico.

---

40 NERY Jr., Nelson. *Princípios do processo civil*, cit., p. 97.
41 Art. 126 do CPC/73: O juiz não se exime de sentenciar ou despachar alegando lacuna ou obscuridade da lei. No julgamento da lide caber-lhe-á aplicar as normas legais; não as havendo, recorrerá à analogia, aos costumes e aos princípios gerais de direito.
42 REALE, Miguel. *Lições preliminares de direito*. 22. ed. São Paulo: Saraiva, 1995, p. 189-191.
43 Art. 8º Ao aplicar o ordenamento jurídico, o juiz atenderá aos fins sociais e às exigências do bem comum, resguardando e promovendo a dignidade da pessoa humana e observando a proporcionalidade, a razoabilidade, a legalidade, a publicidade e a eficiência.

Assim deve se compreender o ordenamento jurídico como o conjunto de fontes que o magistrado poderá valer-se para decidir o caso concreto, como a adoção dos precedentes (arts. 926 e 927, CPC).

No caso de julgamento por equidade, somente poderão ser autorizados por previsão legal (art. 140, parágrafo único, CPC).

> Dessa forma, são casos em que há a possibilidade de julgamento por equidade:
> **a)** Na jurisdição voluntária (CPC, art. 723, parágrafo único), já que o magistrado não está vinculado à legalidade estrita.
> **b)** Na Justiça do Trabalho (art. 8º da CLT).
> **c)** No direito tributário (art. 108, IV, do CTN).
> **d)** Nas relações de consumo (art. 7º da Lei n. 8.078/90).
> **e)** Nos juizados especiais (art. 6º da Lei n. 9.099/95).
> **f)** Na arbitragem (art. 2º da Lei n. 9.307/96).

É importante não confundir lacuna da lei com falta de regulamentação infraconstitucional quando a Constituição disciplinou determinada norma, mas por ser de eficácia limitada, depende de regulamentação ordinária.

Neste caso não há lacuna da lei, pois o direito já existe. A parte tem o direito, mas não sabe como concretizá-lo.

Exatamente para evitar situações nesse sentido que o ordenamento prevê o Mandado de Injunção (CF, art. 5º, LXXI, e Lei n. 13.300/2016), para permitir que o requerente exercite o seu direito, previsto constitucionalmente, mas carente de regulamentação.

A despeito da inafastabilidade da jurisdição, o CPC deseja que esta seja a última alternativa colocada à disposição das partes. Assim, estabelece de maneira genérica as seguintes proposições:

a) a permissibilidade da arbitragem (que vem regulamentada na Lei n. 9.307/96 e art. 3º, § 1º, CPC);

b) o Estado deve, sempre que possível, promover a solução consensual dos conflitos (art. 3º, § 2º). Assim não apenas com o estímulo de métodos alternativos às soluções de conflito como a conciliação, a mediação como soluções pacificadoras endoprocessuais. Como prova, tem-se a obrigatoriedade da audiência de conciliação ou mediação (art. 334, CPC). Todos os que participam do processo devem estimular a composição amigável do conflito (juiz, advogados, defensores, MP e partes). A inafastabilidade, que num primeiro momento se mostra adequada, possui ao menos dois efeitos colaterais relevantes: a) o aumento exponencial de processos no Brasil, abarrotando as mesas dos juízes; e b) com o aumento dos processos, deve se aumentar o efetivo de juízes e cartorários, aumentando o custo do Poder Judiciário, arcado pela sociedade.

Em frequentes pesquisas feitas pelo CNJ constatou-se a presença de milhões de processos tramitando no território nacional, constatando que o Poder Judiciário não possui condições técnicas de prestar a jurisdição adequada com esses números superlativos.

Com as atuais regras, passa a ser prioridade do Estado a solução dos conflitos. Para tanto, o CPC estabeleceu essa metodologia em diversos artigos. A linha mestra se apresenta no art. 139, V, que confere poderes ao juiz para "promover, a qualquer tempo, a autocomposição, preferencialmente com o auxílio de conciliadores e mediadores judiciais". Além da previsão no art. 3º, §§ 2º e 3º, CPC.

Ademais, no Código de Processo Civil é possível verificar instrumentos para autocomposição endoprocessual nos arts. 165 (criação pelos tribunais de centros judiciários de solução consensual), 167, § 6º (concurso público para o cargo específico de conciliador ou mediador), 167 (criação de câmaras privadas de conciliação) e 174 (câmaras específicas para resolução de conflitos dos entes públicos no âmbito administrativo).

1.5.1. JUÍZO DE ADMISSIBILIDADE E DEMAIS EXIGÊNCIAS PROCESSUAIS

A tutela de mérito somente poderá ser prestada depois de preenchidas determinadas exigências previstas no sistema infraconstitucional. Assim, o autor deve demonstrar que o processo que veicula sua pretensão está adequado às exigências previstas no ordenamento (pressupostos processuais), bem como que o direito de ação possui condições mínimas de ser analisado na medida em que preenchidos seus requisitos (condições da ação). Ambas são espécies que integram o gênero juízo de admissibilidade. Caso não preenchido acarretará, sendo o vício insanável (arts. 4º e 317, CPC), a resolução do processo sem análise de mérito (CPC, art. 485, IV, V e VI).

Entretanto, não se pode falar que o cumprimento dessas exigências ofende ou mitiga o direito de ação. E isso porque é autorizado (e até desejável) ao legislador ordinário regulamentar o exercício do direito de ação e conferir padrões mínimos para a adequada veiculação da pretensão do autor em juízo.

Importante esse grifo. **O que se limita não é o direito abstrato de ação, constitucionalmente garantido, e sim o exercício desse direito**. Caso contrário, a resolução do processo sem análise de mérito permitiria a existência de um processo sem ação, que não foi instaurado de ofício. Este entendimento é ainda defendido por parte de nossa doutrina (inspirada nas lições de Liebman).

Nem se diga a exigência dos recolhimentos das custas judiciais, como óbice ao exercício do direito de ação. Observa-se que "a garantia constitucional do acesso à justiça não significa que o processo deva ser gratuito"[44]. Ademais, o ordenamento autoriza a gratuidade da justiça para as pessoas que não tenham condições de prover o pagamento do numerário exigido.

O depósito necessário de 5% sobre o valor da causa para a propositura de ação rescisória igualmente não ofende o preceito constitucional, pois a causa já foi julgada, e pesa sobre ela a autoridade da coisa julgada.

Portanto, não se pode confundir o livre acesso à jurisdição com o controle exercido pelo juiz para evitar o abuso de demandar. Se é fato que o processo pertence às partes e não apenas ao autor, o réu igualmente tem o seu legítimo direito de não ser molestado indevidamente. Daí por que se estabelecem mecanismos de regulação do exercício.

Essa discussão sempre deve ser contextualizada com o princípio da primazia do mérito (arts. 4º, 139, IX, 277, 317, 352, 488, 932, parágrafo único, 938, § 1º, 1.017, § 3º, e 1.029, § 3º, CPC). Dessa forma apenas se justifica a resolução do processo sem a extinção do mérito quando impossível a sua sanação.

1.5.2. ARBITRAGEM

Quando se estuda inafastabilidade da jurisdição sempre se traz como contraponto em pauta a questão da convenção de arbitragem. A discussão toma relevo na medida em que, numa

---

44 NERY JR., Nelson. *Princípios do processo civil*, cit., p. 100.

primeira análise, seria ilógico imaginar que uma Lei Federal (Lei n. 9.307/96) pudesse se sobrepor a um preceito constitucional (CF, art. 5º, XXXV) ou norma de mesma hierarquia posterior (art. 3º, CPC). Contudo, instado a se manifestar sobre o tema, o STF já decidiu que a arbitragem não é inconstitucional e não viola o direito de ação (julgamento *incidenter tantum* pelo STF em homologação de sentença estrangeira [SE 5.206-7 em 12-12-2001, Min. Sepúlveda Pertence], propugnando pela constitucionalidade dos arts. 6º, parágrafo único, 7º, 41 e 42 da Lei de Arbitragem).

Em resumo, é possível defender a manutenção da arbitragem porque: a) refere-se somente a direitos disponíveis, portanto dentro da esfera de disponibilidade das partes; b) as partes podem livremente dispor sobre aquilo que será submetido à arbitragem (não se trata, pois, de uma vedação genérica ao judiciário); c) o ordenamento cria uma série de situações protetivas para evitar o uso desmedido da arbitragem (v.g., vedação da cláusula compromissória em contrato de adesão); d) há uma crescente tendência na sistemática atual em permitir o autorregramento das partes. Isso se manifesta tanto na adoção do negócio jurídico processual atípico (art. 190) como na calendarização processual (art. 191) e nos inúmeros artigos que permitem às partes estabelecer regras de flexibilização procedimental ou mudanças nos seus poderes, deveres, faculdades e ônus (arts. 63, 109, § 3º, 373, §§ 3º e 4º, 487, III, 509, I, 659, 816, 851, III, 998, CPC dentre outros).

1.6. PRINCÍPIO DO JUIZ E DO PROMOTOR NATURAL

Juiz é todo aquele que ocupa cargo expressamente previsto na Constituição Federal (art. 92, I a VII). É o administrador da justiça em nome do Estado[45]. Uma vez investido no cargo, será designado para uma causa com base nas regras gerais e abstratas de competência previstas no ordenamento processual.

Dessa forma, não é possível que um tribunal seja **criado** ou **designado** para que julgue um específico caso[46]. A autoridade judiciária deve preexistir ao caso a ser julgado.

Dispõe a Constituição Federal/88 que "não haverá juízo ou tribunal de exceção" e "ninguém será processado nem sentenciado senão pela autoridade competente" (art. 5º, respectivamente incisos XXXVII e LIII). Perceba que o ordenamento não prevê expressamente a existência de juiz natural, mas é possível se extrair com fundamento na conjugação dos dois incisos acima citados.

Ocorre que o princípio do juiz natural (tendo como seu corolário lógico a vedação do tribunal de exceção) constitui uma garantia aos jurisdicionados de julgamento imparcial e isento, na medida em que não se estabelecerão juízos ou tribunais para aquela específica situação. O princípio estabelece uma ótica positiva, pois na medida em que haverá um julgamento imparcial com base em normas previamente estabelecidas de competência e uma negativa, que coíbe a "influência administrativa na composição do tribunal em determinado caso concreto (proibição de juízos constituídos *post facto*)"[47].

---

45 *Dicionário jurídico*. Academia Brasileira de Letras Jurídicas. Rio de Janeiro: Forense Universitária, 1994, p. 429.
46 Em outros momentos e em outras circunstâncias tem como importante exemplo na história recente o julgamento de Nuremberg ao final da segunda guerra no julgamento dos militares vencidos da aliança Alemanha-Itália com a criação de um verdadeiro tribunal post factum para o julgamento pelos crimes de guerra praticados.
47 PORTO, Sérgio Gilberto; USTARROZ, Daniel. *Lições de direitos fundamentais no processo civil*. Porto Alegre: Livraria do Advogado, 2009, p. 73.

É possível, pela leitura dos referidos artigos constitucionais, sistematizar duas restrições importantes:

a) Poder de comissão (CF, art. 5º, XXXVII) – é vedada a criação de juízos e tribunais após a ocorrência de um fato ainda que de maneira extraordinária.

b) Poder de avocação (CF, art. 5º, LIII) – as regras de competência são traçadas para atender ao interesse do Estado e dos particulares, sendo vedada a sua alteração. Assim, nem Lei Ordinária pode alterar o que dispõe a Constituição Federal sobre competência, nem o Executivo pode alterar as garantias da magistratura, especialmente a inamovibilidade (cláusula de irretroatividade)[48]. Essa vedação objetiva impedir que órgão externo modifique discricionariamente uma regra preestabelecida de competência.

Assim, a existência do princípio decorre de **dois critérios**. Pode-se estabelecer um **critério formal** (juiz investido por regras gerais e abstratas preexistentes ao caso concreto) e outro **critério substancial** (imparcialidade de independência dos magistrados).

Há uma estreita relação entre a isonomia e o princípio do juiz natural especialmente com a base estrutural do CPC, que objetiva estabelecer padronização das decisões que se referem a causas idênticas[49]. A Constituição Federal especifica o tribunal competente que estabelecerá a correta interpretação da norma jurídica. Dessa forma, o STF é o "juiz natural" para a correta interpretação das normas constitucionais, o STJ, das normas infraconstitucionais, os tribunais de justiça e tribunais regionais federais, para direito local.

Há de se relacionar, contudo, o princípio do juiz natural com algumas regras previstas em lei e na organização judiciária:

> **a) Varas especializadas:** Não colide com o princípio do juiz natural a existência de varas especializadas (Justiça do Trabalho, Eleitoral e Militar – arts. 114, 121 e 124 c/c art. 92, IV, V e VI, da CF). Estes juízos se submetem ao mesmo princípio na medida em que são abstrato e genericamente previstos. A especialidade decorre de uma opção política criada pela própria Constituição para um melhor e mais efetivo julgamento da lide. "Juiz natural" é aquele que a Constituição indicar.
>
> **b) Foros privilegiados:** Nem se diga dos foros privilegiados (v.g., art. 53, I, *a*, CPC [domicílio do guardião do filho incapaz] ou art. 52, I, da CF [julgamento do Presidente da República por crime de responsabilidade]). Pois nesses casos há: i) foro abstratamente constituído; ii) não foram criados para um específico julgamento, mas para qualquer eventual e futuro que lhe seja competente para julgar (vedada a criação de tribunal para julgar *post factum*).
>
> **c) Alteração de competência:** A despeito da modificação da competência alterar o juiz natural, constitui regra válida na medida em que fixada com critérios igualmente preestabelecidos e objetivos. Assim, da mesma forma que há regras de competência, há regras para sua modificação (derrogação, prorrogação, conexão e continência).

Veja que a Constituição Federal também assegurou o princípio do **promotor natural**. Se a impessoalidade é um fator importante para a adoção do princípio do juiz natural, naturalmente essa regra também deve ser aplicada aos promotores. Sob este enfoque, ninguém

---

48 Impossibilidade de alteração de competência constitucional por modificação posterior, ainda que por outra regra constitucional, salvo evidentemente as hipóteses já permitidas em Lei como a *perpetuatio jurisdictionis*. Assim, eventual alteração da competência constitucional por emenda somente atingirá os processos futuros, não alcançando aqueles já instaurados com o seu juiz natural estabelecido.

49 Conforme bem observado por CÂMARA, Alexandre Freitas. Dimensão processual do devido processo constitucional. In: *Novo CPC*. Doutrina selecionada. Salvador: JusPodivm, 2015, v. 1, p. 249.

poderá ser acusado por um órgão criado para um específico julgamento, senão por membro de Ministério Público previamente investido no cargo, sem nenhum interesse na condenação ou absolvição, agindo com independência e autonomia, conforme o interesse público[50].

O Supremo Tribunal Federal já teve oportunidade de se manifestar sobre o assunto no HC 67.759 da relatoria do Min. Celso de Mello.

1.7. PRINCÍPIO DA PUBLICIDADE

O Estado de Direito exige, como garantia política, que as decisões sejam públicas, de modo a exercer o controle das decisões e deflagrar a lisura dos julgamentos.

O princípio da publicidade decorre da análise do art. 5º, LX, da CF: "a lei só poderá restringir a publicidade dos atos processuais quando a defesa da intimidade ou o interesse social o exigirem".

Os incisos IX e X do art. 93 que também disciplinam o tema estabelecem que: "IX – todos os julgamentos dos órgãos do Poder Judiciário serão públicos, e fundamentadas todas as decisões, sob pena de nulidade, podendo a lei limitar a presença, em determinados atos, às próprias partes e a seus advogados, ou somente a estes, em casos nos quais a preservação do direito à intimidade do interessado no sigilo não prejudique o interesse público à informação; X – as decisões administrativas dos tribunais serão motivadas e em sessão pública, sendo as disciplinares tomadas pelo voto da maioria de seus membros".

A publicidade abrange o acesso aos fóruns e tribunais, possibilidade de exame dos autos do processo em cartório e pela publicação dos despachos e decisões na imprensa oficial. É comum hoje os julgamentos serem televisionados em emissoras de TV especializadas no campo jurídico. Também a Lei n. 11.419/2006 e a Resolução n. 121/2010 do CNJ (com as alterações empreendidas pela Res. n. 143/2011), que disciplinam, respectivamente, o processo eletrônico e a "a divulgação de dados processuais eletrônicos na rede mundial de computadores, expedição de certidões judiciais", permitem que as decisões sejam publicadas por meios eletrônicos.

No campo infraconstitucional os arts. 8º, 11 e 189 do CPC dão os contornos do princípio da publicidade no processo (assim como outros esparsos, como o art. 368, que prevê a publicidade da audiência), conforme se observa:

> Art. 8º Ao aplicar o ordenamento jurídico, o juiz atenderá aos fins sociais e às exigências do bem comum, resguardando e promovendo a dignidade da pessoa humana e observando a proporcionalidade, a razoabilidade, a legalidade, a publicidade e a eficiência.
> Art. 11. Todos os julgamentos dos órgãos do Poder Judiciário serão públicos, e fundamentadas todas as decisões, sob pena de nulidade.
> Parágrafo único. Nos casos de segredo de justiça, pode ser autorizada a presença somente das partes, de seus advogados, de defensores públicos ou do Ministério Público.
> Art. 189. Os atos processuais são públicos, todavia tramitam em segredo de justiça os processos:
> I – em que o exija o interesse público ou social;
> II – que versem sobre casamento, separação de corpos, divórcio, separação, união estável, filiação, alimentos e guarda de crianças e adolescentes;
> III – em que constem dados protegidos pelo direito constitucional à intimidade;
> IV – que versem sobre arbitragem, inclusive sobre cumprimento de carta arbitral, desde que a confidencialidade estipulada na arbitragem seja comprovada perante o juízo.

---

50   ARRUDA ALVIM, Eduardo. *Direito processual civil*, cit., p. 123.

§ 1º O direito de consultar os autos de processo que tramite em segredo de justiça e de pedir certidões de seus atos é restrito às partes e aos seus procuradores.

§ 2º O terceiro que demonstrar interesse jurídico pode requerer ao juiz certidão do dispositivo da sentença, bem como de inventário e de partilha resultantes de divórcio ou separação.

Veja que as hipóteses restritivas do art. 189 decorrem de um sopesamento de valores: o interesse social e a intimidade das partes em determinadas situações se sobrepõem à publicidade dos atos.

Constitui rol meramente exemplificativo, decorrente da patente cláusula geral que permeia o art. 5º, LX, da Constituição. E isso porque, se a Carta Constitucional propositadamente abriu a possibilidade de sigilo para situações que, abstratamente e no caso concreto, "a defesa da intimidade ou o interesse social o exigirem", evidentemente o legislador infraconstitucional não poderá limitar essa aplicação. O CPC, ao valer-se das expressões "exigir o interesse público ou social" e "que constem dados protegidos pelo direito constitucional à intimidade", confere interpretação amplíssima ao magistrado para inserir, nesse contexto, quaisquer causas que mereçam a proteção do segredo de justiça.

Outra questão que deve ser levada a grifo diz respeito à nulidade do ato a que não foi dada a devida publicidade. Fundamental verificar se o ato causou prejuízo ou mesmo se não atingiu a sua finalidade (v.g., a parte de outra forma tenha sido cientificada do ato) e isso porque a ausência de prejuízo e a instrumentalidade das formas são princípios norteadores e excludentes da incidência da invalidade sobre o ato.

É importante que, a despeito da possibilidade de confidencialidade da arbitragem (desde que demonstrada em juízo), esta regra não se aplica às arbitragens estabelecidas pelo Poder Público, conforme o art. 1º, §§ 1º e 3º, da Lei n. 9.307/96 e Enunciado 15 do FPPC.

A publicidade adquiriu novos contornos, na medida em que há no ordenamento brasileiro precedentes vinculantes que devem ser respeitados por todos (art. 927, CPC)[51]. É, pois, importante a ampla publicidade para que os juízes possam aplicar as decisões que adquiriram *status* de precedente. Assim, para que haja a possibilidade de improcedência liminar do pedido (art. 332, CPC), julgamento monocrático do relator (art. 932, IV e V, CPC), concessão de tutela de evidência (art. 311, II, CPC), não aplicação da remessa necessária (art. 496, § 4º, CPC), presunção de repercussão geral (art. 1.035, § 3º, CPC) dentre outras situações, é importante saber que "os tribunais darão publicidade a seus precedentes, organizando-os por questão jurídica decidida e divulgando-os, preferencialmente, na rede mundial de computadores" (art. 927, § 5º, CPC). Ademais, para os casos repetitivos, estabelecem os §§ 1º a 3º do art. 979:

§ 1º Os tribunais manterão banco eletrônico de dados atualizados com informações específicas sobre questões de direito submetidas ao incidente, comunicando-o imediatamente ao Conselho Nacional de Justiça para inclusão no cadastro.

§ 2º Para possibilitar a identificação dos processos abrangidos pela decisão do incidente, o registro eletrônico das teses jurídicas constantes do cadastro conterá, no mínimo, os fundamentos determinantes da decisão e os dispositivos normativos a ela relacionados.

§ 3º Aplica-se o disposto neste artigo ao julgamento de recursos repetitivos e da repercussão geral em recurso extraordinário.

---

51 Conforme veremos no capítulo destinado aos precedentes, entendemos que nem todas as hipóteses enumeradas no art. 927 sejam vinculantes, a despeito de entendermos serem situações persuasivas com fundamento no art. 926 do CPC.

Essa publicidade possui efeito preventivo, no sentido de auxiliar aos juízes e tribunais, como verdadeiros "fiscais dos precedentes", seguir e aplicar os posicionamentos traçados pelas decisões vinculantes. Também possui efeito repressivo no sentido de se demonstrar o descumprimento do precedente. Nessas hipóteses, a depender do precedente, poderá caber embargos de declaração (art. 1.022, parágrafo único, CPC) e/ou reclamação constitucional (art. 988, III e IV, CPC).

1.8. PRINCÍPIO DA MOTIVAÇÃO (FUNDAMENTAÇÃO)

A ideia de motivação das decisões traz ínsita a ideia de publicidade. Em verdade, nem precisava o legislador determinar a exigência desse preceito. Sua omissão em nada alteraria a exigência de fundamentação, pois esta não decorre do direito positivo. Tem suas raízes no sistema político por nós adotado, o **Estado de Direito**. Contudo, conforme será visto neste item, a despeito de sua prescindibilidade, sua introdução foi extremamente importante no CPC atual. Possui previsão expressa no art. 93, IX e X, da Constituição Federal. Objetiva exprimir a imperiosidade de que toda decisão judicial, sentenças definitivas e terminativas, acórdãos, decisões monocráticas no tribunal e decisões interlocutórias sejam justificadas, expondo a linha de raciocínio, bem como as questões de fato e de direito que se tomou por base para decidir.

Dois são os fatores que norteiam a motivação: **a) imparcialidade**, já que a decisão fundamentada demonstra que o magistrado adotou uma linha de raciocínio para decidir o que dificulta a possibilidade de decisões tendenciosas; e **b) operacional**, já que a decisão fundamentada permite à parte o correto controle da decisão judicial, conformando com aquilo que fora decidido ou recorrendo, impugnando as premissas eleitas pelo julgador.

Tão grave a falta de fundamentação que a própria Constituição Federal criou norma sancionadora pela sua falta: a nulidade[52]. É situação de fato atípica na medida em que os preceitos constitucionais, em regra, não contêm norma dessa natureza. Sua função é eminentemente descritiva.

Cândido Dinamarco[53] assevera que a liberdade que o magistrado tem para decidir (CPC/73, art. 131[54]) sem influências externas deve ser sopesada com a necessidade de prestar contas às partes e à sociedade, demonstrando os motivos que o levaram à conclusão exposta.

A fundamentação tem estreita relação com o contraditório. No aspecto formal deverá a decisão demonstrar que o contraditório foi observado, máxime pela atenção aos arts. 9º e 10 do CPC. No aspecto substancial, deverá analisar todos os argumentos trazidos pelas partes (art. 489, § 1º, IV, CPC).

O princípio da motivação sempre se revestiu de capital importância no nosso sistema. Atualmente ainda mais. Se já era necessário ao magistrado fundamentar as decisões numa época em que as normas dependiam de mera interpretação judicial, conferindo ao julgador um espaço muito estreito para decidir, que se diga atualmente. Nosso ordenamento está recheado de princípios (normas marcadas pela vagueza), regras dúbias, "cláusulas gerais" e "normas de conceitos vagos e indeterminados". Normas estas que dependem muito mais da atividade

---

52 Há quem entenda que a falta absoluta de fundamentação gere inexistência jurídica, pois se relatório, fundamento e dispositivo são elementos essenciais à decisão, a falta deles acarretaria uma não decisão (TARUFFO, Michelle. *La motivazione della sentenza civile*. Pádua: Cedam, 1975, p. 388).
53 *Instituições de direito processual civil*, v. I, p. 241.
54 Ao art. 131 do CPC/73 corresponde o art. 378 do CPC/2015.

construtiva do juiz (o que se denomina, na doutrina, "criatividade judicial") do que da mera subsunção do fato à norma. Nesses casos, muito mais importante o papel da motivação.

Este, aliás, é o entendimento de Cassio Scarpinella Bueno, para quem "o princípio da motivação, à luz deste novo paradigma da norma jurídica, destarte, assume inegáveis foros de mecanismos de *justificativa* e de *controle* do exercício da função jurisdicional"[55].

Conforme será mais bem visto no capítulo destinado às decisões judiciais, a fundamentação assume papel essencial para a função estatal no sentido de o juiz, ao decidir de forma fundamentada, prestar contas à sociedade sobre a prática de seus atos, na medida em que não é eleito pelo voto popular (ao contrário dos membros do Legislativo e Executivo) e, portanto, tem a sua legitimidade demonstrada com a motivação de sua decisão.

Nosso ordenamento não admite decisões implícitas, daí o porquê da dificuldade de se defender o posicionamento de parte da doutrina (dentre outros, Rita Gianesini e José Carlos Barbosa Moreira) acerca da recorribilidade do "cite-se", já que o juízo positivo de validade da inicial não pode ser subentendido pelo simples ato de determinar o ato citação.

No campo infraconstitucional há uma série de dispositivos que determinam a fundamentação das decisões, como os arts. 298 e 1.013, § 3º, IV, bem como o art. 489, II, que exige como requisito da sentença (e decisões em geral) a fundamentação.

Em verdade, como dito anteriormente, nem seria necessária a previsão desses artigos na medida em que a Constituição Federal (e conforme explicitado nem nela era necessária) já prevê a exigência de fundamentação.

Veja que não apenas a sentença necessita ser fundamentada; quaisquer outras decisões também se submetem a essa exigência.

Entretanto, decisões interlocutórias e sentenças terminativas (sem resolução de mérito) contentam-se com fundamentação concisa. Apesar de sua subtração no CPC atual (já que era prevista no art. 165 do diploma anterior), acreditamos que essa regra não colide com o princípio da fundamentação. Concisão é diferente de não fundamentação. Justamente pela menor complexidade característica dessas decisões é que o legislador – fundamentado em outros princípios como o da efetividade – entendeu por bem retirar-lhe a carga formal mantendo o mínimo de fundamentação para o preenchimento do requisito constitucional.

É fundamentada a decisão que se reporta ao laudo do perito ou ao parecer do MP, desde que estes estejam fundamentados. Entretanto, como bem observa Nelson Nery Jr.[56], o indeferimento "por falta de amparo legal" não é decisão fundamentada na medida em que devem ser demonstrados os motivos de fato e de direito com que se chegou a tal conclusão.

Não seria possível estabelecer uma norma que indicasse "quando" uma decisão seria fundamentada. Qualquer tentativa no sentido de se estabelecer um modelo de fundamentação recairia, em nossa opinião, num vazio jurídico. A fundamentação é permitir: a) que a decisão seja compreendida e b) que contenha o conteúdo mínimo necessário para que lhe confira suporte fático.

Dessa forma, o legislador não disse quando uma decisão é fundamentada, mas com base na experiência da prática forense (histórico de diversas decisões não fundamentadas, número superlativo de embargos de declaração, permissividade dos Tribunais Superiores em exigir fundamentação)[57] estabeleceu quando uma decisão não se considera fundamentada.

---

55 *Curso sistematizado de direito processual civil*, cit., p. 133.
56 *Princípios do processo civil*, cit., p. 177.
57 STRECK, Lenio Luiz. *Comentários ao Código de Processo Civil*. Org. Lenio Luiz Streck; Dierle Nunes; Leonardo Carneiro Cunha; Alexandre Freire. São Paulo: Saraiva, 2016, p. 685.

Dada a falta de trato específico sobre o que seria uma decisão fundamentada, o art. 489 do CPC, em seus §§ 1º e 2º, estabelece:

> § 1º Não se considera fundamentada qualquer decisão judicial, seja ela interlocutória, sentença ou acórdão, que:
> I – se limitar à indicação, à reprodução ou à paráfrase de ato normativo, sem explicar sua relação com a causa ou a questão decidida;
> II – empregar conceitos jurídicos indeterminados, sem explicar o motivo concreto de sua incidência no caso;
> III – invocar motivos que se prestariam a justificar qualquer outra decisão;
> IV – não enfrentar todos os argumentos deduzidos no processo capazes de, em tese, infirmar a conclusão adotada pelo julgador;
> V – se limitar a invocar precedente ou enunciado de súmula, sem identificar seus fundamentos determinantes nem demonstrar que o caso sob julgamento se ajusta àqueles fundamentos;
> VI – deixar de seguir enunciado de súmula, jurisprudência ou precedente invocado pela parte, sem demonstrar a existência de distinção no caso em julgamento ou a superação do entendimento.
> § 2º No caso de colisão entre normas, o juiz deve justificar o objeto e os critérios gerais da ponderação efetuada, enunciando as razões que autorizam a interferência na norma afastada e as premissas fáticas que fundamentam a conclusão.

O assunto será tratado com mais profundidade no capítulo 7 da parte especial (*infra*).

1.9. PRINCÍPIO DA DURAÇÃO RAZOÁVEL DO PROCESSO

Tanto a Constituição Federal (art. 5º, LXXVIII) como o CPC (arts. 4º e 139, II) se preocuparam com a duração razoável do processo.

Apesar de desnecessária a sua positivação, pois inerente ao devido processo legal, o CPC optou por reproduzir (o que, à luz de todos os estudos sobre o chamado "neoconstitucionalismo", seria igualmente desnecessário) a regra já prevista na Constituição. Essa norma também constitui um desdobramento do princípio da inafastabilidade, pois o Poder Judiciário não pode escapar de sua apreciação, lesão ou ameaça a direito (CF, art. 5º, XXXV).

Nossa Constituição do Império (1824) de certa forma previa a celeridade do processo em seu art. 179, VIII.

Mas o verdadeiro motivo da inserção dessa regra no ordenamento se deu pela recepção em nosso ordenamento do *Pacto de São José da Costa Rica* que, em seu art. 8º, 1, estabelece: "Toda pessoa tem direito a ser ouvida, com as devidas garantias e dentro de um prazo razoável, por um juiz ou tribunal competente, independente e imparcial, estabelecido anteriormente por lei, na apuração de qualquer acusação penal formulada contra ela, ou para que se determinem seus direitos ou obrigações de natureza civil, trabalhista, fiscal ou de qualquer outra natureza".

Essa previsão já está estabelecida, de há muito, no direito comparado, como na Constituição italiana (art. 111), portuguesa (art. 20, 4 e 5), espanhola (art. 24,2) e na Convenção Europeia de Direitos Humanos (art. 6º, 1). Constitui reflexo da preocupação mundial com a excessiva demora nas demandas judiciais.

O CPC vai além da norma constitucional ao dimensionar o alcance da duração razoável do processo não apenas para a certificação do direito, mas também para sua satisfação, isto é, a entrega do bem da vida a quem de direito.

Mas o que pode ser considerado como tempo razoável do processo? A União Europeia, por meio de várias decisões do Tribunal Europeu de Direitos Humanos, estabeleceu três critérios objetivos para aferição do tempo razoável: a) natureza do processo e complexidade da causa; b) comportamento da parte e de seus advogados; c) comportamento do Poder Judiciário.

Esses critérios devem servir de guia para a constatação, ao menos sumária, da noção do tempo no processo. Evidentemente que não se pode descurar dos temas que ultrapassam a questão do tempo normal do processo (prazos processuais + ampla defesa + tempo normal para apreciação do feito). O tempo anormal do feito decorrente do excesso de trabalho, mau aparelhamento do Judiciário, falta de juízes e servidores são justificáveis quando se trata de questão transitória. Para fins permanentes, há de se tomar medidas firmes sob pena de esvaziar a finalidade do princípio.

Os mecanismos de julgamento por amostragem (art. 928, CPC), incidente de resolução de demandas repetitivas e recursos especial e extraordinário repetitivos são instrumentos intimamente relacionados à garantia da duração razoável do processo, pois ao estabelecer padrões decisórios sobre determinados temas permite aos magistrados economia de tempo ao refletir sobre a questão e possibilidade de julgar mais processos porque: a) o tribunal, em regra, tem melhores condições (menos processos, mais assessores e juízes, por vezes com mais experiência) e estabelece "como" deve ser interpretada tal questão jurídica; b) o respeito às decisões superiores (vinculantes ou não) não apenas cria uma uniformidade interpretativa pelo Poder Judiciário como também um estímulo ao juiz, pois sabe que há uma grande chance de sua decisão ser reformada pelo órgão *ad quem*.

Uma última questão e talvez a mais importante sobre o alcance e conceito de duração razoável: não se pode confundir duração razoável com rapidez. Nem sempre um processo célere traz em si a justiça que se busca, pois nem sempre resguardados com as garantias do devido processo legal. No caso concreto, o magistrado deve estar atento para ponderar os valores em jogo e saber equilibrar a celeridade almejada com as garantias constitucionais da ampla defesa e do contraditório.

Duração razoável não é sinônimo de processo célere. "Própria ideia de processo já repele a instantaneidade e remete ao tempo como fisiologia processual. A natureza necessariamente temporal do processo constitui imposição democrática"[58].

A duração razoável é destinada:

a) ao Poder Legislativo, especialmente para estabelecer medidas e técnicas que permitam a prestação jurisdicional de maneira mais célere (*vide* arts. 77, 79-81, 188, 276, 277, 288, § 1º, 356, CPC), além de normas para tornar o processo mais ágil (arts. 67, 165, 170 e s., 311, 334, 336, 833, § 2º, 926, 976, 1.015, 1.009, §§ 1º e 2º, CPC);

b) ao Poder Executivo, no sentido de fornecer meios materiais e logísticos para adequar o número de juízes e servidores, organizar os órgãos judiciários e a implementação de varas especializadas, bem como promover a capacitação de juízes e servidores;

c) ao Poder Judiciário, corporificado na pessoa do juiz na condução do processo (art. 139, II, CPC), na possível e eventual aplicação do calendário processual (art. 191, CPC), na

---

58 MARINONI, Luiz Guilherme; ARENHART, Sérgio Cruz; MITIDIERO, Daniel. *CPC comentado*, São Paulo: Revista dos Tribunais, 2015, p. 97.

estruturação das tutelas provisórias para arredar os males nocivos do tempo no processo (arts. 294 a 311, CPC) e na ordem cronológica de julgamento (art. 12, CPC).

A demora injustificada e exagerada do processo pode gerar indenização pelos danos patrimoniais e morais causados se o agente laborou com dolo ou culpa (LOMAN, art. 49; CP, art. 319; CPC, art. 143, I e II).

O parágrafo único do art. 143 da lei processual civil confere prazo de 10 dias para que o magistrado aprecie a questão requerida expressamente pela parte. Somente após esse prazo é que o magistrado poderá responder civil e regressivamente.

Uma reflexão: a demora do processo é fruto de uma autorização legal de amplo acesso ao Poder Judiciário e uso desenfreado dos recursos. A conta não fecha. São as escolhas que o legislador deve ter: ou se mantém um sistema aberto, de amplo acesso, porém mais moroso, ou se fecha mais o sistema, restringem-se os recursos e, como resultado, têm-se processos mais céleres.

1.10. PRINCÍPIO DA EFICIÊNCIA

O art. 8º do CPC estabelece que "ao aplicar o ordenamento jurídico, o juiz atenderá aos fins sociais e às exigências do bem comum, resguardando e promovendo a dignidade da pessoa humana e observando a proporcionalidade, a razoabilidade, a legalidade, a publicidade e a eficiência".

Os princípios do processo civil, apesar de nem sempre oriundos do direito positivo, são uma verdadeira imposição deste. Naturalmente, variando o direito positivo, variam-se ou atualizam-se os princípios que norteiam o processo.

Esta é a acepção do princípio da eficiência que, originariamente, foi denominado princípio da economia processual.

O princípio da economia tinha uma acepção mais restrita ao prever, num primeiro momento, apenas a questão financeira do processo, o que, diga-se, constitui apenas um efeito marginal da economia processual.

Com a necessidade de amplitude do conceito, passou a abranger também a prestação da tutela jurisdicional com o máximo de resultados e mínimo de esforços.

O princípio da economia também encontra eco no denominado "princípio da duração razoável do processo" ou "tempestividade da tutela jurisdicional" previstos nos arts. 5º, LXX-VIII, da CF e 4º do CPC.

Conforme dito, com o alargamento do conceito de economia processual e a inserção de outros valores nem sempre a ela ligados, foi necessário atribuir outra denominação ao princípio: *eficiência processual* ou somente *eficiência*. A eficiência decorre da conjugação de dois artigos constitucionais igualmente importantes: um de ordem político-administrativa (art. 37, CF[59]) e o outro decorrente da atividade judiciária (art. 5º, LIV[60]).

O primeiro diz respeito ao direito administrativo ao estabelecer como o Judiciário – integrante do Estado – deve se comportar como ente que zela pelo interesse público. Diz respeito a um controle de resultados na atuação estatal[61].

---

59 "Art. 37. A administração pública direta e indireta de qualquer dos Poderes da União, dos Estados, do Distrito Federal e dos Municípios obedecerá aos princípios de legalidade, impessoalidade, moralidade, publicidade e eficiência (...)."
60 "Art. 5º (...) LIV – ninguém será privado da liberdade ou de seus bens sem o devido processo legal."
61 MAZZA, Alexandre. *Manual de direito administrativo*. 3. ed. São Paulo: Saraiva, 2014, p. 107.

O segundo diz respeito ao processo em si, em verdade a cada processo, não como órgão da administração, mas como um verdadeiro gestor do processo que deve ser apto a produzir seus resultados com menor esforço[62].

Esses poderes, de maneira geral, estão clausulados no art. 139 do CPC, ao conferir ao magistrado poderes-deveres de atuar de maneira a cumprir a eficiência que se deseja no processo.

Não se pode confundir eficiência processual com efetividade processual (também denominada como princípio por um segmento da doutrina). Esta consiste no resultado concreto obtido por meio do processo. Aquela, objeto do nosso estudo, constitui os meios aptos (técnicas) para a obtenção de um processo eficiente, dinâmico e que produza os melhores resultados com os menores esforços possíveis.

É possível um processo ser efetivo sem ser eficiente (obteve-se o resultado, mas de forma dispendiosa e demorada), mas a recíproca não é verdadeira: o processo não pode ser eficiente se não for efetivo.

O princípio da eficiência atua "como norma de segundo grau, postulado normativo aplicativo, metanorma ou metacritério quando em colisão um princípio ou em conflito uma regra, funcionando como diretriz ao juiz, que deve, ao decidir, justificar, obrigatoriamente, sua utilização, nos moldes determinados pelo legislador no art. 489, §§ 1º e 2º, CPC"[63].

Michele Taruffo explicita dois tipos de eficiência: uma quantitativa, da qual quanto mais rápida e mais barata for a prestação da tutela, melhor. Uma segunda, qualitativa, da qual para permitir a qualidade de suas decisões seria necessário o estabelecimento de técnicas corretas e adequadas para a devida aplicação do direito.

A eficiência não pode ser vista como números a qualquer custo (análise quantitativa), mas meios para fazer as decisões se tornarem melhores e permitir uma justiça mais efetiva.

Por isso, há de se tomar cuidado na gestão geral dos processos. Muitas vezes, para atender ao aumento exponencial de causas, bem como os crescentes litígios e as complexidades das demandas inerentes à sofisticação da sociedade atual muitos órgãos julgadores, exacerbando a função jurisdicional, vêm estabelecendo técnicas de gestão interna montando verdadeira linha de produção para julgamentos. Esse problema de gestão decorre da necessidade de estabelecer razoáveis resultados estatísticos (cobrados pela sociedade, por órgãos de classe como associação de magistrados, OAB etc., bem como de órgãos ligados a atividade do Poder Judiciário como o CNJ, dentre outros) que muitas vezes compromete a qualidade da prestação da tutela jurisdicional.

É famosa a frase do então Ministro do STF, Carlos Ayres Britto que, diante dos incontáveis processos que lhe chegava para julgamento pedia a Deus: "Senhor, não nos deixeis cair em tanta ação!".

1.11. PRINCÍPIO DA PROBIDADE PROCESSUAL (BOA-FÉ)

O princípio da cooperação, que será tratado no próximo item, traça uma tentativa de estabelecer a colaboração das partes para a correta condução do processo. Contudo é inegável que, a despeito do que preconiza a cooperação, as partes atuam em interesse próprio já que tanto o autor como o réu têm interesses antagônicos na demanda e é natural que, em

---

62 DIDIER, Fredie. *Curso de direito processual civil*, cit., p. 69.
63 JOBIM, Marco Felix. *As funções da eficiência no processo civil brasileiro*. São Paulo: RT, 2018, p. 217.

decorrência dessa situação, as partes possam exacerbar sua conduta para a defesa de seus interesses.

A boa-fé processual atua como um sistema de freios e contrapesos para evitar abusos na conduta processual.

O princípio da boa-fé objetiva no Brasil teve grande projeção com o advento do Código de Defesa do Consumidor e, posteriormente, com o Código Civil de 2002.

Contudo a boa-fé objetiva processual é novidade inspirada do CPC suíço (art. 52) e decorre da garantia do devido processo legal. Por este princípio, que como visto serve de iluminação a todos os demais, visa estabelecer responsabilidade a todos aqueles que agem no processo contrários à boa-fé objetiva.

Tem sua previsão na Constituição Federal e no Código de Processo Civil. Na Constituição, a boa-fé pode ser extraída como consequência (i) do devido processo legal, como dito, mas também do (ii) do contraditório e (iii) da igualdade entre as partes.

No CPC é possível verificar a boa-fé em especial na regra prevista no art. 5º, ao estabelecer: "Aquele que de qualquer forma participa do processo deve comportar-se de acordo com a boa-fé". Constitui dever genérico de lealdade e boa-fé para todos os sujeitos do processo. Mas há outros artigos que, igualmente, estabelecem o dever de boa-fé no processo, como o art. 322, § 2º: "A interpretação do pedido considerará o conjunto da postulação e observará o princípio da boa-fé" e o art. 489, § 3º: "A decisão judicial deve ser interpretada a partir da conjugação de todos os seus elementos e em conformidade com o princípio da boa-fé".

Trata-se de responsabilidade objetiva, pois a má-fé independe da intenção do agente, já que se trata de norma de conduta. A má-fé subjetiva sempre foi tratada pelo CPC constituindo um fato (conduta dolosa ou culposa) diferente da boa-fé objetiva, que constitui, como dito, uma norma. Conforme entendimento do Enunciado n. 1 da I Jornada de Direito Processual Civil (CJF).

Uma vez adotada a boa-fé objetiva como referência, a má-fé do direito privado, em contraposição, poderá ser importada para o plano do processo. Nesse caso é possível adaptar as questões sobre:

Supressio – constitui a perda tácita de um direito pelo seu não exercício. No direito material é fácil localizar situações possíveis, como o art. 330 do Código Civil: "O pagamento reiteradamente feito em outro local faz presumir renúncia do credor relativamente ao previsto no contrato". Essa conduta, contudo, será de difícil aplicação prática no processo tendo em vista que a não prática do ato no momento oportuno acarreta preclusão. Em decorrência da *supressio*, o STJ já afastou a denominada nulidade de algibeira (também chamada nulidade de bolso). Esta consiste na situação da parte retardar a alegação de uma nulidade da qual já tem conhecimento para que se alegue no momento que considerar oportuno[64].

Surrectio – constitui o surgimento de um direito em decorrência dos usos e costumes (muitas vezes por desídia da parte), como por exemplo o locador que aceita, por meses, um valor menor de aluguel ou o credor que deixa de cobrar por diversos anos alimentos e agora exige a cobrança alegando urgência.

Tu quoque – aquele que viola uma norma jurídica não poderá se aproveitar dela. Assim se aplica a regra do art. 276 do CPC ao estabelecer que "quando a lei prescrever determinada forma sob pena de nulidade, a decretação desta não pode ser requerida pela parte que lhe deu causa". Essa regra, como será visto oportunamente no capítulo das invalidades processuais,

---

64 EDcl no REsp 1.424.304, de relatoria da Min. Nancy Andrighi.

não se aplica às nulidades absolutas que, por ser matéria de ordem pública, podem ser conhecidas de ofício a qualquer tempo e grau de jurisdição.

Exceptio doli – constitui a exceção do contrato não cumprido (art. 476, CC). No plano processual é possível valer-se dessa regra na exigibilidade da obrigação executiva, conforme se depreende do art. 787 do CPC: "Se o devedor não for obrigado a satisfazer sua prestação senão mediante a contraprestação do credor, este deverá provar que a adimpliu ao requerer a execução, sob pena de extinção do processo", além do art. 798, I, *d*: "a prova, se for o caso, de que adimpliu a contraprestação que lhe corresponde ou que lhe assegura o cumprimento, se o executado não for obrigado a satisfazer a sua prestação senão mediante a contraprestação do exequente".

Duty to mitigate the loss – consiste no dever imposto ao credor de tentar, quando possível, minorar seus danos para evitar que o réu assuma prejuízo ainda maior. No plano do direito material é possível pensar no banco que verificando o inadimplemento do devedor aguarda dolosamente um tempo para aumentar a multa e os juros incidentes sobre o principal. Essa regra é perfeitamente adaptada para o plano do processo quando o credor de obrigação específica, verificando a impossibilidade ou a involuntariedade no cumprimento da obrigação pelo réu, retarda o pedido de conversão em perdas e danos para auferir maior valor na multa pecuniária antes fixada.

1.12. PRINCÍPIO DA COOPERAÇÃO

O estudo do princípio da cooperação pode ser analisado do ponto de vista principiológico como uma forma de organização da atividade jurisdicional e das partes no processo.

É possível analisar, a partir de dois modelos processuais, a relação das partes com o Poder Judiciário:

Modelo Adversarial (dispositivo)	A primazia da condução do processo é outorgada às partes possuindo ampla autonomia para a prática dos atos. Modelo historicamente utilizado nos sistemas do *common law*.
Modelo Inquisitivo (publicista)	A primazia da condução do processo é outorgada ao Estado-juiz limitando-se as partes somente a trazer suas alegações e as provas que pretendem produzir. É modelo historicamente adotado na escola *civil law*.

Tradicionalmente se estuda o **princípio dispositivo** (em que a partes possuem autonomia para a prática dos atos) em contraposição com **o princípio inquisitivo ou inquisitório** em que atuação judicial se faz mais presente. A prevalência de um deles dentro do sistema processual e como deve ser praticado cada ato dentro do procedimento depende de atividade político-legislativa: assim, quem regula a atuação mais ou menos oficiosa do Estado no processo é o direito positivo e não a ciência do direito.

Importante ressaltar que não existe nenhum país que adote exclusivamente o modelo adversarial ou modelo inquisitivo. Sempre se trabalha no critério da preponderância de um ou outro modelo sem a exclusão de um ou de outro.

A cooperação constitui uma **solução intermediária** em que se despolariza a atuação isolada dos sujeitos do processo prestigiando o amplo diálogo para a realização da atividade processual. Assim, a cooperação não permite a conduta de um juiz passivo (típico da ideia liberal de processo) que atuaria apenas como condutor da disputa entre as partes, tampouco um juiz autoritário decorrente de um processo predominantemente inquisitivo. A forma cooperativa atua como um ponto de equilíbrio entre os dois modelos, pois se desenvolve numa verdadeira comunidade de trabalho permitindo mudanças nas atividades a serem desempenhadas pelas partes, pelo Poder Judiciário e pelos demais sujeitos no curso do processo.

No processo cooperativo, mais do que uma repartição igualitária das funções do processo entre os sujeitos processuais (partes e juiz) é permitir uma atividade de integração entre eles para que a prestação jurisdicional seja justa e efetiva.

A cooperação somente pode ser entendida como uma decorrência do **princípio do contraditório** e da **boa-fé**. Sobre o primeiro entende-se que o Estado-juiz deve atuar ativamente no contraditório, não sendo mais um mero espectador das partes, mas um sujeito que participa das discussões e não apenas analisa as alegações das partes. sendo um instrumento essencial para contribuir e melhorar a decisão judicial, não sendo apenas uma mera disposição do Código de Processo Civil que deva ser atendida. Existe paridade na condução do processo, mas assimetria na decisão judicial[65]. Tamanha é a importância que "O negócio jurídico processual não pode afastar os deveres inerentes à boa-fé e à cooperação" (Enunciado n. 6, FPPC).

No que concerne à boa-fé, conforme visto no item anterior, constitui um limite para a atuação da parte (que naturalmente defenderá seus interesses no processo) permitindo uma atuação mais cooperativa com o Poder Judiciário e seu litigante adverso.

Não se pode entender, como bem observa Marcelo Pacheco Machado[66], em interessante passagem de seu texto, "um processo civil no qual o autor seguiria de mãos dadas com o réu e com o juiz no caminho do 'arco-íris processual'".

Isso decorre principalmente porque, "no processo judicial, o advogado contribui, na postulação de decisão favorável ao seu constituinte, ao convencimento do julgador, e seus atos constituem múnus público" (art. 2º, § 2º, da Lei n. 8.906/94). Dessa forma, "é importante entender que o princípio da cooperação não impõe às partes a adoção de um comportamento altruísta, para que eles atuem de forma contrária aos seus interesses e ajudem o adversário a vencer a disputa. O que a cooperação exige é que as partes não adotem uma postura de conflito exacerbada"[67].

A cooperação vem prevista ao longo de todo o Código em diversos artigos que regulamentam, de certa forma, o dever de conduta dos sujeitos processuais, conforme será visto abaixo e ao longo de todo o *Manual*. Mas sua regra abstrata está prevista nos arts. 6º[68] e 77, IV[69], do CPC.

O art. 6º dispõe que "todos os sujeitos do processo devem cooperar entre si para que se obtenha, em tempo razoável, decisão de mérito justa e efetiva".

Não se pode, contudo, exigir cooperação apenas para a busca da decisão de mérito, mas também deve ser atendida na execução (judicial ou extrajudicial) em que se exercer função predominantemente satisfativa e o princípio da cooperação, com mais razão, deve ser

---

65 MITIDIERO, Daniel. *Colaboração no processo civil*. São Paulo: RT, 2009, p. 101-103.
66 *Novo CPC, princípio da cooperação e processo civil do arco-íris*. Disponível em: <www.jota.uol.com.br/novo-cpc-principio-da-cooperacao-e-processo-civil-do-arco-iris>.
67 ALVES, Tatiana Machado. *Gerenciamento processual no Novo CPC*. Salvador: JusPodivm, 2019, p.
68 "Art. 6º Todos os sujeitos do processo devem cooperar entre si para que se obtenha, em tempo razoável, decisão de mérito justa e efetiva."
69 "Art. 77. Além de outros previstos neste Código, são deveres das partes, de seus procuradores e de todos aqueles que de qualquer forma participem do processo: (...) IV – cumprir com exatidão as decisões jurisdicionais, de natureza antecipada ou final, e não criar embaraços a sua efetivação."

observado. Isso porque, na execução, a atuação do Estado (especialmente nas execuções diretas) é muito mais intensa com a prática de atos materiais tendentes à realização de penhora e expropriação dos bens do executado. Abre-se aqui terreno mais fértil para uma conduta não cooperativa do executado.

Não apenas o art. 6º, mas diversos outros artigos incentivam a prática da cooperação como os arts. 190 e 191, CPC (negócio jurídico processual), art. 357, §§ 2º e 3º (saneamento entre as partes ou compartilhado com o juiz), art. 77, CPC (enumeração dos deveres das partes e procuradores), art. 321, CPC (exigência do juiz especificar expressamente o objeto da emenda da petição inicial), art. 379, II, CPC (dever de colaborar com o juízo na inspeção judicial que for considerada necessária), art. 317, CPC (prévia oportunidade para a parte corrigir o vício antes de decidir sem resolução do mérito), art. 489, § 1º, CPC (dever de fundamentação analítica das decisões judiciais) e art. 139, CPC (poderes, deveres e responsabilidade do juiz). Ademais, é possível vislumbrar a cooperação nos arts. 26 a 41 e 67 a 69, 139, VI e IX, 319, § 1º, 373, § 1º, 400, parágrafo único, 489, 772, III, e 932, parágrafo único, do CPC.

Para que o princípio possa ser implementado é necessário estabelecer regras de condução para os sujeitos do processo que podem ser assim sistematizadas[70]:

a) **Dever de consulta** – oportunizar às partes a possibilidade de manifestação sobre novos dados antes de decidir. É o que se exige quando o magistrado for proferir sentença terminativa em que deverá intimar as partes para se manifestar. As partes não podem ser surpreendidas por uma decisão sobre tema que não tiveram oportunidade de se manifestar (arts. 9º e 10, CPC).

b) **Dever de esclarecimento** – o magistrado e as partes devem apresentar suas ideias de maneira clara no processo. Caso não se atinja esse objetivo, os sujeitos do processo devem apresentar suas dúvidas solicitando os esclarecimentos e informações necessárias para dirimi-las.

c) **Dever de prevenção ou proteção** – direcionada precipuamente às partes, tem o magistrado o dever de, diante de alguma irregularidade no processo, apontar o defeito e indicar a forma de sua correção, como na hipótese de emenda da petição inicial. Esta regra também se torna aplicável ao magistrado para alertar as partes acerca do ônus da prova.

d) **Dever de auxílio** – deve o magistrado ajudar as partes nos eventuais óbices que possam surgir ao longo do processo, como na obtenção de algum documento ou informações necessárias para a apresentação de suas alegações[71].

É possível sistematizar alguns artigos que regem a cooperação dentro do CPC e a ideia de processo participativo[72]: a) alerta no mandado de citação, a respeito do prazo para defesa, sob pena de revelia (art. 250, II); b) dos ônus da prova (art. 357, III); c) primazia do julgamento de mérito e instrumentalidade das formas (art. 282, § 2º, e art. 317); d) aprovação do calendário processual pelas partes (art. 191, §§ 1º e 2º); e) compartilhado do processo (art. 357, § 3º); f) dever da parte em prestar esclarecimentos no depoimento pessoal, sob pena de confissão (arts. 385 e 386); g) dever de exibição de documentos (arts. 396 e 399); h) dever de manter informações sobre endereço eletrônico no cadastro da Justiça (art. 246, § 1º); i) dever de esclarecimento ou explicitação do motivo que levou à determinação da emenda da inicial (art. 321).

---

70 Sistematização empreendida por DIDIER, Fredie. *Curso de direito processual civil*, cit., p. 91-93.
71 Sobre o dever de auxílio, é elucidativo o entendimento do STJ no REsp 2.142.350-DF, Rel. Ministra Nancy Andrighi, Terceira Turma, por unanimidade, *DJe* 4-10-2024.
72 Conforme trazido por Marcelo Pacheco Machado, cit., p. 2.

1.13. PRINCÍPIO DA INÉRCIA

O princípio da inércia será objeto de nosso estudo como uma das características da jurisdição no capítulo próprio.

1.14. PRINCÍPIO DA PRIMAZIA DO MÉRITO E A JURISPRUDÊNCIA DEFENSIVA

O formalismo excessivo sempre foi objeto de questionamento pela doutrina brasileira. Se, por um lado, a forma confere segurança e previsibilidade nas relações processuais, por outro, gera um entrave, muitas vezes desnecessário ou exagerado para que o Estado exerça sua função típica, que constitui "obter em prazo razoável a solução integral do mérito, incluída a atividade satisfativa" (art. 4º, CPC).

É comum verificar que muitos processos perdem precioso tempo discutindo apenas questões processuais. Some-se ao fato de bons causídicos processualistas que usam da tecnicalidade para dilatar a marcha do procedimento.

O princípio da primazia do mérito está ligado à ideia de instrumentalidade das formas e convalidação dos atos processuais.

O fim natural do processo/fase de conhecimento é com sua resolução de mérito. Por vezes o processo não chega até essa fase, pois a falta de algum pressuposto processual ou condição da ação impediram esse desiderato. Na superlativa valorização do formalismo que se cultuou no Brasil ao longo dos tempos a falta de pequenos requisitos gerava invariavelmente a resolução do processo. Assim, ocorria com a falta de traslado de alguma das peças do agravo de instrumento ou com a verificação de falta de procuração específica do advogado nas instâncias superiores (Enunciado 115 da Súmula do STJ[73]), apenas para anunciar dois exemplos.

O sistema processual brasileiro, visando prestigiar mais o conteúdo do que a forma, estabeleceu, em diversos artigos espalhados pelo Código, a primazia do mérito. O principal deles é o art. 4º do CPC, que, além de dispor sobre a duração razoável do processo, dispõe também sobre a primazia do mérito ao estabelecer que "as partes têm o direito de obter em prazo razoável a *solução integral do mérito*, incluída a atividade satisfativa" (grifei). Mas além dele, diversos outros artigos versam sobre a questão: arts. 139, IX, 277, 282, § 2º, 317, 319, § 2º, 338, 352, 485, § 7º, 488, 932, parágrafo único, 938, § 1º, 968, § 5º, 1.007, §§ 2º e 4º, 1.013, § 3º, II e IV, 1.017, § 3º, 1.029, § 3º, 1.032 e 1.033.

Por esse princípio o Poder Judiciário deve prover todos os esforços para viabilizar o julgamento do mérito a despeito da existência de vícios que possam impedir ou dificultar a realização dessa tarefa.

Evidente que há vícios insanáveis como a intempestividade, ausência de interesse recursal e a preclusão lógica. Contudo, deve o magistrado no caso concreto, sempre que possível, ponderar e permitir que esses vícios, quando passíveis de regularização, possam ser sanados para que se dê o devido andamento ao processo.

O princípio da primazia do mérito tem profundo impacto na denominada **jurisprudência defensiva**.

Por jurisprudência defensiva deve se compreender a prática adotada pelos tribunais (em especial os tribunais superiores) que muitas vezes exigem formalismos exagerados e rigor excessivo na tecnicalidade para poder inadmitir os recursos.

---

73 "Na instância especial é inexistente recurso interposto por advogado sem procuração nos autos".

Contudo, parece contraditório conceituar jurisprudência defensiva olhando o sistema processual civil de forma sistemática: isso porque o princípio da inafastabilidade estabelece a proibição de se excluir da apreciação do Poder Judiciário lesão ou ameaça a direito, vale dizer, a jurisdição assumiu a competência (dentre outros mecanismos) para dizer o direito. Entretanto, o conceito de jurisprudência defensiva, em si considerado, é justamente, a criação de mecanismos para impedir esse mesmo acesso do jurisdicionado à sua tutela.

Era comum verificar na prática situações como um erro na guia de preparo (mas com recolhimento correto), uma inelegibilidade do carimbo, o protocolo do recurso antes da intimação, a mera falta de assinatura na petição recursal ou a não juntada de procuração geravam, sem a possibilidade de prazo para convalidação, o direito de não conhecimento de milhares e milhares de recursos.

Não se nega, no tocante aos tribunais superiores, que há uma superlotação de processos e recursos tramitando, o que torna quase inviável a prestação da tutela jurisdicional por esses tribunais. Não se nega igualmente que a função desses tribunais não é a correção da justiça subjetiva, agindo como se fosse uma "terceira instância", mas de conferir a adequada interpretação à norma e uniformizar a aplicação do direito no território nacional.

Dentre os motivos da ampliação exponencial do número de demandas no Poder Judiciário é relevante citar ao menos dois fatores: a) a amplitude conferida pela CF ao acesso à justiça e b) o natural crescimento da litigiosidade na atual sociedade. Isso, obviamente impacta nos problemas estruturais e institucionais na administração da Justiça no Brasil.

Há no país milhões de processos em trâmite, sendo que ao menos 550.000 deles estão no STJ.

Contudo, a inadmissibilidade dos recursos deve se dar pelos **motivos certos** (não se conhecem recursos que desejam a mera revisão da matéria e que não tenha transcendência). Não se pode, sob o argumento de demasia de recursos, *peneirar* de forma indevida o processamento daqueles que tenham cabimento, preencham todos os requisitos de admissibilidade e podem contribuir, com seu julgamento, para a correta aplicação do direito. Ou seja, sob a fundada justificativa de excesso de causas, não se podem criar armadilhas para a parte vedando seu direito constitucional de acesso à justiça. Ou seja, **há muitos processos e uma estrutura insuficiente para cuidar deles**.

Guardadas as devidas proporções, seria o mesmo que um juiz de primeiro grau começasse a recusar as demandas que lhe são submetidas ou as julgasse *non liquet* (sem resultado) sob o argumento (verdadeiro, aliás, em muitos casos) que possui mais demandas do que tenha condição de conduzir.

É em virtude desse contexto que a jurisprudência defensiva vem sendo usada desmedidamente para a obtenção dos surpreendentes números de casos inadmitidos para superior instância. Essa indevida gestão dos processos relega a devida prestação da tutela jurisdicional.

A aplicação da jurisprudência defensiva é marcada também pela teoria utilitarista. Para essa teoria, o bem comum é mais importante que o bem individual, na busca do interesse para o maior número de pessoas (Jeremy Bentham). Michael Sandel, professor na Universidade de Harvard, exemplifica que, pela teoria utilitarista, seria possível, na Roma Antiga, jogar cristãos aos leões para conferir alegria e diversão a todos que compareceram no Coliseu, bem como torturar um terrorista e lhe extrair a verdade, com a intenção de evitar a morte e o sofrimento da população ameaçada[74].

---

74 SANDEL, Michael. *Justiça* – O que é fazer a coisa certa. Trad. Heloisa Matias e Maria Alice Máximo. Rio de Janeiro: Civilização Brasileira, 2012, p. 48-59.

À guisa de exemplo, é importante enumerar algumas situações teratológicas que prestigiavam a jurisprudência defensiva no regime anterior e que foram reprimidas pelo atual CPC:

Súmula 211, STJ	Caso o acórdão não contivesse a matéria objeto de prequestionamento a parte poderia se valer em embargos de declaração para essa finalidade (S. 356, STF). Contudo, se os embargos fossem rejeitados, a súmula preconizava que não haveria prequestionamento. **O art. 1.025 do atual CPC estabelece que se considera prequestionada a matéria (ficta) mesmo com os embargos rejeitados.**
Súmula 115, STJ	A referida súmula estabelecia que caso o advogado não juntasse (nova) procuração nos recursos de instâncias superiores, este seria considerado inexistente. **O CPC no seu art. 76 estabelece que o juiz concederá prazo para regularização e o § 2º expressamente aborda "tribunal de justiça, tribunal regional federal ou tribunal superior"**
Exigência do agravo de instrumento	O agravo de instrumento (físico) era inadmitido quando o agravante deixasse de juntar as peças *facultativas*, mas que fossem necessárias à compreensão da controvérsia. **Os arts. 932, parágrafo único, e 1.017, § 3º, do CPC determinam que o juízo confira prazo para regularização quando não cumprida essa exigência.**
Teoria do recurso prematuro	Aqui há duas situações: a) caso o recurso tenha sido protocolado antes do prazo (ou seja, advogado extremamente diligente) o recurso era considerado extemporâneo, b) caso não houvesse ratificação do recurso especial protocolado antes do julgamento dos embargos de declaração apresentados pela parte contrária, o recurso era considerado prematuro, pois não havia ocorrido o prévio exaurimento das instâncias ordinárias. **O art. 218, § 4º, do atual CPC, contudo, estabelece que o recurso protocolizado antes do prazo é tempestivo. Igualmente o art. 1.024, § 5º, do CPC que dispensa a necessidade de ratificação.**
Ausência de indicação do artigo da violação (Súmula 284, STF	Se o recorrente apresenta recurso especial com base, por exemplo, na alínea *a* do art. 105, III da CF, mas não indica em sua petição, de forma expressa, referido fundamento, o recurso não pode ser conhecido, por ter ele fundamentação deficiente.

Erro no preenchimento da guia	O erro no preenchimento na guia poderia levar a deserção do recurso. Tal questão foi suprimida pelo art. 1007, § 7º, CPC: "O equívoco no preenchimento da guia de custas não implicará a aplicação da pena de deserção, cabendo ao relator, na hipótese de dúvida quanto ao recolhimento, intimar o recorrente para sanar o vício no prazo de 5 (cinco) dias".
Ilegibilidade do carimbo de protocolo	Sendo "ilegível o carimbo de protocolo" não deve ser admitido o recurso, pois inadmissível (EDcl no AgREsp 495766/SP, relator Min. Ricardo Villas Bôas Cueva, 3ª T.).
Afronta direta à CF	A necessidade de demonstrar a denominada "afronta direta" à Constituição, como pressuposto de cabimento do recurso extraordinário fundado no art. 102, III, *a*, da CF. O CPC prevê a fungibilidade do recurso extraordinário para o especial e não sua inadmissão (art. 1.033).

Há, contudo, no CPC atual questões, em nosso entender, desarrazoadas em que os tribunais atuam para a manutenção da jurisprudência defensiva:

Necessidade de em agravo denegatório recorrer de todos os fundamentos, ainda que de capítulos autônomos (Súmula 283, STF)	"A decisão que não admite o recurso especial tem como escopo exclusivo a apreciação dos pressupostos de admissibilidade recursal. Seu dispositivo é único, ainda quando a fundamentação permita concluir pela presença de uma ou de várias causas impeditivas do julgamento do mérito recursal, uma vez que registra, de forma unívoca, apenas a inadmissão do recurso. Não há, pois, capítulos autônomos nesta decisão. A decomposição do provimento judicial em unidades autônomas tem como parâmetro inafastável a sua parte dispositiva, e não a fundamentação como um elemento autônomo em si mesmo, ressoando inequívoco, portanto, que **a decisão agravada é incindível** e, assim, deve ser **impugnada em sua integralidade,** nos exatos termos das disposições legais e regimentais" (STJ, Corte Especial, EDcl no Ag em REsp 701.404, Min. Luis Felipe Salomão, j. 19-9-2018, maioria, *DJ* 30-11-2018). (g.n.) "Falta de impugnação a todos os fundamentos da decisão recorrida. Manifesta inadmissibilidade. Desistência parcial. Impossibilidade. Não há como o agravante restringir o efeito devolutivo horizontal do agravo porque esse efeito já foi previamente delimitado pelos fundamentos da decisão exarada pelo Tribunal de origem. O ordenamento jurídico admite que a parte inconformada recorra, parcialmente, de uma decisão, e, ainda, que o órgão julgador conheça,

	em parte, do recurso interposto. Não há, entretanto, qualquer previsão que autorize a desistência parcial, tácita ou expressa, do recurso especial após sua interposição. É manifestamente inadmissível o agravo que não impugna, de maneira consistente, todos os fundamentos da decisão agravada" (STJ, 3ª T., Ag em REsp 1.294.103-AgInt, Min. Nancy Andrighi, j. 11-9-2018, *DJ* 18-9-2018). Esse entendimento está em manifesta afronta a duas súmulas do STF: **Súmula 292 do STF:** "Interposto o recurso extraordinário por mais de um dos fundamentos indicados no art. 101, III da Constituição, a admissão apenas por um deles não prejudica o seu conhecimento por qualquer dos outros." e **Súmula 528 do STF:** "Se a decisão contiver partes autônomas, a admissão parcial, pelo presidente do tribunal *a quo*, de recurso extraordinário que, sobre qualquer delas se manifestar, não limitará a apreciação de todas pelo Supremo Tribunal Federal, independentemente de interposição de agravo de instrumento".
Comprovação de feriados locais	Em decisão de Corte Especial, o STJ entendeu que "é necessária a comprovação" de feriado local no ato de interposição do recurso, sendo aplicados os efeitos dessa decisão tão somente aos recursos interpostos após a publicação do REsp 1.813.684/SP e do EAREsp 1.663.952. A Lei n. 14.939/2024 impõe aos Tribunais não inadmitir o recurso de plano senão após determinar a correção do vício formal, em atenção ao princípio da primazia do mérito (art. 932, parágrafo único, CPC).

E a grande questão é que juridicamente violava a inafastabilidade (art. 5º, XXXV, CF) e o contraditório que assegura constitucionalmente os recursos (art. 5º, LV, CF). Além disso, na prática, muitos desses processos envolvem liberdade, patrimônio, honra da parte e de sua família.

Ademais, e até mais importante que o julgamento do caso concreto, a jurisprudência defensiva impede o julgamento de questões que podem formar precedentes. Isso porque, o atual método do juízo de admissibilidade estabelece que, diante de barreira formal, indefere-se quase que de forma automática o recurso sem levar em conta todos os aspectos do mérito e da repercussão do conflito.

Há casos que poderiam ter sido resolvidos com aplicação de precedentes que já tinha sido firmado e de caráter vinculante. E isso porque "O emprego generalizado da jurisprudência defensiva pelas cortes superiores como técnica restritiva do conhecimento de recursos, além de impactar o jurisdicionado, que se vê privado do acesso à jurisdição em sua dimensão material, concorre também para fragilizar a efetividade do sistema de precedentes"[75].

---

75 SILVA, Michelle Najara Aparecida. Aplicação parametrizada dos precedentes judiciais no conhecimento dos recursos no STJ como técnica de gestão processual voltada para redução dos efeitos da jurisprudência defensiva. *RePro*, São Paulo: Revista dos Tribunais, vol. 302, p. 343-376, abr. 2020.

Se a tese objeto do recurso já foi discutida e fixada como precedente obrigatório, parece, no mínimo, contraproducente impedir o seguimento do recurso quando há a possibilidade de um precedente que se aplica perfeitamente ao conflito. Assim, na esteira defendida por parte da doutrina, a aplicação do precedente poderia ser utilizada como uma etapa do juízo de admissibilidade objetivando: a) fortalecer o sistema de precedentes; b) diminuir a litigiosidade; c) resolver em definitivo o conflito; e d) favorecer aos advogados que, muitas vezes por falta de prática, não conhecem todas as especificidades e meandros para postular nos Tribunais Superiores.

Dessa forma, os artigos mencionados que dão fundamento à primazia do mérito devem ser usados como mecanismo de afastar a indevida jurisprudência defensiva.

2.

JURISDIÇÃO

2.1. INTRODUÇÃO

Pelos propósitos e tamanho da presente obra, não há espaço para definir (apesar de interessantíssimas) as origens da jurisdição. Basta dizer que a resolução de conflitos (tema que versa precipuamente a jurisdição) sempre foi objeto de preocupação pela sociedade, passando da autotutela em tempos remotos a uma quase completa assunção pelo Estado dessa função (daí comumente chamar-se *monopólio da jurisdição*). As novas formas de litígio (como os conflitos multilaterais) bem como as novas técnicas jurisdicionais de se evitar o litígio (como a tutela inibitória e a produção antecipada de provas) conferiram novos contornos para o devido e atual conceito de jurisdição.

2.2. A JURISDIÇÃO NA TRIPARTIÇÃO DE PODERES

O ponto de partida para o entendimento de jurisdição e seus contornos advém da clássica concepção da **tripartição de poderes** proposta por Montesquieu, (inspirado em Locke). Nosso ordenamento adotou essa teoria (CF, art. 2º), que em verdade deveria denominar-se **Tripartição das Funções Estatais**, já que o poder é uno.

A razão de ser da separação dos poderes decorre de uma melhor descentralização da atividade e, principalmente, da necessidade de evitar que o poder fique na mão de apenas um órgão. Dessa forma, "a atribuição específica para cada poder deu origem à construção doutrinária denominada de *freios e contrapesos*, na medida em que a atuação de um poder específico impediria a atuação arbitrária de outro poder". Assim, "se houver exorbitância de qualquer dos poderes surge a ação fiscalizadora do poder judiciário, obrigando a cada um a permanecer nos limites de sua respectiva esfera de competências"[1].

Há ainda um relevante motivo para a separação: a **especialidade** (especialização do judiciário), ou seja, exercendo função específica, exerce-a melhor e de maneira mais efetiva (CF, art. 5º, LXXVIII). Dessa forma, o Estado moderno, para que melhor possa conservar as condições da sociedade, afinal esta é a sua função, exerce três funções distintas, mas harmônicas entre si: **legislativo, executivo e judiciário**.

---

1   DALLARI, Dalmo de Abreu. *Elementos de teoria geral do Estado*. 19. ed. São Paulo: Saraiva, 1995, p. 185.

O legislador estrutura a ordem jurídica. Formula as leis destinadas à regulação da sociedade. O Estado, no exercício da função executiva, aplica a lei. Esta função administrativa garante a incolumidade do bem comum. Já a função jurisdicional objetiva compor os conflitos de eventuais lides surgidas da não observância do ordenamento jurídico ou das regras de conduta predispostas na sociedade, além de operar nos casos em que a situação jurídica somente poderá produzir seus regulares efeitos com a chancela do Estado (jurisdição voluntária).

A tripartição de poderes sofreu, especialmente a partir da Constituição Federal de 1988, mudanças no plano da atribuição de competências. Isso porque, até a entrada em vigor da Carta Magna, os códigos constituíam o sistema nervoso do ordenamento jurídico. Somado ao fato da forte influência do Estado Liberal do século XIX, que preconizava supremacia da lei e quase ausência de interpretação, devendo a aplicação da regra ser "automática" e o juiz deveria apenas exercer um raciocínio silogístico para a solução do caso concreto.

No atual regime, em que a Constituição Federal exerce uma função de filtro para a aplicação da lei, com a força normativa dos princípios e a ampla adoção de normas de conceito vago e indeterminado pela legislação constitucional e infraconstitucional, a "legitimidade da lei deixou de depender apenas de um processo legislativo regular e teve sua substância contrastada com os princípios presentes na Constituição"[2].

Assim, o protagonismo é dividido com o judiciário, já que o juiz não constitui um ser inanimado que apenas interpreta "a vontade concreta da lei" ou "declara a lei no caso concreto", como as antigas teorias italianas sobre jurisdição que serão vistas adiante.

A dissociação do texto (fonte legislativa) e norma (fonte interpretativa do juiz sobre o texto) alterou a função do judiciário de mero aplicador da lei para criador de norma jurídica no caso concreto. Por norma jurídica nesse caso leia-se o texto interpretado à luz das vicissitudes do caso concreto, com base nos direitos fundamentais em conformidade com a Constituição.

Nessa diferenciação da função legislativa, basta pensar que enquanto esta atua em hipóteses em abstrato, criando norma para todos os casos futuros que se adequarem à descrição da norma elaborada, a função jurisdicional atua sempre diante de fatos já ocorridos, subsumindo a norma abstrata ao fato concreto (e mais amplamente a atividade criativa do Poder Judiciário na aplicação do ordenamento jurídico, como será visto). Ademais, o Poder Judiciário também elabora norma para casos futuros, pois uma de suas funções é a criação de precedentes prospectivos para regular situações análogas apresentadas em casos diversos que surjam no Poder Judiciário.

Mais complexa é a diferença entre função jurisdicional e administrativa: ambas são exercidas *in concreto*, ao contrário da legislativa, o que dificulta a divisão.

A jurisdição é, por essência, imparcial, ao contrário da administração que possui interesse no resultado da sua atividade (interesses das mais diversas ordens, como jurídico ou econômico). Ademais, os atos jurisdicionais têm como característica a potencialidade de se tornar imutáveis[3]. Os atos administrativos, ao contrário, podem ser revogados a qualquer momento.

Todavia, a grande diferença entre essas duas esferas reside na **substitutividade**.

Alexandre Freitas Câmara[4] assevera que "ao exercer a função administrativa, o Estado está exercendo uma função que sempre lhe coube, não tendo sido exercida anteriormente por

---

2 MARINONI; ARENHART; MITIDIERO. *O novo processo civil*. São Paulo: RT, 2015, p. 89.
3 Exceção à regra evidentemente são algumas situações como a revisão criminal e a ação rescisória, meios atípicos de desconstituição da coisa julgada material.
4 *Lições de direito processual civil*, Lumen Juris, 2008, v. I, p. 65.

ninguém. Pode-se, portanto, dizer que a função administrativa é uma função originária do Estado. Ao contrário, a função jurisdicional é exercida pelo Estado em substituição à atividade das partes, ou seja, o Estado exerce a função jurisdicional como forma de substituir a atividade dos interessados, consistente na autotutela, a qual é – como regra – proibida nos modernos ordenamentos jurídicos. Ao exercer a função jurisdicional, o Estado está, portanto, realizando uma atividade que originariamente não lhe cabia".

Ao contrário do que uma primeira análise possa transparecer, a atividade jurisdicional não é exclusiva do Estado-juiz. Também os Poderes Legislativo e Executivo realizam essa função, em determinados casos devidamente permitidos pela Constituição Federal.

Assim, a administração pública pode exercer essa atividade numa sindicância ou num processo administrativo ou a atuação do legislativo no caso de *impeachment* ou mesmo para aprovar as contas apresentadas anualmente pelo Presidente da República.

Mesmo o Poder Judiciário exerce funções atípicas ao regular o procedimento de organização judiciária ou acerca de concursos para ingresso na carreira da magistratura.

Dessa forma, não são critérios subjetivos, mas objetivos, que impõem a diferença entre esses órgãos.

A jurisdição se diferencia dos demais poderes, pois é a única atividade apta a gerar imunização pela coisa julgada. É importante a ressalva: apenas a atividade jurisdicional faz coisa julgada, mas nem toda atividade jurisdicional é apta a adquirir contornos de imunização, como será visto *infra*.

2.3. DEFINIÇÃO E NOÇÕES GERAIS

A doutrina majoritária observa que não se pode emprestar um conceito único de jurisdição a todos os sistemas e para todos os tempos.

Pode-se conceituar jurisdição, antes de tudo, como um ato de império. Aliás, a **estatalidade** é uma das características marcantes da jurisdição (nesse sentido Ovídio Baptista)[5]. Assim, **jurisdição é uma função conferida a terceiro imparcial para, de modo imperativo e criativo[6], concretizar direitos subjetivos e objetivos postulados com força de imutabilidade**[7].

A condição de terceiro e sua imparcialidade são fenômenos distintos. O primeiro, de cunho objetivo, decorre da exterioridade de alguém ao conflito. O segundo, de cunho subjetivo, diz respeito ao desinteresse na causa.

Cândido Rangel Dinamarco, em clássico estudo sobre a instrumentalidade do processo[8], assevera que a jurisdição possui três importantes finalidades (escopos). Esses estudos foram constituídos originariamente antes da ideia da interpretação das leis à luz dos direitos fundamentais (que se deu com maior incidência a partir da Constituição Federal de 1988). Portanto há de se analisar esses "fins" à luz do novo ordenamento jurídico.

---

5 *Curso de direito processual civil*, v. I, 7. ed., 2006, p. 27.
6 A criatividade judicial será estudada adiante nesse capítulo.
7 Nesse sentido, precisas as palavras de Daniel Mitidiero (*Elementos para uma teoria contemporânea do processo civil brasileiro*, Porto Alegre, Livraria do Advogado, 2005, p. 80): "A jurisdicionalidade de um ato é aferida na medida em que é fruto de um sujeito estatal, dotado de império, investido em garantias funcionais que lhe outorguem imparcialidade e independência, cuja função é aplicar o direito (e não apenas a lei) de forma específica, dotando o seu provimento de irreversibilidade externa".
8 *Instrumentalidade do processo*. 5. ed. São Paulo: Malheiros, 1996, p. 149.

Fins sociais – A função social da jurisdição é a pacificação e a eliminação do conflito (efeito primário). Ademais, gera um efeito secundário que é a educação para a sociedade do dever de obediência às normas do direito brasileiro. Contudo a pacificação social não pode ser analisada de forma isolada. A pacificação social é o resultado da atividade jurisdicional em uma de suas vertentes. Assim, nem só de pacificação vive a jurisdição (v.g. jurisdição voluntária) e nem só a jurisdição exerce pacificação (v.g. outros mecanismos de composição de conflito como arbitragem).

Fins políticos – Trata-se da estabilidade das instituições políticas. Assim, trabalha-se na consolidação do ordenamento jurídico com o cumprimento contínuo do direito material, assegurando a todos a possibilidade de exercer os seus direitos por meio dos instrumentos processuais colocados à disposição dos jurisdicionados.

Fins jurídicos – Constitui conceito ultrapassado para a nova ideia de processo. É, em verdade, uma reminiscência da teoria de Chiovenda (declaratória) da qual o Estado não teria criatividade judicial e, portanto, não poderia criar a norma individual e concreta. Assim, o processo teria poderes eminentemente jurídicos como um (mero) instrumento do direito material. É possível fazer uma releitura dos fins jurídicos à luz do sistema de precedentes adotados pelo CPC brasileiro. A estruturação de obediência aos precedentes gera: a) uniformidade do direito na preservação de uma unidade decisória para casos análogos; b) desestímulo à litigiosidade judicial, uma vez que o dissídio interpretativo e as variadas decisões em sentido diverso incentivam as partes a buscar o Poder Judiciário na esperança de sua causa ser distribuída a um magistrado simpatizante de sua tese; c) segurança e previsibilidade no sentido de as partes terem condição de saber qual o posicionamento será adotado no seu caso tendo em vista as decisões pretéritas sobre situações similares.

Portanto, sua finalidade é dúplice: conduzir o processo por meio do direito fundamental ao devido processo legal (e todos os princípios subjacentes) e a atuação do ordenamento jurídico (lei, princípios, precedentes, súmulas, doutrina etc.) para a resolução dos conflitos de interesses existentes, compondo e resguardando a ordem jurídica. Importante frisar, e que será adiante estudado, que a jurisdição também se aplica a determinadas situações jurídicas em que, independentemente da existência de conflito, a produção dos regulares efeitos fica condicionada à chancela do Estado.

2.4. TEORIAS SOBRE A JURISDIÇÃO

Em nosso ordenamento foi durante um bom tempo aceita a definição da doutrina italiana (em especial de dois grandes autores):

Teoria unitária (constitutiva) – as leis materiais (Código Civil, p. ex.) não são capazes de gerar, por si, direitos subjetivos. As normas de direito material somente conseguem criar expectativas de direito. Assim, para essa teoria cabe ao juiz, por meio da função jurisdicional, **criar** o direito subjetivo antes inexistente. A sentença dessa forma teria o condão de criar direitos substanciais. A base do desenvolvimento de Carnelutti para jurisdição partiu da noção de "justa composição da lide" (aliás, *lide* é o núcleo de boa parte de seu desenvolvimento científico no campo processual). Dessa forma o direito material não poderia criar direitos, que só poderiam ser concedidos com a tutela jurisdicional pelo Estado. Como o processo é necessário para a criação do direito, **a sentença constitui o direito**.

> **Teoria dualista (declaratória)** – o Estado não cria direitos quando exerce a função jurisdicional. Esta função se limitaria ao conhecimento de direitos preexistentes, razão pela qual alguns a chamam de declaratória. É teoria tradicional na nossa doutrina, defendida, dentre outros, por Dinamarco. Assim, a norma jurídica cria o direito substancial, limitando-se o Estado no exercício da jurisdição a atuar à vontade da norma, subsumindo-a ao caso concreto. Essa teoria era defendida por Giuseppe Chiovenda, criador da escola italiana de direito processual autônomo, que asseverava ser **a jurisdição a atuação do Estado cuja finalidade é a atuação da vontade concreta da lei**, por meio da substituição do Estado aos particulares.

Em resumo, é possível apresentar as teses da seguinte forma:

As teorias se diferenciam especialmente porque, enquanto na declaratória o juiz "declara" a norma geral, ao gerar uma norma individual, na constitutiva o juiz produz (cria) uma norma individual fundada na norma geral. Ambas são sujeitas a críticas. A teoria constitutiva da denominada "justa composição da lide" se apresenta num primeiro momento de forma sedutora, afinal a composição da lide constituía a principal função do Estado.

Entretanto, nem só de conflitos vive o Poder Judiciário, basta verificar os casos de jurisdição voluntária ou quando o Ministério Público ingressa com ação de anulação de casamento contra ambos os cônjuges, ou mesmo no reconhecimento da procedência do pedido em que não há conflito (pela submissão de uma das partes ao interesse do outro). Em conclusão: nem toda demanda possui lide, havendo, mesmo assim, jurisdição.

A teoria declaratória igualmente não se sustenta em tempos de hermenêutica constitucional. Isso porque: a) o direito se confundia com a lei, bastando ao magistrado aplicar a lei tal qual prevista; b) se o direito se confunde com o direito, qualquer situação poderia ser resolvida com base na lei; c) essa teoria foi desenvolvida com forte influência no iluminismo do século XIX, em que a lei era necessária e suficiente para a completude do ordenamento; d) sendo o ordenamento complementado pela legislação, não seria necessário o magistrado interpretar a lei à luz da Constituição Federal, tampouco lhe caberia interpretar normas de conceito vago e indeterminado. Em verdade, "trata-se de um modelo de supremacia do Direito de legislação sem jurisdição"[9].

Contudo, as duas teorias pecam ao se acreditar que basta o processo para a realização do direito e que a decisão definitiva bastaria, como se o perdedor da demanda cumprisse de maneira espontânea a obrigação. Tanto que para muitos italianos a execução não seria função jurisdicional.

O Brasil sempre adotou, em certa medida, a **teoria dualista**. Os exemplos mais latentes encontradiços no ordenamento eram a usucapião e o inventário.

No primeiro, ao julgar procedente a demanda, não estará o juiz criando o direito de propriedade para o autor, mas tão somente reconhecendo a existência do direito que este já possuía.

Assim como no inventário, em que o juiz não cria o domínio dos bens ao fim do inventário (que, via de regra, é moroso e complexo), mas apenas declara o direito que já pertencia aos requerentes.

Importante apenas frisar que o nosso sistema prevê, ainda, as sentenças constitutivas que modificam relações jurídicas, o que não pode ser considerado uma exceção à regra, na

---

9   MARINONI; ARENHART; MITIDIERO. *Curso de processo civil*. São Paulo: RT, 2015, v. I, p. 100.

medida em que a sentença constitutiva modifica *relações*, nunca *direitos subjetivos*. O direito é necessariamente preexistente à atuação da função jurisdicional.

O ordenamento brasileiro hoje não segue nenhuma dessas duas posições, como se verá abaixo.

2.5. ATIVIDADE JUDICIAL CRIATIVA

As teorias dos autores italianos, fortemente influenciados pelos valores do Estado Liberal do século XIX, tinham nítida influência no positivismo jurídico e na ampla supremacia da lei. Partia-se da premissa que o legislador teria condições de fornecer todas as respostas do direito e ao juiz competia apenas declarar o que constava na lei por meio da aplicação silogística.

Especialmente após a Segunda Guerra foi necessário estabelecer a aplicação da lei com base nos direitos fundamentais inseridos nas mais diversas Constituições Federais.

Contudo, as mudanças na aplicação do direito empreendidas especialmente a partir dos anos 90 com a denominada onda do "pós-positivismo", "neoconstitucionalismo" ou "hermenêutica constitucional" constataram a notória dificuldade de a lei regular tudo e com precisão (especialmente nos *hard cases*), somados às novas técnicas de produção legislativa (cláusulas gerais e normas de conceito vago e indeterminado) bem como a complexidade dos fenômenos sociais, a adoção dos princípios como norma, a vinculação aos precedentes e a categorização da jurisprudência como fonte primária do direito, o sistema brasileiro adotou, como forma de atuação judicial no caso concreto, a teoria da **criatividade judicial**[10].

Ao exercer a atividade criativa como mecanismo de atuação jurisdicional, o magistrado:

a) possui **participação mais atuante na concreção da norma individual e concreta**, pois não basta a mera aplicação da lei no caso concreto (método subsuntivo). É necessário encontrar uma solução que esteja em conformidade com aquele específico caso concreto objeto de julgamento;

b) procede a uma análise bifronte, pois não apenas analisa o conteúdo da norma em si considerada como (e principalmente) analisa sua incidência sob o enfoque (filtragem) constitucional. Dessa forma, "a Constituição passa a ser, assim, não apenas um sistema em si – com a sua ordem, unidade e harmonia – mas também um modo de olhar e interpretar todos os demais ramos do Direito"[11]. Nesse enfoque deverá proceder à interpretação conforme a Constituição, controle de constitucionalidade e ao sopesamento dos direitos fundamentais[12];

c) para exercer esse desiderato possui em suas mãos uma **grande variedade de instrumentos para aplicação do direito**. Ainda sob uma reminiscência do Estado Liberal do século XIX, o CPC/73 defendia a ampla primazia da lei (art. 126) autorizando a aplicação das demais fontes somente no caso de omissão de regra. O atual sistema determina que o juiz se valha de princípios (que não são mais meros mecanismos de supressão de lacunas, mas, bem diferente, integram o sistema ao lado das regras), aliás, Pontes de Miranda, há mais de 40 anos, asseverava que os princípios garantem um grande poder para o exercício da criatividade judicial. Ainda, as cláusulas gerais, normas de conceito vago, precedentes, entre outros. Assim, compete ao Judiciário aplicar, precipuamente, o ordenamento jurídico

---

10 Como bem observa DIDIER, Fredie, "Os problemas jurídicos não podem ser resolvidos apenas com uma operação dedutiva (geral-particular)", *Curso de direito processual civil*, 2014, v. 1, p. 104.
11 BARROSO, Luís Roberto. *Interpretação e aplicação da Constituição*. 7. ed., Saraiva, 2009, p. 341.
12 MARINONI, Luiz Guilherme. *Precedentes obrigatórios*. RT, 2010, p. 91.

(CPC, art. 140). A lei deve sempre ser interpretada de acordo com a Constituição Federal. Caso o juiz, por exemplo, encontre mais de uma solução para o caso concreto, deve escolher aquela mais rente ao interesse disciplinado na CF. Assim, se um texto de lei der margem a várias interpretações o juiz não deve valer-se de sua convicção pessoal, mas fazer uso da técnica **interpretação de acordo com a CF**[13].

A criatividade judicial que constitui uma necessidade à luz de todas as situações acima expostas transfere a legitimidade do criador da norma. Se antes essa condição era praticamente assumida pelo legislador e o magistrado apenas "declarava a lei no caso concreto", hoje ela é exercida pelo juiz ao criar a norma do caso concreto. O texto é o ponto de partida para se alcançar a norma jurídica, mas esse caminho é fruto da interpretação do juiz.

Contudo é necessário evidenciar, democraticamente, essa legitimidade.

Isso porque o legislativo justifica a criação das leis em decorrência da representatividade do voto popular. Os juízes, contrariamente, não são votados, mas aprovados em concursos de provas e títulos, e essa forma de investidura não possui, evidentemente, a participação popular. Para tanto deve o Poder Judiciário, no processo interpretativo do texto, exercer o amplo contraditório e no resultado desse processo a exauriente fundamentação judicial para prestar contas de sua atividade com a sociedade.

A teoria da criatividade judicial exerce dupla função:

i) regula o caso concreto: o Estado-juiz, no exercício de suas atribuições, cria a norma individual e concreta que estabelecerá o caso levado à sua cognição. Essa norma se diferencia da norma geral e abstrata (regra) pela sua aptidão de imutabilidade;

ii) formação da *ratio decidendi*: a fundamentação da decisão bem como os motivos que levaram a sua conclusão podem funcionar como precedente (*ratio decidendi*) para casos futuros e análogos.

A criatividade judicial decorre da inafastabilidade da jurisdição, na medida em que é vedada a proibição do *non liquet*.

Por fim, uma importante observação.

A criatividade judicial não pode ser confundida com um ativismo desmedido do Poder Judiciário. Especialmente no momento da interpretação da regra (a norma) é importante que nenhum juiz se aproxime do direito positivo como alguém neutro ou puro, pois, como bem observa Sergio Nojiri[14], "a norma jurídica é um objeto cultural, portanto, portadora de valores", o que vale dizer que o magistrado pode ser influenciado por fatores externos, costumes e valores que carrega de uma vida.

É por isso que Alf Ross bem observa: "O juiz é um ser humano. Por trás da decisão tomada encontra-se toda sua personalidade. Mesmo quando a obediência ao direito (consciência jurídica formal) esteja profundamente enraizada na mente do juiz como postura moral e profissional, ver nesta o único fator ou móvel é aceitar uma ficção. O juiz não é autômato que de forma mecânica transforma regras e fatos em decisões"[15].

A criatividade não quer conferir mais poderes aos juízes, mas conferir responsabilidade para diminuir a denominada "discricionariedade" fazendo um sistema mais coeso e coerente.

---

13 É importante diferenciar a interpretação de acordo com a interpretação conforme a Constituição. A primeira, diante de várias interpretações possíveis, o juiz adota aquela que mais se assemelha com o interesse constitucional. A segunda, diante do controle de constitucionalidade, para salvar a norma, no lugar de suprimi-la, impõe-se uma interpretação conforme a CF (uma das interpretações possíveis). (MARINONI; ARENHART; MITIDIERO. *Curso de processo civil*. São Paulo: RT, 2015, v. 1, p. 105).
14 *A interpretação judicial do direito*. São Paulo: RT, 2005, p. 164.
15 *Direito e justiça*. Tradução de Edson Bini. São Paulo: Edipro, 2000, p. 168-169.

2.6. FUNÇÕES DA JURISDIÇÃO

A jurisdição pode ser vista, em decorrência da tripartição de poderes, como **poder, função e atividade**.

É manifestação de **poder** do Estado para decidir imperiosamente as situações a si submetidas; expressa a **função** dos órgãos estatais de promover a pacificação dos conflitos (na maioria dos casos) e é **atividade**, pois constitui um complexo de atos do juiz (procedimento) para o exercício do seu múnus público.

Ao contrário da definição que lhe emprestou a doutrina tradicional, a jurisdição não cuida exclusivamente de dizer o direito. Assim, a jurisdição não se circunscreve somente no reconhecer o direito, pois, ao contrário do que a etimologia da palavra possa fazer entender (*juris* + *dictionis* = dizer o direito), ela envolve também as medidas para proteger um direito ameaçado, bem como pode praticar técnicas executivas que serão empregadas para modificação do plano exterior ao processo para que o direito tal qual reconhecido seja concretizado.

O Poder Judiciário exerce função típica de atuar a jurisdição na medida em que a ele fora franqueada essa atividade. Constitui um exercício **secundário, instrumental, desinteressado, provocado e insuscetível de controle externo**.

É **secundário**, pois por meio dele se realiza coativamente uma atividade que deveria ter sido primariamente efetivada pelas partes.

É **instrumental**, pois sua função é exclusivamente fazer atuar outra regra as de direito material. Mesmo quando o processo atua sobre o direito processual (v.g., ação rescisória, arguição de incompetência), sua função é de instrumento ao processo.

É **desinteressado**, já que a sua atuação exige imparcialidade.

É **provocado**, já que a manifestação jurisdicional depende de provocação decorrente do princípio da inércia (CPC, art. 2º).

É **insuscetível de controle externo**, pois, ao contrário das atividades legislativas (que podem ser reguladas por controle de constitucionalidade ou mandado de injunção, por exemplo) e executivas (em que pode haver o controle dos atos administrativos), a atividade jurisdicional não é controlada por nenhum outro poder.

2.7. CLASSIFICAÇÃO DA JURISDIÇÃO

Ao asseverar no art. 16 que "a jurisdição civil é exercida pelos juízes, em todo território nacional, conforme as disposições deste Código", o CPC já demonstra a existência de classificações para a compreensão do instituto.

A primeira é aquela que divide a jurisdição em comum e especial. A especial abrange a jurisdição trabalhista (CF, art. 114), a militar (CF, art. 122) e a eleitoral (CF, art. 118). Já a comum é dividida em civil e penal. A jurisdição civil é marcadamente residual. Assim, somente será aplicada caso a situação concreta não se enquadre na jurisdição penal.

2.8. CARACTERÍSTICAS

2.8.1. SUBSTITUTIVIDADE

A jurisdição é substitutiva da vontade dos litigantes. Essa substituição deve ser dada somente por sujeito alheio ao conflito (elemento objetivo) e imparcial (desinteressado, elemento subjetivo)[16]. **É substitutiva na medida em que competia às partes a função da tutela dos seus próprios interesses.** Como as partes não chegaram a um consenso em relação à solução do caso concreto, o Estado precisou substituí-las no plano do processo.

É característica que, de acordo com Chiovenda, constitui nota marcante da jurisdição. Assim, assevera: "O critério realmente diferencial corresponde, em outros termos, à essência das coisas, reside em que a atividade jurisdicional é sempre uma atividade de substituição; é – queremos dizer – a substituição de uma atividade pública a uma atividade alheia"[17].

Assim, vedada que é, em regra, a autotutela, e não optando as partes por outros mecanismos de heterocomposição ou autocomposição, necessária se faz a intervenção do Estado para dirimir os conflitos com força impositiva. E não haveria nenhuma razão para compreender a atividade jurisdicional se ela não tivesse esse poder.

É importante ressaltar que a imutabilidade é pressuposto fundamental para a existência da substitutividade, pois qual seria a utilidade de o Estado em exercer uma função substitutiva se esta não tivesse ânimo de definitividade?

Assim, é imperioso asseverar que a substitutividade somente existe nos processos que tenham aptidão para fazer coisa julgada material porque o que foi decidido não será imposto provisoriamente senão de maneira definitiva.

Há autores, contudo, que não veem a substitutividade como uma característica essencial da jurisdição, o que pode ser sistematizado em três argumentos: **a)** quando o juiz decide questões processuais (v.g. pressupostos processuais e condições da ação), não há atividade substitutiva a despeito de haver jurisdição; **b)** o mesmo ocorre nas decisões mandamentais, em que o Estado não substitui a vontade dos agentes, mas aguarda o cumprimento do provimento (execução indireta); e **c)** seria apequenar demasiadamente a atividade jurisdicional imaginar que a jurisdição se limita a utilizar-se do modelo subsuntivo, puro e simples, sabendo hoje que a moderna concepção de atividade judicial avança sobre novas formas de decidir (como a criatividade judicial)[18].

2.8.2. IMPERATIVIDADE

Como desdobramento necessário da substitutividade, leva-se necessariamente à compreensão da imperatividade.

É necessário que o Estado tenha a possibilidade de impor suas decisões para os litigantes de maneira **coativa**, independentemente de suas vontades, sob pena de esvaziar a utilidade da atividade jurisdicional. Houvesse qualquer ânimo de espontaneidade à submissão da atividade judicial, a seus resultados e a seus efeitos, certamente não trataríamos o processo civil como um ramo do direito público.

Da imperatividade decorre a **inevitabilidade**. Uma vez que a decisão deve ser cumprida e o estado das partes em relação à decisão é de sujeição, não há como evitar a decisão.

A despeito de o processo civil brasileiro ser informado pelo princípio da cooperação entre a magistrado e as partes (art. 6º, CPC) não se pode perder de vista, até como uma questão estruturante do Estado, que a posição das partes é de respeito para aquilo que foi decidido pelo Judiciário decorrente do poder emanado do Estado.

---

16 DIDIER, Fredie. *Curso de direito processual civil*. 18. ed. Salvador: JusPodivm, 2016, v. 1, p. 157.
17 *Instituições de direito processual civil*, v. 2, Bookseller, p. 17.
18 Essa sistematização foi feita por Daniel Mitidiero, *Elementos para uma teoria contemporânea do processo civil brasileiro*, Livraria do Advogado, 2005, p. 76-77.

É possível, contudo, afastar-se previamente do Poder Judiciário socorrendo-se de formas alternativas, como a arbitragem (Lei n. 9.307/96).

2.8.3. IMUTABILIDADE (DEFINITIVIDADE)

Mais uma importante característica da jurisdição. Uma vez prestada a atividade jurisdicional e substituída a vontade dos agentes, imposta a solução no caso concreto, como consequência de sua força, suas decisões tendem a se tornar imutáveis no sentido de que ela seja impedida de discutir novamente aquilo que foi julgado. Trata-se do efeito da coisa julgada material.

A decisão, para que alcance a imutabilidade, deve preencher quatro requisitos:

a) que a decisão seja de cunho jurisdicional (não se podendo falar em imutabilidade no tocante às decisões administrativas, v.g.);
b) que essa decisão verse sobre o mérito da causa (as questões processuais alheias ao mérito não fazem coisa julgada);
c) que tenha sido proferida em cognição exauriente (decisões proferidas em análise sumária/rarefeita não geram imutabilidade)[19];
d) que tenha havido o trânsito em julgado (exaurimento das vias recursais).

A imutabilidade tem por objetivo evitar a eternização dos litígios como consequência lógica da segurança jurídica.

2.8.4. INAFASTABILIDADE

As conclusões acima esposadas conduzem a mais uma característica da jurisdição: a inafastabilidade. Assim, o Estado não pode esquivar-se das demandas levadas ao seu crivo.

De nada adianta a previsão de amplo acesso à justiça se o juiz, por qualquer motivo, tivesse a possibilidade de não decidir, diante do caso concreto.

Esta regra vem prevista nos arts. 5º, XXXV, da CF e 3º do CPC. É o que se chama de vedação do *non liquet*, já que, rompida a inércia da jurisdição, o Estado tem que dar alguma resposta ao jurisdicionado mesmo que seja contrária a seus interesses. Nem mesmo as lacunas ou obscuridades da lei (arts. 140, CPC, e 4º, LINDB) podem fazer o juiz se afastar de sua obrigação de julgar.

O estudo da inafastabilidade está melhor desenvolvido no capítulo sobre princípios, *supra*.

2.8.5. INDELEGABILIDADE

Uma ideia antiga de Estado de Direito é aquela que explicita que tanto o Estado como aqueles que por ele são regidos devem se submeter ao império da lei. Assim, dado que a função jurisdicional lida no contexto da tripartição dos poderes, esta atividade judicante não pode ser delegada.

---

19 Sem prejuízo da possibilidade de estabilização da tutela antecipada (CPC, art. 304), que, como será visto, não se trata de cognição exauriente, mas de cognição possível.

Tal característica deve ser entendida no sentido de que os órgãos que podem exercer a função jurisdicional são única e exclusivamente aqueles que a Constituição Federal cria e autoriza. É vedado que haja alguma forma de delegação para outros órgãos não autorizados. A indelegabilidade é uma decorrência da territorialidade e do juiz natural.

Rege a matéria, mesmo que de forma implícita, o art. 2º da CF ao determinar que "são poderes da União, independentes e harmônicos entre si, o Legislativo, o Executivo e o Judiciário".

É importante frisar que a expedição de carta precatória não constitui delegação de atividade, pois esta atividade não pertence ao juízo deprecante. Em decorrência da territorialidade, o juízo não poderá colher depoimento oral, proceder apreensão ou citação em comarca diversa daquela em que está. Assim, com fundamento na cooperação nacional, requer a ajuda de órgãos diversos que possuam essa competência.

A tendência nesse caso é de uma gradual relativização na medida em que se forem aprimorando os mecanismos tecnológicos e a sua consequente aplicação de maneira mais corriqueira. O CPC já municiou em diversos artigos a possibilidade de depoimento pessoal ou testemunhal por videoconferência (arts. 385, § 3º, e 453, § 1º).

É importante não confundir impossibilidade de delegação da atividade jurisdicional com a delegação para cumprimento de atos decisórios. Em decorrência do sistema hierarquizado estabelecido no Poder Judiciário, as decisões dos tribunais e tribunais superiores, no mais das vezes, são cumpridas pelo juiz de primeira instância. A este juiz não compete decidir, mas apenas cumprir o que foi determinado na Carta de Ordem (art. 260, CPC).

É possível ainda que causas de competência originária do STF sejam delegadas aos juízes de primeira instância para a prática de determinados atos processuais.

É o que vem estabelecido no art. 102, I, *m*, da CF: "Art. 102. Compete ao Supremo Tribunal Federal, precipuamente, a guarda da Constituição, cabendo-lhe: I – processar e julgar, originariamente: ... m) a execução de sentença nas causas de sua competência originária, facultada a delegação de atribuições para a prática de atos processuais".

Em situação também de possibilidade de delegação encontra-se a hipótese do art. 93, XI, da CF ao estabelecer que "nos tribunais com número superior a vinte e cinco julgadores, poderá ser constituído órgão especial, com o mínimo de onze e o máximo de vinte e cinco membros, para o exercício das atribuições administrativas e jurisdicionais delegadas da competência do tribunal pleno, provendo-se metade das vagas por antiguidade e a outra metade por eleição pelo tribunal pleno".

2.8.6. INÉRCIA

A jurisdição é inerte no sentido de que não pode, como regra, ser prestada de ofício. Os interessados no exercício da função jurisdicional devem requerê-la e provocar a atuação do Estado. Em contraposição ao princípio da inércia estabelece-se o **princípio dispositivo**, segundo o qual a parte dispõe de seu direito para tutelar em juízo (autonomia da vontade). Prestigia-se a autonomia da vontade para a formação do procedimento. O princípio dispositivo se reflete na adoção, pelo sistema brasileiro, da denominada **lide projetada**. Lide, para fins de prestação da tutela jurisdicional, não necessariamente é aquilo que aconteceu (a denominada lide social defendida por Carnelutti), mas aquilo que se projeta no Judiciário.

Dessa forma é perfeitamente possível que o autor não transporte, para o plano do processo, todas as pretensões que potencialmente alega ter direito. Essas pretensões alijadas poderão simplesmente ser ignoradas ou apresentadas em futura demanda, já que, por se tratar de novo pedido, não recaem na função negativa da coisa julgada, que tem como delimitador os elementos da demanda do processo originário.

A inércia constitui (além das demais aduzidas anteriormente) importante critério diferenciador para extremar a atividade jurisdicional das atividades legislativa e administrativa. E isso porque essas últimas se dão por impulso do próprio do Estado, independentemente de provocação de eventuais interessados.

Essa regra está prevista no art. 2º do CPC, que preconiza que o processo começa por iniciativa das partes e somente após provocado é que se desenvolve por impulso oficial.

Tendo o processo natureza publicista é intuitivo que, uma vez provocado, pratique os atos necessários para a prestação da tutela jurisdicional (art. 4º, CPC). Contudo há atos dentro do processo que exigem a conduta exclusiva da parte para sua devida prática. Assim ocorre com os recursos e com o requerimento para cumprimento de sentença (arts. 513, § 1º, e 523, CPC).

São dois importantes motivos que levam à existência do princípio da inércia:

a) permitir que o Estado aja de ofício é subtrair da parte o direito de buscar outras formas de resolução de conflitos, como a autocomposição e a arbitragem;

b) nem sempre diante de um conflito as partes pretendem transportar sua irresignação ao Poder Judiciário. Por motivos vários a parte pode não ter a intenção de judicializar o conflito. Ao propor a ação sem provocação o Estado quebra essa disponibilidade concedida às partes.

Observa Leonardo Greco que, "se algum direito individual for de tal relevância que deva merecer a tutela jurisdicional mesmo à revelia da vontade de seu titular, a lei deve conferir a algum outro sujeito ou a um órgão do Estado a iniciativa judicial, preservando, assim, a equidistância do julgador em relação aos interesses eventualmente conflitantes que lhe são submetidos"[20]. **Portanto, a inércia é garantia de imparcialidade**. São raras as exceções da condução de ofício, como a arrecadação de bens de herança jacente (CPC, art. 738), a convolação da recuperação judicial em falência (art. 73 da Lei Falimentar), o reexame necessário (CPC, art. 496), os poderes executivos do juiz nas tutelas específicas e pecuniárias (CPC, arts. 139, IV, e 536, § 1º), os poderes instrutórios do juiz (CPC, art. 370), a restauração de autos (art. 712, CPC), a tutela provisória de ofício em determinadas situações (art. 14, § 5º, Lei n. 10.259/2001), a execução trabalhista (art. 878 da CLT), entre outros.

A inércia tem como efeito colateral o dever de o Estado se manifestar nos exatos limites em que a demanda é proposta. Trata-se do subprincípio da **adstrição da sentença ao pedido, correlação, correspondência ou congruência** (CPC, arts. 141 e 492).

Há situações, contudo, em que esse princípio da congruência pode ser relativizado:

a) no conhecimento de matérias de ordem pública que podem ser verificadas a qualquer tempo e grau de jurisdição (arts. 337, § 5º, e 485, § 3º, CPC);

b) nos pedidos implícitos (como, por exemplo, os juros legais, a atualização monetária e os honorários advocatícios) (art. 322, § 1º, CPC);

c) nas decisões que determinam providências para assegurar a obtenção de tutela pelo resultado prático equivalente, na impossibilidade de concessão de tutela específica, nas demandas que envolvam, v.g., obrigações de fazer, a teor do que estatui o art. 497 do CPC.

---

20 *Instituições de direito processual civil*, 5. ed., Rio de Janeiro: Gen/Forense, 2015, v. I, p. 512-513.

2.8.7. INVESTIDURA

A jurisdição só pode ser exercida por quem dela seja legitimamente investido. A jurisdição é função do Estado e, pois, os juízes que atuam deverão ser investidos por ato oficial e legítimo. Os atos processuais praticados por quem não é investido legitimamente são nulos de pleno direito, incorrendo, seu autor, no crime capitulado no art. 324 do CP.

2.8.8. ADERÊNCIA AO TERRITÓRIO

A jurisdição pressupõe um território em que possa ser exercida. Assim, a jurisdição não pode ser exercida fora do território ao qual é adstrito o juiz. Fora de sua circunscrição territorial, o juiz não exerce a sua jurisdição, sendo ele simples cidadão particular.

Eventual afronta a essa característica gera o vício de incompetência, que será mais bem analisado em capítulo posterior.

Essa característica é também denominada princípio da territorialidade. Desse princípio decorre a necessidade de cooperação entre os órgãos judiciários, da qual são instrumentos as cartas precatória e de ordem, por exemplo.

Essa regra sofre temperamentos como a possibilidade de citação, intimação ou atos de constrição em comarcas contíguas (fora da sede do juízo, portanto), conforme dispõe o CPC no art. 255 e no art. 60, que especifica: "Se o imóvel se achar situado em mais de um Estado, comarca, seção ou subseção judiciária, a competência territorial do juízo prevento estender-se-á sobre a totalidade do imóvel".

Ademais é possível a oitiva das partes ou testemunhas por meio de videoconferência (arts. 385, § 3º, e 453, §§ 1º e 2º, CPC).

Não se pode confundir a **territorialidade**, instituto ligado ao estudo da competência, com a **autoridade e os efeitos da decisão** proferida por um dado juiz.

A autoridade de uma decisão judicial de um juiz de Guaxupé-MG, por exemplo, projeta seus efeitos para todo território nacional (observando evidentemente os limites objetivos e subjetivos da coisa julgada).

Exceção à regra a essa questão se encontra no art. 16 da Lei n. 7.347/85 (Ação Civil Pública) ao disciplinar que "a sentença civil fará coisa julgada *erga omnes*, nos limites da competência territorial do órgão prolator, exceto se o pedido for julgado improcedente por insuficiência de provas, hipótese em que qualquer legitimado poderá intentar outra ação com idêntico fundamento, valendo-se de nova prova". Contudo, o art. 16 foi julgado inconstitucional pelo Plenário do STF no RE 1.101.937 (Tema 1075).

2.8.9. UNIDADE

A jurisdição também é una e indivisível. Não se pode falar que as atividades jurisdicionais se diversificam porque o conflito a ser resolvido é de natureza civil, penal, trabalhista ou eleitoral. Entretanto, apenas por motivos de ordem prática, resultantes da divisão de trabalho que deve ser exercida, costumam-se dividir as atividades jurisdicionais segundo vários critérios, falando-se até em espécies de jurisdição. Vamos nos ater à jurisdição civil que é aquela que versa sobre lides de natureza não penal.

2.8.10. IMPARCIALIDADE

A imparcialidade constitui relevante característica da jurisdição. Para tanto, o mister de julgar deve ser outorgado a terceiro **estranho e desinteressado** com a causa, isento de vínculos afetivos, familiares ou fáticos com a situação levada a juízo.

Para o cumprimento desse desiderato, o sistema confere três mecanismos para que o exercício desse dever seja usado de maneira adequada:

i) **imperatividade:** as decisões judiciais, conforme asseverado, devem ser respeitadas e cumpridas pelos sujeitos do processo e a quem alcançar o comando decisório;
ii) **garantias constitucionais ao magistrado:** a Constituição Federal confere ao magistrado as garantias da **inamovibilidade, irredutibilidade de vencimentos e vitaliciedade (art. 95).** Essas garantias reafirmam sua independência funcional, permitindo que sua função possa ser exercida sem intervenção externa;
iii) **responsabilidade:** grandes poderes trazem grandes responsabilidades. E o magistrado deve agir de maneira a não exacerbar o poder a si conferido, pois, ao extrapolar na sua atuação judicante, pode responder pelo ato praticado (CPC/2015, arts. 139-147; CF, art. 37, § 6º; e LOMAN, arts. 35, II e III, e 49).

2.8.11. ADSTRIÇÃO AO ORDENAMENTO JURÍDICO

Parece óbvio dizer, mas o magistrado não pode julgar de acordo com a sua consciência. As opiniões de um juiz sobre determinado assunto podem ser perguntadas no seu foro privado. Não se vai ao Poder Judiciário pedir opinião: se requer a tutela de um direito e para que isso possa ser concedido é necessário o magistrado valer-se do ordenamento jurídico ao decidir (arts. 1º e 5º, II, da CF, arts. 3º, 4º e 5º da LINDB, arts. 3º, 8º, 140, 141, 492, 926 e 927, do CPC).

Contrário fosse, o magistrado poderia indeferir questões autorizadas pelo direito, mas proibidas pela religião da qual se vincula. Ou a má experiência com um banco, operadora de telefonia celular ou mesmo relacionamento, que, por essa razão, influenciariam no seu juízo de valor ao decidir.

O magistrado decide com base nos fatos apresentados e provados e no direito cabível ao caso concreto. Daí sua adstrição ao ordenamento jurídico.

2.9. JURISDIÇÃO CONTENCIOSA E VOLUNTÁRIA

A classificação entre essas duas modalidades de jurisdição elege como critério de distinção **o modo como o juiz atua no processo**.

O CPC/73 estabelecia em seu art. 1º expressamente a divisão da jurisdição em contenciosa e voluntária. A despeito dessa regra específica não mais subsistir no CPC atual, a permanência dos procedimentos especiais de jurisdição voluntária (arts. 719-770) não altera a estrutura anteriormente estabelecida.

Sempre se pensou a jurisdição com objetivo de dirimir conflitos de interesses. É tradicional, mesmo na doutrina clássica, a definição de jurisdição com base nesse pressuposto. Constitui a sua função social como dito anteriormente.

Contudo, independentemente dessa relevante função, há situações jurídicas em que a sua correlata produção de regulares efeitos fica condicionada a uma chancela do Estado, ainda que essa situação jurídica não possua conflito. São situações que, pela sua importância, exacerbam os limites da esfera privada, sendo de interesse do Estado e consequentemente da coletividade.

Assim, no âmbito da jurisdição voluntária o juiz não aplica o direito ao caso concreto, substituindo a vontade dos peticionários, mas, bem diferente, pratica atos integrativos da vontade dos interessados de negócios jurídicos privados que passam a ser tutelados pelo Poder Judiciário.

É importante tratar das diferenças entre essas duas modalidades de jurisdição:

a) Jurisdição contenciosa – tem por objetivo a resolução de conflitos. Entretanto, é importante frisar que nem sempre a jurisdição exerce sua função em litígios concretos. É possível o seu exercício diante de litígios em potencial, mas que não foram concretizados. Basta pensar na hipótese da revelia, na atuação do MP como parte, na renúncia ao direito ou no reconhecimento jurídico do pedido. Nestes casos, mesmo não havendo pretensão qualificada por pretensão resistida, haverá jurisdição contenciosa.

Assim, ela não se caracteriza exclusivamente por **versar sobre litígios, mas se exerce em face dos litígios**. Seu objeto são os conflitos que devem ser compostos. As lides pressupõem a existência de, ao menos, dois sujeitos, um ativo e um passivo (partes).

Como a finalidade da jurisdição é assegurar, *a priori*, a paz social, para que essa finalidade não seja ilusória, a decisão definitiva pela qual o órgão jurisdicional compõe a lide, com que se esgota sua função, deve ser irrevogável e imutável.

Não tivesse essa eficácia, perduraria a incerteza do direito por ela declarado já que a lide poderia surgir novamente a qualquer momento. É por isso que suas decisões de mérito produzem coisa julgada material.

b) Jurisdição voluntária – Conforme anteriormente explanado, no desempenho de suas várias funções, o Estado, pelos mais diversos modos, procura, ora preventiva, ora repressivamente, resguardar a ordem jurídica.

A fim de proteger esta ordem, intervém o Estado até mesmo na administração dos mais diversos interesses privados, pelos mais diferentes órgãos. Em outras palavras: considerando a importância que têm para o Estado determinadas situações de interesses privados, a lei lhe confere o poder de intervir na sua administração, conquanto isso venha a limitar a autonomia de vontade dos respectivos titulares.

Assim, o Estado regula o nascimento e o óbito, o reconhecimento do filho, o testamento, o casamento, o registro geral das pessoas, as empresas, e o Ministério Público, no que concerne às fundações e à propriedade por meio da inscrição no registro imobiliário.

Entretanto, existem certas categorias de interesses privados cuja administração, é conferida aos órgãos públicos, é especialmente delegada aos órgãos jurisdicionais. Essa tutela poderia ser conferida a outros órgãos, mas pela sua importância e relevância, e porque não dizer, opção político-legislativa) a lei preferiu atribuir ao Judiciário, pois este se apresenta, em linha de princípio, mais apto a desempenhar sua função, seja pelo conhecimento jurídico, seja pela idoneidade, seja pelas garantias de independência de que goza.

Alguns autores chamam-na até de **graciosa**, pois seria uma *graça* conferida pelo Estado, um benefício de que goza o interessado. Enquanto a contenciosa visa à composição de conflitos, a voluntária versa sobre interesses sobre os quais, em regra, não há conflito. Ambas são exercidas por órgãos jurisdicionais e têm por finalidade assegurar e resguardar a paz jurídica.

Assim, estes órgãos os conhecem não para compor conflitos, mas para tutelá-los e proteger os seus titulares. Sem a intervenção do Estado, o negócio jurídico não pode ter validade ou eficácia[21]. Daí ser impróprio falar em jurisdição voluntária, porque ela é obrigatória. Trata-se,

---

21 A despeito de haver algumas situações que tanto podem ser levadas ao Poder Judiciário como também para a atividade notarial (Cartório de Registro Civil), como, por exemplo, o divórcio consensual e a dissolução de união estável, que podem ser formalizadas por escritura pública (art. 733, CPC).

como diz conhecida definição de Frederico Marques, de **administração pública dos interesses privados**[22]. Como na jurisdição voluntária não se resolvem conflitos, mas apenas interesses, não se pode falar em partes, no sentido em que esta palavra é tomada na jurisdição contenciosa. Há apenas interessados, enquanto titulares de interesse[23].

Da inexistência de conflitos segue-se que os interessados não têm o que contrariar ou contestar, daí a inexistência de contraditório, ou, ao menos, um contraditório mitigado e eventual. Na jurisdição voluntária permite-se ao juiz julgar por equidade (CPC, art. 723, parágrafo único).

Jurisdição voluntária é atividade do Estado com objetivo de integrar e fiscalizar determinadas situações jurídicas previstas em lei.

São características importantes dessa modalidade de jurisdição:

i) atividade inquisitória – justamente por se tratar de atividade que objetiva integrar e fiscalizar determinadas situações jurídicas, é possível que o Estado tome medidas de ofício até mesmo contrária à vontade dos interessados. Nesse caso o princípio dispositivo é mitigado. A arrecadação de herança jacente constitui exemplo dessa atividade (CPC, arts. 738-743);

ii) não aplicação da legalidade estrita – prevê o art. 723, parágrafo único, do CPC que, ao tratar de procedimentos especiais de jurisdição voluntária, "o juiz não é obrigado a observar critério de legalidade estrita, podendo adotar em cada caso a solução que reputar mais conveniente ou oportuna"[24]. Podendo, portanto, decidir por equidade. Essa regra (do referido art. 723, parágrafo único), pode ser interpretada também como uma hipótese de flexibilização procedimental no âmbito da jurisdição voluntária[25] em reforço a norma geral de atipicidade do procedimento prevista no art. 190 do CPC;

iii) procedimento diferenciado – o procedimento da jurisdição voluntária possui diversas peculiaridades:

a) a não executividade, já que na ausência de procedimento especial específico para dada situação autoriza-se a aplicação das regras gerais previstas nos arts. 719-725 do CPC;

b) a legitimidade pertence ao interessado, ao Ministério Público ou à Defensoria Pública;

c) haverá citação de todos os interessados. A Fazenda Pública (quando houver interesse) e o Ministério Público (nas hipóteses do art. 178, CPC) serão intimados;

d) o procedimento de jurisdição voluntária encerra-se com sentença, sendo cabível, no caso, recurso de apelação (arts. 724 e 1.009, CPC).

---

22 A despeito de não concordarmos, como se verá adiante, com sua posição sobre a natureza da jurisdição voluntária.
23 Parcela significativa da doutrina entende que é correta a expressão "partes" para designar os partícipes da jurisdição voluntária. Isso porque o conceito de parte deve ser definido como todo aquele que se encontra em contraditório perante o Poder Judiciário. E "há contraditório na medida em que ele deve ter informação e possibilidade de reação contribuindo para a formação da convicção de quem julga (ou 'administra')" (YARSHELL, Flávio Luiz. *Curso de direito processual civil*. São Paulo: Marcial Pons, 2014, v. 1, p. 150).
24 É verdade que em tempos de "neoprocessualismo" a legalidade estrita perdeu um pouco de sua importância. As diversas situações jurídicas levadas em juízo, somadas à impossibilidade de aplicação legal a todas as situações, fizeram com que a incidência do art. 126, primeira parte, do CPC/73 fosse mitigada. Na realidade, o CPC/2015 apenas ressaltou a atividade criativa do magistrado em não se ater somente à lei, tendo margem de liberdade tanto na condução do procedimento quanto na decisão.
25 GAJARDONI, Fernando da Fonseca. *Flexibilização procedimental*. São Paulo: Atlas, 2008, p. 145-147.

São procedimentos de jurisdição voluntária à luz do CPC:

> 1. Das notificações e interpelações
> 2. Das alienações judiciais
> 3. Do divórcio e da extinção de união estável consensuais e da alteração do regime de bens do matrimônio
> 4. Dos testamentos e codicilos
> 5. Da herança jacente
> 6. Dos bens dos ausentes
> 7. Das coisas vagas
> 8. Dos interditos e sua curatela
> 9. Da organização e da fiscalização das fundações
> 10. Da ratificação dos protestos marítimos e dos processos testemunháveis formados a bordo

Além daqueles previstos no art. 725, CPC (mas sem a devida regulamentação procedimental): I – emancipação; II – sub-rogação; III – alienação, arrendamento ou oneração de bens de crianças ou adolescentes, de órfãos e de interditos; IV – alienação, locação e administração da coisa comum; V – alienação de quinhão em coisa comum; VI – extinção de usufruto, quando não decorrer da morte do usufrutuário, do termo da sua duração ou da consolidação, e de fideicomisso, quando decorrer de renúncia ou quando ocorrer antes do evento que caracterizar a condição resolutória; VII – expedição de alvará judicial; VIII – homologação de autocomposição extrajudicial, de qualquer natureza ou valor. Há, ainda, procedimentos de jurisdição voluntária previstos em legislação extravagante, como a alteração posterior do nome (art. 57 da Lei de Registros Públicos), que pode ser realizada extrajudicialmente também[26].

A categorização da "jurisdição voluntária" como atividade jurisdicional sofreu intensa discussão no plano doutrinário. Isso porque havia e há autores que negam a sua tipificação jurisdicional, enquadrando-a como atividade administrativa. Dessa celeuma surgiram duas correntes:

Teoria administrativista – Para essa teoria, jurisdição voluntária não é nem jurisdição nem voluntária. Não é voluntária, pois a parte (ou interessado) não pode escolher entre buscar o Estado ou não, já que somente por meio do aparato estatal será possível a obtenção do efeito jurídico desejado. Igualmente não é jurisdição, pois não há lide nem substitutividade. Não havendo esses dois conceitos (fundamentais para configuração da jurisdição, conforme essa corrente), não há se falar em jurisdição. Constitui, portanto, mero procedimento administrativo: **uma administração públi-**

---

26 Art. 57. A alteração posterior de sobrenomes poderá ser requerida pessoalmente perante o oficial de registro civil, com a apresentação de certidões e de documentos necessários, e será averbada nos assentos de nascimento e casamento, independentemente de autorização judicial, a fim de: I – inclusão de sobrenomes familiares; II – inclusão ou exclusão de sobrenome do cônjuge, na constância do casamento; III – exclusão de sobrenome do ex-cônjuge, após a dissolução da sociedade conjugal, por qualquer de suas causas; IV – inclusão e exclusão de sobrenomes em razão de alteração das relações de filiação, inclusive para os descendentes, cônjuge ou companheiro da pessoa que teve seu estado alterado. (...) § 2º Os conviventes em união estável devidamente registrada no registro civil de pessoas naturais poderão requerer a inclusão de sobrenome de seu companheiro, a qualquer tempo, bem como alterar seus sobrenomes nas mesmas hipóteses previstas para as pessoas casadas.

ca dos interesses privados[27]. É corrente doutrinária defendida por Frederico Marques, Cândido Dinamarco, Cassio Scarpinella Bueno e Ada Pellegrini Grinover.
Teoria revisionista (ou jurisdicional) – Uma outra corrente, contudo, contrapõe-se a esta primeira. Constitui um posicionamento que enquadra a jurisdição voluntária como modalidade de jurisdição. Esta corrente se baseia fundamentalmente em dois motivos: **a)** nem só de conflitos (lide) baseia-se a jurisdição. O critério para aferição da atividade jurisdicional seria subjetivo (atividade exercida por juízes) e nada além disso; **b)** mesmo na jurisdição voluntária é possível a existência de lide como, por exemplo, na interdição em que haja recusa por parte do interditando.
Todos os demais argumentos como a existência de processo, a formação ou não de coisa julgada (que será visto adiante) bem como a denominação de parte ou interessado são irrelevantes para a categorização dessa atividade como jurisdição.
O processo não é vocabulário exclusivo da função jurisdicional: existe processo legislativo, administrativo sem a presença do Estado-juiz. Diversos processos de jurisdição contenciosa não produzem coisa julgada e ninguém discute sua natureza (v.g., procedimentos de cognição sumária).
Essa corrente é defendida por Calmon de Passos, Leonardo Greco, Luiz Guilherme Marinoni, Ovídio Baptista e Fredie Didier Jr.
É importante ressaltar a questão referente à coisa julgada na jurisdição voluntária. No CPC/73 havia o art. 1.111, que estabelecia: "A sentença poderá ser modificada, sem prejuízo dos efeitos já produzidos, se ocorrerem circunstâncias supervenientes". Esse artigo não foi reproduzido no CPC/2015. Entendemos, contudo, que existe formação da coisa julgada na jurisdição voluntária, pelos seguintes motivos:
a) a coisa julgada e seus limites, como bem ressalta Barbosa Moreira, é instituto do direito positivo, e, portanto, compete ao legislador estabelecer a sua extensão e sua previsão. Assim, tomando como premissa uma lição clássica da hermenêutica: "exceção à regra deve ser interpretada restritivamente", se o legislador quisesse que a jurisdição voluntária não fizesse coisa julgada, deveria expressamente estabelecer, como fez no regime anterior. Não fazendo, segue a regra geral (art. 502, CPC);
b) mesmo na redação do CPC/73 o art. 1.111 se assemelhava muito ao atual art. 505, I, do CPC/2015 (antigo art. 471, I, CPC/73), que regia a coisa julgada para as situações jurídicas continuativas (por exemplo, na ação de alimentos), ou seja, forma-se coisa julgada, mas poderá ser alterada se houver mudança no quadro fático-jurídico (= nova causa de pedir). Sendo nova a causa de pedir, constitui-se nova demanda, o que é permitido em nosso sistema;
c) há de se ter alguma estabilidade, imutabilidade nesses procedimentos. A falta de regime próprio (como ocorre na justiça da decisão do assistente simples ou na estabilização da tutela antecipada antecedente, conforme arts. 123 e 304, CPC);
d) se até mesmo as decisões sem resolução de mérito podem se tornar imutáveis (art. 486, § 1º, CPC), com mais razão a jurisdição voluntária em que há resolução de mérito;
e) o art. 733 do CPC permite que, nos casos de divórcio consensual ou arrolamento, seja possível proceder via cartório ou via judicial. A escolha decorre de alguma vantagem: e1) pela via judicial o descumprimento segue por meio do cumprimento de sentença, forma executiva mais efetiva (e com restrição defensiva pelo executado, art. 525, CPC) do que a execução de título executivo extrajudicial caso o descumpri-

---

27 Como bem observa Leonardo Greco (*Jurisdição voluntária moderna*. São Paulo: Dialética, 2003, p. 23): "Todos esses critérios são imperfeitos, porque a jurisdição voluntária abrange uma variedade tão heterogênea de procedimentos, nos quais sempre vamos encontrar o desmentido de um ou de outro desses critérios".

mento e dê pela homologação via cartório; e2) pela via judicial há possibilidade de se fazer coisa julgada;

f) conforme será estudado oportunamente no capítulo sobre coisa julgada, é necessário o consórcio de três requisitos cumulativos para a formação da coisa julgada: i) atividade jurisdicional; ii) sobre o mérito; iii) dada em cognição exauriente. Verifica-se as três situações preenchidas na jurisdição voluntária. É atividade jurisdicional, que versa sobre o mérito e em cognição exauriente. Logo não há motivo para afastar a incidência da coisa julgada sobre a atividade da jurisdição voluntária.

Comparativamente, podem ser traçadas as seguintes características mais marcantes:

JURISDIÇÃO CONTENCIOSA	JURISDIÇÃO VOLUNTÁRIA
Tem como pressuposto a resolução da lide	Não há lide prioritariamente na sua atividade
As pessoas são denominadas partes	As pessoas são denominadas interessados
A sentença pode ser de qualquer natureza (declaratória, constitutiva, condenatória e até mesmo executiva ou mandamental, para quem defende a classificação quinária das decisões)	Sentença é sempre homologatória
Faz coisa julgada	Faz coisa julgada
Caberá ação rescisória (CPC, art. 966)	Caberá ação rescisória ou ação anulatória (CPC, art. 966, § 4º)
A atividade desenvolvida é substitutiva	A atividade desenvolvida é integrativa

Acerca da obrigatoriedade ou não da intervenção do Ministério Público nas hipóteses de jurisdição voluntária, a polêmica do regime anterior foi solucionada no CPC/2015. Isso porque o art. 721 estabelece que "serão citados todos os interessados, bem como intimado o Ministério Público, nos casos do art. 178, para que se manifestem, querendo, no prazo de quinze dias". Por sua vez, o art. 178 estabelece as hipóteses em que o MP atuará como "fiscal da ordem jurídica".

2.10. JURISDIÇÃO DE DIREITO E POR EQUIDADE

Esta é uma classificação que leva em conta sua submissão ao direito positivo. Havendo aqui duas espécies: a por **direito** e a por **equidade**.

Enquanto na primeira o Estado-juiz fica adstrito aos limites da lei (mais amplamente ao ordenamento jurídico) o que se denominava "princípio da legalidade estrita", não podendo deixar de aplicar a lei, na segunda, libera-se o juiz dos critérios de legalidade estrita permitindo que este possa aplicar no caso concreto a solução que entender mais justa para a hipótese concreta, ainda que deixe de aplicar o direito positivo.

A equidade é tratada no Brasil como exceção no plano do Poder Judiciário. Na arbitragem as partes podem optar em julgamento "de direito ou de equidade" (art. 2º, Lei n. 9.307/96).

O CPC atual na redação original do Projeto de Lei do Senado n. 166/2010 previa a equidade. No entanto, a partir da versão apresentada ainda no Senado pelo Senador Valter Pereira, excluiu-se tal previsão. Para tal supressão, entendeu-se que a equidade se confundiria com o postulado da razoabilidade já previsto como princípio norteador do processo civil (art. 6º do Projeto). O projeto final manteve a previsão de equidade no seu art. 140, parágrafo único, que constitui a mesma redação prevista em seu então art. 127.

Ademais, na jurisdição voluntária "o juiz não é obrigado a observar critério de legalidade estrita, podendo adotar em cada caso a solução que considerar mais conveniente ou oportuna" (CPC, art. 723, parágrafo único).

Além da jurisdição voluntária, há outras situações em que se permite o julgamento por equidade como nos Juizados Especiais Cíveis (art. 6º, Lei n. 9.099/95).

Como bem observa Fernando Gajardoni, "não se pode confundir, contudo, julgamento por equidade, e julgamento com equidade. Julgamento por equidade é aquele em que autoriza o juiz, expressamente, a afastar-se de critérios de legalidade estrita e tomar a decisão que mais lhe parecer conveniente e oportuna (...). Julgamento com equidade, por sua vez, se dá quando na aplicação da lei, o juiz atende aos fins sociais a que ela se dirige e às exigências do bem comum. Por imperativo legal (art. 5º da Lei de Introdução às Normas do Direito Brasileiro), é a regra geral de julgamento no Brasil"[28].

2.11. MEIOS ADEQUADOS OU FORMAS ALTERNATIVAS DE COMPOSIÇÃO DE CONFLITOS (A DENOMINADA JUSTIÇA MULTIPORTAS)

Historicamente sempre houve um monopólio da jurisdição estatal em detrimento das demais modalidades tendo apenas a atuação do Estado como forma legítima.

Com o significativo aumento das demandas jurisdicionais (direitos de minorias, direitos coletivos), especialmente na segunda metade do século XX, fez a sociedade como um todo em pensar nos "modos alternativos" para resolução dos conflitos em especial com o desenvolvimento da autocomposição.

Alguns autores alegam que meios alternativos seria expressão equívoca, pois daria a impressão de "meios subsidiários" tendo a jurisdição como forma principal. Se a tendência é mudar a estrutura de resolução desses meios de conflito e conscientizar a sociedade de outras formas, o mais técnico seria chamar de meios adequados para resolução de controvérsias.

Mas, no sistema atual, a expressão **justiça multiportas** (*multi-door Courthouse*)[29] ou **ADR** (*Alternative Dispute Resolution*) confere, como o próprio nome já induz, nas diversas possibilidades que as partes têm para resolver.

A LC n. 80/94 (defensoria pública), a Res. n. 125/2010 do CNJ, a Lei n. 13.140/2015 (Lei de Mediação) e o CPC, em especial nos arts. 3º, 165 a 175, 319, VII, 334, 515, III, 565, 695, 696 e 725, VIII, CPC regulam as formas de autocomposição dentro ou fora do Poder Judiciário.

Na Inglaterra, por exemplo, existe o denominado *pre-action protocols* (no *Civil Procedural Rules*), da qual antes do ajuizamento da ação o requerente deve apresentar ao requerido sua pretensão em demandar, mostrando o conflito existente e as provas que possui bem como a possibilidade de uma solução consensual para o caso.

Em um panorama geral, as formas de composição de conflito previstas no direito brasileiro podem ser sistematizadas da seguinte forma:

---

28 *Comentários ao novo Código de Processo Civil*. Coord. Antonio do Passo Cabral e Ronaldo Cramer. Rio de Janeiro: Gen, 2015, p. 264.
29 Expressão adotada pelo professor de Harvard, Frank Sander, na década de 1970.

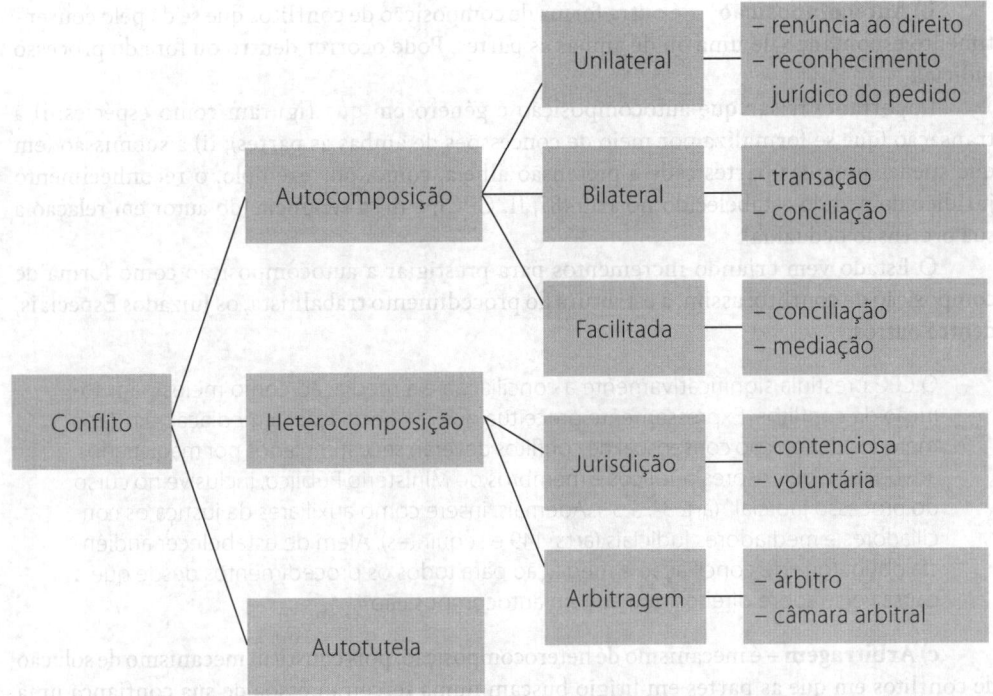

Especialmente a mediação e conciliação podem ser consideradas: a) formas mais ágeis de prestação da tutela, já que não dependem do processo judicial ou, sendo dentro dele, geram a sua resolução (art. 487, III, CPC) sem a demora com instrução probatória e recursos; b) é mecanismo menos oneroso, pois gerará menor custo com a produção de provas e os demais custos do processo; c) é manifestação da cidadania já que faz com que os envolvidos no conflito possam resolver seus próprios problemas sem a intervenção forçada de um terceiro, como na arbitragem e na jurisdição. Vamos a elas:

a) Autotutela – trata-se de solução de conflitos mais antiga que se tem notícia, que se dá pela vontade de uma das partes em detrimento da outra. O "magistrado" do caso é uma das partes. Trata-se de solução vedada, como regra, dos ordenamentos jurídicos civilizados.

Contudo, sempre foi utilizada como alternativa diante da falta de poder do Estado para resolver os conflitos, como ocorria no período romano anterior à fase da *cognitio extra ordinem*[30].

É conduta tipificada como crime: exercício arbitrário de suas próprias razões – art. 345 do CP (se for particular) e exercício arbitrário ou abuso de poder – art. 350 do CP (se for o Estado). Evidente que ainda se mantêm resquícios dos períodos primitivos e o ordenamento permite, vez ou outra, a possibilidade do uso arbitrário de suas próprias razões, como o **desforço imediato** (CC, art. 1.210, § 1º), a **autotutela do direito obrigacional** (CC, arts. 249, parágrafo único, e 251, parágrafo único), o **estado de necessidade** e a **legítima defesa no direito penal** (CP, art. 23, II). Fora hipóteses expressamente previstas, a autotutela é crime, seja pelo particular, seja pelo Estado (CP, arts. 345 e 350, respectivamente).

---

30 TARTUCE, Fernanda. *Mediação nos conflitos civis*. 2. ed. Rio de Janeiro: Gen, 2015, p. 19.

b) Autocomposição[31] – é outra forma de composição de conflitos que se dá pelo consentimento espontâneo de uma ou de ambas as partes. Pode ocorrer dentro ou fora do processo judicial.

Importante frisar que autocomposição é gênero em que figuram como espécies: i) a transação (que se formaliza por meio de concessões de ambas as partes); ii) a submissão (em que apenas uma das partes cede à pretensão alheia, como, por exemplo, o reconhecimento jurídico do pedido estabelecido no art. 487, II, CPC); e iii) a renúncia (do autor em relação a sua pretensão deduzida).

O Estado vem criando incrementos para prestigiar a autocomposição como forma de composição de conflito: assim, a estrutura do procedimento trabalhista, os Juizados Especiais, dentre outros.

> O CPC prestigia significativamente a conciliação e a mediação como meios para solução de conflitos. Expressamente preceitua que "a conciliação, a mediação e outros métodos de solução consensual de conflitos deverão ser estimulados por magistrados, advogados, defensores públicos e membros do Ministério Público, inclusive no curso do processo judicial" (art. 3º, § 3º). Ademais, insere como auxiliares da justiça os conciliadores e mediadores judiciais (arts. 149 e seguintes). Além de estabelecer audiência obrigatória de conciliação e mediação para todos os procedimentos desde que a causa verse sobre direitos que aditam autocomposição.

c) Arbitragem – é mecanismo de heterocomposição, pois constitui mecanismo de solução de conflitos em que as partes em litígio buscam numa terceira pessoa de sua confiança uma solução para a questão. Apesar de ser de confiança das partes é equidistante delas. Importante asseverar que não há nenhuma inconstitucionalidade na arbitragem, que constitui modalidade **facultativa**. O Supremo Tribunal Federal, em 2001, reconheceu a autonomia das partes para eleger a arbitragem como forma de composição de conflitos (SE-AgRg 5.206) e não ofende o art. 5º, XXXV, da CF (inafastabilidade da jurisdição). Tanto não ofende que o próprio art. 3º do CPC/2015, que reproduz quase que fielmente o texto constitucional, estabelece no seu § 1º que "é permitida a arbitragem, na forma da lei".

Assim, é equiparado aos funcionários públicos e juízes no exercício de suas funções para efeitos da legislação penal (art. 17, Lei n. 9.307/96), o árbitro é também considerado "juiz de fato e de direito, e a sentença que proferir não fica sujeita a recurso ou a homologação pelo Poder Judiciário" (art. 18, Lei n. 9.307/96) e "no desempenho de sua função, o árbitro deverá proceder com imparcialidade, independência, competência, diligência e discrição" (art. 13, § 6º, Lei n. 9.307/96).

O árbitro, não obstante, não possuir poder estatal, já que não é agente público, profere decisão que vincula as partes e forma-se título executivo judicial (art. 515, VII, CPC).

Dessa forma profere decisão que tem força imperativa entre as partes, mas, se não cumprida, é necessário levar ao Poder Judiciário, pois o árbitro não pode coagir as partes ao cumprimento da sentença, tampouco praticar atos materiais como penhora e expropriação. Igualmente, pelo mesmo fundamento, não possui poder permitir a imissão na posse de imóvel. Assim, "Contrato de locação. Cláusula compromissória. Ação de despejo por falta de pagamento. Imissão na posse pelo abandono do imóvel. Submissão da questão ao juízo arbitral. Impossibilidade. Natureza executória da pretensão. Poder coercitivo direto. Matéria atinente ao juízo

---

31 O tema será mais bem abordado quando falarmos de "mediadores e conciliadores" (item 6.9 da parte geral) e sobre "audiência de conciliação ou mediação" (cap. 4 da parte especial).

togado (REsp 1.481.644-SP). Não se admite arbitragem em causas penais e desde a Emenda Constitucional n. 45, há previsão da arbitragem no campo trabalhista (CF, art. 114, § 2º). Conforme dito, vem expressamente regulada como forma de composição de conflitos no CPC/2015, em seu art. 3º, § 1º.

Há duas correntes no Brasil acerca da natureza jurídica da arbitragem:

Uma **primeira corrente** defende que a arbitragem constitui um equivalente jurisdicional, pois representa mais uma forma de heterocomposição ao lado da jurisdição. Ademais, a) ao escolher a arbitragem, renuncia-se à jurisdição; b) a jurisdição exige agente público (juiz) aprovado em concurso (art. 93, I, da CF) que constitui um poder indelegável, o que não ocorre na arbitragem; c) na arbitragem não existe a regra do juiz natural; d) o árbitro não pode executar suas sentenças; e) não pode ser jurisdição, pois as decisões do árbitro podem ser controladas pelo Poder Judiciário; e f) por fim, a arbitragem apenas se aplica a uma classe específica de causas (direitos patrimoniais disponíveis) restringindo demais essa atividade. É posição defendida por Humberto Theodoro Júnior, Luiz Guilherme Marinoni e Cassio Scarpinella Bueno.

Uma **segunda corrente** defende que arbitragem é jurisdição (Carlos Alberto Carmona, Fredie Didier e Joel Dias Figueira Jr.). Para essa corrente a arbitragem seria uma jurisdição privada (ao lado da jurisdição estatal). Isso porque: a) a sentença arbitral tem força própria, não precisando de homologação da jurisdição estatal para que gere sua vinculação; b) ademais, é apta a formar coisa julgada, somente podendo ser alterada se a parte interessada pleitear ao Poder Judiciário sua nulidade nos casos previstos em lei (arts. 32 e 33, Lei n. 9.307/96); c) a Lei de Arbitragem prevê a garantia da imparcialidade, tal qual na jurisdição estatal; e d) o fato de não poder executar suas sentenças constitui um caso de incompetência e não de falta de jurisdição (vide a execução da sentença penal condenatória que será no cível e inegavelmente é atividade jurisdicional).

Acreditamos que a primeira corrente é a mais acertada. O CPC aparentemente também a adotou conforme se verifica do § 1º do art. 3º, que coloca a arbitragem como uma exceção à inafastabilidade da jurisdição.

Ademais, o art. 42 também apresenta a arbitragem em outro plano ao estabelecer que "as causas cíveis serão processadas e decididas pelo juiz nos limites de sua competência, ressalvado às partes o direito de instituir juízo arbitral, na forma da lei".

Apesar da tentativa de equiparação, árbitro e juiz definitivamente não se confundem. Em comum apenas a necessidade de ser terceiro imparcial (art. 21, § 2º, da Lei n. 9.307/96) para a solução do conflito. Aliás, no tocante a sua imparcialidade, o art. 14, § 1º, da Lei n. 9.307/96 estabelece que "As pessoas indicadas para funcionar como árbitro têm o dever de revelar, antes da aceitação da função, qualquer fato que denote dúvida justificada quanto à sua imparcialidade e independência". Dessa forma, as regras de impedimento e suspeição se aplicam ao árbitro com muito mais rigor. No Poder Judiciário, é necessário provar a parcialidade do juízo. Na arbitragem, como a relação é de confiança (art. 13 da Lei), a mera desconfiança de uma das partes sobre o terceiro já gera o afastamento do árbitro.

O árbitro não se submete às regras de competência (e consequentemente do juiz natural), sendo escolhido direta e aleatoriamente pelas partes.

Está sendo remunerado especificamente para atender aquele processo (que poderia ter recusado), ao contrário do juiz, que deve cuidar de diversos processos e, em decorrência de sua função pública, não pode delegá-los ou recusar o seu processamento.

A arbitragem é regulamentada no Brasil pela Lei n. 9.307/96, e agora com as substanciais alterações trazidas pela Lei n. 13.129/2015. Pode ser constituída por meio de negócio jurídico denominado **convenção de arbitragem**, que, nos termos do art. 3º da lei, pode ser tanto:

> – **Cláusula compromissória** – convenção contratual em que as partes resolvem que as divergências do negócio jurídico serão solucionadas pela arbitragem;
> – **Compromisso arbitral** – aqui o litígio já existe e as partes decidem, de comum acordo, submeter a solução desse conflito para a arbitragem.

Regramento da arbitragem no Brasil:

i) disponibilidade da norma substancial a ser escolhida no caso concreto (art. 2º §§ 1º e 2º, da Lei de Arbitragem). Assim, direitos indisponíveis não podem ser submetidos à arbitragem;

ii) para a arbitragem, o árbitro deve ser pessoa física e possuir capacidade. O árbitro enverga a condição de juiz, sendo equiparado aos servidores públicos para efeitos penais, conforme dito;

iii) a sentença arbitral não precisa ser homologada, pois possui autonomia eficacial, produzindo efeitos no momento de sua prolação. Assim, tal qual a sentença proferida pelo Poder Judiciário, a sentença arbitral constitui espécie de título executivo judicial (art. 515, VII, CPC/2015). Contudo, a despeito de o árbitro decidir, por não possuir poder de constrição, não tem jurisdição para tomar nenhuma providência executiva;

iv) é possível a arbitragem com o Poder Público (art. 1º, §§ 1º e 2º, da LArb), desde que seja para discutir direitos patrimoniais disponíveis e a autoridade pública que celebrar a convenção deve seja a mesma para realizar acordos ou convenções;

v) a sentença arbitral poderá ser revista pelo Poder Judiciário, não no tocante ao mérito (a decisão do árbitro é soberana), mas no tocante a aspectos formais (arts. 32 e 33 da LARb)[32];

vi) é possível o pedido de tutela cautelar ou antecipada antecedente, devendo, após a efetivação da medida, instituir a arbitragem no prazo de 30 dias, sob pena de perda da eficácia (tal como ocorre com a regra do art. 308 do CPC). Os árbitros, quando instituída a arbitragem, poderão manter, modificar ou revogar a medida cautelar ou de urgência concedida pelo Poder Judiciário. Por fim, estando já instituída a arbitragem, a medida cautelar ou de urgência será requerida diretamente aos árbitros, mas o cumprimento da medida será feita pelo Poder Judiciário;

vii) a instituição da arbitragem interrompe a prescrição, retroagindo à data do requerimento de sua instauração, ainda que extinta a arbitragem por ausência de jurisdição.

Assim, podem-se acentuar como principais diferenças:

---

32 "Art. 32. É nula a sentença arbitral se: I – for nula a convenção de arbitragem; II – emanou de quem não podia ser árbitro; III – não contiver os requisitos do art. 26 desta Lei; IV – for proferida fora dos limites da convenção de arbitragem; VI – comprovado que foi proferida por prevaricação, concussão ou corrupção passiva; VII – proferida fora do prazo, respeitado o disposto no art. 12, inciso III, desta Lei; e VIII – forem desrespeitados os princípios de que trata o art. 21, § 2º, desta Lei.

Art. 33. A parte interessada poderá pleitear ao órgão do Poder Judiciário competente a declaração de nulidade da sentença arbitral, nos casos previstos nesta Lei. § 1º A demanda para a declaração de nulidade da sentença arbitral, parcial ou final, seguirá as regras do procedimento comum, previstas na Lei n. 5.869, de 11 de janeiro de 1973 (Código de Processo Civil), e deverá ser proposta no prazo de até 90 (noventa) dias após o recebimento da notificação da respectiva sentença, parcial ou final, ou da decisão do pedido de esclarecimentos. § 2º A sentença que julgar procedente o pedido declarará a nulidade da sentença arbitral, nos casos do art. 32, e determinará, se for o caso, que o árbitro ou o tribunal profira nova sentença arbitral."

JURISDIÇÃO	ARBITRAGEM
É estatal	É arbitral
É permanente	É transitória
Decorre de lei	Decorre da convenção das partes
Versa sobre direitos disponíveis ou indisponíveis	Apenas sobre direitos disponíveis
Postulam pessoas capazes ou incapazes	Postulam somente pessoas capazes
A sentença jurisdicional será executada no Judiciário	A sentença arbitral não pode ser executada perante o árbitro ou câmara arbitral
A decisão jurisdicional faz coisa julgada admitindo ação rescisória (art. 966, CPC) no prazo de 2 anos	A decisão arbitral faz coisa julgada admitindo ação anulatória no prazo de 90 dias (art. 32 da LARb)

d) **Métodos diversos:** *dispute boards*, **cláusulas escalonadas, ODR e "tribunais privados"** – há ainda métodos que são híbridos, envolvendo diversas formas de resolução de conflitos, como os *dispute boards*, que constituem um grupo de pessoas que são escolhidas pelas partes para que acompanhem todo o desenvolvimento do contrato, verificando e analisando o comportamento das partes envolvidas e nomeando um mediador quando houver um conflito ou estiver na iminência de ocorrer.

As **cláusulas escalonadas** constituem a junção da mediação com a arbitragem. Primeiro se inicia com a mediação e, se infrutífera, dará lugar à arbitragem.

Já as **ODR**, ou os meios *on-line* de resolução de disputas (em inglês, *on-line dispute resolution*), nada mais são do que sessões virtuais para a tentativa de autocomposição das partes. A tecnologia não seria usada apenas como "um meio" de colocar as partes em contato com terceiro para a tentativa de um acordo, mas como uma forma mais rápida e dinâmica de resolver os litígios ao longo da relação jurídica e evitar o seu exponencial aumento. Essa tendência vem sendo cada vez mais sentida nas relações entre consumidor e empresa (B2C), e mesmo em disputas entre as empresas (B2B)[33]. Além disso, vem sendo exercida não apenas de forma virtual, mas também presencialmente, fazendo com que empresas criem uma espécie de "departamento de resolução de conflitos". Esse movimento vem sendo sentido especialmente em grandes companhias, que são litigantes habituais no Poder Judiciário. A resolução do conflito pré-judiciário não apenas reduz os custos (na contratação de advogado, desgaste com o processo, custas judiciais). mas também evita a deterioração da imagem da empresa, que pode ficar com a fama de não cumpridora de suas relações com o consumidor e que a questão apenas se resolveu porque foi forçada pela justiça.

---

33 VITORELLI, Edilson; OSNA, Gustavo. *Introdução ao processo civil e à resolução de conflitos*. Salvador: JusPodivm, 2022, p. 62.

2.12. ORDEM CRONOLÓGICA DE JULGAMENTO *OPE LEGIS*

2.12.1. INTRODUÇÃO

Historicamente, sempre se prestigiou a liberdade do Poder Judiciário no tocante à gestão dos processos (*case management*). Vale dizer, o magistrado sempre teve autonomia para julgar na ordem que melhor lhe aprouvesse de acordo com a forma e organização estabelecidas dentro do seu **juízo** de convicção e a organização previamente estabelecida no seu **juízo**.

O CPC atual, contudo, estabeleceu **uma diretriz da qual juízes e tribunais respeitem uma ordem cronológica de conclusão para prolação de sentenças ou acórdãos**. É importante ressaltar que o critério é de conclusão do processo e não da data do ajuizamento da demanda no judiciário. Em consequência, o art. 153 do mesmo diploma prevê que "o escrivão ou o chefe de secretaria atenderá, preferencialmente, à ordem cronológica de recebimento para publicação e efetivação dos pronunciamentos judiciais".

Originariamente, o art. 12 trazia um dever de respeito à ordem cronológica (conforme expusemos na 1ª edição do nosso *Manual*). Contudo, por força da Lei n. 13.256/2016, estabeleceu-se uma verdadeira faculdade e não um dever, como se pode verificar do atual texto em vigor[34]. A reforma também impactou na ordem cronológica exercida pelos cartórios de recebimento de publicação e efetivação das decisões judiciais (art. 153, CPC).

O objetivo da regra, de acordo com a vontade do legislador, é:

a) evitar que interesses externos possam influenciar na ordem dos julgamentos;
b) concretizar a isonomia processual na sua vertente formal (evitando que litigantes distintos tenham preferência por sua capacidade econômica ou política) e material (casos especiais que terão tratamento diferenciado, art. 12, § 2º, CPC);
c) também prestigiar o princípio da impessoalidade;
d) ademais a publicação da ordem de processos por meio de listas para consultas públicas (em cartório ou virtualmente) atende ao princípio da publicidade (art. 11, CPC)[35].

Sendo não obrigatória hoje a ordem cronológica, a não observância da ordem acarreta a imediata parcialidade do juiz? Não. Não se trata de caso de nulidade, e tampouco haveria parcialidade. Primeiro pela ausência de tipicidade, já que os arts. 144 e 145 não preveem essa hipótese e não se pode estabelecer parcialidade não cominada no ordenamento. Segundo porque seria necessário provar por outras circunstâncias que o juiz agiu com dolo. Esse, aliás, é o posicionamento do Enunciado n. 34 da ENFAM.

2.12.2. POSICIONAMENTO DOUTRINÁRIO SOBRE O TEMA

É possível extrair sobre o assunto algumas importantes posições:

---

34 Art. 12. Os juízes e os tribunais atenderão, *preferencialmente*, à ordem cronológica de conclusão para proferir sentença ou acórdão (grifo nosso).
35 MEDINA, José Miguel Garcia. *Novo Código de Processo Civil*. 3. ed. São Paulo: RT, 2015, p. 66.

2.12.2.1. Posicionamento contrário

Parcela dos doutrinadores que escreveram sobre o assunto propugna pela inconstitucionalidade do dispositivo. Isso porque:

a) violaria a tripartição de poderes na medida em que se permite a indevida participação do legislativo na condução dos processos pelo judiciário. Fernando Gajardoni, por exemplo, observa que o contrário não seria permitido: o judiciário opinar na pauta do Congresso sobre quais leis devem ser levadas antes à tramitação[36];

b) viola igualmente o autogoverno da magistratura (CF, art. 96, I, *a* e *b*), pois é competência exclusiva do Poder Judiciário dispor sobre a competência, funcionamento e organização de suas secretarias e serviços auxiliares ligados ao juízo. Observa Gajardoni que "através da gestão judicial busca-se emprestar à prática cartorial e dos gabinetes judiciais (*court management*), e também à própria condução individualizada do processo pelo magistrado (*case management*), um grau de racionalidade e organização próprias da iniciativa privada, com a produtividade e eficiência que lhes é peculiar"[37];

c) também ofenderia a isonomia material (ou devido processo substancial), pois, ao estabelecer um critério único de ordem cronológica (ressalvadas as exceções contidas no § 2º do referido artigo), não leva em consideração as peculiaridades de cada caso e as circunstâncias das partes dentro do processo;

d) ademais, a imposição de obediência a uma ordem cronológica gera uma situação operacional nociva, em especial para juízes de comarcas pequenas que assumem um sem-número de matérias (civil, penal, família). É possível que magistrados deixem represada uma série de processos menos sofisticados (expedição de alvará, ações de cobrança) para dar deslinde, v.g., a uma ação civil pública de morosa perícia e alto grau de complexidade[38];

e) sem prejuízo do item anterior, "é comum ainda que as assessorias judiciais nos juízos de primeiro grau e nos tribunais sejam organizadas por especialização de matéria, de modo

---

36 Reflexões sobre a inconstitucional regra da ordem cronológica de julgamento dos processos no Novo CPC. *Repercussões do Novo CPC*: magistratura. Salvador: JusPodivm, 2015, v. 1, p. 109.
37 *O NCPC e o fim da gestão na Justiça*. Disponível em: <www.jota.info.br>. Publicado em 22-12-2014.
38 Esse é o posicionamento de GAJARDONI, Fernando (*O NCPC e o fim da gestão na Justiça*. www.jota.info.br. Publicado em 22-12-2014): "Considerando que mais de 50% das unidades judiciais no Brasil têm competência cumulativa – verdadeiras clínicas gerais que cuidam de processos cíveis, criminais, de família, empresariais, fiscais etc. –, não se acredita que o estabelecimento da cronologia, como única rotina de trabalho, seja algo razoável ou minimamente eficiente. A cronologia impede que os processos sejam selecionados por tema para julgamento e cumprimento em bloco, com enorme perda de eficiência; impede que determinadas demandas tenham seu julgamento preterido exatamente porque, no caso, a sensibilidade do magistrado e dos advogados indique que, naquele momento, a sentença, em vez de pacificar, potencializará o conflito (v.g. conflitos familiares, conflitos coletivos pela posse da terra); impede que os Tribunais Superiores levem a julgamento casos de repercussão geral apenas no momento em que haja segurança suficiente para decidi-los; impede que o serviço seja dividido por assunto entre servidores distintos, considerando a afinidade e especialização de cada um; impede que processos mais simples e de fácil solução – mas cujo rápido julgamento/cumprimento seja fundamental para as partes envolvidas (alvarás para levantamento de resíduos salariais, ações de benefícios previdenciários etc.) –, possam ser julgados/cumpridos se eventualmente, na unidade, haja uma ação muito complexa pendente de julgamento ou cumprimento; enfim, impede qualquer autonomia da unidade judicial (ou mesmo de sua Corregedoria) na definição, à luz das particularidades locais (volume de serviço, números de juízes e servidores, estrutura física/material), da melhor forma de atender aquele caso e todos os demais que ali têm curso".

que os diferentes ritmos de trabalho podem impor natural descompasso entre os processos julgados e processos arrolados em lista de julgamento"[39].

Evidente que a faculdade agora imposta no respeito a ordem cronológica (e não o dever como se estabelecia no texto original) poderá flexibilizar as críticas empreendidas por relevante seguimento da doutrina.

2.12.2.2. Posicionamento favorável

Em contrapartida, encontramos nas primeiras manifestações sobre o artigo algumas posições favoráveis:

a) não viola tripartição de poderes. Se assim fosse, medidas com prioridade de tramitação como mandado de segurança, julgamento de demandas repetitivas, idoso, enfermo, seriam inconstitucionais e constituem medidas formuladas por demandas repetitivas;

b) a ordem cronológica evita distorções na ordem de julgamento e a burla indevida da ordem por meio de pedidos informais feitos por advogados de prestígio com bom tráfego pelos gabinetes ou que são demasiadamente insistentes;

c) nas palavras de Antônio do Passo Cabral (em texto não publicado): "Administração não é matéria do concurso, os magistrados têm normalmente formação jurídica e não entendem de gestão, tanto é assim que têm dificuldades de exercer cargos administrativos, como é disseminado e reconhecido por aqueles que vão para as administrações dos tribunais. Muitas vezes ficam na mão dos servidores *experts* que lá estão trabalhando há muito tempo. Portanto, estabelecer ALGUM critério é melhor do que nenhum; ainda mais um critério isonômico";

d) o legislador poderá, em decorrência de sua legitimidade advinda do voto, estabelecer prioridades na tramitação. A autonomia dos tribunais refere-se à atividade administrativa e não jurisdicional e é submetida especificamente por lei federal;

e) eventuais atrasos em processos simples em detrimento de processos mais complexos constituem, no sopesamento de valores, uma perda pontual para prestigiar um mecanismo que, ao que parece, tem grandes chances de funcionar;

f) ademais, o art. 12, IX, permite que o magistrado conceda *ope judicis* a prioridade na tramitação se houver "causa que exija urgência no julgamento, assim reconhecida por decisão fundamentada"[40].

2.12.3. EXCEÇÕES

O § 2º do art. 12 estabelece as situações que não seguirão a ordem cronológica estabelecida no *caput*. É difícil sistematizar os critérios que levaram o legislador a erigir essas hipóteses, pois eles são distintos. Contudo, conforme estabelece o referido parágrafo, as hipóteses são:

I – as sentenças proferidas em audiência, homologatórias de acordo ou de improcedência liminar do pedido;

II – o julgamento de processos em bloco para aplicação de tese jurídica firmada em julgamento de casos repetitivos;

---

39 Luiz Guilherme Marinoni, Sérgio Cruz Arenhart, Daniel Mitidiero. *Código de Processo Civil comentado*. São Paulo: RT, 2015, p. 112.
40 MEDINA, José Miguel Garcia. *Novo Código de Processo Civil*. 3. ed. São Paulo: RT, 2015, p. 66.

III – o julgamento de recursos repetitivos ou de incidente de resolução de demandas repetitivas;
IV – as decisões proferidas com base nos arts. 485 e 932;
V – o julgamento de embargos de declaração;
VI – o julgamento de agravo interno;
VII – as preferências legais e as metas estabelecidas pelo Conselho Nacional de Justiça;
VIII – os processos criminais, nos órgãos jurisdicionais que tenham competência penal;
IX – a causa que exija urgência no julgamento, assim reconhecida por decisão fundamentada.

2.12.4. CONCLUSÃO

No plano teórico, parece-nos que a regra, além de constitucional, constitui importante elemento para a efetividade processual, a segurança jurídica e a transparência estatal na condução dos processos.

Assim, defendemos a aplicação do art. 12, pois: a) viabiliza o trato isonômico entre os litigantes da demanda ao certificar que as causas serão julgadas na ordem de sua conclusão independentemente de influências externas; b) criar-se-á um critério de gestão organizacional dentro de cada cartório que, num primeiro momento, pode gerar dificuldades, mas que estabelecerá uma uniformidade objetiva; c) permitirá a ampla divulgação da ordem dos processos conferindo ciência aos jurisdicionados de aproximadamente quando haverá seu julgamento; d) a despeito de outras situações que não se submetem à ordem estabelecida em lei, permite-se ao magistrado, fundamentadamente, subverter a ordem cronológica se for necessário (art. 12, § 2º, IX).

É importante frisar que o referido inciso IX (critério cronológico de julgamento *ope judicis*) não versa exclusivamente sobre "medidas de urgência" e sim sobre qualquer situação de urgência.

Essa conclusão é retirada de dois pontos importantes: primeiro porque as tutelas provisórias são concedidas quase que na sua integralidade por meio de decisões interlocutórias (liminares) que não se submetem à regra que versa sobre sentenças e acórdãos; segundo porque a lei fala em "urgência no julgamento" e não "tutela de urgência" ou "tutela provisória", caso fosse interesse do legislador em limitar a essa situação específica.

3.

AÇÃO

3.1. INTRODUÇÃO

Não há, no campo do direito processual, estudo mais complexo e controvertido que aquele empreendido para analisar e compreender ação. Há tantas teorias, parte-se de tantas premissas diferentes que é comum se dizer que cada autor teria a sua própria teoria.

A ação constitui o contraponto para a proibição da tutela privada exercida pelo particular em situações não permitidas por lei[1].

Dois fatores contribuíram para a potencialização da problemática sobre a ação:

a) a palavra "ação", como expressão polissêmica que é, é utilizada para diversos sentidos (como direito de acesso à justiça, causa, processo, lide, feito, demanda). Tanto que os anteriores se utilizavam do vocábulo "ação" de diversas formas para situações completamente diferentes;

b) mesmo quando os autores falam ação no mesmo sentido, as premissas são tão diversas que logo se imagina estarem falando de institutos distintos, tamanha a dispersão de entendimentos.

Mas é importante compreender que a análise da ação foi o polo metodológico dos estudos de processo por muitos anos e se desenvolveu com grande desenvoltura na Itália e na Alemanha (na cultura tedesca, contudo, o estudo era voltado mais ao *objeto litigioso*). Hoje esse estudo diminuiu, mas continua a ser importante para desenrolar uma série de institutos processuais como a conexão, a litispendência, a cumulação de pedidos e a coisa julgada.

3.2. CONCEITO DE AÇÃO

A ação pode ser vista de duas formas: **i) como um direito.** O direito constitucional de acessar o Judiciário dada a inafastabilidade da jurisdição (CF, art. 5º, XXXV); **ii)** como um exercício. Também chamada de "ação exercida" e denominada por sinonímia, como causa, lide, pleito, feito. Ação exercida é a ação que concretiza no processo o direito abstrato de ação. Sua importância processual é fundamental, pois é por meio da ação exercida que se desenvolvem

---

1 MARINONI; ARENHART; MITIDIERO, *Curso de processo civil*, 2015, v. 1, p. 189.

os estudos sobre elementos da ação, cumulação de ações, conexão, continência, coisa julgada e as condições da ação que são estudadas por esse enfoque.

Conforme será visto, a ação exercida é condicionada à existência das condições da ação. Esta – a exercida – não pode ser confundida com a garantia constitucional de acesso ao Judiciário (ação como um direito). Este acesso é amplo e irrestrito. Já o exercício sofre temperamentos no campo infraconstitucional que pode estabelecer limites[2].

Esta técnica de evitar processos manifestamente inadmissíveis ou inúteis tem fundamento constitucional, na medida em que o réu não pode ser onerado com demanda cuja probabilidade de êxito seja impossível ou muito remota.

Já se disse na doutrina (e se defende) que ação seria um **direito subjetivo** (Moacyr Amaral Santos, Cassio Scarpinella Bueno).

Nosso ordenamento não distingue semanticamente o direito subjetivo (direito de alguém) do objetivo (normas jurídicas que vigoram num determinado tempo e espaço). No vocábulo inglês, há a expressa diferença entre *law* (ordenamento jurídico) e *right* (direito subjetivo).

O conceito de direito subjetivo foi elaborado na Idade Moderna, mas somente começou a ser desenvolvido na Alemanha do século XIX. De dois modos pode-se, precipuamente, definir o direito subjetivo: pela teoria da vontade (*Savigny*) ou pela teoria do interesse (*Ihering*)[3].

Em nosso entender, ação não é direito subjetivo. Se a ação é contra o Estado-juiz e com ele não há conflito de interesses, não se pode definir ação como direito subjetivo. E isso porque o titular do direito subjetivo é aquele que deve prestá-lo (no caso, o Estado), necessariamente devem ser antagônicos, o que na prática não são.

Ação, portanto, é um **poder jurídico**.

É importante verificar a dimensão deste poder no tempo e espaço processual.

Há um enfoque a ser levado em relevo que confere maior dimensão ao conceito de ação. A ação não tem por finalidade única romper a inércia. O direito de ação não se exaure com a propositura da ação. Se o processo, em um dos seus enfoques é uma relação jurídica (conforme será estudado no capítulo sobre processo, *infra*), esta relação jurídica travada entre autor e réu se estabelece com uma série de atos desencadeados que deflagram posições jurídicas para cada um (ônus, deveres, obrigações, faculdades).

As posições de vantagem que cada parte possui dentro do processo são mais bem definidas como mero *exercício de ação*. O autor age, o réu age. E o réu age não somente quando a lei lhe permite formular pretensão (denunciação da lide, reconvenção), mas quando assume alguma posição de vantagem, como recorrer, nomear bens à penhora e outros em que o réu (ou aquele que ostenta esta condição no polo passivo, como o executado) exerce o seu direito de resistência à pretensão.

Aliás, para Cassio Scarpinella Bueno, não haveria, em nenhuma situação que o réu atuasse no processo, ação autônoma, mas desdobramento de uma ação anteriormente existente. Assim, "em nenhum desses casos [atividades do réu no processo] há razão para sustentar que haja uma nova e diversa ação a ser exercitada pelo réu; uma ação que não guarde íntima relação de causa e efeito com aquela que, quando exercitada de início pelo autor, rompeu com a inércia da jurisdição. O que se tem em casos como estes, e os casos mencionados são meramente exemplificativos, é um desdobramento do mesmo direito de ação já exercitado"[4].

---

2 Como o pagamento de custas ou a prestação de caução prévia, por exemplo.
3 A teoria do interesse leva em conta a finalidade do direito subjetivo, enquanto a teoria da vontade leva em consideração o conteúdo do direito.
4 *Curso sistematizado de direito processual civil*. São Paulo: Saraiva, 2007, v. 1, p. 336.

Pode-se dizer, portanto, que o poder (ação) se entremostra no curso do processo com a possibilidade da prática dos atos nas posições ativas que as partes tomam ao longo do procedimento. É o **fenômeno da dinamicidade** que reveste o exercício do direito de ação.

Nesse sentido o direito de ação é dinâmico porque exercido por todas as fases do processo[5].

Para que entendamos o estágio atual dos estudos sobre a ação é imprescindível uma rápida digressão na história para se analisar o desenvolvimento deste fenômeno através dos tempos.

3.3. TEORIAS SOBRE A AÇÃO

3.3.1. TEORIA IMANENTISTA (CLÁSSICA, CIVILISTA)

A teoria imanentista remonta um período de nossa história em que o direito processual não era estudado como ciência autônoma, mas um capítulo próprio do direito civil. Partindo dessa premissa, a ação era "imanente[6]" ao direito material. Era o que preconizava o art. 75 do CC/16 ao asseverar que "a todo direito corresponde uma ação, que o assegura". No Brasil esta tese foi defendida por João Monteiro que entendia que o conceito de ação complementava o próprio direito material.

Identificava-se a ação com o direito subjetivo material; assim, se alguém fosse ao Judiciário levar uma pretensão (direito a ser indenizado, v.g.) era o próprio direito que estava sendo pleiteado e não o direito de ação para exigir o crédito.

Na teoria civilista, equiparava-se a ação alemã (*Klage*) ao direito material. Essa teoria não foi adotada apenas na Alemanha (tendo Savigny como seu principal seguidor), mas também na Itália por *Mauro Pescatore*.

Contudo, essa teoria não prevaleceu, pois não conseguiu explicar a ação declaratória de inexistência. Afinal, se apenas existe efetivamente uma ação quando existe um direito, como demonstrar a existência de uma ação quando se pede para declarar que este mesmo direito não exista?

3.3.2. TEORIA CONCRETA

Em 1857 começou uma grande discussão doutrinária na Alemanha. *Theodor Muther* publicou uma obra objetivando atacar o trabalho de *Bernhard Windscheid* publicado um ano antes[7]. O centro da discussão entre os autores era saber se a ação se assemelhava com a *actio* romana ou com a *Klage* alemã.

O trabalho de ambos possui um ponto comum: a ação é tratada como direito autônomo. Esta autonomia teve sua certidão de nascimento especificamente em 1868 com a clássica obra

---

5   MARINONI; ARENHART; MITIDIERO, *Novo Código de Processo Civil*, 2015, p. 118.
6   Imanente. Que está inseparavelmente contido na natureza de um ser ou de um objeto; inerente (Dicionário Oxford University Press).
7   A obra de Windscheid denominava-se *A actio do direito civil romano do ponto de vista do direito moderno*. A obra de Windscheid teve o mérito de diferenciar a *actio* romana da *Klage* alemã (tese oposta à defendida por Muther). Na sua concepção os romanistas não associavam necessariamente a *actio* com direito subjetivo. Podendo haver ação sem este último elemento. Assim, a *actio* romana se assemelha à pretensão (*Anspruch*).

de Oskar von Bullow[8], que teve o mérito de estabelecer a divisão entre relação de direito material e de direito processual. Contudo, para Windscheid a *actio* romana era dirigida em face do réu (também denominada *Anspruch*). Já para Muther a *actio* romana era dirigida em face do Estado (também denominada *Klage*).

Surgiu então a teoria do direito autônomo e concreto. **Para essa teoria apenas haverá direito de ação se a sentença for julgada procedente (ou seja, se concretamente existir o direito pela procedência do pedido).** Essa teoria possui uma série de adeptos no exterior (Goldschmidt, Chiovenda, Calamandrei) e no Brasil a defendiam Celso Agrícola Barbi, José Ignácio Botelho de Mesquita.

Em especial, Giuseppe Chiovenda desenvolveu seus estudos em 1903, dando início à moderna escola de direito processual italiana. Em verdade, o autor peninsular criou uma vertente da teoria concretista denominada **ação como direito potestativo**. Para esse autor, a ação não possui caráter publicista (como desenvolvido por Wach e seguido por Goldschmidt), já que não dirigida contra o Estado mas sim contra o particular, sendo, portanto, um direito potestativo, uma vez que sujeita o adversário à imposição ativa do autor.

Assim, "a ação é um poder que nos assiste em face do adversário em relação a quem se produz o efeito jurídico da atuação da lei. O adversário não é obrigado a coisa nenhuma diante desse poder: simplesmente lhe está sujeito"[9].

3.3.3. TEORIA ABSTRATA

A teoria concreta teve o mérito de estabelecer a autonomia entre o direito e processo, mas não ficou imune a críticas por parte da doutrina. Paulatinamente surgiram os defensores de uma teoria abstrata que se posicionaram contra a ideia de que para haver uma ação era necessário haver uma sentença de improcedência, o que existiu até então? Uma demanda oca? Dessa forma, **o direito de ação é autônomo, mas não poderia ser condicionado a um resultado, já que não há nenhum requisito para que essa possa existir.**

Se a ação é instituto diverso do direito material, evidentemente que a existência de uma não interfere na existência da outra. São dois planos distintos. Essa é a essência da teoria abstrata (que vem de *abstraído*, separado do direito): repise-se, independentemente do resultado estampado na sentença, o direito de ação foi exercido.

Historicamente a teoria do direito abstrato surgiu por obra de dois autores que possuem ideias muito próximas e lançaram seus estudos em curto espaço de tempo: o húngaro *Plósz* em 1876 e o alemão *Degenkolb* em 1877, que definiam a ação como um direito processual subjetivo independente de qualquer direito substancial alegado. Assim, o direito de ação não pode ser descartado por ter sido proferida uma sentença de improcedência.

Evidentemente que a teoria abstrata, mesmo que sua ideia seja adotada no nosso ordenamento, é objeto de críticas. Hoje no estágio atual em que vive nosso ordenamento (direito processual serve ao direito material com atenção aos direitos fundamentais previstos na Constituição Federal), não é possível estabelecer uma cega distância entre os planos do direito material e do processo.

---

8   *La teoría de las excepciones procesales y los presupuestos procesales.* Librería El Foro, Traducción Miguel Angel Rosas Lichtschein, Buenos Aires, Argentina.
9   Giuseppe Chiovenda. *Instituições de direito processual civil.* Bookseller, v. 1, p. 42.

3.3.4. A TEORIA ECLÉTICA E AS DENOMINADAS CONDIÇÕES DA AÇÃO

Liebman iniciou seus estudos sobre ação nos anos 30 e lançou suas ideias sobre ação na sua aula inaugural (*prolusione*) em 1949 na Universidade de Turim. Dentre as diversas ideias, teceu críticas às denominadas teorias concreta e abstrata apresentando uma terceira vertente: a denominada teoria eclética.

A teoria eclética da ação, em uma análise simplista, constitui uma conciliação entre as teorias concreta e abstrata[10]. Denomina-se eclética justamente porque é formada pelas virtudes dessas duas espécies. Essa teoria objetiva não vincular demais o direito da ação ao direito material (teoria concreta) nem de menos (teoria abstrata)[11].

Assim assevera o autor italiano: "Entre essas duas correntes cabe uma posição intermédia, que se ajusta à definição, dada a pouco, da função jurisdicional. A ação como o direito de provocar o exercício da jurisdição, significa o direito de provocar o julgamento do pedido, a decisão da lide. É abstrata, porque tendo ambas as hipóteses em que este for julgado procedente ou improcedente, mas é subjetiva e objetivamente determinada, porque é condicionada à existência dos requisitos definidos como condições da ação"[12].

Dessa forma Liebman **aproxima-se da teoria abstrata quando assevera a não necessidade da vitória do autor na sentença para a configuração do direito de ação. Contudo, aproxima-se (ainda que de forma mais tênue) da teoria concreta ao criar elementos mínimos, aferíveis no direito material, para que a ação prossiga (condições). E isso porque a possibilidade de ajuizamento desmedido, sem a menor exigência de requisitos, soaria como simples direito de petição.**

O estudo de Liebman tem por ponto de partida o art. 24 da Constituição italiana, que assevera: "Todos podem agir em juízo para a tutela dos direitos próprios e interesses legítimos". Os "direitos próprios" consistiriam na legitimação para agir e "os interesses legítimos", no interesse de agir[13].

As condições da ação para Liebman constituem exame diverso do mérito e se inserem no campo da admissibilidade da demanda como questão prévia (junto com os pressupostos processuais). Já o mérito constitui o próprio objeto principal sobre o qual recai o julgamento.

Assim Liebman constrói a famosa teoria do **trinômio de questões** em que se confere a ordem pela qual a cognição do magistrado deve ser exercida: primeiro sobre o processo (analisando os pressupostos processuais), depois sobre a ação (verificando as condições da ação) e por fim o mérito (análise substancial da demanda).

---

10 Há autores (ver, por todos, Marcus Vinicius Rios Gonçalves, *Novo curso de direito processual civil*. São Paulo: Saraiva, 2007, 4. ed., v. 1, p. 87) que entendem ser imprópria a expressão eclética: "A teoria que aponta a ação como direito a uma resposta de mérito é impropriamente conhecida como eclética. Impropriamente porque não é intermediária entre as teorias concretistas e abstratistas. Sua natureza é abstratista porque a existência da ação prescinde do direito".
11 KLIPPEL, Rodrigo; BASTOS, Antônio Adonias. *Manual de direito processual civil*. 4. ed. Salvador: JusPodivm, 2014, p. 212.
12 Enrico Tullio Liebman, *Estudos sobre o processo civil brasileiro, O despacho saneador e o julgamento de mérito*, Bestbook, p. 110.
13 Quanto à possibilidade jurídica do pedido (categorizada como condição da ação no CPC/73) era adotada pelo mestre italiano até a 2ª edição de seu *Manual*. Todavia, com o advento do divórcio na Itália (empreendido pela Lei n. 898/70), o autor achou por bem suprimir este elemento como condição, pois o divórcio era o principal exemplo de impossibilidade jurídica da demanda. Esta, entretanto, não desapareceu dos estudos de Liebman. Foi inserida dentro do interesse de agir. O CPC atual, igualmente, aboliu a possibilidade jurídica do pedido como condição da ação, que passou a integrar o próprio mérito da causa

Liebman estabelece uma diferença entre ação como garantia constitucional e a ação exercida com base nas regras previstas no Código de Processo Civil. Apenas a segunda é condicionada, pois o direito de ação garantido constitucionalmente não poderá sê-lo. Assim, a ação de cunho constitucional (o direito de ação) seria incondicionada, mas o exercício do direito dessa ação (cunho processual) se subordina a exigências que seriam as condições da ação.

A **teoria eclética, também denominada teoria da apresentação**, é aquela que foi expressamente adotada pela nossa legislação. Contudo, os estudos críticos da doutrina, ao longo do tempo, demonstram que essa teoria vem sofrendo diversas mudanças na sua concepção original. É possível enumerar aqui algumas delas:

a) Liebman entende que apenas haverá atividade jurisdicional se o magistrado julgar o mérito da causa. Dessa forma a decisão que não adentrar o mérito não seria uma decisão jurisdicional. Pergunta-se: quando o magistrado profere sentença de carência da ação, qual a atividade exercida? A defender essa tese, criar-se-ia um sistema que reduziria drasticamente a atividade jurisdicional, confinando-a exclusivamente quando houvesse apreciação do mérito;

b) ao analisar as condições da ação, o magistrado obrigatoriamente deve analisar o direito material, pois é lá que encontrará as respostas para a existência ou não dessas condições (v.g., o magistrado deve analisar o contrato estabelecido entre as partes e que deu ensejo à causa, pois por meio dele terá condições de verificar se a parte é integrante [legitimidade] e se a obrigação já é exigível [interesse]), ou seja, a existência do direito material condiciona a aceitação da demanda, retornando, de certa forma, à teoria imanentista em que a existência do direito era pressuposto para a existência da ação;

c) a carência de ação (falta de uma das condições da ação) não poderia se resolver por sentença terminativa (CPC, art. 485, VI). E isso porque quando o juiz declara a ausência de uma das condições, quer dizer que o autor não possui o direito que postula. Se o autor demanda contra quem não deveria ser réu (v.g.) e o juiz decreta, *ipso facto*, a sua ilegitimidade, haverá sentença de mérito, pois o juiz declara que, contra aquele sujeito, inexiste o direito material propugnado. Poderá, futuramente, propor a ação contra a parte legítima, mas não se trata da mesma *ação reproposta*, mas sim de *nova ação*, já que um dos elementos da ação (partes) fora alterado. O CPC minorou os impactos da resolução do processo sem mérito nos casos de falta de legitimidade e interesse, pois a repositura está condicionada somente à correção do vício que gerou a resolução do processo originário (art. 486, § 1º);

3.3.4.1. Especificamente sobre as condições da ação[14]

Antes de enfrentarmos as condições da ação, diante da celeuma que se instaurou na doutrina, é necessário saber se elas – as condições – ainda se mantêm no nosso ordenamento à luz das importantes alterações empreendidas pelo atual diploma.

O CPC estabelece em seu art. 17 que "para postular em juízo é necessário ter interesse e legitimidade". No art. 485, VI, preconiza que não haverá resolução de mérito quando "verificar a ausência de legitimidade ou interesse processual". Em momento algum o Código de 2015 (ao contrário do anterior), se utiliza do vocábulo "condições da ação", deixando a cargo da doutrina

---

14 Não desconhece a doutrina autores (Alexandre Freitas Câmara, *Lições de direito processual civil*, 15. ed., 2006, Lumen Juris, p. 123) que repudiam a expressão "condições" já que "o termo é aí empregado no sentido de 'evento futuro e incerto a que se subordina a eficácia do ato jurídico', razão pela qual sempre nos pareceu melhor denominá-las *requisitos do provimento final*".

e da jurisprudência a referida função. O que remanesce é a seguinte pergunta: elas se mantêm no diploma atual?

A doutrina vem seguindo três caminhos diferentes:

1a corrente) a legitimidade e o interesse fariam parte do próprio mérito. Essa construção, a nosso ver, será difícil defender, dado o fato de estarem alocadas justamente no art. 485 que estabelece as hipóteses de não **resolução** do mérito. **Ademais, a despeito da legitimidade e interesse, para a sua perfeita aferição, seja necessária a análise do direito material, parece-nos inegável que constitui questão estranha ao mérito;**

2a corrente) a legitimidade e o interesse estariam dentro dos pressupostos processuais. Uma parte dos autores entende não haver o porquê de uma tríplice divisão (pressupostos, condições e mérito): tudo que não constituir mérito será, *ipso facto*, juízo de admissibilidade categorizado como pressupostos processuais. O direito positivo, ao que parece, não entende assim. Ao separar os incisos de pressupostos **processuais de existência e desenvolvimento positivos e negativos** (IV e V) da legitimidade e interesse (VI) quis o legislador expressamente alocá-los em distinta categoria (por que não condições da ação?);

3a corrente) a **legitimidade e o interesse continuariam dentro das condições da ação.** A despeito de academicamente entender que a distinção das questões se dá por um binômio (admissibilidade e mérito) nenhuma complicação prática traria em manter-se categorizado como condições separada dos pressupostos. Aliás, até melhor que assim se mantenha, dado o fato de já estar arraigado na nossa cultura esse instituto. **A legitimidade e o interesse, independentemente da categorização que a doutrina e a jurisprudência lhes emprestem, continuarão exercendo a sua função de "filtro" e, a nosso ver, estranhos ao mérito e aos pressupostos processuais.** Ademais, como enquadrar as condições da ação nos pressupostos processuais à luz da teoria da asserção? Por essa teoria (que será vista adiante), as condições da ação "passam" a ser tratadas como mérito a depender do momento em que são verificadas, o que **não** acontece com os pressupostos. Portanto, não se pode enquadrar na mesma categoria institutos que possuem regimes diferentes.

Continuaremos, portanto, a denominar a legitimidade e o interesse como condições da ação.

Voltando ao tema, Liebman, ao contrário do que se imagina, não criou as condições da ação. Elas já eram apresentadas pelos estudiosos da teoria concreta. Chiovenda asseverava que a ação estava condicionada a determinados requisitos[15] (ainda que as premissas[16] dos dois autores italianos fossem completamente diversas).

O desenvolvimento das condições da ação por Liebman, como dito, se deu na famosa *prolusione* realizada na Universidade de Turim em meados do século XX. Nesta aula inaugural muito do que foi dito decorreu de suas ideias externadas no Brasil (quando de sua estada por aqui) no famoso texto O despacho saneador e o julgamento de mérito.

As condições da ação constituem um filtro "para evitar que haja exercício de jurisdição quando faltam os requisitos que a lei considera indispensáveis para que se possam alcançar resultados satisfatórios"[17].

---

15 Giuseppe Chiovenda, *Instituições de direito processual civil*, v. 1, p. 89.
16 Em breves linhas, para Chiovenda as condições da ação eram requisitos para uma sentença de procedência (concretista que era) e para Liebman (abstratista), para a obtenção de uma sentença de mérito.
17 LIEBMAN, Enrico Tullio. O despacho saneador e o julgamento de mérito. *Estudos sobre o processo civil brasileiro*. São Paulo: Bestbook, 2001, p. 105 e s.

A despeito de se atrelarem ao processo, pois são necessárias ao exercício da ação, as condições são informadas pelo direito material, sua fonte, já que de lá se colhe o substrato necessário para a verificação de sua existência.

Ao vincular a existência da ação e a análise do mérito à verificação das condições da ação acabou a lei processual por diminuir a possibilidade de sujeição do réu ou autor, qualificando-a e diminuindo o desequilíbrio natural que há entre eles pela própria estrutura dialética e progressiva do procedimento. Este – o réu – não deve se sujeitar a qualquer demanda do autor, mas somente àquelas um mínimo qualificadas pela aparência de pertinência a uma relação de direito material, que se queira afirmar ou mesmo negar. São as condições da ação, de certa forma, um freio ao direito de ação (que não pode ser moeda especulativa) e um modo de atenuar o desequilíbrio inicial entre os dois polos".

Há duas condições da ação tipificadas no CPC: interesse de agir e legitimidade de parte.

3.3.4.1.1. Interesse de agir

Disciplina o art. 17 do CPC que "para postular em juízo é necessário ter **interesse** e legitimidade" (destaque nosso).

Assim como é possível ter interesse sobre diversos bens da vida (alimentos, vestuário, eletrodomésticos), podemos ter interesse na tutela jurisdicional. Interesse é a vontade concreta de quem pede. Como bem observa Rodrigo da Cunha Lima Freire[18]: "é o interesse de agir uma condição para o exercício regular da ação, de ordem exclusivamente processual, que não determina a existência ou inexistência do interesse substancial juridicamente protegido".

Antes de investigar o conteúdo e o alcance do interesse é necessário estabelecer a diferença entre **interesse processual e interesse material (substancial)** que, certamente, não se confundem.

O **interesse material é primário**, pois é o fato gerador apto a levar o autor a buscar o Judiciário. O interesse material é o interesse nos bens e direitos. Em decorrência desse interesse é que surge o direito à tutela. Esta tutela (pretensão no judiciário) é o interesse processual e é sobre ela que repousa o interesse como condição da ação.

O **interesse processual é secundário** e tem por objetivo um provimento jurisdicional para que satisfaça o interesse primário. "Constitui objeto do interesse de agir a tutela jurisdicional e não o bem da vida a que ela se refere"[19]. O interesse processual é instrumental do interesse material.

Interesse de agir é, portanto, a "relação entre a situação antijurídica denunciada e o provimento que se pede para debelá-lo mediante a aplicação do direito"[20].

Consoante afirma Cassio Scarpinella Bueno, o interesse de agir deriva do caráter substitutivo da jurisdição, já que é vedada a autotutela no nosso ordenamento. E "nesse sentido, representa a necessidade de se requerer, ao Estado-juiz, a prestação da tutela jurisdicional com vistas à obtenção de uma posição de vantagem (...) que, de outro modo, não seria possível alcançar"[21].

---

18 FREIRE, Rodrigo da Cunha Lima. *Condições da ação: enfoque sobre o interesse de agir no processo civil brasileiro*. São Paulo: Revista dos Tribunais, 2000, p. 78.
19 Cândido Dinamarco, *Instituições*, cit., v. II, p. 300.
20 Enrico Tullio Liebman, *Manual*, cit., p. 207.
21 *Curso*, v. 1, cit., p. 358.

O interesse de agir é verificado sempre na causa de pedir do autor, mais especificamente na causa de pedir remota.

Daí o porquê de inexistir interesse de agir *in abstrato*. Existe uma impossibilidade jurídica *in abstrato* (ninguém pode penhorar bem público em nenhuma situação), mas o interesse decorre necessariamente de uma **situação concreta**. Não é o ordenamento positivo que define o interesse, mas sim conceito verificado na ciência do direito.

É tênue a linha divisória entre interesse e mérito. A diferença, como assevera José Roberto dos Santos Bedaque[22], reside na profundidade da cognição. Assim, "ao concluir [em cognição sumária] que ele [a parte] não precisa de tutela jurisdicional, o julgador nada diz quanto à existência do direito. Limita-se a decidir que, independente de existir ou não, ainda não é o momento para postulá-lo".

Diverge a doutrina sobre os elementos que integram o interesse de agir. Alguns entendem que é composta pela **necessidade e utilidade** (Cassio Scarpinella Bueno) entendimento do qual este *Manual* se filia; outros pela **necessidade e adequação** (José Rogério Cruz e Tucci); e uma terceira corrente adota o entendimento tripartite, com a soma da **necessidade, utilidade e adequação** (Cândido Dinamarco).

Mesmo com essa divergência doutrinária, é importante falar sobre os três elementos:

Necessidade – Quando se fala em necessidade de se buscar o judiciário, deve-se ter em mente que o Estado-juiz deve ser a última alternativa existente para obter no plano do direito material aquilo que lhe foi negado. Assim não haverá interesse (pela necessidade) se o credor ajuizar uma demanda em que o devedor nunca se recusou a pagar, ou numa consignação em pagamento em que o réu (da consignação) também não se recusou a receber.

Ademais, faltará interesse em pleitear o cumprimento de um contrato que já foi adimplido.

Aqui há de se fazer uma ressalva sobre as denominadas **ações constitutivas necessárias**. Há causas em que a parte não tem a opção de buscar outras vias, sendo o judiciário o único caminho adequado para a obtenção do provimento desejado. Nessas situações o interesse pela necessidade é presumido, não necessitando o juiz verificar – no plano material – se a prestação poderia ter sido cumprida de outro modo. Desta forma, "na jurisdição voluntária, a serem cabíveis as condições da ação, como me parece, o interesse de agir decorreria normalmente da própria lei que subordina a validade ou eficácia de um ato da vida privada (...)"[23].

É o que se verifica nas ações de interdição, alienação judicial e na esfera penal que só podem ser tuteladas pelo Estado.

Nesses casos, o interesse é implícito, não necessitando de sua comprovação – comprovação de existência –, ao contrário dos demais casos em que o interesse deve ser provado.

Igualmente o MP possui interesse presumido nas causas em que a lei já estabelece que sua intervenção seja necessária (*v.g.*, art. 178, CPC, mandado de segurança, ações falimentares, ação civil pública etc.).

Utilidade – A utilidade será aferida sempre que o provimento jurisdicional puder, *in concreto*, conceder ao autor um resultado que lhe seja útil. Não se pode ir ao Poder Judiciário para resolver rusgas pessoais ou questões particulares que não possuírem utilidade prática. Por se tratar o interesse de agir do núcleo fundamental do direito de ação (Dinamarco) somente será lícito buscar o judiciário se este tiver aptidão de responder ao pedido formulado.

---

22 *Efetividade*, cit., p. 299.
23 Leonardo Greco, *A teoria*, cit., p. 34-35.

Todo interesse decorre de uma relação entre uma necessidade e um bem que se deseja. Se apenas temos interesse naquilo que nos é útil, a utilidade é elemento importante para a configuração do interesse.

O interesse material está, como dito, nesse plano e lá é regulamentado com as normas substanciais pertinentes. Já o interesse processual é a viabilidade de se concretizar no judiciário (por meio de tutela jurisdicional) esta pretensão material. Esse, e somente esse, é o sentido do interesse de agir pela utilidade.

Assim, pode-se afirmar inútil o pedido de divórcio feito pela esposa logo após o falecimento do marido[24], e a cobrança de valor irrisório (STJ, REsp 796.533 e RE 1.355.208), ou, ainda, o pedido do segundo credor em alegar fraude à execução quando o primeiro credor já a havia alegado anteriormente e o valor do bem cobre somente a primeira dívida[25].

Adequação – Parte da doutrina entende que a adequação seria elemento constitutivo do interesse (Cândido Dinamarco, José Rogério Cruz e Tucci, Marcelo Abelha Rodrigues, Cleanto Guimarães Siqueira). Por adequação deve se entender como o autor se valer dos meios adequados para buscar a tutela, ou seja, acertar a ação judicial cabível ao caso.

Não concordamos, contudo, com esse entendimento. Adequação não se refere ao interesse (não é porque se utilizou o meio inadequado que a parte não teria interesse), mas sim à **forma** como esse interesse é projetado para o processo. Uma peça equivocada (muitas vezes formulada por um advogado despreparado) não pode ser considerada falta de interesse (carência), mas erro de procedimento corrigível pelas normas de processo. Barbosa Moreira, em famosa arguição de tese para professor titular na USP questionou o candidato (com base em um exemplo que este forneceu) se seria **falta ou excesso de interesse** aquele que, sem título executivo, propõe ação de execução?

Em sentido contrário, seria inconcebível visualizar a presença de interesse pelo simples fato de a parte ter se utilizado dos meios adequados.

Por fim, para os defensores da teoria da apresentação, nada impede que o interesse de agir surja no curso do processo, como neste elucidativo julgado do STJ (REsp 1.361.226/MG): "Usucapião extraordinária. Prescrição aquisitiva. Prazo. Implementação. Curso da demanda. Possibilidade. Fato superveniente. Art. 462 do Código de Processo Civil de 1973. Contestação. Interrupção da posse. Inexistência". No mesmo sentido, REsp 1.720.288)

3.3.4.1.2. Legitimidade de parte

A todos é dado o direito inafastável de ingressar em juízo (CF, art. 5º, XXXV).

Todavia, somente é possível ter direito à prestação da tutela jurisdicional aquele que detenha o direito subjetivo de exigir em juízo aquilo que lhe é devido. Assim, somente poderá pleitear – em nome próprio – no judiciário o sujeito que figurou na relação jurídica de direito

---

24 Contudo, o STJ entende que o interesse no divórcio ainda persiste após a morte de um dos cônjuges: i) por se tratar de um direito potestativo que independe de motivação (após a EC 66/2010); e ii) quando já há no processo anuência de ambos os cônjuges. "Ademais, os herdeiros do cônjuge falecido possuem legitimidade para prosseguirem no processo e buscarem a decretação do divórcio *post mortem*, não se tratando de transmissibilidade do direito potestativo ao divórcio; o direito já foi exercido e cuida-se, tão somente, de preservar os efeitos que lhe foram atribuídos pela lei e pela declaração de vontade do cônjuge falecido" (Processo em segredo de justiça, Rel. Ministro Antonio Carlos Ferreira, Quarta Turma, por unanimidade, *DJe* 21-5-2024).

25 Está em trâmite o PL 198/2024, de autoria da deputada Laura Carneiro, que visa garantir que a vontade do falecido seja respeitada, especialmente em casos de violência doméstica ou de separação conflituosa. O PL propõe que ações de divórcio e dissolução de união estável prossigam mesmo com o falecimento de um dos cônjuges/companheiros.

material que deu ensejo ao processo. Igualmente só é considerado parte legítima no polo passivo aquele que, conforme alegado, participou do direito material controvertido (*v.g.*, participou do acidente, é uma das partes do contrato etc.).

Dessa forma, legitimidade de parte é a pertinência subjetiva da demanda (LIEBMAN). A constatação de que as partes que figuraram no direito material coincidem com aquelas que estão no processo. Esta é chamada de legitimação ordinária ou comum. Há uma coincidência entre a pessoa que propõe a ação com aquela que se diz titular de um direito.

A legitimidade sempre é aferida com base no objeto litigioso. Assim, a despeito de a legitimidade ser regulamentada pelas normas de processo, sua verificação se dá no campo do direito material.

Contudo, essa regra sofre temperamentos.

A lei confere a determinadas pessoas a possibilidade de buscar o judiciário mesmo não tendo, necessariamente, participado da relação jurídica de direito material subjacente. O sistema opta, em alguns casos, que não haja a coincidência entre os dois planos. É dizer, que há uma verdadeira ruptura entre os planos do direito material e do processo, já que aquele que será o condutor da causa não integralizou a relação substancial que ensejou a demanda.

Este tipo de legitimação é denominada **extraordinária ou substituição processual**. A legitimação para causa ou legitimidade de parte será vista com mais vagar no capítulo sobre as partes (sujeitos do processo, *infra*).

3.3.5. TEORIAS SOBRE AS CONDIÇÕES DA AÇÃO – ASSERÇÃO *VERSUS* APRESENTAÇÃO

Como visto, as condições da ação, justamente por estarem no plano da admissibilidade e constituírem matérias de ordem pública, devem ser conhecidas de ofício a qualquer tempo e grau de jurisdição.

Entretanto, há uma série de inconvenientes na manutenção irrestrita desse regramento: se o magistrado, por exemplo, descobre, após longa instrução probatória, que o autor carece de legitimidade, para pleitear determinado direito em juízo, seria o caso de resolução por **carência** (falta de condições da ação e, portanto, sentença sem resolução de mérito) ou de **improcedência** (julgamento de mérito com consequente imunização pela coisa julgada material)?

Antes de se pensar que se trata de mera discussão acadêmica, há relevantes considerações práticas sobre o **método de investigação das condições da ação**.

Há duas teorias que enfrentam o assunto e constituem interpretações da teoria eclética (mas sempre inseridas dentro dela). Uma defendida por Cândido Dinamarco[26], Nestor Oreste Laspro, Nelson Nery e Rodrigo da Cunha Lima Freire, que adotam textualmente o entendimento de Liebman, que é consubstanciado na denominada Teoria da **Apresentação**.

Para essa teoria, as condições da ação, apesar de sua verificação depender do direito material, constituem matéria de natureza processual e, como dito, por se tratar de matéria de ordem pública, não se opera preclusão para o judiciário e, portanto, podem ser verificadas a qualquer tempo e grau de jurisdição (CPC, arts. 485, § 3º, e 337, § 5º). É possível, até mesmo, ocorrer o preenchimento ou perda superveniente de uma delas no curso do processo.

---

26 O citado autor possui em seu *Instituições* (v. II, p. 316) capítulo denominado "Repúdio à teoria da asserção", defendendo veementemente a teoria apresentada por Liebman.

Ademais, por versar sobre matéria processual de admissibilidade (e não sobre o mérito), sobre ela não recai a imunização decorrente da coisa julgada material[27], podendo ser reproposta a demanda desde que corrigido o vício (CPC, art. 486, 1º,). Sua decisão desafia o recurso de apelação que não possuirá o efeito substitutivo, visto que a decisão do tribunal terá por condão cassar a sentença para que seja proferida uma nova (*error in procedendo*)[28].

Contudo, pelas dificuldades práticas de se defender a teoria da apresentação (eclética) que, após longa instrução probatória e avançado andamento processual, poderia o magistrado decretar a carência (e não a improcedência) da demanda, a doutrina desenvolveu uma verdadeira vertente da teoria eclética que para muitos seria verdadeiramente uma nova corrente: a denominada Teoria da **Asserção** (teoria da afirmação ou *prospettazione*) que é seguida por diversos adeptos na doutrina brasileira: Kazuo Watanabe, José Carlos Barbosa Moreira, José Roberto dos Santos Bedaque, Leonardo Greco, Luiz Guilherme Marinoni.

A premissa fundamental dessa teoria é o **momento de verificação das condições da ação**: sua análise fica confinada *initio litis*, no exame de admissibilidade da causa. Assim, o magistrado exerceria sua cognição sobre a sua existência *somente* quando da admissibilidade da petição inicial.

Por não ter em mãos todos os elementos fáticos necessários (que só viriam após o contraditório e com a instrução probatória), o magistrado se contenta em analisar exclusivamente as argumentações apresentadas pelo autor e decidir *in statu assertionis* (daí o nome da teoria: análise apenas com aquilo que o autor asseverou, apresentou, afirmou).

Entretanto, após a defesa e instrução probatória, caso o juiz verifique tardiamente a falta de uma das condições da ação, a demanda será resolvida por improcedência (com mérito: art. 487, I, CPC)) e não por carência (sem mérito: art. 485, VI, CPC).

Dessa forma, para essa corrente, o magistrado deve imaginar hipoteticamente a existência das condições da ação conforme narrativa do autor e concedê-las como se verdadeiras fossem logo na fase inicial do processo. Em resumo: para essa teoria, há um prazo de validade para análise das condições da ação.

Contudo, a teoria da asserção não ficou imune a críticas de seus opositores[29]. Como seria possível que as condições da ação tenham regime diferente a depender do momento em que sejam analisadas: a) se *initio litis*, a sua falta gera carência da ação e resolução do processo sem análise do mérito (art. 485, VI, CPC), b) se no curso da demanda, , como matéria de mérito: ou seja, uma mesma matéria teria regramento processual diverso de acordo com o momento em que ela é decretada.

Para Dinamarco, "não basta que o demandante descreva formalmente uma situação em que estejam presentes as condições da ação. É preciso que elas existam realmente", ou seja, não basta que as condições da ação sejam verificadas *in statu assertionis*, mas que elas concretamente existam. E mais adiante afirma: "A circunstância puramente ocasional e fortuita de o juiz não haver extinto o processo de imediato não transmuda as coisas. A única consequência prática é que o processo terá durado mais"[30].

---

27 A despeito de ser este o entendimento de nosso Código, não era o de Liebman quando do desenvolvimento da teoria eclética da ação. Para o autor peninsular, a decisão de carência torna imutável a decisão, sendo-lhe vedada a repropositura.
28 A não ser que a questão já se enquadre na denominada "teoria da causa madura" (art. 1.013, § 3º, I, CPC).
29 Cândido Dinamarco escreve em seu *Instituições* ("Repúdio à teoria da asserção", p. 316).
30 *Instituições*, v. II, p. 316.

Ademais, para o autor, há uma situação processual que a teoria da asserção não teria condições de ser aplicada: o preenchimento das condições da ação no curso do processo e a carência da ação superveniente.

Ou seja: a) as condições não existiam quando da propositura da causa e surgiram no curso dela; ou b) as condições desapareceram no curso da causa mesmo que existentes quando da propositura (carência de ação superveniente).

Afirma Dinamarco que "as partes só poderão ter direito ao julgamento do mérito quando, no momento em que este está para ser pronunciado, estiverem presentes as três [hoje, duas] condições da ação"[31].

Liebman, desde antes, asseverava que "é suficiente que as condições da ação, eventualmente inexistentes no momento da propositura desta, sobrevenham no curso do processo e estejam presentes no momento em que a causa é decidida"[32].

É possível que numa ação de cobrança a dívida se torne vencida dentro da demanda, mas não o era quando da sua propositura.

Assim como também é possível verificar hipóteses de carência superveniente (a denominada *perda do objeto*) quando, por exemplo, a autoridade coatora defere espontaneamente pedido de desembaraço aduaneiro após a impetração de mandado de segurança; há pagamento da dívida no curso do processo; ocorre a morte da testemunha no curso da produção antecipada de provas para sua oitiva; há a desocupação voluntária do imóvel após a decretação liminar do despejo.

Essa regra tem previsão legal no art. 493 do CPC, segundo o qual, "se, depois da propositura da ação, algum fato constitutivo, modificativo ou extintivo do direito influir no julgamento do mérito, caberá ao juiz tomá-lo em consideração, de ofício ou a requerimento da parte, no momento de proferir a decisão".

Dessa feita, se a norma autoriza que até matérias de mérito, que normalmente são alcançadas pela preclusão, possam ser apresentadas posteriormente, nem se diga da possibilidade de alterar a existência de alguma das condições da ação que são, pelo sistema, matérias de ordem pública.

"Dizer que o *ius superveniens* torna imprestável o método de asserção seria o mesmo que dizer que, quanto ao mérito, ele revoga o princípio da demanda, visto que matéria relacionada com o objeto de discussão do processo, também pode ser conhecida pelo magistrado de ofício, nos termos do já citado art. 462 do CPC [atual art. 493]. A exceção confirma a regra"[33].

Em conclusão a todo o exposto, defendemos a aplicação no nosso ordenamento da teoria da asserção. Explicamos:

a) Ter que provar concretamente a existência das condições da ação seria confundir existência da ação com existência do direito material, o que retornaria à não desejada teoria imanentista.

b) Se as condições da ação exercem a função de um filtro que evita o prosseguimento de demandas manifestamente inadmissíveis devem ser verificadas no início do processo sob pena de desnaturar a sua natureza de "juízo de admissibilidade".

c) Se tanto as condições da ação como a análise do mérito são extraíveis da verificação do direito material, a aferição das condições da ação em momento que se tenha todos os dados fáticos em mãos só pode ser a própria análise do mérito. É contraproducente imaginar que o

---

31 *Instituições*, cit., v. II, p. 318.
32 *Manual*, cit., p. 204.
33 KLIPPEL, Rodrigo, *Teoria*, cit., p. 268.

magistrado, tendo condições de decidir a causa em definitivo, se sinta premido a extinguir o feito sem resolução de mérito sob a alegação da falta de um requisito de admissibilidade (condição da ação). Requisito esse colhido do próprio direito material. Especialmente sob as luzes do novo ordenamento processual que estabelece o princípio da primazia do mérito, como falado anteriormente no capítulo sobre princípios.[34]

d) Para tornar clara a pertinência da teoria da asserção no direito brasileiro vamos nos valer de um problema trazido pela doutrina para a compreensão da controvérsia[35].

Numa ação de acidente de automóvel o réu apresenta contestação e alega uma **preliminar de ilegitimidade**, pois procedeu à venda do veículo antes do acidente (embora sem a devida transferência pelo DETRAN) e no mérito alega a **não responsabilidade** com fundamento no Enunciado 132 da Súmula do STJ[36].

A mesma situação de fato envolve duas questões: carência de ação e mérito. Se verificada no começo do processo certamente seria um caso de ilegitimidade (carência). Mas como o magistrado já tem todos os elementos para julgamento (argumentos e provas de ambas as partes) não há razão para decidir sem resolução do mérito, pois já há provas suficientes e cognição vertical profunda para decidir em definitivo a questão. É claro que a questão, à luz do art. 486, § 1º, do CPC, perde um pouco da sua importância, pois eventual resolução sem mérito só permitiria a repropositura da demanda contra o mesmo réu com o defeito no vício que, certamente, seria muito difícil.

Outra questão: Numa investigação de paternidade em que o pai prova, após a instrução probatória, a impossibilidade de gerar filhos, constitui ilegitimidade (carência) ou mérito (improcedência)? Aqueles que não adotam a teoria da asserção certamente não conseguiriam responder a essa pergunta de maneira satisfatória já que o magistrado possui material suficiente para proceder ao acertamento daquela relação jurídica (resolução de mérito). Os defensores da teoria da apresentação alegariam que, em virtude de o exame das condições da ação não sofrer preclusão (art. 485, § 3º, CPC), o juiz deveria extinguir o processo sem resolução do mérito por se tratar de questão prévia.

Importante frisar que o material probatório de que o magistrado se servirá para análise das condições da ação é precário, já que somente se contentará com os argumentos do autor *in statu assertionis*. No mérito, o juiz terá um material amplo, pois agregado aos argumentos do réu e à produção probatória realizada[37].

Percebe-se que dificuldade para os defensores da teoria da apresentação, que querem fazer a formal divisão de condições da ação e mérito em qualquer momento do processo, reside na estreita proximidade entre ambas. Especialmente no plano da **ilegitimidade de parte**.

A **legitimação ordinária** das partes se divide bem do mérito, pois, sendo ambas as partes legítimas, poderá o magistrado prosseguir no julgamento da causa e é possível enxergar adequadamente a divisão entre ambos os fenômenos (condições da ação e mérito)

---

34 É o posicionamento do STJ, conforme se depreende do REsp 1.609.701-MG, Rel. Min. Moura Ribeiro, Terceira Turma, por unanimidade, j. 18-5-2021, *DJe* 20-5-2021.
35 KLIPPEL, Rodrigo; BASTOS, Antônio Adonias. *Manual de direito processual civil*. 4. ed. Salvador: JusPodivm, 2014, p. 215.
36 "A ausência de registro da transferência não implica a responsabilidade do antigo proprietário por dano resultante de acidente que envolva o veículo alienado."
37 Evidente que existe a possibilidade da revelia ou o não cumprimento do ônus da impugnação específica. Nem por isso pode-se considerar que a análise do mérito seria a mesma das condições da ação. Não cumprindo com seu ônus, o réu permitirá o julgamento antecipado do mérito pois a lei exclui de provas os fatos incontroversos. Ademais o contraditório brasileiro é permeado pela oportunidade de reação, constituindo-se, portanto, um ônus e não um dever.

O problema reside na **ilegitimidade**. De fato, é muito difícil divisar a ilegitimidade do mérito da causa.

Melhor explicando, a preliminar de ilegitimidade de parte quase sempre se confunde com a defesa de mérito indireta (quando o réu nega o fato constitutivo do autor) ou a negativa de ter participado do direito material narrado. Dentro de um processo, a alegação de não ser devedor (por não ter contraído a dívida), não ser proprietário (para reparação de algum vazamento no imóvel vizinho) se acolhidos, não gerará um julgamento de mérito (no sentido de resolver o conflito de direito material pedido pelo autor), mas haverá resolução de mérito em relação **àquele réu**, pois ele não é responsável por aquela situação que lhe é imputada. Até mesmo porque, não obstante ter feito coisa julgada formal (o que permitiria repropor a demanda com os mesmos elementos), no caso da carência de ação, somente será possível se corrigir o vício que levou à resolução, ou seja, indicar a parte legítima para figurar na demanda (art. 486, § 1º, CPC).

É importante frisar que na **legitimação extraordinária** esse problema é atenuado. Caso o magistrado entenda que o substituto processual seja legítimo, terá direito a continuar no processo postulando em nome próprio direito alheio. Contudo, se visualizar que o substituto não tem autorização pelo ordenamento para postular em juízo, a questão de mérito sequer será analisada e haverá resolução do processo sem análise do mérito (art. 485, VI, CPC).

Dessa forma, entendemos que a aplicação da teoria da asserção é imperiosa justamente para resolver essa questão: verificando a ilegitimidade *initio litis*, o magistrado exercerá cognição sumária e, sem ouvir a outra parte, resolverá o processo sem resolução do mérito, por carência (art. 485, VI, CPC). Se no curso do processo, a ilegitimidade é identificada com o próprio mérito a sua ausência acarreta resolução do processo por improcedência (art. 487, I, CPC).

Entendemos não ser possível estabelecer a improcedência *initio litis* por ausência de ilegitimidade, pois estar-se-ia criando uma hipótese de improcedência liminar do pedido fora das hipóteses legais (art. 332, CPC), o que, no nosso entender, não seria permitido.

E, de todo modo, a resolução do mérito deve ser perseguida em atenção ao que dispõem em especial os arts. 4º e 488 do CPC, ou seja, a teoria da apresentação não se coaduna com a atual sistemática do Código de Processo Civil.

O STJ, em recente julgamento, filiou-se expressamente à teoria da asserção no REsp 1.705.311/SP, relatado pela Min. Nancy Andrighi.

É possível verificar as principais diferenças na tabela a seguir:

TEORIA DA APRESENTAÇÃO	TEORIA DA ASSERÇÃO
A verificação das condições pode ser feita a qualquer tempo e grau de jurisdição	A verificação das condições da ação somente pode ser feita na fase inicial do processo. Após a análise, será feita como mérito
A cognição sobre as condições da ação será exauriente, pois é possível a sua verificação após o contraditório	A cognição sobre as condições da ação é sumária, pois baseada apenas no que o autor afirmou na petição inicial
A falta das condições da ação sempre gera a resolução do processo sem análise do mérito (art. 485, VI, do CPC)	A falta das condições da ação, se verificada *initio litis*, gera resolução sem mérito (art. 485, VI, do CPC); após o contraditório será com mérito (art. 487, I, do CPC)

3.4. ELEMENTOS DA AÇÃO

3.4.1. INTRODUÇÃO

Já foi dito neste capítulo que o direito de ação, como assim se denomina, possui índole constitucional (CF, art. 5º, XXXV) e deve ser interpretado colhendo determinadas regras da legislação infraconstitucional para a compreensão do seu exercício. Entretanto, o direito de ação não se limita apenas na análise dos princípios dispositivo e da inércia, pois é igualmente importante verificar o seu limite, ou seja, o campo de cognição sobre o qual o judiciário irá se debruçar objetivando solucionar o caso concreto.

Este limite da jurisdição – evidentemente – está focado na congruência que a sentença possui em relação ao pedido. Dessa feita, é importante ter bem delineado o material de trabalho que será analisado pelo julgador.

Assevera Leonardo Greco[38] que "os fatos e as relações jurídicas submetidas à jurisdição são múltiplos e complexos. Para que ela não venha a atuar mais de uma vez sobre a mesma controvérsia ou sobre o mesmo direito, é preciso identificar cada uma das suas atuações. Esta é a utilidade da chamada identificação das ações".

É com base nessa premissa que se mostra essencial proceder ao estudo dos elementos da demanda, para autorizar a produção dos efeitos **materiais** (permitir o correto julgamento sobre aquilo que se pediu no campo do direito material) e **processuais** (possibilitar a resolução de problemas de ordem prática como a litispendência, a coisa julgada, a conexão e a continência).

Da mesma forma que os direitos subjetivos são facilmente distinguíveis, com base nos elementos que os constituem, o mesmo se dá com as demandas que podem ser individualizadas com base em seus elementos identificadores.

A identificação dos elementos de uma demanda serve como uma técnica de cotejo entre duas ou mais ações, tomando como base a relação jurídica de direito material, para verificar se são estas idênticas ou diversas. Evidentemente que esta análise *initio litis* sobre os elementos da ação empreendida pelo juiz é hipotética, pois se baseia exclusivamente na narrativa do autor (*in statu assertionis*). Assim, não se pode tomá-la como absolutamente verdadeira senão após verificada com todos os dados e provas constantes no processo.

Caso o juiz a tomasse como verdadeira desde o início da causa haveria uma inversão indesejável na ordem do processo e já se estabeleceria, logo de plano, a presença do direito material pertencente ao autor, retomando, como bem observa Araken de Assis, os estudos da teoria concretista[39].

Para Moacyr Amaral Santos, "cada direito subjetivo, concretamente considerado, é uma unidade; tem uma individualidade que o identifica. O mesmo se dá com o direito de ação, considerado como uma realidade. Também a ação se individualiza e se identifica, por seus elementos"[40].

Os elementos da demanda não foram fruto de criação doutrinária (a despeito de ser atribuída a Pothier e Matteo Pescatore a sua sistematização), mas de uma natural constatação dos elementos da demanda judicial.

---

38 *A teoria da ação no processo civil*, São Paulo: Dialética, 2003, p. 47.
39 *Cumulação de ações*, p. 112.
40 *Primeiras linhas de direito processual civil*, 25. ed., 2007, v. 1, p. 169.

Constituem os elementos da demanda as partes (elemento subjetivo), a causa de pedir e o pedido (elementos objetivos). O CPC quais são os elementos da ação, mas estabeleceu, na redação de alguns dispositivos, a forma como os elementos podem ser identificados. Nesse sentido, verifica-se nos arts. 55, 56, 319, II, III e IV, 330 e 337, §§ 1º a 3º, a demonstração dos elementos: partes, causa de pedir e o pedido.

3.4.2. DIMENSÃO OBJETIVA DA DEMANDA

A dimensão objetiva da demanda é composta pelo pedido e pela causa de pedir que compõe, como se verá, o objeto litigioso da demanda.

Não se pode confundir **objeto do processo com objeto litigioso do processo**. Este se refere somente ao mérito (que é composto pelo pedido e causa de pedir). Aquele, a todo objeto de cognição do processo, incluindo as questões processuais[41]. Assim objeto do processo e objeto litigioso convivem numa relação de continente e conteúdo dentro da causa.

Sobre o objeto litigioso, há os que entendem ser composto somente o pedido (Karl Heinz Schwab, Cândido Dinamarco), já que este restringe a resposta judicial do que foi requerido e somente esse faz, em regra, coisa julgada (arts. 503 e 504, CPC). Há outros autores, contudo, que entendem fazer parte integrante tanto o pedido como a causa de pedir (Walter Habscheid, José Rogério Cruz e Tucci), já que, a despeito do pedido determinar os limites objetivos da sentença, apenas tem sentido relacionado a uma causa de pedir, que lhe dá contornos e limites. A questão será tratada abaixo.

3.4.2.1. Causa de pedir

3.4.2.1.1. Introdução

Não basta ao autor apresentar o pedido sobre o bem da vida desejado. É necessário que ele apresente os motivos que o levam a formular o pedido. A esses motivos denomina-se causa de pedir.

A argumentação referente à causa de pedir é a forma como o autor apresenta o seu direito subjetivo no processo. Contudo, como bem observa José Rogério Cruz e Tucci, trata-se de direito subjetivo *meramente afirmado,* decorrente da autonomia guardada entre direito material e processo[42].

A causa de pedir possui cinco funções no ordenamento de acordo com o foco que se toma o instituto em apreço: **a) quanto aos efeitos**, a causa de pedir resulta da importância de resolver problemas de cunho endoprocessual como a litispendência, a conexão, a coisa julgada, a eficácia preclusiva e a estabilização da demanda; **b) quanto à forma**, a *causa petendi* objetiva identificar determinada ação, separando-a das demais; **c) quanto à função**, a causa de pedir objetiva delimitar o pedido, tanto que, com ele, traduz-se na moderna processualística a composição do objeto litigioso; **d) quanto à finalidade**, a causa de pedir objetiva facilitar o contraditório; e **e) quanto à estruturação da decisão**, já que impõe ao juiz, no

---

41 SANCHES, Sydney. Objeto do processo e objeto litigioso do processo. *Revista de Jurisprudência do Tribunal de Justiça do Estado de São Paulo*, São Paulo: Lex, v. 55, p. 13-28, nov./dez. 1978.
42 Conforme entendimento da teoria concreta.

momento de decidir, "enfrentar todos os argumentos deduzidos no processo capazes de, em tese, infirmar a conclusão adotada pelo julgador" (art. 489, § 1º, CPC). Assim, o magistrado tem o dever de apreciar todas as causas de pedir e argumentos deduzidos pelo autor quando for rejeitar o seu pedido. Contudo, caso o magistrado propugne pela procedência do pedido com base em uma causa de pedir, não é necessária a apreciação das demais (art. 1.013, §§ 1º e 2º, CPC).

3.4.2.1.2. Causa de pedir e o objeto litigioso

A locução "objeto litigioso", a despeito de nem mesmo a sua nomenclatura ser pacífica na doutrina[43], é recente. Quando da concepção, somente no período moderno a questão ganhou foros de notoriedade, tendo vários autores, em especial os alemães, desenvolvido monografias de fôlego sobre o tema[44].

Além de interessante, o estudo histórico do objeto litigioso se torna relevante e possui maior interesse a partir do século XIX, quando se dá início à verdadeira revisão científica do estudo do processo civil. É clássico, e se sabe que pela lavra de Oskar von Bullow se deu a iniciação do estudo processual como ciência autônoma por meio de sua clássica obra *La teoría de las excepciones procesales y los presupuestos procesales*, de 1868[45].

Dois fatores foram importantes para que essa autonomia fosse levada a efeito: o primeiro foi a ideia de Estado soberano e o segundo, a correta definição de relação jurídica.

O objeto litigioso é fixado pelo autor. As matérias de defesa do réu não ampliam o objeto litigioso[46]. O réu, ao se defender, formula resistência à pretensão já formalizada. Tanto que sobre estas matérias de defesa, em regra, não recai a coisa julgada, residindo na parte da fundamentação da sentença que não é, em regra, alcançada pelos limites objetivos previstos em lei (resguardado o enquadramento da questão nas hipóteses do art. 503, § 1º, do CPC, que será visto com mais vagar no capítulo sobre limites objetivos da coisa julgada).

O objeto litigioso não se confunde com lide. Lide é elemento acidental do processo, sendo possível haver a possibilidade de resolução do mérito sem que haja lide. Assim é no reconhecimento jurídico do pedido, na revelia e na ação de anulação de casamento proposta pelo Ministério Público, em que há resolução de mérito, mas não houve propriamente "lide".

Para a melhor compreensão do tema e para uma apreciação (ainda que sumária) sobre o histórico do objeto litigioso, é importante apresentar as duas principais correntes desenvolvidas especialmente por autores alemães:

---

43 Para aprofundado estudo sobre a questão da acepção terminológica, ver, por todos, Sydney Sanches (Objeto do processo e objeto litigioso do processo. *Revista de Jurisprudência do Tribunal de Justiça do Estado de São Paulo*, v. 55, p. 13-28, São Paulo: Lex, nov./dez. 1978).
44 Karl Heinz Schwab. *El objeto litigioso en el proceso civil*. Tradução de Tomas A. Banzhaf. Buenos Aires: EJEA, 1968; Walter J. Habscheid. La teoria dell'oggetto del processo nell'attuale dottrina tedesca. Tradução de Angela Loaldi. *Rivista di Diritto Processuale Civile*, ano XXXV, seconda serie, n. 3, jul./set. 1980.
45 A tradução espanhola é de Miguel Angel Rosas Lichtschein. Buenos Aires: Librería del Foro.
46 Salvo com a apresentação de pedido veiculado em reconvenção, pedido contraposto, denunciação da lide entre outros. Já o objeto do objeto, conforme ressaltado, insere quaisquer matérias, independentemente de quem as tenha trazido. A mera apresentação da contestação ganha "contornos cooperativos" na visão correta de Daniel Mitidiero (*Colaboração no processo civil*: pressupostos sociais, lógicos e éticos. São Paulo: Revista dos Tribunais, 2009, p. 108).

Objeto litigioso representado pelo pedido – Até determinado momento na história do processo, o centro do estudo da doutrina se estabeleceu no objeto litigioso como afirmação jurídica (do direito material). Entretanto, a autonomia do direito processual em face do direito material fez com que alguns autores levassem desmedidamente esta independência às últimas consequências e parte da doutrina confundisse autonomia com indiferença. Um dos efeitos visíveis dessa concepção de se enxergar o processo dessa forma, veio do jurista alemão Karl Heinz Schwab. Propugnava que o objeto litigioso decorre do pedido do autor (*Antrag*)[47] sem que com ele se acompanhe o fundamento (*Klagegrund*). E isso porque o objeto do processo é a resposta do Estado ao pedido do autor.

A teoria do referido autor, contudo, não ficou isenta de críticas: e isso porque, para determinar *o que* da decisão se tornou imune após a coisa julgada, socorreu-se o autor da causa de pedir.

No Brasil defendem essa teoria Cândido Rangel Dinamarco[48], Kazuo Watanabe, José Carlos Barbosa Moreira[49], Sydney Sanches[50] e Ricardo de Barros Leonel[51].

Objeto litigioso representado pelo pedido e pela causa de pedir – Essa corrente, não é nem tão apegada ao direito material (remontando quase à noção imanentista do direito de ação como os alemães defendiam no final do século XIX), mas também nem tão distante da realidade substancial criando um processo sem referência (como a que defende a configuração do objeto litigioso apenas pelo pedido).

Dessa forma, a pretensão é configurada não somente pelo pedido, mas também pela causa de pedir, segundo Walter Habscheid. Para o autor o objeto litigioso não poderia ser definido somente pelo pedido. Estabeleceu, portanto, que a sua fixação é importante além da cumulação de ações, litispendência e coisa julgada, também para o exercício do contraditório. E isso porque a função da fixação do objeto litigioso é, além de fixar a demanda, permitir a ampla defesa do réu. Assim o objeto litigioso é formado por dois elementos: a pretensão (*Rechtsbehauptung*) que compreende o direito substancial e processual e o estado de fato, leia-se, causa de pedir que dá fundamento para a pretensão.

Com os fatos constitutivos integrando o objeto do processo, o réu terá melhor oportunidade de se defender já que terá identificado com mais precisão o seu objeto. E isso porque causas de pedir distintas ensejam objetos litigiosos distintos. Portanto, o objeto litigioso é a afirmação jurídica que o autor apresenta em juízo. No Brasil, esta posição é defendida por José Rogério Cruz e Tucci, José Roberto dos Santos Bedaque[52] e Eduardo Talamini[53].

O ordenamento brasileiro, em nosso sentir, segue a segunda teoria. O art. 319, III e IV, exige a presença do pedido e da causa de pedir. Este entendimento é ratificado pelos arts. 330, I, e 337, § 2º, todos do CPC.

---

47 *El objeto litigioso en el proceso civil*, cit., p. 243.
48 Conceito de mérito em processo civil. *Fundamentos do processo civil moderno*, cit., 2. ed., p. 218.
49 *O novo processo civil brasileiro*, cit., p. 10.
50 *Objeto do processo e objeto litigioso do processo*, cit., p. 23.
51 *Causa de pedir e pedido*, cit., p. 103-104.
52 Os elementos objetivos da demanda à luz do contraditório. In: José Rogério Cruz e Tucci, José Roberto dos Santos Bedaque (Coords.). *Causa de pedir e pedido no processo civil* (questões polêmicas). São Paulo: Revista dos Tribunais, 2002, p. 26.
53 *Coisa julgada e sua revisão*. São Paulo: Revista dos Tribunais, 2005, p. 80.

3.4.2.1.3. Conceito da causa de pedir

A causa de pedir é composta dos fatos e dos fundamentos jurídicos do pedido (CPC, art. 319, III).

3.4.2.1.3.1. Fatos constitutivos (causa de pedir remota)

Para fins e efeitos de classificação, é possível dividir a causa de pedir em remota (os fatos) e próxima (o fundamento jurídico)[54].

Quando um fato da vida encontra correspondência num fato abstratamente previsto na lei, dizemos que o direito incidiu. E porque incidiu, as consequências igualmente previstas na lei devem ocorrer. Esse fato da vida, condição da incidência do direito, é denominado fato jurídico[55].

Conforme ficou estabelecido, os fatos consistem no elemento integrante da causa de pedir que se afiguram essenciais para a caracterização da pretensão do autor.

Contudo, nem todos os fatos trazidos ao conhecimento do juiz são aptos a mostrar a identificação da causa. E isso porque existem fatos que produzem consequências jurídicas – os denominados *fatos jurígenos*, na conhecida lição de Milton Paulo de Carvalho[56]. Estes fatos são obrigatórios. Outros não produzem, de per si, tais consequências. Sua finalidade fica circunscrita ao esclarecimento dos fatos jurídicos. São os denominados *fatos simples*. Como resultado, podem ser livremente modificados ou mesmo conhecidos pelo juiz independentemente de provocação.

Os fatos jurídicos são também chamados fatos principais, essenciais ou relevantes. Estes fatos são aqueles que exclusivamente objetivam delimitar a pretensão da parte.

Entretanto, na prática se entremostra extremamente difícil estabelecer uma clara distinção entre fato simples e fato jurídico, já que um mesmo fato pode ser essencial em uma demanda e secundário em outra.

Em algumas situações, também, a atitude do réu em defesa pode influir na classificação de um fato como simples ou jurígeno. Conforme observa José Roberto dos Santos Bedaque[57], se numa dada ação de indenização por acidente de veículo terrestre o autor alega que o acidente ocorreu em determinado dia, como, por exemplo, no sábado, tal informação se entremostra irrelevante, alocando no grupo dos fatos secundários. Entretanto, se a defesa alegar que o réu não pode sair aos sábados em decorrência de sua crença religiosa, o dia da semana passa a ser fato essencial.

Somente são fatos constitutivos os fatos jurídicos, pois somente estes integram a constituição da causa de pedir.

---

54 Apesar de ser adotada pela grande maioria da doutrina. Nelson Nery e Rosa Andrade Nery (*Código de Processo Civil comentado e legislação extravagante*. 10. ed. São Paulo: Revista dos Tribunais, 2007, p. 550) entendem exatamente o contrário. Para os autores, o fato "compõe a *causa de pedir próxima*. É o inadimplemento, a ameaça ou a violação do direito (fatos) que caracteriza o interesse processual imediato, quer dizer, aquele que autoriza o autor a deduzir pedido em juízo. Existe uma terceira corrente esposada por Teresa Arruda Alvim, que categoriza a causa de pedir e seus elementos em uma corrente intermediaria. Para a autora se está diante de um falso problema, pois tanto a causa de pedir remota como a próxima abrangem fato e direito (*Omissão judicial e embargos de declaração*, cit., p. 109). Nesse sentido: Vallisney de Souza Oliveira. *Nulidade da sentença e o princípio da congruência*, cit., p. 132-133.
55 J. J. Calmon de Passos. *Comentários ao Código de Processo Civil*, cit., p. 141.
56 *Do pedido no processo civil*, cit., p. 81.
57 *Os elementos objetivos da demanda à luz do contraditório*, cit., p. 36.

Os fatos simples integram, ao lado dos fatos jurídicos, o grupo de fatos que compõem a causa de pedir. Entretanto, a despeito de integrá-la, não fazem parte do seu conteúdo mínimo, especialmente para o fim de identificação com outra demanda.

São fatos que, por si, não têm aptidão para gerar consequências jurídicas, já que apenas auxiliam no conhecimento dos fatos jurídicos, sem que isso tenha importância para a identificação da demanda.

Sua prescindibilidade para a identificação do conteúdo da *causa petendi* não retira, contudo, sua obrigatoriedade. É fato que alguns autores afirmam que os fatos simples não são obrigatórios, podendo, por consequência dessa inexigibilidade, ser modificados no curso da demanda. Entretanto a moderna processualística e seus princípios informadores determinam que os fatos simples são essenciais e devem estar inseridos na causa de pedir para conferir aos fatos jurígenos sua perfeita identificação e facilitar o contraditório.

3.4.2.1.3.2. Fundamento jurídico (causa de pedir próxima)

É importante conferir a importância da fundamentação jurídica como elemento integrante da *causa petendi*. Contudo, *para fins de delimitação objetiva da demanda, os fundamentos não possuem a mesma importância dos fatos*, pois, tratando-se de elementos puramente jurídicos e nada tendo de concreto relativamente ao conflito e à demanda, a invocação dos fundamentos jurídicos na petição inicial não passa de mera proposta ou sugestão endereçada ao juiz, ao qual compete fazer depois os enquadramentos adequados.

Dessa forma, em regra é na petição inicial que deve o autor apresentar os fundamentos jurídicos junto aos fatos constitutivos do seu direito, *ex vi* do art. 319, III, do CPC. Contudo, a alteração da qualificação jurídica é possível no curso da demanda sem ofender a sua estabilização (CPC, art. 329) ou a congruência, se essa mudança não alterar a estrutura dos fatos essenciais e desde que as partes sejam devidamente intimadas para se manifestar sobre essa mudança. Aliás, a falta de fundamentação jurídica (desde que descritos adequadamente os fatos) sequer é caso de regularização da petição inicial, pois o juiz conhece o direito.

Havendo alteração fática decorrente dos novos fundamentos jurídicos apresentados, estará o magistrado rompendo com a correlação e julgando indevidamente *extra petita*. A simples mudança de erro para coação, desde que não se altere a estrutura da causa de pedir remota, pode ser autorizada, pois *iura novit curia*.

Contudo, se numa ação em que se discute a responsabilidade sobre os danos causados decorrentes de acidente de trânsito, não poderá, no curso da demanda, haver modificação do enquadramento de responsabilidade subjetiva para objetiva, pois nesse caso ocorrerá mudança na estrutura fática. Esta alteração, além de ofender a regra da eventualidade, consequentemente inutilizará a defesa apresentada.

Todavia, é sobremodo difícil distinguir quando determinada fundamentação jurídica terá o condão de alterar os fatos e quando apenas servirá para seu enquadramento. Esta problemática reside na própria dificuldade prática de se distinguir os fatos dos fundamentos jurídicos, conforme se verá abaixo.

Portanto, para fins de identificação, duas demandas serão idênticas se, com os mesmos fatos constitutivos, apresentarem teses jurídicas diversas. Entretanto, pode um mesmo fato gerar mais de uma qualificação jurídica (fato típico complexo). Em ocorrendo, não haverá litispendência se a consequência jurídica que se apresenta for diversa num e noutro fato (o que, de resto, se aplicaria da mesma forma se houvesse a mesma qualificação jurídica, mas com fatos diversos).

Os fatos são trazidos *in status assertionis* do modo como as partes descrevem como ocorreram. É vedado ao magistrado alterá-los sob pena de ofensa ao já mencionado princípio da congruência. Já a qualificação do direito não se encontra no direito material, e sim no critério silogístico eleito pelo ordenamento para que dado fato, caso ocorra – e seja provado –, tenha uma consequência abstrata prevista no ordenamento.

Fundamentação jurídica e fundamentação legal não se confundem. A fundamentação jurídica, conforme dito, é uma qualidade que atinge o fato por estar ele – fato – sujeito a uma situação jurídica. A fundamentação legal prescreve somente o artigo de lei (regra) que dá vigência à fundamentação jurídica em um de seus aspectos. Consoante assevera Arruda Alvim, a indicação do artigo de lei "é extrínseca à identificação de ações. Nada tem a ver com ela"[58].

Como consequência, nenhuma relevância possui o nome da ação, pois a qualificação jurídica trazida pelas partes, como será visto, não vincula o magistrado que pode aplicar aos fatos o direito que melhor compreende. Dessa forma, se a parte requereu no pedido reintegração de posse, mas nominou a demanda como manutenção de posse, o autor, se procedente o provimento, será reintegrado e não manutenido.

Em conclusão, pode-se constatar que a adoção da teoria da substanciação revela que: i) vige no nosso ordenamento a regra da *iura novit curia*, ao ponto que a indicação imprecisa dos fundamentos legais não é óbice para que o magistrado aplique, *in casu*, a norma que entende correta desde que exercido previamente o contraditório, conforme os arts. 9º e 10 do CPC; ii) é irrelevante o *nomen iuris* da causa. Somente é necessário que pela causa de pedir e pedido seja possível definir com precisão a pretensão do autor; e iii) é possível a alteração e o implemento de novos fundamentos jurídicos e legais à demanda proposta, bem como de nova demanda, uma vez que essa atividade não modifica a causa de pedir.

3.4.2.1.3.3. As denominadas teorias da substanciação e da individualização

Contudo, o estabelecimento dos elementos estruturais da *causa petendi* nem sempre navegou em águas tranquilas. No curso da história, duas teorias se confrontaram para determinar qual dos elementos deveria prevalecer. Se for possível estabelecer uma hierarquia entre eles, qual desses elementos é essencial e qual é meramente circunstancial.

Em virtude de divergências, foram desenvolvidas duas teorias para explicar o conteúdo mínimo da causa de pedir: a denominada teoria da substanciação e a teoria da individuação ou individualização.

Pela teoria da **substanciação**, o conteúdo da causa de pedir é formalizado pelo fato ou conjunto de fatos constitutivos do direito do autor. Como consequência lógica a mudança dos fatos acarreta uma nova causa de pedir e, portanto, uma diferente demanda (CPC, art. 337, § 2º).

Já a **individuação** é conceituada pelos fundamentos jurídicos, sendo os fatos secundários e não relevantes para a perfeita identificação da causa de pedir. A mudança da qualificação jurídica, para esta corrente, consistiria em nova demanda, mesmo que os fatos da segunda causa sejam os mesmos da anterior.

O Brasil adotou a teoria da substanciação. Tal adoção decorreu da opção político-legislativa não somente representada pelo art. 319, III (que exige a presença do **fato** e dos fundamentos jurídicos), mas, principalmente, em virtude do sistema de preclusões admitido no nosso ordenamento. A regra da eventualidade é elemento essencial para os ordenamentos que adotam a

---

58 *Direito processual civil*, cit., v. 2, p. 51.

substanciação. Mesmo a flexibilização procedimental e a calendarização trazidas com o CPC (arts. 190 e 191) não mudam essa realidade. Nosso regime continua sendo, em regra, rígido, mas se permitem, por vontade das partes (ambas) e a presença de determinados requisitos, algumas alterações no trajeto do procedimento, o que não desnatura a afirmação anterior.

Contudo, mesmo com a notória adoção pelo Brasil da teoria da substanciação, seguindo a linha de pensamento da maioria dos ordenamentos vigentes, autores há que entendem ter o Brasil adotado uma **teoria híbrida** consistente na admissão das duas teorias como se vê nas doutrinas de Araken de Assis[59], José Ignácio Botelho de Mesquita[60] e Ovídio Baptista[61].

Não se pode, porém, entender a adoção de uma ou outra teoria com a leitura isolada do referido artigo. É necessária uma interpretação lógico-sistemática, até mesmo porque as normas exigem nexo de dependência, devendo ser analisadas reciprocamente.

É inegável que o sistema de preclusões no sistema brasileiro é caracterizado pela transposição de fases em que se estabelecem pormenorizadamente os atos que devem ser praticados, sendo vedada a repetição ou inovação do ato perdido. Assim, importante constatar a supremacia dos fatos sobre a fundamentação jurídica (elemento essencial na teoria da individualização), ainda que essa fundamentação jurídica tenha uma importância maior nos chamados direitos absolutos[62].

É perceptível a importância dos fatos, consoante se verifica, apenas à guisa de exemplo, o ônus da impugnação específica (art. 341 do CPC), a revelia (art. 344 do CPC) e a vedação do *jus novorum* em grau recursal (art. 1.014 do CPC). É por conta da concentração dos atos postulatórios que a narrativa dos fatos se faz tão importante entre nós e se sobrepõe à fundamentação jurídica, mesmo que a lei, repise-se, não tenha estabelecido expressamente uma hierarquia entre esses dois elementos.

O fato de não haver essa restrição preclusiva, importante que se diga, aos efeitos dos fundamentos jurídicos da mesma forma que existem com os fatos, decorre da competência judicial para a aplicação do direito (*da mihi factum, dabo tibi jus*).

Entretanto, o princípio do contraditório traz um novo dimensionamento para os fundamentos jurídicos na medida em que nenhum juiz poderá decidir sem ouvir a parte.

A compreensão do brocardo *iura novit curia* e a adoção da teoria da substanciação (conforme majoritária doutrina brasileira) não podem fazer com que as partes sejam surpreendidas com a mudança no enquadramento jurídico.

A despeito de competir ao juiz (e não às partes), de maneira geral, dispor sobre a aplicação do direito no caso concreto em decorrência da função que exerce, não lhe dá o direito de alterar a qualificação jurídica sem antes ouvir as partes em atenção ao contraditório cooperativo (arts. 6º, 9º e 10, CPC). Cuidado ainda mais especial deve ser dado quando essa modificação de qualificação jurídica se dá em sede de tribunais regionais ou locais (quando então caberá apenas recursos em sentido estrito para os tribunais superiores com todas as dificuldades de sua admissibilidade). Em conclusão: se o juiz possuir (e ele pode ter) interpretação sobre o direito

---

59 *Cumulação de ações*, cit., p. 126.
60 *Causa petendi* nas ações reivindicatórias..., cit., p. 154.
61 SILVA, Ovídio Baptista da. *Sentença e coisa julgada*: ensaios. Porto Alegre: Sérgio Antônio Fabris, 1979, p. 166. Seguem também essa teoria intermediária: CRUZ E TUCCI, José Rogério. Causa petendi *no processo civil*, cit.; CARVALHO, Milton Paulo de. *Do pedido no processo civil*, cit.; LAZZARINI, Alexandre Alves. *A causa petendi nas ações de separação judicial e de dissolução de união estável*, cit.
62 A eventualidade não tem incidência na individualização na medida em que os fatos para essa teoria assumem um plano secundário, já que a alteração dos fatos (por serem secundários) não modifica a demanda.

diversa das partes sobre os fatos narrados, ele poderá aplicar o direito que entenda adequado desde que as partes sejam previamente informadas e possam se manifestar.

Voltando à disputa, a defesa dos que seguem a teoria da individualização está nos **direitos absolutos** (que detêm eficácia *erga omnes* – como os direitos reais, de família e da personalidade). Dessa forma, para que se possa entender a operacionalidade das duas teorias, necessário estender algumas explanações sobre os direitos absolutos e relativos.

Pontes de Miranda, ao dispor sobre os direitos absolutos e relativos, assevera que "o proprietário pode reivindicar qualquer que tenha sido o título; o credor nem sempre pode cobrar"[63].

A classificação em direitos absolutos e relativos leva em consideração a eficácia do direito subjetivo em relação a outras pessoas ou apenas para o seu titular[64].

E isso porque o conteúdo dos direitos absolutos é único. Uma vez com a aquisição do direito real, este constitui um só, irrelevante se decorrente de propriedade, usufruto, servidão etc. Assim como o direito de personalidade ou de família, como o nome, a imagem, a condição de herdeiro. Nestes casos basta a simples afirmação deste direito, sendo desnecessário o modo de sua formação para poder individualizá-lo[65]. A narração dos fatos nas ações de direito absoluto seria uma condição de êxito da demanda e não propriamente um elemento identificador.

Já os direitos relativos podem existir mais de uma vez. É perfeitamente possível determinado devedor possuir dois créditos de naturezas distintas perante um mesmo credor. A simples alegação do dever de pagamento (fundamentação jurídica) não torna claro nem fornece todas as informações sobre *qual* crédito (fato) se está cobrando. Pela congruência, o Estado deve responder pelo exato pedido que o autor fizer e não poderá "presumir" qual crédito restou requerido e qual crédito restou relegado, pois a autoridade da coisa julgada somente poderá recair sobre o objeto da pretensão[66].

Em resumo, a teoria da substanciação agirá de forma mais ou menos intensa, na medida em que a qualificação jurídica possua autonomia de per si para figurar como *status* jurídico suficiente a qualificar uma demanda.

---

63 *Comentários ao Código de Processo Civil* cit., 1976, v. 4, p. 17.
64 Esta classificação, todavia, não é suficiente para tutelar todas as questões adequadas e isso porque a doutrina vem entendendo que os direitos reais atingem um grupo maior de situações englobando: "(a) direitos reais de gozo; (b) os direitos sobre bens imateriais, (c) os direitos da personalidade (nome, imagem, privacidade, honra, vida, liberdade etc.) e (d) direitos de *status civitatis* e de família, em uma crescente evolução e abrangência do conceito". Sistematização feita por Ricardo de Barros Leonel, baseado na obra de Santoro Passarelli, Diritto soggetivi (diritti assoluti e relativi). *Enciclopedia del diritto*. Milano: Giuffrè, 1959, v. 4, p. 148 (apud Ricardo de Barros Leonel, *Causa de pedir e pedido*, cit., p. 94).
65 É evidente que nem todos os casos de direitos reais possuem essa eficácia. Aplica-se aos direitos reais de gozo, mas não aos de garantia. Estes, como, por exemplo, o penhor, a hipoteca e a anticrese, podem ser instituídos em mais de uma oportunidade, ao mesmo tempo, referente ao mesmo bem, assegurando duas ou mais obrigações distintas. Dessa forma, pode-se concluir que as demandas autodeterminadas abrangem, além dos casos de propriedade, os direitos reais de gozo, as questões de direito de família, o direito da personalidade, bem como os direitos de crédito quando a obrigação se apresenta específica (um fazer, por exemplo).
66 Se, por exemplo, alguém se denomina credor de outrem, esta qualidade pode ser ostentada por um contrato de compra e venda, de mútuo ou mesmo de locação. Assim qualquer fato pode tornar alguém credor, daí a necessidade da precisa narração dos fatos. Na substanciação, o prestígio se dá aos fatos constitutivos. Assim, a alteração dos fatos, mesmo mantendo incólumes o pedido e o direito alegado, faz emergir uma nova ação. E mais, a sentença baseada em determinados fatos impede a propositura de nova ação entre as mesmas partes com base nos mesmos fatos, ainda que se pretenda retirar diversa consequência jurídica. Para esta teoria, ao contrário da individualização, não há diferença entre direitos absolutos e relativos, pois os fatos sempre devem ser narrados.

Com base nessa classificação em direitos absolutos e relativos, que leva em consideração as características do direito material afirmado em juízo, é que se estabeleceu a clássica distinção entre demandas **autodeterminadas** e **heterodeterminadas**. Esta classificação prevalente na doutrina italiana liga a primeira aos direitos absolutos e a segunda aos direitos relativos.

Demandas autodeterminadas são aquelas que podem ser identificadas em relação às demais pelo seu próprio conteúdo. Dessa forma, por esta peculiaridade não podem existir mais de uma vez com o mesmo objeto entre as mesmas partes no mesmo momento (direitos reais de fruição, personalidade). Ninguém pode ser proprietário duas vezes de maneiras distintas de um mesmo imóvel ao mesmo tempo[67]. Como consequência lógica, não é necessária a informação do modo de aquisição desse direito, pois ele, por si, já é suficiente e determinante para identificar a causa[68].

As **demandas heterodeterminadas** têm como objetos direitos que somente têm aptidão de se distinguir dos demais com a precisa narração dos fatos constitutivos. E isso porque é possível a existência de mais de um direito no mesmo momento histórico (um credor pode possuir dois créditos distintos com o devedor). Assim, a diferenciação entre uma demanda e outra se dá pelo modo de aquisição desse direito. Aqui é necessário, para sua perfeita identificação, um fator exterior, estranho ao próprio direito.

As demandas heterodeterminadas não participam da discussão entre as teorias da individuação e da substanciação. E isso porque mesmo os seguidores da primeira corrente entendem (e defendem) a necessidade de dedução de fatos acerca de demandas dessa natureza de molde a definir a causa de pedir ativa ora apresentada.

Como conclusão, pode-se estabelecer que: i) nosso ordenamento segue um sistema rígido de preclusões que exige a perfeita explicitação dos fatos em momentos estabelecidos no curso do processo; ii) a fundamentação integra o enquadramento jurídico que é prerrogativa judicial (*iura novit curia*); iii) na prática existe uma latente dificuldade de se saber *quando* estes fatos terão menor relevância e *quando*, dada esta "perda de importância dos fatos", gerará atenuação da regra da eventualidade. Em suma: é extremamente difícil calibrar com exatidão quando a importância dos fatos ou não na demanda podem gerar uma atenuação ao caso.

3.4.2.1.4. Causa de pedir passiva e ativa

Existe uma classificação adotada por parte da doutrina que divide a causa de pedir em ativa e passiva. Esta classificação tem como base o interesse processual do autor na demanda. Não se trata de fácil classificação como já asseverou Cândido Rangel Dinamarco: "A distinção entre causa de pedir ativa e passiva não é nítida em todos os casos, mas às vezes reveste-se de muita valia, seja para a boa compreensão da versão sustentada pelo autor, seja para a delimitação precisa da causa de pedir"[69].

A causa de pedir ativa refere-se à existência do direito alegado. Trata-se dos fatos ou o conjunto de fatos necessários a fundamentar a pretensão do autor. Guarda estreita referibilidade com o fato constitutivo levado ao Judiciário.

Já a causa de pedir passiva é a situação fática, antijurídica, que leva o requerente a pretender a obtenção de tutela pelo Estado. Se o autor requer a restituição de quantia emprestada

---

67 Basta a mera indicação da propriedade, sendo irrelevante se adquirida por sucessão hereditária, compra e venda ou usucapião.
68 Este o motivo da nomenclatura "autodeterminado".
69 Cândido Rangel Dinamarco. *Instituições de direito processual civil*, cit., p. 362-363.

a terceiro, o aspecto ativo é o empréstimo, fato constitutivo do direito, e o não pagamento da dívida no vencimento gerando dano constitui o aspecto passivo da causa de pedir[70].

Nas demandas condenatórias a causa de pedir passiva caracteriza-se pelo inadimplemento. Este inadimplemento pode ser atual (lesão) ou iminente (ameaça a direito). Nas demandas constitutivas não necessárias (aquelas que podem ser obtidas com a vontade das partes se assim desejarem) é fundamental demonstrar a necessidade concreta de se requerer a criação, extinção ou modificação de determinada relação jurídica.

Contudo, nas demandas constitutivas necessárias[71] a causa de pedir passiva se torna desnecessária na medida em que o Estado já presume esta necessidade.

Por fim, nas demandas declaratórias o interesse (e consequentemente na constatação da sua causa de pedir passiva) decorre do não reconhecimento, por determinada pessoa, da posição jurídica que ocupa em determinada relação.

3.4.2.2. Pedido

O pedido é a conclusão da demanda do autor. Aquilo que se pede. É dividido em pedido imediato (tutela jurisdicional pretendida, v.g., condenação, declaração, constituição) e mediato (bem da vida que se discute). O pedido será visto no capítulo sobre a petição inicial.

3.4.3. DIMENSÃO SUBJETIVA DA DEMANDA

3.4.3.1. Partes

Finalizando os elementos da demanda, as partes consistem na fixação subjetiva daqueles que figuram em juízo. É pacífico na doutrina o entendimento de que parte tem significado processual, na medida em que o vocábulo não deflagra nenhum outro sentido senão das pessoas que estão no processo. Para verificar a pertinência subjetiva, ou seja, se a parte "deveria" estar no processo há de se verificar em outro plano: no plano da legitimidade. Aqui, os olhos se voltarão para a relação jurídica de direito material.

Sobre as partes, é importante a leitura do capítulo pertinente sobre o tema, *infra*.

---

70 Exemplo de José Carlos Barbosa Moreira. *O novo processo civil brasileiro*, cit., p. 17.
71 Há causas em que a parte não tem a opção de buscar a solução da crise por outras vias, sendo o judiciário o único caminho adequado para a obtenção do provimento desejado. Nessas situações o interesse pela necessidade é presumido, não necessitando ao juiz verificar – no plano do direito material – se a prestação poderia ter sido cumprida de outro modo. Desta forma "na jurisdição voluntária, a serem cabíveis as condições da ação, como me parece, o interesse de agir decorreria normalmente da própria lei que subordina a validade ou eficácia de um ato da vida privada [...]" (Leonardo Greco, *A teoria da ação no processo civil*, cit., p. 34-35). É o que se verifica nas ações de interdição, usucapião, separação litigiosa, falência e na esfera penal que só pode ser tutelada pelo Estado. Nesses casos, o interesse é implícito, não necessitando de sua comprovação – comprovação de existência – ao contrário dos demais casos em que o interesse deve ser provado.

4.

PROCESSO E PRESSUPOSTOS PROCESSUAIS

4.1. HISTÓRICO DO PROCESSO

A evolução do conceito de processo para o seu estado atual foi fruto de grande evolução histórica e remonta ao período imanentista. Naquela fase, em que o estudo processual não possuía *status* de ciência autônoma, o processo era confundido com procedimento, sendo apenas um apêndice do direito material.

Assim, os primeiros estudos sobre processo recaíam apenas sobre sua forma. Era a fase denominada de **praxismo ou procedimentalismo**, como bem assevera Antônio Scarance Fernandes[1]. Justamente porque, etimologicamente, processo significa "marcha avante", muitos entenderam que processo se confundia com o próprio procedimento.

> Conforme será visto adiante, não se pode limitar a definição de processo a mero procedimento. Procedimento é apenas o aspecto extrínseco, ou seja, a realidade visível do processo (por meio de seus atos). A despeito de muitos autores da processualística moderna seguirem a ideia de Elio Fazzalari que, como será visto, o processo é considerado procedimento em contraditório (Rosemiro Pereira Leal, Alexandre Freitas Câmara).

Logo após a fase do praxismo surgiu o período do **contratualismo** desenvolvida por *Pothier* na França. Nessa fase, é fácil observar, pela própria nomenclatura, que o processo era considerado um contrato. Essa ideia foi inspirada no Período Romano já que no Período Formular (baseado em fórmulas) o processo só poderia ser apresentado ao *iudex* se houvesse um acordo de vontades entre as partes. As premissas adotadas para a criação dessa teoria foram as mesmas utilizadas por Rousseau para desenvolver a clássica obra *Contrato social*, em que os cidadãos se submetiam às regras por eles mesmos pactuadas (autorregramento), sem a ingerência de nenhum outro ente que não sua própria vontade.

---

1 *Teoria geral do procedimento e o procedimento no processo penal*. São Paulo: Revista dos Tribunais, 2005, p. 23.

Este método de definir processo evidentemente não possui nenhuma relação com o nosso sistema, dada a imperatividade do Estado em impor suas decisões aos participantes do processo (basta ver que a citação, v.g., é efetivada com ou sem a vontade do réu), a despeito de haver uma certa flexibilização empreendida pela generalização do negócio jurídico processual e sua calendarização (arts. 190 e 191, CPC).

Dessa teoria desenvolveu-se outra muito próxima, denominada **quase contrato**. Em verdade, sua definição era abstraída por exclusão. Em não sendo o processo um contrato, tampouco um delito, sobraria a ele a categoria de um quase contrato. Essa teoria, assim como as duas anteriores, tinha como influência precípua a ampla ingerência do direito privado nas relações processuais.

Entretanto todas as teorias do direito privado ficaram apenas marcadas na história, sem influência nos dias atuais após os estudos sobre a autonomia do processo em relação ao direito privado.

Em 1868, Oskar Bullow lançou sua mais famosa obra denominada *Teoria dos pressupostos processuais e das dilações probatórias*. Este foi um marco inicial criando um divisor de águas no mundo do processo, pois após sua publicação, os estudiosos do Direito (especialmente os alemães e italianos) passaram a estudar o processo e seus institutos como categoria autônoma independente e apartada da relação jurídica de direito material.

O autor diferencia a relação jurídica processual da relação jurídica de direito material pelos sujeitos (autor e réu), pelo objeto (tutela jurisdicional) e pelos pressupostos (processuais). O grande mérito de Bullow, em verdade, não foi a criação de um sistema distinto do direito material, mas sim a sua sistematização, para se estabelecer um fim próprio e diverso para o processo.

Para Bullow, processo é exclusivamente uma relação jurídica autônoma e diversa do direito substancial subjacente (posição seguida ainda por diversos autores na doutrina). **A teoria da relação jurídica** é a teoria que explica a relação dos sujeitos e sua interação dentro do processo, seguindo determinados requisitos (denominados pressupostos processuais).

Há, de fato, uma pequena divergência, sem tanta importância prática acerca da configuração gráfica da relação jurídica processual. Para alguns autores a relação seria **triangular** (Moacyr Amaral Santos, Frederico Marques), havendo relações intersubjetivas entre Estado--autor, Estado-réu e autor-réu. Outros, contudo, entendem que não existe vínculo direto entre autor e réu, mas apenas destes com o Estado, relação **angular**, portanto. Para essa corrente, no plano dos processos individuais (já que no processo coletivo se parte de premissa diversa) não se pode falar em ação "contra o réu", pois não se estaria se insurgindo diretamente contra ele. A ação seria "contra o Estado", mas em "face do réu"[2].

A despeito de pouca relevância prática, pois a ação continuará a ser apresentada perante o Estado-juiz e a atividade entre o autor e o réu será regulada pela lei, pelo juiz ou por negócio processual (art. 190, CPC), entende-se que a **relação triangular** se apresenta mais consentânea com os propósitos do processo civil moderno. E isso porque, a despeito de na grande maioria das situações processuais os atos serem praticados pelas partes diretamente com o Estado há algumas situações que são estabelecidas somente entre as partes sem a interferência do Estado, o que a relação angular não alcança.

---

2   DINAMARCO, Cândido Rangel. *Vocabulário do processo civil*. São Paulo: Malheiros, 2009, p. 51-52. Para o autor, a ação tem por titular o Estado e não o adversário. Dessa forma é possível afirmar que a demanda é proposta "com relação a alguém" ou "em confronto" do demandado. É importante frisar que essa construção foi feita antes do CPC atual.

Assim: i) as partes têm o dever de lealdade recíproca; ii) as partes podem convencionar a suspensão do processo (CPC, art. 313, II); e iii) a parte tem o dever de reembolsar a outra nas custas caso tenha sido sucumbente; iv) as partes podem eleger o foro de eleição; v) as partes podem convencionar sobre as suas atividades e o procedimento no processo (convenção processual). Ademais, com o fortalecimento do princípio da cooperação, diversos atos podem ser praticados diretamente pelas partes, como os negócios jurídicos processuais (art. 190, CPC) e o saneamento convencional do processo (art. 357, § 2º, CPC). Assim, a adoção expressa do sistema brasileiro pela cooperação (fruto da fase formalista-valorativa, que adotamos), pode se entender que as relações entre as partes com o juiz são múltiplas, sem que haja impedimento à comunicação direta entre as partes.

A teoria adotada hoje vai além das formas geométricas, seguindo uma relação colaborativa (cooperação) entre as partes e o juiz, assim:

TEORIA ANGULAR	TEORIA TRIANGULAR	TEORIA COLABORATIVA
Juiz / Autor / Réu	Juiz / Autor / Réu	Juiz / Autor / Réu

Há ainda autores que desenvolveram teorias contrárias à da relação jurídica. James Goldschmidt[3] desenvolveu a teoria da **situação jurídica**, ou seja, o processo seria composto de uma série de situações jurídicas aptas a gerar aos sujeitos deveres, poderes, ônus, obrigações e faculdades.

Ademais, entende o autor alemão que o magistrado julgaria a causa com base no seu amplo senso de justiça e não, necessariamente, com base na lei ou nos debates apresentados pelas partes. Outro notável jurista que desenvolveu sua teoria e possui diversos adeptos no Brasil é Elio Fazzalari, como Rosemiro Pereira Leal[4], Alexandre Freitas Câmara[5] e José Roberto dos Santos Bedaque[6]. Para o autor peninsular, processo é o **procedimento em contraditório**, ou seja, fomenta a ampla participação das partes para a constituição do processo. O procedimento é gênero em que figura como espécie o processo. O contraditório é tão importante que ele se confunde com o próprio processo. E, sem o contraditório, tem-se apenas procedimento e não processo[7].

Por fim, há alguns autores no Brasil que defendem o processo como uma **entidade complexa** (nesse sentido Cândido Rangel Dinamarco), posição que seguimos e explicaremos com mais vagar no próximo item.

---
3   *Teoría general del proceso*, p. 19.
4   *Teoria geral do processo:* primeiros estudos. Rio de Janeiro: Gen, 2009, p. 92-93.
5   *O novo processo civil brasileiro*. São Paulo: Atlas, 2015, p. 23-15.
6   *Efetividade do processo e técnica processual*. São Paulo: Malheiros, 2006, p. 184.
7   LEAL, Rosemiro Pereira. *Teoria geral do processo*: primeiros estudos, cit., p. 93.

4.2. CONCEITO DE PROCESSO

4.2.1. PROCESSO, PROCEDIMENTO E COGNIÇÃO JUDICIAL

4.2.1.1. Processo

Processo constitui um método de atuação do Poder Judiciário para o exercício das atividades jurisdicionais em que participam sujeitos interessados com o objetivo de: a) solucionar uma determinada situação jurídica e b) que o resultado desse processo possa servir de paradigma para a resolução de casos futuros (precedentes).

Em nosso entender, contudo, o desenvolvimento desse método se dá por meio de uma atividade complexa (processo é uma **entidade complexa**). Assim, apenas será possível definir processo (dentre outros fatores, como será visto), pelo aspecto da relação jurídica processual entre autor, réu e juiz (intrínseco e subjetivo), somado ao procedimento em contraditório (aspecto extrínseco e objetivo).

Explica-se.

O Estado e as partes estão interligados por uma série de vínculos. Estes vínculos conferem às partes o direito/ônus/dever de praticar atos, pois são titulares de posições jurídicas.

Dessa forma, "relação jurídica é exatamente o nexo que liga dois ou mais sujeitos, atribuindo-lhes poderes, direitos, faculdades, e os correspondentes deveres, obrigações, sujeições, ônus (...). Poderes e faculdades são posições jurídicas ativas correspondentes à permissão (pelo ordenamento) de certas atividades. O que as distingue é que, enquanto a faculdade é a conduta permitida que se exaure na esfera jurídica do próprio agente, o poder se resolve numa atividade que virá a determinar modificações na esfera jurídica alheia (criando novas posições jurídicas)"[8].

Assim, não se pode afirmar que processo seja sinônimo de relação jurídica somente, pois relação jurídica não tem aptidão de definir todo o alcance do instituto processo. A relação jurídica é apenas uma das partes, uma vertente, da definição maior que se agrega também ao procedimento. Dessa forma, processo é uma entidade complexa com a soma da relação jurídica (seu aspecto intrínseco) com o procedimento (seu aspecto extrínseco).

O procedimento (que medeia a petição inicial até a satisfação do processo) é marcado por uma série de posições jurídicas afetas ao juiz e às partes. Por ser o processo fenômeno eminentemente dinâmico, essas posições são alteradas conforme os atos que se sucedem ao longo da cadeia procedimental (dessa forma, o réu não pode se escusar da citação pois constitui uma obrigação, mas uma vez citado, tem o ônus de se defender, que se encerra numa faculdade). Assim, essas relações são dinâmicas não apenas porque o processo avança, mas porque as posições processuais tendem a mudar ao longo do procedimento com diferentes poderes, ônus, deveres e faculdades[9].

Essa sucessão de atos tem previsão legal e guarda, em princípio, uma estrita sequência lógica.

Em princípio porque, a despeito da previsão legal, os atos do processo podem ser alterados em sua ordem original, podendo ser acrescidos atos até então não existentes, suprimidos atos desnecessários aos objetivos daquele caso, tudo em atenção à flexibilização procedimental decorrente de convenção processual genericamente prevista nos arts. 190, 191, 139, IV, 536 e 537 do CPC.

---

8 CINTRA, Antônio Carlos Araújo; GRINOVER, Ada Pellegrini; DINAMARCO, Cândido Rangel. *Teoria geral do processo*, 16. ed., São Paulo: Malheiros, 2000, p. 280-281.
9 YARSHELL, Flávio Luiz. *Curso de direito processual civil* cit., p. 341.

Esses artigos são reforçados pelos arts. 139, VI, do CPC, em que poderá o magistrado "dilatar os prazos processuais e alterar a ordem de produção dos meios de prova, adequando-os às necessidades do conflito de modo a conferir maior efetividade à tutela do direito" e 437, § 2º: "Poderá o juiz, a requerimento da parte, dilatar o prazo para manifestação sobre a prova documental produzida, levando em consideração a quantidade e a complexidade da documentação".

A existência dos procedimentos especiais (que são abordados nesse *Manual, infra*) não é suficiente para a aderente e justa prestação da tutela do direito material. Isso porque essas (importantes) técnicas são criadas à luz do direito material em abstrato. É necessário, em complemento, municiar as partes e o juiz com instrumentos de adaptação do procedimento com base no caso concreto. Esse é o motivo da existência dos negócios jurídicos processuais, pois muitas questões não têm como os sujeitos do processo anteverem e somente será vivenciada com o procedimento *in concreto*.

Assim, de cada fato surge uma posição jurídica, e do próximo ato a ser praticado decorre uma nova posição jurídica (deveres, poderes, ônus, faculdades) e sucessivamente.

Se olharmos uma hipotética linha do tempo podemos verificar que o processo caminha pelo procedimento (sucessão de atos encadeados logicamente)[10] e para cada ato se exige uma determinada posição jurídica que vincula uma parte a outra e essas ao juiz (relação jurídica).

Contudo, especialmente pelo redimensionamento do princípio do contraditório à luz do atual CPC, o processo, como método de trabalho, deve prestigiar a efetiva participação dos sujeitos interessados que constitui o núcleo desse princípio.

É até intuitivo: se o procedimento é desenvolvido precipuamente para a atividade das partes e que estas possam demonstrar a existência do seu direito ou contradireito, devem elas participar do procedimento em contraditório (arts. 9º e 10, CPC). O contraditório constitui a legitimação do procedimento[11].

É por isso que aumentam os números de adeptos à teoria do processo como procedimento em contraditório, havendo quem entenda ser necessário haver do processo "uma visão participativa, policêntrica, por força da qual juiz e partes constroem, juntos, seu resultado final"[12].

Contudo acreditamos que falar que o processo constitui procedimento em contraditório é muito mais dizer que a necessidade de participação das partes decorre do devido processo legal do que propriamente estabelecer uma definição de processo.

Como bem observado por Cândido Rangel Dinamarco e Bruno Carrilho Lopes, "definir o processo mediante associação do procedimento ao contraditório ou inserir em seu conceito a relação jurídica processual são apenas dois modos diferentes de ver a mesma realidade. São perspectivas diferentes que não distorcem essa realidade nem se excluem reciprocamente, antes se complementam – uma perspectiva política representada pela exigência do contraditório e uma perspectiva técnico-processual na qual se revelam aquelas posições jurídicas ativas e passivas"[13].

Assim é que o processo é composto pela relação jurídica e o procedimento (que obrigatoriamente deve ser exercido em contraditório).

---

10 Há autores que ainda estabelecem outra distinção: Moacyr Amaral Santos (*Primeiras linhas de direito processual civil*, v. II, p. 68) assevera que se encontra no processo o movimento em direção à tutela jurisdicional. O *modus operandi* é o procedimento.
11 MARINONI-ARENHART-MITIDIERO. *Curso de direito processual civil* cit., 2015, v. 1, p. 434-435.
12 CÂMARA, Alexandre Freitas. *O novo processo civil brasileiro*. São Paulo: Atlas, 2015, p. 25.
13 DINAMARCO, Cândido Rangel; CARRILHO LOPES, Bruno Vasconcelos. *Teoria geral do novo processo civil*. São Paulo: Malheiros, 2016, p. 124.

Todavia, em tempos atuais, o processo assume um conceito muito mais abrangente, pois ao conceito acima exposto se agregam outras características inerentes à sua correta definição.

O processo é um reflexo das atividades exercidas pelos poderes no plano constitucional, em especial o Poder Legislativo e o Poder Judiciário. Pelo legislativo, na obrigatoriedade de se traçar a criação de processo (e procedimentos) que atendam as técnicas de direitos fundamentais processuais (devido processo). Da mesma forma, os juízes devem estabelecer esse controle constitucional a) criando negócios jurídicos processuais que atendam a tutela material de forma mais justa e efetiva; b) declarando a inconstitucionalidade concreta de normas que sejam contrárias aos valores previstos na CF; c) valendo-se de técnicas para permitir a devida isonomia e prestação adequada da tutela jurisdicional como a concessão de tutela provisória, inversão do ônus da prova, concessão de medidas executivas atípicas)[14]. Juiz não pode apenas "administrar o jogo", mas fazer valer as regras processuais e constitucionais para a garantia de um processo justo e équo.

Não se pode confundir processo com autos do processo. Estes representam a documentação dos atos do processo de forma física ou eletrônica.

Assim, processo é:

UMA RELAÇÃO JURÍDICA	Já que envolve ao menos três sujeitos de direito (juiz, autor e réu): conceito estático
UM PROCEDIMENTO EM CONTRADITÓRIO	Pois constitui um conjunto de atos concatenados para a obtenção da tutela jurisdicional e com a participação das partes (contraditório e colaboração) para conferir legitimidade a esse procedimento: conceito dinâmico
FORMADOR DE NORMA JURÍDICA	Pois o juiz, por meio do processo, criará a solução (norma) que regulará o caso concreto
CRIADOR DE PRECEDENTES (VINCULANTES OU FACULTATIVOS)	Já que pelo processo o magistrado decide o caso concreto, que poderá (ou deverá, caso se enquadre no art. 927, I, II e III, CPC)[15] servir de precedente para aplicação em processos análogos futuros
UM REFLEXO DAS ATIVIDADES ESTRUTURANTES DO LEGISLATIVO E DO JUDICIÁRIO	Os primeiros na criação de leis processuais que atendam aos direitos fundamentais. O Poder Judiciário na concretização desses direitos fundamentais dentro do processo ainda que não haja lei prevendo nesse sentido ou em sentido contrário

---

14 MARINONI-ARENHART-MITIDIERO. *Curso de direito processual civil* cit., 2015, v. 1, p. 439-440. Sobre o tema, asseveram os autores: "Se a lei vale em razão da autoridade que a edita, independentemente da sua correlação com os princípios de justiça, não há como direcionar a produção do direito aos valores da sociedade. Diante disso, tornou-se necessário resgatar a "substância" da lei, encontrando-se os instrumentos capazes de permitir sua limitação e conformação aos princípios de justiça de modo racional e democrático. **Como tais princípios tinham que gozar de uma posição de superioridade, foram eles postos nas Constituições, que passaram a ter plena eficácia normativa. É quando a lei perdeu a sua posição de supremacia, passando a se subordinar aos direitos fundamentais e aos princípios de justiça contidos na Constituição**" (g.n).

15 Sobre o tema, *vide* capítulo sobre precedentes, *infra*.

4.2.1.2. Procedimento

Processo e procedimento, a despeito de sua estreita relação continente e conteúdo, são estudados sob óticas distintas.

No estudo do processo se desenvolve a compreensão dos atos pertinentes a atividade das partes e do Poder Judiciário (ônus, poderes, deveres, faculdades). Também se estudam os pressupostos processuais (tema que será enfrentado no item 4.3, *infra*) e igualmente é empreendido o estudo da formação, suspensão e sua extinção (que será objeto de capítulo próprio, *infra*).

Já no procedimento o estudo recai sobre a publicidade dos atos, sua forma, os prazos e os momentos adequados para que as condutas das partes (estudadas na relação jurídica) sejam praticadas.

Contudo é extremamente difícil proceder essa divisão de maneira completamente satisfatória. Qualquer norma que regule procedimento certamente vai espraiar efeitos na relação jurídica. Isso porque "o ato que integra o procedimento é resultado do exercício de uma posição emergente da relação processual; ato cuja prática gera uma nova posição, cujo exercício resulta em novo ato, e assim sucessivamente"[16] e como consequência prática torna difícil se o estabelecimento da cognição em um dado processo, por exemplo, decorre de norma do procedimento ou da relação jurídica já que "quando se limita a cognição em extensão (...) limita-se a faculdade de alegação e se cria o ônus da parte interessada de se valer de outra via processual. Quando se limita a cognição em profundidade, interfere-se com o poder e com o ônus de provar"[17].

Processo e procedimento também se submetem a classificações distintas.

Importante entender essa questão.

Historicamente, o processo era classificado pela sua finalidade (prestação da tutela jurisdicional). Assim era comum, ao estudar processo civil nos livros de doutrina tradicionais, verificar a classificação em "processo de conhecimento" (que objetivava reconhecer a existência de um direito declaratório, constitutivo ou condenatório), "processo de execução" (que tinha a finalidade de satisfazer o direito declarado no título executivo, judicial ou extrajudicial, com a prática de atos materiais de coerção e/ou sub-rogação) e "processo cautelar" (que objetivava assegurar o resultado útil de um processo denominado principal, de conhecimento ou de execução, com medidas de apoio que garantiriam a satisfação do processo: segurança para execução).

Contudo, com as reformas empreendidas que se iniciaram no CDC (1990) e depois no CPC/73 (1994) e as demais reformas de 2001, 2005, 2006 e, por fim, em 2015 (atual CPC) a classificação dos processos com base na sua finalidade perdeu a sua importância.

Isso porque essas reformas tiveram o objetivo de instituir a junção dessas distintas atividades no bojo de um mesmo processo para conferir efetividade à prestação jurisdicional (o denominado **sincretismo processual**).

Dessa forma, parece-nos não se justificar nos tempos de hoje a classificação do processo como sendo "de conhecimento" (por exemplo), se, dentro de sua estrutura, é possível enxergar a atividade cognitiva, executiva (por meio do cumprimento da sentença) e eventualmente cautelar (antecedente ou incidental) que se formaliza no mesmo processo (arts. 295 e 308, CPC). Assim como é possível o cumprimento de sentença dentro de uma cautelar (art. 297, parágrafo único) e a possibilidade de atividade de conhecimento dentro da execução (art. 518, CPC).

---

16 YARSHELL, Flávio Luiz. *Curso de direito processual civil*. São Paulo: Marcial Pons, 2014, v. 1, p. 295.
17 Idem, ibidem, p. 296.

Atualmente é possível denominar essas atividades como fases (fase de conhecimento, fase de execução) e, eventualmente, denominar, para meros fins classificatórios, o processo de acordo com sua **atividade preponderante**: assim, se a maior parte dos atos a serem praticados no processo for de conhecimento, é possível denominar de "processo de conhecimento".

Já o procedimento admite classificação, em virtude das inúmeras situações que apresenta.

É importante ressaltar que, em regra, a estrutura do procedimento é preestabelecida pela lei. Essa previsão confere, sob uma determinada ótica, previsibilidade e segurança às relações jurídicas de direito processual. Permite às partes compreenderem previamente suas atividades ao longo do processo. Cada procedimento deve guardar conformidade com um modelo anteriormente fixado.

A primeira classificação, que deve ser levada como propósito de trabalho, diz respeito à estrutura inerente à atividade de **conhecimento**. Dessa forma, é possível dividir essa atividade cognitiva em **procedimento comum e procedimento especial**. Os procedimentos especiais (conforme serão vistos com mais atenção no capítulo próprio destinado ao seu estudo, *infra*) foram estruturados à luz das peculiaridades previstas no direito material. Constituem um "procedimento comum geneticamente modificado", pois haverá alteração de atos para que estes procedimentos se amoldem melhor ao direito postulado em juízo.

Assim, de acordo com as especificidades e necessidades do direito material *in abstrato* o legislador, tomando como base o procedimento padrão, o comum, transforma-o de acordo com essas necessidades retirando ou acrescentando atos, criando fases preclusivas mais intensas, alterando a ordem dos atos, agregando medidas de urgência ínsitas (como pedido liminar), pedidos contrapostos, cria-se requisitos para seu ingresso (notificação prévia, v.g.), cognição parcial em defesa, efeitos próprios de recursos, cumprimento de sentença de ofício etc. Dessa forma, o procedimento especial decorre de particularidades do procedimento ou pela natureza do objeto que se propõe a tutelar.

É por isso que variam os itinerários ou os percursos a serem seguidos conforme os procedimentos que a ordem jurídica define. Podem se considerar padrão apenas as extremidades do procedimento. A petição inicial e o provimento (sentença). Os atos intermediários é que sofrem mutações de acordo com as peculiaridades da relação material subjacente.

Assim, o procedimento da denominada "ação de consignação em pagamento", por exemplo, se assemelha muito com a estrutura do procedimento comum. Contudo sua principal diferença (que lhe identifica como rito especial) consiste na possibilidade de depósito prévio do valor ou coisa devida quando houver incognição sobre o verdadeiro credor, sua recusa ou impossibilidade de pagamento (art. 335, CC).

Essas diferenças não são por acaso. Foram engendradas justamente para permitir uma maior efetividade na prestação da jurisdição.

Os procedimentos especiais, por sua vez, podem ser classificados como "codificados" ou "extravagantes". Os primeiros porque previstos dentro do próprio CPC e o demais hospedados em legislação esparsa como ação civil pública (Lei n. 7.347/85), mandado de segurança (Lei n. 12.016/2009), alimentos (Lei n. 5.478/68), Lei de Locação (Lei n. 8.245/91) entre outros.

Os procedimentos especiais podem ser obrigatórios (sua adoção, caso se busque a tutela do direito, é impositiva, como, por exemplo, a ação de exigir contas ou o inventário) ou facultativos (quando a parte pode optar pelo procedimento especial específico ou o procedimento comum, como ocorre com a monitória, o mandado de segurança e os juizados especiais cíveis).

Já o procedimento comum se abstrai por exclusão: será utilizado sempre que o direito material a ser tornado litigioso não contiver previsão procedimental própria para aquela situação.

Assim, não existem causas "específicas" previstas para o rito comum, mas causas que para lá serão levadas porque não se enquadram em nenhum procedimento especial. Ou seja, viabilizam qualquer espécie de direito (art. 318, CPC). Os conhecidos nomes empregados para algumas ações do procedimento comum como *cobrança, indenizatória, pauliana e reivindicatória,* decorrem pura e exclusivamente dos usos e costumes da prática forense. Não há tipificação dessas ações no CPC, mas apenas breves menções em situações pontuais como, por exemplo, nos arts. 85, § 9º; 292, I e V, 555, II, 741, § 4º, 816, CPC etc.

O procedimento comum, justamente por não ter previsão casuística, é o procedimento mais extenso e com maior previsão de atos. E isso porque, como não se sabe qual a extensão e complexidade do direito material que será trazida para o juízo, deve este procedimento estar apto a desenvolver um amplo itinerário para abranger inúmeras situações possíveis.

Esta amplitude traz uma consequência prática importante: o procedimento comum, por ser mais completo e amplo, constitui **fonte subsidiária** para o procedimento especial (CPC, art. 318, parágrafo único). Portanto, sempre que houver omissão num dado procedimento sobre determinada etapa ou fase, aplica-se, no que couber, o procedimento comum. Mas importante frisar que todos eles (procedimento comum e especial) são ações de conhecimento por haver preponderantemente atividade cognitiva.

É importante observar ainda uma exceção no procedimento comum: os juizados especiais. Não obstante consistir em uma ação de conhecimento, os juizados são marcados pela oralidade, simplicidade, informalidade, concentração de atos e celeridade. Aqui, ao contrário do procedimento comum, que é dividido em fases bem estruturadas (vide *infra*), nos juizados as fases se entrepõem umas às outras.

Dentro do procedimento comum e, também, no que couber, a determinados procedimentos especiais, principalmente aqueles que, depois de determinada etapa, convertem-se para o procedimento comum (como as possessórias, demarcação de terras, dissolução parcial de sociedade, embargos de terceiro, homologação de penhor legal, restauração de autos) verifica-se a divisão em quatro fases muito bem delineadas: as fases postulatória, ordinatória, instrutória e decisória.

O ponto de distinção efetivo entre as diversas fases reside na atividade preponderante que se exerce. Dessa forma, na fase postulatória preponderam os atos das partes, na fase ordinatória preponderam os atos do juiz (com a cooperação das partes) e a preparação do processo para a próxima fase, na fase instrutória preponderam os atos probatórios e na fase decisória tem-se a sentença que resolve a pretensão levada a juízo.

Postulatória: consiste nos atos de postulação das partes. Aqui o autor apresenta a inicial, o réu é citado para comparecer à audiência de conciliação e mediação (se a causa admitir autocomposição) e, se infrutífera, poderá apresentar defesa (contestação ou reconvenção). Nesta fase se apresenta e delimita-se o objeto do processo.

Ordinatória: é a fase em que se dá andamento ao processo e nele se coloca ordem. Nessa fase o magistrado deve verificar o que deve ser levado para a próxima etapa. Esta fase abrange as providências preliminares, o julgamento conforme o estado do processo e o saneamento. Verifica-se a regularidade do processo (nas providências preliminares), depois se o caso é de julgamento conforme o estado do processo e, se não for, haverá o saneamento do feito e a organização do processo (CPC, art. 357).

> **Instrutória:** é a fase da produção das provas. Aqui, de ofício ou a requerimento das partes, as provas serão produzidas dentro da audiência (testemunhal, depoimento pessoal) ou fora dela (perícia, inspeção judicial etc.). Nada impede que alguma prova seja produzida em outra fase sendo possível a produção antecipada de provas (art. 381, CPC) ou a constatação, em sede de tribunal, da necessidade da produção de alguma prova (art. 938, § 3º, CPC).
> **Decisória:** depois de perpassadas todas as fases o magistrado poderá decidir o mérito por meio da sentença.

À exceção das fases postulatória e decisória, que são estanques e devem estar presentes em qualquer causa, as demais, a depender da situação, podem não existir no procedimento comum. Se o magistrado indefere a petição inicial (art. 331, CPC) ou julga liminarmente o pedido (art. 332, CPC) não haverá fase ordinatória e instrutória. Igualmente quando o magistrado julga antecipadamente o mérito (CPC, art. 355), não há fase instrutória[18].

Na execução (judicial ou extrajudicial), há cognição, mas essa cognição é menor, sumária (a doutrina se vale da expressão "rarefeita"), pois o título executivo é portador de uma eficácia abstrata[19] que permite a pratica dos atos executivos (penhora, busca e apreensão, desapossamento, coerção indireta) sem investigar a fundo a certeza da obrigação. O contraditório é posterior, por meio dos embargos ou impugnação.

Na execução e no cumprimento de sentença é possível dividir o procedimento com base em alguns critérios:

i) Procedimentos executivos gerais e especiais. Gerais são aqueles que não se aplicam a situações específicas e são utilizados quando do não cabimento dos procedimentos especiais. Os procedimentos especiais, por sua vez, são aqueles que, pela natureza do direito material ou pela condição da parte, têm estabelecido um rito diferenciado. É o que ocorre nas execuções fiscais (Lei n. 6.830/80), nas execuções/cumprimento de alimentos e nas execuções/cumprimento contra a Fazenda Pública.

ii) Os procedimentos executivos gerais, por sua vez, podem ser divididos pela natureza da obrigação trazida em juízo. Assim, o rito executivo pode ser de quantia certa, de entrega de coisa certa ou incerta e de fazer ou não fazer.

Já na tutela provisória a divisão é dada com base na pretensão desejada pelo requerente e reflete intimamente no procedimento a ser adotado. Dessa forma a tutela poderá ser:

a) de urgência, quando o pedido tiver por fundamento o *periculum in mora*, ou **de evidência**, quando a técnica diferenciada será concedida de forma provisória com base na alta probabilidade do direito da parte;

b) a tutela de urgência, por sua vez, poderá ser **antecipada ou cautelar**, assunto que será mais bem delineado no capítulo destinado à tutela provisória, *infra*. Mas para a presente explanação é importante apenas entender que a tutela antecipada é decisão provisória que satisfaz total ou parcialmente o direito material deduzido. Visa satisfazer o próprio direito (os efeitos) antes de proferida a decisão final. A tutela cautelar não satisfaz[20], mas visa assegurar a futura satisfação do direito material deduzido. Não é satisfativa. A tutela cautelar é uma forma de prestação jurisdicional voltada a impedir que o decurso do tempo do processo impeça a

---

18 O julgamento tem que ser total, pois se parcial (art. 356, CPC) haverá fase instrutória para os demais pedidos.
19 Aqui se refere aos títulos não causais.
20 Constitui "um requisito negativo da tutela cautelar" (BAPTISTA DA SILVA, Ovídio Araújo. *Curso de processo civil*. 3. ed. São Paulo: RT, 2000, v. III, p. 66).

realização do possível direito alegado pela parte. Na tutela cautelar há **outro** direito a ser protegido, e sua análise amplia o objeto litigioso (pretensão à segurança). Na tutela antecipada não há outro direito senão o do próprio processo e não gera ampliação do objeto litigioso senão a antecipação dos efeitos da mesmíssima pretensão formulada;

c) a divisão entre cautelares típicas/nominadas e atípicas/inominadas não mais subsiste pela expressa supressão dos procedimentos cautelares específicos (arts. 813-888, CPC/73), sem prejuízo da previsão das cautelares típicas concernentes às provas no art. 381 do CPC. As cautelares hoje são concedidas com base no mero poder geral de cautela.

É importante frisar que a simples menção de algumas medidas cautelares constantes do art. 301 do CPC (arresto, sequestro, arrolamento de bens, registro de protesto contra alienação de bem) serve apenas para indicar a existência dessas medidas como uma espécie de "registro histórico", mostrando ao operador do Direito que ainda pode valer-se das cautelares de "arresto", "sequestro" ou qualquer outra mesmo não sendo necessária sua menção e mesmo tendo o Código subtraído os requisitos específicos para sua concessão. Ademais, o rol é meramente exemplificativo já que permite o requerimento de "qualquer outra medida idônea para asseguração do direito".

Pelo princípio da indeclinabilidade do procedimento não é possível, em regra, ao autor eleger qual procedimento deseja que sua pretensão seja veiculada. Vale dizer, se a situação a ser apresentada se enquadra num procedimento especial específico, não poderá abandoná-lo e optar pelo procedimento comum.

Há, contudo, e sem a pretensão de ser exauriente no tema, determinadas situações em que a opção por procedimento diverso daquele previsto em lei é permitida:

i) nas hipóteses do art. 785 do CPC, em que o requerente poderá optar pelo "processo de conhecimento" mesmo sendo portador de título executivo extrajudicial;

ii) na possibilidade de ingressar com ação de cobrança pelo procedimento comum no lugar da ação monitória.

iii) na cumulação de pedidos em que é possível converter procedimento especial para procedimento comum (art. 327, § 2º) em que "quando, para cada pedido, corresponder tipo diverso de procedimento, será admitida a cumulação se o autor empregar o procedimento comum, sem prejuízo do emprego das técnicas processuais diferenciadas previstas nos procedimentos especiais a que se sujeitam um ou mais pedidos cumulados, que não forem incompatíveis com as disposições sobre o procedimento comum".

O que constitui fato e, em atenção ao princípio da primazia do mérito, o erro do procedimento não acarreta na imediata resolução do processo sem que antes se oportunize à parte a possibilidade de correção (arts. 9º, 10 e 317, CPC). Ademais, se descoberto tardiamente o equívoco, manter-se-á o processo caso não tenha causado prejuízo às partes (arts. 277 e 282, § 1º, CPC).

4.2.1.3. Cognição judicial

A cognição (conhecimento) é ato decorrente de atividade intelectiva (do magistrado, no caso) ao analisar e dar o seu devido valor às alegações sobre os fatos trazidos pelas partes e as provas, bem como em decorrência dos fatos provados (ou não), aplicar o direito ao caso concreto.

A cognição judicial tem um papel extremamente importante dentro do processo, pois: i) é por meio dela que o magistrado conhece dos fatos, produz as provas e diz o direito (jurisdição); ii) é a estrutura do procedimento (criada pelo legislador ou por negócio jurídico) quem vai estabelecer o nível de cognição a ser exercida no julgamento da demanda. Vale dizer, o procedimento é fator de determinação do tipo de cognição que o magistrado vai desenvolver ao longo do processo.

Para isso, é importante enfrentar os modos de cognição existentes.

a) Classificação da cognição

A principal obra sobre o tema é de Kazuo Watanabe[21], que analisa a cognição sob um plano cartesiano:

a1) A ótica horizontal, diz respeito à extensão, amplitude ou o número de matérias possíveis de serem deduzidas e, portanto, apreciadas pelo juiz. Aqui se encontram o denominado trinômio de questões: pressupostos processuais, condições da ação e mérito. Nessa ótica, a cognição pode ser parcial/limitada ou plena.

Será **plena** quando o magistrado estiver livre para apreciar todas as alegações possíveis das partes sem restrições, como nas ações de conhecimento pelo procedimento comum e nos embargos à execução (art. 917, VI, CPC). Será **limitada**, contudo, quando, por força de lei (ou negócio jurídico) houver restrições sobre o que o magistrado pode apreciar, como, por exemplo, na impugnação ao cumprimento de sentença (art. 525, § 1º, CPC), na defesa dos embargos de terceiro de credor com garantia real (art. 680, CPC), no inventário quando necessitar de provas não documentais (art. 628, § 2º, CPC), na execução, em decorrência da eficácia abstrata do título executivo (desfecho único) etc.

a2) Na ótica vertical, a questão está relacionada com a profundidade com que o magistrado poderá analisar as questões trazidas. Nessa ótica a cognição poderá ser exauriente ou sumária. Será **exauriente**, quando o magistrado puder fazer ampla investigação acerca da matéria. Isso ocorre nas ações de conhecimento (novamente) em que, sobre o que foi apresentado, o magistrado terá ampla possibilidade de produzir provas, analisar as questões, realizar nova perícia, determinar o interrogatório das partes etc. A cognição será **sumária** quando o magistrado não puder se aprofundar de forma completa sobre o tema. Na tutela provisória, o magistrado poderá conceder a tutela fundado num juízo de probabilidade do direito alegado (*fumus boni iuris*), mas não um juízo de certeza, que apenas será concedido com a sentença.

> **Importante:**
> I – A cognição sobre tutela provisória é no plano vertical sumária (pois a análise se funda em mera plausibilidade), mas no plano horizontal é plena, pois não há restrições para as análises de perigo de dano ou risco ao resultado útil do processo trazidas pela parte dado o fato da atipicidade das tutelas cautelar e antecipada.
> II – Há outras ações que demandam classificações diferenciadas como a monitória, em que apenas com a eventual oposição de embargos haverá cognição ampla. Nesse caso, a cognição é eventual. O mesmo ocorre com a estabilização da tutela provisória (art. 304) em que a inércia do réu gera a imunização dos efeitos da tutela concedida.
> III – Nos recursos a cognição é sempre exauriente, mas parcial já que o recurso se limita a impugnar o que foi decidido (*tantum devolutum quantum appellatum*)[22]. Contudo, os recursos de fundamentação vinculada (recurso especial, recurso extraordinário e embargos de declaração, são ainda mais limitados, pois apenas versam sobre as situações tipificadas em lei (arts. 102, III e 105, III da CF e art. 1.022, CPC)

---

21 *Da cognição no processo civil*, cit.
22 Com exceção da situação prevista no art. 1.014, CPC: "As questões de fato não propostas no juízo inferior poderão ser suscitadas na apelação, se a parte provar que deixou de fazê-lo por motivo de força maior".

> IV – Não confundir cognição sumária (ligado a atividade de análise) com o procedimento sumaríssimo (ligado à estrutura do procedimento). Os juizados especiais adotam essa nomenclatura por portar causas de menor complexidade (art. 3º, Lei n. 9.099/95) e ser regido, especialmente pela celeridade, informalidade, simplicidade e economia (art. 2º, da Lei n. 9.099/95).

b) Objeto da cognição

A cognição, como dito, é exercida pelo juiz em todo processo. Falar sobre o objeto da cognição é, em último exame, **analisar estruturalmente o processo**. É essa estrutura que será analisada nesse item:

b1) Trinômio de questões

Os juristas italianos, em meados do século passado, desenvolveram a divisão de conhecimento do juiz baseado em três etapas: os pressupostos processuais, as condições da ação e o mérito[23]. O enfrentamento de cada uma das etapas é condição para chegar a outra: assim, o mérito somente poderá ser analisado se as condições da ação e os pressupostos processuais estiverem devidamente preenchidos.

Evidente que essa divisão foi relativizada ao longo do tempo e deve ser analisada sob a nova dogmática processual. Dessa forma: a) sempre que possível o magistrado tentará regularizar o vício em atenção ao princípio da primazia do mérito e b) o CPC estabelece técnicas que permitem relevar o vício por ausência de prejuízo (arts. 282, §§ 1º e 2º, e 488, CPC;

Há quem defenda no Brasil uma divisão entre apenas pressupostos processuais e mérito como Calmon de Passos, Ovídio Baptista e, mais recentemente, Fredie Didier[24].

b2) Questões prévias e questão *principaliter* (principal)[25]

Sob outro enfoque a cognição também pode ser dividida em questão prévia e questão principal. A questão principal é a de mérito em que se discute o próprio objeto litigioso principal.

As questões prévias, podem ser de mérito ou processuais, mas são questões (como o próprio nome já identifica) que necessariamente devem ser analisadas antes da questão principal (precedência lógica).

As questões prévias podem ser preliminares ou prejudiciais. A diferença entre elas está no seu grau de influência sobre a questão principal.

Serão **preliminares** as questões que devem ser logicamente decididas antes da principal. E se a questão preliminar for acolhida, impede o julgamento da principal (exemplo: a falta de um pressuposto processual ou condição da ação, sendo vício insanável, impede o julgamento do mérito). Já as questões **prejudiciais** são aquelas que devem ser logicamente decididas antes das questões principais. Contudo sua decisão não impede, mas influencia o resultado da questão subordinada (ex., no curso de uma ação de alimentos [questão principal], o réu alega inexistência de paternidade [questão prejudicial]. Essa questão deve ser julgada logicamente antes da principal, pois a verificação do parentesco influenciará no dever dos alimentos).

b3) Questão de fato e questão de direito

Um terceiro e último enfoque que pode se dar à cognição é que as matérias a serem apreciadas pelo juiz podem ser de fato e de direito.

---

23 Esse assunto já foi tratado no capítulo sobre ação (condições da ação) e será enfrentado ainda nesse capítulo (pressupostos processuais).
24 Já havíamos defendido a existência autônoma das condições da ação no item 3.2.4 da parte geral.
25 Essa questão será mais bem tratada no item 8.5.2.6 do capítulo 8 sobre coisa julgada.

A distinção entre elas é dificílima. Contudo, se não nos ativermos às peculiaridades e ressalvas existentes, questão de fato é aquela que se atém às alegações trazidas pelas partes ou interessados no processo sobre os fatos ocorridos. No caso das partes, a causa de pedir e os fundamentos de defesa. As questões de fato estão na seara do princípio dispositivo, somente podendo a parte ou interessado trazer ao processo (o juiz não pode tomar como verdadeiro um fato não alegado se ele, por exemplo, presenciou o acidente de trânsito que enseju a causa). As questões de fato dependem de prova (salvo arts. 374 e 376, CPC)

Já a questão de direito é o enquadramento desses fatos no ordenamento jurídico (lei, precedentes, enunciados de súmula etc.).

As questões de direito se enquadram na regra do *iura novit curia*. Logo, o juiz pode aplicar o direito de ofício ou diverso daquele que a parte apresentou (desde que, evidentemente, exerça o contraditório prévio sobre isso a fim de evitar decisão-surpresa – arts. 9º e 10, CPC). As questões de direito não dependem de prova.

São duas investigações sequenciais: primeiro a investigação sobre os fatos e depois sobre o direito.

4.2.2. PROCEDIMENTOS RÍGIDOS E FLEXÍVEIS

É comum na linguagem jurídica associar o vocábulo *sistema* ao de ordenamento jurídico[26].

Ocorre que não se trabalha apenas com leis, mas deve se considerar os fatos e valores. Por isso o ordenamento é composto de leis, jurisprudência, precedentes, súmulas, princípios, doutrina, costumes e analogia. O conjunto desses elementos e as influências ou relações que existem entre todos eles formam o que se denomina sistema jurídico.

Pois bem. A análise do sistema deve ser vista à luz do procedimento adotado por cada país. O procedimento é, no entendimento de Carlos Alberto Alvaro de Oliveira, a base interna do formalismo[27].

Procedimento segundo asseveramos anteriormente, constitui uma das feições de um conceito maior: o processo.

O procedimento é o modo de ser do processo. É opção do legislador estabelecer como e qual o grau de rigidez que será adotado pelo *iter* procedimental. É importante utilizar a expressão "grau de rigidez" na medida em que todos os sistemas conhecidos têm um procedimento rígido, ainda que com poucas regras formais[28].

Há alguns sistemas europeus que adotam um método denominado "preclusão temperada", vale dizer, a *eventualmaxime* detém uma força mitigada, permitindo a alegação posterior de fatos desde que não haja prejuízo para o litigante adverso. Este sistema é adotado em Portugal[29], conforme art. 268 de seu CPC e é também seguido na Áustria e na Suíça.

---

26 BOBBIO, Norberto. *Teoria do ordenamento jurídico*. 10. ed. Brasília: UnB, 1999, p. 75.
27 *Do formalismo no processo civil:* proposta de um formalismo-valorativo. 3. ed. São Paulo: Saraiva, 2009, p. 126.
28 Quem observou com precisão a questão foi Fernando da Fonseca Gajardoni (*Flexibilização procedimental*. São Paulo: Atlas, 2008, p. 77).
29 Sobre a reforma do CPC português de 1997, observa Miguel Teixeira de Souza: "A preocupação de coadunar a estrutura e os fins do processo civil com os princípios do Estado social de direito e de garantir uma legitimação externa às decisões do tribunal esteve presente na reforma do processo civil português" (Aspectos do novo processo civil português. *RePro*, São Paulo: RT, n. 86, ano 22, p. 175, abr./jun. 1997).

Especialmente em Portugal, após a citação do réu, é possível complementar a causa de pedir ou o pedido. Estas alterações podem ser tanto *com* (art. 272[30] do CPC português) como *sem* (art. 273, 1 e 6[31], do CPC português) a anuência do réu.

Ademais, o CPC português adotou o denominado princípio da adequação formal em seu art. 265-A, ao assim dispor: "Quando a tramitação processual prevista na lei não se adequar às especificidades da causa, deve o juiz oficiosamente, ouvidas as partes, determinar a prática de atos que melhor se ajustem ao fim do processo, bem como as necessárias adaptações".

Diante de um sistema unitário rígido, mas dentro dele com variações de flexibilização, é possível encontrar duas formas distintas de procedimento: i) o sistema da legalidade das formas e ii) o sistema da liberdade das formas.

O primeiro constitui um sistema rígido cuja obediência à forma prescrita em lei é fundamental sob pena de invalidade. No segundo, por falta de expressa previsão legal, compete ao juiz, com auxílio das partes, estabelecer o momento em que o ato processual deve ser praticado.

O primeiro privilegia a segurança e a previsibilidade das relações jurídicas, pois as partes já sabem, de antemão, como será a condução do processo. Contudo o formalismo excessivo implica invariavelmente a prática de atos predeterminados, muitas vezes prescindíveis para aquela situação concreta, gerando demora injustificada do processo.

O segundo, como pode ser moldado pelos sujeitos da demanda, certamente terá uma adequação ao direito material e ao caso concreto mais rente à realidade fática contida no processo. Contudo, perde no fator segurança, pois as partes não têm condições de saber quando será o término de suas alegações, o que, evidentemente, acarretará prejuízo ao contraditório, já que constantemente as partes podem ser surpreendidas com novas alegações[32].

No procedimento flexível, não há falar em "momentos oportunos" para a apresentação de alegações. E isso porque as partes, assim como o juiz, podem dilatar o momento para a apresentação de suas argumentações.

É importante constatar que a peremptoriedade dos prazos processuais pode deflagrar a rigidez ou flexibilização do sistema. Mais especificamente o momento em que se dá a estabilização do processo.

A tendência de todos os sistemas é, como dito, focar-se na vertente da rigidez do procedimento. E isso porque dado o caráter público que envolve o processo, as normas que nele se contém são cogentes e, portanto, não comportam derrogação pelas partes ou pelo Estado-juiz. Em consequência existe uma limitação das partes na possibilidade de cadenciar o procedimento.

Em análise do atual Código de Processo Civil é fácil constatar que o ordenamento brasileiro adotou, *a priori*, um sistema rígido de preclusões. Essa constatação é possível pelo desenho traçado pela legislação processual ao estabelecer o prazo para a alteração dos elementos da demanda (art. 329), a regra da eventualidade (art. 336), a impossibilidade de discutir questões decididas já preclusas (art. 507) e a proibição do *jus novorum* (art. 1.014). Além disso, há diversos

---

30 "Havendo acordo das partes, o pedido e a causa de pedir podem ser alterados ou ampliados em qualquer altura, em 1ª ou 2ª instância, salvo se a alteração ou ampliação perturbar inconvenientemente a instrução, discussão e julgamento do pleito."
31 "1. Na falta de acordo, a causa de pedir só pode ser alterada ou ampliada na réplica, se o processo a admitir, a não ser que a alteração ou ampliação seja consequência da confissão feita pelo réu e aceita pelo autor. [...] 6. É permitida a modificação simultânea do pedido e da causa de pedir, desde que tal não implique convolação para relação jurídica diversa da controvertida [...]."
32 O que não se pode asseverar é a irrestrita defesa que se faz do sistema rígido para coibir a lealdade processual. Nem sempre os argumentos extemporâneos apresentados pelas partes após o momento oportuno decorrem de má-fé. A uma, porque não se pode aprioristicamente presumir a conduta ilícita da parte. A duas, porque o sistema já é dotado de mecanismos para inibir tal conduta (CPC, arts. 77, parágrafo único, e 818, §§ 1º a 3º).

artigos que tornam a lembrar o intérprete acerca das regras de preclusão no CPC: arts. 63, § 4º, 209, § 2º, 278, 293.

Poder-se-ia pensar que este sistema de atos concentrados iria de encontro à natureza publicista do processo. E isso porque, sendo a sua função (processo) a busca (ainda que utópica) da justiça, uma permissão de possíveis alegações e inserção de novas matérias no curso do procedimento, bem como uma natureza mais inquisitória pelo juiz, permitindo ao Estado modificar a demanda, teria o julgador melhores elementos para decidir mais rente à realidade do direito material controvertido.

Contudo esse mesmo desenho também pode ser flexibilizado. Assim, a despeito de o sistema brasileiro manter a linha da preclusão rígida, o CPC autoriza em alguns dispositivos que essa preclusão possa ser mitigada. O art. 139, VI, permite ao juiz "dilatar os prazos processuais e alterar a ordem de produção dos meios de prova, adequando-os às necessidades do conflito de modo a conferir maior efetividade à tutela do direito". Também os arts. 190 e 191 autorizam a flexibilização procedimental e calendarização do procedimento decorrente de negócio jurídico processual. Ademais, há diversos artigos que, de alguma forma, permitem a interpretação do juiz para adaptar o procedimento como, por exemplo, os arts. 139, IV, 373, § 1º, 497, 498, 536, 537, 538, etc.

Ademais, o art. 1.009, § 1º, do CPC estabelece no nosso ordenamento uma interessante forma de diferimento da preclusão denominada "preclusão elástica"[33]. Estabelece o referido artigo: "As questões resolvidas na fase de conhecimento, se a decisão a seu respeito não comportar agravo de instrumento, não são cobertas pela preclusão e devem ser suscitadas em preliminar de apelação, eventualmente interposta contra a decisão final, ou nas contrarrazões".

O Brasil adota um regime diverso para as decisões interlocutórias sujeitas a agravo de instrumento e as que não cabem agravo. Aquelas que desafiam agravo, devem ser devolvidas imediatamente por recurso ao tribunal sob pena de preclusão (art. 1.015, CPC). Já as demais interlocutórias (não agraváveis) não sofrem preclusão imediata e devem ser requeridas em preliminar de apelação ou contrarrazões da decisão final, aí sim, sob pena de preclusão.

Em excelente texto sobre o tema, Zulmar Duarte explicita a questão[34]:

> O sistema de preclusão passa a se realizar de duas maneiras: *imediatamente*, para aqueles temas não provocados; *elasticamente*, para os que tenham sido devidamente apresentados.
> Na nossa percepção, temos uma preclusão elástica quanto às questões decididas em primeiro grau, na exata medida em que as mesmas podem ser ressuscitadas com a apelação. Somente a omissão na fase recursal quanto a tais questões sepulta-as definitivamente.
> A nosso pensar, essa elasticidade do fenômeno preclusivo justifica uma nova categorização do instituto da preclusão, eis que apresenta *quid* diverso frente à preclusão temporal, da qual seria mais próxima.
> A bem da verdade, a classificação da preclusão sempre observou a forma de sua ocorrência (pelo tempo, pela prática do ato ou contrariedade lógica), não o resultado que sempre é o mesmo.
> Diverso é o modo pelo qual opera a preclusão temporal (submetida exclusivamente ao *non facere*), da preclusão elástica, que fica em estado de suspensão por todo o arco procedimental após a parte suscitar determinada questão (*facere*). Enquanto a preclusão temporal se dá simplesmente pela não suscitação da questão oportunamente (*non facere*), a elástica ocorre pela ausência de sua ressuscitação na fase recursal, embora exigível a suscitação prévia no tempo e no modo devidos (*facere* colapsado por *non facere* posterior).

---

33 Expressão utilizada por Zulmar Duarte em seu texto "Elasticidade da preclusão e o centro de gravidade do processo" publicado em 29 de junho de 2015 no *site* JOTA (www.jota.uol.com.br).

34 "Elasticidade da preclusão e o centro de gravidade do processo" publicado em 29 de junho de 2015 no *site* JOTA (www.jota.uol.com.br).

A preclusão é elástica porque, observando adequadamente o fenômeno jurídico, não se produz exclusivamente – nem é inteiramente confinada –, ao segundo grau de jurisdição. Principia com a decisão interlocutória, mas se elastece, estica, seu desdobramento até o segundo grau, quando então se realiza pela omissão da parte.

Inegavelmente, a alteração do sistema preclusivo acarretará inúmeras (in)consequências sobre a compreensão da dita preclusão *pro iudicato*, os pedidos de reconsideração e, principalmente, o próprio **centro de gravidade do processo**.

O elastecimento na ocorrência das preclusões traz um deslocamento no centro de gravidade do processo, que deixa de ser, via de regra, a sentença de primeiro grau, passando para a fase de apelação, momento em que, potencialmente, todas as questões decididas serão revistas.

O estudo da rigidez procedimental decorre de opção político-legislativa. Contudo, esta adoção precedeu a fatores externos ao processo e que levaram a essa escolha. O mundo do direito, ao contrário do mundo dos fatos, trabalha com valores (efeitos jurídicos), valores estes que incidem sobre os fatos quando há a incidência da regra jurídica. Não se trata, portanto, de uma escolha fruto da mera volitividade do legislador com base num poder a si conferido. Mas, antes disso, de uma análise no fenômeno social, elegendo e considerando as exigências que o ordenamento postula com base nos valores que lhe são próprios, como a justiça, a efetividade, a segurança e a paz social[35].

Observa Liebman que o legislador, porém, no intuito de dar ordem, clareza, precisão e segurança de resultado às atividades processuais, bem como de salvaguardar os direitos das muitas pessoas interessadas nelas, alçou algumas exigências técnicas a regras legais e subordinou a eficácia dos atos processuais à observância dos requisitos de forma[36].

Por isso que os atos processuais que compõem o procedimento, como regra, à luz do ordenamento brasileiro, devem ter previsão normativa (salvo as modificações empreendidas por negócio jurídico processual também autorizado por lei). Esta previsão decorre, além de outros fatores externos que o legislador leva em consideração para a criação da norma, da já pontuada preservação da segurança e previsibilidade[37].

Evidentemente que nem sempre essa previsão legal confere a justa e eficaz tutela jurisdicional requerida. Fernando Gajardoni observa que "pela índole do nosso sistema procedimental rígido, as normas do procedimento só podem ser adaptadas à adequada tutela do direito material por força de disposição legal, cujo processo legislativo demanda espera incompatível com a ânsia pela tutela adequada"[38].

O autor, à época, sugeria, com razão, que, como o pressuposto da segurança jurídica é a previsibilidade das futuras ações, basta que se dê, mesmo sem o apanágio da lei, conhecimento prévio das mudanças aos litigantes para que possam se manifestar, independentemente de onde essas mudanças vieram[39].

---

35 Nesse sentido Carlos Alberto Alvaro de Oliveira, *Do formalismo no processo civil*, cit., p. 67-93.
36 *Manual de direito processual civil*. 3. ed. Tradução de Cândido Rangel Dinamarco. São Paulo: Malheiros, 2005, p. 290.
37 Cândido Dinamarco observa que "cada ordenamento jurídico opta por rigor maior ou menor, na exigência da ordem em que os atos do procedimento devem ser realizados. O brasileiro adere tradicionalmente ao sistema de procedimento rígido, caracterizado pela nítida distribuição dos atos processuais em fases e pelo emprego acentuado do instituto da preclusão, destinado a impedir retrocessos" (*Instituições de direito processual civil*, cit., v. 2, p. 453).
38 *Flexibilização procedimental*. São Paulo: Atlas, 2008, p. 84-85. O autor ainda assevera que "a relação entre a justiça e forma criou a ilusão de que a legalidade e a rigidez do procedimento são sinônimas de previsibilidade e de segurança jurídica, sem o que haveria margem para o arbítrio".
39 *Flexibilização procedimental*, cit., p. 85.

E assim se instituiu no Brasil a permissibilidade de flexibilização procedimental à luz do art. 190 do CPC, que será visto no capítulo sobre atos processuais (*infra*).

Para que se dê vigência a este modelo de sistema é importante adotar a preclusão como regra a ser seguida. Dessa forma, os atos processuais devem respeitar os limites cronológicos estabelecidos no ordenamento e, uma vez não observada a prática do ato no tempo ou modo devidos, apena-se o detentor daquela posição jurídica de vantagem não exercida com a perda de sua prática.

A disciplina do sistema de preclusões brasileira, mais especificamente na preclusão dos poderes do magistrado, encontra-se como ato final o art. 505, *caput*, do CPC ("nenhum juiz decidirá novamente as questões já decididas, relativas à mesma lide").

4.3. PRESSUPOSTOS PROCESSUAIS

4.3.1. INTRODUÇÃO

Se o escopo do Estado é conferir a tutela jurisdicional (múnus da jurisdição) evidentemente que se deve também, por esse mesmo Estado, estabelecer regras e diretrizes a fim de se outorgar às partes um instrumento idôneo para a correta solução dos conflitos.

Dessa forma o legislador estabelece a observância de algumas regras necessárias para que o processo exista e se desenvolva regularmente. A este conjunto de regras ficou convencionado a denominação **pressupostos processuais**. A origem do instituto se deve a Oskar Bullow em seu clássico livro *A teoria das exceções processuais e os pressupostos processuais* de 1868. Contudo a sistematização dos pressupostos processuais advém do processo italiano, não obstante se valer dessa concepção na sistemática alemã, a sua conceituação é mais abrangente, pois engloba também as condições da ação[40].

Entretanto, a despeito de ser regularmente aceita, a nomenclatura não é das mais adequadas. Pressuposto é uma ideia anterior a sua existência, portanto, seria incoerente verificar um pressuposto dentro do processo já formado, sendo que a existência desse pressuposto será objeto de cognição endoprocessual[41]. Contudo, como dito, já que a nominação já é amplamente consagrada, usaremos essa terminologia a partir de então.

A autonomia do processo em relação ao direito material fez com que o julgador procedesse a um duplo exame: sobre o mérito e sobre o processo, visto que distintos os seus objetos e consequências.

Os pressupostos processuais agem como uma espécie de "filtro" com o objetivo de impedir a passagem de pretensões manifestamente infundadas. Entretanto, há de se observar a dinâmica dos pressupostos vistos sob a ótica da instrumentalidade.

Contudo, observa José Roberto dos Santos Bedaque que: "Filtro só cumpre sua função se impedir a passagem da substância indesejada. Se ela já ingressou no recipiente e já causou danos, precisamos encontrar a melhor maneira de eliminá-los ou, pelo menos, abrandá-los, amenizá-los"[42].

---

40 Barbosa Moreira. Sobre os pressupostos processuais, in *Temas de direito processual*. Quarta série. São Paulo: Saraiva, 1989, p. 83-84.
41 Leonardo José Carneiro da Cunha assevera que o mais correto é estabelecer pressupostos para os elementos de existência e requisitos para os de validade (*Jurisdição e competência*. São Paulo: RT, 2008, p. 99-100).
42 BEDAQUE, José Roberto dos Santos. *Efetividade do processo e técnica processual*, São Paulo, Malheiros, 2006, p. 184.

Explica-se. Existe um momento procedimental próprio para a verificação do preenchimento dos pressupostos. O momento variará de acordo com a sua exigência no processo. Desta feita, constatado vício, o que fazer?

O ordenamento determina o término da fase cognitiva sem resolução de mérito. Essa é a saída indicada pela lei, independentemente do momento, já que os pressupostos constituem matéria de ordem pública (CPC, art. 485, § 3º). Contudo, esse artigo deve dialogar com outros tantos artigos (também alçados à condição de princípios) previstos no Código de Processo Civil.

É importante frisar, portanto, que ao menos três princípios devem guiar o exame dos pressupostos após a instrução probatória: o da **instrumentalidade das formas, o da primazia do mérito e o da ausência de prejuízo, materializados pelos arts.** 4º, 277, 317, 488 e 282, § 1º, **do CPC**. Dependendo do preenchimento desses requisitos, nem sempre a falta de um pressuposto acarretará a resolução do processo, devendo ser convalidado o ato.

Basta imaginar uma petição inicial inepta, em que o réu consegue se defender pontualmente sobre todos os fatos (e não alegando, em sede de contestação, o vício) e, ao final do processo, o juiz verifica a nulidade (já que constitui matéria de ordem pública).

Não seria o caso de decretação, pois a nulidade não prejudicou as partes, em especial o réu que contestou, a despeito do vício. **Seria criar maior prestígio à forma do que à substância** (que essa mesma forma objetiva proteger).

Nesse sentido: "Muitas vezes o risco representado pela falta do pressuposto não se consumou, pois naquela situação concreta, o interesse a ser preservado pelo requisito formal permaneceu incólume"[43].

Assim é importantíssimo observar que somente será aventada a possibilidade de proferir decisão de mérito mesmo com o vício, se este pressuposto não for observado no momento oportuno. Apenas se não feita a análise tempestiva é que há de se ter em prova se vale mais a instrumentalidade ou o vício.

Assim, é possível estruturar o conhecimento dos pressupostos processuais e sua decretação da seguinte forma:

Primeiro passo: o defeito pode ser conhecido de ofício? Em regra, sim (arts. 337, § 5º e 485, § 3º, CPC). Contudo há determinados pressupostos que dependem de provocação da parte como a incompetência relativa e a convenção de arbitragem;

Segundo passo: já operou a preclusão para o juízo? A maioria dos pressupostos podem ser verificados a qualquer tempo e grau de jurisdição, mas outros estão sujeitos a prazo como, por exemplo, a arbitragem e a falta de citação (se o réu comparece e se defende, gera preclusão do seu direito de alegar o vício);

Terceiro passo: verificar se o vício é sanável. Sendo possível sua correção o magistrado deve proceder a correção (ou determinar que se faça);

Quarto passo: verificar se, mesmo com o vício, é possível julgar favorável a parte que se aproveitaria (arts. 282, § 2º e 488, CPC);

Quinto passo: quando não preenchida nenhuma das situações acima, resolução do processo sem análise do mérito (art. 485, IV e V, CPC).

---

43 Idem, ibidem.

4.3.2. CLASSIFICAÇÃO DOS PRESSUPOSTOS PROCESSUAIS

O exame destes pressupostos parte da premissa de que sua criação decorre de requisitos voltados a salvaguardar o **interesse das partes**. Por isso, a grande maioria dos pressupostos processuais tem essa função (como se verá nos casos, por exemplo, da suspeição, da citação e da capacidade postulatória).

Entretanto, há outros pressupostos que visam garantir o **correto exercício da atividade jurisdicional** (como o impedimento e a incompetência absoluta, por exemplo). Estes pressupostos são essenciais para a estruturação do processo e não podem ser desconsiderados mesmo que não causem prejuízo às partes. Aqui não se trata de impor a instrumentalidade das formas ou a primazia do mérito, já que a natureza cogente se sobrepõe.

Classificam-se os pressupostos processuais (com base no art. 485, IV e V), da seguinte maneira:

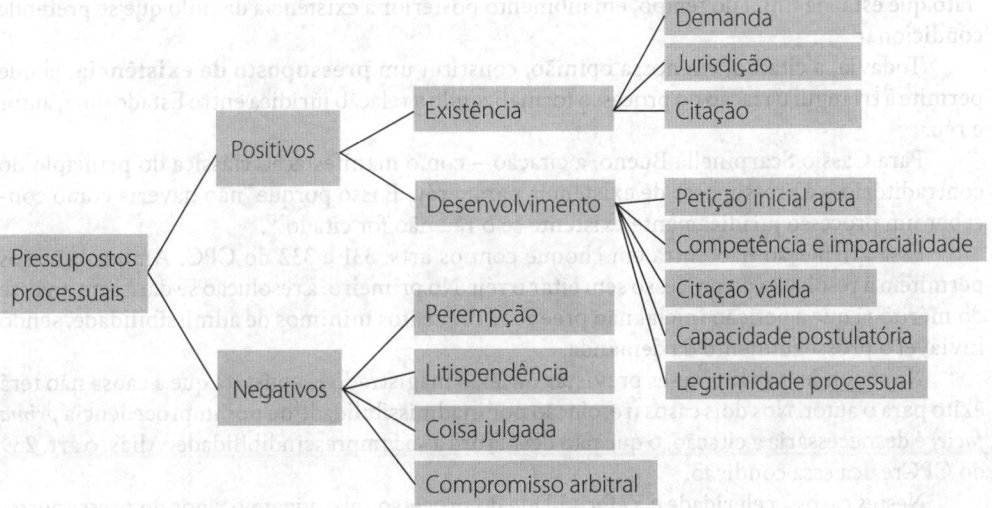

4.3.2.1. Positivos

4.3.2.1.1. Pressupostos processuais de existência do processo

4.3.2.1.1.1. Demanda

O art. 2º do CPC disciplina que "o processo começa por iniciativa da parte e se desenvolve por impulso oficial".

Sendo a jurisdição inerte, é indispensável que o Estado-juiz seja provocado por meio da ação. A ação é formalizada pela petição inicial. Esta formalização denomina-se "demanda". Sem demanda o processo sequer pode ser considerado juridicamente existente.

4.3.2.1.1.2. Jurisdição

Um dos institutos menos contestados no que tange a ser alçado à categoria de pressuposto processual. Assim, para que um processo exista juridicamente deverá ser desenvolvido por órgão investido previamente de jurisdição, conforme os poderes outorgados pela Constituição Federal (art. 92). Dessa forma, um processo conduzido por um não juiz é considerado juridicamente inexistente. Importante que se entenda que, para o preenchimento dos requisitos de existência, basta que o órgão tenha jurisdição, pois a competência, a despeito de sua importância, constitui pressuposto de desenvolvimento, como se verá *infra*.

4.3.2.1.1.3. Citação

Certamente é o instituto que mais causa dificuldades no enquadramento dos pressupostos processuais de existência. Alguns autores[44] entendem não ser a citação pressuposto processual.

Para os autores que entendem que citação não é pressuposto processual o argumento é de fato muito coerente: a citação não seria requisito de existência, mas de eficácia do processo. Sabendo que validade e eficácia são fenômenos que se situam em planos distintos. O processo existe desde sua propositura.

Neste mesmo sentido Fredie Didier entende que constitui "condição de eficácia do processo em relação ao réu"[45]. E assevera o autor que seria ilógico falar em pressuposto de existência, "fato que está, na linha do tempo, em momento posterior à existência daquilo que se pretende condicionar"[46].

Todavia, a citação, em nossa opinião, constitui um **pressuposto de existência**, já que permite a triangularização do processo formalizando a relação jurídica entre Estado-juiz, autor e réu.

Para Cassio Scarpinella Bueno, a citação – como manifestação clássica do princípio do contraditório – é pressuposto de existência para o réu. E isso porque "não haveria como conceber um processo juridicamente existente se o réu não for citado"[47].

Essa afirmação não entra em choque com os arts. 331 e 332 do CPC. Ambos os casos permitem a resolução do processo sem citar o réu. No primeiro, a resolução se dará sem análise do mérito já que a petição inicial não preenche requisitos mínimos de admissibilidade, sendo inviável o prosseguimento da demanda.

No segundo, nas hipóteses previstas na lei, o magistrado já constata que a causa não terá êxito para o autor. Nos dois casos (resolução por inadmissibilidade ou por improcedência *prima facie*) é desnecessária a citação, o que não desnatura a sua imprescindibilidade. Aliás, o art. 239 do CPC realça essa condição.

Nestes casos a celeridade e a efetividade do processo relativizam o rigor do pressuposto. Aliás, o STF já enfrentou a questão (Pleno, AI-AgR 427.533/RS) e asseverou que a regra é compatível com o modelo constitucional do processo desde que o réu, ao ser citado (o que somente será possível com o provimento do recurso de apelação do autor), tenha a possibilidade de levantar toda matéria respeitante ao processo, até mesmo aquela que levou ao indeferimento da petição inicial.

Portanto, no Brasil hoje há quatro correntes bem delineadas:

- Citação como pressuposto de existência (Arruda Alvim, Teresa Arruda Alvim, Enrico Tullio Liebman, Nelson Nery e Marcelo Abelha Rodrigues).
- Citação como pressuposto de existência para o réu (Cassio Scarpinella Bueno).
- Citação como requisito de validade (Cândido Dinamarco).
- Citação como condição de eficácia do processo para o réu (Fredie Didier).

---

44 Cândido Dinamarco, *Instituições de direito processual civil*. São Paulo: Malheiros, 2002, v. II, p. 507.
45 *Curso de direito processual civil*. Salvador: JusPodivm, 2008, v. 1, p. 453.
46 Idem, p. 454.
47 *Curso sistematizado de direito processual civil*. São Paulo: Saraiva, v. 1, p. 395.

O STJ vem se inclinando no sentido de que a citação é pressuposto de validade do processo, conforme se verifica no REsp 2.145.294/SC.

4.3.2.1.2. Pressupostos processuais de desenvolvimento (validade) do processo

Aqui o processo já existe. Mas, a despeito de sua existência, há outros pressupostos necessários ao desenvolvimento válido e regular do processo.

4.3.2.1.2.1. Petição inicial apta

Não basta a existência da petição inicial (aqui denominada "demanda"[48]). É necessário que esta petição seja apta, ou seja, contenha os requisitos essenciais para o seu desenvolvimento.

Todavia, é equívoco asseverar que a aptidão da petição inicial decorre do exato cumprimento do art. 319 do CPC, pois, do contrário, dever-se-ia afirmar que a não observância do referido artigo geraria a inaptidão da petição inicial. Entretanto, a falta de requerimento de provas e do endereço do réu não gera inaptidão da demanda – a despeito de serem requisitos do art. 319 do CPC.

A definição de aptidão se abstrai por exclusão. Assim como a competência, a imparcialidade e a capacidade são conceitos que somente podem ser formulados produzindo o efeito negativo (incapaz, imparcial, incompetente), a aptidão ocorre quando não há a inaptidão – esta sim definida no art. 330 do CPC.

Assim, se o autor não enquadrar a sua demanda numa das hipóteses-tipo do art. 330, § 1º, por consequência sua petição será considerada apta.

Conforme será visto no capítulo de petição inicial (*infra*) à luz do atual sistema que prestigia a primazia do mérito e a convalidação dos atos processuais, é possível afirmar que a inépcia da petição inicial somente gerará a resolução do processo sem resolução de mérito se e quando a referida invalidade não puder ser corrigida. Assim, v.g., se for possível emendar a petição inicial para "inserir pedido" (inciso I, art. 330), "determinar o pedido" (inciso II, art. 330), "corrigir a narrativa para adequar a conclusão" (inciso III, art. 330) ou "compatibilizar os pedidos cumulados" (inciso IV, art. 330) não haverá extinção do feito.

4.3.2.1.2.2. Competência do juízo e imparcialidade do juiz

Não basta que o juiz esteja investido de jurisdição. É necessário que ele também seja competente e imparcial. A competência, conforme será estudado (*infra*), é a distribuição aos órgãos judiciários de suas funções e constitui pressuposto de validade. Há quem defenda que a competência não seria pressuposto processual[49], pois a sua decretação importa na remessa dos autos ao juízo competente e não na resolução do processo sem análise do mérito como normalmente ocorre. Contudo, não é a consequência do ato que o caracteriza como pressuposto processual. A própria lei em certos casos opta pela "extinção do processo" nos casos de competência dos juizados (art. 51, III, da Lei n. 9.099/95). Ademais, se o mérito não poderá ser examinado por determinado órgão (dada sua incompetência), certamente a sentença ali proferida será inválida, o que confirma sua situação de pressuposto.

---

48 Demanda no sentido de "algo que é trazido ao juiz em busca do remédio que o demandante quer" (Cândido Dinamarco, *Fundamentos de processo civil moderno*. 2. ed. São Paulo: RT, 1987, p. 195).
49 Alexandre Freitas Câmara. *Lições de direito processual civil*. 8. ed. Rio de Janeiro: Lumen Juris, 2003, v. 1, p. 229.

Sendo a competência pressuposto de validade, a incompetência relativa também seria alcançada? Quando se fala em competência absoluta, os órgãos jurisdicionais são fixados peremptoriamente pela lei. Já no que se refere à competência relativa, a despeito de ser previamente prevista em lei, esta mesma lei confere certa margem de liberdade aos litigantes para escolher outro órgão jurisdicional igualmente competente (veja, por exemplo, a cláusula de eleição de foro diverso daquele em que residem autor e réu, conforme art. 63 do CPC)[50].

Dessa forma, justamente por depender da manifestação da parte contrária, sob pena de prorrogação com a consequente convalidação do ato (CPC, art. 65), a competência relativa não pode ser pressuposto de validade do processo[51].

Já os vícios de parcialidade – impedimento e suspeição – são vícios de capacidade subjetiva do próprio juiz. Conforme já exposto, o principal requisito para o julgamento é que seja proferido por um juiz imparcial, desinteressado na causa e equidistante das partes.

Todavia, existem determinadas situações que podem desviar a convicção do magistrado, por motivos de ordem familiar, pessoal ou econômica. Atento a esses casos, o legislador mapeou as situações que podem dar ensejo a um julgamento maculado. As questões mais graves, a lei denominou hipóteses de impedimento. As menos graves, suspeição.

4.3.2.1.2.3. Citação válida

Consoante foi ressaltado, a citação é pressuposto de existência do processo. Entretanto, o ato citatório deve respeitar determinadas regras previstas no CPC em seus arts. 238 e seguintes.

Importante frisar que este pressuposto processual pode ser relativizado pelo princípio da instrumentalidade das formas. A citação é ato solene. Depende de uma série de requisitos previstos em lei. Todavia, se o réu comparece espontaneamente em juízo, supre a necessidade da citação, pois o ato atingiu, por outra forma, a sua finalidade (art. 239, § 1º, do CPC).

4.3.2.1.2.4. Capacidade postulatória

Sabe-se que os atos processuais somente podem ser praticados por quem detenha capacidade de estar em juízo. Esta capacidade permite à parte litigar no processo sem representação ou assistência. Todavia, esta capacidade, por si só, é insuficiente para a atividade forense, já que a postulação em juízo depende de outro tipo de capacidade conferida somente aos advogados e denominada **capacidade postulatória**. Consiste na autorização legal para atuação profissional em juízo do advogado.

O tema será abordado com mais profundidade no item 6.1.2.1.1.3 a respeito da capacidade postulatória (*infra*).

4.3.2.1.2.5. Legitimação para o processo

As regras de legitimação para o processo (capacidade processual) serão mais bem desenvolvidas no capítulo destinado às partes.

---

50 Esse é o posicionamento dominante na doutrina (Arruda Alvim, Teresa Arruda Alvim, Ernane Fidélis dos Santos, Marcelo Abelha Rodrigues).
51 Em sentido contrário, Francisco Cavalcanti Pontes de Miranda, Leonardo José Carneiro da Cunha.

4.3.2.2. Pressupostos negativos

Os pressupostos processuais negativos são aqueles que, como o próprio nome identifica, não podem existir no processo, ao contrário dos positivos, cuja presença se faz obrigatória. Dessa forma, são situações que não podem ocorrer sob pena de ser cominado com as consequências impostas pela lei. Em virtude de os institutos que compõem os pressupostos negativos serem objeto de estudo ao longo deste *Manual*, confere-se apenas uma rápida definição, remetendo o leitor aos capítulos correspondentes, que aludem, com mais profundidade, a cada um desses conceitos.

4.3.2.2.1. Perempção

Ocorre perempção quando o autor deixa o processo se extinguir por três vezes sem resolução de mérito, por abandono da causa pela hipótese do art. 486, § 3º, do CPC. Contudo, a despeito de gerar a impossibilidade de nova propositura, a alegação de perempção poderá ser utilizada como matéria de defesa mesmo após ter atingido as três extinções do feito.

4.3.2.2.2. Litispendência

Ocorre litispendência quando se distribui uma ação idêntica à que está em curso. Assim conviveriam contemporaneamente duas ações com as mesmas partes, mesmo pedido e mesma causa de pedir. A segunda ação proposta não pode existir demandando a resolução do processo sem análise do mérito (art. 485, V, CPC).

4.3.2.2.3. Coisa julgada

Ocorre coisa julgada quando se distribui uma ação idêntica a outra que já se findou. Essa segunda ação possui os mesmos elementos que a anterior, já julgada (partes, pedido e causa de pedir). Essa segunda ação proposta, igualmente não pode existir demandando a resolução do processo sem análise do mérito (art. 485, V, CPC).

4.3.2.2.4. Compromisso arbitral

Compromisso firmado entre as partes no qual se estabelece que determinado litígio não corra pelo Poder Judiciário, mas sim pela arbitragem.

Há autores que entendem que o compromisso arbitral (uma espécie da convenção de arbitragem) não seria pressuposto processual negativo[52], pois o juiz não pode decretar a nulidade de processo judicial em trâmite cuja causa deveria correr na arbitragem, como ocorre com a litispendência, a perempção e a coisa julgada.

---

52 Teresa Arruda Alvim Wambier, *Nulidades do processo e da sentença*, 4. ed., São Paulo: Revista dos Tribunais, 1998, p. 63-64.

5.
COMPETÊNCIA

5.1. CONCEITO

Jurisdição, como visto, é o poder do Estado em dizer o direito e além disso tem como importante característica ser una e poder ser exercida em abstrato por todos os órgãos jurisdicionais investidos. Hipoteticamente seria possível até acometer a um único juiz no Brasil todas as causas do território nacional, pois todo juiz exerce jurisdição.

Todavia, por impossibilidades práticas, jurídicas e até mesmo físicas, seria impossível deixar aos cuidados de um único magistrado o encargo de dirimir todas as situações que se apresentam na sociedade e ensejam a busca do Poder Judiciário. É preciso que se dividam as tarefas jurisdicionais dentre diversos juízes e órgãos a fim de tornar a tutela a ser prestada mais ágil e efetiva. Os critérios de distribuição aos diversos órgãos e juízes acerca de sua atribuição jurisdicional é chamada de competência.

O termo competência deriva do verbo *competere*, que significa proporção, simetria. **Assim, a competência é o limite da jurisdição**, pois delimita as hipóteses em que o órgão jurisdicional pode julgar a lide.

A jurisdição legitima o exercício do poder pelo Estado definindo quais os casos em que esta atividade pode ser concretizada. Alguns autores entendem que a competência é **medida de poder** (Athos Gusmão Carneiro, Ernane Fidélis dos Santos, Frederico Marques); outros que se refere ao **próprio poder** (Vicente Greco e Moacyr Amaral); alguns ainda entendem que se trata de **regra de distribuição de atribuições** (Arruda Alvim e Humberto Theodoro Júnior) e outros, asseverando que por ser a jurisdição una e indivisível, não estaria sujeita a medidas ou quantidades sendo apenas a **delimitação do exercício da atividade jurisdicional** (Antônio Carlos Marcato, Alexandre Freitas Câmara). Há quem defenda ainda que competência não é critério quantitativo (medida), mas qualitativo, pois constitui **legitimidade para exercer a jurisdição** (Marinoni-Arenhart-Mitidiero).

J.J. Canotilho confere uma vertente positiva à competência, como autorização para o exercício do poder jurisdicional, e uma vertente negativa pela delimitação desse mesmo exercício.

É conceito da teoria geral do direito e não do direito processual, já que diversas searas (tais como o direito administrativo e constitucional) igualmente se utilizam do termo competência.

5.1.1. CARACTERÍSTICAS

A – Tipicidade e indisponibilidade: A competência sempre decorre de lei (princípio da tipicidade) e é indelegável e intransferível (princípio da indisponibilidade). Dessa forma, a competência tem sua fonte na lei em diversos níveis jurídico-positivos. Assim, a Constituição Federal disciplina a competência de jurisdição e a competência hierárquica dos tribunais superiores.

As leis federais regulam a competência territorial, as leis de organização judiciária regulam a competência de juízo e a competência interna e as Constituições Estaduais regulam a competência dos tribunais locais.

> Em suma: a Constituição define a justiça competente; o Código de Processo Civil, o foro competente; e as leis de organização judiciária, o juízo competente.

Todavia, admite-se, em certos casos, a existência de competência implícita (*implied power*). Dessa forma, quando não houver regra expressa, algum órgão haverá de ter competência para apreciar a questão. Não se pode admitir um *non liquet* em decorrência da não previsão da competência. Como exemplo, os casos de união estável até a sua regulação pela Lei de 1994, ou mesmo os embargos de declaração para o STJ e o STF sendo que não há previsão expressa neste sentido.

No tocante à indisponibilidade, admite-se excepcionalmente exceções como as hipóteses do art. 69, § 2º, do CPC (atos de cooperação)[1] e 109, V-A, §§ 3º a 5º (competência dos juízes federais) da CF[2].

B – Pressuposto de validade: Ao contrário da falta de jurisdição, que gera a inexistência jurídica, a falta de competência gera apenas uma ilegitimidade no exercício dessa jurisdição, mas o processo existe e o juiz incompetente mantém sua jurisdição. Tanto que ele mesmo poderá se declarar incompetente quando esta incompetência for absoluta. Trata-se da teoria da *Kompetenz Kompetenz*. Essa regra é afirmada no art. 16 do CPC, que estabelece que a jurisdição será exercida pelos juízes e tribunais em todo território nacional.

C – Não exclusividade: E em virtude da regra anterior, há de se entender que, a despeito de mais comum, nem sempre a jurisdição é exercida por órgão do Poder Judiciário. Assim é possível verificar atividade jurisdicional: a) no Senado, ao julgar o Presidente da República

---

1   "Art. 69 [...] § 2º Os atos concertados entre os juízes cooperantes poderão consistir, além de outros, no estabelecimento de procedimento para: I – a prática de citação, intimação ou notificação de ato; II – a obtenção e apresentação de provas e a coleta de depoimentos; III – a efetivação de tutela provisória; IV – a efetivação de medidas e providências para recuperação e preservação de empresas; V – a facilitação de habilitação de créditos na falência e na recuperação judicial; VI – a centralização de processos repetitivos; VII – a execução de decisão jurisdicional."

2   "Art. 109 [...] V-A as causas relativas a direitos humanos a que se refere o § 5º deste artigo: § 3º Lei poderá autorizar que as causas de competência da Justiça Federal em que forem parte instituição de previdência social e segurado possam ser processadas e julgadas na justiça estadual quando a comarca do domicílio do segurado não for sede de vara federal. § 4º Na hipótese do parágrafo anterior, o recurso cabível será sempre para o Tribunal Regional Federal na área de jurisdição do juiz de primeiro grau. § 5º Nas hipóteses de grave violação de direitos humanos, o Procurador-Geral da República, com a finalidade de assegurar o cumprimento de obrigações decorrentes de tratados internacionais de direitos humanos dos quais o Brasil seja parte, poderá suscitar, perante o Superior Tribunal de Justiça, em qualquer fase do inquérito ou processo, incidente de deslocamento de competência para a Justiça Federal."

(art. 52, I e II, CF); b) o Tribunal de Justiça desportiva (que julga conflitos esportivos); c) os Tribunais de Contas (art. 73 da CF); e d) o Tribunal de Ética da OAB.

5.2. PERPETUATIO JURISDICTIONIS

Em decorrência de peculiaridades regionais estabelecidas pela organização judiciária, antes de se ajuizar uma causa é possível que dois ou mais órgãos possam ser concorrente e abstratamente competentes para o seu julgamento (como, por exemplo, a existência de várias varas cíveis numa mesma cidade).

Contudo, após o ajuizamento e com a distribuição da causa, haverá a fixação de um juízo específico.

De acordo com o art. 312 do CPC, considera-se proposta uma ação no momento de sua distribuição (protocolo) e ainda o art. 284 estabelece: "Todos os processos estão sujeitos a registro, devendo ser distribuídos onde houver mais de um juiz".

Este órgão (escolhido pelos critérios de competência previstos em lei) é o competente para processar, conduzir e decidir aquela causa em detrimento de qualquer outro.

Assim, a regra da perpetuação da jurisdição (que melhor seria chamada de **perpetuação da competência**) consiste na **cristalização da competência perante um dado juízo no momento da propositura da ação**.

A perpetuação como regra constitui:

---
a) manifestação do princípio constitucional do juiz natural (CF, art. 5º, XXXVII);
b) regra de estabilidade do processo que se associa ao art. 329 do CPC;
c) inibidora de improbidade processual, pois impede que o processo seja itinerante e permita que a parte dolosamente modifique seu domicílio para criar embaraços ao seguimento da demanda.

Assim, quer-se dizer que, no momento em que se perpetua a competência do juízo, nenhuma modificação do estado de fato (mudança de domicílio do réu, v.g.)[3] ou de direito (ampliação do teto da competência em razão do valor da causa **nos juizados especiais**, v.g.) superveniente poderá alterá-la.

O art. 43 padece de equívoco temporal ao estabelecer: "Determina-se a competência no momento do registro ou da distribuição da petição inicial". Contudo, o mero protocolo da petição inicial já gera esse efeito (art. 312, CPC), pois o registro (no caso de comarca com vara única) ou a distribuição (nos casos de comarca com multiplicidade de varas) são atos posteriores e têm relação com a política do cartório ou do fórum e não com o efeito processual propriamente dito.

Conforme dito, há vários órgãos abstratamente competentes para julgar determinada causa. Quando há a distribuição ou registro, apenas um deles será competente para a causa. Vê-se aí a perpetuação.

Há, contudo, exceções:

---

3 Súmula 58 do STJ: "Proposta a execução fiscal, a posterior mudança de domicílio do executado não desloca a competência já fixada".

a) supressão do órgão judiciário. Como, por exemplo, a extinção de uma vara de família em determinada comarca, v.g., transferindo esses processos todos para a vara cível;

b) alteração superveniente da incompetência absoluta. O CPC vale-se genericamente da locução "absoluta", que alcança todos os casos de competência dessa natureza, até mesmo no tocante à competência em razão da pessoa, ao juízo (no que se refere a foros regionais, utilizados em algumas cidades brasileiras) e à territorial absoluta (CPC, art. 47). Assim, a criação de varas de falência em uma comarca faz remeter os autos da originária vara cível para essa vara especializada.

Contudo, se a causa já estiver sentenciada no juízo, não haverá a quebra da perpetuação. É o que dispõe a Súmula 367 do STJ: "A competência estabelecida pela EC n. 45/2004 não alcança os processos já sentenciados".

c) perda da competência pelos critérios modificativos. Critérios decorrentes de conexão, continência, derrogação e prorrogação (arts. 55 a 58, 63 e 65, CPC) tema que será enfrentado adiante, ainda nesse capítulo;

d) desmembramento de comarca. É possível o desmembramento de comarca, em casos como ação reivindicatória que corre sob determinada comarca que é desmembrada e este imóvel está situado na nova comarca instalada. Nesse caso, modifica-se a competência, portanto, sendo uma exceção à regra da perpetuação (STJ, REsp 156.898/PR).

A regra da *perpetuatio* não incide nas ações de alimentos. Primeiro pela condição social em que, em regra, se encontra a parte que requer a prestação alimentícia. Segundo, por se tratar de relação de prestações periódicas (trato sucessivo). Dessa forma, eventual ação de alimentos deve ser ajuizada no atual domicílio do alimentando (STJ, CComp 114.461/SP). Essa ideia está ligada à teoria da derrotabilidade das normas (*defeasibility*), da qual se permite, diante de um caso concreto, que uma norma seja não aplicada sempre que houver uma exceção relevante, denominada caso extremo (*extreme case*). Essa exceção implícita (pois não está prevista na lei) será usada quando a literalidade da regra não for suficiente para resolver a questão do caso, seja por inadequação, ineficiência ou injustiça. O STJ, no tocante à *perpetuatio*, entende que "a regra do art. 43 do CPC pode ser superada, sempre em caráter excepcional, quando se constatar que o juízo perante o qual tramita a ação não é adequado ou conveniente para processá-la e julgá-la" (Segredo de justiça, Rel. Ministro Moura Ribeiro, Rel. p/ acórdão Ministra Nancy Andrighi, Segunda Seção, por maioria, *DJe* 18-12-2023). Seria a aplicabilidade do *forum non conveniens*.

Contudo, é importante registrar que o próprio STJ vem entendendo que a criação de varas (juízos) ou novas comarcas prevalece sobre a regra da *perpetuatio jurisdictionis*, pois prestigia "ao interesse público da boa administração da Justiça", permitindo a "descentralização e a rapidez da Justiça", por meio da melhor divisão do trabalho, e não ao simples interesse privado das partes, tratando-se, por conseguinte, de competência absoluta" já que "o art. 96, *a*, da Constituição Federal, assegura aos Tribunais o direito de dispor sobre a competência e o funcionamento dos respectivos órgãos jurisdicionais" (REsp 1.373.132/PB).

Em contraposição à *perpetuação originária*, ora estudada, existe a possibilidade de *perpetuação superveniente*, quando se distribui a causa perante um dado juízo incompetente e ocorrer a correlata declaração de sua incompetência com a remessa do processo ao juízo competente. Nesse caso a perpetuação apenas irá ocorrer quando o juízo competente receber a causa.

É possível, ainda, a *perpetuação sucessiva ou múltipla* quando há mais de uma perpetuação no mesmo processo, como nos casos de reunião de feito decorrentes de conexão ou continência ou alteração superveniente da competência absoluta/supressão de órgão. Nessa situação, houve uma perpetuação originária e, em decorrência da similaridade das demandas, estas foram reunidas perante o juízo prevento (art. 58, CPC) gerando nova perpetuação.

5.3. COMPETÊNCIA ABSOLUTA E COMPETÊNCIA RELATIVA

Conforme observa Alexandre Freitas Câmara[4], o que pode ser classificada como absoluta ou relativa é a incompetência, pois a competência não possui gradações ou adjetivações. O juiz é simplesmente competente. Manteremos, contudo, as duas expressões (competência e incompetência) por ser linguagem comum na prática forense. Em certos casos, as regras de competência foram criadas para atender preferencialmente os **interesses das partes**. Em outros, visa atender o **interesse do Estado (público)**. No primeiro caso, objetivam ajudar o acesso ao judiciário e melhorar as oportunidades das posições jurídicas de vantagem, como a defesa. No segundo caso, o interesse é para administração da justiça e bom funcionamento do procedimento.

É dessa forma que o sistema divide, respectivamente, a competência em absoluta e relativa. Na segunda, as regras são **dispositivas**, o que acarreta alto grau de flexibilização pelas partes. Na primeira, trata-se de **normas cogentes**, devendo ser rigorosamente observadas e controladas pelas partes e pelo Estado. Acreditamos que as regras de competência absoluta não podem ser objeto de convenção processual (art. 190, CPC), pois influenciam diretamente na estrutura do Poder Judiciário. Esse entendimento, aliás, foi objeto do Enunciado n. 20 pelo Fórum Permanente de Processualistas Civis: "Não são admissíveis os seguintes negócios bilaterais, dentre outros: acordo para modificação da competência absoluta, acordo para supressão da primeira instância, acordo para afastar motivos de impedimento do juiz, acordo para criação de novas espécies recursais, acordo para ampliação das hipóteses de cabimento de recursos".

Importante asseverar que a incompetência é defeito processual que não leva, em regra, à resolução do processo (mesmo absoluta)[5], mas sua dilação para a correção do vício. Assim, ocorre falta de competência quando um órgão jurisdicional extrapola a fração de poder que lhe foi outorgada.

5.3.1. COMPETÊNCIA RELATIVA

A competência relativa, como dito, foi estruturada para atender os interesses das partes. Essa premissa norteia todo regramento referente ao regime dessa modalidade de competência.

Uma primeira questão é que apenas o réu (em preliminar de contestação) possui legitimidade para arguir a incompetência relativa. O regime anterior estabelecia um incidente próprio, denominado exceção de incompetência, para que o réu exercesse esse direito. Contudo, tendo o CPC adotado a regra da "unidade de defesa" (em que todas as possíveis formas de defesa são apresentadas dentro da própria contestação), não havia mais razão de se permitir um incidente apartado para essa função. Ademais era ilógico pensar que a incompetência absoluta fosse alegada em preliminar de contestação e a relativa por um instrumento autônomo.

O autor não pode alegar incompetência relativa. Primeiro porque lhe falta interesse na medida em que foi o próprio autor (por meio do seu advogado) que endereçou a demanda para

---

4   *Lições de direito processual civil*. 24. ed. São Paulo: Atlas, 2012, v. 1, p. 112-113.
5   Salvo os casos de competência internacional, bem como a verificação da competência nos juizados especiais cíveis (art. 51, III, da Lei n. 9.099/95).

o foro. Aqui não só viola regra de preclusão lógica, como também atende ao princípio da responsabilidade preconizado no art. 276 do CPC: "Quando a lei prescrever determinada forma sob pena de nulidade, a decretação desta não pode ser requerida pela parte que lhe deu causa". Constitui também atendimento a boa-fé processual para evitar o denominado *tu quoque*.

Segundo porque não sendo norma cogente, não poderá o autor se valer da alegação de incompetência relativa sob o argumento de se tratar de interesse público (como poderia fazer se fosse incompetência absoluta).

O assistente litisconsorcial do réu possui ampla possibilidade de alegar a incompetência relativa já que ostenta legitimidade e interesse, pois é parte. O assistente litisconsorcial do autor segue a mesma regra das partes. Já o assistente simples fica condicionado à vontade do assistido. Assim, não havendo manifestação expressa da parte em sentido contrário, o assistente poderá alegar a incompetência relativa.

Já o denunciado a lide e o chamado ao processo a despeito de serem litisconsortes (arts. 127 e 131, CPC) e, portanto, portadores de legitimidade, só ingressam no processo após a apresentação da defesa. E, sendo a contestação omissa no tocante a essa alegação (art. 337, II, CPC) já gera, quando do ingresso do terceiro, a prorrogação da competência.

A decisão sobre a incompetência relativa no curso do processo não comporta agravo de instrumento e apenas poderá ser recorrida em preliminar de eventual apelação ou contrarrazões da decisão final (art. 1.009, § 1º, CPC).

O art. 64, § 4º, do CPC estabelece que "salvo decisão judicial em sentido contrário, conservar-se-ão os efeitos de decisão proferida pelo juízo incompetente até que outra seja proferida, se for o caso, pelo juízo competente". É importante estabelecer duas importantes premissas:

a) as decisões sobre competência, como dito, não são imediatamente recorríveis e somente poderão ser impugnadas por apelação ou contrarrazões da decisão final. O recurso/contrarrazões, nesse caso, teria o objetivo de anular a decisão sobre competência;

b) contudo, os atos proferidos pelo juízo incompetente são válidos (e não "nulos" como no regime anterior), entretanto ineficazes, caso o juízo competente resolva proferir nova decisão.

Assim, tem-se a incômoda situação do tribunal: i) não anular nem reformar a decisão, pois nada é nulo, apenas ineficaz, ii) quando da remessa dos autos ao juízo competente este poderá, por força do art. 64, § 4º, manter as decisões do juízo incompetente, o que afrontaria a economia processual e celeridade.

A solução para minorar esse problema é a utilização de mandado de segurança contra a decisão de competência (art. 5º, II, Lei n. 12.016/2009) ou permitir os sazonais entendimentos do STJ que possam permitir a recorribilidade dessa modalidade de decisão.

Há uma importante questão a ser tratada no que diz respeito à alegação da incompetência prevista no art. 340 do CPC.

Com a mudança do procedimento comum, o réu não é mais citado para se defender e sim para comparecer à audiência de conciliação e mediação a ser designada pelo juízo.

Estabelece o referido artigo que o réu, ao alegar a incompetência (absoluta ou relativa), poderá apresentar a contestação em seu domicílio e não necessariamente no foro da causa. Esta técnica de facilitação de acesso à justiça já era prevista no regime anterior e objetiva evitar que o réu tenha que comparecer à audiência de conciliação e mediação no foro incompetente.

Dessa forma, a contestação será distribuída livremente numa das varas da comarca do réu, salvo se a citação se deu por carta precatória, quando então deverá ser apresentada junto com a carta que será remetida ao juízo do processo.

Se reconhecida a competência do domicílio do réu este se torna prevento para a causa. Contudo é possível, ainda, o reconhecimento de um terceiro foro. Aliás, essa questão foi objeto do Enunciado 426 do FPPC: "O juízo para o qual foi distribuída a contestação ou a carta precatória só será considerado prevento se o foro competente for o local onde foi citado".

Entretanto, se, conforme explanado, a audiência de conciliação e mediação ocorrerá antes do prazo para defesa (arts. 334 e 335, CPC), como coadunar a regra entre a alegação de incompetência em preliminar de contestação (art. 337, II, CPC) com o art. 340, § 3º, que determina a suspensão da audiência de conciliação e mediação designada?

Aqui somente é possível compreender essa regra se o réu antes da audiência apresenta contestação objetivando, justamente, não ter que se diligenciar até o domicílio do processo para audiência de conciliação e mediação.

O réu em verdade está antecipando o prazo para se defender previsto no art. 335 do CPC, o que está em consonância com o art. 218, § 4º, CPC: "*Será considerado tempestivo o ato praticado antes do termo inicial do prazo*".

Como bem observa a doutrina[6], o dispositivo, de certa forma, é anacrônico, pois foi criado para a realidade apenas dos processos físicos e não eletrônicos. Se eletrônico, basta apresentar perante o próprio juízo do processo que verificará a sua incompetência (*Kompetenz-Kompetenz*).

5.3.2. COMPETÊNCIA ABSOLUTA

A competência absoluta convive com a relativa de forma equilibrada harmonizando as duas vertentes que ensejaram a criação dos critérios de competência: de um lado, a liberdade das partes para se permitir até mesmo a derrogação de regras já estabelecidas em razão de suas próprias conveniências e, de outro, questões de interesse do Estado que transbordam esses interesses das partes.

Assim, é possível visualizar a competência absoluta com base na natureza cogente das normas que a estabelecem e sua consequente imodificabilidade.

A incompetência absoluta em razão disso a) confere legitimidade ampla aos sujeitos do processo para sua alegação e b) não estabelece preclusão temporal para sua arguição.

No que concerne à legitimidade é importante observar que o juízo poderá conhecê-la de ofício (art. 64, § 1º, CPC). A expressão "deve" contida no artigo revela que não se trata de mera faculdade.

O réu naturalmente poderá alegá-la, assim como o Ministério Público (na condição de fiscal da ordem jurídica ou parte) e os terceiros intervenientes.

O autor, mesmo dando causa à incompetência absoluta (afinal, foi ele quem distribuiu a causa para o juízo material ou funcionalmente incompetente) poderá argui-la. Isso decorre do interesse público que prevalece sobre a regra da responsabilidade (art. 276, CPC).

Quando de ofício ou por provocação, deverá o magistrado em atenção ao contraditório cooperativo intimar a parte contrária para se manifestar (arts. 9º, 64, § 2º, CPC). Não constitui uma contradição ser matéria cognoscível de ofício e intimar as partes, pois são questões diferentes: conhecer de ofício é conhecer sem provocação. Uma vez conhecido, deverá intimar as partes para que se manifestem previamente acerca da questão.

---

6   GAJARDONI; DELLORE; ROQUE; OLIVEIRA JR. *Processo de conhecimento e cumprimento de sentença*. São Paulo: Gen, 2016, p. 120.

Igualmente não há preclusão temporal para alegação da incompetência absoluta (ao contrário da relativa). O § 1º do art. 64 estabelece "em qualquer tempo e grau de jurisdição".

Por qualquer tempo e grau de jurisdição leia-se enquanto perdurar o processo (litispendência). A despeito de o CPC falar que a incompetência absoluta deva ser alegada em preliminar de contestação (arts. 64 e 337, II), constitui apenas um referencial ou uma sugestão[7], pois a alegação não se preclui nessa oportunidade.

Parece não haver dúvidas que a alegação poderá ser dada de qualquer forma ao longo do processo (verbalmente em audiência, por petição simples, em preliminar de apelação, em contrarrazões, na sustentação oral etc.) e durante as instâncias ordinárias.

Dúvida, porém havia acerca da possibilidade de se verificar de ofício ou alegar essa invalidade nas instâncias especiais, na medida em que o prequestionamento constitui um óbice para a apreciação dos recursos de estrito direito.

Contudo, acreditamos que as matérias de ordem pública poderão até mesmo ser conhecidas de ofício nessas esferas em razão do art. 1.034 do CPC e o Enunciado de Súmula 456 do STF. Assim, quando se extrai do artigo que "admitido o recurso extraordinário ou o recurso especial, o Supremo Tribunal Federal ou o Superior Tribunal de Justiça julgará o processo, aplicando o direito", pode se compreender que, uma vez admitido o recurso por qualquer motivo, está livre o caminho dos Tribunais Superiores para apreciar a incompetência absoluta.

Aliás, essa regra deve ser defendida até por uma razão lógica: a incompetência absoluta é vício que transcende os limites da coisa julgada, permitindo até sua alegação em sede de ação rescisória (art. 966, II, CPC)[8]. Como permitir a alegação de incompetência em ação desconstitutiva da coisa julgada após o trânsito e não permitir sua alegação no próprio processo em que essa incompetência se formou?

A decisão sobre a incompetência absoluta no curso do processo não comporta agravo de instrumento e apenas poderá ser recorrida em preliminar de eventual apelação ou contrarrazões da decisão final (art. 1.009, § 1º, CPC). Sobre os efeitos da declaração de incompetência *vide* item acima.

As principais diferenças de seus regimes jurídicos são:

ABSOLUTA	RELATIVA
Regrada para atender o interesse público	Regrada para atender o interesse das partes
Pode ser alegada a qualquer tempo e grau de jurisdição pelas partes e pelo juiz (CPC, art. 64, § 1º) até mesmo em rescisória (CPC, art. 966, II).	Deve ser arguida em preliminar de contestação (art. 337, II) sob pena de prorrogação da competência (CPC, art. 65), não podendo ser conhecida de ofício[9] (art. 337, § 5º, do CPC e Enunciado 33 da Súmula do STJ)

---

7   Podendo o réu ser apenado por má-fé por ter utilizado a famigerada prática da "nulidade de algibeira" ou "de bolso".
8   Este realmente o último momento possível para alegação.
9   Salvo nas hipóteses do art. 63, §§ 3º e 4º, e nos Juizados Especiais.

Não há forma própria para alegar este tipo de incompetência, mas a lei sugere que a parte o faça em preliminar de contestação (CPC, art. 337, II), não impedindo que o realize de maneira oral, por petição simples ou em qualquer peça processual apresentada	Deve ser arguida necessariamente em preliminar de contestação.
Reconhecida a incompetência, remetem-se os autos para o juízo competente (CPC, art. 64, § 3º) que, salvo decisão judicial em contrário, tentará conservar os efeitos da decisão proferida pelo juízo incompetente (CPC, art. 64, § 4º). Adota-se a regra da *translatio iudicii*. Nos juizados especiais, o reconhecimento da incompetência relativa gera a resolução do feito, conforme art. 51, III, da Lei n. 9.099/95.	Reconhecida a incompetência, remetem-se os autos para o juízo competente (CPC, art. 64, § 3º) que, salvo decisão judicial em contrário, tentará conservar os efeitos da decisão proferida pelo juízo incompetente (CPC, art. 64, § 4º).
Não pode ser derrogada, nem pelas partes nem por conexão ou continência (CPC, art. 62)	Pode ser derrogada pelas partes (v.g., foro de eleição, conexão, continência ou prorrogação).
Aplica-se à competência material, funcional, em razão da pessoa e em alguns casos na territorial e pelo valor da causa (no critério "do mais para o menos")	Aplica-se aos casos de competência territorial e de valor da causa com as exceções que serão devidamente estudadas ao longo do capítulo
A decisão sobre a incompetência absoluta no curso do processo não comporta agravo de instrumento e apenas poderá ser recorrida em preliminar de eventual apelação ou contrarrazões da decisão final (art. 1.009, § 1º, CPC).	A decisão sobre a incompetência relativa no curso do processo não comporta agravo de instrumento e apenas poderá ser recorrida em preliminar de eventual apelação ou contrarrazões da decisão final (art. 1.009, § 1º, CPC).

Sobre a incompetência, tanto absoluta como relativa, importante falar sobre a legitimidade do Ministério Público.

Evidente que o Ministério Público como réu pode alegar, a despeito de muito difícil, se encontrar nessa situação. Como autor, conforme explanado no item 5.3.1, *supra*, o Ministério Público não poderá alegar, igualmente, a incompetência quando for relativa. Contudo, nas causas coletivas (onde é ampla a legitimidade ativa do MP) em que a competência territorial é absoluta, torna evidente a possibilidade do Ministério Público em arguir a incompetência na condição de autor da demanda.

A questão diz respeito ao Ministério Público como fiscal da ordem jurídica. **O CPC estabelece que** o Ministério Público possui legitimidade para arguir incompetência relativa exclusivamente nos casos em que ele atuar (art. 65, parágrafo único). Acreditamos que sua legitimidade se mantém incólume ainda que não haja participado anteriormente do processo mesmo que devidamente intimado. Portanto, a interpretação que deve ser dada ao referido artigo não diz respeito à sua *atuação efetiva*, mas, também, às causas em que *poderia ter atuado*.

Ponto interessante diz respeito ao limite dessa alegação. Entendemos que se o Ministério Público alegar (nas hipóteses em que lhe é permitida essa alegação) a incompetência relativa e a parte a ser supostamente beneficiada objetar essa impugnação prevalece a vontade da parte. Pois esta parte poderá entender que o foro eleito pelo autor será, no caso prático, melhor ao réu, por exemplo. A vontade do Ministério Público não pode sobrepor a das partes.

5.4. CRITÉRIOS DE COMPETÊNCIA

Os critérios de competência são divididos em seis grupos (Nelson Nery). Este roteiro, é o itinerário que deve ser observado para que se busque a competência para determinada causa:

> Competência da jurisdição brasileira (a ser identificada no CPC);
> Competência dos Tribunais (a ser identificada na Constituição Federal);
> Competência das justiças especializadas (a ser identificada na Constituição Federal);
> Competência da Justiça Federal (a ser identificada na Constituição Federal);
> Competência de foro (a ser identificada no CPC);
> Competência de juízo (a ser identificado no CPC e organização judiciária).

5.4.1. COMPETÊNCIA DA JURISDIÇÃO BRASILEIRA

Este tópico versa sobre a extensão jurisdicional brasileira em relação à jurisdição de outros países.

O sistema jurisdicional de um país poderá julgar quaisquer causas que sejam propostas perante os seus juízes. No entanto, o poder de se efetivar o que foi decidido pode sofrer limitações, já que existem outros países que não reconhecem a validade da sentença no seu território, não permitindo, assim, a sua execução.

A competência internacional objetiva estabelecer o espaço em que deve haver jurisdição segundo o qual os países não devem proferir sentenças que não podem produzir seus efeitos onde devam.

Há algumas questões pertinentes:

i) Autonomia – O Estado competente possui autonomia sobre o exercício da sua jurisdição (*plenitudo jurisdictionis*) com base nas regras estabelecidas no seu direito positivo que não podem ser oponíveis a outros Estados.

ii) Concorrência – Havendo concorrência entre Estados é possível a escolha de qualquer um deles para o julgamento da causa (*forum shopping*).

A competência da jurisdição brasileira em relação à autoridade internacional está prevista no art. 12 da LINDB e nos arts. 21 a 25 do CPC:

I – Competência nacional e internacional concorrentes (arts. 21 e 22, CPC)

São os casos em que tanto a autoridade brasileira como a estrangeira são competentes para o julgamento da causa.

a) quando o réu, qualquer que seja sua nacionalidade, esteja domiciliado no Brasil. Esta regra vale tanto para a pessoa natural como jurídica e mesmo para a pessoa jurídica que tiver agência, filial ou sucursal no Brasil (CPC, art. 21, parágrafo único e art. 12, LINDB);

b) quando no Brasil a obrigação deva ser satisfeita. Estabelecendo praça de pagamento (mesmo que ambos os contratantes sejam estrangeiros);

c) quando o ato ou fato ocorreu no Brasil. A reparação de dano por ato ilícito correrá na jurisdição brasileira ainda que cometida por estrangeiro;

d) ações de alimentos, quando: i) o credor tiver seu domicílio ou sua residência no Brasil; ii) o réu mantiver vínculos no Brasil, tais como posse ou propriedade de bens, recebimento de renda ou obtenção de benefícios econômicos;

e) decorrentes de relações de consumo, quando o consumidor tiver domicílio ou residência no Brasil;

f) em que as partes, expressa ou tacitamente, submeterem-se à jurisdição nacional.

Se a competência for concorrente, a autoridade judiciária brasileira não será competente quando houver cláusula de eleição de foro exclusivo estrangeiro em contrato internacional, desde que arguida pelo réu em contestação (art. 25, CPC).

Como a competência nacional e internacional são **concorrentes**, nada obsta que a ação seja ajuizada no exterior, sem que isso incorra em litispendência com a demanda idêntica no Brasil (*paralell proceedings*), ressalvadas as disposições em contrário de tratados internacionais e acordos bilaterais em vigor no Brasil (art. 24, CPC).

II – Competência nacional exclusiva (art. 23, CPC)

O art. 23 prevê os casos em que a jurisdição brasileira é competente com exclusão de qualquer outra. Assim, a eventual sentença estrangeira não poderá produzir seus efeitos no território nacional, pois não há como homologá-la. São os casos de:

a) imóveis situados no Brasil – não se pode permitir que uma sentença estrangeira possa atingir bens de raiz situados em nosso território sob pena de ofender a soberania nacional. A demanda pode ser tanto de natureza real como pessoal;

b) inventário e partilha de bens situados no Brasil, bem como testamento particular – mesmo que o autor da herança seja estrangeiro e tenha residido no exterior;

c) divórcio, separação judicial ou dissolução de união estável em que haja bens no Brasil – mesmo que o titular desses bens seja estrangeiro ou tenha domicílio fora do Brasil.

III – Competência internacional exclusiva (art. 25, CPC)

Assim como há a competência (jurisdição) exclusiva nacional existe a competência exclusiva internacional quando houver "cláusula de eleição de foro exclusivo estrangeiro em contrato internacional, arguida pelo réu na contestação" (art. 25, CPC). Dessa forma, assim como ocorre aqui (art. 63, CPC), a cláusula de eleição de foro prevalece sobre eventual regramento sobre o tema. Contudo essa cláusula é disponível, dependendo da manifestação da parte contrária em contestação.

Cooperação internacional

O CPC estabelece um capítulo específico dedicado à cooperação internacional. Assim, a cooperação internacional será regida por tratado e deverá ter como vetores:

a) as garantias do devido processo legal;

b) igualdade de tratamento entre nacionais e estrangeiros, residentes ou não residentes no Brasil em relação ao processo e suas garantias;

c) publicidade dos atos, salvo nas exceções previstas em lei;

d) a existência de autoridade para a comunicação dos atos de cooperação internacional;

e) espontaneidade na transmissão de informações a autoridades estrangeiras.

Importante ressaltar que na ausência de tratado a cooperação internacional entre os países será realizada na forma diplomática pela reciprocidade entre os Estados. Contudo, essa espontaneidade não se exige para a homologação de sentença estrangeira pelo STJ. Não havendo designação específica, compete ao Ministério da Justiça exercer a função de autoridade central podendo inadmitir a prática de atos que contrariem as normas fundamentais que regem o Estado Brasileiro.

Estabelece o art. 27 do CPC que a cooperação terá como finalidade:

> I – citação, intimação e notificação judicial e extrajudicial;
> II – colheita de provas e obtenção de informações;
> III – homologação e cumprimento de decisão;
> IV – concessão de medida judicial de urgência;
> V – assistência jurídica internacional;
> VI – qualquer outra medida judicial ou extrajudicial não proibida pela lei brasileira.

Auxílio direto

Auxílio direto é mecanismo que viabiliza a comunicação entre autoridades de diversos países sem que haja intervenção do STJ (*exequatur*).

Aqui se diferencia do mecanismo tradicional de cooperação, pois não há o exercício de delibação pelo país requerido. Isso decorre da ausência de ato jurisdicional a ser delibado. Nesse caso, o Estado, renunciando ao seu poder de decidir a questão, outorga a outro essa função.

Além do que estiver previsto em tratado da qual o Brasil seja signatário, o auxílio direto terá os seguintes escopos:

I – citação, intimação e notificação judicial e extrajudicial, quando não for possível ou recomendável a utilização do correio ou meio eletrônico;
II – obtenção e prestação de informações sobre o ordenamento jurídico e sobre processos administrativos ou jurisdicionais findos ou em curso;
III – colheita de provas, salvo se a medida for adotada em processo, em curso no estrangeiro, de competência exclusiva da autoridade judiciária brasileira;
IV – qualquer outra medida judicial ou extrajudicial não proibida pela lei brasileira.

5.4.2. COMPETÊNCIA INTERNA

A classificação do nosso sistema é adotada a partir dos estudos de Chiovenda e tem ampla repercussão no Código de Processo Civil brasileiro. Adota-se a **teoria tripartite** (objetiva, funcional e territorial)[10].

5.4.2.1. Critério objetivo

É objetivo porque toma como base o **objeto do processo**, seja pela matéria discutida **(causa de pedir)**, seja o valor pecuniário dado à causa **(pedido)** ou a parte envolvida no litígio **(partes)**. É, portanto, fixada a competência com base na **matéria, *ratione personae* ou no valor da causa** fundada na teoria da *tríplice identidade*.

---

10 Cândido Dinamarco tece severas críticas a este critério de competência asseverando que a classificação tripartida não se ajusta à nossa realidade, e que não resolve uma série de questões práticas, mormente quando se necessita da utilização de diversos fatores conjugados para a sua apuração.

Tem como fato gerador a relação jurídica substancial trazida em juízo. Devem-se verificar os elementos da demanda para inferir qual a devida competência.

A – Competência material – leva em conta a matéria apresentada no processo, que é determinada de acordo com a causa de pedir formulada e também pelo pedido. Dois critérios levaram à criação dessa modalidade de competência: **i) critério populacional**, na medida em que cidades mais populosas tendem a ter varas especializadas para dar vazão ao grande número de demandas; e **ii) peculiaridades regionais**, que levam à criação de varas para atender específicas demandas como vara do consumidor, vara de falência (para cidades com muitas empresas) ou de direito agrário.

São criadas prioritariamente pela organização judiciária de cada Estado, pela Constituição Federal e em menor medida pelo Código de Processo Civil e demais leis pertinentes. São os casos de:

– Regramento das justiças especializadas: trabalho (art. 114, CF), militar (art. 121, CF) e eleitoral (art. 124, CF);
– Regramento da competência de juízo: como as varas de família, criminal, falência, empresa, consumidor, direito agrário entre outras estabelecidas à luz das necessidades regionais;
– Regramento de alguns casos da justiça estadual como as hipóteses de falência, insolvência civil e acidente de trabalho (art. 45, I, CPC).

A competência material é absoluta e inderrogável por vontade das partes. Tal situação decorre da especialidade que o magistrado (e, mais amplamente, os servidores) adquire no trato reiterado com a mesma matéria. Em regra, um magistrado que trabalhe apenas com determinada matéria julgará de maneira mais eficiente (amplo conhecimento do tema, facilidade na pesquisa da legislação, doutrina e jurisprudência, *expertise* na formulação de perguntas em audiência) do que tendo que enfrentar diversos temas nas varas cumulativas.

B – Valor da causa – a indicação do valor da causa é um dos requisitos da petição inicial, conforme art. 291 do CPC. A sua falta acarreta emenda e caso não cumprida a exigência gera o indeferimento da petição (conforme art. 321, parágrafo único, do CPC).

Todas as causas devem receber um valor ainda que não tenham conteúdo econômico imediatamente aferível (art. 291, CPC). A maior parte dos critérios de valor da causa está clausulada no art. 292 do CPC, havendo outras disposições em legislação extravagante.

Nosso sistema optou por um **critério intermediário, do qual a competência pelo valor da causa ora é absoluta, ora é relativa**. É o famoso critério desenvolvido por Athos Gusmão Carneiro do **"mais para o menos" (piso valorativo) e do "menos para o mais" (teto valorativo)**.

Assim, aquele que pode conhecer quaisquer causas (= de qualquer valor) pode conhecer as de pequeno valor (mais para menos). Nesse caso a competência seria relativa.

Todavia, o juiz que está adstrito a somente causas de pequeno valor, não poderá conhecer as causas que excedam o teto de sua esfera de competência (menos para mais). É o critério utilizado nas causas dos Juizados Cíveis, Juizados Especiais Federais, Juizados Especiais da Fazenda Pública e dos foros regionais[11] presentes em algumas cidades.

---

11 Alguns autores como Cândido Dinamarco e Antônio Carlos Marcato defendem a relatividade da competência dos foros regionais. Contra: Arruda Alvim, Athos Gusmão Carneiro.

Nos Juizados Especiais Federais (Lei n. 10.259/2001, art. 3º, § 3º) e nos Juizados Especiais da Fazenda Pública (Lei n. 12.153/2009, art. 2º, § 4º) a competência é absoluta qualquer que seja o critério, pois, *ex vi legis*, sua competência sempre será inderrogável e absoluta nas cidades em que estes juizados estiverem instalados. Nas demais cidades em que não houver juizado especial federal ou da fazenda pública, há dois posicionamentos:

i) Há quem entenda se tratar de competência relativa, mesmo que haja juizado especializado em comarca vizinha (interpretação à partir do Enunciado n. 206 da Súmula do STJ)[12].

ii) Há quem entenda se tratar de competência absoluta, pois a leitura do art. 18, parágrafo único, da Lei n. 10.259/2001 estabelece que "serão instalados Juizados Especiais Adjuntos nas localidades cujo movimento forense não justifique a existência de Juizado Especial, cabendo ao Tribunal designar a Vara onde funcionará", ou seja, em decorrência do interesse público, não haverá juízos desguarnecidos dos juizados.

Nos juizados especiais cíveis, a competência é relativa (Enunciado n. 1 do FONAJE). Assim, nada impede que a parte possa ir ao procedimento comum para cobrar um salário mínimo. Até mesmo porque existem determinadas causas que não tramitam nos juizados especiais estaduais, como as causas de natureza "falimentar, fiscal e de interesse da Fazenda Pública, e também as relativas a acidentes de trabalho, a resíduos e ao estado e capacidade das pessoas, ainda que de cunho patrimonial" (art. 3º, § 2º, Lei n. 9.099/95). Igualmente não poderão ser parte nos juizados especiais "o incapaz, o preso, as pessoas jurídicas de direito público, as empresas públicas da União, a massa falida e o insolvente civil" (art. 8º, Lei n. 9.099/95).

C – Pessoa – A competência em razão da pessoa constitui um critério misto: é critério objetivo, pois diz respeito ao objeto do processo, mas também subjetivo, pois versa sobre a pessoa que está em juízo. O CPC não faz essa previsão de maneira pormenorizada.

A competência em razão da pessoa toma por dado relevante um atributo ou característica pessoal do litigante (nacionalidade, cargo ou função ou ainda pessoa jurídica de direito público). São exemplos: a competência originária dos Tribunais para os governadores, a competência da Justiça Federal para a União, Varas da Fazenda Pública, os Tribunais Superiores dentre outros. A competência em razão da pessoa é **absoluta** quando servir para melhorar a prestação jurisdicional (Justiça Federal, Fazenda Pública) e é **relativa** quando servir para a comodidade das partes (foro da mulher, do alimentando).

5.4.2.2. Critério funcional

É o critério de determinação da competência baseado nas funções exercidas pelo juiz dentro do processo.

Nos dizeres de Dinamarco[13], a competência funcional é automática, pois nenhum outro elemento além do exercício da jurisdição por determinado órgão deve ser sopesado para o caso em espécie. Tomam-se por critério de distribuição fatos endoprocessuais (internos), relacionados ao exercício das diversas atribuições que são exigidas do magistrado durante toda marcha processual (que também pode ser em processos distintos, como é o caso da conexão).

A competência funcional pode tanto ser vista pela Constituição como pelas normas de organização judiciária e Constituições Estaduais (para tribunais locais).

---

12 "A existência de vara privativa, instituída por lei estadual, não altera a competência territorial resultante das leis de processo."
13 *Instituições de direito processual civil*. 3. ed. São Paulo: Malheiros, 2003, v. I, p. 433-434.

A despeito de se falar em apenas um processo, pode ocorrer que nele haja a atuação de vários juízes ou de apenas um juiz para conhecer de demandas incidentes a demanda originária. Dessa forma, a competência funcional pode ser vista em vários critérios:

A – Competência vertical (competência hierárquica) – quando vários juízes de graus diferentes atuam no processo. O recurso será endereçado para o tribunal funcionalmente competente (**competência recursal**). Também nas hipóteses de **competência originária** do tribunal (competência estabelecida pela Constituição).

B – Competência horizontal (por fases do mesmo processo) – nessa hipótese os juízes estão no mesmo grau (mesma hierarquia). Dessa forma existe uma vinculação do juiz, que atua em dada fase procedimental, em atuar noutra fase. Assim, o juízo que proferiu sentença liquida será competente para conduzir a liquidação de sentença (CPC, art. 509).

C – Competência horizontal (por fases de outro processo) – aqui os juízes estão no mesmo grau (mesma hierarquia), mas a vinculação funcional se dá em outro processo a ele conexo. Dessa forma, o juízo dos embargos à execução será o mesmo da execução (CPC, art. 914, § 1º); o juízo dos embargos de terceiro será o mesmo da causa principal (CPC, art. 676).

D – Competência fragmentada para julgamento (objeto de juízo) – por vezes o julgamento de uma causa é conferido a diferentes órgãos que terão sua contribuição em momentos (etapas) distintos. Assim ocorre na declaração de constitucionalidade (CPC, art. 948) e assunção de competência (CPC, art. 947). Também nas hipóteses de crimes dolosos contra a vida. Ao juiz compete pronunciar, impronunciar, absolver sumariamente o réu ou desqualificar o crime. Sendo pronunciado, cabe ao Tribunal de Júri absolvê-lo ou condená-lo.

Uma vez condenado, os autos voltam para o magistrado para aplicar a dosimetria da pena.

5.4.2.3. Critério territorial

A competência territorial será vista com mais vagar no item 5.4.6 da competência de foro.

5.4.3. COMPETÊNCIA ORIGINÁRIA DOS TRIBUNAIS

Os Tribunais podem ter competência originária ou recursal. A recursal é a mais comum, mas há diversos casos de competência originária no ordenamento e que serão vistas ao longo deste *Manual*.

5.4.4. COMPETÊNCIA DAS JUSTIÇAS ESPECIAIS

As denominadas "Justiças Especiais" são diferenciadas da Justiça Comum para fins didáticos. Dessa forma, em virtude da peculiaridade da matéria que comportam, é possível classificá-las em:

Justiça do Trabalho (art. 114 da CF) – Que julga os conflitos individuais e coletivos trabalhistas, bem como as causas relativas a danos morais e outras questões decorrentes do contrato de trabalho.

Justiça Eleitoral (art. 121 da CF) – A Justiça Eleitoral regulamenta o procedimento eleitoral. O art. 121 remete à lei eleitoral (Lei n. 4.737/65) e sua jurisdição vai desde o título de eleitor até a diplomação dos eleitos.

Justiça Militar (art. 124 da CF) – É competente a Justiça Militar exclusivamente para o julgamento de crimes militares.

5.4.5. COMPETÊNCIA DA JUSTIÇA COMUM

A competência da Justiça Comum será aplicada quando a causa não se enquadrar em alguma das justiças especiais. Aqui, a competência é subdividida em Justiça Comum Federal e Justiça Comum Estadual.

A primeira a ser verificada é a competência da Justiça Federal. Seu regramento é constitucional e taxativo. Não é possível que norma infraconstitucional verse sobre essa esfera da jurisdição. Assim, qualquer lei federal que crie acréscimos, alteração ou subtração de regras é inconstitucional.

A competência da justiça federal vem regulamentada no art. 109 da CF, que assim dispõe:

Art. 109. Aos juízes federais compete processar e julgar:
I – as causas em que a União, entidade autárquica ou empresa pública federal forem interessadas na condição de autoras, rés, assistentes ou oponentes, exceto as de falência, as de acidentes de trabalho e as sujeitas à Justiça Eleitoral e à Justiça do Trabalho;
II – as causas entre Estado estrangeiro ou organismo internacional e Município ou pessoa domiciliada ou residente no País;
III – as causas fundadas em tratado ou contrato da União com Estado estrangeiro ou organismo internacional;
IV – os crimes políticos e as infrações penais praticadas em detrimento de bens, serviços ou interesse da União ou de suas entidades autárquicas ou empresas públicas, excluídas as contravenções e ressalvada a competência da Justiça Militar e da Justiça Eleitoral;
V – os crimes previstos em tratado ou convenção internacional, quando, iniciada a execução no País, o resultado tenha ou devesse ter ocorrido no estrangeiro, ou reciprocamente;
V-A – as causas relativas a direitos humanos a que se refere o § 5º deste artigo;
VI – os crimes contra a organização do trabalho e, nos casos determinados por lei, contra o sistema financeiro e a ordem econômico-financeira;
VII – os habeas corpus, em matéria criminal de sua competência ou quando o constrangimento provier de autoridade cujos atos não estejam diretamente sujeitos a outra jurisdição;
VIII – os mandados de segurança e os habeas data contra ato de autoridade federal, excetuados os casos de competência dos tribunais federais;
IX – os crimes cometidos a bordo de navios ou aeronaves, ressalvada a competência da Justiça Militar;
X – os crimes de ingresso ou permanência irregular de estrangeiro, a execução de carta rogatória, após o *exequatur*, e de sentença estrangeira, após a homologação, as causas referentes à nacionalidade, inclusive a respectiva opção, e à naturalização;
XI – a disputa sobre direitos indígenas.
§ 1º As causas em que a União for autora serão aforadas na seção judiciária onde tiver domicílio a outra parte.
§ 2º As causas intentadas contra a União poderão ser aforadas na seção judiciária em que for domiciliado o autor, naquela onde houver ocorrido o ato ou fato que deu origem à demanda ou onde esteja situada a coisa, ou, ainda, no Distrito Federal.

> § 3º Serão processadas e julgadas na justiça estadual, no foro do domicílio dos segurados ou beneficiários, as causas em que forem parte instituição de previdência social e segurado, sempre que a comarca não seja sede de vara do juízo federal, e, se verificada essa condição, a lei poderá permitir que outras causas sejam também processadas e julgadas pela justiça estadual.
> § 4º Na hipótese do parágrafo anterior, o recurso cabível será sempre para o Tribunal Regional Federal na área de jurisdição do juiz de primeiro grau.
> § 5º Nas hipóteses de grave violação de direitos humanos, o Procurador-Geral da República, com a finalidade de assegurar o cumprimento de obrigações decorrentes de tratados internacionais de direitos humanos dos quais o Brasil seja parte, poderá suscitar, perante o Superior Tribunal de Justiça, em qualquer fase do inquérito ou processo, incidente de deslocamento de competência para a Justiça Federal.

Em consonância com o que dispõe a CF, o CPC disciplina no art. 45 que

> Tramitando o processo perante outro juízo, os autos serão remetidos ao juízo federal competente se nele intervier a União, suas empresas públicas, entidades autárquicas e fundações, ou conselho de fiscalização de atividade profissional, na qualidade de parte ou de terceiro interveniente, exceto as ações:
> I – de recuperação judicial, falência, insolvência civil e acidente de trabalho;
> II – sujeitas à Justiça Eleitoral e à Justiça do Trabalho.
> § 1º Os autos não serão remetidos se houver pedido cuja apreciação seja de competência do juízo perante o qual foi proposta a ação.
> § 2º Na hipótese do § 1º, o juiz, ao não admitir a cumulação de pedidos em razão da incompetência para apreciar qualquer deles, não examinará o mérito daquele em que exista interesse da União, de suas entidades autárquicas ou de suas empresas públicas.
> § 3º O juízo federal restituirá os autos ao juízo estadual sem suscitar conflito se o ente federal cuja presença ensejou a remessa for excluído do processo.

A competência aqui é absoluta. Alguns autores, à qual aderimos, entendem que a competência da Justiça Federal é referente a pessoa (ex. art. 109, I, II, VIII, CF), a matéria (ex. art. 109, III, X e XI, CF) e a função (prevista no art. 108, CF). Outros (Nelson Nery) entendem que a regra é simplesmente funcional. A competência da Justiça Federal decorre sempre quando a União e as pessoas de direito público federal forem autores, réus ou intervenientes. Mas há outros casos como para dirimir questões de Estado estrangeiro com o país. A competência dos juízes de primeiro grau está prevista no art. 109 da CF e de segundo grau no art. 108 do referido diploma legal.

Se a União demonstrar interesse na causa, os autos deverão ser obrigatoriamente remetidos à Vara da Justiça Federal, pois compete ao juiz de direito federal propugnar sobre o interesse da União nesses casos, a teor do Enunciado de Súmula 150 do STJ.

Há situações, contudo, em que o ingresso da União não gera deslocamento de competência. São os casos em que a União possui preponderante interesse econômico na causa conforme o art. 5º, parágrafo único, da Lei n. 9.469/97 (a ser estudada de forma mais detalhada no capítulo sobre intervenção de terceiros). Ademais, não há deslocamento da competência: a) nas hipóteses já mencionadas do art. 45, I, do CPC e b) na hipótese de intervenção de *amicus curiae* em processo estadual sendo este ente federal (art. 138, parágrafo único, CPC).

Já a Justiça Estadual tem aplicação por exclusão (residual). Tramitam perante a Justiça Estadual todas as causas da Justiça Comum não afetas à Justiça Federal.

5.4.6. COMPETÊNCIA DE FORO

A competência de foro é aquela definida em razão do **critério territorial**. Tal definição decorre da necessidade em se fixar um juízo (entre os vários competentes daquela comarca ou seção/subseção judiciária) para lhe atribuir competência de uma porção territorial na qual está sua sede.

É a delimitação de competência para órgãos da mesma espécie. Os atos a serem praticados serão limitados dentro da sua comarca, subseção ou seção judiciária. O critério adotado nessa modalidade é: **a) domicílio das partes; b) local dos bens; ou c) local dos fatos decorrentes da causa**.

Para a prática de atos de comarcas que não sejam contíguas (bem como nas de difícil comunicação e/ou fora da região metropolitana), será necessária a expedição de carta precatória.

A competência territorial pode ser **absoluta** (nos casos em que o legislador entende que a obediência da regra gera eficiência do exercício da jurisdição) ou **relativa** (para atender o interesse das partes). Contudo, são raros os casos de competência absoluta sendo, na grande maioria dos casos, a competência relativa.

Para poder visualizar bem as regras de competência de foro, é necessário que se estabeleça a divisão em três critérios distintos:

i) regra geral (art. 46 do CPC)

A regra geral determina que "a ação fundada em direito pessoal ou em direito real sobre bens móveis será proposta, em regra, no foro de domicílio do réu".

Direito pessoal é o decorrente de uma relação entre duas ou mais pessoas criando obrigações entre elas. Direito real é aquele que assegura a uma pessoa o gozo completo ou limitado de coisa.

Domicílio vem do latim *domus*, que significa casa. Domicílio é a residência com ânimo de permanência. O elemento objetivo é a residência e o subjetivo é o ânimo definitivo. A residência é apenas um elemento do domicílio. Esta incumbência vem disciplinada no Código Civil que o faz nos arts. 70 a 78.

O domicílio da pessoa natural está previsto nos arts. 70 a 74 do CC; das pessoas jurídicas, no art. 75 do CC, e o art. 76 do CC regula o domicílio necessário para o incapaz, servidor público, militar, o marítimo e o preso.

Quanto às relações concernentes à profissão, é também domicílio da pessoa natural o lugar onde é exercida.

ii) regra geral subsidiária (os cinco parágrafos do art. 46 do CPC)

A regra geral subsidiária, como o próprio nome indica, não é uma regra em si mesma, senão uma forma de regulamentar a regra geral e abstrata preconizada no art. 46 do CPC.

Seus cinco parágrafos dão subsídio às situações quando o art. 46 não tiver aptidão para responder às possíveis questões que possam surgir, em razão de especificidades do caso concreto. Assim:

---

§ 1º Tendo mais de um domicílio, o réu será demandado no foro de qualquer deles.

§ 2º Sendo incerto ou desconhecido o domicílio do réu, ele poderá ser demandado onde for encontrado ou no foro de domicílio do autor.

§ 3º Quando o réu não tiver domicílio ou residência no Brasil, a ação será proposta no foro de domicílio do autor, e, se este também residir fora do Brasil, a ação será proposta em qualquer foro.

> § 4º Havendo 2 (dois) ou mais réus com diferentes domicílios, serão demandados no foro de qualquer deles, à escolha do autor.
> § 5º A execução fiscal será proposta no foro de domicílio do réu, no de sua residência ou no lugar onde for encontrado.

Sobre a regra geral subsidiária, é importante asseverar que todas as hipóteses enumeradas nos parágrafos acima mencionam foros concorrentes, já que o autor possui a opção de escolher, dentre esses diversos foros, aquele que entender mais adequado para deduzir sua pretensão. Essa possibilidade de escolha dentre diversos foros igualmente competentes é denominada *foro shopping*. A regra do *foro shopping* não se aplica apenas aos cinco parágrafos do art. 46, mas também nas hipóteses do art. 53, V, do CPC[14] (que regulamenta as ações de reparação de dano por ato ilícito decorrentes de acidente de veículo terrestre), do art. 516, parágrafo único[15] (que prevê a opção de escolha para o cumprimento de sentença entre foros concorrentes), e também do art. 93, II, do Código de Defesa do Consumidor (que assim estabelece: "Art. 93. Ressalvada a competência da Justiça Federal, é competente para a causa a justiça local: (...) II – no foro da Capital do Estado ou no do Distrito Federal, para os danos de âmbito nacional ou regional, aplicando-se as regras do Código de Processo Civil aos casos de competência concorrente").

Entretanto, não raro, a escolha feita pelo autor, a despeito da liberdade conferida pela lei, pode prejudicar o direito de defesa do réu. Isso porque o legislador, ao prever *in abstrato* os foros concorrentes, não tem como antever as situações concretas que possam gerar, de certa maneira, um abuso do direito processual.

Assim, é possível o controle jurisdicional sobre a escolha feita pelo autor, permitindo ao juiz (a despeito, repise-se, do direito potestativo da parte na eleição do foro) eleger aquele que entende mais adequado para que ambas as partes possam exercer adequadamente seu direito ao devido processo. O nome dado a essa possibilidade de escolha denomina-se *forum non conveniens*. Constitui instituto de origem no direito escocês, permitindo ao magistrado da causa distribuída remeter o processo para o juízo mais adequado (dentre os demais foros concorrentes).

Não se trata de reconhecer sua incompetência, já que ele é competente, mas de exercer sua atividade judicante também em atenção aos arts. 4º e 8º do CPC para permitir que o julgamento se dê perante um juízo mais adequado do que ele.

iii) **regras especiais ou casuísticas (arts. 47 a 53 do CPC)**

A – Art. 47 – **foro da situação da coisa** (*forum rei sitae*) – nas ações fundadas em direito real sobre imóvel é competente o foro de onde se situa a coisa. Pode o autor, entretanto, optar pelo foro de domicílio do réu ou de eleição, se o litígio não recair sobre direito de propriedade, vizinhança, servidão, divisão e demarcação de terras e nunciação de obra nova[16].

---

14 Art. 53, V, do CPC: "de domicílio do autor ou do local do fato, para a ação de reparação de dano sofrido em razão de delito ou acidente de veículos, inclusive aeronaves".
15 Art. 516, parágrafo único: "Nas hipóteses dos incisos II e III, o exequente poderá optar pelo juízo do atual domicílio do executado, pelo juízo do local onde se encontrem os bens sujeitos à execução ou pelo juízo do local onde deva ser executada a obrigação de fazer ou de não fazer, casos em que a remessa dos autos do processo será solicitada ao juízo de origem".
16 O CPC, a despeito da manutenção da nomenclatura "nunciação de obra nova", aboliu este procedimento especial que era previsto no regime anterior (CPC/73, art. 934). Contudo ainda existe a possibilidade de embargar obra construída em desacordo com o direito de vizinhança, condomínio ou legislação municipal por meio da ação de obrigação de não fazer pelo rito comum.

O CPC estabeleceu que apenas a ação possessória imobiliária possui competência absoluta e, portanto, deverá ser ajuizada no foro da situação da coisa (art. 47, § 2º, CPC).

No que concerne ao art. 47, a primeira parte do artigo fala em competência territorial relativa e a segunda em competência territorial absoluta. Contudo, dúvida paira na doutrina sobre qual seria, de fato, a natureza do referido artigo:

> **Competência territorial funcional** – para uma primeira corrente a competência do § 1º (segunda parte) do art. 47 versa sobre uma competência territorial funcional, pois o juiz do local tem melhores condições para exercer sua jurisdição. E isso porque os autores que se filiam à concepção de Chiovenda visualizam que uma causa também é de competência funcional quando confiada a um juiz de dado território pelo fato de ser a ele mais fácil e eficaz exercer a sua função (Nelson Nery Jr., Patrícia Miranda Pizzol, Luiz Guilherme Marinoni). Criar-se-ia então uma regra de competência territorial funcional (assim como a Ação Civil Pública [art. 2º da Lei n. 7.347/85], Estatuto da pessoa idosa etc.).
>
> **Competência territorial absoluta** – esse posicionamento não se filia a uma competência específica (material ou funcional), mas haveria sim a possibilidade de haver uma competência territorial de caráter absoluto em determinadas situações (Athos Gusmão Carneiro, Cândido Dinamarco e Arruda Alvim).
>
> **Competência territorial material** – tem por entendimento tutelar de maneira célere e objetiva os direitos reais sobre imóveis. Versaria, portanto, sobre a matéria discutida (Antônio Carlos Marcato).

Acreditamos tratar-se de discussão meramente acadêmica, pois a categorização nos três casos (funcional, territorial absoluta ou territorial material) projeta os mesmos efeitos para o mundo do processo: indisponibilidade, insuscetibilidade de derrogação e possibilidade de conhecimento de ofício.

Continuando a leitura do dispositivo, importante asseverar que o rol ali contido não é taxativo. Nele podem-se incluir as **ações paulianas** (invalidação de negócio jurídico de fraude contra credores), as **edilícias**[17] (*quanti minoris* e redibitória), **as ações *ex empto*** (art. 500 do CC, ações para o caso de venda *ad mensuram* – que determina a área do imóvel vendido estipulando a venda por sua extensão), **a reivindicatória**, **a publiciana** (reivindicatória por quem já usucapiu o bem, mas não teve reconhecida por sentença declaratória de usucapião), **imissão na posse** (busca-se a posse com base no domínio sem que tenha exercido a posse anteriormente), **confessória** (visa ao reconhecimento à servidão e ao respeito aos seus limites), **demolitória** (demolição de prédio em desrespeito às normas de vizinhança), **discriminatória** (discriminar terras devolutas) e **negatória** (impedir que a plenitude da propriedade seja violada pela constituição injusta de servidão).

Por fim, se o imóvel estiver situado em duas comarcas, segue-se a regra do art. 60 do CPC, determinando-se o foro pela prevenção, acarretando a competência para julgar as causas relativas a toda extensão da área.

B – Art. 48 – o domicílio do *de cujus* – a regra do art. 48 do CPC segue dois critérios: o do domicílio do *de cujus* e o do **domicílio dos bens**. Assim, se o *de cujus* tinha domicílio certo, é lá que deverão correr as ações de inventário, partilha, arrecadação, impugnação ou anulação de partilha extrajudicial, disposições de última vontade e todas em que o espólio for réu (mesmo

---

17 Semelhantes aos *edis curuis* da velha Roma.

que tenha falecido no estrangeiro). Esta regra se aplica também ao testamento, por interpretação extensiva.

Quando o *de cujus* não tinha domicílio certo, seguirá a regra da situação dos bens imóveis. Se o falecido tinha bens em **apenas um lugar**, este será o foro competente. Se tiver bens em **diversos lugares**, os foros serão concorrentes (modificado nesse sentido o regime anterior que adotava o domicílio do óbito). Não havendo bens imóveis, o foro será o local de qualquer bem do espólio.

C – Art. 49 – quando o ausente for réu o foro competente será seu último domicílio. Ausente é aquele que desaparece do seu domicílio sem deixar notícias e é declarado judicialmente nessa condição (arts. 22 a 39 do CC).

D – Art. 50 – a ação contra o incapaz será processada no foro de seu representante ou assistente legal. Trata-se de um desdobramento do domicílio do réu, com previsão do art. 76, parágrafo único, do CC. Sendo o incapaz réu e residindo em local diverso do seu representante, o foro competente será o deste, pois compete a ele a prática dos atos do processo.

E – Art. 51 – competência da União. Quando a União for autora, o foro competente será o do domicilio do réu (arts. 109, § 1º, CF e 51, CPC) cuja competência é da vara federal da seção judiciária da qual o réu faça parte.

Quando a União for ré ou interveniente ou autora, terá competência concorrente: ou no seu domicílio, ou no local do ato ou fato, no foro da situação do bem ou no Distrito Federal.

F – Art. 52 – competência dos Estados e Distrito Federal. As causas em que Estado ou o Distrito Federal forem autores serão propostas no foro de domicílio do réu; sendo réu o Estado ou o Distrito Federal, a ação poderá ser proposta no foro de domicílio do autor, no de ocorrência do ato ou fato que originou a demanda, no de situação da coisa ou na capital do respectivo ente federado.

G – Art. 53 – foros especiais:

I – Do domicílio do guardião de filho incapaz, para a ação de divórcio, separação, anulação de casamento, reconhecimento ou dissolução de união estável; caso não haja filho incapaz, a competência será do foro de último domicílio do casal; se nenhuma das partes residir no antigo domicílio do casal, será competente o foro de domicílio do réu.

O CPC atual remodelou a regra para estabelecer o domicílio do guardião do filho incapaz e não abstratamente o da mulher em qualquer hipótese. Em não havendo filho incapaz, o foro competente será o último domicílio do casal, e, se este não existir mais, no foro de domicílio do réu. O CPC atual em boa hora normatizou o que a jurisprudência já vinha entendendo no tocante à aplicação da regra para união estável. O CPC, contudo, não soluciona a questão da guarda compartilhada (ou alternada). Nesses casos, acreditamos que o foro dos guardiões seja concorrente. Contudo, o Enunciado n. 108 da II Jornada de Direito Processual Civil (CJF) entendeu que "A competência prevista nas alíneas do art. 53, I, do CPC não é de foros concorrentes, mas de foros subsidiários".

Quando se tratar de violência doméstica, o art. 15 da Lei n. 11.340/2006 (Lei Maria da Penha) estabelece que a competência será dos juizados e, quanto ao foro, estes serão concorrentes, a saber: a) do seu domicílio ou de sua residência; b) do lugar do fato em que se baseou a demanda; c) do domicílio do (suposto) agressor; d) de domicílio da vítima de violência doméstica e familiar, nos termos da Lei n. 11.340, de 7 de agosto de 2006 (Lei Maria da Penha) Ademais, a referida Lei estabelece no art. 14-A (Incluído pela Lei n. 13.894, de 2019) que a "ofendida tem a opção de propor ação de divórcio ou de dissolução de união estável no Juizado de Violência Doméstica e Familiar contra a Mulher", mas o juizado, contudo, não será competente para a partilha de bens.

II – Do domicílio ou residência do alimentando, para ação em que se pedem alimentos

Aplica-se a todos os casos fundados em direito alimentar (e não apenas nas ações condenatórias de alimentos, assim, abrange também as demandas revisionais, exoneratórias e gravídicos). Aplica-se também a investigação de paternidade com pedido de alimentos (Enunciado de Súmula 1 do STJ);

III – Do lugar

a) onde está a sede para ação em que for ré pessoa jurídica – trata-se de um desdobramento do art. 46 do CPC. Tem fundamento no art. 75, IV, do CC;

b) agência ou sucursal da pessoa jurídica das obrigações que ela contraiu. Tem por objetivo facilitar a propositura da demanda judicial contra pessoa jurídica. Nesse sentido, igualmente a Súmula 363 do STJ: "A pessoa jurídica de direito privado pode ser demandada no domicílio da agência, ou estabelecimento, em que se praticou o ato";

c) sociedade despersonalizada – onde exerce sua atividade. Nos termos do art. 75, IX, quem representa a sociedade é quem administra seus bens;

d) onde a obrigação deva ser satisfeita, para a ação em que lhe exigir o pagamento – refere-se a obrigações contratuais e não de ato ilícito (praça de pagamento);

e) residência da pessoa idosa – para a causa que verse sobre o direito previsto no respectivo estatuto (Lei n. 10.741/03);

f) da sede da serventia notarial ou do registro – para ação de reparação de danos por ato praticado em razão do ofício. Contudo, sendo boa parte do serviço notarial regida pelo Código de Defesa do Consumidor, nada impede seja adotado o domicílio do consumidor, conforme o art. 101, I do CDC;

IV – Do lugar do ato ou fato

a) para as ações de reparação de dano – decorrente de ato ilícito (responsabilidade extracontratual) tem justificativa na facilidade para a colheita de provas. Importante frisar que há foros concorrentes em uma específica hipótese de reparação de dano: nas ações de reparação do dano sofrido em razão de delito ou acidente de veículos, será competente o foro do domicílio do autor ou do local do fato, conforme art. 53, V, do CPC. Importante asseverar, contudo, que a competência para julgamento de ação de indenização por danos morais, decorrente de ofensas proferidas em rede social, é do foro do domicílio da vítima, em razão da ampla divulgação do ato ilícito (REsp 2.032.427-SP, Rel. Ministro Antonio Carlos Ferreira, Quarta Turma, *DJe* 4-5-2023);

b) para ação em que for réu o administrador ou gestor de negócios alheios – como, por exemplo, nas ações de se exigir contas (art. 550, CPC).

5.4.7. COMPETÊNCIA DE JUÍZO

Não basta que se verifique o foro competente. É necessário que se encontre o juízo competente. Competência de juízo compreende a verificação de qual órgão irá julgar a demanda.

O CPC apenas alude à competência do juízo no art. 284 ao asseverar que "todos os processos estão sujeitos a registro, devendo ser distribuídos onde houver mais de um juiz" (leia-se *juízo*).

A competência de juízo deve ser analisada nas leis extravagantes (v.g., juizados especiais cíveis) e na Organização Judiciária do Estado.

A competência de juízo leva em consideração diversos fatores, como a necessidade de vara especializada pela matéria naquela região e a densidade populacional.

Assim, os foros regionais estabelecidos em algumas grandes cidades brasileiras objetivando descentralizar a atividade jurisdicional da comarca.

A organização judiciária explicará se naquela comarca existe somente vara cível, ou também vara de família e sucessões, vara de registros públicos, vara falimentar, vara empresarial, vara do consumidor, vara para ações coletivas, vara para Fazenda Pública (estadual e municipal) entre outras.

O mesmo ocorre na Justiça Federal em que pode haver vara para questões ambientais, execução fiscal, varas previdenciárias etc.

De arremate, importante ressaltar o Enunciado n. 206 da súmula dominante do Superior Tribunal de Justiça ao asseverar que "a existência de vara privativa, instituída por lei estadual, não altera a competência territorial resultante das leis de processo".

Isso quer dizer que a competência do juízo é fixada com base na competência de foro e nunca o contrário. Sobre o assunto, bem assevera Cassio Scarpinella Bueno[18]: "É legítima a instituição, em cada comarca, de juízos privativos, assim, por exemplo, varas da Fazenda Pública ou varas de registro público. Isto, contudo, não significa dizer que todas as demandas ajuizadas contra pessoas políticas ou administrativas estaduais ou que digam respeito a registros públicos, devam ser propostas naquela comarca em que há o *juízo* privativo (a 'vara' especializada) porque isto significaria desconsiderar as demais regras codificadas, que estabelecem a 'competência de foro'".

5.5. DA COOPERAÇÃO NACIONAL

A cooperação nacional[19] "é o complexo de instrumentos e atos jurídicos pelos quais os órgãos judiciários brasileiros podem interagir entre si, com tribunais arbitrais ou órgãos administrativos, com o propósito de colaboração para o processamento e/ou julgamento de casos e, de modo mais genérico, para a própria administração da justiça, por meio de compartilhamento de competências, prática de atos processuais, centralização de processos, produção de prova comum, gestão de processos e outras técnicas destinadas ao aprimoramento da prestação jurisdicional no Brasil".

O CPC sistematiza trazendo, a partir do art. 67, as regras relativas à cooperação nacional. As regras impõem o dever de cooperação entre os órgãos do Poder Judiciário, reciprocamente, entre os seus magistrados e servidores. A cooperação nacional é igualmente complementada pela Resolução n. 350/2020 do Conselho Nacional de Justiça.

A lei estabelece expressamente a possibilidade de que os órgãos jurisdicionais formulem pedido de cooperação entre si. Constitui, de certa forma, uma acepção do princípio da cooperação (art. 6º, CPC), da eficiência (art. 8º, CPC) e da duração razoável do processo (art. 4º, CPC). Trata-se de um sistema de gestão do Poder Judiciário permitindo ampla comunicação e auxílio mútuo entre os mais diversos órgãos objetivando otimizar e racionalizar a prestação jurisdicional. É assim que se estabelece no art. 67 do CPC: "Aos órgãos do Poder Judiciário, estadual ou federal, especializado ou comum, em todas as instâncias e graus de jurisdição, inclusive aos tribunais superiores, incumbe o dever de recíproca cooperação, por meio de seus magistrados e servidores".

---

18 *Curso sistematizado*, cit., p. 40.
19 DIDIER Jr., Fredie. *Curso de direito processual civil*. 22. ed. Salvador: JusPodivm, 2020, v. 1. p.331.

No plano da abrangência, a cooperação nacional se aplica aos procedimentos cíveis, eleitorais e trabalhistas (conforme art. 15 do CPC), bem como procedimentos administrativos como tribunais de contas, (CVM e CADE).

A cooperação nacional prestigia e incentiva o diálogo das fontes. Sem prejuízo da previsão do processo civil na Constituição Federal, em leis federais extravagantes e no próprio Código de Processo Civil, há diversas outras fontes que cooperam com a aplicação do direito processual como as leis estaduais, regimentos internos, leis de organização judiciária que regulamentam além de custas e normas procedimentais, especialmente normas de estruturação e funcionamento do Poder Judiciário para atender aos ditames da cooperação nacional.

Um bom mecanismo para instrumentalizar as cartas no plano da cooperação nacional são as cartas precatória, de ordem e arbitral. Contudo, como são instrumentos mais complexos e formais (arts. 260-268, CPC) é possível valer-se do sistema de cooperação por mecanismos mais simples e informais. Vide o art. 4º da Recomendação n. 38 do CNJ:

Art. 4º O pedido de cooperação judiciária **prescinde de forma especial** e compreende:
I – auxílio direto;
II – reunião ou apensamento de processos;
III – prestação de informações;
IV – cartas de ordem ou precatória;
V – atos concertados entre os juízes cooperantes.

O pedido não depende de forma expressa, devendo ser prontamente atendido. O fenômeno serve à prática de qualquer ato processual, a exemplo das cartas precatórias e de ordem. Assim, o rol enumerado no art. 69 do CPC é meramente exemplificativo, conforme se verifica de seu teor abaixo:

> Art. 69. O pedido de cooperação jurisdicional deve ser prontamente atendido, prescinde de forma específica e pode ser executado como:
> I – auxílio direto;
> II – reunião ou apensamento de processos;
> III – prestação de informações;
> IV – atos concertados entre os juízes cooperantes.
> § 1º As cartas de ordem, precatória e arbitral seguirão o regime previsto neste Código.
> § 2º Os atos concertados entre os juízes cooperantes poderão consistir, além de outros, no estabelecimento de procedimento para:
> I – a prática de citação, intimação ou notificação de ato;
> II – a obtenção e apresentação de provas e a coleta de depoimentos;
> III – a efetivação de tutela provisória;
> IV – a efetivação de medidas e providências para recuperação e preservação de empresas;
> V – a facilitação de habilitação de créditos na falência e na recuperação judicial;
> VI – a centralização de processos repetitivos;
> VII – a execução de decisão jurisdicional.
> § 3º O pedido de cooperação judiciária pode ser realizado entre órgãos jurisdicionais de diferentes ramos do Poder Judiciário.

Conforme se depreende do art. 69, é possível sistematizar a cooperação nacional em três instrumentos distintos[20]:

---

20   DIDIER Jr., Fredie. *Curso de direito processual civil* cit., 22. ed., 2020, v. 1, p.337-355.

COOPERAÇÃO POR SOLICITAÇÃO	Quando um órgão judiciário solicita a outro órgão judiciário (ou administrativo ou arbitral) que faça algo prontamente (art. 69, CPC), como, por exemplo, a carta precatória e a carta arbitral (art. 237, III e IV, CPC). Aqui se trata de um pedido, pois não há vínculo hierárquico entre os órgãos. O dever decorre da lei e não da ordem em si (art. 69, CPC e art. 2º do anexo de Cooperação n. 38/2011 do CNJ).
COOPERAÇÃO POR DELEGAÇÃO	Quando um órgão judiciário repassa a outro que possui com este vinculação a competência para praticar determinados atos. O principal meio para operacionalizar essa cooperação é por meio da Carta de Ordem (arts. 236, § 2º, e 237, I, CPC). Aqui se trata de uma determinação em decorrência da subordinação hierárquica.
COOPERAÇÃO POR CONCERTAÇÃO	Constitui um regramento geral, indeterminado para a cooperação entre os diversos órgãos judiciários, arbitrais e administrativos (art. 3º do anexo de Cooperação n. 38/2011 do CNJ). Os principais exemplos da cooperação por concertação estão estabelecidos no art. 69, § 2º, do CPC citado acima.

5.6. DINÂMICA DA COMPETÊNCIA (MODIFICAÇÃO DA COMPETÊNCIA)

É a ampliação da esfera de competência para um órgão judiciário para o julgamento de uma demanda que não possuía anterior competência para tanto.

A dinâmica da competência consiste na modificação da competência decorrente de dois fatores: **lei ou vontade das partes**. É fenômeno processual da qual um juízo abstratamente incompetente passa a ser concretamente competente para a causa.

Só há modificação da competência **relativa** (art. 54, CPC). A competência absoluta não poderá ser modificada, pois esta é improrrogável e indisponível.

Modificação da competência	Convencional	Prorrogação (tácita)
		Derrogação (expressa)
	Legal	Conexão
		Continência

A – Modificação convencional
A1 – Prorrogação (tácita)

Ocorre prorrogação quando a parte não exerce seu ônus e deixa de arguir a incompetência relativa em preliminar de contestação. É considerada tácita, pois a prorrogação é fruto de uma omissão do réu.

A competência relativa, como dito, foi instituída para atender o interesse das partes. O objetivo é proporcionar que a parte não tenha dificuldades em exercer o seu direito de defesa em decorrência da dificuldade de acesso ao foro do juízo quando não devidamente convencionado. Por isso, como foge da esfera de interesse do Estado, não podendo ser conhecida de ofício (art. 337, § 5º, CPC e Enunciado 33 da Súmula do STJ).

Consoante dispõe o art. 337, II, do CPC, a incompetência relativa deve ser alegada em preliminar de contestação sob pena de prorrogação da competência (art. 65, CPC).

Há, contudo no CPC uma possibilidade de conhecimento de ofício da competência territorial: Quando o juiz constatar no processo **a abusividade da cláusula de eleição de foro** (CPC, art. 63, § 3º). Constitui mecanismo para evitar que uma das partes fique extremamente lesada e dificulte o exercício de sua defesa em decorrência do foro da causa. Contudo, mesmo nessa situação, o Poder Judiciário somente poderá decretar *antes* da apresentação da contestação, pois se a parte, na defesa, não alegou a abusividade é porque o foro adotado não lhe causou prejuízo. E o réu deverá fazê-lo na primeira oportunidade em que falar aos autos (contestação) sob pena de preclusão.

Perceba que o CPC fala em qualquer contrato (e não apenas os da modalidade de adesão) que autoriza o conhecimento de ofício pelo magistrado a verificação da abusividade da cláusula de eleição de foro.

E mesmo nessa situação, caso o magistrado tenha conhecido de ofício a abusividade da cláusula, tornando-a ineficaz remetendo ao juízo do réu, nada impede que o réu alegue em preliminar a incompetência relativa, pois pode entender (contrário ao juiz) que o foro eleito contratualmente é mais adequado aos seus interesses do que o seu próprio domicílio.

Imagine, por exemplo, que a comarca estabelecida como foro de eleição no contrato seja a cidade onde o réu trabalha, passa o dia todo e desenvolve as suas atividades regulares. Certamente esse réu preferirá discutir o processo nessa comarca do que no seu domicílio, que utiliza apenas para dormir.

O conhecimento de ofício se aplica também ao juizado especial cível (art. 51, III, Lei n. 8.078/90).

Mesmo conhecendo de ofício, as partes devem ter a oportunidade de se manifestar previamente, conforme arts. 9º e 10 do CPC.

A2 – Derrogação (expressa)

É a forma expressa de modificação convencional da competência. Isso ocorre porque as partes podem eleger o foro competente para o julgamento da causa (art. 78 do CC c/c art. 63 do CPC). Importante que se diga que o que se elege é o foro e não o juízo. Para a eficácia da derrogação deve constar em contrato escrito e mencionar expressamente o negócio jurídico (CPC, art. 63, § 1º), obrigando, igualmente, herdeiros e sucessores (CPC, art. 63, § 2º). Aliás, é o que preconiza o Enunciado 335 da Súmula do STF: "É válida a cláusula de eleição do foro para os processos oriundos do contrato".

Esta súmula revela também a interpretação doutrinária e jurisprudencial dominante no sentido de que a eleição da cláusula de foro atinge não só as obrigações do contrato (interpretação, cumprimento, resolução) como também as situações externas a ele como ilicitude do objeto ou invalidação por vício de consentimento (STJ, REsp 494.037/BA)[21]. Contudo, a cláusula de eleição de foro poderá ser considerada ineficaz se se enquadrar na hipótese do art. 63, § 3º, do CPC, conforme ressaltado *supra*. Não se permite eleição de foro em ações reais imobiliárias que recaiam sobre as hipóteses do art. 47, § 1º, parte final, do CPC (competência territorial absoluta) nem sobre direitos indisponíveis. A eleição de foro não prevalece sobre a conexão, por isso uma demanda poderá ser remetida ao juízo prevento, ainda que esteja correndo no foro eleito.

B – Modificação legal
B1 – Conexão e continência

---

21 Nesse sentido, Cândido Rangel Dinamarco.

É fato inexorável que milhões de demandas coexistem no Poder Judiciário. Se essas demandas forem, entre si, diferentes, esse fenômeno não importa em nada ao direito. Contudo, se houver semelhança entre elas tendo por base os seus elementos identificadores (partes, causa de pedir e pedido) é necessário proceder ao confronto entre essas causas para se verificar se o caso será de reunião ou resolução de alguma delas.

Assim podemos estabelecer a seguinte gradação entre duas ou mais demandas:

DIFERENÇA TOTAL ENTRE AS DEMANDAS	SEMELHANÇA PARCIAL DOS ELEMENTOS DA DEMANDA	IDENTIDADE TOTAL DOS ELEMENTOS DA DEMANDA
Irrelevante para o direito	Conexão ou continência	Litispendência

Conexão e continência são, portanto, modalidades de relação parcial entre duas ou mais demandas.

As demandas possuem **diversos graus de intensidade** umas com as outras, desde o **mais intenso**, quando ocorre a litispendência, que é a completa identidade entre duas demandas, a **nenhuma relação** entre duas causas, que, por isso, não produz nenhum efeito jurídico já que a lei não se interessa por esse fenômeno.

Todavia, a **parcial identidade** entre as demandas também recebe tratamento jurídico pelo sistema denominado **conexão e continência**.

Tanto a conexão quanto a continência (em uma de suas hipóteses) produzem o efeito de reunião dos feitos perante determinado juízo **prevento** (previamente estabelecido por lei, CPC, arts. 58 e 59). O objetivo da reunião de feitos é: **a) economia processual**, pois a instrução será feita em uma única oportunidade; e **b) evitar decisões conflitantes**, que podem ser geradas por demandas julgadas em separado.

Contudo, o efeito da reunião não é absoluto, já que duas causas podem ter parcial identidade de elementos (fato gerador para conexão), mas não serem reunidas em decorrência da competência absoluta distinta entre elas (uma causa trabalhista e outra causa cível, ou uma causa da Justiça Federal e outra da Estadual, v.g.). Nesses casos, dada a **prejudicialidade externa**, o magistrado deve sobrestar um dos feitos para que o outro chegue na mesma etapa procedimental a fim de que se profira uma única decisão e se evite a **contradição lógica** (CPC, art. 313, V, *a*).

Serão conexas, de acordo com a lei, as causas quando lhes for comum o pedido ou a causa de pedir (CPC, art. 55). Assim, como providência de economia processual, deverá o magistrado determinar a reunião dos feitos perante o juízo prevento (CPC, art. 58). Conquanto seja mais comum que haja identidade entre as partes nos processos a serem reunidos, não é necessário que sejam as mesmas partes, vide a reunião de processos que poderiam ser apresentados incidentalmente, mas foram ajuizados em separado (como os embargos de terceiro e a oposição), que serão reunidos e não haverá integral identidade de partes.

Há críticas na doutrina sobre a definição de conexão prevista no CPC. A principal crítica que se estabelece é que a conexão, tal como definida em lei, não abrange todos os casos de reunião dos feitos encontradiços na prática forense, ou seja, a definição é menor do que aquilo que ela define.

Em decorrência desse problema desenvolveram-se, ao longo dos tempos, **três teorias sobre a conexão**:

> **Teoria tradicional (ou clássica)** – com base na doutrina de Matteo Pescatore é a teoria adotada no nosso Código em que a conexão é identificada pelo pedido ou pela causa de pedir (CPC, art. 55).
> **Teoria de Carnelutti** – o mestre italiano desenvolve uma conexão mais tênue, bastando apenas que entre as causas haja identidade de questões. Assim o que indica a conexão é a identidade de questões e não seus elementos. Em sentido semelhante, Nelson Nery Jr. defende a **teoria da identidade parcial da causa de pedir**, entendendo haver conexão quando houver tanto os fatos como os fundamentos jurídicos identificados.
> **Teoria materialista** – por esta teoria segue-se a identidade da relação jurídica de direito material, ou seja, as causas podem ser reunidas quando decidirem a mesma relação de direito material. É a teoria defendida por Olavo dos Santos Neto.

Justamente pela dificuldade em se definir adequadamente conexão, o legislador do CPC, objetivando diminuir as dificuldades decorrentes desse conceito, estabeleceu algumas situações em que se aplica a regra da conexão:

I – Reunião da ação de conhecimento e ação de execução decorrente do mesmo ato jurídico. A ação de conhecimento que a lei quer explicitar não são os embargos à execução (que decorrem da competência funcional), mas de defesas heterotópicas que, por versarem sobre a discussão do título, serão reunidas para evitar decisões conflitantes;

II – Execuções fundadas no mesmo título executivo. O art. 780 do CPC permite a cumulação de execuções "ainda que fundadas em títulos diferentes, quando o executado for o mesmo e desde que para todas elas seja competente o mesmo juízo e idêntico o procedimento". Naturalmente, se é possível a cumulação, é possível igualmente a reunião conjunta de execuções com títulos distintos para julgamento único.

Conforme entendimento do Enunciado n. 237 do FPPC, o rol apresentado acima, previsto no art. 55, § 2º, do CPC, não é taxativo.

Discute ainda a doutrina se haveria obrigatoriedade para a conexão.

> **Uma primeira corrente** defende que se trata de norma de ordem pública (objeção) e, portanto, haveria o dever de reunião (Nelson Nery Jr., Celso Agrícola Barbi, Bruno Silveira de Oliveira).
> **Uma segunda corrente**, contudo, entende ser facultativa a regra, pois compete ao magistrado avaliar os riscos de permitir o julgamento em separado, já que a não reunião, no caso concreto, pode atender à segurança jurídica e à economia no procedimento (Cândido Dinamarco).
> **Uma terceira corrente**, intermediária, entende estar condicionada a obrigatoriedade à potencialidade de decisões contraditórias entre elas (Alexandre Câmara, Athos Gusmão Carneiro, Eduardo Arruda Alvim). Conforme entende Eduardo Arruda Alvim[22], "há certa margem de liberdade para que as causas sejam reunidas conforme a potencialidade de contradição (lógica, não jurídica) dos julgados, sendo que, evidentemente, só há cogitar de reunião de causas conexas se o juízo prevento não for absolutamente incompetente para conhecer de causa conexa".

---

22 *Direito processual civil*. 2. ed. São Paulo: Revista dos Tribunais, 2008, p. 98.

É verdade que o CPC alterou o texto da conexão de "podem ordenar" [a conexão] (art. 105, CPC/73) por "os processos de ações conexas serão reunidos para decisão conjunta" (art. 55, § 1º, CPC). Para nós, a mudança do tempo verbal não pode necessariamente tornar a conexão obrigatória. É necessário que se verifique se estão presentes os elementos da economia processual e a potencialidade de se criar decisões conflitantes ou contraditórias. Assim, a mera identidade dos elementos (pedido ou causa de pedir) não é suficiente para a formalização da conexão. Independentemente de sua obrigatoriedade, trata-se a conexão de matéria que pode ser conhecida de ofício a qualquer tempo e grau de jurisdição (CPC, art. 337, § 5º).

O art. 55, § 3º, do CPC traz importante possibilidade que amplia o conceito de conexão. Trata-se da **conexão sem os requisitos da conexão** ou a chamada **conexão instrumental** (Paulo Lucon). Como o fato gerador para a criação da conexão é o risco de se gerar decisões conflitantes ou contraditórias caso as demandas sejam julgadas separadamente, mesmo não havendo conexão, a mera potencialidade de gerar esse tipo de decisão acarreta a reunião dos feitos.

Essa ideia já era autorizada na cumulação de pedidos ainda que entre eles não haja conexão (art. 327, CPC).

Essa premissa reforça ainda mais a ideia de não obrigatoriedade da conexão. O instituto foi criado para evitar decisões antagônicas. Se não há essa probabilidade, perde a razão de ser da conexão e, portanto, a mera identidade de elementos não pode impor a conexão das causas.

O art. 930, parágrafo único, do CPC traz a possibilidade de *conexão recursal*. O referido artigo estabelece que "o primeiro recurso protocolado no tribunal tornará prevento o relator para eventual recurso subsequente interposto no mesmo processo ou em processo conexo". E dessa prevenção pode gerar a situação descrita no art. 946, parágrafo único, CPC[23].

Uma vez protocolizado um recurso o seu relator torna-se prevento para futuros recursos a serem interpostos no mesmo processo ou processo conexo.

A leitura desse artigo, contudo, deve ser contextualizada com as regras aqui estudadas. Assim:

- É possível aplicar a regra de concentração de recursos perante o mesmo relator mesmo não havendo conexão entre os feitos, desde que haja "risco de prolação de decisões conflitantes ou contraditórias caso decididos separadamente, mesmo sem conexão entre eles" (art. 55, § 3º, CPC);
- Havendo caso de conexão, mas não de reunião de feitos (art. 313, V, CPC), perde o sentido a prevenção recursal aludida no parágrafo único do art. 930 do CPC.

Por fim, a conexão deve preencher dois importantes requisitos:

i) que as causas a serem reunidas estejam em primeira instância. Há de se ressaltar que somente se falará em conexão se as causas ainda não houverem sido sentenciadas. Nesse sentido é o Enunciado n. 235 da súmula do STJ: "A conexão não determina a reunião dos processos, se um deles já foi julgado". Este entendimento está previsto no CPC, art. 55, § 1º;

---

23 "Art. 946. O agravo de instrumento será julgado antes da apelação interposta no mesmo processo. Parágrafo único. Se ambos os recursos de que trata o *caput* houverem de ser julgados na mesma sessão, terá precedência o agravo de instrumento."

ii) que a competência a ser alterada (afinal haverá reunião) deva ser relativa[24], já que a incompetência absoluta não admite conexão. Isso explica por que uma causa em trâmite na justiça estadual não pode ser reunida na justiça federal e vice-versa. A causa oriunda da justiça federal não pode correr perante a justiça estadual e uma causa da justiça federal também não pode correr perante um juiz estadual (a não ser que esse juiz estadual esteja no exercício da competência federal)[25] já que a Constituição Federal não admite prorrogação nesses casos (STJ, REsp 74849/SP);

Haverá **continência** quando entre duas causas houver identidade quanto às partes e à causa de pedir, mas o pedido de uma, por ser maior que o da outra, a abrange (CPC, art. 56).

Os autores entendem que a continência é uma forma qualificada de conexão e, também, gera a alteração da competência.

É necessário que os pedidos não sejam diferentes: um pedido deve abranger (= conter) o outro. A continência pode ser aferida tanto no pedido imediato como no mediato.

Assim, entre duas ou mais demandas poderá haver a seguinte relação conforme quadro sinótico a seguir:

ELEMENTOS DA DEMANDA	PARTES	CAUSA DE PEDIR	PEDIDO	RESULTADO DO CONFRONTO
Litispendência	=	=	=	Resolução da segunda demanda sem resolução de mérito (art. 485, V, CPC)[26]
Continência	=	=	>	Ação continente proposta antes: resolução sem mérito da causa contida. Ação contida proposta antes: reunião dos feitos
Conexão		= ou	=	Reunião dos feitos perante o juízo prevento (arts. 58 e 59, CPC)

Por fim, é necessário estabelecer o conceito de prevenção. **Prevenção quer dizer "vir antes", "prever". Constitui a fixação da competência perante um determinado juízo por critérios estabelecidos em lei ou por negócio jurídico processual.** Não se trata de critério de determinação de competência, mas sim de sua fixação[27]. A prevenção também atua como critério de fixação da conexão, pois é no juízo prevento que as causas conexas serão processadas (art. 58, CPC).

No que concerne à continência, o CPC estabelece um interessante critério cronológico:

i) se a ação continente for proposta antes da ação conteúdo, essa segunda será extinta sem resolução do mérito;

---

24 O art. 2º, parágrafo único, da Lei de Ação Civil Pública (Lei n. 7.347/85) permite a conexão de causas cuja competência seja absoluta (competência territorial absoluta, local do dano), assim: "A propositura da ação prevenirá a jurisdição do juízo para todas as ações posteriormente intentadas que possuam a mesma causa de pedir ou o mesmo objeto".
25 "Art. 108, II – julgar, em grau de recurso, as causas decididas pelos juízes federais e pelos juízes estaduais no exercício da competência federal da área de sua jurisdição."
26 Contudo, não haverá extinção da segunda demanda nos casos de causas tramitando no Brasil e no exterior simultaneamente (art. 24, CPC), nos casos de identidade de ações coletivas e, por fim, entre ações coletivas e ações individuais (art. 24, CDC).
27 Athos Gusmão Carneiro, *Jurisdição e competência*. 12. ed., 2002, p. 88.

ii) se a ação conteúdo for proposta antes da ação continente, estas serão reunidas para julgamento.

No que se refere à conexão a regra é bem simples: **a prevenção** se dá pelo registro ou distribuição da petição inicial, independentemente de se tratar de mesma ou diversa competência territorial (como ocorria no CPC anterior). Essa regra está em consonância com a Lei de Ação Civil Pública (art. 2º da Lei n. 7.347/85 [com redação dada pela Medida Provisória n. 2.180-35/2001]) e para a ação popular (art. 5º, § 3º, da Lei n. 4.717/65). Assim, a propositura da demanda gera a prevenção e atrairá todas as demandas com o mesmo pedido ou causa de pedir.

6.

SUJEITOS DO PROCESSO

6.1. PARTES

6.1.1. DEFINIÇÃO

Analisando o processo como relação jurídica (uma de suas inúmeras acepções), há intenso desenvolvimento de atos pelos sujeitos que o integram.

Falando exatamente desses sujeitos, o processo hospeda no seu procedimento ao menos três protagonistas que cumprem direitos, ônus e deveres na esfera processual. São eles o juiz, o autor e o réu.

O juiz, pela própria função jurisdicional, é sujeito desinteressado, já que sua função, no mais das vezes, substitutiva, é dirimir o conflito gerado entre autor e réu.

Contudo, estes últimos têm interesse na demanda e, portanto, são parciais, (flexão do conceito de parte) da qual irá se tratar.

É possível definir parte como o sujeito (ou grupo de pessoas) que pede e contra quem se pede determinada providência jurisdicional[1]. Na definição de Cassio Scarpinella Bueno[2], "partes são os não terceiros; terceiros são todos os que não são partes. O conceito de parte, nestas condições, é obtido pela negação de quem seja terceiro e vice-versa".

Assim, o conceito de parte é dúplice: **i)** primeiro, o sujeito deve estar geograficamente dentro do processo. Enquanto o titular do direito não estiver em juízo será sempre considerado terceiro; **ii)** segundo, além de geograficamente estar dentro do processo, é necessário que esteja pleiteando determinada providência jurisdicional (de forma ativa ou passiva). É por isso que se pode divisar o conceito de parte de outros sujeitos como o perito, o juiz, o oficial de justiça e os demais auxiliares da justiça que, a despeito de integrarem o processo, não podem ser categorizados como partes, mas como sujeitos do processo. Essa é a tradicional classificação entre **partes da demanda** (partes propriamente ditas) e **partes do processo** (demais integrantes do procedimento como juiz, perito, oficial, escrivão etc.).

---

1 Giuseppe Chiovenda, *Instituições de direito processual*, v. 2, p. 234.
2 *Partes e terceiros no processo civil brasileiro*. São Paulo: Saraiva, 2003, p. 3.

Esta definição é sobremodo importante, pois para "ser" **parte basta figurar no processo e defender um direito**, pouco importando a efetiva relação que tenha essa parte com o direito substancial trazido para juízo, vale dizer, alguém é parte mesmo que não tenha razão sobre o direito que se postula, bastando a sua mera afirmação em juízo ou, na condição de réu, quando demandado ainda que indevidamente. **A definição pura e simples de parte é eminentemente processual**. Tem como base o fato objetivo de o nome da pessoa estar inserto na petição inicial demandando ou sendo demandada.

Nessas condições, a parte, repita-se, não guarda relações com o direito material, já que é conceito puramente processual. Ser sujeito do processo é verificar, em última análise, os atos no plano do processo.

Por exclusão, terceiro, como dito, é o não parte. Ele poderá eventualmente agir em juízo, mas por algum motivo não integra o contraditório.

Classicamente, há quatro formas de se tornar parte em um dado processo: **a)** ajuizando uma demanda, **b)** sendo demandado, **c)** por sucessão processual ou **d)** por intervenção de terceiros.

Contudo, é necessário revisitar o conceito de partes e terceiros, especialmente no plano de sua participação no processo. Como dito, a tradicional doutrina revela as posições fundamentais (juiz, autor e réu) que se mantêm ao longo do procedimento de forma estática e rígida em decorrência da estabilização subjetiva da demanda (art. 329, CPC). Excepcionalmente se altera por meio das intervenções de terceiro, litisconsórcio ulterior, exclusão de litisconsortes ou nas hipóteses de sucessão processual (arts. 108 a 110, 338 e 339, CPC).

Percebe-se, contudo, que há um notório descompasso entre o sistema de integração das partes no processo civil com as necessidades atuais da sociedade. Isso porque a forma de participação não se limita apenas aos métodos tradicionais.

É necessário alterar a classificação dos sujeitos processuais que não pode apenas se ater ao tradicional *partes e terceiros*. Há partes da demanda e partes do processo (todos os demais que dele participam). Há os terceiros desinteressados ou imparciais como o juiz e os auxiliares da justiça. Os advogados são sujeitos especiais.

Mas essas posições podem mudar ao longo do procedimento e, por vezes, de maneira efêmera, já que o juiz poderá ser réu na alegação de impedimento ou suspeição (art. 146, § 5º, CPC), da mesma forma os auxiliares da justiça e o MP podem adquirir essa condição (art. 148, CPC), o advogado poderá ser autor para recorrer e executar os seus honorários (art. 85, §§ 14 e 15, CPC e arts. 22 a 24 da Lei n. 8.906/94)[3].

A devida estruturação de todos os citados impacta nas condutas desses sujeitos, na assunção do custo financeiro do processo e no alcance da coisa julgada.

Dessa forma, o processo tem que ser mais maleável, flexível para permitir a melhor participação de terceiros no processo.

Assim como nenhum sujeito é capaz de definir, sozinho, a estruturação e composição subjetiva do processo, a legislação não é capaz de identificar e pré-formatar, em esquemas abstratos, todos os arranjos subjetivos possíveis, todas as modalidades de atuação, e todos os pressupostos que justificam a atuação em juízo, pela simples constatação de que não é possível esgotar e verter para o processo as inúmeras possibilidades de interações entre os sujeitos[4].

---

3   Sobre o tema, indispensável a obra de: TEMER, Sofia. *Participação no processo civil*. Repensando litisconsórcio, intervenção de terceiros e outras formas de atuação. Salvador: JusPodivm, 2020.
4   Idem, p. 115.

Ademais, a ideia de um processo multilateral e não apenas bilateral (entre autor réu) demonstra que nem todos no processo querem assumir um lado de parte e as relações processuais podem assumir outras dimensões que não as previstas pela lei.

Vejamos alguns exemplos:

A – Enunciado 118, FPPC: "O litisconsorte unitário ativo pode optar por ingressar no processo no polo ativo ou passivo ou, ainda, **adotar outra postura que atenda aos seus interesses"**.

B – Art. 335, CC. "A consignação tem lugar: [...] IV – se ocorrer **dúvida** sobre quem deva legitimamente receber o objeto do pagamento; e Art. 547, CPC. Se ocorrer dúvida sobre quem deva legitimamente receber o pagamento, o autor requererá o depósito e a citação **dos possíveis titulares do crédito para provarem o seu direito".**

C – Art. 148, CC. "Pode também ser anulado o negócio jurídico por dolo de terceiro, se a parte a quem aproveite dele tivesse ou devesse ter conhecimento; em caso contrário, ainda que subsista o negócio jurídico, **o terceiro responderá por todas as perdas e danos da parte a quem ludibriou"**.

D – Art. 1.322, CC. "Quando a coisa for indivisível, e os consortes não quiserem adjudicá-la a um só, indenizando os outros, será vendida e repartido o apurado, preferindo-se, na venda, em condições iguais de oferta, **o condômino ao estranho, e entre os condôminos aquele que tiver na coisa benfeitorias mais valiosas, e, não as havendo, o de quinhão maior"**.

E – Art. 127, CPC. "Feita a denunciação pelo autor, o denunciado poderá assumir a posição de litisconsorte do denunciante e acrescentar novos argumentos à petição inicial, procedendo-se em seguida à citação do réu".

F – Dec.-lei n. 3.365/41. "Art. 34. O levantamento do preço será deferido mediante prova de propriedade, de quitação de dívidas fiscais que recaiam sobre o bem expropriado, e publicação de editais, com o prazo de 10 dias, para **conhecimento de terceiros**. Parágrafo único. Se o juiz verificar que há dúvida fundada sobre o domínio, o preço ficará em depósito, ressalvada aos interessados a ação própria para disputá-lo."

G – Lei n. 4.717/65. "Art. 6º A ação será proposta contra as pessoas públicas ou privadas e as entidades referidas no art. 1º, contra as autoridades, funcionários ou administradores que houverem autorizado, aprovado, ratificado ou praticado o ato impugnado, ou que, por omissas, tiverem dado oportunidade à lesão, e contra os beneficiários diretos do mesmo. [...] § 3º A pessoas jurídica de direito público ou de direito privado, cujo ato seja objeto de impugnação, **poderá abster-se de contestar o pedido, ou poderá atuar ao lado do autor, desde que isso se afigure útil ao interesse público, a juízo do respectivo representante legal ou dirigente."**

H – Lei n. 8.429/92. "Art. 17. A ação principal, que terá o rito ordinário, será proposta pelo Ministério Público ou pela **pessoa jurídica interessada**, dentro de trinta dias da efetivação da medida cautelar."

I – Art. 674 CPC. "Quem, não sendo parte no processo, sofrer constrição ou ameaça de constrição sobre bens que possua ou sobre os quais tenha direito incompatível com o ato constritivo, poderá **requerer seu desfazimento ou sua inibição por meio de embargos de terceiro."**

J – Art. 677, § 4º, CPC. "Será legitimado passivo o sujeito a quem o ato de constrição aproveita, assim como o será seu adversário no processo principal quando for sua a indicação do bem para a constrição judicial."

> **L – Art. 682, CPC.** "Quem pretender, no todo ou em parte, a coisa ou o direito sobre que controvertem autor e réu poderá, até ser proferida a sentença, oferecer oposição contra ambos."
> **M – Investigação de paternidade** contra vários réus quando se há dúvida sobre quem é o pai já que nesses casos poderá haver litigiosidade interna no mesmo polo.
> **N – Na discussão de vários acionistas** para anular assembleia de sociedade anônima.
> **O – Processos estruturais** que, diferente dos conflitos tradicionais, há diversas posições e interesses.
> **P – Intervenção de** *amicus curiae* cujo interesse é institucional e não propriamente jurídico.
> **Q – Nos processos objetivos** em que a legitimação prescinde do "interesse subjetivo".

A participação dos sujeitos processuais se dá pela citação que, genericamente, permite a convocação de terceiros para participar da relação jurídica processual. A decisão sempre será fundamentada e sujeita a recurso (art. 1.015, IV, VI, VII, VIII, IX, CPC). A responsabilização pelos custos do processo se dará de acordo com a intensidade do terceiro no processo (arts. 82 e ss e 99, CPC).

É importante adentrar no plano da legitimação. As partes (e por consequência os terceiros), para figurarem em juízo aptos a ter acesso a uma tutela jurisdicional, precisam estar legitimadas em dois planos distintos: a **legitimação processual** e a **legitimação para agir**. Esta depende da existência daquela para sua efetivação. A legitimação para agir (ou *ad causam*) analisa se a pessoa que está no processo é realmente a pessoa certa (para tanto, deve-se analisar o direito material). Já na legitimação para o processo (ou *ad processum*), uma vez sendo a pessoa certa, é de se verificar se essa pessoa possui capacidade para o exercício da função de parte ou se precisará de representante (para tanto, deve-se analisar o direito processual).

6.1.2. LEGITIMAÇÃO

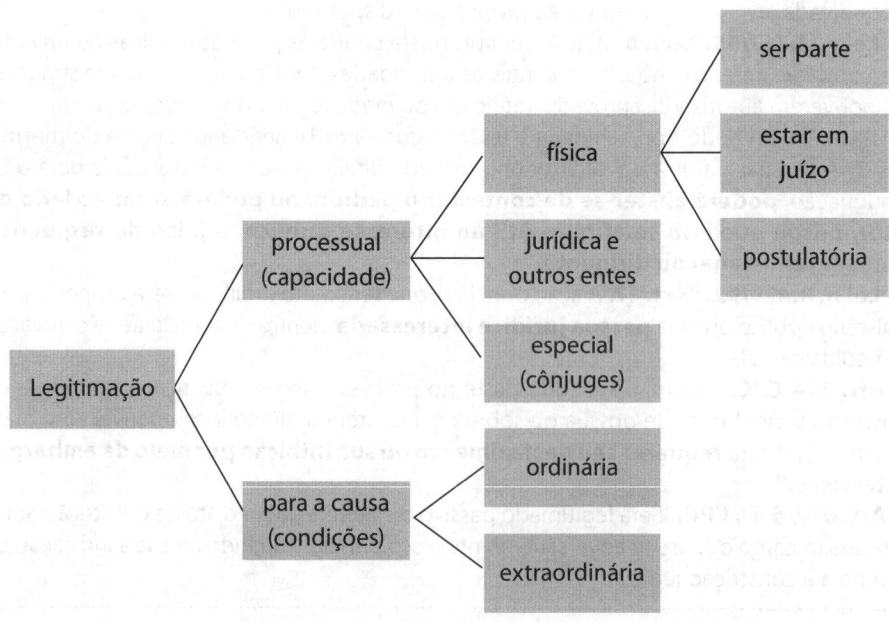

6.1.2.1. Legitimação processual (capacidade para o processo)

A legitimação processual é requisito ligado aos **pressupostos processuais**. Essa legitimação está atrelada ao conceito de **capacidade**. Há três formas de capacidade no nosso ordenamento que devem ser observadas: *capacidade da pessoa física, capacidade da pessoa jurídica e capacidade dos cônjuges*.

6.1.2.1.1. Capacidade da pessoa física

A capacidade da pessoa física, por sua vez, é fragmentada em **capacidade de ser parte**, **capacidade de estar em juízo** e **capacidade postulatória**.

6.1.2.1.1.1. Capacidade de ser parte

A capacidade de ser parte corresponde à capacidade de ter direitos e obrigações na órbita civil, ou seja, apenas aquele que tiver aptidão para vivenciar direitos pode titularizá-los no plano material e validamente exercê-los.

Tem relação com a personalidade jurídica (art. 1º, CC), contudo a capacidade de ser parte é mais ampla, porque é outorgada, por questões de ordem prática a pessoas sem personalidade como a alguns **entes despersonalizados**: espólio, condomínio, massa falida, associações irregulares (art. 75, VI, VIII, IX e X, CPC), **agentes políticos**: Senado Federal, a Câmara dos Deputados e Assembleias Legislativas para propor ações do controle (art. 103, CF) e outros órgãos como o **Ministério Público**: na proteção do direito do consumidor (art. 82, III, CDC).

O não preenchimento desse requisito constitui vício insanável. Ou se é ou não é capaz. Não sendo, acarreta a resolução do processo sem análise do mérito (art. 485, IV, CPC).

Mas nem toda pessoa que tem aptidão para contrair direitos ou obrigações tem capacidade para exercê-los. A capacidade jurídica ou de gozo não se confunde com a aptidão de exercer, por si, o direito de ação.

Isso se dá porque a pessoa pode ser juridicamente incapaz. A incapacidade impede o "ser parte" por si em juízo. Essa vedação é encontrada tanto no Código Civil (arts. 3º e 4º) como no Código de Processo Civil (arts. 70 e 71).

O Estatuto da Pessoa com Deficiência (Lei n. 13.146/2015) alterou substancialmente o rol dos incapazes, não havendo, na atual legislação civil, pessoa absolutamente incapaz maior de idade e, como consequência, não será cabível ação de interdição para os casos de incapacidade absoluta, pois restou nesse rol (art. 3º, CC) apenas os menores de 16 anos que, por essência, não são interditados, mas representados.

Esse tema será mais bem enfrentado no capítulo sobre o procedimento especial da interdição, bem como no capítulo sobre prova testemunhal.

Assim, o direito processual limita o exercício do direito de ação e o direito civil circunscreve quais os casos de incapacidade. É dessa forma que deve ser lido o art. 71 do CPC.

Nessas situações tem-se uma **capacidade atrofiada**, pois a parte possui aptidão, mas não possui o direito de agir. Assim, para integralizar esta capacidade, deverá a parte ser representada ou assistida por outra pessoa que exercerá esta função[5].

---

5   Há um caso específico em que não existe sequer capacidade de direito (art. 75, IX): sociedades sem personalidade jurídica.

> Como somente os capazes detêm esta capacidade processual, os demais devem ir a juízo por meio dos mecanismos de **representação** (conferido aos absolutamente incapazes) ou **assistência** (conferido aos relativamente incapazes).

Os tutores são nomeados em favor dos menores e os curadores nos demais casos.

Mas, nesses casos, quem deve ser citado quando o réu for relativamente incapaz? A melhor solução, em sendo possível, será a citação do incapaz, desde que venha representado/assistido na forma da lei civil. O próprio art. 247, II, do CPC estabelece que a citação será por oficial de justiça quando o "citando for incapaz".

O incapaz sempre é parte. Mesmo nos casos da incapacidade absoluta, em que não há, em tese, a prática de nenhum ato diretamente pelo incapaz. Mas é importante frisar que a representação e a assistência não constituem forma de litisconsórcio e sim de representação. Assim, o representante age em nome alheio, direito alheio.

É possível haver, contudo, as duas figuras de forma simultânea na mesma pessoa (por exemplo, a mãe que, ao mesmo tempo que pleiteia alimentos para si na condição de parte, age como representante do filho menor que também pleiteia alimentos).

6.1.2.1.1.2. Capacidade de estar em juízo

Diz respeito à efetiva possibilidade do exercício dos direitos da qual se diz titular. A capacidade de estar em juízo diz respeito à possibilidade de estar no processo sem auxílio externo de outrem. Os capazes ostentam essa condição.

6.1.2.1.1.3. Capacidade postulatória

Sabe-se que os atos processuais somente podem ser praticados por quem detenha capacidade de estar em juízo. Esta capacidade permite à parte litigar no processo sem representação ou assistência. Todavia, esta capacidade, por si só, é insuficiente para a atividade forense, já que a postulação em juízo depende de outro tipo de capacidade conferida somente aos advogados e denominada **capacidade postulatória**. Consiste na autorização legal para atuação profissional em juízo do advogado.

Importante que se entenda que a capacidade postulatória somente será exigida nos casos de atos postulatórios (que, de acordo com classificação tradicional, são os atos em que se requer alguma providência jurisdicional). Os demais atos, como os dispositivos (v.g., confessar, transigir, renunciar), os reais (v.g., custas iniciais, preparo) e os instrutórios, (v.g., testemunhar, depoimento pessoal), não dependem necessariamente do advogado.

A capacidade postulatória é conferida aos advogados privados, advogados públicos, defensores e membros do Ministério Público.

Nada obstante, existem demandas em que, dada a sua natureza, a presença do advogado não é necessária. Dessa forma, não é impositiva a presença de advogado:

> **a)** nas demandas trabalhistas (CLT, art. 791);
> **b)** no Juizado Especial Cível até 20 salários mínimos (art. 9º da Lei n. 9.099/95);
> **c)** no *habeas corpus* (Lei n. 8.906/94, art. 1º, § 1º);
> **d)** no pedido de medidas urgentes da Lei Maria da Penha (Lei n. 11.340/2006, art. 27);
> **e)** na ação de alimentos (art. 2º, Lei n. 5.478/68);
> **f)** nos Juizados Especiais Federais (art. 10 da Lei n. 10.259/2001). Neste caso específico é necessário representante, que não precisa necessariamente ser um advogado.

Ademais, excepcionalmente o advogado poderá atuar sem instrumento de mandato. Essas situações vêm previstas no art. 104 do CPC:

a) para evitar a preclusão;
b) para propor demanda para evitar a prescrição ou decadência;

Nessas duas hipóteses, a impossibilidade de comunicação com cliente ou dificuldade de obtenção do instrumento do mandato podem gerar a perda de um direito (decadência), a perda do exercício da pretensão (prescrição) ou a perda da possibilidade de se praticar um ato processual (preclusão). Diante do escoamento do prazo iminente, poderá praticar o ato sem procuração.

c) nos atos reputados urgentes (v.g., propor demanda para obtenção de intervenção cirúrgica emergencial contra o plano de saúde, sendo que o paciente já está internado sem condições de assinar o mandato).

Nesses casos o magistrado conferirá (desde que aceita a alegação) prazo de quinze dias prorrogáveis por mais quinze para que o advogado regularize a sua situação processual.

A falta de capacidade gerará efeitos diferentes para as partes: se para o réu, o efeito será à revelia; se para o autor, a resolução do processo; e se para o terceiro, a sua exclusão do feito dependendo da posição em que se encontre (CPC, art. 76).

A despeito de respeitável divergência doutrinária, havendo autores que defendem ser a capacidade postulatória pressuposto de existência (Eduardo Arruda Alvim)[6], entendemos tratar de pressuposto de desenvolvimento do processo. Sua falta gera nulidade.

Isso porque o art. 13 do CPC/73 falava em nulidade do processo, ao autor sem advogado. O estatuto da OAB (Lei federal n. 8.906/94, art. 4º) assevera que "são nulos os atos privativos de advogados praticados por pessoa não inserida na OAB, sem prejuízo das sanções civis, penais e administrativas". Além da omissão do CPC atual sobre a questão, deve-se adotar integralmente o quanto previsto na Lei n. 8.906/94, por se tratar de regra especial.

Contudo, os atos praticados por advogado sem procuração são ineficazes (art. 104, § 2º, CPC).

Ademais, a regra era desproporcional: no regime anterior, o vício menos grave (advogado sem procuração) era apenado com inexistência jurídica e o vício mais grave (prática de atos por um não advogado) com a nulidade.

Portanto, o sistema processual, como dito, estabelece que os atos praticados por advogado sem procuração são ineficazes e os atos praticados por um não advogado são nulos.

A lei pode estabelecer a sanção para o caso concreto. Não se trata aqui de matéria da ciência do direito, mas do direito positivo. E a lei estabeleceu a sanção adequada ao caso.

Não se pode confundir, dessa forma, o que dispõe o § 2º do art. 104 do CPC: "O ato não ratificado será considerado ineficaz relativamente àquele em cujo nome foi praticado, respondendo o advogado pelas despesas e por perdas e danos".

Em verdade, pela interpretação da lei observa-se que se o ato foi praticado por quem é advogado, há capacidade postulatória. O problema é que a parte não possui instrumento de procuração, documento hábil tendente a provar a representação da parte.

A procuração é instrumento da representação do advogado no processo (arts. 104, CPC, 5º da Lei 8.906/94 e 654, CC) e serve para todas as fases do processo até mesmo para o cumprimento de sentença (art. 105, § 4º, CPC). A advocacia pública não precisará de instrumento de mandato já que sua representação decorre de lei (art. 9º, Lei n. 9.469/97) e o defensor público

---

6   O Enunciado n. 115 da súmula do STJ assim assevera: "Na instância especial é inexistente o recurso interposto por advogado sem procuração nos autos" (súmula incompatível com o atual CPC).

poderá atuar sem procuração, mas não poderá praticar atos de disposição de direito (art. 44, XI, LC n. 80/94).

Contudo, a atividade do advogado fora do contencioso poderá ser feita sem procuração, conforme dispõe o art. 5º, § 4º, da Lei n. 8.906/94, com a redação dada pela Lei n. 14.365/2022: "As atividades de consultoria e assessoria jurídicas podem ser exercidas de modo verbal ou por escrito, a critério do advogado e do cliente, e independem de outorga de mandato ou de formalização por contrato de honorários".

A procuração poderá ter dois tipos de poderes (art. 105, CPC):

CLÁUSULA *AD JUDICIA* (PODERES GERAIS)	Confere poderes gerais para praticar os atos da vida forense: ações, recursos, defesas, petições em geral e manifestações escritas e orais nos limites da demanda em que a procuração foi outorgada
CLÁUSULA *AD JUDICIA EX EXTRA* (PODERES GERAIS E ESPECIAIS)	Além dos poderes gerais, permite ao advogado receber citação, confessar, reconhecer a procedência do pedido, transigir, desistir, renunciar ao direito sobre o qual se funda a ação, receber, dar quitação, firmar compromisso e assinar declaração de hipossuficiência econômica

A procuração, assinada de forma mecânica ou digital, exige ainda: a) que contenha o nome do advogado, endereço completo e número da OAB e b) havendo sociedade de advogados, essa deve constar também com seu número da ordem e endereço completo;

Se o advogado estiver em causa própria deverá declarar na inicial ou defesa (a depender do seu polo) sua OAB, o nome da sociedade de advogados que faz parte (se tiver) e seu endereço para o recebimento de intimações. Se não cumprir a exigência, será intimado para regularizar em 5 dias. Não regularizando, se estiver no polo passivo haverá indeferimento da inicial. Se estiver no polo ativo serão tomadas como válidas as intimações enviadas por meio eletrônico ou carta com AR no endereço indicado no processo.

O advogado poderá renunciar ao mandato a qualquer tempo desde que prove a comunicação ao seu cliente. Fica, contudo, obrigado a representar o mandante nos 10 dias subsequentes salvo se este já arrumou outro patrono. Havendo vários advogados na causa, a renúncia de apenas um dispensa a comunicação (art. 112, CPC).

Se a parte desejar revogar o mandato do seu advogado deverá, no mesmo ato, constituir outro ou lhe será concedido prazo de 15 dias para fazê-lo (art. 111, CPC) sob pena das sanções previstas no art. 76, §§ 1º e 2º, CPC.

A devida interpretação ao art. 111 não pode exigir que "no mesmo ato" se faça a revogação e se constitua outro. Nada impede que se faça em momentos distintos, já que a função primordial do artigo é comunicar a revogação do mandato anterior.

6.1.2.1.2. Capacidade da pessoa jurídica (e outros entes)

Além das pessoas naturais, a lei confere às pessoas jurídicas personalidade civil e aptidão para ser titular de direitos e obrigações, sejam elas de direito público ou privado.

Todavia, a despeito de possuírem personalidade, é necessário serem detentoras de capacidade processual, ou seja, conferir a alguma pessoa física o poder de representar em juízo a entidade (personalidade judiciária).

Contudo, a despeito de o CPC utilizar-se da expressão "representados", ele desconsidera a relevante diferenciação entre "representação" e "presentação". A **presentação** ocorre quando a atividade é exercida por órgão da pessoa jurídica (*vide* abaixo os incisos I, II, III, VIII e IX). Já a **representação** é exercida por outra pessoa com personalidade jurídica diversa (*vide* abaixo os incisos IV, V, VI e VII).

A bem da verdade, a questão da capacidade da pessoa jurídica e outros entes ficaria muito mais bem disciplinada (como por vezes ocorre) no direito material, já que a representação ou presentação aqui não é apenas no plano processual, mas também na esfera civil. Dessa forma, é o inventariante que assina o contrato de locação dos bens do espólio e é o síndico do condomínio que notifica o proprietário por perturbação do direito de vizinhança.

Assim a presentação ou representação das pessoas jurídicas e demais entes pode-se verificar no art. 75 do CPC:

ENTE	REPRESENTAÇÃO/PRESENTAÇÃO
UNIÃO	Pela Advocacia-Geral da União, diretamente ou mediante órgão vinculado
ESTADO E O DISTRITO FEDERAL	Por seus procuradores. Os Estados e o Distrito Federal poderão ajustar compromisso recíproco para prática de ato processual por seus procuradores em favor de outro ente federado, mediante convênio firmado pelas respectivas procuradorias.
MUNICÍPIO	Por seu prefeito, procurador ou Associação de Representação de Municípios, quando expressamente autorizada. A representação judicial do Município pela Associação de Representação de Municípios somente poderá ocorrer em questões de interesse comum dos Municípios associados e dependerá de autorização do respectivo chefe do Poder Executivo municipal, com indicação específica do direito ou da obrigação a ser objeto das medidas judiciais.
AUTARQUIA E A FUNDAÇÃO DE DIREITO PÚBLICO	Por quem a lei do ente federado designar
MASSA FALIDA	Pelo administrador judicial
HERANÇA JACENTE OU VACANTE	Por seu curador
ESPÓLIO	Inventariante. Quando o inventariante for dativo, os sucessores do falecido serão intimados no processo no qual o espólio seja parte.
PESSOA JURÍDICA	Por quem os respectivos atos constitutivos designarem ou, não havendo essa designação, por seus diretores.

SOCIEDADE E A ASSOCIAÇÃO IRREGULARES E OUTROS ENTES ORGANIZADOS SEM PERSONALIDADE JURÍDICA	Pela pessoa a quem couber a administração de seus bens. A sociedade ou associação sem personalidade jurídica não poderá opor a irregularidade de sua constituição quando demandada.
PESSOA JURÍDICA ESTRANGEIRA	Pelo gerente, representante ou administrador de sua filial, agência ou sucursal aberta ou instalada no Brasil. O gerente de filial ou agência presume-se autorizado pela pessoa jurídica estrangeira a receber citação para qualquer processo.
CONDOMÍNIO	Administrador ou síndico

6.1.2.1.3. Capacidade especial (cônjuges ou conviventes)

É necessário entender que o regime de casamento tem importante influência no campo do processo e projeta seus efeitos na disponibilidade dos bens quando discutidos em juízo.

É possível verificar o regime jurídico dos cônjuges ou conviventes sob duas óticas: na qualidade de autores e na qualidade de réus.

6.1.2.1.3.1. Como réus (litisconsórcio necessário)

Os cônjuges ou conviventes na condição de réus não têm a opção de escolher serem ou não demandados. A união estável somente sofrerá a incidência das regras aqui apresentadas se devidamente comprovada nos autos (art. 73, § 3º, CPC).

O art. 73, § 1º, do CPC determina que ambos os cônjuges serão citados para as ações:

a) sobre direitos reais imobiliários, salvo se casados no regime da separação absoluta de bens;
b) decorrente de fato que diga respeito a ambos ou praticado por eles[7] (como, por exemplo, um contrato assinado por ambos);
c) fundada em dívida contraída por apenas um dos cônjuges em prol da família, mas que a execução recaia sobre os bens do casal[8];
d) que tenham por objeto algum ônus sobre imóveis de um ou ambos os cônjuges.

Nas hipóteses aqui mencionadas gera-se a formação de litisconsórcio passivo necessário.

Essa regra projeta efeitos, igualmente, na execução.

Conforme dispõe o art. 842 do CPC, "recaindo a penhora em bem imóvel ou direito real sobre imóvel, será intimado também o cônjuge do executado, salvo se forem casados em regime de separação absoluta de bens".

---

[7] Preconiza o art. 942 do CC que "os bens do responsável pela ofensa ou violação do direito de outrem ficam sujeitos à reparação do dano causado; e, se a ofensa tiver mais de um autor, todos responderão solidariamente pela reparação".
[8] Art. 790, IV, CPC: São sujeitos à execução os bens: IV – do cônjuge ou companheiro, nos casos em que seus bens próprios ou de sua meação respondem pela dívida.

Assim qualquer um dos cônjuges poderá ingressar como litisconsorte passivo ulterior na execução para defender sua meação.

Sobre as alíneas *b* e *c* (respectivamente incisos II e III do § 1º do art. 73, CC), há de se tecer alguns breves comentários:

A despeito de as dívidas solidárias trazerem em si a **facultatividade** (CC, art. 275) que autoriza cobrar de qualquer um dos codevedores, quando esta solidariedade diz respeito aos cônjuges ou conviventes, a regra sofre temperamentos.

É que a lei *impõe* a formação de litisconsórcio necessário passivo. Nestes casos, a impositividade da regra do art. 73, § 1º, do CPC (regra especial) se sobrepõe à regra geral da solidariedade da lei material[9]. O item *c* possui uma particularidade. O cônjuge somente pode praticar atos com a autorização do outro. É o que dispõem os arts. 1.647 do CC e 73 do CPC. Contudo o art. 1.643 do CC, excepcionalmente, autoriza que um dos cônjuges possa, sem anuência do outro, praticar determinados atos pertinentes à administração doméstica[10].

Estas hipóteses criam a premissa que a dívida adquirida será, em regra, em prol da família. Nesses casos, mesmo a dívida sendo contraída por apenas um dos cônjuges, gera uma presunção legal (CC, art. 1.644). Essa presunção é relativa, admitindo-se prova em contrário.

6.1.2.1.3.2. Cônjuges como autores (integração da capacidade subjetiva)

A regra depende de detida explicação.

O *caput* do art. 73 do CPC preconiza que "o cônjuge necessitará do consentimento do outro para propor ação que verse sobre direito real imobiliário, salvo quando casados sob o regime de separação absoluta de bens".

Aqui não se trata de litisconsórcio ativo necessário, mas caso de integração da capacidade processual. Nas circunstâncias tipificadas em lei um cônjuge não pode, sem o outro, buscar o juízo.

Consiste, portanto, em integração da capacidade subjetiva dos cônjuges.

O art. 1.647 do Código Civil disciplina esta regra no inciso II e complementa com outras situações fora do processo (ressalvado o regime de separação absoluta e o disposto no art. 1.648, CC):

Algumas questões devem ser enfrentadas:

a) a despeito da expressão "cônjuge" a regra também se aplica à união estável[11]. Evidente que a constatação da união estável é muito difícil na prática e depende das circunstâncias do caso concreto, daí por que se exige, por força do art. 73, § 3º, que a convivência esteja "comprovada nos autos". O Provimento n. 37/2014 do Conselho Nacional de Justiça regulamenta o registro da União Estável junto ao cartório de registro civil;

b) a autorização **não se aplica** aos casos de regime de **separação absoluta** (CC, arts. 1.687 e 1.688), seja ela legal ou convencional, bem como no caso de **participação final nos aquestos** (CC, art. 1.656) estabelecido no pacto antenupcial;

---

9 Da mesma forma que o chamamento ao processo, intervenção de terceiros (art. 130, CPC) relativiza a incidência do artigo sobre a solidariedade passiva (art. 274, CC).

10 Art. 1.643. Podem os cônjuges, independentemente de autorização um do outro: I – comprar, ainda a crédito, as coisas necessárias à economia doméstica; II – obter, por empréstimo, as quantias que a aquisição dessas coisas possa exigir.

Art. 1.644. As dívidas contraídas para os fins do artigo antecedente obrigam solidariamente ambos os cônjuges.

11 Conforme art. 73, § 3º, do CPC.

c) a expressão real imobiliária tem conotação ampla, abrangendo garantias reais como hipoteca e atingindo casos como nunciação de obra nova, demolitória, dentre outras;

d) as ações possessórias, a despeito de não serem ações reais, são consideradas como tais para fins de autorização dos cônjuges (CPC, art. 73, § 2º) desde que se trate: **i)** de composse; **ii)** ato praticado por ambos;

e) o cônjuge não chamado poderá ingressar com medida de desconstituição do ato. Será **ação anulatória** se ainda houver litispendência. Com o trânsito em julgado somente restará o manuseio da **ação rescisória**;

f) pode o magistrado constatar a incapacidade de um dos cônjuges que busca o Poder Judiciário sem a outorga do outro, de ofício. Esta autorização tem por base o poder geral de cautela e o dever do magistrado em assegurar a isonomia entre as partes;

g) o cônjuge não chamado será citado e poderá tomar uma das três possíveis posições: **i)** ficar inerte, quando então haverá uma presunção de aceitação; **ii)** aprovar os atos praticados expressamente; ou **iii)** ser contrário ao ingresso do outro quando então poderá impugnar estes atos (*vide* item *e*, *supra*).

6.1.2.1.3.3. Forma de consentimento

A lei não estabelece forma própria para a autorização quando o cônjuge não tiver interesse em demandar (CC, art. 107). Mas a falta de consentimento invalida o processo quando necessária e não suprida pelo juiz.

Nada impede que seja na petição inicial, ou mesmo numa procuração outorgada ao advogado da causa, ou mesmo num documento próprio para esta finalidade.

6.1.2.1.3.4. Suprimento de outorga

Num primeiro momento, em não cumprindo a exigência formal do consentimento, o magistrado intimará o cônjuge preterido para se manifestar no prazo de 15 dias sob pena de aceitação tácita do consentimento.

O art. 74 do CPC preconiza: "O consentimento previsto no art. 73 pode ser suprido judicialmente quando for negado por um dos cônjuges sem justo motivo, ou quando lhe seja impossível concedê-lo".

Conforme se depreende do texto, duas são as situações que autorizam o suprimento judicial: **i)** recusa imotivada; ou **ii)** impossibilidade.

Esta regra é reprodução do art. 1.648 do Código Civil.

Sobre a **impossibilidade**, trata-se de cláusula geral, podendo se enquadrar em diversas situações em que a parte não tenha como prestar a outorga como a enfermidade ou ausência, por exemplo.

O procedimento judicial da outorga se dará por jurisdição voluntária.

O Ministério Público obrigatoriamente se manifestará (CPC/2015, arts. 179 e 721) e se o cônjuge citado não puder se manifestar, o magistrado nomeará um curador especial.

6.1.2.1.4. Controle da capacidade

O CPC no seu art. 76 descreve três situações distintas: uma, diz respeito à incapacidade da parte, seja ela absoluta, seja ela relativa; outra refere-se a um momento posterior, que diz respeito à presentação ou representação defeituosa em juízo; e uma última é que essa representação poderá ser tanto decorrente de defeito de capacidade processual como capacidade postulatória.

Se o magistrado constatar a incapacidade processual ou a irregularidade de representação da parte, determinará a suspensão do processo, concedendo prazo adequado para sua regularização. Não é possível a decretação da sanção sem antes a intimação das partes. Esta regra já existia no regime anterior, e com mais razão com o atual diploma, especialmente em atenção à primazia do mérito e o contraditório cooperativo (arts. 9º e 10, CPC).

Caso não seja cumprida a determinação judicial, a sanção variará conforme a posição do sujeito no processo:

a) se o autor não cumprir a exigência, ocorrerá a resolução do processo;
b) se o réu não cumprir a exigência, o magistrado decretará a sua revelia;
c) se o terceiro não cumprir a exigência, o magistrado determinará a sua exclusão do feito se for autor ou revel se for réu.

O reconhecimento do vício pode tanto ser trazido pela outra parte (art. 337, IX, CPC) como de ofício pelo magistrado.

O CPC estabelece também as consequências processuais se o processo se encontrar no Tribunal. Se o descumprimento da regra se der pelo recorrente, ocorrerá o não conhecimento do recurso. Se pelo recorrido, o desentranhamento das contrarrazões. Portanto, fica sem qualquer sentido, conforme dito anteriormente, a permanência do Enunciado n. 115 da Súmula do STJ[12].

6.1.2.2. Legitimação para a causa

Como visto, a capacidade de ser parte a todos pertence. E isso porque basta o nascimento com vida para a aquisição desse requisito. Igualmente a capacidade para estar em juízo, como pressuposto processual que é, depende da capacidade de fato, ou de exercício que se adquire com a capacidade.

Contudo, tais situações são pertinentes ao direito ao processo *in abstrato* e não possuem vínculo algum com as situações de vida trazidas pelo autor.

Por não estarem relacionadas a nenhum caso concreto, são consideradas requisitos genéricos, já que "tem capacidade para ser parte e para estar em juízo qualquer pessoa capaz, independentemente do pedido que venha a formular"[13].

Usualmente denominada **legitimidade para agir**, a legitimação para a causa é categorizada como uma condição da ação[14] e relaciona-se com a identificação daquele que pode pretender ser o titular do bem da vida deduzido em juízo, seja como autor (legitimação ativa), seja como réu (legitimação passiva). Constitui a **pertinência subjetiva da demanda**.

A doutrina brasileira tem o hábito de distinguir capacidade de legitimidade referindo-se à noção gramatical de **transitividade**. Na capacidade não se exige complemento: fulano é simplesmente capaz. Todavia, a legitimidade depende sempre de um complemento: tem legitimidade para quê? Não se pode falar que alguém é "legítimo" sem dar a devida contextualização com um caso concreto.

---

12 "Na instância especial é inexistente recurso interposto por advogado sem procuração nos autos."
13 José Roberto dos Santos Bedaque, *CPC interpretado*, coord. Antônio Carlos Marcato, 3. ed., São Paulo: Atlas, 2008, p. 21.
14 *Vide* nossos comentários no capítulo pertinente à ação, *infra*.

Assim a legitimação para a causa é a via dinâmica e concreta da titularidade estática e abstrata da capacidade de ser parte.

Conclusão: a legitimidade para a causa tem reflexo para fora do processo de se saber a quem pertence o bem jurídico deduzido em juízo. A legitimidade para o processo (capacidade) volta-se, precipuamente, a saber quem pode praticar os atos no plano do processo e dentro do processo.

Verificação da legitimidade para a causa é, em última análise, certificar que aquele que busca o judiciário e contra quem se busca são os mesmos que figuraram na relação jurídica de direito material subjacente ao processo.

6.1.2.2.1. Legitimação ordinária

A classificação da legitimação em ordinária e extraordinária toma como critério a relação do legitimado com o objeto litigioso do processo.

A legitimação ordinária (ou comum) é a regra no nosso sistema, vale dizer, a aptidão de requerer em juízo (ou ser demandado) acerca de direito material conflituoso que lhe diga respeito. A legitimação comum (ordinária) refere-se à coincidência entre aqueles que se encontram no judiciário com aqueles que figuraram no direito material, vale dizer: postular em nome próprio (o seu nome no processo) direito próprio (daquele que se diz titular do direito discutido).

Conforme explicitamos no capítulo sobre ação (*supra*), a **legitimação ordinária** das partes se divide bem do mérito, pois sendo ambas as partes legitimas, poderá o magistrado prosseguir no julgamento da causa e é possível enxergar adequadamente a divisão entre ambos os fenômenos.

O problema reside na **ilegitimidade**. De fato, é muito difícil divisar a ilegitimidade do mérito da causa.

Melhor explicando, a preliminar de ilegitimidade de parte quase sempre se confunde com a defesa de mérito indireta (quando o réu nega o fato constitutivo do autor) ou a negativa de ter participado do direito material narrado. Dentro de um processo, a alegação de não ser devedor (por não ter contraído a dívida), não ser proprietário (para reparação de algum vazamento no imóvel vizinho) se acolhidos, não gerará um julgamento de mérito (no sentido de resolver o conflito), mas haverá resolução de mérito em relação à**quele réu**. Até mesmo porque, não obstante ter feito coisa julgada formal (o que permitiria repropor a demanda com os mesmos elementos), no caso da carência de ação, somente será possível se corrigir o vício que levou a resolução, ou seja, indicar a parte legítima para figurar na demanda (art. 486, § 1º, CPC).

É importante frisar que na **legitimação extraordinária** esse problema é atenuado. Caso o magistrado entenda que o substituto processual seja legítimo, terá direito a continuar no processo postulando em nome próprio, direito alheio. Contudo, se visualizar que o substituto não tem autorização pelo ordenamento para postular em juízo, a questão de mérito sequer será analisada e haverá resolução do processo sem análise do mérito (art. 485, VI, CPC).

Dessa forma, entendemos que a aplicação da teoria da asserção é imperiosa justamente para resolver essa questão: verificando a ilegitimidade *initio litis*, o magistrado exercerá cognição sumária e, sem ouvir a outra parte, extinguirá o processo sem resolução do mérito, por carência (art. 485, VI, CPC). Se no curso do processo, a ilegitimidade é identificada com o próprio mérito e a sua ausência acarreta resolução do processo por improcedência (art. 487, I, CPC).

Entendemos não ser possível estabelecer a improcedência *initio litis* por ausência de ilegitimidade, pois estar-se-ia criando uma hipótese de improcedência liminar do pedido fora das hipóteses legais (art. 332, CPC), o que, no nosso entender, não seria permitido.

6.1.2.2.2. Legitimação extraordinária

Seria desnecessário o vocábulo ordinário, não houvesse outra forma de legitimação.

Excepcionalmente o sistema processual admite uma ruptura, entre os planos de direito material (provável titular do bem da vida) e do processual (quem se apresenta em juízo para tutelar este bem da vida) e permite a alguém, em nome alheio, ser condutor do processo mesmo não sendo titular das condições da ação.

Denomina-se legitimação extraordinária. Assim, a parte figura no judiciário em nome próprio, mas tutelando direito alheio.

Como dito, a legitimação extraordinária permite uma ruptura entre o plano do direito material e o plano do processo. Quem conduz o processo não é, nem pretende ser, o titular da relação de direito material nele deduzida.

E isso ocorre porque, por vezes, o legislador processual (e mais amplamente o ordenamento jurídico) verifica que é melhor distinguir aquele que é titular de um determinado bem da vida daquele que pretende fazê-lo valer em juízo. Até como uma forma de otimizar (viabilizar) a tutela jurisdicional.

Esta dicotomia entre direito e processo é bastante aguda, máxime no chamado direito processual coletivo em que a distinção entre quem se apresenta em juízo e os titulares dos bens jurídicos tutelados é a regra.

São exemplos de legitimação extraordinária:

a) gestor de negócios que age em interesse do gerido;
b) MP no interesse dos ausentes;
c) cidadão quando propõe ação popular;
d) sindicato em defesa do interesse dos sindicalizados;
e) condomínio;
f) legitimação para propor ações coletivas (art. 5º, Lei n. 7.347/85);
g) legitimação para propor as ações do controle de constitucionalidade (art. 103, CF);
h) nas situações do art. 3º da Lei do Mandado de Segurança: "O titular de direito líquido e certo decorrente de direito, em condições idênticas, de terceiro poderá impetrar mandado de segurança a favor do direito originário, se o seu titular não o fizer, no prazo de 30 (trinta) dias, quando notificado judicialmente";
i) na lei sobre o exercício do direito de resposta (Lei n. 13.188/2015, art. 3º, § 2º), "o direito de resposta ou retificação poderá ser exercido, também, conforme o caso: (...) II – pelo cônjuge, descendente, ascendente ou irmão do ofendido que esteja ausente do País ou tenha falecido depois do agravo, mas antes de decorrido o prazo de decadência do direito de resposta ou retificação".
j) A Lei n. 13.806/2019 confere às cooperativas a prerrogativas de seus associados, acrescentando um inciso XI ao art. 21 da Lei n. 5.764/71 bem como o art. 88-A conforme se verifica: "Art. 21 [...] XI – se a cooperativa tem poder para agir como substituta processual de seus associados, na forma do art. 88-A desta Lei."

> Art. 3º A Lei n. 5.764, de 16 de dezembro de 1971, passa a vigorar acrescida do seguinte "Art. 88-A. A cooperativa poderá ser dotada de legitimidade extraordinária autônoma concorrente para agir

como substituta processual em defesa dos direitos coletivos de seus associados quando a causa de pedir versar sobre atos de interesse direto dos associados que tenham relação com as operações de mercado da cooperativa, desde que isso seja previsto em seu estatuto e haja, de forma expressa, autorização manifestada individualmente pelo associado ou por meio de assembleia geral que delibere sobre a propositura da medida judicial."

Em verdade, a escolha (= opção) do legislador para a permissividade de outrem tutelar em juízo direito alheio é opção política.

Em princípio, a legitimação extraordinária decorre de lei. Não só por prever as principais e mais comuns situações encontradiças na prática como também fruto da obediência legislativa ao Código anterior, que condicionava a legitimação extraordinária somente "quando autorizado por lei" (CPC/73, art. 6º).

O atual ordenamento estabelece que "ninguém poderá pleitear direito alheio em nome próprio, salvo quando autorizado pelo ordenamento jurídico" (CPC, art. 18). Ao substituir a expressão "lei" por "ordenamento jurídico" o legislador seguiu a tendência de se contextualizar a lei com outras fontes do direito igualmente importantes (precedentes, princípios) sem levar em consideração a convenção das partes.

Essa é uma tendência que se encontra especialmente nos arts. 8º, 140 e 178 do CPC.

Dessa forma, nada impede que haja legitimação extraordinária convencional.

A legitimação extraordinária convencional ativa é possível seja para ampliar a mais alguém a possibilidade de se demandar em juízo determinado direito, seja para transferir a alguém o direito de se demandar a pretensão à tutela que pertence a outrem.

Se a parte pode transferir seu próprio direito para terceiros, por que não poderá transferir o direito de buscar essa mesma pretensão no Poder Judiciário[15]?

A legitimação extraordinária passiva, contudo, depende de autorização da parte contrária. Isso porque essa prática pode gerar má-fé.

Não se trata de transferência da obrigação, mas apenas permitir que terceiro responda processualmente pela obrigação. A legitimação extraordinária comporta alguns critérios de classificação.

A legitimação será **disjuntiva (autônoma)** quando o legitimado possuir legitimação independentemente do titular do direito material postulado em juízo. Será, contudo, **subordinada**, quando seu ingresso depender da participação do titular no contraditório para legitimação do feito, como se verifica no assistente simples (art. 121, parágrafo único, CPC).

É possível que aquilo que se discuta no judiciário também lhe diga respeito. Nesses casos, tem-se a **legitimação extraordinária concorrente,** pois várias pessoas estão autorizadas a buscar o judiciário. Se apenas um deles resolve tutelar em juízo, exercerá dupla função: legitimado ordinário de seu próprio direito e colegitimado (legitimação extraordinária) de direito alheio. São os casos de condomínio e de dívidas solidárias.

Difere da **legitimação exclusiva**, quando apenas um sujeito tiver a possibilidade de tutelar em juízo (Ministério Público na ação civil pública, por exemplo).

Na legitimação extraordinária:

i) o substituto processual é parte e nele devem se verificar todos os requisitos para o preenchimento dessa condição, contudo, atua no limite da condução do processo, não podendo, em princípio, praticar atos de disposição de direito material. Ademais, na condição de parte,

---

15   DIDIER JR., Fredie. *Curso*, cit., p. 354.

poderá sofrer multa por litigância de má-fé e multas coercitivas para o cumprimento de obrigações específicas;

ii) a legitimação extraordinária pode ser tanto ativa (mais comum) quanto passiva. A passiva ocorre tanto nas demandas individuais (v.g. na reconvenção em que se admite que "se o autor for substituto processual, o reconvinte deverá afirmar ser titular de direito em face do substituído, e a reconvenção deverá ser proposta em face do autor, também na qualidade de substituto processual" (art. 343, § 5º, CPC) como no processo coletivo;

iii) havendo legitimação extraordinária "o substituído poderá intervir como assistente litisconsorcial" (art. 18, parágrafo único, CPC);

iv) o legitimado extraordinário é parte, mesmo que seja "só" no sentido processual, e será atingido pela coisa julgada (não poderá o substituto em nome próprio pretender rediscutir em outra via o objeto da discussão). Salvo em casos como os arts. 103 do CDC e 274 do CC. É situação que flexibiliza a regra do art. 506 do CPC (limites subjetivos da coisa julgada)[16]. Assim:

> **Art. 103 do CDC:** "Nas ações coletivas de que trata este Código, a sentença fará coisa julgada:
> I – *erga omnes*, exceto se o pedido for julgado improcedente por insuficiência de provas, hipótese em que qualquer legitimado poderá intentar outra ação, com idêntico fundamento, valendo-se de nova prova, na hipótese do inciso I do parágrafo único do art. 81;
> II – *ultra partes*, mas limitadamente ao grupo, categoria ou classe, salvo improcedência por insuficiência de provas, nos termos do inciso anterior, quando se tratar da hipótese prevista no inciso II do parágrafo único do art. 81;
> III – *erga omnes*, apenas no caso de procedência do pedido, para beneficiar todas as vítimas e seus sucessores, na hipótese do inciso III do parágrafo único do art. 81.
> § 1º Os efeitos da coisa julgada previstos nos incisos I e II não prejudicarão interesses e direitos individuais dos integrantes da coletividade, do grupo, categoria ou classe.
> § 2º Na hipótese prevista no inciso III, em caso de improcedência do pedido, os interessados que não tiverem intervindo no processo como litisconsortes poderão propor ação de indenização a título individual.
> § 3º Os efeitos da coisa julgada de que cuida o art. 16, combinado com o art. 13 da Lei n. 7.347, de 24 de julho de 1985, não prejudicarão as ações de indenização por danos pessoalmente sofridos, propostas individualmente ou na forma prevista neste Código, mas, se procedente o pedido, beneficiarão as vítimas e seus sucessores, que poderão proceder à liquidação e à execução, nos termos dos arts. 96 a 99.
> § 4º Aplica-se o disposto no parágrafo anterior à sentença penal condenatória".

> **Art. 274 do CC:** "O julgamento contrário a um dos credores solidários não atinge os demais, mas o julgamento favorável aproveita-lhes, sem prejuízo de exceção pessoal que o devedor tenha direito de invocar em relação a qualquer deles".

A legitimação extraordinária deve ser entendida como sinônimo de substituição processual. A despeito de autorizada doutrina defender que a legitimação extraordinária seria gênero em que figura como uma de suas espécies a substituição processual (a outra seria a representação), entendemos que não há diferença entre elas. O CPC inclina-se para esse posicionamento defendido pela majoritária doutrina de se tratar de expressões sinônimas, conforme se verifica do art. 18 e seu parágrafo único.

---

16 DIDIER JR., Fredie. *Curso*, cit., p. 350-351.

6.1.2.2.2.1. Representação

6.1.2.2.2.1.1. Introdução

Conforme visto quando definida a capacidade de ser parte, é de se observar que nem todas as pessoas têm capacidade para estar por si em juízo. Essas pessoas, justamente por serem incapazes, precisam ser representadas ou assistidas no Poder Judiciário caso sejam absoluta ou relativamente incapazes[17].

A despeito da nomenclatura diversa, ambas orbitam sob o gênero da representação processual. O representante processual não é parte, é integrador de capacidade. Por ele, e só por ele, é possível ao incapaz postular em juízo.

O art. 71 do CPC dispõe que "o incapaz será representado ou assistido por seus pais, por tutor ou por curador, na forma da lei".

Os casos de incapacidade, seja absoluta, seja relativa, determinam o exercício da tutela ou curatela e do poder familiar que visam resguardar a esfera jurídica do incapaz.

O advogado, no exercício de sua função, não é representante processual, apenas detém capacidade postulatória.

Difere a representação da legitimação extraordinária. Enquanto na legitimação extraordinária a parte postula em nome próprio direito alheio, na representação, o sujeito ingressa tutelando direito alheio em nome alheio.

E isso porque o incapaz integrará no processo e apenas será "processualmente tutelado". Desta forma, numa ação de alimentos proposta pelo menor contra o pai, a mãe representará o filho, mas não será parte[18]. Tutela direito alheio (do menor) em nome alheio (do menor).

6.1.2.2.2.1.2. Curador especial

Trata-se de uma espécie de representante legal. A curatela especial será exercida pela Defensoria Pública nos termos da lei.

A despeito de o parágrafo único do art. 72 estabelecer como legitimação exclusiva para o exercício dessa curadoria o Defensor Público, nem todos os Estados estão devidamente estruturados com a Defensoria e nem sempre há defensores em número suficiente para atender a essa demanda. Nesses casos, nada impede que se estabeleça convênios com a Ordem dos Advogados do Brasil para que se nomeie advogados ao exercício dessa função.

A função do curador é reequilibrar o processo no qual uma das partes encontra-se em posição de desvantagem. Sua participação decorre da necessidade de assegurar o respeito ao princípio constitucional da isonomia e paridade de armas (regulado pelo art. 4º, XVI, da Lei Complementar n. 80/94, que foi alterada pela Lei Complementar n. 132/2009[19]).

É meio de integração da capacidade por imposição legal que visa regularizar a relação jurídica processual. A sua falta acarreta nulidade (assim como se aplica no processo penal, CPP, art. 33).

O curador terá amplos poderes para atuar no processo (contestar, recorrer, produzir provas), mas não poderá, contudo, praticar atos de disposição material, como transigir, reconhecer a procedência do pedido ou confessar.

---

17 Com as modificações empreendidas pelo Estatuto da Pessoa com Deficiência (Lei n. 13.146/2015).
18 Poderá até ser, caso, por exemplo, também tenha direito a perceber alimentos, quando então atuará como litisconsorte do menor e seu representante.
19 Art. 4º, "XVI – exercer a curadoria especial nos casos previstos em lei".

Importante frisar que o **curador especial é representante judicial e não material**, pois sua atuação restringe-se aos limites do processo (não podendo se confundir com a curatela civil). O curador não é parte no processo e sim representante.

Se o Ministério Público propuser ação na condição de substituto processual do incapaz, dispensa-se a nomeação de curador. Mas as causas em que houver curador não se dispensa a participação do MP como fiscal da ordem jurídica.

O CPC, no seu art. 72, enumera duas situações distintas em que será necessária a sua nomeação:

I – ao incapaz se não tiver representante legal ou se os interesses entre eles forem conflitantes.

O curador substituirá os pais, tutor ou curador na função de representante. A incapacidade aí poderá ser tanto absoluta quanto relativa.

Nessas causas não se dispensa a intervenção do Ministério Público. A incapacidade a ser suprida pelo curador não é material e sim processual (o conduzir do processo)[20];

II – ao réu preso revel, bem como ao revel citado por edital ou hora certa enquanto não constituído advogado.

Nesses casos o sujeito é capaz materialmente, mas incapaz processualmente.

O motivo do curador é justamente a ausência física do réu e a sua consequente revelia[21] (a ausência pode se dar pela citação ficta ou pela prisão). Assim, é necessário dar equilíbrio ao contraditório (paridade de armas).

Não se confunde a ausência processual com a ausência material prevista no art. 22 do CC.

Se o réu preso compareceu e apresentou defesa por advogado constituído, seria formalismo excessivo nomear curador. Quanto à citação ficta, não se sabe se o réu tomou conhecimento do processo contra si.

Quando comprovado que o réu citado de forma ficta tenha tido ciência inequívoca da ação, entendemos que não deverá ser nomeado curador especial, pois nesse caso deverá ser tratado como réu que tenha sido citado pelas vias ordinárias (e que não tem direito ao curador especial). Pode o curador também apresentar reconvenção ao réu revel citado por edital (REsp 1.088.068/MG).

Cabe nomeação de curador na execução, *ex vi* do Enunciado n. 196 da Súmula do STJ: "Ao executado que, citado por edital ou por hora certa, permanecer revel, será nomeado curador especial com legitimidade para apresentação de embargos".

Todavia esses embargos, ao contrário do processo de conhecimento (CPC, art. 341, parágrafo único), apenas poderão ser manuseados se houver argumentos para tanto.

Dessa forma, não se admitem embargos por negativa geral. Mesmo nos casos de negativa geral os fatos tornam-se controvertidos, o que impede o julgamento antecipado do mérito.

No inciso II, o curador poderá formular apenas pretensões de resistência. Assim, não poderá apresentar reconvenção, oposição, denunciar à lide[22], ação rescisória e chamar ao processo.

---

20 Em sentido contrário, entendendo tratar-se de curadoria de direito material (NERY JR.; NERY, *Comentários ao Código de Processo Civil*. São Paulo: RT, 2015, p. 377).
21 Nesse caso inovou o legislador, pois no regime anterior não se exigia que o réu preso fosse revel (art. 9º, CPC/73).
22 Questão interessante diz respeito à denunciação da lide nos casos de evicção. Isso porque, de acordo com ampla doutrina e jurisprudência escrita no regime anterior, constituía modalidade obrigatória. Nessa hipótese

A curatela dura até o trânsito em julgado do processo ou quando cessar a incapacidade (v.g. maioridade, liberação do preso, aparecimento do réu revel).

O curador pratica, em regra atos de defesa, sendo-lhe vedado praticar atos postulatórios ativos como reconvenção, denunciação da lide ou pedido contraposto.

6.1.2.2.2.2. Da sucessão processual

A sucessão dos procuradores (arts. 111 e 112, CPC) já foi explicitada quando foi abordada a capacidade postulatória (*supra*). O objeto do presente tópico é explicitar a sucessão das partes.

A sucessão processual poderá ser *inter vivos* ou *causa mortis*.

a) sucessão *inter vivos*

É possível proceder à venda de um bem discutido em juízo para terceiros na pendência de um processo?

Para responder a essa pergunta é necessário perpassar por alguns pontos.

Preconiza o art. 109 do CPC que "a alienação da coisa ou do direito litigioso por ato entre vivos, a título particular, não altera a legitimidade das partes".

Assim, verifica-se que a regra produz efeitos em dois campos distintos:

i) no campo material, na medida em que, mesmo com o processo, se autoriza a venda do bem litigioso. Dessa forma a litispendência (= existência do processo) não é óbice para a transferência de domínio;

ii) no campo processual, uma vez que, a despeito da transferência de domínio da coisa (plano material), essa não opera no mesmo plano na seara processual, já que as partes se mantêm as mesmas em decorrência da estabilização subjetiva da demanda (art. 329, CPC). É a regra da *perpetuatio legitimationis* (perpetuação da legitimação). Assim, as partes consideradas legítimas no início do processo se manterão, em regra, até o final da relação processual.

É importante ressaltar que a permissibilidade de alienação decorre de uma clássica **regra de comércio**: não se pode impedir a venda de um bem pelo simples fato de estar ele, o bem, sendo discutido em juízo. Se assim fosse, qualquer demanda apresentada, por mais infundada que fosse, impediria que o réu procedesse à transação sobre aquele bem.

Contudo, a lei estabeleceu uma regra que harmoniza ambos interesses resguardando os interesses da parte adversa: a venda será válida, mas ineficaz em relação a essa parte prejudicada, que poderá insurgir-se contra o adquirente, caso tenha vencido a demanda.

Aqui mais uma situação peculiar. Ao contrário do disposto no art. 506 do CPC, a coisa julgada atinge, também o terceiro adquirente.

É importante desenvolver melhor esse campo.

Imagine que João e Pedro discutam em juízo a titularidade de uma casa por meio de uma ação reivindicatória. No curso do processo, Pedro aliena este imóvel para Antônio (terceiro). A despeito de Antônio ser o novo adquirente, as partes permanecem íntegras no processo por força da **estabilização subjetiva**.

---

acreditamos que, em virtude da suposta obrigatoriedade pelo direito material (o que não concordamos conforme já tivemos oportunidade de aduzir no capítulo pertinente às intervenções de terceiro), poderia o curador proceder à denunciação. O art. 125 do CPC/2015 não mais faz uso da expressão "obrigatória", como constava no CPC/73.

Ocorre **substituição processual** nesse caso. **Não se trata de substituição de titularidade do polo passivo**, mas da **condição do alienante réu** que antes da venda era **legitimado ordinário** e após a venda se tornou **legitimado extraordinário** (substituto processual), pois está agora em juízo tutelando, em nome próprio, direito alheio.

A questão é interessante. Ocorre substituição processual quando as partes **não são** substituídas. Repita-se, não há alteração do polo, mas alteração do *status* da parte. Nesse caso, o terceiro adquirente poderá ingressar na condição de assistente litisconsorcial, pois tem interesse jurídico em que uma das partes vença a demanda (CPC, arts. 18, parágrafo único, 109, § 2º, e 119).

E essa assistência é de fato litisconsorcial, pois o direito que se disputa no judiciário lhe pertence. Seu objetivo não só é o interesse da vitória do alienante, mas também evitar uma possível decretação de fraude à execução o que seria contrária aos seus interesses.

Contudo, por outro lado, é plenamente possível que a parte contrária consinta com a alteração (CPC, arts. 329, II, e 109, § 1º) do polo passivo quando então Antônio tomará o lugar de Pedro (extromissão processual).

Nesse caso **não** se opera a substituição do processo, mas a **sucessão processual** (CPC, art. 109, § 1º), pois o terceiro que, até então, era estranho à lide passa a integrar o processo agora em nome próprio tutelando direito próprio.

Aqui estendem-se os efeitos da sentença proferida entre as partes originárias ao adquirente ou cessionário.

b) sucessão *causa mortis*

É o que acontece também no caso de morte de uma das partes no processo que é *sucedida* por seu espólio e, posteriormente, por seus herdeiros.

Nessa específica situação, não se está a falar em legitimação extraordinária (como já observado neste capítulo, mediante o qual alguém em caráter excepcional está autorizado a em nome próprio postular em juízo direito alheio), pois o sucessor, quando autorizado a atuar no processo, entra no lugar do sucedido (*de cujus*) e continua defendendo o direito em nome próprio, pois passou a ocupar a posição de titular da suposta situação de vantagem estabelecida no plano jurídico de direito material, já que decorrente da mudança de titularidade do objeto litigioso posto em juízo.

A sucessão dessa forma, além da transmissão *inter vivos*, ocorre com a morte de qualquer das partes em que, no próprio processo, em que haverá sucessão pelo seu espólio e, posteriormente, por seus herdeiros caso não seja uma ação de direito intransmissível (art. 485, IX, CPC), quando então haverá a resolução do processo sem análise de mérito.

Nesses casos, haverá suspensão do processo para que se proceda a habilitação (art. 687, CPC). O tema será mais bem abordado no capítulo sobre formação, suspensão e extinção do processo (*infra*, Capítulo 10).

Em virtude da proximidade entre as figuras da substituição processual, sucessão processual e representação processual, é importante estabelecer uma sucinta diferenciação[23]:

SUBSTITUIÇÃO PROCESSUAL	Poder conferido a alguém para ostentar a condição de quem não é sujeito da relação de direito material. Constitui uma **situação jurídica**. Atua em nome próprio, direito alheio.

---

23 BRAGA, Paula Sarno. *Processo civil*. Salvador: JusPodivm, 2012, p. 163.

SUCESSÃO PROCESSUAL	Alteração das partes no processo, pois ocorreu mudança da titularidade do direito material. Constitui um **fato jurídico**. Atua em nome próprio, direito próprio.
REPRESENTAÇÃO	Integralização da capacidade de parte para que o representante tutele o titular do direito material. Atua em nome alheio, direito alheio.

6.1.3. DEVERES DAS PARTES E DOS PROCURADORES

6.1.3.1. Introdução

O processo é desenvolvido por meio de uma cadeia de atos, atos estes que encerram faculdades, ônus e deveres. As faculdades e ônus, uma vez não exercidas, não geram prejuízo para o processo ou terceiros, pois não constituem uma obrigação dos sujeitos processuais. Contudo, os deveres estão sujeitos a sanções previstas em lei. O juiz deve assegurar às partes a igualdade de tratamento (CPC, art. 139, I), o perito de prestar informações verídicas (CPC, art. 158), o escrivão de executar as ordens judiciais (CPC, art. 152, II), o oficial deverá executar as ordens do juiz a que estiver subordinado (CPC, art. 154, II), dentre outros.

As partes, como sujeitos do processo e do contraditório que são, também estão sujeitas a deveres. Estes deveres (que têm como consequência responsabilidades) são de duas ordens: i) responsabilidade por dano processual e ii) responsabilidade pelas despesas do processo.

6.1.3.2. Responsabilidade pelos danos processuais

O CPC adota expressamente a boa-fé objetiva (art. 5º), o que, aliás, era uma consequência do devido processo legal e já tinha previsão no CC (art. 422). A boa-fé deve ser presumida no sistema. A má-fé sim, deve ser provada. Havendo má-fé a parte responde pelos danos processuais que causar (CPC, arts. 77 a 81)

O art. 79 estabelece que a parte (autor, réu ou interveniente), seus procuradores e todos aqueles que de alguma forma participarem do processo respondem por perdas e danos se pleitear de má-fé.

Cinco artigos dispõem sobre o princípio da boa-fé: **estabelecendo que as regras de conduta devem observar a probidade processual:**

PREVISÃO DE CONDUTA	ARTIGOS
Dever de conduta positiva	77, CPC
Conduta negativa (vedações)	78 e 80, CPC
Sanções	79 e 81, CPC

O art. 77 estabelece os deveres das partes, procuradores e participantes do processo:

I – Expor os fatos em juízo conforme a verdade;
A verdade é um juízo inatingível. Estuda-se a verdade como um juízo de verossimilhança ou verdade possível. A narrativa dos fatos, seja pelo autor, seja pelo réu, deve corresponder ao direito

material discutido em juízo. O contraditório assume a função de evitar os desvios praticados por ambas as partes ao tentar alterar a realidade.

Não se admite a alteração dolosa, a deturpação dos acontecimentos, bem como a criação de fatos inexistentes ou omissão de fatos ocorridos.

II – Não formular pretensão ou de apresentar defesa quando cientes de que são destituídas de fundamento;

Na hipótese anterior, havia a vedação de narrativa equivocada dos fatos. O presente inciso objetiva afastar o indevido enquadramento dos fatos. Muitas vezes o autor narra um fato que não possui guarida no ordenamento jurídico. Assim, a narrativa do fato sem fundamento algum para dar supedâneo às alegações constitui improbidade processual.

III – Não produzir provas e não praticar atos inúteis ou desnecessários à declaração ou à defesa do direito;

O direito de produzir prova não é absoluto.

O art. 77 deve ser lido em conjunto com o art. 370, parágrafo único, do CPC, que assim dispõe: "O juiz indeferirá, em decisão fundamentada, as diligências inúteis ou meramente protelatórias".

Trata-se de poder instrutório conferido ao magistrado como o principal destinatário da prova. Naturalmente que esse poder lhe confere também a possibilidade de reprimir a parte que tentar produzir provas inúteis ou desnecessárias.

IV – Cumprir com exatidão as decisões jurisdicionais, de natureza provisória ou final, e não criar embaraços à sua efetivação;

Conforme premissa de conhecimento geral, a jurisdição não se encerra com o dizer o direito, mas também em cumprir o direito declarado. Muitas vezes o provimento jurisdicional não constitui apenas uma declaração, mas o cumprimento de uma obrigação.

Assim, o cumprimento dessas obrigações deve ser realizado sem embaraços (= expedientes para dificultar ou retardar o cumprimento da obrigação).

Evidente que a parte poderá se valer de mecanismos idôneos para defender o seu direito em juízo como requerer a substituição de bens à penhora, solicitar efeito suspensivo a recurso dentre outras medidas processualmente aceitas.

V – Declinar, no primeiro momento que lhes couber falar nos autos, o endereço residencial ou profissional onde receberão intimações, atualizando essa informação sempre que ocorrer qualquer modificação temporária ou definitiva;

A duração razoável do processo (art. 4º, CPC), que estabelece processo sem dilações indevidas, envolve uma série de comportamentos pelas partes, pelo Poder Judiciário e pela lei. Dentre a atividade legislativa está a obrigatoriedade de fornecer o endereço para a rápida comunicação dos atos (arts. 287, 105, §§ 1º, e 2º e 106, CPC).

O dever está não só em informar o endereço, como também em comunicar qualquer mudança ocorrida ao longo do processo.

Além de constituir litigância de má-fé (art. 80, IV, CPC) a não comunicação da alteração de endereço, "presumem-se válidas as intimações dirigidas ao endereço constante dos autos, ainda que não recebidas pessoalmente pelo interessado, se a modificação temporária ou definitiva não tiver sido devidamente comunicada ao juízo, fluindo os prazos a partir da juntada aos autos do comprovante de entrega da correspondência no primitivo endereço" (art. 274, parágrafo único, CPC).

VI – Não praticar inovação ilegal no estado de fato de bem ou direito litigioso;

As alterações no curso do processo podem ser dar de suas formas: de natureza jurídica ou fática. De natureza jurídica são as alterações empreendidas nos elementos da demanda (partes, causa de pedir e pedido) que, se estabelecidas em momento oportuno (arts. 115, parágrafo único, 190, 329, 338, 339, CPC), são autorizadas.

Já as alterações de natureza fática, se desautorizadas pelo juiz, são denominadas atentado[24]. Atentado consiste na ilícita alteração do estado de fato ao longo do processo.

Essa alteração poderá se dar tanto a direitos como a coisas. Conforme bem observa Fernando Gajardoni, "a) ao objeto do processo: alterações fáticas em relação ao bem material ou direito objeto da demanda, com o escopo de tornar inexequível ou dificilmente exequível a decisão (v.g., ocultação do bem objeto da ação); ou b) ao objeto da prova: alterações fáticas no local ou bem que será objeto de perícia ou inspeção judicial, com inovação prejudicial à apuração da verdade. 11.3. O CPC/1973 dava à medida para atacar a inovação ilegal do estado de fato ou do bem litigioso o mesmo nome da própria inovação ilegal: ação (cautelar) de atentado (arts. 879 e seguintes do CPC/1973)"[25]. Assim, uma vez apurada a inovação ilegal no estado de fato, o juiz determinará o restabelecimento do estado anterior, podendo, ainda, proibir a parte de falar nos autos até a purgação do atentado.

VII – Informar e manter atualizados seus dados cadastrais perante os órgãos do Poder Judiciário e, no caso do § 6º do art. 246 deste Código, da Administração Tributária, para recebimento de citações e intimações.

Hipótese acrescida com a redação dada pela Lei n. 14.195 de 2021. O art. 246, § 6º, do CPC estabelece que: "Para os fins do § 5º[26] deste artigo, deverá haver compartilhamento de cadastro com o órgão do Poder Judiciário, incluído o endereço eletrônico constante do sistema integrado da Redesim, nos termos da legislação aplicável ao sigilo fiscal e ao tratamento de dados pessoais".

Dessa forma, constitui um dever de a parte **informar, cadastrar e manter atualizados seus dados** tendo em vista que a citação por meio eletrônico é a atual regra no Código de Processo Civil. Embora a redação do artigo não fale sobre a incidência de multa (em caso de descumprimento do preceito), já que os parágrafos do art. 77 apenas versam sobre os incisos IV e VI, entendemos (*de lege ferenda*) que a multa deveria ser cominada também nesse caso sob pena de tornar inócua a providência legal.

Entendemos, contudo, que há uma solução que atenda bem a regra do art. 77, VII: para que o réu seja citado pelos demais meios (que notoriamente lhe dariam mais tempo) não basta apenas alegar que não recebeu a citação. É preciso, na primeira oportunidade em que falar aos autos, quando for citado pelos demais meios, apresentar **justa causa** que comprove que não recebeu de fato a citação enviada eletronicamente (art. 246, § 1º-B, CPC). Caso deixe de conformar a justa causa, o CPC estabeleceu um novo caso de ato atentatório à dignidade da justiça com multa menos severa daquela prevista no art. 77, § 2º, CPC. Enquanto na regra geral do art. 77 se estabelece multa de até 20% sobre o valor da causa, nas hipóteses da citação a multa **será de até 5% sobre o valor da causa** (art. 246, § 1º-C, CPC). Perceba que a Lei não criou sanção para a ausência de cadastro, mas criou multa para a não justificativa plausível por não ter recebido a citação eletrônica. Acredito que uma das hipóteses "ausência de justificativa" seja o não cadastro. Dessa forma a multa abrangeria as duas condutas: cadastro e recebimento de citação. É possível entender também, numa outra leitura, que aquele que não procedeu ao cadastro, possa ser considerado litigante de má-fé e, portanto, se enquadrar nas hipóteses do art. 81, CPC.

---

24 GAJARDONI; DELLORE; ROQUE; DUARTE JR. *Teoria geral do processo. Comentários ao CPC de 2015*. São Paulo: Gen, 2015, p. 256.
25 GAJARDONI; DELLORE; ROQUE; DUARTE JR. *Teoria geral do processo. Comentários ao CPC de 2015*. São Paulo: Gen, 2015, p. 257.
26 § 5º As microempresas e as pequenas empresas somente se sujeitam ao disposto no § 1º deste artigo quando não possuírem endereço eletrônico cadastrado no sistema integrado da Rede Nacional para a Simplificação do Registro e da Legalização de Empresas e Negócios (Redesim).

Conforme se verifica do art. 77, §§ 1º a 8º, o não cumprimento dos preceitos acima, contidos nos incisos IV e VI, constitui **ato atentatório à dignidade da justiça**. No sistema previsto no nosso CPC:

a) Será advertida a parte infratora de sua conduta. Trata-se de simples recomendação com fundamento no princípio da cooperação (art. 6º, CPC). Esta advertência, contudo, não impede que o juiz no mesmo ato aplique a multa prevista no art. 77, § 2º, do CPC. Portanto a incidência da multa não está condicionada à reiteração da conduta.
b) Poderá gerar o pagamento de uma multa não superior a vinte por cento do valor da causa em prazo fixado pelo juiz de acordo com a gravidade da conduta. Conforme art. 77, § 3º, do CPC: "não sendo paga no prazo a ser fixado pelo juiz, a multa prevista no § 2º será inscrita como dívida ativa da União ou do Estado após o trânsito em julgado da decisão que a fixou, e sua execução observará o procedimento da execução fiscal, revertendo-se aos fundos previstos no art. 97".
c) O magistrado poderá, além da multa e de determinar o restabelecimento do estado anterior, proibir a parte de falar nos autos até a purgação do atentado[27].
d) Poderá haver cumulação de outras sanções (criminais, civis e processuais) bem como a cumulação de outras multas previstas nos arts. 523, § 1º, e 536, § 1º, do CPC (art. 77, §§ 2º e 4º, CPC).

Constitui instrumento semelhante ao *contempt of Court* do *common law*, contudo, o mecanismo brasileiro confere poderes mais restritos. No *contempt* é possível até determinar prisão em casos extremos, bem como essa atividade alcança advogados também e não apenas as partes. Nos sistemas *common law*, é orientação prevalecente que o não cumprimento das decisões judiciais caracteriza-se como *contempt of court*. Conforme observa Rui Stoco, "o vocábulo *contempt* deriva do verbo inglês *to contemn*, de origem latina *contemptus*, particípio passado do verbo *contemnere*. É sinônimo de *despise* (desprezo), *scarn* (escárnio) ou *disdain* (desdém)"[28]. É possível visualizá-lo por quatro significados distintos: a) o ato de desprezar ou desrespeitar alguém ou algo que se crê vil, menor ou sem valor; b) o ato ou expressão que denota uma atitude de desprezo ou desrespeito por alguém ou algo que se crê vil, menor ou sem valor; c) o ato de ser desprezado ou desrespeitado, de ser posto em desgraça, de ser tratado como vil, menor ou sem valor; e, por fim, d) o ato de desprezo, desrespeito, desobediência ou confronto aberto para com uma autoridade judiciária ou legislativa"[29]. Caso não haja o pagamento voluntário dentro do prazo legal, a multa será inscrita na dívida ativa da União ou do Estado (a depender de a Justiça ser federal ou estadual)[30].

Se o valor da causa (base de cálculo) for irrisório ou inestimável, a multa poderá ser fixada em até 10 vezes o valor do salário mínimo vigente no país.

A multa não se aplica ao Ministério Público, ao Defensor Público e aos advogados públicos ou privados. Sua eventual responsabilidade será apurada no órgão do qual faça parte mediante ofício apresentado pelo juiz da causa.

---

27 No CPC/73, como dito, era considerada medida cautelar típica (atentado).
28 *Abuso do direito e má-fé processual*. São Paulo: RT, 2002, p. 80-84.
29 *Abuso do direito e má-fé processual*, cit., p. 80-84.
30 Alexandre Freitas Câmara (*Lições*, cit., p. 144) traz interessante observação sobre a cominação da multa aos entes públicos: "A preocupação decorre, principalmente, do fato de a Fazenda Pública ser a maior criadora de embaraços ao regular exercício da jurisdição no Brasil. Como fixar multa para que o Estado pague ao próprio Estado, ou para que a União pague a si mesma? Haveria confusão, que é causa de extinção da obrigação".

A multa aqui estabelecida independe da incidência das multas de cumprimento de obrigação de quantia (sancionatória) ou das obrigações específicas (coercitiva).

Ademais, o art. 78 do CPC amplia os deveres do art. 77, impedindo as partes, seus procuradores, juízes, membros do Ministério Público e Defensoria Pública e a todos que participarem do processo que empreguem expressões ofensivas nos seus escritos, sob pena de o magistrado mandar riscá-las. Se as expressões ou condutas ofensivas forem manifestadas de maneira oral ou presencialmente, o juiz deverá advertir ao ofensor que, em caso de reiteração, lhe cassará a palavra.

A lealdade processual constitui um valor tão caro para o sistema que junto do art. 77 do CPC o sistema estabelece os arts. 79 e 80 para referir-se à má-fé do litigante.

Se o Código de Processo Civil é regrado pelo dever de lealdade, cooperação e boa-fé, é intuitivo que se criem instrumentos aptos a sancionar e inibir condutas ímprobas.

O art. 79 preconiza que responde por perdas e danos aquele que litigar de má-fé na condição de autor, réu ou interveniente. A despeito da expressão litigância de má-fé consistir em cláusula geral, o art. 80 enumera (exemplificativamente) as situações em que o sujeito se encontra nessa situação. O rol objetiva: i) facilitar o enquadramento da conduta pelo juiz em especial nas hipóteses que a lei especificamente não tipifica (v.g., art. 311, I, CPC); ii) tornar claro para a parte ou terceiro que essas condutas não são admitidas no processo (advertência) e iii) diminuir o espectro de subjetivismo do julgador na aplicação dessas sanções. Assim, considera-se de má-fé aquele que:

> I – deduzir pretensão ou defesa contra texto expresso de lei ou fato incontroverso;
> II – alterar a verdade dos fatos;
> III – usar do processo para conseguir objetivo ilegal;
> IV – opuser resistência injustificada ao andamento do processo;
> V – proceder de modo temerário em qualquer incidente ou ato do processo;
> VI – provocar incidente manifestamente infundado;
> VII – interpuser recurso com intuito manifestamente protelatório.

O artigo, conforme ressaltado, não é exaustivo, podendo legislação extravagante dispor sobre o assunto[31].

Havendo litigância de má-fé, o juiz ou tribunal, de ofício ou a requerimento da parte, condenará o litigante em multa de um a dez por cento do valor da causa corrigido, sem prejuízo da indenização à parte contrária dos prejuízos que esta sofreu somada a todas as despesas (custas e honorários). Se o valor da causa (base de cálculo) for irrisório ou inestimável, a multa poderá ser fixada em até 10 vezes o valor do salário mínimo vigente no país.

Essa indenização será arbitrada pelo juiz e, não sendo possível fixá-la, se procederá à liquidação (arbitramento ou procedimento comum) nos mesmos autos.

Havendo mais de um litigante que agiu de má-fé, o juiz proporcionalmente condenará cada um de acordo com seu interesse na causa ou solidariamente aqueles que agiram em conluio para lesar a parte adversa.

---

31 Como o art. 4º, parágrafo único, da Lei federal n. 9.800/99: "Parágrafo único. Sem prejuízo de outras sanções, o usuário do sistema será considerado litigante de má-fé se não houver perfeita concordância entre o original remetido pelo fac-símile e o original entregue em juízo".

6.1.3.3. Responsabilidade pelas despesas processuais

A jurisdição é onerosa. Os juízes, defensores e auxiliares da justiça, bem como a estrutura física, instalações, material e equipamentos, geram custo.

A gratuidade generalizada geraria uma litigância desenfreada e, no mais das vezes, descabida. Somente devem buscar o judiciário aqueles que realmente tenham direito subjetivo ou objetivo a ser deduzido.

O sistema de despesas processuais é estabelecido de duas formas: **a)** o Código de Processo Civil estabelece as regras sobre o adiantamento das custas e a responsabilidade final pelo custeio do processo; e **b)** o regimento de custas fixa o valor dos serviços a serem prestados pela jurisdição.

Nesse contexto, é importante estabelecer como se arregimentam as custas do processo.

Custas constituem a soma de todos os valores que serão despendidos no processo. Estas são divididas em despesas processuais[32] **e honorários advocatícios.**

a) Despesas processuais englobam todos os custos do processo que serão devidos aos agentes da justiça (art. 84, CPC)[33]. São elas[34]: "(a) a taxa judiciária ou custas devidas ao Estado pelo exercício da jurisdição); (b) *emolumentos* devidos a eventuais cartórios não oficializados; (c) o custo de certos atos e diligências, como intimações ou citações; (d) a remuneração de *auxiliares eventuais*, não integrantes do quadro do Poder Judiciário". Trata-se de rol exemplificativo, pois podem abranger outros gastos, como as despesas do depositário ao custodiar a coisa.

A ausência de custas iniciais gera o cancelamento da distribuição (art. 290, CPC). Contudo, se houver recolhimento parcial a dinâmica será diferente. Assim, "A intimação pessoal do autor da ação é obrigatória para a complementação das custas iniciais, restringindo-se a aplicação do cancelamento de distribuição estabelecida no art. 290 do Código de Processo Civil às hipóteses em que não é feito recolhimento algum de custas processuais" (AREsp 2.020.222-RJ, Rel. Ministro Francisco Falcão, Segunda Turma, por unanimidade, j. 28-3-2023). Caso a parte seja intimada para recolher custas a maior (decorrente do redimensionamento do valor da causa), poderá desistir da causa sem recolher o remanescente caso o réu ainda não tenha sido citado. Esse é o entendimento do STJ no REsp 2.016.021-MG.

Há interessante questão no que concerne aos honorários advocatícios contratuais. É possível incluir no rol das despesas empreendidas no processo os honorários contratuais estabelecidos entre a parte e o cliente? (afinal, se não houvesse a ação ou a resistência no cumprimento da obrigação, não haveria a necessidade de se contratar um causídico).

É necessária, antes de tudo, a compreensão do que dispõe a lei sobre o assunto. O art. 404 do CC estabelece que "as perdas e danos, nas obrigações de pagamento em dinheiro, serão pagas com atualização monetária, juros, custas e honorários de advogado, sem prejuízo da pena convencional", e o art. 389 do mesmo Código dispõe: "Não cumprida a obrigação, responde o devedor por perdas e danos, mais juros, atualização monetária e honorários de advogado", com a redação dada pela Lei n. 14.905/2024.

---

[32] Em sentido contrário, entendendo que custas constituem espécie de despesa processual, gênero, portanto (José Roberto dos Santos Bedaque, *CPC interpretado*, 3. ed., 2008, coord. Antônio Carlos Marcato, Atlas, p. 74).

[33] Art. 84. As despesas abrangem as custas dos atos do processo, a indenização de viagem, a remuneração do assistente técnico e a diária de testemunha.

[34] Sistematização feita por Cândido Rangel Dinamarco (*Instituições de direito processual civil*, 2. ed., 2002, v. II, p. 635-636).

Esses honorários são contratuais e não de sucumbência, conforme decisão do STJ nesse sentido[35].

Assim, o dano é a redução patrimonial da parte em decorrência do inadimplemento da outra. Esta diferença entre a situação concreta (atual) e a situação hipotética (se houvesse o cumprimento espontâneo) configura a zona do dano.

Nesse caso, os honorários contratuais ingressam, como dito nessa seara, pois foi um custo não desejado pela parte para ver realizado seu direito não cumprido.

Entretanto, não se pode apenar a parte derrotada com um valor abusivo na contratação de um advogado. A questão deve ser analisada sob o enfoque da proporcionalidade: custo do advogado em relação à complexidade e impacto econômico da causa.

Ainda que seja difícil mensurar o trabalho do advogado e o preço que o profissional coloca em seu serviço, a parte vencida não deve ressarcir mais do que aquilo que o juiz entenda como razoável ao caso, podendo valer-se, como medida, da tabela de honorários da OAB.

No capítulo destinado aos deveres das partes e de seus procuradores, a Seção III tem sob sua rubrica "Das despesas, dos honorários advocatícios e das multas".

Esta seção constitui um conglomerado de artigos que regulamentam o custo financeiro do processo civil.

A regra matriz, por sua vez, está no art. 82 do CPC, que assim assevera:

> Art. 82. Salvo as disposições concernentes à gratuidade da justiça, incumbe às partes prover as despesas dos atos que realizarem ou requererem no processo, antecipando-lhes o pagamento, desde o início até a sentença final ou, na execução, até a plena satisfação do direito reconhecido no título.

Como consequência, a sentença condenará o vencido a pagar ao vencedor as despesas que foram antecipadas. Elas farão parte das verbas de sucumbência fixadas pelo juízo, seja na sentença, seja no acórdão (em casos de ações de competência originária). Contudo, "Ao proferir decisão parcial de mérito ou decisão parcial fundada no art. 485 do CPC, condenar-se-á proporcionalmente o vencido a pagar honorários ao advogado do vencedor, nos termos do art. 85 do CPC" (Enunciado n. 5 da I Jornada de Direito Processual Civil – CJF).

O autor deve adiantar, ainda, as despesas relativas a atos que o magistrado determinar de ofício ou que tenham sido requeridos pelo Ministério Público na condição de fiscal da ordem jurídica. Trata-se, em verdade, de situação de difícil solução prática, pois, de um lado, não seria correto impor à parte o encargo de custear ato que não requereu, mas, de outro, não se pode deixar de praticar um ato quando sua realização objetiva esclarecer fatos importantes para o deslinde do processo.

Há ainda os denominados auxiliares parajurisdicionais[36], que não recebem remuneração, mas prestam serviços ao Estado, como o árbitro, o juiz leigo e o conciliador.

Como são fonte de renda para o Estado, possuem natureza tributária, mais especificamente taxa.

b) Caução. O autor, nacional ou estrangeiro, que residir fora do Brasil ou deixar de residir no país ao longo da tramitação de processo, prestará caução suficiente ao pagamento das custas e dos honorários de advogado da parte contrária nas ações que propuser, se não tiver no Brasil bens imóveis que lhe assegurem o pagamento. É a denominada *cautio pro expensis*, que objetiva

---

35 "Aquele que deu causa ao processo deve restituir os valores despendidos pela outra parte com os honorários contratuais, que integram o valor devido a título de perdas e danos, nos termos dos arts. 389, 395 e 404 do CC/02" (REsp 1.134.725-MG).

36 Expressão utilizada por Cândido Dinamarco (*Instituições*, cit., p. 636).

exigir caução para pagamento de custas e honorários. Contudo, não se exigirá a caução quando: a) houver dispensa prevista em acordo ou tratado internacional de que o Brasil seja parte; b) na execução fundada em título extrajudicial e no cumprimento de sentença; c) na reconvenção.

Verificando-se no trâmite do processo que se desfalcou a garantia, poderá o interessado exigir reforço da caução, justificando seu pedido com a indicação da depreciação do bem dado em garantia e a importância do reforço que pretende obter.

c) Honorários advocatícios constituem a remuneração devida ao advogado decorrente de contrato com a parte que o constituiu. Os honorários não estão inseridos nas despesas processuais, pois são estabelecidos fora do processo. O STJ entendeu que os honorários de sucumbência possuem natureza híbrida, tanto material como processual (EAREsp 1.255.986-PR).

Existem, ao lado dos honorários contratuais, os honorários de sucumbência. Estes não são convencionados entre o causídico e a parte, mas sim decorrem do pagamento feito pelo sucumbente ao advogado da outra parte. A finalidade é retornar ao *status quo ante*: se a parte deu causa ao processo e forçou a contratação de advogado por quem sofreu a lesão, este custo deve ser ressarcido.

Importante ressaltar que, ao contrário da responsabilidade pelo dano, a responsabilidade pela despesa é objetiva, sendo responsável pelo pagamento a parte sucumbente.

O art. 85 dispõe que aquele que perdeu a demanda será condenado a pagar àquele que venceu as despesas antecipadas de todo o processo[37], bem como dos incidentes e os honorários advocatícios (mesmo quando advogar em causa própria).

Em importante julgado do STJ (REsp 1.746.072/PR), o Min. Raul Araújo estabeleceu interessante sistematização dos honorários advocatícios no tocante a ordem de preferência:

> (I) quando houver condenação, devem ser fixados entre 10% e 20% sobre esse montante (art. 85, § 2º);
> (II) não havendo condenação, serão também fixados entre 10% e 20%, das seguintes bases de cálculo:
> A – Sobre o proveito econômico obtido pelo vencedor (art. 85, § 2º);
> ou B – Não sendo possível mensurar o proveito econômico obtido, sobre o valor atualizado da causa (art. 85, § 2º);
> (III) havendo ou não condenação, nas causas em que for inestimável ou irrisório o proveito econômico ou em que o valor da causa for muito baixo, deverão, só então, ser fixados por apreciação equitativa (art. 85, § 8º).

Algumas regras são importantes:
i) incidência – O CPC estabelece que os honorários se aplicam em qualquer causa como na reconvenção, cumprimento de sentença (provisório e definitivo), na execução (ainda que não resistida) e nos recursos interpostos cumulativamente. Se a causa perdeu o objeto, os honorários mesmo assim serão devidos por quem deu causa ao processo;

ii) base de cálculo – Serão fixados de dez a vinte por cento sobre o valor da condenação, do proveito econômico obtido ou do valor da causa atualizado (caso não seja possível a

---

37 Por despesas abrangem-se as custas de ato do processo e demais gastos, como indenização de viagem, diária de testemunha e remuneração do assistente técnico (§ 2º, art. 84, CPC).

determinação do valor) levando em conta: **a)** o zelo do profissional; **b)** o local da prestação de serviço; **c)** a natureza ou importância da causa; e **d)** o trabalho realizado pelo advogado e o tempo exigido para o seu serviço. O proveito econômico tem por objetivo estabelecer uma base de cálculo para as causas que não geram condenação, como as meramente declaratórias (incluindo-se aqui as sentenças condenatórias de improcedência) ou constitutivas. Nas causas em que não se puder estabelecer o valor da condenação e, tampouco, aferir o proveito econômico deve-se adotar o critério do valor da causa atualizado. Aqui se aplica também às sentenças sem resolução de mérito (art. 85, § 6º, CPC). Dessa forma se, por exemplo, a causa tiver por objeto, por exemplo, a condenação do réu ao pagamento da importância de R$ 500.000,00 (quinhentos mil reais) e o processo for extinto por falta de algum pressuposto processual, a condenação do autor será de 10 a 20% com base nos R$ 500.000,00 pleiteados. E mais: "Em caso de indeferimento da petição inicial seguida de interposição de apelação e a integração do executado à relação processual, mediante a constituição de advogado e apresentação de contrarrazões, uma vez confirmada a sentença extintiva do processo, é cabível o arbitramento de honorários em prol do advogado do vencedor (CPC, art. 85, § 2º)" (STJ, REsp 1.753.990-DF). Igualmente, são devidos honorários, nos termos do art. 85, § 2º, e não de forma equitativa, nos pedidos que não tiverem valor econômico imediato. Dessa forma: "Nas sentenças que reconheçam o direito à cobertura de tratamento médico e ao recebimento de indenização por danos morais, os honorários advocatícios sucumbenciais incidem sobre as condenações ao pagamento de quantia certa e à obrigação de fazer"[38].

Esse valor, contudo, será menor em uma específica hipótese: na situação do art. 338 do CPC em que os honorários decorrentes da ilegitimidade serão de 3 a 5% do valor da causa ou sendo estes irrisórios, seguirá apreciação equitativa do juiz (art. 85, § 8º, CPC). Trata-se da hipótese de alteração do polo passivo da demanda nas situações em que alegando o réu, na contestação, ser parte ilegítima ou não ser o responsável pelo prejuízo invocado, o juiz facultará ao autor, em 15 dias, a alteração da petição inicial para substituição do réu. Então, realizada a substituição, o autor reembolsará as despesas e pagará os honorários ao procurador do réu excluído, que serão fixados entre 3 e 5% do valor da causa ou, sendo este irrisório, nos termos do art. 85, § 8º. Não se pode fixar honorários por apreciação equitativa fora das hipóteses do art. 85, § 8º, do CPC (Enunciado n. 6 da I Jornada de Direito Processual Civil – CJF e STJ, REsp 1.746.072-PR). Ademais, mesmo que "o valor da condenação ou do proveito econômico obtido ou o valor atualizado da causa for líquido ou liquidável, para fins de fixação dos honorários advocatícios, nos termos dos §§ 2º e 3º, é proibida a apreciação equitativa, salvo nas hipóteses expressamente previstas no § 8º deste artigo", conforme o art. 85, § 6º-A, do CPC (com redação dada pela Lei n. 14.365/2022).

iii) Fazenda Pública – O CPC procede regramento pormenorizado no tocante aos honorários quando a Fazenda Pública (União, Estados, DF, Municípios e suas respectivas autarquias e fundações públicas) for parte. No regime anterior a fixação era equitativa pelo juiz quando a Fazenda fosse vencida (REsp 1.155.125 e art. 20, § 4º, CPC/73). No atual regime a condenação do Poder Público seguirá em regra os critérios estabelecidos no item anterior, mas com percentuais diversos a depender do valor da condenação:

---

38 EAREsp 198.124/RS, rel. Ministro Ricardo Villas Bôas Cueva, Segunda Seção, por unanimidade, j. 27-4-2022.

> I – mínimo de dez e máximo de vinte por cento sobre o valor da condenação ou do proveito econômico obtido até 200 (duzentos) salários mínimos;
> II – mínimo de oito e máximo de dez por cento sobre o valor da condenação ou do proveito econômico obtido acima de 200 (duzentos) salários mínimos até 2.000 (dois mil) salários mínimos;
> III – mínimo de cinco e máximo de oito por cento sobre o valor da condenação ou do proveito econômico obtido acima de 2.000 (dois mil) salários mínimos até 20.000 (vinte mil) salários mínimos;
> IV – mínimo de três e máximo de cinco por cento sobre o valor da condenação ou do proveito econômico obtido acima de 20.000 (vinte mil) salários mínimos até 100.000 (cem mil) salários mínimos;
> V – mínimo de um e máximo de três por cento sobre o valor da condenação ou do proveito econômico obtido acima de 100.000 (cem mil) salários mínimos.

Ao contrário dos honorários para o particular em que os valores são estanques, mediando entre 10 e 20%, contra a Fazenda Pública há um escalonamento inverso: quanto mais alto o valor da condenação ou do proveito econômico, menor será a fixação de honorários.

Conforme dispõe o § 4º do referido artigo, em qualquer das hipóteses do § 3º:

> I – os percentuais previstos nos incisos I a V devem ser aplicados desde logo, quando for líquida a sentença;
> II – não sendo líquida a sentença, a definição do percentual, nos termos previstos nos incisos I a V, somente ocorrerá quando liquidado o julgado;
> III – não havendo condenação principal ou não sendo possível mensurar o proveito econômico obtido, a condenação em honorários dar-se-á sobre o valor atualizado da causa;
> IV – será considerado o salário mínimo vigente quando prolatada sentença líquida ou o que estiver em vigor na data da decisão de liquidação.

Ademais, quando, conforme o caso, a condenação contra a Fazenda Pública ou o benefício econômico obtido pelo vencedor ou o valor da causa for superior ao valor previsto no inciso I do § 3º, a fixação do percentual de honorários deve observar a faixa inicial e, naquilo que a exceder, a faixa subsequente, e assim sucessivamente.

A regra estabelecida nos §§ 2º e 3º aplica-se independentemente de qual seja o conteúdo da decisão (*pro et contra*), inclusive aos casos de improcedência ou de sentença sem resolução de mérito.

Não serão devidos honorários no cumprimento de sentença contra a Fazenda Pública que enseje expedição de precatório, desde que não tenha sido impugnada (art. 85, § 7º, CPC);

iv) causas de valor inestimável ou irrisório – Causas de valor inestimável são aquelas que não se conseguem aferir de forma imediata o valor econômico pretendido. É o que ocorre com algumas causas que versem sobre direito ambiental ou ações de estado. Nesse caso a apreciação do magistrado será equitativa, mas sempre observando os requisitos estabelecidos no item sobre *base de cálculo*. Essa regra não se aplica à Fazenda Pública, conforme dissemos. As causas de valor irrisório também têm apreciação equitativa, pois, do contrário, poderia gerar, fundada na base de cálculo, valor de honorários insignificante, desqualificando a atividade do advogado do feito. Entretanto, conforme dispõe o art. 85, § 8º-A, do CPC, "na hipótese do § 8º deste artigo [apreciação equitativa], para fins de fixação equitativa de honorários sucumbenciais, o juiz deverá observar os valores recomendados pelo Conselho Seccional da Ordem dos Advogados do Brasil a título de honorários advocatícios ou o limite mínimo de 10% (dez por cento) estabelecido no § 2º deste artigo, aplicando-se o que for maior" (redação dada pela Lei n. 14.365/2022). Essa questão foi reforçada por decisão de julgamentos repetitivos pelo STJ (Tema 1.076, REsp 1.850.512/SP), segundo a qual: "Honorários sucumbenciais. Valores da condenação, da causa ou proveito econômico da demanda elevados. Fixação por apreciação equitativa. Impossibilidade"[39]. Em recente julgamento, o STJ definiu que: "Segundo orientação consolidada nesta Corte Superior, firmada sob o rito dos recursos repetitivos, no julgamento dos Recursos Especiais n. 1.850.512/SP, 1.877.883/SP, 1.906.623/SP e 1.906.618/SP – (Tema n. 1.076), a fixação de honorários sucumbenciais por apreciação equitativa somente é admitida em casos excepcionais, notadamente quando o proveito econômico obtido pelo vencedor for inestimável ou irrisório, ou, ainda, quando o valor da causa for muito baixo (...) Portanto, tratando-se de liquidação individual de sentença decorrente de ação coletiva, é devida a verba honorária, ainda que proveniente de ação mandamental, a teor do disposto na Súmula n. 345/STJ" (AgInt no AgInt no REsp 1.955.594-MG, Rel. Ministro Paulo Sérgio Domingues, Primeira Turma, por unanimidade, j. 29-5-2023, *DJe* 6-6-2023).

Não poderá o magistrado, contudo, fixar os honorários em salário mínimo, a teor do Enunciado 201 da Súmula do Superior Tribunal de Justiça;

v) indenização por ato ilícito – Nesse caso o percentual de honorários incidirá sobre a soma das prestações vencidas com mais doze prestações vincendas;

vi) honorários de sucumbência no Tribunal – Vem prevista no § 11 do art. 85 do CPC. Aqui se estabelece a sucumbência em grau recursal.

O objetivo da nova regra é dúplice: primeiro, permitir remuneração adicional ao advogado em decorrência do seu trabalho extra no aviamento do recurso ou contrarrazões; segundo, de caráter inibitório, pois a parte terá que sopesar economicamente a vantagem de interpor recurso não levando em consideração apenas o preparo, os juros e a correção monetária. Esse fato poderá causar uma redução significativa de recursos interpostos.

Assim, poderá o Tribunal, de ofício, no julgamento do recurso, elevar os honorários fixados em sentença tendo em vista o trabalho adicional exercido seguindo as mesmas regras da fixação de honorários aplicada para primeiro grau. O limite que a lei estabelece é que os honorários observem os critérios adotados nos §§ 2º e 3º do referido artigo (base de cálculo geral e da Fazenda Pública, respectivamente).

Esse teto, contudo, aplica-se apenas à fase de conhecimento, conforme dispõe o § 11. Quer a regra deixar bem claro que os honorários em fase de cumprimento de sentença não se submetem a nenhuma limitação que se tenha dado na anterior fase cognitiva. Assim, ainda que na fase cognitiva (até mesmo em decorrência de complementares honorários recursais) os honorários tenham chegado ao teto de 20%, é possível a fixação de novos honorários em cumprimento de sentença.

Os honorários recursais, contudo, incidem apenas em alguns recursos e em algumas situações. Dessa forma, somente poderá incidir sobre a sentença ou a decisão interlocutória de

---

[39] "I) A fixação dos honorários por apreciação equitativa não é permitida quando os valores da condenação, da causa ou o proveito econômico da demanda forem elevados. É obrigatória nesses casos a observância dos percentuais previstos nos §§ 2º ou 3º do artigo 85 do CPC – a depender da presença da Fazenda Pública na lide –, os quais serão subsequentemente calculados sobre o valor: (a) da condenação; ou (b) do proveito econômico obtido; ou (c) do valor atualizado da causa. II) Apenas se admite arbitramento de honorários por equidade quando, havendo ou não condenação: (a) o proveito econômico obtido pelo vencedor for inestimável ou irrisório; ou (b) o valor da causa for muito baixo."

mérito (art. 1.015, II, CPC) ou que verse sobre alguma situação do art. 485 do CPC, como, por exemplo, os incisos I, VII, IX e parágrafo único do art. 1.015 do CPC[40]. O Enunciado n. 8 da I Jornada de Direito Processual Civil (CJF), contudo, estabelece que: "Não cabe majoração de honorários advocatícios em agravo de instrumento, salvo se interposto contra decisão interlocutória que tenha fixado honorários na origem, respeitados os limites estabelecidos no art. 85, §§ 2º, 3º e 8º, do CPC". Isso porque, se o § 11 fala em "majoração", só faz sentido em decisões que tenham fixado honorários previamente.

É irrelevante se a decisão do tribunal for colegiada ou unipessoal (FPPC, Enunciado n. 242).

Se o recurso não for admitido ou for improvido, haverá majoração dos honorários estabelecidos anteriormente. Assim, se a parte ré foi condenada a pagar 10% de honorários ao advogado da parte autora e recorrer, ainda que seu recurso sequer supere a fase de conhecimento, haverá majoração dos honorários.

Em caso de provimento integral do recurso haverá duas situações: a inversão e majoração dos honorários de sucumbência. Esse, aliás, é o entendimento do Enunciado 243 do FPPC, que assim dispõe: "No caso de provimento do recurso de apelação, o tribunal redistribuirá os honorários fixados em primeiro grau e arbitrará os honorários de sucumbência recursal".

No caso de provimento parcial é necessário estabelecer uma regra aritmética.

Os índices não variam (10 a 20%) mas a base de cálculo sim.

Dessa forma, se numa ação de cobrança se pleiteia R$ 50.000,00, e a sentença parcialmente condena o réu a pagar ao autor R$ 30.000,00, incidirão, por exemplo, 10% de honorários ao advogado do autor sobre esse valor e 10% ao advogado do réu sobre os restantes R$ 20.000,00.

Em caso de recurso do autor e com o provimento parcial (ex. a condenação de R$ 30.000,00 foi elevada para R$ 40.000,00), ter-se-á a seguinte situação:

a) o advogado do autor receberá 10% de R$ 40.000,00 referente ao novo valor de primeiro grau e mais 10% (por exemplo) referente a esse mesmo valor decorrente da sucumbência recursal;

b) o advogado do réu receberá 10% de R$ 10.000,00 referente ao novo valor de primeiro grau e mais 10% (por exemplo) referente a esse mesmo valor decorrente da sucumbência recursal.

Esses honorários podem ser cumulados com outras sanções processuais, até mesmo as do art. 77, a teor do art. 85, § 12, do CPC. Conforme Enunciado 7 da I Jornada de Direito Processual Civil (CJF), a ausência de contrarrazões da parte vencedora não afasta a aplicação do art. 85, § 11, do CPC, o que vale dizer, há outras atividades a serem exercidas pelo advogado e não apenas a resposta ao recurso.

vii) embargos à execução – As verbas de sucumbência arbitradas em embargos à execução rejeitados ou julgados improcedentes e em fase de cumprimento de sentença serão acrescidas no valor do débito principal, para todos os efeitos legais. Dessa forma, tanto na impugnação ao cumprimento de sentença como nos embargos à execução, os honorários devem incidir, a teor do § 2º do art. 85, no proveito econômico ou, caso não seja possível, no valor atualizado da causa. Importante frisar que de acordo com recente decisão do STJ no REsp 1.836.703, "o acordo bilateral entre as partes, envolvido na renegociação da dívida, demanda reciprocidade das concessões, não caracteriza sucumbência e é resultado da conduta de ambas as partes. Nessa situação, os honorários devem ser arcados por cada parte, em relação a seu procurador (arts. 90, § 2º, do CPC/2015, e 12 da Lei n. 13.340/2016)". Igualmente, não haverá

---

40 VOLPE CAMARGO, Luiz Henrique. *Breves comentários ao novo Código de Processo Civil.* São Paulo: RT, 2015, p. 321-322.

honorários se os embargos à execução são acolhidos apenas para reconhecer a nulidade da citação (STJ, REsp 1.912.281).

viii) legitimidade – A teor do que preconizam os §§ 14 a 19 do dispositivo em comento, os honorários advocatícios têm natureza alimentar, gozando dos mesmos privilégios concernentes à legislação trabalhista. Serão devidos ao advogado que atuar em causa própria, assim como aos advogados públicos. Igualmente os defensores públicos quando, em sede de curadoria especial, o seu assistido seja vencedor da demanda[41].

Quando os honorários forem fixados em quantia certa, o trânsito em julgado da decisão será o termo *a quo* da incidência de juros. Na hipótese de a decisão, já transitada em julgado, ser omissa em relação ao valor dos honorários, bem como em relação ao seu direito, será possível a propositura de ação autônoma, para que se proceda à sua definição e sua cobrança. Isso porque, não havendo fixação de honorários, não há título executivo sobre essa questão (*nulla executio sine titulo*)[42]. Dessa forma, resta parcialmente superada a Súmula 453 do STJ.

O art. 85, § 20, do CPC (com redação dada pela Lei n. 14.365/2022) dispõe que "o disposto nos §§ 2º, 3º, 4º, 5º, 6º, 6º-A, 8º, 8º-A, 9º e 10 deste artigo aplica-se aos honorários fixados por arbitramento judicial". O mandado de segurança não possui condenação em honorários, nos termos do art. 25 da Lei n. 12.016/2009. A despeito da previsão legal, em nosso entender não há razão plausível para a isenção na ação que, a despeito de seguir lei especial, tem fundamento no CPC, a quem a própria lei faz referência.

As demais regras são critérios e variantes da regra principal.

Nos termos do art. 86 do CPC, as despesas serão distribuídas proporcionalmente na hipótese de sucumbência recíproca, não sendo possível fazer compensação dos honorários de sucumbência pela sua não previsão em lei e pelo direito do advogado em ser remunerado pelo trabalho exercido. Dessa forma, cada parte deve arcar com os honorários advocatícios do patrono da outra parte[43]; a exceção fica por conta da hipótese em que uma das partes sucumbir em parte mínima do pedido. Nesse caso, a outra parte responderá pelas despesas e honorários por inteiro. Os honorários serão proporcionais e "devem ser distribuídos adequada e proporcionalmente, levando-se em consideração o grau de êxito de cada um dos envolvidos, bem como os parâmetros dispostos no art. 85, § 2º, do CPC" (EDcl no AgInt nos EDcl no AREsp 1.553.027/RJ).

A distribuição proporcional das despesas também se verifica quando houver diversos autores e réus, devendo, no caso, a sentença expressamente estabelecer qual é a responsabilidade de cada litigante. Se a sentença for omissa nesse ponto, eles devem ser considerados solidariamente responsáveis pelo pagamento das despesas e honorários (art. 87, CPC). Assim, quando houver pluralidade de vencedores oriundos de escritórios de advocacia distintos, os honorários de sucumbência deverão ser partilhados entre eles na proporção de suas pretensões[44].

Caso o processo termine em virtude de desistência ou reconhecimento do pedido, as despesas devem ser pagas pela parte que desistiu ou renunciou, salvo se a desistência ou a renúncia forem parciais, caso em que as despesas incidirão proporcionalmente.

Se, de outra parte, houver transação, sem que as partes tenham disposto nada acerca das despesas, elas serão igualmente divididas. Havendo transação antes da prolação da sentença, as partes são dispensadas do pagamento das custas processuais remanescentes.

---

41 STF, RE 114.005/RJ, com repercussão geral (Tema 1002), e REsp 1.912.281-AC, Rel. Ministro Marco Aurélio Bellizze, Terceira Turma, por unanimidade, j. 12-12-2023, DJe 14-12-2023.
42 REsp 2.098.934-RO, Rel. Ministra Nancy Andrighi, Terceira Turma, por unanimidade, DJe 7-3-2024.
43 REsp 2.082.582-RJ, Rel. Ministra Nancy Andrighi, Terceira Turma, por unanimidade, j. 11-6-2024.
44 AgInt no REsp 1.842.035-MT, Rel. Ministro Raul Araújo, Quarta Turma, por unanimidade, j. 20-2-2024.

Na hipótese de o réu reconhecer a procedência do pedido e cumprir, na integralidade, a prestação que reconheceu, os honorários serão reduzidos pela metade.

Nos termos do art. 88 do CPC, as despesas devem ser adiantadas pelo requerente nos processos de jurisdição voluntária; ao final, elas serão rateadas pelos interessados.

Quando o processo for extinto sem resolução do mérito, a requerimento do réu, não poderá o autor propor novamente a demanda, salvo em comprovando o integral recolhimento das custas a que foi condenado, a teor do que preconiza o art. 92 do CPC.

Na hipótese de adiamento ou repetição do ato processual, as despesas deverão ser custeadas pela parte que deu causa ao adiamento ou à repetição do ato.

O art. 94 trata da assistência. Quando o assistido for vencido no processo, o assistente também será condenado nas custas, em proporção com a sua atuação no processo.

No que concerne à perícia, na hipótese de indicação de assistente técnico, cada parte deve adiantar o pagamento do assistente técnico que houver indicado; já a remuneração do perito, de regra, deve ser paga pela parte que a requereu, salvo se houver sido requerida por ambas as partes ou determinada de ofício pelo juiz, hipótese em que será rateada pelas partes. O valor da remuneração pode ser depositado em juízo, se assim determinar o juiz.

Se, de outro lado, o pagamento for responsabilidade da parte que é beneficiária da assistência judiciária gratuita, poderá ela ser custeada com recursos do orçamento do ente público. Aqui, ela será realizada por órgão público conveniado ou servidor do Poder Judiciário. Se, de outro lado, a perícia for realizada por particular, o valor deve ser fixado conforme tabela do tribunal (ou, na omissão, pelo Conselho Nacional de Justiça), sendo pago com recursos do orçamento do ente público.

Quanto aos atos processuais requeridos pela Fazenda Pública, Ministério Público, ou Defensoria, eles devem ser pagos ao final, pela parte vencida, a teor do que estatui o art. 91 do CPC.

Em relação às perícias, quando requeridas por esses entes, poderão ser realizadas por entidade pública. Caso haja revisão orçamentária, quem requereu a prova adiantará os valores correspondentes. Se, por outro lado, não houver previsão orçamentária, os honorários periciais serão pagos ao final, pelo vencido.

O art. 97 autoriza que a União e os Estados criem fundos de modernização do Poder Judiciário, e a esses fundos serão designadas as verbas correspondentes às sanções pecuniárias que se destinam a esses entes.

No que concerne às sanções impostas ao litigante de má-fé, devem ser revertidas em benefício da parte contrária. Se impostas aos serventuários, pertencerão ao Estado ou à União.

6.1.4. DA GRATUIDADE DA JUSTIÇA, DA ASSISTÊNCIA JURÍDICA E JUDICIÁRIA

É importante, antes de tudo, explicitar a diferença entre gratuidade da justiça, assistência jurídica e assistência judiciária (terminologias que geravam confusão até o CPC/2015):

GRATUIDADE DA JUSTIÇA	Consiste na isenção do pagamento das custas e despesas decorrentes das atividades do processo. Essas despesas podem ser endo ou extraprocessuais.
ASSISTÊNCIA JURÍDICA	Consiste na orientação de cunho jurídico realizado a quem dela necessita, seja em juízo ou fora dele.

ASSISTÊNCIA JUDICIÁRIA	É uma espécie de assistência jurídica. Trata-se da postulação técnica em juízo, por meio, em regra, de um defensor público, àqueles que não têm condições de arcar com um advogado privado.

Como o acesso à justiça deve ser o mais amplo possível, e sendo a justiça, como visto, onerosa, é necessário buscar meios para que as pessoas que não possuem condições possam ingressar em juízo.

A disciplina da assistência judiciária vinha prevista exclusivamente na Lei federal n. 1.060/50. Referida lei ainda mantém seu regramento, mas agora em conjunto com as novas regras previstas no CPC. Assim, foram revogados os arts. 2º, 3º, 4º, 6º, 7º, 11, 12 e 17 da Lei n. 1.060/50 (art. 1.072, III, CPC).

O art. 98 do CPC dispõe: "A pessoa natural ou jurídica, brasileira ou estrangeira, com insuficiência de recursos para pagar as custas, despesas processuais e os honorários advocatícios tem direito à gratuidade da justiça, na forma da lei".

Pessoa hipossuficiente não pode ser verificada *in abstrato*, mas sempre em cotejo com a demanda. Não será sua capacidade econômica objetivamente considerada que deve ser levada em consideração, mas sua impossibilidade de arcar com os custos financeiros daquele específico processo. Assim, "o enquadramento na faixa de isenção de imposto de renda não deve ser utilizado como critério para o deferimento do benefício da assistência judiciária gratuita"[45].

Dessa forma, os recursos da parte que pleiteia a gratuidade devem estar disponíveis. O sujeito que possui patrimônio que momentaneamente não se pode converter em renda poderá requerer o benefício (*RT* 544/103).

Sobre o tema, algumas questões devem ser levadas em consideração:

a) a gratuidade compreende (art. 98, § 1º, CPC):

I – as taxas ou as custas judiciais; II – os selos postais; III – as despesas com publicação na imprensa oficial, dispensando-se a publicação em outros meios; IV – a indenização devida à testemunha que, quando empregada, receberá do empregador salário integral, como se em serviço estivesse; V – as despesas com a realização de exame de código genético – DNA e de outros exames considerados essenciais; VI – os honorários do advogado e do perito e a remuneração do intérprete ou do tradutor nomeado para apresentação de versão em português de documento redigido em língua estrangeira; VII – o custo com a elaboração de memória de cálculo, quando exigida para instauração da execução; VIII – os depósitos previstos em lei para interposição de recurso, para propositura de ação e para a prática de outros atos processuais inerentes ao exercício da ampla defesa e do contraditório; IX – os emolumentos devidos a notários ou registradores em decorrência da prática de registro, averbação ou qualquer outro ato notarial necessário à efetivação de decisão judicial ou à continuidade de processo judicial no qual o benefício tenha sido concedido.

---

45 AgInt no AREsp 2.441.809-RS, Rel. Ministro Herman Benjamin, Segunda Turma, por unanimidade, j. 8-4-2024, *DJe* 2-5-2024.

Essa isenção não alcança as multas processuais eventualmente impostas. Permitir o contrário seria conceder uma autorização ao beneficiário para a prática de qualquer ato de litigância de má-fé ou atentatório à dignidade da justiça sem que isso incorresse em qualquer sanção a ele. Contudo, essas multas podem ser pagas no final do processo e não imediatamente, como muitas vezes ocorre com as pessoas sem o benefício. Essa regra se extrai não apenas de duas circunstâncias específicas (arts. 1.021, § 4º, e 1.026, § 3º, CPC), mas também da regra geral prevista no art. 98, § 4º, que assim dispõe: "A concessão de gratuidade não afasta o dever de o beneficiário pagar, ao final, as multas processuais que lhe sejam impostas".

Conforme se verifica, a assistência judiciária abrange o defensor e a isenção de todos os adiantamentos de despesas para com o Estado. Esta isenção não abrange a obrigação para com os honorários, caso haja sucumbido, e as despesas processuais conforme o § 2º do art. 98.

A gratuidade da justiça é personalíssima. Assim, em um processo que foi deferida a gratuidade, o advogado que desejar recorrer da decisão exclusivamente sobre os honorários sucumbenciais deve recolher o preparo ou demonstrar a sua hipossuficiência igualmente (AgInt no AREsp 1.725.949/PR). Igualmente, "a representação da criança ou adolescente por seus pais vincula-se à incapacidade civil e econômica do próprio menor, sobre o qual incide a regra do art. 99, § 3º, do CPC/2015, mas isso não implica automaticamente o exame do direito à gratuidade com base na situação financeira dos pais". (REsp 2.055.363-MG, Rel. Ministra Nancy Andrighi, Terceira Turma, *DJe* 23-6-2023.

O magistrado deve julgar de plano o pedido de gratuidade em 72 (setenta e duas) horas, nos termos do art. 5º da Lei;

b) formulação. O pedido de gratuidade pode ser formulado na petição inicial, na contestação, no recurso e na petição para ingresso de terceiro no processo. Caso seja feita após a intervenção da parte no processo, poderá ser deduzida por **petição simples, nos mesmos autos e sem suspensão do feito**.

Existe uma presunção relativa de hipossuficiência que admite prova em contrário (art. 99, § 2º)[46]. Isso porque o referido artigo estabelece que o juiz somente poderá indeferir o pedido se já nos autos houver elementos que demonstrem que a parte não preenche os requisitos necessários para a gratuidade. Assim, "o juiz somente poderá indeferir o pedido se houver nos autos elementos que evidenciem a falta dos pressupostos legais para a concessão de gratuidade, devendo, antes de indeferir o pedido, determinar à parte a comprovação do preenchimento dos referidos pressupostos". Nesse sentido, o STJ também vem se posicionando: "o magistrado somente poderá rejeitá-lo com base em elementos contidos nos autos contrários à pretensão" (REsp 1.787.491). Essa presunção se aplica à pessoa natural, não à pessoa jurídica. Estão afetados para julgamento no STJ os recursos especiais 1.988.687/RJ, 1.988.697/RJ e 1.988.686/RJ ao rito dos recursos repetitivos, a fim de uniformizar o entendimento se é legítima a adoção de critérios objetivos para aferição da hipossuficiência na apreciação do pedido de gratuidade de justiça formulado por pessoa natural, levando em conta as disposições dos arts. 98 e 99, § 2º, do CPC (ProAfR no REsp 1.988.687-RJ, Rel. Ministro Og Fernandes, Corte Especial, por unanimidade, j. 6-12-2022, *DJe* 20-12-2022). (Tema 1178).

A CF/88, aparentemente, estabeleceu uma delimitação na forma de provar a falta de recursos. Dispõe o art. 5º, LXXIV, que "o Estado prestará a assistência jurídica integral e gratuita aos que comprovarem a insuficiência de recursos".

Diz-se aparente, pois autorizada doutrina entende que a mera declaração continua sendo o meio apto a fazer prova da assistência (Nelson Nery, Cândido Dinamarco);

---

[46] Nesse sentido, STJ, AgInt no AREsp 1.631.739/SP.

c) não somente pessoas físicas, mas pessoas jurídicas também podem requerer a gratuidade. A suposta vedação aos últimos decorria da interpretação literal ao dispositivo da lei (que fala em sustento próprio e da família e pessoa jurídica, à evidência, não se encontra nessa condição).

Contudo, as pessoas jurídicas de direito privado são constituídas por pessoas físicas que nela extraem sua renda. Assim, "os sucessos ou fracassos ocorrentes na vida desses entes coletivos, repercutem econômica, social ou moralmente na vida dos sócios ou associados. Por isso, fechar as portas da Justiça a elas significaria, em última *ratio*, fechá-las a seus próprios integrantes"[47].

Ao contrário da pessoa natural, que tem a seu favor a presunção relativa de pobreza, deve a pessoa jurídica provar cabalmente sua condição de hipossuficiência econômica para convencer o magistrado acerca do benefício da gratuidade.

d) defensor. A assistência judiciária abrange também o direito a ser assistido por advogado até mesmo por imposição legal (CPC, art. 103). A Defensoria Pública deve fornecer profissional habilitado para proceder à defesa dos interesses da parte. Onde não houver, o Estado exortará um advogado particular para a função. O defensor dativo está dispensado do recolhimento de preparo quando o recurso versar apenas sobre seus honorários sucumbenciais[48].

e) impugnação à gratuidade da justiça. Determina o art. 100 do CPC que "deferido o pedido, a parte contrária poderá oferecer impugnação na contestação, na réplica, nas contrarrazões de recurso ou, nos casos de pedido superveniente ou formulado por terceiro, por meio de petição simples, a ser apresentada no prazo de 15 (quinze) dias, nos autos do próprio processo, sem suspensão de seu curso. Parágrafo único. Revogado o benefício, a parte arcará com as despesas processuais que tiver deixado de adiantar e pagará, em caso de má-fé, até o décuplo de seu valor a título de multa, que será revertida em benefício da Fazenda Pública estadual ou federal e poderá ser inscrita em dívida ativa".

Da decisão que indeferir a gratuidade ou revogá-la caberá agravo de instrumento. O art. 101 do CPC acabou com antiga celeuma sobre o cabimento do recurso adequado por conta do art. 17 da Lei n. 1.060/50. Contudo, se a decisão for resolvida na sentença, caberá apelação, seguindo a tendência do CPC/2015 de não se permitir o cabimento de agravo diante de capítulos da sentença que tenha natureza de decisão interlocutória (*vide* art. 1.009, § 3º, CPC/2015). É importante frisar que, há entendimento do STJ no sentido de que "A ausência de indeferimento expresso e fundamentado acerca do pedido de concessão da Justiça gratuita implica o reconhecimento de seu deferimento tácito, desde que a parte não tenha praticado qualquer ato incompatível com o pleito de gratuidade" (REsp 1.721.249).

O preparo será dispensado (art. 101, § 1º, CPC) até a decisão do relator sobre a questão. Contudo, acreditamos que se mantém anterior entendimento de que a isenção apenas alcança se a única argumentação do recurso for a gratuidade da justiça (STJ, 4ª T., REsp 247.428-MG). Havendo outros pedidos, deverá haver o recolhimento.

Se a gratuidade, apreciada em preliminar, for rejeitada, deverá se recolher o preparo em cinco dias sob pena de não conhecimento do recurso.

Aqui teremos uma curiosa situação em que a admissibilidade e o mérito se confundem, pois o magistrado negará provimento ao recurso (por entender que o agravante tem condições de arcar com as custas do processo) e simultaneamente não conhecerá do recurso por ausência de preparo.

---

47 Cândido Rangel Dinamarco, *Instituições*, cit., p. 677-678.
48 EREsp 1.832.063-SP, Rel. Ministro Benedito Gonçalves, Rel. para o acórdão Ministra Nancy Andrighi, Corte Especial, por maioria, j. 14-12-2023, *DJe* 8-5-2024.

f) pagamento posterior. De acordo com o art. 98, § 3º, do CPC, se a parte que se beneficiou da isenção foi vencida no processo, as obrigações decorrentes de sua sucumbência ficarão em condição suspensiva de exigibilidade, e deverá pagá-la, desde que isso seja possível (= condições para com o adimplemento), ao término do processo. Esta obrigação prescreve em cinco anos.

Caso o benefício tenha sido revogado, a parte deverá arcar com as despesas processuais que não adiantou e, caso haja má-fé, até dez vezes o seu valor, a título de multa. Esse valor será revertido para a Fazenda Pública (estadual ou federal, a depender) podendo ser inscrita na dívida ativa;

g) concessão total ou parcial. A concessão da gratuidade poderá ser concedida em relação a todo processo ou somente alguns atos processuais (v.g., perícia). Poderá até mesmo haver redução ou parcelamento do percentual de despesas processuais que o beneficiário tiver que adiantar no curso do procedimento.

Nada impede que o juiz possa, diante do pedido total de gratuidade, conceder apenas parte ou de forma parcelada, mesmo que isso não tenha sido requerido como pedido subsidiário pelo autor. Não se trata de julgamento *extra petita*, mas de adequação à realidade econômica do postulante.

Imagine que o autor requeira gratuidade total e, pela prova das declarações do seu imposto de renda, o magistrado entenda que ele pode pagar parte das custas (mas não integralmente). Pode, assim, autorizar essa situação não requerida, pois atenderá mais ao autor do que o indeferimento total do pedido. Isso, aliás, poderá evitar a interposição de agravo de instrumento.

Por fim, não haverá revogação do benefício da gratuidade se a parte sofreu multa de litigância de má-fé (REsp 1.663.193).

6.2. LITISCONSÓRCIO

6.2.1. INTRODUÇÃO

Conforme visto anteriormente, o processo, como entidade complexa, poderá ser analisado sempre sob diversas óticas. Contudo, duas possuem capital importância para a compreensão do litisconsórcio: uma **objetiva**, em que se caracteriza como um conjunto de atos, e outra **subjetiva**, que se define como uma relação que envolve, ao menos, três sujeitos de direito: autor, réu e juiz (relação jurídica).

Analisando estruturalmente a relação processual, percebe-se a presença de um procedimento em que há um pedido, com base numa causa de pedir e que se desenvolve na atuação de um autor em face de um réu.

Contudo, a complexidade e vicissitudes das relações jurídicas de direito material que são transportadas ao processo podem fazer com que os elementos da demanda sejam analisados de **forma múltipla**.

Dessa forma, pode ocorrer que o autor formule **mais de um pedido**, caso tenha interesse, formando uma **cumulação objetiva** (art. 327, CPC/2015) ou **mais uma causa de pedir (causas de pedir complexas ou compostas)**.

Igualmente é possível, para mencionar todos os elementos da demanda, haver também a **cumulação subjetiva** quando houver a presença de mais de um autor e/ou mais de um réu no processo. Esse fenômeno denomina-se **litisconsórcio**.

Litisconsórcio é, portanto, a pluralidade de autores, réus ou ambos, dentro do mesmo processo[49].

Duas são as razões que justificam a formação desse instituto: a **economia processual** e a **harmonia dos julgados**.

No primeiro caso, os gastos a serem despendidos no processo serão fracionados entre todos os partícipes da causa, certamente menor do que se estes mesmos litisconsortes comparecessem ao judiciário isoladamente (custas de processo, honorários de advogado, gastos com perícia etc.).

No segundo caso, objetiva evitar decisões conflitantes. A despeito de certa liberdade judicial quando da aplicação do direito (como regra), não é desejável ao sistema constatar que duas decisões judiciais, julgando causas idênticas, com narração dos mesmos fatos, requerendo a aplicação da mesma norma legal no mesmo momento histórico, obtenham decisões diversas. Como dito, é permitido (a despeito do art. 926, CPC), mas não é desejável.

Importante frisar que é irrelevante a postura a ser tomada pelos litisconsortes dentro do processo. Assim, a configuração do litisconsórcio permanece mesmo que haja interesses opostos entre os sujeitos que figurem do mesmo lado da relação processual. Basta pensar no litisconsórcio formado entre os potenciais credores na consignação em pagamento quando haja dúvida sobre quem seja o real titular da dívida (CC, art. 335, IV) em que o polo passivo será assumido por réus com interesses opostos. O mesmo ocorre com os réus na oposição ou nos embargos de terceiro.

6.2.2. CABIMENTO DO LITISCONSÓRCIO

O Código de Processo Civil disponibilizou, no art. 113, as hipóteses de **litisconsórcio facultativo**, por ser a regra e pela adoção do vocábulo "podem" (contudo, são hipóteses que também se aplicam ao necessário)[50]. São três incisos que regulamentam três situações distintas: **comunhão, conexidade e afinidade**.

É de se ver que o rol é taxativo já que a lei não dá margem à interpretação extensiva por dois importantes motivos:

a) o art. 113 do CPC lança mão da conjunção "quando" no final do *caput*, sugerindo a exaustividade;

b) mesmo com essa disposição na lei, a mera leitura das três hipóteses leva a concluir que não seria possível enquadrar nenhuma outra situação além das já previstas, pois as situações legais são portadoras de conceito extremamente vago e indeterminado abrangendo todas as situações possíveis de litisconsórcio.

São os casos:

a) Comunhão de direitos ou obrigações

Quando duas ou mais pessoas forem titulares de um só direito ou vinculadas a uma única obrigação. São os casos de composse, copropriedade, solidariedade e condomínio. A formação se verifica à luz da verificação da **causa de pedir remota** que corresponde à relação jurídica de direito material controvertida.

---

49 Conquanto a etimologia da palavra crie uma falsa premissa (litis-consórcio = consórcio de lides), na verdade o consórcio é de partes.

50 Nesse sentido SCARPINELLA BUENO, Cassio. *Manual de direito processual civil*, p. 141. Apenas à guisa de exemplo, imagine a hipótese do art. 113, I, CPC (comunhão de direitos ou obrigações) num caso de anulação de negócio jurídico. Constitui-se à evidência litisconsórcio necessário.

b) Conexão pelo objeto ou pela causa de pedir

Conexão é a reunião de feitos quando houver entre eles o mesmo pedido (objeto) ou a mesma causa de pedir (CPC, art. 55).

O direito material estabelece diversas situações em que essa hipótese ocorre: dois locatários demandam no mesmo processo em face do locador que reajustou o aluguel; dois ou mais credores propõem em conjunto ação anulatória por fraude contra credores; dois acionistas demandam em conjunto para impugnar deliberação de assembleia em sociedade anônima.

c) Afinidade de questões

Questões são os pontos controvertidos de uma demanda (Carnelutti).

O autor, quando pleiteia em juízo, formula um ponto. Se esse ponto é contestado pelo réu, ele se torna uma **questão**.

Em verdade a conotação do inciso é muito axiológica, pois afinidade de questões pode se enquadrar em qualquer um dos incisos acima mencionados.

Não se pode negar que o inciso I possui "questões afins" umas com as outras. O que poderia tornar essa situação (inciso III do art. 113, CPC/2015) inútil. Contudo a doutrina entende que seja possível esse inciso conviver com os demais sendo ele a forma mais tênue de relação entre os litisconsortes na demanda.

Exemplos:

O dono de um prédio incendiado cobrando de diversas seguradoras o ressarcimento.

Dois locatários consignando em pagamento valor do aluguel que o locador recusa recebê-lo pelo mesmo motivo.

Irmãos que demandam investigação de paternidade contra o pretenso pai.

Vários servidores pleiteando certa vantagem funcional com relação ao Estado com base na norma legal que abarca a todos.

Na verdade, conforme os exemplos acima, basta a mera afinidade de um ponto comum para que haja a possibilidade de formação de litisconsórcio.

Pode se verificar em todas as hipóteses que a conexidade entre pretensões constitui o fato gerador para que seja admissível o litisconsórcio.

É de se ver que os três incisos condicionam uma escala decrescente de vínculo, desde o **mais intenso** (como o de comunhão) até o **mais tênue** (afinidade).

Em princípio não há vedação para a formação do litisconsórcio sendo autorizado em qualquer procedimento, seja ele comum ou especial. Contudo, há importante vedação empreendida pela Lei n. 13.188/2015 que versa sobre o "direito de resposta ou retificação do ofendido em matéria divulgada, publicada ou transmitida por veículo de comunicação social". Nela, no art. 5º, § 2º, III, veda-se expressamente "o litisconsórcio, a assistência e as intervenções de terceiro".

Evidente que a vedação, criada pela sumariedade do procedimento, não pode ser levada como regra absoluta. Assim, se, v.g., duas pessoas foram responsáveis pela publicação de artigo ofensivo na internet, nada impede que ambas figurem como litisconsortes passivos.

6.2.3. LITISCONSÓRCIO MULTITUDINÁRIO

O legislador não estabeleceu um limite (teto) numérico para a formação do litisconsórcio, seja no polo ativo, seja no polo passivo, tornando a regra, portanto, livre (CF, art. 5º, II).

Entretanto, o número excessivo de litigantes no processo constitui embaraço que repercute diretamente na regra constitucional da duração razoável do processo (CF, art. 5º, LXXVIII, e CPC, art. 4º e a ampla defesa (art. 5º, LIV, CF e CPC, arts. 9º e 10).

Sempre que o juiz constatar que o número dos litisconsortes, sejam ativos ou passivos, puder prejudicar a **rápida solução do litígio** ou **dificultar o exercício do direito de defesa**, poderá **"limitar" o seu número para que atinja a sua finalidade de eficiência e celeridade**. Trata-se de uma possibilidade de recusa motivada do litisconsórcio.

A esse fenômeno, a doutrina denomina como **litisconsórcio multitudinário**.

Existem, todavia, algumas questões a serem enfrentadas:

a) Incidência. Essa limitação do magistrado quanto ao número de litigantes só poderá ser efetivada no litisconsórcio facultativo. No litisconsórcio necessário tal limitação não poderá, em princípio, ocorrer, tendo em vista o regramento do art. 114 do CPC, em que não há autorização, mas sim **determinação**, para a formação do litisconsórcio, seja por força de lei, seja pela natureza jurídica que a relação assim impuser. Logo, escapa do espectro de abrangência do juiz essa deliberação.

Contudo, o litisconsórcio necessário foi estabelecido pelo legislador de forma geral e abstrata, motivo pelo qual entendemos ser possível o magistrado, à luz das circunstâncias práticas, limitar o litisconsórcio, mesmo que necessário, em atenção à efetividade processual. Deverá, portanto, o juiz ponderar os valores em jogo para aplicar a melhor solução no caso concreto.

Ademais essa regra apenas terá aplicabilidade na fase de conhecimento, execução ou liquidação de sentença.

b) Princípio inquisitivo. É possibilitado ao juiz o conhecimento **de ofício** dessa regra ("o juiz poderá limitar o litisconsórcio..." (art. 113, § 1º, CPC e STJ, REsp 908.714/BA). E isso porque constitui fato jurídico ligado à admissibilidade da petição inicial. Este controle é feito, em regra, *ab initio* (art. 321, CPC), constituindo norma cogente. É fundamental que o réu seja intimado/citado para se manifestar.

c) Incidente. O réu poderá, independentemente da averiguação pelo juiz, arguir um verdadeiro incidente processual, alegando o número excessivo de litigantes. Este incidente, à falta de regulamentação, será suscitado em peça autônoma independentemente das outras eventuais defesas que venha o réu a fazer.

d) Interrupção do prazo. Não é possível formular este pedido dentro da contestação. Essa afirmação se extrai da interpretação do art. 113, § 2º, do CPC ao explicitar que se interrompe o "prazo para manifestação ou resposta", ou seja, não incorre em nenhuma preclusão consumativa, tendo em vista que o prazo lhe será devolvido integralmente.

e) Limite. Corretamente a lei não estabeleceu o que vem a ser número excessivo para fins de aplicação da regra. Constitui norma de conceito vago e indeterminado que deve ser aferida pelo juiz à luz do caso concreto. Portanto, não há um número limite de litigantes, a despeito de alguns tribunais, a nosso ver, indevidamente, "baixarem resolução" estabelecendo numericamente o teto a ser observado. É possível que num dado processo em que apenas verse sobre matéria de direito, 500 pessoas não seja um número excessivo, mas em outro, que há pesada instrução probatória, 20 pessoas possa ser um número demasiado para o andamento do processo.

f) Consequências da aplicação da regra. Um problema não debruçado pelo CPC/2015 foi o *modus operandi* dessa limitação, ou seja, constatado o excesso de litigantes, deve o juiz fracionar os processos dentro do mesmo juízo ou redistribuir os feitos para outras varas? A despeito da lei falar em limitação a expressão desmembramento parece ser mais acertada.

No Brasil há duas correntes sobre o tema:

Uma **primeira corrente** defende que o magistrado, ao limitar o litisconsórcio, excluirá os "litigantes em excesso". Nesse caso, se autores, deverão propor nova demanda; se réus, serão citados para nova demanda separada (Ovídio Baptista da Silva e Sérgio Bermudes).

Uma **segunda corrente** defende que o magistrado, ao limitar o litisconsórcio, desmembra o processo em pequenas frações e as mantém perante o mesmo juízo. É o que aparentemente se decidiu no Enunciado 386 do FPPC[51].

Inegavelmente, em nossa opinião, constitui a segunda corrente a melhor solução. Primeiro, pela economia processual ao não impor a formação de novos processos separados com novas custas. Segundo, pela regra do juiz natural e especialmente por uma questão de realidade prática: a eventual propositura de novas demandas em separado certamente ocasionariam a reunião dos feitos por força da conexão, seja pela identidade de elementos da demanda, seja para evitar decisões conflitantes.

Assim, em atenção à harmonia dos julgados e para evitar a indesejável existência de decisões conflitantes, entendemos que os processos devem permanecer perante o mesmo juízo para que sejam formados "apensos" (quando se tratar de autos físicos) submetidos à apreciação de um único magistrado e seja proferida uma única sentença.

O desmembramento, no caso de se tratar do polo passivo, deve levar em consideração os efeitos da citação válida (art. 240, CPC) desde o protocolo originário da petição inicial (FPPC, Enunciado n. 117).

É ainda possível não proceder ao desmembramento, mas adequar o procedimento para atender o número de litigantes. É o que defende o Enunciado n. 116 do FPPC "Quando a formação do litisconsórcio multitudinário for prejudicial à defesa, o juiz poderá substituir a sua limitação pela ampliação de prazos, sem prejuízo da possibilidade de desmembramento na fase de cumprimento de sentença" com fundamento no art. 139, VI, CPC[52].

Da decisão que rejeitar o pedido de limitação do litisconsórcio multitudinário caberá agravo de instrumento (art. 1.015, VIII, CPC). Pela isonomia é necessário admitir também que a decisão que acolhe o pedido de limitação também desafie o recurso de agravo, a despeito da restrição contida em lei.

6.2.4. CLASSIFICAÇÃO DO LITISCONSÓRCIO

De capital importância é a classificação do litisconsórcio para o entendimento da fenomenologia jurídica do instituto. Como as classificações são fundadas em critérios diferentes é muito usual que a situação jurídica apresente uma combinação de critérios como, por exemplo: litisconsórcio passivo ulterior unitário necessário. Veremos ao longo desse tópico que nem sempre essas combinações convivem harmonicamente juntas como, por exemplo "ativo-necessário" ou "unitário-facultativo". Quatro são os critérios mais importantes que serão tratados sem prejuízo de outros critérios que serão estudados mais a frente ainda nesse capítulo.

6.2.4.1. Quanto à posição do litisconsorte

Leva em consideração o polo em que a parte se situa na relação processual:

---

51 Enunciado 386, FPPC: "A limitação do litisconsórcio facultativo multitudinário acarreta o desmembramento do processo"
52 Da qual compete ao juiz: "VI – dilatar os prazos processuais e alterar a ordem de produção dos meios de prova, adequando-os às necessidades do conflito de modo a conferir maior efetividade à tutela do direito".

a) ativo – quando houver pluralidade de autores no mesmo processo;
b) passivo – quando houver pluralidade de réus no mesmo processo;
c) misto – quando houver pluralidade de autores e réus no mesmo processo.

6.2.4.2. Quanto ao momento de sua formação

Leva em consideração o aspecto cronológico do ingresso do litisconsorte no feito:
a) inicial – de ordinário quem forma o litisconsórcio é o autor quando da propositura da ação (CPC, art. 312). Se é ele quem apresenta a petição inicial, pode-se considerar inicial aquele litisconsórcio formado quando da distribuição da demanda, pois compete ao autor estabelecer "com quem" e "contra quem" a demanda será proposta;
b) ulterior – será ulterior (posterior ou superveniente) quando o litisconsórcio não se formar no momento da distribuição da petição inicial.

Esta situação última tem incidência em uma série de situações previstas no sistema:
i) no litisconsórcio necessário quando o autor não tem liberdade na escolha de sua formação ou não. Tendo em vista a norma cogente que pressupõe a formação do litisconsórcio sob pena de nulidade, determinará o juiz que a parte adite a petição inicial e inclua no polo ativo ou passivo os demais integrantes da relação jurídica de direito material, como, por exemplo, a propositura de uma ação real imobiliária contra apenas um dos cônjuges (art. 73, § 1º, CPC);
ii) nas intervenções de terceiros, em que o ingresso do terceiro, no mais das vezes, incrementa o polo passivo ou ativo da demanda formando um litisconsórcio superveniente (como, por exemplo, na assistência litisconsorcial, na denunciação da lide, no chamamento ao processo e na desconsideração da personalidade jurídica);
iii) no caso de falecimento de uma das partes, em que o procedimento sucessório, após a suspensão do processo, gerará a inserção do espólio no lugar do *de cujus* e, posteriormente, dos herdeiros em litisconsórcio;
iv) nas hipóteses de conexão (CPC, art. 55) em que a reunião de feitos que contenham pessoas distintas em cada qual poderá formar litisconsórcio no curso da demanda. Ainda também nas hipóteses de conexão sem que haja o preenchimento dos requisitos da conexão (art. 55, § 3º, CPC) a fim de se evitar decisões conflitantes entre as duas demandas;
v) nas hipóteses do art. 339, CPC em que o autor mantém em regime de litisconsórcio não apenas o réu originário, mas também o réu que foi indicado;
vi) quando há reconvenção subjetivamente ampliativa nas hipóteses do art. 343, §§ 3º e 4º, CPC, seja no polo ativo ou passivo;
vii) nas obrigações avoengas (art. 1.698, CC) em que os parentes em linha reta contribuem com a obrigação alimentar e agregam o polo passivo;
viii) no mandado de segurança, até o despacho inicial (art. 10, § 2º, da LMS);
ix) como legitimado na usucapião especial urbana, o possuidor, isoladamente ou em litisconsórcio originário ou superveniente (art. 12, I, da Lei n. 10.257/2001);
x) como legitimado passivo na execução, o responsável titular do bem vinculado por garantia real ao pagamento do débito (art. 779, V, CPC).

Importante frisar que boa parte dessas situações acarreta o necessário aditamento da **petição inicial** e, mesmo assim, não se desnatura o que foi asseverado até então. Poder-se-ia perguntar se ao aditar a petição inicial não se estaria diante de um litisconsórcio inicial.

Contudo, o critério para se aferir a natureza inicial ou ulterior do litisconsórcio não é a inserção posterior na petição inicial, mas a existência do litisconsórcio antes ou depois da distribuição do feito.

Entretanto, foras das hipóteses autorizadas por lei, é importante que o litisconsórcio ativo ocorra no exato momento da propositura da demanda e não no curso da causa sob pena de violação do juiz natural e permitir que o litisconsorte (ulterior) escolha o juízo que demandará sua pretensão[53].

> Imagine o sujeito que obteve importante liminar num dado processo para deixar de pagar determinado tributo e logo após, centenas de novos autores ingressaram como "litisconsortes ulteriores ativos" nessa mesma causa para aproveitar dos efeitos da decisão provisória. Evidente que isso não é possível.

A Lei do Mandado de Segurança, no seu art. 10, § 2º, estabelece expressamente que a formação do litisconsórcio ativo poderá se dar até o despacho da petição inicial[54].

Discutia-se na doutrina se a parte que ingressar voluntariamente no curso da demanda (formando litisconsórcio) teria *status* de parte ou de assistente litisconsorcial. Entendemos, contudo, que a discussão é infértil e não gera grandes discussões práticas.

A uma porque seu pedido já está sendo postulado por outrem, sendo desnecessária sua intervenção uma vez que, por força da legitimação extraordinária, o substituído processual terá os mesmos benefícios na sentença que seu substituto.

A duas porque essa regra se tornou inadequada à luz do art. 286, II, pela regra de prevenção entre os litisconsortes[55].

A três porque o ingresso do assistente litisconsorcial no processo o torna parte, detendo os mesmos poderes inerentes a essa condição e consequentemente sofrendo os efeitos da coisa julgada (CPC, art. 506).

Ademais, o art. 18, parágrafo único, do CPC estabelece: "Havendo substituição processual, o substituído poderá intervir como assistente litisconsorcial".

Há, contudo, parcela da doutrina que entende relevante a distinção entre assistência litisconsorcial e intervenção de litisconsorte ulterior.

Outra questão é saber se o magistrado poderá formar o litisconsórcio de ofício, formando um litisconsórcio ulterior.

Trata-se de modalidade aceita no direito italiano denominado **litisconsórcio *iussu iudicis***, que consiste na formação do litisconsórcio pelo próprio juiz.

Em verdade não se trata de uma formação de litisconsórcio propriamente dita, impondo aos terceiros a assunção de posição no processo, mas de conferir ciência a terceiros sobre a demanda para que, em querendo, venham intervir na condição de parte.

A ideia estruturante do CPC brasileiro é o autor eleger quem serão os protagonistas da demanda, não podendo, em regra[56], o juiz interferir nessa composição fundada no princípio dispositivo e consequente princípio da inércia.

---

53 Nesse sentido, STJ, REsp 796.064.
54 "O ingresso de litisconsorte ativo não será admitido após o despacho da petição inicial."
55 Art. 286. Serão distribuídas por dependência as causas de qualquer natureza: (...) II – quando, tendo sido extinto o processo sem resolução de mérito, for reiterado o pedido, ainda que em litisconsórcio com outros autores ou que sejam parcialmente alterados os réus da demanda.
56 Em regra, pois há casos autorizados como a limitação do litisconsórcio multitudinário (art. 113, § 1º, CPC), na formação do litisconsórcio necessário (art. 115, parágrafo único, CPC), na intervenção do *amicus curiae* (art. 138, CPC), na ciência ao sublocatário sobre a demanda de despejo (art. 59, § 2º, da Lei n.8.245/91), na produção

Essa regra tinha previsão específica no CPC/39 em seu art. 91, todavia o CPC/73 não a reproduziu, limitando-se a dizer que o réu não citado deveria ser integrado na relação processual. O CPC/2015 estabelece, no seu art. 115, parágrafo único, que o juiz, sob pena de resolução do processo, determinará ao autor que requeira a citação dos que devam ser litisconsortes, no prazo que designar, nas hipóteses de litisconsórcio passivo necessário.

Já nos casos de litisconsórcio unitário ativo, por exclusão o juiz deve determinar a sua convocação, para, querendo, integrar o processo.

Numa leitura atual do processo, a formação do litisconsórcio *iussu iudicis* esbarraria no fato de apenas a lei determinar a forma como as pessoas podem/devem litigar (*vide* arts. 113 [que decorre do princípio dispositivo] e 114, CPC). Contudo, inegável a praticidade da possibilidade de inserir terceiros de ofício no processo para:

a) evitar decisões contraditórias. Na medida em que o terceiro poderá exercer o seu direito de ação em outra demanda e obter resultado diverso da ação primitiva;

b) fomentar o direito ao contraditório. Para permitir que o terceiro participe da demanda originária;

c) economia. Uma demanda apenas decidirá a relação jurídica de todos que serão potencialmente afetados pela decisão.

Fredie Didier[57] assevera que a intervenção *iussu iudicis* está em harmonia com o nosso sistema e enumera algumas situações:

"a) na Lei de Ação Popular, impõe-se a intimação da pessoa jurídica de direito público, cujo ato se questiona, para que assuma a posição de litisconsorte ativa ou passiva, conforme seja o seu interesse; b) no Código de Defesa do Consumidor, prevê-se a intimação das vítimas na ação coletiva proposta para a tutela dos interesses individuais homogêneos; c) no art. 139 do CPC/2015, que confere ao magistrado amplos poderes na condução do processo, determinando-lhe que vele pela igualdade das partes (inciso I) e pela duração razoável do processo (inciso II); d) no art. 575 do CPC/2015, que cuida da ação de demarcação e expressamente autoriza a propositura de ação demarcatória por um dos condôminos devendo ser citados os demais como litisconsortes (na verdade, intimados obrigatoriamente da propositura da demanda); e) na ação de responsabilidade civil proposta contra o segurado, esse deverá obrigatoriamente comunicar à seguradora a pendência do processo (§ 3º do art. 787 do CC/2002); f) na intimação do fiador na ação revisional de aluguel, obrigatória para alguns autores; g) na intimação do sublocatário na ação de despejo obrigatória conforme o § 2º do art. 59 da Lei Federal n. 8.245/91, que poderá tornar-se assistente tanto do locador como do locatário (sublocador); h) na exigência de intimação do cônjuge do executado, quando houver penhora de bem imóvel (art. 842, CPC/2015); i) na denunciação da lide que é, a um só tempo, uma demanda incidental e uma convocação para formação de litisconsórcio unitário (arts. 127 e 128, CPC/2015), tendo em vista o reflexo que a decisão possa vir a causar no patrimônio do denunciado".

Essa regra poderá ser aplicada também na complicada situação do litisconsórcio ativo necessário que será vista adiante.

Há hoje uma situação clara de litisconsórcio *iussu iudicis* no Brasil: trata-se da hipótese do art. 382, § 1º, do CPC em que o magistrado poderá convocar os interessados para figurar em litisconsórcio na produção antecipada de provas: "O juiz determinará, de ofício ou a

---

antecipada de provas e convocação de interessados (art. 382, § 1º, CPC), nos embargos de terceiro (arts. 675, parágrafo único, e 792, § 4º, CPC).

57 *Curso*, cit., p. 319. Redação dos dispositivos processuais alterada para o NCPC.

requerimento da parte, a citação de interessados na produção da prova ou no fato a ser provado, salvo se inexistente caráter contencioso".

Há, na moderna doutrina quem defenda, contudo, a plena possibilidade de formação de litisconsórcio de ofício[58]. Para essa parte da doutrina, o ingresso tardio de litisconsortes evitaria a multiplicidade de processos concentrando toda questão em apenas uma demanda, inibindo posteriores discussões.

Nesses casos, o litisconsorte poderia entrar espontaneamente (tal qual faz o assistente, art. 124, CPC) ou de forma provocada. Essa questão não violaria o princípio do juiz natural, pois: a) as intervenções de terceiro têm o mesmo regime e, portanto, essa crítica deveria ser feita a elas, b) certamente, se esses terceiros demandassem em separado gerariam conexão com o processo que eles queriam ingressar (arts. 55, § 1º, e 286, III, CPC), até mesmo se não havendo identidade de elementos (art. 55, § 3º, CPC). Ademais não viola a duração razoável do processo porque se resolveria o conflito numa perspectiva global[59]. Vários litígios resolvidos ao mesmo tempo gerariam maior atendimento à duração razoável do que pequenos litígios fragmentados.

6.2.4.3. Quanto à uniformidade da decisão

Leva em consideração a possibilidade de se decidir de maneira igual ou não aos litisconsortes. Esta análise é feita a partir do objeto litigioso do processo.

As situações que tornam efetivamente possível ou obrigatória a formação do litisconsórcio decorre das diversas e variadas formas pelas quais as relações que são trazidas ao mundo processual se interagem.

Dessa forma, quando consistirem em **relações autônomas** entre si, podendo a decisão ser tomada de forma diferente para cada qual (mesmo para fins de execução) tem-se uma estrutura relacional **simples**.

Ao contrário da **unitária**, quando **todos pertencem à mesma relação jurídica incindível**, devendo receber do ordenamento jurídico decisão homogênea.

Portanto:

a) simples – ocorre o litisconsórcio simples quando o juiz não tiver o dever de julgar de maneira uniforme para todos os litisconsortes;

b) unitário – ocorre litisconsórcio unitário (e essa é a regra no sistema) quando o juiz tiver o dever de julgar de maneira uniforme todos os litisconsortes.

Não se pode simplesmente definir a uniformidade do litisconsórcio sem a devida contextualização com o caso concreto. Repita-se, somente é possível aferir a correta classificação verificando a situação prática: havendo a potencialidade de se decidir de maneira diversa, já se trata de litisconsórcio simples.

Exemplos:

Em um acidente de trânsito envolvendo três veículos (o denominado "engavetamento") poderá o proprietário do carro da frente demandar contra os dois que o abalroaram por detrás (réus em litisconsórcio, portanto), sendo certo que, na apuração da responsabilidade, apenas o último veículo será condenado, isentando o outro da responsabilidade.

Também no caso da usucapião. Nos termos do art. 246, § 3º, do CPC/2015, os confinantes serão citados para responder aos termos da demanda (salvo se a ação tiver por objeto unidade

---

58 TEMER, Sofia. *Participação no processo civil...* cit., p. 165.
59 Idem, ibidem.

autônoma). Por certo as "sortes" de cada um serão divisíveis (já que assim o é a relação subjacente) e, portanto, o juiz não está adstrito em proferir uma sentença uniforme a todos.

Ao contrário do litisconsórcio unitário, da qual, seja procedente ou improcedente, todos sofrerão os mesmos efeitos da decisão indistintamente, sem a possibilidade de haver decisões diferentes para cada um deles. Assim, numa ação de nulidade de casamento ajuizada pelo Ministério Público, ambos os cônjuges terão o mesmo resultado, pois não se concebe a nulidade para somente um deles.

Igualmente, numa ação petitória intentada contra vários réus que estão no imóvel. Sendo procedente a demanda reivindicatória, a decisão será igual para todos. É por isso que, muitas vezes (ainda que não seja uma regra absoluta), o litisconsórcio unitário também será necessário, pois se a decisão é única e afetará todos os titulares, é desejável que estes compareçam para tutelar o seu direito em juízo (conforme será visto no item seguinte).

6.2.4.4. Quanto à obrigatoriedade do litisconsórcio

Leva em consideração esfera de disponibilidade de a parte formar ou não o litisconsórcio. Assim:

a) facultativo – é a possibilidade de se formar o litisconsórcio. Sua não formação não acarreta nenhuma sanção de ordem processual. Sua tipicidade abstrai-se por exclusão. O litisconsórcio será facultativo ao não se enquadrar nas hipóteses do art. 114 do CPC;

b) necessário – a lei não estabelece um rol das situações em que o litisconsórcio deva ser formado necessariamente; indica em artigos esparsos (dentro e fora do CPC) situações em que essa situação deva ocorrer.

Contudo, apesar da falta de sistematização, o art. 114 do CPC indica duas situações cuja formação se faça necessária: **por vontade da lei ou pela incindibilidade do objeto em juízo (eficácia da sentença dependa de todos os litisconsortes).**

Vejamos separadamente as situações de litisconsórcio necessário:

i) por imposição legal – em determinadas situações a lei entende adequado que determinado grupo de pessoas esteja em conjunto em juízo. Não há um único motivo específico ou uniforme para as escolhas feitas pela lei, mas, por critérios de razoabilidade, economia e desburocratização, estabelece essa imposição. É o que ocorre na usucapião, na ação popular e nas ações reais imobiliárias em relação aos cônjuges, na citação de demarcação de terras a citação dos confinantes (art. 574, CPC). Importante que se diga que esse litisconsórcio poderá ser simples ou unitário dependendo da cindibilidade ou não da relação jurídica;

ii) quando a causa versar sobre objeto incindível – nesse caso há a formação do litisconsórcio necessário-unitário. É necessário porque não há como formalizar o processo sem que todos os titulares estejam em juízo. É unitário porque, não sendo o objeto passível de fracionamento, o resultado será igual para todos. Vale dizer, não é possível permitir a participação de uma parte sem que todas as outras sofram os efeitos da decisão (arts. 114 e 116, CPC). Apesar de ser um bom indício e um "bom método de sistematização" além de casuisticamente quase todas as hipóteses de um ensejarem a existência do outro (**necessariedade = unitariedade**), não há como associar em relação de causa e efeito de forma absoluta, pois há situações de litisconsórcio **necessário e simples** (v.g., usucapião. Sua formação no polo passivo é obrigatória, mas o juiz não está obrigado a julgar de maneira uniforme todos que litigam), bem como de litisconsórcio **facultativo e unitário** (v.g., obrigações solidárias ou condomínio[60] já que a formação é facultativa, mas a decisão, no mais das vezes, é unitária).

A necessariedade e a unitariedade atuam em dois momentos distintos: o primeiro, na formação do litisconsórcio, pois sua validade ou eficácia (a depender da uniformidade da decisão) dependem da sua formação. Já a unitariedade somente pode ser analisada a partir do momento em que há um litisconsórcio formado.

Assim, o art. 114 é portador, como dito, de duas situações distintas de litisconsórcio necessário: pela lei (em que poderá ser simples ou unitário) ou pela natureza da relação jurídica (em que será sempre unitário).

Para que possa haver o litisconsórcio facultativo, porém unitário, é necessária autorização da lei para que apenas um dos titulares possa buscar ou defender em juízo bem que pertença a mais de um colegitimado. Agirá desta forma a "parte" como substituto processual dos demais. Como, por exemplo, o art. 1.314 do CC, que assim dispõe: "Cada condômino pode usar da coisa conforme sua destinação, sobre ela exercer todos os direitos compatíveis com a indivisão, reivindicá-la de terceiro, defender a sua posse e alhear a respectiva parte ideal, ou gravá-la".

Há quem defenda que o melhor critério seja a definição não pela incindibilidade, mas pela **utilidade** que essa sentença irá proporcionar no plano da eficácia diante do pedido que foi formulado[61].

6.2.5. AUSÊNCIA DO LITISCONSORTE NO PROCESSO

Estabelece o art. 115 do CPC: "A sentença de mérito, quando proferida sem a integração do contraditório, será: I – nula, se a decisão deveria ser uniforme em relação a todos que deveriam ter integrado o processo; II – ineficaz, nos outros casos, apenas para os que não foram citados".

Se o litisconsórcio for **facultativo**, nenhum problema gerará a ausência, pois não acarreta, como dito, nenhuma sanção processual. Contudo, nesse caso, há uma interessante discussão sobre os efeitos da coisa julgada quando a modalidade do litisconsórcio for **facultativo-unitário**:

Uma **primeira corrente** entende que a coisa julgada atinge a todos ainda que não tenham participado do feito, pois a coisa julgada para todos seria menos gravosa do que permitir diversos julgados com potenciais resultados distintos (Barbosa Moreira, Cândido Dinamarco);

Uma **segunda corrente** entende que a coisa julgada deve ser aplicada *secundum eventum litis* (José Rogério Cruz e Tucci e STJ, REsp 1.124.506/RJ), ou seja, se favorável se estende aos demais.

Essa parece ser a melhor solução, pois respeita o princípio do contraditório daqueles que não participaram e está em consonância com a sistemática dos limites subjetivos da coisa julgada (art. 506, CPC);

A questão toma relevo quando o litisconsórcio seja necessário. A ausência da participação do litisconsorte variará de acordo com a uniformidade do litisconsórcio: simples ou unitário.

---

60 Há regra expressa na lei (art. 1.314, CC) da qual um dos titulares poderá defender a posse em nome de todos. Nessa hipótese o litisconsórcio não é necessário, pois se ingressa no campo da legitimação extraordinária, da qual aquele que estiver em juízo por si estará por si e pelos demais. Por ser uma relação una, a sentença atingirá a todos rigorosamente da mesma forma.
61 GRECO, Leonardo. *Instituições de processo civil*, v. I, cit., p. 464.

Se o litisconsórcio for **necessário-simples**, a decisão é válida para quem dele participou, mas ineficaz para aqueles que não integraram o litisconsórcio. A regra é intuitiva na medida em que é possível ao magistrado decidir de forma diversa aos litigantes do processo e às potenciais partes que não participaram.

Se o litisconsórcio for **necessário-unitário**, a questão ganha novos contornos. Como a decisão deve obrigatoriamente ser igual para todos, ela é nula, pois a exigência da participação de todos os litigantes está prevista no ordenamento (art. 114, CPC).

Porém, entendemos que o vício é de inexistência e, portanto, trata-se de sentença juridicamente inexistente[62]. Isso porque quando o litisconsórcio é necessário há a obrigatoriedade de sua formação, ou seja, todos devem ser chamados em juízo. Em não sendo, não houve a efetiva citação (CPC, art. 239, § 1º) e não se formou a relação jurídica processual, pois é necessária a integração de todos sob pena de ausência de condição da ação e, portanto, inexistente no mundo jurídico a sentença aí proferida.

A ausência de citação de um litisconsorte necessário poderá ser alegada em preliminar de contestação (CPC, art. 337, I) pelo litisconsorte citado. Poderá também ser alegada a qualquer tempo, por petição simples ou em sede de recurso. Sobre a possibilidade de se alegar no âmbito dos recursos de estrito direito mesmo sem ter havido o devido prequestionamento, reportamos o leitor para o tópico sobre prequestionamento e a leitura do art. 1.034 do CPC.

Poderá ainda ser alegada em ação declaratória de inexistência, por se tratar a citação, como dito, de pressuposto de existência.

Não se trata, no caso de litisconsórcio *iussu iudicis* (como entendem Fredie Didier e Luiz Fux), pois essa modalidade se aplica nas situações em que há a formação pelo juiz sendo ele, o litisconsórcio, originariamente **facultativo**.

6.2.6. PROBLEMAS DO LITISCONSÓRCIO ATIVO NECESSÁRIO

Existe litisconsórcio ativo necessário?

Para responder a essa pergunta há evidentemente que se verificar dois valores antagônicos projetados nessa situação.

De um lado, existe a necessidade de se formar o litisconsórcio por imposição de lei ou pela incindibilidade do objeto. De outro, todavia, tem-se: a) o princípio dispositivo, em virtude do qual ninguém é obrigado a postular em juízo; e b) o amplo acesso à justiça como garantia constitucional não pode ser obstado pela vontade de alguns (CF, art. 5º, XXXV).

O impasse gera uma situação danosa para aquele que quer buscar o judiciário, mas que esbarra na recusa dos colegitimados. O litisconsórcio unitário (única situação em que se poderia aventar o litisconsórcio ativo necessário) traz ínsita a ideia de colegitimação.

A necessariedade passiva não gera problemas, pois ninguém pode se escusar em ser réu, mas na ativa, ninguém pode ser obrigado a ser autor.

Há exemplos de litisconsórcio ativo necessário previstos no sistema como a **ação rescisória** (deve ser proposta por todos os vencidos), **ação redibitória** (que deve ser proposta por todos os compradores do bem), ação proposta por **acionistas que visam anular a assembleia-geral de uma sociedade anônima**, cuja solução necessariamente terá que ser uniforme para as partes, nas hipóteses da Lei n. 6.404/76) em que "Art. 159. Compete à companhia,

---

[62] Não se desconhece a doutrina que enquadra a falta de citação como pressuposto de existência para o réu ou mesmo de desenvolvimento. Sobre esses posicionamentos, *vide* capítulo sobre pressupostos processuais.

mediante prévia deliberação da assembleia-geral, a ação de responsabilidade civil contra o administrador, pelos prejuízos causados ao seu patrimônio. (...) § 4º Se a assembleia deliberar não promover a ação, poderá ela ser proposta por acionistas que representem 5% (cinco por cento), pelo menos, do capital social", sendo necessária a reunião dos cotistas que reúnam, ao menos, 5% do capital[63]. Ainda, de acordo com o art. 599, § 2º, do CPC: "A ação de dissolução parcial de sociedade pode ter também por objeto a sociedade anônima de capital fechado quando demonstrado, por acionista ou acionistas que representem cinco por cento ou mais do capital social, que não pode preencher o seu fim", e, ainda, o **art. 114, § 2º, da CF**[64]. Há, também, julgados no STJ nesse sentido (REsp 1.222.282), que entendem haver litisconsórcio necessário entre cônjuges e ex-cônjuges para revisão de contrato de financiamento por todos assinado por meio do Sistema Financeiro da Habitação.

Contudo, o fato de ser necessário-ativo (e os casos narrados não nos deixam mentir), essas situações devem se adequar ao sistema processual de acesso à justiça. Logo, nesses casos a regra deve ceder passo ao bom senso.

Se ninguém é obrigado a litigar, a parte também não poderá ficar tolhida em tutelar sua pretensão em juízo.

Há aqueles que defendem que a decisão no processo sem litisconsorte ativo não alcançaria terceiros (Eduardo Talamini) e aqueles que entendem que alcançaria (Barbosa Moreira).

Contudo, uma solução intermediária se mostra mais adequada para harmonizar o princípio dispositivo x acesso à justiça e segurança jurídica da coisa julgada x contraditório. Assim, os demais colegitimados serão citados (*rectius*, convocados) para comparecer no processo e intervir (ou não) da forma que melhor lhes aprouver, seja como assistentes, seja formulando defesa contra o autor, seja ingressando como litisconsórcio ativo ulterior.

Aliás, há posicionamento do STJ no sentido do texto (REsp 1.107.977).

Porém, o STJ já entendeu, em julgamento mais recente, sobre a obrigatoriedade de se formar o litisconsórcio ativo necessário (REsp 1.222.822-PR).

Apesar de o CPC, no art. 115, parágrafo único, restringir a integração ao processo do litisconsórcio passivo, a regra também deve ser lida para incluir o litisconsórcio ativo. Estaria então o permissivo legal para aplicação dessa regra. Ademais, o CPC, no seu art. 238 fala em citação do "réu, executado ou *interessado* para integrar a *relação processual*" (g.n). Percebam que a lei fala em **interessado** (e não somente réu) e fala em **integrar a relação processual** (e não necessariamente se defender) reforçando o que aqui se expôs.

Aliás, é uma tendência o estudo da "despolarização do processo", proposta por Antônio do Passo Cabral segundo o qual é possível a migração de polos ou ainda uma atuação do sujeito de forma despolarizada, pois sua legitimidade seria aferida a cada ato do processo e não como mero *status* estático de pertinência subjetiva da demanda[65].

---

63 E, nesse mesmo sentido, o art. 559, § 2º, CPC (mesma questão, mas para dissolução parcial de sociedade anônima de capital fechado)
64 "§ 2º Recusando-se qualquer das partes à negociação coletiva ou à arbitragem, é facultado às mesmas, de comum acordo, ajuizar dissídio coletivo de natureza econômica, podendo a Justiça do Trabalho decidir o conflito, respeitadas as disposições mínimas legais de proteção ao trabalho, bem como as convencionadas anteriormente." Há ações diretas de inconstitucionalidade ajuizadas contra esse dispositivo alegando a sua inconstitucionalidade por se exigir a presença de todos no polo ativo.
65 Sobre o tema: CABRAL, Antônio do Passo. Despolarização do processo, legitimidade ad actum e zonas de interesse: sobre a migração entre polos da demanda. In: ZUFELATO, Camilo; YARSHELL, Flávio Luiz (org.). *40 anos da teoria geral do processo no Brasil*: passado, presente e futuro. São Paulo: Malheiros, 2013.

6.2.7. QUESTÕES PROCESSUAIS PERTINENTES

i) Legitimidade. Se a parte não tem legitimidade para ingressar sozinha em juízo, não terá, igualmente, para ingressar com outrem. Assim, no litisconsórcio cada uma das partes deve ser vista **singularmente** quando o aspecto que se infere é o da legitimidade.

A falta de legitimidade exclui o litisconsorte que não preencher esse requisito, o que também pode ocorrer quando não se enquadrar em uma das situações enumeradas no art. 113. O recurso cabível é o agravo de instrumento (art. 1.015, VII), pois não coloca fim na fase de conhecimento. Importante frisar que, de acordo com o STJ, "na hipótese de exclusão de litisconsorte por ilegitimidade *ad causam*, em decisão interlocutória, é cabível a condenação da contraparte ao pagamento de honorários proporcionais, podendo ser fixados em *quantum* inferior ao percentual mínimo previsto pelo art. 85, § 2º, do CPC/2015" (REsp 2.098.934-RO, Rel. Ministra Nancy Andrighi, Terceira Turma, por unanimidade, *DJe* 7-3-2024).

ii) Eficácia da intervenção litisconsorcial. Durante o processo, as partes praticam diversos atos aos quais a lei atribui determinados efeitos e esses efeitos podem atingir a parte contrária e, obviamente, influenciar de forma decisiva na resolução da causa. É necessário, portanto, parametrizar o quanto dessa atividade praticada por um pode atingir o outro dentro do processo. Pois bem, quanto à participação e atuação dos litisconsortes no processo, o art. 117 do CPC rege o **princípio da autonomia entre os litisconsortes**, sendo estes considerados distintos em suas relações, um para com outro, pelo que os atos ou omissões praticados por um não prejudicam nem ajudam aos demais.

Assim estabelece o referido artigo: "Os litisconsortes serão considerados, em suas relações com a parte adversa, como litigantes distintos, exceto no litisconsórcio unitário, caso em que os atos e as omissões de um não prejudicarão os outros, mas os poderão beneficiar".

Essa regra se aplica no **litisconsórcio simples**, pois somente este tem a potencialidade de desencadear decisões diversas para cada litigante, já que tutelam direitos diferentes ou possuem mesma relação, só que divisível. Dessa forma, no litisconsórcio simples os atos e omissões de um não alcançam os demais.

Não estando o juiz adstrito a proferir uma sentença única para cada um dos consortes, cada um deles, individualmente, pratica seus atos sem que necessariamente produzam algum efeito em relação aos demais que não praticaram. São considerados como "partes autônomas" no contexto processual.

Há ressalvas, contudo, quando: a) com a defesa ou recurso de uma das partes, mesmo no litisconsórcio simples aproveitar aos demais e b) na produção probatória (pelo princípio da comunhão da prova), nos termos do art. 371, CPC.

Contudo, no **litisconsórcio unitário**, a decisão deverá ser igual para todos (efeito expansivo subjetivo) e, portanto, um litisconsorte será favorecido pela prática do ato empreendida por um deles.

Três casos ilustram bem a situação subjacente:

a) o art. 345, I, do CPC preconiza a não incidência do efeito da revelia se e quando um dos litisconsortes apresentar defesa;

b) o art. 1.005 do CPC no mesmo sentido diz que o recurso interposto por uma das partes aproveita as demais[66];

---

66 O STJ, no *Informativo* n. 743, estabeleceu que "a regra do art. 1.005 do CPC/2015, não se aplica apenas às hipóteses de litisconsórcio unitário, mas também a quaisquer outras hipóteses em que a ausência de tratamento igualitário entre as partes gere uma situação injustificável, insustentável ou aberrante" (REsp 1.993.772/PR).

c) o art. 391 do CPC dispõe que a confissão de um dos litisconsortes não prejudica aos demais.

Mas o que acontece se o ato praticado por uma das partes, que está em litisconsórcio unitário, for prejudicial?

Não seria crível, por exemplo, ao confitente confessar por si e pelos demais e, tampouco, obrigar ao juiz cindir julgamentos e proferir duas sentenças distintas: uma para quem confessou e outra para os que não.

Logo é de se ver que o sistema quis, ao menos implicitamente, favorecer aos litisconsortes omissos em casos de atos praticados por um que lhes cause **benefícios (condutas alternativas)**, mas de não prejudicá-los nos atos que **não os favorecem (condutas determinantes)**.

Contudo, até mesmo para dar vigência à regra do litisconsórcio unitário, o melhor entendimento é que a prática do ato por um dos litisconsortes que prejudique (conduta regressiva) os demais **é considerada para todos (inclusive para quem o praticou) ineficaz (Barbosa Moreira**[67] **e Cândido Dinamarco**[68]**)**.

iii) Prazo. Em arremate ao estudo deste capítulo, há a prerrogativa do prazo em dobro em havendo litisconsórcio passivo, sendo estes réus representados em juízo por procuradores diferentes.

O art. 118 prevê que "cada litisconsorte tem o direito de promover o andamento do processo, e todos devem ser intimados dos respectivos atos".

No que diz respeito ao prazo em dobro foi dada nova redação à regra (art. 229), estabelecendo-se que "os litisconsortes que tiverem diferentes procuradores, de escritórios de advocacia distintos, terão prazos contados em dobro para todas as suas manifestações, em qualquer juízo ou tribunal, independentemente de requerimento".

6.2.8. DEMAIS MODALIDADES DE LITISCONSÓRCIO: EVENTUAL, ALTERNATIVO E SUCESSIVO

São situações em que se flexibiliza a ideia de que o litisconsórcio tenha sempre por fato gerador um "interesse comum" entre os litigantes. Nesse caso, os litisconsortes podem ter interesses diametralmente opostos e, ainda assim, figurar no mesmo polo da demanda (como, aliás, já havíamos afirmado na introdução do capítulo em casos como oposição e embargos de terceiro). **Litisconsórcio eventual (cúmulo subjetivo sucessivo):** é a permissibilidade de se colocarem em juízo duas pessoas (em forma de litisconsórcio), mas com ordem de preferência entre elas. Assim, o litisconsorte B somente seria acionado caso a pretensão contra o litisconsorte A tenha sido preterida.

O CPC atual não prevê essa situação, tutelando apenas a possibilidade de pedidos com cumulação eventual (art. 326) que permite seja analisado o **subsidiário** se e quando rejeitado o **principal**. Contudo, não há vedação para a formulação dessa forma de litisconsórcio.

Tem lugar:

a) na desconsideração da personalidade jurídica em que os sócios somente respondem na eventualidade de não se encontrarem bens da pessoa física e for constatado o abuso de finalidade ou confusão patrimonial (CC, art. 50 e CPC, art. 134, § 2º).

---

[67] De acordo com o autor, "no litisconsórcio unitário, os comportamentos determinantes [atos prejudiciais] só produzem seus efeitos típicos quando manifestados pela totalidade dos litisconsortes" (*Litisconsórcio unitário*. Rio de Janeiro: Forense, 1972, p. 172).

[68] *Litisconsórcio*. 8. ed. São Paulo: Malheiros, 2009, p. 174.

b) na regra do art. 1.698 do CC em que há a possibilidade de os parentes em grau imediato do devedor originário dos alimentos sejam responsáveis pelo pagamento ou integração do *quantum* alimentar quando este não tiver condições financeiras.

Litisconsórcio alternativo (cúmulo subjetivo alternativo): ocorre litisconsórcio alternativo quando o autor formula pretensão contra dois réus, na hipótese de haver dúvidas acerca da legitimidade passiva requerendo a procedência em relação a um deles. Assim, "implantando-se o estado de incerteza sobre a titularidade do objeto litigioso, duas ou mais pessoas propõem demanda, em face de dois ou mais réus, pedindo, todavia, um juízo favorável em benefício de apenas um deles (ativo)"[69].

É o caso da **consignação em pagamento** quando haja dúvida acerca da titularidade do bem ou crédito a ser depositado (CPC, art. 547). Portanto, é condição *sine qua non* que um dos litisconsortes, no caso, seja parte ilegítima.

Litisconsórcio sucessivo (cumulação sucessiva de litisconsortes): há a possibilidade de se formar litisconsórcio sucessivo quando o segundo litisconsorte somente terá direito ao seu pedido se o primeiro também tiver. É o caso, conforme exemplo de Araken de Assis[70], "de mãe e filho, conjuntamente, fundando-se no art. 46, II [inciso inexistente no Código atual][71], ajuizarem ação de alimentos e de ressarcimento das despesas do parto". Nesses casos, "o juízo de procedência da ação de alimentos pressupõe a obrigação do pai quanto às despesas, pois, na raiz do dever de prestar alimentos, se situa a paternidade que, desenganadamente, não se pôs em causa".

6.3. INTERVENÇÃO DE TERCEIROS

6.3.1. TEORIA GERAL DAS INTERVENÇÕES DE TERCEIROS

6.3.1.1. Introdução

Ao juiz compete realizar atos destinados a dirimir um conflito de interesses (ou uma situação jurídica que dependa do Poder Judiciário) existente dentro de um processo. Ao perpassar por todo esse itinerário, o magistrado, ao proferir a sentença de mérito, esgota, na fase de conhecimento, o seu ofício jurisdicional[72].

Essa decisão, não sendo atacada ou esgotados os meios recursais postos à disposição do recorrente, opera o trânsito em julgado (indicativo cronológico do exaurimento das vias recursais), e com ele vem a **coisa julgada** (a autoridade que os efeitos da decisão projetam para fora do processo).

Nos limites subjetivos, a regra é que a coisa julgada alcance somente as partes, não prejudicando terceiros (*in utilibus*).

---

69 Araken de Assis, *Cumulação de ações*, 2. ed., São Paulo: Revista dos Tribunais, 1998, p. 150.
70 *Cumulação*, cit., p. 153.
71 O inciso II do art. 46 se refere ao CPC/73. A hipótese contemplada no inciso ("os direitos ou as obrigações derivarem do mesmo fundamento de fato ou de direito") não foi repetida no CPC/2015.
72 Praticando, contudo e ainda, alguns atos de cognição, como a prática de atos executivos ou mandamentais em tutela específica, eventual juízo de retratação nas hipóteses previstas em lei, análise de embargos de declaração e correção de erros materiais.

Dessa forma, um terceiro não pode ser lesado por uma decisão decorrente de um processo em que não houve sua participação e, portanto, não pôde [nessa oportunidade] influenciar aquele resultado. Dessa forma, o terceiro não será atingido pela imutabilidade (salvo se houver o favorecimento do terceiro, como dito).

Contudo, uma constatação se faz necessária.

Apesar de os terceiros não serem atingidos pelos efeitos da coisa julgada se houver prejuízo, as relações de direito material que deram ensejo à demanda são entrelaçadas com outras relações e podem atingir pessoas diversas que não somente as partes. São os denominados *efeitos reflexos da decisão*.

Algumas vezes, em que os efeitos de uma decisão incidirem (ou estiverem na iminência de incidir) sobre uma pessoa estranha à causa, o legislador entendeu adequado gerar a possibilidade da intervenção desse terceiro dentro do processo.

Em conclusão, como nem sempre a decisão atingirá somente as partes do processo, mas também pessoas que mantêm relação jurídica conexa com elas, é que o Estado deve oportunizar o ingresso desses terceiros em respeito ao princípio do contraditório. Essa possibilidade parte sempre da premissa de se atender às necessidades do direito material e resolução completa do conflito.

6.3.2. CONCEITUAÇÃO DE TERCEIRO

Como assevera Cassio Scarpinella Bueno[73], "os terceiros que interessam ao processo civil são aqueles que, em alguma medida, podem (ou devem) agir em juízo, mas que, por qualquer motivo, ainda não 'integram o contraditório'. Saber como e quando o 'terceiro' pode atuar perante o juiz é problema que se põe imediatamente depois de compreender a que título resolveu ele intervir ou foi convocado para tanto".

Logo, a conceituação de terceiro se abstrai por exclusão: todo aquele que não for parte no processo pode ser chamado de terceiro (assim como no campo do direito material, por exemplo, num contrato de compra e venda, terceiro é todo aquele que não é nem comprador nem vendedor).

Há duas correntes que explicam a qualificação de terceiro em relação ao processo (= aqueles que evidentemente sofrerão os efeitos da decisão):

A primeira corrente leva em conta a qualificação do terceiro na medida em que ingressa cronologicamente após as partes. Este critério, contudo, é insuficiente, como bem observa Luiz Fux[74], na medida em que o sucessor singular do *de cujus*, bem como o revel, podem ingressar posteriormente no processo e não são considerados terceiros.

A segunda corrente leva em conta a qualidade de ação do terceiro no processo. O terceiro está geograficamente fora, mas ao ingressar no processo se torna parte. Nesse caso poderá intervir como parte principal ou acessória conforme seu direito esteja ou não em juízo. Essa segunda corrente nos parece a mais acertada. Ressalvada a situação do *amicus curiae* que não constitui parte já que não formula pretensão alguma e, tampouco, é demandado e do assistente simples que, conquanto tenta pretensão acessória, não pode ser considerado parte (mantendo-se na condição de terceiro), já que não é titular do direto material que se disputa.

---

73 *Partes e terceiros no processo civil*, cit., p. 3.
74 *Curso de direito processual civil*, 4. ed., Rio de Janeiro: Forense, 2008, v. 1, p. 271.

6.3.3. CLASSIFICAÇÃO DE TERCEIROS[75]

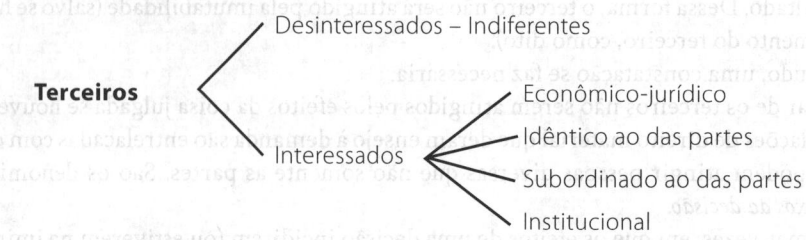

Os **terceiros desinteressados** são os terceiros indiferentes à causa. São aqueles que, por não possuírem nenhuma relação direta ou reflexa com a demanda, nenhum interesse nela possuem.

Os **terceiros interessados** são aqueles que, de alguma forma, **terão a sua esfera jurídica atingida pelos efeitos da decisão.** Portanto, existe o interesse do terceiro na medida em que ninguém pode ser admoestado em sua esfera jurídica sem o devido contraditório.

Contudo, esse interesse sofre gradações. É possível que o interesse do terceiro seja idêntico ao das partes, ou que o seu interesse seja apenas reflexo, pois o objeto que se discute não lhe pertence diretamente.

Essas diferentes formas de sofrer os efeitos da decisão projetam efeitos para dentro e para fora do processo. Para dentro, na medida em que repercutem na **forma de atuação** do terceiro. Se o interesse for idêntico, o terceiro terá atuação ampla como da parte originária. Se o interesse for subordinado, sua atuação também será subordinada e terá uma atuação mitigada correspondente à posição que ostenta na relação jurídica. Para fora, **na produção dos efeitos da coisa julgada.**

A coisa julgada incide somente no primeiro caso (não seria crível imaginar, nas demandas não coletivas, que os efeitos da coisa julgada incidiriam em quem não seja titular do direito discutido), pois, no segundo, o terceiro apenas sofre a eficácia da intervenção (CPC, art. 123).

Os **terceiros com interesse econômico** podem ser de duas ordens:

a) terceiros com mero interesse econômico que não autoriza intervenção, como, por exemplo, um credor de uma dívida ajuíza uma ação contra um devedor que, por sua vez, possui outro processo contra si e o único bem expropriável está penhorado neste processo. Evidente que o credor possui interesse financeiro que a penhora não recaia sobre aquele bem. Este caso não autoriza intervenção típica, que depende, como se verá, de autorização legal. Aqui somente será possível requerer a denominada "penhora no rosto dos autos" (art. 860, CPC);

b) o interesse econômico que autoriza intervenção. São aqueles casos em que o interesse primário é econômico, mas que possui uma tênue carga de interesse jurídico. São os casos de intervenção anômala do Poder Público (Lei federal n. 9.469/97, art. 5º) e também as hipóteses dos arts. 103, 130 e 132 da Lei n. 11.010/2005, art. 966, III CPC (interesse do 3º na decretação da colusão entre as partes), arts. 203, 304, 351 e 346, I e III, CC e 616, VIII e 722 do CPC (interesse econômico da Fazenda Pública), art. 3º da LMS isso porque "o resultado do processo *inter alios* pode impedir que ele próprio satisfaça direito que é titular"[76].

---

[75] Parte da presente sistematização ainda que um pouco diversa da apresentada foi por proposta pelo autor italiano Emilio Betti.
[76] TEMER, Sofia. *Participação no processo civil...* cit., p. 238.

Terceiro com interesse institucional

O *amicus curiae* (que também será visto adiante) possui a função (leia-se interesse) não de ajudar uma das partes, mas auxiliar o próprio processo, trazendo elementos técnico-jurídicos ao julgador para que melhor possa decidir.

Há, ainda, diversos outros interesses das denominadas "novas intervenções" como, por exemplo:

a) nas hipóteses dos arts. 983, 1.035, 1.038 do CPC e 6º da Lei n. 9.882/99, para permitir a **formação de um precedente vinculante favorável**, em especial no sistema brasileiro em que há incidentes destinados a exatamente formar esses precedentes (como IRDR, recursos de estrito direito repetitivos, IAC etc.) (exemplo: aqueles com causas de igual temática tenham seus recursos ou causas sobrestadas);

b) para a **produção de determinada prova** que constitui um direito autônomo (art. 381, §§ 2º e 3º, CPC) seja para viabilizar a produção da prova, seja para defender seus interesses futuros (prova emprestada – art. 372, CPC), o que também interessa ao Estado, especialmente para prestigiar a economia processual.

6.3.4. SISTEMATIZAÇÃO DAS INTERVENÇÕES DE TERCEIRO

a) sob os olhos do CPC, as intervenções de terceiro não se presumem e tampouco decorrem de posicionamento doutrinário ou jurisprudencial. Pode haver intervenção de terceiros prevista em lei ou por negócio jurídico processual (de acordo com parcela da doutrina, as partes podem convencionar sobre a participação de terceiros no processo)[77]. É possível, contudo, que o legislador estabeleça a situação em que se permita a intervenção sem mencionar a "forma de intervenção" de que se trata, como o chamamento dos parentes em linha reta nas ações de alimentos (art. 1.698, CC).

b) conforme mencionado anteriormente, terceiro é, em regra, todo aquele que necessariamente está fora do processo, mas que tem relação com o objeto litigioso do processo.

c) de acordo com classificação clássica de Chiovenda, parte é quem pede e contra quem se pede determinada providência jurisdicional. Assim, o terceiro que é aportado para o processo, *sponte propria* ou coativamente, adquire a qualidade de parte. Evidente que, se o terceiro não tutela no judiciário um direito seu, ingressará e permanecerá na qualidade de terceiro (e, portanto, sofrerá de maneira reflexa os efeitos da decisão). Nesse caso não sofrerá os efeitos da coisa julgada (em verdade a extensão dos limites subjetivos dela, CPC, art. 506), pois o objeto litigioso que se tornará imutável não lhe pertence. Mas sofrerá outro tipo de imunização denominada justiça da decisão (CPC, art. 123).

d) mesmo que o terceiro se torne parte, em algumas situações, submete-se a regime jurídico diferente. Assim, nas hipóteses do art. 76, CPC se o terceiro não sanar a sua incapacidade processual ou falta de representação será excluído do processo[78].

e) as intervenções de terceiro ampliam objetiva e subjetivamente o processo. Objetivamente, pois trazem novos elementos que serão levados em consideração pelo magistrado para decisão. Subjetivamente, pois incrementam o processo com terceiro, quebrando a estrutura básica entre somente juiz, autor e réu. Ampliar o objeto do processo significa trazer para o

---

77 Esse é o entendimento de: Fredie Didier, Leonardo Carneiro da Cunha e Marina França Santos, bem como, em sentido aproximado, o Enunciado n. 491 do FPPC.

78 E como bem observa Luiz Fux (*Curso*, cit., p. 272), "só pode ser submetido à exclusão quem já está integrado no feito e como tal considerado 'parte'".

magistrado uma pretensão até então inexistente. Contudo, dado seu interesse institucional, o *amicus curiae* não tem o condão de ampliar subjetivamente o processo pela própria função que exerce na causa. Igualmente a hipótese de alteração do polo passivo da demanda (arts. 338 e 339, CPC) não amplia subjetivamente, mas modifica o polo passivo, salvo na hipótese do art. 339, § 2º, do CPC. Esta hipótese veio ampliar o cabimento da antiga nomeação à autoria, que era restrita a apenas algumas hipóteses.

f) conquanto o sufixo presente no vocábulo intervenção traga uma conotação ativa, nem sempre o terceiro ingressa por vontade própria no processo. Por vezes ele é convocado para participar da causa, conforme será visto ao seu tempo e modo. Dessa forma, é possível ainda classificar as intervenções de terceiro como **espontâneas e coercitivas/forçadas**. Nas primeiras (v.g., assistência, oposição), o terceiro ingressa para participar do contraditório e evitar que a futura decisão não prejudique sua esfera jurídica. É uma intervenção de fora para dentro.

Nas intervenções coercitivas ou forçadas (v.g., denunciação da lide, chamamento ao processo), a parte traz ao processo terceiro de modo que este possa integrar o contraditório, sofrer os efeitos da decisão e ter contra si título executivo para futuramente ser compelido ao pagamento da obrigação. Essa classificação leva em consideração a intervenção para gerar um benefício (espontâneas) ou evitar um prejuízo (forçadas).

g) as intervenções de terceiro não modificam a competência do juízo (salvo nos casos da União e suas autarquias que deslocam o processo para a Justiça Federal pelo art. 109 da CF e Enunciado 150 da Súmula do STJ), mesmo porque o processo já está tramitando, seguindo-se a regra da *perpetuatio jurisdictionis* (art. 43, CPC)[79].

h) as intervenções de terceiros são admitidas ordinariamente no procedimento comum do processo de conhecimento. Nada impede sua intervenção, contudo, nos procedimentos especiais que convertem seu rito para "comum" após dada etapa procedimental. Na execução será admitida assistência[80], a desconsideração da personalidade jurídica e o *amicus curiae*. No juizado especial cível (art. 10, Lei n. 9.099/95), proíbem-se peremptoriamente as intervenções de terceiro. Contudo, duas observações importantes: o incidente de desconsideração de personalidade jurídica é autorizado (art. 1.062, CPC) e a assistência, de acordo com significativo posicionamento doutrinário, também (conforme explicado *infra*).

Não se admite intervenção nas ações de controle concentrado de constitucionalidade (art. 7º, Lei n. 9.868/99) e no procedimento para o direito de resposta ou retificação do ofendido (art. 5º, § 2º, III, Lei n. 13.188/2015).

i) a possibilidade de intervenção de terceiro atende ao princípio do contraditório, da eficiência, da duração razoável do processo e da economia processual.

j) é possível que o terceiro que intervenha no processo ingresse com interesse comum para ambas as partes como, por exemplo, a mesma seguradora que é denunciada à lide tanto pelo autor como pelo réu no processo[81]. Nesse caso terá tanto interesse contrário ao réu como contrário ao autor.

---

79 E que também possui uma exceção no caso da "Intervenção Anômala da União" conforme art. 5º, parágrafo único, da Lei n. 9.469/97.

80 Em sentido contrário, entendimento do STJ no AgInt na PET no AREsp 936684/SP: "INTERVENÇÃO DE TERCEIROS. ASSISTÊNCIA SIMPLES. PROCESSO DE EXECUÇÃO. NÃO CABIMENTO. PEDIDO INDEFERIDO. 1. É inviável a intervenção de terceiros sob a forma de assistência em processo de execução. Precedentes. 2. Agravo interno não provido".

81 Interessante exemplo trazido por COLNAGO RODRIGUES, Daniel. *Intervenção de terceiros*. São Paulo: RT, 2017, p. 49.

l) é admissível estabelecer negócio jurídico processual (art. 190, CPC) para estabelecer ou proibir intervenção de terceiros (desde que, obviamente, o terceiro participe do negócio jurídico processual entabulado)[82]. É possível que as partes estabeleçam, por exemplo, a proibição de denunciação da lide ou chamamento ao processo (para que exerça seu direito de regresso em futura demanda) ou a criação atípica de intervenção de terceiros. Contudo, não é possível impedir o ingresso do *amicus curiae* devido ao interesse institucional.

m) há diversas formas de ingresso do terceiro no processo: na petição inicial, na defesa, por meio de um incidente ou por petição simples.

n) o sistema processual contempla as seguintes hipóteses de intervenção: **assistência, denunciação da lide, chamamento ao processo,** *amicus curiae* **e desconsideração da personalidade jurídica.** A **oposição** igualmente é considerada uma intervenção de terceiro, contudo vem regulamentada nos procedimentos especiais. Há, ainda, as formas diversas de intervenção de terceiro regradas por outros Códigos ou legislação esparsa, como i) a intervenção dos parentes na ação de alimentos (art. 1.698, CC); ii) a intervenção do CADE (Lei n. 12.529/94); iii) intervenção do INPI (Lei n. 9.279/96); iv) a intervenção da Comissão de Valores Mobiliários (Lei n. 6.385/76); v) do licitante no leilão judicial; vi) do terceiro que possui bem objeto da penhora; vii) do terceiro credor do mesmo bem penhorado; viii) do terceiro que cumpre a obrigação de fazer no lugar do executado; ix) diversas formas na execução como os arts. 792, §§ 2º e 4º, 779, V, 799, 804, 889, 575; x) interessado na reclamação (art. 990, CPC); xi) terceiros que desejam participar do processo na formação do precedente (como ocorre nas hipóteses dos arts. 983, 1.035, 1.038 do CPC e 6º da Lei n. 9.882/99) para permitir a formação de um precedente vinculante favorável, em especial no sistema brasileiro em que há incidentes destinados a exatamente formar esses precedentes (como IRDR, recursos de estrito direito repetitivos, IAC etc.) (exemplo: aqueles com causas de igual temática tenham seus recursos ou causas sobrestadas) ou xii) a intervenção anômala do Poder Público (art. 5º, parágrafo único, Lei n. 9.469/97).

o) mas, por fim, mesmo com o significativo número de intervenções existentes, o CPC deveria trabalhar com hipóteses mais genéricas de intervenção de terceiros para abrigar maior número de situações ou ampliar as hipóteses existentes que, por falta de regulamentação, prejudicam o direito do terceiro como, por exemplo, a desconsideração da personalidade jurídica que fica restrita somente ao processo em que foi decretada (art. 137, CPC), não podendo levar essa desconsideração para outros processos. Dessa forma, deveria ser possível que outro credor possa ingressar na qualidade de terceiro para que esses efeitos se estendam a ele também. É importante compreender que a sociedade mudou, as relações jurídicas e o envolvimento das pessoas com as causas também, mas as intervenções de terceiro com requisitos tipificados e prazos temporais rígidos são os mesmos há mais de 50 anos[83]. Já há julgados do STJ permitindo uma abertura por meio de critério de fungibilidade entre as medidas (REsp 874.373/RR e REsp 1.453.887/RJ).

6.3.5. ASSISTÊNCIA

A assistência é modalidade de intervenção voluntária da qual um terceiro tem interesse jurídico em que uma das partes seja o vencedora da demanda. Seu objetivo é evitar que a parte

---

82 Não obstante a literalidade do art. 190 restringir o negócio jurídico processual exclusivamente às partes, entendo ser aplicável aos terceiros, pois decorre da vontade destes.
83 Pertinente crítica de Sofia Temer no seu *Participação no processo civil...* cit.

a ser assistida (= auxiliada) sofra uma decisão desfavorável no processo e essa decisão, direta ou indiretamente, atinja a sua esfera jurídica (a do terceiro).

Interesse jurídico difere do interesse econômico[84], pois este se revela em qualquer situação[85]. O interesse jurídico surge somente nas situações em que a decisão do processo irá influenciar a sua esfera jurídica. Até mesmo porque o terceiro, quando defende o interesse alheio, estará defendendo o seu próprio, pois a decisão tem a potencialidade de lhe influenciar. Evidente que o interesse jurídico pode possuir interesse econômico, mas esse é um reflexo daquele[86]. No exemplo clássico do fiador que ingressa para ajudar o locatário na ação de despejo, certamente há o interesse econômico, mas esse constitui uma consequência do interesse jurídico (responsabilidade do fiador para com o contrato).

Há casos, contudo, em que o terceiro não precisa demonstrar seu interesse jurídico, pois este já está presumido em lei. É o que se extrai do art. 752, § 3º, do CPC: "Caso o interditando não constitua advogado, o seu cônjuge, companheiro ou qualquer parente sucessível poderá intervir como assistente". Tem-se aqui uma presunção absoluta de interesse para intervenção dada a situação de vulnerabilidade do interditando. Aplica-se nas situações em que a ação for ajuizada por quem não pretenda ser assistente (v.g. Ministério Público).

Portanto, para que haja a assistência, é necessário: i) a existência de um processo pendente; ii) a existência de interesse "jurídico"; e iii) a qualidade de terceiro.

O Código de Processo Civil divide a assistência em duas modalidades: simples (adesiva) ou litisconsorcial (qualificada). As diferenças são marcantes e influenciam nos poderes de condução no processo e na eficácia da coisa julgada para o terceiro.

6.3.5.1. Assistência simples

Conforme visto, o assistente intervém no processo por ter interesse jurídico que a sentença seja favorável a uma das partes na demanda.

Visto também nas premissas deste estudo que, pelo limite subjetivo da coisa julgada, os efeitos da sentença atingem, de ordinário, somente as partes que litigaram no processo.

Entretanto, as relações de direito material subjacente postas em juízo, por serem muito complexas e ramificadas, podem atingir pessoas outras que não somente as partes. Daí advém o interesse do assistente.

O direito discutido no processo não pertence ao assistente simples. Ele não é titular da relação jurídica que no processo se discute. Contudo, mantém relação coligada àquela que está no processo e com uma das partes ali inserida, desejando a vitória dessa parte. São, portanto, duas relações jurídicas de direito material: uma entre as partes do processo e a outra de uma das partes com o terceiro. A intervenção nesses moldes **é simples porque o terceiro não tem relação jurídica direta com a parte que ele não quer ajudar e ele nunca poderia ser parte daquela relação que se ingressa como assistente, já que não é titular do direito que se busca em juízo. Seu interesse jurídico é indireto.**

Imagine um contrato de locação celebrado entre A e B. B, locatário, subloca este imóvel para C. A relação de A é apenas com B, pois foi com este que se estabeleceu o contrato. Pouco importa ao

---

84 O interesse econômico como móvel da inserção de terceiro é permitido em raras situações, como a intervenção anômala da União (art. 5º, Lei federal n. 9.469/97).
85 Não se admite assistência, por exemplo, de um credor que ingressa para ajudar um devedor em um processo para que este não fique sem patrimônio do modo a poder lhe pagar a dívida que se comprometeu.
86 STJ, REsp 1.128.789/RJ.

locador quem esteja no imóvel, se C, D, E ou F. O que ele deseja é receber o aluguel de quem com ele estabeleceu a relação jurídica de direito material. Agora suponha que B deixe de pagar o aluguel.

A, fazendo valer do seu direito, ingressa com ação de despejo visando à retomada do imóvel, imóvel este que está ocupado por C (em decorrência do contrato de sublocação).

Na ação locatícia em trâmite, figuram A e B como partes e não C que é, à evidência, terceiro[87]. Entretanto, em uma eventual sentença de procedência, o imóvel será desocupado por C justamente porque nele está na posse. Portanto, tendo interesse que B vença a demanda, poderá ingressar no processo como assistente simples.

Veja-se que nesse caso podem-se verificar os **requisitos específicos** da assistência simples: **a)** ação pendente (a de despejo); **b)** interesse jurídico (não ser retirado da posse); e **c)** relação direta com apenas uma das partes.

Nesse caso, ele não tem relação jurídica direta com a parte que ele não quer ajudar e, consequentemente, não poderia figurar como litisconsorte do assistido na demanda de despejo.

Importante:

> Numa ação de cobrança proposta por A em face de B, por exemplo, C também é credor de B e teme que esta ação movida por A possa reduzir B à insolvência. Neste caso C **não poderá** ingressar como assistente de B na demanda, pois lhe carece interesse jurídico (já que lhe subsiste apenas o interesse econômico).

Importante ressaltar que a doutrina vem fazendo uma interpretação ampliativa do interesse jurídico no sentido de se inserir na condição de assistente simples (interesse indireto) outras pessoas em situações que não se enquadrariam como *amicus curiae*. Assim:

a) Entidades de classe como a OAB, MP, AJUFE, por exemplo, que ingressariam como assistente simples com base num interesse "jurídico-institucional", não obstante o STJ tenha posicionamento contrário a esse interesse (STJ, Corte Especial AgRg no EREsp 1.146.066/PR e REsp 1.182.123/PE);

b) Pessoas jurídicas, físicas ou entes despersonalizados que podem ingressar em processo para a discussão do debate em procedimentos formadores de precedente obrigatório (ex.: casos repetitivos e incidente de assunção de competência), assim como já ocorre no processo do trabalho que permite o ingresso do assistente simples no procedimento de recurso de revista repetitivos (CLT, art. 896-C, § 8º). Contudo, há, igualmente nesse caso, entendimento do STJ concluindo que esse interesse é meramente econômico e, portanto, não seria interesse jurídico apto a admitir o assistente simples (STJ, REsp 1.418.593/MS).

6.3.5.2. Assistência litisconsorcial

Nessa modalidade de assistência existe uma relação direta entre o terceiro e a parte que ele não quer ajudar. O assistente tem relação jurídica com as duas partes do processo, tanto que poderia estar no polo passivo da causa, mas, em decorrência da facultatividade do litisconsórcio, não foi chamado. Há, portanto, apenas **uma** relação jurídica de direito material. **Seu interesse jurídico é direto.**

---

[87] O subempreiteiro que ingressa em ação que se discute empreitada é outro exemplo.

Como poderia ter figurado no processo como litisconsorte, sua assistência é litisconsorcial. O litisconsórcio que se forma entre assistente e assistido é **unitário**, na medida em que o magistrado não pode julgar de maneira diferente para ambos.

A assistência litisconsorcial é típica legitimação extraordinária que permite que alguém vá a juízo postular, em nome próprio, direito alheio (art. 18, parágrafo único, CPC). O assistente até a intervenção não é parte (se tornará com o seu ingresso), mas um direito seu está sendo discutido em juízo.

> **Exemplificando:** B e C são aparentes proprietários de um imóvel. Exercem eles regime de condomínio. "A" ingressa com ação reivindicatória discutindo a propriedade do bem apenas em face de B (o que é possível à luz da regra de solidariedade). C não é parte (pois nada lhe foi demandado), mas tem notório interesse jurídico que B vença, já que uma eventual sentença de procedência condenará ambos à perda do imóvel. Ingressará, portanto, como assistente litisconsorcial, já que tem relação com ambas as partes. A, nesse caso específico, poderia, então, ter demandado contra C, pois ambos têm relação direta, mas, por opção ou desconhecimento, não o fez[88].
> É possível visualizar, a título de exemplo, a assistência litisconsorcial também no caso de um herdeiro legítimo que ingressa como assistente na ação de anulação de testamento promovida por outro herdeiro legítimo.

Uma questão de difícil resolução é a **diferenciação entre assistência litisconsorcial do litisconsórcio ativo ulterior voluntário**, já que ambos tecnicamente produzem os mesmos efeitos (ingresso com a condição de parte e formação de coisa julgada). A dificuldade surge porque a assistência litisconsorcial é amplamente permitida, mas a formação do litisconsórcio ativo ulterior voluntário é, em regra, vedada (salvo por disposição de lei ou negócio jurídico processual). Muitos podem se valer do ingresso como assistente como um artifício para, na verdade, se tornar puramente parte.

Essa vedação do litisconsórcio ativo ulterior voluntário é consequência a) da violação de uma série de institutos processuais como o princípio do juiz natural (art. 43, CPC), b) da estabilização da demanda (art. 329, CPC), c) de possível violação à boa-fé (art. 5º, CPC) dentre outros.

6.3.5.3. Poderes do assistente

O **assistente litisconsorcial** ingressa no processo com *status* de parte, pois aquela relação jurídica de direito material lhe assiste (legitimação extraordinária concorrente nos termos do art. 124 do CPC).

Sendo, portanto, sujeito do processo, não se subordina aos atos do assistido, guardando referibilidade com o litisconsórcio facultativo unitário e as regras de prática dos atos insertas no art. 117 do CPC.

Já o **assistente simples**, como não é parte já que ingressa no processo como mero ajudante, tem poderes mitigados e seus atos são subordinados aos do assistido.

Dispõe o art. 121 que "o assistente atuará como auxiliar da parte" e "exercerá os mesmos poderes e sujeitar-se-á aos mesmos ônus processuais que o assistido". Todavia, o art. 122 do CPC disciplina que "a assistência simples não obsta a que a parte principal reconheça a

---

[88] Outros exemplos: o sócio que adere à pretensão de outro sócio na dissolução de sociedade ou o condômino que ingressa para auxiliar o outro na ação possessória.

procedência do pedido, desista da ação, renuncie ao direito sobre o que se funda a ação ou transija sobre direitos controvertidos".

Assim, o assistente simples pratica todos os atos inerentes às partes com as seguintes restrições:

a) Atos dispositivos – O assistente simples não pode, em nenhum caso, dispor sobre atos materiais de direito como a renúncia, desistência da ação ou reconhecimento jurídico do pedido. Poderá desistir, todavia, de testemunha que tenha arrolado ou recurso que tenha interposto.

b) Atos divergentes – O assistente não pode praticar atos em desacordo com a vontade do assistido. Na prática é muito difícil verificar quando a parte principal não deseja praticar o ato, pois ela simplesmente não pratica. Por isso, não se pode confundir **omissão** com **discordância**. Apenas a segunda é vedada.

Assim, o assistente pratica atos complementares que não sejam antagônicos aos interesses e vontades do assistido. Como conclusão, o assistente não poderá requerer testemunhas se o assistido requereu julgamento antecipado, bem como não poderá recorrer se o assistido renunciou a esse direito.

Na defesa, o assistente poderá suscitar as defesas de mérito, bem como as objeções de ordem pública que possam favorecer ao réu.

Se, todavia, o assistido for revel, o assistente simples será considerado seu substituto processual (art. 121, parágrafo único, CPC), e se ingressar em tempo hábil, poderá ainda obstar à revelia.

Importante que se diga: obsta-se somente à revelia, mas não seus efeitos periféricos. A matéria não é reputada incontroversa, tendo em vista a apresentação de defesa pelo assistente, todavia, a parte que, por contumácia, não apresentou defesa, não será intimada dos atos do processo (art. 346, CPC/2015).

A atuação do assistente, como dito, limita-se ao campo do processo, não podendo ele praticar atos que refiram diretamente à relação de direito material, como a renúncia ou o reconhecimento do direito.

Não obstante, no plano prático, essas restrições devam ser mantidas, no plano acadêmico há, de fato, um baralhamento dos conceitos de titularidade (do direito material) com legitimidade para o processo. Para tentar diminuir os rigores dessa confusão é que se estabeleceu que o assistente será substituto processual do assistido revel, conforme explanado linhas atrás.

Já na assistência litisconsorcial, o assistente não está adstrito à vontade do assistido, podendo requerer julgamento antecipado, mesmo que o assistido tenha requerido provas. Poderá, igualmente, recorrer independente da concordância ou sujeição da parte e poderá executar a sentença em legitimação extraordinária se o assistido quedar-se inerte.

c) Atos postulatórios ativos – Não poderá o assistente simples apresentar reconvenção, nem usar uma das formas de intervenção de terceiros, pois constituem atos postulatórios ativos (pedidos que geram ampliação do objeto litigioso do processo).

Seja na assistência simples, seja na litisconsorcial, as custas serão suportadas pelo assistente, na proporção de sua atividade (art. 94, CPC).

6.3.5.4. Efeitos da sentença

Os efeitos da sentença atingirão os assistentes de maneira distinta.

Quanto ao **litisconsorcial**, por ser parte da relação jurídica, os efeitos o atingirão diretamente, e nem poderia ser diferente já que é parte (art. 506, CPC). Importante que se diga que este será atingido intervindo no processo ou não. Se não intervier, sofrerá, na condição de terceiro, os efeitos da decisão, mas não sua imutabilidade (salvo se o favorecer).

Como titular de direito material que é, os efeitos da sentença incidirão direta e frontalmente sobre sua esfera jurídica. Nesse caso, esses efeitos serão irradiados com muito mais intensidade do que na simples, em que a sentença atinge apenas de forma reflexa, oblíqua.

Os assistentes, simples e litisconsorcial, têm formas diferentes de receber a incidência da imutabilidade da decisão, de acordo com a intensidade de sua relação com a demanda. Isso reflete nas condutas que possuem no processo e que serão diferenciadas, conforme visto no capítulo anterior.

Aquele que reivindica em juízo a coisa comum, pleiteia também em nome daqueles que não ingressaram. A sua sujeição à coisa julgada decorre da legitimação extraordinária e não da assistência litisconsorcial. Isso porque é titular da relação de direito material posta em juízo. Apenas não faz parte do processo como protagonista.

Já na **simples** o terceiro não é atingido diretamente pela sentença, pois parte não é. Nenhum interesse seu está sendo discutido em juízo, a esfera do seu patrimônio eventualmente atingida decorre de uma situação de fato e não de direito.

Contudo, embora não seja considerado parte (e, portanto, ficando de fora da aplicação do art. 506 do CPC) sua participação no processo deve ocasionar algum grau de imutabilidade para evitar futuros litígios além do respeito à segurança jurídica.

Dessa forma, o CPC atual, diferente da imunização que a coisa julgada proporciona, criou uma diferente forma de imutabilidade para assistente simples que se dará pela denominada **justiça da decisã**o (art. 123, CPC).

A justiça da decisão é a coisa julgada que atinge apenas o terceiro. Logo este não poderá discutir em eventual e posterior processo contra o assistido os fundamentos e premissas (daí a expressão "justiça") que basearam o magistrado para proferir a sentença do processo original, pois se tornaram indiscutíveis.

A eficácia da intervenção atinge não só a parte dispositiva da sentença, mas também a fundamentação. Nesse caso em particular, sofre a justiça da decisão somente aquele que interveio no processo como assistente, caso contrário não. Assim, "o assistente não pode discutir, em processo futuro, a justiça da decisão, ou seja, os fundamentos com base em que o juiz decidiu"[89].

Como exemplo, é possível verificar a seguinte situação:

O réu numa ação de reparação de danos não denuncia à lide a sua seguradora. Contudo ela ingressa espontaneamente como assistente (pois tem interesse que a parte assistida não seja sucumbente para não arcar com os prejuízos a qual se comprometeu por contrato). Dessa forma não poderá a seguradora numa futura demanda (caso aquela tenha sido julgada improcedente) alegar ausência de dano ou culpa, pois já foram acobertadas pela **justiça da decisão** em processo anterior.

Poderá, sim, aduzir defesa em outro sentido, alegando que o seguro esteja vencido, ou que não tenha o dever de cobrir aquele tipo de sinistro etc. (pois a cláusula "x" do contrato estabelece que o dever de ressarcimento é devido apenas quando o segurado estiver conduzindo o veículo no momento do acidente, o que não ocorreu).

---

89 BEDAQUE, José Roberto dos Santos. *Código de Processo Civil interpretado*. Coord. Antônio Carlos Marcato. 3. ed. São Paulo: Atlas, 2008, p. 130.

Igualmente a ação que anula a escritura por dolo do cartorário da qual participou o escrivão como assistente, este não pode discutir esse dolo em futuro processo de indenização (Marinoni-Arenhart).

A eficácia da intervenção (ou justiça da decisão) é **mais restrita e ao mesmo tempo mais abrangente que a coisa julgada**[90].

É mais abrangente porque cobre área maior que esta. Enquanto a coisa julgada torna imutável a parte dispositiva (CPC, art. 504)[91], a eficácia da intervenção torna imutável a parte dispositiva e a fundamentação.

Contudo, é mais restrita, pois a coisa julgada não pode ser afastada (salvo nos casos de ação rescisória, revisão criminal ou algum mecanismo típico de vulneração da coisa julgada). Já no caso da justiça da decisão poderá, conforme preconiza o art. 123 do CPC.

Dessa forma, a justiça da decisão não produz seus efeitos em duas situações, de acordo com a atividade que o assistente consiga desenvolver no processo em maior ou menor grau:

> I – Pelo estado em que recebeu o processo ou pelas declarações e atos do assistido, foi impedido de produzir provas suscetíveis de influir na sentença;
> II – Desconhecia a existência de alegações ou de provas das quais o assistido, por dolo ou culpa, não se valeu.

Portanto, é possível diferenciar o assistente simples do litisconsorcial conforme abaixo:

ASSISTENTE SIMPLES	ASSISTENTE LITISCONSORCIAL
Não é titular do direito que se disputa em juízo (há interesse jurídico direto)	Se diz titular do direito que se disputa em juízo (há interesse jurídico indireto)
Há duas relações jurídicas de direito material	Há apenas uma relação jurídica de direito material
O assistente não tem relação jurídica direta com a parte que ele não quer ajudar	O assistente tem relação jurídica direta com a parte que ele não quer ajudar
Em regra, pratica atos como parte com restrições (poderes mitigados)	Pratica todos os atos como parte (amplos poderes)
Sofre a justiça da decisão que recai sobre a **fundamentação** da sentença	Sofre os efeitos da coisa julgada que recai sobre o **dispositivo** da sentença
Relação subordinada a do assistido (salvo art. 121, parágrafo único, CPC)	Sem subordinação com o assistido

6.3.5.5. Procedimento

i) o assistente ingressa no processo por meio de petição simples, a qualquer momento até o trânsito em julgado, manifestando o seu interesse e, ingressando, recebe o processo no estado

---
90 MARINONI, Luiz Guilherme; ARENHART, Sérgio Cruz. *Processo de conhecimento*. São Paulo: RT, 2007, v. 2, p. 178.
91 Salvo nas hipóteses previstas no art. 503, § 1º, do CPC.

em que ele se encontra. Insta salientar que se trata de modalidade facultativa e espontânea[92]. Como pode ingressar a qualquer momento, constitui uma exceção à regra a estabilização subjetiva da demanda.

ii) após o seu ingresso, as partes serão intimadas para se manifestar sobre a intervenção do assistente no prazo de 15 dias. Ambas concordando, está deferido o ingresso do assistente. Contudo, se uma delas ou as duas não concordarem, o juiz instaurará um incidente no processo principal, sem suspendê-lo.

Nesse incidente as partes poderão produzir provas. Se se entender que existe o interesse jurídico, o assistente permanece, caso contrário ele será retirado dos autos. Essa decisão, concessiva ou não, tem natureza interlocutória e desafia o recurso de agravo de instrumento (art. 1.015, IX, CPC).

Tendo em vista que a assistência não suspende o processo, é necessário requerer o efeito suspensivo-ativo já que a demora da tramitação do recurso pode causar prejuízos ao ingresso do assistente, em especial no que concerne à justiça da decisão (art. 123, CPC).

iii) consoante dispõe o art. 119, parágrafo único, do CPC, a assistência será cabível em qualquer procedimento e qualquer grau de jurisdição. Evidente que essa autorização genérica deve ser verificada caso a caso e dependerá de chancela jurisprudencial para a devida aplicação em procedimentos específicos, máxime no que concerne à execução. Lembrando que, salvo a desconsideração da personalidade jurídica (art. 1.062, CPC), há vedação expressa da assistência nos Juizados Especiais Cíveis (art. 10, Lei n. 9.099/95).

iv) estando o processo na justiça estadual e se requerida a assistência por ente federal, haverá deslocamento de competência para justiça federal (art. 109, I da CF e Súmula 150, STF).

6.3.6. DENUNCIAÇÃO DA LIDE

6.3.6.1. Introdução

O processo tem por finalidade nuclear solucionar uma situação de direito material controvertida. Esta solução se dá, no mais das vezes, porque alguém (autor) que busca em juízo um direito seu que está sendo tolhido por outrem (réu). Portanto, o Estado solucionará um conflito entre um dado autor e um dado réu.

Nas demandas condenatórias, a sentença de procedência objetiva declarar o direito estampado na petição inicial e condenar o réu (que figurou na relação jurídica de direito material) a pagar, entregar ou cumprir ao autor determinada providência (já que também figurou nesta mesma relação)[93].

Em decorrência da sujeição a que se submete pela sentença, o réu, e somente ele em regra, deverá responder com seu patrimônio pela obrigação estampada na decisão[94].

Todavia, é possível que o réu (ou mesmo o autor em alguns casos) possua uma relação anterior com um terceiro da qual este seja um verdadeiro **"seguro pecuniário"** da parte nos casos de sucumbência. Situações essas que, de certa forma, de certo modo, obrigarão este terceiro a ressarcir a parte caso esta venha a ser a perdedora no processo.

---

92 Nada impede, todavia, que possa ser provocada – vide art. 59, § 2º, da Lei n. 8.245/91, que permite sejam os sublocatários cientificados da ação de despejo para que possam ingressar como assistentes.
93 É o que Carnelutti, em seu livro *Teoria geral do direito*, chama de sujeição ao preceito e à sanção.
94 Ressalvadas as hipóteses de responsabilidade patrimonial (art. 790, CPC).

Portanto, ao perder uma demanda, terá a parte sucumbente o direito de ingressar com uma ação regressiva em face deste terceiro para receber aquilo que despendeu.

Em conclusão, no caso desenhado acima, para a resolução integral de todo o conflito dependerá, à evidência, de duas demandas: uma condenatória (a ação originária do autor contra o réu) e outra regressiva (da parte sucumbente contra o terceiro).

De se perguntar para que seriam necessárias duas demandas distintas a fim de que se resolvam duas situações jurídicas que, a despeito de diversas, estão unidas decorrentes da mesma situação fática.

A denunciação da lide visa resolver este problema.

O instituto da denunciação da lide, com função precípua de prestígio da economia processual, **presta-se a embutir na ação principal esta eventual ação regressiva para que o terceiro – que foi chamado pela parte potencialmente sucumbente – possa ressarci-lo caso venha a perder a demanda. Tudo num único processo.**

São, portanto, duas demandas dentro de uma mesma ação (**autor x réu e denunciante x denunciado**) tendo relação de prejudicialidade entre elas.

A denunciação permite trazer ao próprio processo principal terceiro (denunciado) de modo a se antecipar uma eventual e posterior ação regressiva da qual o terceiro figuraria como réu. A denunciação será autuada *in simultaneus processus* (mesma base procedimental) com a causa principal para julgamento simultâneo e *secundum eventum litis*. E a eventual sucumbência do denunciante com a responsabilização do denunciado serão fatos supervenientes a serem levados em consideração pelo juiz no momento de decidir (art. 493, CPC);

A denunciação amplia subjetivamente o processo com o ingresso do terceiro na condição de litisconsorte e objetivamente, porque se insere outra demanda dentro daquela outra anteriormente ajuizada. A denunciação não pode ser determinada de ofício, visto ter natureza jurídica de ação.

As hipóteses de denunciação estão encartadas no art. 125 do CPC e versam todas sobre direito de regresso. Portanto, a litisdenunciação se apresenta em caráter de prejudicialidade com a lide principal, pois somente será levada a efeito qualquer condenação na primeira, se improcedente a segunda.

A denunciação da lide não prejudica o prazo prescricional da ação regressiva, já que seu termo inicial se dá com a decisão transitada em julgado da ação condenatória originária, de modo que ainda que haja demora, a litispendência da ação principal não permite ainda a fluência do prazo prescricional da ação regressiva (art. 199, III do Código Civil estabelece que não corre prescrição quando pender ação de evicção, STJ AgRg no Ag 917.314/PR e AgRg nos EDCl no REsp 1.409.242).

6.3.6.2. Hipóteses de cabimento

As situações de direito material nas quais alguém, à guisa de garantia, pode ressarcir a parte no processo são:

A. Evicção (direito de garantia)

Estabelece o art. 125, I, do CPC que: "É admissível a denunciação da lide, promovida por qualquer das partes: I – ao alienante imediato, no processo relativo à coisa cujo domínio foi transferido ao denunciante, a fim de que possa exercer os direitos que da evicção lhe resultam;"

Evicção é a perda da coisa adquirida de forma onerosa, por decisão judicial.

Tal situação deflui de anterior título aquisitivo pertencente a outrem. Assim, aquele que adquire algo, mas perde este bem em demanda judicial intentada por outrem, recai na evicção.

O art. 450 do CC permite que o evicto tenha direito à restituição integral do preço ou das quantias que pagou, além dos frutos, despesas e custas processuais. Suponha-se que A aliena a B determinado imóvel. Todavia, este bem pertence realmente a C que ingressa com ação reivindicatória em face de B (que está no imóvel). Ao ser citado para os termos da ação, B denuncia à lide A, pois este, ao vender um imóvel que não lhe pertence, automaticamente se torna "garante" do direito de B caso ele venha perdê-lo na demanda petitória nos termos da lei civil.

Há uma peculiaridade na evicção diferente das demais demandas indenizatórias. Aqui a sua configuração prescinde da demonstração de culpa. A tipicidade da evicção é decorrente de lei e não da constatação de um ato volitivo.

Importante que se diga que a garantia da evicção tem presunção absoluta, podendo as partes "por cláusula expressa, reforçar, diminuir ou excluir a responsabilidade pela evicção" (art. 448, CC). O que na prática não demanda nenhuma utilidade prática, pois difícil será imaginar um contrato de compra e venda da qual o alienante "se isenta de qualquer indenização 'na hipótese' do imóvel que está sendo alienado não seja seu".

A denunciação pela evicção também poderá ser intentada pelo autor.

B. Por lei ou contrato (direito de regresso)

Preconiza o art. 125, II, do CPC que é admissível a denunciação da lide, promovida por qualquer das partes, "àquele que estiver obrigado, por lei ou pelo contrato, a indenizar, em ação regressiva, o prejuízo do que for vencido no processo".

Sua finalidade é otimizar a prestação jurisdicional trazendo ao processo as eventuais e posteriores ações regressivas.

Caso comum presente na prática é a denunciação da lide da seguradora.

A colide no carro de B. B aciona A em juízo para que se veja ressarcido dos danos que experimentou. É evidente que, se comprovados os elementos da responsabilidade civil, A deverá ressarcir B (pois são as partes legítimas no processo).

Entretanto, antevendo uma possível situação de direito material como essa, A já havia contratado, há alguns anos, a seguradora C. A seguradora mantém contrato de garantia com A no sentido de que qualquer colisão, furto, roubo, dano ou avaria em seu automóvel a seguradora ficaria compelida a ressarci-lo.

Numa situação como a acima descrita, ao invés de se aguardar o ajuizamento de uma posterior ação regressiva contra a seguradora em decorrência do direito de regresso, poderá denunciá-la para que ela possa responder no mesmo processo pelo seu dever contratual.

6.3.6.3. Ampliação do objeto litigioso na denunciação

Pode o terceiro, ao ser denunciado, trazer **matéria nova** ao conflito ampliando o objeto litigioso, ou apenas poderá se defender com base nos argumentos já apresentados pelas partes?

É longa a discussão doutrinária acerca da possibilidade de o denunciado ampliar ou não os contornos do que será submetido a julgamento, pois para alguns traria um retardamento no andamento do processo em contraposição à essência da denunciação, já que a demora é justamente o que ela visa arredar.

No Brasil, ao longo dos anos, duas posições doutrinárias discutiam essa questão.

Para entender essas correntes é necessário estabelecer uma questão prévia: a distinção entre garantia própria e imprópria. Esta distinção é estabelecida e ainda tem importância no direito italiano.

> **Garantia própria** é aquela decorrente da transmissão de um direito. A simples transmissão acarreta ao alienante o dever de responder pelos vícios da transmissão (evicção).
> **Garantia imprópria** são todos os demais casos de responsabilidade civil. Nesses (salvo a evicção) haverá a inserção de nova causa de pedir para que haja a condenação do denunciado *secundum eventum litis*.

Uma transportadora responde objetivamente por um acidente de trânsito. Este é o mérito da causa: responsabilidade objetiva. Quando a transportadora denuncia à lide o motorista, significa agregar novos elementos (responsabilidade subjetiva).

Pois bem.

Há, nesse sentido, duas correntes sobre o tema:

i) Corrente restritiva – para esta corrente, como a denunciação da lide objetiva somente trazer o terceiro para que preste garantia a que se havia obrigado (leia-se, apenas existiria a denunciação por força do direito de regresso), não poderia o denunciado trazer elementos novos que ampliem o objeto de cognição do magistrado.

Para essa corrente não se admite que o Estado seja denunciado pelo servidor quando este é demandado em ação de responsabilidade (art. 37, § 6º, CF). Como a responsabilidade do Estado é objetiva e a demanda contra o particular se deu pela responsabilidade subjetiva, a inserção do Estado traria elemento novo (responsabilidade objetiva) à demanda já existente.

É defendida por Vicente Greco Filho, Cassio Scarpinella Bueno, Nelson Nery e Eduardo Arruda Alvim.

ii) Corrente ampliativa – para esta corrente é possível ao denunciado trazer elementos novos para a lide. Os defensores desta corrente entendem que a não aceitação da acepção ampliativa retiraria da denunciação da lide o seu caso mais comum: o caso de responsabilidade regressiva (CPC, art. 125, II).

É defendida por Cândido Dinamarco, Barbosa Moreira, Luiz Fux, Arruda Alvim, Calmon de Passos, Athos Gusmão Carneiro e Humberto Theodoro Júnior.

O CPC atual aparentemente acabou com a polêmica, seguindo a corrente ampliativa ao permitir, no seu art. 127, que o denunciado possa trazer novos argumentos à petição inicial. Contudo o legislador explicitou essa permissibilidade para a denunciação pelo autor. Não se utilizou da mesma regra para a denunciação pelo réu. No silêncio normativo é forçoso concluir que a interpretação ampliativa se aplica igualmente. Até mesmo porque constitui hipótese muito mais comum de denunciação e a que mais se exigiria a implementação da regra.

Se foi interesse do legislador permitir a inserção de novos elementos, por que tornar expresso apenas para a situação que, justamente, é mais incomum na prática e deixar a outra situação (denunciação pelo réu) sem explicitação?

6.3.6.4. Obrigatoriedade da denunciação da lide?

É muito importante a compreensão histórica.

O *caput* do art. 70 do CPC/73 dizia que era obrigatória a denunciação da lide.

Contudo, doutrina e jurisprudência criticavam o dispositivo que defendia a obrigatoriedade exclusivamente ao primeiro inciso, nos casos de evicção (art. 70, I, CPC/73), afinal, se denunciação da lide é manifestação do direito de ação, constitui um ônus e não um dever. Ninguém pode ser obrigado a ingressar com ação.

Importante que se diga que essa obrigatoriedade da evicção não decorria do *caput* do art. 70 do CPC/73, mas por uma confusa interpretação do Código Civil, que no art. 456 disciplinava[95]: "Para poder exercitar o direito que da evicção lhe resulta, o adquirente notificará do litígio o alienante imediato, ou qualquer dos anteriores, **quando e como lhe determinarem as leis de processo**" (destaquei). Como a lei material outorgava a lei processual no momento da denunciação ela era, pelo art. 70, obrigatória. Essa obrigatoriedade gerava também uma dificuldade de ordem prática, pois nos juizados especiais não se admitem denunciação da lide (art. 10, Lei n. 9.099/95) sendo ela obrigatória (especialmente em acidentes de veículo terrestre, principal caso de denunciação).

O CPC atual estabeleceu a denunciação como medida facultativa:

Primeiro, porque o art. 125, *caput*, se vale do vocábulo "admissível" em confronto com o regime anterior, que se valia do termo "obrigatória". Notadamente, quis o legislador estabelecer como medida facultativa na medida em que a denunciação constitui exercício do direito de ação que não pode ficar sujeita à condição (CF, art. 5º, XXXV).

Segundo, porque o § 1º do art. 125 autoriza que o direito de regresso possa ser ajuizado por meio de ação autônoma quando a denunciação for "indeferida, deixar de ser promovida ou não for permitida". Contudo, a nova Lei do Contrato de Seguro (Lei n. 15.040/2024) estabelece a obrigatoriedade de "cientificar" a seguradora assim que for citado, disponibilizando os elementos necessários para o conhecimento do processo (art. 101), sob pena das sanções previstas no art. 100. Pode-se, ainda, chamar a seguradora a integrar o processo, na condição de litisconsorte, sem responsabilidade solidária (parágrafo único).

6.3.6.5. Litisdenunciação sucessiva e denunciação *per saltum*

É possível a parte denunciar a lide quando ela mesma foi denunciada à lide?

Originariamente, o CPC/73 estabelecia a regra de litisdenunciação sucessiva, ao determinar: "Para os fins do disposto no art. 70, o denunciado, por sua vez, intimará do litígio o alienante, o proprietário, o possuidor indireto ou o responsável pela indenização e, assim, sucessivamente, observando-se, quanto aos prazos, o disposto no artigo antecedente" (art. 73).

Dessa forma, no regime jurídico da denunciação: a) ao **denunciante** apenas era possível a denunciação daquele que possuía relação direta (o alienante imediato); e b) o então denunciado poderia denunciar, da mesma forma, o outro, da cadeia obrigacional, desde que tivesse relação direta.

O Código Civil de 2002 inovou na sistemática da denunciação permitindo a chamada denunciação *per saltum* com o art. 456 a seguinte situação: "Para poder exercitar o direito que da evicção lhe resulta, o adquirente notificará do litígio o alienante imediato, ou qualquer dos anteriores, quando e como lhe determinarem as leis do processo".

Assim, poderia o adquirente (réu na demanda principal): a) denunciar à lide aquele que o alienou ou b) bem como todos os demais da cadeia contratual.

---

95 Revogado com a entrada em vigor do CPC/2015 (art. 1.072, II).

Essa regra autorizava que o adquirente pudesse demandar contra alguém que não mantivesse relação jurídica, autorizando, *ipso facto*, uma nova situação de legitimação extraordinária.

Assim, era possível exercer o direito de regresso perante quaisquer dos coobrigados na cadeia de denunciação.

Assim, se A vende para B imóvel que revende para C que é demandado em sua propriedade por D, nada impede que C, sofrendo os riscos que da evicção lhe resulta, denuncie diretamente A, sem passar por B. É a denominada **denunciação per saltum**, pois não existe nenhuma relação de direito material que os une, apenas uma autorização expressa da lei.

Essa regra, por fim, foi alterada pelo CPC atual, com a consequente revogação do art. 456 do Código Civil (art. 1.072, II, CPC). Conforme se depreende dos arts. 125, I: "**ao alienante** *imediato*" e § 2º: "**Admite-se uma única denunciação sucessiva, promovida pelo denunciado, contra seu antecessor imediato na cadeia dominial ou quem seja responsável por indenizá-lo, não podendo o denunciado sucessivo promover nova denunciação, hipótese em que eventual direito de regresso será exercido por ação autônoma**" (g.n.).

Assim, se o Código Civil (no então vigente art. 456) inovou ao ampliar as possibilidades de denunciação em relação ao CPC/73 criando a denunciação da lide *per saltum*, o atual CPC restringiu a possibilidade ao permitir que se faça a) sempre em face do seu antecessor imediato; e b) proibição do denunciado sucessivo em promover nova denunciação dentro do mesmo processo.

Contudo nada impede que o direito do denunciado sucessivo se dê em ação autônoma.

6.3.6.6. Procedimento

a) A denunciação poderá ser feita tanto pelo autor[96] como pelo réu (o mais comum, diga-se).

a1) Pelo autor, sua oportunidade é na petição inicial (CPC, art. 126). Forma-se um litisconsórcio eventual (art. 326, CPC). Uma vez citado (pois se trata de uma nova ação), o denunciado poderá: i) defender-se (negando a qualidade de denunciado); ii) assumir a posição de litisconsorte ativo (quando poderá produzir provas e aditar a inicial); ou iii) permanecer inerte, quando será revel na demanda secundária.

a2) Pelo réu, a oportunidade é no prazo para contestar. A citação deverá ser formalizada em 30 dias sob pena de a denunciação se tornar ineficaz (art. 131, CPC). A despeito de a lei falar no *prazo para contestar*, extrai-se do CPC que será, de fato, dentro da própria contestação. A conclusão é simples: o art. 126 que se refere à citação na denunciação da lide remete ao art. 131 (que regulamenta a citação no chamamento ao processo) outorgando a este último estabelecer **a forma e o prazo**.

O art. 131 exige que a citação seja feita pelo réu "na contestação" e, portanto, como a denunciação é regida pelo referido artigo, deverá respeitar suas diretrizes.

---

96 Importante frisar que a denunciação da lide feita pelo autor não constitui propriamente uma denunciação. E isso porque, ao inserir na inicial o terceiro, nenhuma intervenção aí se opera. O denunciado é litisconsorte. O regime e a nomenclatura de denunciação se dão exclusivamente por regra de sistematização: o autor pode trazer terceiros assim como o réu pelos mesmos motivos.

Ademais, a atual sistemática do CPC concentra as modalidades de defesa todas dentro da contestação (reconvenção, impugnação ao valor da causa, impugnação à gratuidade da justiça) sendo uma natural tendência que a denunciação da lide, como forma de manifestação do réu, também seja.

O fato de se tratar a denunciação da lide como verdadeiro direito de ação não invalida o fato de se permitir a denunciação da lide "dentro da petição inicial" ou "dentro da contestação" como se um capítulo fosse. Conforme dito, a localização geográfica não necessariamente identifica a natureza do ato (*vide*, novamente, a questão da reconvenção, que constitui indubitavelmente uma ação, mas que se hospeda como um capítulo da contestação).

Desse modo, não se pode apegar-se ao estreito formalismo (STJ, REsp 476.670/SP).

Igualmente, já entendeu o STJ que a não arguição da denunciação da lide no prazo não acarretaria preclusão do exercício desse direito (REsp 1.637.108/PR).

As possíveis atitudes do denunciado réu estão previstas no art. 128 do CPC:

> I – se o denunciado contestar o pedido formulado pelo autor, o processo prosseguirá tendo, na ação principal, em litisconsórcio, denunciante e denunciado;
> II – se o denunciado for revel, o denunciante pode deixar de prosseguir em sua defesa, eventualmente oferecida, e abster-se de recorrer, restringindo sua atuação à ação regressiva;
> III – se o denunciado confessar os fatos alegados pelo autor na ação principal, o denunciante poderá prosseguir em sua defesa ou, aderindo a tal reconhecimento, pedir apenas a procedência da ação de regresso.
> Parágrafo único. Procedente o pedido da ação principal, pode o autor, se for o caso, requerer o cumprimento da sentença também contra o denunciado, nos limites da condenação deste na ação regressiva.

Poderá, ainda, a seguradora, salvo disposição em contrário, celebrar transação com os prejudicados. Esse acordo não implicará o reconhecimento de responsabilidade do segurado nem prejudicará aqueles a quem é imputada a responsabilidade (art. 106 da Lei n. 15.040/2024 – Lei do Contrato de Seguros).

Conforme se pode verificar do parágrafo único, o CPC resolveu antiga controvérsia sobre a possibilidade de cumprimento de sentença contra o denunciado, que era fonte de tormento na jurisprudência do STJ.

b) O indeferimento liminar da denunciação pelo magistrado desafia o recurso de agravo (art. 1.015, XI, CPC).

c) O denunciado assume dois papéis distintos: será **réu na denunciação e assistente simples na ação principal.** Será réu na denunciação, pois, conforme visto, se forma uma ação entre aquele que denuncia e aquele contra quem a denunciação é dirigida. Contudo, como se trata de uma demanda *secundum eventum litis*, evidente que o denunciado tem interesse na improcedência da demanda principal (a fim de evitar ulterior condenação regressiva).

Por isso, como há a vontade manifesta de que uma das partes vença a demanda, legítimo o seu ingresso por meio da assistência.

Independente da sua **condição dúplice**, a lei qualifica este denunciado como litisconsorte.

Evidente que esta opção legislativa não está imune a críticas, em especial porque o CPC atual manteve essa situação, já existente no CPC anterior.

Não se pode falar em litisconsórcio quando se trata de duas relações jurídicas diversas: uma entre autor e réu e outra entre denunciante (réu) e denunciado (terceiro). Não existe relação jurídica entre a parte contrária do denunciante e o denunciado, de modo que não se poderia formalizar o litisconsórcio por ausência de liame jurídico.

Ademais, o denunciado não é titular do direito que se discute no processo principal. Está vinculado a esse litígio em decorrência de uma mera relação de direito material coligada, mas seria equívoco categorizá-lo como litisconsorte se não disputa, como parte, algo seu em juízo.

Pode-se perguntar se o assistente, ao ingressar no processo, não formaria um litisconsórcio ulterior e, portanto, o denunciado, ingressando na qualidade de assistente, não teria esse benefício.

Ocorre que esse benefício é concedido ao assistente litisconsorcial. O denunciado figura como assistente simples, *que se mantém na qualidade de terceiro*. É simples, pois o bem que se disputa na demanda principal não lhe pertence: sofrerá apenas por via reflexa os efeitos da decisão.

Contudo, como se trata de previsão de *lege lata*, será tratada como litisconsórcio por este *Manual*. A Nova Lei de Seguros (Lei n. 15.040/2024), em reforço à previsão do CPC, estabelece que "Os prejudicados poderão exercer seu direito de ação contra a seguradora, desde que em litisconsórcio passivo com o segurado" (art. 102).

E a questão, em verdade, traduz péssima incoerência procedimental. O terceiro **não participou da relação jurídica de direito material**, logo não foi chamado ao processo inicialmente pelo autor (salvo nos casos de direito de regresso) e, portanto, não é parte.

Ademais, nada foi pedido contra o terceiro.

Todavia, tem o mero dever de regresso (e disso a doutrina não diverge) e dessa forma é denunciado. Será réu na ação regressiva (pois titulariza essa relação específica) e assistente simples na demanda principal, pois parte não é. A inadequada visão do fenômeno no plano de direito material sustenta esses equívocos da lei e da doutrina.

Há entendimento dos tribunais, contudo, que vem permitindo a condenação direta do denunciado em face do adversário do denunciante, o que reforça o argumento contrário ao aqui defendido, ou seja, o terceiro não pode ser demandado originariamente pela parte contrária, mas uma vez denunciada à lide pelo réu (ou autor, em alguns casos, como visto) é possível a sua condenação direta em face do vencedor da demanda[97]. Tanto que o art. 128, parágrafo único do CPC estabelece que "Procedente o pedido da ação principal, pode o autor, se for o caso, requerer o cumprimento da sentença também contra o denunciado, nos limites da condenação deste na ação regressiva". Mas para isso é necessário que sentença condene também o denunciado, sob pena de se proceder à execução sem título executivo contra o terceiro (STJ, REsp 1.628.198/RS).

Esse é o entendimento do STJ firmado nos Enunciados n. 529 da Súmula do STJ "No seguro de responsabilidade civil facultativo, não cabe o ajuizamento de ação pelo terceiro prejudicado direta e exclusivamente em face da seguradora do apontado causador do dano". E Enunciado n. 537 da Súmula do STJ ao estabelecer que "Em ação de reparação de danos, a seguradora denunciada, se aceitar a denunciação ou contestar o pedido do autor, pode ser condenada, direta e solidariamente junto com o segurado, ao pagamento da indenização devida

---

97 Apenas à guisa de exemplo: REsp 925.130/SP, REsp 290.608/PR, REsp 228.840/RS e REsp 188.158/RS.

à vítima, nos limites contratados na apólice". Veja as expressões "se aceitar a denunciação" e "pode ser condenada direta e solidariamente", mas não de forma exclusiva.

Contudo, de forma excepcional, o Enunciado n. 82 do FONAJE autoriza que a seguradora seja demandada originariamente em face daquele que sofreu o dano. Esse caso é permitido por uma questão de ordem prática: como não se autoriza denunciação da lide nos juizados, a eventual ação de regresso deveria ser proposta em outra demanda, contrariando o espírito de celeridade estabelecido pelos juizados especiais (art. 2º, da Lei 9.099/95). Dessa forma se permite excepcionalmente que a seguradora figure no polo passivo da demanda. E, ainda, a já citada hipótese do art. 102 da Lei n. 15.040/2024 (Lei do Contrato de Seguros).

d) Conforme verificado, o denunciado será citado para apresentar defesa, acarretando na suspensão do processo. Será proferida apenas uma sentença para julgar a sorte de ambos os processos. Questão interessante se mostra com a sentença de improcedência.

A parte sucumbente poderá ter a decisão reformada no Tribunal em decorrência da apelação interposta. Uma vez reformada, ressurge a possibilidade do direito de regresso, já que o denunciante, agora, venceu a demanda.

Nada impede, todavia, que o Tribunal, por força do art. 1.013, § 3º, do CPC/2015 conheça da denunciação a despeito do juízo monocrático não tê-lo feito, tendo em vista que a sentença, por ser de improcedência, não precisou.

e) A verba de sucumbência levará em conta sempre as duas ações, condenando-se respectivamente os vencidos em cada uma das lides.

f) Cabe denunciação da lide apenas no procedimento comum. Em todas as outras demandas está vedada, salvo, evidentemente, naquelas de procedimento especial cujo pórtico procedimental permita a conversão para o rito ordinário na fase de resposta (v.g., possessória, monitória).

6.3.7. CHAMAMENTO AO PROCESSO

6.3.7.1. Introdução

O direito material cria uma importante premissa: o Código Civil autoriza que o credor possa escolher, dentre os seus diversos devedores solidários, qual ou quais deles poderão ser demandados (art. 275, CC)[98]. O Código Civil autoriza também demandar ou não contra o fiador do contrato ou escolher um dos diversos fiadores eventualmente existentes na relação contratual para ser demandado.

O fato é que, muitas vezes, alguém pode ser demandado sozinho quando existem outras pessoas que também poderiam responder conjuntamente pela obrigação.

O chamamento ao processo constitui uma modalidade de intervenção, de natureza condenatória, pela qual o réu convoca para o juízo os demais codevedores, cofiadores ou devedor principal da relação jurídica de direito material (que não foram originariamente acionados pelo autor) a fim de que respondam solidariamente (ou, dependendo da situação, subsidiariamente) pela obrigação dentro do processo, sendo todos responsabilizados na mesma sentença.

Trata-se de modalidade facultativa que prestigia a economia processual, pois evita que o réu sucumbente na ação originária ajuíze, *a posteriori*, outra ação contra aqueles que, na

---

[98] Toda vez que houver pluralidade de devedores acerca de bem indivisível, haverá solidariedade.

relação de direito material, eram com ele coobrigados evitando assim a sub-rogação do crédito que a própria facultatividade confere.

Quem convoca os terceiros é denominado de **chamante** e os convocados são os **chamados**.

É fato que a regra do art. 130 do CPC que regulamenta o chamamento ao processo colide com a previsão da solidariedade prevista no art. 275 do Código Civil. O referido artigo dispõe que "o credor tem direito a exigir e receber de um ou de alguns dos devedores, parcial ou totalmente, a dívida comum; se o pagamento tiver sido parcial, todos os demais devedores continuam obrigados solidariamente pelo resto". Assim, a regra de direito material traduz a ideia de litisconsórcio facultativo, pois a parte tem o direito de **eleger** quem estará no polo passivo da demanda, contudo o CPC permite que o réu **imponha** a formação do litisconsórcio mesmo contra a vontade do autor, já que poderá chamar ao processo essas mesmas pessoas que foram deixadas de fora da relação processual pelo autor.

Seguindo boa parte da doutrina, o ingresso do terceiro não enseja a criação de uma segunda relação jurídico-processual referente à ação de regresso (como nos casos de denunciação), mas a inserção dos terceiros no polo passivo da relação já existente (Athos Gusmão Carneiro).

Todavia, há doutrina contrária a essa situação procedimental (Nelson Nery e Pontes de Miranda). Para eles seria inconcebível, no campo do litisconsórcio facultativo, o autor ser "obrigado" a receber novos réus sendo que não era essa sua primeira intenção.

Do contrário, não haveria falar em solidariedade para favorecer o credor, pois a disponibilidade de escolha do polo passivo lhe seria tolhida. Teriam, portanto, duas relações distintas, uma do autor contra o réu (pela regra de que parte é quem pede e contra quem se pede) e outra do chamante em face dos *chamados*.

O autor executa a dívida em face de quem demandou e o réu dos que foram chamados.

Portanto:

> **Teoria dualista:** o chamamento ao processo gera DUAS relações jurídicas: uma do autor contra o réu escolhido e a outra desse réu (ou réus) chamante em face dos chamados. A condenação dos chamados será apenas em face do chamante em decorrência do direito de regresso;
>
> **Teoria unitária:** o chamamento ao processo gera UMA relação jurídica: o réu quando demandado traz ao processo os demais coobrigados ou fiadores (chamados) que ingressam na qualidade de litisconsórcio ulterior havendo relação direta com o autor da demanda que pode executar o patrimônio dos condenados livremente.

A teoria dualista, todavia, não foi encampada pela nossa legislação, pois o art. 132 do CPC assevera que "a sentença de procedência valerá como título executivo em favor do réu que satisfizer a dívida, a fim de que possa exigi-la, por inteiro, do devedor principal, ou de cada um dos codevedores a sua cota, na proporção que lhes tocar".

Veja que a lei não dá nenhum indício que haverá subsidiariedade ou cobrança *secundum eventum litis*. Afirma-se, ao contrário, que aquele que pagar a dívida pode se sub-rogar para cobrar dos demais suas quotas-partes, permitindo que um dos *chamados* possa fazê-lo e não necessariamente o devedor originário.

Por mais que, processualmente, essa parcela da doutrina possa ter razão, no que concerne à liberdade de litigar (especialmente pelo confronto dos arts. 275, CC *versus* 130, CPC), no campo do direito material é muito mais vantajosa "essa redução de liberdade" retirada do autor no momento de se escolher o devedor solidário com a qual ele deseja litigar, pois, com o ingresso dos chamados, a possibilidade de satisfação do crédito se amplia, na medida em que existem mais réus (e, portanto, mais opções de patrimônio) para que se possa satisfazer a obrigação.

Uma questão que reflete esse contexto é o entendimento doutrinário no sentido de que o autor não pode desistir da ação em relação aos chamados, mas, somente em relação ao chamante.

Como o chamamento é instrumento previsto em lei para que o réu traga os demais coobrigados que não foram chamados pelo autor, se a lei permite essa inserção, não é o autor que irá desistir desses terceiros para impedir a formação de litisconsórcio. Nem sobre a fundamentação da autonomia dos litisconsortes.

Em verdade, só se desiste de quem se chama e não de quem é imposto.

Assim, a desistência do autor por um dos litisconsortes não gerará nenhum efeito, salvo se assim consentir o réu, *ex vi* do art. 485, § 4º, do CPC. Sobre o litisconsórcio que se forma entre chamante e chamados, inegável, conforme dito, ser ele facultativo, pois o autor não tinha essa obrigatoriedade quando da propositura da ação.

Difere-se o chamamento ao processo da denunciação da lide em vários aspectos. No chamamento ao processo, o réu tem legitimidade privativa para chamar os terceiros, já na denunciação o autor também poderá exercer essa prerrogativa. O chamamento é uma **intervenção de legitimação determinada**, que se aplica às hipóteses do art. 130, CPC (fiança e solidariedade), já a denunciação possui outras hipóteses previstas no art. 125, CPC (evicção e garantia por lei ou contrato).

Ademais, na denunciação, o terceiro nunca poderia ser parte[99], pois não tem legitimidade para ostentar essa condição. Seu espectro de atividade cinge a ser garantidor de um direito decorrente de evicção ou por lei/contrato, daí por que é responsabilizado.

Já o *chamado* tem *status* de parte, pois, pela regra do litisconsórcio facultativo, possibilitou ao autor originariamente não o chamar ao processo, mas, se fosse, indubitavelmente seria parte.

Como dito, os terceiros que são chamados ao processo ingressam na qualidade de réus, ou seja, forma-se em conjunto com o réu originário (chamante) um litisconsórcio passivo ulterior, e a sentença, se procedente, condenará todos ao cumprimento da obrigação perante o autor-credor. O litisconsórcio em regra será unitário, pois o juiz profere uma sentença que será igual a todos os réus.

Contudo, se o objeto da prestação for divisível, o litisconsórcio que se forma entre os chamados não será unitário, mas simples, podendo o magistrado, de acordo com as peculiaridades do caso, decidir de maneira diversa a todos os litisconsortes.

Dessa forma, nada impede que os chamados ao processo, em decorrência de fiança ou solidariedade, aleguem exceções pessoais a fim de excluir a sua responsabilidade pela obrigação (art. 837, CC).

---

99 Com as devidas ressalvas estabelecidas no item da denunciação da lide, *supra*. Em que a lei o considera litisconsórcio.

6.3.7.2. Cabimento e procedimento

A regra do chamamento ao processo é permissiva em duas situações no sistema: por solidariedade ou decorrente de fiança. Logo, o art. 130 enumera três incisos que versam sobre esse cabimento:

I – Quando o fiador chama o devedor ao processo – fiança é um contrato acessório por meio da qual um terceiro se responsabiliza pelo cumprimento da obrigação, caso o devedor originário não cumpra.

O fiador não tem a obrigação, pois esta só pertence ao devedor, mas tem **responsabilidade** pela garantia do cumprimento. O credor poderá demandar contra o devedor e o fiador em litisconsórcio, somente contra o devedor ou somente contra o fiador.

Apenas nessa última hipótese poderá se chamar ao processo. Nesse caso, a sentença de procedência condenará ambos, chamante e chamado, ao pagamento da dívida. Contudo, nesse momento é importante ressalva contida no direito material sobre o benefício de ordem (art. 827, CC).

O benefício de ordem é a vantagem conferida pela lei ao fiador para que se determine que se procurem e procedam a excussão primeiro bens do devedor e somente na sua ausência é que se procurem os seus. Ambos podem, na fase de conhecimento, ser chamados ao processo indistintamente, todavia, em fase de execução, são os bens do devedor que serão excutidos antes.

Mas esse benefício somente será possível se o fiador tiver chamado ao processo o devedor no curso do processo de conhecimento, mais especificamente na defesa. Neste sentido, a lei material e a processual convergem (art. 827, CC, c/c art. 130, CPC). Entretanto, nos dias de hoje a renúncia ao benefício de ordem é praticamente uma regra, já que em quase todas as relações que tenham como pacto adjeto o contrato de fiança o devedor é considerado devedor solidário, pois renuncia ao benefício que a lei lhe faculta[100];

II – Quando o(s) fiador(es) chama(m) os demais fiadores ao processo – pode ocorrer, por vezes, que duas ou mais pessoas prestem fiança relativamente à mesma relação obrigacional e, diante do inadimplemento, apenas uma delas tenha sido chamada para figurar no polo passivo da causa. O regime entre eles é de solidariedade, mas somente será cobrado de cada fiador chamado a sua respectiva quota, em atenção ao art. 831 do CC;

III – Quando o devedor chama os demais devedores solidários ao processo – é o caso mais comum de chamamento. A regra para se inferir o alcance do dispositivo é a solidariedade. Por ela, faculta-se ao credor buscar no judiciário toda a dívida de um só dos devedores. O Enunciado n. 351 das Jornadas de Direito Civil do CJF estabelece que se o credor renunciar à solidariedade em favor de determinado devedor afasta a hipótese de seu chamamento ao processo.

Ao trazer ao processo os coobrigados que não foram chamados, o devedor amplia subjetivamente o processo e o juiz condenará em sentença todos os réus, sejam os chamados pelo credor, sejam aqueles que ingressaram em litisconsórcio ulterior. Em execução, poderá o credor buscar de qualquer um deles a satisfação da dívida.

---

100 Situação diferente é aquela que se apresenta quando a execução sobre o fiador decorrer de título executivo extrajudicial. Nesse caso, não houve processo de conhecimento para poder chamar o devedor em juízo. Sendo possibilitado o chamamento em execução, resta apenas alegar a ilegitimidade passiva tendo em vista o benefício de ordem que a lei lhe garante. Trata-se, pois, de uma ilegitimidade condicionada, pois somente será executado se o devedor não tiver bens livres e desembaraçados para responder com a obrigação.

Quanto ao procedimento, o chamamento será dentro da própria defesa, conforme se depreende do art. 131 do CPC (para que os chamados possam apresentar, querendo, contestação no prazo legal) e o feito ficará sobrestado até que todos os chamados sejam citados. É evidente que existe um juízo de admissibilidade para se evitar que o réu chame ao processo aleatoriamente, com o único intuito de suspender o feito.

A sentença que condena em chamamento é um **título executivo de natureza diferenciada**, pois a parte é incerta, já que não se sabe ainda quem vai satisfazer a obrigação. Não há, pois, previamente, um "executado" no sentido de que será esse o responsável a cumprir com o pagamento.

O chamamento é forma de intervenção utilizada no processo ou fase de conhecimento comum, pois serve para se obter a condenação dos demais coobrigados dentro da mesma demanda, logo incabível sua permissibilidade no processo de execução ou cumprimento de sentença, que condenação alguma se formaliza além de não se permitir um amplo contraditório. Nos procedimentos especiais que se convertem para comum também são cabíveis, como no procedimento monitório e nas possessórias.

6.3.7.3. Da denunciação da lide e do chamamento ao processo nas relações de consumo

O art. 88 do CDC estabelece que: "Na hipótese do art. 13, parágrafo único deste código, a ação de regresso poderá ser ajuizada em processo autônomo, facultada a possibilidade de prosseguir-se nos mesmos autos, vedada a denunciação da lide".

O referido art. 13, parágrafo único dispõe que: "Aquele que efetivar o pagamento ao prejudicado poderá exercer o direito de regresso contra os demais responsáveis, segundo sua participação na causação do evento danoso".

O artigo refere-se à proibição de denunciação da lide nas ações de regresso por vício do produto ou do serviço (arts. 12 e 13, CDC). Dessa forma, o comerciante (art. 13, CDC) que for demandado, não poderá denunciar a lide os demais responsáveis da cadeia de consumo (fabricante, construtor, produtor, importador, distribuidor etc.), somente sendo possível exercer o direito por ação autônoma.

Contudo, o CDC incorre em grave erro, pois a relação entre esses sujeitos é de **solidariedade** (conforme se verifica no art. 7º, parágrafo único, CDC), sendo o caso, de vedação, portanto, ao **chamamento ao processo** e não denunciação.

A proibição objetiva impedir o retardamento do processo com o uso da intervenção de terceiros e a mera diluição da responsabilidade que não geraria o efeito pedagógico da sanção (já que de valor menor quando dividida).

Entretanto, se admite "chamamento ao processo" do fornecedor para sua seguradora, conforme art. 101, II, do CDC para que ambos possam responder solidariamente aos danos sofridos pelo consumidor.

Só que aqui há dois grave erros: o primeiro que a inserção da seguradora no processo se dá por **denunciação da lide** e não chamamento ao processo. Segundo que o referido art. 101, II, fala que: "Nesta hipótese, a sentença que julgar procedente o pedido condenará o réu nos termos do art. 80 do Código de Processo Civil [art. 132, CPC atual]", ou seja, apenas em relação a quem chamou a seguradora na demanda. Este cobrará regressivamente os demais.

Ocorre que, sendo denunciação da lide, aplica-se a regra do art. 128, parágrafo único com a possibilidade de condenação direta da seguradora.

6.3.8. INTERVENÇÃO ANÔMALA DO PODER PÚBLICO

Está regulamentada no art. 5º da Lei n. 9.469/97.

Preconiza o art. 5º: "A União poderá intervir nas causas em que figurarem como autoras ou rés, autarquias, fundações públicas, sociedades de economia mista e empresas públicas federais". E o parágrafo único é o que interessa para o estudo aqui proposto: "Parágrafo único. As pessoas jurídicas de direito público poderão, nas causas cuja decisão possa ter reflexos, ainda que indiretos, de natureza econômica, intervir, independentemente da demonstração de interesse jurídico, para esclarecer questões de fato e de direito, podendo juntar documentos e memoriais reputados úteis ao exame da matéria e, se for o caso, recorrer, hipótese em que, para fins de deslocamento de competência, serão consideradas partes".

É necessário, antes, estabelecer algumas premissas.

Constitui forma diferenciada de intervenção de terceiros[101] (juntamente com as conhecidas modalidades previstas no CPC e fora dela) com algumas características específicas:

a) apesar do *caput* estabelecer a legitimação exclusiva da União, o parágrafo único amplia para outros entes públicos (estaduais, municipais);

b) o interesse que se apresenta em juízo não é jurídico, mas sim econômico[102];

c) a Fazenda não adquire condição de parte, a não ser que interponha recurso.

O recurso objetiva resguardar o seu interesse econômico. Aqui, diversamente do que ocorre com as demais intervenções de terceiro em que o terceiro adquire a condição de parte com o ingresso, a União apenas adquirirá esta condição com a interposição de recurso;

d) a intervenção, como dito, pode ser dada por qualquer pessoa de direito público e aplica-se a qualquer tipo de causa, ainda que envolva apenas particulares;

e) constitui intervenção desprovida de maiores solenidades, bastando o comparecimento da Fazenda Pública com a apresentação de documentos, provas e memoriais, sem a necessidade de se formalizar novo procedimento. Justamente por não haver interesse jurídico, parece desnecessária a intimação das partes para verificar se existe este interesse ou não. A intimação seria apenas formal, cujo objetivo é resguardar o contraditório;

f) do que se colhe das poucas informações trazidas pela lei, não parece que a União (e mais amplamente o Poder Público) tenha ampla atuação no processo. Sua atividade está confinada, como dito, aos esclarecimentos de fato e de direito, com a juntada de documentos, provas e memoriais. Os poderes conferidos são menores que o do assistente simples.

Conforme se verifica da leitura do texto legal, a Fazenda não pode excursionar sobre pontos incontroversos do processo, apenas os controvertidos.

Por consequência lógica, se apenas pontos controvertidos serão objeto de sua intervenção, é-lhe vedada a apresentação de defesa, pois esta é cronologicamente anterior à formação da questão (na expressão de *Carnelutti*, os pontos controvertidos trazidos por ambas as partes geram uma questão). Se a controvérsia se dá com a contestação, como poderia a Fazenda utilizá-la se sua função é, justamente, esclarecer os pontos controvertidos? E, como bem assevera Leonardo José Carneiro da Cunha, "se é possível a pessoa jurídica de direito público, na intervenção anômala, contestar, seria ela que estaria fazendo surgir a questão no processo"[103];

---

101 Há autores que enquadram esta modalidade de intervenção como *amicus curiae* (Cassio Scarpinella Bueno, *Amicus curiae no processo civil brasileiro, um terceiro enigmático*, São Paulo: Saraiva, 2006, p. 214).

102 A despeito de também este interesse ser jurídico, deste a intervenção prescinde. É necessário o critério econômico, o que, aliás, não é usual no nosso sistema, sempre pautado pelo interesse eminentemente jurídico.

103 *A Fazenda Pública em juízo*, 6. ed., São Paulo: Dialética, 2008, p. 164.

g) se o Poder Público recorrer desloca-se a competência. Como a Fazenda não ingressa como parte, não haverá, por ora, esse deslocamento da competência. A Constituição Federal (art. 109, I) fala que a União poderá intervir no processo na condição de autora, ré, assistente e opoente (o que geraria o automático deslocamento da competência). Sabendo que esta modalidade de intervenção não se enquadra em nenhuma delas, apenas com a interposição do recurso, e somente nesta oportunidade, adquire a condição de parte.

Dessa forma, a simples interposição do recurso gera o deslocamento da competência, independentemente de sua admissibilidade. O exame de admissibilidade já será no novo juízo. Este é o entendimento da lei.

Aceitar, porém, este entendimento será inverter a hierarquia normativa do sistema e permitir que uma lei ordinária altere a competência estabelecida constitucionalmente. Dessa forma, seria inaceitável permitir que o TRF reveja (por força do deslocamento) a sentença proferida por um juiz estadual que a ele – tribunal – não está vinculado.

Correto é entender que a interposição do recurso não geraria o deslocamento da competência, aliás, é o posicionamento do Enunciado n. 55 da Súmula do STJ: "O Tribunal Regional Federal não é competente para julgar recurso de decisão proferida por juiz estadual não investido de jurisdição federal". Esta regra ofende também o art. 108, II, da CF, que estabelece competência dos Tribunais Regionais Federais para julgar as decisões dos juízes federais e dos estaduais "no exercício da competência federal da área de sua jurisdição";

h) o Poder Público não será atingido pela coisa julgada, porquanto, pelos limites subjetivos, a coisa julgada somente atinge as partes, não terceiros (CPC, art. 506), a não ser que a favoreça. Entretanto, haverá a incidência da *res iudicata* quando o Poder Público interpuser recurso, já que, nessa situação, adquire o *status* de parte;

i) a referida lei ampliou o espectro subjetivo do art. 996 do CPC ao permitir, com possibilidade recursal, o Poder Público.

6.3.9. DO *AMICUS CURIAE*

6.3.9.1. Introdução e requisitos para sua admissão

A necessidade desse terceiro foi desenvolvida especialmente nos países de tradição no *common law*, por naturalmente ter como pressuposto a tradição de aplicação dos precedentes aos casos análogos e a possibilidade de uma a decisão empreendida num dado processo tenha a potencialidade de se replicar em outros tantos. Dessa forma, maior deve ser o cuidado na confecção da decisão que servirá como paradigma às demais.

No Brasil, historicamente não se admitia a intervenção do *amicus curiae* em processos individuais[104], muito pela influência liberal e individualista legada do século XIX. Contudo foi necessário rever esse posicionamento.

A coletivização dos direitos com o estabelecimento das denominadas *macrolides*, a força normativa dos precedentes e da jurisprudência e a difusão das demandas em massa exigem cuidado muito maior do julgador, pois sua decisão não atingirá somente as partes, mas também toda a sociedade. Dessa forma, para que o julgamento seja mais preciso, poderá o magistrado necessitar de ajuda técnica.

Essa ajuda decorre não somente para melhorar qualitativamente a produção da decisão judicial com a participação de pessoas tendentes a colaborar ao aperfeiçoamento das decisões

---

104 STF, MS 29.058, MS 28.477 e MS 30.952.

judiciais, como também em decorrência da moderna concepção de contraditório apta a permitir a integração de outras pessoas de modo a contribuir com a prestação jurisdicional. Esse é o motivo da previsão generalizada do *amicus curiae* no CPC brasileiro e é essa a função desse interveniente.

Será ele o representante da sociedade (ou parte dela) que de alguma forma será atingida pelos efeitos da decisão do processo.

O CPC estabelece, em seu art. 138, a possibilidade de intervenção do terceiro levando em consideração: **a) a relevância da matéria, b) a especificidade do tema da demanda e/ou c) a repercussão social.**

Acreditamos haver um juízo de sobreposição entre os itens "a" e "c", já que a relevância da matéria acarreta invariavelmente na repercussão social. E se o tema tiver repercussão social a matéria será, *ipso facto*, relevante, pois o direito é um produto humano engendrado para regular a própria sociedade.

Não é necessário que a causa motivadora do ingresso do terceiro seja ou tenha potencialidade para se replicar em situações semelhantes, vale dizer, o *amicus curiae* poderá intervir em processos que não tenha questão repetitiva.

Basta pensar que o incidente de assunção de competência trata de matérias relevantes, sem caráter de repetitividade (art. 947, CPC). Dessa forma uma questão relevante discutida num único processo pode ser suficiente para se tipificar essa modalidade de intervenção.

O *amicus* participa também da "alteração da tese jurídica adotada em enunciado ou em julgamento de casos repetitivos" (art. 927, § 2º, CPC) em que haverá "a participação de pessoas, órgãos ou entidades que possam contribuir para a rediscussão da tese", tema que será melhor abordado no capítulo destinado aos precedentes (*infra*).

Quanto à especificidade do tema, assevera Antônio do Passo Cabral que "o tema objeto da demanda tenha uma especificidade, isto é, uma idiossincrasia que faça com que o contraditório se instale sobre um temário que exija conhecimentos peculiares, a recomendar uma cognição qualificada por informações cuja especificidade pode escapar até mesmo às partes e ao juízo"[105].

Assim, para que o terceiro seja potencialmente útil deverá ser apto a prestar as adequadas informações para contribuir de forma relevante ao deslinde do processo. O *amicus curiae* não possui interesse jurídico na demanda, que normalmente anima as intervenções de terceiro tradicionais, não tem interesse, como regra, que uma das partes saia vencedora e tampouco precisa demonstrar que os efeitos do processo poderão atingir sua esfera jurídica. Evidente que a intervenção dessa modalidade de terceiro não é por mera filantropia. Resta claro que poderá ele ter interesses jurídicos ou de outra natureza na causa, mas este não constitui o "fato gerador" para seu ingresso na causa.

Seu interesse é meramente **institucional**, decorrente do interesse metaindividual que se discute em juízo. Por interesse institucional deve-se entender a participação em processos de direitos metaindividuais que não lhe pertencem, mas sim a um grupo determinado ou indeterminado de pessoas. Dessa forma "representa-os em juízo como adequado portador deles que é. Seja porque se trata de decisões que signifiquem tomadas de decisões valorativas, seja porque são decisões que têm aptidão de criar 'precedentes', tendentes a vincular"[106].

O *amicus curiae* poderá ser pessoa jurídica, física, ente despersonalizado, órgãos em geral.

---

105 *Comentários ao Código de Processo Civil*, cit., p. 214.
106 SCARPINELLA BUENO, Cassio. *Manual de direito processual civil*. São Paulo: Saraiva, 2015, p. 161.

O STF sempre tratou com resistência a ideia de *amicus curiae* como pessoa física (ADPF 205/PI e RE 659.424) contudo esse posicionamento não deve prevalecer à luz do novo diploma processual. Muitas vezes a necessidade de conhecimentos específicos somente poderá ser prestada por uma pessoa (um cientista ou técnico, por exemplo) que não esteja necessariamente ligado a nenhum órgão ou pessoa jurídica.

6.3.9.2. Natureza jurídica

Há autores que entendem se assemelhar com a figura do Ministério Público como fiscal da ordem jurídica. Entendemos não se tratar dessa figura, porém.

Difere porque sua intervenção não é obrigatória, não fiscaliza as decisões ou o andamento do processo e sim auxilia na sua prolação, podem atuar em qualquer tipo de causa (e não só nas indisponíveis, como faz o MP).

Outros entendem fazer verdadeiramente as vezes de um perito, na medida em que traz ao processo informações técnicas que o julgador desconhecia.

Também com esse, apesar de se assemelhar, não se confunde. Não se submete às regras de impedimento e suspeição, não recebe honorários, não entrega laudo e sim memoriais.

Com a sua sistematização no capítulo das intervenções de terceiro, a figura do *amicus* ganhou autonomia própria e não precisa mais ser confrontada com nenhum instituto existente.

O *amicus curiae* se diferencia das intervenções de terceiro tradicionais por diversos motivos:

INTERVENÇÃO DE TERCEIROS GERAL	AMICUS CURIAE
Seu ingresso apenas poderá ser pelo próprio terceiro, MP ou pela parte conforme o caso	O *amicus curiae*, além dessas possibilidades, poderá ser de ofício pelo juiz
Os terceiros sofrem os efeitos da coisa julgada ou da justiça da decisão conforme o caso	Não sofre nenhum efeito de imunização, podendo discutir novamente a questão do processo em outra causa
Em regra, é parte	Não é parte
Deve suportar os custos do processo	Não suporta os custos do processo
Seu interesse, de regra, é jurídico	Seu interesse é institucional

O que é fato é que o *amicus curiae* não demanda nem é demandado e não precisa necessariamente se juntar a uma das partes, por isso não pode ser analisado sob a ótica da legitimidade e interesse tradicionais.

6.3.9.3. Regulamentação normativa

A despeito de haver diversas leis que regulamentam a atividade do terceiro, apenas uma expressamente disciplinava a sua existência: trata-se da Resolução n. 390/2004, do Conselho da Justiça Federal, em seu art. 23, § 1º[107].

---

107 Art. 23. As partes poderão apresentar memoriais e fazer sustentação oral por dez minutos, prorrogáveis por até mais dez, a critério do presidente.

Contudo, há legislação prevendo de maneira bastante clara (mas não expressa):
a) no procedimento da ADI e da ADC (Lei n. 9.868/99, art. 7º, § 2º);
b) no incidente de declaração de inconstitucionalidade (CPC/2015, arts. 948-950);
c) no incidente de uniformização de jurisprudência no Juizado Especial Federal (Lei n. 10.259/2001, art. 14, § 7º);
d) no RISTF (art. 131, § 2º);
e) na Lei n. 11.417/2006 (art. 3º, § 2º) que disciplina sobre edição, revisão e cancelamento de súmulas vinculantes do STF;
f) na repercussão geral (CPC/2015, art. 1.035, § 4º);
g) nos casos de Comissão de Valores Imobiliários (Lei n. 6.385/76, art. 31);
h) no Conselho Administrativo de Defesa Econômica (CADE) (Lei n. 8.884/94, art. 89) decorrente da Lei Antitruste;
i) no estatuto dos advogados (Lei n. 8.906/94, art. 49).
O CPC prevê a figura do *amicus curiae* no art. 138.

6.3.9.4. Procedimento

O CPC não prevê o *modus operandi* do ingresso deste terceiro, pelo que Cassio Scarpinella Bueno entende se tratar "para sua admissão, a disciplina que o Código de Processo Civil reserva para a assistência"[108]. A lei conferiu apenas algumas questões que cumpre apresentar:

Os poderes do *amicus curiae* serão fixados pelo juiz ou relator na decisão que solicitar ou admitir o terceiro.

O *amicus curiae* pode ingressar a requerimento da parte (intervenção espontânea), por quem deseja se manifestar no processo ou por provocação do Estado-juiz (intervenção provocada). Nada impede a intervenção de ofício do *amicus curiae*, a despeito do silêncio da lei. A decisão que autoriza sua inserção é irrecorrível.

É necessária capacidade postulatória. Vale dizer, se o *amicus* não for advogado ou sociedade de advogados, ele deve ser representado por um. A despeito de, em muitos casos, a sua intervenção não depender de conhecimentos jurídicos é importante que sua manifestação seja transportada ao processo por um advogado. Não só para a devida observância do trâmite processual, como também para orientação sobre sua manifestação e possibilidade de recurso.

A lei estabelece que pode ingressar nessa condição a "pessoa natural ou jurídica, órgão ou entidade especializada, com representatividade adequada, no prazo de quinze dias da sua intimação" (art. 138, CPC). Como bem observa o Enunciado n. 127 do FPPC da qual concordamos "a representatividade adequada exigida no *amicus curiae* não pressupõe a concordância unânime daqueles a quem representa".

Há aqueles, contudo, que entendem que a melhor nomenclatura não seria "representatividade adequada", mas contributividade adequada (Eduardo Talamini) ou potencial influência (Antônio Cabral).

O *amicus curiae* apresenta memoriais com a explanação técnica do que se deseja esclarecer. Poderá, igualmente, fazer sustentação oral e recorrer quando se tratar exclusivamente de incidente de resolução de demandas repetitivas.

---

§ 1º O mesmo se permite a eventuais interessados, a entidades de classe, associações, organizações não governamentais etc., na função de *amicus curiae*, cabendo ao presidente decidir sobre o tempo de sustentação oral.

108 *Curso*, cit., v. 2, p. 527.

Em verdade, o *amicus* poderá interpor recurso especial ou extraordinário (conforme o caso) para os julgamentos de IRDR e opor embargos de declaração contra qualquer decisão (art. 138, §§ 1º e 3º, CPC). Acreditamos que o *amicus* também poderá interpor recurso contra a decisão que inadmitiu a sua intervenção. Aliás, esse já era o posicionamento do STF sobre o assunto (ADI 3.615 e 3.396). Contudo, o STJ assumiu posicionamento diverso ao estabelecer que "não é cabível agravo interno contra decisão que indefere o ingresso de terceiro na qualidade de *amicus curiae* em recurso especial representativo de controvérsia"[109].

O *amicus curiae* também tem legitimidade para ajuizar ação rescisória com fundamento no art. 967, IV, do CPC. Esse é o entendimento do Enunciado 339 do FPPC. E também é cabível a intervenção do *amicus curiae* no procedimento do mandado de injunção (Enunciado n. 12 da I Jornada de Direito Processual Civil – CJF).

Nada impede que o terceiro estabeleça negócio jurídico processual que seja para o estabelecimento dos seus poderes (e também deveres, faculdades, ônus), afinal a própria lei não estabelece essa conduta, conferindo ao magistrado essa função.

Por fim, a intervenção do *amicus curiae* não implica alteração de competência.

6.3.10. INCIDENTE DE DESCONSIDERAÇÃO DA PERSONALIDADE JURÍDICA

O CPC foi o primeiro diploma a estabelecer o regramento procedimental do incidente de desconsideração da personalidade jurídica, uma vez que sua previsão está disciplinada apenas em leis materiais (art. 50, CC; art. 28, CDC; arts. 134, VII, e 135, III, CTN; art. 158, Lei n. 6.404/76, art. 18, art. 4º, Lei n. 9.605/98, art. 82-A, § único da Lei n. 11.101/05[110], art. 34, Lei n. 12.529/2011, art. 14, Lei n. 12.846/2013 e art. 2º, § 2º, CLT e Instrução Normativa 39/15, TST)[111]. Igualmente se aplica a desconsideração nos Juizados Especiais, conforme o art. 1.062 do CPC: "O incidente de desconsideração da personalidade jurídica aplica-se ao processo de competência dos juizados especiais", sendo a única intervenção de terceiro permitida tendo em vista a expressa vedação do art. 10 da Lei n. 9.099/95.

E se aplica no procedimento falimentar. Aliás, firmou-se esse posicionamento no Fórum Permanente de Processualistas Civis, no Enunciado n. 247, "Aplica-se o incidente de desconsideração da personalidade jurídica no processo falimentar", e no Enunciado n. 111 da II Jornada de Direito Processual Civil (CJF): "O incidente de desconsideração da personalidade jurídica pode ser aplicado ao processo falimentar". Como seu regramento procedimental era controverso coube ao CPC estabelecer suas diretrizes fundamentais em cinco artigos (arts. 133-137), que se aplicam amplamente para as leis civis (CC, CDC e demais regramentos de direito material) e, no que for compatível, com a Justiça do Trabalho. É importante frisar que o cabimento e as situações em que ocorre a possibilidade de desconsideração continuam sendo matéria do direito material nas diversas legislações, conforme mencionado *supra*.

Contudo, a estrutura e como se formaliza a desconsideração é que será objeto do Código de Processo Civil. E o incidente regulamentado pelo Código constitui o único instrumento para esse fim, conforme se verifica do seu art. 795, § 4º: "Para a desconsideração da personalidade jurídica é obrigatória a observância do incidente previsto neste Código".

---

109 AgInt na PET no REsp 1.908.497-RN, Rel. Ministra Assusete Magalhães, Primeira Seção, *DJe* 20-9-2023.
110 Com a redação dada pela Lei n. 14.112/2020.
111 Ademais, o Enunciado 124 do FPPC dispõe que "a desconsideração da personalidade jurídica no processo do trabalho deve ser processada na forma dos arts. 133 a 137, podendo o incidente ser resolvido em decisão interlocutória ou na sentença".

A desconsideração é modalidade de intervenção de terceiros, pois amplia subjetivamente a relação originária, seja com o ingresso dos sócios da empresa, seja com o ingresso da própria pessoa jurídica (quando se tratar da denominada *desconsideração inversa*). Com o ingresso do terceiro forma-se um litisconsórcio passivo, facultativo, ulterior e simples.

6.3.10.1. Direito material

Como regra, a pessoa jurídica é considerada autônoma em seus direitos e obrigações de modo que a responsabilidade das obrigações da sociedade não poderá recair sobre os sócios e tampouco a pessoa jurídica responde pelo sócio nas dívidas que foram contraídas por ele.

O estudo da desconsideração da personalidade jurídica (*disregard of the legal entity*) surgiu na Inglaterra, mas foi trazido para a doutrina nacional pela primeira vez por Rubens Requião no final dos anos 60.

Constitui instrumento que permite ao Poder Judiciário, de maneira provisória, tornar ineficaz a estrutura formal de uma sociedade para um ou alguns casos específicos. Não gera a extinção da sociedade, tampouco sua despersonalização. O que há é a mudança de critérios temporários de responsabilização.

Tem por finalidade coibir a fraude e o abuso do direito de modo a garantir a solvabilidade das obrigações contraídas pela pessoa jurídica. Como a responsabilidade dos sócios é, no mais das vezes, subsidiária, muitos se valem dessa proteção para praticar atos de má gestão societária.

No Brasil, durante o desenvolvimento dos estudos sobre a desconsideração, engendraram-se duas teorias para se configurar a tipicidade do instituto:

Teoria maior – o sócio responderá pela dívida da empresa desde que concorram dois fatores: a) a insolvência (prejuízo para o credor) e b) o desvio de finalidade/confusão patrimonial (abuso da personalidade jurídica). Essa é a regra seguida pelo Código Civil em seu art. 50. Contudo o Enunciado n. 281 do CJF/STF estabelece a desnecessidade da prova da insolvência da pessoa jurídica, bastando apenas o abuso da personalidade jurídica.

Teoria menor – para essa teoria basta a insolvência da sociedade prejudicando o credor para configurar a tipicidade da desconsideração. Assim, se a sociedade não possui patrimônio, mas o sócio é solvente, basta para que este seja responsabilizado pelas dívidas daquela. Essa teoria é verificada especialmente nos direitos indisponíveis como consumidor, ambiental e trabalhista.

É possível, igualmente, a desconsideração da personalidade jurídica inversa ou invertida: ocorre quando o sócio, pessoa física, utiliza-se da empresa para se eximir de suas obrigações. Assim, v.g., adquirindo bens em uso próprio em nome da empresa (confusão patrimonial). Assim ficou estabelecido na IV Jornada de Direito Civil em que foi aprovado o Enunciado n. 283 CJF/STJ nos seguintes termos: "É cabível a desconsideração da personalidade jurídica denominada 'inversa' para alcançar bens de sócio que se valeu da pessoa jurídica para ocultar ou desviar bens pessoais, com prejuízo a terceiros" que atualmente vem regrada no art. 133, § 2º, CPC.

O STJ já entendeu que a desconsideração da personalidade jurídica não depende de prova da inexistência de bens do devedor (REsp 1.729.554). Igualmente é admissível a desconsideração da personalidade jurídica de associação civil. Contudo a responsabilidade patrimonial ficaria circunscrita aos associados que tiverem posição de poder na condução da entidade, pois não faria sentido estender essa responsabilidade para um número enorme de associados que nada influenciam na prática dos atos ilícitos (STJ, REsp 1.812.929/DF. Rel. Min. Marco Aurélio Bellizze, Terceira Turma, j. 12-9-2023).

6.3.10.2. Direito processual

O CPC regulamenta o procedimento do incidente da desconsideração que pode ser sistematizado da seguinte forma:

a) legitimidade. É conferida tanto à parte quanto ao Ministério Público nas hipóteses em que sua intimação se faça necessária no processo (CPC, art. 133). Quanto à possibilidade de o juiz instaurar de ofício, no silêncio da lei processual, cabe analisar a sua previsão no direito material. Assim, é importante verificar os arts. 50 do CC e 28 do CDC:

> Art. 50 do CC: Em caso de abuso da personalidade jurídica, caracterizado pelo desvio de finalidade, ou pela confusão patrimonial, pode o juiz decidir, **a requerimento da parte**, ou do Ministério Público quando lhe couber intervir no processo, que os efeitos de certas e determinadas relações de obrigações sejam estendidos aos bens particulares dos administradores ou sócios da pessoa jurídica (destaques nossos).
>
> Art. 28 do CDC: **O juiz poderá** desconsiderar a personalidade jurídica da sociedade quando, em detrimento do consumidor, houver abuso de direito, excesso de poder, infração da lei, fato ou ato ilícito ou violação dos estatutos ou contrato social. A desconsideração também será efetivada quando houver falência, estado de insolvência, encerramento ou inatividade da pessoa jurídica provocados por má administração (destaques nossos).

Verifica-se que o Código Civil veda a decretação de ofício, o que não acontece com o CDC, em que não se exige requerimento da parte (até mesmo porque as normas do CDC são de ordem pública conforme dispõe o art. 1º da Lei n. 8.078/90). Essas regras se aplicam, portanto, ao incidente, pois esta tutela exatamente a questão prevista nas leis materiais. O MP apenas participará como fiscal da ordem jurídica nos casos em que sua intervenção se faça necessária (art. 178, CPC e Enunciado 123, FPPC).

b) desconsideração inversa. Assim como a doutrina e a jurisprudência já vinham entendendo, o CPC, atento à possibilidade, expressamente regulamenta o cabimento do incidente para as hipóteses da desconsideração inversa da personalidade jurídica, ou seja, afasta-se a autonomia individual da pessoa física para que a responsabilização recaia sobre a sociedade. Aqui a fraude a ser coibida é do devedor que estabelece desvio de bens para a pessoa jurídica da qual exerce a gestão.

Imagine, por exemplo, o cônjuge que, em vias de requerer o divórcio, transfere boa parte do seu patrimônio pessoal para sua empresa a fim de acarretar significativa diminuição dos bens que serão objeto de meação na partilha.

O Enunciado n. 283 da IV Jornada de Direito Civil dispõe que "é cabível a desconsideração da personalidade jurídica denominada 'inversa' para alcançar bens de sócio que se valeu da pessoa jurídica para ocultar ou desviar bens pessoais, com prejuízo a terceiros". O STJ entende que o sócio possui legitimidade para impugnar a decisão que defere o pedido de desconsideração inversa (REsp 1.980.607/DF).

c) cabimento. O incidente é cabível em qualquer fase do processo de conhecimento, no cumprimento de sentença e na execução com base em título executivo extrajudicial (CPC, art. 134). Conforme bem observa autorizada doutrina, constitui "exceção à regra da estabilização da demanda, disciplinada no art. 329, uma vez que se admite a ampliação subjetiva da relação jurídica processual independentemente de consentimento do réu e mesmo após o saneamento no processo de conhecimento"[112].

Essa flexibilidade de prazo tem justificativa operacional: no mais das vezes é na fase executiva que se verificam os atos autorizadores para a desconsideração justamente no momento em que não se discute precipuamente o direito, mas se verifica a existência de patrimônio apto a solver a obrigação executiva;

d) forma. O incidente será formalizado, em regra, por meio de requerimento autônomo que deve preencher os pressupostos legais específicos. Pressupostos estes previstos na lei material. Assim, a depender da relação posta em juízo (consumidor ou não), os pressupostos variam de acordo com as exigências da lei material.

Com a instauração do incidente, haverá a comunicação ao distribuidor para as anotações devidas.

Se o pedido de desconsideração vier na própria petição inicial, dispensa-se a instauração do incidente. Constitui-se, no caso, uma hipótese de litisconsórcio eventual (CPC, art. 326)[113], já que a inserção dos sócios apenas será necessária se e quando se caracterizarem os requisitos ensejadores para a desconsideração. Se eventualmente o pedido da causa for improcedente ou houver a resolução sem análise de mérito, torna prejudicada a verificação da desconsideração;

e) competência. Sendo apresentado o incidente na petição inicial, a competência será do foro competente onde será distribuída a causa. Quando se tratar de incidente a distribuição se dará perante o processo já distribuído, ainda que o foro seja incompetente. Entretanto, em sendo possível, conforme o art. 134 do CPC, a distribuição em "todas as fases do processo de conhecimento" é possível a distribuição quando o processo estiver na etapa recursal. À falta de regramento expresso, é possível extrair de dois artigos do CPC sua competência. O primeiro é o art. 136, parágrafo único, ao estabelecer que "se a decisão for proferida pelo relator, cabe agravo interno". O segundo é o art. 932, VI, que confere ao relator o poder de "decidir o incidente de desconsideração da personalidade jurídica, quando este for instaurado originariamente perante o tribunal". Portanto a desconsideração no Tribunal, seja em fase recursal, seja nas causas de competência originária de tribunal, será decidida pelo relator.

Mesmo nos tribunais superiores é possível o pedido de desconsideração, ainda que não tenha havido o devido prequestionamento da matéria por força do art. 1.034 do CPC inspirado no Enunciado 456 da Súmula do STF, que permite a "aplicação do direito" quando da admissão de recurso especial ou extraordinário[114];

f) citação. Com a apresentação do pedido na petição inicial ou por requerimento autônomo, o sócio ou a pessoa jurídica será citado para se manifestar no prazo de 15 dias, podendo requerer a produção das provas que entender necessárias. Haverá, portanto, o procedimento instrutório;

g) suspensão. Em se tratando de requerimento autônomo, haverá a suspensão do feito. Constitui suspensão *ope legis* e imprópria do processo principal. A despeito da omissão da lei, o período de suspensão perdurará até o julgamento do incidente. Seria preferível que a suspensão pudesse ser atribuída pelo juiz no caso concreto (*ope judicis*) para evitar os

---

112 GAJARDONI; DELLORE; ROQUE; OLIVEIRA JR., *Teoria geral do processo. Comentários ao CPC 2015*, cit., 2015, p. 436.
113 O legislador perdeu excelente oportunidade para inserir essa modalidade no Código.
114 Em sentido contrário, WAMBIER; CONCEIÇÃO; RIBEIRO; MELLO, *Primeiros comentários ao novo Código de Processo Civil*. São Paulo: RT, 2015, p. 253.

inconvenientes, como, por exemplo, impedir, por força da suspensão, a prática de atos de penhora sobre alguns bens da pessoa jurídica na fase de execução enquanto se verifica a necessidade ou não da participação dos sócios ou uma perícia na fase de conhecimento. Contudo, conforme entendimento do Enunciado n. 110 da II Jornada de Direito Processual Civil (CJF), "A instauração do incidente de desconsideração da personalidade jurídica não suspenderá a tramitação do processo de execução e do cumprimento de sentença em face dos executados originários";

h) decisão. A decisão que julgar o incidente de desconsideração (autônomo ou não) desafia o recurso de agravo de instrumento por se tratar de decisão interlocutória (art. 136, CPC). Contudo, se proferida no Tribunal, em decisão monocrática do relator, caberá agravo interno. Em recente decisão, o STJ propugnou não serem devidos honorários nesse incidente (REsp 1.845.536). Importante frisar que, por força da preclusão, não é possível pedir novamente a desconsideração (com base nos mesmos fatos) dentro do mesmo processo[115];

i) efeitos. Se procedente a desconsideração, qualquer ato de oneração ou alienação pelo sócio será considerado fraude à execução e, portanto, será ineficaz para o requerente. Contudo, é de se observar que há uma patente antinomia entre os arts. 137 e 792, § 3º, do CPC.

Isso porque o **art. 792, § 3º,** estabelece que com a **citação** do sócio ou sociedade, haverá presunção absoluta de conhecimento da demanda e, portanto, a fraude à execução se conta a partir daí. Já o **art. 137** estabelece que apenas quando **"acolhido o pedido** de desconsideração, a alienação ou a oneração de bens, havida em fraude de execução, será ineficaz em relação ao requerente".

O problema de se adotar a tese da citação como caracterizadora da fraude é o prejuízo que terceiros possam ter ao manter negócios com a pessoa jurídica após a citação, mas antes da decisão de desconsideração (Flávio Yarshell), fora que a anotação do nome dos sócios no processo (perante a distribuição do feito), apenas ocorre após a devida instauração do incidente, conforme art. 134, § 1º, CPC.

Dessa forma, no tocante ao incidente, seria possível visualizar duas correntes sobre o momento em que se configura a fraude à execução: **i)** com a citação da pessoa jurídica (art. 792, § 3º, CPC) ou **ii)** com o acolhimento do pedido de desconsideração (art. 137, CPC).

Sobre essa questão, importante o posicionamento de Flávio YARSHELL, e coadunamos com ele, sobre o marco da configuração da fraude:

> O raciocínio parece ter sido o seguinte: se realmente se concluir que houve desconsideração, é porque se reconheceu fraude. Portanto, a citação da pessoa jurídica equivaleria à citação de seu sócio. Essa é, salvo melhor juízo, a única forma de explicar a opção legislativa, que trata as duas pessoas como se fossem uma só; ou, por outro modo de ver, que considera uma citada na pessoa da outra. A solução adotada pode até ser coerente quando considera o fenômeno interno da desconsideração. Contudo, ela foi infeliz porque não considerou a repercussão que isso pode ter perante terceiros e, portanto, para a segurança das relações negociais. É que, tendo em vista que a desconsideração pode ser requerida em diferentes momentos do processo, parece ser temerário dizer que desde a citação da sociedade as alienações de bens pelos sócios estariam sujeitas à fraude de execução. Se a desconsideração for requerida apenas na fase de cumprimento, é bem possível que, entre a data da citação do réu (devedor) e a data da citação do terceiro (responsável) tenham decorrido anos. Se, durante esse tempo, sócios tiverem alienado patrimônio, não se afigura razoável que a eficácia da desconsideração ocorra de forma retroativa. Além disso, é preciso levar em conta que nem sempre a desconsideração será determinada com base na premissa de ter havido fraude ou confusão patrimonial. Nem se diga que a fraude só se configuraria quando averbada, no registro do bem, a pendência do processo de execução (arts. 792, I, e 828). É preciso não

---

115 STJ, REsp 1.123.732.

confundir: quando houver o registro, a fraude é presumida, independentemente de a alienação levar o devedor à insolvência, que é hipótese tratada em outro dispositivo (art. 792, IV). Ademais, a fraude de execução é tradicionalmente aferida a partir da pendência de simples processo de conhecimento (a partir da citação). Para preservação da segurança, a solução será, então, a de sempre considerar a boa-fé do adquirente (entenda-se: daquele que adquiriu bens alienados pelo responsável, ao qual se chegou pela desconsideração), conforme § 2º do art. 792[116].

6.4. MINISTÉRIO PÚBLICO

6.4.1. DEFINIÇÃO

Dispõe o art. 127 da CF que o Ministério Público é instituição essencial à função jurisdicional do Estado, devendo proceder à defesa da ordem jurídica, do regime democrático e dos interesses sociais e individuais indisponíveis.

São princípios institucionais do Ministério Público:

> **Unidade:** a divisão que se estabelece do Ministério Público é meramente de competência funcional, pois é um órgão único.
> **Indivisibilidade:** o Ministério Público atua no processo como órgão e não na pessoa do promotor ou procurador de justiça. Dessa forma, nada impede que haja atuação de mais de um membro do *parquet* dentro do processo (sendo substituído, já que o anterior se aposentou ou foi transferido, por exemplo), sem que isso possa demonstrar que o Ministério Público foi fragmentado. Constitui uma acepção da unidade.
> **Independência funcional:** o Ministério Público, na sua atuação, não se submete a nenhum outro poder, podendo praticar os atos processuais com independência e liberdade. Tem-se como exemplo o art. 85, II, da CF, que prevê crime de responsabilidade caso o Presidente da República obstrua o livre exercício do MP.

Quanto à sua natureza, a doutrina é dispersa:

- uma primeira corrente defende se tratar de um quarto poder ao lado dos já conhecidos Executivo, Legislativo e Judiciário (Alfredo Valladão);
- uma segunda corrente entende ser um órgão do Estado brasileiro dotado de garantias especiais, ao qual a CF e leis infraconstitucionais conferem poderes próprios (Hugo Nigro Mazzilli);
- uma terceira corrente outorga os poderes do MP ao Poder Executivo, sem prejuízo de se tratar de um órgão independente e autônomo (José Afonso da Silva).
- uma quarta corrente, por fim, entende se tratar de órgão *sui generis* (Emerson Garcia).

6.4.2. COMPOSIÇÃO

O Ministério Público se divide em (art. 128, CF):

---
116 *Comentários ao CPC*. 2. ed. Org. Antônio do Passo Cabral e Ronaldo Cramer. São Paulo: Gen, 2016, p. 241.

6.4.3. FORMAS DE PARTICIPAÇÃO DO MINISTÉRIO PÚBLICO NO PROCESSO

6.4.3.1. Ministério Público como parte

O Ministério Público como parte possui atuação mais restrita do que aquela que se verifica na esfera penal. Tanto a Constituição Federal como o Código Civil e leis esparsas lhe conferem capacidade postulatória e legitimidade para propor:

A – Ação civil pública e inquérito civil (art. 129, III, CF; art. 5º, Lei n. 7.347/85);
B – Ações para proteção do consumidor (art. 82, I, Lei n. 8.078/90);
C – Ação de investigação de paternidade (art. 2º, § 4º, Lei n. 8.560/92);
D – Extinção de fundação (art. 69, CC);
E – Nulidade de casamento (art. 1.549, CC);
F – Invalidade de negócio jurídico (art. 168, CC);
G – Suspensão e destituição do poder familiar (art. 1.673, CC);
H – Declaração de ausência (art. 22, CC);
I – Sucessão provisória (art. 28, § 1º, CC);
J – Ação de alimentos em proveito de crianças e adolescentes (Enunciado n. 594 da Súmula do STJ)[117];
L – Ação revocatória (art. 132, Lei n. 11.101/08);
M – Incidente de resolução de demandas repetitivas (art. 977, III, CPC);
N – Ação rescisória nos casos de colusão entre as partes (art. 967, III, b, CPC);
O – Ação direta de inconstitucionalidade (art. 129, IV, CF);
P – Reclamação (art. 991, CPC).

---

117 Súmula 594 do STJ: "O Ministério Público tem legitimidade ativa para ajuizar ação de alimentos em proveito de criança ou adolescente independentemente do exercício do poder familiar dos pais, ou do fato de o menor se encontrar nas situações de risco descritas no art. 98 do Estatuto da Criança e do Adolescente, ou de quaisquer outros questionamentos acerca da existência ou eficiência da Defensoria Pública na comarca".

6.4.3.2. Ministério Público como fiscal da ordem jurídica

O MP também poderá atuar como fiscal da ordem jurídica. O CPC anterior previa o Ministério Público como fiscal da lei ou *custos legis*. Contudo, à luz das mudanças especialmente no que concerne à aplicação do direito no caso concreto, é **insuficiente** valer-se da expressão "fiscal da lei" somente, mas fiscal de todo o ordenamento jurídico, vale dizer, o MP poderá se manifestar quando o magistrado, em um caso cuja sua intervenção se faça necessária, não aplicar precedente que deveria para atender aos interesses do incapaz, por exemplo. O MP poderá arguir incompetência relativa nas causas em que atuar (art. 65, parágrafo único, CPC).

A previsão do *parquet* como fiscal da ordem jurídica se encontra em diversos dispositivos espraiados ao longo da legislação, como no mandado de segurança (art. 12 da Lei n. 12.016/2009), na ação civil pública (art. 5º, § 1º, da Lei n. 7.347/85) e nas ações falimentares (arts. 8º, 19, 30, § 2º, 52, V, e 99, XIII, da Lei n. 11.101/2008). Além desses casos, o Código de Processo Civil estabelece a intervenção do MP como fiscal da ordem jurídica, em seu art. 178, em três hipóteses que, na verdade, versam sobre duas situações distintas: pela **qualidade da parte** (inciso II) e pela natureza do **direito disputado em juízo** (incisos I e II). Há quem entenda que, nas hipóteses em que atua pelo inciso II, sua participação não seria efetivamente como fiscal do ordenamento jurídico, mas como auxiliar da parte. Tanto que há entendimento do STJ segundo o qual é possível ao MP recorrer de decisão homologatória, salvo se favoreceu o incapaz (REsp 1.323.677). Contudo, não se pode confundir auxiliar da parte com parcialidade. É perfeitamente possível o MP se manifestar contrariamente aos interesses da parte se esses interesses se mostrarem contrários ao que se estabelece no ordenamento jurídico. Não se pode esquecer que o *parquet* não é fiscal da parte, mas da ordem jurídica (*RT*, 807/266).

I – Interesse público ou social

Constitui norma de conceito vago e indeterminado que deverá ser verificado à luz do caso concreto tanto pelo magistrado (para verificar se o caso é de intimação) como do próprio MP (para verificar se o caso é de intervenção).

É importante ressaltar que não se pode confundir interesse público com interesses da pessoa jurídica de direito público. Conquanto a pessoa jurídica de direito público labore para o atendimento do interesse comum, o interesse público é mais amplo.

Um bom referencial sobre a delimitação do interesse público está no rol das funções institucionais do Ministério Público previsto no art. 129 da CF:

I – promover, privativamente, a ação penal pública, na forma da lei;
II – zelar pelo efetivo respeito dos Poderes Públicos e dos serviços de relevância pública aos direitos assegurados nesta Constituição, promovendo as medidas necessárias a sua garantia;
III – promover o inquérito civil e a ação civil pública, para a proteção do patrimônio público e social, do meio ambiente e de outros interesses difusos e coletivos;
IV – promover a ação de inconstitucionalidade ou representação para fins de intervenção da União e dos Estados, nos casos previstos nesta Constituição;
V – defender judicialmente os direitos e interesses das populações indígenas;
VI – expedir notificações nos procedimentos administrativos de sua competência, requisitando informações e documentos para instruí-los, na forma da lei complementar respectiva;
VII – exercer o controle externo da atividade policial, na forma da lei complementar mencionada no artigo anterior;
VIII – requisitar diligências investigatórias e a instauração de inquérito policial, indicados os fundamentos jurídicos de suas manifestações processuais;
IX – exercer outras funções que lhe forem conferidas, desde que compatíveis com sua finalidade, sendo-lhe vedada a representação judicial e a consultoria jurídica de entidades públicas.

Essa regra vem reforçada pelo parágrafo único do art. 178 do CPC, que assim dispõe: "A participação da Fazenda Pública não configura, por si só, hipótese de intervenção do Ministério Público".

O interesse social é uma espécie de interesse público[118], sendo por ele, portanto, abrangido.

II – Interesse de incapaz

Nesse caso a intervenção do Ministério Público independe do objeto do processo. A legitimidade ativa ou passiva é que define sua efetiva participação. É importante observar que, nesses casos, ainda que não haja formalmente decretada a incapacidade, mas a parte apresentar indícios de que seja incapaz, o Ministério Público poderá participar.

Ainda que o incapaz não seja parte, mas possa sofrer os efeitos da decisão (terceiro interessado), a intervenção do MP far-se-á necessária.

III – Litígios coletivos pela posse de terra rural ou urbana

O Ministério Público deve intervir nos casos de conflito tanto sobre propriedade rural como urbana. Esse artigo se comunica com o art. 565, § 2º, que assim dispõe:

> Art. 565. No litígio coletivo pela posse de imóvel, quando o esbulho ou a turbação afirmado na petição inicial houver ocorrido há mais de ano e dia, o juiz, antes de apreciar o pedido de concessão da medida liminar, deverá designar audiência de mediação, a realizar-se em até 30 (trinta) dias, que observará o disposto nos §§ 2º e 4º. (...)
> § 2º O Ministério Público será intimado para comparecer à audiência, e a Defensoria Pública será intimada sempre que houver parte beneficiária de gratuidade da justiça.

6.4.4. PROCEDIMENTO

A – Prazo: o Ministério Público terá prazo em dobro para sua manifestação no processo (art. 180, CPC). Mas esse prazo em dobro se refere aos prazos ordinários que são concedidos a todos os sujeitos no processo (como, por exemplo, petições), pois só se pode falar em dobro quando o prazo originariamente é simples. Se o prazo é destinado exclusivamente ao MP (art. 180, § 2º, CPC), será aquele que a lei estabeleceu (por exemplo, para se manifestar por cotas como fiscal da ordem jurídica – art. 178, *caput*, CPC).

B – Intimação: a intimação do MP será pessoal, conforme dispõe o art. 270, parágrafo único, do CPC. Atuando como fiscal da ordem jurídica, dispõe o art. 179 que terá vista depois das partes e será intimado de todos os atos do processo, podendo produzir provas, requerer todas as medidas processuais pertinentes e até mesmo recorrer (Enunciado n. 99 da Súmula do STJ). Importante frisar que "A intervenção do Ministério Público como fiscal da ordem jurídica não inviabiliza a celebração de negócios processuais" (Enunciado n. 112 da II Jornada de Direito Processual Civil – CJF).

C – Nulidade: há regramento jurídico sobre a questão da não intimação do Ministério Público no processo, no art. 279 do CPC. É importante que se entenda que **não é a falta de participação do MP que gerará a nulidade, mas sim a sua não intimação.** Essa opção legislativa de cominar em nulidade a não intimação e não a participação decorre, ao menos, de dois fatores: **i)** não há hierarquia entre magistratura e Ministério Público, de modo que o juiz não teria poderes para forçar o órgão do *parquet* a participar do processo. No caso de omissão, não poderia haver sanção dentro do processo, quando muito sanção administrativa; e **ii)** a

---

118 ZANETI JR., Hermes. *Comentários ao Código de Processo Civil*, cit., p. 274.

leitura do princípio do contraditório no processo civil está muito mais ligada à ideia de oportunidade de participação do que de contraditório efetivo (daí alguns autores preferirem a expressão "bilateralidade de audiência"). Nesse sentido, sendo devidamente intimada, a Promotoria verificará, a seu alvedrio, se há necessidade de sua intervenção. Essa regra vem reforçada pelos §§ 1º e 2º do art. 279 do CPC:

§ 1º Se o processo tiver tramitado sem conhecimento do membro do Ministério Público, o juiz invalidará os atos praticados a partir do momento em que ele deveria ter sido intimado.

§ 2º A nulidade só pode ser decretada após a intimação do Ministério Público, que se manifestará sobre a existência ou a inexistência de prejuízo.

Contudo, mesmo sem a intimação, essa nulidade pode ser mitigada em pelo menos duas circunstâncias: **a) ausência de prejuízo**: se ficar constatada a ausência de prejuízo, pode ser relegada a pena de nulidade[119]; **b) se a sentença foi favorável ao menor que o MP deveria proteger.**

D – Responsabilidade: estabelece o art. 181 do CPC que o MP será civil e regressivamente responsável quando agir com dolo ou fraude no exercício de suas funções. Dessa forma, aquele que se sentiu lesado pela atuação do MP deverá demandar primeiramente o Estado com fundamento no art. 37, § 6º, da CF: "as pessoas jurídicas de direito público e as de direito privado prestadoras de serviços públicos responderão pelos danos que seus agentes, nessa qualidade, causarem a terceiros, assegurado o direito de regresso contra o responsável nos casos de dolo ou culpa".

Dessa forma, não será o MP acionado diretamente por dolo ou fraude, mas o Estado, que responde objetivamente e poderá cobrar regressivamente do órgão do *parquet*.

Não se aplica ao MP a multa prevista no art. 77, §§ 2º a 5º, do CPC decorrente da violação dos deveres das partes e dos procuradores. Isso porque, de acordo com o § 6º do mesmo artigo, o MP (assim como o defensor público e os advogados públicos e privados) respondem diretamente perante seu órgão de classe ou corregedoria por eventual responsabilidade disciplinar.

Contudo, responde diretamente o agente público responsável pelo ato nos casos de atraso na devolução do processo em carga (se os autos forem físicos evidentemente), conforme o art. 234, *caput* e § 4º. Nesse caso, poderá ser aplicada multa correspondente a metade do salário mínimo vigente no país.

6.5. ADVOCACIA PÚBLICA

A advocacia pública também é umas das funções essenciais à justiça (arts. 131 e 132, CF).

6.5.1. ESTRUTURA

A advocacia poderá ser pública ou privada. A advocacia pública tem por função institucional proteger os interesses da União, dos Estados, do Distrito Federal e dos Municípios.

A advocacia no âmbito federal vem regulada no art. 131 da CF. A estadual e distrital, no art. 132 da CF. A municipal é regulamentada pela organização judiciária dos Estados.

---

119 Como, por exemplo, a participação da Procuradoria de Justiça em segundo grau quando não houve intimação do MP em primeiro grau (*RT* 630/176 e 582/212).

Além da CF e do CPC, a advocacia pública é regida pela Lei n. 8.906/94 (Estatuto da Advocacia), conforme se verifica no art. 6º e especialmente no art. 3º, § 1º, da referida lei ao estabelecer que:

> Art. 3º O exercício da atividade de advocacia no território brasileiro e a denominação de advogado são privativos dos inscritos na Ordem dos Advogados do Brasil (OAB).
> § 1º Exercem atividade de advocacia, sujeitando-se ao regime desta lei, além do regime próprio a que se subordinem, os integrantes da Advocacia-Geral da União, da Procuradoria da Fazenda Nacional, da Defensoria Pública e das Procuradorias e Consultorias Jurídicas dos Estados, do Distrito Federal, dos Municípios e das respectivas entidades de administração indireta e fundacional.

É também regida pelas leis orgânicas de suas carreiras, por exemplo, a Lei Complementar n. 73/93.

Não obstante a atuação do advogado público estar atrelada à representação dos entes públicos, há Estados e Municípios que autorizam o concomitante exercício da advocacia privada.

Existe vedação absoluta para os advogados da União, procuradores da Fazenda Nacional e procuradores federais. Quanto aos procuradores dos Estados e dos Municípios, dependerá das disposições previstas nas Constituições estaduais ou Leis Orgânicas.

Os procuradores do Distrito Federal não enfrentam vedação (seja pela Lei Distrital Complementar n. 395/2001, seja pela Lei Orgânica do DF, que não estabelecem nenhuma proibição).

A despeito de haver proposta de emenda constitucional, não há obrigatoriedade de instituição de procuradorias do município. É por isso que, em muitos casos, firmam-se convênios e parcerias para que advogados privados exerçam essa função.

ÓRGÃO	PREVISÃO	COMPOSIÇÃO
União	Art. 131, CF e LC n. 73/93	Advogados da União, Procuradores da Fazenda Nacional e Procuradores Federais
Estados	Art. 132, CF	Procuradores do Estado
DF	Art. 132, CF	Procuradores do Distrito Federal
Municípios	Lei local	Procuradores do Município
Demais entes	Leis diversas	Procurador do Banco Central, do Banco do Brasil etc.

6.5.2. FUNÇÃO INSTITUCIONAL

O art. 182 do CPC estabelece que compete à advocacia pública defender e promover os interesses públicos da administração pública direta (União, Estados, DF e Municípios) representando judicialmente esses entes.

A atividade, contudo, não ocorre apenas no âmbito judicial, mas também no extrajudicial, seja por atividades de assessoria, orientação ou consultiva junto aos órgãos do Poder Executivo (art. 131, CF).

Essa atuação permite que os advogados públicos atuem judicialmente, no polo ativo, passivo ou na condição de interveniente, e também extrajudicialmente, na função de assessoramento, orientação e consultoria até mesmo para evitar futuras demandas judiciais.

É controversa a autonomia da advocacia pública. Ao contrário do Ministério Público e da Defensoria (cuja autonomia foi outorgada pela CF), a advocacia pública ainda é fonte de divergência no âmbito doutrinário.

Uma primeira corrente defende que a advocacia pública integra o Poder Executivo (já que atua nos interesses deste). Tanto que a nomeação do chefe da Advocacia-Geral da União é encargo do Presidente da República (Gilmar Mendes, Alexandre de Moraes).

Uma segunda corrente entende que não se pode alocar a advocacia pública no Poder Executivo, uma vez que ela atua também na proteção dos demais Poderes (Legislativo e Judiciário), ficando exclusiva do Executivo somente no tocante ao assessoramento (Elpídio Donizetti Nunes).

Entendo correta a segunda corrente, na medida em que a atuação da advocacia pública não fica restrita apenas ao Poder Executivo, bem como não fica vinculada ao parecer do administrador, podendo segui-lo ou não.

6.5.3. ATUAÇÃO JUDICIAL

A advocacia pública, assim como a Fazenda Pública, o MP e a Defensoria, goza de prazo em dobro para se manifestar no processo (art. 183, CPC), salvo se a lei tiver conferido prazo específico para a manifestação da advocacia pública.

O início do prazo se dará da sua intimação pessoal. Essa intimação pode ser feita por carga, remessa ou meio eletrônico.

Ademais, será responsável civil e regressivamente quando agir com dolo ou fraude no exercício de suas funções.

6.6. DEFENSORIA PÚBLICA

6.6.1. INTRODUÇÃO

A Defensoria é ente essencial ao Poder Judiciário que foi, ao longo do tempo, adquirindo força, ocupando o mesmo patamar de diversas outras instituições, como o Ministério Público. Nem sempre foi assim. Com o advento da CF/88, a Defensoria teria uma função provisória, já que um dos princípios basilares da Carta Magna era a erradicação da pobreza (art. 3º, III), e, dessa forma, atingindo-se esse (utópico) desiderato, a Defensoria perderia sua função.

Como a Constituição Federal estabeleceu que o Estado deve prestar assistência judiciária gratuita para quem comprovar insuficiência de recursos (art. 5º, LXXIV), e sendo a Defensoria Pública órgão essencial à função jurisdicional do Estado (art. 134, CF), foi editada a Lei Complementar n. 80/94, que regulamenta a atuação e organiza a Defensoria da União, DF e Territórios. A Defensoria dos Estados será regulada por cada um dos Estados por leis locais próprias, não obstante haja um regramento geral previsto na referida Lei Complementar n. 80/94.

Ato contínuo, foi editada a Lei Complementar n. 132/2009, que altera alguns dispositivos da lei complementar anterior e ainda sublinha a autonomia administrativa e funcional das Defensorias (*vide* art. 97-A da Lei Complementar n. 80/94)[120], decorrente da EC n. 45.

---

120 Art. 97-A. À Defensoria Pública do Estado é assegurada autonomia funcional, administrativa e iniciativa para elaboração de sua proposta orçamentária, dentro dos limites estabelecidos na lei de diretrizes orçamentárias, cabendo-lhe, especialmente: I – abrir concurso público e prover os cargos de suas Carreiras e dos serviços auxiliares; II – organizar os serviços auxiliares; III – praticar atos próprios de gestão; IV – compor os seus órgãos

Ademais, a Emenda Constitucional n. 69/2012 conferiu às Defensorias do Distrito Federal autonomia para regulamentar sua disciplina, que antes era conferida à União. O STF em recente decisão declarou inconstitucional a exigência de inscrição do Defensor Público nos quadros da OAB (RE 1.240.999, com repercussão geral reconhecida (Tema 1.074), e Ação Direta de Inconstitucionalidade (ADI) 4636.

6.6.2. PRINCÍPIOS

São princípios institucionais da Defensoria Pública, conforme os arts. 134, § 4º, da CF e 3º da Lei Complementar n. 80/94 a unidade, a indivisibilidade e a independência funcional.

UNIDADE	Não obstante haja divisão da Defensoria como da União, dos Estados, DF e Territórios, decorrente do Estado Federativo adotado no Brasil, a Defensoria é una.
INDIVISIBILIDADE	A Defensoria representa a parte e não o defensor. A ausência de pessoalidade permite que os membros possam substituir-se em casos de enfermidade, férias, aposentadoria, entre outras.
INDEPENDÊNCIA FUNCIONAL	A CF outorga autonomia para que a Defensoria aja de acordo com seus propósitos e seus entendimentos. Não há, portanto, hierarquia entre a Defensoria e os membros do MP, juízes, advogados privados, entre outros.

6.6.3. FUNÇÃO

O art. 134 da CF estabelece que:

Art. 134. A Defensoria Pública é instituição permanente, essencial à função jurisdicional do Estado, incumbindo-lhe, como expressão e instrumento do regime democrático, fundamentalmente, a orientação jurídica, a promoção dos direitos humanos e a defesa, em todos os graus, judicial e extrajudicial, dos direitos individuais e coletivos, de forma integral e gratuita, aos necessitados, na forma do inciso LXXIV do art. 5º desta Constituição Federal.

A função da Defensoria pode ser dividida em duas grandes atividades: **a) proteção dos necessitados** e **b) nos casos previstos em Lei**.

A – Como dito, a função originária da Defensoria Pública seria provisória até se cumprir a impossível missão de erradicar a pobreza no Brasil. Contudo, mesmo que essa situação fosse atingida, a Defensoria Pública manteria sua função, já que a proteção dos "necessitados" não se refere apenas ao aspecto financeiro, mas também à vulnerabilidade, que pode ser de qualquer ordem, como no caso do idoso, do consumidor e do portador de necessidades especiais[121].

---

de administração superior e de atuação; V – elaborar suas folhas de pagamento e expedir os competentes demonstrativos; VI – praticar atos e decidir sobre situação funcional e administrativa do pessoal, ativo e inativo da Carreira, e dos serviços auxiliares, organizados em quadros próprios; VII – exercer outras competências decorrentes de sua autonomia.

121 DONIZETTI, Elpídio. *Curso didático de direito processual civil*. 20. ed. São Paulo: Gen, 2017, p. 367.

B – Há casos em que, independentemente da condição de hipossuficiência da parte, a lei outorgou legitimidade para a Defensoria Pública atuar no processo. É a hipótese da ação civil pública (art. 5º, II, da Lei n. 7.347/85), do curador especial no processo (art. 72, CPC), bem como das situações previstas no art. 4º da Lei Complementar n. 80/94, que regulam como funções institucionais da Defensoria Pública:

I – promover, extrajudicialmente, a conciliação entre as partes em conflito de interesses;
II – patrocinar ação penal privada e a subsidiária da pública;
III – patrocinar ação civil;
IV – patrocinar defesa em ação penal;
V – patrocinar defesa em ação civil e reconvir;
VI – atuar como Curador Especial, nos casos previstos em lei;
VII – exercer a defesa da criança e do adolescente;
VIII – atuar junto aos estabelecimentos policiais e penitenciários, visando a assegurar à pessoa, sob quaisquer circunstâncias, o exercício dos direitos e garantias individuais;
IX – assegurar aos seus assistidos, em processo judicial ou administrativo, e aos acusados em geral, o contraditório e a ampla defesa, com recursos e meios a ela inerentes;
X – atuar junto aos Juizados Especiais de Pequenas Causas;
XI – patrocinar os direitos e interesses do consumidor lesado.

Ademais, o art. 185 do CPC complementa esse rol (já que o próprio art. 4º da lei complementar vale-se da expressão "dentre outras"), dispondo que: "A Defensoria Pública exercerá a orientação jurídica, a promoção dos direitos humanos e a defesa dos direitos individuais e coletivos dos necessitados, em todos os graus, de forma integral e gratuita".

Trata-se de explicitação genérica, justamente para permitir uma ampla atuação da Defensoria Pública, que não fica enclausurada no referido art. 4º.

Ademais, considera-se título executivo extrajudicial, nos termos do art. 784, IV, do CPC, "o instrumento de transação referendado pelo Ministério Público, pela Defensoria Pública, pela Advocacia Pública, pelos advogados dos transatores ou por conciliador ou mediador credenciado por tribunal". O que vale dizer, pode a Defensoria Pública, no plano pré-processual, atuar visando à resolução dos conflitos. Se esta não for cumprida, esse instrumento de transação poderá ser utilizado em juízo como título executivo extrajudicial, o que está em perfeita consonância com o art. 185 do CPC ao estabelecer a possibilidade de "orientação jurídica".

6.6.4. PROCEDIMENTO

A – A Defensoria terá prazo em dobro para sua atuação no processo. Essa regra se aplica também aos núcleos de assistência judiciária conveniados com a OAB e aos escritórios de prática forense ligados às faculdades de direito (sejam universidades públicas ou privadas)[122]. No regime anterior havia uma celeuma acerca da extensão do prazo em dobro para os advogados que exerciam gratuidade da justiça ou os núcleos de faculdades de direito que prestavam esse tipo de atividade (quando o Estado não possuía Defensoria ou defensores suficientes para atuar nos casos de quem necessitasse). Nesses casos o advogado particular fazia "as vezes" de defensor público.

A discussão orbitava em torno da interpretação do art. 5º, § 5º, da Lei n. 1.060/50. O artigo estabelecia que, "nos Estados onde a Assistência Judiciária seja organizada e por eles

---

122 REsp 1.986.064/RS, Rel. Min. Nancy Andrighi, Corte Especial, por unanimidade, j. 1-6-2022.

mantida, o Defensor Público, ou quem exerça cargo equivalente, será intimado pessoalmente de todos os atos do processo, em ambas as Instâncias, contando-se-lhes em dobro todos os prazos".

A expressão "cargo equivalente" foi interpretada por parte da doutrina como advogado que exercia gratuidade e, portanto, teria os mesmos benefícios que o defensor público. Para outra parte, só se pode falar em cargo equivalente quando se tratar de funcionário público. O STJ, adotando a segunda posição, estabeleceu uma regra restritiva, retirando dos advogados particulares, que exerciam a mesmíssima função, o prazo em dobro, alegando que o advogado particular podia recusar causas e o defensor não podia.

A situação gerava flagrante falta de isonomia. Quem fosse representado por defensor público teria prazo em dobro; quem o fosse por advogado particular (pelo convênio estabelecido entre Poder Judiciário e OAB), não.

É evidente que o advogado que exerce a gratuidade por esses convênios busca processos para atuar e não está recusando causas. O CPC, conforme visto, seguiu essa corrente.

B – A Defensoria Pública será oficiada quando o magistrado se deparar com diversas demandas individuais repetitivas para, se for o caso, promover a ação coletiva correspondente, conforme o art. 139, X, CPC.

C – O defensor público poderá representar o serventuário perante o juiz quando aquele injustificadamente exacerbar os prazos previstos na lei (art. 233, § 2º, CPC).

D – Poderá, da mesma forma, a Defensoria representar ao CNJ ou à corregedoria o magistrado que exceder, de forma injustificada, os prazos previstos em lei (art. 235, CPC).

E – A Defensoria pode, outrossim, fiscalizar a distribuição de uma causa, ainda que sua participação não ocorra naquele processo (art. 289, CPC).

F – A Defensoria será intimada das possessórias que versarem sobre um litisconsórcio multitudinário em que as partes não tenham condições econômicas de contratar um advogado privado, para poder acompanhar o feito (art. 554, § 1º, CPC).

G – A Defensoria é parte legítima para instaurar incidente de resolução de demandas repetitivas, conforme o art. 997, III, CPC.

H – A intimação do defensor público será sempre pessoal em qualquer processo e em qualquer grau de jurisdição (arts. 44, I, 89, I, e 128 da LC n. 80/94, bem como art. 246, § 1º, combinado com o art. 270, parágrafo único, em que a intimação à Defensoria será feita pessoal e preferencialmente por meio eletrônico).

I – Conforme entendimento do STJ, "é assegurado o pagamento de honorários sucumbenciais à Defensoria Pública, independentemente do ente público com que litiga" (REsp 2.089.489-GO, Rel. Ministro Francisco Falcão, Segunda Turma, *DJe* 8-9-2023).

6.7. DO JUIZ

6.7.1. INTRODUÇÃO

A magistratura constitui a instituição integrada pelos magistrados. E o magistrado é a pessoa (natural) que integra a magistratura. Essa instituição é regulada pela Lei Complementar n. 35/79, também denominada "Lei Orgânica da Magistratura Nacional".

A expressão em sentido lato refere-se a todos que exercem a atividade jurisdicional e judicante é juiz. Contudo, há atividade não jurisdicional exercida pelo juiz, como a expedição de precatórios feita pelo Presidente do Tribunal (Súmula 733 do STF) ou a gestão do cartório e do processo (*court management*).

A despeito da nomenclatura, a própria Constituição Federal confere nomes diversos à figura do juiz, como desembargador (para os juízes dos tribunais regionais e locais) e ministro (para os juízes de tribunais superiores).

Conforme será visto oportunamente, a imparcialidade é fato essencial na atividade judicante do magistrado. Para tanto, a lei lhe confere um pressuposto positivo e dois pressupostos negativos para bem exercer sua função:

PRESSUPOSTO POSITIVO (ART. 95, CF)	i) vitaliciedade: garantia de ser mantido como magistrado após 2 anos de carreira, somente podendo ser retirado do cargo com decisão transitada em julgado de processo judicial ou administrativo; ii) inamovibilidade: garantia de ser mantido no local onde atua, somente podendo ser movido por vontade própria ou interesse público (art. 93, VIII, CF); iii) irredutibilidade de vencimentos: o subsídio recebido pelo magistrado não poderá ser reduzido com a ressalva contida nos arts. 37, X e XI; 39, § 4º; 150, II; 153, III e § 2º, I, da CF.
PRESSUPOSTO NEGATIVO (1)	Regras de parcialidade (arts. 144 e 145, CPC), melhor analisadas no tópico 2.5, do item 2, "Modalidades de resposta", *infra*.
PRESSUPOSTO NEGATIVO (2)	O magistrado deve exercer a judicatura com exclusividade, não podendo exercer outra profissão que não seja a de docente (Resolução n. 34/07 do CNJ e alterações da Resolução n. 226/16). Logo, "Aos juízes é vedado: I – exercer, ainda que em disponibilidade, outro cargo ou função, salvo uma de magistério; II – receber, a qualquer título ou pretexto, custas ou participação em processo; III – dedicar-se a atividade político-partidária; IV – receber, a qualquer título ou pretexto, auxílios ou contribuições de pessoas físicas, entidades públicas ou privadas, ressalvadas as exceções previstas em lei; V – exercer a advocacia no juízo ou tribunal do qual se afastou, antes de decorridos três anos do afastamento do cargo por aposentadoria ou exoneração".

6.7.2. ATIVISMO JUDICIAL E GARANTISMO

As novas concepções sobre hermenêutica e o constitucionalismo alteraram substancialmente o papel do magistrado em sua função judicante.

Não se pode mais permitir a ideia do juiz inanimado ou "boca da lei", como dizia Montesquieu, aquele que apenas resolve situações se e quando provocado. Igualmente, não se pode permitir o juiz excessivamente protagonista no plano institucional, praticando atividades exclusivas das partes e colocando sua parcialidade a prova. É necessário haver parâmetros, especialmente quando o magistrado se depara com artigos que são fonte de intensa interpretação (importante dizer que **todo** artigo é interpretado, mas esses requerem maior cuidado por parte do juiz) ou nos casos de lacuna da lei para que não transborde de sua função jurisdicional.

A questão toma importantes contornos nas normas de conceitos vagos e indeterminados, nas cláusulas gerais e, especialmente, em artigos como o 139, IV, e o 536, § 1º, do CPC, que são fonte de intensa discussão na doutrina e jurisprudência nos tempos de hoje. Sem prejuízo da devida concretização do que seja "cooperação", "boa-fé processual", "poder geral de cautela" etc.

Nessa polarização, é comum proceder à divisão ou categorização entre o **ativismo judicial (instrumentalismo, publicismo)**, de um lado, e o **garantismo (privatismo)**, de outro. Do que se extrai dos diversos trabalhos doutrinários sobre o assunto, e já antecipando a discussão que será enfrentada adiante, a disputa ideológica diz respeito ao enfrentamento do princípio dispositivo (garantismo) x princípio inquisitório (ativismo), à estreita obediência ao devido processo (garantismo) x processo de resultados (instrumentalismo), à segurança jurídica (garantismo) x efetividade (ativismo), à jurisdição como centro gravitacional, sendo o processo mero instrumento da jurisdição (instrumentalismo) de um lado x o processo como esse centro gravitacional, sendo a jurisdição mera atividade que deve conduzir o processo de outro.

A – Sobre o garantismo

Para os garantistas, é necessário defender o devido processo acima de qualquer outro valor. Logo, o ativismo judicial consubstancia-se em decisão dada com base em meras convicções pessoais do julgador e seu senso de justiça em detrimento da legalidade.

A Constituição Federal limita o poder do Estado estabelecendo sua tripartição. Essa é sua ótica horizontal. Na ótica vertical, a Constituição limita o poder outorgando garantias (dentro delas o devido processo) aos cidadãos. Dessa forma, analisando em especial o enfoque vertical, o Estado exerce poder e deve existir, em contrapartida, o respectivo contrapoder, constituído pelas garantias do cidadão. Sem esse contrapoder, o "cidadão reduz-se a um mero titular passivo de estados de sujeição"[123].

Não se pode permitir, sob a alegação do "processo justo", uma diminuição do devido processo legal, imputando aos juízes poderes que a lei não lhes confere. Seria o juiz um denominado "juiz antena", na condição de catalisador da vontade da sociedade. Assim, seria possuidor de uma espécie de "legitimidade social e moral", em detrimento das garantias do processo, como a imparcialidade, a ampla defesa, a segurança jurídica, a igualdade, a presunção de inocência, entre outros.

A tese do garantismo vem ganhando força especialmente por parte de respeitados órgãos como a ABDPro (Associação Brasileira de Direito Processual), em que boa parte de seus membros defende a redução do ativismo judicial especialmente em decorrência das últimas decisões do Supremo Tribunal Federal, que se mostraram, na concepção de seus integrantes, contrárias à Constituição.

Como exemplo dessa afirmação, defendem os garantistas a impossibilidade de o STF deliberar sobre o casamento de pessoas do mesmo sexo (ADI 4.277), pois seria permitir ao juiz interpretar contrariamente ao que diz a CF (art. 226, § 3º). Nesse caso, a mudança poderia ser efetivada por meio de emenda constitucional, mas não por mera decisão do Supremo.

Observa Georges Abboud que, se o STF, que é o guardião da própria CF, pode decidir contra ela, haveria então limites para sua atuação? Para que a existência da Constituição Federal se, no fim, a Constituição é aquilo que o STF diz?[124]

A instrumentalidade fomenta o ativismo (o denominado processo de resultados) e a discricionariedade, pois dá especial enfoque à jurisdição e à pessoa do juiz, o que não limita seus poderes, mas, ao contrário, os amplia. E, como na instrumentalidade há escopos a serem

---

123 COSTA, Eduardo José Fonseca da. *Notas para uma garantística*. Disponível em: <www.emporiododireito.com.br>. Acesso em: 25 ago. 2018.
124 ABBOUD, Georges. *Processo constitucional brasileiro*. São Paulo: RT, 2016, p. 745.

cumpridos (social, jurídico...), ela permite ao juiz decidir da forma que lhe aprouver, independentemente de sua preocupação com o que a lei diz.

Dessa forma, objetiva-se combater o hiperpublicismo e o demasiado protagonismo judicial. Esse entendimento já vem sendo defendido há algum tempo na literatura estrangeira, como Juan Montero Aroca, no processo civil, e Luigi Ferrajoli, no processo penal.

B – Sobre o ativismo ou instrumentalismo

O ponto de partida para a compreensão do ativismo diz respeito à relação entre direito e processo. Essa relação tem duplo sentido vetorial, já que o processo serve para tutelar o direito e o direito sem o processo não é direito, já que não atingiria sua finalidade (Carnelutti).

O instrumentalismo é uma forma de estudar o processo para evitar os excessos do processualista ao apenas olhar o processo pelo processo e esquecer do escopo da jurisdição (que, com as partes, conduz o processo), que é a realização do direito material. Retiram-se, assim, os olhos apenas internos ao processo, fazendo com que este seja construído e desenvolvido à luz das peculiaridades do direito substancial.

O ativismo judicial constitui, nos dizeres do Ministro Luis Roberto Barroso, "uma participação mais ampla e intensa do judiciário na concretização dos valores e fins constitucionais, com maior interferência no espaço de atuação dos outros dois poderes". Assim, poderia o magistrado avocar a aplicação de princípio não expresso na CF e o controle difuso de constitucionalidade, no sentido de afastar a aplicação de uma lei no caso concreto[125].

Constitui um meio-termo entre a passividade e a inquisitoriedade[126].

No garantismo, a seu turno, a conduta do magistrado é mais reservada, não interferindo na esfera dos demais Poderes. Os defensores do garantismo (ou autocontenção) entendem indevida a atuação dos juízes em atividades que competem aos demais poderes fruto de representatividade popular.

É possível visualizar o ativismo sob duas dimensões: o **ativismo material**, também denominado macroativismo, e o **ativismo processual**, denominado microativismo.

Ativismo material é a inércia do Poder Legislativo na criação de direitos fundamentais. Nesse caso, o instrumento tanto poderá ser um mandado de injunção, "sempre que a falta de norma regulamentadora torne inviável o exercício dos direitos e liberdades constitucionais e das prerrogativas inerentes à nacionalidade, à soberania e à cidadania" (art. 5º, LXXI, CF), como a manifestação judicial em um caso concreto submetido ao Poder Judiciário, a exemplo da questão do aborto, do casamento entre pessoas do mesmo sexo e dos estudos sobre células tronco. Nesses casos o juiz faz o papel que a lei deveria fazer.

O ativismo processual está intimamente atrelado ao princípio da eficiência do Poder Judiciário (art. 8º, CPC), pois mantém relação com as metas e a efetiva produção da jurisdição.

Há, contudo, quem enxergue o ativismo como um mal. Ou como medidas que ofendam a imparcialidade do juiz e mesmo sua competência.

---

125 Ricardo Amin Abrahão Nacle, em sua dissertação de mestrado pela PUC/SP, define ativismo como "termo utilizado para designar o protagonismo judicial na decisão a respeito de questões afetas a outros Poderes do Estado, cuja inércia ou atuação em desconformidade com os valores da sociedade pavimenta o caminho para a criação judicial" (Os Poderes de Coerção do Juiz na Execução das Obrigações de Pagar. Dissertação de Mestrado pela PUC/SP, 2018, p. 74).

126 BEDAQUE, José Roberto dos Santos. Instrumentalismo e garantismo: visões opostas do fenômeno processual? In: *Processo civil contemporâneo:* homenagem aos oitenta anos do Professor Humberto Theodoro Júnior. São Paulo: Gen, 2018, p. 165.

Não entendemos assim. O ativismo, ou a prática ativista, não objetiva descumprir os preceitos legais, mas, à luz da legislação vigente, criar situações mais eficientes. O magistrado está sujeito às normas vigentes e à devida fundamentação das decisões judiciais. Ambos os fatores são critérios de segurança jurídica, valor tão caro aos garantistas e que é defendido da mesma forma pelos instrumentalistas.

Antagonizar o garantismo com o ativismo não constitui a melhor medida, já que há diversas situações em que o magistrado atua com um "garantismo ativista", assim:

A – O posicionamento jurisprudencial de estabelecer a contagem de prazos em dias corridos no JEC constitui um ativismo (já que ignora o CPC e aplica a contagem com base em interpretação do art. 2º da Lei n. 9.099/95), mas também um garantismo, pois protege o interesse da parte no caso.

B – Há juízes que só recebem advogados na presença do advogado da outra parte. Constitui nitidamente um ativismo judicial, pois não há nada na lei que imponha essa situação, mas prestigia o garantismo, pois preserva a bilateralidade instantânea de audiência.

C – Determinados magistrados, de ofício, determinam a suspensão dos processos individuais para que a coisa julgada da ação coletiva os beneficie. De acordo com o art. 104 do CDC, a própria parte deve fazê-lo no prazo de 30 dias da ciência da ação coletiva, sob pena de não usufruir da decisão da ação coletiva. Constitui medida garantista, pois visa à proteção de garantia das partes, mas também ativista, pois não é o que a lei estabelece.

Dessa forma, o ativismo, como *ultima ratio*, pode ser salutar, desde que obedeça a determinados parâmetros. Mas que parâmetros seriam esses? Além, obviamente, da possibilidade dos recursos, de que toda conduta dessa natureza seja submetida ao contraditório e de que constitua medida excepcional, apenas nos casos em que a necessidade for premente.

Em conclusão, é possível estabelecer os pontos que nos fazem defender o instrumentalismo:

I – Primeiro, o instrumentalismo não se opõe ao garantismo, conforme visto acima. É perfeitamente possível um juiz ativo (não inanimado) observar plenamente as garantias constitucionais do processo.

II – Pensar em processo "efetivo" ou "de resultados" não pode ser tratado de forma pejorativa. O direito não pode ser visto apenas como meio (permitir às partes o *due process*), mas em especial como fim (o resultado almejado com o processo). Ou seja, a proteção ao direito certamente é mais importante que a proteção ao processo que protege o direito. Tanto que, se houver o cumprimento espontâneo do direito no curso do processo, sem que haja a fruição de todas as garantias de que o processo dispõe, não haverá violação alguma.

III – O instrumentalismo é a proteção mais próxima da parte, pois protege a efetividade do direito material, que é o direito da parte. Assim, o instrumentalista é também garantista, mas procura "apenas o ponto de equilíbrio entre valores igualmente importantes e amparados no plano constitucional"[127]. Não analisar o processo (também) pela sua visão finalista é prestigiar apenas o formalismo pelo formalismo (valorativo)[128].

IV – O juiz não é um ente autoritário que subtrai das partes as garantias constitucionais. Mas ele tem poderes formais e substanciais no processo, decorrentes do poder que lhe foi investido pela jurisdição (Estado). O princípio da cooperação demonstra claramente isso com a ampla participação das partes e do magistrado na construção de um processo mais efetivo e

---

127 BEDAQUE, José Roberto dos Santos. Instrumentalismo e garantismo, cit., p. 177.
128 OLIVEIRA, Carlos Alberto Alvaro de. *Do formalismo no processo civil*. 3. ed. São Paulo: Saraiva, p. 126 e s.

ao evitar a conduta de um juiz solipsista[129]. A postura ativa do juiz não implica posição de império estatal, mas um reconhecimento inerente à jurisdição: a condução do processo.

V – A posição ativa do juiz, ao contrário de uma conotação pejorativa, gera equilíbrio processual, especialmente nos casos em que as partes não se encontram na mesma situação. A passividade do magistrado sim é que pode gerar injustiça.

VI – O CPC incentiva essa postura, conforme se depreende dos arts. 8º, 139, IV e VI, e 489, § 2º, CPC.

Por fim, é importante entender que, na atual metodologia processual brasileira, adota-se o instrumentalismo sob o enfoque constitucional, denominado (conforme visto) **formalismo-valorativo**.

6.7.3. CONDUÇÃO FORMAL E MATERIAL DO PROCESSO

No exercício da sua atividade, o magistrado exerce múltiplas funções: a) é gestor do cartório, devendo organizar e gerir os funcionários, os métodos de trabalho e a forma de produção, b) é presidente do processo (sendo até intuitivo, na medida em que se tem amplamente aceita a natureza publicista do processo)[130].

Nesse segundo ponto, que nos interessa, o juiz, na condição de presidente da causa, repise-se, pratica atos de direção do processo. Esses atos podem ser materiais ou formais.

A direção formal está intimamente atrelada ao andamento do processo, com o encadeamento dos atos, a prática dos atos instrutórios até a decisão final. Já a direção material diz respeito a obedecer ao princípio da cooperação para fomentar a participação das partes em uma decisão efetiva e justa, permitir o amplo contraditório e não realizar decisões-surpresa. No direito alemão essa regra vem expressamente prevista nos §§ 139 e 321 da ZPO. No direito processual brasileiro essa regra não vem expressamente prevista, mas é possível extraí-la dos direitos fundamentais contidos na Constituição Federal.

6.7.3.1. Poderes do juiz na condução do processo

O magistrado preside o processo, mas isso não lhe confere nenhuma ascendência hierárquica sobre os demais sujeitos do processo. Sua atividade é simplesmente diversa. As partes, o MP, o advogado, o defensor e os auxiliares da justiça possuem, dentro de seu espectro de competência, de funções e de interesses, atividades distintas.

Aqui é importante traçar as atividades do juiz no plano do processo. Tais atividades vêm enumeradas (não taxativamente) no art. 139 do CPC:

I – Assegurar às partes igualdade de tratamento

O processo é regulamentado pelo princípio da isonomia (arts. 5º da CF e 7º do CPC). Contudo, a isonomia não é apenas a formal, mas especialmente a isonomia substancial, que consiste em tratar igualmente os iguais e desigualmente os desiguais na proporção de suas desigualdades.

O objetivo é fazer com que as partes atuem nas mesmas condições.

Nada impede que o magistrado atue em colaboração (cooperação) com as partes, mas não cooperando preferencialmente ou apenas com uma delas.

---

129 Juiz egoísta, que atua de maneira isolada e solitária, apenas levando em consideração sua própria consciência.

130 Ainda que tenha havido a devida relativização com o advento do negócio jurídico processual (art. 190, CPC).

II – Velar pela duração razoável do processo

A duração razoável do processo já foi objeto de nosso estudo no capítulo dos princípios. Constitui princípio com previsão nos arts. 5º, LXXVIII, da CF e 4º do CPC. Deve, portanto, o magistrado, dentro do possível, laborar para um processo efetivo e sem dilações indevidas.

Como tivemos a oportunidade de ressaltar, não se pode confundir duração razoável com celeridade, pois nem sempre a duração razoável será permeada num curto espaço de tempo.

O magistrado poderá punir a parte que procrastina o feito com multas de litigância de má-fé (art. 81, CPC) ou mesmo conceder tutela de evidência para a parte contrária (art. 311, I, CPC). Poderá ainda retirar o direito de vista dos autos fora de cartório e comunicar o respectivo órgão de classe (OAB).

Há também sanções para o cartório e para o próprio juiz que, injustificadamente, excederem (arts. 143, II, 233 e 235, CPC).

III – Prevenir ou reprimir qualquer ato contrário à dignidade da justiça e indeferir postulações meramente protelatórias

O magistrado, na condução do processo, tem o dever de prevenir ou reprimir qualquer ato contrário à dignidade da justiça e ainda indeferir postulações meramente protelatórias.

Para tanto, a lei confere ao magistrado uma série de poderes que lhe permitem (exemplificativamente): a) punir o litigante que age de má-fé (arts. 79 a 81, CPC); b) advertir a testemunha que falta com a verdade (art. 458, parágrafo único, CPC); c) retirar da audiência pessoas que se comportarem de forma inconveniente (art. 360, II, CPC); d) punir aquele que não comparece sem justificativas na audiência de conciliação e mediação (art. 334, § 8º, CPC); e) nas hipóteses em que esses atos ocorrem na execução como fraude à execução, cria embaraços ou não indica bens para a penhora ou ainda resiste injustificadamente às ordens judiciais (art. 774, CPC).

É importante frisar que a expressão "ato contrário à dignidade da justiça" está redigida de forma não técnica, pois está expressa somente em alguns artigos (p. ex., arts. 77, §§ 1º a 6º, 334, § 8º, e 774, parágrafo único, CPC)[131]. Dessa forma a expressão empregada no art. 139, III, refere-se a qualquer ato e não apenas aos tipificados em lei como atentatórios à dignidade da justiça.

IV – Determinar todas as medidas indutivas, coercitivas, mandamentais ou sub-rogatórias necessárias para assegurar o cumprimento de ordem judicial, inclusive nas ações que tenham por objeto prestação pecuniária

Este constitui certamente o inciso mais polêmico do art. 139 e uma das questões mais comentadas em sede de debates doutrinários, além de seu reflexo na jurisprudência.

A principal celeuma se restringe ao alcance do juiz para aplicar as denominadas medidas indutivas, coercitivas, mandamentais ou sub-rogatórias. Aqui a discussão sobre o *juiz ativista* e o *juiz garantista* ganha foros de grandes debates.

Será possível ao juiz determinar a prisão do devedor fora da hipótese constitucional dos alimentos com base no poder geral de efetivação? E, com base nesse mesmo poder, poderia o juiz determinar a apreensão da carteira de motorista ou do passaporte do devedor, mesmo esses documentos não tendo relação nenhuma com a obrigação? Aliás, é necessário haver correspondência com a obrigação para que se autorize a prática de uma medida coercitiva?

Sobre esse assunto, tratamos na profundidade necessária no capítulo sobre execuções em espécie (item 1.3).

---

[131] GAJARDONI-DELLORE-ROQUE-OLIVEIRA JR. *Teoria geral do processo*. São Paulo: Gen, 2015, p. 457.

É importante frisar, por fim, que as medidas coercitivas, mandamentais e sub-rogatórias são comuns no vocabulário processual. Contudo, as medidas indutivas não recebem a mesma deferência da doutrina.

Constituem medidas "que podem ser definidas como aquelas que se utilizam da concessão de benefício a uma das partes, desde que assumam uma determinada postura no processo"[132]. Trata-se da denominada sanção premial, em que, no lugar de se criar uma sanção punitiva, se estabelece um prêmio como consequência da norma para estimular o cumprimento. É o que ocorre na isenção de custas no caso de cumprimento voluntário do mandado monitório (art. 701, § 1º, CPC), na exoneração da sucumbência quando o imóvel é desocupado no prazo (art. 61 da Lei n. 8.245/91), no pagamento de somente metade dos honorários quando haja cumprimento tempestivo da execução por quantia certa (art. 827, § 1º, CPC).

Importante frisar que, sendo as medidas indutivas um "prêmio" para o cumpridor da obrigação, não podem, ao contrário das demais medidas coercitivas, sub-rogatórias ou mandamentais, ser estabelecidas sem previsão legal. Ou seja, as medidas indutivas são as únicas que não têm a possibilidade de serem atípicas. Isso porque não se pode, como se dizia antigamente, fazer "cortesia com o chapéu alheio"[133] criando benefícios procedimentais. Igualmente, não pode o magistrado conceder medidas indutivas atípicas. Assim, não pode, como forma de estímulo ao cumprimento, isentar o devedor do pagamento de multa coercitiva pretérita, pois o CPC, no art. 537, § 1º, apenas permite a isenção das multas vincendas e não das vencidas. Seria um indevido ativismo *contra legem*.

V – Promover, a qualquer tempo, a autocomposição, preferencialmente com auxílio de conciliadores e mediadores judiciais

A autocomposição é termo em sentido amplo que abrange:

> **A transação:** sacrifício recíproco das partes para obter o acordo.
> **Renúncia:** o autor abre mão do seu direito para a solução do conflito.
> **Submissão:** o réu se submete (parcial ou integralmente) à pretensão da parte contrária.

A autocomposição sempre deve ser incentivada. É necessário substituir a cultura da adversidade pela tentativa de acordo.

Essa regra vem reforçada no art. 3º, §§ 2º e 3º, do CPC, segundo o qual "O Estado promoverá, sempre que possível, a solução consensual dos conflitos" (§ 2º) e "A conciliação, a mediação e outros métodos de solução consensual de conflitos deverão ser estimulados por juízes, advogados, defensores públicos e membros do Ministério Público, inclusive no curso do processo judicial" (§ 3º).

Essa medida é tão importante para o sistema que a audiência de conciliação e mediação é obrigatória (art. 334, § 8º, CPC), apenas não se realizando em casos excepcionais (art. 334, § 4º, CPC).

É preferível (como se verá oportunamente, no capítulo sobre essa audiência) que seja a audiência presidida por um mediador ou conciliador. Além da confidencialidade de que se reveste essa audiência, a presença do juiz poderá intimidar ou mesmo coagir as partes à confecção do acordo, não obstante seja muito comum (até mesmo pela falta de conciliadores e

---

132 OLIVEIRA NETO, Olavo. *Comentários ao Código de Processo Civil*. São Paulo: Saraiva, 2017, p. 626.
133 Contudo, há quem defenda, do que discordamos, a possibilidade de estabelecer negócio jurídico processual sobre a criação de medidas indutivas. MAZZEI-ROSADO. A cláusula geral de efetivação e as medidas indutivas no CPC/15. *Medidas executivas atípicas:* grandes temas do NCPC, v. 11. Salvador: JusPodivm, 2018, p. 516.

mediadores locais) que o magistrado presida essa audiência. Não constitui, portanto, nenhuma nulidade. É apenas recomendável que não seja feita na presença do juiz.

VI – Dilatar os prazos processuais e alterar a ordem de produção dos meios de prova, adequando-os às necessidades do conflito de modo a conferir maior efetividade à tutela do direito

No regime do CPC anterior, era possível visualizar duas premissas importantes: a) uma estreita rigidez procedimental, não admitindo a flexibilização dos atos e prazos e, b) como consequência, a classificação dos prazos em dilatórios e peremptórios.

A flexibilização procedimental atípica ingressou no processo civil brasileiro com o advento do atual CPC. Nele, dentre outras possibilidades, admite-se a alteração dos prazos e a alteração dos meios de prova.

Contudo, contrariamente ao que dispunha o anteprojeto (art. 151, § 1º, CPC), a liberdade de flexibilização do magistrado não é plena. Perceba que ele, juiz, não poderá, por exemplo, valer-se da flexibilização para reduzir um prazo (proibição prevista no art. 222, § 1º, CPC).

Assim, poderá ampliar o prazo quando entender que as partes necessitarão de um tempo maior para a prática daquele ato. Evidente que a ampliação se aplica apenas aos prazos próprios (prazo fraqueado às partes e aos terceiros), pois os impróprios (juízes e auxiliares da justiça) não operam preclusão.

A despeito de constar no art. 139 como um poder do juiz, nada impede que as partes requeiram a dilação desse prazo. Já há artigo semelhante prevendo essa questão (art. 437, § 2º, CPC).

Importante apenas frisar que a dilação só pode ser concedida (ou requerida) no prazo em curso (ou mesmo antes de sua fluência), mas nunca após o seu término. A questão é simples: não se pode dilatar prazo que não existe mais. Aliás, isso restou bem ressaltado no art. 139, parágrafo único, do CPC, segundo o qual "A dilação de prazos prevista no inciso VI somente pode ser determinada antes de encerrado o prazo regular".

Por fim, nada impede que haja dilação da dilação. É possível que o prazo dilatado não seja suficiente para a prática do ato. Assim, poderá o juiz, de ofício ou a requerimento, ampliar o prazo já dilatado, desde que seja antes do seu término.

Quanto à alteração da ordem dos meios de prova de audiência, decorre muito mais em atenção ao princípio da eficiência do que para oportunizar à parte exercer, com o devido tempo, o princípio do contraditório.

O art. 361 do CPC vale-se da locução "preferencialmente" para deixar clara a não obrigatoriedade da ordem de apresentação de provas na audiência de instrução e julgamento.

VII – Exercer o poder de polícia, requisitando, quando necessário, força policial, além da segurança interna dos fóruns e tribunais

O magistrado é o representante do poder do Estado em juízo. Essa regra vem ressaltada no art. 360 do CPC:

Art. 360. O juiz exerce o poder de polícia, incumbindo-lhe:
I – manter a ordem e o decoro na audiência;
II – ordenar que se retirem da sala de audiência os que se comportarem inconvenientemente;
III – requisitar, quando necessário, força policial;
IV – tratar com urbanidade as partes, os advogados, os membros do Ministério Público e da Defensoria Pública e qualquer pessoa que participe do processo;
V – registrar em ata, com exatidão, todos os requerimentos apresentados em audiência.

O rol contido no art. 360 refere-se exclusivamente à audiência de instrução e julgamento. Contudo, há diversas outras situações no CPC em que o magistrado exerce seu poder de polícia: a) quando manda riscar (podendo aplicar multa) cotas interlineares ou marginais nos autos (art. 202, CPC), b) quando cassa a palavra ou determina que sejam riscadas as expressões injuriosas no processo (art. 78, CPC).

VIII – Determinar, a qualquer tempo, o comparecimento pessoal das partes, para inquiri-las sobre os fatos da causa, hipótese em que não incidirá a pena de confesso

No CPC/73 havia a distinção entre interrogatório judicial e depoimento pessoal, este decorrente de atividade regular na audiência de instrução e julgamento e aquele movido pelo interesse do juiz em esclarecer os fatos a qualquer tempo. Em decorrência disso, o interrogatório não era caracterizado como meio de prova e tampouco gerava pena de confesso.

O CPC/2015, acertadamente, aloca o interrogatório para os poderes gerais do magistrado (art. 139, CPC), deixando o depoimento pessoal exclusivamente como meio de prova no capítulo pertinente (art. 385, CPC).

O interrogatório (também chamado de interrogatório livre, informal ou de esclarecimento) decorre da colaboração que as partes devem prestar para a solução justa e eficaz do processo. Não se trata de produzir prova (confissão), mas de esclarecer o juízo sobre os fatos do processo[134].

IX – Determinar o suprimento de pressupostos processuais e o saneamento de outros vícios processuais

O art. 139, IX, do CPC faz parte de um microssistema de artigos que disciplinam o denominado princípio da primazia do mérito (devidamente estudado no capítulo sobre os princípios). Esse artigo está inserido conjuntamente com os arts. 277, 282, § 2º, 317, 319, § 2º, 338, 352, 485, § 7º, 488, 932, parágrafo único, 938, § 1º, 968, § 5º, 1.007, §§ 2º e 4º, 1.013, § 3º, II e IV, 1.017, § 3º, 1.029, § 3º, 1.032 e 1.033.

Por esse princípio o Poder Judiciário deve prover todos os esforços para viabilizar o julgamento do mérito, a despeito da existência de vícios que possam impedir ou dificultar a realização dessa tarefa.

X – Quando se deparar com diversas demandas individuais repetitivas, oficiar o Ministério Público, a Defensoria Pública e, na medida do possível, outros legitimados a que se referem o art. 5º da Lei n. 7.347, de 24 de julho de 1985, e o art. 82 da Lei n. 8.078, de 11 de setembro de 1990, para, se for o caso, promover a propositura da ação coletiva respectiva

Aqui há um dever de comunicação ao Ministério Público e à Defensoria para que ajuízem ação coletiva.

Tal fato decorre do fato de o magistrado verificar (podendo se fazer valer de pesquisas, nos termos do art. 927, § 5º, CPC), a existência de inúmeras demandas individuais repetitivas.

Aliás, não se trata de novidade trazida pelo CPC, já que o art. 7º da Lei de Ação Civil Pública (Lei n. 7.347/85) estabelece: "Se, no exercício de suas funções, os juízes e tribunais tiverem conhecimento de fatos que possam ensejar a propositura da ação civil, remeterão peças ao Ministério Público para as providências cabíveis".

Sobre esse poder conferido ao magistrado, como bem observa Fernando Gajardoni: "A tutela coletiva de direitos individuais homogêneos é de interesse do sistema, vez que permite, por meio de um único processo, a prolação de decisão que possa vir a beneficiar milhares de pessoas, poupando o Judiciário, consequentemente, do processamento de demandas individuais"[135].

---

134 LOPES, Joao Batista. *A prova no direito processual civil*. 2. ed. São Paulo: RT, 2002, p. 107.
135 GAJARDONI-DELLORE-ROQUE-OLIVEIRA JR. *Teoria geral do processo*. São Paulo: Gen, 2015, p. 468.

O CPC infelizmente vetou a conversão de demanda individual em coletiva (art. 333, CPC), que permitia conferir tratamento uniforme a todas as pessoas que estivessem sujeitas àquela condição e não apenas aos demandantes individuais[136].

Não se trata de ofensa ao princípio da inércia (art. 2º, CPC), pois o magistrado não ajuíza a demanda coletiva, mas apenas comunica ao MP e à Defensoria para que cumpram esse mister.

6.7.4. DA VEDAÇÃO AO *NON LIQUET*

O art. 140 é um dos artigos mais importantes do CPC quanto à metodologia dogmática. Isso porque o dispositivo que o antecedia (art. 126, CPC/73) assim dispunha:

Art. 126. O juiz não se exime de sentenciar ou despachar alegando lacuna ou obscuridade da lei. No julgamento da lide caber-lhe-á aplicar as normas legais; não as havendo, recorrerá à analogia, aos costumes e aos princípios gerais de direito.

O art. 4º da LINDB possuía disposição semelhante:

Art. 4º Quando a lei for omissa, o juiz decidirá o caso de acordo com a analogia, os costumes e os princípios gerais de direito.

Estava clara a opção do legislador por posicionar a lei como o epicentro do universo processual, fruto da herança do Estado Liberal havido no século XIX, relegando as demais fontes do direito (aqui descritas como analogias, costumes e princípios gerais do direito) como fontes supletivas se e quando a lei não regulasse a questão *fattispecie*.

No Período Romano autorizava-se o magistrado a estabelecer o *non liquet* quando não encontrasse resposta adequada para a situação.

---

136 "Art. 333. Atendidos os pressupostos da relevância social e da dificuldade de formação do litisconsórcio, o juiz, a requerimento do Ministério Público ou da Defensoria Pública, ouvido o autor, poderá converter em coletiva a ação individual que veicule pedido que: I – tenha alcance coletivo, em razão da tutela de bem jurídico difuso ou coletivo, assim entendidos aqueles definidos pelo art. 81, parágrafo único, incisos I e II, da Lei nº 8.078, de 11 de setembro de 1990 (Código de Defesa do Consumidor), e cuja ofensa afete, a um só tempo, as esferas jurídicas do indivíduo e da coletividade; II – tenha por objetivo a solução de conflito de interesse relativo a uma mesma relação jurídica plurilateral, cuja solução, por sua natureza ou por disposição de lei, deva ser necessariamente uniforme, assegurando-se tratamento isonômico para todos os membros do grupo. § 1º Além do Ministério Público e da Defensoria Pública, podem requerer a conversão os legitimados referidos no art. 5º da Lei nº 7.347, de 24 de julho de 1985, e no art. 82 da Lei nº 8.078, de 11 de setembro de 1990 (Código de Defesa do Consumidor). § 2º A conversão não pode implicar a formação de processo coletivo para a tutela de direitos individuais homogêneos. § 3º Não se admite a conversão, ainda, se: I – já iniciada, no processo individual, a audiência de instrução e julgamento; ou II – houver processo coletivo pendente com o mesmo objeto; ou III – o juízo não tiver competência para o processo coletivo que seria formado. § 4º Determinada a conversão, o juiz intimará o autor do requerimento para que, no prazo fixado, adite ou emende a petição inicial, para adaptá-la à tutela coletiva. § 5º Havendo aditamento ou emenda da petição inicial, o juiz determinará a intimação do réu para, querendo, manifestar-se no prazo de 15 (quinze) dias. § 6º O autor originário da ação individual atuará na condição de litisconsorte unitário do legitimado para condução do processo coletivo. § 7º O autor originário não é responsável por nenhuma despesa processual decorrente da conversão do processo individual em coletivo. § 8º Após a conversão, observar-se-ão as regras do processo coletivo. § 9º A conversão poderá ocorrer mesmo que o autor tenha cumulado pedido de natureza estritamente individual, hipótese em que o processamento desse pedido dar-se-á em autos apartados. § 10. O Ministério Público deverá ser ouvido sobre o requerimento previsto no caput, salvo quando ele próprio o houver formulado."

Contudo, a evolução do direito mostrou que a lei é insuficiente para regular todas as situações possíveis: primeiro porque a lei, especialmente num país de extensão continental como o Brasil, pode gerar diversas interpretações de acordo com o momento histórico, a cultura e a região em que se aplica. Segundo porque a lei não pode (nem pode pretender) regular todas as situações possíveis carecedoras de direito. As inovações sociais são mais rápidas que a aptidão do legislador para edificar as leis. Como conclusão, o sistema legal sem lacunas é utópico e fictício. Terceiro porque mesmo as normas existentes não podem ser amoldadas de maneira uniforme, pois há casos que exigem do magistrado a devida interpretação sobre circunstâncias fáticas peculiares que o mero texto da lei, abstrato, não alcança; "por maior precisão que se busque na redação dos textos legais, suas palavras reservam sempre uma margem, maior ou menor, de porosidade significativa, por meio da qual penetra a atividade interpretativa do juiz"[137]. Quarto, some-se o fato de que, ao longo das últimas décadas, uma série de fatores contribuiu para a mudança de paradigma e (consequentemente) a utilização dos precedentes: a) as mudanças qualitativas e quantitativas dos litígios; b) o expressivo aumento demográfico; c) o amplo acesso à justiça em decorrência de leis oportunizadoras e do conhecimento dos direitos da população; d) a necessidade de melhora na prestação jurisdicional não apenas em relação ao critério qualitativo como também na efetividade dessa prestação.

Diante disso, o CPC atual, no seu art. 140, estabeleceu que "O juiz não se exime de decidir sob a alegação de lacuna ou obscuridade do ordenamento jurídico". Constitui artigo que revela a integração do sistema jurídico. Dessa forma, pode até existir lacuna ou obscuridade da lei, mas nunca do ordenamento jurídico.

Resta claro observar que a adstrição do legislador não é apenas a lei, mas a todo o ordenamento jurídico. Não se quer dizer com isso que a lei não seja, de certa forma, a fonte mais importante do direito – e ela é. Mas deve ser interpretada à luz dos valores contemporâneos da sociedade naquele momento. O que não se pode é afastar-se o magistrado da legalidade estrita.

Apenas em alguns casos previstos em lei (art. 140, § único, CPC) se autoriza o julgamento por equidade, como no art. 723, parágrafo único, do CPC, o art. 6º da Lei n. 9.099/95, a fixação de multa coercitiva para cumprimento de decisões obrigacionais, na fixação de honorários conforme o art. 85, § 8º, do CPC, nas sentenças arbitrais (arts. 2º e 26, II, da Lei n. 9.307/96).

O juiz pode decidir por equidade quando, "autorizado por expressa disposição legal ou pelo sistema jurídico como um todo, não se vincula a preceitos legais, procurando uma solução tão aderente quanto possível ao caso concreto"[138].

6.7.5. PRINCÍPIO DA CONGRUÊNCIA (CORRELAÇÃO, ADSTRIÇÃO, CORRESPONDÊNCIA)

Da leitura do art. 141 do CPC é possível extrair duas diretrizes distintas: "O juiz decidirá o mérito nos limites propostos pelas partes, sendo-lhe vedado conhecer de questões não suscitadas a cujo respeito a lei exige iniciativa da parte".

A primeira parte versa sobre o princípio da congruência ao estabelecer que "O juiz decidirá o mérito nos limites propostos pelas partes". Mas a segunda parte, "sendo-lhe vedado conhecer de questões não suscitadas a cujo respeito a lei exige iniciativa da parte", versa sobre assunto correlato, mas diverso: o princípio dispositivo.

---
137 HART, H. L. A. *Ensaios sobre a teoria do direito e filosofia*. Rio de Janeiro: Elsevier, 2010, p. 69.
138 DINAMARCO, Cândido Rangel. *Vocabulário do processo civil*. São Paulo: Malheiros, 2009, p. 140.

Eles são ligados, pois compete à parte deduzir sua pretensão em juízo, e o magistrado, adotando a regra do art. 141 do CPC, não poderá julgar acima (*ultra*), fora (*extra*) ou abaixo (*infra*) do pedido.

Em alguns casos, a própria lei autoriza uma relativização do princípio da congruência, autorizando o magistrado a conceder o bem acima ou independentemente do que foi requerido. Assim se opera:

> **i) na aplicação do princípio da fungibilidade**, em que se autoriza ao magistrado conceder tutela diversa daquela que fora requerida, como nos casos de fungibilidade entre recursos, ações possessórias ou medidas de urgência;
> **ii) nos casos de pedidos implícitos,** como juros, honorários advocatícios ou pedido de prestações periódicas. Constitui modalidade de pedido não requerida, mas concedida *ex vi legis* (CPC, art. 322, § 1º);
> **iii) nas tutelas específicas** (CPC, art. 497, e Lei n. 8.078/90, art. 84), em que o magistrado poderá conceder a tutela específica ou "resultado prático equivalente ao do adimplemento";
> **iv) nos direitos supervenientes** (CPC, art. 493);
> **v) nas matérias de ordem pública** (CPC, arts. 337, § 5º, e 485, § 3º);
> **vi) na declaração de inconstitucionalidade em controle concreto**, já que qualquer juiz brasileiro pode declarar *incidenter tantum*, sob o argumento de não aplicação, a inconstitucionalidade de uma lei.

6.7.6. PROCESSO SIMULADO E FRAUDULENTO

O princípio da boa-fé foi alçado a princípio universal no processo para todas as condutas adotadas ao longo do procedimento (e não apenas em algumas situações específicas, como no CPC/73), conforme se depreende do art. 5º do CPC/2015.

Os atos fraudulentos são considerados anuláveis (art. 158, CC) e os simulados são considerados nulos (art. 167, CC).

Se, para as partes, o propósito do processo é a obtenção de fim diverso daquele que licitamente se espera, há litigância de má-fé.

Processo simulado é o processo válido para obter algo que não corresponde à real vontade, buscando, por meio da causa, simular uma situação inexistente.

No processo fraudulento se deseja obter um fim proibido pela lei. Nas palavras de Marinoni-Arenhart-Mitidiero: "Há simulação quando as partes vão a juízo afirmando um litígio aparente que na realidade não existe, a fim de conferir ou transmitir direitos simuladamente; age com fraude à lei quem frustra o alcance da lei, visando obter aquilo que a legislação proíbe"[139].

6.7.7. RESPONSABILIDADE DO JUIZ

Nos termos do art. 143 do CPC, o magistrado responderá regressivamente[140] por perdas e danos quando: a) no exercício de suas funções, proceder com dolo ou fraude; b) recusar, omitir

---
139 *Novo Código de Processo Civil comentado*. São Paulo: RT, 2015, p. 216.
140 O STF entendeu que essa responsabilidade é apenas de modo regressivo (RE 228.977-2/SP).

ou retardar, sem justo motivo, providência que deva ordenar de ofício ou a requerimento da parte (a tipicidade desse caso somente se aplica se o juiz, instado à prática do ato por requerimento da parte, não o fizer no prazo de 10 dias).

Perceba que o juiz não pode responder pela injustiça da decisão. Sobre essa questão caberão os respectivos recursos. A responsabilidade se limita ao dolo ou fraude do magistrado ou à falha na prestação pelo Poder Judiciário em decorrência de inércia ou negligência.

Essa regra está em consonância com o que dispõe o art. 49 da LOMAN (Lei Orgânica da Magistratura Nacional – LC n. 45/79).

Não se pode confundir essa responsabilidade com a responsabilidade objetiva do Estado (art. 37, § 6º, CF), pela qual o Estado responde independentemente por dolo ou culpa decorrente dos danos causados pelos seus agentes a terceiros.

6.7.8. EXISTE DISCRICIONARIEDADE JUDICIAL?

Ao enfrentar a questão do ativismo (instrumentalismo) x garantismo, é importante dar um passo à frente e responder à pergunta que o tópico formula: existe discricionariedade judicial?

Alguns autores entendem que a instrumentalidade reúne condições adequadas para a proliferação da discricionariedade, pois move a jurisdição para o centro do direito processual (ampliando os poderes do juiz) ficando o processo como mero instrumento. Dessa forma, para alcançar os escopos sociais, políticos e jurídicos o juiz deveria fazer qualquer coisa para atingir esse objetivo. Essa é uma das grandes discussões que orbitam no campo da atividade judicial, e diz respeito ao fato de o juiz exercer atividade discricionária ao decidir. A discussão ganhou maior importância no denominado pós-positivismo, especialmente com o recrudescimento da força normativa da Constituição, a adoção de cláusulas gerais e normas de conceito vago e indeterminado como forma de técnica legislativa e a ampliação de outras fontes do direito, em especial os precedentes.

Os fundamentos da discricionariedade estão no campo do direito administrativo. E realmente é possível pensar na discricionariedade judicial ao estudar o conceito de discricionariedade administrativa, que é, de acordo com a doutrina, a "liberdade para decidir em face das circunstâncias concretas do caso, impondo-lhe e simultaneamente facultando-lhe a utilização de critérios próprios para avaliar ou decidir quanto ao que lhe pareça melhor meio de satisfazer ao interesse público que a norma legal visa realizar"[141].

Diante da questão exposta, três correntes se abriram acerca da discricionariedade judicial: a) aqueles que a negam peremptoriamente, b) aqueles que defendem a discricionariedade, mas não com base na estrutura formada pelo direito administrativo, e c) aqueles que defendem a discricionariedade no âmbito do Poder Judiciário.

É importante frisar, antes de tudo, que a atividade judicial também é regulamentada pelo direito administrativo, portanto, não se pode tratar como objetos completamente opostos a atividade judicial e a atividade do administrador público.

A grande questão é que, em determinados momentos do processo, especialmente quando o magistrado interpreta cláusulas gerais, normas de conceito vago e indeterminado, princípios ou dosimetria de pena (seja ela civil ou penal), diversos autores defendem a atividade discricionária.

---

141 BANDEIRA DE MELLO, Celso Antônio. *Curso de direito administrativo*. 6. ed. São Paulo: Malheiros, 1995, p. 229.

Entendemos não haver discricionariedade judicial em linha de princípio. A liberdade do juiz se limita à interpretação de cláusulas gerais e normas de conceito vago e indeterminado. Para facilitar a compreensão, elaboramos essa divisão (ainda que muito difícil na prática proceder à distinção com meros arquétipos ou teoremas):

ATIVIDADE DISCRICIONÁRIA	INTERPRETAÇÃO DE CLÁUSULAS GERAIS E NORMAS DE CONCEITO VAGO E INDETERMINADO
Pluralidade de soluções válidas, sendo que o poder público escolhe a melhor.	Há uma única solução justa, adotada pelos princípios da proporcionalidade e razoabilidade, decorrentes da interpretação.
Há plena liberdade do poder público nas escolhas, limitando-se apenas a supremacia do interesse público.	Não há liberdade, pois a interpretação deve dar-se com base no caso concreto. Assim, o preenchimento semântico não se faz com base em um fator prévio e abstrato (supremacia do interesse público), mas concreto e casuístico (caso *fattispecie*).
Na discricionariedade cuida-se da emissão de juízos de oportunidade, ou seja, ela não necessariamente se baseia em conceitos jurídicos.	Na interpretação de conceitos jurídicos indeterminados, cuida-se da emissão de juízo de legalidade[142].
Não há atividade interpretativa. As escolhas não estão no mundo jurídico; dessa forma, não estão sob a proteção da norma, mas de um juízo de conveniência e oportunidade do próprio administrador público.	Sempre há atividade interpretativa, e essa interpretação decorre de valores jurídicos.

Entendemos que a discricionariedade somente poderá ser usada como *ultima ratio*, nas situações que os critérios de ponderação não alcançaram e em que o magistrado deve se valer de técnica diversa para decidir (*hard cases*). Há, contudo, quem defenda que as normas de conceito vago e as cláusulas gerais somente podem ser usadas para a concretização dos princípios constitucionais e não como subterfúgio para o julgador se afastar da legalidade[143].

6.7.9. DO IMPEDIMENTO E DA SUSPEIÇÃO

Sobre o tema, remetemos o leitor ao tópico 2.5 do item 2, "Modalidades de resposta", *infra*.

6.8. AUXILIARES DA JUSTIÇA

Os auxiliares da justiça estão estabelecidos no CPC nos arts. 149 a 175. São compostos por: escrivão, chefe de secretaria, oficial de justiça, perito, depositário, administrador, intérprete, tradutor, conciliadores e mediadores.

---
142 GRAU, Eros Roberto. *O direito posto e o direito pressuposto*. São Paulo: Malheiros, 1996, p. 149.
143 ABBOUD, Georges. *Discricionariedade administrativa e judicial*. São Paulo: RT, 2015, p. 479.

Quanto ao **escrivão ou chefe de secretaria**, cada ofício (juízo) terá um escrivão ou chefe de secretaria responsável, que ficará incumbido de: **a)** redigir, na forma legal, os ofícios, os mandados, as cartas precatórias e os demais atos que pertençam ao seu ofício; **b)** efetivar as ordens judiciais, realizar citações e intimações, bem como praticar todos os demais atos que lhe forem atribuídos pelas normas de organização judiciária; **c)** comparecer às audiências ou, não podendo fazê-lo, designar servidor para substituí-lo; **d)** manter sob sua guarda e responsabilidade os autos, não permitindo que saiam do cartório (exceto quando tenham de seguir à conclusão do juiz; com vista a procurador, à Defensoria Pública, ao Ministério Público ou à Fazenda Pública; quando devam ser remetidos ao contabilista ou ao partidor; quando forem remetidos a outro juízo em razão da modificação da competência); **e)** fornecer certidão de qualquer ato ou termo do processo, independentemente de despacho, observadas as disposições referentes ao segredo de justiça; **f)** praticar, de ofício, os atos meramente ordinatórios (art. 203, § 4º, CPC), competindo ao juiz editar ato para regulamentar essa atribuição.

Assim como os juízes, os escrivães também, preferencialmente, devem seguir a ordem cronológica de recebimento de publicações e efetivação dos pronunciamentos judiciais (art. 153, CPC), bem como manter uma lista pública para amplo acompanhamento. Essa lista deve dar preferência aos casos urgentes e aos que possuírem preferências legais em detrimento dos casos gerais.

Se a parte se considerar preterida na ordem cronológica, poderá reclamar ao próprio juízo, e o cartorário deverá prestar informações em dois dias. Se procedente a reclamação, determinará, além do imediato cumprimento do ato, instauração de procedimento disciplinar contra o servidor.

Em cada comarca, seção ou subseção judiciária haverá **oficiais de justiça** em número compatível com o número de juízos. Compete ao oficial de justiça: **a)** fazer pessoalmente citações, prisões, penhoras, arrestos e demais diligências próprias do seu ofício, sempre que possível na presença de duas testemunhas, certificando no mandado o ocorrido, com menção ao lugar, ao dia e à hora; **b)** executar as ordens do juiz a que estiver subordinado; **c)** entregar o mandado em cartório após seu cumprimento; **d)** auxiliar o juiz na manutenção da ordem; **e)** efetuar avaliações, quando for o caso; **f)** certificar, em mandado, proposta de autocomposição apresentada por qualquer das partes, na ocasião de realização de ato de comunicação que lhe couber. Importante frisar que, certificada a proposta de autocomposição, o juiz ordenará a intimação da parte contrária para manifestar-se, no prazo de 5 dias, sem prejuízo do andamento regular do processo, entendendo-se o silêncio como recusa.

Tanto o escrivão como o chefe de secretaria e o oficial de justiça serão civil e regressivamente responsáveis quando: i) sem justo motivo, se recusarem a cumprir no prazo os atos impostos pela lei ou pelo juiz a que estão subordinados; ii) praticarem ato nulo com dolo ou culpa.

O **perito** é um profissional detentor de conhecimento de determinada área científica que o juiz desconheça, e esse conhecimento é necessário para a elucidação dos fatos trazidos à causa. Por isso é nomeado. A doutrina utiliza o termo "conhecimento técnico ou científico" com acerto. Nem sempre o fato a ser provado depende de prévio conhecimento acadêmico. Por vezes, o conhecimento técnico, mas sem estudo formal ou diploma universitário, pode lhe conferir a categoria de perito.

Preconiza o art. 156, § 1º, do CPC que o perito será escolhido dentre os profissionais legalmente habilitados com inscrição no competente órgão de classe e que esteja cadastrado pelo respectivo tribunal. A lei não mais exige que o perito tenha curso superior, bastando possuir conhecimento técnico sobre o tema e que este possa ser comprovado por sua habilitação no órgão competente. Contudo, por interpretação extensiva ao § 5º, é possível nomear qualquer pessoa, desde que: **a)** detenha o conhecimento técnico necessário; e **b)** não haja no juízo/tribunal prévio cadastro de perito portador daquela especialidade. O perito pode ser pessoa física ou jurídica.

Para formação do cadastro de peritos, os tribunais devem realizar consulta pública, por meio de divulgação na rede mundial de computadores ou em jornais de grande circulação, além de consulta direta a universidades, a conselhos de classe, ao Ministério Público, à Defensoria Pública e à Ordem dos Advogados do Brasil, para que se possa indicar profissionais ou órgãos técnicos interessados.

Ademais, para a manutenção do cadastro, os tribunais realizarão avaliações e reavaliações periódicas, considerando a formação profissional, a atualização do conhecimento e a experiência dos peritos interessados.

A função do perito é bem mais abrangente que de uma testemunha. À testemunha basta narrar fielmente o que viu ou ouviu. O perito, além de ter esse contato direto com a prova (imediatidade), deve ir adiante, expondo, tecnicamente, um juízo sobre aquilo que concluiu.

O perito deve cumprir sua função independentemente de termo de compromisso (CPC, arts. 157 e 466) e agir com correção e lealdade na confecção do laudo. O não cumprimento dessas exigências pode acarretar ao perito consequências no **campo cível** (responde por dolo ou culpa pelos prejuízos que causar à parte [CPC, art. 158], bem como fica inabilitado de periciar por dois a cinco anos), **no campo criminal** (crime de falsa perícia – CP, art. 342) e no **campo administrativo** (sanções em sua área profissional).

Para verificação de eventual impedimento ou motivo de suspeição, nos termos dos arts. 148 e 467, o órgão técnico ou científico nomeado para realização da perícia informará ao juiz os nomes e os dados de qualificação dos profissionais que participarão da atividade.

A escusa será apresentada no prazo de 15 dias, contado da intimação, da suspeição ou do impedimento supervenientes, sob pena de renúncia ao direito a alegá-la.

De acordo com o art. 478 do CPC, "quando o exame tiver por objeto a autenticidade ou a falsidade de documento ou for de natureza médico-legal, o perito será escolhido, de preferência, entre os técnicos dos estabelecimentos oficiais especializados, a cujos diretores o juiz autorizará a remessa dos autos, bem como do material sujeito a exame".

Nas situações acima estabelecidas, a preferência do perito será por técnicos credenciados em instituições oficiais especializadas, como o Instituto de Criminalística ou o Instituto Médico Legal. Trata-se de conferir maior confiabilidade à perícia feita por órgão oficial e notoriamente conhecido.

Se o caso for de gratuidade, não será necessário o adiantamento dos honorários periciais (conforme o art. 98, § 1º, VI, CPC). Dessa forma, esses órgãos devem cumprir com preferência a determinação judicial, sendo possível requerer a dilação do prazo, desde que motivadamente. Esse prazo deve respeitar o limite legal previsto no art. 476 do CPC.

Para o devido cumprimento de sua função, o perito e o assistente técnico poderão "valer-se de todos os meios necessários, ouvindo testemunhas, obtendo informações, solicitando documentos que estejam em poder da parte, de terceiros ou em repartições públicas, bem como instruir o laudo com planilhas, mapas, plantas, desenhos, fotografias ou outros elementos necessários ao esclarecimento do objeto da perícia" (art. 473, § 3º, CPC).

O **depositário** e o **administrador** têm a função de proceder à guarda e à conservação de bens constritados mediante penhora, arresto, sequestro ou arrecadação. Em contraprestação, tem direito a remuneração fixada pelo juiz, que levará em consideração, para fins de quantificação, três critérios: a situação dos bens, o tempo da prestação do serviço e as dificuldades para a execução do depósito ou administração.

É possível a nomeação de preposto, por indicação do administrador ou do depositário. Por fim, o depositário ou o administrador responde pelos prejuízos que, por dolo ou culpa, causar à parte, perdendo a remuneração que lhe foi arbitrada, mas tem o direito a haver o que legitimamente despendeu no exercício do encargo. O depositário infiel responde civilmente pelos prejuízos causados, sem prejuízo de sua responsabilidade penal e da imposição de sanção por ato atentatório à dignidade da justiça.

A nomeação de **tradutor** ou **intérprete** será necessária: a) para traduzir documentos em língua estrangeira, b) para traduzir ao português as declarações das testemunhas e partes estrangeiras e c) para a interpretação simultânea dos depoimentos das partes e testemunhas com deficiência auditiva que se comuniquem por meio da Língua Brasileira de Sinais, ou equivalente, quando assim for solicitado.

Aplicam-se a eles, por analogia, os arts. 157 e 158 do CPC e, em especial, o que consta dos arts. 22 a 34 da Lei n. 14.195/21 que versa sobre a carreira do Tradutor e do Intérprete.

Não poderá ser intérprete ou tradutor aquele que não tiver a livre administração dos seus bens, que houver sido designado como perito ou testemunha no processo ou estiver inabilitado para o exercício da profissão em decorrência de sentença penal condenatória.

6.9. DOS CONCILIADORES E MEDIADORES JUDICIAIS

6.9.1. INTRODUÇÃO

Em 1998 teve início perante o Congresso Nacional a discussão sobre a mediação no processo civil brasileiro, que se concretizou com a criação do Conselho Nacional de Justiça e a consequente edição, por esse órgão, da Resolução n. 125/10, que estabelece a "Política Judiciária Nacional de tratamento adequado dos conflitos de interesses no âmbito do Poder Judiciário".

Posteriormente, o CPC atual estabeleceu, em seus arts. 165 a 175, o regramento mínimo conferido à mediação e à conciliação, bem como a atuação do conciliador e do mediador nesses casos. O CPC definitivamente ingressa na tentativa de incentivar as técnicas de autocomposição para desafogar o excessivo número de demandas que trafegam no Judiciário. Está entre os poderes do magistrado no processo (art. 139, V, CPC).

Apenas para se ter uma ideia, em 2013 o Brasil contava com aproximadamente 200 milhões de processos (praticamente uma causa para cada brasileiro!). O número de juízes existentes é fisicamente incompatível com a escala industrial das causas que surgem todos os dias no Judiciário.

Alguns autores defendem que a conciliação e a mediação não constituem "formas alternativas" de composição de conflito, mas, *meios adequados*[144] para esse fim.

A conciliação se diferencia da mediação. Na conciliação existe uma atuação mais efetiva do terceiro, que pode propor soluções para a resolução do conflito. Atua preferencialmente nos casos em que não havia prévio vínculo jurídico entre as partes (CPC, art. 165, § 2º), como nos casos de acidente de carro ou propaganda enganosa, em que a relação entre as partes se deu exatamente no momento que gerou a situação litigiosa. Já na mediação, a participação do terceiro é mais reservada. Sua atividade se limita a instruir as partes para auxiliar no objeto do litígio e para que se estabeleça um diálogo a fim de lograr a autocomposição. O mediador

---

144 CALMON, Petrônio. *Fundamentos da mediação e da conciliação*. p. 22.

não faz proposta de acordo; deve deixar as próprias partes chegarem a esse desiderato. Isso decorre do fato de ele atuar em casos em que já exista prévia relação jurídica entre as partes (CPC, art. 165, § 3º) como nas relações contratuais ou nas relações envolvendo direito de família (daquilo que for objeto de disponibilidade).

Assim, a atuação do conciliador é mais intensa, pois este apresenta potenciais soluções para o litígio, enquanto na mediação apenas se abre o caminho para a comunicação entre as partes.

É possível que haja conciliação ou mediação parcial que verse apenas sobre um fragmento do conflito e as demais possivelmente levadas ao Poder Judiciário.

O conciliador e o mediador devem preencher o requisito de capacitação mínima em curso a ser realizado por entidade credenciada a ser definida pelo CNJ e o Ministério da Justiça. Esse curso permite ao mediador e ao conciliador procederem à inscrição no cadastro nacional e no cadastro dos tribunais regionais. Posteriormente, o Tribunal remeterá os dados do conciliador ou mediador para o foro da comarca a fim de que conste de lista a participar das atividades de autocomposição naquele local. A escolha do mediador e do conciliador será realizada de forma aleatória e alternada tal qual na distribuição de uma causa.

É possível ainda as partes, por negócio jurídico processual, escolherem o conciliador/mediador ou a câmara privada para julgamento, independentemente de estar cadastrado ou não no tribunal.

Se o conciliador/mediador for advogado, estará impedido de exercer essa função na comarca em que atuar. Igualmente, nos casos de impedimento do próprio conciliador ou mediador (ex. parente de uma das partes no processo), este deverá comunicar e devolver os autos ao juiz do processo ou coordenador do CEJUSC para nova distribuição. Ademais, o art. 172 do CPC estabelece que "O conciliador e o mediador ficam impedidos, pelo prazo de 1 (um) ano, contado do término da última audiência em que atuaram, de assessorar, representar ou patrocinar qualquer das partes".

O conciliador e o mediador, salvo nas hipóteses do art. 167, § 6º, do CPC, receberão remuneração conforme tabela do tribunal correspondente, parametrizada pelo Conselho Nacional de Justiça.

Se o conciliador ou mediador estiverem temporariamente indisponíveis, deve comunicar o fato ao CEJUSC para não receber, nesse período, novas distribuições.

Por fim, será excluído do cadastro o mediador ou conciliador, sem prejuízo do processo administrativo, que: a) agir com dolo ou culpa na condução da conciliação ou mediação sob sua responsabilidade ou violar qualquer dos deveres decorrentes do art. 166, §§ 1º e 2º; b) atuar em procedimento de mediação ou conciliação apesar de impedido ou suspeito. Ademais, "O juiz do processo ou o juiz coordenador do centro de conciliação e mediação, se houver, verificando atuação inadequada do mediador ou conciliador, poderá afastá-lo de suas atividades por até 180 (cento e oitenta) dias, por decisão fundamentada, informando o fato imediatamente ao tribunal para instauração do respectivo processo administrativo" (art. 173, § 2º, CPC).

Ainda na *vacatio* do atual CPC foi editada a Lei n. 13.140/15 que regulamenta a mediação entre particulares e no âmbito da administração pública, o que gerou, como se verá, uma contradição com algumas disposições do diploma processual.

6.9.2. PRINCÍPIOS

Para melhor cumprir a função de meios adequados à autocomposição, à conciliação e à mediação, o CPC atual didaticamente estabeleceu (assim como o art. 1º do Anexo III da

Resolução n. 125, que dispõe sobre o Código de Ética dos Conciliadores e Mediadores) princípios que norteiam as atividades para fomentar a autocomposição entre as partes, bem como limitam a atividade dos terceiros. O art. 166 refere-se aos princípios da independência, imparcialidade, autonomia da vontade, confidencialidade, oralidade, informalidade e decisão informada. A Resolução n. 125/2010, em seu Anexo III, estabelece outros princípios importantes que devem ser estudados: competência, respeito à ordem pública e às leis vigentes, empoderamento e validação.

a) independência: a independência constitui um dos principais pilares da condição de conciliador ou mediador. Ao contrário da magistratura, em que há elementos objetivos para a garantia de sua independência (inamovibilidade, vitaliciedade e irredutibilidade de vencimentos – CF, art. 95). No tocante aos terceiros, tem-se apenas um mandamento genérico. Assim: "dever de atuar com liberdade, sem sofrer qualquer pressão interna ou externa, sendo permitido recusar, suspender ou interromper a sessão se ausentes as condições necessárias para seu bom desenvolvimento, tampouco havendo dever de redigir acordo ilegal ou inexequível" (inciso V);

b) imparcialidade: o inciso IV do referido artigo assevera: "dever de agir com ausência de favoritismo, preferência ou preconceito, assegurando que valores e conceitos pessoais não interfiram no resultado do trabalho, compreendendo a realidade dos envolvidos no conflito e jamais aceitando qualquer espécie de favor ou presente". Esse controle é feito pelo próprio terceiro e deverá recusar-se a atuar quando se encontre em alguma situação de suspeição e impedimento (art. 148, II e III, CPC/15), nada impedindo que as partes também aleguem. Ademais, não poderá o mediador ou conciliador atuar como assessor técnico das partes ou na forma de "advogado", a fim de que se mantenha a sua equidistância em relação às partes;

c) autonomia da vontade: como a conciliação e a mediação consistem em mecanismos de autocomposição, é natural que o resultado desse acordo decorra da vontade soberana das partes. Assim, são vedadas pressões externas para que o acordo seja formalizado deste ou daquele jeito. As partes têm preferência na forma como o negócio jurídico será estabelecido. Evidente que essa autonomia de vontade sofre restrições: quando o acordo for resultante de violação à ordem pública ou às leis vigentes (que constitui outro princípio, de acordo com o Anexo III da Resolução n. 125), por incapacidade das partes ou quando o acordo decorrer de algum vício, como erro, dolo, lesão, coação, estado de perigo ou fraude.

A autonomia se aplica igualmente às regras procedimentais necessárias à autocomposição (art. 166, § 4º, CPC).

A autonomia de vontade se aplica até mesmo na possibilidade de as partes escolherem, de comum acordo, o conciliador, mediador ou mesmo a câmara privada destinada a esse fim (art. 168, CPC). Não é sequer necessário que esse conciliador/mediador esteja previamente cadastrado no tribunal;

d) confidencialidade: a confidencialidade não se refere especificamente ao sigilo das informações apresentadas em audiência, mas especialmente à incomunicabilidade entre a audiência de conciliação ou mediação e o processo judicial. O que vale dizer: aquilo que se diz em audiência de autocomposição não poderá ser usado pelas partes futuramente no processo judicial contra a outra. Isso tem por finalidade deixar as partes mais livres para apresentar à mesa de negociação todos os elementos possíveis para a tentativa de costurar um acordo. Se as informações pudessem ser utilizadas no Judiciário, certamente as partes não abririam tantas informações com medo de se prejudicar acaso o acordo restasse infrutífero. A confidencialidade alcança não apenas as partes, mas os advogados e o terceiro imparcial que preside a audiência e seus auxiliares¹⁴⁵. Dessa forma, não poderá a parte no Poder Judiciário alegar que a outra parte admitiu o acidente ou que confessou o inadimplemento em audiência de autocomposição de mediação ou conciliação.

Contudo, as provas documentais descobertas em audiência poderão ser produzidas no procedimento judicial e não estão acobertadas pelo manto da confidencialidade. Explica-se: a incomunicabilidade entre conciliação/mediação e processo judicial poderá fazer com que as partes criem a estratégia de alegar absolutamente tudo que as desabone nessas audiências para que nada possa ser utilizado em fase de instrução de procedimento judicial;

e) oralidade: o princípio da oralidade se opõe à documentação dos atos. Consiste, nas precisas lições de Zulmar Duarte de Oliveira Jr. e Bento Herculano Duarte, no que aqui é pertinente, na prevalência da palavra como forma de expressão, imediação da relação entre o juiz e as partes, permanência subjetiva do juiz na instrução do processo, concentração do procedimento¹⁴⁶. A oralidade, além das vantagens enumeradas, tem por pressuposto específico guardar a confidencialidade, na medida em que os depoimentos não serão consignados em ata. O primeiro autor, em importantíssima obra sobre o tema, estabelece que a oralidade, além da celeridade prestigia a concentração, a simplificação dos atos e a imediação (contato direto com as provas)¹⁴⁷;

f) informalidade: até mesmo para facilitar a autocomposição, não há solenidade ou forma específica para que se realize a mediação ou conciliação. O terceiro terá a possibilidade de conduzir da melhor maneira que lhe aprouver, atentando aos demais princípios de modo a facilitar o acordo. Não há tipicidade de conduta;

g) decisão informada: é fundamental que os mediadores e conciliadores informem as partes sobre as consequências do acordo e seus efeitos jurídicos. Assim, o inciso II estabelece que o terceiro tem o "dever de manter o jurisdicionado plenamente informado quanto aos seus direitos e ao contexto fático no qual está inserido".

6.9.3. OPERACIONALIZAÇÃO

Para viabilizar e implementar adequadamente a conciliação e a mediação como métodos de composição de conflitos, o CPC atual estabeleceu uma série de diretrizes necessárias ao bom funcionamento das audiências destinadas a esse fim (art. 334, CPC).

a) Criação de centros judiciários de solução consensual de conflitos

A criação de centros judiciários destinados à solução consensual de conflitos já foi iniciativa da Resolução n. 125, em seu art. 8º (com a redação dada pela Emenda n. 1/13): "Para atender aos Juízos, Juizados ou Varas com competência nas áreas cível, fazendária, previdenciária, de família ou dos Juizados Especiais Cíveis, Criminais e Fazendários, os Tribunais deverão criar os Centros Judiciários de Solução de Conflitos e Cidadania ('Centros'), unidades do Poder Judiciário, preferencialmente, responsáveis pela realização das sessões e audiências de conciliação e mediação que estejam a cargo de conciliadores e mediadores, bem como pelo atendimento e orientação ao cidadão". Esses centros serão criados e organizados pelos respectivos tribunais, mas sempre observando as normas do Conselho Nacional de Justiça.

---

145 Art. 166, § 2º Em razão do dever de sigilo, inerente às suas funções, o conciliador e o mediador, assim como os membros de suas equipes, não poderão divulgar ou depor acerca de fatos ou elementos oriundos da conciliação ou da mediação,
146 *Princípios do processo civil*. São Paulo: Gen, 2012.
147 OLIVEIRA JR, Zulmar Duarte. *O princípio da oralidade no processo civil*. Porto Alegre: Nuria Fabris, 2011, p. 204-205.

b) Criação de programas destinados a auxiliar, orientar e estimular a autocomposição

Além da criação dos centros, é necessário incutir na mentalidade da sociedade os benefícios da solução consensual. Para tanto, o art. 7º da Resolução n. 125 estabelece que os tribunais criarão, em 60 dias, Núcleos Permanentes de Métodos Consensuais e Composição de Conflito. Esses núcleos serão compostos por magistrados (aposentados ou na ativa) e servidores que preferencialmente atuem na área para, especialmente:

I – desenvolver a Política Judiciária de tratamento adequado dos conflitos de interesses, estabelecida nesta Resolução;
II – planejar, implementar, manter e aperfeiçoar as ações voltadas ao cumprimento da política e suas metas;
III – atuar na interlocução com outros Tribunais e com os órgãos integrantes da rede mencionada nos arts. 5º e 6º;
IV – instalar Centros Judiciários de Solução de Conflitos e Cidadania, que concentrarão a realização das sessões de conciliação e mediação que estejam a cargo de conciliadores e mediadores, dos órgãos por eles abrangidos;
V – incentivar ou promover capacitação, treinamento e atualização permanente de magistrados, servidores, conciliadores e mediadores nos métodos consensuais de solução de conflitos;
VI – propor ao Tribunal a realização de convênios e parcerias com entes públicos e privados para atender aos fins desta Resolução.

Por fim, conforme o art. 174 do CPC, "A União, os Estados, o Distrito Federal e os Municípios criarão câmaras de mediação e conciliação, com atribuições relacionadas à solução consensual de conflitos no âmbito administrativo, tais como: I – dirimir conflitos envolvendo órgãos e entidades da administração pública; II – avaliar a admissibilidade dos pedidos de resolução de conflitos, por meio de conciliação, no âmbito da administração pública; III – promover, quando couber, a celebração de termo de ajustamento de conduta".

7.

ATOS PROCESSUAIS

7.1. INTRODUÇÃO

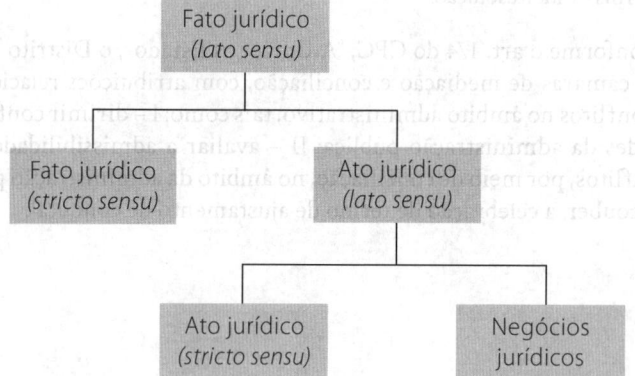

É importante, nesse primeiro momento, localizar o ato processual dentro do universo do fato jurídico. Os fatos adquirem *status* de jurídico pela sua previsão normativa. Assim:

Fato jurídico (*lato sensu*) é todo acontecimento que gera (ou pode gerar) efeitos no mundo do direito (como o nascimento, o contrato, o casamento e a morte). Este se divide em dois grupos distintos:

Fato jurídico (*stricto sensu*) é aquele que produz consequências independentemente da vontade humana lícita (como o nascimento, a morte e o ato ilícito). Há quem entenda que não exista no processo fato jurídico em sentido estrito, mas apenas atos jurídicos, pois os fatos jurídicos seriam exteriores ao processo e, portanto, não integrantes dele (Calmon de Passos)[1]. Contudo, entendemos que existam fatos jurídicos que produzem efeitos para dentro do processo (ainda que tenham ocorrido fora dele), como, por exemplo, a morte da parte que acarreta na suspensão do processo e a sucessão processual (arts. 313 e 110, CPC), o impedimento (que pode gerar a incapacidade subjetiva do magistrado e seu afastamento), a condição de idoso ou

---

1 *Esboço de uma teoria das nulidades aplicada às nulidades processuais*. Rio de Janeiro: Forense, 2012, p. 64-65.

enfermidade (que acarretam na prioridade da tramitação do feito), uma calamidade (que autoriza a prorrogação dos prazos)[2].

Ato jurídico é ato volitivo do agente realizado em compasso ao ordenamento e apto a produzir efeitos jurídicos regulares. Estes são denominados **atos jurídicos *lato sensu***, que por sua vez são subdivididos em **ato jurídico *stricto sensu* e negócios jurídicos**. Ambos são atos de vontade humana, mas possuem diferenças em relação à finalidade da vontade emitida.

Ato jurídico (*stricto sensu*) é prática de ato em que não se escolhe o efeito (o efeito é imposto por lei), como se dá no casamento, que exige mútua assistência e fidelidade, ou mesmo na mudança de endereço. Nesse caso não há estrutura negocial.

Negócios jurídicos constituem prática de ato em que se escolhe o efeito querido (testamento, contrato). Objetiva modificar, resguardar, adquirir, transmitir ou extinguir direitos.

Historicamente o ato processual sempre foi categorizado como ato jurídico em sentido estrito, pois a parte não tem a opção de escolher os efeitos do seu ato no processo que, no mais das vezes, decorre da lei (como, por exemplo, a citação ou o valor da causa). Contudo, o atual CPC mudou essa realidade. Assim, **Ato processual é espécie de ato jurídico *stricto sensu* principalmente, mas também uma espécie de negócio jurídico especialmente com a ordinarização das convenções processuais (arts. 190 e 191, CPC)**[3].

Se no regime anterior o negócio jurídico processual era confinado a pouquíssimas situações (ônus da prova, suspensão do processo, foro de eleição), hoje se permite (com as ressalvas do art. 190 e do seu parágrafo único, CPC) a possibilidade de convenção para as mais diversas situações, permitindo que o processo possa ser estudado e compatibilizado sob a ótica do negócio jurídico.

7.2. ATO PROCESSUAL

Estudar o ato processual acarreta, de certa forma, proceder ao estudo do processo em sua integralidade.

Atos processuais são condutas realizadas pelos sujeitos participantes do processo de forma permanente (partes, juiz, auxiliares, MP) ou temporária (testemunhas, perito, intérprete). Há autores que diferem o ato processual (que aqui se estuda) dos atos do processo. Assim, os atos processuais são aqueles praticados pelas partes e pelo Poder Judiciário (de forma direta ou indireta).

Atos do processo, por sua vez, são todos os demais atos que exercem influência no processo, mas se diferem dos primeiros pelo emissor da vontade. Como exemplos têm-se a informação prestada pelo órgão público em resposta a ofício judicial, o depoimento da testemunha e o recebimento, pelo vizinho, da citação por hora certa. Entendemos, contudo, que a separação de atos processuais para atos do processo não possui interesse prático, de modo que manteremos todos sob a rubrica dos atos processuais.

Consoante foi visto em capítulo específico, processo constitui entidade complexa que somente pode ser estudada com a soma de dois fatores: um intrínseco, subjetivo (a relação jurídica entre os sujeitos do processo) e outro extrínseco, objetivo (procedimento, o conjunto de atos).

É neste último que repousa, especialmente, o estudo do ato processual. Se a relação jurídica confere aos sujeitos do processo deveres, obrigações, ônus e faculdades, é por meio do

---

2 CARNEIRO DA CUNHA, Leonardo José. *Comentários ao novo Código de Processo Civil*, cit., p. 314.
3 Há quem ainda estabeleça a existência do ato-fato processual. Trata-se de ato da vontade da ação humana, mas que não é levado em consideração para o ordenamento jurídico. Em regra, está ligado a algum ato de contumácia, inércia ou atitude omissiva, como à revelia ou a ausência de recurso.

procedimento que estes atos se exteriorizam. O processo constitui (nesta ótica) um conjunto de atos concatenados lógica e cronologicamente objetivando a resolução do conflito.

Estes diversos atos analisados de maneira individualizada constituem em si os atos processuais. Ato é, portanto, o átomo da molécula processo. Estudar ato do processo é proceder ao estudo individualizado de cada parte processual.

Há algumas características fundamentais para o estudo da teoria dos atos processuais sem os quais será impossível seguir adiante:

a) os atos processuais são privativos dos sujeitos do processo. Por sujeitos do processo leiam-se todos aqueles que, de alguma forma, participam da causa.

Da mesma forma que somente o proprietário possui legitimidade para vender um bem de sua titularidade, somente quem figura no processo tem aptidão para praticar os atos pertinentes a essa condição. Qualquer ato praticado por terceiro[4] sem a devida autorização (legal, judicial ou convencional) dentro do processo será considerado um ato ineficaz.

Há, contudo, situações em que a lei momentaneamente confere poderes a terceiros (e que permanecem nesta condição) praticarem atos do processo que produzem efeitos na esfera das partes. Assim, por exemplo, a testemunha que presta depoimento, ou o perito que apresenta o laudo e responde aos quesitos, mas não são partes;

b) somente podem ser considerados atos processuais os atos praticados dentro do processo. De regra os atos constituídos no direito material têm sua entrada obstada, pois não foram produzidos no ambiente processual. Há, contudo, situações que o ato praticado fora pode projetar seus efeitos para dentro, como a confissão extrajudicial (CPC, art. 394), a prova emprestada ou a quitação do débito, que não constituem ato processuais originariamente, mas, devido a sua eficácia no processo, adquirem esta condição[5-6];

c) o ato processual para ser considerado como tal deve ser voluntário. Isso quer dizer que a parte deve ter a *intenção* de agir daquela forma, com o desejo de obter determinada consequência jurídica no processo. A vontade de praticar o ato é fato determinante para que se caracterize o "ser" do ato processual.

Todavia, as consequências deste ato não necessariamente corresponderão à vontade da parte, pois decorrem de lei. Já asseverou Cândido Dinamarco que a vinculação entre o ato e o efeito deste ato é característica dos negócios jurídicos e não dos atos processuais[7]. As consequências dos atos processuais decorrem da lei, daí o porquê de parcela significativa da doutrina, no regime anterior, negar a existência de negócios jurídicos processuais, que constituiria a autorregulação do direito com base na autonomia da vontade.

Essa posição ficou absolutamente sem sentido com a instituição das convenções processuais estabelecidas nos arts. 190 e 191 do CPC como se verá em item próprio (*infra*);

d) nem todo evento que produz efeitos no processo é denominado ato processual. Excepcionalmente pode produzir efeitos fatos jurídicos que independem ou não da vontade humana. São por exemplo os **eventos da natureza** (uma descarga elétrica que gerou um incêndio e queimou os autos do processo, gerando a necessidade de restauração [CPC, arts. 712 e s.]). São

---

4   Lembrando-se que terceiro para este fim é o terceiro que figura fora do processo. Uma vez aportado para dentro do procedimento perde sua qualidade de terceiro e se torna parte, sujeito do processo, portanto.
5   A despeito de não ser ato "processual" adquire eficácia de. É o que ocorre na reconvenção ou na oposição, em que a parte contrária é intimada, mas a intimação produz efeitos citatórios. Nesses casos o ato produz efeitos diversos daqueles que, normalmente, a lei prevê.
6   Uma pequena ressalva em relação à prova emprestada. É ato produzido dentro de um processo (é processual, portanto), mas como será transportado para que sirva de prova em *outro* processo, neste não é considerado um ato processual.
7   *Instituições de direito processual civil*, cit., v. II, p. 472.

também **as condutas de terceiros**, como greve, manifesto ou outro evento que impeça a prática do ato. E por fim o **fator tempo**, pois a demora do processo pode gerar a perda ou aquisição de atos processuais que podem repercutir no processo;

e) há, ainda, uma interessante classificação dos atos processuais (no que concerne às partes) em **indutivos** e **causativos**. A efetiva classificação dos atos será feita no próximo item, todavia é importante estabelecer aqui esta diferença.

Atos causativos são aqueles que, para a sua prática, não dependem de manifestação judicial a fim de integrar o aperfeiçoamento do ato, vale dizer: o ato existe e é eficaz pela simples prática pela parte, como o são os atos de disposição de direitos (ex. renúncia ao direito de recorrer – CPC, art. 999)[8].

Já os **atos indutivos**, como o próprio nome já diz, induzem (e não causam) o efeito esperado, já que dependem de uma integração de vontade de outrem. O pedido da petição inicial não leva à vitória do autor, tampouco a resistência do réu não acarreta a improcedência da demanda;

f) o ato processual isoladamente falando apenas possui importância quando prepara o processo para o ato subsequente. Os atos do processo são interligados entre si numa cadeia lógica e cronológica (daí ser uma das acepções do processo, o procedimento): assim os atos posteriores dependem dos atos anteriores para sua validade. Igualmente os atos precedentes apenas produzem resultados práticos ao processo se forem ligados a outros atos consequentes.

Esta relação é bem sentida no art. 281 do CPC, ligado ao estudo das invalidades, ao afirmar que: "Anulado o ato, consideram-se de nenhum efeito todos os subsequentes que dele dependam, todavia, a nulidade de uma parte do ato não prejudicará as outras que dela sejam independentes". Trata-se do princípio da concatenação dos atos ou causalidade decorrente do efeito expansivo objetivo desses atos. Dessa forma, a invalidação tanto pode ocorrer por um vício do próprio ato como dos atos que lhe são precedentes (invalidação reflexa ou oblíqua).

O Enunciado 276 do FPPC assevera que "os atos anteriores ao ato defeituoso não são atingidos pela pronúncia de invalidade".

g) a interpretação dos atos jurídico processual é mais rígida que a interpretação da lei em geral. Isso porque a lei sofre os efeitos da interpretação ao longo do tempo, sofre a mudança da jurisprudência, amplia a interpretação com base nas cláusulas gerais dentre outros. A interpretação do ato processual depende quase que exclusivamente da análise da vontade do agente.

h) há uma estreita relação entre os atos processuais e os atos de direito material especialmente no que diz respeito ao art. 112 do CC. Dessa forma deve se levar em consideração muito mais a intenção do agente do que propriamente a literalidade do ato. Essa interpretação somente pode ser analisada com base em outra norma prejudicial: a boa-fé de quem praticou o ato (arts. 5º, 322, § 2º, e 489, § 3º, do CPC e art. 113 do CC).

7.3. PRINCÍPIOS DOS ATOS E NEGÓCIOS JURÍDICOS PROCESSUAIS

a) Tipicidade/liberdade (art. 188, CPC) – Pelo princípio da tipicidade/liberdade os atos processuais podem corresponder ou não a um modelo previamente estabelecido pela lei. Conforme a atuação mais ou menos ativa da regra, será o ato mais ou menos solene.

---

8   É pertinente a observação de Cândido Dinamarco sobre os demais atos de disposição de direito (*Instituições*, cit., p. 488): "O reconhecimento da demanda, a transação e a renúncia ao direito são autênticos atos causativos, mas não atos processuais. Têm natureza de negócios jurídicos substanciais e apenas reflexa será sua eficácia sobre o processo, ou seja, a eficácia de determinar-lhe a extinção (CPC, arts. 269, II, III, IV [atual art. 487, NCPC]). Eles são portanto *fatos jurídicos processuais de eficácia causativa (o juiz não tem o poder de apreciar a conveniência do negócio)*".

Há uma gradação de solenidade de acordo com a cogência do ato. Em regra, os atos processuais são desprovidos de solenidade para sua prática, ou seja, não possuem forma própria. Contudo, há diversos atos em que a lei impõe estreita solenidade. Dessa forma, pode-se dizer que o CPC possui um sistema híbrido, mantendo a liberdade das formas como regra, mas em contraposição alguns atos que devem obedecer a um itinerário traçado pela norma (tipicidade).

Nosso ordenamento segue, como assevera Vicente Greco Filho[9], a denominada **legalidade instrumental, sistema** no qual os atos têm previsão na lei, mas em razão da sua finalidade e do interesse público, em caso de não observância, não haverá nulidade se o ato atingir seu objetivo. Em regra, os atos judiciais são revestidos de maiores formalidades (como, por exemplo, a exigência dos elementos da decisão, em especial sua fundamentação – art. 489, § 1º, do CPC –, os requisitos para a confecção do mandado, edital ou carta precatória). Os atos das partes em princípio não gozam de forma própria, a não ser a previsão de alguns poucos requisitos (como as peças necessárias ao agravo de instrumento). A petição inicial é, contudo, claro exemplo de ato solene, pois os elementos ali presentes (art. 319, CPC) devem estar preenchidos, além de outros requisitos previstos na lei processual ou legislação extravagante.

Os Juizados Especiais preveem ampla liberdade na prática de seus atos, prestigiando a informalidade (arts. 2º, 12 e 13, Lei n. 9.099/95).

A forma dos atos processuais, mesmo que tenha previsão em lei, pode ser relativizada caso: i) praticado de outra forma, atingiu seu objetivo (art. 277, CPC); ii) não tenha causado prejuízo (art. 282, § 1º, CPC); iii) o mérito pode ser julgado a favor da parte que se aproveita da nulidade (art. 282, § 2º, CPC), na qualificação das partes quando puder localizar o réu por outros meios ou a obtenção dos dados for muito onerosa (art. 319, §§ 2º e 3º, CPC).

b) Publicidade (art. 189, CPC) – Os atos do processo são públicos (art. 5º, LX, CF). O dispositivo realça a necessidade de publicidade dos atos. O Estado de Direito exige, como garantia política, que as decisões sejam públicas, de modo a exercer o controle das decisões e deflagrar a lisura dos julgamentos.

A publicidade abrange o acesso aos fóruns e tribunais, possibilidade de exame dos autos do processo em cartório e eletronicamente, comparecimento em audiências e sessões de julgamento (com exceção das audiências de conciliação e mediação regidas pela confidencialidade – art. 166, CPC) e publicação dos despachos e decisões na imprensa oficial. É comum hoje os julgamentos serem televisionados em emissoras de TV especializadas no campo jurídico. Também a Lei n. 11.419/2006 e a Res. n. 121/2010 do CNJ (com as alterações empreendidas pela Res. n. 143/2011), que disciplinam, respectivamente, o processo eletrônico e a "a divulgação de dados processuais eletrônicos na rede mundial de computadores, expedição de certidões judiciais", permitem que as decisões sejam publicadas por meios eletrônicos. E agora o CPC tornou expressa a questão conforme art. 107, § 5º, CPC.

No campo infraconstitucional, os arts. 11 e 189 do CPC dão os contornos do princípio da publicidade no processo (assim como outros esparsos, como o art. 368, que prevê a publicidade da audiência).

Ademais, o art. 152, V, CPC permite que o escrivão ou chefe de secretaria, independentemente de despacho, forneça certidões ou cópias do processo, o que demonstra a desnecessidade de motivo para o advogado requerer essas cópias. Contudo, há casos em que o legislador estabelece que o processo correrá em segredo de justiça:

i) quando o exigir o interesse público ou social;

ii) relativos ao direito de família (casamento, união estável, filiação, guarda, separação, divórcio e alimentos);

---

9   *Direito processual*, cit., p. 12.

iii) que constem dados protegidos pelo direito constitucional à intimidade;

iv) que versem sobre arbitragem desde que a confidencialidade que foi pactuada seja comprovada em juízo.

Veja que as hipóteses restritivas do art. 189 decorrem de um sopesamento de valores: o interesse social e a intimidade das partes em determinadas situações se sobrepõem à publicidade dos atos.

Constitui rol meramente exemplificativo, decorrente da patente cláusula geral que permeia o art. 5º, LX, da Constituição. E isso porque, se a Carta Constitucional propositadamente abriu a possibilidade de sigilo para situações que, abstratamente e no caso concreto, "a defesa da intimidade ou o interesse social o exigirem", evidentemente o legislador infraconstitucional não poderá limitar essa aplicação. O CPC atual, ao valer-se das expressões "exigir o interesse público ou social" e "que constem dados protegidos pelo direito constitucional à intimidade", confere interpretação amplíssima ao magistrado para inserir, nesse contexto, quaisquer causas que mereçam a proteção do segredo de justiça.

Outra questão que deve ser levada a grifo diz respeito à nulidade do ato a que não foi dada a devida publicidade. É importante verificar se o ato causou prejuízo ou mesmo se não atingiu a sua finalidade (v.g., a parte de outra forma tenha sido cientificada do ato) e isso porque a ausência de prejuízo e a instrumentalidade das formas são princípios norteadores e excludentes da incidência da invalidade sobre o ato.

É importante frisar que, a despeito da possibilidade de confidencialidade da arbitragem (desde que demonstrada em juízo), esta regra não se aplica às arbitragens estabelecidas pelo Poder Público, conforme art. 1º, §§ 1º e 3º, da Lei n. 9.307/96 e Enunciado 15 do FPPC.

A publicidade adquiriu novos contornos, na medida em que há no ordenamento brasileiro precedentes vinculantes que devem ser respeitados por todos (art. 927, CPC)[10]. É importante a ampla publicidade para que os juízes possam aplicar as decisões que adquiriram *status* de precedente. Assim, para que haja a possibilidade de improcedência liminar do pedido (art. 332, CPC), julgamento monocrático do relator (art. 932, IV e V, CPC), concessão de tutela de evidência (art. 311, II, CPC), não aplicação da remessa necessária (art. 496, § 4º, CPC), presunção de repercussão geral (art. 1.035, § 3º, CPC) dentre outras situações, é imprescindível saber que "os tribunais darão publicidade a seus precedentes, organizando-os por questão jurídica decidida e divulgando-os, preferencialmente, na rede mundial de computadores" (art. 927, § 5º, CPC). Ademais, para os casos repetitivos estabelecem os §§ 1º a 3º do art. 979:

§ 1º Os tribunais manterão banco eletrônico de dados atualizados com informações específicas sobre questões de direito submetidas ao incidente, comunicando-o imediatamente ao Conselho Nacional de Justiça para inclusão no cadastro.

§ 2º Para possibilitar a identificação dos processos abrangidos pela decisão do incidente, o registro eletrônico das teses jurídicas constantes do cadastro conterá, no mínimo, os fundamentos determinantes da decisão e os dispositivos normativos a ela relacionados.

§ 3º Aplica-se o disposto neste artigo ao julgamento de recursos repetitivos e da repercussão geral em recurso extraordinário.

Esta publicidade possui um efeito preventivo, no sentido de auxiliar os juízes e tribunais, como verdadeiros "fiscais dos precedentes", a seguir e aplicar os posicionamentos traçados pelas decisões vinculantes. Também possui um efeito repressivo no sentido de se demonstrar o descumprimento do precedente. Nessas hipóteses, a depender do precedente, poderão caber

---

10 Conforme veremos no capítulo destinado aos precedentes, entendemos que nem todas as hipóteses enumeradas no art. 927 sejam vinculantes, a despeito de entendermos serem situações persuasivas com fundamento no art. 926 do CPC.

embargos de declaração (art. 1.022, parágrafo único, CPC) e/ou reclamação constitucional (art. 988, III e IV, CPC).

O advogado (Lei Federal n. 8.906/94, art. 7º, XII, XIV, XV e XVI; CPC, art. 107, I) possui o direito de examinar, mesmo sem instrumento de mandato, qualquer processo (salvo os em segredo de justiça), podendo tirar cópia se entender necessário: Em especial: "XIII – examinar, em qualquer órgão dos Poderes Judiciário e Legislativo, ou da Administração Pública em geral, autos de processos findos ou em andamento, mesmo sem procuração, quando não estiverem sujeitos a sigilo ou segredo de justiça, assegurada a obtenção de cópias, com possibilidade de tomar apontamentos;" e "XV – ter vista dos processos judiciais ou administrativos de qualquer natureza, em cartório ou na repartição competente, ou retirá-los pelos prazos legais".

O terceiro que demonstrar interesse jurídico pode requerer ao juiz certidão do dispositivo da sentença.

c) Instrumentalidade das formas – É importante estudar a instrumentalidade das formas (art. 277, CPC) com os arts. 188 (liberdade das formas) e 4º do CPC (primazia do mérito).

A instrumentalidade das formas adquiriu robustez com a chegada, a reboco, de diversas regras que orbitam ao entorno da flexibilidade formal: como primazia do mérito e a convenção processual.

Ato não é um fim em si mesmo, mas objetiva atingir a uma finalidade. Assim, se a parte praticou o ato de outra forma e chegou ao mesmo desiderato, reputa-se aceito o ato (art. 277, CPC e STJ, REsp 766.506/RS). É o que se denomina princípio da instrumentalidade das formas.

O CPC/2015 aboliu a redação anterior que se valia da expressão "sem cominação de nulidade" (art. 244, CPC/73), o que demonstra que a instrumentalidade se aplica a qualquer tipo de invalidade, inclusive as de ordem pública.

O magistrado dessa forma empreende uma dupla análise para verificar se o ato será ou não considerado inválido: primeiro deve-se verificar se o ato praticado está em conformidade com o modelo desenhado pela norma. Caso não esteja (= atipicidade), parte-se para a segunda análise, qual seja, de verificar se o ato tem condições de ser considerado (aproveitado) por ter atingido sua finalidade ainda que por outro meio[11].

d) Uso do português (salvo expressões consagradas) – O idioma a ser usado para a prática dos atos processuais é o português (art. 13, CF). A apresentação de documento estrangeiro nos autos somente será aceita com versão para o português de tradutor juramentado, por via diplomática ou pela autoridade central (art. 192, parágrafo único, CPC).

Contudo, se o ato do processo for praticado em língua estrangeira, deverá o magistrado nomear um tradutor (art. 162, CPC e art. 224, CC) que se prestará tanto para (a) traduzir documento redigido em língua estrangeira como (b) verter para o português as declarações das partes e das testemunhas que não conhecerem o idioma nacional.

Não poderá ser tradutor quem não tiver a livre administração de seus bens, for arrolado como testemunha ou atuar como perito no processo ou estiver inabilitado para o exercício da profissão por sentença penal condenatória, enquanto durarem seus efeitos (art. 163, CPC).

Estabelece o art. 41 do CPC que "considera-se autêntico o documento que instruir pedido de cooperação jurídica internacional, inclusive tradução para a língua portuguesa, quando encaminhado ao Estado brasileiro por meio de autoridade central ou por via diplomática, dispensando-se a juramentação, autenticação ou qualquer procedimento de legalização".

---

11 CABRAL, Antônio do Passo. *Comentários ao novo Código de Processo Civil*, cit., p. 442.

A citação doutrinária estrangeira nas peças e decisões processuais é permitida, desde que haja o correlato fundamento em língua portuguesa (STJ, REsp 1.043.096/RS).

O Enunciado n. 259 da Súmula do STF estabelece que "para produzir efeito em juízo não é necessária a inscrição, no registro público, de documentos de procedência estrangeira, autenticados por via consular"[12].

7.3.1. NEGÓCIO JURÍDICO PROCESSUAL

No direito privado sempre esteve presente o princípio da liberdade, por exemplo, a liberdade de contratar, a liberdade de possuir sociedade e, mesmo dentro dos denominados direitos indisponíveis, a possibilidade de dispor sobre o regime de bens no casamento ou de estabelecer testamento.

Essa liberdade, historicamente, não se encontrava presente quando era analisada sob o ambiente de um processo judicial. Isso porque a participação de um terceiro integrante (Estado-juiz) conferia à função jurisdicional *status* público, o que limitava a livre disposição das partes sobre as questões do processo.

Contudo, no ordenamento processual brasileiro atual, com o fortalecimento do princípio da cooperação (art. 6º, CPC) outorgou-se aos sujeitos do processo, em especial às partes, a possibilidade de moldar o processo, em maior ou menor medida, de forma a permitir que a tutela seja mais efetiva e adequada.

O denominado "negócio jurídico processual" ou "convenção processual" é fruto de um pensamento que objetiva afastar a equivocada premissa de que as regras de condução do processo tenham que se dar exclusivamente pelo alvedrio do juiz ou por previsão legal.

É fruto, igualmente da errônea ideia de se achar que as partes não podem ser capazes, justamente por terem interesses antagônicos, de estabelecer o modo-de-ser da sua conduta no processo, bem como o desenvolvimento dos atos ao longo do procedimento (autorregramento).

A convenção processual mitiga também o mero caráter de guerra entre as partes, muitas vezes fomentada pelos advogados, que, na defesa dos interesses dos seus clientes, potencializam ainda mais o conflito.

O processo não pode aprisionar o direito material. É importante que o procedimento se adapte à realidade das partes, permitindo a flexibilização no que a lei estabelece abstrata e aprioristicamente de uma maneira, bem como a eliminação de atos manifestamente desnecessários à tutela do direito das partes, a despeito de sua previsão nas regras daquele procedimento.

Dessa forma, é importante frisar que não é o procedimento que confere legitimidade a uma decisão judicial, mas sim a atuação e a participação das partes nesse procedimento[13].

Era ilógica a resistência em se autorizar, de forma generalizada, os negócios jurídicos processuais. Afinal as partes tinham direito de dispor sobre o próprio objeto litigioso, podendo reconhecer a procedência do pedido, renunciar, transigir. Por que não dispor sobre as normas do processo que nada mais são que um instrumento para a tutela do próprio direito material? Portanto, a convenção processual é uma realidade.

O CPC já previa, e agora prevê com mais intensidade, os negócios jurídicos processuais típicos. São típicos quando a lei expressamente estabelece que as partes poderão convencionar (com ou sem o juiz) sobre determinado ato do procedimento ou sobre suas condutas no processo.

---

12 Em sentido contrário do que dispõem os arts. 6º, 129 e 148 da Lei n. 6.015/73.
13 CAMBI, Eduardo; DAS NEVES, Regina. Flexibilização procedimental no novo Código de Processo Civil. In: *Doutrina selecionada:* Parte Geral, v. 1. Salvador: JusPodivm, 2015, p. 517 (Coleção Novo CPC).

Assim já era possível as partes estabelecerem foro de eleição (art. 63, CPC), alterarem o ônus da prova convencionalmente (art. 373, § 3º, CPC), adiarem a audiência de instrução e julgamento (art. 362, I, CPC), elegerem o perito do caso (art. 471, CPC), elegerem o mediador ou conciliador (art. 168, CPC), elegerem a arbitragem como forma de heterocomposição (art. 3º, § 1º, CPC) dentre outras situações.

A inovação veio com a generalização do negócio jurídico processual no sentido de se autorizar (com as restrições previstas na lei) a prática de qualquer convenção processual a fim de conferir maior eficiência ao processo (art. 8º, CPC).

Um negócio jurídico poderá ser unilateral, bilateral ou plurilateral.

O negócio jurídico unilateral ocorre quando uma das partes dispõe sobre o ato praticado, como, por exemplo, a renúncia ao direito de recorrer (art. 999, CPC) ou a desistência da execução ou de determinados atos executivos (art. 775, CPC).

O que nos importa no presente item é o estudo dos negócios jurídicos bilaterais (acordo entre as partes) e plurilaterais (as partes convencionam com a participação do juiz).

Há, contudo, determinadas situações que apenas poderão produzir efeitos se houver a participação das partes e do juiz (somente poderão constituir negócio jurídico plurilateral), como a calendarização do processo (art. 191, CPC)[14].

Dessa forma, preconiza o art. 190 do CPC:

> Art. 190. Versando o processo sobre direitos que admitam autocomposição, é lícito às partes plenamente capazes estipular mudanças no procedimento para ajustá-lo às especificidades da causa e convencionar sobre os seus ônus, poderes, faculdades e deveres processuais, antes ou durante o processo.
> Parágrafo único. De ofício ou a requerimento, o juiz controlará a validade das convenções previstas neste artigo, recusando-lhes aplicação somente nos casos de nulidade ou de inserção abusiva em contrato de adesão ou em que alguma parte se encontre em manifesta situação de vulnerabilidade.

Conforme se verifica, o art. 190 versa sobre duas questões distintas: a conduta das partes e a flexibilização do procedimento. Está-se diante de uma das maiores inovações da reforma do CPC/2015, forte na influência de alguns ordenamentos jurídicos europeus que adotaram a regra da denominada "preclusão temperada"[15]. Pode-se dizer que constitui uma espécie de **neoprivatismo processual**, pois retira do Estado o monopólio para regulamentar sobre procedimento ou uma espécie de formalização contratual[16] das relações processuais.

Não se trata de um movimento para questionar a autoridade da lei ou do juiz de modo a regular a conduta das partes e do procedimento, mas de conferir legitimidade aos titulares do conflito para, da mesma forma, estabelecer as regras do jogo processual.

Se não se nega a natureza publicista do processo, igualmente não se pode recusar que o processo possui um interesse bifronte:

a) interesse privado. Para as partes, na medida em que o litígio é levado por elas em juízo e são as maiores interessadas no resultado do conflito;

---

14 O saneamento do processo, por exemplo, poderá ser feito tanto pelo juiz (art. 357, § 1º, CPC) como pelas partes (art. 357, § 2º, CPC) como, ainda, pelas partes com o juiz (art. 357, § 3º, CPC).
15 A eventualidade detém uma força mitigada, permitindo a alegação posterior de fatos, desde que não haja prejuízo para o litigante adverso. Este sistema é adotado em Portugal, conforme art. 268 de seu CPC com a reforma dada pelo legislador de 1997. É também seguido na Áustria e na Suíça.
16 Não se trata de contrato de fato, pois "não há necessidade de que os objetivos, a causa ou os interesses sejam diversos ou contrapostos. No acordo ou convenção, é possível que a vontades se encontrem para escopos comuns ou convergentes" (CABRAL, Antônio do Passo. *Convenções processuais*. Salvador: JusPodivm, 2015, p. 56).

b) interesse público. Para o Estado, não só pelos altos gastos que se despendem para a manutenção da estrutura do Poder Judiciário, como também as decisões judiciais interessam para que sirvam de referência a julgamentos futuros, formando precedentes, jurisprudência, súmulas.

Essa natureza híbrida do processo faz com que tenhamos normas de **natureza cogente** (reconhecimento de ofício de matérias processuais, verificação de atos de improbidade processual) e **dispositiva** (possibilidade de suspensão do feito pelas partes, transação ainda sobre matéria não colocada em litígio, renúncia e desistência recursal, inversão convencional do ônus da prova [CPC, art. 373, §§ 3º e 4º], arbitragem [Lei n. 9.307/96, art. 3º] ou eleição de foro [CPC, art. 63]).

Vejamos as situações objeto de flexibilização:

i) Flexibilização procedimental

O CPC, no seu art. 190, estabelece que as partes podem "estipular mudanças no procedimento para ajustá-lo às especificidades da causa".

Ao contrário dos procedimentos especiais que são estabelecidos de maneira geral e abstrata e com fundamento nas peculiaridades do direito material a ser posto em juízo, a flexibilização que aqui se apresenta leva em conta as peculiaridades daquela causa específica. As partes podem estabelecer verdadeiramente uma tutela jurisdicional diferenciada.

Assim é possível que se convencionem procedimentos distintos para mesmos direitos a depender de fatores concretos (dificuldades regionais, produção probatória, distância das partes do fórum, casos de força maior como uma greve permanente de determinada repartição pública).

Não se pode confundir a possibilidade de adaptar o procedimento com anarquia procedimental[17]. É necessário manter em vista as garantias do devido processo legal (art. 5º, LIV, CF). Vale dizer, "Deve-se atentar que a Constituição Federal não elenca, dentre os direitos fundamentais, o devido procedimento legal, mas sim o devido processo legal. O que se garante às partes é um processo com desenho constitucional em que deve ser observado a igualdade substancial, a ampla defesa, o contraditório e a duração razoável do processo"[18].

Dessa forma, o processo deve ser adequado não só ao que está previsto em lei, mas ao direito material controvertido e à realidade social em que as partes se situam[19]. Isso permite que as partes participem de forma efetiva na formação da decisão judicial que vai regular o caso concreto.

Há quem defenda na doutrina que a mudança do procedimento não poderá ser feita de forma deliberada pelas partes, mas apenas com a justificativa das especificidades da causa. Assim, cumprindo os objetivos da lei, apenas se permite a flexibilização no procedimento quando as circunstâncias do caso concreto evidenciarem a sua necessidade de alteração[20].

Já para outra parcela da doutrina, posição com que concordamos, a flexibilização não necessita de uma justificativa fundamentada à luz das peculiaridades da causa, bastando apenas a vontade das partes[21].

Concordamos, por diversos fatores. Primeiro porque a regra foi criada para atender critérios de conveniência das partes (ainda que o motivo gerador sejam as vicissitudes da causa). Segundo porque as alterações apenas poderão ser estabelecidas de comum acordo, o que não

---

17 CAMBI-DAS NEVES. Flexibilização procedimental no novo Código de Processo Civil, cit., p. 485.
18 CAMBI-DAS NEVES. Flexibilização procedimental no novo Código de Processo Civil, cit., p. 487.
19 CAMBI-DAS NEVES. Flexibilização procedimental no novo Código de Processo Civil, cit., p. 488.
20 NEVES, Daniel Amorim Assumpção, *Manual*, cit., p. 321.
21 GAJARDONI; DELLLORE; ROQUE; DUARTE JR. *Teoria geral*, cit., p. 625.

geraria prejuízo para nenhuma delas. Terceiro porque, se as alterações não gerarem nulidade (ou alguma situação restritiva do art. 190, parágrafo único, CPC), o magistrado não poderá inadmiti-la (*vide infra*). Aliás, o Enunciado 16 da I Jornada de Direito Processual Civil (CJF) entende que é possível negócio jurídico processual aos Juizados Especiais desde que "não ofendam os princípios e regras previstos nas Leis n. 9.099/1995, n. 10.259/2001 e n. 12.153/2009".

As partes podem estabelecer a não recorribilidade de determinada decisão, a inversão e/ou limitação das testemunhas na audiência e a limitação de determinadas intervenções de terceiro. Podem estabelecer também, por contrato, que na eventual futura demanda, a citação será feita por *WhatsApp*, sendo a indicação das duas setas em azul como aviso inequívoco de recebimento.

É possível, ainda, as partes requererem a suspensão do processo para que a eventual controvérsia possa ser discutida extrajudicialmente por meio das câmaras de conciliação ou mediação. As partes podem estabelecer redução da dilação probatória impedindo a prova testemunhal e permitindo apenas a prova documental (tal como ocorre no mandado de segurança) ou mesmo permitindo a prova testemunhal apenas como depoimento documentado trazido ao processo (como comumente ocorre na arbitragem).

A flexibilização procedimental, contudo, possui limitações que não estão estabelecidas no art. 190, parágrafo único. Assim não poderão as partes versar sobre a competência absoluta (v.g., não seria possível estabelecer em um contrato cível a eleição da Justiça do Trabalho para dirimir as controvérsias existentes) (*vide* Enunciado 20, FPPC).

ii) Conduta processual

Igualmente o art. 190 do CPC confere possibilidade às partes para que disponham sobre seus ônus, poderes, faculdades e deveres processuais.

A relação jurídica empreende uma série de condutas a serem desempenhadas pelas partes, sucessivamente, na cadeia do procedimento. Esses atos são alternados de acordo com a fase em que se encontra o processo e a posição jurídica em que a parte se encontra.

Assim, por exemplo, o réu, na citação, tem o **dever** de não se ocultar (art. 252, CPC), mas, uma vez citado, tem o **ônus** de se defender (art. 341, CPC), tendo ainda a **faculdade** (se for o caso) de chamar ao processo os demais coobrigados (art. 130, CPC).

As posições processuais que são objeto de convenção dizem exclusivamente com a posição das partes, não podendo versar sobre as condutas do juiz (Enunciado 36, ENFAM):

> "A regra do art. 190 do CPC/2015 não autoriza às partes a celebração de negócios jurídicos processuais atípicos que afetem poderes e deveres do juiz, tais como os que: a) limitem seus poderes de instrução ou de sanção à litigância ímproba; b) subtraiam do Estado/juiz o controle da legitimidade das partes ou do ingresso de *amicus curiae*; c) introduzam novas hipóteses de recorribilidade, de rescisória ou de sustentação oral não previstas em lei; d) estipulem o julgamento do conflito com base em lei diversa da nacional vigente; e e) estabeleçam prioridade de julgamento não prevista em lei".

Dessa forma, não podem as partes deliberar sobre a forma de fundamentação da decisão judicial, impedir o juiz de produzir prova de ofício (já mencionado Enunciado 36, ENFAM e art. 370, CPC)[22], bem como dispor sobre desnecessidade de se obedecer, para fins de julgamento, aos precedentes vinculantes (art. 927, CPC).

---

22 As partes não podem limitar a atividade probatória pelo juiz por convenção. Ainda que essa limitação poderia se resolver nas regras de ônus da prova, já que não se pode permitir o *non liquet*, a questão diz respeito à própria função da atividade jurisdicional que é a busca pela verdade possível. Assim o é no direito alemão (ZPO, § 139).

Igualmente não poderão as partes versar sobre questões que tenham por objeto "acordo para modificação da competência absoluta [conforme já ressaltado], acordo para supressão da primeira instância, acordo para afastar motivos de impedimento do juiz, acordo para criação de novas espécies recursais, acordo para ampliação das hipóteses de cabimento de recursos" (Enunciado n. 20, FPPC).

A doutrina é, de certa forma, uníssona ao estabelecer que o negócio jurídico processual não poderá violar as normas fundamentais do processo. Dessa forma o Enunciado n. 6 do FPPC, exemplificativamente, estabelece que "o negócio jurídico processual não pode afastar os deveres inerentes à boa-fé e à cooperação".

Igualmente acreditamos não ser possível violar o princípio da publicidade (arts. 11 e 189, CPC), convencionando sobre segredo de justiça em hipóteses não abarcadas pela lei nem a possibilidade de se convencionar acerca da produção de prova ilícita, pois trata-se de norma cogente. Por essa mesma premissa (norma cogente) não se poderá convencionar sobre a coisa julgada e sua relativização. Evidente que as partes podem "descumprir" de comum acordo o que foi imunizado, mas isso não autoriza que se projetem efeitos para o processo no sentido de afastar a coisa julgada.

Assim, tanto nas condutas das partes como na flexibilização do procedimento é possível que as partes limitem o número de testemunhas a serem ouvidas em audiência, estabeleçam uma forma diversa de intimação dos atos processuais (por WhatsApp, telefone ou *e-mail*, por exemplo), limitem a recorribilidade ou impeçam a utilização de certas intervenções de terceiro. A Lei de Liberdade Econômica (Lei n. 13.874/2019), em seu art. 18, I, permite a convenção das partes sobre a comprovação da autoria, integridade e confidencialidade de documentos particulares, por qualquer meio eletrônico. Essa questão é ratificada pelo STJ ao autorizar a assinatura digital mesmo sem certificado ICP-Brasil (REsp 2.159.442/PR, j. 24-9-2024).

Ademais, o **Enunciado n. 19 do FPPC** estabelece que "são admissíveis os seguintes negócios processuais bilaterais, dentre outros: pacto de impenhorabilidade, acordo bilateral de ampliação de prazos das partes, acordo de rateio de despesas processuais, dispensa consensual de assistente técnico, acordo para retirar o efeito suspensivo da apelação, acordo para não promover execução provisória" e o Enunciado 21 do FPPC em que "são admissíveis os seguintes negócios plurilaterais, dentre outros: acordo para realização de sustentação oral, acordo para ampliação do tempo de sustentação oral, julgamento antecipado da lide convencional, convenção sobre prova, redução de prazos processuais".

Como dito, a mudança é boa e interessante. Tratar as partes como sujeitos inábeis a manifestar sua vontade, tendo como presunção que apenas os atos determinados pelo Estado sejam válidos, é desprestigiar o autorregramento e negar vigência à cooperação processual.

É importante traçar alguns lineamentos sobre o instituto:

a) Momento. No aspecto temporal, como dito, o negócio processual poderá ser convencionado antes ou durante o processo. É evidente que a convenção estabelecida antes do processo poderá apenas ser entabulada pelas partes, já a convenção durante o processo poderá ou não ter a participação do juiz.

Não há formalidades para a convenção. Durante o processo ela poderá ser estabelecida a qualquer tempo, inclusive na fase recursal. Poderá versar sobre as condutas permanentes da parte no processo ou apenas sobre um ou alguns atos (é possível um acordo exclusivamente no tocante ao prazo da sustentação oral, por exemplo)[23]. Durante o processo poderá ser formalizada

---

23 Contudo, não foi esse o posicionamento que ficou firmado no Enunciado 41 do ENFAM: "Por compor a estrutura do julgamento, a ampliação do prazo de sustentação oral não pode ser objeto de negócio jurídico

em audiência (até mesmo designada para essa situação) ou por meio de petição conjunta das partes e protocolizada perante o juízo. Se antes, poderá ser estabelecida por instrumento público ou particular, no próprio contrato objeto da relação negocial ou em instrumento apartado.

b) Limitações. De acordo com o art. 190, parágrafo único, do CPC, o negócio jurídico processual será limitado pelo juiz em três situações: b1) em termos gerais nos casos de nulidade; b2) quando for inserido de forma abusiva em contrato de adesão; e b3) quando alguma das partes (no plano material ou processual) se mostrar em situação de vulnerabilidade. Antes de explicitar as hipóteses, é importante estabelecer a seguinte indagação: a convenção entre as partes somente produzirá efeitos após a homologação pelo juiz ou poderá mesmo antes? Quando a lei fala que o magistrado "controlará a validade das convenções" está-se baralhando os conceitos de validade e eficácia? Acreditamos que, nesse sentido, deve se seguir a premissa que a eficácia somente poderá ser superada após o controle de sua validade. Conforme observa a doutrina civilista, "para que se verifiquem os elementos da validade, é preciso que o negócio seja existente. Para que o negócio seja eficaz, deve ser existente e válido"[24]. Portanto, antes da chancela judicial autorizando a prática da convenção, esta não poderá produzir efeitos no processo. Nesse sentido, acreditamos não incidir a regra do art. 200 do CPC[25] para as convenções processuais. Contudo, é importante entender que a aceitação ou recusa do negócio jurídico processual não pode se dar por mero juízo de convicção do magistrado. Isso porque "o juiz aplica as normas processuais por força de um poder-dever que lhe foi atribuído pelo sistema, e não em razão de sua autonomia privada. Nesse passo, se a ordem jurídica pátria passou a permitir que as partes criassem normas convencionais, que se sobrepujariam àquelas legais, o juiz é obrigado a aplicá-las, dentro dos limites reconhecidos no ordenamento"[26].

O art. 166 do CC, que se aplica ao negócio jurídico processual (b1), estabelece que: "É nulo o negócio jurídico quando: I – celebrado por pessoa absolutamente incapaz; II – for ilícito, impossível ou indeterminável o seu objeto; III – o motivo determinante, comum a ambas as partes, for ilícito; IV – não revestir a forma prescrita em lei; V – for preterida alguma solenidade que a lei considere essencial para a sua validade; VI – tiver por objetivo fraudar lei imperativa; VII – a lei taxativamente o declarar nulo, ou proibir-lhe a prática, sem cominar sanção".

Ademais, o art. 104 do mesmo diploma exige para a validade do negócio jurídico agente capaz, objeto lícito e forma prescrita ou não defesa em lei. Essa regra encontra ressonância no Enunciado 403 do FPPC.

Em se tratando de nulidade, deve se aplicar a regra do art. 282, § 1º, segundo o qual não haverá nulidade se não houver prejuízo. O Enunciado 16 do FPPC segue essa mesma esteira ao dispor: "O controle dos requisitos objetivos e subjetivos de validade da convenção de procedimento deve ser conjugado com a regra segundo a qual não há invalidade do ato sem prejuízo". Não havendo prejuízo para as partes e para o processo, a convenção processual deve ser admitida.

Evidente que deve haver bom senso na fixação do negócio jurídico, podendo o juiz considerar nula a cláusula que estabeleça um tempo extremamente abusivo para a prática de um ato processual, ainda que de maneira isonômica para ambas as partes.

---

entre as partes".
24 TARTUCE, Flavio. *Direito civil*. 12. ed. São Paulo: Gen, 2015, v. 1, p. 349.
25 Art. 200 do CPC: "Os atos das partes consistentes em declarações unilaterais ou bilaterais de vontade produzem imediatamente a constituição, modificação ou extinção de direitos processuais".
26 SICA, Heitor Vitor Mendonça. Comentários aos arts. 188 a 202 e 206 a 235. In: SCARPINELLA BUENO, Cassio (coord.). *Comentários ao Código de Processo Civil*. São Paulo: Saraiva, 2017, v. 1. p. 752.

A justificativa dessa proibição (que não se encontra, repise-se, no art. 190, parágrafo único, CPC) reside nos princípios da eficiência, proporcionalidade e razoabilidade (art. 8º, CPC) e duração razoável do processo (art. 4º, CPC).

No tocante à inserção abusiva em contrato de adesão (b2), constitui norma de conceito vago e indeterminado. É necessário ao magistrado contextualizar a cláusula do contrato com os demais fatores como isonomia, contraditório e acesso à justiça. Essa limitação se insere dentro de um microssistema protetivo aos contratantes em contratos dessa natureza. Assim se verifica no Código de Defesa do Consumidor (arts. 18, § 2º e 54), bem como no Código Civil (arts. 423 e 424) mecanismos para conferir isonomia entre as partes.

Por fim a questão da vulnerabilidade (b3). Não se pode confundir vulnerabilidade com hipossuficiência (a despeito da dificuldade em definir esses conceitos). De acordo com Fernanda Tartuce, "hipossuficiência é sinônimo de vulnerabilidade econômica (...) vulnerabilidade indica, assim, suscetibilidade em sentido amplo, sendo a hipossuficiência uma de suas espécies – vulnerabilidade econômica"[27].

Importante ressaltar que há indícios de vulnerabilidade quando "a parte celebra acordo de procedimento sem assistência técnico-jurídica" (Enunciado 18, FPPC).

A Quarta Turma do STJ entende ainda a impossibilidade de convenção processual sobre matéria de ordem pública (REsp 1.840.466).

c) Requisitos. Para a aplicação da convenção processual é necessário o preenchimento de alguns requisitos:

i) que o direito posto em juízo seja sujeito à autocomposição: é diferente do direito disponível. A autocomposição é mais ampla, pois abrange os direitos disponíveis e os indisponíveis (como os alimentos e os termos de ajustamento de conduta numa discussão ambiental, por exemplo). Assim, mesmo um direito dito indisponível poderá ser objeto de autocomposição. Até mesmo porque nada impede que a Fazenda Pública possa fazer convenção processual (Enunciado 17 da I Jornada de Direito Processual Civil – CJF). Ou seja, a indisponibilidade do interesse público não impede que a Fazenda possa fazer convenções processuais. A própria Lei n. 9.469/97 já permitia a possibilidade de realização de acordos objetivando a resolução ou mesmo a prevenção de conflitos envolvendo o Poder Público. Igualmente, as Leis n. 10.259/2001 e n. 12.152/2009 que permitem aos representantes judiciais da Fazenda Pública a conciliação, transação ou desistência em demandas da competência dos Juizados Especiais. Essa regra vem reforçada no CPC em seu art. 174 que assim dispõe:

> Art. 174. A União, os Estados, o Distrito Federal e os Municípios criarão câmaras de mediação e conciliação, com atribuições relacionadas à solução consensual de conflitos no âmbito administrativo, tais como:
> I – dirimir conflitos envolvendo órgãos e entidades da administração pública;
> II – avaliar a admissibilidade dos pedidos de resolução de conflitos, por meio de conciliação, no âmbito da administração pública;
> III – promover, quando couber, a celebração de termo de ajustamento de conduta.

O Fórum permanente de processualistas civis dispõe de diversos enunciados nesse sentido: **Enunciado 135:** "A indisponibilidade do direito material não impede, por si só, a celebração de negócio jurídico processual"; e **Enunciado 256:** "A Fazenda Pública pode celebrar negócio jurídico processual".

---

27 *Igualdade e vulnerabilidade no processo civil*. São Paulo: Gen, 2012, p. 183.

Ainda, o Conselho da Justiça Federal editou o **Enunciado 17** na Primeira Jornada de Direito Processual Civil que estabelece: "A Fazenda Pública pode celebrar convenção processual, nos termos do art. 190 do CPC".

É diferente da arbitragem na medida em que esta fala apenas em disponibilidade (art. 1º, Lei n. 9.307/96);

ii) que as partes possuam capacidade processual;

iii) que versem exclusivamente sobre poderes, deveres, ônus e faculdades das partes;

iv) que obedeçam às regras essenciais do devido processo legal. Vale dizer, a privatização do procedimento não se pode sobrepor às regras mínimas do devido processo legal.

Acreditamos que essas regras previstas no art. 190 do CPC inerentes à cláusula geral de convenção processual também devem se aplicar aos negócios jurídicos processuais típicos.

Não há razão de se conferir trato distinto quando as diretrizes de proteção do negócio são as mesmas. Se o desejo da norma é conferir isonomia e evitar o eventual abuso decorrente do autorregramento, não há motivo para não se aplicar sobre os negócios processuais típicos que têm a mesma gênese.

d) Sanção. O CPC não estabelece especificamente uma sanção caso seja descumprido o negócio processual. Assim devem se aplicar as regras gerais decorrentes do dever de conduta das partes, procuradores e todos aqueles que participarem do processo, previstas no art. 77 do CPC. Contudo, nada impede que as partes, por contrato ou nos próprios autos estabeleçam a sanção para o descumprimento da convenção (Enunciado 17, FPPC).

Além de as partes poderem dispor sobre suas condutas no processo, é possível proceder a uma "calendarização" do procedimento adequando-o às especificidades da causa e aos interesses das partes e do juiz. É o que estabelece o art. 191 do CPC:

> Art. 191. De comum acordo, o juiz e as partes podem fixar calendário para a prática dos atos processuais, quando for o caso.
> § 1º O calendário vincula as partes e o juiz, e os prazos nele previstos somente serão modificados em casos excepcionais, devidamente justificados.
> § 2º Dispensa-se a intimação das partes para a prática de ato processual ou a realização de audiência cujas datas tiverem sido designadas no calendário.

Percebe-se que o calendário constitui uma técnica de gestão processual realizado pelos sujeitos do processo[28].

A possibilidade de as partes com o juiz estabelecerem um calendário para a prática dos atos incorre em três grandes vantagens: a) a convenção permite às partes e ao juiz praticarem os atos de acordo com suas conveniências e não apenas em decorrência das regras impostas pela lei ou unilateralmente pelo juiz; b) fomenta a economia processual já que as partes não serão intimadas dos atos do processo ou do dia da audiência que foram objeto de convenção, poupando significativo trabalho do cartório; e c) permite às partes terem noção do tempo do processo (ao menos em primeiro grau).

A calendarização constitui necessariamente um ato plurilateral, pois depende da participação das partes e do juiz para o aperfeiçoamento do ato. Em havendo mais sujeitos do processo (como perito e terceiros), estes devem participar também na parte que lhes for pertinente[29].

Conforme entendem com precisão Fernando Gajardoni, Luiz Dellore, Andre Roque e Zulmar Oliveira Jr., "não parece possível, nem às partes, nem ao juiz, a calendarização unilateral

---

28 ARRUDA ALVIM, José Manoel. *Novo contencioso cível no CPC/2015*. São Paulo: RT, 2016, p. 145.
29 Enunciado 402, FPPC: "A eficácia dos negócios processuais para quem deles não fez parte depende de sua anuência, quando lhe puder causar prejuízo".

do procedimento. O exercício do poder negocial das partes é facultativo. Não há o dever de celebrar acordo de calendarização, tampouco a possibilidade de imposição"[30]. A fixação do calendário é manifestação do princípio da cooperação (art. 6º, CPC).

A vinculação não se dá com o juiz, como diz o art. 191 e seu § 1º, mas sim com o juízo. Isso porque nada impede que o juiz substituto proceda a calendarização, bem como o tribunal, caso o processo esteja em fase de recurso. Não haveria segurança alguma a formalização de um calendário por um juiz substituto com a consequente revogação por outro (o titular que retornou de férias, por exemplo) que do planejamento discorda.

Esse posicionamento ficou assentado no Enunciado 414 do FPPC: "(art. 191, § 1º) O disposto no § 1º do art. 191 refere-se ao juízo".

Diferencia-se a flexibilização procedimental e a calendarização dos poderes do magistrado previstos no art. 139, VI, do CPC/2015. Nesse caso, o juiz apenas poderá alterar a ordem das provas ou ampliar os prazos (peremptórios). Constitui atividade do magistrado (sem a participação das partes, mas com ciência delas, dada a necessidade de se evitarem decisões surpresa, conforme arts. 9º e 10, CPC).

Esse calendário poderá ser fixado a qualquer momento no processo. É possível ainda seu estabelecimento prévio (calendário pré-processual) para que seja levado à homologação judicial. Se estabelecido em contrato, poderá o autor, ao apresentar a petição inicial, apresentar o pacto de calendarização[31] para apreciação do magistrado.

Conforme se verifica dos §§ 1º e 2º do art. 191, o calendário vincula-se às partes e ao juiz, sendo dispensada a intimação dos atos doravante. Em verdade, não ao juiz, mas ao juízo, pois o novo juiz da vara (por motivo de transferência, promoção, afastamento, aposentadoria ou morte do antecessor) deve respeitar o ato jurídico perfeito e fica vinculado àquilo que foi estabelecido anteriormente entre as partes e o juiz anterior.

Os casos excepcionais mencionados na lei constituem casos fortuitos ou de força maior, como a morte de uma das partes ou do advogado, bem como alguma situação externa que prejudique o andamento da causa, por exemplo, greve de servidores ou alguma calamidade que tenha acometido aquela comarca, demovendo o fechamento temporário do fórum.

O calendário processual, em nossa opinião, esbarra em importante limite: na ordem cronológica para julgamento (art. 12). A despeito de não ser obrigatória (o que na prática torna o artigo com pouquíssima utilidade), é recomendada sua observação. Assim não se pode convencionar o dia da prolação da sentença, devendo se submeter aos mesmos trâmites dos processos conduzidos sem o calendário. Contudo, acreditamos que será possível flexibilizar essa ordem com a possibilidade de se designar audiência para prolação de sentença.

É necessário pontuar a potencial dificuldade dos cartórios em terem que trabalhar com tramitações tão distintas: sejam aquelas previstas em lei, sejam aquelas especificadas pelas partes e o juiz, que podem ser inúmeras.

Insta ressaltar alguns outros enunciados que regulam as convenções processuais da II Jornada de Direito Processual Civil (CJF):

Enunciado 113: As disposições previstas nos arts. 190 e 191 do CPC poderão ser aplicadas ao procedimento de recuperação judicial.

Enunciado 114: Os entes despersonalizados podem celebrar negócios jurídicos processuais.

---

30 *Teoria geral do processo*: comentários ao CPC de 2015. São Paulo: Gen, 2015, p. 634.
31 Idem.

Enunciado 115: O negócio jurídico processual somente se submeterá à homologação quando expressamente exigido em norma jurídica, admitindo-se, em todo caso, o controle de validade da convenção.

7.4. CLASSIFICAÇÃO DOS ATOS PROCESSUAIS

Não há consenso sobre qual seria o melhor critério para classificar os atos do processo.

Esta dificuldade decorre: **a)** da infinidade de atos processuais existentes e consequentemente da dificuldade em se estabelecer um critério adequado ante os inúmeros atos existentes no procedimento; **b)** das diferentes classificações esposadas pela doutrina. Quanto a este último específico item, é comum encontrar na doutrina pelo menos dois tipos de classificação. Um que leva em conta a finalidade do ato (critério objetivo) e outro que toma em consideração as pessoas que o praticam (critério subjetivo). Aqui se prefere adotar uma classificação híbrida, pois, ao estabelecer as pessoas que praticam o ato, invariavelmente deve-se falar sobre o ato em si em que elas praticam e sua finalidade.

Os atos, portanto, podem ser divididos em atos das partes e atos judiciais conforme quadro abaixo:

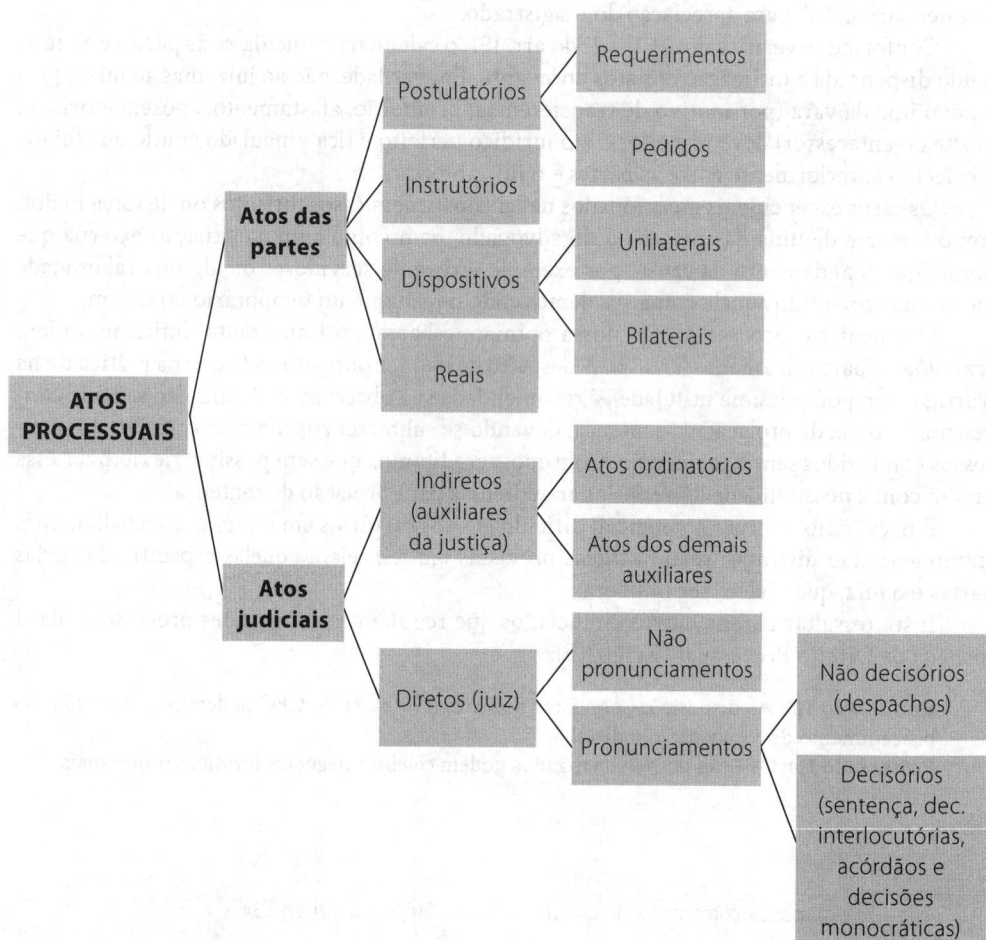

Os atos são divididos em atos judiciais e atos das partes. A principal diferença entre eles consiste no sujeito que emite o ato. Antes do estabelecimento da convenção processual e do encrudescimento da instrumentalidade das formas (muito em decorrência da adoção do princípio da primazia do mérito), a principal diferença residia no princípio da legalidade e suas variantes. Enquanto o Estado se submetia como regra à lei (**legalidade estrita**), o particular podia praticar o ato de maneira livre, desde que não atentasse contra a lei (**legalidade ampla**, CF, art. 5º, II).

A implicação prática dessa constatação residia na exaustividade dos atos. Enquanto os atos estatais eram finitos, pois sua previsão decorria exclusivamente de lei, os atos dos particulares eram infinitos, já que a sua concepção de legalidade tem efeito negativo: o ato é legal – mesmo não previsto em lei – conquanto não ofenda o ordenamento.

Os **atos judiciais**, por sua vez, podem ser divididos em **diretos** e **indiretos**. São diretos todos os atos praticados diretamente pelo magistrado. Assim o são os **pronunciamentos**[32] (sentenças, decisões e despachos), bem como **demais atos** como a tomada do depoimento pessoal e inspeção judicial. Os **atos indiretos** são atos igualmente judiciais, mas praticados pelos serventuários e auxiliares da justiça. A prática de atos por pessoa que não seja o juiz decorre de uma situação lógica: é fisicamente impossível atribuir ao magistrado toda a gama de atividades inerentes ao foro.

O magistrado já exerce dupla função: como chefe de cartório (*court management*), zelando pelo bom andamento dos processos, orientando a ordem de julgamento (art. 12, CPC), correta conduta dos serventuários e resolvendo os problemas administrativos que vão desde a má conduta até transferência de funcionários. Também deve conduzir e julgar o processo (esta é a conduta visível para as partes) o que também deve atender os advogados, procuradores e defensores.

Seria inviável permitir que o juiz também procedesse às diligências para intimar as partes e cuidasse dos serviços burocráticos do cartório e confeccionasse a carta precatória e o mandado.

Os serventuários/auxiliares do juízo objetivam ajudar ao trabalho conferido originariamente ao magistrado. Seus atos podem ser divididos em:

> **Atos de movimentação** – objetivam dar andamento ao processo, como a remessa dos autos ao juiz, ao Ministério Público e a expedição de ofícios/mandados.
>
> **Atos de documentação** – certificam a prática de atos processuais pelos sujeitos do processo como a certidão de juntada de documento, de carga do mandado ao oficial de justiça. O art. 208 do CPC estabelece que "os termos de juntada, vista, conclusão e outros semelhantes constarão de notas datadas e rubricadas pelo escrivão ou pelo chefe de secretaria". Igualmente, no recebimento da petição inicial estabelecem os arts. 206 e 207 do CPC:
>
>> "Art. 206. Ao receber a petição inicial de processo, o escrivão ou o chefe de secretaria a autuará, mencionando o juízo, a natureza do processo, o número de seu registro, os nomes das partes e a data de seu início, e procederá do mesmo modo em relação aos volumes em formação".

---

32 É equívoca a redação do art. 203 do CPC ao confinar os pronunciamentos dos juízes somente em sentenças, decisões e despachos conforme se verá abaixo.

> "Art. 207. O escrivão ou o chefe de secretaria numerará e rubricará todas as folhas dos autos. Parágrafo único. À parte, ao procurador, ao membro do Ministério Público, ao defensor público e aos auxiliares da justiça é facultado rubricar as folhas correspondentes aos atos em que intervierem".
>
> **Atos de execução** – todos os atos que objetivam o cumprimento de uma ordem judicial como o mandado de penhora e avaliação, a busca e apreensão de um determinado bem.
> **Atos de comunicação** – objetivam dar ciência a alguém sobre os eventos do processo (citação, intimações, cartas).

Dentre os atos do juiz, é possível ainda estabelecer uma divisão entre **pronunciamentos e não pronunciamentos**.

O juiz, no desempenho de suas funções, pratica atos de diversas naturezas e formas com repercussões importantes para o processo. Em razão das dificuldades do sistema recursal anterior, o legislador do CPC/73 optou conscientemente em sistematizar os pronunciamentos do juiz para facilitar a utilização dos recursos.

O art. 203 do CPC dispõe que os pronunciamentos do juiz consistem em sentenças, decisões interlocutórias e despachos. Insta salientar, novamente, que os pronunciamentos não exaurem as atividades-tipo do juiz no processo, assim, pratica o magistrado atos diversos não enquadrados nessa norma, como, por exemplo, a inspeção judicial e a oitiva da testemunha.

Nos pronunciamentos, ainda se dividem em **decisórios e não decisórios**. Nos primeiros, há interesse recursal, já que o magistrado decide determinada situação jurídica e nos outros não. No segundo grupo encontra-se apenas uma classe de pronunciamento: os despachos.

Os **despachos** não têm potencialidade a causar prejuízo e, portanto, não são recorríveis. Nos despachos não se resolvem questões (ao contrário das sentenças e das interlocutórias). Sua causa final é propiciar a movimentação do processo.

O processo se movimenta pelos atos das partes e do Estado. Em relação ao Estado, sem prejuízo das decisões, é necessário que, aqui ou ali, intervenha o juiz para fixar as coordenadas dessa movimentação e comandar o curso do procedimento. O CPC/73, ao contrário do que fez com os outros pronunciamentos, preferiu não conceituar os despachos. Estabeleceu apenas que são todos os outros atos em que a lei não traçou outra forma. O CPC/2015 manteve a mesma sistemática.

Os despachos são praticados pelo próprio juiz (CPC, art. 203, § 3º), como, por exemplo, a oitiva da parte contrária, a remessa dos autos para segundo grau (após a interposição de um recurso) ou a ordem do cite-se. O "citar", em nossa opinião, não gera interesse recursal (já que a parte pode se defender)[33].

Os despachos se diferem das decisões pelo simples fato de constitui um ato neutro que não gera prejuízo a nenhuma das partes. Se o ato do juiz prejudicar alguma das partes já é considerada decisão, como será visto abaixo.

---

33 Ainda é polêmica a discussão acerca do ato de citação ser um juízo positivo da inicial tendo saneado o feito no tocante aos atos postulatórios do autor gerando como consequência a possibilidade de manuseio de recurso pelo réu. Este entendimento, em nosso sentir, estaria afastado pela impossibilidade de se gerar preclusão *pro judicato* referente a eventual vício processual. Ademais, o nosso sistema não permite decisões implícitas bem como conferir ao réu dois instrumentos distintos para a mesma situação (contestar e recorrer). Em sentido contrário Rita Gianesini e José Carlos Barbosa Moreira.

Diferem os despachos dos atos ordinatórios. Os **atos meramente ordinatórios**, também denominados "automatismo judicial", foram criados para desburocratizar os trabalhos judiciais propiciando que os auxiliares da justiça pratiquem atos que antes eram privativos dos magistrados.

Os atos praticados pelo serventuário (e pela própria função que este exerce) não comportam duas alternativas de atuação. Assim é o carimbo de juntada e a vista dos autos fora de cartório. Estes atos não admitem nenhum juízo de escolha tendo uma cognição limitada e, dessa forma, em nenhuma hipótese podem causar prejuízo e eventualmente ser atacados por recurso. O critério distintivo entre despachos e atos ordinatórios é a atividade intelectiva do juiz.

Os atos ordinatórios, a despeito de serem praticados pelo serventuário da justiça, são considerados atos judiciais por delegação e podem ser revistos pelo juiz quando necessário.

Os atos decisórios são subclassificados em sentenças e decisões interlocutórias.

Quanto às sentenças, a redação do art. 203, § 1º, assim estabelece: "Ressalvadas as disposições expressas dos procedimentos especiais, sentença é o pronunciamento por meio do qual o juiz, com fundamento nos arts. 485 e 487, põe fim à fase cognitiva do procedimento comum, bem como extingue a execução".

Para a configuração da sentença exige-se, portanto, que o conteúdo da decisão se enquadre em alguma das hipóteses dos arts. 485 ou 487 e que encerre a fase de conhecimento em primeiro grau de jurisdição. É a junção, portanto de **conteúdo** (arts. 485 ou 487) e **finalidade** (encerrar a fase de conhecimento). Tanto que a "A decisão que deixa de homologar pedido de extinção consensual da lide retrata decisão interlocutória de mérito a admitir recorribilidade por agravo de instrumento, interposto com fulcro no art. 1.015, II, do CPC/2015" (REsp 1.817.205-SC, Rel. Min. Gurgel de Faria, Primeira Turma, j. 5-10-2021).

Quando o art. 203, § 1º, menciona "ressalvada disposição expressa de procedimentos especiais" quer tornar claro que há procedimentos com estrutura diferenciada, podendo haver sentença que não necessariamente encerre a fase cognitiva, como, por exemplo, a sentença da ação de exigir contas (arts. 550, § 5º e 552, CPC).

Dessa forma a leitura do art. 316 do CPC ("A extinção do processo dar-se-á por sentença") deve ser lida com ressalvas porque a sentença não necessariamente extingue o processo já que há a interposição de recursos. Ademais, há processos de competência originária de tribunais em que a "extinção" do processo se dará por acórdão e não por sentença.

As decisões interlocutórias definem-se por exclusão. Constituem uma não sentença. Resolvem questão incidente, ou seja, uma vez que o ordenamento não enumerou as interlocutórias, estas podem ser consideradas sempre que o juiz, no curso do processo, resolver situação que possa causar prejuízo a uma das partes. **É todo pronunciamento judicial de natureza decisória que não se enquadre no conceito de sentença.**

É toda decisão, vale dizer, que não encerra a fase de conhecimento. A regra é importante, pois acreditamos que a decisão que julgue parcialmente o mérito não constitua (como parcela da doutrina defendia no regime anterior) "sentença parcial", mas sim decisão interlocutória de mérito. A mera leitura dos arts. 354, parágrafo único, 356 e 1.015, II, comprovam que não há se falar mais em sentença parcial, até mesmo para não gerar confusão quanto à recorribilidade.

O ambiente das decisões interlocutórias é o procedimento em primeiro grau. Conquanto no tribunal haja decisões no "curso do processamento dos recursos" elas são denominadas decisões monocráticas praticadas pelo relator.

Muitos ainda denominam como decisões interlocutórias as decisões incidentais em sede de recurso. Contudo não nos parece correto analisando apenas o direito positivo brasileiro:

> **a) O art. 203, § 2º, do CPC** estabelece que interlocutória "é todo pronunciamento judicial de natureza decisória que não se enquadre no § 1º [sentença]". Logo, por uma questão de lógica, o CPC expressamente conformou o conceito de interlocutória por exclusão ao de sentença (que indiscutivelmente só existe em primeiro grau). Se quisesse o legislador permitir decisões interlocutórias no tribunal, as colocariam em confronto com o acórdão no art. 204, CPC;
> **b) O art. 1.015 do CPC** enumera as decisões interlocutórias que desafiam agravo de instrumento. Contudo boa parte das decisões ali contidas só pode ocorrer exclusivamente em primeiro grau (incisos III, VIII, X, XI, e as hipóteses do parágrafo único). As demais situações, não obstante, de rara incidência em tribunais, foram ali colocadas para o cabimento de agravo de instrumento que somente é cabível contra decisão de primeiro grau.

É importante compreender que a diferenciação entre decisão interlocutória e despacho não é possível analisar de maneira isolada, mas apenas contextualizada com as circunstâncias do processo.

Explica-se: ambos os pronunciamentos, ao contrário da sentença, não estão enumerados no CPC. Vale dizer, as sentenças podem ser analisadas por meio dos arts. 485, 487 e 924 do CPC.

Já para as decisões interlocutórias (a despeito de uma enumeração das decisões agraváveis no art. 1.015) e os despachos não há essa previsão. Assim a precisa diferença entre elas está na presença ou ausência de prejuízo para uma das partes, de modo a se aferir o interesse recursal. Entendemos não existir "despacho com conteúdo de decisão". Se há esse conteúdo, é decisão. Como se houvesse um preestabelecimento de quais seriam os despachos previstos na prática forense.

Para ilustrar a explicação vale-se de um exemplo:

O magistrado designa "audiência de instrução e julgamento para o dia 13 de agosto de 2017, às 14:00 horas". Esse provimento é uma decisão ou um despacho?

Depende.

Cena 1. O autor ingressa com ação de indenização asseverando que apenas conseguirá demonstrar o seu direito com base em prova pericial e testemunhal. O réu, citado, após infrutífera a audiência de conciliação e mediação, apresenta contestação trazendo argumentos que elidem a pretensão do autor, mas que somente serão provados por prova pericial e testemunhal. O magistrado designa "audiência de instrução e julgamento para o dia 13 de agosto de 2017, às 14:00 horas". Esse provimento é um despacho, pois ambas as partes tinham interesse na audiência.

Cena 2. O autor ingressa com ação de cobrança trazendo na sua petição inicial todos os documentos que comprovam a juridicidade de seu direito. Não protesta pela produção de nenhuma outra prova. O réu, citado, não traz nenhum argumento apto a elidir a pretensão do autor e não apresenta provas a serem produzidas na fase instrutória. Ato contínuo, o autor pede julgamento antecipado do mérito com fundamento no art. 355, I, do CPC (não obstante seja também o caso de tutela de evidência pelo art. 311, IV). O magistrado do caso designou "audiência de instrução e julgamento para o dia 13 de agosto de 2017, às 14:00 horas". Trata-se de decisão, pois o ato de dilação instrutória é incompatível com o momento processual em que o processo se encontra (maduro para julgamento) e, portanto, constitui uma decisão.

Apenas em arremate. Apesar de se tratar de uma decisão, por força do art. 1.015 do CPC, ela não é sujeita a agravo de instrumento, por estar fora do rol legal. Dessa forma, essa questão poderá ser devolvida ao tribunal somente em preliminar de apelação ou contrarrazões quando da prolação da sentença (art. 1.009, § 1º, CPC).

Não poderia acabar a questão dos pronunciamentos sem enfrentar a situação jurídica dos acórdãos e decisões monocráticas no tribunal. Nos termos do art. 204 do CPC, "acórdão é o julgamento colegiado proferido pelos tribunais".

Assim, como a lei não disciplinou uma classificação das decisões no tribunal e sabedor que elas se dão tanto no curso do recurso como no seu julgamento final, o legislador optou em classificar os pronunciamentos de primeiro grau pela **função (critério topológico)** do ato e em segundo grau pelo órgão **emissor (critério orgânico)**.

O CPC atual, ao contrário do anterior, inseriu a locução "colegiado" para designar o acórdão. Dessa forma só há se falar em acórdão (e não qualquer decisão de tribunal) quando a decisão colegiada é proferida nos Tribunais. Todas as demais e que geralmente são delegadas ao relator serão decisões que podem ou não encerrar o recurso a depender do conteúdo do provimento (art. 932, II, III, IV e V, CPC).

Já os atos das partes são divididos em quatro classes:

Atos postulatórios são aqueles que possuem alguma solicitação ao Estado-juiz. Dividem-se em **requerimentos** (quando se fala de pedido processual como, v.g., a citação) e **pedidos** (respeitantes ao mérito da causa como, v.g., o pedido de procedência). Há quem entenda que o ato postulatório seja exclusivamente do advogado, diferindo dos atos das partes (até para estabelecer se o prazo é material ou processual). Contudo, entendo que o prazo, independentemente de quem o pratique, será postulatório. O critério de diferenciação não ajuda, pois há diversos prazos tipicamente materiais (v.g., impetrar mandado de segurança, ajuizamento de rescisória) que são praticados invariavelmente por advogado. Some-se o fato de que pouquíssimos atos são praticados exclusivamente pelas partes, como o pagamento, prestar compromisso, prestar depoimento pessoal etc.).

Atos dispositivos são declarações de vontade da qual a parte dispõe sobre o objeto do processo (aquilo que se discute). Podem ser **unilaterais**, quando praticados por apenas uma das partes (ex., renúncia, reconhecimento), ou **bilaterais,** quando praticados por ambas as partes (transação, pedido de suspensão do processo).

Atos instrutórios são os que têm por finalidade provar algo ao juiz de modo a convencê-lo sobre a verdade dos fatos. São os meios de prova, documentos, depoimento pessoal, testemunhas.

Atos reais são atos não postulatórios como o pagamento das custas judiciais ou preparo.

O art. 200 do CPC estabelece que constituem os atos das partes em declarações unilaterais ou bilaterais de vontade com sua imediata produção de efeitos. Há, contudo, situações que dependam da chancela do juiz, como a desistência da ação, por exemplo.

Ademais as partes podem exigir do cartório o recibo das petições, documentos e demais arrazoados que apresentarem.

Tanto os advogados como as partes não poderão lançar nos autos cotas marginais ou interlineares. Em havendo, deverá o magistrado mandar riscá-las com a imposição de multa correspondente à metade do salário mínimo vigente. Há, portanto, duas atividades distintas: uma no sentido de regularizar (determinar que sejam riscados esses atos) e outra no sentido de punir a parte pela sua atitude.

É importante frisar que a parte, por vezes, intimada para se manifestar, poderá fazê-lo por termo nos autos (folha avulsa no próprio processo em que se escreve sua manifestação). É o que se denomina "manifestação por cotas", prática muito corriqueira pelo Ministério Público quando atua como fiscal da ordem jurídica.

O que se proíbe são as referidas cotas marginais ou interlineares colocadas de maneira irregular, como, por exemplo, no verso de uma petição ou quando não haja vista para a parte.

7.5. FORMA DOS ATOS PROCESSUAIS

7.5.1. DO TEMPO E DO LUGAR

Sob a denominação genérica "do tempo e do lugar dos atos processuais" (Capítulo II) são estudados esses dois temas: **tempo e lugar** dos atos processuais. No primeiro se estuda o horário para a prática e os prazos. No segundo, o local onde são praticados.

Os prazos serão praticados **nos dias úteis das 6:00h às 20:00h** (CPC, art. 212). É importante não confundir horário de prática de ato dentro do foro (**atos internos, art. 212, § 3º**)[34] com a prática de atos processuais (**atos externos**).

Quem disciplina o horário de abertura e fechamento dos fóruns e tribunais é a Organização Judiciária de cada Estado (atos internos). A prática dos atos forenses é disciplinada pelo CPC. Assim, é possível proceder a uma diligência às seis da manhã, mas certamente o fórum não estará aberto neste horário (atos externos). Contudo, como quase toda atividade forense é praticada remotamente por meio eletrônico, como a distribuição, os protocolos, os acompanhamentos de processo e muitas vezes as audiências, a regra perdeu um pouco da sua importância, já que "A prática eletrônica de ato processual pode ocorrer em qualquer horário até as 24 (vinte e quatro) horas do último dia do prazo" (art. 213, CPC). Importante verificar (e será estudado em capítulo próprio) que a prática do ato processual de forma eletrônica pode ocorrer em qualquer horário e não se submete à regra do art. 212 do CPC. Ou seja: "A prática eletrônica de ato processual pode ocorrer em qualquer horário até as 24 (vinte e quatro) horas do último dia do prazo".

Fora deste prazo a lei permite que se realizem:

a) Após as vinte horas os atos que começaram antes, mas que podem causar algum dano (art. 212, § 1º, CPC).

b) Citação, intimação e penhora, em casos excepcionais, podem se realizar nos domingos e feriados. Estes atos, ao contrário do regime anterior, não precisam de autorização judicial. Vale dizer, seria contraproducente ao oficial de justiça que chegou na casa do réu para proceder a citação às 20:03 minutos (portanto, fora do horário permitido para a prática do ato), mas descobre por meio de vizinhos que o réu pretende naquela noite ir embora com a família. Esperar por uma autorização judicial para excepcionalmente citar o réu seria inviável (art. 212, § 2º, CPC).

---

34   Art. 212, § 3º: Quando o ato tiver de ser praticado por meio de petição em autos não eletrônicos, essa deverá ser protocolada no horário de funcionamento do fórum ou tribunal, conforme o disposto na lei de organização judiciária local.

c) Em caso de violência doméstica, os atos processuais poderão ocorrer em período noturno, conforme dispuser a Organização Judiciária (art. 14, parágrafo único, da Lei Maria da Penha – Lei n. 11.340/2006).

Ademais, os atos são praticados somente nos **dias úteis**. Por dia útil entende-se aquele em que há expediente forense. O art. 216 do CPC estabelece que "além dos declarados em lei, são feriados, para efeito forense, os sábados, os domingos e os dias em que não haja expediente forense".

Como consequência, durante as férias forenses e feriados não se praticam atos processuais salvo quando se tratar de ato previsto no art. 212, § 2º, CPC [35] ou nos casos de medidas de urgência. Em conclusão, as ações em regra não se processam durante as férias e se suspendem na sua superveniência, exceto:

> i – os atos previstos no art. 212, § 2º;
> ii – a tutela de urgência;
> iii – os procedimentos de jurisdição voluntária e os necessários à conservação de direitos, quando puderem ser prejudicados pelo adiamento;
> iv – a ação de alimentos e as causas de nomeação ou remoção de tutor e curador;
> v – as causas que a lei determinar.

Importante ressaltar que feriados são aqueles declarados por lei, os dias em que não houver expediente forense, os sábados e os domingos.

A Constituição Federal, contudo, estabelece no seu art. 93, XII, que "a atividade jurisdicional será ininterrupta, sendo vedado férias coletivas nos juízos e tribunais de segundo grau, funcionando, nos dias em que não houver expediente forense normal, juízes em plantão permanente".

As férias coletivas apenas se aplicam aos Tribunais Superiores (art. 78, RISTF e art. 81, RISTJ).

Quanto ao **lugar**, serão praticados na sede do juízo. Todavia, poderão ser praticados em outra comarca (ou seção judiciária) quando:

a) interesse da justiça – são casos de interesse da justiça, por exemplo, a perícia ou a inspeção judicial. E isso porque se torna mais econômico e ágil a prática do ato fora do juízo em que se processa a demanda, como, por exemplo, a inspeção judicial (art. 481, CPC). "Às vezes, o deslocamento da pessoa ou do objeto a ser periciado ou inspecionado à sede do juízo pode até mesmo comprometer o resultado da prova"[36]. Outra situação de interesse da justiça diz respeito às justiças itinerantes (art. 107, § 2º e 125, § 7º, CF);

b) obstáculo arguido pela parte e deferido pelo juiz – é possível que a parte requeira que o ato seja praticado em outro local em virtude de dificuldades técnicas (art. 449, parágrafo único, CPC). Assim, uma pessoa enferma ou com dificuldades de locomoção poderá ser ouvida no local onde se encontra;

---

35 Art. 212, § 2º Independentemente de autorização judicial, as citações, intimações e penhoras poderão realizar-se no período de férias forenses, onde as houver, e nos feriados ou dias úteis fora do horário estabelecido neste artigo, observado o disposto no art. 5º, inciso XI, da Constituição Federal.
36 Nelton dos Santos, *CPC interpretado*, coordenação Antônio Carlos Marcato, 3. ed., São Paulo: Atlas, 2008, p. 480.

c) cartas – a prática de atos por **carta precatória, rogatória ou de ordem** é o meio mais comum de ato praticado fora do juízo. Constitui mecanismo para agilizar e otimizar a prática do ato;

d) em razão de deferência – deferência é concedida em razão do cargo. Como exemplo, serão inquiridos em sua residência ou onde exercem sua função o Presidente, Vice-presidente, Presidente do Senado e da Câmara, Ministro de Estado, Ministro dos Tribunais Superiores, Senadores, Governadores, Deputados Federais, dentre outros (art. 454, CPC).

7.5.2. DOS PRAZOS

7.5.2.1. Definição

A formalidade que reveste alguns atos do processo civil não é à toa. Para a consecução da efetividade e duração razoável do processo (alçada a *status* constitucional pela EC n. 45 e agora, ainda que desnecessário, previsto no CPC, em seu art. 4º), exige-se que os atos sejam praticados em determinado tempo, observando certa forma. Esta exigência evita criar a possibilidade que a prática dos atos fique ao livre-alvedrio das partes, criando insegurança e demora.

É importante falar do tempo.

Prazo é lapso de tempo que medeia dois pontos. É sempre a quantidade de tempo que se fixa para a realização do ato a fim de que não se eternize a relação processual.

Portanto, os prazos atendem a três importantes princípios: o já comentado princípio da duração razoável do processo, princípio da eficiência e da segurança jurídica.

De modo geral os prazos são preclusivos (CPC, art. 223), o que implica a perda da faculdade da prática do ato se não realizado no tempo ou modo devido.

7.5.2.2. Classificação dos prazos

a) Quanto à origem:

LEGAIS	São aqueles expressamente fixados pela lei (CPC ou legislação extravagante) como o prazo para recorrer, apresentar defesa ou réplica.
JUDICIAIS	são aqueles fixados pelo juiz: i) à falta de prazos legais (omissão), como o prazo para apresentar o rol de testemunhas (CPC, art. 357, § 4º) ou ii) nos casos de impossibilidade material, como o cumprimento de obrigação de fazer ou não fazer em sede executiva (CPC, art. 815), em que não se pode estabelecer genérica e abstratamente qual o prazo já que depende de "qual" obrigação se está tratando. O magistrado fixará o tempo do prazo pela complexidade do ato conforme art. 218, § 1º, do CPC. Importa ressaltar que se a lei não estabelece o prazo, tampouco o juiz delimita qual seja, o prazo para a prática do ato será de **cinco dias** (CPC, art. 218, § 3º).

CONVENCIONAIS	São aqueles estabelecidos pelas partes como, por exemplo, o pedido de suspensão do processo (CPC, art. 313, II e § 4º). Com a generalização do negócio jurídico processual (art. 190) e a possibilidade de calendarização do procedimento (art. 191), o CPC autoriza a ampla possibilidade de as partes convencionarem sobre prazos não apenas inexistentes na lei, como também estabelecer alteração nos prazos já existentes. Assim, nada impede que as partes previamente estabeleçam (por contrato ou em juízo) que o prazo para apelação seja de 10 dias (nesse sentido, também o art. 222, § 1º, CPC).

b) Quanto aos sujeitos do processo em relação aos prazos:

PARTICULARES	São os prazos dirigidos a somente uma das partes do processo, como prazo para contestar ou apresentar réplica.
COMUM	São aqueles que devem ser praticados por mais de um sujeito da relação processual, esteja ou não do mesmo lado (litisconsorte ou litigante adverso). Assim o é para apresentação de apelação quando houver sucumbência recíproca ou o prazo para que os opostos apresentem contestação à pretensão do opoente (CPC, art. 683, parágrafo único).
SUCESSIVO	Constituem um meio-termo entre os dois acima. É particular, na medida em que a parte, no seu lapso de tempo, pratica o ato exclusivamente. Todavia é comum, pois não será ela, parte, a única encarregada de praticar determinado ato. Assim é o prazo para razões finais na audiência ou arguição de testemunhas.

c) Quanto à existência de preclusão. Este critério não leva em consideração o ato em si, mas a pessoa que pratica o referido ato e a sua sujeição à preclusão temporal:

PRÓPRIOS	São os prazos sujeitos à preclusão e, como regra, são impostos às partes, aos terceiros e ao MP quando figuram como parte. Há, contudo, alguns prazos franqueados às partes que não são próprios já que geralmente se confundem com uma conduta de interesse da justiça ou da parte contrária (v.g., o advogado restituir os autos retirados do cartório fora do prazo, o devedor que não indicar no prazo o lugar que se encontram bens penhoráveis, a manifestação sobre determinado documento). **Assim, toda vez que se tratar de um dever processual, o prazo para as partes e terceiros será impróprio**.
IMPRÓPRIOS	Os prazos impostos aos juízes e seus auxiliares não são preclusivos na medida em que não há perda da faculdade. São chamados de **impróprios** (CPC, art. 227). O juiz não se exime de sentenciar porque passou o prazo de 30 dias previsto em lei. Sua função pública e a impossibilidade de recusar processos conferem a ele a possibilidade de extravasar o prazo conferido na norma.

> Não há sanções processuais, apenas, se houver, administrativas.
>
> Também são impróprios os prazos impostos ao Ministério Público quando atua como fiscal do ordenamento jurídico, conforme se verá abaixo. A lei não o dispensa de manifestar-se somente porque não o fez no prazo, já que a sua intervenção é indispensável (em verdade sua intimação).
>
> Há, contudo, situações [raríssimas] em que os prazos judiciais serão preclusivos:
>
> **a)** quando o magistrado perder, ainda que momentaneamente, a condição de julgador: o magistrado tem prazo de 15 dias para se manifestar sobre o incidente de impedimento e suspeição (CPC, art. 146, § 1º) sob pena de preclusão. E isso porque no incidente o juiz é parte e, portanto, deve seguir o mesmo regime que a parte: prazo próprio;
>
> **b)** por previsão legal: prazo de 20 dias para que os ministros comuniquem ao relator sobre a existência ou não de repercussão geral (RISTF, art. 324, parágrafo único);
>
> **c)** para que o juiz declare a sua incompetência relativa quando verificar a abusividade de cláusula de eleição de foro no contrato (art. 63, § 3º, CPC).
>
> É importante asseverar que quando houver demora injustificada pelo juiz, as partes ou o MP poderão representá-lo ao Corregedor do Tribunal ou Conselho Nacional de Justiça (CPC, art. 235).

Uma última questão: os prazos para o Ministério Público são impróprios quando deva se manifestar por quotas. Os prazos para petições em geral são próprios, pois a lei já lhe confere a prerrogativa do prazo em dobro.

Seria ilógico imaginar que a lei possa conferir ao Ministério Público prazo em dobro para a prática de seus atos (art. 180, CPC) e ainda que esse prazo seja impróprio. Se ele pudesse desrespeitar o prazo, qual seria a utilidade do prazo em dobro?

Entretanto, por interpretação ao art. 180, § 2º, do CPC, quando a lei conferir, de forma expressa, prazo próprio para o Ministério Público, não haverá contagem em dobro. É o que ocorre com a manifestação por cotas quando atua como fiscal da ordem jurídica.

Nesse caso, a lei lhe confere prazo expresso de 30 dias (art. 178, CPC). Apesar de não mencionar que se trata de prazo "próprio", entendemos que o prazo ali conferido não autoriza que seja contado em dobro, pois é um prazo que pertence apenas ao Ministério Público. Igualmente, não se conta em dobro o prazo do MP nas situações dos arts. 364 e seu § 2º, 721, 937, 956, 982, III, 983, 984, II, 991 e 1.019, III, CPC.

Por questão de lógica, somente se pode falar em "prazo em dobro" quando há o "prazo simples", o que não ocorre nessa situação.

Por fim, há um prazo outorgado ao MP que não se conta em dobro e que constitui prazo próprio por expressa disposição legal: trata-se da manifestação do Ministério Público no mandado de segurança, já que o art. 12 da Lei n. 12.016/2009 assevera que: "Findo o prazo a que se refere o inciso I do *caput* do art. 7º desta Lei, o juiz ouvirá o representante do Ministério Público, que opinará, dentro do **prazo improrrogável de 10 (dez) dias**" (grifei).

d) Quanto à flexibilização e prorrogação do prazo:

DILATÓRIOS	São aqueles que podem livremente ser alterados pelas partes, desde que (a) requerido antes do término do curso do prazo e (b) haja justo motivo.
PEREMPTÓRIOS	Em princípio são prazos que não podem ser alterados. Contudo: – Podem ser reduzidos: pelas partes com ou sem participação do juiz (nunca o juiz poderá reduzir sem anuência das partes – art. 222, § 1º, CPC). – Podem ser ampliados: a) *ope judicis*, pelo juiz, quando entender necessário (art. 139, VI, CPC) e sem autorização das partes; ou b) *ope legis*: b1) em casos de calamidade, quando o prazo será prorrogado pelo tempo que for necessário; e b2) nas comarcas de difícil transporte, quando o prazo poderá ser prorrogado por até 2 meses. Como dito, essa sistematização trazida pelo legislador retira a importância da classificação já que os prazos peremptórios, a rigor, podem ser ampliados e reduzidos. Contudo o próprio CPC mantém essa classificação conforme se depreende do art. 222, § 1º. Decorrido o prazo a parte perde, de pleno direito, a possibilidade da prática do ato, salvo se demonstrar a justa causa (CPC, art. 223, § 1º). Justa causa é o "evento alheio à vontade da parte e que a impediu de praticar o ato por si ou por mandatário".

Essa classificação era bem visualizada no regime anterior. Lá se dizia que era defeso às partes, "ainda que todas estejam de acordo, reduzir ou prorrogar os prazos peremptórios" (art. 182, CPC/73). Por exclusão os prazos não peremptórios eram denominados dilatórios e permitiam sua flexibilização.

No atual CPC, contudo, essa classificação perdeu um pouco da sua importância. Primeiro porque não se sabe ao certo quais são prazos peremptórios e quais os dilatórios. É necessária uma busca na doutrina e quiçá na jurisprudência para uma devida sistematização.

Segundo porque a ideia de negócio jurídico processual na sua vertente da flexibilização procedimental permite ao juiz e às partes uma nova configuração dessa classificação.

e) Quanto à contagem do prazo:

PROGRESSIVOS	Quando o prazo é contado para a frente. O termo inicial fica no presente e o termo final está no futuro. Em regra, quase todos.
REGRESSIVOS	Quando a contagem se dá ao inverso, ou seja, projeta-se o termo inicial para o futuro e o termo final fica mais próximo do presente (v.g., arrolamento de testemunhas antes da audiência de instrução)..

f) Quanto ao local de fluência do prazo:

ENDOPROCESSUAL	São os prazos que correm dentro do processo. A maioria dos prazos está encartada nessa categoria (contestação, recursos etc.).
EXTRAPROCESSUAL	São os prazos que excepcionalmente correm fora do processo como o prazo para ajuizar ação rescisória (art. 975, CPC), para impetrar mandado de segurança (art. 23, da Lei n. 12.016/2009) e para propor ação contra a estabilização da tutela antecipada antecedente (art. 304, §§ 4º a 6º, CPC)

7.5.2.3. Contagem do prazo

As unidades utilizadas pela lei são:

UNIDADE DE TEMPO	PREVISÃO LEGAL	FORMA DE CONTAGEM	EXEMPLOS
Ano	Art. 132, § 3º, CC	Os prazos em anos expiram no dia de igual número do de início, ou no imediato, se faltar exata correspondência.	2 anos para rescisória, CPC, art. 975
Mês	Art. 132, § 3º, CC	Os prazos em meses expiram no dia de igual número do de início, ou no imediato, se faltar exata correspondência.	Suspensão do processo por até 6 meses – CPC, art. 313, II, e § 4º
Dia	Arts. 224 do CPC e 132 do CC	Salvo disposição legal ou convencional em contrário, computam-se os prazos, excluído o dia do começo, e incluído o do vencimento.	Regra geral. Prazo para contestar
Horas	Art. 132, § 4º, CC	São contados minuto a minuto (14:15 de um dia até 14:15 do outro) e não se aplica a contagem de exclusão do dia da intimação. Salvo se não estiver indicada a hora quando então a contagem se faz da forma convencional.	O procurador retira cópia do processo que poderá ser de 2 a 6 horas, conforme art. 107, § 3º, CPC, além das hipóteses previstas nos arts. 218, § 2º, 235, § 2º, e 357, § 9º também do CPC
Minuto			20 minutos conferidos em audiência para alegações finais (CPC, art. 364), e também sustentação oral

7.5.2.4. Dinâmica dos prazos

i) Regra geral. Na contagem de prazo exclui-se o dia do começo e inclui-se o dia do vencimento (CPC, art. 224, CC, art. 123 e Súmula 310, STF); considera-se como data da publicação o primeiro dia útil após a disponibilização no *Diário Oficial de Justiça Eletrônico*. Dessa forma, a contagem do prazo terá início no primeiro dia útil que seguir ao da publicação.

Contudo, esse prazo (desde que seja prescricional) será prorrogado até o primeiro dia útil seguinte se o vencimento cair em dia que o expediente do fórum encerrar antes do horário normal (ou começar depois) ou se houver interrupção da comunicação eletrônica.

ii) Litisconsortes. O prazo será em dobro se os litisconsortes forem assistidos por procuradores diferentes de escritórios distintos (CPC, art. 229). O STJ, no regime anterior, autorizava a contagem de prazo em dobro para litisconsortes com procuradores diferentes do mesmo escritório. A fluência do prazo em dobro, nesse caso, é automática, não necessitando de requerimento expresso da parte, bastando a mera condição tipificada no art. 229 do CPC. Contudo, essa regra não se aplica nos seguintes casos: a) se o processo for eletrônico (pois o objetivo da regra é justamente permitir que cada advogado tenha seu prazo privado e possa fazer carga dos autos. Com o processo veiculado por meio eletrônico, essa regra deixa de ter sentido, pois é possível a consulta simultânea do processo pelos patronos); b) se apenas um apresentou defesa (quando então se operou o efeito processual da revelia, caso não tenha advogado nos autos, e presume-se que este litisconsorte contumaz não participará do processo, deixando de ter sentido o prazo em dobro. Entretanto, poderá o réu revel ingressar no processo a qualquer momento quando então se restitui o prazo em dobro); c) se apenas um deles houver sucumbido na decisão (Enunciado 641 da Súmula do STF) o que gerará interesse recursal a apenas uma das partes; e d) nos sistemas dos Juizados Especiais (Enunciado 164 do FONAJE), o que constitui restrição injustificável diante da flagrante necessidade em determinados casos.

iii) **Fluência de prazo para os sujeitos processuais**

a) Para o juiz: os despachos em cinco dias, as decisões interlocutórias em dez dias e as sentenças em trinta dias, são os prazos para a prática desses pronunciamentos. Nos casos de Carta Precatória, Rogatória ou de Ordem para fins de citação ou intimação, feito este ato de comunicação, o juiz deprecante será imediatamente informado, pelos meios eletrônicos, pelo juiz deprecado.

b) Para o serventuário, o prazo será de um dia para a remessa dos autos à conclusão e de cinco dias para a execução dos atos processuais contados da data: b1) em que houver concluído o ato processual anterior quando a determinação decorrer da lei; b2) quando tiver ciência da ordem se essa foi determinada pelo juiz[37]. Se o processo for eletrônico a juntada de petições e manifestação em geral serão de forma automática independente de ato do serventuário (art. 228, § 2º, CPC).

c) Procuradores e MP. Os prazos para a parte, o procurador, a Advocacia Pública, a Defensoria Pública e o Ministério Público serão contados da citação, da intimação ou da notificação (art. 230, CPC). Já o art. 231, em seus oito incisos, explicita o termo inicial para a contagem desses prazos. É importante que sempre se observe conjuntamente com o art. 224 também do CPC da qual se deve excluir o dia de começo e incluir o dia de vencimento. Dessa forma, considera-se o dia de início o prazo:

> I – Sendo a citação ou a intimação por **via postal**, será a data de juntada aos autos do aviso de recebimento;
> II – Sendo a citação ou a intimação por **oficial de justiça**, será a data de juntada aos autos do mandado cumprido (aplicando-se também à citação por **hora certa**);
> III – Havendo o **comparecimento espontâneo do réu em juízo**, a citação ou a intimação, que se dará por ato do escrivão ou do chefe de secretaria, na data da sua ocorrência;

---

37 Art. 233. Incumbe ao juiz verificar se o serventuário excedeu, sem motivo legítimo, os prazos estabelecidos em lei.
§ 1º Constatada a falta, o juiz ordenará a instauração de procedimento administrativo, na forma da lei.
§ 2º Qualquer das partes, o Ministério Público ou a Defensoria Pública poderá representar ao juiz contra o serventuário que injustificadamente exceder os prazos previstos em lei.

IV – Sendo a citação ou intimação realizada por **edital**, o prazo começa a correr no dia útil seguinte ao fim da dilação assinada pelo juiz. Nesses casos o magistrado concederá prazo de 20 a 60 dias para conferir ciência aos sujeitos do processo (art. 257, III, CPC);

V – Sendo a citação ou a intimação realizada por **meio eletrônico**, o prazo começa a correr no dia útil seguinte à consulta ao seu teor e caso não haja acesso, no prazo de 10 dias a partir do momento que o ato foi disponibilizado no sistema eletrônico, como uma espécie de intimação tácita (art. 4º da Lei n. 11.419/2006);

VI – Sendo a citação ou a intimação realizada em **cumprimento de carta**, a data de juntada do comunicado de que trata o art. 232, CPC ("Nos atos de comunicação por carta precatória, rogatória ou de ordem, a realização da citação ou da intimação será imediatamente informada, por meio eletrônico, pelo juiz deprecado ao juiz deprecante."), ou, não havendo este, da juntada da carta aos autos de origem devidamente cumprida;

VII – A intimação se der pelo ***Diário da Justiça*** impresso ou eletrônico, a data da publicação. Nesses casos deve ter observância do art. 224, §§ 2º e 3º, CPC: ("§ 2º Considera-se como data de publicação o primeiro dia útil seguinte ao da disponibilização da informação no *Diário da Justiça eletrônico*. § 3º A contagem do prazo terá início no primeiro dia útil que seguir ao da publicação.");

VIII – Se a intimação se der por meio da retirada dos autos, em **carga**, do cartório ou da secretaria, o dia da carga;

IX – O quinto dia útil seguinte à confirmação, na forma prevista na mensagem de citação, do recebimento da citação realizada por meio eletrônico.

Como o meio eletrônico é atualmente a regra, a Lei n. 14.195/21 acresceu o inciso IX ao art. 231. Se a parte recebe a citação eletrônica, no dia útil subsequente ao recebimento dessa citação começa a correr o prazo de cinco dias úteis. Escoado esse prazo começa a correr o prazo de defesa. E por que esse prazo de cinco dias? Acredito que o legislador tenha criado esse *desafogo*, pois nas citações por correio e oficial de justiça o prazo não conta da citação efetiva, mas da juntada aos autos do mandado ou aviso de recebimento e essa juntada leva alguns dias. Para manter a isonomia criou esse espaço de tempo em favor da parte/advogado. O problema é que há uma latente autonomia entre esse inciso e o inciso V desse mesmo artigo: "Sendo a citação ou a intimação realizada por **meio eletrônico**, o prazo começa a correr no dia útil seguinte à consulta ao seu teor e caso não haja acesso, no prazo de 10 dias a partir do momento que o ato foi disponibilizado no sistema eletrônico, como uma espécie de intimação tácita (art. 4º da Lei n. 11.419/2006)". Aguardemos os Tribunais se manifestarem sobre o tema.

Ademais:
- Havendo mais de uma parte intimada, o prazo para cada uma é contado individualmente.
- Se o ato tiver de ser praticado diretamente pela parte ou terceiro, sem participação do representante judicial, o prazo tem fluência na data em que se der a comunicação.
- Quando houver mais de um réu, o prazo começa a fluir para todos da última das datas decorrentes dos incisos I a IV do art. 231.

iv) Prerrogativa da Fazenda Pública. O prazo para as Fazendas praticarem seus atos será em dobro (CPC, art. 183), ao contrário do regime anterior que apenas conferia prazo diferenciado para contestar e recorrer (quádruplo e em dobro, respectivamente). Apenas não terá esse benefício se houver lei expressa estabelecendo prazo específico para o ente público (art. 183, § 2º, CPC), como, por exemplo, nos Juizados Especiais Federais e Juizados Especiais da Fazenda Pública em que o prazo será simples para atuação da Fazenda. Assim como no procedimento do ECA nos termos do seu art. 152, § 2º.

v) Prerrogativa da Defensoria Pública. Para o defensor público, o prazo para a prática de seus atos será em dobro. Essa regra se aplica também aos núcleos de assistência judiciária conveniados com a OAB e os escritórios de prática forense ligados às faculdades de direito. No regime anterior havia uma celeuma acerca da extensão do prazo em dobro para os advogados que exerciam gratuidade da justiça ou os núcleos de faculdades de direito que prestavam esse tipo de atividade (quando o Estado não possuía Defensoria ou defensores suficientes para atuar nos casos de quem necessitasse). Nesses casos o advogado particular fazia "as vezes" de defensor público.

A discussão orbitava em torno da interpretação do art. 5º, § 5º, da Lei n. 1.060/50. O artigo estabelecia que "nos Estados onde a Assistência Judiciária seja organizada e por eles mantida, o Defensor Público, ou quem exerça cargo equivalente, será intimado pessoalmente de todos os atos do processo, em ambas as Instâncias, contando-se-lhes em dobro todos os prazos".

A expressão "cargo equivalente" foi interpretada por parte da doutrina como advogado que exercia gratuidade e, portanto, teria os mesmos benefícios que o defensor público. Para outra parte, só se pode falar em cargo equivalente quando se tratar de funcionário público. O STJ, seguindo a segunda posição, estabeleceu uma regra restritiva retirando dos advogados particulares, que exercem a mesmíssima função, o prazo em dobro, alegando que o advogado particular podia recusar causas e que o defensor não podia.

A situação gerava flagrante falta de isonomia. Quem fosse representado por defensor público teria prazo em dobro, quem fosse por advogado particular (pelo convênio estabelecido Poder Judiciário-OAB) não.

É evidente que o advogado que exerce a gratuidade por esses convênios busca processos para atuar e não está recusando causas. O CPC, conforme visto, seguiu essa corrente.

vi) Prerrogativa do MP. O prazo para o Ministério Público também será em dobro seja como parte, seja como fiscal da ordem jurídica (art. 180, CPC). É importante repetir que o prazo em dobro será concedido apenas para manifestação por petição (defesas, recursos etc.). Na manifestação por cotas pelo Ministério Público o prazo será simples (art. 180, § 2º, CPC), bem como nas hipóteses dos arts. 178, 364 e seu § 2º, 721, 937, 956, 982, III, 983, 984, II, 991 e 1.019, III, do CPC, e o art. 12 da Lei n. 12.016/09 assevera que: "Findo o prazo a que se refere o inciso I do *caput* do art. 7º desta Lei, o juiz ouvirá o representante do Ministério Público, que opinará, dentro do prazo improrrogável de 10 (dez) dias".

É importante frisar que, tanto para o Ministério Público como para a Fazenda Pública e o Defensor Público, o prazo será em dobro, ainda que os autos sejam eletrônicos. A questão não é de viabilidade de acesso aos autos (o que justifica a contagem do prazo em dobro para os litisconsortes), mas de prerrogativa, já que esses entes não podem recusar causas.

vii) Prazos decadenciais. Os prazos decadenciais não se interrompem nem se suspendem. Assim, se um dado prazo decadencial se encerrar num sábado, o prazo fatal para seu cumprimento será na sexta-feira, pois, na semana seguinte, já estará precluso[38].

viii) Ato prematuro. O ato praticado ainda que antes da fluência do termo inicial é considerado tempestivo (art. 218, § 4º, CPC). Dessa forma encerra-se a esdrúxula discussão

---

38 Contudo o CPC estabelece, em seu art. 975, § 1º, que o prazo para a propositura da ação rescisória, se expirar durante as férias forenses, recesso, feriados, ou ainda, em dias em que não houver expediente forense, será prorrogado até o primeiro dia útil subsequente.

sobre a teoria do recurso prematuro (extemporâneo, prepóstero). O CPC prestigiou a instrumentalidade das formas, pois se a parte praticou o ato antes da intimação, intimada do ato ela está. Esse tema será mais bem desenvolvido no capítulo referente ao *juízo de admissibilidade recursal*.

ix) Dias úteis e os Juizados Especiais. Os prazos somente correm em dias úteis. Trata-se de boa medida para viabilizar a atividade forense. Os prazos somente terão fluência nos dias úteis "pulando" as férias e feriados. Não constitui medida que dilata a marcha do procedimento, mas resolve questões em que o prazo se torna sobremaneira exíguo como os conhecidos prazos de cinco dias em que a intimação se deu na quarta. Nesse caso o advogado terá apenas 2 dias úteis para sua prática (quinta e sexta), pois o prazo fatal será na segunda-feira. A alegação de que o prazo em dias úteis afronta a duração razoável do processo não se sustenta.

De fato, há uma latente preocupação especialmente no que concerne à verificação do prazo em dias úteis quando se tratar de feriados estaduais ou (principalmente) municipais, em que não há expediente forense. Essa situação altera o termo de encerramento do prazo. Contudo, essa situação, acreditamos, é de fácil resolução. O art. 1.003, § 6º, do CPC dispõe que "o recorrente comprovará a ocorrência de feriado local no ato de interposição do recurso". A regra transcrita é aplicável aos recursos, mas poderá se enquadrar em qualquer outra situação.

Importante ressaltar, nos termos do art. 219, parágrafo único, CPC, que essa regra se aplica apenas aos prazos processuais. Assim, nos prazos materiais que guardam relação com o processo como prazo para ajuizar ação rescisória e mandado de segurança, por exemplo, por terem natureza decadencial, não incide essa regra. Em verdade é necessário melhor detalhamento, especialmente pela jurisprudência, de quais são os prazos processuais e quais são os prazos materiais, de modo a conferir maior segurança aos litigantes e não correr o risco de perder o prazo.

Os Juizados Especiais estavam resistentes sobre a contagem do prazo em dias úteis[39].

Era triste a opção dos juizados em ir na contramão da reforma processual. Como bem observa Marcelo Pacheco Machado: "Ressalto: não há direito vigente que permita a contagem de prazos em dias corridos, o art. 181 do CPC foi revogado. Seria, portanto, possível fazer repristinar lei revogada, apenas para que seja aplicada subsidiariamente aos juizados especiais, pelo motivo de que a nova lei aplicável tornaria o processo menos célere? Podem então os tribunais entender que simplesmente não querem aplicar a lei que temos?"[40].

Contudo, a Lei n. 13.728/2018 acrescentou o art. 12-A à Lei n. 9.099/95, para estabelecer que, na contagem de prazo para a prática de qualquer ato processual, inclusive para a interposição de recursos, serão computados somente os dias úteis[41].

Em ótima hora a recente reforma, já que não se justificava o anterior entendimento.

Nos procedimentos vinculados à Justiça da Infância e da Juventude regidos pelo ECA os prazos tramitarão em dias corridos conforme art. 152, § 2º: "Os prazos estabelecidos nesta Lei

---

39 Vide Enunciado 165 do FONAJE: "Nos Juizados Especiais Cíveis, todos os prazos serão contados de forma contínua (XXXIX Encontro – Maceió-AL)". No mesmo sentido o Enunciado 13 dos Juizados Especiais da Fazenda Pública: "A contagem dos prazos processuais nos Juizados da Fazenda Pública será feita de forma contínua, observando-se, inclusive, a regra especial de que não há prazo diferenciado para a Fazenda Pública – art. 7º da Lei n. 12.153/2009 (XXXIX Encontro – Maceió-AL)". Ademais, havia pedido de uniformização (Processo 0000002-60.2017.8.26.9059) no sentido de se manter a uniformidade entre o juizado cível e criminal, mantendo-se o prazo em dias corridos.

40 Prazos nos juizados especiais em dias corridos: não esperávamos por esta do FONAJE. Disponível em: <www.jota.com.br>. Publicado em 21 de junho de 2016.

41 "Art. 12-A. Na contagem de prazo em dias, estabelecido por lei ou pelo juiz, para a prática de qualquer ato processual, inclusive para a interposição de recursos, computar-se-ão somente os dias úteis."

e aplicáveis aos seus procedimentos são contados em dias corridos, excluído o dia do começo e incluído o dia do vencimento, vedado o prazo em dobro para a Fazenda Pública e o Ministério Público". Além de ser regra especial em detrimento da regra geral do CPC, a alteração do referido parágrafo se deu por lei posterior (Lei n. 13.509, de 2017).

x) Suspensão. Suspende-se o curso do prazo processual:

a) entre os dias 20 de dezembro e 20 de janeiro (inclusive). Nesse caso os juízes, membros do MP, auxiliares da justiça, Defensoria e Advocacia Pública exercerão suas atividades normalmente (ressalvadas as suas respectivas férias individuais) não podendo haver audiências e julgamentos nesse período;

b) por obstáculo criado em detrimento da parte;

c) nas hipóteses do art. 313 do CPC;

d) nas hipóteses de instituição do programa de conciliação estabelecido pelo Poder Judiciário.

xi) Sanções pela inobservância dos prazos

O CPC dispõe de sanções a serem aplicadas na hipótese de inobservância dos prazos estabelecidos na legislação. São elas:

No que concerne ao serventuário, compete ao juiz verificar se houve descumprimento de prazo sem justo motivo. Os prazos do serventuário estão previstos no art. 228 do CPC.

No que concerne aos advogados (públicos ou privados), defensor público, Ministério Público, há o dever de restituir os autos do processo no prazo do ato a ser praticado, ou seja, não é possível que a parte apresente contestação no último dia do prazo e cinco dias depois devolver os autos da carga realizada. O CPC não estabelece uma sanção, mas é possível ao magistrado aplicar a sanção prevista no art. 81 (ainda que não haja propriamente tipicidade nas hipóteses do art. 80 do CPC).

Ademais, qualquer interessado pode exigir os autos do advogado que retarda a sua devolução no cartório. Para tanto, o advogado será intimado para devolução no prazo de três dias. Não cumprindo, poderá sofrer até quatro sanções distintas: a) perda da possibilidade de vista dos autos fora de cartório; b) multa de metade do salário mínimo; c) procedimento disciplinar na OAB que pode acarretar a sua suspensão; e d) eventual imposição de multa pelo órgão de classe.

É evidente que o cenário que a lei apresenta é exagerado e nem todas as situações previstas no art. 234, §§ 1º a 3º, do CPC podem, de fato, acontecer. Contudo, inegável que há essa previsão para evitar a conduta relapsa ou desidiosa do causídico.

Quando se tratar de membro do Ministério Público, Defensoria Pública ou Advocacia Pública, a multa incidirá (se for o caso) ao agente público responsável pelo ato (e não a instituição), sem prejuízo da comunicação do órgão respectivo desse agente para instauração de procedimento administrativo.

Ademais:

Art. 235. Qualquer parte, o Ministério Público ou a Defensoria Pública poderá representar ao corregedor do tribunal ou ao Conselho Nacional de Justiça contra juiz ou relator que injustificadamente exceder os prazos previstos em lei, regulamento ou regimento interno.

§ 1º Distribuída a representação ao órgão competente e ouvido previamente o juiz, não sendo caso de arquivamento liminar, será instaurado procedimento para apuração da responsabilidade, com intimação do representado por meio eletrônico para, querendo, apresentar justificativa no prazo de 15 (quinze) dias.

§ 2º Sem prejuízo das sanções administrativas cabíveis, em até 48 (quarenta e oito) horas após a apresentação ou não da justificativa de que trata o § 1º, se for o caso, o corregedor do tribunal ou o relator no Conselho Nacional de Justiça determinará a intimação do representado por meio eletrônico para que, em 10 (dez) dias, pratique o ato.

§ 3º Mantida a inércia, os autos serão remetidos ao substituto legal do juiz ou do relator contra o qual se representou para decisão em 10 (dez) dias.

7.6. PRECLUSÃO

7.6.1. INTRODUÇÃO

Dispõe o art. 507 do CPC que "é vedado à parte discutir no curso do processo as questões já decididas a cujo respeito se operou a preclusão".

Conforme foi estudado no capítulo referente ao processo e aos pressupostos processuais, pôde se verificar que processo é uma entidade complexa: no seu aspecto intrínseco, uma relação jurídica. No seu aspecto extrínseco, um conjunto de atos concatenados objetivando uma tutela jurisdicional.

Contudo, essa finalidade, na obtenção da tutela, não se pode eternizar no tempo. Para dar vigência a efetividade do processo é necessário que os atos processuais sejam praticados em determinado lapso de **tempo** em certo **modo**.

O formalismo (desde que não excessivo) pode servir para estruturar a atividade das partes, delimitar sua atuação e criar situações propícias ao contraditório, evitando surpresas e armações ao longo do procedimento.

O não cumprimento dos atos processuais acarreta a preclusão. Preclusão é a perda da possibilidade de se praticar um ato processual, pois o agente não o fez no tempo ou modo devido. Constitui uma regra de comportamento dos sujeitos do processo. Há autorizada doutrina defendendo não se tratar de "perda" (que apenas se aplicaria a preclusão temporal) e sim "exclusão" da prática do ato processual. A preclusão consumativa e a preclusão lógica não geram propriamente uma perda, pois não decorrem de uma omissão, mas sim de um ato incompatível[42].

Numa primeira vista poder-se-ia imaginar que a preclusão teria natureza de sanção[43]. Todavia, a sanção é decorrente como uma reação à prática de um ato ilícito[44], e a preclusão acarreta a simples prática defeituosa do ato.

O ato processual, como posição jurídica de vantagem, acarreta um ônus e não um dever para a parte. Seu não cumprimento não gera ato ilícito, mas perda da possibilidade da prática do ato.

---

42 CABRAL, Antônio do Passo. *Coisa julgada e preclusões dinâmicas*. Salvador: JusPodivm, 2013, p. 124.

43 Aliás, este é o entendimento de João Batista Lopes, *Curso de direito processual civil*. São Paulo: Atlas, 2005, v. 1, p. 178.

44 A despeito de que a sanção não atua simplesmente como reação a um ato ilícito, como bem observa Eduardo Talamini (*Tutela relativa aos deveres de fazer e não fazer*, 2. ed., São Paulo: Revista dos Tribunais, p. 169): "Adota-se o conceito amplo de sanção, eminentemente funcional: toda e qualquer medida estabelecida pelo ordenamento para reforçar a observância de suas normas ou remediar os efeitos da inobservância. Essa perspectiva é incompatível com a limitação conceitual das sanções à tradicional noção de consequência negativa (imposição de um 'mal') normativamente prevista para o caso de violação de uma norma. Pela concepção ora adotada, a sanção: i) não é necessariamente medida posterior à conduta do sujeito sancionado, podendo ser preventiva; ii) não consiste necessariamente na 'realização compulsória de um mal', eis que se pode apresentar sob a forma de um prêmio (concessão de um bem) a quem observa voluntariamente determinada norma jurídica; e como consequência dos traços anteriores; iii) não é necessariamente reação a um ato ilícito, embora tenha em mira sempre a observância de normas jurídicas".

Preclusão é um efeito jurídico. Efeito decorrente da inobservância das regras legais para a prática do ato[45].

7.6.2. CLASSIFICAÇÃO[46]

Toda sistematização acerca da preclusão deve-se a Giuseppe Chiovenda nos seus estudos sobre o tema no início do século XX.

Leva em consideração o fato jurídico e sua inobservância, ou melhor dizendo, "se baseia no critério da causa que lhe terá dado origem"[47].

A despeito de sua inspiração ter se dado no direito alemão, nesse país não se desenvolveu de maneira tão profunda como na Itália.

São quatro espécies de preclusão: **temporal, lógica, consumativa e punitiva** (a única com natureza de sanção).

a) preclusão temporal – ocorre preclusão temporal quando o ato foi praticado fora do tempo. Assim, se a parte apresentar defesa de forma extemporânea, ocorreu preclusão temporal. A preclusão temporal está fortemente atrelada aos prazos peremptórios. Sua regra matriz encontra-se no art. 223 do CPC: "Decorrido o prazo, extingue-se o direito de praticar ou de emendar o ato processual, independentemente de declaração judicial, ficando assegurado, porém, à parte provar que não o realizou por justa causa".

Ocorre preclusão temporal quando a parte deixa de contestar ou não apresenta recurso no prazo oportuno, por exemplo.

Para o juiz, a preclusão temporal dificilmente ocorre, na medida em que seus prazos são impróprios e, portanto, não são alcançados pela preclusão;

b) preclusão lógica – ocorre preclusão lógica quando a parte praticar dois atos logicamente incompatíveis entre si. O que não se deseja é que a parte pratique um ato incoerente com o anterior praticado. Assim, se a parte renunciou ao direito de recorrer e, logo após, ainda no prazo, apresentou recurso, operou preclusão lógica. É o que ocorre quando a parte confessa determinado fato e, ato contínuo, protesta por provas sobre este mesmo fato. Ainda na proibição de suscitar conflito de competência quando a parte alega anteriormente incompetência relativa.

Esta regra tem escopo na *venire contra factum proprium* que preconiza a vedação do comportamento em contraditório e na boa-fé processual;

c) preclusão consumativa – em determinados momentos do procedimento a lei estabelece um modo para a prática do ato e exige que seja praticado uma única vez. Uma vez praticado este ato, consome-se a possibilidade de praticar qualquer outro respeitante a ato primitivo, pois exauriu a possibilidade de fazê-lo, mesmo que [ainda] dentro do prazo.

---

45 Conforme observa Fredie Didier (*Curso*, cit., p. 277), a preclusão nem sempre é um efeito jurídico. "Ela pode compor o suporte fático de algum fato jurídico. Veja o caso da coisa julgada (efeito jurídico). A preclusão é elemento de suporte fático do fato jurídico consistente na prolação de decisão de mérito, fundada em cognição exauriente, acobertada pela coisa julgada formal (preclusão temporal máxima), cujo efeito é a coisa julgada material".

46 Há autores (Maurício Giannico, *A preclusão no direito processual civil brasileiro*. 2. ed., Saraiva, São Paulo, 2007, p. 57-61) que estabelecem um quinto critério denominado preclusão hierárquica. Sendo as matérias de ordem pública cognoscíveis de ofício (CPC/2015, arts. 485, § 3º, e 337, § 5º), uma vez não apreciadas pelo juízo *a quo* e sendo o processo remetido para o Tribunal por força da apelação (discutindo ou não esta matéria), ficará preclusa a possibilidade de o juiz conhecer desta matéria, mesmo sendo cogente.

47 Teresa Arruda Alvim Wambier, *Os agravos no CPC brasileiro*, 4. ed., São Paulo: Revista dos Tribunais, 2005, p. 477.

Se a parte já exerceu a sua faculdade decorrente da posição de vantagem, não poderá fazê-lo novamente.

A preclusão consumativa é o exato oposto da preclusão temporal: naquela o ato é praticado (incorretamente). Nesta o ato não é praticado.

A preclusão consumativa tem sua regra matriz no art. 200 do CPC, ao estabelecer: "Os atos das partes consistentes em declarações unilaterais ou bilaterais de vontade produzem imediatamente a constituição, modificação ou extinção de direitos processuais". É fundamentado no princípio do *ne bis in idem*.

Com o advento do art. 223 do CPC, duas correntes se manifestaram sobre a preclusão consumativa:

– há quem entenda que, pela leitura do art. 223 (o decurso do prazo gera extinção do direito de praticar ou *emendar o ato*), o CPC estaria autorizando a emenda de qualquer ato, o que levaria à conclusão da inexistência da preclusão consumativa no Brasil (Zulmar Duarte Jr., Heitor Sica e José Miguel Garcia Medina);

– há quem entenda, e seguimos essa posição, que o art. 223 quer, em verdade, falar apenas dos atos que admitam emenda como a petição inicial, por exemplo (art. 321, CPC) (Luiz Guilherme Marinoni, Fredie Didier).

Há diversas situações em que a preclusão consumativa é sentida no processo: a) na impossibilidade de substituição das testemunhas para depor em juízo (art. 451, CPC); b) na sanção do pagamento em dobro da parte que não apresenta o preparo conjuntamente com o recurso (art. 1.007, § 4º, CPC); c) no não cumprimento da regra da eventualidade na contestação (art. 336, CPC); d) na estabilização da demanda conforme art. 329 do CPC, na interposição simultânea de recurso especial e recurso extraordinário contra o mesmo acórdão (art. 1.029, CPC).

O CPC relativiza essa questão permitindo a adoção do "princípio da complementaridade" nas hipóteses do seu art. 1.024, § 4º, mais bem explicado no capítulo destinado aos embargos de declaração (*infra*);

d) preclusão punitiva – a despeito de se ter estabelecido que a preclusão não seja uma sanção, pode ela decorrer da prática de um ato ilícito. E, nesse caso, a preclusão não seria um efeito, mas uma sanção.

Determinados atos ilícitos acarretam perdas processuais (leia-se, perda de uma posição ativa). O não comparecimento ao depoimento pessoal acarreta confissão ficta, assim como a não devolução dos autos em carga acarreta a perda de vista fora de cartório (art. 234, § 2º, CPC).

7.6.3. DISTINÇÃO COM OUTRAS FIGURAS

A preclusão[48] não se confunde com a prescrição, tampouco com a decadência.

Todas decorrem da perda da prática em razão da inércia. O fator tempo é o ponto convergente entre todas elas.

Tanto a prescrição como a decadência projetam seus efeitos para fora do processo, pois são institutos do direito substancial (a despeito de serem verificados dentro do processo). Já a preclusão é fenômeno exclusivamente processual, pois decorre da não prática do ato (ou da prática defeituosa) dentro da demanda.

A preclusão difere da decadência na medida em que esta constitui a perda de um direito potestativo fora do processo (pela inércia). Já a preclusão constitui a perda de um direito dentro do processo que também pode ser pela inércia, ou por ato ilícito (preclusão punitiva). Contudo,

---

48 Aqui especificamente se fala na preclusão temporal.

os terceiros que estão fora do processo devem respeitar o regime de preclusão existente dentro do processo. Dessa forma, o recurso do terceiro prejudicado (art. 996, parágrafo único, CPC) deve preencher os mesmos requisitos que o recurso das partes (especialmente a tempestividade).

Igualmente difere da prescrição. A prescrição é a perda da pretensão sobre um direito (perda do direito subjetivo de ação). Na preclusão perde-se o direito, na prescrição o direito mantém-se incólume, apenas a pretensão restou mutilada.

7.6.4. PRECLUSÃO JUDICIAL

O estudo da preclusão *pro judicato* teve suas primeiras linhas desenvolvidas por Enrico Redenti, italiano, na década de 30. A concepção era outra. Como a doutrina italiana da época entendia que a execução não fazia coisa julgada, era necessário, portanto, estabelecer um mecanismo que conferisse imutabilidade para evitar futuras ações com a mesma pretensão. Assim operava-se preclusão *pro judicato* das sentenças proferidas na execução que tinham força semelhante à coisa julgada material.

A doutrina toma por sinonímia preclusão *pro judicato* com preclusão judicial.

Não são.

De acordo com José Maria Tesheiner, "preclusão *pro judicato* não significa preclusão para o juiz. Em latim, *judicato* significa julgado; juiz é *iudex* (nominativo) ou *iudicem* (acusativo). Preclusão *pro judicato* significa 'preclusão como se tivesse sido julgado'. Se houve decisão, e ocorreu a preclusão, não há 'preclusão *pro judicato*', porque esta supõe a ausência de decisão"[49].

A preclusão para o juiz é a impossibilidade de o magistrado rever suas decisões. Esse tipo de preclusão não consiste na perda de faculdade processual (já que não cabe ao juiz), mas na impossibilidade de revê-las ou de proferir decisão incompatível com a anterior. É o que prevê o art. 505 do CPC ao asseverar que "nenhum juiz decidirá novamente as questões já decididas relativas à mesma lide".

Via de regra, as decisões que deferem provas, as de liminar e as que verificam nulidades relativas não podem ser reexaminadas pelo magistrado, salvo por fatos novos justificáveis que alterem a convicção do juiz (exceção feita às decisões agravadas que o juiz poderá exercer retratação nos termos do art. 1.018, § 1º, do CPC).

Já as que dizem respeito à admissibilidade dos recursos, bem como aquelas que indeferem as provas, podem ser reapreciadas. Estas últimas estão amparadas pela regra do art. 370 do CPC, que permite ao juiz a produção da prova de ofício.

7.7. COMUNICAÇÃO DOS ATOS PROCESSUAIS

7.7.1. CITAÇÃO

7.7.1.1. Definição

Na dicção do art. 238 do CPC, "a citação é o ato pelo qual são convocados o réu, o executado ou o interessado para integrar a relação processual".

---

49 "Preclusão *pro judicato* não significa preclusão para o juiz", http://www.tex.pro.br.

Localizada na fase postulatória do procedimento, constitui pressuposto indispensável ao processo e a garantia principal de que o princípio do contraditório será obedecido. Aplica-se a todos os processos e em qualquer procedimento, seja comum, seja especial, seja de jurisdição contenciosa ou voluntária[50].

A citação tem dupla finalidade: dar ciência do processo ao interessado e permitir o exercício do contraditório.

Como constitui meio para permitir o exercício do contraditório, o CPC se municiou de uma série de formalidades, sem as quais o ato citatório será inválido.

A expressão "para integrar relação processual" é mais ampla do que "réu se defender" o que pode permitir uma amplitude do processo e autorizar que o sujeito citado ingresse e assuma a posição que melhor lhe interessar. Assim, "o contraditório passa a transbordar o formato único (bilateral), e seu exercício passa a ser conformado por – e a conformar – a estruturação subjetiva do processo"[51].

Todavia, em atendimento restrito ao princípio da instrumentalidade das formas, o comparecimento espontâneo do réu permite ao juiz relegar a forma e se preocupar com a finalidade do ato: trazer o réu/executado/interessado em juízo. Se tal desiderato foi obtido pelo seu comparecimento volitivo, atingida foi a finalidade da regra. É o que se depreende do art. 239, § 1º, do CPC: "O comparecimento espontâneo do réu ou executado supre a falta ou nulidade de citação (...)".

Nesse caso o prazo para contestar ou embargar flui a partir do prazo de seu ingresso.

Se a alegação de nulidade for rejeitada, o réu será considerado revel e, se tratar de processo executivo, dar-se-á regular andamento ao feito.

É importante frisar que a citação possui um prazo: estabelece o art. 238, parágrafo único (com a redação dada pela Lei n. 14.195/21) que ela deve ser efetivada em até quarenta e cinco dias a partir da propositura da ação. Esse prazo é judicial (destinado ao cartório) para a efetivação da citação. Contudo, por ser prazo impróprio, nenhuma sanção será atribuída ao serventuário, salvo nas hipóteses do art. 233, CPC[52].

7.7.1.2. Citação direta e indireta

A citação será **direta** (e esta é a regra no ordenamento) quando feita pessoalmente ao réu/executado/interessado, procurador ou ao seu representante legal. É o que determina o art. 242, *caput*, do CPC. Citação **indireta** ocorre quando realizada por meio de outras pessoas que tenham, de alguma forma, vínculo com o réu/executado/interessado.

---

50 Nas execuções de título judicial (cumprimento de sentença) a citação é dispensada, pois a execução se opera dentro do mesmo processo em que se formou o título (sincretismo), sendo desnecessária nova citação na medida em que já ocorreu na fase de conhecimento. Mesmo assim, a citação será devida quando se tratar de execução de sentença arbitral, de sentença estrangeira, de acórdão proferido pelo Tribunal Marítimo ou de sentença penal condenatória (CPC/2015, art. 516, III).
51 TEMER, Sofia. *Participação no processo civil...* cit., p. 232.
52 Art. 233. Incumbe ao juiz verificar se o serventuário excedeu, sem motivo legítimo, os prazos estabelecidos em lei. § 1º Constatada a falta, o juiz ordenará a instauração de processo administrativo, na forma da lei. § 2º Qualquer das partes, o Ministério Público ou a Defensoria Pública poderá representar ao juiz contra o serventuário que injustificadamente exceder os prazos previstos em lei.

> **Algumas regras importantes:**
> **a) a citação do absolutamente incapaz** será feita na pessoa dos pais (quando tiverem a guarda), tutor (menores fora do poder familiar) ou curador (demais modalidades de incapazes, maiores, de quem foi retirada a capacidade de prática dos atos da vida civil);
> **b) a citação dos relativamente incapazes** deverá ser tanto na pessoa do incapaz como na pessoa do representante legal (citação bifronte), sob pena de ineficácia do ato. Em qualquer das duas situações, caso não haja representante legal (ou houver divergência de interesses) o magistrado deverá nomear curador especial, para o fim de receber a citação;
> **c) Fazenda Pública.** O critério para o recebimento de citação pela pessoa jurídica de direito público direta (União, Estados, Municípios e DF) ou indireta (autarquias e fundações públicas) será pelo órgão da advocacia pública responsável por sua representação judicial.

Citação **indireta** é aquela feita na pessoa do mandatário, administrador, preposto ou gerente (desde que esteja legalmente habilitado) ou de terceiro que, legal ou contratualmente, possa receber citação pelo réu. Denomina-se indireta, já que os efeitos atingem indiretamente quem foi citado e diretamente o verdadeiro réu.

Justamente pela gravidade que a falta da citação possa acarretar, a citação indireta é excepcional e deve ser tratada como caso extraordinário no sistema.

Ao procurador são necessários poderes específicos em procuração para poder receber citação. Se se tratar de advogado, a mera procuração para o foro (cláusula *ad judicia*) não é suficiente. Importante frisar que, nesse caso, não necessita que o réu esteja ausente, nem que não tenha sido encontrado. A mera procuração, com poderes especiais, desobriga o correio/oficial a procurar pelo réu.

O CPC regula esta situação, do réu que está ausente, no art. 242, § 1º[53]. A citação, nesse caso, será feita na pessoa do "mandatário, administrador, preposto ou gerente, quando a ação se originar de atos por eles praticados". Aqui, para que se aplique a regra é necessário o concurso de dois fatores: **i)** réu ausente; **ii)** que a ação se origine de fatos praticados pelo mandatário, administrador, preposto ou gerente. Nesses casos não serão necessários poderes especiais na procuração.

O art. 242, § 2º, do CPC enumera mais uma hipótese de citação indireta: "O locador que se ausentar do Brasil sem cientificar o locatário de que deixou, na localidade onde estiver situado o imóvel, procurador com poderes para receber citação será citado na pessoa do administrador do imóvel encarregado do recebimento dos aluguéis, que será considerado habilitado para representar o locador em juízo".

7.7.1.2.1. Teoria da aparência

Constitui método de ampliação dos casos de citação indireta. Denomina-se teoria da aparência, pois será citado aquele que, aparentemente, tenha poderes para receber citação, não sendo o réu/executado/interessado.

Nesse sentido, precisa a observação de Cândido Dinamarco: "A experiência mostra como às vezes é difícil identificar com precisão quem é o sujeito habilitado por estatuto ou contrato social a receber citações pela empresa; mostra ainda que a rígida exigência de citar somente

---

53 A ausência a que aqui se refere não é a do direito civil. Ausência deve ser tomada como não encontrar o réu no local que normalmente seria encontrado para ser citado.

tais sujeitos abre amplo espaço para escusas e negações do demandado que pretenda furtar-se à citação"⁵⁴.

Se a citação não chegou às mãos de quem devia, denomina-se, pelo próprio jurista paulista, "risco do negócio", devendo ser tratado como culpa *in eligendo*.

Esta regra, contudo, não pode ser analisada *in abstrato*, devendo, sempre, ser aferida à luz do caso concreto. Saber se o porteiro do prédio, um parente ou um empregado da empresa poderá receber a citação tendo-a como válida tem que se verificar as circunstâncias fáticas. Daí por que tão difusa a jurisprudência sobre o tema.

O CPC, no art. 248, § 4º, dispõe o seguinte: "Nos condomínios edilícios ou nos loteamentos com controle de acesso, será válida a entrega do mandado a funcionário da portaria responsável pelo recebimento de correspondência, que, entretanto, poderá recusar o recebimento, se declarar, por escrito, sob as penas da lei, que o destinatário da correspondência está ausente".

Igualmente, o próprio art. 248, em seu § 2º, estabelece que, "Sendo o citando pessoa jurídica, será válida a entrega do mandado a pessoa com poderes de gerência geral ou de administração ou, ainda, a funcionário responsável pelo recebimento de correspondências", o que demonstra a clara adoção da teoria da aparência pelo CPC brasileiro.

Por certo, o disposto na legislação aprovada não é apto à resolução de todos os problemas que podem surgir nos casos concretos, já que, como se disse, é preciso atentar às circunstâncias fáticas de cada situação posta em juízo. Se o dispositivo terá aptidão a resolver tais questões, só o tempo dirá.

7.7.1.3. Momento da citação

A citação será feita em qualquer lugar em que se encontre o réu ou executado ou interessado (art. 243 do CPC). A lei estabelece um regime diferenciado para o militar que poderá ser citado em sua unidade caso não seja encontrado ou resida em local desconhecido (art. 243, parágrafo único).

Todavia, não se fará a citação (salvo para evitar o perecimento de direito) em algumas oportunidades. Em verdade são situações em que momentaneamente impedem a ocorrência de citação. Aqui, ao contrário do artigo anterior, **não se refere ao local do ato, mas ao momento em que ela deva ser realizada**.

Se realizada mesmo assim a citação, coerente que se mantenha o ato em atenção à instrumentalidade das formas. Não é prático anular ato consumado. A regra foi criada para que se evite o ato citatório em determinadas circunstâncias, mas, uma vez praticado o ato, é melhor mantê-lo. As situações vêm previstas nos arts. 244 e 245 do CPC:

i) quem estiver participando de ato religioso (CF, art. 5º, VI);

ii) em caso de falecimento e nos sete dias subsequentes do cônjuge, ou parente do morto até o segundo grau;

iii) nas três primeiras noites das núpcias, os noivos;

iv) aos doentes que estiverem em estado grave (a fim de não agravar a situação do enfermo, nem prejudicar a defesa);

v) ao mentalmente incapaz ou impossibilitado de recebê-la. Nesse caso:

---
54 *Instituições de direito processual civil*. São Paulo: Malheiros, 2009, v. III, p. 421.

> O oficial de justiça descreverá e certificará minuciosamente a ocorrência.
> Para examinar o citando, o juiz nomeará médico, que apresentará laudo no prazo de 5 (cinco) dias.
> Dispensa-se a nomeação de que trata o § 2º se pessoa da família apresentar declaração do médico do citando que ateste a incapacidade deste.
> Reconhecida a impossibilidade, o juiz nomeará curador ao citando, observando, quanto à sua escolha, a preferência estabelecida em lei e restringindo a nomeação à causa.
> A citação será feita na pessoa do curador, a quem incumbirá a defesa dos interesses do citando.

7.7.1.4. Efeitos da citação

O art. 240 do CPC estabelece que: "A citação válida, ainda quando ordenada por juízo incompetente, induz litispendência, torna litigiosa a coisa e constitui em mora o devedor, ressalvado o disposto nos arts. 397 e 398 da Lei n. 10.406, de 10 de janeiro de 2002 (Código Civil)".

Conforme já estudado, a citação tem por objetivo integrar o réu, executado ou interessado na lide. Importante frisar que os efeitos da citação válida serão direcionados para o réu, pois o autor já sofre alguns desses efeitos desde a propositura da demanda, conforme expressamente se verifica do art. 312[55]).

A citação (válida) possui **dois efeitos processuais: litispendência e litigiosidade** (este discutido, conforme será visto), e **um material: a constituição em mora.** As diferenças no plano do processo entre elas são relevantes.

Estes efeitos, tanto processuais como materiais, são aptos a ser produzidos mesmo que promanados de juízo incompetente. No regime anterior, apenas os efeitos materiais tinham essa aptidão quando proferidos por juízo incompetente.

É importante enfrentá-los separadamente.

a) Litispendência (CPC, arts. 312 e 337, § 3º) – Importante frisar que litispendência é expressão polissêmica e que, na ciência processual, pode designar dois fenômenos: a) **pressuposto processual negativo**, já que a existência de uma demanda em curso impede a propositura de nova com os mesmos elementos (partes, pedido e causa de pedir). É a vigência do *ne bis in idem*, qual seja, não se pode buscar o Judiciário duas vezes com base no mesmo crédito; b) mera **causa pendente**[56]. Designa qualquer causa pendente. A despeito de ser expressão utilizada em menor escala que a primeira, é sobre ela que a atenção deve ser focada, pois dela trata o art. 240 do CPC.

Nesse sentido a litispendência nasceu para o autor com a propositura da demanda e para o réu com a citação válida. A litispendência já é sentida, portanto, pelo autor antes mesmo da citação do réu.

b) Coisa litigiosa – A palavra *coisa* aqui empregada não se insere no vocábulo privatista de *bem*, mas de direito deduzido em juízo. "A litigiosidade, decorrente da citação válida, faz manter o bem jurídico atrelado ao deslinde da causa"[57].

---

55 "Art. 312 CPC. Considera-se proposta a ação quando a petição inicial for protocolada; todavia, a propositura da ação só produz quanto ao réu os efeitos mencionados no art. 240 depois que for validamente citado."
56 Nas palavras de Frederico Marques, "a litispendência é fenômeno resultante da apresentação de uma lide. Com a propositura de uma ação, o litígio adquire tonalidade processual e, em torno da área demarcada pelo pedido do autor, forma-se a litispendência" (*Instituições de direito processual civil*. Campinas: Millenium, 2000, v. 3, p. 196).
57 Luiz Rodrigues Wambier e Eduardo Talamini, *Curso*, cit., p. 310.

Os efeitos da coisa litigiosa podem se dar tanto no plano material como no plano processual. Questiona-se na doutrina se seria a litigiosidade efeito processual ou material da citação.

Em nossa opinião o efeito é bifronte. Atingem ambos os campos. Tanto produz efeitos endoprocessuais como externos, já que pode incidir no plano do direito material e em relação a pessoas que não figuram na lide (como, por exemplo, a sentença do art. 109, § 3º, CPC). Há outros casos:

i) nos termos do art. 457 do CC o adquirente não pode arguir a evicção se sabia que a coisa era litigiosa;

ii) vender o bem litigioso constitui fraude à execução e arcará com multa por ato atentatório à dignidade da justiça;

iii) a alienação da coisa litigiosa não altera a legitimidade das partes (CPC, art. 109). Será, portanto, apenas sucessor no plano material podendo ingressar como assistente do alienante. Todavia, havendo concordância (CPC, arts. 329 e 109, § 1º), ingressará como sucessor[58] no plano processual.

A coisa se torna litigiosa para o autor com a propositura da demanda e para o réu com a citação válida.

c) Mora – Preconiza o art. 394 do CC: "Considera-se em mora o devedor que não efetuar o pagamento e o credor que não quiser recebê-lo no tempo, lugar e forma que a lei ou convenção estabelecer".

Mora é o injustificado retardamento no cumprimento da obrigação. É a crise no cumprimento perfeito da prestação.

A fixação da mora é relevante para o estabelecimento dos juros moratórios. É o que se verifica do Enunciado 204 do STJ: "Os juros de mora nas ações relativas a benefícios previdenciários incidem a partir da citação válida".

Há dois tipos de mora: i) a mora *ex re* (automática, pois há um vencimento certo para a dívida, *dies interpellat pro homine*) [art. 397, CC]; e ii) a mora *ex persona* (não há prazo certo para vencimento então é necessário interpelar ou notificar o devedor).

Assim, quando a mora é *ex persona*, a citação age como equivalente substitutivo da interpelação, constituindo o devedor em mora.

Quando se trata de inadimplemento contratual previsto no art. 405 do Código Civil, os juros de mora contam-se desde a citação. Mas essa regra não se aplica para a mora *ex re*, pois o réu já se encontra em mora, conforme entendimento do STJ[59].

Com a alteração do Código Civil empreendida pela Lei n. 14.095/2024, quando não houver prévia convenção sobre o índice de atualização monetária ou mesmo quando não houver lei específica, "será aplicada a variação do Índice Nacional de Preços ao Consumidor Amplo (IPCA), apurado e divulgado pela Fundação Instituto Brasileiro de Geografia e Estatística (IBGE), ou do índice que vier a substituí-lo" (art. 389, parágrafo único, CC). E, no tocante aos juros, "quando não forem convencionados, ou quando o forem sem taxa estipulada, ou quando provierem de determinação da lei, os juros serão fixados de acordo com a taxa legal" (art. 406, CC).

d) Estabilização da demanda (efeito atípico) – Há autores que entendem haver mais um efeito para a citação válida: a estabilização da demanda (CPC, art. 329)[60]. O art. 329 dispõe que, após a citação, não poderá o autor mudar nenhum elemento da demanda (partes, pedido

---

58 Conforme já explicitado no capítulo das partes, o terceiro sucede e não substitui o alienante, consoante disciplina (equivocadamente) a lei.
59 EREsp 1.250.382/RS.
60 Nesse sentido, Pedro da Silva Dinamarco (*CPC interpretado*, coord. Antônio Carlos Marcato, 3. ed., São Paulo: Atlas, 2008, p. 599-600).

ou causa de pedir) sem a anuência do réu. Essa alteração não será admitida em nenhuma hipótese (leia-se, mesmo com concordância da parte contrária) após o saneamento do feito.

A regra tem gênese: **i) constitucional**[61], na previsibilidade e segurança para o exercício do contraditório (CF, art. 5º, LV); e **ii) infraconstitucional**, na medida em que, ao proferir a sentença, o magistrado não poderá julgar *extra, infra* ou *ultra petita* (CPC, art. 492).

A citação igualmente **interrompe a prescrição**. Essa interrupção se dá por meio do despacho do juízo que ordena a citação (ainda que o juízo seja incompetente). Sobre o tema, reporta-se o leitor para o item seguinte, mas vale lembrar, nos termos da Súmula 106 do STJ, que: "proposta a ação no prazo fixado para o seu exercício, a demora na citação, por motivos inerentes ao mecanismo da Justiça, não justifica o acolhimento da arguição de prescrição". Contudo, a emenda à petição inicial para a mera correção do valor da causa não afeta a interrupção do prazo prescricional[62]. Todavia, se fosse inicial em flagrante desrespeito ao art. 319, CPC, não poderia a parte se beneficiar da retroação da prescrição à data do ajuizamento da demanda[63].

7.7.1.5. Ônus da parte em promover a citação

O CPC, seguindo a linha do que dispôs o CC/2002, estabeleceu que não é a citação válida que interrompe a prescrição, mas o despacho do juiz que ordena a citação (CC, art. 202, I; CPC, art. 240, § 1º).

É importante saber:

> **a)** necessariamente deve ser o despacho que determina a citação do réu. Qualquer outro, como, por exemplo, a sentença que extinguiu o processo sem mérito ou mesmo o despacho de emenda da inicial (CPC, art. 321), não tem o condão de interromper a prescrição;
> **b)** a prescrição (ao contrário do regime anterior) somente poderá ser interrompida uma vez;
> **c)** o efeito retroativo do § 1º do art. 240 se aplica também à decadência (CC, art. 207 e CPC, art. 240, § 4º) e aos demais prazos extintivos previstos em lei. Nesse caso não se trata de interromper, mas de obstar a decadência, pois em regra a decadência não se interrompe.

O autor deve tomar as providências necessárias para proceder à citação do réu no prazo de 10 dias sob pena de não haver interrupção da prescrição.

Evidente que a demora na citação não poderá ser imputada somente à parte. Se o advogado agiu de maneira diligente, praticando todos os atos necessários a proceder a citação de forma adequada, não poderá o magistrado cominar com a não interrupção se a demora decorreu do Poder Judiciário. É o que hoje consta expressamente do art. 240, § 3º, do CPC.

Aliás, é o que dispõe a Súmula n. 107 do STJ, ao asseverar: "Proposta a ação no prazo fixado para o seu exercício, a demora na citação, por motivos inerentes ao mecanismo da Justiça, não justifica o acolhimento da arguição de prescrição ou decadência". Se houve pedido de emenda da petição inicial, a interrupção da prescrição retroagirá da emenda, ou seja, do momento em que a petição reuniu condições para o desenvolvimento válido e regular do processo[64].

---

61 Sobre a pertinência do sistema rígido adotado no Brasil, recomenda-se a leitura do capítulo pertinente ao processo e pressupostos processuais.
62 STJ, REsp 2.088.491-TO.
63 STJ, REsp 2.235.620-PR e AREsp 2.150.655-RJ, Rel. Ministra Maria Isabel Gallotti, Quarta Turma, por unanimidade, j. 13-8-2024.
64 AgInt no AREsp 2.235.620-PR, Rel. Ministro Raul Araújo, Quarta Turma, *DJe* 17-5-2023.

Por fim, transitada em julgado a sentença de mérito proferida em favor do réu antes da citação, incumbe ao escrivão ou ao chefe de secretaria comunicar-lhe o resultado do julgamento.

7.7.1.6. Modalidades de citação

A citação pode ser **real ou ficta**. A citação é real, pois realmente ocorreu. O carteiro entregou a contrafé para o réu que assinou o aviso de recebimento, o oficial de justiça (que goza de fé pública) leu e entregou o mandado ao réu que assinou a cópia que voltou para os autos[65].

Já a citação ficta refere-se à citação presumida. É presumida, pois não se sabe se o réu leu o edital expedido ou foi constatada a citação por hora certa.

Todas são modalidades de citação e produzem seus regulares efeitos. Contudo, na citação ficta, por não ter certeza do ato citatório, a lei se reveste de cuidados para garantia do contraditório. Assim, ao réu citado por edital ou com hora certa será nomeado curador especial para cuidar do feito (CPC, art. 72, II).

Conjugando o art. 246, *caput*, e seu § 1º -A, verifica-se no CPC as seguintes modalidades de citação:

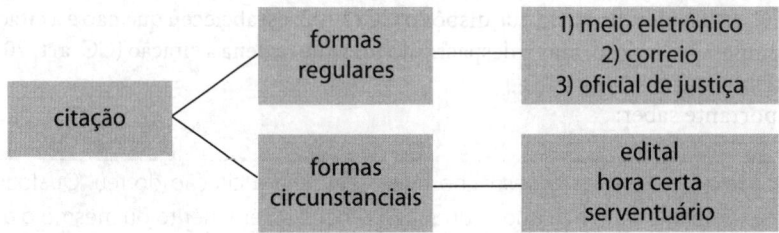

A regra atual no ordenamento brasileiro é a citação por meio eletrônico que será feito para qualquer comarca do país (arts. 246 e 247, CPC). Antes, a prioridade da citação por meio eletrônico era apenas direcionada para as pessoas jurídicas de direito público (incluindo a Fazenda Pública, na sua administração direta e indireta) e grandes e médias pessoas jurídicas de direito privado que deveriam manter cadastro junto ao sistema de processo em autos eletrônicos, para fins de recebimento de citações e intimações (que serão efetivadas preferencialmente por esse meio).

Essa regra não se aplicava às microempresas, empresas de pequeno porte, nem às pessoas físicas.

Contudo, a citação por meio eletrônico no regramento dado pela Lei n. 14.195/21[66] alcança agora a todos: pessoas naturais[67], pessoas jurídicas (de direito público e privado – grandes,

---

65 Sobre a teoria da aparência, *vide infra*.
66 A Medida Provisória n. 1.040 foi indevidamente convertida em Lei, pois: a) MP não pode versar sobre questão processual (art. 62, § 1º, I, *b*, CF); b) ademais a MP tratava de outras questões versando sobre absolutamente tudo (facilitação para abertura de empresas, a proteção de acionistas minoritários, a facilitação do comércio exterior, o Sistema Integrado de Recuperação de Ativos, as cobranças realizadas pelos conselhos profissionais, a profissão de tradutor e intérprete público, a obtenção de eletricidade e a prescrição intercorrente na Lei n. 10.406, de 10 de janeiro de 2002 – Código Civil); c) nessa conversão de MP em Lei, colocaram matéria estranha ao objeto da MP (o denominado jabuti ou contrabando legislativo) o que é indevido, pois a tramitação é mais sucinta do que de uma Lei Ordinária e, portanto, ofenderia o devido processo legislativo. Há, em nosso entender, inconstitucionalidade formal na presente lei.
67 A despeito de não haver na lei previsão para que as pessoas naturais efetivem seu cadastro conforme provimento do CNJ.

médias e pequenas empresas)⁶⁸, entes despersonalizados (espólio, massa falida, condomínio) e demais entes.

É importante compreender o viés prático da alteração: como ter acesso ao correio eletrônico da qual será endereçada essa citação? E qual a segurança (especialmente para o réu) desses dados, para não ocorrer a citação num correio eletrônico desativado, não utilizado, extraído, por exemplo, de uma rede social não utilizada?

Primeiro: haverá um banco de dados do Poder Judiciário a ser estabelecido em conformidade com regulamento do Conselho Nacional de Justiça⁶⁹ (esta Resolução foi editada somente em 27-4-2022, denominada *Portal de Serviços do Poder Judiciário*)⁷⁰. No regime anterior não estava regulamentado esse sistema e competia aos Tribunais deliberar. Agora, imaginem noventa e um tribunais (entre estaduais, regionais e superiores) estabelecendo regras próprias de cadastramento? Imaginem então os litigantes habituais se cadastrando nesses noventa e um tribunais com regras e operacionalidades diversas. Seria uma tarefa praticamente impossível. A nova resolução conferiu uniformidade ao ato.

Quando do advento do atual CPC, os arts. 1.050 e 1.051 estabeleceram o prazo para efetivar o referido cadastro, mas com a nova Resolução perdeu-se a importância.

Contudo, o regramento para determinadas empresas será diferente. O art. 246, § 5º, do CPC estabelece que as **microempresas e as empresas de pequeno porte somente se sujeitam à regra de cadastramento quando não possuírem endereço eletrônico cadastrado no sistema integrado da Rede Nacional para a Simplificação do Registro e da Legalização de Empresas e Negócios (Redesim)**⁷¹ ou seja, quando fizeram a abertura e cadastro da sociedade, não informaram o seu correio eletrônico ou não estão cadastrados na Redesim. Assim, em havendo cadastro, deverá haver compartilhamento com o órgão do Poder Judiciário e o endereço eletrônico que consta no sistema integrado da Redesim, nos termos da legislação aplicável ao sigilo e ao tratamento de dados pessoais (art. 246, § 6º, CPC). Não havendo esse cadastro, deverá fazê-lo nos termos do art. 246, § 1º, CPC.

Segundo: ao contrário do regime anterior à Lei n. 14.195/21 em que havia o preceito (obrigatoriedade de cadastramento)⁷² mas não havia uma sanção (em caso de descumprimento desse preceito), a nova lei estabeleceu no art. 77, VII, que constitui dever da parte: "informar e manter atualizados seus dados cadastrais perante os órgãos do Poder Judiciário e, no caso do

---

68 Art. 246, § 2º O disposto no § 1º aplica-se à União, aos Estados, ao Distrito Federal, aos Municípios e às entidades da administração indireta.
69 Art. 246. A citação será feita preferencialmente por meio eletrônico, no prazo de até 2 (dois) dias úteis, contado da decisão que a determinar, por meio dos endereços eletrônicos indicados pelo citando no banco de dados do Poder Judiciário, conforme regulamento do Conselho Nacional de Justiça.
70 Resolução n. 455/2022 do CNJ, que também regulamenta o Diário da Justiça Nacional e o Domicílio Judicial Eletrônico.
71 De acordo com o site do SEBRAE, "A Rede Nacional para a Simplificação do Registro e da Legalização de Empresas e Negócios, Redesim, é um sistema integrado que permite a abertura, fechamento, alteração e legalização de empresas em todas as Juntas Comerciais do Brasil, simplificando procedimentos e reduzindo a burocracia ao mínimo necessário. Esse sistema fará a integração de todos os processos dos órgãos e entidades responsáveis pelo registro, inscrição, alteração e baixa das empresas, por meio de uma única entrada de dados e de documentos, acessada via internet" (www.sebrae.com.br/sites/PortalSebrae/ufs/pe/sebraeaz/redesim,0feb39073690e410VgnVCM1000003b74010aRCRD, acesso dia 15-9-21 às 10:30 h).
72 Importante analisar o § 1º do art. 246 que ainda se mantém em vigor agora abrangendo todo e qualquer tipo de empresa: "As empresas públicas e privadas são obrigadas a manter cadastro nos sistemas de processo em autos eletrônicos, para efeito de recebimento de citações e intimações, as quais serão efetuadas preferencialmente por esse meio".

§ 6º do art. 246 deste Código, da Administração Tributária, para recebimento de citações e intimações". Entendemos que deverá haver multa pelo descumprimento, sob pena de tornar inócua a medida. Óbvio que se trata de proposta de *lege ferenda*, pois não pode haver cominação sem previsão legal. Contudo, entendemos haver uma solução para a questão que será enfrentada abaixo (**Quarto**). Importante frisar que esse cadastro obrigatório não se aplica às pessoas físicas. **Assim, a citação por meio eletrônico é preferencial para a pessoa física, mas obrigatória para as pessoas jurídicas de direito público e privado.**

Terceiro: a lei estabeleceu um prazo (ao contrário do regime passado) de que a citação deva ocorrer **em até dois dias úteis** contados da decisão que a determinar. Conquanto se trate de um prazo impróprio (pois compete ao Poder Judiciário essa comunicação), a fixação de prazo já permite uma maior celeridade e, eventualmente, cobrar do cartório a efetiva citação nos termos do art. 233, CPC[73].

Quarto: caso não haja confirmação em até 3 (três) dias úteis contados do recebimento da citação eletrônica a citação será feita pelos demais meios previstos em lei: correio, oficial de justiça, pelo cartório (caso tenha havido comparecimento espontâneo do réu) ou por edital. Aqui, ao contrário do art. 5º, § 3º, da Lei n. 11.419/06[74], não haverá presunção de citação. Pois no processo eletrônico da referida Lei, a não abertura da intimação no prazo de 10 dias considera-se presumidamente ciente do seu teor.

Contudo, justamente para evitar que o réu seja citado pelos demais meios (que notoriamente lhe dariam mais tempo e geraria morosidade no processo) não basta ao réu apenas alegar que não recebeu a citação. É preciso, na primeira oportunidade em que falar aos autos, quando for citado por esses demais meios, apresentar **justa causa** que comprove que não recebeu de fato a citação enviada eletronicamente (art. 246, § 1º-B, CPC). Caso deixe de apresentar essa justificativa, o CPC estabeleceu um novo caso de **ato atentatório à dignidade da justiça**, contudo, com multa menos severa daquela prevista no art. 77, § 2º, CPC. Enquanto na regra geral do art. 77 se estabelece multa de até 20% sobre o valor da causa, nas hipóteses da citação a multa **será de até 5% sobre o valor da causa** (art. 246, § 1º-C, CPC).

Perceba que a Lei não criou sanção para a ausência de cadastro, mas criou multa para a não justificativa plausível por não ter recebido a citação eletrônica. Acredito que uma das hipóteses "ausência de justificativa" seja o não cadastro. Dessa forma a multa abrangeria as duas condutas: cadastro e recebimento de citação. É possível entender também, numa outra leitura, que, aquele que não procedeu ao cadastro possa ser considerado litigante de má-fé e, portanto, se enquadrar nas hipóteses do art. 81, CPC.

Por fim, entendemos que essa multa será destinada ao Estado, porquanto a multa é violação para o Poder Judiciário e somente por via reflexa para a parte.

Quinto: as citações por meio eletrônico devem trazer todas as orientações necessárias para a realização da confirmação de recebimento. Isso porque, não raro na vida da sociedade,

---

73   Art. 233. Incumbe ao juiz verificar se o serventuário excedeu, sem motivo legítimo, os prazos estabelecidos em lei. § 1º Constatada a falta, o juiz ordenará a instauração de processo administrativo, na forma da lei. § 2º Qualquer das partes, o Ministério Público ou a Defensoria Pública poderá representar ao juiz contra o serventuário que injustificadamente exceder os prazos previstos em lei.
74   Art. 5º As intimações serão feitas por meio eletrônico em portal próprio aos que se cadastrarem na forma do art. 2º desta Lei, dispensando-se a publicação no órgão oficial, inclusive eletrônico. § 3º A consulta referida nos §§ 1º e 2º deste artigo deverá ser feita em até 10 (dez) dias corridos contados da data do envio da intimação, sob pena de considerar-se a intimação automaticamente realizada na data do término desse prazo.

estamos sujeitos a diversos e-mails denominados *spams* ou mesmo vírus forjados por pessoas com objetivo de invadir o computador da vítima para busca de dados. Dessa forma, a citação deve vir acompanhada "das orientações para a realização da confirmação de recebimento e de código identificador que permitirá a sua identificação na página eletrônica do órgão citante" (art. 246, § 4º, CPC).

Por fim, não se pode confundir a citação eletrônica nos moldes aqui estabelecidos com a citação pelo aplicativo de mensagens como *WhatsApp* e *Telegram*, por exemplo. Esse destaque foi dado após o CNJ em 2017 aprovar o uso de ferramentas tecnológicas para comunicação de atos processuais. Contudo, a discussão ainda é embrionária prevalecendo, nesse momento, a não aceitação por esse meio nos nossos Tribunais.

É importante ver essas demais hipóteses:

7.7.1.6.1. Citação pelo correio

Consoante se depreende do art. 247 do CPC, a citação será feita pelo correio para todas as comarcas do país. Após o meio eletrônico, é a segunda forma preferencial de citação.

Quanto ao procedimento, o art. 248 estabelece que, sendo deferida essa modalidade de citação, o escrivão ou o chefe de secretaria remeterá ao citando cópias da petição inicial e do despacho do juiz e comunicará o prazo para resposta, o endereço do juízo e o respectivo cartório. Essa carta deve ser registrada e o carteiro requererá que o citando assine o recibo (aviso de recebimento, conforme exigência do Enunciado n. 429 da Súmula do STJ).

Em se tratando de pessoa jurídica o CPC adotou a teoria da aparência defendida no STJ (AgRg no REsp 1.037.329/RJ) no sentido que "será válida a entrega do mandado a pessoa com poderes de gerência geral ou de administração ou, ainda, a funcionário responsável pelo recebimento de correspondências" (art. 248, § 2º, CPC). Nesse caso trata-se de citação real e não ficta.

A citação pelo correio será sempre real, salvo nos casos do art. 248, § 4º, do CPC que trata da citação em condomínios edilícios ou loteamentos com controle de acesso. Nesses casos será válida a entrega para os funcionários da portaria que ordinariamente recebe a correspondência.

Essa previsão tem por objetivo instrumentalizar uma situação corriqueira na prática dos condomínios. A entrega de correspondência quase sempre se dá nas portarias (máxima de experiência) e não faria sentido alegar desconhecimento do seu recebimento.

É possível, contudo, que a pessoa encarregada da portaria se recuse, por escrito, a recebê-la alegando a ausência do destinatário.

A Carta de citação deverá preencher os mesmos requisitos do mandado expedido ao oficial de justiça previsto no art. 250 do CPC.

7.7.1.6.2. Citação por mandado (oficial de justiça)

Há casos, contudo, em que a citação será feita por oficial de justiça. A citação pelo correio e por meio eletrônico pode ser facultativa (pois nada impede que a parte requeira por oficial de justiça desde que tenha justificado motivo: art. 247, V, CPC). Todavia, a citação por mandado será sempre obrigatória nos casos previstos em lei. Não poderá a parte, sob nenhum argumento, requerer a citação por meio eletrônico ou por via postal se a lei exige por oficial de justiça.

São casos de citação por oficial de justiça, quando frustrar a citação pelo correio ou nos casos:

a) ações de estado – observadas as regras do art. 695, § 3º do CPC;
b) réu/executado/terceiro for incapaz – esta incapacidade pode ser tanto absoluta como relativa;
c) pessoas jurídicas de direito público – As Fazendas Públicas e algumas pessoas jurídicas de direito público gozam de inúmeros privilégios ao litigar em juízo (prazo diferenciado, impenhorabilidade, reexame necessário etc.). Aqui se verifica mais um: a citação pessoal. Nesse caso, deseja-se resguardar o interesse público;
d) residir em local não atendido pelo correio – a regra aqui, diferente das outras, se abstrai por exclusão: a citação será pessoal por impossibilidade de se utilizar do serviço postal;
e) quando a parte, justificadamente, requerer – inegavelmente a citação por oficial de justiça é mais personalíssima. Permite uma citação mais efetiva (ao contrário do carteiro que tem a obrigação apenas de entregar a correspondência, o oficial tem o dever de citar) e pode se constatar a suspeita de ocultação que acarretará a citação por hora certa. Contudo, o CPC exige que o autor/exequente apresente uma devida justificativa para que se proceda à citação por modo diverso da regra;
f) frustrada a citação pelo correio – conforme mencionado anteriormente o art. 249 traz mais uma hipótese: quando frustrada a citação pelo correio.

Do mandado deve constar (CPC, art. 250):

I – os nomes do autor e do citando e seus respectivos domicílios ou residências;
II – a finalidade da citação, com todas as especificações constantes da petição inicial, bem como a menção do prazo para contestar, sob pena de revelia, ou para embargar a execução;
III – a aplicação de sanção para o caso de descumprimento da ordem, se houver;
IV – se for o caso, a intimação do citando para comparecer, acompanhado de advogado ou de defensor público, à audiência de conciliação ou de mediação, com a menção do dia, da hora e do lugar do comparecimento;
V – a cópia da petição inicial, do despacho ou da decisão que deferir tutela provisória;
VI – a assinatura do escrivão ou do chefe de secretaria e a declaração de que o subscreve por ordem do juiz.

Além disso, o oficial de justiça, ao encontrar o réu, deverá ler o mandado e lhe entregar a contrafé.

Se o réu/executado/interessado recusar o recebimento da contrafé e/ou assinatura do mandado competirá ao oficial certificar no mandado.

Nas comarcas contíguas de fácil comunicação e nas que se situem na mesma região metropolitana, o oficial de justiça poderá efetuar, em qualquer delas, citações, intimações, notificações, penhoras e quaisquer outros atos executivos (art. 255, CPC).

7.7.1.6.3. Citação por edital

A citação por edital será feita quando não se souber quem é o réu ou este residir em local incerto ou de difícil acesso.

Constitui técnica de citação. E isso porque a citação por edital, na maioria das vezes, constitui forma subsidiária às modalidades de citação real (aplica-se quando nenhuma destas se enquadrar) e será adotada para localização do réu/executado/interessado desde que tipificada em uma das hipóteses do art. 256 do CPC.

Para tanto será necessário: **I** – a afirmação do autor ou a certidão do oficial informando a presença das circunstâncias autorizadoras; **II** – a publicação do edital na rede mundial de computadores, no sítio do respectivo tribunal e na plataforma de editais de citação e intimação do Conselho Nacional de Justiça, que deve ser certificada nos autos; **III** – a determinação, pelo juiz, do prazo, que variará entre vinte e sessenta dias, fluindo da data da publicação única, ou, havendo mais de uma, da primeira; **IV** – a advertência de que será nomeado curador especial em caso de revelia; **V** – facultativamente poderá determinar que a publicação do edital se dê em jornal local de ampla circulação ou por outros meios peculiares daquela comarca, seção ou subseção judiciária; **VI** – pelo rádio obrigatoriamente e onde houver nos casos de local inacessível.

Vamos especificamente às hipóteses:

O desconhecimento do réu é situação rara. Difícil imaginar a propositura de uma ação contra alguém desconhecido. Há, contudo, alguns casos: a) a citação dos confinantes incertos na usucapião[75-76] (CPC, art. 259, I); b) invasão de terra, quando não se puder determinar quem procedeu ao esbulho; c) ação em que o devedor propõe para se exonerar de promessa de recompensa de beneficiário desconhecido; d) *de cujus* que deixa testamento deixando seus bens para todas as pessoas de determinada região; e) nas ações de recuperação ou substituição de título ao portador (ainda que não haja mais a previsão dessa ação como procedimento especial, o direito subjetivo ainda se mantém e será exercido pelo procedimento comum).

Local incerto. Nesses casos o réu é conhecido, mas não o local onde se situa. É indispensável que se esgotem todas as diligências necessárias, bem como a expedição de ofícios para órgãos que possam identificá-los (Detran, Delegacia da Receita Federal, Registro de Imóveis, Bacen). Assim, será considerado local incerto quando tiver havido ampla busca do réu mediante busca em cadastros de órgãos públicos ou concessionárias de serviços públicos. O réu residente no exterior, com domicílio incerto, igualmente será citado por edital (e não por carta rogatória, por não se ter o endereço, obviamente)[77].

E isso porque é muito tênue a linha que divide o autor que de fato não sabe onde reside o réu do autor que sabe, mas aparenta desconhecimento para forjar uma revelia. Até mesmo porque aquele que "requerer a citação por edital, alegando dolosamente a ocorrência das circunstâncias autorizadoras para sua realização, incorrerá em multa de 5 (cinco) vezes o salário mínimo" (CPC, art. 258), que será revertido em benefício do citando.

Local de difícil acesso é local que não chega nem correspondência tampouco o oficial de justiça e não se sabe como se terá acesso para comunicar ao réu. É o acesso muito difícil. São exemplos de locais inacessíveis: a) locais ermos; b) país que se recusa a receber a carta rogatória (inacessibilidade política e jurídica); c) aldeia indígena no meio da floresta (inacessibilidade geográfica/física).

7.7.1.6.3.1. Citação por edital decorrente da lei (CPC, art. 259)

Há situações em que a citação por edital não é apenas técnica de citação e, tampouco, se reveste de caráter subsidiário. São os casos em que a lei determina primariamente a citação por edital:

---

75 O possuidor certo e o confinante certo não podem ser citados por edital: Súmulas 263 e 391 do STF.
76 Art. 246, § 3º. "Na ação de usucapião de imóvel, os confinantes serão citados pessoalmente, exceto quando tiver por objeto unidade autônoma de prédio em condomínio, caso em que tal citação é dispensada".
77 REsp 2.145.294-SC, Rel. Ministra Nancy Andrighi, Terceira Turma, por unanimidade, julgado em 18-6-2024, *DJe* 21-6-2024.

I – na ação de usucapião de imóvel;
II – nas ações de recuperação ou substituição de título ao portador;
III – em qualquer ação em que seja necessária, por determinação legal, a provocação, para participação no processo, de interessados incertos ou desconhecidos.

7.7.1.6.4. Citação por hora certa

Ocorre citação por hora certa quando o oficial de justiça comparece por duas vezes na casa do réu, que tem domicílio certo, e presume a ocultação da citação (art. 252, CPC).

Igualmente é técnica de citação.

Para a configuração dessa modalidade de citação, devem concorrer três requisitos distintos: **o domicílio certo, o comparecimento por duas vezes na casa do réu (elemento objetivo) e a suspeita de ocultação (elemento subjetivo)**.

Se o réu não tiver domicílio certo, não há como configurar a sua má-fé. Portanto, é fundamental que resida em local sabido e determinado.

Outro requisito é o comparecimento do oficial por duas vezes na casa do réu (elemento objetivo). Este comparecimento deve se dar em dias e horários distintos (de nada adianta comparecer na casa por várias vezes às 10 da manhã se o réu trabalha fora o dia todo das 9 até as 18, por exemplo).

Apenas o comparecimento por duas vezes não é necessário. É importante que se conjugue com outro fator: a suspeita de ocultação (elemento subjetivo). Existem situações que, mesmo com o comparecimento por diversas vezes, não incida sobre o oficial a suspeita de ocultação.

Comparecendo as duas vezes e não logrando êxito na citação o oficial de justiça comunicará aos familiares, entregando-lhes o mandado provisório que comparecerá em determinado dia e horário (daí o nome hora certa) para efetivar a citação. Não estando o réu, entregará aos familiares. A falta de um deles autoriza ao oficial entregar o mandado ao vizinho, declarando-lhe o nome.

A efetivação dessa modalidade de citação se dará mesmo que a pessoa da família ou vizinho (que foi intimada) esteja ausente ou, se presente, se recuse a receber.

Após, o cartorário enviará ao réu, executado ou interessado, carta, telegrama ou correspondência eletrônica cientificando-o de tudo no prazo de 10 dias da juntada aos autos do mandado originário de citação. Portanto o aperfeiçoamento dessa modalidade de citação ainda está condicionado a um quarto requisito: a posterior intimação do réu comunicando-lhe o ocorrido (art. 254, CPC).

Após será nomeado curador especial, caso tenha havido revelia.

Nos condomínios edilícios ou loteamentos com controle de acesso, será válida a intimação feita a funcionário da portaria responsável pelo recebimento da correspondência.

7.7.2. DAS INTIMAÇÕES

7.7.2.1. Introdução

De acordo com o art. 269 do CPC, "intimação é o ato pelo qual se dá ciência a alguém dos atos e termos do processo".

Os atos do processo são praticados por todos os sujeitos do processo. Assim, as intimações podem ser endereçadas às partes (a elas próprias ou ao advogado, conforme o caso) como também aos auxiliares da justiça (perito, contador), às testemunhas e aos terceiros.

Havendo processo em curso, as intimações se procederão de ofício pelo próprio juiz, independentemente, portanto, de provocação (CPC, art. 271).

No tocante às partes, as intimações quase sempre são feitas na pessoa do advogado, afinal ele é o representante da parte. Contudo, há quatro situações em que a intimação será pessoal:

a) para comparecer à audiência a fim de prestar depoimento pessoal. Aqui a intimação é necessária, pois a pena pelo não comparecimento (confissão) é extremamente grave;

b) para dar andamento ao feito em 5 (cinco) dias sob pena de resolução (a parte precisa saber quando o advogado não vem cumprindo os atos necessários para a condução do processo);

c) para que a parte cumpra determinado ato no processo que não necessite de capacidade postulatória (prestar compromisso, v.g.); e

d) para o devedor de alimentos efetuar o pagamento quando o rito da execução for o da prisão. Essa intimação pessoal pode ser suprida pela procuração outorgada ao advogado conferindo-lhe poderes especiais para essa finalidade. Contudo, de acordo com o STJ, é possível a dispensa da intimação pessoal do devedor, mesmo que o advogado não tenha poderes especiais, quando já houve a prática de diversos atos processuais de defesa (STJ, 3ª Turma, segredo de justiça).

A parte tem o dever de informar em juízo qualquer alteração de seu endereço físico ou eletrônico. Isso porque "presumem-se válidas as intimações dirigidas ao endereço constante dos autos, ainda que não recebidas pessoalmente pelo interessado, se a modificação temporária ou definitiva não tiver sido devidamente comunicada ao juízo, fluindo os prazos a partir da juntada aos autos do comprovante de entrega da correspondência no primitivo endereço" (art. 274, parágrafo único, CPC).

7.7.2.2. Modalidades de intimação

A intimação poderá ser **por meio eletrônico, pela imprensa, pelo correio, por mandado ou por edital**. A modalidade vai depender do destinatário da intimação ou da situação fática do caso concreto.

a) Intimação por meio eletrônico (CPC, art. 270) – estabelece o referido artigo que as intimações se darão, sempre que possível, por meio eletrônico. Esse artigo deve ser lido em conjunto com os arts. 319, II, e 246, § 1º, o qual estabelece a necessidade de prévio cadastro das empresas públicas e privadas (menos as de pequeno porte e microempresas) para esta modalidade de intimação.

b) Intimação pela imprensa (CPC, art. 272) – **em não sendo possível a intimação por meio eletrônico, será procedida por meio do *Diário Oficial*.** No CPC anterior era a forma mais comum de intimação dos advogados. Sob pena de nulidade, da intimação deve constar o nome das partes e de seus advogados ou (se assim requerido) da sociedade de advogados, desde que registrada na Ordem dos Advogados do Brasil (CPC, art. 272, § 1º). O prazo para cumprimento conta-se do dia útil seguinte ao da intimação pela imprensa.

A grafia do nome das partes e dos advogados não pode conter abreviatura. No tocante aos advogados, o nome deve corresponder ao que estiver na procuração ou no registro na OAB.

Se houver pedido expresso para que as intimações/citações sejam feitas em nome de determinados advogados, o seu não cumprimento acarreta nulidade.

A retirada dos autos em carga pelo advogado (público ou privado), membro do Ministério Público ou defensor acarreta automática intimação de todos os atos constantes do processo que estejam ainda pendentes de publicação.

Se o processo correr em segredo de justiça, os nomes das partes serão apresentados apenas pelas iniciais de modo a resguardar sua privacidade.

Havendo vários advogados na causa não é necessário que todos sejam intimados, bastando apenas um deles, salvo se expressamente se requerer de forma diversa.

c) Intimação pelo correio (CPC, art. 273, II) – é a forma de intimação das partes (e, dependendo do caso, de seus representantes legais).

Poderá o advogado ser intimado pessoalmente se na comarca não houver serviço de imprensa oficial e tiver domicílio no juízo. Caso estejam domiciliados fora, serão por carta registrada com aviso de recebimento. O prazo correrá da juntada do aviso de recebimento nos autos.

d) Intimação por mandado (CPC, art. 275) – a intimação por oficial de justiça ocorrerá sempre que se frustrar a intimação pelo correio ou meio eletrônico. Se necessário a intimação pode ser por hora certa ou edital. O prazo começa a correr da juntada aos autos do mandado cumprido (CPC, art. 231, II).

A certidão de intimação deve conter: I – a indicação do lugar e a descrição da pessoa intimada, mencionando, quando possível, o número de seu documento de identidade e o órgão que o expediu; II – a declaração de entrega da contrafé; III – a nota de ciente ou a certidão de que o interessado não a após no mandado. Se a intimação for por mandado, nada impede que possa haver intimação por hora certa (CPC, art. 275, § 2º).

e) Intimação por edital (CPC, art. 275, § 2º) – constitui modalidade de intimação nas hipóteses previstas no art. 256 do CPC.

7.7.2.3. Das intimações especiais

i) Intimação direta entre advogados. O advogado poderá promover a intimação do advogado da parte adversa pela via postal. O Ofício de intimação deve ser instruído com cópia do pronunciamento (despacho, decisão ou sentença). Para tanto, deve juntar nos autos do processo (físico ou eletrônico) cópia da intimação expedida e do aviso de recebimento. Essa forma de intimação, inspirada no direito norte-americano, objetiva subtrair do Judiciário burocrática função permitindo ao advogado da parte (interessado na celeridade da questão) proceder a essa atividade. Além da já falada efetividade, essa modalidade de intimação prestigia a economia e duração razoável do processo. Essa regra, contudo, não é obrigatória (o art. 269, § 1º, CPC expressamente estabelece a facultatividade). Essa regra não autoriza a intimação direta da parte, mas autoriza a intimação de testemunhas conforme se depreende do art. 455 do CPC[78];

ii) Advocacia Pública. A Advocacia Pública é responsável não apenas por representar a Fazenda Pública em juízo como também ser receptora das intimações a ela destinadas.

iii) Intimação eletrônica. O Ministério Público, o defensor público[79] e a Advocacia Pública serão intimados na forma do art. 246, § 1º, do CPC[80].

---

78 Art. 455, CPC: Cabe ao advogado da parte informar ou intimar a testemunha por ele arrolada do dia, da hora e do local da audiência designada, dispensando-se a intimação do juízo.

79 É admissível a extensão da prerrogativa conferida à Defensoria Pública de requerer a intimação pessoal da parte na hipótese do art. 186, § 2º, do CPC ao defensor dativo nomeado em razão de convênio entre a Ordem dos Advogados do Brasil e a Defensoria (STJ, RMS 64.894-SP, Rel. Min. Nancy Andrighi, Terceira Turma, por unanimidade, DJe de 9/8/2021).

80 "§ 1º Com exceção das microempresas e das empresas de pequeno porte, as empresas públicas e privadas ficam obrigadas a manter cadastro junto aos sistemas de processo em autos eletrônicos, para efeito de recebimento de citações e intimações, as quais serão efetuadas preferencialmente por esse meio."

iv) Ciência. "A retirada dos autos do cartório ou da secretaria em carga pelo advogado, por pessoa credenciada a pedido do advogado ou da sociedade de advogados, pela Advocacia Pública, pela Defensoria Pública ou pelo Ministério Público implicará intimação de qualquer decisão contida no processo retirado, ainda que pendente de publicação" (art. 272, § 6º, CPC), mas, "a prática espontânea do ato de peticionar nos autos não implica ciência inequívoca da sentença nem dispensa a intimação formal" (STJ, 4ª Turma, REsp 1.739.201). Essa regra está cada vez mais em desuso pelo crescente número de processos eletrônicos.

7.7.3. DAS CARTAS

O regime das Cartas vem disciplinado nos arts. 36, 237 e 260 a 268 do CPC.

A efetividade do processo depende da comunicação dos juízos que se faz por meio das cartas. E isso porque nem todos os atos a serem praticados para o desenvolvimento do processo ocorrerão sob a competência do magistrado que preside o processo.

Assim, "a jurisdição de um país está limitada ao seu próprio território, e, dentro deste, dada a multiplicidade de órgãos judiciários, há uma distribuição de competência. Existem, portanto, limites ao exercício da jurisdição e da competência. Pode ocorrer que o cumprimento das determinações judiciais ou a prática de determinado ato exija a participação de outro órgão judiciário que não aquele em que corre o processo"[81].

As cartas objetivam operacionalizar a cooperação nacional (para as cartas precatória e de ordem) e internacional (para a carta rogatória).

Dessa forma foram instituídas as cartas. Carta é o meio de comunicação entre um juízo a outro para a prática de determinado ato que pode ser: de colaboração; ou para o cumprimento de uma ordem.

O CPC, no art. 260, instituiu três tipos de cartas: **precatória, rogatória ou de ordem**. Sua utilização dependerá do órgão jurisdicional a quem se dirige. Atualmente, salvo a carta rogatória, as demais cartas são com bastante frequência substituídas por instrumentos menos formais previstos no sistema de cooperação judiciária (arts. 67 a 69, CPC).

Regras gerais

i) São requisitos de todas as cartas (art. 260, CPC):

I – a indicação dos juízes de origem e de cumprimento do ato;
II – o inteiro teor da petição, do despacho judicial e do instrumento do mandato conferido ao advogado;
III – a menção do ato processual que lhe constitui o objeto;
IV – o encerramento com a assinatura do juiz.

ii) É possível que o magistrado determine o traslado da carta com a instrução de mapa, desenho ou gráfico, sempre que esses documentos devam ser examinados, na diligência, pelas partes, pelos peritos ou pelas testemunhas. Contudo, quando o objeto da carta for exame pericial sobre documento, este será remetido em original, ficando nos autos reprodução fotográfica.

iii) O juiz determinará um prazo para o cumprimento da carta levando em consideração a facilidade da comunicação e a natureza da diligência a ser realizada. Para tanto, as partes

---

81 Marcus Vinícius Rios Gonçalves, *Novo curso de direito processual civil*, 4. ed. São Paulo: Saraiva, 2007, v. 1, p. 263.

devem ser intimadas pelo magistrado acerca da expedição da carta podendo acompanhar o cumprimento da diligência perante o órgão destinatário;

iv) Por ter caráter itinerante, é possível, antes ou depois de ordenado o cumprimento, que se encaminhe para juízo diverso para se praticar o ato. Isso pode ocorrer pelo equívoco no endereçamento, seja por erro do cartório, seja por modificação de competência do juízo deprecado. É possível ainda que o juízo deprecado se declare incompetente e remeta a carta para o juízo competente.

v) Serão preferencialmente expedidas por meio eletrônico;

Quando a carta for expedida por meio eletrônico, telegrama ou telefone, "conterão, em resumo substancial, os requisitos mencionados no art. 250, especialmente no que se refere à aferição da autenticidade" (art. 264, CPC)[82].

Os atos requisitados por meio eletrônico e de telegrama serão praticados de ofício, devendo a parte, contudo, depositar na secretaria do cartório do juízo deprecante as despesas que serão empreendidas para a prática do ato.

Se a carta não preencher os requisitos legais, o juízo for absolutamente incompetente[83] ou houver dúvidas acerca da autenticidade da carta, o magistrado recusará o cumprimento da carta precatória ou arbitral devendo devolvê-la com decisão motivada;

Cumprida a carta esta será devolvida ao juízo de origem no prazo de 10 dias independentemente de traslado, pagas as custas pela parte;

A – Carta rogatória

Quando se formula pedido para órgão jurisdicional de país diferente. As rogatórias somente têm serventia para atos de **comunicação processual (citação, intimação, notificação), obtenção de informações e colheita de provas**, pois não podem ser utilizadas para **atos de constrição**. Para que atos dessa natureza sejam possíveis é necessária a homologação da sentença no país onde se deseja efetivar.

As rogatórias a serem cumpridas no Brasil devem receber autorização do STJ nos termos do art. 109, I, da CF, bem como do seu regimento interno. Estabelece o art. 36 do CPC que "o procedimento da carta rogatória perante o Superior Tribunal de Justiça é de jurisdição contenciosa e deve assegurar às partes as garantias do devido processo legal".

À possibilidade da emissão da carta rogatória há de se observar a Convenção Interamericana sobre Cartas Rogatórias – Dec. Leg. n. 61/95.

B – Carta de ordem

É a determinação exigida por um tribunal a um órgão a ele subordinado. Aqui não há cooperação ou solicitação, mas uma exigência.

Como a subordinação é condição *sine qua non* para a utilização desse expediente, não é possível que um tribunal federal exija o cumprimento de um juiz estadual[84] nem seria possível que um juiz a emita, pois não há ninguém subordinado a ele.

---

82 Ademais, conforme art. 265 do CPC: "O secretário do tribunal, o escrivão ou o chefe de secretaria do juízo deprecante transmitirá, por telefone, a carta de ordem ou a carta precatória ao juízo em que houver de se cumprir o ato, por intermédio do escrivão do primeiro ofício da primeira vara, se houver na comarca mais de um ofício ou de uma vara, observando-se, quanto aos requisitos, o disposto no art. 264. § 1º O escrivão ou o chefe de secretaria, no mesmo dia ou no dia útil imediato, telefonará ou enviará mensagem eletrônica ao secretário do tribunal, ao escrivão ou ao chefe de secretaria do juízo deprecante, lendo-lhe os termos da carta e solicitando-lhe que os confirme. § 2º Sendo confirmada, o escrivão ou o chefe de secretaria submeterá a carta a despacho".

83 Nesse caso poderá remeter a Carta ao juízo competente (art. 267, parágrafo único, CPC).

84 Salvo quando o juiz estadual exercer competência federal ou, nas hipóteses da intervenção anômala do Poder Público (art. 5º da Lei n. 9.469/97), em que a interposição de recurso desloca a competência, permitindo

C – Carta precatória

Carta precatória é a comunicação de juízos de mesma hierarquia. Quem expede a carta denomina-se juízo deprecante e quem a recebe para cumprimento denomina-se juízo deprecado.

Não há restrição para carta precatória: pode ser entre comarcas e Estados diferentes, até mesmo de justiças diversas (precatória da vara cível estadual para federal ou trabalhista, por exemplo).

Existem três possibilidades de expedição de carta precatória:

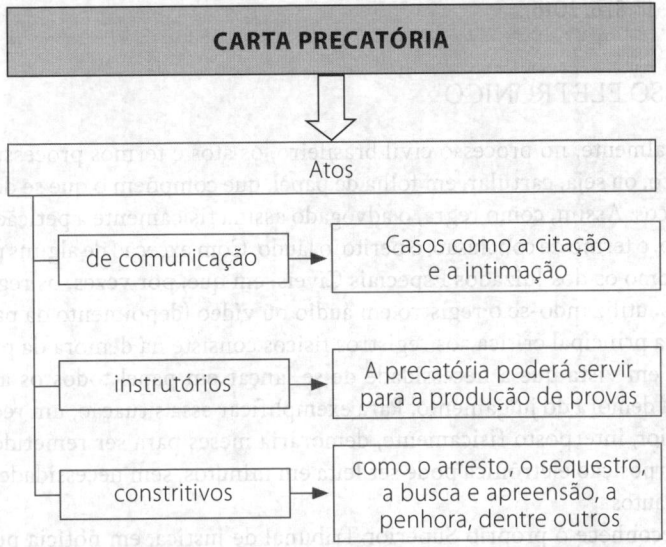

Os **atos de comunicação** são casos como a citação e a intimação. A citação normalmente é feita pelo correio para todas as comarcas do país. Contudo, se se tratar de citação por oficial de justiça em comarca diversa (que não seja contígua), a citação será por precatória. As intimações também têm regra diversa. São feitas pela imprensa. Contudo, se a intimação for pessoal e em outra comarca, será feita por precatória.

Atos instrutórios: A precatória poderá servir para a produção de provas. Assim, é possível para ouvir testemunha que resida em outra comarca e seja difícil ou onerosa a sua condução ao juízo da causa.

Da mesma forma a perícia poderá ser feita por precatória se o local a ser periciado esteja em localidade diversa daquela em que se situa o processo.

Atos constritivos: As constrições judiciais como o arresto, o sequestro, a busca e apreensão, a penhora dentre outros podem ser feitas por carta se o bem, objeto do gravame, estiver situado em outra comarca.

O cumprimento da carta poderá ser recusado pelo juízo deprecado em três hipóteses (CPC, art. 267): a) quando não estiver revestida dos requisitos legais; b) quando carecer de competência, em razão da matéria ou hierarquia; c) quando tiver dúvida acerca de sua autenticidade.

---

que o TRF casse a sentença de um juiz estadual determinando que se profira uma nova. É de duvidosa constitucionalidade a referida regra.

Estabelece o art. 237, parágrafo único, do CPC que: "Se o ato relativo a processo em curso na justiça federal ou em tribunal superior houver de ser praticado em local onde não haja vara federal, a carta poderá ser dirigida ao juízo estadual da respectiva comarca". Nesse mesmo sentido, art. 15 da Lei n. 5.010/66 (que disciplina a organização da Justiça Federal em primeira instância).

Nesse mesmo art. 15 estabelece ainda, no seu § 1º, que podem os magistrados e auxiliares da justiça federal "praticar atos e diligências processuais no território de qualquer Município abrangido pela seção, subseção ou circunscrição da respectiva Vara Federal", competindo ao respetivo TRF competente indicar as comarcas que se enquadram nesse critério (com a redação dada pela Lei n. 13.876/2016).

7.8. PROCESSO ELETRÔNICO

Tradicionalmente, no processo civil brasileiro, os atos e termos processuais operavam no registro físico, ou seja, cartular, em folha de papel, que compõem o que se denomina autos processuais físicos. Assim, como regra, o advogado assina fisicamente a petição; o juiz, a sentença; o escrivão, o termo de conclusão; o perito, o laudo. Com exceção de alguns procedimentos sumarizados, como os dos Juizados Especiais Cíveis, em que, por vezes, os registros escritos são dispensados, utilizando-se o registro em áudio ou vídeo (depoimento da parte, v.g.).

Contudo, a principal crítica aos registros físicos consiste na demora da prestação jurisdicional, tendo em vista que a necessidade de se lançar em papel todos os atos, certidões, contribui para a demora do julgamento. Para exemplificar essa situação, um recurso para um Tribunal Superior, interposto fisicamente, demoraria meses para ser remetido ao Tribunal; enquanto a interposição eletrônica pode ser feita em minutos, sem necessidade da movimentação física dos autos.

É o que reconhece o próprio Superior Tribunal de Justiça, em notícia publica em 9 de setembro de 2009: "O envio eletrônico reduz o tempo de trânsito do processo físico, que é de seis a oito meses, para alguns minutos"[85].

Também Elton Baiocco, ao tratar do tema, afirma que: "(...) acredita-se que não tardará a eliminação do papel no Poder Judiciário. Ganha com isso a celeridade na prestação jurisdicional, não apenas com a redução de 'tempo morto' como já discorrido, mas também mediante efetiva redução de tempo na prática de atos processuais"[86].

Essa busca da celeridade processual por meio da informatização da tramitação processual também é realidade em outros países como Portugal, Itália, Alemanha e Estados Unidos. A exemplo de Portugal, com o processo eletrônico buscou-se a simplificação procedimental e a redução de custos, além de informatização dos serviços notariais (o que também foi adotado pelo CPC, em seu art. 193, parágrafo único). Já na Alemanha, esse processo de informatização teve início em 1966, com a criação da Comissão Federal para Informatização e a Racionalização da Justiça (*Bunk-Länder Kommission für Datenverarbeitung und Rationakusierung in der Justiz – BLK*)[87].

---

85 SUPERIOR TRIBUNAL DE JUSTIÇA (Brasil). *TRFs estarão 100% online com o STJ nesta sexta-feira*. Disponível em: <http://stj.jusbrasil.com.br/noticias/1858606/trfs-estarao-100-online-com-o-stj-nesta-sexta-feira>. Acesso em: 30 ago. 2016.
86 BAIOCCO, Elton. *Processo eletrônico e sistema processual*: o processo civil na sociedade da informação. 2. ed. rev. e atual. Curitiba: Juruá, 2016, p. 152.
87 Idem, ibidem, p. 138.

No Brasil, a tramitação dos processos (tradicionais autos processuais) por meio eletrônico foi possível com o advento da Lei n. 10.259/2001 (criação do processo eletrônico nos Juizados Federais) e, posteriormente, da Lei n. 11.419/2006, que regulamentou a informatização dos processos judiciais e disciplinou sobre o processo judicial e comunicação eletrônica dos atos processuais, além de expressamente determinar sua aplicação aos processos cíveis, penais, trabalhistas e dos juizados especiais em qualquer grau (art. 1º, § 1º, Lei n. 11.419/2006).

Com isso, para os processos eletrônicos, a assinatura que antes era física, agora passa a ser digital, por meio de Certificado Digital (necessário para evitar fraudes e também possibilitar a identificação pessoal do subscritor), que é o instrumento necessário à prática do ato/transação eletrônica, ou seja, uma identidade digital. Inclusive, o CPC trata expressamente da possibilidade da assinatura digital da procuração (art. 105, § 1º), dos despachos, decisões e sentenças do magistrado (art. 205, § 2º) e também dos votos e acórdãos (art. 943).

Em resumo, se o ato processual for registrado fisicamente no papel, a assinatura também será física, manuscrita. Entretanto, se o ato for por meio eletrônico, a assinatura será digital, por meio de certificado.

A despeito da inegável existência (ainda) de autos físicos, é evidente a tendência da atividade jurisdicional em se desenvolver por meio de recursos eletrônicos. Atos e termos processuais serão, cada vez mais, praticados, controlados e comunicados virtualmente, assim como a transmissão de peças processuais. O que é viabilizado pela Infraestrutura de Chaves Públicas Brasileira (ICP-Brasil), órgão responsável pela autenticidade, integridade, regulamentação e a validade jurídica de documentos em forma eletrônica (art. 1º, Medida Provisória n. 2.200-2/2001), que atua por meio de chaves públicas.

A Infraestrutura de Chaves Públicas Brasileira (ICP-Brasil), sinteticamente, funciona como um terceiro mediador confiável e "estruturou seu sistema de certificação com base em um par de chaves distintas (uma pública e outra privada), conhecido como criptografia assimétrica. A chave pública é divulgada pelo proprietário, possibilitando seu uso para verificar assinaturas criadas com a chave privada correspondente. Já a chave privada é mantida em segredo, sendo usada também para decifrar mensagens cifradas a partir da chave pública respectiva"[88].

Os certificados digitais, por sua vez, que têm sua emissão autorizada e fiscalizada pela ICP-Brasil, na prática, funcionam como uma identidade virtual, que contém os dados e informações do titular e, assim, possibilita a identificação segura do subscritor/titular do certificado. Esse procedimento de verificação se dá por meio das chaves públicas, conforme acima explicado.

Seguindo essa tendência moderna de sistema eletrônico, o CPC, de forma tímida, também estabeleceu regras processuais aplicadas a processos eletrônicos, além daquelas já conhecidas na vigência CPC/73. Entretanto, não unificou o sistema de regulamentação do processo eletrônico que continua a cargo da Lei n. 11.419/2006 e também da Res. n. 185, de 18 de dezembro de 2013, do Conselho Nacional de Justiça (CNJ), que instituiu o Processo Judicial Eletrônico – PJe.

É importante verificar, então, como está disciplinado o regramento que forma o sistema do processo eletrônico no processo civil, considerando as disposições do CPC, especialmente ao tratar da prática eletrônica de atos processuais (Parte Geral, Livro IV, Título I, Capítulo I, Seção II), Lei n. 11.419/2006 e Resolução n. 185/2013, do CNJ.

---

88 Explica Elton Baiocco, mencionando Marcus Vinicius Brandão Soares (BAIOCCO, Elton. *Processo eletrônico e sistema processual*: o processo civil na sociedade da informação. 2. ed. rev. e atual. Curitiba: Juruá, 2016, p. 145).

Pois bem, a regulamentação dos atos processuais eletrônicos, por determinação do art. 196 do CPC, fica a cargo do Conselho Nacional de Justiça, e não poderia ser diferente, pois além da Lei n. 11.419/2006 já estabelecer que a regulamentação ficaria a cargo dos órgãos do Poder Judiciário (art. 16), também a Resolução n. 185/2013 do CNJ já cuida dessa regulamentação. Entretanto, o CPC atribui competência supletiva aos tribunais para regulamentação do processo eletrônico, de forma que os tribunais devem velar pela compatibilidade do sistema, bem como disciplinar sobre a incorporação de novas tecnologias. Para tanto, dispõe o CPC, no artigo em comento (art. 196), que podem ser editados atos, mas sempre respeitando as normas fundamentais estabelecidas pelo Código.

Ao que parece, essa atribuição de competência supletiva para regulamentar a matéria decorre da atual situação que já se vivencia, com a implantação de diversos sistemas de processamento eletrônico dos autos (por exemplo, E-Saj em São Paulo; Projud, no Paraná).

Já o art. 193 do CPC reconhece que os atos processuais podem ser total ou parcialmente digitais, de forma que podem ser produzidos, comunicados, armazenados e validados por meio eletrônico. Trata-se de dispositivo similar ao do revogado CPC/73, que originariamente previa: "Todos os atos e termos do processo podem ser produzidos, transmitidos, armazenados e assinados por meio eletrônico, na forma da lei" (art. 154, § 2º, CPC/73).

Entretanto, o CPC não se limitou aos autos processuais como o CPC/73, mas também ampliou essa possibilidade para os atos notariais e de registro, naquilo em que não for incompatível (art. 193, parágrafo único, CPC).

Além disso, o art. 194 do CPC assegura diversos valores concernentes ao processo eletrônico que devem ser respeitados: a publicidade dos atos processuais; acesso às partes e seus procuradores; e também a garantia de disponibilidade do sistema, que, conforme art. 8º da Res. n. 185/2013 do CNJ, deve estar disponível vinte e quatro horas por dia. Assim, o registro dos atos processuais deve atender à conservação, temporalidade, autenticidade e o segredo, quando se tratar de causas que correm em segredo de justiça.

Por outro lado, havendo indisponibilidade do sistema por motivo técnico, o prazo para prática de atos (distribuição de petição inicial, apresentação de contestação, interposição de recurso, e. g.) fica automaticamente prorrogado para o primeiro dia útil seguinte à resolução do problema (art. 10, § 2º, Lei n. 11.419/2006).

Reforçando a preocupação do Código com acesso às partes, publicidade e segurança, a lei processual exige que as unidades do Poder Judiciário mantenham, gratuitamente, disponíveis todos os equipamentos necessários à prática de atos processuais na forma eletrônica, bem como a consulta e o acesso ao sistema (art. 198, CPC). Caso não existam, no local, os equipamentos necessários à prática, consulta e acesso aos autos, o parágrafo único do art. 198 autoriza que o ato processual seja praticado de forma não eletrônica.

Com relação à acessibilidade, o art. 199 do CPC ainda a garante, inclusive, às pessoas com deficiência. Tudo isso deve estar assegurado nos sítios do Poder Judiciário, na rede mundial de computadores (art. 199, CPC).

Quanto à publicidade, determina que o sistema respeitará a publicidade dos atos, devendo o registro ser feito em padrões abertos, com divulgação pelos tribunais das informações constantes de seu sistema, em página própria na rede mundial de computadores (arts. 194, 195 e 197, CPC). A informação goza de presunção de veracidade e confiabilidade. No caso de problemas técnicos do sistema, ou erro por parte do responsável por registro dos andamentos, a lei prevê expressamente que poderá restar configurada a justa causa mencionada no art. 223 do CPC. Referido artigo estabelece que se a parte provar que não realizou o ato processual por justa causa, poderá reaver o direito de praticá-lo.

É importante apresentar o tratamento que o CPC confere à prática eletrônica de atos processuais em diversas outras regras esparsas relacionadas ao processo eletrônico.

a) Cartas precatórias, rogatórias ou de ordem

Nos termos do art. 263 do CPC, as cartas (precatórias, rogatórias ou de ordem) serão expedidas, preferencialmente, por esse meio, caso em que a assinatura do magistrado também deverá ser eletrônica. Dessa forma, busca-se reduzir o tempo de duração do processo (em atenção ao princípio da duração razoável do processo – art. 5º, LXXVIII, CF), tendo em vista que a tramitação é mais célere, conforme explicado no início do tópico.

A contrario sensu, o magistrado não é obrigado a seguir a técnica, podendo continuar fazendo uso do papel físico. Tendo em vista que o CPC não adota uma postura impositiva, mas apenas sugestiva, pois estabelece que as cartas serão preferencialmente apresentadas na forma eletrônica.

b) Citações e intimações

As citações, intimações e notificações por meio eletrônico têm origem no art. 9º da Lei n. 11.419/2006, que assim prevê: "No processo eletrônico, todas as citações, intimações e notificações, inclusive da Fazenda Pública, serão feitas por meio eletrônico, na forma desta Lei". Além disso, também é uma exigência da petição inicial para qualificação do réu a indicação de seu endereço eletrônico (art. 319, II, CPC).

Todas essas imposições indicam que a citação eletrônica será regra em detrimento de todas as demais formas previstas no art. 246 (correio, oficial de justiça, e. g.). Entretanto, há uma série de inconvenientes, como, por exemplo, caixa eletrônica cheia, contas encerradas e não comunicadas, endereços eletrônicos em desuso pela parte. E é exatamente o que a determinação do § 1º do art. 246 do CPC pretende repelir, mas não cria um sistema eficiente a ponto de evitar essa problemática.

Na tentativa de dar efetividade ao que a lei processual estabelece, importante, inicialmente, observar o que trata a Lei n. 11.419/2006 a respeito da matéria, inclusive porque o próprio CPC faz referência à lei especial. Pois bem, duas são as possibilidades de intimações criadas pela lei em comento. A primeira delas, por meio de publicação dos atos judiciais em *Diários de Justiça eletrônico* (art. 4º) e a segunda, por meio de intimação via portal (art. 5º), pela qual dependeria de consulta ao sistema pelo intimado, que deverá ser feita no prazo máximo de dez dias, sob pena de considerar-se a intimação automaticamente realizada (§§ 1º, 2º e 3º, do art. 5º). Caso haja duplicidade de intimações eletrônicas deve prevalecer aquela realizada no Portal Eletrônico que prevalece sobre a publicação no *Diário da Justiça (DJe)*. Nesse sentido, a decisão da Corte Especial do STJ, EAREsp 1.663.952-RJ, Rel. Min. Raul Araújo, por maioria, julgado em 19/05/2021.[89] O CPC, por sua vez, seguindo essa tendência, nos arts. 246, V, e 270, prevê a

---

[89] Nesse mesmo julgado, a Corte Especial explicita que: "convém diferenciar os dois tipos de comunicação dos atos processuais previstos na Lei do Processo Eletrônico, que aqui estão em debate - intimação pelo Portal Eletrônico e intimação pelo *Diário da Justiça Eletrônico*. De um lado, a **intimação pelo Diário Eletrônico de Justiça** envolve a inserção da informação em diário publicado periodicamente. O servidor insere a informação no jornal eletrônico do Tribunal, o qual é disponibilizado, em regra, ao final do dia. Há regra específica segundo a qual a publicação do ato judicial é considerada no dia seguinte ao da disponibilização, marcando o começo dos prazos processuais. Os prazos são contados com a exclusão do dia do começo e com a inclusão do dia do término. Logo, o primeiro dia do prazo ocorre apenas no dia seguinte ao considerado como data da publicação. De outro lado, a **intimação pelo Portal Eletrônico** implica o envio da comunicação por intermédio de um sistema eletrônico de controle de processos, cada vez mais utilizado no âmbito do Poder Judiciário. A comunicação do ato processual ocorre 'por dentro' do sistema informatizado. O advogado, devidamente cadastrado, acessa o processo judicial eletrônico e é intimado. Há um prazo de dez (10) dias para acesso à informação. Após o envio da intimação pelo processo judicial eletrônico, a parte tem dez (10)

citação e a intimação, respectivamente, por meio eletrônico. Entretanto, deixa a cargo da lei especial regulamentar, que, como visto acima, prevê duas possibilidades: por meio de *Diários de Justiça* eletrônico ou portal.

Por outro lado, embora em relação às citações e intimações não indique a forma dessa comunicação, em alguns casos específicos restringe a intimação ao Diário de Justiça eletrônico. Como, por exemplo, prazos contra o réu revel (art. 346, CPC); intimação para cumprimento de sentença (art. 513, § 2º, I, CPC); publicação da pauta de julgamento (art. 934, CPC); publicação do acórdão (art. 943, § 2º, CPC).

Na tentativa regulamentar as "comunicações processuais" por meio eletrônico, em razão das disposições do art. 196 do CPC, o Conselho Nacional de Justiça, no ato normativo de consulta pública n. 0002840-51.2016.2.00.0000, aprovou em 5 de julho de 2016 a Res. n. 235/2016, que institui o *Diário de Justiça Nacional* e a Plataforma de Comunicações Processuais do Poder Judiciário, para atender às exigências dos §§ 1º e 2º do art. 246 do CPC que determina que as empresas públicas e privadas, a União, os Estados, Distrito Federal e Municípios são obrigados a manter cadastro nos sistemas de processo em autos eletrônicos, para efeito de recebimento de citações e intimações, as quais serão efetuadas preferencialmente por esse meio. O que também se aplica às Defensorias e Ministério Público (art. 270, parágrafo único, CPC).

Além disso, especifica, no art. 6º, a Res. n. 235 do CNJ que serão objeto de publicação no *Diário de Justiça*: I – o conteúdo dos despachos, as decisões interlocutórias, o dispositivo das sentenças e a ementa dos acórdãos, conforme previsão do § 3º do art. 205 da Lei n. 13.105/2015; II – as intimações destinadas aos advogados nos sistemas de processo judicial eletrônico, cuja ciência não exija vista ou intimação pessoal; III – a lista de distribuição prevista no parágrafo único do art. 285 da Lei n. 13.105/2015; IV – os atos destinados à plataforma de editais do CNJ, nos termos da Lei n. 13.105/2015; V – os demais atos, cuja publicação esteja prevista nos regimentos internos e disposições normativas dos Tribunais e Conselhos.

Por outro lado, o recebimento de citações e intimações próprias do destinatário se dará por meio da Plataforma de Comunicações Processuais do Poder Judiciário, cujo cadastramento é obrigatório para a União, os Estados, o Distrito Federal, os Municípios e as entidades da administração indireta, bem como as empresas públicas e privadas, com exceção das microempresas e empresas de pequeno porte, mas facultativo para pessoas físicas (art. 8º, Res. n. 235 do CNJ).

Aparentemente, teríamos o *Diário de Justiça Nacional* para publicidade dos atos e a Plataforma de Comunicações Processuais do Poder Judiciário para efeitos de citação e intimação da própria parte. Entretanto, por determinação do art. 224, § 2º, do CPC, considera-se para fins de contagem de prazo a disponibilização da informação em *Diário de Justiça eletrônico*, de forma que não é possível limitar a informação do Diário de Justiça eletrônico apenas para fins de publicidade.

c) Provas eletrônicas

O CPC admite como meio de prova reproduções digitalizadas de documentos públicos ou particulares, além autorizar a documentação do depoimento por meio de gravação. Tema que será objeto de tópico específico. Assim:

---

dias para consultar o teor da informação. Caso consulte a informação dentro desse lapso temporal, o ato judicial será considerado publicado no dia da consulta, dando-se início ao cômputo do prazo a partir do primeiro dia subsequente. Caso não consulte nos dez (10) dias previstos, a intimação será automática, de maneira que será considerada realizada na data do término desse prazo, independentemente de consulta, iniciando-se, a seguir, a contagem do prazo processual" (g.n).

Art. 425. Fazem a mesma prova que os originais: (...)
V – os extratos digitais de bancos de dados públicos e privados, desde que atestado pelo seu emitente, sob as penas da lei, que as informações conferem com o que consta na origem;
VI – as reproduções digitalizadas de qualquer documento público ou particular, quando juntadas aos autos pelos órgãos da justiça e seus auxiliares, pelo Ministério Público e seus auxiliares, pela Defensoria Pública e seus auxiliares, pelas procuradorias, pelas repartições públicas em geral e por advogados, ressalvada a alegação motivada e fundamentada de adulteração.
§ 1º Os originais dos documentos digitalizados mencionados no inciso VI deverão ser preservados pelo seu detentor até o final do prazo para propositura de ação rescisória.
§ 2º Tratando-se de cópia digital de título executivo extrajudicial ou de documento relevante à instrução do processo, o juiz poderá determinar seu depósito em cartório ou secretaria.
Art. 438. O juiz requisitará às repartições públicas, em qualquer tempo ou grau de jurisdição:
(...)
§ 1º Recebidos os autos, o juiz mandará extrair, no prazo máximo e improrrogável de um 1 (mês), certidões ou reproduções fotográficas das peças que indicar e das que forem indicadas pelas partes, e, em seguida, devolverá os autos à repartição de origem.
§ 2º As repartições públicas poderão fornecer todos os documentos em meio eletrônico, conforme disposto em lei, certificando, pelo mesmo meio, que se trata de extrato fiel do que consta em seu banco de dados ou do documento digitalizado.
Art. 460. O depoimento poderá ser documentado por meio de gravação.
§ 1º Quando digitado ou registrado por taquigrafia, estenotipia ou outro método idôneo de documentação, o depoimento será assinado pelo juiz, pelo depoente e pelos procuradores.
(...)
§ 3º Tratando-se de autos eletrônicos, observar-se-á o disposto neste Código e na legislação específica sobre a prática eletrônica de atos processuais.
Art. 367. O servidor lavrará, sob ditado do juiz, termo que conterá, em resumo, o ocorrido na audiência, bem como, por extenso, os despachos, as decisões e a sentença, se proferida no ato.
(...)
§ 4º Tratando-se de autos eletrônicos, observar-se-á o disposto neste Código, em legislação específica e nas normas internas dos tribunais.

d) Registro de votos e acórdãos em documento eletrônico

O CPC, em seu art. 943, autoriza o registro eletrônico de atos processuais praticados no tribunal. Também será tema objeto de análise em tópico específico.

Art. 943. Os votos, os acórdãos e os demais atos processuais podem ser registrados em documento eletrônico inviolável e assinados eletronicamente, na forma da lei, devendo ser impressos para juntada aos autos do processo, quando este não for eletrônico.

e) Possibilidade de demonstração do dissídio jurisprudencial por mídia eletrônica

Sendo o fundamento do recurso especial dissídio jurisprudencial, a lei processual exige do recorrente a demonstração da divergência. Para tanto, o CPC autorizou em seu art. 1.029 que a divergência seja demonstrada por meio de mídia eletrônica, com indicação da fonte.

Art. 1.029. O recurso extraordinário e o recurso especial, nos casos previstos na Constituição Federal, serão interpostos perante o presidente ou o vice-presidente do tribunal recorrido, em petições distintas que conterão:
(...)
§ 1º Quando o recurso fundar-se em dissídio jurisprudencial, o recorrente fará a prova da divergência com a certidão, cópia ou citação do repositório de jurisprudência, oficial ou credenciado, inclusive em mídia eletrônica, em que houver sido publicado o acórdão divergente, ou ainda com

a reprodução de julgado disponível na rede mundial de computadores, com indicação da respectiva fonte; em qualquer caso, as circunstâncias que identifiquem ou assemelhem os casos confrontados devem ser mencionadas.

f) Acesso ao processo eletrônico

Em decorrência do princípio da publicidade (art. 189, CPC) os processos são públicos permitindo a qualquer advogado, mesmo sem procuração, o direito de consulta e retirada de cópias processuais, salvo, evidentemente os processos que correrem sob segredo de justiça. O CPC e o Estatuto da OAB não estabeleciam isso de maneira clara que agora vem expresso tanto no art. 7º, XII e § 13 da Lei n. 8.906/94 (EOAB), como no art. 11, § 7º da Lei n. 11.419/2006 (Lei de processos eletrônicos) e, por fim, o art. 107, § 5º do CPC.

Ressalte-se a Resolução n. 345 de 2020 do Conselho Nacional de Justiça com as alterações dadas pela Resolução n. 378 de 2021, que estabelece o "juízo 100% digital":

Art. 1º Autorizar a adoção, pelos tribunais, das medidas necessárias à implementação do "Juízo 100% Digital" no Poder Judiciário.

§ 1º No âmbito do "Juízo 100% Digital", todos os atos processuais serão exclusivamente praticados por meio eletrônico e remoto por intermédio da rede mundial de computadores.

§ 2º Inviabilizada a produção de meios de prova ou de outros atos processuais de forma virtual, a sua realização de modo presencial não impedirá a tramitação do processo no âmbito do "Juízo 100% Digital".

§ 3º O "Juízo 100% Digital" poderá se valer também de serviços prestados presencialmente por outros órgãos do Tribunal, como os de solução adequada de conflitos, de cumprimento de mandados, centrais de cálculos, tutoria dentre outros, desde que os atos processuais possam ser convertidos em eletrônicos.

Art. 2º As unidades jurisdicionais de que tratam este ato normativo não terão a sua competência alterada em razão da adoção do "Juízo 100% Digital".

Parágrafo único. No ato do ajuizamento do feito, a parte e seu advogado deverão fornecer endereço eletrônico e linha telefônica móvel celular, sendo admitida a citação, a notificação e a intimação por qualquer meio eletrônico, nos termos dos arts. 193 e 246, V, do Código de Processo Civil.

Art. 3º A escolha pelo "Juízo 100% Digital" é facultativa e será exercida pela parte demandante no momento da distribuição da ação, podendo a parte demandada opor-se a essa opção até o momento da contestação.

§ 1º A parte demandada poderá se opor a essa escolha até sua primeira manifestação no processo, salvo no processo do trabalho, em que essa oposição deverá ser deduzida em até 05 dias úteis contados do recebimento da primeira notificação.

§ 2º Adotado o "Juízo 100% Digital", as partes poderão retratar-se dessa escolha, por uma única vez, até a prolação da sentença, preservados todos os atos processuais já praticados.

§ 3º No processo do trabalho, ocorrida a aceitação tácita pelo decurso do prazo, a oposição à adoção do "Juízo 100% Digital" consignada na primeira manifestação escrita apresentada não inviabilizará a retratação prevista no § 2º.

§ 4º A qualquer tempo, o magistrado poderá instar as partes a manifestarem o interesse na adoção do "Juízo 100% Digital", ainda que em relação a processos anteriores à entrada em vigor desta Resolução, importando o silêncio, após duas intimações, aceitação tácita.

§ 5º Havendo recusa expressa das partes à adoção do "Juízo 100% Digital", o magistrado poderá propor às partes a realização de atos processuais isolados de forma digital, ainda que em relação a processos anteriores à entrada em vigor desta Resolução, importando o silêncio, após duas intimações, aceitação tácita.

§ 6º Em hipótese alguma, a retratação ensejará a mudança do juízo natural do feito.

Art. 3º-A. As partes poderão, a qualquer tempo, celebrar negócio jurídico processual, nos termos do art. 190 do CPC, para a escolha do "Juízo 100% Digital" ou para, ausente esta opção, a realização de atos processuais isolados de forma digital.

Art. 4º Os tribunais fornecerão a infraestrutura de informática e telecomunicação necessárias ao funcionamento das unidades jurisdicionais incluídas no "Juízo 100% Digital" e regulamentarão os critérios de utilização desses equipamentos e instalações.

Parágrafo único. O "Juízo 100% Digital" deverá prestar atendimento remoto durante o horário de atendimento ao público por telefone, por e-mail, por videochamadas, por aplicativos digitais ou por outros meios de comunicação que venham a ser definidos pelo tribunal, inclusive por intermédio do "Balcão Virtual", nos termos da Resolução CNJ n. 372/2021. (Redação dada pela Resolução n. 378, de 9-3-2021.)

Art. 5º As audiências e sessões no "Juízo 100% Digital" ocorrerão exclusivamente por videoconferência.

Parágrafo único. As partes poderão requerer ao juízo a participação na audiência por videoconferência em sala disponibilizada pelo Poder Judiciário.

Art. 6º O atendimento exclusivo de advogados pelos magistrados e servidores lotados no "Juízo 100% Digital" ocorrerá durante o horário fixado para o atendimento ao público de forma eletrônica, nos termos do parágrafo único do art. 4º, observando-se a ordem de solicitação, os casos urgentes e as preferências legais.

§ 1º A demonstração de interesse do advogado de ser atendido pelo magistrado será devidamente registrada, com dia e hora, por meio eletrônico indicado pelo tribunal.

§ 2º A resposta sobre o atendimento deverá ocorrer no prazo de até 48 horas, ressalvadas as situações de urgência.

Art. 7º Os tribunais deverão acompanhar os resultados do "Juízo 100% Digital" mediante indicadores de produtividade e celeridade informados pelo Conselho Nacional de Justiça.

Art. 8º Os tribunais que implementarem o "Juízo 100% Digital" deverão, no prazo de trinta dias, comunicar ao Conselho Nacional de Justiça, enviando o detalhamento da implantação e as varas abrangidas.

§ 1º O "Juízo 100% Digital" poderá ser adotado de modo a abranger ou não todas as unidades jurisdicionais de mesma competência territorial e material, assegurada, em qualquer hipótese, a livre distribuição.

§ 2º Na hipótese de o "Juízo 100% Digital" não abranger todas as unidades jurisdicionais de mesma competência territorial e material, a escolha pelo "Juízo 100% Digital" será ineficaz quando o processo for distribuído para juízo em que este ainda não tiver sido contemplado.

§ 3º Nas unidades jurisdicionais dotadas de mais de uma competência material, o "Juízo 100% Digital" poderá abarcá-las total ou parcialmente.

§ 4º A implementação do "Juízo 100% Digital" pelos tribunais poderá ser precedida de consulta a ser feita exclusivamente aos magistrados titulares dos juízos a serem contemplados.

§ 5º A existência de processos físicos em uma unidade jurisdicional não impedirá a implementação do "Juízo 100% Digital" em relação aos processos que tramitem eletronicamente.

§ 6º Os tribunais envidarão esforços para identificar em seus sistemas processuais os processos que tramitam no ambiente do "Juízo 100% Digital", com a correspondente marca ou sinalização instituída por meio de portaria da Presidência do CNJ.

§ 7º O "Juízo 100% Digital" será avaliado após um ano de sua implementação, podendo o tribunal optar pela manutenção, pela descontinuidade ou por sua ampliação, comunicando a sua deliberação ao Conselho Nacional de Justiça.

8.

INVALIDADES PROCESSUAIS (O SISTEMA DAS "NULIDADES PROCESSUAIS")

8.1. INTRODUÇÃO: O ATO PROCESSUAL

No direito material, o legislador observa e seleciona comportamentos humanos e os elege para sua regulamentação. Estes comportamentos escolhidos também ocorrem no campo do processo, na medida em que o legislador processual[1] escolhe **quando e como** o ato processual deve ser realizado para atingir os escopos do processo. Alguns sistemas tentam exaurir o regramento das formas, estabelecendo como cada ato deva ser praticado. Há outros, contudo, e o Brasil se enquadra nessa condição, em que não há uma exaustividade de formas impostas aos atos (boa parte deles não têm previsão de como devem ser realizados) como também há a possibilidade de sua flexibilização (vide arts. 190, 277, 282, §§ 1º e 2º, e 488, CPC).

O ato praticado em desacordo com a lei ou com o negócio jurídico entabulado é considerado um ato, *a priori*, sujeito a ter sua invalidade decretada. *A priori* porque há técnicas de convalidação, regularização ou aproveitamento do ato sem que tenha sua invalidade produzido efeitos no mundo do processo.

Entendemos ser a expressão **invalidade** mais correta do que "nulidades" que é espécie, da qual figuram como gênero

8.2. A TEORIA DAS INVALIDADES

A invalidade processual é, portanto, uma sanção decretada por decisão judicial, que subtrai os efeitos jurídicos do ato em questão[2].

---

1 Ou por meio de negócio jurídico (art. 190, CPC).
2 Mas é importante não comparar a invalidade com uma pena, "isso porque as sanções jurídicas a comportamentos humanos que se desejam reprimir ou desestimular podem também ser operadas pela negativa de efeitos jurídicos à conduta contrária a lei." CABRAL, Antonio do Passo. *Comentários ao novo Código de Processo Civil*. Rio de Janeiro: Gen-Forense, 2015, p. 433-434.

Conforme Lino Palácio, "a nulidade processual é a privação de efeitos imputada aos atos do processo que padecem de algum vício em seus elementos essenciais e que, por isso, carecem de aptidão para cumprir o fim a que se achem destinados"[3].

Para a compreensão do que vamos estudar, é necessário fixar algumas premissas:

Primeiro: Não se pode confinar o estudo das invalidades ao campo estritamente processual, pois constitui abordagem multidisciplinar que abrange diversas outras áreas do direito.

A par disso, é impossível dissociar o estudo das invalidades sem esquecer que o processo faz parte integrante do direito público.

Essa advertência é importante especialmente para diferenciar as invalidades processuais (direito público) com o sistema de invalidades do direito civil (direito privado). E isso porque, a despeito da similaridade das nomenclaturas existentes nos diversos segmentos doutrinários ("nulo", "anulável", "inexistente", "nulidade absoluta", "relativa" etc.), as nulidades de direito privado seguem outro regime estrutural, já que reguladas por outros fundamentos:

a) as invalidades do direito privado são de pleno direito, ou seja, a existência do ato inválido já é suficiente para caracterizar a sua existência. No plano do processo, somente existe a nulidade quando decretada por um juiz. Até então o ato, no plano da aparência, é válido. O que existe antes da decretação é a existência de um ato defeituoso, mas ainda não inválido. Mas, "enquanto o juiz não declara a nulidade, a relação processual existe e produz os efeitos de uma relação válida, podendo ocorrer a sanação do vício se operar a coisa julgada"[4];

b) as invalidades do direito civil não se convalescem com o tempo. Apenas as anulabilidades podem ser convalidadas desde que preenchidas determinadas exigências legais (CC, art. 173). As invalidades do processo, justamente por serem regulamentadas (uma boa parte, diga-se) pelo interesse público, possuem uma marcante diferença: a depender da sua gravidade, perduram em um determinado lapso de tempo e, quando não alegadas no tempo e modos devido, se cicatrizam, convalescem (ex.: a incompetência relativa não alegada em contestação gera a prorrogação da competência, art. 65, CPC);

c) no direito privado as nulidades devem ser conhecidas *ex officio* pelo magistrado (CC, art. 168, parágrafo único). Já as invalidades do processo dependerão do grau do vício.

Todas as invalidades não decretadas (à exceção da inexistência, que não constitui, propriamente uma invalidade), por serem fenômenos internos ao processo, encerram-se com o término deste. É comum na doutrina a expressão "sanatória geral das invalidades"[5] para constatar que o trânsito em julgado "purifica" o processo dos eventuais vícios existentes.

Contudo, alguns outros vícios, a despeito do trânsito em julgado, ainda permanecem aptos a ser vulnerados. São vícios que podem ser rescindidos (por meio da ação rescisória, CPC, art. 966). E somente passado o prazo para o ajuizamento dessa ação (dois anos), pode-se dizer o que normalmente a doutrina denomina **coisa soberanamente julgada.**

Segundo: Nem todo defeito do ato acarretará sua invalidação. Conforme teremos oportunidade de estudar adiante, há uma série de princípios e dispositivos legais (materiais e

---
3 *Manual de derecho procesal civil*, v. 1, 1977, p. 359.
4 COSTA, Alfredo de Araujo Lopes da. *Manual elementar de direito processual civil*. 3. ed. Rio de Janeiro: Forense, 1982, p. 145.
5 Expressão criticada por autorizada doutrina (conferir, por todos, Teresa Arruda Alvim), como será visto oportunamente neste capítulo.

processuais), que relativizam a decretação da invalidade. Assim, o art. 270 do CC[6] e os arts. 277[7] e 282, §§ 1º e 2º,[8] do CPC bem como as meras irregularidades que não geram invalidade do ato. A invalidação somente deverá ser decretada como última possibilidade.

Terceiro: Infelizmente o CPC não possui uma previsão perfeita e acabada de um sistema de invalidades, dando apenas alguns indícios para uma adequada sistematização. O estudo sobre as "nulidades" vem previsto nos arts. 276 a 283 do CPC. Sobre ele observa Vicente Greco Filho à época do CPC anterior, mas que se aplica ao sistema atual, "a lei brasileira se preocupou mais em dizer o que não acarreta nulidade do que em explicar e sistematizar o instituto"[9].

Quarto: Não confundir ato viciado com invalidade. O ato se torna viciado quando praticado em desconformidade com a regra estabelecida em lei. É ato inválido, mas eficaz (pois todo ato é predisposto a produzir efeitos). Contudo, se houver decretação desse vício o ato se torna inválido. Assim, a invalidade é ato posterior ao vício, pois não existe no processo civil, como vimos, invalidade de pleno direito. Há casos de vícios sem invalidade, como, por exemplo: a) quando houver mera irregularidade; b) caso não haja, por omissão, decretação da invalidade; c) caso se tenha perdido o prazo para decretar; d) caso o juiz desconsidere a nulidade (pois julgará o mérito a favor de quem a nulidade aproveita); e) caso o magistrado aplique a instrumentalidade das formas. Em todos esses casos haverá o vício, mas não a nulidade.

Todo ato inválido é viciado, mas nem todo ato viciado é inválido.

8.3. PRINCÍPIOS LIGADOS ÀS INVALIDADES

O sistema das invalidades processuais historicamente é regido por diversos princípios que são colhidos não apenas dos artigos pertinentes ao tema como da estrutura geral do CPC. Sem prejuízo dos princípios que serão enfrentados, orbitam, ao entorno das invalidades, os princípios:

> **a) do contraditório:** as invalidades somente poderão ser decretadas pelo magistrado, tendo as partes a oportunidade de se manifestar previamente sobre elas – arts. 9º e 10 do CPC;
> **b) da boa-fé processual:** os institutos da *surretio, suppressio, duty to mitigate the loss*, comportamento em contraditório, proteção da confiança, são elementos balizadores da conduta das partes e seu desrespeito poderá acarretar na invalidade do ato;
> **c) da primazia do mérito:** no sentido de se tentar prevalecer, a despeito da invalidade, o julgamento do mérito (em particular o art. 283 do CPC)[10];

---

6 "Art. 170. Se, porém, o negócio jurídico nulo contiver os requisitos de outro, subsistirá este quando o fim a que visavam as partes permitir supor que o teriam querido, se houvessem previsto a nulidade."
7 "Art. 277. Quando a lei prescrever determinada forma, o juiz considerará válido o ato se, realizado de outro modo, lhe alcançar a finalidade."
8 "Art. 282 [...] § 1º O ato não será repetido nem sua falta será suprida quando não prejudicar a parte. § 2º Quando puder decidir o mérito a favor da parte a quem aproveite a decretação da nulidade, o juiz não a pronunciará nem mandará repetir o ato ou suprir-lhe a falta."
9 *Direito processual civil brasileiro*, Saraiva, 1984, v. II, p. 39.
10 "Art. 282. Ao pronunciar a nulidade, o juiz declarará que atos são atingidos e ordenará as providências necessárias a fim de que sejam repetidos ou retificados."

É importante analisar agora os princípios ligados especificamente ao sistema de invalidades:

I – Princípio do interesse ou da responsabilidade na causação da invalidade[11] – a nulidade nunca pode ser decretada por quem deu causa a ela (CPC, art. 276)[12]. Vale dizer, a parte que causou a invalidade não pode aproveitar-se dessa condição. Trata-se de princípio para regular, no plano das invalidades, a vedação ao *venire contra factum proprium* (preclusão lógica) e *tu quoque*. Evita que a parte possa se locupletar de sua própria torpeza[13]. Este princípio também tem incidência na regra da qual, "quando puder decidir o mérito a favor da parte a quem aproveite a decretação da nulidade, o juiz não a pronunciará nem mandará repetir o ato ou suprir-lhe a falta" (art. 282, § 2º, CPC).

Esse posicionamento, portanto, está intimamente ligado à boa-fé processual (STJ, REsp 1.328.235/RJ).

Contudo, esse princípio se aplica apenas às invalidades que não possam ser decretadas de ofício (ou seja, que versem sobre matérias dispositivas que atendam apenas o interesse particular)[14], pois a matéria em que seja possível haver o conhecimento sem provocação (matérias protegidas por normas cogentes) pode ser decretada até mesmo pelo juiz.

Egas Moniz Aragão observa que "não há como consagrar a lesão e tornar dispositivo o preceito, em vista de o autor da alegação ser esta ou aquela parte"[15]. Dessa forma, a má-fé é suplantada pelo interesse público, pois não se pode conceber a impossibilidade de se decretar a invalidade (nulidade absoluta) pelo mero fato de ter sido alegada por quem não tem legitimidade para tanto. Assim, mesmo a pessoa que deu causa a invalidade, por mais estranho que possa parecer, poderá alegá-la.

Contudo, há quem defenda uma posição intermediária: nem a proibição de alegar (como preconiza o art. 276) nem a permissibilidade irrestrita nos casos de nulidades absolutas.

Não se pode, para essa corrente doutrinária, simplesmente entender que o interesse protegido por norma cogente sempre prevaleceria sobre o interesse privado, pois a proteção da boa-fé objetiva também deve ser salvaguardada e é de interesse público. Dessa forma, competiria ao juiz verificar, com base na proporcionalidade, qual situação deverá prevalecer[16].

II – Princípio do prejuízo – somente haverá nulidade se houver prejuízo (CPC, arts. 282, § 1º, e 283, parágrafo único). É regra prevista no direito francês (*pas de nullité sans grief*). Trata-se de princípio relacionado também com a instrumentalidade das formas (já que autoriza a convalidação ou desconsideração do vício) e da economia processual.

Por prejuízo entenda-se que a invalidade impede a finalidade do ato.

Daí por que o comparecimento espontâneo do réu supre a falta/nulidade de citação (CPC, art. 239, § 1º). Igualmente o caso em que a parte não foi intimada sobre documentos juntados pela outra parte (invalidade, portanto), mas esses documentos não serviram de fundamento para a sentença do magistrado. E a falta de intimação do Ministério Público em processo que

---

11 Expressão usada por Marcelo Abelha Rodrigues, *Manual de direito processual civil*, 4. ed., São Paulo, RT, 2008, p. 249.
12 "Art. 276. Quando a lei prescrever determinada forma sob pena de nulidade, a decretação desta não pode ser requerida pela parte que lhe deu causa."
13 MARDER, Alexandre. *Das invalidades no direito processual civil*. São Paulo: Malheiros, 2010, p. 66.
14 Esse é o posicionamento de Teresa Arruda Alvim e Cândido Dinamarco.
15 *Comentários ao Código de Processo Civil*. Rio de Janeiro: Forense, 1974, v. II, p. 288.
16 SCHREIBER, Anderson. *A proibição do comportamento em contraditório* – Tutela da confiança e *venire contra factum proprium*. Rio de Janeiro: Renovar, 2005, p. 258.

se fazia necessária sua intimação (art. 178, II, CPC), sendo que o incapaz saiu vitorioso na demanda.

Este princípio dá ensejo a outro, igualmente importante, denominado:

III – Princípio do aproveitamento dos atos – por este princípio somente haverá invalidação quando não se puder aproveitar o ato (art. 283, CPC)[17].

Entende boa parte da doutrina que o princípio do aproveitamento dos atos se aplica às nulidades relativas, pois nas absolutas existe uma espécie de "presunção de prejuízo", na medida em que houve ofensa à matéria de ordem pública. Assim alega-se que não seria necessário comprovar o prejuízo para a constatação da invalidade, quando o ato for nulo.

Contudo, em nossa opinião, para que a regra possa, de fato ter aplicabilidade ampla, mesmo nos casos de invalidades absolutas, é necessária a constatação *concreta* do vício.

Estabelecer a invalidade *a priori* desnatura e retira do princípio boa parte de sua incidência. O STJ já se manifestou nesse sentido[18] e é, igualmente, o posicionamento que foi editado no Enunciado 279 do Fórum Permanente dos Processualistas Civis: "Para os fins de alegar e demonstrar prejuízo, não basta a afirmação de tratar-se de violação a norma constitucional".

IV – Princípio da concatenação dos atos (ou princípio da causalidade) – os atos do processo não possuem vida própria senão quando integrados dentro do procedimento com outros atos que lhes dão finalidade e permitem chegar ao resultado do processo. Logo, os atos do processo são permeados por um nexo de causalidade em que o anterior tem estreita ligação com o ato subsequente. Assim, quando um ato for decretado inválido, todos que dele dependam serão também considerados dessa forma (CPC, art. 281)[19]. Denomina-se também nulidade originária e nulidade por derivação (STJ, REsp 233.100/BA). Trata-se de situação ínsita à própria ideia de processo que se desenvolve por uma cadeia de atos que não podem ser analisados isoladamente.

Entretanto, os que dele não dependam, ou seja, que não guardem relação com esse ato, serão considerados aptos. Há nulidades, contudo, que não contaminam nenhum outro ato do processo além do próprio ato, como a invalidade que acomete os incidentes processuais (impugnação ao valor da causa, do pedido de fragmentação do litisconsórcio multitudinário ou da gratuidade da justiça) que, por não terem relação com o mérito, não alcançam os atos do procedimento que tiver por objeto o julgamento da causa. Aqui, ao contrário da concatenação, tem-se o confinamento das nulidades em um único ato.

Os atos que podem ser invalidados por arrastamento são apenas os atos posteriores, não podendo o magistrado invalidar os atos anteriores ao ato que foi originariamente invalidado[20].

Contudo, excepcionalmente é possível a anulação de atos anteriores como, por exemplo, a decretação da nulidade da arrematação que gera a nulidade do edital (ato anterior à expropriação propriamente dita).

---

17 "Art. 283. O erro de forma do processo acarreta unicamente a anulação dos atos que não possam ser aproveitados, devendo ser praticados os que forem necessários a fim de se observarem as prescrições legais. Parágrafo único. Dar-se-á o aproveitamento dos atos praticados desde que não resulte prejuízo à defesa de qualquer parte."
18 1ª Turma, RMS 18.923/PR.
19 "Art. 281. Anulado o ato, consideram-se de nenhum efeito todos os subsequentes que dele dependam, todavia, a nulidade de uma parte do ato não prejudicará as outras que dela sejam independentes."
20 Foi bem observada essa questão no Enunciado n. 276 do FPPC: "Os atos anteriores ao ato defeituoso não são atingidos pela pronúncia de invalidade".

É necessário que o magistrado fundamente de forma **específica** a relação de causalidade entre o ato nulificado e o ato derivado justificando a impossibilidade de aproveitá-lo. Não basta apenas anular os demais atos pela mera aparência de ligação entre eles (FPPC, Enunciado 277).

V – Princípio da instrumentalidade das formas – Vem previsto no art. 277[21] do CPC. Nem sempre o ato defeituoso será invalidado. Além da possibilidade de não se causar prejuízo há a concepção da instrumentalidade das formas. Certamente o princípio mais importante do campo das invalidades[22].

Por este princípio, entende-se que a **forma é um meio para se atingir um resultado e não o fim** em si mesmo. Dessa forma, se o ato atingiu a sua finalidade (daí o porquê de alguns autores denominarem como princípio da finalidade), o meio se torna irrelevante, porquanto constitui apenas um *instrumento*. A nulidade não será decretada só porque o ato é defeituoso. É porque o ato é defeituoso e não atingiu sua finalidade.

A instrumentalidade das formas, ou fungibilidade de meios, é a versão processual para a regra de nulidade do direito material prevista no art. 170 do CC: "Art. 170. Se, porém, o negócio jurídico nulo contiver os requisitos de outro, subsistirá este quando o fim a que visavam as partes permitir supor que o teriam querido, se houvessem previsto a nulidade".

Então, para verificar a invalidade deverá o magistrado estabelecer uma dupla análise (a primeira objetiva e a segunda subjetiva). A primeira verificando se o ato praticado (suporte fático) cumpre as exigências formais previstas em lei (modelo normativo). A compatibilização entre o suporte fático e o modelo normativo gera a eficácia do ato[23].

A segunda diz respeito ao desrespeito da norma. Caso não haja a compatibilidade acima referida, a decretação da invalidade não deverá ser de plano. É necessário verificar se, à luz da instrumentalidade das formas, o ato atingiu a sua finalidade. É subjetiva, pois depende da convicção judicial para autorizar ou não o aproveitamento do ato tendo em vista a sua realização teleológica.

A instrumentalidade das formas se aplica até mesmo para as nulidades absolutas em reforço ao princípio da primazia do mérito. Se o ato atingiu sua finalidade, independentemente da natureza do vício, não deve ser decretada a nulidade desse ato[24]. Em conclusão, duas balizas devem nortear o aplicador do Direito para a observância da instrumentalidade das formas no processo: **a) a finalidade** (se o ato atingiu sua finalidade precípua); e **b) prejuízo** (se a violação da forma não trouxe prejuízo para o processo). Nesse sentido é o que diz Humberto Theodoro Júnior: "Se o resultado do ato defeituoso ou atípico foi o mesmo que se esperava do ato perfeito típico, a atipicidade é irrelevante. Se, ao contrário, o ato defeituoso não gerou o resultado almejado, então a atipicidade é relevante"[25].

O art. 277 estabelece que "quando a lei prescrever determinada forma, o juiz considerará válido o ato se, realizado de outro modo, lhe alcançar a finalidade". O CPC atual retirou o vocábulo "sem cominação de nulidade" prevista no artigo anterior (CPC/73, art. 244). Isso porque o princípio da instrumentalidade se aplica mesmo diante das nulidades cominadas, já

---

21 "Art. 277. Quando a lei prescrever determinada forma, o juiz considerará válido o ato se, realizado de outro modo, lhe alcançar a finalidade."
22 De acordo com o autor italiano Piero Calamandrei, o princípio mais bonito da ciência processual.
23 CABRAL, Antônio do Passo. *Invalidades processuais*. I Colóquio Brasil-Itália de Direito Processual Civil. Salvador: JusPodivm, 2016, p. 186.
24 BEDAQUE, José Roberto. *Direito e processo*. 2. ed. São Paulo: Malheiros, 2001, p. 92.
25 Nulidades no CPC, *Revista Síntese de Direito Civil e Processo Civil*, v. 1, set./out. 1999, p. 144.

que "a natureza do vício não se altera por estar ou não cominada na lei a nulidade do ato assim praticado"[26].

O Enunciado 307 do Fórum Permanente dos Processualistas Civis é muito elucidativo ao estabelecer que: "Reconhecida a insuficiência da sua fundamentação, o tribunal decretará a nulidade da sentença e, preenchidos os pressupostos do § 3º do art. 1.013, decidirá desde logo o mérito da causa".

O que vale dizer, para fins pedagógicos, mesmo que se admita o ato invalidado, deve ele ser decretado para que se reforce o dever de fundamentar as decisões judiciais em observância ao art. 489, § 1º, do CPC. Caso contrário, geraria um estímulo à não fundamentação, já que a correção do vício seria dada, sem grandes formalidades, pelo tribunal.

8.4. EXISTÊNCIA, VALIDADE E EFICÁCIA

É necessário, antes de abordar a classificação adotada, estabelecer a diferença conceitual entre **existência, validade e eficácia** fundamentais à compreensão das invalidades.

A invalidade, como a própria locução sugere, insere-se precipuamente no plano da validade dos atos jurídicos. Contudo, a despeito de estar enquadrada nesse plano, também poderá ser estudada e espraiar seus efeitos nos planos da existência e da eficácia.

Esses planos, como tradicionalmente se tem das lições de Pontes de Miranda, são analisados gradativamente, pois o ato apenas poderá produzir efeitos tendo como premissa a sua validade, que por sua vez somente pode se operar quando o ato, em si, juridicamente existe.

Assim, o ato deve primeiro existir.

Plano da existência – a existência está relacionada aos fatos jurídicos. Ato inexistente é aquele que lhe falta suporte mínimo para que possa se considerar existente. É importante estabelecer que, tecnicamente, não há se falar em ato processual inexistente que contenha vício[27]. Isso porque, o ato inexistente não passa de mero fato. E como invalidar algo que juridicamente não existe? Contudo a inexistência, apesar de não ser invalidade (que versa especialmente no plano "da validade") será a expressão utilizada por ser já tradicionalmente adotada no cotidiano forense e constitui uma forma de explicar a falta de elementos que constituem o ato, até mesmo porque o ato inexistente produz efeitos enquanto não declarado, dada sua aparência de ato existente[28]. Portanto, ato inexistente é aquele a que falta um elemento constitutivo mínimo, necessário à sua existência. A inexistência é pressuposto para a configuração da validade e da eficácia. Sem aquela, este sequer pode ser cogitado.

Processo julgado por pessoa não investida de jurisdição, ou mesmo proferida por um juiz já aposentado, e a sentença sem dispositivo são exemplos de atos inexistentes, que, tamanha a sua gravidade, não possuem elementos mínimos de constituição. Nesses casos, tem-se uma mera aparência de ato jurídico.

Mas o ato, ainda que inexistente, produz efeitos até que seja declarado como tal (e nesse ponto está a grande distinção com o plano da inexistência jurídica do direito civil).

---

26 MONIZ ARAGÃO, Egas. *Comentários ao Código de Processo Civil*. Rio de Janeiro: Forense, 1974, v. II, p. 291.
27 "Pois constitui uma contradição falar de ato (portanto, de dado da realidade empírica) inexistente (que significa não ser)." MELLO, Marcos Bernardes. *Plano da existência*. 14. ed. São Paulo: Saraiva, 2010, p. 104-105. Nesse sentido CARNELUTTI, Francesco. *Teoria geral do direito*. 2. ed. São Paulo: Lejus, 2000, p. 489, § 164.
28 Uma sentença, mesmo inexistente, uma vez exauridos os recursos cabíveis sobre ela, desencadeará o cumprimento de sentença com a possibilidade de invasão patrimonial sobre os bens do executado, enquanto não for declarada a sua ausência de suporte fático.

O ato inexistente não se convalesce. Não há modo para que torne o ato inexistente em existente. É, portanto, ato impugnável, mas não recorrível. Não cabe sequer ação rescisória, pois o ato inexistente não poderá ser rescindido (apenas se rescinde o que existe). O pedido declaratório de inexistência (como toda ação declaratória) é imprescritível e não perece com o tempo.

Plano da validade – O ato primeiro deve existir. Existindo, ele pode ser válido ou inválido. "Diz-se inválido o ato processual quando este não se conforma com o esquema abstrato predisposto pelo legislador (tipo)"[29]. A invalidade pode existir no próprio ato (ex.: cláusula contratual versando sobre bem proibido por lei) ou antes dele (ex.: vícios de consentimento).

Para que haja invalidade o ato deve ser obrigatoriamente declarado como tal, vale dizer, é essencial decisão judicial a respeito[30]. O ato processual inválido pode ser convalidado. Há duas formas de convalidação; uma objetiva e outra subjetiva[31].

A convalidação objetiva decorre do atingimento da finalidade do ato. Se o ato processual não tem como objetivo precípuo a valorização da forma, mas a sua finalidade na cadeia do procedimento, atingida a finalidade pela qual o ato foi criado, convalidado está o ato inválido. É necessário que este ato não tenha causado prejuízo às partes (**instrumentalidade das formas + ausência de prejuízo**).

Já a convalidação subjetiva ocorre quando a parte não argui a invalidade (CPC, art. 278), gerando preclusão. Sabendo que somente a parte que sofreu o prejuízo (e não a que deu causa) pode alegá-la, em se tratando de invalidades dispositivas.

Plano da eficácia – A terceira categoria a ser estudada é a **eficácia**. A eficácia, em regra, não pode sofrer invalidade. Os efeitos jurídicos se produzem ou não. Constitui na aptidão do ato em produzir efeitos. A premissa é necessária na medida em que validade e eficácia não estabelecem entre si relação condicionante.

Explica-se. É possível haver ato válido e eficaz (esta é a regra) e ato inválido, porém eficaz.

O ato defeituoso produzirá efeitos até que ocorra a sua decretação, pois não existem, no sistema processual brasileiro, invalidades de pleno direito. Assim, é possível que um juiz absolutamente incompetente conduza um processo ou é possível que uma sentença nula possa incidir efeitos sobre a vida das pessoas na fase de execução, enquanto não decretada a invalidade que macula o ato.

Há, contudo, atos válidos no mundo jurídico que não podem produzir efeitos. Assim, a sentença ilíquida, que depende de fixação de valor certo (que se dará pela liquidação de sentença), somente poderá ser executada (= produção de seus efeitos) quando apurado o valor exequendo.

Dada essa questão é importante formular a seguinte indagação: é possível submeter a eficácia de um dado ato processual à condição ou termo?

Há casos possíveis[32]. A denunciação da lide depende da decisão do processo principal para ensejar a condenação regressiva. Dessa forma, somente a improcedência para o denunciante acarreta a condenação do denunciado.

O mesmo ocorre com o recurso adesivo. A conformação inicial ao julgado não preclui a faculdade de a parte interpor recurso. Assim, caso haja a interposição do recurso pela parte

---

29 Alexandre Freitas Câmara, *Lições de direito processual civil*, 18. ed., Rio de Janeiro: Lumen Juris, 2008, p. 245.
30 O que difere das invalidades do direito privado, que são *ipso jure*.
31 Sistematização proposta por Alexandre Freitas Câmara (*Lições*, cit., p. 248).
32 Alexandre Freitas Câmara (*Lições*, cit., p. 250-251) entende que somente poderá haver condição (e não termo). Concordamos com o autor carioca.

parcialmente sucumbente, nascerá o interesse recursal por aquele que não apresentou originariamente recurso.

O mesmo ocorre com a parte vencedora que, em contrarrazões, impugna decisões interlocutórias da qual foi sucumbente ao longo do processo para que sejam apreciadas na eventualidade do recurso da parte contrária potencialmente puder ser acolhido e provido.

Por fim a cumulação imprópria de pedidos sob a ótica eventual (CPC, art. 326), da qual o pedido subsidiário somente será apreciado se e quando indeferido o pedido principal.

Importante frisar, em arremate, que a situação condicionada deve ser verificada dentro do processo. Dessa forma, não será possível estabelecer evento futuro e incerto fora do processo. O ato não pode submeter-se à condição que não seja interna ao processo em que ele se situa[33].

8.5. CLASSIFICAÇÃO

O Código de Processo Civil brasileiro não primou pela didática quando estabeleceu o conjunto de artigos reguladores das invalidades. Isso porque trata de critérios para regularizar, desconsiderar ou atenuar as invalidades (arts. 276, 277, 282 e 283, CPC), sobre o momento de alegação (art. 278, CPC), sobre hipóteses especificas de comunicação de atos e MP (arts. 279 e 280, CPC) e da função expansiva das invalidades (art. 281, CPC). Em nenhum momento fala sobre a classificação das invalidades[34] e sequer menciona a inexistência processual.

Contudo, entendemos que a classificação (ou tipologia) é extremamente importante por diversos motivos: a) é objeto de grade curricular nas graduações e concursos (a qual esse livro é destinado); b) é objeto de grade curricular em pós-graduações (a qual esse livro igualmente é destinado); c) é verificado na prática forense em inúmeras petições e decisões judiciais a utilização dos critérios como "nulidade absoluta", "nulidade relativa", "nulo", "anulável", especialmente por boa parte da doutrina[35] (a qual esse livro, igualmente, é destinado). Portanto, não se pode fechar os olhos para a utilização prática (afinal, é para isso que o processo serve, para a utilização no mundo concreto da realidade forense); d) a classificação das invalidades possui uma importância sistemática: serve para divisar aquelas que podem ser conhecidas de ofício e aquelas que não podem, aquelas que podem ser alegadas a qualquer tempo e aquelas que devem ser alegadas na primeira oportunidade sob pena de preclusão. Até mesmo para separar as invalidades que admitem ação rescisória das invalidades que não admitem (em decorrência da preclusão), daquelas que contêm vícios transrescisórios e ainda aquelas situações em que não há invalidade, mas inexistência e que, portanto, apenas caberia uma ação declaratória negativa de ato jurídico processual; e, por fim, e) desde que respeitados os parâmetros da lei, é útil estabelecer uma classificação para que os sujeitos do processo saibam que, de determinadas práticas *x*, acarretam a consequência *y*.

Há, contudo, quem entenda que a classificação das invalidades é considerada inútil não apenas porque desnecessária, como também pela falta de elementos existentes no direito positivo[36].

---

33 Idem, p. 250.
34 De forma muito sútil no art. 278, CPC.
35 "Foi mantida a terminologia tradicional – *inexistência, nulidade absoluta e nulidade relativa* – porque se nos apresentou adequada e já está totalmente, irreversivelmente, arraigada, sendo, em nosso sentir, fadada ao fracasso a tentativa de inovar nesse particular." WAMBIER, Teresa Arruda Alvim. *Nulidades do processo e da sentença*. 10. ed. São Paulo: Revista dos Tribunais, 2019, p. 446.
36 PASSOS. José Joaquim Calmon. *Esboço de uma teoria de nulidades aplicada às nulidades processuais*. Rio de Janeiro: Forense, 2002, p. 141-142.

A classificação levará em conta não apenas as invalidades propriamente ditas como também a inexistência jurídica, que possui, no plano processual, regime similar às nulidades absolutas.

As invalidades (incluindo a inexistência nessa categorização) podem ser divididas em quatro categorias. A natureza do vício apresenta reflexos no campo da sua convalidação. Assim, quanto maior o vício, maiores serão os mecanismos de repressão criados pelo sistema.

Atua o sistema de invalidades, portanto, dentro do binômio perfeição-eficácia, pois a perfeição formal do ato permite a regular produção de seus efeitos[37].

Entendemos desnecessário estabelecer conhecida doutrina que divide as invalidades em **cominadas e não cominadas** (Teresa Arruda Alvim, José Maria Rosa Tesheiner). Isso porque o resultado é o mesmo: as invalidades cominadas são aquelas que a sanção vem prevista na lei (como, por exemplo a ausência de citação e não intimação do MP, arts. 279 e 280, CPC). As invalidades não cominadas são aquelas que não possuem previsão expressa, mas a lei estabelece a forma da prática do ato (ex.: ausência de pressupostos processuais, não apresentação de defesa pelo curador especial quando o réu for revel etc.). O resultado, no final das contas é o mesmo: verificando o vício haverá a decretação da invalidade, independentemente do CPC ter ou não previsto a cominação de forma expressa.

(a) Mera Irregularidade

São defeitos dentro do processo que não acarretam nenhuma invalidade e nenhuma consequência jurídica. Não obstante se tratar de prática de ato diversa daquela prevista em lei, o vício é tão leve que não merece ser sancionado com alguma punição. É o caso de o cartório não numerar ou rubricar as folhas dos autos físicos (art. 207, CPC), a utilização excessiva de latim na petição inicial, defesa ou recurso ou a certificação da expedição de carta rogatória quando na verdade se trata de carta rogatória.

Há, contudo, irregularidades cominadas, em que a sua tipicidade acarreta sanção. Isso ocorre nos arts. 143, II, CPC: "O juiz responderá, civil e regressivamente, por perdas e danos quando: II – recusar, omitir ou retardar, sem justo motivo, providência que deva ordenar de ofício ou a requerimento da parte", e 155, I, CPC: "O escrivão, o chefe de secretaria e o oficial de justiça são responsáveis, civil e regressivamente, quando: I – sem justo motivo, se recusarem a cumprir no prazo os atos impostos pela lei ou pelo juiz a que estão subordinados".

(b) Nulidade relativa (ou "atos anuláveis")

Uma introdução terminológica: há quem entenda que não existam atos anuláveis no processo civil (v.g., Liebman, Dinamarco). Entendem que todo ato, por ser anulável (pelo Poder Judiciário) não teria razão de se utilizar dessa expressão para identificar apenas um critério de classificação. Manteremos os dois nomes (nulidade relativa e anulabilidade) por serem expressões já consagradas em livros, decisões e concursos).

São os atos que ingressam no plano das invalidades (ao contrário da mera irregularidade), mas dentro da escala da gravidade do ato causam menos consequências danosas ao processo.

São atos que, de forma geral, transgridem norma jurídica dispositiva, ou seja, normas de interesse das partes.

Tanto assim que estas invalidades não podem ser arguidas de ofício e devem ser alegadas pelas partes na primeira oportunidade em que se falar nos autos, sob pena de preclusão (CPC, art. 278). O que vale dizer, se a parte não alegar a invalidade na primeira oportunidade, o ato se convalida e a nulidade desaparece (para fins jurídicos).

---

37 CABRAL, Antonio do Passo. *Comentários ao novo Código de Processo Civil*. Rio de Janeiro: Gen-Forense, 2015, p. 433.

É o caso da incompetência relativa. Se a parte não alegar a incompetência relativa no prazo legal e em preliminar de contestação, opera a prorrogação da competência (CPC, art. 65), já que é vedado o conhecimento de ofício (Súmula 33 do STJ). Um juízo que era incompetente passa a ser competente.

Igualmente é o caso da alegação de arbitragem (art. 337, § 5º, CPC) em que a não alegação pelo réu obriga o Poder Judiciário a julgar a despeito da cláusula arbitral, ou, ainda, o não cumprimento da regra do art. 1.018 do CPC (se os autos forem físicos), em que o agravado não manifestou-se sobre a ausência desse cumprimento.

Estes atos ganham reforço do princípio da cooperação e boa-fé (arts. 5º e 6º, CPC) já que a parte não pode "segurar" a invalidade para usá-la no momento em que entender oportuno bem como a segurança jurídica para resguardar os atos praticados preteritamente.

Nesse sentido, o STJ já teve oportunidade de vedar a denominada nulidade de "bolso" ou de "algibeira" no REsp 1.372.802/RJ.

São abstraídos do sistema pela exclusão. Sempre que a nulidade não for absoluta, por exclusão, será relativa. O ato é imperfeito, mas reúne plenas condições de produzir efeitos se a parte prejudicada não reclamar sua invalidade.

(c) Nulidade absoluta (ou "ato nulo")

Aqui, ao contrário das anulabilidades, em que o interesse (conveniência) das partes prevalece, no ato nulo interesse público é inspirado para a decretação da invalidade. Há razões de ordem política para conferir essa distinção das nulidades absolutas das relativas, que é a preservação do Estado enquanto aquelas ofendem os interesses das partes.

São atos que transgridem norma cogente de interesse público como, por exemplo, a ausência das condições da ação e dos pressupostos processuais (art. 485, § 3º, e 337, § 5º, CPC), sentença sem fundamentação ou relatório ou o juiz impedido.

Há, contudo, normas cogentes de interesse das partes que são categorizadas como nulidades absolutas, como, por exemplo, a violação ao art. 74, parágrafo único, do CPC. A invalidade ocorre quando a parte, transgredindo a necessidade de outorga prevista no art. 73 do mesmo diploma legal, propõe demanda sem a anuência do outro cônjuge[38].

Nesse tipo de invalidade a lei prevê, expressamente, a pena de nulidade. São as denominadas nulidades absolutas ou simplesmente "ato nulo". Neste caso, por se tratar de vício de maior envergadura, o sistema cria mecanismos mais ofensivos para debelar a nulidade.

Importante asseverar que ato existe (é ato processual e produz efeitos regulares), mas defeituoso. Possui uma espécie de "vida artificial" até a sua efetiva decretação, já que não se opera de pleno direito.

Assim, a parte poderá alegar a qualquer tempo, sem formalismo algum (pode ser por mera petição simples, dentro de alguma petição (apelação, contestação, réplica) ou ainda verbalmente em audiência), e poderá o magistrado conhecê-lo de ofício (verificando, antes, se há prejuízo, evidentemente).

Contudo, em atenção ao contraditório cooperativo, as partes devem ser intimadas para se manifestar sobre a nulidade ainda que seja cognoscível de ofício. O que vale dizer, o juiz não poderá proferir sentença terminativa (art. 485, CPC) ainda que a nulidade seja evidente, sem que as partes possam previamente se manifestar sobre a questão. Não pode haver decisão-surpresa.

---

38 Neste caso a norma é cogente (visa preservar o patrimônio familiar), podendo ser verificada de ofício, mas para a proteção do interesse particular.

Não se submete a nenhum prazo preclusivo, permitindo a atuação judicial oficiosa. A incompetência absoluta é tão grave que não se apega sequer ao limite temporal da coisa julgada, podendo ser alegada em sede de rescisória (CPC, art. 966, II), evidentemente observado o limite temporal do biênio decadencial (CPC, art. 975).

Uma honrosa exceção: o juiz ao proferir a sentença exaure temporariamente seu ofício jurisdicional (art. 494, CPC), pois a parte poderá interpor recurso aos tribunais, e esse magistrado reassume a causa no cumprimento de sentença. Ao proferir a sentença, não poderá, no lapso de tempo entre a publicação e a remessa dos autos ao tribunal reconhecer a nulidade por perda de competência.

Outro exemplo de nulidade absoluta é o art. 280 do CPC que comina com nulidade, quando as citações ou intimações não forem efetivadas com fundamento nas regulamentações legais (e seguindo a regra da instrumentalidade das formas, tal vício será afastado com o comparecimento espontâneo da parte).

Adiante, será demonstrado que mesmo este grau de invalidade tem a possibilidade de ser sanado.

(d) Ato inexistente

Conforme dito na introdução desse item, o CPC brasileiro não se ocupa para traçar o conceito ou as diretrizes sobre inexistência. O que se extrai de informações para o estudo advém da doutrina e da jurisprudência. Mas a questão não exige grande esforço: basta fazer o cotejo do ato processual concreto com as exigências mínimas para o preenchimento do tipo, previsto em lei. A falta desses elementos gera a inexistência jurídica.

Portanto, a existência do ato jurídico está intimamente ligada à presença de seus elementos essenciais (Dinamarco).

Já se disse na doutrina que a figura da inexistência pode ser discutível no direito civil, mas indispensável no direito processual. Eduardo Couture[39] assevera que o plano da existência não está ligado à eficácia, mas sim à própria vida do ato. Assim, o ato inexistente não pode ser considerado ato, mas simplesmente fato sem importância no campo jurídico.

É verdade. Essa categoria, em princípio, não seria admitida, na medida em que constitui um nada jurídico. Todavia, como bem assevera Teresa Arruda Alvim, "trata-se de realidade fática que não logrou transformar-se em realidade jurídica, em função de sua total desconformidade com a hipótese legal que o regula"[40]. O que vale dizer: o ato materialmente existe (sentença), mas foi redigido por alguém que não possua jurisdição, o que gera sua existência fática, mas sua inexistência jurídica. Se não houvesse sentença alguma, teríamos uma inexistência jurídica e fática.

Logo, o pior vício encontrado no sistema é o ato inexistente. Como dito, a inexistência é defeito tão grave que não permite sequer a formação do ato. São exemplos de atos inexistentes a falta de dispositivo na sentença, a sentença proferida por um não juiz ou juiz aposentado, a ausência de petição inicial e a falta de pressupostos processuais de existência. Para a citada autora, as condições da ação seriam também condição de existência do processo[41].

A inexistência é um problema em si mesmo, pois o ato não possui elementos mínimos. É diferente da invalidade (nulidade absoluta e relativa) em que o ato só é inválido porque a lei diz.

---

39 *Fundamentos de derecho procesal civil*, 3. ed., 1974, p. 377.
40 *Nulidades do processo e da sentença*, 4. ed., São Paulo, RT, 1998, p. 130.
41 Do que este *Manual* discorda.

O regime de repressão do ato se assemelha muito com a forma de controle das nulidades absolutas, podendo ser apreciado a qualquer momento, sendo facultado o conhecimento de ofício pelo magistrado. Todavia, por ser vício de categoria ainda mais grave, permite o enquadramento nos vícios transrescisórios, ou seja, não se submete ao prazo decadencial da ação rescisória, podendo ser alegado a qualquer momento por ação declaratória de inexistência (até mesmo porque as ações declaratórias são imprescritíveis), denominadas *querela nullitatis*.

No regime da inexistência a sentença não fica coberta pela coisa julgada material, já que há apenas uma **coisa julgada aparente**. É por isso que não cabe rescisória, visto que esta ação objetiva desconstituir a decisão transitada em julgado e, se a sentença inexistente não fez coisa julgada, não há nada a se desconstituir[42].

Nos vícios de fundo e de forma com cominação de nulidade há coisa julgada, mas uma coisa julgada defeituosa, pois imunizou processo eivado de nulidade.

Entretanto, em atenção ao princípio da instrumentalidade das formas, nada impede, como bem observa Humberto Theodoro Jr., que o vício da inexistência seja impugnado por rescisória[43].

É importante asseverar que de toda sentença nula cabe rescisória, mas nem toda rescisória decorre de processos nulos. E isso porque a nulidade é fato típico que se enquadra em uma das hipóteses do art. 966 do CPC, mas nem todos os casos de rescisória decorrem de uma nulidade (v.g., CPC, art. 966, VII).

8.6. CONVALIDAÇÃO DAS INVALIDADES

Como havíamos apresentado ao longo desse capítulo, uma das principais diferenças entre as invalidades do direito privado e as invalidades do processo civil, é que aquelas são nulidades de pleno direito e estas, para que sejam consideradas invalidades, devem ser decretadas/declaradas judicialmente. Ademais, as invalidades do processo civil a depender de sua gravidade (daí a importância de se classificar as invalidades e a inexistência) se convalidam ao longo do tempo, ou seja, não existem "invalidades eternas" no processo civil, pois essas se cicatrizam.

Tanto que muitos autores entendem que existe, em nosso ordenamento, um verdadeiro sistema de "sanatória geral das invalidades", decorrente da *res iudicata* (Lopes da Costa, Humberto Theodoro Jr).

Assim, o trânsito em julgado remediaria todas as eventuais invalidades existentes no processo. Dessa forma, há quem entenda que as invalidades se "sanam" com o trânsito em julgado e não constituem mais uma invalidade, e sim uma decisão válida, contudo sujeita à rescindibilidade.

Não é esse o posicionamento de Teresa Arruda Alvim[44], para quem "é de duvidosa cientificidade o princípio de que a *res iudicata* é sanatória geral de todos os vícios. Se assim o fosse, a sentença não permaneceria impugnável mesmo depois do trânsito em julgado, que, por si só, teria transformado o que era inválido (= nulo) em válido" (...) "Não é, todavia, o que ocorre, já

---

42 Teresa Arruda Alvim menciona ainda que não se pode declarar a nulidade, pois esta é decretada e, portanto, desconstituída. A inexistência, sim, pode ser declarada, pois o provimento que a chancela atesta situação anterior, preexistente, ao contrário do direito privado, em que as nulidades são declaradas. A desconstituição decorre da autoridade da coisa julgada. Portanto, dada a proteção que a *res iudicata* confere ao provimento sentencial, uma vez constatando a existência de vício suscetível de nulificação, a decisão deve ser desconstituída.
43 *Curso de direito processual civil*, 47. ed., Forense, Rio de Janeiro, 2007, p. 798.
44 Nulidades do processo e da sentença, cit., 10. ed., 2019, p. 507.

que as nulidades absolutas sobrevivem à coisa julgada ensejando ação rescisória". Por outro lado, as nulidades relativas não são "curadas" pela coisa julgada, já terão, muito antes, ficado preclusas no curso do processo, se não as impugnou em tempo hábil.

Entendemos, contudo, que a questão deve ser vista sob uma perspectiva diversa: não se nega que seja cabível ação rescisória para alegar essa nulidade se encartada numa das hipóteses do art. 966 do CPC[45]. Assim, entendemos que não se pode falar em sanatória geral, pois ainda cabe rescisória (como pedir a rescisão de um ato processual que foi sanado?). Igualmente entendemos que não se aplicaria manter a nulidade absoluta no seu mesmo *status*, pois esta pode ser conhecida de ofício a qualquer tempo e grau de jurisdição o que não coaduna com a etapa processual da qual estamos falando (trânsito em julgado).

Dessa maneira, analisando a forma de convalidação dos atos processuais, **artificialmente, o ato nulo, após o trânsito em julgado, adquire** *status* **de ato anulável**, já que, após o trânsito em julgado, não pode mais ser conhecido de ofício (já houve o exaurimento da prestação jurisdicional) e a parte, para impugná-lo, deve fazê-lo na primeira oportunidade em que falar nos autos sob pena de preclusão (no caso, no prazo de dois anos da rescisória). Não, a nulidade absoluta não se tornou relativa (senão sequer caberia ação rescisória), mas no período de dois anos, ela terá os efeitos de um ato anulável (ou nulidade relativa).

Assim, não que o vício tenha se alterado com o curso do tempo, mas o trânsito em julgado alterou a forma de repressão do ato e dessa feita, operativamente (e apenas por esse motivo), é lícito chamar este ato nulo (agora) de anulável. Após o decurso do prazo da rescisória teremos, aí sim, a denominada *coisa julgada soberana* ou *sanatória geral das invalidades*.

Graficamente, é possível visualizar as invalidades da seguinte maneira:

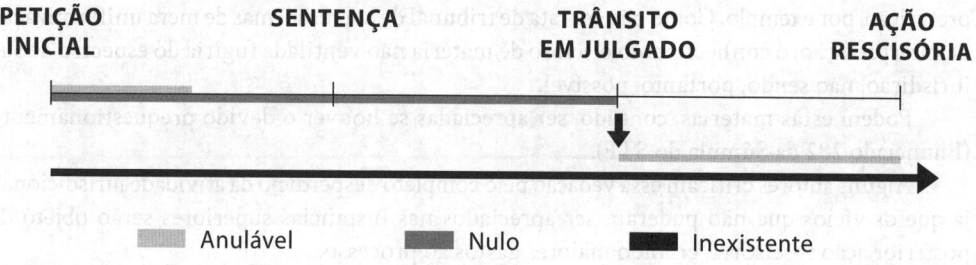

A nulidade relativa [ ] dura até a primeira oportunidade que a parte tem para falar aos autos. Após o ato se convalida;
A nulidade absoluta [ ] dura até o trânsito em julgado. Após o trânsito "ficticiamente" ela cai um grau de invalidade e se torna (para fins de impugnação) relativa, pois somente pode ser alegado pela parte (ação rescisória) na primeira oportunidade (dois anos após o trânsito em julgado)
A inexistência [ ] não tem prazo e poderá ser alegada por ação declaratória de inexistência (que é imprescritível) até mesmo após a rescisória pela denominada *querela nullitatis insanabilis*.

---

45   Em verdade, sempre haverá espaço, para rescisória, ao menos com fundamento no art. 966, V, CPC: "V – violar manifestamente norma jurídica".

8.7. SOBRE A APRECIAÇÃO DAS INVALIDADES EM SEDE DE RECURSO ESPECIAL E EXTRAORDINÁRIO

Questão a ser colocada em pauta é saber se uma nulidade pode ser apreciada em sede de recurso especial ou extraordinário. E isso porque há um confronto entre serem determinadas invalidades matéria de ordem pública *versus* a devolutividade restrita desses recursos excepcionais por força da exigência do prequestionamento. Sobre esse tema, este *Manual* já se manifestou no capítulo pertinente aos recursos. Há uma aparente antinomia entre os artigos que mencionam as **matérias de ordem pública** (arts. 485, § 3º, e 337, § 5º, CPC), que permitem sejam apreciadas a qualquer tempo e grau de jurisdição (até o trânsito em julgado), com a **devolutividade restrita** preconizada na Constituição Federal para os recursos especial e extraordinário.

De acordo com posicionamento majoritário dos Tribunais Superiores prevalece o prequestionamento.

A despeito do livre trânsito que essas normas gozam, elas são barradas pela devolutividade dos recursos excepcionais. E isso por dois fatores importantes: i) não se trata, o STJ e STF, de um terceiro grau de jurisdição, devendo ser satisfeitas as questões pertinentes aos pressupostos processuais e condições de ação nas instâncias inferiores; ii) a finalidade desses recursos não é a de resolver justiça subjetiva, mas sim a função de corrigir desvios interpretativos e unificar a jurisprudência. Desta feita, a lógica aplicada aos recursos ordinários não pode ser a mesma aplicada aos recursos de estrito direito, dada a total diversidade de objetos perseguidos.

Tem-se questionado com certa frequência se poderia o tribunal superior verificar a prescrição, por exemplo. Como não se trata de tribunal de correção, mas de mera uniformização de interpretação, o conhecimento oficioso de matéria não ventilada fugiria do espectro de sua jurisdição, não sendo, portanto, possível.

Podem estas matérias, contudo, ser apreciadas se houver o devido prequestionamento (Enunciado 282 da Súmula do STF).

Alguns autores criticam essa vedação pelo completo desperdício da atividade jurisdicional, já que os vícios que não puderam ser apreciados nas instâncias superiores serão objeto de posterior ação rescisória, criando maiores gastos ao processo.

O CPC, em seu art. 1.034, estabelece: "Admitido o recurso extraordinário ou o recurso especial, o Supremo Tribunal Federal ou o Superior Tribunal de Justiça julgará o processo, aplicando o direito".

Ao que tudo indica, seguindo a esteira da Súmula 456 do STF deveria ser permitida a devolutividade dessas matérias. Contudo, infelizmente, há uma espessa barreira no STJ e STF que entendem não ser tribunais de rejulgamento de causas e não poderia apreciar de ofício matérias não abordadas no acórdão do tribunal regional/local (STF, AI 733.846, STJ EAREsp 326.097/CE e REsp 1.422.020/SP). Apesar de não ser unânime, é majoritário.

8.8. ESPECIFICAMENTE SOBRE O MINISTÉRIO PÚBLICO

Há regramento jurídico sobre a não intimação do Ministério Público no processo, conforme o art. 279 do CPC.

Todavia, importante que se entenda que **não é a falta de participação do MP que gerará a nulidade, mas sim a sua não intimação**. Esta opção legislativa de cominar em nulidade a não intimação e não a participação decorre de, ao menos, dois fatores:

i) Não há hierarquia entre magistratura e Ministério Público de modo que o juiz não teria poderes para forçar o órgão do *Parquet* a participar do processo. No caso de omissão não poderia haver sanção dentro do processo, quando muito, sanção administrativa.

ii) A leitura do princípio do contraditório no processo civil está muito mais ligada à ideia de oportunidade de participação do que de contraditório efetivo (daí alguns autores preferirem a expressão "bilateralidade de audiência"). Nesse sentido, sendo devidamente intimada, a Promotoria verificará, a seu alvedrio, se há a necessidade de sua intervenção.

Essa regra vem reforçada pelos §§ 1º e 2º do art. 279 do CPC:

§ 1º Se o processo tiver tramitado sem conhecimento do membro do Ministério Público, o juiz invalidará os atos praticados a partir do momento em que ele deveria ter sido intimado.
§ 2º A nulidade só pode ser decretada após a intimação do Ministério Público, que se manifestará sobre a existência ou a inexistência de prejuízo.

Contudo, mesmo sem a intimação, esta nulidade pode ser mitigada em pelo menos duas circunstâncias: **a) ausência de prejuízo**: se ficar constatada a ausência de prejuízo, pode ser relegada a pena de nulidade[46]; **b) se a sentença foi favorável ao menor que o MP deveria proteger.**

---

46 Como, por exemplo, a participação da Procuradoria de Justiça em segundo grau quando não houve intimação do MP em primeiro grau (*RT* 630/176 e 582/212).

9.

DA TUTELA PROVISÓRIA (DE URGÊNCIA E DE EVIDÊNCIA)

9.1. INTRODUÇÃO

A devida compreensão da tutela provisória perpassa por uma rápida análise da tutela jurisdicional. Como vimos no capítulo 6 da parte introdutória do livro, tutela jurisdicional é uma expressão que possui uma série de significados. Para os fins desse capítulo, a tutela jurisdicional será vista como a satisfação concreta do direito.

A **tutela jurisdicional definitiva** está ligada ao produto final do processo, ou seja, o bem jurídico que leva a parte a ingressar no Poder Judiciário. É a denominada **tutela padrão**.

As técnicas que levarão a obter esse bem jurídico dependem do embasamento probatório que o autor tem à sua disposição. Se portador de título executivo, a lei autoriza que a pretensão seja judicializada por meio da execução. Nessa modalidade de processo, a discussão de direito material subjacente reveste-se de menor importância, dada a eficácia abstrata do título. Como consequência o contraditório é diferido para outra oportunidade. Constitui em sua essência um processo satisfativo e não cognitivo. A discussão do direito material é eventual com a oposição de resposta na execução.

Nos demais casos, a parte deve demonstrar a existência do seu direito por meio de uma tutela de conhecimento (pelo procedimento comum ou especial).

Contudo, para o cumprimento desse objetivo entre a petição inicial e a outorga definitiva dessa tutela perpassará um longo espaço de tempo para a prática dos atos e a estruturação do devido processo legal. Aqui, o tempo não pode ser visto como algo nefasto, inimigo da celeridade, mas como um instrumento necessário para maior certeza judicial sobre o que se discute.

Além da demora natural que todo processo demanda **(tempo fisiológico)**, some-se a demora indesejável e patológica do processo decorrente da burocracia e do número excessivo de demandas sob o comando de cada juízo, além das dificuldades operacionais, como o baixo número de funcionários, a falta de estrutura, entre outras **(tempo patológico)**.

O magistrado precisa do processo para poder analisar os argumentos trazidos pelas partes, produzir as provas (reiterá-las, se necessário), analisar os fatos à luz do direito e refletir com base em sua experiência sobre a melhor solução a ser tomada.

Entretanto, apesar de o tempo trabalhar em prol da estabilidade, labora, por vezes, contra a efetividade. Isso porque, além da natural insatisfação decorrente da demora, o longo itinerário do processo pode causar danos ao bem jurídico discutido em juízo ou mesmo prejudicar a fruição do resultado pretendido.

Dessa forma, quanto maior o tempo consumido, mais chance há de ocorrer o perecimento de algum direito, direito este que justamente o processo tem por objetivo proporcionar.

Era necessário, portanto, estruturar um sistema que permitisse: a) antecipar os efeitos do direito em casos de urgência, b) ter acesso a medidas que assegurem o resultado útil do processo em caso de potencial perecimento do bem ou direito e c) permitir que, em casos de evidência do direito, que autor já possa usufruir provisoriamente a tutela fazendo com aquele que possui, num primeiro momento, menos razão, suportasse os ônus do tempo.

Assim, além da **tutela definitiva**, obtida por meio de procedimento adequado e cognição exauriente, o ordenamento estabeleceu a existência de **tutelas provisórias** fundadas na urgência e na evidência, que objetivam neutralizar os nocivos efeitos do tempo por meio de medidas diferenciadas para permitir a pronta fruição ou assegurar que o bem jurídico seja entregue de maneira incólume no momento oportuno.

Em todos esses casos, o **tempo** é fator fundamental. O tempo excessivo poderá ser prejudicial em duas situações: a) risco da demora na outorga da tutela que poderá gerar perecimento de direitos; e b) na indevida distribuição do ônus do tempo a quem tenha que ficar privado do bem quando mostra a evidência do seu direito.

É para essas situações que se utiliza a tutela provisória. Portanto, a tutela jurisdicional poderá ser definitiva ou provisória. Para arredar os males do tempo, na primeira hipótese a tutela será de urgência; na segunda, a tutela será de evidência.

A tutela provisória constitui uma tutela, em princípio, sem caráter de definitividade com base em cognição não exauriente.

O convívio dessas duas tutelas depende da perfeita harmonização entre segurança e efetividade. É possível afirmar que, historicamente, a segurança jurídica sempre prevaleceu sobre a efetividade no sistema processual. Principalmente porque, em tempos remotos, não havia a cultura do Judiciário: estatisticamente o número de demandas era menor, e isso acarretava uma diminuição do impacto do tempo no processo. Quem pensaria em 1973, quando da promulgação do Código anterior, acerca da possibilidade de existência de penhora *on-line*, tutela antecipada generalizada e desconsideração da personalidade jurídica, que são figuras que atestam a preocupação do ordenamento com a efetividade?

O notório aumento das demandas e a procura incessante pelo Judiciário acarretaram uma influência no tempo da outorga da tutela. Dessa forma, a busca pela efetividade se tornou necessária. As tutelas provisórias objetivam cumprir esse papel.

O fundamento constitucional da tutela provisória advém tanto da inafastabilidade da "lesão ou ameaça a direito" (art. 5º, XXXV, CF) como da duração do processo sem dilações indevidas (art. 5º, LXVIII, CF).

O CPC criou, portanto, com base na problemática anteriormente traçada, um microssistema sob a rubrica "tutela provisória" (arts. 294 a 311) que regula: a) tutela antecipada de urgência (concedida com base no poder geral de antecipação); b) a tutela cautelar (concedida com base no poder geral de cautela, mesmo com as indicações genéricas de algumas medidas previstas no art. 301, CPC)[1]; c) a tutela antecipada de evidência (prevista tanto no art. 311 do CPC como em artigos esparsos do mesmo diploma e em legislação extravagante); d) as demais medidas de urgência previstas no próprio CPC (art. 381, CPC) ou em legislação extravagante (art. 7º, Lei n. 13.188/2015)[2].

É significativo o segmento doutrinário (forte na influência de Ovídio Baptista) que estabelece críticas ao termo "provisório", indicando que ele não é a locução apropriada para designar todas as situações contidas nessa modalidade de tutela. Assim a expressão provisória (= será substituída por outra, no caso a sentença definitiva) se aplicaria às tutelas satisfativas de urgência e de evidência, pois estas seriam substituídas pela decisão definitiva. Contudo, a tutela cautelar não é provisória, mas sim **temporária** (já que não será substituída por nenhuma medida, apenas terá um lapso de tempo determinado), pois não haverá uma decisão definitiva que a substitua, mas ela – a cautelar – dura enquanto perdurar a situação de urgência que a motivou. Constitui, contudo, discussão que reside apenas no plano acadêmico sem grandes repercussões práticas.

Ademais, em complemento a classificação apresentada pela doutrina, é possível haver tutela satisfativa de urgência ou evidência definitiva desde que não haja possibilidade de reversibilidade no plano fático[3].

Assim, é possível esquematizar graficamente as tutelas provisórias:

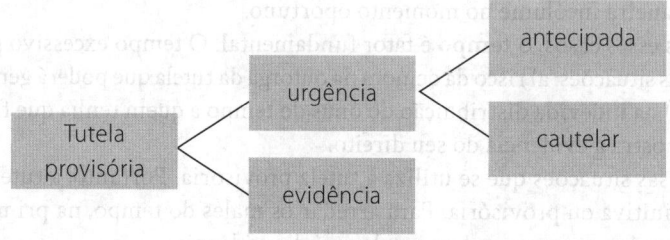

9.2. REGRAS GERAIS

O legislador estabeleceu algumas diretrizes gerais inerentes a todas as modalidades de tutela provisória, o que se poderia configurar como uma verdadeira teoria geral. Ainda, é possível extrair do ordenamento outras tantas regras igualmente importantes:

a) Modalidades. A tutela provisória com base na urgência pode ser antecedente ou incidental. Será incidental quando apresentada no curso de um processo já existente. Será,

---

1   Mas ainda se mantêm algumas medidas típicas em legislação extravagante como a cautelar fiscal prevista na Lei n. 8.397/92, na Lei de Improbidade Administrativa (Lei n. 8.429/92, art. 7º, parágrafo único) e na Lei de Propriedade Intelectual (Lei n. 9.279/96, art. 209, § 2º).

2   A Lei n. 13.188/2015 "dispõe sobre o direito de resposta ou retificação do ofendido em matéria divulgada, publicada ou transmitida por veículo de comunicação social". Assim o art. 7º estabelece: "O juiz, nas 24 (vinte e quatro) horas seguintes à citação, tenha ou não se manifestado o responsável pelo veículo de comunicação, conhecerá do pedido e, havendo prova capaz de convencer sobre a verossimilhança da alegação ou justificado receio de ineficácia do provimento final, fixará desde logo as condições e a data para a veiculação, em prazo não superior a 10 (dez) dias, da resposta ou retificação". A liminar, portanto, poderá ser concedida com fundamento na evidência ou urgência.

3   COSTA, Eduardo José da Fonseca. *Comentários ao Código de Processo Civil*. Organizadores: STRECK, Lenio Luiz; NUNES, Dierle; CUNHA, Leonardo Carneiro. Coordenador: FREIRE, Alexandre. São Paulo: Saraiva, 2016, p. 398.

contudo, antecedente quando apresentada antes do pedido principal. Isso porque, no CPC, a cautelar apresentada antes do pedido principal não constitui "mais uma" demanda autônoma em que servirá de apoio a outra demanda a ser apresentada[4]. No regime atual, conforme será visto abaixo, uma vez apresentada a cautelar, o pedido principal virá nos mesmos autos em que se requereu o pedido acautelatório.

Até mesmo em decorrência do sincretismo inerente às tutelas provisórias e o pedido principal (não existe "ação cautelar e ação principal") é importante compreender o exato marco temporal que divide a tutela incidental da tutela antecedente. Antecedente obrigatoriamente deve ser antes e não junto. Logo, se o autor pleiteia tutela antecipada liminarmente na petição inicial do pedido principal, constitui tutela incidental e não antecedente. O CPC, contudo, pecou pela precisão no artigo que regulamenta a tutela antecipada antecedente (art. 303), ao valer-se da expressão "nos casos em que a urgência for contemporânea à propositura da ação". Contemporâneo quer dizer na língua portuguesa novo, atual, recente, hodierno, presente, tudo que a tutela antecedente não é. A urgência deve ser anterior a propositura da causa: na tutela antecipada antecedente, em decorrência da falta de documentos e/ou argumentos para já pleitear o pedido principal e na tutela cautelar antecedente pela extrema urgência de modo que o tempo dispendido para confeccionar o pedido principal inviabilizaria a medida cautelar.

A tutela de evidência não poderá ser antecedente, pois não tem como pressuposto a urgência, e sim a correta distribuição do ônus do processo entre as partes, com base na alta probabilidade do direito postulado. Dessa forma, nada justificaria o emprego dessa técnica para as tutelas de evidência.

b) Cognição sumária. Também chamada de cognição *superficial* ou *rarefeita*. Se o tempo é um fator importante para todas as tutelas provisórias (até mesmo para a tutela de evidência) o magistrado não pode se valer do longo procedimento para conceder a medida pretendida. Dessa forma, o magistrado se contentará com o *fumus boni iuris*, ou seja, com uma cognição, no plano vertical sumária (sobre cognição, vide explicação no capítulo sobre processo e procedimento, *supra*). Contudo no plano horizontal a cognição é total, ampla, já que a atipicidade das medidas provisórias autoriza o requerimento de qualquer situação de urgência ou emergência que a parte venha a pleitear (vide item 1 *infra*). Tanto, que na prática as tutelas provisórias (em especial as de urgência) são concedidas *inaudita altera parte*, o que vale dizer que o juiz se contentará para a concessão da medida apenas com os argumentos apresentados pelo autor. É justamente pela cognição sumária exercida que o magistrado pode requerer medidas de apoio para ajudá-lo na decisão sobre a concessão: tanto a caução como a audiência de justificação prévia (art. 300, §§ 1º e 2º, CPC).

c) Custas (*Ne bis in idem*). No regime anterior, as custas do processo cautelar (antecedente ou incidental) sempre foram devidas independentemente das custas do processo principal em decorrência da causalidade. A tutela antecipada que sempre foi autorizada, apenas interinamente, não dependia de custas. No sistema atual, as custas do processo com tutela antecipada serão recolhidas apenas uma vez. No CPC/73, se houvesse uma medida cautelar e um processo principal, seria necessário recolher duas guias de custas iniciais. No atual ordenamento, se a tutela de urgência (cautelar ou antecipada) for antecedente, recolhem-se custas, mas dispensa-se o recolhimento quando da apresentação do pedido principal. Da mesma forma que não se exige o recolhimento de custas quando a tutela de urgência for de caráter incidental, já que foram recolhidas anteriormente.

---

4   Poderá ser como nos casos de produção antecipada de provas e exibição de documentos.

Em resumo, as custas serão recolhidas apenas uma vez, na primeira intervenção da parte no Poder Judiciário.

d) Revogação. A revogabilidade da decisão é instituto inerente aos provimentos concedidos em cognição sumária, pois o juízo exercido nessa situação não pode adquirir contornos de definitividade. A tutela provisória (interinal) pode ser revogada a qualquer momento em decisão fundamentada (art. 296, CPC).

Como a cognição do juízo é feita de forma perfunctória e superficial, pode ocorrer que uma análise mais aprofundada do caso leve o magistrado a rever sua decisão. Já dissemos que não existe uma preclusão *pro judicato*. Há três formas de revogação: i) pela sentença dentro do processo; ii) por agravo de instrumento; e iii) pelo próprio juiz no processo.

d1) As sentenças dadas em cognição mais profunda substituem a decisão dada em tutela provisória. E se houver sentença de improcedência e a parte interpuser recurso? Manterá a eficácia da medida provisória?

Não. E isso porque as sentenças substituem as medidas provisórias. O juízo de uma sentença é mais forte do que de uma decisão sumária, daí o porquê do efeito suspensivo não atingir esta parte da decisão. O CPC expressa essa opção defendida por grande parte da doutrina ao estabelecer que a sentença não ficará suspensa por força da apelação quando "confirma, concede ou revoga tutela provisória" (art. 1.012, § 1º, V).

d2) A tutela provisória também poderá ser revogada por meio de agravo de instrumento seja porque: 2.1) houve retratação do juiz de primeiro grau quando o agravante comunicou a interposição de agravo de instrumento (art. 1.018, CPC)[5], 2.2) houve retratação do juiz de primeiro grau quando o tribunal pediu informações ao juízo de primeiro grau e 2.3) por decisão do agravo de instrumento que alterou a decisão de primeiro grau.

d3) A revogação também poderá ser dada pelo próprio juiz no processo em decorrência da modificação da situação de fato que decorre de novas provas ou novas circunstâncias que chegam ao conhecimento do juiz. Sobre a possibilidade de retratação, há duas correntes:

Uma primeira corrente que defende a possibilidade do juiz, "pensando melhor" alterar sua decisão, já que a cognição sumária na urgência exercida poderá ser melhor refletida posteriormente (Marcelo Lima Guerra, José Roberto dos Santos Bedaque e Galeno Lacerda).

Uma segunda corrente, contudo, defende que o magistrado somente poderá revogar a decisão se houver algum novo elemento, uma nova circunstância ou a alteração no estado de fato como, por exemplo, novos elementos trazidos pelo réu ou o desaparecimento do *periculum in mora* (o autor tem uma recuperação repentina pouco antes de se submeter a cirurgia ou o réu presta caução para liberar os bens arrestados). Essa corrente é defendida por Humberto Theodoro Jr. e Cassio Scarpinella Bueno. Entendemos esse segundo posicionamento mais correto, pois prestigia a segurança jurídica ao impedir que o juiz, por mera liberalidade e sem novos fatos, revogue a tutela concedida.

e) Poder geral de efetivação. Assim como se aplica para o cumprimento de obrigações específicas (entrega de coisa e fazer/não fazer) a lei confere ao magistrado um poder geral de efetivação para que possa determinar as medidas que entenda adequadas para a efetivação da tutela provisória. Essa regra vem prevista no art. 297 do CPC, que deve ser lido em conjunto com o art. 301, que, *exemplificativamente*, estabelece hipóteses de efetivação das tutelas cautelares, como o arresto, o sequestro, o arrolamento de bens, registro de protesto contra alienação de bens. A própria lei assegura outras medidas ao valer-se da expressão "qualquer outra medida idônea para asseguração do direito". Ademais, aplica-se, nessa hipótese, a regra geral constante

---

5 Não se tratando de autos eletrônicos.

dos arts. 139, IV e 536, § 1º, do CPC, que estabelecem algumas hipóteses de efetivação para o cumprimento de obrigação específica.

f) Decisão fundamentada. Seguindo na esteira da necessidade de ampla fundamentação de todas as decisões judiciais perseguidas pelo CPC, para as decisões de tutela provisória, igualmente, deve o magistrado justificar as razões de seu convencimento (qualquer que seja o teor de sua decisão) de modo claro e preciso. Esse provimento será impugnável por agravo de instrumento. O fato de a cognição para a concessão ou não da tutela provisória ser, em regra, sumária, não quer dizer que a decisão possa ser fundamentada de maneira perfunctória[6].

A regra prevista no art. 489, § 1º do atual CPC que delimita o que não se considera uma decisão fundamentada, tem incidência nessas tutelas em especial o inciso II ao estabelecer que não se considera fundamentada a decisão que "empregar conceitos jurídicos indeterminados, sem explicar o motivo concreto de sua incidência no caso". São os denominados casos em que a decisão negatória da medida de urgência se limitava a dizer "ausentes os pressupostos indefiro" ou "não se vislumbra no caso concreto a presença do *fumus boni iuris* e do *periculum in mora*".

g) Competência. Mantendo regime similar ao anterior, o CPC atual estabelece regra simples de competência para tutela provisória: se incidental, será apresentada ao próprio juiz da causa; se antecedente, ao juízo que seria competente para conhecer do pedido principal. Melhorou, contudo, a disposição inerente à competência dos Tribunais. Assim será de competência do órgão jurisdicional a quem deva apreciar o mérito para as causas: de competência originária ou recursal, salvo em havendo disposição especial. Portanto, competirá ao relator apreciar as tutelas provisórias requeridas no Tribunal (art. 932, II, CPC).

O legislador, contudo, perdeu ótima oportunidade de alterar a regra de competência quando a tutela provisória for concedida em caráter antecedente. E isso porque a regra de competência funcional por sucessividade nem sempre é a mais adequada para solucionar algumas questões concretas. Como bem observa a Eduardo José da Fonseca Costa, "a jurisdição de urgência é pronto-socorro. Longe dela, não há como o doente safar-se"[7].

Imagine que o foro competente para ingressar com o pedido principal seja Porto Alegre e, portanto, pela regra prevista no art. 299, a tutela provisória deve ali ser distribuída, pois o réu está dilapidando seu patrimônio tentando se reduzir à insolvência. Ocorre que todo o patrimônio do réu está situado em Belo Horizonte. A seguir a regra da lei, deverá o autor distribuir a tutela provisória (no caso cautelar de arresto) para Porto Alegre, de modo que este juízo expeça carta precatória ao juízo dos bens. Essa conduta, além de gerar alto custo, demandará tempo, o que pode acarretar a ineficácia da medida.

---

6   Há decisões do STJ proibindo a fundamentação *per relationem* nas decisões de urgência. *Vide* REsp 1.399.997/AM: PROCESSUAL CIVIL. DECISÃO LIMINAR DE INDISPONIBILIDADE DE BENS. MOTIVAÇÃO *PER RELATIONEM*. POSSIBILIDADE. AUSÊNCIA DE FUNDAMENTAÇÃO. SIMPLES MENÇÃO A PEÇAS DO PROCESSO. NULIDADE. OCORRÊNCIA. 1. A jurisprudência desta Corte Superior de Justiça admite que decisões judiciais adotem manifestações exaradas no processo em outras peças, desde que haja um mínimo de fundamento, com transcrição de trechos das peças às quais há indicação (*per relationem*). 2. No presente caso, a decisão tida como não fundamentada foi proferida nos seguintes termos (fls. 12):"*Indefiro o pedido de indisponibilidade dos bens do réu, bem como o sequestro de bens e valores dos seus representantes, dada a juntada pelo Requerido dos documentos de fls. 336-579, que elidem a existência do* fumus boni juris *e* periculum in mora *necessários para a medida cautelar constritiva postulada*". 3. A simples remissão empreendida pelo Juiz *a quo* na decisão agravada a mais de duas centenas de documentos não permite aferir quais foram as razões ou fundamentos incorporados à sua decisão para indeferir a indisponibilidade dos bens do réu, bem como o sequestro de bens e valores dos seus representantes, exsurgindo, daí, a nulidade do julgado. 4. Recurso especial provido.
7   COSTA, Eduardo José da Fonseca. *Comentários ao Código de Processo Civil*. Organizadores: STRECK, Lenio Luiz; NUNES, Dierle; CUNHA, Leonardo Carneiro. Coordenador: FREIRE, Alexandre. São Paulo: Saraiva, 2016, p. 411.

A solução é demandar no local da situação dos bens para que o juízo de Belo Horizonte efetive o arresto e remeta ao juízo de Porto Alegre (*translatio iudicii*).

Os arts. 22-A e 22-B da Lei n. 9.307/96 (Lei de Arbitragem), com a redação que lhes foi atribuída pela Lei n. 13.129/2015, estabelecem que:

g1) Havendo arbitragem instaurada, o requerimento de tutela provisória de urgência será feito ao árbitro ou Câmara Arbitral.

g2) Não havendo arbitragem instaurada, o requerimento de tutela provisória de urgência será do Poder Judiciário. Contudo, poderão os árbitros manter, modificar ou revogar a medida. Ademais, concedida a medida, terá a parte o prazo de 30 dias para requerer a instituição de arbitragem (contados da data de efetivação da decisão) sob pena de perda da eficácia.

É importante frisar que o legislador delimitou (e o fez bem) apenas para as tutelas provisórias de urgência, pois apenas elas justificam a intervenção do Poder Judiciário (que possui melhores mecanismos de efetivação) antes da atividade arbitral em virtude do risco da demora. Não se justifica a possibilidade de tutela de evidência, já que esta é ligada ao mérito da pretensão em que apenas o árbitro poderá atuar.

h) Eficácia. Dado seu regime diferenciado, mesmo durante o período de suspensão do processo (art. 313, CPC), a tutela provisória mantém a sua eficácia. Aliás, é até mesmo possível a concessão de medidas de urgência durante a suspensão do processo (art. 314, CPC), consistindo na sua única exceção.

i) Fungibilidade. No direito civil, fungível é aquilo que pode ser *substituído* por outro. A fungibilidade processual não é novidade no sistema. Já se verificava entre os recursos (CPC/39, art. 810, e hoje nos arts. 1.024, § 3º, 1.032 e 1.033, CPC) e entre as possessórias (art. 554, CPC).

Era natural que as tutelas provisórias também tivessem essa previsão: i) dada a similaridade entre elas em algumas situações legais; ii) somada as flagrantes dificuldades de identificar, no caso concreto, a melhor medida a ser tomada; e iii) evitar as constantes confusões que operadores do Direito procediam (e procedem) na adoção da adequada técnica processual para o caso concreto.

É fundamental compreender o histórico sobre a fungibilidade das tutelas de urgência ao longo do tempo.

As cautelares "nasceram" junto com o CPC/73[8]. A tutela antecipada generalizada somente veio depois, em 1994. De 1994 a 2002, não havia previsão expressa de fungibilidade no Código.

Em 2002, com a Lei Federal n. 10.444, por sugestão do jurista mineiro Humberto Theodoro Jr., foi acrescido o § 7º ao art. 273 do CPC/73, com a seguinte redação: "Se o autor, a título de antecipação de tutela, requerer providência de natureza cautelar, poderá o juiz, quando presentes os respectivos pressupostos, deferir a medida cautelar em caráter incidental do processo ajuizado".

Dessa forma, se a parte requeresse tutela antecipada sendo o caso de cautelar, poderia o magistrado, presentes os respectivos pressupostos, autorizar a conversão.

Contudo, essa regra foi criada numa época em que majoritária doutrina entendia que os pressupostos para a concessão da tutela antecipada eram mais rígidos do que os da tutela cautelar (verossimilhança > plausibilidade). Dessa forma, a fungibilidade era apenas de tutela antecipada (*mais*) para tutela cautelar (*menos*) e não o contrário (fungibilidade de mão única ou único sentido vetorial). A denominada **fungibilidade regressiva**.

---

8 E antes disso, no CPC/39, as cautelares eram alocadas nos procedimentos especiais.

A regra, com devido respeito, não nos parecia correta. Se o pressuposto específico para a aplicação da fungibilidade é a dúvida, esta pode se manifestar para qualquer lado. Ninguém nega que o operador do Direito, no caso concreto, possa ter dúvidas se o caso é de interposição de recurso de apelação ou de agravo. Veja que não há dificuldades em se permitir a conversão para qualquer dos lados. O adequado é a fungibilidade recíproca, em que se permite a conversão de tutela satisfativa para cautelar e vice-versa.

De forma expressa não há mais a regra da fungibilidade entre as medidas de urgência. O que há, de maneira tímida, é o art. 305, parágrafo único, que assim dispõe: "Caso entenda que o pedido a que se refere o *caput* tem natureza antecipada, o juiz observará o disposto no art. 303" [tutela antecipada]. A leitura do artigo traz diversas restrições incompatíveis com a ideologia da fungibilidade. Primeiro, mantém a mesma e criticada fungibilidade de mão única prevista no CPC anterior, mas agora de forma diversa: a conversão é autorizada apenas de cautelar para tutela antecipada **(fungibilidade progressiva)**. Segundo, aplica-se apenas as tutelas antecedentes, sendo estas, especialmente a tutela antecipada antecedente, de baixíssima incidência prática.

Ou seja, a técnica generalizante da fungibilidade ficou confinada a raras situações. Contudo, o ordenamento já é municiado suficientemente de regras que autorizam a aplicação do instituto. Seja no plano constitucional (art. 5º, XXXV, CF) ao estabelecer que o Poder Judiciário não pode deixar de julgar "lesão ou ameaça a direito", seja por regra infraconstitucional em que permite a aplicação da instrumentalidade das formas (CPC, art. 277) e primazia do mérito (CPC, arts. 4º, 139, IX e 317) e art. 8º, CPC (princípio da eficiência). A conjunção desses artigos municia o sistema com base adequada para a ampla aplicação da conversão.

Esse, aliás, foi o entendimento na I Jornada de Direito Processual Civil no Enunciado n. 45 (CJF)[9] e Enunciado n. 502 do FPPC[10].

Ainda que parte da doutrina entenda não se tratar de fungibilidade, mas de "convertibilidade"[11], é necessário que essa conversão possa servir para ambos os lados.

j) Legitimidade. Quem possui legitimidade para requerer a tutela provisória? Num primeiro plano, evidentemente que o autor possui legitimidade para o pedido de tutela jurisdicional, já que ele, por natureza, formula pedido no processo e, portanto, poderá requerer tanto tutela provisória de urgência como de evidência.

O réu, contudo, também pode requerer tutela provisória, apesar de não formular pedido, ao menos da forma como o autor formula (já que sua manifestação em regra não amplia o objeto litigioso).

Mas, ao menos em duas situações o réu poderá formular tutela provisória:

a) quando formular pretensão ativa no processo (reconvenção, denunciação da lide, pedido contraposto, natureza dúplice) e houver, nessa pretensão, requisitos para a tutela de urgência ou evidência);

b) mesmo não formulando pretensão ativa, é possível ao réu requerer tutela provisória sempre que, no curso do processo, surgir situação de urgência ou de evidência que lhe permita formular esse requerimento, como se pode ver nos exemplos a seguir:

---

9 Enunciado n. 45 CJF: "Aplica-se às tutelas provisórias o princípio da fungibilidade, devendo o juiz esclarecer as partes sobre o regime processual a ser observado".
10 Enunciado n. 502, FPPC: "Caso o juiz entenda que o pedido de tutela antecipada em caráter antecedente tenha natureza cautelar, observará o disposto no art. 305 e seguintes".
11 CÂMARA Alexandre Freitas. O *novo processo civil brasileiro*. São Paulo: Atlas, 2015, p. 167.

- O réu, vencedor da demanda que declarou a improcedência do pedido, poderá pedir uma tutela de evidência em sede de contrarrazões para requerer o cumprimento provisório das custas e honorários.
- O réu poderá formular pedido de tutela provisória para exercer o direito de retenção sobre benfeitorias ao bem (art. 538, § 2º, CPC).
- O réu poderá requerer uma tutela de evidência para demonstrar o direito à compensação de um crédito que possui com o autor em face de um crédito que este tem com o réu.
- O réu poderá requerer uma tutela provisória de urgência para provisoriamente retirar seu nome do órgão de restrição de crédito (SERASA, v.g.) enquanto o processo está em trâmite.
- Numa execução, o exequente é réu nos embargos à execução opostos pelo executado (embargante). Dessa forma, poderá, em manifestação aos embargos, requerer tutela provisória para subtrair o efeito suspensivo dado excepcionalmente aos embargos (art. 919, § 1º, CPC) e requerer a continuidade dos atos executivos.

Questão polêmica diz respeito à possibilidade ou não de o magistrado conceder a tutela provisória de ofício, ou seja, independentemente de requerimento da parte.

O CPC/73 disciplinava a questão nos arts. 797 e 273. O art. 797 estabelecia a possibilidade de o magistrado conceder tutela cautelar de ofício desde que expressamente previstas em lei (como na hipótese do art. 19, § 1º, da Lei n. 11.340/2006 (Lei Maria da Penha) ou no caso do art. 130 da Lei n. 8.069/90 – ECA). Contudo, a jurisprudência[12] à época era pacífica no sentido de autorizar que as medidas cautelares (é importante reforçar a locução *medidas*, pois nunca houve a possibilidade de se propor uma ação cautelar de ofício) pudessem ser concedidas. Já no que concerne à tutela antecipada a questão era mais polêmica. O art. 273 do CPC/73 estabelecia que a tutela antecipada dependia de "requerimento da parte". Esse posicionamento era defendido pela majoritária doutrina (Barbosa Moreira, Nelson Nery, Cândido Dinamarco, Atos Gusmão Carneiro). Contudo, havia sólido posicionamento doutrinário (Luiz Fux, Luiz Guilherme Marinoni, Daniel Mitidiero) e jurisprudencial no sentido de que a tutela antecipada poderia ser concedida sem provocação em casos excepcionais.

O CPC atual resolveu não disciplinar a questão[13]. Dessa forma, entendemos que **como regra não poderá o Poder Judiciário determinar a concessão de ofício.** Contudo, a regra deve ceder passo em situações excepcionais das quais permita ao magistrado enxergar que a não adoção da medida de urgência possa comprometer a própria tutela pretendida no processo.

Imagine uma ação de obrigação de fazer para que um plano de saúde custeie uma cirurgia. A ação foi proposta sem requerimento de tutela provisória, contudo, o laudo médico acostado nos autos revela que o autor precisa se submeter, com a máxima urgência à intervenção cirúrgica sob pena de óbito. O magistrado analisando o referido documento não poderá conceder?

Essa permissibilidade não apenas decorre do princípio da eficiência processual no sentido de se prestar a melhor tutela possível (art. 8º, CPC), como também está relacionada à direção material do processo (art. 139, IV, CPC), ao estabelecer que o juiz poderá "determinar todas as medidas indutivas, coercitivas, mandamentais ou sub-rogatórias necessárias

---

12 STJ no AgRg no AgREsp 429.451/RJ.
13 Talvez de forma sutil no art. 295, que dispõe: "A tutela provisória requerida em caráter incidental independe do pagamento de custas". Mas esse artigo utiliza-se do verbo "requerer" apenas para indicar o que a regra já diz: quem propõe a tutela provisória é a parte. Bem como, no mesmo sentido, nos arts. 303 e 305 do CPC.

para assegurar o cumprimento de ordem judicial, inclusive nas ações que tenham por objeto prestação pecuniária".

Evidente que essas excepcionais situações não se enquadrariam na possibilidade de concessão em tutela de evidência, que se situam apenas no flagrante desconforto de a parte ter que suportar o ônus do tempo mesmo tendo direito verossímil. Se não houve requerimento expresso do requerente é porque o desconforto *não é tão incômodo assim*. Igualmente seria impossível a concessão de tutela provisória antecedente por afronta ao princípio da inércia (art. 2º, CPC). Como autorizar a concessão de uma medida de ofício sendo que sequer existe um processo nas mãos do Poder Judiciário? Portanto, somente seria possível pensar em eventual concessão sem provocação da parte nas **tutelas provisórias de urgência em caráter incidental**.

Entretanto, entendemos não haver obstáculo para a concessão da tutela de evidência em sede recursal para subtrair o efeito suspensivo de recurso quando o magistrado entenda que o não cumprimento provisório imediato da decisão possa causar dano irreparável ou de difícil reparação. O STJ já entendeu que: "Não contraria o princípio da adstrição o deferimento de medida cautelar que diverge ou ultrapassa os limites do pedido formulado pela parte, se entender o magistrado que essa providência milita em favor da eficácia da tutela jurisdicional"[14].

Há, contudo, situações previstas em lei que permitem ao magistrado de ofício determinar medidas acautelatórias. Como nos casos dos arts. 864: "A penhora de navio ou de aeronave não obsta que continuem navegando ou operando até a alienação, mas o juiz, ao conceder a autorização para tanto, não permitirá que saiam do porto ou do aeroporto antes que o executado faça o seguro usual contra riscos" e 923 do CPC: "Suspensa a execução, não serão praticados atos processuais, podendo o juiz, entretanto, salvo no caso de arguição de impedimento ou de suspeição, ordenar providências urgentes". E também no art. 14, § 5º, da Lei n. 10.251 que estabelece: "No caso do § 4º, presente a plausibilidade do direito invocado e havendo fundado receio de dano de difícil reparação, poderá o relator conceder, de ofício ou a requerimento do interessado, medida liminar determinando a suspensão dos processos nos quais a controvérsia esteja estabelecida".

A problemática na concessão de ofício reside na questão da responsabilidade objetiva do beneficiário da tutela provisória (art. 302, CPC). Como condenar o autor a ressarcir ao réu pelos prejuízos que ele sofreu se não deu causa a concessão de tutela provisória, já que foi concedida pelo magistrado. Talvez a melhor saída nos excepcionais casos que o juiz conceder seja intimar o autor previamente para que ele se manifeste sobre a concessão da medida. Concordando, se torna responsável pela concessão da medida e, portanto, incide a responsabilidade objetiva. Mesmo nos casos de extrema urgência a ponto de dever ser concedida *inaudita altera parte*, poderá o magistrado designar audiência de justificação prévia ou outra medida de comunicação emergencial (as vezes, ligando diretamente ao advogado) para cumprimento da comunicação.

Contudo, há quem seja totalmente contra a concessão da tutela antecipada de ofício sob o argumento da vigência no atual CPC do princípio da cooperação (a medida de ofício iria contra a participação e colaboração de todos os sujeitos do processo) e da vedação das decisões surpresa (o que impediria a atuação judicial sem a prévia oitiva das partes)[15].

---

14 Processo em segredo de justiça, Rel. Ministro Antonio Carlos Ferreira, Quarta Turma, *DJe* 13-12-2022.
15 CARACIOLA, Boari; DELLORE, Luiz. Antecipação de tutela *ex officio*? In: SCARPINELLA BUENO, Cassio et al. (coord.). *Tutela provisória no novo CPC*. São Paulo: Saraiva, 2016, p. 119-120.

l) Atipicidade. O CPC/73, ao longo de sua história de 42 anos foi flexibilizando a tipicidade das tutelas provisórias. No começo, haviam as cautelares nominadas ou típicas (arts. 813/888, CPC/73) e excepcionalmente as cautelares inominadas (art. 798, CPC/73) concedida com base no poder geral de cautela. Havia também as tutelas de evidência tipificadas (possessórias, monitória e embargos de terceiro) e as tutelas antecipadas fundadas na urgência, igualmente tipificadas (mandado de segurança, alimentos, nunciação de obra nova). Contudo, essas duas últimas, não possuíam os nomes que hoje se empregam.

Em 1994, surgiu a tutela antecipada genérica para todos os casos de necessidade de satisfação do direito em decorrência da urgência. O CPC atual não apenas manteve esse regramento como também estabeleceu a atipicidade geral das medidas cautelares (não obstante a tímida previsão do art. 301, CPC ressuscitando algumas das antigas cautelares, mas sequer regulou seu procedimento ou conferiu sua definição, resumindo a enumeração dessas seis cautelares[16]. Constitui, em verdade, um artigo de transição para melhor adaptação dos operadores do direito que trabalharam com o CPC/73 compreender o CPC atual, e criou expressamente a tutela de evidência genérica. Não obstante o art. 311, CPC prever situações típicas nos incisos I, II e III (conduta protelatória, tese devidamente provada e fundada em precedentes e contrato de depósito descumprido), o inciso IV traz uma hipótese capaz de albergar qualquer situação: petição inicial bem fundamentada (evidência) com posterior defesa frágil). Dessa forma, é importante asseverar que o critério da atipicidade é a regra nas tutelas provisórias. Isso decorre de três situações evidentes: i) o art. 188 do CPC que versa sobre a forma dos atos processuais estabelece "os atos e os termos processuais independem de forma determinada, salvo quando a lei expressamente a exigir" o que demonstra que os atos que não têm previsão de sua forma em lei, são, por exclusão, livres; ii) a complexidade da sociedade moderna somada as rápidas mudanças a que se submetem impedem, ou ao menos dificultam muito, a criação de tutelas provisórias típicas que, com o tempo, se tornariam obsoletas; e iii) a clara impossibilidade de o legislador antever todas as possibilidades possíveis em que alguém possa necessitar de tutelas provisórias no Poder Judiciário.

9.3. TUTELA PROVISÓRIA DE URGÊNCIA

9.3.1. INTRODUÇÃO

"Uma sociedade sem tutela jurisdicional efetiva é uma sociedade sem tutela jurisdicional e, portanto, não é uma sociedade democrática"[17]. Pode-se considerar a tutela de urgência um provimento judicial que tem por objetivo prestar a tutela jurisdicional em tempo menor do que seria prestada por uma tutela jurisdicional padrão (cognição ou execução). Essa brevidade no procedimento e, em consequência, a sumariedade da cognição decorrem de um perigo de dano, ato ilícito ou mesmo do resultado útil do processo. Daí a necessidade de proteção (no caso das cautelares) ou satisfação (no caso da tutela antecipada) imediata do bem ou direito.

---

16 O próprio art. 301 reforça essa premissa ao estabelecer no final do seu texto "e qualquer outra medida idônea para asseguração do direito".
17 LAMY, Eduardo. *Tutela provisória*. São Paulo: Gen, 2018, p. 33.

9.3.2. MODALIDADES: SOBRE AS TUTELAS ANTECIPADA E CAUTELAR

No atual estágio em que se encontra o estudo das medidas de urgência e a nova sistematização empreendida pelo diploma legal em tutela antecipada e cautelar, é importante estabelecer uma rápida digressão histórica sobre essas medidas no direito recente.

O legislador primeiramente instituiu as medidas cautelares.

A cautelar é medida que objetiva salvaguardar a utilidade de um processo dito principal. Constitui uma tutela de urgência para a proteção do próprio processo, o que se convencionou chamar no direito italiano de "perigo de infrutuosidade" (Calamandrei).

Ao analisar as situações de vida do processo potencialmente atingidas com os males do tempo, o legislador instituiu, ao tempo do CPC/73, catorze modalidades de cautelares (denominadas cautelares típicas – arts. 813 a 888). São típicas (ou nominadas) porque sua previsão estava tipificada no Código, bem como o seu procedimento[18].

Contudo, por mais minucioso que fosse o legislador, seria fisicamente impossível antever, com precisão, todas as situações de urgência de que as partes seriam acometidas no curso do processo. Dessa forma, ao lado das cautelares típicas, instituíram-se as cautelares atípicas.

Atípicas porque não tinham previsão na lei, nem quanto à nomenclatura, tampouco quanto aos seus requisitos. Sua concessão está condicionada ao que ficou convencionado denominar poder geral de cautela (CPC/73, art. 798).

Assim, as cautelares atípicas constituíam um mecanismo excepcional de segurança do juízo destinado somente àqueles casos para os quais não houver previsão específica[19].

Contudo, as cautelares (mesmo as inominadas) não eram suficientes para abranger todas as situações de urgência necessitadas pelos jurisdicionados.

A multiplicidade de situações existentes na sociedade fez com que determinados direitos não pudessem aguardar o provimento normal para sua concessão, necessitando-se da antecipação da própria tutela. As cautelares não satisfazem direitos, mas os asseguram, para uma futura sentença.

Some-se a isso o efeito que se convencionou denominar universalização da ordinariedade. O procedimento ordinário (hoje denominado comum) era a solução para quase todas as situações existentes.

Qualquer que fosse a pretensão do direito material, seguia-se o então rito ordinário (como se um médico, para todos os males, indicasse o mesmo remédio). Isso evidentemente potencializou o uso das cautelares.

Ocorre que, até 1994, a tutela antecipada genérica não tinha previsão no ordenamento jurídico, obrigando as partes a se socorrer das cautelares, como técnica de sumarização desses direitos (função expansiva das cautelares). Constituiu o que impropriamente se denominava "cautelar satisfativa"[20].

Diante da inadequação dos instrumentos para as situações carentes de tutela, o legislador se viu na contingência de adequar a legislação processual para corrigir essa lacuna.

---

18 Em verdade, nem todas que ali estavam constituíam propriamente cautelares, havendo até medidas extrajudiciais como Protesto, Notificações e Interpelações.
19 Não é o que ocorria, contudo. Na praxe forense, as cautelares inominadas tinham aceitação muito maior que as nominadas. *Vide* a cautelar de sustação de protesto e a cautelar de depósito.
20 O emprego da expressão não podia ser mais equivocado. Ou bem se acautela, ou bem se satisfaz. Se a tutela satisfez o direito do autor, não pode ser cautelar; se apenas acautelou, não se enquadra no campo das antecipatórias.

Assim, criou a tutela antecipada. Na verdade, como dito, não houve criação, mas generalização, pois a tutela antecipada já existia em procedimentos especiais específicos (como as liminares concedidas em possessórias, embargos de terceiro, mandado de segurança, dentre outros).

Repetindo. Com a tutela antecipada, o legislador estendeu a possibilidade de antecipação dos efeitos para qualquer tipo de demanda, que antes apenas existia em algumas legislações especiais.

Desse modo, a tutela antecipada tem por finalidade antecipar os efeitos da tutela definitiva com a prática de atos de caráter provisório, mas satisfativos em decorrência do perigo da morosidade. Antecipação de tutela e cautelar são espécies do gênero medidas de urgência, que fazem parte da denominada tutela provisória.

Ambas têm função semelhante no sistema. Harmonizar dois valores contrapostos: celeridade e segurança jurídica.

Servem para redistribuir o ônus do processo (se é fato que o processo demora, que o peso do seu tempo seja dividido entre as partes e não fique somente com o demandante)[21].

A despeito de possuírem procedimento diverso, essas diferenças foram mitigadas com a criação da fungibilidade entre as medidas de urgência.

Tutela antecipada é decisão provisória que satisfaz total ou parcialmente o direito material deduzido. Visa satisfazer o próprio direito (os efeitos) antes de proferida a decisão final. A tutela cautelar não satisfaz[22], mas visa assegurar a futura satisfação do direito material deduzido. Não é satisfativa. A tutela cautelar é uma forma de prestação jurisdicional voltada a impedir que o decurso do tempo do processo impeça a realização do possível direito alegado pela parte.

Na tutela cautelar há **outro** direito a ser protegido, e sua análise amplia o objeto litigioso (pretensão à segurança); na tutela antecipada não há outro direito senão o do próprio processo; ela não gera ampliação do objeto litigioso, senão a antecipação dos efeitos da mesmíssima pretensão formulada.

Dessa forma:

Tutela antecipada: antecipação dos efeitos do próprio direito postulado (tutela) permitindo que o autor usufrua de maneira provisória esse direito;
Tutela cautelar: medidas de apoio para resguardar o resultado útil de um pedido principal a fim que este fique protegido para ser usufruído no final do processo.

Há um método prático para estabelecer a diferença entre ambas: normalmente o requerimento da tutela antecipada se faz por meio de pedido liminar.

Quando o conteúdo desse pedido liminar coincidir com aquilo que se pretende na sentença final, fala-se em tutela antecipada. Caso contrário, a tutela é cautelar.

Se a parte requer liminarmente uma medida cautelar de arresto, não é o arresto o bem da vida que se pretende na sentença final. O que se deseja é a procedência sobre o bem que se discute. O arresto apenas tornará apta a execução da sentença, já que o executado terá bens livres e desembaraçados para responder com a obrigação.

---

21 MARINONI, Luiz Guilherme. *Antecipação de tutela*. 11. ed. São Paulo: Revista dos Tribunais, 2009, p. 142-143.
22 Constitui "um requisito negativo da tutela cautelar" (BAPTISTA DA SILVA, Ovídio Araújo. *Curso de processo civil*. 3. ed. São Paulo: RT, 2000, v. III, p. 66).

Na tutela antecipada, como se trata da antecipação, total ou parcial, dos efeitos daquilo que se pretende na sentença, evidentemente que o conteúdo da decisão liminar e o da sentença final serão coincidentes.

Num pedido liminar de cirurgia negado pelo plano de saúde, é a própria cirurgia que se deseja como provimento final.

Contudo, a despeito das diferenças estabelecidas, há ainda que diferenciar essas medidas de urgência com a definição de liminar. Muito porque os requisitos para a concessão das liminares se assemelham àqueles que são exigidos para a concessão das medidas de urgência. A **liminar pode ter um conceito geográfico e procedimental**.

No primeiro caso, a liminar é um pedido que pode ser feito em ação que admita esse tipo de providência e também pode (e não deve) ser requerido dentro do processo por meio de uma dada medida de urgência (antecipada ou cautelar).

Portanto, a liminar não deve ter conceito jurídico, e sim temporal e geográfico.

Liminar é todo provimento que é concedido sem ouvir a outra parte. Liminar não é substantivo, mas adjetivo, pois atribui uma qualidade a algo no início. O STF, para declarar a inconstitucionalidade do art. 22, § 2º, da Lei n. 12.016/2009 (Lei do Mandado de Segurança), adequou o conceito de liminar em relação à exigência de oitiva prévia do representante da pessoa jurídica de direito público como condição para a concessão de liminar em MS coletivo (art. 22, § 2º). O STF também declarou sua inconstitucionalidade, pois considera que ela restringe o poder geral de cautela do magistrado[23-24]. Contudo, há casos em que a expressão liminar está mal-empregada, como na recente mudança no ECA pela Lei n. 14.340/2022, ao estabelecer no seu art. 157, § 3º, que: "A concessão da liminar será, preferencialmente, precedida de entrevista da criança ou do adolescente perante equipe multidisciplinar e de oitiva da outra parte, nos termos da Lei n. 13.431, de 4 de abril de 2017". Existem tutelas cautelares sem liminar (e serão concedidas no curso do processo), bem como tutela antecipada sem liminar (que podem ser concedidas após ouvir o réu, na sentença e mesmo após ela). Todavia, quando se pede uma medida de urgência com liminar, deseja-se a medida deferida naquele momento, imediatamente e sem ouvir o réu. Pode-se dizer que é pleonasmo o requerimento de liminar *inaudita altera parte*, já que ambas querem dizer a mesma coisa.

Esse é o conceito geográfico de liminar. Contudo, existe também o **conceito procedimental** de liminar. Explica-se:

Nenhum procedimento comum tem previsão de liminar em seu bojo, vale dizer, os procedimentos comuns não possuem a previsão de liminar ínsita ao rito. Assim, as ações de cobrança, indenização, obrigação de fazer e entrega de coisa não têm previsão de liminar a não ser com requerimento de antecipação de tutela ou por meio de medida cautelar.

Os procedimentos especiais, como regra, também não possuem previsão de liminar. É fácil verificar que as ações como exigir contas, inventário, monitória, oposição, restauração de autos, divisão e demarcação de terras e diversas outras não têm a previsão de liminar.

---

23 O STF igualmente considerou inconstitucional o art. 7º, § 2º, que proíbe expressamente a concessão de liminar para compensação de créditos tributários, entrega de mercadorias e bens provenientes do exterior, reclassificação ou equiparação de servidores públicos e concessão de aumento ou extensão de vantagens ou pagamento de qualquer natureza.

24 Contudo, de forma equivocada, a recente Lei n. 14.340/2022, que alterou o ECA (Lei n. 8.069/90), estabelece que a concessão da tutela liminar para a suspensão do poder familiar "será, preferencialmente, precedida de entrevista da criança ou do adolescente perante equipe multidisciplinar e de oitiva da outra parte". Concordamos com a prudência da Lei em estabelecer essa oitiva do menor e da outra parte, pois trata-se de medida de extrema importância. Contudo, não se trata de medida liminar, e sim de mero provimento de urgência.

Contudo, há procedimentos que possuem, no seu bojo, a previsão de liminar. São as denominadas liminares ínsitas ao procedimento.

Dadas as peculiaridades do direito material, o legislador abstratamente estabelece a previsão de liminar, desde que preenchidos os requisitos específicos daquele rito. Assim ocorre nas possessórias, nos embargos de terceiro, no mandado de segurança, na ação civil pública, nos alimentos, na busca e apreensão em alienação fiduciária.

Cada uma dessas liminares pode se fundar em uma natureza. Algumas são fundadas na evidência (possessórias e embargos de terceiro), outras na urgência (alimentos) e outras têm natureza diversa a depender do pedido que se formula (mandado de segurança).

Uma última questão. É possível a antecipação de tutela nas ações declaratórias e constitutivas (ou do capítulo declaratório/constitutivo)?

Em princípio não é possível a antecipação da tutela declaratória, pois não existe um juízo de declaração provisório[25], já que nesses casos é necessário que se estabeleça cognição exauriente, que é justamente o que se busca nessas modalidades de tutela (aprofundamento e acertamento do direito acerca da declaração). Contudo, é possível, em alguns casos, antecipar os efeitos práticos da futura decisão. Assim, numa ação declaratória de inexigibilidade de tributo, é possível a antecipação de tutela para impedir que a autoridade fiscal proceda ao lançamento ou mesmo (caso a propositura da causa se dê após o lançamento) que esta se abstenha de executar o tributo não pago. Da mesma forma, a possibilidade de antecipação de tutela no pedido de declaração de união estável, para que o juiz expeça ofício a determinado clube ou plano de saúde informando a relação entre os conviventes para permitir que um possa ser dependente do outro.

O raciocínio é o mesmo para a tutela constitutiva. A constituição (criação, extinção ou modificação de uma relação jurídica) somente poderá ser dada por decisão em cognição exauriente. Assim, nada impede que, na pendência de uma ação de divórcio (constitutiva negativa), possa a parte requerer em antecipação de tutela a separação de corpos[26].

9.3.3. REQUISITOS PARA SUA CONCESSÃO

O art. 300 do CPC assim dispõe: "A tutela de urgência será concedida quando houver elementos que evidenciem a **probabilidade do direito** e o **perigo de dano ou o risco ao resultado útil do processo**" (grifei).

Para que se possa entender a escolha feita pelo legislador no tocante à uniformidade dos requisitos ensejadores para a concessão da tutela de urgência é importante fazer uma rápida digressão histórica.

Basicamente até 1994 havia apenas duas medidas de urgência no Brasil: as cautelares e as tutelas antecipadas típicas (v.g., liminar em possessórias, embargos de terceiro, despejo).

Na vigência do CPC/73 a tutela cautelar, medida de urgência, necessitava de dois requisitos para seu deferimento: *fumus boni iuris* e *periculum in mora*. Em 1994, por força da Lei n. 8.952,

---

25 COSTA, Eduardo José da Fonseca. *Comentários ao Código de Processo Civil*. Organizadores: STRECK, Lenio Luiz; NUNES, Dierle; CUNHA, Leonardo Carneiro. Coordenador: FREIRE, Alexandre. São Paulo: Saraiva, 2016, p. 422.
26 Não obstante o art. 1.585 do Código Civil impropriamente o denominar medida cautelar: "Em sede de medida cautelar de separação de corpos, em sede de medida cautelar de guarda ou em outra sede de fixação liminar de guarda, a decisão sobre guarda de filhos, mesmo que provisória, será proferida preferencialmente após a oitiva de ambas as partes perante o juiz, salvo se a proteção aos interesses dos filhos exigir a concessão de liminar sem a oitiva da outra parte, aplicando-se as disposições do art. 1.584". (Redação dada pela Lei n. 13.058, de 2014.)

ordinarizou-se a tutela antecipada no Brasil permitindo que se concedesse (e não apenas em casos específicos) a antecipação dos efeitos do próprio direito postulado em juízo em cognição sumária.

Contudo, entendia o legislador que a antecipação de tutela, como técnica de antecipação do próprio direito, deveria exigir requisitos mais contundentes do que a tutela cautelar, que consistia apenas numa modalidade de tutela jurisdicional cujo objetivo era criar medidas de apoio para a utilidade de outro processo.

Assim, estabeleceu-se que a concessão da tutela antecipada genérica de urgência deveria preencher o consórcio de três requisitos obrigatórios (art. 273, CPC/73): a) prova inequívoca; b) verossimilhança; e c) receio de dano irreparável ou de difícil reparação.

A prova inequívoca (a) é elemento que não consta como requisito da cautelar. O receio de dano irreparável ou de difícil reparação (c) é tomado por sinonímia ao *periculum in mora*, até mesmo porque seria juridicamente impossível estabelecer *in abstrato*, por lei, a gradação da urgência necessária para cada caso. E não há motivos para pensar que a necessidade de antecipação do próprio direito seja mais ou menos urgente que de uma medida de apoio em sede cautelar.

Contudo, majoritária doutrina estabelecia variações entre a fumaça do bom direito (para cautelar) e a verossimilhança (para tutela antecipada), asseverando que esta se exige "mais" que aquela. Assim, é comum os autores estabelecerem diferenças entre a verossimilhança e o *fumus boni iuris*. É comum também estabelecerem uma prévia hierarquia entre esses dois valores e a sentença. Estabelecendo que a sentença seria o grau máximo que o juiz pode alcançar, o *fumus boni iuris* seria uma mera plausibilidade do direito e a verossimilhança seria fenômeno intermediário, pois se exige maior cognição para a concessão da tutela antecipada do que para a tutela cautelar[27].

Essa construção teve relevante efeito no plano normativo, já que em 2001 estabeleceu no art. 273, § 7º, do CPC/73 o princípio da fungibilidade, que preconizou, com o devido respeito, a equívoca e inusitada situação da fungibilidade de mão única, ou seja, seria possível converter uma tutela antecipada (mais) para tutela cautelar (menos), mas nunca o contrário.

Não se consegue entender como estabelecer essa diferença. O *fumus* é o mínimo de probabilidade necessária para demonstrar ao juízo a juridicidade do direito postulado. O mesmo se aplica para a verossimilhança. É possível que o requerente de uma tutela cautelar possua um direito (*fumus*) deduzido em juízo muito próximo da certeza, e uma verossimilhança não tão bem delineada.

A questão é mais empírica do que prática. Não é possível estabelecer com precisão que os elementos para a concessão da tutela antecipada sejam mais rigorosos que os da tutela cautelar. A fumaça do bom direito é requisito mínimo e não máximo para a concessão da tutela.

Dessa forma, a diferença entre a tutela antecipada e a cautelar não residia no plano da cognição, mas no plano da prova, pois na tutela cautelar não havia o pressuposto da prova inequívoca.

Ao que tudo indica essa problemática se encerrou. Ao exigir para a concessão da tutela provisória de urgência (antecipada ou cautelar) a probabilidade do direito e o perigo da demora, tratou de uniformizar aquilo que não poderia ser tratado como figuras distintas. Além disso, não se tem mais como requisito da tutela antecipada a prova inequívoca.

---

27 Havia ainda quem inserisse nesse critério classificatório os requisitos para a concessão do mandado de segurança "relevante fundamento" e "ineficácia da medida" (art. 7º, III, Lei n. 12.016/2009), entendendo ser o "relevante fundamento" algo mais que a verossimilhança e menos que a sentença.

Os requisitos para a concessão de medida de urgência dependem exclusivamente da convicção do magistrado com base no caso concreto (*law-in-action*). Não se pode proceder a uma valoração empírica de critérios com mais ou menos peso quando o que se verifica, repise-se, é a mera probabilidade desse direito colocado em juízo e o seu perigo da demora (*law-in-books*). Presentes os requisitos, concede-se; ausentes, nega-se a tutela.

Em regra, é necessária a presença de ambos os requisitos. Contudo, a prática mostra que, por vezes, apenas um deles é apresentado e constitui requisito suficiente para a concessão da medida. Tome-se como exemplo as tutelas antecipadas requeridas contra plano de saúde com pedido de cirurgia emergencial, em que o autor não possui o contrato estabelecido entre as partes, ou mesmo liminares na seara previdenciária ou tributária com base simplesmente em enunciados de súmulas dos Tribunais Superiores.

Probabilidade do direito. Conforme exposto, as medidas de urgência têm sua previsão específica para arredar os males do tempo do processo. Se a tutela de urgência é medida que tenciona resolver essa demora, precisa ela ser célere, rápida e eficaz.

Entretanto, esses predicados, a despeito de parecerem, à primeira vista, qualidades, não o são quando se fala que a demora do processo é de fato uma demora "natural" do processo e não causada por algum evento humano.

Para a prestação da tutela jurisdicional e adequada análise do direito material colocado em jogo, o Estado precisa desenvolver um processo repleto de fases, pois o legislador entendeu que apenas por meio deste mecanismo seria possível fazer, mesmo que de maneira utópica, justiça.

Mas como a tutela provisória de urgência quer acabar com a demora do tempo que, em determinadas situações, pode causar dano, torna incompatível a horizontalidade do processo com a pressa na medida. Em alguns casos, a exigência de certeza tornaria o provimento inútil.

Como é subtraída do julgador a cognição exauriente sobre os fatos narrados, o sistema precisou criar uma técnica para que se confira a medida requerida.

Assim, criou um mecanismo por meio de **indícios e início** de prova. O magistrado, ao analisar os fatos, está predisposto a entender que não terá em mãos todos os elementos necessários que ele encontraria numa ação de conhecimento para conferir a tutela. Ele se contentará, então, com a mera aparência do direito, a mera plausibilidade, apenas a "fumaça".

Pensando bem as coisas, todo julgamento é fundado em probabilidade, pois a verdade absoluta é um valor inatingível. A probabilidade de que aqui se fala é uma probabilidade ainda menos robusta, com menos elementos para a apreciação da questão.

A probabilidade do direito constitui técnica de julgamento que permite ao juiz conceder o direito se contentando com apenas um bom indício de prova. Essa probabilidade se refere não apenas aos fatos mas também ao direito que amparam a sua tese[28].

Como o juízo de certeza (juízo da verdade possível) pertence à tutela de conhecimento, a tutela provisória trabalha com um cálculo de probabilidades de que o objeto do processo principal dará o direito àquele que pede a providência antecipada (cautelar ou antecipada).

Esse juízo de probabilidade exige que o magistrado volte seus olhos para o objeto do pedido principal e faça um prognóstico (não definitivo) sobre o que potencialmente pode ocorrer. Conforme sua resposta, haverá repercussão na concessão da medida.

---

28 WAMBIER, Luis Rodrigues; TALAMINI, Eduardo. *Curso avançado de processo civil*. 16. ed. São Paulo: RT, 2016, v. 2, p. 882.

Perigo na demora. A probabilidade do direito não é requisito suficiente para a concessão da tutela antecipada.

Conforme exposto, a tutela antecipada com base na urgência objetiva arredar os efeitos nocivos do tempo e tem por finalidade afastar o perigo de dano que possa ameaçar a efetividade do pedido principal em decorrência do retardo na prestação da tutela.

O *periculum in mora* é o interesse específico que justifica a emanação da providência antecipada. É a justificativa para a falta de aptidão do procedimento comum em resolver determinadas situações que devem ser verificadas antes do seu momento normal. O perigo da demora é o risco de ineficácia da medida.

Deve haver de fato perigo de dano. Ninguém se previne se não teme um prejuízo. Para obter o arresto, o credor deve mostrar a dilapidação e o risco de insolvência.

Não é necessário que a ameaça esteja cabalmente provada, bastando que seja provável. Mas deve ser objetiva, fundada em fatos concretos, e não um mero temor subjetivo.

O legislador disse menos do que deveria. O *periculum in mora* não se volta apenas ao perigo de dano, mas também contra a prática de ato ilícito. Especialmente nas tutelas preventivas, inibitórias em que se deseja evitar a violação do direito, nem sempre haverá dano. Assim, a verificação do magistrado não deve relacionar-se à potencialidade de dano, mas sim à potencialidade de violação a direito (art. 497, parágrafo único, CPC).

Duas questões importantes:

a) a tutela provisória (antecipada ou cautelar) poderá ser concedida liminarmente, ou seja, a urgência pode ser tamanha que a citação/intimação da parte contrária para manifestação poderá gerar o perecimento do direito requerido. Assim, o contraditório não fica tolhido, mas diferido para outra oportunidade;

b) caso o magistrado não se sinta totalmente convencido dos requisitos ensejadores para a antecipação, poderá requerer que a parte preste caução real ou fidejussória, a fim de ressarcir eventuais danos que a parte possa vir a sofrer. Essa caução poderá ser dispensada em caso de hipossuficiência da parte que deveria prestá-la. Em boa hora o legislador positivou posicionamento que já vinha recebendo certo amparo pelos Tribunais. Não é justo que a parte economicamente impossibilitada seja tolhida de seu direito por não poder oferecer em juízo as garantias necessárias ao eventual ressarcimento da parte contrária.

9.3.4. PRESSUPOSTO NEGATIVO: IRREVERSIBILIDADE

O art. 300, § 3º, do CPC traz importante requisito da tutela antecipada. Majoritária doutrina trata como pressuposto negativo (irreversibilidade), já que "a tutela de urgência de natureza antecipada não será concedida quando houver perigo de irreversibilidade dos efeitos da decisão".

Constitui um verdadeiro impedimento genérico à concessão da tutela antecipada: o objetivo é evitar o estabelecimento de uma situação fática definitiva.

A preocupação do legislador foi com o contraditório e a ampla defesa. E isso porque, se o magistrado concede a tutela antecipada sem ouvir o réu e esta decisão se torna irreversível, é como se estivesse concedendo a decisão definitiva de mérito sem o devido processo legal. Não constitui um equívoco do legislador, muito pelo contrário. Trata-se de mecanismo que objetiva dar vigência à clássica afirmação sedimentada no direito brasileiro (que, veremos adiante, está relativizada): aquilo que é decidido em cognição sumária não pode ser revestido de imutabilidade.

Há duas questões que devem ser enfrentadas: uma de **ordem formal** e outra de **ordem material**.

A primeira, de **ordem formal**, diz respeito à reforma redacional empreendida pelo CPC. No CPC/73 (art. 273, § 2º) havia a impossibilidade de concessão da tutela em virtude da "irreversibilidade do provimento" incorrendo em grave erro: o que se antecipa não é o provimento em si mesmo, mas os efeitos que ele – provimento – produz.

O provimento sempre pode ser alterado, seja por decisão posterior do próprio juízo que venha a infirmá-la em decorrência da provisoriedade (CPC, art. 296), seja por recurso interposto em decorrência dessa decisão.

É por esta situação que a doutrina costuma diferenciar a **irreversibilidade fática** da **irreversibilidade jurídica**. A irreversibilidade jurídica não pode ocorrer na medida em que esta constitui a decisão definitiva, que somente poderá ser conferida por cognição exauriente na sentença.

A irreversibilidade que a lei pretendeu dizer à época foi a jurídica, mas não disse sobre a irreversibilidade fática, ou seja, a produção dos efeitos concretos da decisão no mundo prático. Esse é o motivo pelo qual o legislador do CPC optou em estabelecer a irreversibilidade "dos efeitos da decisão".

A segunda, de **ordem material**.

Se se imaginar genérica e abstratamente que todas as decisões irreversíveis (= seus efeitos práticos) não sejam antecipadas, o instituto seria reduzido a pouquíssima utilidade prática. E isso porque em boa parte das decisões não há como o magistrado voltar atrás na produção dos efeitos da decisão. São comuns na doutrina os exemplos da cirurgia de urgência, da transfusão de sangue, do desembaraço aduaneiro para a venda de determinados produtos ou mesmo da decisão que concede ao pai o direito de levar o filho para o exterior.

Todas estas situações são faticamente irreversíveis já que não seria possível ao juiz determinar o retorno especificamente ao *status quo*. Nesses casos, há apenas duas saídas: ou se estabelece a cega e irrestrita aplicação da lei, tolhendo uma série de direitos verossímeis em ofensa ao preceito constitucional (art. 5º, XXXV), ou se confere uma margem de liberdade ao julgador para, no caso concreto, aplicar a **proporcionalidade** com base nos valores que estão em jogo.

É contrário à lógica impedir genericamente a tutela antecipada nos casos de irreversibilidade fática, pois a lei estaria conferindo aprioristicamente uma proteção ao réu que possui contra si uma presunção de que não detém o direito, já que o autor provou, no plano da cognição sumária, o preenchimento dos requisitos ensejadores para a concessão da tutela.

Existem situações em que o princípio da segurança jurídica (não concessão em decorrência da irreversibilidade) entra em frontal conflito com a efetividade (concessão pelo direito provável).

E muitas vezes, por força da leitura do dispositivo, o direito tolhido é mais importante que o direito assegurado abstratamente pelo legislador. Não se pode negar que todos os direitos são sujeitos à proteção, mas os direitos fundamentais possuem, em certa medida, uma proteção maior, não só no plano da sua importância na visão intrínseca de um direito, como também nos efeitos que projeta na sua relação com a pessoa que os exerce, como a imprescritibilidade, a irrenunciabilidade e sua indisponibilidade.

Dessa forma, no exemplo da intervenção cirúrgica, por exemplo, o direito à vida ou à saúde decorrente da cirurgia pode se sobrepor, no caso concreto, ao custeio desta intervenção que constitui pretensão patrimonial resistida pelo plano de saúde.

Afinal, se o objetivo da regra é impedir a concessão de tutela com efeitos irreversíveis, como permitir a não concessão e gerar uma produção (para o autor) com efeitos irreversíveis?

O direito positivo (plano das normas), contudo, não prevê essa flexibilização excepcional. Aqui decorre de um juízo de valor jurídico com base na prudência judicial[29].

É evidente que a relativização da irreversibilidade deve ser analisada em casos excepcionais e com garantias para que não se estabeleça o *periculum in mora* inverso (prejuízo exclusivo para o réu). É o que se denomina na doutrina irreversibilidade recíproca. É o que entende o Enunciado 419 do FPPC: "Não é absoluta a regra que proíbe a tutela provisória com efeitos irreversíveis". E, no mesmo sentido, o Enunciado 40 da I Jornada de Direito Processual Civil (CJF): "A irreversibilidade dos efeitos da tutela de urgência não impede sua concessão, em se tratando de direito provável, cuja lesão seja irreversível".

Em complemento, o ENFAM (Escola Nacional de Formação e Aperfeiçoamento dos Magistrados) estabelece em seu Enunciado n. 25 que: "A vedação da concessão de tutela de urgência cujos efeitos possam ser irreversíveis (art. 300, § 3º, do CPC/2015) pode ser afastada no caso concreto com base na garantia do acesso à Justiça (art. 5º, XXXV, da CRFB)".

9.3.5. RESPONSABILIDADE OBJETIVA

A responsabilidade civil da parte[30] que requer a tutela antecipada é objetiva, de modo que ela responde pelos danos causados ao requerido pela efetivação da medida independentemente de dolo ou culpa. Basta que o demandado prove o ajuizamento do pedido de tutela antecipada ou cautelar, o dano e o nexo de causalidade entre a efetivação da medida e o dano. Essa responsabilidade não impede a apuração da responsabilidade subjetiva decorrente dos danos processuais prevista no art. 79 do CPC.

O art. 302 enumera as situações que são sujeitas a responsabilidade objetiva:

I – a sentença lhe for desfavorável;
II – obtida liminarmente a tutela em caráter antecedente, não fornecer os meios necessários para a citação do requerido no prazo de cinco dias;
III – ocorrer a cessação da eficácia da medida em qualquer hipótese legal;
IV – o juiz acolher a alegação de decadência ou prescrição da pretensão do autor.

Algumas questões importantes:

a) A indenização será apurada nos próprios autos em que a medida foi concedida (sempre que possível), por meio de liquidação, e abrangerá os danos materiais, morais e lucros cessantes (CPC, art. 302, § único e STJ, REsp 1.770.124/SP).

b) Essa regra se aplica apenas para a antecipação de tutela cautelar, pois a responsabilidade da antecipação de tutela satisfativa está regulada no procedimento do cumprimento provisório de sentença.

c) E se a tutela provisória for concedida de ofício? Como coadunar a responsabilidade objetiva se o autor requerente sequer solicitou a medida? Nesse caso, entendemos que deverá

---

29 COSTA, Eduardo José da Fonseca. *Comentários ao Código de Processo Civil*. Organizadores: STRECK, Lenio Luiz; NUNES, Dierle; CUNHA, Leonardo Carneiro. Coordenador: FREIRE, Alexandre. São Paulo: Saraiva, 2016, p. 414.
30 O CPC/2015 trocou a locução "requerente" por "parte". Há motivos: não poderá ser apenado se a concessão da tutela foi concedida de ofício (conforme será explicado). Ademais, poderá o autor ser ressarcido caso a medida não lhe seja concedida e ele possa, futuramente, sofrer prejuízo em decorrência dessa não concessão.

o magistrado que verificou a situação de urgência não requerida pela parte concedê-la e intimar o autor, em atenção ao princípio da cooperação (arts. 6º, 9º e 10, CPC) para se manifestar acerca da potencial concessão que será deferida pelo magistrado. Contudo, entendemos, ainda que haja essa intimação, que não será possível apenar apenas o autor por uma situação a que não ele não deu causa (ainda que lhe seja favorável). O Estado deverá arcar igualmente com essa responsabilidade. O autor poderá até desejar a concessão da medida, mas pode não ter requerido, pois não deseja, no futuro, ser apenado com o pagamento de eventual responsabilidade objetiva.

d) Igualmente não incide a responsabilidade objetiva nos casos de tutela de urgência não constritiva (como, por exemplo, a produção antecipada de provas e a exibição). Nesses casos, não há cerceamento de direito do réu e, portanto, não há prejuízo, via de regra, experimentado.

e) O art. 300, § 1º, parte final, do CPC estabelece que a caução poderá ser dispensada se a parte "economicamente hipossuficiente não puder oferecê-la". Nesse caso não há o menor sentido determinar a prestação de caução (como condição para a concessão da tutela) a quem não tenha condição de prestá-la. Seria estabelecer uma negativa genérica de concessão de medidas de urgência a toda pessoa hipossuficiente na medida em que esta nunca teria condições de prestar caução.

9.3.6. TUTELA ANTECIPADA

Como visto, a tutela antecipada tem por finalidade antecipar os efeitos da própria decisão de mérito postulada, permitindo que a parte usufrua *in natura* e provisoriamente do bem ou direito. É como, ao pegar um livro de romance policial, ler a última página antes de todas e depois ler o livro normalmente, já sabendo quem foi o autor do crime da história: a antecipação de tutela permite que você já tenha em mãos o direito concretizado antes mesmo da decisão definitiva que lhe concederá esse direito.

9.3.6.1. Momento

Quando surgiu a generalização da tutela antecipada, em 1994, e os primeiros estudos sobre o instituto começaram a ser empreendidos, havia quem dissesse que a tutela antecipada somente poderia ser concedida até a sentença, pois após esse momento faltaria interesse de agir.

Contudo, essa premissa está completamente equivocada, já que não se pode confundir sentença (ou qualquer outra decisão de mérito) com tutela. A sentença é a declaração formal do direito, é o plano do dever-ser, é o provimento que declara a quem pertence o direito. A tutela (proteção) é a realização prática do direito. É a sentença concretizada no mundo dos fatos. A relação da sentença com a tutela é a mesma do cheque (cártula) com o dinheiro que ele representa. A parte não deseja o cheque, e sim o numerário que ali está contido. A parte não quer uma sentença que condene alguém a pintar o quadro, e sim o quadro pintado. A parte não quer uma sentença que obrigue alguém a entregar o carro, e sim o carro entregue.

Logo, a tutela antecipada será possível em um processo enquanto o direito não for realizado no plano fático.

É mais comum requerer a tutela antecipada liminarmente, que, como vimos, é o provimento da tutela antecipada sem ouvir o réu. Nada impede, contudo, que o magistrado a conceda no curso do processo, na sentença, em fase recursal e até no cumprimento de sentença.

Em fase recursal, o CPC expressamente prevê, no art. 932, II, a possibilidade de concessão de tutela provisória. Quando se trata de tutela cautelar (assecuratória), nada muda em relação ao requerimento de medida cautelar em primeiro grau de jurisdição. O relator, entendendo que há um bem ou direito a ser protegido para manter o processo incólume, concederá a medida.

A questão toma novos contornos quando se trata de tutela satisfativa (antecipada fundada na urgência ou na evidência).

Quanto à tutela antecipada fundada na urgência, o *periculum in mora*, que constitui o fato gerador para o requerimento da medida, poderá surgir no curso do processo. Imagine que o autor ingressa com ação de obrigação de fazer contra determinado plano de saúde requerendo autorização para realizar uma cirurgia que havia sido negada no plano do direito material. Não havendo, no caso, urgência, o autor não requereu tutela provisória. Contudo, após a prolação da sentença, o autor foi internado às pressas justamente em decorrência dessa questão. Surgiu a urgência. Nesse caso o autor poderá pedir a tutela provisória em contrarrazões (pois certamente o plano de saúde apresentará recurso de apelação) ou por petição simples, requerendo a subtração do efeito suspensivo *ope legis* da apelação, permitindo o cumprimento provisório do julgado (arts. 520 e 1.012, § 2º, CPC).

Já no tocante à tutela de evidência após a sentença, se a tutela de evidência (nas hipóteses previstas em lei) pode ser concedida antes da prolação da sentença, com base em juízo sumário e força provisória, com mais razão poderá ser concedida após a sentença com fundamento em cognição exauriente do juízo prolator da decisão.

Isso porque a decisão concessiva de tutela de evidência permite, desde já, o cumprimento provisório do julgado. Assim, se a parte, em sede de contrarrazões ou por petição simples, requerer ao relator pedido de tutela, é possível a concessão da tutela de evidência, subtraindo o efeito suspensivo da apelação autorizando o cumprimento provisório.

Apenas para encerrar, é importante frisar que as tutelas antecipada e cautelar antecedentes somente poderão ser requeridas liminarmente, pois apenas a extrema urgência justifica o pedido nesse momento procedimental.

9.3.6.2. Hipóteses

A tutela antecipada caberá em qualquer procedimento e em qualquer modalidade de demanda. Apenas não será permitida nos procedimentos que possuem liminar ínsita (embargos de terceiro, mandado de segurança etc.), pois o sistema já estabelece instrumentos próprios para arredar o problema do tempo. Contudo, mesmo nessas situações a tutela antecipada poderá ser cabível.

A concessão da liminar em uma ação possessória está condicionada ao preenchimento dos requisitos da petição inicial (art. 561, CPC). Dentro desses requisitos está o prazo de ano e dia da ciência da agressão à posse. Passado esse prazo, o autor poderá ingressar com demanda possessória, contudo sem direito a tutela liminar. Nessa situação, nada impede que o autor requeira tutela antecipada para a reintegração ou manutenção da posse, desde que preenchidos os requisitos do art. 300 do CPC.

9.3.6.3. Forma

Em regra, não há forma própria para requerimento da tutela antecipada. Contudo, alguns parâmetros devem ser obedecidos a depender do momento do requerimento. Assim:

Tutela antecipada antecedente	Petição inicial sumarizada com fundamento no art. 303 do CPC
Tutela antecipada incidental requerida liminarmente	Pedido feito dentro da petição inicial da demanda principal
Tutela antecipada incidental requerida no curso do processo	Petição simples
Tutela antecipada incidental requerida em fase recursal	No próprio recurso, nas contrarrazões ou por petição simples

Como nos casos da tutela antecipada incidental não há forma própria, é possível até o requerimento em sede de sustentação oral, conforme já entendeu o STJ no REsp 1.332.766/SP.

9.3.6.4. Modalidades

A tutela antecipada, conforme visto, poderá ser antecedente ou incidental.

Quando a urgência for anterior (e não contemporânea) à propositura da ação, é possível ao autor o mero requerimento da tutela antecipada satisfativa antecedente. O objetivo é evitar que o autor tenha que aguardar a obtenção de todas as provas para propor a ação de um direito urgente ou mesmo naquelas situações em que se necessita de uma análise rápida (e não aprofundada) de todos os documentos e alegações. Dessa forma, o autor calcado na urgência não terá tempo de elaborar uma petição inicial exauriente.

Assim, poderá formalizar um pedido compactado, com indícios ou começos de prova para que o magistrado, como consequência, conceda uma tutela provisória. Para tanto, formulará o autor sua petição inicial sumarizada com a indicação do pedido da tutela final. Nesse caso, deverá o requerente fazer uma exposição sumária da lide, do direito cuja concretização deseja (*fumus*) e do perigo da demora (*periculum*). Portanto, o autor não precisa desenvolver completamente todos os seus argumentos, pois estes serão mais delineados quando do aditamento da inicial.

O magistrado poderá conceder a tutela antecipada ou negá-la.

Em concedendo:

a) determinará que o autor emende a petição inicial em 15 dias para: i) complementar os argumentos caso seja necessário; ii) juntar novos documentos se tiver ou entender pertinente; iii) ratificar se de fato o pedido final é aquele apresentado na antecipação de tutela; e iv) atribuir o valor da causa que pretende no pedido de tutela final. Como o aditamento se dará nos mesmos autos, não haverá necessidade de recolhimento de custas complementares. Esse prazo poderá ser dilatado pelo juiz (de ofício ou a requerimento), caso entenda que não seja suficiente para o cumprimento da decisão. Caso não haja o aditamento no prazo legal ou judicial, o processo será extinto sem resolução do mérito. Por se tratar de ato relevantíssimo para o processo (aditamento para a conversão da tutela provisória em procedimento comum), é necessária intimação específica para aditar a petição inicial, não bastando a intimação sobre a concessão da medida[31];

b) determinará a citação do réu para comparecer à audiência de conciliação ou mediação nos termos do art. 334 do CPC. Evidente que a citação somente poderá ser empreendida após o devido aditamento da petição inicial para que o réu tenha completo conhecimento de todos os argumentos e fundamentos do autor. O réu igualmente será intimado, mas para, querendo interpor agravo de instrumento da decisão concessiva da tutela a fim de se evitar a estabilização da tutela antecipada, como será visto *infra*. Praticam-se, portanto, dois atos de comunicação: **citação para o réu integrar a relação jurídica do pedido principal e intimação para o réu integrar a relação jurídica da tutela antecipada antecedente**.

c) não havendo autocomposição, o prazo para que apresente defesa será contado conforme o art. 335 do CPC.

Caso o magistrado entenda que não há elementos para a concessão, determinará que o autor emende a petição inicial em até cinco dias sob pena de resolução do processo sem análise do mérito.

E se a parte possui a totalidade de provas necessárias para instruir o pedido principal, mas ingressa com a tutela antecedente para potencialmente obter a estabilização caso o réu não apresente agravo de instrumento? Nesse caso é necessário analisar a situação sob duas situações:

a) Se o autor apresenta a totalidade de documentos que serviriam para instruir o pedido principal, não há o que ser aditado, pois todos os argumentos e documentos estão no processo (não se imagina trazer um documento instruindo a petição inicial sem mencionar na própria peça a sua existência). Nesse caso o magistrado deverá determinar a emenda da petição antecedente para que seja o próprio pedido principal, sem direito a estabilização (que apenas se aplica à tutela antecedente);

b) Se o autor omite um ou alguns dos documentos o juiz não terá como saber de plano. Assim, em havendo elementos ensejadores, concederá a tutela antecedente. Contudo, quando do aditamento da petição inicial, deverá o autor demonstrar a impossibilidade de se ter juntado esses documentos anteriormente. A sanção, caso não consiga provar, será a inadmissibilidade de entranhamento desses documentos conforme arts. 320, 434, 435 e especialmente 435, parágrafo único, do CPC.

9.3.6.5. Estabilização da tutela antecipada

Estabilizar a tutela antecipada é permitir que a tutela concedida em caráter provisório adquira *status* de potencial definitividade diante da inércia do réu. Ou melhor dizendo, é permitir que a tutela antecipada, agora estabilizada, ainda que não definitiva, possa solucionar a crise de direito material em definitivo diminuindo ou eliminando a discussão do mérito[32].

Numa primeira leitura, parece ser fato inconciliável a convivência entre as expressões *tutela provisória* (que traz a ideia de duração efêmera) e *estabilização* (que traz a ideia de consolidado, solidificado). A doutrina é forte em asseverar que a provisoriedade, justamente pela sua natureza inerente, não pode adquirir contornos de definitividade. É necessário compreender como pode se dar essa coexistência entre fenômenos aparentemente distintos.

---

31 Nesse sentido, STJ, REsp 1.938.645.
32 ARRUDA ALVIM, Eduardo. *Tutela provisória*. 2. ed. São Paulo: Saraiva, 2019, p. 200.

É de longa data a tentativa de se estabelecer o mecanismo de estabilização da tutela antecipada no Brasil. Já houve projeto, apresentado pelo Instituto Brasileiro de Direito Processual (pela professora Ada Grinover), mas não conseguiu levar a efeito a proposta quando do CPC/73.

O CPC cuidou dessa questão em seu art. 304, ao estabelecer que "a tutela antecipada, concedida nos termos do art. 303, torna-se estável se da decisão que a conceder não for interposto o respectivo recurso". Perceba que apenas a tutela antecipada antecedente e não a incidental está sujeita à estabilização.

Igualmente não se aplica a estabilização para a tutela cautelar e a tutela de evidência. No primeiro caso até que se justifica na medida em que as cautelares têm por finalidade uma mera tutela de segurança que não se coaduna com a definitividade, pois atrelada a uma tutela diversa da principal. Contudo, nada justifica que se retire da tutela de evidência a possibilidade de estabilização. A tutela de evidência (como será visto) constitui uma antecipação de tutela sem urgência e decorre não do possível perecimento de algum direito, mas da altíssima probabilidade de procedência da demanda. Nesse caso a tutela de evidência constitui, no plano da convicção, medida mais forte que as tutelas de urgência. Ainda que não haja a possibilidade de tutela de evidência antecedente.

Voltando ao tema, a dinâmica, numa primeira leitura, parece simples: o magistrado concede a tutela antecipada antecedente requerida. Se a parte contrária não interpõe recurso dessa decisão concessiva de tutela antecipada, o processo é extinto e a tutela antecipada até então provisória se estabiliza, projetando seus regulares efeitos para fora do processo. Pela leitura do CPC não basta a parte contestar o pedido principal. É necessário que ela interponha recurso para impedir a estabilização. Inegavelmente essa é a escolha da lei, mas entendo que a mera resistência do réu à concessão da medida, por agravo de instrumento, embargos de declaração[33] ou contestação, afastaria os efeitos da estabilização (não obstante o art. 304 falar expressamente e em sentido técnico a expressão "respectivo recurso"). Há decisões do STJ restritivas permitindo apenas o agravo de instrumento (REsp 1.797.365/RS) e decisões permitindo que outras medidas impeçam a estabilização (REsp 1.760966 e, mais recentemente, REsp 1.938.645-CE).

Pois bem, uma vez não interposto o recurso, ocorre a estabilização da tutela antecedente. Entendemos ainda que a mera interposição do agravo de instrumento afasta a possibilidade de estabilização, ainda que o recurso não venha a ser admitido ou provido.

O Ministério Público poderá interpor agravo para afastar a incidência da estabilização nos casos em que sua participação se faça necessária (arts. 178 e 996, CPC).

Uma outra questão importante: o CPC estabelece que a estabilização gera a resolução do processo. Contudo, não indica *qual tipo de resolução* se opera (art. 304, § 1º, do CPC). Em nosso entender, a resolução do processo nesses casos se dá **sem resolução do mérito** (art. 485, CPC), por alguns motivos[34]:

---

33 Se a tutela antecipada antecedente for requerida em 2º grau, o recurso será agravo interno (de decisão monocrática) ou especial/extraordinário, se a decisão for colegiada.

34 Há quem entenda, contudo, que a extinção se dará **com resolução de mérito** (MARINONI, MITIDIERO E ARENHART), quem entenda se tratar de **uma sentença híbrida** entre a resolução com e sem mérito (Eduardo ARRUDA ALVIM) e quem entenda se tratar de uma **decisão provisória de mérito** (Fernando GAJARDONI).

a) a decisão interlocutória concessiva da tutela antecipada antecedente **é a decisão de mérito desse procedimento sumarizado**. A inércia do réu gera a estabilização dessa tutela e a resolução do feito. Essa resolução (sentença) não analisa o mérito, apenas declara a resolução pela contumácia do réu;
b) no rol do art. 487, CPC, em seus três incisos não há enquadramento para essa situação específica. O art. 485, X, contudo, confere abertura para se inserir a regra do art. 304 aqui referido: "nos demais casos prescritos neste Código";
c) se a decisão fosse de mérito, autorizaríamos o cabimento de ação rescisória, pois há trânsito em julgado, mas não há coisa julgada e o art. 966, CPC exige para o cabimento da rescisória exatamente isso: que seja decisão de mérito + trânsito em julgado;
d) o CPC expressamente estabelece que a estabilização não é a coisa julgada (art. 304, § 6º, CPC), uma importante característica das decisões de mérito (art. 502, CPC);
e) o pedido que gerou a resolução do processo é o pedido da tutela provisória e não o pedido definitivo (que versa sobre o *thema decidendum*) que só ocorreria se houvesse o aditamento da petição inicial nos termos do artigo 303, § 1º, I, CPC.

Em atenção ao princípio da causalidade, entendemos que incide honorários na estabilização da tutela antecipada. Como o art. 85 do CPC não estabelece um parâmetro para a fixação de honorários nesse caso, o Enunciado n. 15 do ENFAM sugere que se aplique, por analogia, as regras da ação monitória. Assim: "na estabilização da tutela antecipada, o réu ficará isento do pagamento das custas e os honorários deverão ser fixados no percentual de 5% sobre o valor da causa (art. 304, *caput*, c/c o art. 701, *caput*, do CPC)". Realmente não faria sentido eximir o advogado da parte vencedora em perceber seus legítimos honorários (arts. 85, CPC e 22 da EAOB).

Com a estabilização da tutela antecipada e a consequente resolução do processo não se pode dizer que o réu não poderá mais se manifestar. É possível às partes (qualquer delas) requerer o desarquivamento do feito e propor ação com a finalidade de rever, invalidar ou reformar a tutela estabilizada nos mesmos autos em que se deu a concessão da medida. Essa ação, contudo, não apenas se limitará à reforma, invalidação ou revisão, mas sim à ampla discussão da causa, já que a tutela antecedente versa sobre o próprio mérito.

A petição inicial será obrigatoriamente distribuída perante o juízo que concedeu a tutela antecipada antecedente (competência funcional, absoluta), conforme o art. 304, § 4º, do CPC.

Entretanto, a lei conferiu prazo de dois anos (prazo decadencial[35], pois constitui direito potestativo das partes) para a tomada dessa providência contados da ciência da decisão que gerou a resolução do processo. A decisão de estabilização não faz coisa julgada, e justamente por não fazer, não cabe, nesse momento, ação rescisória. Contudo, após os dois anos, a decisão estabilizada sobe um grau no plano da imutabilidade e fará coisa julgada. Não há razão nenhuma para a decisão estabilizada, após dois anos não fazer coisa julgada. Constitui grande equívoco tolher o cabimento de rescisória, o que entendemos ser possível conferindo uma interpretação extensiva ao art. 966 do CPC[36]. Como tolher, por exemplo, o Ministério Público de ingressar com ação rescisória com base nos arts. 966, III, e 967, III, *b*, se verificou fraude no processo em que a estabilização se formou?

---

35 Sendo prazo material, os 2 anos não correm em dias úteis (art. 219, parágrafo único, CPC).
36 Em sentido contrário, o Enunciado 33 do FPPC dispõe: "Não cabe ação rescisória nos casos de estabilização da tutela antecipada de urgência".

A estabilidade consiste numa forma de imunização que se enquadra num microssistema junto com a própria coisa julgada, a justiça da decisão do assistente simples e a estabilização da tutela antecipada antecedente.

A estabilização não ofende o devido processo legal pelo fato de a decisão que se torna estável não ter a participação do réu. Primeiro porque constitui opção política do legislador ordinário. Segundo porque não se trata de tolher o contraditório, mas exercer a técnica do contraditório eventual. Assim, a parte terá a possibilidade de (a) recorrer ou (b) demandar ação revisional no prazo de dois anos. Esse método de procedimento prestigia a efetividade e evita que processos com réus desinteressados em se defender se prolonguem no tempo, pelo respeito à marcha procedimental prevista em lei (contumácia dupla do réu).

Consequentemente, repise-se, sendo opção da parte o não exercício do contraditório, a cognição sumária se torna exauriente, com base no juízo da verdade possível, já que o magistrado procederá ao acertamento do direito (sendo vedado o *non liquet*) com base nos elementos trazidos pelo autor em seu pedido de tutela antecipada antecedente.

Constitui a estabilização, portanto, uma "pré-coisa julgada" que fica em estado de encubação aguardando os dois anos para a eventual propositura da ação do art. 304, § 2º, CPC. Não ocorrendo essa propositura a estabilização adquire *status* de imutabilidade (coisa julgada).

Essa estabilidade retira o elemento da revogabilidade (art. 296, CPC) inerente aos juízos provisórios. Mas não se trata (ainda) de coisa julgada tal como conhecemos. Para que essa ocorra é necessário o decurso do prazo de dois anos conferidos para o ingresso da ação prevista no art. 304, §§ 2ª a 6º, do CPC, pois: a) ou a ação gerou um aprofundamento da cognição permitindo o amplo debate sobre a tutela provisória concedida ou b) como não houve interesse em se manifestar sobre a tutela antecipada (nem por recurso, nem por ação) a cognição sumária adquire contornos de cognição exauriente fundada na ausência de contraditório (mesma técnica admitida na revelia). Logo, o aprofundamento da cognição se dá pela inserção de demanda cognitiva ou pela inércia do réu. Essa é, no nosso entender, a melhor solução possível, já que o próprio CPC não explica o que ocorre após o decurso do prazo de dois anos (se opera ou não a coisa julgada material). Ou seja: na revelia, o magistrado irá julgar com base exclusivamente nos elementos trazidos pelo autor. Na tutela antecedente ocorre da mesmíssima forma. Nem se diga que o magistrado poderá produzir provas (art. 370, CPC) no processo de conhecimento. Essa questão é afastada, pois, para a concessão de tutela antecedente, deve haver prova segura para a concessão (o que não se exige em uma ação de conhecimento cuja prova poderá ser feita na fase instrutória).

É exatamente o que ocorre com o réu que não se defende na ação monitória: sua inércia gera a conversão de mandado monitório em título executivo, portador de eficácia abstrata tendente a invadir o patrimônio do devedor.

Assim, após os dois anos a estabilidade adquire o *status* de coisa julgada[37] e daí flui o prazo para ingressar com a ação rescisória (ação não mais voltada a discutir as questões sobre a tutela provisória concedida [qualquer questão se diga], mas sobre as situações específicas do cabimento da rescisória [art. 966, CPC]).

Dessa forma, é possível analisar graficamente a questão:

---

37 Nesse sentido: ASSIS, Araken de. *Processo civil brasileiro*. São Paulo: RT, 2015, v. II, t. II, p. 608.

FASE 1	FASE 2	FASE 3
O autor requer a tutela antecipada antecedente. O juiz concede e extingue o processo	O réu não interpõe agravo de instrumento	Passado o prazo de 2 anos para ajuizar ação para rever a tutela estabilizada. Início do prazo de eventual ação rescisória
⇩	⇩	⇩
Tutela provisória	Tutela estabilizada	Tutela definitiva
⇩	⇩	⇩
Cumprimento provisório da decisão	Cumprimento provisório da decisão	Cumprimento definitivo da decisão

Há quem critique esse entendimento da formação da coisa julgada dada a um provimento concedido em sede de cognição sumária. Não há razão nas críticas, contudo:

a) Como dissemos, a cognição sumária se torna exauriente na medida em que não houve contraditório exercido. O sistema processual civil trabalha com o contraditório oportunizado e não obrigatório como no processo penal (art. 261, CPP). Há diversos casos em que o contraditório não é exercido (revelia, improcedência liminar do pedido) e o juiz deverá julgar com base apenas nos argumentos do autor (pela vedação ao *non liquet*) e nem por isso se diz que a decisão não teve cognição adequada e tampouco deixou de formar coisa julgada. Essa ideia de que a coisa julgada só ocorre em cognição exauriente foi estabelecida sob a égide das codificações anteriores, quando lá não existia essa sofisticada técnica de estabilização dos efeitos da tutela antecipada antecedente.

b) O efeito positivo da coisa julgada está preenchido, pois a declaração sobre a existência do direito, concedida liminarmente em sede de tutela antecipada antecedente, não foi impugnada nem por recurso nem pela ação no prazo de dois anos. Logo, se o contraditório no processo civil é oportunizado e a parte deixou de fazê-lo, a cognição sumária adquire contornos de cognição exauriente. Isso decorre da inexistência da busca da "verdade real" ou "formal", já que o juiz deve se contentar com a "verdade possível" fundada na prova dos autos, e é exatamente isso que ele faz. Para aqueles que não concordam com a tese, basta lembrar que o processo que corre a revelia do réu, repise-se, tem praticamente a mesma cognição, já que o juiz julgará tendo em mãos apenas os elementos trazidos na petição inicial. Evidente que a petição inicial antecedente é mais sumária, pois não traz todos os elementos e documentos (daí o motivo dela ser antecedente, art. 303, CPC), contudo, como uma "compensação sistêmica" a lei permite que o réu se manifeste, ao menos, **duas vezes** (por agravo de instrumento e pela ação de revisão da estabilização). Há, portanto, efeito positivo que vincula casos futuros e impede as partes de rediscutir a questão em outras demandas. Pergunta-se. Caso fosse realmente possível rediscutir em futuras causas, porque existir a ação do art. 301, § 2º? E por que haveria prazo nessa ação? E mais, de que serviu a atividade do julgador anterior? Haveria completa perda de tempo e desperdício de atividade jurisdicional para nada. Não faz sentido, na nossa opinião.

> c) O efeito negativo da coisa julgada igualmente se encontra presente. Quando a parte não interpõe recurso, o processo é extinto. Se essa parte desejar contestar a estabilização, deverá pedir o desarquivamento para distribuir *outra* ação, que será apresentada por dependência. Ou seja, se não houve coisa julgada, por que seria necessária a distribuição de uma nova ação? Bastava formular petição simples de revisão.

Importante falar da cumulação subjetiva e objetiva da demanda diante da estabilização.

i) Cumulação subjetiva: havendo litisconsórcio passivo na tutela provisória antecipada antecedente e sendo concedida a medida, todos os litisconsortes devem agravar para afastar o efeito da estabilização. Contudo, em havendo recurso por apenas um deles, afastam-se os efeitos da estabilização para todos (efeito expansivo subjetivo) se os fundamentos disserem respeito a todos (art. 1.005, CPC)[38]. Seria ilógico, tratando-se de mesmo fundamento, estabilizar para alguns e não para outros;

ii) Cumulação objetiva: é possível a estabilização diante da cumulação de pedidos, sendo que nem todos foram objeto de antecipação? A questão toma importante relevo na medida em que a não interposição de recurso ou o não aditamento da petição inicial geram a resolução do processo. Uma ressalva: a estabilização apenas é possível, como dito nas tutelas antecipadas antecedentes, ou seja, apenas nas situações em que a parte requereu a antecipação de tutela, daí por que os "demais pedidos" ainda não teriam sido formulados. Assim a questão somente tem relevância nas hipóteses em que diversos pedidos foram formulados com pedido de antecipação, mas apenas alguns foram deferidos (art. 303, § 6º, CPC).

Aqui há de se tratar a questão à luz da teoria dos capítulos da decisão. Dessa forma, cada capítulo, desde que independente, terá vida própria em relação aos demais. Assim, havendo tutela antecipada concedida em relação a apenas um dos pedidos, este se torna estável e os demais terão seu regular curso, ou seja, serão incorporados ao pedido principal, que será formulado nos termos do art. 303, § 1º, I, do CPC.

Exemplo: o autor formula pedido de tutela antecipada antecedente requerendo a concessão de A e B. O magistrado apenas concede A, alegando que só nele há demonstração de urgência. Assim, uma vez concedido, o autor deve aditar a petição inicial trazendo novos argumentos e documentos e, principalmente, ratificar o pedido de tutela final. Quando desse aditamento, apresentará o pedido B, que não foi objeto de antecipação antecedente (independentemente da apresentação de agravo de instrumento).

Há, ainda, outras situações que devem ser enfrentadas, pois o CPC não dá a devida solução a elas. Para que fique mais fácil a compreensão, estabeleceremos em tópicos essas questões. A problemática gira em torno do seguinte ponto: é sabido que apenas a interposição de agravo impede a estabilização. É sabido também que, uma vez concedida a medida, o autor deve emendar a petição inicial no prazo de quinze dias sob pena de resolução do feito. Cronologicamente, o prazo para emenda começa a correr antes do prazo recursal, pois este corre apenas após a juntada aos autos do mandado de citação.

a) se o réu agravar e o autor emendar a petição inicial não haverá estabilização, pois, o réu se manifestou;

b) se o réu não agravar, mas o autor emendar a petição inicial, estaria o autor abrindo mão da estabilização em detrimento de o magistrado conceder decisão em cognição

---

[38] "Art. 1.005. O recurso interposto por um dos litisconsortes a todos aproveita, **salvo se distintos ou opostos os seus interesses."** (g.n.)

exauriente? Acreditamos que não se pode presumir essa conduta. Como se disse, o prazo de emenda vem antes do prazo recursal, de modo que o autor não sabe se haverá ou não a interposição de recurso. Nesse caso é recomendável que o magistrado intime o autor para que este manifeste se deseja prosseguir com a demanda (= deseja desistir da ação) ou usufruir dos benefícios da estabilização fixada em cognição sumária;

c) se o autor não emendar, o juiz poderá extinguir a demanda (art. 303, § 2º, CPC) sem oportunizar a interposição de recurso pelo réu? Acreditamos que nesse caso deverá aguardar o escoamento do prazo do agravo para, somente após (em não havendo recurso), proceder a resolução. Seria ilógico proceder a resolução sem permitir o prazo para agravo. Nessa situação, com a interposição do recurso, haverá cassação da tutela e o agravo ficará prejudicado[39] (art. 932, III, CPC);

d) se o autor não emendar e o réu não agravar, presume-se que o autor se contentou com a estabilização da cognição sumária[40].

Entendemos não ser possível o requerimento de tutela antecipada antecedente em sede de ação rescisória, não obstante seja possível a concessão das demais modalidades de tutela provisória nessa sede, conforme art. 969, CPC[41]. Isso por uma questão muito simples: ao contrário das demandas em geral que ainda sequer foram julgadas, a ação rescisória objetiva desconstituir a coisa julgada de um processo. Seria ilógico autorizar, de forma antecedente, a tutela provisória em cognição sumária para contrapor a cognição exauriente oriunda da decisão anterior transitada em julgado.

Por fim, nada impede a estabilização da tutela antecipada em face da Fazenda Pública. Não há nenhuma prerrogativa a ser protegida que justifique o tratamento diferente do ente público. É, aliás, o entendimento da II Jornada de Direito Processual Civil (CJF), no Enunciado n. 130. Ademais, "restringir os mecanismos de tutela provisória apenas a algumas pessoas, resguardando-se os entes públicos e suas entidades, significaria flagrante violação ao acesso efetivo à justiça e ao devido processo legal"[42].

9.3.7. TUTELA CAUTELAR

9.3.7.1. Introdução

Toda construção doutrinária em torno da tutela cautelar toma como ponto de partida um fato incontestável da realidade jurídica: a existência de um processo ou de um potencial futuro processo.

Evidente que a existência do processo e seu regular desenvolvimento exigem tempo. Esta dilação temporal é inevitável, mesmo para conferir às relações certeza jurídica, pois o tempo permite que o magistrado estude, analise, sopese e reflita.

Seria mesmo antagônico imaginar um processo imediato, instantâneo na medida em que, por uma necessidade lógica, depende de uma cadência ordenada de atos para atingir os seus objetivos.

---

39 CÂMARA, Alexandre Freitas. *O novo processo civil brasileiro*, p. 166.
40 Idem.
41 "Art. 969. A propositura da ação rescisória não impede o cumprimento da decisão rescindenda, ressalvada a concessão de tutela provisória."
42 ARRUDA ALVIM, Eduardo. *Tutela provisória* cit., p. 210.

Assim, a questão fundamental é como obter uma decisão justa num razoável espaço de tempo? Sabe-se também que a demora na entrega da prestação jurisdicional poderá ocasionar variações irremediáveis nas pessoas e nas coisas envolvidas no litígio, a ponto de com o término do processo não encontrar mais a situação jurídica sobre a qual a jurisdição deveria atuar.

Houve a necessidade de se criar, então, outro instrumento jurídico cuja finalidade seria eliminar este risco: esta é a razão de ser das medidas cautelares.

Durante toda sua existência, a cautelar foi considerada um terceiro gênero de tutela jurisdicional. O CPC/73 reconhecia essa autonomia e individualidade (arts. 796 e seguintes).

Sempre defendemos que a tutela cautelar não seria um terceiro gênero, mas um segundo gênero, contrapondo-se à tutela de execução e de conhecimento conjuntamente, já que estas visam à satisfação e aquela o asseguramento desse mesmo direito.

O CPC/2015 prevê duas importantes regras para o mundo das cautelares (além de outras questões já mencionadas como a uniformização dos requisitos para sua concessão):

a) a eliminação das cautelares típicas/nominadas. Não há mais se falar em um catálogo de cautelares estabelecidas em lei, não obstante, apenas a título exemplificativo, o art. 301 tenha enumerado algumas medidas ("arresto, sequestro, arrolamento de bens, registro de protesto contra alienação de bem e qualquer outra medida idônea para asseguração do direito") que constitui, em verdade, um artigo de transição para melhor adaptação dos operadores do direito que trabalharam com o CPC/73 compreender o CPC atual. Perceba que o artigo não fala em requisitos para concessão ou prevê um regramento próprio para essas medidas. Ou seja, a intenção do legislador foi muito mais no sentido de dizer que essas cautelares não desapareceram do mundo jurídico, podendo ser utilizadas com essa nomenclatura, do que propriamente manter o regime anterior. É importante frisar que algumas "antigas cautelares típicas" foram redirecionadas para outros departamentos do Código, como a produção antecipada de provas (art. 381, CPC), o arrolamento de bens (art. 381, § 1º, CPC) e a exibição (art. 381, III, CPC). Ainda existem cautelares em legislação extravagante, como a cautelar de indisponibilidade na Lei de Improbidade Administrativa (art. 7º da Lei n. 8.428/92);

b) ao abolir as cautelares em espécie, pode-se hoje falar de forma global em "poder geral de cautela" ou "poder de cautela", pois o que importa de fato é a apresentação da situação de urgência e não seu *nomen iuris*. Na prática, não é necessário, até mesmo pela adoção no Brasil a teoria da substanciação, conferir um nome específico à cautelar, podendo denominar-se, simplesmente, *tutela cautelar*. Igualmente desnecessário falar em cautelar inominada, pois só a razão de usar essa locução se houvesse, de outro lado, cautelares nominadas.

9.3.7.2. Características

a) Autonomia. A tutela cautelar, apesar de voltada à tutela de um direito principal, tem individualidade e finalidade próprias. Quando se fala em autonomia, objetiva referir-se à finalidade da medida.

A tutela cautelar possui identidade própria, finalidade específica e autonomia procedimental, pois alberga situações de emergência vedadas no rito comum e em boa parte dos ritos especiais.

Essa autonomia se entremostra clara na medida em que o resultado de um não influencia na substância do outro. Assim, o vencedor da cautelar pode ser derrotado no pedido principal (provou que a testemunha estava morrendo, e obteve a produção antecipada de seu depoimento, mas a testemunha não foi prova suficiente para lhe conferir o direito postulado).

Essa é a razão de ser do art. 310, que preconiza que o indeferimento da tutela cautelar não obsta que a parte formule pedido principal nem influi no julgamento desse.

Contudo, o CPC/2015 mitigou a autonomia processual da tutela cautelar. Historicamente a cautelar sempre foi considerada um processo autônomo que confrontava (na tipologia das ações) com as ações de conhecimento e de execução.

Ainda no regime do CPC/73 parcela da doutrina entendia que a tutela cautelar incidental não dependia de uma ação autônoma (Teresa Arruda Alvim, José Roberto dos Santos Bedaque) podendo se limitar a mero pedido no curso da causa. O CPC/2015, seguindo a histórica linha dos procedimentos sincréticos que o sistema processual brasileiro vem adotando desde a década de 1990, estabeleceu que toda tutela cautelar incidental não tenha mais natureza de ação, mas de mero pedido. É de fácil constatação a reforma quando se leem os arts. 295 (não recolhimento de custas na tutela provisória incidental) e 308, § 1º, do CPC (possibilidade de cumulação dos pedidos cautelar e principal). Dessa forma, a tutela cautelar incidental é apenas uma petição simples que veicula pedido assecuratório e a cautelar antecedente é a própria ação que veicula o pedido principal, mas antecipado no tempo para fins (também) assecuratórios.

b) Acessoriedade (ou referibilidade). É característica inerente das cautelares que não podem existir por si mesmas por ser vedada sua natureza satisfativa. O resultado buscado é a segurança, a proteção do provimento principal.

A despeito da autonomia de que goza, a tutela cautelar sempre visa assegurar a utilidade de outro pedido.

Assim, aquilo que se pede na tutela cautelar não pode alcançar previamente aquilo que constitui o provimento final, pois isso pertence às tutelas antecipadas satisfativas.

Mais uma vez, não se pode confundir dependência com autonomia, pois são palavras que possuem conotações distintas.

A dependência limita-se ao direito material do pedido principal e não ao aspecto procedimental em que ambos são autônomos.

Duas são as consequências que se extraem a partir do que foi dito: i) as cautelares são apresentadas ao processo de procedimento comum/executivo concomitante ou futuro, ficando ligado a eles (art. 299, CPC/2015); ii) a resolução do pedido principal sempre implica a resolução da tutela cautelar (mas não o contrário) em decorrência da carência de ação superveniente, pois a sentença da cautelar não faz sentido isoladamente, mas sim como forma de proteção de outro provimento, este sim definitivo.

Há quem defenda na doutrina não se tratar de acessoriedade, mas de referibilidade (Ovídio Baptista, Eduardo José Fonseca da Costa). Isso porque o direito substancial de cautela não está como fundamento acessório do pedido principal, mas se refere a ele.

c) Dupla instrumentalidade. Em verdade, a instrumentalidade não é uma característica exclusiva das cautelares, uma vez que o processo é sempre meio de se atingir um fim (instrumento).

A nota característica da cautelar reside no aspecto que sua instrumentalidade não presta ao direito material (talvez por via oblíqua), mas ao próprio processo que confere este direito. Daí por que na concepção de Carnelutti o processo principal serve à tutela do direito material e o cautelar à tutela do processo.

E clássica é a definição de Calamandrei ao asseverar que as cautelares são "instrumental em segundo grau", ou "instrumentalidade hipotética", pois são instrumento de um instrumento[43].

---

43 Há os que negam a instrumentalidade, por entender existir um direito substancial de cautela (Pontes de Miranda, Baptista Silva, Luiz Guilherme Marinoni e Paulo Lucon).

d) Urgência. É pressuposto indispensável à concessão das medidas cautelares. Sempre que houver a existência de uma situação de risco a pessoas e coisas objetivadas no pedido principal.

O pressuposto da urgência pode ser verificado em algumas situações nas quais o ordenamento confere trato a essa medida: a) pode ser concedida por meio de liminar; b) pode ser concedida antes da instauração do pedido principal; c) pode ser concedida por juiz incompetente.

e) Sumariedade da cognição. Existem dois tipos de sumariedade: a formal e a substancial. A formal caracteriza-se por uma abreviação de rito, ou seja, um procedimento mais enxuto (como ocorre, por exemplo, nos juizados especiais). Já a sumariedade substancial é a cognição do magistrado que não se funda num juízo de certeza, mas de probabilidade.

Se a urgência é um fato indissociável à concessão da medida cautelar, este fenômeno subtrai do magistrado o tempo para que possa apreciar adequadamente os fatos trazidos, pois não se pode requerer do juiz um juízo de certeza sobre aquilo que lhe é apresentado para análise perfunctória.

Para coadunar o valor tempo com a obrigatoriedade dessa concessão, apenas resta ao magistrado fazer uma breve análise dos fatos, sem se aprofundar muito acerca da existência ou não do direito, contentando-se com a mera plausibilidade (probabilidade) do direito.

Seria verdadeira contradição permitir a prestação da tutela jurisdicional cautelar dentro de um procedimento comum, com todas as fases perfeitamente destacadas, provas plenas e seus respectivos prazos.

Na doutrina, são clássicas as lições de Kazuo Watanabe sobre cognição[44]. Para o professor da USP, a cognição do juiz pode ser verificada em dois planos: no horizontal e no vertical. No horizontal verifica-se a extensão e a amplitude das matérias que podem ser arguidas pelas partes e apreciadas pelo julgador.

Quando não houver limitação imposta em lei diz-se que é plena. Quando houver, diz-se parcial ou limitada. Essa vertente da cognição não é relevante para o estudo das cautelares.

Já no campo vertical analisa-se a cognição quanto ao grau de profundidade com que o juiz apreciará as matérias apresentadas pelas partes. Se o tempo não é obstáculo e o juiz tem condições de analisar todas as matérias de forma aprofundada, diz-se que a cognição exercida é exauriente. Entretanto, se o tempo é levado em consideração como um limite à apreciação judicial, o juiz não poderá (nem terá tempo) de produzir todas as provas necessárias ou fazer uma percuciente análise dos fatos. Assim, a cognição do magistrado será sumária, pois se contentará com indícios da veracidade dos fatos.

O juízo não é de certeza (que, conforme dito, só vem com ampla análise), mas com base em probabilidade. A cognição da tutela cautelar é plena no plano horizontal, mas sumária no plano vertical.

É justamente pela cognição sumária exercida que o magistrado pode requerer medidas de apoio para ajudá-lo na decisão sobre a concessão: tanto a caução como a audiência de justificação prévia (art. 300, §§ 1º e 2º, CPC).

f) Ausência de coisa julgada material. No Brasil se criaram três correntes acerca da existência da coisa julgada material em sede cautelar:

i) há aqueles que entendem não fazer coisa julgada material (Marinoni, Barbosa Moreira);

---

44 *Da cognição no processo civil*. 2. ed. São Paulo: CEBEPEJ, 1999, p. 111-121.

ii) há aqueles que entendem não fazer coisa julgada material, mas estabeleceram uma outra forma de imutabilidade como "princípio da inalterabilidade do julgamento" ou "ne bis in idem" (Ovídio Baptista, Cândido Dinamarco);

iii) há, por fim, aqueles que defendem a existência de coisa julgada material em sede cautelar (Araken de Assis, Eduardo Fonseca da Costa, Fredie Didier).

Em breve síntese, os argumentos contrários à formação de coisa julgada não podem recair sobre uma decisão que não foi tomada com base num juízo de certeza e, portanto, não possui segurança suficiente para fazer coisa julgada material. Coisa julgada é, portanto, fenômeno ligado às sentenças de mérito proferidas em cognição exauriente[45].

Ademais os efeitos, dada sua "acessoriedade" ou "referibilidade", não se projetam para fora, mas apenas no universo processual.

No ambiente cautelar não se definem nem se satisfazem direitos no plano do mérito, mas exclusivamente se verifica a existência ou não da situação de perigo apresentada. A exceção à regra consta do art. 310 do CPC/2015 (em semelhante reprodução do regime anterior) em que apenas o indeferimento por prescrição ou decadência geraria coisa julgada material.

Haveria sim coisa julgada formal pelo impedimento da rediscussão dentro do mesmo processo. Entretanto, seria possível a discussão em outro processo de uma cautelar que fora indeferida (já que a coisa julgada formal opera efeitos apenas endoprocessuais)? Com base nos mesmos elementos, não.

Não concordamos com essa tese, contudo. Há alguns argumentos para defender a coisa julgada cautelar:

Conforme foi visto, a tutela cautelar não é propriamente provisória, mas sim temporária, pois durará certo lapso de tempo sem que haja outra tutela a lhe substituir, como ocorre nas tutelas antecipadas satisfativas.

A tutela cautelar possui uma função muito própria na atividade judicial: a proteção de outro direito (por vezes em outro processo) quando houver risco de potencial infrutuosidade.

A despeito de ser comum falar-se em cautelar com cognição sumária na cautelar, esta adjetivação apenas faz sentido quando se confronta com a tutela de conhecimento em que a cognição se apresenta plena e exauriente.

Ao se analisar a tutela cautelar intrinsecamente considerada, verifica-se que a cognição nela exercida é única (sem adjetivações), pois sua atividade sempre pressupõe o perigo da demora (art. 300, CPC).

A questão é que a decisão de uma cautelar tem curto espaço de vida e dura enquanto perdurar a situação de perigo que ela visa proteger. Essa premissa da temporariedade, entendem alguns, seria incompatível com a existência de coisa julgada material (Ada Pellegrini Grinover, Alexandre Câmara).

A decisão de uma cautelar, contudo, constitui um retrato daquele momento procedimental (e às vezes até mesmo antes do processo) em que surge a situação a ser acautelada. Dessa forma, a decisão da cautelar é definitiva (no plano da existência), mas será temporária no plano da eficácia, pois seus efeitos poderão ser alterados (art. 309, CPC).

Outro motivo que leva à inexorável conclusão de que há formação de coisa julgada material em sede cautelar é que o art. 337, § 1º, do CPC estabelece que há coisa julgada quando se

---

45 O sistema, contudo, permitiria excepcionalmente que as decisões dadas em juízo sumário possam adquirir certo grau de estabilidade, como nas hipóteses do art. 304 do CPC/2015 (vide infra).

propõe ação idêntica a outra já ajuizada. Para fins de identificação da ação, o Brasil adota a teoria da tríplice identidade (partes, causa de pedir e pedido).

Existem situações itinerantes no Brasil, como, por exemplo, a relação da obrigação alimentar composta daquele que presta alimentos para aquele que os percebe. Tanto lá quanto cá é possível a alteração da situação de fato (o alimentante poderá perder o emprego ou diminuir sua capacidade econômica; o alimentado poderá necessitar de maior contribuição em virtude dos gastos naturais inerentes a sua idade). Nem por isso pode-se dizer que o processo de alimentos não faça coisa julgada.

Ele se insere na denominada relação jurídica continuativa ou decisão determinativa prevista no art. 505, I, do CPC. Nesses casos a decisão de alimentos, ainda que haja potencial alteração, fará coisa julgada no estado em que foi julgada (= nas condições que existiam naquele momento).

Em havendo alguma alteração de fato no binômio necessidade-possibilidade, é possível a propositura de nova demanda (revisional ou exoneratória) sem que isso modifique a coisa julgada anterior, pois se trata de novo argumento que gerará nova demanda.

Não é possível a quebra da coisa julgada da ação de alimentos com base nos mesmíssimos elementos existentes quando da sua imunização no processo.

É o mesmo raciocínio para a cautelar.

Estabelece o art. 309, parágrafo único, do CPC: "Se por qualquer motivo cessar a eficácia da tutela cautelar, é vedado à parte renovar o pedido, salvo sob novo fundamento". Em nossa opinião a interpretação do artigo não deixa dúvidas. Não se pode apresentar novo pedido (coisa julgada material), salvo se por outro motivo.

Mas outro motivo constitui mudança de elementos da demanda, o que pressupõe nova ação que escaparia do efeito negativo da coisa julgada.

Dessa forma, o juiz pode acolher ou rejeitar o pedido cautelar por uma decisão de mérito nos termos do art. 487, I, do CPC, fazendo coisa julgada material.

g) Temporariedade. É fácil compreender essa característica quando se medita sobre o nível de cognição da tutela cautelar, pois a preocupação do juiz não é o acertamento do direito, mas da pertinência da medida que servirá para acautelar o direito. E por se basear em cognição sumária, a decisão na cautelar assume feição provisória.

Tal característica decorre da natureza temporária e urgente das cautelares que tutelam situações fáticas de risco altamente mutáveis.

Numa tutela cautelar de arresto (v.g.), o requerido ganha uma herança, tornando-se então solvente. A situação fática que justificava a medida cautelar antes deferida (tentativa de dilapidação para se reduzir em insolvência) hoje não está mais presente, razão pela qual pode ser revogada.

A eficácia da medida provisória já nasce com previsão do seu termo final, pois apenas durará enquanto perdurar a necessidade de se tutelar o risco de dano. Cessa também a medida se terminar o processo da qual a cautelar é instrumental.

Autores diferem temporário de provisório. **Temporário** é tudo que não dura para sempre. Já **provisório** (um pouco mais restrito) é destinado a durar enquanto não sobrevenha um evento sucessivo da qual seu estado de temporariedade terminará. É interinal, pois é marcado para durar naquele tempo intermédio que antecede o evento esperado.

Assim, provisório é tudo que será substituído e temporário é aquilo fadado a existir apenas por um tempo, mesmo que nada o substitua. É por isso que parte da doutrina diz que as cautelares são temporárias e não provisórias.

Exemplo é o arresto cautelar que somente em alguns casos converte-se em penhora.

As tutelas cautelares em caráter antecedente perdem sua eficácia:

a) se não deduzido o pedido principal no prazo legal;

b) se a medida não for efetivada em 30 dias;

c) se houver a resolução do processo sem resolução do mérito ou o acolhimento do pedido principal.

Em sentido oposto, Daniel Mitidiero defende a ideia de que a tutela cautelar não tem caráter temporário, pois "visa disciplinar de forma definitiva determinada situação fático-jurídica"[46].

9.3.7.3. Procedimento

A tutela cautelar, conforme visto, poderá ser antecedente ou incidental[47].

Quando a urgência for contemporânea à propositura da ação, é possível ao autor o mero requerimento da tutela cautelar, com a indicação do pedido da tutela final. Nesse caso, deverá fazer uma exposição sumária da lide, do direito cuja concretização deseja e do perigo da demora. A despeito do silêncio da lei, é necessário fixar, nesse momento, o valor da causa, pois na tutela cautelar antecedente há recolhimento de custas. Tanto que, depois, haverá aditamento após efetivada a tutela cautelar no prazo de 30 dias, nos mesmos autos, "não dependendo do adiantamento de novas custas processuais". A expressão "novas" já demonstra que houve anterior recolhimento.

O magistrado poderá conceder a tutela cautelar ou negá-la.

Em concedendo:

a) o réu será citado para que no prazo de cinco dias apresente defesa e produza suas provas. Apresentando defesa no prazo legal, segue o procedimento cautelar o procedimento comum (Parte Especial, Livro I). Não o fazendo, operar-se-ão os efeitos materiais da revelia e o magistrado julgará em cinco dias;

b) com a efetivação da cautelar, o pedido principal deverá ser formulado pelo autor no prazo de 30 dias, nos mesmos autos, independentemente de novas custas. Trata-se de prazo processual, portanto sua contagem deve se dar em dias úteis (STJ, EREsp 2.066.868/SP);

c) formulado o pedido principal, as partes serão intimadas para audiência de conciliação (art. 334, CPC/2015) pessoalmente ou por meio de seus advogados independentemente de nova citação. Caso frustrada a conciliação, o réu terá 15 dias para contestar, conforme o art. 335 do CPC/2015. Entendeu a Terceira Turma do STJ, nesse sentido que "O deferimento de tutela cautelar antecedente que tenha sido contestada pela parte adversária não dispensa o juízo responsável pela demanda de designar a audiência de conciliação e, se for o caso, abrir o prazo de 15 dias para a contestação do pedido principal" (REsp 1.802.171).

9.4. TUTELA DE EVIDÊNCIA

É importante entender que o **tempo do processo** pode gerar prejuízo não apenas nos casos de urgência (em que há risco da perda do direito), mas também nos casos de evidência da tutela pretendida.

---

46 Tendências em matéria de tutela sumária: da tutela cautelar à técnica antecipatória. In: *Reconstruindo a teoria geral do processo*. Org. Fredie Didier Jr. Salvador: JusPodivm, 2012, p. 201.

47 Art. 308, § 1º, do CPC/2015: "O pedido principal pode ser formulado conjuntamente com o pedido de tutela cautelar".

A tutela de evidência constitui técnica de antecipação ou sumarização do procedimento, quando as circunstâncias fáticas ou jurídicas do processo já demonstrem que o julgamento da causa pode ser efetivado, prescindindo de todas as formalidades que o procedimento exige. Evidência é uma superlativa probabilidade que vai além do *fumus boni iuris*[48]. É a tutela da provável posição jurídica de vantagem. Constitui distribuição diversa do ônus do tempo que será suportado a quem, em cognição sumária, não possua razão. Assim, a parte que provavelmente detenha o direito poderá usufruí-lo provisoriamente. Aliás, "a premissa desse raciocínio está em quem deve suportar o tempo que o processo normalmente leva para o seu desenvolvimento e desenlace é aquele litigante que dele necessita para mostrar que tem razão (...) aquele litigante que desde logo apresenta uma posição de maior evidência com relação à situação litigiosa, sendo provavelmente o titular do direito litigioso, deve fruir do bem da vida enquanto seu adversário busca provar que a sua posição é merecedora de tutela jurisdicional"[49]. Parte-se da premissa de que a duração do processo não deve causar grandes prejuízos a quem já apresentou o melhor direito ainda que provisoriamente[50].

São situações em que o magistrado verifica, num dado momento processual, que uma das partes possui uma grande probabilidade de ser titular do direito disputado. Dessa forma, já outorga esse bem ou direito *in natura* a parte, permitindo seu imediato usufruto. Isso porque é melhor que aquele que não tenha razão suporte a demora do processo sem o bem ou direito disputado.

O legislador tratou de estabelecer o que constitui um direito evidente. Não se trata, portanto, de matéria da ciência do direito, mas do direito positivo.

A grande diferença entre a tutela de evidência e a tutela de urgência reside na observação da plausibilidade: na tutela de urgência é verificada sempre *in concreto*, diante do que foi apresentado pela parte. Na tutela de evidência, a plausibilidade está *in abstrato*, já que prevista em lei.

A desnecessidade de percorrer todo o itinerário procedimental dependerá daquilo que o legislador estabeleceu como "situações de evidência". Não constitui, como dito, novidade no sistema: o legislador pode estabelecer critérios para a sumarização do procedimento. Assim o fez ao conceituar a prova apta a instruir a monitória ou o direito líquido e certo no mandado de segurança. E o legislador perdeu, em nosso sentir, uma boa oportunidade para ampliar o rol das hipóteses de tutela de evidência (conforme se verá, a enumeração prevista abaixo se limita a quatro situações). Dentro do próprio CPC encontram-se situações em que a concessão antecipada decorre da evidência do direito apresentado. Além das já mencionadas hipóteses da monitória e do mandado de segurança (esta prevista em legislação extravagante), pode-se mencionar também a liminar nas ações possessórias (art. 562, CPC) e nos embargos de terceiro (art. 678, CPC), e ainda a dispensa de caução nas hipóteses do art. 521, III e IV, do CPC[51]. Assim, é possível hoje categorizar em duas classes: **a) tutela de evidência atípica** (encartada no art. 311, IV, CPC); e **b) tutela de evidência típica** (prevista tanto no CPC [art. 311, I, II e III, bem

---

48 DINAMARCO, Cândido Rangel. *Instituições de direito processual civil*. 7. ed. São Paulo: Malheiros, 2017, v. III, p. 883.
49 MITIDIERO, Daniel. Tendências em matéria de tutela sumária: da tutela cautelar à técnica antecipatória. In: *Reconstruindo a teoria geral do processo*. Org. Fredie Didier Jr. Salvador: JusPodivm, 2012, p. 210-211.
50 THEODORO JUNIOR, Humberto. *Curso de direito processual civil*. 56. ed. Rio de Janeiro: Gen/Forense, 2015, v. I, p. 675.
51 Art. 521: "A caução prevista no inciso IV do art. 520 poderá ser dispensada nos casos em que: (...) III – pender o agravo do art. 1.042, IV – a sentença a ser provisoriamente cumprida estiver em consonância com súmula da jurisprudência do Supremo Tribunal Federal ou do Superior Tribunal de Justiça ou em conformidade com acórdão proferido no julgamento de casos repetitivos".

como as possessórias, a monitória, os embargos de terceiro] como em legislação extravagante [mandado de segurança]).

Importante frisar que, a despeito da sumarização do procedimento, a cognição exercida não é sumária. Nas situações em que a lei estabelece, é o "próprio objeto litigioso que se oferece completo ao juízo"[52].

> Importante frisar que a tutela de evidência não é inconstitucional:
> **a)** a verdade possível é o critério estabelecido pelo legislador para que o juízo tenha condições de julgar. Se essa verdade já está pronta antes de se perfazerem todas as etapas do procedimento, não haveria por que enfrentar todo formalismo procedimental que se tornaria, no caso, inútil;
> **b)** satisfazer tardiamente a parte, mesmo com a evidência do direito, é ofender o devido processo legal e a duração razoável do processo.

De acordo com o art. 311 do CPC, a tutela de evidência será concedida, independentemente do perigo de dano ou da urgência, ou seja, o fato gerador será o direito provável com base nos critérios erigidos pelo legislador[53], conforme os itens a seguir.

9.4.1. ABUSO DO DIREITO DE DEFESA OU MANIFESTO PROPÓSITO PROTELATÓRIO DA PARTE

É também denominada por parte da doutrina como tutela de evidência "sancionatória" ou "punitiva"

O perigo da demora pode decorrer de maneira direta, quando o tempo puder causar perecimento ao direito que será usufruído. Daí por que a doutrina italiana costuma denominar *pericolo di infruttuosità*. Contudo, nos casos em que a demora injustificada do processo se dê pelo réu, sabedor que não possui o direito postulado pela parte contrária, usa mecanismos para que o autor suporte o tempo do processo. Nessa situação não é a urgência do bem em si que deve ser levada em consideração, mas da demora da entrega da tutela jurisdicional exclusivamente em decorrência de uma conduta do réu.

Note que o motivo determinante para a concessão da tutela de evidência nesse caso, repise-se, não é a urgência. Constitui, portanto, uma tutela não em virtude do perigo da demora, mas em decorrência da fragilidade de sua defesa somada à sua conduta ímproba.

O regime anterior tratava a matéria de forma mais adequada ao exigir a concessão da tutela antecipada com base em três requisitos: prova inequívoca + verossimilhança + improbidade processual (art. 273, II, CPC/73). O atual aparentemente não exige direito evidente. Apenas a conduta protelatória que geraria uma espécie de punição ao réu (daí por que muitos denominarem essa modalidade de tutela provisória como "sancionatória" ou "punitiva". Contudo, a sanção é apenas um dos elementos tipificadores dessa modalidade (afinal, o réu com razão poderá litigar de má-fé)[54]. Além da conduta ímproba, é necessária a evidência do direito

---

52 FUX, Luiz. A tutela dos direitos evidentes. *Jurisprudência do Superior Tribunal de Justiça*, Brasília, ano 2, n. 15, p. 5, abril de 2000.
53 Nada impede, contudo, que seja possível também a verificação da urgência no caso concreto.
54 COSTA, Eduardo José da Fonseca. *Comentários*, cit., p. 448.

do autor. Não há relação causal contundente[55] entre propósito protelatório e evidência do direito. Assim, pode-se afirmar, em nossa opinião, o seguinte:

FATO	CONSEQUENTE
Direito evidente + abuso do direito de defesa ou manifesto propósito protelatório	Concessão de tutela de evidência para o autor
Apenas abuso do direito de defesa ou manifesto propósito protelatório	Multa de litigância de má-fé (art. 80, IV, CPC)

Assim, a tutela de evidência nesse caso será concedida pela probabilidade do direito (dada a frágil resistência do réu) somada a sua conduta de má-fé. Nesse sentido o Enunciado n. 47 da I Jornada de Direito Processual Civil (CJF): "A probabilidade do direito constitui requisito para concessão da tutela da evidência fundada em abuso do direito de defesa ou em manifesto propósito protelatório da parte contrária".

Tanto o abuso do direito de defesa como o manifesto propósito protelatório constituem conceitos vagos e indeterminados a serem preenchidos pelo magistrado no caso concreto.

Parcela da doutrina costuma asseverar que o abuso do direito de defesa estaria ligado a atos praticados dentro do processo e aqui a palavra defesa deve ser lida de maneira ampla, não como mera contestação, mas como toda forma de resistência à pretensão do autor. Já o manifesto propósito protelatório teria conteúdo mais amplo e abrangeria, igualmente, os atos praticados fora do processo que tenham pertinência com a demanda, como a demora na devolução dos autos em carga, a ocultação de provas e a simulação de alguma patologia para ausentar-se da audiência[56].

Daí decorre importante questionamento: é possível que o réu seja apenado com a tutela punitiva por atos praticados antes da propositura da demanda?

Com o devido respeito ao posicionamento contrário, não se pode acolher essa tese. **Primeiro** porque a lei usa a nomenclatura "parte", expressão aplicada ao processo. **Segundo** porque é extremamente difícil fazer prova (especialmente inequívoca) dos atos temerários praticados antes do processo. **Terceiro** porque será difícil valorar na prática o tempo e a forma desses atos e tipificá-los como conduta antijurídica a ponto de autorizar, v.g., uma "antecipação de evidência punitiva liminar". E **quarto**, conforme se depreende do parágrafo único do art. 311, a lei prevê liminar apenas para as hipóteses dos incisos II e III. Se quisesse permitir a possibilidade de análise da conduta pré-processual, teria, no caso, permitido a concessão de liminar também para o inciso I.

Duas questões finais:

i) nada impede que se cumulem duas ou mais sanções. Assim, é possível que o magistrado conceda a tutela de evidência punitiva e aplique multa de litigância de má-fé se entender necessário;

ii) havendo litisconsórcio, com a prática de atos previstos no art. 311 somente por uma das partes, vai depender da natureza de sua formação: se simples ou unitário. Se o litisconsórcio for simples (a decisão não precisa ser igual para todos), o ato apenas atinge a quem praticou. Contudo, se o litisconsórcio for unitário (a decisão deve ser igual para todos), a melhor solução

---

55 Essa relação é insinuada, no sentido de quanto menos direito o réu possuir, mais mecanismos protelatórios usará para retardar a entrega da tutela jurisdicional.
56 ASSIS, Araken. *Processo civil brasileiro*. São Paulo: RT, 2015, v. II, t. II, p. 497.

é tornar o **ato ineficaz**, pois não se pode apenar apenas um, sabendo que a decisão deve ser igual e não deve estender para os demais réus que não deram causa à punição.

Essa modalidade não poderá ser concedida liminarmente, independentemente da vedação expressa contida no art. 311, parágrafo único, do CPC/2015. Seria impossível a concessão de medida sem que o abuso do direito de defesa ou o manifesto propósito protelatório não estivesse presente, que só é verificável com a efetiva conduta do réu no processo.

9.4.2. ALEGAÇÕES DE FATO QUE PUDEREM SER COMPROVADAS APENAS DOCUMENTALMENTE E QUANDO HOUVER TESE FIRMADA EM JULGAMENTO DE CASOS REPETITIVOS OU EM SÚMULA VINCULANTE (TUTELA DE EVIDÊNCIA FÁTICA + JURÍDICA)

Constitui hipótese ainda mais célere do julgamento antecipado do mérito (art. 355, I, do CPC). Aqui, se o direito puder ser comprovado documentalmente, não haverá necessidade de dilação probatória e procedimental. Duas questões importantes devem ser enfrentadas: a) não é necessário que esse documento seja daqueles que a lei considere essencial a demonstrar a verdade dos fatos (art. 406, CPC), basta que seja um documento que consiga de forma satisfatória demonstrar as alegações apresentadas; e b) o grau de convicção do magistrado para a concessão da medida não deve exigir prova irrefutável, até mesmo porque essa medida (nessa hipótese) será concedida em regra antes da fase instrutória[57]. Não se pode desprender a tutela de evidência do seu gênero de tutela provisória que é submetida às regras de revogabilidade (art. 298, CPC). Contudo, soma-se a outro requisito: que a tese tenha sido firmada em julgamento de casos repetitivos ou súmula vinculante. Conforme a tendência do CPC em prestigiar o posicionamento da jurisprudência, haverá tutela de evidência quando a tese discutida (procedente ou improcedente) foi objeto de julgamento de casos repetitivos ou súmula vinculante.

Conforme observa José Eduardo Fonseca da Costa: "Premido pela necessidade de conceder rapidamente a tutela jurisdicional, o juiz nem sempre dispõe de tempo para refletir a contento sobre as questões jurídicas que lhe são levadas ao conhecimento (...) nesses casos, o precedente opera como elemento de convencimento favorável, pois reflete decisão proferida por um órgão colegiado que, presumivelmente, teve melhores condições de analisar caso semelhante. Nesse sentido, o juiz utiliza-se de técnica decisória fundada em um princípio da economia de meios. Escorando-se em precedentes verticais, os juízes produzem, com um mínimo de esforço, liminares que provavelmente serão mantidas nas instâncias superiores"[58].

Notadamente o legislador foi econômico no estabelecimento dos precedentes que poderão dar ensejo à tutela de evidência nessa hipótese. Isso porque, ao confinar a tutela às hipóteses de casos repetitivos e súmula vinculante, deixou desabrigadas (e, numa leitura literal do art. 311, II, incabíveis) outras situações de precedentes como os Enunciados de Súmula e a jurisprudência dominante. É o posicionamento do Enunciado n. 30 do ENFAM, ao estabelecer que "é possível a concessão da tutela de evidência prevista no art. 311, II, do CPC quando a pretensão autoral estiver de acordo com orientação firmada pelo Supremo Tribunal Federal em sede de controle abstrato de constitucionalidade ou com tese prevista em súmula dos tribunais, independentemente de caráter vinculante". Nesse sentido ampliativo, o Enunciado n. 48 da I Jornada

---

57 THEODORO JÚNIOR, Humberto. *Curso de direito processual civil*, 56. ed. Rio de Janeiro: Gen/Forense, 2015, v. I, p. 681.
58 COSTA, Eduardo José da Fonseca. *Comentários*, cit., p. 449.

de Direito Processual Civil (CJF) e também o Enunciado n. 135: "É admissível a concessão de tutela da evidência fundada em tese firmada em incidente de assunção de competência" (da II Jornada).

Some-se o fato de que a tutela de evidência constitui uma espécie de "contraponto" aos casos de improcedência liminar do pedido (art. 332, CPC). Aqui o juiz poderá julgar de plano a causa (de forma definitiva) se a tese apresentada for contrária às hipóteses ali apresentadas. Na tutela de evidência ele poderá conceder ao autor a tutela pretendida, em caráter provisório nas situações do art. 311.

Na leitura dos dois artigos há uma evidente contradição: a causa poderá ser julgada de forma definitiva favorável ao réu, bastando que a tese do autor contrarie os enunciados persuasivos da súmula de tribunal superior (art. 332, I, CPC). Contudo, para que o autor tenha benefício de tutela provisória, é necessário que sua tese esteja escudada em súmula vinculante[59].

Dessa forma, é necessário um precedente mais forte para a obtenção de uma tutela mais frágil, e o precedente mais fraco é hipótese de obtenção de uma tutela mais forte.

Acreditamos que nessa hipótese, a despeito do que dispõem o art. 311, parágrafo único, e o art. 9º, II, do CPC, a concessão (a não ser que se trate também de situação de urgência) somente poderá ser feita após o contraditório prévio. Isso porque o réu poderá refutar não apenas o documento ou conjunto de documentos como também utilizar-se das técnicas de distinção (*distinguish*) para demonstrar a inadequação do caso concreto com a súmula vinculante ou o julgamento de casos repetitivos. Ademais, injustificadamente, o inciso IV do art. 311 não autoriza liminar quando versa exatamente sobre a força da prova documental. O que diferencia essas duas hipóteses é que no inciso II é a base em tese firmada em incidente de resolução de demandas repetitivas, recursos repetitivos ou súmulas vinculantes.

9.4.3. PEDIDO REIPERSECUTÓRIO FUNDADO EM PROVA DOCUMENTAL EM CONTRATO DE DEPÓSITO (TUTELA DE EVIDÊNCIA FUNDADA EM CONTRATO DE DEPÓSITO)

O art. 311, III, do CPC estabelece que a tutela de evidência seja concedida "se tratar de pedido reipersecutório[60] fundado em prova documental adequada do contrato de depósito, caso em que será decretada a ordem de entrega do objeto custodiado, sob cominação de multa". Aqui a questão versa sobre prova documental em contrato de depósito para entrega de bem custodiado. É possível contrato de depósito não documental, como ocorre no art. 445 do CPC, que trata do depósito necessário[61].

Trata-se de "repristinar" o prestígio perdido das ações de depósito. E isso porque após a EC n. 45 a possibilidade de prisão do depositário infiel restou inviabilizada (em decorrência do Pacto de São José da Costa Rica, norma supralegal que gerou a edição da Súmula Vinculante 25 e do Enunciado 419 da Súmula do STJ) e tornou-se uma ação pouco atraente do ponto de vista de sua eficácia.

---

59 NEVES, Daniel Assumpção Amorim. *Manual de direito processual civil*. 8. ed. Salvador: JusPodivm, 2016, p. 488.
60 Constitui pedido de entrega de bem referente a direito não real.
61 "Art. 445. Também se admite a prova testemunhal quando o credor não pode ou não podia, moral ou materialmente, obter a prova escrita da obrigação, em casos como o de parentesco, de depósito necessário ou de hospedagem em hotel ou em razão das práticas comerciais do local onde contraída a obrigação."

O CPC tratou de conferir maior efetividade, permitindo a busca imediata do bem. Constitui, em verdade, a mesma ação de depósito, com nova vestimenta e fora dos procedimentos especiais como estava antes da reforma (art. 901, CPC/73).

Assim, constitui, tal qual se verifica nas ações possessórias, a permissão que o autor retome a posse provisória do bem até o final da ação.

É importante asseverar que, à exceção da primeira e da quarta hipóteses (abuso do direito de defesa ou manifesto propósito protelatório ou petição inicial instruída com prova documental suficiente), todas as demais admitem a concessão de medida liminar.

9.4.4. PETIÇÃO INICIAL INSTRUÍDA COM PROVA DOCUMENTAL SUFICIENTE DOS FATOS CONSTITUTIVOS DO DIREITO DO AUTOR, A QUE O RÉU NÃO OPONHA PROVA CAPAZ DE GERAR DÚVIDA RAZOÁVEL (TUTELA DE EVIDÊNCIA FÁTICA)

Especialmente nas situações em que a prova é a substância do ato, como o registro de propriedade do imóvel numa ação reivindicatória. Aqui decorre de um juízo de probabilidade feito pelo juiz para aferir a tutela de evidência. Ao contrário do primeiro caso, em que a base é a prova documental somada à previsão de súmula ou tese firmada em casos repetitivos (e que, portanto, poderá ser concedida liminarmente), aqui constitui direito que se prove documentalmente e a que o réu não apresente defesa séria. Assim, constitui uma espécie de "revelia", pois, de certa forma, o réu não conseguiu se incumbir do ônus da impugnação específica. Em vez de julgamento antecipado do mérito, haverá uma tutela provisória de evidência concedendo temporariamente o direito ao autor.

Isso não quer dizer que para a concessão da tutela de evidência as argumentações e provas do réu sejam infundadas. É necessário que não tenham condição de retirar o grau de certeza que basearam os documentos trazidos pelo autor. Afinal "a fragilidade da prova apresentada pelo réu 'fortalece' aquela que, antes, havia sido apresentada pelo autor"[62].

Ao final deste capítulo é possível estabelecer um gráfico definitivo sobre as modalidades de tutela provisória:

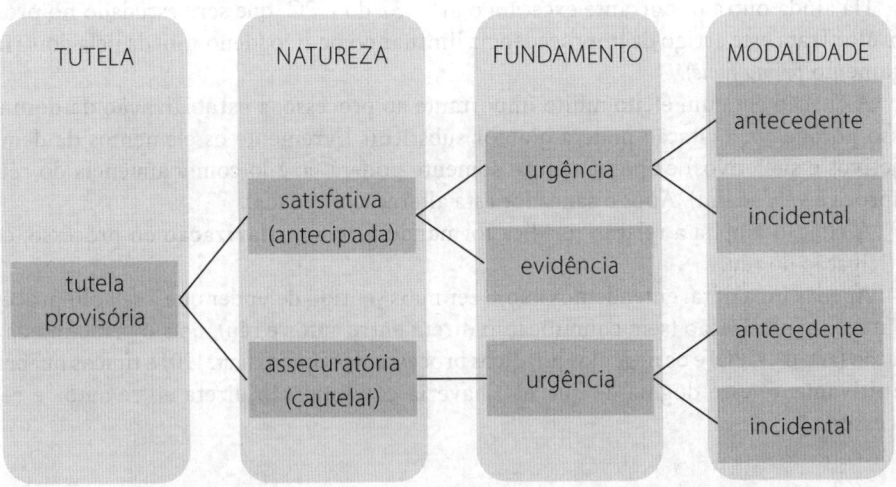

---

62 MEDINA, José Miguel Garcia. *Direito processual civil moderno*. 2. ed. São Paulo: RT, 2016, p. 537.

10.

FORMAÇÃO, SUSPENSÃO E EXTINÇÃO DO PROCESSO

10.1. FORMAÇÃO DO PROCESSO

Dado o fato da inércia jurisdicional (art. 2º do CPC), o processo necessariamente começa por iniciativa da parte, mas se desenvolve por impulso oficial.

O ajuizamento da petição inicial dá vida ao processo. A forma desse ajuizamento denomina-se distribuição. A distribuição "atribui a causa a um dos juízos [varas] existentes"[1].

Dispõe o art. 312 do CPC que a ação se considera proposta quando a petição inicial for protocolada. Todavia, o réu somente sentirá os efeitos do processo (materiais e processuais) com a citação válida prevista no art. 240 do CPC.

Verdade que, em alguns casos, como na concessão das liminares, os efeitos podem ser sentidos antes mesmo do ato citatório. Nesse caso, prestigia-se a efetividade em detrimento do direito ao contraditório (que será diferido).

Há ainda outra importante exceção: o art. 332 do CPC, que será estudado no próximo capítulo. Trata este artigo da improcedência liminar do pedido (denominada pela doutrina de julgamento *prima facie*).

A citação gera um efeito muito importante ao processo: **a estabilização da demanda.** E isso porque até a citação poderá o autor substituir livremente os elementos da demanda (objetivos e subjetivos) e após a citação somente poderá fazê-lo com a anuência do réu (e a recíproca é verdadeira). Após o saneador esta alteração é vedada.

A citação amplia a relação jurídica formando a **triangularização** do processo, com a participação do réu.

Apenas uma nota: entendemos não fazer mais sentido defender que a relação processual seja uma angularização (sem comunicação direta entre autor e réu), pois o princípio da cooperação (art. 6º, CPC) e os negócios jurídicos processuais atípicos (art. 190) e típicos quebraram definitivamente esse dogma de que não haveria comunicação direta entre autor e réu no processo.

---

1 DINAMARCO, Cândido Rangel. *Instituições de direito processual civil*, cit. 7. ed., 2017, v. III, p. 461.

Sem prejuízo disso, é a partir da citação válida que se pode verificar a fraude à execução (art. 792, CPC), a contagem dos juros de mora dentre outros efeitos materiais e processuais.

Todos os processos estão sujeitos a registro e devem ser distribuídos (que podem ser de forma eletrônica) onde houver mais de um juiz. Onde houver apenas um juiz a petição inicial será apenas despachada e atribuída a esse juiz. Ademais, a distribuição será alternada e aleatória, devendo ser publicada no *Diário da Justiça* (arts. 285 e 286, CPC)

Portanto, como regra, a distribuição de feitos é autônoma (com sorteio nos locais que houver mais uma vara). Há casos, contudo em que a distribuição será por dependência, ou seja, será uma distribuição previamente direcionada para um específico juízo. São casos que foram estabelecidos especialmente em decorrência da: a) economia processual (permitir o aproveitamento de atos e provas em mais de um processo), b) preservação do juiz natural, c) não permitir decisões contraditórias e d) resguardar a boa-fé processual.

Contudo, o STJ entendeu ser possível (re)distribuir uma ação cível na Justiça Comum quando ocorreu a extinção do processo no Juizado Especial sem resolução de mérito decorrente de desistência do autor. Trata-se obviamente de situação excepcional em decorrência da facultatividade dos Juizados Especiais Estaduais no país (REsp 2.045.638).

A distribuição será, portanto, por dependência (distribuição dirigida, não aleatória)[2] (art. 286, CPC):

I – Quando se relacionarem, por conexão ou continência, com outra já ajuizada;
Trata-se das hipóteses de modificação de competência legal anteriormente estudadas. A conexão e a continência são casos de reunião de feitos por identidade parcial dos seus elementos (partes, causa de pedir e pedido). Apenas não haverá reunião em três situações: a) nas hipóteses do art. 57, primeira parte, CPC); b) quando um dos processos já tiver sido sentenciado (art. 55, § 1º, CPC e Súmula 235, STJ); e c) quando não houver risco de gerar decisões conflitantes (art. 55, § 3º, CPC). Prevento é o juízo que recebeu a petição inicial em primeiro lugar (por distribuição ou registro), conforme arts. 58 e 59 do CPC.

O art. 55, § 3º, do CPC permite a reunião de causas, ainda que sem relação de conexão ou continência, quando "possam gerar risco de prolação de decisões conflitantes ou contraditórias caso decididos separadamente".

Como o CPC/2015 passou a admitir reunião sem conexão, igualmente para conformar essa nova regra o inciso I deve ser interpretado extensivamente.

II – Quando, tendo sido extinto o processo, sem resolução de mérito, for reiterado o pedido, ainda que em litisconsórcio com outros autores ou que sejam parcialmente alterados os réus da demanda;
O objetivo dessa regra é tríplice: a) preservar o juiz natural; b) desestimular a resolução do processo sem resolução do mérito (e preservar o princípio da primazia do mérito) já que a resolução invariavelmente voltará para o mesmo juízo que determinou sua resolução; e c) evitar que o advogado burle as regras de distribuição. Sem a distribuição perante o mesmo juízo, seria possível ao advogado que não obtivesse uma decisão liminar desistir da causa e redistribuir livremente para, talvez, obter melhor sorte em outro juízo.

III – Quando houver ajuizamento de ações idênticas, ao juízo prevento.
Essa hipótese se refere aos casos de litispendência ou coisa julgada em que há idêntica simetria entre a causa distribuída e a causa que está (no caso de litispendência) ou esteve (no caso de coisa julgada) em curso. A técnica de identificação é a teoria da tríplice identidade. Dessa forma

---

2   Discute-se na doutrina se, nos casos em que uma demanda deva ser distribuída junto a outra já existente, seria "distribuição por dependência" ou "registro do processo e remessa ao juízo prevento".

Os incisos I e III do art. 286, CPC estabelecem critérios de competência relativa já que foram criados especialmente para atender ao interesse das partes. A alegação deverá ser feita na primeira oportunidade que falar aos autos sob pena de preclusão (art. 278, CPC). Diferente do inciso II que estabelece um caso de competência absoluta.

Conforme parágrafo único do art. 286, "havendo intervenção de terceiro, reconvenção ou outra hipótese de ampliação objetiva do processo, o juiz, de ofício, mandará proceder à respectiva anotação pelo distribuidor".

A anotação do distribuidor não ocorre quando a coisa julgada alcança a questão prejudicial conforme art. 503, § 1º, do CPC. No regime anterior a questão prejudicial apenas se tornava imutável com o ingresso da ação declaratória incidental (arts. 5º e 470, CPC/73) que exigiam anotação.

No atual regime a questão prejudicial "passa" a se tornar imutável, sem a necessidade de nova demanda apenas se enquadrar nas situações estabelecidas no referido art. 503, § 1º, do CPC: I – dessa resolução depender o julgamento do mérito; II – a seu respeito tiver havido contraditório prévio e efetivo, não se aplicando no caso de revelia; III – o juízo tiver competência em razão da matéria e da pessoa para resolvê-la como questão principal e que não houver no processo restrições probatórias ou limitações à cognição que impeçam o aprofundamento da análise da questão prejudicial.

10.2. SUSPENSÃO DO PROCESSO

10.2.1. INTRODUÇÃO

O processo, pela sua própria definição constitui uma "marcha avante" e é concebido para que caminhe até o seu final sem paralisações.

Contudo, podem ocorrer determinadas circunstâncias em que seja necessária a paralisação do processo. Em verdade essa suspensão se dá no plano do procedimento, pois o que é atingido são os atos na sua cadeia (aspecto objetivo do processo). Constitui, portanto, "uma parada no procedimento e veto à realização de atos, permanecendo viva a relação processual embora em estado latente"[3].

A suspensão pode ser **própria** ou **imprópria**. Será própria quando a paralisação do processo for total, com a absoluta impossibilidade de se praticar os atos do procedimento[4]. A suspensão imprópria é aquela que obsta alguns atos, permitindo (suspensão parcial), contudo, a prática de outros.

Não há suspensão sem que se integre a ela uma decisão judicial. Mesmo que as partes convirjam em requerer o sobrestamento do feito, é imperiosa a chancela do magistrado. Daí por que se pode dizer que a decisão que defere a suspensão tem natureza **constitutiva**, pois essa decisão produzirá efeitos após a suspensão (alteração na situação jurídica existente), mesmo que seja para conferir efeitos retroativos[5] (v.g., a partir do momento em que se deu o evento que ensejou a suspensão). A despeito de a decisão judicial ser o ato que introduz a suspensão no mundo do processo, o magistrado não pode indeferir a suspensão.

---

3   DINAMARCO, Cândido Rangel. *Instituições de direito processual civil*. 2. ed. São Paulo: Malheiros, 2002, v. III, p. 146.
4   Todavia, nada impede que se pratiquem os atos reputados urgentes, conforme se verá adiante.
5   Dinamarco assevera que "os atos serão ineficazes a partir do fato e não do pronunciamento judicial – o qual, nessas hipóteses, lança seus efeitos ao passado (*ex tunc*). A suspensão considera-se iniciada no dia do fato causador e não do pronunciamento do juiz a respeito" (*Instituições*, p. 152).

Uma vez suspenso, somente poderão ser praticados atos reputados urgentes para evitar dano, desde que deferidos pelo juízo (CPC, art. 314).

10.2.2. CAUSAS DE SUSPENSÃO DO PROCESSO

10.2.2.1. Morte ou perda da capacidade processual de qualquer das partes, de seu representante legal ou de seu procurador

Essa causa de suspensão diz respeito às partes, ao seu representante legal e ao seu procurador.

Se verificada a morte ou a incapacidade processual da parte ou de seu representante legal o magistrado deverá determinar o sobrestamento do feito até o suprimento da incapacidade ou a abertura da sucessão (espólio e herdeiros por meio de habilitação – arts. 687 e 689, CPC), nos termos do art. 313, § 1º, do CPC. Há, contudo, algumas peculiaridades.

Caso não seja ajuizada ação de habilitação e o magistrado constatar a morte da parte, deverá:

a) se o falecimento for do réu, o magistrado determinará a intimação do autor para que cite o espólio ou os herdeiros (caso os bens já lhe tenham sido transmitidos). O prazo para essa providência pelo autor é de escolha do juiz, que poderá regular entre dois e seis meses, no máximo;

b) se o falecimento for do autor, dependerá da natureza do litígio: b1) se intransmissível, haverá resolução do processo sem análise do mérito (art. 485, IX, CPC); b2) se transmissível, o magistrado determinará a intimação do espólio ou dos herdeiros para que se manifestem sobre o interesse na causa e procedam a sua habilitação sob pena de resolução do processo sem análise do mérito.

Em se tratando da morte do procurador, ainda que iniciada a audiência de instrução, o juiz determinará que a parte apresente novo advogado em 15 dias. Caso não haja cumprimento do preceito, a sanção será diversa, a depender do polo que a parte ocupava no processo: se autor, a resolução do feito; se réu, sua revelia. Esta regra está, aliás, afinada com o art. 76, § 1º, CPC).

Se houver litisconsórcio ativo e apenas um deles não regularizar sua situação, não haverá resolução do feito, mas exclusão do litisconsorte.

10.2.2.2. Convenção das partes

Assim como o CPC regulamenta o negócio jurídico processual atípico (art. 190), regulamenta, igualmente, em artigos esparsos, o negócio jurídico típico. A convenção entre as partes é um deles.

É possível que as partes convencionem a suspensão do processo, desde que não exceda o prazo de seis meses (CPC, art. 313, § 4º). Não é necessário fundamentar o motivo da suspensão, já que a recusa, como dito, foge do espectro de atuação do juiz.

10.2.2.3. Arguição de impedimento e suspeição

A arguição de impedimento e suspeição também é causa de suspensão do processo (CPC, art. 146, § 2º, II). Contudo, ao contrário do regime anterior em que a suspensão se dava *ope legis*, atualmente o efeito suspensivo será *ope judicis*, vale dizer, dependerá do tribunal (na pessoa do relator), no caso concreto, determinar ou não a suspensão.

Se o incidente for recebido sem o efeito suspensivo, o processo voltará a correr (art. 146, § 2º, I); se com efeito suspensivo, o processo permanecerá suspenso até o julgamento do incidente (art. 146, § 2º, II).

Ademais, enquanto não for declarado o efeito em que é recebido o incidente ou quando este for recebido com efeito suspensivo, a tutela de urgência será requerida ao substituto legal.

Importante asseverar que quando a exceção for oposta contra membro do MP, auxiliares e demais sujeitos imparciais do processo não haverá suspensão do prazo (CPC, art. 148, § 2º). Constitui uma exceção à regra ao inciso III do art. 313.

10.2.2.4. Pela admissão do incidente de demandas repetitivas

O CPC constituiu mais uma forma de suspensão do feito: quando for admitido o incidente de demandas repetitivas (arts. 976-987). Sobre o assunto, reporta-se o leitor ao capítulo de processo nos tribunais e meio de impugnação das decisões judiciais.

10.2.2.5. Questões externas

Prejudicial é toda questão prévia que influencia no resultado da questão principal. Será **interna** se estiver dentro do processo e será **externa** se estiver em outro processo. Somente neste último caso haverá suspensão, pois a prejudicialidade interna será julgada como um capítulo da sentença de mérito.

Nos casos do inciso V do art. 313 do CPC, a suspensão será de no máximo um ano (art. 313, § 4º).

a) Questão prejudicial ou questão preliminar externa[6]

É possível a reunião do feito de duas causas que não possuem, entre si, relação de conexão (art. 55, § 3º, CPC).

É possível a não reunião de causas conexas especialmente por fatores de competência.

Dessa forma, são os casos em que pode ocorrer conexão ou continência entre duas causas que, por algum motivo (pressuposto negativo), não podem ser reunidas. Assim, para evitar decisões conflitantes, sobrestar-se-á um dos feitos para evitar decisões conflitantes.

Preconiza o art. 313, V, a, do CPC que o processo será suspenso quando a sentença de mérito "depender do julgamento de outra causa ou da declaração de existência ou de inexistência de relação jurídica que constitua o objeto principal de outro processo pendente".

Aqui se fala em sentença, mas pode ser qualquer decisão de mérito, a acepção é ampla. A dependência é lógica, vale dizer, o resultado de uma causa é logicamente dependente do resultado da outra. Esta dependência pode ocorrer porque a matéria de um é **preliminar** ao da outra (dependendo do resultado de uma delas impede o da outra) ou **prejudicial** (o resultado não impede, mas influencia).

A suspensão, como dito, deve ser de até um ano. Todavia, este prazo poderá ser prorrogado caso o magistrado entenda que depende de mais tempo para que a causa subordinante seja julgada.

A questão a ser julgada e que determina a suspensão de um dos feitos poderá ser preliminar (quando sua decisão impedirá o julgamento da outra) ou prejudicial (quando influenciará no julgamento da outra).

---

6 Fredie Didier Jr., *Curso*, cit., p. 551.

b) Dependência de fato ou prova de outro juízo

Igualmente haverá suspensão do processo se a sentença de mérito "tiver que ser proferida somente após a verificação de determinado fato ou a produção de certa prova, requisitada a outro juízo" (CPC, art. 313, V, b).

Assim, se a produção da prova ou a ocorrência de determinado fato forem fatores determinantes para o deslinde de dado processo, haverá o sobrestamento.

É o que ocorre, por exemplo, com a questão prevista no art. 377 do CPC, que assim dispõe: "A carta precatória, a carta rogatória e o auxílio direto suspenderão o julgamento da causa no caso previsto no art. 313, inciso V, alínea b, quando, tendo sido requeridos antes da decisão de saneamento, a prova neles solicitada for imprescindível".

O prazo de suspensão nessa hipótese igualmente é de no máximo um ano (art. 313, § 4º, CPC).

10.2.2.6. Força maior

Força maior é locução de conceito vago e indeterminado (CPC, art. 313, VI). Há de ser verificada pelo magistrado à luz do caso concreto. Contudo, há situações em que objetivamente é possível visualizar a impossibilidade de prosseguimento do processo, como a greve dos serventuários (STJ, 3ª T., REsp 27.173/SP, rel. Min. Dias Trindade, j. 6-10-1992, DJ 9-11-1992).

10.2.2.7. Quando houver pendência perante Tribunal Marítimo de questão que seja pertinente ao processo a ser julgado

O Tribunal Marítimo (Lei n. 2.180/54) é órgão de caráter administrativo que, a despeito de estar ligado ao Ministério da Marinha, é auxiliar do Poder Judiciário.

Se, no curso de um processo submetido ao Poder Judiciário, houver discussão acerca de temas de competência desse tribunal marítimo, será sobrestado até o julgamento.

Isso porque, conforme a referida lei, há presunção absoluta desse tribunal quando decidir questão sobre normas técnicas:

> Art. 18. As decisões do Tribunal Marítimo, nas matérias de sua competência, têm valor probatório e se presumem certas, sendo suscetíveis de reexame pelo Poder Judiciário somente nos casos previstos na alínea a do inciso III do art. 101 da Constituição.

10.2.2.8. Em decorrência de recente maternidade ou paternidade

A Lei n. 13.363/2016 estabelece duas hipóteses de sobrestamento do feito:

a) quando a advogada responsável pelo processo for a única patrona e foi concebida adoção de criança ou pelo parto. Nesse caso o período de suspensão será de 30 dias contados do parto ou da concessão da adoção;

b) quando o advogado responsável pelo processo for o único patrono e tornar-se pai.

O prazo de suspensão nesse caso é de 8 dias, contados do parto ou do termo judicial que concedeu a adoção. Nesse sentido, (STJ, REsp 1.799.166).

Nos dois casos a prova será feita "mediante apresentação de certidão de nascimento ou documento similar que comprove a realização do parto, ou de termo judicial que tenha concedido a adoção, desde que haja notificação ao cliente" (art. 313, §§ 6º e 7º, CPC).

Contudo, a despeito de se tratar de uma bem-vinda reforma, pois auxilia advogados num momento tão importante e que impossibilitaria a concomitância com o exercício da advocacia, a reforma não está imune a críticas.

Edilson Vitorelli, em interessante texto sobre o assunto[7], suscita alguns percalços que a lei poderá enfrentar e com os quais integralmente concordamos:

"Primeiro, o prazo de suspensão conta da data do parto, e não do deferimento judicial. Assim, ao que parece, o legislador pretende que a advogada, no dia do parto, passe horas elaborando petições para juntar em todos os seus processos, em conjunto com a certidão de nascimento do filho, para requerer a suspensão. Além disso, ela deverá notificar seus clientes do evento. Será que isso deveria ser feito antes do parto ou depois? E será que essa comunicação ao cliente precisa ser comprovada nos autos?

Terceiro, é provável que o cliente, leigo, ao receber tal notificação, possa se considerar prejudicado pela paralisação do processo e cogite buscar outro advogado.

Logo, o procedimento previsto para que a advogada acesse o direito garantido é custoso, complexo e potencialmente prejudicial, do ponto de vista comercial, por um benefício muito reduzido, que é a suspensão do processo por apenas 30 dias.

Seria possível tentar ser generoso com o legislador e imaginar que a advogada poderia juntar a certidão de nascimento *a posteriori* e requerer a devolução dos prazos transcorridos no período. Contudo, não é isso que consta do texto e me parece que seria um risco muito grande, ao qual eu imagino que a imensa maioria das advogadas não desejará submeter-se.

Há também problemas operacionais do ponto de vista jurisdicional. O prazo corre do evento que o origina (nascimento ou adoção), não do deferimento judicial. Em boa parte das varas do país, todavia, o juiz sequer despachará o requerimento antes que o prazo de 30 dias termine. Em algumas, é provável que a petição sequer seja juntada aos autos antes do fim dos 30 dias. Quando se pensa no exíguo prazo de 8 dias para os pais, é quase certo que o despacho de suspensão não virá antes do término do prazo.

Finalmente, a lei, embora comemorada por muitas mulheres, ainda tem o defeito de perpetuar a ideia de que as mães são mais responsáveis pelos filhos que os pais, motivo pelo qual estes já podem estar de volta ao trabalho em 8 dias, enquanto as mulheres permanecem em casa".

10.2.2.9. Demais casos

O rol do art. 313 do CPC não é exaustivo, conforme se verifica do próprio inciso VIII do referido artigo. Assim, é possível enumerar mais algumas situações que autorizam o sobrestamento do feito:

i) constatação pelo juiz de incapacidade processual ou irregularidade na representação (CPC, art. 76);

ii) instauração de incidente de desconsideração da personalidade jurídica (CPC, art. 134, § 3º);

iii) concessão *ope judicis* de efeito suspensivo aos embargos à execução (CPC, art. 921, II) e à impugnação (art. 525, § 6º, CPC);

iv) falta de bens penhoráveis (CPC, art. 921, III);

v) prazo que o credor concede ao devedor na execução para cumprimento voluntário (CPC, art. 922);

vi) na execução fiscal (art. 40, Lei n. 6.830/80);

---

7 VITORELLI, Edilson. *Mudou o CPC!* As boas intenções das quais o inferno está cheio. Disponível em: <www.edilsonvitorelli.com>. Acesso em: 29 nov. 2016.

vii) verificação de fato delituoso (CPC, art. 315);
viii) na oposição (art. 685, parágrafo único, CPC);
ix) no reconhecimento da repercussão geral (art. 1.035, § 5º, CPC);
x) entre os dias 20 de dezembro a 20 de janeiro (art. 220, CPC);
xi) por obstáculo criado pela parte (art. 221, CPC);
xii) mediação e conciliação nas ações de família (art. 694, parágrafo único, CPC).

10.2.3. PRÁTICA DE ATOS DURANTE A SUSPENSÃO

Preconiza o art. 314 do CPC que "durante a suspensão é vedado praticar qualquer ato processual, podendo o juiz, todavia, determinar a realização de atos urgentes a fim de evitar dano irreparável, salvo no caso de arguição de impedimento e de suspeição".

O ato praticado no período da suspensão é ato inválido.

10.2.4. SUSPENSÃO PARA APURAÇÃO DE FATO CRIMINAL

Desnecessária a previsão do art. 315 tendo em vista que a sua hipótese já estava enquadrada no art. 313, V, *a*, do CPC. Aqui tem o que se denomina questão prejudicial externa heterogênea[8].

O direito penal, em princípio, estabelece as sanções pelos crimes que são submetidos à esfera da jurisdição criminal. Contudo, há fatos que extrapolam sua competência para o âmbito civil, como, por exemplo, a restituição do produto do crime ou a indenização à família da vítima. Assim:

> Art. 315. Se o conhecimento do mérito depender de verificação da existência de fato delituoso, o juiz pode determinar a suspensão do processo até que se pronuncie a justiça criminal.
> § 1º Se a ação penal não for proposta no prazo de 3 (três) meses, contado da intimação do ato de suspensão, cessará o efeito desse, incumbindo ao juiz cível examinar incidentemente a questão prévia.
> § 2º Proposta a ação penal, o processo ficará suspenso pelo prazo máximo de 1 (um) ano, ao final do qual aplicar-se-á o disposto na parte final do § 1º.

10.3. EXTINÇÃO DO PROCESSO

10.3.1. EXTINÇÃO DO PROCESSO SEM RESOLUÇÃO DE MÉRITO (CPC, ART. 485)

São as denominadas sentenças terminativas. É forma de extinção anômala do processo, pois não é o que o autor deseja ao ingressar com a ação e não é interesse do judiciário encerrar a relação processual sem resolver o mérito.

Importante observar que o ordenamento brasileiro, guardando a autonomia entre direito e processo (Bullow), estabeleceu que o exame de mérito somente poderá ser apreciado se presentes os requisitos processuais necessários. Esses requisitos constituem questões prévias, mais especificamente preliminares, pois a sua ocorrência impede a análise do mérito.

---

8 BEDAQUE, José Roberto dos Santos. *Comentários ao novo Código de Processo Civil*. Rio de Janeiro: Gen, 2015, p. 498.

Se o magistrado acolher uma das hipóteses do art. 485 do CPC e, portanto, não resolver o mérito, é porque se verificou que o vício impediu a apreciação do direito material.

Como o Estado não cumpriu a sua finalidade de resolução de mérito e pacificação social (já que por algum "percalço" processual não se pôde chegar à análise do direito material controvertido) estas sentenças não geram óbices para a propositura de nova demanda com os mesmos elementos, já que fazem coisa julgada apenas **formal** (dentro do processo em que foi produzida).

Há exceções, contudo, no art. 486, § 1º, que impedem a repropositura da demanda, salvo com a correção do vício que gerou a resolução.

Ademais, há causas que impedem a repropositura porque claramente demonstram que a parte não terá condições de "sanar" o defeito processual numa segunda ação (o que, portanto, geraria uma nova resolução sem mérito). Assim, na **demanda em que ocorra perempção** (proposta pela quarta vez) haverá sempre perempção, pois adquiriu essa condição[9]; a **litispendência** também, pois havendo uma demanda em curso, a segunda proposta com os mesmos elementos será sempre vedada. Nem se diga da **coisa julgada,** já que não se pode trazer a juízo matéria já discutida em processo anterior[10].

Contudo o CPC estabelece que caso seja possível corrigir a segunda ação (no caso da litispendência), alterando alguns de seus elementos para que possam coexistir as duas causas, é possível ao magistrado permitir a emenda (art. 486, § 1º, CPC).

A resolução do processo sem análise do mérito poderá, ao longo do tempo, ter sua incidência reduzida com base em três importantes fatores decorrentes da nova dogmática do CPC atual: a) adoção do princípio da primazia do mérito em que o magistrado deve, sempre que possível, convalidar ou criar meios para a correção dos vícios sanáveis; b) a possibilidade de retratação diante das sentenças terminativas (art. 485, § 7º); e c) em atenção ao contraditório cooperativo, antes da resolução do processo por ausência de algum requisito processual, deve-se dar oportunidade para que a parte possa se manifestar e, eventualmente, convencer o magistrado do contrário.

Assim, todas as hipóteses de resolução aqui apresentadas somente gerarão de fato a extinção caso não seja possível a convalidação ou nova prática do ato.

10.3.1.1. Indeferimento da petição inicial (inciso I)

Para a regularidade do processo é essencial que a petição inicial seja apta. Importante asseverar que o indeferimento da petição inicial é matéria de ordem pública, podendo ser verificada a qualquer tempo e grau de jurisdição. Ocorre que após a citação do réu, a despeito da petição inicial poder ser indeferida, **não será por este motivo (indeferimento) que o processo será resolvido.**

Sabe-se que o indeferimento total da petição inicial é formalizado por sentença e desta caberá recurso de apelação. Ocorre que o art. 331 do CPC disciplina que da sentença que indefere a petição inicial caberá apelação, mas sendo facultado ao magistrado **se retratar em cinco**

---

9   Cumpre asseverar que Adroaldo Fabrício (*Saneamento do processo: estudos em homenagem ao prof. Galeno Lacerda*, Sérgio Antônio Fabris Editor, Porto Alegre, 1989, p. 15-58) entende que se a causa que geraria a extinção do processo desaparecer (o processo originário que gerou a litispendência for extinto sem mérito), estaria aberta a via da repropositura. Seria assim, nos dizeres de Fredie Didier Jr. (*Curso*, cit., p. 525), uma imposição à decisão judicial da cláusula *rebus sic stantibus*.

10 Desconsiderando, nessa sede, os estudos sobre relativização (desconsideração) da coisa julgada defendida por parte da doutrina nacional.

dias. Esta retratação foi excepcionalmente criada para dar vigência à economia processual, pois uma reconsideração após a citação do réu inverteria o polo do interesse, permitindo ao réu recorrer da decisão retratada.

Assim, após a citação do réu, ficou assente na jurisprudência que o indeferimento se dará por falta de pressuposto processual (CPC, art. 485, IV).

Aliás, esse é o entendimento de Teresa Arruda Alvim[11]: "Assim, o conteúdo, propriamente da decisão que trata o art. 267, I [atual 485, I, CPC], como se disse, não é privativo desse dispositivo. É-lhe o momento".

As hipóteses de indeferimento da petição inicial estão enumeradas no art. 330 do CPC (hipóteses essas que serão oportunamente estudadas quando do desenvolvimento do capítulo da petição inicial).

São elas:

Art. 330. A petição inicial será indeferida quando:
I – for inepta;
II – a parte for manifestamente ilegítima;
III – o autor carecer de interesse processual;
IV – não atendidas as prescrições dos arts. 106 e 322.
Parágrafo único. Considera-se inepta a petição inicial quando:
I – lhe faltar pedido ou causa de pedir;
II – o pedido ou a causa de pedir for obscuro;
III – quando o pedido for indeterminado, ressalvadas as hipóteses legais em que se permite o pedido genérico;
IV – da narração dos fatos não decorrer logicamente a conclusão;
V – contiver pedidos incompatíveis entre si.

Nem sempre a resolução do processo que tenha como causa indeferimento da petição inicial será sem resolução de mérito. Há pelo menos três hipóteses de resolução com mérito da petição inicial mesmo sem a citação do réu: i) quando se verificar a prescrição e a decadência (CPC, art. 487, II); ii) a improcedência liminar do pedido (CPC, art. 332); e iii) indeferimento liminar dos embargos à execução (CPC, art. 918) [que possuem natureza de ação][12].

10.3.1.2. Abandono da causa pelas partes (inciso II)

Apesar de os incisos II e III possuírem diversas semelhanças, optou-se em tratar em módulos distintos, na medida em que as consequências são diversas, decorrentes das peculiaridades de cada um.

O processo começa por iniciativa das partes, mas se desenvolve por impulso oficial (art. 2º, CPC). Esta é, contudo, uma visão parcial do processo. E isso porque, a despeito de haver condução oficiosa do processo, as partes podem e devem participar integrando os atos (atos que formam a relação jurídica com posições ativas e passivas). O direito de ação não se resume com a propositura da demanda. O agir é necessário durante todo o processo.

Desta forma estabelece o inciso II do referido artigo que haverá resolução do processo sem análise de mérito "quando ficar parado durante mais de 1 (um) ano por negligência das partes".

---

11 *Nulidades do processo e da sentença*. 4. ed., São Paulo, Revista dos Tribunais, 1998, p. 52.
12 Em sentido diverso Haroldo Pabst (*Natureza jurídica dos embargos do devedor*, 2. ed., Forense, 2000) e Cassio Scarpinella Bueno (*Curso sistematizado de direito processual civil*, v. 3, Saraiva 2008).

Não é necessário que esteja em aberto para as partes praticarem algum ato (o que caracterizaria objetivamente a inércia). Basta que o processo esteja parado por trinta dias, pois se gera a presunção de desinteresse no feito. Evidente que se o processo estiver "concluso para sentença", por exemplo, não se trata de inatividade da parte, o que seria absurdo acarretar a resolução.

Ocorrendo tal situação, as partes serão intimadas pessoalmente (e não na pessoa de seu advogado) para que promovam os atos cabíveis em **cinco dias** (CPC, art. 485, § 1º). A intimação da parte possui lógica razão de ser: é possível que a parte desconheça que seu advogado não vem se diligenciando para conduzir o processo de forma efetiva e adequada.

Caso haja a resolução (que pode ocorrer independente de provocação da parte contrária), as partes pagarão proporcionalmente as custas do processo (CPC, art. 485, § 2º) e, em havendo litisconsórcio, as custas serão rateadas de acordo com o seu número.

Como a resolução do processo com base nessa hipótese não gera a impossibilidade de repropositura, apenas será possível ajuizar nova demanda se se demonstrar o pagamento das custas processuais e honorários do processo anterior (CPC, arts. 92 e 486, § 2º).

10.3.1.3. Abandono da causa pelo autor (inciso III)

Muitas das regras explicitadas no inciso II se aplicam ao abandono da causa pelo autor. Preconiza o inciso III que se resolve o processo sem mérito "por não promover os atos e as diligências que lhe incumbir, o autor abandonar a causa por mais de 30 (trinta) dias".

Aqui, ao contrário do abandono pelas partes, há de se perquirir o **elemento subjetivo** para se aferir que a parte deixou de praticar ato processual que lhe competia. Possui importância no processo a perfeita caracterização da inércia, máxime para se verificar a ocorrência de perempção.

A intimação se dará da mesma forma que o inciso anterior. Contudo, entende o STJ que o advogado será diretamente intimado para emenda da petição inicial (REsp 1.286.262).

Outra grande diferença reside no fato de que o juiz não pode extinguir o processo de ofício (ao contrário do inciso anterior). Deve aguardar a manifestação da parte contrária para tanto. Aliás, é o entendimento do Superior Tribunal de Justiça, conforme se verifica no Enunciado n. 240 da Súmula do STJ: "A resolução do processo, por abandono da causa pelo autor, depende de requerimento do réu". Este posicionamento restou cristalizado no § 6º do art. 485 do CPC.

Uma última observação. O ato omisso (que gerará a resolução do processo por abandono) deve ser relevante ao deslinde da causa. Desta forma, v.g., não se pode extinguir o processo se o réu não juntou a guia de recolhimento dos honorários do perito, pois a consequência da omissão é diversa e tem previsão de lei: não realização da atividade pericial.

As custas, neste caso, serão de integral responsabilidade do autor, seguindo a mesma exigência do recolhimento prévio para o ajuizamento de nova demanda (CPC, art. 92).

10.3.1.4. Falta de pressupostos processuais (inciso IV)

O inciso IV refere-se aos pressupostos de constituição e de desenvolvimento válido e regular do processo. É no art. 485 (e somente neste) que o CPC menciona os pressupostos processuais e, a despeito de não discriminá-los (tarefa, diga-se, muito difícil, tendo em vista as inúmeras classificações existentes), estabeleceu, neste inciso, os pressupostos positivos – já que os negativos vêm disciplinados (não na sua integralidade) no inciso V abaixo.

Por força do § 3º do art. 485 do CPC, é possível o conhecimento de ofício desses pressupostos a qualquer tempo e grau de jurisdição.

Muitos dos pressupostos não geram a resolução do processo (impedimento, suspeição, incompetência, falta de citação válida, falta de capacidade postulatória), senão a sua **regularização,** conforme o caso.

10.3.1.5. Perempção, litispendência e coisa julgada (inciso V)

Há aqui uma nítida escolha política do legislador no sentido de se destacarem os pressupostos negativos em inciso diverso dos demais. Há pelo menos dois bons motivos para isso:

i) ao contrário do inciso acima, em que a maioria dos pressupostos acarreta a regularização, os pressupostos negativos – invariavelmente – geram a resolução do processo (salvo evidentemente nos casos em que houver, por exemplo, litispendência parcial ou a possibilidade de alteração de algum dos elementos da causa)[13];

ii) mesmo sendo imunizado pela coisa julgada formal, o enquadramento da resolução em uma das hipóteses do art. 485 acarreta na impossibilidade de repropositura de demanda, como regra. A perempção, sempre, mas a litispendência e a coisa julgada apenas se houver a possibilidade de correção do vício.

Ocorre perempção quando o autor der causa à resolução do processo por três vezes porque não praticou as diligências necessárias para o seu devido andamento (CPC, art. 485, III). Apenas por este motivo é possível tipificar a perempção. Se o processo for extinto três vezes, v.g., por inépcia da petição inicial, a despeito de ser indesejável, não acarreta perempção.

A perempção constitui uma espécie de sanção decorrente da prática do ato ilícito de abuso do direito de demandar[14]. A perempção não alcança o direito material pretendido, mas o direito de tutelá-lo em juízo. Tanto é verdade que a parte poderá (e somente desta forma) utilizar este direito como matéria de defesa (art. 486, § 3º, CPC).

Haverá litispendência (matéria que este *Manual* já se ocupou no estudo dos pressupostos processuais) quando se reproduz uma ação idêntica a outra que está em curso e coisa julgada (que terá seu estudo dedicado mais detidamente em capítulo próprio) quando se reproduz uma ação idêntica a outra que estava em curso. Por ações idênticas, recorde-se, consideram-se aquelas que possuem a tríplice identidade: as mesmas partes, a mesma causa de pedir e o mesmo pedido[15].

Nas ações coletivas não é necessária a identidade perfeita dos elementos da ação (partes, causa de pedir e pedido), bastando a presença dos dois últimos somente.

10.3.1.6. Carência de ação [ausência de legitimidade ou interesse processual] (inciso VI)

As condições da ação já foram devidamente tratadas em capítulo próprio. Compete aqui apenas estabelecer algumas ressalvas decorrentes do próprio enquadramento das condições da ação no art. 485.

---

13 Identidade de uma demanda já proposta com um dos pedidos de uma nova ação. Decretando a litispendência "parcial" a decisão é interlocutória e o processo prossegue pelos demais pedidos.
14 Fredie Didier Jr., *Curso*, cit., p. 532.
15 Nosso sistema adotou a teoria da tríplice identidade (Pescatore) em detrimento da teoria da identidade da relação jurídica.

O CPC estabelece em seu art. 17 que "para postular em juízo é necessário ter interesse e legitimidade". No art. 485, VI, preconiza que não haverá resolução de mérito quando "verificar a ausência de legitimidade ou interesse processual". Em momento algum o Código, ao contrário do anterior, não se utiliza do vocábulo "condições da ação", deixando a cargo da doutrina e da jurisprudência a referida função. O que remanesce é a seguinte pergunta: estas se mantêm no diploma atual?

Uma primeira questão, já não sem tempo: conforme dito, aboliu-se a possibilidade jurídica do pedido como categoria de admissibilidade. A doutrina vem seguindo três caminhos diferentes:

a) a legitimidade e o interesse fariam parte do próprio mérito. Essa construção, a nosso ver, será difícil defender, dado o fato de estarem alocadas justamente no art. 485, que estabelece as hipóteses de não **resolução** do mérito. **Ademais, a despeito da legitimidade e do interesse, para a sua perfeita aferição, seja necessária a análise do direito material, parece-nos inegável que constitui questão estranha ao mérito**;

b) a legitimidade e o interesse estariam dentro dos pressupostos processuais. Boa parte dos autores entende não haver o porquê de uma tríplice divisão (pressupostos, condições e mérito): tudo que não constituir mérito será, *ipso facto*, juízo de admissibilidade categorizado como pressupostos processuais. O direito positivo, ao que parece, não entende assim. Ao separar os incisos de pressupostos **processuais de existência e desenvolvimento positivos e negativos** (IV e V) da legitimidade e interesse (VI) quis o legislador expressamente alocá-los em distinta categoria (por que não condições da ação)?

c) a legitimidade e o interesse continuariam dentro das condições da ação. A despeito de academicamente entender que a distinção das questões se dá por um binômio (admissibilidade e mérito), nenhuma complicação prática traria em manter-se categorizado como condições. Aliás, até melhor que assim se mantenha, dado o fato de já estar arraigado na nossa cultura esse instituto. **A legitimidade e o interesse, independentemente da categorização que a doutrina e a jurisprudência lhes empreste, continuarão exercendo a sua função de "filtro" e, a nosso ver, estranhos ao mérito e aos pressupostos processuais**. Ademais, como enquadrar as condições da ação nos pressupostos processuais à luz da teoria da asserção? Por essa teoria, as condições da ação "passam" a ser tratadas como mérito a depender do momento em que são verificadas, o que não acontece com os pressupostos. Portanto, não se pode enquadrar na mesma categoria institutos que possuem regimes diferentes.

Continuaremos a denominar a legitimidade e o interesse, portanto, como condições da ação.

Ainda, para os que defendem a permanência das condições da ação, de fato, há autores que entendem a existência de outras condições, máxime em procedimentos especiais como requisitos para a monitória e o mandado de segurança.

Outra questão diz respeito à teoria da asserção. Já foi enfrentado, quando do estudo sobre a ação, que parcela significativa da doutrina vem adotando um método para harmonizar a teoria eclética da ação com a resolução do processo.

Assim, para essa corrente, se o magistrado não procedeu ao exame das condições da ação liminarmente (*in statu assertionis*) ao constatar a sua falta no curso da demanda (após a triangularização do processo) o caso não seria de **carência**, mas de **improcedência** (com resolução de mérito, portanto).

Há que se asseverar, igualmente, que mesmo aqueles que não adotam essa teoria concordam que as condições da ação podem surgir no curso da demanda [exemplo: a dívida se venceu no curso do processo ou a integralização da prescrição aquisitiva (prazo para a usucapião) na ação que, quando da propositura, não preenchia esse requisito].

10.3.1.7. Convenção de arbitragem (inciso VII)

A **convenção de arbitragem** é gênero em que figuram como espécies o compromisso arbitral e a cláusula compromissória.

Compromisso arbitral é o acordo realizado entre as partes para que específico conflito não seja resolvido no judiciário. Constitui um contrato, com a concreta indicação do caso a ser decidido pela arbitragem em detrimento da jurisdição.

Já a **cláusula compromissória** é o acordo entre as partes para que os eventuais e futuros conflitos decorrentes daquela relação jurídica sejam submetidos à arbitragem. Aqui, fica condicionada a existência da controvérsia, lá a existência é concreta.

Tanto uma quanto a outra dependem de provocação do réu, conforme art. 337, § 5º, do CPC.

O art. 485, VII também estabelece a hipótese de o "juízo arbitral reconhecer sua competência" (regra do *kompetenz kompetenz* no âmbito da arbitragem). Assim, se houver decisão arbitral reconhecendo ser a arbitragem competente para a solução do conflito, essa decisão impõe ao Poder Judiciário a resolução do processo sem análise do mérito

10.3.1.8. Desistência da ação (inciso VIII)

Desistir da ação é o ato do autor em abrir mão do processo sem abrir mão do próprio direito.

Uma coisa é desistir da ação, outra é renunciar ao direito (CPC, art. 487, III, *c*), que acarretaria a resolução do processo com análise de mérito. Na desistência a parte não tem interesse (por qualquer motivo, financeiro, psicológico, de saúde) em continuar com o processo que veicula sua pretensão. Nada impede que em outro momento (evidentemente observado o prazo prescricional) a parte ajuíze nova demanda. Na renúncia, a parte abre mão da própria pretensão (direito material discutido), assim, acarreta a resolução do conflito com mérito. Na desistência não há resolução de mérito. É sentença terminativa.

Alguns pontos importantes devem ser verificados:

a) havendo litisconsórcio passivo unitário, não poderá o autor desistir de apenas um dos litisconsortes;

b) há de se estabelecer a diferença com a desistência do recurso:

DESISTÊNCIA DA AÇÃO	DESISTÊNCIA DO RECURSO
Gera a resolução do processo sem análise do mérito (CPC, art. 485, VIII)	Fica condicionado ao tipo de sentença que fora prolatada (definitiva ou terminativa)
Se já houve apresentação de contestação, depende de prévio consentimento do réu (CPC, art. 485, § 4º)	Não depende de consentimento da parte contrária (CPC, art. 998)
É necessária a homologação judicial (CPC, art. 200, parágrafo único)	Independe de homologação

c) igualmente não se confunde com o abandono de causa. Este é **tácito** e a desistência da ação deve ser **expressa**;

d) não será necessário o consentimento do réu se, na defesa, houver pedido expresso de resolução do processo sem análise de mérito, pois, neste caso, careceria a parte de interesse[16]. Após a apresentação da contestação, desejando o autor desistir, de acordo com o Superior Tribunal de Justiça, a recusa do réu deverá ser justificada, não bastando apenas discordar sem que haja relevante motivo (REsp 1.318.558-RS);

e) o juízo que homologou a desistência, à luz do art. 286, II, do CPC, torna-se prevento para a ulterior e eventual demanda a ser proposta (**efeito anexo**);

f) há casos em que somente pode-se desistir da causa se se renunciar ao direito sobre o que se funda a ação. É a hipótese do art. 3º da Lei n. 9.469/97;

g) não se pode desistir da ação na Ação Direta de Inconstitucionalidade nem na Ação Declaratória de Constitucionalidade (arts. 5º e 16, Lei n. 9.868/99);

h) quando se tratar de desistência da ação em primeiro grau de jurisdição antes de prolatada a sentença é possível sem anuência do réu (mesmo que já tenha oferecido contestação) se a questão nele discutida for idêntica à que foi julgada no recurso especial ou extraordinário repetitivo representativo da controvérsia (art. 1.040, §§ 1º e 3º, CPC);

i) o STJ entende que em caso de desistência da ação após a citação e antes de apresentada a contestação, é devida a condenação do autor ao pagamento de honorários advocatícios, observando a regra geral prevista no § 2º do art. 85 do CPC (REsp 1.819.876-SP).

10.3.1.9. Ação intransmissível (inciso IX)

Estabelecia o art. 267, IX, do CPC/73: "quando a ação for considerada intransmissível por disposição legal". A redação do dispositivo é equívoca, não compreendendo todo o fenômeno.

Equívoca porque não é a ação que é intransmissível, mas o direto material posto em juízo.

Não é a pura intransmissibilidade que gera a resolução do processo, mas sim a conjugação de dois fatos relevantes para o direito: **a intransmissibilidade e a morte do autor.**

Nesse sentido, a redação do inciso IX do art. 485 do CPC: "IX – Em caso de morte da parte, a ação for considerada intransmissível por disposição legal (...)".

Relevante discussão na jurisprudência no sentido da transmissibilidade do dano moral. Se a parte ofendida faleceu, poderão os herdeiros continuar no processo para pleitear o dano moral?

Há quem defenda que sim, pois o dano moral reveste-se de caráter patrimonial, de modo a autorizar a transmissibilidade do direito aos herdeiros (STJ, REsp 1.071.158/RJ).

Há, contudo, quem entenda que o dano moral é personalíssimo, de modo que não há por que terceiros sucessores receberem reparação por um dano que não sofreram (STJ, AgRg no REsp 769.043/PR).

Defendemos a primeira posição. Primeiro, porque a indenização decorrente de ato ilícito, em regra, é transmissível. Não haveria por que se excluir a de dano moral. Segundo, porque o dano moral pode atingir também a terceiros. Constitui a denominada teoria do dano moral reflexo ou "por ricochete". Afinal, a ofensa a parente próximo, muitas vezes, é mais dolorosa do que a ofensa a si mesmo.

---

16   Fredie Didier, *Curso*, cit., p. 535.

10.3.1.10. Demais casos em lei

O rol do art. 485 não é exaustivo. Não compreende todas as situações possíveis de resolução do processo sem análise do mérito. No próprio CPC, podem-se colher outros exemplos:

    a) no art. 76, I – falta (defeito) de representação das partes ou incapacidade processual;

    b) art. 115, parágrafo único – falta de citação de um dos litisconsortes necessários;

    c) art. 313, § 3º – com a morte do procurador, a parte deve constituir outro sob pena de resolução.

A despeito de essas situações poderem ser enquadradas genericamente no art. 485, IV (ausência de pressupostos processuais). Constitui, em verdade, mera discussão acadêmica.

10.3.2. EXTINÇÃO DO PROCESSO COM RESOLUÇÃO DE MÉRITO (CPC, ART. 487)

O CPC fala em *resolução* e não *julgamento do mérito*. Há motivos.

De se observar que, tecnicamente, só há falar em julgamento na hipótese do inciso I em que o magistrado analisa os argumentos trazidos pelas partes, as provas produzidas, valora e aplica o direito. Todas as demais, a despeito de haver resolução do processo com mérito, não há ali propriamente julgamento. **Julgamento é atividade intelectual** em que se aprecia o objeto litigioso e verifica a viabilidade de procedência do pedido. Assim, nas hipóteses ali mencionadas, há um ponto comum: de alguma forma resolve-se a questão submetida a juízo, seja por julgamento (inciso I), seja pelo decurso do prazo (inciso II) seja por mecanismos autocompositivos (inciso III).

Portanto, no inciso III há uma circunstância que faz com que o litígio seja composto, mas não por sua atividade intelectiva. A resolução do mérito se dará pelas partes (métodos de composição, inciso III, *a, b e c*) ou pela prescrição/decadência (inciso II).

Outra alteração empreendida pela lei foi a opção de não se utilizar mais o termo "extinção". **O legislador quis deixar claro que a sentença definitiva é um bom passo para a extinção, mas não um evento necessário** (o processo pode continuar com a interposição dos recursos)[17].

10.3.2.1. Acolhimento ou rejeição do pedido formulado na ação ou na reconvenção (inciso I)

Principal caso de sentença de mérito e destino natural da causa: a que é dada tecnicamente pelo julgamento e cognição do magistrado. Aqui, como se disse, há atividade intelectiva.

A despeito de na prática ser comum a adoção de expressões como "procedência da ação" o que procede ou improcede é o pedido. E isso porque, ao preencher as condições da ação, a ação já foi acolhida, restando a análise do pedido.

A palavra *autor* deve ser utilizada em sentido dinâmico, pois o réu, em determinados momentos, pode utilizar as vestes de autor como na reconvenção, na denunciação da lide, no pedido contraposto etc., como bem refere o inciso I.

---

17 Sem prejuízo do art. 316 do CPC/2015, equivocadamente, mencionar que a extinção do processo se dá pela sentença.

10.3.2.2. Prescrição e decadência (inciso II)

A prescrição e a decadência geram a resolução do processo com resolução de mérito por opção político-legislativa. E isso porque, uma vez decretada a prescrição/decadência, a parte não poderá mais demandar, seja porque decorreu o prazo para pleitear o próprio direito (decadência), seja porque se perdeu a possibilidade de exigir esse direito (prescrição).

A decadência pode ser legal ou convencional e ambas geram a resolução com mérito. "A prescrição pode ser reconhecida de ofício conforme estabelece art. 487, II, CPC. Contudo o STJ entendeu o contrário ao asseverar que se trata de exceção substancial que deve ser suscitada pela parte beneficiária sendo, portanto, uma faculdade e não dever do juízo (REsp 1.749.812/PR)".

Assim constituem fatos extintivos do direito do autor.

Há uma exceção à regra: o prazo decadencial de cento e vinte dias para impetrar mandado de segurança (Lei n. 12.016/2009, art. 23) gera a resolução do processo sem análise de mérito. E isso porque a decadência não fulmina o direito, mas o direito potestativo de escolha pelo procedimento especial. Assim, nada impede que a parte ajuíze a mesma demanda (com os mesmos elementos) pelas vias ordinárias.

Muitos autores[18] entendem que a limitação de prazo para o *writ* é inconstitucional. Em manifestação sobre o assunto, o Supremo Tribunal Federal entendeu que o prazo fixado é constitucional (Enunciado n. 632 da Súmula do STF), mas não impede que a parte se socorra do direito em outra via (STF, RMS 21.362, rel. Min. Celso de Mello, j. 14-4-1992, *DJU* 26-6-1992).

10.3.2.3. Reconhecimento jurídico do pedido (inciso III, *a*)

Reconhecimento jurídico do pedido é "o ato unilateral através do qual o réu reconhece, total ou parcialmente, a juridicidade da pretensão contra ele formulada, possibilitando a resolução do processo com julgamento de mérito"[19].

O reconhecimento é uma assunção por parte do demandado sobre o direito em que se funda a demanda. Não confundir com confissão. **A confissão versa sobre fatos. O reconhecimento sobre o pedido.** É possível que a parte confesse o fato, mas não se consiga extrair [desses fatos] a consequência jurídica desejada. No reconhecimento, a parte admite a existência do fato, bem como da consequência apresentada.

Como bem observa Cassio Scarpinella Bueno[20], "ao juiz cabe verificar a legitimidade do ato levando em conta apenas os seus aspectos exteriores. Não é o caso de investigar por que o réu acabou por ceder ao pedido do autor". Desta forma, não pode o magistrado emitir nenhum juízo de valor acerca do reconhecimento – tanto é verdade que o reconhecimento produz efeitos imediatos (CPC, art. 200).

10.3.2.4. Transação (inciso III, *b*)

Transação é o acordo entre as partes no processo. Este acordo pode ter ou não a intervenção judicial, o que não desnatura o instituto. Evidentemente que, se as partes se compuseram,

---

18 Dentre eles, Nelson Nery e Rosa Maria Andrade Nery, *CPC comentado*, 10. ed., São Paulo: RT, 2007, p. 1564.
19 Clito Fornaciari Júnior, *Reconhecimento jurídico do pedido*, RT, 1977, p. 7.
20 *Curso sistematizado*, cit., p. 348.

o litígio que era fato gerador da demanda desapareceu, devendo ser resolvido o processo com a análise do mérito.

Não há limites para a transação, desde que verse sobre parcela disponível da demanda. Assim, nada impede que as partes (e a transação é ato eminentemente bilateral) acresçam no acordo matéria não posta em litígio (art. 515, § 2º, CPC) em decorrência do escopo social da jurisdição[21].

A disponibilidade é premissa necessária para estabelecer a transação. Todavia, não se trata de regra absoluta. Os direitos indisponíveis permitem transação em determinadas situações (valor dos alimentos, guarda de filhos, forma de se proceder ao replantio de árvores desmatadas etc.).

10.3.2.5. Renúncia à pretensão (inciso III, c)

Constitui a hipótese de o autor abrir mão do direito material que postulou naquela demanda. Não se trata de desistir da ação, que é a renúncia ao instrumento em um dado momento procedimental, mantendo-se incólume o direito. Aqui a renúncia é ao **próprio direito**, não podendo mais exigi-lo em nenhuma outra via, salvo se provado que o ato está contaminado com vício de consentimento.

A renúncia, ao contrário da desistência, não depende de autorização judicial, mesmo estando ele, réu, dentro do processo. E isso porque a situação regulada neste inciso é de direito material e não de direito processual, como o é a desistência. Seria ilógico obstar a parte de exercer um direito disponível por conta de uma resistência da parte contrária.

---

21 Essa permissibilidade, de certo modo dá vigência à definição de lide (sociológica) de Carnelutti, pois permite que o litígio de fora do processo e não trazido a ele seja homologado por decisão, com ânimo de definitividade. Contudo, em regra, adota-se no ordenamento brasileiro a denominada "lide projetada" de Liebman, da qual compete ao autor (pelo princípio dispositivo) escolher se a lide será levada ao Poder Judiciário no todo ou em parte (arts. 141 e 492, CPC).

PARTE ESPECIAL

PROCESSO DE CONHECIMENTO – PROCEDIMENTO COMUM

1.

PETIÇÃO INICIAL

1.1. INTRODUÇÃO

O preceito constitucional preconizado no art. 5º, XXXV, estabelece que "a lei não excluirá da apreciação do Poder Judiciário lesão ou ameaça a direito". Essa regra encontra sua previsão igualmente no art. 3º do CPC.

A regra do princípio da inafastabilidade da jurisdição encontra ressonância no sistema por dois princípios de natureza infraconstitucional: o da inércia e o do dispositivo.

E isso porque o art. 2º do CPC determina que o processo começa por iniciativa das partes, o que quer dizer que ao Estado, em regra, é vedado intervir nas questões privadas de direito material, sem que haja provocação da parte interessada.

O instrumento para permitir a provocação do Estado que, repise-se, é inerte, se dá por meio da petição inicial.

Pode se dizer então que a **petição inicial é o invólucro formal ou a instrumentalização física da demanda** (já que o direito de ação é geral e abstrato) da qual o autor deduz sua pretensão em juízo. A petição inicial promove o nascimento do processo. Localiza-se, juntamente com a sentença, como atos extremos do procedimento em primeiro grau já que a primeira reflete na extensão da segunda.

Não se pode confundir petição inicial com demanda. O direito de ação é concretizado pela demanda, e o instrumento hábil a corporificar a demanda é a petição inicial. Nos dizeres de Marcelo Pacheco Machado, demanda é "ato processual, indutivo, postulatório, essencial e argumentativo, pelo qual se manifesta claramente a vontade de instituir ou alterar o objeto litigioso de um processo"[1].

Muito bem. Conforme estudado anteriormente, o ato processual integra a entidade complexa processo. Alguns atos se revestem de solenidade, outros não, até mesmo porque a ausência de forma é a regra, *ex vi* do art. 188 do CPC. Todavia, a petição inicial possui **alto nível de solenidade** se comparado com os demais atos processuais.

---

1 *A correlação no processo civil.* Salvador: JusPodivm, 2015, p. 20.

O formalismo se torna necessário na medida em que o juiz deverá ter conhecimento preciso das partes envolvidas com suas qualificações (para facilitar a comunicação processual) e de todos os fatos e elementos estruturantes da demanda para a delimitação concreta daquilo que ele irá julgar. É dessa forma que a petição inicial apresenta requisitos (elementos, melhor dizendo) para que o peticionário siga um critério a partir de regras preestabelecidas. J. J. Calmon de Passos preconiza que "a petição inicial é o projeto da sentença que o autor pretende do juiz"[2].

As exigências da petição inicial vêm hospedadas no art. 319 do CPC, que constitui (como se verá) um rol não taxativo dos elementos que devem constar nessa peça (**elementos positivos**), bem como o não preenchimento das situações previstas no art. 330 do mesmo diploma legal (**elementos negativos**), já que se referem às hipóteses de indeferimento da petição inicial.

Pode-se verificar, a partir de um critério estrutural, que a petição inicial estabelece no mundo jurídico diversas consequências distintas:

a) a provocação do Estado que é inerte (art. 2º do CPC);

b) a delimitação daquilo que será decidido, como manifestação do princípio da congruência/adstrição (arts. 141 e 492 do CPC);

c) aquilo que foi deduzido em juízo presumir-se-á "dedutível", não podendo ser aduzido em outra via, nos termos do art. 508 do CPC, que dispõe sobre o efeito preclusivo da coisa julgada material;

d) a estabilização da competência (*perpetuatio jurisdictionis*) na medida em que a distribuição da petição inicial torna prevento o juízo especialmente para as causas conexas (arts. 43 e 59, CPC);

e) a petição inicial, em seus incisos II, III e IV, servirá de parâmetro para a identificação de causas idênticas em curso (litispendência), causas idênticas já encerradas (coisa julgada), causas com identidade parcial de elementos (conexão ou continência) e para fenômenos anexos como a modificação da competência.

1.2. ELEMENTOS DA PETIÇÃO INICIAL

Do sentido categórico do tempo verbal "indicará" previsto no *caput* do art. 319 do CPC se infere a imprescindibilidade dos elementos ali aduzidos.

Podem-se dividir os elementos da petição inicial em duas classes: na primeira, **compreendida pelos incisos II, III e IV, estão os elementos identificadores da causa (*quem, por que* e o *que* se pede)** e, na segunda, **os demais elementos que se relacionam aos pressupostos processuais de existência e desenvolvimento, como a jurisdição e a competência (inciso I), o valor da causa (inciso V) e as provas (inciso VI)**.

Este segundo grupo pode ser considerado como secundário ou impróprio, pois não está ligado de forma direta à finalidade da petição inicial, que tem por escopo deduzir de forma correta uma pretensão em juízo. São exigências da lei por uma questão formal.

Há, ainda, um elemento que não se enquadra em nenhuma dessas duas classes: a opção pela audiência de conciliação ou mediação (inciso VII), que constitui apenas norma de procedimento para que o autor eventualmente possa declinar seu interesse pela sua realização (entendemos que o silêncio do autor gera interesse tácito na audiência já que a regra é a sua

---

[2] *Comentários ao Código de Processo Civil*, Forense, 1974, v. III, p. 138.

realização, pois, conforme se depreende do art. 334, § 4º, I, do CPC, exige-se manifestação expressa de desinteresse).

1.2.1. O JUÍZO A QUE É DIRIGIDA

É o endereçamento ao órgão judiciário que a apreciará. Aqui o autor estabelece a competência, seja do juízo monocrático (como regra), seja como competência originária do Tribunal. Ou seja, a palavra juízo se relaciona com qualquer órgão do Poder Judiciário em qualquer grau de jurisdição.

A discussão que por vezes se vê na doutrina sobre o endereçamento ao "juiz" ou ao "juízo" é, na prática, irrelevante: endereça-se ao juízo que, pode-se dizer, é tecnicamente mais adequado, tendo em vista que não se dirige à pessoa de um juiz, mas sim ao órgão no qual ele atua. Contudo, ao distribuir, quem atuará será a pessoa do juiz que corporifica o juízo. O que se quer dizer é que nenhum dos endereçamentos torna a petição incorreta.

1.2.2. QUALIFICAÇÃO DAS PARTES

Parte, conforme já definido anteriormente no Capítulo 6, *supra*, é quem pede e contra quem se pede determinada providência jurisdicional. Mais do que uma mera exigência formal, a identificação das partes não só apresenta ao juiz quem figurará originariamente no processo (sem prejuízo de outros sujeitos que podem participar ao longo do procedimento) como determina a aferição da legitimidade, requisito condicionante da ação (art. 17 do CPC).

Todavia, a ilegitimidade não retira o predicado de parte pela definição acima. Ao alocar na peça inicial os nomes que integrarão a relação jurídica processual tem-se uma expectativa de direitos, pois a legitimidade somente será verificada com um confronto da petição inicial e a relação de direito material que deu ensejo ao processo. Para a individuação completa das partes, o CPC determina que lá estejam o nome, prenome, estado civil (e aqui se aplica, igualmente, a prova da existência de união estável), profissão, CPF ou CNPJ, domicílio e residência do autor e do réu e o endereço eletrônico.

O estado civil (casado, solteiro ou convivente) é relevante porque determinadas demandas necessitam de ambos os cônjuges para a sua validade (como, por exemplo, as ações reais imobiliárias). Quem vive no regime de união estável não precisa ter contrato que faça prova do ato, bastando a mera afirmação. Eventualmente o magistrado (especialmente nas situações necessárias do art. 73, CPC) poderá requerer algum começo de prova para demonstrar a convivência. A nacionalidade é importante para fins de fixação da competência internacional; a profissão é importante pela citação que: **a)** pode influenciar na concessão da gratuidade da justiça; **b)** para fins de citação de determinadas pessoas (deputado federal, militar etc.).

O CPC exige a apresentação do endereço eletrônico para facilitar a comunicação processual. Para tanto, "as empresas públicas e privadas são obrigadas a manter cadastro nos sistemas de processo em autos eletrônicos, para efeito de recebimento de citações e intimações, as quais serão efetuadas preferencialmente por esse meio" (art. 246, § 1º, CPC), capítulo 7.7. da parte especial.

O CPF e o CNPJ já eram exigências previstas na Lei n. 11.419/2006, art. 15, e na Resolução n. 460/2011 do STF.

A despeito da lei falar em "autor e réu" no singular, pode haver a formação de litisconsórcio tanto ativo como passivo, o que gera a necessidade de se qualificar todos os integrantes da relação processual.

Duas questões sobre a qualificação previstas nos §§ 1º a 3º do art. 319, CPC:

a) instrumentalidade – a falta de informações, totais ou parciais, exigidas no inciso II do art. 319 do CPC não gerará o indeferimento da petição inicial se for possível (a despeito da falta desses dados) a citação do réu. Trata-se de regra atenta ao princípio da instrumentalidade das formas, da primazia do julgamento do mérito e da efetividade processual. Se os dados constituem meio para a obtenção de um fim (citar o réu), a sua localização com dados parciais atende a finalidade do ato;

b) diligência – em atenção ao princípio da cooperação (art. 6º do CPC), caso o autor não possua todos os dados necessários à qualificação do réu, poderá requerer ao órgão jurisdicional diligências necessárias para sua obtenção. Consiste, em verdade, na positivação do que já vinha se autorizando na prática forense. É comum ver o Poder Judiciário expedir certidões a órgãos públicos a fim de aferir informações para a localização do réu. Ademais, assevera o § 3º do art. 319 que, se a obtenção de tais informações for excessivamente onerosa ou impossível o acesso à justiça, o magistrado não indeferirá a petição inicial.

1.2.3. O FATO E OS FUNDAMENTOS JURÍDICOS DO PEDIDO

Importante informar ao leitor que o assunto *causa de pedir* foi mais bem desenvolvido no Capítulo 3, *supra* (item 3.4.2.2).

Da mesma forma que compete ao magistrado fundamentar as decisões judiciais por dever constitucional (arts. 93, IX, CF e 489, CPC), deverá o autor deduzir o fato e os fundamentos jurídicos do pedido em que se baseia sua pretensão como sucedâneo ao magistrado para decidir.

Como o pedido é aquilo que se busca, ele deve ter uma causa, denominada no sistema jurídico de **causa de pedir**. Se todo direito subjetivo nasce de um fato, o peticionário deverá demonstrar a sua incidência sobre a lei abstrata para conseguir um provimento que milite em seu favor.

Uma vez apresentados os fatos, deve o autor demonstrar as consequências jurídicas decorrentes desses fatos, ou seja, o nexo de causalidade entre os fatos e o pedido. O fundamento jurídico é, portanto, o vício que atinge a relação jurídica de direito material que enseja ao titular de determinada tutela jurídica busque ao seu favor.

O sistema processual brasileiro adota como fundamento da causa de pedir a **teoria da substanciação** (*vide* capítulo sobre ação), ou seja, não basta apenas alegar a lesão ou ameaça ao direito, mas dizer também a origem desse mesmo direito (v.g., não basta dizer apenas que é credor, mas dizer por que é credor). Essa teoria se opõe à da individuação, da qual bastaria apenas narrar o fundamento jurídico. Hoje não há no ordenamento brasileiro quem defenda exclusivamente essa segunda teoria[3].

O fundamento jurídico não pode ser confundido com fundamento legal. Fundamento legal é a invocação do dispositivo de lei pelo autor para demonstrar o enquadramento do fato narrado com o direito previsto no ordenamento (método subsuntivo ou criativo a depender da situação). O fundamento jurídico é mais amplo, pois envolve não apenas a consequência jurídica dos fatos como a previsão desses fatos no mundo do direito (lei, jurisprudência, precedentes, doutrina etc.).

---

3 Há autores, contudo, que defendem uma teoria mista, da qual o ordenamento pátrio havia adotado ambas as teorias. Nesse sentido José Ignácio Botelho de Mesquita, Araken de Assis, Ovídio Baptista e José Rogério Cruz e Tucci.

As máximas *iura novit curia* e *narra mihi factum dabo tibi ius* são amplamente aplicáveis até mesmo em decorrência da adoção da teoria da substanciação presente no nosso ordenamento com um pequeno ajuste: a necessidade de prévio contraditório antes de decidir (arts. 9º e 10, CPC) em atenção ao contraditório cooperativo. Ou seja, se as partes discutem, por exemplo, um cumprimento contratual com base no Código Civil (tanto a petição inicial como a contestação fundamentaram-se nesse diploma) e o juiz entende que a relação entre as partes é de consumo (fundamento jurídico novo), deverá, antes de proferir a sentença intimar as partes para que possam se manifestar sobre a aplicação do CDC ao caso concreto.

Já entendeu, contudo, o STJ que "O provimento do pedido feito na inicial por fundamentos jurídicos diversos dos alegados pelo autor não implica julgamento *extra* ou *ultra petita*. O princípio da adstrição visa apenas a assegurar o exercício, pelo réu, de seu direito de defesa, de modo que é possível o acolhimento da pretensão por fundamento autônomo, como corolário do princípio da *mihi factum dabo tibi ius*, desde que não reflita na instrução da ação" (AgInt no REsp 1.201.556/MT, Relator Ministro Marco Buzzi, Quarta Turma, j. 4-5-2020, *DJe* 7-5-2020). (...) 3. O recurso especial não comporta exame de questões que impliquem revolvimento do contexto fático-probatório dos autos (Súmula 7 do STJ). 4. No caso concreto, o Tribunal de origem analisou a prova dos autos e aplicou a regra do ônus probatório para concluir que foi demonstrado que, desde o primeiro contrato, existia previsão de repasse de receita líquida. Alterar tal conclusão demandaria nova análise de matéria fática, inviável em recurso especial. 5. Agravo interno a que se nega provimento" (AgInt no REsp 1532532/PR. Relator Ministro Antonio Carlos Ferreira. Quarta Turma, *DJe* 28-5-2021).

1.2.4. O PEDIDO COM SUAS ESPECIFICAÇÕES

Conforme visto, as relações de direito material pelo nosso sistema estão encartadas em um sem-número de leis e demais fontes do direito que regram a vida dos indivíduos na sociedade.

É certo que o Estado confere com uma mão pelo Poder Legislativo as leis que regulamentam as condutas intersubjetivas (Legislativo em sua função típica) e o Judiciário no estabelecimento dos precedentes e, com outra, a forma de cumprimento coercitivo daquilo que vem previsto como norma de conduta, já que nem sempre é realizável no plano prático de maneira volitiva.

Esta forma é materializada por meio do processo.

Como o processo é o espelho do direito material, já que traduz os conflitos realizados por essas relações materiais, é possível definir o pedido como o meio condutor de se projetar para dentro do procedimento a referida pretensão que no direito material não foi cumprida. No Brasil a teoria de Carnelutti, a denominada "lide sociológica" (lide é o que ocorreu no mundo dos fatos), não foi acolhida. Aplica-se o posicionamento da "lide projetada" proposta por Liebman, vale dizer, apenas aquilo que foi levado ao Judiciário é o que se caracteriza como lide.

Tanto é assim (a realidade do direito material que conduz a ideia de disponibilidade do direito) que o juiz deverá julgar nos estritos limites que a demanda é a ele apresentada que a doutrina denomina como adstrição (correlação, correspondência, congruência) da sentença ao pedido (arts. 141, 487, I e III, e 492, CPC).

Contudo, essa regra da congruência cede passo em, pelo menos, quatro situações processuais:

a) nos pedidos implícitos (CPC, art. 322, § 1º)[4]: a regra é que os pedidos sejam interpretados pelo princípio da congruência. Contudo, a lei autoriza, em certos casos, a formação de pedido implícito. Pedido implícito é aquele que não precisa ser pedido, mas, *ex vi legis*, será analisado. Assim são os juros legais, que podem ser compensatórios (impostos pela lei como remuneração do emprego do capital alheio) ou moratórios[5] (CC, art. 290, c/c Enunciado n. 254 da Súmula/STF), atualização monetária (com a autorização de incidência nos débitos judiciais pela Lei n. 6.899/81, art. 1º), verbas de sucumbência e honorários do advogado (conforme CPC, art. 85);
b) nos pedidos de prestações periódicas (CPC, art. 323). Que será visto com mais vagar nas modalidades de pedido (*infra*);
c) nas matérias de ordem pública, sejam elas de direito processual (v.g., pressupostos processuais e condições da ação), sejam de direito material: v.g., função social do contrato (CC, art. 421), boa-fé objetiva (CC, art. 422), função social da propriedade (CF, art. 5º, XXIII, c/c art. 170, III);
d) demanda superveniente, que ocorre sempre quando o réu apresenta algum pedido em juízo, como os pedidos reconvencionais e todos aqueles veiculados nas intervenções de terceiros (v.g. chamamento ao processo e denunciação da lide).

Em regra, o pedido possui pretensão material, pois a pretensão é fundada no direito substancial **(como, por exemplo, o direito ao crédito, entrega de determinado bem, declaração de uma relação jurídica).** Mas é possível também, dentro do sistema, formular pedidos de fundamentação processual (assim como, v.g., na ação rescisória, no mandado de segurança contra ato judicial, no impedimento e suspeição, na ação anulatória, na impugnação ao valor da causa formulada em preliminar de contestação, entre outros), mas todos eles, por via oblíqua, objetivam alguma pretensão no campo do direito substancial

O pedido serve para identificação da demanda para fins de verificação de litispendência, conexão, continência e coisa julgada. E, além de tudo, para fixação do valor da causa.

Conforme exposto no capítulo da ação, o pedido terá uma **pretensão mediata** (o bem da vida que se pretenda, o resultado prático extraído da demanda) e uma **imediata** (o resultado pleiteado que se reveste, no mais das vezes, em uma sentença)[6].

Sobre esse último ponto, importante asseverar que a tutela jurisdicional variará de acordo com o "tipo" de necessidade que se buscar no Poder Judiciário, decorrente da "crise" ocorrida no direito material. Da incerteza pede-se a declaração, do inadimplemento pede-se a condenação[7] e a modificação de alguma situação jurídica, a constituição ou desconstituição decorrem da crise de situação jurídica.

Essa busca por dois bens jurídicos distintos e sucessivos (bem da vida e tutela) que Cândido Dinamarco[8] afirma haver, para o autor e eventualmente para o réu, uma **pretensão bifronte.**

---

4 Cassio Scarpinella Bueno denomina "efeitos anexos das decisões jurisdicionais" (*Manual de direito processual civil*. São Paulo: Saraiva, 2015, p. 260).
5 Os juros de mora incidem a partir da citação quando a obrigação decorrente dessa for contratual e a partir do evento danoso quando for extracontratual.
6 Tal afirmação se faz na medida em que nem todo processo termina com uma sentença, o que será estudado adiante.
7 E mais amplamente, para os defensores da classificação quinária, a execução (nas demandas executivas) e a ordem (nas demandas mandamentais).
8 *Instituições*, cit., v. II, p. 108.

Por fim, o CPC adota uma interpretação contextual do pedido. Interpretação contextual, nesse sentido é o antônimo de interpretação restritiva[9].

Nos termos do **art. 322, § 2º, CPC** "A interpretação do pedido considerará o conjunto da postulação e observará o princípio da boa-fé", bem como o **art. 112 do CC:** "Nas declarações de vontade se atenderá mais à intenção nelas consubstanciada do que ao sentido literal da linguagem".

Ou seja, a concessão do pedido pode ver não apenas o pedido expresso, mas a interpretação do conjunto postulatório. Essa visão do pedido prestigia a boa-fé do postulante, pois leva em consideração mais a sua intenção formal do que a mera tecnicalidade de se inserir, de forma aritmética, os mesmos elementos da causa de pedir no pedido.

É prestigiada a interpretação lógico-sistemática (STJ, REsp 1.263.234/TO). Mas não basta a mera menção da pretensão, é necessário formulá-la ainda que não haja pedido expresso na parte própria para isso (STJ, REsp 1.155.274). Assim não pode o juiz conceder direito diverso com a mera leitura dos fatos sob pena de violação ao princípio da demanda e da boa-fé. Deve haver algum elemento que faça o juiz compreender o que está sendo pedido.

Dessa forma, o pedido não precisa ser enumerado em tópico próprio na petição inicial: "(...) o rigor da forma não impõe que o autor enumere seus pedidos em tópico separado na petição inicial, sendo suficiente que os pleitos sejam claros e bem delineados. Em processo, normalmente a forma das manifestações das partes não prevalece sobre o conteúdo se o teor deste deixar evidente a finalidade a que o ato visa" (STJ, REsp 748.433), e ainda, "segundo a jurisprudência do STJ, o pedido deve ser extraído a partir de uma interpretação lógico-sistemática de todo o conteúdo da petição inicial, não se limitando ao tópico específico referente aos pedidos. Todavia, esse entendimento requer cautela em sua aplicação, de modo que o julgador não resvale para a discricionariedade. Ainda que os fatos narrados comportem pedido de pensão, não pode o juiz, à míngua de qualquer pedido ou cogitação tendente a exigi-la, considerá-la, de ofício, implícita no pedido de ressarcimento de danos materiais" (STJ, REsp 1.424.164).

1.2.4.1. Formalização do pedido

Preconizam os arts. 322 e 324 do CPC que o pedido deverá ser **certo e determinado**. O novo diploma corrigiu equívoco histórico, já que no regime anterior esses predicados estavam alocados no mesmo artigo (art. 286, CPC/73) como se a existência de um excluísse a do outro. Contudo, para fins meramente processuais, os termos certeza e determinação são conjuntivos e não alternativos. O **pedido deve ser, portanto, certo e determinado**.

Pedido **certo** é aquele explícito, expresso, delimitado, que descreve com exatidão o bem jurídico que se quer ver outorgado pelo Estado. Contudo, a lei autoriza, em certos casos, a formação de pedido implícito (conforme demonstrado no item *supra*).

Determinado é a extensão do pedido certo, o *quantum debeatur*, a individuação do seu gênero e de sua quantidade.

Essa regra perde sua importância nas coisas certas (aquele imóvel, aquele contrato), pois elas bastam por si mesmas para individuar o pedido. Enquanto a certeza é a regra de forma geral, no Código de Defesa do Consumidor é a exceção especialmente quando se fala em direitos

---

9 Enunciado n. 286 do FPPC: "Aplica-se o § 2º do art. 322 à interpretação de todos os atos postulatórios, inclusive da contestação e do recurso".

individuais e homogêneos. O art. 95 do referido diploma legal estabelece: "Em caso de procedência do pedido, a condenação será genérica, fixando a responsabilidade do réu pelos danos causados".

A certeza se relaciona ao pedido imediato, e a determinação, ao mediato formulado.

Todavia, existem situações em que o autor está impossibilitado de estabelecer o valor do bem jurídico que pretende seja-lhe conferido, conquanto o queira.

Por vezes, a situação de fato que se quer ver legitimada em juízo não pode ser delimitada na inicial, impedindo que o autor fixe um valor exato para o pedido (e consequentemente para a causa). Nem por isso a lei tolhe a parte de buscar sua pretensão em juízo, até mesmo para dar vigência ao art. 491 do CPC[10].

Nesses casos, a lei não só autoriza como também enumera as situações em que se permite a formulação de pedido certo, porém **determinável**. Essas hipóteses são categorizadas pela lei como **pedido genérico**. Conforme já ressaltado, somente se aplica ao pedido mediato, pois o imediato sempre será determinado.

Atenção:
Não confundir essa espécie de pedido com os pedidos vagos, que, por não preencherem uma exigência da lei, são ineptos em sua essência (como, por exemplo, a condenação do réu "nas penas da lei", "ao que for devido", "pagar uma indenização").
Igualmente não se pode confundir com o pedido sobre relação jurídica condicional que subordina a eficácia da sentença a evento futuro e incerto (art. 492, parágrafo único, CPC).

O pedido genérico é aquele que a parte, dada a natureza da obrigação ou as circunstâncias fáticas do caso, está, momentaneamente, impossibilitada de lhe fixar o valor exato.

Nessa seara, o CPC prevê três situações distintas (art. 324, § 1º):

a) Ações universais – o pedido nesse caso é cabível quando não for possível individualizar os bens efetivamente pretendidos. É o caso da petição de herança, inventário ou mesmo a doação de bens não discriminados (os que guarnecem tal residência, v.g.); nesse caso não há como saber a universalidade de bens que compõem o direito do titular, conquanto ele tenha o direito de recebê-los.

O pedido será certo em relação ao que se quer (ex. inventário), mas determinável em relação aos bens que serão seu objeto.

Importante ressaltar a diferença que a doutrina faz entre universalidade de fato (art. 90 do CC) e universalidade de direito (art. 91 do CC).

No primeiro caso, consiste na reunião de bens singulares para uma única destinação. Pode se exemplificar com uma biblioteca, uma coleção, um rebanho, que são bens pertencentes a uma mesma pessoa.

Já a universalidade de direito refere-se às relações jurídicas, com titularidade de uma pessoa, dotadas de conteúdo econômico. Como, por exemplo, a herança, a massa falida.

---

10 "Na ação relativa à obrigação de pagar quantia, ainda que formulado pedido genérico, a decisão definirá desde logo a extensão da obrigação (...)."

b) Ato ou fato ilícito[11] indeterminado – são os casos mais comuns no cotidiano forense. Ocorrem nas ações de reparação de dano, quando o autor não puder quantificar (mensurar) a extensão do ato ilícito praticado pelo réu.

Por vezes, as consequências do ato ilícito ainda não se definiram, porque os efeitos do ato nocivo se prolongaram no tempo e não foi possível se apurar os valores decorrentes desses efeitos, pois se deram, em alguns casos, posteriormente ao ajuizamento da ação.

Tome-se como exemplo um acidente de veículo terrestre que tenha ensejado lesões corporais. A vítima ingressa em juízo. O valor da indenização será sopesado com base nos valores despendidos antes da propositura da ação acrescido dos valores gastos posteriormente, no curso da demanda, como uma intervenção cirúrgica, medicamentos a serem percebidos, exames laboratoriais, dentre outros.

Nesse caso o autor optou em não aguardar a concretização de todos os valores que decorreram do ato de responsabilidade civil. Dessa forma, importante que se diga que não é o direito material que torna o pedido genérico, mas o momento da propositura da demanda em juízo.

Especialmente em relação ao dano moral, a doutrina e a jurisprudência eram vacilantes e ainda não existia um entendimento pacificado sobre o assunto. Para uns, o pedido de dano moral deveria ser fixado pela parte, pois não haverá argumentos novos que modifiquem o valor a ser arbitrado.

Entendiam também haver dificuldade de se delinear a sucumbência (princípio do interesse) para fins recursais. Isso porque se a fixação do *quantum* fosse outorgada ao juiz, a parte nada sucumbiria, já que deixaria nas mãos do Estado esse valor. Para outros, o valor delimita o poder do magistrado em conceder de acordo com a causa de pedir, já que o autor, parcimonioso, poderá atribuir à condenação valor inferior àquele que o juiz pretendia estabelecer, e que, *ipso facto*, ficaria restrito ao valor formulado, já que não poderia, no caso, julgar *ultra petita*.

Cassio Scarpinella Bueno[12] entende que o valor deve ser atribuído pela parte, já que "não obstante a existência de diversos julgados em sentido contrário, não há como admitir que, nas demandas que buscam indenização por dano moral, seja lícito ao autor deixar de formular pedido certo *e* determinado, a não ser que *comprove* que a indenização perseguida, amolde-se a uma das situações dos incisos II e III do art. 286 [atual 324]. Por mais difícil que possa ser a tarefa de quantificar o dano moral, se ele preexiste ao início do processo e não depende de qualquer fato posterior para que seja quantificado, não há como, sem violar o art. 286 [atual 324], deixar de fixar, desde logo, seu valor". Defendia este *Manual* a possibilidade de o juiz atribuir o referido valor. E isso porque ninguém melhor que o magistrado para conferir valor justo à reparação do dano, pois a parte, na grande maioria dos casos, atribuirá valor de acordo com seu interesse (que pode ser potencializado numericamente pela animosidade com a parte adversa, decorrente da ofensa).

Ademais, pelo princípio da persuasão racional (que nada mais é do que a liberdade judicial em apreciar as provas constantes dos autos com a consequente obrigatoriedade de fundamentação precisa sobre a sua incidência no processo), o magistrado deve ser guiado pelas provas constantes dos autos e, portanto, o fato de a parte ter participado do direito material (e, portanto,

---

11 Não somente a prática de atos ilícitos gera o dever de indenizar. Alguns atos lícitos também assistem esse dever: a legítima defesa e o exercício regular do direito, a despeito de serem atos lícitos, podem gerar o dever de indenizar (CC, arts. 188 e 929, e CPC, art. 497, parágrafo único).
12 *Curso sistematizado*, cit., p. 117.

sendo a pessoa mais preparada para atribuir o valor da condenação) se torna menos importante, pois o **direito provado** é o critério principal.

Nem se diga que a falta de valor e a consequente atribuição ao juiz gerariam uma impossibilidade de recurso tendo em vista a falta de sucumbência. A parte sempre pôde recorrer da condenação módica ou abaixo do esperado fixada judicialmente já que a sucumbência também é aferida pela causa de pedir. Deve prevalecer a sucumbência material e não a formal[13].

Por arremate, a maioria dos casos de dano gera, ainda no futuro, outros danos que, por ainda não existirem, não podem ser quantificados. Assim, as diversas cirurgias estéticas decorrentes do ato, ou o período indeterminado que a parte deve ministrar medicamentos até a sua melhora. Todos eles devem ser computados.

O CPC resolveu a celeuma e tomou postura diversa da adotada aqui. A nova legislação impede que o pedido de dano moral seja genérico. No art. 292, V, estabelece que deve o autor atribuir, na petição inicial das "ações indenizatórias, inclusive as fundadas em dano moral, o valor pretendido".

Contudo, como harmonizar a previsão do art. 324, § 1º, II (possibilidade de pedido genérico para as demandas indenizatórias), com o art. 292, V, do CPC (determinação de atribuir valor certo para as demandas indenizatórias)?

Entendemos que a questão não possui grandes dificuldades práticas: se o objeto da pretensão do autor já está concretizado, ou seja, o dano moral e o dano material já estão consolidados (v.g., valor desses danos já estão concretizados e não há possibilidade de surgir nova situação no curso da causa que aumente esse valor), deve-se atribuir **valor exato** ao dano na ação indenizatória (art. 292, V, CPC). Contudo se a apuração do valor ainda depender de situações futuras (v.g. novas cirurgias estéticas a depender do resultado da anterior, novos danos decorrentes do dano moral anteriormente praticado como uma perda de grande oportunidade de emprego, procedimentos hospitalares e compra de medicamentos por um lapso de tempo), o pedido então será genérico. Em adendo, o Enunciado n. 642 da Súmula do STJ estabelece que "O direito à indenização por danos morais transmite-se com o falecimento do titular, possuindo os herdeiros da vítima legitimidade ativa para ajuizar ou prosseguir a ação indenizatória".

Importante que se diga que se a questão decorrente da reparação de danos resultar no dever de prestar alimentos civis, a questão recai no pedido de prestações periódicas, conforme o art. 323 do CPC.

Comportamento a ser adotado pelo réu – a última hipótese de pedido genérico depende não das circunstâncias de fato, mas de um ato ou conduta do réu para que se fixe o valor. É o caso da ação de exigir contas, pois o réu será condenado no pagamento dos valores apurados nas contas que ele mesmo apresentar (art. 552, CPC). Trata-se de uma ação bifásica em que na primeira parte haverá a prestação propriamente dita. Havendo apuração de haveres, passa-se à segunda fase (que é condicional, como visto). O *quantum* a ser cobrado dependerá do que foi prestado na primeira, pelo réu.

1.2.4.2. Espécies de pedido

As complexidades das situações de vida que dão ensejo a pretensão do autor refletem na composição dos pedidos.

---

13 Para melhor compreensão das diferenças, *vide* CHEIM JORGE, Flávio. *Interesse em teoria geral dos recursos*. 3. ed. São Paulo: Revista dos Tribunais, 2007, p. 101-105.

Assim, a classificação dos pedidos pode ser visualizada da seguinte forma:

Será **simples/unitário** quando a parte (autor ou réu, na reconvenção) formular apenas um pedido em juízo. Já os **pedidos cumulados** ocorrem quando houver multiplicidade de pedidos formulados na mesma causa.

Em verdade, a cumulação no nosso sistema não fica confinada somente ao pedido. A cumulação pode se dar de três formas, conforme os elementos da ação existentes. Pode haver um acúmulo de partes (cumulo subjetivo), com vários autores, vários réus ou ambos, quando então se terá o litisconsórcio (art. 113, CPC).

Igualmente, pode haver um acúmulo de causas de pedir (causa de pedir complexa), quando a parte utiliza mais de uma argumentação para basear o seu pedido. Esta não tem reflexo relevante no campo da cumulação, pois o juiz não está adstrito a analisar todas as questões postas para prover o pedido, já que a sentença de procedência poderá estar embasada em apenas um que seja suficiente (CPC, art. 1.013, §§ 1º e 2º)[14].

A cumulação de pedidos tem sua razão de ser: a) pelo elemento volitivo (princípio dispositivo); b) na economia processual; e c) harmonia entre julgados (evitar decisões conflitantes).

Cumulação imprópria

É imprópria a cumulação quando o autor, conquanto tenha formulado mais de um pedido, requer seja apreciado apenas um, identificado pelo disjuntivo (ou), pois se trata de pedido alternativo.

É imprópria, pois não se trata de cumulação de pedidos propriamente dita. **São vários pedidos formulados no mesmo momento, mas apenas um deles será concedido**. A cumulação imprópria, por sua vez, pode ser:

Alternativa *stricto sensu*

Há duas situações de alternatividade que não se podem confundir:

i) a primeira, por manifestação de vontade, ocorre quando o autor oportuniza ao réu o cumprimento da obrigação por mais de um modo (cumulação imprópria). É o que estabelece o art. 326, parágrafo único, do CPC.

ii) a segunda, em decorrência do direito material, em que a natureza da obrigação autoriza ao devedor cumprir a obrigação por mais de um modo. Aqui não há cumulação de pedidos, mas apenas um pedido que autoriza mais de uma forma de cumprimento (art. 325, CPC e art. 252, CC). A obrigação é alternativa, nos dizeres de Silvio Rodrigues, ocorre "quando, embora múltiplo seu objeto, o devedor se exonera satisfazendo uma das prestações"[15].

No que concerne ao item **(i)**, o pedido alternativo é cabível quando o réu tem, a sua disposição, duas ou mais maneiras de cumprir a obrigação, sem que haja entre elas uma ordem de preferência.

Para o autor, que oportunizou as alternativas, pouco importa quais dos pedidos formulados sejam cumpridos, pois essa é a natureza do instituto. "O que caracteriza a formulação dos pedidos alternativos é a ausência de manifestação de qualquer preferência pelo autor por um ou por outro. Todos os pedidos assim formulados residem no mesmo plano de preferência do autor e, por isso mesmo, a exemplo do que ocorre nos casos de obrigações alternativas, a concessão de um deles impede e afasta a necessidade de julgamento dos demais"[16].

---

14 O juiz estará, contudo, obrigado a apreciar todas as questões apresentadas no processo para infirmar a pretensão da parte (art. 489, § 1º, IV, CPC).
15 *Direito civil*. 15. ed. São Paulo: Saraiva, 1985, v. 2, p. 47.
16 Cassio Scarpinella Bueno. *Curso sistematizado*, cit., p. 82.

Os pedidos têm, portanto, a mesma hierarquia. Dessa forma, o réu, cumprindo a obrigação por uma das alternativas a ele apresentadas, acarretará a resolução do processo com análise do mérito, não podendo mais o autor reclamar a prestação que lhe era devida.

Todavia, a formulação dessa modalidade de pedido cumulado não se dá necessariamente pela mera vontade do autor, pois é necessário que o direito material forneça subsídios para que tal situação se torne possível. Há o transporte de uma realidade do direito material para o processo, que autoriza ao autor buscar em juízo, já que o surgimento da obrigação admite diversas prestações que terão incidência nas escolhas formuladas no processo.

Já na hipótese **(ii)**, o art. 325 do CPC disciplina que será possível "quando, pela natureza da obrigação, o devedor puder cumprir a obrigação de mais de um modo", mas também quando houver várias saídas para a solução de um mesmo litígio.

Quando a escolha competir ao autor, não há se falar em pedido alternativo, pois a escolha já foi dada antes da existência do processo. Cabe ao autor formalizar seu pedido simples (e escolhido) em juízo (constitui o momento da concentração). Todavia, se abrir mão dessa prerrogativa (em prol do réu, evidentemente), deverá fornecer as hipóteses de prestações que podem ser adimplidas.

Cabe ao réu cumprir a que melhor lhe aprouver.

Mas a escolha por regra cabe ao devedor-réu. O Código Civil é que disciplina essa regra, no art. 252, que está em consonância com a lei processual. Ademais, mesmo que o autor não formule pedidos alternativos, o réu poderá cumprir a obrigação por aquilo que se comprometeu no direito material com o autor.

Imagine que havia uma alternatividade de prestações que poderiam ser cumpridas pelo réu em contrato. Não houve o cumprimento e o autor demanda em juízo cobrando apenas uma das formas (pedido simples). Poderá o réu cumprir a obrigação que não foi posta em juízo, pois assim o direito material o assegura e assim também a lei processual (art. 325, parágrafo único, do CPC). Dessa forma, o legislador protegeu a norma de direito material ao garantir em juízo o que foi objeto de negociação entre as partes. Constitui manifestação (excepcional, diga-se) da denominada "lide sociológica" defendida por Carnelutti no processo brasileiro. Isso porque o magistrado levará em consideração situação material não trazida em juízo, mas prevista em contrato.

Escolhendo o réu uma das obrigações, faltará interesse processual ao autor em recorrer da escolha, pois os pedidos, como dito, não têm ordem de preferência.

Conforme o Enunciado n. 108 da II Jornada de Direito Processual Civil (CJF), "Na hipótese de cumulação alternativa, acolhido integralmente um dos pedidos, a sucumbência deve ser suportada pelo réu".

Subsidiário (cúmulo eventual)

Ao contrário dos pedidos alternativos, nessa modalidade de pedido há uma escala de interesse entre eles. Enquanto no alternativo os pedidos estão colocados no mesmo patamar, os pedidos subsidiários (também chamados na doutrina de sucessivos) têm entre si um caráter de subsidiariedade, uma ordem de preferência de um pedido em detrimento dos demais.

Existe um pedido denominado **principal** e outro, a ser apreciado na eventual rejeição do primeiro, denominado **subsidiário**.

Importante que se diga que a principal diferença entre esta modalidade e o pedido alternativo está no ato de vontade do agente, já que o segundo pedido – sob a ótica de quem pede – é menos vantajoso e "satisfaz em menor grau as expectativas do autor"[17].

---

17   Cassio Scarpinella Bueno. *Curso sistematizado*, cit., p. 83.

Lá os pedidos estão no mesmo *status* hierárquico, podendo ser acolhido um ou outro. Aqui, eles gozam, além de autonomia, subsidiariedade. Assim, se alguém postula em juízo um pedido cominatório para que determinado artista pinte uma tela, pode-se pedir, em caráter acessório e eventual, as perdas e danos (recomposição financeira pelo inadimplemento da obrigação específica).

Veja que o pedido principal é a tela e "caso assim não entenda o magistrado" que conceda – ao menos – as perdas e danos. É pedido acessório, pois guarda referibilidade com o pedido principal e é eventual, pois este segundo pedido (ou terceiro, quarto, dependendo de quantos forem formulados) será apreciado na eventualidade do primeiro ser desacolhido ou mesmo quando não for analisado (por falta de pressuposto processual, por exemplo).

A cobrança em juízo do apartamento que não foi entregue poderá ser acompanhada de pedido subsidiário da devolução das parcelas pagas.

Como existe expressa predileção por um dos pedidos, o autor terá interesse recursal em requerer no Tribunal o pedido principal, caso apenas o pedido subsidiário tenha sido acolhido. Nesse caso, o provimento do recurso no acórdão anulará automaticamente a concessão do pedido subsidiário que ora foi concedido outorgando-lhe o pedido principal.

Veja que o interesse para recorrer se dá mesmo com a integral concessão do pedido subsidiário (que vai gerar, *ipso facto*, sentença de total procedência). Apenas haverá sucumbência total do autor se ambos os pedidos forem integralmente afastados.

Questão interessante é que há o interesse recíproco em recorrer (sucumbência recíproca): do réu, por ter tido uma demanda de procedência em seu desfavor, e do autor, que não obteve o "máximo" da tutela jurisdicional que pretendia.

Aqui, ao contrário da cumulação própria, os pedidos não precisam ser compatíveis entre si, e isso porque esses pedidos nunca serão acolhidos simultaneamente. As únicas características que devem ser observadas são a competência e o mesmo procedimento. O pedido principal, sendo acolhido, impede a apreciação do pedido subsidiário que, por não ter sido apreciado, não ficará imunizado pela coisa julgada material.

Ponto relevante, observado por parte da doutrina[18], é a situação de o pedido principal ter sido apreciado apenas parcialmente. Como ficará o pedido subsidiário?

Nesse caso poderá o magistrado passar à análise do pedido subsidiário integralmente, pois há uma **presunção** que o direito do autor estará mais bem atendido com a procedência do pedido subsidiário do que o acolhimento parcial do pedido principal.

O valor da causa segue a regra do art. 292, VIII, do CPC acerca do valor do pedido principal.

Uma última questão que se faz importante ilustrar é a respeito da obrigatoriedade de apreciação de todos os pedidos independentemente da catalogação que se dá a eles.

Assim, caso o juiz rejeite o pedido principal, ele será obrigado a apreciar (não acolher!) o subsidiário sob pena de proferir uma sentença *citra petita*, atacável, portanto, por meio de embargos de declaração.

Apenas é possível acolher de plano o pedido subsidiário se a parte desistir do pedido principal no curso da demanda.

---

18 Ver, por todos, José Rogério Cruz e Tucci, Reflexões sobre a cumulação subsidiária de pedidos, in *Causa de pedir e pedido*, coord. José Rogério Cruz e Tucci e José Roberto dos Santos Bedaque, São Paulo: Revista dos Tribunais, 2002, p. 287-288.

Da mesma forma, não poderá o magistrado avançar sobre o pedido subsidiário sem antes ter enfrentado o principal. **Mesmo que o réu reconheça a procedência do pedido subsidiário.**

Cumulação própria

Há cumulação própria quando se formula mais de um pedido contra o réu em ordem aditiva **(e)** requerendo que **todos** sejam apreciados pelo juiz. Esta cumulação gerará como consequência lógica uma decisão dividida em capítulos.

A cumulação própria pode ser:

i) Simples

Nem sempre as ocorrências de fatos que dão ensejo a uma ação têm apenas uma consequência jurídica. Assim, de uma relação locatícia poderão surgir duas pretensões do locador contra o locatário inadimplente: o despejo e a cobrança de aluguéis. Num acidente de veículo em que a vítima seja um transportador de carga, o autor poderá cobrar o dano emergente (valor efetivo do abalroamento), as avarias da carga e os lucros cessantes (período que ficará sem o transporte essencial ao seu ganho).

Poderá haver o cúmulo de dano material com dano moral à luz do Enunciado 37 da Súmula do STJ.

A cumulação simples de pedidos é a possibilidade de veicular dentro do mesmo processo pedidos que poderiam ser apresentados em ações distintas desde que preenchidos determinados requisitos processuais.

Contudo, se diferencia da cumulação própria sucessiva, pois na cumulação simples entre os pedidos cumulados não existe uma relação de prejudicialidade ou subordinação, podendo ser feita a análise de cada pedido independentemente do acolhimento ou rejeição do outro. É considerada forma de cumulação posterior de pedidos quando o réu se insurge contra o autor dentro do mesmo processo. Assim ocorre na reconvenção (art. 343, CPC) e na denunciação da lide (art. 125, CPC).

São requisitos para cumulação:

a) compatibilidade entre os pedidos – a lei deixa bem claro que os pedidos formulados cumulativamente **não precisam ser conexos**. A razão de ser é oportunizar um maior número de cumulações possíveis, já que o requisito necessário para que dois ou mais pedidos possam coexistir dentro do mesmo processo é **a mera compatibilidade entre eles.**

Por compatibilidade devem-se entender pedidos que não se excluam. Assim, não se pode pedir a restituição da coisa e, cumulativamente, o pagamento do preço, pois são pedidos que, logicamente, não podem coexistir no mundo fático.

Assim como em demandas cuja causa de pedir seja o vício do produto o autor ingressa com ação postulando a rescisão do contrato cumulado com o abatimento do preço.

Se os pedidos forem incompatíveis entre si haverá a resolução do processo por inépcia (CPC, art. 330, § 1º, IV), entretanto, poderá o magistrado autorizar que o autor modifique a estrutura formal do pedido transformando-o em cumulação imprópria alternativa ou eventual, já que nesses casos a cumulação não é necessária;

b) mesma competência – é necessário que o juiz da causa seja competente para todos os pedidos. Assim, no caso de **incompetência absoluta** (um pedido cível e outro criminal, v.g.), o juiz determinará o desmembramento dos pedidos e manterá para si apenas o pedido que for de sua competência. Mesmo nas denominadas "varas únicas", em que o magistrado assume diversos critérios de competência material distintos, como, por exemplo, as causas cíveis e de família, ainda que ele seja o juiz competente para ambos os pedidos estes não poderão ser cumulados na mesma causa, devendo ser apresentados em demandas separadas.

Entretanto, nos casos de **incompetência relativa**, essa questão fica relativizada pelos casos de modificação de competência (conexão, continência, derrogação ou prorrogação). É verdade que na modificação convencional, se a parte contrária alegar o vício, o juiz poderá desmembrar os pedidos. Mas se a modificação for legal (conexão, continência), eventual pedido será indeferido de plano, pois tanto a conexão como a continência são matérias de ordem pública e se sobrepõem à disponibilidade das partes.

Nessas situações, o magistrado não deve indeferir o feito (ao contrário do que assevera a regra do art. 330, § 1º, IV), mas desmembrar o(s) pedido(s) estranho(s) e prosseguir o julgamento com os demais.

Aliás, este é o entendimento do Enunciado 170 da Súmula do STJ[19];

c) compatibilidade de procedimentos – Cada pedido é portador de um procedimento próprio. Isso porque tais pedidos teriam condições de, isoladamente, serem formulados em juízo. Com a opção pela cumulação, os procedimentos que serão submetidos ao mesmo processo devem ser compatíveis, ou seja, só é possível cumular procedimentos de mesma natureza. O requisito tem a função precípua de otimizar a condução do processo em atenção ao princípio da economia processual.

O princípio se revela de tal importância no estudo da cumulação que se permite ainda a cumulação de procedimentos distintos se, para todos eles, se puder adotar o rito comum (art. 327, § 2º, CPC). Essa renúncia estabelecida pelo autor segue parâmetros que nem a lei, tampouco a doutrina, se desincumbiu de enumerar.

O legislador aboliu a antiga redação que estabelecia que o erro do procedimento não gera a resolução se "puder adaptar-se ao tipo de procedimento legal" (CPC/73, art. 295, IV).

Logo, deve se verificar **caso a caso** a possibilidade de cumulação entre pedidos veiculados em procedimentos diferentes já que, no nosso sistema, adota (ainda com as devidas ponderações do princípio da primazia do mérito), como regra, o princípio da indisponibilidade do procedimento, sem prejuízo da possibilidade de sua flexibilização (arts. 190 e 191, CPC).

Contudo, o art. 327, § 2º, determina a **manutenção das peculiaridades procedimentais de cada rito cumulado**, desde que não causem contraste ao procedimento comum. Assim: "Quando para cada pedido, corresponder tipo diverso de procedimento, será admitida a cumulação se o autor empregar o procedimento comum, sem prejuízo das técnicas processuais diferenciadas previstas nos procedimentos especiais a que se sujeitam um ou mais pedidos cumulados, que não foram incompatíveis com as disposições do procedimento comum". Essa permissibilidade do § 2º permitirá procedimentos que, em princípio, não possam se converter para o procedimento comum dadas as profundas diferenças estruturais, agora possam, como, por exemplo, a ação demarcatória, ação de exigir contas e o inventário.

ii) Sucessiva

Nesse caso, o autor também formula uma multiplicidade de pedidos e deseja que o juiz os aprecie indistintamente. Daí por que se insere na cumulação própria.

Todavia, aqui reside importante diferença: os pedidos ora formulados não guardam a autonomia como na forma de cumulação simples. O motivo dessa diferença é a relação entre os pedidos. A apreciação de um dos pedidos cumulados, no caso, guarda relação com os outros, relação esta de interdependência de **prejudicialidade ou preliminariedade**.

---

19 "Compete ao juízo onde primeiro for intentada a ação envolvendo acumulação de pedidos, trabalhista e estatutário, decidi-la nos limites da sua jurisdição sem prejuízo do ajuizamento de nova causa, com o pedido remanescente, no juízo próprio."

Assim, numa investigação de paternidade cumulada com alimentos (dois pedidos formulados, portanto) o juiz só poderá conceder os alimentos definitivos **se** constatar a paternidade.

Dessa forma, pode ocorrer um pedido preliminar rejeitado (quando acarretará no não julgamento do segundo)[20] ou pedido prejudicial rejeitado (quando acarretará no julgamento do segundo, mas com improcedência)[21].

Conquanto o interesse do autor seja que os dois pedidos possam ser **apreciados e concedidos**, a procedência de um depende do resultado do outro. Como, por exemplo, na ação de anulação de cláusulas contratuais cumuladas com perdas e danos. A indenização somente será devida se o magistrado constatar a existência de nulidade no contrato objeto da demanda.

Demais formas de pedido
Prestações periódicas

As relações processuais têm por regra uma conduta única do réu para com o autor: o pagamento de determinada quantia em dinheiro, a entrega de certo bem, o ressarcimento de determinado prejuízo, entre outros.

Estas obrigações têm cumprimento instantâneo, pois são feitas, em regra, numa única oportunidade, mesmo que a sentença ou decisão interlocutória (conforme o caso), a título transacional, permita o parcelamento da obrigação a fim de facilitar o seu cumprimento ("pague-se em três parcelas iguais e consecutivas de ...").

Todavia, pela especificidade do direito material posto em juízo, as relações podem se prolongar ao longo do tempo. São as denominadas relações de trato sucessivo. Chamam-se prestações periódicas porque o cumprimento não se dá em um momento único, mas no desencadeamento de diversas parcelas que serão devidas enquanto estas se vencerem no curso da lide. É o que determina o art. 323 do CPC.

A intenção do legislador foi no sentido de evitar a propositura de uma ação para cada parcela que se vencesse (todas decorrentes da mesma relação jurídica de direito material) salvaguardando a economia processual e impedindo a prolação de sentenças conflitantes que seriam desastrosas no plano fático.

Assim, casos como a consignação em pagamento (art. 539, CPC) e o pedido de alimentos provisórios, tendo sido deferida a primeira parcela, as outras restantes implicitamente (daí por que a doutrina utiliza dessa terminologia para qualificar o referido pedido) são incorporadas ao pedido, mesmo que não conste expressamente na petição inicial.

O art. 323 do CPC pode ser enquadrado **(a) como espécie do gênero direito superveniente** (regra abstrata aduzida no art. 493 do mesmo diploma legal) **e (b) como modalidade de pedido implícito**, pois as demais parcelas, mesmo não requeridas expressamente no curso da lide, serão devidas de pleno direito.

Indivisível

Com resquícios da teoria imanentista em "processualizar" todas as relações de direito material existentes, e com caráter notadamente tautológico, o pedido indivisível – que não pode ser classificado como forma de pedido, diga-se – está notoriamente mal alocado no rol dos pedidos.

O art. 258 do CC define a obrigação indivisível como "a prestação que tem por objeto uma coisa ou um fato não suscetível de divisão, por sua natureza, por motivo de ordem econômica ou dada a razão de determinado negócio jurídico".

---

20 V.g., pedido formulado na ação rescisória: juízo rescindente e juízo rescisório.
21 V.g., ação de nulidade com perdas e danos.

Esta forma de pedido só tem razão de ser quando houver litisconsórcio ativo pleiteando coisa indivisa. O CPC nada mais fez do que catalogar, no plano processual, uma regra prevista no direito civil. Até mesmo porque, pela regra de solidariedade (quando o caso), um dos credores poderá exigir a coisa devida por inteiro do devedor.

A regra estabelece uma verdadeira legitimação extraordinária do credor-autor em detrimento dos demais que não postularam em juízo, já que esses ausentes receberão suas quotas-partes sem ter "agido" em juízo.

Essa legitimação deflui justamente de agir em nome próprio fundado em direito alheio.

O litisconsórcio que se forma, no caso, é facultativo. Tal constatação decorre: a) se se tratar de regra de solidariedade; b) estar esse direito na esfera da disponibilidade das partes já que ninguém é obrigado a postular em juízo e ninguém pode ser tolhido de buscar o Judiciário por não formação de litisconsórcio, mesmo sendo ele unitário. Trata-se de discussão já enfrentada no capítulo de litisconsórcio sobre a existência de litisconsórcio ativo necessário.

Por fim, importante que se diga, o credor que buscar sozinho o Judiciário deverá prestar caução aos demais credores para que possa o devedor se exonerar em definitivo da obrigação (art. 260, II, CC).

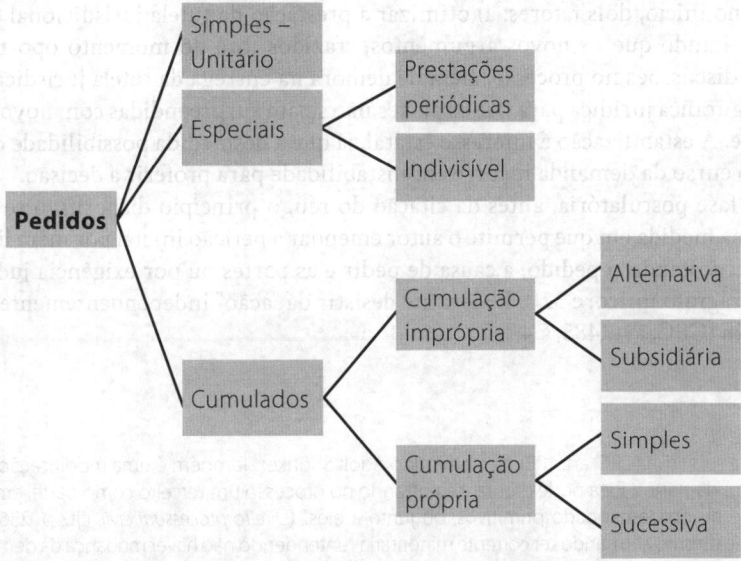

1.2.4.3. Estabilização da demanda

A estabilização da demanda, que abrange o juiz, as partes, a causa de pedir, o pedido e a defesa, estão explicitados nos arts. 43, 108, 329 e 336, CPC.

O sistema de preclusões do processo civil brasileiro pode acarretar – como entre nós acarreta – na impossibilidade de alteração da causa de pedir e do pedido após determinado momento do processo. Esta inflexibilidade decorre, como se verá, do interesse público na correta ordenação dos atos e prestação ágil e efetiva da tutela jurisdicional[22].

---

22 Como será visto *infra*, a estabilidade não é apenas objetiva (CPC, art. 329). Como integrantes dos elementos da demanda, as partes também têm o seu momento em que sua alteração resta vedada. Logo, a estabilidade

Diferentemente do sistema alemão[23] e do sistema português[24], o ordenamento brasileiro adota a regra da **imutabilidade do libelo**[25].

No momento em que a petição inicial é distribuída, verifica-se uma relação que se estabelece entre o autor e a autoridade judicante. Após a citação do réu complementa-se a relação jurídica com a participação dos sujeitos integrantes do processo: *iudicium est actum trium personarum*.

Preconiza o art. 329 que "o autor poderá: I – até a citação, aditar ou alterar o pedido ou a causa de pedir, independentemente de consentimento do réu; II – até o saneamento do processo, aditar ou alterar o pedido e a causa de pedir, com consentimento do réu, assegurado o contraditório mediante a possibilidade de manifestação deste no prazo mínimo de 15 (quinze) dias, facultado o requerimento de prova suplementar".

Essa regra se aplica também à reconvenção e sua causa de pedir. E igualmente às partes. Como integrante dos elementos da demanda (*tria eadem*), a estabilização que impede alteração ou adição de pedido e causa de pedir alcança naturalmente o polo ativo e passivo da causa.

O objetivo "é limitar o poder das partes de eternamente modificar a própria demanda, ou mesmo propor novas no curso do processo"[26].

A técnica de preclusão prevista no CPC no nosso ordenamento tem por objetivo, conforme asseverado no início, dois fatores: a) otimizar a prestação da tutela jurisdicional (CF, art. 5º, LXXVIII) evitando que os novos argumentos, trazidos fora do momento oportuno, criem infindáveis discussões no processo, além de demora na entrega da tutela jurisdicional; b) fomentar a segurança jurídica para que as partes não sejam surpreendidas com novos pontos no curso da lide. A estabilização é interesse estatal, já que a desmedida possibilidade de alteração dos fatos no curso da demanda incorre em instabilidade para proferir a decisão.

Nesta fase postulatória, antes da citação do réu, o princípio dispositivo se torna mais acentuado, na medida em que permite o autor emendar a petição inicial por mera liberalidade, alterando ou aditando o pedido, a causa de pedir e as partes ou por exigência judicial (CPC, arts. 115, parágrafo único, e 321). Poderá até desistir da "ação" independentemente da concordância do réu (CPC, art. 485, § 4º).

---

também é subjetiva (CPC, art. 108). Neste sentido Adolf Shönke: "Também é uma modificação da demanda a mudança de partes. Esta pode efetuar-se entrando no processo um terceiro como parte, em lugar do demandante ou do demandado primitivos, ou junto a eles" (*Direito processual civil*, cit., p. 236). Em sentido contrário (e mesmo afirmando ser corrente minoritária), entendendo não haver mudança da demanda quando se tratar das partes, Leo Rosemberg, *Tratado de derecho procesal civil*, cit., traducción Angela Romera Vera, Buenos Aires: EJEA, t. II, p. 129. Para esse autor, "sólo la modificación de la petición de la demanda o de sus fundamentos es modificación de la demanda; no lo es el cambio de las partes". Enrique Vescovi, em excelente trabalho sobre o assunto (La modificación de la demanda, *RePro*, n. 30, p. 209, São Paulo: Revista dos Tribunais, abr.-jun. 1983) admite a possibilidade da modificação das partes alterar a demanda, igualmente.

23 O § 263 da ZPO permite a alteração da demanda mesmo sem concordância da parte contrária.
24 O CPC português, no art. 273, incisos 1 a 6, autoriza a ampliação ou modificação da causa de pedir na réplica se o processo não vedar (salvo nos casos de confissão). Igualmente é possível a ampliação ou modificação do pedido na réplica, bem como outras especificações.
25 Carlos Alberto Alvaro de Oliveira critica essa posição adotada pelo sistema, alegando que, "do ponto de vista cooperativo, no atual estágio de desenvolvimento social brasileiro, está mais do que em tempo de se começar a pensar na reforma da legislação para permitir a alteração do pedido e da causa de pedir, nos termos da legislação processual portuguesa atual. Dessa forma, mais uma vez seria estimulado o desejável diálogo entre o órgão judicial e as partes, quebrando-se ao mesmo tempo um formalismo excessivo que não tem mais razão de ser" (*Do formalismo no processo civil*, cit., p. 176).
26 Junior Alexandre Moreira Pinto. *Sistemas rígidos e flexíveis*, cit., p. 55.

Portanto, antes da citação o autor pode livremente alterar a demanda (*mutatio libelli*) ou aditá-la (*emendatio libelli*). O marco é a citação. Em verdade, a juntada aos autos do mandado de citação. Já se decidiu que mesmo o réu citado é possível a alteração estrutural da demanda sem o seu consentimento enquanto o mandado e o AR ainda não foram juntados aos autos (STJ, 4ª Turma, REsp 400.042/PE).

É importante compreender que não há alteração quando se modifica a qualificação jurídica ou altera a norma que deu como base à pretensão postulada (pela teoria da substanciação, por nós adotada)[27]. Não obstante a fundamentação jurídica faça parte integrante da causa de pedir (art. 319, III, CPC), ela não constitui elemento essencial (como os fatos) e, portanto, pode ser alterado pelas partes ou mesmo pelo próprio magistrado já que *iura novit curia*.

O STJ em recente decisão entendeu que mesmo após a citação é possível modificar o polo ativo ajuizado por sociedade empresária que foi extinta (STJ, REsp 1.826.537-MT).

A ampliação da demanda pode se dar por meio de processos ulteriores como a reconvenção, denunciação da lide, ação declaratória incidental ou oposição.

Igualmente, há a impossibilidade de se alterar tanto o pedido mediato como o imediato. É possível ao autor requerer a mudança, v.g., de pedido condenatório para declaratório, antes da citação ou após, se exercido corretamente o contraditório[28].

Após a citação, a alteração é condicionada à concordância da parte contrária (que também depende de autorização do autor). Após o saneamento, é vedada qualquer alteração. É a denominada estabilização.

No tocante à causa de pedir, a alteração não é autorizada para os fatos jurídicos (fatos que dão suporte à pretensão da parte), mas é possível alterar os fatos simples (fatos que auxiliam na compreensão do fato jurídico), pois esses não são essenciais à configuração da causa de pedir.

O STJ, contudo, entende que a alteração do polo passivo sem a mudança do pedido ou da causa de pedir não necessita de alteração do réu, pois prestigia a economia processual e a primazia do mérito[29].

Seria possível alterar algum elemento da demanda após o saneamento do processo? Isso porque o art. 357, em especial os incisos II ("II – delimitar as questões de fato sobre as quais recairá a atividade probatória, especificando os meios de prova admitidos"), IV ("IV – delimitar as questões de direito relevantes para a decisão do mérito") e o § 1º ("§ 1º Realizado o saneamento, as partes têm o direito de pedir esclarecimentos ou solicitar ajustes, no prazo comum de 5 (cinco) dias, findo o **qual a decisão se torna estável**") (g.n) estabelecem a impossibilidade de alterar essas questões após essa etapa procedimental.

Contudo, a despeito da vedação do art. 329, II, há algumas hipóteses previstas no sistema:

---

27 Luiz Guilherme Marinoni e Daniel Mitidiero observam que "inexiste alteração da causa de pedir se o demandante, ao longo do processo, limita-se a aperfeiçoar a narrativa de circunstâncias não essenciais, atribui às suas alegações de fato qualificação jurídica diferente da originalmente atribuída (sem a efetiva alteração do fato constitutivo), alega norma jurídica diversa da invocada inicialmente (desde que ambas levem ao mesmo efeito jurídico) ou efetua mera correção de erros materiais" (*Código de Processo Civil comentado artigo por artigo*. São Paulo: RT, 2008, p. 253, comentários ao art. 264 do CPC/73).

28 Este é o posicionamento de Arruda Alvim. Para o jurista, esta mudança não pode ser recusada: "Isto porque, mesmo que tal hipótese seja entendida como desistência da sanção da ação condenatória, no Direito vigente é essencial a audiência do réu para se efetuar a mesma (art. 267, § 4º) [redação do Código anterior], como o é para a desistência pura e simples da ação. Se não houver prejuízo para o réu, ainda que o mesmo discorde, deverá ser aceita esta modificação, na verdade, uma desistência, o que prevalece como correto, à luz da nova redação do art. 294 [redação do Código anterior]" (*Manual de direito processual civil*, cit., v. 2, p. 328).

29 REsp 2.128.955-MS, Rel. Ministra Nancy Andrighi, Terceira Turma, por unanimidade, *DJe* 15-8-2024.

a) direito superveniente: há alguns artigos no CPC que permitem a alteração objetiva da demanda em decorrência de fatos novos, assim como os arts. 342, I, 493 e 1.014, que são dispositivos que autorizam a modificação/aditamento da demanda, relacionados a fatos que surgiram no curso do processo;

b) a previsão do art. 515, II, do CPC, que autoriza (no § 2º), em acordo judicial (conciliação ou transação), a inserção de matérias mesmo que não postas em juízo;

c) nos casos de intervenção de terceiro[30] **ou litisconsórcio ulterior** em que há a inserção de parte nova dentro do processo já existente e a ela não alcança o instituto da preclusão (que é fenômeno endoprocessual). Evidentemente que as partes novas devem respeitar o ato jurídico perfeito a depender do estágio procedimental em que ingressaram no processo;

d) nos casos de sucessão processual. Explicados no capítulo específico das partes, em especial por força dos arts. 108, 110, 338 e 339, CPC). Por isso é necessário repensar no sistema de estabilização especialmente no que concerne aos sujeitos do processo (*perpetuatio legitimationis*).

O ordenamento brasileiro, no tocante a alteração dos sujeitos dentro do processo, estabelece o art. 329 como regra tendo como exceção a alteração por **sucessão processual,** por **litisconsórcio,** ou por **intervenção de terceiros** (assistência, denunciação da lide, chamamento ao processo e desconsideração da personalidade jurídica e *amicus curiae*).

A correção do polo ativo a qualquer tempo é importante especialmente nas questões que envolvam problemas de representação: herdeiros, no lugar do espólio, representante no lugar do menor, etc. dessa forma, seria possível a troca de sujeitos na sucessão processual mesmo sem anuência da parte. Não se trata de ausência de legitimidade, mas, tendo em vista a alteração da relação de direito material, a adequação para os novos termos e não apenas como assistente. É até incoerente vedar a sucessão no processo de conhecimento, mas autorizar em sede de execução (art. 778, §§ 1º, III e IV, e 4º, CPC). Veja que no direito material não se exige autorização do devedor para a cessão de crédito (arts. 286-298, 346-351, CC) mas apenas a notificação como condição de eficácia do ato (art. 290, CPC). O processo é mais formal que o próprio direito. O CPC permite já alterações a qualquer tempo (art. 515, § 2º, CPC: "§ 2º A autocomposição judicial pode envolver sujeito estranho ao processo e versar sobre relação jurídica que não tenha sido deduzida em juízo". Bem como a formação de litisconsórcio na reconvenção;

e) nas hipóteses de flexibilização procedimental. O art. 190 permite que as partes possam alterar o regime do procedimento "para ajustá-los às especificidades da causa". Esse assunto foi mais bem desenvolvido no capítulo sobre atos processuais (item 7.3).

Pode ocorrer ainda a **redução da demanda** (importante o realce, já que foi falado apenas em ampliação e alteração). Barbosa Moreira[31] especifica essas hipóteses: a) desistência parcial; b) renúncia parcial ao direito; c) transação parcial no curso do processo; d) convenção de arbitragem sobre parte do litígio na pendência do processo; e) interposição de recurso parcial pelo autor da sentença de mérito desfavorável.

Apenas em arremate, a estabilidade do processo se reveste de suma importância especialmente pela efetividade, segurança e previsibilidade na condução da demanda. Contudo, o formalismo excessivo pode impedir a prolação de decisão mais rente à realidade do direito material vigente.

---

30   Com exceção do assistente simples e do *amicus curiae*.
31   *O novo processo civil brasileiro*, 27. ed. Rio de Janeiro: Forense, 2008, p. 14.

1.2.5. VALOR DA CAUSA

O art. 291 do CPC diz que toda causa tem valor, ainda que não tenha conteúdo econômico aferível. Mesmo as causas que dificilmente podem se traduzir numericamente (como, por exemplo, uma ação de investigação de paternidade ou declaratória de união estável) é necessário que se atribua um valor na petição inicial.

O art. 319 do CPC especifica, dentre outros requisitos, o valor da causa como elemento indispensável aos objetivos do processo. É o reflexo daquilo que o autor pede na inicial e deve corresponder ao conteúdo econômico do seu pedido[32]. Suas finalidades são inúmeras:

i) na questão tributária, já que servirá de base para a fixação do valor, seja das custas iniciais, seja para preparo de eventual recurso;

ii) no procedimento, pois estabelecerá a diferença entre o procedimento comum e os casos de juizado especial. Há de se atentar que o juizado especial cível é facultativo, já o juizado federal e o juizado especial da Fazenda Pública, consoante dispõem os arts. 3º, § 3º, da Lei n. 10.259/2001 e 2º, § 4º, da Lei n. 12.153/2009, respectivamente, a competência é absoluta "no foro onde estiver instalada Vara do Juizado Especial";

iii) na competência, pois estabelecerá regras para os foros regionais (juízo) onde houver;

iv) na fixação de honorários da parte vencedora (art. 85, CPC) nos casos de sentença em que não há condenação e da qual o juiz toma como base o valor da causa para fixar este valor; e

v) outras questões relevantes de processo, como a adoção de arrolamento sumário ao invés de inventário (art. 664, CPC) ou a interposição de embargos infringentes em execução fiscal (art. 34, Lei n. 6.830/80).

O valor da causa não limita o julgamento (arts. 141 e 492, CPC), pois o magistrado está adstrito ao pedido e não ao valor dado à demanda.

Critérios fixadores do valor da causa

O CPC, no seu art. 292, sistematiza o valor da causa. E se pode ver que seus critérios se fundam basicamente no valor econômico.

São normas de natureza eminentemente objetiva.

O **inciso I** disciplina que nas ações de cobrança de dívida o valor da causa seja o do principal acrescido de pena e juros atualizados até a propositura da ação.

Os **incisos VI, VII e VIII** têm conteúdo meramente complementar ao do inciso I, pois flexionam o valor da causa nas ações de cobrança tendo em vista a diversidade dos pedidos formulados. Assim, na cumulação de pedidos será a soma de todos eles, nos alternativos, o de maior valor, nos sucessivos, o do principal.

O **inciso II** versa sobre o valor da causa para as causas referentes a litígios contratuais (não abarcados por cobrança – vide inciso I) seja qual ele for (e não só aqueles que a lei enumera) será o valor do ato ou da sua parte controvertida. Corrigiu-se o erro do CPC/73, que exigia como valor da causa o valor integral do contrato (ainda que a discussão versasse sobre apenas uma parte dele).

---

32 "Se a parte autora indica, na petição inicial, valor da causa incompatível com o proveito econômico pretendido, não pode, após o acolhimento do pedido em sentença, postular a alteração da quantia por ela mesmo alegada, com o fim de majorar a base de cálculos de honorários de sucumbência" (AgInt no AREsp 1.901.349-GO, Rel. Ministro Raul Araújo, Quarta Turma, *DJe* 25-8-2023).

> O **inciso III** indica que, para as ações de alimentos, o valor da causa será doze prestações mensais indicadas pelo autor. O inciso IV explicita que o valor da causa nas ações de divisão, demarcação e reivindicação de terras será de avaliação da área ou bem objeto do pedido. Esta regra se aplica por analogia às ações possessórias.
> O **inciso V**, estabelece que o valor da causa em ação indenizatória, incluindo dano moral, será o valor pretendido. Resolveu-se a celeuma acerca da necessidade ou não de se estabelecer previamente o valor da causa em dano moral ou permitir a posterior atribuição pelo juiz, quando da eventual condenação. Esse assunto foi devidamente abordado ao tratarmos do pedido genérico (*supra*).

No mais, os §§ 1º e 2º do art. 292 estabelecem: "§ 1º Quando se pedirem prestações vencidas e vincendas, considerar-se-á o valor de umas e outras. § 2º O valor das prestações vincendas será igual a uma prestação anual, se a obrigação for por tempo indeterminado ou por tempo superior a 1 (um) ano, e, se por tempo inferior, será igual à soma das prestações".

Há outras causas previstas em lei, porém não enumeradas no CPC, como as ações de locação (Lei n. 8.245/91, arts. 58, III, e 47, II, que estabelecem como valor doze aluguéis), e nas de execução fiscal (dívida da certidão com os encargos, art. 6º § 4º, Lei n. 6.830/80).

Todavia, os casos acima disciplinados são insuficientes para abranger todos os tipos de demanda e há causas que não podem ser mensuradas pelo conteúdo econômico, justamente porque a elas falta essa determinação. São as causas de valor inestimável que, por faltar parâmetros quantitativos, devem seguir critérios estimativos.

Esta exigência decorre do próprio art. 291, que determina que qualquer tipo de causa tenha valor.

Logo, deverá o peticionário, na medida do possível, indicar como valor da causa o conteúdo econômico que pretende mesmo que esse não corresponda exatamente com a realidade material ou estabelecer um valor para meros fins fiscais.

Conforme redação do § 3º do art. 292, poderá o juiz, de ofício e por arbitramento, corrigir o valor da causa quando verificar sua incompatibilidade com o conteúdo patrimonial discutido ou com o proveito econômico.

Nesse caso, determinará ele o recolhimento das custas complementares (se houver). Essa decisão não desafiará o recurso de agravo de instrumento, podendo apenas ser discutida em sede de eventual apelação contra a sentença (art. 1.009, § 1º, CPC).

É importante frisar que a impugnação ao valor da causa será realizada em preliminar de contestação (arts. 293 e 337, III) pelo réu, sob pena de preclusão. A decisão do magistrado que acolher a impugnação determinará o recolhimento (se necessário) de custas complementares.

1.2.6. PROVAS COM QUE SE PRETENDE DEMONSTRAR A VERDADE DOS FATOS ALEGADOS

Vêm entendendo, de há muito, a mais autorizada doutrina e jurisprudência que, faltando este requerimento, nenhuma sanção acarretará ao autor.

Até mesmo porque é da praxe forense o magistrado determinar às partes a especificação das provas em outro momento. Isso decorre do simples fato de o autor não saber, em alguns casos, quais os fatos que ficarão controvertidos com a eventual apresentação de defesa.

Dessa forma, o mero protesto por provas não acarreta preclusão da produção probatória, na medida em que esta produção, efetivamente, será diferida para outro momento (STF, RE 78.372/GO).

Preconiza o art. 320 do CPC que o autor deverá instruir desde logo com a petição inicial e os documentos indispensáveis à propositura da demanda. Vale dizer que os não indispensáveis poderão ser juntados ao longo do processo (art. 435, CPC). Ademais, está autorizado ao magistrado a determinação de provas de ofício.

Como visto, o CPC possui uma regra preclusiva para a apresentação de documentos na petição inicial (arts. 320 e 434). Contudo, a lei autoriza (excepcionalmente) a possibilidade de apresentação ulterior de documentos desde que seja para provar direito superveniente, como prova ou contraposição àqueles produzidos (fatos ocorridos depois dos articulados, art. 435, CPC) ou mesmo para aqueles que se tornaram conhecidos, acessíveis ou disponíveis após a inicial (desde que demonstrado o motivo do impedimento – art. 435, parágrafo único, CPC).

De acordo com famosa regra de classificação de Moacyr Amaral Santos, os documentos indispensáveis podem ser **substanciais** (são aqueles que a lei exige como condição para a propositura da demanda: v.g., título executivo para execução; matrícula do imóvel na ação petitória) ou **fundamentais** (quando não previstos em lei como condição para a propositura da demanda, mas indicados pela parte na peça postulatória).

1.2.7. A OPÇÃO DO AUTOR PELA REALIZAÇÃO OU NÃO DA AUDIÊNCIA DE CONCILIAÇÃO OU DE MEDIAÇÃO

Diante da premente necessidade de rápida solução dos litígios, diz respeito à prévia realização de audiência de conciliação ou mediação (art. 334) que apenas não ocorrerá em três hipóteses: i) se as partes se manifestarem contrárias à sua realização; ii) se o direito posto em juízo não admitir autocomposição; ou iii) se for o caso de improcedência liminar do pedido.

Sobre o assunto, reporte-se o leitor ao capítulo relativo à audiência de conciliação (*infra*).

Os sete incisos do art. 319 do CPC, que informam os elementos integrantes da petição inicial, não constituem um rol exaustivo. Isso porque há, ao longo do Código, requisitos outros que fazem parte da solenidade dessa peça. Assim:

a) o endereço do advogado do autor (arts. 77, V e 106, I, CPC);

b) a procuração da parte para o advogado (com as ressalvas dos arts. 103, parágrafo único, e 104, §§ 1º e 2º, CPC);

c) a assinatura e a data da petição inicial (salvo se for no juizado especial cível, quando se admite a petição inicial oral deduzida a termo, conforme art. 14, *caput* e § 3º, da Lei n. 9.099/95);

d) contrato social (quando a parte for pessoa jurídica);

e) os documentos indispensáveis à propositura da demanda (art. 320, CPC);

f) uso da língua portuguesa (art. 192, CPC); e

g) adiantamento das custas iniciais para o Estado (art. 82, CPC).

1.3. CONTROLE DE ADMISSIBILIDADE DA PETIÇÃO INICIAL

O magistrado, ao receber a petição inicial, poderá tomar quatro atitudes de acordo como ela é apresentada: **a) determinar a citação do réu ou interessado; b) determinar a emenda/**

aditamento (art. 321, CPC); c) **indeferir sem resolução de mérito (arts. 330/331, CPC);** ou d) **decretar a improcedência liminar do pedido (art. 332, CPC).**

Se no exame de admissibilidade verificar que a petição preenche todos os requisitos de forma, estando ela, portanto, em termos, determinará a **citação** do réu na forma do art. 238 do CPC. O art. 250, II, estabelece que deve constar, além de outros requisitos, o cumprimento do prazo de resposta sob pena de revelia.

E isso porque, salvo raras exceções, é a parte quem receberá a citação e por não ter conhecimento jurídico, desconhece, ou pode desconhecer, a gravidade dos efeitos da revelia em sua esfera.

Se o juiz verificar pequenas imperfeições, lacunas ou omissões que não comprometam o deferimento da inicial, mas que demandem correção, determinará a **emenda da inicial** no prazo de quinze dias, nos termos do art. 321 do CPC. Constitui regra que prestigia o princípio do aproveitamento dos atos processuais (CPC, arts. 139, IX, e 282, § 1º) decorrente da instrumentalidade das formas.

Evidente que esse prazo de quinze dias poderá ser prorrogado a critério do juiz, especialmente quando verificar que a emenda pode demorar mais que o prazo legal[33].

Importante regra afinada ao princípio da cooperação processual é a impossibilidade de determinação genérica de emenda pelo juiz, por exemplo, requerendo "o aditamento para adequar a petição inicial aos termos da lei".

É necessário que o magistrado indique com precisão o que deve ser corrigido ou complementado em atenção (como sempre) ao princípio da cooperação (art. 6º, CPC). Caso a parte não cumpra o preceito, acarretará a resolução do processo sem análise do mérito, conforme o art. 330, IV, do CPC.

Se o juiz, contudo, verificar que a petição inicial padece de vício que impeça o seu prosseguimento e sendo impossível a sua correção dentro do mesmo processo, o juiz **indeferirá** a petição inicial e extinguirá o processo sem resolução de mérito, nos termos do art. 485, I, c/c art. 330 do CPC.

Aqui é necessária uma nota de esclarecimento: a leitura do *caput* do art. 330 traz uma proposição imperativa: "a petição inicial será indeferida quando", o que confere a falsa impressão de que, havendo enquadramento em qualquer das hipóteses ali descritas, acarretará o automático indeferimento da petição inicial.

Não é isso o que ocorre, contudo, especialmente à luz dos princípios norteadores do CPC vigente. Nem toda hipótese descrita no referido artigo acarreta a resolução imediata do feito. É preciso contextualizar o art. 330 com princípios fundamentais do CPC em especial o contraditório (arts. 9º e 10, CPC), a cooperação (art. 6º, CPC), a instrumentalidade das formas (art. 277, CPC), o aproveitamento dos atos (art. 282, § 2º, CPC) e especialmente a primazia do mérito.

O sistema processual brasileiro, visando conferir mais importância ao conteúdo do que a forma, estabeleceu, em diversos artigos espalhados pelo Código, o princípio da primazia do mérito. O principal deles é o art. 4º do CPC que, além de dispor sobre a duração razoável do processo, dispõe também sobre a primazia do mérito ao estabelecer que "as partes têm o direito de obter em prazo razoável a solução integral do mérito, incluída a atividade satisfativa". Mas, além dele, diversos outros artigos versam sobre a questão: arts. 139, IX, 277, 282, § 2º, 317, 319, § 2º, 338, 352, 485, § 7º, 488, 932, parágrafo único, 938, § 1º, 968, § 5º, 1.007, §§ 2º e 4º, 1.013, § 3º, II e IV, 1.017, § 3º, 1.029, § 3º, 1.032 e 1.033 do CPC.

---

33   Nesse sentido, STJ, 4ª T., REsp 102.398/PR.

Por esse princípio o Poder Judiciário deve prover todos os esforços para viabilizar o julgamento do mérito a despeito da existência de vícios que possam impedir ou dificultar a realização dessa tarefa.

Assim, apenas haverá indeferimento da petição inicial se:

a) contiver **vícios suscetíveis de emenda que não foram regularizados** no prazo oportuno conferido pelo magistrado (arts. 321 e 330, IV, CPC);

b) contiver **vícios sanáveis suscetíveis de indeferimento da petição inicial** (art. 330, CPC) que não foram regularizados, como, por exemplo, quando o advogado não fornecer seu endereço quando postular em causa própria (art. 106, CPC);

c) contiver **vícios insanáveis suscetíveis de indeferimento da petição inicial**, como, por exemplo, a falta de causa de pedir e, na grande maioria dos casos, a ilegitimidade ativa.

Por se tratar de decisão formal que se encerra pela má formação do processo, nada impede que a parte possa repropor a causa (CPC, art. 486). Contudo, a nova ação somente será aceita se: i) corrigido o vício que levou à resolução pela primeira vez (art. 487, I c/c 486, § 1º, CPC); ii) recolhidas as custas e honorários advocatícios do processo anterior (art. 486, § 2º, CPC).

Sem prejuízo da possibilidade de ajuizar novamente a ação, poderá a parte, no prazo de 15 dias, interpor recurso de apelação da sentença que indeferiu a petição inicial.

Este recurso goza de uma regra peculiar em relação à apelação tradicional – a possibilidade de retratação pelo magistrado (efeito regressivo) no prazo de 5 dias (art. 331, CPC). Em se retratando, o réu será citado para responder aos termos da demanda normalmente.

Em não se retratando, o réu será citado para ofertar contrarrazões. Caso o tribunal reforme a sentença, o acórdão é a decisão que determina o recebimento da petição inicial e o réu será citado para contestar, conforme o art. 331, § 2º, do CPC.

O artigo remete para o art. 334 do CPC, que prevê audiência de conciliação ou mediação para os casos que admitam autocomposição. Caso infrutífera, a partir da audiência correrá o prazo para apresentação de defesa (art. 335, CPC).

Essa retratação não pode ser efetivada em qualquer fase procedimental (leia-se, fase em que o magistrado constatar a falta de elementos da petição inicial), pois, além do **motivo** (que é determinante para autorizar a retratação), é necessário levar em consideração o **momento**.

E isso porque o indeferimento da petição inicial constitui norma cogente e de ordem pública, portanto (CPC, arts. 485, § 3º, e 337, § 5º). Dessa forma, não há preclusão para a parte ou do juiz para apreciação dos seus requisitos.

Contudo, para impedir a retratação após a citação do réu (o que é vedado), a resolução do processo por indeferimento da petição inicial nessa fase não será com fundamento no art. 485, I, do CPC (indeferimento da petição inicial), mas no art. 485, IV, do CPC (falta de pressuposto processual).

Dessa forma o Poder Judiciário sempre poderá apreciar a ausência de requisitos da petição inicial. O que muda é a forma (tipo) da resolução, de acordo com o momento em que ela é constatada.

Assim:

ANTES DA CITAÇÃO	APÓS A CITAÇÃO
Resolução com fundamento no indeferimento da petição inicial (CPC, art. 485, I)	Resolução com fundamento na falta de pressupostos processuais (CPC, art. 485, IV)

Essa questão, contudo, que possuía relevância no regime anterior hoje constitui mera discussão acadêmica, pois tanto o indeferimento da petição inicial como a resolução sem mérito por ausência de pressupostos processuais admitem, excepcionalmente, a possibilidade de retratação pelo juiz prolator da sentença (art. 485, § 7º, CPC).

1.3.1. HIPÓTESES DE INDEFERIMENTO

O art. 330 enumera situações de indeferimento da petição inicial. São elas:

i) inépcia – constitui defeito que orbita sobre o pedido ou sobre a causa de pedir formulada pelo autor. A inépcia é espécie do gênero indeferimento da petição inicial e pode ocorrer de quatro maneiras: **a)** quando faltar pedido ou causa de pedir; **b)** quando o pedido não for enquadrado na hipótese de genérico sendo ele indeterminado; **c)** quando da narração dos fatos não decorrer logicamente a conclusão; **d)** quando contiver pedidos incompatíveis entre si.

Há ainda uma hipótese especial de inépcia: "Nas ações que tenham por objeto a revisão de obrigação decorrente de empréstimo, financiamento ou alienação de bens, o autor terá de, sob pena de inépcia, discriminar na petição inicial, dentre as obrigações contratuais, aquelas que pretende controverter, além de quantificar o valor incontroverso do débito" (art. 330, § 2º).

Dessa forma, há a necessidade de aduzir o valor incontroverso para evitar o ajuizamento de demandas revisionais que objetivem apenas protelar o pagamento dessas prestações decorrentes do contrato. Não basta, portanto, a formulação genérica de revisão do contrato, sendo ônus da parte já discriminar o valor que entende correto e sobre esse valor apresentado continuar a efetivar o pagamento das parcelas

É regra que já existia em pelo menos dois outros dispositivos:

a) na Lei n. 10.931/2004 em seu art. 50, que diz: "Nas ações judiciais que tenham por objeto obrigação decorrente de empréstimo, financiamento ou alienação imobiliários, o autor deverá discriminar na petição inicial, dentre as obrigações contratuais, aquelas que pretende controverter, quantificando o valor incontroverso, sob pena de inépcia"; e

b) no § 4º do art. 525 do CPC[34]: "Quando o executado alegar que o exequente, em excesso de execução, pleiteia quantia superior à resultante da sentença, cumprir-lhe-á declarar de imediato o valor que entende correto, apresentando demonstrativo discriminado e atualizado de seu cálculo". Não apontado o valor correto ou não apresentado o demonstrativo, a impugnação será liminarmente rejeitada, se o excesso de execução for o seu único fundamento, ou, se houver outro, a impugnação será processada, mas o juiz não examinará a alegação de excesso de execução, conforme o § 5º do art. 525 do CPC.

Em verdade, é apenas um reforço àquilo que todo advogado deveria estabelecer em ações dessa natureza, já que compete ao autor não apenas romper a inércia, como também delimitar o objeto de julgamento.

O § 3º do art. 330 estabelece que o devedor deverá continuar o pagamento do valor incontroverso, tal qual estipulado em contrato. O que pode variar é a forma como o pagamento é efetuado (depósito bancário, consignação nos autos etc.);

ii) carência de ação – decorre da falta de uma das duas condições da ação: a legitimidade das partes e o interesse de agir. Ambas geram indeferimento da petição inicial. Aqui, há um ponto de convergência entre as teorias da asserção e da apresentação, pois o indeferimento da

---

34 Ao referido dispositivo correspondia, no CPC/73, o art. 475-L, § 2º.

petição inicial quando "a parte for manifestamente ilegítima" ou "carecer de interesse processual" gera a resolução do processo sem análise do mérito nos termos do art. 487, I e VI, CPC.

iii) não atendidas as prescrições dos arts. 106 e 321 do CPC – o art. 106 explicita sobre a informação do endereço do advogado da parte (tanto o endereço como no caso de mudança do endereço e necessidade de comunicação ao juízo da causa) e o art. 321 acerca do não cumprimento do pedido de emenda à petição inicial.

É possível sistematizar o controle de admissibilidade da petição inicial (sem tratar do julgamento liminar do pedido, que será analisado no próximo item) da seguinte forma:

CONDUTA DO JUIZ	EMENDA	RESOLUÇÃO POR INÉPCIA	RESOLUÇÃO POR INDEFERIMENTO
HIPÓTESES	Vícios não encartados no art. 330 do CPC + vícios sanáveis	Hipóteses do art. 330, §§ 1º e 2º, do CPC em que não seja possível a sanabilidade ou não houve regularização	Hipóteses do art. 330, II, III e IV, em que não seja possível a sanabilidade ou não houve regularização

1.4. ESPECIFICAMENTE SOBRE O JULGAMENTO LIMINAR DO PEDIDO

1.4.1. INTRODUÇÃO

Remonta de longa data a tentativa de harmonização entre a liberdade judicial no momento da decisão e sua vinculação aos julgamentos pretéritos. Poder-se-ia pensar que o magistrado, sendo obrigado a seguir precedentes estaria sendo tolhido na sua liberdade de dizer o direito de acordo com sua livre convicção. Duas são as respostas a essas indagações: a) a liberdade do juiz na investigação fática mantém-se incólume, já que a vinculação do juiz dar-se-ia apenas na aplicação do direito; b) ademais, não seria crível, com base numa aparente "liberdade", imaginar que o juiz possa julgar contrariamente aos Tribunais Superiores até mesmo porque, por força do sistema recursal vigente, estes Tribunais darão a última palavra sobre o assunto. A mesma situação se aplicaria às decisões vinculantes ou pacificadas por súmulas pelo tribunal ao qual aquele magistrado se encontra vinculado.

O contraditório decorrente do devido processo legal rechaça a possibilidade de julgamento de mérito antes de integralizada a relação processual entre juiz, autor e réu (em uma de suas acepções, processo é **procedimento em contraditório**). Não se pode dirimir o conflito sem que as partes sejam regularmente ouvidas no processo (ou que ao menos tenha se dado a oportunidade de serem ouvidas). Contudo, o sistema admite técnicas de aceleração do processo concebidas para conferir trato diferenciado às denominadas *demandas com questões repetitivas*.

Em verdade, as demandas repetitivas, decorrentes das chamadas macrolides, possuem estreita relação com a aceleração da marcha do procedimento. Afinal, se essas demandas são julgadas reiteradas vezes e possuem entre si a mesma identidade jurídica, **a já percepção pelo magistrado do resultado da demanda, em decorrência do enquadramento da causa no arquétipo abstrato dos precedentes pretéritos (hipótese de incidência), torna desnecessária a dilação do procedimento, pois o contraditório, nessa hipótese, seria inútil.**

Afinal, para que se permitir o desenrolar de longo procedimento com desperdício de fases e etapas se o magistrado pode (e muitas vezes deve) "tomar de empréstimo" o convencimento perpetrado em decisão similar?

Assim, existem algumas situações excepcionais em que o sistema processual autoriza o **julgamento de improcedência liminar do mérito**, conforme se verifica na redação do art. 332, abaixo transcrito:

> Art. 332. Nas causas que dispensem a fase instrutória, o juiz, independentemente da citação do réu, julgará liminarmente improcedente o pedido que contrariar:
> I – enunciado de súmula do Supremo Tribunal Federal ou do Superior Tribunal de Justiça;
> II – acórdão proferido pelo Supremo Tribunal Federal ou pelo Superior Tribunal de Justiça em julgamento de recursos repetitivos;
> III – entendimento firmado em incidente de resolução de demandas repetitivas ou de assunção de competência;
> IV – enunciado de súmula de tribunal de justiça sobre direito local.
> § 1º O juiz também poderá julgar liminarmente improcedente o pedido se verificar, desde logo, a ocorrência de decadência ou de prescrição.
> § 2º Não interposta a apelação, o réu será intimado do trânsito em julgado da sentença, nos termos do art. 241.
> § 3º Interposta a apelação, o juiz poderá retratar-se em 5 (cinco) dias.
> § 4º Se houver retratação, o juiz determinará o prosseguimento do processo, com a citação do réu, e, se não houver retratação, determinará a citação do réu para apresentar contrarrazões, no prazo de 15 (quinze) dias.

Uma primeira premissa: salvo os casos de prescrição e decadência em que basta a constatação do decurso do prazo para a rejeição do pedido do autor, é necessário que o juiz verifique, nos demais casos (incisos I a IV), que não haverá necessidade de outras provas a serem apresentadas. Ou seja, todo conjunto probatório do autor já está apresentado na petição inicial ou consiga o magistrado, de plano, constatar que os pedidos genéricos de prova do autor são meramente protocolares e não têm relevância para o julgamento (art. 370, parágrafo único, CPC).

E isso porque as questões controversas de fato, dadas as suas peculiaridades, sempre poderão gerar resultados e consequências distintas. As soluções atribuídas em um caso, certamente, não se "encaixarão" em outro. Ademais, as questões de fato dependem, no mais das vezes, de provas para sua verificação.

O sistema anterior condicionava a aplicação da regra apenas às matérias de direito. Contudo: i) dada a dificuldade de se estabelecer o que se trata matéria "unicamente de fato" ou "unicamente de direito"[35]; ii) confinar a aplicação apenas às matérias de direito seria subdimensionar o instituto que poderia se aplicar perfeitamente a diversos casos que dispensem dilação probatória.

Uma segunda premissa: **a sentença deve ser de improcedência.** Para a aplicação do art. 332 do CPC é necessário que a sentença seja de improcedência, ou seja, a tese do autor seja contrária aos precedentes, a enunciado de súmula de tribunal ou que tenha escoado o prazo para a propositura da demanda.

---

35 Dificuldade bem observada por: WAMBIER, Teresa Arruda Alvim. *Recurso especial, recurso extraordinário e ação rescisória*. 2. ed. São Paulo: Revista dos Tribunais, 2008, p. 363-375. O sistema trabalha no campo da preponderância. Existem casos que preponderam mais os fatos do que o direito e outros que preponderam mais o direito do que os fatos.

Será uma decisão a favor do réu, mas sem ouvi-lo. Daí por que não há ofensa alguma ao princípio do contraditório, na medida em que a decisão não causou prejuízo àquele que não participou do feito.

E para o autor não houve prejuízo no tocante às garantias do processo uma vez que: **i)** já pôde apresentar sua tese que é contrária ao ordenamento ou que sua pretensão esteja prescrita/caducada; **ii)** mesmo assim, poderá ser ouvido por aquele próprio juiz por força do efeito regressivo da apelação, já que a interposição deste eventual recurso permite a retratação do magistrado em cinco dias.

Se é possível que o magistrado possa indeferir um pedido com base na regra do artigo em comento, seria possível deferir de plano uma demanda, com base nos mesmos motivos[36]? Nesse caso acreditamos que não seria possível, pois, apesar da lógica ser a mesma, geraria prejuízo ao réu que não teve oportunidade do amplo contraditório. Não se trata de ofensa à isonomia, mas potencialidade a causar prejuízo.

Um mero cotejo sobre o CPC/73 (art. 285-A) permite perceber a radical mudança do instituto. Enquanto o sistema antigo prestigiava a eficácia horizontal dos precedentes, pois o magistrado poderia indeferir a petição inicial com base em anteriores sentenças daquele juízo, o atual regime fomenta, convida, exorta (e, por vezes, impõe) ao magistrado de primeiro grau decidir de acordo com os precedentes firmados e cristalizados pelos Tribunais Locais ou Superiores (eficácia vertical dos precedentes ou de entendimento de enunciado de súmula).

E ainda permite que o magistrado julgue improcedente, conforme dito, nas hipóteses da verificação de plano de prescrição e decadência (que constituem contrariedade às normas de direito material que regulam o lapso temporal para a propositura de determinadas demandas). Se o objetivo da norma é evitar o prosseguimento da demanda em virtude de a tese ser contrária a precedentes, o rol do art. 332 deve ser ampliado para permitir o cabimento também contra "decisão do Supremo Tribunal Federal em controle concentrado de constitucionalidade ou enunciado de súmula vinculante" (Enunciado n. 22 da I Jornada de Direito Processual Civil – CJF).

Dessa forma, é possível sistematizar as hipóteses de improcedência liminar do pedido em três situações distintas:

> a) quando a tese do autor for **contrária a Enunciado de Súmula** (art. 332, I e IV, CPC) + não houver necessidade de dilação probatória;
> b) quando a tese do autor for **contrária a precedentes vinculantes** (art. 332, II e III, CPC) + não houver necessidade de dilação probatória. Para harmonizar adequadamente os arts. 332 e 927, é importante (ainda que desnecessário dada a força vinculante e *erga omnes* conferida pela Constituição Federal) inserir no rol do art. 332 a súmula vinculante e a decisão em controle concentrado de constitucionalidade (art. 927, I e II, CPC);
> c) nos casos de **prescrição ou decadência** (art. 332, § 1º, CPC).

---

36 Já observaram esse assunto Luiz Guilherme Marinoni e Sérgio Cruz Arenhart (*Curso de processo civil*. São Paulo: Revista dos Tribunais, 2007, v. 2, p. 100) à época do CPC/73: "Evidente que não há como admitir uma sentença de procedência antes da citação do réu. Porém, a mesma lógica que obriga o juiz a decidir de acordo com a súmula para julgar uma ação idêntica liminarmente procedente, obriga-lhe a decidir conforme a súmula, depois de estabelecido o contraditório, para julgá-la procedente, e, com isso, permitir execução imediata à sua sentença".

Uma terceira premissa que nos parece importante é que as súmulas não foram encartadas no item "b". Isso porque, a despeito das súmulas persuasivas estarem no rol do art. 927 (inciso IV) e também no art. 332, I, entendemos que não se trata de um precedente vinculante. Para que haja essa vinculação seria necessário que esta imposição estivesse prevista em outra norma (constitucional ou não). Assim, pela leitura do art. 927, o inciso I tem sua previsão no art. 102, § 2º, da CF, o inciso II no art. 103-A da CF, o inciso III nos arts. 947, § 3º, 985 e 1.040 do CPC, respectivamente. Nas demais hipóteses, há um "dever jurídico" em seguir os posicionamentos pretéritos em decorrência da estabilidade, coerência e integralidade que deve permear a jurisprudência no Brasil (arts. 926 e 489, § 1º, VI), mas não se trata propriamente de vinculação. A regra possui estreita relação com o art. 311, II, do CPC (com algumas alterações de conteúdo) que versa sobre a concessão de tutela de evidência com base em alguns precedentes. Lá a regra se aplica exclusivamente à improcedência do pedido, aqui na tutela provisória de procedência.

O regramento geral dessas situações pode ser assim sistematizado:

i) É instrumento que fomenta a busca da segurança jurídica e da integridade do direito (Dworkin), pois busca espelhar-se em entendimentos, de alguma forma, cristalizados pelos instrumentos colocados à disposição do Estado (enunciados de súmulas, julgamento de casos repetitivos, ou assunção de competência) ou que contrariem frontalmente norma jurídica (prescrição e decadência).

ii) Constitui decisão que forma coisa julgada material (além de constituir hipótese [fora das previstas nos arts. 355 e 356 do CPC] de julgamento conforme o estado do processo).

iii) É decisão dada sem ouvir o réu, mas a seu favor. Não se trata de mera ausência de contraditório, mas contraditório inútil, pois o réu foi vencedor da causa.

iv) Da sentença caberá recurso de apelação. A apelação interposta contra a sentença terá efeito regressivo (CPC, art. 332, §§ 3º e 4º) e o magistrado poderá se retratar em cinco dias (sendo esse prazo impróprio). Dessa forma, está preservado o contraditório em relação ao autor que pode se manifestar sobre o indeferimento. Com a retratação, o réu será citado para apresentar resposta. Caso não haja retratação, o réu será intimado para apresentar contrarrazões. O conteúdo se assemelha ao de uma contestação, já que será a primeira manifestação do réu no processo.

A possibilidade de retratação é extremamente importante, pois garante ao autor o direito de convencer o juiz acerca da pertinência de sua tese. Em especial nos casos dos quatro incisos do art. 332 em que poderá explicar se o caso é de superação (*overruling*) ou distinção (*distinguish*).

No caso do § 1º (prescrição ou decadência), terá condição, igualmente, de demonstrar a sua não ocorrência (v.g. não decurso do prazo, alguma situação que gerou interrupção/suspensão do prazo, a parte é incapaz e contra ela não corre prescrição etc.).

É importante frisar, como será visto no capítulo da apelação, que o magistrado de primeiro grau não pode exercer o juízo de admissibilidade, mas poderá se retratar.

A não ser que se trate de apelação intempestiva (único vício insanável de admissibilidade recursal). Nesse caso, mesmo que entenda seja o caso de retratação, deverá remeter os autos ao tribunal para que o relator exerça o juízo de admissibilidade.

Aliás, nesse sentido o Enunciado 293 do FPPC: "Se considerar intempestiva a apelação contra sentença que indefere a petição inicial ou julga liminarmente improcedente o pedido, não pode o juízo *a quo* retratar-se".

A vedação ocorre, da mesma forma, em decorrência de uma curiosa situação: o magistrado não poderá reconsiderar sua decisão, pois sendo a apelação intempestiva, estaria reconsiderando uma decisão já transitada em julgado.

Em não havendo retratação e apresentadas as contrarrazões, os autos serão levados ao tribunal. Diante dessa consideração, pergunta-se: é possível ao tribunal aplicar a causa da teoria madura nos termos do art. 1.013, § 3º, do CPC?

– **Há quem defenda ser possível**, tendo em vista que a improcedência do pedido em primeiro grau pressupõe desnecessidade de dilação probatória (o que permitiria a aplicação da regra). Ademais, o réu já teria formulado as contrarrazões que configurariam como matéria em "condições de imediato julgamento" (Fredie Didier Jr., Alexandre Freire, Newton Pereira Ramos Neto);

– **Há quem defenda não ser possível**, pois, em não havendo limitação de cognição pelo tribunal, permitir-se-ia ao réu alegar incompetência relativa, defesa processual ou defesa de mérito indireta, o que cominaria em dificuldades no julgamento do recurso (José Miguel Garcia Medina).

Acreditamos que a possibilidade ou não deve ser verificada à luz do caso concreto. Como o § 3º do art. 1.013 pressupõe que a causa esteja em condições de imediato julgamento, caso seja possível e tendo garantido o contraditório do réu por meio das contrarrazões, nada impede o julgamento *per saltum*. Caso contrário, deverá remeter os autos para a primeira instância de modo a prosseguir o processo ou manter a sentença pelos seus regulares fundamentos.

> **v)** Com o trânsito em julgado (sem apresentação de apelação) o réu será comunicado da improcedência da demanda (arts. 332, § 2º e 241, do CPC). Esta comunicação é importante para que o réu, futuramente, possa alegar objeção de coisa julgada, caso o autor tente repropor a demanda.
> **vi)** A improcedência liminar do pedido é cabível em qualquer processo, qualquer procedimento (comum ou especial), em qualquer grau de jurisdição (é cabível, da mesma forma, para as causas de competência originária de tribunal).
> **vii)** Esta técnica de julgamento sumarizada não precisa respeitar a ordem cronológica para julgamento conforme o art. 12, § 2º, I, do CPC (ainda que não obrigatória, continua sendo um referencial para a gestão do cartório *court management*).
> **viii)** Nada impede que ocorra a improcedência liminar parcial do pedido. É possível que alguns pedidos se enquadrem na hipótese do art. 332 e outros não. Essa regra vem autorizada no art. 356 do CPC. Dessa decisão caberá agravo de instrumento no prazo de 15 dias (arts. 356, § 5º, e 1.015, II, CPC) e permite igualmente a retratação pelo juiz nas hipóteses do art. 1.018 do CPC.

2.

MODALIDADES DE RESPOSTA

2.1. TEORIA GERAL DAS RESPOSTAS

Nos processos de jurisdição contenciosa, necessário que existam ao menos duas partes: a que pede uma prestação jurisdicional e contra quem se pede esta providência.

Da mesma forma que resta assegurado, como preceito constitucional, o direito de ação afeto ao autor, igual preceito é conferido ao réu como poder de resistência a esta mesma pretensão. O art. 5º, LV, prevê que "aos litigantes, em processo judicial ou administrativo, e aos acusados em geral são assegurados o contraditório e a ampla defesa, com os meios e recursos a ela inerentes".

Dentre os princípios informadores do processo, certamente o da bilateralidade da audiência (contraditório) constitui um dos mais importantes. Como bem observa Calmon de Passos[1], "todo direito assenta num fato. E qualquer modificação no fato importa diversificação do direito. Por conseguinte, em última análise, não há justiça efetiva onde o fato fundamento do direito não foi posto com exatidão. Nesse sentido, a verdade (do fato) é um objetivo do processo, pois que dela depende a exata aplicação do direito. Permitir que o fato fosse narrado e reconstituído apenas pelo autor, sujeito interessado, seria permitir que o processo se transformasse, antes de um instrumento a serviço do direito objetivo, num meio de fraudá-lo e, consequentemente, negar-lhe vigência".

O direito de defesa decorre do direito ao procedimento fundado nas garantias fundamentais (tema estudado no capítulo sobre processo e pressupostos processuais (*supra*).

Costuma se falar tanto em contraditório como em ampla defesa. É importante verificar dois pontos: contraditório é ligado para qualquer sujeito do processo (inclusive autor, MP e terceiros), já a ampla defesa é relacionada exclusivamente a quem figura no polo passivo da ação (ou reconvenção). A locução "ampla" não pode ser tomada como desmedida: ela se relaciona com a defesa necessária para se opor ao pedido apresentado pelo autor. Deve haver equilíbrio entre o direito de ação e o direito de defesa.

---

1 *Comentários ao CPC*, Rio de Janeiro: Forense, 1974, v. III, p. 232.

Pode-se ver que o direito de ação, como dito, sugere o direito de defesa. E resposta, em sentido lato, é a reação a um estímulo externo. O nome genérico que se dá à defesa denomina-se **exceção**. É comum na doutrina associar-se o direito de ação com o direito de defesa como faces da mesma moeda.

Em verdade, exceção é expressão que comporta mais de um significado:

i) pode ser considerada como defesa em sentido lato, seja como o direito abstrato de defesa ou exercido de defesa;
ii) exceção pode ser vista também como matéria circunscrita à esfera de disponibilidade das partes (em contraposição a objeção);
iii) exceção pode ser, por fim, designativo de uma das defesas do réu, denominadas exceções rituais (expressão que ainda defendemos a despeito de sua subtração pelo atual CPC)[2].

É comum encontrar a expressão "defesas do réu" ou "respostas do réu" para designar a reação da parte ao pedido contra si demandado. Este *Manual* defende apenas a expressão "modalidades de resposta". Isso porque: i) a reconvenção não constitui propriamente uma defesa, mas um contra-ataque do réu contra o autor e ii) as "exceções" de impedimento e suspeição podem ser arguidas também pelo autor, bem como a reconvenção poderá ser formulada pelo réu juntamente com terceiro, ou seja, não é modalidade privativa do réu.

Assim, como o direito de ação não exaure com a propositura da demanda, o direito de defesa (exceção) não se encerra na fase postulatória. Em verdade, pela própria natureza bilateral da ação, o direito de defesa nada mais é do que um desdobramento da ação, pois se uma das acepções do processo é justamente a relação jurídica, o "defender-se" constitui uma posição jurídica ativa de vantagem para o réu.

Importante que se diga que o réu, ao contestar, não formula nenhuma pretensão em face do autor, mas sim a exclusão do direito ora posto em juízo, afirmando que não está sujeito àquela obrigação, ou seja, deseja uma sentença declaratória negativa.

Pode-se concluir, portanto, que assistem duas prerrogativas ao réu quando do recebimento da citação e após a audiência do art. 334 do CPC (quando houver): a) o ônus de defesa (ônus, pois não está obrigado a se defender); e b) o direito de exigir um provimento jurisdicional que solucione definitivamente o conflito.

O regime anterior previa diversas respostas que a parte poderia manusear na prática: contestação, reconvenção, pedido contraposto, pedido de natureza dúplice, ação declaratória incidental, incidente de falsidade documental, nomeação à autoria, denunciação da lide, chamamento ao processo, exceção de incompetência, impedimento, suspeição, pedido de desmembramento do litisconsórcio multitudinário dentre outros.

Sob a rubrica "da contestação" a lei processual aglutinou praticamente todos os atos postulatórios pertencentes ao réu numa mesma peça. O CPC simplificou sobremaneira a utilização da defesa, deixando de fora da peça contestatória apenas alguns incidentes (v.g., arguição de suspeição e impedimento [art. 146, CPC] e desmembramento do litisconsórcio multitudinário [art. 113, § 2º, CPC]).

---

2 É importante verificar se a prática forense continuará chamando o incidente para alegar impedimento e suspeição de "exceção" (art. 146, CPC).

Constitui salutar simplificação procedimental, permitindo que todos os argumentos de defesa sejam apresentados numa única oportunidade e também para evitar procedimentos apartados que, no mais das vezes, acarretavam suspensão do procedimento (causa principal) para o julgamento de matérias, em regra, de menor complexidade.

2.2. EXCEÇÃO, OBJEÇÃO, SUBSTANCIAL, PROCESSUAL

Antes de enfrentarmos as respostas em espécie, é importante estabelecer rápidas considerações acerca da comum distinção entre exceção e objeção.

Exceção, sob o enfoque aqui apresentado, é matéria restrita à esfera de disponibilidade das partes. Desta feita, não pode o Poder Judiciário conhecer de uma exceção de ofício, sob pena de violar o princípio da inércia (CPC, art. 2º), já que se trata de um contradireito. Exceção é matéria que visa neutralizar a pretensão do autor. Quando utilizada com argumentos do direito material, diz-se **substancial**; se utilizada com argumentos do processo, **processual**.

> São exemplos de exceções substanciais: a compensação (CC, art. 368), a exceção do contrato não cumprido (CC, art. 476) e o direito de retenção (CC, art. 1.219). E exemplo de exceção processual: a arguição de incompetência relativa ou a arbitragem (art. 337, II e X, CPC).

Objeção, em contraposição à exceção, é toda matéria que pode ser conhecida de ofício pelo magistrado, já que o interesse no caso é público. Por se tratar de objeção, não perece com o tempo e pode ser conhecida de ofício a qualquer momento.

A objeção também pode ser **substancial ou processual**.

> Será substancial nos casos de decadência legal (CC, art. 207), nas nulidades de pleno direito do Código de Defesa do Consumidor (art. 51, Lei n. 8.078/90) bem como nas nulidades absolutas do negócio jurídico (CC, art. 168, parágrafo único). Perceba que o CPC não disciplina de maneira expressa as objeções processuais. Contudo o Poder Judiciário poderá apreciar independentemente de provocação, *ex vi* dos arts. 342, II[3], e 493, ambos do CPC.
> Será processual quando versar sobre as condições da ação e os pressupostos processuais, (v.g., a inépcia da petição inicial, a incompetência absoluta e a ilegitimidade de partes [CPC, art. 337, § 4º]).

2.3. CONTESTAÇÃO

2.3.1. INTRODUÇÃO

A contestação é a principal peça de resposta do réu em que se concentram todos os elementos de resistência à pretensão inicial e praticamente todos os incidentes que a parte poderia se valer no curso do processo, como a impugnação ao valor da causa e a impugnação a gratuidade da justiça.

---

3   Art. 342. Depois da contestação, só é lícito ao réu deduzir novas alegações quando: I – relativas a direito ou a fato superveniente; II – competir ao juiz conhecer delas de ofício; III – por expressa autorização legal, puderem ser formuladas em qualquer tempo e grau de jurisdição.

É a peça processual que veicula a impugnação ao mérito. A par da relação jurídica de direito material que ensejou a instauração do processo, a citação acarreta a formação de outra relação jurídica que veicula autor, réu e juiz.

A contestação, em regra, não tem o condão de ampliar o objeto litigioso do processo, mas apenas opor resistência à pretensão do autor (salvo quando se traz novos elementos autorizados por lei, como, por exemplo, a cobrança em dobro de dívida já paga ou por meio de reconvenção).

A atual sistemática do CPC estabelece que o prazo da contestação (art. 335), será de 15 dias, contado:

I – da audiência de conciliação ou da última sessão de conciliação, quando qualquer parte não comparecer ou, comparecendo, não houver autocomposição; [No silêncio da lei sobre o exato dia em que começaria a fluir o prazo (se o próprio dia da audiência ou o dia seguinte, como estabelece a regra geral de contagem de prazo), o Enunciado n. 122 da II Jornada de Direito Processual Civil (CJF) estabelece que "o prazo de contestação é contado a partir do primeiro dia útil seguinte à realização da audiência de conciliação ou mediação, ou da última sessão de conciliação ou mediação, na hipótese de incidência do art. 335, inc. I, do CPC".]

II – do protocolo do pedido de cancelamento da audiência de conciliação apresentado pelo réu, quando ocorrer a hipótese do art. 334, § 4º, inciso I;

III – prevista no art. 231, de acordo com o modo como foi feita a citação, nos demais casos.

Quando se tratar de litisconsórcio passivo há de se observar as seguintes regras:

a) se todos os litisconsortes desistirem da audiência de conciliação, o prazo para cada litisconsorte será do dia do seu pedido de cancelamento da audiência, ou seja, se todos os litisconsortes desistirem da audiência é necessário que cada um formule petição nesse sentido (até 10 dias antes da data da audiência, conforme art. 334, § 5º, parte final, CPC) e dessa petição, independentemente da petição dos demais litisconsortes, começa a correr seu prazo. É importante frisar dois pontos: a1) se o autor tem interesse na audiência (o que será formalizado na petição inicial), é irrelevante o desinteresse dos réus. Portanto, haverá audiência e dela começa a fluir o prazo para contestação, conforme o art. 335, I, CPC); a2) se um dos réus tiver interesse na audiência (mesmo com a negativa dos demais), **haverá audiência** (o art. 334, § 6º, CPC pressupõe o desinteresse de *todos*), nesse caso os réus que já se defenderam estarão em desvantagem na audiência, pois o autor terá acesso à defesa de alguns e não de outros;

b) se o direito não admitir autocomposição, não haverá audiência e, portanto, caso haja litisconsórcio passivo e o autor desista da ação em relação a algum réu ainda não citado, "o prazo para resposta correrá da data de intimação do despacho que homologar a desistência".

Se a contestação for intempestiva, operam-se duas situações: i) os efeitos materiais e processuais da revelia e ii) o desentranhamento da peça de defesa. Contudo, não haverá o desentranhamento se houver preliminares, se forem suscitadas matérias que estão autorizadas a serem levantadas depois da contestação (art. 342, CPC) ou o juiz entender que há demonstração de que os argumentos do autor são incapazes de gerar o efeito pretendido.

2.3.2. PRINCÍPIOS DA CONTESTAÇÃO

Pela sua relevante importância no mundo jurídico e para que se possa nortear o caminho a ser trilhado pelo réu, a lei processual determina a existência de dois preceitos a serem respeitados na peça de defesa que determinam e fixa, de certa maneira, o conteúdo da contestação.

Se para o autor é necessário deduzir os fatos e os fundamentos jurídicos do pedido, o réu deve se ocupar da regra da eventualidade e do ônus da impugnação específica.

Regra da eventualidade (*eventualmaxime*) ou concentração

O CPC, no art. 336, dispõe: "Incumbe ao réu alegar, na contestação, toda a matéria de defesa, expondo as razões de fato e de direito com que impugna o pedido do autor e especificando as provas que pretende produzir".

Trata-se da regra da eventualidade, segundo a qual toda matéria de defesa deverá ser arguida em contestação. A sua não observância acarreta preclusão consumativa para o réu. Não existe fracionamento de defesa, daí por que uma parte da doutrina, assim como o direito português, denomina essa regra como **regra da concentração**, pois os atos postulatórios de defesa serão concentrados em um único momento.

Se o autor pode formular pedidos cumulados, igualmente poderá o réu, também, fazê-lo. Está ligada a **quantidade** de matérias a ser deduzida pelo réu em contestação.

A despeito de ser comumente estudada como aplicação ao réu, a eventualidade também incide na esfera jurídica do autor. Contudo, esse posicionamento não é pacífico.

É possível identificar duas correntes na doutrina que tratam da devida extensão da eventualidade. Uma, denominada **ampliativa**, assevera que a eventualidade alcança tanto o autor como o réu. Dessa forma, o autor e o réu têm o ônus de apresentar suas alegações, respectivamente na petição inicial e na defesa[4].

Já a corrente **restritiva** atribui apenas ao réu o ônus de alegar em contestação todas as matérias inerentes a sua defesa, ainda que entre estas não haja perfeita compatibilidade.

Numa rápida análise do Código de Processo Civil brasileiro, verifica-se a adoção dessa corrente. E isso porque o art. 336, no qual a doutrina se debruça para explicar o instituto, está inserto no Capítulo VI "Da contestação" e apenas sobre ele a regra (no texto normativo) é designada. Como consequência da aparente opção legislativa, a doutrina majoritária segue este caminho[5].

Contudo, Guilherme Freire de Barros Teixeira[6], acertadamente, sugere uma relativização das duas teorias. De fato, é difícil manter a defesa da teoria restritiva sabendo que o autor sofre a regra da estabilização da demanda que constitui uma aplicação da regra da eventualidade. Se assim não fosse, o autor poderia emendar/aditar livremente o seu pedido ou causa de pedir (*emendatio/mutatio libelli*). Nem a possibilidade de flexibilização procedimental por negócio processual (art. 190, CPC) tem o condão de retirar totalmente do nosso ordenamento a ideia de sistema rígido. A flexibilização constitui medida que depende da vontade das partes e deve preencher determinados requisitos para sua incidência.

A adoção da teoria da substanciação, bem como a exigência de nova citação quando se alterarem os elementos da demanda, no caso de revelia, são indicadores da inequívoca existência da eventualidade para o autor.

Há estreita relação da eventualidade com a preclusão.

---

4   Essa teoria é defendida no Brasil por Egas D. Moniz Aragão. *Preclusão (processo civil)*, cit., p. 153; Carlos Alberto Alvaro de Oliveira. *Do formalismo no processo civil*, cit., p. 202 e s.; José Rogério Cruz e Tucci. *A "causa petendi" no processo civil*, cit., p. 158; Everardo de Sousa. Do princípio da eventualidade no sistema do Código de Processo Civil, *Revista Forense*, 251/101.

5   Humberto Theodoro Júnior. *Curso de direito processual civil*, cit., p. 375; Moacyr Amaral Santos. *Primeiras linhas de direito processual civil*. 24. ed. São Paulo: Saraiva, 2008, v. 2, p. 217; Vicente Greco Filho. *Direito processual civil*. 18. ed. São Paulo: Saraiva, v. 2, p. 125.

6   *O princípio da eventualidade no processo civil*. São Paulo: Revista dos Tribunais, 2005, p. 27-50 (Coleção Temas atuais de direito processual civil, v. 10).

A relação que a regra da eventualidade possui com a preclusão fez com que uma série de processualistas identificasse como expressões sinônimas. Assim é o entendimento de Eduardo Couture[7] e Humberto Theodoro Júnior[8].

Contudo, ambos os institutos não se confundem. A preclusão é instituto mais amplo incidindo numa série de outras situações endoprocessuais não alcançadas pela *eventualmaxime*. O mero ônus de afirmar e de contestar, premissa da eventualidade, não se aplica ao magistrado ou auxiliares da justiça e não se pode negar que muito do que se decide no processo fica sujeito à preclusão[9].

A preclusão tem por precípuo objetivo evitar um prolongamento desnecessário do processo atendido o primado do contraditório. Tem seu campo de operação no curso de todo o procedimento e não apenas no seu início, na fase postulatória.

Dessa forma, a necessidade de apresentar todos os fatos na inicial e na defesa não decorre da preclusão, mas da eventualidade. Já a exigência de apresentação de determinadas alegações e meios de prova não se dá pela eventualidade, mas ao contrário, pela preclusão[10].

Pode-se dizer que a regra da eventualidade (*eventualmaxime*) refere-se à questão da imutabilidade do objeto litigioso e da causa *excipiendi*. Já as preclusões atingem todos os demais casos. Todas, estas e aquela, compõem o que se denomina sistema de preclusões em sentido lato.

Esta regra é imperiosa a ponto de se permitir que as matérias aduzidas não sejam compatíveis umas com as outras. É a defesa *ad argumentandum*[11].

É clássico o exemplo esposado por Ernane Fidélis dos Santos (com base no clássico exemplo criado pelo autor alemão *James Goldschmidt*): "Não devo, porque não há contrato; se há, é nulo; se existir ou não estiver nulo, já está paga a dívida; se não está paga, já ocorreu a prescrição e, de qualquer forma, a conclusão que se tira dos fatos não permite deduzir a pretensão do autor".[12]

Assim, a regra da concentração excepciona a proibição da *venire contra factum proprium* (comportamento em contraditório) decorrente da boa-fé objetiva (art. 5º, CPC).

Entretanto, o art. 342 do CPC excepciona esta regra e aduz matérias que não se submetem ao império preclusivo da eventualidade. São elas:

1 – as relativas a direito ou a fato superveniente – por coerência lógica do sistema esta regra encontra-se inserta no art. 342, I, do CPC, em consonância com o art. 493 do mesmo diploma legal, que permite a apresentação ou o conhecimento de ofício de matérias que surgiram após a propositura da lide, mas que incidem seus reflexos no deslinde do processo, v.g., parcelas periódicas de um contrato vencidas posteriormente. O CPC permite não apenas o direito superveniente como o fato superveniente;

---

7   *Fundamentos do direito processual civil*. Florianópolis: Conceito Editorial, 2008, p. 95: "Uma segunda acepção do vocábulo [preclusão] corresponde ao que já foi chamado de princípio da eventualidade".
8   *Curso de direito processual civil*. 50. ed. Rio de Janeiro: Forense, 2009, v. 1, p. 375.
9   Nesse sentido, Maurício Giannico. *A preclusão no direito processual civil brasileiro*. 2. ed. São Paulo: Saraiva, 2007, p. 31.
10 Guilherme Freire de Barros Teixeira. *O princípio da eventualidade no processo civil*, cit., p. 45-46. Contudo, observa o autor que "não significa a existência de uma relação de continente/conteúdo entre a preclusão e a eventualidade, já que se trata de conceitos diversos, utilizados para delimitar situações distintas".
11 Nesse mesmo sentido, Luiz Rodrigues Wambier, Flávio Renato Correia de Almeida e Eduardo Talamini. *Curso avançado de processo civil*. 9. ed. São Paulo: Revista dos Tribunais, 2007, v. 1, p. 347; Marcos Destefenni. *Curso de processo civil*. 2. ed. São Paulo: Saraiva, 2009, t. I, v. 1, p. 355; Marcus Vinícius Rios Gonçalves. *Novo curso de direito processual civil*. 4. ed. São Paulo: Saraiva, 2007, v. 1, p. 372-373.
12 *Manual de direito processual civil*, 12. ed. São Paulo: Saraiva, 2007, v. 1, p. 461.

2 – as matérias cognoscíveis de ofício – são as denominadas objeções processuais, porque se revestem de ordem pública, sendo matérias cogentes, portanto. Nada impede que as objeções substanciais também sejam conhecidas de ofício, como a decadência legal;
3 – quando houver expressa autorização legal – são matérias que, não sendo de ordem pública, franqueou o legislador a possibilidade de serem apreciadas independente do limite preclusivo apresentado no art. 337 do CPC. Exemplo: a decadência convencional (CC, art. 211).

Em arremate, ainda no tocante à regra da eventualidade, há quem entenda que a incompatibilidade de matérias não poderia ser deduzida em contestação. Assim, apenas se poderiam deduzir matérias que guardem coerência lógica entre elas. Como bem observa Cândido Rangel Dinamarco, "não é absoluta a liberdade inerente à eventualidade da defesa, porque as grandes incoerências entre fundamentos cumulados podem configurar mentiras ao menos em um deles e a mentira é ato de deslealdade processual, incluído entre as hipóteses punidas a título de litigância de má-fé. As sanções à litigância de má-fé constituem limites à eventualidade da defesa"[13].

Ônus da impugnação específica

Ônus da alegação (matéria que vamos enfrentar) não se confunde com ônus da prova. O réu deve fazer prova daquilo que alega (= fatos impeditivos, extintivos e modificativos do direito do autor, art. 373, II, CPC). O ônus da prova, ao contrário, decorre da alegação que a parte faz. Segundo célebre brocardo, *alegar sem provar é o mesmo que não alegar*. O ônus da impugnação específica versa sobre a alegação sobre os fatos.

Não basta ao réu arguir toda a matéria de defesa na contestação, é necessário que se impugne especificamente todos os fatos, sob pena de presumirem-se aceitos os fatos alegados na inicial (art. 344 c/c art. 374, III, CPC), ou seja, é necessário que se especifique e contraponha fato por fato, uma vez que não é possível, em regra, a defesa por negativa geral.

Há, contudo, relevante diferença entre não se defender e não impugnar corretamente os fatos. Essa questão foi bem observada pelo Superior Tribunal de Justiça no Recurso Especial n. 1.084.745/MG, da lavra do Ministro Luis Felipe Salomão:

> DIREITO CIVIL, ADMINISTRATIVO E PROCESSUAL CIVIL. RECURSO ESPECIAL. AÇÃO DE COBRANÇA AJUIZADA EM FACE DE MUNICÍPIO. CONTRATO DE DIREITO PRIVADO (LOCAÇÃO DE EQUIPAMENTOS COM OPÇÃO DE COMPRA). AUSÊNCIA DE CONTESTAÇÃO. EFEITOS MATERIAIS DA REVELIA. POSSIBILIDADE. DIREITOS INDISPONÍVEIS. INEXISTÊNCIA. PROVA DA EXISTÊNCIA DA OBRIGAÇÃO. DOCUMENTAÇÃO EXIBIDA PELO AUTOR. PROVA DO PAGAMENTO. NAO OCORRÊNCIA. ÔNUS QUE CABIA AO RÉU. PROCEDÊNCIA DO PEDIDO. CONCLUSÃO A QUE SE CHEGA INDEPENDENTEMENTE DA REVELIA.
> 1. Os efeitos materiais da revelia não são afastados quando, regularmente citado, deixa o Município de contestar o pedido do autor, sempre que não estiver em litígio contrato genuinamente administrativo, mas sim uma obrigação de direito privado firmada pela Administração Pública.
> 2. Não fosse por isso, muito embora tanto a sentença quanto o acórdão tenham feito alusão à regra da revelia para a solução do litígio, o fato é que nem seria necessário o apelo ao art. 319 do Código de Processo Civil. No caso, o magistrado sentenciante entendeu que, mediante a documentação apresentada pelo autor, a relação contratual e os valores estavam provados e que, pela ausência de contestação, a inadimplência do réu também.

---

13 *Instituições de direito processual civil*, cit., v. 2, p. 331.

3. A contestação é ônus processual cujo descumprimento acarreta diversas consequências, das quais à revelia é apenas uma delas. Na verdade, a ausência de contestação, para além de desencadear os efeitos materiais da revelia, interdita a possibilidade de o réu manifestar-se sobre o que a ele cabia ordinariamente, como a prova dos fatos impeditivos, modificativos ou extintivos do direito do autor (art. 333, inciso II, CPC), salvo aqueles relativos a direito superveniente, ou a respeito dos quais possa o juiz conhecer de ofício, ou, ainda, aqueles que, por expressa autorização legal, possam ser apresentados em qualquer tempo e Juízo (art. 303, CPC).

4. Nessa linha de raciocínio, há nítida diferença entre os efeitos materiais da revelia – que incidem sobre fatos alegados pelo autor, cuja prova a ele mesmo competia – e a não alegação de fato cuja prova competia ao réu. Isso por uma razão singela: os efeitos materiais da revelia dispensam o autor da prova que lhe incumbia relativamente aos fatos constitutivos de seu direito, não dizendo respeito aos fatos modificativos, extintivos ou impeditivos do direito alegado, cujo ônus da prova pesa sobre o réu. Assim, no que concerne aos fatos cuja alegação era incumbência do réu, a ausência de contestação não conduz exatamente à revelia, mas à preclusão quanto à produção da prova que lhe competia relativamente a esses fatos.

5. A prova do pagamento é ônus do devedor, seja porque consubstancia fato extintivo do direito do autor (art. 333, inciso II, do CPC), seja em razão de comezinha regra de direito das obrigações, segundo a qual cabe ao devedor provar o pagamento, podendo até mesmo haver recusa ao adimplemento da obrigação à falta de quitação oferecida pelo credor (arts. 319 e 320 do Código Civil de 2002). Doutrina.

6. Recurso especial não provido.

A ausência de cumprimento do ônus da impugnação específica, assim como a revelia, gera uma **presunção relativa da veracidade**, vale dizer, a não impugnação pormenorizada dos fatos não gera a automática procedência da pretensão do autor e poderão não ser levadas em consideração se "as alegações de fato formuladas pelo autor forem inverossímeis ou estiverem em contradição com prova constante dos autos" (art. 345, IV, CPC).

Numa comparação gráfica, pode-se confrontar a regra da eventualidade e o ônus da impugnação específica num plano cartesiano: no plano horizontal se situa a eventualidade ou concentração em que se exige a apresentação de toda a matéria de defesa. E no plano vertical reside o ônus da impugnação específica, na medida em que versa sobre a profundidade (qualidade) da defesa que se fará.

Se a eventualidade pode ser relacionada com a quantidade de matérias de defesa a ser deduzida em juízo, o ônus da impugnação específica se refere à qualidade dessa defesa.

A defesa por negativa geral (mera negação dos fatos) por disposição legal somente é permitida ao defensor público, ao advogado dativo e ao curador especial, *ex vi* do art. 341, parágrafo único, pela dificuldade que se terá na produção da prova, já que não tiveram contato com seus clientes e não tiveram como ter conhecimento integral dos fatos (como se defender sobre o pagamento, a ocorrência de um acidente, a compensação se nunca teve contato com o réu?). Todos eles não foram contratados para atuar na causa, mas convocados por força de lei. Aliás, interessante julgado do STJ (REsp 1.009.293/SP), da qual vale a leitura, em que demonstra a dificuldade do conhecimento dos fatos pelo curador.

Em arremate a regra da impugnação específica não espraia os seus efeitos em três situações:

1) inadmissibilidade de confissão – são fatos que não se tornam incontroversos, a despeito de sobre eles haver confissão pela parte. Pode-se dizer dos direitos indisponíveis – art. 392, CPC (como, por exemplo, as questões de estado e capacidade das pessoas) e os casos de litisconsórcio unitário da qual a confissão de um dos litisconsortes não aproveita aos demais (ineficácia) que, à evidência, não confessaram. Aqui, mais uma vez, vê-se a grande correlação entre o ônus da impugnação específica e a revelia, pois igualmente não produzem os efeitos materiais da revelia quando "o litígio versar sobre direitos indisponíveis" (art. 345, II, CPC). Assim, nesses casos, o magistrado deverá aprofundar a análise probatória, pois se não há possibilidade de confissão, não acarretou "confissão ficta";

2) exclusiva prova documental – nos casos em que a lei determina a apresentação em juízo de documento para que se faça prova da consubstanciação do ato (documentos notariais, certidão de casamento, propriedade imobiliária). A sua ausência determina que o autor faça a sua prova nos autos, ainda que não tenha o réu impugnado este ponto. Esta norma está em consonância com o ordenamento jurídico vigente (art. 406, CPC). O CPC não impõe apenas o documento público, mas o documento particular que se considere como essencial para o ato, em que a lei determine que a sua validade esteja condicionada à existência de prova documental (CC, arts. 104, III, e 166, IV), como, por exemplo, o art. 109 do CC: "No negócio jurídico celebrado com a cláusula de não valer sem instrumento público, este é da substância do ato", o art. 472 do CC "O distrato faz-se pela mesma forma exigida para o contrato", o art. 646 do CC "O depósito voluntário provar-se-á por escrito" e o art. 819 do CC "A fiança dar-se-á por escrito, e não admite interpretação extensiva", entre outros;

3) em contradição com a defesa – constatada a contradição (que se pode dar pela via reconvencional), mesmo não havendo a impugnação por parte do réu, deverá o autor prová-los.

2.3.3. EFEITOS DA CONTESTAÇÃO

O oferecimento da contestação produz diversos efeitos no campo do direito processual:

i) a impossibilidade de se aditar a defesa ou apresentar novos fatos posteriormente por razão da preclusão consumativa, salvo nos casos indicados no art. 342 do CPC. A preclusão estende-se também à apresentação de reconvenção e alegação de incompetência/suspeição. Entretanto a parte poderá aditar sua contestação se demonstrar a justa causa de sua impossibilidade (art. 223, CPC);

ii) a presunção de veracidade dos fatos que não impugnados especificamente com exclusão das situações enumeradas no art. 345 e com as ressalvas do art. 341, parágrafo único, ambos do CPC (não incidência do ônus da impugnação específica ao defensor público, ao curador especial e ao advogado dativo).

É importante frisar que a conduta do réu tem importante influência nas providências preliminares que o juiz irá tomar (conforme o art. 347, CPC). A depender do conteúdo da contestação, poderá ser aberto prazo para réplica (arts. 350 e 351, CPC); nos casos de não haver contestação (ou de não se cumprir o ônus da impugnação específica) o magistrado verificará a produção ou não dos efeitos materiais da revelia, e, em caso de desnecessidade de prova, poderá o juiz julgar antecipadamente o mérito (arts. 355 e 356, CPC).

2.3.4. ESTRUTURA LÓGICA DA CONTESTAÇÃO

No estudo do direito processual, são conhecidos os ensinamentos que dividem a cognição do juiz em direito substancial e direito processual. Neste último, estão inseridos os pressupostos processuais e as condições da ação. Todos eles (pressupostos processuais, condições da ação e o direito substancial [mérito]) formam o que se convencionou denominar **trinômio de questões** (Liebman).

Conforme premissa anteriormente traçada, a regra da eventualidade cria um ônus ao réu para que toda matéria de defesa seja arguida em contestação sob pena de preclusão. Essa baliza serve como parâmetro para que se possa entender a estrutura da contestação.

O autor veicula sua pretensão (o direito material controvertido que deseja a apreciação pelo Poder Judiciário) por meio do processo. A contestação tem por finalidade ontológica afastar a pretensão do autor e obter do Estado uma sentença que declare a ausência desse direito.

Nessa esteira, e sem prejuízo da apreciação da defesa de mérito apresentada, está oportunizada ao réu, outrossim, a possibilidade de atacar o **próprio processo** que veicula a pretensão do autor. Por raciocínio lógico, essa matéria virá antes da matéria substancial.

E isso porque a instauração do processo faz surgir como objeto da atividade jurisdicional duas relações distintas: a questão litigiosa (matéria de mérito)[14] e a relação jurídica de direito processual. Esta segunda poderá ser atacada pelo réu antes da matéria de defesa – pela própria função da contestação. A essas matérias que são suscetíveis de discussão chamamos de **preliminares** que, por definição legal, é a **defesa direta contra o processo**.

É direta, pois se dirige diretamente contra o processo, requerendo a decretação de alguma invalidade ou vício. Contrapõe-se à **defesa processual indireta**, que ataca o processo de maneira oblíqua, no plano periférico, por circunstâncias exteriores, mas necessárias à relação processual: v.g., exceções processuais (impedimento e suspeição).

Pois bem.

Sob a égide de um único artigo (art. 337, CPC), o legislador hospedou as hipóteses de preliminares[15] que podem ser suscitadas pela parte e também conhecidas de ofício pelo juiz[16].

A determinação para que o réu aduza as preliminares em contestação atende aos requisitos da economia processual, a fim de se evitar o alongamento do processo (quando a preliminar for peremptória, evidentemente) sem necessidade. Essa regra, contudo, teve sua importância mitigada tendo em vista a adoção no atual CPC de novas diretrizes principiológicas. Há quem entenda que seja necessário compatibilizar a questão da precedência das preliminares com o art. 282, § 2º, do CPC ("Quando puder decidir o mérito a favor da parte a quem aproveite a decretação da nulidade, o juiz não a pronunciará nem mandará repetir o ato ou suprir-lhe a falta") que, dentre vários outros artigos esparsos no próprio CPC, preconiza a denominada "primazia do mérito".

Dessa forma, nem sempre as preliminares precisam ser analisadas antes, como há a possibilidade de se julgar o mérito a favor da parte que se aproveita a nulidade, o juiz pode apreciar o mérito antes mesmo da preliminar que suscita esse vício (art. 282, § 2º, CPC)[17].

Como o momento de suscitá-las se confunde com o ingresso do réu aos autos, é natural que elas sejam apresentadas em contestação.

As preliminares no sistema brasileiro poderão ser dilatórias ou peremptórias, conforme os efeitos que elas incidirão no processo, se acolhidas. **As preliminares peremptórias** incidem

---

14 É longa a discussão sobre a relação de sinonímia entre lide e mérito, havendo quem defenda se tratar (e, a nosso ver, com razão) de fenômenos distintos, já que poderá haver mérito sem lide, como no reconhecimento jurídico do pedido (Dinamarco).
15 Não se trata de um rol exaustivo. A continência, o indeferimento genérico da petição inicial (salvo a inépcia que está prevista) e falta de custas constituem preliminares não inseridas no referido artigo.
16 Com exceção da incompetência relativa e a convenção de arbitragem (art. 337, § 5º, do CPC).
17 SICA, Heitor Vitor Mendonça. *Breves comentários ao novo Código de Processo Civil*, cit., p. 897-898.

por via oblíqua no mérito. Isso porque, se insanáveis, ensejam a resolução do feito sem análise de mérito. O rol das preliminares peremptórias (incisos IV, V, VI, VII, X e XII do art. 337, CPC) não é exaustivo, pois é possível enumerar hipóteses não abarcadas, como, por exemplo, a intransmissibilidade da ação (art. 485, IX, CPC).

Já as **preliminares dilatórias** visam somente corrigir algum vício endoprocessual, retardando a marcha do processo até que essa invalidade seja sanada (como *dilatam* o procedimento para permitir a correção adotam esse nome).

São os casos dos incisos I, II, III, VIII, IX e XI do art. 337 do CPC. Assim como as peremptórias, as preliminares dilatórias não são também exaustivas. Existem situações, como a continência (art. 56, CPC), que têm trato de preliminar, conquanto não estejam inseridas no rol previsto na lei.

Contudo, como dito, essa classificação perdeu um pouco de sua importância tendo em vista que, pelo princípio da primazia do mérito, o magistrado antes de decretar a resolução do feito em decorrência de uma preliminar peremptória estabelecerá não só o contraditório prévio (arts. 9º e 10, CPC) como também a tentativa de regularizar a invalidade (art. 317, CPC).

2.3.4.1. Preliminares

É importante especificar cada uma delas. Assim, cabe ao réu alegar preliminarmente em sua contestação:

a. Inexistência ou nulidade de citação

Não se trata tecnicamente de uma preliminar, pois comparecendo o réu para se defender, a nulidade da citação ficará suprida pelo princípio da instrumentalidade das formas e tendo aduzido esta preliminar, não ocasionará efeito jurídico nenhum no processo (art. 239, § 1º) já que se acolhida, a contestação será tida como tempestiva.

Entretanto, comparecendo apenas para suscitar a nulidade ou ausência do ato e sendo esta reconhecida, devolverá o magistrado o prazo para defesa, contado dessa data (art. 239, § 1º, CPC). E, nesses casos, a alegação dessa hipótese não foi feita por contestação e tampouco em preliminar.

Constitui preliminar de pouca utilidade prática, pois se o réu indevidamente ou não citado tomou conhecimento da causa por outra forma e, mesmo assim, contestou, citado ele está.

b. Incompetência absoluta ou relativa

Nos termos do art. 64, § 1º, do CPC, a incompetência absoluta (material, pessoal e funcional) pode ser arguida a qualquer tempo e grau de jurisdição, já as relativas (territorial e pelo valor da causa) **só** são arguíveis por meio de preliminar de contestação sob pena de preclusão.

Quanto à competência relativa, esta foi estruturada para atender os interesses das partes. Essa premissa norteia todo regramento referente ao regime dessa modalidade de competência.

Uma primeira questão é que apenas o réu (em preliminar de contestação) possui legitimidade para arguir a incompetência relativa. O regime anterior estabelecia um incidente próprio, denominado exceção de incompetência, para que o réu exercesse esse direito. Contudo, tendo o CPC adotado a regra da "unidade de defesa" (em que todas as possíveis formas de defesa são apresentadas dentro da própria contestação), não havia mais razão de se permitir um incidente apartado para essa função. Ademais, era ilógico pensar que a incompetência absoluta fosse alegada em preliminar de contestação e a relativa por um instrumento autônomo.

O autor não pode alegar incompetência relativa. Primeiro porque lhe falta interesse na medida em que foi o próprio autor (por meio do seu advogado) que endereçou a demanda para o foro. Aqui não só viola regra de preclusão lógica, como também atende ao princípio da responsabilidade preconizado no art. 276 do CPC: "Quando a lei prescrever determinada forma sob pena de nulidade, a decretação desta não pode ser requerida pela parte que lhe deu causa". Constitui também atendimento à boa-fé processual para evitar o denominado *tu quoque*.

Segundo porque, não sendo norma cogente, não poderá o autor se valer da alegação de incompetência relativa sob o argumento de se tratar de interesse público (como poderia fazer se fosse incompetência absoluta).

O assistente litisconsorcial do réu possui ampla possibilidade de alegar a incompetência relativa, já que ostenta legitimidade e interesse, pois é parte. O assistente litisconsorcial do autor segue a mesma regra das partes. Já o assistente simples fica condicionado à vontade do assistido. Assim, não havendo manifestação expressa da parte em sentido contrário, o assistente poderá alegar a incompetência relativa.

Já o denunciado à lide e o chamado ao processo, a despeito de serem litisconsortes (arts. 127 e 131, CPC) e, portanto, portadores de legitimidade, só ingressam no processo após a apresentação da defesa. E sendo a contestação omissa no tocante a essa alegação (art. 337, II, CPC) já gera, quando do ingresso do terceiro, a prorrogação da competência.

A decisão sobre a incompetência relativa no curso do processo não comporta agravo de instrumento e apenas poderá ser recorrida em preliminar de eventual apelação ou contrarrazões da decisão final (art. 1.009, § 1º, CPC).

c. Incorreção do valor da causa

Trata-se de uma hipótese, em princípio, privativa do réu (e demais legitimados, a depender do caso, conforme se verá abaixo) para o fim de se adaptar o valor da causa (seja para mais, seja para menos) às regras pertinentes ao art. 292, que disciplina essa matéria.

Relevante que se diga que, ao contrário do que se deduz no mérito da contestação, a impugnação não visa discutir o pedido. Seu desiderato se cinge a adaptar o valor da causa à situação de direito material apresentada em juízo. Não há, nesse particular, qualquer emissão de valor acerca da legitimação do pedido.

É cabível em todo e qualquer tipo de processo, já que toda causa tem valor (conforme art. 291, c/c art. 319, V, CPC).

Quanto ao processamento, será apresentada como preliminar de contestação. A sua apresentação não suspende o processo.

A discussão sobre a possibilidade de o magistrado conhecer de ofício sobre o valor da causa ou de sua preclusividade, uma vez não levantada na contestação, foi afastada pelos arts. 337, § 5º (possibilidade de ofício), 293 e 342, II, do CPC (a qualquer tempo).

Tanto o Ministério Público como as Fazendas como partes e o curador especial têm essa legitimidade. O MP como fiscal da ordem jurídica a detém desde que seja em interesse do demandado e trate-se de causa em que sua intervenção se faça necessária.

Com a modificação do valor da causa para mais, o autor será intimado para complementar as custas processuais eventualmente decorrentes dessa alteração. Da decisão interlocutória que julgar essa impugnação não caberá agravo de instrumento por falta de tipicidade (art. 1.015, CPC), mas poderá ser devolvida a matéria em sede de apelação (efeito devolutivo diferido). Caso seja decidida como capítulo da sentença, caberá, igualmente, apelação.

d. Inépcia da petição inicial

É inepta a petição inicial quando está nela contido um dos vícios dos §§ 1º e 2º do art. 330 do CPC. *Contrario sensu*, o conceito de aptidão se abstrai por exclusão, quando não estiverem preenchidos os requisitos do referido artigo. É equívoco asseverar genericamente que a petição inicial será inepta por falta de um dos requisitos do art. 319 do CPC. E isso porque, v.g., a falta do valor da causa ou qualificação das partes não gera inépcia, a despeito de serem requisitos formais do artigo.

A inépcia constitui defeito que orbita sobre o pedido ou sobre a causa de pedir formulada pelo autor. É espécie do gênero "indeferimento da petição inicial" e pode ocorrer em quatro situações: **I)** quando faltar pedido ou causa de pedir; **II)** o pedido ou causa de pedir forem obscuros; **III)** quando o pedido não enquadrado na hipótese de genérico for indeterminado; **IV)** da narração dos fatos não decorrer logicamente a conclusão; **V)** contiver pedidos incompatíveis entre si.

> **Importante:**
> **i)** na falta de regulamentação no rol das preliminares (e o CPC não corrigiu esse equívoco) o art. 337, inciso IV, tem aplicação extensiva a **todos os casos** de indeferimento da petição inicial (CPC, art. 330) e não somente inépcia, como consta no texto de lei;
> **ii)** o indeferimento da petição inicial somente pode se dar **por este fundamento** até o decurso do prazo de defesa do réu ou a apresentação da contestação. Após esse momento a petição inicial poderá ser indeferida, mas por **ausência de pressupostos processuais** (CPC, art. 485, IV).

e. Perempção

Aplica-se quando o autor der causa por três vezes à resolução do processo nos termos dos arts. 486, § 3º, e 485, III, do CPC (que trata do abandono de causa por mais de trinta dias) e **somente nesse caso**. Com a perempção extingue-se somente o direito de ajuizar a ação, mas não o direito material nela deduzido. O que quer dizer que o autor não pode ajuizar nova ação (nem por meios acessórios como reconvenção, pedido contraposto), mas poderá se defender numa ação sob o mesmo fundamento (art. 486, § 3º, CPC). Daí por que a resolução se faz sem análise de mérito. Uma vez exauridos os recursos, fará coisa julgada formal com efeito de coisa julgada material, já que será proibida a repropositura.

f. Litispendência

Ocorre litispendência (art. 337, VI, §§ 1º a 3º, CPC) quando se reproduz ação idêntica a outra que está em curso. **Por ações idênticas entendam-se com as mesmas partes, mesma causa de pedir (remota e próxima) e mesmo pedido (mediato e imediato)**. A litispendência surge com a citação válida (art. 240, CPC) e perdura até o trânsito em julgado da decisão.

Seu objetivo é evitar que o judiciário se manifeste duas vezes sobre o mesmo tema (*ne bis in idem*) gerando economia processual e evitando decisões conflitantes.

g. Coisa julgada

A definição de coisa julgada se assemelha com a de litispendência (identidade de elementos entre duas demandas), porém **são diferidas pelo seu aspecto temporal**. Tendo esgotado todas as formas recursais contra a sentença (ou mesmo deixado transcorrer *in albis* o prazo recursal), a sentença se reveste de imutabilidade e sobre ela não se insurge mais nenhuma manifestação (salvo casos especiais, como, v.g., a rescisória e a *querella nulitatis*). Atente-se para o fato de que essa preliminar se atina apenas à coisa julgada material (art. 337, § 3º, CPC). O CPC define coisa julgada no seu art. 502, ao estabelecer que "denomina-se coisa julgada material a autoridade que torna imutável e indiscutível a decisão de mérito não mais sujeita a recurso". O tema será retomado com mais vagar no capítulo pertinente à coisa julgada.

h. Conexão

A conexão constitui fator de modificação de competência de um juízo para outro, que se torna prevento para o julgamento de ambas as causas.

A teor do art. 55 do CPC, "reputam-se conexas duas ou mais ações, quando lhes for comum o objeto ou a causa de pedir". Objeto é sinônimo de pedido.

A conexão é causa de modificação de competência relativa e importa no deslocamento do processo para o juízo prevento (em não sendo ele o detentor dessa condição) para o julgamento em conjunto a fim de que se evitem decisões conflitantes (art. 58, CPC).

Prevento será o juízo que recebeu a causa em primeiro lugar (art. 59, CPC).

É possível alegar, nessa oportunidade, o pedido de reunião dos feitos como preliminar mesmo que entre eles não haja conexão. Isso porque, se o art. 55, § 3º, permite essa modalidade (reunião sem conexão) para evitar decisões conflitantes, é intuitivo que esse pedido possa ser formulado em preliminar.

Por interpretação extensiva a conexão se aplica igualmente nesse caso, a **continência** (art. 56, CPC), em que existem **duas ações iguais em curso (partes e causa de pedir), mas com pedidos de dimensões diferentes**. O juízo prevento, nesse caso, é o relativo à demanda de maior pedido, salvo se a ação continente for proposta anteriormente. Nesse caso, haverá resolução sem análise do mérito da causa menor. Isso acontece porque a "demanda posterior (que tem o pedido contido no outro) é uma repetição da primeira em grau menor"[18].

i. Incapacidade de parte, defeito de representação ou falta de autorização

Aqui fala-se em três hipóteses distintas: são pressupostos processuais considerados preliminares dilatórias (pois não geram a resolução do processo, mas, se uma vez intimados, não houver regularização, ensejam a resolução do processo [art. 76 do CPC]).

O primeiro diz respeito à parte incapaz sem a devida representação em juízo (art. 71, CPC). Nesse caso a parte não possui capacidade para estar em juízo e não possui a devida supressão dessa incapacidade que se dá com a representação/assistência.

O defeito de representação refere-se à capacidade postulatória (art. 103, CPC). A falta de autorização decorre da necessidade que algumas pessoas tenham ao litigar de obter outorga de outrem para postular em juízo. É o que ocorre nas ações reais imobiliárias em que um cônjuge/convivente necessitará do consentimento do outro (salvo nos casos de regime de separação absoluta).

É importante ressaltar que nos casos de demandas em que haja necessidade do consentimento de um dos cônjuges ou conviventes e não sendo este provado, o magistrado determinará a intimação pessoal do cônjuge preterido para se manifestar em quinze dias. Em não se manifestando, presume-se a aceitação tácita.

j. Convenção de arbitragem

Durante a tramitação do CPC, cuidou-se de maneira muito mais profunda da arbitragem, conferindo trato distinto a sua alegação em sede de defesa. Sua alegação deveria se dar em peça autônoma, apresentando ainda outras peculiaridades, cujo estudo não é pertinente, tendo em vista que não houve aprovação dessa matéria. Por outras palavras, nos moldes do CPC, a convenção de arbitragem deve ser alegada em preliminar de contestação.

A convenção pode ter por espécies o compromisso ou a cláusula arbitral. Esta antecede o conflito, ao passo que aquela é posterior ao seu surgimento.

O CPC é expresso ao estabelecer que a convenção de arbitragem não pode ser conhecida de ofício pelo juiz (art. 337, §§ 5º e 6º, CPC).

---

18 Fernando Gajardoni, Luiz Dellore, Andre Roque e Zulmar Oliveira Jr. *Teoria geral do processo*. São Paulo: Gen, 2015, p. 204.

k. Ausência de legitimidade e interesse

Para postular em juízo é necessário ter legitimidade e interesse (art. 17, CPC).

Como já se demonstrou no capítulo próprio sobre ação, o legislador atribuiu à doutrina o encargo de categorizar a legitimidade e o interesse de agir como condição da ação ou não. A possibilidade jurídica do pedido, não sem tempo, ficou estabelecida como matéria de mérito.

Assim, é possível ainda falar em carecedor do direito de ação em decorrência da falta de legitimidade e/ou interesse de agir.

No caso de ilegitimidade, é possível no atual sistema a extromissão processual entre o réu e o terceiro (que deveria figurar no polo passivo) ou a formação de litisconsórcio entre o réu e o terceiro. Esta possibilidade decorre da generalização da antiga nomeação à autoria que vem prevista para qualquer caso nos arts. 338 e 339 do CPC, que serão estudados com mais vagar, *infra*.

l. Falta de caução ou de outra prestação

Há raras situações em que a lei impõe o fornecimento de uma caução ou prestação para postular em juízo.

Quando a lei determinar, para o prosseguimento válido ou regular do processo, o depósito de determinada quantia ou bem, desde que previsto por lei. Assim, se o processo foi extinto sem resolução do mérito, poderá o autor intentar novamente a ação desde que pague as custas do processo anterior (art. 486, § 2º, CPC). É possível também verificar a questão no art. 83 do CPC que estabelece: "O autor, brasileiro ou estrangeiro, que residir fora do Brasil ou deixar de residir no país ao longo da tramitação de processo prestará caução suficiente ao pagamento das custas e dos honorários de advogado da parte contrária nas ações que propuser, se não tiver no Brasil bens imóveis que lhes assegurem o pagamento". E ainda no art. 968, II, do CPC, que exige o pagamento de 5% sobre o valor da causa para o ingresso da ação rescisória.

m. Indevida concessão dos benefícios da gratuidade da justiça

Ao contrário do regime anterior, em que se deveria ingressar com incidente próprio para a impugnação da gratuidade, a simplificação do procedimento determina que essa questão seja formulada em preliminar de contestação. As questões procedimentais referentes à gratuidade estão estabelecidas no capítulo sobre atos processuais.

2.3.4.2. Mérito

A matéria de mérito é a própria finalidade da contestação, pois o réu comparece em juízo para dizer no processo que ao autor não assiste o direito que postula. Dessa forma, enquanto as preliminares se inserem nas defesas processuais, o mérito está previsto nas defesas substanciais, que se referem ao próprio direito (alguns denominam de lide) ou objeto litigioso (expressões tomadas por sinonímia por grande parte da doutrina).

Todavia, importante ressaltar que o conceito de mérito é ainda uma zona nebulosa dentro do nosso sistema processual. Isso se deve mais à falta de elementos técnicos no ordenamento que permitam formular um conceito apto a criar alguma serventia no sistema (sob pena de se criar um conceito meramente acadêmico).

Entende-se por mérito a pretensão posta em juízo sobre um dado direito material[19], já que o conceito de mérito é mais claramente visto (a sua resolução ou não) nas hipóteses dos

---

19 Cândido Dinamarco, em célebre estudo sobre o mérito (Conceito de mérito em processo civil, in *Fundamentos do processo civil moderno*. 2. ed., São Paulo: RT, 1987, p. 202), esclarece que mérito "etimologicamente é a exigência que, através da demanda, uma pessoa apresenta ao juiz para seu exame".

arts. 485 e 487 do CPC, que à evidência deflagram a resolução da fase cognitiva do processo de conhecimento[20].

É errado pensar que a matéria de mérito se dirige apenas contra o pedido diretamente, pois ataca também a sustentação do pedido, os argumentos e fatos que dão azo à pretensão – a causa de pedir remota e próxima. E é a partir dela, da causa de pedir, que o réu irá trabalhar para negar os fatos ou impor outros que modifiquem, impeçam ou extingam as consequências jurídicas daquilo que se pede. São elas:

Defesa de mérito direta

Ocorre quando o réu ataca diretamente os fatos que fundamentam o pedido, negando-os. Nesse caso, o réu não apresenta um direito próprio, mas a inexistência do fato (inexistência da relação jurídica). A defesa de mérito ocorre também quando o réu apresenta consequências jurídicas diversas daquelas pretendidas com base no mesmo fato. Dessa forma, como o fato se mantém controverso, caberá ao autor provar a sua existência.

Aqui o réu não traz nenhum fato novo, gerando duas consequências processuais práticas: **i)** a manutenção do ônus da prova para o autor, já que este terá de provar que o fato existiu (caso não haja outra atribuição de ônus decorrente da carga dinâmica da prova); e **ii)** desnecessidade de réplica, pois se houve negativa, nenhum fato novo foi trazido e, portanto, não há novo argumento a ser trazido pelo autor.

Defesa de mérito indireta

Na defesa de mérito indireta o réu não nega os fatos constitutivos do direito do autor, mas impõe outros fatos, impeditivos, modificativos ou extintivos, a fim de impedir que o autor logre êxito na sua demanda.

Como essa modalidade de defesa visa retirar a eficácia dos fatos narrados pelo autor por meio de outros fatos apresentados na defesa, a doutrina entende se tratar de exceções substanciais. São eles:

> **Fatos extintivos** – visam expurgar do mundo jurídico os fatos que o autor pretende ver acolhidos. É o caso da alegação sobre prescrição, da alegação de pagamento e a remissão.
>
> **Fatos modificativos** – visam alterar as consequências jurídicas dos fatos trazidos pelo autor. Assim, se a parte alega a compensação, ela não nega o fato constitutivo – v.g., o crédito do autor – mas impõe outro que é um crédito seu contra o mesmo autor e, portanto, deseja a compensação (art. 368, CC). São também exemplos a novação, o parcelamento e a cessão de crédito.
>
> **Fatos impeditivos** – nesse caso pretende o réu, mesmo aceitando os fatos do autor, obstar a produção dos seus efeitos. É o caso da *exceptio non adimpleti contractus* (art. 476, CC) pela qual, nos contratos bilaterais de vencimento simultâneo, uma das partes não pode exigir o implemento da outra se não cumprir a sua parte na avença. Essa argumentação pode ser usada pelo réu para conseguir retardar a produção dos efeitos da pretensão. Constitui também exemplo a transação com novo prazo para cumprimento.

Importante que se diga que a despeito de o réu formular novos fatos, ele não assume a posição de autor (salvo nos casos de reconvenção, denunciação da lide e pedido contraposto), pois seu objetivo é apenas um provimento jurisdicional que negue ao autor o acesso a um determinado bem jurídico colimado.

---

20 O processo de execução, com regramento próprio, está previsto em capítulo específico (Livro II da Parte Especial).

O réu, na defesa de mérito indireta, por apresentar fatos em contraposição a outros, amplia, de certa maneira, o campo de cognição do juiz e cabe a ele – réu – provar os fatos por ele arguidos.

2.3.5. DA ALEGAÇÃO DE INCOMPETÊNCIA

A competência é instituto criado para distribuir e organizar os órgãos do Poder Judiciário acerca de suas funções. O sistema processual brasileiro divide a competência em absoluta e relativa.

Especificamente a alegação de incompetência relativa tem por objetivo corrigir a comarca eleita pelo autor para a propositura da demanda.

A incompetência relativa não poderá ser conhecida de ofício pelo juízo (Enunciado n. 33 da Súmula do STJ e art. 337, § 5º, CPC). A razão de ser se baseia exclusivamente no interesse das partes e na possível ausência de prejuízo.

O juízo da qual a ação foi erroneamente distribuída terá as mesmas condições para o julgamento do feito quanto o juízo competente. Portanto, o prejuízo para a parte cinge-se ao aspecto territorial, daí sua impossibilidade de intervenção estatal sem provocação. Se a parte não se insurgiu contra essa incompetência é porque, certamente, não lhe causou danos.

A sua não oposição acarreta a prorrogação da competência já que o juízo que era relativamente incompetente para a causa passa a ser, portanto, absolutamente competente. Já a competência absoluta baseia-se no interesse público, pois a violação pode gerar prejuízo à própria estrutura do Poder Judiciário, como, por exemplo, um juiz criminal que julgue uma causa de família ou que um juiz de primeiro grau decida uma ação de competência originária de um Tribunal Superior.

A incompetência relativa antes era apresentada via exceção de incompetência em petição escrita com os documentos necessários para se provar a juridicidade daquilo que se alega. Hoje é feita em preliminar na própria contestação. É necessário indicar o foro competente, não estando o juiz, todavia, adstrito ao pedido do réu (v.g., pode o magistrado acolher a argumentação por não ser o seu juízo o competente, mas entender se tratar o juízo competente diverso daquele que o réu indicou).

O autor irá se manifestar sobre a preliminar. A despeito de a lei não estabelecer um prazo para essa manifestação (art. 64, § 2º, CPC) será na primeira oportunidade que o autor se manifesta após a defesa, em réplica, no prazo de quinze dias.

Se houver a preliminar de incompetência relativa, a contestação poderá ser protocolada no foro de domicílio do réu (por livre distribuição), comunicando ao juiz da causa, para evitar a revelia, preferencialmente por meio eletrônico (art. 340, CPC). Se a citação se deu por carta precatória, a contestação será apresentada com essa carta. Em qualquer caso, haverá imediata remessa ao juízo da causa.

Trata-se de regra que se assemelha ao denominado "protocolo integrado". Assim, se justamente o réu se insurge contra a competência do juízo, não seria correto fazer com que se locomovesse até a comarca por onde tramita a ação (no mais das vezes, em local longe de seu domicílio), para alegar essa incompetência.

Só que há uma diferença. No protocolo integrado não se discute o acerto do foro processual. Constitui simples técnica de organização judiciária para facilitar a comunicação das peças processuais. Assim o protocolo se dará fisicamente num dado lugar (evidente quando o processo não for eletrônico), mas tem como destino o juízo onde está tramitando a causa.

Nessa situação, como há alegação de incompetência, a petição será apresentada no suposto foro competente e ali permanecerá até eventual decisão que rejeite a alegação de incompetência.

A despeito da salutar regra, a aplicação do artigo, em nosso entender, se aplica apenas aos casos de incompetência relativa, em que se parte do pressuposto que o autor distribuiu a causa na comarca errada.

Não se entende, contudo, a despeito do art. 340 do CPC, qual o nexo causal da possibilidade de se distribuir na comarca do réu com o regime da incompetência absoluta. Esta modalidade de competência está relacionada aos critérios da *pessoa, função e matéria* que em nada se ligam à questão do território.

Portanto, não há relação alguma em a parte querer se insurgir contra algum critério de incompetência absoluta com a distribuição da causa em sua comarca.

Seria possível, contudo, apenas naqueles casos de "competência territorial absoluta", como, por exemplo, no foro da situação da coisa.

É importante que se diga também que a paulatina assunção do processo eletrônico em detrimento dos processos físicos torne essa regra menos usual já que praticamente todos os atos podem ser perpetrados remotamente sem a necessidade do comparecimento ao juízo do processo.

Com a alegação de incompetência o juiz suspenderá a realização da audiência de conciliação (art. 334, CPC) se essa já houver sido designada. Uma vez definida a competência (nesse ou noutro juízo), será designada nova audiência.

Há um problema temporal, contudo, no art. 340, §§ 3º e 4º, do CPC. Isso porque se a alegação de incompetência (absoluta ou relativa) é feita em preliminar de contestação (art. 337, II, CPC) certamente não haverá suspensão da realização da audiência de conciliação ou mediação, pois esta já ocorreu.

Explica-se.

Nos direitos que admitam autocomposição, o réu será citado para comparecer à audiência do art. 334 do CPC. Uma vez infrutífero o acordo, dessa audiência flui o prazo para contestação (art. 335, CPC).

Portanto, não há como suspender a audiência se a preliminar da contestação é realizada em momento cronológico posterior a ela.

Dessa forma, se o réu deseja arguir a incompetência para não se deslocar até o juízo do processo a fim de participar da audiência de conciliação e mediação designada, o réu deverá formular: i) a contestação antes da data da audiência em seu domicílio ou ii) petição simples apenas alegando a incompetência.

No item "i" o réu terá a desvantagem de comparecer à audiência já tendo o autor ciência de sua defesa, mas compete a seu advogado sopesar qual será a melhor solução para o caso (apresentação prévia de defesa ou deslocamento para comparecer à audiência em comarca diversa). Acreditamos, portanto, que o item "ii" seja a saída mais adequada para dar real vigência aos §§ 3º e 4º do art. 340, CPC.

2.3.6. DA ALEGAÇÃO DE ILEGITIMIDADE (ALTERAÇÃO TARDIA DO RÉU)

Nem sempre a legitimidade passiva é facilmente aferível para a propositura da demanda. É comum, dada a possível complexidade da situação fática existente, o autor não saber seguramente contra quem demandar. Diante dessas circunstâncias existe a possibilidade de se ajuizar ação contra quem evidentemente não tenha legitimidade para tanto. Não seria correto permitir que alguém responda aos termos de uma causa sem que deva se submeter aos efeitos jurídicos de uma decisão.

Assim, não basta a condição de ser parte, é necessário que elas, partes (e em especial nesse tocante o réu), sejam legítimas, isto é, devem pertencer por via direta ou reflexa à relação de direito material subjacente para que sobre elas possam incidir os efeitos de uma futura sentença.

Em não sendo a parte legítima, a lei cria mecanismos para o seu afastamento do processo em que foi indevidamente demandada. Em todas as situações possíveis previstas no campo do direito material em que o autor demanda contra uma parte ilegítima, compete àquele que foi demandado alegar, em preliminar de contestação, a sua ilegitimidade, *ex vi* do art. 337, XI, do CPC, indicando, se souber, a pessoa que deve figurar no polo passivo. Não se trata de prazo preclusivo, dado o fato de que a ilegitimidade constitui matéria de ordem pública que pode ser conhecida a qualquer tempo e grau de jurisdição (art. 485, § 3º, CPC).

Nem sempre foi assim. O legislador do CPC/73 não autorizava a denominada "extromissão processual", vale dizer, a substituição do polo passivo da demanda pela indicação do réu. Assim, se o réu fosse parte ilegítima, poderia apenas alegar essa condição. Não havia como indicar o verdadeiro legitimado passivo e igualmente não havia nenhum instrumento que permitisse a sua retirada do processo. E mais, caso o autor constatasse que o réu originariamente escolhido por ele era, de fato, ilegítimo, deveria desistir da ação contra esse réu originário e demandar nova causa contra o verdadeiro legitimado (com todos os encargos de custas, bem como o requerimento de desentranhamento dos documentos originais do primeiro processo).

Em apenas duas oportunidades (de raríssima incidência prática, diga-se) era autorizada a substituição: nos casos do mero detentor e do mero executor (cumpridor de ordens), hipóteses de cabimento da nomeação à autoria, previstos nos arts. 62 e 63 do CPC/73.

Essa imprópria intervenção de terceiros permitia, ainda, o inconveniente do terceiro "recusar" a nomeação.

Após a aceitação, o nomeado precisava aceitar a posição de "réu", pois, caso contrário, permanecia o nomeante neste encargo. Por mais curioso que se possa parecer, já que o processo goza de imperatividade sobre aquelas pessoas que demandadas devam responder e se sujeitar aos provimentos jurisdicionais.

Portanto, se o autor concordasse, deveria promover a citação do novo nomeado, começando a fluir seu prazo de defesa a partir de sua admissão no feito.

Todavia, caso não concordasse (ou, concordando, o nomeado recusasse a nomeação), o processo continuaria contra o nomeante, devolvendo-se o prazo para a defesa (arts. 66 e 67 do CPC/73).

O CPC, em ótima hora, generalizou as hipóteses de extromissão, permitindo que, **em qualquer caso**, o réu possa indicar aquele que deva, verdadeiramente, figurar no polo passivo. E, caso não tenha conhecimento, que oportunize ao autor a possibilidade de emendar a petição inicial com a substituição, não sendo mais necessário o ajuizamento de nova demanda.

Importante frisar que a expressão "substituição" está sendo usada no seu sentido "não jurídico", designando, nesse caso, troca, alteração. Tecnicamente, no plano jurídico, o fenômeno que se apresenta não é de substituição processual, mas sim de sucessão processual.

Assim estabelecem os arts. 338 e 339 do CPC:

> Art. 338. Alegando o réu, na contestação, ser parte ilegítima ou não ser o responsável pelo prejuízo invocado, o juiz facultará ao autor, em 15 (quinze) dias, a alteração da petição inicial para substituição do réu.

Parágrafo único. Realizada a substituição, o autor reembolsará as despesas e pagará os honorários ao procurador do réu excluído, que serão fixados entre três e cinco por cento do valor da causa ou, sendo este irrisório, nos termos do art. 85, § 8º.

Art. 339. Quando alegar sua ilegitimidade, incumbe ao réu indicar o sujeito passivo da relação jurídica discutida sempre que tiver conhecimento, sob pena de arcar com as despesas processuais e de indenizar o autor pelos prejuízos decorrentes da falta de indicação.

§ 1º O autor, ao aceitar a indicação, procederá, no prazo de 15 (quinze) dias, à alteração da petição inicial para a substituição do réu, observando-se, ainda, o parágrafo único do art. 338.

§ 2º No prazo de 15 (quinze) dias, o autor pode optar por alterar a petição inicial para incluir, como litisconsorte passivo, o sujeito indicado pelo réu.

O regramento é bem mais simples e não exige, como dito, que o autor proponha nova demanda para corrigir o vício de ilegitimidade passiva. Assim:

a) se o réu, em sede contestação, alegar sua ilegitimidade passiva (art. 337, XI, CPC), deverá (e não poderá) indicar o sujeito passivo que deveria integrar a relação jurídica (caso tenha conhecimento). Se não tiver conhecimento, apenas alegará a sua ilegitimidade, tal qual ocorria no regime anterior;

b) se constatar seu conhecimento, mas a não indicação, será condenado ao pagamento das custas processuais e os danos que o autor sofreu. Isso porque não poderá valer-se dessa condição para aferir vantagem no futuro. Constitui o que se denomina "nulidade de algibeira" ou de "bolso", repudiada em atenção à boa-fé adotada no sistema processual brasileiro (art. 5º, CPC);

c) com a alegação da ilegitimidade (indicando ou não o polo passivo), o juiz facultará ao autor emendar a petição inicial, no prazo de quinze dias[21], para substituir o réu originário pelo réu indicado ou que o próprio autor venha a indicar. É possível ainda ao autor optar pela formação de litisconsórcio passivo entre o sujeito indicado pelo réu e o próprio réu, caso entenda que sejam ambos legitimados para responder aos termos do processo;

d) nesse caso, o autor deverá reembolsar ao réu excluído as despesas que efetuou, bem como o pagamento de honorários fixados no valor de três a cinco por cento sobre o valor da causa. Se o valor da causa for irrisório, fixará de forma equitativa os honorários, conforme o art. 85, § 8º, do CPC. Contudo, a Terceira Turma do STJ entende que havendo a extinção do processo apenas quanto a um dos réus, os honorários advocatícios devem ser fixados de acordo com a regra geral do art. 85, § 2º, do Código de Processo Civil, e não em patamar reduzido, como previsto no parágrafo único do art. 338. Isso porque, "a fixação de honorários reduzidos só é cabível na hipótese de extinção da relação processual originária e instauração de uma nova, mediante a iniciativa do autor de promover o redirecionamento do processo a outro réu". Dessa forma, "A incidência da previsão do art. 338 do CPC é exclusiva da hipótese em que há a extinção do processo em relação ao réu originário, com a inauguração de um novo processo, por iniciativa do autor, em relação a um novo réu, de modo que, ausentes essas circunstâncias específicas, descabe cogitar da fixação de honorários mencionada" (REsp 1.895.919).

Questão interessante diz respeito à possibilidade de aplicação desses artigos no mandado de segurança quando o impetrante errou o polo passivo da demanda. Entendo que não há razão

---

21 Enunciado 152 do FPPC: "O autor terá prazo único para requerer a substituição ou inclusão de réu (arts. 338, *caput*; 339, §§ 1º e 2º), bem como para a manifestação sobre a contestação (arts. 350 e 351)".

para a não incidência. Dessa forma, é possível que se aplique também a extromissão processual no mandado de segurança. Nesse mesmo sentido é o Enunciado n. 511 do FPPC[22] e também o Enunciado n. 123 da II Jornada de Direito processual Civil (CJF)[23].

Essa substituição possui ampla aceitação no STJ, sob a denominação de "teoria da encampação", com base na qual se permite o ingresso da correta autoridade coatora ou mesmo da pessoa jurídica da qual essa autoridade faça parte no lugar da incorreta, a fim de se permitir o julgamento de mérito sem que o processo seja encerrado pelo vício processual da ilegitimidade.

Contudo, as restrições para a aplicação dessa teoria, que se colhem da doutrina e do próprio STJ, também estabelecem os limites de aplicação do art. 338 do CPC no mandado de segurança. Assim, somente é possível a substituição do polo passivo se:

i) houver entre a autoridade correta e a equivocada vínculo hierárquico;

ii) com o ingresso da nova parte não haja modificação da competência para se julgar o mandado de segurança[24];

iii) as informações prestadas pela autoridade encampada tenham esclarecido a questão (Súmula 628 do STJ).

Gráfico sobre as posturas do réu:

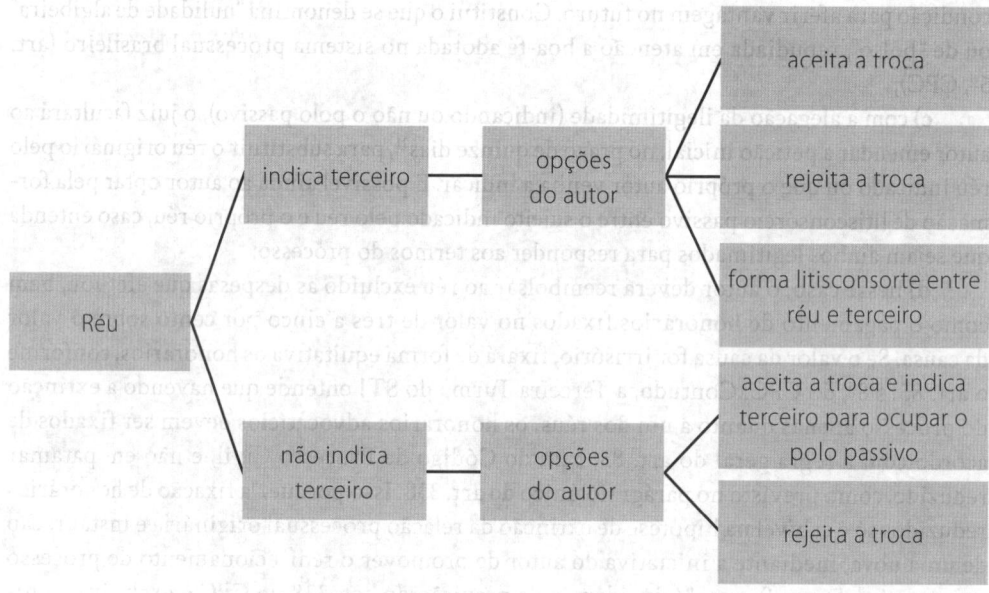

---

22 Enunciado n. 511: "A técnica processual prevista nos arts. 338 e 339 pode ser usada, no que couber, para possibilitar a correção da autoridade coatora, bem como da pessoa jurídica, no processo de mandado de segurança".

23 Enunciado n. 123: "Aplica-se o art. 339 do CPC à autoridade coatora indicada na inicial do mandado de segurança e à pessoa jurídica que compõe o polo passivo".

24 Em sentido contrário, o Enunciado n. 488 do FPPC: "No mandado de segurança, havendo equivocada indicação da autoridade coatora, o impetrante deve ser intimado para emendar a petição inicial e, caso haja alteração de competência, o juiz remeterá os autos ao juízo competente".

2.4. RECONVENÇÃO

2.4.1. INTRODUÇÃO

Para que se possa compreender a reconvenção, deve-se partir de uma importante premissa: **a contestação como modalidade de defesa é estática**.

Conforme visto, o réu poderá tomar diferentes posturas em relação à pretensão do autor dentro do processo: seja negando os fatos, seja negando as consequências jurídicas decorrentes desses fatos. Mas em todos esses casos, o réu reage passivamente à pretensão do autor com um único e exclusivo intuito: obter do Poder Judiciário uma sentença de improcedência quanto ao pedido formulado.

Entretanto, as relações de direito material que dão ensejo a um processo podem criar obrigações múltiplas e recíprocas entre as partes (sinalagma). Assim, e por vezes, o réu não só tem o ônus de resistir à pretensão do autor como também o de pleitear algo que entenda ser devido e que não foi cumprido.

Dessa forma, pode o réu transbordar os limites passivos e estáticos inerentes à sua resposta e partir para uma postura inversa, de verdadeira pretensão contra o autor.

A esse fenômeno o sistema denomina de reconvenção.

Reconvenção é, portanto, a pretensão formulada pelo réu, e sem perder essa qualidade, contra o autor dentro do mesmo processo.

A fundamentação principal para sua existência é a **economia processual**, a fim de se permitir a produção simultânea de provas e a resolução de ambos os processos numa única sentença, já que essa é a regra.

Nada impede que a parte não apresente reconvenção e formule, simultânea ou posteriormente, uma ação com a sua pretensão em face do autor. É possível que, se simultânea, a depender do grau de prejudicialidade, haverá reunião por conexão (art. 55, CPC) para julgamento conjunto.

A reconvenção era, antes do atual CPC, uma demanda dentro de um processo pendente. O CPC não desnaturou essa condição, a despeito de a reconvenção ser apresentada hoje geograficamente dentro da contestação como um capítulo integrante desta. Assim, a reconvenção continua possuindo natureza jurídica de ação porque:

a) no regime anterior a reconvenção era distribuída nos mesmos autos que a demanda originária e nunca se colocou em prova (salvo raros doutrinadores) a natureza jurídica de ação da reconvenção. Evidentemente, não se pode confundir autos com a existência de processo especialmente em tempos de processo eletrônico e de mitigação das formas processuais;

b) esteja a reconvenção em autos apartados, nos mesmos autos ou na mesma peça da contestação o que importa é o **pedido que se formula**. A forma de apresentação é mera documentação de atos que não guarda nenhuma relação com a natureza do instituto. Tanto que no CPC/73 a impugnação ao valor da causa, a impugnação à gratuidade da justiça e as exceções rituais eram autuadas em autos apartados e ninguém, seja no plano doutrinário ou jurisprudencial, defendia a sua natureza de ação;

c) o próprio CPC sublinha essa autonomia no art. 343, § 2º, ao asseverar: "A desistência da ação ou a ocorrência de causa extintiva que impeça o exame de seu mérito não obsta ao prosseguimento do processo quanto à reconvenção". O que vale dizer, o eventual indeferimento da causa originária não gera, por consequência, a resolução da reconvenção que, *ipso facto*, adquire base procedimental própria.

Como se trata de demanda nova em processo já existente, amplia-se o objeto litigioso que será investigado pelo juiz:

d) o art. 343, § 6º, do CPC permite apresentar reconvenção sem contestação;

e) o art. 292, *caput*, do CPC estabelece que o valor da **causa** constará na reconvenção;

f) ademais, os §§ 3º e 4º do art. 343 permitem a ampliação subjetiva passiva e ativa na reconvenção, o que realça a sua condição de ação;

g) esse foi o entendimento da II Jornada de Direito Processual Civil (CJF), no Enunciado n. 120: "Deve o juiz determinar a emenda também na reconvenção, possibilitando ao reconvinte, a fim de evitar a sua rejeição prematura, corrigir defeitos e/ou irregularidades", o que demonstra a sua natureza de ação;

h) o art. 487 nos seus incisos I e III, *a* e *c*, estabelece que haverá resolução do mérito "na ação ou na reconvenção";

i) dispensa de caução para autor que residir no exterior que apresentar reconvenção (art. 83, § 1º, III, CPC);

j) exigibilidade de honorários na reconvenção (art. 85, § 1º, CPC);

k) anotação no distribuidor quando apresentada reconvenção (art. 286, parágrafo único, CPC);

l) o pedido determinado também se aplica à reconvenção (art. 324, § 2º, CPC);

m) a regra da estabilização do processo também se aplica a reconvenção (art. 329, parágrafo único, CPC);

Se a pretensão do réu reconvinte puder ser apresentada na forma de contestação (ou seja, os resultados práticos da contestação já conferem o direito que deseja), faltará interesse de agir em apresentar reconvenção (STJ, REsp 1.076.571/SP). Por exemplo, a **compensação** (STJ, REsp 1.524.730/MG) ou a **cobrança em dobro de dívida já paga** (STJ, REsp 1.111.270/PR, julgamento de recursos repetitivos).

2.4.2. REQUISITOS DA RECONVENÇÃO

Os requisitos para que se possa reconvir ou, melhor, as suas condições específicas de admissibilidade, decorrem de diretrizes criadas pelo sistema para que duas demandas possam conviver dentro do mesmo processo.

São requisitos gerais àqueles indispensáveis a todo o processo, como os pressupostos processuais e as condições da ação.

São requisitos especiais: **a legitimidade, a compatibilidade de procedimento, a compatibilidade de competência e a conexidade**.

a) Quanto à legitimidade

O CPC ampliou substancialmente a legitimidade da reconvenção. No regime anterior somente o réu poderia reconvir ao autor (CPC/73, art. 315), não podendo ser o autor legitimado extraordinário pois se está demandando em nome alheio, não poderia responder aos termos da demanda do réu em nome próprio pela via reconvencional. Ademais, não se permitia a ampliação da reconvenção, seja no polo ativo, seja no polo passivo. Esse posicionamento também era defendido por parte da doutrina (Barbosa Moreira), mas havendo quem defendesse, desde aquela época, a ampliação subjetiva (Cândido Dinamarco, Luiz Guilherme Aidar Bondioli).

No atual regime os §§ 3º e 4º do art. 343 autorizam a ampliação subjetiva do processo, permitindo uma verdadeira intervenção de terceiros na reconvenção. Contudo, justamente por ter natureza de ação autônoma em relação à demanda: "A reconvenção promovida em litisconsórcio com terceiro não acarreta a inclusão deste no polo passivo da ação principal" (REsp 2.046.666-SP, Rel. Ministra Nancy Andrighi, Terceira Turma, *DJe* 19-5-2023).

i) Ampliação subjetiva passiva (§ 3º)

Nessa hipótese, autoriza-se demandar contra o autor e terceiro. O aditivo "e" condiciona a participação do terceiro à do autor, não podendo nunca aquele ser demandado isoladamente.

Essa regra se operacionaliza tanto nos casos de litisconsórcio necessário quanto facultativo. Nesse último caso, apenas tem razão de ser se as demandas contra os diferentes "réus" contiverem identidade de um dos elementos objetivos (causa de pedir ou pedido).

Explica-se. Na hipótese de não se permitir o litisconsórcio facultativo, o reconvinte poderia demandar contra o autor reconvindo na própria ação e contra o terceiro em demanda autônoma. Se entre essas duas demandas houver relação de conexão pela identidade de pedido ou da causa de pedir, haverá reunião para julgamento conjunto e evitar decisões conflitantes (art. 58, CPC). Logo, não faria muito sentido impedir o litisconsórcio facultativo na reconvenção, pois as causas seriam reunidas de qualquer maneira.

Era a dificuldade que se tinha no regime anterior com a possibilidade da exceção de usucapião. Em demandas reivindicatórias, era comum o réu ter interesse em reconvir alegando a prescrição aquisitiva (requisito para a concessão da usucapião). Contudo, a usucapião pressupunha a citação de pessoas que não figuraram no processo originário. Essa ampliação subjetiva era proibida no regime do CPC/73, o que gerava acesa discussão sobre a possibilidade de se utilizar usucapião como matéria de defesa.

ii) Ampliação subjetiva ativa (§ 4º)

No capítulo sobre litisconsórcio já se discutiu sobre o litisconsórcio ativo necessário. Não se pode impor a sua formação se um dos potenciais autores não tem interesse em postular em juízo. Nesse caso, permite-se àqueles que tenham interesse em buscar o Judiciário proceder a citação do "autor recalcitrante" para que tome a medida que melhor lhe aprouver. Portanto, a regra aqui em comento aplica-se mais ao litisconsórcio facultativo.

É importante, contudo, saber de qual modalidade de litisconsórcio facultativo se trata (se unitário ou simples), pois a partir da apreensão das consequências jurídicas de cada qual é possível verificar a sua viabilidade.

Quanto ao unitário (dever de se prolatar decisão igual para todos), não há vedação, pois o terceiro possui o mesmo direito e irá atuar na condição de assistente litisconsorcial.

Quanto ao simples, o terceiro seria portador de direito distinto daquele que apresenta a reconvenção e, como consequência, usufruiria do mesmo juízo em ofensa ao princípio do juiz natural. Nesse caso, a ampliação deve ser evitada, a não ser, como se disse no item anterior, que a eventual demanda proposta pelo terceiro possua identidade de elementos objetivos com a causa originária (pedido ou causa de pedir), pois assim seriam reunidas por conexão.

iii) Substituto processual (§ 5º)

Se o autor da demanda originária estiver em legitimação extraordinária, o reconvinte, ao apresentar sua peça, deverá demonstrar o direito que possui em face do substituído, mas a reconvenção será proposta em face do autor (que age em legitimação extraordinária) na qualidade de substituto processual.

Quanto à redução subjetiva da lide, acredita-se não haver controvérsia no sistema, pela aplicação do princípio dispositivo. Se existe litisconsórcio ativo/facultativo, nada impede que em eventual reconvenção o réu proponha sua pretensão (indenização, v.g.) apenas contra um deles. Até mesmo porque restou assentado em capítulo próprio (litisconsórcio) a dificuldade prática de se defender a existência de litisconsórcio ativo necessário.

b) Compatibilidade de procedimento

A reconvenção como processo destinado à obtenção de uma sentença é instituto específico das ações cognitivas de jurisdição contenciosa. Não se admite, portanto, nos processos executivos, na tutela provisória cautelar e em jurisdição voluntária.

Também não se reconvém nas ações dúplices (*vide infra*).

Dessa forma, o cabimento da reconvenção é regra. Todavia, não será cabível a reconvenção quando:

i) seja incompatível com a estrutura do procedimento (v.g., pedido de falência, inventário);

ii) quando o procedimento tiver previsão de pedido contraposto (v.g., juizados especiais) ou for de natureza dúplice (v.g., possessórias); e

iii) quando não comportar o contra-ataque (ex. jurisdição voluntária).

Mas, como regra principal, basta verificar se o procedimento adquire o rito comum a partir da apresentação da defesa. Se sim, a reconvenção é cabível.

Portanto, se a demanda tramita pelo rito comum, é necessário que a reconvenção também se submeta ao mesmo procedimento. Nesses casos, nada impede que se aplique analogamente o art. 327, § 2º, do CPC, que permite a cumulação se for empregado, a todos os pedidos, o rito comum (v.g., art. 702, § 6º, CPC e Súmula 292, STJ).

Repise-se, nada obsta a reconvenção em procedimento especial, desde que tenha hospedado em seu procedimento a possibilidade de conversão em rito comum, quando da apresentação do ato postulatório de defesa.

c) Juízos competentes

O juiz que conhece da causa originária deve ser competente para conhecer da reconvenção sob pena de ofensa à regra de competência funcional. Mesmo sendo apresentada dentro da própria contestação, a admissibilidade do pedido reconvencional está condicionada a esse pressuposto, sob pena do ingresso de pretensão autônoma. Até mesmo porque é possível reconvir sem contestar (art. 343, § 6º, CPC).

Atente-se para o fato de que basta a competência relativa para fins de reconvenção, já que a conexão, pressuposto necessário para a reconvenção, é uma das causas de modificação de competência. Assim, mesmo que o juízo da causa originária seja relativamente incompetente para conhecer da reconvenção, uma vez apresentado o pedido reconvencional ele se torna prevento e competente para julgar a reconvenção mesmo em caso de indeferimento prematuro da causa originária.

d) Conexidade

Certamente, o mais importante requisito necessário à reunião dos feitos entre autor (reconvindo) e réu (reconvinte) é a conexão. O art. 343 do CPC prevê a possibilidade de se ofertar reconvenção sempre que esta for "conexa com a ação principal ou com o fundamento da defesa".

A conexão entre duas demandas pressupõe a identidade de pedido ou de causa de pedir. Numa ação de anulação de contrato, poderá o réu reconvir requerendo o seu cumprimento.

Barbosa Moreira assevera que o vínculo jurídico existente entre causa originária e reconvenção é mais tênue que aquele exigido na definição de conexão, bastando para tanto a mera identidade a que menciona o referido art. 343 do CPC.

Essa tese é reforçada pelo fato de o CPC permitir, à luz do art. 55, § 3º, a reunião sem conexão, desde que haja possibilidade de decisões conflitantes ou contraditórias.

É importante frisar que o pedido deduzido em contestação deve inserir-se no mesmo campo jurídico daquilo que pleiteia o autor. Há de se atentar que a mera contraposição não extrapola os limites da contestação e, portanto, não seria necessária uma reconvenção.

Assim, numa investigação de paternidade, o pai não precisará (poderá) reconvir para declarar a não paternidade, pois a sentença de improcedência já o satisfaz.

Quanto à conexidade pela causa de pedir, basta ao juiz estar convicto que entre as duas demandas propostas (originária e reconvenção) haverá um julgamento em conjunto, uma sentença única, em capítulos, é verdade, mas apenas, formalmente, uma.

2.4.3. AÇÕES DÚPLICES E PEDIDO CONTRAPOSTO

A principal diferença (não exclusiva) entre a reconvenção e o pedido contraposto no regime do CPC/73 era a sua posição topológica: o pedido contraposto era formalizado como um tópico da contestação e a reconvenção como uma peça autônoma na forma de ação.

Cândido Dinamarco assevera, contudo, que "a razão da inadmissibilidade da reconvenção nesses processos é sua absoluta incapacidade de proporcionar ao réu algum benefício maior do que aqueles que pode ser obtido mediante aquela iniciativa mais simples e menos formal, afirmada pela lei como adequada e admissível em alguns casos bem identificados (falta de interesse-necessidade)"[25].

Essa diferença restou mitigada com a exigência de que a reconvenção seja apresentada na própria contestação. Acreditamos que essa diferença, em verdade, restou parcialmente superada. O próprio projeto aprovado no Senado (art. 326) abolia a expressão "reconvenção" para designar todo possível contra-ataque na peça contestatória, de pedido contraposto.

A Câmara alterou, denominando reconvenção para todas as hipóteses. A questão é que os juizados especiais possuem previsão própria de contra-ataque que impede expressamente a reconvenção (art. 31, Lei n. 9.099/95). Assim, mantém-se ainda o pedido contraposto, que se assemelha ainda mais com a reconvenção.

Contudo, há algumas ações que pela própria estrutura do seu procedimento ou pelo direito que se disputa não necessitam nem de reconvenção nem de pedido contraposto, pois o direito apresentado pela contestação já oferece uma "situação ativa" que faz as vezes dessas duas medidas.

São as denominadas ações dúplices[26]. O caráter dúplice decorre do direito material em que a mera improcedência do pedido do autor acarreta a tutela jurisdicional que outorga o bem jurídico desejado ao réu, isso porque há uma pretensão comum entre autor e réu conferindo interesse de agir a qualquer um deles para buscar o judiciário. Nesse caso é intuitivo que a improcedência da causa por um gera automaticamente a procedência para o outro.

Nas ações possessórias (v.g., reintegração na posse) em que houve contestação do réu, a mera improcedência da demanda acarreta na certificação da proteção possessória ao demandado que agora terá, por decisão judicial, a posse justa sobre o bem, sem que tenha sido necessário formular reconvenção ou pedido contraposto.

Aliás, a reconvenção e o pedido contraposto não são ações de natureza dúplice, pois nessas há uma demanda apenas. Nas ações possessórias há duas demandas (processo objetivamente complexo, com duas ações no mesmo processo).

Assim, é possível sistematizar as diferenças da seguinte forma:

---

25 *Instituições*, cit., v. III, p. 503.
26 Alguns autores entendem que as ações dúplices são uma consequência do pedido contraposto: denomina-se dúplice, pois a peça de contestação exerce dupla função: contesta e formula pedido.

MODALIDADE DE REAÇÃO	RECONVENÇÃO	PEDIDO CONTRAPOSTO	PEDIDO DE NATUREZA DÚPLICE	AÇÕES AUTÔNOMAS CONEXAS
FORMA	Na própria contestação (como um tópico específico) ou em peça autônoma (caso não apresente contestação)	Na própria contestação (como um tópico específico)	Na própria contestação	Ação autônoma
APLICAÇÃO	Em qualquer causa que não possua procedimento incompatível	V.g., nos Juizados Especiais ou na produção antecipada de provas sobre o mesmo fato (art. 382, § 3º, CPC)	V.g. nas ações possessórias, nas ações apenas declaratórias[27] e nas ações de guarda de menores	Qualquer pretensão que o réu possa formular contra o autor em demanda própria que possua grau de conexidade com a demanda proposta pelo autor
COGNIÇÃO	Ampla, não havendo restrição pela lei	Limitada, nos Juizados Especiais apenas poderá deduzir reação sobre os "fatos da causa"[28]	Limitada. A defesa do réu se limita ao legítimo exercício da sua posse	Ampla, não havendo restrição pela lei
ESTRUTURA	Objetivamente complexa (duas ações no mesmo processo)	Objetivamente complexa (duas ações no mesmo processo)	Simples. Uma ação apenas	Havendo a reunião dos feitos haverá dois processos, cada um com uma ação própria

Em atenção a instrumentalidade das formas, o STJ entendeu que denominar pedido contraposto quando na verdade se trata de reconvenção "não impede o regular processamento da pretensão formulada pelo réu contra o autor da ação, desde que ela esteja bem delimitada na contestação e que seja assegurado ao autor o pleno exercício do contraditório e da ampla defesa" e "Desse modo, desde que observados esses requisitos, o magistrado não deve apegar-se a meras formalidades, o que só iria de encontro aos princípios da razoável duração do processo e da economia processual" (STJ, REsp 1.940.016/PR).

---

27 Ainda que essas permitam reconvenção, conforme Enunciado n. 258 da Súmula do STF.
28 A diferença de cognição foi bem observada por Fredie Didier Jr. (*Curso...*, cit., p. 673-674).

2.4.4. PROCEDIMENTO

i) A reconvenção será apresentada dentro da própria contestação. Se no procedimento comum, no prazo de quinze dias.

ii) Recebida a reconvenção, será o autor-reconvindo intimado na pessoa do seu advogado para apresentar defesa no prazo de quinze dias. Se houver ampliação subjetiva passiva ou ativa, os terceiros serão citados para integrar a lide no seu respectivo polo.

iii) Nada impede que a parte possa reconvir sem contestar (art. 343, § 6º, CPC). Essa regra decorre do princípio dispositivo. Contestar não é um dever, mas sim um ônus. E essa aparente contumácia por parte do réu pode até não gerar revelia. E isso porque o réu opôs resistência ao seu modo, de forma ativa, e essa pretensão pode elidir, de alguma forma, o direito do autor, não se aplicando os efeitos do art. 344 do CPC. Portanto, as matérias veiculadas na reconvenção que se contrapõem àquelas deduzidas na petição inicial passam a se tornar questões controvertidas. É importante que a análise do conjunto probatório e argumentativo da reconvenção permita neutralizar a pretensão do autor reconvindo. Caso contrário, operar-se-ão os efeitos materiais da revelia.

iv) Conquanto a reconvenção e a demanda originária devam ser julgadas numa mesma sentença sob pena de nulidade (*RT* 504/180), desafiando o recurso de apelação para a parte que sucumbiu, os §§ 2º e 3º do art. 343 deixam clara a autonomia que gozam as duas demandas dentro do processo.

Dessa forma, a resolução prematura de uma delas (reconvenção ou mesmo da demanda originária) não acarreta o fim da outra. Se, por exemplo, a reconvenção é extinta por falta de algum requisito de admissibilidade (pressupostos processuais ou condições da ação) ou mesmo por desistência, subsiste a causa originária no mundo jurídico.

Essa regra se aplica tanto para a resolução prematura da causa originária como da reconvenção. Nesse caso, a resolução de uma das demandas tem natureza de decisão interlocutória. Dessa decisão caberá agravo de instrumento, nos termos do art. 354, parágrafo único, do CPC. Se a reconvenção, contudo, for prematuramente julgada, mas com análise do mérito, igualmente caberá agravo de instrumento, mas com fundamento no art. 1.015, II, do CPC.

v) O texto consolidado retirou a positivação que constava no projeto da Câmara (art. 343, § 7º), regra que permitia expressamente (o que era apenas objeto de doutrina e de jurisprudência) a possibilidade de reconvenção de reconvenção (*reconventio reconventionis*). Contudo, a falta de previsão não pode impedir a sua aplicação. Para tanto, é necessário o preenchimento de alguns requisitos:

a) que se trate de matéria conexa à reconvenção;
b) que esta matéria não tenha sido deduzida na petição inicial;
c) que seja formulada no prazo de quinze dias.

Exemplo: João ajuíza ação de cobrança em face de José. José se defende e alega compensação com outra dívida existente entre eles. Nesta oportunidade apresenta reconvenção cobrando a diferença de valores que alega ter direito a receber. Ao ser citado para os termos da reconvenção, João não só apresenta defesa, como também reconvém alegando que este contrato (suscitado pelo réu como suscetível de compensação) é nulo e pleiteia as perdas e danos.

Há de se ter muito cuidado na utilização desse expediente processual para não conflitar com o art. 508 (eficácia preclusiva da coisa julgada), bem como o art. 329 (estabilização de instância), ambos do CPC.

O STJ possui entendimento no sentido de ser admissível reconvenção de reconvenção denominando como *reconvenção sucessiva*: "é igualmente correto concluir que a reconvenção à reconvenção não é vedada pelo sistema processual, condicionando-se o seu exercício, todavia, ao fato de que a questão que justifica a propositura da reconvenção sucessiva tenha surgido na contestação ou na primeira reconvenção, o que viabiliza que as partes solucionem integralmente o litígio que as envolve, no mesmo processo, e melhor atende aos princípios da eficiência e da economia processual, sem comprometimento da razoável duração do processo" (STJ, 3ª Turma, REsp 1.690.216).

2.5. "EXCEÇÕES RITUAIS" (IMPEDIMENTO E SUSPEIÇÃO)

2.5.1. INTRODUÇÃO

A despeito de o CPC ter abolido como modalidade de resposta típica as exceções de impedimento e suspeição (que eram regulamentadas nos arts. 297, 304 a 314 do CPC/73) estas se mantêm no art. 146 do CPC.

O CPC, contudo, acompanhado de majoritária doutrina brasileira, entende que essa arguição se dará por mera petição e não mais por exceção. A despeito da discussão que aqui se trata importar mais para a teoria do que efetivamente para a prática forense, **não se justifica, em nosso entendimento, a abolição da expressão "exceção"**. Isso porque:

a) conforme estudado no início deste capítulo, exceção é expressão polissêmica, que significa, entre outras acepções, modalidade de resposta em sentido lato;

b) a expressão já está consagrada e não pode ser abolida pelo simples fato de sua menção (nominação) não estar expressa no Código. A "réplica" é nomenclatura amplamente utilizada na prática e sequer é mencionada no Código, assim como a denominada "exceção de pré-executividade" por exemplo;

c) ao contrário da incompetência relativa, que era arguida por exceção e foi transportada para ser deduzida como preliminar de contestação, o legislador não estabeleceu uma forma de arguição dos vícios de capacidade subjetiva do magistrado, utilizando-se apenas da locução "petição específica" e "incidente" (art. 146, *caput* e § 2º, CPC).

Conforme será demonstrado, a exceção poderá assumir a natureza de mera petição ou exceção, a depender da conduta do juiz no processo.

É importante falar especificamente sobre esse incidente.

Conforme visto, a contestação é forma de defesa do réu contra o pedido do autor, objetivando, no mais das vezes, uma sentença de improcedência.

Ficou caracterizado também que o réu poderá se defender por duas frentes:

i) a defesa substancial atacando o mérito da causa e o pedido do autor; e

ii) a defesa preliminar atacando o processo que veicula a pretensão do autor em desconformidade com o sistema normativo processual vigente.

Ao eventual vício que atinja o processo ou mesmo ao direito de ação do autor, poderá o réu formular a defesa processual. Todavia, o rol das defesas processuais não se exaure naquelas enumeradas no art. 337 do CPC.

Consoante apresentado em capítulo próprio (processo), os pressupostos processuais devem ser levados em conta de acordo com as pessoas que figuram no processo – o juiz, o autor e o réu. Em relação ao juiz, não basta estar ele investido de jurisdição (como pressuposto de existência que é), é necessário também que o juiz seja **imparcial** para o julgamento da causa no caso concreto.

À falta desse pressuposto de desenvolvimento, caberá, portanto, o manuseio das exceções rituais.

Exceção é, portanto, um incidente destinado a afastar a parcialidade do juiz num dado processo. É típica defesa processual indireta, pois não visa impedir diretamente o julgamento de mérito, mas apenas regularizar a situação do juiz que atua naquele processo.

2.5.2. ACEPÇÕES GERAIS

A imparcialidade é o primeiro e mais importante traço caracterizador da atividade judicante. O magistrado deve agir com isenção e imparcialidade nos seus julgamentos, pois essa é a essência da jurisdição.

Não raro, justamente por ser ele, o juiz, detentor de uma parcela de poder, pode sofrer indevidas pressões. É por isso que as garantias constitucionais de vitaliciedade, inamovibilidade e irredutibilidade de vencimentos lhe são conferidas (CF, art. 95).

Contudo, determinados fatos ou circunstâncias, ocorridos dentro ou fora do processo, podem prejudicar a conduta do magistrado dentro do processo.

Assim, uma inimizade, um grau de parentesco ou mesmo o interesse na causa podem fazer com que o juiz decida de maneira diversa da que realmente deveria julgar.

Há outros casos de potencial parcialidade, como a projeção da experiência particular do magistrado para o processo como no caso do juiz que, traído no casamento, recebe uma causa de adultério para julgamento; o juiz credor de diversos locatários inadimplentes deve julgar as ações de despejo a ele submetidas; o juiz mal atendido em um supermercado ao receber uma demanda deste estabelecimento como réu; ou as convicções pessoais e religiosas do juiz em questões como o casamento de pessoas do mesmo sexo. Nestes casos, justamente por ser difícil a constatação e mesmo a comprovação causal, não são reguladas pela lei.

Atento a essas circunstâncias, o legislador enumerou em dois artigos as situações em que o juiz deve ser afastado: os mais graves, que geram presunção absoluta, denominam-se **impedimento**; os que geram presunção relativa, **suspeição. Impedimento é uma circunstância, suspeição uma desconfiança** (arts. 144 e 145, CPC).

Uma observação: não se pode confundir os conceitos de imparcialidade com impartialidade. A imparcialidade é regra objetiva e assevera que o juiz não atue como as partes e sim como julgador, mantendo-se equidistante delas. A imparcialidade constitui elemento subjetivo e decorre do fato de o juiz, mesmo não sendo parte do conflito, não ter interesse em que a decisão seja julgada de tal ou qual modo.

Tanto no impedimento como na suspeição, o elemento volitivo é o menos importante. O enquadramento na hipótese de incidência nos casos-tipo previstos em lei é suficiente para a configuração da parcialidade. Assim, em sendo a mãe do juiz parte do processo (v.g.), é irrelevante a relação de afeto que esses possuem: se o juiz realmente pode ser tendencioso dado o parentesco, se o magistrado agirá com absoluta isenção em virtude de sua função ou se eles não possuem contato há anos. Esses dados são irrelevantes. A mera previsão em lei como caso de impedimento ou suspeição é suficiente para o pedido e consequentemente o afastamento do magistrado. Dessa forma, as hipóteses de parcialidade previstas no Código estão muito mais ligadas à relação do juiz com as partes do que com suas inclinações para decidir.

Processualmente falando, o impedimento se difere da suspeição, pois as causas ali enumeradas são mais próximas e mais factíveis de o juiz proferir um julgamento distante da isenção. A prova, em regra, se faz de plano e o sistema trata como verdadeira objeção processual produzindo seus efeitos de forma diversa no processo, como se verá.

Já a suspeição depende de uma análise mais acurada dos fatos. Já que é difícil chegar ao conceito (e deste conceito a sua relevância para o processo) das suas hipóteses de cabimento como o amigo íntimo, o inimigo capital, o interesse no julgamento favorável para uma das partes.

Consoante assevera Pontes de Miranda, "quem está sob suspeição está em situação de dúvida quanto ao seu bom procedimento. Quem está impedido, está fora de dúvida, pela enorme probabilidade de ter influência maléfica para a sua função"[29].

São casos de impedimento e suspeição:

Art. 144. Há impedimento do juiz, sendo-lhe vedado exercer suas funções no processo:
I – em que interveio como mandatário da parte, oficiou como perito, funcionou como membro do Ministério Público ou prestou depoimento como testemunha;
II – de que conheceu em outro grau de jurisdição, tendo-lhe proferido qualquer decisão;
III – quando nele estiver postulando, como defensor público, advogado ou membro do Ministério Público, seu cônjuge ou companheiro, ou qualquer parente, consanguíneo ou afim, em linha reta ou colateral, até o terceiro grau, inclusive;
IV – quando for parte no feito ele próprio, seu cônjuge ou companheiro, ou parente, consanguíneo ou afim, em linha reta ou colateral, até o terceiro grau, inclusive;
V – quando for órgão de direção ou de administração de pessoa jurídica parte na causa;
VI – quando for herdeiro presuntivo, donatário ou empregador de qualquer das partes;
VII – em que figure como parte instituição de ensino com a qual tenha relação de emprego ou decorrente de contrato de prestação de serviços.
VIII – em que figure como parte cliente do escritório de advocacia de seu cônjuge, companheiro ou parente, consanguíneo ou afim, em linha reta ou colateral, até o terceiro grau, inclusive, mesmo que patrocinado por advogado de outro escritório (inciso declarado inconstitucional pela ADI 5.953, *vide infra*).
§ 1º Na hipótese do inciso III, o impedimento só se verifica quando o advogado, defensor público ou membro do Ministério Público já integrava a causa antes do início da atividade judicante do magistrado.
§ 2º É vedada a criação de fato superveniente a fim de caracterizar impedimento do juiz.
§ 3º O impedimento previsto no inciso III também se verifica no caso de mandato conferido a membro de escritório de advocacia que tenha em seus quadros advogado que individualmente ostente a condição nele prevista, mesmo que não intervenha diretamente no processo.
Art. 145. Há suspeição do juiz:
I – amigo íntimo ou inimigo de qualquer das partes ou de seus advogados;
II – que receber presentes de pessoas que tiverem interesse na causa antes ou depois de iniciado o processo, aconselhar alguma das partes acerca do objeto da causa ou subministrar meios para atender às despesas do litígio;
III – quando qualquer das partes for sua credora ou devedora, de seu cônjuge ou companheiro ou de parentes destes, em linha reta até o terceiro grau, inclusive;
IV – interessado no julgamento de causa em favor de qualquer das partes.
§ 1º Poderá o juiz declarar-se suspeito por motivo de foro íntimo, sem necessidade de declarar suas razões.
§ 2º Será ilegítima a alegação de suspeição quando:
I – houver sido provocada por quem a alega;
II – a parte que a alega houver praticado ato que signifique manifesta aceitação do arguido.

O STJ já entendeu que o rol da suspeição é taxativo (REsp 1.425.791).

O STF, em 2023, foi exortado a se manifestar sobre a norma contida no art. 144, VIII (ADI 5.953). A decisão decorre de um problema de ordem prática: Como o magistrado pode conhecer todos os clientes das bancas integradas por seus parentes e se declarar impedido em

---

29 *Comentários ao CPC*. 3. ed., Rio de Janeiro: Forense, 1997, t. 2, p. 420.

qualquer uma em que eles constem como parte? Ademais, geraria uma problemática grande em parentes de magistrados que atuam em grandes escritórios. Assim, ainda que esse parente trabalhe no departamento trabalhista, estaria impedido o juiz de julgar uma causa societária desse mesmo escritório. E ademais, constitui regra muito ampla de difícil aferição concreta. Ademais a norma possibilita às partes valerem-se do impedimento como estratégia processual, podendo até "eleger" o julgador da causa em clara afronta ao princípio do juiz natural.

É importante não confundir essa hipótese (parente trabalhando em escritório de advocacia que atua numa causa com o juiz) com a do inciso III, na qual o impedimento decorre de no **próprio processo** estar atuando cônjuge, companheiro ou parente do juiz. Igualmente não se confunde com o § 3º do art. 144. Neste, a vedação decorre do familiar do magistrado que conste na procuração ainda que não intervenha diretamente no processo. No inciso VIII opera-se em qualquer processo que atue como parte cliente do escritório de advocacia de pessoa próxima do magistrado ainda que não figure na procuração e ainda que esse cliente seja, naquele momento, patrocinado por novo escritório (tendo o escritório da pessoa próxima sido o anterior).

Apesar de entender a boa intenção e os relevantes fundamentos apresentados, fica difícil concordar com essa visão na prática. Certamente, numa discussão sobre um processo que "caiu com o magistrado fulano", aquele parente invariavelmente comentará com o juiz, o que poderia tornar o julgamento viciado a depender da forma como foi explicitado.

Por fim, não há impedimento, nem suspeição de Ministros do STF, nos julgamentos de ações de controle concentrado, exceto se o próprio Ministro alegar, por razões de foro íntimo, a sua não participação (STF. ADI 6.362/DF, Rel. Min. Ricardo Lewandowski, *DJ* 2-9-2020 – *Info* 989).

Incidentalidade

As exceções, como visto, são um incidente e, portanto, não constituem uma relação jurídico-processual autônoma, mas dependente de uma demanda principal.

As exceções de impedimento e suspeição não comportam recurso algum, por falta de interesse recursal. E isso porque: **i)** se o magistrado se declarar impedido/suspeito, não haveria razão/interesse em recorrer (nem da outra parte, pois o único direito que a parte tem é de ser julgada por um juiz competente e não por "determinado" juiz); **ii)** se não se declarar, os autos serão remetidos *automaticamente* para o Tribunal para o julgamento do incidente (art. 146, § 1º, CPC).

A característica de ser um mero incidente e sem pertinência com o mérito da causa gera efeitos apenas endoprocessuais e se limitam a atingir tão somente o processo no qual foi oposto. Não faz coisa julgada e não tem eficácia *panprocessual, ex vi* do art. 504 do CPC.

Suspensão processual

A oposição da exceção antes da reforma acarretava a suspensão do processo principal, em qualquer hipótese.

No novo regramento, os autos chegando ao Tribunal, competirá ao relator declarar os efeitos da exceção: com ou sem efeito suspensivo do feito principal.

Legitimidade e prazos

O impedimento e a suspeição possibilitam que tanto o autor como o réu possam alegá-las. E isso porque, nesses casos, o incidente incide sobre a pessoa do juiz que poderá, dadas as circunstâncias, ser parcial para qualquer das partes. A parte poderá escolher a comarca, mas nunca o juiz que julgará sua causa, pois tal opção está fora de sua esfera de disponibilidade.

Importante que se diga que, nessas exceções, o excepto é o juiz e não a outra parte.

Quanto ao prazo, a lei preconiza no art. 146 que será apresentada a exceção "no prazo de 15 (quinze) dias, a contar do conhecimento do fato".

Procedimento

O CPC, conforme dito, simplificou o procedimento da forma de se arguir o impedimento ou a suspeição, que pode assumir a figura de mera petição simples ou exceção, a depender do posicionamento do juiz, conforme se verá. Assim:

a) a parte alegará, em quinze dias do conhecimento do fato, a suspeição ou impedimento ao juiz da causa. Essa petição deve conter os motivos da recusa, bem como os (eventuais) documentos e indicação de testemunhas para a instrução da causa. É controverso o entendimento do Superior Tribunal de Justiça sobre o fato de o advogado opor exceção com simples procuração *ad judicia* sem necessidade de poderes para tanto. Há acórdãos acenando favoravelmente (STJ, 6ª T., HC 21.792/SP) e outros em sentido contrário (STJ, 3ª T., REsp 173.390/MT).

Poderá o juiz:

a1) reconhecer sua parcialidade, quando determinará a remessa dos autos para seu substituto legal, em decisão irrecorrível. Nesse caso a arguição de impedimento/suspeição assume a figura de uma **petição simples**;

a2) não reconhecer sua parcialidade. Nesse caso determinará a autuação em apartado do incidente e apresentará suas razões no prazo de quinze dias (com as provas pertinentes) para imediata remessa ao Tribunal em decisão irrecorrível. Perceba que o juiz não necessitará de advogado para as razões, pois, nessa específica hipótese, possui capacidade postulatória. Como o juiz é parte no incidente (*excepto*), não poderá indeferir a exceção, seja por inadequação, seja por extemporaneidade, já que esta prerrogativa está afeta ao tribunal competente. Nesse caso a arguição assume a figura de **exceção**;

b) em sendo procedente a exceção no tribunal, haverá deliberação sobre quais atos do processo serão invalidados, bem como se determinará as custas processuais a serem pagas pelo juiz substituído. No primeiro caso, o tribunal fixará o momento a partir do qual o juiz passou a atuar com parcialidade. Ao juiz é facultado recorrer desta decisão. Os autos serão remetidos ao seu substituto legal;

c) verificando que a alegação é improcedente, o tribunal procederá à rejeição da exceção. Caberão recursos para o STJ e STF da decisão que julgar a exceção improcedente, desde que, evidentemente, preenchidos os pressupostos de sua admissibilidade.

Algumas questões importantes:

a) O impedimento poderá ser arguido até o trânsito em julgado e após ele por meio de ação rescisória.

b) Se a constatação de impedimento ou suspeição se der após a prolação da sentença, poderá ser alegada em sede de apelação como matéria preliminar (e consequentemente o magistrado pode apresentar sua defesa). Isso no caso de a câmara/turma que receber o recurso ter competência para julgar a exceção. Havendo competência diversa (existe, p. ex., uma câmara especial para o julgamento) serão enviados em peças diversas para as câmaras/turmas competentes.

Aqui a questão da parcialidade é preliminar ao julgamento da apelação de modo que aquele deverá ser julgado antes deste (CPC, art. 938). Com o acolhimento da parcialidade, os autos serão remetidos para o juiz substituto em primeiro grau. Se rejeitada, será inserida em pauta para julgamento da apelação.

c) Nas comarcas onde houver apenas um magistrado, a parte, com o ingresso da demanda, poderá, desde já, arguir o impedimento/suspeição, requerendo a designação de um substituto para a condução da causa.

d) Em julgamentos colegiados, nada impede que a parte oponha exceção para somente um de seus membros. Todavia, interessante é a questão quando se alega a suspeição/impedimento do tribunal todo ou de sua maioria absoluta.

e) O impedimento e a suspeição também se aplicam ao MP, aos serventuários da justiça e aos demais sujeitos imparciais do processo (art. 148, CPC). Nesses casos, "a parte interessada deverá arguir o impedimento ou a suspeição, em petição fundamentada e devidamente instruída, na primeira oportunidade em que lhe couber falar nos autos" (§ 1º); "o juiz mandará processar o incidente em separado e sem suspensão do processo, ouvindo o arguido no prazo de quinze dias e facultando a produção de prova, quando necessária" (§ 2º).

f) Preconiza o art. 147 do CPC: "Quando dois ou mais juízes forem parentes, consanguíneos ou afins, em linha reta ou colateral, até o terceiro grau, inclusive, o primeiro que conhecer do processo impede que o outro nele atue, caso em que o segundo se escusará, remetendo os autos ao seu substituto legal".

3.

DA REVELIA E DA FASE ORDINATÓRIA

3.1. DA REVELIA

3.1.1. INTRODUÇÃO

A contestação não pode ser considerada um dever. É, antes de tudo, um ônus, já que a sua não apresentação causará prejuízo exclusivamente ao réu. Logo, o réu não é obrigado a apresentar defesa.

Revelia é a falta de apresentação de contestação no prazo legal.

A revelia se insere num instituto maior, que lhe é gênero, denominado contumácia[1]. A contumácia pode ser:

PARTE	NOMENCLATURA	CONSEQUÊNCIA
Autor	Contumácia (*stricto sensu*)	Resolução do processo (CPC, art. 485, III)
Réu	Revelia (contumácia do réu)	Presunção de veracidade dos fatos (CPC, art. 344)
Bilateral	Contumácia bilateral	Resolução do processo (CPC, art. 485, II)

A revelia não ocorre simplesmente quando a parte **a)** não apresenta a peça de contestação (ou a apresenta fora do tempo), mas também quando **b)** contesta, mas não se defende de todos os pedidos do autor (e sobre essa omissão incide a revelia) e, também quando **c)** não se cumpre o ônus da impugnação específica (CPC, art. 341) ou **d)** não sana a falha de representação quando intimada a fazê-lo (CPC, art. 76, II). Ademais, há entendimento no STJ de que ocorre revelia quando se apresenta contestação fora da comarca do juízo, em local distante e errado (STJ, REsp 847.893/SP).

Nos juizados especiais cíveis (Lei n. 9.099/95, art. 20) incide também revelia quando "não comparecendo o demandado à sessão de conciliação ou à audiência de instrução e julgamento,

---

1 Contumaz é o sujeito que não cumpre uma ordem judicial ou não prática ato que tem natureza de ônus processual.

reputar-se-ão verdadeiros os fatos alegados no pedido inicial, salvo se o contrário resultar da convicção do juiz".

Não se pode confundir revelia com confissão ficta. Revelia é um fato e a confissão ficta é um efeito.

É importante frisar que para algumas matérias não se opera revelia, pois a parte poderá alegá-las posteriormente por não sofrer os efeitos da preclusão. Assim:

i) as matérias processuais, pois estas (salvo a incompetência relativa e a alegação de arbitragem), não precluem e podem ser conhecidas de ofício e igualmente alegadas, a qualquer tempo e grau de jurisdição (arts. 337, § 5º, e 485, § 3º, CPC)[2];

ii) as matérias de direito (fundamento jurídico) que, por não serem elementos essenciais da causa de pedir não estão cobertas pela estabilização de instância (art. 329, CPC) decorrente do vocábulo *iura novit curia*;

iii) as situações do art. 342, CPC;

iv) a prescrição e a decadência (art. 487, II, CPC);

Essas questões serão melhor examinadas no item a seguir.

3.1.2. EFEITOS

Há dois principais efeitos decorrentes da revelia. Um denominado efeito material e outro processual.

i) O efeito material é a presunção[3] de veracidade dos fatos alegados (CPC, art. 344). Desse efeito gera-se outro periférico: a possibilidade de julgamento antecipado do mérito (CPC, art. 355, II). Aqui há de se destacar um ponto. Sabe-se que os fatos incontroversos, como o caso, independem de prova (CPC, art. 374, III). Todavia, o fato de prescindir de dilação probatória não pode autorizar a necessária procedência do pedido em favor do autor.

A presunção é relativa[4]. Do contrário, seria permitido ao autor formular toda sorte de pedidos e, em virtude da não resistência, fosse o réu onerado na condenação de pedido inexequível (como uma dívida de bilhões ou mesmo exigir determinada prestação que exija certo conhecimento técnico que o réu não possui).

Não se pode esquecer que o autor possui o ônus de demonstrar os fatos constitutivos do seu direito (CPC, art. 373, I). Assim entende Vicente Greco Filho: "Na realidade, o art. 319 [atual 344] dispensa efetivamente o autor de prova, desde que o réu não conteste a ação, mas os fatos por ele alegados hão de passar pelo crivo da plausibilidade ou verossimilhança"[5].

---

2   Há quem defenda que a alegação posterior dessas matérias pelo réu, conquanto possíveis por lei, violariam a boa-fé processual e, portanto, estariam impedidas de ser levantadas em decorrência de uma "preclusão punitiva" (Fredie Didier) ou mesmo "preclusão lógica" (Antônio do Passo Cabral). Entendemos equivocada a conclusão dos autores, pois a preclusão decorre do não cumprimento de um ônus processual e não de má-fé. Ademais, já há sanção tipificada para a má-fé (arts. 80 e 81, CPC) e estabelecer nova sanção seria permitir ao legislador legislar sem autorização (art. 5º, XXXIV, CF). Nesse sentido, Heitor Vitor Mendonça Sica (*Comentários ao Código de Processo Civil*. Coord. Cassio Scarpinella Bueno. São Paulo: Saraiva, 2017, v. 2. p. 113-114).

3   Muito se discute na doutrina se a expressão "presunção" estaria sendo bem empregada no texto. O vocábulo é defendido por parte da doutrina (Vicente Greco, Moacyr Amaral Santos e Ovídio Baptista), mas criticado por outra (Arruda Alvim, Cândido Dinamarco e João Batista Lopes). E isso porque presunção seria um raciocínio, uma dedução e no art. 344 o que se tem é uma consequência, a veracidade dos fatos apresentados pelo autor. O art. 319 [atual 351] utilizava a expressão "reputa-se" diferente do que se vê no art. 285 do CPC [revogado] em que se dizia "presunção", mesma locução empregada no atual 344.

4   Nesse sentido, STJ, REsp 1.845.542-PR, Rel. Min. Nancy Andrighi, Terceira Turma, por unanimidade, julgado em 11/05/2021.

5   *Direito processual*, cit., p. 142.

É exatamente por isso que, sempre que possível, o legislador não perde a oportunidade de deixar consignado, quando possível em lei, que a confissão ficta somente se aplica quando o contrário não resultar da prova dos autos (Lei n. 9.099/95, art. 20).

Como bem observa a doutrina, é necessário também analisar a revelia sob a ótica da igualdade substancial. Assim, quando o juiz proceder uma análise sociológica do réu chegar à conclusão de que ele não teve condições de se defender levando em conta seu grau de esclarecimento e a possibilidade de acesso à justiça, poderá elidir os efeitos da revelia[6].

Há casos outros que os efeitos da revelia não serão sentidos[7]:

a) citação ficta (edital ou hora certa), já que o curador nomeado promove a defesa do réu revel (arts. 72, II, e 341, parágrafo único, CPC);

b) assistente simples que ingressa no processo para ajudar o revel, sendo considerado substituto processual do assistido (CPC, art. 121, parágrafo único);

c) se o litisconsórcio for unitário, apenas um deles apresentar defesa (CPC, art. 345, I; CC, art. 213). Há quem entenda ser irrelevante a natureza do litisconsórcio, bastando a verificação da matéria defendida ser comum aos demais litisconsortes omissos (STJ, AgRg no REsp 557.418/MG), pois os interesses podem ser distintos ou opostos (art. 1.005, CPC).

d) se o direito posto em juízo for indisponível (CPC, art. 345, II). Ainda que seja extremamente difícil divisar o que são direitos indisponíveis dos que não são, é possível colher no ordenamento algumas situações como os direitos da personalidade, as ações que versam sobre o estado das pessoas e algumas situações de direito de família e contra o Poder Público[8]. Assim, a paternidade necessariamente deve ser provada a despeito de não haver resposta (*RT* 672/199);

e) se a inicial não estiver acompanhada de instrumento que a lei considere indispensável para o ato (CPC, arts. 345, III, e 406). "Prova substancial é a que sem a qual o direito não chega a se constituir no plano material"[9]. Como exemplo veja o art. 108 do CC: "Não dispondo a lei em contrário, a escritura pública é essencial à validade dos negócios jurídicos que visem à constituição, transferência, modificação ou renúncia de direitos reais sobre imóveis de valor superior a trinta vezes o maior salário mínimo vigente no País";

f) se as alegações de fato formuladas pelo autor forem inverossímeis ou estiverem em contradição com prova constante dos autos. Aqui se deseja evitar presunções sem fundamento ou completamente implausíveis.

A inverossimilhança dependerá de cognição exauriente, assim, a revelia (no plano material) apenas será utilizada como regra de julgamento (e não de instrução) no momento de prolação da sentença. A contradição entre a alegação e as provas, ao contrário, é possível em certos casos que se proceda à sua análise *prima facie,* de modo que poderá à revelia ser decretada de imediato;

g) quando a defesa versar sobre matéria exclusivamente de direito. Já que no Brasil se adota majoritariamente a teoria da substanciação, que estabelece a preclusão sobre a matéria de fato e não a de direito. Não obstante o art. 336 fale em exposição "de fato e de direito", essa

---

6   MARINONI; ARENHART; MITIDIERO. *Novo Código de Processo Civil comentado*, cit., p. 372.
7   Enumeração feita por Fredie Didier Jr. (*Curso de direito processual civil*, 9. ed. Salvador: JusPodivm, 2008, p. 496. v. 1).
8   Enunciado n. 256 da Súmula do TFR: "A falta de impugnação dos embargos do devedor não produz, em relação à Fazenda Pública, os efeitos de revelia". Contudo, já entendeu o STJ que, se a questão da Fazenda Pública com o particular for uma relação de direito privado, por exemplo a locação de equipamentos, há a confissão ficta (STJ, REsp 1.084.745).
9   GAJARDONI; DELLORE; ROQUE; OLIVEIRA JR. Processo de conhecimento e cumprimento de sentença, *Comentários ao CPC de 2015*, cit., p. 141.

regra deve ser interpretada com o sistema, permitindo, por exemplo, que o réu apresente contestação intempestiva ou mesmo petição autônoma alegando que no caso se aplica o Código de Defesa do Consumidor e não o Código Civil;

h) quando o réu reconvir sem apresentar contestação (o que se apresenta possível conforme o art. 343, § 6º, CPC), desde que as alegações trazidas na reconvenção tornem os fatos controvertidos (STJ, REsp 1.335.994).

Ademais, a revelia afasta a coisa julgada sobre as questões prejudiciais, já que o art. 503, § 1º, II, exige que tenha havido contraditório prévio e efetivo.

Por fim, a despeito da revelia, o magistrado é livre para a apreciação do *quantum debeatur* em ação de indenização, ainda que o autor tenha deduzido valor. Isso porque o prejuízo deve ser aferido com base nas alegações e provas trazidas, não se autorizando o enriquecimento sem causa (STJ, REsp 1.520.659).

ii) O efeito processual gera a não intimação dos atos do processo para o réu revel (CPC, art. 346). Seu prazo passa a fluir da data de publicação do ato decisório no *Diário Oficial*[10]. Se o réu revel comparecer nos autos, poderá movimentar o processo, mas no estado em que ele se encontra, não podendo praticar os atos já consumados (em atenção ao direito adquirido e ao ato jurídico perfeito). Será doravante intimado dos atos, sendo-lhe facultada a produção de provas (Enunciado n. 231 da Súmula do STF) desde que tenha ingressado no processo em momento oportuno. Nessa ocasião, poderá produzir provas contrárias às alegações trazidas pelo autor.

Assim estabelece o art. 349 do CPC, ao asseverar: "Ao réu revel será lícita a produção de provas, contrapostas às alegações do autor, desde que se faça representar nos autos a tempo de praticar os atos processuais indispensáveis a essa produção".

Já entendeu o STJ que o prazo para apelação do réu revel não conta da intimação da parte contrária (que está nos autos), mas da publicação da sentença em cartório[11].

Apenas se não tiver advogado constituído nos autos (advogado ou defensor público), sofrerá os efeitos processuais da revelia (art. 346, CPC). Assim, o réu que simplesmente não compareceu no processo e, portanto, não se defendeu sofrerá o efeito processual da revelia. Mas o réu que contratou advogado, sendo que este está devidamente constituído nos autos, mas não apresentou defesa ou a fez extemporaneamente, não sofrerá os efeitos processuais da revelia.

Contudo, mesmo nos casos em que os efeitos processuais da revelia forem sentidos, há situações que não podem deixar de se intimar o réu revel dada a especialidade do tema. É o que ocorre na intimação para comparecimento a audiência de instrução e julgamento para depoimento pessoal (art. 381, CPC), para o cumprimento de sentença (art. 513, § 2º, II e § 4º, CPC), para alienação judicial (art. 876, § 1º, II, CPC), para o réu dos embargos de terceiro (art. 677, § 3º, CPC) ou exibição de documento ou coisa (art. 398, CPC).

A revelia gera outros efeitos processuais: i) a possibilidade de julgamento antecipado parcial do mérito (art. 355, II, CPC); ii) a impossibilidade de a questão prejudicial fazer coisa julgada por ausência de contraditório efetivo (art. 503, § 1º, II, CPC); e iii) a possibilidade ou não de desentranhamento da contestação intempestiva dos autos (conforme será visto a seguir).

---

10 É exigida a publicação do ato decisório na imprensa oficial para que se inicie o prazo processual contra o revel que não tenha advogado constituído nos autos, não sendo suficiente a mera publicação em cartório (REsp 2.106.717-PR, Rel. Ministro Gurgel de Faria, Primeira Turma, por unanimidade, j. 17-9-2024).

11 EREsp 318.242-SP, rel. Min. Franciulli Netto, j. 17-11-2004.

3.1.3. QUESTÕES PROCESSUAIS PERTINENTES

i) Alteração dos elementos objetivos da demanda. Se a parte quiser alterar o pedido ou a causa de pedir, deverá (caso o réu seja revel) providenciar nova citação. Essa regra que constava do art. 321 do CPC/73 não possui referência no atual diploma, mas acreditamos que se mantém incólume seguindo a regra geral de estabilização da demanda (CPC, art. 329, II).

ii) Advertência no mandado. Para que ocorram os efeitos da revelia é indispensável que esteja mencionado no mandado a advertência que, na falta da contestação, presumem-se verdadeiros os fatos alegados pelo autor (CPC, art. 250, II). E isso porque o mandado é entregue à parte que, no mais das vezes, não possui conhecimento técnico para discernir as consequências dos seus atos[12].

iii) Ação rescisória. Não há revelia na não apresentação de rescisória. E isso porque a coisa julgada é matéria de ordem pública, enquadrando-se na categoria de direitos indisponíveis (CPC, art. 345, II), portanto não podendo se presumir verdadeiros os fatos não contestados pelo réu.

iv) Desentranhamento da contestação? Na vigência do CPC/73, doutrina e jurisprudência interpretavam o art. 195 como autorizador de retirada dos autos da contestação intempestiva[13]. O atual CPC nada dispõe sobre o tema. Entendemos, portanto, que a contestação não deve ser retirada do CPC, especialmente se: a) contiver preliminares; b) defesas que são permitidas após a contestação (art. 342, CPC); c) quando o réu conseguir demonstrar a situação estampada no art. 345, IV, do CPC; d) divergir das conclusões jurídicas alegadas pelo autor[14]; e) trouxer documentos que façam contraprova às alegações trazidas pelo autor; f) trouxer questões prejudiciais de mérito importantes para o julgamento da causa.

v) Não preclusão. Além das matérias do art. 342 do CPC, não se submetem à preclusão as matérias de direito, já que os fatos se tornam impossibilitados de alegação tardia, mas não as questões de direito (que incidem sobre os fatos). Assim, havendo contestação intempestiva, a despeito da preclusão fática, o magistrado poderá aproveitar as teses jurídicas apresentadas pelo réu.

3.2. DA FASE ORDINÁTORIA

3.2.1. INTRODUÇÃO

Conforme estudado no capítulo destinado ao processo e pressupostos processuais, dentro do **procedimento comum** e, também, no que couber, a determinados procedimentos especiais, principalmente aqueles que, depois de determinada etapa, convertem-se para o procedimento comum (como as possessórias, demarcação de terras, dissolução parcial de sociedade, embargos de terceiro, homologação de penhor legal, restauração de autos) **verifica-se a divisão em quatro fases muito bem delineadas: as fases postulatória, ordinatória, instrutória e decisória.**

---

12 Nesse sentido: "Citação – Irregularidade – Falta de menção expressa à advertência de que a ausência de contestação acarretará a presunção de veracidade dos fatos alegados pelo autor. Nulidade reconhecida. Arts. 225, II, e 285 do CPC" (TJSP, 23ª Câm. Dir. Priv. Ap. Cív. 983.774-9/Pirassununga, rel. J. B. Franco de Godoi).

13 Art. 195, CPC/73. O advogado deve restituir os autos no prazo legal. Não o fazendo, mandará o juiz, de ofício, riscar o que neles houver escrito e desentranhar as alegações e documentos que apresentar.

14 GAJARDONI; DELLORE; ROQUE; OLIVEIRA JR. Processo de conhecimento e cumprimento de sentença, *Comentários ao CPC de 2015*, cit., p. 139.

O ponto de distinção efetivo entre as diversas fases reside na atividade preponderante que se exerce. Dessa forma, na fase postulatória preponderam os atos das partes, na fase ordinatória preponderam os atos do juiz (com a cooperação das partes) e a preparação do processo para a próxima fase, na fase instrutória preponderam os atos probatórios e na fase decisória tem-se a sentença que resolve a pretensão levada a juízo.

> **Postulatória:** consiste nos atos de postulação. Aqui o autor apresenta a inicial, o réu é citado para comparecer à audiência de conciliação e mediação (se a causa admitir autocomposição) e, se infrutífera, poderá apresentar defesa (contestação ou reconvenção). Nesta fase se apresenta e delimita-se o objeto do processo.
> **Ordinatória:** é a fase em que se dá andamento ao processo e nele se coloca ordem, organização. Nessa fase o magistrado deve verificar o que deve ser levado para a próxima etapa. Esta fase abrange as providências preliminares, o julgamento conforme o estado do processo e o saneamento. Verifica-se a regularidade do processo (nas providências preliminares), depois se o caso é de julgamento conforme o estado do processo e, se não for, haverá o saneamento do feito e a organização do processo (CPC, art. 357).
> **Instrutória:** é a fase da produção das provas. Aqui, de ofício ou a requerimento das partes, as provas serão produzidas dentro da audiência (testemunhal, depoimento pessoal) ou fora dela (perícia, inspeção judicial etc.). Nada impede que alguma prova seja produzida em outra fase sendo possível a produção antecipada de provas (art. 381, CPC) ou a constatação, em sede de tribunal, da necessidade da produção de alguma prova (art. 938, § 3º, CPC).
> **Decisória:** depois de perpassadas todas as fases o magistrado poderá decidir o mérito por meio da sentença.

À exceção da fase postulatória e decisória, que são estanques e devem estar presentes em qualquer causa, as demais, a depender da situação, podem não existir no procedimento comum. Se o magistrado indefere a petição inicial (art. 331, CPC) ou julga liminarmente o pedido (art. 332, CPC) não haverá fases ordinatória e instrutória. Igualmente quando o magistrado julga antecipadamente o mérito (CPC, art. 355), não há fase instrutória[15].

Portanto, a fase ordinatória (ou organizatória) é a fase que medeia duas importantes etapas do procedimento: a fase postulatória, onde estão compreendidas a petição inicial e as defesas do réu, e a fase instrutória, momento em que as provas protestadas naquela fase serão produzidas.

Todavia, a instrução probatória é etapa processual que, além de consumir significativa parte do processo (basta pensar na sofisticação da prova pericial), pode não ser necessária por uma série de motivos: a) a matéria discutida for de direito; b) a matéria não depender de provas; c) houve revelia; d) há situações em que o processo deverá ser extinto, seja porque (d1) houve alguma forma de autocomposição entre as partes, (d2) verificou-se a prescrição ou a decadência, ou (d3) há algum vício processual que impede o seu prosseguimento válido e regular.

Portanto, é fundamental que, após a fase postulatória, se estabeleça uma fase para ordenar o processo (daí o nome ordinatória), dando o destino que o processo deverá assumir a partir de então, verificando as eventuais irregularidades (que gerarão ou não a resolução do processo), sistematizando as provas que serão produzidas (com base nos pontos controvertidos) e deixando o processo pronto para a fase probatória.

---

15 O julgamento tem que ser total, pois se parcial (art. 356, CPC) haverá fase instrutória para os demais pedidos.

A fase de saneamento compreende as **providências preliminares, o julgamento conforme o estado do processo e o saneamento do feito.**

Apenas importante asseverar que se mostra incompleta a nomenclatura usual na doutrina "fase saneadora". E isso porque não se pode nominar uma fase com apenas um dos elementos integrantes dela, pois (a) não apenas se saneia nessa fase o processo, faz-se muito mais do que isso e (b) às vezes nem saneamento haverá, pois o magistrado pode entender inútil ou desnecessário sanear o processo e julgar no estado em que ele se encontra.

3.2.2. PROVIDÊNCIAS PRELIMINARES

As providências preliminares vêm previstas nos arts. 347 a 353 do CPC. Ela fica hospedada logo após a apresentação da contestação (com ou sem reconvenção).

Aqui o magistrado deve, na medida do possível (até em atenção à instrumentalidade das formas e à primazia do mérito), regularizar o processo e resolver situações pendentes, como:

a) verificar as questões sobre intervenção de terceiros;

b) trazer os eventuais litisconsortes necessários não citados;

c) verificar a revelia e a produção dos seus efeitos (especificamente o material, pois o processual decorre de circunstâncias objetivas);

d) fixar os pontos controvertidos que serão objeto de prova e já estabelecer com as partes quais as provas que serão produzidas (CPC, art. 348).

Importante asseverar, conforme explanado no capítulo sobre petição inicial, que, a despeito de as provas serem requeridas na inicial e na defesa, somente após a apresentação da contestação é que se verificam os pontos controvertidos para a exata produção probatória. Muitas provas não precisarão ser produzidas, pois os fatos não se controverteram, tornando inútil a sua produção (art. 370, parágrafo único, CPC). Outras provas não foram sequer mencionadas na inicial, pois o autor não teria como imaginar os argumentos de defesa trazidos pelo réu;

e) determinará a correção de irregularidades ou vícios sanáveis em até trinta dias. Um dos objetivos das providências preliminares é sanear vícios e irregularidades existentes no processo até então. Esta atividade decorre não apenas do princípio da primazia do mérito como também da cooperação sob a vertente do dever de prevenção, alertando as partes dos defeitos de seus atos postulatórios em juízo. Dessa forma, o magistrado deverá conceder prazo para que a parte possa regularizar o defeito (art. 317, CPC) em prazo não superior a trinta dias.

Esse prazo poderá, como o próprio art. 352 indica, ser inferior, caso a correção da invalidade ou irregularidade possa se resolver em tempo mais exíguo. Esse prazo nem sempre será para as partes. É possível a correção de um vício que apenas a serventia ou o Ministérios Público devem sanar. Nesses dois casos o prazo é impróprio.

Se para as partes, é importante que o magistrado indique com precisão o que deve ser corrigido ou completado em consonância com os arts. 321 e 489, § 1º, do CPC (fundamentação analítica).

O CPC fala em vícios sanáveis (e não nulidades sanáveis) o que é tecnicamente mais correto. A nulidade é uma consequência do ato processual defeituoso. Se o objetivo do saneamento é justamente evitar a decretação de nulidade, a expressão vício nos parece mais adequada.

Ao lado dos vícios, o CPC fala das irregularidades que são vícios de menor potencial e que geram menor gravame ao processo (como a numeração equivocada dos autos do processo);

f) por fim, poderá o autor apresentar **réplica** à contestação do réu no prazo de quinze dias. Contudo, a réplica não será ofertada em qualquer circunstância.

Sua apresentação fica condicionada a duas situações: **i)** se o réu apresentou preliminares, ou seja, levantou vícios processuais que, por direito, o autor pode se manifestar (CPC, art. 351); e **ii)** se o réu apresentou defesa de mérito indireta (fatos impeditivos, modificativos ou extintivos do direito do autor) (CPC, art. 350), isso porque na defesa de mérito indireta o réu traz **novos fatos**, que legitimam ao autor, em atenção ao contraditório. se manifestar, até mesmo para concordar ou refutar esses fatos. Se a defesa de mérito for direta, ou seja, o réu simplesmente nega a existência do fato constitutivo do direito do autor, não há nada novo a falar (que já não tenha sido dito na petição inicial) e, portanto, não haverá razão para abertura de prazo para réplica.

É curioso que na história das codificações processuais (CPC/39, CPC/73 e CPC) o legislador seja relutante em empregar o nome réplica para indicar a manifestação do autor sobre a contestação do réu. Contudo, vale-se dessa expressão em artigos esparsos (arts. 100, 430 e 437).

Assim, as providências preliminares podem ser divididas da seguinte forma:

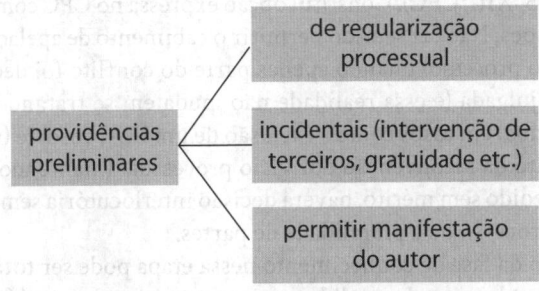

3.2.3. JULGAMENTO CONFORME O ESTADO DO PROCESSO

Cumpridas as providências preliminares, ou não havendo necessidade de sua realização, poderá o magistrado julgar o processo no estado em que ele se encontra (CPC, art. 353). Nesse momento, o magistrado terá três possíveis caminhos a seguir: **i)** constatou a existência de vícios insanáveis e extinguiu o processo sem resolução do mérito (arts. 354 e 485, CPC); **ii)** sendo dispensável a fase probatória o magistrado pode julgar desde logo o mérito de forma total ou parcial (arts. 355 e 356, CPC) ou quando ocorrer as hipóteses de resolução de mérito sem julgamento (art. 487, II e III, CPC) e **iii)** não sendo o caso de resolução de nenhuma forma, procederá o saneamento do feito preparando o processo para a fase instrutória (art. 357, CPC).

O julgamento conforme o estado do processo é gênero em que figuram como modalidades a resolução do processo, o julgamento antecipado do mérito e o julgamento antecipado parcial do mérito:

a) extinção do processo (CPC, art. 354)

O legislador valeu-se de nomenclatura antiga e equivocada: **extinção**. A sentença não extingue o processo, mas encerra a fase de conhecimento e há continuidade com a provável interposição de recurso. E mesmo não havendo recurso, o processo continuará com o cumprimento de sentença. Portanto, o CPC deveria ter adotado a expressão resolução da fase de conhecimento.

Poderá o juiz verificar que o processo se encontra enquadrado em uma das hipóteses do art. 485 do CPC ("O juiz não resolverá o mérito quando") pela ausência de algum requisito processual pertinente ou poderá também ocorrer a resolução com base no art. 487, II e III, do CPC. Nestes casos, a resolução deu-se com mérito por autocomposição das partes no curso da causa ou pela constatação de prescrição/decadência.

Não se enquadra nessa etapa a hipótese do inciso I do art. 487, porque aqui haveria um verdadeiro julgamento de mérito que pode ser dado ou na etapa adiante (que se refere ao julgamento antecipado do mérito), ou após a instrução probatória.

É importante frisar que apenas haverá a resolução sem mérito quando o vício for insanável (mas deve o juiz intimar as partes previamente conforme arts. 9º e 10, CPC) ou a parte, devidamente intimada para se manifestar fica inerte. Contudo, deve o magistrado fazer o possível para solucionar os vícios em atenção à primazia do mérito (arts. 139, IX, e 317, CPC).

Em conclusão, haverá resolução do processo (item "a") nos casos de sentenças sem análise de mérito ou nas sentenças com resolução imprópria do mérito.

Aqui, profere-se sentença que desafia recurso de apelação. Contudo, se essa decisão se referir a apenas parte do processo, o recurso cabível será o agravo de instrumento (arts. 354, parágrafo único, e 1.015, XIII, CPC). Constitui opção expressa no CPC com base no tratamento dos capítulos das decisões. Não faz sentido permitir o cabimento de apelação (que leva consigo ao tribunal os autos do processo) quando apenas parte do conflito foi decidida e ainda existe "porção de lide" a ser julgada (e essa realidade não muda em se tratando de autos físicos ou eletrônicos). Dessa forma, em casos como a exclusão de um litisconsorte (mantendo as demais partes), o indeferimento da reconvenção por vício processual (mantendo a causa originária), a extinção de algum pedido sem mérito, haverá decisão interlocutória sem mérito que diminui o objeto litigioso do processo ou a pluralidade de partes.

Logo, a resolução da fase de conhecimento nessa etapa pode ser **total ou parcial**, pois:

a) poderá o juiz resolver um dos pedidos por conter vício insanável (ou não regularizado) e se enquadrar numa das hipóteses do art. 485, CPC;

b) igualmente poderá o juiz decretar a prescrição ou a decadência de um pedido sem prejuízo da continuidade do processo pelos demais;

c) as partes podem fazer autocomposição parcial. O réu pode reconhecer a procedência de apenas um dos pedidos, a transação pode versar sobre parte do objeto litigioso e o autor poderá perdoar apenas parte da dívida.

O tema será visto no próximo item.

b) julgamento antecipado do mérito (CPC, art. 355)

O julgamento antecipado do mérito é um fenômeno criado no ordenamento para permitir a imediata prolação de sentença, quando o processo já reunir condições para tanto, ou seja, constitui decisão dada em cognição exauriente, como técnica para abreviar o procedimento.

Não se pode confundir com a tutela de evidência. Esta é concedida com base em verossimilhança da existência de um futuro direito. Aquela é dada com base em elementos de cognição exauriente fundada na suficiência de provas e exercício do direito ao contraditório.

Na prática, muitos advogados, como estratégia processual, podem requerer, após a contestação, tutela de evidência com fundamento no art. 311, IV, no lugar de julgamento antecipado do mérito (art. 355, CPC).

Isso porque a confirmação da tutela de evidência por sentença (o que ocorrerá, nessa situação, em ato imediatamente posterior) enseja recurso de apelação, que será recebido apenas no seu efeito devolutivo (art. 1.012, § 1º, V, CPC). Nessa situação permite-se, desde já, o cumprimento provisório da decisão (art. 520, CPC).

De outro lado, o julgamento antecipado do mérito, se a causa não recair numa das situações do art. 1.012, § 1º, do CPC ou legislação que permita o cumprimento imediato da decisão, a apelação interposta pela parte vencida será recebida no duplo efeito[16].

Desta feita é equivocada a expressão "julgamento antecipado", que presume que haveria outro momento [ideal] para que o julgamento fosse realizado. Não é verdade. Se o magistrado constatou a desnecessidade de dilação probatória é porque esse é o momento adequado e não outro.

É fundamental que o magistrado comunique as partes sobre o julgamento antecipado para que estas possam, antes da sentença, se manifestar em atenção aos princípios da cooperação e do contraditório (arts. 9º e 10, CPC).

Não se pode julgar antecipadamente o mérito sob o argumento de que o autor não fez prova de suas alegações. Para que haja julgamento antecipado do mérito é necessário que o fato esteja provado.

Existem duas situações de julgamento antecipado do mérito:

i) quando não houver necessidade de produção de novas provas. É importante asseverar que "o juiz que promove julgamento antecipado do mérito por desnecessidade de outras provas não pode proferir sentença de improcedência por insuficiência de provas" (FPPC, enunciado n. 297);

ii) quando ocorrer revelia (evidentemente, nos casos em que se constatar a desnecessidade de prova, pois o fato constitutivo do autor está devidamente provado). Contudo, aqui é necessário o consórcio de dois requisitos: a) que o réu tenha sofrido os efeitos materiais da revelia (art. 344, CPC), pois é possível o réu ser revel (= não apresentar defesa), mas não sofrer esses efeitos, como, por exemplo, nas hipóteses do art. 345 do CPC; b) que o réu não tenha ingressado nos autos oportunamente para requerer a produção de provas, conforme art. 349 do CPC. A hipótese do julgamento antecipado está ligada a providência preliminar de constatação da revelia (art. 344, CPC).

Em qualquer uma delas, em atenção ao princípio do contraditório, é necessário que o juiz informe previamente as partes sobre a julgamento antecipado do mérito, para que estas possam se manifestar sobre essa possibilidade. Apenas não será necessário se ambas as partes requereram esse julgamento antecipado.

c) julgamento antecipado parcial do mérito (CPC, art. 356)

Historicamente, o Brasil sempre viveu com a ideia de **unicidade do julgamento**, ou seja, a decisão definitiva sobre o conflito somente poderia se dar em um único momento, por uma única decisão (sentença), não se permitindo o desmembramento da decisão para diversos momentos do procedimento[17].

Em 2002, o CPC permitiu expressamente o julgamento antecipado parcial do mérito que agora consta devidamente sistematizado

O sistema processual brasileiro adotou definitivamente a teoria dos capítulos das decisões, permitindo haver julgamento fragmentado da causa, ou seja, se uma parte do objeto litigioso já estiver em condições de imediato julgamento (pelos motivos que serão abaixo expostos), é possível ao magistrado já decidir essa questão de plano (podendo fazer coisa julgada parcial) e prosseguir o processo pela parte ainda não julgada. Assim, haverá decisão

---

16 É possível, contudo, obter tutela de evidência após a sentença, o que será melhor estudado no capítulo dos efeitos da apelação, *infra*.

17 Aceitavam-se, na égide do CPC/73, poucas situações previstas em procedimentos especiais, como na prestação de contas e na divisão e demarcação de terras.

parcial de mérito quando um ou mais dos pedidos cumulados, ou parcela deles, recair em uma destas hipóteses:

I) Julgamento antecipado por incontroversibilidade

Incontroversa é a matéria indiscutível, que não gera controvérsia. Em regra, em processo polarizado da qual as partes estejam em litígio, há controvérsia, pois o réu se defende atento às regras da eventualidade e do ônus da impugnação específica (ou seja, se manifesta sobre todos e especificamente todos os pontos trazidos pelo autor).

Contudo, há situações em que réu por ação ou omissão faz com que o fato constitutivo do autor se torne provado ao juízo e, portanto, incontroverso.

O direito veiculado no pedido pode tornar-se incontroverso em três situações:

a) reconhecimento da procedência do pedido (CPC, art. 487, III, *a*). Se o réu reconhece que o direito pertence ao autor, dispensa-se a instrução probatória, pois tornam-se os fatos incontroversos e, portanto, sem necessidade de dilação probatória. Trata-se de uma modalidade de **cognição exauriente ficta**, pois o juiz terá conhecimento total sobre o objeto litigioso, sem que tenha havido a profundidade necessária de análise. Nesse caso aplica-se também a confissão. É importante asseverar que a confissão versa apenas sobre os fatos, o reconhecimento da procedência da demanda versa sobre os fatos e as consequências desse fato. Assim, por exemplo, o autor ingressa em juízo para a cobrança de R$ 1.000,00 contra determinado réu a respeito de certa relação jurídica entre eles avençada. Ao ser citado, este réu confessa a existência da dívida, mas se defende aduzindo que o valor, em verdade, é de R$ 800,00. Pela conduta do réu, este valor, conforme art. 374, II e III, do CPC é incontroverso. Como ainda existem R$ 200,00 "controvertidos", o magistrado antecipará a parte sem discussão e prosseguirá a demanda analisando integralmente o objeto litigioso;

b) revelia (CPC, art. 344). A revelia gera a presunção de veracidade dos fatos. É pacífico o entendimento de que o efeito material da revelia gera presunção relativa, pois o autor pode não conseguir provar a juridicidade do seu direito ou mesmo o magistrado pode verificar a sua inexistência. De toda sorte, a revelia é um grande passo à procedência do pedido do autor. Aqui, diferentemente do reconhecimento jurídico do pedido, a **cognição judicial é exauriente presumida**, pois o magistrado se contenta com aquilo que foi demonstrado pelo autor, desconsiderando os argumentos que o réu poderia ter trazido já que, no momento oportuno, não o fez;

c) não cumprimento do ônus da impugnação específica (CPC, art. 341). Uma terceira situação constitui o não cumprimento do ônus da impugnação específica. Essa hipótese é a mais difícil de constatar na prática, pois o réu nem confessou, nem deixou de se defender: apenas se defendeu mal, ou seja, não cumpriu o seu dever de apresentar fatos impeditivos, modificativos ou extintivos. Constitui situação em que há contestação, mas não há defesa.

Algumas questões importantes:

i) havendo cumulação de pedidos, a aplicação dessa regra somente será possível quando os pedidos cumulados forem independentes entre si. Dessa forma, numa ação de rescisão do contrato com perdas e danos, sendo o réu revel exclusivamente quanto às perdas e danos, não poderá o magistrado antecipá-la, pois se em sentença final constatar a não rescisão do contrato, as perdas e danos não serão devidos. Esse exemplo constitui caso clássico de cumulação própria sucessiva, ou seja, os pedidos guardam entre si relação de prejudicialidade ou preliminaridade;

ii) parcela da doutrina, com razão, assevera que a incontrovérsia se encontra nos fatos (causa de pedir) e não no pedido. Portanto, tecnicamente falando, é a causa de pedir que torna apta a antecipação de parcela da demanda;

iii) não havendo recurso, a efetivação dessa parcela do mérito será feita por **execução definitiva** (não cumprimento provisório), pois não haverá futura decisão apta a ratificá-la ou infirmá-la. Portanto, as naturais limitações impostas a esse tipo de execução não se aplica a regra do art. 356 do CPC. Tanto o cumprimento da decisão como sua eventual liquidação poderão ser formalizados em autos suplementares (em não sendo processo eletrônico) a requerimento da parte ou do juiz. Ademais, nos termos do art. 356, § 2º, CPC, dispensa-se a prestação de caução para atos de levantamento de dinheiro, atos expropriatórios ou de desapossamento de bens (art. 520, IV, CPC);

iv) a decisão da parte incontroversa constitui uma decisão interlocutória com conteúdo de mérito e desafia o recurso de agravo de instrumento (arts. 354, parágrafo único, e 1.015, II, CPC). Entendemos equivocado, nesse sentido, falar em "sentença parcial" à luz da definição atual de sentença (art. 203, § 1º, CPC), bem como dos arts. 1.015, II, e 356, § 5º, também do CPC;

v) a decisão que julgar parcialmente o mérito poderá reconhecer a existência de obrigação líquida ou ilíquida. Nesse caso, se poderá proceder à liquidação parcial, independentemente de caução, ainda que a decisão tenha sido recorrida. Com o trânsito em julgado, essa decisão se torna definitiva;

vi) esta decisão, por ser definitiva, está apta a fazer coisa julgada material e possui prazo de contagem próprio para eventual ação rescisória (FPPC, Enunciado 336, e TST, Súmula 100, II). Sobre o tema, reportamos o leitor para o capítulo sobre ação rescisória (*infra*);

vii) a sentença não pode alterar a decisão interlocutória de mérito transitada em julgada. São duas decisões de mesma hierarquia sem vínculo de subordinação entre si. Aliás, segundo o Enunciado n. 125 da II Jornada de Direito Processual Civil (CJF): "A decisão parcial de mérito não pode ser modificada senão em decorrência do recurso que a impugna". Ou seja, se numa ação de cobrança de R$ 10.000,00 (dez mil reais), o réu reconhece R$ 4.000,00 (quatro mil reais) estes serão antecipados. Se, contudo, em sede de sentença o magistrado propugnar pela completa inexistência da relação obrigacional, não poderá invalidar a decisão antecipada, pois o reconhecimento do réu se sobrepõe à convicção do juízo com base nas provas dos autos (disponibilidade processual).

II) Julgamento antecipado por condições de julgamento

Aplicam-se a esse caso as mesmas questões do julgamento não parcial, desde que parcela do mérito se encontre em situação de imediato julgamento (art. 355, CPC).

Nada impede que se aplique o art. 356 aos processos nos tribunais, conforme o Enunciado n. 117 da II Jornada de Direito Processual Civil (CJF).

Por fim, o STJ entendeu que é possível a aplicação do julgamento antecipado de mérito em sede de apelação "caso haja cumulação de pedidos e estes sejam autônomos e independentes ou, tendo sido deduzido um único pedido, esse seja decomponível. Além disso, é imprescindível que se esteja diante de uma das situações descritas no art. 356 do CPC/2015" (REsp 1.940.016-PR, Rel. Min. Ricardo Villas Bôas Cueva, Terceira Turma, por unanimidade, j. 22-6-2021).

3.2.4. SANEAMENTO DO PROCESSO

O regramento do saneamento antes de 1994 era ato praticado apenas pelo juiz sem a participação das partes (o denominado "despacho saneador") e com a primeira tentativa de conciliação que ocorria na audiência de instrução. O legislador após 1994 instituiu a audiência de conciliação (Lei n. 8.952/94), que posteriormente denominou-se preliminar (Lei n. 10.444/2002).

Assim, a tentativa de conciliação se dava nessa audiência, oportunidade em que se poderia sanear o feito. O atual diploma estabelece que a tentativa de conciliação se dá em momento diverso do saneamento, uma vez que ocorre na fase postulatória (audiência de conciliação ou mediação, art. 334 do CPC), ou seja, após a petição inicial o réu será citado, em regra, não para contestar imediatamente, mas para o comparecimento na referida audiência.

Pois bem. Uma vez encerrada a fase postulatória (que empreende a petição inicial, citação, audiência de conciliação ou mediação e a defesa do réu) e superadas as providências preliminares e a eventual etapa do julgamento conforme o estado do processo (e evidentemente não se enquadrando nela), ao magistrado compete proferir decisão para **saneamento e organização do processo**.

Constitui etapa extremamente importante para organizar o processo e prepará-lo para as fases restantes (probatória e decisória). Quanto mais complexas forem a matéria e suas provas, mais importante será o saneamento que poderá afastar a incidência de provas inúteis, permitindo visualizar melhor a controvérsia e, portanto, facilitar eventual acordo entre as partes, além de diminuir a possibilidade de recurso por eventual indevida apreciação do juiz sobre os fatos da causa.

O saneamento se dá em regra de forma concentrada, pois há uma fase própria (ordinatória) para a sua consecução. Contudo, algumas atividades poderão ser exercidas de forma difusa ao longo do procedimento, como a eliminação de vícios processuais que, sendo de natureza cogente, poderão ser analisados a qualquer tempo e grau de jurisdição (arts. 139, IX, e 352, CPC).

O ideal é que o magistrado solucione até o saneamento do feito todas as pendências processuais, deixando para a sentença apenas a análise das questões de fato e de direito. A construção da decisão judicial deve ser dada por partes, reservando a este momento a resolução integral, quando possível, de todos os vícios processuais existentes no processo, deixando a sentença com a apreciação apenas da matéria de fundo. É por isso que, como bem observado por Luís Eduardo Simardi Fernandes, "convém enfatizar inconveniência daquelas decisões de saneamento em que o juiz afirma que as preliminares se confundem com o mérito e com ele serão apreciadas. O juiz (...) deve se empenhar para apreciar estas matérias preliminares até esse momento, para evitar o início das atividades instrutórias, com o natural dispêndio de tempo e dinheiro que elas exigem, quando nem mesmo poderá ter lugar o enfrentamento do mérito da causa"[18].

Se o julgamento for parcial do mérito, é possível (e provável) que na mesma decisão em que o magistrado decide acerca de parcela da causa, igualmente estabeleça o saneamento da parte que será levada à fase instrutória.

Aliás, somente há de se falar em saneamento se a causa for levada ao procedimento probatório, caso contrário, haverá sentença com ou sem resolução do mérito. Assim, a organização do processo poderá assumir uma dupla direção: retrospectiva e prospectiva[19]. No **plano retrospectivo** a função do juiz é afastar os obstáculos processuais que possam eventualmente impedir o julgamento de mérito (art. 357, I, CPC). No **plano prospectivo**, consiste na verificação do que, sobre o objeto litigioso, será objeto de controversibilidade e, consequentemente, de prova (art. 357, II, CPC). Nesse plano definem-se os meios de prova, a distribuição do ônus dessa prova, bem como as questões de direito sobre o que recairá a decisão de mérito (art. 357, II, III e IV).

---

18 *Breves comentários ao novo Código de Processo Civil*. São Paulo: RT, 2015, p. 971.
19 MARINONI, ARENHART e MITIDIERO, *Código de Processo Civil comentado*, cit., p. 382.

Se o magistrado decide pela colheita de provas gera-se uma expectativa da parte nessa produção (art. 5º, CPC). Dessa forma, não poderá em ato posterior dispensar as provas com julgamento antecipado do mérito, pois ocorreu preclusão para o juízo.

Contudo nada impede que o magistrado, após saneado o feito, verifique a falta de um pressuposto processual, de uma condição da ação ou mesmo a ocorrência de prescrição/decadência. Isso porque as matérias de ordem pública não perecem com a força do tempo, permitindo que possam ser conhecidas a qualquer tempo e grau de jurisdição.

Após ter resolvido as questões processuais pendentes, passa o magistrado a **delimitar as questões de fato sobre as quais serão objeto de prova, bem como os correlatos meios probatórios que serão utilizados**.

A fixação das questões de fato é de extrema importância, pois, além de determinar sobre o que as partes devem provar decorrente de suas alegações, em prestígio à cooperação sob sua vertente do dever de prevenção, também evita que se proceda à instrução sobre fatos que não precisam ser provados, seja pela incontrovérsia, seja por se tratar de fato notório ou irrelevante.

Após a fixação dos fatos o magistrado deverá estabelecer com as partes os meios de prova a serem produzidos. A decisão que indefere a produção da prova não desafia agravo de instrumento, somente podendo ser vulnerada por mandado de segurança ou, posteriormente, por apelação quando da prolação da sentença (art. 1.009, § 1º, CPC).

É possível, ainda, que o magistrado requeira a produção da prova de ofício no silêncio das partes (art. 370, CPC).

A teor do art. 373 do CPC, o ônus da prova no sistema brasileiro continua sendo *ope legis* e de forma estática: o autor apresenta os fatos constitutivos do seu direito e o réu os fatos impeditivos, extintivos ou modificativos.

É possível, contudo, que o magistrado estabeleça forma diversa de distribuição (distribuição *ope judicis*), como nos casos do consumidor (art. 6º, VIII, da Lei n. 8.078/90) e na distribuição dinâmica da prova (art. 373, § 1º, CPC). Como o ônus da prova, conforme será visto no capítulo seguinte, pode ser considerado tanto como regra de instrução quanto como regra de julgamento, as partes devem, desde já, estar advertidas das consequências da não produção probatória.

Essa regra encontra guarida nos arts. 9º, 10, e 357, III, do CPC. Assim, a despeito de se tratar de regra de instrução, pois as partes não podem ser surpreendidas ao final do processo com um encargo que sequer sabia que era delas, é regra de julgamento, pois impede o *non liquet* decisório.

O magistrado também vai estabelecer as questões de direito relevantes para a decisão de mérito. Isso porque é possível que o magistrado entenda que o direito aplicável ao caso concreto seja diverso daquele que as partes discutem (ex.: as partes discutem o cumprimento do contrato com fundamento no CDC e o magistrado entende que se aplica ao caso o Código Civil). Nessa situação, para evitar decisões surpresa na futura sentença, o juiz já estabelece que a fundamentação jurídica do conflito será regida com base no CDC.

A questão é importante para que as partes já saibam, de antemão, quais as consequências jurídicas sobre os fatos narrados.

O saneamento pode ocorrer de três formas[20]:

i) por impulso oficial em que o juiz determina a organização do processo, podendo as partes requerer esclarecimentos ou ajustes no prazo de cinco dias (art. 357, § 1º, CPC). Essa é a regra no ordenamento brasileiro. O juiz, como o principal destinatário

---
20 MEDINA, José Miguel Garcia. *Novo Código de Processo Civil comentado*. 3. ed. São Paulo: RT, p. 600.

das provas e sujeito imparcial, delimita os fatos controvertidos e estabelece as provas que devem ser produzidas, sem prejuízo de, na prática forense, o magistrado antes do saneamento solicitar às partes a indicação das provas que pretendam produzir. Esse pedido de esclarecimento tem como base o modelo cooperativo adotado no Brasil (art. 6º, CPC) e tem por objetivo minorar o poder do magistrado nessa atividade de fixação do saneamento do feito. A parte pode requerer alguma alteração no que foi fixado ou o esclarecimento de alguma passagem lacunosa não enfrentada na decisão. É importante asseverar que "a integração e o esclarecimento das alegações nos termos do art. 357, § 3º, não se confundem com o aditamento do ato postulatório previsto no art. 329" (Enunciado 428 do FPPC). Entendo que o pedido de esclarecimento, como uma verdadeira modalidade de sucedâneo recursal com efeito regressivo, deve interromper o prazo para a interposição e outros recursos (mesmo não havendo previsão legal). Isso porque existem algumas situações no saneamento que são agraváveis (como a delimitação do ônus da prova[21] e a delimitação da questão de direito[22]), e a demora na apreciação do pedido de esclarecimentos bem como uma decisão desfavorável tolheriam o direito da parte de eventualmente recorrer quando se sentir prejudicada. Ademais, a decisão de saneamento se estabiliza após os cinco dias, se não houver o devido pedido de esclarecimento. E não poderá, em minha opinião, impugnar por apelação quando da prolação da sentença, o que não foi sequer requerido pela parte a título de esclarecimento.

ii) por audiência designada para essa finalidade (art. 357, § 3º, CPC). Essa hipótese, que reputamos ser a melhor forma de saneamento, consiste no que a doutrina denomina "saneamento compartilhado", em atenção ao princípio da cooperação (art. 6º, CPC). Nessa situação dois são os motivos que levam a sua designação: primeiro pela "complexidade em matéria de fato ou de direito". Não se trata apenas de um critério qualitativo (complexidade), mas também poderá ser quantitativo (número de questões). A audiência no regime anterior[23] era a regra para a tentativa de conciliação e o saneamento do feito. A prática mostrou que era pouco usual magistrados designarem audiência para essa finalidade. No atual regime, a audiência é exceção. Contudo, entendemos que não apenas para as causas de grande complexidade, mas todas as situações podem ter audiência. O Enunciado 268 do Fórum Permanente dos Processualistas Civis estabelece que "a audiência de saneamento e organização do processo em cooperação com as partes poderá ocorrer independentemente de a causa ser complexa".

Trata-se, portanto, de negócio jurídico típico (pois previsto expressamente no art. 357, § 3º, CPC) e plurilateral (pois pressupõe a participação das partes e do juiz).

A falta de designação da audiência, mesmo sendo a causa complexa, não gerará nulidade se não causar prejuízo às partes, na medida em que estas poderão se manifestar após o saneamento unilateral empreendido pelo magistrado[24];

---

21 Arts. 357, III, e 1.015, XI, CPC.
22 Arts. 357, IV, e 1.015, II, CPC.
23 CPC/73, art. 331: Se não ocorrer qualquer das hipóteses previstas nas seções precedentes, e versar a causa sobre direitos que admitam transação, o juiz designará audiência preliminar, a realizar-se no prazo de 30 (trinta) dias, para a qual serão as partes intimadas a comparecer, podendo fazer-se representar por procurador ou preposto, com poderes para transigir (...) (Redação dada pela Lei n. 10.444, de 7-5-2002). § 3º Se o direito em litígio não admitir transação, ou se as circunstâncias da causa evidenciarem ser improvável sua obtenção, o juiz poderá, desde logo, sanear o processo e ordenar a produção da prova, nos termos do § 2º (Incluído pela Lei n. 10.444, de 7-5-2002).
24 GAJARDONI, Fernando da Fonseca. *Processo de conhecimento e cumprimento de sentença*. São Paulo: Gen, 2016, p. 183-184.

iii) por negócio jurídico processual. Dada a possibilidade do negócio processual atípico (art. 190), o novo diploma estabeleceu uma série de novas regras típicas para potencializar a utilização do autorregramento da vontade das partes como forma da prática do ato processual. Assim estabelece o art. 357, § 2º, do CPC: "As partes podem apresentar ao juiz, para homologação, delimitação consensual das questões de fato e de direito a que se referem os incisos II e IV, a qual, se homologada, vincula as partes e o juiz". É possível, portanto, que as partes levem o saneamento do processo ao próprio magistrado. Trata-se de importante contribuição para a efetividade do processo na medida em que retiram do magistrado o encargo de estabelecer as questões de fato e de direito que serão delimitadas.

A despeito do que prevê o art. 200 do CPC, a convenção das partes não produz efeitos imediatamente, carecendo de homologação judicial que poderá estabelecer ajustes, bem como controlará a validade do negócio.

Conforme dito, uma vez aprovado o saneamento se estabiliza, vinculando todos os sujeitos do processo.

A lei não estabelece a possibilidade de as partes versarem sobre as provas a serem produzidas, o que não as impede de delimitar, até mesmo com fundamento na regra geral da atipicidade do negócio processual (art. 190). Contudo, não podem as partes delimitar a atividade oficiosa do magistrado. Isso porque estaria não só violando a redação do art. 370 do CPC, como também delimitando uma atividade que não lhe pertence. Esse foi o posicionamento do Enunciado 36 da ENFAM[25].

A convenção poderá ser apresentada mesmo quando o direito não admita autocomposição ou que as partes sejam incapazes (ao contrário da vedação contida no art. 190, CPC), pois, como dito, trata-se de negócio processual típico, não se subsumindo à regra geral da atipicidade da convenção processual prevista no referido artigo.

É possível, ainda, que as partes insiram, na esteira do que se prevê no art. 515, § 2º, do CPC, questões de fato que não haviam sido apresentadas em juízo. Este entendimento é corroborado no Enunciado 427 do FPPC: "A proposta de saneamento consensual feita pelas partes pode agregar questões de fato até então não deduzidas".

Havendo necessidade (especialmente para a colheita de prova oral), o magistrado designará audiência de instrução e julgamento (art. 357, V, CPC).

Após a decisão:

a) caso ocorra a determinação de prova testemunhal, o rol deverá ser apresentado em prazo comum a ser fixado pelo juiz (não superior a quinze dias). Poderão ser arroladas até dez testemunhas (três para cada fato), podendo o juiz, dadas as circunstâncias da causa (complexidade da causa ou dos fatos individualmente considerados), limitar seu número (art. 357, § 7º, CPC). Aliás, o Enunciado n. 300 do FPPC estabelece que "O juiz poderá ampliar ou restringir o número de testemunhas a depender da complexidade da causa e dos fatos individualmente considerados". Caso tenha ocorrido a audiência de saneamento, as partes já devem apresentar o rol de testemunhas nessa oportunidade;

---

25 Enunciado 36 da Escola Nacional de Formação e Aperfeiçoamento de Magistrados: "A regra do art. 190 do CPC não autoriza às partes a celebração de negócios jurídicos processuais atípicos que afetem poderes e deveres do juiz, tais como os que: a) limitem seus poderes de instrução ou de sanção à litigância ímproba; b) subtraiam do Estado-juiz o controle da legitimidade das partes ou do ingresso de *amicus curiae*; c) introduzam novas hipóteses de recorribilidade, de rescisória ou de sustentação oral não previstas em lei; d) estipulem o julgamento do conflito com base em lei diversa da nacional vigente; e e) estabeleçam prioridade de julgamento não prevista em lei".

b) havendo determinação de prova pericial, o magistrado designará o perito nos termos do art. 156 do, CPC e conferirá prazo para a entrega do laudo, conforme art. 465 do CPC. As partes terão o prazo de 15 dias para questionar a parcialidade do perito, indicar assistente técnico (em querendo) e formular quesitos (art. 465, § 1º, CPC). O calendário para sua realização se harmoniza com a regra do art. 191 do CPC, que estabelece a possibilidade de calendarização dos atos do processo, conferindo efetividade e segurança para a prática do ato;

c) a decisão sobre o saneamento, após a manifestação das partes, se torna estável, não sendo admitidas alterações posteriores (art. 505, CPC), salvo se impugnadas por meio de recurso. Sobre o tema, reporta-se o leitor ao capítulo sobre agravo de instrumento (*supra*). A decisão de estabilização tende a conferir previsibilidade e segurança para as partes, de modo que não se permita a alteração do roteiro que foi definido naquela decisão. Dessa forma, não se admitirão mais novas alegações, novos pedidos de provas. É até esse momento também o prazo limite para que o autor e/ou réu alterem o objeto litigioso (alteração da petição inicial e reconvenção), desde que haja anuência da parte contrária.

4.

AUDIÊNCIA DE CONCILIAÇÃO OU MEDIAÇÃO

4.1. HISTÓRICO

A audiência de conciliação ou preliminar com a nova roupagem dada pelo CPC é muito mais simples do que a audiência preliminar prevista no CPC/73 em seu art. 331. Isso porque na audiência sob o regime anterior o seu objetivo não era tão somente a conciliação, mas também a fixação dos pontos controvertidos e eventual deferimento de produção de provas. A conciliação era apenas um dos pontos.

Em 1998 começou perante o Congresso Nacional a discussão sobre a mediação no processo civil brasileiro que se concretizou com a criação do Conselho Nacional de Justiça e a consequente edição, por este órgão, da Resolução n. 125/2010, que estabelece a "Política Judiciária Nacional de tratamento adequado dos conflitos de interesses no âmbito do Poder Judiciário".

Posteriormente, o CPC atual estabeleceu nos seus arts. 165-175 o regramento mínimo conferido à mediação e à conciliação, bem como à atuação do conciliador e mediador nesses casos. O CPC definitivamente ingressa na tentativa de incentivar as técnicas de autocomposição para desafogar o excessivo número de demandas que trafegam no Judiciário. Promover a autocomposição está entre os poderes do magistrado no processo (art. 139, V, CPC).

Na atual sistemática a audiência será apenas de conciliação (ou mediação) deixando a fixação dos pontos controvertidos e o deferimento de provas para momento posterior, seja em mera decisão de saneamento e organização do processo (art. 357, CPC), seja em audiência designada exclusivamente para esse fim (art. 357, § 3º, CPC) quando "a causa apresentar complexidade em matéria de fato ou de direito".

Esta audiência agora faz parte do procedimento das ações de conhecimento comum. Enquanto a audiência preliminar no regime anterior era eventual e facultativa, a audiência do art. 334 do CPC é em quase todos os casos obrigatória e inerente aos procedimentos cognitivos comuns.

Ainda na *vacatio* do atual CPC, foi editada a Lei n. 13.140/2015, que regulamenta a mediação entre particulares e no âmbito da administração pública.

Era uma medida necessária.

Apenas para se ter uma ideia, o Brasil conta com aproximadamente 200 milhões de processos (praticamente uma causa para cada brasileiro!). O número de juízes existentes é fisicamente incompatível com a escala industrial das causas que surgem todos os dias no Judiciário. As formas alternativas para a solução do conflito precisavam se tornar mais efetivas sob pena de travar definitivamente o Poder Judiciário.

Alguns autores defendem que a conciliação e a mediação não constituem "formas alternativas" de composição de conflito, mas sim *meios adequados*[1] para esse fim.

4.2. ESPECIFICAMENTE SOBRE A CONCILIAÇÃO E A MEDIAÇÃO

Os estudos sobre a conciliação e a mediação estão divididos nesse *Manual* em duas partes: nesse capítulo específico e no capítulo respeitantes aos **conciliadores e mediadores judiciais** no item 6.9 da parte geral (*supra*).

Especificamente sobre os procedimentos de conhecimento, **o juiz, ao receber a petição inicial, poderá: a)** indeferir a petição inicial (sem resolução do mérito) nas hipóteses do art. 330 do CPC quando não for possível a convalidação ou reiteração do ato; **b)** determinar sua emenda ou aditamento, conforme o art. 321 do CPC; **c)** julgar liminarmente improcedente o pedido, nos termos do art. 332 do CPC; **d)** proceder à citação do réu.

Nos casos dos itens "b" e "d" o magistrado designará audiência prévia de conciliação ou mediação. Mas qual delas será designada à luz do caso concreto?

A conciliação se diferencia da mediação:

> Na conciliação existe uma atuação mais efetiva do terceiro, que pode propor soluções para a resolução do conflito e atua preferencialmente nos casos em que não havia prévio vínculo jurídico entre as partes (CPC, art. 165, § 2º), como nos casos de acidente de carro ou propaganda enganosa, em que a relação entre as partes se deu exatamente no momento que gerou a situação litigiosa. Há casos com prévio vínculo (v.g., meros contratos sem que envolvam relação pessoal) que também se submetem à conciliação.
> Já na mediação, a participação do terceiro é mais reservada. Sua atividade se limita a instruir as partes para auxiliar qual é o objeto do litígio e para que se estabeleça um diálogo a fim de lograr a autocomposição. O mediador não faz proposta de acordo, deve deixar as próprias partes chegarem a esse desiderato. Isso decorre do fato de ele atuar em casos em que já exista prévia relação jurídica entre as partes (CPC, art. 165, § 3º), como nas relações contratuais que envolvam questões mais sensíveis (v.g., o melhor amigo descumpriu o contrato e enganou o contratante) ou nas relações envolvendo direito de família (daquilo que for objeto de disponibilidade).

Assim, a atuação do conciliador é mais intensa, pois este apresenta potenciais soluções para o litígio, enquanto na mediação apenas abre-se o caminho para a comunicação entre as partes.

4.3. PROCEDIMENTO EM AUDIÊNCIA

a) Designação da audiência – conforme se depreende do art. 165 do CPC, os tribunais devem criar centros judiciários de solução consensual de conflitos que serão responsáveis pela

---

[1] Petrônio Calmon. *Fundamentos da mediação e da conciliação*, p. 22.

realização dessas audiências, ou seja, a designação da audiência pressupõe que haja uma compatibilidade entre a agenda do juízo (que é quem designa a audiência, conforme art. 334, *caput*, CPC) e do centro judiciário de solução consensual (que fornecerá o material humano, e eventualmente o local da audiência).

Dessa forma, deve haver um convênio para que a designação possa ser dada com a dupla manifestação de vontade, do juízo e do centro.

b) Atos de comunicação – o réu deverá ser citado pelo menos vinte dias antes da audiência. Constitui prazo regressivo (semelhante ao regime do extinto procedimento sumário) e deve ser contado da juntada aos autos do mandado ou AR (art. 231, I e II, CPC). A intimação do autor será feita na pessoa de seu advogado. Tratando-se da Fazenda Pública no polo passivo, este prazo será dobrado (art. 183, CPC), o que constitui um atentado à celeridade do processo. A Fazenda deverá ser intimada pelo menos quarenta dias antes da audiência, prazo este que somente correrá em dias úteis, ou seja, essa comunicação deverá ser feita com praticamente dois meses de antecedência.

c) Condução da audiência. Em regra, a audiência não será presidida por um juiz. A vantagem de se permitir que a presidência da audiência se dê por um conciliador ou mediador é que estes podem manifestar-se sobre o litígio (de forma mais ou menos ativa, conforme sua condição) sem que isso constitua um pré-julgamento já que, caso infrutífera a tentativa de acordo, o processo será julgado por quem não participou da audiência: o juiz. Ademais, essa modalidade de audiência é regida pelo princípio da confidencialidade (art. 166, CPC) "o que acontece na audiência, fica na audiência". As partes se sentirão muito mais à vontade para apresentar suas argumentações e reconstruir a verdade dos fatos falando com um interlocutor que não será, no futuro, o julgador caso aquele acordo não seja levado a efeito. Se não for possível atender à recomendação, é desejável que se designe outro julgador para a causa (caso não haja acordo), sob pena de quebra da já mencionada confidencialidade. A confidencialidade se entremostra no sentido de não poder a parte contrária alegar, como prova na presença do juiz, que a outra, durante a tentativa de conciliação ou mediação, havia confessado a ocorrência do fato. Contudo, nada impede que o juiz presida a audiência nos locais onde não houver mediadores ou conciliadores suficientes (Enunciado n. 23 da I Jornada de Direito Processual Civil – CJF). É o que ocorre na prática. Há juízes que designam conciliadores e mediadores para presidir essa audiência, há juízes que, na falta ou insuficiência de conciliadores e mediadores presidem essas audiências e há juízes que sequer designam, pois afrontaria a duração razoável do processo, já que esse juiz, à falta de estrutura, corretamente entende que a designação será mais prejudicial para as partes. Até mesmo porque o juiz poderá conciliar as partes a qualquer momento (art. 139, V, CPC).

d) Obrigatoriedade. No regime anterior a ausência de uma das partes na audiência não gerava nenhuma sanção. No atual, o não comparecimento injustificado das partes é considerado **ato atentatório à dignidade da justiça**, com a possibilidade de aplicação de multa de até dois por cento com base na vantagem econômica a ser obtida ou no valor da causa, e que será revertida a favor da Fazenda Pública competente. O § 8º do art. 334 estabelece, em nossa opinião, um mandamento ilógico: impõe a obrigatoriedade do comparecimento a uma audiência que serve apenas para conciliação e mediação, ou seja, trata como ato cogente uma manifestação de disponibilidade. Impõe o comparecimento de quem não deseja dispor do seu direito. A cultura da autocomposição não pode ser imposta, conquanto seja recomendável aos advogados informarem aos seus clientes a importância dessa audiência e as vantagens que um acordo pode proporcionar. Contudo, a multa não incide nos casos do réu intimado por edital (Enunciado n. 26 da I Jornada de Direito Processual Civil – CJF). Igualmente, "Não cabe aplicar multa a quem, comparecendo à audiência do art. 334 do CPC, apenas manifesta desinteresse na realização de acordo, salvo se a sessão foi designada unicamente por requerimento seu e não houver justificativa para a alteração de posição" (Enunciado n. 108 da II Jornada de Direito Processual Civil – CJF). E "não cabe a aplicação de multa pelo não comparecimento pessoal à audiência de conciliação, por ato atentatório à dignidade da Justiça, quando a parte estiver representada por advogado com poderes específicos para transigir" (RMS 56.422-MS, Rel. Min. Raul Araújo, Quarta Turma, por unanimidade, j. 8-6-2021).

e) Alcance da autocomposição. É possível que haja conciliação ou mediação parcial que verse apenas sobre um fragmento do conflito e as demais possivelmente levadas ao Poder Judiciário. Nada mais lógico. Se o art. 356, CPC permite que parcela do objeto litigioso já possa ser antecipado em decorrência da incontroversibilidade, aqui é possível proceder a homologação parcial continuando o processo pela matéria remanescente.

f) Não realização. A audiência de conciliação ou mediação apenas não ocorrerá se acontecer alguma dessas situações:

f1) Quando ambas as partes concordarem na sua não realização. A despeito do tempo verbal contido no art. 334 estabelecer que "o juiz designará audiência", é necessária a prévia vontade do autor, conforme se depreende dos arts. 319, VII, e 334, §§ 4º e 5º, do CPC, em que deve aduzir na petição inicial o interesse por essa audiência. Se houver litisconsorte, todos devem se manifestar, sob pena de ineficácia do pedido de desinteresse.

O réu também poderá demonstrar seu desinteresse pela audiência, por meio de petição, até dez dias antes da audiência. Conforme se verá abaixo, não há, na maioria dos Estados, conciliadores e mediadores suficientes para atender a demanda de causas que necessitem da audiência de conciliação e mediação. Resultado: o prazo de 30 dias para a sua realização certamente não será respeitado na grande maioria dos casos. Não raro poderá acontecer de o magistrado designar audiência para depois de meses.

Este expediente favorece sobremaneira o réu que deseja procrastinar o feito. Imagine que o réu tenha sido citado em março para uma audiência que apenas ocorrerá em dezembro (em virtude dos motivos explicados). Nesse exemplo, o autor se manifestou expressamente pela não realização da audiência. Poderá o réu, nesse caso, aguardar todos esses meses para, apenas 10 dias antes da audiência, manifestar-se contrariamente a ela. E, somente a partir dessa manifestação, fluir o prazo para sua contestação, conforme art. 335, II, do CPC.

Mesmo o art. 334, § 4º, I, do CPC estabelecendo que a audiência apenas não se realizará se ambas as partes não concordarem, entendemos que basta apenas a recusa de uma delas para que o magistrado não a designe. Afinal, se a conciliação/mediação é acordo de vontades decorrente de ambas as partes, se uma não deseja conciliar, restaria contraproducente a sua designação. Assim:

> **i)** a despeito de entender a ideia do atual CPC em substituir a cultura da sentença pela pacificação, não se pode violar a autonomia da vontade, que constitui um dos princípios informadores da conciliação e mediação (art. 166, CPC). Mesmo com a regra prevista no art. 27 da Lei n. 13.140/2015 (Lei de Mediação)[2], entendemos que a autonomia da vontade deva ser respeitada, pois a própria Lei de Mediação prestigia a liberdade de autocomposição no seu art. 2º, § 2º[3];
>
> **ii)** a conciliação/mediação permite conduta protelatória de quem deseja procrastinar o feito, pois a audiência e toda comunicação prévia que as envolvem demandam tempo;

---

2 "Art. 27. Se a petição inicial preencher os requisitos essenciais e não for o caso de improcedência liminar do pedido, o juiz designará audiência de mediação."

3 "Art. 2º (...) § 2º Ninguém será obrigado a permanecer em procedimento de mediação."

iii) ademais, o instrumento ofenderia a isonomia, pois o réu estaria em manifesta vantagem em relação ao autor, uma vez que apenas este apresentou seus argumentos e o réu ainda não se defendeu, tendo essa "carta na manga";

iv) além disso, como bem observa José Miguel Garcia Medina, "aquele que ajuíza a ação já tentou solucionar a lide de outro modo"[4]. Assim, seria contraproducente mais uma vez, à custa de tempo e gastos com deslocamento, uma nova tentativa de autocomposição;

v) o instituto aumenta o custo do processo com a contratação de conciliador e mediador para casos em que uma das partes manifestamente demonstra desinteresse na autocomposição. Ademais, na prática, esta audiência em muitas regiões do país vem criando uma série de entraves, pois não há conciliadores ou mediadores suficientes para atender a demanda de processos que vem sendo distribuída. Assim, alguns juízes ou simplesmente não vêm designando essa audiência (por absoluta ausência de material humano), ou designam, mas em virtude da desproporção entre o número de conciliadores/mediadores as audiências são marcadas para muito tempo depois, laborando contra a efetividade e duração razoável do processo. Até mesmo porque a lei não estabelece um prazo máximo em que a audiência poderá ser designada. O prazo, portanto, é impróprio sem que haja nenhuma sanção processual.

Contudo, a opção legislativa é que a recusa de apenas um dos litigantes não é suficiente para a não realização da audiência. Dessa forma, mesmo que o autor expressamente mostre seu desinteresse na sua designação (art. 319, VII, CPC) haverá a fixação da data, que apenas será cancelada se o réu também recusar a realização da audiência. É isso, aliás, o que dispõe o art. 27 da Lei n. 13.140/2015 ao estabelecer (a nosso ver, de maneira exagerada) a obrigatoriedade da audiência quando a petição inicial preencher os requisitos essenciais e não for o caso de improcedência liminar do pedido. Há no STJ, afetado para julgamento, o REsp 2.071.340-MG, pelo rito dos recursos repetitivos, para "Definir se a inobservância da audiência de conciliação ou mediação previstas no art. 334 do CPC, quando apenas uma das partes manifesta desinteresse na composição consensual, implica nulidade do processo" (Tema 1271). Até o fechamento desta edição não havia sido realizado o julgamento.

f2) Se o direito não admitir autocomposição. Direito que não admite autocomposição é direito em que as partes não podem fazer acordo. Isso não tem relação com o direito ser disponível ou indisponível, pois mesmo estes últimos possuem uma esfera de disponibilidade (é possível transigir em direito ambiental e direito de família, por exemplo). São direitos que, mesmo as partes querendo, os efeitos jurídicos não são possíveis. Imagine um casal que teve filhos e o pai não quer assumir a criança e a mãe deseja cuidar do filho sozinha sem ingerência de ninguém. Não podem os dois, mesmo de comum acordo, pedir a chancela do Poder Judiciário para que se homologue essa situação. O Enunciado n. 24 da I Jornada de direito processual civil (CFJ) estabelece que: "Havendo a Fazenda Pública publicizado ampla e previamente as hipóteses em que está autorizada a transigir, pode o juiz dispensar a realização da audiência de mediação e conciliação, com base no art. 334, § 4º, II, do CPC, quando o direito discutido na ação não se enquadrar em tais situações". O que já facilita o trabalho do magistrado em designar audiências que serão infrutíferas.

f3) Quando o procedimento for incompatível. Não obstante o CPC, no seu art. 334, § 4º, I, CPC nada estabelecer sobre essa terceira hipótese, constitui clássico caso de não designação de audiência, especialmente quando a estrutura do procedimento não tiver "espaço" para a sua realização como na ação de dissolução parcial de sociedade (arts. 601 e 603, CPC), ação monitória (art. 701, CPC), inventário, mandado de segurança entre outras. Vejam, não é proibido e é até salutar que essa audiência ocorra, mas o itinerário do procedimento dificulta a sua

---

4 *Novo Código de Processo Civil comentado.* São Paulo: RT, 2015, p. 560.

designação. Assim, é possível a aplicação nos procedimentos especiais em que a estrutura for compatível com o procedimento comum após a citação (v.g., possessórias). Ademais, apesar de não fazer parte da estrutura procedimental, nada impede que possa ocorrer a audiência do art. 334 do CPC na execução de título extrajudicial, pois o magistrado poderá, a qualquer tempo, tentar conciliar as partes, especialmente com o auxílio de mediadores e conciliadores (art. 139, V, CPC). Também, na execução admite a autocomposição, que constitui um dos requisitos dessa modalidade de audiência. A audiência de conciliação ou mediação vem prevista no procedimento especial das ações do direito de família, nos arts. 694 a 696 do CPC.

g) Comparecimento das partes. As partes devem comparecer pessoalmente e acompanhadas de seus advogados ou defensores públicos. Nada impede que a parte nomeie um representante, desde que devidamente habilitado para que possa transigir. Esse representante pode ser seu próprio advogado desde que, repise-se, tenha poderes (por procuração ou outro instrumento) para transigir.

h) Segunda audiência. O ideal é que se obtenha a autocomposição na primeira sessão de audiência. Contudo, se necessário, o conciliador ou mediador poderá designar nova audiência para este mesmo fim desde que em até dois meses de diferença para a primeira em prestígio à duração razoável do processo. Essa nova designação somente será realizada se constatar que o acordo padece de pequenos ajustes ou a averiguação de alguns detalhes que não se podem obter ao longo da audiência (verificação de disponibilidade financeira para o pagamento, averiguação da qualidade das mercadorias a serem entregues) e que há real perspectiva de autocomposição na segunda.

É importante frisar que a vontade das partes é determinante para a designação ou não da segunda audiência. Se as partes concordarem com sua realização, ela será designada ainda que contrária à vontade do conciliador/mediador. Se não concordarem, mesmo que haja interesse do conciliador/mediador, ela não será designada.

i) Meios eletrônicos. A audiência pode ser feita por meios eletrônicos por meio de teleconferência ou algum outro meio idôneo. Aliás o Enunciado n. 25 da I Jornada de Direito Processual Civil (CJF) amplia as possibilidades de utilização de meio eletrônico: "As audiências de conciliação ou mediação, inclusive dos juizados especiais, poderão ser realizadas por videoconferência, áudio, sistemas de troca de mensagens, conversa *on-line*, conversa escrita, eletrônica, telefônica e telemática ou outros mecanismos que estejam à disposição dos profissionais da autocomposição para estabelecer a comunicação entre as partes".

j) Demais disposições. A pauta de audiência será organizada para que se respeite um intervalo de, no mínimo, vinte minutos entre as audiências. Obtida a transação, esta será homologada por sentença, conforme art. 487, III, *b*, do CPC.

5.

AUDIÊNCIA DE INSTRUÇÃO E JULGAMENTO

5.1. INTRODUÇÃO

Em sentido lato, audiência é todo ato processual em que o juiz convoca as partes para comparecer em juízo a fim de praticar determinados atos constantes do procedimento.

Nosso ordenamento prevê diversas modalidades de audiências: **i) de instrução e julgamento (CPC, art. 358); ii) preliminar de conciliação ou mediação (CPC, art. 334); iii) de justificação prévia (v.g., CPC, art. 564, parágrafo único); iv) interrogatório (CPC, art. 385, § 1º); v) inspeção judicial (CPC, art. 481).**

A audiência de instrução e julgamento é, certamente, a mais importante do ponto de vista probatório. E isso porque nela se confina toda atividade oral (testemunhas, depoimento pessoal e, eventualmente, esclarecimentos do perito), bem como a discussão sobre os demais meios de prova do processo. Constitui ato processual complexo, pois reúne diversas atividades distintas num único momento em que participam, juiz, advogados, auxiliares da justiça, partes, testemunhas e perito. As atividades preparatórias (como a intimação daqueles que, de alguma forma, participarão da audiência), atos ordinatórios, eventual conciliação e atos instrutórios propriamente ditos, como a oitiva das partes, testemunhas e esclarecimento do perito. É possível ainda que ocorra a fase decisória já que o magistrado poderá proferir sentença na própria audiência (art. 366, CPC).

A audiência de instrução e julgamento dá vigência, e é a principal manifestação dos princípios da **oralidade** (os depoimentos das partes e testemunhas serão tomados oralmente) e da **imediatidade** (o juiz tem contato direto com as partes e com as provas).

É muito importante compreender que "a oralidade é um instrumento indispensável para aproximar a administração da justiça ao cidadão, de forma a incorporar a presença jurisdicional ao cotidiano das pessoas e para que o juiz possa realizar um papel mais assertivo e resolutivo no processo"[1]. A oralidade fomenta: i) a cooperação processual (já que juiz e as partes discutem as questões do processo e as provas pessoalmente) e ii) agilidade nas argumentações das partes

---

1   CAMBI, Eduardo; DOTTI, Rogéria; PINHEIRO, Paulo Eduardo D'arce; MARTINS, Sandro Gilbert; KOZIKOSKI, Marcelo. *Curso de processo civil completo*. 2. ed. São Paulo: RT, 2019, p. 901.

e do juiz permitindo rápida resolução de eventuais questões contrárias aos interesses do processo.

Por fim, a imediatidade foi relativizada no CPC atual com a expansão dos meios tecnológicos de transmissão por videoconferência (arts. 236, § 3º, 385, § 3º, 453, § 1º e 461, § 2º, CPC).

É ato processual objetivamente complexo, uma vez que inúmeras atividades são praticadas e subjetivamente complexo, pois envolvem não apenas o juiz, as partes e os advogados, mas também o escrivão, o perito, terceiros (testemunhas), oficial de justiça.

5.2. CARACTERÍSTICAS

i) Facultatividade – a designação da audiência de instrução não é obrigatória e nem faz parte peremptória do procedimento. É possível que a matéria não necessite de novas provas ou mesmo que tenha havido revelia. É ainda possível a resolução do processo sem análise de mérito quando faltar requisito processual (CPC, art. 485), ou resolução com mérito nos casos de composição (CPC, art. 487, III) ou por prescrição e decadência (CPC, art. 487, § 2º). Em todas essas situações haverá o **julgamento conforme o estado do processo**.

Nesses casos não haverá instrução e o procedimento será desenvolvido em apenas três fases (postulatória, ordinatória e decisória).

ii) Publicidade – consoante se depreende dos arts. 189, 358 e 368 do CPC, os atos do processo (e neles se insere a audiência) são públicos, salvo nos casos em que houver segredo de justiça. Qualquer pessoa poderá assistir à audiência, mesmo que não tenha interesse na causa, desde que se comporte de acordo com a ocasião. Evidente que o juiz poderá exercer seu poder de polícia para limitar o número de pessoas a fim de se evitar tumulto e atrapalhar o andamento da solenidade.

Ademais, como decorrência da publicidade, a audiência poderá ser gravada (em áudio ou vídeo), pelo juiz e pelos advogados nos termos do art. 367, §§ 5º e 6º, CPC.

iii) Condução judicial – o magistrado preside a audiência (CPC, arts. 358 e 360). A ele compete: **a)** manter a ordem no recinto (art. 360, I) e **b)** dirigir os trabalhos da audiência. O magistrado é funcionário público dotado de poder de polícia, como dito. Uma questão de ordem formal: o Estatuto da OAB (L. 8.906/94) com redação dada pela Lei n. 14.508/2022, estabelece no art. 6º, § 2º, que: "Durante as audiências de instrução e julgamento realizadas no Poder Judiciário, nos procedimentos de jurisdição contenciosa ou voluntária, os advogados do autor e do requerido devem permanecer no mesmo plano topográfico e em posição equidistante em relação ao magistrado que as presidir".

iv) Identidade física do juiz – o juiz que colhe a prova é aquele que deve proferir a sentença. O motivo é evidente: por se tratar do destinatário da prova, colhendo e presenciando toda a instrução probatória, ninguém melhor que ele para decidir. A despeito de não haver mais previsão expressa desse princípio no CPC (anteriormente era verificado no art. 132, CPC/73), preferencialmente deve se manter essa identidade para uma melhor efetividade do processo.

v) Una – que constitui uma manifestação do princípio da concentração dos atos, a audiência é una e contínua (art. 365, CPC), devendo o magistrado demover todos os seus esforços para que ela tenha seu início e término no mesmo dia. Contudo de forma excepcional e justificada poderá ser fragmentada na ausência do perito ou testemunha e será redesignada para a data mais próxima possível.

No caso de a parte se comprometer em levar a testemunha independentemente de intimação e esta não comparece à audiência, o caso não é de redesignação, mas de dispensa da testemunha, por força do que dispõe o art. 455, § 2º, do CPC.

Quando, por motivo justificado, a audiência não puder terminar no dia, continuará em dia próximo. Não se trata de nova audiência, mas de continuidade da mesma audiência.

Nesse caso, não poderá, nessa segunda etapa da audiência, arrolar outras testemunhas.

5.3. ATOS PREPARATÓRIOS

É necessária a intimação das partes e de seus advogados para a audiência.

Pergunta-se se seria necessária a intimação das partes mesmo o advogado tendo sido intimado. **A resposta é positiva**. E isso porque sem a intimação da parte não há se falar em confissão ficta caso não compareça.

Com a intimação abre-se a possibilidade de manifestação para requerimento de esclarecimentos do perito e dos assistentes técnicos.

Se houver a necessidade de se produzir prova testemunhal, as partes devem entregar o rol de testemunhas (importante: diretamente no cartório, quando o processo for físico) no prazo comum de até quinze dias. Se a causa for complexa, o magistrado designará audiência para que o saneamento seja feito em conjunto com as partes, oportunidade em que a parte deve apresentar o rol de testemunhas.

Os peritos e assistentes técnicos, igualmente, serão intimados da audiência, por meio eletrônico com no mínimo dez dias de antecedência da solenidade (art. 477, §§ 3º e 4º, CPC).

5.4. FASES DA AUDIÊNCIA

A audiência se divide em **quatro fases** distintas:

i) abertura – o art. 358 do CPC preconiza que "no dia e hora designados, o juiz declarará aberta a audiência, mandando apregoar as partes e seus respectivos advogados, bem como as pessoas que dela devam participar". Constitui ato informal em que, via de regra, é feita por um auxiliar do juízo que convocam as partes e advogados que estão próximos da sala do juiz a participar da audiência. Mesmo nos casos de segredo de justiça as partes serão apregoadas.

Nas situações em que a participação do MP se fizer necessária na audiência, não haverá necessidade de sua convocação pelo auxiliar do juízo.

O perito e as testemunhas somente serão chamados em momento posterior, a depender do momento da audiência.

A audiência deve correr em dia útil e no horário forense. Pode o magistrado, caso a audiência estiver em curso após o expediente, determinar que esta prossiga no dia útil próximo, desde que não cause prejuízo. Trata-se de **exceção à regra da indivisibilidade da audiência**.

A audiência deve ocorrer na sede do juízo. Contudo há situações em que se pode estabelecer outro local (CPC, art. 217), como, por exemplo, no local onde a parte, acometida de alguma enfermidade, possa se encontrar.

Como dito, quem apregoa as partes é um auxiliar do juízo (em regra, o oficial de justiça), que também auxilia para que se mantenha a ordem, caso necessário;

ii) tentativa de conciliação – o magistrado tentará proceder à conciliação das partes. Esta tentativa já foi feita quando da realização da [eventual] audiência preliminar de conciliação (CPC, art. 334). Todavia o magistrado tem liberdade para tentar conciliar as partes a qualquer momento do processo (CPC, arts. 139, V, e 359). Ademais, a tentativa agora se dará por outra pessoa que não o conciliador/mediador da audiência de conciliação ou mediação.

A conciliação somente pode ser efetivada nos casos que admitam transação.

O CPC permite a utilização dos métodos tradicionais de resolução de conflitos como a arbitragem e a mediação. Mas, na audiência, a tentativa de autocomposição será empreendida exclusivamente pelo juiz.

Será dispensável o comparecimento da parte se o procurador tiver poderes especiais para transigir. Caso haja acordo, o juiz deve reduzir a termo e homologar por sentença;

iii) fase de instrução – sem a conciliação, parte-se para a produção de provas. Os atos que compõem essa fase dependerão muito do caso concreto e das provas existentes e necessárias para provar o alegado pelas partes (afinal, nem toda audiência terá esclarecimentos do perito ou oitiva de testemunhas). Existe uma ordem (não obrigatória, conforme se verifica da locução "preferencialmente" prevista no art. 361, bem como no que prevê o art. 139, VI, que permite ao juiz alterar a ordem de produção dos meios de prova de modo a adequar às "necessidades do conflito" bem como conferir "maior efetividade") estabelecida para a produção probatória em audiência (CPC, art. 361):

a) esclarecimentos do perito e dos assistentes técnicos aos quesitos formulados. Esses quesitos são formulados para que o perito fale sobre dúvidas e eventuais equívocos no seu laudo (ou parecer, quando for o assistente técnico). É necessário: **a1)** requerimento expresso para tanto; e **a2)** que o perito e os assistentes sejam intimados pelo menos **dez dias** antes da audiência.

É possível ainda a modalidade de perícia simplificada. A perícia simplificada será utilizada sempre que o direito a ser submetido à perícia decorrer de fatos sem grande complexidade. Este tipo de perícia dispensa a apresentação de laudo, permitindo que o perito compareça em audiência e testemunhe (assim como o assistente técnico) sobre o que tenham examinado ou avaliado (conforme visto no capítulo da prova pericial);

b) depoimento pessoal[2]. O depoimento pessoal envolve primeiro a intimação das partes para depois propriamente o seu depoimento. Primeiro do autor e depois do réu. Um não poderá presenciar o depoimento do outro. Nesse caso, o réu deverá se ausentar da sala quando o autor for arguido. Contudo, quando do depoimento do réu o autor não precisará se ausentar, já que prestou seu depoimento. Caso haja litisconsórcio, segue a ordem do que consta na petição inicial.

Assim como ocorre com a testemunha, a parte não poderá levar suas alegações por escrito, mas poderá se socorrer de breves notas ou mesmo compulsar os autos para trazer alguma informação relevante;

c) testemunhas arroladas pelo autor e pelo réu – importante frisar que a prova oral é subsidiária e somente será produzida quando as provas já constantes do processo não forem claras ou suficientes para o esclarecimento dos fatos.

Entendemos que, havendo inversão do ônus da prova, consequentemente haverá inversão da oitiva das testemunhas.

Enquanto depuserem as partes, o perito, os assistentes técnicos, as testemunhas, os advogados e o Ministério Público não poderão intervir ou pedir aparte sem a licença do juiz.

Para manter a ordem em audiência, o juiz pode exercer o seu poder de polícia, e lhe incumbe (art. 360, CPC):

---

2   É possível que haja a inversão do depoimento, tanto das partes como das testemunhas de ofício ou por requerimento de uma das partes, desde que haja motivo justificado. Assim, em casos de saúde (v.g.) a parte pode requerer que a sua oitiva seja adiada. Esse posicionamento (permissão de adiamento) é mais coerente com o modelo constitucional de processo com base na rápida solução do litigio (art. 5º, LXXVIII).

> I – manter a ordem e o decoro na audiência;
> II – ordenar que se retirem da sala de audiência os que se comportarem inconvenientemente;
> III – requisitar, quando necessário, a força policial;
> IV – tratar com urbanidade as partes, os advogados, os membros do Ministério Público e da Defensoria Pública e qualquer pessoa que participe do processo;
> V – registrar em ata, com exatidão, todos os requerimentos apresentados em audiência.

iv) fase dos debates – com o fim da instrução, inicia-se a fase dos debates. Esta é a fase das razões finais. Constitui, tanto para o autor como para o réu, a oportunidade de fazer um breve resumo, não apenas das questões de fato e de direito (que, aliás, já fora apresentada na fase postulatória), como também da condução probatória. É aqui que se procede um inventário dos eventos ocorridos no processo bem como na constatação se as provas trazidas, de fato, demonstraram a elucidação do fato probando.

Em atenção ao princípio da oralidade, o debate é realizado preferencialmente em audiência (CPC, art. 364) para que se manifestem.

a) O prazo é de vinte minutos, prorrogáveis por mais dez minutos, tanto para as partes (sucessivamente) como para o MP.

b) Havendo litisconsorte ou terceiro interveniente, o prazo para todos será o prorrogado (trinta minutos), que será dividido entre todos, salvo se não dispuserem de modo diverso (§ 1º).

c) Se a demanda for complexa e exigir por parte do advogado ou Ministério Público um estudo mais cuidadoso para a apresentação das razões finais, estas podem vir na forma de memoriais, por escrito, no prazo sucessivo de quinze dias, assegurada a vista dos autos (§ 2º).

Na prática, mesmo em causas de pequena complexidade, os juízes vêm optando pela entrega escrita de memoriais. Compete ao juiz verificar se o caso é de memoriais, mesmo que as partes desejem as alegações finais oralmente. A matéria é de interesse público;

v) fase decisória – é a fase em que o juiz profere a sentença. Quando o magistrado proferir a decisão em audiência, o prazo para o eventual recurso a ser interposto começa a correr desta data sem que haja intimação das partes.

Todavia, poderá o magistrado chamar os autos à conclusão e proferir sentença no prazo de **trinta dias** (CPC, art. 366). Evidente que a sentença somente poderá ser proferida se as razões finais forem apresentadas em audiência, pois, caso contrário, deverá aguardá-las para prolatar a decisão.

O escrivão irá lavrar o termo ditado pelo magistrado com todo o ocorrido na audiência e, havendo decisões, deverá transcrevê-las nessa ata (art. 367, CPC). Após, o termo de audiência será subscrito pelo juiz, pelos advogados, pelo escrivão e pelo MP (se este participou da audiência). As partes somente assinarão a ata quando eventualmente a prática de determinado ato na audiência o advogado não tiver poderes em procuração para praticá-lo.

Em atenção ao princípio da publicidade, como dito, a audiência pode ser gravada pelas partes (independentemente de autorização judicial) ou pelo juízo, seja em áudio, seja em imagem.

5.5. ADIAMENTO DA AUDIÊNCIA

Deve o magistrado agir com cuidado para a designação de audiência. E isso porque há de se tomar precaução com o tempo da realização da perícia, exibição de eventuais documentos, inspeção judicial, bem como a localização de testemunhas que residem em local incerto.

De ordinário, a audiência não pode ser adiada. Havendo antecipação ou adiamento (conforme será visto abaixo), o juiz de ofício ou a requerimento da parte determinará a intimação dos advogados ou de sua respectiva sociedade para a nova data.

Contudo, o art. 362 do CPC admite hipóteses excepcionais em que o adiamento será possível desde que até a abertura da audiência:

a) por convenção das partes – as partes podem pedir a designação da audiência para outra oportunidade em manifestação do princípio dispositivo. Os motivos vão desde a impossibilidade recíproca de comparecimento até a concessão de um tempo maior para melhorar o conjunto probatório a ser apresentado;

b) por impossibilidade de comparecimento – a impossibilidade atinge não somente as partes como o perito, as testemunhas ou seus procuradores e até mesmo o juiz. Em não sendo o próprio magistrado, o pedido deve ser justificado e antecipado (para que o juiz tenha tempo hábil a deliberar sobre o assunto). Se a ausência do perito for justificada, ocorrerá a redesignação da audiência. A mesma regra se aplica para os assistentes técnicos. Se injustificada, o magistrado irá determinar sua condução coercitiva (o que, de qualquer forma, gerará a designação de nova audiência). Em a parte não comparecendo de forma justificada haverá redesignação. Sem justificativa, dependerá de sua possível participação na audiência. Se não foi requerido seu depoimento pessoal a audiência ocorrerá normalmente. Se for requerido, também ocorrerá, mas haverá a sanção da confissão ficta;

c) por atraso injustificado de seu início em tempo superior a trinta minutos do horário marcado – regra que será extremamente difícil de implementar na prática. O *caput* encerra uma faculdade para o juiz, o que dependerá dele permitir o adiamento por atraso injustificado (que, no mais das vezes, ocorre pelas audiências anteriores) é de rara incidência. As audiências atrasam, pois a instrução probatória nem sempre dura o tempo esperado, gerando atraso nas posteriores.

Quem der causa ao adiamento responderá pelas despesas acrescidas.

Caso não tenha comparecido o Ministério Público, o defensor público ou o advogado, poderá o magistrado realizar a audiência, mas dispensar a produção de provas, conforme art. 369, § 2º, do CPC.

O art. 7º, XX, da Lei n. 8.906/94 (Estatuto da OAB) estabelece que poderá o advogado "retirar-se do recinto onde se encontre aguardando o pregão para o ato judicial, após trinta minutos do horário designado e ao qual ainda não tenha comparecido a autoridade que deva presidir a ele, mediante comunicação protocolizada em juízo".

6.

PROVAS

6.1. TEORIA GERAL DAS PROVAS

6.1.1. INTRODUÇÃO

A verdade é um bem jurídico impossível de se alcançar dentro ou fora do processo. Assim, "Todo juízo de verdade resolve-se em um juízo de maior ou menor verossimilhança"[1]. Isso porque a verdade não pode constituir um fim em si mesmo, mas uma concordância ou ideia que fazemos dela. O juiz não analisa objetivamente a prova, pois sobre ela há sua valoração agregando toques de subjetividade na interpretação das provas e dos fatos. Por isso a verdade extraída da prova é a verdade possível e não a realidade real (conceito, aliás, de há muito ultrapassado em nosso ordenamento). Assim, o magistrado não busca a verdade, mas a convicção de verdade que é bem diferente. Dessa forma, "a verdade, ainda que relativa, continua sendo uma espécie de luz no fim do túnel – um importante ideal regulativo"[2]. Isso decorre do simples fato de o juiz não ter como voltar no tempo e verificar o que de fato ocorreu no momento em que as partes entraram em conflito.

Como a coisa julgada material formada no processo exige uma necessária definição dos conflitos, logo, o juiz não consegue buscar a verdade (mesmo que os fatos não tenham ocorrido da forma como foram provados), mas uma **convicção de verdade** já que a verdade absoluta é utópica. A convicção de verdade é um reflexo da impossibilidade de o juiz descobrir a verdade da natureza dos fatos. Ou seja, "o juiz, para pôr fim ao conflito, deve estar convicto, dentro de suas limitações, a respeito da verdade, uma vez que sua essência é impenetrável"[3].

---

1   MARINONI-MITIDIERO. *CPC comentado artigo por artigo*, São Paulo: Revista dos Tribunais, 2008, p. 331. Mas importante ressaltar que probabilidade e verossimilhança não se confundem. O primeiro diz respeito a uma aproximação da verdade pelas provas e alegações apresentadas. Diz respeito ao caso concreto. A verossimilhança constitui um juízo de normalidade daquilo que normalmente ocorre no cotidiano em casos semelhantes. Assim, valendo-se de um exemplo de Daniel Mitidiero, sobre olhar para o fundo de um poço. A probabilidade fica na metade do caminho e a verossimilhança fora do poço (*Processo Civil*. São Paulo: RT, 2021, p. 141).
2   MITIDIERO, Daniel. *Processo Civil*. São Paulo: RT, 2021, p. 200.
3   MARINONI-ARENHART. *Prova e sua convicção*. 4. ed. São Paulo: RT, 2018, p. 99.

Se a finalidade do Estado é conferir uma tutela jurisdicional (declaração e realização de um dado direito) e todo direito decorre de um fato, torna-se impossível atribuir um direito a alguém sem que, correlatamente, se demonstre a existência de um fato. Não adianta nada o direito ser favorável a alguém se não se demonstrar que esse direito está provado faticamente. O autor e o réu não têm apenas o ônus de alegar seu direito e contradireito respectivamente. Eles têm que provar que aqueles fatos realmente ocorreram da maneira como foram narrados.

É a partir dessa premissa que deve ser entendido o vocábulo prova. **Provar é demonstrar.** Se o magistrado não conhece sobre os fatos é importante informá-lo sobre a sua existência, para que deles possa extrair as devidas consequências jurídicas. Sobre os fatos, compete às partes exercer a sua prova. A fundamentação jurídica, ao Estado cabe aduzir (*iura novit curia*).

A prova tem objetivo de reconstruir a situação fática colocada em juízo de forma mais coincidente possível do que realmente aconteceu.

A palavra prova é expressão polissêmica. Significa: **a) o conjunto de atividades que objetivam demonstrar a verdade (atividades), b) os meios de prova, que constituem as técnicas que serão necessárias para se obter a prova (meios) e c) também designa o próprio resultado da instrução probatória (resultado).** Se o magistrado assevera que há prova sobre determinada situação jurídica, certamente é porque ele tomou como provado aquele fato.

A relação da prova com os fatos exerce, igualmente, uma relação de causa e efeito: quanto maior a carga fática aportada no processo, maior será a necessidade de se provar e mais importante será a atividade instrutória.

O juiz utiliza a prova para: **a)** fazer a reconstrução histórica dos fatos (testemunha); **b)** representação de algo (documentos); e **c)** estabelecer a reprodução objetiva (perícia ou inspeção judicial).

A prova deve ser **pertinente, relevante e adequada**. A **pertinência** relaciona-se ao vínculo que a prova possui com o objeto que se pretenda provar, ou seja, tem relação com a própria causa. A **relevância** é um passo à frente da pertinência, pois enquanto esta versa sobre a proximidade da prova com o fato probando, aquela fala sobre o fato em si. Assim, somente os fatos jurígenos podem ser objeto de prova. Os fatos secundários (ou simples), por não influenciarem no resultado da lide (sequer compõem o conteúdo mínimo da causa de pedir), não apresentam relevância a sua comprovação. De nada adianta um fato ter pertinência, mas não poder ser relevante para o julgamento E, por fim, a **adequação** vincula-se a sua previsão legal, ou, ao menos, a sua não proibição.

O principal destinatário da prova é o magistrado, pois é ele que se pretende convencer sobre a veracidade dos fatos narrados. É o entendimento esposado por quase toda a doutrina brasileira.

Contudo, no atual sistema cooperativo e formalista-valorativo no qual nos encontramos, o destinatário da prova também poderá ser a parte. Isso porque a prova apresentada poderá: a) facilitar a autocomposição (por meio do acordo, renúncia ao direito ou reconhecimento jurídico da pretensão), já que parte poderá verificar, por meio da prova, o direito da outra e eventualmente ser aconselhada por seu advogado a resolver o conflito, b) como forma de evitar demanda judicial (com produção antecipada de provas – art. 381, CPC), a prévia produção da prova demonstrando o direito de uma das partes e já se tornando ciente o insucesso que será a demanda havendo essa determinada prova que pode ser apresentada. Aliás, nessa esteira, está o Enunciado n. 50 do FPPC: "Os destinatários da prova são aqueles que dela poderão fazer uso, sejam juízes, partes ou demais interessados, não sendo a única função influir eficazmente na convicção do juiz".

A prova tem uma função interna: reconstrução dos fatos necessários para que a causa seja julgada. E também uma função externa: quanto melhor a prova a ser produzida, mais chance há de a decisão ser justa[4].

6.1.2. NATUREZA DA PROVA

A discussão sobre a natureza da prova é dividida em três correntes:

a) Corrente materialista – Para os defensores da corrente materialista, as normas sobre prova são de ordem material, porque a prova tem relação com a própria substância do direito. Ademais, o direito não subsiste sem a prova. Como bem observa Maricí Giannico, "se a parte tem o direito, mas não pode prová-lo, terá na prática uma situação jurídica análoga à daquele que não tem direito"[5]. As provas têm influência direta na decisão a ser proferida no campo material e não no processo.

Essa corrente é defendida por Salvatore Satta, Francesco Carnelutti e entre nós, principalmente, Pontes de Miranda[6] e Moacyr Amaral Santos.

b) Corrente processualista – A corrente processualista defende que o principal objetivo da prova é a convicção judicial, assim, teria a prova uma função instrumental tendente a dar deslinde aos fatos. Ademais, a descoberta da "verdade" possui uma relevante função voltada ao interesse público, visão publicista do processo.

Essa teoria é defendida por Liebman, Calamandrei, Eduardo Couture e, no Brasil, por Dinamarco, Barbosa Moreira, José Roberto Bedaque, Frederico Marques, Arruda Alvim, Eduardo Cambi.

c) Corrente mista – Por fim, há uma corrente mista, defendida especialmente por Chiovenda (a despeito de muitos autores entenderem que sua posição seja processualista, parece não haver dúvidas que o autor segue uma corrente mista) que defende se tratar a prova tanto no direito material como no direito processual.

Embora haja dúvida em certos segmentos da doutrina, acerca da natureza da prova, a prova, segundo entendemos, é instituto que deve ser estudado no âmbito **processual**. Mesmo tendo o Código Civil disciplinado, de certo modo, sobre o regime probatório (arts. 212-232)[7], não se pode aceitar a ideia de que as provas se situam no plano do direito material.

O direito material disciplina sobre a solenidade, constituição do documento e institutos intrinsecamente considerados[8], ou seja, a prova propriamente dita. Já o processo (e neste ponto interessa o nosso estudo) discute sua forma de produção, objeto, ônus, destinatário, validade, entre outros.

Há de se ter presente que, tendo o juiz como o destinatário da prova, resta evidente o caráter processual da prova.

---

4 CAMBI-DOTTI-PINHEIRO-MARTINS-KAZIKOSKI. *Curso de processo civil completo* cit., p. 586-587.
5 *A prova no Código Civil*. São Paulo: Saraiva, 2007, p. 122.
6 O próprio autor em seu magistral *Comentários ao Código de Processo Civil* (t. IV, Rio de Janeiro: Forense, 1974, p. 213) estabelece que "As leis de direito material cogitam da prova e do ônus da prova, tão essencial lhes parece à constituição, impedimento, modificação e extinção de direitos e ações".
7 O art. 1.072, I, do CPC revogou os arts. 227, *caput*, 229 e 230 do CC.
8 A despeito de o CPC, vez ou outra, disciplinar sobre a prova no seu sentido intrínseco: "quando a lei exigir instrumento público como da substância do ato, nenhuma outra prova, por mais especial que seja, pode suprir-lhe a falta" (art. 406).

6.1.3. DIREITO CONSTITUCIONAL À PROVA

Não há expressamente no nosso ordenamento (seja na Constituição, seja no CPC) uma garantia ao direito à prova. Nem é preciso. Assim como os princípios e as garantias que não necessitam de previsão para que possam ser exercidos (art. 5º, § 2º, CF).

Mas o direito à prova se constitui na oportunidade franqueada pelo ordenamento para que as partes possam delas utilizar-se, de modo a exercer o seu legítimo direito de demonstrar a veracidade dos fatos alegados. Contudo o acesso à justiça traz ínsito o direito à prova (art. 5º, XXXV, CF) bem como do contraditório e ampla defesa (art. 5º, LV, CF) e, em especial, do devido processo legal (art. 5º, LIV).

O CPC, no art. 369, disciplina que "as partes têm direito de empregar todos os meios[9] legais, bem como os moralmente legítimos, ainda que não especificados neste Código, para provar a verdade dos fatos em que se funda o pedido ou defesa e influir eficazmente na convicção do juiz". Há de se concordar, outrossim, com a extrema dificuldade de se verificar o que consiste em "moralidade", que constitui conceito vago e indeterminado. Mas há também o art. 378 do CPC que assim estabelece: "Ninguém se exime do dever de colaborar com o Poder Judiciário para o descobrimento da verdade" o que demonstra que a prova não só é um direito do jurisdicionando, como também é um dever. Um dever do Poder Judiciário de prestar a adequada tutela jurisdicional. Essa premissa ganha reforço com o art. 380 que assim dispõe: "Art. 380. Incumbe ao terceiro, em relação a qualquer causa: I – informar ao juiz os fatos e as circunstâncias de que tenha conhecimento; II – exibir coisa ou documento que esteja em seu poder. Parágrafo único. Poderá o juiz, em caso de descumprimento, determinar, além da imposição de multa, outras medidas indutivas, coercitivas, mandamentais ou sub-rogatórias". Nesse sentido, é o entendimento do STJ em sede de recursos repetitivos no REsp 1.777.553-SP, do qual se extrai: "cominação de *astreintes* na exibição de documentos requerida contra a parte *ex adversa*. Cabimento na vigência do CPC/2015. Necessidade de prévio juízo de probabilidade e de prévia tentativa de busca e apreensão ou outra medida coercitiva".

Assim, o direito probatório não pode ser visto apenas sob a ótica negativa do ônus da prova, em especial sob o enfoque da regra de julgamento (quem não prova o que deveria sofrer o ônus de sua contumácia). Deve ser visto também sob o enfoque positivo não apenas de poder influenciar o convencimento do juiz, como, também, permitir decisões mais justas e consentâneas com a realidade fática.

Evidentemente, na medida em que não existam princípios absolutos no ordenamento, o sistema estabelece **quatro exceções** ao exercício do direito probatório[10]: **a)** quando o exercício do direito à prova foi alcançado pela preclusão; **b)** quando o procedimento limitar a utilização da prova (v.g., mandado de segurança, juizados especiais etc.); **c)** as provas ilícitas ou obtidas por meio ilícito; e **d)** a permissibilidade de não se produzir provas sobre fatos criminosos ou torpes que lhe são imputados ou aqueles que, por dever de estado ou profissão, deva guardar sigilo (art. 388, CPC), as denominadas regras de *privilégio de prova*.

---

9 Veja que a lei fala em "meios" de prova e não "fontes". Sobre esse assunto é lapidar o ensinamento de Cândido Rangel Dinamarco: "(...) essa omissão é perfeitamente compreensível diante da extrema insegurança com que mesmo a doutrina mais abalizada manipula esses dois conceitos. Hoje sabemos que *fontes de prova* são elementos externos ao processo e possivelmente existem até antes dele, sendo representadas por pessoas ou coisas das quais se possam extrair informes úteis ao julgamento; e *meios de prova* são as técnicas destinadas a atuar sobre as fontes e delas efetivamente extrair o conhecimento dos fatos relevantes para a causa" (*Instituições de direito processual civil*, 2. ed. São Paulo: Malheiros, 2002, v. III, p. 47-48).

10 E mesmo essas restrições ao exercício do direito probatório comportam exceções, como será visto oportunamente ao longo deste capítulo.

Assim, o direito constitucional à prova encontra limitações na legitimidade dos meios para obtê-la.

6.1.4. ESPECIFICAMENTE SOBRE AS PROVAS ILÍCITAS E AS PROVAS OBTIDAS POR MEIO ILÍCITO

Se existe o direito fundamental à prova, certamente esse direito tem como pressuposto de que essa prova ou meio para sua obtenção sejam legítimos.

Dispõe o art. 5º, LVI, da Constituição Federal que "são inadmissíveis, no processo, as provas obtidas por meios ilícitos"

A CF limita-se a propugnar pela inadmissibilidade da prova ilícita, contudo não define quais seriam essas provas. Logo, a verificação da ilicitude de uma prova nos obriga a investigar todo ordenamento jurídico.

A prova ilícita se insere dentro de um contexto maior: o da prova ilegal. Assim, a prova ilegal pode ser dividida em:

PROVA ILEGÍTIMA	Viola norma de direito processual. Ocorre no momento da produção da prova. Em verdade, o meio de produção da prova é legítimo, mas a forma de sua produção, não (v.g., assinatura sob tortura, testemunho sob coação, obtenção de documento mediante furto, prova obtido mediante mandado judicial falso).
PROVA ILÍCITA	Viola norma de direito material, ou seja, opera-se no momento da colheita da prova (v.g., filmagem proibida, gravação clandestina, documento furtado, vilipêndio de cadáver para obter material genético para exame de DNA, violação de correspondência)[11].

A prova ilícita, por sua vez, pode ser ilícita por si mesma (**originária**) ou **por derivação** em que a contaminação não é da prova, mas por via indireta. Decorre daquela obtida a partir da prova ilícita (v.g., testemunho de alguém mencionado em escuta telefônica, documento obtido por meio de arrombamento do domicílio), ou seja, a prova em si considerada é lícita, mas é produzida em decorrência de outra prova obtida ilicitamente (contaminação em cadeia).

É a denominada **teoria dos frutos da árvore envenenada**, desenvolvida no direito norte-americano (*the fruit of the poisonous tree*).

A CF não estabeleceu a denominada ilicitude por derivação, tendo seus contornos estabelecidos pela jurisprudência e pela doutrina.

É possível, contudo, estabelecer situações em que a produção da prova ilícita (ou obtida por meio ilícito) seja aceita:

a) Ausência de nexo causal (fonte independente) – primeira situação ocorre quando não houver interligação entre as provas, ou seja, a prova a ser considerada é independente da prova ilícita e não há nexo causal. O art. 157 do CPP, em seu § 1º (com a redação dada pela Lei

---

[11] DIDIER, BRAGA e OLIVEIRA (*Curso de direito processual civil*, v. 2, cit., p. 100) asseveram tratar-se de classificação artificial já que ilicitude é categoria prevista na teoria geral do direito e se refere tanto às normas de direito material como processual.

n. 11.690/2008), assevera que "são também inadmissíveis as provas derivadas das ilícitas, salvo quando não evidenciado o nexo de causalidade entre umas e outras, ou quando as derivadas puderem ser obtidas por uma fonte independente das primeiras".

b) Inevitável descoberta – Com base no mesmo artigo, se a prova seria obtida inevitavelmente por outro modo. Dessa forma, a ilicitude pretérita não foi o fato gerador para a produção dessa prova, que seria descoberta de qualquer forma (*inevitable discovery exception*).

c) Pelo princípio da proporcionalidade – Atualmente, existem diversas correntes que interpretam o alcance do referido dispositivo constitucional, mediando aqueles que negam peremptoriamente a possibilidade de sua produção, aqueles que admitem sua ampla admissão, aqueles que entendem poder ser utilizada apenas como meio de defesa (Vicente Greco Filho) e até aqueles que a permitem, com ressalvas, à luz da proporcionalidade[12].

Aliás, José Roberto dos Santos Bedaque parte da premissa de que toda discussão deve ser analisada à luz do confronto entre o escopo da atividade jurisdicional com a produção da prova ilícita. E assevera a dificuldade insolúvel do magistrado que descobre que determinada prova constante dos autos, que foi obtida por meios inidôneos, mas que, pela sua produção, consegue verificar a verdade dos fatos.

Nesse passo, o magistrado deveria decidir pela possibilidade de se proferir uma sentença lícita, mas injusta, ou proferir uma decisão com base na prova obtida ilicitamente, mas justa.

O princípio da proporcionalidade devidamente aplicado, balanceando os valores que estão em jogo, é a única forma de se obter a certificação de que a prova ilícita pode ou não ser produzida. Mas sempre em casos excepcionais.

Importante asseverar que a prevalência ou não da produção da prova obtida por meios ilícitos dependerá de uma série de fatores, tais como: i) a importância da matéria; e ii) a relevância da prova para o julgamento da lide (ou seja, quando se verificar que não haveria outro modo de se demonstrar a alegação do fato), entre outras circunstâncias.

Exemplo: marido traído interceptou conversa telefônica entre a mulher e o amante (prova ilícita). Contudo, na ligação foi revelado que a mãe daria o medicamento *lexotan* para os filhos menores dormirem enquanto se encontrava com o amante. Nesse caso, em decorrência dos reflexos penais (tráfico de entorpecentes) e familiares (divórcio e guarda dos filhos para o pai), o magistrado deve sopesar a permissibilidade de aceitação da prova obtida por meio ilícito em resguardo aos menores (integridade física e psicológica) e à ordem jurídica[13].

d) Pela convalidação (descontaminação) – Nesse caso houve a convalidação do vício "mediante acontecimento posterior que elimine qualquer efeito da prova ilícita sobre a formação da convicção judicial (v.g., quando ocorre a confissão espontânea da parte, cujo comportamento está sendo investigado)"[14].

Outro ponto a ser ressaltado diz respeito ao confronto da prova ilícita e o princípio da intimidade e privacidade (CF, art. 5º, X, XI, XII, c/c art. 21 do CC). Intimidade refere-se ao direito particular da própria pessoa e privacidade ao direito, mas relacionado a um número

---

12 Confronto entre vedação da prova ilícita *x* direito fundamental à prova. Assim pela lei, de forma abstrata a proteção do direito material prevalece sobre a busca da verdade no processo e, portanto, a prova seria proibida, *a priori*. Contudo o magistrado, à luz do caso concreto, pode elidir esse juízo, ponderando qual dos valores, naquela situação, deve prevalecer. Ver José Roberto dos Santos Bedaque, *Poderes instrutórios do juiz*, 2. ed., São Paulo: Revista dos Tribunais, 1994.
13 MARINONI, Luiz Guilherme. *Teoria geral do processo*. São Paulo: RT, 2006, p. 351; e CAMBI, Eduardo. *A prova civil*. São Paulo: RT, 2006, p. 63-125.
14 CAMBI, Eduardo. *A prova civil* cit., p. 63-125.

maior de pessoas como os familiares, v.g. Assim, não podem ser consideradas ilícitas as imagens públicas, mesmo aquelas fotos retiradas da saída de dado hotel, que comprovaria o adultério. Já as imagens de dentro do quarto violam a privacidade.

O ordenamento permite a escuta e a interceptação telefônica (Lei n. 9.296/96) por ordem judicial, nos casos de investigação criminal ou instrução do processo penal, quebrando a regra do sigilo desses meios (CF, art. 5º, XII). Há escuta quando um dos protagonistas, sem autorização do outro, procede à gravação da conversa. Já a interceptação é efetivada por um terceiro, à revelia dos interlocutores.

> Apenas para compreender a distinção:
> **Interceptação telefônica:** quando nenhum dos interlocutores sabe que a conversa está sendo gravada por um terceiro (por exemplo, nos casos de investigação criminal). Exige autorização judicial para ser uma prova lícita.
> **Escuta telefônica:** quando um dos interlocutores sabe que a conversa está sendo gravada e realizada por terceiro (por exemplo, uma das partes tentando extrair a confissão da outra sobre determinado fato). Exige autorização judicial para ser uma prova lícita.
> **Gravação clandestina:** quando um dos interlocutores, por si mesmo, procede à gravação da conversa. Não se exige autorização judicial.
> **Quebra de sigilo telefônico:** mero registro de que ocorreu a conversa telefônica, sem ciência do seu conteúdo, pois não houve gravação.

A despeito de a lei falar somente em "investigação criminal ou instrução do processo penal" nada impede que se aplique também na esfera civil, desde que o magistrado entenda pertinente fazê-lo.

Nada impede que as partes estabeleçam a ilicitude da prova por negócio jurídico processual. Se o negócio jurídico tem força normativa, não há razão de se impedir que as partes considerem, por convenção, a produção de determinada prova, ainda que lícita, como ilícita. Essa regra, aliás, já estava encampada no Código Civil no seu art. 109, ao dispor que "no negócio jurídico celebrado com a cláusula de não valer sem instrumento público, este é da substância do ato".

Por fim, há uma tortuosa questão a ser enfrentada no que concerne a prova ilícita: e se o magistrado apenas percebe a ilicitude da prova (ou do meio de prova) quando a prova já está entranhada no processo e este juiz toma conhecimento dela? Como não "viciar" psicologicamente a sua convicção no momento de decidir?

Nesse caso não estaria afetada sua parcialidade (suspeição)[15]? Mas por outro lado, se sedimentar o entendimento que o contato do juiz com a prova ilícita leva ao seu afastamento, não poderia ser um artifício das partes juntar propositalmente a prova ilícita com o intuito de substituir o juiz da causa?

A alegação de suspeição é, em nosso entender a única possibilidade de se manter um julgamento isento. E a eventual atitude dolosa da parte (em provocar a juntada da prova ilícita com objetivo de remoção do juiz) é repelida pelo art. 145, § 2º, I do CPC ao proibir a alegação de suspeição pela parte que provocou a situação.

---

15 Que poderia se enquadrar na hipótese do art. 145, § 1º, CPC, motivo de foro íntimo.

6.1.5. PRINCÍPIOS REGENTES DAS PROVAS

6.1.5.1. Identidade física

O magistrado que colheu a prova é quem deve sentenciar o feito. Era assim que vinha previsto no CPC/73 em seu art. 132: "O juiz, titular ou substituto, que concluir a audiência julgará a lide, salvo se estiver convocado, licenciado, afastado por qualquer motivo, promovido ou aposentado, casos em que passará os autos ao seu sucessor".

Contudo o CPC **não manteve essa previsão expressa, mas, entendemos, ela se mantém no novo ordenamento na forma de princípio**[16], estando apenas identificada como uma espécie de "competência funcional horizontal implícita".

Não há razão de sua subtração do sistema. É regra salutar. Apenas preconiza que o juiz que colheu a prova, julgue em razão de ter melhores condições dado o contato direto (imediatidade) com as provas produzidas. Acaso o juiz, por qualquer motivo, provisório ou permanente, deva se afastar do juízo, já o desobriga do julgamento do feito.

É possível colher, com pouco esforço, do art. 366 do CPC a manutenção da identidade física ao asseverar que "encerrado o debate ou oferecidas as razões finais, o juiz proferirá sentença em audiência ou no prazo de 30 (trinta) dias". Por outro lado, o art. 381, § 3º, do mesmo Código afasta a incidência do referido dispositivo ao estabelecer que "a produção antecipada da prova não previne a competência do juízo para a ação que venha a ser proposta". Igualmente o art. 64, § 4º, que estabelece a regra da *translatio iudicii* ao afirmar que: "Salvo decisão judicial em sentido contrário, conservar-se-ão os efeitos de decisão proferida pelo juízo incompetente até que outra seja proferida, se for o caso, pelo juízo competente".

Entendemos que se trata de uma exceção à regra da identidade física, assim como existiam as exceções previstas no citado art. 132 do CPC/73.

Não se pode confundir com o princípio da concentração, conquanto seja decorrente dele. A fixação de dado magistrado ao ato sentencial decorre da colheita da prova (neste sentido, o Enunciado n. 262 da Súmula do extinto TFR ao dispor: "Não se vincula ao processo o juiz que não colheu a prova em audiência").

A vinculação que estava contida no CPC/73 refere-se apenas à audiência de instrução. No tocante à audiência preliminar, mesmo que se discuta sobre providências preliminares das provas (admissibilidade, fixação de pontos controvertidos) não há se falar em identidade.

A identidade física é, igualmente, aplicada nos Juizados Especiais Cíveis (Lei n. 9.099/95, art. 40).

6.1.5.2. Imediatidade

Não há previsão expressa no CPC acerca do princípio da imediatidade. Ele decorre de uma interpretação sistemática do art. 361 com as demais disposições pertinentes ao contato direto do juiz com as provas.

Imediatidade é atividade de o juiz participar diretamente da prova oral.

Se determinadas provas devem ser produzidas oralmente e delas deve ser extraída o máximo de suas forças para que o juiz possa alcançar um juízo de convicção tal para decidir,

---

16 Nesse sentido RUBIN, Fernando. *Polêmicas supressões no novo CPC*. Portal processual. Publicado em 7-10-2015.

evidentemente que a produção dessa prova deve ser imediata. O magistrado afere por meio dos sentidos se o depoente alega ou não a verdade.

Dessa feita, exige-se que as declarações sejam judiciais (e não fora do processo, mesmo em cartório), bem como evitar a colheita da prova por qualquer serventuário que não seja o juiz.

A imediatidade serve para uma melhor compreensão dos fatos pelo juiz. Evidentemente que, em algumas circunstâncias, decorrentes de fatores geográficos e de modo a desburocratizar a prestação jurisdicional, permite algumas exceções à regra. Nos depoimentos por carta, o juiz que dirige o processo não será o mesmo que ouvirá a parte. Assim como as decisões de segundo grau, em que o Tribunal, por carta de ordem, requererá que o juiz de primeiro grau proceda à oitiva da testemunha faltante.

Mesmo nas situações da parte em outra comarca, a imediatidade poderá ser prestigiada com o depoimento da testemunha ou da parte por teleconferência (arts. 385, § 3º, e 453, § 1º, CPC).

Decorrente da imediatidade há o subprincípio da **concentração**, que determina que a produção das provas seja próxima uma das outras para ficarem presas à mente do magistrado.

6.1.5.3. Princípio da aquisição da prova (ou da comunhão da prova)

A prova, quando produzida, é incorporada no processo e dele não pode ser retirada, pois agora não pertence mais à parte e sim ao processo. Não altera sua importância tampouco sua eficácia se a parte adversa trouxe uma prova favorável ao direito da outra parte.

Como a prova agora é propriedade do processo, todos dele podem usufruir (comunhão de prova) gerando determinados, e relevantes, ônus processuais.

A primeira questão importante trata da sua incidência sobre os litisconsortes. Por força da **eficácia expansiva**, a prova produzida por um incide sobre os demais, pois se a prova revela que um fato ocorreu, evidentemente que o mesmo fato não pode ter acontecido de forma diversa para os litisconsortes.

Entretanto, há uma situação processual que deve ser ressaltada: o litisconsórcio ser simples ou unitário. Essa classificação leva em conta se a decisão deve ser ou não uniforme aos litigantes do processo. Em decorrência, há de se perguntar qual o **grau de influência** que os atos de um incidem sobre os demais litisconsortes.

Quando se trata de litisconsórcio simples (o magistrado não tem o dever de julgar de maneira uniforme para todos os litisconsortes) cada litisconsorte é tratado isoladamente como se fosse litigante autônomo: os atos e omissões de um não ajudam nem atrapalham os demais.

Já no unitário (dever de julgamento uniforme a todos), dependerá da conduta do agente. Se a conduta for positiva (denominada conduta alternativa), os atos de um incidem sobre todos (como, por exemplo a defesa, ou recurso). Todavia, se o ato for negativo (conduta determinante), o ato é ineficaz em relação a todos (até mesmo para aquele que o praticou), como, por exemplo, a confissão (CPC15, art. 391).

Contudo, quando se fala no campo probatório, a regra toma pequenos desvios de rota. Se o litisconsórcio for unitário, a produção de uma prova, em princípio, constitui conduta alternativa (pois visa ajudar a parte a demonstrar o fato alegado). Todavia, se a prova prejudicar a parte, pois não é possível prever o seu resultado, também prejudica os litisconsortes.

Já se a parte pratica ato de conduta determinante (como, por exemplo, a confissão) esta não produz efeitos nem para quem confessou nem para os litisconsortes.

Quanto ao litisconsórcio simples, os atos não se comunicam. Assim também é com as provas, salvo se o fato a ser provado for comum entre eles.

A segunda questão importante diz respeito ao direito adquirido probatório: pelo princípio da comunhão, o requerente pode desistir da prova? E o juiz que a trouxe de ofício?

Se, de um lado, há a disponibilidade do direito e (consequentemente) o direito de desistência da prova (se pode renunciar ao direito, por que não poderia desistir de uma produção probatória?), de outro, há a natureza pública do processo em encontrar a verdade (aparente), bem como a comunhão da prova.

Para coadunar esses dois valores, em ambos os casos, é necessária a ciência das partes interessadas para que se manifestem, e digam sobre a desistência da prova.

6.1.5.4. Contraditório no sistema de provas

Não obstante o contraditório constituir princípio que se aplica a todos os ramos do processo, é importante falar brevemente sobre sua aplicação no sistema de provas.

A prova que servirá para o convencimento do juiz acerca da decisão a ser proferida deve ser submetida a prévio contraditório das partes. Constitui condição de validade e eficácia da prova[17].

Por isso deve ser anulada qualquer decisão que se basear exclusivamente em elementos de prova produzidos em inquéritos civis, policiais (que naturalmente não exige contraditório) ou procedimento administrativo.

6.1.6. O JUIZ NA INSTRUÇÃO DO PROCESSO (ATIVISMO JUDICIAL)

O ativismo judicial e o seu oposto, a ampla disponibilidade probatória, decorrem de três importantes princípios: **o princípio inquisitório, o princípio da cooperação e o princípio dispositivo**.

Ao longo da história dois modelos dividiram o protagonismo acerca de "quem" exerce a atividade probatória: i) aqueles que adotam o princípio dispositivo (que confere à parte o ônus probatório) e ii) o sistema inquisitivo (confere maiores poderes ao magistrado na produção da prova).

O primeiro modelo é adotado com mais contundência no sistema da *common law* e o segundo, em certa medida, no sistema do *civil law*.

A despeito de nosso ordenamento, iluminado pela tradição canônico-romana e historicamente adotar o sistema da *civil law* (e, portanto, prevalecendo o princípio inquisitivo) a história mostra que nem sempre o Brasil observou essa corrente[18]. Aliás, é regra a autonomia das partes, nos dias de hoje, na produção probatória.

É importante que se diga que a adoção de um ou outro modelo constitui uma opção político-ideológica do ordenamento vigente. Os países que adotam o amplo sistema dispositivo

---

17 CAMBI, Eduardo. *Direito constitucional à prova*. São Paulo: RT, 1999, p. 148-151.
18 Conforme se terá oportunidade de melhor desenvolvimento no capítulo dos precedentes, o Brasil aparentemente estabeleceu uma terceira escola que não se coaduna integralmente com os sistemas civil e common law.

asseveram (tal qual no Iluminismo do século XIX) a liberdade e a individualidade das partes.

O processo seria um jogo cuja vitória seria atribuída a quem melhor produzisse as provas sobre os fatos. Ao Estado competiria, portanto, a mera observância das regras e o cumprimento da legalidade.

Todavia, como bem observa José Carlos Barbosa Moreira[19], a legitimidade desse modelo depende de um sistema cujas partes possam agir com equilíbrio dentro do processo, melhor dizendo, devem elas gozar das mesmas oportunidades e ter acesso aos mesmos meios de prova para contribuir (poder de influência) com o resultado da lide.

Ocorre que a realidade brasileira é bem diferente. As desigualdades sociais e econômicas têm estreita relação com o processo e impactam diretamente no sistema probatório. As diferenças entre os litigantes influenciam de forma contundente a produção das provas nas mais diversas ordens (custeio de meios de prova dispendiosos, contratação de advogados mais ou menos capacitados, dificuldade no acesso a determinadas provas que geralmente estão em poder da parte adversa etc.).

A consequência é que o "resultado da prova pode estar desvirtuado"[20].

Entretanto, a despeito de todas estas constatações, no processo civil clássico, ainda prioritariamente compete às partes a produção das provas e ao magistrado apenas admiti-las e, ao valorar seu peso no conjunto instrutório, decidir.

Parte-se da premissa de que existe a ampla disponibilidade do direito material em conflito. Afinal, se a parte pode praticar atos de disposição (renúncia, reconhecimento, transação), também lhe é lícito dispor sobre como e quais as provas que devem ser produzidas.

Ademais, a produção da prova pelo juiz comprometeria sua imparcialidade.

Há, portanto, três correntes no Brasil:

> **a)** aqueles que são contra a produção probatória de ofício do juiz por ofensa à disponibilidade e ao devido processo legal (Sérgio Luis de Almeida Ribeiro);
> **b)** quem defende a ampla possibilidade probatória pelo juiz (José Roberto Bedaque, Barbosa Moreira, Alexandre Câmara) e
> **c)** quem defende a produção da prova pelo juiz de forma restrita, ou seja, apenas como forma de integrar a produção já feita pelas partes (Arruda Alvim e Flávio Yarshell).

Entretanto, como dito, as desigualdades entre as partes, o desapego à teoria privatista com a perfeita compreensão do estudo publicista do processo e a concepção de que a atividade judicial não mais pode ser estática (calcada nos princípios da eficiência e cooperação) fizeram com que se mitigasse, no sistema probatório, a regra do princípio dispositivo, para dar azo ao princípio inquisitivo.

Afinal, a função do juiz é promover o equilíbrio entre as partes. Já que "aos juízes não cumpre atuar como meros homologadores de conduta dos particulares"[21].

---

19 Correntes e contracorrentes no processo civil contemporâneo. In: *Temas de direito processual* – nona série. São Paulo: Saraiva, 2007, p. 65-67.
20 Correntes e contracorrentes no processo civil contemporâneo, cit., p. 67.
21 Cândido Dinamarco, *Instituições*, cit., p. 53.

Em obra específica sobre o tema, José Roberto dos Santos Bedaque[22] é defensor, com base nos ensinamentos de Barbosa Moreira, dos amplos poderes instrutórios do juiz e, dessa feita, procede a críticas à doutrina que defende o amplo princípio dispositivo.

Em breve resumo, o autor estabelece relevante diferença no plano do direito material e processual acerca do direito das partes, máxime nos direitos disponíveis, que seriam de esfera privativa das partes e não do juiz.

Explicita que se o pedido requerido e os limites da prestação da tutela pertencem às partes, a forma como ele é prestada pertence ao Estado. Desta feita, o direito posto em juízo não influencia na atividade instrutória do juiz.

Igualmente não ofende a isonomia das partes a produção da prova pelo juiz. Ao contrário. Se é vigente no nosso sistema a igualdade substancial, é **dever** do magistrado zelar pela correta equiparação das partes no processo produzindo provas que a parte, dada sua desigualdade, não produziu.

E aqui se recai em outro argumento esposado por quem seja contrário ao ativismo judicial, no campo das provas.

Há quem entenda que, ao produzir a prova, o magistrado perderia sua imparcialidade. Contudo, constitui-se, em nosso entender, em falsa premissa, pois ao determinar *ex officio* a produção de uma prova, o magistrado não tem condições de saber a quem ela favorecerá, "apenas proporciona uma apuração mais completa dos fatos"[23].

É a não produção da prova que poderia incidir na parcialidade do juiz. Afinal, tinha conhecimento de que a sua produção poderia esclarecer de forma mais pormenorizada os fatos, mas deixou de fazê-la, favorecendo, portanto, a parte que não tinha razão.

A norma central do princípio inquisitivo na produção probatória gira em torno do **art. 371 do CPC**, que confere ao magistrado poderes para apreciar a prova (se atento, evidentemente, àquilo que restou demonstrado nos autos). Essa norma possui dois artigos que lhe dão base: o **art. 370 do CPC**, que estabelece a permissibilidade de o juiz produzir provas de ofício, bem como o **art. 139, I, também do CPC**, que determina que o magistrado deve garantir a igualdade entre as partes no processo bem como o inciso VI do mesmo art. 139 que permite ao juiz "VI – dilatar os prazos processuais e alterar a ordem de produção dos meios de prova, adequando-os às necessidades do conflito de modo a conferir maior efetividade à tutela do direito";

Ademais, há diversos outros artigos informadores dessa regra e que permitem uma atividade mais ativa do juiz para com o processo (*vide* arts. 139, VIII, 236, 378, 385, 453, 461, 480 e 481, todos do CPC). Mesmo em sede de tribunais o poder instrutório do juiz se mantém hígido, como nos casos do art. 938, § 3º,[24] e 932, I[25], *d*, do CPC.

Se não houver como produzir a prova que as partes deixaram de produzir, seguirá a regra do ônus da prova para fins de julgamento. Se for possível, o magistrado realiza a atividade probatória como forma a complementar.

O CPC atual tenta harmonizar as duas teorias contrapostas por meio de um modelo cooperativo (art. 6º, CPC). Nesse modelo não há predominância do modelo inquisitivo ou dispositivo (adversarial); o art. 370 não pode ser interpretado como "carta branca" para que o

---

22 *Poderes instrutórios do juiz*, 3. ed., São Paulo: Revista dos Tribunais, 2001.
23 *Poderes instrutórios do juiz*, cit., 3. ed., p. 80.
24 "Art. 938. (...) § 3º Reconhecida a necessidade de produção de prova, o relator converterá o julgamento em diligência, que se realizará no tribunal ou em primeiro grau de jurisdição, decidindo-se o recurso após a conclusão da instrução."
25 "Art. 932. Incumbe ao relator: I – dirigir e ordenar o processo no tribunal, inclusive em relação à produção de prova, bem como, quando for o caso, homologar autocomposição das partes; (...)."

magistrado produza as provas que entenda necessárias. A leitura que deve ser feita é sob o enfoque da colaboração, para permitir, num primeiro momento, que as partes produzam as provas de suas alegações. Subsidiariamente, competiria ao juiz produzir quando verificar que determinada prova deveria ter sido indicada e não foi.

Evidente que a produção da prova de ofício deve ser antecedida da ampla ciência das partes (arts. 9º e 10, CPC) de modo que estas possam influenciar e controlar o magistrado na produção e no convencimento acerca da prova.

Ademais, há situações em que a omissão da parte poderá comprometer direitos indisponíveis, especialmente em casos de família, questões de direito do consumidor e direito coletivo em sentido lato. Nessas situações, com muito mais razão deverá o magistrado produzir de ofício a prova.

Em contraponto, há na doutrina um posicionamento garantista no sentido de se conferir outra interpretação (norma) ao art. 371 do CPC (texto). Para essa doutrina, o magistrado que produz prova de ofício perde "a liberdade de convencimento ou a liberdade de apreciação do quadro probatório"[26].

É importante não se confundir inércia ou mesmo desconhecimento sobre como se produzir uma prova com expressa manifestação contrária a sua produção. Assim, o magistrado não deverá atuar de ofício quando as partes estabeleceram negócio jurídico processual objetivando expressamente a não produção de determinada prova (art. 190, CPC).

A atuação probatória como forma complementar não pode suprir expressa manifestação das partes fruto de seu direito dispositivo.

> **Em resumo:** Evidentemente que a produção da prova pelas partes ainda deve ser levada como regra decorrente do ônus da prova (CPC, art. 373, I e II); afinal, quem alega deve provar a existência do seu fato.
> Até mesmo porque a parte tem melhores condições de exercer seu ônus probatório na medida em que está atrelada ao direito material que deu ensejo àquela demanda.
> Entretanto, em determinadas situações o magistrado tem o "poder-dever" em avançar no campo probatório para guiar o seu convencimento sobre a verdade dos fatos como nas ações de estado, capacidade das pessoas, nas ações coletivas e todas as demais em que se verificar que a produção da prova de ofício trará um julgamento mais consentâneo com a realidade dos fatos. Constitui o modelo cooperativo da produção probatória sob o enfoque do dever de auxílio às partes.
> Ademais, o magistrado somente poderá produzir as provas circunscritas aos fatos (constitutivos) trazidos pelo autor e (impeditivos, extintivos e modificativos) pelo réu. Não poderá, portanto, ampliar os fatos se na produção da prova "descobrir" novas questões.

Não se pretende criar a figura do juiz protagonista. A atividade probatória, como dito, inexoravelmente pertence às partes. O magistrado tem, contudo, atividade probatória complementar quando, à falta de elementos probatórios nos autos, o impossibilita de julgar de forma completa e adequada.

---

26 STRECK, Lenio Luiz. *Comentários ao Código de Processo Civil*, cit., p. 550.

6.1.7. OBJETO DE PROVA

O objeto de prova são as alegações (afirmações) e não os fatos. Não se provam fatos. Os fatos ocorreram ou não, existem ou não, não podendo ser objeto de prova. Os fatos estão no utópico e impossível plano da "verdade real". As alegações sobre os fatos é que podem ser verdadeiras ou mentirosas, e estas precisam ser provadas[27]. Ademais as alegações sobre os fatos principais, pois os fatos secundários podem ser apreciados pelo juiz ainda que a parte não tenha requerido.

Em verdade, o objeto de prova constitui o conjunto de alegações controvertidas das partes sobre os fatos relevantes para a causa. A controvérsia gera a questão (dúvida sobre um ponto). Assim, a contestação é a principal fonte geradora das questões, pois nela o réu se contrapõe ao pedido do autor apresentando fatos impeditivos, extintivos ou modificativos.

Tanto é verdade que se a parte for revel, confessar, ou não cumprir o ônus da impugnação específica, os fatos que deveriam se provar ficarão, em regra, fora do objeto de prova.

Há situações que, mesmo não controvertidas, ainda assim dependem (e são, portanto, objeto) de prova. São aquelas em que:

a) não for possível a confissão – todas que versarem sobre direitos indisponíveis;
b) faltar documento público indispensável para a prova do ato;
c) em contradição com a defesa ou com seu conjunto;
d) os fatos impossíveis, melhor dizendo, notoriamente impossíveis (como bem explica Dinamarco, mencionando trecho bíblico que relata a passagem de um camelo pelo buraco de uma agulha).

Portanto, há o objeto litigioso (argumentações do autor e do réu) e objeto de prova (*thema probandum*), que constitui aquilo que se controverte no plano dos fatos e seja necessário produzir prova para o seu esclarecimento. Isso porque nem todos os fatos interessam ao processo, nem todos os fatos precisam de prova.

6.1.7.1. Fatos que independem de prova

Nem todas as alegações sobre fato serão objeto de prova.

A circunstância de que determinado fato não dependa de prova não exime a parte de alegar esse mesmo fato. A situação de a lei em algumas situações dispensar a prova de determinados fatos, não exime a parte de alegá-los. Daí o denominado **ônus da alegação**. Se a parte não alegou o fato, mesmo que a lei dispense sua prova, este fato será desconsiderado para o conjunto probatório na medida em que é vedado ao juiz conhecer de causa de pedir não suscitada, gerando até efeitos extraprocessuais (eficácia preclusiva, CPC, art. 508).

a) Fatos notórios (CPC, art. 374, I)

Notório é o fato determinado e reconhecido por um determinado grupo ou toda a coletividade. Dessa forma, o conceito de notoriedade é relativo, pois não existe notoriedade sem que haja a devida limitação de tempo e espaço[28]. Por ser notório dispensa prova para que seja aceito como fato verdadeiro. Já que são de conhecimento geral, o juiz também os conhece. Se a dúvida é o fato gerador para a necessidade probatória, uma vez inexistindo dúvida sobre o fato probando, torna-se isenta a necessidade de prova.

---

27 Dinamarco, *Instituições*, cit., p. 58.
28 CAMBI, Eduardo. *A prova civil*, cit., p. 347.

O fato notório é cultural e dinâmico: se altera com o passar do tempo. Sequer precisa ser recente: é notório que a independência do Brasil se deu em 7 de setembro de 1822.

A notoriedade decorre de qualquer campo da ciência humana e pode ser universal ou setorizada (a determinado grupo, classe etc.), como, por exemplo, a colheita de um insumo agrícola em determinada região. Há duas exigências para a aceitação desta notoriedade restrita: i) que esta seja aceita pelo grupo a qual o fato notório se apresenta; ii) que o juiz tenha conhecimento dele (STJ, 4ª Turma, AgRg no Ag 24.836/MG). Se o juiz não tem conhecimento, mas constitui fato notório (juiz não lê notícias ou não possui redes sociais, por exemplo), é seu dever tomar conhecimento do fato, verificar a sua notoriedade e, com base nele, decidir. É por isso que nem tudo que é divulgado na impressa constitui fato notório, pois seria impossível exigir de alguém o conhecimento de todas as notícias apresentadas por todos os veículos de comunicação.

Não há de se confundir fato notório com o "boato" ou a opinião pública. O boato decorre de fonte desconhecida e se alimenta de sua própria existência, que pode ou não se tornar fato notório depois de sua apuração. Já a opinião pública reflete no juízo crítico de uma determinada parcela da sociedade sobre um dado assunto. Sendo opinião, não se pode conferir unanimidade e, portanto, notoriedade.

Não há de se confundir, da mesma forma, fato notório com conhecimento privado do juiz, como, por exemplo, quando ele sabe os motivos que levaram ao inadimplemento ou presenciou o acidente. Nesse caso o juiz não poderá julgar se for arrolado como testemunha (art. 447, § 2º, III, CPC).

Igualmente, por ser notório, não precisa ser lembrado pela memória das pessoas que moram no local. Assim, quem mora no Amazonas sabe que o Rio Amazonas possui afluentes, mas pode não lembrar o nome de todos[29].

O fato notório não precisa ser provado (pois a lei dispensa), mas deve ser **alegado**, o que mostra a diferença entre ônus da prova e ônus da alegação. Especialmente no processo civil brasileiro marcado pelo princípio dispositivo (art. 2º, CPC).

A aplicação do fato notório, de acordo com Eduardo COUTURE[30], objetiva prestigiar a justiça (pois o julgamento será feito mais próximo da realidade dos fatos) e economia (pois não será produzir meios de prova para a apuração do fato).

O amplo acesso à internet ampliou significativamente o uso dos fatos notórios, valendo-se os magistrados, corretamente, como forma de dispensar a prova do fato.

b) Fatos afirmados por uma parte e confessados pela parte contrária (CPC, art. 374, II)

Há duas formas de gerar a incontrovérsia sobre os fatos: de forma tácita (a ser estudado no item seguinte) e de forma expressa, gerada pela confissão.

O art. 374, II, apenas deseja ressaltar aquilo que o ordenamento já estabeleceu no item da confissão prevista (indevidamente) nas provas em espécie. O CPC prevê a confissão como meio de prova e no art. 374 estabelece que, em decorrência da confissão, os fatos sobre ela versados não dependerão de prova.

Dada a força probatória da confissão, ela constitui um forte elemento integrativo na convicção do magistrado para decidir a favor da parte contrária. Contudo, mesmo pelo fato de nosso sistema adotar o convencimento motivado, tem o magistrado liberdade de valorar a prova da maneira que melhor lhe aprouver.

---

29 CAMBI-DOTTI-PINHEIRO-MARTINS-KOZIKOSKI. Curso de processo civil cit., p. 598.
30 *Fundamentos de direito processual civil*, cit., p. 235.

A confissão gera a incontrovérsia sobre o fato que seria provado, tornando inútil a diligência para a apuração da verdade.

Evidente que a regra somente pode se aplicar aos casos suscetíveis de confissão (CPC, art. 392) e quando não exigirem documento público para a prova do ato (CPC, art. 406).

Outra questão que pode ser extraída do artigo é que a confissão que se alude é a *judicial*. Quando a lei fala afirmado pela parte e confessados por outra, certamente o ambiente que se retrata é o do processo.

A confissão extrajudicial produz seus regulares efeitos dentro do processo desde que a parte não controverta sobre ela em juízo. Sabendo que lide (pela teoria adotada por Liebman) é o conflito projetado no processo, resta irrelevante saber das questões pretéritas à propositura da demanda (mesmo porque a confissão extrajudicial pode ter sido extraída, por exemplo, por coação, motivo que resultou na sua discussão em juízo).

Assim, se a parte impugnar a confissão, a prova deverá ser produzida para o esclarecimento do juiz.

c) Fatos admitidos, no processo, como incontroversos (CPC, art. 374, III)

Nesta situação em especial o Código parte de uma premissa falsa: nem a lei nem o juiz possuem poderes para admitir ou não, no processo, fatos incontroversos (como se estes fatos, mesmo incontroversos, tivessem a possibilidade de não serem declarados como tais, caso fossem). Os fatos são ou não são incontroversos. Constitui uma consequência natural do processo, que independe de declaração judicial, já que a incontrovérsia se presume.

O ordenamento, contudo, prevê, em pelo menos duas oportunidades, as situações que tornam os fatos incontroversos: i) nos casos de revelia (constitui seu efeito material – CPC, art. 344); e ii) no não cumprimento do ônus da impugnação específica (CPC, art. 336). Evidente que essas hipóteses são exemplificativas, não encerrando o universo de situações dessa natureza.

A incontrovérsia ainda gera a possibilidade de julgamento antecipado parcial do mérito quando um ou alguns dos pedidos se mostrarem incontroversos (art. 356, I, CPC).

d) Fatos em cujo favor milita presunção legal de existência ou de veracidade (CPC, art. 374, IV)

Em determinadas situações não há prova do fato direto para a solução da causa. Nestes casos, existindo um primeiro fato (denominado fato-base) pode se chegar, por raciocínio lógico, à existência de um segundo, dada a estreita proximidade que estes fatos possuam.

Este campo mental exercido pelo julgador para presumir a existência de um fato (2) tomando como premissa somente o fato (1) denomina-se presunção. O segundo fato denomina-se indício.

Entretanto, episodicamente, a lei se antecipa ao juiz e já estabelece os moldes como o raciocínio judicial deve ser levado, condicionando a atividade do magistrado.

Por exemplo, o art. 385, § 1º, do CPC estabelece que "Se a parte, pessoalmente intimada para prestar depoimento pessoal e advertida da pena de confesso, não comparecer ou, comparecendo, se recusar a depor, o juiz aplicar-lhe-á a pena". Outro exemplo está previsto no art. 322 do CC ao estabelecer que "Quando o pagamento for em quotas periódicas, a quitação da última estabelece, até prova em contrário, a presunção de estarem solvidas as anteriores".

Se a lei prevê que tal ou qual fato esteja provado com a sua ocorrência, caso o fato surja, *ipso legis*, fica excluída do objeto de prova. Portanto, a presunção inverte o ônus da prova, pois a parte contrária deve provar que aquele fato não ocorreu. Assevera Cândido Dinamarco que "o inciso IV do art. 334 disciplina exclusivamente as presunções relativas, quer legais ou judiciais. As absolutas são fenômenos de direito substancial e só indiretamente interferem no objeto da prova"[31].

e) Fatos irrelevantes (CPC, art. 370, parágrafo único)

São irrelevantes os fatos em que, com ou sem eles, o resultado do processo seria o mesmo. A irrelevância da prova não é intrinsecamente considerada, mas sempre em relação ao fato que se deseja provar. O art. 370 do CPC é portador de norma que assevera a desnecessidade de provar fatos irrelevantes.

Nas demandas em que se discutam títulos de crédito não causais, a controvérsia da relação jurídica subjacente se torna irrelevante dada a abstração (autonomia) do título (CC, art. 887).

A relevância do fato também tem importância do efeito jurídico que se deseja atribuir ao fato. Assim, numa demanda em que se discute a responsabilidade objetiva (independe da culpa) é irrelevante provar que o agente não agiu com culpa.

6.1.7.2. Prova de direito

Em regra, há apenas prova sobre os fatos. Mas também o direito poderá ser objeto de prova. Isso porque, inegavelmente, a existência de uma regra jurídica (lei) dentro de um dado ordenamento é um fato.

Pergunta-se se é necessário fazer prova desse fato, ou melhor, é necessário fazer prova de uma regra jurídica? Pontes de Miranda asseverava que o "direito não se alega, direito invoca-se"[32]. Assim, em regra, não é necessário. Basta que a parte a suscite para que se tome como argumento de direito das alegações de fato apresentadas.

Entre nós, contudo, só é obrigatória a prova desse direito em quatro situações.

Preconiza o art. 376 do CPC que "a parte que alegar direito municipal, estadual, estrangeiro ou consuetudinário provar-lhe-á o teor e a vigência, se assim o juiz determinar". Constitui uma exceção à regra ao que a LINDB (art. 3º) assevera de presunção de conhecimento do direito.

É regra que está em consonância com a colaboração processual entre partes e juízo (art. 6º, CPC).

Constitui também uma limitação ao *iura novit curia*. Isso porque, por mais estudiosos que sejam os magistrados, torna-se fisicamente impossível o conhecimento e o acesso às diversas leis emergentes em todo o país. Fisicamente porque além do tempo a ser despendido para a apreensão de todo arcabouço legal existente, há ainda a dificuldade do *acesso*. Muitas são as normas estaduais, municipais e internacionais somente disponíveis no local onde incidem com mais frequência, ficando limitadas a sua área de abrangência.

Ademais, o direito consuetudinário nem sempre possui registros divulgados para que se tome como base no julgamento.

Evidente que a regra do art. 376, CPC somente terá razão de ser em havendo essa necessidade por parte do juiz em decorrência do seu não conhecimento (o artigo fala "se assim o juiz determinar"). Se a norma, mesmo se enquadrando no artigo, for de conhecimento do magistrado, não há se falar na prova de direito. Aqui se aplica o *iura novit curia*, já que a aplicação do direito, ao contrário dos fatos, não se enquadra no princípio dispositivo (fatos não alegados = fatos não julgados, conforme arts. 2º, 141 e 492, CPC)

---

31 *Instituições*, cit., p. 64.
32 *Comentários ao Código de Processo Civil*. Rio de Janeiro: Forense, 1974, t. IV, p. 239.

A prova do teor e da vigência poderá ser feita por extratos, atas notariais, certidões (eletrônicas ou não) ou outro meio idôneo de prova.

Por fim, o juiz não poderá extinguir o processo sem resolução do mérito por ausência do cumprimento do art. 376, CPC porque: a) deve exercer o contraditório a fim de evitar decisão-surpresa (arts. 9º e 10, CPC) e b) o artigo estabelece que o juiz deve determinar. Sem essa determinação não há como apenar o autor com a resolução do processo.

6.1.7.3. A prova de fatos negativos

Consoante se depreende do ônus da impugnação específica, compete ao réu impugnar pormenorizadamente os fatos constitutivos do direito do autor (CPC, art. 336). Contudo, é possível que o réu opte pela defesa de mérito direta, negando a existência desses fatos. Nesse caso, recai o ônus da prova ao autor que deve demonstrar que eles – os fatos – existiram.

Entretanto, diferente é a existência do fato negativo, pois não se está negando o fato, mas dizendo que tal fato não ocorreu e "a inocorrência de um fato gera um direito ou dá base a uma pretensão. Afirma-se, portanto, um fato negativo – ou seja, afirma-se que um fato não aconteceu – e dessa inexistência é que se busca a consequência jurídica pretendida"[33].

O exemplo trazido por Wambier e Talamini é bem ilustrativo: o Código Civil disciplina que a servidão pode ser cancelada pelo proprietário desde que comprove que a outra parte não se utilizou da servidão por dez anos seguidos (art. 1.389, III). Desta feita, o fato constitutivo do autor é um fato negativo.

Parece, à primeira vista, complicado provar um fato que não ocorreu, mas esta prova é possível em todos os *fatos negativos definidos* (é possível provar que o réu não saiu do imóvel mesmo tendo assinado o mandado de reintegração de posse). Mas resta impossível provar o fato negativo indefinido (provar que nunca foi à cidade de Guaxupé, ou que nunca teve um tênis daquela marca etc.). Nesse caso, a impossibilidade não reside na negativa em si, mas na indefinição do fato.

> Assim, existe a **negativa absoluta**, que constitui a mera negativa de um fato, sem definição no tempo ou espaço (p. ex., "nunca fiz caratê na vida"), e a **negativa relativa**, que, ao contrário, nega a existência de um fato, mas definido no tempo ou no espaço (p. ex., "não estive no exterior em dezembro do ano passado").

Evidente que há casos em que o fato negativo indefinido (também denominado de negativa absoluta) pode ser provado com base num fato positivo. Assim, é possível provar que uma pessoa nunca teve uma conta corrente com base numa declaração do Banco Central nesse sentido.

6.1.8. ÔNUS DA PROVA

6.1.8.1. Conceito

É importante proceder à definição de ônus. O processo é relação complexa que se desenvolve por uma gama de atos praticados pelo juiz, seus auxiliares, Ministério Público e pelas

---

33 Luiz Rodrigues Wambier e Eduardo Talamini, *Curso avançado de processo civil*. 16. ed., São Paulo: Revista dos Tribunais, 2016, v. 2, p. 244.

partes. O magistrado possui, dentro do processo, poderes (quando exerce atividade ativa) e deveres (quando exerce atividade passiva). Já as partes possuem direitos (no campo ativo) e ônus e obrigações (no campo passivo).

Ônus e obrigação se diferem pelas consequências operadas no plano do processo e fora dele. As obrigações quando não cumpridas geram inserção de prejuízo na esfera jurídica da parte. Desse modo a intervenção estatal se faz necessária – para fazer atuar a sanção – para compelir a parte no seu dever jurisdicional.

Contudo, o ônus é uma permissibilidade de conduta da parte que, se não observada, gerará prejuízos na própria esfera jurídica de quem se omitiu. Dessa feita, podendo a parte assumir seus próprios riscos e não causando prejuízos à parte adversa, o Estado apenas pode apenar a conduta da parte com a consequência prevista no ordenamento. Assim, a parte tem o ônus de se defender, pois caso não o faça, o prejuízo é exclusivamente seu (revelia, CPC, art. 344), a parte tem o ônus de recorrer, pois sua inércia promoverá o trânsito em julgado da decisão.

Ônus é uma opção com consequências[34].

De acordo com clássica lição do processualista alemão *James Goldschmidt*, é possível estabelecer a diferenciação entre as atividades das partes em:

DIREITOS	O seu não exercício não gera nenhum prejuízo (direito de ação)
DEVERES	O seu não exercício gera prejuízo a terceiros (dever de agir com boa-fé, dever de cumprir as obrigações jurisdicionais)
ÔNUS	O seu não exercício gera prejuízo a própria parte (revelia pela não apresentação de contestação, trânsito em julgado da decisão pela não interposição de recurso)

Dessa forma, o ônus probatório não é, e nem pode ser, um dever. O desatendimento ao preceito acarretará em um fato alegado porém não provado. Em suma, o ônus da prova não é a imposição para que a parte apresente a prova dos fatos que alegou (o que consistiria no dever), mas sim na assunção do risco de não fazê-lo.

Ônus da prova é, portanto, o encargo atribuído às partes, decorrente de lei, negócio jurídico ou por vontade judicial, para que se demonstre a existência dos fatos de seu interesse. O adágio *allegatio et non probatio quase non allegatio* (alegar sem provar é o mesmo que não alegar) demonstra o interesse das partes nas provas a serem apresentadas no processo.

O ônus da prova é tratado no art. 373 do CPC, que dispõe competir o ônus:

I – ao **autor**, quanto ao fato **constitutivo** de seu direito;
II – ao **réu**, quanto à existência de fato **impeditivo, modificativo ou extintivo** do direito do autor.

Trata-se de método simples em que a distribuição desse ônus é pautada com base no *interesse*. Constitui método estático, pois já é preestabelecido o encargo de cada um dos sujeitos

---

34 FERREIRA, Willian Santos. *Breves comentários ao novo Código de Processo Civil*. São Paulo: RT, 2015, p. 1005.

processuais. A despeito de a lei utilizar as expressões "autor" e "réu", o ônus do processo atinge a todos os sujeitos parciais do processo, como litisconsortes, terceiros e Ministério Público[35].

Sua finalidade é estabelecer critérios objetivos, de modo a orientar a decisão judicial, especialmente naqueles casos em que exista uma impossibilidade de se obter a conclusão sobre a existência de um fato.

Conforme dito, o ônus da prova poderá ser **legal**, quando fixado pela lei (também denominado de estático, pois o legislador previa e abstratamente estabeleceu quem assumirá o encargo de provar o quê), **convencional**, quando fixado pelas partes, ou **judicial**, quando estabelecido pelo próprio juiz (estes dois últimos são categorizados como dinâmicos, pois analisados à luz das circunstâncias fáticas concretas da causa).

Perceba que a regra do ônus da prova assume marcantemente um caráter subsidiário no sistema: apenas será utilizada se e quando o fato não for provado por quem deveria. Constitui uma lógica decorrência da regra da inafastabilidade (arts. 5º, XXXV, CF e 3º, CPC) e da impossibilidade de o juiz decidir *non liquet*, ou seja, se não houve prova sobre o fato, o caso não poderá ficar sem resposta.

Há importante discussão na doutrina se o ônus da prova seria uma **regra de julgamento ou uma regra de procedimento**.

A **regra de procedimento (também chamada de regra subjetiva ou formal)** é destinada às partes. Assim, previamente as partes já sabem de sua responsabilidade na construção do acervo probatório que servirá para a convicção judicial. Denomina-se regra subjetiva, pois seria um critério de conduta da parte, já que quem alega determinado fato tem como consequência, o dever de prová-lo. O que se quer dizer é que há quem entenda que o ônus da prova seria visualizado na fase pré-instrutória de modo a alertar as partes (cooperação, nas vertentes do dever de esclarecimento e prevenção) acerca de quem terá o encargo de produzir a prova (regra de procedimento). Constitui uma análise prospectiva do ônus, pois é uma conduta a ser praticada.

A **regra de julgamento (também chamada de regra objetiva ou material)** ocorre quando as provas não foram suficientes para a descoberta da verdade. Sendo vedado o *non liquet*, o magistrado deve verificar qual das partes sofrerá as consequências pela não produção da prova. E há quem entenda que o ônus da prova constitui meramente a consequência da não produção a quem deveria ter produzido a prova (regra de julgamento). Assim, o ônus atua como uma espécie de sanção àquele que se desincumbiu do seu encargo. Constitui uma análise retrospectiva, pois dada a inação da parte, haverá consequências na decisão do juiz.

Dessa forma, a regra de julgamento não pode se sobrepor a regra de procedimento. Aquela apenas será usada na ausência desta. E, havendo suficientes provas trazidas e produzidas pelas partes não poderá o juiz aplicar a regra do ônus da prova quando já tem elementos suficientes para o julgamento.

---

35 Há, contudo, exceções a essa dinâmica: o STJ já entendeu que, "na colisão de um fato negativo com um fato positivo, quem afirma um fato positivo tem que prová-lo, com preferência a quem afirma um fato negativo" (STJ, AgRg no Ag. 1.181.737/MG).

Na Espanha, a *Ley de Enjuiciamento Civil* estabelece expressamente que ônus da prova constitui regra de julgamento em seu art. 217, 1[36]. Há também alguns entendimentos do STJ nesse sentido (p. ex., STJ REsp 890.690/DF). E no que concerne ao CDC, recente decisão do STJ assevera que "a inversão do ônus da prova prevista no art. 6º, VIII, é regra de instrução e não regra de julgamento, motivo pelo qual a decisão judicial que a determina deve ocorrer antes da etapa instrutória, ou quando proferida em momento posterior, sob pena de absoluto cerceamento de defesa (REsp 1.286.273-SP, Rel. Min. Marco Buzzi, Quarta Turma, por unanimidade, j. 8-6-2021).

Contudo, existe claramente uma dupla finalidade na existência do ônus da prova e elas não podem, em nossa opinião, ser tratadas de forma separada: a) *como regra de instrução*, para que as partes fiquem advertidas sobre os riscos e consequências da não produção das provas em seu favor, criando um estímulo para produzi-las; b) *como regra de julgamento*, como forma do magistrado, na falta de outros elementos, decidir a favor de quem melhor se incumbiu no encargo da prova. Vejam situações e que cada uma delas se mostra imprescindível e, portanto, devem ser consideradas como elemento integrante do ônus da prova:

a) Pelo princípio da cooperação (art. 6º, CPC) da qual as partes e o juiz devem colaborar para um processo justo e efetivo durante todo o processo e não faz sentido falar apenas em regra de julgamento ou apenas regra de instrução. Dessa forma, o ônus da prova assume a função de instruir as partes acerca da sua conduta na produção da prova e também como forma de consequência pela sua inatividade probatória.

b) É importante previamente as partes saberem dos seus encargos probatórios, pois isso terá reflexos nas despesas processuais (exercidas em cada ato a ser praticado) e na eventual inversão do ônus da prova.

c) O juiz, como dito, não pode deixar de julgar uma causa por ausência de provas (vedação ao *non liquet*). Dessa forma, ou se valerá dos seus poderes instrutórios (art. 370, CPC), para cumprir "o ônus subjetivo da parte" ou julgará com base nas provas dos autos em desfavor daquele que deveria ter produzido a prova e não o fez. E, não havendo prova a mais a produzir procederá ao julgamento antecipado do mérito (art. 355, CPC).

O que é importante estabelecer é que essa escolha não decorre da vontade do magistrado (apenas em casos excepcionais, como na fixação do "ônus dinâmico da prova", vide *infra*). Este critério (para guiar a sua atividade) não compete ao arbítrio do juiz, mas sim decorre de previsão legal.

E é fundamental ter em mente que o cumprimento do ônus da prova não acarreta necessariamente numa decisão favorável, assim como seu descumprimento não gerará a sucumbência para a parte. É por isso que se utiliza na prática forense a expressão **ônus imperfeito**, pois nem sempre aquele que não cumpriu com o ônus que lhe incumbia será sucumbente na demanda. Até porque a insuficiência da prova trazida pela parte poderá ser suprida até mesmo pelas provas da outra parte (aquisição processual ou princípio da comunhão das provas), pela instrução oficiosa do juiz ou pela atividade probatória de algum litisconsorte.

Quem não cumpre o ônus, assume o risco de ter, contra si, uma decisão contrária. Em sentido contrário, o cumprimento do ônus acarreta na maior possibilidade de êxito, pois terá mais chances de convencer o magistrado.

E se a parte não tem condições de fazer a prova da qual era seu ônus?

---

36 Artículo 217 Carga de la prueba: 1. Cuando, al tiempo de dictar sentencia o resolución semejante, el tribunal considerase dudosos unos hechos relevantes para la decisión, desestimará las pretensiones del actor o del reconviniente, o las del demandado o reconvenido, según corresponda a unos u otros la carga de probar los hechos que permanezcan inciertos y fundamenten las pretensiones.

Aqui se está diante da denominada **prova diabólica** (*devil's proof*). Por prova diabólica deve se entender aquela que é muito difícil ou impossível de se produzir.

É possível estabelecer diversos exemplos de prova diabólica:

I – na prova de fatos negativos (v.g. na ação de usucapião especial, o autor deve provar que não possui outro imóvel, o que dependeria de juntar certidão negativa de todos os cartórios do país);

II – na ausência de documentos em seu poder para a demonstração do seu direito que estão em poder da outra parte ou de terceiros.

A prova diabólica poderá ser unilateral (quando apenas uma das partes não tiver condições de produzi-la), ou bilateral (quando ambas as partes não puderem). Nesse caso denomina-se prova bilateralmente diabólica ou situação de inesclarecibilidade.

Nesses casos o ônus da prova serve apenas como regra de julgamento e será preenchido (a fim de evitar o *non liquet*): a) por indícios, b) pela chamada presunção judicial (prova *prima facie*) ou c) caso não seja possível, arcará a parte que assumiu o risco da inesclarecibilidade.

Há situações, contudo, em que não há ônus, mas verdadeiro dever de prova. Existe um dever abstrato de formação da convicção judicial a fim de que o magistrado possa prestar uma efetiva tutela jurisdicional. Se o alcance da verdade possível poderá ser dado, em boa parte pela produção da prova, há situações em que ela não constitui um ônus, mas um dever, residindo, portanto, numa regra de conduta apenas.

Assim ocorre:

a) no dever contido no art. 378 do CPC, em que ninguém se exime de colaborar com o Poder Judiciário para o descobrimento da verdade;

b) no dever de comparecer em juízo para responder o que lhe foi interrogado, colaborar com o juiz na inspeção judicial e praticar o ato que lhe foi determinado (art. 379, CPC);

c) no dever dos terceiros em informar ao juiz os fatos e circunstâncias que tenha conhecimento, bem como exibir documento ou coisa que esteja em seu poder (art. 380, CPC).

6.1.8.2. Inversão do ônus da prova

Da mesma forma que as partes podem fazer negócio jurídico processual (CPC, art. 190), podem igualmente dispor sobre o ônus da prova.

Constitui-se negócio jurídico processual cuja finalidade é a alteração das regras previstas em lei para a distribuição do *onus probandi*. Da mesma forma que o legislador institui o ônus da prova, [ele] institui também as possibilidades de inversão.

A inversão do ônus da prova pode ser legal, convencional ou judicial.

Será **legal (*ope legis*)** quando a lei instituir a inversão decorrente da presunção relativa prevista em lei (como, por exemplo, a propaganda enganosa – CDC, art. 38 – que deve ser provada sua veracidade por quem a apresentou). Esse caso, muito utilizado como exemplo de inversão, não constitui propriamente uma inversão, "mas tão somente uma exceção normativa à regra genérica do ônus da prova"[37].

Há a inversão empreendida pelo **magistrado (*ope judicis*)**. É muito comum nas relações de consumo e nos litígios sobre danos ambientais. É importante frisar que os requisitos necessários para a inversão do ônus da prova no CDC não se assemelham aos requisitos do Código de Processo Civil. O art. 6º, VIII, da Lei n. 8.078/90 estabelece: "São direitos básicos do consumidor a facilitação da defesa de seus direitos, inclusive com a inversão do ônus da prova, a

---

37 DIDIER; BRAGA; OLIVEIRA. *Curso de direito processual civil*. 2. ed. Salvador: JusPodivm, 2008, v. 2, p. 78-79.

seu favor, no processo civil, quando, a critério do juiz, for verossímil a alegação ou quando for ele hipossuficiente, segundo as regras ordinárias de experiência".

Não se trata de regra absoluta, tampouco de "inversão automática" (como, infelizmente, ocorre em boa parte das vezes), mas mera presunção de hipossuficiência do consumidor. Nada impede que o magistrado não aplique o dispositivo sob o argumento do consumidor possuir melhores condições para provar determinado fato (v.g. STJ, REsp 720.930/RS).

De raríssima incidência prática, a inversão **convencional** decorre da vontade das partes. Constitui negócio jurídico processual. Essa convenção pode ser disciplinada de forma livre (CC, art. 104, III, e CPC, art. 190, por instrumento público, particular, em juízo [audiência ou petição]). Conforme se verifica do § 3º do art. 373, a lei não prevê as hipóteses de inversão convencional, mas sim quando ela não pode ser realizada:

i) sobre direito indisponível (*vide,* por exemplo, art. 51, VI, do CDC e ações de estado); e

ii) tornar excessivamente difícil a uma parte o exercício do direito. Essa convenção pode ser celebrada antes ou durante o processo, conforme o art. 373, § 4º, do CPC.

É importante frisar que essa convenção, salvo nos casos de nulidade, não pode ser recusada pelo juiz, vale dizer, não poderá o magistrado dispor sobre o ônus de forma diversa da que as partes estabeleceram (Enunciado n. 128 da II Jornada de Direito Processual Civil – CJF).

A inversão **judicial** ocorrerá quando o magistrado sentir a necessidade (será visto oportunamente no estudo do ônus dinâmico da prova, *infra*) da inversão ou quando a própria lei o autorizar a fazê-lo (CDC, v.g.). O momento adequado para se proceder a inversão será no momento de proferir a sentença. E isso porque, antes desse evento, não tem o magistrado condições de verificar se a prova será suficiente.

6.1.8.2.1. Momento de inversão do ônus da prova

Há de se perguntar qual seria o melhor momento para se proceder a inversão do ônus da prova. Se na fase inicial, no saneamento ou mesmo quando da prolação da sentença.

Afastada está a fase inicial, na medida em que é recomendado que se aguardem as argumentações de defesa apresentadas pelo réu para se verificar com precisão a extensão daquilo pelo qual o magistrado irá decidir.

Muitos autores defendem que o momento é a fase do saneamento, já que após este momento haverá o deferimento das provas que serão produzidas, decorrentes daquilo que se acolheu das alegações ativas e passivas das partes.

Esta parece ser a melhor posição. E isso porque, se defender a posição de que a inversão poderá ser dada em sentença (corrente essa seguida por diversos adeptos), é desconsiderar que a produção seria um ônus da qual a parte não teria mais o que fazer, dada a sentença prolatada. Como se pode impor um ônus se este não pode ser cumprido?

Nelson Nery[38] entende que não há momento para o magistrado fixar o ônus da prova ou sua inversão. E isso porque não se trata de regra de procedimento e sim de julgamento.

Conforme vimos no capítulo pertinente aos princípios, a possibilidade de influência, decorrente da moderna releitura do princípio do contraditório, impõe que se permita não somente a reação, mas a possibilidade de influenciar na decisão. Evidentemente que permitir a inversão na sentença fere de morte o princípio do contraditório, pois a parte não terá possibilidade de reagir sobre a inversão, sequer fazer atuar (desde que imposto à parte este encargo) os meios necessários para produzir as provas que lhe foram incumbidas.

---

38   *CPC comentado*, 10. ed., São Paulo: Revista dos Tribunais, 2007, p. 608.

Ademais, fere a dimensão subjetiva do ônus da prova, daí por que a inversão deve ser feita, como dito, no momento em que a parte tenha prazo adequado para desempenhar esse encargo: no saneamento.

6.1.8.3. Os *standards* probatórios, vieses cognitivos e estatísticas judiciais

O ônus da prova deve conduzir a um caminho que seja possível à parte provar aquilo que lhe seja útil para mostrar a veracidade das alegações sobre os fatos. Assim, se a parte, após a instrução processual, demonstrou uma razoável aparência do direito o magistrado deve dar por cumprida a instrução processual.

Aliás, este é o entendimento de Cândido Dinamarco: "A certeza, em termos absolutos, não é requisito para julgar. Basta que, segundo o juízo comum do *homo medius*, a probabilidade seja tão grande que os riscos de erro se mostrem suportáveis. A probabilidade é a convergência de elementos que conduzem razoavelmente a crer numa afirmação, superando a força de convicção dos elementos divergentes desta"[39]. Em processo civil adota-se a teoria do *more likely than not*, ou seja, diferente do processo penal, que depende de uma dúvida acima do razoável, no processo civil basta que uma conclusão seja mais verossímil que a outra.

Mas quando se chega a esse termo? Sendo as provas uma reconstrução do passado para tentar provar os fatos, quando o juiz se sentirá convencido para poder julgar com precisão, com base naquela prova, a existência ou não de um fato? O problema é que o CPC não diz quando se deve considerar efetivamente provado um fato. A regulação da suficiência ou não depende exclusivamente de critérios subjetivos do magistrado. São subjetivos na medida em que um juiz pode enxergar o cumprimento da suficiência probatória em um processo e outro não, mesmo sendo os mesmos fatos e o mesmo material de prova. É nesse momento que devem ser enfrentados os denominados ***standards* probatórios**.

Pode-se definir como *standards* probatórios "o grau de suficiência probatória mínima exigida pelo direito para que uma hipótese fática possa ser considerada provada"[40]. Constitui, portanto, "uma questão de direito, tendo conexão direta com o momento de valoração da prova"[41].

Assim, por exemplo, em um exame de paternidade que não se obtém 100% (cem por cento) de certeza, mas algo muito próximo disso, não pode ser denegada a paternidade sob a alegação de que não há certeza de forma absoluta.

A legislação deveria prever os *standards* para dar maior segurança jurídica, mas não temos essa previsão (apenas fala-se sobre persuasão racional – art. 371, CPC[42] – e regras de experiência)[43]. Logo, na falta de previsão, o ideal será sua fixação na decisão de saneamento, pois é lá que o juiz delimitará as questões de fato e de direito sobre as quais recairá a atividade probatória (art. 357, II, CPC).

Já o **viés cognitivo** é uma espécie de atalho mental que desvia a rota de análise do juiz de um padrão objetivo de julgamento correto no plano da lógica e racionalidade para outro induzido

---

39 *Instituições*, cit., p. 81.
40 PEIXOTO, Ravi. Standards *probatórios no direito processual brasileiro*. Salvador: JusPodivm, 2021, p. 72.
41 Idem, ibidem.
42 "Art. 371. O juiz apreciará a prova constante dos autos, independentemente do sujeito que a tiver promovido, e indicará na decisão as razões da formação de seu convencimento." No mesmo sentido: arts. 155 e 315, § 2º, do CPP.
43 Ao tratar das regras de experiência, o art. 375 do CPC determina que o juiz aja como as demais pessoas agiriam naquela situação.

(viciado, permeado). Isso decorre das percepções e valores de vida trazidos pelo magistrado que podem distorcer sua correta visão do caso fazendo um julgamento tendencioso. Dessa forma, muitos juízes, por intuição subjetivas e ideias preconcebidas, já tem o resultado antes mesmo de decidir e depois estabelece os fundamentos para justificar essas conclusões[44].

O antídoto contra os vieses cognitivos é a **debiasing (desenviesamento)**, que constitui um método contraintuitivo, que pode ser preventivo ou repressivo, a fim de se afastar os vieses cognitivos. Eduardo José Fonseca da Costa[45] propõe algumas técnicas, como: a) o juiz da instrução não pode ser o mesmo da sentença (não há regra de identidade física); b) o juiz que teve contato com prova ilícita deve se afastar do feito; c) o juiz que analisou tutela provisória não pode ser o mesmo a sentenciar; d) os juízes vencedores da decisão originária não podem participar do novo julgamento em técnica de ampliação do art. 942 do CPC; e) o relator da decisão agravada não pode participar do julgamento do agravo interno; f) os ministros que julgaram o voto embargado não podem participar do julgamento dos embargos de divergência; g) evitar que juízes não sentenciem na própria audiência, entre outras.

Outro método é o uso das estatísticas como forma de auxiliar o magistrado no seu convencimento e na tomada de decisões. As estatísticas podem levar ao plano da probabilidade, que, conforme já demonstrado, é a forma de convencimento que o juiz tem para decidir. Dessa forma, é possível definir no universo da matemática níveis de probabilidade (*legal probabilism*) que demonstrariam os *standards* probatórios para o convencimento judicial. Constitui uma espécie de *guia externo* para evitar que se julgue apenas com base nas convicções (certas ou erradas) e que se faça a busca de provas que apenas reforcem suas convicções.

Os juízes decidiriam melhor com o uso das estatísticas, já sabendo a frequência com que um caso ocorre, pois obviamente a visão que o magistrado tem sobre o mundo e sobre o comportamento das pessoas pode influenciar nas suas decisões e na valoração sobre as provas que lhe são submetidas, e isso não é desejável quando se fala em decisão judicial.

É importante enfrentar três casos em que o probabilismo jurídico pode resolver a questão[46]:

a) Uma pessoa atropelada por um ônibus em determinada rua. Não há qualquer prova de quem seria o proprietário do ônibus. Contudo, apenas uma linha específica atende aquela localidade. Não seria possível julgar com base nesses dados no lugar (ou em reforço) da mera prova testemunhal?

b) Diversas pessoas prestaram uma mesma prova para concurso e tiveram os mesmos erros e acertos e notas desproporcionalmente altas em relação aos demais candidatos. A chance de isso acontecer como uma causalidade seria mais difícil que ganhar na loteria. Não seria possível valer-se desse dado estatístico?

c) O consumo de um medicamento que possa aumentar o desenvolvimento de uma doença (80% de chance de ser o medicamento). Não pode ser critério suficiente para condenar o laboratório em caso de câncer no indivíduo que fez uso contínuo daquele medicamento?

O STJ, contudo, quando enfrenta a probabilidade, vem fazendo uma espécie de "tarifamento de prova", considerando a prova estatística mera prova indiciária, não podendo ser usada como prova isolada[47]. A crítica que se faz às estatísticas, tanto pelo STJ como por parte da doutrina, é que estas sempre se referem a situações e condutas passadas, e não ao caso

---

44 COSTA, Eduardo José da Fonseca. *Levando a imparcialidade a sério*. Salvador: JusPodivm, 2018, p. 141 e ss.
45 *Levando a imparcialidade a sério*. Salvador: JusPodivm, 2018, p. 141 e ss.
46 Exemplos extraídos do texto de VITORELLI, Edilson. Raciocínios probabilísticos implícitos e o papel das estatísticas na análise probatória. *RePro*, 297, p. 369-396, nov. 2019.
47 REsp 1.307.532/RJ, Rel. Min. Mauro Campbell Marques, Segunda Turma, j. 9-4-2013, *DJe* 16-4-2013.

concreto. De fato, a premissa faz sentido, mas, no caso do medicamento, por exemplo (item c), qual prova é mais robusta: a probabilidade de 80% cientificamente comprovada (dados estatísticos) ou a prova testemunhal de alguém que presenciou o autor ministrar o medicamento e adquirir câncer?

Conforme observa Edilson Vitorelli[48]: "O problema é que esse raciocínio ignora que a decisão fundada na prova testemunhal teria que pressupor a) que há 100% de chances de que a testemunha esteja dizendo a verdade; b) que há 100% de chances de que ela tenha percebido corretamente a situação; c) que há 100% de chances de que ela tenha relatado apropriadamente a situação em juízo. Se, como parece evidente, for possível afirmar que qualquer desses três fatores não atinge o patamar de 100%, então se estará diante de uma probabilidade de que o testemunho seja verdadeiro e capaz de demonstrar a ocorrência daquele fato. Se, por exemplo, cada um desses fatores tiver probabilidade de 90% e, partindo do pressuposto de que eles estejam relacionados, a probabilidade final de que a decisão esteja fundada em um fato verídico será de apenas 73%". Ademais, a testemunha pode ser influenciada por, ao menos, nove fatores: "o modo de fazer a pergunta à testemunha, as instruções durante a identificação da pessoa visualizada, informações enganosas recebidas após o fato, a correlação entre precisão e confiabilidade, atitudes e expectativas, o tempo de exposição, transferência inconsciente, identificação cara a cara (*showups*) e a curva de esquecimento. Além disso, um número significativo de especialistas (70%) ainda acrescenta preconceitos raciais, diferenças no posicionamento das pessoas a serem identificadas e a tendência a superestimar a duração dos eventos, o que eleva o número de fatores de dúvida a 12".

Dessa forma, temos que levar em consideração (e isso é uma condição inexorável) que todo raciocínio probatório envolve, invariavelmente, análises de probabilidades (implícitas). Assim, tanto as estatísticas como a análise de provas não se fazem somente com a prova em si, mas com situações pretéritas: a primeira baseada em números, a segunda com base na percepção do juiz diante de reiterados casos semelhantes.

Se é possível julgar com base em apenas uma perícia (que eventualmente pode estar errada), uma testemunha (que eventualmente pode estar mentindo), um documento (que eventualmente pode ter sido adulterado), por que não decidir, em alguns casos, com base em estatística que possui um grau de acerto infinitamente maior?

Se o juiz pode julgar de acordo com o que "ordinariamente acontece"[49] (regras de experiência), que tem o agravante de ser filtrado pela lente pessoal do juiz (visão parcial do que normalmente ocorre no cotidiano), por que não poderia julgar de acordo com as estatísticas, que não se baseiam em percepções, mas em números e dados concretos?

6.1.8.4. Ônus probatório e regra de aquisição da prova

Chama-se aquisição, porque uma vez a prova sendo trazida aos autos fica adquirida pelo processo.

Para poder certificar acerca da existência dos fatos, o magistrado deve tomar como base todas as provas constantes dos autos. Esta análise sobre as provas não toma relevância sobre

---

48 VITORELLI, Edilson. Raciocínios probabilísticos implícitos e o papel das estatísticas na análise probatória. *RePro*,
297, p. 369-396, nov. 2019.
49 Art. 375. O juiz aplicará as regras de experiência comum subministradas pela observação do que ordinariamente acontece e, ainda, as regras de experiência técnica, ressalvado, quanto a estas, o exame pericial.

quem a trouxe. Importante é que a prova esteja nos autos (CPC, art. 371). Se o *quod non est in actis non est in mundo*, evidente que aquilo que está no processo será levado em consideração pelo magistrado.

6.1.8.5. Sobre o ônus dinâmico da prova

Não adianta a parte ter o direito a seu favor se não conseguir demonstrar, por meio das provas, essas circunstâncias.

O CPC historicamente adota ônus estático da prova. Assim é no CPC em seu já referido art. 373, em que o encargo probatório pertence a cada um dos litigantes e é prévia e abstratamente conferido por lei, não levando em consideração as peculiaridades da causa ou as partes em conflito. O sistema estático leva em consideração a posição do sujeito no processo e a matéria a ser provada.

Todavia, por uma série de fatores (sociais, econômicos e mesmo físicos) a parte a quem compete o ônus da prova pode ficar impossibilitada de exercê-lo, gerando o que se convencionou denominar prova diabólica. Essa regra se acentua especialmente quando se trata de direitos extrapatrimoniais como, por exemplo, direitos fundamentais. O modelo estático foi pensado para um sistema liberal, eminentemente baseado no patrimônio que, com o desenvolvimento dos denominados "novos direitos" tornou esse modelo insuficiente.

Dessa feita, aos poucos a doutrina vinha aceitando a teoria do ônus dinâmico da prova. A teoria da distribuição do ônus dinâmico da prova teve seu nascimento da necessidade de uma conformação da lei processual com o direito fundamental ao exercício probatório (devido processo legal) e permitir uma isonomia material entre as partes no processo. Ademais, funda-se na cooperação entre as partes e o juízo e nos deveres de lealdade e boa-fé (arts. 5º e 6º, CPC).

Por ônus dinâmico (ou carga dinâmica) entenda-se a possibilidade de o magistrado, à luz do caso concreto, fixar a qual das partes competirá o encargo probatório diante da impossibilidade/dificuldade da outra. Essa fixação se dá porque uma das partes possui conhecimentos técnicos, informações específicas, maior facilidade na demonstração no plano fático, econômico, técnico ou jurídico.

Não se confunde com a inversão do ônus da prova decorrente do CDC (art. 6º, VIII), pois neste decorre de uma situação fixa previamente estabelecida (o descompasso entre as partes na relação processual entre consumidor e empresa). Já no ônus dinâmico, consiste numa mera eventualidade em determinadas circunstâncias com base exclusiva no caso concreto.

Trata-se de mais um mecanismo atípico colocado à disposição do magistrado para que confira a paridade de armas e promova a isonomia substancial das partes no processo. É proposta que se adapta a natureza instrumental do processo analisando o direito substancial e a forma mais consentânea de se resolver o conflito.

O CPC apenas normatizou o que já vinha sendo entendido pela doutrina ao estabelecer em seu art. 373, § 1º: "Nos casos previstos em lei ou diante de peculiaridades da causa relacionadas à impossibilidade ou à excessiva dificuldade de cumprir o encargo nos termos do *caput* ou à maior facilidade de obtenção da prova do fato contrário, poderá o juiz atribuir o ônus da prova de modo diverso, desde que o faça por decisão fundamentada, caso em que deverá dar à parte a oportunidade de se desincumbir do ônus que lhe foi atribuído".

Portanto, há duas condições para a aplicação do ônus dinâmico, uma material e outra processual: **Na material** deve se constatar a insuficiência e impossibilidade de aplicação do método tradicional, em decorrência que as restrições probatórias impeçam o alcance à tutela jurisdicional adequada. Em contraposição, a parte contrária deve encontrar-se em "posição privilegiada, em virtude do papel que desempenhou no fato gerador da controvérsia, por estar na posse da coisa ou instrumento probatório, ou por ser o único que dispõe da prova, se encontra em melhor posição de revelar a verdade (art. 373, § 1º, NCPC). Exemplo típico é o do médico ou do hospital em poder de quem se encontra o prontuário[50] ", no mesmo sentido, em caso sobre erro médico, a dinamização do ônus tem por objetivo fazer com que o hospital e médico, demandados, comprovem que seguiram todos os protocolos exigidos, laborando de acordo com as regras vigentes e, portanto, não incorreram em culpa, ou o pai que deve demonstrar sua hipossuficiência econômica para fins de fixação de alimentos no lugar do filho que não tem acesso aos ganhos do alimentante, especialmente se for profissional liberal[51]. Já **na processual** deve a decisão ser motivada (declinar os motivos da inversão judicial) e a oportunidade de se poder produzir a prova.

Assim, o sócio que foi retirado da empresa terá poucas condições de demonstrar as questões pertinente à sociedade, pois não tem mais acesso aos documentos[52].

Em virtude do seu poder instrutório (arts. 139, VI, e 370, CPC) e no interesse que a tutela seja prestada com a máxima efetividade (art. 8º, CPC) é necessário que essa inversão se dê de ofício pelo magistrado. Contudo, há de se observar o contraditório e a fundamentação de sua decisão (arts. 9º, 10, 373, § 1º, e 489, II, CPC)[53].

Contudo, a teoria do ônus dinâmico da prova encontra restrição na denominada **prova diabólica reversa** (art. 373, § 2º CPC). A dinamização apenas poderá ocorrer se a outra parte tiver condições de produzir a prova que a parte originariamente obrigada a esse encargo não tenha possibilidade, ou seja, a parte a ser onerada com a produção de uma prova (um encargo que não era originariamente seu), deve estar em posição de vantagem em relação a outra parte. Caso contrário a atividade de transferir o encargo será inútil e houve uma escolha ideológica do perdedor (Michele Taruffo).

Constitui um pressuposto negativo para a aplicação da teoria da carga dinâmica.

Há quem entenda que a teoria do ônus dinâmico da prova se aplica também quando ocorre hipossuficiência econômica de uma das partes em produzir a prova, ou seja, autor ou réu não têm condições de arcar com os custos da prova (pericial, por exemplo) então o juiz inverteria esse curso para a outra parte. Isso seria possível?

Entendemos que não. O custo financeiro do processo é uma questão mais ampla que não se resume apenas no custeio da fase probatória, mas envolve também as custas iniciais, custas de preparo, honorários advocatícios e outros tantos gastos.

A hipossuficiência financeira já possui instrumento hábil para isenção dos custos que é o pedido de gratuidade e não a inversão do curso probatório que, aliás, sequer possui previsão legal para tal disposição.

A lei não estabelece o momento em que o ônus dinâmico deve ser efetivado. É recomendado, contudo, que o juiz o proceda na fase de saneamento (art. 357, CPC), dentro da fase

---

50 CAMBI, Eduardo. Teoria das cargas dinâmicas (distribuição dinâmica do ônus da prova). Grandes temas do NCPC. 2. ed. Salvador: JusPodivm, 2016, v. 5, p. 262.
51 E, ainda, nas demandas de indenização securitária deve-se aplicar a regra geral de distribuição estática do ônus da prova, recaindo sobre a seguradora o ônus de comprovar as causas excludentes da cobertura (REsp 2.150.776-SP, Rel. Ministra Nancy Andrighi, Terceira Turma, j. 3-9-2024).
52 MEDINA, José Miguel Garcia. *Novo Código de Processo Civil comentado*. 3. ed. São Paulo: RT, 2015, p. 630.
53 Nesse sentido, é o entendimento do Enunciado n. 632 do FPPC: "A redistribuição de ofício do ônus de prova deve ser precedida de contraditório".

ordinatória, quando estiver preparando o processo para a fase instrutória. Evidente que sempre precedido de prévia comunicação das partes. A inversão apenas na fase do julgamento viola a natureza do ônus que constitui regra de julgamento e regra de instrução (as partes têm que saber antes da fase probatória quais serão seus encargos para valorar as consequências da sua eventual inércia).

A decisão acerca da inversão do ônus da prova (acolhendo ou rejeitando) desafia recurso de agravo de instrumento, nos termos do art. 1.015, XI, CPC.

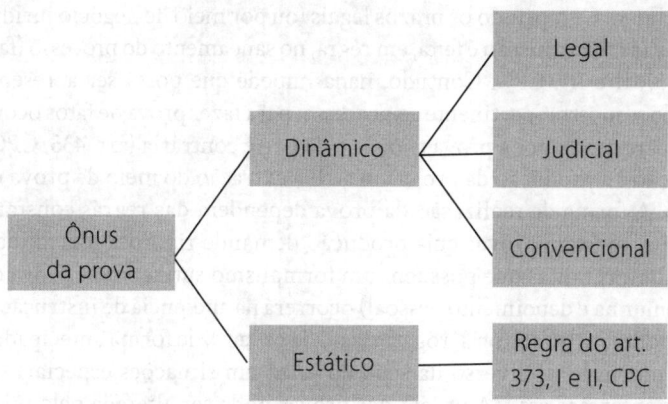

6.1.9. FONTES E MEIOS DE PROVA[54]

As provas podem ser consideradas **fontes** quando ainda não ingressaram no processo (a prova genericamente considerada). Quando a prova servir para aplicação no processo, está se falando em **meio** de prova (*Carnelutti*). Os meios de prova decorrem da atividade de percepção e valoração do juiz dentro do processo.

Nos dizeres de Dinamarco[55], "fontes de prova são pessoas ou coisas das quais se possam extrair informações capazes de comprovar a veracidade de uma alegação. (...) Meios de prova são técnicas destinadas à investigação de fatos relevantes para a causa. Diferentemente das fontes, eles são fenômenos internos do processo e do procedimento".

Portanto, a fonte é a prova em si, ao passo que os meios são os mecanismos para sua obtenção. Para cada fonte de prova corresponde um meio de prova. Assim, o documento é fonte, sua aplicação no processo é meio. A testemunha é fonte, seu depoimento é meio. A lei não limita as fontes de prova, limitando-se a compreender que se trata de qualquer pessoa ou coisa que possa produzir informações.

Os meios de prova estão previstos no CPC (produção antecipada de provas, ato notarial, depoimento pessoal, confissão, exibição de documento ou coisa, documental, testemunhal, pericial, inspeção judicial), mas há também os meios não regulamentados desde que sejam "moralmente legítimos" (art. 369, CPC).

---

54 Há autores que identificam meios de prova como sinônimo de fontes de prova (neste sentido, Fábio Tabosa, *Código de Processo Civil interpretado*, Coord. Antônio Carlos Marcato, 3. ed., São Paulo: Atlas, 2008, p. 1049).
55 *Instituições*, cit., p. 86-87.

6.1.10. MOMENTO EM QUE A PROVA DEVE SER APRESENTADA

Quatro são os momentos em que os meios de prova serão verificados no processo: o da **propositura**, o da **admissão**, o da **realização** e o da **valoração**.

A **propositura** é o pedido para que a prova seja realizada. O autor pode apresentar as provas em dois momentos: i) na inicial (art. 319, VI, CPC); e ii) após a apresentação de defesa quando o magistrado irá requerer a produção das provas que se pretende produzir, agora com base nos novos argumentos trazidos pelo réu. Já o réu deve apresentá-las na contestação (art. 336, CPC), sob pena de preclusão. Cumprindo os prazos legais (ou por meio de negócio jurídico processual) a prova será admitida. A **admissão** é feita, em regra, no saneamento do processo (fase ordinatória) conforme art. 357, II e III, CPC. Contudo, nada impede que possa ser apresentada após esse momento quando se mostrar pertinente ao processo, para fazer prova de fatos ocorridos no curso da demanda ou para contrapor a prova trazida pela parte contrária (art. 435, CPC).

A **realização** é a produção da prova em si. É a extração do meio de prova e sua serventia para o processo. A forma de realização da prova dependerá das regras constantes no direito processual. Assim, existem provas cuja produção demande rigorosa formalidade atenta a lei (pericial, v.g.) e outras tantas que possuem um formalismo sutil como a prova documental. A prova oral (testemunha e depoimento pessoal) ocorrerá na audiência de instrução de julgamento (art. 361, CPC), por carta (precatória, rogatória ou de ordem), de forma antecipada, se necessário (art. 381, CPC) ou em local diverso da sede do juízo em situações especiais (art. 454, CPC, pessoas idosas e enfermas etc.). A ordem das provas pode ser alterada pelo juiz para adequar as questões concretas do processo (art. 139, VI, CPC).

A **valoração** da prova é o ato final e privativo do juiz que analisará o conjunto probatório e dele decidirá.

É possível, contudo, que dada a urgência, a prova seja apresentada antes mesmo da apresentação do contraditório sobre ela (a prova). Isso ocorre, por exemplo, na produção antecipada de provas, que será mais bem vista no item 6.2.1. *infra*.

Mas esse não constitui a única situação: é possível estabelecer o sigilo da informação que é "aquela submetida temporariamente à restrição de acesso público em razão de sua imprescindibilidade para a segurança da sociedade e do Estado" (art. 4º, III, da Lei n. 12.527/2011);

O mesmo ocorre com o advogado, especificamente no art. 7º, XIV e seus §§ 10 e 11, do EOAB (Lei n. 8.906/94): "Art. 7º São direitos do advogado: (...) XIV – examinar, em qualquer instituição responsável por conduzir investigação, mesmo sem procuração, autos de flagrante e de investigações de qualquer natureza, findos ou em andamento, ainda que conclusos à autoridade, podendo copiar peças e tomar apontamentos, em meio físico ou digital; (...) § 10. Nos autos sujeitos a sigilo, deve o advogado apresentar procuração para o exercício dos direitos de que trata o inciso XIV. § 11. No caso previsto no inciso XIV, a autoridade competente poderá delimitar o acesso do advogado aos elementos de prova relacionados a diligências em andamento e ainda não documentados nos autos, quando houver risco de comprometimento da eficiência, da eficácia ou da finalidade das diligências".

6.1.11. SISTEMAS DE APRECIAÇÃO (VALORAÇÃO) DE PROVAS

6.1.11.1. Introdução

A valoração da prova no processo é realizada pelo juiz. O sistema não confere grandes contornos para sua atividade na cognição da prova, limitando somente que sua análise se restrinja aos autos em que fora produzida (CPC, art. 371). É sabido e foi ressaltado em outras oportunidades que não se deve levar em consideração a distinção entre verdade real e formal. A verdade apresentada no processo é a **verdade possível**, a verdade descoberta pelo juiz, ainda que esta não seja, de fato, a verdade.

É simplesmente impossível ao juiz descobrir a verdade real. Este pode, claro, julgar de acordo com ela, mas consistirá em mera coincidência com base nas provas apresentadas. As partes e as testemunhas narrarão os fatos da forma que viram, com base no seu interesse e com fundamento na cognição que tiveram. O juiz julgará com base na impressão alheia e nunca na sua impressão própria, pois não participou da relação jurídica de direito material.

6.1.11.2. Sistema da prova legal (prova tarifada)

Nesse sistema, às provas é previamente atribuído um valor. Este valor é conferido pela lei de forma abstrata e geral. Diferente dos sistemas que conhecemos, em que o magistrado atribui o valor que entende devido às provas dos autos e este valor não decorre de sua convicção, mas de prévia atribuição legal que confere diferentes pesos para cada tipo de prova (prova plena, semiplena, um quarto ou um oitavo de prova).

Esta prévia valoração das provas decorria de conferir a possibilidade de estabelecer um valor tarifado para todas as provas, de forma genérica e a confiança que o legislador teria plena legitimidade para fazê-lo. Dessa forma, o magistrado tinha pouquíssima ou nenhuma liberdade no momento da valoração para fins de formar sua convicção. Sua atividade era mais aritmética do que cognitiva: tinha que saber somar as provas e descobrir o resultado.

Assim, a lei confere maior ou menor eficácia às provas de acordo com aquilo que entende correto, devendo tais premissas ser obedecidas pelos magistrados.

Como cada prova possuía um valor a vitória ou derrota de uma das partes era aferida por um critério aritmético de *soma* de pontos acerca do material probatório produzido.

Pelas máximas de experiência alguns juízes hoje [ainda] (e invariavelmente) estabelecem uma gradação das provas no processo independente de previsão legal. É de se verificar que *na praxis* comumente o juiz atribui maior peso a uma prova documental do que testemunhal.

Há, ainda, alguns tímidos resquícios do tarifamento de provas como se vê no art. 406 do CPC: "Quando a lei exigir instrumento público como da substância do ato, nenhuma outra prova, por mais especial que seja, pode suprir-lhe a falta", o art. 215 do CC "A escritura pública, lavrada em notas de tabelião, é documento dotado de fé pública, fazendo prova plena" e o art. 55, § 3º, da Lei n. 8.213/91: "O tempo de serviço será comprovado na forma estabelecida no Regulamento, compreendendo, além do correspondente às atividades de qualquer das categorias de segurados de que trata o art. 11 desta Lei, mesmo que anterior à perda da qualidade de segurado. (...) § 3º A comprovação do tempo de serviço para os fins desta Lei, inclusive mediante justificativa administrativa ou judicial, observado o disposto no art. 108 desta Lei, só produzirá efeito quando for baseada em início de prova material contemporânea dos fatos, não admitida a prova exclusivamente testemunhal, exceto na ocorrência de motivo de força maior ou caso fortuito, na forma prevista no regulamento". Além dos arts. 1.245 e 1.543 do CC, em que propriedade e casamento apenas se provam com o registro.

6.1.11.3. Sistema da livre convicção

Se o sistema da prova legal cria uma forma rígida de apreciação das provas, o sistema da livre convicção não se apega a nenhuma baliza e permite ao magistrado a livre apreciação da prova, tomando por base o que está dentro e fora do processo. Assim, de total privação do sistema anterior, funda-se esse na total e irrestrita liberdade judicial.

Nesse modelo, o magistrado tem ampla possibilidade de decidir de acordo com sua íntima convicção, sem necessidade de fundamentar suas escolhas ou mesmo sua forma de valorar as provas analisadas. Por isso também é denominada de "persuasão íntima".

O nosso ordenamento, contudo, permite em uma única situação a possibilidade de se julgar de acordo com convicções privadas sem necessidade de se externar os motivos. No Tribunal do Júri, o julgamento se dá em sessão secreta sem a necessidade de se motivar. A sentença prolatada pelo juiz é fundamentada e estabelecida a dosimetria da pena, mas a decisão pertence aos jurados.

6.1.11.4. Sistema da persuasão racional

No meio desses dois sistemas anteriores encontra-se aquele que o nosso ordenamento adota.

Constitui um equilíbrio entre as duas correntes, criando uma certa dose de proporcionalidade na apreciação da prova.

Assim, na medida em que o magistrado é livre para valorar a prova, não poderá julgar de forma divorciada dos fatos alegados no processo. Igualmente não poderá valer-se de sua ciência privada salvo quando autorizado por lei (máximas de experiência e os fatos notórios).

O juiz poderá valer-se de uma prova testemunhal para julgar afastando uma prova documental. Também não está vinculado ao laudo pericial, podendo atribuir-lhe o valor que entenda adequado (arts. 371 e 479, CPC e STJ, REsp 1.095.668/RJ).

O art. 371 do CPC disciplina que "o juiz apreciará a prova constante dos autos, independentemente do sujeito que a tiver promovido, e indicará na decisão as razões da formação de seu convencimento". Portanto, a apreciação probatória por parte do magistrado é livre, desde que se atenha àquilo que tenha sido trazido (princípio da aquisição) e produzido dentro do processo.

Esta regra está afinada com o sistema na medida em que a Constituição Federal exige fundamentação de todas as decisões (arts. 93, IX e 489, § 1º, CPC) e o CPC aduz como um dos elementos da sentença a fundamentação. Aliás, os Enunciados n. 515 e n. 516 do FPPC aduzem que "Aplica-se o disposto no art. 489, § 1º, também em relação às questões fáticas da demanda" e "para que se considere fundamentada a decisão sobre os fatos, o juiz deverá analisar todas as provas capazes, em tese, de infirmar a conclusão adotada" em consonância ao que foi aqui apresentado.

Há ainda diversos artigos do CPC que ratificam a condição da livre apreciação da prova pelo magistrado (arts. 426, 447, § 4º, 479, 480, § 3º etc.).

Assim, a aplicação desse sistema impõe o preenchimento de três requisitos: a) livre convencimento racional: diz-se racional, pois a apreciação probatória decorre da análise técnica da prova e não por mero alvitre do juiz; b) fundamentado: deve ser fundamentado na medida em que ao julgador compete explicar o porquê da valoração da prova da forma como exposta; e c) se ater às provas dos autos: se fosse permitido ao juiz analisar as circunstâncias e elementos de fora dos autos, haveria ofensa à segurança jurídica e principalmente ao contraditório, afinal a parte não teria como se manifestar sobre elementos "novos" trazidos pelo juiz no processo[56].

---

56 Mesmo na hipótese de inspeção judicial, o magistrado, que apreciará livremente pessoa ou coisa, deve ter devidamente transportado ao processo o ocorrido, documentando-o para oportunizar a manifestação das partes.

Há, de fato, ainda, algumas situações no ordenamento que estabelecem uma espécie de engessamento do magistrado na apreciação da prova, como: a) nas presunções legais *iure et de iure* (ex.: 1.035, § 3º, CPC); b) as chamadas provas plenas (arts. 215 e 225, CC)[57]. Sobre essas últimas, não podem ser tomadas de modo absoluto. O magistrado ainda mantém a possibilidade de admitir prova em contrário, pois não se pode tomar como absoluta a regra constante desses artigos da lei material.

É importante frisar que o CPC subtraiu a locução "livremente" que constava no art. 131 do CPC/73 fazendo com que alguns autores entendessem que foi mitigada a liberdade judicial na apreciação da prova. Assim:

CPC/73	CPC/2015
Art. 131. O juiz apreciará livremente a prova, atendendo aos fatos e circunstâncias constantes dos autos, ainda que não alegados pelas partes; mas deverá indicar, na sentença, os motivos que lhe formaram o convencimento.	Art. 371. O juiz apreciará a prova constante dos autos, independentemente do sujeito que a tiver promovido, e indicará na decisão as razões da formação de seu convencimento.

Essa retirada do texto também se deu nos atuais arts. 394, 426 e 480, dos quais, de acordo com a mudança que continha nos arts. 386, 353 e 439 do CPC anterior.

Diante da alteração legislativa criaram-se duas correntes muito bem delineadas sobre o tema.

Uma primeira corrente entende que a expressão "livre" foi utilizada para afastar-se da prova tarifada e, no sistema atual, não há falar-se mais nessa expressão. Entende-se que não basta ao magistrado julgar com base nas alegações e provas dos autos, mas também "um cuidado redobrado do julgar para apresentar efetivamente os elementos dos autos que levaram a um determinado posicionamento. Não há liberdade no ato de julgamento, há um dever de fundamentar a posição tomada"[58]. Assim, o art. 371 deve ser lido com o art. 489, § 1º, II e IV, do CPC para a devida compreensão do que vem a ser o *convencimento motivado*. Este posicionamento é defendido, entre outros, por Willian Santos Ferreira, Dierle Nunes e Lenio Streck.

Uma segunda corrente entende que a expressão "livre" contida no regime anterior e suprimida no atual não se prestava a conferir ampla liberdade ao magistrado para julgar da maneira que melhor lhe aprouvesse, mas não estar limitado a um tarifamento de prova. Nesse sentido, a mudança não trouxe nenhuma alteração significativa no sistema, já que (a) a exigência de fundamentação, (b) com base apenas nas provas dos autos, já existia desde antes, pois a necessidade de fundamentação. Dessa maneira, o juiz deve julgar com base em todo o conjunto probatório (e sempre foi assim). Como bem observa Fernando Gajardoni, "o princípio do livre convencimento motivado jamais foi concebido como método de (não) aplicação da lei; como alforria para o juiz julgar o processo como bem entendesse; como se o ordenamento jurídico não fosse o limite (...). A boa previsão legal de *standards* mínimos de motivação no CPC (art. 489, § 1º, do CPC) não afeta a liberdade que o juiz tem para valorar a prova. Autonomia na valoração da prova e necessidade de adequada motivação são elementos distintos e presentes tanto no CPC/73 quanto no CPC. A regra do art. 489, § 1º, do CPC trata do 2º elemento

---

57 Prova plena é aquela que "por sua natureza, credibilidade ou pela fé que merece, basta para liquidar a questão". Disponível em: <www.enciclopedia-juridica.biz14.com>.
58 FERREIRA, Willian Santos. *Breves comentários ao novo Código de Processo Civil*, cit., p. 1001.

(motivação), e não do 1º (liberdade na valoração da prova)"[59]. Esse posicionamento é defendido por Fernando Gajardoni, Cassio Scarpinella Bueno, Daniel Neves.

Entendemos, contudo, que o magistrado nunca teve, como dito anteriormente, ampla liberdade na análise da prova, devendo se ater às provas dos autos e fundamentar suas escolhas. A liberdade que ali se aduzia dizia respeito a não haver tarifação na valoração da prova, bem como à possibilidade de apreciar outras provas não tipificadas desde que idôneas. Esse poder se mantém íntegro.

Há de fato uma carga simbólica na supressão do advérbio: com a necessidade de manter-se a jurisprudência íntegra, estável e coerente (arts. 926 e 927, CPC), o magistrado não pode apreciar simplesmente a prova referente a um caso como se não existisse um passado decisório sobre o tema a ser julgado. A liberdade na apreciação e valoração da prova deve ser analisada contextualmente com o sistema de precedentes adotado pelo ordenamento brasileiro.

Uma forma de afastar a aplicação meramente subjetiva da aplicação da prova pelo juiz é a denominada teoria da sociabilidade do convencimento, da qual o magistrado deve valorar a prova não de acordo com a sua íntima convicção, mas de acordo com que qualquer pessoa em semelhante circunstância poderia fazer. Assim, "o convencimento não deve ser, por outros termos, fundado em apreciações subjetivas do juiz; deve ser tal que os fatos e as provas submetidas a seu juízo, se fossem submetidos à apreciação desinteressada de qualquer outra pessoa racional, deveriam produzir, também nesta, a mesma convicção que produziriam no juiz"[60].

Sobre a relação da persuasão racional e as máximas de experiência, Cândido Dinamarco[61] assevera com precisão: "São coisas diferentes a ciência privada do juiz, que o art. 131 [atual 371] do Código de Processo Civil exclui terminantemente como elementos de convicção, e as máximas de experiência, que são expressões de sua cultura como ser vivente em sociedade. Aquele é o conhecimento pessoal de fatos *concretos*. Esta é a percepção em *abstrato*, de que na experiência comum ordinariamente certos fatos acontecem em associação a outros fatos".

6.1.12. PRESUNÇÕES E INDÍCIOS

6.1.12.1. Introdução

É comum ocorrer que o juiz, no julgamento da demanda, não disponha de todos os elementos para decidir diretamente o caso, possuindo apenas questões circunstanciais. Nesse caso precisará valer-se de seu raciocínio para, com base nos vestígios obtidos, concluir sobre a existência dos fatos[62].

Presunção é um caminho mental desenvolvido pelo julgador da qual, dado um fato conhecido, poderá, com certo grau de probabilidade, levar ao conhecimento outro (não conhecido). Isso porque, de ordinário as provas são **diretas** e fornecem ao juiz a ideia objetiva do fato probando: a testemunha narra os fatos conforme viu e ouviu; o perito apresenta os cálculos no seu laudo; o devedor confessa a dívida; o documento representa algo. Em todos esses casos, o juiz, que é o principal destinatário da prova, tem a ideia dos fatos sem nenhuma ressalva, pois lhe são apresentados objetivamente.

---

59 *O livre convencimento motivado não acabou no novo CPC.* Disponível em: <www.jota.info>. Texto publicado em 6-5-2015.
60 MALATESTA, apud SANTOS, Moacyr Amaral. *Primeiras linhas de direito processual civil.* 23. ed. São Paulo: Saraiva, 2004, v. 1, p. 354.
61 *Instituições*, cit., p. 106.
62 MARINONI-ARENHART-MITIDIERO. *Curso de Processo Civil.* V. 2. 2. ed. São Paulo: RT, 2016, p. 299.

Entretanto, quando não for possível a prova direta do fato principal, a parte faz prova de fatos circunstanciais, periféricos que são chamados de indícios. **Indício** é toda circunstância de fato da qual se pode extrair a convicção da existência de um dado fato principal. É comum, quando se trabalha com indícios valer-se das locuções "suspeito", "provável" etc..

Ao contrário do Código de Processo Civil, o Código de Processo Penal em seu art. 239 define claramente o indício ao considerar: "indício a circunstância conhecida e provada que, tendo relação com o fato, autorize, por presunção, concluir-se a existência de outra ou outras circunstâncias".

A prova indireta é o resultado de um processo lógico, como causa e efeito. Dada a existência daquele fato, é certo que existiu. Mas, por si só, no estado potencial, o indício não tem qualquer valor. Existe uma operação mental entre a prova do indício e a convicção do fato principal. Esta ponte, este elo é chamado de **presunção**.

Assim, é clássico o exemplo do botão do casaco deixado próximo ao cofre, que provavelmente seja daquele que cometeu o delito. Assim como a marca do pneu no asfalto indica freada brusca naquela via. A vivência em sociedade permite que se conjuguem (= relacionem) uns fatos a outros e se criem verdadeiros "juízos de probabilidade". Assim, dado o fato-matriz, há um indício de que o fato subsequente tenha ocorrido, mesmo não se tendo conhecimento direto dele.

Veja. A presunção não trabalha nunca com a certeza e sempre no campo da plausibilidade entre o fato-base e o fato presumido. A mera probabilidade já é o suficiente para a constatação do fato ocorrido[63].

O objetivo da técnica do trabalho com as presunções e indícios é permitir que a prova seja mais bem produzida sem a necessidade de um laborioso (e, às vezes, inútil) trabalho para a obtenção do fato que se pretende provar. Ou seja, é facilitar o conhecimento do fato por meio da prova. Veja o caso da simulação, por exemplo, em que a prova direta é muito difícil, pois o ato foi feito justamente para esconder a real vontade dos agentes. Dessa forma, a produção probatória se dará por meio de indícios.

As presunções podem ser **legais** ou **judiciais**. Serão legais quando são previamente estabelecidas pelo legislador, têm incidência *erga omnes* a todos os casos similares, e serão judiciais quando o magistrado procede este caminho. Neste caso, a presunção se aplica somente no caso concreto analisado, podendo servir, quando muito, de precedente judicial para futuras situações análogas.

6.1.12.2. Presunções absolutas (*iure et de iure*) e relativas (*iuris tantum*)[64]

A probabilidade não é valor que se mede unitariamente. A probabilidade sempre deve ser verificada mediante o cotejo entre dois fatos.

---

63 Dinamarco (*Instituições*, cit., p. 115) assevera que certeza nada mais é do que uma probabilidade qualificada, já que seria impossível aferir a absoluta certeza e resolver todas as situações e aspectos da realidade de modo absolutamente seguro.

64 Moacyr Amaral Santos defende a possibilidade de existir presunções mistas da qual se admite apenas uma prova em contrário sendo limitado seu ônus de fazer a contraprova. No atual CC, poderia se exemplificar com o art. 1.597 que assim dispõe: "Art. 1.597. Presumem-se concebidos na constância do casamento os filhos: I – nascidos cento e oitenta dias, pelo menos, depois de estabelecida a convivência conjugal; II – nascidos nos trezentos dias subsequentes à dissolução da sociedade conjugal, por morte, separação judicial, nulidade e anulação do casamento; (...)". Nesses casos a única prova em contrário seria a impossibilidade física de gerar

Esta constatação faz com que existam situações com maior ou menor grau de probabilidade. Evidente que essas diferenças não se situam no campo meramente acadêmico. O legislador, atento a estas diferenças, instituiu dois tipos de presunção que têm como critério de diferenciação o grau de probabilidade. Se maior, será absoluta. Se menor, será relativa.

A principal diferença externa entre uma e outra – para não ficar no campo abstrato da intensidade – é a admissão da prova em contrário. **Enquanto na relativa essa prova pode ser feita, na absoluta já se aceita o fato presumido sem que dele possa se impugnar.**

Assim, na usucapião extraordinária (CC, art. 1.238) decorrido o prazo de quinze anos assinalado em lei, adquire-se a propriedade por prescrição aquisitiva. Neste caso, desconsidera-se por completo a boa-fé, como se esta existisse intrinsecamente nessa modalidade de aquisição de bem imóvel, bem como no art. 163 do CC: "Presumem-se fraudatórias dos direitos dos outros credores as garantias de dívidas que o devedor insolvente tiver dado a algum credor".

Na presunção absoluta, uma vez detectada sua ocorrência, despreza-se a instrução probatória, já que, nesses casos, os fatos se tornam irrelevantes para o plano do direito material e, portanto, não são objeto de prova. Assim o é na prova da existência da repercussão geral em recurso extraordinário (CPC, art. 1.035, § 3º).

Como as presunções relativas admitem prova em contrário, provado um fato (que não é o principal) chega-se, por presunção, à convicção da existência de um fato principal. Como essa presunção é relativa, a parte contrária pode fazer prova contra a convicção de que o principal existe, tentando quebrar o nexo entre causa e efeito instituído pela presunção.

Não existe presunção absoluta convencional. Sempre será legal.

A presunção relativa é a linha de raciocínio que se faz chegar à aquiescência de um dado fato presumido existente e que será tido como existente até que haja prova em contrário. Constitui método de inversão do ônus da prova.

O art. 1.253 do CC, clássico exemplo de presunção relativa, estabelece: "Toda construção ou plantação existente em um terreno presume-se feita pelo proprietário e à sua custa, até que se prove o contrário". Assim como o art. 937 do CC em que "o dono de edifício ou construção responde pelos danos que resultarem de sua ruína, se esta provier de falta de reparos, cuja necessidade fosse manifesta".

As presunções podem ser **legais ou judiciais**. As **presunções legais** "são o resultado de normas abstratas e gerais que dispõem para o futuro e impõem-se a todos os casos que se enquadrem em suas previsões"[65]. Assim o são os efeitos da revelia ou a comoriência (art. 8º, CC) em que se presume a morte simultânea de ambos v.g. As normas legais são dados da experiência comum que por serem comprovados no mundo fático, foram alçados a verdades presumidas legalmente.

Já as **presunções judiciais**, também denominadas **máximas de experiência**, são as deduções que o juiz constata para provar a existência de determinado fato com base em outro fato já provado.

Diferente das presunções legais, as presunções judiciais (*hominis*) não decorrem de uma previsão abstrata da lei, mas da própria experiência do magistrado com base em sua vivência em casos análogos (CPC, art. 375), como, por exemplo, o conhecimento do trânsito na cidade de São Paulo, as lojas se encerram naquela cidade em determinado horário ou a presunção de sofrimento numa situação de danos morais.

---

um filho à época da concepção (*Primeiras linhas de direito processual civil*. 26. ed. São Paulo: Saraiva, 2010, v. 2, p. 541-542).

65 Cândido Dinamarco, *Instituições*, cit., p. 120.

Assim dispõe o art. 375 do CPC: "O juiz aplicará as regras de experiência comum subministradas pela observação do que ordinariamente acontece e, ainda, as regras de experiência técnica, ressalvado, quanto a estas, o exame pericial".

Este artigo tem redação relacionada com o art. 140 do mesmo Código (norma infraconstitucional que explicita o princípio da inafastabilidade).

A Lei n. 9.099/95 (Juizados Especiais Cíveis) possui regra semelhante em seu art. 5º: "Art. 5º O juiz dirigirá o processo com liberdade para determinar as provas a serem produzidas, para apreciá-las e para dar especial valor às regras de experiência comum ou técnica".

Há, contudo, situações em que a presunção judicial perde protagonismo, especialmente quando se trata de dano moral *in re ipsa*, que são situações em que o dano moral já é subentendido não necessitando de atividade intelectiva para aferi-lo. Tem-se como exemplos a morte de um familiar próximo (pai, mãe, filho, irmão), recusa indevida do plano de saúde em necessária cirurgia de urgência, inscrição do consumidor em cadastro de inadimplentes sem a prévia notificação, diploma que não possui reconhecimento que se dispôs a fornecer etc.

Para se chegar a um fato circunstancial provado à convicção do fato principal, nem sempre existe uma norma jurídica que prevê a presunção legal. Em não havendo presunção legal o juiz chega ao fato principal por presunção humana (judicial ou *hominis*) que resulta da experiência comum ou da experiência técnica. Essa experiência é extraída da observação que, de ordinário, ocorre em um dado grupo social (comum) ou resultando da aplicação ou atuação das leis da natureza, que pode ser traduzido pelo juiz ou por perícia.

As presunções humanas são divididas em comuns ou técnicas. As **presunções comuns** são analisadas pelo cotidiano. Já as **normas técnicas** são aquelas que vistas também do cotidiano (daí se dizer que são regras técnicas "ordinarizadas" porque ao alcance de todos) e que dependem de um dado conhecimento específico (lei da gravidade, ponto de ebulição da água, v.g.).

Marinoni-Mitidiero[66] asseveram que "as regras de experiência técnica derivam diretamente do pensamento técnico-científico sobre determinada situação. Todavia não constituem conhecimento especializado e profundo sobre os problemas técnico-científicos a que se referem, próprio dos especialistas, mas tão somente conhecimento suscetível de se integrar o patrimônio cultural comum do homem médio. São generalizações técnicas passíveis de apropriação pela cultura social".

Assim, não se dispensa o conhecimento técnico do perito em determinadas situações. Mesmo que o juiz, v.g., tenha conhecimento em cálculo financeiro, é imprescindível que se nomeie um perito para constatar a existência de anatocismo em dada relação contratual.

O conhecimento técnico a que alude o referido artigo refere-se ao conhecimento generalizado, ao alcance de todos.

Essas regras de experiência (seja comum ou técnica) não estão no campo dos fatos e, portanto, do ônus da prova. Logo, pode e deve o juiz aplicá-las de ofício, da mesma forma que faria com as presunções legais. **As máximas de experiência são, portanto, as presunções humanas que são juízos hipotéticos de conteúdo geral, alheios ao caso concreto, usados na observação do que comumente acontece** (a gestação da mulher é de nove meses, o calor dilata os corpos metálicos). Não se confunde com o fato notório, cuja prova é dispensada porque é do conhecimento geral. Contudo, ambos são de conhecimento do juiz.

---

66 *Código de Processo Civil comentado artigo por artigo*, São Paulo: Revista dos Tribunais, 2008, p. 341.

Quando o magistrado utiliza de sua experiência pessoal, evidentemente não arranha o princípio do contraditório. O campo mental para ligar os dois fatos é uma margem de liberdade autorizada por lei.

Assim, é possível estabelecer a seguinte distinção:

REGRAS DE EXPERIÊNCIA COMUM	REGRAS COMUNS TÉCNICAS	REGRAS TÉCNICAS	FATOS NOTÓRIOS
São observações do cotidiano	São observações de regras técnicas que estão ao alcance de todos (fervura da água, efeitos colaterais do álcool)	São regras que dependem de conhecimento especializado de um perito	São fatos ocorridos que todos daquele ambiente têm acesso, assim como o magistrado

6.1.12.3. Presunção e prova

Presunção não é meio de prova. Constitui um método de raciocínio para se conhecer de um fato desconhecido com base num fato anterior (provado) e o indício da existência desse segundo fato, ou seja, é atividade do juiz para examinar a prova.

E é exatamente por isso – por não se tratar de meio de prova – que o legislador não pode regular a sua aplicabilidade (como disciplinar o raciocínio do juiz?), daí por que extremamente criticável a postura do legislador civil ao regular no CC/2002 a presunção como "meio de prova" (art. 212, IV).

Neste sentido é o entendimento de Barbosa Moreira[67]: "Quando o juiz passa da premissa à conclusão, através do raciocínio, 'se ocorreu x, deve ter ocorrido y', nada de novo surge no plano material, concreto e sensível: a novidade emerge exclusivamente em nível intelectual, *in mente iudicis*. Seria de todo impróprio dizer que, nesse momento, se adquire mais uma prova: o que se adquire é um novo conhecimento, coisa bem diferente".

6.1.13. PROVAS ATÍPICAS

Os meios de prova enumerados no CPC não são taxativos. E isso porque o modelo constitucional do processo não pode permitir que o sistema crie um instrumental rígido para a produção probatória, sabendo que o atendimento às regras do processo é a necessidade de se provar o direito em juízo. Constitui uma das vertentes do acesso à justiça (arts. 5º, XXXV, CF e 3º, CPC).

Atento a esta questão, o art. 369 do CPC permite a produção de provas atípicas desde que por meios "moralmente legítimos" para a investigação da verdade dos fatos.

Assim, o sistema é aberto para provas não previstas em lei, desde que não sejam ilícitas, como, por exemplo, a prova cibernética e a reconstituição de fatos.

É importante falar de algumas dessas provas:

---

67 As presunções e a prova. In: *Temas de direito processual* – primeira série. São Paulo: Saraiva, 1977, p. 57.

a) Reconhecimento de pessoas ou coisas: apesar de poder ser enquadrada na inspeção judicial, especificamente na hipótese de "O juiz irá ao local onde se encontre a pessoa ou a coisa quando: (...) III – determinar a reconstituição dos fatos" (art. 483, III, CPC), constitui situação diversa. Na falta de regramento do processo civil, é possível, por meio do diálogo das fontes, valer-se do procedimento previsto no CPP (arts. 169, 226, 227 e 228)[68]. Se permite também, por força do art. 185, § 8º, CPP o reconhecimento de pessoas e coisas por videoconferência.

b) *Expert Witnesses* **ou** *Testimony*: Constitui meio de prova opinativo decorrente de quem tenha conhecimento da matéria e possa prestar uma opinião técnica sobre o assunto. É uma mistura entre a prova testemunhal (haverá apenas o depoimento) com a prova pericial (exige do depoente conhecimento técnico).

É importante ressaltar que o direito brasileiro possui duas situações parecidas, mas que não constituem a prova atípica da qual aqui se trata: é o art. 35 da Lei n. 9.099/95: "Quando a prova do fato exigir, o Juiz poderá inquirir técnicos de sua confiança, permitida às partes a apresentação de parecer técnico" e o art. 464, § 3º, do CPC: "A prova técnica simplificada consistirá apenas na inquirição de especialista, pelo juiz, sobre ponto controvertido da causa que demande especial conhecimento científico ou técnico".

Diverge, pois a técnica da prova atípica que aqui se apresenta (originária do direito norte-americano), o *expert* presenciou os fatos e os narrará tecnicamente perante o juízo. Já no direito brasileiro, constitui verdadeiramente uma perícia simplificada em que o terceiro tomará ciência dos fatos quando for designado pelo juízo.

Contudo, há um específico caso no Brasil que se assemelha ao modelo americano: o art. 151 do ECA (Lei n. 8.069/90) que assim dispõe: "Compete à equipe interprofissional dentre outras atribuições que lhe forem reservadas pela legislação local, fornecer subsídios por escrito, mediante laudos, ou verbalmente, na audiência, e bem assim desenvolver trabalhos de aconselhamento, orientação, encaminhamento, prevenção e outros, tudo sob a imediata subordinação à autoridade judiciária, assegurada a livre manifestação do ponto de vista técnico". É

---

[68] "Art. 169. Para o efeito de exame do local onde houver sido praticada a infração, a autoridade providenciará imediatamente para que não se altere o estado das coisas até a chegada dos peritos, que poderão instruir seus laudos com fotografias, desenhos ou esquemas elucidativos.
(...)
Art. 226. Quando houver necessidade de fazer-se o reconhecimento de pessoa, proceder-se-á pela seguinte forma:
I – a pessoa que tiver de fazer o reconhecimento será convidada a descrever a pessoa que deva ser reconhecida;
II – a pessoa, cujo reconhecimento se pretender, será colocada, se possível, ao lado de outras que com ela tiverem qualquer semelhança, convidando-se quem tiver de fazer o reconhecimento a apontá-la;
III – se houver razão para recear que a pessoa chamada para o reconhecimento, por efeito de intimidação ou outra influência, não diga a verdade em face da pessoa que deve ser reconhecida, a autoridade providenciará para que esta não veja aquela;
IV – do ato de reconhecimento lavrar-se-á auto pormenorizado, subscrito pela autoridade, pela pessoa chamada para proceder ao reconhecimento e por duas testemunhas presenciais.
Parágrafo único. O disposto no nº III deste artigo não terá aplicação na fase da instrução criminal ou em plenário de julgamento.
Art. 227. No reconhecimento de objeto, proceder-se-á com as cautelas estabelecidas no artigo anterior, no que for aplicável.
Art. 228. Se várias forem as pessoas chamadas a efetuar o reconhecimento de pessoa ou de objeto, cada uma fará a prova em separado, evitando-se qualquer comunicação entre elas."

sabido que, na grande maioria dos casos o profissional (como o psicólogo, por exemplo) já tinha conhecimento dos fatos e também detém conhecimento técnico.

c) Prova emprestada: um meio de prova corriqueiramente adotado na prática forense, é a prova emprestada (art. 372, CPC). Constitui esta **a possibilidade de se proceder ao traslado de documentos formalizados em outro processo**.

A prova emprestada é **formalmente** meio atípico de prova, pois conquanto esteja genericamente previsto no CPC em um artigo, não há a forma de produção e demais elementos que explicitam sua tipicidade e revelam sua identidade em relação aos demais meios (como a prova testemunhal, por exemplo). Contudo, **substancialmente**, não pode ser classificada como um meio de prova atípica. O que a difere das demais é o momento e a forma de produção. Não se pode confundir prova emprestada com produção probatória por meio de carta precatória. A produção nesse caso se dá no mesmo processo e o juízo deprecado nada mais é do que uma prolongação jurisdicional do juízo da causa.

Em princípio as provas são produzidas no processo em que foram adquiridas, perante o próprio juiz da causa (decorrente do princípio da imediatidade). Todavia, a possibilidade de repetição de uma mesma prova em processos diversos pode prestigiar a **economia** (subtração dos naturais custos com a produção permitindo, como efeito anexo, maior acesso à justiça), a **celeridade** (a produção de um meio de prova no curso de um processo inexoravelmente gera tempo e com a prova emprestada evitam-se repetições desnecessárias) e a **unidade da jurisdição** da qual a jurisdição é una e indivisível.

Há, contudo, uma quarta situação que decorre da **impossibilidade contemporânea de se produzir a prova**. Imagine que o bem objeto de perícia no primeiro processo não possa mais ser periciado, pois ocorreu o seu perecimento ou a testemunha que prestou depoimento no processo anterior veio a falecer não podendo prestar o mesmo depoimento novamente em outro processo.

Nesses casos é recomendável que o juiz se valha da prova emprestada diante da impossibilidade da produção no processo do qual está conduzindo.

É necessário observar o sistema legal de produção de provas que rege o processo a ser usada a prova. Assim, o depoimento do cônjuge como testemunha que é admitido no processo penal (art. 206, CPP) não pode ser utilizado no processo civil, diante do impedimento previsto em lei (art. 447, § 2º, I, CPC)

É preferível que a prova emprestada seja prova documental ou pericial. E isso porque as provas conseguidas oralmente (testemunhal e depoimento pessoal) são tomadas pela imediatidade judicial. Assim, é recomendável, para um melhor apuro nas suas convicções, que o magistrado proceda esta prova no próprio processo Veja que a expressão preferível não significa vedado. O princípio da imediatidade e da oralidade não são absolutos. Os depoimentos por carta precatória e os colhidos por juiz incompetente (que são analisados posteriormente pelo competente, art. 64, § 4º, CPC) são exemplos de mitigação do princípio.

Há quem entenda que a prova documental emprestada seja simplesmente prova documental, pois basta a extração de uma cópia no processo de origem para que seja juntada no processo de destino. Não coadunamos com essa posição, contudo. Se a prova foi produzida em outro processo, independentemente do seu meio, ela constitui prova emprestada.

Há diversos casos em que se mostra a vantagem na utilização da prova emprestada: laudo de avaliação de um mesmo bem, aproveitamento do depoimento de uma testemunha que já morreu, laudo sobre uma construção defeituosa antes que ruísse.

Não há restrição no nosso ordenamento quanto à **natureza do processo** (uma prova instruída numa execução poderá ser utilizada num processo de conhecimento), **natureza do**

procedimento (nada impede que uma prova produzida num inventário seja base de uma ação de reparação de danos pelo procedimento comum) ou por **critérios de competência** (uma prova utilizada num processo que tramitou pela Justiça Federal poderá ser utilizada em outro processo que corra na Justiça Estadual).

Contudo, para a efetivação da prova emprestada é necessário o preenchimento de dois requisitos. **Primeiro**, conforme se verifica do art. 372 do CPC, é necessária que tenha **sido utilizada em "outro processo"**. A definição de processo deve ser ampla, alcançando também o inquérito civil para apuração de autoria e materialidade de modo a instruir ação coletiva (STJ, REsp 1.280.321/MG). Os documentos isolados não são considerados prova emprestada, pois valem por si, sem necessidade de um processo que lhes dê eficácia.

Estabelece o Enunciado n. 591 da Súmula do STJ que: "É permitida a prova emprestada no processo administrativo disciplinar, desde que devidamente autorizada pelo juízo competente e respeitados o contraditório e a ampla defesa".

Segundo, há de se observar o **princípio do contraditório**. É importante que no processo originário já tenha observado este princípio. No processo a ser utilizada a prova, o contraditório também deve ser oportunizado. Aliás, não basta ser oportunizado, é necessário que tenha sido efetivo. A mera oportunidade formal de contraditório sem o exercício (gerando revelia) entendemos não ser possível valer-se da prova emprestada.

E isso porque não permitir o contraditório no processo onde vai ser a prova utilizada significa "abrir ensejo à utilização de elementos de convicção formados sem a interferência dos interessados diretos"[69]. A prova emprestada não possui vinculação com a apreciação que o magistrado da primeira demanda lhe emprestou. Assim, poderá o juiz que determinou a importação da prova emprestada atribuir-lhe novo valor (= efeito jurídico diverso) daquele conferido pelo juiz da primeira ação. Dessa forma, se a prova não convenceu o juiz da primeira causa, poderá convencer o juiz da segunda.

Quanto à eficácia, a prova documental vale como documento em qualquer processo em que for apresentada. A prova deve ser pré-constituída (criada para o fim de prova) e não causal (fez a prova não sendo a intenção dela), desde que no processo em que seja importada se observem as regras da produção da prova documental.

Entende a doutrina que é preferível que a prova seja emprestada de processo no qual as partes tenham figurado em ambos. Caso seja uma delas ou as duas estranhas ao primeiro processo, haverá necessidade de demonstrar concordância, pois a produção da prova, em regra, é matéria afeta às partes. O Enunciado n. 30 da I Jornada de Direito Processual Civil (CJF)[70], contudo, entende não ser necessária a identidade de partes.

Há autores, contudo, que negam peremptoriamente a possibilidade de prova emprestada oriunda de processo que as partes não figuram no processo que será servido.

Fredie Didier, Paula Sarno Braga e Rafael de Oliveira[71] estabelecem uma interessante sistematização sobre a situação da produção da prova emprestada com as partes no processo:

a) a prova foi importada de um processo em que figuraram as mesmas partes que o atual. Neste caso a prova mantém a sua eficácia, desde que: i) tenha obedecido naquele processo o

---

69 TABOSA, Fábio. *Código de Processo Civil interpretado*. Coord. Antônio Carlos Marcato. 3. ed., São Paulo: Atlas, 2008, p. 1076. Nesse sentido, Enunciado n. 52 do FPPC: "Para a utilização da prova emprestada, faz-se necessária a observância do contraditório no processo de origem, assim como no processo de destino, considerando-se que, neste último, a prova mantenha a sua natureza originária".
70 Enunciado n. 30: "É admissível a prova emprestada, ainda que não haja identidade de partes, nos termos do art. 372 do CPC".
71 *Curso de direito processual civil*, 2. ed. Salvador: JusPodivm, 2008, v. 2, p. 52.

contraditório; ii) tenha seguido os trâmites legais para sua produção; e iii) que o fato probando seja o mesmo;

b) a prova importada de um processo em que figuraram uma das partes e terceiro. Neste caso há duas situações: i) se trazida por quem foi parte no processo (e é parte agora também) não terá a prova eficácia em relação à parte contrária; ii) se trazida por quem não é parte, somente agora a prova terá eficácia plena;

c) a prova importada de um processo em que figuraram terceiros apenas. A importação pode ser feita (já que as partes estão em situação idêntica) e o contraditório será realizado nesse processo em que a prova será trazida.

Por fim, somente será possível importar uma prova produzida em segredo de justiça em outro processo se figurarem no atual as mesmas partes, mantendo-se o sigilo tal qual fora no anterior[72].

Entende Moacyr Amaral Santos[73] que a prova emprestada somente deve ser utilizada quando o processo que irá importá-la não tenha condições de produzi-la (seja por uma impossibilidade física ou financeira).

Por fim, a prova emprestada não pode ser considerada "documento novo" para fins de ajuizamento de ação rescisória (art. 966, VII, CPC) quando, por omissão não se valeu do documento no processo a ser rescindido.

6.1.14. DA PRODUÇÃO ANTECIPADA DE PROVAS

6.1.14.1. Introdução e definição

É importante ressaltar que a antecipação de prova **não constitui uma modalidade de prova** em espécie, mas **forma de produzir a prova em momento cronologicamente anterior** ao seu momento normal.

Conforme se verificou no capítulo sobre teoria geral das provas, existe um direito constitucional à prova e, como consequência, um correlato direito à produção dessa prova.

A produção antecipada de prova no regime anterior era utilizada sempre em vistas de um futuro processo, denominado principal, sendo seu fato gerador exclusivamente decorrente do risco (*periculum in mora*) dessa produção não ser possível no momento oportuno (fase instrutória).

Tanto que no regime anterior era categorizada como cautelar típica/nominada (art. 846, CPC/73) não constritiva (pois não invadia o patrimônio da parte contrária com a constrição de direitos), ou seja, a produção antecipada de provas era juridicamente considerada uma medida de urgência antecipada de natureza cautelar.

Contudo, parcela da doutrina vinha defendendo a natureza de uma **ação probatória** autônoma, decorrente de um direito autônomo de prova independentemente de futuro processo[74] e independentemente de haver *periculum in mora*. Apesar de haver uma estreita relação

---

72 TALAMINI, Eduardo. Prova emprestada no processo civil ou penal. *Revista de Processo*, v. 91, ano 23, São Paulo: RT, 1998, p. 107.
73 *Primeiras linhas de direito processual civil*, São Paulo: Saraiva, 2008, v. 2, p. 379.
74 Especialmente pela doutrina de: YARSHELL, Flávio. *Antecipação de prova sem o requisito da urgência e direito autônomo à prova*. São Paulo: Malheiros, 2009, p. 419; NEVES, Daniel Amorim Assumpção. *Ações probatórias autônomas*. São Paulo: Saraiva, 2008.

de instrumentalidade entre a prova e o resultado do processo, não há subordinação entre a produção probatória e o julgamento de mérito da causa.

O CPC atual encampou esse posicionamento. Assim, ao desvincular a produção antecipada de provas do perigo de dano positivou-se o direito autônomo à prova também a essa medida que se junta à exibição de documentos e à justificação.

É possível sistematizar a produção antecipada de provas:

> i – É ação, pois veicula pedido de tutela jurisdicional próprio.
>
> ii – É autônoma, pois, ainda que na maioria dos casos sirva para instruir outra demanda, não é condição *sine qua non*. Contudo, nada impede que possa ser utilizada como **incidente** no processo (mas antes da fase instrutória) nos casos, por exemplo, de urgência, com fundamento no art. 139, VI, CPC.
>
> iii – Segue um procedimento formalmente sumário, pois pode não haver defesa ou recursos (conforme o art. 382, § 4º, do CPC e de duvidosa constitucionalidade).
>
> iv – É aplicável para qualquer tipo de prova: testemunhal, pericial, depoimento pessoal, inspeção judicial (salvo a prova documental que já possui um regime próprio de exibição de documentos).
>
> v – A demonstração da urgência (***periculum in mora***) não é requisito essencial para todas as hipóteses. Se houver urgência assume função cautelar, se não, de ação probatória autônoma.
>
> vi – A decisão não fará coisa julgada material tendo em vista a inexistência da declaração do direito e a ausência de valoração acerca dos fatos trazidos.

Discute-se na doutrina qual é a natureza da produção antecipada de provas.[75-76]

Uma primeira corrente defende que se trata de procedimento de jurisdição voluntária. Para esta corrente, ainda que possa haver conflito, "é da essência da jurisdição voluntária a existência de uma litigiosidade potencial"[77].

Uma segunda corrente defende que poderá ser tanto jurisdição contenciosa como voluntária a depender da demanda a ser eventualmente utilizada a prova (Humberto Theodoro Júnior, Leonardo Greco).

Sua finalidade é, portanto, proceder à preservação dos elementos de prova a fim de que sejam avaliados e admitidos em outro momento (se necessário), devido à potencialidade de seu iminente perecimento ou à probabilidade de evitar/racionalizar o uso da causa em juízo (*ad perpetuam rei memoriam*).

6.1.14.2. Cabimento

O CPC estabeleceu, em seu art. 381, **cinco** possibilidades de produção antecipada de provas[78]:

---

75 TALAMINI, Eduardo. *Comentários ao novo Código de Processo Civil*. Rio de Janeiro: Gen, 2015, p. 590.
76 YARSHELL, Flávio Luiz. *Breves comentários ao novo Código de Processo Civil*. São Paulo: RT, 2015, p. 1028.
77 DIDIER; BRAGA; OLIVEIRA. *Curso de direito processual civil*, cit., v. 2, p. 143.
78 Enunciado n. 129: "É admitida a exibição de documentos como objeto de produção antecipada de prova, nos termos do art. 381 do CPC" (II Jornada de Direito Processual Civil).

a) antecipação com base na urgência (art. 381, I) – É a única que pode assumir a função cautelar. Essa possibilidade, a mais comum na prática, ocorre quando a prova é produzida antes, porque existe a possibilidade do estado de fato (pessoas ou coisas), objeto de prova, não mais persistir no futuro quando for necessária sua utilização no momento procedimental oportuno. Assim, a testemunha, que prestará depoimento daí a cinco meses, poderá ser ouvida antecipadamente se constatar que, dada sua enfermidade, não terá condições de aguardar o tempo necessário para audiência;

b) antecipação para consecução de acordo (art. 381, II) – Nessa modalidade, não se trata de perecimento de prova, mas de prévia produção dela para que as partes, já de antemão, sabendo do seu resultado, tenham melhores condições, dado o conjunto probatório, de se fazer um acordo em juízo (ou qualquer outro meio de composição de conflito). Aqui a produção da prova objetiva um esclarecimento melhor dos fatos para que a parte tenha melhores elementos e condições de tentar resolver a lide. Imagine um condômino que, em decorrência dos inúmeros vazamentos oriundos de sua banheira que atingem o apartamento de baixo, compromete-se, em assembleia condominial, a instalar uma manta isolante a fim de que o vazamento não continue. É possível ao edifício determinar uma perícia para verificar se realmente foi colocada a manta ou adotada alguma forma mais barata, que certamente poderá gerar um novo vazamento;

c) antecipação inibitória ou justificatória (art. 381, III) – Essa hipótese possui dupla função: permite que a parte evite a busca do Poder Judiciário (sabendo que não possui o direito para tanto) ou que tenha melhores argumentos para instruir sua petição inicial. Dessa forma, com prévio conhecimento do resultado probatório, a parte terá condições de saber se, de fato, compensa buscar o judiciário. Muitas vezes as pessoas vão a juízo e descobrem, após longa instrução probatória, que não tinham o direito que postulam (v.g., o índice adotado pelo banco para o reajuste do contrato é válido, o muro divisório construído pelo vizinho não causou a rachadura na residência do autor etc.) ou deixam de buscar o seu direito achando que na fase instrutória poderá não demonstrar o seu direito. A produção antecipada dirime esse problema;

d) arrolamento (art. 381, § 1º) – O arrolamento possui três características centrais: i) objetiva documentar a existência e o estado de bens quando houver receio de dissipação ou extravio; ii) é medida não constritiva, pois apenas documenta e não apreende esses bens; e iii) tem por objetivo uma universalidade de bens, como uma biblioteca, uma herança, um rebanho). Aplica-se, por exemplo, para a aferição de bens de uma futura partilha em divórcio;

e) justificação (art. 381, § 5º) – A justificação objetiva certificar a existência de algum fato ou relação jurídica como forma de documentação e sem natureza contenciosa. Será eventualmente utilizada como prova em futuro processo judicial.

6.1.14.3. Competência

A competência para a produção antecipada de prova é disciplinada nos §§ 2º a 4º do art. 381 do CPC.

Assim, a competência para a produção antecipada de provas é do juízo onde deva se produzir a prova. Contudo, a lei estabeleceu o domicílio do réu como foro concorrente para a propositura dessa ação. É, em nossa opinião, medida não salutar, pois a produção de prova, nesse caso, deve se dar exclusivamente no local da produção da prova. Como se trata de ação autônoma (pois nem sempre haverá principal) não há se falar em aplicação do art. 61 do CPC (ação acessória correrá no mesmo juízo que for competente para a ação principal). Até mesmo porque há, no § 2º, regra própria. Contudo, o STJ admite a produção da prova em local diverso do domicílio da empresa, devendo a produção antecipada ser processada no local da prova e não no domicílio do réu (REsp 2.136.190-RS, Rel. Ministra Nancy Andrighi, Terceira Turma, por unanimidade, *DJe* 6-6-2024). Importante frisar que a produção antecipada de prova não previne a competência para a futura ação que se venha a ajuizar. Não há, portanto, competência funcional horizontal.

O CPC estabelece critério digno de nota está no art. 381, § 4º, do CPC, que prevê a denominada **competência por delegação**. Assim, a competência será do juiz estadual mesmo que o requerimento da produção antecipada se dê pela União, entidade autárquica ou empresa pública federal, desde que na localidade não haja vara federal. A opção legislativa se deu por economia processual. É menos dispendioso ao juiz estadual proceder à colheita de prova em sua comarca do que distribuir a causa na subseção competente e submeter a situação às dificuldades de produção probatória em local diverso do juízo. A dificuldade, como ocorre nas hipóteses de competência por delegação, reside na interposição de eventual recurso da decisão que julga a produção antecipada de prova cuja competência será do TRF e não do TJ, conforme o art. 109, § 4º, do CF.

6.1.14.4. Procedimento

Na petição inicial o requerente demonstrará suas razões que justifiquem a antecipação probatória, mencionando sobre quais fatos ela alude.

Se a medida for contenciosa, a requerimento da parte ou independentemente de provocação, o juiz determinará a citação dos interessados na produção da prova ou do fato a ser provado.

Essa possibilidade de o magistrado convocar de ofício os interessados na produção probatória constitui interessante caso de litisconsórcio *iussu iudicis*.

Feita a citação a parte somente poderá desistir da produção da prova com a concordância dos demais. Entendemos que mesmo não havendo contestação, é necessária a anuência, pois todos são interessados na prova.

Após a manifestação dos interessados haverá designação de audiência de instrução e julgamento para a colheita da prova oral ou nomeação do perito, caso se trate de prova técnica. Nesse segundo caso, o magistrado já estabelecerá os honorários do perito, formulará quesitos e intimará as partes para, querendo, indicar assistente técnico.

O magistrado possui cognição limitada nesse procedimento: não julgará o mérito da produção probatória e suas consequências. Sua atividade se limita à pertinência ou não da necessidade da prova antecipada. Após a decisão, os autos permanecerão em cartório durante um mês para extração de cópias e certidões pelos interessados. Após, os autos serão entregues ao autor da medida.

O legislador estabeleceu uma espécie de pedido contraposto na produção antecipada de provas. Os interessados citados poderão aproveitar o procedimento para requerer, igualmente, a produção de outras provas desde que "relacionadas ao mesmo fato" (art. 382, § 3º, CPC). Esse pedido deve coincidir com o prazo que os interessados terão para se manifestar. A proibição se dará somente se puder acarretar excessiva demora que possa gerar morosidade ao procedimento em afronta ao art. 4º do CPC.

Não se admitirá defesa ou recurso, a não ser que se tenha havido indeferimento da produção probatória (total ou parcialmente). Trata-se de previsão infeliz do legislador. Como bem observam Didier, Braga e Oliveira, constitui uma incoerência "afinal, no mesmo art. 382 há determinação de citação de todos os interessados, até mesmo de ofício. Citação para ser mero expectador do processo é inconcebível; cita-se para que o interessado participe do processo; e a participação no processo se dá pelo princípio do contraditório"[79]. A regra é claramente inconstitucional. Por isso, o STJ decidiu que: "O art. 382, § 4º, do Código de Processo Civil não pode ser interpretado em sua acepção literal, de modo a obstar qualquer manifestação da parte adversa no procedimento de antecipação de provas, em detida observância do contraditório"[80].

Ademais, entendemos que, na produção antecipada de provas em que houver resistência da parte requerida em tal produção, é cabível a fixação de honorários advocatícios, conforme o Enunciado n. 118 da II Jornada de Direito Processual Civil (CJF).

6.2. PROVAS EM ESPÉCIE

Há três meios de prova previstos no nosso ordenamento: documental, oral e pericial. O CPC brasileiro se ocupa de regular todos eles (sem prejuízo das provas atípicas).

6.2.1. DA ATA NOTARIAL

Ata notarial é instrumento lavrado por Tabelião, conforme art. 7º, III, da Lei n. 8.935/94 e que constitui um testemunho oficial, no qual a constituição e convicção é exercida de maneira livre por ele. Seu objetivo é documentar um determinado fato jurídico.

A ata é formulada a requerimento de um interessado que descreve uma dada situação fática. Constitui, pois, um ato unilateral.

Por meio dessa narrativa o notário consignará em documento e em seu livro de notas. Contudo, não constitui prévia valoração jurídica alguma, já que se restringe a levar a termo uma narrativa fática; poderá servir como meio de prova qualificada, posto que amparada na fé pública do oficial, gerando presunção relativa de veracidade.

Para que a ata notarial tenha efeitos jurídicos, é necessário que ela seja apresentada dentro do processo.

A ata notarial é modalidade de prova pré-constituída, pois o instrumento público é eficaz em si mesmo. Seria, de certa forma, uma espécie de produção antecipada de provas.

Vem essa modalidade de prova adquirindo importância nos tempos atuais, especialmente por atos que são praticados na internet que podem ser retirados rapidamente mas precisam ser mantidos como forma de provar determinada situação (uma ofensa realizada em rede social, por exemplo). Constitui também interessante meio para quem deseja fazer prova liminar em tutela provisória para fins de reforçar a plausibilidade e se obter deferimento na medida.

Sua forma é dúplice, pois constitui documento (já que constitui ato de lavratura por um notário) e testemunhal (pois decorre das impressões que este notário teve ao presenciar a narrativa dos fatos).

---

79 DIDIER; BRAGA; OLIVEIRA. *Curso de direito processual civil*, cit., v. 2, p. 150.
80 A decisão continua ao estabelecer que "as normas fundamentais de conteúdo principiológico – estruturantes e, portanto, superiores aos demais regramentos –, que traduzem e asseguram o tratamento isonômico das partes no processo, o direito de defesa, bem como o contraditório, hão de ser necessariamente observadas na aplicação e na interpretação de todos os dispositivos legais previstos no Código de Processo Civil (...) Importa, nesse passo, bem identificar o objeto específico da ação de produção antecipada de provas, bem como o conflito de interesses nela inserto, a fim de delimitar em que extensão o contraditório pode ser nela exercido" (REsp 2.037.088-SP, rel. Min. Marco Aurélio Bellizze, Terceira Turma, *DJe* 13-3-2023).

Entretanto, dado o seu amplo alcance, apenas exemplificativamente, há algumas hipóteses que podem ser enumeradas: (1) comprovar a presença de pessoas em certos lugares, (2) perpetuar conteúdo de páginas da internet, (3) extrair certidão via internet, (4) atestar estado de imóveis no início ou no fim da locação, (5) comprovar entrega de documentos ou coisas, (6) certificar existência de pessoa, (7) atestar apelido ou profissão de pessoa, (8) certificar declarações prestadas, (9) atestar remessa de coisa pelo correio (10) retratar acidente de trânsito, (11) atestar a situação de herdeiro legal, (12) prova de vida para empresa seguradora ou perante o INSS, (13) declaração de estado civil, de rendimentos ou confissão e testemunho, (14) declaração de pessoa especializada, (15) abertura forçada de cofre particular sob guarda, (16) verificação de programa de rádio ou de televisão, (17) demissão de funcionário, (18) abandono de imóvel, (19) existência de projeto ou produto que será lançado, (20) duplicação de disco rígido, (21) devolução de chaves, (22) entrega ou devolução de mercadoria, (23) uso de imagem, (24) verificação de proposta de licitação, (25) verificação de mensagem publicitária, ata de autenticação eletrônica (conteúdo de internet, *pen drive*), (26) gravação de diálogo telefônico (desde que seja a pedido de uma das partes falantes), entre outros[81].

Ademais, conforme pesquisa realizada em diversos Tribunais de Justiça dos Estados, a ata notarial foi utilizada como meio de prova para: (1) produzir prova de crimes na internet, (2) subsidiar a comprovação de dano moral em caso de mensagens de conteúdo ofensivo e difamatório, (3) comprovar infração contratual, (4) caracterizar dano físico a imóvel, mesmo na ausência de perícia, (5) esbulho possessório, (6) desrespeito à propriedade industrial, (7) separação consensual, (8) demonstrar que determinada pessoa efetivamente se encontra habitualmente em determinado local, (9) cumprimento de obrigação de fazer, (10) reintegração de posse no caso de doação com encargo não cumprido, (11) comprovação da existência de negócio jurídico, (12) tentativa de demonstrar a impossibilidade do cumprimento de antecipação de tutela.

É bem ampla a aplicação da ata notarial especialmente em casos que dificilmente se obteria prova por outro meio (como, por exemplo, a extração de conteúdo ofensivo na internet). Há situações, ainda, em que a ata notarial é indispensável para reconhecimento de direitos, como no caso do art. 216-A, I, da Lei de Registros Públicos (L. 6.015/73) ao estabelecer que "sem prejuízo da via jurisdicional, é admitido o pedido de reconhecimento extrajudicial de usucapião, que será processado diretamente perante o cartório do registro de imóveis da comarca em que estiver situado o imóvel usucapiendo, a requerimento do interessado, representado por advogado, instruído com: I – ata notarial lavrada pelo tabelião, atestando o tempo de posse do requerente e seus antecessores, conforme o caso e suas circunstâncias".

A ata notarial é regulamentada por apenas um artigo (art. 384, CPC). Cabe ao interessado (autor, réu, terceiros) requerer perante um tabelião a lavratura da ata notarial.

6.2.2. DEPOIMENTO DA PARTE

6.2.2.1. Introdução

Depoimento da parte é o testemunho da parte em juízo. Em nosso entender é impróprio nominar, como estabelece o Código, "depoimento pessoal", pois todo depoimento é pessoal (seja das partes, seja das testemunhas). O mais correto seria, *de lege ferenda*, depoimento da parte.

---

[81] Sistematização feita por TEIXEIRA, Eduardo Didonet. *O novo CPC e o uso da ata notarial em juízo*. Disponível em: <www.trf4.jus.br>. Acesso em: 29 out. 2014.

Ninguém melhor que as partes para trazer as informações precisas sobre os fatos que se discutem no processo. Até mesmo porque nem sempre os documentos representam com fidelidade o ocorrido. Os fatos chegam ao conhecimento do juiz adaptados à conveniência dos sujeitos parciais do processo, por meio do advogado e das peças processuais que podem omitir ou alterar questões relevantes para o deslinde da causa.

Daí a importância de se colher diretamente a prova de quem figurou na relação jurídica de direito material.

Não se confunde o depoimento da parte com a prova testemunhal. A diferença aqui é da pessoa que presta o depoimento. Conforme se verá no próximo item, apenas as partes podem prestar depoimento e apenas terceiros podem figurar como testemunhas. As partes são, por essência, parciais, exatamente o que uma testemunha não pode ser.

Igualmente não se confunde com a prova pericial. Ainda que a parte seja detentora de conhecimentos técnicos capazes de conferir respostas às questões de fato, não é possível se reunir na mesma pessoa a figura de parte e perito até porque a parte tem estreito interesse na causa.

6.2.2.2. Quem pode prestar

Podem prestar depoimento todos aqueles que forem parte no processo (incluindo-se os terceiros que adquirem essa condição com sua entrada na demanda). Todos os demais, por exclusão, não podem prestar depoimento pessoal, pois, nessa modalidade, há uma peculiaridade que é restrita às partes: **a possibilidade de confissão**. Trata-se do princípio da pessoalidade do depoimento e sua indelegabilidade (STJ, REsp 623.575-RO).

Permitir-se que procuradores deponham no lugar da parte seria autorizar convocar pessoas bem articuladas, com boa capacidade de persuasão para tentar convencer o juízo acerca dos fatos ocorridos, mesmo esses depoentes não os tendo presenciado[82].

Assim, os auxiliares da justiça não podem prestar depoimento pessoal (como o perito, o intérprete, o oficial de justiça e o avaliador) como também aqueles terceiros que não adquirem a condição de parte (como o *amicus curiae* e o assistente simples).

Nessa esteira, o advogado, mesmo com poderes especiais, não pode prestar depoimento pela parte, pois o objetivo é trazer ao processo os fatos que a parte teve contato. Trata-se, portanto, de atividade **personalíssima**.

Há, pelo menos, duas exceções à pessoalidade do depoimento:

a) nos casos em que o procurador (com poderes especiais) também tenha vivenciado os fatos;

b) presentante ou representante da pessoa jurídica. O presentante é aquele indicado no estatuto social que a torna presente. Contudo, nem sempre o diretor ou sócio tem conhecimento dos eventos que ocorreram, assim, é possível que um representante (preposto) seja aquele que tenha participado do fato que ensejou a causa. Ademais, a depender do número de demandas que essa empresa está sujeita é fisicamente impossível ao representante legal estar presente em todas as audiências em que se exija o depoimento pessoal. O preposto não precisa manter vínculo de emprego com a pessoa jurídica, conforme o art. 9º, § 4º, da Lei n. 9.099/95: "O réu, sendo pessoa jurídica ou titular de firma individual, poderá ser representado por preposto credenciado, munido de carta de preposição com poderes para transigir, sem haver necessidade de vínculo empregatício".

---

82 NEVES, Daniel Assumpção Amorim. *Novo CPC...*, cit., p. 683.

Os incapazes serão representados em juízo até mesmo para o depoimento pessoal.

É possível, diante do litisconsórcio, que um litisconsorte requeira do depoimento do outro (Enunciado n. 584, FPPC).

O art. 385, CPC induz a afirmação que apenas a "a parte pode requerer o depoimento da outra parte". Contudo, entendemos que a parte poderá requerer seu próprio depoimento pessoal. Isso decorre do claro fato (como se verá no próximo item) que o objetivo do depoimento não é apenas a confissão, mas também o esclarecimento dos fatos.

6.2.2.3. Consequências

O depoimento pessoal pode gerar **três consequências no processo**. A primeira é o **conhecimento dos fatos pelo juiz**. Ou seja, a possibilidade da parte, sem o intermédio do advogado esclarecer diretamente ao juiz sobre os fatos controvertidos da causa. Constitui um ato que permite a interação do juiz e o depoente permitindo, pela forma oral, uma melhor comunicação entre eles[83]. A segunda é a **possibilidade da confissão real**, concedida por meio da assunção direta pela parte dos fatos. E a terceira é a **confissão ficta**, que será extraída não do depoimento em si, mas da recusa, seja de comparecer, seja em responder as perguntas que lhe foram formuladas.

6.2.2.4. Modalidades

Assim como no direito italiano, nosso sistema adotou duas espécies de depoimento da parte, o **interrogatório livre** ou **depoimento por provocação**:

a) interrogatório livre (arts. 139, VIII, e 385, parte final, CPC) – é formulado pelo juiz, de ofício, e a qualquer momento do processo sempre que entender necessário para o esclarecimento de fatos. Essa hipótese não pode gerar a confissão ficta[84]. O art. 139, VIII, do CPC estabelece que compete ao juiz "determinar, a qualquer tempo, o comparecimento pessoal das partes, para inquiri-las sobre os fatos da causa, hipótese em que não incidirá a pena de confesso";

b) depoimento por provocação (art. 385, primeira parte, CPC) – este é o depoimento requerido pela parte contrária para que seja ouvida a parte intimada na audiência de instrução e julgamento (somente nesse momento) com o objetivo de se extrair a confissão. Haverá pena de confissão se: **i)** não comparecer; ou **ii)** comparecer, mas se recusar a depor.

DEPOIMENTO DA PARTE	INTERROGATÓRIO DA PARTE
Meio de prova.	Forma de esclarecer determinados fatos.
Depende, em regra, de requerimento da parte.	É requerido de ofício pelo juiz.
É prestado somente na audiência de instrução e julgamento (ou por carta).	É prestado a qualquer momento no curso do processo.

---

83 GRECO, Leonardo. Publicismo e privatismo no processo civil. *RePro*, v. 164. São Paulo: RT, 2008, p. 47
84 Não se pode confundir confissão real com ficta. A confissão real é aquela em que há expressa manifestação da parte. Já a ficta constitui "consequência jurídica de ônus processual não cumprido" (Luiz Rodrigues Wambier e Eduardo Talamini, *Curso avançado de processo civil*. São Paulo: Revista dos Tribunais, 2016, v. 2, p. 289). Aqui se presume a confissão pelo não comparecimento ou negativa de responder o que lhe fora formulado.

A parte contrária e o juiz formulam perguntas.	Como o esclarecimento é para o juiz, apenas ele formula perguntas.
O não comparecimento gera pena de confesso e pena de litigância de má-fé.	O não comparecimento não gera pena de confesso, mas se pode extrair a confissão e pena de litigância de má-fé expressa da parte.

Nesses dois casos os fatos serão presumidos confessados (confissão ficta, tácita ou presumida, conforme CPC, art. 385, § 1º), além de que constará na sentença a recusa de depor (art. 386, CPC).

> **Portanto, somente é possível a confissão ficta se:**
> **i)** for requerido o depoimento pela parte contrária ou pelo juiz;
> **ii)** a parte tiver sido regularmente intimada (e que tenha constado do mandado a advertência que o seu não comparecimento pode gerar confissão);
> **iii)** se nos autos houver outra prova que comprove aquilo que restou omitido.

O depoimento pessoal não constitui um dever (não há dever em se produzir a prova) mas sim um ônus, pois a não produção da prova acarretará fato alegado e não provado. Em suma, o ônus da prova não é a imposição para que a parte apresente a prova dos fatos que alegou, mas sim da assunção do risco de não fazê-lo.

Contudo, a sanção aplicada no caso de desatendimento das hipóteses acima é a confissão.

Não poderá o magistrado constatar a confissão ficta pela recusa de responder determinado questionamento se há nos autos prova do fato por outro meio. O silêncio não pode se sobrepor a outra prova que já consta no processo.

Igualmente não poderá constatar a confissão ficta se a recusa em responder não se deu por mera resistência, mas sobre ignorância acerca dos fatos. Aqui não existe o elemento subjetivo da má-fé.

A confissão ficta não atinge os litisconsortes (CPC, art. 391) mesmo quando for unitário, pois os atos negativos não se comunicam (art. 117, parte final, CPC).

É possível que no mesmo processo haja o interrogatório e o depoimento.

O Ministério Público, quando age como fiscal da ordem jurídica, em nosso entender, também poderá requerer o depoimento da parte (a despeito da lei falar em "parte requerer o depoimento pessoal da outra parte"), pois o exercício adequado de sua função depende de um devido esclarecimento dos fatos.

Quando o Ministério Público age como parte, recai na regra legal do art. 385 do CPC.

6.2.2.5. Forma de produção

a) Será efetivado do mesmo modo que se inquirem as testemunhas. As partes serão ouvidas uma de cada vez, primeiro o autor e depois o réu, sem que um presencie o depoimento do outro. Nada impede que possa haver inversão por negócio jurídico processual (art. 190, CPC) ou por vontade do juiz (art. 139, VIII, CPC). Os surdos e mudos e todos que tiverem alguma dificuldade na expressão oral terão seus depoimentos tomados por escrito.

b) No depoimento pessoal provocado, após as perguntas do juiz é lícito ao advogado formular perguntas (reperguntas). Pelo art. 385, a qual já criticamos acima, em princípio, apenas o advogado da parte adversa poderá formular perguntas, já que não seria possível ao advogado da parte formular ao seu próprio cliente. No interrogatório, fica vedada a participação dos advogados, limitando-se a eles apenas presenciar o depoimento. Assim como ocorre com as testemunhas, a pergunta é do advogado direto à parte sem necessária intermediação do magistrado (art. 459, CPC e Enunciado n. 33 da I Jornada de Direito Processual Civil, CJF).

c) É vedada à parte a consulta de apontamentos ou a leitura de seu depoimento, salvo de maneira breve para rememorar alguma situação pretérita. O depoimento deve ser espontâneo e não mecanizado, pois dele o magistrado pode extrair a verdade dos fatos e a leitura pode maquiar o meio de prova, dificultando sua real finalidade.

d) O CPC estabelece expressamente a possibilidade de depoimento por videoconferência ou outro recurso tecnológico de transmissão de som e imagem em tempo real que pode acontecer até no decorrer da audiência de instrução e julgamento (Res. CNJ n. 105/2010) e art. 385, § 3º). Esses casos não dispensam, contudo, a expedição de carta precatória, pois a parte irá prestar depoimento no próprio Fórum de sua comarca, o que será necessária a prática de atos formais e oficiais de intimação para seu conhecimento e comparecimento na data, local e horário designados.

e) A Lei n. 13.431/2017 estabeleceu forma diferente de oitiva, denominada **escuta especializada e o depoimento pessoal**. Assim, seu procedimento funcionará da seguinte forma:

Art. 7º Escuta especializada é o procedimento de entrevista sobre situação de violência com criança ou adolescente perante órgão da rede de proteção, limitado o relato estritamente ao necessário para o cumprimento de sua finalidade.

Art. 8º Depoimento especial é o procedimento de oitiva de criança ou adolescente vítima ou testemunha de violência perante autoridade policial ou judiciária.

Art. 9º A criança ou o adolescente será resguardado de qualquer contato, ainda que visual, com o suposto autor ou acusado, ou com outra pessoa que represente ameaça, coação ou constrangimento.

Art. 10. A escuta especializada e o depoimento especial serão realizados em local apropriado e acolhedor, com infraestrutura e espaço físico que garantam a privacidade da criança ou do adolescente vítima ou testemunha de violência.

Art. 11. O depoimento especial reger-se-á por protocolos e, sempre que possível, será realizado uma única vez, em sede de produção antecipada de prova judicial, garantida a ampla defesa do investigado.

§ 1º O depoimento especial seguirá o rito cautelar de antecipação de prova:
I – quando a criança ou o adolescente tiver menos de 7 (sete) anos;
II – em caso de violência sexual.

§ 2º Não será admitida a tomada de novo depoimento especial, salvo quando justificada a sua imprescindibilidade pela autoridade competente e houver a concordância da vítima ou da testemunha, ou de seu representante legal.

Art. 12. O depoimento especial será colhido conforme o seguinte procedimento:
I – os profissionais especializados esclarecerão a criança ou o adolescente sobre a tomada do depoimento especial, informando-lhe os seus direitos e os procedimentos a serem adotados e planejando sua participação, sendo vedada a leitura da denúncia ou de outras peças processuais;

> II – é assegurada à criança ou ao adolescente a livre narrativa sobre a situação de violência, podendo o profissional especializado intervir quando necessário, utilizando técnicas que permitam a elucidação dos fatos;
> III – no curso do processo judicial, o depoimento especial será transmitido em tempo real para a sala de audiência, preservado o sigilo;
> IV – findo o procedimento previsto no inciso II deste artigo, o juiz, após consultar o Ministério Público, o defensor e os assistentes técnicos, avaliará a pertinência de perguntas complementares, organizadas em bloco;
> V – o profissional especializado poderá adaptar as perguntas à linguagem de melhor compreensão da criança ou do adolescente;
> VI – o depoimento especial será gravado em áudio e vídeo.
> § 1º À vítima ou testemunha de violência é garantido o direito de prestar depoimento diretamente ao juiz, se assim o entender.
> § 2º O juiz tomará todas as medidas apropriadas para a preservação da intimidade e da privacidade da vítima ou testemunha.
> § 3º O profissional especializado comunicará ao juiz se verificar que a presença, na sala de audiência, do autor da violência pode prejudicar o depoimento especial ou colocar o depoente em situação de risco, caso em que, fazendo constar em termo, será autorizado o afastamento do imputado.
> § 4º Nas hipóteses em que houver risco à vida ou à integridade física da vítima ou testemunha, o juiz tomará as medidas de proteção cabíveis, inclusive a restrição do disposto nos incisos III e VI deste artigo.
> § 5º As condições de preservação e de segurança da mídia relativa ao depoimento da criança ou do adolescente serão objeto de regulamentação, de forma a garantir o direito à intimidade e à privacidade da vítima ou testemunha.
> § 6º O depoimento especial tramitará em segredo de justiça.

f) A intimação deverá ser pessoal (e não por meio do advogado), art. 385, § 1º, CPC.

6.2.2.6. Recusa (direito ao silêncio)

A parte poderá se recusar a responder sem que tal atitude incorra em confissão ficta nas seguintes hipóteses (CPC, art. 388):

a) para fatos criminosos ou torpes que lhe tenham sido imputados (direito fundamental à não autoincriminação, conforme STF, HC 89.503 e HC 111.567);

b) fatos resultantes de estado e profissão ou profissão que imponham à pessoa dever de sigilo (decorrem não apenas do direito ao silêncio, mas da relação de confiança profissional ou religiosa estabelecida entre as partes);

c) a que não possa responder por desonra própria, ou de seus familiares;

d) que coloque em risco a vida do depoente ou de seus familiares.

Conforme se verifica do parágrafo único do art. 388, estas situações de direito ao silêncio não se aplicam para as causas de direito de família e ações de estado. Justifica-se (especialmente se enquadradas nas hipóteses "c" e "d") pois justamente este poderá ser o objeto de discussão da causa. Evidente que essas causas deverão correr em segredo de justiça (art. 189, II, CPC).

6.2.3. CONFISSÃO

6.2.3.1. Introdução

A confissão é devidamente definida no art. 389 do CPC, que assim dispõe: "Há confissão, judicial ou extrajudicial, quando a parte admite a verdade de fato contrário ao seu interesse e favorável ao do adversário".

Conforme se depreende do conceito legal, a configuração da confissão pressupõe o consórcio de três situações: **i)** que a parte admita como verdadeiro um fato do processo (portanto, torna-se um fato provado); **ii)** que seja uma manifestação de vontade; e **iii)** favorável à parte contrária e (consequentemente) desfavorável ao confitente.

A confissão foi, durante muito tempo, considerada a *rainha das provas*, expressão já ultrapassada tendo em vista o não tarifamento das provas no ordenamento brasileiro.

Até porque a confissão poderá ser inverossímil ou fraudulenta. O juiz não está subordinado à confissão.

No primeiro caso, imagine que o autor alega que estava a 140 km/hora na Avenida Paulista em São Paulo às 18 horas de uma sexta-feira. Situação praticamente impossível de ocorrer. No segundo caso, imagine, por exemplo, que o réu, num dado processo, confessa a dívida (que não existe) para permitir a transferência dos seus bens a este "credor" em prejuízo de todos os demais verdadeiros credores[85].

É conhecida a diferença entre **confissão e reconhecimento da procedência do pedido** Quando se reconhece o pedido, o réu aceita como verdadeiro o fato narrado, bem como a consequência jurídica apresentada pelo autor para a procedência da demanda. Já na confissão, como meio de prova que é, a assunção atinge somente o(s) fato(s) confessado(s) e não suas consequências.

Pode, contudo este fato confessado não alcançar a consequência jurídica pretendida pelo autor (v.g., o réu pode confessar o acidente de veículo terrestre com o autor, mas se eximir de culpa. O magistrado, dada a confissão sobre a ocorrência do acidente, apenas investiga o elemento culpa e verifica que não se trata de responsabilidade do réu. Portanto, nesse caso, houve confissão acerca do acidente, mas a consequência jurídica requerida pelo autor na petição inicial não foi acolhida. Assim como o réu pode confessar que recebeu o dinheiro a título de mútuo, mas o magistrado verifica a prescrição e julga improcedente o pedido do autor).

Ademais, o reconhecimento da procedência do pedido (assim como a renúncia ao direito) é ato que vincula o magistrado desde que preenchidos os requisitos necessários a proferir uma sentença de mérito. Já a confissão não vincula o juiz, apenas torna provado um fato que deve ser analisado com outros tantos e as consequências jurídicas que serão avaliadas pelo magistrado.

O CPC o constitui meio de prova porque admite, pela confissão, como verdadeiro determinado fato, dispensando a sua prova (Humberto Theodoro Júnior). Há quem entenda não se tratar de meio de prova, mas o resultado decorrente da produção de outros meios de prova (Vicente Greco Filho) como o depoimento pessoal ou a apresentação de documentos, por exemplo. Entendemos não se tratar de meio de prova, pois não constitui instrumento para extrair informações sobre os fatos, mas sim é o resultado de outros meios de prova como o depoimento pessoal e documental.

---

85 Exemplos trazidos por WAMBIER e TALAMINI (*Curso avançado de processo civil*, v. 2, cit., p. 282).

Para confessar é necessário ter **capacidade**. E isso porque a confissão somente pode versar sobre direitos disponíveis (CPC, art. 392), e apenas quem possui capacidade para dispor sobre direitos pode confessar. O incapaz não poderá confessar. O representante legal poderá (e somente será eficaz sua confissão) nos limites em que este pode vincular o representado (art. 392, § 2º, CPC). Dessa forma, quando o representante deseja prestar depoimento sobre algo fora desses limites, deve ser considerado mero testemunho. Para que o representante possa confessar, é necessário que possua poderes específicos na procuração (arts. 105, parte final, CPC e 661, § 1º, CC).

6.2.3.2. Classificação

A confissão pode ser:

a) judicial

Quando exercida dentro do processo pela parte ou por meio de representante que possua poderes para confessar, conforme art. 390, § 1º, do CPC[86]. Esta, por sua vez, pode ser:

a1) espontânea – quando a parte confessa, por escrito ou oralmente, sem que tenha sido arguida pelo magistrado. Com a confissão o magistrado lavrará termo do depoimento do confitente;

a2) provocada – quando decorrente de arguição judicial. Neste caso a confissão decorre de outro meio de prova, o depoimento pessoal. Essa situação ocorre obrigatoriamente em audiência. Mas, "não significa que o conteúdo da confissão tenha sido provocado, pois sempre será ato espontâneo (ninguém pode ser obrigado a confessar). O que se terá provocado será a sua ocorrência, naquele momento"[87]. A confissão poderá ser real (quando a parte confessa o fato contra si imputado) ou ficta (quando deixa de responder a alguma questão de forma injustificada ou não comparece à audiência de instrução). A confissão ficta decorre exatamente desse neologismo: a confissão apenas ocorreu na ficção. Não se trata de um ato comissivo, mas omissivo. Trata-se de uma máxima de experiência, pois quem se omite diante dos questionamentos formulados ou sequer comparece à audiência provavelmente não possui argumentos para contrapor aos argumentos que lhe são imputados. Assemelha-se a confissão ficta muito mais com os efeitos da revelia do que com o instituto da confissão real.

b) extrajudicial

Quando a confissão é produzida fora de um processo judicial por algum documento escrito ou mesmo oralmente. Contudo, nesses casos apenas terá eficácia quando a lei não exigir prova literal (art. 394, CPC). Este documento será apresentado pela parte ou por quem a represente. Possui a mesma eficácia probatória que a judicial. Contudo, se feita para terceiros, esta prova não terá [necessariamente] o mesmo valor probatório que a judicial, podendo o magistrado apreciá-la livremente.

A confissão extrajudicial poderá ser escrita ou verbal. Será escrita quando manifestada em documento com essa finalidade. Será verbal quando a parte confessa para terceiros. Nesse caso, a despeito de ser uma confissão, sua prova será produzida nos autos pelo terceiro na condição de prova testemunhal.

---

86 A confissão por representante sem poderes é ineficaz. Contudo, poderá ser ratificada posteriormente em juízo, conforme se depreende do art. 172 do CC.

87 Como bem observam Luiz Rodrigues Wambier, Flávio Renato Correia de Almeida e Eduardo Talamini (*Curso avançado de processo civil*, São Paulo: Revista dos Tribunais, 2007, v. 1, p. 436).

6.2.3.3. Questões importantes

a) A confissão pode ser simples ou complexa. Na simples, o confitente apenas confessa sobre fatos contrários ao seu interesse. Na complexa, além dos fatos contrários ao seu interesse, apresenta argumentos que podem ser a si favoráveis.

b) Como a confissão deve ter valor probatório como um todo, em regra é indivisível (CPC, art. 395), vale dizer, a parte que deseja utilizar a confissão como prova não pode utilizar-se da parte que a favorece e rejeitar a parte que a prejudica. Na verdade, a indivisibilidade não é da confissão, mas de seu depoimento, pois apenas pode se considerar confissão sobre fatos que prejudiquem o confitente.

c) Contudo, a lei permite o fracionamento "quando o confitente a ela aduzir fatos novos, capazes de constituir fundamento de defesa de direito material ou reconvenção" (CPC, art. 395, parte final). O objetivo dessa regra é fazer com que o confitente, sob o argumento da confissão, traga novas alegações que não foram apresentadas no momento oportuno em ofensa ao art. 329 do CPC. Nesse caso o CPC "autoriza a divisibilidade da confissão para evitar que o confitente use da confissão complexa como um instrumento simulado, erigindo única e exclusivamente em seu próprio interesse. Nesse sentido, a declaração de fato desfavorável ao confitente, como mero pressuposto para a justaposição de fatos novos, dessa vez favoráveis a seu interesse e capazes de representar defesa de sua posição jurídica ou fundamento da reconvenção, poderá ser valorada separadamente pelo juiz"[88]. Assim numa ação de cobrança em que não se alegou pagamento na contestação, não se poderá, em sede de audiência, confessar o empréstimo mas aduzir o pagamento. Nesse caso, haverá a cindibilidade da confissão conforme o referido artigo[89].

d) A confissão é, via de regra, irrevogável e irretratável. Quanto à irrevogabilidade, a parte poderá requerer a desconstituição da confissão que poderá ocorrer quando obtida por meio de vício de consentimento (erro de fato ou coação)[90]. Evidente que o vício macula a manifestação de vontade exarada, comprometendo a higidez da prova. A irretratabilidade decorre da ínsita vontade de confessar, e constituiria uma *venire contra factum proprium* a parte confessar fato contrário ao seu interesse e posteriormente se retratar. O regime anterior permitia a revogação da confissão (art. 352, CPC/73), desde que enquadrada nas situações ali apresentadas. O Código Civil tratou de corrigir o equívoco, estabelecendo que, havendo erro ou coação, a confissão será invalidada (e não revogada). O art. 393 do CPC seguiu a linha do Código Civil ao dispor: "A confissão é irrevogável, mas pode ser anulada se decorreu de erro de fato ou de coação".

e) No regime anterior, a ação cabível para invalidar a confissão nessas situações dependia do momento processual em que se apresentasse a arguição: se antes do trânsito em julgado, ação anulatória. Se após, ação rescisória. O atual regime prevê ação anulatória em qualquer hipótese (art. 966, § 4º, CPC). Esse foi o motivo da supressão do inciso VIII do art. 485 do CPC/73, o único que não encontra correspondente no atual CPC em seu art. 966.

A grande problemática que se põe aqui é o acerto da medida judicial. Isso porque, ao requerer a anulação da confissão de decisão acobertada pela coisa julgada, a anulação pode invalidar a confissão, mas não a coisa julgada. Logo, a medida não teria a eficácia desejada. É necessário desconstituir a coisa julgada em decorrência da confissão viciada e não o contrário, que, diga-se, não é possível até mesmo porque não se encontra no rol taxativo do art. 966 do CPC.

---

88 MARINONI; ARENHART; MITIDIERO. *Novo Código de Processo Civil comentado*, cit., p. 420.
89 WAMBIER e TALAMINI. *Curso avançado de processo civil*, cit., v. 2, p. 287.
90 Em consonância com o art. 214 do CC, que assim dispõe: "A confissão é irrevogável, mas pode ser anulada se decorreu de erro de fato ou de coação".

A legitimidade para ação nessa hipótese é exclusiva do confitente (ou de seus sucessores em caso de falecimento).

6.2.3.4. Limitações à confissão

O sistema limita a confissão em algumas hipóteses:

a) quando a lei estabelecer o sistema de prova legal (resquício de um sistema muito pouco adotado pelo nosso ordenamento), como, por exemplo, o art. 406 do CPC ao determinar que "quando a lei exigir, como da substância do ato, o instrumento público, nenhuma outra prova, por mais especial que seja, pode suprir-lhe a falta";

b) quando um dos litisconsortes isoladamente procedeu à confissão. Estabelece o art. 391 que "a confissão judicial faz prova contra o confitente, não prejudicando, todavia, os litisconsortes". A leitura do referido artigo prestigia a autonomia dos litisconsortes, já que a regra é que os atos praticados por um não ajudem nem prejudiquem os demais (art. 117, primeira parte, CPC).

A regra também constitui uma exceção ao princípio da comunhão da prova, já que esta ingressa no processo e alcança a todos independentemente de quem a apresentou.

A questão diz respeito à confissão de um dos litisconsortes. É possível a confissão prejudicar quem a praticou e não os demais? Se a confissão "faz prova" contra o confitente, não fará para os demais litisconsortes que não confessaram? É possível que o mesmo fato tenha um resultado para um e outro para aos demais?

A questão envolve dois importantes pontos e um critério de ponderação: de um lado tem-se a dificuldade de defender a tese que um fato considera-se provado (porque confessado) para um e não para os demais. É possível que o juiz esteja convencido sobre a existência dos fatos apenas para o litisconsorte que confessou?

Por outro lado, se a confissão é uma espécie de sanção, como apenar a parte que não confessou e não deu causa a ela? E se a confissão for falsa?

Como critério de ponderação, tem-se a clássica distinção entre litisconsórcio simples e unitário.

No litisconsórcio simples, a decisão não precisa ser igual para todos, porque, em regra, os fatos dizem respeito a um e não aos demais. Nesse caso a confissão pode perfeitamente alcançar um réu e não alcançar os outros.

O problema reside no litisconsórcio unitário. O art. 117, segunda parte, do CPC estabelece: "... no litisconsórcio unitário, caso em que os atos e as omissões de um não prejudicarão os outros, mas os poderão beneficiar".

Portanto, à luz do regime do CPC, as condutas determinantes (prejudiciais) não alcançam os demais litisconsortes unitários quando praticadas por apenas um deles.

A regra faz sentido. De fato, é indesejável que a confissão possa ter eficácia parcial, limitando-se a tornar provado um fato a alguns e não a outros.

Contudo, as partes se tornam responsáveis pela sua conduta (omissiva ou comissiva) dentro do processo. E não seria correto imputar prejuízo a quem não foi, no processo, confitente.

A confissão é personalíssima, conforme se depreende do próprio CPC (arts. 389, 390, § 1º, e 392, § 2º, CPC).

A questão aqui não é de validade, mas de eficácia. Assim a confissão vale para o confitente, porém é ineficaz para os demais. Não é uma solução totalmente desejada, mas é o melhor que se pode estruturar diante das circunstâncias;

c) sobre direitos indisponíveis. Se o direito colocado em jogo é indisponível, vedada fica a confissão. Assim, os direitos da Fazenda Pública (STJ, REsp 1.099.127) e do incapaz, por exemplo (art. 392, CPC). Ademais, "a confissão será ineficaz se feita por quem não for capaz de dispor do direito a que se referem os fatos confessados" (art. 392, § 1º, CPC). Essa regra encontra consonância do o art. 213 do Código Civil;

d) ações sobre bens imóveis ou direito sobre imóveis alheios. Os cônjuges não podem estar no processo isoladamente sem autorização do outro quando a ação versar sobre direitos reais imobiliários (art. 73, CPC). Como reflexo no processo do regime de casamento, nesses casos, a confissão de um cônjuge/companheiro não valerá sem a do outro, salvo se o regime de casamento for de separação absoluta. A questão, contudo, parece incongruente já que o regime de bens do casal influência na validade da confissão.

6.2.4. EXIBIÇÃO DE DOCUMENTO OU COISA

6.2.4.1. Introdução

"Exibir significa colocar a coisa ou documento em contato visual com o juiz, que, uma vez ciente do teor da coisa ou do documento, determinará a sua devolução à parte possuidora"[91].

Constitui método para a parte provar determinado fato com base em documento ou coisa que não está em seu poder.

O CPC, em seu art. 396, vale-se da expressão "parte", que não deve ser tomada restritamente pelo conceito tradicional de parte (quem pede e contra quem se pede determinada providência jurisdicional), mas como parte integrante do processo, podendo a exibição alcançar terceiros e mesmo o MP na atuação de fiscal da ordem jurídica.

Há diversos modos de se requerer a exibição de documento ou coisa no ordenamento brasileiro:

a) *habeas data* (CF, art. 5º, LXXII, e Lei n. 9.507/97), quando as informações estiverem de posse de autoridade governamental ou outro ente público, sendo a medida satisfativa;

b) documento em repartição pública. Nesses casos haverá outra demanda a ser proposta ou já em juízo (CPC, art. 438 e art. 6º, §§ 1º e 2º, da Lei n. 12.016/2009).

Aqui, em verdade, trata-se de método de requisição de documentos e não propriamente de exibição. Assim dispõe o art. 438 do CPC:

> "O juiz requisitará às repartições públicas, em qualquer tempo ou grau de jurisdição:
> **I –** as certidões necessárias à prova das alegações das partes;
> **II –** os procedimentos administrativos nas causas em que forem interessados a União, os Estados, o Distrito Federal, os Municípios ou entidades da administração indireta.
> § 1º Recebidos os autos, o juiz mandará extrair, no prazo máximo e improrrogável de 1 (um) mês, certidões ou reproduções fotográficas das peças que indicar e das que forem indicadas pelas partes, e, em seguida, devolverá os autos à repartição de origem.
> § 2º As repartições públicas poderão fornecer todos os documentos em meio eletrônico, conforme disposto em lei, certificando, pelo mesmo meio, que se trata de extrato fiel do que consta em seu banco de dados ou no documento digitalizado".

---
91 Daniel Mitidiero, *Manual de direito processual civil*, São Paulo: Método, 2009, p. 385.

No item II, o magistrado deverá retirar as cópias ou extrair certidões, em no máximo um mês, das peças indicadas pelas partes ou mesmo de ofício. Após este prazo, devolverá os autos à repartição de origem.

Para evitar o transporte dos autos da repartição ao juízo e sua respectiva devolução, estes documentos podem ser fornecidos por meios eletrônicos, conforme dispõe a Lei n. 11.419/2006 (CPC, art. 438, § 2º);

c) ação probatória autônoma de exibição (CPC, art. 381, I), que será utilizada quando a medida for preparatória independentemente de haver *periculum in mora*. Sobre essa inovação trazida pela CPC, de transformar a então cautelar típica/nominada de exibição em ação probatória autônoma, já foi objeto de explanação *supra* acerca da produção antecipada de provas *supra*;

Nesse sentido, o Enunciado n. 119 da II Jornada de Direito Processual Civil (CJF) estabelece que "É admissível o ajuizamento de ação de exibição de documentos, de forma autônoma, inclusive pelo procedimento comum do CPC (art. 318 e seguintes)". Em recente decisão, o STJ encampou esse mesmo posicionamento (REsp 1.803.251/SC)

d) exibição de documento ou coisa contra particulares em caráter incidental ao processo. É sobre este último que o sistema de provas do CPC cuida. Há duas formas de exibição de documento e coisa, reguladas de maneiras diversas: a **exibição pela parte contrária** e a **exibição por terceiros**.

O CPC mantém a expressão "coisa ou documento" como se fossem coisas distintas e inconfundíveis. Em verdade, documento abrange também coisas que possam representar como meio de prova.

6.2.4.2. Acepções gerais

Há regras comuns às duas modalidades.

a) poder instrutório judicial (CPC, art. 396) – o magistrado poderá de ofício determinar a exibição do documento ou da coisa, de quem esteja em sua posse. A natureza pública do processo e o interesse na resolução do conflito justificam o seu poder instrutório, conforme a regra do art. 370 do CPC.

b) terceiros – todo aquele que, mesmo não sendo parte do processo, tem o dever de colaborar com a justiça (CPC, arts. 378 e 380, II). Assim, é possível solicitar o documento que esteja em poder de terceiro. Não se instaura novo processo e, portanto, não ofende o princípio da inércia já que se trata de medida interina ao processo. "Assim, se o pedido da tutela e os limites da prestação são privados, o modo como ela é prestada não o é"[92];

c) pedido (CPC, art. 397) – a parte formulará um pedido que deverá necessariamente conter:

ci) a descrição da coisa ou das categorias de documentos ou de coisas buscados: Antes da Lei n. 14.195/21, exigia-se a *individuação* da coisa e tinha por finalidade facilitar a parte ou terceiro que deverá exibir o que deverá ser apresentado perante o Estado-juiz. Não poderia haver dúvidas sobre o que deve ser exibido. Assim entendia o STJ no REsp 862.448/AL que "na ação de exibição de documentos é necessário que a parte autora faça a individuação do documento, não sendo suficiente referência genérica que torne inviável a apresentação pela parte ré. Ainda que não seja completa a individuação, deve ser bastante para a identificação dos documentos a serem apresentados". Essa regra tinha dupla finalidade: a) auxiliar a parte

---
92 José Roberto dos Santos Bedaque, *Poderes instrutórios do juiz*, 2. ed., São Paulo: Revista dos Tribunais, p. 70.

ou terceiro que deve exibir, para saber exatamente qual o objeto a ser apresentado e b) permitir ao juiz avaliar se realmente é dever daquele requerido proceder aquela avaliação.

Contudo, se por um lado a locução *individuação* facilitava a vida daquele que deveria apresentar, por outro, dificultava para o solicitante e para o juízo, pois muitas vezes não se sabe exatamente o que está em poder daquele que deve exibir (ex.: balanços contábeis de uma empresa, laudos médicos dos pacientes) e por falta dessa informação, restava prejudicado o pedido de exibição por não indicar essa individuação. O atual regramento exige a descrição da coisa ou documento ou "das categorias de documentos ou coisas buscados" (art. 397, CPC). Dessa forma facilita-se para quem pede a exibição em especial de quem não sabe, ao certo, o que está no poder da parte. O sistema processual brasileiro, dessa forma, amplia a forma de exibição, se aproxima ao denominado **discovery** norte-americano, da qual se permite requerer uma **categoria de documentos** e não documentos específicos e individualizados;

cii) finalidade: aqui há de se verificar a pertinência da exibição em relação ao que se tenta provar em juízo. Pertinência, aliás, que constitui um dos requisitos da produção da prova conforme se extrai dos arts. 369 e 370, § único, CPC;

ciii) fato gerador: de nada adianta demonstrar o documento/coisa, se não conseguir demonstrar que o documento/coisa existe e está em poder da parte contrária ou terceiro. Hoje, é possível, caso o solicitante não tenha informação individualizada do documento ou coisa, a indicação que está em poder da parte ou terceiro, de uma *categoria de documentos ou coisas*;

d) escusa e sua impossibilidade (CPC, art. 404) – a lei, no art. 404, estabelece seis situações em que a parte ou o terceiro podem se escusar a exibir em juízo documento ou coisa:

i) que se refira a negócios da vida da família[93];

ii) se sua apresentação violar o dever de honra (da parte ou algum de seus parentes e consanguíneos até o terceiro grau);

iii) se representar perigo de ação penal[94];

iv) se em relação aos fatos a serem exibidos, por estado ou profissão, a parte deva guardar segredo;

v) por qualquer outro motivo que o magistrado entenda justificada a recusa[95];

vi) por disposição legal que justifique a recusa.

Se os motivos que dizem respeito às hipóteses dos itens "i" a "vi" estiverem relacionados a apenas um item do documento, a parte ou o terceiro exibirá à outra em cartório, para que dela possa extrair cópia reprográfica, lavrando-se auto circunstanciado (art. 404, parágrafo único, CPC).

Contudo, esta recusa não poderá ser alegada em três hipóteses (CPC, art. 399): i) se o requerido tiver a obrigação legal de exibir[96]; ii) se o próprio requerido (que deve ser parte)

---

93 Trata-se de artigo, em nosso entender, sem grande aplicabilidade prática. E isso porque os documentos que se refiram à vida familiar DEVEM ser utilizados como prova. De outra forma, seria impossível provar qualquer questão íntima dentro de uma demanda no direito de família. A melhor solução é estabelecer o segredo de justiça (CPC, art. 189, II) para permitir a publicidade somente àqueles que do documento poderiam se interessar.
94 Ninguém pode alegar a própria torpeza em juízo.
95 Trata-se de cláusula geral, na justa medida em que o artigo não poderia ser taxativo, pois poderia haver hipóteses não previstas pela lei.
96 A Caixa Econômica Federal tem o dever de exibir os extratos das contas vinculadas ao FGTS (STJ, 1ª Turma, AgRg no REsp 631.993/AL, rel. Min. Denise Arruda, j. 16-11-2004).

aludiu no processo o documento ou a coisa objetivando constituir prova[97]; iii) se o documento, por seu conteúdo, for comum às partes.

6.2.4.3. Exibição pela parte[98]

Trata-se de incidente processual formalizado com o pedido previsto no art. 397 do CPC. Nesse caso o requerido será intimado para que, em cinco dias, se manifeste. Esta intimação será feita na pessoa do advogado e não necessita ser pessoal. E isso porque a intimação pessoal somente se justifica quando realmente for necessária (v.g., intimação para audiência, sob pena de confesso, se o advogado não dá andamento ao feito etc.).

O requerido devidamente intimado terá quatro opções:

a) exibir o documento ou a coisa, quando então se cumpre o incidente e a prova terá sido produzida para o fim a que ela se destina;

b) afirmar que não o possui (CPC, art. 398). Nesse caso haverá a inversão do ônus da prova e o requerente deverá provar que esta alegação não corresponde com a verdade. Uma questão deve ser levantada: a indisponibilidade do documento em relação ao réu deve ser jurídica e não fática. Se este não tiver o documento em mãos (fato), mas tiver meios de obtê-lo (jurídico), não ficará desonerado do seu encargo de exibição[99];

c) alegar uma das escusas previstas no art. 404, CPC, quando o magistrado verificará se a escusa é verdadeira e pertinente ao caso;

d) recusar a exibir. Neste caso o magistrado terá duas opções:

i) admitir como verdadeiro o fato que a parte requerente pretendia provar (CPC, art. 400) se não houver justificativa à recusa no prazo de cinco dias (CPC, art. 398) **ou** a escusa apresentada for ilegítima. Contudo, como bem observa a doutrina: "a recusa da parte em apresentá-lo gerará em seu desfavor a presunção de veracidade do fato que se pretendia provar com aquele documento. Assim, o próprio mecanismo de exibição funciona, em certa medida, como uma forma de inversão do ônus da prova, de forma que, neste incidente, fica *a priori* excluída a necessidade de dinamização do ônus da prova. Lembre-se, de outro lado, que nem sempre a técnica da presunção de veracidade resolve o problema, pois a informação que se pretende provar pode não ser passível de reconstrução. Exemplo típico é o da demonstração de valores que o correntista possuía na conta em determinada data. Sem o extrato, pode não ser possível provar o montante. Nestes casos, recusando-se o requerido a exibir os extratos, e sem prejuízo da aplicação das medidas atípicas (ver comentário ao art. 400), caberá a inversão do ônus da prova.[684] As técnicas, conjugadas, permitirão suprir as deficiências probatórias da parte, de forma que a resistência da parte contrária não venha em prejuízo do titular do direito material"[100];

ii) determinar a busca e apreensão do bem ou mesmo a aplicação de multas coercitivas (CPC, art. 400, parágrafo único) para compelir o cumprimento da obrigação específica[101]. É

---

97 Se a parte arrolou uma testemunha, pelo princípio da aquisição, ela se tornou propriedade do processo, devendo ser ouvida se assim entender o juiz.
98 Nada impede que o assistente simples, os casos de intervenção de terceiros e o MP quando fiscal da lei sejam compelidos a apresentar documentos.
99 Luiz Guilherme Marinoni e Daniel Mitidiero, *CPC*, cit., p. 360.
100 APRIGLIANO, Ricardo de Carvalho. *Comentários ao Código de Processo Civil* – vol. VIII (tomo I). São Paulo: Saraiva, 2020, p. 123.
101 Há autores (Cândido Dinamarco e Daniel Neves) que entendem incabível qualquer medida expropriatória ou psicológica, na medida em que apresentar o documento não é dever, mas ônus da parte, sendo a

possível ainda a prática de outras medidas indutivas, coercitivas, mandamentais e sub-rogatórias para que o documento seja exibido (art. 139, IV, CPC).

Nesse caso, numa primeira leitura os itens i) e ii) aparentam ser conflitantes, pois se gera a presunção de veracidade não seria necessário praticar atos coercitivos para impor a apresentação do documento. Contudo, entendo que a medida prevista no item ii) somente será utilizada se não for possível gerar essa presunção pela não apresentação do documento.

É importante asseverar que a recusa não será admitida quando:

– o requerido tiver a obrigação legal de exibir. Nessa hipótese, o direito material cria o dever legal de exibição (v.g., tutor exibir documentos de seu interesse ao tutelado, sociedade em exibir os livros contábeis aos sócios);

– o requerido tiver aludido ao documento ou coisa no processo objetivando constituir prova. Essa hipótese decorre do princípio da aquisição da prova. Assim, se houve alegação da prova, gera-se, correlatamente, o dever de boa-fé de exibi-la;

– o documento, por seu conteúdo, for comum às partes. Por exemplo, os extratos bancários que devem ser apresentados pela instituição financeira.

6.2.4.4. Exibição por terceiros

Essa modalidade vem disciplinada nos arts. 401 a 403 do CPC.

Como o terceiro não ingressa na relação jurídica de direito processual, evidentemente não será possível o pedido de exibição incidental. Dessa forma, como se dirige uma verdadeira *pretensão* contra o terceiro, esta deve ser formalizada por **petição inicial, incidente ao processo principal**.

Será o terceiro (réu na demanda acessória) citado para apresentar o documento em **quinze dias**. Ao terceiro, assim como à parte contrária, concorrem quatro possibilidades distintas:

a) apresentar o documento ou coisa, quando então se encerra o processo incidental com a produção da prova desejada;

b) negar a posse do documento ou da coisa;

c) recusar a obrigação de exibir pelos motivos do art. 404 do CPC;

d) ficar inerte. Se não houver motivo justificado, ou não se manifestar no prazo legal, o magistrado determinará, nos termos do art. 403 do CPC, que se proceda ao respectivo depósito em cartório ou outro lugar a ser designado no prazo de cinco dias somando-se as despesas inerentes ao transporte.

Caso não seja cumprido o preceito, será expedido mandado de busca e apreensão (se necessário com força policial), sem prejuízo de ser cominado em eventual crime de desobediência (CP, art. 330).

Como se trata de tutela mandamental, já que o dispositivo fala em "ordenará", caberão todos os meios de coerção previstos no poder geral de efetivação, podendo o magistrado fixar multa pecuniária por dia de não cumprimento. Tacitamente revogado o Enunciado n. 372 da

---

presunção de veracidade pena suficiente ao requerido recalcitrante. De outro lado, há autores que defendem as medidas acima citadas, por entender decorrente da melhor prestação da tutela jurisdicional por meio de medidas materiais tendentes à produção do documento (Luiz Guilherme Marinoni, Daniel Mitidiero). Este *Manual* segue a segunda corrente. Até mesmo porque, se a verdade (mesmo que utópica, ou mesmo um juízo de verossimilhança) é o que se persegue em juízo, preferível que se analise o documento/coisa e extraia dele o real valor que se possa extrair como prova do que conjecturar uma mera presunção. A análise direta do bem é preferível a extrair uma mera presunção da prova.

Súmula do STJ, que assim dispunha: "Na ação de exibição de documentos, não cabe a aplicação de multa cominatória".

Nas hipóteses "b" e "c" o terceiro apresentará defesa. Nas demais, por motivos óbvios, não haverá apresentação de contestação, seja pelo cumprimento, seja pela inércia.

Nas três últimas hipóteses, o magistrado designará audiência especial (CPC, art. 402) tomando os depoimentos orais necessários (depoimento pessoal ou testemunhal).

6.2.5. PROVA DOCUMENTAL

6.2.5.1. Introdução

O estudo da prova documental, o meio de prova mais comum na prática forense, é dividido pelo Código em **três** subseções distintas: **I) força probante dos documentos; II) da arguição de falsidade; e III) da produção da prova documental.**

O CPC não conceitua documento, ao contrário do Código de Processo Penal que estabelece: "Consideram-se documentos quaisquer escritos, instrumentos ou papéis, públicos ou particulares" (art. 232).

Comumente costuma-se confundir documento com papel escrito. Todavia, é equívoca a confusão. Documento é qualquer coisa capaz de representar um fato. Pode ser um pedaço de papel, uma fotografia, plástico, metal, um filme, uma gravação. É o modo que se registram os fatos ocorridos. Desta forma "conceitua-se documento como todo objeto sensorialmente perceptível capaz de registrar em si um fato transitório, tornando-o, sob certo aspecto, permanente, 'cristalizado'"[102].

É tradicional a diferenciação de documento com instrumento, conquanto e por vezes sejam confundidos. **Instrumento é espécie de documento.** A função do instrumento é servir como meio probatório de ato ou fato. A assinatura de um contrato deflagra, por meio do instrumento, os direitos e deveres dos contratantes.

Documento é qualquer prova física que constata um acontecimento. Contudo, o documento em sentido lato não é criado para ulterior prova, mas tem essa finalidade. Assim, um *e-mail* pode provar o conhecimento de determinado fato. Uma carta com uma determinação para a empregada doméstica pode demonstrar o vínculo empregatício, a despeito de não terem sido criados para esta finalidade. Um vídeo mostrando o acidente é mais verossímil que o depoimento da testemunha que o presenciou.

Qualquer arquivo de áudio, imagem ou vídeo é considerado, para fins jurídicos, documento (*pendrive,* iCloud, CD, DVD).

6.2.5.2. Força probante dos documentos

6.2.5.2.1. Documento público

a) Presunção – o art. 405 do CPC preconiza que "o documento público faz prova não só de sua formação, mas também dos fatos que o escrivão, chefe de secretaria, o tabelião ou o servidor declarar que ocorreram na sua presença". Trata-se de uma constatação já adotada pelo ordenamento. Os atos públicos possuem uma **presunção relativa de veracidade** não só quanto

---

102 Luiz Rodrigues Wambier e Eduardo Talamini, *Curso,* cit., p. 298.

à formação do documento, bem como os fatos que tenham ocorrido na presença de um oficial público (v.g., a vontade de divórcio de um casal, requerida em cartório).

Assim, a força probante do documento público alcança não só aspectos de sua formação/elaboração como também de seu conteúdo/declaração contida no documento. Entretanto, esta presunção apenas alcança os atos que tenham sido presenciados pelo agente público. Se determinada pessoa assevera que vive em união estável com outra, esta prova somente pode ser levada em consideração pela declaração da parte (ato), mas nunca pela existência do ocorrido (fato).

b) Substitutividade – há atos que não podem ser provados por documento particular. A lei cria uma espécie de "reserva legal" no sentido de que somente o documento público poderá fazer prova do ato. É o que preconiza o art. 406 do CPC. Aqui especificamente não se fala em prova do ato em si, mas de **condição necessária** para que o ato possa ser válido no plano do direito material. Por exemplo, a propriedade somente se prova pelo registro imobiliário; o casamento, pela respectiva certidão. Esses documentos são comumente chamados de *ad substantia negotii*, pois compõe inexoravelmente a substância do ato. Contudo, perceba que o CPC apenas genericamente estabelece "quando a lei exigir". A lei de que se trata aqui é a lei de direito material. Pois é ela quem vai estabelecer quais documentos são necessários a compor a substância do ato. Assim, é possível extraírem-se algumas situações do Código Civil brasileiro:

> Art. 108. Não dispondo a lei em contrário, a escritura pública é essencial à validade dos negócios jurídicos que visem à constituição, transferência, modificação ou renúncia de direitos reais sobre imóveis de valor superior a trinta vezes o maior salário mínimo vigente no País.
> Art. 1.227. Os direitos reais sobre imóveis constituídos, ou transmitidos por atos entre vivos, só se adquirem com o registro no Cartório de Registro de Imóveis dos referidos títulos (arts. 1.245 a 1.247), salvo os casos expressos neste Código.
> Art. 1.245. Transfere-se entre vivos a propriedade mediante o registro do título translativo no Registro de Imóveis.
> Art. 1.640. Parágrafo único. Poderão os nubentes, no processo de habilitação, optar por qualquer dos regimes que este Código regula. Quanto à forma, reduzir-se-á a termo a opção pela comunhão parcial, fazendo-se o pacto antenupcial por escritura pública, nas demais escolhas.

c) Documento público irregular – o documento público elaborado por oficial incompetente ou, sendo competente, sem a observância das formalidades legais, tem a mesma eficácia que um documento particular desde que seja subscrito pelas partes (CPC, art. 407).

Como exemplo de oficial incompetente é possível exemplificar a lavratura de uma escritura pública feita por um cartório de imóvel no lugar de um cartório de notas ou por um servidor da prefeitura e não pelo tabelião do cartório[103].

E isso porque a assinatura das partes no documento faz presumir que as informações contidas sejam verdadeiras em relação aos contratantes (CPC, art. 408; CC, art. 219).

6.2.5.2.2. Documento particular

Documento particular é aquele elaborado sem a intervenção de um agente público. O art. 408 do CPC dispõe que "as declarações constantes do documento particular, escrito e assinado, ou somente assinado, presumem-se verdadeiras em relação ao signatário".

---

103 DELLORE, Luiz. *Processo de conhecimento e cumprimento de sentença*, cit., p. 370.

O parágrafo único do referido artigo especifica que, se a parte declarar ciência em determinado documento, o documento prova a ciência, mas não a ocorrência do fato ali atestado. Dessa forma, se alguém toma ciência num documento que ocorreu um acidente de carro, a prova é da declaração, não do acontecimento do fato.

O documento particular, para que seja considerado autêntico, depende de: a) reconhecimento de firma do signatário por Tabelião Público; b) a autoria estiver identificada por qualquer outro meio legal de certificação; c) não houver impugnação da parte contrária. Estas hipóteses tornam o documento autêntico quanto a sua forma, mas não quanto ao que nele contém a não ser que o fato tenha ocorrido na presença do oficial público (CPC, art. 411). Trata-se de presunção legal de autenticidade de um documento. Esta presunção é, contudo, relativa, pois permite se arguir a falsidade do documento (arts. 430-433, CPC).

Se surgir dúvida no que concerne à data do documento particular (pelo que consta do documento, ou por impugnação das partes), far-se-á prova por todos os meios de direito. Contudo, em relação a terceiros, considera-se a data: a) no dia do registro; b) desde a impossibilidade física superveniente ou morte de algum dos signatários; c) da sua apresentação em repartição pública ou juízo; e d) do ato ou fato que estabeleça, de modo certo, a anterioridade da formação do documento.

Os documentos particulares têm uma acepção mais ampla, sendo irrelevante o autor do documento (nos públicos têm como pressuposto um agente público). Desta feita, os documentos podem ser[104]:

a) escritos e assinados pelo declarante;
b) escrito por terceiro e assinado pelo declarante;
c) escrito pela parte e não assinado;
d) nem escrito nem assinado pelas partes (livros comerciais, v.g.).

Quanto à autoria, o documento particular é disciplinado pelo art. 410 do CPC. Assim, considera-se autor do documento particular: I – aquele que o fez e o assinou; II – aquele por conta de quem foi feito, estando assinado; III – aquele que, mandando compô-lo, não o firmou, porque, conforme a experiência comum, não se costuma assinar, como livros empresariais e assentos domésticos.

A autoria pode ser **material** ou **ideológica**. **Material** está vinculada à produção material do documento (física). **Ideológica** decorre da elaboração do conteúdo do documento.

Qualquer reprodução mecânica (fotográfica, cinematográfica, fonográfica, entre outras) tem aptidão de fazer prova se a parte contrária admitir a veracidade (CPC, art. 422). Caso contrário, o magistrado determinará a produção de prova pericial. Sobre esse tema, é importante asseverar que (art. 422, CPC):

> § 1º As fotografias digitais e as extraídas da rede mundial de computadores fazem prova das imagens que reproduzem; se impugnadas, deverá ser apresentada a respectiva autenticação eletrônica ou, não sendo possível, realizada perícia.
> § 2º Se se tratar de fotografia publicada em jornal ou revista, será exigido um exemplar original do periódico, caso impugnada a veracidade pela outra parte.
> § 3º Aplica-se o disposto no artigo à forma impressa de mensagem eletrônica.

Nos termos do art. 424, a cópia do documento particular tem o mesmo valor probante que o original, devendo esta conferência ser procedida pelo escrivão. É necessária a prévia intimação das partes.

---

104 Sistematização feita por Humberto Theodoro Júnior, *Curso de direito processual civil*, 50. ed., São Paulo: Forense, 2009, v. 1, p. 446.

Conforme art. 412 do CPC o documento particular, desde que não haja dúvida quanto a sua autenticidade, prova que o seu autor fez a declaração que ali consta.

Ademais, o documento particular, admitido expressa ou tacitamente, é indivisível, sendo vedado à parte que pretende utilizar-se dele aceitar os fatos que lhe são favoráveis e recusar os que são contrários ao seu interesse, salvo se provar que estes não ocorreram.

Constitui o que se denomina princípio da indivisibilidade do documento no âmbito probatório. Não se pode autorizar que a parte diga que parte do documento que lhe favoreça ser verdadeira e a outra parte (que lhe prejudique) não o seja.

É possível, contudo, fragmentar o documento particular quando alguns dos fatos não ocorreram.

Há ainda algumas regras específicas sobre a força probante dos documentos, conforme se verifica abaixo:

I) O telegrama, o radiograma ou qualquer outro meio de transmissão tem a mesma força probatória do documento particular se o original constante da estação expedidora tiver sido assinado pelo remetente (art. 413, CPC) De fato, não se entende como em pleno século XXI o CPC ainda se valha de expressões como "radiograma", "telegrama". Não são expedientes utilizados com frequência na prática forense, mas que infelizmente se mantiveram no atual diploma. O problema, contudo, resolve-se com a locução "outro meio de transmissão", previsto no artigo. Aqui é possível inserir os atuais meios de transmissão mais comuns no dia a dia da sociedade como WhatsApp, Skype, Facetime, Telegram, Messenger entre outros. Para conferir maior probabilidade, especialmente em relação ao telegrama, dispõe o parágrafo único do art. 413: "A firma do remetente poderá ser reconhecida pelo tabelião, declarando-se essa circunstância no original depositado na estação expedidora".

II) O telegrama ou o radiograma presume-se conforme com o original, provando as datas de sua expedição e de seu recebimento pelo destinatário (art. 414, CPC).

III) As cartas e os registros domésticos provam contra quem os escreveu quando (art. 415, CPC):
I – enunciam o recebimento de um crédito;
II – contêm anotação que visa a suprir a falta de título em favor de quem é apontado como credor;
III – expressam conhecimento de fatos para os quais não se exija determinada prova.
Registros domésticos, dada sua informalidade e em decorrência de sua serventia como comunicação entre pessoas de confiança, são documentos não assinados, como, por exemplo, as anotações, diários, recados e bilhetes que se circunscrevam ao ambiente residencial. Assim, documento particular deve estar assinado (art. 408, CPC), os registros domésticos não.
É possível, no nosso entendimento, ampliar a aplicação do conceito de registros domésticos aos meios de comunicação virtual contidos nos denominados *smartphones* como WhatsApp, Telegram e Messenger.
Se registro doméstico é o documento sem assinatura, a prova apresentada nesses meios não contém assinatura alguma (tampouco certificado digital).

IV) Nos termos do art. 416 do CPC, a nota escrita pelo credor em qualquer parte de documento representativo de obrigação, ainda que não assinada, faz prova em benefício do devedor. É o que ocorre quando o credor, no próprio título, aposta alguma anotação dando ciência da quitação (como, por exemplo, "recebido", "quitado" ou "pago", ainda que não haja sua assinatura). Ademais, o art. 324 do Código Civil estabelece que "a entrega do título ao devedor firma a presunção do pagamento". Em decorrência do princípio da comunhão da prova, essa regra se aplica tanto para o documento que o credor conservar em seu poder quanto para aquele que se achar em poder do devedor ou de terceiro.

V) Os arts. 417 ao art. 421 tratam da exibição dos livros empresariais. Por livros empresariais devem se entender "aqueles cuja escrituração é obrigatória ou facultativa ao empresário em virtude da legislação comercial (...) Os livros empresariais são uma parte dos livros do empresário". Os livros empresariais provam contra seu autor, sendo lícito ao empresário, todavia, demonstrar, por todos os meios permitidos em direito, que os lançamentos não correspondem à verdade dos fatos (art. 417, CPC). Contudo, a leitura do referido artigo deve ser complementada com o art. 418, que estabelece que os livros empresariais que preencham os requisitos exigidos por lei provam a favor de seu autor no litígio entre empresários. Nesse sentido o art. 226 do Código Civil: "Os livros e fichas dos empresários e sociedades provam contra as pessoas a que pertencem, e, em seu favor, quando, escriturados sem vício extrínseco ou intrínseco, forem confirmados por outros subsídios".

Em regra (com honrosas exceções previstas no próprio CPC) a prova é indivisível. Seguindo essa esteira, a escrituração contábil também. Se, dos fatos que resultam dos lançamentos, uns forem favoráveis ao interesse de seu autor e outros lhe forem contrários, ambos serão considerados em conjunto, como unidade. Isso porque o livro deve servir de prova na sua integralidade em decorrência da atividade dinâmica e una da sociedade.

Evidente que, com o decorrer de longo tempo, se verifique, por exemplo, que uma parte do livro esteja equivocada e, portanto, não sirva como meio de prova. Dessa forma será possível fragmentar conforme a necessidade da prova nessas circunstâncias.

Os arts. 396 e seguintes estabelecem a exibição de documento ou coisa. O art. 420 do CPC regulamenta a exibição específica dos livros empresariais. Assim, o juiz pode ordenar, a requerimento da parte, a exibição integral dos livros empresariais e dos documentos do arquivo:

I – na liquidação de sociedade;
II – na sucessão por morte de sócio;
III – quando e como determinar a lei.

Como consequência, é possível a exibição parcial dos livros e documentos, "extraindo-se deles a suma que interessar ao litígio, bem como reproduções autenticadas" (art. 421, CPC).

VI) As reproduções dos documentos particulares (fotocópia ou microfilmagem), fotográficas ou obtidas por outros processos de repetição, valem como certidões sempre que o escrivão ou o chefe de secretaria certificar sua conformidade com o original. Objetiva evitar a alegação de falsidade pela parte contrária.

VII) O art. 425 faz, como em outros dispositivos já mencionados, uma relação entre o documento original e sua cópia estabelecendo que este possui a mesma força probante que aquele.

VIII) Fazem a mesma prova que os originais:

a – as certidões textuais de qualquer peça dos autos, do protocolo das audiências ou de outro livro a cargo do escrivão ou do chefe de secretaria, se extraídas por ele ou sob sua vigilância e por ele subscritas;

b – os traslados e as certidões extraídas por oficial público de instrumentos ou documentos lançados em suas notas;

c – as reproduções dos documentos públicos, desde que autenticadas por oficial público ou conferidas em cartório com os respectivos originais;

d – as cópias reprográficas de peças do próprio processo judicial declaradas autênticas pelo advogado, sob sua responsabilidade pessoal, se não lhes for impugnada a autenticidade;

> e – os extratos digitais de bancos de dados públicos e privados, desde que atestado pelo seu emitente, sob as penas da lei, que as informações conferem com o que consta na origem;
> f – as reproduções digitalizadas de qualquer documento público ou particular, quando juntadas aos autos pelos órgãos da justiça e seus auxiliares, pelo Ministério Público e seus auxiliares, pela Defensoria Pública e seus auxiliares, pelas procuradorias, pelas repartições públicas em geral e por advogados, ressalvada a alegação motivada e fundamentada de adulteração. Nesse caso, Os originais dos documentos digitalizados deverão ser preservados pelo seu detentor até o final do prazo para propositura de ação rescisória. Nesse sentido, art. 11, § 3º, da Lei n. 11.419/2006.
> Tratando-se de cópia digital de título executivo extrajudicial ou de documento relevante à instrução do processo, o juiz poderá determinar seu depósito em cartório ou secretaria. Essa regra se aplica mesmo sendo processo eletrônico. Objetiva evitar o extravio ou a circulação do título (se for de crédito) por meio de endosso.

Por fim, o magistrado apreciará fundamentadamente a prova atribuindo a fé que deva merecer o documento se neste, em ponto substancial, contiver entrelinha, emenda, borrão ou cancelamento (CPC, art. 426). Trata-se de regra específica para a prova documental do que dispõe, para todos os meios de prova, o art. 371 do CPC.

6.2.5.3. Arguição de falsidade documental

A Subseção II refere-se à arguição da falsidade do documento. Um documento deixa de ter fé quando for contestada (e declarada) sua autenticidade em juízo. É o que se verifica a partir dos arts. 430 a 435 do CPC, cuja base, tanto para documentos públicos quanto para particulares, encontra-se nos seguintes artigos:

> Art. 427. Cessa a fé do documento público ou particular sendo-lhe declarada judicialmente a falsidade
> Parágrafo único. A falsidade consiste:
> I – formar documento não verdadeiro;
> II – alterar documento verdadeiro.
> Art. 428. Cessa a fé do documento particular quando:
> I – for impugnada sua autenticidade e enquanto não se comprovar sua veracidade;
> II – assinado em branco, for impugnado seu conteúdo, por preenchimento abusivo.
> Parágrafo único. Dar-se-á abuso quando aquele que recebeu documento assinado com texto não escrito no todo ou em parte formá-lo ou completá-lo por si ou por meio de outrem, violando o pacto feito com o signatário.
> Art. 429. Incumbe o ônus da prova quando:
> I – se tratar de falsidade de documento ou de preenchimento abusivo, à parte que a arguir;
> II – se tratar de impugnação da autenticidade, à parte que produziu o documento.

É importante estabelecer algumas considerações sobre o tema.

a) Natureza jurídica – A arguição de falsidade documental no CPC teve sua estrutura simplificada. No regime anterior, poderia ser alegada em contestação ou em apartado (se em outro momento) por meio de incidente (o CPC/73, no seu art. 390, denominava "incidente de falsidade").

A arguição da falsidade documental poderá ser aduzida em contestação, na réplica, ou por petição autônoma, no prazo de 15 dias contados da ciência do documento juntado nos autos do processo.

Apesar de não se tratar mais de um **incidente**[105], a matéria seria objeto de cognição incidental (*incidenter tantum*), a não ser que a parte requeira que o juiz decida como questão principal (art. 19, II, CPC), e então o tema passa a ser objeto de julgamento (*thema decidendum*), sendo afetada pela coisa julgada, já que, uma vez inserida no dispositivo, é alcançada pelos limites objetivos da *res iudicata* (CPC, arts. 503 e 504). Pode-se dizer que a antiga ação declaratória incidental do CPC/73 (arts. 5º, 325 e 470) subsiste apenas nessa hipótese e não mais de forma genérica como antes. Assim, não se aplica aqui o art. 503, § 1º, do CPC (formação automática de coisa julgada em questão prejudicial), pois, conforme se depreende do art. 433, depende de pedido expresso da parte. Contudo, é possível abrandar os rigores da formalidade de uma ação declaratória incidental, permitindo que seja mero pedido da parte, como dito, na contestação, na réplica ou por petição simples no prazo de 15 dias.

Portanto, e por hipótese, uma vez não arguida a falsidade, esta poderia ser alegada em outra demanda, já que confinada apenas na fundamentação que, por força dos limites objetivos (com as exceções previstas no art. 503, § 1º, CPC), não estaria imunizada. O já mencionado art. 19, II, do CPC confere interesse de agir para que a parte ingresse com ação exclusivamente para discutir (= declarar) a autenticidade ou falsidade de um documento.

A arguição de falsidade igualmente poderá ser requerida perante a justiça penal para que a decisão seja utilizada na esfera cível (CPC, art. 315).

b) Alcance – não há dúvidas de que os documentos particulares assim como os públicos podem ser colocados em prova por meio da arguição (de forma incidental ou autônoma) conforme se depreende dos já transcritos arts. 427 e 428 do CPC. Dúvidas há sobre o *tipo* de falsidade que será objeto da arguição.

É notório que há dois tipos de falsidade: a **ideológica** e a **material**. A falsidade **ideológica** refere-se ao documento em seu conteúdo (v.g., vício de consentimento), é do que *está inserido no documento*. Já a falsidade **material** é o vício intrínseco do documento. É vício na sua constituição, formação (v.g., atesta uma afirmação não feita ou que tenha alterado o seu conteúdo).

É cabível o incidente na falsidade material. Quanto à falsidade ideológica, somente de documento narrativo[106]. Por documento narrativo entende-se "aquele em que o autor do documento apenas pretende descrever determinado fato ou situação"[107].

Difere-se do documento constitutivo, que se trata de documento em que seu autor manifesta vontade tendente a alterar uma situação pretérita. A falsidade ideológica não pode ser arguida neste tipo de documento.

c) Legitimidade – serão legitimados as partes e o Ministério Público quando agir como fiscal da lei.

d) Processamento – a parte que produziu a prova será intimada para se manifestar no prazo de **quinze dias** podendo haver produção de prova para constatar a veracidade do documento. O CPC, art. 432, assevera apenas a possibilidade de prova pericial, que é o meio adequado para constatar a veracidade da prova. A perícia não será efetivada se a parte concordar em retirar o documento.

---

105 Em sentido contrário, entendendo a possibilidade de se formar um incidente a depender do pedido formulado (MARINONI; ARENHART; MITIDIERO. *Novo Código de Processo Civil comentado*, cit., p. 444).
106 STJ, 4ª Turma, REsp 19.920/PR, rel. Min. Sálvio de Figueiredo Teixeira, j. 15-6-1993.
107 Luiz Guilherme Marinoni e Daniel Mitidiero, *CPC comentado*, São Paulo: Revista dos Tribunais, 2008, p. 381.

e) Natureza da decisão e recurso – tanto julgada de forma incidental como questão principal, será inserida dentro da sentença e, portanto, será cabível recurso de apelação (art. 1.009, CPC). Se requerida como questão principal, constará na parte dispositiva da sentença e sobre ela recai a autoridade da coisa julgada. Quando decidida de forma incidental, não formará, sobre ela, a *res iudicata*.

6.2.5.4. Produção da prova documental

O art. 434 do CPC disciplina que compete ao autor produzir a prova documental constitutiva de seu direito na petição inicial, e o réu na defesa a sua prova impeditiva, extintiva ou modificativa do direito do autor. Ou seja, a regra geral é que os documentos sejam apresentados na primeira oportunidade em que as partes devam falar nos autos. Caso a prova seja cinematográfica ou fonográfica, a parte deve apresentar no momento oportuno, mas sua apresentação será diferida para a audiência com a prévia intimação das partes.

A regra vem sublinhada no art. 320 do CPC que preconiza que os documentos indispensáveis à propositura da ação sejam trazidos com a inicial. Esta regra também se aplica ao réu, conforme se depreende do art. 336 do CPC, ao determinar que toda matéria de defesa seja trazida na contestação (leia-se, devidamente comprovada).

Contudo, a imperiosidade da norma tem seus temperamentos no artigo seguinte. O art. 435 do CPC autoriza a produção da prova documental após seu momento natural (observada a boa-fé objetiva) quando: i) servir para fazer prova de fatos ocorridos no curso do processo; ii) fizer prova para contrapor prova documental trazida pela parte contrária; iii) quando o documento for formado após a apresentação da petição inicial/defesa; iv) se tornaram conhecidos, acessíveis ou disponíveis após esses atos.

Importante frisar que a produção de provas fica vedada, mesmo atendidos os requisitos acima, em sede de recurso especial e/ou extraordinário. E isso porque os Tribunais superiores, destinatários destes recursos, não se prestam à análise de matéria de fato. Os recursos extraordinário e especial se limitam à adequação do julgado aos parâmetros constitucionais ou de direito federal, respectivamente (Enunciado 279 da súmula do STF e Enunciado 7 da súmula do STJ).

Caso o documento não seja apresentado no momento oportuno, o magistrado poderá: a) determinar a emenda da petição inicial, se se tratar de documento indispensável (como, por exemplo, o registro do imóvel em caso de ação reivindicatória) sob pena de resolução do feito; b) se for documento fundamental (aqueles importantes mas não indispensáveis), é possível que o magistrado autorize em decorrência do seu poder de produção oficiosa de prova (art. 371, CPC); e c) os demais documentos não juntados sofrem o efeito da preclusão.

Uma vez produzido o documento, a parte contrária será intimada para se manifestar e poderá impugnar a admissibilidade, sua autenticidade ou seu conteúdo (art. 436, CPC). No caso de autenticidade (a lei desnecessariamente estabelece um inciso para falsidade, o que seria redundante, pois a alegação de autenticidade é justamente para deflagrar sua falsidade), é necessário que se estabeleça com precisão os argumentos sobre a sua falta, não podendo utilizar a parte a mera arguição genérica.

O prazo de manifestação será de 15 dias, podendo a parte requerer a dilação desse prazo, caso a documentação seja complexa ou excessiva.

Se o documento estiver na inicial, o réu se manifestará em contestação. E se o documento for trazido na defesa, o autor se manifestará na réplica.

Por fim, para auxiliar a investigação do processo, o magistrado requisitará às repartições públicas a qualquer momento (inclusive por meio eletrônico): a) certidões para auxiliar nos argumentos probatórios das partes; b) procedimentos administrativos quando a Fazenda Pública for parte.

6.2.6. PROVA TESTEMUNHAL

6.2.6.1. Introdução

Prova testemunhal é meio de prova em que algum terceiro, estranho à causa, deponha em juízo sobre fatos que presenciou e sejam pertinentes ao deslinde do processo.

Tem o condão de oferecer ao juízo a versão de como se passaram determinados fatos relevantes e pertinentes para a causa.

A visão é o sentido humano mais importante para a testemunha, pois se verifica por meio dela a ocorrência do fato. Contudo, nada impede que terceiro possa testemunhar com base em outros sentidos como a audição daquele que ouviu o disparo, o olfato daquele que sentiu cheiro de fogo ou paladar daquele que ingeriu alimentos estragados.

> Há quatro tipos de testemunhas:
> **a) presenciais** – são aquelas que participaram diretamente do fato trazido ao processo e por meio de seus sentidos testemunhará sobre aquilo que presenciou;
> **b) referenciais** – trata-se da prova indiciária. A testemunha não participou do fato, mas tomou ciência de sua ocorrência por meio de outra pessoa que havia presenciado o ocorrido. Esta testemunha nada prova sobre o fato, mas apenas sobre o relato da outra testemunha;
> **c) referidas** – trata-se das testemunhas ulteriores. Não é uma testemunha originariamente trazida ao processo, mas em virtude de ter sido mencionada (referida) por outra testemunha em seu depoimento, foi trazida para que preste esclarecimento;
> **d) instrumentárias** – são as testemunhas que presenciaram a assinatura do contrato ou instrumento, apostando sua assinatura nele.

Seu regramento está compreendido nos arts. 442 a 463 do CPC e tem grande aplicação prática, a despeito de ser a prova considerada de menor confiabilidade.

E isso porque entre a ocorrência do fato e seu transporte para o processo, pode a testemunha distorcer, por vezes inadvertidamente, a realidade do ocorrido. É possível que não se recorde corretamente dos fatos, que seja traída pelos sentidos ou mesmo que o decurso do tempo faça com que se altere a ordem dos acontecimentos, gerando, evidentemente, consequências diversas para o processo[108].

6.2.6.2. Cabimento

De uma maneira geral, não há vedação para a incidência da prova testemunhal no processo. Há, contudo, **duas situações** em que a prova testemunhal não poderá ser utilizada:

---

108 Conforme Cândido Rangel Dinamarco (*Instituições de direito processual civil*, v. 3, p. 600).

a) quando o fato já foi provado por documento ou confissão da parte (CPC, art. 443, I). Sendo o documento prova de maior confiabilidade (a despeito de não se adotar de há muito em nosso ordenamento, o sistema de prova legal), prefere-se este à testemunha, até mesmo por desnecessidade da segunda prova. Se houver confissão, torna desnecessária a prova sobre o fato já que se tornam incontroversos os fatos alegados por uma parte e confessados pela outra (CPC, art. 374, II);

b) quando só puder ser provado por documento ou por prova pericial (CPC, art. 443, II). Como exemplo, o art. 406 do CPC preconiza que, quando o documento público for a substância do ato, nenhuma outra prova pode suprir sua falta. Não se trata da dispensa da prova testemunhal em si, mas o documento constitui condição de validade do ato. No caso da perícia, a prova se faz por pessoa portadora de conhecimentos técnicos e não pode uma testemunha que não possui esses predicados por ser leiga suprir essa forma probatória.

Contudo:

i) Quando a lei exigir prova escrita da obrigação, pode-se excepcionalmente autorizar a prova testemunhal em havendo início de prova por escrito (por começo de prova escrita (CPC, art. 446, I) deve-se entender prova escrita não suficiente para a prova do fato. Como não se trata de fato provado plenamente, consistirá num juízo de probabilidade, de verossimilhança) oriunda da parte contrária. Evidente que essa regra não se aplica quando a prova apenas puder ser realizada por instrumento público.

ii) Igualmente é possível autorizar a prova testemunhal se o credor não tiver condições (moral ou material) de obter a prova escrita da obrigação como nos casos de parentesco, depósito necessário, hospedagem de hotel ou em razão das práticas comerciais do local onde contraída a obrigação. Muitas vezes é difícil a obtenção de documento escrito entre dois parentes que não o exigem justamente pela sua proximidade.

iii) É, ainda, possível provar por testemunhas: a) nos contratos simulados, a prova da divergência entre a vontade real e a vontade declarada; e b) nos contratos em geral, os vícios de consentimento.

6.2.6.3. Sujeitos que podem testemunhar

Em princípio qualquer pessoa pode ser testemunha e, portanto, prestar depoimento. Contudo, a lei estabelece **três restrições** para os casos de testemunhas incapazes, impedidas ou suspeitas (CPC, art. 447).

a) Incapazes (§ 1º):

I – o interdito por enfermidade ou deficiência intelectual;

II – o que, acometido por enfermidade, ou debilidade mental, ao tempo em que ocorreram os fatos, não podia discerni-los; ou, ao tempo em que deve depor, não está habilitado a transmitir as percepções.

Nessas duas hipóteses o Estatuto do Deficiente (Lei n. 13.146/2015) alterou a realidade do rol dos incapazes. No art. 3º do Código Civil revogou dois incisos, tendo hoje como absolutamente incapaz apenas os menores de 16 anos. Não existe mais no Brasil incapacidade absoluta de alguém que seja maior de idade. Em consequência não há, para esses casos, interdição.

As pessoas com deficiência passam a ser plenamente capazes aos olhos da legislação civil, permitindo a sua liberdade em detrimento da antiga vulnerabilidade[109].

---

109 TARTUCE, Flávio. *Direito civil*, 12. ed. São Paulo: Gen, 2016, v. 1, p. 129.

O art. 84 do Estatuto assegura o direito ao exercício de sua capacidade legal em igualdade de condições com as demais pessoas. Assim, a referida na lei, no seu art. 6º, estabelece que a deficiência não afeta a plena capacidade permitindo à pessoa: "I – casar-se e constituir união estável; II – exercer direitos sexuais e reprodutivos; III – exercer o direito de decidir sobre o número de filhos e de ter acesso a informações adequadas sobre reprodução e planejamento familiar; IV – conservar sua fertilidade, sendo vedada a esterilização compulsória; V – exercer o direito à família e à convivência familiar e comunitária; e VI – exercer o direito à guarda, à tutela, à curatela e à adoção, como adotante ou dotando, em igualdade de oportunidades com as demais pessoas".

Contudo, quando necessário a pessoa com deficiência será curatelada conforme dispõe a lei, como medida excepcional[110], ou será submetida a **tomada de decisão apoiada**, nova figura estabelecida pelo Código Civil (com o advento da Lei n. 13.146/2015), no seu art. 1.783-A, para a celebração de atos que exijam maior complexidade, que assim dispõe:

"A tomada de decisão apoiada é o processo pelo qual a pessoa com deficiência elege pelo menos 2 (duas) pessoas idôneas, com as quais mantenha vínculos e que gozem de sua confiança, para prestar-lhe apoio na tomada de decisão sobre atos da vida civil, fornecendo-lhes os elementos e informações necessários para que possa exercer sua capacidade.
§ 1º Para formular pedido de tomada de decisão apoiada, a pessoa com deficiência e os apoiadores devem apresentar termo em que constem os limites do apoio a ser oferecido e os compromissos dos apoiadores, inclusive o prazo de vigência do acordo e o respeito à vontade, aos direitos e aos interesses da pessoa que devem apoiar
§ 2º O pedido de tomada de decisão apoiada será requerido pela pessoa a ser apoiada, com indicação expressa das pessoas aptas a prestarem o apoio previsto no *caput* deste artigo.
§ 3º Antes de se pronunciar sobre o pedido de tomada de decisão apoiada, o juiz, assistido por equipe multidisciplinar, após oitiva do Ministério Público, ouvirá pessoalmente o requerente e as pessoas que lhe prestarão apoio.
§ 4º A decisão tomada por pessoa apoiada terá validade e efeitos sobre terceiros, sem restrições, desde que esteja inserida nos limites do apoio acordado.
§ 5º Terceiro com quem a pessoa apoiada mantenha relação negocial pode solicitar que os apoiadores contra-assinem o contrato ou acordo, especificando, por escrito, sua função em relação ao apoiado.
§ 6º Em caso de negócio jurídico que possa trazer risco ou prejuízo relevante, havendo divergência de opiniões entre a pessoa apoiada e um dos apoiadores, deverá o juiz, ouvido o Ministério Público, decidir sobre a questão.
§ 7º Se o apoiador agir com negligência, exercer pressão indevida ou não adimplir as obrigações assumidas, poderá a pessoa apoiada ou qualquer pessoa apresentar denúncia ao Ministério Público ou ao juiz.
§ 8º Se procedente a denúncia, o juiz destituirá o apoiador e nomeará, ouvida a pessoa apoiada e se for de seu interesse, outra pessoa para prestação de apoio.
§ 9º A pessoa apoiada pode, a qualquer tempo, solicitar o término de acordo firmado em processo de tomada de decisão apoiada.

---

110 Que afetará apenas os atos relacionados aos direitos de natureza patrimonial e negocial conforme art. 85 da Lei n. 13.146/2015 não alcançando "o direito ao próprio corpo, à sexualidade, ao matrimônio, à privacidade, à educação, à saúde, ao trabalho e ao voto" (§ 1º).

> § 10. O apoiador pode solicitar ao juiz a exclusão de sua participação do processo de tomada de decisão apoiada, sendo seu desligamento condicionado à manifestação do juiz sobre a matéria.
> § 11. Aplicam-se à tomada de decisão apoiada, no que couber, as disposições referentes à prestação de contas na curatela".

A mesma regra se aplica à incapacidade relativa. O art. 4º teve revogado o inciso III e parcialmente o inciso II (ambos no que se referem às pessoas com deficiência).

Quem estabelecerá as atividades que necessitará de curatela é o laudo pericial conforme art. 752, § 2º, do CPC (revogando o então art. 1.772 do Código Civil):

III – o menor de 16 (dezesseis) anos;

IV – o cego e o surdo, quando a ciência do fato depender dos sentidos que lhes faltam.

Nesses casos a problemática não se refere à impossibilidade de se prestar o depoimento (como ocorre com o impedimento e a suspeição), mas à lucidez e ao discernimento do depoente. Esse discernimento é necessário tanto no momento da ocorrência dos fatos como no momento em que se presta (ou prestaria) o depoimento, pois é necessária lucidez concomitante nesses dois marcos temporais.

Ao menor de 16 anos, que não pode ser testemunha (art. 447, § 1º, III, CPC), sua idade deve ser levada em consideração no momento da ocorrência do fato e não no momento da audiência em que se presta o depoimento. Contudo, sendo necessário, o magistrado poderá permitir o depoimento da testemunha menor (art. 447, § 4º, CPC).

É importante verificar se no caso existe ou não decisão judicial sobre a interdição. Em havendo, gera-se presunção absoluta, podendo o magistrado afastar de plano a oitiva dessa testemunha. Caso não haja, deve o magistrado analisar no caso concreto a viabilidade do depoimento.

> Há, contudo, para os incapazes, a possibilidade de um depoimento especial:
> - em ações que versem sobre abuso ou alienação parental, desde que acompanhados de técnico especializado (art. 699, CPC);
> - para a inserção do incapaz em família substituta (ECA, art. 28, §§ 1º e 2º);
> - nos casos em que a criança ou adolescente foram vítimas ou testemunhas de violência (art. 8º e seguintes da Lei n. 13.431/2017);
> - nos serviços especializados para escuta de crianças e adolescentes vítimas ou testemunhas de violência nos processos judiciais (Recomendação n. 33/2010 do CNJ).

b) Impedidos (§ 2º):

I – o cônjuge, o companheiro, bem como o ascendente e o descendente em qualquer grau, ou colateral, até o terceiro grau, de alguma das partes, por consanguinidade ou afinidade, salvo se o exigir o interesse público, ou, tratando-se de causa relativa ao estado da pessoa, não se puder obter de outro modo a prova, que o juiz repute necessária ao julgamento do mérito;

II – o que é parte na causa;

III – o que intervém em nome de uma parte, como o tutor na causa do menor, o representante legal da pessoa jurídica, o juiz, o advogado e outros, que assistam ou tenham assistido as partes.

No caso de o juiz ser arrolado como testemunha, deve este verificar se o seu conhecimento sobre os fatos da causa realmente terá relevância ao deslinde do processo. Se sim, deverá declinar de sua competência judicante, determinando a remessa dos autos ao seu substituto legal. Caso contrário, não aceitará o encargo de testemunha, excluirá seu nome, prosseguindo na condução do feito (art. 452, CPC).

A despeito do silêncio da lei, as hipóteses de impedimento devem alcançar também os colaterais por afinidade, conforme art. 1.595 do Código Civil.

O impedimento no testemunho tem como fato gerador a proximidade do potencial depoente com a parte ou a própria demanda, o que faz surgir interesse incompatível com a isenção que se exige no testemunho.

c) Suspeitos (§ 3º)
I – o inimigo capital da parte ou o seu amigo íntimo;
II – o que tiver interesse no litígio.

Conforme se depreende do referido dispositivo legal, "sendo necessário, pode o juiz admitir o depoimento das testemunhas menores, impedidas ou suspeitas (...) mas os seus depoimentos serão prestados independentemente de compromisso e o juiz lhes atribuirá o valor que possam merecer" (art. 447, §§ 4º e 5º, CPC).

Esta regra também vem prevista no art. 228, § 1º, do Código Civil que assim estabelece: "Para a prova de fatos que só elas conheçam, pode o juiz admitir o depoimento das pessoas a que se refere este artigo".

6.2.6.4. Prerrogativas das testemunhas. Deveres das testemunhas

Os terceiros, assim como as partes, têm o dever de colaborar com a justiça (CPC, arts. 378 e 380). Dessa forma o terceiro-testemunha tem **três obrigações no plano do processo:** i) comparecer em juízo para prestar depoimento; ii) efetivamente prestar depoimento; e iii) dizer a verdade.

No **primeiro caso** o seu não comparecimento poderá demover condução coercitiva, caso tenha sido devidamente intimado para tanto.

No **segundo caso**, de nada adianta seu comparecimento se não trará informações para o caso. Quer dizer, de que adiantaria trazer a testemunha, até mesmo por condução coercitiva, se esta tivesse o "direito" de ficar em silêncio?

No **terceiro caso**, deve inexoravelmente dizer a verdade. Contudo, a testemunha, a despeito do seu já sabido dever de colaborar com a justiça, não é obrigada a depor sobre todos os fatos. A lei conferiu ao terceiro a prerrogativa de silenciar-se sobre situações que possam lhe causar manifesto prejuízo.

Desta forma, o art. 448 do CPC prescreve as situações que desobrigam o depoimento da testemunha. Constitui o denominado "direito de escusa" ou "direito ao silêncio":

a) fatos que acarretam graves danos a si ou a sua família (consanguíneos ou afins, em linha reta ou colateral em até 2º grau);

b) a cujo respeito, por estado ou profissão, deva guardar sigilo. Como nas situações religiosas (questão de estado) ou o médico, o advogado, o padre, o psicólogo (decorrentes da questão profissional).

Evidente que nesses dois casos o direito ao silêncio se limita a essas duas situações. Em havendo outras questões da qual a testemunha tenha condições de depor, esta tem o dever de testemunhar e dizer a verdade.

Importante ressaltar também que, mesmo havendo essa desoneração, não há um impedimento peremptório. Portanto, poderá a testemunha, por sua livre vontade, prestar depoimento.

A testemunha também deve ser tratada com urbanidade, não podendo ser submetida a perguntas capciosas, impertinentes ou vexatórias (CPC, art. 459, § 2º). Essa norma é endereçada menos ao juiz e mais ao advogado da parte, pois não é mais o juiz que faz a pergunta, podendo o advogado da parte fazê-la de forma direta. Contudo, deve o magistrado ficar atento para indeferir esse tipo de pergunta. Pergunta capciosa é aquela pergunta para induzir a resposta da testemunha. Pergunta impertinente deve ser evitada tanto porque não possui importância com a questão a ser provada como pela perda de tempo que a formulação da pergunta e a resposta podem trazer. Pergunta vexatória é exatamente o contrário da exigência do art. 459 do CPC, em que as testemunhas devem ser tratadas com urbanidade, não podendo ser submetidas a perguntas que visam denegrir sua imagem ou condição.

Como a testemunha colabora gratuitamente com a justiça, é natural que tenha direito ao menos de ser reembolsada das despesas que efetuou para o comparecimento em audiência (CPC, art. 462). Assim que arbitrado o valor, a parte deverá pagar em até três dias, em cartório.

Por fim, a testemunha tem o direito de não sofrer perda salarial ou desconto de tempo de serviço, na medida em que o comparecimento para o testemunho é serviço público (CPC, art. 463).

6.2.6.5. Local

Conforme se verifica do art. 449 do CPC, as testemunhas prestarão depoimento em audiência a ser designada pelo juízo, perante o próprio juiz da causa. Trata-se de regra que dá vigência ao princípio da **imediação ou imediatidade** (contato direto do juiz com a prova) e (ainda que mitigado pelo CPC) **identidade física do juiz** (aquele que colhe a prova oral profere julgamento).

Contudo, há situações excepcionais nas quais dadas as **circunstâncias fáticas** (CPC, art. 449, parágrafo único) **ou pela sua condição** (CPC, art. 454) a testemunha será ouvida em local diverso.

O CPC permite para as testemunhas (assim como para o depoimento pessoal) que residirem em comarca diversa da do juízo, que seu depoimento seja prestado por videoconferência ou outro mecanismo tecnológico de transmissão de imagem e som em tempo real. Os juízos deverão manter esse equipamento e poderá ser utilizado até em audiência de instrução.

Quanto às circunstâncias fáticas, há no ordenamento três situações distintas (arts. 453 e 449, parágrafo único, CPC):

a) as que prestam depoimento antecipadamente (produção antecipada de provas, CPC, art. 381);
b) as que são inquiridas por carta (precatória, rogatória ou de ordem). Nada impede, contudo que "a oitiva de testemunha que residir em comarca, seção ou subseção judiciária diversa daquela onde tramita o processo poderá ser realizada por meio de videoconferência ou outro recurso tecnológico de transmissão e recepção de sons e imagens em tempo real, o que poderá ocorrer, inclusive, durante a audiência de instrução e julgamento" (art. 453, § 1º, CPC);
c) as que, por doença ou outro motivo relevante, estão impossibilitadas de comparecer em juízo (CPC, art. 449, parágrafo único). Nesses casos, poderá o magistrado comparecer pessoalmente no hospital ou em outro lugar em que estiver a testemunha enferma.

Quanto à condição, todas vêm previstas no art. 454 do CPC. São casos em que, dada a deferência do cargo que exercem, têm direito a ser inquiridas no local onde exercem a sua função ou na sua residência. Mesmo que todos tenham o dever de colaborar com o juízo, a distinção no tratamento decorre da especificidade da função, bem como da necessidade de adaptar os compromissos da autoridade com a do juízo:

> Art. 454. São inquiridos em sua residência, ou onde exercem a sua função:
> I – o presidente e o vice-presidente da República;
> II – os ministros de Estado;
> III – os ministros do Supremo Tribunal Federal, os conselheiros do Conselho Nacional de Justiça e os ministros do Superior Tribunal de Justiça, do Superior Tribunal Militar, do Tribunal Superior Eleitoral, do Tribunal Superior do Trabalho e do Tribunal de Contas da União;
> IV – o procurador-geral da República e os conselheiros do Conselho Nacional do Ministério Público;
> V – o advogado-geral da União, o procurador-geral do Estado, o procurador-geral do Município, o defensor público-geral federal e o defensor público-geral do Estado;
> VI – os senadores e os deputados federais;
> VII – os governadores dos Estados e do Distrito Federal;
> VIII – o prefeito;
> IX – os deputados estaduais e distritais;
> X – os desembargadores dos Tribunais de Justiça, dos Tribunais Regionais Federais, dos Tribunais Regionais do Trabalho e dos Tribunais Regionais Eleitorais e os conselheiros dos Tribunais de Contas dos Estados e do Distrito Federal;
> XI – o procurador-geral de justiça;
> XII – o embaixador de país que, por lei ou tratado, concede idêntica prerrogativa a agente diplomático do Brasil.
> § 1º O juiz solicitará à autoridade que indique dia, hora e local a fim de ser inquirida, remetendo-lhe cópia da petição inicial ou da defesa oferecida pela parte que a arrolou como testemunha.
> § 2º Passado 1 (um) mês sem manifestação da autoridade, o juiz designará dia, hora e local para o depoimento, preferencialmente na sede do juízo.
> § 3º O juiz também designará dia, hora e local para o depoimento, quando a autoridade não comparecer, injustificadamente, à sessão agendada para a colheita de seu testemunho no dia, hora e local por ela mesma indicados.

6.2.6.6. Produção da prova testemunhal

6.2.6.6.1. Atos preparatórios

Atos preparatórios são aqueles necessários e que antecedem a audiência.

Dispõe o art. 450 do CPC: "O rol de testemunhas conterá, sempre que possível, o nome, a profissão, o estado civil, a idade, o número de inscrição no Cadastro de Pessoas Físicas, o número de registro de identidade e o endereço completo da residência e do local de trabalho". E o art. 357, § 4º, do CPC: "Caso tenha sido determinada a produção de prova testemunhal, o juiz fixará prazo comum não superior a 15 (quinze) dias para que as partes apresentem rol de testemunhas". E, em seu § 5º: "Na hipótese do § 3º, as partes devem levar, para a audiência prevista, o respectivo rol de testemunhas".

Algumas considerações devem ser feitas sobre os atos preparatórios:

a) Protocolo em cartório. Como situação excepcional, o protocolo do rol deve ser obrigatoriamente em cartório. Visto que o atual CPC não estabelece mais essa previsão, entendemos que ainda essa regra deve ser levada em consideração. Há dois motivos para isso: **a1)** permitir maior agilidade ao cartório para proceder à intimação das testemunhas; **a2)** oportunizar o contraditório. A burocracia do Judiciário deve ser levada em consideração. Se a parte pudesse juntar o rol de testemunhas em protocolo integrado, certamente a parte contrária não teria oportunidade antes da audiência de verificar quem elas são, para preparar as perguntas e, eventualmente, contraditá-las. O cartório não precisa ter aparelho de protocolo, bastando carimbar o recebimento do rol. Essa regra perde a importância, evidentemente, nos autos eletrônicos, em que a inserção no processo e seu conhecimento são simultâneos. Evidente que esse ato vem perdendo gradativamente sua importância em decorrência da eliminação dos processos físicos para a adoção dos eletrônicos.

b) Legitimidade na indicação. Como manifestação do princípio da aquisição (as provas pertencem ao processo e não às partes), as testemunhas podem ser trazidas pelas partes, pelo Ministério Público (como fiscal), pelo juiz (CPC, art. 370) ou pelo assistente.

c) Limitação. As partes podem indicar até **dez testemunhas, três para cada fato**, no máximo, sob pena de autorizar ao juiz a dispensa das demais (CPC, art. 357, § 6º). O magistrado poderá limitar o número de testemunhas levando em consideração a complexidade da causa e dos fatos individualmente considerados.

d) Prazo regressivo. O prazo para a apresentação do rol será de escolha do juiz. Caso não indique o prazo, segue-se o prazo legal de até quinze dias antes da audiência. O prazo começa a correr no primeiro dia útil anterior antes da audiência e termina no primeiro dia útil após os dez dias. Por se tratar de prazo processual, computam-se apenas os dias úteis.

e) Modo. O rol deve ser apresentado apenas uma vez, sem possibilidade de emenda. Aqui há preclusão consumativa na apresentação do rol conforme se verifica da leitura do art. 451 do CPC (e no mesmo sentido, STJ, REsp 700.400/PR). A intimação poderá ser feita pelo serventuário (carta ou mandado, conforme item "h"), ou poderão vir as testemunhas independentemente de intimação (CPC, art. 455, § 2º). No caso do seu não comparecimento, presume-se que a parte desistiu de ouvi-la. Em qualquer situação, o rol deve ser apresentado (mesmo nesta última hipótese) em atendimento ao contraditório.

f) Forma. O requerente deve indicar a testemunha com nome, profissão, residência e o local de trabalho. Estas informações são importantes para ajudar na localização do terceiro. Não gera nulidade a falta de uma dessas informações, pois tem por finalidade ajudar na busca da testemunha.

g) Substituição. É vedada a substituição de testemunha após a apresentação do rol. Até para evitar surpresas para a parte contrária. Contudo, o art. 451 autoriza em três situações que a testemunha seja substituída: **g1)** nos casos de óbito; **g2)** nos casos de enfermidade (nesse caso não se trata de falta de condições para comparecer à audiência, mas condições para depor, pois o juiz poderá aplicar a regra do art. 449, parágrafo único, CPC); e **g3)** não encontrada pelo oficial de justiça, uma vez que mudou de endereço (residencial ou comercial). Fora destes casos, perde-se o direito de ouvir a testemunha que simplesmente não compareceu por outra impossibilidade.

h) Intimação (CPC, art. 455). Cabe ao advogado da parte informar ou intimar a testemunha que arrolou do local, do dia e do horário da audiência designada, dispensando-se a intimação do juízo. A intimação deverá ser realizada por carta com aviso de recebimento, cumprindo ao advogado juntar aos autos, com antecedência de pelo menos três dias da data da audiência, cópia da correspondência de intimação e do comprovante de recebimento. O não cumprimento da intimação acarreta a desistência da acareação da testemunha.

Contudo, a intimação será feita (hoje excepcionalmente) pela via judicial quando:

a) frustrada a intimação pelo modo tradicional;

b) sua necessidade for devidamente demonstrada pela parte ao juiz;

c) quando a testemunha for servidor público ou militar. Nesse caso requisitará ao chefe da repartição ou ao comando que o militar servir;

d) quando a testemunha for arrolada pela Defensoria Pública ou Ministério Público;

e) estiver clausulada no art. 454 do CPC.

Não consta no rol do art. 455, mas se a testemunha for determinada de ofício pelo magistrado, ela, igualmente, será intimada pela via judicial.

6.2.6.6.2. Dinâmica na audiência

Na audiência há algumas etapas que devem ser seguidas:

a) Qualificação. A testemunha ao comparecer à audiência e no momento de sua oitiva será qualificada informando ao escrevente seus dados pessoais (nome completo, endereço, profissão e estado civil) e o vínculo de parentesco com a parte ou mesmo o interesse no processo (CPC, art. 457). É nesse momento que a testemunha pode se escusar de depor com base nas hipóteses do art. 448 do CPC (art. 457, § 3º). Nesse caso, o juiz decidirá de plano após ouvir as partes em atenção ao contraditório cooperativo (art. 9º, CPC).

b) Inquirição. Conforme o art. 456 do CPC, o juiz inquirirá as testemunhas, separada e sucessivamente, primeiro as do autor e depois as do réu. É importante que uma não ouça o depoimento da outra para evitar que as suas declarações sejam influenciadas. A testemunha deve ser isenta e narrar exatamente o que viu ou ouviu. A ordem da oitiva segue de acordo com o ônus da prova (CPC, art. 373), vale dizer, a testemunha do autor narra o fato constitutivo e as do réu os fatos impeditivos, extintivos e modificativos.

Caso haja a inversão do ônus da prova, por consequência, inverte-se o ônus da inquirição das testemunhas em audiência.

Nessa oportunidade a testemunha prestará compromisso de dizer a verdade e será advertida de que, caso assim não proceda, poderá sofrer as sanções penais cabíveis (CPC, art. 458). O mesmo ocorre para quem se cala ou oculta a verdade.

Após o interrogatório do juiz (que pode, também, se dar após o das partes), as perguntas serão feitas pela parte que arrolou a testemunha diretamente a ela (importante alteração do sistema, já que antes se exigia que a pergunta fosse formulada ao juiz para que ele questionasse a testemunha) e, após, a parte contrária (art. 459, CPC). O juiz pode indeferir as perguntas que não tiverem relação com a causa, seja pergunta já formulada ou que induza a resposta. As perguntas indeferidas serão transcritas em termo se a parte o requerer.

c) Contradita (CPC, art. 457, § 1º). Contradita é a impugnação da oitiva da testemunha. A contradita somente pode ser realizada no **ínfimo lapso de tempo entre o término da qualificação, mas antes do início das perguntas.** A contradita tem por objetivo arguir a incapacidade, suspeição ou impedimento do depoente (CPC, art. 447).

Havendo negativa sobre os fatos imputados à testemunha, poderá o requerente (aliás, deverá, pois, é seu ônus provar) prová-los por documentos ou testemunhas, no limite máximo de três. Caso procedente, o magistrado dispensará a testemunha, podendo ouvi-las, se entender necessário, como informante (CPC, art. 447, §§ 4º e 5º).

A despeito do prazo preclusivo acima mencionado, caso a testemunha, no curso de seu depoimento, traga alguma informação apta a instrumentalizar a formalização da contradita (descobre-se amizade intima), deve-se permitir a contradita posterior (mas sempre logo após a descoberta do motivo).

d) Atos instrutórios posteriores. O depoimento poderá ser documentado por meio de gravação. Quando digitado ou registrado por taquigrafia, estenotipia ou outro método idôneo de documentação, o depoimento será assinado pelo juiz, pelo depoente e pelos procuradores. Se houver recurso em processo em autos não eletrônicos, o depoimento somente será digitado quando for impossível o envio de sua documentação eletrônica. Tratando-se de autos eletrônicos, observar-se-á o disposto neste Código e na legislação específica sobre a prática eletrônica de atos processuais (art. 460, §§ 1º a 3º, CPC).

Após o depoimento das testemunhas, podem ocorrer ao juiz três situações distintas:

d1) dar-se por satisfeito: quando não haverá nenhuma atividade instrutória complementar no tocante às testemunhas;

d2) inquirição das testemunhas referidas (CPC, art. 461, I): sempre que, pelo depoimento das partes ou das demais testemunhas, se fizer referência a alguém que também tenha conhecimento da causa, este terceiro poderá ser trazido pelo juiz para melhor esclarecimento dos fatos;

d3) acareação (CPC, art. 461, II): o magistrado procederá à acareação de duas ou mais testemunhas sempre que entre elas houver discrepância sobre a análise dos fatos. Nesse caso, o magistrado determinará o comparecimento dessas testemunhas para que prestem novamente as suas declarações. Tanto as partes como o magistrado *ex officio* podem requerer a acareação. A acareação pode ocorrer também entre a testemunha com a parte, quando houver divergência em suas declarações sobre fato determinado.

6.2.7. PROVA PERICIAL

6.2.7.1. Definição

A função do juiz é interpretar os fatos trazidos pelas partes conferindo-lhes juridicidade para a apuração da verdade no caso concreto.

Ocorre, todavia, que nem sempre o magistrado detém o conhecimento necessário sobre determinado fato para dele extrair as consequências jurídicas adequadas.

Diante dessa impossibilidade deve o magistrado socorrer-se da perícia. A perícia atua sobre os fatos complexos que fogem do espectro de cognição do magistrado[111].

Perícia é o exame, vistoria ou avaliação de pessoas e coisas (fontes), que dependam de conhecimento técnico para a apuração do que deles se pretenda provar.

Assim, se prova por perícia os danos causados em incêndio culposo, por meio de um engenheiro; por meio de um matemático financeiro o anatocismo praticado pelo banco no contrato de conta corrente, e por médico uma gravidez.

---

111 Distinguem-se fatos complexos dos simples. Fatos simples são aqueles que agem imediatamente no mundo do direito. A morte gera a sucessão hereditária, sem necessariamente verificar o motivo do evento morte. Já o fato complexo é aquele que para sua prova é necessária uma busca técnica nem sempre encontrada de plano. Assim, o fato de o carro não ter conseguido frear antes do acidente não quer dizer que o problema no automóvel era com o freio.

6.2.7.2. Perícia e máximas de experiência

Não raro, possui o juiz conhecimento técnico em outra área da ciência, área esta cujo conhecimento seja necessário para a elucidação do fato probando.

Assim, é possível que o juiz tenha outra formação acadêmica como engenheiro, por exemplo.

Pergunta-se se seria possível dispensar a perícia e ele mesmo, magistrado, proceder ao exame pericial. A resposta é **negativa**. Mesmo que o juiz detenha esse conhecimento, é necessário que essa função seja realizada por outra pessoa, sob pena de se prejudicar toda a instrução probatória e a fase de participação das partes na realização da perícia.

A despeito de se exigir de ambos a imparcialidade (aplicando-se a eles as regras de impedimento e suspeição – arts. 144, 145 e 148, CPC), a função é diversa. O perito não decide, apenas demonstra tecnicamente a ocorrência de um fato ou como ele ocorreu. O juiz, com base no laudo do perito e demais meios de prova apresentados, decidirá. Se o juiz não pode ser testemunha no processo em que atua, igualmente não poderá ser perito.

Contudo, se por meio de seu conhecimento comum o juiz puder elucidar o fato, nesse caso poderá o magistrado adentrar no campo probatório (não na condição de perito), mas por força das máximas de experiência a que o ordenamento expressamente autoriza (CPC, art. 375).

Dessa forma, **somente fica autorizada a dispensa da perícia quando o conhecimento particular do juiz alcançar o fato que se deseja provar**. É comum que o juiz tenha conhecimento de fórmulas consagradas no campo da química, física ou biologia. A água ferver a 100 graus ou dois corpos não ocuparem o mesmo espaço na matéria são dogmas já presentes no conhecimento do homem médio. "Onde termina o campo acessível ao homem de cultura comum ou propício às presunções judiciais, ali começa o das perícias"[112].

6.2.7.3. Espécies de perícia

O art. 464 do CPC determina que a perícia poderá consistir em **exame, vistoria ou avaliação**.

> **a) Exame** é ato de inspeção de pessoas e coisas móveis.
> **b) Vistoria** é ato de inspeção de coisas imóveis. Veja que neste caso e no anterior a atividade é idêntica, variando apenas o seu objeto. Não se faz vistoria de pessoas, mas apenas de objetos inanimados.
> **c) Avaliação** é a atribuição de valor para determinado bem ou direito. Refere-se a bens que contenham expressão econômica que se possa traduzir de forma pecuniária.

Há, ainda, uma quarta modalidade de perícia denominada **arbitramento**. Nesse caso, difere-se da avaliação, pois aqui não há valor de mercado a ser cotejado, fixando o valor do objeto periciado por critérios de prudente arbítrio. Na avaliação, repise-se, existem valores de mercado em que o perito deve se pautar.[113]

---

112 Cândido Rangel Dinamarco, *Instituições de direito processual civil*, 2. ed., São Paulo: Malheiros, 2002, v. 3, p. 589.
113 Leonardo Greco diferencia o exame da vistoria (no que concerne aos bens) pela sua análise externa ou interna. Na vistoria a análise é extrínseca, decorrente de sua aparência (vistoria de uma obra prestes a ruir). No exame

Quanto ao campo de atuação da prova pericial, há de se levar em conta sua produção dentro ou fora de um processo.

Assim, haverá a perícia:

Judicial – que ocorre dentro de um processo e será deferida de ofício ou por provocação das partes. É a regra. Nesse caso o perito confeccionará um laudo.

A perícia judicial poderá ser regular ou simplificada (art. 464, §§ 2º a 4º, CPC) conforme será visto *infra*.

O laudo do perito deverá conter:

i) A exposição objeto da perícia. E que essa exposição seja em linguagem, quando possível simples para a compreensão das partes e do juiz, bem como a fundamentação a demonstrar como obteve o resultado estabelecido.

ii) A análise do perito, que será técnica ou científica, não podendo ultrapassar os escopos da perícia nem, tampouco, emitir opiniões pessoais, limitando-se às opiniões técnicas decorrentes do que foi apurado.

iii) Os métodos que foram utilizados, bem como apresentar que esses métodos são aqueles que normalmente são empregados por especialistas dessa mesma área, ou seja, é necessário que o método seja amplamente aceito como adequado à apuração daquela situação técnica. José Miguel Garcia Medina[114] traz interessante estudo norte-americano, a partir de um julgamento da Suprema Corte em 1993 (*Daubert vs. Merrell*) em que se enumeram quatro critérios para se apurar o grau de confiabilidade do método adotado: a) controlabilidade (método que já foi ou vem sendo testado); b) determinação do percentual de erro, c) avaliação por outros peritos sobre o mesmo método e d) aceitação geral pela comunidade científica.

iv) A resposta aos quesitos formulados pelas partes, pelo Ministério Público e pelo juiz.

O laudo do perito deverá ser entregue no prazo fixado pelo juiz. É possível, contudo, a prorrogação do prazo estabelecido, desde que por motivo justificado, apenas uma vez, com a prorrogação por metade do prazo anteriormente fixado.

Extrajudicial – A perícia extrajudicial vem prevista no art. 472 do CPC. Assim, é possível a dispensa da prova pericial quando as partes apresentarem nas peças de postulação (petição inicial e contestação) pareceres técnicos ou documentos que esclareçam a situação de fato que necessitaria de perícia. A regra faz todo sentido: se a perícia é mecanismo de elucidação de fatos dependentes de conhecimento técnico, a sua comprovação pelas partes (= apresentação técnica + oportunização de contraditório), dando-se o juiz por satisfeito no tocante àquele meio de prova, não há razão para o pedido de elaboração de laudo. Seu ingresso no processo se dá por meio documental, mas não se desnatura sua natureza pericial e isso porque continua como fonte de esclarecimento de questões técnicas ou científicas pertinentes aos fatos narrados[115].

6.2.7.4. Perito e assistente técnico

Perito é um detentor de conhecimento de determinada área científica que o juiz desconheça; e este conhecimento é necessário para a elucidação dos fatos trazidos à causa. Por isso é nomeado.

---

a análise é intrínseca (exame para analisar sobre a composição dos materiais da obra). *Instituições de processo civil*, 3. ed. São Paulo: Gen, 2015, v. II, p. 241-242.
114 *Novo Código de processo Civil comentado*, cit., p. 713.
115 É possível que locador e locatário estabeleçam quando da assinatura do contrato a realização de uma perícia no imóvel para certificar seu estado no início da relação locatícia.

A doutrina utiliza o termo conhecimento técnico ou científico com acerto. Nem sempre o fato a ser provado depende de prévio conhecimento acadêmico. Por vezes, o conhecimento técnico, mas sem estudo formal ou diploma universitário, pode lhe conferir a categoria de perito.

Preconiza o art. 156, § 1º, do CPC que o perito será escolhido dentre os profissionais legalmente habilitados com inscrição no competente órgão de classe e que esteja cadastrado pelo respectivo tribunal. A lei não mais exige que o perito tenha curso superior, bastando possuir conhecimento técnico sobre o tema e que este possa ser comprovado por sua habilitação no órgão competente. Contudo, por interpretação extensiva ao § 5º, é possível nomear qualquer pessoa, desde que: **a)** detenha o conhecimento técnico necessário; e **b)** não haja no juízo/tribunal prévio cadastro de perito portador daquela especialidade.

O perito pode ser pessoa física ou jurídica.

Sua função é bem mais abrangente que de uma testemunha. À testemunha basta narrar fielmente o que viu ou ouviu. O perito, além de ter esse contato direto com a prova (mediatidade), deve ir adiante, expondo, tecnicamente, um juízo sobre aquilo que concluiu.

Há algumas diferenças que devem ser ressaltadas:

TESTEMUNHA	PERITO
Narra o que presenciou	Narra o que presenciou e emite laudo técnico sobre o fato
Teve conhecimento casual dos fatos	Foi instado pelo juiz para verificá-los
Infungível. Somente ela pode narrar os fatos	Fungível. É possível que se nomeie qualquer perito detentor de tal conhecimento técnico, além de possível substituição nos casos do art. 468, CPC
Via de regra a testemunha narra fatos pretéritos	Via de regra o perito analisa questões presentes
A testemunha não pode recusar-se a depor	O perito pode recusar o exercício de sua função desde que apresente escusa legítima

Há algumas questões importantes sobre o perito que devem ser delineadas:

a) O perito deve cumprir a sua função independentemente de termo de compromisso (CPC, arts. 157 e 466) e agir com correção e lealdade na confecção do laudo. O não cumprimento dessas exigências pode acarretar ao perito consequências no **campo cível** (responde por dolo ou culpa pelos prejuízos que causar à parte [CPC, art. 158] bem como fica inabilitado de periciar por dois a cinco anos); **no campo criminal** (crime de falsa perícia – CP, art. 342) e no **campo administrativo** (sanções em sua área profissional).

b) De acordo com o art. 478 do CPC, "quando o exame tiver por objeto a autenticidade ou a falsidade de documento ou for de natureza médico-legal, o perito será escolhido, de preferência, entre os técnicos dos estabelecimentos oficiais especializados, a cujos diretores o juiz autorizará a remessa dos autos, bem como do material sujeito a exame".

Nas situações acima estabelecidas, a preferência do perito será por técnicos credenciados a instituições oficiais especializadas, como o Instituto de Criminalística ou Instituto Médico Legal. Trata-se de conferir maior confiabilidade à perícia feita por órgão oficial e notoriamente conhecido.

Se o caso for de gratuidade, não será necessário o adiantamento dos honorários periciais (conforme art. 98, § 1º, VI, CPC). Dessa forma, esses órgãos devem cumprir com preferência determinação judicial, sendo possível requerer a dilação do prazo desde que motivadamente. Esse prazo deve respeitar o limite legal previsto no art. 476, CPC.

c) para o devido cumprimento de sua função, o perito e o assistente técnico poderão "valer-se de todos os meios necessários, ouvindo testemunhas, obtendo informações, solicitando documentos que estejam em poder da parte, de terceiros ou em repartições públicas, bem como instruir o laudo com planilhas, mapas, plantas, desenhos, fotografias ou outros elementos necessários ao esclarecimento do objeto da perícia" (art. 473, § 3º, CPC).

6.2.7.5. Perícia complexa

Novidade trazida pela então Lei n. 10.358/2001 sob o regime do CPC/73 e que agora se mantém no atual CPC é a possibilidade de, numa dada demanda, se houver necessidade de perícia em mais de uma área do conhecimento humano, haver a realização de **duas perícias** (CPC, art. 475). Via de consequência, a parte poderá nomear mais de um assistente técnico.

Trata-se da normatização daquilo que já se vinha autorizando na prática, na medida em que em muitas situações era necessário o conhecimento específico em questões diversas que nem sempre podiam estar aglutinadas numa mesma pessoa (perito).

Imagine a situação de um incêndio numa fábrica. Além da apuração dos danos materiais (do edifício em que se exige conhecimento em construção civil) haverá a apuração contábil de todos os balanços da empresa. Será necessário, portanto, um engenheiro e um contador (auditor).

Não se confunde essa situação com aquela prevista no art. 480 do CPC. A perícia complexa é a necessidade de duas perícias simultâneas feitas por peritos diversos em decorrência da peculiaridade da situação apresentada. O art. 480 refere-se a nova perícia sobre o mesmo objeto quando houver omissão ou inexatidão dos dados apresentados na primeira.

6.2.7.6. Escusa e substituição do perito

O art. 157 e seu § 1º do CPC permite ao perito escusar-se, alegando motivo justificado e legítimo no prazo de **quinze dias** "contado da intimação, da suspeição ou do impedimento supervenientes, sob pena de renúncia ao direito a alegá-la".

Os motivos podem ser os mais diversos: **a)** o impedimento e a suspeição; **b)** excesso de trabalho; **c)** desconhecimento da matéria a ser periciada (CPC, art. 468, I); **d)** quando deva guardar (pelo estado ou profissão) sigilo sobre a matéria objeto de perícia.

Quanto à substituição do perito, a lei a determina em dois casos específicos (CPC, art. 468):

> **i)** carecer de conhecimento técnico. Constitui situação difícil na prática na medida em que o magistrado é quem escolhe o perito justamente em decorrência de sua especialidade técnica naquele caso. Difícil será a situação do perito que, sabendo do objeto da perícia, a assume para, posteriormente, mostrar-se inapto para a função.
> **ii)** não entregar o laudo no prazo fixado pelo juiz sem motivo legítimo. É evidente que, se a realização da perícia estiver em estágio avançado, é recomendável a manutenção da perícia para evitar nova contratação e novas atividades começando a perícia do zero.

Nessas hipóteses:

Na hipótese de atraso do laudo, e quando for inevitável a sua substituição, o magistrado: a) comunicará a ocorrência à corporação profissional da qual este faça parte para as sanções administrativas regulares; b) poderá fixar multa com base no valor da causa e no prejuízo decorrente desse atraso; e c) determinará a restituição dos valores recebidos pelo trabalho não realizado.

Caso não haja a restituição voluntária do numerário: c1) o perito ficará impedido de trabalhar como perito pelo prazo de até 5 anos; c2) a parte que procedeu ao adiantamento dos honorários promoverá execução contra o perito com base (= título executivo) na decisão que determinou a restituição do valor.

É importante frisar que as hipóteses de substituição do perito são situações não exaustivas, podendo ele ser substituído por qualquer justo motivo, bem como nos casos em que a escusa formulada é aceita.

6.2.7.7. Assistente técnico

Assistente técnico é auxiliar da parte cujo objetivo é fiscalizar o trabalho do perito (verificando se este está utilizando os meios adequados para a confecção do laudo) e formular quesitos. Justamente por ser auxiliar da parte, não necessita prestar compromisso, tampouco se sujeita às regras de impedimento e suspeição, afinal é, por essência, sujeito parcial (CPC, art. 465).

O perito deve assegurar aos assistentes das partes o acesso e acompanhamento das diligências e dos exames que realizar, com prévia comunicação de no mínimo cinco dias, comprovada nos autos.

O quadro abaixo esclarece bem as diferenças entre o perito e o assistente técnico[116]:

PERITO	ASSISTENTE TÉCNICO
É auxiliar da justiça	É auxiliar das partes
Nomeado pelo juiz com base em formalidades legais	Indicação livre das partes
Deve ser imparcial	É, por natureza, parcial
Sua participação é obrigatória	Sua participação é facultativa
Emite laudo pericial	Emite parecer técnico
Procede à perícia	Fiscaliza a perícia

6.2.7.8. Procedimento

a) O requerimento da prova pericial será feito pelo autor ou pelo réu na petição inicial ou defesa, respectivamente. Nada impede que a perícia seja determinada de ofício pelo magistrado.

b) A perícia será indeferida quando:

---
116 Com base nas sistematização feita por Fredie Didier, Paula Sarno Braga e Rafael Oliveira, *Curso de direito processual civil*, 2. ed., Salvador: JusPodivm, 2008, p. 221.

i) a prova não necessitar de conhecimento técnico – nesse caso, se o conhecimento técnico possa ser assumido pelo próprio juiz como máxima de experiência porque é conhecimento que qualquer pessoa com mediano conhecimento possa ter;

ii) o conjunto probatório já for suficiente para a demonstração do direito (art. 472, CPC) – aqui o legislador parte de premissa equivocada: se o conjunto probatório consegue demonstrar a existência do direito, então não se exige conhecimento técnico. Por outro lado, se exige conhecimento técnico, a perícia é a única forma de se descortinar a questão de modo que se torna desnecessária a existência do dispositivo;

iii) foi impossível a perícia no caso concreto. Pode ocorrer basicamente em duas situações: a) quando o fato probando não mais existir (o prédio que estava com rachaduras decorrente da má construção ruiu) ou b) a ciência não é capaz de elucidar a questão por meio de perícia.

c) Com o deferimento da prova, o juiz nomeará um perito e fixará prazo para a entrega do laudo (CPC, art. 465). Contudo, este prazo será de, no máximo, vinte dias antes da audiência, se esta for designada (CPC, art. 477).

d) Com a nomeação do perito (ou "dos peritos", caso se trate de perícia complexa), as partes serão intimadas para que em quinze dias indiquem assistente técnico e formulem quesitos.

É facultado ao juiz, igualmente, formular quesitos que entenda pertinentes (art. 470, II, CPC), bem como indeferir os quesitos que entenda impertinentes (art. 470, I, CPC). Nesse caso, o direito constitucional à prova que é amplo cede passo à regra do art. 370, parágrafo único, do CPC que prevê: "O juiz indeferirá, em decisão fundamentada, as diligências inúteis ou meramente protelatórias".

Quanto aos quesitos formulados pelo juiz, constitui atividade suplementar, pois somente será necessária se e quando entender que os quesitos formulados pela parte/assistente não forem suficientes.

Tomando ciência da nomeação, o perito, no prazo de cinco dias, apresentará: i) seu currículo com a especialização sobre o tema; ii) seus contatos (especialmente correio eletrônico para receber intimações); e iii) sua proposta de honorários (art. 465, § 2º, CPC).

Quanto ao item iii), as partes serão intimadas para se manifestar no prazo de cinco dias e, após, o magistrado fixará os honorários e determinará o pagamento, conforme se estabelece no art. 95 do CPC. Será possível ao juiz determinar o pagamento de até metade dos honorários para o início dos trabalhos, sendo o restante pago no final com a entrega do laudo e os esclarecimentos. É possível ainda reduzir os honorários, caso o laudo seja inconclusivo ou deficiente.

É possível também às partes, que sejam capazes e discutam direitos suscetíveis de autocomposição, de comum acordo, escolher o perito específico para a causa. Esse perito, para todos os fins, substitui o perito que seria designado pelo juízo. Nesse caso, já indicarão também os seus assistentes técnicos e devem entregar seus pareceres, bem como o perito seu laudo, no prazo fixado pelo juiz.

e) Enquanto a perícia estiver tramitando, é possível ao juiz e às partes formularem quesitos suplementares referentes à perícia para melhores esclarecimentos de determinados pontos (CPC, art. 469). Esses quesitos serão respondidos previamente ou na audiência de instrução e julgamento.

f) As partes devem ser intimadas do local e da data onde a perícia será realizada (CPC, art. 474), para assegurar o contraditório e a ampla defesa. Assim, não basta para assegurar o atendimento ao princípio do contraditório a mera possibilidade de impugnar o laudo, devendo-se permitir também a viabilidade de poder comparecer no local da perícia com objetivo de fiscalização da atividade pericial.

g) Com a apresentação do laudo (que será protocolizado em cartório), os assistentes técnicos terão prazo comum, de quinze dias, para oferecer pareceres técnicos (art. 477, § 1º, CPC). O prazo é comum e não incide aqui a regra do art. 229 do CPC. Acreditamos que o texto queira na verdade falar em apenas um prazo e não dois como o artigo parece demonstrar. Isso porque a leitura do art. 477, § 1º, assevera: "As partes serão intimadas para, querendo, manifestar-se sobre o laudo do perito do juízo no prazo comum de 15 (quinze) dias, podendo o assistente técnico de cada uma das partes, em igual prazo, apresentar seu respectivo parecer".

Não seria crível imaginar que a parte tenha prazo para se manifestar e o assistente técnico dessa mesma parte possua igual prazo em separado, quando a manifestação seja em conjunto, já que o assistente é o "perito" da parte em juízo.

h) É possível que o perito ainda compareça, a requerimento das partes, em audiência para que preste esclarecimento. Esse requerimento será feito por escrito e o perito (bem como o assistente técnico, se necessário) será intimado das [novas] perguntas até dez dias antes da audiência. O perito será intimado, preferencialmente, por meio eletrônico.

i) É possível ainda a realização de segunda perícia (CPC, art. 480) sempre que a primeira não trouxer elementos suficientes, por não ter analisado com profundidade ou completude os fatos carecedores de perícia. Esta nova perícia, que obrigatoriamente versará sobre os mesmos fatos, pode ser requerida pela parte, pelo Ministério Público ou de ofício pelo próprio magistrado. Algumas questões são importantes:

i1) deve ser nomeado novo perito, pois se a primeira não foi satisfatória, certamente o perito, independentemente do motivo, é inapto para o cargo;

i2) não se desconstitui a primeira perícia pela segunda, antes de se excluírem, elas se complementam, e devem ser analisadas em conjunto no momento da decisão.

j) Preconiza o art. 95 do CPC: "Cada parte adiantará a remuneração do assistente técnico que houver indicado, sendo a do perito adiantada pela parte que houver requerido a perícia ou rateada quando a perícia for determinada de ofício ou requerida por ambas as partes. § 1º O juiz poderá determinar que a parte responsável pelo pagamento dos honorários do perito deposite em juízo o valor correspondente. § 2º A quantia recolhida em depósito bancário à ordem do juízo será corrigida monetariamente e paga de acordo com o art. 465, § 4º. § 3º Quando o pagamento da perícia for de responsabilidade de beneficiário de gratuidade da justiça, ela poderá ser: I – custeada com recursos alocados no orçamento do ente público e realizada por servidor do Poder Judiciário ou por órgão público conveniado; II – paga com recursos alocados no orçamento da União, do Estado ou do Distrito Federal, no caso de ser realizada por particular, hipótese em que o valor será fixado conforme tabela do tribunal respectivo ou, em caso de sua omissão, do Conselho Nacional de Justiça. § 4º Na hipótese do § 3º, o juiz, após o trânsito em julgado da decisão final, oficiará a Fazenda Pública para que promova, contra quem tiver sido condenado ao pagamento das despesas processuais, a execução dos valores gastos com a perícia particular ou com a utilização de servidor público ou da estrutura de órgão público, observando-se, caso o responsável pelo pagamento das despesas seja beneficiário de gratuidade da justiça, o disposto no art. 98, § 2º. § 5º Para fins de aplicação do § 3º, é vedada a utilização de recursos do fundo de custeio da Defensoria Pública".

Em qualquer caso, o perito receberá antecipado, já que seus trabalhos começarão com o depósito prévio de seus honorários.

k) O perito do juízo, no prazo de 15 dias, tem o dever de esclarecer: i) eventuais divergências ou dúvidas existentes pelas partes, MP ou o próprio juiz; ii) eventuais divergências com o parecer do assistente técnico da parte.

6.2.7.9. Prova técnica simplificada

É possível de ofício ou a requerimento da parte que o juiz proceda a substituição da prova pericial formalizada por laudo e todos os prazos inerentes aos questionamentos das partes e assistentes técnicos, por prova técnica simplificada, se o ponto controvertido da causa for de menor complexidade. É denominada também prova testemunhal técnica (Dinamarco).

Nesse caso, haverá apenas a inquirição de especialista com formação acadêmica na área objeto de seu depoimento e prestará esclarecimentos, podendo valer-se de qualquer recurso tecnológico de transmissão de dados (som e imagem) a fim de esclarecer a questão.

A formação acadêmica estabelecida na lei deve ser lida como "conhecimento técnico ou científico comprovado e devidamente habilitado no órgão respetivo de classe". Isso porque, como dito, o CPC não mais exige curso superior como condição para a perícia.

Diverge esta modalidade dos denominados *experts witnesses* ou *experts testimony*, originários do direito norte-americano (e que no Brasil adota-se como prova atípica – ver *supra*). Isso porque o *expert* presenciou os fatos e os narrará tecnicamente em juízo. Já no direito brasileiro, constitui verdadeiramente uma perícia simplificada em que o terceiro tomará ciência dos fatos quando for designado pelo juízo.

Como dito, a perícia simplificada será utilizada sempre que o direito a ser submetido à perícia decorrer de fatos sem grande complexidade. Este tipo de perícia dispensa a apresentação de laudo, permitindo que o perito compareça em audiência e testemunhe (assim como o assistente técnico) sobre o que tenham examinado ou avaliado. Esta regra, aliás, é expressa no art. 35 da Lei n. 9.099/95.

Mesmo a lei não abordando a questão, decorre do contraditório e da composição da produção adequada da prova pericial que, em se tratando de perícia com formatação simplificada, as partes podem se fazer acompanhar na audiência e assistentes técnicos permitindo o debate sobre pontos controvertidos da percepção técnica do perito.

6.2.7.10. Valoração

O art. 479 do CPC estabelece que "o juiz apreciará a prova pericial de acordo com o disposto no art. 371 [apreciação da prova nos autos], indicando na sentença os motivos que o levaram a considerar ou a deixar de considerar as conclusões do laudo, levando em conta o método utilizado pelo perito".

Essa regra é, em princípio, de entremostra, desnecessária, na medida em que vige no nosso ordenamento o princípio do **livre convencimento motivado,** afastando o tarifamento das provas (sistema de provas legal) permitindo ao juiz atribuir o valor que entenda pertinente às provas trazidas no processo.

Contudo, a prova pericial decorre justamente do conhecimento técnico e científico que o magistrado não tem. Como o juiz poderá refutar a prova pericial se não possui conhecimento necessário para tanto?

Entendemos que quanto maior a margem de acerto do laudo (que poderá, de certa forma, ser inferido pelo contraditório que foi exercido durante a produção da prova) menor será a margem de liberdade do juiz para valorar o laudo[117].

Veja a questão do exame de DNA que comprova ou não a paternidade. Dificilmente poderá o magistrado se afastar da conclusão técnica apresentada, a não ser que se refutem "os

---

117 MEDINA, José Miguel Garcia. *Novo Código de Processo Civil comentado*. 3. ed. São Paulo: RT, 2015, p. 716.

modos" como a prova foi produzida (v.g., foi descoberto após o exame que o laboratório que colheu a prova é inidôneo).

Aliás o STJ entende que o juiz não pode simplesmente afastar a prova pericial sem a devida justificação (REsp 1.095.668/RJ).

É evidente que a prova pericial pode não servir para a elucidação do fato, quando outros meios de prova tornaram a prova técnica "prejudicada" ou de "valor reduzido".

Imagine, por exemplo, uma reclamação trabalhista em que a parte requer vínculo de emprego (e, decorrente desse vínculo, as verbas pertinentes) além de adicional de insalubridade. A perícia constata a insalubridade no exercício daquela profissão dentro da empresa, contudo o reclamante não consegue demonstrar o vínculo de emprego, o que torna a prova técnica, para os fins daquele processo, inútil.

Dessa forma, o afastamento da prova pericial ou a sua redução como elemento probatório no momento de decidir somente poderá ser feito de forma fundamentada.

6.2.8. INSPEÇÃO JUDICIAL

6.2.8.1. Definição

De ordinário, o magistrado, na colheita das provas, toma conhecimento dos fatos de **forma indireta**: ouve o depoimento da testemunha, lê o laudo do perito, verifica o documento trazido ao processo. Contudo, este tipo de aquisição/produção de prova vem, por vezes, maculado, na medida em que a informação não foi tomada diretamente pelo juiz, o que pode gerar distorções.

Assim é que, em determinados momentos, somente o **contato direto** do juiz com a prova pode retirar-lhe o espírito de dúvida oriunda da prova produzida.

Este meio de prova denomina-se inspeção judicial.

Constitui a materialização da imediatidade, pois há um contato direto e subjetivo do juiz com a prova. Deve ser o próprio juiz, não servindo, como inspeção judicial, outro auxiliar da justiça como o próprio oficial de justiça ou um serventuário.

Há dúvida na doutrina se a inspeção judicial é meio de prova autônomo ou subsidiário.

Há autores que entendem se tratar de meio autônomo, não necessitando de nenhum outro meio para atingir a convicção sobre os fatos, e outros entendem que somente se aplica a referida prova sempre que os demais meios de prova forem insuficientes[118]. A primeira corrente defende que o art. 483 do CPC não induz a conclusão de prova subsidiária. Ao contrário, mostra-se cabível o meio de prova sempre que: "I – julgar necessário para a melhor verificação ou interpretação dos fatos que deva observar; II – a coisa não puder ser apresentada em juízo sem consideráveis despesas ou graves dificuldades; III – determinar a reconstituição dos fatos". Ademais, por se tratar de meio autônomo, haverá o prestígio da liberdade de se produzir a prova e a "livre" convicção judicial.

Já a segunda corrente se baseia numa interpretação dada ao art. 481, *caput*, do CPC, que o juiz somente poderia proceder à inspeção para esclarecer um fato não aclarado pelas provas regulares. Assim a inspeção funcionaria como um meio subsidiário para o esclarecimento dos fatos. Entendemos correta a primeira corrente. A livre apreciação da prova pelo magistrado e a não aplicação do tarifamento probatório em nosso ordenamento autoriza ao magistrado,

---

118 "É meio de prova subsidiário, tanto que o art. 481 fala em o juiz 'esclarecer-se sobre fato' (ou seja, não existe para o juiz conhecer o fato, mas para aclará-lo)" (WAMBIER, ALMEIDA e TALAMINI, *Curso*, cit., p. 464).

independentemente da produção de outras provas, proceder à inspeção judicial. Especialmente nas situações em que constitui a melhor forma de verificar o fato a ser provado (como as condições de segurança, salubridade e higiene de uma empresa, por exemplo).

A despeito da forma mais comum ser a inspeção ocular, o magistrado poderá fazer valer-se de outras percepções sensoriais (audição, olfato, paladar, tato) para a apuração do fato.

6.2.8.2. Objeto

A inspeção judicial poderá recair sobre:

i) pessoas – aqui se inserem tanto as partes como terceiros. Quanto à obrigatoriedade, as partes devem se submeter à inspeção judicial quando requerida, por força do art. 379, II, do CPC. Já os terceiros devem colaborar com o Poder Judiciário, a despeito de não serem obrigados a ser inspecionados.

Há autores, contudo, que flexibilizam a regra no sentido de as partes não serem obrigadas a se manifestar recaindo nas hipóteses dos arts. 388 do CPC[119] e 229 do CC. Evidentemente que a parte não pode ser obrigada fisicamente a proceder à inspeção, mas a sua recusa gerará presunção de veracidade do fato alegado, bem como litigância de má-fé (art. 80, incisos II e IV);

ii) coisas – móveis, semoventes e documentos. Por força dos arts. 320 e 336 do CPC, os documentos devem acompanhar as alegações das partes. Aqui, a inspeção age como fonte supletiva naqueles casos em que o transporte da documentação não possa ser feito (documentos históricos, v.g.);

iii) lugares – imóvel, para se constatar o local do fato, bem como, em algumas situações, as condições de trabalho ali existentes;

iv) fenômenos naturais ou de atividade humana – como, por exemplo, a erosão, a maré ou um ruído. A despeito da sua não previsão na lei, pode ser enquadrada como prova atípica. A única exigência para a inspeção é que seja perceptível pelos sentidos humanos.

6.2.8.3. Processamento

a) Não há momento próprio para a realização da inspeção que pode ocorrer a qualquer tempo no processo, desde que seja antes da sentença. Parte da doutrina, contudo, entende a possibilidade de inspeção até mesmo em fase recursal (Pontes de Miranda, Luiz Guilherme Marinoni).

b) Quando for realizada a inspeção, em atenção ao princípio do contraditório, as partes e seus procuradores devem ser intimados para a data de realização. As partes poderão manifestar-se com esclarecimentos, podendo designar, se necessário for, assistente técnico.

c) Este será trazido sempre que o magistrado, para a melhor verificação dos fatos, necessitar de perito para a elucidação de questões técnicas que fogem de seu conhecimento.

---

119 Art. 388. A parte não é obrigada a depor sobre fatos:
I – criminosos ou torpes que lhe forem imputados;
II – a cujo respeito, por estado ou profissão, deva guardar sigilo;
III – acerca dos quais não possa responder sem desonra própria, de seu cônjuge, de seu companheiro ou de parente em grau sucessível;
IV – que coloquem em perigo a vida do depoente ou das pessoas referidas no inciso III.
Parágrafo único. Esta disposição não se aplica às ações de estado e de família.

d) Por interpretação do art. 483 do CPC, a regra é que a pessoa ou coisa sejam trazidas em audiência para a inspeção pelo magistrado. Todavia, o próprio artigo excepciona a regra, permitindo que se proceda à inspeção no local da coisa/pessoa em três situações:

d1) melhor verificação dos fatos – geralmente quando se verificam bens imóveis. Aliás, é oportuno o exemplo de Luiz Rodrigues Wambier, Flávio Renato Correia de Almeida e Eduardo Talamini[120]: "Em causas versando acidentes de trânsito, é valiosa a observação do juiz no local do acidente, pois poderá ele perceber detalhes que dificilmente lhe serão transmitidos de outro modo, como, por exemplo, a inclinação da via, o estado de conservação do asfalto, a extensão da vegetação (se encobre ou não a visão) etc.";

d2) impossibilidade do transporte – há casos em que o transporte pode gerar perecimento no bem (uma obra de arte que dependa de cuidados especiais) ou mesmo pela impossibilidade (uma máquina de proporções certamente inviáveis para ser trazida na audiência);

d3) reconstituição dos fatos – a reconstituição do fato pretérito deve ser realizada no local do fato para apreender, quanto possível, a fidelidade do ocorrido.

Importante apenas frisar que a inspeção judicial se dará sempre respeitando a competência territorial.

e) A inspeção judicial pode ser determinada de ofício ou por requerimento da parte.

f) Será lavrado um auto circunstanciado relatando a vistoria (CPC, art. 484). Sem o auto reputa-se inexistente a inspeção judicial, pois constitui parte integrante desse meio de prova. Será auto quando realizado fora da sede do juízo, mas se em audiência (que é a regra) dispensa-se o auto e será lavrado em ata.

---

120 *Curso*, cit., p. 465.

7.

SENTENÇA E DEMAIS DECISÕES JUDICIAIS

7.1. CONCEITO

Uma nota prévia: este capítulo versa especialmente sobre sentença, mas muito da sistemática aqui apresentada se aplica às demais decisões judiciais (v.g., classificação, exigência de fundamentação, obediência ao princípio da congruência). Assim, sem prejuízo do estudo sobre as demais decisões (interlocutórias, monocráticas nos tribunais e acórdãos) em outros capítulos (em especial nos capítulos sobre atos processuais e teoria geral dos recursos), trataremos aqui de boa parte delas naquilo que houver um núcleo comum com a sentença.

O CPC, a partir do art. 485, versa sobre a sentença e apesar de alguns temas que ali estão sejam correspondentes a esse provimento, não é apenas de sentença que se trata, isso porque, por exemplo, qualquer decisão poderá versar sobre o mérito ou não e igualmente possui elementos que a compõe, bem como poderá produzir hipoteca judiciária.

Para a devida compreensão do conceito de sentença, é necessário estabelecer um breve escorço histórico.

Até 2005 a sentença era definida no nosso ordenamento como "o ato pelo qual o juiz põe termo ao processo, decidindo ou não o mérito da causa". Com essa definição, o CPC/73 optou em conceituar a sentença pelos **efeitos** que ela produz (resolução do processo) e não pelo seu **conteúdo**.

A finalidade da definição era facilitar a interposição dos recursos, máxime quando se tinham dúvidas sobre qual provimento se estava enfrentando.

Todavia, esta definição padecia de dois grandes problemas: **i)** não definia sentença, pois localizar "topologicamente" um instituto não extrai todas as informações necessárias ao intérprete como a conceituação pelo conteúdo; **ii)** ainda que versasse sobre o conteúdo essa definição estava equivocada, pois sentença não põe termo ao processo, já que a parte tem a possibilidade de se socorrer dos recursos, que prolongam a litispendência e mantêm viva a demanda em fase recursal.

Contudo, com a alteração na execução de títulos judiciais empreendida pela Lei Federal n. 11.282/2005, ainda sob a égide do CPC/73 houve a necessidade de adaptar alguns institutos à realidade da nova execução. Sabe-se que o CPC/73 foi concebido à imagem e semelhança das ideias de Enrico Tullio Liebman, jurista peninsular que veio ao Brasil na década de 1940 e aqui instituiu o que viria a ser denominada *Escola Paulista de Processo*. Dentre seus discípulos estava Alfredo Buzaid, autor intelectual do Código de Processo Civil de 1973 e muito influenciado pelas ideias do autor italiano.

Dessa forma, projetou para o nosso ordenamento um sistema de livros estanques ("Do Processo de Conhecimento", "Do Processo de Execução", "Do Processo Cautelar"), cada qual com suas atividades próprias e distintas.

Era o que Liebman denominava **"processos puros"**, na medida em que o "tipo" de atividade exercida em cada um ficava confinado àquela modalidade de processo. Assim, eram vedadas atividades executivas dentro do processo de conhecimento, que por sua vez não teria espaço no processo cautelar e que seria inimaginável uma atividade assecuratória no corpo de um processo de execução.

Tanto que se a parte executada desejasse discutir o crédito em uma execução contra si proposta (portanto, introduzir matéria de mérito na cognição judicial executiva) deveria ajuizar uma ação incidente e dependente do processo executivo (embargos do devedor).

O tempo e a necessidade de uma melhor prestação da tutela jurisdicional, somada a multiplicidades de novas situações carentes de tutelas mais efetivas, tornaram obsoletos (apesar de interessantíssimos) os pensamentos desses autores.

Aos poucos, a cada reforma legislativa que se sucedia, abria-se espaço a ideia do **sincretismo processual**. Assim, ainda sob a vigência do CPC/73, a tutela antecipada criou a possibilidade de cumprimento provisório (= efetivação conforme CPC/73, art. 273, § 3º) dentro do processo de conhecimento.

A fungibilidade entre as tutelas de urgência permitia que a cautelar pudesse tramitar (quando da tutela antecipada foi convertida) dentro do processo de conhecimento (CPC/73, art. 273, § 7º), e principalmente com a reforma do art. 461 e a instituição do art. 461-A (igualmente CPC/73) em que a execução corria *sine intervallo*. Vale dizer, a prática de atos materiais tendentes à satisfação da obrigação (fazer ou não fazer e entrega de coisa certa ou incerta) não se processava em outra demanda, mas na mesma que declarou o direito à referida prestação.

Esta tendência da lei teve seu ápice, como dito, com a Lei Federal n. 11.282/2005, que instituiu relevantes mudanças na execução de título judicial. Sob a rubrica "Do Cumprimento da Sentença", o legislador derrubou de vez as barreiras existentes entre conhecimento e execução. O processo tornou-se um só, da petição inicial até a satisfação do crédito. É, contudo, mediado por fases, seja de conhecimento, seja de execução (e, por vezes, uma fase de liquidação intermediária às duas mencionadas).

Abrindo um pequeno parêntese, não foi imune de críticas a alteração empreendida pelo legislador, já que ao mudar "processos" por "fases" não altera sua substância. "Mudança de rótulo não influi no conteúdo da garrafa: colar a esta uma etiqueta de *Bordeaux* em absoluto não transforma em vinho o refrigerante que ela porventura contenha, e vice-versa"[1].

Veja. A sentença que já era criticada por sua definição equivocada (afinal não colocava fim ao processo), agora mais anda não fazia sentido sua definição, já que estava literal e geograficamente no meio do processo, pois ligava duas fases, a cognitiva e a executiva.

---
1 José Carlos Barbosa Moreira, in *Temas de direito processual* – nona série, São Paulo: Saraiva, 2007, p. 170.

> O legislador não precisou de muito esforço para perceber a dificuldade de se manter a definição anterior. Assim, para acertar o ordenamento à luz da nova lei que veio a lume em 2005, procedeu a pequenos ajustes em alguns artigos não relacionados à execução propriamente dita (CPC/73, arts. 267, 269, 463) e principalmente no art. 162, § 1º, do CPC/73 que definia sentença.

Dispunha a então "nova" redação do referido art. 162 que: "§ 1º Sentença é o ato do juiz que implica alguma das situações previstas nos arts. 267 e 269 desta Lei".

Contudo essa reforma trouxe, igualmente, uma série de problemas.

Sem prejuízo do erro gramatical da utilização da palavra "implicar" no texto, a lei resolveu uma situação (definiu por lei o conceito de sentença), mas criou outra situação que a lei anterior não proporcionava: embaralhava o conceito de sentença com o de decisão interlocutória.

É importante explicar a questão. Ao dizer que sentença é o ato do juiz que tem previsão em uma das hipóteses dos arts. 267 e 269 do CPC/73, a doutrina e a jurisprudência seriam obrigadas a inserir no conceito de sentença um sem-número de decisões interlocutórias que, por possuírem conteúdo dos então arts. 267 ou 269 do CPC/73, teriam que alterar a sua natureza.

> **Assim, na vigência do CPC/73, era possível exemplificar alguns casos que ilustravam essa problemática: a)** a decisão que indeferia liminarmente a reconvenção tem conteúdo do art. 267 do CPC/73, mas é uma decisão interlocutória; **b)** o mesmo se diz para a decisão que exclui um dos litisconsortes da causa; **c)** e se aplica também à decisão que rejeita liminarmente a denunciação da lide. Além delas, há outras decisões interlocutórias que possuíam conteúdo do art. 269 do CPC/73, mas não eram consideradas sentenças: **d)** a decisão que concedia ou negava a antecipação de tutela; **e)** a decisão que homologava a desistência parcial da ação ou renúncia parcial do pedido pelo autor; **f)** a decisão que decretava a prescrição de um dos pedidos cumulados; e **g)** a decisão que julgava parcialmente o mérito, em face de incontroversibilidade de um dos pedidos do autor (CPC/73, art. 273, § 6º).

Vê-se, pois, que o conceito de sentença elaborado pelo legislador e tão reclamado pela doutrina no decorrer dos tempos não passou no teste de consistência.

O CPC, atendendo aos reclamos de grande segmento doutrinário, procurou estabelecer um critério seguro de sentença com a conjunção das **duas definições** anteriores.

Dessa forma, pode-se definir sentença pelo seu **conteúdo somada a sua finalidade.** O CPC, em seu art. 203, § 1º, estabelece que "ressalvadas as disposições expressas dos procedimentos especiais, sentença é o pronunciamento por meio do qual o juiz, com fundamento nos arts. 485 e 487, põe fim à fase cognitiva do procedimento comum, bem como extingue a execução".

Quando o artigo menciona "ressalvada disposição expressa de procedimentos especiais", quer tornar claro que há procedimentos com estrutura diferenciada, podendo haver sentença que não necessariamente encerre a fase cognitiva, como, por exemplo, a sentença da ação de exigir contas (arts. 550, § 5º, e 552, CPC).

Dessa forma a leitura do art. 316 do CPC ("A extinção do processo dar-se-á por sentença") deve ser lida com ressalvas porque a sentença não necessariamente extingue o processo, já que há a possibilidade de interposição de recursos. Ademais, há processos de competência originária de tribunais em que a resolução do processo se dará por acórdão e não sentença.

Já as decisões interlocutórias definem-se por exclusão. **Constituem uma não sentença.** Resolvem questão incidente, ou seja, uma vez que o ordenamento não enumerou as interlocutórias, estas podem ser consideradas sempre que o juiz, no curso do processo, resolver situação que possa causar prejuízo a uma das partes. **É todo pronunciamento judicial de primeiro grau e de natureza decisória que não se enquadre no conceito de sentença.**

As decisões interlocutórias podem ter conteúdo de sentença (arts. 485 ou 487, CPC) e há uma série de exemplos dessa situação: decisão que concede a antecipação de tutela, julgamento parcial do mérito, julgamento da causa originária mantendo a reconvenção ou que exclui um dos litisconsortes do feito. Elas também podem não ter, como, por exemplo, a decisão sobre provas, intervenção de terceiros e litisconsórcio. Dessa forma, independentemente do seu conteúdo, o conceito previsto no art. 203, § 2º, do CPC ("Decisão interlocutória é todo pronunciamento judicial de natureza decisória que não se enquadre no § 1º.") deve ser lido como aquele que não encerra a fase de conhecimento em primeiro grau de jurisdição.

A questão das interlocutórias reside na atipicidade. A lei define expressamente qual é o conteúdo das sentenças previstas no nosso ordenamento (CPC, arts. 485 e 487 e 924). Caso o intérprete deseje saber "qual" conteúdo uma sentença pode oferecer, basta a leitura desses dois dispositivos.

Ocorre que a lei (corretamente, diga-se) não sistematizou as interlocutórias. Não o fez por impossibilidade prática. Desta forma, nada impede que uma decisão interlocutória, justamente por falta de regramento próprio, tenha conteúdo dos referidos artigos.

É importante compreender que a diferenciação entre decisão interlocutória e despacho não é possível analisar de maneira isolada, mas apenas contextualizada com as circunstâncias do processo.

Como dito, as decisões interlocutórias (a despeito de uma parcial enumeração das decisões agraváveis no art. 1.015) e os despachos não estão previstos num específico rol. Assim a precisa diferença entre eles está na presença ou ausência de prejuízo para uma das partes de modo a se aferir o interesse recursal. Entendemos não existir "despacho com conteúdo de decisão". Se há esse conteúdo é decisão. Se não gera prejuízo é despacho.

Voltando ao tema, sentença, na sua parte dispositiva é norma jurídica individual e concreta que projeta efeitos para as partes do processo e terceiros interessados. É considerada individual e concreta, pois a norma geral e abstrata é a lei. As demais fontes do direito são utilizadas para a interpretação dos fatos à luz do direito.

Contudo, na sua fundamentação (como será visto), formula-se uma norma jurídica geral, já que se permite, por meio da extração da *ratio decidendi*, a formação de precedente que pode (ou deve, em alguns casos) ser aplicado como fonte de direito em futuros casos análogos.

7.2. CLASSIFICAÇÃO (SENTENÇAS COM E SEM RESOLUÇÃO DE MÉRITO)[2]

A despeito dessas expressões não estarem regulamentadas de forma expressa no Código, é razoavelmente pacífico na doutrina o entendimento de que a sentença pode ser classificada em **terminativa e definitiva**.

---

[2] Esta classificação explicitando cada tipo de sentença e seus efeitos está mais bem disciplinada no capítulo Formação, suspensão e extinção do processo (supra).

7.2.1. SENTENÇAS TERMINATIVAS

São os casos de resolução do processo sem resolução de mérito nos termos do art. 485 do Código de Processo Civil:

I – indeferir a petição inicial;
II – o processo ficar parado durante mais de 1 (um) ano por negligência das partes;
III – por não promover os atos e as diligências que lhe incumbir, o autor abandonar a causa por mais de 30 (trinta) dias;
IV – verificar a ausência de pressupostos de constituição e de desenvolvimento válido e regular do processo;
V – reconhecer a existência de peremção, de litispendência ou de coisa julgada;
VI – verificar ausência de legitimidade ou de interesse processual;
VII – acolher a alegação de existência de convenção de arbitragem ou quando o juízo arbitral reconhecer sua competência;
VIII – homologar a desistência da ação;
IX – em caso de morte da parte, a ação for considerada intransmissível por disposição legal;
X – nos demais casos prescritos neste Código.

Terminativas são as sentenças previstas no art. 485 do CPC, que encerram a fase de conhecimento sem resolução[3] de mérito.

Constitui situação indesejada, tendo em vista que o autor não espera que o processo se encerre sem que se proceda à análise do mérito. Na medida em que o nosso sistema ainda adota a teoria do trinômio de questões, proposto por Liebman, a análise do mérito somente poderá ser efetivada depois que presentes (e enfrentados) os pressupostos processuais e as condições da ação.

É inegável que as mudanças empreendidas pelo CPC, prestigiando o aproveitamento dos atos, a instrumentalidade das formas e o atendimento ao princípio da primazia do mérito diminuíram a importância das sentenças terminativas. Um sinal sensível dessa alteração é a possibilidade de o magistrado de primeiro grau retratar-se da sentença proferida sem resolução do mérito quando o autor resolve apelar (art. 485, § 7º, CPC).

A resolução do processo de fato é condicional, na medida em que a sentença fica em estado de latência, sujeita a eventual interposição de recurso. Uma vez recorrida, não se opera a extinção, pois a impugnação prolonga a litispendência do processo.

Justamente por não haver análise do direito material, a jurisdição não cumpriu sua finalidade típica e, portanto, **não pode ficar imunizada pela coisa julgada material**. Assim, nada impede que, uma vez encerrado o processo por uma das hipóteses do art. 485 do CPC, a parte, na grande maioria dos casos, pode repropor a demanda (CPC, art. 486).

Há, contudo, exceções previstas no art. 486, § 1º, do CPC que impedem a propositura de uma nova demanda se não houver a correção do vício que ensejou a sua extinção. E também o caso de peremção (art. 486, § 3º, CPC) em que se proíbe a nova propositura da demanda em

---

3 Importante frisar que o legislador de 2005, no CPC/73, alterou a expressão "julgamento", por "resolução". E isso porque entende que o julgamento apenas se procede quando o juiz, por meio de atividade intelectiva, decide a causa. As hipóteses do art. 495 constituem uma constatação que o processo não chegará ao seu final desejado (resolução do conflito, pacificação), por haver a falta de alguma circunstância processual que impeça este resultado. Há autores (Cassio Scarpinella Bueno) que entendem que as expressões devem ser tomadas como sinônimas, e outros (Fredie Didier) entendem que o correto seria manter a expressão julgamento.

qualquer circunstância, não impedindo, contudo, que a matéria possa ser deduzida como tese de defesa.

Há também situações intermediárias em que a sentença será terminativa, mas sua repropositura está condicionada a sanação do vício que gerou a resolução do feito. Assim ocorre nos casos de litispendência e nos casos dos incisos I, IV, VI e VII do art. 485 do CPC.

O inciso X do art. 485, bem estabelece que há outras situações para além daquelas previstas no artigo, tai como as dos arts. 76, § 1º, 102, 115, parágrafo único, 303, §§ 2º e 6º, 313, § 2º, II, CPC).

7.2.2. SENTENÇAS DEFINITIVAS

Já as sentenças definitivas (CPC, art. 487) são aquelas que além de encerrar a fase de conhecimento em primeiro grau de jurisdição (toda sentença definitiva é, também, terminativa) resolvem o mérito da causa. São denominadas definitivas, pois definem o direito das partes outorgando a tutela jurisdicional a quem de direito.

Aqui o legislador também se preocupou em alterar a nomenclatura de "julgamento" por "resolução". E isto porque julgamento é uma atividade intelectiva do magistrado em analisar e sopesar os fatos e provas do processo em relação ao ordenamento jurídico. Procedendo ao devido enquadramento dos fatos ao direito, o juiz efetiva a norma individual e concreta para as partes.

Contudo, todo esse "itinerário" só ocorre efetivamente no inciso I do art. 487 do CPC ("quando o juiz acolher ou rejeitar o pedido formulado na ação ou na reconvenção)", pois nos demais haverá *meios atípicos ou impróprios* **de resolução do mérito e não propriamente um julgamento**.

Nos demais, portanto, não há julgamento, pois de alguma forma as partes: i) dispuseram do seu direito e chegaram a um acordo (reconhecimento do pedido, renúncia do direito e transação); ou ii) deixou escoar o lapso oportuno para o exercício da pretensão em juízo (prescrição e decadência). Em todos esses casos não há se falar propriamente em "julgamento". Dessa forma, apenas a hipótese do inciso I do art. 487, há de fato análise que dê razão para uma das partes. As demais (incisos II e III), pelos efeitos que produzem (resolvem de alguma forma o conflito e tornam a decisão imutável), foram alocadas no mesmo artigo.

Por produzirem o mesmo efeito que uma decisão de mérito em que houve efetivo julgamento, as decisões dos demais incisos são a elas equiparadas, criando-se um "julgamento por ficção".

Nos casos previstos no art. 487 do CPC, o Estado cumpre sua finalidade jurisdicional, resolvendo o conflito. Mesmo não havendo a imperatividade inerente da atividade intelectiva do magistrado ao proceder ao julgamento de determinada situação jurídica (característica da atividade jurisdicional) as sentenças de mérito "atípicas", por terem, de alguma forma, resolvido conflito, ficam acobertadas pela coisa julgada material.

Dessa forma, a resolução do processo com resolução de mérito impede a propositura de nova demanda contendo os mesmos elementos (função negativa da coisa julgada). São os seguintes casos previstos no art. 487 do Código de Processo Civil:

I – acolher ou rejeitar o pedido formulado na ação ou na reconvenção;
II – decidir, de ofício ou a requerimento, sobre a ocorrência de decadência ou prescrição;
III – homologar:
a) o reconhecimento da procedência do pedido formulado na ação ou na reconvenção;
b) a transação;
c) a renúncia à pretensão formulada na ação ou na reconvenção.

A lei estabelece que, sempre que possível, o magistrado decidirá o mérito quando a decisão for favorável à parte a quem aproveitaria o pronunciamento que não resolve o mérito (art. 488, CPC).

7.3. ELEMENTOS INTEGRANTES DA SENTENÇA

A sentença, como ato processual (e formal) que é, deve ser constituída de alguns elementos.

Na Seção II do Capítulo XIV, sob a rubrica "Dos Elementos e dos Efeitos da Sentença", o art. 489 do CPC estabelece quais são "os elementos essenciais da sentença". O diploma atual eliminou a terminologia equivocada do CPC/73, que se valia da expressão "requisitos".

Requisito designa algo preexistente, anterior, como um pressuposto da sentença. Ocorre que os elementos a que a lei refere estão inseridos **dentro** da sentença (*rectius*, decisão). Por isso, é mais correto denominar como **elementos**.

São eles **o relatório, a fundamentação e o dispositivo**.

7.3.1. RELATÓRIO

Relatório é a síntese do processo ou da fase postulatória[4]. É no relatório que o magistrado procederá a um inventário do processo, registrando os principais eventos e incidentes. A existência do relatório é a garantia que o magistrado leu e tomou conhecimento dos fatos e provas trazidas pelas partes ao longo do processo que está decidindo. É também necessário um relatório minucioso e completo de modo a demonstrar com precisão os fatos da causa para a sua devida identificação de modo a permitir se essa decisão servirá ou não como precedente para casos que possuam fatos análogos.

No juizado especial cível, em atenção a sua informalidade, dispensa-se o relatório (art. 38, Lei n. 9.099/95).

A ausência de relatório gera a nulidade da decisão, pois presume-se que o juiz não teve o contato adequado com o processo.

Contudo, esta nulidade pode ser elidida quando o magistrado elaborou o relatório *per relationem*. Essa modalidade de confecção do relatório pode ocorrer: **a)** quando o juiz se refere ao relatório de outra decisão do mesmo processo; **b)** quando o juiz se refere ao relatório de outra decisão de outro processo, mas que seja com ele conexo; **c)** quando o acórdão utiliza o relatório da sentença.

O relatório é extremamente importante também para a identificação de similaridade ou distinção de casos para aplicação de precedentes.

7.3.2. FUNDAMENTAÇÃO

A fundamentação é o elemento mais complexo da sentença e de qualquer decisão judicial e o que mais enseja discussões. Seja pela sua importância (alçada a *status* constitucional como uma garantia, CF, art. 93, IX), seja pelos problemas que dela decorrem.

Denomina-se também motivação, pois é aqui que o magistrado estabelece suas premissas e aduz suas razões e motivos de decidir. **São os porquês da decisão.**

---

4 Moacyr Amaral Santos, *Primeiras linhas de direito processual civil*, São Paulo: Saraiva, 1997, v. III, p. 16.

Contudo, parcela da doutrina (João Batista Lopes) entende que os dois fenômenos não se confundem. Nesse passo, a fundamentação consistiria nas premissas nas quais fundam a sua decisão, mas relacionada à exigência legal. A motivação, por seu turno, seria fenômeno relacionado a questões pessoais, desconhecidas, pois, pelas partes. O exemplo mencionado é o do juiz que profere sentença devidamente fundamentada, mas a motivação consiste no fato de ter o juiz sido corrompido por uma das partes.

O magistrado, ao exercer sua atividade jurisdicional, realiza pelo menos duas atividades distintas: uma *atividade cognitiva* sobre todos os fatos e fundamentos apresentados, bem como pelas provas trazidas para que se possa decidir; e uma *atividade decisória* sobre a relação jurídica controvertida declarando a procedência ou improcedência do pedido do autor. Sobre esta, recai o selo da imutabilidade.

A compreensão sobre a fundamentação depende de se traçarem algumas considerações sobre a legitimidade de decidir do Judiciário.

Ao contrário das funções decorrentes dos Poderes Executivo e Legislativo, o Judiciário não recebe do povo o poder de julgar.

A forma tradicional de representação popular não se aplica a esse poder. A escolha dos juízes obedece a critérios próprios e peculiares previstos expressamente na Constituição Federal[5], não se aplicando o sistema de eleição de mandatos[6].

Dessa forma, não se tratando a atividade jurisdicional de um exercício decorrente da vontade popular, o exercício da legitimidade do Judiciário deve ser verificado não pela identidade do juiz, mas pela motivação dos seus julgamentos.

Michele Taruffo entende que o dever de fundamentar as decisões judiciais decorre de certo poder popular na participação das decisões. A motivação não atinge somente as partes e todos aqueles que participam de alguma forma do processo, mas de toda a sociedade. Dessa forma, "a ótica *privada* do controle exercido pelo juiz de grau superior é integrada na ótica democrática do controle que deve ser exercido por aquele mesmo povo, em cujo nome a sentença vem pronunciada"[7].

Assim, enquanto o Legislativo motiva a criação de uma lei, por ser um representante da vontade popular, o magistrado deve fundamentá-la, pois nenhuma legitimidade é conferida à sentença pelo simples fato de ter sido proferida por um magistrado.

Esta premissa é importante para compreender porque há, na grande maioria dos casos, a exclusão da fundamentação da autoridade da coisa julgada. O magistrado deve ter o cuidado de demonstrar todo raciocínio que o levou a chegar àquele dispositivo (conclusão). Entretanto, essas premissas não possuem finalidade prática (pois a coisa julgada, em regra, deve apenas

---

5 Especificamente no Brasil, há duas formas: o ingresso por meio de prova de concurso de provas e títulos (CF, art. 93, I) ou por indicações/nomeações do denominado "quinto constitucional" (CF, art. 94). Ademais os Ministros do Superior Tribunal de Justiça e do Supremo Tribunal Federal serão nomeados pelo Presidente da República, depois de aprovada a escolha pelo Senado Federal, conforme dispõem os arts. 101, parágrafo único, e 104, parágrafo único, da Constituição Federal.
6 É comum encontrar críticas a este sistema entendendo se aplicar aos juízes o sistema eleitoral. Contrário a este posicionamento, Sérgio Nojiri assim se manifesta: "O Poder Judiciário difere do Poder Executivo e do Poder Legislativo. Estes se pautam por outros valores, que felizmente são estranhos ao exercício da magistratura. O juiz, ao contrário de um político, exerce uma função eminentemente técnica, e não deve se preocupar em agradar as maiorias (busca de votos); sua principal função consiste em aplicar a lei ao caso concreto, não devendo levar em consideração se tal aplicação satisfaz ou não a vontade de uma certa parcela da sociedade. Para o juiz importa a decisão que obedeça a determinados parâmetros já previstos anteriormente em lei" (*O dever de fundamentar as decisões judiciais*, cit., p. 60).
7 *La motivazione della sentenza civile*. Padova: Cedam, 1975, p. 407.

atingir *o que* de fato toca a vida das pessoas – a resposta à pretensão requerida), mas meramente política, pois objetivam satisfazer a necessidade de conferir legitimidade aos atos praticados pelos órgãos do Poder Judiciário[8].

Dois são os motivos da exigência da fundamentação nas decisões: um de ordem interna e outro de ordem externa.

O **motivo interno** é permitir que as partes saibam os motivos que levaram o magistrado a chegar à conclusão estabelecida, podendo, dessa forma, dirigir seus esforços no eventual recurso de modo a tentar quebrar as premissas fixadas pelo julgador. Inegavelmente uma decisão fundamentada facilita para a parte sucumbente no momento da apresentação do recurso. A fundamentação ajuda também ao órgão *ad quem*, destinatário dessa pretensão recursal, a verificar se os critérios adotados pelo julgador inferior estavam corretos (controle vertical da atuação do juiz).

O motivo **externo** decorre do devido processo legal. Trata-se do controle externo da atividade judicial, ou, nas palavras de Alexandre Câmara[9], "verdadeiro controle difuso da atividade judiciária". E arremata: "Esta exigência democrática de fundamentação decorre da necessidade de legitimação do exercício do poder. Ocorre que, enquanto os demais agentes do Estado (legisladores e administradores) são legitimados *a priori* para exercer suas funções, o que se dá pelo voto, o juiz é um legitimado *a posteriori*, visto que sua legitimidade para exercer o poder que lhe é conferido só pode ser verificada após o efetivo exercício. Assim é que a motivação da decisão é a resposta política que o juiz dá para explicitar a sua legitimação"[10].

Contudo, a fundamentação pode possuir um efeito de verdadeira **fonte do direito** na formulação das razões de decidir que servirão como precedentes para casos futuros que versem sobre a mesma questão. Dessa forma, o magistrado ao decidir exerce uma análise retrospectiva, pois deve olhar para trás para analisar os fatos e as provas produzidas. Contudo, possui também uma análise prospectiva, na medida em que deve projetar a decisão pensando nos casos futuros, especialmente com base nas evoluções da sociedade e da tecnologia, bem como os impactos econômicos dessa decisão.

Importante que se entenda que, de ordinário, não há julgamento na fase da fundamentação. Resolver questões não é julgar. Julgamento é decisão que ocorre na parte dispositiva (arts. 503 e 504, CPC).

Na fundamentação apenas se decidem as questões prévias (preliminares e prejudiciais) que, por não serem "decididas", não fazem coisa julgada O CPC estabelece, contudo, a possibilidade excepcional de se estender os efeitos da coisa julgada para as questões prejudiciais, desde que preenchidas determinadas condições conforme art. 503, § 1º, do CPC. Mas é importante que se entenda que constitui situação excepcional.

A motivação da sentença é um ato intelectivo do magistrado. Trata-se de um juízo lógico. É nesse sentido o entendimento de José Ignácio Botelho de Mesquita[11] ao asseverar que "o juiz desenvolve, assim, uma atividade *lógica* ou *teórica*, enquanto decide sobre as razões das partes, e uma atividade *prática*, enquanto acolhe ou rejeita a pretensão do autor" (grifos no original).

---

8 No capítulo seguinte sobre coisa julgada, será oportunamente estudada a questão sobre a coisa julgada nas questões prejudiciais (art. 503, § 1º, CPC).
9 *Lições de direito processual civil*, 18. ed., Rio de Janeiro: Lumen Juris, 2008, p. 415.
10 *Lições de direito processual civil*, 18. ed., p. 415.
11 A motivação e o dispositivo da sentença. *Teses, estudos e pareceres de processo civil*, cit., 2005, p. 127.

A despeito, conforme ressaltado, de não integrar os limites da coisa julgada[12], inegavelmente os motivos assumem relevante função de delimitar o que se tornou imunizado. Por isso, não se pode concordar com a argumentação de Chiovenda, ao afirmar que o juiz, quando apenas raciocina (*razoa*), não representa o Estado[13].

É este o correto posicionamento de Ada Pellegrini Grinover, que entende assumir a fundamentação papel importante para determinar a precisa extensão dos efeitos da sentença e, consequentemente, da sua imutabilidade[14].

A atividade jurisdicional não se encontra somente quando o juiz julga. A resolução de incidentes, a instrução do processo e a análise dos requisitos de admissibilidade consistem em atividades inerentes à função jurisdicional. Não se pode condicionar a atividade jurisdicional à imutabilidade do ato.

Portanto, a diferença entre a motivação e o dispositivo reside na qualificação estatal imposta em cada uma delas: enquanto na motivação o exercício do magistrado é eminentemente lógico (e que, portanto, ficará confinado no âmbito do processo), a atividade exercida no dispositivo deve ultrapassar os limites do processo e ter aptidão para influir no conflito surgido pelas partes. Contudo, para que esta atividade seja possível, a decisão do juiz vem qualificada pela autoridade estatal. Atividade esta que somente atinge aquilo que foi levado a juízo.

Há uma consequência prática relevante: como a fundamentação não faz coisa julgada material, todas as premissas de decidir do magistrado poderão ser discutidas em futuro processo que não vinculará o novo juiz da causa à razão de decidir anterior[15]. Contudo, a fundamentação é importante para delimitar os contornos e o alcance da *res iudicata*.

Primeiro o magistrado analisa as **questões processuais**. Não havendo questões processuais a ser enfrentadas, deve o magistrado analisar as **questões de fato**. Por questões de fato deve se constatar a existência ou não de um fato com base nas provas trazidas pelas partes. Essa é a principal função da análise dos fatos: analisar as provas trazidas ao processo (aquisição) e verificar a sua pertinência com os fatos narrados. Por fim, o magistrado deve proceder ao exame das **questões de direito**. Por questões de direito compete ao julgador: i) enquadrar o ordenamento jurídico (lei, princípios, doutrina, precedentes[16], analogia, costumes, jurisprudência) na questão *fattispecie*; ii) quais são seus efeitos no caso; iii) verificar, eventualmente, se há incompatibilidade da norma com a CF; e iv) também eventualmente verificar conflito normativo[17].

O CPC, preocupado com eventuais ausências/deficiências na fundamentação que dificultam o entendimento do ato decisório, estabelece, exemplificativamente, em seu art. 489, § 1º, critérios para se determinar **quando uma decisão não se considera fundamentada**. Ou seja, em seis incisos, faz-se uma compilação de situações que, quando encontradas na decisão, revelam, objetivamente, ausência ou defeito de fundamentação.

---

12 Não possuem eficácia para fora do processo ou simplesmente "eficácia", sentido empregado por Liebman para designar o natural efeito da decisão.
13 *Instituições*, cit., v. 1, p. 449.
14 *Os limites objetivos e a eficácia preclusiva da coisa julgada*, cit., p. 109. Nesse sentido Pontes de Miranda. *Comentários ao Código de Processo Civil*, cit., v. 5, p. 211. "Seria erro crer-se que a coisa julgada só se induz das conclusões; as conclusões são o cerne, porém os fundamentos, os motivos podem ajudar a compreendê-la".
15 A decisão em controle difuso de constitucionalidade somente atinge as partes do processo, fazendo com que a lei seja inconstitucional para aquele processo e não para outros.
16 Enunciado n. 380 do FPPC: "A expressão 'ordenamento jurídico', empregada pelo Código de Processo Civil, contempla os precedentes vinculantes".
17 DIDIER; BRAGA; OLIVEIRA. *Curso de direito processual civil*, cit., v. 2, p. 329.

Isso porque não seria possível prever em lei "como" uma decisão se considera fundamentada. Há diversas variantes, técnicas e, principalmente, os milhares de magistrados, ao longo de sua carreira criaram métodos próprios para estruturar as fundamentações de suas decisões (mesmo antes do advento do CPC/15). A grande maioria delas de forma satisfatória. Qualquer tentativa no sentido de se estabelecer um modelo ou padronização de fundamentação recairia, em nossa opinião, numa impossibilidade jurídica. A fundamentação é permitir: a) que a decisão seja compreendida; e b) que contenha o conteúdo mínimo necessário para que lhe confira suporte fático.

Dessa forma, o legislador não disse quando uma decisão é fundamentada, mas com base na experiência da prática forense (histórico de diversas decisões não fundamentadas, número superlativo de embargos de declaração, permissividade dos Tribunais Superiores em exigir fundamentação)[18] estabeleceu **quando uma decisão não se considera fundamentada**.

Não se trata de ensinar como deve ser feita a fundamentação, mas, diversamente, de criar meios a fim de evitar a prolação de decisões padronizadas, a exemplo de "o conjunto probatório dos autos se mostrou insuficiente...". Repise-se, a regra não é direcionada para quem já fundamenta de maneira adequada. Constitui, em verdade, diretriz para o escopo da atuação jurisdicional: a prestação da tutela de maneira adequada, tempestiva e fundamentada.

O referido parágrafo exige fundamentação analítica em relação ao direito, mas não sobre fatos e provas. Contudo, como estes se inserem no cerne do objeto do processo e se estruturam no arquétipo mínimo do dever de fundamentação.

Assim, não se considera fundamentada a decisão que:

I – se limitar à indicação, à reprodução ou à paráfrase de ato normativo, sem explicar sua relação com a causa ou a questão decidida;

O inciso I do dispositivo citado evita que o magistrado se limite à mera indicação do artigo sem estabelecer a devida interpretação do direito para com o caso concreto. Não se pode imaginar que a solução de um caso se dê apenas pelo silogismo (premissa maior seria a lei, a premissa menor, os fatos, e o silogismo, o resultado). Primeiro porque a atividade hermenêutica realizada pelo magistrado vai muito além desse mero arquétipo abstrato, estabelecendo (como será visto por diversas vezes ao longo deste *Manual*) uma atividade criativa na concreção da decisão (norma concreta). Segundo porque é necessário dizer o porquê da utilização do artigo, explicitando a sua relação com o caso. Não se pode admitir que o juiz "indefira com base no artigo *x* do CPC". Não se pode permitir a aplicação "mecânica" do artigo, pois há diversos outros fatores que devem pontuar sua decisão como, por exemplo, a interpretação dada pelos tribunais sobre aquele artigo de lei que pode ser objeto de precedente vinculante.

II – empregar conceitos jurídicos indeterminados, sem explicar o motivo concreto de sua incidência no caso;

O inciso II exige que o magistrado proceda à concreção das normas de conceito vago e indeterminado. Nos últimos tempos, especialmente com o Código Civil de 2002, o direito recebeu uma enxurrada de normas de conceito vago e indeterminado para evitar o casuísmo das "normas fechadas" (influência do Estado Liberal do século XIX) e que poderiam prender-se a situações históricas que, com o decorrer dos anos, perderiam qualquer sentido. Basta pensar que até 2002 estava em vigor no Brasil o Código Civil de 1916, que estabelecia no seu art. 233 que o "marido é chefe da sociedade conjugal".

---

18 STRECK, Lenio Luiz. *Comentários ao Código de Processo Civil.* Organizadores: STRECK, Lenio Luiz; NUNES, Dierle; CUNHA, Leonardo Carneiro. Coordenador: FREIRE, Alexandre. São Paulo: Saraiva, 2016, p. 685.

Se essas normas são caracterizadas pela ausência de densidade semântica (boa-fé, função social da propriedade, interesse coletivo, repercussão geral, ordem pública, preço vil, bom pai de família, hipossuficiente, marca notória), em que o antecedente é composto de termos vagos, é necessário que o magistrado as analise de maneira minudente, dando a elas o devido significado para o caso concreto. Assim, se por um lado a criação de textos abertos permite ao magistrado a construção de enunciados mais flexíveis e abrangentes, por outro, é necessária maior atenção do juiz no momento da fundamentação. Por isso, o STJ decidiu que "incorre em negativa de prestação jurisdicional o tribunal que prolata acórdão que, para resolver a controvérsia, apoia-se em princípios jurídicos sem proceder à necessária densificação, bem como emprega conceitos jurídicos indeterminados sem explicar o motivo concreto de sua incidência no caso" (REsp 1.999.967/AP).

III – invocar motivos que se prestariam a justificar qualquer outra decisão;

O inciso III, talvez o mais interessante desse parágrafo, quer evitar as decisões universais que, abstratamente, serviriam em qualquer decisão. São as denominadas decisões *prêt-à-porter* (pronto para vestir). Essa expressão francesa quer exprimir a situação de produção de roupa em larga escala sem levar em consideração as peculiaridades físicas do comprador. Se a fundamentação se "encaixa" em outra decisão da mesma forma que na decisão originária, é porque não se relaciona com um caso concreto e, portanto, a fundamentação é insuficiente.

É importante que se diga que essa regra, de certo modo, foi pensada para as causas repetitivas. Pois mesmo nelas (em que se encontra uma questão de direito comum), não se pode pensar em uma "decisão padronizada", pois cada causa, a despeito da identidade jurídica que as une, possui fatos geradores distintos que a tornam específica e única e merecedora de decisão própria.

Imagine por exemplo o Enunciado n. 269 do STF, ao estabelecer que "o mandado de segurança não é substitutivo de ação de cobrança". Apesar de uma mesma identificação jurídica (vedada a cobrança de dívida por mandado de segurança), cada demanda possui suas peculiaridades, já que podem ser oriundas de mútuo, entrega de bem sem o devido pagamento, promessa de recompensa.

IV – não enfrentar todos os argumentos deduzidos no processo capazes de, em tese, infirmar a conclusão adotada pelo julgador;

O inciso IV exige que o magistrado enfrente todos os argumentos deduzidos no processo capazes de infirmar a conclusão feita. Aqui cabem alguns esclarecimentos.

É comum encontrarmos entendimentos de que o juiz não precisa apreciar todas as alegações trazidas pelas partes. Até mesmo porque as alegações contidas na causa de pedir ou fundamentos de defesa serão (pertinentes àquele capítulo) devolvidas ao tribunal por força do efeito translativo (art. 1.013, §§ 1º e 2º, do CPC). Dessa forma, havendo cumulação de causas de pedir ou fundamentos de defesa (*causae excipiendi*) e apenas uma for o bastante para o acolhimento ou a rejeição do pedido, o magistrado não precisaria percorrer as demais por completa e absoluta desnecessidade[19].

Então, sobre o que se funda o referido inciso?

O inciso refere-se estritamente ao plano da recorribilidade. Quem deixa de ganhar tem interesse em conhecer a fundamentação de todos os argumentos que apresentou. Assim, o

---

19 Essa regra não se aplica em três situações no processo: a) nas hipóteses de julgamento de recursos repetitivos (art. 1.038, § 3º, CPC); b) no incidente de resolução de demandas repetitivas (art. 984, § 2º, CPC) em que se exige no acórdão a análise de todos os fundamentos discutidos; e c) nos argumentos trazidos pelo *amicus curiae*, que deverão ser todos analisados pelo juiz (Enunciado n. 128 do FPPC).

juiz não está obrigado a analisar todos os argumentos do autor se, apenas por um, este restou vencedor, mas deverá analisar todos os fundamentos do réu, sucumbente na demanda. Igualmente, caso o magistrado propugne pela improcedência do pedido, não precisará analisar todas as argumentações do réu se apenas por uma acolheu sua pretensão. Contudo, deverá analisar todos os argumentos trazidos pelo autor que foi derrotado na causa. Em conclusão: a análise de todos os argumentos deverá ser empreendida para aquele que possui interesse recursal, pois a eventual omissão da análise de algum argumento não traria prejuízo se a parte ganhou, mas certamente trará se a parte perdeu, pois deseja que esse argumento seja analisado.

Esse ônus argumentativo também pertence à parte. Assim, não está errado o criticado Enunciado n. 13 do ENFAM ("O art. 489, § 1º, IV, do CPC/2015 não obriga o juiz a enfrentar os fundamentos jurídicos invocados pela parte, quando já tenham sido enfrentados na formação dos precedentes obrigatórios"), pois a correlação supre essa questão (também Enunciado n. 524, FPPC)[20]. Já que se exige essa questão (art. 984, § 2º, CPC) o art. 489, § 1º, IV, do CPC não obriga o juiz a enfrentar os fundamentos jurídicos invocados pela parte, quando já tenham sido enfrentados na formação dos precedentes obrigatórios.

Contudo, quando houver julgamento de casos repetitivos, os arts. 1.038, § 3º, e 984, § 2º, do CPC exigem a análise de todos os argumentos contrários e favoráveis à tese trazida. Nesse sentido, o Enunciado n. 305 do FPPC: "No julgamento de casos repetitivos, o tribunal deverá enfrentar todos os argumentos contrários e favoráveis à tese jurídica discutida, inclusive os suscitados pelos interessados". Mas, quando um magistrado, no futuro, for aplicar um precedente vinculante com base em assunção de competência ou casos repetitivos, não precisará enfrentar (= reanalisar) todas as argumentações, pois estas já foram enfrentadas na decisão paradigma.

V – se limitar a invocar precedente ou enunciado de súmula, sem identificar seus fundamentos determinantes nem demonstrar que o caso sob julgamento se ajusta àqueles fundamentos;

VI – deixar de seguir enunciado de súmula, jurisprudência ou precedente invocado pela parte, sem demonstrar a existência de distinção no caso em julgamento ou a superação do entendimento.

Os incisos V e VI referem-se aos precedentes e sua vinculação com o magistrado. Se o magistrado apenas indica precedente ou súmula sem indicar os fundamentos determinantes e por que se aplicam ao caso concreto, a decisão é considerada não fundamentada. No primeiro caso, a aplicação do precedente é, por vezes, obrigatória, como se depreende dos arts. 932, IV e V, 332, 311, II e 927 do CPC. Nessas situações, o magistrado deverá utilizar-se muito mais de precedentes e jurisprudência dos tribunais para decidir. Assim sendo, "a invocação de precedentes não poderá ser feita sem que esteja acompanhada de juízo analítico quanto à conformação da sua *ratio decidendi* ao caso concreto"[21]. Igualmente quando deixa de seguir súmula, jurisprudência ou precedente sem que se estabeleça o porquê de sua não aplicação no caso concreto (*distinguish*).

É extremamente perigosa a expressão contida no inciso VI em que não se considera fundamentada a decisão que deixa de seguir "jurisprudência" sem aplicar o *distinguish*. Se a

---

20 Enunciado n. 524, FPPC: "O art. 489, § 1º, IV, não obriga o órgão julgador a enfrentar os fundamentos jurídicos deduzidos no processo e já enfrentados na formação da decisão paradigma, sendo necessário demonstrar a correlação fática e jurídica entre o caso concreto e aquele já apreciado".
21 Fredie Didier, Paula Braga, Rafael Oliveira. *Curso de direito processual civil*. 10. ed., Salvador: JusPodivm, v. 2, p. 340.

mera jurisprudência (aqui entendida como a reiteração de julgado sob dada regência) não está inserida na obrigatoriedade contida no art. 927 do CPC, não há vinculação vertical. Assim, permite-se ao juiz da causa, apenas a título de exemplo, discordar do posicionamento contido em julgados reiterados desde que, repise-se, não se enquadre nas situações contidas no referido artigo. Não seria necessário aplicar o método da distinção para considerar a decisão fundamentada, bastando apenas a discordância. Esse, aliás, foi o entendimento do STJ ao estabelecer que "A regra do art. 489, § 1º, VI, do CPC, segundo a qual o juiz, para deixar de aplicar enunciado de súmula, jurisprudência ou precedente invocado pela parte, deve demonstrar a existência de distinção ou de superação, somente se aplica às súmulas ou precedentes vinculantes, mas não às súmulas e aos precedentes apenas persuasivos, como, por exemplo, os acórdãos proferidos por Tribunais de 2º grau distintos daquele a que o julgador está vinculado" (REsp 1.698.774-RS, Rel. Min. Nancy Andrighi, Terceira Turma, por unanimidade, *DJe* 9-9-2020).

Há ainda uma diretriz não escrita que deve ser levada pelo magistrado em consideração não apenas no tocante ao fundamento como também no que diz respeito ao dispositivo: trata-se de **a proibição do juiz decidir de acordo com a sua consciência**. Por consciência deve se entender uma percepção privada, extraída do interior da mente do indivíduo.

A questão deve ser vista sob dois enfoques que se complementam. De um lado, o juiz, integrante do Poder Judiciário (órgão estatal) é um ser humano e como tal, no curso de sua vida aprende e desenvolve valores, opiniões e conceitos. Esses valores, opiniões e conceitos, na maioria das vezes, não podem ser transportados para o julgamento do processo.

O credo religioso é livre e deve ser respeitado, mas não poderá ser levado em consideração quando se discute casamento de pessoas do mesmo sexo ou uma questão de poliamor.

Não se está aqui emitindo juízos de valor sobre conceitos de cada um, mas nos critérios que devem levar o juiz a permitir ou não permitir as situações acima narradas. E as respostas do juiz não devem ser encontradas na sua consciência, mas no direito (ordenamento jurídico). Se for o caso de autorizar, deverá fazê-lo, mesmo que seja contrário ao que no âmbito particular coaduna.

Em pensamento mais simples, o magistrado que teve problemas com uma operadora de telefonia celular não pode ser tendencioso ao julgar casos em que essa empresa figure como parte. Igualmente o magistrado que teve uma má experiência no casamento transpor essa frustração para os processos que decide na vara de família.

O direito não pode ser simplesmente um ato de vontade do julgador que impõe esse ato para as partes e terceiros. Não se pode permitir o **juiz solipsista**. Na filosofia, solipsismo é a doutrina que se leva em consideração apenas a pessoa e suas sensações e convicções.

De outro lado, o ordenamento jurídico, que constitui na soma das diversas fontes aplicáveis para a solução do caso concreto (lei, jurisprudência, precedentes, doutrina, sumulas, princípios etc.) deve dar a solução para as pretensões que são submetidas ao Poder Judiciário. A criatividade judicial de usar as diversas fontes e não apenas a lei impede o juiz de decidir *non liquet*. O juiz julgar de acordo com sua consciência ("ciência e consciência" como dizem alguns) afastaria o juiz do mundo em que vive para decidir com base em mero subjetivismo. Isso é indesejável.

A exigência de fundamentação contida no art. 489 se aplica integralmente aos Juizados Especiais. Pensar o contrário seria aceitar a ideia de que causas de menor complexidade ou valor não mereceriam a proteção do devido processo legal. Não se pode confundir simplicidade e informalidade (estabelecidas no art. 2º da Lei n. 9.099/95) com ausência de garantias constitucionais para o processo. Infelizmente esse foi o pensamento do Enunciado n. 165 do Fonaje ao estabelecer que, "Nos Juizados Especiais Cíveis, todos os prazos serão contados de forma contínua". Trata-se, em nossa opinião, de uma equivocada interpretação do art. 38 da lei, que absolutamente nada fala sobre essa economia de fundamentação.

É importante ainda falar sobre da Lei de Introdução às Normas do Direito Brasileiro especialmente no tocante aos arts. 20 e 21, que versam sobre a **teoria consequencialista da decisão judicial**:

> Art. 20. Nas esferas administrativa, controladora **e judicial, não se decidirá com base em valores jurídicos abstratos sem que sejam consideradas as consequências práticas da decisão**.
> Parágrafo único. A motivação demonstrará a necessidade e a adequação da medida imposta ou da invalidação de ato, contrato, ajuste, processo ou norma administrativa, inclusive em face das possíveis alternativas. (G.n.)
> Art. 21. A decisão que, nas esferas administrativa, controladora ou **judicial, decretar a invalidação de ato, contrato, ajuste, processo ou norma administrativa deverá indicar de modo expresso suas consequências jurídicas e administrativas**.
> Parágrafo único. A decisão a que se refere o *caput* deste artigo deverá, quando for o caso, indicar as condições para que a regularização ocorra de modo proporcional e equânime e sem prejuízo aos interesses gerais, não se podendo impor aos sujeitos atingidos ônus ou perdas que, em função das peculiaridades do caso, sejam anormais ou excessivos. (G.n.)

O que se determina é o dever do magistrado em estabelecer, na fundamentação de sua decisão, as consequências desse ato, o que, muitas vezes, virá na própria norma que fundamenta a decisão.

Ao contrário da administração pública que, prioritariamente, fundamenta sua conduta na eficiência do ato praticado (art. 37 da CF) e no interesse da coletividade, o magistrado atua, em especial, para tutelar o interesse das partes no processo. Assim, demonstrando a atuação da situação concreta de acordo com o direito, alcança-se o desiderato jurídico e as suas consequências.

Esse artigo possui grande impacto no plano da fundamentação das decisões judiciais. Conforme observa Humberto Ávila, existem normas de segundo grau denominadas postulados normativos.

Postulados normativos são normas "que instituem os critérios de aplicação de outras normas situadas no plano do objeto da aplicação. Assim, qualificam-se como normas sobre a aplicação de outras normas, isto é, como metanormas"[22].

O CPC possui ao menos cinco postulados normativos (ou seja, normas que explicam como outras normas devem ser aplicadas): razoabilidade e proporcionalidade (art. 8º, CPC), integridade e coerência (art. 926, CPC) e ponderação (art. 489, § 2º, CPC)[23]. A LINDB estabeleceu um sexto critério.

Dessa forma, não se pode decidir com base em normas de conceito vago ou indeterminado sem que o juiz proceda a um prognóstico das consequências de sua decisão. Vale dizer: compete ao magistrado valorar as consequências de sua decisão e explicitá-las na fundamentação.

Sobre a ausência de fundamentação, há no Brasil duas correntes sobre as suas consequências:

---
22 *Teoria dos princípios*. 9. ed. São Paulo: Malheiros, 2009, p. 122.
23 DIDIER, Fredie. Disponível em: <https://diarioprocessual.com/2018/06/06/o-art-20-da-lindb-e-a-fundamentacao-das-decisoes-judiciais/>. Acesso em: 25 set. 2018.

– Uma primeira corrente defende que a falta de fundamentação gera **inexistência jurídica**. Isso porque a falta de decisão geraria uma situação não decidida e, portanto, não existente no mundo jurídico (Michelle Taruffo).

– Uma segunda corrente defende que a falta de fundamentação é caso de **invalidade**. Dessa decisão caberá apelação, podendo o tribunal, nos termos do art. 1.013, § 3º, IV, do CPC, suprir a fundamentação deficiente, já que o magistrado cometeu *error in procedendo*.

A falta de fundamentação é pressuposto de validade e não de existência da decisão judicial. Sua falta gera **nulidade absoluta**. Contudo, na prática é bem difícil se verificar a falta de fundamentação. A invalidade também ocorre quando há fundamentação deficiente.

Inexistente seria a decisão proferida por quem não é investido de jurisdição. Se a autoridade é investida da função jurisdicional e profere sentença não fundamentada, há sentença defeituosa, não inexistente.

É justamente por isso que se permite caber apelação da decisão com ausência/defeito de fundamentação para fins de invalidação. Só se pode invalidar decisão existente.

Há, contudo, duas situações em que a fundamentação é feita de maneira diversa da tradicional:

a) fundamentação *aliunde* – quando o magistrado se utiliza de precedentes judiciais próprios ou de terceiros para dar base à sua decisão. é necessário que o caso seja análogo, mas não se exige que sejam as mesmas partes. Contudo, a mera menção de outra decisão sem nenhum argumento que demonstre a aplicação na decisão a ser utilizada **ou** *como* aquela decisão se insere no contexto desta, gera a nulidade da decisão. Até mesmo porque não se considera fundamentada a decisão quando o magistrado invoca precedente "sem identificar seus fundamentos determinantes nem demonstrar que o caso sob julgamento se ajusta àqueles fundamentos" (art. 489, § 1º, V, CPC).

Nem nas hipóteses em que a menção está autorizada por lei fica o magistrado desobrigado a proceder à fundamentação da decisão. Assim, nas hipóteses do **(i) art. 332 do CPC** deverá o magistrado fundamentar a aplicação do precedente de outros Tribunais para o caso concreto, bem como nos casos de **(ii) súmula vinculante (CF, art. 103-A)** deverá demonstrar a hipótese de incidência da súmula sobre o caso concreto e em que circunstâncias e **(iii)** nos demais casos como a aplicação de julgamento de causas repetitivas ou assunção de competência também deverá demonstrar o "encaixe" com o caso a ser aplicado. Aliás é uma exigência não só do art. 489, § 1º, do CPC como também do art. 927, § 1º, do mesmo Código;

b) fundamentação *per relationem* – quando o magistrado se reporta à fundamentação de outra decisão do mesmo ou de outro processo a ele relacionado. Deve haver, nos dois processos, identidade das partes. Dessa forma, "o juiz deixa de dizer, com suas palavras, os fundamentos jurídicos do *decisum*. Arrima-se ou se reporta a outros atos processuais praticados no processo. São na verdade fundamentos indiretos"[24].

Excepcionalmente, poderá ser adotado este expediente como, por exemplo, no Juizado Especial Cível (art. 46, Lei n. 9.099/95) em que a súmula da sentença, se confirmada, servirá de fundamentação do acórdão.

Conforme bem observa Nelson Nery Jr.[25], a fundamentação *per relationem* somente poderá ser aplicada se não tiver ocorrido fato novo e se a fundamentação da decisão a ser usada for devidamente bem fundamentada.

---

24 Vallisney de Souza Oliveira, *Nulidade da sentença e o princípio da congruência*, São Paulo: Saraiva, 2004, p. 225.
25 *Princípios do processo na Constituição Federal*, cit., p 183 e 184.

Contudo, sem elementos essenciais não se há falar em decisão fundamentada. É necessário analisar as peculiaridades e vicissitudes da causa que se examina.

Importante frisar que, na decisão (acórdão) do agravo interno, esse expediente é vedado pelo que dispõe o art. 1.021, § 3º.

7.3.3. DISPOSITIVO

A parte apresenta as suas argumentações formulando um pedido com base em uma causa de pedir. A conjunção destes dois elementos consiste no **objeto litigioso do processo**. A análise deste objeto litigioso, contudo, depende da verificação de ausência ou não das matérias prévias (preliminares e prejudiciais), que consistem nas matérias processuais.

Ademais, há a defesa de mérito apresentada pelo réu (direta ou indireta) bem como a fase probatória, momento em que se verificará a veracidade dos atos postulatórios apresentados.

Pois bem. Todo esse conjunto (objeto litigioso + questões processuais + matérias de defesa + fase instrutória) consiste no **objeto do processo**[26]. Ao cabo dessa análise, o magistrado dará uma resposta ao objeto litigioso. Esta reposta é apresentada na parte dispositiva da decisão.

Assim, **dispositivo é a parte da sentença (decisão) em que o magistrado resolve a matéria que lhe foi submetida**. É nesta oportunidade que o magistrado, após verificar o resumo do processo (relatório) e as premissas fixadas (fundamento), dá a sua conclusão e confere a tutela jurisdicional a uma das partes. É o elemento chave e nuclear do pronunciamento judicial.

É a decisão que opera efeitos práticos na sociedade.

Para o mundo do direito a parte dispositiva (ou o "comando") constitui o elemento mais importante. Tanto que a falta de relatório ou motivação, de acordo com majoritária doutrina que é, igualmente nosso posicionamento, importa em nulidade da sentença. Já a falta da parte dispositiva acarreta a inexistência da própria decisão, visto que, se não houve, uma decisão, tecnicamente, não há uma sentença, não podendo ser denominada como tal.

O juiz pode elaborar dispositivo **direto ou indireto**. No primeiro, o magistrado expressamente indica o bem que o vencedor da demanda terá direito. Já no segundo, dará a vitória sem indicar expressamente qual o bem a qual a parte tem direito. Assim, se a sentença condena o réu a pagar ao autor R$ 2.000,00 (dois mil reais) consiste em dispositivo direto. Contudo, se apenas dá procedência conforme pedido do autor na inicial, fala-se em dispositivo indireto.

Em conclusão, é possível traçar as principais consequências sobre a falta dos elementos da decisão:

---

26 Para aprofundado estudo sobre a questão da acepção terminológica, ver, por todos, Sydney Sanches. Objeto do processo e objeto litigioso do processo. *Revista de Jurisprudência do Tribunal de Justiça do Estado de São Paulo*, v. 55, p. 13-28, São Paulo: Lex, nov.-dez. 1978. Kazuo Watanabe (*Da cognição do processo civil*. São Paulo: CPJ, 1999, p. 97) observa que o objeto litigioso comumente é chamado de lide, *res in iudicium deducta*, fundo do litígio, objeto do processo e mérito. Este entendimento é também comungado por Arruda Alvim. O autor ainda assevera que o objeto do processo é todo material que o magistrado terá a sua disposição para julgar o conflito, como, por exemplo, os pressupostos processuais, as condições da ação, as matérias de defesa (que não fazem parte do objeto litigioso) entre outros. Objeto litigioso, ao contrário, constitui o mérito, somente aquilo que será julgado e, portanto, recairá a autoridade da coisa julgada material. *Manual de direito processual civil*, cit., v. 1, p. 424-425. Esta é a mesma posição adotada por Milton Paulo de Carvalho em *Do pedido no processo civil*, cit., p. 61.

ELEMENTO DA DECISÃO FALTANTE	CONSEQUÊNCIA (SANÇÃO PROCESSUAL)	FORMA DE CONTROLE DENTRO DO PROCESSO[27]
Ausência de relatório.	Gera nulidade da decisão.	Havendo recurso, o tribunal poderá anular a sentença para que seja proferida outra ou, pelo princípio da primazia do mérito, poderá ele mesmo suprir a falta de relatório (art. 938, § 1º, CPC).
Ausência de fundamento.	Gera nulidade da decisão.	Havendo recurso, o tribunal poderá anular a sentença para que seja proferida outra ou, se a matéria estiver em condições de imediato julgamento, o próprio tribunal supre a fundamentação ausente/deficiente (art. 1.013, § 3º, IV, CPC). Sem prejuízo, cabem embargos de declaração por ausência/deficiência de fundamentação (art. 1.022, parágrafo único, II, CPC).
Ausência de dispositivo	A decisão é juridicamente inexistente	Caberá recurso que, entendendo não haver dispositivo deverá necessariamente remeter os autos para o juízo prolator da decisão para que seja proferida nova (não é possível a reforma da decisão – efeito substitutivo) sob pena de supressão de instância sem previsão legal.

É preciso ainda, para terminar este tópico, falar sobre a sofisticada e complexa **colisão entre normas jurídicas**.

Estabelece o art. 489, § 2º, CPC que: "No caso de colisão entre normas, o juiz deve justificar o objeto e os critérios gerais da ponderação efetuada, enunciando as razões que autorizam a interferência na norma afastada e as premissas fáticas que fundamentam a conclusão".

É importante estabelecer algumas premissas:

i) norma, na teoria geral do direito, abrange tanto o conceito de regra (lei) como o de princípios (*Dworkin*). Mas também norma é o produto da interpretação sobre a lei. Assim, o juiz, ao interpretar a lei para aplicá-la ao caso concreto, produz a norma.

ii) em havendo conflito entre regras (leis), adotam-se critérios para verificar qual regra deva prevalecer no caso concreto: assim, tem-se o critério da **especialidade** (regra especial afasta regra geral), o da **cronologia** (norma posterior afasta norma anterior), o da **hierarquia** (norma superior afasta norma inferior) e o do **diálogo das fontes** (quando houver apenas regras em outra disciplina – fonte heterogênea –, aplica-se a que for melhor para tutelar o direito ao caso, conforme entendimento do STJ no REsp 1.184.765). É comum dizer que na

---

27 Aqui se excluem as formas de controle em outro processo, como a ação rescisória e a *querela nullitatis*.

aplicação das regras se adota o critério do *all or nothing* (Dworkin), ou seja, duas regras que dispõem sobre a mesma questão em sentidos diferentes não podem conviver ao mesmo tempo no mesmo caso. É um critério de validade decorrente da antinomia que se estabelece entre as regras;

iii) contudo, como bem observa Humberto Ávila, excepcionalmente é possível adotar o critério de ponderação entre regras especialmente quando estas forem normas de conceito vago e indeterminado[28];

iv) em havendo conflito entre princípios, o critério não é de exclusão, de escolha, mas de ponderação, vale dizer, o magistrado deverá, à luz das circunstâncias fáticas, analisar qual princípio deve prevalecer. Assim, na verificação para conceder uma tutela provisória liminarmente, o magistrado deverá confrontar o princípio da efetividade com o do contraditório. É um critério de pesos;

v) e se houver um conflito entre princípios e regras? Entendo que nesse caso a regra deva prevalecer, sob pena de permitir a qualquer magistrado descumprir uma regra, ou de um advogado tentar burlar uma regra alegando violação a um princípio.

Há, contudo, quem critique o método de ponderação entendendo ser incompatível com o que se estabelece nos arts. 93, IX, da CF e 10, 489 e 926 do CPC (Lenio Streck)[29]. Alega o autor que o direito é um conjunto de regras e princípios, portanto ambos são normas, e ponderar regras seria vedado.

A 3ª Turma do STJ estabeleceu parâmetros para a ponderação entre princípios ao examinar pela primeira vez uma alegação de nulidade acerca da violação do art. 485, § 2º, CPC. Assim, a nulidade só deve ser declarada "na hipótese de ausência ou flagrante deficiência da justificação do objeto, dos critérios gerais da ponderação realizada e das premissas fáticas e jurídicas que embasaram a conclusão, ou seja, quando não for possível depreender dos fundamentos da decisão o motivo pelo qual a ponderação foi necessária para solucionar o caso concreto e de que forma se estruturou o juízo valorativo do aplicador". O recurso foi interposto por uma entidade religiosa contra o Google por permitir um vídeo no YouTube em que há ofensa a determinada religião. A ponderação reside entre a liberdade de expressão e a inviolabilidade das liturgias religiosas (princípios constitucionais).

No caso, o TJ de origem não havia enfrentado a ponderação desses princípios tampouco explicitado os critérios que adotou para essa situação. O STJ manteve a decisão do órgão *a quo* mas estabeleceu os parâmetros: "O exame da validade/nulidade da decisão que aplicar a técnica da ponderação", disse Villas Bôas Cueva, o relator do acórdão "deve considerar o disposto nos arts. 282 e 489, § 3º, do CPC, segundo os quais a decisão judicial constitui um todo unitário a ser interpretado a partir da conjugação de todos os seus elementos e em conformidade com o princípio da boa-fé, não se pronunciando a nulidade quando não houver prejuízo à parte que alega ou quando o mérito puder ser decidido a favor da parte a quem aproveite". Contudo, o STJ não adentrou no mérito da ponderação entre as normas constitucionais "a pretexto de apreciar recurso especial baseado apenas na alegada violação do art. 489, § 2º, do CPC adentrar o mérito da ponderação entre duas normas constitucionais, sob pena de se exceder na sua atribuição de uniformizar a interpretação da legislação federal". Assim, a Terceira Turma definiu que, "em recurso especial, a pretensão de revisão do mérito da ponderação efetuada pelo tribunal de origem pressupõe que se trate de matéria infraconstitucional, além da indicação, nas razões recursais, das normas conflitantes e das teses

---

28 *Teoria dos princípios*, cit., p. 51-63.
29 *Comentários ao Código de Processo Civil*, cit., p. 689-670.

que embasam a sustentada violação/negativa de vigência da legislação federal". Além disso, estabeleceu que, "tratando-se de decisão fundamentada eminentemente na ponderação entre normas ou princípios constitucionais, não cabe ao STJ apreciar a correção do entendimento firmado pelo tribunal de origem, sob pena de usurpação de competência do Supremo Tribunal Federal" (REsp 1.765.579).

7.3.4. DEMAIS ELEMENTOS DA SENTENÇA

A despeito de o art. 489 do CPC limitar a sentença em três elementos (relatório, fundamento e dispositivo), existem outros que integram a formação da sentença e, mais amplamente, todas as decisões judiciais.

Assim, determina o art. 205 do CPC que as sentenças serão redigidas, datadas e assinadas pelo juiz. No § 2º a lei autoriza ainda que a sentença possa ser assinada eletronicamente (Lei Federal n. 11.419/2006).

Se a decisão for proferida em audiência, será reduzida a termo pelo escrivão para revisão e assinatura do juiz.

7.4. PUBLICAÇÃO DA SENTENÇA E O "PRINCÍPIO DA INVARIABILIDADE"

A regra é encontrada no art. 494 do CPC, que assim dispõe:

Art. 494. Publicada a sentença, o juiz só poderá alterá-la:
I – para corrigir-lhe, de ofício ou a requerimento da parte, inexatidões materiais ou erros de cálculo;
II – por meio de embargos de declaração.

É importante que se diga que o termo "publicada" que se lê no art. 494 do CPC é equivocado. E isso porque publicar é tornar público e a publicidade se dá quando os autos estão à disposição em cartório para apreciação.

Tradicionalmente, contudo, os operadores do Direito denominam *publicação* o ato do *Diário Oficial* em cientificar as partes. Esse ato, em verdade, denomina-se **intimação**.

Com a publicação da sentença (tornar o ato público e não a sua intimação no *Diário Oficial*, que é ato distinto), a decisão adquire existência jurídica e não pode ser alterada, mesmo que as partes assim desejem (preclusão consumativa). O negócio jurídico processual não pode sobrepor-se a essa situação.

Vê-se que o CPC adotou a **teoria da irretratabilidade da sentença**, já que a lei apenas permite a sua alteração para correção de erros materiais, erros de cálculo ou por embargos de declaração.

Este assunto será retomado em momento oportuno, no capítulo dos recursos (embargos de declaração). Contudo, é importante, nesse momento, apenas fazer uma rápida consideração acerca da alteração legislativa empreendida no artigo.

A redação originária desse artigo, à luz do CPC/73, previa que o magistrado, ao proferir a sentença de mérito, exauria o seu ofício jurisdicional. A alteração dentro do CPC no regime anterior, com a definitiva inserção do sincretismo no nosso ordenamento, o magistrado, ao proferir sentença de mérito, não mais encerra sua atividade, já que deverá praticar atos materiais para a satisfação daquilo que restou declarado em sentença dentro desse mesmo processo (cumprimento de sentença). O CPC, no atual texto desse artigo, agora 494, manteve a mesma redação.

Contudo, o referido dispositivo não quer dizer que o magistrado se desliga do processo, mas sim que não pode alterar a sentença. Até mesmo porque é ele quem: **a)** abre vista para a parte contrária apresentar contrarrazões; **b)** conduzirá o cumprimento provisório do julgado quando a apelação for recebida somente no seu efeito devolutivo; **c)** cumprirá a sentença das obrigações específicas (entrega de coisa e obrigação de fazer e não fazer) com atos executivos ou mandamentais.

Contudo, como exposto, a sentença, via de regra, não pode ser alterada. Mesmo que o magistrado na leitura do recurso compreenda que o apelante possua razão, não poderá alterar sua sentença.

Entretanto o ordenamento prevê, ao menos, **quatro exceções**:

a) no indeferimento da petição inicial (CPC, art. 331) – se a sentença indeferir a petição inicial, numa das hipóteses do art. 330 do CPC, gerando a resolução do processo sem análise do mérito;

b) na improcedência liminar do pedido (CPC, art. 332) – se a causa não necessitar de fase probatória e o pedido da petição inicial contrariar uma das quatro situações previstas no art. 332 do CPC ou, havendo prescrição/decadência, o magistrado proferirá sentença de improcedência liminar;

c) na apelação interposta contra sentenças no procedimento do ECA (art. 198, VII, Lei n. 8.069/90) – as sentenças proferidas no procedimento do ECA também admitem retratação;

d) nas sentenças terminativas – as sentenças sem resolução de mérito igualmente permitem, quando apresentada apelação, a possibilidade de retratação nos termos do art. 485, § 7º, do CPC. A regra está afinada com o princípio da primazia do mérito que não deve ser analisado apenas na ótica preventiva (= evitar a prolação de sentença sem mérito), mas também na ótica repressiva, ou seja, uma vez prolatada a decisão terminativa, poderá o magistrado, analisando os argumentos trazidos pelo autor, reconsiderar sua sentença. É possível que essa hipótese tenha pouca incidência prática, pois o magistrado sempre deve, em atenção aos arts. 9º e 10 do CPC, intimar as partes antes de decidir. Assim, se a parte já tentou convencer o juiz antes de proferir a sentença quando intimada, uma vez que a decisão já foi prolatada, pouco provável que consiga com os mesmos argumentos convencê-lo a mudar de opinião.

Em todos os casos, o magistrado poderá se retratar em cinco dias.

Há uma preocupante questão no que concerne à retratação. Isso porque só há razão em falar na retratação de recurso **admissível**, já que aquele que ainda não foi admitido não pode produzir efeito algum. Nesse caso há um problema de estruturação lógica: o juízo de admissibilidade cronologicamente deve preceder a retratação, juízo esse que não é permitido ao juiz de primeiro grau.

Em consonância com o que foi defendido, o Enunciado 293 do FPPC estabelece: "Se considerar intempestiva a apelação contra sentença que indefere a petição inicial ou julga liminarmente improcedente o pedido, não pode o juízo *a quo* retratar-se".

Nessa situação, entendemos somente seja possível enxergar a questão sobre um enfoque: nos casos em que se permita a retratação, o magistrado poderá fazer o juízo positivo de admissibilidade (evidentemente que apenas o positivo, já que o juízo negativo torna prejudicada qualquer possibilidade de retratação).

7.5. CLASSIFICAÇÃO DAS SENTENÇAS DE PROCEDÊNCIA[30]

A classificação das sentenças (e mais amplamente, das decisões judiciais) somente tem sentido quando se fala no conteúdo decisório correspondente ao pedido do autor. Dessa forma, apenas as sentenças de procedência são sujeitas à classificação, pois as sentenças de improcedência são sempre **declaratórias negativas**, já que atestam que o autor não possui o direito postulado.

A distinção que aqui se estabelece para fins de classificação leva em conta o **conteúdo da sentença** e não a sua eficácia (= aptidão para produzir efeitos). O conteúdo é marca inerente a determinado ato que o identifica dos demais de sua classe.

Eficácia é a produção de efeitos daquele ato, decorrente, justamente, do seu conteúdo. Assim, o conteúdo tem, em linha de princípio, correspondência com os efeitos (essa relação é realizada por imputação, conforme autorizada doutrina)[31], estes se produzem para fora, enquanto aquele é verificado internamente.

Evidente que os efeitos nem sempre conseguem guardar correspondência com o conteúdo, já que ambos são realidades distintas. Vale dizer que permitir a execução forçada (efeito da sentença condenatória) não integra seu conteúdo, mas é apenas uma causalidade dele. Assim é possível haver uma sentença condenatória, mas não produzir seus efeitos, pois o exequente não requereu o cumprimento da decisão. Pois bem, quanto à classificação das sentenças de procedência, é possível enxergar na doutrina duas vertentes: a **classificação ternária**[32] (que separa as sentenças em declaratórias, constitutivas e condenatórias) e a **classificação quinária** (que junto a estas três sentenças, agregam também as sentenças *executiva* e *mandamental*).

Defendem a **classificação quinária**, na doutrina brasileira, Pontes de Miranda, Ovídio Baptista e Luiz Guilherme Marinoni e a **ternária** José Carlos Barbosa Moreira, Arruda Alvim, Cândido Dinamarco e José Roberto dos Santos Bedaque.

É importante de início, estabelecer uma distinção entre as diferentes sentenças de modo a se verificar se, de fato, as sentenças executivas e mandamentais possuem envergadura para figurar como categorias autônomas ou apenas como uma subclassificação das sentenças condenatórias.

7.5.1. SENTENÇA DECLARATÓRIA

A sentença declaratória "apenas" declara a existência ou inexistência de uma relação jurídica ou o modo de ser de uma relação. O objetivo dessa sentença é **eliminar uma situação de incerteza** que paira sobre determinada relação jurídica e é fonte de dúvida juridicamente relevante (art. 19, CPC). Esta é a tutela outorgada ao autor que será acobertada pela coisa julgada material.

Importante que se entenda que, em todas as sentenças, mesmo as com pedido constitutivo ou condenatório, o juiz declara quem tem razão. Dessa forma, toda sentença declara algo, seja

---

30 MONTANS DE SÁ, Renato. A efetivação processual do direito das obrigações – a tutela dos direitos obrigacionais sob a ótica da técnica processual. In: *Impactos processuais do direito civil*. Coord. Cassio Scarpinella Bueno, São Paulo: Saraiva, 2008, p. 214 e seguintes.
31 José Carlos Barbosa Moreira, Conteúdo e efeitos da sentença: variações sobre o tema. In: *Temas de direito processual civil* – quarta série, São Paulo: Saraiva, p. 175.
32 Importante se dizer que a classificação é TERNÁRIA e não TRINÁRIA. Trinário (expressão inexistente no nosso vocabulário) vem do verbo trinar, que define o canto dos pássaros e não representa a conjunção de três elementos.

como sua pretensão final ou como base para outra tutela (ex. para proceder a condenação do devedor, o magistrado deve declarar previamente a existência da dívida). A diferença é que nas demais sentenças o juiz não apenas declara, pois há a preponderância de outros efeitos (assim como a famosa classificação de Pontes de Miranda[33]).

A sentença declaratória não impõe nenhuma obrigação às partes, por isso não constitui título executivo[34], mas torna certa aquela relação que, embora já existisse, não era reconhecida.

É por isso que os efeitos de sua declaração são *ex tunc*, já que retroagem à data do início da relação jurídica cuja existência foi discutida. A sentença tem essa eficácia, pois apenas confirma judicialmente aquilo que já existia.

Assim, numa ação de investigação de paternidade, a sentença declaratória positiva irá constatar e produzir seus regulares efeitos que aquele pai é, como tal considerado, desde a concepção do filho. Contudo, apenas agora não há mais dúvidas acerca do vínculo de filiação.

O mesmo acontece com a sentença que declara a existência de união estável em que certifica situação preexistente. As pessoas não "passam a ser conviventes", mas já o eram antes mesmo da decisão judicial.

Entretanto, há interessante exceção: a sentença declaratória prevista no art. 27 da Lei n. 9.868/99 permite que o Supremo possa modular os efeitos da decisão declaratória de inconstitucionalidade, autorizando que a decisão possa ter efeitos *ex nunc*, ou mesmo *ex tunc* limitados a determinado momento.

O art. 19 do CPC preconiza que o interesse do autor pode limitar-se à declaração: i) da existência, inexistência ou modo de ser de uma relação jurídica; e ii) da autenticidade ou falsidade de documento.

A sentença declaratória possui, como se vê por objeto a relação jurídica (art. 19, I, CPC). Contudo, poderá a declaração versar sobre fatos quando tratar de verificação de falsidade ou autenticidade de documentos (art. 19, I, CPC).

Vê-se, pois, que a sentença declaratória tem âmbito limitado pela própria lei.

Afirma-se que ela possui caráter preventivo, pois não pode obrigar alguém a fazer ou não fazer alguma prestação. Assim, não terá capacidade de impedir alguém de praticar um ilícito (somente as inibitórias têm essa função).

7.5.2. SENTENÇA CONSTITUTIVA

Como se disse, toda sentença traz ínsito um capítulo declaratório. Assim, as sentenças constitutivas, além de declararem, **formam, modificam ou extinguem uma relação jurídica.**

Assim como as sentenças declaratórias, as sentenças constitutivas bastam por si para atender ao direito substancial afirmado (são sentenças intransitivas, pois não precisam de atividade ulterior para que possam ser efetivadas). Não se forma um título executivo, como corolário, a parte contrária não é executada, mas se sujeita à nova situação afirmada pelo juiz.

Duas motivações podem ensejar o seu ajuizamento: i) a existência de um litígio a respeito de relação jurídica que uma das partes quer constituir ou desfazer sem o consentimento da

---

33 *Tratado das ações*, p. 130.
34 Apesar de a sentença declaratória (como toda sentença) gerar um efeito anexo de condenação referente às custas e honorários advocatícios.

outra; ou ii) a exigência legal de ingresso no Judiciário para que determinada relação jurídica possa ser modificada, mesmo com o consenso dos envolvidos. No primeiro caso a constituição é **voluntária**; no segundo é **necessária** (como exemplo as hipóteses de jurisdição voluntária)[35].

O que caracteriza a sentença constitutiva é a **criação de um estado jurídico distinto do anterior**. Por isso, a eficácia dessa sentença é *ex nunc* e não produz seus efeitos para o passado[36].

A sentença constitutiva pode ser positiva (criação de uma relação jurídica), negativa (extinção de uma relação jurídica) ou neutra (modificação de uma relação jurídica).

É típica sentença que se relaciona aos direitos potestativos, pois efetiva-se no mundo jurídico das normas e não dos fatos.

7.5.3. SENTENÇA CONDENATÓRIA

Sentenças condenatórias são tutelas que não se limitam apenas a declarar a existência do direito em favor do autor, mas concedem a ele a possibilidade de valer-se da sanção executiva, tornando realidade concreta aquilo que lhe foi concedido. Portanto, decorrente dela, forma-se um título executivo judicial.

São sentenças do ponto de vista prático, portadoras de alto grau de ineficácia, pois são insuficientes para tutelar efetivamente o direito do credor.

E isso porque, se não houver o cumprimento espontâneo do devedor, dará ensejo a que o credor promova um processo de execução (ou ao menos, conforme a nova lei, novo procedimento ou nova fase), requerendo que o Estado pratique atos materiais a fim de converter o patrimônio do devedor em renda ao credor.

As sentenças condenatórias têm eficácia *ex tunc*, pois seus efeitos retroagem à data da propositura da demanda. Como regra, elas só produzem efeitos a partir do trânsito em julgado, salvo se o recurso contra ela interposto não for dotado de eficácia suspensiva.

A sentença prepara a execução. Ela é só a causa, não o efeito. Como dito, ela é a mais ineficiente de todas as tutelas jurisdicionais. Se o grau de eficácia de uma tutela se mede pelos efeitos concretos em que está apta a produzir, a sentença condenatória produz pouquíssimos efeitos para fora do processo[37].

7.5.4. SENTENÇA MANDAMENTAL

Os primeiros escritos sobre sentença mandamental começaram na Alemanha com Georg Kuttner[38].

---

35 Sem prejuízo da possibilidade de proceder o divórcio consensual (por exemplo) por cartório extrajudicial, conforme art. 733 do CPC.
36 Há, contudo, exceções à regra, como a anulação de negócio jurídico (art. 182, CC), que retroage à data de formalização do negócio. Assim, "anulado o negócio jurídico, restituir-se-ão as partes ao estado em que antes dele se achavam, e, não sendo possível restituí-las, serão indenizadas com o equivalente".
37 Cassio Scarpinella Bueno, Ensaio sobre o cumprimento das sentenças condenatórias, *RePro*, 113/23; *A nova etapa da reforma do Código de Processo Civil*. São Paulo: Saraiva, 2006, p. 269-331.
38 Todavia a origem histórica se deu dos interditos romanos, em que o pretor não condenava, mas ordenava uma imposição de conduta. Os interditos se diferiam das *actios*, justamente porque estas últimas eram ligadas aos direitos obrigacionais e eram julgadas por um juiz privado.

O raciocínio dos juristas alemães era inverso em relação à nossa concepção de tutela mandamental. Não definiam as tutelas mandamentais pelos meios de obtenção do provimento, mas nas limitações que o ordenamento oferecia para o cumprimento das decisões.

Ademais, limitavam a qualificar as tutelas mandamentais tomando por premissa sempre a existência do Estado no polo passivo da demanda. O que hoje, à luz do art. 497 do CPC, perdeu todo o significado (exceção feita ao mandado de segurança).

Pontes de Miranda[39] foi o primeiro autor no Brasil a desenvolver um estudo mais aprofundado sobre as tutelas mandamentais, com base no seu famoso estudo do *Tratado das ações*, ao atribuir às sentenças cargas de eficácia.

Propugnou (dentre outros pontos) a **inexistência de uma sentença pura**, mas a categoria da sentença tomaria como base sua eficácia preponderante (e que levaria o nome da sentença) com as demais em eficácias "menores".

Resume seu pensamento na estatalidade do provimento. "Na sentença mandamental o juiz não constitui; manda"[40].

A teoria do eminente processualista alagoano foi ratificada por Ovídio Batista[41] que, aos ensinamentos de Pontes, acrescentou a autoexecutoriedade como característica marcante das tutelas mandamentais. Assim, após a sentença, as atividades se dariam na mesma relação processual sem necessidade de provocação[42].

Baptista liga as tutelas mandamentais às obrigações legais (assim como relaciona as executivas "*lato sensu*" aos direitos reais). Importante frisar, na ótica do citado autor, que as demais obrigações ficavam afetas às sentenças condenatórias, deixando as obrigações legais (*rectius*; deveres jurídicos) decorrentes de outros ramos do Direito que não os das obrigações.

Sérgio Muritiba, em monografia sobre o tema e analisando os estudos empreendidos por Pontes de Miranda e Ovídio Baptista, entende que a estatalidade "é mais uma justificativa política para a existência da técnica mandamental do que propriamente um dos elementos que a configuram"[43]. Assim, "todo e qualquer tipo de provimento jurisdicional, simplesmente por decorrer do exercício de uma atividade jurisdicional, é imperativo, não sendo possível auferirmos, por esse critério, uma hierarquia entre eles"[44].

Eduardo Talamini[45] assevera que não é a imposição imperativa que caracteriza a tutela mandamental, mas a função técnico-processual à disposição da parte para utilizar-se dos meios de coerção necessários, assim "é pela forma como se consegue alcançar o resultado esperado".

Luiz Guilherme Marinoni entende que uma sentença não é mandamental porque manda ou ordena mediante mandado, já que "a mandamentalidade não está na ordem, ou no mandado, mas na ordem conjugada à força que se empresta à sentença, admitindo-se o uso de medidas de coerção para forçar o devedor a adimplir"[46].

---

39 Francisco Cavalcanti Pontes de Miranda, *Tratado das ações*. 2. ed. São Paulo: Revista dos Tribunais, 1972, v. 1, p. 224.
40 Francisco Cavalcanti Pontes de Miranda, *Tratado das ações*, 2. ed. São Paulo: Revista dos Tribunais, 1972, v. 1, p. 224.
41 Ovídio Araújo Baptista da Silva, *Curso de processo civil*, Porto Alegre: Fabris Editores, 1987, v. 1.
42 Escrito antes da reforma da execução em 2005, evidentemente.
43 *Ação executiva* lato sensu *e ação mandamental*, São Paulo: Revista dos Tribunais, 2005, p. 228.
44 Idem.
45 *Tutela relativa aos deveres de fazer e não fazer*, 2. ed. São Paulo: Revista dos Tribunais, 2003, p. 204.
46 Idem, p. 356.

Igualmente entende Eduardo Talamini, para quem "o que confere força executiva ao provimento mandamental não é a medida processual de coerção que eventualmente o acompanhe, mas a previsão de que seu descumprimento caracterizará afronta à autoridade (...)"[47].

Qualifica-se ordem não pelo seu conteúdo em si, mas pela consequência de sua violação, até mesmo porque todo descumprimento é afronta ao Poder Judiciário.

É assim que se pode divisar a sentença condenatória, pois nela o descumprimento não acarreta a aplicação de crime de desobediência, já que a técnica utilizada nestes tipos de medida dispensa o emprego de outras medidas de coerção que não os da sub-rogação.

Assim, é possível identificar dois elementos na ação mandamental: i) coercitividade, vale dizer, sem que haja a imposição de uma obrigação, tornar-se-ia inócua a tutela mandamental; ii) cumprimento de ofício, ao contrário das sentenças condenatórias que dependem de provocação do credor para se iniciar a fase/processo executivo.

Nesse sentido, difere das sentenças executivas que, nesse caso, o conteúdo substancial nada mais é do que uma sub-rogação. No caso da mandamental, o cumprimento depende da vontade do obrigado e os "meios" adequados são os meios para criar este estímulo na vontade do réu.

É de se verificar que os meios utilizados para se aplicar a técnica mandamental relacionam as prestações de natureza infungível[48] (a utilidade que ele proporciona está condicionada à participação do réu).

Por **sentença mandamental**, portanto, deve-se entender a técnica que pretende extrair do devedor o cumprimento voluntário. Dirige-se diretamente contra a pessoa do obrigado, aguardando dele o acatamento e o cumprimento de uma ordem sob pena de responder pelas consequências desse descumprimento.

A tutela mandamental busca fundamentalmente eliminar quaisquer alternativas mais compensatórias para o devedor do que o próprio cumprimento da obrigação. Atua mais no âmbito psicológico do devedor do que nos fatos propriamente ditos, já que se espera dele o resultado ajustado no plano do direito material.

José Roberto dos Santos Bedaque entende que "sentença mandamental é aquela em que, em razão do seu objeto, o processo de execução ou a prática de atos de sub-rogação não são necessários" já que "caracteriza-se pelo fato de a execução limitar-se ao cumprimento do mandado judicial, visto que impossível o inadimplemento". Assim, "a diferença [que caracteriza a sentença mandamental] está, portanto, não na natureza da crise, mas na forma de efetivar o comando emergente da sentença"[49].

Importante frisar que ao contrário da tutela mandamental que tem a aptidão de compelir o réu ao cumprimento com medidas de estímulo, a sentença condenatória[50] parte do pressuposto de que o juiz não pode interferir na esfera jurídica do indivíduo e assim ordená-lo a cumprir a sentença[51].

---

47 *Tutela relativa*, cit., p. 191.
48 Sérgio Muritiba (*Ação executiva*, cit., p. 248) assevera com precisão que a doutrina civil não se atém às dificuldades práticas, limitando-se a definir dever fungível como aquele que revela irrelevante a pessoa do devedor para cumprimento da obrigação, assim as obrigações de dar coisa certa ou dinheiro são sempre fungíveis. Esquecendo-se que muitas vezes a fungibilidade aparece em situações concretas, como exemplifica o autor nas situações em que o devedor esconde o bem ou mesmo nas situações em que não existe terceiro interessado.
49 *Efetividade do processo e técnica processual*, São Paulo: Malheiros, 2006, p. 516 e 518.
50 É claro e, por vezes, revela-se sobremodo complicado divisar a tênue linha entre condenar a mandar. Assim, existe ordem do juiz para o escrivão do Registro Civil averbar divórcio ou interdição, mas nem por isso constitui sentença mandamental.
51 Reminiscências do Estado liberal clássico (século XIX) que à época da concepção dessas sentenças todas as tutelas de direito que não cumpridas convertiam-se em pecúnia.

Por fim, é de se asseverar que nada impede (pela ausência de tipicidade dos meios executivos, somada a necessidade de integral proteção ao direito material) que o magistrado se utilize de duas tutelas diferenciadas para obter o resultado desejado. Assim, se a técnica mandamental não criar o efeito desejado, nada impede que se busque por meio da tutela executiva o cumprimento da obrigação (evidentemente nos casos em que este tipo de técnica tiver espaço).

Em muitos casos, sendo a executiva "*lato sensu*" técnica mais dispendiosa e demorada (v.g., expedição de ofício para a Polícia, requerendo força policial, utilização de máquinas para impedir infração), poder-se-á requerer a tutela mandamental quando o autor, evidentemente, não possuir verba necessária para adiantar os custos do serviço, ou quando o tempo empregado para realizar o fazer fático puder tornar inócuo o provimento.

7.5.5. SENTENÇA EXECUTIVA

Como dito, Pontes de Miranda desenvolveu interessantíssimo trabalho acerca da classificação das sentenças e sua carga de eficácia da qual não haveria sentenças puras, mas preponderantes, todas com pesos diferentes que variavam de 1 a 5[52].

Ovídio Baptista da Silva[53], seguindo os passos do autor alagoano, propagou a autonomia das sentenças executivas ao explicitar que estas dariam supedâneo aos direitos reais enquanto às de direito obrigacional ficariam reservadas as sentenças condenatórias[54].

Talvez a grande diferença das tutelas executivas (e que se verá adiante que tal diferença não é suficiente para proclamar a sua autonomia) em relação às demais – máxime a condenatória – refere-se aos meios executórios e ao momento de sua aplicação.

As sentenças executivas são de natureza condenatória, mas prescindem de uma fase de execução que lhes sobrevenha para que seu comando seja cumprido, pois as condenatórias exortam o devedor a cumprir, ao passo que a executiva já efetiva a tutela[55].

A sentença executiva parte da premissa que ela, por si só, altera a denominada linha discriminativa das esferas jurídicas, o que não ocorre com a execução, que precisa de outra medida para que se possa "cruzar essa linha".

A **sentença executiva** é técnica sub-rogatória que se realiza independentemente da vontade do devedor, mas que não atua mediante expropriação de bens (predicativo das execuções por quantia certa como a penhora, avaliação e alienação). Ao contrário da condenatória, esta não se dirige ao devedor da obrigação, mas concretiza-se independentemente de sua

---

52 Sérgio Muritiba condensou com precisão as principais ideias do autor: "(a) o núcleo da eficácia executiva *lato sensu* reside na transferência de coisa, da esfera patrimonial do réu para a do autor; (b) a mencionada coisa deve lá estar de forma ilegítima, contra direito; (c) esta coisa pode ser garantida tanto por um direito real quanto por um direito pessoal; (d) a eficácia executiva (força) se dá de maneira imediata, sempre por meio da própria sentença do processo de conhecimento, de modo que pode haver atividade executiva sem a necessidade de título executivo judicial ou extrajudicial; (e) por fim, por razões didáticas e coerentemente com sua concepção, as ações executivas *lato sensu* devem ser colocadas no âmbito do processo de conhecimento" (*Ação executiva* lato sensu *e ação mandamental*, São Paulo: Revista dos Tribunais, 2005, p. 228).
53 *Sentença e coisa julgada*. Porto Alegre: Fabris, 1995, p. 195.
54 Esta diferenciação, forte nos aspectos históricos (*actio* romana), somente poderá ser possível se explicados os conceitos de ação e de direito material. Entende o referido autor que somente o direito real condiciona a parte passiva estar sujeita à perda da coisa. Entretanto não explica o caso da ação executiva de despejo contra o inquilino pelo locador não proprietário.
55 Não concordamos, contudo, com esse posicionamento, pois entendemos que qualquer forma de efetivação de uma decisão judicial constitui execução.

vontade. Por ser, como dito, técnica sub-rogatória típica, neste ponto – e basicamente neste ponto – afina-se com a tradicional tutela condenatória.

A técnica executiva tem seu campo de incidência nas obrigações de fazer de natureza fungível.

7.5.6. COMO HARMONIZAR OS CONCEITOS DE SENTENÇA CONDENATÓRIA, EXECUTIVA E MANDAMENTAL?

Sabe-se que a tutela jurisdicional executiva pode se operar tanto por meio de outra fase de um processo já instaurado (condenatórias) como no corpo da mesma fase (executiva ou mandamental). Tal separação foi possível após as reformas engendradas a partir de 1994, máxime pelos arts. 84 do CDC, 461, 273 e 461-A do CPC/73. Estes artigos oportunizaram a quebra da barreira conhecimento e execução, ou relativização da dicotomia, como observa Kazuo Watanabe[56].

Essa força executiva própria inerente a essas tutelas tem como característica a **atuação oficiosa do magistrado dentro do mesmo processo cognitivo**. Evidente que a forma de cumprimento dessas sentenças difere do cumprimento das sentenças condenatórias de pagamento.

E isso porque, a despeito do sincretismo das sentenças que condenam ao pagamento, não se seguiu a estrutura dos citados artigos. No cumprimento de sentença para pagamento em quantia, é necessário que a sentença **seja executada**, é necessário requerimento em **outra fase** procedimental por provocação do credor.

Mas todos os meios de cumprimento decorrem do mesmo fato gerador: **o inadimplemento**.

Contudo, dessas mudanças no direito positivo, sentiu a doutrina a necessidade de nominar os modelos de implementação prática das obrigações de fazer e não fazer e de entrega de coisa, sem se utilizar da expressão "processo de execução".

A partir daí sobreveio uma enorme disparidade acerca da classificação (e tentativa de enquadramento) das sentenças condenatórias, executivas e mandamentais. Para alguns autores, trata-se de espécies distintas do mesmo gênero; para outros, uma subespécie do conceito condenação ou ainda simplesmente condenação.

Barbosa Moreira entende que a doutrina tenta medir com a mesma régua coisas diferentes. Criaram um sistema heterogêneo para tentar classificar as sentenças ora pelos efeitos, ora pelo conteúdo. Assevera que o sistema classificatório padece de lógica, pois deveria seguir um tratamento uniforme[57].

De acordo com o professor Cassio Scarpinella Bueno, a classificação nada mais é do que uma forma de aproximação, estudo e sistematização de um objeto[58]. Mas nesse caso, será que se podem colocar dentro do mesmo critério de classificação as sentenças acima mencionadas?

José Roberto dos Santos Bedaque[59] entende que a exagerada relevância que o problema das espécies de sentença vem adquirindo não é compatível com os efeitos práticos proporcionados pela discussão, qualquer que seja o entendimento adotado. A mudança da classificação ternária para quinária não contribui para aumentar a efetividade da tutela jurisdicional.

---

56 *Da cognição no processo civil*, 2. ed. São Paulo: CEBEPEJ, 1999, p. 47.
57 *Temas de direito processual*, 8ª série. São Paulo: Saraiva, p. 141.
58 *A nova etapa da reforma do Código de Processo Civil*. São Paulo: Saraiva, 2006, p. 269-331.
59 *Efetividade do processo e técnica processual*, São Paulo: Malheiros, 2006, p. 538.

Pelo direito material, é possível classificar **três situações diversas (crises): a) incerteza sobre a existência de uma relação jurídica, b) presença de requisitos para a modificação de uma relação jurídica ou c) inadimplemento de uma obrigação de dar (entrega de coisa ou pagamento em dinheiro), fazer ou não fazer.**

Portanto, a relação entre as modalidades de tutela e a situação substancial trazida à apreciação é útil à compreensão da classificação ternária, tornando desnecessária a criação de novas categorias de tutela.

A condenação decorre de uma atividade lógica exercida pelo juiz de subsunção dos fatos ao direito regulando a regra do caso concreto. Assim, exaurida a atividade cognitiva com o acertamento do direito, é preciso dotar a atividade de eficácia prática para que não permaneça **no plano do dever-ser.** Dessa feita, como o cumprimento da regra depende da vontade do destinatário, a condenação limita-se a deixar a oportunidade para realização prática. **O tipo de medida a ser adotada coercitivamente na esfera do executado depende do tipo de obrigação não cumprida.**

Mas a causa é sempre a mesma: inadimplemento, por isso independentemente da classificação que se dê, **a sentença é condenatória.**

Não se confunda condenação com **sanção.** Nem sempre haverá sanção nas condenações levadas a efeito. Basta verificar a condenação em sentença de custas e honorários. Tal cominação decorre de simples sucumbência e não de conduta antijurídica ou mesmo abusiva da parte.

Se as tutelas são classificadas pela finalidade (declaratória, constitutiva ou condenatória) e as técnicas executiva e mandamental são apenas variantes (= meios) para obter a tutela desejada, não podem ser elas, novas sentenças, mas meios diferentes de se cumprir a sentença condenatória de acordo com a obrigação inadimplida.

Assim, nas tutelas tendentes a afastar a crise de adimplemento surge a necessidade de praticar atos posteriores à fase cognitiva para tornar concreto o comando emergente da decisão. Se houver necessidade de instauração de uma nova fase, a sentença é simplesmente condenatória.

Se a efetivação se der no próprio processo de conhecimento que originou o acertamento do direito, diz-se ser executiva ou mandamental.

Pode-se concluir que a diferença reside não na condenação (já que toda sentença que decorre de um cumprimento por inadimplemento é condenatória), **mas na forma de efetivação da sentença condenatória.** Assim, os mecanismos que vão tornar a realidade da condenação concreta "retirando-a do plano cognitivo"[60] não apresentam característica suficiente para que possuam autonomia. Sua única especificidade reside no modo como a tutela é cumprida, não na crise que gera sua atuação: o inadimplemento.

Em resumo: **a natureza da obrigação é que influi na forma de cumprimento da sentença condenatória. Por isso não há diferentes sentenças, mas formas distintas de se efetivar a crise do inadimplemento de acordo, repise-se, com a natureza da obrigação.**
Dessa forma o juiz:

Condena: sentença condenatória (depende de provocação do beneficiário)
Ordena: sentença mandamental (determina de ofício que o sujeito passivo cumpra)
Executa imediatamente: sentença executiva (determina de ofício que seja efetivada a decisão)

---

60   Expressão utilizada por José Roberto Bedaque.

7.6. CAPÍTULOS DA SENTENÇA
7.6.1. INTRODUÇÃO

O estudo dos capítulos da sentença, ou mais amplamente das decisões judiciais, é compreender que uma decisão, a despeito de ser formalmente uma, pode produzir diversos capítulos que espraiam efeitos diversos no mundo do processo até mesmo quanto a sua recorribilidade.

Aliás, seria difícil imaginar uma sentença, por exemplo, que contenha apenas um capítulo.

A simples condenação em honorários já altera a estrutura mínima da decisão autorizando que a decisão seja fracionada em dois capítulos: um sobre o objeto litigioso principal e outro sobre o custo a ser despendido com o advogado da parte contrária.

E é importante que as decisões podem projetar inúmeros capítulos como, por exemplo: **a)** na cumulação objetiva de pedidos; **b)** no litisconsórcio cujo regime seja simples (decisão pode ser diversa para cada litisconsorte); **c)** na conexão entre demandas; **d)** na análise de questão processual e questão de mérito.

O CPC trata expressamente desta regra, sendo de fácil constatação nos arts. 356, 509, § 1º, 520, III, 975, 1.013, § 5º, entre outros artigos.

O tema foi originariamente tratado por Chiovenda na Itália no começo do século XX e no Brasil por Cândido Dinamarco, que adotou a teoria desenvolvida por Liebman sobre o *capi di sentenza*.

Para Dinamarco, capítulo da sentença "é uma unidade elementar autônoma, no sentido de que cada um deles expressa uma deliberação específica; cada uma dessas deliberações é distinta das contidas nos demais capítulos e resulta da verificação de pressupostos próprios, que não se confundem com os pressupostos das outras"[61].

Um caso concreto pode ajudar na compreensão da teoria dos capítulos na prática forense:

> Em uma ação de reparação de danos, o réu se defendeu. Arguiu preliminar e reconheceu o dano emergente, tendo impugnado o dano moral e os lucros cessantes.
> Na sentença, o magistrado rejeitou a preliminar arguida pelo réu, de ilegitimidade passiva, e no mérito condenou o réu a pagar ao autor apenas o dano emergente. Quanto aos danos morais, julgou improcedente a pretensão. Mas os lucros cessantes foram parcialmente concedidos.
> Ainda, dado o reconhecimento jurídico parcial do pedido, condenou o réu ao pagamento dos ônus da sucumbência.
> Perceba que esta sentença terá ao menos cinco capítulos distintos: um que rejeita a preliminar arguida, o outro que condena ao pagamento do dano emergente, outro ainda que condena o réu no pagamento parcial dos lucros cessantes, um quarto em que o réu não deve pagar os danos morais e um quinto sobre os honorários de sucumbência.

A teoria dos capítulos tem suma importância na teoria da sentença, no campo recursal, na execução e na coisa julgada.

---
61 *Capítulos da sentença*, São Paulo: Malheiros, 2002, p. 34.

i) Imagine que dois capítulos de mérito tenham sido proferidos. A parte recorreu de apenas um. O que não foi recorrido transitará em julgado, podendo ser executado desde já, definitivamente. E mais, em relação a este capítulo, uma vez formada a coisa julgada, já se conta autonomamente o prazo para o ajuizamento de ação rescisória no prazo de dois anos, independentemente do trânsito da parte recorrida (entendimento não aceito pelo STJ, conforme será visto), consoante compreensão do art. 975 do CPC que será visto no capítulo sobre ação rescisória, *infra*.

ii) Da mesma forma que o julgamento de demandas conexas, em que cabem recursos com efeitos distintos (v.g., tutela cautelar e pedido principal, despejo e cobrança de aluguéis, alimentos e investigação de paternidade). Como desta sentença (formalmente una) caberá apenas um recurso em atenção ao **princípio da unirrecorribilidade**, cada capítulo será recebido em seu efeito típico. Dessa forma, a demanda principal ficará sobrestada por força do duplo efeito e a demanda cautelar poderá produzir efeitos desde já (via cumprimento provisório), *ex vi* do art. 1.012, § 1º, V, do CPC.

iii) Se uma decisão for *ultra petita*, não será preciso que o Tribunal anule toda a sentença, bastando eliminar o capítulo que excedeu os limites da demanda, mantendo aquele que se limitou ao que foi pedido.

iv) Se uma sentença tiver uma parte líquida e outra ilíquida, poderá o magistrado proceder à liquidação da parte ilíquida, iniciando desde já a execução da parte líquida.

v) Na teoria dos capítulos das decisões, é possível se verificar que uma sentença (v.g.) é portadora de diversos capítulos que podem: **a)** possuir eficácias condenatórias diversas (podendo ser decorrente até de prestações diferentes – um fazer e um pagar); e **b)** possuir capítulos que possuem outras eficácias (como declaratória ou constitutiva).

vi) É possível o julgamento antecipado parcial do mérito (art. 356, CPC). O julgamento antecipado parcial do mérito poderá se dar de duas formas: por condições de imediato julgamento (art. 355, CPC), quando parte do pedido ou algum dos pedidos cumulados estiver pronto para julgamento, ou por incontroversibilidade.

O direito veiculado no pedido pode tornar-se incontroverso em três situações:

a) reconhecimento jurídico do pedido (CPC, art. 487, III, *a*). Se a parte reconhece que o direito pertence ao autor, dispensa-se a instrução probatória, pois tornam-se os fatos incontroversos e, portanto, sem necessidade de dilação probatória. Trata-se de uma modalidade de **cognição exauriente ficta**, pois haverá conhecimento total sobre o objeto cognoscente, sem que tenha havido a profundidade necessária de análise;

b) revelia (CPC, art. 344). A revelia gera a presunção de veracidade dos fatos. É pacífico o entendimento de que o efeito material da revelia gera presunção relativa, pois o autor pode não conseguir provar a juridicidade do seu direito ou mesmo o magistrado pode verificar a sua inexistência. De toda sorte, a revelia é um grande passo à procedência do pedido do autor. Aqui, diferentemente do reconhecimento jurídico do pedido, a **cognição judicial é exauriente presumida**, pois o magistrado se contenta com aquilo que foi demonstrado pelo autor, desconsiderando os argumentos que o réu poderia ter trazido, já que, no momento oportuno, não o fez;

c) não cumprimento do ônus da impugnação específica (CPC, art. 341). Uma terceira situação constitui o não cumprimento do ônus da impugnação específica. Essa hipótese é a mais difícil de constatar na prática, pois o réu nem confessou, nem deixou de se defender: apenas se defendeu mal, ou seja, não cumpriu o seu dever de apresentar fatos impeditivos, modificativos ou extintivos. Constitui situação em que há contestação, mas não há defesa.

Algumas questões importantes:

i) a aplicação dessa regra somente será possível quando os pedidos cumulados forem independentes entre si. Dessa forma, numa ação de rescisão do contrato com perdas e danos, sendo o réu revel exclusivamente quanto às perdas e danos, não poderá o magistrado antecipá-la, pois, se em sentença final constatar a não rescisão do contrato, as perdas e danos não serão devidas. Esse exemplo constitui caso clássico de cumulação própria sucessiva, ou seja, os pedidos guardam entre si relação de prejudicialidade ou preliminaridade;

ii) parcela da doutrina, com razão, assevera que a incontrovérsia se encontra nos fatos (causa de pedir) e não no pedido. Portanto, tecnicamente falando, é a causa de pedir que torna apta a antecipação de parcela da demanda;

iii) não havendo recurso, a efetivação dessa parcela do mérito será feita por execução definitiva (não cumprimento provisório), pois não haverá futura decisão apta a ratificá-la ou infirmá-la. Portanto, às naturais limitações impostas a esse tipo de execução não se aplica a regra do art. 356 do CPC. Tanto o cumprimento da decisão como sua eventual liquidação poderão ser formalizados em autos suplementares (em não sendo processo eletrônico) a requerimento da parte ou do juiz;

iv) a decisão da parte incontroversa constitui uma decisão interlocutória com conteúdo de mérito e desafia o recurso de agravo de instrumento;

v) a decisão que julgar parcialmente o mérito poderá reconhecer a existência de obrigação líquida ou ilíquida. Nesse caso, poderá se proceder à liquidação parcial, independentemente de caução, ainda que a decisão tenha sido recorrida. Com o trânsito em julgado, essa decisão se torna definitiva;

vi) esta decisão, por ser definitiva, está apta a fazer coisa julgada material e possui prazo de contagem próprio para eventual.

7.6.2. APLICABILIDADE

Existem três situações que permitem a aplicação da teoria dos capítulos da sentença:

i) quando houver pluralidade de pretensões: a) na cumulação de demandas; **b)** com a apresentação de incidentes processuais (denunciação da lide, v.g.); **c)** na conexão de causas; **d)** quando houver litisconsórcio simples;

ii) quando houver uma pretensão que possa ser decomponível, ou seja, "versa sobre coisas suscetíveis de contagem, medição, pesagem ou qualquer outra ordem de quantificação (como o dinheiro), caso em que também a decisão poderá ser decomposta"[62];

iii) quando analisa questão processual e questão de mérito (capítulos heterogêneos).

7.6.3. CLASSIFICAÇÃO

7.6.3.1. Quanto à uniformidade do objeto de cognição[63]

Neste caso, os capítulos podem ser **homogêneos** ou **heterogêneos.**

Serão homogêneos quando versarem sobre o mesmo objeto de cognição. Assim, poderá haver dois capítulos de mérito, ou dois capítulos processuais (um sobre pressupostos e outro sobre condições da ação, v.g.).

---

62 Fredie Didier, Rafael Oliveira e Paula Sarno Braga, *Curso*, cit., p. 277-278.
63 Alexandre Câmara, *Lições de direito processual civil*, 18. ed., Rio de Janeiro: Lumen Juris, 2008, p. 436-437.

De outra forma, serão heterogêneos os capítulos que versarem sobre objeto de cognição distinto (o mais comum, diga-se). O magistrado que afasta um vício processual e julga o mérito terá decidido dois capítulos diferentes na mesma sentença.

Sob o aspecto prático toda sentença terá capítulos heterogêneos, pois, ao julgar o mérito, terá o magistrado **implicitamente** decidido sobre as questões processuais e admitido o processo como válido.

Contudo, como bem observam Fredie Didier, Paula Sarno Braga e Rafael Oliveira[64], "para efeito de aplicação dessa teoria, porém, somente se considera existente um capítulo processual se houve deliberação expressa do juiz sobre questão de admissibilidade, como ocorre quando o julgador analisa questão processual e a rejeita. Decisão implícita é, em nosso sistema, inconstitucional, por violar o direito fundamental à motivação das decisões judiciais".

Contudo, não concordamos com esse posicionamento. A decisão judicial que admite o processo e julga o mérito não precisa ser fundamentada. E isso porque o juízo de admissibilidade positivo é a regra. Somente carecerá de fundamentação se a parte contrária suscitar a existência de algum vício.

Não seria crível imaginar que o magistrado deva fundamentar ponto a ponto acerca da presença de todos os pressupostos processuais e condições da ação, devendo estabelecer na sentença que a "petição inicial é apta, não há peremção, litispendência, as partes são capazes".

7.6.3.2. Quanto à hierarquia

Existem capítulos que sobrevivem por si e em si, não necessitando de outros para a produção de seus regulares efeitos. São os **capítulos principais**. Contudo, existem determinados capítulos em que sua existência depende do capítulo principal. Os honorários e a correção monetária são subordinados à existência de outro capítulo. São denominados **capítulos subordinados ou acessórios**.

7.6.3.3. Quanto à autonomia

Os capítulos podem ser **independentes** ou **dependentes**. Os primeiros são aqueles que produzem efeitos independentemente de haver outra decisão proferida. Assim é a condenação de uma dívida estampada em uma sentença. Contudo, existem, por seu turno, os capítulos dependentes. São aqueles cuja eficácia está subordinada à apreciação de um pedido independente. Desta forma, na cumulação imprópria, o pedido subsidiário somente será apreciado, se rejeitado o principal.

Possui consequência importante para o processo já que a reforma do primeiro capítulo no tribunal importa a reforma do capítulo dependente, mesmo que não tenha sido objeto de recurso.

7.6.4. A TEORIA DOS CAPÍTULOS DAS DECISÕES NA LIQUIDAÇÃO DE SENTENÇA: A QUESTÃO À LUZ DA REDAÇÃO DOS ARTS. 63 E 387, IV, DO CPP

O presente item objetiva sistematizar a regra do regime da ação penal, especialmente os arts. 63 e 387, IV, do Código de Processo Penal com a execução civil decorrente da sentença penal condenatória trânsita em julgado.

---
64 *Curso*, cit., p. 279.

E isso porque, desde a Exposição de Motivos do referido Código em 1941[65], as esferas civil e penal não misturavam suas atividades, impedindo, portanto, a dedução de demanda civil no âmbito penal.

Com o estabelecimento de um "valor mínimo" referente à reparação, o juízo penal não se limita a fixar o *an debeatur*, mas também o *quantum*. Esta regra reveste-se, ainda, de maior relevância na medida em que o valor mínimo aplicado não impede, à luz do art. 63, parágrafo único, do CPP que haja liquidação na esfera cível sobre o remanescente que o ofendido entenda por devido.

A questão, por certo, deve ser analisada à luz do art. 509, § 1º, do CPC, que permite a liquidação e a execução simultaneamente quando estabelecida em capítulos diferentes.

Ocorre que a especificidade da norma está no fato de o juiz penal ter estabelecido um mínimo da condenação, permitindo uma eventual complementação pela esfera cível.

Um primeiro ponto a se questionar diz respeito à soberania da decisão penal (art. 935, CC). Estaria o magistrado cível adstrito a este valor mínimo estabelecido?

É importante estabelecer algumas premissas.

O surgimento de um fato ilícito tem aptidão para criar duas formas de pretensão, uma de natureza penal e outra de natureza civil. No primeiro caso, a tutela buscada é a apuração da culpa (*an debeatur*), desde que o ato praticado esteja em conformidade com uma das hipóteses penais previamente estabelecidas (subprincípio da reserva legal, decorrente do princípio da legalidade, art. 1º, CP, e art. 5º, XXXIX, CF).

Este fenômeno denomina-se **incidência múltipla**[66].

Como bem observa Cândido Dinamarco[67], a jurisdição, conquanto soberana, não pode ser dividida, mas se divide funcionalmente[68] para a melhor prestação do serviço pelo Estado.

Entretanto, a conduta tipificada no crime como ilícita pode desencadear uma pretensão material de natureza civil, sendo exigido que nessa esfera se busque a devida reparação.

Existem, contudo, determinadas sentenças que prescindem de eventual ulterior atividade material, podendo ser efetivada dentro da própria esfera penal, sem interferência do juízo heterotópico cível. E isso porque determinados delitos não geram dano suscetível de reparação em outra esfera, como, por exemplo, o art. 341 do Código Penal, que preconiza o crime de autoacusação falsa[69], a invasão de domicílio ou uso de entorpecentes.

A despeito da prevalência da decisão penal que torna indiscutível a questão no cível[70], não é necessário que a demanda cível seja ajuizada somente após o trânsito em julgado da

---

65 Assim disciplina a Exposição de Motivos neste tocante: "O projeto, ajustando-se ao Código Civil e ao novo Código Penal, mantém a separação entre a ação penal e a ação civil *ex delicto* rejeitando o instituto ambíguo da constituição de 'parte civil' no processo penal. A obrigação de reparar o dano resultante de crime não é uma consequência de caráter penal, embora se torne certa quando haja sentença condenatória no juízo criminal. A invocada conveniência prática da economia de juízo não compensa o desfavor que acarretaria ao interesse da repressão a interferência de questões de caráter patrimonial no curso do processo penal".

66 Sérgio Shimura, *Título executivo*, São Paulo: Saraiva, 1997, p. 210; Araken de Assis, *Eficácia civil da sentença penal*, São Paulo: Revista dos Tribunais, 2000, p. 17.

67 *A instrumentalidade do processo*, 7. ed., São Paulo: Malheiros, 1999, p. 138.

68 Nem todos os ordenamentos seguem essa divisão de esferas como o do Brasil. Há também os países que permitem a livre escolha (como Itália e França), bem como a confusão entre as duas esferas em um único juízo (México).

69 Art. 341. Acusar-se, perante autoridade, de crime inexistente, ou praticado por outrem (...).

70 "A condenação penal irrecorrível faz coisa julgada no cível para efeito de reparação do dano, não se podendo mais discutir a respeito do *an debeatur*. Significa que o causador do dano não poderá mais discutir no juízo cível se praticou o fato ou não, se houve relação de causalidade entre a conduta e o resultado ou não, se agiu

demanda penal. A sentença penal não pode produzir efeitos senão quando transitada em julgado pelo princípio da presunção de inocência (CF, art. 5º, LVII e interpretação dada pelo STF nas Ações Declaratórias de Constitucionalidade (ADC) 43, 44 e 54 em julgamento 6x5 em novembro de 2019). Ao contrário da sentença cível, não se permite execução provisória.

Entretanto, é possível que sejam ajuizadas conjuntamente[71]. Havendo contemporaneidade, poderá o magistrado cível, ao constatar a prejudicialidade externa, sobrestar o feito aguardando o julgamento da demanda penal (art. 313, CPC). Esta suspensão, contudo, a despeito de necessária, é facultativa, competindo ao alvitre do juízo.

Evidente que a simultaneidade entre as duas demandas pode gerar situações endoprocessuais de difícil solução. E isso porque a demanda penal poderá ser julgada enquanto a demanda cível esteja em curso[72].

Assim, se a sentença for condenatória e transite em julgado, carecerá o autor da demanda cognitiva cível de interesse já que a sentença da esfera penal, à luz do art. 515, VI, do CPC, é título executivo.

Ademais, não se pode permitir que a jurisdição cível emita novo juízo de certificação quando este encontra óbice na coisa julgada penal (art. 935, CC)[73]. Assim, no plano da eficácia a decisão penal repercute *ad extra* na esfera cível[74].

Pode ocorrer ainda de a demanda cível ser julgada e ter seu trânsito efetivado antes da sentença criminal. Se não for o caso de absolvição por inexistência do fato, não haverá incompatibilidade entre a sentença procedente no cível com a improcedente no criminal.

Até mesmo porque determinadas sentenças no penal, mesmo propugnando pela ausência de culpa (legítima defesa, exercício regular de direito ou estado de necessidade, v.g.), podem acarretar reparação no cível.

A colidência ocorrerá com a condenação na esfera penal e a improcedência no cível.

A sentença penal condenatória objetiva dar operacionalidade à norma do art. 91, I, do CP[75]. Este dispositivo, consoante largo entendimento doutrinário, cria um efeito secundário, já que, além da sanção penal, estabelece um efeito extrapenal decorrente da reparação no cível.

Como a sentença penal é norma jurídica individualizada e concreta, não necessitará de nova certificação no cível. Entretanto, a jurisdição penal possuía, até o advento da Lei n. 11.719/2008, limitação horizontal no sentido de vedar a condenação de valores, tarefa esta atribuída à esfera cível. Esta relação heterotópica entre ambas as esferas é formalizada pelo cumprimento material em esfera diversa da penal, viabilizado pela produção do título criado no juízo penal, mas materializado no cível.

---

culpavelmente ou não. Só pode discutir a respeito da importância da reparação" (Damásio de Jesus, *Código de Processo Penal anotado*, 14. ed., São Paulo: Saraiva, 1998, p. 73).
71 Ação civil *ex delicto* (CPP, arts. 64 a 67).
72 Demanda esta que objetiva declarar a existência de culpa.
73 Há de se ter assentado que, por vezes, a demanda cível não será extinta, mesmo com a coisa julgada penal. E isso porque a demanda cognitiva está a discutir o *quantum debeatur*. Seria desarrazoado imaginar que o juízo cível, depois de longo trabalho instrutório, relegasse toda produção probatória que foi realizada neste sentido. Melhor será, neste caso, estreitar a cognição do magistrado, no sentido de não poder mais decidir sobre a culpa, mas podendo, com base na culpa já estabelecida no âmbito penal, regulamentar o valor que dessa culpa decorreu o dever de indenizar. Dispensar-se-ia, neste caso, a fase de liquidação.
74 Araken de Assis, *Eficácia civil da sentença penal*, 2. ed., São Paulo: Revista dos Tribunais, 2000, p. 87.
75 Art. 91. São efeitos da condenação: I – tornar certa a obrigação de indenizar o dano causado pelo crime.

Questão importante refere-se ao fato de a sentença penal condenatória ser título executivo no cível. E isso porque raríssimos casos se apresentam sem a necessidade de prévia liquidação[76].

Há, evidentemente, situações que demandam automaticamente a execução, pois o *quantum debeatur* está devidamente fixado na decisão penal, necessitando, se muito, de mera atualização por cálculo aritmético (art. 509, § 2º, CPC), como é o caso da devolução à vítima do produto do crime ou sanção de multa penal (respectivamente arts. 91, II, *b*, e 51 do CP).

Na verdade, as sentenças penais geram títulos hábeis à instauração do procedimento liquidatório, já que não se sabe, a despeito de a lei penal asseverar em seu art. 91, I, qual o valor da indenização. Mas para que possam ser materializadas no cível precisam preencher os requisitos previstos nesta seara a fim de tornar hábil a execução forçada[77].

Consoante asseverado, estabelecemos, ao longo do texto, **três premissas** importantes, uma extraída de cada um dos capítulos precedentes:

a) a despeito da unidade da jurisdição, nosso sistema – até mesmo para permitir uma maior especialidade na prestação da tutela jurisdicional – aloca em dois juízos distintos a reparação de danos que possua conteúdo penal e civil. Entretanto, em respeito à competência de cada qual, o juiz cível, ao executar a sentença penal condenatória, não poderá discutir o que já se adquiriu pelo selo da *res iudicata* (CC, art. 935), já que o nosso sistema adota, como vimos, **o sistema da independência relativa**;

b) a liquidação de sentença é instrumento hábil a atribuir valor certo à sentença ilíquida. Se os predicados da obrigação são liquidez, certeza e exigibilidade, a liquidação constitui procedimento incidente (portador de pretensão autônoma) cuja finalidade é operacionalizar a viabilidade da pretensão executiva;

c) as decisões sempre possuirão mais de um capítulo que, dada sua autonomia, podem conter capítulos líquidos e ilíquidos ensejando, de uma só decisão, a imediata execução e liquidação contemporaneamente.

Entretanto os arts. 63 e 387, IV, não se acomodam, ao menos numa primeira análise, na hipótese do art. 509, § 1º, e isso porque o referido artigo do CPC está a mencionar a possibilidade de liquidação e execução referente a *capítulos diferentes da mesma decisão.*

A dicção do CPP permite a execução definitiva conjuntamente com a liquidação de um mesmo capítulo. E isso porque o art. 387, IV, determina:

> "Art. 387. O juiz ao proferir a sentença condenatória:
> (...)
> IV – fixará valor mínimo para reparação dos danos causados pela infração considerando os prejuízos sofridos pelo ofendido".

E o art. 63 e seu parágrafo único assim dispõem:

> "Art. 63. Transitada em julgado a sentença condenatória, poderão promover-lhe a execução, no juízo cível, para o efeito da reparação do dano, o ofendido, seu representante legal ou seus herdeiros.
> Parágrafo único. Transitada em julgado a sentença condenatória, a execução poderá ser efetuada pelo valor fixado nos termos do inciso IV do *caput* do art. 387 deste Código sem prejuízo da liquidação para apuração do dano efetivamente sofrido".

---

76 Há autores que negam peremptoriamente a possibilidade de proceder a execução sem prévio procedimento liquidatório. Neste sentido, Araken de Assis, *Eficácia civil da sentença penal*. 2. ed. São Paulo: Revista dos Tribunais, 2000, p. 100, e José Carlos Barbosa Moreira, *O novo processo civil brasileiro*, p. 225.
77 Luiz Rodrigues Wambier. *Sentença civil*: liquidação e cumprimento. 3. ed. São Paulo: Revista dos Tribunais, 2006, p. 206.

Da leitura dos artigos há de se chegar a algumas conclusões:

i) ao contrário do que expressamente assevera a exposição de motivos do Código de Processo Penal, foi alargada a esfera jurisdicional conferida ao juízo penal para conceder não só o *an debeatur* como também a fixação do valor da reparação cível;
ii) entretanto este valor não é definitivo, podendo ser majorado (e a lei não deixa margem de dúvidas sobre isso) na esfera cível, mediante liquidação de sentença; e
iii) o CPP, desde 2008, alterou a estrutura procedimental da liquidação na esfera cível, criando uma nova hipótese de fragmentação de decisão, permitindo que de um mesmo capítulo se obtenha parte líquida e ilíquida. Aliás, expediente este já seguido pelo legislador cível.

7.7. PRINCÍPIO DA CONGRUÊNCIA

J. J. Calmon de Passos[78] preconiza que "a petição inicial é o projeto da sentença que o autor pretende do juiz". Essa descrição revela o denominado **princípio da congruência** (também chamado de adstrição, correspondência ou da correlação), **em que o magistrado deve decidir exatamente de acordo com aquilo que foi apresentado na petição inicial (qualitativa e quantitativamente), nem mais, nem menos, nem diferente.**

O princípio da adstrição caminha de mãos dadas com diversos princípios que orbitam sobre sua aplicação. Assim, se relaciona com o **princípio da inércia** (o Judiciário não pode agir senão quando provocado), com o **princípio dispositivo** (a parte projeta ao Judiciário aquilo que deseja que seja decidido) e com o **princípio do contraditório** (se o magistrado julgar diversamente do que foi requerido pelo autor, certamente ofenderá o contraditório, pois o réu se defendeu nos precisos limites daquilo que foi requerido).

É o que dispõe **o art. 492 do CPC:** "É vedado ao juiz proferir decisão de natureza diversa da pedida, bem como condenar a parte em quantidade superior ou em objeto diverso do que lhe foi demandado". E ainda o **art. 141 também do CPC:** "O juiz decidirá o mérito nos limites propostos pelas partes, sendo-lhe vedado conhecer de questões não suscitadas a cujo respeito a lei exige iniciativa da parte".

Contudo, os dispositivos não revelam todo o alcance da norma.

Os limites da causa não devem ser tidos somente pelo *pedido*, mas também pela causa de pedir e pelas partes, ou seja, o princípio da congruência abrange todos os elementos da demanda. Assim, o magistrado deve julgar somente nos limites do que foi pedido, com base nas causas de pedir narradas, atingindo, em regra, somente as partes do processo (CPC, art. 506).

Em alguns casos, a própria lei autoriza a relativização do princípio da congruência, autorizando que o magistrado conceda o bem acima ou independente do que foi requerido. Assim se opera:

i) na aplicação do princípio da fungibilidade em que se autoriza ao magistrado conceder tutela diversa daquela que fora requerida, como nos casos de fungibilidade entre recursos, ações possessórias ou medidas de urgência;
ii) nos casos de pedidos implícitos, como juros, honorários advocatícios, ou pedido de prestações periódicas. Constitui modalidade de pedido não requerida, mas concedida *ex vi legis* (CPC, art. 322, § 1º);

---

78 *Comentários ao Código de Processo Civil.* Rio de Janeiro: Forense, 1974, v. III, p. 138.

> **iii) nas tutelas específicas** (CPC, art. 497, e Lei n. 8.078/90, art. 84) em que o magistrado poderá conceder a tutela específica ou "resultado prático equivalente ao do adimplemento";
> **iv) nos direitos supervenientes** (CPC, art. 493);
> **v) no pedido decorrente de prestações alternativas no plano do direito material** (art. 325, CPC), do qual o réu poderá cumprir a obrigação conforme se estabeleceu no direito material, ainda que o autor tenha pleiteado apenas uma das formas, diversa daquela que o réu deseja cumprir;
> **vi) na análise de matérias de ordem pública**, que podem ser conhecidas de ofício a qualquer tempo e grau de jurisdição (art. 337, § 5º, e 485, § 3º, CPC).

7.7.1. CONGRUÊNCIA EXTERNA

Como observado no item anterior, o magistrado deve julgar nos limites do pedido. O pedido vem delineado nos arts. 322 e 324 do CPC, que dispõem ser, o pedido, certo e determinado. Em contraposição, o magistrado deve julgar de acordo com este pedido, em sua certeza e sua determinação. Contudo, nem sempre isso ocorre, dando passo aos **vícios de congruência da sentença**.

7.7.1.1. Sentença *extra petita*

Sentença *extra petita* é aquela em que o magistrado concede algo fora daquilo que foi requerido. Este vício está atrelado à certeza do pedido.

Verifica-se sempre que o magistrado conceder algo diverso daquilo que foi pedido seja porque **(a)** concedeu bem da vida diverso (pedido mediato); ou **(b)** prestou tutela jurisdicional diversa (pedido imediato).

Por diverso, há de se presumir que o magistrado *não decidiu* aquilo que foi requerido pelo autor, decidindo coisa diversa. Dessa forma, se o magistrado inseriu dentro da condenação algo *a mais* do que foi requerido, mesmo que seja de gênero diferente, a decisão será *ultra* e não *extra petita*.

Da mesma forma que o pedido, será *extra petita* a sentença que se funda em causa de pedir não suscitada pelo autor. Aqui o vício não é do pedido, pois o juiz concedeu a tutela com base no pedido, mas com diversa causa de pedir.

Da sentença *extra petita* caberá apelação. Este pedido será rescisório, para que seja proferida uma nova sentença. Contudo, se estiver em condições de imediato julgamento, poderá o Tribunal já julgar a questão adotando a teoria da causa madura, conforme art. 1.013, § 3º, II, CPC. Nada impede que, com o trânsito em julgado, seja ajuizada ação rescisória com fundamento em manifesta violação a norma jurídica (art. 966, V, CPC), no caso os arts. 141 e 492 do CPC.

7.7.1.2. Sentença *ultra petita*

Na sentença *ultra petita* o magistrado julga a mais do que foi pedido. Aqui a problemática não reside na certeza do pedido (pois foi dado exatamente aquilo que se requereu), mas na **determinação**. O magistrado concedeu mais do que havia sido requerido pelo autor e, portanto, a sentença está viciada.

Sempre que o magistrado proferir sentença em quantidade maior do que a requerida (dentro do mesmo gênero) pelo autor haverá esta modalidade de sentença.

Difere-se da decisão *extra petita*. No julgamento *ultra petita* o magistrado analisa o pedido, mas **exagera** e concede mais do que foi requerido. Já na decisão *extra petita*, o magistrado não analisa aquilo que foi requerido, e concede algo fora do pedido, portanto **inventa** matéria não suscitada.

Evidentemente que nas demandas de pedido genérico (*vide* capítulo da petição inicial) o autor não está obrigado a fixar o valor da condenação e, portanto, o magistrado não tem parâmetros para a concessão do valor.

Dessa forma, nos casos de reparação de danos sem valor certo (nas de danos continuados que não se enquadrem nas situações do art. 292, V, CPC), o magistrado não profere sentença *ultra petita*, pois apenas deve estar adstrito ao *an debeatur* (certeza) do pedido e não ao *quantum debeatur* cuja fixação é livre nessas demandas.

Questão interessante é respeitante à causa de pedir. Como não é possível mensurar a causa de pedir pela sua *quantidade,* mas sempre por sua *qualidade,* pode-se dizer que não existe sentença *ultra petita* no tocante à causa de pedir (*ultra causae petendi*). E isso porque uma causa de pedir não pode ser dada *mais* que outra, somente *diversa*.

Subjetivamente, decisão *ultra petita* é aquela que insere na decisão sujeito que não integrou o processo.

Da decisão caberá apelação. Aqui, ao contrário da sentença *extra petita* que será toda anulada, é possível que o magistrado apenas invalide a parte a mais. Assim, não será necessária a aplicação do efeito rescindente, na medida em que basta ao Tribunal retirar a "gordura", mantendo-se incólume aquilo que foi decidido nos limites do pedido.

Também com o trânsito em julgado será possível o ajuizamento de ação rescisória pelo mesmo motivo (manifesta violação a norma jurídica, art. 966, V, CPC), mas somente da parte que sobejar os limites da decisão.

7.7.1.3. Sentença *infra petita* (*citra petita*)

O terceiro vício (e mais comum, diga-se) é a sentença que julga aquém do que foi pedido, denominada sentença *infra* ou *citra petita*.

Há autores que entendem haver diferença entre as sentenças *infra* e *citra petita*. As primeiras nada têm de irregular, pois seria o acolhimento parcial da demanda (o que pode ocorrer na resolução do mérito). As segundas sim, ofendem o princípio da congruência, pois se julga menos do que se pediu[79].

Evidente que este terreno somente terá aplicabilidade no campo da cumulação de pedidos, quando o magistrado deixa de analisar um dos pedidos formulados. Não seria crível imaginar que diante da formulação de um único pedido deixe o magistrado de julgá-lo, pois não haveria sentença.

A cumulação pode ser própria ou imprópria, verificando as peculiaridades de análise de cada uma das regras. Desta forma, na cumulação sucessiva somente analisará o segundo pedido se rejeitado o primeiro (se imprópria) ou somente analisará o segundo se acolhido o primeiro (se própria). Não se aplica esta regra nos pedidos alternativos, pois, como somente um será analisado, não se imagina que o magistrado deixa de verificar.

---

79 Cândido Rangel Dinamarco, *Vocabulário do processo civil*, São Paulo: Malheiros, 2009, p. 314-315.

Sobre a causa de pedir não há se falar, via de regra, em sentença *infra petita*. E isso porque o magistrado não é obrigado a analisar todas as causas de pedir e todos os fundamentos de defesa apresentados pelas partes. Até mesmo porque, por vezes, com base em uma causa de pedir/fundamento de defesa, o magistrado já tem condições de resolver o conflito. Contudo, para rechaçar o pedido do autor e do réu, deverá analisar todas as causas de pedir sob pena de não se considerar fundamentada a decisão (art. 489, § 1º, IV).

> Dessa forma, o vício pode ser considerado *secundum eventum litis*: se for para acolher o pedido da parte, o magistrado não precisa enfrentar todos as causas de pedir ou fundamentos de defesa. Se for para não acolher, deve enfrentar todos, sob pena de decisão *infra petita*.

Para assegurar que todas essas argumentações que foram discutidas, mas não decididas, sejam analisadas, a lei conferiu a elas possibilidade de serem analisadas de ofício pelo tribunal mesmo quando a interposição da apelação se limitou, obviamente, na fundamentação que gerou a sucumbência.

Estas matérias sobem para o tribunal por força do **efeito translativo** (CPC, art. 1.013, §§ 1º e 2º). Desta feita, torna-se desnecessário impugnar a decisão neste tocante, na medida em que o tribunal, *ex vi legis*, tem a possibilidade de verificar as causas de pedir/fundamentos de defesa, discutidos, mas omitidos da decisão.

Geralmente a sentença *citra petita*, no campo subjetivo, opera quando há litisconsórcio, deixando de analisar a situação jurídica de um deles.

O recurso cabível são os embargos de declaração com base na omissão (CPC, art. 1.022, II). Acredita-se em não cabimento de plano de recurso de apelação, pois, se a decisão foi omissa, como inferir a sucumbência? O vício do juízo, nesse caso, reside em outro plano: negativa de prestação de tutela jurisdicional e não a derrota da parte. Contudo, caso a omissão não seja suprida pelo juízo *a quo*, caberá apelação, podendo o Tribunal, se a matéria estiver em condições de imediato julgamento, suprir a omissão a teor do art. 1.013, § 3º, III, CPC. É possível ainda propor nova ação sobre o assunto, já que "O pedido, quando omitido em decisão judicial transitada em julgado, pode ser objeto de ação autônoma" (Enunciado n. 7, FPPC).

Com o trânsito em julgado desta decisão não caberá ação rescisória, pois se não houve decisão sobre o que se requereu, não há *o que* ficar imutável e, portanto, autoriza-se nova demanda.

Aqui, aliás, por não haver decisão ao pedido que foi formulado de forma expressa, estabelece-se uma espécie de ficção de que o autor não formulou pedido. Nesse caso, o pedido não resolvido não está acobertado pela coisa julgada material, autorizando a propositura de nova causa.

7.7.2. CONGRUÊNCIA INTERNA

Não basta que a sentença seja congruente com o pedido. É necessário também que ela seja congruente com ela mesma, devendo haver uma **coerência interna**.

É necessário, portanto, que a sentença apresente certas condições para que exista e tenha validade. Não se está falando dos elementos estruturais (relatório, fundamento e dispositivo), mas de requisitos outros que mantêm a **clareza, a certeza e a liquidez da sentença**.

7.7.2.1. Certeza

Preconiza o art. 492, parágrafo único, do CPC que "a decisão deve ser certa, ainda quando decida relação jurídica condicional".

O que se quer dizer é que a sentença deve ser exata, certa e não pode deixar nenhuma dúvida ao intérprete, devendo ser incondicional. Não poderá, portanto, o magistrado condicionar a sentença a evento futuro para que esta produza efeitos.

Assim, a certeza consiste no acertamento do direito outorgando uma solução jurídica ao caso concreto. Importante que se diga que a sentença deve ser certa mesmo que se refira a relação jurídica condicional. E isso porque **o direito pode ser condicional, mas não a sentença que reconhece esse direito.**

Não poderá o magistrado postergar a fixação do dano para ulterior fase de liquidação. É possível diferir o *quantum debeatur* (afinal, esta é a função da fase de liquidação), mas não o próprio dano, pois comprometeria a certeza da sentença. No entanto, constitui situação excepcional que deve ser evitada (art. 491, CPC).

Contudo, há situações em que a **própria sentença condiciona a eficácia do direito**, assim:

i) nas obrigações específicas, é possível a fixação de multa (*astreintes*) que ficará condicionada (sua incidência) ao não cumprimento desta obrigação *in natura* prevista na própria decisão;

ii) na decisão sobre o pedido de gratuidade da justiça (art. 98, § 3º, CPC), o juiz declarará o direito do autor no não recolhimento de custas processuais, mas condicionará o pagamento dessas custas se, nos próximos cinco anos após o trânsito em julgado, sobrevier nova situação financeira que lhe permita custear as custas da qual fora beneficiário;

iii) na remessa necessária (CPC, art. 496), a sentença contra a Fazenda Pública, em determinados casos, somente produzirá efeitos após a certificação pelo Tribunal (condição suspensiva);

iv) na ação direta de inconstitucionalidade (Lei n. 9.868/99, art. 27), poderá o Supremo Tribunal Federal na decisão modular os efeitos da declaração de inconstitucionalidade fixando termo a partir de quando esta decisão será eficaz.

7.7.2.2. Liquidez

Nas demandas suscetíveis de prestação é necessário que a sentença fixe o *quantum debeatur*. Sentença ilíquida é aquela que fixa o que é devido, mas não a extensão desse direito.

O art. 491 do CPC preconiza que "na ação relativa à obrigação de pagar quantia, ainda que formulado pedido genérico, a decisão definirá desde logo a extensão da obrigação, o índice de correção monetária, a taxa de juros, o termo inicial de ambos e a periodicidade da capitalização dos juros, se for o caso, salvo quando: I – não for possível determinar, de modo definitivo, o montante devido; II – a apuração do valor devido depender da produção de prova de realização demorada ou excessivamente dispendiosa, assim reconhecida na sentença".

No Juizado Especial Cível a sentença será sempre líquida (art. 38, parágrafo único, Lei n. 9.099/95).

O assunto será melhor tratado no capítulo sobre liquidação de sentença (*infra*).

7.7.2.3. Clareza

A sentença do magistrado deve ser clara. Para tanto, deve empregar linguagem simples sem se preocupar em ser rebuscado ou prolixo a fim de evitar a ambiguidade de sua decisão.

Isso inclui evitar o uso de expressões estrangeiras ou latinas a não ser que sejam expressões consagradas e de conhecimento da comunidade jurídica.

7.8. FATOS SUPERVENIENTES

7.8.1. INTRODUÇÃO

O CPC brasileiro leva em consideração, quando da prolação da decisão, o exato momento de fato e de direito em que a causa se encontra e não quando esta foi proposta. Afinal, se a sentença deve refletir o estado atual dos litigantes resolvendo e dirimindo o conflito, uma eventual inserção de *novo fato*, bem como a superação de determinado fato devem ser levados em consideração no momento de decidir.

Até mesmo porque, entre a propositura da demanda e a entrega da prestação jurisdicional, percorre-se razoável lapso de tempo que pode fazer com que as circunstâncias de fato (ou de direito) que motivaram a propositura da demanda sejam alteradas. E o juiz deve julgar com fundamento no **litígio atual** e não naquele que levou à propositura da demanda.

Daí por que assevera o art. 493 do CPC: "Se, depois da propositura da ação, algum fato constitutivo, modificativo ou extintivo do direito influir no julgamento do mérito, caberá ao juiz tomá-lo em consideração, de ofício ou a requerimento da parte, no momento de proferir a decisão".

Constitui exceção à regra a estabilização da demanda (art. 329, CPC) e a estabilização após o saneamento (art. 357, § 1º, CPC).

A superveniência dos fatos guarda estreita referência com o juízo de admissibilidade da demanda. Assim, se uma das condições da ação somente foi preenchida no curso da demanda, não haverá carência de ação, pois se encontrava preenchida no momento do julgamento.

Da mesma forma, se a parte ajuíza ação rescisória antes do trânsito em julgado, mas no curso da rescisória o trânsito em julgado da decisão a ser rescindida se opera. E ainda, a título de exemplo, no curso de uma demanda cível requerer a sua improcedência se na esfera penal sobreveio decisão absolutória (ação civil *ex delito*). Portanto, o STJ já se posicionou no sentido de ser possível que o fato superveniente tenha surgido em outro processo (REsp 1.074.838/SP). Ou mesmo uma lei nova que possa influenciar na convicção do juiz (STJ, REsp 191.149/RJ).

No tocante às defesas do réu, a contestação pode versar sobre fatos modificativos, extintivos ou constitutivos. Apenas esses últimos possuem real interesse para a esfera dos fatos supervenientes (por exemplo, o pagamento da dívida no curso do processo).

7.8.2. SISTEMATIZAÇÃO

Há alguns pontos que devem ser ressaltados para a escorreita aplicação do dispositivo:
a) fatos relevantes. Os fatos que podem ser levados a apreciação judicial após a propositura da demanda devem ser relevantes ao deslinde do processo, sob pena de se criar uma

situação inócua (se o fato não terá importância ao resultado do processo, se sua verificação não trará mudança no destino da causa, para que analisá-lo?). São os denominados **fatos jurídicos**. Fatos jurídicos são fatos que possuem suporte próprio. Se contrapõe dos fatos simples que são fatos criados exclusivamente para ajudar a compreender e provar os fatos jurídicos.

b) fatos novos. Para que esses fatos sejam apreciados, é imperioso que sua ocorrência tenha sido *após* o início do processo. Se fosse possível alegar questões "esquecidas", comprometer-se-ia de forma significativa o sistema de preclusões e da eficácia preclusiva da coisa julgada (CPC, art. 508). Há, contudo, quem defenda que se trata de fato velho com conhecimento novo (Antônio do Passo Cabral)[80], o que discordamos pelos motivos acima. É importante ainda que esse fato já esteja provado nos autos, pois o magistrado não poderá julgar de acordo com sua convicção pessoal o fato não provado sob pena de violação do art. 371, CPC;

c) atuação de ofício. É possível, portanto, que o magistrado possa tomar ciência de fatos modificativos, extintivos e (principalmente) constitutivos sem provocação no momento de decidir a causa;

d) contraditório. Como já ressaltado *em outras oportunidades*, os modernos estudos do contraditório exigem um contraditório efetivo, com a manifesta participação das partes para poder influenciar no resultado do processo. Desta forma, é imprescindível que a análise dos fatos supervenientes seja precedida de adequado contraditório, sob pena de comprometer a segurança jurídica. Assim ficou estabelecido no CPC, ao dispor: "Se constatar de ofício o fato novo, o juiz ouvirá as partes sobre ele antes de decidir" (art. 493, parágrafo único) com fundamento na proibição de decisões-surpresa (arts. 9º e 10, CPC);

e) princípio da congruência. Poder-se-ia pensar se estaria o magistrado, ao levar em consideração novos fatos não alegados, ofendendo o princípio da congruência, procedendo julgamento *extra petita*. Contudo, a apresentação destes fatos novos constitui uma autorização legal, o que exclui a incidência de qualquer invalidade;

f) *ius superveniens*. O direito também está abonado pela regra do art. 493 do CPC. Não somente os fatos, mas também a nova norma jurídica (regra, melhor dizendo) que possa influenciar no resultado do conflito. Como *iura novit curia*, esta regra pode ser conhecida sem provocação;

g) legitimidade. Tanto o autor quanto o réu poderão ampliar o objeto litigioso com o incremento de fatos novos:

g1) o autor poderá trazer novos elementos constitutivos de seu direito como uma exceção à regra da estabilização da demanda (CPC, art. 329). E isso porque o dispositivo comentado deve ceder passo à efetividade (decidir *todo* conflito numa única oportunidade), sob pena de se permitir a propositura de nova demanda com estes novos fatos[81]. Aliás, é o entendimento de Cassio Scarpinella Bueno, "já que torna desnecessário uma renovada iniciativa do autor em um novo e distinto processo para discutir questão que, embora superveniente, pode ser colocada para debate no processo já em curso"[82];

g2) o réu, igualmente, poderá trazer novos fatos depois da apresentação da defesa e, aqui, excepcionando o princípio da eventualidade. Há autorização não apenas no art. 493 como também no art. 342, I, todos do CPC. A doutrina costuma afirmar que os fatos que podem ser trazidos são os modificativos e os extintivos, já que os impeditivos sempre surgirão antes ou no momento da formação do negócio jurídico submetido ao Judiciário;

---

80 *Coisa julgada e preclusões dinâmicas*, cit., p. 528 e 529.
81 Que não foram alcançados pela coisa julgada, já que não foram levantados e não foram alcançados pela imunização (CPC, art. 503).
82 *Curso*, cit., p. 364.

h) limite temporal. Os fatos novos podem surgir em segundo grau. Contudo, esta regra não se aplicava nos recursos excepcionais, na medida em que estes dependiam exclusivamente de prequestionamento para análise do material recorrido. O CPC atual, por força do que dispõe o art. 1.034, e o Enunciado de Súmula 456, STF, estabelece que o recurso, uma vez sendo levado ao tribunal superior, autoriza o conhecimento da matéria. Portanto, é possível defender que tanto o Supremo Tribunal Federal como o Superior Tribunal de Justiça podem conhecer de situações supervenientes nos casos autorizados em lei.

7.9. EFEITOS DA SENTENÇA (PRINCIPAIS, ANEXOS E REFLEXOS)

7.9.1. INTRODUÇÃO E EFEITO PRINCIPAL

A sentença (e mais amplamente todas as decisões), como ato jurídico, tem aptidão de produzir uma série de efeitos dentro e fora do processo. Estes efeitos podem ser escalonados como efeitos **principais, anexos e efeitos reflexos**.

Os efeitos principais são todos aqueles decorrentes da própria decisão. Assim, a declaração de falsidade do cheque, o novo estado civil daquele que pleiteia o divórcio, a possibilidade de execução nas demandas condenatórias.

7.9.2. EFEITO ANEXO

Os efeitos anexos (também denominados secundários) decorrem de lei ou de negócio jurídico. Sua peculiaridade é não decorrer da decisão em si, mas sim de uma opção legislativa ou convencional. Não necessitam de autorização judicial, tampouco de requerimento pela parte (caso decorra da lei).

Pode-se exemplificar:

a) a perempção, no caso de abandono da causa por mais de três vezes;
b) a fixação da responsabilidade daquele que se beneficiou da tutela antecipada ou cumprimento provisório da sentença;
c) a incidência de juros moratórios e atualização monetária;
d) a hipoteca judicial;
e) no divórcio, a separação de corpos.

7.9.2.1. Hipoteca judiciária

Orlando Gomes esclarece que "hipoteca é o direito real de garantia em virtude do qual um bem imóvel, que continua em poder do devedor, assegura ao credor, precipuamente, o pagamento de uma dívida"[83].

Há no Brasil três tipos de hipoteca: **i) a convencional**, quando estabelecida entre as partes; **ii) a legal**, quando prevista em lei (art. 1.489, CC); e **iii) a judiciária**, quando decorrer de uma sentença judicial.

É sobre a última que o Código de Processo Civil trata. O art. 495 estabelece:

---

83 *Direitos reais*, 10. ed., Rio de Janeiro: Forense, 1993, p. 353.

Art. 495. A decisão que condenar o réu ao pagamento de prestação consistente em dinheiro e a que determinar a conversão de prestação de fazer, de não fazer ou de dar coisa em prestação pecuniária valerão como título constitutivo de hipoteca judiciária.
§ 1º A decisão produz a hipoteca judiciária:
I – embora a condenação seja genérica;
II – ainda que o credor possa promover o cumprimento provisório da sentença ou esteja pendente arresto sobre bem do devedor;
III – mesmo que impugnada por recurso dotado de efeito suspensivo.
§ 2º A hipoteca judiciária poderá ser realizada mediante apresentação de cópia da sentença perante o cartório de registro imobiliário, independentemente de ordem judicial, de declaração expressa do juiz ou de demonstração de urgência.
§ 3º No prazo de até 15 (quinze) dias da data de realização da hipoteca, a parte informá-la-á ao juízo da causa, que determinará a intimação da outra parte para que tome ciência do ato.
§ 4º A hipoteca judiciária, uma vez constituída, implicará, para o credor hipotecário, o direito de preferência, quanto ao pagamento, em relação a outros credores, observada a prioridade no registro.
§ 5º Sobrevindo a reforma ou a invalidação da decisão que impôs o pagamento de quantia, a parte responderá, independentemente de culpa, pelos danos que a outra parte tiver sofrido em razão da constituição da garantia, devendo o valor da indenização ser liquidado e executado nos próprios autos.

Como se vê, o instituto, de relevante utilidade prática, visa garantir ao vencedor da demanda que haverá bem (bens) para satisfazer o crédito exequendo. Este bem será destacado com gravame real para que possa recair sobre ele, oportunamente, a atividade jurisdicional. Sua finalidade é evitar a fraude à execução.

Constitui efeito, como dito, anexo da sentença.

A hipoteca judiciária garante ao credor o direito de preferência observada a prioridade do registro. Infelizmente, a hipoteca judiciária, a despeito de sua notória utilidade, é de raríssima incidência prática.

Alguns pontos devem ser ressaltados para a melhor compreensão do instituto:

a) sendo hipoteca, será necessário o registro para que tenha eficácia perante terceiros (art. 495, § 2º, CPC e Lei n. 6.015/73, art. 167, I, n. 2);

b) não constitui pressuposto da hipoteca que a sentença seja líquida (CPC, art. 495, § 1º, I). Basta que esta tenha fixado a existência da obrigação (o que é devido, *an debeatur*);

c) consoante se depreende do art. 495, § 1º, II, a hipoteca judiciária incide mesmo quando a execução já está garantida com outro meio, como o arresto por exemplo;

d) o mesmo § 1º, II, do referido artigo autoriza a hipoteca judiciária quando o credor puder promover o cumprimento provisório, ou seja, quando a apelação for recebida somente no seu efeito devolutivo;

e) o CPC, no art. 495, § 1º, III, tornou expresso o posicionamento que, mesmo a apelação recebida no seu duplo efeito, a hipoteca judiciária poderá ser requerida. Seu objetivo é evitar fraude, pois a suspensividade (que é a regra) não impediria o vencido de má-fé de dilapidar seu patrimônio. Até mesmo porque a suspensividade *ope legis* da apelação apenas suspende os efeitos principais e não anexos;

f) de acordo com a lei, incide a hipoteca judiciária sobre qualquer relação obrigacional (dinheiro, entrega, fazer e não fazer). Discordamos dessa posição, pois, nas obrigações específicas, adota-se a técnica executiva ou mandamental para satisfação da prestação;

g) no regime anterior, a hipoteca era utilizada em obrigações em dinheiro (pois, do contrário, a obrigação é uma *realização* do devedor). Nas obrigações específicas (para quem defendia a posição extensiva), haveria de se esperar a obrigação converter-se em perdas e danos para ser possível a incidência da hipoteca legal. **Seria um efeito anexo da sentença sob condição suspensiva**. Esta conversão somente se daria por: **i)** vontade do credor; **ii)** impossibilidade material do cumprimento específico. Aguardar a incidência da hipoteca legal a uma eventual e futura conversão seria desnaturar o instituto. Fora que, como dito, as técnicas para realização prática dos direitos específicos são muito mais eficazes do que a hipoteca judicial.

Contudo, o CPC, tentando resolver essa situação, estabeleceu que a decisão "que determinar a conversão de prestação de fazer, não fazer ou de dar coisa em prestação pecuniária" é que poderá valer como título constitutivo de hipoteca judicial e não a mera decisão da obrigação específica;

h) a despeito de a lei falar em "decisão que condenar o réu" dando legitimidade para instituir a hipoteca somente ao autor, nada impede que o réu, vencedor da demanda, utilize deste expediente para resguardar futuro pagamento de custas e honorários. Melhor seria se a lei tivesse utilizado o vocábulo "vencido".

7.9.3. EFEITOS REFLEXOS

Por vezes, a sentença produz efeitos não somente em relação àqueles que estão dentro do processo, mas também a relação jurídica estranha à demanda. São os denominados efeitos reflexos da decisão.

Numa demanda de despejo julgada procedente, automaticamente se rompe o contrato de sublocação porventura agregado a ele, o fiador atingido pela procedência da dívida principal em juízo, assim como os casos de algumas intervenções de terceiro, cujo fato gerador seja, justamente, a potencial sujeição aos efeitos reflexos da decisão (assistência simples e denunciação da lide).

7.10. SENTENÇAS DETERMINATIVAS (DISPOSITIVAS)

A despeito de haver diversos sentidos para as sentenças determinativas, **sua função principal, dentro do processo, é a de regular, por meio de decisão, as relações de trato sucessivo (prestações periódicas).**

Portanto, as relações jurídicas continuativas, aquelas que perduram no tempo até mesmo após o trânsito em julgado, têm o regime das sentenças determinativas.

Nesse sentido Moacyr Amaral Santos: "A sentença atende os pressupostos do tempo em que foi proferida, sem, entretanto, extinguir a relação jurídica, que continua sujeita a variações dos seus elementos constitutivos"[84].

Se se mudar a situação de fato, haverá alteração do conteúdo da sentença. Daí por que parte da doutrina assevera que as relações jurídicas continuativas são sujeitas à cláusula *rebus sic stantibus*, não fazendo coisa julgada.

Não é caso, contudo, de não haver coisa julgada.

A lei autoriza a revisão da sentença (mesmo com o trânsito), pois ocorreu a modificação do estado de fato ou de direito. Ocorre que, a despeito da redação do art. 505, I, a decisão forma coisa julgada.

---

84 *Primeiras linhas de direito processual civil*, 23. ed., São Paulo: Saraiva, 2009, v. 3, p. 59.

O que ocorre é uma adaptação da nova realidade fático-jurídica. A sentença apenas é sujeita a uma integração decorrente da nova situação superveniente.

Na ação de alimentos, pode ocorrer posterior alteração no quadro fático como a impossibilidade de se prestar alimentos (pela perda de emprego do alimentante) ou a majoração destes (pelas novas necessidades do alimentando)[85]. Alguns autores inserem também as sentenças da jurisdição voluntária como classe dessas sentenças.

7.11. SENTENÇAS OBJETIVAMENTE COMPLEXAS E SUBJETIVAMENTE COMPLEXAS

Sentenças objetivamente complexas são aquelas em que o dispositivo pode ser desmembrado em capítulos. Assim, v.g., uma decisão que condena em dano material e dano moral. O assunto foi mais bem estudado no item 6.

Já as sentenças subjetivamente complexas são aquelas que somente podem ser formalizadas se houver um concurso de vontades entre diversos órgãos jurisdicionais distintos. A palavra "*distintos*" tem significado prático: o acórdão não é uma decisão subjetivamente complexa, pois são vários julgadores do mesmo órgão emitindo sua vontade numa mesma decisão.

Para tanto, é necessário que estes órgãos tenham a mesma competência funcional no plano horizontal (mesma hierarquia).

No Tribunal do Júri, há um concurso de vontades que podem ser emanadas por até três órgãos distintos: o juiz da causa procede à pronúncia; ato contínuo, o júri condena e, seguidamente, o juiz que preside a sessão verifica a pena que o acusado deverá cumprir.

---

85 Não se pode, portanto, concordar com a redação do art. 15 da Lei n. 5.478/68 ao estabelecer que "a decisão judicial sobre alimentos não transita em julgado e pode a qualquer tempo ser revista, em face da modificação da situação financeira dos interessados".

8.

COISA JULGADA

8.1. INTRODUÇÃO

O processo judicial, aliás, todo e qualquer processo, tem um término.

Esse término se dá pelo exaurimento dos recursos disponíveis no ordenamento. Assim, o esgotamento dos meios de impugnação endoprocessuais estabelece o encerramento da causa.

Com esse exaurimento, opera-se o fenômeno denominado **trânsito em julgado**.

O trânsito em julgado (que pode alcançar todo processo ou apenas um/alguns capítulos) traz a ideia de movimento, transição, que é justamente a passagem da decisão recorrível para irrecorrível.

Uma vez compreendido o trânsito em julgado, de onde surge a coisa julgada?

A coisa julgada é uma **consequência eventual** do trânsito em julgado. E isso porque toda decisão transita em julgado (*rectius*, torna-se internamente inatacável), mas nem toda sentença faz coisa julgada material (= torna-se externamente inatacável)[1].

Dessa feita é possível estabelecer uma estreita relação: o trânsito produz **efeitos internos** na medida em que estabelece o esgotamento de mecanismos para atacar a decisão, já a coisa julgada produz **efeitos [principalmente] externos** na medida em que estabelece a impossibilidade de nova propositura de demanda com base nos mesmos elementos (*trea eadem*) que se tornaram imutáveis.

O grande problema que se apresenta é que não há na doutrina uniformidade de pensamento em relação ao fundamento jurídico da coisa julgada; é fenômeno que se assemelha – dadas as divergências apresentadas – à conceituação da ação. A única uniformidade existente diz respeito ao seu objetivo: segurança jurídica e estabilidade nas relações.

O que também apresenta certo consenso na doutrina e na jurisprudência é que a coisa julgada apenas recai sobre atos jurisdicionais, mais: que estes atos jurisdicionais tenham perpassado pelo caminho de cognição suficiente e adequada a ponto de revestir de imutabilidade o ato.

É importante, antes de adentrarmos no conceito de coisa julgada pelo CPC e seus reflexos nas relações processuais, analisar, ainda que brevemente, a evolução histórica acerca do tema.

---

1   Basta lembrar da sentença terminativa nos termos do art. 485 do CPC.

8.2. UM DEBATE DOUTRINÁRIO SOBRE A COISA JULGADA NO DIREITO MODERNO[2]

8.2.1. A COISA JULGADA COMO PRESUNÇÃO ABSOLUTA DE VERDADE

A doutrina da coisa julgada como presunção de verdade tinha como base a **filosofia escolástica**, em que a finalidade do processo era a busca da verdade[3].

É considerada a explicação mais antiga sobre a concepção do instituto. Para essa corrente, a *res iudicata* é uma presunção absoluta de verdade, não admitindo prova em contrário. Quando a sentença fosse irrevogável, tornava-se verdadeira.

O responsável pela notável sistematização doutrinária foi Robert Joseph Pothier, que, baseado nas regras de direito romano, desenvolveu seus estudos no período compreendido de 1740 até 1772.

A doutrina, em contraposição a esse argumento, assevera que, mesmo que a sentença não corresponda ao que seja verdadeiro e justo, pressupõe-se que a sentença chegou à verdade[4].

Essa teoria no Brasil foi seguida por J. M. Carvalho Santos[5] e teve influência no País no Regimento n. 737, no final do século XIX, que antecedeu o Código de Processo Civil de 1939.

8.2.2. A COISA JULGADA COMO FICÇÃO DE VERDADE (TEORIA DA REPRESENTAÇÃO)

No século XIX, para mitigar os rigores da *res iudicata*, e em contraposição ao pensamento da coisa julgada como presunção absoluta, Savigny desenvolveu notória teoria em que a coisa julgada seria uma ficção de verdade.

Assim como na teoria da presunção de verdade, a teoria da representação atribui à sentença uma verdade, contudo fictícia. Esta "ficção" protege a sentença passada em julgado, mesmo aquelas (e aqui não difere da teoria da presunção) com base em erro de fato ou de direito que resultaram na prolação de uma sentença injusta.

Sua concepção nasceu do conflito entre a certeza e a segurança jurídica. Sendo a insegurança jurídica um mal a ser evitado, a coisa julgada atribuiria "força legal" a determinada situação (independentemente da sua justiça). Trata-se da ficção de verdade. Dessa forma, a existência da coisa julgada é fruto de opção político-legislativa.

O principal argumento de Savigny para estender à fundamentação os limites da coisa julgada foi uma melhor compreensão do julgamento e seu sentido, com a análise dos motivos que deram ensejo à conclusão. Afinal, poderia haver vários motivos que levassem à procedência ou improcedência da demanda.

---

2   Extraído do nosso *Eficácia preclusiva da coisa julgada*, São Paulo: Saraiva, 2011, p. 122-165.
3   Chegavam a aceitar a exagerada teoria de Scassia: "Res iudicata facit de albo nigrum, originem creat, aequat quadrata rotundis, naturalia sanguinis vincula et falsum verum ... mutat".
4   Joseph Pothier, *Tratado de las obligationes*, cit., p. 515.
5   *Código de Processo Civil interpretado*. 3. ed. Rio de Janeiro: Freitas Bastos, 1946, v. 4, p. 135.

8.2.3. A COISA JULGADA COMO CERTEZA JUDICIAL

Alfredo Rocco[6] estabeleceu sua teoria calcada na impossibilidade de se alcançar uma verdade objetiva. Dessa forma, a verdade buscada no processo deve ser a subjetiva descoberta pelo juiz. Esta verdade decorre de sua convicção sobre a análise dos fatos e provas do processo.

São conhecidos (e antigos) os estudos sobre a verdade, especialmente a aplicada ao direito. Como aquele que considera a verdade como resultado do raciocínio empreendido sobre a existência do fato. É a verdade, segundo José Antônio Tobias, baseado nos ensinamentos de São Tomás de Aquino, "a conformidade da inteligência com o objeto conhecido"[7].

8.2.4. A COISA JULGADA COMO EFICÁCIA DA SENTENÇA

8.2.4.1. Revisitando os conceitos de eficácia, efeito e conteúdo

A visualização dos conceitos de *conteúdo, eficácia* e *efeitos*, mais que mera distinção doutrinária, permite entender os caminhos desenvolvidos pela doutrina ao longo da história. Esses caminhos e fixação dos conceitos de linguagem são importantes para compreender (e adentrar) especificamente nas teorias desenvolvidas pela doutrina e estabelecer o que da decisão de fato é alcançado pelos limites objetivos da coisa julgada (se o conteúdo, se os efeitos, se um dos efeitos ou uma qualidade destes).

Conteúdo da sentença é aquilo que a sentença diz[8]. Trata-se de um juízo lógico. Toda sentença contém um juízo.

Para que o magistrado possa julgar o mérito da causa, é necessário que se perpasse lógica e cronologicamente por duas etapas anteriores: um juízo sobre o processo e outro sobre a viabilidade do direito de ação (pressupostos processuais e condições da ação). Constituem pressupostos de admissibilidade preliminares ao exame da questão principal. Todos eles perfazem o que Liebman convencionou denominar **trinômio de questões**.

A cognição exercida em relação a eles é gradativa. Somente poderá se verificar o último se o segundo estiver corretamente preenchido e assim por diante. Cada etapa perpassada é ultimada com um juízo autorizando (ou não) a viabilidade do exame da etapa seguinte. O objetivo da jurisdição – como resposta à pretensão do autor e à (mesmo que virtual) resistência do réu – é chegar à última etapa com a resolução do conflito[9] apresentado.

Esta conclusão, que, repise-se, adquire autoridade de coisa julgada material, é a declaração de acolhimento ou de rejeição. Pode-se denominar também **elemento declaratório**.

---

6   *La sentencia civil*: la interpretación de las leyes procesales. Traducción de Manuel Romero Sanchez e Julio Lopez de la Cerda. Buenos Aires: El Foro, p. 239-241.
7   *Iniciação à filosofia*. São Paulo: Editora do Brasil, 1964, p. 47.
8   É importante saber que todo ato jurídico possui um conteúdo que é essencial a sua existência. Este conteúdo possui tais ou quais peculiaridades que o distinguem de outros atos jurídicos (ex. no contrato de compra e venda existe dupla manifestação de vontade: o vendedor quer transferir o domínio e o comprador deseja adquirir o bem). Nesse sentido Barbosa Moreira. Conteúdo e efeitos da sentença: variações sobre o tema. In: *Temas de direito processual*. Quarta série. São Paulo: Saraiva, 1989, p. 175.
9   Evidentemente quando se tratar de jurisdição contenciosa.

Nas ações condenatórias a declaração que o autor tem direito a cobrar do réu determinada obrigação. Nas constitutivas, o direito de modificação e nas declaratórias (em sentido estrito) consiste na existência ou não de determinada relação jurídica[10].

Contudo, essa afirmativa somente possui sentido nas sentenças de **procedência** e não nas de **improcedência**. Há duas específicas diferenças nesses dois juízos: i) nas sentenças de procedência existe um elemento declaratório (ato de inteligência) somado a um ato de vontade. Nas de improcedência somente existe o ato intelectivo, mas não o volitivo; ii) na produção dos efeitos, na medida em que somente as primeiras sentenças produzirão efeitos. Dessa forma, todas as sentenças produzem o elemento declaratório, mas somente as de procedência produzem efeitos (condenatórios, constitutivos ou declaratórios).

É importante agora estabelecer considerações sobre os *efeitos*. Os fatos jurídicos podem gerar efeitos potenciais ou concretos. E todos, em tese, o fazem.

A diferença entre **os fatos jurídicos** e seus **efeitos** é que os últimos sempre produzem uma alteração na vida dos direitos[11]. Daí por que as sentenças de improcedência não produzem efeitos. Se se rejeita o pedido do autor, mantém-se incólume a relação jurídica levada ao Judiciário, como se nunca tivesse havido uma demanda sobre aquele direito. Dessa forma, mantém-se o *status quo ante*.

Os efeitos, de regra, correspondem ao conteúdo do ato. Estes determinam aqueles.

José Ignácio Botelho de Mesquita[12] observa que a doutrina tem entendido que os efeitos condenatórios e constitutivos são mais perceptíveis de se verificar no mundo dos fatos. Assim, o título executivo confere ao credor o direito à execução; o ofício do juiz permite aos requerentes a averbação no registro civil para modificação de sua condição: separados judicialmente. Contudo, nas declaratórias é muito tênue a linha entre o elemento (declaratório) e seus efeitos (igualmente declaratórios).

Há quem entenda que as declaratórias não alteram a realidade jurídica, mas apenas conferem juridicidade a uma situação existente com força de coisa julgada.

Contudo, essa proposição não pode ser tomada como verdadeira, sob pena de esvaziar o conteúdo das demandas declaratórias. O interesse de agir no pedido de declaração decorre do fato de que esta [declaração] causará resultados **práticos** na vida das partes e de terceiros que reside na sujeição das partes, terceiros e Estado sobre aquilo que restou declarado. Dessa forma, somente as sentenças de procedência produzem efeitos declaratórios.

Os efeitos, como fenômeno externo que são (= produção concreta na vida das pessoas), **podem ser passíveis de se produzir, como dito (em potência), ou efetivamente realizados (atos)**. Os efeitos se diferenciam da **eficácia** que consiste no conteúdo do ato jurídico como apto a produzir efeitos. A eficácia de uma sentença "é a potencialidade (virtualidade) que lhe é atribuída para produzir efeitos. Toda sentença, porque deve (ou ao menos pode) corresponder

---

10. Pelo direito material, é possível classificar três situações diversas: a incerteza sobre a existência de uma relação jurídica, a presença de requisitos para a modificação de uma relação jurídica ou o inadimplemento de uma obrigação de dar, fazer ou não fazer. São as denominadas "crises" decorrentes do direito material, conforme asseverou José Roberto dos Santos Bedaque, *Efetividade do processo e técnica processual*, cit., p. 530.
11. O efeito produzido pelo ato não pode ser confundido com o próprio conteúdo deste. Os efeitos estão fora do ato que os produziu, pois o que está incluso no ato são os elementos pertencentes ao seu conteúdo. Ninguém nega que o efeito de ensejar a execução não faz parte do conteúdo da sentença condenatória, mas de seus efeitos. Nesse sentido: Barbosa Moreira. *Conteúdo e efeitos da sentença*: variações sobre o tema, cit., p. 176-177.
12. Sentença e coisa julgada. In: *Teses, estudos e pareceres de processo civil*. São Paulo: Revista dos Tribunais, 2005, v. 2, p. 159.

à pretensão de direito material exposta pelo autor, deve conter, em si, eficácias capazes de corresponder àquela pretensão"[13].

Trata-se de uma condição do ato jurídico.

A eficácia não produz alterações no mundo dos fatos, mas no mundo volitivo, no plano do dever-ser. Sem eficácia o ato jurídico restaria comprometido. A eficácia é um elemento do ato jurídico (elemento interno).

Já os efeitos consistem na eficácia realizada concretamente[14]. Nem sempre os efeitos acontecem. Veja-se: uma sentença de conteúdo condenatório possui eficácia condenatória (possibilidade de se cobrar por meio de execução). Caso não haja a execução por qualquer motivo, ainda existe a sentença condenatória.

A despeito de haver estreita relação entre eficácia e efeitos – já que este apenas pode se desenvolver com a existência daquele – a relação entre os dois não é de causalidade, mas de imputação, pois é possível que os efeitos não se produzam a despeito da eficácia. Os efeitos, via de regra, são mais amplos que a eficácia que advém da sentença.

O conteúdo da sentença é portador de uma série de eficácias. A sentença condenatória possui uma **declaração** (da existência do crédito), somada a uma **condenação** (possibilidade de exigir) O nome que se dá a eficácia da sentença, de regra, é a eficácia preponderante (nesse caso, a eficácia será condenatória, a despeito de haver carga declaratória também)[15].

Dessa forma, é fácil entender que eficácia de uma dada decisão e coisa julgada não se confundem, assim como não se pode confundir a executoriedade (inerente à eficácia) com a imutabilidade (decorrente da *res iudicata*)[16].

Decisões provisórias podem produzir efeitos (antecipação de tutela), decisões pendentes de recurso podem produzir efeitos (recursos sem efeito suspensivo) independentemente da coisa julgada.

8.2.4.2. A coisa julgada como eficácia da sentença

Contra as teorias da presunção de verdade e da ficção, alguns juristas alemães (e mais tarde italianos) desenvolveram teorias para contrapor estes estudos até então admitidos na comunidade jurídica. O principal mérito dessas teorias – estabelecendo um denominador

---

13 Luiz Guilherme Marinoni e Sérgio Cruz Arenhart, *Processo de conhecimento*, cit., v. 2, p. 636.
14 Nesse sentido, alegando que não se pode confundir efeito com eficácia, conforme asseverou Ovídio Baptista, *Curso de processo civil*, cit., p. 461. Em brilhante exemplo citado pelo autor gaúcho quando se ministra um dado medicamento, este possui uma eficácia curativa (potencialidade de curar), mas é possível que este medicamento, uma vez ministrado, não solucione o problema do paciente. Desta forma não operou a eficácia, pois o medicamento não é "apto" a produzir efeitos (= manifestação na vida das pessoas).
15 É clássica a obra de Pontes de Miranda (*Tratado das ações*, cit., p. 117) em que estabeleceu a regra da "constante quinze", vale dizer, nenhuma sentença possui eficácia exclusiva, mas preponderante, sempre na escala de "um a cinco" de acordo com a classificação quinária das sentenças – condenatória, constitutiva, declaratória, executiva e mandamental. Constitui, contudo, posicionamento próprio sobre a carga de eficácia que, na prática, é sobremodo difícil identificar. A ponto de Barbosa Moreira argumentar que a tese do autor alagoano possuía "boa dose de artificialismo", especialmente por desconsiderar a teoria dos capítulos da sentença que nem sempre têm a mesma natureza (Questões velhas e novas em matéria de classificação das sentenças. *Temas de direito processual* – Oitava série. São Paulo: Saraiva, 2004, p. 129-130).
16 A despeito de não haver consenso acerca da definição, adota-se aqui o conceito de Barbosa Moreira, para quem eficácia é a qualidade que possui o ato para produzir efeitos. *Conteúdo e efeitos da sentença. Variações sobre o tema*, cit., p. 179. Em sentido contrário Carlos Alberto Alvaro de Oliveira, que entende ser eficácia o conteúdo do ato jurídico, os elementos integrantes deste ato. Perfil dogmático da tutela de urgência (*Ajuris*, n. 70, p. 205, 1997).

comum – foi o de desenvolver a coisa julgada como um fenômeno dentro do processo e não fora como buscavam as anteriores teorias.

Esta teoria afastou a coisa julgada da decisão e a qualificou como uma característica. Assim, a imutabilidade decorrente da autoridade da coisa julgada não é a decisão em si, mas um elemento integrante a coisa julgada, assim como o efeito condenatório e constitutivo.

Portanto, essa teoria identifica a coisa julgada com uma eficácia da sentença, em especial como o efeito declaratório que dela promana (eficácia da declaração da lei no caso concreto). A declaração de existência ou não do direito formulado pelo autor.

Essa teoria teve uma série de seguidores na doutrina, especialmente Konrad Hellwig, vindo posteriormente a ser defendida por James Goldschmidt. A teoria chegou ao Brasil com a aceitação de Celso Neves e Pontes de Miranda.

Em síntese, a declaração é pressuposto lógico da condenação e constituição. Estas duas modificam a realidade prática, mas somente a declaração se torna estável.

A declaração, portanto, vincula (efeito positivo da coisa julgada) os futuros juízes a obedecer ao quanto declarado na sentença imunizada pela autoridade da coisa julgada. É a teoria ainda prevalente no direito germânico.

Na moderna doutrina, constitui a posição seguida por Luiz Guilherme Marinoni, que igualmente defende que a coisa julgada recai (somente) no efeito declaratório da decisão[17]. E a coisa julgada atinge o elemento declaratório não apenas das sentenças declaratórias, mas de todas as demais (condenatórias, constitutivas, mandamentais e executivas)[18].

Seguindo a teoria tradicional, o autor paranaense observa que a coisa julgada não seria capaz de imunizar os demais efeitos na medida em que estes podem ser modificados ou não realizados por circunstâncias externas à sentença.

Os efeitos declaratórios somente podem ser modificados se na nova demanda houver a alteração de um dos elementos da demanda, pois não incidirá no caso em espécie o efeito negativo da coisa julgada.

Como um desdobramento da teoria da eficácia da sentença tem a teoria de Ovídio Baptista.

É importante afirmar que a teoria de Ovídio Baptista é, em parte, diversa daquela concebida na doutrina alemã. Já asseverava o autor que "não será difícil confundir conteúdo da sentença com o exclusivo efeito de declaração, ou com a declaração, que não seria efeito, mas conteúdo da sentença"[19]. E "Esse entendimento [eficácia declaratória] que absolutamente não se identifica com a doutrina clássica, que assimila coisa julgada à declaração contida na sentença"[20].

Para Ovídio Baptista a coisa julgada é uma qualidade e não um efeito que se agrega ao efeito declaratório da decisão[21]. A distinção entre conteúdo, efeito e eficácia (vista *supra*) foi determinante para se observar (até quando) residem diferenças entre as duas escolas.

---

17 "Se a coisa julgada representa a imutabilidade decorrente da formação da lei do caso concreto, se ela representa a certificação dada pela jurisdição a respeito da pretensão de direito material exposta pelo autor, somente isso é que pode transitar em julgado. *Somente o efeito declaratório é que pode, efetivamente, tornar-se imutável em decorrência da coisa julgada*" (grifos no original) (Luiz Guilherme Marinoni e Sérgio Cruz Arenhart. *Curso de processo civil*: processo de conhecimento, cit., p. 637).

18 Marinoni adota a classificação quinária das sentenças.

19 *Curso de processo civil.* 7. ed. Rio de Janeiro: Forense, 2006, v.1, p. 461.

20 Idem, ibidem, p. 468.

21 Sobre a teoria de Ovídio Baptista, muito bem observou Sérgio Gilberto Porto, *Coisa julgada civil*, cit., p. 78-79. Afirma o autor gaúcho que "embora o ilustrado professor adote, de modo geral, a doutrina tradicional e dominante que identifica a coisa julgada com a eficácia declaratória (*Sentença e coisa julgada*: ensaios, cit., p. 98), desta é, na verdade, parcialmente distinta, pois entende que a coisa julgada é uma qualidade (e não um

Inegavelmente sua tese é muito parecida com a original alemã. Embora concorde que a coisa julgada seja qualidade que se restringe ao efeito declaratório, a diferença básica é que o autor gaúcho não reputa indispensável a coisa julgada para que a sentença tenha um efeito declaratório.

Ovídio Baptista desenvolve teoria que atualmente se contrapõe às teorias de Liebman e de Barbosa Moreira, e, somando a estas duas, são as três principais correntes defendidas no Brasil acerca da coisa julgada.

O autor gaúcho confere mérito ao fato de Liebman ter separado a coisa julgada dos efeitos da sentença, sendo que os efeitos declaratório, constitutivo, condenatório, executivo e mandamental[22] são os únicos efeitos que uma sentença poderia produzir[23]. Conclui que, de fato, a coisa julgada é uma qualidade que se agrega ao efeito gerando a sua imutabilidade e indiscutibilidade.

Entretanto, e nesse ponto se assemelha com a doutrina de Barbosa Moreira, não se pode dizer que a imutabilidade seja uma qualidade que se agrega a *todos os efeitos* da decisão. Discorda apenas do referido autor, no que adquire autoridade de coisa julgada[24]. Enquanto para o jurista fluminense é o próprio pronunciamento judicial, para o gaúcho apenas o comando declaratório[25]. Aliás, assevera o autor que "se os efeitos constitutivos ou condenatório podem desaparecer sem ofensa à coisa julgada, parece lógico concluir-se que a imutabilidade só tenha referência ao que foi declarado, à eficácia declaratória da sentença"[26].

Dessa forma, a única eficácia invulnerável seria a declaratória (efeito declaratório), já que esta não pode ser modificada pela vontade das partes. Assim, a parte declaratória é indiscutível, mas os efeitos decorrentes da decisão (v.g., constitutivo, condenatório) podem ser alterados[27].

8.2.5. A COISA JULGADA COMO QUALIDADE DOS EFEITOS DA SENTENÇA – A DOUTRINA DE LIEBMAN

A importância do desenvolvimento da teoria de Liebman para a coisa julgada em sua obra *Eficácia e autoridade da sentença* foi escrita em uma época que ainda se adotava, quase à unanimidade, a teoria como eficácia da sentença.

---

efeito!) que ao efeito declaratório da decisão se ajunta para torná-lo indiscutível nos futuros julgamentos; a indiscutibilidade do efeito declaratório é o meio da declaração tornar-se imutável, não havendo, portanto, equiparação entre a declaração contida na sentença e a coisa julgada".

22 O autor segue a classificação quinária das sentenças desenvolvida por Pontes de Miranda em seu *Tratado das ações*, cit., t. I.
23 *Curso de processo civil*, cit., 7. ed., 2006, v. 1, p. 459.
24 Longa foi a discussão entre esses dois autores. Ovídio A. Baptista Silva em seu texto, Eficácias da sentença e coisa julgada, *Sentença e coisa julgada* (cit., p. 93-131), afirmou ter o jurista carioca incorrido em contradição, pois (Ainda e sempre coisa julgada) sustentou que o conteúdo é acobertado pela coisa julgada, mas em texto anterior (Coisa julgada e declaração) teria dito que o que permanece imutável é sua eficácia declaratória (nas sentenças constitutivas). Barbosa Moreira responde (Eficácia da sentença e autoridade da coisa julgada, *Ajuris*, v. 28, Porto Alegre, p. 24, jul. 1983) alegando que em momento algum aduziu que o efeito declaratório fatia coisa julgada. O vocábulo *modificação* para explicar a tutela constitutiva não corresponde a um efeito da sentença, mas sim a um *ato de modificação*.
25 SILVA, Ovídio Araújo Baptista da. *Sentença e coisa julgada*: ensaios, cit., p. 104.
26 Idem, ibidem, p. 105.
27 Coerente com suas alegações, Ovídio Baptista da Silva defende que a jurisdição é a declaração de direitos. Assim, a resposta do Estado à pretensão da parte limita-se a declarar que o pedido merece ou não proteção estatal (Conteúdo da sentença e coisa julgada e conteúdo da sentença e mérito da causa. *Sentença e coisa julgada*. 4. ed. Rio de Janeiro: Forense, 2003, p. 173 e s.).

Liebman estabeleceu uma série de críticas a esta teoria que podem assim ser sistematizadas:

i) aduzir que a coisa julgada é, na verdade, um efeito da sentença (assim como o constitutivo e o condenatório) seria inserir "no mesmo plano coisas heterogêneas e de qualidade bem diversa"[28]. O efeito constitutivo poderia se contrapor ao efeito declaratório e não ao efeito que a coisa julgada produz.

Os **efeitos** da decisão nascem com a prolação da sentença. Tanto que a lei estabelece quando os recursos podem inviabilizar a produção destes efeitos na medida em que podem ser dotados de efeito suspensivo. A coisa julgada vem da **indiscutibilidade** da sentença pelo exaurimento recursal. Logo, a coisa julgada é uma qualidade que se agrega aos efeitos, que já existem antes mesmo da coisa julgada.

ii) as expressões imutabilidade, incontestabilidade, definitividade, entre outras, designativas do efeito da coisa julgada, não podem ser consideradas autônomas. Elas são em verdade um atributo, uma qualidade do objeto que se referem, "porque são, por si sós, expressões vazias, privadas de conteúdo e sentido"[29].

Existe substancial diferença entre imperatividade da sentença e autoridade da coisa julgada. A primeira decorre de um ato estatal por ser – ela mesma – sentença, um ato proferido pela jurisdição. Esta é sua eficácia natural. A segunda refere-se à *estabilidade desta eficácia*. Uma sentença que contenha apenas o elemento imperativo pode ser alterada por outro magistrado (mesmo que cause decisão conflitante) ou mesmo cassada pelo tribunal. A imperatividade não leva à incontestabilidade da sentença. Por isso não se confunde imperatividade e eficácia com a autoridade da *res iudicata*. Esta – a segunda – consiste na imunização que os efeitos (todos!) da sentença adquirem depois de determinado momento eleito pelo direito positivo.

Como prova disso, a lei confere efeitos para a sentença mesmo antes do trânsito em julgado. A imutabilidade que revestirá os efeitos da sentença independe da sua prévia produção.

Evidentemente que a coisa julgada pode coincidir com a produção de efeitos – que ficaram obstados por força do efeito suspensivo do recurso, mas se trata de uma contemporaneidade cronológica, que não poderia identificar os institutos.

Assim, a eficácia da sentença se circunscreve a um comando declarativo, constitutivo ou condenatório. Esgotados os recursos, o comando adquire imutabilidade (= autoridade da coisa julgada);

iii) por que seria necessário destacar uma parte que será acobertada pela coisa julgada (efeito declaratório) de outras (efeito constitutivo e condenatório) que permanecerão sem ela? É dizer que o efeito declaratório, pressuposto lógico, fica a salvo de qualquer eventual impugnação, o que não se pode dizer da constituição e condenação;

iv) de acordo com a teoria alemã da coisa julgada como efeito, os efeitos declaratórios da sentença produzir-se-iam *inter partes*, já os efeitos constitutivos e condenatórios eventuais de uma decisão teriam eficácia *erga omnes*. Como explicar que um efeito constitutivo, mesmo antes da coisa julgada, atingiria a terceiros e não as partes?

Liebman exemplifica muito bem a situação, dizendo ser no mínimo contraditório valer *inter partes* a decisão que declara a nulidade de um contrato e *erga omnes* a decisão que decreta sua anulação. Quer dizer, não se pode duvidar que a declaração consiste em formulação da vontade concreta da lei (concreção da norma), mas não se pode admitir que essa vontade

---

28 LIEBMAN, Enrico Tulio. *Eficácia e autoridade da sentença e outros escritos sobre coisa julgada*, cit., p. 5.
29 LIEBMAN, *Eficácia e autoridade da sentença e outros escritos sobre coisa julgada*, cit., p. 5.

concreta da lei atinja um sujeito e não outro. Não se pode diferenciar a eficácia da sentença para aqueles que sofrem a sua incidência;

Para Liebman, a eficácia é um comando que declara, (des) constitui ou condena (nas suas palavras *determina*) uma relação jurídica. Enquanto produz efeitos, este comando poderá ser alterado pelos recursos ou por outra demanda.

Contudo, a eficácia em determinado momento adquire estabilidade. Estabilidade no sentido de tornar o comando emergente de uma sentença imutável. Essa imutabilidade decorre de uma opção política e social que acontece com o exaurimento dos recursos postos pelo sistema. Trata-se da autoridade da coisa julgada.

Agrega-se, portanto, aos efeitos naturais da decisão impedindo a discussão do quanto foi decidido em outra oportunidade[30].

8.2.6. A COISA JULGADA COMO QUALIDADE DA FORÇA DA SENTENÇA – A DOUTRINA DE BARBOSA MOREIRA

É nominada também como situação jurídica (do conteúdo do *decisum*).

Especificamente em dois primorosos trabalhos: *Ainda e sempre a coisa julgada*, publicado na *RT* v. 416 (1970) e *Coisa julgada e declaração*, publicado na *RT* v. 429, e das primeiras premissas traçadas no conhecido *Questões prejudiciais e coisa julgada*[31], José Carlos Barbosa Moreira prosseguiu nos estudos de Liebman sobre eficácia e autoridade da sentença, partindo das mesmas premissas do autor. Porém, deu novos contornos ao conceito (e ao alcance) da coisa julgada.

O autor busca de maneira ainda mais contundente separar o conceito de coisa julgada com os efeitos da sentença, pois não só desconsidera que a coisa julgada seja um efeito, como entende que nem da qualidade desta se trata.

Barbosa Moreira, portanto, concorda com a distinção da eficácia da sentença com a autoridade da coisa julgada, contudo estabelece uma diferença fundamental à tese do autor italiano: a imutabilidade não atinge aos efeitos da decisão, mas sim a própria decisão em seu conteúdo[32].

A teoria que prevalece na doutrina alemã equivoca-se na medida em que leva a coisa julgada para os efeitos da sentença (especificamente o declaratório).

Ocorre que a declaração que provém da sentença é o próprio conteúdo e não o seu efeito. Ademais, não se compreende por que somente o efeito declaratório ficaria imunizado pela coisa julgada. Não haveria nenhuma característica especial no efeito declaratório que os demais não tivessem[33].

---

30 É importante frisar que o nosso sistema possui mecanismos típicos de vulneração da coisa julgada, permitindo a (re)discussão do que foi decidido por meio da ação rescisória e a revisão criminal (CPP, art. 621) dentre outros.

31 Rio de Janeiro: Borsoi, 1967. O próprio autor assevera que modificou parte de seu pensamento ali estabelecido.

32 E neste ponto divergem Barbosa Moreira e Ovídio Baptista, na medida em que o autor gaúcho assevera que a coisa julgada não compreende todo o conteúdo da sentença, mas apenas a eficácia declaratória. Por eficácia leia-se o verbo contido na decisão. Mas possui um ponto em comum – e que diferem de Liebman: a imutabilidade não alcança os efeitos da sentença, mas sim o conteúdo (em maior ou menor área, como entendem).

33 A questão é colocada de maneira prática ao exemplificar com a seguinte questão: "Se o juiz anula o contrato, por exemplo, fica o resultado do processo, após o trânsito em julgado, menos imune à contestação do que ficaria se ele se limitasse a declarar nulo o contrato?" (Coisa julgada e declaração. In: *Temas de direito processual*, cit., p. 82).

Afirma que a coisa julgada deve proteger o resultado do processo (representado pelo comando) e não o mero direito de promover este comando no mundo fático que se representa pela declaração[34].

Para o autor carioca, os efeitos fogem do "selo da imutabilidade" porque são variáveis no tempo. O casal separado poderá restabelecer a relação conjugal, os donos do terreno poderão convencionar nova forma de divisão da área (a despeito da sentença), o credor poderá remir a dívida, assim como o devedor poderá cumprir espontaneamente a obrigação. Aliás, "tal circunstância em nada afeta a autoridade da coisa julgada que esta porventura haja adquirido. A norma sentencial permanece imutável, enquanto norma jurídica concreta referida a uma determinada situação"[35].

Portanto, a imutabilidade não decorreria dos efeitos da sentença, mas sim do próprio conteúdo. Por imutabilidade entende o autor ser a sentença que não comporta mais modificação.

8.2.7. O DIREITO POSITIVO BRASILEIRO E A NOSSA POSIÇÃO

No direito positivo a definição de coisa julgada pode ser extraída de dois importantes diplomas. No CPC a definição encontra-se no art. 502, que estabelece: **"Denomina-se coisa julgada material a autoridade que torna imutável e indiscutível a decisão de mérito não mais sujeita a recurso"**. Já a Lei de Introdução às Normas do Direito Brasileiro, em seu art. 6º, § 3º, assevera que coisa julgada é **"a decisão judicial de que já não caiba recurso"**.

A definição da Lei de Introdução peca na medida em que não define o que vem a ser coisa julgada, apenas estabelecendo a noção de preclusão da faculdade recursal[36].

Notadamente esta definição tinha uma preocupação muito mais prática do que teórica, pois pretendeu com ela mais do que definir o instituto, fixar o momento em que a sentença não pudesse mais ser atacada (imutabilidade). Esta definição se afeiçoa muito mais ao conceito de coisa julgada formal do que material.

Quanto ao art. 502 do CPC é importante tecer alguns comentários.

A **coisa julgada material** é tradicional classificação (em confronto com a coisa julgada formal) que designa a coisa julgada quando há julgamento de mérito e impede a repropositura da demanda. O tema será estudado com mais profundidade *infra*.

Autoridade é o direito ou poder de ordenar, de decidir, de atuar, de se fazer obedecer. O legislador, seguindo a doutrina de Liebman, alterou a anterior nomenclatura "eficácia" do CPC/73 por "autoridade". Eficácia é o conteúdo do ato apto a produzir efeitos. Consiste na potencialidade que lhe é atribuída para a produção desses efeitos. Diferem-se dos efeitos, pois estes constituem a produção concreta. Eficácia opera apenas no plano virtual, no dever-ser. A alteração vem acompanhada de motivo histórico. Conforme expusemos anteriormente, não se pode confundir a eficácia da decisão com a autoridade da coisa julgada. A primeira decorre

---

34 "Se constitutiva a sentença, o que importa preservar é justamente a modificação jurídica operada, não o mero direito de promovê-la, reconhecido ao autor" (Coisa julgada e declaração. In: *Temas de direito processual*, cit., p. 83). Contudo, o autor se contradiz em outra passagem, pois entende que o mero direito de promover a execução deveria ser abarcado pela *res iudicata*. Assim, "será que, passada em julgado a sentença condenatória, pode continuar-se a discutir, de modo juridicamente relevante – e mesmo fora das hipóteses legais de fato superveniente –, o direito do vencedor à execução, e apenas já não se pode discutir a existência do crédito declarado exigível em face do réu?" (ibidem, p. 82).
35 José Carlos Barbosa Moreira. Ainda e sempre a coisa julgada. *RT*, v. 416, p. 15.
36 Eduardo Talamini, *Coisa julgada e sua revisão*, Revista dos Tribunais, 2005, p. 30-31.

do ato estatal por ser a decisão proferida pela jurisdição. A segunda guarda referência com a estabilidade desta eficácia, sua incontestabilidade. Uma decisão que contenha apenas eficácia pode ser alterada por outro magistrado e até mesmo cassada pelo tribunal. Mas uma decisão revestida com autoridade da coisa julgada imuniza os efeitos da decisão não permitindo sua posterior alteração em decorrência do efeito negativo da coisa julgada.

A autoridade torna **imutável e indiscutível** a decisão. Imutabilidade é sinônimo de imunização, ou seja, de não se poder alterar a decisão em decorrência da proteção jurídica que a envolve. Já a indiscutibilidade consiste numa técnica de apoio à imutabilidade. Vale dizer, uma vez que a decisão é imutável, *ipso facto* ela se torna indiscutível no futuro em outro processo, "ou seja, a maneira encontrada para assegurar a imunização e inalterabilidade da decisão é a vedação de rediscussão sobre ela"[37].

Ademais, essa imutabilidade e indiscutibilidade alcança especificamente a **decisão de mérito**. A coisa julgada não alcança somente a sentença, mas qualquer decisão que enfrenta o direito material controvertido. Isso porque o sistema prevê expressamente a formação de coisa julgada por meio de decisões parciais de mérito que, em virtude das circunstâncias práticas, podem se tornar imutáveis no curso do processo (v.g., art. 356, CPC).

Não mais sujeita a recurso, é apenas a identificação que a coisa julgada somente poderá ser produzida com o trânsito em julgado da decisão, ou seja, é condição *sine qua non* que haja, antes da coisa julgada, o respectivo trânsito em julgado.

Mas afinal, a qual das teorias anteriormente apresentadas o Brasil se filiou?

É de se ver que existe uma grande diferença entre as principais teorias sobre a coisa julgada no Brasil: enquanto Liebman (que escreveu sobre o assunto para a realidade italiana, é fato) projeta a autoridade da coisa julgada para *fora* do processo, Ovídio Baptista e Barbosa Moreira a projetam para dentro como algo *interno*. O que muda é que na orientação do autor carioca todo conteúdo do comando faz coisa julgada, ao passo que, para o primeiro autor, apenas o elemento declaratório.

Em nossa opinião, existe acerto na posição de Liebman quando assevera que a coisa julgada não pode ser confundida com os efeitos da decisão (e mais especificamente com o efeito declaratório dela). E isso porque se trata de realidades distintas.

Uma decisão poderá produzir efeitos mesmo sem haver se imunizado pela *res iudicata*. Basta pensar no cumprimento provisório do julgado (art. 520, CPC) que autoriza a produção imediata dos efeitos se o recurso fora recebido somente no seu efeito devolutivo.

Ademais, os provimentos mandamentais e executivos têm eficácia imediata independentemente do trânsito em julgado, permitindo a produção dos efeitos imediatamente. Inegavelmente há a produção dos efeitos (inclusive o declaratório), mas sem a imutabilidade inerente à coisa julgada.

O fato de a lei estabelecer os efeitos do recurso (v.g., apelação) no duplo efeito automático constitui mera opção política – muito criticada nos dias atuais, diga-se.

Assim, a coincidência entre a estabilização e a produção de efeitos não pode autorizar a conclusão que se trate de fenômenos idênticos. O mesmo serve para a remessa necessária. Se o reexame para o Tribunal é "condição de eficácia da sentença", constitui uma prerrogativa conferida a determinados entes que não pode baralhar os conceitos de coisa julgada e efeitos.

É fato que hoje existe, para a doutrina moderna, certa uniformidade quanto à distinção entre efeitos e autoridade da coisa julgada[38]. Reside ainda um consenso no sentido de que os

---

37 CABRAL, Antônio do Passo. *Breves comentários ao novo Código de Processo Civil*. São Paulo: RT, 2015, p. 1282.
38 Ressalvado, como já explicitado, a doutrina alemã que ainda adota a teoria de Hellwig.

efeitos decorrentes das decisões também possam ser alterados (desde que sejam direitos disponíveis) sem que ofenda a coisa julgada[39].

É sabido que nos direitos disponíveis podem as partes, de comum acordo, alterar os efeitos estabelecidos na sentença. Podem até reconhecer a existência de um direito (pretérito) que, em sede de sentença, foi declarado como inexistente. Esta transação tem relevante aplicabilidade para o direito que se coloca em jogo e mesmo a sua eficácia perante terceiros[40].

Dependendo da resposta chegará a uma ou outra corrente. Se negar a possibilidade de reconhecer um direito disponível mesmo que declarado inexistente pela sentença, adotar-se-á a doutrina de Ovídio Baptista.

Contudo, se entender possível deve-se adotar a teoria de Barbosa Moreira, pois "ter-se-á como pressuposto que a coisa julgada recai sobre o conteúdo do comando da sentença, apenas impedindo nova solução jurisdicional para o objeto anteriormente decidido, mas não perpetua nem mesmo o efeito declaratório contido na sentença"[41].

Entende-se que esta modificação consensual é possível (desde que, repise-se, trata de direitos disponíveis), portanto afastando a teoria de Ovídio Baptista. Mas não poderão ir ao Judiciário buscar nova solução para o caso[42]. Tanto que o art. 850 do Código Civil brasileiro preconiza que "é nula a transação a respeito do litígio decidido por sentença passada em julgado, se dela não tinha ciência algum dos transatores (...)".

Uma questão importante em relação a terceiros: mesmo que as partes resolvam de comum acordo alterar a realidade fática e concreta do julgado, poderão terceiros com interesse jurídico se opor a esta convenção. Nesse caso, as partes ficarão vinculadas a anterior coisa julgada[43].

A questão sobre definir coisa julgada é verificar a harmonização entre a certeza jurídica (verdade) ou a estabilidade (segurança). Como se trata a coisa julgada de opção estritamente político-legislativa, estabelecer qual dos dois vetores (aparentemente antagônicos) deve se seguir é perquirir qual a adoção que um dado país seguiu.

É possível se inclinar para a certeza jurídica tentando a todo custo retratar na decisão fielmente a verdade dos fatos tal como ocorreram. Entretanto, prevalecendo a estabilidade, o legislador deverá, num dado momento dessa busca, colocar um fim, pois não se pode eternizar a composição de um conflito sob o argumento que a verdade ainda não foi descoberta.

Seguimos, portanto, a corrente de Barbosa Moreira.

Em nossa opinião a coisa julgada não pode ser um efeito da decisão, pois, tanto os efeitos como a própria decisão consistem em realidades distintas. Também não se pode atribuir somente ao elemento declaratório a imunização. Não há justificativas para que os demais elementos da sentença, igualmente, não se imunizem. Também entendemos que atribuir à coisa julgada a qualidade dos efeitos da sentença deixa sem resposta as posteriores alterações que as partes podem empreender nos direitos disponíveis.

---

39 O próprio Liebman assim asseverou ao responder as críticas que lhe fizeram (em especial Allorio), alegando que a mudança da relação jurídica não teria o condão de modificar os efeitos. *Ainda sobre a sentença e sobre a coisa julgada in eficácia e autoridade da sentença*. 4. ed. Rio de Janeiro: Forense, 2007, n. III, p. 176.
40 Conforme Eduardo Talamini, *Coisa julgada e sua revisão*, cit., p. 39.
41 Talamini, *Coisa julgada e sua revisão*, cit., p. 40.
42 Sendo apenas possível sua modificação extraprocessualmente, até mesmo por arbitragem.
43 Eduardo Talamini apresenta exemplo elucidativo: "Um dos sócios propõe contra a sociedade ação declaratória de nulidade de assembleia, que é julgada procedente, formando-se coisa julgada. depois, esse sócio e a sociedade chegam a um consenso e reconhecem a validade da assembleia. Se, em face disso, outro sócio levar a questão a juízo, nem a sociedade nem o sócio autor da primeira ação terão como se subtrair da autoridade da coisa julgada. Neste novo processo, o juiz ficará vinculado ao comando anterior, que reconheceu a nulidade" (*Coisa julgada e sua revisão*, cit.).

A imutabilidade recai, portanto, no comando da sentença e não nos seus efeitos, que podem ser alterados. É, aliás, a posição prevista no art. 502, CPC.

8.3. COISA JULGADA FORMAL E MATERIAL E AS ESTABILIDADES PROCESSUAIS

A distinção entre coisa julgada formal e material sempre foi estabelecida entre os Europeus e os latino-americanos.

Coisa julgada formal constitui situação da decisão se tornar imutável especificamente no processo em que foi prolatada, seja pelo decurso do prazo sem apresentação de recurso, seja pelo exaurimento dos recursos disponíveis, ou ainda em decorrência da desistência recursal[44].

A coisa julgada formal tem eficácia circunscrita ao processo em que essa se efetivou. A extensão dos efeitos da sentença não pode transbordar os limites do processo. Sua eficácia é, portanto, **endoprocessual**. A diferença com a coisa julgada material reside especialmente na área abrangida pela sua incidência. No plano semântico, contudo, é no mínimo estranho valer-se da nomenclatura coisa julgada formal, quando, na verdade, *a coisa não foi julgada*. Mas é a nomenclatura aceita na comunidade jurídica e vamos nos valer dela para fins de explicação nesse Manual.

É importante a observação de Cândido Dinamarco ao afirmar que não existem duas coisas julgadas (material e formal), mas sim dois aspectos do mesmo fenômeno, sendo que ambos versam sobre o mesmo objeto: segurança jurídica. Até mesmo porque toda coisa julgada material é, também, formal.

Já a coisa julgada material produz efeitos **extraprocessuais**, assim seus efeitos projetam-se para fora do processo que a produziu, atingindo não só o processo como também todos (e eventuais) presentes e futuros processos que veiculem a mesma questão sobre as partes que decidido e sedimentado foi pelo processo originário.

Em virtude de a coisa julgada material tornar imutável a decisão para fora do processo, os requisitos para que adquiram esta imutabilidade são maiores.

Pois, além de analisar o mérito da causa (objeto litigioso), ter feito coisa julgada (formal) é necessário que a análise desse objeto seja dada em cognição exauriente.

O legislador pátrio no art. 503 do CPC circunscreveu que somente as decisões de mérito têm aptidão para se tornar imutável fora do processo: "A decisão que julgar total ou parcialmente o mérito tem força de lei nos limites da questão principal expressamente decidida".

A coisa julgada formal é uma etapa para a formação da coisa julgada material. É necessário que a decisão transite em julgado (preclusão máxima). Tendo ocorrido tal fenômeno, há de se verificar se houve análise aprofundada do direito discutido (lide). Se sim, houve coisa julgada material.

Ademais, a análise do objeto litigioso deve ter sido dada em cognição exauriente.

Acreditamos que a distinção entre coisa julgada material e formal na atual codificação foi relativizada e tenha perdido um pouco a sua importância.

i) primeiro porque a tendência é a diminuição da prolação de sentenças sem mérito, tendo em vista o princípio da primazia do mérito. Assim, entendemos que apenas os vícios insanáveis ou não corrigidos quando determinados ensejam as sentenças com fundamento no art. 485 do CPC;

---

44 PORTO, Sérgio Gilberto. *Coisa julgada civil*, 3. ed., São Paulo: Revista dos Tribunais, 2006, p. 63.

ii) segundo porque, sempre antes de proferir sentença terminativa, deve o magistrado, em atenção aos arts. 9º e 10, intimar as partes para se manifestar. Constitui o dever de consulta (vedação de decisões surpresa) decorrente do contraditório cooperativo;

iii) terceiro porque ampliaram-se as sentenças sem mérito que impedem a sua reproposição. Há, portanto, no Brasil apenas algumas sentenças que, de fato, fazem coisa julgada formal: as sentenças dos incisos I, IV, VI, VII e a litispendência. A repropositura somente é possível com a correção do vício e as hipóteses de perempção, intransmissibilidade e alguns casos de ilegitimidade é vedado;

iv) hoje é cabível ação rescisória também para as sentenças sem resolução de mérito que impeçam a repropositura da demanda (art. 966, § 2º, CPC);

v) especialmente em relação aos itens *iii* e *iv*, pode-se concluir que o sistema processual brasileiro estabeleceu, para as decisões meramente processuais, uma estabilidade diferente, uma espécie de preclusão pamprocessual[45] que se sujeita à cláusula *ceteris paribus*[46].

Em virtude dessa questão, há autorizado entendimento doutrinário atual[47] segundo o qual o fenômeno das estabilidades (preclusão, coisa julgada formal, coisa julgada material, estabilização da tutela antecipada antecedente, justiça da decisão, eficácia preclusiva da coisa julgada) deva ser estudado de maneira uniforme, pois elas constituem espécies do mesmo gênero. Estabelecem diversas semelhanças entre os institutos (estabilidade das posições jurídicas pretéritas, segurança jurídica, proibição na repetição de atos). Assim, as diferenças estariam apenas no grau e não na qualidade dessas estabilidades.

Acreditamos que a proposta do autor se refere muito mais a uma proposta de sistematização do que propriamente a uma mudança do ordenamento. O CPC já estabelece, especialmente nos arts. 123, 304, 486, 502, 507 e 508, a divisão e as consequências das principais formas de estabilidade. A questão do enquadramento dessas estabilidades no plano de uma classificação é proposta doutrinária que, em nossa opinião, não repercutiria de maneira tão contundente no plano prático, e sim no acadêmico.

Dessa forma, é possível sistematizar as hipóteses de resolução do processo e seu grau de estabilidade da seguinte forma:

HIPÓTESE	ESTABILIDADE	CONSEQUÊNCIA	GRADAÇÃO
Art. 487, CPC	Coisa julgada material	Não permite repropositura nem rediscussão	↑
Art. 485, V e IX, CPC	Coisa julgada híbrida	Não permite repropositura e discussão apenas como matéria de defesa	
Art. 485, I, IV, VI e VII, CPC	Coisa julgada formal	Permite repropositura apenas se corrigir o vício que levou a resolução da primeira causa	
Demais casos art. 485, CPC	Mera preclusão	Permite livre repropositura	

---

45 CABRAL, Antônio do Passo. *Breves comentários ao novo Código de Processo Civil*. São Paulo: RT, 2015, p. 1286.
46 *Ceteris paribus* é expressão latina, muito usada na economia, que significa "mantida inalterada todas as outras coisas".
47 CABRAL, Antônio do Passo. Estabilidades processuais como categoria incorporada ao sistema do CPC. In: *Grandes temas do CPC*: coisa julgada e outras estabilidades processuais. Salvador: JusPodivm, 2018, v. 12, p. 26-60.

8.4. FUNÇÃO POSITIVA E NEGATIVA DA COISA JULGADA E CONFLITO ENTRE COISAS JULGADAS

É possível analisar a coisa julgada por dois vetores distintos: o **negativo e o positivo**. No primeiro caso a finalidade seria impedir a repetição da mesma demanda, já no segundo vincular o juiz da futura decisão acerca da primeira.

Assim a **função negativa** da coisa julgada possui **natureza jurídica proibitiva**, pois impede que se revisitem questões anteriormente julgadas. Já a **função positiva** tem **natureza vinculativa**, pois compele os futuros juízes destinatários dessa mesma questão a não julgar o feito (resolução sem análise de mérito, portanto conforme art. 485, CPC) uma vez que a decisão do primeiro juiz vincula o julgamento dos demais.

Vamos entender melhor as duas funções:

A função negativa da coisa julgada consiste na proibição de se ajuizar uma mesma *causa* quando em *outro processo* a questão já foi julgada *(ne bis in idem)*. Por repetição de causas entenda-se duas demandas com as mesmas partes, mesmo pedido e mesma causa de pedir (tríplice identidade). Mudando os elementos, contudo, constitui nova demanda. Além da economia processual de se evitar o ajuizamento de duas demandas, tem essa função o mérito de evitar decisões conflitantes. Mesmo que a segunda confirme a decisão da primeira, não são desejáveis duas ações analisando a mesma causa.

Trata-se de matéria que pode ser conhecida de ofício, determinando o magistrado que a segunda causa seja extinta sem resolução do mérito.

Se uma demanda já julgada foi proposta novamente e esta segunda também formou coisa julgada, qual das duas prevalece?

No Brasil há duas correntes muito bem delineadas:

Prevalece a primeira coisa julgada – Para essa primeira corrente (e divergem os argumentos de sua posição) prevalece a primeira coisa julgada porque: a) está assegurada a garantia constitucional da coisa julgada (art. 5º, XXXVI); b) a segurança jurídica decorrente do primeiro julgamento; c) o juiz deveria extinguir o segundo processo por falta de interesse processual (CPC, art. 485, VI); d) o juiz deveria extinguir o segundo processo por coisa julgada anterior (pressuposto processual negativo – CPC, art. 485, V)[48]; e) direito adquirido. Esta posição é seguida por Cassio Scarpinella Bueno, Nelson Nery, Teresa Arruda Alvim, José Miguel Garcia Medina, Araken de Assis, Arruda Alvim.

Prevalece a segunda coisa julgada – Para uma segunda corrente a coisa julgada formada no segundo processo deve prevalecer sobre a primeira[49], especialmente porque a decisão judicial transitada em julgado constitui uma norma e a norma (que regula o caso concreto) posterior deve prevalecer sobre a anterior. Ademais, como imaginar que a parte durante todo o processo e mesmo após o seu término não se tenha insurgido contra esse "novo processo" em detrimento da coisa julgada anterior? A não utilização da rescisória faz desaparecer a coisa julgada? Ademais, "a oferta do caminho da ação rescisória significa que o sistema processual não pretendeu que a segunda sentença fosse simplesmente desconsiderada, instável ou ineficaz: se o caminho

---

[48] Há autores, como Teresa Arruda Alvim e José Miguel Garcia Medina, que entendem que a falta de interesse de agir na segunda demanda (condição da ação) é pressuposto de existência do processo e, portanto, sequer rescindível, pois não se formou a coisa julgada (*O dogma da coisa julgada*, São Paulo: Revista dos Tribunais, 2003, p. 203).

[49] Pontes de Miranda (*Comentários ao CPC*, 1975, t. VI, p. 285) condiciona a prevalência da segunda "salvo se a primeira já se executou, ou começou de executar-se".

é a sua rescisão, enquanto não for rescindida ela prevalece e impõe-se sobre a primeira"[50]. Essa posição é defendida por José Carlos Barbosa Moreira, Luiz Guilherme Marinoni, Humberto Theodoro Jr., Eduardo Talamini, Cândido Dinamarco.

Entendemos que a questão é tormentosa e nunca haverá uma resposta plenamente satisfatória.

Se a decisão ainda for rescindível, prevalecerá a primeira, devendo a segunda ser objeto de ação rescisória para desconstituir a coisa julgada indevidamente formada.

Se a decisão não mais for rescindível, entendemos que prevalecerá a segunda. Há dois argumentos a nosso ver importantes que levaram à tomada dessa posição:

i) o sistema de invalidades do direito processual brasileiro (convalidação) – o sistema processual (ao contrário do sistema de direito privado) prestigia a convalidação das invalidades quando não arguida em momento oportuno. Assim, a invalidade da segunda sentença não mais subsiste, pois ela transitou em julgado e escoou o prazo da rescisória. É comum na doutrina o emprego das expressões "sanatória geral das invalidades" ou "coisa soberanamente julgada"[51];

ii) o atual conceito de decisão no ordenamento pátrio (temporalidade) – se são duas decisões eficazes e sem invalidade (em razão do decurso do tempo) há de se tratar a sentença como norma individual e concreta. Sendo norma para as partes, segue-se a tradicionalíssima regra da norma posterior que revoga a anterior (art. 2º, § 1º, LINDB).

A função positiva da coisa julgada é uma decorrência da função negativa.

Dessa forma, conforme visto, enquanto na primeira impede-se o magistrado de revisitar causa já julgada, a segunda ressalta que o magistrado não está proibido de julgar o mérito, mas fica vinculado ao que foi decidido na primeira demanda.

Mas não seria antagônico uma proibir a repropositura e a outra (função) autorizar, desde que vinculado ao que foi decidido?

Na verdade, compreendem-se fenômenos diferentes. Não se trata de mesma causa em processos diferentes, o que é proibido por força da função negativa da coisa julgada, mas o julgamento de **mesma relação jurídica** em processo distinto. O que ressalta a dificuldade da teoria da tríplice identidade em explicar esta problemática, devendo ser iluminada pela teoria da identidade da relação jurídica (Savigny).

O julgamento poderá ser feito desde que baseado na fundamentação esposada na primeira demanda. Constitui, portanto, um imperativo para o segundo julgamento[52].

Assim, se na primeira demanda fora constatada a paternidade, numa segunda demanda, em que se cobram alimentos, a eventual discussão sobre paternidade deve ser afastada em atenção à coisa julgada.

Em dada ação de cobrança julgada procedente de José contra Pedro. Transitado em julgado, não poderá Pedro ingressar com ação de inexigibilidade da dívida (declaratória) mesmo havendo elementos distintos entre as demandas (pedidos diferentes), pois a confirmação da dívida já fez coisa julgada.

O STJ, ao enfrentar o tema, estabeleceu interessante marco condicionando a prevalência da segunda coisa julgada, salvo se a primeira decisão já iniciou sua regular execução, assim:

---

50 Cândido Dinamarco, *Instituições*, cit., v. III, p. 336.
51 Diz Barbosa Moreira: "A passagem da sentença, da condição de rescindível à de irrescindível, não pode, é claro, diminuir-lhe o valor. Aberraria dos princípios tratar como inexistente ou como nula uma decisão que nem rescindível é mais, atribuindo ao vício, agora, relevância, maior do que tinha durante o prazo decadencial" (*Comentários ao CPC*, cit., p. 225).
52 Sérgio Gilberto Porto, *Coisa julgada*, 3. ed., São Paulo: Revista dos Tribunais, 2006, p. 68.

"Conflito de coisas julgadas. Prevalência da última decisão que transitou em julgado. Exceção. Execução ou início da execução do primeiro título. Prevalência da primeira coisa julgada. Nos casos em que já executado o título formado na primeira coisa julgada, ou se iniciada sua execução, deve prevalecer a primeira coisa julgada em detrimento daquela formada em momento posterior" (AgInt nos EDcl no REsp 1.930.955/ES, Rel. Min. Mauro Campbell Marques, 2ª T., 8-3-2022). Em outra oportunidade o STJ se manifestou no sentido de prevalecer a segunda coisa julgada: "por força do art. 508 do CPC/2015 (dispositivo considerado violado nas razões do recurso especial) essa relação incidental entre as ações tem que ser considerada repelida. Ora, entre duas coisas julgadas conflitantes, deve prevalecer a mais recente" (Processo AgInt no REsp 1844939/PE).

8.5. LIMITES OBJETIVOS E SUBJETIVOS DA COISA JULGADA

Falar sobre os limites da coisa julgada é trazer a ideia de **extensão**, pois não se pode falar em limite (que incorre na acepção de um aspecto temporal final) sem delimitar a sua esfera de abrangência.

Assim, é importante saber **quem e o que estão acobertados pelo** *selo da imutabilidade* (Liebman), para saber o que se torna indiscutível.

8.5.1. LIMITES SUBJETIVOS

Por limites subjetivos deve-se entender *quem* será atingido pelos efeitos da coisa julgada.

O adequado delineamento sobre o alcance subjetivo perpassa sobre duas questões importantes: **a) partes e terceiros em relação à eficácia da decisão e a consequente autoridade da coisa julgada; e b) partes e terceiros e as diversas formas de produção da** *res iudicata*.

a) Partes e terceiros em relação à eficácia da decisão e a consequente autoridade da coisa julgada.

Já foi estudado *supra* que os efeitos de uma decisão podem ser sentidos independentemente da imutabilidade proveniente da coisa julgada (conquanto, em regra, em nosso ordenamento, ambas se operam simultaneamente, por força do efeito suspensivo *ope legis* que se aplica à apelação).

Assim, é comum ocorrer de os efeitos da decisão serem sentidos antes mesmo do trânsito em julgado (v.g., cumprimento provisório, decisões executivas ou mandamentais). **Esses efeitos atingem a todos indistintamente**.

O que irá diferenciar de fato é a forma como esses efeitos incidirão a depender da qualidade do sujeito para o mundo do processo.

> Se for parte, sofrerá os efeitos **diretos** da decisão.
> Se for terceiro interessado (os que possuem relação próxima e coligada com o objeto do processo), sofrerá os efeitos **jurídicos** da decisão.
> Se for terceiro desinteressado (os que sofrerão mero prejuízo de fato), sofrerá os efeitos **naturais** da decisão.

Por terceiro desinteressado deve se compreender não aquele que é indiferente ao resultado de um dado processo (ex.: Zulmar, que mora em Santa Catarina, não está preocupado com o resultado de uma ação de despejo promovida por João em face de Ricardo, pois sequer os conhece), mas sim aquele que possa sofrer os efeitos decorrentes da decisão e não possa discutir a questão em juízo como, por exemplo, os credores do réu derrotado em uma ação reivindicatória que não podem impugnar a sentença na medida em que ela pode lhes ter trazido prejuízo econômico por falta de bens para responder as obrigações[53].

Influenciado pela doutrina de Liebman, o legislador quis tornar clara a diferença entre efeitos e imutabilidade. Dessa forma, todos (em diferentes intensidades) sofrem os efeitos da decisão, mas nem todos sofrem a imutabilidade da coisa julgada.

A coisa julgada, portanto, só atinge, como regra, as partes no processo (CPC, art. 506). Essas participam do conflito, se dizem titular do direito litigioso e naturalmente, **como não é dado buscar o Poder Judiciário outra vez, sofrem a imutabilidade da coisa julgada.**

E quanto aos terceiros que tiverem interesse **jurídico** no resultado da causa, **pois a ela estão ligados?**

A imutabilidade vai depender do resultado do processo: O CPC estabeleceu critério elogiável em que se fará coisa julgada para terceiro se a decisão não lhe causar prejuízo (até mesmo porque, se o resultado do processo não alterou sua situação jurídica, lhe faltaria interesse de agir para discutir o resultado). Contudo, se a decisão lhe causar prejuízo, para ele, terceiro, não fará coisa julgada e poderá rediscutir a questão.

O sistema processual estabeleceu, portanto, a denominada **coisa julgada *in utilibus*** (no que for útil) para o terceiro. **Portanto, para as partes, a coisa julgada será *pro et contra* (torna-se imutável independentemente do resultado), mas para os terceiros, *secundum eventum litis* (segundo resultado da causa).**

Ou seja, quando prejudicar o contraditório ao terceiro deve ser prestigiado e oportunizado, mas quando favorecer, o contraditório é inútil, pois o terceiro não terá motivos para discutir a questão (tal como ocorre, para o réu, nas hipóteses do art. 332, CPC).

O CPC anterior estabelecia que a coisa julgada não prejudicava nem favorecia terceiros (CPC/73, art. 472). Contudo, não se pode confundir o efeito *ultra partes* da coisa julgada com eficácia do precedente. Dessa forma, "O disposto no art. 506 do CPC não permite que se incluam, dentre os beneficiados pela coisa julgada, litigantes de outras demandas em que se discuta a mesma tese jurídica" (Enunciado 36 da I Jornada de Direito Processual Civil – CJF).

> Contudo, há hoje na doutrina ao menos quatro correntes sobre a aplicação da regra do art. 506 do CPC:
> - **uma primeira corrente** entende que o direito brasileiro adotou a tese da *colateral estoppel* americana, de modo que terceiros que se enquadram na mesma situação da parte igualmente são alcançados pela decisão (Luiz Guilherme Marinoni)[54];
> - **uma segunda corrente**, à qual nos filiamos, entende que há no dispositivo a adoção do sistema *secundum eventum litis in utilibus*, instituto usado na tutela coletiva (Antônio do Passo Cabral);
> - **uma terceira corrente** vislumbra que apenas o litisconsórcio facultativo unitário que não foi formado será alcançado (Leonardo Greco);
> - **uma quarta corrente** entende que apenas os colegitimados do direito material que se discute em juízo seriam alcançados (p. ex., art. 275, CC) (José Rogério Cruz e Tucci).

---

53 CRUZ E TUCCI, José Rogério. *Comentários ao Código de Processo Civil*. Coord. Cassio Scarpinella Bueno. São Paulo: Saraiva, 2017, v. 2, p. 512.
54 No tocante a essa questão, Luiz Guilherme Marinoni (*Coisa julgada sobre questão*. São Paulo: RT, 2018, p. 95) observa: "Num sistema em que a estabilidade da resolução de questão é vista como indispensável à garantia

São considerados partes todos aqueles que participam do processo demandando ou sendo demandado. Assim, não só as partes originárias do processo como os litisconsortes ulteriores e as intervenções de terceiro típicas que adquirem, com o ingresso no processo, a condição de parte.

Há de se estabelecer, contudo, no tocante às intervenções de terceiro, duas exceções:

i) o assistente simples, que não sofre propriamente os efeitos da coisa julgada, mas a eficácia da decisão conforme art. 123 do CPC (conforme explicado no capítulo sobre intervenção de terceiros, constitui uma espécie de coisa julgada somente para o terceiro);

ii) o *amicus curiae*, que, dado seu interesse institucional (e não pleiteando direito próprio), não é considerado parte propriamente e não sofre os efeitos da coisa julgada[55].

Há uma justificativa racional para somente as partes sofrerem com a imutabilidade da *res iudicata*: **as partes e terceiros intervenientes participaram do processo, exerceram ou puderam exercer o contraditório e tiveram condição de influenciar o resultado da decisão.** Agora, não poderá ser atingido pela coisa julgada quem não tenha tido esse poder de influência.

b) Partes e terceiros e as diversas formas de produção da *res iudicata*.

Em regra, a imutabilidade da decisão alcança, como visto, apenas as partes do processo e, naturalmente, os efeitos da coisa julgada são produzidos *pro et contra*.

Contudo, as relações jurídicas não incidem somente para autor e para réu.

As causas submetidas em juízo formam ligações com outras pessoas, ensejando o alcance da coisa julgada a um perímetro maior. Assim, é possível a incidência de maneira mais ou menos intensa a terceiros que não figuraram no processo.

Essa é a regra do art. 506 do CPC[56], que, como princípio geral trazido pela doutrina romana (*res inter alios, allis no praeiudicare*), não afasta os efeitos reflexos da coisa julgada para terceiros estranhos à lide.

É, aliás, este o entendimento de Moacyr Amaral Santos: "...o princípio fundamental, entretanto, não afasta a possibilidade da repercussão mais ou menos intensa dos efeitos da sentença a terceiro, os quais, conquanto não sujeitos à mesma, podem indiretamente sentir suas consequências"[57].

Contudo existem terceiros que sofrem os efeitos da coisa julgada material, mesmo não estando no processo.

E isso porque esses terceiros são titulares da relação jurídica de direito material submetida em juízo e, portanto, não haveria razão de não sofrer os efeitos da decisão. Em verdade, a coisa julgada não se opera *inter partes*, como normalmente ocorre.

A primeira situação já ressaltada é o que se extrai do art. 506 ao estabelecer que se a coisa julgada não prejudica terceiros, logo poderá beneficiá-lo. Trata-se, como dito, de uma espécie de coisa julgada *in utilibus*, pois se opera *secundum eventum litis*.

Há, contudo, outras situações.

Há casos de coisa julgada ***ultra partes***, pois podem influenciar na esfera jurídica do terceiro. Assim, essa modalidade de produção **atinge não apenas as partes, mas terceiros determinados**.

---

da segurança jurídica e da autoridade do Poder Judiciário, articulando-se a partir daí como alicerce para os princípios da liberdade e da igualdade, a solução deixa de dizer respeito apenas às partes e passa a interessar à sociedade e à promoção dos fins do Estado".

55 Cassio Scarpinella Bueno, *Amicus curiae*, São Paulo: Saraiva, 2008, p. 594.
56 "A sentença faz coisa julgada às partes entre as quais é dada, não prejudicando terceiros."
57 *Primeiras linhas de direito processual civil*, 17. ed., São Paulo: Saraiva, 1988, p. 69.

a) Os substituídos[58]. São pessoas que não estão em juízo, pois alguém tutela por eles o direito controvertido. Trata-se da regra da legitimação extraordinária. Alguém em nome próprio tutela direito alheio, mas o terceiro que está fora do processo, o substituído, é o titular da relação jurídica e quem sofrerá os efeitos da coisa julgada.

b) Os sucessores. A sucessão é fenômeno processual que autoriza que um terceiro ingresse no processo para buscar, em nome próprio, direito próprio (CPC, art. 108). Se o terceiro assume o lugar da parte originária, certamente os efeitos da decisão também serão transferidos.

c) Legitimação concorrente e solidariedade (CC, art. 274). O trato uniforme a essas duas categorias decorre da mesma base: ambas facultam o direito de apenas um ou alguns buscarem o Judiciário em detrimento dos demais que sofrerão os efeitos da decisão.

A extensão dos limites subjetivos da coisa julgada também repercute de forma diversa aos legitimados concorrentes e aos credores solidários. No primeiro caso é possível que um dos legitimados possa tutelar em juízo direito pertencente a outros (que poderiam ter figurado como litisconsorte unitário ativo facultativo). No segundo caso, se um dos credores buscar em juízo o crédito comum, todos os demais, que não demandaram, terão legitimidade para executar. Contudo, se a demanda for julgada improcedente, apenas aquele que cobrou em juízo sofrerá os efeitos, e isso porque as partes não participaram do contraditório e a decisão lhes causou prejuízo. Trata-se da técnica da coisa julgada *secundum eventum litis*.

d) Direitos coletivos em sentido estrito (CDC, art. 103, II). Aqui a coisa julgada é *ultra partes* (se a demanda for julgada procedente) e não *erga omnes*, pois, apesar de alcançar pessoas não participantes do processo, é limitada à classe ou categoria de pessoas que estão ligadas por uma relação jurídica base. Constitui uma abrangência maior que a coisa julgada *inter partes*, mas menor que a *erga omnes* (que atinge toda a coletividade). Como visto apenas a procedência adquire a incidência *ultra partes*. Quando improcedente por falta de provas, não fará coisa julgada e todos os demais legitimados poderão ingressar com ações autônomas para discutir o seu direito.

Existem, ainda, casos em que a coisa julgada será *erga omnes*, pois não há como se determinar o alcance das pessoas que serão atingidas pelos efeitos da imutabilidade. Assim ocorre nos direitos difusos, individuais homogêneos, nas ações de controle concentrado de constitucionalidade[59] e na ação de usucapião que verse sobre imóveis. Nos direitos difusos e individuais homogêneos, a procedência gera efeitos *erga omnes*, mas a improcedência difere-se: no difuso, apenas não fará coisa julgada por insuficiência de provas (*secundum eventum probationis*) no individual homogêneo a improcedência, qualquer que seja o motivo, fará coisa julgada material, ficando impedida nova demanda coletiva, mas não as pretensões individuais.

8.5.2. LIMITES OBJETIVOS

8.5.2.1. Introdução

Se os limites subjetivos determinam quem sofrerá coisa julgada, nos objetivos deve-se verificar o que (= qual parte) dentro da decisão fará coisa julgada (lembrando que a decisão se

---

58 Parte da doutrina é contrária a esta imutabilidade ao terceiro que não pode exercer o devido processo legal.
59 Há ainda acesa a discussão sobre a possibilidade de a decisão em recurso extraordinário em controle difuso de constitucionalidade ter eficácia *erga omnes* e vinculante. Trata-se da tese da "objetivação ou abstrativização do recurso extraordinário".

compõe de relatório, fundamento e dispositivo). A discussão sempre orbitou em torno da coisa julgada alcançar ou não a fundamentação da decisão, já que ninguém nega que a coisa julgada recai, especialmente sobre o dispositivo.

Ao longo do anos, duas teorias disputavam o protagonismo sobre esse alcance.

8.5.2.2. Teoria restritiva

A teoria restritiva estabelece que apenas a parte dispositiva de uma decisão ficará acobertada pela coisa julgada. As questões prejudiciais, motivos, razões e fundamentos seriam decididos apenas *incidenter tantum* e, portanto, não estariam alcançadas pelo selo da imutabilidade[60].

A afirmação da existência de uma relação jurídica em juízo (*res in iudicium deducta*) somente ela pode ser imunizada.

O pedido e a causa de pedir delimitam o objeto litigioso do processo, pois, somados, conferem contornos e diretrizes para sua adequada interpretação[61].

Existe um "eixo imaginário" ligando o pedido à parte dispositiva da decisão (que constitui a sua conclusão), pois o pedido veicula a pretensão do autor e a resposta confere decisão sobre a outorga do bem da vida. É nesta "resposta" que reside a pacificação social e não nas razões adotadas (Dinamarco). Contudo, o eixo que liga a causa de pedir e a fundamentação não produz os mesmos efeitos, (a despeito de haver uma estreita relação), pois não decidem a lide, apenas dão os fundamentos da decisão.

O Brasil adotou a teoria restritiva tanto no CPC/39 (art. 287) como no CPC/73 (art. 468). Esta tendência de se afastar da teoria "dos motivos subjetivos" (Savigny) também foi seguida pelos principais ordenamentos jurídicos europeus como Itália, França e Alemanha.

Justamente por não admitir que a questão prejudicial ficasse coberta pela coisa julgada que o CPC permitia a utilização da ação declaratória incidental para se admitir que a questão prejudicial fosse alcançada pela mesma imunização que a parte dispositiva (art. 470, CPC/73). A existência da (então) ação declaratória incidental no nosso sistema (CPC/73, arts. 5º, 325 e 470) reforçava a ideia da exclusão dos motivos do alcance da coisa julgada, afinal, para que requerer que a questão prejudicial seja decidida com força de coisa julgada se esta já seria abarcada por ela?

Contudo, sem a oposição de ação declaratória incidental, estas questões, justamente por não serem alcançadas pela *res iudicata*, ficam livres para ser analisadas (agora como *thema decidendum*) em outra demanda.

Essa situação acarretava duas situações distintas para as partes: a primeira decorrente da propositura de nova causa, podendo aumentar significativamente o número de demandas no Judiciário (economia processual). A segunda em que a sentença da ulterior demanda pode

---

60 Contudo, em determinadas situações, os motivos se tornam imutáveis como na eficácia da intervenção e no sistema de controle de constitucionalidade (na qual a eficácia vinculante da autoridade da coisa julgada atinge não só ao dispositivo, mas também os fundamentos). É o que se convencionou denominar na doutrina "transcendência dos motivos determinantes".

61 Nesse sentido é o entendimento de Manuel Ortells Ramos (*Derecho procesal civil*, cit., p. 564): "En este aspecto objetivo La cosa juzgada se forma sobre el objeto del proceso en sentido estricto. En ese sentido dispone el artículo 222.2 LECiv que 'la cosa juzgada alcanza a las pretensiones de la demanda y de la reconvención, así como a los puntos a que se refieren los apartados primero y segundo del artículo 408 de esta Ley'. Los puntos a los que el precepto se remite son las denominadas excepciones reconvencionales de compensación de créditos y nulidad del negocio jurídico en cuya validez se fundaba la pretensión".

causar um conflito lógico com a primeira, na medida em que o magistrado da segunda não está adstrito ao que foi decidido, pois a questão havia sido ventilada apenas como premissa e não como *decisum*.

É importante apenas frisar que a ação declaratória tipificada no Código não mais subsiste por falta de previsão. Contudo nada impede que a parte possa ingressar com ação declaratória atípica incidentemente no processo (art. 313, V, *a*, CPC).

Pensar o contrário seria violar o princípio da inafastabilidade. Justamente por isso, o Enunciado n. 35 da I Jornada de Direito Processual Civil (CJF) estabelece: "Considerando os princípios do acesso à justiça e da segurança jurídica, persiste o interesse de agir na propositura de ação declaratória a respeito da questão prejudicial incidental, a ser distribuída por dependência da ação preexistente, inexistindo litispendência entre ambas as demandas (arts. 329 e 503, § 1º, do CPC)"[62]. É possível ainda ao réu, em sede de reconvenção, levantar questões prejudiciais que não foram anteriormente apresentadas ou que não possam, pela lei, fazer coisa julgada, pois não preenchem os requisitos do art. 503, §§ 1º e 2º, CPC.

8.5.2.3. Teoria ampliativa

A despeito de uma suposta tranquilidade que havia no ordenamento positivo no sentido de se adotar a teoria restritiva da coisa julgada[63], alguns autores ainda defendiam o alcance da *res iudicata* à fundamentação. O principal opositor da tese restritiva na atualidade era Ronaldo da Cunha Campos, seguido, mais recentemente, por Paulo Roberto de Oliveira Lima[64] e Luiz Eduardo Ribeiro Mourão[65].

Afirma Ronaldo Cunha Campos em seu livro *Limites objetivos da coisa julgada*, que o Código de Processo Civil (anterior, de 1973) não primou pela coerência, já que "o ato deve ter uma precisa finalidade, e não pode o mesmo ato cumprir em um determinado processo uma função, e em outro processo uma diversa função. É aberrante que o motivo em uma sentença seja excluído da área coberta pela autoridade da coisa julgada e em outra sentença considere-se integrante da decisão, e por isto ao abrigo de tal autoridade"[66].

Para o autor, o art. 469 do CPC/73 é contraditório ao art. 468 do mesmo diploma legal. E isso porque o primeiro (este, notoriamente inspirado nas lições de Liebman) expressamente confina o alcance objetivo da *res iudicata* ao *petitum*. Já o art. 468, de inspiração carneluttiana, estabelece (como entende este autor peninsular) que os limites objetivos são analisados pelas questões.

Carnelutti também entende que a coisa julgada é delimitada pela lide que seriam as questões decididas. Dessa forma, o que o autor italiano assevera como critério definidor Liebman[67] afasta.

---

62 Nesse sentido: "Persiste o interesse no ajuizamento de ação declaratória quanto à questão prejudicial incidental" (Enunciado n. 111, FPPC).
63 Arruda Alvim assevera que "nos dias correntes está praticamente superado o dissídio entre os que entendem que a coisa julgada se restringe, exclusivamente, ao dispositivo da sentença e os que – cada dia menos numerosos – entendem que ela, ao contrário, além do dispositivo abrange os motivos, os fundamentos e as premissas necessárias da decisão" (Ação declaratória incidental. *RePro*, n. 20, p. 10, São Paulo: Revista dos Tribunais, out./dez. 1980).
64 *Contribuição à teoria da coisa julgada*, cit., p. 133.
65 *Coisa julgada*. Belo Horizonte: Fórum, 2008, p. 194-219.
66 *Limites objetivos da coisa julgada*, cit., p. 31.
67 A lição de Liebman é forte na doutrina de Chiovenda, para quem a coisa julgada é um bem da vida concedido ou não pelo magistrado.

Dessa forma, defende o fato de que toda lide deve vir acompanhada de razões e como consequência a coisa julgada deve alcançar a fundamentação – que é uma resposta do Estado às razões apresentadas.

Já o segundo autor observa que em síntese, são: *i) economia processual (produtividade do Judiciário)*. Ao decidir o magistrado perpassa por uma série de premissas. Caso haja nova demanda com base nesses mesmos fundamentos (que não foram acobertados pela coisa julgada) o novo magistrado deverá analisar novamente todas as questões anteriormente debatidas e decididas; *ii) decisões conflitantes*. Como se trata de nova demanda o magistrado poderá adotar um resultado diverso do que ocorreu na primeira demanda; *iii) vinculação à verdade formal*. Como o sistema probatório por nós adotado é o da persuasão racional, as provas produzidas no primeiro processo lá permanecem, devendo haver novas provas no outro processo para ajudar na convicção do julgador[68]; *iv) eliminação de litígios desnecessários*. Com a extensão da coisa julgada aos fundamentos, eliminam-se os litígios desnecessários com futuras investidas com base na fundamentação; *v) supressão da então existente ação declaratória incidental*. Para o autor, este incidente atrasa a marcha do processo que, com a extensão e a fundamentação, desapareceria o fato gerador de sua existência (estender a coisa julgada para a questão prejudicial); *vi) resolveria a questão da sentença penal condenatória executada no juízo cível (adequação)*. A sentença penal condenatória uma vez transitada em julgado pode ser executada no juízo cível quando houver reparação patrimonial decorrente do delito (CPC, art. 515, VI; CC, art. 935; CP, art. 63). Contudo, o juízo cível fica vinculado não apenas ao dispositivo do que foi decidido pelo juiz penal como também pelas fundamentações, que não podem ser rediscutidas nem alteradas pelo juízo cível (numa eventual ação indenizatória, v.g.)[69].

Por fim, Luiz Eduardo Ribeiro Mourão[70], assevera que quanto maior a extensão da coisa julgada menor a indiscutibilidade sobre o objeto do litígio. Ademais, é difícil traçar uma clara fronteira entre os fundamentos e a decisão.

8.5.2.4. Nossa posição

Parece inegável haver vantagens e desvantagens na adoção, em dado ordenamento jurídico, das teorias restritiva ou ampliativa. Se de um lado a teoria restritiva permite um melhor conhecimento sobre aquilo que foi decidido, de outro a teoria ampliativa teria uma abrangência maior do conflito. Para tanto deve valer-se de sofisticados mecanismos para que as partes saibam (ou tentem saber) o que de fato restou alcançado pela imutabilidade.

O que ninguém nega, de nenhuma das teorias, é que deve haver clareza sobre os limites da coisa julgada para que haja uma "estabilização de expectativas"[71].

Contudo, de todo o exposto, acreditamos que a posição mais adequada é que os limites objetivos da coisa julgada atinjam somente a parte dispositiva da decisão, o que aliás, mantém-se no nosso ordenamento como a regra.

Se a resposta jurisdicional versa sobre o pedido (e somente sobre ele) e esta resposta se encontra na parte dispositiva da decisão, a coisa julgada somente poderá atingir a esta parte.

---

68 Aqui trabalhando com a hipótese de que houve pedido de novas provas, sem esquecer, contudo, da possibilidade de se utilizar do instituto atípico da "prova emprestada".
69 *Contribuição à teoria da coisa julgada*, cit., p. 133.
70 *Coisa julgada*, cit., p. 194-219.
71 Expressão utilizada em texto sobre *A coisa julgada no novo CPC*, obra coletiva por membros do CEAPRO, Centro de Estudos Avançados de Processo.

Até mesmo porque nem no relatório nem na fundamentação existe julgamento. Neles (especialmente no que se refere ao segundo) o magistrado presta contas com a legitimidade a si conferida pelo Estado para demonstrar o *iter* que o levou à conclusão. A fundamentação não atinge a vida das pessoas, mas sim o dispositivo.

A lide é um conflito teórico cuja aplicação prática no processo se dá pela pretensão. Para analisar a pretensão e verificar a sua juridicidade, deve o magistrado desenvolver uma atividade lógica que comumente se denomina *motivação*. Esta análise não toca a vida das partes.

Após a motivação vem a resolução da lide que se dá na parte *dispositiva*. O ato de acolher ou rejeitar a pretensão do autor reflete diretamente para fora do processo de modo que se pode concluir como uma atividade *prática*.

Contudo, a previsão dos limites da coisa julgada ao *decisum* decorre de uma interpretação sistêmica. Assim, a principal argumentação para a adoção da tese restritiva decorre, como dito, do princípio da congruência (CPC, art. 141), pois há de haver uma correlação necessária entre o pedido e a decisão. O CPC, como dito e como será melhor visto no item seguinte, adotou a tese restritiva com a possibilidade eventual de ampliação desde que preenchidos determinados requisitos.

8.5.2.5. Código de Processo Civil atual

Preconiza o art. 503 do CPC: "A decisão que julgar total ou parcialmente o mérito tem força de lei nos limites da questão principal expressamente decidida".

Dessa forma, num primeiro momento, analisando apenas o art. 503 do CPC resta claro que o Brasil adotou a **posição restritiva sobre a coisa julgada**, confinando-a apenas ao dispositivo. Isso porque a decisão se limitará ao pedido do autor. O resultado da decisão sobre esse pedido se encontra na parte dispositiva da decisão. A(s) causa(s) de pedir formulada(s) serão respondidas na fundamentação. Mas, assim como as causas de pedir são "apenas" os motivos do que o autor pretende, a fundamentação constitui "apenas" o raciocínio do juiz para a decisão (parte dispositiva).

Essa regra ganha reforço no art. 504, que estabelece não fazer coisa julgada:

I – os motivos, ainda que importantes para determinar o alcance da parte dispositiva da sentença;
II – a verdade dos fatos, estabelecida como fundamento da sentença.

Assim, pode se compreender que o sistema processual brasileiro, a nosso ver, corretamente, adotou **em regra** a teoria restritiva da coisa julgada. Dessa forma, a fundamentação não se torna imutável. Contudo, é possível que a questão prejudicial também faça coisa julgada juntamente com o dispositivo, **ampliando os limites objetivos da imutabilidade,** se no processo incorrer as situações enumeradas nos §§ 1º e 2º do art. 503, CPC.

Contudo, é importante, antes de se analisar as hipóteses em que há a ampliação da coisa julgada para além do dispositivo, entender o que é uma **questão prejudicial**.

Questão prejudicial está inserida como uma espécie do gênero "questões prévias". Mas o que seriam questões prévias?

O processo, para que atinja o seu escopo (solução do caso concreto), precisa percorrer um longo itinerário até o resultado com a outorga da tutela jurisdicional. Contudo, antes da análise da questão principal, o órgão jurisdicional deve enfrentar uma série de questões outras, sejam estas questões sobre fato ou direito.

Estas questões devem ser enfrentadas, pois servem para deixar o caminho pronto ao julgamento da questão principal. Estas questões, que são denominadas de questões prévias, podem ser preliminares ou prejudiciais.

A diferença entre elas está no tipo de influência que a questão prévia apresenta à questão principal: ambas devem ser logicamente decidas antes, mas as preliminares, se acolhidas, impedem o julgamento da principal, enquanto as prejudiciais, se acolhidas, influenciam no julgamento da questão principal[72].

É indiferente a matéria que verse sobre as questões prévias. Existem questões preliminares processuais e de mérito, como questões prejudiciais preliminares e de mérito[73]. Contudo, para o fim de questão prejudicial sujeita a coisa julgada, a matéria deve ser de mérito.

> Os pressupostos processuais, as condições da ação e a prescrição são questões preliminares, pois uma vez acolhidas (e não havendo possibilidade de regularização) geram a resolução do processo e **impedem** a análise do mérito.
>
> A discussão sobre a paternidade alegada no curso de uma ação de alimentos (objeto da causa) é prejudicial, pois sendo acolhida, **influenciará** a questão principal.

A primeira característica das questões prejudiciais é a sua *antecedência lógica*. A resolução desta questão (ou destas questões) deve anteceder logicamente a análise da questão principal, ainda que esta resolução se dê na mesma decisão (o que se trata de mera questão de forma). Já restou superada a ideia de que a antecedência deveria ser cronológica[74], até mesmo porque, como visto, podem ser decididas no mesmo provimento[75].

A antecedência é lógica na medida em que a sua análise influencia na decisão principal, condicionando-lhe o teor a ser prolatado.

Contudo, a mera antecedência lógica não é suficiente para compreender o fenômeno. O magistrado, ao analisar um meio de prova e o seu valor, certamente analisará determinada situação que condiciona o julgamento da questão principal. Daí por que é necessário ao elemento lógico estabelecer outro critério, qual seja, o *elemento jurídico*[76].

---

72 Thereza Arruda Alvim (*Questões prévias e os limites objetivos da coisa julgada*, cit., p. 24) observa que uma questão pode ser preliminar em uma demanda e prejudicial em outra. Se numa determinada ação visando a anulação de ato jurídico praticado por menor, esta questão será prejudicial na primeira demanda. Contudo, esta mesma questão poderá ser preliminar em outra demanda.

73 Não se pode concordar, dessa forma, com Pontes de Miranda (seguido por parte da doutrina brasileira), para quem as preliminares se ligam ao processo e as prejudiciais têm relação com o mérito (a despeito de o autor entender que as prejudiciais de mérito viriam ao processo na forma de "exceções") (*Comentários ao Código de Processo Civil*, cit., cap. IV, p. 62).

74 Nesse sentido Thereza Arruda Alvim, *Questões prévias e os limites objetivos da coisa julgada*, cit., p. 14.

75 Existem características da prejudicialidade que, dadas as exceções que a casuística apresenta, não podem ser consideradas como critérios para fins dogmáticos. Como exemplo, autores entendem que a prejudicialidade se dará sempre em outra relação jurídica (ver por todos Chiovenda, *Instituições de direito processual civil*, cit., v. 1, p. 472-473). Contudo, é possível discutir numa demanda de cobrança decorrente de disposição contratual a inexistência da relação jurídica. Constitui-se outra relação jurídica que possui caráter prejudicial.

76 Observado por José Carlos Barbosa Moreira. *Questões prejudiciais e coisa julgada*, cit., p. 45. Ainda Adroaldo Furtado Fabrício. *Ação declaratória incidental*, cit., p. 41. É fundamental que o elemento lógico e o jurídico estejam conjuntamente na questão para que se caracterize a prejudicialidade. Assim, na impugnação ao valor da causa e na impugnação à gratuidade da justiça, existe valoração jurídica, mas não há o elemento

Dentro das prejudiciais envolvidas no elemento jurídico, serão consideradas prejudiciais somente as que exijam cognição semelhante a que o magistrado despenderia para a análise da questão principal[77].

Há ainda outro critério para identificar a questão prejudicial no plano do processo. Trata-se da *autonomia*[78]. Além da anterioridade lógica e qualificação jurídica, a prejudicial somente poderá ser assim considerada se puder, potencialmente[79], ser objeto de processo autônomo.

Por fim, a questão prejudicial, como poderá ser objeto de demanda autônoma e sobre ele incidir decisão de mérito, evidentemente que a matéria deve ter potencialidade para *formar coisa julgada material*[80]. Dessa forma, como constitui característica da coisa julgada a possibilidade de haver cognição exauriente sobre o objeto de cognição, as questões em que se exercem cognição sumária não serão sujeitas à ação declaratória incidental[81].

Os quatro requisitos previstos não dependem de pedido expresso da parte[82] e são cumulativos, o que vale dizer, a falta de qualquer deles não autoriza o alcance da coisa julgada para a questão prejudicial[83]:

A – Se a questão prejudicial (decidida expressa e incidentemente no processo) for necessária para o julgamento do mérito (art. 503, § 1º, I, CPC) – Deve ser decidida expressamente porque nosso ordenamento não admite decisões implícitas. A lei vale-se da expressão "incidentemente" para demonstrar não se tratar da questão principal que foi pedida originariamente pela parte[84]. A necessidade para o julgamento do mérito constitui a própria definição de questão prejudicial.

B – Contraditório efetivo (art. 503, § 1º, II, CPC) – o contraditório do processo civil é potencial. Ao contrário do processo penal (a teor do art. 261 do CPP, em que é imperiosa a apresentação de defesa mesmo tendo o réu incidido na revelia, já que é exigido um defensor), no processo civil, não se trabalha com a defesa concreta, mas com a oportunidade de manifestação. É fundamental que se permita ao réu a possibilidade de se defender (formalizada pela

---

lógico, na medida em que essas questões não geram influência alguma para a resolução da questão principal.

77 Nesse sentido, Francesco Menestrina. *La pregiudiziale nel processo civile*, cit., p. 103.
78 Este parece ser o principal critério adotado por Ada Pellegrini Grinover. *Ação declaratória incidental*, São Paulo: Revista dos Tribunais, 1972, p. 10 e 23. Também segue este critério Antônio Scarance Fernandes, *Prejudicialidade*. São Paulo: Revista dos Tribunais, 1988, p. 73-76.
79 O emprego do adjetivo "potencial" é relevante na medida em que não é necessário que a questão seja efetivamente apresentada em outro juízo, bastando a mera possibilidade (autonomia abstrata).
80 Excluem-se desde já da prejudicialidade jurídica os pressupostos processuais e condições da ação que constituem matérias internas ao processo não produzindo coisa julgada material. É importante somente frisar que a constatação decorre da opção do legislador (CPC, art. 485, IV, V e VI). As dimensões do trabalho não comportam a discussão relevante sobre a natureza das condições da ação e o resultado de seu acolhimento especialmente à luz da teoria da asserção. Sobre a discussão, ver José Roberto dos Santos Bedaque. *Efetividade do processo e técnica processual*, cit., 2005, especialmente cap. IV.
81 Kazuo Watanabe pontua que "a solução definitiva do conflito de interesses é buscada através de provimento que se assente em cognição plena e exauriente [...] é de cognição plena e exauriente apto, portanto a formação da coisa julgada material, e não processo de cognição superficial" (*Da cognição no processo civil*, cit., p. 113 e 115).
82 Nesse sentido, Enunciado n. 165 do FPPC: "A análise de questão prejudicial incidental, desde que preencha os pressupostos dos parágrafos do art. 503, está sujeita à coisa julgada, independentemente de provocação específica para o seu reconhecimento".
83 Enunciado n. 313, FPPC: "São cumulativos os pressupostos previstos nos § 1º e seus incisos, observado o § 2º do art. 503".
84 GAJARDONI-DELLORE-ROQUE-OLIVEIRA JR. bem observam que a questão prejudicial pode, por vezes, ser julgada como principal como nos pedidos sucessivos (*Comentários ao CPC 2015*, cit., 2017, v. 2, p. 624).

citação), entretanto, poderá o réu ser revel e sofrer uma sentença desfavorável decorrente de sua contumácia.

Exatamente por esse motivo, autorizada doutrina defende que o princípio do contraditório, no âmbito civil, em verdade deveria denominar-se **"princípio da bilateralidade da audiência"**, já que nem sempre haverá manifestação.

Nessas situações, em que o contraditório **foi oportunizado, mas não exercido**, não poderá recair a coisa julgada sobre as questões prejudiciais, pois se exige contraditório efetivo. Assim, somente poderá incidir a coisa julgada extraordinária quando houver contraditório concreto, efetivo, capaz de influenciar na decisão do magistrado. Contudo, na linguagem técnica, pretensão não resistida é apenas um ponto controvertido e não forma questão (*Carnelutti*). Dessa forma, a questão apenas se formaria se um terceiro estranho ao processo impugnasse o ponto do autor.

É importante asseverar que apenas estabelecer a menção de "contraditório prévio e efetivo" é muito pouco para se compreender o devido alcance e preenchimento desse requisito. Para mitigar os impactos (subjetivos) da expressão acima, talvez seja recomendado que o magistrado indique expressamente a questão prejudicial como ponto controvertido de prova para direcionar as partes acerca daquilo que será objeto de argumentação e prova;

C – O juízo for competente para conhecer da questão prejudicial (CPC, art. 503, § 1º, III) – nesse caso o magistrado deverá ser competente em razão da pessoa e da matéria (critérios de competência absoluta) para conhecer da questão prejudicial como se principal fosse. Se a questão for de incompetência relativa, resolve-se pelos critérios de modificação de competência (legais e convencionais).

Assim, a produção da coisa julgada extraordinária somente poderá ser levada a efeito se e quando o magistrado tiver competência absoluta para julgar a questão principal e a prejudicial. Um exemplo será elucidativo: "A autora de uma ação trabalhista move ação contra seu empregador e contra sua namorada, alegando que ambos respondem pelas verbas trabalhistas em razão de viverem em união estável. A namorada do empregador alega em sua contestação que não vive em união estável com ele, fazendo surgir a questão prejudicial, já que sem a solução dessa questão o juiz não tem como julgar o pedido da autora com relação a esse réu. Nesse caso, entretanto, não se pode falar em produção de coisa julgada material porque o juízo trabalhista não tem competência para julgar o reconhecimento de união estável como questão principal"[85];

D – Ausência de limitação cognitiva ou probatória no procedimento (CPC, art. 503, § 2º) – o CPC resolveu estabelecer situação semelhante àquela que se opera em juízos de cognição provisória: dada a sumariedade da cognição estes provimentos não são aptos a ser imunizados pela coisa julgada.

Aqui, ao contrário, estabelece-se restrição ao alcance da coisa julgada nos procedimentos portadores de limitação cognitiva ou probatória. O sistema processual brasileiro possui diversos procedimentos em que o juízo poderá proferir decisão de mérito sem que, necessariamente, a parte possa utilizar-se de todos os mecanismos argumentativos ou de provas que seriam autorizados no procedimento comum.

Contudo, uma difícil questão se apresenta: os procedimentos dotados de limitação cognitiva ou probatória trazem, em sua gênese, um processo adequado ao tipo de direito que se postula, ora estabelecendo requisitos robustos para a utilização da via (direito "líquido e certo"

---

85 NEVES, Daniel Amorim Assumpção. *Novo CPC para advogados*. São Paulo: Gen, 2017, p. 138-139.

no mandado de segurança), ora estabelecendo sumariedade procedimental dada a não complexidade do direito posto em causa (juizados especiais).

Nesses casos não há se falar propriamente em restrição probatória ou cognitiva, mas desnecessidade em decorrência dos requisitos para a utilização das medidas. É dizer, a coisa julgada obtida nesses procedimentos é exatamente a mesma que se obtém nos procedimentos comuns, pois de alguma forma o magistrado obteve a resolução do conflito fundado em cognição suficiente.

Dessa forma, seria impróprio dizer que, nesses procedimentos, não haveria abstrata e genericamente a incidência da coisa julgada às questões prejudiciais. Entendemos, com Marcelo Pacheco Machado, que a restrição "seria apenas em casos de procedimentos com limitações probatórias, que eventualmente seriam compatíveis com o julgamento do pedido principal, mas incompatíveis com a solução da questão prejudicial, a qual dependeria da produção de provas inadmissíveis naquela via. Parece-nos que nesta hipótese não poderia haver coisa julgada sobre questão prejudicial"[86].

O que a lei fez, em resumo, foi estabelecer uma espécie de "ação declaratória incidental *ex vi legis*" na medida em que, ao contrário do regime anterior que dependia de provocação da parte, a questão prejudicial hoje fará coisa julgada se preencher os requisitos previstos no art. 503, § 1º, do CPC.

Nossa preocupação não é com a **forma** de se tornar imutável a questão prejudicial, mas sim o seu **objeto** (e consequentemente o seu limite objetivo).

Entendemos temeroso estabelecer a ampliação dos limites objetivos da coisa julgada às questões prejudiciais sem um melhor aparelhamento normativo nesse sentido para que se confiram melhores critérios de aferição sobre o que seja a questão prejudicial e o preenchimento dos seus requisitos.

8.5.2.6. Os motivos

O magistrado ao exercer sua atividade jurisdicional exerce, pelo menos, duas atividades distintas: i) uma *atividade cognitiva* sobre todos os fatos e fundamentos apresentados, bem como pelas provas trazidas para que se possa decidir; e ii) uma *atividade decisória* sobre a relação jurídica controvertida declarando a procedência ou improcedência do pedido do autor. Sobre esta recai o selo da imutabilidade.

Como visto, os motivos não integram, como regra, o campo de abrangência da coisa julgada[87], mas desempenham papel de suma importância para o entendimento do alcance do dispositivo[88].

O entendimento da fundamentação depende do estabelecimento de pequenas considerações sobre a legitimidade de decidir e o Judiciário. Ao contrário das funções do Poder Executivo e Legislativo, o Judiciário não recebe do povo o poder de julgar.

---

86 MACHADO, Marcelo Pacheco, *Novo CPC*: que coisa julgada é essa? Disponível em: <http://www.sindadvogados-rj.com.br/index.php?p=detalhePublicacao&id=1360>. Acesso em: 19 fev. 2015.
87 STF, RE 117.600/MG, rel. Min. Celso de Mello, *RTJ* 133/1311.
88 "Os motivos, ainda que relevantes para a fixação do dispositivo da sentença, limitam-se ao plano lógico da elaboração do julgado. Influenciam em sua interpretação mas não se recobrem do manto de intangibilidade que é próprio da *res iudicata*. O julgamento, que se torna imutável e indiscutível é a resposta dada ao pedido do autor e não o 'porquê' dessa resposta" (Humberto Theodoro Júnior, *Curso de direito processual civil*, cit., p. 537).

Dessa forma, não se tratando a atividade jurisdicional de um exercício decorrente da vontade popular, o exercício da legitimidade do Judiciário deve ser verificado não pela identidade do juiz, mas pela motivação dos seus julgamentos.

Assim, enquanto o Legislativo motiva a criação de uma lei por ser um representante da vontade popular, o magistrado deve fundamentá-la, pois nenhuma legitimidade é conferida à sentença pelo simples fato de ter sido proferida por um magistrado.

Esta premissa é importante para entender a exclusão da fundamentação, como regra, na autoridade da coisa julgada. O magistrado deve ter o cuidado de demonstrar todo raciocínio que o levou a chegar àquele dispositivo (conclusão).

Entretanto, estas premissas não possuem finalidade prática (pois a coisa julgada deve apenas atingir *o que* de fato toca a vida das pessoas – a resposta à pretensão requerida), mas meramente política, pois objetivam satisfazer a necessidade de conferir legitimidade aos atos praticados pelos órgãos do Poder Judiciário.

Se a fundamentação, como regra, não faz coisa julgada, mas está intimamente relacionada ao dispositivo (como causa e efeito), como é possível não mudar o dispositivo (imutável) se a fundamentação (justamente por não se tornar) pode ser apresentada em futuro processo?

A motivação da sentença é um ato intelectivo do magistrado. Trata-se de um juízo lógico. É nesse sentido o entendimento de José Ignácio Botelho de Mesquita[89] ao asseverar que "o juiz desenvolve, assim, uma atividade *lógica* ou *teórica*, enquanto decide sobre as razões das partes, e uma atividade *prática*, enquanto acolhe ou rejeita a pretensão do autor" (grifos no original).

A despeito de não integrarem os limites da coisa julgada[90], inegavelmente os motivos assumem relevante função de delimitar o que se tornou imunizado. Por isso não se pode concordar com a argumentação de Chiovenda ao afirmar que o juiz quando apenas raciocina ("*razoa*"), não representa o Estado[91].

É este o correto posicionamento de Ada Pellegrini Grinover, que entende assumir a fundamentação papel importante para determinar a precisa extensão dos efeitos da sentença e consequentemente da sua imutabilidade[92].

A atividade jurisdicional não se encontra somente quando o juiz julga. A resolução de incidentes, a instrução do processo e a análise dos requisitos de admissibilidade consistem em atividades inerentes à função jurisdicional. Não se pode condicionar a atividade jurisdicional à imutabilidade do ato.

As razões consistem no lado intelectivo da lide, ou, mais propriamente, numa visualização do seu aspecto teórico ou lógico (em que a pretensão consiste no seu viés prático). As razões consistem em todos os motivos de fato e de direito que o autor apresenta na sua inicial para dar supedâneo à sua pretensão.

A motivação analisa todas as questões apresentadas pelo autor, mesmo que ela não tenha se tornado uma questão (*tantum iudicatum, quantum disputatum vel disputari debat*). Fora do campo da motivação ficam as razões não apresentadas (e que, portanto, não são

---

89 A motivação e o dispositivo da sentença. *Teses, estudos e pareceres de processo civil*, cit., 2005, p. 127.
90 Não possuem eficácia para fora do processo ou simplesmente "eficácia" sentido empregado por Liebman para designar o natural efeito da decisão.
91 *Instituições*, cit., v. 1, p. 449.
92 *Os limites objetivos e a eficácia preclusiva da coisa julgada*, cit., p. 109. Nesse sentido, Pontes de Miranda (*Comentários ao Código de Processo Civil*, cit., v. 5, p. 211): "Seria erro crer-se que a coisa julgada só se induz das conclusões; as conclusões são o cerne, porém os fundamentos, os motivos podem ajudar a compreendê-la".

aptas a se tornar questões) e não podem, nem de maneira explícita nem implícita, ser decididas pelo magistrado.

8.5.2.7. A verdade dos fatos como fundamento da sentença

O valor justiça inegavelmente reflete na finalidade prática e jurídica do processo e guarda estreita relação com a incidência da norma material na vida das pessoas[93].

Já foi dito na doutrina que "todo juízo de verdade se reduz logicamente a um juízo de verossimilitude"[94]. E isto porque é impossível que se obtenha a verdade real. Dessa forma, todo juízo de certeza se contenta com um juízo de probabilidade.

O juiz deve julgar conforme as provas constantes do processo. Contudo, a análise, mesmo que criteriosa, pode ensejar erros dada a falibilidade humana.

O magistrado não age como um historiador que pode deixar lacunas sobre acontecimentos ou incertezas sobre a ocorrência ou não de tais ou quais fatos. Em virtude da impossibilidade de decidir *non liquet*, deve criar meios para solucionar o caso concreto.

Esta regra toma ainda maiores nuances quando a coisa julgada se opera. Pois deve se deixar claro que, após o trânsito, cria-se, ao menos para o campo da segurança processual, uma certeza jurídica[95].

Aliás, os fatos não mudarão o que foram em sua essência. O Judiciário não mudará o acontecimento dos fatos, mas a interpretação do juiz sobre esses fatos aplicando o direito no caso concreto é o que constitui juridicamente relevante[96].

A coisa julgada apenas cria a estabilidade das relações jurídicas não com base na verdade real, mas na probabilidade que esta verdade seja real.

Dessa forma, não se insere no espectro dos limites objetivos a verdade dos fatos, pois não se sabe essa verdade é de fato a verdade real[97]. A autoridade da coisa julgada decorre principalmente (dentre diversos outros fatores) da segurança jurídica, mas restaria profundamente abalada se a verdade se tornasse imutável.

E isso porque, uma vez alcançada a verdade subjetiva em determinado processo, haveria sério comprometimento do convencimento do magistrado em uma segunda demanda, mesmo que seja com outro elemento caracterizador como a causa de pedir[98].

Muito embora a verdade dos fatos esteja contida na fundamentação o legislador resolveu conferir trato distinto dos motivos.

Para a análise do que foi requerido pelas partes, o magistrado não apenas analisa o direito, mas também os fatos que lhe foram apresentados. É com base nesses fatos que o magistrado deverá aplicar o fundamento jurídico adequado.

A verdade empregada no dispositivo refere-se à verdade subjetiva que é aquela decorrente da convicção do magistrado sob a luz dos elementos fáticos e probatórios que possui ao seu alcance. Dessa forma, outro magistrado poderá proceder a uma interpretação de maneira diversa.

---

93 Conforme Carlos Alberto Alvaro de Oliveira, *Do formalismo no processo civil*, cit., p. 77.
94 Piero Calamandrei, *Direito processual civil*, cit., v. 3, p. 269.
95 Observa Humberto Theodoro Júnior que "um fato tido como verdadeiro em um processo pode muito bem ter sua inverdade demonstrada em outro, sem que a tanto, obste a coisa julgada estabelecida na primeira relação processual" (*Curso de direito processual civil*, cit., p. 539).
96 Giuseppe Chiovenda, *Instituições de direito processual civil*, cit., v. 1, p. 340.
97 Este também é o posicionamento de Hermes Zanetti, O problema da verdade no processo civil: modelos de prova e procedimento probatório, *Introdução ao estudo do processo civil*, cit., p. 127.
98 Wellington Moreira Pimentel, *Comentários ao Código de Processo Civil*, cit., v. 3, p. 564.

8.5.3. OS LIMITES OBJETIVOS E SUBJETIVOS DA COISA JULGADA E O *COLLATERAL ESTOPPEL*

O estudo e o desenvolvimento do *collateral estoppel*, historicamente, nunca foi objeto de interesse da escola de tradição *civil law*. Como os ordenamentos jurídicos europeus, em especial o italiano, alemão e francês, sempre previram a coisa julgada como vinculada às partes, não houve a devida construção doutrinária para permitir (ou ao menos permitir uma ampla discussão) sobre essa imutabilidade para fora do processo. Some-se à adoção da teoria restritiva da coisa julgada alcançando apenas a parte dispositiva[99]. Quando não se imunizam os fundamentos, os terceiros não podem valer-se deles.

A coisa julgada não era analisada como um *valor* da qual permitiria que a sociedade pudesse se valer dela e sobretudo poder tutelar a segurança jurídica e o Estado de Direito e evitar a rediscussão de tema que já foi tratado.

A despeito da origem no latim, *collateral estoppel*, foi desenvolvida no direito norte-americano e posteriormente aglutinado ao instituto da coisa julgada dividida em *issue preclusion* (da qual geraria preclusão a propositura de ações incompatíveis, dessa forma, seria "uma técnica jurídica muito mais voltada à proteção da jurisdição e a tornar seu exercício econômico"),[100] e a *claim preclusion* (a coisa julgada tal como se apresenta no nosso direito), é, portanto, notória a ligação do instituto com a proteção da confiança legitima, da boa-fé e da segurança jurídica.

O objetivo, em especial no tocante à *issue preclusion*, é evitar a reiteração de demandas sobre a mesma situação fática já que um caso levado ao Poder Judiciário, sendo julgado por órgão legítimo, não poderia se falar em novo julgamento, o que seria um contrassenso. Extremamente similar à estrutura de precedentes no *common law*[101].

Dessa forma, a *issue preclusion* é mais ampla que a mera coisa julgada, pois esta se limita a impedir a rediscussão, em processos futuros, acerca de questões decididas naquela específica demanda com base no mesmo objeto (efeito negativo da *res iudicata*). Já a *issue* alcança diferentes processos.

Para a aplicação do *collateral estoppel*, é necessário que: a) haja identidade de questões entre as demandas; b) na primeira demanda a questão deva ter sido debatida e decidida atendendo ao devido processo legal; e c) essa questão anteriormente decidida seja necessária para o julgamento da segunda demanda[102].

Quanto aos limites subjetivos, a coisa julgada em regra atingia somente a identidade das partes (*mutuality*)[103]. Contudo, a partir do caso *Berhhard vs. Bank of America* (Suprema Corte

---

99 Assim estabelece o § 322 da ZPO (*Innere Rechtskaft*) alemã como referência, que restringe apenas ao dispositivo os limites objetivos da coisa julgada (A tradução livre do dispositivo em comento é a seguinte: "As sentenças só podem fazer coisa julgada na medida em que se houver decidido sobre a pretensão deduzida na ação ou não reconvenção").
100 MACEDO, Lucas Buril de. Coisa julgada sobre fato? Análise comparativa com o *collateral estoppel* de sua possibilidade de *lege lata* ou de *lege ferenda*, p. 400.
101 No Brasil, ao contrário de se conferir a um órgão legitimidade pelo próprio poder judiciário e a comunidade jurídica, o próprio legislativo (como influência da nossa escola) determina as decisões ou padrões decisórios que serão obrigatórios.
102 *Restatement Second of Judgments*, 1980.
103 Ou seja, a parte poderia invocar o *collateral estoppel* apenas quando houvesse identidade de parte no processo em que se formou o *collateral* e no processo em que se invocou (mutualidade).

da Califórnia), autorizou-se que terceiro pudesse se valer da decisão para si em outro processo (*non-mutual COLLATERAL estoppel*)[104].

Dessa forma, "o direito estadunidense pôde se libertar do jugo da mutualidade ou da restrição da coisa julgada às partes em virtude do empenho de uma doutrina que percebeu o real significado da coisa julgada sobre questão (*collateral estoppel*) e de um Judiciário atento à necessidade de uma eficiente administração da justiça e da tutela – inclusive econômica – dos cidadãos, para quem a coerência do direito e a segurança jurídica são valores que não podem ser negociados na mesa de disputa entre os conceitos doutrinários".[105]

No Brasil, a situação é diversa. Como vimos, influenciado pela doutrina de Liebman, o legislador quis tornar clara a diferença entre efeitos e imutabilidade. Dessa forma, todos (em diferentes intensidades) sofrem os efeitos da decisão (naturais ou jurídicos), mas nem todos sofrem a incidência da imutabilidade da coisa julgada.

A coisa julgada, portanto, só atinge, como regra, as partes no processo (CPC, art. 506). As partes participam do conflito, dizem-se titular do direito litigioso e, naturalmente, como não é dado buscar o Poder Judiciário mais uma vez com fundamento na mesma *tria eadem*, sofrem a imutabilidade da coisa julgada.

Para os terceiros, a imutabilidade vai depender do resultado do processo.

De acordo com majoritária doutrina brasileira, os terceiros alcançados pela coisa julgada não são aqueles que sofrem efeitos de fato, meramente econômicos[106] ou institucionais, mas sim aqueles efeitos que, de fato, influenciem um direito subjetivo de titularidade desse terceiro.

Já no que concerne ao plano dos limites objetivos, os arts. 503 e 504 *consagram* a centenária regra da teoria restritiva da coisa julgada ligada apenas ao dispositivo (com as exceções já propaladas dos §§ 1º e 2º do art. 503). Isso porque a decisão se limitará ao pedido do autor. O resultado da decisão sobre esse pedido se encontra na parte dispositiva da decisão. A(s) causa(s) de pedir formulada(s) será(ão) respondida(s) na fundamentação. Mas, assim como as causas de pedir são "apenas" os motivos do que o autor pretende, a fundamentação constitui "apenas" o raciocínio do juiz para a decisão (parte dispositiva).

Não se pode pensar em um processo civil de resultados sem a observância das regras do devido processo legal e, no recorte que se deseja emprestar no presente texto, da celeridade e segurança[107].

Voltando ao tema, evitar provimentos conflitantes, de há muito, já é uma preocupação da doutrina. A questão que se coloca em discussão é saber: se a fundamentação não é abarcada pela coisa julgada, como a sua rediscussão em posterior processo que contrarie o resultado anterior não atingirá a coisa julgada anteriormente formada? Se duas decisões jurisdicionais investidas de legitimidade conferiram o mesmo bem jurídico (*res*) para pessoas diferentes ou se a decisão de um processo é logicamente inconciliável com a do posterior, qual caminho seguir?[108]

---

104 Difere-se a decisão dada na *class action* da proferida no *collateral estoppel* já que nesta a coisa julgada somente beneficia e naquela será *pro et contra*.
105 A dificuldade de ver que a coisa julgada pode ser invocada por terceiros (MARINONI, Luiz Guilherme. In. www.marinoni.com.br).
106 TUCCI, José Rogério Cruz e. *Limites subjetivos da eficácia da sentença e da coisa julgada civil*. São Paulo: RT, 2007, p. 203.
107 Como observa Marcos de Araújo CAVALCANTI, "a litigiosidade pulverizada pode trazer riscos à cláusula do devido processo legal" e "a litigiosidade pulverizada de questões provoca tratamento não isonômico e insegurança jurídico-processual, assim como gera ineficiência processual, custo excessivo à atividade jurisdicional e tempo acima do razoável para a resolução de litígios" (*Coisa julgada e questões prejudiciais*. São Paulo: RT, 2019, p. 480).
108 Thereza ALVIM, *Questões prévias e os limites objetivos da coisa julgada*. São Paulo: RT, 1977, p. 49-50, sugere que, para evitar o problema de decisões lógicas e jurídicas entre sentenças, os ordenamentos instituíssem uma

É clássica a expressão de CHIOVENDA no sentido de que o sistema se preocupa apenas com conflitos práticos e não teóricos (= decisões logicamente incompatíveis, mas conciliáveis).[109] Paulo LUCON observa que "celeridade e segurança são valores concorrentes para um resultado justo e équo colocados em relação de proporcionalidade inversa"[110]. Ademais, "sob a ótica processual, da segurança jurídica se espera não somente evitar provimentos conflitantes ou contraditórios, mas também a previsibilidade na aplicação do direito"[111].

A constatação visível desse fenômeno é que o CPC não dá a devida importância no tocante à coisa julgada sobre os fatos, vide o já mencionado art. 504, II, CPC. Não se pode pôr a culpa nos ombros do legislador, contudo. Essas premissas foram fixadas em um contexto social individualista, da qual o CPC anterior foi forjado. Nesse contexto, não se falava em sociedade da informação, coletivização do direito, tampouco nas denominadas macrolides ou causas seriais (litígios de massa).

Nesse contexto, a utilização *pontual* da coisa julgada sobre fatos em outras causas pode ajudar na eficiência do processo (art. 8º do CPC), em especial que o Brasil reforçou o conceito de isonomia[112] e segurança jurídica ao prever a aplicação obrigatória dos precedentes em determinadas situações (arts. 927 e 1.035 do CPC).

Ou seja, a possibilidade de o art. 503, § 1º, do CPC projetar seus efeitos para fatos análogos fora do ambiente daquele processo específico, em processos correlatos.

O problema é a falta de previsão *lege lata*. Primeiro, o CPC, como dito, adota a teoria restritiva da coisa julgada com a excepcionalidade prevista no § 1º do art. 503. Segundo os limites subjetivos da coisa julgada (art. 506 do CPC) ficam confinados às partes, sendo que os terceiros apenas seriam beneficiados (terceiros que possuam relação jurídica coligada com a relação subjacente, de acordo com majoritária doutrina).

Então, como proceder?

Foi opção político-legislativa o CPC estabelecer a coisa julgada limitada ao pedido (do autor e, em determinadas circunstâncias, do réu). Igualmente foi opção política estabelecer que a coisa julgada atinge apenas as partes e os terceiros apenas se a decisão lhes for favorável (*in utilibus*).

Importante frisar que apenas a autoridade da coisa julgada possui esse regramento restritivo. Os efeitos da decisão alcançam juridicamente os interessados e, naturalmente, os desinteressados[113].

Parcela da doutrina estabelece uma releitura acerca da parte final do art. 506 do CPC para determinadas situações. Isso porque, ao asseverar que "A sentença faz coisa julgada às partes entre as quais é dada, não prejudicando terceiros", está a dizer que quando beneficia fará

---

ação declaratória incidental compulsória, sob pena de tornar coisa julgada as questões prejudiciais inerentes ao caso.
109 *Instituições de direito processual civil*, cit., v. 1, p. 497. Cândido DINAMARCO utiliza exemplo bem elucidativo: "Se uma sentença pronunciasse a separação judicial de determinados cônjuges e outra declarasse que o autor não tem direito à separação, como ficariam eles: casados ou separados?" (*Instituições de direito processual civil*, cit., v. 3, p. 313).
110 *Relação entre demandas*. Brasília: Gazeta Jurídica, 2018, p. 14 e 15.
111 Idem, cit., p. 22.
112 Não obstante a sua já previsão no art. 5º, *caput*, da CF.
113 Liebman asseverava que "a distinção entre eficácia da sentença e autoridade da coisa julgada pode ter, enfim, grande importância para a revisão da doutrina sobre o fenômeno muito complexo, o da influência que uma sentença pode exercer em relação a terceiros" (*Eficácia e autoridade da sentença e outros escritos sobre coisa julgada*, 4. ed. Rio de Janeiro, 2007, p. 79).

coisa julgada. Mas, de que terceiro afinal está se falando? A doutrina majoritária defende que se trata apenas do terceiro.

Luiz Guilherme MARINONI ilustra a questão com um exemplo acerca do registro de patente: caso haja a improcedência do pedido acerca da validade da patente pedida pelo suposto titular, qualquer terceiro poderá valer-se dessa coisa julgada perante as ações inibitórias propostas pelo suposto titular, ainda que não tenham participado do processo originário.

Ainda, afirma que "a autoridade da coisa julgada nada tem a ver com a vontade do vencedor. A este cabe executar a sentença. Saber quem foi vencedor e quem foi o vencido tem importância para se aferir a legitimidade da execução". Assim, em determinadas hipóteses, a coisa julgada deve alcançar terceiros, "afinal, o Judiciário, para não desautorizar a si mesmo, deve estar preocupado em não voltar a decidir o que já decidiu, e não apenas voltar a decidir o que decidiu para determinadas partes. Cabe-lhe, em outras palavras, tutelar as suas decisões não somente em favor das partes, mas também em benefício de todos aqueles que estão na mesma posição de vencedor".[114]

Mesmo sendo contrário à tese aqui esposada, José Rogério Cruz e Tucci assevera que "terceiros, beneficiados pela sentença de mérito, estarão submetidos à autoridade da coisa julgada quando existir um nexo de subordinação da posição deles à relação jurídica decidida ou em razão da natureza incindível do direito material discutido"[115].

Assim, em um sistema que propala e busca tanto a economia processual quanto a eficiência do Poder Judiciário, permitir que esse mesmo Poder Judiciário analise duas, três, quatro vezes a ocorrência do mesmo fato ofenderia frontalmente essa eficiência da justiça e a economia processual.

Contudo, foi opção político-legislativa o CPC estabelecer a coisa julgada limitada ao pedido (do autor e, em determinadas circunstâncias, do réu). Igualmente foi opção política estabelecer que a coisa julgada atinge apenas as partes e os terceiros apenas se a decisão lhes for favorável (*in utilibus*).

Igualmente essa ideia é rechaçada pela grande maioria da doutrina, bem como já foi objeto do Enunciado n. 36 do CJF/STJ: "O disposto no art. 506 do CPC não permite que se incluam, dentre os beneficiados pela coisa julgada, litigantes de outras demandas em que se discuta a mesma tese jurídica".

8.6. PRODUÇÃO DA COISA JULGADA

Há três formas de produção da coisa julgada no ordenamento brasileiro:

a) produção *pro et contra* – é o meio típico de produção. A formação da coisa julgada se forma independentemente do resultado do processo, assim, sendo o pedido do autor procedente ou improcedente, haverá formação da coisa julgada;

b) produção *secundum eventum litis* – existem algumas demandas, contudo, em que o seu resultado será fator determinante para a produção da coisa julgada material. Desta forma, somente a procedência da causa gera imutabilidade.

Há alguns casos de coisa julgada de acordo com o resultado da lide: **i)** nos casos de solidariedade (arts 264 a 285, CC).; **ii)** nas hipóteses da demanda penal que pode ser sempre revista pelo réu (art. 621, CPP); **iii)** nos limites subjetivos da coisa julgada (art. 506, CPC).

---
114 MARINONI, Luiz Guilherme. *Coisa julgada sobre questão*. São Paulo: RT, 2018, p. 316.
115 *Limites subjetivos da eficácia da sentença e da coisa julgada civil*. São Paulo: RT, 2007, p. 191.

É importante frisar, especialmente na primeira e na terceira hipótese, que a coisa julgada é *pro et contra para as partes*, mas para o terceiro ela se opera *secundum eventum litis*;

c) **produção** *secundum eventum probationis* – a coisa julgada fica condicionada ao exaurimento de provas possíveis naquele caso. Assim, se a demanda utilizou de todas as provas possíveis ao deslinde do processo, haverá coisa julgada. Caso contrário, ficará aberta para novas e ulteriores discussões em nova demanda. Desta forma, a resolução do processo por falta de provas não gerará a coisa julgada. Assim, ocorrem nas ações coletivas (CDC, art. 103) e na ação popular (art. 18 da Lei n. 4.717/65).

8.7. SOBRE A DESCONSIDERAÇÃO DA COISA JULGADA MATERIAL[116]

Do que se colhe da lei, da doutrina e da jurisprudência, é possível sistematizar os mecanismos excepcionais de revisão da coisa julgada da seguinte forma:

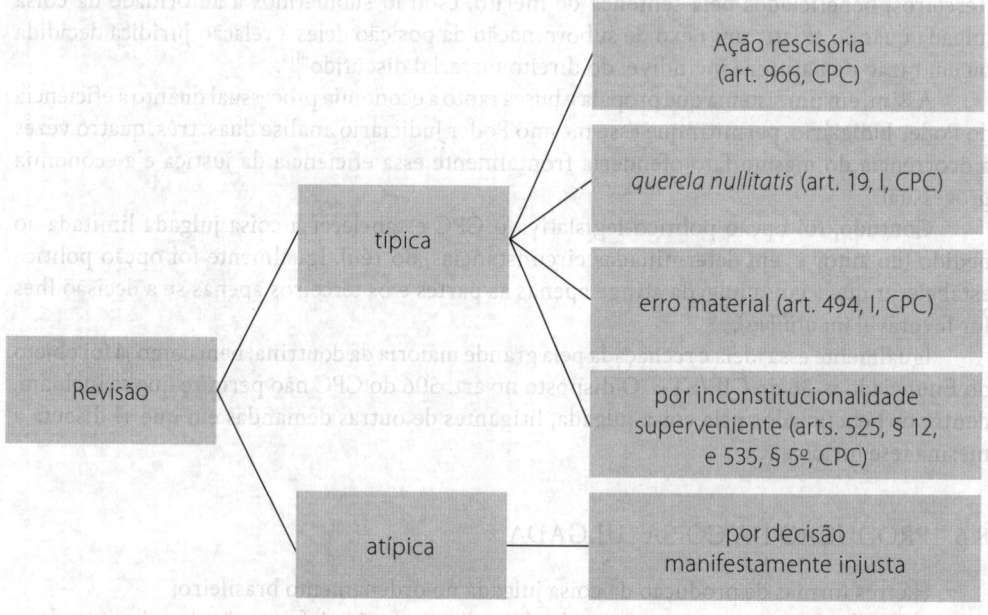

As hipóteses de revisão típica serão enfrentadas oportunamente nos capítulos específicos (processo nos tribunais, recursos e execução). Aqui abordaremos apenas as situações atípicas de desconsideração.

---

116 Extraída parte do texto "Coisa Julgada – Inexigibilidade do título executivo em face de declaração de inconstitucionalidade superveniente: uma interpretação do art. 475-L, § 1º, do CPC", de Renato Montans de Sá, in *Aspectos polêmicos da nova execução*, v. 4, coord. Cassio Scarpinella Bueno e Teresa Arruda Alvim Wambier, São Paulo: Revista dos Tribunais, 2009, p. 428-444.

8.7.1. REVISÃO ATÍPICA DA COISA JULGADA

Por muito tempo se discutem os problemas respeitantes à rigidez da coisa julgada. Tanto na doutrina como na jurisprudência há uma tendência de se tentar flexibilizar a imutabilidade em determinadas situações independentemente do uso de ação rescisória.

Imagine a questão de um DNA positivo realizado anos após de uma sentença transitada em julgado que havia declarado a inexistência da paternidade realizada por exame de sangue (teste com menor índice de confiabilidade que o DNA).

Diante de tal situação, o magistrado enfrentará um dilema característico do sistema de Luhmann. Se seguir a teoria clássica, o magistrado está cometendo, por assim dizer, uma flagrante injustiça, pois estará dizendo ao autor que as normas jurídicas criadas pelo legislador devem se sobrepor à filiação legitimamente comprovada.

Por outro lado, ao reconhecer a paternidade e atestar na sentença, o juiz estará desconsiderando um dos mais fundamentais e rígidos pilares da ciência jurídica: a segurança jurídica decorrente da coisa julgada.

É desconhecido na doutrina o verdadeiro marco inicial de quando começaram os questionamentos sobre a desconsideração da coisa julgada, mas, mesmo não havendo uma precisão temporal, sabem-se os motivos que levaram ao desenvolvimento desse estudo: **i)** a concepção da inexistência de garantia constitucional absoluta; e **ii)** a existência de antinomias na ordem jurídica, inclusive na esfera constitucional[117].

Foi por essa ideia da inexistência de garantia constitucional absoluta que fez nascer no direito germânico a ideia de proporcionalidade. A proporcionalidade teria como escopo regulamentar a aparente antinomia existente entre garantias e princípios e evitar o que se convencionou chamar *all-or-nothing-fashion* (tudo ou nada) consoante teoria de *Ronald Dworkin*.

O instituto da coisa julgada, a despeito de sua conceituação ter sido aprimorada ao longo dos tempos dentro da história do direito, sua necessidade sempre foi primordialmente proteger as decisões judiciais de futuros questionamentos evitando assim a instabilidade do provimento realizado por órgão devidamente investido.

Essa regra, entretanto, não é e não pode ser, como visto, absoluta, daí com propriedade asseverar Barbosa Moreira que é errado falar em "relativização da coisa julgada" (como defende parcela da doutrina), pois apenas se relativiza aquilo que é absoluto, coisa que a coisa julgada não é (vide a existência de, por exemplo, a ação rescisória e da revisão criminal)[118].

O início da discussão no Brasil se deu pelo Ministro José Augusto Delgado em voto proferido como relator na 1ª Turma do Superior Tribunal de Justiça e declarou "não reconhecer o caráter absoluto da coisa julgada", alegando que a coisa julgada sempre estará condicionada aos princípios da razoabilidade e da proporcionalidade sem cuja presença a segurança jurídica imposta pela coisa julgada "não é o tipo de segurança posto pela Constituição Federal" [119].

Portanto, na procura da ciência em buscar o que se entende por "justo", desenvolve o seu posicionamento do qual existe uma vinculação absoluta do ordenamento com os princípios da legalidade e da moralidade.

---

117 O que levou o jurista alemão Otto Bachof a desenvolver a tese das "Normas Constitucionais Inconstitucionais?".
118 Considerações sobre a chamada "relativização" da coisa julgada material, *Relativização da coisa julgada*, coord. Fredie Didier, 2. ed., Salvador: JusPodivm, 2006.
119 STJ, 1ª T., REsp 240.712, j. 15-2-2000.

Carlos Valder do Nascimento entende que o valor entre segurança jurídica e justiça introduziu "a presença de uma nova concepção que busca demonstrar a relatividade da coisa julgada sem, contudo, desbordar para o campo de sua simples eliminação"[120].

Assim, o Poder Judiciário não tem poder constituinte, mas constituído, no sentido de não deter soberania que justifique a intangibilidade da função jurisdicional, sob pena de se outorgar ao Judiciário um poder autônomo e paralelo ao poder constituinte originário.

Dessa feita entende o autor que "sendo a coisa julgada matéria de índole jurídico-processual, portanto inserta no ordenamento infraconstitucional, sua intangibilidade pode ser questionada desde que ofensiva aos parâmetros da Constituição. Neste caso estar-se-ia operando no campo da nulidade. Nula é a sentença desconforme com os cânones constitucionais, o que desmistifica o cânone da *res iudicata*"[121].

E por fim conclui que não existe choque com o princípio da segurança jurídica, pois esta "não resiste aos primados da moralidade e legalidade"[122].

Outro defensor é Cândido Dinamarco. O jurista, com base nos ensinamentos de Liebman sobre a coisa julgada (qualidade que imuniza os efeitos substanciais da sentença e não um efeito próprio) entende que "a coisa julgada não tem dimensões próprias, mas as dimensões que tiverem os efeitos da sentença"[123]. Dessa forma "nenhum princípio constitui um objetivo em si mesmo e todos eles em seu conjunto, devem valer como meios de melhor proporcionar um sistema processual justo, capaz de efetivar a promessa constitucional de acesso à justiça"[124] sendo necessário "repensar a garantia constitucional e o instituto técnico-processual da coisa julgada, na consciência de que não é legítimo eternizar injustiças a pretexto de evitar a eternização de incertezas"[125].

Humberto Theodoro Júnior e Juliana Cordeiro de Faria seguem no mesmo sentido, mas abordam o tema sob outro foco: Apesar do constante debate sobre o assunto, o foco da questão sempre se direcionou para o controle dos atos legislativos e não do Judiciário. Portanto, há a necessidade de respeito máximo de todos os atos de soberania exercida internamente ao texto constitucional. Dessa forma a Constituição não basta apenas garantir (no sentido de outorgar garantias), mas também ser garantida.

Assim, "tem-se a falsa impressão de que o seu controle de constitucionalidade no direito brasileiro é possível apenas quando não operada a coisa julgada, através do último recurso cabível que é o extraordinário previsto no art. 102, III, da CF. Após verificada esta última, a imutabilidade que lhe é característica impediria o seu ataque ao fundamento autônomo de sua inconstitucionalidade. Corresponde aludida ideia ao modelo de supremacia da Constituição buscado no moderno Estado de Direito?"[126].

Portanto, a garantia da coisa julgada se destina constitucionalmente aos legisladores ordinários, impedindo que a nova lei prejudique o caso julgado. Essa proibição de nova análise decorre de regra infraconstitucional (art. 505, CPC). Logo, é de se concluir que é permitida uma reanálise da coisa julgada pelo Poder Judiciário quando exista, em tese, uma violação de direitos constitucionalmente assegurados.

---

120 *Coisa julgada inconstitucional* (coordenador). Rio de Janeiro: América Jurídica, 2002, p. 1-32.
121 *Coisa julgada inconstitucional*, p. 13.
122 Idem, p. 27-28.
123 *Nova era do processo civil*. São Paulo: Malheiros, 2003, p. 221.
124 Idem, p. 222.
125 Idem, p. 227.
126 *O tormentoso problema da inconstitucionalidade da sentença passada em julgado, relativização da coisa julgada*, coord. Fredie Didier, 2. ed., Salvador: JusPodivm, 2006, p. 157-198.

Ainda são favoráveis à coisa julgada, mesmo que por fundamentos distintos, Teresa Arruda Alvim, José Miguel Garcia Medina[127] e Teori Albino Zavascki[128].

Existe, todavia, uma série de autores contrários à tese da relativização. Esta corrente é capitaneada principalmente pelos professores Nelson Nery, Ovídio Baptista, Luiz Guilherme Marinoni, Barbosa Moreira e Eduardo Talamini.

Nelson Nery assevera que a base de todo entendimento dos defensores da desconsideração da coisa julgada é aplicar a proporcionalidade entre os valores justiça e segurança, ou melhor, não permitir que o valor justiça se sobreponha a um valor igualmente importante: o da segurança jurídica. Assim: "O nosso sistema optou pelo justo possível ao invés do utópico justo absoluto. Um dos efeitos da coisa julgada é o substitutivo. Substitui os atos das partes e do juiz praticados no processo de sorte que tudo que for nulo ou anulável será convalidado"[129].

Dessa forma como a decadência, a prescrição e a preclusão são instrumentos criados a propiciar a segurança jurídica, a coisa julgada também.

Havendo choque entre justiça da sentença e segurança das relações o Estado deve preferir o último – esta é a razão pela qual não se admite a rescisória para sentença injusta. Trata-se de uma escolha política, pois fere o princípio do devido processo legal.

Já Luiz Guilherme Marinoni manifesta-se com pertinente observação ao verificar que se "admitir que o Estado-juiz errou no julgamento que se cristalizou, obviamente implica aceitar que o Estado-juiz pode errar no segundo julgamento quando a ideia de 'relativizar' a coisa julgada não traria qualquer benefício ou situação de justiça"[130].

José Carlos Barbosa Moreira[131], ao asseverar sobre a garantia constitucional da coisa julgada (como corolário da segurança jurídica), afirma que, "se o Poder Judiciário já interferiu uma vez, não lhe é dado voltar a interferir senão quando a lei a tanto o autorize, e de maneira legalmente prescrita. As pessoas são postas a salvo de ingerências arbitrárias – e é arbitrária toda a ingerência não contemplada no ordenamento positivo, inclusive a reiteração fora dos quadros nele fixados".

O autor contesta os que invocam a injustiça como motivo da relativização. Até mesmo porque poucas são as pessoas que se conformam que sua derrota no processo foi justa. Nem mesmo com as adjetivações que são comuns na doutrina como "grave", "flagrante" ou mesmo "abusiva", pois não há possibilidade de se quantificar a extensão da gravidade sem utilizar-se de critérios subjetivos que, certamente, atenderão a apenas uma das partes.

Assevera que os exemplos dados pela doutrina contrária são difíceis de ocorrer no mundo real e por fim coloca reparo, pois não é a coisa julgada que resta inconstitucional, mas sim a sentença. Pois a coisa julgada apenas reveste a sentença de imutabilidade e esta – a decisão – já era inconstitucional antes do trânsito em julgado.

---

127 *O dogma da coisa julgada*, São Paulo: Revista dos Tribunais, 2003: "Os padrões de conduta do juiz para decidir são estabelecidos por todo sistema jurídico existente e aceito. Direito posto, doutrina, jurisprudência e princípios. Não se inclui nesse 'repertório' elementos de fora. Portanto as inovações do direito não se fazem de surpresa. São erigidas paulatinamente a partir dos elementos do repertório buscando soluções com aquelas já existentes. Suas ideias partem para resolver o problema de enunciados que não deveriam eternizar-se. O valor segurança vem dando lugar aos valores justiça e efetividade".

128 *Inexigibilidade das sentenças inconstitucionais, relativização da coisa julgada*, coord. Fredie Didier, 2. ed., Salvador: JusPodivm, 2006, p. 329-340.

129 *Teoria geral dos recursos*. 6. ed. São Paulo: Revista dos Tribunais, 2004.

130 O princípio da segurança dos atos jurisdicionais (a questão da relativização da coisa julgada material), *Relativização da coisa julgada*, Fredie Didier Jr. (org.), 2. ed., Salvador: JusPodivm, 2006.

131 Considerações sobre a chamada "relativização" da coisa julgada material, *Temas de direito processual*, nona série. São Paulo: Saraiva, 2007, p. 235-266.

Por fim, sugere que casos como o do DNA, que o próprio autor aceita como exceção, devem ser alocados para as hipóteses de ação rescisória (mais precisamente no art. 966, VII – documento novo), e cujo prazo decadencial de dois anos correria a partir do laudo novo em mãos, e não, como entendem alguns, que o prazo da rescisória, nesses casos, poderia ser dilatado ou mesmo desconsiderado. Aliás, até hoje o STJ decide o caso do DNA, que constitui uma situação excepcional, como hipótese de relativização atípica da coisa julgada (talvez a única situação admitida)[132].

Outra situação em que o STF desconsiderou a coisa julgada anterior foi no julgamento do RE 955227 e do RE 949297 (Temas 885 e 881). O Tema 881 versa sobre as decisões em que o STF, em controle concentrado, declara hoje um tributo constitucional que antes não era. Já o Tema 885 versa sobre decisões em controle difuso com repercussão geral. Nesses dois casos as decisões serão *erga omnes*. Mas no entender da Suprema Corte elas alcançariam as decisões cobertas pela coisa julgada. Em nossa opinião, esse entendimento está equivocado por diversos fatores: a) se a lei não pode prejudicar a coisa julgada, que dirá uma nova decisão (art. 5º, XXXVI, CF); b) ainda que se trate de relação jurídico-tributária de trato continuado, é necessário que haja uma alteração de fato e de direito para justificar que as novas prestações não se submetam ao que vinha sendo submetido ao regime anterior (a Fazenda entende que a alteração de direito foi a mudança de inconstitucional conforme a ADI 15 para constitucional); c) essa situação provoca grave impacto financeiro nas empresas que contavam com a decisão judicial que as desobrigava a pagar o tributo. Essa ausência de pagamento desde 2007 gerará, com a devida correção, o pagamento de valores vultosos por essas empresas, em grave violação à segurança jurídica, mudando as regras do jogo e prejudicando os planejamentos financeiros que haviam sido realizados.

E ainda o REsp 2.054.759-RS e o REsp 2.066.696-RS (Tema 1245), também versando sobre matéria tributária segundo a qual, nos termos do art. 535, § 8º, do CPC, é admissível o ajuizamento de ação rescisória para adequar julgado realizado antes de 13-5-2021 à modulação de efeitos estabelecida no Tema 69/STF. O dispositivo tem o objetivo de permitir a revisão de decisões que, embora tenham seguido entendimento consolidado à época, ficaram em descompasso com novas orientações fixadas pelo Supremo no âmbito do controle de constitucionalidade (concentrado ou difuso).

Em conclusão, na nossa opinião, a relativização da coisa julgada deve ser analisada com extremo cuidado:

Primeiro. O que leva a aceitar que o juiz de primeiro grau possa desconstituir o que foi produzido em processo anterior por meio de até "quatro graus" de jurisdição? Quem garante que esse juiz esteja certo em detrimento dos outros julgados anteriores? Ou seja, o valor justiça sempre se sobreporia ao valor segurança jurídica? É difícil estabelecer *a priori* essa prevalência. Como bem observa Ovídio Baptista: "outro equívoco consiste na ilusão de que a sentença, ao destruir a coisa julgada abusivamente formada, ou a sentença que seja, aos olhos do litigante inconformado com seu resultado, ilegal, ou enfim, contenha injustiça possam tornar-se – em

---

132 É possível a excepcional relativização da coisa julgada de anterior ação de investigação de paternidade, na qual não foi realizado o exame de DNA, ainda que por culpa (recusa) do pretenso pai, quando existente resultado negativo obtido em teste já realizado por determinação do próprio Judiciário (...) Na esteira da jurisprudência hoje consolidada nos Tribunais superiores, tratando-se de ação de estado, na qual o dogma da coisa julgada deve ser aplicado com prudência, sob pena de se subverter a realidade, não se pode justificar a adoção da *res iudicata*, a pretexto de garantir a segurança jurídica, quando isso possa criar uma situação aberrante entre o mundo fático-científico e o mundo jurídico (Processo em segredo de justiça, Rel. Ministro Raul Araújo, Quarta Turma, por unanimidade, *DJe* 28-6-2024).

virtude de uma milagrosa intangibilidade renascida – protegidas pela coisa julgada que a segunda sentença acabara de destruir, de modo que elas próprias se tornassem impugnáveis a novos ataques"[133].

Segundo. Se um juiz pode desconsiderar a decisão do processo anterior, seria possível, portanto, um novo juiz desconsiderar essa nova decisão? e esse caminho poderia ser tratado novamente?

Terceiro. A palavra *injustiça*, locução muito usada para fomentar a relativização é expressão extremamente aberta não havendo sequer entre a doutrina (seja de processualistas, filósofos ou estudiosos da teoria geral do direito) um consenso sobre seu conceito e seu alcance. A justiça pode variar no tempo, pode variar pela convicção das pessoas que julgam em decorrência de suas crenças políticas, econômicas, religiosas e sociais. O processo ser julgado por alguém que pensa juridicamente contrário ao que entende a parte é natural numa sociedade plural como a em que vivemos.

A segurança jurídica não decorre da imutabilidade das decisões. O que garante a segurança jurídica é ela decorrer de um processo em que se observaram as garantias constitucionais e, como tal, concedeu àquele processo a verdade possível. Assim, para se manter a harmonia social é preciso compreender que, havendo devido processo legal amplamente atendido, "a questão da justiça deve ser tida como encerrada na medida em que o Estado-juiz disponibilizou ao jurisdicionado o acesso à ordem jurídica justa"[134].

Quarto. É fácil perceber que a formulação da relativização da coisa julgada não espelha a opção do ordenamento jurídico: o sistema possui instrumentos de revisão da coisa julgada como a ação rescisória (art. 966, CPC), a *querela nullitatis*, a impugnação ao cumprimento de sentença (art. 525, CPC), a verificação de erro material (art. 494, I, CPC) e a coisa julgada inconstitucional (arts. 525, §§ 11 a 15, e 535, §§ 5º a 8º, CPC) e salvo raríssimas exceções, nenhum deles trata da possibilidade de desconstituição por injustiça, porque além de utópica e subjetiva, a justiça já foi alcançada no processo. Ao contrário da medicina em que você pode buscar um novo diagnóstico por meio de uma visão diferente de outro médico, no direito, em regra não se admite uma segunda opinião.

Quinto. para tentar evitar problemas dessa ordem, sem prejuízo de haver já no cabimento da ação rescisória dois incisos bem amplos como a violação manifesta de norma jurídica (art. 966, V, CPC) e erro de fato (art. 966, VIII) que abarcariam um sem-número de situações, permitir, de *lege ferenda*, a ampliação das hipóteses de cabimento, como, por exemplo, o cabimento contra princípio (Teresa Arruda Alvim).

8.8. ASPECTOS TEMPORAIS DA COISA JULGADA

As relações jurídicas podem ser:

> **Instantâneas**: são aquelas que nascem e se encerram em determinado marco temporal, não havendo nada além do que se apresenta para pleitear o direito em juízo no caso de seu descumprimento. Exemplo: cobrança de uma dívida, ação declaratória de inexistência etc.

---

133 Coisa julgada relativa. *Revista Dialética de Direito Processual*, n. 13, São Paulo, p. 108, abr. 2004.
134 MOURÃO, Luiz Eduardo Ribeiro. *Coisa julgada*. Belo Horizonte: Forum, 2008, p. 380.

> **Continuativas**: são aquelas que nascem, mas a situação de fato decorrente dessa relação pode se prolongar no tempo porque a relação pode ser de trato sucessivo (ex.: alimentos, ações locatícias) ou porque o ato se prolonga no tempo (ex.: reparação de danos que envolve reparações de dano estético em um período de tempo).
> Especialmente no segundo caso que é extremamente importante identificar os aspectos temporais da coisa julgada. As relações continuativas são ligadas à cláusula da *rebus sic stantibus* (teoria da imprevisão).

Assim, o aspecto temporal da coisa julgada é instituto que analisa o *momento* em que a coisa julgada se opera. É dizer quando aquela específica decisão, à luz das questões apresentadas, não será suscetível de discussão.

Não se pode negar que se trata de um desdobramento dos limites objetivos da coisa julgada. Esta regra vem disciplinada no art. 505 do Código de Processo Civil brasileiro. A expressão "questões" inserida no artigo é matéria que será resolvida antes do julgamento, integrando a *ratio decidendi* do magistrado, ou seja, as questões prévias.

No ordenamento brasileiro vige a regra da preclusão *pro judicato*[135], no sentido de que as matérias já analisadas pelo magistrado não poderão ser revistas. Mesmo aquelas que podem ser conhecidas de ofício (questões cogentes) dependem de um desses dois fatores: i) ou alteração da situação fática que possibilita o juízo de valor sobre a matéria (cláusula *rebus*); ou ii) que esta questão ainda não tenha sido analisada pelo órgão judicante. Neste caso a "ferida ainda está aberta" e não operou, portanto, a preclusão.

O art. 505 determina que "nenhum juiz decidirá novamente as questões já decididas, relativas à mesma lide (...)". Contudo há situações que o sistema autoriza a decidir novamente o que foi objeto de julgamento, a despeito da coisa julgada material. Veja que as exceções não são aplicáveis ao mesmo processo, mas sim em outro:

a) relações jurídicas continuativas. São as relações que prolongam no tempo até mesmo após a formação da coisa julgada. São "fatos ou situações que perduram no tempo, de modo que suas posições jurídicas internas (direitos, deveres, ônus...) podem ser modificadas ou redimensionadas no curso da relação, conforme varie o panorama fático ou jurídico"[136]. Em regra, não se admite no Brasil sentenças que definam situações que sequer foram concretizadas. Contudo, é possível a sentença presente que tenha relação com situações futuras. Assim, numa dívida alimentar, dado ser relação de trato sucessivo, o pedido formulado tem por base prestações periódicas (CPC, art. 323) que protraem no tempo. É possível que após o trânsito ocorra uma alteração na situação fática subjacente que enseje uma alteração no resultado prático do processo (v.g., um acréscimo no patrimônio do alimentante, o aumento da necessidade do alimentado).

Estes fatos que ocorreram no plano do direito material projetam efeitos para dentro do processo.

Discute-se na doutrina se nesse caso haveria coisa julgada, máxime pela leitura do art. 15 da Lei n. 5.478/68 (Lei de Alimentos) que assevera que esta sentença "não transita em julgado". Há parte da doutrina que defende a sua não ocorrência (Vicente Greco Filho).

Contudo, majoritária doutrina (vide, Barbosa Moreira, Scarpinella Bueno) entende que haverá coisa julgada. O fundamento é simples: a alteração da situação de fato enseja a

---
135 Ainda que haja inúmeras críticas a essa expressão ou mesmo à manutenção desse instituto no ordenamento jurídico por segmento autorizado da doutrina.
136 WAMBIER; TALAMINI, *Curso avançado de direito processual civil*, cit., p. 804.

propositura de ação (exoneratória ou revisional) que terá **nova causa de pedir e novo pedido** e, portanto, modificaria um dos elementos da demanda, o que afastaria a função negativa da coisa julgada.

Perceba que faltará interesse de agir na propositura de qualquer ação objetivando rever/exonerar o *quantum* alimentar se mantidas as condições (possibilidade-necessidade) que levaram o magistrado a fixar os alimentos na causa anterior. É necessária a demonstração de fato novo que, invariavelmente, alterará os elementos da demanda (art. 337, § 2º, CPC). Portanto, nas hipóteses de revisional de alimentos ou de locação e demais demandas de trato sucessivo, haverá coisa julgada, mas a sua revisão fica condicionada as alterações posteriores de fato e de direito gerando **novo fundamento de revisibilidade**.

Não se trata de a nova decisão desconsiderar a anterior. É, em verdade, uma nova sentença decorrente de uma nova circunstância. São duas sentenças que disciplinam situações diversas no tempo e no espaço.

Assim, pode-se concluir que as sentenças determinativas fazem coisa julgada formal e material. Nos dizeres de Cassio Scarpinella Bueno, "a coisa julgada opera nestes casos *rebus sic stantibus*, isto é, ela prevalece enquanto a situação a ela subjacente permanecer igual"[137];

b) nos demais casos prescritos em lei. O legislador admite também que não ofendem a coisa julgada algumas questões previstas em lei. É o que se dá nas demandas coletivas quando houver *prova nova*; mesmo havendo coisa julgada material, a matéria poderá ser rediscutida (art. 18 da LAP; art. 17 da ACP; art. 103, I e II, do CDC).

Assim, como no Enunciado n. 239 da Súmula do STF: "Decisão que declara indevida a cobrança de imposto em determinado exercício não faz coisa julgada em relação aos posteriores".

8.9. EFICÁCIA PRECLUSIVA DA COISA JULGADA

Com o trânsito em julgado, a sentença de mérito fica imunizada pela coisa julgada material. Contudo a análise do mérito, máxime quando se tratar da decisão típica (CPC art. 487, I), quando o magistrado acolhe ou rejeita o pedido do autor, não se faz em uma operação instantânea.

O Judiciário para o cumprimento de sua função deverá perpassar por uma série de questões trazidas pelas partes ou mesmo de ofício (quando possível).

Entretanto, estas questões (e que são relevantes para o deslinde do processo) nem sempre são trazidas em sua completude ao processo. E isto decorre por dois fatores: ou (i) as partes não as levantaram ou (ii) a despeito de terem sido arguidas, não foram apreciadas pelo magistrado.

Por força do efeito negativo da coisa julgada, se as questões foram analisadas integralmente, fica vedado o seu reexame em outra demanda, pena de ofender a garantia da coisa julgada e da segurança jurídica.

Ocorre que, por vezes, determinados pontos não foram alegados no primeiro processo e agora se deseja sua análise no segundo. Podem estes argumentos, omitidos na primeira demanda, ser deduzidos na segunda, mesmo com sua existência quando da propositura da primeira?

Este é o estudo que se deve fazer para analisar a eficácia preclusiva da coisa julgada.

---

137 *Curso*, cit., v. 2, p. 399.

Eficácia preclusiva da coisa julgada é a impossibilidade de discussão, após o trânsito em julgado, das questões que poderiam ter sido inseridas na causa (mas não foram) ou que não foram levadas em consideração no julgamento, desde que respeitantes à mesma lide. Havendo essa impossibilidade, estas matérias (mesmo que, se apreciadas, viessem a mudar o resultado) não possuem mais interesse *desde que* atinentes ao caso julgado[138].

Trata-se da preclusão para as partes discutirem questões apreciadas ou não *incidenter tantum* em demanda anterior que possam influenciar na matéria já imunizada[139].

Desta forma, não se admite a propositura de nova demanda para discutir a mesma lide, contudo com novas alegações. É fato que os limites objetivos da coisa julgada alcançam apenas o dispositivo, mas, se as questões pertencentes à mesma lide (que, se analisadas, serão inseridas na fundamentação) tiverem a aptidão de influenciar no mérito da demanda anterior, não serão atingidas pela coisa julgada (CPC, arts. 503, § 1º, e 504), mas sim pela eficácia preclusiva.

Portanto, a análise da eficácia preclusiva só terá relevância se houver potencialidade de ofender a coisa julgada pretérita[140].

Se porventura a parte formular demanda com a mesma causa de pedir da anterior, mas diferente pedido, o efeito negativo não incidirá no novo juiz, que poderá analisar livremente a *causa petendi*, resolvendo-a até de forma diversa da decisão pretérita. E isso porque, sendo pretensões diferentes, não haverá abalo na coisa julgada anterior. Poderá haver incompatibilidade lógica, mas não prática.

Os limites objetivos da coisa julgada têm seu alcance muito bem delineados pelo mérito decidido (CPC, art. 503). Aquilo que não foi decidido não é alcançado pela coisa julgada. Necessário então um instituto complementar para abarcar as situações que não foram decididas, mas poderiam ter sido (caso a parte houvesse deduzido tais matérias). Esta é a finalidade da eficácia preclusiva: cobrir área que os limites objetivos não alcançam, desde que, como dito: a) integre a linha argumentativa da mesma lide que sofreu a autoridade da coisa julgada; e b) que sejam matérias aptas em outra demanda a abalar a firmeza do preceito da demanda anterior.

Mas, afinal, no que consistem alegações? Como diferençá-las a ponto de entender constituir a mesma lide ou de nova causa de pedir? O que de fato fica precluso? É importante frisar, antes de tudo, que dada a dispersão do conceito depende, para o seu correto delineamento, um concreto cotejo com o casuísmo, de certa dose de subjetividade.

---

138 Nesse sentido, interessante definição empreendida por José Maria Tesheiner: "Consiste esta [eficácia preclusiva], exatamente, na circunstância de se considerarem certas questões, a partir de determinado momento, como julgadas, embora não debatidas expressamente, haja vista que eram pertinentes à causa e capazes de ensejar tanto o acolhimento quanto a rejeição da pretensão deduzida" (*Eficácia da sentença e coisa julgada no processo civil*. São Paulo: RT, 2002, p. 155).

139 A eficácia preclusiva da coisa julgada não se confunde com a autoridade da coisa julgada material, ela apenas "se presta a dar sentido e efetividade a esta: pudessem os motivos da sentença ser novamente discutidos, com vistas à mesma ação já julgada, nenhuma estabilidade teria o julgado material. Eis que a lei veda novas discussões sobre qualquer ponto ou questão sobre que se haja apoiado a sentença passada em julgado" (WATANABE, Kazuo. *Da cognição no processo civil*, cit., p. 107-108).

140 Esse o entendimento do Ministro Luiz Fux: "Deveras, um dos meios de defesa da coisa julgada é a eficácia preclusiva prevista no art. 474 [atual 508] do CPC, de sorte que, ainda que outro rótulo da ação, veda-se-lhe o prosseguimento ao pálio da coisa julgada, se ela vai infirmar o resultado a que se alcançou na ação anterior" (STJ, 1ª Turma, REsp 469.211-SP, *DJ* 29.09.2003, por unanimidade). Neste sentido Sérgio Ricardo de Arruda Fernandes. Alguns aspectos da coisa julgada no direito processual civil brasileiro, cit., p. 84 observa que "A eficácia preclusiva da coisa julgada material só se opera em relação a processos que versem sobre o mesmo litígio e consequentemente, ponham em risco a autoridade da coisa julgada".

Alegações são as "razões de fato ou de direito produzidas em juízo pelos litigantes"[141]. Em verdade referem-se muito mais aos argumentos ou retórica "utilizada para fins de convencimento e formação da cognição judicial a partir de um fato jurídico do que propriamente com causa de pedir".

Portanto, a eficácia preclusiva da coisa julgada protege a decisão imunizada em face de qualquer *novo argumento* respeitante à *mesma demanda*.

Inegavelmente a regra da eficácia preclusiva torna importante estabelecer a diferença entre a causa de pedir e meros argumentos que orbitam o pedido formulado.

Teresa Arruda Alvim confere elucidativo exemplo: indenizatória por acidente de carro cujo motivo foi a embriaguez do condutor. O pedido foi julgado improcedente. Não pode agora propor nova ação sob o argumento de que estava chovendo e os pneus do carro do réu estavam "carecas". Como asseverou a autora, não se está aqui diante de nova causa de pedir, *mas de argumentos que se relacionam à mesma causa de pedir*: conduta culposa do réu[142].

Mas nada obstaria que o autor propusesse outra ação com base em outra causa de pedir, até mesmo porque se a causa de pedir, consoante expusemos, *qualifica o pedido*, a segunda demanda será, portanto, outra.

José Carlos Barbosa Moreira[143] entende que a eficácia preclusiva da coisa julgada atinge:

i) Questões de fato – X ingressa com ação contra Y para revogar doação por ingratidão. O motivo é que Y deixou de prestar-lhe alimentos, tendo dinheiro para tanto. Transitada em julgado a decisão, não poderá X em nova ação de revogação ingressar sob o argumento de que Y receberá vultosa herança (= argumento diverso dentro da mesma causa de pedir).

Mesmo que este fato possa modificar potencialmente o resultado da lide originária, fica preclusa esta alegação porque deveria ter servido de fundamento para a primeira demanda. Assim, é indiferente se X deixou de alegar, ou alegou e fora rechaçado pelo juiz por falta de provas. Em ambas as situações se operou a eficácia preclusiva da coisa julgada.

Entretanto, se X requerer num novo processo nova causa de pedir (v.g., revogação da doação por calúnia), a coisa julgada formada na primeira demanda não constitui óbice para a segunda, pois se alterou a *trea eadem*.

Diferente caminho seria se X ingressasse com uma segunda ação, mas agora requerendo alimentos. Nesta, nada impede que se alegue a questão da herança, pois se foi alegada no primeiro processo (e foi rejeitada) ou se deixou de ser alegada não importa, já que não operou, sobre essa questão, coisa julgada e isso porque "a preclusão das questões logicamente subordinantes serve apenas para assegurar, no caso, a imutabilidade da sentença que julgou improcedente o pedido de revogação da doação, e a imutabilidade dessa sentença não é posta em risco pelo julgamento – qualquer que seja o sentido em que se profira – do pedido de alimentos"[144].

ii) Questões de direito – X apresenta embargos à execução fiscal alegando indevida a cobrança de determinado tributo. Com a decisão de improcedência de seu pleito e o consequente trânsito em julgado da decisão, não poderá agora, em nova demanda, propugnar pela inconstitucionalidade do tributo, pois ficou coberta pela eficácia preclusiva da coisa julgada.

---

141 *Novo dicionário Aurélio da língua portuguesa*. 2. ed. Rio de Janeiro: Nova Fronteira, 1986.
142 *Omissão judicial e embargos de declaração*, cit., p. 116.
143 A eficácia preclusiva da coisa julgada material no sistema do processo civil brasileiro, cit., p. 104-105.
144 BARBOSA MOREIRA, A eficácia preclusiva da coisa julgada material no sistema do processo civil brasileiro, cit., p. 104-105.

Diferente situação seria se o Fisco lhe cobrasse novamente o tributo (por tratar de incidência periódica) com fundamento na mesma lei (Enunciado 239 da Súmula do STF[145]). Neste caso abre-se a possibilidade de alegar nesta nova demanda a inconstitucionalidade. Aliás, é irrelevante que se tenha repelida a inconstitucionalidade no processo anterior e isso porque "onde não se ponha em jogo a *auctoritas rei iudicatae*, não há por que supor preclusas as questões logicamente subordinantes, deduzidas ou não, apreciadas ou não, em processo antecedente"[146].

iii) Questões prejudiciais (*stricto sensu*) – ação de indenização proposta por X em face de Y por suposto descumprimento de servidão. A sentença acolhe o pedido e transita em julgado. Tendo ou não havido apreciação acerca da servidão, Y já não poderá mais impugnar em outro processo o crédito de X pelo valor das perdas e danos. Entretanto, se X pleiteia nova indenização, por outro comportamento de Y, este poderá defender-se alegando a inexistência da servidão, podendo o juiz examiná-la livremente. Não há sobre ela coisa julgada nem alcança a eficácia preclusiva, salvo se tiver sido objeto de ação declaratória incidental.

É importante fazer o instituto passar por alguns testes de consistência[147]:

---

i) Caio consegue a condenação de Tício ao pagamento de multa por infração de cláusula contratual. Decisão transita em julgado e Tício efetiva o pagamento. Tício agora vai a juízo alegar a nulidade absoluta desse contrato e pede a restituição da multa. A questão da nulidade influi na primeira demanda – eficácia preclusiva. Desta forma, a demanda originária está assegurada pela coisa julgada. Não poderia alegar Tício que a questão da nulidade não foi alegada na primeira demanda e, portanto, seria matéria nova. Agora, nada impede que Caio proponha uma nova ação contra Tício exigindo o cumprimento de *outra* obrigação deste mesmo contrato e este então alegue a nulidade do contrato como matéria de defesa. E isso porque se trata de outra lide, outra obrigação.

ii) Numa ação de despejo com fundamento em danos no imóvel, julgada improcedente, é possível ingressar com o mesmo despejo, mas com base no inadimplemento? A resposta é positiva. A declaração da primeira ação não seria ofendida com o resultado da segunda.

iii) Se o réu se defendeu em determinada demanda de cobrança alegando prescrição julgada improcedente, poderá numa futura demanda de repetição alegar o pagamento (recibo) e (consequentemente) o recebimento dúplice? A regra da eventualidade é muito mais rígida para o réu. Aqui não seria possível. Até mesmo porque a futura ação invariavelmente abalaria o resultado da primeira demanda. É possível, contudo, propor ação rescisória com base em prova nova (CPC, art. 966, VII).

---

145 "Decisão que declara indevida a cobrança do imposto em determinado exercício não faz coisa julgada em relação aos posteriores."

146 E continua o autor: "E vice-versa: se no primeiro feito a lei foi considerada inconstitucional, e por isso acolhidos os embargos, não há óbice a que a questão seja de novo suscitada e livremente resolvida, quiçá em sentido contrário, pelo juiz no segundo processo, onde se cobra a prestação tributária correspondente a outro exercício; as duas lides são perfeitamente distintas e a eventual contradição lógica entre as decisões de uma e de outra não tem a mínima relevância do ponto de vista em que aqui se focaliza o problema" (A eficácia preclusiva da coisa julgada no sistema do processo civil brasileiro, cit., p. 105).

147 Os exemplos foram extraídos de diversos livros, alguns casos foram encontrados de maneira semelhante em mais de um deles, de modo que se optou em não conferir a autoria a eles. Aqui já nos antecipando seguir uma corrente restritiva da eficácia preclusiva.

iv) O autor cobra dez parcelas contratuais. O réu em defesa não alega a nulidade e é condenado. Não poderá numa segunda demanda requerer a invalidade do contrato sob o argumento de que o contrato é nulo. Todavia, se *outra parcela* vier a ser cobrada, poderá alegar a nulidade, pois a cobrança pretérita foi feita à luz das provas daqueles autos. Mesmo que na primeira demanda houvesse a alegação da nulidade, ainda assim poderia ser deduzida novamente porque ficou na fundamentação e não alterará o preceito estabelecido na primeira demanda.

v) Mévio é sucumbente em processo para rescisão de contrato viciado pela coação. Poderá ingressar com nova ação para desconstituir o mesmo contrato com base em erro substancial? Sim *se* os fatos forem outros (e, portanto, nova causa de pedir).

vi) Ação de perdas e danos de João em face de César sob o argumento de que o réu culposamente colidiu no seu carro. Derrotado, César não poderá voltar a juízo e alegar que só veio a colidir por causa da nebulosidade, pois esta matéria está na mesma órbita daquele objeto litigioso (causas de pedir idênticas com diferente fundamentação).

vii) Mévio ajuíza imissão na posse contra Tício. Este alegou em contestação todas as matérias de defesa, mas se esqueceu da retenção de benfeitorias necessárias. Após a procedência da demanda, Tício poderá ingressar com embargos de retenção (CPC, art. 743)? Não, pois a regra da eventualidade cobriu todas estas potenciais questões que poderiam ser levantadas.

viii) Ação de investigação de paternidade com base em união estável. Sentença improcedente (não provou a convivência). Contudo, se ficou comprovado no processo que houve "apenas" relações sexuais, poderia o juiz julgar procedente com base neste argumento? Seria julgamento *extra petita*? Sim, pois se trata de qualificação jurídica, matéria esta de competência do juízo, portanto o julgamento *não* seria *extra petita*.

ix) Ação de cobrança procedente. O magistrado não acolheu a alegação de prescrição do réu. Numa futura ação alega o pagamento (que já existia à época da defesa). Não é possível esta alegação. De fato, sob a ótica da verdade é injusto, pois o réu pagou duas vezes o mesmo débito. "Mas a estabilidade do resultado do primeiro processo, como uma exigência de certeza e segurança nas relações jurídicas, atendida, justamente pela coisa julgada, impõe que o direito se desinteresse da sorte do litigante que, por negligência, podendo suscitar outras defesas, se tenha limitado a alegar apenas uma ou alguma delas".

No Brasil existem três correntes sobre o alcance da eficácia preclusiva da coisa julgada:

a) corrente restritiva. Seguida por majoritária doutrina (Cândido Dinamarco, Arruda Alvim, José Rogério Cruz e Tucci, Cassio Scarpinella Bueno, Barbosa Moreira, Luiz Guilherme Marinoni). Esta corrente assevera que a eficácia preclusiva atinge as alegações nas causas de pedir que foram julgadas na primeira demanda.

Trata-se de conferir vigência ao que se convencionou denominar *princípio da autonomia das causas*[148]. Quem defende a teoria restritiva tenta harmonizar a regra do art. 508 com o princípio da identificação da demanda e a teoria da substanciação. Mudando-se os fatos, ainda que se mantenha a mesma relação jurídica, altera-se a causa de pedir.

Dessa forma, nada impede que se apresente, em *outra* demanda, *nova* causa de pedir. O que fica precluso é a possibilidade de em *nova* demanda trazer *novos* argumentos sobre a *mesma* causa de pedir já enfrentada;

---

148 Expressão usada por Sérgio Gilberto Porto. *Sobre o propósito e o alcance do art. 474 do CPC*, cit., p. 46.

b) corrente ampliativa. Esta corrente é defendida por Araken de Assis e Sérgio Sahione Fadel[149]. A eficácia preclusiva da coisa julgada tem um perímetro maior. Uma vez julgada a demanda, as causas de pedir que tomaram como base na primeira causa ficam preclusas, e quaisquer outras causas de pedir suscetíveis de acolhimento ou rejeição do pedido do autor.

A teoria ampliativa assevera que o efeito preclusivo tem como objetivo impedir o fracionamento da lide. Não haveria razão para a criação do art. 508 se este dispositivo seguisse exatamente os limites objetivos da coisa julgada.

A lide deve ser formalizada em juízo da maneira mais completa e ampla possível a fim de não deixar resquícios de fora da demanda. Fica evidente que esta teoria fomenta tanto a boa-fé quanto a economia processual, pois evita que "porções de lide" não apresentadas sejam levadas novamente ao judiciário.

Ademais, à manutenção da teoria ampliativa, a eficácia preclusiva cria para o autor situação semelhante que a regra da eventualidade cria para o réu. Desta forma, dá vigência ao princípio da paridade de armas, pois as partes terão os mesmos ônus dentro do processo;

c) corrente híbrida. Há ainda uma terceira corrente defendida por José Maria Tesheiner[150]. Para o autor, o art. 508 alcança todos os fatos de mesma natureza, de mesma essência que poderiam embasar o pedido do autor ainda que constem de causas de pedir diversas.

Inicia seu trabalho alertando ser necessário proceder à distinção dos fatos em quatro situações distintas: i) fatos que tenham a mesma natureza e consequentemente produzirão o mesmo efeito jurídico; ii) fatos que tenham natureza diversa, contudo produzem o mesmo efeito jurídico; iii) fatos que tenham a mesma natureza, contudo produzindo efeitos jurídicos diferentes (mesmo que idênticos); e iv) fatos que tenham natureza diversa e produzem efeitos distintos.

Para o autor, a aplicabilidade do art. 508 do CPC se dá apenas no item "a" Assim, se se pede despejo com base em danos nas paredes, não pode ingressar com outra ação com base em dano nas portas (mesma natureza), mas nada impede que se ingresse com despejo por locação não consentida, pois se trata de argumentação de natureza diversa.

Defende-se nesta sede a corrente majoritária. A adoção da teoria ampliativa criaria um sistema extremamente instável prejudicando o primado da segurança jurídica. E isso porque não há um parâmetro objetivo para verificar o que de fato está precluso e o que pode ser apresentado. É muito tênue o estabelecimento de uma causa e uma alegação sobre esta causa[151].

É importante asseverar que estas correntes aludem à argumentação do autor, pois o réu, em atenção à regra da eventualidade, deve alegar toda matéria de defesa (que tinha a sua disposição) na contestação sob pena de preclusão.

Há quem diferencie a eficácia preclusiva da coisa julgada do princípio do *deduzido e dedutível*. Nesse sentido, é interessante o argumento de Teresa Arruda Alvim da qual "embora se trate de figuras de apoio ao instituto da coisa julgada, já que, se não existissem, a coisa julgada seria um instituto mais fragilizado, não significam exatamente a mesma coisa"[152]. Por exemplo, a autora explica sobre uma *ação de despejo* com fundamento (= causa de pedir) em danos causados

---

149 *Código de Processo Civil comentado*, cit., p. 49.
150 *Eficácia da sentença e coisa julgada no processo civil*, São Paulo: Revista dos Tribunais, 2002, p. 161.
151 Esse também é o posicionamento do STJ: "A eficácia preclusiva da coisa julgada impede o ajuizamento de nova ação para pleitear a restituição de quantia paga a título de juros remuneratórios incidentes sobre tarifas bancárias declaradas nulas em anterior ação de repetição de indébito" (EREsp 2.036.447-PB, Rel. Ministra Maria Isabel Gallotti, Segunda Seção, por maioria, j. 12-6-2024).
152 *Omissão judicial e embargos de declaração*, cit., p. 116-117.

no imóvel. Procedente a demanda, formaliza-se a coisa julgada. Nada impede que o locador agora se insurja *em outra demanda* requerendo a *indenização* pelos danos sofridos.

É importante frisar que nem mesmo as questões expressamente resolvidas pelo Poder Judiciário como premissa do raciocínio para o julgamento estão acobertadas pela coisa julgada.

Assim, tanto as questões de fato como as de direito estão fora do espectro de abrangência da *res iudicata*. Se não estão abrangidas pela coisa julgada as questões efetivamente decididas, o que dizer então daquelas que sequer o foram?

Contudo a eficácia preclusiva apenas se manifestará se estiver em jogo a coisa julgada adquirida em processo anterior. Fora disso está autorizada a argumentação e apreciação independente de tê-las apreciadas ou não o magistrado, como premissas da decisão, no processo anterior.

Um exemplo trazido por Barbosa Moreira[153] poderá esclarecer a questão:

> Se Caio ingressa com uma ação para cobrar uma multa de Tício decorrente de um contrato, a ação transita em julgado e Tício paga, não poderá este agora ingressar com ação de nulidade de cláusula requerendo o ressarcimento, pois a questão contratual restou imunizada pela coisa julgada material. Apenas poderá por rescisória. Não há se argumentar que se trata de matéria nova.

Agora, nada impede que Caio proponha uma nova ação contra Tício exigindo o cumprimento de outra obrigação deste mesmo contrato e este então alegue a nulidade do contrato como matéria de defesa. E isso porque se trata de outra lide, outra obrigação.

A única forma de se permitir que as questões sejam apreciadas novamente são as hipóteses legais de rescindibilidade, pois se se acolhe o pedido de rescisão a matéria poderá ser novamente apreciada.

Para que ocorra a eficácia preclusiva basta que o fato tenha ocorrido, sendo irrelevante se o fato era ou não conhecido da parte. A eficácia preclusiva não atinge fatos supervenientes.

É importante falar sobre os limites subjetivos da eficácia preclusiva para autor, réu e terceiros. Trata-se na verdade de estabelecer *quem* é atingido por ela e *de que maneira*. O dispositivo legal (art. 508 do CPC), quando expõe a expressão "alegações e defesas", torna expresso que o comando da norma atinge ambas as partes.

Dentro dos limites subjetivos é imperioso, portanto, verificar a extensão da eficácia preclusiva para o autor e para o réu. É dizer de maneira mais clara: como o efeito preclusivo pode tornar repelidas futuras alegações do autor e do réu que objetivem balançar a firmeza do que foi julgado. Para tanto, a eficácia atinge os argumentos inerentes à mesma causa de pedir que poderiam mudar o que ficou decidido na primeira demanda. Apenas para entender: **questão constitui um tema debatido entre as partes que será julgado. Fundamentos são os motivos que dão vida à questão e argumentos consistem na razão pela qual aquele fundamento deve ser tido como correto**[154].

Entretanto, questão importante, especialmente à luz do contraditório, é verificar como ficaria a situação *do réu* sobre os seus fundamentos de defesa (*causa excipiendi*).

Assevera José Roberto dos Santos Bedaque que "a eficácia preclusiva atinge com mais intensidade a causa *excipiendi*. Justificar-se-ia esse tratamento diferenciado porque, na nova

---

[153] Idem, p. 102-103.
[154] VITORELLI, Edilson; OSNA, Gustavo. *Introdução ao processo civil e à resolução de conflitos.* Salvador: JusPodivm, 2022, p. 117.

demanda, o réu poderá deduzir todos os argumentos de defesa relacionados com aquela causa de pedir"[155].

Trata-se da regra da eventualidade. Cândido Dinamarco explica que a eficácia preclusiva para o réu cobre todas as possíveis defesas. E isso porque "a coisa julgada é limitada pela causa de pedir e não pelas razões de defesa, de modo que o réu recebe impedimento total de alegar, em outro processo, quaisquer fatos modificativos, extintivos ou mesmo impeditivos que pudessem infirmar a estabilidade dos efeitos da sentença. Consequentemente, para ele é mais grave a situação do que para o autor"[156].

Não pode o autor formular nova demanda com base na mesma causa de pedir, mas com novos argumentos. Poderá, entretanto, em outra demanda, formular o mesmo pedido, mas com outra causa de pedir, pois estará, portanto, afastado da tríplice identidade. Ocorre que, para o réu, esse efeito atinge de maneira mais contundente. A única possibilidade de defesa é na contestação por força da regra da eventualidade ou concentração, *ex vi* do art. 336 do CPC[157].

Questão sobremodo interessante é a eficácia preclusiva em relação às demandas de natureza dúplice. Assim, se o réu alega a negativa de esbulho, mas não pede a proteção possessória, poderá alegar em futura demanda?

Entendemos que não. A proteção possessória integra o plexo de *causae excipiendi* apresentadas pelo réu, de modo que mesmo que esta peculiar modalidade de defesa tenha uma posição ativa (declarar a proteção possessória) está inserida na defesa. Assim, atingida pela eventualidade preconizada no sistema brasileiro, não poderá ser deduzida em futura demanda.

No que concerne a terceiros é importante tecer algumas considerações. O terceiro, como regra, não é atingido pela coisa julgada (salvo se o favorecer), mas sim pelos efeitos da decisão. A decisão, quando prolatada, produz, ao menos, duas consequências práticas: a) a produção dos seus efeitos e b) a presunção de legitimidade (imperatividade do ato público).

Dessa forma, os efeitos decorrentes da decisão, até mesmo por originarem de ato legitimado pelo ordenamento, incidem sobre os terceiros que da relação jurídica não participaram[158]. Esta situação decorre porque a relação das partes do processo com os terceiros está correlacionada, e seria impossível permitir a produção de efeitos de uma decisão sobre uma determinada relação jurídica sem que todos os interessados sofram os efeitos.

É importante verificar se de fato apenas os efeitos (eficácia) da decisão atingem a terceiros ou também a coisa julgada (e consequentemente a eficácia preclusiva). Quanto a este último aspecto, Egas Moniz de Aragão observa que "é natural a preclusão atuar sobre os sujeitos da relação processual, como tais considerados o juiz e as partes. Também os terceiros intervenientes, que nela ingressaram por vontade própria"[159].

---

155 Os elementos objetivos da demanda à luz do contraditório. In: José Rogério Cruz e Tucci e José Roberto dos Santos Bedaque (Coord.). *Causa de pedir e pedido no processo civil.* São Paulo: RT, 2002, p. 27.
156 *Instituições de direito processual civil*, cit., v. 3, p. 285.
157 Teresa Arruda Alvim (*Omissão judicial e embargos de declaração*, cit., p. 116): "Já no que diz respeito à posição do réu, a situação, embora semelhante, não é idêntica: o réu perdendo a ação, não poderá mais usar razões de defesa autônomas, nem argumentos que teriam girado em torno das razões que alegou, e de que não fez uso".
158 Eduardo Talamini exemplifica que o divórcio entre as partes atinge a todos da relação jurídica. Igualmente a decretação da nulidade de um ato incide sobre a vida do terceiro (*Coisa julgada e sua revisão*, cit., p. 97).
159 Preclusão. *Saneamento do processo:* estudos em homenagem ao Prof. Galeno Lacerda, cit., p. 162.

Assim, as partes e os terceiros intervenientes sofrem os efeitos da coisa julgada[160]. Os terceiros interessados sofrerão os efeitos da sentença e os desinteressados nada sofrerão (ao menos seus efeitos naturais), pois aquela relação não lhes diz respeito.

Contudo, é de perguntar o que ocorre com o terceiro que não intervém.

Para os terceiros a preclusão (e mais especificamente o efeito preclusivo) é inócua. Caso sejam atingidos, mesmo que de maneira oblíqua, eles têm ampla liberdade de aduzir quaisquer alegações contra a referida incidência. O fato de ter havido preclusão no processo para as partes (e consequentemente o efeito preclusivo pamprocessual) não guarda referibilidade com o terceiro por dois importantes motivos:

a) A despeito de a eficácia preclusiva em sua vertente aqui estudada ser um fenômeno que se projeta para fora do processo, os seus limites decorrem justamente de situações ocorridas (ou potencialmente ocorridas) *dentro* dele.

Assim, não se pode deixar de dar certo grau de artificialidade à expressão "eficácia preclusiva", visto que "preclusiva" somente pode ser entendido *dentro* da relação jurídica processual. Portanto, não participando o terceiro do processo, o fenômeno da preclusão não pode atingir sua esfera na justa medida que não poderia (nem teria como) deduzir matéria. O ônus somente atinge a quem deveria praticar o ato e não o fez.

b) Mesmo que o contrário se entendesse, o objetivo do terceiro, ao trazer a questão ao judiciário, não constitui *discutir novamente a lide* (logo, a discussão sobre os efeitos negativos da coisa julgada não é colocada em pauta) e, portanto, não haveria uma modificação do estado anterior (e igualmente se tira de pauta a eficácia preclusiva, portanto), mas seu objetivo é, tão somente, *afastar a incidência da decisão sobre sua esfera jurídica*[161].

---

160 À exceção do assistente simples que sofre os efeitos da justiça da decisão (CPC, art. 123).
161 Nesse sentido, Egas D. Moniz de Aragão. Preclusão. *Saneamento do processo:* estudos em homenagem ao Prof. Galeno Lacerda, cit., p. 162.

PROCESSO DE CONHECIMENTO – PROCEDIMENTOS ESPECIAIS

PROCEDIMENTOS ESPECIAIS DE JURISDIÇÃO CONTENCIOSA

INTRODUÇÃO – PROCEDIMENTOS ESPECIAIS

O CPC atual regulamenta os chamados *procedimentos especiais*.

O tema vem tratado no Livro I da Parte Especial do Código, em seu Título III. O legislador do CPC vigente alterou a forma como a lei era dividida anteriormente. O CPC/73 era dividido em cinco livros, a saber: I – do processo de conhecimento; II – do processo de execução; III – do processo cautelar; IV – dos procedimentos especiais; e, por fim, o Livro V era dedicado às disposições finais e transitórias.

A forma como os procedimentos especiais estavam alocados na legislação revogada trazia a ideia de se tratar de uma "espécie autônoma de processo", ao lado dos denominados "processos" de conhecimento, execução e cautelar.

Todavia, essa conclusão era equivocada, embora induzida pela lei. É que os procedimentos especiais eram (e ainda são) aqueles relativos ao "processo" de conhecimento gerada por uma crise no plano da certeza do direito que desencadeia a provocação do Estado-juiz. No regime anterior havia no "processo" de conhecimento os procedimentos comuns (que poderiam ser tanto o comum ordinário quanto o sumário) e os especiais.

Alguns autores, como Humberto Theodoro Júnior[1], entendem que os procedimentos especiais devem ficar à margem do processo de conhecimento, pois muitos deles exercem, simultaneamente, atividade cognitiva e executiva (v.g., possessórias). Não entendemos dessa forma. Na medida em que o processo tenha por finalidade o acertamento do direito, ainda que haja ulterior fase de execução (o que, diga-se, no atual ordenamento é a regra com a adoção do sincretismo), deve ser considerado, para todos os fins, **"processo" de conhecimento**, pois a ampla cognição é a atividade preponderante no procedimento ali desenvolvido.

---

1   *Curso de direito processual civil*. 42. ed. Rio de Janeiro: Forense, 2010, v. III, p. 7.

É necessário notar que os fenômenos *processo* e *procedimento* são distintos e não se confundem. Se o processo é o instrumento para a provocação da atuação jurisdicional, com o ajuizamento da ação, o procedimento diz respeito à *marcha*, o *iter* que seguirá para tal fim. No que concerne ao processo, remete-se o leitor para o capítulo pertinente, onde estão expostas as diversas teorias que explicam sua natureza jurídica.

No plano estrutural processo é entidade complexa que possui diversas acepções (remete-se o leitor ao conceito de processo no capítulo pertinente ao tema, *supra*). Em uma delas, o processo é composto pelo procedimento que se desenvolve em contraditório (Fazzalari), que constitui sua forma extrínseca. Assim, o procedimento faz parte integrante como um dos elementos constitutivos do processo (em relação continente e conteúdo).

Os estudos do jurista italiano Andrea Proto Pisani, nos anos 1970, ajudaram no fortalecimento dos procedimentos especiais com a ideia de tutela jurisdicional diferenciada.

É importante entender o que venha ser o procedimento (assunto que estudamos com mais vagar no capítulo sobre processo).

Tomemos um exemplo simples e trivial. Se eu pretendo obter a renovação de minha licença para dirigir, será necessário que se observe um procedimento específico para tanto. Provavelmente, o primeiro passo será a realização de um exame médico, a fim de se verificar se há problemas de visão ou alguma questão psicotécnica. Ato contínuo, é necessária a realização de uma avaliação teórica, para aferir os conhecimentos necessários a respeito das leis de trânsito. Somente depois de percorridas todas as etapas, é possível obter a desejada renovação.

Perceba que não é possível a alteração de cada uma dessas etapas, de modo que não se pode cogitar que primeiro a licença seja renovada, para que somente então os exames sejam feitos. O mesmo raciocínio deve ser feito em relação ao procedimento, que consiste numa sequência de atos que está encadeada lógica e cronologicamente. A exceção pontual da flexibilização procedimental e calendarização encontra-se nos arts. 190 e 191 do CPC.

A segunda questão importante a respeito do assunto pode ser posta com uma indagação: por que um procedimento é especial? Trata-se de opção política. O legislador, atento às nuances e especificidades de determinada relação jurídica de direito material e como ela normalmente ocorre, entende que um *iter* específico pode ser mais conveniente do que o comum. Há outras situações em que o procedimento comum é incapaz de ofertar procedimento hábil a tutelar o direito posto em juízo. Assim, como única alternativa o legislador cria um procedimento específico.

Exemplo disso é o procedimento[2] especial estabelecido na lei dos juizados especiais cíveis. Note-se que uma causa de valor módico, se submetida ao procedimento comum, mais longo e moroso, pode implicar prejuízo da parte. Nessa medida, parece ser mais adequado que uma questão mais simples (o que pode decorrer de valor módico ou não) submeta-se a um procedimento mais simplificado.

Contudo essa adequação do procedimento a uma melhor prestação jurisdicional em decorrência das peculiaridades do direito material não se limita a meros aspectos procedimentais. Há procedimentos que são especiais dadas as suas peculiaridades no tocante à limitação cognitiva, legitimação, competência e até mesmo coisa julgada[3].

---

2   Apesar de haver quem defenda que os juizados sejam em verdade um "processo especial" constitui sim procedimento com todas as peculiaridades para tal com fundamento na existência de um direito material *menos complexo*.

3   MENDONÇA SICA, Heitor Vitor. Reflexões em torno da teoria geral dos procedimentos especiais. *RePro* 208, abr. 2012, p. 66-67.

Assim, conclui-se que esses procedimentos apresentam características particulares, específicas em relação a cada um deles. Daí por que se diz ser tão difícil a construção de uma "teoria geral dos procedimentos especiais". Nada obstante, naquilo em que a lei for omissa, aplicam-se, supletivamente, as disposições relativas ao procedimento comum.

É possível compreender a adaptação do procedimento ao direito material analisando o quadro abaixo:

Procedimento comum	É o procedimento-tipo. Se aplica para todos os casos que não houver previsão dos procedimentos especiais.
Procedimentos especiais	Procedimentos criado pelo legislador para se adequar as peculiaridades do direito material *in abstrato*.
Negócio jurídico processual	Alteração do procedimento pelos sujeitos do processo com fundamento nas peculiaridades do caso concreto.

No Brasil dividem-se os procedimentos especiais em aqueles que tramitam pela jurisdição contenciosa e pela jurisdição voluntária. Há acesa divergência a respeito da inserção de cada qual na devida categoria estabelecida pela lei. Isso porque (e o CPC atual mantém a polêmica), apenas a título de exemplo, a interdição se localiza na jurisdição voluntária e o inventário e partilha em jurisdição contenciosa, quando ainda constitui fonte de discussão sobre qual categoria esses procedimentos pertenceriam.

Em linha de princípio, os procedimentos especiais são inflexíveis, já que o procedimento se mantém especial até o final do processo. Contudo, em alguns casos há a aplicação do princípio da fungibilidade, porque ele, em determinado momento, torna-se procedimento comum: assim ocorre nos arts. 548, III, 578, 603, § 2º, e 679, do CPC.

Há ainda procedimentos especiais que, pela sua natureza, são **facultativos**, vale dizer, a sua não adoção não acarreta nenhuma sanção ou indeferimento do procedimento que foi adotado. É o que ocorre no mandado de segurança, na ação monitória, na consignação em pagamento, nas possessórias e nos juizados especiais.

Contudo, em outros casos, em decorrência das profundas peculiaridades do direito material, não admitem a adoção de outro procedimento senão aquele previsto em lei. Assim, são **obrigatórios** os procedimentos de inventário, recuperação judicial e falência, usucapião, ações de controle de constitucionalidade, interdição e desapropriação.

É importante frisar que há procedimentos especiais que ainda subsistem no CPC a despeito de sua retirada do capítulo próprio.

A ação de nunciação de obra nova vem sutilmente indicada no art. 47, § 1º,do CPC, mas se mantém ainda que não prevista.

O mesmo ocorre com a ação de usucapião. O CPC revogou sua previsão específica, mas hoje é possível extrair seu procedimento dos arts. 246, § 3º, e 259, I, do CPC e 216-A, § 3º, da Lei n. 6.015/73).

A ação de depósito adquiriu *status* de tutela de evidência (art. 311, III, CPC).

O juizado especial cível ainda mantém no seu cabimento o art. 3º, II (Lei n. 9.099/95), que menciona as causas do revogado rito sumário (art. 275, II, CPC/73). Contudo, conforme o art. 1.063 do CPC, "Até a edição de lei específica, os juizados especiais cíveis previstos na Lei n. 9.099, de 26 de setembro de 1995, continuam competentes para o processamento e julgamento das causas previstas no art. 275, inciso II, da Lei n. 5.869, de 11 de janeiro de 1973".

Relevante trazer posição desenvolvida por Didier Jr.-Cabral-Cunha, que asseveram que os novos arts. 327, § 2º, e 1.049, parágrafo único, do CPC criaram uma "cláusula geral de flexibilização procedimental"[4] permitindo a adoção de técnicas de determinado procedimento especial para outro que com ele seja compatível, bem como importar regras do procedimento comum para o procedimento especial e vice-versa.

Dessa forma, não se pode mais segregar em compartimentos estanques os procedimentos comum e especial. Para os autores citados, permite-se a flexibilidade do procedimento sendo ele "receptivo, ainda que de maneira episódica, de técnicas diferenciadas pensadas para os procedimentos especiais"[5]. Assim, ocorreu a mudança do "direito ao procedimento especial ao direito à técnica processual especial"[6]. Haveria, por assim dizer, uma integração, uma espécie de livre trânsito entre os procedimentos que ganha especial reforço com a possibilidade de negócio jurídico processual conforme o art. 190 do CPC.

Uma última questão de ordem terminológica: o legislador do CPC atual incorreu no mesmo equívoco que o legislador do CPC/73, denominando como "ação" os diversos procedimentos especiais existentes. Assim a "ação de consignação em pagamento", "ações possessórias". Isso porque a ação não permite flexão. Ação é mecanismo apto a romper a inércia e veicular pretensão em juízo (sendo direito subjetivo para alguns e poder para outros). O que é analisado à luz do direito material (e alguns outros fatores) e gera modificação orgânica é o procedimento[7].

Aliás, os nomes dos procedimentos são obtidos por metonímia, já que boa parte deles é denominada pela lei com o nome do que se pretende no plano do direito material, como exigir contas, inventário, consignação em pagamento e despejo.

---

4 *Por uma nova teoria dos procedimentos especiais:* dos procedimentos às técnicas. Salvador: JusPodivm, 2018, p. 73
5 *Por uma nova teoria dos procedimentos especiais*, cit., p. 70.
6 *Por uma nova teoria dos procedimentos especiais*, cit., p. 87.
7 DINAMARCO, Cândido Rangel. *Fundamentos do processo civil moderno*. 2. ed., São Paulo: Revista dos Tribunais, 1987, p. 272-273; MENDONÇA SICA, Heitor Vitor. Reflexões em torno da teoria geral dos procedimentos especiais. *RePro* 208, abr. 2012, p. 64-65.

1.

AÇÃO DE CONSIGNAÇÃO EM PAGAMENTO

1.1. INTRODUÇÃO

A despeito de o pagamento ser modo usual de cumprimento das obrigações, o sistema autoriza meios alternativos para que se libere o devedor da obrigação creditícia.

A consignação em pagamento é instituto de direito material cujo objetivo é a extinção da relação obrigacional mediante o depósito (judicial ou bancário) do valor devido a fim de se evitar a mora. Constitui forma indireta de pagamento e um modo de adimplemento forçado.

Decorre do princípio da isonomia: assim como o credor pode exigir o cumprimento do crédito, o réu poderá liberar-se da relação obrigacional.

O art. 335 do Código Civil estabelece, em cinco incisos, as possíveis situações de consignação no direito brasileiro:

> I – se o credor não puder, ou, sem justa causa, recusar receber o pagamento, ou dar quitação na devida forma;
> II – se o credor não for, nem mandar receber a coisa no lugar, tempo e condição devidos;
> III – se o credor for incapaz de receber, for desconhecido, declarado ausente, ou residir em lugar incerto ou de acesso perigoso ou difícil;
> IV – se ocorrer dúvida sobre quem deva legitimamente receber o objeto do pagamento;
> V – se pender litígio sobre o objeto do pagamento.

Se uma dessas situações ocorrer, poderá a parte ingressar com ação de consignação em pagamento regulada no CPC nos arts. 539 a 549.

Perceba que, analisando as cinco hipóteses, é possível identificar dois cabimentos específicos de consignação:

a) mora do credor (*mora accipiens*) – as três primeiras hipóteses versam sobre a mora do credor, seja porque não quer/não pode receber (inciso I), seja porque não obedeceu ao lugar/modo convencionados (inciso II) ou por demais obstáculos subjetivos ou objetivos (inciso III);

b) dúvida objetiva sobre a quem pagar (incognição do credor) – as demais hipóteses decorrem de dúvida sobre o pagamento, seja decorrente de quem é o credor (inciso IV), seja porque o pagamento está sob litígio (inciso V).

O Código, portanto, estabelece apenas o procedimento para se obter a eficácia liberatória dessa forma de pagamento. Não se discute nessa sede, em linha de princípio, a dívida: apenas se deposita o que for devido para levantamento posterior pelo credor.

A consignação pode versar sobre dinheiro, bens móveis (fungíveis ou infungíveis), imóveis e semoventes.

São possíveis duas formas de consignação: extrajudicial e judicial.

1.2. MODALIDADES

1.2.1. CONSIGNAÇÃO EXTRAJUDICIAL

A consignação extrajudicial foi introduzida no Brasil com a Lei n. 8.951/94[1].

Para que ocorra essa modalidade de consignação, é necessário o preenchimento de alguns requisitos:

a) que a obrigação seja em dinheiro. Dessa forma, não pode ser utilizada para as outras modalidades obrigacionais, como, por exemplo, entrega de coisa que, se for o objetivo, deverá ser feita pela via judicial;

b) o depósito deve ser feito em estabelecimento bancário oficial (art. 539, § 1º, CPC). O **dispositivo** estabelece "onde houver", dando a falsa impressão de que, apenas na localidade em que tiver estabelecimento bancário oficial, poderia se proceder ao depósito. Contudo, supletivamente, é possível o depósito em estabelecimento bancário particular nos casos de ausência de estabelecimento oficial;

c) que o depósito seja efetuado no lugar do pagamento, ou seja, no local em que ficou avençado o cumprimento da obrigação;

d) que o devedor certifique posteriormente ao credor, por carta com aviso de recebimento. O credor terá o prazo de dez dias para formalizar sua recusa sob pena de aceitação tácita do depósito. Com a recusa formal poderá o devedor ingressar, no prazo de um mês, com ação de consignação em pagamento que deve ser instruída com a prova da recusa. É evidente que nesses casos, em já **tendo sido** efetivado o depósito, torna-se desnecessária a exigência contida no art. 542, I, do CPC (depósito da quantia ou bem).

O regramento dos depósitos extrajudiciais está previsto na Res. n. 2.814/2001, da qual se recomenda a leitura.

Importante frisar que mesmo o depósito extrajudicial neutraliza a mora do devedor. Assim, sobre o valor depositado não mais incidirão juros e atualização monetária.

Observe-se que, apesar de o CPC não exigir que na conta relativa ao depósito haja correção monetária, não se pode afirmar que o valor levantado será o nominal, isto é, o valor depositado deverá ser corrigido monetariamente[2].

---

[1] Talvez seja melhor dizer *difundida*, pois a possibilidade de depósito extrajudicial já existia com a Lei n. 6.766/79 (depósito pecuniário decorrente de compromisso de compra e venda de lote urbano).

[2] Cassio Scarpinella Bueno, *Projetos de novo Código de Processo Civil comparados e anotados*, p. 283.

1.2.2. CONSIGNAÇÃO JUDICIAL

É importante frisar que a opção pela via judicial, em decorrência da inafastabilidade da jurisdição não está condicionada ao prévio procedimento do depósito extrajudicial. Até mesmo porque a formação da coisa julgada, inerente à atividade jurisdicional, confere maior segurança na liberação obrigacional além de haver casos que em que a via judicial é a única possível, como por exemplo quando há dúvida quanto à titularidade do crédito.

a) Legitimidade. A legitimidade pode ser tanto do devedor como de terceiro (art. 539, *caput*, CPC). De ordinário, a legitimidade **é do devedor**, por ser o maior interessado na extinção da dívida. Contudo, em **se tratando** de legitimação extraordinária, autoriza-se que terceiro possa proceder ao pagamento se tiver interesse para tanto, conforme se depreende do art. 304 do Código Civil. Não obstante, "o pagamento feito por terceiro, com desconhecimento ou oposição do devedor, não obriga a reembolsar aquele que pagou, se o devedor tinha meios para ilidir a ação" (art. 306, CC). **A regra** tem por objetivo evitar que o terceiro efetive o pagamento de obrigação natural (dívida que não pode ser exigida) **ou que faça uso de tal expediente para constranger o devedor.**

A legitimidade passiva será do credor. Contudo, em havendo dúvida sobre quem deva legitimamente receber, procederá à consignação para que os pretensos credores disputem a titularidade do crédito/bem (CPC, art. 547).

Entretanto, preconiza o art. 548 do CPC que "No caso do art. 547: I – não comparecendo pretendente algum, converter-se-á o depósito em arrecadação de coisas vagas; II – comparecendo apenas um, o juiz decidirá de plano; III – comparecendo mais de um, o juiz declarará efetuado o depósito e extinta a obrigação, continuando o processo a correr unicamente entre os presuntivos credores, observado o procedimento comum".

b) Competência. É competente para processar e julgar a consignação em pagamento o juízo do local onde a obrigação deva ser satisfeita (arts. 540 e 53, III, *d*, CPC). Essa regra apenas cede espaço para o foro de eleição (art. 63, CPC) que afasta a regra legal. Contudo, "se o pagamento consistir na tradição de um imóvel, ou em prestações relativas a imóvel, far-se-á no lugar onde situado o bem" (arts. 328 do CC e 47 do CPC).

1.2.2.1. Inicial

A petição inicial será apresentada com os requisitos gerais do art. 319, somando-se dois pedidos específicos, previstos no art. 542 também do CPC:

I – o depósito da quantia ou da coisa devida, a ser efetivado no prazo de cinco dias contados do deferimento, ressalvada a hipótese do art. 539, § 3º;
II – a citação do réu para levantar o depósito ou oferecer contestação.

Se a obrigação for em dinheiro, será aberta uma conta judicial para o depósito e posterior citação do réu para levantamento da quantia. A teor do que estatui o art. 542, parágrafo único, do CPC, se o depósito for deferido pelo juiz, mas não realizado pelo autor, o processo será extinto sem resolução do mérito.

No caso de se tratar de obrigação diversa de dinheiro (coisa), o magistrado determinará a designação de um depositário judicial para que proceda a guarda do bem até o encerramento definitivo do processo.

É possível a consignação parcial para que se discutam, no bojo da consignatória, questões acessórias do crédito como atualização monetária, juros e cláusula penal abusiva[3]. Contudo, não é possível o pagamento parcial do principal (STJ, REsp 1.108.058/DF).

Questões importantes:

i) tutela provisória. Nada impede o requerimento de antecipação de tutela. A despeito de se tratar de provimento declaratório, está pacificado na doutrina e na jurisprudência tal possibilidade. Assim, os efeitos da futura declaração (que será certificada com o trânsito) podem ser antecipados para evitar os efeitos periféricos da mora (v.g., restrição cadastral em órgãos especializados nesse fim);

ii) coisa indeterminada. No procedimento judicial de coisa indeterminada se procede à sua concentração. Esse procedimento vem regulamentado nos arts. 543 do CPC e 244 do CC. Preconiza o art. 543 que "se o objeto da prestação for coisa indeterminada e a escolha couber ao credor, será este citado para exercer o direito dentro de 5 (cinco) dias, se outro prazo não constar de lei ou do contrato, ou para aceitar que o devedor o faça, devendo o juiz, ao despachar a petição inicial, fixar lugar, dia e hora em que se fará a entrega, sob pena de depósito".

Essa regra se aplica também quando se tratar de obrigação alternativa (arts. 252, CC, e 325, CPC);

iii) prestações sucessivas. Em se tratando de prestações sucessivas, uma vez que se procedeu à consignação da primeira, todas as demais poderão ser feitas (independente de qualquer solenidade) desde que efetuadas em até cinco dias após seu respectivo vencimento (art. 541, CPC).

1.2.2.2. Defesa

O réu será citado para: a) levantar a quantia depositada ou o bem, quando então aceitará o pagamento efetuado. Na hipótese, tendo havido aceitação, o julgamento será de procedência do pedido, arcando o réu com os ônus sucumbenciais; b) apresentará contestação (ou qualquer outra resposta que lhe seja lícito deduzir) no prazo de 15 dias, sob pena de revelia. A contestação é limitada a algumas matérias, apenas se podendo alegar que (art. 544, CPC)[4]: **I** – não houve recusa ou mora em receber a quantia ou coisa devida; **II** – foi justa a recusa; **III** – o depósito não se efetuou no prazo ou no lugar do pagamento; **IV** – o depósito não é integral (nesse caso, a alegação somente será possível se deduzido o montante devido).

Aliás, sobre a última hipótese, quando o credor alegar em contestação que o depósito é insuficiente: i) será possível ao réu levantar desde logo a quantia ou coisa depositada, prosseguindo pela parcela controvertida (art. 545, § 1º, CPC); ii) será igualmente lícito ao autor complementar esse valor em 10 dias (art. 545, CPC).

Em não havendo complementação do depósito, se a sentença alegar essa insuficiência, deverá, sempre que possível, demonstrar o valor faltante que servirá de título executivo ao credor réu para que possa executar o remanescente nos mesmos autos.

---

3   Nesse sentido: STJ, REsp 663.051/RS.
4   No mesmo sentido são os ensinamentos de Talamini e Wambier: "O conteúdo da contestação, todavia, é limitado, pois o art. 896 [Art. 544, CPC/2015] (regra especial) excepciona a largueza do art. 300 [Art. 337] (regra geral), tendo em vista o específico objeto da ação" (WAMBIER, Luiz Rodrigues; TALAMINI, Eduardo. *Curso avançado de processo civil*, São Paulo: Revista dos Tribunais, 2014, v. 3, p. 228).

1.2.2.3. Sentença

A sentença da consignação será, em regra, de natureza preponderantemente declaratória, pois reconhecerá a extinção da dívida pelo depósito. Como declaratória que é, seus efeitos retroagem à data do depósito.

Contudo, se ocorrer a hipótese de saldo remanescente (art. 545, §§ 1º e 2º, CPC) a sentença será condenatória nesse tocante.

Ademais, em caso de procedência, haverá condenação do réu ao pagamento de custas e honorários advocatícios, ainda que o credor receba e dê quitação (art. 546, CPC).

Nos termos do que dispõe o art. 549 do CPC, o procedimento também é aplicável ao resgate do aforamento. O aforamento ou enfiteuse é um direito real sobre coisas alheias, que vinha regulado no CC/16, mas que foi **abolido** pelo CC/2002. Nada obstante a proibição, ainda permanecem as enfiteuses anteriores.

Trata-se, como se disse, de direito real, por meio do qual o proprietário transfere o domínio de um bem a um terceiro, pagando este, em contrapartida, o que se denomina foro. Nos termos da lei revogada, após dez anos de constituição da enfiteuse, o enfiteuta pode, pagando ao senhorio dez foros, mais o laudêmio de 2,5%, resgatar o aforamento, ou seja, obter a coisa em restituição.

Se o senhorio se recusar ao recebimento do foro ou laudêmio, a via adequada para dirimir o conflito é justamente o resgate do aforamento. A sentença de procedência reconhece o pagamento e vale como título liberatório, bastando que seja levada a registro.

2.

AÇÃO DE EXIGIR CONTAS

2.1. INTRODUÇÃO

A algumas pessoas são outorgadas a gestão ou administração de interesses ou bens de outras pessoas. Para tanto, essas pessoas, a fim de perfazer o devido cumprimento de sua função têm o dever de prestar contas de sua gestão. Este dever de prestar contas pode decorrer por exigência da lei ou de um contrato.

O dever contratual de prestar contas geralmente decorre do contrato de mandato entre mandatário ao mandante (art. 668, CC) ou mesmo no contrato de depósito (art. 627, CC).

O dever legal de prestar contas pode decorrer de inúmeras situações reunidas na legislação material ou processual, como as contas que devem ser prestadas: **a)** pelo tutor ou curador ao tutelado ou curatelado (arts. 553 e 763, § 2º, CPC e 1.774 e 1.755 do CC); **b)** pelo administrador judicial da falência (art. 23, Lei n. 11.101/2005); **c)** pelo inventariante (art. 618, VII, CPC); **d)** pelo testamenteiro em relação aos herdeiros (art. 735, § 5º, CPC); **e)** pelo síndico em prestar contas de sua gestão ao condomínio (art. 1.348, VIII, CC); **f)** o direito dos sócios em obter a prestação de contas por parte do sócio que administra a sociedade, entre outros.

O CPC versa sobre o tema nos arts. 550 a 553 e trata do assunto sob a rubrica "ação de exigir contas", em lugar da ação de prestação de contas, prevista no CPC/73, cujo objeto poderia ser o de exigir ou prestar contas.

O nome foi alterado, pois não há mais, como no regime anterior, duas ações de prestação de contas: a ação de exigir (essa que foi mantida e será objeto de estudo) e a ação de prestar contas, que seria uma verdadeira "consignação de contas". Essa ação objetivava ao administrador/gestor de negócios alheios que tinha interesse em se desonerar do encargo atribuído, "prestar as contas" ao administrado.

A pretensão de depositar contas continua existindo, mas seguirá o regime do procedimento comum (assim como a nunciação de obra nova e a usucapião, que perderam o procedimento diferenciado e seguem hoje o procedimento comum).

O motivo é que essa ação, ao contrário da ação de exigir contas, não tinha nada de especial. Era mera ação declaratória para se certificar o acerto das contas prestadas.

A ação de exigir contas, como se verá, é ação bifásica em que, num primeiro momento, a parte será citada para prestar as contas e, caso haja valores em aberto, uma segunda fase da eventual restituição dos valores.

A ação de exigir contas tem como objetivo obrigar alguém a apresentar documentos que comprovem receitas e despesas realizadas no interesse de terceiro. Tem lugar quando a obrigação de prestar contas deixe de ser cumprida, ou seja cumprida parcialmente, em uma relação jurídica de direito material em que o réu administra bens ou direitos do autor.

Como bem lembrado por Cassio Scarpinella Bueno, "a 'etapa de conhecimento' deste processo tem a peculiar característica de ser 'bifásica', isto é: primeiro, o magistrado verificará se é o caso de as contas serem prestadas. Depois, desde que respondida afirmativamente aquela questão, é que se determinará que as contas sejam efetivamente prestadas, seguindo-se, em seguida, e se for o caso, a 'etapa executiva', em prol daquele que, de acordo com as contas, é credor"[1].

Por outras palavras, primeiramente é necessário que se apure se há ou não o dever de prestação das contas. Tanto assim que, citado o réu, ele pode prestá-las (caso em que se passa à segunda etapa do procedimento) ou apresentar contestação, negando a existência desse dever.

O STJ, por exemplo, entendeu na Terceira Turma que a ação de exigir contas não pode ser utilizada pelo alimentante para fiscalizar o uso da pensão, pois tem caráter irrepetível e não constitui um crédito a quem presta os alimentos. Não se pode confundir direito de exigir contas (proibido) com possibilidade de fiscalização prevista no art. 1.583, CC (permitido). "A possibilidade de se buscarem informações a respeito do bem-estar do filho e da boa aplicação dos recursos devidos a título de alimentos em nada se comunica com o dever de entregar uma planilha aritmética de gastos ao alimentante, que não é credor de nada" (número do acórdão em segredo de justiça).

É importante frisar que o interesse de agir na ação de exigir contas pressupõe a provada recusa do gestor/administrador em prestar contas ou prestá-las de forma incompleta ou errônea.

Assim como na ação de consignação em pagamento deve-se provar a recusa do credor em receber o valor devido, na ação de exigir contas deve-se demonstrar a recusa em prestar contas ou a sua apresentação de forma defeituosa.

2.2. LEGITIMIDADE

A legitimidade ativa é sempre daqueles cujos bens são administrados por outrem, enquanto este figurará no polo passivo. O CPC enumera exemplificativamente alguns legitimados passivos para a ação de exigir contas, como o inventariante, o tutor, o curador e o depositário.

2.3. PETIÇÃO INICIAL

A petição inicial da ação de exigir contas deve conter os requisitos do art. 319, bem como do art. 550, ambos do CPC, como as razões pelas quais as contas são exigidas, comprovadas documentalmente, se possível.

O art. 550 é uma boa regra do CPC e fruto da prática forense. Não raro as partes faziam mau uso da prestação de contas, formulando pretensão genérica sem nenhum tipo de precisão. No atual regime, exige-se do autor a especificação detalhada das razões pelas quais se exige contas (dever de gestão) instruindo com documentos comprobatórios dessa necessidade.

---

1 *Curso sistematizado de direito processual civil*, São Paulo: Saraiva, 2011, v. 2, t. II, p. 62.

2.4. COMPETÊNCIA

O juízo competente será identificado conforme a regra geral do CPC e será, a princípio, o foro do local onde deve ser satisfeita a obrigação (art. 53, IV, b, CPC). Trata-se de competência relativa, que poderá ser derrogada. Sendo a atividade de gestão prestada em diversos lugares em decorrência da atividade outorgada por mandato, os foros em que ocorreu administração/gestão de negócios alheios são concorrentes.

Entretanto, para algumas situações, as contas deverão ser prestadas em apenso aos autos do processo em que tiver sido nomeado aquele que deve prestá-las. É o caso das contas do inventariante, do tutor, do curador, do depositário e de outro qualquer administrador (art. 553, CPC). Com relação a eles, o CPC também impõe que, caso ao final sejam condenados a pagar eventual saldo e não o façam no prazo legal, poderão ser destituídos e perder o direito ao prêmio ou gratificação a que façam jus em razão do encargo.

Nesses casos, a competência é funcional e, portanto, absoluta.

2.5. PROCEDIMENTO

O procedimento da ação de prestação de contas é marcado por três fases.

Na **primeira fase** tem por finalidade se verificar o dever do réu em prestar contas.

Na **segunda fase**, uma vez apurado que há o dever de se prestar as contas, é o momento do réu cumprir essa determinação judicial.

Há ainda uma eventual **terceira fase**. Em havendo saldo devedor após a prestação das contas pelo réu, o autor poderá executá-lo pelo valor devido.

a) PRIMEIRA FASE

O autor apresentará a petição inicial. Na petição deve o autor especificar detalhadamente as razões pelas quais exige as contas, instruindo-a com documentos que comprovem esse dever.

O réu será citado no prazo de 15 dias. Essa citação lhe confere duas opções: prestar as contas ou contestar.

Contudo, ao ser citado o réu terá a possibilidade de três condutas:

a1) poderá ficar inerte. Nessa situação há presunção de que as contas são devidas, permitindo ao magistrado o julgamento antecipado do mérito, nos termos dos arts. 550, § 4º, e 355 do CPC. Evidente que, em se tratando de revelia, essa presunção é relativa, podendo o magistrado, a despeito da inércia do réu, negar o dever de prestar contas quando o autor não conseguir demonstrar o ônus de sua alegação (art. 550, § 1º, CPC);

a2) poderá apresentar as contas. Em apresentando, ocorre o reconhecimento jurídico do réu sobre o dever, o que esgota a atividade da primeira fase. Nesse caso, automaticamente o magistrado declarará por decisão judicial as contas prestadas e passará para a segunda fase apenas no que se refere ao julgamento das contas (já que as contas já foram prestadas). Para tanto, o autor será intimado para se manifestar sobre as contas prestadas no prazo de 15 dias[2], prosseguindo-se o processo a partir da fase do "julgamento conforme o estado do processo" (arts. 354 e s. do CPC);

a3) poderá contestar as contas. O réu pode entender que não possui o dever de prestar as contas. Nesse caso, apresentará contestação, alegando que não possui o dever de prestar contas,

---

2   É importante que "a impugnação das contas apresentadas pelo réu deverá ser fundamentada e específica, com referência expressa ao lançamento questionado" (art. 550, § 3º, CPC).

como, por exemplo, não ser o gestor/administrador do negócio alheio, mas um mero empregado da empresa que faz a gestão. Com a contestação, as partes poderão produzir provas e contrapor as alegações umas das outras.

Após, o magistrado proferirá decisão de mérito, que poderá: i) entender que não há o dever de prestar as contas; ou ii) entender que há o dever de prestar as contas. Nesse caso, o réu será condenado a apresentar as contas em 15 dias sob pena de não lhe ser lícito impugnar as contas que o autor apresentar.

Não há sucumbência ao final dessa fase, que será diferida para a sentença que encerra a segunda fase dessa modalidade de ação.

A natureza do provimento que encerra a primeira fase é *secundum eventum litis*.

Se o magistrado entender que há o dever de prestar contas, trata-se de uma **decisão interlocutória** (já que a fase de conhecimento ainda prosseguirá com a segunda fase, em que haverá a prestação e julgamento das contas)[3]. Por se tratar de decisão interlocutória que versa sobre o mérito da sentença, (já que prestação de contas é naturalmente antecedida pela declaração judicial do dever de prestar) desafia o recurso de agravo de instrumento (nesse sentido STJ, REsp 1.680.168/SP)[4], nos termos do art. 1.015, II, do CPC[5]. Ademais, permite-se nos julgamentos não unânimes do agravo de instrumento a técnica de julgamento estendido (ampliação do colegiado – REsp 2.105.946-SP, Rel. Ministra Nancy Andrighi, Terceira Turma, por unanimidade, *DJe* 14-6-2024).

Se o magistrado entender que não há o dever de prestar contas, a decisão será uma **sentença**, pois não haverá continuidade da causa; portanto, enquadra-se no conceito de sentença previsto no art. 203, § 1º, do CPC (decisão de mérito + encerra a fase de conhecimento). Nesse caso caberá apelação, que segue a regra do duplo efeito (art. 1.012, CPC). O STJ acolheu a proposta de afetação dos REsp 2.109.502-SP, 2.110.632-SP, 2.116.714-SP e 2.116.715-SP ao rito dos recursos repetitivos, a fim de uniformizar a "possibilidade da aplicação do princípio da fungibilidade em apelação interposta contra ato judicial que julga a primeira fase da ação de exigir/prestar contas, ou sua impossibilidade, por se tratar de erro grosseiro, pelo entendimento de ser uma decisão parcial de mérito, quando procedente, desafiando o recurso de agravo de instrumento, ou terminativa de mérito, quando improcedente, a autorizar o manejo da apelação"[6].

b) SEGUNDA FASE

A segunda fase tem início com a decisão interlocutória, que determina que as contas sejam prestadas pelo réu.

Nessa fase o réu tem duas possibilidades:

---

[3] Nesse sentido, REsp 2.105.946-SP, Rel. Ministra Nancy Andrighi, Terceira Turma, por unanimidade, *DJe* 14-6-2024.

[4] Contudo, o próprio STJ afetou para julgamento a questão para recursos repetitivos (Tema 1281) sobre a "possibilidade da aplicação do princípio da fungibilidade em apelação interposta contra ato judicial que julga a primeira fase da ação de exigir/prestar contas, ou sua impossibilidade, por se tratar de erro grosseiro, pelo entendimento de ser uma decisão parcial de mérito, quando procedente, desafiando o recurso de agravo de instrumento, ou terminativa de mérito, quando improcedente, a autorizar o manejo da apelação". Ainda pendente de julgamento.

[5] No regime anterior entendia-se que a decisão era sentença cuja apelação era recebida no duplo efeito, ou seja, obstava o prosseguimento da segunda fase.

[6] Tema 1281: ProAfR no REsp 2.109.502-SP, Rel. Ministro Moura Ribeiro, Segunda Seção, por unanimidade, j. 3-9-2024, *DJe* 16-9-2024; ProAfR no REsp 2.110.632-SP, Rel. Ministro Moura Ribeiro, Segunda Seção, por unanimidade, *DJe* 16-9-2024; ProAfR no REsp 2.116.714-SP, Rel. Ministro Moura Ribeiro, Segunda Seção, por unanimidade, *DJe* 16-9-2024; ProAfR no REsp 2.116.715-SP, Rel. Ministro Moura Ribeiro, Segunda Seção, por unanimidade, *DJe* 16-9-2024.

b1) poderá apresentar as contas no prazo de 15 dias (conforme item (a2) *supra*). As contas apresentadas pelo réu serão na forma adequada, devendo especificar as receitas, a aplicação das despesas e os investimentos, se houver. Nesse caso, prossegue o feito pelo procedimento comum. É importante ressaltar o que dispõe o art. 551, § 1º, do CPC: "Havendo impugnação específica e fundamentada pelo autor, o juiz estabelecerá prazo razoável para que o réu apresente os documentos justificativos dos lançamentos individualmente impugnados";

b2) poderá ficar inerte. Neste caso será transferido ao autor o direito de prestar as contas e o réu não poderá impugnar as contas apresentadas. As contas apresentadas pelo autor devem estar acompanhadas de documentos justificativos, especificando as receitas, a aplicação de despesas e os investimentos, se houver, bem como o respectivo saldo.

Nessa situação entendemos desnecessária a prática de algum ato de execução indireta, como a imposição de multa, por exemplo. Isso porque a lei já estabelece dura sanção ao réu inerte: transferir ao autor a possibilidade de prestar as contas.

Assim como na revelia, o juiz não é obrigado a dar procedência ao pedido do autor quando as alegações "forem inverossímeis ou estiverem em contradição com prova constante dos autos" (art. 345, IV, CPC), também não será obrigado a aceitar as contas apresentadas pelo autor que estejam em desconformidade com o art. 551, § 2º, do CPC.

Tanto nas hipóteses do item (b1) como no item (b2) o magistrado poderá designar perícia para verificar se as contas prestadas pelo réu ou pelo autor estão em conformidade com o narrado. Nesse caso seguirão as regras dos arts. 464 e seguintes do CPC.

Com ou sem perícia, a segunda fase se encerra com a sentença do magistrado julgando as contas (art. 552, CPC) que possuirá dupla função: i) apurará eventual saldo devedor a favor do autor; e ii) em decorrência desse saldo, produzirá título executivo (dando início ao que denominamos "terceira fase", em que se efetiva o cumprimento da sentença).

A sentença não apenas condenará o réu no saldo devedor como também o condenará nas custas e honorários advocatícios.

Dessa decisão caberá apelação (art. 1.009, CPC).

c) TERCEIRA FASE

A terceira fase é eventual, pois só existirá se houver, após a prestação de contas, saldo devedor ao autor que poderá ingressar com cumprimento de sentença de quantia certa.

Conforme dito no início deste capítulo, há o dever contratual e o dever legal de prestar contas.

O art. 553 do CPC estabelece alguns casos de pedido de prestação de contas por decorrência da lei. O mencionado artigo fala no inventariante, tutor, curador, depositário e qualquer outro administrador. Esses legitimados passivos em regra estão em processo que incidentalmente podem ter o dever de prestar contas. A fim de se evitar a instauração de processo autônomo de prestação de contas, com o objetivo de simplificar o procedimento, permite a lei que as contas serão apresentadas em apenso aos autos do processo.

A despeito de algumas disposições (máxime dos arts. 551 e 552, CPC) poderem ser aplicadas, não se enquadra, nessas hipóteses, o rito especial da ação de exigir contas.

Caso qualquer um dos mencionados no *caput* do art. 553 seja condenado a pagar o saldo e não o faça no prazo legal, poderá o juiz destituí-lo do cargo, sequestrar seus bens sob sua guarda e "glosar o prêmio ou a gratificação a que teria direito e determinar as medidas executivas necessárias à recomposição do prejuízo" (art. 553, parágrafo único, CPC).

3.

AÇÕES POSSESSÓRIAS

3.1. INTRODUÇÃO

A expressão posse é polissêmica, pois pode querer designar **propriedade** (em sentido atécnico, quando alguém diz "possuo um carro" está dizendo que é proprietário dele) para explicar a **posse do estado de casados**, contida no art. 1.547 do CC, no sentido de assumir um cargo público ("tomar posse"), como, por exemplo, o art. 78 da CF.

A posse que se estuda com o objetivo da análise das ações deste capítulo é a posse sobre um bem que se situa, no plano do direito civil, dentro do direito das coisas (Livro III).

Durante muito tempo, duas teorias discutiam a natureza jurídica da posse.

Teoria subjetiva da posse. Para SAVIGNY, a posse é composta de dois elementos: *corpus* (poder material ou apreensão física da coisa) + *animus* (demonstração ou vontade do possuidor de ter a coisa como sua). Por isso, a teoria é subjetiva, pois depende de um ato volitivo para a configuração da posse. Ausente esse último elemento, constitui-se mera detenção.

Teoria objetiva da posse. Para Ihering, a propriedade é um poder de direito sobre a coisa e a posse um poder de fato, ou seja, tendo a coisa em seu poder (*animus*), já está incorporada a vontade de tê-la.

Essa teoria se coaduna mais com o nosso ordenamento[1].

Posse é, portanto, situação de fato tutelada pelo direito.

A lei civil não conceituou a posse, mas sim o possuidor, conforme se depreende da leitura do art. 1.196 do CC: "Considera-se possuidor todo aquele que tem de fato o exercício, pleno ou não, de algum dos poderes inerentes à propriedade".

Sendo uma situação de fato, não constitui direito real, pois não se insere no rol do art. 1.225 do CC, que enumera esses direitos.

A posse é sujeita a diversas classificações:

---

1 A doutrina moderna estuda ainda a TEORIA SOCIAL DA POSSE. Para essa teoria a posse não pode ser analisada sob a mera ótica individualista, devendo ser estudada sob o enfoque constitucional da função social da posse.

> **Quanto ao exercício (art. 1.197, CC):**
> Direta – quando há contato direito com a coisa
> Indireta – exercida por via reflexa (ex. locador de um imóvel)
> **Quanto à legitimidade (art. 1.202, CC)**
> Posse de boa-fé – ato de posse de acordo com a lei ou na convicção/ignorância da posse correta
> Posse de má-fé – estabelece o art. 1.202 do CC: "A posse de boa-fé só perde este caráter no caso e desde o momento em que as circunstâncias façam presumir que o possuidor não ignora que possui indevidamente".
> **Quanto à integridade da posse (art. 1.200, CC)**
> Justa – definição que se abstrai por exclusão. Sempre que a posse não for injusta será, por consequência, justa.
> Injusta – é a posse violenta, clandestina ou precária.
> **Quanto ao tempo (art. 558, CPC)**
> Posse nova – é a que existe a menos de ano e dia
> Posse velha – é a que existe a mais de ano e dia
> **Quanto à proteção**
> Posse *ad usucapionem* – é a posse que gera aquisição da propriedade
> Posse *ad interdicta* – gera o direito de se defender a posse por meio das ações possessórias (interditos possessórios)

A proteção da posse pode ocorrer mediante autotutela e heterotutela. A autotutela, como se sabe, é admitida excepcionalmente no direito brasileiro, pois cabe exclusivamente ao Estado pôr fim aos conflitos de interesse. Em alguns casos, a lei permite que o indivíduo, valendo-se de sua própria força, tutele seu interesse. É o que ocorre na legítima defesa, prevista no art. 25 do Código Penal.

No caso da posse, há previsão trazida pelo art. 1.210, § 1º, do Código Civil – em que o possuidor pode manter-se ou restituir-se na posse por própria força, se o fizer logo.

Já a heterotutela diz respeito ao poder-dever do Estado de solucionar conflitos de interesse e no caso da posse se dá através das ações possessórias, tema ora em estudo.

3.2. LEGITIMIDADE

Uma das classificações da posse, como visto no quadro acima, dá-se em razão da possibilidade de seu desdobramento.

Esse desdobramento possessório acontece em razão de um direito real ou pessoal. Um proprietário transfere o bem a outrem por um contrato de locação, por exemplo. A posse indireta surge para esse proprietário para que ele possa proteger os seus interesses, permitindo que ele use dos meios de defesa da posse. Trata-se, assim, de ficção criada por lei. A posse direta, por sua vez, surge para o locatário que tem o poder de fato sobre a coisa alugada. E ele também pode utilizar os meios de proteção da posse. Aliás, esses instrumentos podem ser usados por ambos perante terceiros e entre si.

São legitimados ativos, portanto, a propor ação possessória o possuidor direto e o indireto. Ambos podem tutelar sua posse.

O detentor, por sua vez, não pode figurar no polo ativo da ação possessória, pois não recebe a mesma proteção legal. O detentor, assim como o possuidor, também tem poder de fato sobre a coisa, mas a norma jurídica, mais especificamente nos arts. 1.198 e 1.208 do Código Civil, estabelece situações em que é excluído da proteção conferida à posse, isto é, nas situações ali descritas, aquele que possui o poder de fato sobre a coisa é desqualificado pela lei de posse para detenção, não fazendo jus à tutela possessória.

No polo passivo da demanda estará aquele que viola ou ameaça violar a posse do autor, podendo, inclusive, ser um grande número de pessoas, como previsto no art. 554, § 1º, do CPC.

3.3. PETIÇÃO INICIAL E COMPETÊNCIA

A petição inicial das ações possessórias será endereçada ao foro de situação do imóvel (art. 47, § 2º, CPC) ou ao foro de domicílio do réu, se tiver por objeto bem móvel (art. 46, CPC), e observará as regras do art. 319 do CPC, com as peculiaridades exigidas pelo capítulo próprio dos procedimentos especiais, como atenção ao prazo em que foi proposta a ação para que incidam as regras do procedimento específico.

3.4. PROCEDIMENTO

a) Procedimento especial. Obedecerão ao rito especial as ações possessórias ajuizadas em até um ano e dia da data em que houve a turbação ou esbulho (art. 558, CPC). A doutrina classifica a posse em razão do decurso desse prazo em posse de força nova e posse de força velha. Assim, conta-se o prazo a partir do esbulho ou turbação e, se passado mais de um ano e dia, a posse é de força velha e o procedimento será comum. Caso contrário, segue o rito especial.

Não se deve confundir essa classificação com aquela de direito material, que qualifica a posse em nova ou velha. Segundo esta última, conta-se o prazo de um ano e dia do momento em que houve a aquisição da posse (e não do esbulho ou turbação, como na classificação anterior). Sua principal relevância está na convalidação dos vícios de aquisição da posse, isto é, o prazo de um ano e dia, nesse caso, funciona como lapso temporal capaz de purgar os efeitos do vício. Essa classificação consiste em uma construção doutrinária e não tem reconhecimento absoluto.

A classificação que nos interessa, para fins processuais, é a primeira, em posse de força nova e de força velha. Se passado ano e dia, a ação, apesar de ainda ter caráter possessório, seguirá o rito comum. A principal razão para que se evite desobedecer esse prazo é que, enquanto no procedimento especial é possível se obter a liminar, provando-se apenas a posse legítima e o ajuizamento da ação em menos de um ano e dia, no procedimento ordinário a medida possível é a tutela de urgência. Nesse caso, o autor deverá demonstrar os requisitos do art. 300 do CPC.

O autor deverá demonstrar também que é possuidor e por essa razão tem direito à proteção possessória prevista no art. 1.210 do Código Civil. Ele o fará demonstrando que exerce direitos inerentes à propriedade legitimamente, diferentemente do réu. Todavia, como já se disse, posse e propriedade não se confundem, e é perfeitamente possível que, em dado caso concreto, aquele que pense ser legítimo possuidor não o seja.

b) Natureza dúplice. Por essa razão, é permitido ao réu demandar proteção possessória e até mesmo indenização pelos prejuízos resultantes da turbação ou do esbulho cometido pelo autor (art. 556, CPC). Fica demonstrada a clara natureza dúplice das ações possessórias.

Como explica Cassio Scarpinella Bueno[2], ações dúplices "são aquelas em que a tutela jurisdicional de idêntica *qualidade* àquela pretendida pelo autor é passível de ser prestada pelo réu com a tão só rejeição do pedido autoral. Assim, independentemente de reconvenção ou de qualquer outra forma de pedido do réu ao apresentar suas respostas, em contraposição ao autor, a improcedência significa, por si só, tutela jurisdicional *plena*, de idêntica qualidade, àquela que, no caso de *procedência*, seria prestada ao autor".

Dessa forma, em atendimento à economia processual, a correlação da sentença ao pedido e por uma questão prática, adota-se a natureza dúplice para as ações possessórias.

Prática, pois a improcedência do pleito possessório acarreta na automática declaração da posse justa do réu (situação ativa), que é exatamente a tutela jurisdicional que se pleiteia na contestação.

Já tivemos a oportunidade de estabelecer as diferenças entre reconvenção, pedido contraposto e ações de natureza dúplice no capítulo destinado às defesas do réu, e que passamos sucintamente a expor aqui:

MODALIDADE DE REAÇÃO	RECONVENÇÃO	PEDIDO CONTRAPOSTO	PEDIDO DE NATUREZA DÚPLICE
FORMA	Na própria contestação (como um tópico específico) ou em peça autônoma (caso não apresente contestação)	Na própria contestação (como um tópico específico)	Na própria contestação
APLICAÇÃO	Em qualquer causa que não possua procedimento incompatível	V.g., nos juizados especiais	V.g., nas ações possessórias, nas ações apenas declaratórias[3] e nas ações de guarda de menores
COGNIÇÃO	Ampla, não havendo restrição pela lei	Limitada, nos juizados especiais apenas poderá deduzir reação sobre os "fatos da causa"[4]	Limitada. A defesa do réu se limita ao legítimo exercício da sua posse
ESTRUTURA	Objetivamente complexa (duas ações no mesmo processo)	Objetivamente complexa (duas ações no mesmo processo)	Simples. Uma ação apenas

c) Exceção de domínio. Além disso, pela mesma razão, não cabe às partes discutir propriedade em sede de ação possessória. O art. 557 do CPC veda inclusive, além da alegação da propriedade no bojo da ação possessória, o ajuizamento de ação para reconhecimento de domínio enquanto pendente aquele, com ressalva à pretensão deduzida em face de terceiro. Consiste na denominada "exceção de domínio". Estabelece o referido artigo que "na pendência

---

2 *Curso sistematizado de direito processual civil*. São Paulo: Saraiva, 2011, v. 2, t. II, p. 71.
3 Ainda que estas permitam reconvenção, conforme Enunciado 258 da Súmula do STF.
4 A diferença de cognição foi bem observada por Fredie Didier Jr. (*Curso...*, cit., p. 673-674).

de ação possessória é vedado, tanto ao autor quanto ao réu, propor ação de reconhecimento do domínio, exceto se a pretensão for deduzida em face de terceira pessoa".

É comum o argumento apresentado em inicial de possessória no sentido de que o autor é "proprietário e possuidor". Contudo, a apresentação da propriedade, desprovida da posse, não autoriza a proteção possessória.

Pensar o contrário seria autorizar que todo proprietário fosse vencedor da ação possessória pelo simples fato de ser proprietário. Contudo, o possuidor legítimo de um imóvel por força contratual provavelmente será vencedor da demanda intentada contra o proprietário que, indevidamente, comete atos de agressão a sua posse.

Não se trata de norma que impede o uso das medidas petitórias. Constitui apenas uma espécie de condição suspensiva. Assim, é possível: a) a apresentação de ação reivindicatória ao término da ação possessórias; b) a defesa petitória contra terceiros (até mesmo porque estar-se-ia diante de alteração subjetiva da demanda, o que fugiria da tríplice identidade).

Essa regra encontra consonância com o art. 1.210, § 2º, do CC ao estabelecer que "não obsta à manutenção ou reintegração na posse a alegação de propriedade, ou de outro direito sobre a coisa", que possui a mesma redação do art. 557, parágrafo único, do CPC.

Contudo, a exceção de domínio deixa de ter eficácia quando ambas as partes discutirem a propriedade. Assim, se autor e réu justificarem sua posse justa com fundamento na propriedade, é necessário que a demanda seja definida com base nesse requisito (ação reivindicatória, pelo procedimento comum). Afinal, a causa de pedir e o fundamento de defesa versam sobre a mesma questão jurídica.

Aliás, o Enunciado 487 da Súmula do STF dispõe: "Será deferida a posse a quem, evidentemente, tiver o domínio, se com base neste for ela disputada".

d) Cumulação de pedidos. O art. 327 regulamenta a cumulação de pedidos de forma geral. O § 2º do referido artigo (decorrente do art. 327, § 1º, III) estabelece que "quando, para cada pedido, corresponder tipo diverso de procedimento, será admitida a cumulação se o autor empregar o procedimento comum, sem prejuízo do emprego das técnicas processuais diferenciadas previstas nos procedimentos especiais a que se sujeitam um ou mais pedidos cumulados, que não forem incompatíveis com as disposições sobre o procedimento comum".

Esta constitui a fonte de possibilidade de cumulação de pedido de proteção possessória com pedidos que são regidos pelo procedimento comum. É possível estabelecer a cumulação de ritos diferentes, adotando-se o rito comum para todos, mas mantendo as peculiaridades dos procedimentos especiais.

Dessa forma, é possível que o autor cumule na petição inicial pretensões de reparação dos danos causados pelo réu ao bem (inciso I) e a seus frutos (inciso II) junto ao pedido de tutela possessória. Ademais, o parágrafo único do art. 555 do CPC permite também que o autor requeira a imposição de medida "necessária e adequada" com o fim de evitar nova turbação ou esbulho ou o cumprimento da tutela a ser concedida. Deve-se observar que, nesses casos, a lei autoriza o órgão judicial a realizar um julgamento parcial da demanda, resolvendo antecipadamente a questão possessória e prosseguindo, para julgamento posterior, com relação às pretensões indenizatórias. Trata-se de previsão expressa do inciso II do parágrafo único do art. 555 do CPC, que permite a cisão do julgamento em duas etapas.

e) Prestação de caução. Estabelece o art. 559 do CPC que "se o réu provar, em qualquer tempo, que o autor provisoriamente mantido ou reintegrado na posse carece de idoneidade financeira para, no caso de sucumbência, responder por perdas e danos, o juiz designar-lhe-á o prazo de 5 (cinco) dias para requerer caução, real ou fidejussória, sob pena de ser depositada a coisa litigiosa, ressalvada a impossibilidade da parte economicamente hipossuficiente".

Em qualquer momento, o réu poderá demonstrar a impossibilidade financeira de o autor, caso lhe seja concedida provisoriamente a manutenção ou a reintegração de posse, responder por perdas e danos em caso de condenação. O juiz poderá fixar prazo de 5 dias para que o autor, nesse caso, preste caução, real ou fidejussória, sob pena de ser depositado o bem. O CPC ressalva a parte economicamente hipossuficiente, que será liberada de tal encargo.

f) Citação. A citação do réu também seguirá a regra geral do art. 242 do CPC.

O CPC, no caso, diz respeito à citação de elevado número de pessoas que devam figurar no polo passivo (quando, por exemplo, algum movimento social procede a ocupação da gleba de terra). Trata-se de litisconsórcio multitudinário fundado em réus incertos.

Para tanto, é possível que seja feita a citação pessoal somente daqueles que forem encontrados no local. Nessa citação pessoal, o oficial de justiça procurará o réu por uma vez. Os demais, que não forem identificados, serão citados por edital (art. 554, § 1º, CPC), sendo intimados ainda o Ministério Público e a Defensoria Pública, se for o caso. O Ministério Público atuará como fiscal da ordem jurídica e a Defensoria tutelando o direito daqueles réus que não tenham condições de arcar com advogado particular. O juiz promoverá a ampla divulgação acerca da existência da demanda e dos respectivos prazos, podendo, para tanto, fazer uso de jornal ou rádio locais, de cartazes no local do conflito e de outras vias. É possível ainda, conforme Enunciado 63 do FPPC: "No caso de ação possessória em que figure no polo passivo grande número de pessoas, a ampla divulgação prevista no § 3º do art. 554 contempla a inteligência do art. 301, com a possibilidade de determinação de registro de protesto para consignar a informação do litígio possessório na matrícula imobiliária respectiva"[5].

3.5. FUNGIBILIDADE

A fungibilidade é verificada em diversos pontos no CPC. Seja entre os recursos (arts. 1.024, § 3º, 1.032 e 1.033), seja entre as tutelas provisórias de urgência (art. 305, parágrafo único) e também entre as possessórias.

As ações possessórias são fungíveis entre si. Por outras palavras, o pedido de tutela possessória, se equivocado, não impede que seja apreciado. A fungibilidade decorre do fato de que as formas de agressão à posse, em se tratando de fenômeno circunstancial, podem sofrer alteração no curso da demanda. Note-se ser perfeitamente possível que, ocorrendo turbação (e, portanto, em sendo ajuizada ação de manutenção de posse), o demandado cometa esbulho; agressão esta que reclama outra espécie de proteção possessória.

Assim, de acordo com a lei (art. 554, CPC), a propositura de uma no lugar de outra não impede que seja conhecida pelo juiz como se a correta fosse. Exemplificando, caso ajuizada uma ação de manutenção de posse quando se deveria propor ação de reintegração, aquela será recebida pelo magistrado como se esta fosse, se seus pressupostos estiverem demonstrados.

Assim, é possível a aplicação da fungibilidade em duas situações:

Alteração da situação fática: o autor propõe interdito proibitório (pois há ameaça iminente) e quando a liminar está para ser cumprida pelo oficial já houve a invasão, portanto aplica-se a fungibilidade para converter em reintegração de posse.

Erro sobre a agressão: nem sempre é fácil aferir a correta agressão à posse, máxime nos casos entre turbação (embaraço) e esbulho (perda parcial) na posse.

---

5 Art. 301 do CPC: "A tutela de urgência de natureza cautelar pode ser efetivada mediante arresto, sequestro, arrolamento de bens, registro de protesto contra alienação de bem e qualquer outra medida idônea para asseguração do direito".

3.6. DA MANUTENÇÃO E DA REINTEGRAÇÃO DE POSSE

O possuidor que tiver sua posse turbada tem direito a ser mantido nela, assim como aquele que sofre esbulho tem direito a ser nela reintegrado.

Para tanto, o CPC prevê os procedimentos da ação de manutenção de posse e de reintegração de posse. Em ambas, o autor deverá demonstrar quatro requisitos fundamentais (art. 561, CPC): a) a sua posse; b) a turbação ou o esbulho praticado pelo réu; c) a data em que houve a turbação ou esbulho; e d) a continuação da posse turbada na primeira, e a perda da posse na segunda.

Demonstrados esses requisitos, o juiz expedirá mandado liminar de manutenção ou reintegração de posse. Nos 5 dias subsequentes, o autor deverá promover a citação do réu para que apresente contestação em 15 dias (art. 564, CPC).

Como se vê, a proteção possessória adequada é definida pelo tipo de agressão que ela sofre.

AGRESSÃO À POSSE	DEFINIÇÃO	INTERDITO
Esbulho	É a perda total ou parcial da posse	Reintegração de posse
Turbação	É o embaraço ao livre uso da posse. Perde-se alguns elementos de fato sobre a coisa, mas não a posse	Manutenção de posse

É importante frisar que a concessão liminar das ações possessórias não segue os requisitos da tutela provisória de urgência (*fumus boni iuris* e *periculum in mora*). A liminar se relaciona muito mais à tutela de evidência do que de urgência. Basta a leitura do art. 562 do CPC que condiciona a concessão da medida liminar ao preenchimento dos requisitos da petição inicial (art. 561, CPC).

Nem se fale no prazo de ano e dia. Esse prazo não decorre da urgência (seria no mínimo estranho alguém ingressar com reintegração de posse depois de 11 meses e alegar "urgência". O prazo é apenas para a obtenção da medida *inaudita altera parte*.

Caso não esteja devidamente instruída a inicial de manutenção ou reintegração de posse, poderá o magistrado determinar a designação de audiência de justificação prévia. Nesse caso, o réu será citado para comparecer à audiência e o prazo para contestação contará a partir da decisão que deferir ou não a liminar.

Note-se que, com relação às pessoas jurídicas de direito público, o art. 562, parágrafo único, do CPC exige prévia audiência dos respectivos representantes judiciais para que seja deferida a manutenção ou reintegração de posse liminarmente. A despeito do parágrafo condicionar a concessão da liminar à oitiva prévia, nesse caso não se trata propriamente de liminar, mas de mero provimento judicial, já que a expressão significa, justamente, *sem ouvir o réu*.

O CPC prevê regra para gestão de litígios coletivos em sede de ação possessória. Além da regra prevista e descrita acima para a citação de grande número de réus, o art. 565 prevê que, para esbulho ou turbação ocorrido há mais de ano e dia, quando o litígio for coletivo, será obrigatória a designação de audiência de mediação pelo juiz que deverá ser realizada em até 30 dias.

Para tanto, será intimado o Ministério Público e também a Defensoria Pública, se houver parte beneficiária da gratuidade da justiça. Poderão também ser intimados para essa audiência os órgãos responsáveis pela política agrária e urbana da União, do Estado ou Distrito Federal e do Município onde se encontre a área objeto da lide, que deverão manifestar seu interesse na questão e sobre a possibilidade de solução para o conflito. Trata-se de esforço da lei em buscar uma solução consensual nessas situações.

Em caso de concessão de liminar, a falta de execução da mesma em um ano a contar da distribuição será designada audiência de mediação, nos mesmos termos acima.

A lei faculta ao juiz o comparecimento pessoal à área objeto de litígio coletivo, caso seja necessário à efetivação da tutela jurisdicional.

É interessante observar que o § 5º do art. 565 estende as regras específicas aplicáveis às lides possessórias coletivas aos litígios sobre propriedade de imóvel.

Por fim, aplicam-se subsidiariamente as regras atinentes ao procedimento comum às ações de manutenção e reintegração de posse naquilo que não disposto no capítulo próprio, de acordo com o art. 566 do CPC.

3.7. DO INTERDITO PROIBITÓRIO

O interdito proibitório é uma tutela inibitória de natureza preventiva cabível nos casos de ameaça ao exercício da posse, isto é, o possuidor, direto ou indireto, que se encontrar com justo receio de ser molestado em seu direito, poderá ser tutelado judicialmente através de mandado proibitório expedido pelo juiz para que obste eventual turbação ou esbulho iminente (prestação de fazer negativa). Nesse caso, será fixada pena pecuniária a ser paga pelo réu em caso de desobediência ao mandado.

Não basta a mera ameaça ou temor subjetivo, essa ameaça deve ser concreta, real, iminente. Assim, "não se deve considerar ameaça à posse simples manifestação do propósito de usar medidas judiciais para reclamar direitos sobre o bem retido pelo possuidor. As disputas dominiais, sem agressão arbitrária ao estado de fato em que se acha o possuidor, são irrelevantes para o mundo possessório. São as ameaças de medidas agressivas na ordem prática ou material que ensejam o recurso ao interdito proibitório. Qualquer outro tipo de receio, que não seja o da violência iminente, portanto, não configura o justo receio, de que fala o art. 567 do NCPC"[6].

Aplicam-se ao interdito proibitório as normas relativas às ações de reintegração e manutenção de posse, consoante dispõe o art. 568 do CPC.

---

6 THEODORO JR., Humberto. *Curso de direito processual civil*. 53. ed. Rio de Janeiro: Forense, 2019, v. 2, p. 168.

4.

AÇÃO DE DIVISÃO E DE DEMARCAÇÃO DE TERRAS PARTICULARES

4.1. INTRODUÇÃO

O Capítulo IV do Título III do CPC trata conjuntamente das ações de divisão e demarcação de terras particulares. É importante revelar que apenas de terras particulares que seguem o procedimento especial do CPC. As terras devolutas, que são bens públicos dominicais, são objeto das denominadas ações discriminatórias previstas na Lei n. 6.383/76.

Dessa forma:

Ação de divisão e demarcação de terras	Previsão: arts. 569 a 598 do CPC	Objetivo: dividir ou demarcar terras particulares
Ação discriminatória	Previsão: Lei n. 6.383/76	Objetivo: reconhecer domínio de bem público ainda não devidamente estremado e proceder a sua demarcação

A primeira delas, **a ação de demarcação de terras, serve para que o titular de um domínio saiba quais os limites entre o seu terreno e o outro, que não estejam esclarecidos ou que seja necessário aviventar**. É o que dispõe o inciso I do art. 569 do CPC, que prevê instrumento processual para o exercício do direito previsto no art. 1.297 do Código Civil[1].

---

1 "Art. 1.297. O proprietário tem direito a cercar, murar, valar ou tapar de qualquer modo o seu prédio, urbano ou rural, e pode constranger o seu confinante a proceder com ele à demarcação entre os dois prédios, a aviventar rumos apagados e a renovar marcos destruídos ou arruinados, repartindo-se proporcionalmente entre os interessados as respectivas despesas.

§ 1º Os intervalos, muros, cercas e os tapumes divisórios, tais como sebes vivas, cercas de arame ou de madeira, valas ou banquetas, presumem-se, até prova em contrário, pertencer a ambos os proprietários confinantes, sendo estes obrigados, de conformidade com os costumes da localidade, a concorrer, em partes iguais, para as despesas de sua construção e conservação.

Trata-se de direito potestativo do proprietário sempre que houver dúvida quanto aos limites entre dois imóveis. A solução da questão observará os critérios estabelecidos pelo art. 1.298 do Código Civil, sempre que não forem dirimidas tais dúvidas. Além disso, é possível que o autor cumule o pedido de demarcação com reintegração de posse ou reivindicação da propriedade quando entender que o outro confinante ocupa indevidamente seu terreno.

Nesse sentido, Wambier e Talamini[2]: "Uma das características do direito de propriedade é a exclusividade, ou seja, a faculdade de o proprietário usar, gozar e dispor do que é seu, sem a interferência de outrem. Por isso, existe a previsão da demarcação e da divisão, para as hipóteses em que o titular do domínio não conheça precisamente o que lhe pertence, visto que a indivisão ou a copropriedade às vezes não é desejável, podendo tornar difícil, ou mesmo impossibilitar, o pleno exercício do direito de propriedade".

Já a ação de divisão de terras é aquela pela qual um imóvel em condomínio será dividido entre os condôminos à fração correspondente a cada quinhão. De acordo com o art. 1.320 do Código Civil, "a todo tempo será lícito ao condômino exigir a divisão da coisa comum, respondendo o quinhão de cada um pela sua parte nas despesas da divisão".

Qualquer dos condôminos pode ajuizá-la, pois ninguém pode ser obrigado a manter-se vinculado a outrem pelo condomínio. Ainda que as partes tenham acordado pela indivisibilidade, esse ajuste não pode perdurar por mais de cinco anos, como descrito pelo art. 1.320, § 1º, do CC. Por outro lado, a ação tem como pressuposto o condomínio de um imóvel que seja divisível, já que, caso seja indivisível (por natureza, por força de lei, ou por determinação judicial), será necessária a alienação do bem que poderá se dar nos termos do art. 730 do CPC.

Destaque-se que necessariamente são ações de natureza dúplice, pois o juiz demarcará os limites entre as terras ou dividirá um imóvel comum, resultando em prejuízo do autor ou do réu. Não é necessário que o réu apresente reconvenção. A pretensão é comum a todos os interessados.

Apesar de ações diferentes, com pressupostos diferentes, o art. 570 do CPC permite a cumulação delas. Nesse caso, a demarcação total ou parcial do bem comum será processada em primeiro lugar, com a citação de confinantes e condôminos, para que posteriormente se proceda à divisão. O procedimento, nos casos de cumulação, corre de acordo com o art. 572 do CPC:

> Art. 572. Fixados os marcos da linha de demarcação, os confinantes considerar-se-ão terceiros quanto ao processo divisório, ficando-lhes, porém, ressalvado o direito de vindicar os terrenos de que se julguem despojados por invasão das linhas limítrofes constitutivas do perímetro ou de reclamar indenização correspondente ao seu valor.
> § 1º No caso do *caput*, serão citados para a ação todos os condôminos, se a sentença homologatória da divisão ainda não houver transitado em julgado, e todos os quinhoeiros dos terrenos vindicados, se a ação for proposta posteriormente.
> § 2º Nesse último caso, a sentença que julga procedente a ação, condenando a restituir os terrenos ou a pagar a indenização, valerá como título executivo em favor dos quinhoeiros para haverem

---

§ 2º As sebes vivas, as árvores, ou plantas quaisquer, que servem de marco divisório, só podem ser cortadas, ou arrancadas, de comum acordo entre proprietários.

§ 3º A construção de tapumes especiais para impedir a passagem de animais de pequeno porte, ou para outro fim, pode ser exigida de quem provocou a necessidade deles, pelo proprietário, que não está obrigado a concorrer para as despesas."

2   WAMBIER, Luiz Rodrigues; TALAMINI, Eduardo. *Curso avançado de processo civil*. São Paulo: Revista dos Tribunais, 2014, v. 3, p. 325.

dos outros condôminos que forem parte na divisão ou de seus sucessores por título universal, na proporção que lhes tocar, a composição pecuniária do desfalque sofrido.

Se todos os interessados forem maiores, capazes e estiverem de acordo quanto à necessidade e à forma como se dará a demarcação ou a divisão, o CPC autoriza que a demarcação e a divisão sejam feitas extrajudicialmente (art. 571). Por se tratar de bem imóvel, a escritura pública é exigida, assim como deverá haver outorga uxória dos interessados casados, não exigida para aqueles casados no regime de separação de bens.

Por fim, com relação a ambas as ações, em se tratando de imóvel georreferenciado (imóvel cujas coordenadas e limites estão geograficamente identificados), com averbação no Registro de Imóveis, o art. 573 do CPC permite que seja dispensada a prova pericial.

4.1.1. REGRAS GERAIS

A – Tanto a ação de divisão como demarcação de terras constituem **procedimentos bifásicos** em que há uma fase de conhecimento (em que se declara o direito de divisão ou demarcação) e uma segunda fase executiva em que se cumpre o quanto estampado na sentença;

B – A apelação contra a sentença dessa modalidade de ação será recebida apenas no seu **efeito devolutivo**, por força do art. 1.012, § 1º, I, CPC. Vale dizer, enquanto a apelação estiver tramitando no tribunal já haverá cumprimento provisório do julgado (art. 520, CPC);

C – Ambas as ações versam sobre **direito real imobiliário**, sendo, portanto, um direito real possui como característica intrínseca o direito absoluto, a eficácia *erga omnes*, o direito de preferência, direito de sequela e taxatividade;

D – Em decorrência do item anterior, é necessária a **autorização do cônjuge** para propor essa modalidade de ação individualmente (art. 73, CPC), desde que o regime de bens do casamento não seja o de separação absoluta;

E – Nos termos do art. 89, CPC: "Nos juízos divisórios, não havendo litígio, os interessados pagarão as **despesas proporcionalmente** a seus quinhões";

F – O **valor da causa** será o valor da avaliação da área ou bem objeto do pedido, nos termos do art. 292, IV, CPC.

4.2. DA DEMARCAÇÃO

4.2.1. PETIÇÃO INICIAL

O art. 574 do CPC exige alguns requisitos para a propositura da ação de demarcação, além daqueles já previstos no art. 319 do mesmo Código. O autor deve instruí-la com os títulos que comprovem a propriedade do imóvel cujos limites serão demarcados. Deve haver também a identificação da situação e denominação do terreno, com a descrição dos limites a serem constituídos, aviventados ou renovados. Ademais, não se pode deixar de indicar todos os confinantes da linha demarcada.

4.2.2. LEGITIMIDADE

Tem legitimidade para propor a ação de demarcação dos limites da propriedade de um imóvel quem for o seu proprietário. A doutrina admite que os titulares de outros direitos podem se valer da ação demarcatória para delimitar o exercício do respectivo direito. O possuidor pode propor ação demarcatória de posse, por exemplo[3].

Havendo copropriedade, a ação poderá ser proposta por qualquer deles. No que concerne aos demais condôminos, a doutrina divergia a respeito de sua qualidade de litisconsortes. É o que observa Cassio Scarpinella Bueno[4]: "Não se trata, contudo, da formação de *litisconsórcio ativo*, diferentemente do que sustenta Antonio Carlos Marcato (*Procedimentos especiais*, cit., p. 190-191). A legitimidade ativa de um único condômino é admitida pelo referido art. 952 [corresponde ao art. 575, CPC] e, desde o plano material, pelo art. 1.314 do Código Civil. A citação imposta pelo dispositivo do Código de Processo Civil, nesse sentido, deve ser entendida como necessária participação de todos os condôminos no processo como *partes*; não que, invariavelmente, em todo e qualquer caso, devam todos eles ser *autores*, mesmo que não tomem a iniciativa de romper a inércia da jurisdição. Até porque pode acontecer de um condômino pretender primeiramente a *demarcação* para, em seguida, pleitear a *divisão* da coisa comum (art. 947 [corresponde ao art. 570, CPC atual]), hipótese em que a legitimidade *passiva* de alguns ou todos os outros condôminos é inquestionável".

O CPC resolveu a questão, ao estatuir no art. 575 que a demanda poderá ser proposta pelo condômino para demarcação do imóvel comum, caso em que serão *intimados* os demais para, *querendo*, intervir no processo.

O legitimado passivo é o proprietário, o titular do direito real ou possuidor do imóvel, de acordo com o objetivo da ação seja delimitar propriedades ou outros direitos. Em caso de mais de um imóvel vizinho a sofrer as consequências da demarcação, todos os seus proprietários deverão ser citados em litisconsórcio necessário.

No que concerne ao litisconsórcio, Wambier e Talamini[5] fazem importante observação: "Mas, a rigor, tudo dependerá de qual o alcance da demarcação pretendida pelo autor. Se ele pretende demarcar a divisa com apenas um confrontante, não há litisconsorte nenhum (ressalvadas as hipóteses de o imóvel vizinho ser objeto de copropriedade ou de o proprietário do imóvel vizinho ser casado – casos em que serão citados como réus, respectivamente, todos os coproprietários ou nos termos do art. 10, § 1º, I [corresponde ao art. 73, § 1º, I, do CPC atual], o cônjuge do proprietário). Já se o autor visar a uma demarcação mais extensa, que abranja a divisa com mais de um imóvel vizinho, aí sim surgirá o litisconsórcio".

---

3 GONÇALVES, Marcus Vinícius Rios, *Novo curso de direito processual civil*: processo de conhecimento (2ª parte) e procedimentos especiais, 6. ed., São Paulo: Saraiva, 2010, p. 301. Outros autores, entretanto, entendem que a legitimidade ativa na ação demarcatória circunscreve-se ao proprietário. Nesse sentido, BUENO, Cassio Scarpinella. *Curso sistematizado de direito processual civil*. São Paulo: Saraiva, 2011, v. 2, t. II, p. 106. Wambier e Talamini lembram que, no caso de copropriedade, a demanda pode ser ajuizada por qualquer dos condôminos (*Curso avançado*, cit., p. 326).
4 *Curso sistematizado de direito processual civil*, cit., v. 2, t. II, p. 106.
5 *Curso avançado de processo civil*. 10. ed. São Paulo: Revista dos Tribunais, 2010, v. 3, p. 327. Note-se que para esses autores esse litisconsórcio é facultativo, e não necessário: "Mas não existe a obrigatoriedade de o autor pedir essa demarcação mais extensa. Ele assim o faz porque quer (porque lhe é mais prático, conveniente etc.). Sob esse aspecto, há uma cumulação voluntária de pedidos em face de diferentes vizinhos – e só por isso surge o litisconsórcio. Ora, o litisconsórcio que surge de uma voluntária cumulação de pedidos é facultativo. Se um dos confrontantes fica de fora, obsta-se apenas o conhecimento da demanda em face dele. Ou seja, frustra-se a cumulação de pedidos, mas não se invalida o processo como um todo" (*Curso avançado*, cit., p. 328).

4.2.3. COMPETÊNCIA

O foro competente para o julgamento da ação demarcatória é o da situação do imóvel. Apesar de territorial, trata-se de competência absoluta, não se admitindo eleição de foro, por ser ação fundada em direito de propriedade, nos termos do § 1º do art. 47 do CPC.

4.2.4. PROCEDIMENTO

O art. 576 do CPC esclarece que as citações nas ações de demarcação serão feitas por correio conforme disposto no art. 247, autorizando, evidentemente, a citação por edital nas hipóteses gerais previstas para essa modalidade de citação.

A lei impõe também que, além da citação individualizada dos réus conhecidos, haja a publicação de edital, nos termos do art. 259, III, pois a ação de demarcação pode ter interessados incertos ou desconhecidos e deve-se dar-lhes oportunidade de participar de seu processo[6].

Os réus serão citados para apresentar defesa no prazo comum de 15 dias, após o qual o processo seguirá o rito comum (arts. 577 e 578, CPC). A despeito de a lei indicar apenas a *contestação* como forma de defesa, nada impede que a parte também utilize, em tendo interesse de agir, da reconvenção caso queira formular pedido de indenização decorrente de perdas e danos ou proteção possessória. Contudo, em sendo o pedido apenas de divisão e demarcação, não há possibilidade de reconvenção tendo em vista a natureza dúplice dessa demanda.

Para realizar o traçado divisório dos imóveis, será nomeado um perito, ou mais de um, se necessário, que deverá observar os títulos, os marcos, os rumos, a fama da vizinhança, as informações de antigos moradores do lugar e outros elementos que coligirem. Realizados os estudos desses dados, será apresentado minucioso laudo sobre o traçado da linha demarcanda (arts. 579 e 580, CPC). É possível, como dito, que se dispense a perícia se o imóvel for georreferenciado com averbação no registro de imóveis.

Seguem as regras da prova pericial com prazo comum de 15 dias para a indicação dos quesitos e do assistente técnico e 15 dias para as partes se manifestarem sobre o laudo pericial.

Caso seja julgado procedente o pedido de demarcação, a sentença determinará o traçado da linha demarcanda, bem como, eventualmente, a restituição de área invadida, com declaração do domínio e da posse do prejudicado. Trata-se de efeito anexo da sentença que, além de reconhecer os limites do imóvel, impõe a restituição da porção que estiver sob o poder do vizinho vencido no processo. O efeito anexo também impõe ao pagamento da parte vencida nas custas e honorários advocatícios.

Dessa sentença caberá apelação (art. 1.009, CPC).

Após o trânsito em julgado, tem-se a fase de demarcação, que será realizada pelo perito, com a colocação dos marcos necessários. Trata-se de fase posterior à sentença em que se tomarão as medidas que assegurem a certeza quanto aos limites impostos em ação judicial de demarcação para que se evitem futuras dúvidas. Por essa razão, todas as operações serão representadas em planta e memorial descritivo, referências necessárias à identificação atual e futura dos pontos assinalados, observada a legislação especial no que diz respeito à identificação de imóveis rurais.

---

6 Art. 259 do CPC: "Serão publicados editais: (...) III – em qualquer ação em que seja necessária, por determinação legal, a provocação, para participação no processo, de interessados incertos ou desconhecidos".

O CPC inclusive prevê as diretrizes a serem observadas na documentação nas plantas em seu art. 583:

> Art. 583. As plantas serão acompanhadas das cadernetas de operações[7] de campo e do memorial descritivo, que conterá:
> I – o ponto de partida, os rumos seguidos e a aviventação dos antigos com os respectivos cálculos;
> II – os acidentes encontrados, as cercas, os valos, os marcos antigos, os córregos, os rios, as lagoas e outros;
> III – a indicação minuciosa dos novos marcos cravados, dos antigos aproveitados, das culturas existentes e da sua produção anual;
> IV – a composição geológica dos terrenos, bem como a qualidade e a extensão dos campos, das matas e das capoeiras;
> V – as vias de comunicação;
> VI – as distâncias a pontos de referência, tais como rodovias federais e estaduais, ferrovias, portos, aglomerações urbanas e polos comerciais;
> VII – a indicação de tudo o mais que for útil para o levantamento da linha ou para a identificação da linha já levantada. Também impõe a necessidade de colocação de marcos na estação inicial, que recebe o nome de marco primordial, e nos vértices dos ângulos da área demarcada, ressalvados os pontos que forem identificados por acidentes naturais de difícil remoção ou destruição.

Depois de marcados tais pontos pelo(s) perito(s), caberá aos arbitradores percorrer a linha demarcada para examinar os marcos e rumos. Consignarão em relatório escrito o encontrado, até as eventuais divergências com relação ao memorial e à planta encontradas.

Após os procedimentos descritos, o juiz dará oportunidade para que as partes se manifestem com relação aos relatórios periciais no prazo comum de quinze dias. Em seguida, feitas eventuais correções e retificações, lavrar-se-á auto de demarcação, com a descrição minuciosa dos limites de acordo com o memorial e a planta.

O auto será assinado pelo juiz e pelos peritos e em seguida será proferida uma segunda sentença, que homologará a demarcação.

O procedimento de demarcação de terras possui duas sentenças distintas: uma que coloca termo na fase de cognição estabelecendo os marcos divisórios. A segunda, contudo, uma vez estabelecidos os marcos, tem a função de homologar o trabalho do(s) perito(s). Esta segunda sentença tem função declaratória. Apesar de ser homologatória, não constitui homologação de acordo entre as partes (art. 487, III, *b*, CPC), mas o trabalho pericial. Portanto, constitui sentença distinta que não se enquadra nas hipóteses tipificadas no referido artigo.

Dessa sentença caberá apelação desprovida do efeito suspensivo, conforme art. 1.012, § 1º, I, do CPC.

---

[7] Caderneta de operações consiste num documento em que o perito consigna as principais informações relativas ao imóvel, bem como sua demarcação. Nesse sentido o Superior Tribunal de Justiça: "DIREITO CIVIL. RECURSO ESPECIAL. REGISTROS PÚBLICOS. AÇÃO DE USUCAPIÃO. IMÓVEL RURAL. INDIVIDUALIZAÇÃO. MEMORIAL DESCRITIVO GEORREFERENCIADO. NECESSIDADE. LEIS 6.015/73 E 10.267/2001. 1. O princípio da especialidade impõe que o imóvel, para efeito de registro público, seja plenamente identificado, a partir de indicações exatas de suas medidas, características e confrontações. 2. Cabe às partes, tratando-se de ação que versa sobre imóvel rural, informar com precisão os dados individualizadores do bem, mediante apresentação de memorial descritivo que contenha as coordenadas dos vértices definidores de seus limites, georreferenciadas ao Sistema Geodésico Brasileiro. Inteligência do art. 225, *caput* e § 3º, da Lei n. 6.015/73. 3. Recurso especial provido" (REsp 1123850-RS, 3ª T., j. em 16-5-2013).

4.3. DA DIVISÃO

4.3.1. PETIÇÃO INICIAL

A petição inicial da ação de divisão de terras particulares deverá ser instruída com os títulos que demonstrem o domínio do imóvel objeto do litígio. Deverá também indicar a origem da comunhão, a descrição detalhada do imóvel, a qualificação completa dos demais condôminos, bem como as benfeitorias comuns. No mais, a petição inicial observará o art. 319 do CPC.

4.3.2. LEGITIMIDADE

É legitimado ativo qualquer dos coproprietários do imóvel. Assim como na ação de demarcação, também será possível a propositura por titular de outro direito real ou possuidor quando se visar a divisão do direito correspondente ou da composse.

Por se tratar de ação que versa sobre direito real imobiliário, se o condômino for casado, deverá obter o consentimento de seu cônjuge, a teor do que determina o art. 73 do CPC O mesmo se aplica aos legitimados passivos, que são os demais condôminos.

4.3.3. COMPETÊNCIA

Será competente o foro da situação do imóvel, de acordo com o art. 47 do CPC, não se admitindo eleição de foro, por se tratar de competência territorial absoluta.

4.3.4. PROCEDIMENTO

A citação dos réus ocorrerá nos moldes da ação de demarcação, pelo correio, observada a regra prevista no art. 247 do CPC, e também será feita a citação por edital, nos termos do art. 259, III, do mesmo Código. Será concedido prazo de 15 dias para contestação e, em seguida, observar-se-á o procedimento comum.

A medição do imóvel será realizada por perito(s) nomeado(s) pelo juiz, com observância da legislação especial no que diz respeito à identificação do imóvel rural. De acordo com o parágrafo único do art. 590 do CPC, "o perito deverá indicar as vias de comunicação existentes, as construções e as benfeitorias, com a indicação dos seus valores e dos respectivos proprietários e ocupantes, as águas principais que banham o imóvel e quaisquer outras informações que possam concorrer para facilitar a partilha".

Serão intimados os condôminos que não tiverem apresentado os seus títulos para que o façam em dez dias e a formular suas pretensões acerca da constituição dos quinhões (art. 591, CPC). Os pedidos de constituição dos quinhões podem ser refutados, mas, não havendo impugnação, será determinada a divisão do imóvel. Caso haja resistência, o juiz decidirá em 10 dias sobre os pedidos e os títulos a serem atendidos na formação dos quinhões. Trata-se de um primeiro momento em que o juiz decidirá pela necessidade ou não de divisão do bem. Em seguida, tem início a fase de efetivação dessa divisão.

De acordo com o art. 593, as benfeitorias permanentes, realizadas pelos confinantes há mais de um ano, que forem atingidas pela linha do perímetro, serão respeitadas na divisão do imóvel e os respectivos terrenos onde estiverem não serão computados na área dividenda.

Após a sentença de divisão, os confinantes do imóvel dividendo poderão requerer a devolução de terrenos que lhes tenham sido indevidamente usurpados (art. 594, CPC). Nesse caso, serão citados todos os demais condôminos ou quinhoeiros (caso já tenha transitado em julgado a sentença homologatória da divisão). Os quinhoeiros terão direito à composição pecuniária, proporcional ao desfalque sofrido, que lhes for devida pelos demais condôminos ou seus sucessores na mesma sentença que os obrigar à restituição.

A divisão do imóvel será proposta pelos peritos, devendo observar algumas diretivas, como comodidade das partes, preferência de cada condômino pelos terrenos contíguos às suas residências e benfeitorias, evitando o retalhamento dos quinhões em glebas separadas (art. 595, CPC). Após a apresentação do laudo fundamentado pelos peritos, as partes serão ouvidas, o juiz deliberará sobre a partilha e a o perito procederá à demarcação dos quinhões, observando as regras dos arts. 584 e 585 do CPC, bem como: "I – as benfeitorias comuns que não comportarem divisão cômoda serão adjudicadas a um dos condôminos mediante compensação; II – instituir-se-ão as servidões que forem indispensáveis em favor de uns quinhões sobre os outros, incluindo o respectivo valor no orçamento para que, não se tratando de servidões naturais, seja compensado o condômino aquinhoado com o prédio serviente; III – as benfeitorias particulares dos condôminos que excederem à área a que têm direito serão adjudicadas ao quinhoeiro vizinho mediante reposição; IV – se outra coisa não acordarem as partes, as compensações e as reposições serão feitas em dinheiro" (art. 596, CPC).

Por fim, o perito organizará o memorial descritivo e o escrivão lavrará o auto de divisão a ser assinado pelo juiz e pelo perito, acompanhado de folha de pagamento para cada condômino, nos termos do art. 597 do CPC. Em seguida, o juiz proferirá sentença homologatória da divisão.

5.
AÇÃO DE DISSOLUÇÃO PARCIAL DE SOCIEDADE

5.1. INTRODUÇÃO

Para evitar a total liquidação da empresa de modo a manter sua atividade societária, o CPC regulamenta a dissolução parcial da sociedade.

A dissolução pode ser total ou parcial e estas não se confundem.

Na dissolução total, rompe-se completamente o vínculo societário. Na dissolução parcial, apenas alguns vínculos são dissolvidos com a retirada de algum sócio, mas há a manutenção da sociedade.

A dissolução total era regulamentada pelos arts. 655 a 674 do CPC/39. O CPC/73 não estabeleceu expressamente sua previsão, mas manteve a vigência desse procedimento (art. 1.218, VII) até que fosse editada lei nesse sentido. Essa lei nunca foi editada. Por isso o STJ entende que se aplica à dissolução total o que está previsto no procedimento de dissolução parcial (STJ, REsp 1.983.478-SP, Rel. Ministro Humberto Martins, Terceira Turma, por unanimidade, *DJe* 13-9-2024).

Assim, mantêm-se as disposições do CPC/39, mas seu procedimento, no atual Código de Processo Civil, na falta de previsão legal expressa, seguirá o procedimento comum (art. 1.046, § 3º, CPC).

A ação de dissolução parcial de sociedade é novidade do CPC atual com relação ao CPC/73.

Contudo, antes dele, o Código Civil de 2002 já estabelecia algumas regras pertinentes à dissolução nos arts. 1.028 a 1.032 e 1.085 e 1.086 sob a denominação "resolução da sociedade em relação a um sócio".

Contudo, antes do advento do CPC havia dúvidas acerca da legitimidade, os requisitos para a formulação do pedido, dentre outras questões.

Hoje, a ação de dissolução parcial de sociedade é cabível em três hipóteses, de acordo com o art. 599 do CPC:

I – a resolução da sociedade empresária contratual ou simples em relação ao sócio falecido, excluído ou que exerceu o direito de retirada ou recesso;

II – a apuração dos haveres do sócio falecido, excluído ou que exerceu o direito de retirada ou recesso;

III – somente a resolução ou a apuração de haveres.

Na hipótese dos incisos I e II, pode não ocorrer a resolução parcial se os sócios optarem pela resolução total ou quando se estabelecer que os herdeiros assumirão a posição do sócio falecido.

No caso de exclusão, é necessário o enquadramento nas hipóteses do art. 1.085 do CC, quando a exclusão for extrajudicial[1].

Quando judicial, deve seguir o procedimento do art. 1.030 do CC. Dessa forma: "Ressalvado o disposto no art. 1.004 e seu parágrafo único, pode o sócio ser excluído judicialmente, mediante iniciativa da maioria dos demais sócios, por falta grave no cumprimento de suas obrigações, ou, ainda, por incapacidade superveniente".

É possível ainda que o próprio sócio tenha interesse em exercer o direito de se retirar da sociedade[2]. Esse direito poderá ser motivado (conforme art. 1.077 do CC[3]) ou imotivado (conforme art. 1.029 do CC[4]). Nesse último caso se aplica apenas para sociedades com prazo indeterminado, pois se o prazo for determinado é possível apenas de forma motivada.

Conforme se verifica do art. 599 do CPC, é possível extrair duas constatações importantes: a) a possibilidade de cumulação de pedidos; e b) nem sempre o pedido de dissolução parcial será propriamente uma dissolução.

Nas duas primeiras hipóteses é autorizada a cumulação de pedidos de resolução da sociedade com apuração de haveres do sócio falecido ou excluído.

Contudo, o inciso III permite que o autor formule requerimento somente de resolução ou somente de apuração de haveres. E nesse caso o nome tecnicamente não é ação de dissolução parcial, mas apenas *apuração de haveres*.

Além disso, entendemos que somente haverá interesse de agir apenas na apuração de haveres se a resolução da sociedade se deu extrajudicialmente (seja nos termos do art. 1.085 do CPC, seja consensualmente resolvendo a questão diretamente na Junta Comercial).

É possível, por outro lado, requerer dissolução e apuração de haveres. Na prática essas situações podem ocorrer quando não haja valor a ser apurado ou este valor seja ínfimo.

É possível ainda outras hipóteses de cumulação que não estejam encartadas no inciso III, como a responsabilização do sócio ou invalidação de alguma deliberação realizada. A cumulação deve observar as regras do art. 327 do CPC e todas elas devem seguir o procedimento comum, mantendo-se a estrutura do rito especial que não for incompatível, conforme o § 2º do mesmo artigo[5].

---

1 Art. 1.085. Ressalvado o disposto no art. 1.030, quando a maioria dos sócios, representativa de mais da metade do capital social, entender que um ou mais sócios estão pondo em risco a continuidade da empresa, em virtude de atos de inegável gravidade, poderá excluí-los da sociedade, mediante alteração do contrato social, desde que prevista neste a exclusão por justa causa. Parágrafo único. A exclusão somente poderá ser determinada em reunião ou assembleia especialmente convocada para esse fim, ciente o acusado em tempo hábil para permitir seu comparecimento e o exercício do direito de defesa.
2 Sem prejuízo do Código Civil, o direito de retirada também tem sua previsão nos arts. 136-A e 137 da Lei n. 6.404/76.
3 Art. 1.077. Quando houver modificação do contrato, fusão da sociedade, incorporação de outra, ou dela por outra, terá o sócio que dissentiu o direito de retirar-se da sociedade, nos trinta dias subsequentes à reunião, aplicando-se, no silêncio do contrato social antes vigente, o disposto no art. 1.031. [Este direito se aplica para as sociedades limitadas].
4 Art. 1.029. Além dos casos previstos na lei ou no contrato, qualquer sócio pode retirar-se da sociedade; se de prazo indeterminado, mediante notificação aos demais sócios, com antecedência mínima de sessenta dias; se de prazo determinado, provando judicialmente justa causa.
5 GAJARDONI; DELLORE; ROQUE; OLIVEIRA JR. *Processo de conhecimento e cumprimento de sentença*. São Paulo: Gen, 2016, p. 1000.

§ 1º A petição inicial será necessariamente instruída com o contrato social consolidado.
§ 2º A ação de dissolução parcial de sociedade pode ter também por objeto a sociedade anônima de capital fechado quando demonstrado, por acionista ou acionistas que representem cinco por cento ou mais do capital social, que não pode preencher o seu fim.

Como se depreende do artigo acima, deve-se observar tal rito quando a sociedade em questão for empresária contratual ou simples. Não se aplica, portanto, àquelas que sejam constituídas por estatuto social, ressalvada a hipótese da sociedade anônima de capital fechado, quando acionistas representantes de pelo menos 5% do capital social demonstrarem que ela não preenche sua finalidade.

5.2. PETIÇÃO INICIAL

A petição inicial da ação de dissolução parcial de sociedade observará o art. 319 do CPC e o § 1º do art. 599 do mesmo diploma, que exige a apresentação do contrato social consolidado, bem como as demais peculiaridades decorrentes do procedimento especial.

5.3. LEGITIMIDADE

O art. 600 do CPC é claro com relação a quem são os legitimados ativos para a ação de dissolução parcial da sociedade. São eles: a) o espólio ou os sucessores do sócio falecido, conforme a totalidade dos sucessores não ingresse na sociedade ou já concluída a partilha, respectivamente; b) a sociedade, quando o contrato social permitir que os sócios sobreviventes não aceitem o ingresso do espólio do sócio falecido ou de seus sucessores na sociedade; c) o sócio, quando os demais não providenciarem a alteração do contrato social que formaliza seu desligamento da sociedade até 10 dias depois de exercer o direito de retirada ou recesso; d) a sociedade, sempre que a lei não autorizar a exclusão extrajudicial; e e) o sócio excluído.

Entende o STJ que "a sociedade empresária possui legitimidade para figurar no polo passivo da fase executiva, ainda que não tenha sido citada e não tenha integrado a fase de conhecimento, quando todos que participavam do quadro social integraram a lide e não se constata prejuízos às partes" (AgInt no AgInt no REsp 1.922.029-DF, Rel. Ministro Marco Buzzi, Quarta Turma, j. 18-4-2023).

Além das hipóteses acima, em que sempre é a sociedade, o sócio ou seus sucessores que ajuízam a ação, o parágrafo único do art. 600 permite que seja ajuizada pelo cônjuge ou companheiro cujo casamento, união estável ou convivência tenha terminado para requerer a apuração de seus haveres na sociedade, a serem pagos à conta da quota titularizada pelo seu ex-cônjuge ou ex-companheiro.

No polo passivo da ação de dissolução parcial da sociedade figurarão todos os demais sócios e a sociedade.

5.4. PROCEDIMENTO

Recebida a petição inicial, será ordenada a citação de todos os sócios para concordarem com o pedido ou apresentarem contestação em quinze dias. Esse prazo será contado em dobro se: a) os autos forem físicos; e b) os sócios forem representados por advogados diferentes de escritórios diferentes.

Percebam que a lei não segue a regra da obrigatoriedade da audiência de conciliação e mediação (art. 334, CPC). Essa constatação pode ser afirmada em duas oportunidades: no art. 601, que determina que os sócios e a sociedade serão citados para concordar ou contestar, e no art. 603, § 2º, em que a observância do procedimento comum de dá apenas após a apresentação da contestação.

Caso não se realize a citação de um ou mais sócios, haverá também a citação da sociedade em seu próprio nome. Independentemente disso, havendo sua citação ou não, a sociedade estará sempre sujeita aos efeitos da decisão e da coisa julgada, por expressa previsão do parágrafo único do art. 601 do CPC.

Havia grande discussão doutrinária e jurisprudencial no tocante ao polo passivo da ação de dissolução parcial de sociedade que se resolveu com o CPC.

É importante não analisar o parágrafo único do art. 601 sem interpretá-lo com o seu *caput*. Isso porque poder-se-ia pensar que a sociedade não seria citada, não integraria a relação jurídica processual em contraditório, mas sofreria os efeitos da coisa julgada.

De fato, isso ocorre, mas o próprio parágrafo único condiciona essa situação à prévia citação de todos os sócios que, *ipso facto*, representarão a sociedade em juízo. Ademais, estabelece o art. 248, § 2º, do CPC que se considera válida a entrega da citação da pessoa jurídica a pessoas com poder de gerência geral ou administração.

Nessa ocasião, a sociedade, ao se manifestar, poderá opor pedido de indenização, contra o sócio a ser excluído, que poderá ser compensada com os valores dos haveres apurados ao final (art. 602, CPC).

Se os réus concordarem de forma expressa e unânime com a dissolução (reconhecimento da procedência do pedido, nos termos do art. 487, III, *a*, CPC), passar-se-á à fase de liquidação (para fins de apuração de haveres), com a sua isenção do pagamento de honorários advocatícios e o rateio das custas de acordo com a participação de cada sócio no capital social. Trata-se de sanção premial para incentivar a autocomposição.

Se contestarem, o processo seguirá o procedimento comum, exceto com relação à liquidação que será regida pelas regras próprias do procedimento especial da dissolução parcial. É o que determina o § 2º do art. 603 do CPC.

Na sentença de procedência do pedido de dissolução parcial e que dará início à liquidação, o juiz deverá fixar, primeiramente, a data da resolução da sociedade (conforme art. 605, CPC), depois definirá o critério de apuração de haveres tendo em vista o que dispuser o contrato social nesse sentido.

O juiz, nessa oportunidade, determinará aos sócios e à sociedade que depositem em juízo a parte incontroversa dos valores devidos, que poderá ser levantado, desde já, pelo ex-sócio, pelo espólio ou sucessores.

Especifica o art. 605 do CPC:

Art. 605. A data da resolução da sociedade será:
I – no caso de falecimento do sócio, a do óbito;
II – na retirada imotivada, o sexagésimo dia seguinte ao do recebimento, pela sociedade, da notificação do sócio retirante;
III – no recesso, o dia do recebimento, pela sociedade, da notificação do sócio dissidente;
IV – na retirada por justa causa de sociedade por prazo determinado e na exclusão judicial de sócio, a do trânsito em julgado da decisão que dissolver a sociedade; e
V – na exclusão extrajudicial, a data da assembleia ou da reunião de sócios que a tiver deliberado.

A fixação da data da resolução é importante para definir o alcance da apuração de haveres, nos termos do art. 606 do CPC.

Também será necessário nomear o perito – que será preferencialmente um especialista em avaliar sociedades – e definir o critério de apuração dos haveres. Esse critério será fixado conforme o disposto no contrato social e, na sua omissão, será definido de acordo com o valor patrimonial apurado em balanço de determinação, tomando-se por referência a data da resolução e avaliando-se bens e direitos do ativo, tangíveis e intangíveis, a preço de saída, além do passivo, também a ser apurado de igual forma (art. 606, CPC). O dispositivo está em consonância com o art. 1.031 do CC, que adota o critério do valor patrimonial.

Assim como a data de resolução da sociedade, o critério de apuração dos haveres poderá ser revisto pelo juiz a qualquer tempo antes do início da perícia, mediante requerimento da parte (art. 607, CPC). Dessa maneira, uma vez fixada a data de resolução, bem como a forma como será feita a apuração dos haveres, poderá ser requerida sua revisão ao juiz (que não poderá fazê-lo de ofício).

Constitui nesse caso uma regra excepcionadora do art. 507 do CPC (que versa sobre preclusão).

Se não dispuser de forma diversa o contrato social, havendo parte incontroversa dos haveres devidos, a sociedade ou os sócios que nela permanecerem deverão depositá-la em juízo e esse valor poderá ser levantado desde então pelo autor da ação.

O CPC (art. 608) prevê apenas o que integra o valor devido ao ex-sócio, com base na data da resolução. A participação nos lucros ou os juros de capital próprio declarados pela sociedade e eventual remuneração como administrador até a data da resolução são a ele devidos (trata-se de forma de distribuição de lucros aos acionistas nos termos da Lei n. 9.249/95, art. 9º). Após essa data, terá direito somente à correção monetária dos valores apurados e aos juros contratuais ou legais. Entende o STJ que "omisso o contrato social quanto ao montante a ser reembolsado pela participação social e quanto à possibilidade de inclusão de lucro futuro, aplica-se a regra geral de apuração de haveres, em que o sócio não receberá valor diverso do que receberia, como partilha, na dissolução total" (REsp 1.904.252-RS, Rel. Ministra Maria Isabel Gallotti, Quarta Turma, j. 22-8-2023).

Por fim, após a apuração dos haveres, o pagamento ao sócio retirante observará o disposto no contrato social e, na sua omissão, o § 2º do art. 1.031 do CC, que prevê o pagamento em dinheiro e em noventa dias após a respectiva liquidação.

Aqui o CPC prestigia a força impositiva do contrato.

6.

INVENTÁRIO E PARTILHA

6.1. INTRODUÇÃO

Segundo previsão do art. 1.784 do CC, a morte da pessoa natural dá início à sucessão e, com isso, pelo princípio da *saisine*[1], a herança transmite-se aos herdeiros legítimos e testamentários. Essa regra vem confirmada nos arts. 6º, 37 e 38 também do Código Civil.

O inventário e a consequente partilha têm por objetivo: i) individualizar os bens do falecido; ii) estabelecer, quando necessário, o pagamento das dívidas; e iii) outorgar aos herdeiros o seu quinhão da herança (CC, arts. 1.991-2.027).

O inventário poderá ser **judicial ou extrajudicial**. O CPC se ocupa, prioritariamente, do inventário judicial (que será objeto de explicação mais detalhada nos itens seguintes). Contudo, o próprio CPC, mantendo o quanto estabelecido na Lei n. 11.441/2007 (que havia conferido nova redação aos arts. 982, 983 e 1.031 do CPC/73) prevê em seu art. 610 a possibilidade de inventário extrajudicial.

Para tanto é necessário: a) que as partes (herdeiros) sejam todas capazes; b) que haja concordância entre elas; c) que não haja testamento; e d) que estejam assistidas por advogado. O art. 610 do CPC estabelece:

> Art. 610. Havendo testamento ou interessado incapaz, proceder-se-á ao inventário judicial.
> § 1º Se todos forem capazes e concordes, o inventário e a partilha poderão ser feitos por escritura pública, a qual constituirá documento hábil para qualquer ato de registro, bem como para levantamento de importância depositada em instituições financeiras.
> § 2º O tabelião somente lavrará a escritura pública se todas as partes interessadas estiverem assistidas por advogado ou por defensor público, cuja qualificação e assinatura constarão do ato notarial.

---

[1] Sobre o princípio da *saisine*, observa Carlos Roberto Gonçalves: "A existência da pessoa natural termina com morte real (CC, art. 6º). Como não se concebe direito subjetivo sem titular, no mesmo instante em que aquela acontece *abre-se a sucessão*, transmitindo-se automaticamente a herança aos herdeiros legítimos e testamentários do *de cujus* (CC, art. 1.784), sem solução de continuidade e ainda que estes ignorem o fato. Nisto consiste o princípio da *saisine*, segundo o qual o próprio defunto transmite ao sucessor o domínio e a posse da herança (*le mort saisit le vif*)" (Coleção Sinopses Jurídicas, *Direito das sucessões*. São Paulo: Saraiva, 2004, v. 4, p. 12).

A despeito do patrimônio do *de cujus* constituir uma universalidade jurídica de bens, será necessário definir especificamente o que o compõe, bem como a individualização da parte que cabe a cada um dos sucessores no caso de existir mais de um indivíduo nessa condição. Esses serão os objetivos do inventário e da partilha, sendo que no primeiro será identificado o patrimônio do *de cujus* e na segunda será dividida a herança entre os sucessores.

A essa universalidade de bens deixada pelo falecido, desde a abertura da sucessão até o trânsito em julgado da sentença de partilha, ainda pendente de divisão, dá-se o nome de espólio.

O espólio não tem personalidade jurídica, porém o legislador lhe confere, nos termos do art. 75, VII, do CPC, capacidade para, representado pelo inventariante ou administrador provisório, ser parte nas ações de cunho patrimonial em que houver interesse da massa.

6.2. INVENTÁRIO

No inventário, elabora-se o rol pormenorizado de todos os bens e obrigações que integram a herança deixada pelo *de cujus*. Consiste em procedimento especial de jurisdição contenciosa, cuja finalidade é a de discriminar quais os bens e obrigações compõem o acervo hereditário e apontar os herdeiros do *de cujus*, indicando qual o quinhão cabível a cada indivíduo envolvido na partilha, bem como estabelecer o que caberá a possíveis credores e cessionários.

O inventário se mostra indispensável, pois é por meio dele que tudo aquilo que pertencia ao *de cujus* será isolado com o fim de, ao final, alcançar o destino adequado.

Vale salientar que não é por meio do inventário que os herdeiros recebem a propriedade dos bens da herança, isso porque, por força do princípio da *saisine*, essa transmissão ocorre desde a morte do falecido. A sucessão hereditária é modo autônomo de aquisição da propriedade.

Com o advento da Lei n. 11.441/2007, o legislador trouxe ao ordenamento jurídico pátrio as figuras do inventário e da partilha extrajudiciais, admitidos, desde então, sempre que todos os sucessores sejam capazes, não exista testamento e que todos estejam de acordo com a divisão dos bens[2].

Destaque-se também que, via de regra, com a morte e a consequente transmissão da propriedade e da posse dos bens da herança, será indispensável a realização de inventário e partilha, judiciais ou extrajudiciais. Ocorre que, por força do art. 666 do CPC, essa regra poderá ser excepcionada, dispensando-se o inventário para a percepção das vantagens econômicas deixadas pelo *de cujus* no FGTS e PIS-Pasep, além do levantamento pelos dependentes de restituição de imposto de renda, tributos, saldos bancários, cadernetas de poupança e fundos de investimento dos valores previstos na Lei n. 6.858/80.

6.2.1. INVENTÁRIO NEGATIVO

A despeito da ausência de previsão legal, situação curiosa ocorre quando o *de cujus* não deixa patrimônio. Não haverá o que inventariar nem partilhar. Seria razoável imaginar que nesse caso o inventário e a partilha seriam desnecessários. Haverá, porém, o chamado "inventário negativo".

---

2   Essa forma de inventário e partilha está devidamente disciplinada na Resolução n. 35/2007 do Conselho Nacional de Justiça (arts. 11 a 32).

O inventário negativo é aceito por boa parte da doutrina e utilizado na prática forense, sendo previsto, na modalidade extrajudicial, na Res. n. 37/2007 do CNJ ao dispor em seu art. 28 que "é admissível inventário por escritura pública".

O "inventário negativo" interessará aos herdeiros sempre que o *de cujus* não deixar bens, mas deixar dívidas, haja vista que eles somente responderão por tais dívidas no limite da herança.

Poderá ser realizado de forma extrajudicial. Se judicial, porém, seu procedimento será bastante simples (constitui simples justificação judicial). Será requerido no mesmo foro e juízo em que deveria ser aberto o inventário comum, se o *de cujus* tivesse deixado bens. O requerente pleiteará ao juiz competente a tomada por termo de suas declarações, provando, então, o óbito. Serão intimados os interessados, o Ministério Público e a Fazenda Pública. Caso haja divergência, o juiz competente a resolverá. Não havendo, o juiz extinguirá o processo com a declaração, por sentença, da inexistência de bens a serem partilhados.

6.2.2. OBRIGATORIEDADE DO INVENTÁRIO

De acordo com a previsão legal do art. 610 do CPC, o inventário judicial só é obrigatório quando houver testamento, partes incapazes, ou quando não houver concordância entre os herdeiros. Caso contrário, o inventário judicial será facultativo, podendo os bens ser inventariados e partilhados por escritura pública, que servirá para registro imobiliário.

Cumpre salientar que, para ser lavrada a escritura, é necessário que todas as partes interessadas estejam representadas por advogado ou Defensor Público, que pode, inclusive, ser comum a todas.

6.2.3. PROCEDIMENTO DO INVENTÁRIO

Trata-se de procedimento especial de jurisdição contenciosa e sua estrutura é bastante diferente dos demais.

No procedimento do inventário não existem autor e réu, nem contestação e produção de provas. A sentença que põe fim ao processo não será de procedência ou improcedência do pedido e não são todas as questões que podem ser resolvidas nessa demanda. No caso de existirem questões que dependem de provas que não sejam documentais, as chamadas "questões de alta indagação", os interessados são obrigados a ajuizar outra demanda para a solução dessas questões. Por questão de alta indagação deve-se entender a questão "que envolva fato ou fatos cuja demonstração imponha a produção de prova em outro processo"[3]. Como exemplo, a questão referente a condição de herdeiro de quem se legitima para tanto. É necessário portanto o concurso de três situações: a) que não seja o próprio objeto do inventário; b) mas que seja questão pertinente ao deslinde do inventário; c) que demande outro procedimento de cognição exauriente no plano vertical e horizontal "vias ordinárias" para a produção das provas necessárias.

É esse o teor do art. 612 do CPC: "O juiz decidirá todas as questões de direito desde que os fatos relevantes estejam provados por documento, só remetendo para as vias ordinárias as questões que dependerem de outras provas".

---

3 MARCATO, Antônio Carlos. *Procedimentos especiais*. São Paulo: Atlas, 2016, p. 176.

É de suma importância grifar que o CC/2002 contém normas a respeito dos inventários e partilhas que devem ser conciliadas com a redação do CPC (arts. 1.991 a 2.027, CC).

6.2.4. COMPETÊNCIA

De acordo com o art. 23, II, do CPC, a Justiça brasileira é a única competente para julgar as ações de inventário e partilha de bens situados no território nacional. Isso significa dizer que as sentenças ou decisões estrangeiras proferidas em inventário de bens situados no Brasil não serão homologadas pelo STJ. Trata-se, de regra, de competência exclusiva.

Internamente, a regra de competência encontra-se estabelecida no art. 48, *caput*, do CPC:

> Art. 48. O foro do domicílio do autor da herança, no Brasil, é o competente para o inventário, a partilha, a arrecadação, o cumprimento de disposições de última vontade, a impugnação ou anulação de partilha extrajudicial e para todas as ações em que o espólio for réu, ainda que o óbito tenha ocorrido no estrangeiro.
> Parágrafo único. Se o autor da herança não possuía domicílio certo, é competente:
> I – o foro de situação dos bens imóveis;
> II – havendo bens imóveis em foros diferentes, qualquer destes;
> III – não havendo bens imóveis, é competente o foro do local de qualquer dos bens do espólio.

O art. 1.785 do CC determina a regra geral de competência como a do domicílio do autor, esclarecendo que "a sucessão abre-se no lugar do último domicílio do falecido". Trata-se de competência relativa, ainda que haja interesses de menores no processo[4], e, por isso, admite-se que haja foro de eleição.

Havendo mais de um domicílio, a competência ficará determinada por prevenção.

6.2.5. PRAZO PARA ABERTURA

De acordo com o CPC (art. 611), o "processo de inventário e de partilha deve ser instaurado dentro de 2 (dois) meses a contar da abertura da sucessão, ultimando-se nos 12 (doze) meses subsequentes, podendo o juiz prorrogar esses prazos, de ofício ou a requerimento de parte".

A despeito do claro conteúdo apontado pelo legislador, nada impede que o processo de inventário seja aberto posteriormente. Ocorre, todavia, que essa omissão poderá ecoar na ordem de preferência para nomeação do inventariante e resultar na imposição de multa sobre o imposto a ser recolhido[5].

O valor da multa será estabelecido por lei estadual, assim como a taxa judiciária respectiva.

6.2.6. ABERTURA DO INVENTÁRIO

O art. 615 do CPC aponta que a legitimidade para a propositura da ação de inventário é, primeiramente, de quem estiver na posse e administração do espólio. Trata-se de regra

---

4 Súmula 58 do extinto Tribunal Federal de Recursos.
5 Aliás, é esse o posicionamento do STF: "É constitucional a multa imposta pelos Estados, como sanção pela demora na abertura do inventário" (Enunciado 542 da Súmula do STF).

intuitiva, na medida que essa pessoa tem melhores condições de explicitar em juízo os bens deixados para fins da partilha.

A lei, contudo, autoriza a legitimação concorrente daqueles que constem no art. 616 do CPC, quais sejam:

I – o cônjuge ou companheiro supérstite, o que independe do regime de casamento ou convivência estabelecido;

II – o herdeiro, por ser interessado na conclusão do inventário já que será um dos beneficiários do quinhão hereditário;

III – o legatário. Estabelece o art. 1.923 do CC que "desde a abertura da sucessão, pertence ao legatário a coisa certa, existente no acervo, salvo se o legado estiver sob condição suspensiva". Para essa situação lhe confere a lei legitimidade para abertura do inventário;

IV – o testamenteiro, a quem compete cumprir as disposições de última vontade do falecido, conforme arts. 1.976 do CC e 735, § 5º, do CPC;

V – o cessionário do herdeiro ou do legatário. Prevê o art. 286 do CC que "o credor pode ceder o seu crédito, se a isso não se opuser a natureza da obrigação, a lei, ou a convenção com o devedor; a cláusula proibitiva da cessão não poderá ser oposta ao cessionário de boa-fé, se não constar do instrumento da obrigação". Cessionário é aquele que, não sendo herdeiro, adquire o direito de receber os bens objeto da herança;

VI – o credor do herdeiro, do legatário ou do autor da herança. Sendo o terceiro credor do herdeiro, do legatário ou do falecido, se torna, automaticamente, credor do espólio, o que lhe confere legitimidade para instaurar o inventário[6];

VII – o Ministério Público, havendo herdeiros incapazes. Além da lei restringir essa legitimidade quando houver interesse de incapazes (art. 178, II, CPC) apenas poderá requerer abertura caso haja inércia dos demais legitimados;

VIII – a Fazenda Pública, quando tiver interesse. Este interesse, em verdade, ocorre em quase todos os casos, pois boa parte desse interesse decorre do recebimento do imposto *causa mortis*. Além disso, pode haver interesse em imóveis no regime de enfiteuse ou direito de superfície;

IX – o administrador judicial da falência do herdeiro, do legatário, do autor da herança ou do cônjuge ou companheiro supérstite.

Por se tratar de rol meramente exemplificativo (art. 616), a lei processual permite também que o herdeiro, o legatário, o credor ou qualquer outra pessoa, desde que demonstre interesse, possa requerer a abertura.

O requerimento será instruído com a certidão de óbito do autor da herança e deverá ser feito por petição, firmada por advogado, e deverá comunicar ao juiz o óbito, pugnando a abertura do inventário e a consequente nomeação do inventariante.

O pedido inicial deverá vir acompanhado da certidão de óbito e pelos demais documentos que comprovem o interesse do autor em requerer a abertura do inventário.

Após distribuição, a petição inicial será encaminhada ao juiz competente que, verificando estar em termos, nomeará inventariante, o qual deverá prestar compromisso, nos termos do parágrafo único do art. 617 do CPC, dentro de cinco dias contados da data da intimação da nomeação.

---

6   AgInt no REsp 1.761.773-PR, Rel. Ministro Marco Buzzi, Quarta Turma, por unanimidade, *DJe* 7-3-2024.

6.2.7. ADMINISTRADOR PROVISÓRIO

Dispõe o art. 1.784 do CC que, uma vez aberta a sucessão, os bens são transmitidos aos "herdeiros legítimos e testamentários".

Entretanto, a representação desse patrimônio deixado pelo *de cujus* somente recebe representação jurídica após a abertura do inventário com a autorização, pelo juiz, da nomeação do inventariante.

A figura do administrador provisório, apontada pelo legislador processual no art. 613 do CPC, ganha suporte diante do lapso temporal que sempre existirá entre o falecimento do *de cujus* e a prestação de compromisso do inventariante.

Administrador provisório é o indivíduo que já se encontra na administração dos bens quando da abertura da sucessão, de forma que sua designação sequer depende de decisão judicial.

Assim dispõe o art. 614 do CPC que:

> O administrador provisório representa ativa e passivamente o espólio, é obrigado a trazer ao acervo os frutos que desde a abertura da sucessão percebeu, tem direito ao reembolso das despesas necessárias e úteis que fez e responde pelo dano a que, por dolo ou culpa, der causa.

Vale dizer que, além das exigências previstas em lei, cabe, ainda, ao administrador provisório prestar contas de sua administração, a qual poderá ser feita nos autos do processo de inventário e partilha.

A figura do administrador provisório deixa de existir no caso de herança jacente, pois, nesse caso, deverá ser indicado um curador específico à guarda e administração da herança (art. 739 do CPC).

6.2.8. INVENTARIANTE

O inventariante é o auxiliar especial do juízo que exercerá no processo de inventário e partilha o *múnus público* de administrar o acervo hereditário e representá-lo em juízo e fora dele, até que seja ultimada a partilha.

A inventariança depende de capacidade civil e, quando legítima, recairá sobre um dos sujeitos previstos em lei, caso em que deverá ser respeitada, pelo juiz competente, a ordem de preferência legalmente estabelecida (art. 617 do CPC[7]). Será admitida inversão dessa ordem em casos excepcionais, quando o juiz tiver fundadas razões para tanto[8].

---

7 Art. 617. O juiz nomeará inventariante na seguinte ordem:
I – o cônjuge ou companheiro sobrevivente, desde que estivesse convivendo com o outro ao tempo da morte deste;
II – o herdeiro que se achar na posse e na administração do espólio, se não houver cônjuge ou companheiro sobrevivente ou se estes não puderem ser nomeados;
III – qualquer herdeiro, quando nenhum deles estiver na posse e na administração do espólio;
IV – o herdeiro menor, por seu representante legal;
V – o testamenteiro, se lhe tiver sido confiada a administração do espólio ou se toda a herança estiver distribuída em legados;
VI – o cessionário do herdeiro ou do legatário;
VII – o inventariante judicial, se houver;
VIII – pessoa estranha idônea, quando não houver inventariante judicial.
8 STJ, 3ª Turma, REsp 1.055.633/SP, rel. Min. Nancy Andrighi, j. 21-10-2008 (*Informativo do STJ* n. 373).

A inventariança dativa é aquela que recai sobre qualquer indivíduo estranho ao acervo, que o juiz competente entenda idôneo para desempenhar o cargo, como nos casos em que não existe nenhum dos sujeitos apontados no rol do art. 617 do CPC ou quando, existindo um ou alguns deles, ele tenha sido removido da inventariança (art. 622) ou esteja, de alguma forma, impossibilitado de assumir o cargo.

Ao contrário do inventariante legítimo, o dativo não possui legitimidade para representar o espólio, de forma que, em qualquer demanda em que o espólio seja parte, será exigida a presença, em litisconsórcio necessário, de todos os herdeiros como partes principais.

De acordo com a redação do art. 618 do CPC, são diversos os encargos do inventariante:

I – representar o espólio ativa e passivamente, em juízo ou fora dele, observando-se, quanto ao dativo, o disposto no art. 75, § 1º;
II – administrar o espólio, velando-lhe os bens com a mesma diligência como se seus fossem;
III – prestar as primeiras e as últimas declarações pessoalmente ou por procurador com poderes especiais;
IV – exibir em cartório, a qualquer tempo, para exame das partes, os documentos relativos ao espólio;
V – juntar aos autos certidão do testamento, se houver;
VI – trazer à colação os bens recebidos pelo herdeiro ausente, renunciante ou excluído;
VII – prestar contas de sua gestão ao deixar o cargo ou sempre que o juiz lhe determinar;
VIII – requerer a declaração de insolvência.

Cumpre registrar que, no tocante aos poderes processuais do inventariante na representação processual do espólio, não são admitidos atos de disposição de direito, caso em que será exigida expressa manifestação do titular do direito, de forma que o inventariante fica proibido de renunciar, reconhecer juridicamente pedido ou transigir sem que tenha o consentimento de todos os herdeiros.

Nos termos do art. 619 do CPC, "incumbe ainda ao inventariante, ouvidos os interessados e com autorização do juiz: I – alienar bens de qualquer espécie; II – transigir em juízo ou fora dele; III – pagar dívidas do espólio; IV – fazer as despesas necessárias com a conservação e o melhoramento dos bens do espólio".

A ausência de anuência dos herdeiros, em caso de inventariança dativa, torna o ato de alienação anulável, mesmo que autorizado judicialmente[9].

As causas de remoção do inventariante são ventiladas pelo legislador processual no art. 622 do CPC, valendo lembrar que o dispositivo não deve ser considerado como rol taxativo, haja vista que havendo conduta legítima a dar azo à remoção do inventariante, o juiz deve determiná-la.

Não se pode confundir remoção com destituição do inventariante. A remoção decorre de ato praticado endoprocessualmente (conforme se verifica do art. 622). A destituição, ao contrário, ocorrerá por fatores externos ao processo (como, por exemplo, uma condenação criminal).

É possível a sua remoção, de ofício ou a requerimento, quando:

I – se não prestar, no prazo legal, as primeiras ou as últimas declarações;
II – se não der ao inventário andamento regular, suscitar dúvidas infundadas ou praticar atos meramente protelatórios;
III – se, por culpa sua, bens do espólio se deteriorarem, forem dilapidados ou sofrerem dano;
IV – se não defender o espólio nas ações em que for citado, se deixar de cobrar dívidas ativas ou se não promover as medidas necessárias para evitar o perecimento de direitos;

---

9 STJ, 4ª Turma, REsp 982.584/PE, rel. Min. Luis Felipe Salomão, j. 25-11-2008, *DJe* 23-3-2009.

V – se não prestar contas ou se as que prestar não forem julgadas boas;
VI – se sonegar, ocultar ou desviar bens do espólio.

Pode ser requerida por qualquer interessado ou determinada de ofício pelo juiz; a remoção do inventariante tem natureza punitiva e, portanto, deve ser precedida de procedimento incidental sob o crivo do contraditório.

De acordo com o art. 623 do CPC, uma vez requerida a remoção com fundamento em qualquer dos incisos do art. 622, será intimado o inventariante para, no prazo de 15 (quinze) dias, defender-se e produzir provas. O incidente de remoção correrá em apenso aos autos do inventário.

A decisão que aprecia o pedido de remoção do inventariante (assim como aquela que o nomeia), por ter natureza interlocutória, desafia recurso de agravo de instrumento (art. 1.015, parágrafo único, CPC). No regime anterior, o Superior Tribunal de Justiça já decidiu que a interposição de recurso de apelação não caracteriza erro grosseiro, tendo recebido o recurso, com aplicação do princípio da fungibilidade[10].

Entendemos que, em decorrência da previsão expressa do cabimento de agravo de instrumento por previsão em lei, perde-se o requisito da "dúvida objetiva" necessária para a previsão da fungibilidade *ope judicis*, como será visto no capítulo sobre recursos.

Uma vez removido o inventariante, este deverá entregar imediatamente ao substituto os bens do espólio (sob pena de expedição de mandado de busca e apreensão ou imissão na posse, se se tratar de bem móvel ou imóvel), além de possível multa (fixada pelo juiz) em até 3% sobre o valor dos bens inventariados.

6.2.9. PROCEDIMENTO DO INVENTÁRIO

6.2.9.1. Petição inicial

A petição inicial deverá ser apresentada com base nos requisitos gerais do art. 319 do CPC, além de vir acompanhada da certidão de óbito (art. 615, parágrafo único, do CPC) ou da declaração judicial que a substitua.

Caso a petição inicial esteja adequada, o juiz nomeará o inventariante, que deverá prestar o compromisso de bem e fielmente cumprir a inventariança por termo a ser lavrado nos autos.

6.2.9.2. Primeiras declarações

Nos termos do art. 620 do CPC, após prestado o compromisso, o inventariante deverá, no prazo de vinte dias, prestar as primeiras declarações, das quais se lavrará termo circunstanciado.

No termo, deverá conter: I – o nome, o estado, a idade e o domicílio do autor da herança, o dia e o lugar em que faleceu e bem ainda se deixou testamento; II – o nome, o estado, a idade, o endereço eletrônico e a residência dos herdeiros e, havendo cônjuge ou companheiro supérstite, além dos respectivos dados pessoais, o regime de bens do casamento ou da união estável; III – a qualidade dos herdeiros e o grau de seu parentesco com o inventariado; IV – a relação completa e individualizada de todos os bens do espólio, inclusive aqueles que devem ser

---
10 STJ, 4ª Turma, REsp 714.035/RS, rel. Min. Jorge Scartezzini, j. 16-6-2005, *DJ* 1º-7-2005.

conferidos à colação e dos alheios que nele forem encontrados, descrevendo-se: a) os imóveis, com as suas especificações, nomeadamente local em que se encontram, extensão da área, limites, confrontações, benfeitorias, origem dos títulos, números das matrículas e ônus que os gravam; b) os móveis, com os sinais característicos; c) os semoventes, seu número, espécies, marcas e sinais distintivos; d) o dinheiro, as joias, os objetos de ouro e prata e as pedras preciosas, declarando-se-lhes especificamente a qualidade, o peso e a importância; e) os títulos da dívida pública, bem como as ações, as quotas e os títulos de sociedade, mencionando-se-lhes o número, o valor e a data; f) as dívidas ativas e passivas, indicando-se-lhes as datas, os títulos, a origem da obrigação, bem como os nomes dos credores e dos devedores; g) direitos e ações; h) o valor corrente de cada um dos bens do espólio.

Para o caso em que todas essas informações já tiverem sido prestadas na petição inicial, basta que o inventariante as ratifique.

O § 1º do art. 620 do CPC estabelece que o juiz determinará que se proceda ao balanço do estabelecimento, se o autor da herança era comerciante em nome individual, e à apuração de haveres, se era sócio de sociedade que não anônima.

Vale ressaltar que as primeiras declarações do inventariante podem ser prestadas mediante petição, firmada por procurador com poderes especiais (§ 2º do art. 620 do CPC).

Caso haja erros ou obscuridades nas declarações prestadas pelo inventariante, o juiz deverá mandar que sejam sanados.

Havendo algum bem do qual não se tenha conhecimento, os herdeiros ou legatários deverão informá-lo ao juízo, pleiteando sua inclusão, sob pena de restar caracterizada a sonegação a que aludem os arts. 1.992 e seguintes do CC.

6.2.9.3. Citações

Após prestadas as primeiras declarações, o cônjuge ou companheiro, os herdeiros, os legatários, a Fazenda Pública e o Ministério Público, se houver testamento ou incapazes, e o testamenteiro serão citados, nos termos do art. 626 e parágrafos do CPC.

O cônjuge ou companheiro e os legatários serão citados pelo correio, segundo o disposto no art. 247 do CPC. Ademais, será publicado edital, já que o inventário constitui ação "em que seja necessária, por determinação legal, a provocação, para participação no processo, de interessados incertos ou desconhecidos" (art. 259, III, CPC).

Por causa do interesse da Fazenda Pública Estadual em razão da incidência do imposto de transmissão *causa mortis* e do Ministério Público, eles também deverão ser citados.

6.2.9.4. Impugnações

Realizadas todas as citações, as partes terão o prazo comum de quinze dias para se manifestar sobre as primeiras declarações. Elas podem omitir-se, concordar ou impugná-las, para arguir erros e omissões; reclamar contra a nomeação do inventariante; ou contestar a qualidade de quem foi incluído como herdeiro.

Na primeira hipótese, caso o juiz acolha a alegação, mandará que o inventariante retifique as primeiras declarações. Caso acolha a alegação acerca da nomeação do inventariante, respeitando a ordem de preferência legal, nomeará outro inventariante e, por fim, se acolher a contestação de qualidade de quem foi incluído como herdeiro, determinará a devida exclusão.

Pode haver também reclamação daquele que se entender preterido e que queira sua admissão no inventário. Seu requerimento deverá ser formulado antes da partilha. O preterido poderá formular seu pedido de petição de herança (arts. 1.824-1.828, CC).

Nesse momento também "a Fazenda Pública, no prazo de quinze dias, após vista de que trata o art. 627, informará o juízo, de acordo com os dados que constam em seu cadastro imobiliário, o valor dos bens de raiz descritos nas primeiras declarações" (art. 629, CPC).

O recurso cabível contra a decisão que julga qualquer das impugnações é o agravo de instrumento.

6.2.9.5. Avaliações

Encerrada essa primeira fase procedimental, o juiz nomeará um perito para avaliar os bens do espólio, dando preferência ao avaliador judicial nas comarcas em que houver (art. 630, CPC).

A avaliação observará as regras aplicáveis à dos bens penhorados, nos termos do art. 631 do CPC.

As finalidades a que se prestam as avaliações são duas: permitir o cálculo dos impostos, em especial a *causa mortis*, e verificar a correção da partilha, de sorte que nenhum dos sucessores seja prejudicado.

Todavia, não é sempre que ela será necessária. A avaliação será dispensada sempre que todos os herdeiros forem maiores e capazes e:

a) a Fazenda Pública concordar expressamente com os valores indicados nas primeiras declarações (art. 633, CPC);

b) os sucessores concordarem com os valores indicados pela Fazenda Pública; sendo a divergência parcial, a perícia terá como objeto somente a parcela controvertida (art. 634, CPC).

Entregue o laudo de avaliação, as partes terão oportunidade para se manifestar, no prazo de quinze dias (art. 635, CPC). O juiz decidirá, desde logo, as impugnações, podendo determinar que o perito preste esclarecimentos suplementares.

Caso seja acolhida a impugnação, determinar-se-á que o perito retifique a avaliação. Se verificar que ela foi realizada com erro ou dolo, ou quando for constatado que os bens apresentam defeito que lhes diminua o valor, o juiz mandará repetir a avaliação.

6.2.9.6. Últimas declarações

Nos termos do art. 636 do CPC, encerrada a fase de avaliação, será lavrado o termo de últimas declarações.

As últimas declarações colocam fim à fase de inventário. É a última oportunidade de se emendar, completar ou aditar as primeiras declarações, corrigindo eventuais omissões e sanando possíveis vícios.

Estabelecido o contraditório sobre as últimas declarações, as partes serão ouvidas no prazo comum de quinze dias.

Elabora-se, nesse momento, o cálculo do imposto (art. 637, CPC).

Eventuais outros tributos que possam recair sobre os bens devem ser quitados antes da partilha, competindo ao inventariante comprovar o pagamento com a certidão de quitação.

O cálculo do valor do imposto *mortis causa* deverá observar o conteúdo do Enunciado 112 da Súmula do STF: "O imposto de transmissão *causa mortis* é devido pela alíquota vigente ao tempo da abertura da sucessão" e também "calculado sobre o valor dos bens na data da avaliação" (Enunciado 113 da Súmula do STF).

Note-se que o imposto não recairá sobre a meação do cônjuge sobrevivente. Não há transmissão de titularidade do bem em razão da morte. Será devido o imposto *inter vivos* quando ao cônjuge meeiro ou ao herdeiro forem atribuídos bens imóveis que ultrapassem o que seria devido por força da meação ou de suas quotas.

Apresentado o cálculo do imposto, ouvidas as partes e feitas as correções cabíveis, o magistrado o homologará. A decisão, nos termos do que dispõe o art. 1.015, parágrafo único, do CPC, é impugnável por agravo.

6.2.9.7. Colações

Regulamentada pelo direito material (arts. 2.002 a 2.012 do CC), a colação visa igualar as legítimas, forçando os descendentes e donatários a trazer ao inventário os bens recebidos em doação, antes do falecimento do *de cujus*.

No prazo de quinze dias após a citação (art. 639 do CPC), caberá ao donatário proceder à colação, que poderá ser realizada das seguintes maneiras:

a) restituição dos bens ao acervo hereditário (colação *in natura*);

b) soma do valor do bem quando este já não quiser dele se desfazer (colação por imputação do valor).

Nos termos do art. 641 do CPC, havendo controvérsia ou resistência quanto à colação, o magistrado, ouvidas as partes, no prazo comum de quinze dias, decidirá e adotará as providências cabíveis.

Em havendo ocultação dolosa de bens pertencentes ao espólio para retirá-lo da partilha, ocorre a sonegação. Diante dessa situação poderá o herdeiro preterido do bem ingressar com ação de sonegados.

Se for o inventariante, este será destituído do cargo (art. 622, VI, CPC). Sendo outro herdeiro, deverá restituir o bem (assim como o inventariante) além de perder o direito sobre ele. Caso não o tenha mais, deverá pagar o valor acrescido de perdas e danos (arts. 1.992-1.995, CC).

6.2.10. DO PAGAMENTO DAS DÍVIDAS

As dívidas não se extinguem com a morte. Os herdeiros responderão por elas nos limites da herança.

Preconiza o art. 642 do CPC:

> Art. 642. Antes da partilha, poderão os credores do espólio requerer ao juízo do inventário o pagamento das dívidas vencidas e exigíveis.
> § 1º A petição, acompanhada de prova literal da dívida, será distribuída por dependência e autuada em apenso aos autos do processo de inventário.
> § 2º Concordando as partes com o pedido, o juiz, ao declarar habilitado o credor, mandará que se faça a separação de dinheiro ou, em sua falta, de bens suficientes para o seu pagamento.
> § 3º Separados os bens, tantos quantos forem necessários para o pagamento dos credores habilitados, o juiz mandará aliená-los, observando-se as disposições deste Código relativas à expropriação.
> § 4º Se o credor requerer que, em vez de dinheiro, lhe sejam adjudicados, para o seu pagamento, os bens já reservados, o juiz deferir-lhe-á o pedido, concordando todas as partes.

§ 5º Os donatários serão chamados a pronunciar-se sobre a aprovação das dívidas, sempre que haja possibilidade de resultar delas a redução das liberalidades.

Não havendo a concordância de todas as partes, o credor será remetido às vias ordinárias para discutir seu direito, reservando, o magistrado, bens suficientes para seu pagamento nas condições exigidas pelo parágrafo único do art. 643 do CPC. Nesse caso, na esteira do que reza o art. 668, I, do CPC, o credor tem o prazo de 30 dias para ingressar com a ação autônoma, sob pena de liberação dos bens.

Ademais, o credor de dívida líquida e certa ainda não vencida poderá se habilitar no inventário. As partes originárias do inventário serão intimadas para o seu ingresso e, havendo concordância, o magistrado determinará a separação de bens para futuro pagamento. O STJ entende que "é ônus do credor não admitido no inventário o ajuizamento da ação de conhecimento, não competindo ao juiz a conversão do pedido de habilitação de crédito em ação de cobrança, em substituição às partes" (REsp 2.045.640-GO, Rel. Ministro Marco Aurélio Bellizze, Terceira Turma, *DJe* 28-4-2023).

6.3. PARTILHA

Partilha é a divisão dos bens da herança entre os herdeiros.

Com rito regulamentado pelos arts. 647 a 658 do CPC, a partilha representa uma segunda fase do procedimento do inventário.

O modo de se estabelecer a partilha fica condicionado à forma de sucessão. Assim, é possível a sucessão por quatro formas distintas: sucessão por direito próprio (CC, arts. 1.835-1.840), sucessão por direito de representação (CC, arts. 1.851-1.856), sucessão por linhas (CC, art. 1.836, § 2º) e sucessão por transmissão.

6.3.1. MODALIDADES

6.3.1.1. Partilha amigável

Sempre que houver acordo entre todos os sucessores, a partilha será dita amigável, podendo ser realizada administrativamente, nos termos do art. 610, § 1º, do CPC, ou por acordo extrajudicial levado a homologação judicial e, se já houver processo em trâmite, caberá ao juiz homologá-la por sentença.

Essa modalidade de partilha poderá ser *inter vivos* ou *post mortem*. Em vida, será feita por escritura pública ou testamento, de forma que não prejudique a legítima, nem prive o beneficiário do necessário para sua subsistência. Quando feita em vida por meio de escritura pública, não haverá necessidade do ajuizamento do inventário ou de trazer os bens à colação. Por outro lado, quando feita por meio de testamento, será necessário o inventário, a teor do que preconiza o art. 610 do CPC. A partilha amigável *post mortem* é feita entre os herdeiros maiores e capazes, que estejam de acordo com a maneira pela qual será dividido o acervo. Será feita, de acordo com o que reza o art. 2.015 do Código Civil, no curso do inventário ou arrolamento, por meio de escritura pública, termo nos autos do inventário ou escrito particular homologado pelo juiz.

Nos termos do art. 657 do CPC, a partilha amigável deverá ser homologada pelo juiz e poderá ser anulada, em caso de dolo, coação, erro essencial ou intervenção de incapaz.

6.3.1.2. Partilha judicial

A partilha será judicial quando houver incapazes, ou não forem concordes os herdeiros a respeito da divisão dos bens (art. 2.016 do CC).

6.3.2. PROCEDIMENTO DA PARTILHA

Após verificados quais os bens que deverão integrar o acervo a ser partilhado, o magistrado concederá às partes prazo comum de quinze dias para que formulem o pedido de quinhão. Em seguida, no mesmo prazo, decidirá sobre a forma pela qual a partilha será realizada (art. 647 do CPC).

O juiz, ao decidir sobre a partilha, deverá observar as diretrizes apontadas no art. 648 do mesmo diploma legal:

I – a maior igualdade possível, seja quanto ao valor, seja quanto à natureza e à qualidade dos bens;
II – a prevenção de litígios futuros;
III – a máxima comodidade dos coerdeiros, do cônjuge ou do companheiro, se for o caso.

Os bens insuscetíveis de divisão cômoda, que não caibam na meação do cônjuge sobrevivente ou no quinhão de um só herdeiro, serão licitados entre os pretendentes ou alienados judicialmente, partilhando-se o respectivo valor, a não ser que haja acordo para que o bem seja adjudicado a todos, ficando cada herdeiro com uma fração ideal (art. 649 do CPC).

Havendo, dentre os herdeiros, nascituro, o quinhão que lhe caberá será reservado em poder do inventariante até o seu nascimento (art. 650 do CPC).

Em seguida, observar-se-á o disposto no art. 651 do CPC:

Art. 651. O partidor organizará o esboço da partilha de acordo com a decisão judicial, observando nos pagamentos a seguinte ordem:
I – dívidas atendidas;
II – meação do cônjuge;
III – meação disponível;
IV – quinhões hereditários, a começar pelo coerdeiro mais velho.

Sobre o esboço de partilha as partes serão ouvidas no prazo comum de quinze dias. Resolvidas as reclamações, a partilha será lançada nos autos (art. 652 do CPC).

A partilha constará (art. 653, CPC):

I – de auto de orçamento, que mencionará: a) os nomes do autor da herança, do inventariante, do cônjuge ou companheiro supérstite, dos herdeiros, dos legatários e dos credores admitidos; b) o ativo, o passivo e o líquido partível, com as necessárias especificações; e c) o valor de cada quinhão;
II – de folha de pagamento para cada parte, declarando a quota a pagar-lhe, a razão do pagamento e a relação dos bens que lhe compõem o quinhão, as características que os individualizam e os ônus que os gravam.

Importante frisar que o auto e cada uma das folhas serão assinados pelo juiz e pelo escrivão.

Estabelece o art. 654 do CPC:

Art. 654. Pago o imposto de transmissão a título de morte e juntada aos autos certidão ou informação negativa de dívida para com a Fazenda Pública, o juiz julgará por sentença a partilha.

Parágrafo único. A existência de dívida para com a Fazenda Pública não impedirá o julgamento da partilha, desde que o seu pagamento esteja devidamente garantido.

Vale ressaltar que o imposto de transmissão *causa mortis* deve ser recolhido antes do julgamento da partilha, bem como deve ser apresentada a certidão negativa de dívida para com a Fazenda Pública.

Se a sentença se limitou a homologar o esboço de partilha, sem que tenha havido divergência dos herdeiros, o procedimento a ser observado é o previsto no art. 656 do CPC. O procedimento previsto no art. 657 do mesmo diploma fica reservado às hipóteses de litigiosidade.

Vale mencionar, ainda, que, se houver acordo entre as partes maiores e capazes, a partilha será anulável. Também o será caso não haja acordo, mas não tenha sido impugnado o esboço de partilha apresentado pelo partidor. Todavia, destaque-se o disposto no art. 658 do CPC:

Art. 658. É rescindível a partilha julgada por sentença:
I – nos casos mencionados no art. 657;
II – se feita com preterição de formalidades legais;
III – se preteriu herdeiro ou incluiu quem não o seja.

A legitimidade para as ações anulatórias é de qualquer interessado.

Da sentença que julga a partilha, cabe o recurso de apelação, a qual deverá ser recebida em seu duplo efeito.

Após o trânsito em julgado da sentença, serão possíveis, ainda, duas hipóteses de emenda nos autos de inventário: quando houver erro de fato na descrição dos bens, o que depende de concordância dos herdeiros; ou quando existir inexatidão material, que independa de consentimento.

Contra as mencionadas emendas caberá o recurso de agravo de instrumento.

Com o trânsito em julgado da sentença que homologa ou julga a partilha cessa a existência do espólio e acabam as obrigações do inventariante.

Se houver bens imóveis, o formal de partilha deverá ser levado a registro para, só então, o bem passar a figurar em nome do herdeiro.

Os bens que não tenham sido partilhados no curso do inventário ficam, nos termos do art. 669 do CPC, à sobrepartilha, a qual será feita nos próprios autos, por meio de reprodução idêntica do procedimento anterior em relação aos bens que forem objeto desta.

Por fim, devemos ressaltar a possibilidade de se realizar o arrolamento, que é uma forma simplificada de inventário e será cabível, nos termos do art. 664 do CPC, quando o valor dos bens do espólio for igual ou inferior a mil salários mínimos, ainda que haja incapaz, desde que todas as partes e o Ministério Público estejam de acordo (art. 665 do CPC).

7.
EMBARGOS DE TERCEIRO

7.1. INTRODUÇÃO

O estudo dos embargos de terceiro perpassa necessariamente sobre a compreensão da responsabilidade patrimonial.

Estabelece o art. 789 do CPC que "o devedor responde com todos seus bens presentes e futuros para o cumprimento de suas obrigações, salvo as restrições estabelecidas em lei".

Além disso, é importante compreender que os fenômenos responsabilidade e obrigação não são idênticos. É possível que alguém seja responsável, mesmo não tendo contraído obrigação. A fiança é um exemplo disso.

O sujeito passivo na execução é aquele que figura no título, seja judicial, seja extrajudicial. Como decorrência natural desta constatação, são seus bens que respondem pela dívida. Contudo, a lei estabelece, em algumas situações, que os bens de terceiro, ou mesmo do devedor em determinadas circunstâncias (v.g. art. 790, III, CPC), respondam pela obrigação, o que acarreta na existência de uma relação entre o devedor com outras pessoas vinculando os bens dessa (responsabilidade) para o cumprimento da obrigação.

Assim:

Responsabilidade patrimonial primária	O devedor é obrigado e responsável
Responsabilidade patrimonial secundária	O responsável não é obrigado material (pois não contraiu a dívida), mas é responsável executivo com seu patrimônio.

Contudo, nem sempre o patrimônio atingido é o do responsável. Por vezes a constrição judicial recai sobre bens de terceiro que não possui qualquer responsabilidade para com o cumprimento da dívida. Nessas situações o terceiro prejudicado poderá se fazer valer dos embargos de terceiro.

Constitui, portanto, uma ação de conhecimento incidental, de procedimento especial cuja finalidade é proteger a posse ou a propriedade dos bens de terceiro de uma constrição indevida perpetrada dentro de um processo.

Três são, portanto, os seus requisitos: i) constrição indevida por ato de apreensão judicial; ii) que tenha atingido bens de terceiro na relação processual; iii) dentro de um processo.

Por constrição indevida deve-se entender qualquer apreensão judicial que acarrete um gravame sobre o bem como arresto, sequestro, busca e apreensão, penhora, o depósito, a alienação judicial.

7.2. DIFERENÇA COM OUTRAS MEDIDAS

Há na doutrina quem categorize os embargos de terceiro como uma ação possessória atípica (ao lado da imissão na posse e da nunciação de obra nova)[1], mas, contudo, não se pode misturar os conceitos. O fato gerador para a oposição dos embargos de terceiro decorre de uma indevida ou alegadamente indevida constrição judicial decorrente de uma decisão dada no Poder Judiciário (por meio do oficial de justiça). É um ato estatal, portanto.

As possessórias decorrem de esbulho sem que haja nenhuma participação do Poder Judiciário que pode ser praticado por particulares ou até mesmo pelo Poder Público. Em nenhum desses casos há uma ordem judicial que tenha motivado o ato. É um ato privado.

Igualmente não se confunde com a oposição. Nesta, o opoente (terceiro) interfere em processo alheio para reivindicar para si, no todo ou em parte, o que as partes disputam em juízo.

Já nos embargos de terceiro, o cerne da questão não é o bem jurídico disputado em juízo, mas uma indevida constrição em processo alheio cujo direito não pertence ao terceiro embargante, via de regra. Tanto que a procedência dos embargos não gera a resolução do processo, que continuará sobre o direito que as partes originárias disputavam, mas a oposição invariavelmente gerará, pois, a vitória do opoente leva à perda do objeto da causa originária.

Se a pretensão do terceiro coincidir com o que as partes postulam em juízo o caso será de oposição. Caso contrário, serão embargos de terceiro. Assim, se duas pessoas disputam determinado imóvel e o terceiro entende que lhe pertence, o caso será de oposição, pois as pretensões são idênticas (o imóvel). Contudo, se numa dada execução, cujo objeto seja um crédito decorrente de um contrato, e procede-se a penhora indevida de bem de terceiro, este manejará os embargos, pois as pretensões não são as mesmas (proteção do imóvel e direito ao crédito). Na oposição, o terceiro se importa com o desfecho da causa principal, nos embargos de terceiro o demandante é indiferente.

7.3. HIPÓTESES DE CABIMENTO

O CPC enumera pormenorizadamente as situações de cabimento dos embargos de terceiro no art. 674, *caput* e § 2º.

a) Terceiro que sofreu constrição ou ameaça de constrição sobre bem que possua – como dito, a qualidade de terceiro é não ter participado da relação jurídica de direito processual. O

---

1 Procedimento que não mais tem previsão específica como procedimento especial, mas segue, quando proposto, o procedimento comum.

ato de constrição pode ser arresto, sequestro, penhora, depósito, alienação judicial, arrecadação, arrolamento, inventário, partilha etc.

b) Terceiro que sofre constrição ou ameaça de constrição sobre bens os quais tenha direito incompatível com o ato constritivo. É o caso, por exemplo, do terceiro que defende bens não sujeitos à expropriação judicial.

c) Cônjuge ou companheiro quando defende a posse de bens próprios ou de sua meação, salvo quando a penhora recai sobre bem indivisível[2]. Neste caso, o equivalente à quota-parte do cônjuge alheio à execução recairá sobre o produto da alienação do bem. É o que determina o art. 843 do CPC.

d) O adquirente de bens que foram conscritos em razão de decisão que declara a ineficácia da alienação em fraude à execução.

e) Aquele que sofre constrição judicial de seus bens por força de desconsideração da personalidade jurídica cujo incidente não fez parte.

f) O credor com garantia real para obstar expropriação judicial do objeto de direito real de garantia, caso não tenha sido intimado, nos termos legais, dos atos expropriatórios respectivos.

7.4. LEGITIMIDADE

7.4.1. LEGITIMIDADE ATIVA

É necessário que o autor dos embargos seja terceiro em relação à ação em que ocorreu a constrição, isto é, não figure como autor ou réu. Será, portanto, o terceiro, proprietário ou possuidor, cujo bem foi objeto de apreensão indevida, oriunda de processo alheio.

O § 1º do art. 674 do CPC estabelece que os embargos poderão ser manejados pelo proprietário, pelo proprietário fiduciário ou pelo possuidor. Assim, o domínio não é requisito para oposição da medida, bastando a posse.

É importante destacar também que, diferentemente do regime do CPC/73, o proprietário que não seja possuidor do bem poderá se socorrer dos embargos. De acordo com o art. 1.046 do CPC/73, a posse era requisito necessário para que o terceiro prejudicado pelo ato de constrição pudesse se valer dos embargos de terceiro.

Dessa forma, a posse pode ser direta (imediata) ou indireta (mediata). Assim, nos contratos de compra e venda com reserva de domínio, tanto o vendedor (ainda proprietário) como o comprador (possuidor imediato) possuem legitimidade concorrente para oposição da medida. O mesmo se dá entre o locador e o locatário que possuem legitimidade ativa concorrente.

É possível também "a oposição de embargos de terceiro fundados em alegação de posse advinda de compromisso de compra e venda de imóvel, ainda que desprovido do registro", de acordo com o Enunciado 84 da Súmula do Superior Tribunal de Justiça.

7.4.2. LEGITIMIDADE PASSIVA

O CPC atual pôs fim a uma discussão doutrinária existente quanto à legitimidade passiva dos embargos de terceiro quando sob o regramento do CPC/73.

---

2 Enunciado 134 da Súmula do STJ: "Embora intimado da penhora em imóvel do casal, o cônjuge do executado pode opor embargos de terceiro para defesa de sua meação".

Naquela ocasião, duas correntes se apresentavam na doutrina. Uma primeira corrente defendia que o legitimado passivo era apenas aquele que deu causa à apreensão. Assim, se o objetivo da apreensão era a satisfação do crédito do exequente, este deveria ficar no polo passivo, pois deu causa à demanda que ensejou a constrição. Ainda que essa constrição tivesse sido feita pelo oficial de justiça ou pelo próprio juiz, a medida foi, repise-se, para proteger o interesse do credor. Contudo, se o réu/executado da ação originária desse enseio à constrição (porque indicou bem de terceiro), formar-se-ia um litisconsórcio entre autor e réu (exequente e executado) da ação originária no polo passivo. Essa posição era defendida por majoritária doutrina nacional (Cassio Scarpinella Bueno, Antônio Carlos Marcato, Alexandre Câmara).

Uma segunda corrente, contudo, entendia que deveria se formar um litisconsórcio necessário entre os protagonistas do processo de onde proveio a apreensão: autor e réu (Nelson Nery, Paulo Cesar Pinheiro Carneiro, Ernane Fidélis).

O CPC estabelece em seu art. 677, § 4º, que "será legitimado passivo o sujeito a quem o ato de constrição aproveita, assim como o será seu adversário no processo principal quando for sua a indicação do bem para a constrição judicial". Adotou-se, assim, a primeira corrente.

Dessa forma, se o exequente/autor indicou o bem ou o próprio juízo for responsável pela constrição, o polo passivo será ocupado apenas pelo exequente/autor. Contudo, se o executado/réu da ação originária indicou o bem à penhora ou outro tipo de constrição, formar-se-á um litisconsórcio entre as partes do processo primitivo no polo passivo.

7.5. PETIÇÃO INICIAL

Os embargos poderão ser opostos em qualquer prazo no processo de conhecimento enquanto não sobrevier o trânsito em julgado da sentença. Na fase de execução, em até cinco dias após a adjudicação, alienação por iniciativa particular ou arrematação, mas sempre antes da assinatura da respectiva carta (art. 675, CPC). Conforme o Enunciado n. 132 da II Jornada de Direito Processual (CJF): "O prazo para apresentação de embargos de terceiro tem natureza processual e deve ser contado em dias úteis". Ademais, entendeu o STJ que o prazo de 5 dias não se conta da adjudicação, alienação ou arrematação, mas da ciência, caso o processo esteja correndo em segredo de justiça (STJ, REsp 1.608.950).

No curso da ação em que ocorre a constrição, se for possível ao juiz identificar que há terceiro titular de interesse em se opor ao ato, deverá mandar intimá-lo pessoalmente para, querendo, fazê-lo.

Além do exigido pelo art. 319, de acordo com o art. 677 do CPC, a petição deverá ser instruída com prova sumária da posse ou domínio, bem como da qualidade de terceiro, por meio de documentos e apresentando rol de testemunhas. Com relação à posse, o § 1º do mesmo artigo permite que esta seja demonstrada em audiência preliminar designada pelo juiz.

O possuidor direto do bem pode também alegar domínio alheio.

Dada a cognição sumária específica dos embargos de terceiro, limitada a análise da legalidade ou não da constrição judicial, o STJ entende ser incabível a cumulação do pedido com o de danos morais (REsp 1.703.707/RS, Rel. Min. Marco Aurélio Bellizze, Terceira Turma, por unanimidade, julgado em 25/05/2021).

7.6. COMPETÊNCIA

O endereçamento dos embargos obedecerá a regra do art. 676 do CPC, segundo a qual serão distribuídos por dependência ao juízo em que corre a ação em que há a constrição e correrão em autos distintos daquele.

O parágrafo único do art. 676 solucionou dúvida existente anteriormente, acerca da competência para julgar os embargos de terceiro quando a constrição é realizada por carta. Nesse caso, devem ser "oferecidos no juízo deprecado, salvo se indicado pelo juízo deprecante o bem constrito ou se já devolvida a carta".

7.7. PROCEDIMENTO

Recebida a petição inicial e demonstrada a posse, na própria petição ou em audiência preliminar, será determinada a citação pessoal, se o embargado não tiver procurador constituído nos autos da ação principal (art. 677, § 3º, do CPC). Caso tenha, será citado na pessoa de seu advogado.

Entendendo que está suficientemente provado o domínio ou a posse, o magistrado determinará: i) a suspensão das medidas constritivas sobre os bens litigiosos, objeto dos embargos; e ii) a manutenção ou a reintegração provisória da posse, se o embargante a houver requerido. A manutenção ou reintegração poderá ser condicionada à prestação de caução pelo requerente, exceto em caso de impossibilidade da parte economicamente hipossuficiente.

O embargado poderá contestar em 15 dias, seguindo após o procedimento comum. "É admissível a formulação de reconvenção em resposta aos embargos de terceiro, inclusive para o propósito de veicular pedido típico de ação pauliana, nas hipóteses de fraude contra credores" (Enunciado n. 133 da II Jornada de Direito Processual).

No caso de embargos manejados por credor com garantia real, a defesa do embargado fica limitada a três alegações (art. 680, CPC): I – o devedor comum é insolvente; II – o título é nulo ou não obriga a terceiro; III – outra é a coisa dada em garantia.

Por fim, o acolhimento do pedido inicial faz com que o ato de constrição judicial indevida seja cancelado e reconhecido o domínio, a manutenção ou a reintegração definitiva da posse do bem ou direito ao embargante.

8.
OPOSIÇÃO

8.1. INTRODUÇÃO

Ordinariamente a discussão sobre determinado bem jurídico em juízo está afeta a quem dele se diga titular e, dessa forma, figure no processo na qualidade de parte. Contudo, é possível que um terceiro e que, portanto, não figura como parte no processo, discutindo referido bem ou direito, entenda que o objeto jurídico, sobre o qual controvertem autor e réu, em verdade lhe pertence.

A oposição tem lugar quando o terceiro reivindica para si, no todo ou em parte, aquilo que as partes originárias do processo disputam em juízo. É instituto de origem germânica que passou a ser tratado no atual CPC entre os procedimentos especiais. No CPC/73, o fenômeno era incluído entre as modalidades de intervenção de terceiro.

Discute-se a pertinência dessa escolha pelo Código, havendo quem entenda que a oposição não possui elementos procedimentais diferenciadores para ser envergada à condição de procedimento especial. Dessa forma, poderia se manter como uma das hipóteses de intervenções de terceiro[1]. Há, contudo, e posição da qual concordamos, quem entenda que a oposição não se amolda às intervenções de terceiro[2], já que não se trata propriamente de um terceiro, mas de um autor que move demanda em face das partes primitivas de um processo em demanda própria. Dessa forma, melhor categorizada fica a oposição nos procedimentos especiais pela: a) incompatibilidade com as intervenções de terceiro; b) com as peculiaridades de seu procedimento.

A oposição tem natureza jurídica de ação proposta pelo terceiro e em face das partes que já figuravam no processo. E isso decorre do fato do opoente (aquele que ingressa com a oposição) requerer uma verdadeira pretensão excludente – é o que se denomina na doutrina intervenção *ad excludendum*. A demanda originária, entre autor e réu, é denominada de *principal*, e aquela deduzida pelo terceiro, *oposição*.

---

1 SCARPINELLA BUENO, Cassio. *Manual de direito processual civil*. São Paulo: Saraiva, 2015, p. 452.
2 MARCATO, Antônio Carlos. *Procedimentos especiais*. 16. ed. São Paulo: Atlas, 2016, p. 233.

Como terceiro, mas agora sob as vestes de parte, deseja excluir da pretensão das partes originárias do processo o alcance daquele determinado bem ou direito, já que postula em iguais condições tal bem ou direito para si.

A oposição poderá versar sobre todo objeto de litígio ou apenas sobre parte, mas nunca poderá ultrapassar aquilo que as partes disputam. Nada obstante seja possível estabelecer no curso da causa um acordo entre o opoente e as partes para inserir matéria não discutida, pois "a autocomposição judicial pode envolver sujeito estranho ao processo e versar sobre relação jurídica que não tenha sido deduzida em juízo" (art. 515, § 2º, CPC).

A razão de ser da oposição é a economia processual e o desejo de se evitar decisões conflitantes que poderiam ser prolatadas a favor do opoente e de uma das partes.

Perceba que, a despeito de as pretensões serem julgadas por única sentença, juridicamente, há duas ações em curso: a primeira, entre autor e réu; a segunda, proposta pelo terceiro, em face das partes originárias.

Difere-se dos embargos de terceiro na medida em que na oposição se ingressa no processo para discutir o bem ou direito como objeto litigioso da demanda. Já nos embargos de terceiro, o cerne da questão não é o bem ou o direito, mas uma indevida constrição em processo alheio cujo direito não lhe pertence, via de regra. Tanto que a procedência dos embargos não gera a resolução do processo, mas a oposição invariavelmente gerará.

Como o terceiro intervém em processo em que o autor reivindica do réu determinado bem, a eventual procedência da oposição terá natureza declaratória para o autor (certificando que o bem não lhe pertence) e condenatória para o réu (que deverá entregar o bem).

A oposição é facultativa. Como manifestação do princípio dispositivo (art. 2º, CPC), não há nenhum ônus, seja da ótica processual, seja da ótica do direito material e nada impede que venha a tutelar este seu direito em posterior processo em face do litigante vitorioso. A facultatividade decorre dos limites subjetivos da coisa julgada (CPC, art. 506) em que a imutabilidade da decisão se dá somente entre as partes do processo prejudicando terceiros.

Se as partes (opostos) estão disputando em juízo bem ou direito que o terceiro (opoente) se diz titular dificilmente se consegue imaginar uma decisão que possa favorecê-lo caso não ingresse na demanda. Isso porque no atual regime a formação da coisa julgada apenas alcança ao terceiro *in utilibus*.

Assim, nada impede que o terceiro que não ingressou possa promover demanda própria contra o vencedor da causa originária.

A oposição goza de autonomia. O que quer dizer que a resolução prematura da causa originária não gera a falta de interesse do opoente e a consequente resolução da oposição. Além da pretensão de excluir o direito de autor e réu, seu direito principal é justamente o próprio bem da vida da qual as partes originárias estavam disputando.

Portanto, se houver resolução da causa principal – leia-se, da demanda originária (v.g., sentença terminativa ou renúncia ao direito) – permanece a oposição, que mantém uma espécie de **pretensão bifronte**: tanto quer que a demanda do autor em face do réu seja rejeitada como quer ver declarado o direito da qual se disputa nesta ação originária.

A oposição, em princípio, será cabível nas ações de conhecimento, pois nelas há disputa de direitos dependentes de certificação, ambiente propício para a utilização dessa medida.

Dessa forma, não se autoriza o cabimento da oposição no cumprimento de sentença ou execução tendo em vista que o objeto desse procedimento é discutir o direito ao bem ou crédito e não a constrição indevida (que fica ao encargos dos embargos de terceiro).

Igualmente não será possível o cabimento da oposição nos incidentes que não desenvolvam cognição adequada para o definitivo acertamento do direito, como na tutela antecipada antecedente ou na tutela cautelar, pois o objetivo da oposição é declarar a titularidade do direito que as partes disputam com ânimo de definitividade.

O art. 10 da Lei n. 9.099/95 (Lei dos Juizados Especiais) deve ser relido para admitir a oposição já que não se trata mais de intervenção de terceiros, instrumento que nesse procedimento não é permitido.

8.2. LEGITIMIDADE

A oposição será oferecida pelo terceiro (aquele que não faz parte da relação processual) que pretender a coisa ou o direito sobre o qual controvertem autor e réu, denominado opoente. No polo passivo da oposição figurarão autor e réu do processo originário, formando **litisconsórcio passivo necessário**; eles se denominam *opostos*.

Como o interesse do opoente se confronta com o das partes no processo originário (das duas, sem exceção), há obrigatoriedade de formação do litisconsórcio passivo. Todavia, não necessariamente o litisconsórcio aí formado será unitário, já que o juiz não tem a obrigação de julgar de maneira uniforme para ambos os réus.

Tanto é assim que um dos opostos pode reconhecer juridicamente a procedência do pedido e a demanda continuar contra o outro oposto resistente, já que a sua renúncia (ato de disposição privativo) não espraia efeitos na esfera jurídica do opoente (art. 684 do CPC).

8.3. PETIÇÃO INICIAL

A petição inicial obedecerá aos requisitos exigidos pelo art. 319 do CPC e o limite *temporis* para seu ajuizamento é até a prolação da sentença do processo principal (art. 682, CPC). Isso porque sendo sua pretensão diversa da das partes, ao permitir seu ingresso (v.g.) em sede recursal, estar-se-ia suprimindo um grau de jurisdição, já que sua pretensão seria apresentada pela primeira vez, apenas em sede recursal.

De qualquer modo, o não ajuizamento da oposição não impede que o terceiro proponha demanda em face da parte vencedora, uma vez finda a causa, como se disse.

8.4. COMPETÊNCIA

A oposição será sempre distribuída por dependência ao juízo da causa originária (art. 683, parágrafo único, CPC). Trata-se de competência funcional e, portanto, absoluta.

8.5. PROCEDIMENTO

A citação na oposição é feita na pessoa dos advogados dos opostos, nos termos do art. 683, parágrafo único, do CPC, porque as partes já estão representadas em juízo. Por falar a lei expressamente em citação, será indiferente se o advogado tenha ou não poderes para recebê-la (art. 103, CPC).

É prevalente na doutrina a interpretação de que a contagem do prazo para que ambos os litisconsortes possam se defender seja simples, já que a regra especifica, no art. 683, parágrafo único, "para contestar o pedido no prazo comum de 15 (quinze) dias". Esse entendimento se deu com base em dispositivos do CPC/73, cuja redação foi mantida pelo atual CPC.

Em outras palavras: a lei diz expressamente que o prazo dos opostos é *comum*. Referido dispositivo excepciona a regra geral (art. 229 do CPC), que determina a contagem em dobro quando se tratar de litisconsórcio passivo com procuradores diferentes.

A oposição, como dito, é pretensão deduzida pelo terceiro e tem natureza prejudicial em face da ação anteriormente proposta, o que quer dizer que o magistrado deverá sempre julgar a sorte do opoente em primeiro lugar para, após, decidir o pedido formulado no processo principal, mesmo que seja somente para determinar a improcedência. A oposição será apensada aos autos da ação originária e tramitará simultaneamente a ela, sendo ambas julgadas pela mesma sentença. A lei, entretanto, estabelece diferença procedimental de acordo com o momento em que o terceiro ingressa no processo: se antes ou depois da audiência de instrução e julgamento.

Se o opoente intervier no processo antes da audiência de instrução e julgamento, haverá uma única audiência de instrução e julgamento para ambos os processos (a fim de que as partes e o terceiro possam demonstrar a juridicidade do seu direito), com uma única sentença a ser prolatada. É a chamada oposição **interventiva**.

No segundo caso, por adequação procedimental, o magistrado suspenderá o curso do processo ao final da dilação probatória, "salvo se concluir que a unidade da instrução mais bem atende ao princípio da duração razoável do processo" (art. 685, parágrafo único, CPC). É a forma de intervenção **autônoma**[3].

É possível ainda que o magistrado julgue o feito independente da ação originariamente ajuizada. Isso pode decorrer do fato de que, em sendo oferecida a oposição em fase muito adiantada do processo principal, aquela ainda não esteja em termos para julgamento. Na prática, pode ocorrer de que nem mesmo com a suspensão do processo seja possível o julgamento em conjunto das pretensões. Tal fenômeno ocorre para que não prejudique o andamento do feito que já está muito à frente do outro. Assim é o entendimento de Nelson Nery e Rosa Maria Andrade Nery[4]: "Para que o ajuizamento tardio da oposição não prejudique o andamento do processo, a norma determina que, oferecida depois da audiência, seja considerada como ação de procedimento autônomo, podendo ser julgada depois da ação principal".

---

3   Há autores que entendem que este caso não se afigura propriamente uma intervenção de terceiros, uma vez que se instaura processo autônomo em face da demanda originária. DIDIER JR., Fredie. *Curso de direito processual*. 16. ed. Salvador: JusPodivm, 2014, p. 384.
4   *Código*, cit., p. 278, comentários ao art. 60, nota 1.

9.
HABILITAÇÃO

9.1. INTRODUÇÃO

Em decorrência da estabilização objetiva da demanda, uma vez ajuizada a ação e, após a citação, a relação jurídica estabelecida entre autor e réu se mantém íntegra até o encerramento do feito. É possível, excepcionalmente, algumas alterações voluntárias de polo, como nas hipóteses dos arts. 109, § 1º, 110, 338 e 339 do CPC.

Há, contudo, uma hipótese de alteração natural. Um verdadeiro fato jurídico processual: a morte de uma das partes. Nesse caso a lei deve criar mecanismos para permitir, caso a ação seja transmissível, a entrada do espólio e seus sucessores para que figurem, querendo, no polo do processo que o *de cujus* ocupava.

Este instrumento é denominado habilitação.

A habilitação tem lugar quando falece qualquer das partes de um processo e os interessados têm de suceder-lhe.

É o que prevê o art. 110 do CPC: "Ocorrendo a morte de qualquer das partes, dar-se-á a sucessão pelo seu espólio ou pelos seus sucessores, observado o disposto no art. 313, §§ 1º e 2º". Ocorre a sucessão dos herdeiros ou do espólio em todos os direitos e obrigações deixados pelo *de cujus*. É o que dispõe o art. 1.784 do CC: "Aberta a sucessão, a herança transmite-se, desde logo, aos herdeiros legítimos e testamentários".

Não poderia ser diferente, portanto, a sua sucessão nas posições que ocupava em processos em andamento.

Note-se que essa sucessão ocorrerá somente nas ações que versem sobre interesses transmissíveis. Não é possível a sucessão processual em demandas de natureza personalíssima, de que é exemplo o divórcio.

A habilitação pode ser voluntária ou compulsória. Será voluntária quando o espólio ou herdeiros procederem a habilitação nos termos dos arts. 687 a 692 do CPC). Será compulsória quando, diante da inércia desses legitimados, a outra parte requer a habilitação. Nesse caso, determinará a suspensão do feito (art. 313, inciso I e §§ 1º e 2º, CPC). Nesse caso:

a) se o falecimento for do réu, o magistrado determinará a intimação do autor para que cite o espólio ou os herdeiros (caso os bens já lhe tenham sido transmitidos). O prazo para essa providência pelo autor é de escolha do juiz, que poderá regular entre dois e seis meses, no máximo;

b) se o falecimento for do autor, dependerá da natureza do litígio: b1) se intransmissível, haverá resolução do processo sem análise do mérito (art. 485, IX, CPC); b2) se transmissível, o magistrado determinará a intimação do espólio ou dos herdeiros para que se manifestem sobre o interesse na causa e procedam a sua habilitação sob pena de resolução do processo sem análise do mérito.

9.2. LEGITIMIDADE

O espólio, massa patrimonial formada pelos bens deixados pelo *de cujus*, sucede-o nas ações de cunho patrimonial. Já os herdeiros o fazem nas ações de cunho não patrimonial, o que ocorre nas ações de investigação de paternidade. Apesar disso, a habilitação pode ser requerida tanto pelos sucessores do falecido quanto pela outra parte do processo já em curso em relação a eles.

9.3. PETIÇÃO INICIAL

A petição inicial do processo de habilitação obedecerá às regras do art. 319 do CPC. Está em discussão no STJ (Tema 1254) a ocorrência ou não de prescrição para a habilitação de herdeiros e sucessores do falecido na demanda. Até o fechamento desta edição ainda não havia sido julgado[1].

9.4. COMPETÊNCIA

A habilitação é processo de caráter incidente, pois pressupõe a existência de outro, no qual uma das partes faleceu. É nos autos dessa ação principal que se dará a habilitação e na fase processual em que ela estiver. Haverá a suspensão automática desse processo, de acordo com os arts. 313 e 689 do CPC.

9.5. PROCEDIMENTO

Estando em termos a petição inicial, será recebida e ordenada a citação dos requeridos, que terão o prazo de cinco dias para se pronunciar (art. 690 do CPC). Havendo procurador constituído nos autos, a citação se dará através dele. Caso contrário, será pessoal.

Em regra, o juiz decidirá imediatamente sobre a habilitação. Entretanto, diante de impugnação e da necessidade de produção de prova que não seja a documental, caberá ao magistrado dispor sobre a instrução, determinando que o pedido seja autuado em apenso. A decisão sobre a habilitação é decisão interlocutória que desafia o recurso de agravo de instrumento (art. 1.015, parágrafo único, CPC e STJ, REsp 1.963.966/SP).

Cessa a suspensão do processo principal no momento em que houver o trânsito em julgado da sentença de habilitação, cuja cópia será juntada aos respectivos autos.

---

1 Recursos Especiais afetados n. 2.034.210, 2.034.211 e 2.034.214, de relatoria do Ministro Humberto Martins.

10.

AÇÕES DE FAMÍLIA

10.1. INTRODUÇÃO

O capítulo que trata das ações de família apresenta um procedimento próprio para a resolução de conflitos no âmbito do direito de família. De acordo com o art. 693, esse rito é aplicável aos pedidos de divórcio, separação[1], reconhecimento e extinção de união estável – quando houver conflito, caso contrário, seguem o rito dos arts. 731 a 734 do CPC –, assim como aos pedidos de guarda, visitação e filiação. Em verdade não se trata de um procedimento especial em sentido estrito para uma causa específica de família, mas disposições que se aplicam a diversos procedimentos de família em jurisdição contenciosa como a intimação do Ministério Público (art. 698, CPC), a tentativa de composição (art. 694, CPC) dentre outras.

As ações de família, portanto, estão no CPC e em diversos procedimentos como a Lei de alimentos (Lei n. 5.478/68), a Lei de Divórcio (Lei n. 6.515/77), o ECA (Lei n. 8.069/90), a Lei de Investigação de Paternidade (Lei n. 8.560/92), Alimentos Gravídicos (Lei n. 11.804/2008), Alienação Parental (Lei n. 12.318/2010).

Com relação às ações de alimentos em que o alimentante seja criança ou adolescente, observa-se o procedimento da legislação especial (Leis n. 5.478/68 e n. 8.069/90), com aplicação subsidiária das disposições constantes do capítulo em estudo. Nas ações de família, o CPC (art. 694) busca ao máximo priorizar as soluções alternativas nesses conflitos, de forma consensual, inclusive com a participação de profissionais de áreas diversas da jurídica para a mediação e conciliação. É evidente que nessas relações, em razão das questões afetivas envolvidas, é muito mais interessante que as próprias partes entrem em acordo, do que o Estado imponha uma solução em substituição à vontade de um ou de outro. Pela mesma razão é que, mediante

---

1 O STF, no julgamento do Recurso Extraordinário n. 1.167.478 com repercussão geral reconhecida (Tema 1.053), estabeleceu que a separação perdeu sua eficácia tendo em vista a Emenda Constitucional n. 66 (que, por sua vez, inseriu o § 6º no art. 226, que assim dispõe: "Casamento civil pode ser dissolvido pelo divórcio"). Dessa forma, os artigos do CPC e do CC sobre o tema não possuem mais aderência no ordenamento jurídico já que o divórcio (que é instituto mais completo que a separação) não exige mais condições para o seu aperfeiçoamento a não ser a mera vontade dos cônjuges. Essa simplificação do instituto fez a separação perder sua razão de ser.

requerimento, o juiz pode determinar a suspensão do processo enquanto haja mediação extrajudicial em curso ou atendimento multidisciplinar.

A esse respeito, ensina Fernanda Tartuce[2]: "Se o leitor buscar o vocábulo encontrará, ao longo do novo Código, 22 (vinte e duas) ocorrências sobre mediação; tal presença revela uma considerável mudança, já que nos Códigos anteriores nenhuma menção era feita. Segundo a comissão de legisladores envolvida no projeto, a disciplina busca dar aos mecanismos consensuais de resolução de conflitos 'todo o destaque que modernamente eles têm tido'".

Além do objetivo da nova lei, a autora destaca os aspectos importantes da composição das partes: "Na lógica de julgamento inerente à via contenciosa, as partes atuam em contraposição, disputando posições de vantagens; a análise dos fatos foca o passado e um terceiro é chamado a decidir com caráter impositivo. Diversamente, na lógica consensual (coexistencial/conciliatória) o clima é colaborativo: as partes se dispõem a dialogar sobre a controvérsia e a abordagem não é centrada apenas no passado, mas inclui o futuro como perspectiva a ser avaliada. Por prevalecer a autonomia dos envolvidos, o terceiro não intervém para decidir, mas para facilitar a comunicação e viabilizar resultados produtivos".

10.2. LEGITIMIDADE

Podem ajuizar as ações de família aqueles que sejam interessados nas relações objeto de tais ações, ou seja, os cônjuges, os companheiros ou conviventes em união estável, os pais que desejem fixar, modificar ou extinguir guarda, regime de visitas e filiação, bem como os filhos, nos mesmos casos, devidamente representados, se necessário.

No polo passivo figurará aquele que tenha seu patrimônio jurídico atingido pela respectiva ação, como o outro cônjuge, o outro companheiro e o filho menor de idade na ação ajuizada pelo pai que vise alterar o regime de visitas.

10.3. PETIÇÃO INICIAL

A petição inicial deve observar o art. 319 do CPC, com as adaptações e documentos necessários à causa. Será necessário, por exemplo, indicar a relação familiar que embasa a incidência do procedimento especial e também instruir a petição inicial com as certidões e documentos que a demonstrem.

10.4. COMPETÊNCIA

Seguindo as regras da parte geral previstas nos arts. 46 a 53 do CPC, as ações de família poderão ter diferentes endereçamentos conforme os interesses envolvidos.

Para as ações de divórcio, reconhecimento ou dissolução de união estável, será competente o foro de último domicílio do casal ou, não residindo nele qualquer das partes, o foro de domicílio do réu. Havendo filho incapaz, essas ações deverão correr no foro de domicílio de quem for seu guardião (art. 53, I, CPC).

Poderão também ser competentes, para outras ações que não as descritas no parágrafo acima, demais foros, por exemplo, o do domicílio do alimentando (art. 53, II, CPC), o de

---

2 *Mediação no novo CPC*: questionamentos reflexivos. Disponível em: <http://www.fernandatartuce.com.br/site/aulas/doc_view/339-mediacao-no-novo-cpc-tartuce.html>. Acesso em: 22 jan. 2015.

domicílio do representante ou assistente do incapaz e o de domicílio do réu. A incidência das diferentes normas dos arts. 46 a 53 do CPC dependerá das partes e dos interesses envolvidos nas diferentes modalidades de ações de família.

10.5. PROCEDIMENTO

Estando em termos a petição inicial, ela será recebida e ordenada a citação do réu para comparecimento à audiência de mediação e conciliação. A citação será feita na pessoa do réu, pela via postal, de preferência, e observará uma antecedência mínima de quinze dias com relação à data da audiência.

Cassio Scarpinella Bueno[3] destaca a importância da previsão do § 1º do art. 695 do CPC, que estabelece que o mandado de citação conterá apenas os dados necessários à audiência e estará desacompanhado da cópia da petição inicial, assegurado o acesso do réu aos autos. Segundo o autor, a experiência prática mostra que, dessa maneira, evita-se, de antemão, que o autor tenha ciência do teor da inicial e se dificulte a tomada de solução consensual para o caso.

Há, no art. 695 do CPC, previsão expressa de tutela antecipada que poderá ser determinada quando do recebimento da petição inicial na qual tenha sido formulado tal pedido. Devem estar presentes e demonstrados, entretanto, os seus requisitos. A audiência de mediação e conciliação se realizará na data e horário indicados no mandado de citação, com o acompanhamento dos advogados ou defensores públicos representantes das partes. É esse o momento para a atuação dos profissionais de outras áreas na busca de solução amigável entre as partes. É por essa razão que o art. 696 do CPC permite que a audiência seja dividida em quantas sessões sejam necessárias para viabilizar a solução consensual, sem prejuízo das providências jurisdicionais imprescindíveis a evitar o perecimento de direitos.

Estabelece o novo art. 699-A (inserido pela Lei n. 14.713/2023): "Nas ações de guarda, antes de iniciada a audiência de mediação e conciliação de que trata o art. 695 deste Código, o juiz indagará às partes e ao Ministério Público se há risco de violência doméstica ou familiar, fixando o prazo de 5 (cinco) dias para a apresentação de prova ou de indícios pertinentes".

A novidade busca resguardar o interesse do menor. A dificuldade encontra-se em definir "risco de violência", que se trata de questão de difícil prova, bem como um possível retrocesso ao estabelecer a possível guarda unilateral. Contudo, a mudança é bem-intencionada e determina que o magistrado, antes de iniciada a audiência, indague às partes e ao MP sobre o risco de violência e, consequentemente, havendo, fixará prazo de 5 dias para apresentação de provas ou indícios de violência.

A reforma igualmente alterou o § 2º do art. 1.584 do Código Civil que agora possui a seguinte redação: "Quando não houver acordo entre a mãe e o pai quanto à guarda do filho, encontrando-se ambos os genitores aptos a exercer o poder familiar, será aplicada a guarda compartilhada, salvo se um dos genitores declarar ao magistrado que não deseja a guarda da criança ou do adolescente ou quando houver elementos que evidenciem a probabilidade de risco de violência doméstica ou familiar".

Será apresentada contestação somente se infrutífera a audiência de conciliação, da qual sairá intimado o réu, pessoalmente ou na pessoa de seu advogado. Somente nessa ocasião o demandado terá ciência do teor da petição inicial. Se não comparecer, a intimação se dará pela via postal ou por edital, se for o caso.

---

3 *Projetos de novo Código de Processo Civil comparados e anotados*, São Paulo: Saraiva, 2014, p. 336.

A partir de então, incidem as normas do procedimento comum, inclusive as regras gerais aplicáveis à contestação, dispostas no art. 337 do CPC.

Nas ações de família, será obrigatória a intervenção do Ministério Público apenas quando tiver por objeto interesse de incapaz e sua oitiva ocorrerá antes da homologação de eventual acordo, por expressa exigência do art. 698 do CPC. Sua atuação será como fiscal da ordem jurídica e está em consonância com o art. 178, II, do CPC, segundo o qual será intimado nas causas que envolvam interesse de incapaz. Igualmente haverá participação do MP, quando não for parte, "nas ações de família em que figure como parte vítima de violência doméstica e familiar, nos termos da Lei n. 11.340, de 7 de agosto de 2006 (Lei Maria da Penha)" (art. 698, § único com a redação dada pela Lei n. 13.894/2019).

Essa atuação restrita do Ministério Público reside em dois importantes fatores: i) os direitos dos incapazes são em regra indisponíveis, o que motiva sua participação; ii) há uma tendência em desjudicializar os demais direitos permitindo a sua homologação extrajudicial (divórcio, inventário com maiores). Se estes procedimentos prescindem do Ministério Público fora do processo, é natural que dentro de um, sua presença também não seja obrigatória.

Conforme dispõe o art. 2º da Lei n. 12.318/2010 (Lei de Alienação Parental), "considera-se ato de alienação parental a interferência na formação psicológica da criança ou do adolescente promovida ou induzida por um dos genitores, pelos avós ou pelos que tenham a criança ou adolescente sob a sua autoridade, guarda ou vigilância para que repudie genitor ou que cause prejuízo ao estabelecimento ou à manutenção de vínculos com este".

O parágrafo único do mesmo artigo estabelece alguns exemplos de como pode ocorrer a alienação parental:

I – realizar campanha de desqualificação da conduta do genitor no exercício da paternidade ou maternidade;
II – dificultar o exercício da autoridade parental;
III – dificultar contato de criança ou adolescente com genitor;
IV – dificultar o exercício do direito regulamentado de convivência familiar;
V – omitir deliberadamente a genitor informações pessoais relevantes sobre a criança ou adolescente, inclusive escolares, médicas e alterações de endereço;
VI – apresentar falsa denúncia contra genitor, contra familiares deste ou contra avós, para obstar ou dificultar a convivência deles com a criança ou adolescente;
VII – mudar o domicílio para local distante, sem justificativa, visando a dificultar a convivência da criança ou adolescente com o outro genitor, com familiares deste ou com avós.

A despeito do rol exemplificativo trazido pela lei tenha condição de orientar o juiz, ele não é perito. Muitas vezes seu conhecimento jurídico não será suficiente para a convicção da tipicidade da alienação. Dessa forma, o CPC impõe que o juiz esteja acompanhado de especialista ao tomar o depoimento do incapaz quando a causa envolver a discussão sobre fato relacionado a abuso ou alienação parental. Nota-se mais uma vez a preocupação com a diversificação dos profissionais atuantes nas ações de família para que se concretizem os objetivos almejados.

Trata-se, com o devido respeito, de circunstância dificílima na prática ao se exigir um especialista em cada audiência acerca dessa natureza de litígio.

11.

AÇÃO MONITÓRIA

11.1. INTRODUÇÃO E CABIMENTO

11.1.1. INTRODUÇÃO

Na Europa Continental desenvolveram-se dois modelos de ação monitória:

a) o modelo alemão, também denominado modelo "puro", em que não é necessária prova documental para instruir a ação monitória. Nesse caso, a mera alegação do autor, ainda que não provada documentalmente, é apta a instruir a ação;

b) o modelo italiano, também denominado modelo "documental", no qual os fatos somente poderão ser trazidos se houver a correlata demonstração documental das alegações apresentadas. Esse é o modelo adotado no Brasil.

Conforme desenvolvido anteriormente, o procedimento comum é marcado por ampla cognição horizontal e vertical, tendo em vista que recebe todas as causas (previsíveis ou não) que não se acomodam nos procedimentos especiais estabelecidos no Código de Processo Civil ou em legislação extravagante. Essa, contudo, é a visão substancial da cognição.

No aspecto formal, a cognição pode ser vista no procedimento comum como completa, pois a lei autoriza a prática de todos os atos tendentes à ampla formalização do contraditório prévio (= contraditório exercido antes da decisão).

Essa cognição ampla nos seus aspectos substancial e formal é necessária para a outorga do provimento jurisdicional que confira certeza à relação jurídica levado a juízo.

Chiovenda estabelece que deve haver coincidência entre a cognição definitiva e a executoriedade da decisão, regra essa encampada no ordenamento brasileiro (CF, art. 5º, LIV).

Contudo, há casos no Brasil em que a executoriedade precede o exaurimento da cognição. Assim ocorre: i) no cumprimento provisório da decisão impugnada por recurso apenas no seu efeito devolutivo (art. 520, CPC); ii) nas decisões com alta carga executiva ou mandamental, em especial nas tutelas específicas (art. 497, CPC); iii) nas decisões concedidas em sede de tutela provisória ou medidas liminares ínsitas a determinados procedimentos em que se autoriza a efetivação da medida (art. 297, CPC); e iv) em determinados procedimentos especiais em que ocorre a antecipação na formação do título executivo judicial, suprimindo a necessidade de prolação de sentença condenatória e postergando a fase cognitiva para outro momento.

É essa técnica empregada na ação monitória. Trata-se de verdadeiro atalho procedimental de modo a encurtar as fases necessárias tendentes à satisfação da obrigação[1]. A classificação dos processos em tutela de conhecimento e de execução é insuficiente para albergar todos os direitos do credor. Isso porque determinados credores que possuíam títulos muito próximos da executividade, mas por não serem executivos, deviam se submeter ao moroso processo de conhecimento. Nosso sistema adotou um processo híbrido para acelerar a marcha do processo.

Assim: "A tutela monitória foi criada para aquelas situações em que, embora não exista título executivo, há concretamente forte aparência de que aquele que se afirma credor tenha razão. Por meio do procedimento monitório, busca-se a rápida formação do título executivo – um atalho para a execução –, naqueles casos em que, cumulativamente: (a) há concreta e marcante possibilidade de existência do crédito e (b) o réu, regularmente citado, não apresenta defesa nenhuma"[2].

A monitória prestigia a efetividade do resultado da tutela do que propriamente a efetividade do procedimento que leva à obtenção dessa tutela.

11.1.2. CABIMENTO

A monitória possui quatro requisitos necessários para o seu cabimento:

a) Que a parte seja capaz: o incapaz tem especial regulação no Código de Processo Civil como a citação por oficial de justiça (art. 247, II), a impossibilidade de confissão (art. 392, § 1º) e a não aplicação dos efeitos da revelia quando os direitos do incapaz forem indisponíveis, o que é a regra (art. 345, II).

Na monitória, conforme será visto no seu procedimento, a não manifestação do réu no prazo de 15 dias gera a conversão do mandado monitório em título executivo autorizando o cumprimento de sentença.

Daí a impossibilidade de devedor incapaz figurar no polo passivo da ação monitória (art. 700, CPC). Primeiro porque o direito que se discute, como regra é indisponível. Segundo porque o incapaz não sofre (em decorrência da indisponibilidade do direito) dos efeitos materiais da revelia. Assim seria desproporcional apenar o réu, que, dada sua condição, não sofre os efeitos da revelia, com a conversão do mandado em título, que é medida mais grave[3].

b) Prova escrita: como dito no início dos estudos sobre monitória, o Brasil adotou o sistema italiano da monitória.

O CPC atual, assim como o anterior, não definiu o que constitui prova escrita. É necessário colher na doutrina e na jurisprudência elementos para sua melhor análise e interpretação.

Prova escrita pode ser qualquer papel ou conjunto de papéis que demonstre a obrigação apresentada pelo autor[4]. Portanto não é necessário que seja apenas um documento, podendo ser vários que, no conjunto probatório, demonstre a existência da obrigação.

---

1 GAJARDONI; DELLORE; ROQUE; OLIVEIRA JR. *Processo de conhecimento e cumprimento de sentença*. São Paulo: Gen, 2016, p. 1188.
2 WAMBIER, Luiz Rodrigues; TALAMINI, Eduardo. *Curso avançado de processo civil*. São Paulo: Revista dos Tribunais, 2014, v. 3, p. 378.
3 MARCATO, Antônio Carlos. *Procedimentos especiais*. 16. ed. São Paulo: Atlas, 2016, p. 266.
4 CAMARGO, Luiz Henrique Volpe. *Comentários ao Código de Processo Civil*, cit., p. 931.

No que concerne aos requisitos exigidos pela lei, ensina Cassio Scarpinella Bueno[5]: "A expressão 'prova escrita' não deve ser entendida como sinônimo de documento reduzido a papel da obrigação inadimplida. Também documentos eletrônicos podem ser empregados para aquela finalidade (...). A exigência de que a prova escrita não tenha eficácia de título executivo deve ser entendida no sentido de que a 'ação monitória' não pode ser empregada como alternativa a uma execução fundada em título executivo judicial ou extrajudicial. (...) A ausência de eficácia de título executivo deve ser entendida no sentido de que a obrigação representada pela 'prova escrita' não é líquida ou não é certa ou não é exigível".

Quanto à sua constituição, a prova tanto poderá ser pré-constituída (criada especificamente para provar aquele negócio jurídico) ou causal (apenas documentou o negócio estabelecido entre as partes).

Quanto à sua cognição, não é necessário que a prova contenha todos os elementos necessários para a demonstração do direito, assim como se exige na "prova de direito líquido e certo" nos casos de mandado de segurança. Isso porque a tutela monitória é fundada em cognição sumária de evidência, conforme se depreende do art. 701 do CPC: "sendo evidente o direito do autor". Dessa forma é possível a sua aceitação quando apenas atesta um juízo de probabilidade suficiente a demonstrar a relação obrigacional.

Quanto à sua forma, é possível que a prova escrita seja documental ou documentada. Prova documental é aquela que na sua essência constitui documento. Prova documentada é a prova produzida em outros meios, mas vertida para documento. Assim, a prova testemunhal consignada no termo de audiência é prova documentada, pois continua sendo prova oral, mas vertida para o papel. É o que se permite com o CPC conforme arts. 700, § 1º, e 381.

Quanto à sua estrutura, a prova escrita é uma das modalidades de documento. Assim, documentos não escritos como fotografias, vídeos e gravações não são hábeis a instruir a monitória. Conforme recente entendimento do STJ (REsp 1.381.603), um *e-mail* pode ser usado como prova para fundamentar ação monitória, desde que o magistrado se convença da veracidade das informações e que a validade da correspondência eletrônica seja verificada com os demais elementos apresentados pelo autor da cobrança:

> RECURSO ESPECIAL. AÇÃO MONITÓRIA. PROVA ESCRITA. JUÍZO DE PROBABILIDADE. CORRESPONDÊNCIA ELETRÔNICA. *E-MAIL*. DOCUMENTO HÁBIL A COMPROVAR A RELAÇÃO CONTRATUAL E A EXISTÊNCIA DE DÍVIDA.
> 1. A prova hábil a instruir a ação monitória, isto é, apta a ensejar a determinação da expedição do mandado monitório – a que alude os arts. 1.102-A do CPC/1973 e 700 do CPC/2015 –, precisa demonstrar a existência da obrigação, devendo o documento ser escrito e suficiente para, efetivamente, influir na convicção do magistrado acerca do direito alegado, não sendo necessário prova robusta, estreme de dúvida, mas sim documento idôneo que permita juízo de probabilidade do direito afirmado pelo autor.
> 2. O correio eletrônico (*e-mail*) pode fundamentar a pretensão monitória, desde que o juízo se convença da verossimilhança das alegações e da idoneidade das declarações, possibilitando ao réu impugnar-lhe pela via processual adequada.
> 3. O exame sobre a validade, ou não, da correspondência eletrônica (*e-mail*) deverá ser aferido no caso concreto, juntamente com os demais elementos de prova trazidos pela parte autora.
> 4. Recurso especial não provido.

Quanto à sua executoriedade, em regra o documento que instrui a monitória não tem força executiva, justamente porque a finalidade dessa ação é a rápida produção de um título

---

5   *Curso sistematizado de direito processual civil.* São Paulo: Saraiva, 2011, v. 2, t. II, p. 174.

executivo. Contudo, nada impede que se instrua a monitória com base em título executivo extrajudicial.

Num primeiro momento poder-se-ia pensar que, sendo portador de título, faltaria interesse de agir no ajuizamento da monitória, demanda menos célere do ponto de vista procedimental. Contudo, com o advento do art. 785 do CPC, existe a possibilidade do portador do título executivo extrajudicial em buscar ação de conhecimento para obtenção de título executivo judicial.

Quanto à sua produção, em regra, o documento que instrui a monitória deverá ser produzido bilateralmente ou unilateralmente, mas com alguma assinatura, aval ou ciência do devedor. O STJ, contudo, entende que o documento poderá ser produzido unilateralmente (REsp 925.584). É possível que a monitória seja instruída com a nota fiscal mesmo sem o comprovante da prestação dos serviços ou da entrega da mercadoria[6].

c) Sem eficácia de título executivo: se a função da monitória é a rápida produção de título executivo, não há razão de se autorizar que a monitória seja instruída justamente com título executivo. Em duas situações, contudo, é possível a opção pela via monitória mesmo tendo título:

i) Por ato volitivo. A parte por optar em buscar o processo de conhecimento (comum ou especial) conforme o art. 785 do CPC mencionado *infra* para a produção de título executivo judicial.

ii) Por dúvida. É possível que a parte tenha dúvida sobre a executoriedade do título especialmente nos denominados contratos complexos em que pode haver dúvidas sobre a liquidez ou certeza do documento para fins de execução[7].

É necessário que o documento possua alguma ressalva que impeça a sua executoriedade, como, por exemplo, o cheque prescrito (Enunciado 299 da Súmula do STJ). Aliás, dois recentes Enunciados de súmula estabelecem o prazo para o ajuizamento da monitória:

> Súmula 503. O prazo para ajuizamento de ação monitória em face do emitente de cheque sem força executiva é quinquenal, a contar do dia seguinte à data de emissão estampada na cártula.
> Súmula 504. O prazo para ajuizamento de ação monitória em face do emitente de nota promissória sem força executiva é quinquenal, a contar do dia seguinte ao vencimento do título.

Ademais, o contrato de abertura de crédito em conta corrente, desde que acompanhado do débito, autoriza o ajuizamento de monitória (Enunciado 247 da Súmula do STJ).

d) Que tenha por objeto o pagamento de quantia em dinheiro, entrega de coisa (fungível ou infungível), de bem móvel ou imóvel e o adimplemento de obrigação de fazer e não fazer: no regime anterior a monitória era muito criticada, pois tinha sua incidência limitada apenas ao pagamento de quantia em dinheiro, coisa fungível ou determinado bem móvel (art. 1.102-A, CPC/73).

O regime do atual CPC alcança todas as modalidades obrigacionais: tanto o pagamento em quantia (a situação mais comum) como entrega de coisa certa ou incerta (seja ela fungível ou não, versando sobre bem móvel ou imóvel) e as obrigações de fazer e não fazer.

Contudo, a obrigações ilíquidas não podem seguir esse procedimento especial. Isso porque o art. 700, § 2º, do CPC exige que o autor instrua sua petição inicial com memória de cálculo demonstrando o valor devido, ou o valor atual da coisa ou o conteúdo patrimonial em discussão/proveito econômico perseguido.

---

6 AgInt no AREsp 2.497.320/TO, Rel. Ministro Gurgel de Faria, Primeira Turma, *DJe* 6-6-2024.
7 GAJARDONI; DELLORE; ROQUE; OLIVEIRA JR. *Processo de conhecimento e cumprimento de sentença*, cit., p. 1191.

11.2. LEGITIMIDADE

Tem legitimidade ativa para propor a ação monitória o credor do documento, bem como seus herdeiros e sucessores. O polo passivo da demanda será sempre ocupado pelo devedor da obrigação. Superando discussões doutrinárias aventadas no passado, o CPC tornou expresso o que vinha disposto no Enunciado 339 da Súmula do STJ[8], quanto à possibilidade de ação monitória em face da Fazenda Pública (art. 700, § 6º). De acordo com o STJ: "Se o réu falecer antes do ajuizamento da ação, não havendo citação válida, deve ser facultada ao autor a emenda à petição inicial, para incluir no polo passivo o espólio ou os herdeiros, nos termos do art. 329, I, do CPC/2015"[9].

Contudo, Antônio Carlos Marcato bem ressalva que a legitimidade ativa da Fazenda Pública não se aplica quando a obrigação for em dinheiro. Isso porque a Fazenda está autorizada a emitir seu próprio título executivo extrajudicial para a instrução da execução fiscal (art. 3º da Lei n. 6.830/80), não havendo interesse de agir em ingressar com monitória.

O autor ainda esclarece que "nem vale argumentar, a nosso ver, com a faculdade estabelecida pelo art. 785 do NCPC. Gozando da prerrogativa que lhe é atribuída pelo art. 3º da LEF – e ainda tendo à sua disposição processo de execução pleno de outras tantas prerrogativas legais –, não há sentido, inclusive sob o ponto de vista prático, em a Fazenda Pública promover ação monitória, com os naturais percalços decorrentes, para a obtenção de título executivo judicial podendo, como pode, criar unilateralmente seu próprio título e, desde logo, promover a execução"[10].

No tocante à legitimidade passiva, a Fazenda poderá figurar de qualquer forma. O fato de a execução se proceder de maneira diversa (precatório ou requisição de pequeno valor) não altera a possibilidade de que a ação que precede a execução seja monitória.

11.3. PETIÇÃO INICIAL

A petição inicial da ação monitória deverá conter, além do previsto no art. 319 do CPC, o documento escrito sem eficácia de título executivo e, conforme o caso, descrição da importância devida, juntamente com a memória do cálculo; o valor atual da coisa reclamada, ou o conteúdo patrimonial em discussão, ou o proveito econômico perseguido pelo autor (§ 2º do art. 700 do CPC), sob pena de indeferimento da inicial. De acordo com a situação, tais valores corresponderão ao valor da causa, isto é, o valor da causa corresponderá ao da obrigação cujo adimplemento se busca.

É necessário que todo conjunto probatório esteja presente na inicial. Veda-se, desta forma, a dilação probatória. É por essa razão que, no documento (título) que aparelha a pretensão do autor, é obrigatória, como regra, a existência de alguma manifestação do réu, sendo vedada a instrução da demanda com documento produzido unilateralmente pelo autor, já que neste caso não é "possível ao juiz extrair razoável convicção acerca da plausibilidade da existência do crédito pretendido"[11].

---

8   É cabível ação monitória contra a Fazenda Pública.
9   REsp 2.025.757-SE, Rel. Ministro Antonio Carlos Ferreira, Quarta Turma, por unanimidade, j. 2-5-2023, *DJe* 5-5-2023.
10 MARCATO, Antônio Carlos. *Procedimentos especiais*, 16. ed., p. 267.
11 WAMBIER e TALAMINI, *Curso avançado*, cit., p. 379.

O não atendimento dos requisitos estabelecidos no art. 700, § 2º, gera o indeferimento da petição inicial. Constitui mais uma situação de indeferimento fora das hipóteses previstas no art. 330 do CPC.

Se houver dúvida quanto à idoneidade da prova documental apresentada na inicial pelo autor, o juiz poderá intimá-lo para prestar esclarecimentos e, se for o caso, emendar a inicial e adequá-la ao procedimento comum.

11.4. COMPETÊNCIA

A ação monitória será proposta, em regra, no foro do local de cumprimento da obrigação (art. 53, III, *d*, CPC) ou no domicílio do réu quando não houver praça de pagamento (art. 46, CPC).

Em sendo admissível monitória contra a Fazenda Pública, a competência, onde houver, será da Justiça Federal (União), Fazenda Pública Estadual (Estados, DF) ou Municipal (Município).

11.5. PROCEDIMENTO

a) Citação. A citação do réu na monitória poderá ser feita por qualquer dos meios admitidos para o procedimento comum. O CPC estabelece no art. 700, § 7º, que "na ação monitória admite-se citação por qualquer dos meios permitidos para o procedimento comum".

É possível, portanto, por meio eletrônico, pelo correio, por oficial de justiça, por edital (conforme já estabelecia o Enunciado 282 da Súmula do STJ) e por hora certa.

b) Expedição de mandado. O magistrado, ao proferir o juízo positivo da inicial (ou seja, não sendo o caso de indeferimento da petição inicial ou de improcedência liminar do pedido, conforme arts. 330-332, CPC) e sendo evidente o direito do autor, expedirá mandado monitório para que, no prazo de 15 dias, o réu cumpra a obrigação e pague os honorários advocatícios de cinco por cento do valor atribuído à causa.

Esse prazo é processual (corre em dias úteis, portanto), a despeito de se poder gerar uma possível atividade material (cumprimento da obrigação). Contudo, os efeitos (inclusive do cumprimento do mandado) são processuais como a isenção de custas, a limitação dos honorários, a eventual oposição de embargos da outra parte e a conversão do mandado em título executivo.

A fluência do prazo se dá conforme o art. 231 do CPC. Ademais, deve-se respeitar a dobra do prazo nos casos de litisconsórcio com procuradores diferentes de escritórios diferentes, Ministério Público, Defensor Público ou Fazenda Pública.

O mandado veiculará o pedido de citação do réu.

A expedição do mandado se dá sem ouvir o réu, conforme se verifica do art. 701 e expressamente do art. 9º, parágrafo único, III, do CPC.

Trata-se de modalidade de tutela de evidência fora das hipóteses tipificadas no art. 311 do CPC. Ela preenche os requisitos necessários para essa configuração: tutela provisória (fundada em cognição sumária) + sem o requisito da urgência + demonstração do direito evidente (prova documental).

c) Postura do réu. Ao receber o mandado inicial o réu possui quatro alternativas:

c1) cumprir a obrigação. Se o réu cumprir tempestivamente a obrigação, além da natural satisfação do crédito, estabeleceu-se uma sanção premial (conduta prevista no consequente da norma que se reveste na forma de um estímulo para o cumprimento da obrigação): o pagamento dos honorários ficará limitado a 5% do valor da causa e a isenção do pagamento de custas;

c2) opor embargos, instaurando-se a fase cognitiva do procedimento.

Já houve discussão doutrinária acerca da natureza dos embargos monitórios, havendo quem entendesse tratar-se de ação ou mero incidente. Essa discussão, parece-nos, perdeu sua razão de ser, tendo adotado o CPC (art. 702, §§ 1º e 6º) e o STJ (Enunciado 292 de sua Súmula) o posicionamento que os embargos sejam mera defesa semelhante à contestação.

Os embargos são autuados nos mesmo autos que a ação monitória, salvo se a impugnação for apenas parcial, quando então a autuação poderá ser em apartado. Nesse caso, a parte incontroversa constitui título executivo de pleno direito.

O objetivo é evitar confusão no procedimento, pois terá trâmite simultâneo do cumprimento parcial referente à parte incontroversa e a segunda fase da monitória após a oposição parcial dos embargos.

Os embargos não exigem garantia do juízo. Nem no regime do CPC anterior se exigia. Aliás, é uma tendência abolir a caução para opor defesa. Foi assim, paulatinamente, que se subtraiu essa exigência dos embargos à execução (2006) e a impugnação ao cumprimento de sentença (2015).

Seria realmente incongruente que os embargos à monitória, fundados em um juízo não definitivo sobre a obrigação, exigissem garantia do juízo e os embargos à execução e impugnação, fundados em título executivo (eficácia abstrata), não.

De acordo com o art. 702, o prazo para opor embargos é o mesmo que a parte teria para cumprir o mandado, ou seja, 15 dias. Este prazo deve ser contado com base no art. 231 do CPC e, por ser prazo processual, corre apenas nos dias úteis.

Havendo litisconsórcio passivo, com a apresentação de embargos por apenas um dos litisconsortes, em regra gera-se uma eficácia expansiva subjetiva aproveitando a defesa para todos. Evidente que se o embargante fundou seus embargos em alguma exceção pessoal (art. 281, CC) a questão não se estende aos demais.

Podem ter como fundamento qualquer matéria de defesa passível de alegação no procedimento comum. Caso o réu alegue que o autor pleiteia receber quantia superior à devida, deverá declarar de imediato o valor correto, apresentando demonstrativo discriminado e atualizado da dívida, sob pena de serem liminarmente rejeitados os embargos, salvo se houver outro fundamento. Nesse caso, os embargos serão processados, mas a alegação de excesso não será examinada pelo juiz.

É cabível o pedido de repetição de indébito em dobro, previsto no art. 940 do CC, em sede de embargos monitórios (REsp 1.877.292-SP, Rel. Min. Nancy Andrighi, Terceira Turma, por unanimidade, j. 20-10-2020, DJe 26-10-2020).

O autor será intimado e terá o prazo de 15 dias para responder os embargos, que poderão ser parciais. Nesse caso, a critério do juiz, poderão ser autuados em apartado, constituindo-se o título executivo judicial em relação à parcela incontroversa.

Por fim, se rejeitados os embargos, o título executivo judicial se constituirá e o processo prosseguirá, observando-se o procedimento do cumprimento de sentença, no que for cabível. A sentença que rejeita ou acolhe os embargos desafia apelação. Conforme o Enunciado n. 134 da II Jornada de Direito Processual (CJF): "A apelação contra a sentença que julga improcedentes os embargos ao mandado monitório não é dotada de efeito suspensivo automático (art. 702, § 4º, e 1.012, § 1º, V, CPC)".

Justamente como forma de sumarizar o procedimento e evitar a defesa meramente protelatória, os embargos, quando opostos de má-fé, ensejarão multa de até dez por cento sobre o valor atribuído à causa, que será paga pelo réu em favor do autor. Se a ação monitória, por sua vez, tiver sido proposta de má-fé, a multa poderá também ser fixada em até dez por centro sobre o valor da causa, em favor do réu (art. 702, §§ 1º e 2º, CPC).

O réu também poderá oferecer reconvenção, caso em que, para evitar tumulto processual, o autor não poderá oferecer reconvenção da reconvenção. Se apenas apresentar reconvenção, mas não embargar, o mandado monitório converte-se em título executivo;

c3) requerer o parcelamento judicial. A regra do parcelamento judicial previsto no art. 916 do CPC, que versa sobre execução fundada em título executivo extrajudicial, se aplica também ao regime do procedimento monitório por expressa autorização legal (art. 701, § 5º, CPC).

A parte poderá renunciar aos embargos e requerer o parcelamento nos moldes estabelecidos na lei. Estabelece o art. 916: "No prazo para embargos, reconhecendo o crédito do exequente e comprovando o depósito de trinta por cento do valor em execução, mais custas e honorários de advogado, o executado poderá requerer seja admitido a pagar o restante em até seis parcelas mensais, acrescidas de correção monetária e juros de um por cento ao mês".

A lei estabelece rígido controle para o caso de descumprimento. Dessa forma, caso o réu não cumpra o parcelamento, a lei estabelece três consequências para o caso de descumprimento:

i) vencimento antecipado das demais parcelas (com o prosseguimento da execução);

ii) incidência de multa de dez por cento sobre as parcelas vincendas;

iii) impossibilidade de se opor embargos. O que é intuitivo em decorrência da preclusão lógica[12]. Afinal, como discutir em sede de embargos a dívida que foi confessada em petição anterior? Entretanto, nada impede que o executado peticione, caso ocorram vícios no processo após a penhora (que provavelmente será realizada em virtude do inadimplemento do acordo) com fundamento no art. 903, §§ 1º e 2º, do CPC.

Dessa forma, o autor comunicará ao juízo o inadimplemento, refazendo os cálculos da monitória com o valor restante acrescido da multa.

É importante ressaltar que essa regra se aplica apenas para as obrigações pecuniárias, já que as demais modalidades obrigacionais (entrega de coisa certa e obrigação de fazer/não fazer) não são sujeitas a parcelamento;

c4) permanecer inerte. Se o réu não oferecer resistência (opondo embargos) e tampouco cumprir, o mandado monitório converte-se em título executivo de pleno direito (automaticamente, sem a necessidade de decisão, intimação da parte contrária[13] ou alguma solenidade ulterior) prosseguindo-se a fase executiva (o que também ocorre quando os embargos forem rejeitados ou julgados improcedentes). O réu nesse caso será revel, contudo, sem que incida sobre sua esfera jurídica os efeitos materiais da revelia. Isso porque, sem a oposição dos embargos não haverá aprofundamento da cognição para se verificar se as alegações trazidas pelo autor estão corretas. A cognição permanecerá sumária no plano da validade. Contudo, no plano da eficácia, o mandado produz plenos efeitos, dando início, como dito, na via executiva.

A execução dependerá de requerimento do autor, conforme dispõe o art. 523 do CPC.

O réu, agora executado, poderá ofertar impugnação no cumprimento de sentença. Mesmo não tendo opostos embargos à monitória (e, portanto, deixado de gerar o aprofundamento

---

12 Discordamos, nesse sentido, de Cassio Scarpinella Bueno, que entende tratar-se de preclusão consumativa (*Curso*, cit., v. 3, p. 606).
13 STJ, REsp 1.955.835.

da cognição) a impugnação terá limitação de matérias, conforme se verifica do art. 525, § 1º, do CPC.

Dessa decisão, cabe ação rescisória, já que se assemelha a uma sentença condenatória[14] (CPC, art. 701, § 3º).

Quanto à rescisória, há uma interessante questão. Em cabendo rescisória, é possível, portanto, dizer que fica acobertada pela coisa julgada material a decisão dada em cognição sumária pelo juízo da monitória?

Primeiro, é importante asseverar que não apenas decisões de mérito ensejam o cabimento de ação rescisória, conforme art. 966, § 2º, do CPC.

Segundo que não se trata propriamente de coisa julgada, mas de algum tipo de estabilidade tal como ocorre com a justiça da decisão do assistente simples e a estabilização da tutela antecipada.

Esta imutabilidade, por ser dada por juízo sumário, não gera o efeito positivo da coisa julgada (vinculação de posteriores juízes ao que ficou decidido na causa anterior) bem como a não incidência dessa imutabilidade para as questões prejudiciais, já que o art. 503, § 1º, II, do CPC exige contraditório efetivo, o que apenas seria possível com a oposição de embargos[15].

d) Ação monitória contra a Fazenda Pública. Se a ação monitória for ajuizada em face da Fazenda Pública, o procedimento sofre sensíveis alterações, em razão de sua condição de pessoa jurídica de direito público. Nesse caso, aplica-se o art. 496 do CPC, que diz respeito à remessa necessária, observando-se em seguida o procedimento do cumprimento de sentença. A remessa necessária não incide, contudo, nas hipóteses do art. 496, §§ 3º e 4º, do CPC.

A remessa necessária não impede o cumprimento provisório da sentença, já que a apelação contra a sentença dada em procedimento monitório é recebida apenas no seu efeito devolutivo (art. 702, § 4º, CPC). Trata-se de regime semelhante ao mandado de segurança, que possui o regime da remessa necessária, mas autoriza o cumprimento provisório do julgado (Lei n. 12.016/2009, art. 14, §§ 1º e 3º).

---

14 MARCATO, Antônio Carlos. *Procedimentos especiais*, 16. ed., p. 281.
15 GAJARDONI; DELLORE; ROQUE; OLIVEIRA JR. *Processo de conhecimento e cumprimento de sentença*, cit., p. 1199.

12.

HOMOLOGAÇÃO DO PENHOR LEGAL

12.1. INTRODUÇÃO

No CPC/73 a homologação do penhor legal era considerada (impropriamente) uma medida cautelar típica. O atual CPC não só a inseriu como procedimento especial de jurisdição contenciosa, como também viabilizou seu regime extrajudicial.

Penhor é uma espécie de direito real de garantia que recai sobre bem móvel. O bem fica sob o poder do credor até que haja a extinção da obrigação[1]. Caso não haja o cumprimento da prestação devida, o credor, titular do direito real, tem direito de sequela e preferência em caso de excussão. Pode se dar mediante acordo de vontade, por escritura pública ou instrumento particular, ou por determinação legal. É o que ocorre nas situações descritas pelo art. 1.467 do CC.

> Art. 1.467. São credores pignoratícios, independentemente de convenção:
> I – os hospedeiros, ou fornecedores de pousada ou alimento, sobre as bagagens, móveis, joias ou dinheiro que os seus consumidores ou fregueses tiverem consigo nas respectivas casas ou estabelecimentos, pelas despesas ou consumo que aí tiverem feito;
> II – o dono do prédio rústico ou urbano, sobre os bens móveis que o rendeiro ou inquilino tiver guarnecendo o mesmo prédio, pelos aluguéis ou rendas.

Nos casos descritos pelo artigo acima, o credor exerce uma atividade e, pela lei, a garantia pelo serviço prestado encontra-se nos bens trazidos pelos respectivos beneficiários. É o penhor legal. Uma vez tomado, necessária à sua homologação. Para tanto, serve a ação de homologação do penhor legal. Constitui uma espécie de autotutela para proteger credores ou titulares de determinadas situações jurídicas, podendo até instituir direito real de garantia independentemente de convenção.

Dessa forma, "o penhor pode ser convencional ou legal, conforme seja pactuado pelas partes em um negócio jurídico ou autorizado diretamente pela lei, respectivamente. Quando convencionado pelas partes, elas mesmas, ao pactuá-lo já definem precisamente o objeto sobre

---

[1] Nos casos de penhor industrial, rural, de veículos e mercantil, entretanto, o bem empenhado continua na posse do devedor, que tem o dever de guarda e conservação (art. 1.431, parágrafo único, CC).

o qual ele recairá. No entanto, quando o penhor é legal, a lei veicula apenas uma autorização genérica para que ele incida sobre determinados tipos de bens. Nesta hipótese, falta ainda uma definição precisa dos bens sobre os quais o penhor especificamente recairá, tendo em vista o valor da dívida e dos bens. Cabe ao judiciário controlar essa especificação do penhor legal (...)"[2].

O penhor é constituído pelo próprio credor, sem qualquer intervenção judicial. A dívida é apurada e os objetos do devedor são avaliados de forma unilateral. Posteriormente, o devedor poderá impugnar tal avaliação no processo de homologação do penhor legal.

Depois de homologado o penhor legal, os bens podem ser excutidos, na execução pignoratícia. Trata-se de complementação do ato. O penhor só adquire eficácia após a sua homologação judicial. Caso não ocorra, o credor terá que devolver os bens ao devedor, sob pena de cometer esbulho possessório.

Como dito, no regime do CPC/73, a demanda em estudo estava alocada entre os procedimentos cautelares específicos, embora a doutrina já advertisse, àquela época, que não havia natureza cautelar na medida. O CPC atual corrigiu o equívoco, trazendo a medida como procedimento especial.

12.2. LEGITIMIDADE

É do credor da dívida que tenha dado início à constituição do penhor a legitimidade ativa para a homologação do mesmo. O demandado será o devedor da mesma relação obrigacional.

12.3. PETIÇÃO INICIAL

Além dos requisitos do art. 319 do CPC, o art. 703 do mesmo diploma exige que a petição inicial da homologação de penhor legal seja instruída com o contrato de locação ou a conta pormenorizada das despesas, a tabela dos preços e a relação dos objetos retidos.

12.4. COMPETÊNCIA

Será competente o foro do local de cumprimento da obrigação (art. 53, III, *d, CPC*).

12.5. PROCEDIMENTO

12.5.1. PROCEDIMENTO EXTRAJUDICIAL

Para reduzir a atividade estatal, o sistema vem prestigiando a possibilidade de que determinados procedimentos possam ser, mediante o preenchimento de alguns requisitos, formalizados extrajudicialmente. Assim ocorre com o divórcio, o inventário e a usucapião. E o § 2º do art. 703 permite que a homologação do penhor legal seja promovida também extrajudicialmente.

---

2 WAMBIER, Luiz Rodrigues; TALAMINI, Eduardo. *Curso avançado de processo civil.* São Paulo: Revista dos Tribunais, 2014, v. 3, p. 183.

O credor apresentará o requerimento de homologação a notário de sua escolha, contendo os mesmos requisitos exigidos para a petição inicial no procedimento judicial. O notário notificará o devedor para que pague a dívida em cinco dias ou impugne a sua cobrança. Essa impugnação deverá ser feita por escrito e poderá conter as matérias previstas pelo art. 704 do CPC, quais sejam: nulidade do processo; extinção da obrigação; não estar a dívida compreendida entre as previstas em lei ou não estarem os bens sujeitos a penhor legal; ou alegação de haver sido ofertada caução idônea, que foi rejeitada pelo credor.

Nesse caso, o procedimento será encaminhado ao juiz competente para decisão.

Caso o prazo transcorra sem que o devedor se manifeste, o notário homologará o penhor por escritura pública. Essa escritura produzirá os mesmos efeitos que a sentença homologatória de penhor legal.

12.5.2. PROCEDIMENTO JUDICIAL

Tendo em vista a urgência de que se reveste a medida, o credor (hospedeiro, fornecedor de pousada ou de alimentos) tem a possibilidade de se apoderar dos bens móveis (bagagens, móveis, joias ou dinheiro) constituindo penhor legal.

Contudo, essa apropriação necessita de homologação, daí porque a possibilidade de requerimento extrajudicial (conforme visto) ou judicial, vista abaixo.

Recebida a petição inicial, o devedor será citado para pagar ou contestar em audiência preliminar a ser designada. Caso conteste, a defesa do devedor somente poderá versar sobre as hipóteses descritas no art. 704 do CPC, acima elencadas.

Da audiência preliminar em diante, o processo obedecerá às diretrizes do procedimento comum.

A sentença que homologa o penhor consolida a posse do autor sobre o bem. Caso não haja a homologação, a coisa será entregue ao réu, respeitando-se o direito do autor de cobrar a dívida pelo procedimento comum, exceto se acolhida alegação de extinção da obrigação.

A sentença no processo de homologação de penhor legal desafia recurso de apelação. Na sua pendência, o relator poderá determinar que os bens sejam mantidos em depósito ou em poder do autor.

13.

REGULAÇÃO DE AVARIA GROSSA

13.1. INTRODUÇÃO

Por avaria entende-se qualquer dano que tenha ocorrido à própria embarcação ou à sua carga, o que acarreta dano decorrente do transporte marítimo de carga. Dispõe o art. 761 do Código Comercial que "todas as despesas extraordinárias feitas a bem do navio ou da carga, conjunta ou separadamente, e todos os danos acontecidos àquele ou a esta, desde o embarque e partida até a sua volta e desembarque, são reputadas avarias".

A avaria poderá ser simples/particular ou grossa. Na primeira situação constitui dano sem ato de vontade decorrendo de situações comuns na navegação (caso fortuito, força maior), como uma tempestade. No segundo caso, tem-se por avaria grossa aquela voluntariamente causada pelo capitão do navio com o propósito de evitar o mal maior, desde que o perigo arrostado não tenha sido causado pelo próprio comandante, tripulação ou equiparados[1].

A regulação de avaria grossa diz respeito ao procedimento pelo qual o juiz nomeia alguém para distribuir a responsabilidade decorrente das avarias grossas, se inexistir consenso acerca da nomeação de um regulador. De acordo com o art. 763 do Código Comercial, as avarias podem ser grossas (ou comuns) e simples (ou particulares). As avarias grossas estão previstas no rol exemplificativo do art. 764 do Código Comercial, com a ressalva do art. 765, e a responsabilidade derivada de sua ocorrência será repartida proporcionalmente entre o navio, seu frete e a carga.

De acordo com o art. 764 do Código Comercial, são avarias grossas:

1 – Tudo o que se dá ao inimigo, corsário ou pirata por composição ou a título de resgate do navio e fazendas, conjunta ou separadamente.
2 – As coisas alijadas para salvação comum.
3 – Os cabos, mastros, velas e outros quaisquer aparelhos deliberadamente cortados, ou partidos por força de vela para salvação do navio e carga.
4 – As âncoras, amarras e quaisquer outras coisas abandonadas para salvamento ou benefício comum.

---

[1] CREMONEZE, Paulo Henrique. *A avaria grossa e o novo Código de Processo Civil*. Disponível em: <www.jus.com.br>, publicado em janeiro de 2016.

5 – Os danos causados pelo alijamento às fazendas restantes a bordo.
6 – Os danos feitos deliberadamente ao navio para facilitar a evacuação d'água e os danos acontecidos por esta ocasião à carga.
7 – O tratamento, curativo, sustento e indenizações da gente da tripulação ferida ou mutilada defendendo o navio.
8 – A indenização ou resgate da gente da tripulação mandada ao mar ou à terra em serviço do navio e da carga, e nessa ocasião aprisionada ou retida.
9 – As soldadas e sustento da tripulação durante arribada forçada.
10 – Os direitos de pilotagem, e outros de entrada e saída num porto de arribada forçada.
11 – Os aluguéis de armazéns em que se depositem, em porto de arribada forçada, as fazendas que não puderem continuar a bordo durante o conserto do navio.
12 – As despesas da reclamação do navio e carga feitas conjuntamente pelo capitão numa só instância, e o sustento e soldadas da gente da tripulação durante a mesma reclamação, uma vez que o navio e carga sejam relaxados e restituídos.
13 – Os gastos de descarga, e salários para aliviar o navio e entrar numa barra ou porto, quando o navio é obrigado a fazê-lo por borrasca, ou perseguição de inimigo, e os danos acontecidos às fazendas pela descarga e recarga do navio em perigo.
14 – Os danos acontecidos ao corpo e quilha do navio, que premeditadamente se faz varar para prevenir perda total, ou presa do inimigo.
15 – As despesas feitas para pôr a nado o navio encalhado, e toda a recompensa por serviços extraordinários feitos para prevenir a sua perda total, ou presa.
16 – As perdas ou danos sobrevindos às fazendas carregadas em barcas ou lanchas, em consequência de perigo.
17 – As soldadas e sustento da tripulação, se o navio depois da viagem começada é obrigado a suspendê-la por ordem de potência estrangeira, ou por superveniência de guerra; e isto por todo o tempo que o navio e carga forem impedidos.
18 – O prêmio do empréstimo a risco, tomado para fazer face a despesas que devam entrar na regra de avaria grossa.
19 – O prêmio do seguro das despesas de avaria grossa, e as perdas sofridas na venda da parte da carga no porto de arribada forçada para fazer face às mesmas despesas.
20 – As custas judiciais para regular as avarias, e fazer a repartição das avarias grossas.
21 – As despesas de uma quarentena extraordinária.

Quando não houver acordo quanto à nomeação de um regulador para repartir tais responsabilidades, caberá ao juiz fazê-lo. Trata-se de procedimento não previsto no CPC/73. Sua disciplina era até então a dos arts. 765 a 768 do Código de 1939, mantidos vigentes pelo art. 1.218, XIV, do CPC/73.

13.2. LEGITIMIDADE

Qualquer interessado no transporte pode dar início ao procedimento (art. 707, CPC), como, por exemplo, os transportadores, armadores, segurador, donos de carga, entre outros.

Figurarão no polo passivo os demais interessados, entre quem será repartida a responsabilidade decorrente das avarias grossas. Constitui-se, portanto, um litisconsórcio necessário-unitário.

13.3. PETIÇÃO INICIAL

A petição inicial obedecerá ao disposto no art. 319 do CPC e deverá ser instruída com os documentos pertinentes à regulação da avaria. O prazo prescricional para a propositura da ação é de um ano, com base no art. 8º do Decreto-lei n. 116/67, que constitui, nesse tocante, a substituição do revogado art. 449 do Código Comercial.

13.4. COMPETÊNCIA

De acordo com o art. 707 do CPC, caberá ao juiz de direito da comarca do primeiro porto onde o navio houver chegado, nomear o regulador. Assim, a ação correrá na Justiça Estadual, com a ressalva contida no art. 109, III, da CF ("as causas entre Estado estrangeiro ou organismo internacional e Município ou pessoa domiciliada ou residente no País"), em que correrá na Justiça Federal.

13.5. PROCEDIMENTO

Provocado por qualquer parte interessada, o juiz nomeará um regulador de avarias de notório conhecimento, que declarará justificadamente se os danos são passíveis de rateio na forma de avaria grossa. Ao regulador incidirão as regras pertinentes aos peritos previstas nos arts. 156 a 158 do CPC (art. 711 do CPC).

Apesar do processo de regulação das avarias, a carga poderá ser liberada do navio, mediante a apresentação de garantias idôneas pelas partes. Não apresentada garantia idônea, o regulador fixará o valor da contribuição provisória, com base nos fatos narrados na inicial e nos documentos que a instruírem. Esse valor deverá ser caucionado por depósito judicial ou garantia bancária. Se o consignatário se recusar a prestar caução, o regulador terá de requerer ao juiz que seja alienada judicialmente a respectiva carga, nos termos dos arts. 879 a 903 do CPC.

As quantias necessárias ao pagamento das despesas da alienação poderão ser levantadas pelo consignatário, mas o saldo remanescente será mantido em depósito judicial até o final da regulação.

A parte pode não concordar com a declaração de abertura da avaria grossa, apresentando suas justificativas ao juiz. Este em dez dias proferirá decisão que será recorrível por agravo de instrumento, em regra. Excepcionalmente, quando puser fim ao processo, extinguindo-o, desafiará apelação.

O regulador fixará prazo razoável para que as partes apresentem os documentos necessários ao desenvolvimento de seu trabalho de regulação da avaria (art. 709). Em até doze meses da entrega desses documentos, apresentará finalmente o regulamento da avaria grossa. Esse prazo poderá ser estendido a critério do juiz.

As partes terão vista do regulamento pelo prazo comum de quinze dias. Havendo impugnação, o juiz decidirá em dez dias, ouvido o regulador. Não havendo impugnação, o regulamento será homologado por sentença.

14.

RESTAURAÇÃO DE AUTOS

14.1. INTRODUÇÃO

Os autos são os documentos que, considerados em conjunto, formam o processo. Os atos processuais, em geral, são reduzidos a termo e reunidos em volumes, demonstrando documentalmente o processo.

Nem tudo o que ocorre ao longo do processo é documentado nos autos (físicos ou eletrônicos), como alguns atos decorrentes da oralidade, mas é o que nos autos consta que será objeto de julgamento pelo Poder Judiciário.

Eventualmente, os autos podem se perder e, para evitar os prejuízos daí decorrentes, será necessário reconstituí-los para retomar o processo. A restauração dos autos não apenas é importante para provar a realização do ato praticado como também servir de referencial para auxiliar o magistrado no momento de decidir.

O direito brasileiro estabelece proteção aos autos do processo no art. 356 do Código Penal, ao estabelecer: "Inutilizar, total ou parcialmente, ou deixar de restituir autos, documento ou objeto de valor probatório, que recebeu na qualidade de advogado ou procurador: Pena – detenção, de seis meses a três anos, e multa".

Ademais, o causador do desaparecimento responde perante sua entidade de classe (OAB, por exemplo) ou corregedoria pelo ato praticado.

Contudo, é necessário, além da punição, a restauração dos autos. É disso que cuida o Código de Processo Civil em seus arts. 712 a 718.

Para fins do processo civil é irrelevante, no que concerne ao desaparecimento dos autos, se ocorreu por fato natural ou volitivo, sobre este a vontade do agente (se agiu com culpa ou dolo) ou a responsabilidade (advogado, promotor, juiz, servidor, perito, defensor). Assim, o objetivo desse procedimento não é apurar responsabilidades, mas tentar recompor os autos do processo de maneira que fique próximo do original[1].

---

1 GAJARDONI; DELLORE; ROQUE; OLIVEIRA JR. *Processo de conhecimento e cumprimento de sentença*, p. 1225-1226.

Trata-se de ação incidental, pois pressupõe a existência de outra em curso, na qual os autos se perderam, e de natureza contenciosa (pois há potencial risco de divergência acerca dos elementos que compunham os autos do processo).

É importante falar um pouco sobre a restauração de autos eletrônicos mencionados no art. 712 do CPC.

A restauração de autos físicos é natural tendo em vista que o seu desaparecimento faz subtrair do mundo físico a documentação do processo. Contudo, em função dos diversos sistemas de segurança existentes, é muito difícil ocorrer o desaparecimento de informações, pois ficam armazenadas em instrumentos para essa finalidade, como a "nuvem".

É claro que um corrompimento ou falha no sistema poderá gerar essa perda, o que será necessário à instauração do incidente.

14.2. LEGITIMIDADE

O art. 712 do CPC estabelece que, desaparecidos os autos, tanto o juiz, de ofício, quanto qualquer das partes do processo ou o Ministério Público podem promover-lhes a restauração. Caso haja autos suplementares, o processo seguirá neles e não será necessária a restauração. O Ministério Público nesse caso, instaurará como fiscal da ordem jurídica (art. 178, CPC).

14.3. COMPETÊNCIA

A ação de restauração de autos será endereçada ao juízo em que tramitava o processo que teve os autos perdidos, sendo uma hipótese de "distribuída por dependência fictícia", pois não há propriamente "autos originários" que receberão o incidente. Contudo, se houver autos suplementares e estes estiverem à disposição do juízo, é neles que será distribuído, fisicamente, o pedido de instauração (art. 712, parágrafo único, CPC).

Se os autos estavam no tribunal, "o processo de restauração será distribuído, sempre que possível, ao relator do processo" (art. 717, CPC).

Em todos os casos essa competência é absoluta (funcional vertical).

14.4. PETIÇÃO INICIAL

A petição inicial conterá os requisitos do art. 319 do CPC, assim como declarará o estado da causa quando do desaparecimento dos autos. Deverá trazer também "certidões dos atos constantes do protocolo de audiências do cartório por onde haja corrido o processo; cópia das peças que tenha em seu poder; qualquer outro documento que facilite a restauração" (art. 713, I, II e III, CPC).

14.5. PROCEDIMENTO

Recebida a petição inicial, será citada a parte contrária que deverá contestar em cinco dias, apresentando as cópias, as contrafés e demais reproduções dos atos e documentos que tiver em seu poder. Caso a parte contrária concorde com a restauração, será lavrado auto que suprirá o processo desaparecido mediante assinatura das partes e homologação pelo juiz. Por outro lado, sendo parcial a concordância ou não havendo nem mesmo contestação, o prosseguimento do processo obedecerá ao procedimento comum.

O momento e o local em que tiver acontecido o desaparecimento dos autos influenciarão no processo de restauração. Se o desaparecimento ocorrer depois da produção das provas em audiência, poderá ser necessário repeti-las, nos termos dos parágrafos do art. 715 do CPC.

Caso o desaparecimento dos autos tenha ocorrido no tribunal, a restauração será distribuída, se possível, ao relator do processo. A restauração ocorrerá, entretanto, na origem quanto aos atos que tenham sido lá praticados e remetidos ao tribunal para que se complete a restauração e se proceda ao julgamento (art. 717 e parágrafos do CPC).

Encerrado o procedimento de restauração, o processo segue seus termos. Assim, os atos processuais passam a ser praticados nos autos restaurados. Mas, se aparecerem os autos originais, nele se prosseguirá com a demanda, conforme o disposto no art. 716, parágrafo único, do CPC.

Por fim, o art. 718 do CPC estabelece que responde pelas custas da restauração e pelos honorários de advogado aquele que deu causa ao desaparecimento, sem prejuízo da responsabilidade civil ou criminal em que incorrer.

PROCEDIMENTOS ESPECIAIS DE JURISDIÇÃO VOLUNTÁRIA

INTRODUÇÃO

A tradicional orientação do direito processual brasileiro organiza os procedimentos especiais em procedimentos de jurisdição contenciosa e voluntária. O CPC manteve essa divisão, afastando a denominação dessa última de "não contenciosa", como se pretendia no Projeto de Lei do Senado Federal n. 166/2010. Em que pese a existência de posições doutrinárias no sentido de que tal alcunha seja mais adequada, fez-se a opção por manter a nomenclatura que é tradicional no Brasil e na Europa.

A jurisdição voluntária diferencia-se da contenciosa na medida em que nela não há "pretensão do exercício de direito contra outrem"[1]. Trata-se de procedimento em que o Estado, por meio do Poder Judiciário, exerce atos de administração de interesses particulares.

Apesar de ser possível que conflitos de interesses estejam presentes numa situação de jurisdição voluntária, ela não se dedica a dar razão para uma parte ou outra, mas sim a tomar medidas que sejam importantes para a proteção de um ou de ambos os sujeitos envolvidos.

A lide não é pressuposto, mas sim um negócio ou ato jurídico. Não há partes adversárias, mas participantes. A lei processual prevê alguns procedimentos especiais de jurisdição voluntária e também as disposições gerais aplicáveis não só aos procedimentos em que há rito específico, mas também subsidiariamente àqueles que não têm.

O interessado, o Ministério Público ou a Defensoria Pública têm legitimidade para dar início ao procedimento. Devem formular pedido, devidamente instruído com os documentos necessários, bem como com a indicação da providência judicial.

Deve-se destacar a inclusão da Defensoria na promoção dos procedimentos de jurisdição voluntária no CPC, adequando a lei processual à realidade atual pós-CF/88. Essa disposição está em consonância com as funções institucionais, principalmente com relação à promoção dos direitos humanos e à defesa, em todos os graus, judicial e extrajudicial, dos direitos individuais dos necessitados.

Estando em termos a petição inicial, serão citados todos os interessados, assim como intimado o Ministério Público, se não for o responsável pela promoção da demanda, nos casos em que deva intervir como fiscal da ordem jurídica, nos termos do art. 179 do CPC, para se manifestarem no prazo de quinze dias (art. 721, CPC).

---

1 THEODORO JÚNIOR, Humberto. *Curso de direito processual civil*: procedimentos especiais. Rio de Janeiro: Forense, 2010, p. 348.

O CPC impõe também a oitiva da Fazenda Pública nos casos em que for interessada, razão pela qual também poderá ser intimada (art. 722, CPC).

Apesar de não haver litígio, na ausência de manifestação, podem ocorrer os efeitos da revelia[2]. Fica o juiz impedido de processar resposta intempestiva. No caso de resposta que se oponha ao pedido, aquele que for vencido arcará com as despesas processuais, inclusive honorários de advogado, em razão da configuração da situação litigiosa.

Por fim, o juiz decide o processo em dez dias. Dessa sentença cabe apelação, salvo no caso de homologação de acordo entre os interessados.

Destaque-se a previsão do parágrafo único do art. 723 do CPC, que versa: "O juiz não é obrigado a observar critério de legalidade estrita, podendo adotar em cada caso a solução que considerar mais conveniente ou oportuna". Trata-se de expressa mitigação do princípio da legalidade estrita no âmbito da jurisdição voluntária, em face da busca pela promoção dos interesses dos participantes. Entretanto, essa flexibilização, para Cassio Scarpinella Bueno[3], é desnecessária diante do cenário atual das escolas hermenêuticas, bem como do fato de que a previsão já existia antes do CPC. De acordo com o CPC, obedecem a esse procedimento os seguintes processos:

a) emancipação;
b) sub-rogação;
c) alienação, arrendamento ou oneração de bens de crianças ou adolescentes, de órfãos e de interditos;
d) alienação, locação e administração da coisa comum;
e) alienação de quinhão em coisa comum;
f) extinção de usufruto, quando não decorrer da morte do usufrutuário, do termo da sua duração ou da consolidação, e de fideicomisso, quando decorrer de renúncia ou quando ocorrer antes do evento que caracterizar a condição resolutória;
g) expedição de alvará judicial;
h) homologação de autocomposição extrajudicial, de qualquer natureza ou valor.

---

2   Idem, ibidem, p. 349.
3   *Projetos de novo Código de Processo Civil comparados e anotados*: Senado Federal (PLS n. 166/2010) e Câmara do Deputados (PL n. 8.046/2010). São Paulo: Saraiva, 2014, p. 348.

1.

DAS NOTIFICAÇÕES E INTERPELAÇÕES

O CPC, em seus arts. 726 a 729, prevê o mesmo regramento para as notificações e para as interpelações, estendendo sua aplicação também aos protestos judiciais. Trata-se de correção de uma impropriedade do CPC/73 que incluía sua previsão entre os procedimentos cautelares específicos, apesar da natureza jurídica de procedimento de jurisdição voluntária.

Busca-se realizar a comunicação de atos ou fatos, utilizando-se da via jurisdicional (que acresce oficialidade e publicidade) a uma comunicação que poderia ser feita pela via extrajudicial, para que sejam afastadas futuras impugnações que aleguem o desconhecimento da informação veiculada.

A notificação deve ser utilizada por quem quer intimar outrem para que tome conhecimento de determinado fato, situação ou relação jurídica. O CPC permite também sua utilização para que se leve uma informação a conhecimento geral do público, hipótese em que haverá a publicação de edital, após verificação pelo juiz de que há necessidade ao resguardo de direito.

A via jurisdicional confere maior segurança, bem como uma prova mais robusta daquilo que se pretende tornar ciente pelo requerido.

A notificação, por exemplo, é o único meio para se fazer o denominado "protesto interruptivo da prescrição", conforme art. 202, I e II, do CC[1].

Já a interpelação é útil àqueles que querem constituir em mora o devedor, sendo necessária nos casos em que as obrigações não possuem termo certo de vencimento (*mora ex persona*), naqueles em que a lei exige a notificação, apesar da existência de prazo certo para cumprimento (*mora ex re*), nos contratos de prazo indeterminado.

A petição inicial não dependerá de todos os requisitos do art. 319 do CPC, bastando a afirmação clara do objetivo da notificação ou interpelação e o ato, fato ou relação jurídica de que se pretende dar conhecimento, fundamentando o pedido. Deve ser endereçada ao juízo do local de domicílio daqueles que serão notificados ou interpelados ou do local em que se

---

1   Art. 202. A interrupção da prescrição, que somente poderá ocorrer uma vez, dar-se-á:
    I – por despacho do juiz, mesmo incompetente, que ordenar a citação, se o interessado a promover no prazo e na forma da lei processual;
    II – por protesto, nas condições do inciso antecedente;
    (...).

deram os fatos ou em que foram praticados os atos que ensejam uma obrigação de fazer ou não fazer (art. 727, CPC), de acordo com o art. 53, III, *d*, do CPC.

Apesar de procedimento de jurisdição voluntária, eventual contraditório pode ocorrer nas notificações e interpelações. Haverá a oitiva do requerido antes do deferimento da notificação ou do edital se houver suspeita de utilização do procedimento para fim ilícito ou haja averbação da notificação em registro público requerida. É o caso do protesto contra alienação de bens em que se pode requerer o seu registro no Cartório de Registro de Imóveis. Superando discussão sobre sua possibilidade ou não, o CPC adotou o posicionamento do STJ nos Embargos de Divergência no Recurso Especial 440.837-RS, de agosto de 2006, admitindo tal pedido. Haverá contraditório em razão de potencial de grave prejuízo ao réu.

Não se trata propriamente de uma contestação. Mas de uma petição sem grandes formalidades que constitui uma impugnação à notificação. Como não há prazo, deve ser aplicada a regra geral prevista na jurisdição voluntária (15 dias) conforme art. 721 do CPC.

O rol do art. 728 do CPC, em nossa opinião, não é taxativo, especialmente por não ter o magistrado o dever de seguir a legalidade estrita, pois nada o impede de ouvir previamente o requerido em outras situações não previstas em lei.

Após a manifestação, o magistrado poderá: i) não prosseguir com a notificação, ou ii) prosseguir com a notificação. No segundo caso, declara-se ciente do conteúdo da notificação. A "decisão final" jamais terá conteúdo de ordem judicial, mas de comunicação. Por fim, após a realização da notificação ou da interpelação, os autos serão entregues ao requerente, nos termos do art. 729 do CPC, para que os junte ao processo ao qual interesse demonstrar a mora ou a notificação do réu.

A compreensão de entregar os autos ao requerente somente poderá ser verificada em processos físicos. No processo eletrônico não há entrega de "autos" mas apenas a possibilidade de proceder a um *download* dos documentos eletrônicos para os fins especificados.

Como não se trata propriamente de uma sentença, não caberá recurso (apelação). Contudo, a parte poderá valer-se do mandado de segurança.

2.

DAS ALIENAÇÕES JUDICIAIS

As alienações judiciais serão realizadas pelo procedimento de jurisdição voluntária constante do art. 730 do CPC quando não houver consenso entre os interessados com relação ao modo pelo qual será alienado um determinado bem.

Esse desentendimento é suficiente para sua imposição pelo órgão judicial. Diversamente do que ocorria no Código anterior, não é necessário um juízo acerca da dificuldade ou onerosidade da manutenção da coisa ou de seu estado de conservação. Não há mais na lei um rol de situações em que serão necessárias.

Assim, será feita a alienação em leilão, aplicando-se as regras gerais pertinentes aos de jurisdição voluntária e, no que couber, as regras relativas à alienação do bem penhorado, por iniciativa particular ou em leilão judicial eletrônico ou preferencial.

São situações passíveis de uso desse procedimento de jurisdição voluntária:
a) bem entre condôminos (art. 504, CC);
b) bens imóveis do menor já tutelado (arts. 1.748, IV, e 1.750, CC);
c) bens vagos (art. 1.237, CC); e
d) bens decorrentes da herança jacente (art. 1.155, CC).

3.

DO DIVÓRCIO E DA EXTINÇÃO DE UNIÃO ESTÁVEL CONSENSUAIS E DA ALTERAÇÃO DO REGIME DE BENS DO MATRIMÔNIO

Na Seção IV do Capítulo XV do Título III, o CPC traz procedimentos que se diferenciam das "Ações de Família" constantes do Capítulo X do mesmo título, em razão da ausência de litigiosidade que permeiam as demandas que serão aqui tratadas.

No primeiro deles, os cônjuges ou companheiros, apesar de interessados no fim da sociedade conjugal ou do vínculo existente entre eles, resultante do casamento ou da união estável, acordam no que diz respeito à partilha dos bens comuns, à fixação de alimentos entre eles, à guarda e visita dos filhos, e ao valor da contribuição para criá-los e educá-los. Para que obtenham a tutela jurisdicional que consolide essa situação no plano jurídico, devem apresentar petição inicial assinada por ambos em que demonstrem consenso quanto às questões acima listadas. Somente com relação à partilha dos bens, a existência de discordância não obsta a homologação do divórcio, podendo as partes fazer a partilha posteriormente, o que já era posicionamento pacífico na jurisprudência.

É importante destacar que andou bem o CPC ao trazer previsão que, para fins procedimentais, equipara separação, divórcio e união estável. Trata-se de correta observância de princípio constitucional, que veda tratamento discriminatório entre as diferentes formas de constituição da família (art. 226, § 3º, da CF).

Apesar das discussões acerca da extirpação do instituto da separação no direito brasileiro após a EC n. 66/2010, o CPC preferiu deixar ao direito material e a seus estudiosos a conclusão acerca de sua extinção ou não, a evitar eventuais dificuldades de obtenção da tutela jurisdicional em razão de impossibilidade jurídica do pedido.

Entendemos, contudo, que a nova configuração do divórcio fez com que a separação judicial, bem como a separação de fato perdessem a sua razão de ser. A separação era instituto que objetivava agir como medida prévia ao divórcio. Seu objetivo era fazer com que os cônjuges separados refletissem pelo período de um ano se realmente desejavam o divórcio.

Essa regra, somada à motivação e o prazo mínimo para o pedido de separação, foi criada num período da nossa história em que havia uma ampla ingerência do Estado na vida privada.

Não se exige mais prazo, tampouco motivação para o divórcio. A mera insuportabilidade da vida em comum constitui fato gerador para o pedido. Se os cônjuges, uma vez divorciados, desejarem restituir o vínculo conjugal basta que se casem novamente ou formalizem união estável.

Entendemos que os pedidos de separação consensual devem ser convertidos pelo magistrado em divórcio, declarando a inconstitucionalidade difusa. Evidentemente que, em atenção ao contraditório cooperativo, os cônjuges devem ser ouvidos previamente (arts. 9º e 10, CPC).

O pedido de divórcio proposto por ambos os requerentes poderá vir assinado apenas por um advogado e nele deverá constar, como dito, os requisitos do art. 731 do CPC: a) descrição e partilha dos bens comuns; b) eventual pensão alimentícia entre cônjuges; c) acordo relativo à guarda dos filhos incapazes e o direito de visita; e d) o valor da contribuição para criação e educação dos filhos.

No que diz respeito à união estável, no silêncio da lei, entendemos que não seja necessário prévio reconhecimento dessa convivência, vale dizer, ainda que não haja prévia declaração judicial ou documento (particular ou público) estabelecendo a existência dessa união, nada impede que o procedimento de jurisdição voluntária sirva para o exercício dessa dupla função: reconhecimento e dissolução.

Recebida a petição inicial, realizar-se-á audiência em que serão ouvidos os cônjuges. Serão esclarecidos sobre as consequências da manifestação da vontade e, convencido o juiz de que ambos desejam o divórcio, a separação ou a extinção da união estável, reduzirá a termo suas declarações e, após a oitiva do Ministério Público em 5 dias, homologará o acordo pretendido.

A ausência de qualquer das partes a essa audiência ou a não ratificação nessa ocasião do pedido acarreta a resolução do feito e o arquivamento dos autos. As ações regidas pela Seção IV do Capítulo XV do Título III do CPC são personalíssimas e intransferíveis, não sendo possível o envio de preposto ou representante à audiência. Pela mesma razão, no caso de morte de uma das partes, haverá resolução sem julgamento de mérito.

Não havendo nascituro, filhos menores ou incapazes, o divórcio e a separação consensuais e a extinção da união estável poderão (constitui, de fato, uma faculdade) ser realizados por escritura pública, que deverá conter as mesmas disposições exigidas na petição inicial. Chama a atenção a inclusão do nascituro como condição que obriga o acionamento da via judicial. O CPC/73 o fazia somente nas hipóteses de filhos menores ou incapazes e, portanto, já nascidos.

Portanto, assim como no regime anterior (inserido no CPC/73 em 2007), o atual CPC autoriza que o divórcio e a separação consensuais, bem como a extinção da união estável, possa ser efetivada por cartório extrajudicial.

Constitui salutar medida que objetiva desburocratizar essa atividade, bem como retirar dos ombros do Poder Judiciário situações que não necessitam de sua interferência.

Dois são os requisitos para a adoção desse procedimento: a) que haja consenso em relação aos termos do divórcio (pensão, partilha); e b) que não haja filho nascituro ou incapaz (art. 733, CPC), pois nesses casos sempre é obrigatória a intimação do Ministério Público.

A redação legal deixa claro que a escritura não depende de homologação judicial e constitui título hábil não só para qualquer ato do registro, mas também para levantar importâncias depositadas em instituições financeiras. Como esmiuçado pela Resolução n. 35/2007, do CNJ, em seu art. 3º, "as escrituras públicas de inventário e partilha, separação e divórcio consensuais não dependem de homologação judicial e são títulos hábeis para o registro civil e o registro imobiliário, para a transferência de bens e direitos bem como para promoção de todos os atos necessários à materialização das transferências de bens e levantamento de valores (DETRAN,

Junta Comercial, Registro Civil de Pessoas Jurídicas, instituições financeiras, companhias telefônicas etc.)".

Apesar de consistir em mecanismo alternativo extrajudicial, a escritura de divórcio, separação ou extinção de união estável depende sempre de defesa técnica por advogado comum ou advogados de cada um ou defensor público.

No CPC, não há disposição acerca da gratuidade da escritura e dos atos notariais àqueles que se declarem hipossuficientes economicamente, diferentemente do que constava do CPC/73, com redação alterada pela Lei n. 11.441/2007.

Com relação ao procedimento de alteração de regime de bens do casamento, o CPC atual dispensa tratamento detalhado no art. 734, o que não existia no CPC/73. Contudo, em razão da possibilidade trazida pelo art. 1.639, § 2º, do CC, já era possível, mesmo à falta de legislação processual suficiente no regime anterior, de os cônjuges requererem a alteração de seu regime de bens. Além dos requisitos que já encontram seu regramento no direito material, a lei processual determina a participação do Ministério Público (arts. 178, 721 e 734, § 1º, CPC) e a publicação de edital que divulgue a pretendida alteração de regime, de forma a efetivamente resguardar direitos de terceiros, podendo o juiz decidir somente depois de escoado o respectivo prazo.

É facultado aos cônjuges, na petição inicial ou em petição avulsa, indicar meio alternativo ao edital para essa divulgação, sempre com o objetivo de obstar eventual fraude contra credores ou fraude à execução por parte dos requerentes.

Encerrado o procedimento e transitada em julgado a sentença, serão expedidos mandados aos Cartórios de Registro Civil, de Imóveis e ao Registro Público de Empresas Mercantis, em caso de cônjuge empresário, para que se proceda à averbação da alteração em seus assentos.

4.

DOS TESTAMENTOS E CODICILOS

A sucessão testamentária é aquela que deriva de disposição de última vontade, formalizada por testamento. Não decorre de lei, como é o caso da sucessão legítima. Esta é subsidiária com relação àquela, isto é, havendo testamento, prevalece a vontade do *de cujus* sobre a determinação legal, exceto na existência de herdeiros necessários. São esses os descendentes, os ascendentes e o cônjuge, que, caso existam, têm direito à metade do patrimônio deixado pelo *de cujus*. A parte que cabe aos herdeiros necessários (legítima) não pode ser livremente disposta para após a morte.

Nos arts. 735 a 737 o CPC estabelece as normas para abertura, registro, confirmação (se for o caso) e cumprimento dos testamentos e codicilos. O testamento é ato solene, podendo se revestir de diferentes formas previstas em lei.

Será classificado em **ordinário** – que engloba o público, o cerrado e o particular – ou **especial** – sendo esse marítimo, aeronáutico ou militar. A espécie vai determinar o procedimento a ser seguido, sendo vedadas outras espécies além das previstas na lei civil (art. 1.887, CC).

O testamento cerrado se define por aquele escrito pelo testador ou por pessoa a seu rogo, mas por ele assinado, e entregue ao tabelião diante de duas testemunhas. Certificados os requisitos do art. 1.868 do CC, será lavrado auto de aprovação, assinado pelo tabelião, pelo testador e pelas testemunhas, logo em seguida à última palavra escrita. Será fechado o testamento e o instrumento aprovado será entregue ao testador. O tabelião lançará, no seu livro, nota do lugar, dia, mês e ano em que o testamento foi aprovado e entregue.

Quando do falecimento, o testamento será apresentado ao juiz, que o receberá e deverá verificar, nesse ato, a existência de eventual vício externo que o torne suspeito de nulidade ou falsidade. Estando em termos, será aberto, mandando o juiz que o escrivão o leia em presença de quem o entregou.

Será lavrado termo de abertura, do qual constará o nome do apresentante, como obteve o testamento, a data e o lugar do falecimento do testador, de acordo com o que for comprovado pelo apresentante e qualquer circunstância que seja digna de nota. O procedimento de abertura do testamento cerrado depende sempre de oitiva do Ministério Público que, depois de realizada, não havendo dúvidas a serem esclarecidas, poderá seguir com o registro, arquivamento e cumprimento do testamento.

Havendo testamenteiro nomeado pelo *de cujus*, será ele intimado para assinar o termo da testamentaria. Caso contrário, o juiz mandará nomear testamenteiro dativo, observando-se a preferência legal, que deverá cumprir as disposições testamentárias e prestar contas em juízo do que recebeu e despendeu.

O testamento público deve ser escrito por tabelião em seu livro de notas, de acordo com as declarações do testador. Será lavrado, após sua leitura ao testador e a duas testemunhas, a um só tempo, ou pelo testador, se o quiser, na presença delas e do oficial. Em seguida, o instrumento será assinado pelo testador, pelas testemunhas e pelo tabelião.

A abertura do testamento público ocorrerá com a exibição ao juiz do traslado ou certidão por qualquer interessado que requeira o seu cumprimento, aplicando-se, no que couber, as regras de abertura e documentação do testamento cerrado.

O testamento ordinário também poderá ser privado, sem qualquer participação de autoridade pública, razão pela qual dependerá de confirmação do juízo, nos termos do art. 1.878, parágrafo único, do CC. Deverá ser escrito pelo testador e lido na presença de três testemunhas. Nos termos do que preconiza o § 2º do art. 737 do CPC, "verificando a presença dos requisitos da lei, ouvido o Ministério Público, o juiz confirmará o testamento".

Ocorrida a morte do testador por testamento particular, este será levado a conhecimento do juiz pelo herdeiro, pelo legatário ou pelo testamenteiro, bem como pelo terceiro detentor do testamento, se impossibilitado de entregá-lo a algum dos outros legitimados para requerer a sua publicação.

Para a confirmação do testamento, o juiz analisará a presença dos requisitos legais exigidos pela lei civil e ouvirá o Ministério Público. Haverá participação dos herdeiros, sendo intimados aqueles que não tiverem requerido a publicação, dando-se oportunidade a eles de eventual contraditório.

Também se aplicará ao testamento privado o disposto para o cumprimento dos testamentos cerrados.

Os codicilos e os testamentos marítimo, aeronáutico, militar e nuncupativo terão sua abertura regida pelo procedimento relativo à abertura dos testamentos privados, segundo o CPC.

Os codicilos são declarações simplificadas de última vontade a respeito do enterro do *de cujus*, pequenas esmolas, destinação de suas roupas e móveis, itens de pequeno valor e de uso pessoal.

Os testamentos especiais obedecem a formalidades necessárias à validade de testamentos realizados em situações de emergência. O marítimo, por exemplo, é feito a bordo de navio nacional, perante o comandante, na presença de duas testemunhas, devendo obedecer à forma do testamento cerrado ou a do público, tendo seu registro feito no diário de bordo. O mesmo serve para o testamento aeronáutico que, seguindo os mesmos requisitos, também será feito na presença do comandante da aeronave. Ficando sob sua guarda, será entregue às autoridades administrativas do porto ou aeroporto, na primeira oportunidade, caducando, se, noventa dias após o seu desembarque em terra, onde possa fazer, na forma ordinária, outro testamento, não vier a falecer o testador.

O testamento militar pode ser feito por militares ou civis que estejam a serviço das Forças Armadas onde não houver tabelião ou substituto legal. Será elaborado diante de duas ou três testemunhas (caso o testador não possa ou não saiba assinar) e pode caducar em noventa dias, se verificada a situação prevista no art. 1.895 do Código Civil (se o testador puder testar da forma ordinária e não o fizer).

Por fim, o testamento militar pode ser nuncupativo, caso em que será elaborado verbalmente por militar ou civil em campanha, desde que ferido em combate, confiando sua última vontade a duas testemunhas.

Assim como nos testamentos públicos, de acordo com o art. 737, § 3º, do CPC, nos casos de testamentos especiais, o seu cumprimento se dará pelas regras dos testamentos cerrados.

5.

DA HERANÇA JACENTE

A herança é chamada jacente nos casos em que alguém falece, não deixa testamento e também não são notoriamente conhecidos seus herdeiros legítimos. É regulada pelo direito material (art. 1.819 do CC). Seu procedimento, previsto no CPC, tramita na comarca de domicílio do falecido (e não na situação dos bens) e tem como objetivos a arrecadação dos bens do falecido e sua colocação sob a guarda de um curador até que sejam entregues a sucessor devidamente habilitado ou seja declarada a sua vacância.

Portanto, a herança jacente constitui uma situação de fato em que a herança não é reclamada por seus herdeiros. Já a herança vacante é uma situação de direito, pois declarada pelo Poder Judiciário não haver herdeiros e, dessa forma, os bens passam a ser titularizados pelo Poder Público.

Conforme ressaltado, o objetivo desse procedimento de jurisdição voluntária é mediar a situação dos bens entre o falecimento da pessoa sem herdeiros, sua efetiva constatação de vacância, até a entrega dos bens ao Poder Público.

Segundo o art. 739, § 1º, do CPC, são deveres do curador: representar a herança em juízo ou fora dele, com intervenção do Ministério Público; ter em boa guarda e conservação os bens arrecadados e promover a arrecadação de outros porventura existentes; executar as medidas conservatórias dos direitos da herança; apresentar mensalmente ao juiz balancete da receita e da despesa, bem como prestar contas ao final de sua gestão. Aplicam-se a ele as regras atinentes ao depositário e ao administrador, enquanto auxiliares da Justiça, inclusive no tocante à remuneração (art. 160, CPC).

Apesar de a administração da herança jacente caber ao curador, a alienação de bens depende de autorização judicial, que é permitida nos seguintes casos, listados pelo art. 742 do CPC: de bens móveis, se forem de conservação difícil ou dispendiosa; de semoventes, quando não empregados na exploração de alguma indústria; de títulos e papéis de crédito, havendo fundado receio de depreciação; de ações de sociedade quando, reclamada a integralização, não dispuser a herança de dinheiro para o pagamento; de bens imóveis que ameaçarem ruína, não convindo a reparação ou que se estiverem hipotecados e vencer-se a dívida, não havendo dinheiro para o pagamento.

Excepcionalmente, a alienação não se realizará se a Fazenda Pública ou o habilitando adiantar a importância para as despesas que a justifiquem.

Ademais, os bens com valor de afeição, por sua vez, como retratos, objetos de uso pessoal, livros e obras de arte, serão alienados somente depois de declarada a vacância da herança.

Buscam-se assegurar os bens para caso compareçam familiares do falecido para quem esses objetos tenham valor sentimental.

As diligências para verificação da existência de bens e seu paradeiro seguirão as condições do art. 740 do CPC. O oficial de justiça, por ordem do juiz, acompanhado do escrivão, ou do chefe de secretaria, e do curador, fará o arrolamento dos bens, descrevendo-os em auto circunstanciado. Se possível, o juiz também comparecerá ao local. Caso contrário, requisitará à autoridade policial que, com duas testemunhas, proceda à arrecadação e ao arrolamento dos bens.

Será nomeado um depositário para entrega os bens, mediante simples termo nos autos, depois de assumir compromisso, caso ainda não tenha sido nomeado curador.

A apuração do patrimônio será feita inclusive por meio de inquirição pelo juiz, dos moradores da casa e da vizinhança, acerca da qualificação do falecido, do paradeiro de seus sucessores e da existência de outros bens, devendo-se lavrar auto de inquirição e informação. O juiz também analisará os papéis, as cartas missivas e os livros domésticos pertencentes ao falecido que, caso não interessem ao procedimento, serão empacotados e lacrados para futura entrega aos sucessores ou eventual queima se os bens forem declarados vacantes.

Se existirem bens em outra comarca, o juiz mandará expedir carta precatória para que sejam arrecadados nos mesmos autos.

O cônjuge ou companheiro, o herdeiro ou o testamenteiro notoriamente conhecido que se apresentar para reclamar seus direitos sobre os bens do falecido, sem oposição do curador, de qualquer interessado, do Ministério Público ou do representante da Fazenda Pública, obstará a arrecadação, não sendo essa iniciada ou, caso já tenha sido, sendo suspensa.

Feita a arrecadação, será expedido edital, para dar ciência àquele que será declarado ausente da arrecadação de seus bens tanto quanto seus possíveis herdeiros. Deve-se utilizar o sítio do tribunal, na rede mundial de computadores e na plataforma de editais do Conselho Nacional de Justiça, por três meses. Se não houver o referido sítio, será publicado no órgão oficial e na imprensa da comarca, por três vezes com intervalos de um mês. A expedição de edital não excluirá a citação de sucessor ou testamenteiro conhecido que esteja em lugar certo. Havendo comparecimentos, a arrecadação converte-se em inventário. Ademais, os credores da herança também poderão habilitar-se como nos inventários, se não optarem por ajuizar ação de cobrança.

O CPC determina também a comunicação da autoridade consular, no caso de falecido estrangeiro.

A partir da primeira publicação do edital, os herdeiros terão um ano para se habilitar, sob pena de ser a herança declarada vacante. Em havendo pedido de habilitação ainda pendente, a mesma sentença que a julgar improcedente poderá, desde já, declarar a vacância. Havendo mais de uma habilitação pendente, a declaração só poderá ocorrer após o julgamento da última delas.

Uma vez transitada em julgado a sentença que declarou a vacância, o CPC exige que o cônjuge, o companheiro, os herdeiros e os credores, para reclamar o seu direito, o façam por meio de ação direta.

6.

DOS BENS DOS AUSENTES

A ausência é um fenômeno que se caracteriza quando alguém desaparece sem deixar notícias, nem procurador habilitado (ou o procurador não possa exercer o mandato ou não tenha interesse em exercê-lo). A lei civil traz previsão detalhada a respeito das consequências advindas da ausência, que se alteram conforme o tempo em que alguém não mais aparece ou dá notícias (arts. 22 a 39 do CC):

DA AUSÊNCIA
Seção I
Da Curadoria dos Bens do Ausente
Art. 22. Desaparecendo uma pessoa do seu domicílio sem dela haver notícia, se não houver deixado representante ou procurador a quem caiba administrar-lhe os bens, o juiz, a requerimento de qualquer interessado ou do Ministério Público, declarará a ausência, e nomear-lhe-á curador.
Art. 23. Também se declarará a ausência, e se nomeará curador, quando o ausente deixar mandatário que não queira ou não possa exercer ou continuar o mandato, ou se os seus poderes forem insuficientes.
Art. 24. O juiz, que nomear o curador, fixar-lhe-á os poderes e obrigações, conforme as circunstâncias, observando, no que for aplicável, o disposto a respeito dos tutores e curadores.
Art. 25. O cônjuge do ausente, sempre que não esteja separado judicialmente, ou de fato por mais de dois anos antes da declaração da ausência, será o seu legítimo curador.
§ 1º Em falta do cônjuge, a curadoria dos bens do ausente incumbe aos pais ou aos descendentes, nesta ordem, não havendo impedimento que os iniba de exercer o cargo.
§ 2º Entre os descendentes, os mais próximos precedem os mais remotos.
§ 3º Na falta das pessoas mencionadas, compete ao juiz a escolha do curador.
Seção II
Da Sucessão Provisória
Art. 26. Decorrido um ano da arrecadação dos bens do ausente, ou, se ele deixou representante ou procurador, em se passando três anos, poderão os interessados requerer que se declare a ausência e se abra provisoriamente a sucessão.
Art. 27. Para o efeito previsto no artigo anterior, somente se consideram interessados:
I – o cônjuge não separado judicialmente;
II – os herdeiros presumidos, legítimos ou testamentários;
III – os que tiverem sobre os bens do ausente direito dependente de sua morte;
IV – os credores de obrigações vencidas e não pagas.

Art. 28. A sentença que determinar a abertura da sucessão provisória só produzirá efeito cento e oitenta dias depois de publicada pela imprensa; mas, logo que passe em julgado, proceder-se-á à abertura do testamento, se houver, e ao inventário e partilha dos bens, como se o ausente fosse falecido.

§ 1º Findo o prazo a que se refere o art. 26, e não havendo interessados na sucessão provisória, cumpre ao Ministério Público requerê-la ao juízo competente.

§ 2º Não comparecendo herdeiro ou interessado para requerer o inventário até trinta dias depois de passar em julgado a sentença que mandar abrir a sucessão provisória, proceder-se-á à arrecadação dos bens do ausente pela forma estabelecida nos arts. 1.819 a 1.823.

Art. 29. Antes da partilha, o juiz, quando julgar conveniente, ordenará a conversão dos bens móveis, sujeitos a deterioração ou a extravio, em imóveis ou em títulos garantidos pela União.

Art. 30. Os herdeiros, para se imitirem na posse dos bens do ausente, darão garantias da restituição deles, mediante penhores ou hipotecas equivalentes aos quinhões respectivos.

§ 1º Aquele que tiver direito à posse provisória, mas não puder prestar a garantia exigida neste artigo, será excluído, mantendo-se os bens que lhe deviam caber sob a administração do curador, ou de outro herdeiro designado pelo juiz, e que preste essa garantia.

§ 2º Os ascendentes, os descendentes e o cônjuge, uma vez provada a sua qualidade de herdeiros, poderão, independentemente de garantia, entrar na posse dos bens do ausente.

Art. 31. Os imóveis do ausente só se poderão alienar, não sendo por desapropriação, ou hipotecar, quando o ordene o juiz, para lhes evitar a ruína.

Art. 32. Empossados nos bens, os sucessores provisórios ficarão representando ativa e passivamente o ausente, de modo que contra eles correrão as ações pendentes e as que de futuro àquele forem movidas.

Art. 33. O descendente, ascendente ou cônjuge que for sucessor provisório do ausente, fará seus todos os frutos e rendimentos dos bens que a este couberem; os outros sucessores, porém, deverão capitalizar metade desses frutos e rendimentos, segundo o disposto no art. 29, de acordo com o representante do Ministério Público, e prestar anualmente contas ao juiz competente.

Parágrafo único. Se o ausente aparecer, e ficar provado que a ausência foi voluntária e injustificada, perderá ele, em favor do sucessor, sua parte nos frutos e rendimentos.

Art. 34. O excluído, segundo o art. 30, da posse provisória poderá, justificando falta de meios, requerer lhe seja entregue metade dos rendimentos do quinhão que lhe tocaria.

Art. 35. Se durante a posse provisória se provar a época exata do falecimento do ausente, considerar-se-á, nessa data, aberta a sucessão em favor dos herdeiros, que o eram àquele tempo.

Art. 36. Se o ausente aparecer, ou se lhe provar a existência, depois de estabelecida a posse provisória, cessarão para logo as vantagens dos sucessores nela imitidos, ficando, todavia, obrigados a tomar as medidas assecuratórias precisas, até a entrega dos bens a seu dono.

Seção III
Da Sucessão Definitiva

Art. 37. Dez anos depois de passada em julgado a sentença que concede a abertura da sucessão provisória, poderão os interessados requerer a sucessão definitiva e o levantamento das cauções prestadas.

Art. 38. Pode-se requerer a sucessão definitiva, também, provando-se que o ausente conta oitenta anos de idade, e que de cinco datam as últimas notícias dele.

Art. 39. Regressando o ausente nos dez anos seguintes à abertura da sucessão definitiva, ou algum de seus descendentes ou ascendentes, aquele ou estes haverão só os bens existentes no estado em que se acharem, os sub-rogados em seu lugar, ou o preço que os herdeiros e demais interessados houverem recebido pelos bens alienados depois daquele tempo.

Parágrafo único. Se, nos dez anos a que se refere este artigo, o ausente não regressar, e nenhum interessado promover a sucessão definitiva, os bens arrecadados passarão ao domínio do Município ou do Distrito Federal, se localizados nas respectivas circunscrições, incorporando-se ao domínio da União, quando situados em território federal.

Os arts. 744 e seguintes do CPC disciplinam procedimento especial que tem como objetivo dar cumprimento ao descrito nos arts. 22 e seguintes do Código Civil. Trata-se, pois, do reconhecimento da condição de ausente de uma determinada pessoa, da arrecadação e da destinação devida de seus bens. Difere da situação descrita no item anterior na medida em que, na herança jacente, não se conhecem os herdeiros. Na ausência, não se conhece o paradeiro de alguém e, em razão do decurso do tempo, nos termos da lei civil, seu patrimônio será inventariado e partilhado, inicialmente de forma provisória e, em seguida, definitivamente, caso de fato não compareça.

Verificando que alguém desapareceu de seu domicílio sem deixar representante ou procurador a quem caiba administrar seus bens ou quando deixar mandatário que não queira ou não possa exercer ou continuar o mandato, o Ministério Público ou qualquer interessado (normalmente um familiar) pode requerer que o juiz declare a ausência e nomeie curador aos bens. Supera-se o modelo previsto pelo CC/16, em que era considerado incapaz.

A declaração de ausência é condição para que se declare a morte de quem desaparece. Excepcionalmente, admite-se o reconhecimento da morte sem declaração de ausência àqueles que se encontravam em situação em que a morte era bastante provável, como em perigo de vida ou desaparecido em campanha ou feito prisioneiro e não encontrado até dois anos após o fim da guerra e esgotadas as buscas e averiguações.

Requerida a declaração por interessado ou pelo Ministério Público, no último domicílio do ausente, o procedimento será composto por três fases distintas. A primeira delas em que se reconhecerá a ausência e se concederá curador dos bens do ausente; uma segunda em que haverá abertura da sucessão provisória; e, por fim, a sucessão definitiva.

Confirmada a notícia, haverá a declaração de ausência e a nomeação de curador, que será o cônjuge do ausente, se não estiver separado judicialmente, ou de fato por mais de dois anos antes da declaração. Na falta dele e não existindo impedimento que os iniba de exercer o cargo, incumbe aos pais ou aos descendentes, ou, até mesmo, a pessoa escolhida pelo juiz, que fixará os poderes e obrigações da curadoria, conforme as circunstâncias do caso.

O CPC determina que, nessa primeira fase, realizada a arrecadação, sejam publicados editais prioritariamente na internet, na página do respectivo Tribunal e na plataforma de editais do Conselho Nacional de Justiça. Somente subsidiariamente, caso não haja sítio do Tribunal, a publicação será no órgão oficial e na imprensa. A publicação se estenderá por um ano, devendo ser reproduzida de dois em dois meses. Divulgará a arrecadação e chamará o ausente para que tome posse de seus bens.

O prazo de publicação de um ano do edital coincide com o prazo estipulado pelo Código Civil, no art. 26, para que se abra a sucessão provisória. São interessados e, portanto, legitimados a pedir a abertura, de acordo com a lei civil, o cônjuge não separado judicialmente, os herdeiros presumidos, legítimos ou testamentários, os que tiverem sobre os bens do ausente direito dependente de sua morte, os credores de obrigações vencidas e não pagas. Não o fazendo, caberá ao Ministério Público o requerimento.

De acordo com o art. 28 do Código Civil, assim que transitar em julgado a sentença, a abertura do testamento, se houver, o inventário e partilha dos bens, serão realizados como se o ausente fosse falecido. No entanto, suas demais consequências produzirão efeito somente cento e oitenta dias depois de publicada a sentença pela imprensa. Trata-se de prazo para proteger o ausente, que pode retornar ao receber a notícia da abertura de sua sucessão.

Quando a declaração de ausência tiver sido requerida por terceiro interessado ou pelo Ministério Público, não comparecendo herdeiro ou interessado para requerer o inventário até trinta dias depois de passar em julgado a sentença que mandar abrir a sucessão provisória, a herança será tida por jacente.

Nesse momento serão citados pessoalmente os herdeiros presentes e o curador e por edital os ausentes para que se habilitem. Será aberto eventual testamento, bem como será feito inventário e a partilha dos bens em caráter provisório e condicional. Os herdeiros não necessários (aqueles que não sejam ascendentes, descendentes ou cônjuge do *de cujus*) que estejam na posse dos bens devem garantir a sua restituição, caso ocorra. Para isso, oferecerão penhores ou hipotecas equivalentes a seus quinhões. Caso não tenha condição de prestar garantia e por isso for excluído da sucessão, o herdeiro não necessário poderá requerer a entrega de metade dos rendimentos do quinhão que lhe caiba.

Os herdeiros necessários, durante a sucessão provisória, farão seus todos os frutos e rendimentos dos bens do ausente a que tiverem direito. Já os demais sucessores terão de capitalizar metade desses frutos e rendimentos, convertendo os móveis em imóveis, nos casos abaixo descritos, de acordo com o representante do Ministério Público, e prestar anualmente contas ao juiz competente.

Nesse momento, ainda são vedadas as alienações de imóveis do ausente, exceto quando por ordem judicial para lhes evitar a ruína. Os móveis sujeitos a deterioração ou a extravio deverão ser convertidos em imóveis ou em títulos garantidos pela União. Esses rendimentos e frutos serão perdidos pelo ausente em favor de seus sucessores, caso compareça e se comprove que a ausência foi voluntária e injustificada.

Caso se demonstre, durante a posse provisória dos bens do ausente, que ele faleceu em data exata, deverá essa informação ser considerada como a correta para abertura da sucessão e verificação de quem são os verdadeiros herdeiros.

Aparecendo o ausente, ou provada a sua existência, cessarão desde então as vantagens dos sucessores imitidos na posse de seus bens. Para que se preservem os direitos de quem regressa, a lei os obriga a tomar as medidas assecuratórias precisas, até a entrega dos bens a seu dono.

Cumpridos os requisitos, passados dez anos depois do trânsito em julgado da sentença que concede a abertura da sucessão provisória, não regressando o ausente, os interessados poderão requerer a sua conversão em sucessão definitiva e o levantamento das cauções prestadas. Em razão do decurso de longo tempo, é improvável o retorno de quem desapareceu.

Deve-se destacar que a lei reduz esse prazo à metade para aquele que, à época do desaparecimento, já contava com oitenta anos de idade.

Há, nessa última fase, a transferência da propriedade dos bens aos sucessores, mas ainda resolúvel, pois, segundo o art. 39 do CC, "regressando o ausente nos dez anos seguintes à abertura da sucessão definitiva, ou algum de seus descendentes ou ascendentes, aquele ou estes haverão só os bens existentes no estado em que se acharem, os sub-rogados em seu lugar, ou o preço que os herdeiros e demais interessados houverem recebido pelos bens alienados depois daquele tempo".

Os bens já podem ser alienados pelos sucessores, pois são proprietários, apesar de ainda não consolidada a propriedade plena dos bens. Caso retorne o ausente no prazo de dez anos, ele não poderá exigir de volta os bens em si, mas apenas os sub-rogados em seu lugar ou o preço da venda, caso tenham sido alienados. Não o sendo, serão restituídos ao ausente, no estado em que estiverem.

Não regressando o ausente em dez anos e não sendo promovida a sucessão definitiva por interessado, os bens arrecadados passarão ao domínio do Município, do Distrito Federal ou da União, se situados em território federal.

Destacando-se do disposto no CPC/73, o CPC atual prevê que, caso compareça o ausente ou algum dos seus descendentes ou ascendentes para requerer ao juiz a entrega de bens, serão citados para contestar o pedido os sucessores provisórios ou definitivos, o Ministério Público e o representante da Fazenda Pública, seguindo-se o procedimento comum.

7.

DAS COISAS VAGAS

A coisa vaga é aquela que foi perdida por seu dono ou possuidor e posteriormente encontrada por um terceiro. Trata-se da situação denominada "descoberta", disposta dos arts. 1.233 a 1.237 do CC, aos quais é remetido o intérprete pelo art. 746 do CPC.

O terceiro que a encontra não se torna proprietário.

A lei civil impõe a quem encontra a coisa o dever de achar o dono ou legítimo possuidor para devolvê-la. Não o encontrando, deve confiá-la à autoridade competente. Levando em conta seu esforço, as chances que o proprietário teria de encontrar a coisa e a situação econômica de ambos, será fixado o montante da recompensa pela restituição do bem, não inferior a cinco por cento do seu valor, bem como indenização pelas despesas que houver feito com a conservação e transporte da coisa, se o dono não preferir abandoná-la.

Por outro lado, de acordo com o art. 1.235 do CC, "o descobridor responde pelos prejuízos causados ao proprietário ou possuidor legítimo, quando tiver procedido com dolo".

Esse procedimento tem, pois, por fim, identificar o dono ou legítimo possuidor de coisa achada. Não engloba, portanto, a coisa abandonada, pois esta não tem dono, não havendo interesse processual nesse caso. Conhecido ou encontrado o verdadeiro dono, o processo judicial é desnecessário.

Obedece também a esse mesmo procedimento a ação de consignação em pagamento quando haja dúvida sobre quem tem legitimidade para receber o pagamento e não aparece nenhum pretendente.

Aquele que encontra a coisa se dirige ao juízo competente para que a deposite e lavre o respectivo auto, descrevendo-a e documentando as declarações do descobridor. Caso seja autoridade policial quem a recebe, remeterá ao juízo para que o faça.

Em seguida, será publicado edital na rede mundial de computadores, no sítio do tribunal a que estiver vinculado e na plataforma de editais do Conselho Nacional de Justiça. Não havendo, o edital será disponibilizado no órgão oficial e na imprensa da comarca, aguardando reclamação por parte do proprietário ou do legítimo possuidor.

Caso seja de pequeno valor a coisa, não comportará a expedição de edital. Nesse caso, haverá somente a publicação no sítio do Tribunal na internet. Não sendo isso possível, o edital será apenas afixado no átrio do edifício do fórum.

O Código Civil determina a venda do bem em leilão se, passados sessenta dias da divulgação pela imprensa ou por edital, não comparecer quem demonstre sua propriedade. Serão descontadas do preço de alienação as despesas e a recompensa do descobridor, pertencendo ao Município onde se encontrou a coisa o remanescente.

A lei civil também faculta ao Município onde ocorreu a descoberta o abandono da coisa em favor daquele que a encontra se de diminuto valor. Não se justificam a mobilização do Poder Judiciário, do descobridor, do Conselho Nacional de Justiça e as respectivas despesas, se irrelevante ou insignificante o objeto da descoberta.

8.

DOS INTERDITOS E SUA CURATELA

Já tivemos oportunidade de falar sobre capacidade no capítulo destinado às partes.

A capacidade de ser parte corresponde à capacidade de ter direitos e obrigações na órbita civil, ou seja, apenas aquele que tiver aptidão para vivenciar direitos pode titularizá-los no plano material e validamente exercê-los.

Tem relação com a personalidade jurídica (art. 1º, CC). Uma vez adquirida esta, a pessoa passa a ser capaz de contrair direitos e obrigações.

Mas nem toda pessoa que tem aptidão para contrair esses direitos ou obrigações tem capacidade para exercê-los. A capacidade jurídica ou de gozo não se confunde com a dinâmica da ação.

Isso se dá porque a pessoa pode ser juridicamente incapaz.

A incapacidade impede "ser parte" por si em juízo. Assim, o direito processual limita o exercício do direito de ação e o direito civil circunscreve quais os casos de incapacidade. É dessa forma que deve ser lido o art. 71 do CPC.

Nessas situações tem-se uma capacidade atrofiada, pois a parte possui aptidão, mas não possui o direito de agir. Assim, para integralizar esta capacidade, deverá a parte ser representada ou assistida por outra pessoa que exercerá esta função[1].

> Como somente os capazes detêm esta capacidade processual, os demais devem ir a juízo por meio dos mecanismos de representação (aos absolutamente incapazes) ou assistência (aos relativamente incapazes).

Os tutores são nomeados em favor dos menores e os curadores nos demais casos.

O Código Civil de 2002, originariamente, previa como absolutamente incapazes:

I – os menores de dezesseis anos;
II – os que, por enfermidade ou deficiência mental, não tiverem o necessário discernimento para a prática desses atos;
III – os que, mesmo por causa transitória, não puderem exprimir sua vontade.

---

1 Há um caso específico em que não existe sequer capacidade de direito (art. 75, IX): sociedades sem personalidade jurídica.

E os relativamente incapazes:

I – os maiores de dezesseis e menores de dezoito anos;
II – os ébrios habituais, os viciados em tóxicos, e os que, por deficiência mental, tenham o discernimento reduzido;
III – os excepcionais, sem desenvolvimento mental completo;
IV – os pródigos.
Parágrafo único. A capacidade dos índios será regulada por legislação especial.

A Lei n. 13.146/2015 empreendeu uma verdadeira revolução no plano das incapacidades que repercute de maneira significativa no instituto da interdição.

Dessa forma, as pessoas com deficiência (art. 2º da Lei n. 13.146/2015): "Considera-se pessoa com deficiência aquela que tem impedimento de longo prazo de natureza física, mental, intelectual ou sensorial, o qual, em interação com uma ou mais barreiras, pode obstruir sua participação plena e efetiva na sociedade em igualdade de condições com as demais pessoas") não são mais categorizadas como incapazes já que a deficiência não impede o gozo da sua capacidade civil. Isso está bem claro nos arts. 6º e 84 do Estatuto[2].

Como consequência não há mais, na atual legislação civil, pessoa absolutamente incapaz maior de idade e, em decorrência dessa situação, não será cabível ação de interdição para os casos de incapacidade absoluta, pois restou apenas aos menores de 16 anos que, por essência, não são interditados, mas representados.

Quanto aos relativamente incapazes (art. 4º, CC) estes se mantiveram quase todos em sua essência com duas diferenças: i) foi excluída do inciso II a expressão "os que por deficiência mental, tenham o discernimento reduzido" e no inciso III foi alterada a expressão "os excepcionais, sem desenvolvimento mental completo" por "aqueles que, por causa transitória ou permanente, não puderem exprimir sua vontade". Assim, esse caso que era hipótese de incompetência absoluta, passou a ser de incompetência relativa.

Qual o impacto dessas mudanças no plano da interdição?

Primeiro, a curatela passou a ser medida extraordinária, como se observa do art. 85, § 2º, do Estatuto: "A curatela constitui medida extraordinária, devendo constar da sentença as razões e motivações de sua definição, preservados os interesses do curatelado.

Segundo, adotou-se um instituto assistencial próprio denominado "tomada de decisão apoiada".

Trata-se de instituto preferível do que a curatela[3] e vem previsto no art. 1.783-A do CC, com as alterações empreendidas pelo Estatuto.

---

2   Art. 6º A deficiência não afeta a plena capacidade civil da pessoa, inclusive para:
    I – casar-se e constituir união estável;
    II – exercer direitos sexuais e reprodutivos;
    III – exercer o direito de decidir sobre o número de filhos e de ter acesso a informações adequadas sobre reprodução e planejamento familiar;
    IV – conservar sua fertilidade, sendo vedada a esterilização compulsória;
    V – exercer o direito à família e à convivência familiar e comunitária; e
    VI – exercer o direito à guarda, à tutela, à curatela e à adoção, como adotante ou adotando, em igualdade de oportunidades com as demais pessoas.
    Art. 84. A pessoa com deficiência tem assegurado o direito ao exercício de sua capacidade legal em igualdade de condições com as demais pessoas.
3   STOLZE GAGLIANO, Pablo; PAMPLONA FILHO, Rodolfo. *Manual de direito civil*. São Paulo: Saraiva, 2017, p. 1426.

Estabelece o referido artigo que a tomada de decisão apoiada é processo em que a pessoa com deficiência elege ao menos duas pessoas em que tenha confiança, sejam idôneas e mantenha vínculo para lhe prestar apoio em decisões acerca da vida civil. Para tanto, essas pessoas vão fornecer elementos e informações para o exercício da sua capacidade.

Vê-se que a própria pessoa com deficiência é quem estabelece a Abertura de Decisão Apoiada. Assim, não é mais preciso de um curador, mantendo-se a autonomia do deficiente.

E ainda:

§ 1º Para formular pedido de tomada de decisão apoiada, a pessoa com deficiência e os apoiadores devem apresentar termo em que constem os limites do apoio a ser oferecido e os compromissos dos apoiadores, inclusive o prazo de vigência do acordo e o respeito à vontade, aos direitos e aos interesses da pessoa que devem apoiar.

§ 2º O pedido de tomada de decisão apoiada será requerido pela pessoa a ser apoiada, com indicação expressa das pessoas aptas a prestarem o apoio previsto no *caput* deste artigo.

§ 3º Antes de se pronunciar sobre o pedido de tomada de decisão apoiada, o juiz, assistido por equipe multidisciplinar, após oitiva do Ministério Público, ouvirá pessoalmente o requerente e as pessoas que lhe prestarão apoio.

§ 4º A decisão tomada por pessoa apoiada terá validade e efeitos sobre terceiros, sem restrições, desde que esteja inserida nos limites do apoio acordado.

§ 5º Terceiro com quem a pessoa apoiada mantenha relação negocial pode solicitar que os apoiadores contra-assinem o contrato ou acordo, especificando, por escrito, sua função em relação ao apoiado.

§ 6º Em caso de negócio jurídico que possa trazer risco ou prejuízo relevante, havendo divergência de opiniões entre a pessoa apoiada e um dos apoiadores, deverá o juiz, ouvido o Ministério Público, decidir sobre a questão.

§ 7º Se o apoiador agir com negligência, exercer pressão indevida ou não adimplir as obrigações assumidas, poderá a pessoa apoiada ou qualquer pessoa apresentar denúncia ao Ministério Público ou ao juiz

§ 8º Se procedente a denúncia, o juiz destituirá o apoiador e nomeará, ouvida a pessoa apoiada e se for de seu interesse, outra pessoa para prestação de apoio

§ 9º A pessoa apoiada pode, a qualquer tempo, solicitar o término de acordo firmado em processo de tomada de decisão apoiada.

§ 10. O apoiador pode solicitar ao juiz a exclusão de sua participação do processo de tomada de decisão apoiada, sendo seu desligamento condicionado à manifestação do juiz sobre a matéria.

§ 11. Aplicam-se à tomada de decisão apoiada, no que couber, as disposições referentes à prestação de contas na curatela.

Discute-se, por fim, qual o destino das interdições (nas situações enquadradas do Estatuto) já que os deficientes não são mais incapazes. Entendemos que devem ser analisadas caso a caso, não podendo se falar em "cancelamento automático" das interdições. É necessário haver requerimento da própria parte interditada e o magistrado verificar as circunstâncias que motivariam a mudança da sua situação.

A situação do índio recebe tratamento peculiar em nosso ordenamento, sendo regida pela Lei n. 6.001, de 19 de dezembro de 1973. O índio que não for integrado à comunhão nacional fica sob a tutela – independentemente de procedimento judicial – da União, que a exercerá através do competente órgão federal de assistência. No caso, a FUNAI.

É considerado incapaz desde o nascimento até que reúna as condições previstas pelo art. 9º da lei acima mencionada para que seja dispensado da assistência, o que se dará por ato judicial ou diretamente, através de ato da FUNAI homologado pelo órgão judicial.

De acordo com o art. 747 do CPC, são legitimados a promover a ação de interdição o cônjuge ou companheiro, os parentes consanguíneos ou afins, os tutores, o representante da entidade em que se encontra abrigado o interditando e o Ministério Público. Nos três primeiros casos, a petição inicial deverá conter documentação que demonstre a condição de legitimado do requerente.

A possibilidade de interdição a requerimento do Ministério Público é mais restrita, subsidiária à atuação dos demais, cabendo aos casos em que não existir ou não promover a interdição nenhum dos outros legitimados, ou, existindo, for incapaz o cônjuge, o companheiro ou o parente consanguíneo ou afim.

A petição inicial será endereçada ao juízo da Vara de Família, onde houver, do domicílio do interditando. Deverá, além de obedecer aos requisitos do art. 319 do CPC, descrever de forma especificada os fatos que indiquem a incapacidade do interditando para praticar os atos para os quais se pretende nomear-lhe curador, assim como o momento em que se revelou a incapacidade.

Deverá constar também laudo médico que comprove o alegado, salvo quando informada a impossibilidade de fazê-lo. Sendo caso de urgência, poderá haver pedido justificado para nomeação de curador provisório, que poderá ser concedida pelo juiz para a prática de determinados atos.

Recebida a petição inicial, o interditando será citado para realizar entrevista com o juiz, momento em que este poderá tomar conhecimento pessoalmente daquele que se pretende interditar e suas condições mentais. Para tanto, é possível que esse diálogo ocorra no local onde esteja o interditando, caso não possa se locomover. De acordo com o art. 751 do CPC, o juiz buscará saber minuciosamente sobre sua vida, seus negócios, seus bens, suas vontades, suas preferências, seus laços familiares e afetivos, sobre o que mais lhe parecer necessário a fim de identificar uma situação de falta ou prejuízo de discernimento, o que será reduzido a termo.

Em se tratando de procedimento de jurisdição voluntária, todos os esforços vão no sentido do interesse na proteção daquele que poderá ser interditado. Para tanto, a lei prevê, por exemplo, o acompanhamento da entrevista por um especialista, o emprego de recursos tecnológicos capazes de permitir ou auxiliar o interditando a expressar suas vontades e preferências e a responder às perguntas formuladas, bem como a possibilidade de o juiz proceder à oitiva de parentes e pessoas próximas do interditando.

Após essa audiência, o interditando poderá se defender nos autos, opondo-se à sua interdição, impugnando o pedido. A contestação será apresentada pelo interditando em 15 dias contados da audiência de interrogatório. Haverá a participação do Ministério Público como fiscal da ordem jurídica.

Nessa ocasião, serão também tomadas as providências para se viabilizar a defesa do interditando, que poderá ocorrer por advogado constituído ou, na ausência deste, por curadoria especial, que será exercida pela Defensoria Pública, nos termos do art. 72, parágrafo único, do CPC. Trata-se de disciplina mais compatível com as disposições constitucionais acerca de cada uma das instituições que exercem funções essenciais à Justiça.

De qualquer sorte, é certo que, em se tratando de ação que versa sobre direitos indisponíveis, na ausência de resposta não há falar-se na incidência dos efeitos da revelia.

Nada obstante, o § 3º do art. 752 do CPC estabelece que no caso de não constituição de advogado, pelo interditando, poderá o cônjuge, companheiro ou qualquer parente sucessível ingressar no feito, na qualidade de assistente.

Somente após o prazo para impugnação é que haverá perícia para se investigar se o interditando é de fato incapaz para a prática de atos da vida civil. Note-se que a entrevista feita pelo juiz, ainda que acompanhada de especialista, não é suficiente para fundamentar a interdição, a não ser que a incapacidade seja evidente e haja prova inequívoca dela.

Essa perícia, quando não dispensada, poderá ser elaborada por equipe de profissionais com formação multidisciplinar. O respectivo laudo deverá esclarecer os atos para os quais será necessária a curatela, em caso de interdição parcial.

A interdição parcial tem espaço, por exemplo, no caso dos excepcionais sem desenvolvimento mental completo e do pródigo, como previsto pelo art. 1.782 do CC, que ficará privado da prática de atos que sejam relativos à administração patrimonial, como emprestar, transigir, dar quitação, alienar, hipotecar, demandar ou ser demandado, os quais não poderá praticar sem a presença de seu curador.

Em seguida, o juiz decidirá sobre a interdição. No caso de sentença que imponha a interdição, será nomeado curador, o prazo e os limites da curatela, de acordo com o estado e o desenvolvimento mental do incapaz, levando em conta suas características pessoais, suas potencialidades, habilidades, vontades e preferências.

De acordo com o CC, no art. 1.775, a curatela será exercida, a princípio, pelo cônjuge ou companheiro, não separado judicialmente ou de fato. Subsidiariamente, na ausência ou impossibilidade daqueles, será curador o pai ou a mãe. E, por sua vez, na falta desses últimos, o descendente que se mostrar mais apto, precedendo os mais próximos aos mais remotos. Não sendo possível a assunção do compromisso por qualquer desses familiares, o juiz escolherá o curador.

O CPC, por sua vez, complementando o disposto na lei civil, em seu art. 755, I e § 1º, estabelece que o curador poderá ser o requerente da interdição e que a curatela será conferida àquele que melhor possa atender aos interesses do curatelado. Esclarece também que, caso o interdito tenha sob sua guarda e responsabilidade pessoa incapaz, a curatela será atribuída a quem melhor atenda ao interesse de ambos. Nos termos do art. 1.778 do CC, a autoridade do curador estende-se à pessoa e aos bens dos filhos do curatelado. O CPC estatui no mesmo sentido ao estabelecer que "a autoridade do curador se estende à pessoa e aos bens do incapaz que se encontrar sob a guarda e a responsabilidade do curatelado ao tempo da interdição, salvo se o juiz considerar outra solução como mais conveniente aos interesses do incapaz" (art. 757).

É possível, ainda, pleitear-se a anulação, por meio de ação própria, de negócio jurídico realizado pelo interdito antes da decretação da interdição, fundamentando-se a incapacidade no momento da celebração, demonstrada pela sentença da ação de interdição.

Caso não se possa fixar seu termo inicial, será considerado o momento da propositura da ação.

À sentença deve-se dar ampla publicidade, razão pela qual será inscrita no registro de pessoas naturais e imediatamente disponibilizada na rede mundial de computadores, no sítio do respectivo tribunal e na plataforma de editais do Conselho Nacional de Justiça, onde ficará por seis meses, além da divulgação na imprensa local, uma vez, e no órgão oficial, por três vezes, com intervalo de dez dias. Do edital constarão os nomes do interdito e do curador, a causa e o termo da interdição, assim como os limites da curatela que poderá ser total ou parcial. Neste último caso, serão indicados os atos que poderão ser praticados autonomamente pelo interdito.

Da sentença de interdição cabe recurso de apelação.

Encerrado o procedimento e imposta a curatela, poderá haver seu levantamento quando cessar a causa que a determinou, mediante requerimento do interdito, do curador ou do Ministério Público, que será apensado aos autos da interdição.

Será nomeado perito ou equipe multidisciplinar que realizará o exame do interdito a fim de verificar se há a superação da situação de incapacidade. Apresentado o laudo, o juiz designará audiência de instrução e julgamento. Ao acolher o pedido, o juiz ordenará o levantamento da interdição e a sentença será publicada nas mesmas condições da sentença que impôs a medida. Note-se que o levantamento da interdição pode ser parcial, se demonstrada a capacidade do interdito para praticar alguns atos da vida civil.

Observe-se também que o procedimento de levantamento da interdição é diferente do de interdição, que não exige audiência de instrução e julgamento obrigatória e tem rol de legitimados a requerê-la mais amplo que o primeiro.

9.

DAS DISPOSIÇÕES COMUNS À TUTELA E À CURATELA

Além da curatela, explanada no capítulo anterior, temos a tutela como encargo conferido a alguém para cuidar e administrar os bens de outrem. Neste caso, trata-se de proteção em favor da criança ou adolescente que não esteja sob o poder familiar, seja por estarem seus pais mortos ou ausentes, seja por terem perdido ou suspenso tal poder.

A capacidade para exercer a tutela ou a curatela, as situações em que se admite a escusa do encargo, o regulamento de seu exercício, assim como os direitos e obrigações do tutor e do curador, são regidos pela lei civil. Cabe verificar as disposições da lei processual acerca do procedimento de nomeação e remoção de tutores e curadores.

O tutor poderá ser nomeado pelos pais, em conjunto, por testamento ou outro documento autêntico, exceto se, no momento de sua morte, não tiver, qualquer deles, o poder familiar sobre o filho.

Caso os pais não façam tal nomeação, a tutela será incumbência dos ascendentes ou dos colaterais até o terceiro grau, sempre preferindo os de grau mais próximo aos de grau mais remoto, e, se no mesmo grau, os mais velhos têm preferência. São os chamados tutores legítimos, pois seu encargo decorre de determinação legal.

Assim como já ressaltado para a curatela, na tutela também será escolhido para desempenhar tal função aquele que atenda ao melhor interesse do tutelado. Por essa razão, inclusive, o art. 1.732 do CC confere ao juiz o poder de nomear tutor idôneo e residente no mesmo domicílio que o menor, caso não haja tutor testamentário ou legítimo, ou quando estes forem excluídos ou escusados da tutela, ou removidos por não idôneos.

Constatada a situação que enseja a nomeação do tutor ou curador, ele será intimado para prestar compromisso no prazo de 5 dias contados da nomeação feita de acordo com a lei ou do despacho que mandar cumprir o testamento ou o instrumento público que o houver instituído.

O compromisso será prestado por termo em livro rubricado pelo juiz e marca o momento a partir do qual o tutor ou curador assume a administração dos bens do tutelado ou interditado. Nessa ocasião, serão entregues ao tutor os bens do menor, mediante termo que os especificará e indicará seus valores, bem como declarará o tutor todas as dívidas em que for credor do tutelado, sob pena de não poder cobrá-las enquanto exercer o encargo, exceto se demonstrar que desconhecia o débito quando assumiu o compromisso.

Para os menores que tenham patrimônio de montante considerável, o juiz pode exigir caução do tutor para que exerça sua função, o que poderá ser dispensado se de reconhecida idoneidade o tutor.

A tutela é encargo obrigatório. Por essa razão, só é permitido dela escusar-se nas hipóteses autorizadas por lei. O art. 1.736 do CC permite que se escusem da tutela as mulheres casadas, os maiores de sessenta anos, aqueles que tiverem sob sua autoridade mais de três filhos, os impossibilitados por enfermidade, aqueles que habitarem longe do lugar onde se haja de exercer a tutela, aqueles que já exercerem tutela ou curatela e os militares em serviço.

Como a lei é expressa em dar preferência ao tutor familiar do tutelado, pode se escusar também aquele que não for parente do menor quando houver parente idôneo em condições de exercê-la.

Nesses casos, o tutor ou curador – este, por força do art. 1.774 do CC, que determina a aplicação à curatela das disposições concernentes à tutela, com as modificações dos artigos do seu capítulo específico – podem eximir-se do encargo, apresentando ao juiz escusa no prazo de cinco dias contados da intimação para prestar compromisso, ou do dia em que sobrevier o motivo da escusa, se posterior ao compromisso. A falta de alegação da causa liberatória no prazo fixado em lei acarreta a presunção de renúncia do direito de fazê-la.

O CPC dispõe em seu art. 760 que a escusa deve ser apresentada ao juiz no prazo de cinco dias. Já o CC, no seu art. 1.738, estabelece que "a escusa apresentar-se-á nos dez dias subsequentes à designação, sob pena de entender-se renunciado o direito de alegá-la; se o motivo escusatório ocorrer depois de aceita a tutela, os dez dias contar-se-ão do em que ele sobrevier". Entendemos que o CPC, por ser norma superveniente, prevaleça nesse caso.

O requerimento de escusa será decidido de plano pelo juiz. Se não admitida desde então, a tutela ou a curatela será exercida pelo nomeado até que seja dispensado por sentença transitada em julgado. De acordo com o art. 1.739 do CC, enquanto não tiver provimento o recurso interposto pelo nomeado, ele exercerá a tutela e responderá pelas perdas e danos que venha a sofrer o menor.

No caso da tutela, ela pode encerrar-se em razão do tutelado, com a maioridade ou a emancipação do menor ou com o retorno da submissão do menor ao poder familiar, ou em razão do tutor, ao expirar o termo, em que era obrigado a servir, ao sobrevir escusa legítima, ou ao ser removido.

Com relação ao encerramento do prazo, tem-se, pela lei civil, que o tutor é obrigado a servir por dois anos, somente. Após esse prazo, exonerar-se-á do encargo. Entretanto, caso queira e o juiz julgue conveniente ao tutelado, pode continuar no exercício da tutela após o decurso desse prazo.

Por fim, temos a possibilidade de remoção do tutor ou curador, que é o afastamento forçado ou compulsório de suas funções, que ocorrerá nas hipóteses dos arts. 1.735 e 1.766 do CC, mediante requerimento do Ministério Público ou de quem tenha legítimo interesse.

Requerida a remoção, será citado o tutor para contestá-la no prazo de cinco dias. Após a impugnação, o procedimento obedecerá ao rito comum.

Enquanto não julgado o pedido de remoção, o tutor ou curador continua no desempenho de suas funções. É ressalvada, entretanto, a possibilidade de, em caso de extrema gravidade, o juiz suspendê-lo do exercício de suas atribuições, nomeando, interinamente, substituto.

Encerradas as funções do tutor ou curador em razão do decurso do prazo ao qual estava obrigado, será possível apresentação de pedido de exoneração do encargo, nos dez dias seguintes ao final do termo. Caso não o faça no prazo estabelecido em lei, será reconduzido à função, salvo dispensa pelo juiz. Encerradas as atividades, é indispensável a prestação de contas pela administração dos bens do tutelado ou curatelado, na forma da lei civil.

10.

DA ORGANIZAÇÃO E DA FISCALIZAÇÃO DAS FUNDAÇÕES

As fundações são pessoas jurídicas de direito privado que, de acordo com o art. 62 do CC, são formadas por uma universalidade de bens e que têm fins religiosos, morais, culturais ou de assistência.

Em razão do relevante papel desempenhado pelas fundações, dos volumes patrimoniais vultosos necessários para sua constituição e de sua finalidade sempre de interesse público, a fiscalização dessas pessoas jurídicas de direito privado incumbe ao Ministério Público (art. 66 do CC), cujas funções institucionais são a defesa da ordem jurídica, do regime democrático e dos interesses sociais e individuais indisponíveis (art. 127 da CF).

Nesse sentido, o CPC prevê nos seus arts. 764 e 765 um procedimento próprio, de jurisdição voluntária, para disciplinar a organização e fiscalização das fundações. A disciplina atual é bastante condensada com relação à anterior do CPC/73, restringindo-se a complementar o regime da matéria dos arts. 62 a 69 do CC, especialmente com as reformas empreendidas pela Lei n. 13.151/2015.

Dessa forma, a fundação somente poderá ser formalizada por escritura pública ou testamento. O seu instituidor deverá especificar a maneira como será administrada, bem como o fim a que se destina. Seus fins, contudo, são limitados a: a) assistência social; b) cultura, defesa e conservação do patrimônio histórico e artístico; c) educação; d) saúde; e) segurança alimentar e nutricional; f) defesa, preservação e conservação do meio ambiente; g) pesquisa científica, desenvolvimento de tecnologias alternativas, modernização de sistemas de gestão, produção e divulgação de informações e conhecimentos técnicos e científicos; h) promoção da ética, cidadania, democracia e direitos humanos; e i) atividades religiosas.

10.1. CONSTITUIÇÃO DAS FUNDAÇÕES

Para a constituição de uma fundação, primeiramente, é necessário que haja a sua instituição, que é o ato de dotação, por meio do qual se especificam quais os bens livres e desembaraçados que a formarão, os fins por ela buscados e, caso queira, a forma pela qual será administrada. O seu instituidor o faz por escritura pública ou testamento.

O passo seguinte será a elaboração de seu estatuto, observando o disposto na lei civil. Poderá ser feito pelo instituidor, por pessoa por ele indicada, ou pelo Ministério Público, caso não seja elaborado no prazo de 180 dias imposto pelo art. 65 do CC.

Elaborado o estatuto, ele deverá ser aprovado. Se preparado pelo instituidor ou por terceiro de sua confiança, caberá ao Ministério Público sua aprovação. Sendo negativa sua resposta ou fazendo o *Parquet* exigências de modificação com as quais não concorda o interessado, o juiz decidirá. O mesmo ocorrerá quando discordar do estatuto elaborado pelo Ministério Público. O juiz poderá mandar fazer adaptações ao estatuto, adequando-o aos objetivos do instituidor, para, então, suprir-lhe a aprovação.

Sua constituição encerra-se com o registro dos atos constitutivos e do estatuto no Registro Civil das Pessoas Jurídicas competente. A fundação passa a existir legalmente nesse momento, em que há a constituição de sua personalidade jurídica.

No que concerne ao procedimento judicial de jurisdição voluntária, o magistrado decidirá sobre a aprovação do estatuto e alterações da fundação sempre que requerido (pela parte ou pelo Ministério Público) quando (art. 764, CPC):

I – ela for negada previamente pelo Ministério Público ou por este forem exigidas modificações com as quais o interessado não concorde;
II – o interessado discordar do estatuto elaborado pelo Ministério Público.

10.2. EXTINÇÃO DAS FUNDAÇÕES

O CPC (art. 765) autoriza qualquer interessado ou o Ministério Público a pedir a extinção da fundação quando se tornar ilícito o seu objeto, for impossível a sua manutenção, ou se vencer o prazo de sua existência. A extinção deverá obedecer o disposto no art. 69 do CC, que impõe a incorporação do patrimônio da fundação por outra fundação designada pelo juiz que se proponha fim igual ou semelhante, caso não haja disposição em sentido diverso no ato constitutivo ou no estatuto.

A extinção da fundação somente ocorre quando verificadas algumas dessas situações taxativamente enumeradas pela lei, em razão do interesse público na finalidade a que ela se destina. Não é por outra razão que a extinção da fundação depende também de pronunciamento judicial acerca da verificação dessa condição. Só é possível, portanto, a extinção de uma fundação por sentença judicial.

11.

DA RATIFICAÇÃO DOS PROTESTOS MARÍTIMOS E DOS PROCESSOS TESTEMUNHÁVEIS FORMADOS A BORDO

"O protesto é um dos meios de que se serve o capitão do navio para comprovar quaisquer ocorrências no curso da viagem, seja em relação a carga, aos passageiros ou ao próprio navio. Representa o registro de qualquer acidente ocorrido em viagem, constando, pois, de uma declaração ou relato feito pelo capitão relativo às circunstâncias da viagem, às tempestades (borrascas) suportadas pelo navio, aos sinistros e acidentes supervenientes que o obrigaram a procurar outro porto e aí se refugiar (arribada forçada), a própria conduta do capitão a respeito de qualquer medida que julgou ser de seu dever tomar. É, outrossim, o ato escrito do capitão do navio, tendente a comprovar sinistros, avarias ou quaisquer perdas sofridas pelo navio ou sua carga, ou ambos, e que tem por fim eximir o capitão pelos casos fortuitos ou de força maior (...). A ratificação judicial é condição de validade do protesto marítimo. Os protestos, quando confirmados pela ratificação sumária, têm fé pública e fazem prova em juízo, salvo prova em contrário"[1].

O direito marítimo é regido de acordo com a Segunda Parte do Código Comercial de 1850, pela legislação esparsa e através de tratados e convenções internacionais.

O CPC/39 regulava a matéria relativa aos protestos marítimos através de seus arts. 725 a 729, mantidos em vigor em razão do art. 1.218, VIII, do CPC/73.

Pela necessidade de uma melhor regulamentação, o CPC incluiu uma seção sobre esta matéria (arts. 766 a 770).

Assim, todos os protestos e os processos testemunháveis formados a bordo e lançados no livro Diário da Navegação deverão ser apresentados pelo comandante ao juiz de direito do primeiro porto, nas primeiras 24 (vinte e quatro) horas de chegada da embarcação, para sua ratificação judicial (art. 766, CPC).

A apresentação será realizada através de petição inicial, que conterá a transcrição dos termos lançados no livro Diário da Navegação e deverá ser instruída com cópias das páginas que contenham o que será ratificado, todos os documentos necessários, identificação do

---

1 GILBERTONI, Carla Adriana Comitre. *Teoria e prática do direito marítimo*. Rio de Janeiro: Renovar, 1998, p. 261-262.

comandante, testemunhas arroladas, tripulantes, embarcação, cargas danificadas e seus consignatários (art. 767, CPC).

Se os documentos estiverem em língua estrangeira, deverão ser traduzidos para o português sem a necessidade de ser juramentada, ou seja, poderá ser realizada uma tradução livre (art. 767, CPC).

A petição inicial deverá ser distribuída com urgência, para que o juiz ouça, sob o compromisso a ser protestado no mesmo dia, o comandante e as testemunhas, que deverão comparecer independentemente de intimação (art. 768, CPC).

Se forem estrangeiros que não dominem a língua portuguesa, o autor deverá fazer-se acompanhar por tradutor, que prestará compromisso em audiência, do contrário o juiz nomeará outro, também sob compromisso em audiência (§§ 1º e 2º do art. 768, CPC).

O juiz mandará apregoar os consignatários das cargas indicadas na petição inicial e outros eventuais interessados, nomeando para os ausentes curador para o ato, assim que iniciada a audiência, em cuja sessão inquirirá o comandante e as testemunhas e, convencido dos fatos descritos no Diário da Navegação, ratificará por sentença o protesto ou o processo testemunhável lavrado a bordo, dispensado o relatório (arts. 769 e 770, CPC).

O juiz determinará, independentemente do trânsito em julgado, a entrega dos autos ao autor ou ao seu advogado, mediante a apresentação de traslado (art. 770, parágrafo único, CPC).

PROCESSO DE EXECUÇÃO E CUMPRIMENTO DE SENTENÇA

PARTE GERAL

1.

TEORIA GERAL DA TUTELA JURISDICIONAL EXECUTIVA

1.1. INTRODUÇÃO

A sociedade é regida por uma série de normas que incidem invariavelmente sobre a conduta humana. Algumas delas, como as que se relacionam à moral, aos costumes ou à religião, geram, para quem as desrespeita, apenas uma desaprovação social. Contudo, o Estado estabelece que a inobservância referente a algumas regras de conduta pode acarretar mais do que uma mera censura. Assim, como todas as regras devem ser cumpridas, é necessário se estabelecer um mecanismo para que se possa garantir o seu cumprimento no plano prático. Esta forma de garantir a realização da regra denomina-se sanção.

A sanção objetiva tornar real a vontade do Estado sem que se torne o cumprimento das regras apenas uma vontade em potencial.

A sanção jurídica é uma espécie do gênero sanção. Ela tem por objetivo estabelecer o cumprimento de determinadas regras quando enquadradas dentro do processo. A sanção poderá ser penal ou civil. Se o comportamento, dito ilícito, recebe da lei a definição de crime, pode-se dizer que a sanção incidirá sobre o agente na forma de punição, como regra.

Contudo na esfera cível a sanção tem por escopo principal não a punição (que por vezes pode se manifestar na incidência de multas, como a dos arts. 77, 81, 774 do CPC), mas o cumprimento da obrigação por meio do seu patrimônio (execução direta) ou por meio de mecanismos para estimular o cumprimento espontâneo ou o resultado prático equivalente da obrigação específica (execução indireta).

Dessa forma, enquanto na esfera penal a sanção tem como efeito predominante a punição, na esfera cível a reparação.

Contudo, a sanção é regra de caráter genérico e abstrato. Somente poderá ser aplicada pelo Estado quando se puder comprovar a existência de um direito (fato jurídico ocorrido) e a sua consequente previsão no ordenamento (fundamentação jurídica) comprovando a *tipicidade*.

Assim, o Estado cria mecanismos para que a parte possa levar esta pretensão (fato) ao Judiciário e estabelecer o devido enquadramento da norma geral (fundamento jurídico). Diante da subsunção do fato à norma (ou, como se diz na hermenêutica moderna, atividade criativa para a produção da norma individual) está autorizada a incidência da sanção.

Estes mecanismos objetivam eliminar as crises previstas no ordenamento. As crises em que se pode levar à busca da tutela jurisdicional são de três ordens: **a)** a crise da certeza jurídica (em que se deseja um provimento declaratório); **b)** a crise da situação jurídica (em que se requer um provimento constitutivo); e **c)** a crise do adimplemento (em que se postula um provimento condenatório).

As duas primeiras constituem tutelas autossuficientes, pois não dependem de ulterior atividade jurisdicional para a produção dos seus regulares (e definitivos) efeitos. A mera declaração ou a mera constituição já proporcionam, no plano prático, a tutela pretendida[1]. A sanção atua com a mera sujeição do agente à nova situação jurídica, constatada ou decretada.

Contudo, a crise do adimplemento somente poderá ser cumprida com a vontade do condenado. Como este "agir" não costuma ser realizado de forma espontânea na prática, a lei confere mecanismos para que, em atividade ulterior, viabilize-se a prática de atos materiais tendentes ao cumprimento.

Estes mecanismos, tendentes a proporcionar no plano prático o cumprimento efetivo daquilo previsto no título executivo, denomina-se **execução**. **Executar é satisfazer, tornar concreto**. Nas palavras de Cândido Dinamarco, "executar é dar efetividade e execução é efetivação" e para diferenciar a tutela de conhecimento de execução, assevera que o primeiro "se resolve em sentença (palavras) e não na entrega de bens (atos)"[2]. Execução é a prática de atos dispostos pelo Estado para realizar materialmente o direito declarado no título. Não se objetiva com a execução, em regra, **conferir direitos** (competência afeta a tutela cognitiva e ao legislador quando cria a eficácia abstrata dos títulos executivos extrajudiciais), mas apenas **outorgá-los** a quem possui uma situação jurídica de vantagem.

Por isso a jurisdição não é apenas dotada de instrumentos para declarar o direito (*juris-dição*), mas também para permitir a efetivação do que foi decidido. Na execução não há a bipolaridade que prepondera na tutela cognitiva. Tem a execução como diferença funcional o desfecho único (conforme será visto no item 1.3.4. *infra*).

A sanção executiva difere da sanção do direito material (multas contratuais, administrativas...) pela sua natureza dinâmica. As sanções do direito substancial não têm aptidão para tornar prático o inadimplemento do agente. Apenas constatam uma situação. A sanção executiva, ao contrário, age e proporciona na prática a realização material que, em decorrência da sanção, tenha direito.

Como a execução tem por escopo precípuo efetivar concretamente situações jurídicas na esfera das partes e não apenas emitir mera declaração (sentença), as atividades ali exercidas são predominantemente materiais (quer no patrimônio, quer na vontade do executado). Como consequência procedimental, o contraditório fica mitigado, tendo em vista a eficácia abstrata do título executivo.

---

1   Não se nega que tanto uma como a outra conferem o efeito anexo de condenação em custas e honorários a ser executada conforme as regras do CPC.
2   *Instituições de direito processual civil*. 3. ed. São Paulo: Malheiros, 2009, v. 4.

É por isso que se pode dizer que há no ordenamento jurídico um direito fundamental ao crédito ou outra obrigação, sob pena de não ser considerado um processo justo.

Contudo, nem só as decisões jurisdicionais conferem ao portador do crédito o direito à atuação da sanção. A lei confere a determinados atos/negócios jurídicos eficácia executiva para que se possa, independentemente da declaração da existência do direito material, conferir ao titular da situação de vantagem prevista no título (representativo do ato ou negócio) a atuação da sanção.

1.2. A EXECUÇÃO NO CPC – CLASSIFICAÇÃO

Estabelecer uma classificação da tutela jurisdicional executiva é a melhor forma de apresentar sua estrutura – ainda que de maneira perfunctória – para que se possa compreender as questões que serão enfrentadas com mais profundidade no caminhar dos capítulos.

1.2.1. QUANTO À ORIGEM DO TÍTULO

Os títulos executivos podem ser judiciais (art. 515) ou extrajudiciais (art. 784). **Títulos executivos judiciais são aqueles produzidos dentro de um processo por meio de atividade jurisdicional. Já os títulos executivos extrajudiciais são aqueles produzidos fora de um processo em que a lei confere eficácia executiva a determinados documentos e foram formalizados por ato de vontade das partes** (ou somente por uma como a certidão da dívida ativa, art. 784, IX).

Todos eles permitem a execução forçada. Tal equiparação se deu com o CPC/73 e se manteve com o Código atual, pois no regime do CPC/39 apenas os títulos executivos judiciais poderiam ser executados de maneira direta (ação executória). Já os extrajudiciais eram apresentados em um processo híbrido (cognitivo-executivo) (ação executiva).

Contudo, esta distinção (*geográfica* de ter sido produzido dentro ou fora de um processo judicial) não é plenamente satisfatória: e isso porque há títulos que não foram produzidos por atividade jurisdicional (ao menos típica se se considerar a arbitragem sucedâneo de jurisdição) como a sentença arbitral (art. 515, VII, CPC).

Assim, esta primeira distinção é apenas um referencial. O melhor modo de diferenciação destes títulos é pela *forma* como são executados: os extrajudiciais por meio de processo autônomo e os judiciais por meio de cumprimento de sentença formalizado no mesmo processo cognitivo em que se produziu o título[3].

A classificação assume especial importância a partir de 2005 com a **ruptura da unidade procedimental** para o cumprimento destes dois títulos. Antes, a forma executiva para estas duas modalidades de título era uniforme. O executado era citado para pagar em vinte e quatro horas ou nomear bens à penhora. O que diferia um procedimento do outro era a cognição nos embargos à execução: na execução de título extrajudicial a cognição era livre, permitindo ao executado embargante suscitar quaisquer matérias que entendesse necessárias para impedir a atuação do título sobre sua esfera jurídica.

---

3 Sem prejuízo do fato de que as sentenças arbitral, estrangeira, penal condenatória, a decisão homologatória de autocomposição extrajudicial, a decisão interlocutória estrangeira e o acórdão proferido pelo Tribunal Marítimo geram a criação de novo processo, na medida em que a sua criação se deu fora do ambiente cível. Contudo, seu procedimento segue o cumprimento de sentença e não as regras (que podem ser aplicadas subsidiariamente) previstas no Livro II do CPC.

Já os embargos de título judicial (antiga redação do art. 741, CPC/73) possuíam cognição limitada, na medida em que o executado já teve, na via de conhecimento, a possibilidade de se insurgir contra o crédito que se materializou naquele título. Dessa forma sua argumentação se limitava, em regra, a questões posteriores à formação do título.

Esta diferença ainda é sentida na redação dada ao art. 525, § 1º, que regulamenta as matérias veiculáveis na impugnação da execução baseada em título judicial, cuja cognição é mais restrita que nos embargos à execução de título executivo extrajudicial (art. 525, VII, CPC).

1.2.1.1. Vasos comunicantes

O sistema processual executivo não pode ser visto como um compartimento estanque. Tanto os diversos modelos executivos dependem (no plano procedimental) um do outro para sua efetiva realização como a execução (ação ou fase) depende das regras gerais da atividade cognitiva para suplementar aquilo que lhe é omisso.

Dessa forma, dois artigos assumem especial relevância no ordenamento jurídico: os **arts. 513 e 771, parágrafo único, do CPC**. Estabelece o primeiro artigo: "O cumprimento da sentença será feito segundo as regras deste Título, observando-se, no que couber e conforme a natureza da obrigação, o disposto no Livro II da Parte Especial deste Código". E o segundo: "Aplicam-se subsidiariamente à execução as disposições do Livro I da Parte Especial".

O que ocorre nessas duas regras é o estabelecimento de "vasos comunicantes" entre o Livro I do CPC atual, que regulamenta o "processo de conhecimento e cumprimento de sentença", e o Livro II, que tem por objetivo disciplinar o "processo de execução" (ambos da Parte Especial). Constitui, em verdade, um duplo sentido vetorial.

Nesses dois artigos permite-se colher material procedimental se e quando houver necessidade. Desta forma, o cumprimento de sentença, a despeito de estar hospedado no Livro I, deverá – até mesmo pelo autorizador art. 513 do CPC – socorrer-se do Livro II para regulamentar situações não previstas (v.g., fase da penhora, expropriação, pagamento etc.). Assim, como a via é de mão dupla: a execução de título executivo extrajudicial poderá utilizar-se de regras da fase de conhecimento ou mesmo do cumprimento de sentença.

Evidente que este "transporte" não é incondicional e depende (i) de previsão em lei que, expressamente, poderá autorizar ou proibir[4] ou (ii) de chancela jurisprudencial, na omissão legislativa.

Tendo formalmente o legislador do CPC optado por estabelecer uma "Parte Geral" (arts. 1º a 317) é desnecessária a indicação na lei que sua aplicação será utilizada na execução (seja como fase, seja como processo). A parte geral é, como toda parte geral deve ser, portadora de regras que disciplinarão as demais partes (parte especial) do Código.

Por fim é importante ressaltar igualmente o art. 519 do CPC ao dizer que às regras pertinentes à liquidação e cumprimento provisório e definitivo de sentença se aplicam, no que couber, a tutela provisória. Essa regra encontra seu espelho o art. 297 do CPC que assim dispõe: "Art. 297. O juiz poderá determinar as medidas que considerar adequadas para efetivação da tutela provisória. Parágrafo único. A efetivação da tutela provisória observará as normas referentes ao cumprimento provisório da sentença, no que couber".

---

4 Apenas a título de exemplo, a moratória processual é expressamente proibida para cumprimento de sentença, conforme o art. 916, § 7º, do CPC.

1.2.2. QUANTO À AUTONOMIA

Conforme dito no item 1.2.1, até 2005 a execução não estabelecia diferenças entre os distintos títulos executivos apresentados em juízo. Criava-se, por assim dizer, um modelo procedimental único para o cumprimento independentemente de sua natureza. A única diferença residia na resistência do executado: a despeito de a defesa ser a mesma (embargos à execução) a cognição do magistrado era livre quando se tratava de título executivo extrajudicial e limitada quando título judicial justamente por ter precedido anterior fase de conhecimento com ampla possibilidade de defesa.

Com a reforma empreendida especialmente pelas Leis n. 11.232/2005 e 11.382/2006, ainda sob a égide do CPC/73, a execução fundada em título executivo judicial estava hospedada no Livro I e, se fundada em título executivo extrajudicial, no Livro II, ambos da Parte Especial do Código.

A diferença entre as duas é maior do que a mera separação geográfica: as execuções fundadas em título judicial são realizadas no mesmo processo em que ocorreu a certificação do direito (fase cognitiva). Dessa forma, não há um processo autônomo de execução, mas uma fase executiva dentro de um processo já existente, permitindo a junção de duas atividades distintas dentro do mesmo processo (sincretismo)[5].

1.2.3. QUANTO À NATUREZA DA OBRIGAÇÃO APRESENTADA EM JUÍZO

Essa classificação leva em consideração a obrigação posta em juízo (o objeto litigioso executivo). O sistema processual brasileiro divide as obrigações em três modalidades: fazer/não fazer, entrega de coisa certa/incerta ou entrega de dinheiro.

Em virtude das vicissitudes apresentadas no direito material para a satisfação dessas distintas modalidades obrigacionais o CPC apresenta diferentes modelos executivos: assim, a execução para pagamento de quantia vem prevista nos arts. 513 e 824; a execução de entrega nos arts. 538 e 806; e a obrigação de fazer e não fazer nos arts. 536 e 814.

As obrigações em dinheiro sofrem ainda uma subdivisão: em virtude da **natureza da prestação**, a execução de alimentos se submete a regime próprio, conforme arts. 528 e 911 do CPC (revogados os arts. 16 a 19 da Lei n. 5.478/68). E em virtude da **qualidade da parte**, a execução contra a Fazenda Pública possui regime próprio nos arts. 534 e 910 do CPC e 100 da CF e a execução pela Fazenda Pública é regrada em legislação extravagante (Lei n. 6.830/80). Esta subdivisão tem importante relevância não só na permissibilidade da prática de atos executivos diferenciados como também na cumulação de pedidos na execução. E isso porque o art. 780 do CPC estabelece que "o exequente pode cumular várias execuções, ainda que fundadas em títulos diferentes, quando o executado for o mesmo e desde que para todas elas seja competente o mesmo juízo e idêntico o procedimento".

Este é, igualmente, o entendimento do STJ no Enunciado n. 27, que dispõe: "Pode a execução fundar-se em mais de um título extrajudicial relativos ao mesmo negócio". A parte final do artigo é regulamentada pela regra geral da cumulação prevista no processo de conhecimento, no art. 327, § 1º, III, do CPC.

---

5   Há situações, como já dito anteriormente, em que o título executivo judicial será instaurado em processo autônomo, JUSTAMENTE porque a certificação do direito não se deu no juízo cível, mas lá deve ocorrer a sua realização prática (v.g., sentença arbitral estrangeira homologada pelo STJ e penal condenatória).

1.2.4. QUANTO À ESTABILIDADE DO TÍTULO

A estabilidade do título traz importantes impactos ao procedimento executivo, pois, dependendo do seu grau de mutabilidade, a prática dos atos materiais está autorizada ou não. Desta forma, o cumprimento da execução pode ser definitivo ou provisório.

Cumprimento definitivo é a execução completa e, por isso, não admite qualquer modificação no conteúdo do título. Como consequência lógica a execução que instrumentaliza a efetivação deste título não sofre nenhuma restrição pelo ordenamento, permitindo a prática de todos os atos necessários ao cumprimento e obtenção da tutela jurisdicional.

Já o **cumprimento provisório** é aquele com base em título provisório, pois ainda carece de ulterior certificação para que se torne definitivo. Esta situação ocorre em execução de título judicial nos recursos recebidos somente no seu efeito devolutivo (CPC, arts. 1.012 e 1.029, § 5º).

Por ser provisório, a lei não permite que o cumprimento chegue muito longe, ou impõe condições (caução) para que possa alcançar o seu final tal qual o cumprimento definitivo. Dessa forma, o Estado estabelece algumas limitações no procedimento. Assim, "o levantamento de depósito em dinheiro e a prática de atos que importem transferência de posse ou alienação de propriedade ou de outro direito real, ou dos quais possa resultar grave dano ao executado, dependem de caução suficiente e idônea, arbitrada de plano pelo juiz e prestada nos próprios autos" (CPC, art. 520, IV).

1.2.5. QUANTO À FORMA DE EFETIVAÇÃO

Há duas técnicas específicas para se proceder à execução, seja ela de título judicial ou extrajudicial: por meio de **sub-rogação** ou por meio de **coerção**.

Estas técnicas têm como pressuposto diferenciador a participação ou não do executado no cumprimento da execução forçada. E a sua existência é extremamente influenciada pela natureza da prestação que se apresenta em juízo. E isso porque há situações em que o Estado não precisa de um ato volitivo do executado para que a obrigação seja satisfeita. Dessa forma, a obrigação por sub-rogação é perfeitamente aplicável. Contudo, outras tantas situações dependem do concurso da vontade do devedor. Nesses casos, sendo imprescindível a sua participação para com o cumprimento, o magistrado deve lançar mão de outros mecanismos, como a coerção.

As medidas executivas acarretam relevante impacto no plano do procedimento executivo conferindo ou não maior liberdade ao magistrado na prática dos atos necessários à obtenção da tutela jurisdicional executiva (tipicidade).

Essa questão será analisada com mais vagar no item 1.3.6. que dispõe sobre o princípio da tipicidade da execução.

1.3. PRINCÍPIOS DA EXECUÇÃO

Assim como o processo em geral é iluminado por princípios que norteiam a aplicação do direito, a execução também é alimentada por diretrizes de ordem principiológica. Além dos princípios gerais, aplicáveis de maneira universal a toda esfera de processos (dispositivo, inércia, devido processo legal, publicidade, entre outros), há a incidência de determinados princípios que decorrem da peculiaridade da própria execução.

1.3.1. PRINCÍPIO DA AUTONOMIA DA EXECUÇÃO

O CPC/73, bem como o CPC/2015 foram moldados para que a execução fosse considerada um processo autônomo. Seja pela estrutura estabelecida pelo legislador (afinal, a execução é analisada em livro autônomo – "Do processo de execução"), seja pela inspiração do Código/73 em Liebman, que propugnava a existência de processos "puros". Dessa forma, cada processo produziria sua atividade específica (executiva, cognitiva ou assecuratória) sem que houvesse interferência de atividades exteriores[6].

Era a ideia de que a autonomia afirmava a existência do processo.

Trata-se de dogma de intensa formação doutrinária e jurisprudencial que tentava divisar com nitidez as atividades tendentes ao reconhecimento do direito daquelas que objetivavam a realização/satisfação desse direito.

O panorama atual do CPC, muito em decorrência das inúmeras reformas que foram empreendidas, dotando algumas ações de força executiva, não mais admite a aplicação rígida desse dogma. Isso porque as atividades de reconhecimento e realização são por vezes realizadas de maneira sucessiva e outras de forma simultânea.

Isso já existia desde a entrada em vigor do CPC/73 com as ações possessórias, o despejo e o mandado de segurança.

Assim, a partir de 1994[7], especialmente com o advento da tutela antecipada (CPC/73, art. 273) e da tutela específica (CPC/73, art. 461), o ordenamento brasileiro passou a admitir que houvesse a junção de duas ou mais atividades distintas dentro do mesmo processo (generalização sincrética). Dessa forma, a atividade que objetivava o reconhecimento do direito poderia realizar-se concomitantemente com a atividade da satisfação desse mesmo direito (como ocorre na execução da tutela antecipada em que a efetivação tramita enquanto ainda se discute, em cognição exauriente, o direito a ser conferido).

O mesmo ocorre com a tutela específica do art. 461 do CPC/73, em que se permite a prática de atos de concretização do direito *dentro* do mesmo processo que produziu a sentença, dispensando a execução autônoma (*sine intervallo*).

O legislador de 2005 (com a Lei n. 11.232/2005) apenas ampliou essa situação ao permitir que a execução da sentença de quantia certa se desse no mesmo processo em que o título foi formado[8]. Assim, nesses casos mantém-se ainda a sua autonomia funcional, mas há uma mistura das atividades executiva e cognitiva[9].

Nessas hipóteses há a vigência de um princípio oposto à autonomia denominado **sincretismo** (permissibilidade que, num mesmo processo, admita atividades jurisdicionais distintas realizando-se sem divisão processual).

Assim, quando o título for judicial, ocorrem substancialmente duas situações: a) se a sentença for produzida por um **juiz cível brasileiro**, a execução será desenvolvida como uma *fase* do processo existente (CPC, art. 515, I a IV); b) se a sentença não foi produzida por um juiz

---

6 Tanto que os embargos, para doutrina quase unânime, têm natureza de ação, já que a "porção cognitiva" da execução deveria se desenvolver em demanda autônoma.
7 Inspirado no art. 84 da Lei n. 8.078/90 (Código de Defesa do Consumidor).
8 Como sempre excepcionado, há raras exceções em que esse cumprimento da sentença seja por meio de ação própria, já que a certificação do direito se deu fora do juízo cível, como na sentença penal condenatória, sentença arbitral e sentença estrangeira (CPC/73, art. 475-P, III).
9 O que também pode ocorrer com o processo cautelar e de cognição com pedido de tutela antecipada, conforme o art. 305, parágrafo único, do CPC.

cível brasileiro, será desenvolvida a execução em um novo processo (processo executivo autônomo) conforme art. 515, § 1º, do CPC.

Em conclusão, o ordenamento vem paulatinamente relegando a autonomia em detrimento do sincretismo. Embora se veja de maneira mais intensa nas execuções de título judicial, nas execuções de títulos extrajudiciais – em que inegavelmente há a instauração de processo executivo – a cognição pode estar presente nas denominadas "exceções de pré-executividade". Dessa forma, a divisão do sistema, hoje, é menos vista pela sua repartição estrutural e mais pela preponderância da cognição.

É importante entender que o estabelecimento ou não da autonomia não faz desaparecer os problemas práticos para se cumprirem as decisões judiciais, tampouco muda a natureza dos institutos, já que a sentença continua sendo *executada*.

Muito pelo contrário, por vezes pode gerar problemas, como a questão da prescrição intercorrente (Súmula 150 do STF). O tema será visto com mais vagar no estudo sobre cumprimento de sentença (item 1.2.2 *infra*).

1.3.2. PRINCÍPIO DA *NULLA EXECUTIO SINE TITULO*

Como um desdobramento do princípio da autonomia, a execução se mostra diferente das demais formas de tutela na medida em que seu ingresso com a prática de atividades executivas somente poderá ser efetivado com a existência de um **título executivo**.

A pretensão de executar nasce de um efeito executivo denominado condenação. Esta condenação se origina de um título produzido em um processo, fora dele (títulos por equiparação) ou ainda como um efeito anexo da própria condenação (efeito anexo extrapenal).

Como a execução constitui processo extremamente agressivo à esfera jurídica do executado com a prática de atos constritivos, como a penhora e o arresto, sua existência subordina-se à presença de um título executivo judicial (CPC, art. 515) ou extrajudicial (CPC, art. 784). Constitui, conforme famosa comparação, o "bilhete de ingresso" da execução. O título é condição necessária e suficiente para a execução. Daniel Mitidiero usa interessante metáfora da qual no processo de conhecimento "as partes começam o processo empatadas. O juiz precisa tratá-las de forma isonômica (...) pode ocorrer, no entanto, de uma das partes já iniciar o processo ganhando de um a zero. O gol da parte é o título executivo extrajudicial (...) nesses casos, o juiz conduz o processo desde logo no interesse do exequente. A [des]igualdade é rompida, e o processo só voltará ao seu equilíbrio se o executado empatar a partida opondo-se à execução"[10].

Essa teoria remonta à formação do processo civil italiano, especialmente pela doutrina de Giuseppe Chiovenda[11]. E isso porque, estando as partes em situações distintas na execução, já que não há discussão do direito, apenas invasão patrimonial na esfera do executado, é necessário que a prática desses atos seja autorizada pela existência desse direito. E a existência abstrata do direito *in casu* se dá pela existência do título executivo.

Assim, não poderia haver execução antes da certeza jurídica, pois não seria crível imaginar a prática de atos expropriatórios baseados em título sujeito a revogação ou modificação. Ademais, em reforço à denominada **teoria da proibição da execução sem título**, figura-se como

---

10 *Processo civil*. São Paulo, RT, 2021, p. 184.
11 Era em verdade um pensamento da época. Nas concepções liberais do século XIX, o magistrado deveria ater-se como simples aplicador da regra, não lhe competindo interpretar a existência do direito, quando o legislador já estabeleceu, prévia e abstratamente, essa existência.

norma norteadora, igualmente, o princípio da taxatividade dos títulos executivos. E isso porque a existência do título está condicionada a sua previsão legal, seja no Código de Processo Civil, seja em legislação extravagante. Assim, nem o juiz nem as partes têm a possibilidade de criar títulos (*nulla titulus sine lege*)[12], permitindo a invasão do patrimônio documentado por uma convenção.

Tem-se o princípio da tipicidade do título. Esta premissa teve sua configuração forte no Estado Liberal (século XIX) em que a atuação do juiz estava condicionada à previsão da lei (gerando uma neutralidade do juiz) e a lei estabelecia que a execução somente poderia decorrer de um juízo de certeza.

Contudo, essa dicotomia entre execução e cognição definitiva perdeu sua importância especialmente após as profundas alterações por que passou o sistema processual civil. Como todo princípio jurídico não é possível imaginar que ele se mantenha incólume diante de tantas modificações empreendidas, o que culminou no CPC atual.

Assim, a atual compreensão da regra passa pelo estudo moderno da autonomia, ou seja, por uma interpretação sistemática das mudanças empreendidas no Código. Dessa forma, não há como estabelecer uma regra restrita: permitir a executividade somente após definitividade da cognição (A premissa é até coerente: primeiro se reconhece a existência do direito, para somente depois permitir a invasão na esfera jurídica do demandado).

Mas essa regra vem flexibilizada em diversas situações:

a) Como primeiro exemplo, o cumprimento provisório autoriza a prática de atos executivos mesmo sem a definitividade, na medida em que o recurso sem efeito suspensivo interposto contra a sentença poderá alterar a realidade do título.

b) Como segundo exemplo, nas demandas que proferem sentenças executivas ou mandamentais (especialmente nas ações de obrigação específica), a efetivação da decisão se dá de ofício pelo magistrado sem a necessidade da demonstração de um título pelo exequente. Aqui ainda não se forma um título, mas como a sentença possui elevada carga eficacial executiva, autoriza-se o seu cumprimento após a certificação da sentença.

c) Como terceiro exemplo pode-se falar em determinadas decisões baseadas em cognição sumária que podem ser executadas, mesmo não havendo até o momento a certeza do direito. É o que ocorre com concessão de tutela provisória (CPC, art. 297). **Aqui não importa o grau de cognição exercida, mas sim a natureza do provimento.** Até mesmo porque, conforme tradicional lição de Liebman, não é o trânsito em julgado que autoriza a produção dos efeitos da decisão (que podem, bem antes, incidir sobre o caso concreto).

Antes se discutia uma interpretação sistemática da "aparente taxatividade" dos (atuais) arts. 515 e 784 do CPC, pois se só pode haver execução com título executivo e o rol é taxativo, como autorizar a execução de decisão interlocutória?

Não se nega que Lei Federal possa criar títulos (seja o CPC, seja legislação extravagante, pois constitui matéria de processo conforme art. 22, I, da CF), máxime pela permissibilidade do inciso XII do art. 784 do CPC.

Mas bem diferente é permitir que OUTRAS TÉCNICAS sejam utilizadas para definição de direitos e que podem permitir a execução.

No **plano formal** a questão foi resolvida no atual CPC, pois o art. 515, I, substituiu a expressão "sentença" que constava no regime anterior (art. 475-N, I) por "decisão", abarcando também as interlocutórias.

---

12 Alguns autores chamam de tipicidade dos títulos (Daniel Amorim).

O problema reside no **plano substancial**, pois a decisão interlocutória decorrente das tutelas provisórias, por exemplo (e que pode ser executada [= efetivada] de plano), carece de certeza pois é marcada pela temporariedade.

É importante analisar a questão.

A mitigação dos rigores do princípio da *nulla executio* autoriza que o juiz não se limite apenas aos títulos prévia e abstratamente previstos em lei, mas também autoriza que o juiz, convencido das argumentações convincentes trazidas pela parte, entenda ser ela merecedora da tutela executiva por meio de decisão concessiva de tutela requerida.

É como se esse título "provisório" fosse um retrato atual da situação subjacente, autorizando o desencadeamento dos atos executivos.

No atual sistema brasileiro em que o magistrado tem importante papel na concreção da norma, participando ativamente da solução do caso (e não apenas aplicando o ordenamento jurídico no caso concreto), a valoração do que pode ou não ser executado é regra importante para a efetividade processual.

1.3.3. PRINCÍPIO DA PATRIMONIALIDADE

A execução volta-se à realização material do direito. Seu objetivo é propiciar a satisfação do crédito e não estabelecer alguma espécie de punição ao executado pela sua contumácia. Pelo princípio da patrimonialidade, da responsabilidade ou realidade[13] da execução, os bens do devedor respondem para a satisfação do crédito: os presentes e futuros (CPC, arts. 789, 824 e 831; CC art. 391).

No Brasil, a execução é eminentemente *real*, ou seja, recai somente no patrimônio do executado. A configuração atual do princípio se deu por longa evolução histórica: no período romano (especialmente na Lei das XII Tábuas) a execução era pessoal e o devedor pagava com a vida (cortava-se o devedor em quantos pedaços fossem os credores) ou com prisão pelo descumprimento das obrigações, até mesmo ameaça para compelir os familiares à satisfação da obrigação.

Entretanto em tempos atuais decorrentes da forte influência francesa do século XIX acerca da intangibilidade da vontade humana, esta evolução chegou a um estágio tão avançado que mesmo no patrimônio do executado existem bens não suscetíveis à responsabilidade executiva por afrontar ao princípio da dignidade humana. Assim, são as hipóteses de: a) impenhorabilidade prevista no CPC (arts. 832-834); b) a impenhorabilidade do bem de família (Lei Federal n. 8.009/90); e c) a impenhorabilidade quando "o produto da execução dos bens encontrados será totalmente absorvido pelo pagamento das custas da execução" (CPC, art. 836).

Contudo, as novas técnicas de execução indireta que não só assumiram um lugar que a sub-rogação não necessariamente alcançava (obrigações *in natura*) como também ajudam na mais efetiva aplicação das obrigações em dinheiro (em especial nos termos autorizadores do art. 139, IV, CPC).

Existem raras exceções em que a incidência da execução não será no patrimônio do executado:

(i) remoção do executado do imóvel objeto de execução. Nesse caso, o cumprimento da obrigação depende da retirada forçada do executado do bem a ser expropriado;

---

13 Porque recai sobre as "coisas". Toda execução é real.

(ii) prisão civil. Hoje o Brasil admite apenas uma hipótese de prisão civil: na dívida de alimentos. A despeito de inserta na Constituição Federal, a prisão do depositário infiel não mais é admitida, conforme entendimento do RE 466.343-1, Súmula Vinculante 25 e Enunciado 419 da Súmula do STJ tendo em vista os Tratados Internacionais ratificados no Brasil[14] que restringem a prisão civil ao devedor de alimentos. Contudo, a prisão civil não é forma de satisfação da dívida e sim mecanismo para compelir o seu cumprimento;

(iii) pressão psicológica. A execução indireta (execução com emprego de mecanismos para "estimular" o cumprimento espontâneo da obrigação) é uma forma de forçar o devedor. Aqui, o Estado busca mecanismos típicos (CPC, art. 497, parágrafo único) ou atípicos para compelir o executado a cumprir a obrigação. A multa do art. 523, § 1º, as *astreintes* e a possibilidade de redução dos honorários para metade no cumprimento espontâneo (CPC, art. 827) são exemplos da forma de execução por coerção (e não por sub-rogação, método tradicional);

(iv) intervenção judicial do Estado nos chamados direitos de terceira geração. Por direitos de terceira geração leia-se o meio ambiente, pessoas idosas, crianças, direitos difusos, consumidor. Nesses casos, por exemplo, poderá o Estado determinar que a empresa instale filtros antipoluentes[15].

O nome mais correto não deveria ser responsabilidade patrimonial e sim responsabilidade executiva, pois seria "o estado de potencial sujeição que a atividade executiva faz incidir sobre os responsáveis pelo adimplemento da obrigação, sem, obviamente, perder de vista os limites impostos à atuação estatal, sobretudo à luz dos valores consagrados pela Constituição Federal"[16].

1.3.4. PRINCÍPIO DA DISPONIBILIDADE DA EXECUÇÃO (DESFECHO ÚNICO)

O ponto de partida para a compreensão desse princípio reside em dois específicos fatores.

O **primeiro fator** revela que a disponibilidade decorre do fato de a execução, como categoria de processo, tenha que ser instaurada pela parte para que rompa a inércia em atendimento ao princípio disponibilidade (art. 798 do CPC). Mesmo nas execuções de título judicial, a fase executiva de invasão de patrimônio (que se sucede após o prazo para pagamento) depende de requerimento (CPC, art. 523)[17].

O **segundo fator** decorre da própria conceituação de título executivo. De sua definição resulta a eficácia abstrata (Liebman). Eficácia abstrata autoriza a prática dos atos materiais de constrição, prescindindo de qualquer verificação sobre a existência ou não do crédito. Nesse caso, o juiz abstrai-se dessa verificação já que há essa probabilidade expressa no título.

Como consequência dessa premissa, a execução não pode ser vista sob a ótica da igualdade processual nos processos/fase de conhecimento. A isonomia trabalha de modo a criar regras processuais que possam adequar-se às particularidades deste tipo de processo. No processo de conhecimento resolve-se com palavras (sentença) e no de execução com atos (no mais das vezes, entrega de bens) (Dinamarco).

---

14 Pacto San Jose da Costa Rica.
15 Rodrigo Klippel e Antonio Adonias, *Manual de direito processual civil*. 4. ed. Salvador: JusPodivm, 2014, p. 1107.
16 Idem, ibidem.
17 Em algumas hipóteses a execução pode ser instaurada de ofício, como a execução trabalhista e as sentenças que determinam o cumprimento de obrigação específica.

Assim, ao contrário da tutela cognitiva que poderá ter um final imprevisível, o final da execução é razoavelmente previsto pelo legislador: seu desfecho normal se dá com a **satisfação** do crédito do exequente (CPC, art. 924, II). Apenas de maneira excepcional essa satisfação não será possível. Não se fala em execução a tradicional terminologia procedente ou improcedente e sim frutífera ou infrutífera.

Como se trata de um processo com objetivo unilateral (o cumprimento da obrigação), foi construído em torno do art. 775 do CPC o princípio do *desfecho único*, na medida em que o direito do título somente poderá ser outorgado ao exequente e não ao executado[18].

Como não há discussão de **mérito** propriamente dito na execução, o executado obterá, no máximo, a declaração de que o direito do credor não será satisfeito, mas não uma decisão que declare a inexistência do crédito.

Contudo, esta regra cede passo em, pelo menos, duas situações:

(i) nas exceções/objeções de pré-executividade em que se autoriza a discussão do crédito por meio do incidente processual[19];

(ii) nas hipóteses de extinção da execução por prescrição ou decadência.

É em decorrência do desfecho único que se torna necessário sistematizar a questão que leva o nome do princípio que será estudado neste tópico: a disponibilidade da execução propriamente dita.

De tudo que foi dito conclui-se que como não é a tutela do direito material do devedor que está em jogo, é ampla a disponibilidade do exequente em desistir da execução, mesmo sem a anuência do executado (CPC, art. 775). O Estado cria uma **ficção legal** ao presumir que o executado obteve a máxima tutela jurisdicional possível com a desistência do processo executivo. Daí por que o regime da desistência da execução difere dos ditames da desistência prevista na teoria geral que depende da anuência da parte contrária quando decorreu o prazo de resposta (CPC, art. 485, § 4º).

A desistência não se confunde com a renúncia ao crédito. Esta gera uma verdadeira remissão, encerrando a relação jurídica que unia credor e devedor. Aquela é a momentânea desistência de cobrar o crédito dando fim ao processo que instrumentalizava aquela cobrança. O *meio* de cobrança foi extinto, mas mantém-se incólume a *dívida* subjacente.

A desistência pode ser total ou parcial, conforme estabelece o art. 775 do CPC. Será parcial quando o exequente desistir especificamente de um ato da execução, como, por exemplo, de uma penhora realizada, ou mesmo desistir da multa fixada pelo juiz optando pela expedição de mandado de busca e apreensão.

A disponibilidade sofre algumas restrições:

a) não atinge o Ministério Público, que tutela interesse público em juízo e, portanto, não poderá usufruir da regra em virtude da indisponibilidade, já que não dispõe do crédito. Poderá, contudo, escolher os meios de execução que entenda sejam mais adequados ao caso (Teori Zavascki, Araken de Assis);

b) a desistência não alcança o ato jurídico perfeito. Dessa forma, se na obrigação de fazer fungível terceiro já realizou a prestação, a desistência se torna inviável, assim como nos casos em que o bem já fora arrematado em hasta pública;

---

18 STJ, 4ª Turma, REsp 7.370-PR.
19 Com as ressalvas fixadas pela doutrina: a) matérias de ordem pública; ou b) não sendo, que não demandem para sua constatação dilação probatória.

c) há restrição na execução da sentença coletiva. Nesse caso, o Ministério Público deve prosseguir na execução caso as partes queiram desistir/não executar (art. 16, Lei n. 4.717/65);

d) nas hipóteses em que a impugnação ou os embargos do devedor opostos pelo executado versem sobre a matéria de mérito (= discussão sobre a existência do crédito). O parágrafo único autoriza que a desistência se dê quando a interposição dos embargos veicular somente matéria processual (como, por exemplo, excesso de execução, ilegitimidade de parte[20]). Nesses casos haverá a resolução do processo sem análise do mérito (CPC, art. 485) com o pagamento, pelo credor, das custas e honorários advocatícios.

E isso porque o conteúdo dos embargos ou impugnação que discutem matéria processual objetiva exatamente aquilo que a desistência gerou: uma sentença terminativa.

Todavia, quando os embargos ou impugnação versarem sobre matéria de mérito (compensação, novação, transação etc.) a extinção desse incidente depende da concordância do executado-embargante/impugnante. E isso porque a sentença terminativa decorrente da desistência não concederá toda tutela pretendida (inexistência da obrigação). O desejo do executado é que a decisão, nessas hipóteses, revista-se de coisa julgada material, impedindo posterior discussão sobre o crédito, o que seria supostamente possível, pois as defesas típicas da execução (impugnação e embargos) verticalizam a cognição analisando a relação obrigacional subjacente.

Ademais, evita que o exequente possa ardilosamente desistir da execução quando houver potencialidade de decisão de procedência nos embargos ou impugnação.

Nessa hipótese, na recusa do executado, os embargos ou impugnação terão sua regular tramitação, mas haverá invariavelmente modificação na sua natureza (afinal, não há mais o processo a "embargar/impugnar", tendo em vista que a execução se encerrou).

Tornará uma demanda autônoma, de natureza declaratória, que, em eventual apelação, não incidirá na regra do art. 1.012, III, do CPC.

O Código, portanto, ficou atento à situação em que o exequente pudesse desistir da execução para não ser atingido pelos efeitos de eventual sentença de procedência dos embargos ou impugnação. Assim, na execução não se altera a livre disponibilidade. Apenas confere tratamento diverso aos efeitos dessa desistência dependendo do caso.

1.3.5. PRINCÍPIO DA MÁXIMA EFETIVIDADE DA EXECUÇÃO E DA MENOR ONEROSIDADE

A execução possui um tríplice interesse: a) do credor pela satisfação do crédito; b) do devedor pela menor onerosidade possível; e c) pelo Estado-juiz no processo efetivo[21]. Importante falar dos dois primeiros interesses.

Pelo **princípio da máxima efetividade ou do resultado** (CPC, art. 797), a execução é criada para satisfazer ao interesse do credor. Assim, o sistema executivo é todo engendrado para conferir condições ao exequente de modo a obter o direito contido no título. E apesar de a *mens legislatoris* não ter tido a intenção de fazer com que esse artigo seja um princípio, já que de cunho casuístico (direito preferencial pela penhora), trata-se de regra geral aplicada a

---

20 A despeito dos exemplos acima, é fato no plano doutrinário, que constitui uma zona nebulosa no direito processual, o estabelecimento de matéria de forma ou de fundo nos embargos e na impugnação.
21 ZANETTI JR., Hermes. *Comentários ao Código de Processo Civil*, coord. Sérgio Arenhart e Daniel Mitidiero. São Paulo: RT, 2018, p. 38. v. XIV.

qualquer modalidade de execução (a despeito da penhora ser, de ordinário, instrumento da execução por quantia, em regra).

Contudo, se de um lado a execução deve produzir resultados satisfatórios ao credor, de outro ela deve agir com limites, mantendo o equilíbrio necessário.

A execução não foi concebida para punir o executado[22], mas para permitir a invasão (moderada e necessária) em sua esfera patrimonial ou jurídica de modo que concretize o direito previsto no título.

É nesse momento que se avalia o **princípio da menor onerosidade (ou gravosidade) da execução**. Preconiza o art. 805 que "quando por vários meios o exequente puder promover a execução, o juiz mandará que se faça pelo modo menos gravoso para o executado", mesmo que o credor tenha feito o pedido da forma mais onerosa (CPC, art. 798, II, *a*). Trata-se de manifestação de outro princípio, o princípio da proporcionalidade no processo executivo[23]. É no ambiente executivo que estes princípios se revelam com mais intensidade, pois é "na execução que as expectativas das partes se encontram em maior crise e o juiz não pode ficar alheio a esta tensão"[24].

Este princípio está fundado em três balizas fundamentais: a) a dignidade da pessoa humana (CF, art. 1º, III)[25]; b) na boa-fé processual; e c) no caráter eminentemente patrimonial da execução (CPC, art. 789).

O legislador não traçou prévia e abstratamente as situações de menor gravosidade ou maior efetividade, mas deixou, nos arts. 797 e 805, subsídios para, à luz do caso concreto e com base nos valores em jogo, optar pela melhor solução.

Dessa forma, algumas manifestações deste princípio são visualizadas no próprio CPC e que dependem, para a concreção da norma, de interpretação proporcional pelo juiz: a) impedimento de se arrematar bem por preço vil (art. 891); b) impenhorabilidade de alguns bens (arts. 833 e 834 CPC e Lei n. 8.009/90); c) possibilidade de substituição do bem penhorado desde que não prejudique o exequente (art. 847); d) a moratória processual (art. 916); e) cônjuge, ascendentes e descendentes podem adjudicar o bem, mantendo-o na esfera familiar (CPC, art. 876, § 5º); f) alienação de parte do imóvel se este valor for suficiente para a satisfação da execução (CPC, art. 894).

Evidente que esta regra somente se aplicará se os meios colocados à disposição forem todos igualmente eficazes, pois o interesse do credor não poderá ficar prejudicado[26], por isso o CPC atual estabelece, no art. 805, parágrafo único (que não estava previsto no regime anterior), que "ao executado que alegar ser a medida executiva mais gravosa incumbe indicar outros meios mais eficazes e menos onerosos sob pena de manutenção dos atos executivos já determinados".

Como se trata de princípio que objetiva conferir paridade de armas às partes (que constitui norma de interesse público), poderá ser concedido de ofício, quando o credor determinar forma mais gravosa de prosseguir a execução.

---

22 Quando esta punição se fizer necessária, o próprio Código de Processo Civil provê medidas sancionatórias previstas no art. 774 (ato atentatório à dignidade da justiça).
23 STJ, 4ª Turma, RO em MS 21.111/RJ, 2010.
24 MEDINA, José Miguel Garcia. *Código de Processo Civil comentado*. São Paulo: Revista dos Tribunais.
25 Nesse sentido: Araken Assis e Arruda Alvim. Contra: Fredie Didier Jr. e Leonardo José Cunha.
26 STJ, 3ª Turma, REsp 801.262/SP, rel. Min. Humberto Gomes de Barros, j. 6-4-2006.

1.3.6. PRINCÍPIO DA TIPICIDADE DA EXECUÇÃO

A execução nasce de um fato contrário ao direito e sua finalidade é alterar este estado de fato adequando-o a um correto estado de direito. Contudo, para que isso seja possível o Estado estabeleceu, dentro do Código de Processo Civil, diversas formas para efetivar os direitos estampados nos títulos executivos. Como adverte Araken de Assis, "a nota comum dos atos executivos reponta na invasão da esfera jurídica do executado. Isoladamente, o ato desloca, coativamente, pessoas e coisas, e provoca transferência, também forçada, de valores para outro círculo patrimonial. Mas o conjunto desses atos é que comporta análise promissora"[27].

O Código de Processo Civil, no Livro II, Título II, trata das "diversas espécies de execução" (ao invés de "meios de execução") que sistematicamente também se aplicam ao cumprimento de sentença. A melhor forma de classificar os meios executórios deve levar em conta (a) a natureza do bem e (b) o envolvimento ou não da pessoa do executado.

Mas, diversamente, na busca da satisfação há uma variante de situações fáticas que demandam uma variante de "modelos executivos" estabelecidos pelo legislador. Dois critérios foram estabelecidos:

(i) situação patrimonial do executado: como nos modelos executivos, no mais das vezes, a execução recai sobre o patrimônio do executado, devem ser levadas em consideração a condição patrimonial bem como a disponibilidade de estes bens responderem ao processo. É por isso que o sistema divide em execução por quantia certa (que se move contra devedor solvente) e o concurso universal dos bens em que se dá o rateio do que foi apurado entre os credores habilitados (objeto de regulamentação futura por lei, conforme estabelece o art. 1.052 do CPC). Há também a execução distinta contra a Fazenda Pública.

Aqui não há se falar em *insolvência*, mas *indisponibilidade*, na medida em que os bens públicos são impenhoráveis. Dessa forma, o pagamento será empreendido por precatório (CF, art. 100)[28];

(ii) natureza da obrigação: o segundo critério leva em consideração a natureza obrigacional. As obrigações em dinheiro ainda seguem um modelo rígido previamente estabelecido pelo legislador com pequenas variantes permitindo execução indireta (art. 139, IV, CPC). Já as denominadas obrigações específicas (fazer e não fazer e entrega de coisa certa ou incerta) possuem modelo procedimental mais flexível, tendo, para a efetiva concreção da norma, o auxílio fundamental do magistrado. Mesmo dentro das obrigações em dinheiro, há uma distinção conforme a natureza da prestação. Se a obrigação for de alimentos, v.g., além das técnicas tradicionais há um incremento de outras medidas, como prisão civil e o desconto em folha de pagamento (CPC, arts. 528 e 529).

Pois bem.

O Brasil historicamente viveu regrado e circundado pelo princípio da **tipicidade da execução**. Este modelo determinava, prévia e abstratamente, as atividades que seriam exercidas dentro do processo. Constituía um modelo procedimental rígido marcado por etapas preestabelecidas. Dessa forma, a esfera jurídica do executado somente poderia ser atingida por meios executivos taxativamente previstos no ordenamento.

Dois motivos levavam (e ainda levam) à manutenção da tipicidade:

a) apego à lei. O Brasil ainda guardava reminiscência do pensamento liberal do século XIX na medida em que o juiz possui mero poder de aplicar a lei. A tipicidade impede

---

27 *Manual da execução*, 15. ed., p. 142.
28 Salvo nos casos de requisição de pequeno valor.

arbitrariedades como uma espécie de garantia de processo justo. Afinal, se a lei já decidiu o melhor caminho a ser seguido, não cabe ao juiz alterá-lo à luz do caso concreto;

b) segurança jurídica. Saber previamente o itinerário do processo é ter a previsibilidade da consecução dos atos e a consequência deles. Assim, a tangibilidade ao patrimônio do executado fica condicionada "ao modelo previsto em lei".

Entretanto, a tipicidade incondicional é portadora de uma série de problemas colaterais, sobretudo de ordem prática. Se o credor vai ao Judiciário diante do inadimplemento do devedor, certamente deseja ser atendido da mesma forma que se houvesse o cumprimento voluntário. E nem sempre a tipicidade procedimental responde à tutela jurisdicional pretendida. Com base nessa premissa:

i) É impossível ao legislador prever todas as particularidades que podem ocorrer na efetivação de direitos dentro da execução. Muitas vezes o arquétipo abstrato previsto na lei não se amolda corretamente às circunstâncias fáticas do caso, ou ainda nem sempre a medida (**meio**) é eficaz à satisfação do exequente (**fim**). Assim, os mecanismos executivos não podem ser encartados em um rol taxativo e impositivo;

ii) as medidas executivas estabelecidas em lei nem sempre abrangem as diversidades do direito obrigacional trazidas ao processo. A ordinarização da tutela estabelecendo padrões rígidos não tem aptidão para resolver situações não pensadas pelo legislador;

iii) inegável que a participação mais intensa do juiz no controle, criação e direção das medidas executivas para aquele caso concreto é muito mais próxima da realidade do que uma visão prévia do juiz com base em estudos apriorísticos. Especialmente porque o juiz deverá medir o grau de sua participação de acordo com a maior ou menor colaboração do devedor e/ou facilidade na localização de seus bens;

iv) em decorrência dos denominados "novos direitos" como intimidade, honra dentre outros, os mecanismos precisam ser mais efetivos e diferenciados.

Dessa forma, o ordenamento brasileiro vem relativizando a tipicidade fazendo uma reanálise do princípio, concedendo maiores poderes ao magistrado para que possa praticar os atos executivos mais consentâneos à realidade da situação, mesmo que sem previsão legal. O Brasil paulatinamente vem mudando: Entre **o princípio da tipicidade e o princípio da concentração de poderes do juiz** (em que o juiz assumiria o comando de todo procedimento executivo), **há um modelo intermediário que é o ideal ao nosso sistema.**

De duas formas a atipicidade tem lugar: **a) pela falta de previsão** (a lei não estabeleceu o *iter* para obter aquela finalidade); **b) pela deformação** (o ato típico e previsto não é capaz/suficiente para obter os fins que se pretendem).

A falta de previsão legal não pode impedir que o magistrado se socorra de algum meio para obter, *de forma mais efetiva*, a finalidade daquele ato. Assim, a criação ou deformação de um meio para atingir determinado fim corresponde aos preceitos constitucionais, especialmente do art. 5º, XXXV.

Apenas à guisa de exemplo os juízes adotavam a penhora *on-line* (CPC, art. 854) mesmo antes de sua previsão, que somente se deu em 2006.

Assim, o legislador confere ao juiz uma verdadeira **cláusula geral executiva** para dispor dos instrumentos que entenda necessários ao cumprimento da obrigação. Afinal, de que adianta amplos poderes para decidir (certificação do direito) se, correlatamente, não há amplos poderes para efetivar o que decidido?

Hoje a atipicidade é vista com bastante vigor nos **arts. 84 do CDC, 139, IV, 497, 536, § 1º e 773 do CPC** que autorizam ao magistrado tomar as providências mais adequadas no caso concreto sem que fique preso à previsão abstrata do legislador divorciada das especificidades da causa.

A atipicidade se mostra mais presente (mas não de forma exclusiva) nas obrigações específicas em que a vontade do executado é essencial para a satisfação do direito (a pintura de um quadro não pode ser obtida senão com o ato volitivo do agente, o que não ocorre com uma obrigação creditícia em que a expropriação patrimonial satisfaz o crédito).

O estudo da tipicidade/atipicidade dos atos executivos convida ao estudo das técnicas específicas para se proceder à execução, seja ela de título judicial ou extrajudicial: por meio de **sub-rogação** ou por meio de **coerção**.

As medidas executivas acarretam relevante impacto no plano do procedimento executivo conferindo ou não maior liberdade ao magistrado na prática dos atos necessários à obtenção da tutela jurisdicional executiva (tipicidade).

Estas técnicas têm como pressuposto a participação ou não do executado no cumprimento da execução forçada, o que depende do tipo de providência que se vai requerer em juízo que são extremamente influenciadas pela natureza da prestação. E isso porque há situações em que o Estado não precisa de um ato volitivo do executado para que a obrigação seja satisfeita. Dessa forma, a obrigação por sub-rogação é perfeitamente aplicável. Contudo outras tantas situações dependem do concurso da vontade do devedor. Nesses casos, sendo imprescindível a sua participação para com o cumprimento, o magistrado deve lançar mão de outros mecanismos, como a coerção.

a) Execução por sub-rogação. Aqui a vontade do executado não é fator determinante para o cumprimento da tutela jurisdicional. Assim, o Estado estabelece a prática de atos para que se retire o patrimônio do executado e converta em renda ao exequente. Chama-se sub-rogatória, pois a atividade estatal é eminentemente substitutiva: substitui a vontade do executado com a prática de atos para a obtenção do próprio bem ou mesmo para a consecução da penhora. É denominada **execução direta**, pois atua diretamente na esfera jurídica do executado. Normalmente decorre de uma decisão condenatória e em algumas decisões executivas.

As execuções por sub-rogação (diretas) são efetivadas, em regra, por:

> **Expropriação** – conversão do bem em dinheiro (que constitui a regra, nos casos de adjudicação, alienação por iniciativa particular, alienação em leilão). Normalmente em execuções de quantia certa. E ainda nas execuções de alimentos, o desconto em folha.
>
> **Desapossamento** – consiste na retirada do bem *in natura* das mãos do executado ou terceiro para entrega ao exequente (busca e apreensão). Normalmente nas execuções de entrega de coisa.
>
> **Transformação** – quando a execução de obrigação de fazer se transforma em execução de quantia, já que um terceiro (em virtude da resistência do executado nas obrigações fungíveis) cumpre a obrigação específica que havia sido inadimplida. Normalmente tem incidência nas execuções de obrigação de fazer e não fazer.

b) Execução por coerção. Nessa modalidade não há atividade substitutiva. O Estado não age de maneira dinâmica, mas de forma estática. Isso porque, ao invés de sub-rogar-se na vontade do devedor, opta em criar estímulos para que o próprio executado cumpra a obrigação específica. Denomina-se **execução indireta**, pois age indiretamente sobre a sua esfera jurídica. Nesse caso, para a obtenção do melhor resultado prático a lei não determina "quais" serão os atos executivos que serão praticados, concedendo liberdade ao magistrado para fazê-lo por meio de um "poder geral de efetivação". Essa regra vem clausulada na expressão "entre outras medidas" prevista no art. 536, § 1º, do CPC. Este poder nada mais é do que uma regulamentação infraconstitucional de que o Estado não se abstém de resolver lesão ou ameaça a direito (CF, art. 5º, XXXV).

A execução por coerção atua no psicológico do devedor incentivando a cumprir a prestação sem necessidade de um *agir* do Estado (estática). Tem maior incidência nas decisões mandamentais e algumas decisões executivas.

No Brasil adota-se tanto a execução por *astreintes* como a *contempt of court*.

Esta forma de execução pode ser dividida em:

a) Sanção punitiva – Constitui a pena. Consiste numa situação de desvantagem ao transgressor caso não cumpra o preceito (v.g., *astreintes*, prisão civil).

Dentro da sanção punitiva há duas formas de execução:

i) coerção patrimonial – como a multa no caso de resistência;

ii) coerção pessoal – como a prisão, no caso de alimentos. Constitui uma exceção ao *nemo potest cogi ad factum* previsto no paradigmático art. 1.142 do CC francês desenvolvido na época do liberalismo do século XIX.

b) Sanção premial – consiste na outorga de um benefício ao executado caso ele cumpra a determinação judicial (v.g., se houver o pagamento espontâneo da obrigação no prazo de três dias, o devedor de quantia certa apenas arcará com metade dos honorários advocatícios da parte contrária – CPC, art. 827, § 1º)[29].

A lei, em regra, não só deixou *in albis* as técnicas a serem utilizadas nessa modalidade de execução como também o momento e a intensidade com que elas incidirão. Dessa forma, o magistrado deverá agir com extrema parcimônia, sopesando os valores que estão em jogo para que não crie uma oneração excessiva a uma das partes do processo (CPC, art. 805).

Discute-se na doutrina se a execução por coerção seria de fato execução, pois não há como fator preponderante a participação do Estado. Havendo aqueles que entendem não ser execução (Humberto Theodoro Jr., Ovídio Baptista, Francesco Carnelutti) e aqueles que entendem se tratar de atividade executiva (Cândido Dinamarco, Luiz Guilherme Marinoni, Araken de Assis (aparentemente), Fredie Didier).

Entendemos, conforme dito anteriormente, que a atividade coercitiva é modalidade de executiva por pelo menos dois motivos:

a) o que se busca em ambas as atividades é o mesmo: obtenção da tutela jurisdicional (concretização prática do título executivo judicial ou extrajudicial);

b) se o Brasil adota igualmente a atipicidade, não se sabe ao certo o que é execução. Se satisfizer é o tanto quanto basta. A partir do momento em que a execução indireta vem convivendo na mesma intensidade que a execução direta não há mais se falar em execução ordinária e excepcional, ambas fazem parte da execução forçada. Assim, é forçada porque o Estado atua sobre os bens do devedor, mas também o é quando atua sobre a vontade do executado.

Aplicabilidade

Tradicionalmente, a execução por sub-rogação é utilizada nas execuções por quantia certa, seja de título judicial ou extrajudicial. A execução por coerção é preferível nas obrigações de fazer ou não fazer (especialmente nas infungíveis, como se verá abaixo) e as duas atividades atuam de acordo com a necessidade nas execuções de entrega de coisa certa ou incerta.

A forma de execução, como dito, exerce interessante reflexo sobre a rigidez do procedimento. As execuções por quantia, como normalmente prescindem da vontade do executado,

---

29 É importante entender que nem toda sanção gera a "realização compulsória de um mal", pois sanção é toda e qualquer medida estabelecida pelo ordenamento para reforçar a observância de suas normas ou remediar os efeitos de sua inobservância (Talamini). Nesse sentido: Miguel Reale e Norberto Bobbio.

são marcadas por um procedimento rígido, ou seja, o itinerário para a satisfação do crédito já foi previamente traçado pelo legislador. A atividade do magistrado é mais de "gestor do procedimento" do que propriamente criador dos mecanismos executivos.

Nas execuções de tutela específica (obrigação de fazer/não fazer e em menor escala nas de entrega de coisa certa/incerta), dependem mais da vontade do devedor. Dessa forma, o Estado deve municiar o juiz com **mecanismos e opções** abstratas para que ele – magistrado – possa, à luz das circunstâncias do caso concreto, estabelecer a melhor forma de obtenção da tutela.

Para que isso seja possível é necessário atribuir ao procedimento certa dose de liberdade, o que acarreta flexibilidade procedimental e atipicidade dos atos jurisdicionais. Dessa forma, a participação do juiz na concreção da norma é muito maior do que nas execuções tipificadas. Aqui o magistrado se socorre do denominado "poder geral de efetivação".

Contudo esta regra não é absoluta. É facilmente verificável nas execuções de quantia a presença de mecanismos coercitivos e, nas execuções específicas, mecanismos sub-rogatórios.

Assim, a redução da verba honorária (CPC, art. 827, § 1º) constitui medida coercitiva (sanção premial) nas execuções de quantia. Da mesma forma que a busca e apreensão nas execuções de entrega consistem em atividade sub-rogatória. Nas obrigações de fazer fungíveis, é possível que o executado se recuse ao cumprimento. Assim, poderá o magistrado designar terceiro para que cumpra a obrigação (CPC, art. 817), o que constitui medida sub-rogatória. Ademais, nos alimentos (execução por quantia) é possível a prisão do devedor recalcitrante.

Os Juizados Especiais Cíveis sedimentaram o Enunciado 76 do XXI encontro nacional (substituindo o Enunciado 55) ao dispor: "No processo de execução, esgotados os meios de defesa e inexistindo bens para a garantia do débito, expede-se a pedido do exequente certidão de dívida para fins de inscrição no serviço de Proteção ao Crédito – SPC e SERASA, sob pena de responsabilidade".

Há também nos Juizados Especiais Federais os arts. 16 e 17 da Lei n. 10.259/2001, que assim preveem:

> Art. 16. O cumprimento do acordo ou da sentença, com trânsito em julgado, que imponham obrigação de fazer, não fazer ou entrega de coisa certa, será efetuado mediante ofício do Juiz à autoridade citada para a causa, com cópia da sentença ou do acordo.
> Art. 17. Tratando-se de obrigação de pagar quantia certa, após o trânsito em julgado da decisão, o pagamento será efetuado no prazo de sessenta dias, contados da entrega da requisição, por ordem do Juiz, à autoridade citada para a causa, na agência mais próxima da Caixa Econômica Federal ou do Banco do Brasil, independentemente de precatório.

A questão sobre a forma e os critérios de se aplicarem as medidas atípicas serão estudadas com mais profundidade no capítulo destinado às obrigações de fazer e não fazer e entrega de coisa certa e incerta com base em título executivo judicial (item 1.3 *infra*).

1.3.7. PRINCÍPIO DA LEALDADE PROCESSUAL

Constitui princípio ínsito ao direito processual em geral, não podendo ser aplicado somente ao processo civil, tampouco de forma exclusiva à execução.

Está estabelecido de forma genérica nos arts. 5º, 77 a 81 e 139, III do CPC e de forma específica nos arts. 772, II, e 774 quando se trata de execução. Também decorre do princípio da cooperação (art. 6º, CPC).

Ademais, incumbe ao juiz na condução do processo "prevenir ou reprimir qualquer ato contrário à dignidade da justiça" (art. 139, III, CPC).

O objetivo de se repetir norma genérica em procedimento específico (mesmo havendo relação de suplementaridade entre os dois livros, parte geral-parte especial, CPC, art. 771, parágrafo único) decorre de fato típico da atividade executiva: como seu objetivo é a satisfação do crédito que se dá, no mais das vezes, com a prática de atos materiais na esfera do executado (penhora, arresto, desapossamento), é nesse momento que o devedor pode utilizar-se de meios inidôneos para impedir a diminuição de seu patrimônio.

Dessa forma, por estar à atividade executiva mais favorável a prática de atos de má-fé, o ordenamento estabelece normas específicas para apenar o executado na hipótese de improbidade processual.

Preconiza o art. 774 do CPC:

Considera-se atentatória à dignidade da justiça a conduta comissiva ou omissiva do executado que:

I – frauda a execução

Nesse sentido, a expressão fraudar é mais ampla que o art. 792 deseja empregar. Pode-se fraudar a execução mesmo fora das hipóteses previstas no mencionado artigo, como, por exemplo, ocultar sua condição financeira mesmo não havendo alienação de bens é uma forma de fraudar a execução. Esta interpretação mais ampla atende, de certa forma, o princípio norteador do presente artigo: a lealdade processual[30];

II – se opõe maliciosamente à execução, empregando ardis e meios artificiosos

É comum a oposição à execução pelo executado que deve ser admitido, contudo o que se deseja coibir é a oposição maliciosa. Constitui expressão extremamente aberta e de difícil constatação prática. Aqui se fala em oposição abusiva e não regular de um direito. Logo a mera resistência do executado não poderá ser tipificada na situação do inciso II;

III – dificulta ou embaraça a realização da penhora

Os deveres processuais de cooperação e lealdade processual impõem ao executado a completa abstenção de criar qualquer ato que puder impedir, dificultar ou embaraçar a penhora (arts. 5º, 6º e 77, IV, CPC). Tal situação se enquadra como ato atentatório à dignidade da justiça como a depreciação deliberada dos bens, fornecimento de informações erradas sobre a localização dos bens, sua ocultação, mudanças de endereço para dificultar as diligências;

IV – resiste injustificadamente às ordens judiciais

Nesse caso, a resistência deve ser imotivada. Assim, a não entrega de determinado produto, por decisão judicial, por não ter condições de transportabilidade, não constitui resistência injustificada;

V – intimado, não indica ao juiz quais são e onde estão os bens sujeitos à penhora e os respectivos valores, nem exibe prova de sua propriedade e, se for o caso, certidão negativa de ônus[31]

A nomeação de bens à penhora quando devidamente intimado para tanto não constitui um ônus, mas sim um dever do executado. Esta intimação poderá ser realizada na pessoa do seu advogado ou, em não havendo, pessoalmente ao executado.

O devedor não precisa indicar *todos* os seus bens, mas apenas os suficientes à satisfação do crédito exequendo. Evidente que o escoamento desse prazo não gera preclusão, pois esta

---

30 CARVALHO, Fabiano. *Breves Comentários ao novo Código de Processo Civil*. Coord. WAMBIER, Teresa Arruda Alvim; DIDIER JR., Fredie; TALAMINI, Eduardo; DANTAS, Bruno. São Paulo: RT, 2015, p. 1777.
31 Sobre o inciso V em particular, será mais bem explicitado no capítulo sobre a penhora.

não se opera para um dever processual. O CPC ampliou o dever contido na indicação dos bens para também tornar ato atentatório a prova da propriedade e, quando o caso, na certidão negativa de ônus.

Algumas questões processuais pertinentes:

a) Natureza jurídica: inegavelmente que o art. 774 do CPC regula o *contempt of court* ligado à execução. Este artigo é inspirado no *contempt of court* do sistema da *common law*. É a permissibilidade de se utilizar de meios coercitivos ou punitivos contra quem desobedece ou intenta desobedecer uma decisão judicial. Na verdade, é um desacato à justiça adaptado, pois a multa se reverte para outra parte, ou seja, o desrespeito deve ser com a outra parte e não com o Estado. Não há indignidade à jurisdição.

b) Diverge a doutrina acerca da exaustividade do art. 774. Para alguns trata-se de rol exaustivo, pois o inciso I (fraude à execução) não ficaria limitado à regra do art. 792, mas a qualquer ato atentatório à dignidade da justiça. Para outros, contudo, seria rol exemplificativo, abrangendo outras normas que explicitam a matéria. Entende-se uma interpretação extensiva ao inciso I, até mesmo porque definir "fraude" não é atividade legislativa (Araken de Assis). No atual CPC não há se falar em exaustividade tendo em vista a previsão expressa em dispositivo diverso como o art. 918, parágrafo único, do CPC: "Considera-se conduta atentatória à dignidade da justiça o oferecimento de embargos manifestamente protelatórios".

c) Procedendo a interpretação sistemática do Código, a parte somente será apenada **após** ter sido advertida sobre a sua conduta (CPC, arts. 772, II, e 139, III). Não justificando satisfatoriamente ou reiterando a conduta alegada, será apenado com multa.

d) Perceba que nessas hipóteses a incidência da multa será maior do que aquela que se verifica na regra geral do art. 81 do CPC. Aqui a multa será de até 20% (vinte por cento) do valor da obrigação, sem prejuízo de outras sanções de natureza processual ou material (a do art. 81 pode variar de 1% a 10%).

e) A multa será revertida ao exequente. A base de cálculo é o valor do débito da execução atualizado.

f) Conforme se depreende do *caput* do art. 774, a regra é destinada à conduta do executado, pois este é o maior interessado em criar embaraços à jurisdição. Contudo, caso o exequente pratique conduta que atente à dignidade da jurisdição, será apenado conforme as regras dos arts. 77 e seguintes.

g) Caso haja cumprimento parcial ou incorreto de um dos deveres inscritos no art. 774 a multa não pode ser diminuída, dado o caráter sancionatório da regra.

h) O art. 777 do CPC objetiva racionalizar a aplicação da multa permitindo que a cobrança da multa por litigância de má-fé ou da prática de atos atentatórios à dignidade da justiça sejam promovidas dentro da própria execução, nos próprios autos. Dessa forma, ao invés de propor nova demanda para se cobrar a multa imposta, poderá ser feita na própria execução, nos próprios autos do processo (contrário ao regime anterior que se determinava em autos apartados – art. 739-B, CPC/73).

i) É possível cumulação de multas? Nada impede a cumulação de duas sanções desde que se trate de incidências distintas, ou seja, possam ser do mesmo fato, mas que tenham incidências diversas no mundo do direito. Assim: I) o art. 77, IV, tem a mesma base que o art. 774 (*contempt* = desacato). As diferenças residem em três ordens: i) no art. 774, apenas o executado, no art. 77 qualquer das partes; ii) no art. 774 há previsão de conduta enumerada, no art. 77 não; iii) a multa do 774 é revertida para outra parte, a do art. 77 para o Estado. São multas de incidências diferentes. É por isso que parcela da doutrina (Fredie Didier, Leonardo Cunha, Carlos Alberto Carmona) defende a possibilidade de se cumular o art. 774 com o art. 77, pois as multas têm direcionamentos distintos: se houver ilícito que atinja, a um só tempo, o Estado e o exequente, a cumulação é possível; II) contudo, a multa de ato atentatório à dignidade da justiça [art. 774, CPC] + litigância de má-fé [art. 81, CPC] é inviável, pois possuem e mesma incidência. A multa do art. 81 decorre das hipóteses enumeradas no art. 80. Seu destinatário é o próprio executado ("De ofício ou a requerimento, o juiz ordenará o litigante de má-fé a pagar multa, que deverá ser superior a um por cento e inferior a dez por cento do valor corrigido da causa, a indenizar a parte contrária pelos prejuízos que esta sofreu e a arcar com os honorários advocatícios e com todas as despesas que efetuou"). Dessa forma é inviável a sua cumulação; III) nada impede a cumulação da multa do art. 774 (sancionatória) com a multa do art. 523 (coercitiva), pois ambas têm incidências distintas.

j) Para a configuração de ato atentatório à dignidade da justiça não é necessário provar: i) o dano; ii) o elemento subjetivo (culpa ou dolo). Nem todo ilícito processual decorre de má-fé subjetiva (com exceção do inciso II). Perceba que apenas dois dos quatro elementos que configuram a responsabilidade extracontratual devem estar presentes: ação/omissão e a relação de causalidade. O dano e a culpa/dolo são prescindíveis.

1.3.8. PRINCÍPIO DA RESPONSABILIDADE OBJETIVA DO EXEQUENTE

A despeito de a execução estar regada pelo princípio do desfecho único, não está ela – a execução – isenta de ser injusta. E sendo ela injusta, nasce ao executado o direito de ser ressarcido pelos eventuais danos que sofreu, até mesmo de ordem moral, pois o exequente responde objetivamente por eles.

Assim como na tutela provisória (art. 302, CPC), a execução corre por responsabilidade do exequente. Dois artigos do atual CPC consagram este princípio:

a) o art. 520, I, que estabelece o cumprimento provisório da sentença. Como a execução provisória corre por conta e risco do exequente, eventual reforma da sentença deverá obrigá-lo a reparar os prejuízos que o executado sofreu;

b) o art. 776. Este artigo determina que o credor ressarcirá o devedor se, após o trânsito em julgado da sentença, declarar, total ou parcialmente, inexistente a obrigação.

Nesses dois casos a responsabilidade é objetiva, o que vale dizer, prescinde da prova de culpa para a configuração do dever de indenizar.

Os embargos à execução, ações heterotópicas, objeção/exceção de pré-executividade ou impugnação são inaptos *por si* de conferir ao executado a tutela de ressarcimento, daí a necessidade de se cobrar este valor.

O ressarcimento será efetivado *dentro* do mesmo processo em que a execução foi processada (art. 777, CPC)[32]. Esta indenização será cobrada via execução, cujo título executivo é a sentença do magistrado que declarou a inexistência da obrigação. Esta sentença, portanto, expedirá um efeito anexo que constitui o dever de indenizar.

Contudo, o título carece de liquidez, motivo pelo qual será necessária a apuração do *quantum* por meio de liquidação de sentença.

Importante frisar que os danos não se limitam apenas àquilo que a parte sofreu. Muitas vezes será necessário o retorno ao *status quo ante*. Assim, v.g., além dos danos o executado pode requerer a liberação dos bens dados em penhora.

---

32 Nesse sentido STJ, 4ª Turma, REsp 1.090.635/PR, rel. Min. João Otávio de Noronha, j. 2-12-2008.

2.
LEGITIMIDADE NA EXECUÇÃO

2.1. INTRODUÇÃO

Assim como na tradicional configuração da relação jurídica que se vê na demanda cognitiva entre juiz, autor e réu, haverá na demanda ou fase executiva uma relação jurídica similar que, guardadas as peculiaridades no plano da nomenclatura (exequente-executado), permanecem as mesmas.

O juiz como sujeito imparcial toma o encargo de conduzir o processo entre e com as partes por meio da cooperação (art. 6º, CPC). O conceito tradicional de parte, assim como na teoria geral, é conceito eminentemente processual (quem pede e contra quem se pede determinada providência jurisdicional), pois a pertinência com o direito material (no caso com o título executivo) é matéria de que se ocupa a legitimidade.

Esta consideração é relevante na medida em que o Código de Processo Civil optou por usar a nomenclatura "Das partes" (Livro II, Capítulo II), quando na verdade é de legitimidade que se trata.

Algumas questões sobre legitimidade devem ser observadas:

a) é possível em algumas situações que a execução seja instaurada de ofício. As hipóteses de execução de obrigação de fazer e não fazer (CPC, art. 497), o correlato dever de entrega de coisa certa ou incerta (CPC, art. 498), bem como a execução das contribuições sociais na Justiça do Trabalho (CF, art. 114, VIII e Súmula Vinculante 53) ou nas execuções regulares na Justiça do Trabalho (art. 878, CLT)[1];

b) não cabem intervenções de terceiro na execução. E isso porque não há, em regra, ampla discussão de direitos em execução (a atividade cognitiva é ambiente propício para o ingresso do terceiro que sofrerá ou já sofreu os efeitos da sentença), mas apenas uma demanda de índole satisfativa. Todavia não há dúvidas acerca da permissibilidade do incidente de desconsideração da personalidade jurídica (art. 134, CPC) que é cabível em "todas as fases do processo de conhecimento, no cumprimento de sentença e na execução fundada em título executivo

---

1 Art. 878. A execução poderá ser promovida por qualquer interessado, ou *ex officio*, pelo próprio juiz ou presidente ou tribunal competente, nos termos do artigo anterior. Parágrafo único. Quando se tratar de decisão dos Tribunais Regionais, a execução poderá ser promovida pela Procuradoria da Justiça do Trabalho.

extrajudicial". Não obstante o silêncio da lei, em nosso sentir, é cabível igualmente a assistência (v.g., art. 834, CC), pois não causa prejuízo (não gera tumulto processual, incompatível com a atividade exercida nessa modalidade de processo/fase) e se permite pelo CPC (art. 119, parágrafo único) o seu ingresso a qualquer tempo e grau de jurisdição.

Contudo, no tocante ao cabimento da assistência, o tema está, contudo, longe de estar pacificado. Autores há que defendem irrestritamente a aplicabilidade da assistência no processo executivo (Pontes de Miranda), outros que defendem com reservas (Cassio Scarpinella Bueno) e uma terceira corrente que só admite esta modalidade de intervenção nos embargos à execução (Humberto Theodoro Júnior, Frederico Marques);

c) no regime anterior, a Lei n. 11.232/2005 revogou o art. 570 que permitia a consignação em pagamento pelo devedor (já que a nova sistemática da lei é incompatível, pois a consignação é processo autônomo, ao passo agora se instaura fase). A mesma sistemática se mantém no CPC atual. Contudo, o art. 526 do atual CPC permite, de certa forma, uma espécie de consignação em pagamento interna na execução ao estabelecer: "É lícito ao réu, antes de ser intimado para o cumprimento da sentença, comparecer em juízo e oferecer em pagamento o valor que entender devido, apresentando memória discriminada do cálculo". Essa questão será objeto de melhor explanação no capítulo sobre cumprimento de sentença;

d) quanto ao cônjuge, no CPC a regra consta do art. 842, que dispõe: "Recaindo a penhora sobre bem imóvel ou direito real sobre imóvel, será intimado também o cônjuge do executado, salvo se forem casados em regime de separação absoluta de bens".

Seria este cônjuge parte? (a diferença tem relevância para fins de oposição de embargos de terceiro ou do executado). Encontra-se na jurisprudência posição para ambos os lados. Para entender a legitimidade na execução é necessário verificar as situações enumeradas em lei. O CPC destina dois artigos (778 e 779) para regulamentar as pessoas que possuem legitimidade executiva no polo ativo e passivo.

2.2. LEGITIMIDADE ATIVA

2.2.1. O CREDOR A QUEM A LEI CONFERE TÍTULO EXECUTIVO

Credor na execução é todo aquele que a lei confere uma posição jurídica de vantagem no título executivo. Trata-se de legitimidade ordinária primária já que aquele que se diz titular do crédito estará demandando em nome próprio na defesa de interesse próprio.

Se a lei fala em "parte" e não "parte legítima", importante estabelecer que não será necessariamente o credor quem promoverá a execução, mas *aquele que se diz credor*. E isso porque a definição de parte, como dito, é eminentemente processual, permitindo que a execução seja proposta até mesmo pela parte ilegítima.

Contudo, há situações em que a lei autoriza determinadas pessoas que, mesmo quem não estejam indicadas no título, tenham legitimidade para executar[2]:

a) o advogado, que não é parte originária no processo, mas detentor de legitimação ordinária para a cobrança via executiva, de seus honorários (Lei Federal n. 8.906/94, art. 23). Portanto será parte no tocante a esse efeito anexo da decisão;

---

2 DIDIER JR., Fredie; CARNEIRO DA CUNHA, Leonardo José; BRAGA, Paula Sarno; OLIVEIRA, Rafael. *Curso de direito processual civil*: execução. 5. ed. Salvador: JusPodivm, 2013, v. 5.

b) o substituído processual que procederá a execução quando quem conduziu o processo de conhecimento foi o seu substituto;
c) a execução de **cártula com endosso em branco**, que autoriza ao portador promover a execução;
d) a vítima do crime é legitimada para promover a execução da sentença penal condenatória perante o juízo cível mesmo tendo a demanda sido proposta pelo Ministério Público na esfera penal (CPP, art. 63).

2.2.2. O MINISTÉRIO PÚBLICO

Trata-se de situação difícil de se verificar na prática, pois não é função do Ministério Público buscar tutela de interesses patrimoniais disponíveis. Constitui legitimação ativa extraordinária, pois o MP, como regra, não consta como credor no título.

Há, contudo, exemplos que o sistema oferece: **a)** execução da sentença de procedência da ação popular se o demandante ou qualquer outro cidadão não ajuizar a execução no prazo de 60 dias da decisão de segundo grau (art. 16, Lei n. 4.717/65); **b)** execução de sentença condenatória proferida em processo coletivo regulado pelo CDC (art. 100, Lei n. 8.078/90); **c)** no compromisso de ajustamento, denominado de TAC (arts. 211, Lei n. 8.069/90, 113, CDC e 5º, § 6º, da Lei n. 7.347/85. Importante frisar que na qualidade de parte não há óbices quanto à legitimação ativa na execução.

Há outras situações, contudo, em que o Ministério Público poderá agir em legitimação ordinária, pois tutela seu interesse em juízo. Imagine-se o Ministério Público, na qualidade de órgão público reivindicando benefício concedido por lei, mas não repassado pelo Estado. A execução, *in casu*, será do próprio *Parquet* para seu interesse e não alheio.

2.2.3. HERDEIROS E SUCESSORES

Os herdeiros e sucessores terão legitimidade quando o crédito lhes tenha sido transferido por sucessão *causa mortis*. Trata-se de legitimação ordinária, pois os herdeiros estão buscando em juízo direito próprio em nome próprio (sucessão processual). Evidente que se não tiverem figurado originariamente no título a doutrina tem reservado a qualificação de legitimação ordinária superveniente ou derivada (que se distingue da primária), pois primeiro a legitimação é conferida ao credor originário, na sua morte ao espólio e com a resolução desse aos seus sucessores (arts. 75, 110, 313, § 2º, I e 618, I, CPC).

2.2.4. CESSÃO DE CRÉDITO

Ao contrário da legitimidade anterior, aqui se fala na sucessão *inter vivos*. Essa cessão independe se ocorreu a título oneroso ou gratuito. Trata-se de legitimidade ordinária superveniente que pode ser tanto uma demanda ajuizada pelo próprio cessionário (que recebeu o crédito anteriormente) como no curso da lide (verdadeira alienação do objeto litigioso), nada impedindo que o cedente continue no processo agindo em nome próprio direito do cessionário como substituto processual. Esta hipótese de cessão não depende da anuência do executado (arts. 286, CC e 778, § 2º, CPC). Apesar de não haver anuência, exige-se notificação (art. 290, CC).

Para a validade da cessão a lei não estabelece nenhuma regra especial (salvo quando se tratar de escritura pública, como, por exemplo, direitos de imóvel (art. 108, CC), hipoteca (art.

289, CC e 167, I, n. 9 da Lei n. 6.015/73). Contudo, para sua eficácia para o devedor e terceiros há algumas questões: se móvel exige o registro em Cartório de Títulos e Documentos (conforme arts. 221, 288 e 654, § 1º, do CC e art. 129, 9, da Lei n. 6.015/73). Se imóvel se exige instrumento público levado a registro no Cartório de Registo de Imóveis (art. 167, I, n. 9, Lei n. 6.015/73).

2.2.5. SUB-ROGAÇÃO

Dentre as diversas acepções que circundam o tema, no que interessa à legitimidade executiva, sub-rogação ocorre quando o terceiro paga o crédito. Há uma substituição na posição de vantagem que deixa de ser ocupada pelo credor originário e passa a ser exercida pelo sub-rogado já que o terceiro que paga a dívida se sub-roga nesse direito.

Essa hipótese se aplica tanto nos casos de sub-rogação **legal** (decorrente de lei, nos casos em que o credor paga a dívida do devedor comum, do adquirente do imóvel hipotecado que paga ao credor hipotecário e do terceiro interessado "que paga a dívida pela qual era ou podia ser obrigado, no todo ou em parte" (art. 349, CC). Como, por exemplo, o fiador que paga a dívida e fica sub-rogado nos direitos do credor (art. 831, CC) como **convencional** (quando há transmissão do direito creditório já que um terceiro lhe pagou o crédito). Trata-se de mais uma hipótese de legitimação ordinária superveniente.

Se a dívida paga estava representada por título executivo caberá forçosamente execução.

Nessa hipótese, não precisará demandar nova execução. Com o pagamento por sub-rogação ocorre a sucessão processual e o sub-rogado continua na execução (v.g., o fiador que paga o crédito, conforme art. 794, § 2º, CPC).

2.3. LEGITIMIDADE PASSIVA

2.3.1. DO DEVEDOR

Constitui modalidade de responsabilidade primária originária.

Aquele reconhecido como tal no título executivo. A lei novamente não abrangeu todas as situações potencialmente abarcadas no plano da legitimação passiva. E isso porque são legitimados passivos todos que puderem ser responsabilizados para o cumprimento da dívida, seja nas hipóteses especiais de responsabilidade patrimonial (CPC, art. 790, *vide* item 2.3.5), seja aqueles que são somente os responsáveis (sem obrigação), como o fiador, por exemplo (*vide* item 2.3.4). Opera-se uma extensão da responsabilidade pessoal a outras pessoas não figurantes originariamente no título.

2.3.2. ESPÓLIO, HERDEIROS E SUCESSORES

Constitui modalidade de responsabilidade primária superveniente.

Trata-se de legitimação ordinária superveniente decorrente de sucessão *causa mortis*. Os sucessores apenas respondem nas forças da herança, ou seja, até o quinhão sucessório que lhes tenha sido adjudicado. Denomina-se **benefício do inventário**. Apesar de a lei falar em sucessão *mortis causa*, tem a doutrina ampliado esse conceito para os casos também de cisão, incorporação e fusão de sociedades. Assim, a nova sociedade adquire legitimidade passiva para o cumprimento da execução.

2.3.3. O NOVO DEVEDOR

Constitui modalidade de responsabilidade primária superveniente.

São as hipóteses de cessão de débito ou assunção de dívida (art. 299, CC). Ocorre quando a dívida, representativa do título executivo, é transferida para novo devedor desde que haja anuência expressa do credor. Caso contrário aumentaria exponencialmente os casos de fraude à execução, bastando transferir a dívida para os denominados "laranjas", pois, quando transferida, a dívida automaticamente transfere-se a responsabilidade patrimonial para o novo executado. Não se trata de novação subjetiva, pois a dívida continua a mesma, há apenas a mudança do devedor.

2.3.4. FIADOR DO DÉBITO EM TÍTULO EXTRAJUDICIAL

Constitui modalidade de responsabilidade extraordinária.

A fiança prevista no inciso IV do art. 779 é apenas de título extrajudicial. Quando se tratar de título judicial é necessária sua citação como réu na fase de conhecimento sob pena de ilegitimidade na execução/cumprimento por não figurar na sentença (art. 513, § 5º, CPC e REsp 1.423.083).

Fiança é modalidade de garantia. A fiança pode ser judicial ou convencional. Fiador judicial, como o próprio nome sugere, é um terceiro que presta garantia para alguma das partes exclusivamente dentro do processo quando for necessário. Assim, quando o magistrado não se sentir convencido da existência dos requisitos para a concessão da tutela provisória, poderá requerer que a parte preste caução (art. 300, § 1º, CPC), bem como no cumprimento provisório da sentença (art. 520, IV, CPC).

Há outras situações de exigência de caução (que permitem a fiança judicial) no CPC como exemplificativamente se encontra nos arts. 83, 559, 678, 896, § 1º, 917, § 6º, do CPC. Mas não é apenas de fiador judicial que a regra trata.

O CPC/73 conferia legitimidade apenas ao fiador judicial (art. 568, IV, CPC/73). O CPC atual alcança qualquer hipótese de fiança desde que oriunda de título executivo extrajudicial. Trata-se de legitimidade ordinária já que o fiador é responsável pelo cumprimento da obrigação (apenas com a observância do benefício de ordem).

A questão que se coloca em pauta é a tentativa de harmonização entre a previsão do art. 779, IV (legitimidade passiva do fiador na execução), com o art. 784, V (categorização de título executivo "o contrato garantido por hipoteca, penhor, anticrese ou outro direito real de garantia e aquele garantido por caução").

Importante que se diga que o título executivo é o contrato principal (que é a relação obrigacional sujeita à execução) e não o acessório (que constitui apenas uma garantia para o cumprimento desse contrato).

Dessa situação decorrem dois questionamentos importantes:

i) Como conferir legitimidade passiva ao fiador comum se este figura como parte apenas no contrato acessório ("garantido por caução") que não é objeto de execução?

ii) Como conferir legitimidade passiva ao fiador judicial se este apenas presta fiança dentro de um processo que, naturalmente, ensejará execução de título executivo judicial?

Na primeira hipótese (i) o próprio art. 779, IV, confere essa legitimidade. Assim, ainda que o objeto da execução seja o contrato principal, o fiador, participante do pacto adjeto, terá essa legitimidade passiva. Afinal, qual seria sua finalidade se não pudesse ser executado?

Na segunda hipótese (ii) não parece haver dúvida de que o fiador judicial (conforme exemplos acima) poderá ser parte passiva no cumprimento de sentença ainda que não conste no título (sentença) em decorrência da legitimação extraordinária conferida pelo art. 779, IV, do CPC.

Contudo, o artigo usa a locução "o fiador do débito constante em título extrajudicial". Nesse caso acredito perder um pouco a razão de ser dessa legitimidade, pois há uma manifesta incompatibilidade entre a forma da execução (extrajudicial) e o ambiente em que a fiança é prestada (judicial). É possível, contudo, pensar numa legitimidade superveniente em decorrência de caução prestada na própria execução (v.g., requerimento de efeito suspensivo *ope judicis* na impugnação com a necessidade de prestação de caução (art. 525, § 6º, CPC).

O fiador judicial e o convencional, à luz do direito material, gozam, como regra, do benefício de ordem (arts. 826, CC e 794, CPC) a não ser que renunciem a esse benefício (art. 794, § 3º, CPC).

Assim, quando executado, o fiador poderá exigir a constrição dos bens do devedor que estejam situados na mesma comarca livres e desembaraçados. Caso: a) não haja bens livres e desembaraçados; b) sejam os bens do executado insuficientes; e c) estejam situados em outra comarca, os bens do fiador respondem pela obrigação.

Por fim, o fiador que pagar a obrigação poderá executar o afiançado nos mesmos autos do processo.

2.3.5. O RESPONSÁVEL TITULAR DO BEM VINCULADO POR GARANTIA REAL AO PAGAMENTO DO DÉBITO

Constitui modalidade de responsabilidade extraordinária.

Trata-se de nova hipótese de legitimação passiva do CPC. Em verdade, essa hipótese já estava de certa forma enquadrada no inciso I do art. 779, contudo o legislador resolveu especificar essa hipótese em inciso separado para tornar clara a legitimidade do responsável titular do bem vinculado por garantia real ao pagamento do débito.

Para o cumprimento das obrigações é possível estabelecer garantia real por meio de penhor, hipoteca, anticrese ou alienação fiduciária (arts. 1.419 a 1.430 do CC, Decreto-lei n. 911/69 e Lei n. 9.514/97).

Conforme já dito reiteradas vezes, o contrato acessório não é objeto de execução, mas sim o contrato principal. Dessa forma, a responsabilidade primária para o cumprimento da obrigação é do devedor/executado que figurou na relação obrigacional de direito material. Contudo, em virtude da natureza de garantia que reveste esses contratos, a responsabilidade para com o adimplemento da obrigação se estende a esses terceiros garantidores que figurarão, por consequência, no polo passivo da execução. A regra autorizadora está no plano do direito processual civil.

Estabelece o art. 790, I e V, que ficam sujeitos à execução os bens: "I – do sucessor a título singular, tratando-se de execução fundada em direito real ou obrigação reipersecutória" e "V – alienados ou gravados com ônus real em fraude à execução".

2.3.6. RESPONSÁVEL TRIBUTÁRIO

Constitui modalidade de responsabilidade extraordinária.

É aquele que, não sendo contribuinte, está obrigado ao pagamento do tributo ou penalidade pecuniária por expressa disposição de lei (arts. 121, parágrafo único, II, e 128-138, CTN e art. 4º, V, Lei n. 6.830/80).

É importante estabelecer, no plano do direito material tributário, a legitimidade passiva e sua inserção no plano executivo:

a) Quando o sujeito possua relação direta e pessoal com a situação que constitua o fato gerador da relação tributária, tem-se a figura do contribuinte (art. 121, parágrafo único, I, CTN). Nesse caso seu enquadramento processual se encontra no art. 779, I, do CPC, pois é "devedor, reconhecido como tal no título executivo".

b) Quando o sujeito, não sendo contribuinte, tiver a responsabilidade (não "obrigação" como diz o texto do artigo) decorrente de previsão legal (art. 121, parágrafo único, II, CTN). É sobre essa específica situação que trata o presente inciso.

Os contornos da responsabilidade tributária podem ser verificados, como dito, nos arts. 128 a 138 do Código Tributário Nacional.

Há três formas de responsabilidade: por sucessão, por terceiros e por infração.

3.
COMPETÊNCIA NA EXECUÇÃO

3.1. EXECUÇÃO DE TÍTULO EXECUTIVO JUDICIAL

A disciplina da competência em cumprimento de sentença está regulada no art. 516 do CPC.

Dessa forma, o referido art. 516 disciplina em seus três incisos a competência: **a)** da execução cuja competência originária seja o tribunal; **b)** a competência para execução em primeiro grau quando a sentença foi produzida no cível; e **c)** a competência para execução em primeiro grau quando a sentença não foi produzida no cível.

3.1.1. EXECUÇÃO NOS TRIBUNAIS

Até 2005, quem disciplinava a competência da execução nos tribunais era o art. 575, I, que foi tacitamente revogado pelo art. 475-P, todos do CPC/73. A mudança foi mais de forma do que de conteúdo. O revogado artigo mencionava a locução "tribunais superiores", dando a entender que a competência a que se referia o artigo somente disciplinava estes tribunais. Contudo o equívoco é manifesto e a redação do art. 475-P veio suprimir: qualquer ação cuja **competência originária** seja um tribunal (segunda instância ou superior) terá sua execução nesse mesmo tribunal.

O destaque tem motivo: nenhum tribunal tem competência para executar uma decisão quando apenas teve contato com a causa em sede recursal. O CPC atual manteve a regra.

Há, contudo, duas exceções à regra:

a) Homologação de sentença estrangeira – A EC n. 45 determinou que a competência para homologar sentença estrangeira se dê pelo Superior Tribunal de Justiça (e não mais pelo STF). Contudo, uma vez homologada, a competência para proceder à sua execução será do juiz federal em primeiro grau (CF, art. 109, X).

b) Competência delegada – Os tribunais não são vocacionados à prática de atos executivos. Muitas vezes, até mesmo pela dificuldade de se concretizarem esses atos materiais (expedição de mandado, oficial de justiça, nomeação de depositário), é possível delegar a competência a um órgão inferior por meio de Carta de Ordem. Esta possibilidade não tem previsão normativa (apenas de forma genérica conforme art. 260, CPC), salvo quando se tratar de delegação pelo Supremo Tribunal Federal (CF, art. 102, I, *m*).

3.1.2. EXECUÇÃO EM PRIMEIRO GRAU

O legislador, com a redação do art. 516, II, do CPC, estabelece que competente é o juízo que decidiu a causa e não o que simplesmente a processou (o que, diga-se, quase sempre é o mesmo).

Quanto ao conteúdo, o art. 516 do CPC, lido em conjunto com o seu parágrafo único, estabelece importantes regras de competência para o cumprimento de sentença.

A regra continua sendo o juízo em que se formou o título, ou seja, se o processo correu na 4ª Vara Cível da Comarca de Guaxupé, a execução será ali processada.

Tinha-se por premissa que o magistrado condutor do feito teria melhores condições de dirigir a execução e, portanto, haveria uma espécie de "identidade física do juízo".

Esta premissa era imperiosa na lei ao tratar essa relação cognição-execução como competência funcional decorrente de uma espécie de **conexão por sucessividade**[1].

Entretanto o art. 516, III e seu parágrafo único, traz duas exceções.

A primeira decorrente de uma situação objetiva: as sentenças arbitral, estrangeira e penal condenatória não foram prolatadas perante o juízo cível (mas lá devem ser executadas) e, portanto, o juízo condutor da execução não foi o mesmo que proferiu a sentença.

A segunda decorrente de uma situação subjetiva: o parágrafo único do art. 516 flexibiliza a regra dos incisos II e III ao permitir que a execução possa também se processar no novo domicílio do devedor ou no local em que se encontre seus bens penhoráveis. Esta regra é de ordem objetiva porque dependerá da situação concreta.

Se a função preponderante da execução é a busca e expropriação de bens e não a discussão do direito, será irrelevante, no caso, quem conduzirá o processo.

Aliás, será muito mais cômodo proceder à penhora na própria comarca do juízo ou mesmo no novo domicílio do executado (que será encontrado mais facilmente e, provavelmente, terá seus bens nesse local).

Portanto, hoje o exequente possui três foros concorrentes para o cumprimento da sentença, a depender do caso concreto.

Discute-se como esta regra deve ser tratada à luz da *perpetuatio jurisdictionis* (CPC, art. 43). E isso porque, de acordo com o artigo, as modificações de fato e de direito seriam irrelevantes para a modificação da competência que seria cristalizada no momento da distribuição da demanda.

O artigo só pode ser interpretado como uma exceção à regra ou flexibilização à regra. A aplicação do art. 516, II e III, excepciona a regra do art. 43. Entretanto, é necessário estabelecer o **limite quantitativo** para esta exceção: se a modificação poderá ser dada caso haja novo endereço do executado e/ou local dos bens em comarca diversa, esta mesma modificação poderá ser feita pela segunda vez? (v.g., caso novamente tenha o executado mudado de endereço). E ainda, poderá requerer a modificação no curso do cumprimento de sentença, pois a alteração de fato se deu somente nesse momento?

Exceção à regra deve ser interpretada restritivamente. Se a lei estabelece que o cumprimento será efetuado onde se formou o processo (inciso II), certamente a norma quis dizer que o momento adequado é na transição da cognição para execução.

---

1 A despeito de não se tratar propriamente de uma conexão, por não se referir propriamente a duas causas.

Qualquer outro momento que não este estaria fora da previsão do parágrafo único.

Portanto, em nossa opinião, não será possível haver nova alteração sob pena de violar a regra do já comentado art. 43 do CPC.

Entende-se que a vontade da lei foi conferir maior efetividade às atividades materiais executivas ao fazer com que o processo fique mais próximo do devedor e/ou de seus bens. Assim uma nova alteração de endereço ou da localização dos bens faria, *ipso facto*, uma (nova) mudança de competência no cumprimento. Contudo, estes reiterados deslocamentos podem gerar um efeito colateral: a excessiva demora no cumprimento da execução.

De nada adianta criar uma regra de flexibilização da *perpetuatio* para se evitarem os inconvenientes que a expedição de uma Carta Precatória possa proporcionar e permitir reiteradas remessas de autos de processo de uma comarca para outra.

Este requerimento deverá ser feito perante o juízo de origem, explicitando os motivos pelo qual se requer a remessa para outra comarca.

Caso seja deferida a remessa, o executado será intimado para se manifestar, podendo alegar por petição simples seu inconformismo.

Discute-se se a competência seria absoluta ou relativa. A questão tem importância para saber se o magistrado poderá conhecer ou não de ofício.

Entendemos tratar-se de competência híbrida.

É absoluta na medida em que a competência do juízo da execução é a regra e tem natureza funcional horizontal. A discussão pelo executado se deve ou não haver a remessa atém-se justamente no ponto de que não há fato motivador para a mudança de juízo o que, se procedente, constatará que deve prevalecer a regra absoluta do art. 516, II.

É relativa, contudo, pois delegou ao exequente a possibilidade de eleger o foro competente, à luz das circunstâncias concretas. Na medida em que a parte tem o poder de derrogar a competência, não há se falar em absoluta.

Assim em sendo híbrida e havendo, portanto, uma parcela de interesse público na questão, evidente que ela poderá ser conhecida de ofício.

O STJ entendeu recentemente que o credor poderá optar pela regra de remessa do processo ao domicílio do executado ou dos bens mesmo quando já iniciado o cumprimento de sentença. O entendimento é correto na medida em que, muitas vezes, se descobrem essas informações após as frustradas tentativas de intimação e de penhora (STJ, REsp 1.776.382/MT).

3.1.3. COMPETÊNCIA PARA A EXECUÇÃO DE SENTENÇAS PROCESSADAS FORA DO JUÍZO CÍVEL

O art. 516 do CPC dispõe que o cumprimento da sentença efetuar-se-á perante: "III – o juízo cível competente quando se tratar de sentença penal condenatória, de sentença arbitral ou de sentença estrangeira" (o tribunal marítimo previsto no texto consolidado foi objeto de veto presidencial). É evidente que a mera expressão "juízo cível competente" não diz muita coisa, poderia ser qualquer um. *De lege ferenda*, deve ser lida a locução com a seguinte alteração: "o juízo cível que teria competência para julgar caso a demanda cognitiva ali tivesse sido processada". Portanto, há de se verificar **se** a demanda tivesse corrido no cível (v.g., não houvesse cláusula arbitral), quem seria o competente?

Para a sentença estrangeira, o foro competente será sempre a Justiça Federal (CF, art. 109, X).

3.2. EXECUÇÃO DE TÍTULO EXECUTIVO EXTRAJUDICIAL

Quando a execução se fundava em título executivo extrajudicial, o art. 576 do CPC/73 outorgava às regras do processo de conhecimento a devida sistematização ao fazer referência ao (então) Livro I, Título IV, Capítulos II e III, ou seja, as regras da competência para execução nesta modalidade de título eram as mesmas que para a propositura da ação de conhecimento.

Contudo o CPC vigente estabeleceu regras próprias (similares, diga-se, com aquelas previstas no Livro Geral) para a competência dessa modalidade de execução.

A regra já estabelece três foros concorrentes: a) domicílio do executado; b) foro de eleição previsto no contrato (título); ou c) local onde encontrem bens sujeitos à expropriação pertencentes ao executado.

Os incisos II, III, IV e V estabelecem um refinamento à regra (assim como os parágrafos explicitam a regra geral da competência prevista no art. 46). Dessa forma:

i) não sabendo onde reside o executado, a execução poderá ser proposta onde ele for encontrado ou no domicílio do exequente;

ii) possuindo o executado mais de um domicílio, poderá ser proposta a execução, à escolha do exequente, em qualquer um deles;

iii) havendo diversos devedores que residem em diferentes domicílios, o foro competente será em qualquer deles;

iv) a execução poderá ser distribuída no local onde se praticou o ato ou ocorreu o fato que originou o título, mesmo que não seja nesse local que, atualmente, resida o executado.

No que concerne aos títulos de crédito, em virtude da sua possibilidade de protesto é importante ressaltar que este fato não altera a competência, pois trata-se de medida meramente administrativa[2]. Assim, o fato de se proceder ao protesto (na grande maioria das vezes em caráter emergencial), não importa em renúncia tácita ao foro competente para execução.

Como a competência do art. 53, II, se sobrepõe à do art. 516, II, se o alimentando mudar de domicílio a execução será feita no novo domicílio do credor.

Em se tratando de execução de cobrança condominial, as parcelas vincendas poderão ser incluídas na mesma execução (sem necessidade de se ajuizar novas ações) desde que sejam da mesma natureza. Constitui aplicação do art. 323, CPC, para a execução, prestigiando a economia e efetividade processuais. Nesse sentido, STJ, REsp 1.835.998/RS, Rel. Min. Luis Felipe Salomão, Quarta Turma, por unanimidade, j. 26-10-2021.

---

2   STJ, REsp 782.384.

4.

TÍTULO EXECUTIVO

4.1. INTRODUÇÃO

Conforme visto nos capítulos anteriores, a execução constitui processo ou fase diferenciada cuja função típica é a prática de atos materiais tendentes a concretizar uma decisão judicial ou um documento que, aos olhos da lei, possua força executiva. Este constitui o "objeto litigioso executivo". Estes atos podem ser de sub-rogação (execução direta) com a expropriação dos bens do executado ou de coerção (execução indireta) com a prática de atos tendentes a coagir o executado, no cumprimento da obrigação (estipulação de multa, v.g.).

Contudo, para que se ingresse com um processo mais invasivo, que evidentemente relativiza e posterga as potencialidades das garantias constitucionais processuais (máxime as do contraditório, da ampla defesa e da isonomia) é necessário que o demandante tenha um *plus*, algum instrumento que o diferencie e permita que tenha uma posição de vantagem sobre o demandado. Este instrumento, que servirá como base para seu ingresso nesse tipo de demanda, é denominado *título executivo*.

A exigência do título é repetida no CPC algumas vezes (arts. 783, 798, I, *a*, e 803, I) para deixar clara a sua imprescindibilidade.

Entendemos que o título executivo, como assevera parcela da doutrina (Cândido Dinamarco), não *presume* a existência de um crédito (nesse sentido como observa João Batista Lopes). E isso porque a presunção já existe ou não. O juiz não vai fazer nenhuma investigação nesse sentido. O título, isso sim, cria uma ficção legal que afasta a necessidade de qualquer investigação acerca da existência do direito. Portanto, subtrai daquela relação jurídica a cognição acerca da existência dos fatos (por isso se diz normalmente que a execução possui *cognição rarefeita*). Há dois importantes e conhecidos motivos:

a) para os títulos executivos judiciais, a prévia fase de conhecimento que deu ampla oportunidade de as partes se manifestarem;

b) para os títulos executivos extrajudiciais, mesmo sem essa prévia oportunidade existem determinadas situações que indicam uma grande chance da existência do direito. Assim, levando em conta os valores jurídicos envolvidos, a lei e os negócios jurídicos elegeram, abstratamente, atos que, na experiência comum, normalmente indicam a existência do crédito

Contudo, apesar de o título não gerar a presunção da dívida, a sua criação decorre de uma atividade intelectiva do legislador (ou negócio jurídico) baseada na probabilidade da existência do crédito, pois, do contrário, não seria adequado permitir o ingresso do Estado no patrimônio do executado.

Portanto, a probabilidade é critério para a tipificação desses títulos.

Daí a expressão **eficácia abstrata** do título executivo[1], que consiste na aptidão de realizar os atos da execução forçada prescindindo da investigação acerca da existência ou não do crédito ("abstraindo-se" dessa necessidade).

A eficácia abstrata, também denominada *indiscutibilidade intrínseca*, projeta dois efeitos importantes para o processo:

a) limita a cognição do magistrado no plano horizontal, pois não pode/precisa discutir o direito material em que as partes debatem;

b) impõe uma estruturação especial ao procedimento executivo, na medida em que – não se tratando de procedimento vocacionado ao amplo contraditório – as oportunidades de defesa serão eventuais, mitigadas ou até mesmo diferidas para um processo autônomo (v.g., embargos à execução).

A eficácia abstrata é reforçada pelo CPC em três importantes artigos:

> **a)** o art. 969 do CPC, que versa sobre a ausência de efeito suspensivo na propositura da rescisória, permitindo o prosseguimento da execução (salvo em casos especiais). Dessa forma, a coisa julgada estará protegida até a procedência da rescisória;
> **b)** o art. 784, § 1º, do CPC do qual "a propositura de qualquer ação relativa ao débito constante do título executivo não inibe o credor de promover-lhe a execução"; e
> **c)** o art. 775 do CPC que prevê a possibilidade de desistência da execução independente da vontade do executado (salvo se apresentou defesa de mérito). Constitui o princípio do desfecho único, ou seja, a execução se faz para satisfazer exclusivamente o credor.

Não se pode entender que a existência do título torna existente o crédito (como se estivesse retomando a vetusta teoria concretista). Pensar dessa maneira é ignorar a dicotomia entre direito material e processo. No plano do processo o título funciona como mecanismo autorizador de ingresso na via executiva, mesmo que ao final se descubra a injustiça da execução (plano material).

Existe, de fato, uma interdependência entre os dois planos, mas não de forma **absoluta**. Evidente que o título só terá razão de ser (em caráter finalístico) se existir o crédito.

Portanto, o título executivo é condição **necessária** e **suficiente** para permitir a atividade executiva independentemente da constatação da existência ou não do direito material nele contido.

É **necessária**, pois sem o título executivo não há que se falar em execução (com as devidas exceções estabelecidas no capítulo sobre princípios – *nulla executio sine titulo*) conforme os arts. 783 e 798, I, *a*, do CPC e a sua falta gera nulidade da execução (CPC, art. 803, I).

É **suficiente**, pois apenas com o título já se pode desencadear os atos para a satisfação da pretensão executiva sem a necessidade de se perquirir acerca da real existência da exigibilidade obrigacional no plano do direito material.

---

1 "Falar em eficácia abstrata do título é atestar que este conduz o juiz a prescindir de qualquer comprovação do crédito, bastando-lhe o título como fator legitimante dos atos executivos, sem nada julgar quanto ao mérito" (Sérgio Shimura, *Título executivo*, cit., p. 116-117).

4.1.1. TIPICIDADE

Seguindo especialmente a tradição dos direitos italiano e português, para "ser considerado" *título executivo* no ordenamento brasileiro não significa ostentar alguma característica especial que autorize ao exequente optar pela via executiva (contudo, essa característica pode até ser um fator para que o legislador eleja determinado documento como título).

Para ser título executivo é necessária exclusivamente a sua previsão em lei (*nulla titulus sine lege*). A definição do que venha a ser título, portanto, não é matéria da ciência do direito, mas do direito positivo. Dessa forma, não há título sem lei anterior que o defina. Constitui uma espécie de princípio da reserva legal (CF, art. 5º, XXXIX; CP, art. 1º) em direito penal aplicável ao processo civil.

O cheque é hoje no ordenamento jurídico brasileiro considerado título, poderá amanhã, por opção do legislador, não mais sê-lo. Nem por isso alterará sua natureza jurídica (documento representativo de um crédito).

Não tem efeito algum no nosso ordenamento estabelecer executoriedade de um documento que não tenha previsão legal como título (cláusula executiva), como se vê no direito alemão (ZPO, § 794).

Esta forma rigorosa de tratar a exigência do "ser título" decorre da gravidade das medidas executivas permitidas por esse documento.

É importante ressaltar, ainda, que apenas lei federal (CF, art. 22, I) pode criar títulos executivos, pois título constitui matéria de processo. Os Estados, por apenas poderem regular matéria procedimental (CF, art. 24, XI), não têm essa competência (Leonardo Greco). Contudo, o professor da PUC/SP Sérgio Shimura assevera que por força do art. 24, X, da CF ("**Art. 24. Compete à União, aos Estados e ao Distrito Federal legislar concorrentemente sobre:** X – criação, funcionamento e processo do juizado de pequenas causas") seria possível aos Estados a criação de título executivo com exclusiva finalidade de instruir os juizados especiais.

Como consequência, acreditamos não ser possível a criação de título executivo por negócio jurídico processual (art. 190, CPC). Primeiro porque, tecnicamente, qualquer relação obrigacional lícita poderá ser instrumentalizada como título executivo, bastando a assinatura do devedor e de duas testemunhas (art. 784, III, CPC), portanto seria uma discussão inócua. Segundo porque os instrumentos cuja criação é de competência exclusiva da lei (recursos, títulos executivos, modalidades de defesa) não podem ser criados pelas partes por meio de convenção processual. Portanto, as partes não podem criar um novo título, mas podem estabelecer qualquer relação obrigacional lícita e inseri-la em título já existente com alta carga de abstração, conforme o já mencionado art. 784, III.

4.1.2. VINCULAÇÃO

O respeito ao título deve ser absoluto. Não se pode permitir a um magistrado, que discorde da opção legislativa ser restritiva, elevar ao *status* de título documento que não tenha essa previsão. Igualmente não se permite que desconsidere um título previsto como tal sob o argumento de que ali não estão presentes os requisitos necessários para permitir a tutela executiva (eficácia abstrata). Uma vez preenchidos os requisitos necessários para aquele título, o magistrado não poderá subjetivamente valorar sobre a sua possibilidade ou não de execução baseado em sua convicção pessoal. Compete ao devedor por meio das defesas (embargos à execução, impugnação ou exceção de pré-executividade) afastar a exigibilidade do título.

4.1.3. DECLINABILIDADE

Fala-se comumente que o exequente que busca a via cognitiva quando portador de título executivo não possui interesse de agir por ausência de utilidade. Afinal, seria desnecessário o processo de conhecimento, pois este objetiva justamente o que o credor já possui, o título.

O art. 785 do CPC representa um posicionamento já esposado pelo Superior Tribunal de Justiça[2]: Mesmo sendo portador de título executivo extrajudicial, é possível que a parte abra mão dessa prerrogativa e deduza sua pretensão pela via cognitiva para a obtenção de título executivo judicial. Tal expediente é muito comum, especialmente nas obrigações específicas (entrega de coisa certa ou incerta e obrigação de fazer ou não fazer) em que o procedimento da ação cognitiva (com a permissibilidade de concessão de tutela antecipada) é mais efetivo que o rito executivo. A fungibilidade, que é de **mão única**, diga-se (não é possível àquele que não porte título proceder à execução), permite que a parte opte pela formação de título judicial e não executar diretamente o título extrajudicial.

Isso também pode ocorrer quando o credor deseja uma melhor certificação do título que instrui sua obrigação (que será possível por meio da atividade de conhecimento) em vez de aguardar a oposição de embargos da parte contrária. Já havia, aliás, posicionamento do STJ nesse sentido (REsp 981.440). Ademais, o cumprimento de sentença (oriundo de uma fase de conhecimento) é mais efetivo com direito a multa de 10% em caso de não pagamento, bem como a limitação cognitiva na impugnação (art. 525, § 1º, CPC).

O sistema processual brasileiro permite, por vezes, a possibilidade de escolha entre diversos instrumentos processuais, cabendo esta ao autor da demanda. Assim, na prática de esbulho pelo Poder Público, será possível tanto a reintegração de posse como mandado de segurança e ainda um pedido de desapropriação indireta para se ver ressarcido dos danos causados[3].

O que se tem no presente artigo é uma alteração na ordem do estado das coisas: na execução com base em título extrajudicial, inicia-se com uma execução que permite ao executado, por meio dos embargos, um aprofundamento horizontal e vertical da cognição. Na ação de conhecimento, inicia-se com a ampla cognição, para, após o trânsito em julgado, dar início a via executiva por meio do cumprimento de sentença[4].

Contudo, com o devido contraponto, há parcela da doutrina que entende inadequada a alteração estabelecida. Isso porque, conforme dito, a discussão sobre a declinabilidade incide sobre o interesse de agir, condição da ação, matéria de ordem pública e que não pode ser afastada pelo Poder Judiciário. Dessa forma, não se poderia analisar a questão sob a ótica apenas das partes (para o autor reside na vantagem de poder escolher o meio adequado, para o réu a possibilidade de se defender amplamente em um procedimento comum desprovido de mecanismos de penhora de bens)[5] mas do Poder Judiciário e a ofensa a economia processual tendo em vista a propositura de uma ação para reconhecer o direito que o exequente já possui.

---

2 REsp 981.440; REsp 1.180.033; REsp 394.695; AgRg no AREsp 197.026.
3 CUNHA, Leonardo Carneiro. *Comentários ao Código de Processo Civil*. Organizadores: STRECK, Lenio Luiz; NUNES, Dierle; CUNHA, Leonardo Carneiro. Coordenador: FREIRE, Alexandre. São Paulo: Saraiva, 2016, p. 1035.
4 Idem, ibidem, p. 1036.
5 Na execução de título executivo extrajudicial, os embargos como regra não possuem efeito suspensivo de modo que a defesa do executado não tem o condão de evitar a penhora dos bens.

4.2. NATUREZA JURÍDICA

Há três principais correntes que explicam a natureza do título executivo.

a) Documento. A primeira define o título como documento. Esta é a teoria defendida por Francesco Carnelutti. É documento porque serve de prova à existência do crédito. Seria uma espécie de prova legal (porque sua eficácia estaria prevista em lei), o único meio hábil de demonstrar a existência do crédito. Uma espécie de bilhete para a execução.

Posteriormente, o próprio autor italiano mudou seu posicionamento, entendendo que mais do que uma prova legal é necessário que ele tenha uma eficácia mais intensa do que uma mera prova a autorizar a execução, já que o documento prova fatos e não efeitos jurídicos, com base no art. 480 do CPC italiano, que falava em "obrigação resultante do título executivo".

A teoria do documento, em nossa opinião, não deve ser seguida por cinco importantes motivos[6]:

i) Alteração do conceito de prova: o objetivo da prova são as alegações sobre o fato e não o direito[7]. Ao afirmar que o título prova a existência do direito altera ilegitimamente a definição de prova.
ii) Valoração: se fosse de fato prova, esta deveria ser valorada e julgada na execução para que se constatasse a existência ou não do crédito. Contudo, não há esta valoração. A cognição na execução, apesar de existir, é rarefeita.
iii) Forma: há confusão entre a forma do ato jurídico e seu conteúdo. No Brasil sempre se exige do título a forma escrita. Isso não quer dizer que seja condição *sine qua non*. Já houve no Brasil a permissão para a executoriedade de título verbal (contrato de locação no CPC/39, art. 298, IX). Dessa forma, não se pode defender a teoria meramente documental se pode o legislador estabelecer título que não seja por escrito.
iv) Teoria concreta: é importante frisar que os embargos procedentes, tornando a execução extinta, não desnaturam a existência do título executivo (daí o erro da teoria documental). Por isso Carnelutti não conseguiu explicar as execuções injustas.
v) Categorização adequada: o documento é a representação física do ato jurídico. Dessa forma, apesar de o documento ser necessário para dar suporte ao ato (pois confere maior segurança e idoneidade para a demonstração do ato), os efeitos jurídicos que dele emanam decorrem do ato e não do documento.

b) Ato. A segunda define o título como ato. Esta teoria é seguida por Enrico Liebman, que rechaça o caráter probatório do título. É o ato constitutivo da concreta vontade do Estado, ou seja, é ato que tem incorporada uma sanção. Quando surge tem vida própria, independentemente da existência do crédito. Na execução o juiz não tem que examinar provas nem formar sua convicção, mas unicamente deferir o pedido se estiver baseado em título hábil.

A existência ou não do crédito não pode influir no desenvolvimento da execução. O autor critica a teoria do título como documento na medida em que está muito arraigada ao direito material. Pressupõe-se sempre que o crédito existe volvendo a uma teoria concreta da ação. O documento seria apenas a materialização deste ato jurídico.

Assim, o documento é apenas a prova do ato e o ato sim é o cerne do título executivo. Contudo, a teoria do ato pode ser criticada, por dois pontos: Primeiro porque explicita que a vontade das partes é que dá ensejo a via executiva. A despeito de sob certo aspecto estar correta (já que a regra é a execução por ato de vontade da parte e não de ofício), quem outorga eficácia

---
[6] Boa parte dos argumentos foram colhidos de Alexandre Freitas Câmara, *Lições*, cit., p. 163-164.
[7] Salvo raríssimas exceções (CPC, art. 337).

executiva ao título é a lei e não a parte. Segundo porque a teoria do ato foi toda construída para explicar a sentença condenatória do título executivo judicial. Sua aplicação para os títulos extrajudiciais ficaria mitigada.

Ademais, as recentes reformas do CPC não recepcionaram a teoria de Liebman, pois o art. 786 assevera que não é o *título* que deve ser líquido, certo e exigível, mas a *obrigação nele contida*. Esse posicionamento é defendido também por Cândido Dinamarco.

c) Mista. Esta teoria trata o título como um instituto bifronte: ao mesmo tempo ato e documento. Não basta o ato, é necessário que ele seja documentado. A lei, analisando caso a caso, verificará quando o elemento *ato* ou o elemento *documento* prevalecerão. Desta forma, privilegia-se o ato na execução de contrato de locação, mas leva-se em conta predominantemente o documento nos títulos de crédito. O conteúdo do título é o ato, mas a sua instrumentalização é o documento. Esta teoria é defendida por Giuseppe Chiovenda. No Brasil, seguido por Sérgio Shimura, Araken de Assis e Vicente Greco Filho. Defendemos esta terceira corrente: no plano formal o título é um documento e no plano material, constitui um ato jurídico.

4.3. ELEMENTOS (REQUISITOS) DO TÍTULO

4.3.1. REQUISITOS FORMAIS (TIPICIDADE)

A tipicidade não se confunde com a taxatividade. Esta é a previsão legal e aquela a forma como o título é apresentado.

Os requisitos formais variam de título a título conforme a tipificação que a lei lhe empresta. Assim, a sentença condenatória no juízo cível tem sua previsão no art. 489 do CPC, a nota promissória nos arts. 2º e 76 da Lei Uniforme, o contrato de honorários na Lei n. 8.904/96; o cheque no art. 1º da Lei n. 7.357/85.

Portanto, os títulos estão enquadrados em tipos legais mais concretos (títulos cambiais, v.g.) ou mais abstratos (documento assinado pelo devedor com duas testemunhas). Esta gradação leva em consideração o regime e os requisitos que se exigem para a composição do ato.

Existe, contudo, um requisito formal que é comum a todos os títulos: que o crédito esteja materializado em documento escrito[8].

4.3.2. REQUISITOS SUBSTANCIAIS

A obrigação que representa o título também deve ser líquida, certa e exigível. Importante frisar que os atributos não são do título, mas da obrigação a ele subjacente. Assim, segue-se o que disciplina o CPC italiano (art. 474).

É importante falar desses elementos:

Certeza – A certeza não tem referibilidade com a existência do direito. Não concerne ao grau de convicção acerca da existência do crédito, até mesmo porque, de regra, não é tema que se discute dentro da execução. Ademais, o contraditório pode provar que a execução é ilegítima. Refere-se à certeza, portanto, à definição de seus elementos. Assim, uma obrigação é certa quando os **elementos subjetivos** (sujeito ativo e passivo), o **objeto** (obrigação de dinheiro, de

---

8 Conforme dito anteriormente, não existe mais, como no CPC/39, o contrato de locação verbal como título executivo.

entrega de coisa ou de fazer/não fazer) e a **identificação/individualização do direito** estiverem presentes.

Deve-se demonstrar, portanto, a existência do crédito (mesmo que se verifique, *a posteriori*, sua inexistência) e as pessoas nelas participantes. A Lei de Execução Fiscal, em seu art. 3º, utiliza a equivocada expressão presunção de certeza e liquidez ("Art. 3º A Dívida Ativa regularmente inscrita goza da presunção de certeza e liquidez") como se esses elementos fossem sujeitos à presunção.

Não existe obrigação completamente incerta. Mas nas obrigações alternativas há certa relativização desse conceito. Isso porque se conhecem os sujeitos, o objeto, mas a sua identificação/individualização é variável. Assim, a concentração (ato de escolha) está regrada no art. 800 do CPC ao observar que: "Nas obrigações alternativas, quando a escolha couber ao devedor, este será citado para exercer a opção e realizar a prestação dentro dez dias, se outro prazo não lhe foi determinado em lei ou contrato".

Se a escolha competir ao credor, este já propõe a ação com o bem escolhido (CPC, art. 800, § 2º).

Liquidez – A liquidez estabelece o quanto ou o que se deve. Importante frisar que não é necessário precisar o *quantum debeatur* de maneira exata. A mera possibilidade de determinação por meio de cálculos já torna o título líquido. Dessa forma, o mero estabelecimento do valor por cálculos aritméticos não pode ser enquadrado como liquidação por cálculos, hoje inexistente conforme art. 509, § 2º, do CPC.

A liquidez somente será perquirida quando o bem for suscetível de quantificação. Assim, nas obrigações de fazer, não fazer ou entrega de coisa certa, dificilmente o predicado da liquidez será necessário, precisando apenas do requisito da certeza.

Exigibilidade – Consiste na possibilidade de executar o título. É a falta de impedimento que impeça a eficácia do título. Esta eficácia se dá: **i)** pelo vencimento; **ii)** pelo trânsito em julgado; **iii)** pela recepção de recurso sem efeito suspensivo; ou **iv)** pela ausência de termo/condição imposta à obrigação. Alguns autores (Cândido Rangel Dinamarco, v.g.) entendem que exigibilidade não pode ser considerada como requisito da obrigação, por se tratar de requisito para que a tutela seja necessária.

O STJ entendeu que é possível incluir no curso da execução as parcelas vincendas no débito exequendo até o cumprimento integral da obrigação no curso do processo, aplicando o art. 323 CPC que originariamente é utilizado na fase de conhecimento para a execução fundada em título executivo extrajudicial com base no art. 771, CPC). É o que entende também o Enunciado 86 da I Jornada de Direito Processual Civil do Conselho da Justiça Federal: "as prestações vincendas até o efetivo cumprimento da obrigação incluem-se na execução de título executivo extrajudicial (arts. 323 e 318, parágrafo único, do CPC)" REsp 1.759.364.

4.4. CLASSIFICAÇÃO

Os títulos executivos podem ser judiciais (CPC, art. 515) ou extrajudiciais (CPC, art. 784). É extremamente numerosa a lista dos títulos no Brasil, praticamente sem comparação com nenhum outro país (justamente os que inspiraram e da qual se tomou por base para sua criação). Essa justificativa decorre do fato de o país ter demorado em instituir o procedimento monitório (que veio apenas em 1995), então, as provas mais contundentes eram levadas diretamente para o processo de execução.

Títulos executivos judiciais são aqueles produzidos dentro de um processo por meio de atividade jurisdicional. Já os títulos executivos extrajudiciais são aqueles atos produzidos fora de um processo em que a lei confere eficácia executiva e formalizados por ato de vontade das partes (ou somente de uma como a certidão de dívida ativa, CPC, art. 784, IX).

Todos permitem a execução forçada. Tal equiparação se deu a partir do Código de Processo Civil de 1973 e se estendeu ao atual, pois no regime do CPC/39 apenas os títulos executivos judiciais poderiam ser executados de maneira direta (ação executória). Já os extrajudiciais eram apresentados em um processo híbrido (cognitivo-executivo) (ação executiva)[9].

Assim, pode-se dizer que a eficácia executiva desses títulos é equiparada.

4.5. EXECUÇÃO COM BASE EM MAIS DE UM TÍTULO

A execução pode se basear em mais de um título. É comum como reforço de garantia de um contrato (que tenha tipicidade como título executivo) que ele seja acompanhado de outro título (como uma nota promissória, por exemplo). É possível valer-se desses dois títulos ainda que um só deles bastasse (Enunciado n. 27 da Súmula do STJ). Esta junção de títulos confere maior segurança ao negócio em caso de eventual oposição a existência do crédito. Contudo, há outra forma de cumulação de títulos prevista no art. 780 do CPC: "O exequente pode cumular várias execuções, ainda que fundadas em títulos diferentes, quando o executado for o mesmo e desde que para todas elas seja competente o mesmo juízo e idêntico o procedimento".

Para tanto é necessário o preenchimento de três requisitos cumulativos:

a) mesmo executado – a despeito de a lei utilizar-se da expressão mesmo executado, dando a impressão de singularidade, nada impede que se forme um litisconsórcio entre diversos executados e nessa demanda haja cumulação de títulos (cumulação objetiva + cumulação subjetiva);

b) competência do juízo – os arts. 516 e 781 conferem os contornos necessários acerca das regras de competência que devem ser respeitadas. É necessário que o juízo seja competente para apreciar todas. Evidente que se a discussão for de incompetência relativa, o juízo poderá julgar, pois constitui uma das hipóteses de modificação de competência;

c) identidade procedimental – a cumulação somente poderá ser efetivada em havendo identidade procedimental em decorrência dos títulos que foram apresentados. Assim é possível cumular numa mesma execução por quantia uma nota promissória e uma confissão de dívida com duas testemunhas. Nesse caso o rito executivo é o mesmo. Contudo, não será possível cumular um título que determina uma obrigação de fazer com execução por quantia ou título judicial com extrajudicial por absoluta incompatibilidade entre os procedimentos. Assim resta vedada a cumulação de execução por incompatibilidade do procedimento, tanto pela natureza da obrigação como pela natureza do próprio título (judicial ou extrajudicial).

Não se aplica aqui a benesse prevista no art. 327, § 2º, do CPC em que permite a cumulação de pedidos distintos desde que todas sigam o rito comum "sem prejuízo do emprego das técnicas processuais diferenciadas previstas nos procedimentos especiais a que se sujeitam um ou mais pedidos cumulados, que não forem incompatíveis com as disposições sobre o procedimento comum".

---

9 Conforme observa Enrico Tullio LIEBMAN, a ação executiva "inicia-se ela por meio de citação, seguida dentro de 24 horas pela penhora; o réu terá dez dias para contestar a ação que prosseguirá com o rito ordinário; declarada procedente, haja ou não apelação, a execução retomará seu curso normal com o ato imediatamente seguinte – a avaliação – e sem necessidade de nova citação" (*Processo de execução*. 3. ed. São Paulo: Saraiva, 1968, p. 20).

Além de ser regra prevista para o procedimento comum, é incompatível com o rito executivo que é marcado pela prática de atos materiais destinados à satisfação do crédito.

A cumulação incorreta, como matéria de ordem pública, poderá ser conhecida de ofício pelo magistrado. Não obstante a parte possa alegar em embargos ou impugnação. Nesse caso, em atenção à primazia do mérito, deverá estabelecer a adequação e fragmentação das pretensões executivas.

4.6. TÍTULO ESTRANGEIRO

Os títulos executivos extrajudiciais oriundos de país estrangeiro não precisam de homologação para serem executados. Contudo, apenas terão eficácia executiva no Brasil se houver o preenchimento de dois requisitos: **a)** se houver o preenchimento dos requisitos de formação de seu país de origem; e **b)** que o cumprimento da obrigação tenha que ser efetivado no Brasil.

4.7. TÍTULOS EXECUTIVOS JUDICIAIS (CPC, ART. 515)

I – As decisões proferidas no processo civil que reconheçam a exigibilidade de obrigação de pagar quantia, de fazer, de não fazer ou entregar coisa

O legislador do CPC/73, por meio da reforma introduzida pela Lei n. 11.232/2005, criou grande celeuma no que diz respeito à amplitude da executoriedade das decisões judiciais.

Isso porque na concepção originária do CPC/73 o então art. 584 estabelecia, (seguindo a clássica tradição canônico-romana) como título executivo judicial "a sentença **condenatória** proferida no processo civil" (grifo nosso). Com a referida reforma de 2005, o (então) novo art. 475-N estabeleceu como título "a sentença proferida no processo civil que reconheça a **existência** de obrigação de fazer, não fazer, entrega de coisa ou pagar quantia" (grifo nosso)[10].

Ao utilizar a expressão "reconheça a existência de obrigação", a reforma colocou os operadores do Direito a pensar: quis a lei ampliar a incidência da executoriedade para as sentenças declaratórias? É importante ressaltar que a sentença declaratória é autossuficiente, na medida em que prescinde de ulterior atividade executiva para sua concretização no mundo prático. A decisão, por si só, é bastante e, quando muito, pode produzir (como de fato produz no mais das vezes) um efeito anexo, permitindo a condenação das custas e dos honorários advocatícios.

Já as decisões condenatórias dependem de ulterior cumprimento, pois se estabelece um direito a prestação. Esta prestação, quando resistida, autoriza a prática de atos de modo a satisfazer o quanto determinado no título. Este cumprimento se dá por meio de execução típica. Para aqueles que defendem a classificação quinária, as decisões executivas e mandamentais são, ao lado das condenatórias, ineficazes, *per se*, e necessitam igualmente de ulterior fase de

---

10 Quando da alteração empreendida pelo legislador, o texto originário aprovado na Câmara dos Deputados estabelecia a locução "sentença condenatória". Contudo, no Senado, foi objeto de emenda que estabeleceu esta nova redação. Sendo "nova" obrigatoriamente deveria retornar à Câmara, por força do art. 65, parágrafo único, da Constituição Federal, por não se tratar de mera emenda de redação.
Desta forma, há apenas duas saídas para o imbróglio legislativo causado: i) ou o dispositivo está eivado de inconstitucionalidade formal, na medida em que não houve o devido retorno à Câmara violando o bicameralismo; ii) ou se trata somente de emenda de redação e não teve, portanto, o condão de alterar o significado da expressão "condenatória".

cumprimento. A diferença é que sua efetivação se dá, em regra, por meio de execução atípica.

A lei, na verdade, ampliou o espectro de abrangência do vocábulo *condenação* para qualquer situação que der reconhecimento a uma obrigação exigível, portanto que tenha eficácia executiva, inclusive as declaratórias.

Assim, já existia na consignação em pagamento, oferta de alimentos, desapropriação judicial, entre outras. Estas são típicas sentenças declaratórias que geram decisões com força para desencadear execução.

No entendimento de balizada doutrina, "se uma decisão judicial reconhece a existência de um direito a prestação já exercitável (definição completa da norma jurídica individualizada), em nada ela se distingue de uma sentença condenatória, em que isso também acontece"[11].

II – A decisão homologatória de autocomposição judicial

Autocomposição é forma consensual para a resolução de conflitos dentro do processo.

A decisão homologatória de acordo judicial constitui título executivo. Não houve propriamente julgamento nesse caso, mas é considerada de mérito para atrair, para si, a autoridade da coisa julgada material, até mesmo porque, de alguma forma, resolveu-se a questão litigiosa.

Assim, a formação do título não se dá pelo provimento judicial sobre o que foi decidido, mas pela soma da vontade das partes (em que houve sacrifício de forma bilateral ou unilateral) e a chancela do juiz sobre esse acordo (homologação).

Essa homologação não precisa ser realizada em "ambiente judicial", vale dizer, a formação do título executivo com base nessa hipótese não precisa ter sido confeccionada dentro de uma audiência, por exemplo. É possível que as partes apresentem petição conjunta estabelecendo os termos do acordo. A mera pendência de processo em curso é suficiente para se caracterizar como autocomposição judicial.

Atribui-se eficácia executiva aos acordos ainda que versem sobre causa não posta em juízo. Assim, o objeto do acordo pode ultrapassar o objeto do próprio pedido formulado pelo autor. É regra que deve ser elogiada, na medida em que se fomenta a principal função da atividade jurisdicional: a pacificação dos conflitos (função social), o que, aliás, está presente como uma das atividades inerentes do juiz (CPC, art. 139, V).

O CPC prevê a possibilidade de envolver terceiro não partícipe originário do processo (uma espécie de efeito expansivo subjetivo). Esse terceiro **impositivamente** sofrerá os efeitos da decisão (eficácia natural da sentença, na expressão de Liebman), pois os efeitos serão sentidos independentemente de sua participação ou não. Contudo, o terceiro, **por vontade própria**, sofrerá a autoridade e imutabilidade da coisa julgada (limites subjetivos) em decorrência de sua anuência na composição do acordo judicial (art. 515, § 2º, do CPC).

O inciso II vale-se da expressão "autocomposição judicial", pois a possibilidade de resolução extrajudicial está prevista no inciso abaixo.

III – A decisão homologatória de autocomposição extrajudicial de qualquer natureza

O acordo celebrado extrajudicialmente pode ser levado para homologação independentemente da existência de processo já pendente. Essa decisão prestigia a denominada lide "sociológica" de Carnelutti, pois se pretende encerrar todo conflito entre as partes.

---

11 DIDIER JR., Fredie; CUNHA, Leonardo Carneiro; BRAGA, Paula Sarno; OLIVEIRA, Rafael Alexandria de. *Curso de direito processual civil.* 5. ed. Salvador: JusPodivm, 2013, v. 5, p. 163.

Se qualquer interessado quiser revestir o acordo de eficácia executiva bastará formular o requerimento pedindo ao juiz a correspondente homologação.

Mesmo antes da Lei n. 11.232/2005 (editada na vigência do CPC/73) já havia essa possibilidade pelos Juizados Especiais no art. 57 da Lei n. 9.099/95[12]. O acordo do juizado não dependia de valor. Assim o inciso V ampliou as hipóteses de cabimento para qualquer procedimento judicial.

Não é necessária a assinatura de duas testemunhas.

São necessários dois acordos de vontade: o primeiro em relação ao acordo em si e o segundo no que diz respeito a levar ao Judiciário (que são coisas bem distintas). Trata-se de procedimento de jurisdição voluntária, pois as partes, ao estabelecer o acordo, convergem para o mesmo fim.

IV – Formal e certidão de partilha

Formal de partilha é o documento solene entregue ao herdeiro comprovando a aquisição dos bens por herança (CPC, art. 655).

Certidão de partilha é o mesmo documento solene utilizado em pequenos inventários ou arrolamentos.

Trata-se de partilha decorrente de *mortis causa*. Após o transcurso do inventário ou do arrolamento será ao final definida a forma pela qual se partilharão os bens. O juiz homologará a partilha e, após o trânsito em julgado, será retirado um formal ou uma certidão que pode ser objeto de registro no Cartório de Imóveis.

Questão que deve ser ressaltada é que o título possui eficácia *inter partes*, vale dizer, sua eficácia incide somente ao inventariante, aos herdeiros e aos sucessores. Dessa forma, para o exercício de qualquer direito constante do formal/certidão, no sentido de se requerer que o bem ou valor de direito esteja na posse de terceiro, será necessário ingressar com ação autônoma.

V – O crédito de auxiliar da justiça, quando as custas, emolumentos ou honorários tiverem sido aprovados por decisão judicial

Aos auxiliares da justiça são devidos custas e emolumentos. Ao perito, intérprete e tradutor, honorários.

Para que constituam título precisam ser aprovados por decisão judicial. O CPC corretamente encartou essa modalidade de título no grupo dos títulos executivos judiciais (e não mais extrajudiciais), pois não são os orçamentos e as contas apresentadas que serão executadas, mas a decisão do juiz que os homologar (e em que medida).

O inciso é de raríssima incidência prática. Primeiro porque as custas e os emolumentos estabelecidos no ordenamento já estão previstos previamente no regimento de custas, regimento este já elaborado.

Dessa forma, não há o que se homologar pelo magistrado. Segundo porque grande parte desses valores será custeada antes do trabalho do auxiliar como condição da sua realização (v.g., honorários do perito ou tradutor). Este expediente, aliás, tem previsão expressa no Código de Processo Civil, nos arts. 82 e 95.

VI – A sentença penal condenatória transitada em julgado

Os crimes em geral podem gerar dever de indenizar na esfera cível, tanto em dinheiro como em restituição ou mesmo uma obrigação de fazer ou não fazer.

---

[12] "Art. 57. O acordo extrajudicial, de qualquer natureza ou valor, poderá ser homologado, no juízo competente, independentemente de termo, valendo a sentença como título executivo judicial."

A sentença penal produz um efeito secundário, que é a formalização de título executivo a ser cumprido na seara cível.

Ao contrário da jurisdição cível, a sentença penal só constitui título executivo após o trânsito em julgado. Pelo princípio da presunção de inocência (art. 5º, LVII, da CF), ela só pode produzir efeitos quando se tornar definitiva. Assim, não cabe cumprimento provisório de sentença penal.

É importante ressaltar recente decisão do Supremo Tribunal Federal no Habeas Corpus 126.292 em que mudou radicalmente seu posicionamento no sentido de se permitir o cumprimento provisório após a decisão de 2º grau (TJ ou TRF), mas antes do trânsito em julgado.

> EMENTA: CONSTITUCIONAL. *HABEAS CORPUS*. PRINCÍPIO CONSTITUCIONAL DA PRESUNÇÃO DE INOCÊNCIA (CF, ART. 5º, LVII). SENTENÇA PENAL CONDENATÓRIA CONFIRMADA POR TRIBUNAL DE SEGUNDO GRAU DE JURISDIÇÃO. EXECUÇÃO PROVISÓRIA. POSSIBILIDADE. 1. A execução provisória de acórdão penal condenatório proferido em grau de apelação, ainda que sujeito a recurso especial ou extraordinário, não compromete o princípio constitucional da presunção de inocência afirmado pelo art. 5º, inciso LVII da Constituição Federal. 2. *Habeas corpus* denegado.

Há entendimento doutrinário minoritário no sentido de que a sentença penal não teria natureza de título executivo, mas mera viabilidade de se ingressar com liquidação de sentença no cível para apurar o valor devido. E isso porque o juízo penal fixa apenas a *culpa*, sendo da competência do juízo cível a *apuração dos valores devidos*.

Dessa forma, dificilmente haverá sentença penal que independa de prévia liquidação (geralmente pelo procedimento comum) para apuração deste valor (têm-se, é verdade, algumas exceções como a devolução do produto do crime [CP, art. 91, II, *b*] e cobrança de multa penal [CP, art. 51]).

Insta ressaltar ainda que se trata de liquidação muito mais minuciosa, pois o juízo cível terá contato com a questão pela primeira vez e não pode exercer seu juízo sobre a questão que se deu, repise-se, em outra esfera.

A reforma penal empreendida pela Lei n. 11.719/2008 trouxe importantes modificações no plano da eficácia civil da sentença penal, especialmente os arts. 63, parágrafo único, e 387, IV, do Código de Processo Penal, que estabelecem a *possibilidade* de o juiz penal estabelecer um valor mínimo (que se trata, diga-se, de uma faculdade e não um dever). Fixado o valor mínimo e tendo transitado em julgado a sentença, o título executivo conterá um valor que poderá ser ampliado ou mantido pelo juízo cível. Acredito que o valor não poderá ser diminuído por duas questões de ordem lógica:

i) se o juízo cível não tem competência para alterar a condenação estabelecida pelo juízo penal, *consequentemente* não terá para alterar este valor[13];

ii) os arts. 63, parágrafo único, e 387, IV, do Código de Processo Penal estabelecem regra não existente no sistema anterior: a fixação de valor pelo juízo penal – que antes se limitava apenas em estabelecer a condenação.

Nesse caso, ampliou-se a competência material desse juízo. Sendo competência material, não pode ser derrogada em razão de ser absoluta.

---

13 Não se pode concordar com a doutrina que alega se tratar a fixação de valor no juízo penal como não apto a fazer coisa julgada na medida em que o juiz não exerceu cognição exauriente (ver, por todos, Daniel Neves, *Manual*, cit., p. 830-831). A lei em momento algum assevera que o magistrado fixou o valor com base em cognição sumária. Trata-se de sentença de mérito em que o juiz utilizou-se (pelo menos é o que se espera) do mesmo cuidado para a condenação do acusado, o estabelecimento de valor mínimo.

A execução da sentença penal no juízo cível não admite reinvestigar a discussão da culpa, pois esta já foi aferida no juízo penal (daí a desnecessidade de ingressar com ação de conhecimento).

A vítima do crime tem duas opções: ajuizar ação com pedido reparatório desde logo na esfera cível ou aguardar a formação de título executivo na ação criminal.

Se a ação penal for julgada antes (procedente) e transitar em julgado, haverá carência de ação superveniente da cível, salvo se for apenas para apurar o *quantum debeatur*, pois a vítima terá obtido o que pretendia do processo de conhecimento.

Se a ação cível for julgada antes (improcedente) há duas correntes.

A primeira corrente entende que a sentença penal por si só é suficiente para ensejar a execução, ainda que exista sentença civil dispondo o contrário (Humberto Theodoro Jr., Sálvio de Figueiredo Teixeira).

A segunda corrente assevera que a sentença penal encontra óbice na coisa julgada material que reveste a sentença civil de improcedência. Enquanto esta não for rescindida, aquela não pode embasar a execução cível (Sérgio Shimura).

Há limitação subjetiva quanto à eficácia da sentença penal no âmbito cível: apenas o condenado sofrerá os efeitos também no âmbito cível. Não estão no título (= sentença) as demais pessoas que potencialmente poderiam ser responsabilizadas no plano cível (pais, tutor, empregador, preponentes). Assim, a única forma de responsabilizar judicialmente essas pessoas será por meio de ingresso de ação cognitiva com esta finalidade (CC, art. 932).

Por fim, há de se enfrentar a situação da revisão criminal que absolve o condenado: como ficaria a questão da execução no juízo cível?

Se a execução ainda não iniciou ou está em curso, haverá perda de eficácia do título executivo e, portanto, inviável a execução. No caso de satisfação do crédito em ação de execução, somente será cabível ação de repetição de indébito.

VII – A sentença arbitral

Constitui a única hipótese de título judicial não criado por um juiz. Esta sentença tem previsão no art. 31 da Lei n. 9.307/96, que determina que "a sentença arbitral produz, entre as partes e seus sucessores, os mesmos efeitos da sentença proferida pelos órgãos do Poder Judiciário e, sendo condenatória, constitui título executivo".

Trata-se de conferir eficácia executiva sem que haja necessidade de homologação pelo Judiciário.

Neste caso, um árbitro decide sobre determinado conflito de interesses patrimonial e disponível, contudo, por lhe faltar poder para expropriar, a Lei de Arbitragem equipara a sentença arbitral a uma sentença cível, tornando-a título executivo se a decisão for condenatória.

A defesa na impugnação do cumprimento de sentença arbitral é ainda mais ampla, pois autoriza-se (além das matérias enumeradas no art. 525 do CPC) alegar as nulidades enumeradas no art. 32 da Lei n. 9.307/96.

A Lei n. 13.129/2015, que alterou a Lei de Arbitragem, trouxe importante questão no plano da executoriedade da sentença arbitral.

Trata-se da possibilidade de se proferir "sentenças parciais" no juízo arbitral (art. 23, § 1º, Lei n. 9.307/97). Há duas questões relevantes que devem ser aqui tratadas:

a) Acreditamos não haver mais espaço para se falar em sentença parcial no Brasil, uma vez que o CPC é expresso ao estabelecer a possibilidade de decisões interlocutórias de mérito (art. 1.015, II, CPC) que desafiam o recurso de agravo de instrumento (art. 356, § 5º, CPC). Dessa forma, onde se lê sentença parcial, deve ser entendido como interlocutória de mérito.

b) Com a expressa previsão normativa do julgamento antecipado parcial do mérito no juízo arbitral (o que, diga-se, já era aceito na prática), nada impede que haja seu cumprimento pelo juízo cível (art. 356, §§ 2º a 4º, CPC)[14]. Contudo, como compatibilizar essa possibilidade prevista na Lei de Arbitragem com o art. 515, VII, que fala em "sentença arbitral"?

Acreditamos que assim como já se permitia no regime do CPC/73 a execução de interlocutórias de mérito mesmo a lei confinando sua executoriedade apenas às sentenças, é possível fazer uma interpretação extensiva para permitir que as decisões interlocutórias de mérito no juízo arbitral que tenham transitado em julgado possam ser executadas no cível. Evidente que a sentença final arbitral, quando de sua execução no cível, será apresentada no mesmo processo que se instaurou a execução parcial.

A instituição da Carta Arbitral (art. 22-C, Lei de Arbitragem) reforça essa possibilidade na medida em que "o árbitro ou o tribunal arbitral poderá expedir carta arbitral para que o órgão jurisdicional nacional pratique ou determine o cumprimento, na área de sua competência territorial, de ato solicitado pelo árbitro".

VIII – A sentença estrangeira homologada pelo Superior Tribunal de Justiça

Uma sentença estrangeira, para que possa produzir efeitos no território nacional, deve ser homologada pelo órgão competente (CPC, art. 960; CF, art. 105, I, *i*). Interessante que um título executivo extrajudicial estrangeiro não precise passar por essa homologação[15], apenas as sentenças estrangeiras.

A EC n. 45 modificou o dispositivo que atribuía ao Supremo Tribunal Federal a homologação de sentença estrangeira, passando então para o Superior Tribunal de Justiça.

A sentença estrangeira somente adquirirá eficácia em nosso país quando homologada. Desta forma, fácil constatar que a natureza dessa homologação é constitutiva.

A execução será procedida perante juiz federal de primeiro grau de jurisdição (CF, art. 109, X).

Apesar de mera discussão acadêmica, grassa na doutrina divergência sobre qual seria o instrumento (título) que embasaria a execução.

A primeira corrente assevera que seria a carta de sentença retirada do processo em que houve a homologação da sentença estrangeira. Este posicionamento é defendido por Sérgio Shimura e Humberto Theodoro Jr.

A segunda corrente entende que o título seria representado pela própria decisão do STJ que reconhece a homologação. Posicionamento defendido por Cândido Dinamarco e Marcelo Abelha Rodrigues.

No que diz respeito à coisa julgada, interessante questão que se põe diz respeito à duplicidade de demandas em território nacional: a sentença estrangeira depende de homologação e uma mesma demanda proposta em território nacional. Importante frisar que nesse caso não há que se falar em litispendência, na medida em que o juízo da homologação é autônomo e diverso, o pedido é diferente (de homologação) e o sistema brasileiro expressamente autoriza (CPC, art. 24).

Portanto, diante dessa situação (autorizada), qual dessas sentenças deve prevalecer? A resposta é verificada no plano cronológico: se a sentença estrangeira for homologada antes do

---

14 A suspensão do cumprimento provisório da arbitragem somente poderá ser concedido por ação anulatória tendo em vista a impossibilidade de recurso nesse procedimento.
15 Art. 784. (...) § 2º Os títulos executivos extrajudiciais oriundos de país estrangeiro não dependem de homologação para serem executados. § 3º O título estrangeiro só terá eficácia executiva quando satisfeitos os requisitos de formação exigidos pela lei do lugar de sua celebração e quando o Brasil for indicado como o lugar de cumprimento da obrigação.

trânsito em julgado da nacional, prevalece a estrangeira. *A contrario sensu*, se o trânsito em julgado da nacional se der antes da homologação, prevalece a sentença nacional.

IX – Decisão interlocutória estrangeira

Estabelece o CPC como título executivo judicial "a decisão interlocutória estrangeira, após a concessão do *exequatur* à carta rogatória pelo Superior Tribunal de Justiça".

Assim como a sentença estrangeira (que resolve um dado conflito em outro país), a decisão interlocutória que foi proferida por autoridade judicial ou árbitro no exterior necessita ser homologada pelo Superior Tribunal de Justiça. O procedimento é o mesmo do item anterior.

A concessão do *exequatur* para as Cartas Rogatórias é de competência exclusiva do Superior Tribunal de Justiça na pessoa de seu Presidente. Contudo, em havendo impugnação da Carta, poderá o Presidente remeter o julgamento para a Corte Especial (arts. 105, I, *i*, CF e 216-O e 216-K, RISTJ).

4.8. TÍTULOS EXECUTIVOS EXTRAJUDICIAIS (CPC, ART. 784)

I – A letra de câmbio, a nota promissória, a duplicata, a debênture e o cheque

São títulos de crédito cujo regramento está afeto exclusivamente ao direito material cambiário. Estes títulos possuem regime próprio, pois dentro de suas características, que estão previstas em legislação específica e podem ser executados, de regra, independentemente de protesto. Evidente que o protesto será exigido quando o título padecer de algum vício, como, por exemplo, a duplicata sem aceite.

Os títulos cambiais podem ser os causais (quando acompanhados da relação jurídica subjacente, como, por exemplo, a duplicata) ou os não causais (quando guardam autonomia, independentemente da relação que a ele representa, como o cheque e a nota promissória).

Letra de câmbio é ordem de pagamento emitida por alguém (sacador) para que outra pessoa (sacado) pague a terceiro (tomador) determinada quantia certa.

Nota promissória é título abstrato em que uma pessoa (emitente) denomina outra pessoa (beneficiário) como uma promessa de pagamento. O protesto somente será necessário para tornar exigível a promissória em face dos endossantes e respectivos avalistas.

Duplicata é título de crédito formal, causal e circulante por endosso, que documenta uma compra e venda ou prestação de serviço. Para que funcione como título tem que ter sido aceita pelo sacado. Caso não seja aceita, terá força executiva se: i) protestada; ii) acompanhada do comprovante da prestação do serviço ou da entrega da mercadoria. A perda ou extravio da duplicata admite a extração de triplicata.

A Lei n. 13.775/2018, altera a Lei n. 9.492/97 permitindo (o que o Código Civil de 2002 já permitia) a denominada Duplicata eletrônica de escrituração (também denominada duplicata virtual). Essa forma de emissão e circulação objetiva estimular o fomento mercantil e redução de fraudes e prejuízos em transações dessa natureza em virtude da segurança decorrente da titularidade do crédito da duplicata bem como sua origem, evitando a malsinada duplicata simulada.

Debêntures são títulos de crédito emitidos pelas Sociedades Anônimas a fim de obter empréstimo junto ao público.

Cheque é título cambiário abstrato em que há uma emissão unilateral de vontade no sentido de uma ordem de pagamento à vista e independe de protesto para que sirva de título perante o emitente e os avalistas. Apenas será necessário o protesto quando apresentado contra os endossantes e respectivos avalistas.

Estes títulos têm como pressuposto a possibilidade de circulação (mudança de titularidade), que acarreta duas consequências práticas:

a) possível alternância de credor (portador do título);

b) documento deve ser original. Contudo, entende o STJ (REsp 712.334) que, em não havendo risco de circulação, é possível instruir a execução com cópia (v.g., título original rasgado ou instruindo a sustação de protesto).

II – A escritura pública ou outro documento público assinado pelo devedor

Escritura pública é negócio jurídico estabelecido perante tabelião. Nesse caso não se exige (a despeito da lei) a assinatura do devedor.

Documento público é negócio jurídico estabelecido perante oficial público (v.g., contrato de prestação de serviços com a administração pública)[16]. Toda escritura pública é documento público, mas não o contrário.

III – O documento particular assinado pelo devedor e por duas testemunhas

Se o documento tem previsão em lei como título executivo (v.g., contrato de honorários advocatícios, Lei federal n. 8.906/94, art. 24) não será necessária a assinatura das testemunhas. Sua necessidade advém da não executoriedade do documento, portanto, as testemunhas têm essa função: atribuir eficácia de título aos documentos que a lei não previu como tal.

As testemunhas devem ser presenciais no ato da assinatura do instrumento[17].

O título, importante ressaltar, não é o documento, mas o ato jurídico por ele representado. Daí falar-se na prática em "confissão de dívida".

Qualquer obrigação lícita (tipo legal aberto) poderá adquirir eficácia de título executivo com a presença de duas testemunhas.

Contudo, o STJ entendeu que o contrato eletrônico assinado pelo devedor de forma digital mesmo sem duas testemunhas pode ser considerado título executivo (REsp 1.495.920). O argumento do STJ nesse caso diz respeito às mudanças da sociedade, à nova realidade comercial e à evolução tecnológica. Ademais, a exigência de duas testemunhas poderia se tornar inviável em contrato no ambiente virtual. Essa regra foi consolidada no art. 784, § 4º (acrescido pela Lei n. 14.620/2023), ao estabelecer que: "Nos títulos executivos constituídos ou atestados por meio eletrônico, é admitida qualquer modalidade de assinatura eletrônica prevista em lei, dispensada a assinatura de testemunhas quando sua integridade for conferida por provedor de assinatura". Isso decorre de notável avanço da tecnologia sendo que boa parte dos contratos atualmente são assinados de forma eletrônica e não se pode fechar os olhos para essa realidade.

Contudo, a lei foi omissa em explicitar quais provedores de assinatura serão aceitos para conferir lisura e integridade ao contrato eletrônico de modo que ele esteja apto a ser título executivo. Os Tribunais divergem sobre quais assinaturas digitais seriam aceitas pelo Sistema Nacional de Certificação Digital (ICP-Brasil). O Tribunal de Justiça de São Paulo, por exemplo, vem aceitando, com certa tranquilidade, qualquer meio de comprovação de autoria e integridade de documentos na forma eletrônica mesmo que sejam certificados não emitidos pela ICP-Brasil. A exigência é que apenas sejam admitidos por ambas as partes.

IV – O instrumento de transação referendado pelo Ministério Público, pela Defensoria Pública, pela Advocacia Pública, pelos advogados dos transatores ou por conciliador ou mediador credenciado pelo tribunal

---

16 REsp 793.969.

17 O STJ entendeu contudo que essas testemunhas podem ser meramente instrumentárias, isto é, não ter participado do momento da celebração do contrato (STJ, 3ª T., AgInt no AREsp 1.993.919/GO). Parcela da doutrina, contudo (Sérgio Shimura), entende que constitui formalismo inútil.

Poderá o Ministério Público, a Advocacia Pública e a Defensoria realizar acordos mesmo antes de iniciado o processo.

O instrumento de transação é extrajudicial (porque não homologada pelo juiz, senão seria, *ipso facto*, judicial). Este instrumento não necessita de duas testemunhas (exemplo, Termo de Ajustamento de Conduta, conforme Lei n. 7.347/85, art. 5º, § 6º).

O termo referendado quer dizer aprovado pelo Ministério Público, Advocacia Pública, Defensoria Pública ou pelos advogados. A despeito da expressão "advogados" no plural, nada impede que seja realizada somente por um advogado apenas.

O CPC permite que o instrumento de transação seja formalizado por conciliador ou mediador credenciado pelo tribunal.

V – Os contratos garantidos por hipoteca, penhor, anticrese ou outro direito real de garantia e aquele garantido por caução

O CPC atual ampliou as hipóteses para qualquer direito real de garantia e não apenas a hipoteca, penhor e anticrese que estavam no regime anterior (e ainda se mantêm).

Os três primeiros casos referem-se a direitos reais de garantia. A garantia é real, pois recai sobre determinado bem.

O que se executa não é propriamente a garantia, mas o crédito que ela protege (o contrato). A garantia é apenas o instrumento de facilitação da exigência do direito do credor.

A caução pode ser real ou fidejussória.

VI – Contrato de seguro de vida em caso de morte

O contrato de seguro de vida se define naquele pelo qual uma das partes (segurador) se compromete a pagar um "prêmio" ao segurado caso ocorra alguma situação de risco predeterminada. É necessário que junto do título se apresente a quitação das parcelas decorrentes deste contrato (CC, art. 796, parágrafo único). Em boa hora o legislador retirou a executoriedade do seguro de acidentes pessoais dada a sua dificuldade em estabelecer um valor líquido.

Em não havendo contrato é possível instruir com a apólice do seguro (conforme entendimento do STJ, REsp 434.831).

VII – Crédito decorrente de foro e laudêmio

O Código Civil, em seu art. 2.038, proibiu a instituição de enfiteuses e subenfiteuses. Mas aquelas constituídas antes da entrada em vigor do novo diploma persistem até que sejam extintas.

Foro e laudêmio estão ligados à enfiteuse. Foro é a renda anual que o enfiteuta deve pagar ao proprietário do imóvel. Laudêmio é o valor devido pelo alienante ao senhorio direto sempre que realizar a transferência do domínio útil. Se não houver outro valor, a venda será de 2,5% sobre o preço da alienação.

VIII – O crédito documentalmente comprovado, decorrente de aluguel de imóvel, bem como os encargos acessórios, tais como taxas e despesas de condomínio

É considerado título executivo também o contrato de locação, autorizando ao credor (locador) executar o crédito decorrente do aluguel.

O contrato de locação de bem imóvel tem sua previsão na Lei Federal n. 8.245/91. Aluguel é o crédito periódico a que faz jus o locador nos contratos de locação. O contrato escrito de locação é título executivo extrajudicial. A despeito de a locação poder ser escrita ou verbal, somente a primeira tem força executiva. O contrato não necessita ser subscrito por testemunhas, é irrelevante o prazo ou a natureza da locação (residencial ou comercial). A execução abrangerá os aluguéis em atraso, mais juros de mora e multa moratória estabelecida no contrato.

É necessário prova documental e não documentada. Assim, a existência de lavratura de um termo contendo o depoimento de uma testemunha documentando que há relação locatícia (prova documentada) não tem o condão de instruir a execução, pois não é considerada, *ex vi legis*, título executivo.

Por encargos acessórios, leia-se água, luz, IPTU e outros encargos de mesma natureza, desde que previstos contratualmente.

Importante asseverar que o locador tem a opção de adotar a ação de despejo. Nesse caso, objetiva também reaver o imóvel locado (art. 5º, da Lei n. 8.245/91). Se pretender, poderá o locador cumular o despejo com cobrança de aluguéis e demais encargos ou ajuizar futura ação executiva pleiteando o crédito devido.

IX – Certidão de dívida ativa

Dívida ativa é qualquer valor atribuído pela lei à União, ao Distrito Federal, aos Estados, aos Municípios, às autarquias e às fundações públicas.

A inscrição da dívida ativa, conquanto seja ato unilateral da Fazenda, é precedida de procedimento administrativo em contraditório e está disciplinada tanto no Código Tributário Nacional como na Lei de Execução Fiscal. Esta certidão servirá como instrumento para um processo executivo especial que se hospeda fora do CPC (Lei Federal n. 6.830/80, art. 3º).

As dívidas a que se referem esse inciso dizem respeito apenas às de quantia certa e consequentemente os juros, correção monetária, multa e outros encargos que porventura recaiam para o pagamento da obrigação.

Importante ressaltar que o título executivo não é a certidão da dívida ativa como parece asseverar a lei, esta é apenas a forma que deve ser observada para apresentar o título executivo. O título em si é a inscrição da dívida.

X – O crédito referente às contribuições ordinárias ou extraordinárias de condomínio edilício, previstas em Convenção de Condomínio ou aprovadas em Assembleia Geral, desde que documentalmente comprovadas

Permite que o condomínio proceda a execução contra o condômino.

O atual CPC permite que o condomínio pleiteie do condômino (proprietário), pela via executiva, estes encargos desde que estabelecidos em Convenção ou Assembleia Geral e que seja materializada por meio de documento.

XI – A certidão expedida por serventia notarial ou de registro, relativa a valores de emolumentos e demais despesas devidas pelos atos por ela praticados, fixados nas tabelas estabelecidas em lei

O art. 236, § 2º, da Constituição Federal determina que: "Art. 236. Os serviços notariais e de registro são exercidos em caráter privado, por delegação do Poder Público (...) § 2º Lei federal estabelecerá normas gerais para fixação de emolumentos relativos aos atos praticados pelos serviços notariais e de registro".

Ato contínuo a referida norma constitucional foi regulamentada pela Lei n. 8.935/94 que dispõe sobre a atividade notarial e de registros públicos. Por serem os notários, tabeliães e oficiais de registro portadores de fé-pública, o título executivo (extrajudicial) poderá ser emitido unilateralmente.

Dessa forma, os cartórios de registro ou serventia notarial igualmente podem cobrar, via execução, os emolumentos e demais despesas desde que devidamente documentados e com base nas tabelas fixadas por lei. As leis são de competência estadual, por isso pode haver variação para cada Estado da federação.

XI-A – O contrato de contragarantia ou qualquer outro instrumento que materialize o direito de ressarcimento da seguradora contra tomadores de seguro-garantia e seus garantidores

A inserção desse novo título executivo extrajudicial (que veio com a Lei n. 14.711/2023) constitui uma das situações previstas na referida lei que versa sobre o aprimoramento das regras relativas ao tratamento do crédito e das garantias bem como as medidas extrajudiciais para a recuperação desse crédito (art. 1º).

Foram alteradas diversas leis a fim de permitir que as instituições financeiras possam promover execução extrajudicial de créditos em garantia.

O objetivo da reforma é estabelecer que, em determinados conflitos, a tutela extrajudicial seja a mais adequada para esse fim. Esse sistema permite uma espécie de autotutela, já que as partes, por seus próprios meios, buscarão a solução da controvérsia. Criou-se, portanto, um novo título executivo: os contratos ou instrumentos de contragarantia (art. 784, XI-A, do CPC). Contrato de contragarantia é aquele que assegura o direito de regresso para a seguradora contra o segurado em decorrência de eventual sinistro.

Inegável que a Constituição Federal de 1988, até mesmo pelo momento histórico em que foi promulgada, incentivava a busca do Poder Judiciário para a resolução da litigiosidade, conforme se depreende das inúmeras garantias processuais previstas no art. 5º e, em especial, do princípio da inafastabilidade (inciso XXXV), que foi fundamento para se afastar na Justiça do Trabalho a obrigatoriedade de, previamente, as partes se submeterem às denominadas Comissões de Conciliação Prévia.

Há uma tendência de se estabelecer uma desjudicialização dos procedimentos. Desjudicializar, de acordo com o CNJ, é reverter a judicialização excessiva com base na prevenção, diante de um Poder Judiciário notoriamente sobrecarregado e com dificuldades de atender de forma eficaz e célere a todas as demandas que lhe são submetidas. Dessa forma, a busca de meios alternativos para a obtenção da tutela é fundamental. E essa alteração juntamente com diversas leis e resoluções do CNJ que surgiram nos últimos anos constituem mecanismos para permitir a obtenção da tutela devida.

XII – Demais títulos a que a lei conferiu eficácia executiva

O rol do art. 782 do CPC não é exaustivo, fazendo menção a outros títulos previstos em legislação extravagante (mas sempre com previsão legal). Podem ser utilizados como exemplo:

a) cédula de crédito rural (art. 41 do Decreto-lei n. 167/67);
b) cédula hipotecária (art. 29 do Decreto-lei n. 70/66);
c) contrato de honorários advocatícios desde que seja escrito (art. 24 da Lei n. 8.906/94);
d) compromisso arbitral que fixa os honorários do perito (art. 11, parágrafo único, da Lei n. 9.307/96);
e) cédula de crédito comercial (art. 5º da Lei n. 6.840/80).

5.

LIQUIDAÇÃO DE SENTENÇA

5.1. INTRODUÇÃO

No nosso ordenamento a regra é que o pedido formulado pelo autor (ou pelo réu, em sede de reconvenção) seja certo (art. 322, CPC) e determinado (art. 324, CPC). Como consequência, o Estado deve, como resposta à pretensão do autor, proferir decisão com obrigação certa e líquida, tendo o autor, interesse recursal caso a sentença assim não seja (Súmula 318, STJ).

Exige-se, portanto, que a obrigação estampada no título seja líquida, certa e exigível (CPC, art. 783), sob pena de nulidade (CPC, art. 803, I).

Para cada tipo de obrigação haverá um correspondente modelo de cumprimento previsto em lei, pois "sem saber a natureza do direito, não é possível sequer determinar a espécie de execução cabível"[1].

O Estado somente poderá atuar pela via executiva quando todos os elementos obrigacionais estiverem presentes. Este capítulo se ocupará especificamente do primeiro elemento mencionado, a liquidez. Sua importância é manifesta na medida em que, com ela, é possível verificar a extensão dos atos executivos a serem praticados.

Contudo, para a devida compreensão do instituto, é importante analisar como as regras pertinentes ao processo (fase, módulo) cognitivo estabelecem a possibilidade de um título (sentença) ser proferido padecendo do *quantum debeatur*.

Conforme dito, estabelece o art. 324 do CPC que todo pedido deve ser determinado. Há, contudo, exceções, permitindo a formulação de pedido genérico[2], conforme visto no Capítulo 1 da Parte Especial. Em qualquer dos casos a sentença do magistrado deverá ser líquida. Como decorrência dessa regra, o art. 491 do CPC preconiza:

> Art. 491. Na ação relativa à obrigação de pagar quantia, ainda que formulado pedido genérico, a decisão definirá desde logo a extensão da obrigação, o índice de correção monetária, a taxa de juros, o termo inicial de ambos e a periodicidade da capitalização dos juros, se for o caso, salvo quando:

---

1 DINAMARCO, Cândido Rangel. *Execução civil*. 6. ed. São Paulo: Malheiros, 1998, p. 516.
2 O próprio art. 324 permite a formulação de pedido genérico em três oportunidades: a) ações universais; b) impossibilidade de determinação das consequências do ato ou fato; e c) quando a determinação do valor depender de um ato a ser praticado pelo réu.

I – não for possível determinar, de modo definitivo, o montante devido;
II – a apuração do valor devido depender da produção de prova de realização demorada ou excessivamente dispendiosa, assim reconhecida na sentença.
§ 1º Nos casos previstos neste artigo, seguir-se-á a apuração do valor devido por liquidação.
§ 2º O disposto no *caput* também se aplica quando o acórdão alterar a sentença.

E porque, por vezes, a obrigação contida na decisão é ilíquida? Há dois relevantes motivos:

i) economia e aproveitamento dos atos processuais – para se evitar morosa produção probatória que, à evidência, retardará o resultado do processo, poderá o magistrado proferir sentença ilíquida (mesmo diante de pedido certo) diferindo a apuração do valor para ulterior liquidação. Até mesmo porque essa regra foi criada em proveito das partes, e muitas vezes a pronta sentença de condenação (mesmo sem a correspondente extensão) é mais proveitosa do que o aguardo do estabelecimento desse valor.

É importante entender que toda a estruturação da liquidação foi desenvolvida com fundamento nas necessidades de ordem prática. E isso porque a apuração do valor, por vezes, pode acarretar excessivo gasto de tempo e produção de inúmeras provas para se apurar, ao final, a improcedência da demanda. A apuração dos valores, em diversos casos, não guarda relação com a verificação da existência do direito: é possível que a apuração deste seja célere e eficaz, ao contrário da daqueles. Exemplos:

a) ação de reparação de danos decorrente de prédio que ruiu. Nesse caso, é dispendiosa e desnecessária a apuração de cada dano sofrido por cada condômino (móveis, pertences pessoais, valores já despendidos na aquisição da unidade condominial) sem antes se apurar a responsabilidade da construtora, engenheiro ou mesmo moradores;

b) servidores públicos em litisconsórcio pleiteiam diferenças de depósitos de FGTS, cada um requerendo um valor diferente, em períodos distintos. É recomendável, em primeiro lugar, verificar a existência do direito (ao efetivo recebimento de valores) para, somente após, fazer a apuração exata de cada um[3];

ii) livre convencimento do magistrado – por vezes o magistrado não se convence da extensão do valor, limitando-se à fixação do *an debeatur* (o que é devido). Não seria razoável postergar a declaração do direito se os elementos respeitantes à existência da obrigação já estiveram presentes, faltando apenas a fixação do valor[4]. Existem, ademais, situações em que o valor devido ainda depende da ocorrência de outros fatores para sua devida fixação (ato ilícito continuado), e dessa forma é melhor para o magistrado proferir sentença com a obrigação de indenizar, mas deixar o *quantum* para outro momento (na fase de liquidação).

Retornando à definição, a iliquidez pode ocorrer:

a) quando a sentença ou a decisão não estabelece o montante da obrigação (*quantum debeatur*); ou

---

3 Exemplos trazidos por Teori Zavascki, *Processo de execução*, 3. ed., cit., p. 386.
4 STJ, 2ª T., REsp 218.738/RS, rel. Min. Franciulli Netto, j. 21-9-2000.

b) deixa de individualizar o objeto da prestação (condena o réu ao pagamento de duas toneladas de grãos, sem identificar a espécie, ou determina a construção de um muro sem dizer como, onde nem quando)[5].

Nesses dois casos (sentença ou decisão genérica decorrente de pedido determinado ou indeterminado) a decisão proferida não é detentora de eficácia executiva. Para obter tal desiderato é necessário que a sentença passe por um procedimento próprio a fim de que adquira essa condição. Esse procedimento tem por objetivo único atribuir valor certo à sentença desprovida de valor e é denominado pela lei **liquidação de sentença**. O objetivo da liquidação, portanto, é integrar a decisão com uma solução acerca dos elementos que faltam para a completa definição da norma jurídica a fim de que essa decisão seja objeto de futura execução. Assim à decisão ilíquida (de cunho condenatório) soma-se a decisão da liquidação (de cunho declaratório-constitutivo) e ambas, devidamente integradas, conferem o valor correto para dar início à execução.

É importante perceber que não há uma estreita correlação entre o pedido determinado com a sentença/decisão líquida e o pedido indeterminado (genérico) com a sentença/decisão ilíquida. Dessa forma, nada impede que o pedido seja determinado, mas a sentença/decisão seja ilíquida, bem como o pedido seja indeterminado, mas a sentença líquida.

É importante compreender que, conquanto a lei mencione "liquidação de sentença" outras decisões também podem ser suscetíveis de liquidação por terem natureza condenatória como, por exemplo, a decisão da tutela provisória (art. 300, CPC), a decisão que condena em litigância de má-fé (arts. 77, § 2º, e 81, CPC) ou a decisão parcial de mérito (arts 354, parágrafo único, e 356, §§ 1º a 4º, do CPC).

No tocante à natureza obrigacional sujeita a liquidação, o art. 491, CPC que versa sobre as situações excepcionais em que se autorizam decisões ilíquidas, dispõe apenas sobre ações relativas a "obrigação de pagar quantia". Em complemento, o art. 509 estabelece que: "Quando a sentença condenar ao pagamento de quantia ilíquida, proceder-se-á à sua liquidação, a requerimento do credor ou do devedor". Dessa forma, originariamente a liquidação é direcionada para as obrigações de quantia não se aplicando as obrigações específicas (entrega de coisa e obrigação de fazer), pois para essas há previsão específica "na medida em que a individuação da coisa a ser entregue ou da obrigação de fazer a ser cumprida já consta do pedido ou é produto da instrução processual em que o delineamento da extensão da obrigação (sendo obrigação de fazer) já deverá estar expressamente dimensionada"[6].

Contudo, como será visto, é possível a conversão de obrigação específica em perdas e danos (art. 499, CPC). Nesse caso, haverá anterior liquidação para a apuração desse valor.

5.2. NATUREZA JURÍDICA

Controverte-se a doutrina acerca de qual seria a natureza jurídica da liquidação: se declaratória ou constitutiva.

Natureza declaratória: é importante estabelecer que toda e qualquer decisão possui carga declaratória. Dessa forma, para defender esse posicionamento, (sob pena de esvaziá-lo), deve-se dizer que há preponderância da eficácia declaratória na decisão. Para esta corrente, a

---

[5] DIDIER JR., Fredie; CARNEIRO DA CUNHA, Leonardo José; BRAGA, Paula Sarno; OLIVEIRA, Rafael. *Curso de direito processual civil*: execução. 5. ed. Salvador: JusPodivm, 2013, v. 5, p. 116.
[6] PAVAN, Dorival Renato. *Comentários ao Código de Processo Civil*. Coord. Cassio Scarpinella Bueno. São Paulo: Saraiva, 2017, v. 2, p. 534

liquidação apenas fixa o valor de uma relação preexistente e, portanto, não teria o condão de alterá-la, mas apenas declarar o valor que estava sob termo. Este posicionamento é defendido por Enrico Tullio Liebman, Cândido Dinamarco e Teori Zavascki.

Natureza constitutiva: para os defensores dessa corrente a liquidação teria natureza constitutiva, pois modificaria uma realidade da sentença: se antes a obrigação nela contida era ilíquida, agora passa a ser líquida. A constitutividade estaria inserida na (agora) possibilidade de proceder à execução, o que antes não era possível. Este posicionamento é defendido por Pontes de Miranda e Araken de Assis.

Entendemos que as duas posições sejam válidas, já que abordam situações distintas referentes ao mesmo objeto. A liquidação possui natureza declaratória, pois a declaração refere-se a uma situação anterior em que apenas se delineou o valor sem alterar o seu conteúdo ou modificar a sua estrutura essencial (não se trata de natureza constitutiva nesse tocante, pois não se está alterando o elemento obrigacional). Contudo, ela possui natureza constitutiva no que se refere à alteração procedimental. A decisão era inexequível até a decisão de liquidação que constituiu a exigibilidade da obrigação estampada no título. Portanto, **é declaratória no tocante à obrigação, mas constitutiva no que se refere à exigibilidade.**

5.3. LIQUIDAÇÃO DE TÍTULO EXECUTIVO EXTRAJUDICIAL

Questiona-se também se haveria liquidação para apuração de título executivo extrajudicial. Para responder a essa pergunta há de se diferenciar a **iliquidez originária** da **iliquidez superveniente**. Iliquidez originária ocorre quando a propositura da demanda toma como base título cuja obrigação seja ilíquida. Nesse caso, entendemos, de acordo com majoritária doutrina, não seja possível falar em liquidação. E isso porque a obrigação estampada no título deve possuir todos os elementos para sua devida exequibilidade. É este o motivo pelo qual a sentença deve perpassar pela fase de liquidação antes da execução quando não apurado o *quantum debeatur* na decisão. Contudo, um título extrajudicial com obrigação ilíquida sequer pode ser considerado título e, portanto, não há que se falar em execução, tampouco em prévia liquidação.

Entretanto, é comum ocorrer no curso da execução de título extrajudicial fundada em obrigação específica (obrigação de fazer, entrega de coisa) a impossibilidade de satisfação da obrigação por impossibilidade no cumprimento (v.g., o executado não cumpre a obrigação de fazer pactuada em título extrajudicial). Nesse caso, haverá a conversão em perdas e danos (CPC, art. 816) e o valor dessa condenação se dá por meio de liquidação incidente nos próprios autos da execução (art. 816, § 1º, CPC).

5.4. A LIQUIDAÇÃO NO CÓDIGO DE PROCESSO CIVIL (MODALIDADES)

5.4.1. INTRODUÇÃO

A liquidação no direito brasileiro historicamente sempre teve natureza de ação. Esta regra decorria da divisão rígida de atividades de cada processo no direito brasileiro (cognitivo, executivo e cautelar). Com a preferência por processos "puros", era possível encontrar até quatro processos distintos para que se obtivesse o mesmo bem jurídico: um processo de conhecimento, um processo de liquidação, um processo de execução e o processo de embargos à execução.

Assim, o início da liquidação se dava com uma petição inicial, sendo o réu citado para se manifestar e após a instrução se findava com uma sentença. Excepcionalmente, contudo, havia a modalidade de liquidação incidental para a apuração das perdas e danos no próprio processo.

Hoje, com a ampla incidência do modelo sincrético no processo civil brasileiro, o CPC manteve a modalidade de liquidação como fase do procedimento[7]. Dessa forma, dentro do mesmo processo haverá uma fase de conhecimento, podendo haver uma fase de liquidação, uma fase de cumprimento de sentença (execução de título judicial) e uma (eventual) fase de impugnação.

O fato de ter-se como regra a "fase de liquidação" dentro de um processo sincrético não ensejou o fim da liquidação como ação. Remanescem algumas situações em que será necessária a instauração de uma verdadeira ação de liquidação.

Portanto, conforme rapidamente explanado e como se verá a seguir, no Brasil, existem três formas de se proceder à liquidação: **como processo, como fase e na forma incidental.**

5.4.2. FASE DE LIQUIDAÇÃO

O processo é dividido em fases procedimentais dentro do mesmo processo e, como consequência, a liquidação se torna uma fase desse procedimento (CPC, arts. 509-512) que ainda conta com a fase de conhecimento (anterior) e a fase de execução ou cumprimento (posterior) e possui algumas características importantes:

a) o fato de não possuir autonomia processual não significa que a liquidação não terá autonomia quanto à sua finalidade: a fase de liquidação terá cognição própria, finalidade distinta (quantificação do valor devido), decisão própria e recorribilidade separada do restante do processo[8]. Ademais, a decisão da liquidação é apta a fazer coisa julgada e sujeita a rescisão típica no prazo de dois anos (CPC, art. 966);

b) apesar de se tratar de apenas uma fase e não um processo, a liquidação não pode ser instaurada de ofício com base no mero impulso oficial. Dessa forma, exige-se expresso requerimento do credor ou devedor (CPC, art. 509);

c) por não criar uma nova relação jurídica processual, não é necessário proceder à citação do réu, mas a mera intimação na pessoa de seu advogado (CPC, arts. 510 e 511).

5.4.3. PROCESSO DE LIQUIDAÇÃO

Conforme dito, ainda se mantém, de forma excepcional, a liquidação como processo autônomo. Há títulos executivos judiciais que são produzidos fora do juízo cível. Dessa forma, tendo a necessidade de seu cumprimento nessa esfera (portanto, fora do ambiente onde se formou o título) e sendo a obrigação estampada no título carecedora do predicado liquidez, deverá se instaurar, previamente, uma verdadeira **ação de liquidação**, justamente por não haver ainda, no juízo cível, base procedimental própria. Portanto, ainda é desenvolvida a liquidação como processo para:

---

7   Há autores, contudo, que entendem manter a natureza de ação à liquidação: Nelson Nery, Luiz Rodrigues Wambier. O último autor assevera que a liquidação constitui "ação de conhecimento, independente tanto da ação que originou a sentença de mérito ilíquida quanto da ação executiva que se processará sob a forma de cumprimento de sentença" *(Breves comentários ao novo Código de Processo Civil*, cit., p. 1313).

8   Tanto que Cassio Scarpinella Bueno defende não se tratar de fase do procedimento comum, mas de uma etapa própria (*Manual de direito processual civil*. São Paulo: Saraiva, 2015, p. 370).

i) sentença penal condenatória transitada em julgado (CPC, art. 515, VI; CP, art. 91, I; CPP, art. 63; CC, art. 935);

ii) sentença arbitral não liquidada (CPC, art. 515, VII; Lei n. 9.307/96, art. 31);

iii) sentença estrangeira homologada pelo STJ (CPC, art. 515, VIII; CF, arts. 105, I, *i*, e 109, X);

iv) acórdão procedente da revisão criminal (CPP, art. 630);

v) sentença coletiva que verse sobre direitos individuais e homogêneos;

vi) a decisão interlocutória estrangeira, após a concessão do *exequatur* à carta rogatória pelo Superior Tribunal de Justiça (CPC, art. 515, IX).

Nesse caso a formação de nova relação jurídica enseja a propositura de uma ação com a citação (e não intimação) da parte contrária para se manifestar (CPC, art. 515, § 1º).

Dessa decisão, consequentemente, caberá apelação, que será recebida no seu duplo efeito.

5.4.4. LIQUIDAÇÃO INCIDENTAL

A liquidação incidental é outra forma de liquidação ao lado da fase de liquidação e do processo de liquidação. Denomina-se incidental porque será apresentada incidentalmente ao processo de execução e tem sua incidência em, pelo menos, três situações distintas:

a) valor defasado – Trata-se de hipótese peculiar. Se o valor devido tiver sido defasado por qualquer razão é possível esta modalidade de liquidação. Nesse caso, trata-se da liquidação simples feita por mero cálculo aritmético, também denominada liquidação extrajudicial, conforme exposto *infra*, aqui não será necessário instaurar um procedimento de liquidação;

b) apuração de perdas e danos – Nas execuções específicas (entrega de coisa, fazer ou não fazer), não sendo possível o cumprimento da prestação específica, transforma-se o objeto da execução em perdas e danos (CPC, arts. 499, 809, § 2º, e 823, parágrafo único);

c) benfeitorias indenizáveis – Nas hipóteses de execução para entrega de coisa objetivando apurar o valor das benfeitorias indenizáveis, as benfeitorias que foram realizadas pelo devedor ou terceiro (CPC/, art. 810).

Não será necessário instaurar nova relação jurídica. As perdas e danos serão liquidadas (e, posteriormente, cobradas em execução por quantia) nos mesmos autos em que se concretizou uma das hipóteses acima mencionadas.

A decisão será interlocutória, desafiando o recurso de agravo de instrumento (CPC, art. 1.015, parágrafo único).

5.5. ESPÉCIES DE LIQUIDAÇÃO

5.5.1. "LIQUIDAÇÃO POR CÁLCULOS" (LIQUIDAÇÃO EXTRAJUDICIAL)

5.5.1.1. Definição

Havia no Brasil, até 1994, a liquidação por cálculos do contador, que consistia na nomeação de um contador judicial para estabelecer o valor caso a apuração contida na decisão necessitasse de cálculos aritméticos.

Contudo, com o advento da Lei Federal n. 8.898/94 houve profunda alteração no art. 604 do CPC/73, outorgando ao credor o ônus de fixação do valor quando a sua apuração (conforme estabelecido na decisão) necessitar de simples cálculos aritméticos (juros, correção, encargos).

Inegavelmente a reforma teve por objetivo precípuo a economia processual. Todavia, gerou um grande retrocesso, pois as partes passavam longo período discutindo o devido valor, seja pela adoção deste ou daquele índice, seja pelos cálculos equivocados, dentre tantos outros problemas daí decorrentes.

Ademais, muitas vezes os elementos necessários para a elaboração das contas estavam em poder do executado e até mesmo de terceiro, gerando diversos problemas e entraves para o prosseguimento da execução.

Dessa forma, era necessário implementar uma nova reforma para aperfeiçoar a regra: após uma série de mudanças, foi estabelecido no art. 523, § 2º, do CPC, que: "Quando a apuração do valor depender apenas de cálculo aritmético, o credor poderá promover, desde logo, o cumprimento da sentença" (sobre o assunto, reporta-se o leitor ao capítulo pertinente). Em iguais termos, o art. 509, § 2º, estabelece que "Quando a apuração do valor depender apenas de cálculo aritmético, o credor poderá promover, desde logo, o cumprimento da sentença". E, por fim, o art. 798, I, *b*: "Ao propor a execução, incumbe ao exequente: I – instruir a petição inicial com: (...) b) o demonstrativo do débito atualizado até a data de propositura da ação, quando se tratar de execução por quantia certa; (...)".

Importante é saber se essa apuração de valor é de fato uma verdadeira espécie de liquidação. De acordo com majoritária doutrina, não se trata propriamente de liquidação. Não há abertura de nova fase procedimental, podendo a execução iniciar-se desde logo. Os valores serão aferidos por meio de meros cálculos aritméticos obtidos fora do processo, tanto que se aplica à execução de título executivo extrajudicial, que não admite, conforme visto *supra*, fase ou processo de liquidação.

Assevera a doutrina que a liquidez é conceito de direito material, sendo um atributo da própria obrigação possuir um dado valor. Dessa forma, pode se considerar obrigação líquida quando a apuração do *quantum* independa de fatos externos ao título que dá corpo àquela obrigação.

A apuração do valor independe de outros fatores, senão a mera confecção de cálculos.

Contudo entendemos que se trata de uma forma de liquidação que não se materializa por uma fase, mas por um "ato". Isso porque, se o valor depende de outras condições (juros, atualização), não se pode ainda executar, pois a obtenção desses valores constitui uma forma de liquidar[9]. O contraditório, nesse caso, será exercido em sede de impugnação.

Assim, no plano da terminologia, denominaremos "liquidação por cálculos", pois a despeito de não se tratar de uma liquidação convencional (arbitramento ou pelo procedimento comum) há um procedimento, ainda que extrajudicial, para apuração desse valor.

Compete ao Conselho Nacional de Justiça o desenvolvimento e a disponibilização de programa de atualização financeira a quem estiver interessado, o que na prática vem sendo disponibilizado pelos próprios Tribunais locais.

---

9   Cassio Scarpinella Bueno, *Manual de direito processual civil*. São Paulo: Saraiva, 2015, p. 371.

5.5.2. LIQUIDAÇÃO POR ARBITRAMENTO (CPC, ARTS. 509, I, E 510)

5.5.2.1. Definição

Uma vez que a sentença não conseguiu precisar o valor da condenação (art. 491, CPC), ocorrerá liquidação por arbitramento quando a apuração do valor exequendo depender de prova pericial. O art. 509 não explicitou no que consiste a liquidação por arbitramento, limitando-se a estabelecer as referidas hipóteses. Dessa forma, de acordo com o seu inciso I, há três situações (e uma quarta prevista fora do referido artigo que será analisado logo abaixo):

i) quando determinar a decisão – poderá o magistrado na sentença, certificando as circunstâncias do caso, estabelecer esta modalidade de liquidação;

ii) por convenção das partes – esta hipótese, de raríssima incidência prática, ocorre quando as partes previamente (leia-se: na fase cognitiva ou mesmo por contrato antes da propositura da demanda) estabelecem a modalidade de liquidação. Evidente que esta escolha está condicionada à adequação do valor a ser apurado com a modalidade eleita. Assim, caso a situação não comporte arbitramento (v.g., necessidade de provar fatos novos) a convenção fica prejudicada. É evidente que com a possibilidade de estabelecer Negócio Jurídico Processual de forma atípica (art. 190, CPC) nada impedirá que as partes estabeleçam, até por contrato, a forma de liquidação caso a relação seja levada ao Judiciário e caso a decisão proferida contenha obrigação ilíquida. Contudo, em atenção ao princípio da eficiência do Poder Judiciário, a escolha não será admitida quando claramente houver a necessidade de se estabelecer outra espécie de liquidação (v.g., houver necessidade de provar fatos novos após a sentença, quando então será adequada a liquidação pelo procedimento comum);

iii) quando exigir a natureza da prestação – este é certamente o caso mais comum. Após a sentença, de acordo com as necessidades do caso concreto, se estabelecerá a liquidação por arbitramento. Desta forma, a liquidação da sentença penal (CP, art. 91, I) será pelo procedimento comum, pois haverá a necessidade de provar fatos novos. Mesmo que o magistrado tenha fixado em sentença, poderá a parte optar por outra que entenda mais adequada, o que não acarretará nulidade. É o que estabelece o Enunciado de n. 344 da Jurisprudência do STJ: "A liquidação por forma diversa da estabelecida na sentença não ofende a coisa julgada";

iv) por força de lei – há situações em que própria lei estabelece a liquidação (ainda que o CPC não mais estabeleça qual modalidade): assim acontece na apuração dos danos na litigância de má-fé (CPC, art. 81, § 3º) e nos casos dos danos decorrentes da execução provisória (CPC, art. 520, II).

5.5.2.2. Procedimento

A lei destacou apenas um artigo (CPC, art. 510) para regulamentar o procedimento desta modalidade de liquidação. Contudo, em interpretação sistemática aos demais dispositivos do Código pertinentes à perícia judicial, é possível proceder uma estrutura mínima que deve conter o itinerário da liquidação por arbitramento:

a) A liquidação depende sempre de iniciativa da parte (CPC, art. 509). O que modificará é a forma de ingresso: a ação de liquidação começa com a petição inicial e a observância do art. 319 do CPC. A liquidação fase ou liquidação incidente inicia-se com mero requerimento do credor.

b) Em atenção ao princípio do contraditório, a parte contrária deverá ser intimada (se incidente/fase) ou citada (se ação) consoante estatui o art. 510 do CPC, para se manifestar no prazo fixado pelo juiz. Como não se trata de novos fatos, mas exatamente novos contornos sobre os mesmos fatos fixados na decisão, não há se falar em revelia (CPC, art. 344), na medida em que não há o que presumir verdadeiro.

c) A intimação ou citação objetiva (i) cientificar a parte contrária e (ii) oportunizar que ela possa apresentar pareceres ou documentos elucidativos.

d) O magistrado deve, na medida do possível, julgar de plano com base nos documentos que tiver em mãos. Caso não seja possível, pois dependerá de conhecimentos que escapam de sua cognição, nomeará perito, aplicando-se as regras da prova pericial (CPC, arts. 464 e seguintes). Nada impede que as partes, de comum acordo, escolham o perito por negócio jurídico processual (art. 471, CPC).

e) Sempre que houver a necessidade de provar fatos novos, a liquidação será pelo procedimento comum, mesmo que essa apuração se dê por prova pericial.

f) É possível que o juiz se valha da prova técnica simplificada no lugar da perícia quando a apuração da controvérsia exigir menor complexidade (art. 464, § 2º, CPC).

g) A quem compete o pagamento dos honorários periciais nesse caso? A regra geral consta no art. 95 ao estabelecer que será arcado pela parte que requereu a perícia. Mas se for determinada de ofício ou requerimento de ambas as partes será rateada entre autor e réu. Essa previsão se aplica nas hipóteses de liquidação que ocorreu antes do trânsito em julgado (v.g., em tutela provisória ou conversão de perdas e danos). Contudo, se a liquidação se der após o trânsito em julgado (como normalmente ocorre) já se sabe quem ganhou a causa e não faz o menor sentido imputar ao vencedor esse encargo, pois já faz parte das verbas de sucumbência. Nesse sentido, é o entendimento do STJ (REsp 1.274.466/SC).

5.5.3. LIQUIDAÇÃO PELO PROCEDIMENTO COMUM (CPC, ARTS. 509, II, E 511)

5.5.3.1. Definição

Ocorre liquidação pelo procedimento comum quando houver a necessidade de se **alegar e provar** fatos novos para a identificação do valor devido (CPC, art. 509, II).

É preciso estabelecer o conceito de fato novo. Não há relação com o *momento em que o fato ocorreu*, mas sim com o *momento em que ele foi apresentado ao processo*. Ele, o fato, pode ter surgido antes ou no curso do processo. Importante que se entenda que este critério temporal da sua existência não é levado em consideração para fins de sua admissão. A novidade deve ser sempre para o processo, seja porque não existia o fato, seja porque não havia sido alegado anteriormente. Assim, ele não pode ter sido apresentado e tampouco decidido pelo juízo em que se formou o título. Se o magistrado condenar o plano de saúde ao pagamento da cirurgia e todos os gastos daí decorrentes, estes gastos serão provados após a sentença por meio da liquidação e serão considerados, para todos os fins, fato novo.

Exemplo que pode ser dado é o art. 493 do CPC que impõe ao juiz considerar fatos relevantes ocorridos após a propositura da ação que tiverem aptidão de influir no julgamento de mérito. Aqui, se está a falar de fatos ocorridos após a sentença ou, ainda que tenham ocorrido antes, a parte não sabia ou não poderia valer-se desses fatos por justo motivo.

É liquidação que deve ser evitada na medida em que se trata de morosa e complexa modalidade para a apuração do valor exequendo.

5.5.3.2. Procedimento

O art. 509 dispõe em seu inciso II que o procedimento da liquidação será o rito comum.

a) Na hipótese de liquidação autônoma (ação), seguem-se as regras do procedimento comum.

b) Assim como na liquidação por arbitramento haverá requerimento inicial do credor ou devedor indicando os fatos novos que baseiam o seu pedido.

c) Em atenção ao princípio do contraditório, a parte contrária deverá ser intimada (se incidente/fase) ou citada (se ação) na pessoa de seu advogado ou sociedade de advogados a que esteja vinculado (CPC, art. 511) para apresentar contestação em 15 dias. Nesse caso, ao contrário da liquidação por arbitramento, há que se falar em revelia (CPC, art. 344), pois os fatos apresentados são novos para o processo, e a sua contumácia gera os efeitos materiais da revelia nos termos do art. 344 do CPC.

5.6. DECISÃO QUE JULGA LIQUIDAÇÃO DE SENTENÇA

Havia grande discussão doutrinária no regime anterior acerca de qual seria a decisão sobre liquidação, se se tratava de sentença ou decisão interlocutória. Parece-nos que a discussão perdeu o sentido. Primeiro porque o recurso já está estabelecido e definido como agravo de instrumento, conforme art. 1.015, parágrafo único, do CPC, sendo de menor importância saber se se trata de decisão interlocutória (o que achamos) ou de sentença agravável. Segundo porque tendo o CPC tornado expressa a equiparação de sentença e decisões interlocutórias (para fins de imutabilidade e rescindibilidade) é irrelevante identificar qual a natureza da decisão. Terceiro porque a leitura do art. 1.015, parágrafo único, do CPC (cabimento de agravo contra decisões de liquidação), combinada com a do *caput* do art. 1.015 (que expressamente menciona decisão interlocutória) demonstra que a opção pela natureza do provimento não é da ciência do direito, mas do direito positivo.

Nesse sentido, o Enunciado n. 145 da II Jornada de Processo Civil (CJF): "O recurso cabível contra a decisão que julga a liquidação de sentença é o Agravo de Instrumento".

Contudo, tratando-se de ação de liquidação, nas excepcionais hipóteses autorizadas por lei (liquidação de sentença penal condenatória, liquidação de sentença arbitral e liquidação de sentença estrangeira) em que o título não foi produzido perante o juízo cível, a decisão será uma sentença que desafia o recurso de apelação.

5.7. QUESTÕES PROCESSUAIS PERTINENTES

5.7.1. LEGITIMIDADE

Sabendo-se que a liquidação não pode ser instaurada de ofício em nenhuma hipótese, de regra, o CPC permite que tanto o credor como o devedor possam instaurar a liquidação (art. 509, *caput*, CPC). Em boa hora conferiu (em verdade, devolveu) essa legitimidade ao devedor (que a havia perdido com a reforma empreendida em 2005 que revogou o art. 570 do CPC/73, que autorizava uma verdadeira "consignação em pagamento", e o art. 605 do CPC/73, que conferia essa legitimidade de maneira expressa).

Há, pelo menos, três motivos para a restauração dessa permissividade[10]:

a) direito material. O processo não pode desprezar a previsão do direito material: o art. 334 do CC autoriza ao devedor a possibilidade de consignação como meio de se livrar da dívida (desde que tipificada em alguma das hipóteses do art. 335). Dessa forma, a revogação dos arts. 570 e 605 do CPC/73 subtraiu do CPC o *instrumento*, mas manteve incólume o *direito*. A liquidação é importante etapa na elucidação do correto valor;

b) multa. No cumprimento de sentença, o não pagamento do valor no prazo de quinze dias importa em multa sancionatória de dez por cento. Há interesse do devedor em pagar a obrigação no valor correto e, poderá, portanto, antecipar-se e requerer a liquidação;

c) pagamento prévio. O CPC permite que a parte possa pagar previamente o valor da obrigação (= antes da formulação do requerimento pelo exequente) nos termos do art. 526 do CPC. Ora, em sendo possível ao devedor/executado pagar o que entende devido, naturalmente poderá instaurar previamente a liquidação, para fins de apuração do valor, e após a fixação do *quantum*, proceder ao depósito devido.

5.7.2. COMPETÊNCIA

Não há no regramento da liquidação regras atinentes à competência, de modo que o interessado em instaurar a liquidação deve se socorrer das regras gerais para o cumprimento de sentença (CPC, art. 516).

Se a liquidação for **incidente**, será sempre no mesmo juízo onde está correndo a execução.

A **fase** de liquidação será do juízo que proferiu a sentença liquidanda (competência funcional). À **ação** de liquidação aplicar-se-á a regra do art. 516, III, do CPC.

Importante questão é saber se os benefícios do parágrafo único do art. 516 podem ser aplicados à liquidação. A resposta é negativa. A regra foi implementada para otimizar a prestação da tutela jurisdicional na fase da *penhora*, ato jurídico não presente na fase de liquidação. Nesse caso não incide (ainda) a regra do referido artigo (alteração da competência em razão da localização dos bens ou do novo domicílio do devedor), pois não se está ainda procedendo à busca de bens de modo que não há razão para alterar a competência do juízo.

5.7.3. LIQUIDAÇÃO PROVISÓRIA

Normalmente a liquidação é efetivada com o trânsito em julgado da sentença (com obrigação) ilíquida. Contudo, da mesma forma que é possível iniciar a execução antes do trânsito em julgado, por meio do denominado cumprimento provisório da sentença (CPC, art. 520), também há previsão normativa da denominada "liquidação provisória" (CPC, art. 512).

Ambas são regidas pelo fundamental direito da duração razoável do processo e efetividade (arts. 4º e 8º CPC), afinal por que aguardar a decisão definitiva se a apuração dos valores já pode ser procedimentalmente antecipada?

Algumas questões importantes:

---

10 Conforme Araken de Assis, *Manual de execução*. 15. ed. São Paulo: Revista dos Tribunais, 2012, p. 334.

i) momento. Assevera o art. 512 que a liquidação pode ser requerida na pendência de recurso. A primeira conclusão que se abstrai da norma é a autorização para a liquidação provisória desde que o recurso contra a decisão liquidanda seja recebido somente no seu efeito devolutivo, tal qual é o cumprimento provisório. Aqui indiferente ser somente o efeito devolutivo *ope legis* (CPC, art. 1.012), ou *ope judicis* (retirada do efeito suspensivo pelo próprio juiz a requerimento da parte por pedido de tutela provisória – urgência ou evidência).

Contudo, a liquidação provisória não pode ser medida com a mesma régua que a regra que a inspirou (CPC, art. 520). E isso porque no cumprimento provisório há prática de atos de alienação de levantamento de dinheiro, ou seja, atos de agressão à esfera jurídica do executado.

Não é o caso da liquidação. Trata-se de direito potestativo em que o objetivo é proceder ao acertamento dos valores, sem que haja (ao menos em princípio) nenhum prejuízo ao devedor.

Dessa forma, a melhor interpretação, que também é acompanhada por parte da doutrina[11], é no sentido de se autorizar a liquidação provisória ainda que na pendência de recurso recebido no duplo efeito. É a melhor interpretação para se dar efetividade à norma e a outorga da tutela jurisdicional;

ii) autuação. A liquidação provisória será autuada em autos apartados com cópia das peças processuais pertinentes. A documentação dos atos dessa modalidade de liquidação será feita em apartado para que não prejudique o andamento recursal do processo. Como o processo, provavelmente, estará fisicamente no Tribunal, será necessário o traslado de peças. Aqui o legislador não enumerou quais peças seriam, limitando-se a utilizar a expressão "pertinentes".

Um bom referencial está no art. 522 do CPC, que disciplina as peças necessárias à instrução do cumprimento provisório da sentença, caso o processo, à evidência, não seja eletrônico.

Justamente por não haver previsão legal, a falta de qualquer "peça pertinente" não poderá acarretar o indeferimento da liquidação, devendo ser aberto prazo para que se possa proceder ao complemento das peças faltantes. Esse pensamento também é mais consentâneo com o princípio da primazia do mérito (arts. 4º, 488 e 932, parágrafo único, CPC).

A autenticação das peças, por interpretação ao sistema do CPC, será dada pelo próprio advogado, sob sua responsabilidade, conforme prevê o parágrafo único do art. 522 do CPC;

iii) responsabilidade objetiva. Apesar de omisso (e por que não dizer raro, pois não haverá constrição patrimonial), subsiste a responsabilidade objetiva do liquidante caso o devedor sofra prejuízo com a liquidação antecipada. Esta interpretação é extraída do art. 520, I, do CPC.

5.7.4. PRINCÍPIO DA FIDELIDADE DO TÍTULO (CPC, ART. 509, § 4º)

A liquidação de sentença tem um fim específico: conferir liquidez a obrigação contida no título. Diante dessa limitação, a cognição na liquidação fica limitada a esta apuração de valores. Portanto é vedado nesse procedimento: i) trazer novos elementos não discutidos na fase cognitiva; e ii) rediscutir aquilo que já foi decidido, sob pena de violar a coisa julgada estabelecida ou mesmo a eficácia preclusiva dessa coisa julgada (art. 508, CPC).

---

11 Cassio Scarpinella Bueno, Luiz Guilherme Marinoni e Daniel Mitidiero.

Constitui um pressuposto negativo do procedimento da liquidação da decisão. Qualquer nova questão trazida na liquidação pode até ser considerada no cumprimento de sentença excesso de execução, tendo em vista que não consta no título executivo. Mesmo que seja alteração legislativa, deve-se prestigiar o quanto ficou estabelecido nos parâmetros da coisa julgada. Assim entendeu o STJ: "Ofende a coisa julgada a alteração de índices de juros e correção monetária posterior ao advento do CC/2002 e à Lei n. 11.960/2009" (AgInt no REsp 2.097.689-PB, Rel. Ministro Mauro Campbell Marques, Segunda Turma, por unanimidade, j. 4-12-2023, DJe 6-12-2023), e ainda "não se desconhece a natureza de questão de ordem pública dos juros legais, conforme entendimento pacífico desta Corte. Todavia, tal natureza não é capaz de se impor sobre outras questões da mesma ordem, tal como a coisa julgada e a preclusão" (REsp 1.783.281/PE, Rel. Ministro Og Fernandes, Segunda Turma, *DJe* 29-10-2019).

Exceção feita aos pedidos implícitos que servem como valores na liquidação como os juros, os honorários advocatícios e a correção monetária (CPC, art. 322) que, mesmo não requeridos e não decididos, serão inseridos na decisão liquidanda. Evidente que a sentença, tendo-os expressamente excluído, traz vedação à sua análise na fase de liquidação.

Esta regra também tem previsão no art. 407 do CC (juros de mora), no art. 1º da Lei n. 6.899/81 (correção monetária), art. 85 do CPC (honorários) e no Enunciado n. 254 da Súmula do STF[12], mesmo tendo sido concebido na vigência do CPC/39.

Ademais, a sentença poderá fixar os critérios da apuração do valor. Dessa forma, uma vez transitada em julgado a decisão, não poderão as partes, em sede de liquidação, estabelecer atualização ou índices de correção distintos daqueles fixados na sentença.

5.7.5. LIQUIDAÇÃO COM DANO ZERO

É possível que a apuração do valor em liquidação não confira ao credor nenhum direito pecuniário? Se a sentença confere a condenação sem estabelecer o valor, mas a liquidação quando da apuração afere que não há nenhum resultado positivo, é possível permitir uma liquidação com dano zero, mesmo com o princípio da fidelidade do título?

Quatro situações podem aclarar o tema:

a) Situação 1: numa demanda bancária, o correntista discute em juízo o índice adotado pelo banco para a correção dos valores. Argumenta que o índice deveria ser outro, mais favorável ao seu interesse. A sentença é procedente e o magistrado determina que se proceda à liquidação para a apuração dos valores constantes do contrato agora sob a incidência do índice indicado pelo autor. Em liquidação apura-se que o valor agora é inferior àquele adotado pelo banco, não havendo nenhum valor a ser percebido pelo correntista.

b) Situação 2: numa ação de prestação de contas, a sentença condena o réu a ressarcir ao autor todos os gastos que foram feitos fora do contrato, tendo em vista a notória redução pecuniária da conta do autor da qual o réu era gestor. Em sede de liquidação descobre-se que todos os gastos foram feitos em prol do autor e que, portanto, não haveria valor algum a ser ressarcido.

c) Situação 3: a sentença penal transitada em julgado possui como efeito anexo o dever de indenização na esfera cível. Como este dever de indenização depende de prévia liquidação, é possível que o magistrado, evidentemente respeitando a sentença penal no tocante à condenação, não encontre nenhum dano.

---

12 "Incluem-se os juros moratórios na liquidação, embora omisso o pedido inicial ou a condenação."

d) Situação 4: na apuração das perdas e danos decorrentes de cumprimento provisório que teve seu título modificado por decisão de tribunal se constata que nenhum prejuízo foi experimentado pelo executado e, portanto, nada seria devido.

Diante da situação exposta, pergunta-se: qual o destino da liquidação quando o magistrado não encontrar nenhum valor a ser executado?

É possível que isso ocorra além da hipótese em que o magistrado não encontrou valor algum a ser percebido como quando não houver prova suficiente para a prova do alegado.

No segundo caso, em virtude da falta de provas, o magistrado não pode autorizar o julgamento *non liquet*, vedado no sistema brasileiro (CPC, art. 140). Nesse caso, ele deve se utilizar de seu poder instrutório (CPC, art. 370) e determinar a produção de todas as provas necessárias para a condução de um resultado na liquidação. Caso o magistrado, mesmo assim, não obtenha as provas necessárias, deverá aplicar a regra de julgamento do ônus da prova (CPC, art. 373) para verificar quem sofrerá o encargo da não produção da prova faltante.

No primeiro, o caso é de se levar à improcedência da liquidação.

5.7.6. LIQUIDAÇÃO DE SENTENÇA E CAPÍTULOS DA DECISÃO

O § 1º do art. 509 do CPC estabelece que "quando na sentença houver uma parte líquida e outra ilíquida, ao credor é lícito promover simultaneamente a execução daquela e, em autos apartados, a liquidação desta". Mantendo-se regra já existente no regime anterior autoriza-se, à luz da teoria dos capítulos da decisão (*vide* capítulo sentença), a fragmentação da decisão autorizando em atenção à efetividade processual, a execução do capítulo líquido, permitindo, desde já, o regular cumprimento de sentença e, da parte ilíquida, sua liquidação.

Essa regra encontra reforço no art. 356, §§ 1º a 4º, ao estabelecer que: "§ 1º A decisão que julgar parcialmente o mérito poderá reconhecer a existência de obrigação líquida ou ilíquida". Ademais "§ 2º A parte poderá liquidar ou executar, desde logo, a obrigação reconhecida na decisão que julgar parcialmente o mérito, independentemente de caução, ainda que haja recurso contra essa interposto". E "§ 3º Na hipótese do § 2º, se houver trânsito em julgado da decisão, a execução será definitiva". Quanto à forma de se processar a liquidação, estabelece, por fim, o § 4º que "a liquidação e o cumprimento da decisão que julgar parcialmente o mérito poderão ser processados em autos suplementares, a requerimento da parte ou a critério do juiz". Nessas hipóteses, conforme entende o STJ, "na liquidação de sentença, a quantia que o devedor reconhece e expressamente declara como devida representa a parte líquida da condenação e como tal pode ser exigida desde logo, cabendo ao devedor arcar com os honorários periciais" (Recurso Especial repetitivo n. 1.274.466/SC. Tema 871. REsp 2.067.458-SP, Rel. Ministro Antonio Carlos Ferreira, Quarta Turma, por unanimidade, j. 4-6-2024).

6.
RESPONSABILIDADE PATRIMONIAL

6.1. INTRODUÇÃO

A execução constitui-se em processo ou fase que objetiva proceder à satisfação do crédito do exequente portador do título executivo. Na forma de execução mais comum, a denominada execução por sub-rogação, o Estado invade a esfera patrimonial do executado para que possa proceder a apreensão dos bens e a conversão em renda para o credor (que pode ser obtida com o produto da venda por alienação, adjudicação, entre outros).

Contudo, para que seja possível tal situação é necessário que haja **patrimônio suficiente do executado** de modo a responder para com a obrigação. E mais, que este patrimônio seja suscetível de constrição (impedimento de alienação ou oneração). Assim, *responsabilidade patrimonial é a sujeição do patrimônio do responsável (executado ou terceiro) para com o processo* (CPC, art. 789; CC, art. 391), independentemente desses bens estarem ou não em poder do devedor (CPC, art. 790, III).

Nosso ordenamento não admite exceção: o atual estágio em que se encontra o sistema processual brasileiro não autoriza, como se fazia no período romano, o esquartejamento, a morte ou escravidão do devedor.

Sequer se pode tomar como exceção a prisão civil em decorrência da dívida alimentar (CF, art. 5º, LXVII; CPC, art. 528, § 3º; Lei n. 5.478/68, art. 19), pois, nesse caso, a prisão não gera a *satisfação* da dívida e sim uma forma de *coerção* para o cumprimento da obrigação, muito mais ligada à execução *indireta* do que a *direta*, sobre o que normalmente recai a responsabilidade patrimonial[1].

6.2. OBRIGAÇÃO E RESPONSABILIDADE

É importante compreender que, a despeito da obrigação ser instituto de direito material, a responsabilidade é clássico instituto de natureza processual, pois é lá que se verifica a legitimidade para responder pela prestação.

---

1 Nesse sentido, discordamos de Humberto Theodoro Júnior, que considera a dívida alimentar uma exceção à responsabilidade exclusivamente patrimonial (*Curso de direito processual civil*, 45. ed., Rio de Janeiro: Forense, 2010, p. 179).

É clássica a distinção civilista entre obrigação (*Schuld*) e responsabilidade (*Haftung*). A despeito de parcela da doutrina estabelecer uma verdadeira **teoria unitária**[2], no sentido de que um (obrigação) apenas poderia existir com o outro (responsabilidade), a melhor corrente, em nosso entendimento, é aquela que defende uma verdadeira **teoria dualista**[3], que tratam ambos os fenômenos como elementos distintos. Assim, é possível asseverar que em alguns casos exista a responsabilidade sem obrigação (como no caso do fiador ou em algumas das hipóteses encartadas no art. 790 do CPC) e casos de obrigação sem responsabilidade, que são, em verdade, mais raros, na medida em que a responsabilidade patrimonial é a regra. Contudo, é possível colher algumas situações que se encontra o elemento obrigação sem a correlata responsabilidade, como, por exemplo, nas obrigações naturais[4] (dívidas de jogo, débitos prescritos), bem como a obrigação da Fazenda Pública, já que seus bens não são suscetíveis de penhora e, portanto, não serão responsabilizados (CF, art. 100 e CPC, art. 910).

Como decorrência do que foi exposto, é possível concluir que a obrigação tem função *estática*, pois há apenas a *potencialidade* de cumprimento.

Como se pode ver, não há nela nenhum dever ou autorização que se retire bens do patrimônio do devedor nem há movimentação jurídica para alterar aquela realidade. Já a responsabilidade é sempre *dinâmica*, pois o Estado atua sobre o patrimônio do particular para a satisfação de seu crédito. As leis de processo, em decorrência do poder de sub-rogação/coerção judicial são aptas a produzir o resultado esperado pela obrigação (satisfação). A obrigação constitui um direito subjetivo inverso, pois se trata, em verdade, de uma situação de desvantagem em relação ao titular do direito.

Em virtude dessa dissociação entre débito e responsabilidade é possível estabelecer a seguinte diferença:

OBRIGAÇÃO	RESPONSABILIDADE
Função estática	Função dinâmica
Relacionada ao direito material	Relacionada ao direito processual
Dívida prende-se à pessoa (caráter pessoal)	Dívida prende-se ao patrimônio de quem a lei determinar (caráter patrimonial)
Pertence ao devedor	Pertence a quem a lei determinar

6.3. INTERPRETAÇÃO DO ART. 789 DO CPC

Estabelece o art. 789 que "o devedor responde com todos os seus bens presentes e futuros para o cumprimento de suas obrigações, salvo as restrições estabelecidas em lei ". Constitui a disposição normativa que estabelece a vinculação patrimonial dos bens do executado para com o cumprimento da dívida.

---

2 Ovídio Baptista da Silva, Frederico Marques, Washington de Barros Monteiro.
3 Araken de Assis, Luiz Guilherme Marinoni, Cândido Rangel Dinamarco, Teori Zavascki.
4 Obrigação natural é "aquela em que o credor não pode exigir do devedor uma certa prestação, embora, em caso de seu adimplemento espontâneo ou voluntário, possa retê-la a título de pagamento e não liberalidade" (Maria Helena Diniz, *Curso de direito civil brasileiro*, 24. ed. São Paulo: Saraiva, 2009, v. 2, p. 56).

No entanto, há dois capitais equívocos na redação do dispositivo: primeiro porque ele estabelece como responsável somente o devedor, quando na verdade a lei confere a outras pessoas esse encargo. O CPC vigente, aliás, manteve o mesmíssimo equívoco restritivo da redação anterior (CPC/73, art. 591); segundo porque a locução "presentes e futuros" carece de melhor fixação temporal.

Quando a lei vale-se da expressão "presentes e futuros" não se pode tomar pela literalidade, afinal não se pode imaginar que haja a penhora de bens que o executado sequer pensa em adquirir.

Dessa forma, o artigo deve ser interpretado da seguinte forma: o devedor ou o responsável responde pelo cumprimento de suas obrigações com todos os seus bens presentes no momento da distribuição da execução. Responde também com os futuros, adquiridos na constância do processo, e com os passados, desde que a alienação esteja tipificada como fraude contra credores.

Para que fique claro, é importante entender que a alienação e/ou oneração de bens no curso do processo não são vedadas, apenas a sujeição desses bens é que ficará condicionada à solvência do devedor.

6.4. HIPÓTESES ESPECIAIS DE RESPONSABILIDADE (PRIMÁRIA E SECUNDÁRIA) – CPC, ART. 790

Como regra, o sujeito passivo na execução é aquele que figura no título executivo, seja judicial, seja extrajudicial. Como decorrência dessa situação e do escopo da execução, são seus bens que respondem pela dívida. Contudo, a lei estabelece, em algumas situações, que os bens de terceiro, ou mesmo do devedor em determinadas circunstâncias, respondam pela obrigação. Conforme veremos a seguir, nem sempre há uma perfeita simetria entre a legitimidade e a responsabilidade. A legitimidade refere-se à situação jurídica (polo passivo) em que o devedor figura na relação processual executiva. A responsabilidade está ligada à sujeição patrimonial dos bens, ou seja, o vínculo do devedor com outras pessoas que vincula os bens dessa (responsabilidade) para o cumprimento da obrigação. Assim:

Responsabilidade patrimonial primária	O sujeito é obrigado e responsável
Responsabilidade patrimonial secundária	O sujeito não é obrigado material (pois não contraiu a dívida), mas é responsável executivo com seu patrimônio.

A grande discussão é saber se os responsáveis executivos secundários são partes ou terceiros. Para responder essa pergunta deve-se perguntar, o que define a qualidade de parte, obrigação ou responsabilidade? A discussão é pertinente porque:

a) A lei não é clara sobre a legitimidade executiva. Ela confere **responsabilidade** a determinadas pessoas, mas não assevera em que **condições** ela participa do processo:
a1) há um descompasso entre o art. 779 do CPC (legitimidade passiva executiva) com o art. 790 do CPC (responsabilidade executiva secundária) o que, na prática, é fruto de grandes discussões;
a2) o próprio art. 779 do CPC confunde, pois enumera responsabilidade primária, colocando o devedor (incisos I, II e III) com responsáveis secundários (incisos IV, V e VI), mas deixando de fora os personagens do art. 790 do CPC;

b) a determinação desses sujeitos (na condição de parte ou terceiro) permite saber se eventual defesa de seu patrimônio será manejada por embargos à execução/impugnação ou embargos de terceiro.

Há no Brasil três correntes sobre o assunto:

Corrente afirmativa: os responsáveis executivos secundários são legitimados processuais passivos na execução. Isso porque o fundamental motivo da execução, mais do que meramente o executado pagar (punição), é sujeitar algum bem para a satisfação do crédito. Esse posicionamento é defendido por: Barbosa Moreira, Cândido Dinamarco, Araken de Assis, Eduardo Talamini, Paulo Lucon e Rogério Licastro.

Corrente negativa: os responsáveis executivos secundários **não são** legitimados processuais passivos na execução, figurando na condição de terceiros. Assim, o instrumento a ser utilizado serão os embargos de terceiro (para alguns serão os embargos do devedor/impugnação nos casos dos bens do cônjuge). Dessa forma, a ação é contra o devedor (executado), mas a satisfação se dará com bens de terceiro. Esta corrente é defendida por Humberto Theodoro Júnior, Sérgio Shimura, Frederico Marques, Olavo de Oliveira Neto.

Corrente intermediária: existe ainda uma terceira corrente que entende não ser o responsável executivo parte, mas a medida judicial cabível para defender o seu patrimônio serão sempre os embargos à execução/impugnação. Defendida por Liebman, Moacyr Amaral Santos, Vicente Greco Filho e Luiz Rodrigues Wambier.

Entendemos que a primeira corrente é invariavelmente a mais correta, já que a execução possui escopo diferente das ações de conhecimento. Em execução, os atos materiais de constrição/satisfação superam os atos de cognição, e entendemos que deve ser considerado sujeito passivo aquele que possua melhores condições de se defender no processo.

Algumas perguntas devem ser feitas para comprovar essa afirmação.

> Qual a prioridade da execução? Satisfação do crédito.
> Essa satisfação será efetivada sobre o quê? Sobre os bens do responsável.
> E quem possui melhores condições para discutir a questão junto ao devedor originário? Esse responsável.

6.4.1. BENS DO SUCESSOR A TÍTULO SINGULAR

Tem sua incidência especialmente nas execuções de entrega de coisa (CPC, arts. 806 a 813, 498 e 523).

Constitui modalidade de **responsabilidade secundária**. Estabelece o inciso I do art. 790 do CPC que ficam sujeitos à execução os bens "do sucessor a título singular, tratando-se de execução fundada em direito real ou obrigação reipersecutória".

A Lei n. 11.382/2006, na vigência do CPC/73, trouxe duas significativas alterações ao dispositivo (inciso I), que se mantiveram no regime do atual CPC: a) ampliou a responsabilidade ao adquirente de bem oriundo de execução com fundamento em título judicial ou extrajudicial;

e b) a obrigação sobre o bem pode ser tanto real como reipersecutória[5]. Ambas são caracterizadas pelo direito de sequela: o direito do credor em perseguir o bem nas mãos de quem quer que ele esteja. O direito de sequela decorre da eficácia *erga omnes*, que é uma das características dos direitos reais.

Assim, em qualquer execução que determinado bem seja garantia (havendo direito real ou não), a responsabilidade secundária está garantida no sentido de o bem responder pela obrigação firmada.

Contudo, se o bem pereceu após a sucessão sem que tenha concorrido o adquirente com culpa, ficará sem efeito a sua responsabilidade, pois o direito de sequela atinge o bem e não o sucessor.

Duas pertinentes questões devem ser enfrentadas:

i) a extensão patrimonial do sucessor se circunscreve ao bem adquirido e não a outros bens do seu patrimônio como a lei equivocadamente exprime;

ii) a doutrina discute qual seria a incidência do art. 790, I, em relação ao art. 792, I, todos do CPC. E isso porque o último artigo estabelece que "a alienação ou a oneração de bem é considerada fraude à execução: I – quando sobre o bem pender ação fundada em direito real ou com pretensão reipersecutória, desde que a pendência do processo tenha sido averbada no respectivo registro público, se houver". Sobre o tema, há duas correntes:

Para a primeira, haverá fraude à execução até a prolação da sentença. Após, seria aplicável a regra do art. 790, I, do CPC. Esta corrente é defendida por Araken de Assis[6].

Para a segunda corrente a aplicação do art. 790, I, refere-se aos casos de sucessão *causa mortis*, quando à evidência não se trata de fraude à execução. Assim, a fraude à execução apenas se aplicaria para os casos de sucessão *inter vivos*. Em nossa opinião é a melhor posição, até mesmo por que como explicar que após a prolação da sentença a venda do bem não seria fraude?

6.4.2. BENS DO SÓCIO

As sociedades possuem personalidade jurídica própria. Dessa forma, eventual responsabilidade patrimonial recairá sobre os bens da pessoa jurídica e não dos seus sócios.

Há, contudo, situações em que os bens do sócio respondem pela obrigação contraída pela empresa ou por um dos sócios em detrimento da pessoa jurídica. Nesses casos, a responsabilidade do sócio não é secundária, mas primária (seja solidária, seja subsidiária):

a) sociedade de fato. Nas sociedades sem a devida inscrição na Junta Comercial (CC, art. 986), os sócios respondem ilimitada e solidariamente pelas dívidas contraídas pela empresa (CC, art. 990);

b) sociedades especiais. Há determinadas sociedades que, por disposição de lei, o patrimônio dos sócios responde pelas obrigações societárias independentemente de se proceder a desconsideração da personalidade jurídica. São os casos da sociedade em nome coletivo (CC, art. 1.039); sociedade em comandita simples (CC, art. 1.045); sociedade limitada até a integralização final das cotas (CC, 1.052); sociedade cooperativa (CC, art. 1.095, §§ 1º e 2º); sociedade em conta de participação; sociedade de advogados (Lei n. 8.096/94, art. 17);

---

5   Obrigação reipersecutória é o direito que o credor tem de requerer a restituição de bens que não estejam no seu poder. Constitui entrega de coisa certa com fundamento outro que não seja real (Alfredo Araújo Lopes da Costa, *Direito processual civil brasileiro*. 2. ed. Rio de Janeiro: José Konfino Editor, 1948, p. 56).

6   *Manual da execução.* 15. ed. São Paulo: Revista dos Tribunais, 2012, p. 232.

c) nas hipóteses de desconsideração da personalidade jurídica (CC, art. 50; CDC, art. 28; CLT, art. 2º, § 2º; CPC, arts. 133 a 137), em que os atos praticados pelo sócio que tipificam a desconsideração acarretam a invasão do seu patrimônio, mesmo sendo originariamente dívida contraída de empresa que não confunde a responsabilidade com os seus sócios;

d) em algumas situações tributárias, em que a lei pode estabelecer que a responsabilidade patrimonial recaia sobre os sócios acerca das dívidas de natureza fiscal, desde que tenha praticado atos com excesso de poderes, ou infração de lei, contrato social ou estatuto (CTN, art. 135).

É fácil constatar que a obrigação dos sócios para com a dívida societária depende de norma de direito material que autorize tal situação. Assim, a regra do art. 790, II, do CPC constitui, de acordo com autorizada doutrina, "norma em branco" carecedora de regulamentação por lei material.

A regra do art. 790, II, deve ser lida conjuntamente com o art. 795, § 1º, também do CPC e art. 1.024 do CC que estabelece um benefício de ordem ao sócio em relação à pessoa jurídica. Dessa forma, a regra traz importantes situações processuais:

i) o sócio que alegar o benefício de ordem (direito a si conferido pelo mencionado artigo) deverá indicar os bens da sociedade livres e desembaraçados para a constrição, desde que situados naquela comarca. Se se tratar de bens situados em outra comarca, o benefício de ordem ficará sem efeito, na medida em que o credor não poderá ficar prejudicado com a procura de bens da empresa em outras comarcas. Evidente que esta regra pode ser relativizada especialmente à luz do art. 844, CPC que autoriza "a averbação do arresto ou da penhora no registro competente, mediante apresentação de cópia do auto ou do termo, independentemente de mandado judicial";

ii) por expressa disposição de lei, poderá o sócio que pagar a dívida, executar a empresa nos próprios autos do processo, assim como o fiador que paga a dívida do afiançado (CPC, arts. 795, § 3º e 794, § 2º);

iii) esta regra de benefício de ordem (item 'i') e posterior regresso na própria execução (item 'ii') não se aplica à sociedade de fato, em que a responsabilidade dos sócios é primária, bem como na desconsideração da personalidade jurídica, na medida em que a dívida será respondida pela empresa e sócios sem ordem preferencial;

iv) uma das hipóteses de o sócio responder, com seus bens, pelas dívidas da sociedade é por meio da desconsideração da personalidade jurídica. Dessa forma, estabelece o art. 795, § 4º, do CPC que é necessário seguir o regime da desconsideração previsto como intervenção de terceiros conforme arts. 133 a 137 do CPC. Contudo, o incidente não será instaurado, formulando-se apenas mero pedido, se requerido na petição inicial (art. 134, § 2º, CPC).

Há, contudo, entendimento firmado no Enunciado 53 da ENFAM estabelecendo uma exceção ao prever que "O redirecionamento da execução fiscal para o sócio-gerente prescinde do incidente de desconsideração da personalidade jurídica previsto no art. 133 do CPC/2015".

6.4.3. BENS DO DEVEDOR AINDA QUE EM PODER DE TERCEIROS

O inciso III do art. 790 não precisaria estar previsto. E isso porque é irrelevante quem esteja na posse dos bens, já que a posse é situação jurídica totalmente diversa da propriedade.

Caso o bem a ser penhorado e futuramente alienado esteja na posse de locatário, deverá o futuro adquirente respeitar o contrato estabelecido como se locador fosse.

Este dispositivo tem por objetivo explicitar que a posse do bem nas mãos de terceiro não o isenta de responsabilidade.

Na execução para entrega de coisa, contudo, havendo a alienação do bem, objeto da demanda, a execução deverá ser direcionada contra o terceiro adquirente, que agora será parte integrante do título (CPC, art. 808).

6.4.4. BENS DO CÔNJUGE OU COMPANHEIRO

O casamento e a união estável geram importantes impactos no regime de bens do executado (e sua respectiva responsabilidade para com as obrigações contraídas), especialmente quando a dívida é em prol da família.

Dispõe o art. 790, IV, que estão sujeitos à responsabilidade patrimonial os bens "do cônjuge ou companheiro, nos casos em que os seus bens próprios, ou de sua meação, respondem pela dívida".

O artigo, contudo, carece de regulamentação. Tanto o Código de Processo Civil quanto o Código Civil estabelecem as situações em que os bens do cônjuge e o companheiro deverão ser submetidos à constrição judicial. Contudo, o perfeito delineamento da situação impõe verificar de que maneira o cônjuge/companheiro irá participar do processo.

Primeira situação: ambos os cônjuges/companheiros contraem a dívida e integram o polo passivo da demanda – no plano do direito material ambos são devedores e, portanto, ambos têm legitimidade para estar no polo passivo da demanda (responsabilidade patrimonial primária). Não necessariamente será preciso que ambos tenham, de fato, contraído a dívida para que figurem no direito material. E isso porque os arts. 1.643 e 1.644 do CC/2002 trouxeram importante ampliação da legitimidade dos cônjuges, na medida em que autorizam uma verdadeira solidariedade entre eles[7].

Nessas hipóteses está autorizada a inserção no polo passivo de ambos os cônjuges/companheiros (CPC, art. 73, § 1º, II e III).

Aqui, não há se falar em embargos de terceiro, mas sim em embargos à execução (ou até mesmo a denominada "exceção de pré-executividade"), pois o cônjuge/convivente é, efetivamente, parte no direito material e processual.

Segunda situação: a despeito de ambos figurarem no plano do direito material, apenas um deles é demandado – esta situação é possível. Apesar de o Código de Processo Civil, no art. 73, § 1º, estabelecer que se trata de um dever ("ambos os cônjuges serão necessariamente citados para a ação..."), o Código Civil determina que constitui uma solidariedade, o que induz a facultatividade (CC, art. 275).

Nesse caso, o cônjuge/companheiro que não foi demandado, será intimado (para alguns constitui uma verdadeira citação) nos termos do art. 842 do CPC e passará a ser parte no processo como uma hipótese de litisconsorte ulterior.

Aqui o cônjuge terá a possibilidade de valer-se dos embargos do devedor (afinal age como uma espécie de legitimação extraordinária para o seu companheiro/cônjuge) ou dos embargos de terceiro (dado o fato de, apesar de ser parte, os seus bens, em determinadas circunstâncias,

---

7 Art. 1.643. Podem os cônjuges, independentemente de autorização um do outro: I – comprar, ainda a crédito, as coisas necessárias à economia doméstica; II – obter, por empréstimo, as quantias que a aquisição dessas coisas possa exigir. Art. 1.644. As dívidas contraídas para os fins do artigo antecedente obrigam solidariamente ambos os cônjuges.

não poderem ser constritados com fundamento no art. 674, § 2º, I, CPC e Enunciado 134 da Súmula do STJ[8]).

Se o cônjuge não contraiu a dívida e deseja defender sua meação, a hipótese será de embargos de terceiro (caso não tenha sido demandado).

6.4.5. BENS ALIENADOS OU GRAVADOS COM ÔNUS REAL EM FRAUDE À EXECUÇÃO

Em virtude da sua importância para o tema responsabilidade patrimonial, será objeto de item próprio (*vide infra* item 6.5).

6.4.6. BENS CUJA ALIENAÇÃO OU GRAVAÇÃO COM ÔNUS REAL TENHA SIDO ANULADA EM RAZÃO DE RECONHECIMENTO, EM AÇÃO AUTÔNOMA, DE FRAUDE CONTRA CREDORES

O CPC trouxe mais uma hipótese de responsabilidade patrimonial.

Uma primeira questão de ordem técnica. Historicamente, a doutrina sempre se dividiu a respeito dos efeitos da decretação da fraude, sendo que alguns defendiam que o ato é anulável (Nelson Nery, Luiz Fux, Luiz Guilherme Marinoni) e para outros, ineficaz (Yussef Cahali, Humberto Theodoro Júnior). O legislador optou pela *anulabilidade* do ato, assim como preconiza o Código Civil (no seu art. 158).

O CPC, seguindo essa linha, também estabeleceu que o reconhecimento de fraude contra credores decorrente de ação autônoma para esse fim gera a anulação do ato e não sua ineficácia.

A diferença tem importantes contornos práticos. Se entender seja o caso de ineficácia, a venda ocorreu, mas é ineficaz em relação ao credor. Nesse caso, a responsabilidade do adquirente é secundária. Em se defendendo a anulabilidade, os bens "voltam" ao patrimônio do devedor para que fiquem sujeitos à execução. Nesse caso a responsabilidade é primária do próprio executado.

Assim, uma vez reconhecida a fraude contra credores em decorrência de alienação ou oneração do bem por meio de ação autônoma (pauliana ou revocatória), esses bens estão sujeitos à responsabilidade patrimonial[9].

6.4.7. BENS DO RESPONSÁVEL NOS CASOS DE DESCONSIDERAÇÃO DA PERSONALIDADE JURÍDICA

Seria até desnecessária essa previsão, tendo em vista que o objetivo desse incidente (arts. 133 a 137 do CPC) é constituir a responsabilidade patrimonial de sócios e administradores em decorrência da desconsideração. Aliás, o próprio art. 137 estabelece: "Acolhido o pedido de desconsideração, a alienação ou a oneração de bens, havida em fraude de execução, será ineficaz

---

8 Enunciado n. 134 da Súmula do STJ: "Embora intimado da penhora em imóvel do casal, o cônjuge do executado pode opor embargos de terceiro para defesa de sua meação".
9 Quando se trata de embargos de terceiro, dada a limitação de seu objeto, a anulação de ato jurídico por fraude contra credores somente poderá ser dada em ação autônoma, diversa do referido procedimento especial (Enunciado n. 195 da Súmula do STJ).

em relação ao requerente". A fraude se dá a partir da citação da parte cuja personalidade se pretende desconsiderar (art. 792, § 3º, do CPC). Constitui, portanto, esse artigo uma sistematização com as regras processuais e materiais da desconsideração e com os efeitos lógicos inerentes ao resultado do incidente. Dessa forma, há uma presunção absoluta de conhecimento do sócio do processo contra a sociedade mesmo antes de ter sido citado para o incidente de desconsideração da personalidade jurídica. Sobre o tema vide o item sobre desconsideração da personalidade jurídica (item 6.3.10, capítulo 6).

Ademais a responsabilidade do sócio já vem delineada no art. 790, II.

Há ainda uma questão especial a ser tratada que corresponde ao art. 791 do CPC: a responsabilidade patrimonial de imóvel quando há um direito real de superfície. O direito real de superfície (arts. 1.369 a 1.377 do CC) consiste na possibilidade do "proprietário pode conceder a outrem o direito de construir ou de plantar em seu terreno, por tempo determinado, mediante escritura pública devidamente registrada no Cartório de Registro de Imóveis" (art. 1.369, CC).

Dessa forma, uma vez constituída, surgem dois direitos distintos: a) os direitos e obrigações vinculados ao terreno e b) os direitos e obrigações vinculados à construção, plantação. Cada um dos seus titulares responde exclusivamente por suas próprias dívidas e obrigações (ressalvadas as dívidas fiscais sobre o imóvel), conforme Enunciado n. 321 da IV Jornada de Direito Civil (CJF) e nesse sentido, acompanhado pelo art. 791, CPC[10].

Por isso, o § 1º do art. 791 estabelece que os atos de constrição serão averbados separadamente na matrícula do imóvel identificando expressamente o executado, o valor da dívida e o objeto sobre o qual recai o gravame. Deve ainda o oficial do Registro de Imóveis identificar o bem que responde pela dívida (terreno, construção ou plantação) para assegurar e dar publicidade a responsabilidade patrimonial de cada uma. Cumpre ressaltar, por fim, que o § 2º do art. 791 estabelece que se aplica, no que couber, o disposto nesse artigo para os casos de enfiteuse (a propriedade pertence a um e o domínio útil a outro), concessão de uso especial para fins de moradia (arts. 18 e 22-A da Lei n. 9.636/98 e art. 7º do Dec.-Lei n. 271/67) e direito real de uso.

Desde o CC/2002 não é mais possível a constituição de **novas** enfiteuses, contudo as que já existiam se mantêm válidas até sua extinção (art. 2.038, CC).

A grande problemática reside no fato de que a Lei de Registros de Imóveis (Lei n. 6.015/73) não possui previsão de haver uma matrícula própria para o registro do direito de superfície.

O CC adota, desde 2017 o direito real de laje (arts. 1.510-A e 1.225, XIII): "O proprietário de uma construção-base poderá ceder a superfície superior ou inferior de sua construção a fim de que o titular da laje mantenha unidade distinta daquela originalmente construída sobre o solo. § 1º O direito real de laje contempla o espaço aéreo ou o subsolo de terrenos públicos ou privados, tomados em projeção vertical, como unidade imobiliária autônoma, não contemplando as demais áreas edificadas ou não pertencentes ao proprietário da construção-base" (art. 1.510-A, § 1º, CC). Entendemos que o direito de laje consista num desdobramento do direito de superfície e, portanto, deva se aplicar as mesmas regras previstas nos arts. 791, 799, V e VI, 804, §§ 1º e 2º, e 889, III, CPC.

---

10 "Art. 791. Se a execução tiver por objeto obrigação de que seja sujeito passivo o proprietário de terreno submetido ao regime do direito de superfície, ou o superficiário, responderá pela dívida, exclusivamente, o direito real do qual é titular o executado, recaindo a penhora ou outros atos de constrição exclusivamente sobre o terreno, no primeiro caso, ou sobre a construção ou a plantação, no segundo caso."

6.5. FRAUDE CONTRA CREDORES E FRAUDE À EXECUÇÃO

6.5.1. INTRODUÇÃO

Conforme delineado anteriormente, os bens do executado, presentes e futuros, são responsáveis pela dívida (CPC, art. 789). Independentemente dessa sujeição patrimonial, o Código Civil, em seu art. 1.228, estabelece que "o proprietário tem a faculdade de usar, gozar e dispor da coisa, e o direito de reavê-la do poder de quem quer que injustamente a possua ou detenha".

Com a leitura desses dois artigos é possível extrair a base do sistema de fraude no processo civil: tem o executado amplos poderes sobre seus bens para dispor sobre eles da maneira que melhor lhe aprouver. Contudo, esta liberdade encontra restrição na sua má-fé, pois poderá este devedor, justamente com o intuito de não se submeter ao encargo do pagamento, onerar ou alienar seus bens tentando se reduzir à insolvência.

Essa má-fé não tem, a princípio, como ser evitada. Não há como fazer um controle preventivo acerca da disponibilidade dos bens do devedor[11]. Contudo, é possível, como de fato existe, um sistema repressivo que cria consequências materiais e processuais caso a disposição dos seus bens possa causar prejuízo aos seus credores.

Assim, não há prejuízo para o devedor (que tem, repise-se, disponibilidade sobre seus bens) nem para o credor (que tem garantido o seu direito à incursão patrimonial dos bens do executado).

A alienação gera fraude. No Brasil há três modalidades de fraude: **fraude contra credores**, **fraude à execução** e **fraude de bem já penhorado**. Esta última modalidade de fraude tem tipificação e consequências diferentes das demais modalidades que serão em breve tratadas.

Por se tratar da constrição judicial ato de império pelo estado-juiz, a alienação desse bem é ineficaz. Mas com uma diferença da fraude à execução (que possui o mesmo efeito): é ineficaz mesmo que o devedor tenha outros bens para responder à obrigação. A discussão aqui não orbita em volta da solvabilidade do devedor, mas da desobediência a uma determinação judicial.

Aqui a fraude é ainda mais grave, podendo o Estado buscar esse bem nas mãos de quem quer que esteja.

Quanto às demais hipóteses de fraude, é importante uma análise mais detida sobre elas.

6.5.2. FRAUDE CONTRA CREDORES

A fraude contra credores é instituto eminentemente material (CC, arts. 158 a 165), mas que se reveste de extrema importância para o processo, pois pode influenciar na situação patrimonial do executado e seu correlato dever de responder pela dívida em juízo.

Constitui fraude contra credores "a prática maliciosa, pelo devedor, de atos que desfalcam o seu patrimônio, com o escopo de colocá-los a salvo de uma execução por dívidas em detrimento dos direitos creditórios alheios"[12].

A fraude contra credores pode ser **unilateral** (como, por exemplo, a renúncia a uma herança objetivando receber inoficiosamente dos demais herdeiros), **bilateral** (alienação com

---

11 Não obstante a viabilidade do uso da cautelar de arresto (art. 301, CPC) objetivando salvaguardar os bens em caso de dilapidação.
12 Maria Helena Diniz, *Teoria geral do direito civil*. 26. ed. São Paulo: Saraiva, p. 507-508.

fraude), gratuita (**doação fraudulenta** para se escusar do cumprimento de dívidas) ou onerosa (**compra e venda fraudulenta** para se escusar do cumprimento de dívidas).

É pacífico na doutrina que não se trata de vício de consentimento, mas sim de um vício social. O ato praticado corresponde ao ato querido.

Para a caracterização da fraude contra credores é necessária a conjunção de dois elementos:

(i) *Eventus damni* **(elemento objetivo).** Aqui o devedor deve praticar atos para se reduzir à insolvência. Dessa forma, deve praticar atos de tal modo que seu passivo se torne maior que seu ativo.

(ii) *Consilium fraudis* **(elemento subjetivo).** Este elemento não exige que o terceiro adquirente esteja em conluio fraudulento com o alienante para prejudicar credores. Para a configuração deste elemento basta a ciência da sua situação de insolvência. Tanto é assim que o art. 159 do CC presume a má-fé do adquirente quando "a insolvência for notória, ou houver motivo para ser conhecida do outro contratante". A doutrina costuma asseverar que o ato fraudulento gratuito (como, por exemplo, a doação) tem presunção absoluta de má-fé. Nesses casos basta a demonstração do evento danoso. Contudo, se for oneroso, o credor deverá provar o *consilium fraudis* (provar que o devedor tinha vontade de fraudar e o adquirente de que a venda geraria a insolvência).

Para a fraude contra credores a lei confere a possibilidade de ingressar com ação pauliana ou revocatória para que possa invalidar[13] o ato de alienação ou oneração do bem. Essa ação não pode ser substituída pelos embargos de terceiro a teor do Enunciado n. 195 da Súmula do STJ: "Em embargos de terceiro, não se anula ato jurídico, por fraude contra credores"[14]. O ato em fraude contra credores, de acordo com majoritária doutrina, é anulável. Entendo que os efeitos práticos da anulação são nocivos ao autor da ação pauliana. Isso porque, ao anular o ato, o bem volta ao patrimônio do devedor sem que haja uma garantia de que esse bem será usado para quitar a dívida do autor da ação ou outra dívida qualquer.

É importante asseverar que ação pauliana ou revocatória somente poderá ser proposta (= produzir efetivamente os efeitos pretendidos com a ação) em face de terceiros se demonstrada a má-fé. Aliás este foi o posicionamento do STJ nesse sentido no Recurso Especial n. 1.100.525/RS:

6.5.3. FRAUDE À EXECUÇÃO

6.5.3.1. Conceito

A fraude contra credores, como visto, é disciplinada basicamente pelo Código Civil. Já a fraude à execução regida pelo Código de Processo Civil. O Brasil é o único ordenamento jurídico a possuir sua disciplina.

A essência dos dois institutos é muito similar: regrar a disponibilidade patrimonial, permitindo sua livre utilização (usar-gozar-dispor-reaver), entretanto estabelecendo limites quanto à alienação/oneração que possam resultar em insolvência do devedor. O objetivo não

---

13 Não se nega prestigiosa doutrina brasileira que defende que a venda é válida, mas ineficaz para o credor (Enrico Tullio Liebman, Cândido Dinamarco e Humberto Theodoro Jr.). Contudo, majoritária doutrina e jurisprudência (*vide* Enunciado n. 195 do STJ) defendem a anulabilidade.

14 No entanto, o mesmo STJ vem analisando fraude à execução em embargos de terceiro conforme se depreende do Ag. no REsp 726.549/RS.

constitui apenas uma técnica para garantir a satisfação do crédito, mas também "estimular padrões mínimos de conduta diligente, de boa-fé objetiva (art. 442, CC) e de conduta cooperativa"[15].

A fraude à execução é, contudo, ainda mais grave: enquanto a fraude contra credores prejudica especialmente o próprio credor, a fraude à execução prejudica não só o exequente como também o Estado, pois cometida enquanto pendente demanda judicial. E é essencial a litispendência para que se configure este tipo de fraude: mais, necessária a citação válida[16]. Dessa forma, o sistema cria mecanismos ainda mais opressivos para debelar este vício.

Como o prejuízo também é para o Estado, o ato fraudulento é considerado ato atentatório à dignidade da justiça (CPC, art. 774, I), podendo o executado ser cominado em multa de até vinte por cento do valor do débito (CPC, art. 774, parágrafo único).

Portanto, ao contrário da fraude do direito material que gera a anulabilidade do ato, o sistema brasileiro faz, na fraude processual, o ato ineficaz.

No primeiro caso é necessária ação autônoma, já no segundo, pode ser desenvolvido de maneira incidente no próprio processo em que a fraude foi verificada.

Outra diferença importante: enquanto na fraude contra credores a prova do *consilium fraudis* é necessária, na fraude à execução não será necessária, sendo irrelevante saber se o ato é verdadeiro ou não, se houve boa-fé ou ânimo de fraudar.

No entanto, o STJ, à luz do CPC/73, tinha posicionamento distinto. O Enunciado n. 375 da Súmula do STJ estabelece que "o reconhecimento da fraude à execução depende do registro da penhora do bem alienado ou da prova de má-fé do terceiro adquirente". Este entendimento era ratificado por vários julgados do próprio STJ.

Assim, à luz do regime anterior, era necessária a prova da má-fé do adquirente quando não houvesse prévio registro (pois nesse caso seria uma presunção absoluta). O ônus da prova pertencia ao exequente, que deveria fazer prova da má-fé do terceiro adquirente.

Agora o ônus da prova pertence ao próprio terceiro, pois compete a ele fazer a prova que se valeu das diligências e cautelas necessárias para a obtenção de certidões negativas que comprovem o imóvel isento de ônus. É o que se depreende do **§ 2º do art. 792**: "No caso de aquisição de bem não sujeito a registro, **o terceiro adquirente tem o ônus de provar** que adotou as cautelas necessárias para a aquisição, mediante a exibição das certidões pertinentes, obtidas no domicílio do vendedor e no local onde se encontra o bem" (grifos nossos).

Dessa forma, resta superada a segunda parte do Enunciado n. 375 do STJ.

Guilherme Rizzo Amaral faz interessante proposta de sistematização: se o imóvel for sujeito a registro e não foi feita a devida averbação, será ônus do exequente demonstrar a má-fé do terceiro (mantendo-se, portanto, na sua integralidade o teor do Enunciado n. 375). Contudo, em sendo bem não sujeito a registro, aplica-se a regra do art. 792, § 2º, do CPC[17]. O STJ recentemente decidiu que "a averbação da penhora ou da pendência de ação de execução na matrícula do bem ou prova da má-fé não é requisito imprescindível para a caracterização de fraude à

---

15 BRUSCHI-NOLASCO-AMADEO. *Fraudes patrimoniais e a desconsideração da personalidade jurídica no Código de Processo Civil de 2015*. São Paulo: RT, 2016, p. 90.
16 A Primeira Seção do Superior Tribunal de Justiça, no julgamento do REsp 1.141.990/PR, de relatoria do Min. Luiz Fux, sob o rito do art. 543-C do CPC/73, firmou o entendimento de que "a alienação efetivada antes da entrada em vigor da LC n. 118/2005 (9.6.2005) presumia-se em fraude à execução se o negócio jurídico sucedesse a citação válida do devedor; posteriormente a 9.6.2005, consideram-se fraudulentas as alienações efetuadas pelo devedor fiscal após a inscrição do crédito tributário na dívida ativa".
17 *Comentários às alterações do Novo CPC*. São Paulo: Revista dos Tribunais, 2015, p. 825.

execução, especialmente na hipótese de transferência de imóvel pelo devedor a seu ascendente" (REsp 1.981.646/SP).

Pode-se chegar a uma conclusão sobre o tema: inegavelmente a boa-fé do terceiro adquirente deve ser protegida. Assim, há de se ter como prova inequívoca o seu conhecimento sobre a ação que está em curso. Contudo, nem sempre é fácil proceder a esta prova. Atenta a essa circunstância, a lei renuncia a artifícios para que o terceiro, por outros meios, tome conhecimento da litispendência.

É assim que ocorre com os arts. 828 (averbação da execução em registro de imóveis ou DETRAN) e 844 (registro da penhora de bem imóvel em ofício imobiliário). Essa exigência está preconizada no art. 167, I, n. 21, da Lei n. 6.015/73 (Lei de Registros Públicos), bem como na Lei n. 13.097/2015, que assim dispõe:

> Art. 54. Os negócios jurídicos que tenham por fim constituir, transferir ou modificar direitos reais sobre imóveis são eficazes em relação a atos jurídicos precedentes, nas hipóteses em que não tenham sido registradas ou averbadas na matrícula do imóvel as seguintes informações:
> I – registro de citação de ações reais ou pessoais reipersecutórias;
> II – averbação, por solicitação do interessado, de constrição judicial, do ajuizamento de ação de execução ou de fase de cumprimento de sentença, procedendo-se nos termos previstos do art. 615-A da Lei n. 5.869, de 11 de janeiro de 1973 – Código de Processo Civil [art. 828 do CPC vigente];
> III – averbação de restrição administrativa ou convencional ao gozo de direitos registrados, de indisponibilidade ou de outros ônus quando previstos em lei;
> IV – averbação, mediante decisão judicial, da existência de outro tipo de ação cujos resultados ou responsabilidade patrimonial possam reduzir seu proprietário à insolvência, nos termos do inciso II do art. 593 da Lei n. 5.869, de 11 de janeiro de 1973 – Código de Processo Civil [atual art. 792, IV, do CPC]; e
> V – averbação, mediante decisão judicial, de qualquer tipo de constrição judicial incidente sobre o imóvel ou sobre o patrimônio do titular do imóvel, inclusive a proveniente de ação de improbidade administrativa ou a oriunda de hipoteca judiciária.
> Parágrafo único. Não poderão ser opostas situações jurídicas não constantes da matrícula no Registro de Imóveis, inclusive para fins de evicção, ao terceiro de boa-fé que adquirir ou receber em garantia direitos reais sobre o imóvel, ressalvados o disposto nos arts. 129 e 130 da Lei n. 11.101, de 9 de fevereiro de 2005, e as hipóteses de aquisição e extinção da propriedade que independam de registro de título de imóvel.

A forma de realização será conforme os arts. 56 e 57 da referida lei.

Ressalte-se que a Lei n. 13.097/2015 prevê no referido art. 54 que os negócios jurídicos que objetivem constituir, transferir ou modificar direitos reais sobre bens imóveis possuem plena eficácia em relação aos atos precedentes quando não houver, na matrícula do imóvel, averbação ou registro de ações reais ou pessoas reipersecutórias. Dessa forma, se houver venda do bem na pendência de ação, é considerada válida se não houver averbação.

O dispositivo adota o princípio da concentração da matrícula no registro de imóveis, em que se exige que todas as questões pertinentes ao bem estejam devidamente registradas.

Só que a leitura isolada do artigo daria a entender que ao terceiro comprador bastaria verificar eventuais gravames na matrícula para poder proceder a uma aquisição segura. Essa regra é contrária ao que dispõe o art. 790, IV, do CPC, segundo o qual bastaria a ação em curso para inequívoca ciência e, portanto, ser caracterizada fraude à execução. Ademais, na falta de registro, tem o comprador de adotar as cautelas mínimas, extraindo as certidões negativas do vendedor nos distribuidores forenses.

Dessa forma, entendemos que prevalece o art. 792, IV, do CPC, sob pena de esvaziar-se o instituto. Assim, em havendo ação em curso (art. 792, IV), acarreta **presunção relativa** de conhecimento. Com o devido registro, **presunção absoluta** (art. 844, CPC).

Retomando o assunto, as diferenças entre ambas as fraudes podem ser sistematizadas na tabela abaixo[18]:

FRAUDE À EXECUÇÃO	FRAUDE CONTRA CREDORES
Instituto de direito processual	Instituto de direito material
A má-fé é presumida	O ônus da prova pertence ao credor
Interesse do exequente e do Estado (pois pode gerar ato atentatório à dignidade da justiça)	Interesse somente do credor
Gera ineficácia do ato jurídico	Gera anulabilidade do ato jurídico
Tipifica ilícito penal (CP, art. 179)	Não gera tipicidade penal
Declarada no bojo do processo de maneira incidental	Necessária a propositura de demanda autônoma (pauliana, revocatória)
Uma vez reconhecida a fraude à execução esta tem natureza declaratória, pois certifica a ineficácia do ato	Uma vez reconhecida a fraude contra credores por sentença esta tem natureza desconstitutiva, pois acarretará a anulabilidade do negócio jurídico.

Nos termos do § 4º do art. 792 do CPC, "antes de declarar a fraude à execução, o juiz deverá intimar o terceiro adquirente, que, se quiser, poderá opor embargos de terceiro, no prazo de 15 (quinze) dias".

O magistrado, em atenção aos arts. 9º e 10 do CPC, exige o prévio contraditório da parte para poder decretar a fraude à execução. Essa regra se mostra consoante com a nova dimensão do contraditório exigida no novo diploma. A questão que, a nosso ver, não nos parece adequada, diz respeito à medida judicial imposta pela lei, ou seja, que a parte deva ingressar com embargos de terceiro no prazo de quinze dias.

Independentemente da discussão do prazo (já que o art. 675 permite que os embargos possam ser opostos a qualquer momento na fase de conhecimento e até cinco dias após a adjudicação, alienação ou arrematação), seria muito mais econômico a possibilidade de o terceiro se manifestar endoprocessualmente e não por meio de uma ação autônoma de rito especial.

Sobre a questão do prazo, o Fórum Permanente de Processualistas Civis (FPPC), em nossa opinião, resolveu a questão ao asseverar que o prazo de quinze dias para oposição de embargos se aplica exclusivamente para declaração de fraude à execução. Nas demais, segue o prazo do art. 675 (Enunciado n. 191).

O § 3º do art. 792 do CPC traz uma antinomia em relação ao art. 137 do mesmo Código. Isso porque o § 3º assim estabelece: "Nos casos de desconsideração da personalidade jurídica, a fraude à execução verifica-se a partir da citação da parte, cuja personalidade se pretende desconsiderar". Já o art. 137 contrariamente estabelece que a fraude à execução não se dá pela

---

18 Seguindo sistematização empreendida por Stolze-Pamplona, *Novo curso de direito civil*, 9. ed., v. I, p. 382.

ciência, mas pelo acolhimento do pedido, ou seja, pela decisão. Assim, "acolhido o pedido de desconsideração, a alienação ou a oneração de bens, havida em fraude de execução, será ineficaz em relação ao requerente".

6.5.3.2. Hipóteses de incidência

O art. 792 do CPC estabelece a fraude à execução quando houver alienação ou oneração de bens em cinco hipóteses, que serão analisadas a seguir.

6.5.3.2.1. Pender sobre os bens ação fundada em direito real ou pretensão reipersecutória, desde que a pendência do processo tenha sido averbada no respectivo registro público (se houver)

O objetivo da regra é proteger a atividade executiva de entrega de determinado bem. Sua alienação ou oneração podem frustrar todo objetivo da execução.

Aqui, a ineficácia (efeito da fraude à execução) tem como fato gerador o direito de sequela (quando se trata de direito real) ou o direito ao próprio bem quando a pretensão for reipersecutória.

Há regra semelhante – e mais ampla – no ordenamento brasileiro, prevista no art. 109 do CPC, que dispõe que a alienação do bem litigioso não altera a legitimidade das partes. Como o art. 109 do CPC abrange todas as hipóteses, independentemente da natureza da demanda, é possível aferir uma relação continente/conteúdo entre os dois dispositivos, sendo o art. 792, I, mera hipótese que estaria enquadrada no já referido artigo. Claro que essa relação apenas se aplica nos casos de alienação, pois a oneração não está prevista no referido art. 109 do CPC.

Conforme dito, o CPC ampliou a possibilidade não apenas para os direitos reais, mas nas ações pessoais de pretensão reipersecutória (ação não real em que se demanda coisa em poder de terceiro).

Exige-se prévia averbação em registro público (se existir). Essa regra tem por finalidade conferir segurança jurídica ao adquirente (terceiro) que, caso não haja registro, poderá alegar sua boa-fé e, por esse mesmo motivo, proteger o interesse do exequente.

6.5.3.2.2. Quando tiver sido averbada, no registro do bem, a pendência do processo de execução, na forma do art. 828 do CPC

Conforme teremos a possibilidade de estudar no capítulo destinado à execução por quantia certa com base em título executivo extrajudicial (item 2.1, *infra*), a averbação à execução (trazida pela Lei n. 11.382/2006, no regime do CPC revogado) veio solucionar o difícil problema de qual a natureza da fraude na pendência do processo (portanto, não será contra credores) em que o réu ainda não foi citado (portanto, não seria fraude à execução). A averbação permite a inequívoca ciência da existência de demanda em curso de modo que satisfaz um dos requisitos para sua configuração. A averbação é, portanto, uma antecipação do marco inicial para que se caracterize a fraude à execução[19].

Constitui presunção absoluta de conhecimento da demanda para terceiros, daí por que qualquer terceiro que adquire bem com averbação está ciente de que essa venda é ineficaz para

---
19 Marinoni-Arenhart-Mitidiero. *Novo Código de Processo Civil*. São Paulo: Revista dos Tribunais, 2015, p. 781.

o autor da demanda averbada. Nesse caso, mais nenhum outro requisito é necessário: constitui uma hipótese autônoma de fraude à execução[20].

6.5.3.2.3. Quando tiver sido averbada, no registro do bem, hipoteca judiciária ou outro ato de constrição judicial originário do processo em que foi arguida a fraude

Constitui-se mais uma hipótese autônoma de fraude à execução. Para que se configure fraude é necessário apenas que o bem a ser alienado tenha sido averbado com hipoteca judicial ou outro ato de constrição judicial (como a penhora, arresto, v.g.). Aqui, a venda do bem é ineficaz perante a execução, independentemente de solvabilidade do devedor. É o que dispõe a primeira parte do Enunciado n. 375 do STJ: "O reconhecimento da fraude à execução depende do registro da penhora do bem alienado...".

Se a fraude à execução é mais grave que a fraude contra credores, pois a alienação ou oneração do bem pelo executado pressupõe desrespeito à existência do processo, a alienação de bem constrito é ainda mais grave, pois pressupõe a violação de ordem judicial (penhora), uma vez que o bem, obtido por arresto, busca e apreensão, penhora eletrônica ou mandado, incorporou-se à execução e dela faz parte.

Como se trata de atitude mais grave que as demais, sequer se exige nesta sede a prova da insolvência. Ocorre aqui desrespeito à ordem judicial que deve retornar ao seu *status quo*.

A ciência da penhora ao terceiro adquirente é, portanto, importante para comprovar a sua boa-fé. Contudo, é extremamente difícil estabelecer um registro efetivo de penhora, pois nem todos os bens são identificados por seus respectivos registros.

A prova de sua propriedade, em diversos casos, se dá pela mera posse (e, no mais das vezes, o próprio executado mantém-se na posse do bem penhorado na qualidade de depositário). Há possibilidade de registro da penhora de bens imóveis e de bens móveis que sejam sujeitos a registro.

6.5.3.2.4. Quando, ao tempo da alienação/oneração, tramitava contra o devedor ação capaz de reduzi-lo à insolvência

Constitui-se na mais comum hipótese de fraude à execução, sendo clássica situação que visa preservar os bens do devedor em decorrência de sua responsabilidade patrimonial (CPC, art. 789). É uma hipótese mais abrangente que a primeira, pois não alcança um bem específico, mas qualquer bem que possa levar o executado à insolvência.

A litispendência é sobre qualquer natureza de demanda que possa levar o devedor, no futuro, à insolvência e não apenas as demandas executivas. Nesse caso, o STJ tem entendido que apenas se configura fraude à execução após a citação válida[21], desde que obviamente não contenha a averbação do art. 828 do CPC, pois nesse caso já gera ciência inequívoca da existência do processo (art. 828, § 4º, CPC). Esse entendimento vem reforçado no § 3º do art. 792 ao asseverar que "nos casos de desconsideração da personalidade jurídica, a fraude à execução verifica-se a partir da citação da parte cuja personalidade se pretende desconsiderar".

---

20 Wambier-Conceição-Ribeiro-Mello. *Primeiros comentários ao Novo Código de Processo Civil*. São Paulo: Revista dos Tribunais, 2015, p. 1145.
21 REsp 956.943/PR.

É importante compreender o CPC à luz do Enunciado n. 375 da Súmula do STJ, o qual estabelece que "o reconhecimento da fraude à execução depende do registro da penhora do bem alienado ou da prova da má-fé do terceiro adquirente".

Assim, à luz do regime anterior, era necessária a prova da má-fé do adquirente quando não houvesse prévio registro (pois nesse caso seria uma presunção absoluta). O ônus da prova pertencia ao exequente, que deveria fazer prova da má-fé do terceiro adquirente.

Agora, o ônus da prova pertence ao próprio terceiro, pois compete a ele fazer a prova de que se valeu das diligências e cautelas necessárias para a obtenção de certidões negativas que comprovem o imóvel isento de ônus. É o que se depreende do § 2º do art. 792 do CPC: "No caso de aquisição de bem não sujeito a registro, **o terceiro adquirente tem o ônus de provar** que adotou as cautelas necessárias para a aquisição, mediante a exibição das certidões pertinentes, obtidas no domicílio do vendedor e no local onde se encontra o bem" (grifos nossos). Dessa forma, resta superada a segunda parte do Enunciado n. 375 da Súmula do STJ. Nesse sentido, STJ, REsp 1.937.548.

6.5.3.2.5. Demais casos previstos em lei

Há outros casos previstos em legislação extravagante, como o art. 856, § 3º, do CPC, o art. 129 da Lei n. 11.101/2005, o art. 4º da Lei n. 8.009/90 e o art. 185 do Código Tributário Nacional.

6.6. IMPENHORABILIDADES

6.6.1. IMPENHORABILIDADES NO CPC

Preconiza o art. 832 do CPC que "não estão sujeitos à execução os bens que a lei considera impenhoráveis ou inalienáveis".

A impenhorabilidade que recai sobre alguns bens do executado ou terceiros repousa no princípio da dignidade humana no âmbito patrimonial.

A responsabilidade é patrimonial, todos os bens do executado respondem pela obrigação, mas, se a sujeição desses bens à penhora tolher garantias mínimas do executado, a constrição fica proibida. O ordenamento brasileiro estabelece no Código de Processo Civil (arts. 833 e 834) e em legislação específica (v.g., Lei n. 8.009/90 e art. 114 da Lei n. 8.213/91) as hipóteses de impenhorabilidade.

A Lei n. 14.344/2022 acrescentou com cláusula de impenhorabilidade "os bens de hospitais filantrópicos e Santas Casas de Misericórdia mantidos por entidades beneficentes certificadas nos termos da Lei Complementar n. 187, de 16 de dezembro de 2021, são impenhoráveis e não responderão por qualquer tipo de dívida civil, comercial, fiscal, previdenciária ou de outra natureza", abrangendo, os imóveis, as benfeitorias e todos os equipamentos, inclusive os de uso profissional, ou móveis que guarnecem o bem, desde que quitados.

Contudo, tal qual a Lei do Bem de Família, não se inserem na impenhorabilidade as obras de arte, os adornos suntuosos nas hipóteses do art. 4º da Lei[22].

---

22 Art. 4º A impenhorabilidade referida no art. 2º desta Lei é oponível em qualquer processo de execução civil, fiscal, previdenciária ou de outra natureza, salvo se movido: I – para cobrança de dívida relativa ao próprio bem, inclusive daquela contraída para sua aquisição; II – para execução de garantia real; III – em razão dos créditos de trabalhadores e das respectivas contribuições previdenciárias.

A impenhorabilidade não constitui direito indisponível, podendo a parte abrir mão de um bem impenhorável, permitindo sua constrição judicial, ou mesmo estabelecer regra de penhorabilidade ou impenhorabilidade por negócio jurídico processual[23].

Sob o regime do CPC/73, o então art. 649 foi totalmente remodelado pela nova redação empreendida com a Lei n. 11.382/2006, trazendo a impenhorabilidade a uma nova e atual realidade.

Muitos dos bens que ali se previa não eram de fato impenhoráveis, mas sim imprestáveis à penhora (afinal, quem se interessaria por retratos de família?). O CPC estabeleceu pequenas alterações no regime de impenhorabilidade (mais no tocante à redação do que ao conteúdo propriamente dito) e inseriu mais uma hipótese de impenhorabilidade decorrente do crédito fruto da alienação de unidades imobiliárias. Assim, são absolutamente impenhoráveis os seguintes bens:

I – os bens inalienáveis e os declarados, por ato voluntário, não sujeitos à execução

A impenhorabilidade pode não decorrer somente da vontade da lei, mas também da vontade das partes. Assim, os bens alienados ou doados com cláusula de impenhorabilidade não respondem por dívidas.

Tem-se como exemplo o denominado "bem de família voluntário" (CC, arts. 1.711 e 1.715);

II – os móveis, os pertences e as utilidades domésticas que guarnecem a residência do executado, salvo os de elevado valor ou que ultrapassem as necessidades comuns correspondentes a um médio padrão de vida

Trata-se de norma com redação semelhante na Lei n. 8.009/90 (lei do bem de família).

A lei, com carga semântica extremamente indeterminada, estabelece como exceção dois tipos de bens: a) os de elevado valor ou b) que ultrapassem as necessidades de um médio padrão de vida. Ambas necessitam da concreção do magistrado para que se possa dar correta vigência ao dispositivo. O item "a" foi criado para facilitar o pagamento, pois bens de maior valor independem de outros para a satisfação do crédito. O item "b" merece críticas. A norma (regras de impenhorabilidade) foi criada para evitar que o executado seja atingido em sua dignidade. Mas a regra dá a impressão de que se manterá a sua condição. Nada mais errado. É perfeitamente comum que o endividamento e o consequente cumprimento das obrigações contraídas gerem uma diminuição na sua qualidade de vida.

Assim, a melhor leitura do dispositivo seria a impenhorabilidade dos bens móveis essenciais a salvaguardar a dignidade humana do executado. Todo o resto teria a permissibilidade da penhora. Até mesmo porque, pessoas que já possuem bens de valor já incorporados ao seu cotidiano teriam vantagem sobre aqueles que, pela impossibilidade, não os possuem.

Há de se ressaltar, conforme majoritária jurisprudência, que os bens em duplicidade (refrigerador, fogão, televisão), bem como aqueles em que a execução recaia justamente pelo seu não pagamento[24], podem ser constritados.

III – os vestuários, bem como os pertences de uso pessoal do executado, salvo se de elevado valor

Mantendo a premissa da dignidade humana, os vestuários e bens de pertence pessoal são igualmente impenhoráveis, salvo se de elevado valor. A regra deve ser aplaudida, mas na prática

---

23 Nesse sentido, a II Jornada de Direito Processual Civil editou dois enunciados: **Enunciado n. 152:** O pacto de impenhorabilidade (arts. 190, 200 e 833, I) produz efeitos entre as partes, não alcançando terceiros; **Enunciado n. 153:** A penhorabilidade dos bens, observados os critérios do art. 190 do CPC, pode ser objeto de convenção processual das partes.
24 STJ, 3ª Turma, REsp 554.768.

será extremamente difícil ao oficial constatar roupas de elevado valor ou não. Melhor que a regra incida apenas, como regra, sobre bens de uso pessoal, como relógios e joias;

IV – os vencimentos, os subsídios, os soldos, os salários, as remunerações, os proventos de aposentadoria, as pensões, os pecúlios e os montepios, bem como as quantias recebidas por liberalidade de terceiro e destinadas ao sustento do devedor e de sua família, os ganhos de trabalhador autônomo e os honorários de profissional liberal, ressalvado o § 2º.

A nova redação do CPC vigente manteve basicamente a redação do diploma anterior (que já havia, em 2006, alterado esse artigo ao estabelecer a fusão de dois incisos de antes da reforma: IV e VII). A redação ampliou a (então) inconstitucional regra que limitava a impenhorabilidade aos magistrados, professores e funcionários públicos. Assim, os salários e todas as denominações dadas a ele constituem regra impenhorável. Os honorários do profissional liberal e os ganhos do trabalhador autônomo também se enquadram nessa regra em atenção à isonomia: nem toda remuneração pelo trabalho prestado decorre de salário, mas serve para a subsistência do executado e de sua família em atenção à sua dignidade.

A natureza alimentar dessa verba justifica sua impenhorabilidade.

Somem-se "as quantias recebidas por liberalidade de terceiro e destinadas ao sustento do devedor e de sua família". Independentemente da contraprestação do trabalho, se a verba destina-se, mesmo a título de doação, à subsistência, insere-se no caráter alimentar previsto na regra.

Essa regra não se aplica se a execução for de alimentos, pois a dignidade humana do alimentante cede passo ao alimentando. Entre preservar uma das duas, prefere-se (com razão) o credor dos alimentos (§ 2º). A dívida de alimentos prevista na lei abrange tanto os alimentos decorrentes do direito de família como aqueles devidos pela indenização de atos ilícitos. Esse posicionamento agora expresso no CPC já era o entendimento esposado na jurisprudência[25]. Importante frisar que, a despeito de os honorários advocatícios serem considerados verba alimentar, não se estende a eles a flexibilização prevista no § 2º, conforme entendimento do STJ no Tema 1153 (recursos repetitivos)[26] ao se compreender que "prestação alimentar" (dívida de alimentos) não se confunde com "natureza alimentar" (natureza que se aplicam os honorários).

O STJ entendeu que: "É possível a relativização da impenhorabilidade da aposentadoria desde que analisadas as circunstâncias particulares de cada caso, devendo ser preservado percentual capaz de dar guarida à dignidade do devedor e de sua família" (AgInt no AREsp 1.857.739/RJ, *DJe* 18-8-2021)[27].

Ademais, se a importância recebida for superior a cinquenta salários mínimos mensais, afasta-se a impenhorabilidade para pagamento de prestação alimentícia.

Há uma terceira exceção, prevista no art. 14, § 3º, da Lei n. 4.717/65 (Lei da Ação Popular), que assim estabelece: "Quando o réu condenado perceber dos cofres públicos, a execução

---

25 STJ, 1ª Turma, REsp 859.475/SC, rel. Min. Denise Arruda, j. 26-6-2007.
26 "A verba honorária sucumbencial, a despeito da sua natureza alimentar, não se enquadra na exceção prevista no § 2º do art. 833 do CPC/2015 (penhora para pagamento de prestação alimentícia)" (Corte Especial, REsp 1.954.382-SP, Rel. Min. Ricardo Villas Bôas Cueva, por maioria, j. 5-6-2024).
27 Nesse sentido: "Na hipótese de execução de dívida de natureza não alimentar, é possível a penhora de salário, ainda que este não exceda 50 salários mínimos, quando garantido o mínimo necessário para a subsistência digna do devedor e de sua família" (EREsp 1.874.222-DF, Rel. Ministro João Otávio de Noronha, Corte Especial, j. 19-4-2023).

far-se-á por desconto em folha até o integral ressarcimento do dano causado, se assim mais convier ao interesse público".

Em arremate, não é possível a penhora de percentual do auxílio emergencial (Covid-19) para pagamento de crédito constituído em favor de instituição financeira (REsp 1.935.102-DF, Rel. Min. Luis Felipe Salomão, Quarta Turma, por unanimidade, j. 29-6-2021).

V – os livros, as máquinas, as ferramentas, os utensílios, os instrumentos ou outros bens móveis necessários ou úteis ao exercício de qualquer profissão do executado

O inciso V guarda estreita referibilidade com o inciso anterior. Se o objetivo da lei é proteger o rendimento do trabalhador por meio do seu salário ou a nomenclatura pertinente, nada mais intuitivo que proteger da penhorabilidade os instrumentos necessários ao exercício da profissão.

O STJ limita o dispositivo às pessoas físicas, micro e pequenas empresas quando a atividade destas confundir com a do sócio[28].

Araken de Assis[29] estabelece interessantes limites para que incida a regra da impenhorabilidade nesse caso:

a) o bem deve ser utilizado com frequência pelo executado e não apenas de maneira episódica;
b) havendo quantidade considerável de bens da mesma espécie alguns poderão ser levados em penhora;
c) o bem deve ser objeto do trabalho. Assim, um frigobar na sala de reunião do advogado não constitui instrumento de profissão;
d) por fim, os instrumentos somente serão impenhoráveis se destinados ao trabalho de subsistência do executado. Se constitui uma profissão suplementar destinada apenas ao complemento da renda, cai por terra a cláusula de impenhorabilidade.

O CPC prevê interessante questão quanto à impenhorabilidade dos instrumentos de profissão, ao estabelecer no § 3º do art. 833 a seguinte disposição: "Incluem-se na impenhorabilidade prevista no inciso V do *caput* os equipamentos, os implementos e as máquinas agrícolas pertencentes a pessoa física ou a empresa individual produtora rural, exceto quando tais bens tenham sido objeto de financiamento e estejam vinculados em garantia a negócio jurídico ou quando respondam por dívida de natureza alimentar, trabalhista ou previdenciária".

Como condição, é necessário que esses equipamentos pertençam a pessoa física ou empresa individual produtora rural. Se a empresa (ainda que individual) exercer outro ramo de atividade (como uma distribuidora ou revendedora desses bens) estará fora do enquadramento da impenhorabilidade prevista no § 3º.

Contudo, há duas exceções à referida impenhorabilidade: a) se esses bens forem objeto de financiamento e estiverem vinculados em garantia do negócio jurídico; ou b) quando respondam por dívida de natureza alimentar, trabalhista ou previdenciária;

VI – o seguro de vida

O seguro de vida possui benefício legal da impenhorabilidade por dois importantes motivos: a) não faz parte do patrimônio nem do executado, nem dos herdeiros (CC, art. 794), constitui contrato aleatório carecedor de condição resolutiva; b) tem natureza alimentar (e

---

28 STJ, 2ª Turma, REsp 760.283/RS, rel. Min. Mauro Campbell Marques, j. 12-8-2008.
29 *Manual da execução*. 15. ed. São Paulo: RT, 2012, p. 268-269.

nesse sentido, se assemelha aos dois incisos anteriores), já que com a eventual morte do executado o rendimento do seguro será dirigido aos seus beneficiários;

VII – os materiais necessários para obras em andamento, salvo se estas forem penhoradas

É necessário provar a relação da aquisição do material com a utilização na obra para usufruir da garantia da impenhorabilidade. Contudo, se a obra for penhorada, os bens também o serão pela regra da acessoriedade. E, ainda, se a cobrança decorrer do próprio crédito para a aquisição do material (CPC, art. 833, § 1º);

VIII – a pequena propriedade rural, assim definida em lei, desde que trabalhada pela família

O CPC manteve, em sua essência, a disposição anterior a 2006, com algumas pequenas mudanças: a lei estabelecia a impenhorabilidade do imóvel de até um módulo. Hoje a exigência é apenas que o imóvel seja pequeno e que seja para o uso do trabalho da família.

É necessário estabelecer objetivamente a pequena propriedade rural. Quem o faz é a Lei Federal n. 8.629/93, em seu art. 4º, II, *a*, que estabelece como pequena propriedade rural o imóvel que contiver de um a quatro módulos fiscais, conforme estabelecido pelo INCRA[30].

De acordo com entendimento do STJ, compete ao executado provar que a pequena propriedade rural é usada para uso familiar (REsp 1.843.846).

IX – os recursos públicos recebidos por instituições privadas para aplicação compulsória em educação, saúde ou assistência social

Aqui o direito coletivo (educação, saúde ou assistência social) prevalece sobre o direito individual do credor. Esta opção, independentemente de qualquer conotação constitucional que se possa emprestar, decorre de mera escolha político-legislativa.

X – a quantia depositada em caderneta de poupança, até o limite de 40 (quarenta) salários mínimos[31].

Estranha opção política do legislador em proteger apenas (e justamente) a caderneta de poupança, justamente um dos menos rentáveis meios de investimento no mercado. Assim, fica desprotegida e sem o amparo legal qualquer outra forma de investimento em que o devedor opte em aplicar o seu dinheiro. Atento a essa situação, o STJ, em recente decisão, entendeu que "é possível ao devedor poupar valores sob a regra da impenhorabilidade no patamar de até quarenta salários mínimos, não apenas aqueles depositados em cadernetas de poupança, mas também em conta corrente ou em fundos de investimento, ou guardados em papel-moeda" (AgInt no REsp 1.958.516/SP), desde que "possua características e objetivo similares ao da utilização da poupança (isto é, reserva contínua e duradoura de numerário até quarenta salários mínimos, destinado a conferir proteção individual ou familiar em caso de emergência ou imprevisto grave)"[32].

Como proposta para aperfeiçoar a escorreita aplicação da lei, o valor de quarenta salários mínimos decorre da soma total das poupanças do executado se este tiver mais de uma. Assim,

---

30 Conforme Decreto n. 84.685/80.
31 A Corte Especial acolheu a proposta de afetação do REsp 2.015.693-PR e do REsp 2.020.425-RS ao rito dos recursos repetitivos, a fim de "Definir se é ou não impenhorável a quantia de até quarenta salários mínimos poupada, seja ela mantida em papel-moeda; em conta corrente; aplicada em caderneta de poupança propriamente dita ou em fundo de investimentos" (Tema 1285).
32 REsp 1.677.144-RS, Rel. Ministro Herman Benjamin, Corte Especial, por unanimidade, j. 21-2-2024. Nesse sentido: REsp 2.072.733-SP, j. 27-8-2024.

evita fraude daquele que, objetivando se alijar do pagamento, fragmenta seus investimentos em diversas contas poupança para se resguardar da penhora;

De acordo com o STJ, o reconhecimento da penhorabilidade ou impenhorabilidade não constitui matéria de ordem pública, devendo o executado alegar na primeira oportunidade em que falar aos autos, sob pena de preclusão. Isso porque "pode o devedor livremente dispor dos valores poupados em suas contas bancárias, inclusive para pagar a dívida objeto da execução, portanto renunciando à impenhorabilidade. Assim, o Código de Processo Civil não autoriza que o juiz reconheça a impenhorabilidade do inciso X, do art. 833, de ofício, pelo contrário, atribui expressamente ao executado o ônus de alegar tempestivamente a impenhorabilidade do bem constrito, regra que não tem natureza de ordem pública" (Tema 1235)[33].

XI – os recursos públicos do fundo partidário recebidos, por partido político, nos termos da lei

Supostamente os partidos políticos são entidades que objetivam trabalhar em prol da sociedade, daí o interesse público, daí a impenhorabilidade destes recursos. Como se trabalha apenas na suposição, há a impenhorabilidade, porque na teoria os partidos têm finalidade coletiva. Na prática, contudo, é bem diferente;

XII – os créditos oriundos de alienação de unidades imobiliárias, sob regime de incorporação imobiliária, vinculados à execução da obra

Constitui o único inciso novo no rol das impenhorabilidades previstas no art. 833. Objetiva proteger a situação financeira do empreendimento. Em se tratando de incorporação imobiliária, estando a obra ainda em andamento, o crédito decorrente de alienação de unidade imobiliária não poderá ser objeto de penhora.

6.6.2. IMPENHORABILIDADE DO BEM DE FAMÍLIA (LEI N. 8.009/90)

6.6.2.1. Definição e extensão

Há duas modalidades de bem de família:

> **a) o bem de família legal ou involuntário**, previsto na Lei n. 8.009/90, em que a própria norma estabelece que o único bem da entidade familiar não se sujeita à expropriação;
> **b) o bem de família voluntário**. Previsto pelo Código Civil nos arts. 1.711 a 1.722. Aqui, quem estabelece qual é o bem de família não é a lei, mas a própria família. O objetivo da regra é evitar que apenas o bem de menor valor (como se dá com a previsão da lei processual) seja salvaguardado[34].

Trata-se de lei que, somada ao art. 833 do CPC, protege o direito a moradia (art. 6º, CF), a dignidade humana do executado (no plano patrimonial), o mínimo existencial e atende aos preceitos da menor onerosidade do devedor (art. 805, CPC).

---

33 REsp 2.061.973-PR, Rel. Ministra Nancy Andrighi, Corte Especial, por unanimidade, j. 2-10-2024, e REsp 2.066.882-RS, Rel. Ministra Nancy Andrighi, Corte Especial, por unanimidade, j. 2-10-2024.
34 Tanto o legal como o voluntário convivem harmonicamente, mantendo uma relação de coexistência e não de exclusão (REsp 2.133.984-RJ, Rel. Min. Paulo Sérgio Domingues, Primeira Turma, por unanimidade, *DJe* 28-10-2024).

Constitui-se lei de aplicação imediata no tempo e no espaço, podendo alcançar até penhora realizada antes de sua vigência, conforme se depreende do Enunciado 205 da Súmula do STJ[35].

A impenhorabilidade do bem de família é questão de ordem pública, razão pela qual não admite renúncia pelo titular no AgRg nos EDcl no REsp 1.463.694/MS. Contudo, há julgados do STJ entendendo o contrário (REsp 1.604.422). A oferta voluntária de seu único imóvel residencial em garantia a um contrato de mútuo, favorecedor de pessoa jurídica em alienação fiduciária, não conta com a proteção irrestrita do bem de família" (EREsp 1.559.348-DF, Rel. Ministro Moura Ribeiro, Segunda Seção, j. 24-5-2023).

É importante dividir as questões do bem de família em três temáticas:

Primeiro: O bem de família protege a quem?

Estabelece o art. 1º da Lei n. 8.009/90 que "o imóvel residencial **próprio do casal, ou da entidade familiar**, é impenhorável e não responderá por qualquer tipo de dívida civil, comercial, fiscal, previdenciária ou de outra natureza, contraída pelos cônjuges ou pelos pais ou filhos que sejam seus proprietários e nele residam, salvo nas hipóteses previstas nesta Lei. Parágrafo único. A impenhorabilidade compreende o imóvel sobre o qual se assentam a construção, as plantações, as benfeitorias de qualquer natureza e todos os equipamentos, inclusive os de uso profissional, ou móveis que guarnecem a casa, desde que quitados" (g.n)

Logo se vê que a lei, numa leitura descontextualizada protegeria o casal ou a entidade familiar. Contudo essa leitura deve ser vista com reservas. Sem prejuízo de importantes e fundamentais alterações que as *famílias* receberam no plano da proteção jurídica, é importante compreender que o conceito *de família* para fins de impenhorabilidade é mais amplo do que o conceito *das famílias* regidas pelo plano do direito civil[36].

Enquanto no direito civil parte-se da premissa de que a família seja composta por mais de uma pessoa, a proteção do bem de família pode se dar também para pessoas solteiras, divorciadas e viúvas. Aliás o Enunciado 356 da Súmula do STJ estabelece que: "O conceito de impenhorabilidade de bem de família abrange também o imóvel pertencente a pessoas solteiras, separadas e viúvas". Nada mais lógico. Dizer que proteção do bem de família (plano processual) tem estreita relação com a família do direito civil (plano material) é dizer que as pessoas viúvas, solteiras e demais pessoas que vivem sozinhas (por opção ou não) não possuem dignidade humana que, justamente, é o fato gerador para o estabelecimento da Lei.

Segundo: A impenhorabilidade do bem de família atinge qual(is) bem(ns) imóveis?

A Lei estabelece dois requisitos nos arts. 1º e 5º: a) que seja imóvel próprio e b) seus proprietários (cônjuges, pais ou filhos) residam de modo permanente. Assim, em regra, a impenhorabilidade atinge o único bem da entidade familiar, destinado à moradia. De acordo com o parágrafo único do art. 1º da Lei n. 8.009/90: "A impenhorabilidade compreende o imóvel sobre o qual se assentam a construção, as plantações, as benfeitorias de qualquer natureza e todos os equipamentos, inclusive os de uso profissional, ou móveis que guarnecem a casa, desde que quitados". Mesmo quando dado em caução para garantir o pagamento de uma dívida (REsp 1.873.203).

Contudo, há diversas peculiaridades, em especial na jurisprudência que devem ser investigadas:

---

35 "A Lei n. 8.009/90 aplica-se à penhora realizada antes da sua vigência."
36 Paulo Lôbo (Entidades familiares constitucionalizadas: para além do *numerus clausus*. Disponível em: https://ibdfam.org.br/artigos/128/Entidades+familiares+constitucionalizadas:+para+al%C3%A9m+do+numerus+-clausus. Acesso em: 8 set. 2020, às 13h52).

> a) Havendo vaga de garagem está será impenhorável se estiver na mesma matrícula que o bem imóvel (Súmula 449, STJ). Nesse caso, porém, o enunciado deve ser lido em contexto com o art. 1.331, § 1º[37] do CC, recaindo na hipótese do art. 833, I, CPC como hipótese de impenhorabilidade relativa, ou seja, somente poderá ser penhorada por quem seja do condomínio. Contudo, o STJ ampliou a penhorabilidade, permitindo a alienação da vaga para terceiro estranho ao condomínio desde que haja autorização expressa na convenção condominial (REsp 2.095.402-SC);
> b) É impenhorável o único imóvel da entidade familiar que esteja locado se o fruto da locação servir à subsistência da família (Súmula 486, STJ);
> c) O bem de família não possui valor, ou seja, independentemente do valor do bem, sendo o único e, não havendo outros bens, será considerado protegido pela norma legal (STJ, REsp 1.320.370). Entretanto, há julgados no Tribunal de Justiça de SP defendendo essa possibilidade (TJ/SP, Ac. 2075933-13.2021.8.26.0000, Rel. Ademir Modesto de Souza, j. 15-6-2021;
> d) Imóvel em construção, que ainda não é a moradia, é considerado bem de família (STJ REsp 1.087.611 e REsp 1.960.026). Entretanto, a Terceira Turma do STJ entende que o bem de família pode ser penhorado por dívida de contrato de empreitada para a construção do imóvel. Mas aqui reside importante diferença: a dívida deve ser do financiamento do imóvel para se permitir a penhora (STJ, REsp 1.976.743). Se a dívida for diversa (empréstimo, por exemplo), o imóvel em construção é impenhorável;
> e) O fato de o terreno encontrar-se desocupado ou não edificado são circunstâncias que sozinhas não obstam a qualificação do imóvel como bem de família, devendo ser perquirida, caso a caso, a finalidade a este atribuída (REsp 1417629/SP).

Se a família possuir vários bens destinados à moradia (a família passa metade do ano em uma cidade e metade em outra), será considerado bem de família aquele **(a)** de menor valor ou **(b)** que haja sido registrado com essa finalidade no Registro de Imóveis competente.

Se se tratar de imóvel rural, a impenhorabilidade ficará limitada a sede da moradia e seus bens móveis (CF, art. 5º, XXVI; Lei n. 8.009/90, art. 4º, § 2º).

O imóvel da pessoa jurídica, desde que destinado também à moradia da entidade familiar, é protegido pela garantia da impenhorabilidade do bem de família (STJ, REsp 1935563/SP e AgInt no AREsp 2.360.631-RJ).

Se o imóvel for adquirido no curso da demanda executiva, se mantém como impenhorável, de acordo com entendimento do STJ, com o qual concordamos (AgInt nos EDcl no AREsp 2.182.745-BA, Rel. Ministro Raul Araújo, Quarta Turma, por unanimidade, j. 18-4-2023).

É possível a penhora de fração do imóvel caso ele possa ser desmembrado. Logo o bem indivisível é, em sua essência, impenhorável na sua totalidade (STJ, AgInt no AREsp 1.655.356/SP, Terceira Turma, Ministro Ricardo Cueva, *DJe* 26-4-2021. Contudo, o STJ igualmente possui decisão em sentido contrário: "Penhora. Bem imóvel indivisível em regime de copropriedade. Alienação judicial do bem por inteiro. Possibilidade. Art. 843 do CPC/2015. Constrição. Limites. Quota-parte titularizada pelo devedor. É admitida a alienação integral do bem indivisível em qualquer hipótese de propriedade em comum, resguardando-se, ao coproprietário ou

---

[37] "Art. 1.331. (...) § 1º As partes suscetíveis de utilização independente, tais como apartamentos, escritórios, salas, lojas e sobrelojas, com as respectivas frações ideais no solo e nas outras partes comuns, sujeitam-se a propriedade exclusiva, podendo ser alienadas e gravadas livremente por seus proprietários, exceto os abrigos para veículos, que não poderão ser alienados ou alugados a pessoas estranhas ao condomínio, salvo autorização expressa na convenção de condomínio."

cônjuge alheio à execução, o equivalente em dinheiro da sua quota-parte no bem" (REsp 1.818.926/DF, Rel. Min. Nancy Andrighi, Terceira Turma, por unanimidade, j. 13-4-2021).

Terceiro: A impenhorabilidade do bem de família atinge qual(is) bem(ns) móveis?

O alcance legal da impenhorabilidade dos bens móveis perpassa pela compreensão de dois artigos:

> **Art. 833, II, CPC:** "II – os móveis, os pertences e as utilidades domésticas que guarnecem a residência do executado, salvo os de elevado valor ou os que ultrapassem as necessidades comuns correspondentes a um médio padrão de vida".
> **Art. 2º da Lei n. 8.009/90:** "Art. 2º Excluem-se da impenhorabilidade os veículos de transporte, obras de arte e adornos suntuosos. Parágrafo único. No caso de imóvel locado, a impenhorabilidade aplica-se aos bens móveis quitados que guarneçam a residência e que sejam de propriedade do locatário, observado o disposto neste artigo".

Obras de arte são plenamente justificáveis, por não se considerar bem indispensável à sobrevivência ou, quando muito, à dignidade humana. Os veículos de transporte seguem a mesma diretriz, com uma exceção: quando o veículo for utilizado como ferramenta de trabalho (táxi, representante comercial etc.) recai na impenhorabilidade prevista no art. 833, V (instrumento de profissão).

Já os adornos suntuosos consistem numa expressão abolida pelo art. 833, II, do CPC, que regula de maneira mais bem desenvolvida a questão ao asseverar que são penhoráveis os bens móveis que sejam "de elevado valor ou que ultrapassem as necessidades comuns correspondentes a um médio padrão de vida".

6.6.2.2. Hipóteses de exclusão legal do bem imóvel

As exclusões da impenhorabilidade dos bens móveis foram tratadas no item acima.

No tocante ao bem imóvel, o art. 3º da Lei estabelece algumas possibilidades de constrição:

> **A) Dívidas relacionadas ao imóvel**
> **A1** – pelo titular do crédito decorrente do financiamento destinado à construção ou à aquisição do imóvel, no limite dos créditos e acréscimos constituídos em função do respectivo contrato;
> **A2** – para cobrança de impostos, predial ou territorial, taxas e contribuições devidas em função do imóvel familiar[38];
> **A3** – para execução de hipoteca sobre o imóvel oferecido como garantia real pelo casal ou pela entidade familiar;

---

38 O STJ possui entendimento de que o bem de família poderá ser penhorado por dívidas do imóvel decorrentes do não pagamento das obras feitas com o intuito de reforma, já que "é nítida a preocupação do legislador no sentido de impedir a deturpação do benefício legal, vindo a ser utilizado como artifício para viabilizar a aquisição, melhoramento, uso, gozo e/ou disposição do bem de família sem nenhuma contrapartida, à custa de terceiros" (REsp 2.082.860-RS, Rel. Ministra Nancy Andrighi, Terceira Turma, por unanimidade, j. 6-2-2024).

B) Dívida de pensão alimentícia
Pelo credor da pensão alimentícia, resguardados os direitos, sobre o bem, do seu coproprietário que, com o devedor, integre união estável ou conjugal, observadas as hipóteses em que ambos responderão pela dívida;
A nova regra objetiva assegurar a proteção patrimonial do novo cônjuge ou companheiro daquele que é devedor de prestação alimentícia.

C) Imóvel adquirido com fruto de crime
Por ter sido adquirido com produto de crime ou para execução de sentença penal condenatória a ressarcimento, indenização ou perdimento de bens.

D) Imóvel do fiador
Por obrigação decorrente de fiança concedida em contrato de locação. Também prevista na Súmula 549 pelo STJ, segundo a qual "é válida a penhora de bem de família pertencente a fiador de contrato de locação".
Em decisão de recursos repetitivos (Tema 1.091), ficou estabelecido que é válida a penhora do imóvel do fiador, seja decorrente de locação residencial ou comercial (STJ, REsp 1.822.040/PR).

O STJ entende, também, que o bem de família não poderá prevalecer quando o devedor violar a boa-fé objetiva (REsp 1.782.227). Assim, a fraude contra credores retira a proteção de impenhorabilidade mesmo sem registro formal de hipoteca (REsp 2.134.847).

Afasta-se a proteção conferida pela Lei n. 8.009/90 ao bem de família, quando caracterizado abuso do direito de propriedade, violação da boa-fé objetiva e fraude à execução (REsp 1.364.509/RS).

Igualmente a exceção à impenhorabilidade do bem de família, prevista para o crédito decorrente do financiamento destinado à construção ou à aquisição do imóvel, estende-se ao imóvel adquirido com os recursos oriundos da venda daquele bem.[39]

Além dessas hipóteses, o art. 4º da Lei n. 8.009/90 acrescenta que "não se beneficiará do disposto nesta Lei aquele que, sabendo-se insolvente, adquire de má-fé imóvel mais valioso para transferir a residência familiar, desfazendo-se ou não da moradia antiga". Nesse caso, poderá o magistrado transferir a cláusula de impenhorabilidade para o imóvel anterior e anular a venda efetivada. Assim, o imóvel mais valioso, sem o óbice da impenhorabilidade, poderá ser constrito. O STJ entendeu que constitui bem de família o bem com alienação fiduciária em garantia (STJ, REsp 1.677.079). Assim, o devedor fiduciante possui a proteção legal do bem de família.

---

[39] Bem de família. Financiamento da construção ou aquisição. Exceção à impenhorabilidade. Art. 3º, II, da Lei n. 8.009/1990. Recursos oriundos da venda desse bem. Aquisição de novo imóvel. Penhorabilidade. Possibilidade. A exceção à impenhorabilidade do bem de família, prevista para o crédito decorrente do financiamento destinado à construção ou à aquisição do imóvel, estende-se ao imóvel adquirido com os recursos oriundos da venda daquele bem. Nesse contexto, o inciso II do art. 3º da Lei n. 8.009/1990, na linha do que preceitua o § 1º do art. 833 do CPC/2015, dispõe que a impenhorabilidade do bem de família não prevalece na hipótese de processo de execução movido "pelo titular do crédito decorrente do financiamento destinado à construção ou à aquisição do imóvel, no limite dos créditos e acréscimos constituídos em função do respectivo contrato". Se o primitivo bem de família pode ser penhorado para a satisfação de dívida relativa ao próprio bem, o novo bem de família, adquirido com os recursos da alienação do primeiro, também estará sujeito à referida exceção. Desse modo, não pode o devedor adquirir novo bem de família com os recursos provenientes da venda de bem de família anterior para, posteriormente, se furtar ao adimplemento da dívida contraída com a compra do primeiro, notadamente tendo em vista a máxima de que a ninguém é dado beneficiar-se da própria torpeza (REsp 1.935.842-PR, Rel. Min. Nancy Andrighi, Terceira Turma, por unanimidade, *DJe* 25-6-2021).

EXECUÇÕES EM ESPÉCIE

1.

TÍTULO JUDICIAL

1.1. CUMPRIMENTO PROVISÓRIO DA SENTENÇA

1.1.1. INTRODUÇÃO

O Estado, por meio da execução, somente tem autorização para a prática de atos de constrição em decorrência da eficácia abstrata do título executivo.

Apenas com a sua exigibilidade (conferida com seu vencimento, se extrajudicial, ou com o trânsito em julgado, se judicial) é que se permite a prática de atos invasivos na esfera jurídica do executado.

O sistema brasileiro, independentemente de certo ou errado, sempre agiu com prudência quando o assunto é a produção de efeitos de uma decisão: o principal recurso brasileiro, a apelação, tem como regra o efeito suspensivo no seu procedimento, de modo que a decisão recorrida não poderá produzir efeitos até o julgamento do recurso.

Contudo, há situações excepcionais, em que esse recurso será recebido somente no efeito devolutivo. Para que esta sentença, apta a produzir efeitos, não fique inerte aguardando o resultado da apelação, o legislador lançou mão de uma técnica que permite o adiantamento da atividade executiva denominada **cumprimento provisório da sentença**. Dessa forma estabeleceu-se uma clara opção política: a lei prefere a produção de efeitos com o risco de, posteriormente, alterar o conteúdo da decisão, ao retardamento da execução.

Nestas hipóteses a sentença, ainda que provisória, terá permissão para ser executada antecipadamente no tempo. Mas como ainda não definitiva, pois pendente de confirmação pelo recurso, esta modalidade de cumprimento possui algumas restrições procedimentais importantes: **a)** ou bem se impede a transferência da posse, alienação da propriedade ou levantamento de depósito em dinheiro; ou **b)** permite a prática desses atos condicionada à prestação de caução.

Perceba que a provisoriedade refere-se à **imutabilidade** (já que o título é ainda carecedor de certificação) e não a sua *eficácia*.

O cumprimento provisório da sentença efetiva a clássica distinção procedida por Liebman entre autoridade e eficácia da decisão, pois a sentença está apta a produzir efeitos mesmo antes de se adquirir autoridade de coisa julgada.

O atual CPC corrigiu a histórica crítica estabelecida pela doutrina a respeito da nomenclatura dessa modalidade de execução: a execução não tem nada de provisória. Provisório é tudo aquilo que será substituído por outro. A execução não é provisória e, pode se dizer, quando muito (se não se prestar caução), *incompleta*. Provisório é o *título* que a aparelha, pois sujeito à confirmação pelo recurso interposto (condição resolutiva). Assim, poderia o legislador empregar a expressão "execução com base em título provisório" ou "cumprimento provisório da sentença", como o fez.

1.1.2. CUMPRIMENTO PROVISÓRIO COM BASE EM TÍTULO JUDICIAL

O atual CPC aboliu a possibilidade de cumprimento provisório com base em título executivo extrajudicial.

O cumprimento provisório poderá ser *ope legis* ou *ope judicis*.

Será *ope legis* (regra) quando a lei estabelecer que, naquela situação, não haverá efeito suspensivo no recurso autorizando o cumprimento provisório.

Será *ope judicis* quando o próprio magistrado subtrair o efeito suspensivo do recurso desde que estejam presentes os requisitos ensejadores para a concessão da tutela antecipada provisória. Nesses casos, a apelação já era dotada de duplo efeito, mas o magistrado autorizou que aquela decisão tenha força executiva imediata.

A despeito de o Capítulo II mencionar "Do cumprimento provisório da sentença que reconhece a exigibilidade de obrigação de pagar quantia certa", o cumprimento provisório se aplica a todas as modalidades obrigacionais até mesmo por força do art. 520, § 5º, que estabelece aplicar as regras desse capítulo "no que couber" às demais modalidades obrigacionais (fazer, não fazer e entrega de coisa). Nesse caso, evidentemente, não poderá incidir a multa de dez por cento (restrita às obrigações pecuniárias).

1.1.3. PROCEDIMENTO

O cumprimento provisório da sentença foi profundamente alterado por diversas reformas empreendidas no Código de Processo Civil anterior no decorrer dos anos. Duas reformas, contudo, mereceram destaque, pois moldaram, de certa forma, o regime atual: as empreendidas pelas Leis n. 10.444/2002 e n. 11.232/2005 (sob a vigência do CPC/73) que permitiram, cada uma ao seu modo, uma execução ainda mais completa que o regime anterior.

O instituto era marcado por não permitir a produção de efeitos externos ao processo, autorizando-se apenas a *prática* dos atos (e não a sua produção de *efeitos*). Contudo, com as reformas e a sua solidificação no CPC, atualmente, possui essa ampla permissibilidade.

a) Aplicação sistemática (CPC, art. 520, *caput*) – o *caput* do art. 520 estabelece que o cumprimento provisório será realizado "da mesma forma" que o cumprimento definitivo. Como se trata de execução definitiva fundada em título provisório, não há razão para conferir regime completamente diverso a esta modalidade. Assim, com as devidas ressalvas contidas nas regras específicas conferidas ao tratamento do cumprimento provisório, seguirá a aplicação das regras do cumprimento definitivo.

b) Iniciativa do exequente (CPC, art. 520, I) – estabelece o art. 520, I, que "corre por iniciativa e responsabilidade do exequente". É expressão de fácil entendimento: o recurso interposto pela parte sucumbente poderá modificar o título que instaura o cumprimento provisório, de modo que ficará ao encargo do exequente o ressarcimento dos danos eventualmente experimentados. Dessa forma, compete a ele – exequente – decidir se vale a pena correr esse risco e sopesar as consequências de uma eventual reforma pelo Tribunal da decisão recorrida.

Questão elegante que havia na doutrina referia-se à incidência ou não da multa de dez por cento no cumprimento provisório.

Havia entendimento no sentido de não ser exigível a multa, uma vez que esta execução é facultativa[1]. Entendíamos que não devia ser esse o entendimento à luz do regime anterior porque:

i) o cumprimento de sentença também é facultativo, pois escoado o prazo de quinze dias o *exequente pode não formular o requerimento* para expedição de mandado de penhora e avaliação;

ii) não é a facultatividade da execução que impedirá a incidência da multa. Uma vez requerida, a multa é devida caso não haja pagamento;

iii) caso o executado resolva pagar (leia-se, a coercibilidade da multa cumpriu o efeito psicológico esperado), não se trata propriamente de um pagamento definitivo, mas de um depósito que poderá ser estornado caso o recurso modifique a decisão, o que, no mais, já era previsto no art. 475-O, I e II, do CPC/73. Dessa forma, não incorre o executado em preclusão lógica (desistência tácita do recurso), pois o pagamento foi feito em atenção à regra da eventualidade, no aguardo, repita-se, de modificação da decisão;

iv) principalmente: impedir a incidência da multa seria retirar força desta modalidade executiva, fazendo, injustificadamente, que a execução antecipada tenha menor eficácia que a sentença posterior.

O STJ, contudo, em decisão de Corte Especial, entendia que não incidiria a multa de 10% sobre a execução provisória (REsp 1.059.478/RS, AgRg no Ag 1.046.147/RS, *DJe* 16-10-2008; REsp 954.859/RS, *DJe* 27-8-2007; AgRg no REsp 1.076.882/RS, *DJe* 8-10 2008; REsp 1.100.658/SP, *DJe* 21-5-2009; AgRg no Ag 993.399/RS, *DJe* 17-5-2010; e REsp 1.038.387/RS).

Essa celeuma foi resolvida no art. 520, § 2º, do atual CPC ao estabelecer que a multa de 10% prevista no art. 523, § 1º, é devida em cumprimento provisório de sentença exclusivamente no que se refere à sentença condenatória de pagamento de quantia.

Ademais, o CPC criou mecanismo para elidir a multa sem que isso resulte em preclusão lógica ou fato extintivo do direito de recorrer (aquiescência): se o executado comparece espontaneamente e deposita o valor para meros fins de isenção da multa esse ato não resulta em incompatibilidade com o recurso ora interposto. Dessa forma, promove-se um incentivo para que o executado proceda ao depósito do valor devido, sem que isso prejudique o recurso interposto em que se discute o valor devido.

c) Responsabilidade objetiva (CPC, art. 520, I) – o exequente "se obriga, se a sentença for reformada, a reparar os danos que o executado haja sofrido".

Como a execução decorre pela iniciativa do exequente fundada em título provisório, a alteração da decisão torna a execução desnecessária. Entretanto o caminhar dessa execução pode ter causado prejuízos ao executado na medida em que constitui processo invasivo ao patrimônio do devedor. Estes danos devem ser reparados.

Não apenas a reforma, mas também a invalidação da decisão enseja a responsabilização pelo exequente.

A responsabilidade é objetiva, ou seja, prescinde da prova da culpa, na medida em que o legislador já estabeleceu que a incidência de qualquer prejuízo será atribuída a quem promoveu a execução.

---

1   Nelson Nery, Carlos Alberto Alvaro de Oliveira, Fredie Didier Jr.

Se a sentença objeto de cumprimento provisório for modificada ou anulada apenas em parte, somente nesta ficará sem efeito a execução (art. 520, III, CPC).

A apuração desse valor será procedida por liquidação. A lei não estabeleceu qual modalidade de liquidação será empreendida. A escolha por arbitramento ou procedimento comum dependerá da necessidade de prova pericial ou a dependência da prova de fato novo após a sentença, apuração esta que somente poderá ser feita pela liquidação pelo procedimento comum[2].

Tanto o projeto da Câmara como o texto consolidado se preocuparam em fazer com que o "retorno ao estado anterior" se dê da forma menos onerosa possível. Assim, o *status quo ante* não implica necessariamente o desfazimento da transferência da posse, da alienação da propriedade (ou de outro direito real) que já restou consolidada. A reparação poderá ser de cunho patrimonial. É importante verificar a situação concreta e levar em consideração os custos e interesses envolvidos para atuação judicial nesse sentido.

d) Efeito anexo (CPC, art. 520, II) – a decisão que reforma ou anula a decisão que ensejou a cumprimento provisório possui um efeito anexo que possibilita a apuração do *quantum debeatur* nos mesmos autos (bem como sua consequente cobrança). Não será necessária, portanto, a instauração de nova relação processual.

e) Provimento do recurso (CPC, art. 520, III) – o provimento do recurso interposto desconfigurando o título executivo faz com que as *partes* retornem ao *status quo ante*. Os atos até então praticados serão anulados. Se houve constrição judicial com o desapossamento do bem, desconstitui-se a penhora, devolve-se o bem ao executado com a eventual reparação por ter ficado sem usufruir daquele bem. Como dito, se a reforma for parcial, há de se proceder à reparação proporcionalmente (art. 520, III, CPC).

f) Caução (CPC, art. 520, IV) – Estabelece o referido inciso que "o levantamento de depósito em dinheiro e a prática de atos que importem transferência de posse ou alienação de propriedade ou de outro direito real, ou dos quais possa resultar grave dano ao executado, dependem de caução suficiente e idônea, arbitrada de plano pelo juiz e prestada nos próprios autos".

Se, conforme se verificou nos itens anteriores, a responsabilidade do exequente é objetiva em relação aos danos sofridos, a caução exerce relevante função de minorar esses danos. O objetivo de uma "caução incidente" é justamente evitar uma ação autônoma para prestar caução (que no regime anterior era tipificada como cautelar de caução, CPC/73, art. 826), o que resulta, inegavelmente, em economia processual.

A caução depende de provocação do executado, afinal é sobre ele que incidirão os eventuais danos de uma execução provisória frustrada. A locução "arbitrada de plano" não quer significar a concessão de ofício dessa caução.

A concessão da caução decorre da demonstração pelo executado do risco de dano processual que pode ser ocasionado caso a execução provisória seja elidida pela reforma decorrente do recurso interposto contra a decisão. Assim, a caução poderá ser concedida:

i) nos casos que puderem ocasionar grave dano (que deve ser demonstrado pelo executado);

---

2 Imagine-se que, em virtude de execução provisória que corria contra o executado, impossibilitou-se o fechamento de um importante negócio com outra empresa que, cautelosamente, em pesquisa no distribuidor cível, constatou a existência dessa execução.

ii) nos casos que importem levantamento do depósito em dinheiro, transferência de posse e alienação de propriedade (ou outro direito real), quando então o próprio legislador já anteviu o prejuízo. Nesses casos, a demonstração para a necessidade de caução é objetiva.

Dependendo da hipótese, a caução terá natureza cautelar ou não. A despeito de os elementos para a sua prestação estarem previstos em lei (dano ou levantamento de dinheiro ou bem), apenas na primeira hipótese há certa liberdade ao julgador. Na segunda hipótese, conforme dito, o dado é objetivo: basta o mero levantamento do bem ou dinheiro que acarretará a necessidade da caução.

Já na primeira hipótese, deverá o magistrado sopesar no caso concreto o dano. Nessa situação, inegável a presença da probabilidade do direito (*fumus boni iuris*) e do perigo da demora (*periculum in mora*). Tanto que, em nosso entendimento, poderá o magistrado dispensar a caução, mesmo havendo risco de dano na medida em que o recurso seja manifestamente protelatório ou contrário à súmula ou jurisprudência dominante do Tribunal ou de Tribunal Superior.

No silencio da lei a caução pode ser real ou fidejussória.

Dispensa da caução (art. 521, CPC)

Há situações em que o legislador entendeu que, a despeito do potencial risco de dano processual, dispensa-se a caução. Pela mera leitura da lei é possível verificar que a opção dessa dispensa se dá por dois fatores distintos: **a)** estado de necessidade do exequente; e **b)** pela evidência do direito. Contudo, a exigência da caução será mantida quando a dispensa possa gerar risco de grave dano de difícil ou incerta reparação.

São casos em que a execução provisória não tem distinção da execução definitiva.

Hipóteses:

i) crédito de natureza alimentar (civil ou decorrente do direito de família)

Nas execuções de crédito alimentar e as decorrentes de ato ilícito, pela *natureza da prestação*, optou o legislador em dispensar a caução;

ii) que o exequente demonstre estado de necessidade

Estado de necessidade é conceito vago que deve ser analisado no caso concreto. E o magistrado deverá analisar também se a necessidade do exequente é realmente maior que a necessidade do executado;

iii) agravo no STF ou STJ

Os motivos que levam à dispensa de caução aqui são outros. Enquanto nas primeiras hipóteses trabalha-se com a *potencialidade de dano processual*, aqui refere-se à *verossimilhança acentuada do direito do exequente*. Diz a lei que só se dispensa a caução se pender agravo fundado no art. 1.042 do CPC[3].

Nesta hipótese há um dado objetivo: dificilmente o agravo terá êxito em permitir que o recurso especial/extraordinário seja admitido e mesmo que isso aconteça é pouco provável a obtenção de provimento. Constitui mais uma medida dentro do processo para se prestigiarem os precedentes dos tribunais superiores. Em resumo, a decisão que enseja a execução provisória será mantida, o que dispensa a caução.

Nesta hipótese não importa a matéria, o valor ou o estado de necessidade;

iv) sentença em conformidade com enunciado de súmula do STF ou STJ ou acórdão proferido em julgamento de casos repetitivos

---

3 Art. 1.042. Cabe agravo contra decisão do presidente ou do vice-presidente do tribunal recorrido que inadmitir recurso extraordinário ou recurso especial, salvo quando fundada na aplicação de entendimento firmado em regime de repercussão geral ou em julgamento de recursos repetitivos.

Estabelece o art. 520, IV, que a caução será dispensada nos casos em que "a sentença a ser provisoriamente cumprida estiver em consonância com súmula da jurisprudência do Supremo Tribunal Federal ou do Superior Tribunal de Justiça ou em conformidade com acórdão proferido no julgamento de casos repetitivos". Constitui mais uma tendência para o prestígio da jurisprudência pelos tribunais. Além de todos os mecanismos para uniformização da jurisprudência, bem como as técnicas de prestígio aos precedentes, aqui se encontra uma situação de vantagem processual em decorrência da probabilidade do direito em decorrência da consonância da decisão com entendimento de tribunais superiores.

g) Documentação do cumprimento provisório – O cumprimento provisório precisa de *documentação física* em primeiro grau na medida em que o recurso leva consigo o processo ao Tribunal. Para tanto, o art. 522 do CPC estabelece algumas regras importantes:

i) deverão ser trasladadas as seguintes peças: i) decisão exequenda; ii) certidão de interposição do recurso sem efeito suspensivo; iii) procurações; iv) decisão de habilitação, se for o caso; e v) facultativamente outras peças que o exequente entender necessárias. Evidente que o traslado será desnecessário em se tratando de processo eletrônico;

ii) essas peças poderão ser declaradas autênticas pelo próprio advogado sob sua responsabilidade pessoal (art. 522, parágrafo único);

iii) a confecção do instrumento que viabiliza a execução provisória não conta com participação judicial, podendo a parte proceder ao traslado e, independentemente de autorização do magistrado, dar entrada do pedido no Judiciário;

iv) na falta de alguma peça necessária, ou mesmo facultativa, mas que seja importante ao prosseguimento da execução, deverá determinar o magistrado a emenda para que se apresente a peça faltante;

v) essa regra não se aplica aos autos eletrônicos.

h) Impugnação – Poderá o executado, querendo, oferecer impugnação, nos termos do art. 525 do CPC.

Por fim, importante ressaltar que o STJ possui entendimento firmado no sentido da possibilidade de cumulação de cumprimento provisório e definitivo de capítulos diversos da mesma sentença com fundamento nos arts. 356, 966, § 3º, e 1.013, § 1º, CPC (REsp 2.026.926).

1.2. CUMPRIMENTO DEFINITIVO DE SENTENÇA (EXECUÇÃO DE TÍTULO EXECUTIVO JUDICIAL) – PAGAMENTO DE QUANTIA CERTA

1.2.1. INTRODUÇÃO

O cumprimento de sentença ou execução fundada em título executivo judicial objetiva a prática de atos materiais de execução forçada diante de uma sentença ou outra decisão que preencha os requisitos do art. 515, I, do CPC.

Assim, as sentenças denominadas intransitivas que não precisam de atividade ulterior para a realização do direito prescindem de execução, pois sua efetivação se dá no plano da norma e não dos fatos.

A expressão cumprimento de sentença é duplamente equívoca.

É impróprio denominar cumprimento já que a sentença é, de fato, **executada**, e a expressão cumprimento, voltada ao direito privado, é nomenclatura que designa o cumprimento voluntário[4].

---

4 *Vide*, entre outros, os arts. 369, 408, 413, 476, 810 do Código Civil.

Ademais nem só as sentenças são objeto de execução (= cumprimento) (conforme se depreende do já mencionado art. 515, I, CPC). As decisões interlocutórias podem ser executadas quando decorrentes de tutela provisória (art. 297, CPC) ou julgamento antecipado parcial do mérito (art. 356, CPC). Além obviamente dos acórdãos/decisões monocráticas (art. 932, IV e V, CPC), seja porque a causa é de competência originária de um tribunal, seja em sede de recurso.

O cumprimento de sentença foi fruto de uma evolução histórica empreendida pela legislação brasileira encerrando um ciclo de reformas efetivadas na execução que tiveram início em 1990.

Historicamente as sentenças transitadas em julgado que determinavam o cumprimento de uma prestação (título executivo judicial) sempre foram executadas em processo apartado devendo citar novamente o executado dessa nova causa. Assim eram necessários dois processos para a realização de um único direito: um, objetivando a declaração desse direito e outro, a sua correspondente satisfação.

Assim, com o advento do Código de Defesa do Consumidor em 1990, estabeleceu-se o cumprimento da execução das obrigações de fazer e não fazer dentro do mesmo processo em que ocorreu a certificação do direito. Dessa forma, o sincretismo, que apenas era encontrado em procedimentos especiais esparsos no ordenamento (como no despejo, nas ações possessórias e no mandado de segurança), passou a ser regra exclusivamente nas obrigações de fazer e não fazer decorrentes das relações de consumo.

Era necessário ir além.

Em 1994, inspirado no CDC, o legislador processual reformou o então art. 461 do CPC/73, que veio ampliar o cumprimento das obrigações de fazer e não fazer com fundamento em título executivo judicial não apenas para as relações de consumo, mas para toda e qualquer relação jurídica. Como consequência natural, as obrigações de entrega de coisa certa e incerta, também com fundamento em título executivo judicial, logo foram tuteladas por semelhante norma que veio com o art. 461-A (CPC/73) em decorrência da Lei n. 10.444/2002.

Assim as obrigações específicas (fazer, não fazer e entrega de coisa) possuíam execução *sine intervalo*, autorizando a prática de atos executivos independentemente de propositura de nova ação.

Para completar o ciclo faltava apenas a execução por quantia certa.

E a reforma veio em 2005, com o advento da Lei Federal n. 11.232 (ainda na égide do CPC/73). Dessa forma, o sincretismo que era uma exceção no ordenamento passou a ser regra: toda execução com base em título executivo judicial agora está operacionalizada dentro do processo em que se formou o título[5]. Aboliu-se a *actio iudicati* com sucessivo processo autônomo para a declaração e efetivação do direito dentro do mesmo processo.

A expressão "cumprimento" estabelecida pela lei não teve o condão de modificar a atividade que se realiza nessa fase do processo: **a sentença continua a ser executada**. Ela deve ser tida como sinônima de execução. Tal alteração terminológica teve por objetivo demonstrar, para a comunidade jurídica, que a efetiva mudança da lei criou impacto no procedimento[6].

---

5   Com as já devidas ressalvas às hipóteses de sentença penal, estrangeira e arbitral, que, por não terem sido produzidas no cível, necessitam da formalização de processo autônomo para sua execução (CPC, art. 515, § 1º).

6   Como bem observa Marcelo Abelha Rodrigues (*Manual de direito processual civil*. 6. ed. São Paulo, Gen, 2016, p. 714), a expressão cumprimento de sentença está intimamente ligada à ideia de sincretismo do processo, em que haveria, num único processo, as atividades cognitiva e satisfativa.

As mudanças empreendidas pelo legislador não foram apenas no plano da estrutura do processo. O procedimento também passou por profundas modificações que devem ser verificadas.

Quando a lei estava amadurecendo na doutrina e na jurisprudência, veio o novo Código de Processo Civil.

O CPC atual manteve boa parte da estrutura do regime anterior com alguns aperfeiçoamentos, como será visto. De certa maneira resolveu uma série de questões que estavam sendo tratadas pela jurisprudência diante da omissão legislativa.

Antes da reforma de 2005, com o trânsito em julgado, o exequente deveria propor ação de execução, citando o executado para que, nas execuções por quantia, em vinte e quatro horas pagasse a obrigação ou nomeasse bens à penhora.

Com a reforma de 2005, surgiram, no decorrer dos dez anos de vigência da lei, quatro correntes sobre o início do cumprimento de sentença:

Uma primeira corrente entendia que o prazo de 15 dias para pagamento (e consequentemente para a incidência da multa) fluía automaticamente do trânsito em julgado, independentemente de intimação (da parte ou do advogado), pois como a parte, provavelmente, tinha advogado que a defendeu na fase de conhecimento, é intuitivo que o causídico continuaria na fase de execução. Esse posicionamento era defendido por Athos Gusmão Carneiro e aparentemente era o que se extraía da lei (art. 475-J, CPC/73) (STJ, REsp 1.080.939). De acordo com o referido autor, pensar de forma diferente (com a necessidade de prévia intimação) seria retirar a força executiva da sentença que, quando eficaz, permite a imediata executoriedade, independentemente de intimação.

Uma segunda corrente, desenvolvida logo após a primeira interpretação da lei, entendia que era condição necessária a intimação do advogado para o início de fluência do prazo para o cumprimento. A intimação teria por objetivo salvaguardar a segurança jurídica e o contraditório efetivo. Na pessoa do advogado, pois é este que representa a parte em juízo, e não seria necessária a comunicação pessoal já que constitui, justamente, seu representante. Somente haveria intimação pessoal quando não houvesse patrono nos autos ou quando este fosse revel. Esse era o posicionamento esposado por Teresa Arruda Alvim e José Miguel Garcia Medina.

Uma terceira corrente entendia que a intimação para o pagamento deveria ser na pessoa do devedor, por se tratar de uma obrigação de natureza material (e não processual), até mesmo por interpretação extensiva ao Enunciado 410 da Súmula do STJ[7];

Uma quarta corrente reconhecia, contrário das demais, que o cumprimento não poderia ocorrer de forma oficiosa (ao menos nas obrigações para pagamento de quantia), devendo o credor provocar a atuação do Poder Judiciário por meio do requerimento. Esse entendimento é fruto da conjunção de dois artigos do CPC/73: o art. 475-B ("o credor requererá cumprimento de sentença") com o art. 614, II ("**Art. 614.** Cumpre ao credor, ao requerer a execução, pedir a citação do devedor e instruir a petição inicial: **II** – com o demonstrativo do débito atualizado até a data da propositura da ação, quando se tratar de execução por quantia certa") (STJ, REsp 940.274).

O atual sistema manteve (e agora de maneira expressa) esse último entendimento: o cumprimento de sentença depende de prévio requerimento do exequente (arts. 513, §§ 1º e 4º, e 523, CPC). É importante proceder a uma sistematização dessas fases.

---

7 Enunciado 410 da Súmula do STJ: "A prévia intimação pessoal do devedor constitui condição necessária para a cobrança de multa pelo descumprimento de obrigação de fazer ou não fazer".

1.2.2. PROCEDIMENTO

a) Início (requerimento). O cumprimento de sentença por quantia certa se inaugura com expresso **requerimento do exequente** (arts. 513, §§ 1º e 4º, 523 e 524 do CPC). Não se pode autorizar, sob pena de violação ao art. 2º do CPC, a atuação sem provocação do Poder Judiciário. Contudo, as execuções de obrigação de fazer e não fazer e entrega de coisa certa ou incerta podem ser instauradas de ofício (arts. 536, 537 e 538, § 3º, CPC).

O cumprimento poderá se dar em vista de: a) condenação transitada em julgado em sentença; b) decisão de liquidação; ou c) decisão sobre parcela incontroversa.

Não se trata de petição inicial, mesmo porque não se está dando início a uma nova "ação", mas prosseguindo na ação já existente.

Contudo, quando se tratar de sentença penal condenatória, sentença arbitral e sentença ou decisão interlocutória estrangeira em que a execução tenha que ser efetivada perante um juízo cível, é necessária a instauração de um novo processo com petição inicial fundada não apenas no art. 524, mas também no art. 319 do CPC (com as ressalvas do protesto por provas e interesse na audiência de conciliação e mediação que são incompatíveis com o rito executivo).

Não basta apenas ao credor dar início ao cumprimento de sentença. É necessário que ele apresente demonstrativo de cálculo com a correção monetária, juros e eventuais descontos para facilitar o pagamento (em caso de reconhecimento do crédito) ou a impugnação (em caso de discussão do *quantum debeatur*). Se for beneficiário da gratuidade da justiça poderá requerer que a elaboração se dê por um contador judicial conforme art. 98, VII, do CPC.

Do requerimento deve constar:

> I – o nome completo, o número de inscrição no Cadastro de Pessoas Físicas ou no Cadastro Nacional da Pessoa Jurídica do exequente e do executado, observado o disposto no art. 319, §§ 1º a 3º;
> II – o índice de correção monetária adotado;
> III – os juros aplicados e as respectivas taxas;
> IV – o termo inicial e o termo final dos juros e da correção monetária utilizados;
> V – a periodicidade da capitalização dos juros, se for o caso;
> VI – especificação dos eventuais descontos obrigatórios realizados;
> VII – indicação dos bens passíveis de penhora, sempre que possível.

É possível que o exequente não tenha condições de preencher todos os requisitos quando então deve se aplicar por analogia o art. 319, §§ 1º a 3º, de modo a dar andamento ao cumprimento de sentença (art. 318, parágrafo único, CPC).

No tocante ao valor apontado no demonstrativo, o magistrado não ficará como mero espectador da execução e poderá proceder a uma análise prévia nos cálculos. Se entender que o valor, em análise superficial, excede aquilo que o título deveria atestar, prosseguirá regularmente a execução pelo valor contido no requerimento, mas a penhora (e os demais atos de constrição) incidirá sobre o valor que ele, magistrado, entender adequado.

Assim, a fim de apurar os cálculos, o magistrado poderá, se necessário, valer-se de um perito contábil que terá prazo de trinta dias (podendo ser prorrogado, se necessário) para apuração do *quantum debeatur*.

Isso porque nem sempre é fácil verificar se o caso dependerá de liquidação judicial ou se apenas se trata de cálculos com maior grau de complexidade. Caso seja necessária liquidação, o credor deverá instaurá-la.

Se os dados necessários para a apuração de valor estiverem nas mãos de terceiros, o magistrado, de ofício ou a requerimento da parte, poderá determinar sua apresentação no prazo a ser fixado, sob pena de crime de desobediência. O magistrado pode valer-se dos expedientes necessários (como a fixação de multa pecuniária) para que a parte apresente esses dados (art. 139, IV, CPC). Contudo, deve ser usado como *ultima ratio*, apenas se os mecanismos típicos previstos em lei não forem suficientes (crime de desobediência, presunção de veracidade dos cálculos do exequente) conforme já se sedimentou no Enunciado n. 12 do Fórum Permanente dos Processualistas Civis: "A aplicação das medidas atípicas sub-rogatórias e coercitivas é cabível em qualquer obrigação no cumprimento de sentença ou execução de título executivo extrajudicial. Essas medidas, contudo, serão aplicadas de forma subsidiária às medidas tipificadas, com observação do contraditório, ainda que diferido, e por meio de decisão à luz do art. 489, § 1º, I e II".

Trata-se em verdade de uma ação de exibição incidente à execução. Desta forma, o procedimento utilizado para esta modalidade será aqui aplicado de maneira suplementar.

Essa regra igualmente se aplica ao devedor quando a complementação do demonstrativo depender de dados que estiverem em sua posse. Contudo, no plano procedimental, residem algumas diferenças em relação à exibição de terceiros.

TERCEIRO	PARTE
Poderá ser requisitada de ofício	Depende de requerimento do exequente
Magistrado fixará o prazo para apresentação	Prazo de trinta dias para apresentação
O terceiro, não apresentando, incorre em crime de desobediência	O devedor se recusando a apresentar, reputam-se corretos os cálculos apresentados pelo exequente com base nas informações que ele dispõe (art. 524, § 5º, CPC)

Do requerimento constará pedido para intimação do executado a fim de que pague a dívida constante no título (acrescido de custas se houver) no prazo de quinze dias.

A lei, ao contrário do regime anterior, não estabeleceu um prazo para a apresentação do requerimento (que antes era de seis meses sob pena de arquivamento). Contudo, a segurança jurídica não pode ficar comprometida a ponto de deixar o executado indefinidamente aguardando o ato volitivo do exequente em dar início ao cumprimento de sentença.

Até a reforma na execução em 2005, o trânsito em julgado da sentença gerava para o credor o direito subjetivo de ingressar com uma **nova ação** (ação de execução) formalizando nova relação jurídica, com nova citação, para que se possa concretizar o que foi disposto na sentença.

A citação do processo de conhecimento, à época, interrompia a prescrição (CPC/73, art. 219)[8] e, com a resolução deste processo, começava a fluir, novamente, o mesmo prazo prescricional que a parte tinha para a propositura da ação de conhecimento. É o que se estabelece no

---

8 E hoje, com o despacho do juiz que determina a citação (CPC, art. 240, § 1º; CC, art. 202, I).

Enunciado n. 150 da súmula do STF: "Prescreve a execução no mesmo prazo em que prescreve a ação".

Portanto, conforme entendimento sumulado do STF, a parte tinha, para ingressar com a execução, o mesmo prazo que tinha para ingressar com a ação de conhecimento. Este posicionamento evitava deixar o executado refém nas mãos do exequente, que poderia ingressar com a ação quando bem entendesse.

Isso porque o art. 189 do CC estabelece: **"Violado o direito, nasce para o titular a pretensão, a qual se extingue, pela prescrição, nos prazos a que aludem os arts. 205 e 206"**. Este prazo começa a fluir, portanto, a partir do momento em que a sentença se torna exigível. Ocorre que o art. 202, I e seu parágrafo único, do CC prescrevem: **"Art. 202**. A interrupção da prescrição, que somente poderá ocorrer uma vez, dar-se-á: **I** – por despacho do juiz, mesmo incompetente, que ordenar a citação, se o interessado a promover no prazo e na forma da lei processual. (...) **Parágrafo único.** A prescrição interrompida recomeça a correr da data do ato que a interrompeu, ou do último ato do processo para a interromper". É o que também dispõe o CPC em seu art. 240, § 1º.

Assim, como resolver a questão da prescrição intercorrente se a execução se dá com o processo em curso e não há evento que enseje o último ato do processo?

É importante frisar que não há prazo para o ingresso do requerimento do exequente.

Com a adoção do sincretismo na execução de pagamento de quantia, a partir de 2005, não há novo processo e, em não havendo (até mesmo porque o primeiro processo – de conhecimento – ainda não se encerrou), não estaria correndo o prazo prescricional, pois o termo de encerramento da interrupção ainda não ocorreu[9].

Dessa forma, é momento de se aplicar ao caso a **prescrição intercorrente** (prescrição no curso de um processo "vivo", diante da inércia do detentor da posição jurídica de vantagem) para garantir a efetividade e segurança do processo. O enunciado deve ser lido em consonância com a nova estrutura do processo civil a partir de 2005.

Sendo então a prescrição um ato para sancionar o exequente que não exerceu seu direito tempestivamente, o prazo começaria a correr a partir do momento em que ocorresse o trânsito em julgado. Assim, operado o trânsito em julgado o exequente terá o mesmo prazo prescricional que teria para ingressar com a ação de conhecimento para formular o seu requerimento.

Legitimidade de terceiros. O requerimento não poderá ser promovido em face do fiador, coobrigado ou corresponsável que não participaram da fase cognitiva. Essa regra dá vigência aos limites subjetivos da coisa julgada que, geralmente, não alcançam terceiros (art. 506, CPC). Aqui, limita-se a legitimidade passiva da execução (art. 779, que também se aplica "no que couber" ao cumprimento de sentença), seguindo posicionamento firmado no Enunciado n. 268 da Súmula do STJ: "O fiador que não integrou a relação processual na ação de despejo não responde pela execução do julgado". Dessa forma, é necessário que esses terceiros tenham participado do contraditório (quando adquirem o *status* de parte) para que possam ser integrados ao cumprimento de sentença por meio do requerimento. Contudo, o STJ entende que essa regra não se aplica nas ações renovatórias de locação comercial. Assim, "admite-se a inclusão do fiador no polo passivo da fase de cumprimento de sentença em ação renovatória, caso o locatário não solva integralmente as obrigações pecuniárias oriundas do contrato que foi

---

9 Para título executivo extrajudicial há regra própria. É o que dispõe o art. 802 do CPC: "Na execução, o despacho que ordena a citação, desde que realizada em observância ao disposto no § 2º do art. 240, interrompe a prescrição, ainda que proferido por juízo incompetente. Parágrafo único. A interrupção da prescrição retroagirá à data de propositura da ação".

renovado, ainda que não tenha integrado o polo ativo da relação processual na fase de conhecimento"[10].

b) Reação do executado. O executado será intimado para pagar no prazo de 15 dias, prazo esse que corre em dias úteis (Enunciado n. 89 da I Jornada de Direito Processual Civil – CJF). Ao executado assistem algumas possibilidades que gerarão efeitos distintos na sua esfera jurídica (quanto à forma de intimação será visto *infra*):

b1) pagamento – em havendo pagamento voluntário, encerra-se o processo com a satisfação do crédito. A lei criou sanção premial para o caso de pagamento espontâneo. Assim, se houver o pagamento voluntário da obrigação, não incidirão *novos* honorários na fase de cumprimento (sem prejuízo daqueles estabelecidos na fase de conhecimento);

b2) pagamento voluntário – O devedor não precisa aguardar manifestação processual do credor para se livrar da obrigação. É a ele facultado, **antes mesmo da intimação do requerimento** formulado pelo exequente, depositar em juízo o valor que entende devido, acrescido de memória de cálculo (para demonstrar o acerto do seu valor), discriminando os valores pagos (art. 526, CPC). Existe uma preclusão temporal para o devedor. Somente poderá formular essa pretensão incidental até a sua intimação para o cumprimento de sentença. Após, deverá seguir o rito da execução forçada do cumprimento de sentença.

Não se trata, nem pode ser considerado uma consignação em pagamento, pois esta pressupõe a *mora accipiendi* (mora do credor), ou seja, a demora em receber a dívida, o que não é o caso.

Quando o artigo fala em "valor devido" não se deve entender como o "valor que o devedor ache justo pagar", mas sim o efetivo valor devido que consta no título executivo. Não aceitando dessa forma, o pagamento voluntário seria inócuo, pois o credor não aceitaria receber menor valor.

Essa regra tem maior incidência nas obrigações por *quantia certa* líquidas. Nada impede, contudo, que, havendo obrigação ilíquida, o próprio devedor instaure a liquidação (art. 509, CPC), para posterior pagamento voluntário. Ademais, é possível se aplicar para as demais modalidades obrigacionais. Não faz sentido restringir o cumprimento voluntário do devedor apenas a uma forma de obrigação se o objetivo é justamente o cumprimento.

Efetivado o pagamento, o autor será intimado para se manifestar no prazo de cinco dias. Este poderá: **i)** concordar com o valor dando por satisfeita a obrigação, quando então haverá a resolução do processo com a satisfação do crédito; ou **ii)** não concordar com o valor depositado, quando então poderá, por petição simples, impugnar o valor depositado (sem prejuízo da possibilidade de prévio levantamento da quantia incontroversa).

O magistrado irá analisar a impugnação e, constatando a insuficiência de depósito, fará incidir sobre a diferença multa de dez por cento, honorários no mesmo valor e consequentemente a prática de atos executivos para proceder a expropriação do valor controverso;

b3) pagamento parcial – é possível que o executado proceda ao pagamento parcial da obrigação (art. 523, § 2º, CPC). Constitui a aplicação do princípio da proporcionalidade à relação executiva. Como a multa e os honorários incidem sobre o valor da condenação, amortizando parte dela, a multa proporcionalmente será reduzida e incidirá sobre a diferença do que não foi pago. Aqui reside (como será visto) mais um motivo para justificar a natureza sancionatória da multa: se fosse o contrário, não haveria a necessidade de redução, pois ela não refletiria o valor da dívida e sim estabeleceria um meio coercitivo para o cumprimento.

---

10 REsp 2.060.759-SP, Rel. Ministra Nancy Andrighi, Terceira Turma, por unanimidade, j. 16-5-2023.

O pagamento será parcial se o executado não tinha condições suficientes para integralizá-lo no prazo de quinze dias ou quando o exequente impugnar o valor do depósito e o magistrado acolher o seu requerimento;

b4) dação em pagamento – É possível que o executado, em vez de pagar a dívida no prazo de quinze dias em dinheiro, o faça com algum bem (móvel ou imóvel). A despeito de o Código Civil exigir a prévia autorização do credor (CC, art. 356), e o silêncio do legislador nesse sentido, acredita-se que constitua um direito subjetivo ao adimplemento o pagamento por dação. Dois seriam os motivos: **a)** insuficiência de dinheiro e impossibilidade de se desfazer dos bens no curso do curto prazo de quinze dias. Dessa forma, não seria correto apenar o executado com a cominação da multa quando, notoriamente, tem o interesse em pagar; **b)** muitas vezes o executado não consegue estabelecer com exatidão o valor que deverá depositar. Desta forma, opta pelo pagamento com um bem de valor superior para evitar a incidência do art. 523, § 2º, do CPC;

b5) impugnação – o executado poderá, como será visto no capítulo sobre defesas do executado, apresentar impugnação, podendo deduzir as matérias previstas no art. 525, § 1º, do CPC. A impugnação será apresentada no prazo de quinze dias contados do transcurso do prazo para pagamento a que aludem os arts. 513, § 2º, e 523 do CPC;

b6) não pagamento – o não pagamento acarretará três consequências nocivas ao executado. Primeira, sobre o valor do débito incidirá multa de dez por cento (que será objeto de melhor explanação no item seguinte). Segunda, incidirão honorários igualmente de dez por cento (ao contrário do regime anterior, que não havia expressamente essa previsão). E terceira, autoriza-se a prática de atos executivos (execução forçada) com a expedição de mandado de penhora e avaliação seguindo-se os atos de expropriação.

c) Multa do art. 523, § 1º, do CPC. A instituição da multa foi uma novidade trazida pelo legislador de 2005 e mantida no CPC. O não pagamento da obrigação no prazo de quinze dias acarreta, de pleno direito, a incidência da multa sobre o executado. Importante ressaltar que a multa tem por base de cálculo apenas o valor principal e não os honorários advocatícios (STJ, REsp 1.757.033).

i) Natureza jurídica. Uma questão ainda mantém-se acesa na doutrina: qual a natureza jurídica dessa multa?

> **Uma primeira corrente** defende a natureza coercitiva da multa. E isso porque ela, a multa, teria o condão de influenciar psicologicamente o executado no cumprimento espontâneo da obrigação, pois saberá de antemão que o seu não cumprimento acarretaria o pagamento desse valor. Esse posicionamento é defendido por José Miguel Garcia Medina, Luiz Fux, Teresa Arruda Alvim e Luiz Rodrigues Wambier.
>
> **Uma segunda corrente** entende que a natureza dessa multa é sancionatória. Há diversos motivos para defender esta posição: i) o valor da multa é estanque, dez por cento. Como poderiam as *astreintes* ter valor fixo, sem possibilidade de sua alteração? Não incide ao caso em espécie o art. 537, § 1º, do CPC, que autoriza a alteração do seu montante, quando se constatar ser insuficiente ou excessivo, ou ainda na hipótese de cumprimento parcial da obrigação; ii) como gerar o grau de influência no executado, que é o objetivo da multa, se o seu valor é fixo?; iii) se a multa deve ser, como asseverado no item 1.3.1.5 deste capítulo, adequada e suficiente, como é possível o valor aprioristicamente fixado?; iv) esta multa tem previsão legal, ao contrário da multa coercitiva que depende da vontade do magistrado. Naquela, o juiz está vedado em "não aplicá-la", como ocorre com as *astreintes*; v) a multa tem como base de cálculo o valor da condenação. Se o pagamento for parcial, a multa incidirá sobre

o restante (CPC, art. 523, § 2º). Se a multa fosse de fato coercitiva não haveria necessidade de redução, pois não há nenhum reflexo do valor da multa com a dívida, mas com o binômio suficiência + compatibilidade (*vide* item 1.3.1.5 deste capítulo). Este entendimento é defendido por Luiz Guilherme Marinoni e Sérgio Shimura. Esta é a posição que defendemos.

Uma terceira corrente, por fim, defende a natureza híbrida da multa, entendendo se tratar de parte sancionatória e parte coercitiva[11]. Este posicionamento é defendido por Fredie Didier.

ii) **Termo inicial para a contagem da multa.** A partir de quando a multa começará a fluir? O CPC, em seu art. 513, §§ 1º e 2º, traz duas importantes regras: a primeira, como dito, que o cumprimento de sentença se inicia com o requerimento do exequente; a segunda que, com a apresentação do requerimento, o executado será intimado para cumprir a sentença. O CPC disciplinou de maneira pormenorizada as formas de intimação a depender das circunstâncias práticas do processo, assim, o executado será intimado:

> **I – pelo *Diário da Justiça*, na pessoa de seu advogado constituído nos autos**. Essa regra deve ser lida também como a intimação eletrônica do advogado devidamente cadastrado no tribunal (art. 5º, Lei n. 11.419/2006). Está afetado para julgamento em sede de recursos especiais repetitivos (Tema 1296) acerca da necessidade de intimação pessoal da parte nas obrigações de fazer ou não fazer (Enunciado 410 da Súmula do STJ).
> **II – por carta com aviso de recebimento, quando representado pela Defensoria Pública ou quando não tiver procurador constituído nos autos**, ressalvada a hipótese do inciso IV (quando foi revel na fase de conhecimento. Nesse caso a citação é por edital). O defensor não tem que ter o encargo de receber intimação pelo devedor. Ao contrário do advogado privado, há limites na sua atuação.
> **III – por meio eletrônico**, quando, no caso do § 1º do art. 246, não tiver procurador constituído nos autos. O art. 246 confere a primazia da intimação eletrônica para as pessoas jurídicas de direito público e as médias e grandes empresas de direito privado.
> **IV – por edital, quando, citado na forma do art. 256, tiver sido revel na fase de conhecimento**. Acreditamos que aqui possa se aplicar igualmente nos casos em que tenha ocorrido a citação por hora certa na fase de conhecimento sem o devido comparecimento posterior do réu.

Requerimento tardio. Apesar de não haver prazo legal para o ingresso do requerimento, se o requerimento for formulado após um ano do trânsito em julgado, a intimação será feita necessariamente na pessoa do executado por meio de carta com AR no endereço constante dos autos do processo. Essa exigência decorre do fato de o réu/executado, provavelmente em virtude do lapso temporal, não ser mais patrocinado pelo advogado que trabalhou na fase de conhecimento. Por isso a intimação deve ser pessoal.

Princípio da boa-fé. Será considerada válida a intimação nesse endereço se a parte não comunicou a sua mudança nos termos dos arts. 274, parágrafo único, e 513, § 3º, do CPC. Essa regra coíbe a má-fé da parte em alterar seu endereço para fugir das intimações.

Assim, seguindo regime semelhante ao que a jurisprudência do STJ vinha perfilhando, o termo inicial da multa se dá com o transcurso do prazo de quinze dias após a intimação do

---

11 Para o assunto, remete-se o leitor ao item 1.3.1.5 deste capítulo, sobre tutela específica e a natureza de ambas as multas.

procurador constituído nos autos (inciso I) ou nas demais situações previstas nos incisos seguintes, quando ocorrer alguma das situações ali descritas (incisos II, III e IV);

iii) legitimidade e litisconsórcio. A multa deve ser paga pelo executado, mesmo em se tratando de pessoa jurídica. O beneficiário é o credor. Mesmo havendo vários devedores, **a multa é objetiva e não subjetiva.** Dessa forma, não incidirá sobre cada um dos executados dez por cento sob pena de gerar enriquecimento sem causa ao exequente. Portanto, a multa, que somente pode incidir uma vez, **será cobrada pela condenação e não por cada executado.**

Sendo cumprimento de sentença de título produzido fora do cível (sentença arbitral, sentença estrangeira e sentença penal condenatória transitada em julgado) com base no art. 515, § 1º, do CPC, será formalizada por processo autônomo de execução. E isso porque não há, no cível, base procedimental própria para que se possa a execução seguir como fase. Desta forma, o cumprimento de sentença dessas modalidades de título será formalizado com os requisitos do art. 319 do CPC, requerimento de citação.

Havendo mais de um executado, o prazo para pagamento voluntário será em dobro, desde que os litisconsortes possuam procuradores distintos (STJ, REsp 1.693.784/DF).

O prazo de 15 dias para pagamento corre em dias úteis ou corridos?

Interessante discussão sobre o cômputo desse prazo. De um lado, há quem defenda (Sérgio Shimura) que se trata de **prazo material**, uma vez que o prazo é destinado à parte para efetivar o pagamento em 15 dias. Contudo, majoritária doutrina, à qual nos filiamos, entende se tratar de prazo **processual**. Isso porque, a despeito de ser prazo para pagamento, a intimação será feita, em regra, na pessoa do advogado, e, especialmente, o cumprimento ou descumprimento desse prazo acarreta consequências eminentemente processuais: se cumprido, haverá resolução do processo com a isenção de honorários no cumprimento e isenção da multa de 10%. Se não cumprido, autoriza-se o protesto da sentença, a incidência da multa e honorários, bem como a expedição de mandado de penhora e avaliação.

1.2.3. PROTESTO DA SENTENÇA

Protesto é ato cartorial e solene que tem por finalidade cientificar e dar publicidade ao inadimplemento de um título ou outro documento de modo a estimular o cumprimento pelo devedor.

Já antes do atual Código vinha sendo admitido, ainda que de maneira tímida, o protesto de decisão judicial. O CPC, em seu art. 517, positivou a possibilidade de se proceder ao cumprimento de sentença de forma extrajudicial com o protesto da decisão a ser executada. Não se trata evidentemente de se criar um novo mecanismo extrajudicial como o divórcio ou o inventário (que, desde a vigência do CPC/73, já se permitia a sua efetivação via cartório, desde que preenchidos os requisitos constantes na lei para sua efetivação).

Bem diferente, a possibilidade que se apresenta diz respeito ao protesto da sentença em cartório de protestos e títulos (ou, dependendo da localidade e a organização cartorária, aquele competente para a prática desse ato).

Há algum tempo vinha se discutindo a permissibilidade de protesto de sentença especialmente pela não especificação de quais os títulos poderiam ser submetidos a essa condição. Essa dúvida ganhou maiores contornos com o advento da Lei n. 9.492/97, definidora da competência e regulamentação acerca dos serviços concernentes ao protesto de títulos e outros documentos de dívida.

Com a edição da lei, ampliou-se o objeto de protesto, conforme se verifica do seu art. 1º: "Protesto é o ato formal e solene pelo qual se prova a inadimplência e o descumprimento de obrigação originada em títulos e outros documentos de dívida".

A expressão *outros documentos*, sem a devida indicação de quais seriam, permitiu que doutrina e jurisprudência discutissem acerca da inclusão da sentença como objeto de protesto.

Ademais, o protesto de sentença já era amplamente utilizado para fins falimentares (inciso I e § 3º do art. 94 da Lei n. 11.101/2005) bem como as certidões da dívida ativa da Fazenda Pública. Inegavelmente, a viabilidade do protesto da sentença constitui medida salutar para a efetivação do direito do credor. Primeiro porque a sua viabilidade retira (ainda que temporariamente) da prateleira do Judiciário mais rapidamente um sem-número de processos, permitindo ao magistrado se ocupar de outras demandas.

Segundo, porque o protesto possui uma grande vantagem sobre o cumprimento de sentença: o protesto produz efeito que não ocorre na execução tradicional: "a publicidade específica produzida pelo protesto implica abalo no acesso ao crédito, inclusive com a possibilidade de inscrição do devedor nos cadastros dos órgãos de restrição ao crédito, constituindo-se assim o protesto como eficaz meio de execução indireta"[12].

Terceiro porque, conforme se depreende da edição de outubro de 2013 do periódico *Tribuna do Direito*, a recuperação do crédito por meio dos protestos chega à impressionante marca de 68%, conforme dados do Instituto de Estudos de Protesto e Títulos do Brasil.

Dispõe o art. 517: "A decisão judicial transitada em julgado poderá ser levada a protesto, nos termos da lei, depois de transcorrido o prazo para pagamento voluntário previsto no art. 523".

Assim, é importante asseverar que o protesto assume função concorrente com a atividade exercida pelo Judiciário: sua atuação decorrerá se e quando não houver cumprimento voluntário da obrigação após a oferta do requerimento.

Algumas considerações:

a) o protesto se aplica apenas às obrigações de pagamento em quantia. Não se aplica para as obrigações específicas (fazer e não fazer, entrega de coisa certa ou incerta);

b) a despeito de a lei falar em decisão judicial, acreditamos não haver restrição para o protesto de sentença arbitral, pois: a) não há vedação na lei de arbitragem; b) o art. 1º da Lei n. 9.492/97 é bastante amplo a abarcar essa hipótese e c) a despeito de não se tratar de decisão judicial propriamente dita, seus efeitos se projetarão da mesma forma no cumprimento de sentença a que se sujeita uma sentença proferida no Poder Judiciário;

c) somente decisão transitada em julgado poderá ser protestada. Não se pode autorizar o protesto de decisão sujeita a recurso (em sede de cumprimento provisório de sentença).

Contudo, não é possível protestar a sentença logo após o trânsito em julgado. É preciso conferir prazo para que haja o cumprimento espontâneo, caso contrário, estar-se-ia concedendo prazo menor ao cumprimento pelo devedor (três dias) em detrimento do prazo regular previsto em lei (quinze dias).

d) o protesto não pode ser realizado de ofício. É necessária a conduta do credor para que possa ser levada a efeito. A única exceção encontra-se no art. 528, § 1º, do CPC que permite ao magistrado lavrar o protesto da decisão de alimentos se o devedor não pagar ou justificar o cumprimento da obrigação.

---

12 PEREIRA, Luís Guilherme; FIGUEIRA, Janahim Dias. *O protesto da sentença no Novo CPC*. Disponível em: <www.queirozcavalcanti.adv.br>. Acesso em: 9 mar. 2015.

Para a efetivação do protesto, o exequente deverá apresentar certidão com o teor da decisão. Esta certidão será expedida pelo cartório do juízo onde tramita o processo no prazo de três dias. Devem constar para sua perfeita identificação: o nome e qualificação do exequente e executado, o número do processo, o valor da dívida e o transcurso do prazo legal sem o devido pagamento.

Caso o executado tenha proposto ação rescisória de modo a impugnar a decisão exequenda é possível que, caso deseje, anote à margem do título protestado sua propositura. Esta anotação será procedida sob suas expensas e sua responsabilidade.

Uma vez satisfeita a obrigação, o executado poderá requerer o cancelamento do protesto. Para tanto, o magistrado expedirá ofício ao cartório de protestos para o seu devido cancelamento no prazo de três dias contados do protocolo desse requerimento.

1.3. TUTELA ESPECÍFICA DAS OBRIGAÇÕES DE FAZER, NÃO FAZER E ENTREGA DE COISA CERTA OU INCERTA COM BASE EM TÍTULO EXECUTIVO JUDICIAL

1.3.1. OBRIGAÇÕES DE FAZER E NÃO FAZER

1.3.1.1. Introdução – a tutela específica no Brasil

Tentando se afastar de um passado antigo, em que o próprio devedor respondia com o corpo para o cumprimento da obrigação, o Iluminismo, no Estado liberal do século XIX, estabeleceu a liberdade individual como valor máximo de um sistema moderno. O Código Civil francês, em seu art. 1.142, estabelecia que "toda obrigação de fazer e não fazer resolve-se em perdas e danos e juros, em caso de descumprimento pelo devedor". A intangibilidade da vontade humana, portanto, foi elevada ao *status* de dogma na história do processo (*nemo ad factum praecise cogi potest*), ou seja, qualquer obrigação poderia ser resolver em dinheiro. Contudo, o equivalente em dinheiro não necessariamente corresponde ao que o titular do direito postula. Se a obrigação é diversa, como, por exemplo, um fazer ou a entrega de determinado bem, o Estado deve proporcionar condições para que se conceda a tutela tal qual requerida (*in natura*).

Contudo, para dar vigência a essa premissa é necessário estabelecer um sistema que permita o uso de medidas coercitivas de modo a induzir o devedor no cumprimento da obrigação específica já que as medidas sub-rogatórias (em especial a penhora) não cumprem a função de dar ao postulante o que ele realmente deseja.

A legislação deve municiar o magistrado com a possibilidade de uso de medidas típicas e atípicas a fim de se obter o resultado pretendido.

O sistema deve, de fato, criar um processo de resultados (Chiovenda), buscando respostas diversas para as diferentes situações jurídicas de direito apresentadas.

Tutela específica constitui um conjunto de medidas que objetivam conceder ao titular de um direito subjetivo exatamente aquilo que foi pedido, como se não precisasse ter buscado o Judiciário, como se tivesse ocorrido o adimplemento.

1.3.1.2. Tutela específica ou o resultado prático equivalente

Conforme restou explicitado no item anterior, o objetivo da tutela específica é conceder ao postulante a fruição *in natura* do direito apresentado ao Judiciário como se não tivesse precisado acessar o Estado para obtê-lo. Os arts. 497 e 536 CPC estabelecem:

Art. 497. Na ação que tenha por objeto a prestação de fazer ou de não fazer, o juiz, se procedente o pedido, concederá a tutela específica ou determinará providências que assegurem a obtenção de tutela pelo resultado prático equivalente.

Art. 536. No cumprimento de sentença que reconheça a exigibilidade de obrigação de fazer ou de não fazer, o juiz poderá, de ofício ou a requerimento, para a efetivação da tutela específica ou a obtenção de tutela pelo resultado prático equivalente, determinar as medidas necessárias à satisfação do exequente.

É possível verificar que as expressões "tutela específica" e "resultado prático equivalente ao do adimplemento" estão separadas no *caput* dos arts. 497 e 536 pela conjunção "ou", o que gerou, e ainda gera, fonte de intensa discussão na doutrina. Desse debate, surgiram duas correntes:

a) uma primeira corrente defende a ideia de que a tutela específica buscada é fixada exclusivamente pelo autor e o magistrado não poderá, portanto, conceder outra, diversa, sob pena de julgar *extra petita* (CPC, art. 492), ofender o princípio da congruência (CPC, art. 141) e o princípio da inércia (CPC, art. 2º). Dessa forma, a locução "resultado prático equivalente ao do adimplemento" não seria a concessão de direito diverso (decorrente do pedido mediato), *mas o emprego de técnicas distintas para que se obtenha o mesmo direito* (pedido imediato).

A parcela da doutrina que segue esse posicionamento entende ainda que a tutela específica é aquela realizada pelo próprio réu, uma vez compelido ao cumprimento (tutela específica em sentido estrito). Já o resultado equivalente seria obtido pelo terceiro, diante da resistência do obrigado originário no cumprimento (tutela específica em sentido amplo). Aqui, seriam meios substitutivos da conduta, lá, a própria conduta. Não se sub-roga o direito pleiteado, mas apenas altera o meio para obtê-lo.

Esse posicionamento é defendido por Cassio Scarpinella Bueno[13], Eduardo Talamini[14] e Marcelo Abelha Rodrigues[15];

b) uma segunda corrente defende que o resultado prático equivalente opera no plano do próprio direito buscado pelo autor (pedido mediato, o bem da vida). Em resumo, seriam três os argumentos apresentados pela doutrina tendentes a defender este posicionamento: i) o legislador ao utilizar o vocábulo "ou" nos arts. 497 e 536 quis trazer duas ideias alternadas, ou seja, dois caminhos diferentes para o juiz; ii) entender de forma diversa (ou seja, que a alternatividade seria de *meio* e não de *resultado*) seria tornar inócuo o § 1º do referido art. 536, pois ele já autoriza a diversidade de meios; iii) da mesma forma que o credor tem direito à obtenção da tutela, o devedor tem o direito de ser executado da maneira menos gravosa (CPC, art. 805) e o resultado prático equivalente, por vezes, pode lhe causar menos prejuízo que a tutela específica.

Mesmo esta doutrina entende que o resultado prático equivalente é residual e subsidiário, na hipótese de não se seguir a tutela específica. Este posicionamento é defendido especialmente por Luiz Guilherme Marinoni[16], Leonardo Cunha e Fredie Didier Jr.[17]

---

13 *Curso sistematizado*, cit., p. 456. Contudo o próprio autor assevera a possibilidade de se obter resultado próximo (recaindo no próprio bem da vida) quando um terceiro realiza a prestação e o resultado sai diverso daquele pactuado entre as partes originárias.
14 Eduardo Talamini e Luiz Rodrigues Wambier, *Curso avançado*, cit., p. 390.
15 *Manual de processo*, cit., p. 375.
16 *CPC comentado*, cit., p. 427. O autor exemplifica: "se o autor pede a cessação de atividade nociva mediante ordem de não fazer sob pena de multa, o juiz pode determinar a interdição do local. Se o autor pede a cessação do ilícito, o juiz pode determinar a instalação de filtro antipoluente".
17 *Curso*, cit., p. 422-425.

Um rápido *parêntese*: parece-nos inegável, independentemente de qual corrente se adote, que o legislador nitidamente estabeleceu uma ordem acerca da preferência da tutela: **primeiro tenta-se a tutela específica; não a obtendo, busca-se o resultado prático equivalente, e por fim, restando infrutífera ou a requerimento do credor, as perdas e danos.**

Entendemos que a primeira corrente esteja correta. A expressão "resultado" não se refere ao resultado do direito (bem da vida) mas ao resultado da tutela a fim de se obter o que se deseja, pois, autorizar ao magistrado conceder bem diverso daquele pleiteado ofenderia, como já ressaltado, o princípio da inércia e da congruência. A efetivação da tutela prestada pelo Estado não pode sobrepor-se à esfera privada e aos limites do interesse do autor.

> Um exemplo poderá ilustrar essa situação: uma empresa vem poluindo o meio ambiente lançando na atmosfera gases tóxicos. Ação proposta por uma associação objetivando que a empresa encerre suas atividades em decorrência da sua conduta.
> Portanto, nesse caso, o pedido mediato constitui "cessação da atividade poluente" e para tanto, requer que a empresa encerre suas atividades (modo de se obter esse desiderato: pedido imediato).
> O magistrado, analisando a situação, entende desproporcional o fechamento da empresa (já que, por exemplo, a empresa gera centenas de empregos na região, movimenta o comércio local e já fez importantes investimentos na construção de praças públicas etc.).
> Dessa forma, determina a instalação de filtros antipoluentes que, de acordo com a perícia realizada, eliminariam por completo a expedição dos gases tóxicos.
> Assim, o magistrado prestou a tutela requerida pela associação ("cessação da atividade poluente"), mas por meio diferente daquele pretendido.

1.3.1.3. Mecanismos de efetivação da tutela específica (princípio da atipicidade dos atos executivos)

Conforme se verificou no capítulo destinado à teoria geral da tutela jurisdicional executiva, o ordenamento brasileiro é regido por um sistema misto entre a tipicidade e atipicidade dos atos executivos. Historicamente sempre se prestigiou a tipicidade dos atos, vale dizer, o itinerário até a satisfação do crédito foi minuciosamente estabelecido pelo legislador, devendo o magistrado apenas percorrer o caminho já traçado pela norma. Essa diretriz, inspirada em fortes raízes históricas justificava-se (e ainda se justifica em certa medida) especialmente pela segurança e previsibilidade na relação processual.

Contudo, as peculiaridades do direito material, especialmente no tocante às tutelas específicas, em que se necessita muito mais de um "agir" do obrigado do que propriamente uma intervenção estatal na sua esfera patrimonial (execução direta por sub-rogação), levaram o legislador a permitir, em obrigações não representadas por dinheiro, medidas atípicas, ora estabelecidas de maneira genérica pela lei, ora desenvolvidas pelo próprio magistrado à luz das circunstâncias do caso concreto.

Quem materializa esta viabilidade no sistema é o § 1º do art. 536 do CPC, ao apresentar as *técnicas executivas para a obtenção da tutela específica* (também, como poder geral de efetivação). Ali se verifica a imposição de multa (mais bem verificada no item seguinte) e outras medidas.

Por **poder geral de efetivação** entenda-se a possibilidade de o magistrado, à luz das circunstâncias do caso concreto, estabelecer as medidas que entenda mais adequadas àquela realidade fática, até mesmo podendo alterar ou reforçar medidas previstas em lei, já que a lei, *in abstrato*, não consegue atender todas as inúmeras variantes que a realidade prática pode proporcionar. Se o Código aumenta os poderes do juiz, na mesma proporção será ampliado o compromisso do magistrado com a eficiência e o tempo do processo[18].

Trata-se de uma releitura da cláusula do devido processo legal em decorrência da nova hermenêutica para a aplicação do direito (atividade criativa do juiz), em que o próprio magistrado participa de maneira mais ativa e intensa na concreção da norma.

Seria muito cômodo defender que o juiz não poderia fazer absolutamente nada, ficando passivo, como mero expectador, ao desenrolar do processo, aguardando o credor tomar alguma providência sozinho. E qualquer eventual não satisfatividade no processo decorreria única e exclusivamente por culpa das partes. Em virtude disso, a própria lei confere poderes ao magistrado para prática dos atos executivos. Dessa forma, a regra disposta no art. 5º, LIV, da CF[19], deve ser devidamente contextualizada com essa nova realidade, pois a própria lei (= devido processo) autoriza e estabelece essa abertura para a prática dos atos materiais objetivando cumprimento da obrigação.

Essa atipicidade, outorgada pela lei, encontra-se prevista num microssistema compreendido pelos arts. 139, IV, 297, 536, §§ 1º a 3º, 537 e 773 do CPC[20].

Art. 139. O juiz dirigirá o processo conforme as disposições deste Código, incumbindo-lhe:
IV – determinar todas as medidas indutivas, coercitivas, mandamentais ou sub-rogatórias necessárias para assegurar o cumprimento de ordem judicial, inclusive nas ações que tenham por objeto prestação pecuniária;
Art. 297. O juiz poderá determinar as medidas que considerar adequadas para efetivação da tutela provisória.
Parágrafo único. A efetivação da tutela provisória observará as normas referentes ao cumprimento provisório da sentença, no que couber.
Art. 536. No cumprimento de sentença que reconheça a exigibilidade de obrigação de fazer ou de não fazer, o juiz poderá, de ofício ou a requerimento, para a efetivação da tutela específica ou a obtenção de tutela pelo resultado prático equivalente, determinar as medidas necessárias à satisfação do exequente.
§ 1º Para atender ao disposto no *caput*, o juiz poderá determinar, entre outras medidas, a imposição de multa, a busca e apreensão, a remoção de pessoas e coisas, o desfazimento de obras e o impedimento de atividade nociva, podendo, caso necessário, requisitar o auxílio de força policial.
§ 2º O mandado de busca e apreensão de pessoas e coisas será cumprido por 2 (dois) oficiais de justiça, observando-se o disposto no art. 846, §§ 1º a 4º, se houver necessidade de arrombamento.
§ 3º O executado incidirá nas penas de litigância de má-fé quando injustificadamente descumprir a ordem judicial, sem prejuízo de sua responsabilização por crime de desobediência.
Art. 537. A multa independe de requerimento da parte e poderá ser aplicada na fase de conhecimento, em tutela provisória ou na sentença, ou na fase de execução, desde que seja suficiente e compatível com a obrigação e que se determine prazo razoável para cumprimento do preceito.
§ 1º O juiz poderá, de ofício ou a requerimento, modificar o valor ou a periodicidade da multa vincenda ou excluí-la, caso verifique que:
I – se tornou insuficiente ou excessiva;
II – o obrigado demonstrou cumprimento parcial superveniente da obrigação ou justa causa para o descumprimento
§ 2º O valor da multa será devido ao exequente.

---

18 FERNANDES, Luís Eduardo Simardi. *Poderes do juiz e efetividade na execução civil*. São Paulo: EDC, 2022, p. 44.
19 "Art. 5º, LIV – ninguém será privado da liberdade ou de seus bens sem o devido processo legal."
20 É perfeitamente possível que a atipicidade seja objeto de negócio jurídico processual, em que as partes possam outorgar ao juiz poderes para as escolhas das medidas que sejam mais adequadas ao caso, ainda que haja, sobre aquela situação, regra prevista (tipicidade).

Art. 773. O juiz poderá, de ofício ou a requerimento, determinar as medidas necessárias ao cumprimento da ordem de entrega de documentos e dados.
Parágrafo único. Quando, em decorrência do disposto neste artigo, o juízo receber dados sigilosos para os fins da execução, o juiz adotará as medidas necessárias para assegurar a confidencialidade.

Se efetivamente existe um poder geral de efetivação, compete à doutrina e jurisprudência balizar os parâmetros dessa aplicação. Portanto, é importante fixar esses pontos:

Primeiro ponto. As medidas atípicas se aplicam tanto para as execuções diretas (sub-rogação) como indiretas (coerção). A despeito de o legislador ter traçado de maneira mais pormenorizada as execuções por sub-rogação (*vide* arts. 824-925, CPC), nada impede que o magistrado possa atuar nessa região seja complementando as "brechas" deixadas pelo legislador, seja reforçando as medidas já apresentadas pela lei. Há quem defenda, com razão, que o art. 139, IV, CPC "acabou por mitigar sensivelmente a dicotomia existente entre as execuções diretas e indiretas"[21] ao permitir as medidas ali referidas para as obrigações pecuniárias.

Segundo ponto. As medidas decorrentes do poder geral de efetivação se aplicam em qualquer processo que autorize atividade executiva. Assim, as medidas atípicas têm lugar tanto no processo/fase de conhecimento em que se autorize o cumprimento provisório do julgado como na efetivação de uma tutela provisória. Ademais, aplicam-se nas execuções tanto fundadas em título executivo judicial (mais comum) como com base em título executivo extrajudicial (art. 771, parágrafo único, CPC).

Terceiro ponto. Diz respeito às modalidades obrigacionais alcançadas pelas atividades atípicas: como ressaltado, a tipicidade sempre foi presente de forma intensa nas obrigações por sub-rogação, que são medidas mais adequadas para as obrigações de dinheiro. As obrigações específicas, por serem, como regra, insuscetíveis de sub-rogação, já que dependem de ato volitivo do devedor mostram-se mais adequadas à aplicação das medidas atípicas decorrentes de atos de coerção.

Havia no regime anterior discussão sobre a possibilidade de se aplicar, por exemplo, *astreinte* (típica medida coercitiva), para as obrigações de quantia, havendo quem entendesse não ser possível (Eduardo Talamini) e havendo quem entendesse se aplicar para as obrigações em dinheiro (Luiz Guilherme Marinoni). O Código atual encerrou essa celeuma ao autorizar, no art. 139, IV, a possibilidade de aplicação das medidas indutivas, coercitivas, mandamentais "inclusive nas ações que tenham por objeto prestação pecuniária".

A autorização de medidas coercitivas atípicas para as obrigações em dinheiro não está autorizada no art. 536, § 1º, do CPC (que se aplica apenas às obrigações de fazer e não fazer e às obrigações de entrega de coisa certa ou incerta por força do art. 538, § 3º, CPC). Contudo, em decorrência do referido microssistema previsto nesses artigos, a prestação pecuniária também poderá ser alcançada pelas medidas atípicas.

Mas a leitura do artigo deve ser devidamente compreendida.

Sabendo que as obrigações por quantia certa são regradas, em boa parte, por medidas típicas eleitas pelo legislador, pergunta-se: será possível ao magistrado afastar a incidência de lei que prevê determinada conduta/medida típica no caso e aplicar uma medida atípica que entenda ser mais efetiva?

Entendemos que a atipicidade deva ser utilizada de maneira primária nas obrigações distintas de dinheiro e de maneira subsidiária nas execuções por quantia **se e quando** o

---
21 NACLE, Ricardo Amin Abrahão. *Os poderes de coerção do juiz na execução das obrigações de pagar*. Dissertação de Mestrado pela PUC/SP, 2018, p. 89.

procedimento típico não for suficiente-adequado para a situação *fattispecie*. Entendemos que o campo de incidência das medidas atípicas nas obrigações pecuniárias se dirige muito mais contra o *comportamento* do executado do que propriamente à satisfação do crédito. Assim, sempre que o devedor oculta seu patrimônio, procede a alienação fraudulenta para terceiros, impede o acesso a esses bens, entre outras medidas de improbidade processual. Aliás, essa possibilidade já existe, conforme se depreende da leitura do art. 774, parágrafo único, do CPC, ao estabelecer, além da multa por ato atentatório à dignidade da justiça, "outras sanções de natureza processual ou material".

O STF, ao julgar a ADI 5941, propugnou pela constitucionalidade das medidas coercitivas como apreensão de CNH e passaporte para o cumprimento de ordens judiciais a fim de permitir aos magistrados fazerem valer suas decisões judiciais. Contudo, essa atuação deve observar a proporcionalidade, razoabilidade e menor onerosidade da medida. Já o STJ acolheu a proposta de afetação do REsp 1.955.539/SP e do REsp 1.955.574/SP ao rito dos recursos repetitivos, para definir a aplicação do art. 139, IV, do CPC desde que observada a devida fundamentação, o contraditório e a proporcionalidade da medida (Tema 1.137). Até o fechamento desta edição ainda não havia ocorrido o julgamento.

A Segunda Seção do STJ acolheu a proposta de afetação do REsp 1.955.539/SP e do REsp 1.955.574/SP ao rito dos recursos repetitivos, a fim de uniformizar o entendimento a respeito da seguinte controvérsia: definir se, com esteio no art. 139, IV, do CPC, é possível, ou não, o magistrado, observando-se a devida fundamentação, o contraditório e a proporcionalidade da medida, adotar, de modo subsidiário, meios executivos atípicos (Tema 1.137). Além disso, em atenção à fundamentação analítica, deverá o magistrado justificar os motivos que o levaram a abandonar as regras estabelecidas abstratamente na lei para a aplicação das medidas atípicas que, no seu entender, aplicar-se-iam de maneira mais eficaz naquela situação.

O Enunciado 12 do FPPC reforça esse entendimento: "A aplicação das medidas atípicas sub-rogatórias e coercitivas é cabível em qualquer obrigação no cumprimento de sentença ou execução de título executivo extrajudicial. Essas medidas, contudo, serão aplicadas de forma subsidiária às medidas tipificadas, com observação do contraditório, ainda que diferido, e por meio de decisão à luz do art. 489, § 1º, I e II". Esse é o entendimento do STF ao estabelecer que seja "imprescindível o esgotamento dos meios executivos típicos para a utilização do sistema Central Nacional de Indisponibilidade de Bens (CNIB)[22] como medida executiva atípica"[23].

Quarto ponto. Entendemos que as **medidas indutivas** (também chamadas de "sanções premiais"), que são aquelas em que se cria um estímulo positivo para o cumprimento da obrigação (uma vantagem, um prêmio, um desconto) no lugar de uma consequência punitiva, somente podem ser típicas (ex.: arts. 90, § 3º, 701, § 1º, 827, 916, 1.040, §§ 1º e 2º, CPC). Isso porque os incentivos decorrentes dessas medidas podem importar um sacrifício da parte credora (desconto, por exemplo), e o juiz não poderia se "servir com chapéu alheio", estabelecendo um benefício ao devedor, importando em sacrifícios de posição jurídica do credor sem a sua devida anuência. Porém, com a concordância do credor, essa atipicidade se apresenta possível.

Quinto ponto. Uma vez traçada a incidência das medidas atípicas é importante estabelecer quais parâmetros devem pautar o magistrado para a aplicação dessas medidas. Entendemos

---

22 Sobre o Cadastro Nacional de Indisponibilidade de Bens (CNIB), o CNJ editou o Provimento n. 39/2014, que estabelece um intercâmbio de informações entre o Poder Judiciário e os órgãos prestadores de serviços notariais e de registro.
23 REsp 1.963.178-SP, Rel. Ministro Marco Aurélio Bellizze, Terceira Turma, por unanimidade, *DJe* 14-12-2023.

que o magistrado deva se basear em três importantes requisitos: **adequação, eficiência** e **menor onerosidade**.

No que concerne à **adequação** é importante que "o juiz considere abstratamente uma relação de meio/fim entre a medida executiva e o resultado a ser obtido, determinando a providência que se mostre mais propícia para gerar aquele resultado"[24]. É a denominada proporcionalidade e razoabilidade da medida[25].

Quando se trata de direitos fundamentais, as normas constitucionais são potencialmente contraditórias. Isso reflete a diversidade ideológica do Estado de Direito no qual estamos inseridos. Assim ocorre nas discussões sobre o estudo de células-tronco, direito de biografar x direito do biografado, liberdade de expressão x ofensa ao direito da personalidade, liminar x contraditório e direito de efetivação x invasão da esfera jurídica do devedor.

A ponderação é a forma que o magistrado tem de eleger quais valores serão acolhidos e quais serão sacrificados, e isso visto no caso concreto. Assim, um mero direito ao crédito pode, num primeiro momento, não ter a importância de um direito fundamental, mas imagine que, com esse crédito a receber, o credor consiga fazer uma cirurgia que, sem ela, pode lhe custar a vida? Assim, se os princípios são mandados de otimização, eles se revestem de peso e importância não de maneira abstrata, mas à luz do caso concreto.

Há, nesse sentido, o direito fundamental à tutela executiva. Não apenas do mero direito do credor de receber aquilo que lhe é devido, mas também para evitar que o não cumprimento das obrigações (por falta de instrumentos efetivos do Estado) possa gerar uma sensação de impunidade e a descrença da sociedade com o Poder Judiciário.

Entendemos que, quanto mais importante o direito a ser tutelado, mais contundente pode ser a medida, observados, evidentemente os parâmetros acima indicados. Tanto que a prisão do devedor decorre apenas, pela lei, do inadimplemento de alimentos.

É perfeitamente possível estabelecer aviso em redes sociais e no *site* do próprio devedor. Numa leitura desatenta do Código de Defesa do Consumidor, em seus arts. 42 e 71[26], poder-se-ia ser levado a pensar que constitui instrumento vexatório, que violaria a dignidade humana. Contudo, o próprio art. 71, na segunda parte, impede essa divulgação caso as alegações sejam "**falsas, incorretas ou enganosas** ou de qualquer outro procedimento que exponha, **injustificadamente**, o consumidor ao ridículo" (grifo nosso). Assim, em sendo a dívida existente (e, portanto, verdadeira), o motivo é justificado. E ainda é possível a inclusão do nome do executado no SERASAJUD, bem como o lançamento de indisponibilidade no CNIB[27].

Aqui muito se vem discutindo na doutrina e em alguns recentes julgados se a apreensão do Passaporte ou Carteira Nacional de Habilitação do devedor como meio de coerção para o pagamento da dívida seriam medidas adequadas. A questão gerou grande repercussão na mídia, nas redes sociais, e se projetou também no mundo acadêmico, havendo quem entendesse que

---

24 DIDIER; CUNHA; BRAGA; OLIVEIRA. *Curso de direito processual civil*. 7. ed. Salvador: JusPodivm, 2017, v. 5, p. 113.
25 Nesse sentido, o STJ possui inúmeros julgados condicionando a concessão de medidas atípicas a esses dois elementos: AgInt no REsp 1.883.207/SP; AgInt no AREsp 2.020.761/SP; AgInt no AREsp 2.044.136/SP; AgInt no REsp 1.949.624/SP; AgInt no REsp 1.929.825/MA; AgInt nos EDcl no REsp 1.935.465/SP; AgInt no AREsp 1.842.842/MG; AgInt no REsp 1.936.855/SP; REsp 1.951.176/SP; AgInt no AREsp 1.796.990/DF; AgInt no AREsp 1.820.507/SP; AgInt no AREsp 1.857.908/SP.
26 Art. 42. Na cobrança de débitos, o consumidor inadimplente não será exposto a ridículo, nem será submetido a qualquer tipo de constrangimento ou ameaça. Art. 71. Utilizar, na cobrança de dívidas, de ameaça, coação, constrangimento físico ou moral, afirmações falsas incorretas ou enganosas ou de qualquer outro procedimento que exponha o consumidor, injustificadamente, a ridículo ou interfira com seu trabalho, descanso ou lazer: Pena – detenção de três meses a um ano e multa.
27 REsp 1.968.880-RS, Rel. Ministro Afrânio Vilela, Segunda Turma, por unanimidade, j. 10-9-2024.

seria possível a apreensão (Luiz Dellore, Fernando Gajardoni) e havendo quem propugnasse pela impossibilidade, pois não havia relação com o débito (Rodrigo da Cunha da Lima Freire e Fernanda Tartuce).

Os juízes e tribunais já foram exortados a se manifestar em casos versando sobre a questão, como se vê das decisões AgInt no AREsp 1.998.605/RJ, HC 70072211642 (N. CNJ: 0431358-49.2016.8.21.7000), RHC 99.606/SP e HC 711.194/SP.

Entendo que as medidas devam ser analisadas à luz do caso concreto. O critério balizador a autorizar a adoção de determinada medida seja, especialmente, a ofensa ou não à dignidade humana e não a relação da medida com a natureza do crédito. Com base nessa premissa, a utilização de instrumentos sonoros para retirar de determinado estabelecimento pessoas que se recusam a se evadir ou o corte de luz autorizado pelo magistrado de uma empresa inadimplente de modo a coagi-la ao pagamento são medidas desproporcionais e inadequadas à satisfação da obrigação.

Contudo, a apreensão da CNH ou do Passaporte não viola **nenhum direito**, tampouco a dignidade humana, por diversos motivos:

a) Não existe um "direito fundamental de dirigir veículo de transporte automotor" ou "direito fundamental de viajar ao exterior". Não há nenhuma violação à dignidade humana na conduta de apreensão desses documentos. Pensar dessa maneira seria imaginar que toda pessoa que não tivesse/pudesse ter veículo automotor por falta de condições financeiras ou passaporte não teriam dignidade. Aliás, o art. 536, § 1º, do CPC usa, como técnicas de cumprimento da obrigação específica, a "remoção de pessoas e coisas", que claramente restringe o direito de ir e vir, e o "desfazimento de obra" que limita o direito de propriedade, e não há discussão doutrinária nesse sentido.

b) Igualmente, não se trata de violação ao direito de ir e vir. Quem não tem carro (por opção ou por impossibilidade) utiliza-se ou pode utilizar-se de outros meios de transporte e até mesmo andar a pé. Quanto ao passaporte, a premissa é outra: quem tem condições de viajar ao exterior certamente terá condições de solver sua dívida. É até um escárnio imaginar que o devedor possa ir tranquilamente ao exterior a passeio enquanto seus credores aguardam o pagamento de suas dívidas. Ou mesmo os denominados devedores que possuem redes sociais ostentando viagens e gastos enquanto credores aguardam o recebimento de seus créditos, talvez para fins até mais prementes que a diversão[28]. O art. 833, IV, do CPC estabelece que o salário (de forma genérica) é impenhorável para o sustento do devedor e sua família. Viagem está longe de ser sustento e, portanto, qualquer sinal de que o devedor esteja dispendendo valores com viagens à passeio deve ser penhorado. Não se pode estabelecer, aprioristicamente, que os valores na esfera penal são mais "relevantes" que na esfera civil. A discussão sobre o direito a uma cirurgia que, se não for feita, pode lhe custar a vida certamente é mais relevante que o furto de um veículo. Mesmo que o devedor resida em local longínquo, em que o transporte de carro seja a única forma de locomoção para outros lugares, se houver prova da existência de patrimônio, a apreensão da CNH é absolutamente autorizada, sendo ótima forma de coerção ao pagamento. Qualquer investigação penal, ainda que em fase embrionária autoriza o recolhimento do passaporte. Isso seria a violação de um direito fundamental?

---

28   Como bem observa Thiago Rodovalho no seu texto O necessário diálogo entre doutrina e jurisprudência na concretização do NCPC, art. 139 inc. IV (atipicidade dos meios executivos). In: *Medidas executivas atípicas*: grandes temas do NCPC, v. 11. Salvador: JusPodivm, 2018, v. 11, p. 729, "salvo situações especiais (refugiados, p. ex.), há a necessidade de demonstrar condições financeiras, de estadia e retorno para ser o devedor admitido no país de destino. Ou seja, pressupõe uma condição financeira que o devedor justamente diz não possuir".

c) Quanto ao argumento de que a apreensão do passaporte ou CNH não teria relação com a obrigação do crédito, concordamos com a falta de relação, mas entendemos não haver necessidade dessa causa e efeito. A apreensão do passaporte em decorrência do inadimplemento de forma a coagir a obrigação tem tanta relação com o crédito quanto a prisão de um pai para estimular o pagamento dos alimentos devidos. E não há celeuma sobre isso. Aliás, no tocante à relação da medida com o crédito, parte-se de uma falsa premissa: a medida não é satisfativa (obrigação cumprida), e sim coercitiva (obrigar a cumprir a obrigação), e esta não exige qualquer relação com o crédito. Basta pensar que a já referida prisão dos alimentos prevista constitucionalmente não possui nenhuma relação com a obrigação, assim como a multa pecuniária (astreintes) para convencer o devedor a pintar um quadro, e mesmo assim são medidas permitidas.

Se a medida não tem o condão de gerar a persuasão necessária por não ter relação com o crédito, não se trata de medida inadequada, mas ineficiente (o que será objeto de explanação no item seguinte). As medidas, desde que proporcionais e que não violem a dignidade humana, podem e devem ser utilizadas. Ademais, as execuções de título executivo extrajudicial são caracterizadas pela abstração do título, já que a previsão legal do título per se autoriza a prática dos atos executivos independentemente da narrativa da relação jurídica subjacente. Dessa forma, a relação não é necessária até mesmo por uma dificuldade prática do magistrado. Se a obrigação normalmente é indefinida como identificar qual obrigação pode ou não ter relação com a dívida?

d) Evidente que essa permissibilidade que defendemos não é peremptória, máxime nos casos de o devedor utilizar o seu carro, por exemplo, como meio de trabalho (motorista de táxi, Uber, representante comercial, dono de *food truck*) ou quem atua em comércio exterior e necessita viajar para exercer sua profissão. São situações específicas que devem ser analisadas caso a caso.

e) É inegável que o magistrado poderá tentar outras medidas em primeiro plano para obter a satisfação do crédito (penhora, busca e apreensão, multa) que atendam a menor gravosidade para o executado (terceiro item a ser estudado). Mas, sendo medida idônea, que não ofende, repita-se, a dignidade humana, não pode ser limitada sob pena de prejudicar o poder geral de efetivação pelo juízo.

f) Mesmo que assim não entenda, esse (eventual) sacrifício que o devedor sofrerá tem plena justificativa: a existência do direito fundamental do credor em receber seu crédito, que muitas vezes não é levado em consideração quando da construção doutrinária acerca do tema. A quem é melhor imputar uma situação de desvantagem? Ao devedor que possa ser tolhido de usar seu passaporte ou o exequente, legítimo credor de dívida não paga que está sem receber seu crédito legítimo?

g) O Supremo Tribunal Federal possui tranquilo entendimento que autoriza a apreensão de passaporte quando houver investigação criminal ou ação penal[29] em curso, para evitar que o acusado saia do país. A despeito de se tratar de questão distinta, se vige no nosso sistema a presunção de inocência, certamente a apreensão de passaporte nesse caso também constituiria "restrição a um direito fundamental".

h) Num país como o nosso, em que 1/4 da população se encontra abaixo da linha da pobreza, muitas pessoas sem saneamento básico e sem ter o que comer, falar que apreensão de passaporte viola direito fundamental soa, com o devido respeito, como um discurso um pouco elitista.

---

29   STF, HC 94.147/RJ.

i) Há quem entenda, com o que concordamos integralmente, que não se trata de restrição ao direito de ir e vir, mas de limitação de circulação a determinados locais, tal como crianças que não podem frequentar determinados shows e eventos em virtude da faixa etária, e nem por isso se diz que houve violação ao referido direito.

j) Na Inglaterra (Contempt) e na Alemanha (ZPO, § 802), autoriza-se prisão do devedor que não cumpre a ordem judicial.

Por fim, a quem é melhor impor um sacrifício ao cumprimento? Ao devedor ou ao credor?

Ademais, a medida também deve ser **eficiente**. Por eficiência leia-se medidas que possam gerar resultados práticos satisfatórios (art. 8º, CPC). A eficiência pode ser tanto na intensidade da medida como na forma de persuasão à esfera jurídica do devedor.

Assim, determinar a busca e apreensão quando não se tenha ideia onde esteja a localização do bem ou fixar multa de baixo valor para quem possui um alto poder aquisitivo não parecem ser medidas adequadas para o fim destinado.

Por último, deve se atender à **menor onerosidade**.

A preocupação é não permitir que a execução alcance a esfera jurídica do executado em situação maior à qual ele deva se submeter. Assim, determinar a prisão do executado quando há outras formas de obtenção do dinheiro não atende à regra da menor onerosidade, bem como a apreensão física do cartão de crédito se no lugar é possível apenas a restrição do seu uso. Não se pode, como bem observa Marcelo Abelha Rodrigues, denominar incorretamente *medida coercitiva* uma *medida sancionatória*[30]. Até mesmo porque não pode haver sanção sem prévia lei que a estabeleça.

Sexto ponto. Diz respeito a autonomia do poder geral de efetivação. Para que a efetividade das medidas atípicas possa fazer algum sentido o juiz:

a) não está adstrito ao rol (exemplificativo) da lei: O art. 536, § 1º, estabelece amplo rol, enumerando as medidas que podem ser tomadas pelo magistrado: "a imposição de multa, a busca e apreensão, a remoção de pessoas e coisas, o desfazimento de obras e o impedimento de atividade nociva, podendo, caso necessário, requisitar o auxílio de força policial".

Contudo, é possível que o próprio juiz entenda como insatisfatórias as medidas ali apresentadas, seja: **a)** pelo não resultado esperado, quando determinada sua produção; ou **b)** quando notoriamente incompatível ou insuficiente para a realização daquele direito que se espera que a medida propicie. É necessário, portanto, municiar o Estado com medidas inominadas para que possa, junto daquelas previstas, exercer o seu poder geral de efetivação.

Fácil verificar a opção do legislador. Com o emprego da locução "entre outras medidas" no artigo resta clara a não exaustividade da norma. Caso contrário, seria reduzir a muito pouco o poder geral de efetivação outorgado ao magistrado. Desta forma, qualquer outra medida idônea e adequada poderá ser utilizada pelo Estado para estimular o cumprimento da obrigação.

Essa regra encontra perfeita consonância com a inafastabilidade jurisdicional (CF, art. 5º, XXXV; CPC, art. 3º), que estabelece que o Poder Judiciário não se furta em apreciar "lesão ou ameaça a direito" qualquer que seja ele, tipificado ou não. Pode até o magistrado deferir as medidas de ofício quando a parte, por negligência ou desconhecimento, não formulou.

---

[30] O que fazer quando o executado é um cafajeste? Apreensão de passaporte? Carteira de motorista? In: *Medidas executivas atípicas*, cit., p. 89.

É possível até que o magistrado lance mão de uma sanção premial (sanção positiva que estimula o cumprimento, como, por exemplo, a redução dos honorários no cumprimento da execução por quantia no prazo de três dias) para forçar o cumprimento.

É interessante verificar que, numa dada medida, há uma quebra do princípio da adstrição/congruência da decisão judicial com o requerido pela parte no que concerne ao pedido imediato. E isso porque o magistrado pode estabelecer medidas diversas daquelas apresentadas pela parte (é possível que a parte requeira multa para o caso de não entrega e o magistrado determine a busca e apreensão). Veja que a quebra da adstrição está nas medidas de apoio (pedido imediato) e não no próprio direito perseguido (pedido mediato). Este, de acordo com parcela da doutrina, não pode ser modificado pelo juiz sem autorização da parte[31];

b) não está vinculado ao pedido da parte: o magistrado não está adstrito à forma como a tutela será prestada. Até mesmo porque é possível que o exequente não formule pretensão mais adequada, eficiente e principalmente menos onerosa. Assim poderá o juiz fixar multa no lugar de determinar busca e apreensão ou determinar o apontamento da empresa nos cadastros de restrição de crédito no lugar de cortar a luz do estabelecimento. Três são os motivos que levam a esse poder de escolha: a) a legitimidade conferida a ele por lei para aplicar medidas atípicas de ofício; b) a imparcialidade para eleger as medidas que possam gerar menor gravosidade; e c) a função pública de prestar a melhor tutela jurisdicional, pois "se o pedido da tutela e os limites da prestação são privados, o modo como ela é prestada não é"[32];

c) poderá alterar a medida de acordo com as circunstâncias concretas. É possível ainda alterar a medida determinada quando verificar que esta se mostrou insuficiente ou ineficaz para o cumprimento da obrigação. É importante que o magistrado justifique e fundamente sua alteração para conferir legitimidade a seu ato.

Essa possibilidade de mudança, aliás, representa a adoção no Brasil da teoria de Barbosa Moreira sobre coisa julgada e que foi encampada pelo CPC no seu art. 502[33]. Isso porque ao estabelecer que a coisa julgada (= imutabilidade) não recaia sobre um "efeito" ou uma "qualidade dos efeitos", mas sim sobre a própria decisão, nada impede que os efeitos da decisão possam ser posteriormente alterados (forma de estabelecer a sanção executiva);

d) poderá concedê-las de ofício. É o que estabelece expressamente os arts. 536 e 537, contextualmente o art. 139, IV, e decorre do seu "poder geral de efetivação". Contudo há situações que a lei expressamente exige provocação da parte. Assim, i) no pedido de prisão por dívida de alimentos (art. 538, CPC); ii) na inserção do executado no cadastro de inadimplentes (art. 782, § 3º, CPC); iii) na penhora *on-line* (art. 854, CPC); iv) na constituição de capital (art. 533, CPC).

e) descumprimento. O descumprimento da medida imposta poderá acarretar ao menos três efeitos sob a esfera jurídica do devedor/executado: e1) sofrer a sanção imposta pela medida coercitiva (v.g., pagamento da multa fixada); e2) pena de litigância de má-fé (art. 81, CPC); e e3) responsabilização por crime de desobediência (art. 330, CP).

f) contraditório. De acordo com jurisprudência prevalente do STJ (à qual aderimos integralmente), as medidas atípicas, justamente por sê-las e, portanto, imprevisíveis para o devedor, devem ser precedidas de contraditório prévio, salvo quando puder comprometer a eficácia da própria medida.

---

31 Eduardo Talamini, *Tutela relativa*, cit., p. 204.
32 BEDAQUE, José Roberto dos Santos. *Poderes instrutórios do juiz*. 3. ed. São Paulo: RT, 2001, p. 93.
33 Art. 502. Denomina-se coisa julgada material a autoridade que torna imutável e indiscutível a decisão de mérito não mais sujeita a recurso.

Sétimo ponto. Para conclusão: a ineficiência da execução, além da não satisfação em si do cumprimento da obrigação, verdadeiramente joga no lixo a fase de conhecimento, pois de nada adianta declarar o direito se esse mesmo direito não é concretizado.

Ainda, o mau funcionamento do sistema executivo gera um efeito colateral gravíssimo para além do processo e impacta na própria economia do país. Isso porque o inadimplemento e a dificuldade de recuperação do crédito por meio do processo contribuem "para a redução de crédito disponível no mercado, aumento de juros cobrados nos negócios financeiros e até para desincentivar o investimento nas atividades econômicas e produtivas com evidentes reflexos negativos na criação de empregos e arrecadação de tributos"[34].

O CNJ lança anualmente em sua página, o relatório a **Justiça em Números**. No ano de 2022, por exemplo, no item 5.3, sob o sugestivo nome "gargalo da execução", demonstra cabalmente a dificuldade e demora no cumprimento dessa atividade.

É importante, especialmente aos resistentes às medidas, que, diante da crise de efetivação que assola a execução e a sensação de impunidade, o processo civil, dentro dos contornos constitucionais, tenha por escopo o processo de resultados, devendo a sociedade estar ciente de que as decisões judiciais precisam ser concretamente cumpridas e que se deve conferir à parte o direito que lhe é devido, na exata medida do que tenha direito a receber (Chiovenda).

Deixamos o juiz decidir sobre a nossa vida no processo, mas não queremos que ele decida sobre os meios pelos quais obterá o direito da parte.

1.3.1.4.1. Prisão civil e prisão penal como medidas de efetivação da tutela específica?

A pergunta que inicia esse tópico é pertinente.

Dentre os poderes abstratos e atípicos de efetivação que o magistrado possui para determinar o cumprimento da obrigação, estaria a prisão?

Para que se possa responder a essa pergunta é necessário entender *como* o sistema brasileiro analisa a prisão civil e a prisão penal no tocante a essa questão.

Quanto à prisão civil, estabelece a Constituição Federal no seu art. 5º, LXVII: "não haverá prisão civil por dívida, salvo a do responsável pelo inadimplemento voluntário e inescusável de obrigação alimentícia e a do depositário infiel". Portanto, numa primeira análise a prisão civil por dívida é expressamente vedada no nosso ordenamento, salvo exceção estabelecida na própria Constituição.

A EC n. 45, ao outorgar natureza de norma supralegal aos Tratados Internacionais de Direitos Humanos (CF, art. 5º, § 3º), seguiu diretriz prevista no "Pacto de São José da Costa Rica", do qual o Brasil é signatário, que permite a prisão civil apenas do devedor de alimentos.

Esta questão foi enfrentada no Supremo Tribunal Federal[35] vindo a culminar com a edição do Enunciado de Súmula Vinculante 25, que estabelece: "É ilícita a prisão civil de depositário infiel, qualquer que seja a modalidade de depósito". E nesse mesmo sentido Súmula 419 do STJ.

Remanesce a pergunta: se a prisão civil somente é possível nos casos de alimentos, seria possível autorizar ao magistrado que proceda à prisão (civil) por outro motivo (= outro tipo de modalidade obrigacional)?

---

34 FERNANDES, Luís Eduardo Simardi. *Poderes do juiz e efetividade na execução civil.* São Paulo: EDC, 2022, p. 126-127.
35 RE 349.703/RS e RE 466.343/SP.

A discussão sobre o tema, num primeiro momento, residiu no plano semântico: a locução "dívida" empregada no preceito constitucional refere-se somente à obrigação do pagamento de quantia ou, numa interpretação mais ampla, qualquer obrigação de natureza civil (entrega de coisa, obrigação de fazer, não fazer etc.)?

Há no Brasil dois posicionamentos doutrinários:

(Teoria restritiva) – uma primeira corrente defende que a expressão "dívida" abrange toda e qualquer modalidade de obrigação de natureza civil. Um dos argumentos trazidos é de que a teoria ampliativa não conseguiria explicar a situação do depositário infiel que não constitui pagamento de quantia (discussão à época em que se autorizava sua prisão). É restritiva, pois restringe o uso da prisão civil. Este posicionamento é defendido por Eduardo Talamini, Ovídio Baptista da Silva e Humberto Theodoro Júnior.

(Teoria ampliativa) – para essa corrente a expressão "dívida" deve ser utilizada apenas quando se tratar de prestação pecuniária. Portanto, estariam abertas as portas para a prisão civil nos casos de obrigações específicas que não tenham como objeto dinheiro (fazer e não fazer, entrega de coisa certa e incerta). Este posicionamento é defendido por Pontes de Miranda, Luiz Guilherme Marinoni, Marcelo Lima Guerra e Sergio Shimura.

A discussão, contudo, deve também ser vista sob outro prisma e não sob o alcance semântico da expressão dívida: a análise da prisão civil à luz dos direitos fundamentais[36].

Os direitos fundamentais, e sua interpretação, não são (e não podem ser) considerados absolutos. Os que defendem a impossibilidade de prisão civil estabelecem o valor liberdade de modo abstrato, apriorístico e absoluto como hierarquicamente superior a todos os demais direitos fundamentais.

Um exemplo pode ilustrar essa explicação: não se pode determinar a prisão de um devedor de dívida não alimentar (sob o argumento da proteção da liberdade) mesmo que sem essa forma de coerção acarrete o inadimplemento que possa causar a morte do credor (que, sem o numerário proveniente da dívida, não terá condições de proceder a uma intervenção cirúrgica emergencial).

Não se nega a importância do valor liberdade, mas diante do caso concreto, o magistrado deve colocar em cotejo com os demais direitos fundamentais que estão em jogo. Assim, o direito fundamental à tutela executiva, se não obtida, pode tolher algum outro direito fundamental do exequente como saúde, privacidade, integridade, meio ambiente e mesmo a vida[37].

Dessa forma, mesmo com a não previsão infraconstitucional expressa, deve a prisão civil ser enumerada como uma das hipóteses decorrentes do poder geral de efetivação outorgado ao juiz no caso concreto (CPC, art. 536, § 1º).

Evidente que a prisão deve ser vista, em virtude da força de sua medida, como forma residual e excepcional de coerção (*ultima ratio*). Assim, a melhor forma de impedir o uso desenfreado desta medida é autorizá-la somente quando exauridos todos os demais meios possíveis para a obtenção da tutela específica.

É importante ressaltar que o CPC, em seu art. 536, § 3º, expressamente estabelece a responsabilização do réu por crime de desobediência nos casos de não cumprimento injustificado.

A despeito de sua previsão, esta teria caráter prioritariamente punitivo e não coercitivo. Evidente que a possibilidade de prisão por crime de desobediência representaria para o réu um desestímulo ao inadimplemento. Contudo, entendemos ser a punição por crime de

---

36 Marcelo Lima Guerra, *Direitos fundamentais*, cit., p. 135-137.
37 Marcelo Lima Guerra, *Direitos fundamentais*, cit., p. 136.

desobediência insuficiente para os fins que se deseja no § 1º, no tocante ao poder geral de efetivação[38]:

(a) para que a prisão crie o efeito esperado, deve ser imediata (prisão em flagrante). No ordenamento penal brasileiro a prisão em flagrante tem caráter punitivo e não coercitivo como a regra objetiva (tanto que o cômputo da pena é abatido no período que o devedor ficou preso);
(b) com exceção do crime de resistência, todos os demais são levados ao Juizado Especial Criminal. Nesses casos, há vedação de prisão em flagrante;
(c) ademais, nos crimes do Juizado Especial, sempre que possível, haverá reparação de dano e não pena privativa de liberdade (art. 62, Lei n. 9.099/95).

1.3.1.5. Multa

1.3.1.5.1. Introdução

Conforme visto no item anterior, a tutela do art. 537 do CPC é fomentada pela atipicidade dos atos materiais, permitindo ao magistrado eleger as melhores técnicas para que se busque a tutela específica ou o resultado prático equivalente, o que se convencionou denominar "poder geral de efetivação".

Dentre essas medidas de apoio, certamente, a mais importante é a multa legada das *astreintes* do direito francês. Entendemos que a multa prevista no art. 537 do CPC não seja sancionatória, pois não visa apenar o devedor que não cumpriu a obrigação[39]. Muito pelo contrário, para que se obtenha a tutela *in natura*, é fundamental que a multa não tenha função retrospectiva, mas prospectiva, pois o interesse é no cumprimento da obrigação e a multa tem a função de exercer essa coerção indireta sobre o obrigado, estimulando-o ao cumprimento.

Há, contudo, quem defenda ter essa multa natureza dúplice, sendo tanto coercitiva como sancionatória[40]. Enquanto não aplicada, teria caráter coercitivo, mas após aplicada teria função sancionatória. Discordamos dessa posição. Além dos argumentos do item seguinte, é importante refletir: há alguma multa que não gere uma sanção? Dessa forma para fins de classificação há aquelas cuja função é coagir e outras meramente sancionar, mas todas têm como efeito anexo a punição. Sob pena de tornar sem sentido a classificação apresentada, entendemos que a *astreinte* é multa apenas sancionatória (mas, como todas as multas, gera o efeito punitivo).

Tem sua incidência mais clara nas decisões mandamentais, que são aquelas que objetivam extrair do devedor o cumprimento voluntário.

A multa pode ser concedida de ofício, conforme expressa disposição legal (CPC, art. 537).

1.3.1.5.2. Multa coercitiva e multa sancionatória

Para a melhor compreensão sobre a estrutura dessa multa e a fim de evitar distorções na sua aplicação, é fundamental visualizar a sua diferença com a multa indenizatória prevista no art. 77 do CPC, a denominada *Contempt of Court*.

---

38 Conforme Cassio Scarpinella Bueno, *Curso*, cit., p. 470-471.
39 Nesse sentido, Eduardo TALAMINI (*Tutela relativa...*, cit., p. 256-157); Araken de ASSIS (*Manual da execução...*, cit., p. 624).
40 GAJARDONI; DELLORE; ROQUE; OLIVEIRA JR. *Processo de conhecimento e cumprimento de sentença*, cit., p. 840.

MULTA COERCITIVA (CPC, ARTS. 500, 536, 537, 806 E 814)	MULTA SANCIONATÓRIA (CPC, ART. 77 E CC, ARTS. 408-416)
Natureza meramente processual: objetiva efetivar uma decisão judicial	Natureza processual-administrativa: punição pelo descumprimento de uma ordem
Função constritiva (é prospectiva, pois visa impor uma conduta para o futuro)	Função punitiva (é retrospectiva, pois visa sancionar uma conduta ou omissão pretérita)
O valor é variável e periódico de acordo com o magistrado	O valor é fixo. As bases estão estabelecidas em lei ou, se em contrato, pelas partes
Não se limita ao valor da obrigação, podendo excedê-la	Não pode ultrapassar o valor da obrigação
Beneficiário da multa é a parte contrária	Beneficiário da multa pode ser a parte contrária ou o Estado
"A decisão que fixa a multa é passível de cumprimento provisório, devendo ser depositada em juízo, permitido o levantamento do valor após o trânsito em julgado da sentença favorável à parte" (art. 537, § 3º, CPC)	"Não sendo paga no prazo a ser fixado pelo juiz, a multa prevista no § 2º será inscrita como dívida ativa da União ou do Estado após o trânsito em julgado da decisão que a fixou, e sua execução observará o procedimento da execução fiscal, revertendo-se aos fundos previstos no art. 97" (art. 77, § 3º, CPC)

Tanto que essas multas podem ser cumuladas sobre a mesma situação jurídica. É o que tornou expresso o CPC em seu art. 77, § 4º: "A multa estabelecida no § 2º [multa por ato atentatório à dignidade da justiça] poderá ser fixada independentemente da incidência das previstas nos arts. 523, § 1º [multa para o cumprimento de sentença de quantia certa] e 536, § 1º [medidas de efetivação, dentre elas a multa, para o cumprimento de sentença de obrigação de fazer ou não fazer]".

Essas multas têm, em maior ou menor medida, diferença com a cláusula penal (multa do direito material) já que esta: a) Natureza material: convenção acessória inserida no negócio jurídico para obrigar o devedor em caso de inexecução total ou parcial do contrato; b) Função punitiva (é retrospectiva, pois visa sancionar uma conduta ou omissão pretérita); c) O valor é fixo. As bases estão no contrato ou na lei e não podem ultrapassar o valor da obrigação; d) O beneficiário da multa é a parte contrária; e e) A multa pode ser compensatória (inexecução completa) ou moratória (inexecução parcial).

1.3.1.5.3. Características

i) Valor. Tendo em vista sua finalidade de coerção, não se submete a nenhum valor específico, tampouco a algum teto. Há, contudo, posicionamento do STJ no sentido de que, se a prestação for quantificável, a *astreinte* não poderia sobrepor esse valor (AgRg no AREsp 14.395/SP). Mas o próprio STJ rechaça, em diversos outros julgados, esse entendimento (ver por todos REsp 770.553) já que não se trata de cláusula penal que possui restrição pela lei material (CC, art. 412). Contudo, a despeito da liberdade em decorrência da falta de parâmetros, não pode haver desapego à razoabilidade e proporcionalidade na sua fixação. Já advertiu Eduardo

Talamini em texto sobre o tema (Medidas judiciais coercitivas e proporcionalidade: a propósito do bloqueio do WhatsApp por 48 horas (em 17-12-2015)[41] que:

> A excessiva desproporcionalidade da medida cominada como meio de execução indireta tende a não ser eficaz, como meio de pressão sobre o destinatário da ordem, por pelo menos duas razões. A primeira é de que a excessividade da medida pode atingir um "ponto sem volta", a partir do qual talvez nada mais faça diferença para o sujeito que deveria estar sendo pressionado (o filme *Rosalie vai às compras*, de Percy Adlon, termina com uma frase que bem ilustra essa situação, dita pela protagonista, que dá o nome ao filme e é interpretada por Marianne Sägebrechet: "Quando você deve dez mil dólares, você não dorme à noite; quando você deve dez milhões, quem não dorme são seus credores"...). Esse primeiro aspecto, muito relevante na quantificação de multas processuais periódicas, talvez não se aplique ao caso em exame.
>
> Mas há um segundo aspecto muito pertinente ao caso. A excessiva drasticidade e desproporção da medida podem desde logo incutir no destinatário da ordem a percepção de que ela não prevalecerá, não será mantida em grau de jurisdição superior. Ele então faz uma aposta – em alguns casos (como no ora em análise), razoavelmente segura – de que a medida coercitiva não será mantida, dada sua estrondosa desproporção. Algo como um "quanto pior, melhor". Uma vez formada essa convicção, o mecanismo de pressão cai por terra. O caso em discurso é uma razoável demonstração disso. A ameaça de bloqueio não serviu para pressionar o administrador do WhatsApp. Ele permaneceu não cumprindo o comando judicial – e apostou, corretamente, na revogação da medida, dada sua exorbitância qualitativa e subjetiva. Logo nas primeiras horas úteis de vigência do bloqueio, ele já estava cassado. Enfim, uma medida coercitiva ineficaz e inútil.

Sobre a questão da ponderação a se aplicar a multa, remetemos o leitor ao item 1.3.1.4. Mecanismos de efetivação da tutela específica (*supra*).

a) Base de cálculo. A determinação do valor da multa não pode ser arbitrada sem nenhum parâmetro concreto. Não basta a mera discricionariedade judicial para que se apure determinado *quantum*. Para tanto, o magistrado, na investigação sobre o correto valor, deve aplicar o binômio **suficiência + compatibilidade**. O valor deve ser *suficiente* para compelir (estimular) o obrigado a cumprir e *compatível* com a sua realidade financeira, a natureza da obrigação e as peculiaridades do caso concreto.

E se o contrato (que deu ensejo à demanda) já contiver o valor da multa pecuniária, em caso de inadimplemento? Ao magistrado restam três possibilidades: i) tomar como base o valor estabelecido em contrato; ii) acrescentar multa processual somada à multa material estabelecida em contrato se entender que esta é insuficiente; e iii) substituir a multa fixada no contrato por outra que entenda mais adequada (talvez até menor), pois o seu *poder geral de efetivação* permite analisar qual o melhor meio para compelir o executado ao cumprimento, mesmo que haja contrato nesse sentido. Nada impede que haja cumulação da multa cominatória com pedido de danos morais por descumprimento dessa ordem (STJ, REsp 1.689.074).

b) Limite. A multa não pode ter como limite o valor da obrigação. É o que estabelece o § 4º do art. 537 ao determinar que "a multa será devida desde o dia em que configurar o descumprimento da decisão e incidirá enquanto não for cumprida a decisão que a tiver cominado". Dessa forma, não há se falar em incidência do art. 412 do CC, que dispõe: "O valor da cominação imposta na cláusula penal não pode exceder o da obrigação principal". Essa regra se aplica à cláusula penal (multa compensatória) não coercitiva.

Do contrário, havendo limite, a multa não surtirá nenhum efeito, pois o devedor recalcitrante sabe que aquele valor não poderá ser aumentado e prejuízo nenhum a mais sofrerá em

---

41 <www.migalhas.com.br> (domingo, 23 de abril de 2017).

sua esfera jurídica. Evidente que a multa não pode ser, por assim dizer, infinita. Há de se ter um termo final. Não raro, máxime nas causas de baixo valor, o exequente possui amplo interesse na continuidade da multa para que lhe possa "compensar financeiramente". Neste caso, a multa perde sua finalidade e se torna locupletamento ilícito. A melhor diretriz para essa questão é o magistrado, verificando a impossibilidade de cumprimento (seja pela manifesta recusa do executado, seja pela inviabilidade da consecução), converter a obrigação em perdas e danos, dando por finda a incidência da multa.

c) Gratuidade da justiça. O beneficiário da gratuidade da justiça não está isento do recolhimento de multa. Pensamento contrário levaria à esdrúxula premissa de que aquele que não possui condições de recolher as custas processuais e honorários não poderia ser compelido a cumprir a obrigação na medida em que a multa não poderia incidir sobre sua esfera jurídica. Apesar de que o beneficiário provavelmente não terá recursos para arcar com o valor da sanção, mas a discussão prática deve ser aferida no caso concreto. É essa a diretriz firmada no CPC no art. 98, § 4º: "A concessão de gratuidade não afasta o dever de o beneficiário pagar, ao final, as multas processuais que lhe sejam impostas".

d) Procedimentos especiais com limites de valor. Há procedimentos, como os Juizados Especiais (cível, federal, Fazenda Pública), que possuem um teto para a condenação (quarenta salários mínimos no primeiro caso e sessenta nos demais procedimentos). Evidente que, por se tratar de multa que objetiva o cumprimento da obrigação, esta não pode ficar limitada ao teto legal. De outro modo, perderia muito de sua serventia a multa, pois, chegando ao limite, desestimularia o executado a cumprir a obrigação. Ademais, o valor do principal é limitado e não do meio (multa). Este entendimento está esposado no Enunciado n. 25 do FONAJE, ao asseverar que "a multa cominatória não fica limitada ao valor de 40 (quarenta) salários mínimos, embora deva ser razoavelmente fixada pelo juiz, obedecendo-se o valor da obrigação principal, mais perdas e danos, atendidas as condições econômicas do devedor".

Essa questão perde a sua importância quando se trata de adotar o juizado pelas causas de menor complexidade que independem do valor (art. 3º, II e III, Lei n. 9.099/95).

ii) Periodicidade. O CPC anterior, nos §§ 4º e 5º do art. 461, dispunha sobre "multa diária". O CPC atual nada fala sobre o tema.

A despeito de na prática a fixação da multa pelos magistrados ter como critério *diário* de periodicidade, nada impede que se estabeleça, de acordo com a natureza do direito material, outra fração de tempo que entenda mais adequada ao caso concreto. Assim, pode estabelecer em semana, mês, hora, minuto e até segundo. Não se nega que uma cominação diária é insuficiente para uma obrigação instantânea (v.g., o cantor se recusa a se apresentar em determinada casa de *shows* previamente contratada, cuja apresentação será no dia seguinte). A multa não precisa ser sequer periódica. Para obrigações instantâneas, o magistrado poderá fixar uma multa de parcela única.

iii) Adequação. Como a multa objetiva compelir o obrigado ao cumprimento de um dever, esta deve ser justa e adequada aos propósitos a que se destina. Portanto, uma multa excessiva pode desmotivar o executado no cumprimento, já que sequer com essa multa terá condições de arcar. Assim como uma multa módica pode estimular o executado ao não cumprimento, tendo em vista que o valor cominado não é suficiente para influenciar a sua vontade.

Entretanto, a multa aplicada poderá estar em desconformidade com a realidade da obrigação. E isso porque: **a)** o magistrado não tinha em mãos todos os elementos necessários para a fixação do valor (v.g., o desconhecimento da alta condição financeira do réu); ou **b)** alteração na situação fática (cláusula *rebus*), como exemplo, o pintor que se comprometeu em entregar a obra e sobre ele incide multa, todavia, nesse período vem a fraturar a mão, o que impossibilita o cumprimento da tutela específica.

Dessa forma, estabelece o art. 537, § 1º, do CPC que "o juiz poderá, de ofício ou a requerimento, modificar o valor ou a periodicidade da multa vincenda ou excluí-la, caso verifique que: I – se tornou insuficiente ou excessiva; II – o obrigado demonstrou o cumprimento parcial superveniente da obrigação ou justa causa para o descumprimento".

Não se trata de ofensa à coisa julgada. Portanto, não há se falar em coisa julgada *rebus sic stantibus*[42]. E isso porque a multa não integra a coisa julgada, pois não faz parte do *thema decidendum*. Constitui meio para cumprimento da decisão judicial e não faz parte da decisão em si.

A multa, reduzida ou ampliada, incide a partir da nova decisão, não podendo retroagir sobre o início da incidência da sanção.

A lei tornou expressa que a alteração apenas terá efeitos prospectivos (*ex nunc*) ao valer-se da expressão "vincendas".

Contudo, a despeito da disposição legal, entendemos que a nova decisão pode produzir efeitos retroativos. Assim, pode o magistrado reduzir a multa de ofício (com eficácia *ex tunc*), se entender que o valor total pode gerar enriquecimento sem causa[43]. Se houve novas informações que chegaram ao conhecimento do magistrado sobre a condição financeira do devedor, por que manter o valor da multa ainda pretérito se este não terá condições de arcar com ela? Esse entendimento foi reafirmado no STJ no EAREsp 650.536/RJ, Corte Especial.

Posteriormente o STJ estabeleceu um novo marco: a preclusão em relação à multa somente ocorrerá se o magistrado anteriormente já havia procedido a alteração[44]. É fácil perceber que o legislador leva em consideração a conduta do devedor, a fim de resguardar aquele que, ainda que inadimplente, acaba por cumprir a obrigação (mesmo que parcialmente) ou que demonstra a impossibilidade de cumprimento. Significa dizer que somente tem direito à redução da multa aquele que abandona a recalcitrância. "Desse modo, a partir da regra expressa do art. 537, § 1º, do CPC, somente seria possível alterar o valor acumulado das multas vincendas e, consoante disposto no inciso II, a redução exige postura ativa do devedor, consubstanciada no cumprimento parcial da obrigação ou na demonstração de sua impossibilidade". Ademais, em boa parte dos casos, a multa é concedida em sede de tutela provisória, que, por sua natureza, é revogável (arts. 296 e 1.012, § 1º, V, CPC). Fora que da decisão caberá agravo de instrumento sendo permitido ao tribunal excluir a multa "sob pena de esvaziar a função do recurso"[45].

A regra deve atender ao escopo do legislador nesse caso: o estabelecimento da multa deve ser compatível com a natureza da obrigação e as condições do devedor para satisfazê-la. Se o período percorrido da multa gerar valor inviável ao cumprimento, o magistrado deve ter condições de proferir decisão sobre a modificação com efeitos retroativos.

A despeito do silêncio da lei que apenas permite a modificação do valor ou periodicidade, nada impede que o magistrado exclua a multa. Isso pode ocorrer em diversas situações como: a) cumprimento parcial da obrigação; b) demonstração da impossibilidade de cumprimento

---

42 É aquela em que a alteração das situações de fato pode gerar alteração do dispositivo da decisão.
43 Este, aliás, é o posicionamento do STJ: no REsp 973.879/BA, 4ª Turma, rel. Min. Luis Felipe Salomão; REsp 947.466/PR, 4ª Turma, rel. Min. Aldir Passarinho Jr. Na doutrina, SHIMURA, Sérgio. *Comentários ao Código de Processo Civil*. Coord. Cassio Scarpinella Bueno. São Paulo: Saraiva, 2017, v. 3, p. 456.
44 EAREsp 1.766.665-RS, Rel. Ministro Francisco Falcão, Rel. para acórdão Ministro Ricardo Villas Bôas Cueva, Corte Especial, por maioria, j. 3-4-2024.
45 Idem, ibidem.

(justa causa); ou c) quando o credor demora em fazer a comunicação do adimplemento em afronta à boa-fé processual (*duty to mitigate the loss*).

iv) Exigibilidade. A partir de quando a multa se torna exigível? Do trânsito em julgado ou da sua eficácia? No Brasil havia duas correntes que debatiam sobre qual a melhor forma de se determinar o termo inicial da exigibilidade.

> **Para a primeira corrente**, a multa é exigível quando a decisão que a fixa se torna eficaz (= apta a produzir seus regulares efeitos). Assim, se a decisão for de natureza antecipada, será a partir do momento em que decorrer o prazo recursal para interposição de agravo ou quando este, se interposto, não for recebido no seu efeito suspensivo. Se a multa foi concedida na sentença será a partir do momento em que se exaurir a possibilidade de interposição de recursos com efeito suspensivo[46]. Desta forma, a multa se torna exigível quando a decisão que a fixou se tornar eficaz. Cobrar a multa somente após o trânsito em julgado "seria esvaziar o que ela tem de mais relevante: a possibilidade de influenciar na vontade do executado e compeli-lo ao acatamento da determinação judicial"[47].
> Este posicionamento é defendido por Cassio Scarpinella Bueno e Eduardo Talamini.
> **Para a segunda corrente**, a multa somente será exigível após o trânsito em julgado. Os defensores deste posicionamento asseveravam que em legislação extravagante há dispositivos semelhantes como o art. 12, § 2º, da Lei n. 7.347/85 (Ação Civil Pública) e art. 213, § 3º, da Lei n. 8.069/90 (ECA), em que o trânsito em julgado é condição necessária para o cumprimento da multa.
> Este posicionamento é defendido por Luiz Guilherme Marinoni[48]. A jurisprudência do STJ se posicionava a favor desta corrente.

Desde antes do atual CPC entendíamos que a primeira corrente é mais adequada pelos motivos já trazidos pela doutrina. Ademais, como uma decisão que se torna eficaz não pode ser exigível? O processo coletivo é disciplinado (à falta de regra própria) pelo Código de Defesa do Consumidor, que é portador, em seu art. 84, de regra idêntica à prevista no art. 536 sobre as medidas necessárias ao cumprimento de tutela específica.

O atual CPC estabeleceu uma regra que concilia ambas as correntes. Prestigia a primeira ao asseverar que haverá prévio pagamento da multa por meio de cumprimento provisório, mas que este valor apenas poderá ser levantado após o trânsito em julgado (prestigiando a segunda). Assim, a decisão que fixa a multa pode ser objeto de cumprimento provisório. Para tanto, deve ser "depositada em juízo, permitindo o levantamento do valor após o trânsito em julgado da sentença favorável à parte" (art. 537, § 3º, do CPC, com redação dada pela Lei n. 13.256/2016).

Essa opção do CPC merece aplausos: mantém a natureza coercitiva da multa ao exigir do devedor/executado o depósito, mas preserva a segurança jurídica ao estabelecer sua exigibilidade a partir do trânsito em julgado (exaurimento das vias recursais). A Corte Especial do STJ, contudo, entendeu que a execução da decisão liminar que fixa *astreintes* somente pode acontecer após a confirmação em sede de sentença. Dois argumentos foram esposados: a) celeridade processual (com a prática de menos atos) e b) a multa impõe uma exoneração indevida no patrimônio do devedor sendo que se encontra pendente de condição resolutiva (EAREsp 1.883.876).

---

46 Lembrando que a apelação, como regra, é recebida no efeito suspensivo (CPC, art. 1.012), mas os recursos de estrito direito como regra não (CPC, art. 995).
47 Cassio Scarpinella Bueno, *Curso*, cit., p. 465.
48 *CPC comentado artigo por artigo*. São Paulo: Revista dos Tribunais, 2008, p. 430.

É importante frisar que nos processos coletivos mantém-se a regra do art. 12, § 2º, da Lei n. 7.437/85: "A multa cominada liminarmente só será exigível do réu após o trânsito em julgado da decisão favorável ao autor, mas será devida desde o dia em que se houver configurado o descumprimento". Ou seja, o depósito prévio não será exigido, podendo apenas perpetrar a cobrança após o trânsito em julgado. Essa regra, a despeito de se encontrar na Lei de Ação Civil Pública, é adotada por todo microssistema por força dos vasos comunicantes contidos nos arts. 90 do CDC e 21 da Lei n. 7.347/85.

Contudo, uma ressalva importante não prevista pelo CPC: se a multa for concedida em sede de tutela provisória (como normalmente ocorre), o seu cumprimento provisório ficará condicionado à confirmação pela sentença da tutela concedida e que o recurso seja recebido apenas no seu efeito devolutivo (apelação, nas hipóteses excepcionais do art. 1.012, § 1º, CPC ou só em sede de recursos especial ou extraordinário, que, juridicamente, não têm efeito suspensivo, conforme o art. 1.029, CPC)[49].

v) Intimação. Era condição essencial que o executado fosse pessoalmente intimado da multa (Enunciado n. 410 da súmula dominante do Superior Tribunal de Justiça)[50]. Agora o atual CPC permite, nas disposições gerais, outras formas de intimação (art. 513, § 2º), contudo está afetado para julgamento em sede de recursos especiais repetitivos (Tema 1296) acerca da necessidade de intimação pessoal da parte nas obrigações de fazer ou não fazer. Se a multa estiver estipulada em contrato, o prazo começa a correr do inadimplemento, independentemente de intimação (*dies interpellat pro homine*, CC, art. 397).

vi) transmissibidade. A multa pode ser transferida para outra pessoa? O STJ entendeu que a multa tem natureza patrimonial e, portanto, pode ser passada para os herdeiros (AREsp 1.139.084). Posteriormente, entendeu que é possível passar a multa para terceiros. Isso porque, "a partir do momento em que a multa incide em razão do inadimplemento voluntário do devedor, passa a ter natureza indenizatória, deixando de ser uma obrigação acessória para se tornar uma prestação independente, e se incorpora à esfera de disponibilidade do credor como direito patrimonial que é, podendo, inclusive, ser objeto de cessão de crédito" (REsp 1.999.671).

1.3.1.5.4. Legitimidade

Discutir a legitimidade é saber quem está sujeito a sofrer a multa e quem será o beneficiário da sanção. Numa rápida leitura da lei é fácil constatar que o beneficiário será o autor, ou, mais especificamente, o exequente. O § 2º do art. 537 estabelece que "o valor da multa será devido ao exequente" que, em verdade, está suportando os ônus do tempo, pela recalcitrância do executado.

A cobrança dessa multa será por execução por quantia certa na forma de cumprimento de sentença, nos termos do art. 523 do CPC. E isso porque se trata de decisão judicial. Contudo, não será necessária a formação de nova relação jurídica, podendo ser executada nos mesmos autos em que se formaliza o cumprimento da obrigação principal.

Quanto ao polo passivo, de regra será aquele que tinha o dever de cumprir a obrigação e não o fez. Contudo, discussão extremamente elegante na doutrina e que torna necessária a devida menção neste momento: é possível incidir multa sobre pessoa jurídica?

---

49 O STJ, alterando seu entendimento anterior, entende exatamente dessa forma no REsp n. 1.958.679/GO e no AREsp n. 2.079.649/MA e, em especial no EAREsp 1.883.876-RS (Corte Especial).

50 "A prévia intimação pessoal do devedor constitui condição necessária para a cobrança de multa pelo descumprimento de obrigação de fazer ou não fazer."

A primeira resposta, numa primeira reflexão, seria negativa. Afinal, se a multa tem por objetivo compelir o íntimo do obrigado ao cumprimento sob pena de pagamento, o representante, presentante ou sócio da pessoa jurídica não teria esse temor, já que o cumprimento se daria pelo patrimônio da empresa.

Contudo, nesse caso, sob pena de tornar impossível a incidência da multa, é permitida a multa pessoalmente contra a pessoa física, mesmo que a obrigação tenha se dado pela pessoa jurídica. Trata-se de mecanismo de efetivação, colocado à disposição do Estado para se proceder ao cumprimento da obrigação.

Até mesmo porque a pessoa jurídica somente poderá cumprir determinada obrigação por vontade da pessoa física. A multa, como objetiva influir nessa vontade, há de tornar imperiosa a incidência sobre esta pessoa.

Contudo, nada impede (numa melhor reflexão) que a multa seja aplicada à própria pessoa jurídica, como ocorre em casos de negativa de plano de saúde em custear a cirurgia ao segurado prevista em contrato.

E o exequente poderia sofrer a incidência da multa? Evidente que o autor poderá ser cominado ao pagamento de multa se o réu assumir alguma posição ativa dentro do processo (v.g., reconvenção, denunciação da lide). Mas, mesmo quando o réu não toma uma posição ativa, é possível que se exija uma determinada conduta do autor sob pena de multa: assim, na apresentação de um documento que esteja em seu poder ou mesmo para que se retire imediatamente o seu nome de órgão de restrição de crédito.

Afinal, se qualquer das partes pode ser submetida, no curso do processo, a ordem judicial de caráter mandamental, qualquer uma delas está sujeita a multa.

Até mesmo um terceiro pode ser apenado com a multa. Afinal, todos devem colaborar com a justiça. Basta verificar o caso do representante da pessoa jurídica ou mesmo o órgão de restrição cadastral (conforme exemplo anterior) que se recusa a retirar o nome do réu de seus cadastros.

1.3.1.5.5. A multa e a improcedência da demanda

Se a multa foi fixada em sede de tutela provisória e, após a sentença de mérito, vem sendo cobrada por meio de cumprimento provisório, pergunta-se: qual será o seu destino se, ao final, a demanda for julgada improcedente?

Aqui também se encontram duas correntes no ordenamento:

> **Para a primeira corrente**, a multa subsiste mesmo em caso de improcedência. E isso porque, pensar de maneira diversa, tornaria a multa inútil. Para esta corrente, a melhor aplicação repousa no art. 520, I, ao estabelecer a responsabilidade objetiva de quem procede ao cumprimento provisório (que é o caso) e ao final deva responder por perdas e danos caso haja algum prejuízo. Esta é a posição defendida por Cassio Scarpinella Bueno[51].
> **Para a segunda corrente**, apenas quando o beneficiário da multa for vencedor é que terá direito à cobrança da multa. E isso porque a multa é somente um mecanismo (meio) para que se obtenha a realização de um direito (fim)[52], ou seja, a parte obteria o produto da técnica coercitiva (multa), mas não o direito que fez com que aquela técnica fosse colocada em prática. É a posição defendida por Teresa Arruda Alvim.

---

51 *Curso sistematizado*, cit., p. 466-467.
52 DIDIER JR., Fredie; CARNEIRO DA CUNHA, Leonardo José; BRAGA, Paula Sarno; OLIVEIRA, Rafael. *Curso de direito processual civil*: execução. 5. ed. Salvador: JusPodivm, 2013, v. 5, p. 454.

O CPC seguiu a segunda posição ao estabelecer que a multa é passível de cumprimento provisório, contudo, somente poderá ser levantada "após o trânsito em julgado da sentença favorável à parte" (art. 537, § 3º, CPC, parte final). Isso significa dizer que a multa fixada incidentalmente fica pendente de condição resolutiva.

1.3.1.5.6. Fazenda Pública e a incidência da multa

É possível incidir a multa sobre a Fazenda Pública, sabendo de toda a peculiaridade acerca da indisponibilidade de seu patrimônio que somente poderá ser pago por meio de precatório (CF, art. 100) decorrente de execução com procedimento especial? Há posicionamento para os dois lados.

> **Uma primeira corrente** entende que não seria possível já que o dinheiro que sairá dos cofres públicos não pertence à Fazenda, mas à sociedade em geral, logo, o efeito intimidador não surtiria resultado[53].
>
> **Uma segunda corrente** defende, contudo, a plena possibilidade na medida em que a não incidência geraria um "mecanismo autorizador implícito" para que a Fazenda (a maior protagonista do Judiciário brasileiro) deixe de cumprir os provimentos mandamentais contra ela impostos. A jurisprudência[54] vem entendendo que nesses casos é possível a incidência de multa contra a Fazenda, podendo até impor multa contra o próprio agente público para que tome as providências ao cumprimento da ordem judicial. Aliás, este vem sendo o entendimento do STJ[55].

Defendemos a segunda posição. Até mesmo porque a vedação que se impõe expressamente em lei no cumprimento de sentença contra a Fazenda Pública diz respeito exclusivamente à multa de dez por cento (arts. 534, § 2º, e 523, § 1º, CPC).

---

53 Vicente Greco Filho, *Direito processual civil brasileiro*. 20. ed. São Paulo: Saraiva, 2009, v. 3, p. 68-69.
54 ASTREINTE. FAZENDA PÚBLICA. A *quaestio juris* está na possibilidade de aplicação de multa cominatória (*astreinte*) contra a Fazenda Pública na hipótese em que o juízo singular considere descumprida ordem judicial que determinava a apresentação de documentos necessários ao deslinde da controvérsia. É cediço que o *Codex* processual, entre outras medidas coercitivas, atribuiu ao juiz a faculdade de impor *astreinte* em desfavor do devedor – ainda que se trate da Fazenda Pública –, objetivando inibir o descumprimento das obrigações de fazer ou não fazer (fungíveis ou infungíveis) ou de entregar coisa, que deverá incidir a partir da ciência do obrigado e da sua recalcitrância. Ressalte-se que, quanto à obrigação de entregar coisa, o art. 461-A, § 2º, do CPC determina que, não cumprida a obrigação no prazo fixado pelo juiz, expede-se, em favor do credor, mandado de busca e apreensão ou de imissão na posse conforme se tratar de coisa móvel ou imóvel. No caso dos autos, trata-se de multa cominatória imposta pelo juízo singular em ação mandamental, em função do descumprimento pela Fazenda Nacional de ordem judicial para a apresentação de cópias das fichas financeiras dos servidores públicos federais, objetivando a apuração da existência de descontos indevidos nos vencimentos. Dessarte, havendo a possibilidade de expedição de mandado de busca e apreensão dos documentos requisitados pela autoridade judicial (arts. 461, § 5º, e 461-A, § 2º, do mesmo diploma), como na hipótese, não se mostra razoável a fixação de multa pecuniária pelo descumprimento da ordem de apresentação, ademais, quando existente pedido de dilação de prazo formulado pela recorrente (Fazenda Nacional), o que afasta a caracterização de seu suposto intuito recalcitrante. Com essas considerações, a Turma deu provimento ao recurso, determinando a exclusão da *astreinte* cominada pelo juízo singular em desfavor da Fazenda Pública. Precedentes citados: REsp 1.162.239-PR, *DJe* 8-9-2010; AgRg no REsp 1.176.638-RS, *DJe* 20-9-2010; AgRg no Ag 1.247.323-SC, *DJe* 1º-7-2010; e REsp 987.280-SP, *DJe* 20-5-2009 (REsp 1.069.441-PE, rel. Min. Luiz Fux, j. 14-12-2010).
55 REsp 893.041/RS, 1ª Turma, rel. Min. Teori Zavascki, j. 5-12-2006.

Ademais, é possível ainda o magistrado fixar multa diretamente contra o agente público que se recusa a cumprir a ordem judicial para tornar ainda mais efetiva a coerção (STJ, AgRg no AREsp 472.750/RJ). Há recente julgado do STJ autorizando a aplicação de *astreintes* contra ente público (REsp 1.474.665/RS).

1.3.1.6. Perdas e danos

O art. 499 do CPC estabelece que a obrigação específica pode ser convertida em perdas e danos se:

> a) o autor requerer;
> b) for impossível a obtenção da tutela específica ou o resultado prático equivalente.

A lei estabelece uma série de práticas materiais que o Estado tem à sua disposição para obter o direito *in natura* postulado pelo autor, tanto por meio das medidas típicas como das medidas atípicas decorrentes do seu poder geral de efetivação.

Contudo, nem sempre o cumprimento da obrigação acontece. Apesar de preferencialmente o desejo do requerente se concentrar na obrigação postulada, podem ocorrer circunstâncias objetivas e subjetivas que inviabilizem o cumprimento tal como postulado autorizando a sua conversão em perdas e danos.

Não se trata de julgamento *extra petita*, pois decorre ou da vontade da parte (tendo formulado expressamente pedido nesse sentido) ou pela impossibilidade do cumprimento *in natura* (que, sem a conversão, geraria um *non liquet*). Assim já se manifestou o STJ (REsp 1.397.395/SC).

É importante verificar as situações:

a. Requerimento do autor (conversão subjetiva). De regra, a previsão abstrata do legislador em conceder o próprio direito (e não seu correspondente em dinheiro) coincide com a vontade do autor ao postular em juízo a tutela específica. Contudo, independentemente das circunstâncias, poderá o credor requerer a conversão em perdas e danos. Ao contrário do sistema anterior (ainda arraigado no Código Civil[56]), o CPC possui um verdadeiro "direito subjetivo do credor à conversão em perdas e danos". Constitui uma faculdade processual que prescinde de motivo para a substituição da obrigação específica em reparação pecuniária. O STJ, em recente decisão, posicionou-se no sentido de que, "se o autor opta por requerer apenas o recebimento da indenização por perdas e danos, em vez de exigir a tutela específica, configura-se fora do pedido o julgamento que condena o réu ao cumprimento da obrigação de fazer" (REsp 2.000.933/RJ). Apesar de o art. 499 do CPC estabelecer que o pedido será feito pelo autor, o STJ vem entendendo que poderá, igualmente, ser convertido de ofício quando verificada a impossibilidade do cumprimento da tutela específica[57].

Para a correta interpretação do texto legislativo, há, contudo, que se enfrentar alguns pontos importantes sobre esse requerimento:

i) é possível formular o pedido de conversão, mesmo que a tutela específica ainda seja realizável? Apesar de conspirar contra a própria essência da tutela específica, entendemos que seja possível. E isso porque criou-se um direito potestativo em requerer a conversão em

---

56 *Vide* art. 389 do CC/2002.
57 REsp 2.121.365-MG, 1ª Turma, rel. Min. Regina Helena Costa, por unanimidade, *DJe* 9-9-2024.

perdas e danos. Os motivos são diversos (demora na prestação jurisdicional, a tutela específica não se tornou mais interessante para o autor etc. Trata-se de novação objetiva unilateral[58].

O STJ entende também a possibilidade de conversão quando o cumprimento da tutela específica não for mais justificável em decorrência da sua excessiva onerosidade (REsp 1.055.822/RJ);

ii) o pedido de conversão subsiste mesmo diante de direito indisponível? Não há dúvida de que vige na execução o princípio da disponibilidade (CPC, art. 775), conforme explicitado no capítulo sobre os princípios. Contudo, quando se tratar de direito indisponível, sua esfera de liberdade fica tolhida na medida em que o ordenamento cria um sistema protetivo a esta modalidade de direito que deve ser prestada na forma específica, salvo se tornar impossível a prestação, quando então haverá conversão para pecúnia;

iii) como resolver a questão da conversão subjetiva à luz da interpretação extensiva do art. 313 do Código Civil? O art. 313 do Código Civil estabelece que "o credor não é obrigado a receber prestação diversa da que lhe é devida, ainda que mais valiosa". Logo, não se pode exigir do devedor, numa interpretação extensiva ao artigo, bem diverso daquele que fora pactuado. Contudo, este direito lhe foi concedido pela lei processual desde que tenha ocorrido o inadimplemento. Antes disso não se pode autorizar a conversão, pois o obrigado tem a possibilidade de entregar especificamente o que é devido.

b. Impossível a tutela específica/resultado prático correspondente (conversão objetiva).

Para que se possa entender essa possibilidade de conversão, que independe de ato volitivo do autor, é necessário verificar se a impossibilidade é *material* ou *jurídica*:

i) *a impossibilidade material* ocorre normalmente nas obrigações infungíveis, *intuitu personae* (aquelas que devem ser prestadas exclusivamente pelo devedor/executado), pois o não cumprimento pelo obrigado invariavelmente acarretará perdas e danos, já que terceiro não poderá cumprir a obrigação que importa não só o *resultado* como o *meio*.

O não cumprimento tem ampla dimensão: pode ser por mera resistência, por morte ou enfermidade, por perda da habilidade da qual se tornou notório (cantor que perdeu a voz por negligência), pela perda do objeto. Em todos os casos, a conversão é instantânea, salvo na hipótese de resistência, quando o magistrado tentará todos os mecanismos de coerção que a lei lhe confere no § 1º do art. 536 em decorrência do seu "poder geral de efetivação". As obrigações fungíveis, justamente porque podem ser cumpridas por terceiros, não geram impossibilidade material, salvo pela perda do objeto (o Buffet contratado que não compareceu no casamento).

É fundamental que a inexecução tenha ocorrido por culpa do devedor: o inadimplemento sem culpa (não cumprimento da obrigação por fatores da natureza, v.g.) não gera perdas e danos, apenas resolvendo-se a obrigação (CC, art. 248[59]). Contudo, se já estiver em mora deverá responder pela impossibilidade superveniente da obrigação conforme art. 399 do Código Civil[60];

---

58 Didier-Cunha-Braga-Oliveira, *Curso*, cit., p. 426.
59 Art. 248. Se a prestação do fato tornar-se impossível sem culpa do devedor, resolver-se-á a obrigação; se por culpa dele, responderá por perdas e danos.
60 Art. 399. O devedor em mora responde pela impossibilidade da prestação, embora essa impossibilidade resulte de caso fortuito ou de força maior, se estes ocorrerem durante o atraso; salvo se provar isenção de culpa, ou que o dano sobreviria ainda quando a obrigação fosse oportunamente desempenhada.

ii) *a impossibilidade jurídica* ocorre quando existe alguma norma que tenha o condão de impedir a prática do ato ou mesmo impuser alguma forma de restrição, como, por exemplo, a impossibilidade de praticar o ato quando há dever profissional de abster-se (advogado ou médico no exercício profissional).

Por meio de petição simples, o autor procederá ao requerimento de conversão, que se dará, por meio de liquidação incidente, para que se apurem as perdas e danos. Apesar de ser um direito do exequente, nada impede que o executado formule o pedido (a fim de evitar/paralisar a incidência da multa pecuniária) comunicando ao magistrado a impossibilidade material.

A decisão de conversão desafia o recurso de agravo de instrumento (art. 1.015, parágrafo único, CPC). A decisão da liquidação que estabelecer o valor formará título executivo judicial cobrado via cumprimento de sentença, conforme o disposto no art. 523 do CPC.

A indenização por perdas e danos se dará sem prejuízo da multa fixada para o cumprimento da obrigação específica (art. 500, CPC).

1.3.1.7. Defesa do executado

Depois de prolatada a sentença mandamental ou executiva questiona-se se o executado teria direito ao contraditório, vale dizer, teria oportunidade de se manifestar sobre eventual prática de atos de efetivação, sob sua esfera jurídica.

A resposta inegavelmente será positiva. O que a doutrina diverge, no regime do CPC anterior, era sobre o meio pelo qual essa defesa ou manifestação poderia ser veiculada.

Parcela da doutrina entendia que seria possível a utilização da impugnação, mesmo a lei dando a (falsa) impressão que este instrumento somente se destinaria ao cumprimento de sentença de quantia certa (CPC/73, art. 475-J e § 1º, *in fine*)[61].

Esta regra se aplica tanto para a sentença final como para o cumprimento de decisão interlocutória por meio de execução provisória, quando houve concessão de tutela antecipada.

Contudo, havia autores que defendiam o não cabimento de impugnação ou qualquer outra medida tipificada, cabendo somente simples requerimento para que se procedesse ao controle dos atos judiciais praticados[62].

Entendíamos que era cabível impugnação sob pena de se tolher indevidamente o contraditório nas modalidades de execução específica.

O CPC atual tornou expressa a possibilidade de impugnação no seu art. 536, § 4º, ao remeter ao art. 525 "no que couber". O referido artigo alude à impugnação. Portanto, não há se confinar a possibilidade de impugnação exclusivamente às obrigações de quantia, aplicando-se também às obrigações específicas.

1.3.1.8. Tutela específica: inibitória e remoção de ilícito

Preconiza o parágrafo único do art. 497 do CPC: "Para a concessão da tutela específica destinada a inibir a prática, a reiteração ou a continuação de um ilícito, ou a sua remoção, é

---

61 Cassio Scarpinella Bueno, *Curso*, cit., p. 481-482.
62 Luiz Guilherme Marinoni e Daniel Mitidiero, *CPC comentado*, cit., p. 433. Nesse sentido, STJ, 1ª Turma, REsp 654.583/BA, rel. Min. Teori Zavascki, j. 14-2-2006.

irrelevante a demonstração da ocorrência de dano ou da existência de culpa ou dolo". É importante falar sobre essas técnicas processuais separadamente.

1.3.1.8.1. Tutela inibitória

Toda relação jurídica de direito material conta com um sistema de proteção (*rectius*, tutela), representada por medidas previstas no ordenamento para garantir, dessa forma, a observância do dever jurídico ou mesmo remediar os efeitos causadores da sua violação.

Logo, diante de certas circunstâncias autorizadas pelo ordenamento, o sistema jurídico encontra-se municiado de técnicas e medidas tendentes a impedir ou evitar a violação a uma regra jurídica. E sobre esse particular falaremos especialmente da tutela inibitória.

A ação inibitória reflete o novo sistema e novo perfil do Estado em relação ao direito material violado. A estrutura do então CPC/73, com todo momento histórico à época de sua concepção, remontava uma linha de princípio de equivalência valorativa entre todos os bens jurídicos suscetíveis de uma tutela.

Dessa forma, o ordenamento sempre prestigiou o sistema sub-rogatório, com técnicas tendentes a tornar toda obrigação específica em "equivalente pecuniário".

Este tipo de concepção prestigiava apenas as obrigações em dinheiro, cuja técnica se efetiva (sempre foi e ainda é) por meio de apreensão patrimonial de bens do devedor para pagamento ao credor da obrigação devida.

As obrigações de natureza específica, representadas pela entrega de coisa, um fazer ou um não fazer, eram carentes de adequação pelo sistema, na medida em que o não cumprimento volitivo do devedor acarretava a consequência da resolução obrigacional em "perdas e danos".

Essa forma de ver o cumprimento das tutelas refletia o sistema liberal que compunha a forma de pensar da sociedade, que preconizava a intangibilidade da vontade humana, como reflexo da liberdade dos indivíduos para o cumprimento dos seus deveres.

Diante dessa situação houve a necessidade de se criar uma ação de conhecimento preventiva. Caso não fosse possível, todos os direitos sujeitos à norma e os direitos fundamentais não teriam nenhuma significação prática, já que poderiam ser violados a qualquer momento, restando somente o ressarcimento do dano.

Assim, a ação preventiva é consequência lógica e cronológica da qual o direito material tanto almeja. Essa regra, a despeito de se achar uma novidade no sistema, nada mais é do que interpretar o princípio segundo o qual "a lei não excluirá da apreciação do Poder Judiciário lesão ou *ameaça* a direito" (CF, art. 5º, XXXV, e art. 3º, CPC, grifo nosso).

A ação inibitória tem também fundamento substancial, na medida em que a lei material permite ao credor exigir o cumprimento específico da obrigação de entrega de coisa, de fazer ou não fazer.

Assim, "tendo-se em vista o direito ao cumprimento específico da prestação devida, estabelece-se, como seu consectário, o direito material de inibição do ato antijurídico, o direito substancial de prevenção, consistente na possibilidade de se resguardar um bem jurídico diante da ameaça de sua violação"[63].

---

63 Joaquim Felipe Spadoni, *Ação inibitória*, 2. ed., São Paulo: Revista dos Tribunais, 2007, p. 45.

Dessa forma, a ação inibitória, ação de conhecimento que é[64], volta-se contra a possibilidade do ilícito[65]. Importante que se diga que é exatamente contra o ilícito que se volta a tutela inibitória e não contra o dano. A pensar desta forma (de se imaginar que a tutela inibitória se volta contra o dano), teríamos que convir que antes do dano nada haveria no processo, pois este seria o fato gerador para buscar a providência jurisdicional.

Há algum tempo, o ilícito civil outrora praticado não se revestia de potencialidade para receber proteção judicial. Faltaria ao autor interesse no pedido, a despeito do ato ilícito consumado, pois necessitaria da prova do dano.

O dano é uma consequência (eventual) do ato ilícito, mas não uma relação causa e efeito. Assim, se o titular de uma marca comercial ingressar com uma ação com o intuito de impedir que alguém a use indevidamente (inibir), o pedido versará sobre o ato contrário ao direito, independentemente se causará dano ou não a veiculação indevida.

Há diversas situações em que pode haver ato ilícito e não haver dano:

a) quando um veículo ultrapassa o semáforo vermelho e foi filmado por um radar de segurança certamente tomará um auto de infração. Imagine que não houve nenhum abalroamento ou atropelamento. Nesse caso, houve ato ilícito (sujeito à multa), mas não houve dano;

b) uma empresa que indevidamente comercializa determinado produto estético cujo princípio ativo pode causar dano na pele dos consumidores (estudo elaborado por uma Universidade, por exemplo, que gerou proibição pela ANVISA) é demandada. Imagine que não foi encontrada nenhuma prova ou depoimento de alguém que foi prejudicado pelo uso da marca. Certamente não houve dano, mas houve a prática de ato ilícito.

Dessa forma, ato ilícito é qualquer ato contrário ao direito. O dano é uma situação eventual da prática do ato ilícito.

Joaquim Felipe Spadoni entende que com a redação do art. 186 dada pelo Código Civil de 2002 "deixou de ser adequado afirmar-se que a ação inibitória é voltada contra o ato ilícito"[66], preferindo a terminologia ato antijurídico. Isso porque o artigo confunde as ideias de ilícito e dano ao estabelecer que: "Art. 186. Aquele que, por ação ou omissão voluntária, negligência ou imprudência, violar direito e **causar dano** a outrem, ainda que exclusivamente moral, **comete ato ilícito**" (grifo nosso). Assim também o art. 927 do CC: "Art. 927. Aquele que, por ato ilícito (arts. 186 e 187), causar dano a outrem, fica obrigado a repará-lo".

Endoprocessualmente a matéria ganha novo relevo na medida em que se torna desnecessário alegar o dano (e, por consequência) e produzir prova sobre ele. Assim, o campo de cognição do magistrado fica circunscrito a ser o ato ilícito ou não.

Todavia, não se descarta a hipótese que em alguns casos exista a identidade cronológica entre o ato contrário ao direito e o dano. Nas hipóteses em que o ilícito e o dano ocorrerem no mesmo momento histórico, o fator dano será objeto de consideração pelo juízo quando da apreciação do ato inquinado ilegal.

Existem três formas no sistema de atuação da tutela inibitória: a primeira para proibir a prática do ilícito, a segunda para inibir a sua repetição e a terceira para inibir a sua continuação.

---

64 A despeito de ser sedutor o argumento de cautelares para prevenir ilícitos (ou mesmo obstar a sua eficácia), não se pode conceber sua utilização na medida em que o direito de inibição do ilícito não pode ser revestido de natureza instrumental (assim como são as cautelares), pois a tutela preventiva é O PRÓPRIO bem da vida que se persegue e não um instrumento para se obter a utilidade prática do processo.
65 Luiz Guilherme Marinoni, *Técnica processual e tutela dos direitos*, São Paulo: Revista dos Tribunais, 2004, p. 255.
66 *Ação Inibitória*, cit., p. 56.

Evidentemente que a primeira hipótese é, sem sombra de dúvida, a mais difícil de ser provada. E isso porque provar a existência de um eventual e potencial ilícito é muito mais difícil do que obstar a produção ou evitar a repetição de um ilícito já ocorrido (como nas duas outras hipóteses).

Assim entende Marinoni ao asseverar que "enquanto duas delas – a que visa inibir a repetição e a que objetiva inibir a continuação – ao se voltarem para o futuro, e assim para a probabilidade da repetição ou da continuação, podem considerar o passado, ou seja, o ilícito já ocorrido, a outra não pode enxergar ilícito nenhum no passado, mas apenas atentar para eventuais fatos que constituem indícios de que o ilícito será praticado"[67]. Portanto, o que se distingue nelas é exatamente "o que nelas deve ser provado"[68].

É importante frisar que no tocante ao ilícito reiterado (sua repetição), parte-se da premissa de que exista um intervalo entre o ilícito praticado e o ilícito que está por vir. Todavia, não só a reiteração do ilícito é objeto de interesse da tutela inibitória. É possível também uma ação para arredar a eficácia ilícita continuada. No primeiro caso, está-se a verificar a prática de uma nova ação que [em decorrência disso] gera um novo ilícito. No segundo caso, não há uma nova ação, mas os efeitos daquela ação anteriormente praticada (e ilícita) geram (*rectius*, perduram) seus efeitos no tempo.

A ação inibitória só tem incidência sob a ação ilícita continuada, pois somente se atinge aquilo que está por vir. Aquilo que já foi realizado e perdura no tempo (ação de efeitos prolongados) carece de interesse à ação inibitória. Repise-se, apenas se inibe aquilo que pode ser praticado. Caso contrário, restará apenas a possibilidade de requerer a remoção do ilícito já praticado (v.g., despejo de lixo em local proibido).

Assim, podemos divisar bem a aplicação das tutelas de acordo com o direito material que se visa proteger: a ação inibitória é cabível quando se teme a continuação da atividade ilícita, já a ação de remoção de ilícito – que se verá adiante – tem aplicabilidade para o ilícito de eficácia continuada.

Evidente que neste novo contexto de se pensar as tutelas preventivas (que antes eram afetas somente no direito penal), a fim de dar vigência a sua efetividade, deve-se revestir a norma de força imperativa para determinar proibições ou imposições de conduta. Isso quer dizer que o ilícito praticado pode ser tanto comissivo quanto omissivo, já que a sua função é evitar o ilícito.

Dessa forma, "se o direito material exige um não fazer, nada impede que o juiz ordene um fazer para que o direito seja efetivamente tutelado. Assim, por exemplo, se alguém está proibido de perturbar a vizinhança, nada obsta que o juiz, em vez de ordenar a paralisação da atividade, imponha a instalação de determinado equipamento. Nesse caso, partindo da premissa de que não há regra de direito material que obrigue a instalação do equipamento, a impossibilidade do fazer decorre do poder conferido ao juiz pela legislação processual (art. 84, CDC e 461, CPC [atual art. 536])"[69].

Tal é a questão de suma importância para se entender efetivamente a diferença entre ilícito e dano.

---

67 Luiz Guilherme Marinoni, *Técnica*, cit., p. 255.
68 Idem, ibidem. Assim também é no direito alemão (BGB § 1.004) e no direito italiano (Lei sobre o direito do autor, art. 156).
69 Luiz Guilherme Marinoni, *Técnica*, cit., p. 255.

1.3.1.8.2. Tutela de remoção do ilícito

Ao contrário da ação inibitória que destina a impedir a prática, a repetição ou a continuação do ilícito, a ação de remoção dirige-se a remover os efeitos do ilícito que já ocorreu.

A ação inibitória voltada a impedir a repetição do ilícito tem a finalidade de evitar a ocorrência **de outra** atividade ilícita. Assim como a atividade voltada a inibir a continuação do ilícito tem a finalidade de **inibir a continuação** do "agir ilícito". Dessa forma, a ação inibitória somente tem cabimento para evitar "o prosseguimento de um agir ou de uma atividade"[70] e não quando o ato já estiver sido praticado e estando presentes apenas os seus efeitos.

Esta dificuldade dogmática em se estabelecer a ação de remoção de ilícito em relação à inibitória decorre muito da (também) dificuldade em se divisar o dano e o ilícito, pois quem trabalha com a junção indissociável desses dois fenômenos, por certo, entende que a única medida cabível contra o ilícito é a ação de reparação de danos. Entretanto, o ato contrário a direito já cria fato gerador (*rectius*, interesse) em se buscar a tutela devida no Judiciário, independentemente da ocorrência de dano ou não[71].

Luiz Guilherme Marinoni assevera que a ação de remoção do ilícito "não se dirige contra um agir continuado, mas sim contra uma ação que se exauriu enquanto agir, mas cujos efeitos ainda se propagam no tempo; assim, apenas quando o ilícito se prolonga no tempo deixando em aberto a possibilidade de danos é que há interesse de agir em sua remoção. Nesse caso, fala-se em ilícito de eficácia continuada"[72]. Dessa forma, quando o dano tem correspondência cronológica com o ilícito, a tutela ressarcitória é o suficiente. Todavia, quando o dano ainda é uma expectativa, não há o que se ressarcir, visto que o nosso direito veda a tutela em condição suspensiva.

A eficácia da tutela de remoção de ilícito é dupla: repressiva ao ato contrário ao direito e preventiva ao eventual dano, **já que a supressão do ilícito elimina a fonte de dano.**

Daí sua diferença com a ação ressarcitória que visa corrigir o estrago já ocasionado, seja de forma específica, seja mesmo (e até) pelo ressarcimento monetário.

Assim, dadas as premissas estabelecidas, podemos fixar alguns pontos convergentes entre a tutela inibitória e a de remoção de ilícito:

(i) ambas não visam (não têm como pressuposto) o dano, ou, nas palavras de Marinoni, o elemento subjetivo (culpa ou dolo) é relacionado à imputação ressarcitória. Não que seja proibido argumentar o dano na causa de pedir (é até recomendável por força retórica), mas ele não será objeto de preocupação pelo magistrado, pois se a norma erige uma regra de conduta justamente para evitar que o seu descumprimento não gere danos, exigir a prova do dano é criar uma impossibilidade física, uma vez que não se pode demonstrar a existência de um fato jurídico que ainda não ocorreu ou que esteja na [eventual] expectativa. A obrigatoriedade de discorrer sobre o dano seria o mesmo que retirar da norma a eficácia que o legislador lhe empregou, pois condiciona a violação ao dano, independente do descumprimento.

Imagine a venda de medicamentos proibidos por lei (exemplo dado anteriormente). Se não houvesse ações voltadas a impor a vontade da norma, o comerciante poderia discutir

---

70 Idem, ibidem.
71 Assim, se uma empresa veicula uma propaganda no *outdoor* que, à evidência, configura prática concorrencial ilícita, por certo o instrumento correto será a tutela de remoção de ilícito, pois a inibitória será insuficiente ante o ilícito já praticado e a reparação de danos é inócua na medida em que a propaganda continua em exposição.
72 *Técnica*, cit., p. 270.

sempre judicialmente a inocorrência de danos, tornando cláusula morta a norma posta em vigor;

(ii) ambas apenas podem ser utilizadas na presença de regras de proibição ou observância. As normas, da qual figuram como espécie as regras e os princípios, devem prever a proibição da conduta. Marinoni[73] entende que não necessariamente uma regra (*rectius*, texto de lei) precise prever a vedação da conduta.

Assim, um direito fundamental poderá ser avocado (meio ambiente, por exemplo) para evidenciar a sua ilicitude. É o caso do art. 10 do CDC, que proíbe ao fornecedor colocar no mercado produto que apresentar alto grau de periculosidade ou nocividade. À ausência de pressupostos específicos do que vem a ser nocivo ou perigoso, competirá ao consumidor invocar a norma principiológica a seu favor e cabe ao magistrado circunscrever a ilicitude, pois contrária ao direito. Isso está ligado à característica do produto e não com a probabilidade de gerar danos;

(iii) a prova. Aqui reside um ponto de divergência. A prova na remoção de ilícito é mais fácil, na medida em que este já ocorreu. Assim, o fato ocorrido (indício) pode gerar, por meio de raciocínio dedutivo (presunção), nova prática. Na inibitória, é necessário provar a probabilidade de ilícito.

1.3.2. ENTREGA DE COISA CERTA OU INCERTA

1.3.2.1. Introdução

Conforme estudado, o Código de Processo Civil, tomando como base a estrutura procedimental do Código de Defesa do Consumidor e o Estatuto da Criança e do Adolescente, estabeleceu a tutela específica (art. 461 do CPC/73), por meio da Lei n. 8.952/94.

Esta reforma teve o mérito de:

a) conceder mecanismos executivos e mandamentais (típicos e atípicos) ao magistrado para que busque a tutela específica sem se limitar ao mero sistema de expropriação (execução direta); e

b) generalizar estes mecanismos para qualquer modalidade de obrigação de fazer e não fazer.

Contudo, restaram desguarnecidas de tutela as obrigações de entrega de coisa certa e incerta. Havia, é fato, alguns procedimentos específicos em que se autorizava esta modalidade de tutela como nas hipóteses dos juizados especiais (Lei n. 9.099/95, art. 52, V) e da ação de depósito (CPC/73, art. 904). Mas ainda era insuficiente.

Some-se ao fato que a jurisprudência[74] e a doutrina não admitiam a interpretação extensiva do art. 461 (atual 536) para estas modalidades. Foi necessário estabelecer uma nova regra para tutelar este tipo de direito de maneira mais efetiva. Adveio a Lei n. 10.444/2002, que acrescentou o art. 461-A ao CPC/73 (que agora vem configurado no art. 538) e autoriza a regulamentação específica para entrega de coisa.

---

73 Idem.
74 Entendimento jurisprudencial consolidado no Enunciado n. 500 da súmula dominante do Supremo Tribunal Federal, que assim dispõe: "Não cabe ação cominatória para compelir-se o réu a cumprir obrigação de dar". Havia ao menos dois motivos para essa resistência: a) a medida coercitiva indireta era inadequada já que o meio sub-rogatório (busca e apreensão e imissão na posse) era meio mais eficaz; e b) interpretação restritiva ao art. 461 do CPC/73.

A execução para entrega de coisa certa fundada em título executivo judicial (ou cumprimento de sentença que reconheça a exigibilidade de obrigação de entrega de coisa) vem disciplinada no art. 538 do CPC.

1.3.2.2. Questões processuais

Algumas observações são importantes:

a) Título extrajudicial. As execuções para entrega de coisa certa ou incerta baseada em título executivo extrajudicial continuam com regulamento próprio no Livro II da Parte Especial do Código de Processo Civil, conforme arts. 806-813 (*vide* Execução de entrega de coisa certa e incerta com base em título executivo extrajudicial, item 2.3). Lá se aplicam as medidas conferidas pelo magistrado também com base no "poder geral de efetivação". Importante ressaltar que determinados títulos executivos judiciais serão cumpridos também por processo autônomo. São os casos em que a certificação do direito se deu fora do juízo cível e, portanto, será necessária a instauração de um processo para o cumprimento desta particular sentença (sentença arbitral, sentença ou decisão interlocutória estrangeira e sentença penal condenatória, conforme art. 515, § 1º).

b) Subsidiariedade. O regramento do art. 538 não vem tão detalhado quanto o artigo que lhe serviu de inspiração (art. 536, CPC). Era desnecessário. E isso porque as técnicas empregadas para entrega são muito parecidas com aquelas nas obrigações de fazer e não fazer. Atento a isso, o legislador estabeleceu no art. 538, § 3º: "Aplicam-se ao procedimento previsto neste artigo, no que couber, as disposições sobre o cumprimento de obrigação de fazer ou de não fazer".

c) Cabimento. É cabível para qualquer ação:

> **i) real**, desde que não possua ação com procedimento próprio (típica) e tenha eficácia executiva (como, por exemplo, as ações de reintegração de posse e embargos de terceiro). As ações reivindicatórias e imissão na posse não têm previsão procedimental própria, de modo que podem se valer do regime jurídico destinado às ações para entrega de coisa certa ou incerta);
>
> **ii) obrigacional**, que tenha como discussão o bem (por exemplo, cumprimento de contrato de locação pactuado, mas o bem não foi entregue).
>
> Tanto nas obrigações de entrega como nas de restituição do bem. Tanto nas fungíveis como nas infungíveis. Tanto nas de bem móvel como imóvel.

d) Opção pela via cognitiva. Haveria falta de interesse de agir pela adequação[75]? A resposta é negativa. E isso porque a atipicidade dos atos que a lei confere na ação de conhecimento (até com a possibilidade de pedido de tutela antecipada) torna esta ação muito mais atraente no ponto da efetividade. Evidentemente está se permitindo ao credor abrir mão de uma posição de vantagem (portador de título executivo). O contrário, contudo, não é possível: renúncia a direitos é permitida no sistema, não a aquisição de direitos inexistentes.

---

75 Pressuposto, em verdade, discutido na doutrina sobre se tratar ou não de elemento integrante do interesse de agir.

O atual CPC tornou expressa essa opção para títulos executivos extrajudiciais ao permitir que o exequente opte pela via cognitiva mesmo sendo portador de título executivo extrajudicial para a obtenção de título judicial (art. 785, CPC).

e) Concentração. A concentração é expediente técnico que se aplica apenas para a modalidade obrigacional de entrega de coisa incerta. Coisa incerta é aquela individualizada pelo seu gênero e sua quantidade (três caminhões, duas sacas de café, p. ex.); por ser incerta, depende de ulterior definição. Esta definição é denominada concentração ou individuação do bem. Há de se verificar a quem compete a escolha.

Escolha pelo credor. Se a escolha competir ao credor, este deve fazer a escolha já na petição inicial (CPC, art. 498, parágrafo único; CC, art. 244). Como se trata de obrigação que será realizada *dentro do mesmo processo* em que já foi declarado o direito de entrega, não há que se falar em nova petição inicial (que já foi formalizada no início da fase de conhecimento), mas de **requerimento** para a entrega dentro da petição inicial que versa sobre a questão principal. A não escolha no requerimento gera preclusão consumativa, outorgando ao devedor a faculdade de escolha.

Escolha pelo devedor. Se a escolha couber ao devedor, deverá efetivá-la no prazo em que o magistrado conceder para o cumprimento. A *escolha* e a *entrega* se dão instantaneamente e não em momentos distintos. Caso não proceda a escolha, transfere-se para o credor esta opção (CPC, art. 800, § 1º).

f) Aplicabilidade do art. 536, § 1º, do CPC. O art. 538 utiliza como medidas de apoio a busca e apreensão (se coisa móvel) ou imissão na posse (se coisa imóvel). Contudo, até mesmo pela subsidiariedade entre as tutelas de obrigação de fazer e de entrega (§ 3º do referido artigo), nada impede que se utilizem as medidas de apoio previstas no art. 536, § 1º, do CPC.

Como exemplo, a remoção de pessoas e coisas quando estas e aquelas estiverem no imóvel por ocasião da expedição do mandado de imissão ou mesmo a busca e apreensão do bem pela sua dimensão será trabalhosa e dispendiosa.

Nesse caso, o magistrado poderá determinar multa para que o próprio devedor apresente o bem.

g) Alienação do bem na pendência da demanda. A coisa se torna litigiosa com a citação válida (CPC, art. 240). Se, no curso da demanda, houver a alienação do objeto litigioso, não haverá modificação das partes, pois a venda é ineficaz para o autor. Nesse caso configura-se fraude à execução (CPC, art. 792, I). Dessa forma, a pergunta que se faz é a seguinte: quais os direitos que o credor possui quando o bem está nas mãos do terceiro adquirente?

No **plano subjetivo** poderá: i) autorizar o ingresso do terceiro no lugar do réu originário por meio de sucessão processual (CPC, art. 108) respondendo este para os termos da demanda; ou ii) impedir o ingresso (CPC, art. 109, § 2º) quando o terceiro poderá ingressar como assistente litisconsorcial.

No **plano objetivo** há, igualmente, duas opções: i) determinação para que o terceiro entregue o bem sob pena de expedição de mandado (busca e apreensão ou imissão na posse); ou ii) conversão em perdas e danos (CPC, art. 499).

1.3.2.3. Procedimento

O magistrado poderá conceder a tutela específica para entrega de coisa por sentença ou por meio de tutela provisória de urgência antecipada.

A eficácia desta decisão (= termo inicial do cumprimento) se dá:

i) com o trânsito em julgado no caso da sentença;

ii) na recepção de qualquer recurso sem efeito suspensivo permitindo o cumprimento provisório, ainda no caso de sentença; e

iii) do trânsito em julgado ou do recebimento do agravo sem efeito suspensivo no caso de decisão interlocutória.

Com a decisão eficaz, o magistrado fixará um prazo para cumprimento da obrigação (na sentença ou na decisão interlocutória). Diferente da regra do art. 806, em que o prazo já é estabelecido em lei (quinze dias). Escoado o prazo, autoriza-se a expedição de mandado de busca e apreensão ou imissão na posse. As medidas de apoio previstas no § 1º do art. 536 podem ser utilizadas quando, por exemplo, o réu se recusa a informar o local do bem ou quando a entrega do bem depender de conhecimento técnico especializado que apenas o réu possui.

Perceba que o momento de eficácia da decisão é diverso daquele em que se autoriza a prática dos atos executivos, que só são permitidos com o escoamento do prazo conferido pelo juiz ao devedor. Contudo, se a medida for de urgência, tendo sido concedida *inaudita altera pars*, poderá o magistrado conceder a medida antes do prazo para cumprimento, conforme a necessidade do caso concreto.

1.3.2.4. Conversão em perdas e danos

Conforme verificado anteriormente em relação à tutela das obrigações de fazer e de não fazer, a conversão em perdas e danos é uma opção para o autor, caso não deseje mais a tutela específica (nos termos e limites ali apresentados). Contudo, há de se perguntar se esta alternatividade também incide nas obrigações de entrega de coisa certa ou incerta. Acreditamos que não. O sistema traz ao menos dois bons argumentos para tanto:

a) Previsão no direito material. O Código Civil, nos arts. 233 a 242, estabelece que a conversão em perdas e danos somente poderá ser feita se a coisa foi *deteriorada* ou *perdida*. Dessa forma, sendo o art. 536 instrumento colocado à disposição do direito material para seu efetivo cumprimento, não seria crível entender que uma regra de processo possa se sobrepor a matéria cuja competência pertence ao direito material. Assim, a opção somente teria razão em um desses dois casos.

b) Facilidade na obrigação *in natura*. A doutrina explica que "enquanto na obrigação de fazer e não fazer (...) o objeto da obrigação ainda não existe fisicamente, pois o comportamento esperado exige uma realização concreta por parte do devedor (salvo quando o comportamento é tolerar ou abster), na obrigação de entrega de coisa o bem devido existe e está indevidamente na posse do devedor ou terceiro. Ademais, por que optar por perdas e danos se o bem existe e pode ser restituído?"[76].

Dessa forma, a conversão não é tão simples quanto parece, no plano da obrigação de entrega da coisa certa ou incerta. Didier, Cunha, Braga e Oliveira sistematizam cinco situações em que a conversão seria possível:

a) consentimento do executado;

b) recusa pelo executado no cumprimento da ordem;

c) coisa não encontrada;

---

76 Marcelo Abelha Rodrigues, *Manual de execução*, cit., p. 250.

d) deterioração[77];
e) quando estiver em poder de terceiro e não for reclamada.

1.3.2.5. Retenção por benfeitorias

Em havendo benfeitorias, estas devem, sob pena de preclusão, ser alegadas na fase de conhecimento em sede de contestação. Para tanto, é necessário atribuir (quando possível) o respectivo valor e discriminá-las pormenorizadamente.

---

77 O Código Civil, nos arts. 233 a 246, estabelece uma série de regras pertinentes ao direito às perdas e danos. Desta forma, v.g., o perecimento sem culpa do devedor resolve a obrigação sem direito a essas perdas e danos. Para melhor compreensão da questão, recomenda-se a leitura dos referidos dispositivos de lei.

2.

TÍTULO EXTRAJUDICIAL

2.1. PAGAMENTO DE QUANTIA CERTA

2.1.1. INTRODUÇÃO

Conforme visto no capítulo dedicado aos princípios da execução e no da responsabilidade patrimonial, o patrimônio do executado responde pelas dívidas que contraiu estabelecidas em título executivo (princípio da patrimonialidade, CPC, art. 789).

Assim, o cumprimento espontâneo pelo devedor é a postura desejada. Contudo, como de raríssima incidência prática e raramente ocorre, incide, portanto, a responsabilidade patrimonial sobre seus bens.

Dessa forma, a execução por quantia é instrumento processual que objetiva proceder à expropriação dos bens do devedor/executado para a satisfação do crédito perante o credor/exequente.

O vocábulo *certo* decorrente da "execução por quantia certa" quer dizer que a prestação se representa em: (i) valor monetário e (ii) moeda nacional (pois moeda estrangeira só é exequível no Brasil "quando satisfeitos os requisitos de formação exigidos pela lei do lugar de sua celebração e quando o Brasil foi indicado como lugar de cumprimento da obrigação" [CC, art. 318[1], e CPC, art. 784, §§ 2º e 3º[2]]).

A execução por quantia certa fundada em título executivo extrajudicial mereceu maior cuidado e detalhamento pelo legislador na elaboração de seu procedimento. E isso se deve a, pelo menos, dois fatores:

a) casuisticamente, a execução por quantia é a mais comum, o que torna maior a preocupação do legislador em instaurar uma execução mais rente à realidade prática possível. Some-se à maciça jurisprudência decorrente da larga utilização dessa modalidade executiva,

---

1 Art. 318. São nulas as convenções de pagamento em ouro ou em moeda estrangeira, bem como para compensar a diferença entre o valor desta e o da moeda nacional, excetuados os casos previstos na legislação especial.
2 STJ, REsp 33.992/SC, 4ª Turma, 1997.

o que faz com que o legislador seja forçado a normatizar diversas nuances decorrentes da situação prática;

b) o procedimento de execução por quantia é em regra forma de execução por sub-rogação (execução direta), modalidade executiva em que a conduta do executado reveste de menor importância já que o Estado deve utilizar meios objetivando o desapossamento dos bens do devedor. Some-se o fato de que esta execução prestigia o *princípio da tipicidade dos atos* e o de que, ao contrário da execução por coerção, os atos executivos são expressamente estabelecidos como um itinerário fixo a ser seguido pelo magistrado e partes no sentido da satisfação do crédito.

Amplia-se a importância da tipicidade da execução, pois acredita-se que serão raríssimas as situações em que se estabelecerá negócio jurídico processual em sede de execução por quantia, pela natureza preponderantemente satisfativa da execução e não voltada à discussão do crédito.

De acordo com a possibilidade financeira do devedor em responder pela obrigação do título, o CPC criou duas situações distintas. Havendo patrimônio suficiente, a execução será por quantia certa (arts. 824 e s.). Trata-se de execução para a expropriação de bens necessários à satisfação dos interesses daquele específico credor.

Há, contudo, o concurso universal para as hipóteses em que o executado não possua bens ou sejam insuficientes para responder pela gama de credores. Nesse caso, haverá um procedimento distinto com a habilitação do crédito para recebimento. O atual CPC não prevê mais a *execução por quantia certa contra devedor insolvente* que possuía rito similar ao da falência (CPC/73, arts. 746 a 786). Mas o CPC/73 será adotado até que se edite legislação específica sobre o assunto (art. 1.052, CPC).

A execução por quantia pode ser procedida como fase do procedimento (cumprimento de sentença, CPC, art. 523, e que foi estudada anteriormente) ou como processo autônomo, objeto de estudo neste capítulo. Dessa forma, a execução como processo autônomo poderá ser efetivada de três formas:

i) como execução de título executivo extrajudicial;

ii) como execução de sentenças ou decisões interlocutórias cuja formação do título **não se deu perante o juízo cível** (sentença ou decisão interlocutória estrangeira, sentença arbitral e sentença penal condenatória – CPC, art. 515, § 1º);

iii) como as execuções por quantia de créditos de natureza especial (alimentos, execução fiscal, execução de crédito hipotecário [Lei n. 5.741/71] e execução contra a Fazenda Pública).

Assim como ocorre com o "processo" de conhecimento que organicamente se divide em fases (postulatória, ordinatória, instrutória e decisória), a estrutura da execução é, igualmente, dividida em fases em que o nome de cada fase leva em consideração a atividade preponderante ali praticada. Dessa forma, é possível dividir a execução em quatro fases:

Fase postulatória (ou fase de proposição) em que se inicia com a petição inicial, a citação do executado com as possíveis condutas que ele pode tomar.

Fase instrutória (penhora) em que se identificam e apreendem os bens sujeitos à expropriação.

Fase da expropriação em que o(s) bem(ns) penhorado(s) toma(m) algum destino para se converter em renda, seja por adjudicação, alienação ou apropriação de frutos e rendimentos de empresa.

Por fim, a fase decisória com o pagamento ao credor e a consequente sentença declaratória dessa satisfação.

2.1.2. FASE INICIAL (PROPOSIÇÃO)

a) Petição inicial e citação. A fase inicial é desenvolvida em processo autônomo (não fase) e começa com uma petição inicial com todos os requisitos dos arts. 798 e 799[3] e no que couber do art. 319 do CPC. Deverá ser acompanhada do título executivo e o demonstrativo de débito atualizado. O executado será citado para o pagamento da dívida no prazo de três dias.

Perceba que a execução não é processo vocacionado ao contraditório (que será diferido aos embargos ou para alguma outra medida impugnativa), motivo pelo qual o executado não é citado para se defender ou comparecer na audiência de mediação e conciliação, tal como ocorre no processo de conhecimento. Tanto que a não oposição dos embargos não gera revelia. Contudo, dado o possível desconhecimento jurídico do executado, é possível que no mandado conste o prazo de quinze dias para que possa opor embargos.

Sendo a execução processo que objetiva penhorar patrimônio do executado, a quem compete essa nomeação?

O CPC estabelece que compete ao exequente a prerrogativa da escolha preferencialmente. Contudo, a possibilidade de o executado nomear bens está condicionada a alguns requisitos específicos e não apenas quando o exequente for omisso. Assim, estabelece o art. 829, § 2º, que "a penhora recairá sobre os bens indicados pelo exequente, salvo se outros forem indicados pelo executado e aceitos pelo juiz, mediante demonstração de que a constrição proposta lhe será menos onerosa e não trará prejuízo ao exequente". Dessa forma, se antes o executado poderia nomear bens diante da inércia do exequente, hoje sua nomeação está condicionada a

---

[3] "Art. 798. Ao propor a execução, incumbe ao exequente: I – instruir a petição inicial com: a) o título executivo extrajudicial; b) o demonstrativo do débito atualizado até a data de propositura da ação, quando se tratar de execução por quantia certa; c) a prova de que se verificou a condição ou ocorreu o termo, se for o caso; d) a prova, se for o caso, de que adimpliu a contraprestação que lhe corresponde ou que lhe assegura o cumprimento, se o executado não for obrigado a satisfazer a sua prestação senão mediante a contraprestação do exequente; II – indicar: a) a espécie de execução de sua preferência, quando por mais de um modo puder ser realizada; b) os nomes completos do exequente e do executado e seus números de inscrição no Cadastro de Pessoas Físicas ou no Cadastro Nacional da Pessoa Jurídica; c) os bens suscetíveis de penhora, sempre que possível. Parágrafo único. O demonstrativo do débito deverá conter: I – o índice de correção monetária adotado; II – a taxa de juros aplicada; III – os termos inicial e final de incidência do índice de correção monetária e da taxa de juros utilizados; IV – a periodicidade da capitalização dos juros, se for o caso; V – a especificação de desconto obrigatório realizado.

Art. 799. Incumbe ainda ao exequente: I – requerer a intimação do credor pignoratício, hipotecário, anticrético ou fiduciário, quando a penhora recair sobre bens gravados por penhor, hipoteca, anticrese ou alienação fiduciária; II – requerer a intimação do titular de usufruto, uso ou habitação, quando a penhora recair sobre bem gravado por usufruto, uso ou habitação; III – requerer a intimação do promitente comprador, quando a penhora recair sobre bem em relação ao qual haja promessa de compra e venda registrada; IV – requerer a intimação do promitente vendedor, quando a penhora recair sobre direito aquisitivo derivado de promessa de compra e venda registrada; V – requerer a intimação do superficiário, enfiteuta ou concessionário, em caso de direito de superfície, enfiteuse, concessão de uso especial para fins de moradia ou concessão de direito real de uso, quando a penhora recair sobre imóvel submetido ao regime do direito de superfície, enfiteuse ou concessão; VI – requerer a intimação do proprietário de terreno com regime de direito de superfície, enfiteuse, concessão de uso especial para fins de moradia ou concessão de direito real de uso, quando a penhora recair sobre direitos do superficiário, do enfiteuta ou do concessionário; VII – requerer a intimação da sociedade, no caso de penhora de quota social ou de ação de sociedade anônima fechada, para o fim previsto no art. 876, § 7º; VIII – pleitear, se for o caso, medidas urgentes; IX – proceder à averbação em registro público do ato de propositura da execução e dos atos de constrição realizados, para conhecimento de terceiros; X – requerer a intimação do titular da construção-base, bem como, se for o caso, do titular de lajes anteriores, quando a penhora recair sobre o direito real de laje; XI – requerer a intimação do titular das lajes, quando a penhora recair sobre a construção-base."

duas condições: a) menor onerosidade para o executado, pois deve haver a demonstração de que os bens até então indicados pelo exequente podem lhe causar prejuízo maior que os bens que agora está indicando o executado; b) como consequência, não basta a menor onerosidade, mas também, em atendimento à máxima efetividade, a nomeação desses bens não podem prejudicar a situação do exequente (como, por exemplo, a nomeação de um bem sem liquidez nenhuma, o que dificultaria sua venda em alienação judicial).

Conforme se verificará adiante, a lei estabelece expressamente em seu art. 835 a ordem dos bens a serem penhorados. A despeito do estabelecimento, não está o executado adstrito à ordem, isso porque: a) com a exceção da penhora em dinheiro, a ordem nas demais hipóteses constitui apenas um referencial que deve ser analisado no caso concreto; e b) essa ordem foi criada a favor do exequente e, portanto, nada impede que haja a indicação de determinado bem que seja favorável a ele com a sua aceitação.

O atual CPC acabou com a polêmica acerca do termo inicial da contagem de prazo para a fluência do prazo de três dias. Discutia-se, sob o regime do CPC/73, se o termo inicial para a fluência desse prazo se daria da juntada aos autos do mandado ou se da efetiva citação. Havendo quem defendesse a efetiva citação (Araken de Assis, Arruda Alvim, José Medina) e quem defendesse a juntada aos autos do mandado de citação (Marinoni, Arenhart).

Conforme se verifica do art. 829, expressamente se estabelece que o cômputo do prazo se dá após a efetiva citação, independentemente de quando o mandado foi juntado.

b) Honorários. O executado apenas se desonera da dívida se houver o pagamento integral acrescido de custas e honorários advocatícios. Os honorários são fixados na execução de maneira preestabelecida pelo juiz no valor de dez por cento (CPC, art. 827). Em recente decisão o STJ estabeleceu que o percentual mínimo de 10% é impositivo (REsp 1745773).

Assim, não há se falar em valoração dos honorários conforme a atividade laborativa empreendida pelo advogado (CPC, art. 85, § 2º).

O STJ, antes do advento do atual CPC, já se posicionava no sentido de que esses honorários eram provisórios[4], podendo ser complementados pelo juiz se entendesse necessário.

Essa regra, que era omissa no regime anterior, tornou-se expressa com a atual legislação. Assim:

> **a) se os embargos opostos** pelo executado forem rejeitados, haverá majoração para 20% (vinte por cento) em atenção ao princípio da causalidade (objeto de decisão pelo STJ em recursos repetitivos, REsp 1.520.710);
> **b) em não havendo embargos**, o valor dos honorários poderá ser majorado pelo magistrado em decorrência do trabalho exercido pelo causídico após a citação (como, por exemplo, as impugnações dos arts. 854, § 3º, 873, 903, § 2º, CPC etc. ou diversos incidentes como pedido de reforço de penhora ou substituição de bem penhorado). A lei não estabeleceu previamente um valor ficando ao encargo do magistrado esse estabelecimento.

Da decisão que fixar os honorários caberá agravo de instrumento por se tratar de decisão interlocutória (CPC, art. 1.015, parágrafo único).

c) Citação. Uma primeira questão: o despacho que determina a citação interrompe a prescrição (CPC, art. 802)[5]. Historicamente a citação na execução sempre foi realizada por

---

4   STJ, REsp 539.574/RJ.
5   O STJ decidiu que "a propositura da ação revisional pelo devedor interrompe o prazo prescricional para ajuizamento da ação executiva" (REsp 1.956.817/MS).

oficial de justiça (CPC/73, arts. 221, II, e 222, *d*), exceto em execução fiscal (art. 8º, I, da Lei n. 6.830/80).

O atual CPC aboliu das hipóteses gerais de citação por oficial de justiça a execução (art. 247), o que nos levaria a crer na sua permissibilidade também para todos os casos e não apenas em execução fiscal.

Contudo, pela análise sistemática do atual regramento, mantém-se ainda o regime anterior da citação por oficial de justiça. Isso porque o CPC, em seu art. 829, § 1º, estabelece que "do mandado de citação constarão, também, a ordem de penhora e a avaliação a serem cumpridas pelo oficial de justiça tão logo verificado o não pagamento no prazo assinalado, de tudo lavrando-se auto, com intimação do executado".

Como o mandado de citação constitui ato jurídico complexo, pois contém a citação bem como a posterior penhora/avaliação no caso de não pagamento, seria contraproducente outorgar a duas pessoas diferentes (carteiro e oficial) a referida função.

Assim, inegável que a citação em execução se dará, ainda como regra, por oficial de justiça.

As modalidades de citação ficta também são possíveis, consoante se depreende do Enunciado n. 196 da súmula dominante do STJ. O CPC prevê expressamente a **citação por hora certa** na hipótese de não localização do executado após proceder ao arresto dos seus bens (art. 830, § 1º) e consequentemente a **citação por edital** caso essa modalidade se frustre (art. 830, § 2º).

A Terceira Turma do Superior Tribunal de Justiça entendeu possível a inclusão de parcelas vincendas em ação de execução de título executivo extrajudicial, até o cumprimento integral da obrigação. Nesse caso, aplica-se a mesma regra prevista no art. 323 do CPC (REsp 1.783.434).

d) Posição do executado. O executado ao ser citado pode exercer uma dessas cinco opções:

---

i) pagamento da dívida

Havendo o pagamento espontâneo da dívida, e aqui se inclui o valor do principal, juros, correção monetária, custas e honorários advocatícios da parte contrária haverá o levantamento do dinheiro encerrando-se a execução (CPC, art. 924, II).

De duas formas, a reforma da execução criou mecanismos para estimular o devedor para com o cumprimento da obrigação: na execução de título judicial se estabeleceu uma sanção punitiva. O não pagamento em quinze dias acarreta multa de dez por cento sobre o valor do crédito (art. 523, § 1º, CPC).

Na execução de título extrajudicial, ao contrário, criou-se um benefício, uma espécie sanção premial[6]. Dessa forma, se o executado cumprir a obrigação no prazo fixado na lei somente, arcará com **metade dos honorários advocatícios da parte contrária**. Assim estabelece um estímulo (prêmio) ao executado para cumprir a obrigação no prazo.

Evidente que o atraso do pagamento não impede o cumprimento, pois não se opera preclusão para os deveres processuais, mas perderá o benefício previsto no art. 827, § 1º, do CPC. Poderá ainda o executado a qualquer tempo, mas antes de adjudicados ou alienados os bens, proceder a remição da execução (não confundir com a *remissão*, que constitui perdão judicial da dívida), pagando o valor da execução mais honorários, custas e juros devidamente atualizados (art. 826 do CPC);

---

6   Nos dizeres de Eduardo Talamini, sanção premial é "a concessão de benefício para quem cumpre determinada norma jurídica – seja pela atribuição de um bem (...), seja pela privação de um mal ou a exoneração de um encargo (ex.: isenção fiscal)" (*Tutela relativa aos deveres de fazer e de não fazer*, 2. ed., p. 179).

ii) oposição de embargos à execução.
Poderá o executado se insurgir contra o crédito por meio dos embargos que constitui modalidade de resposta clássica neste procedimento. Os embargos possuem natureza de ação[7] e não necessitam de garantia do juízo para que sejam opostos, motivo pelo qual o prazo de quinze dias flui da regra geral prevista no art. 231 do CPC. Os embargos instalam porção cognitiva ampla na execução de modo a permitir a discussão em processo autônomo (pena de desvirtuar a natureza da execução) a existência da dívida;

iii) pedido de parcelamento judicial.
É possível ainda que o executado, no prazo dos embargos, proponha um plano de parcelamento da dívida (CPC, art. 916) que será mais bem visto em capítulo próprio;

iv) ficar inerte.
Caso o executado fique inerte, o magistrado vai determinar a expedição de mandado de penhora e avaliação, autorizando o oficial de justiça (caso o exequente já não tenha indicado) a localizar bens expropriáveis do executado para satisfação do crédito exequendo. Perceba que o oficial de justiça exerce dupla função: procede a penhora e a avaliação do bem (art. 829, § 1º, CPC).

Essa ideia, que já estava presente na Justiça do Trabalho (CLT, art. 721, § 3º) e na Execução Fiscal (Lei n. 6.830/80, art. 13), é agora utilizada para qualquer execução. Esta possibilidade decorre: **a)** da desnecessidade de um avaliador especificamente para atribuir valor a um bem de conhecimento notório. O gasto seria não apenas financeiro, mas de tempo; **b)** hoje é perfeitamente possível que o oficial de justiça, fazendo rápidas buscas na internet em *sites*, encontre o valor adequado para a grande maioria dos bens penhorados (basta pensar em *sites* de venda de bens usados, *sites* com cotação de veículos e aqueles que procedam a avaliação de bens imóveis).

Evidente que se o bem fugir do espectro de conhecimento do oficial e for necessário conhecimento especializado (como uma obra de arte, por exemplo) será designado, de maneira excepcional, um avaliador.

A expedição do mandado corre independentemente do prazo dos embargos, que será de quinze dias, como visto, já que esta modalidade de resposta não possui, como regra, efeito suspensivo;

v) opor exceção de pré-executividade (ou mera petição para discussão na execução).
Constitui medida judicial de defesa do executado fora dos embargos. Seu cabimento era restrito às matérias de ordem pública. A jurisprudência e a doutrina ampliaram seus horizontes para, também, as matérias dispositivas (exceções materiais) acompanhadas de prova pré-constituída (cognição *secundum eventum probationis*)[8]. Aplica-se aqui, por analogia, o art. 518 do CPC (aplicável ao cumprimento de sentença). Sobre a possibilidade de apresentação de *exceção de pré-executividade*, a questão será enfrentada no capítulo sobre defesas do executado (*infra*);

e) Citação incompleta. Contudo, duas situações fáticas são possíveis quando da diligência do oficial na procura do devedor e dos bens. Essas duas situações criarão situações processuais distintas e isso porque é possível:

---

7 Em sentido contrário, Haroldo Pabzt e Cassio Scarpinella Bueno, *Curso sistematizado de direito processual civil*. 3. ed. São Paulo: Saraiva, 2010.
8 Nesse sentido STJ, AgRg no AgIn 1.199.147/SC e Enunciado n. 393 da súmula do STJ (aplicável à execução fiscal).

i) se encontre o executado e não bens. Nesse caso o magistrado deve determinar a suspensão do processo (CPC, art. 921, III). Ocorre que muitas vezes não se encontra bens do executado, e o Poder Judiciário fica abarrotado de execuções inefetivas (já que a execução por quantia depende de bens penhoráveis) se arrastando por anos.

Dessa forma, para harmonizar o direito do exequente ao crédito com o direito do executado de não ter um processo eternizado nas suas costas e ainda a efetividade do Poder Judiciário, estabeleceu-se a **prescrição intercorrente**. Há três formas de prescrição que impactam no processo:

Prescrição do direito material (arts. 205 e 206, CC)[9]	Perda da pretensão pelo decurso do prazo legal decorrente de pedido indenizatório.
Prescrição da pretensão executiva	Perda do direito de ingressar com requerimento ao cumprimento de sentença pelo decurso do prazo (prazo esse fundado na prescrição de direito material) – Súmula 150, STF.
Prescrição intercorrente pelas hipóteses do art. 921, III, CPC	Perda do direito de prosseguir na execução por não encontrar o executado ou bens penhoráveis. Nesse caso, ao contrário das demais, não decorre da inércia da parte, mas por uma crise na execução.

É sobre essa última que iremos tratar.

O art. 921, § 1º, estabelece que:

a) suspensão. O juiz, não localizando o devedor ou bens penhoráveis, suspenderá a execução pelo **prazo de um ano**, o qual também suspenderá o prazo prescricional.

b) arquivamento. Após esse prazo sem a devida localização de bens ou do devedor, determinará o magistrado o **arquivamento dos autos**. Com esse arquivamento, contudo, não se inicia automaticamente a prescrição intercorrente. O seu prazo começa a fluir somente após escoado o prazo desse um ano e com a ciência da tentativa infrutífera de localização do devedor ou de seus bens.

c) localização de bens ou do devedor. Nada impede que nesse interregno de tempo, de se ter encontrado o devedor ou bens penhoráveis para o prosseguimento da execução. Nesse caso somente poderá haver **uma única suspensão** pelo prazo máximo de um ano. Acabou a celeuma de: achou bens, suspende, esse bem não consegue ser vendido ou é de terceiro, volta a correr, achou outro bem, suspende novamente e assim em diante.

d) termo inicial e final. O prazo da prescrição intercorrente correrá ao término de um ano sem a manifestação do exequente. Escoado o prazo prescricional o juiz determinará a resolução do feito com resolução de mérito após a prévia oitiva das partes (arts. 9º e 10, CPC) que serão intimadas para se manifestar no prazo de quinze dias. Não haverá ônus para nenhuma

---

9   Entende o STJ: "Alienação fiduciária de bem móvel. Satisfação do crédito. Múltiplos instrumentos processuais. Possibilidade. Extinção da pretensão de cobrança. Busca e apreensão. Prescrição simultânea. Não ocorrência. Obrigação pecuniária. Subsistência. Credor fiduciário. Propriedade resolúvel. Direitos inerentes. Prescrita a pretensão de cobrança de dívida civil, existindo, todavia, no ordenamento outro instrumento jurídico-processual com equivalente resultado, cujo exercício não tenha sido atingido pelo fenômeno prescricional, descabe subtrair do credor o direito à busca pela satisfação de seu crédito" (REsp 1.503.485-CE, Rel. Ministro Antonio Carlos Ferreira, Quarta Turma, por unanimidade, j. 4-6-2024).

das partes, já que o exequente não pode ser apenado pela falta de bens do executado e igualmente o executado não pode ser apenado pela falta de bens ou mesmo por não ter sido localizado quando sequer sabia que estava sendo procurado.

e) interrupção da prescrição. Iniciado o prazo da prescrição intercorrente, a efetiva citação, intimação do executado ou constrição de bens penhoráveis interrompe o prazo de prescrição, que não corre pelo tempo necessário à citação e à intimação do devedor, bem como para as formalidades da constrição patrimonial, se necessária, desde que o credor cumpra os prazos previstos na lei processual ou fixados pelo juiz.

f) alegação de nulidade. Estabelece o §6º do art. 921 que "A alegação de nulidade quanto ao procedimento previsto neste artigo somente será conhecida caso demonstrada a ocorrência de efetivo prejuízo, que será presumido apenas em caso de inexistência da intimação de que trata o § 4º deste artigo". O prejuízo previsto no §5º não é presumido e só haverá nulidade se houver demonstração do efetivo dano (aliás, contrário do que entende o STJ sobre o tema). É fato que a questão do prejuízo é muito difícil de provar. Trata-se de bom dispositivo: se a norma dissesse que o prejuízo é presumido, haveria prejuízo mesmo que não houvesse. Essa regra colide com o sistema da teoria de nulidades do Código que consagra o *pas nullité sans grief* (art. 282, §§1º e 2º, CPC).

g) incidência. Essa regra igualmente se aplica nos casos de cumprimento de sentença (art. 921, §7º, CPC).

ii) se encontrem bens, mas não o executado. Encontrando bens, mas não o executado, o oficial não poderá proceder diretamente a penhora. Dessa forma, a fim de evitar uma diligência inútil, poderá proceder o **arresto dos bens** (CPC, art. 830).

Diverge a doutrina acerca da natureza jurídica do arresto, tendo aqueles que defendam a sua natureza cautelar (tutela provisória)[10] e outros como satisfativa[11], ou seja, instrumento próprio da execução.

Entendemos tratar-se de natureza satisfativa. Há motivos:

i) não tem como pressuposto a urgência, ou seja, o risco de dilapidação não é o fato gerador para a incidência desta modalidade de arresto;

ii) sua natureza não é acautelatória, mas satisfativa, pois o arresto não visa salvaguardar outro direito, mas é o próprio direito que se busca;

iii) esse arresto poderá ser realizado de ofício pelo oficial, o que não é possível com o arresto cautelar que depende de decisão. Tanto que, depois de enfrentadas as diligências que serão vistas abaixo, o arresto convola-se em penhora;

iv) no arresto incidem as mesmas disposições sobre impenhorabilidade como na penhora (não se pode arrestar bem de família)[12];

v) com a contundente modificação do regime das medidas de urgência, a categorização do arresto como medida cautelar perdeu um pouco de sua importância.

O que não impede a concessão de arresto cautelar *initio litis* quando se constatar o risco de dilapidação.

Com a efetivação do arresto o oficial deverá procurar o executado por duas vezes nos dez dias subsequentes para tentar a citação (afinal se o objetivo da execução é empreender a

---

10 Humberto Theodoro Júnior, *Curso de direito processual civil*, 2010, v. II, p. 264.
11 Cassio Scarpinella Bueno, *Curso sistematizado de direito processual civil*, v. 3, p. 201. Nesse sentido, Araken de Assis e José Medina.
12 STJ, REsp 316.306/MG.

penhora, o arresto, nada mais é do que uma penhora sem ciência). Havendo suspeita de ocultação o oficial realizará a citação com hora certa, certificando o ocorrido.

Não o encontrando e não havendo suspeita de ocultação, o oficial devolverá o mandado negativo ao juiz, que determinará a intimação do exequente. Nesse caso incumbe ao exequente requerer a citação por edital (já que se frustrou a citação pessoal e por hora certa).

O magistrado determinará prazo de três para que o executado responda o edital. Aqui o prazo não começa da efetiva citação, mas do escoamento do prazo previsto no art. 231, IV, do CPC. Importante frisar que o edital somente é possível se esgotadas todas as possibilidades (exaurimento de diligências para encontrar o executado) conforme art. 830, § 2º, do CPC, e interpretação extensiva ao Enunciado 414 da Súmula do STJ[13].

Findo esse prazo o arresto converte-se em penhora (CPC, art. 830, § 3º).

Neste caso, deverá nomear curador especial (CPC, art. 72, II, e Súmula 196 do STJ) para eventualmente opor embargos à execução.

Não é necessária a intimação do executado para a conversão do arresto em penhora[14]. Os Tribunais tinham entendimento que a necessidade de intimação (entendimento baseado no regime anterior) decorria do fato de que da decisão de conversão corria o prazo para a oposição de embargos. Ocorre que, hoje, o prazo dos embargos flui independentemente da segurança do juízo, motivo pelo qual a intimação se tornou desnecessária.

Veja que a situação aqui se enquadra na tipicidade de não localizar o executado para a citação. Encontrando-o, mas, não pagando em três dias, o oficial poderá, desde já, penhorar tantos bens quanto bastem à satisfação do crédito.

h) Intimação da penhora. A intimação da penhora será feita imediatamente na pessoa de seu advogado ou sociedade de advogados (CPC, art. 841, § 1º) e não havendo advogado a intimação será pessoal (CPC, art. 841, § 2º). Essa intimação será via postal. Caso o devedor, que mudou de endereço, não comunicar ao juízo, a intimação no seu antigo endereço reputa-se válida, conforme arts. 274, parágrafo único, e 841, § 4º, do CPC.

Caso o executado esteja presente no momento da constrição, será ele de plano intimado, dispensando-se a formalidade de intimação.

Se o executado opuser espontaneamente embargos haverá conversão da pré-penhora em penhora sem necessidade de intimação desta.

O objetivo da intimação, além da ciência, é a possibilidade de requerer a substituição do bem penhorado (CPC, art. 847).

Se a penhora recair sobre bens imóveis, o cônjuge será igualmente intimado, a não ser que o regime de bens do casamento seja o de separação absoluta de bens (CPC, art. 842).

Ademais, para a presunção absoluta de conhecimento por terceiros deve o exequente providenciar a averbação do arresto ou penhora no registro competente mediante a apresentação de cópia ou auto ou termo independentemente de mandado judicial (CPC, art. 844).

i) Averbação da execução – "averbação da certidão premonitória" (CPC, art. 828). Conforme visto, uma das acepções da fraude à execução é a tentativa de alienação dos bens capazes de reduzir o executado à insolvência (CPC, art. 792, IV).

A averbação para configuração de fraude só existia para bens imóveis (CPC/73, art. 659, § 4º; Lei n. 6.015/73, art. 167, I, 21) e somente se aplicava após a citação. O CPC/73, com a mudança empreendida pela Lei n. 11.382/2006, permitiu a denominada averbação da execução em seu art. 615-A, o que foi mantido com o CPC, no seu art. 828.

---

13 "A citação por edital na execução fiscal é cabível quando frustradas as demais modalidades."
14 STJ, AgRg no REsp 238.097/SP.

Perceba que **antes** da propositura da ação havia instrumento para evitar que a alienação trouxesse prejuízo ao credor (**fraude contra credores**) e **após a citação** também (**fraude à execução**). Contudo, havia um espaço em branco entre a propositura da demanda e a citação que precisava ser preenchido, pois o devedor poderia, de má-fé, dilapidar o seu patrimônio **nesse hiato de tempo**, pois após a propositura da ação não é fraude contra credores (já existe litispendência) e não é fraude à execução (já que não se tem ciência inequívoca da existência da demanda). É nessa situação que se torna importante a averbação da execução.

ANTES DA LITISPENDÊNCIA	APÓS A PROPOSITURA	APÓS A CITAÇÃO
Fraude contra credores (CC, art. 158)	Averbação da execução (CPC, art. 828)	Fraude à execução (CPC, art. 792)
Requisitos: insolvência e prova do dano		Requisitos: pendência de ação e insolvência

A fraude que aqui se alude é uma antecipação da fraude à execução (CPC, art. 792) e não contra credores[15]. Apesar de haver decisões no STJ no sentido de que não se trata de fraude à execução, mas "atentado à função jurisdicional"[16].

Assim preconiza o mencionado artigo que o exequente poderá, a qualquer momento, requerer certidão do ajuizamento da demanda, com os dados pertinentes (nome das partes, valor da causa) para que possa averbar junto ao registro de imóveis, DETRAN, embarcação na capitania dos portos, registro de ações de sociedade anônima e todos os lugares suscetíveis de registro em que se encontram bens penhoráveis do executado.

O objetivo precípuo é alertar, avisar, advertir terceiros e mesmo o próprio executado antes da citação que a alienação ou oneração daquele bem possa acarretar fraude à execução.

E a lei presume essa fraude (CPC, art. 828, § 4º), o que, aliás, não consiste em presunção (ou, ao menos, deve ser considerada presunção absoluta), mas em efetiva fraude, pois ocorreu a alienação ou oneração de bens após a averbação, conforme se depreende do art. 792, II, do CPC.

Evidente que essa presunção é relativa, pois o executado poderá ter outros bens para responder à obrigação não sendo tipificado na regra do art. 792.

Dois são os efeitos decorrentes da averbação:

a) considerar fraudulento qualquer negócio após sua concretização, desde que evidentemente o bem alienado seja posteriormente penhorado;

b) antecipar o efeito privativo e prático da penhora averbada. O efeito é apenas externo (fraude) e não interno (direito de preferência):

i) concretizando a averbação, o exequente deverá comunicar ao juízo no prazo de dez dias. O decurso do prazo sem a devida comunicação acarreta perda da eficácia da averbação. O prazo de dez dias corre da data da concretização do ato extrajudicial (averbação) que na Lei de Registros Públicos se dá com a prenotação do documento[17]. Prestigiosa doutrina, contudo, entende que não gera perda da eficácia a não comunicação. Isso porque a averbação projeta

---

15 STJ, REsp 934.530/RJ, rel. Min. Luiz Fux.
16 STJ, REsp 494.545/RS, rel. Min. Teori Zavascki.
17 Lei n. 6.015/73: "Art. 182. Todos os títulos tomarão, no Protocolo, o número de ordem que lhes competir em razão da sequência rigorosa de sua apresentação".

efeitos para fora do processo e perante terceiros, portanto mantém-se a presunção de fraude (Arruda Alvim, Araken de Assis);

ii) havendo averbação sobre conjunto de bens que ultrapassem o valor da execução, o magistrado determinará o cancelamento do que se averbou a maior.

A averbação indevida apenará o exequente em indenizar a parte contrária. Por averbação indevida tenha-se, a título de exemplo, a averbação de bens impenhoráveis[18] ou notoriamente com valor superior ao da execução (sabendo que já houve a averbação de outros que satisfazem o crédito). O parâmetro para o exercício abusivo do direito encontra-se no art. 187 do CC: "Também comete ato ilícito o titular de um direito que, ao exercê-lo, excede manifestamente os limites impostos pelo seu fim econômico ou social, pela boa-fé ou pelos bons costumes".

O Brasil, igualmente ao direito português que lhe deu base (art. 334, CCP), adota um critério objetivo (ou finalístico) do qual o exercício contrário a sua finalidade econômica ou social é mais importante que a intenção do agente[19]. Esse abuso será constatado objetivamente analisando o ato sob uma ótica externa e não interna (intenção). Este critério afasta a valoração superficial e abstrata que pode ocorrer na qualificação do abuso.

O incidente será processado em autos apartados. Contudo duas observações são importantes: a) é possível que não necessite de liquidação, pois nem sempre será necessário conhecimento técnico para apuração do valor; b) se houver a necessidade de liquidação, provavelmente esta será pelo procedimento comum, já que haverá de se provar o dano, o que gerará novas provas.

A averbação será cancelada também em caso de substituição do bem penhorado (CPC, art. 847) ou qualquer motivo que faça desaparecer a penhora e a expropriação judicial do bem.

A certidão a que alude o art. 828, *caput*, do CPC somente poderá ser expedida se a petição inicial estiver em ordem (preenchimento da regularidade formal, com o consequente pedido de citação do executado). Ou seja, a admissibilidade da petição inicial é condição para a expedição da certidão. É possível a expedição de diversas certidões caso haja diversos cartórios para efetivar a averbação.

2.1.3. FASE DA PENHORA

2.1.3.1. Introdução

A penhora é o instrumento que objetiva individualizar quais os bens do executado serão destinados ao cumprimento da execução. A penhora modifica a situação *genérica* da execução, até então no plano da mera responsabilidade patrimonial, para se transformar em situação *concreta* com a apreensão dos bens aptos a satisfazer o crédito (denominada *afetação*).

A expropriação decorrente da penhora pode ser **satisfativa** (dinheiro ou adjudicação) em que é entregue *in natura* ao credor, ou **liquidativa** (outras formas de expropriação como a alienação por leilão, v.g.).

Há, no Brasil, três correntes que objetivam explicar a natureza jurídica da penhora:

a) penhora como medida cautelar. Para essa corrente a penhora seria uma segurança para salvaguardar bens do executado para a fase de expropriação. Entendemos, contudo que

---

18 Contudo, o STJ já sinalizou a possibilidade de averbação sobre o bem de família no REsp 1.236.057-SP.
19 Essa foi a conclusão que a I Jornada de Direito Civil promovida pelo STJ estabeleceu para diferenciar do art. 186 que tem como critério a culpa (elemento subjetivo).

essa corrente não é a mais adequada na medida em que a cautelar possui finalidade distinta da tutela principal, mesmo que para salvaguardá-la;

b) ato executivo. Constitui ato simples da execução cujo objetivo é a individuação e preservação dos bens que responderão no processo para com a dívida. Este é o posicionamento majoritário da doutrina e o que, a nosso ver, é o mais consentâneo com a natureza do instituto;

c) medida híbrida (ora cautelar, ora executiva). Para essa corrente a penhora seria um ato executivo, mas também acautelatório. Como este acautelamento é mera consequência do ato e não integra a sua essência, não há se falar em natureza exclusivamente cautelar.

A penhora de um bem não inclui seus rendimentos e vice-versa. Os acessórios somente serão integrados à penhora quando o bem não puder comportar a integralidade da dívida. *Aqui não se aplica a regra do acessório segue o principal.*

2.1.3.2. Efeitos da penhora

2.1.3.2.1. Efeitos objetivos

A penhora produz um **efeito principal** que é a *afetação* (especificação do bem a ser expropriado) e ao menos **quatro efeitos colaterais**, sejam eles de natureza material, sejam eles de natureza processual:

i) prevenção executiva (processual). Trata-se da individuação dos bens que serão afetados com a penhora. Via de consequência, os demais bens estarão livres para que possam ser dispostos da maneira que melhor aprouver (oneração ou alienação) ao executado sem que incorra em fraude à execução;

ii) direito de preferência (processual). O mesmo bem pode ser penhorado diversas vezes em processos distintos. Esta situação ocorre quando o executado não possui muitos bens e o bem penhorado possui valor global tal que alcança o valor de todas as execuções que nele se procedeu ao gravame. Em havendo diversas penhoras, a preferência dos credores seguirá a ordem cronológica da penhora *prior in tempore, potior jure*. Esta preferência ultrapassa até mesmo a natureza do crédito que aqui não se reveste de importância. O direito de preferência se dá pela própria penhora e não pelo registro, que constitui apenas mecanismo para dar ciência a terceiros (art. 844, CPC). Esta regra se aplica, igualmente, ao arresto executivo (CPC, art. 830);

iii) desapossamento (material). O executado mantém-se proprietário do bem. Contudo, perde a sua posse direta, na medida em que o bem será retirado de seu contato. Manterá desta forma apenas a posse indireta do bem. Nas situações, não raras, em que o próprio executado se mantém como depositário do bem, continuará com a posse direta? Sim, mas haverá uma modificação no título da posse. Antes como mero possuidor e agora como possuidor-depositário, respondendo pela incolumidade do bem. Apenas perderá a propriedade na expropriação e não na penhora. Evidente que ele perde algumas das faculdades inerentes à propriedade (CC, art. 1.228);

iv) ineficácia de atos de oneração/alienação (material). O bem penhorado pode ser alienado, pois o executado ainda é proprietário. Contudo, a fim de evitar fraude, a venda é ineficaz em relação ao credor que ainda mantém direito de sequela sobre o bem que responde para com a execução da qual está vinculado.

A penhora deve produzir resultados práticos e concretos. É por isso que "não se levará a efeito a penhora, quando evidente que o produto da execução dos bens encontrados será totalmente absorvido pelo pagamento das custas da execução" (CPC, art. 836).

2.1.3.2.2. Efeitos subjetivos

Inegavelmente a penhora produz efeitos para o credor, para o devedor e para terceiros.

a) O credor possui um direito em potencial e um em concreto. Em potencial será o direito que detém ao crédito decorrente do bem penhorado, podendo adquiri-lo para si (adjudicação), receber o fruto da venda deste bem (leilão judicial ou alienação por iniciativa particular) ou mesmo usufruir dos rendimentos do bem penhorado.

Em concreto, é o direito de preferência que exerce em relação aos demais credores quando sua penhora é anterior às eventuais que existam sobre aquele bem.

b) Como dito anteriormente, o devedor tem como primeiro e principal efeito o desapossamento ou mesmo a mudança na qualidade da posse (se for designado como depositário). O devedor não perde o domínio (que só ocorrerá na fase de expropriação), mas perderá os direitos de usar e gozar do bem ou zelar pela sua incolumidade, já que responde pela sua perda ou deterioração.

c) Em relação a terceiros, há três situações em que a penhora atinge a sua esfera jurídica produzindo seus regulares efeitos:

i) A penhora exerce função semelhante à de um direito real e, portanto, possui eficácia *erga omnes* (se registrada). Assim qualquer terceiro estará ciente que eventual aquisição do bem penhorado gerará ineficácia em relação ao processo, mantendo-se o bem vinculado ao processo em que se procedeu ao gravame.

ii) Se o bem penhorado estiver em posse de terceiro (CPC, art. 845), este deverá acatar a ordem judicial procedendo sua imediata devolução ou cuidando do bem no caso de se manter como depositário. Contudo, a penhora deve recair sobre bens do executado (princípio da patrimonialidade) e não de terceiros que não tenham responsabilidade para com a dívida. É por isso que o STJ entendeu que o imóvel alienado fiduciariamente não pode ser penhorado por não pertencer ao devedor, e sim a terceiro (REsp 2.036.289).

iii) Preconiza o art. 843 do CPC que, "tratando-se de penhora de bem indivisível, o equivalente à quota-parte do coproprietário ou do cônjuge alheio à execução recairá sobre o produto da alienação do bem". Dessa forma, restará apenas a venda do bem, com a devolução em dinheiro da meação correspondente ao cônjuge que, justamente por estar fora do processo, considera-se terceiro. O cônjuge deverá ser intimado, sob pena de nulidade (art. 842, CPC), salvo se o regime for de separação absoluta. Nesse caso, formar-se-á um litisconsórcio ulterior passivo. Nos termos do art. 843, § 2º, "Não será levada a efeito expropriação por preço inferior ao da avaliação na qual o valor auferido seja incapaz de garantir, ao coproprietário ou ao cônjuge alheio à execução, o correspondente à sua quota-parte calculado sobre o valor da avaliação".

Essa regra se aplica também, nos mesmos moldes, aos demais condôminos.

2.1.3.3. Ordem da penhora

O art. 835 do CPC estabelece uma ordem de treze classes de bens sujeitos à penhora que estejam na esfera patrimonial do executado. Como pode haver diversos bens no patrimônio do executado e sabendo que nem todos serão penhorados, a lei optou em criar uma ordem de preferência entre eles. Semelhante regra está prevista na Lei de Execução Fiscal (art. 11, Lei n. 6.830/80).

A organização legal dessa classe de bens deve ser constituída com base em dois parâmetros:

a) A existência de bens da classe anterior exclui a constrição dos bens da classe subsequente. Esse critério leva em consideração a facilidade para conversão em dinheiro e o presumível interesse do mercado.

b) Com exceção do primeiro item da ordem (dinheiro) a regra não é absoluta. O *caput* do art. 835 utiliza o vocábulo "preferencialmente". Dessa forma, a escolha deverá ser feita com base em dois vetores importantes e que permeiam toda relação executiva: **i)** o cumprimento da obrigação; e **ii)** a menor onerosidade ao executado.

Assim, a penhora pode recair sobre bens se não afrontar a regra do art. 805 do CPC (princípio da menor gravosidade). No regime anterior, nem o dinheiro possuía caráter absoluto. Esse era o entendimento do Enunciado n. 417 da Súmula do STJ: "Na execução civil, a penhora de dinheiro não tem caráter absoluto". Com o novo diploma, o legislador quis tornar clara a opção do dinheiro como o primeiro da ordem preferencial ao estabelecer no § 1º do art. 835 que "é prioritária a penhora em dinheiro; nas demais hipóteses, o juiz pode alterar a ordem prevista no *caput* de acordo com as circunstâncias do caso concreto".

Assim, apesar de manter-se o caráter não absoluto da ordem da penhora, é preferencial que se faça em dinheiro (havendo essa possibilidade), pois racionaliza a atividade executiva, uma vez que será dispensada a fase de expropriação.

Para tornar ainda mais clara essa preferência, estabelece o § 2º do mesmo artigo que a penhora em dinheiro pode ser substituída por fiança bancária e seguro-garantia judicial que se equiparam, para esses fins, ao dinheiro. Contudo, para que não haja prejuízo ao exequente, exige-se que esse depósito seja feito com trinta por cento a mais que o valor do débito. No mesmo sentido entende o STJ, conforme se depreende do REsp 2.034.482-SP, Rel. Ministra Nancy Andrighi, Terceira Turma, *DJe* 23-3-2023. Não se trata, nesse caso, de majorar o crédito exequendo, mas reforçar a garantia advinda da penhora. O pagamento será aquele que consta no título executivo (com as devidas atualizações), apenas a penhora, nessas modalidades que se equiparam a dinheiro, será maior.

O art. 835 do CPC estabelece a seguinte ordem de bens sujeitos à penhora:

I – dinheiro, em espécie ou em depósito ou aplicação em instituição financeira;
II – títulos da dívida pública da União, dos Estados e do Distrito Federal com cotação em mercado;
III – títulos e valores mobiliários com cotação em mercado;
IV – veículos de via terrestre;
V – bens imóveis;
VI – bens móveis em geral;
VII – semoventes;
VIII – navios e aeronaves;
IX – ações e quotas de sociedades simples e empresárias;
X – percentual do faturamento de empresa devedora;
XI – pedras e metais preciosos;
XII – direitos aquisitivos derivados de promessa de compra e venda e de alienação fiduciária em garantia;
XIII – outros direitos.

Duas questões mais:
a) Credores com direitos reais. Estabelece o § 3º do art. 835 do CPC: "Na execução de crédito com garantia, a penhora recairá, preferencialmente, sobre a coisa dada em garantia; se a coisa pertencer a terceiro garantidor, será também esse intimado da penhora". Portanto os

bens com essas garantias são penhoráveis, condicionada a intimação do titular desse direito real (arts. 797, I, e 802 do CPC) sob pena de ineficácia da futura alienação.

b) Cônjuge. O art. 842 dispõe que "recaindo a penhora sobre bem imóvel, será **intimado** também o cônjuge do executado, salvo se forem casados em regime de separação absoluta de bens". Esta regra guarda simetria com a vênia conjugal que se exige para alienação ou oneração dessa espécie de bens (CC, art. 1.647). Constitui litisconsórcio necessário (CPC, art. 114). A não intimação gera nulidade[20].

Sendo o cônjuge parte (pois sua participação se faz obrigatória), este poderá utilizar as defesas típicas do executado (embargos à execução/impugnação/exceção de pré-executividade).

Contudo, se o cônjuge não figurou no processo de conhecimento não pode ter seus bens pessoais penhorados: "Título executivo. Cônjuge que não participou do processo de conhecimento. Regime de comunhão parcial de bens. Conta bancária pessoal. Penhora de ativos financeiros. Inadmissibilidade. É inadmissível a penhora de ativos financeiros da conta bancária pessoal de terceiro, não integrante da relação processual em que se formou o título executivo, pelo simples fato de ser cônjuge da parte executada com quem é casado sob o regime da comunhão parcial de bens. Segundo o art. 1.658 do Código Civil, 'no regime de comunhão parcial, comunicam-se os bens que sobrevierem ao casal, na constância do casamento', com as exceções previstas em lei. Assim, sendo a dívida adquirida na constância do casamento em benefício da unidade familiar, é possível, em regra, que ambos os cônjuges sejam acionados a fim de adimplir a obrigação com o patrimônio amealhado na constância do casamento. No caso, contudo, nota-se que o cônjuge não participou do processo de conhecimento, de modo que não pode ser surpreendido, já na fase de cumprimento de sentença, com a penhora de bens em sua contracorrente exclusiva" (REsp 1.869.720/DF, Relator p/ acórdão Ministro Ricardo Villas Bôas Cueva, Terceira Turma, por maioria, j. 27-4-2021).

Poderá ainda se socorrer dos embargos de terceiro com base no art. 674, § 2º, I: "o cônjuge ou companheiro, quando defende a posse de bens próprios ou de sua meação, ressalvado o disposto no art. 843"[21]. Essa regra recebe reforço da leitura do Enunciado n. 134 da súmula do STJ, que assim dispõe: "Embora intimado da penhora em imóvel do casal, o cônjuge do executado pode opor embargos de terceiro para defesa de sua meação".

2.1.3.4. Modificações na penhora

Vige no ordenamento brasileiro a regra de que a penhora é, em regra, imodificável. Contudo, a lei, em algumas situações, excepciona esse regramento permitindo que haja alguma alteração no estado da penhora (substituição, ampliação, redução, renovação).

Ocorre **ampliação** quando o magistrado, após a avaliação, verificar a insuficiência dos bens para integralizar a satisfação do crédito ou estes bens sofrerem alteração significativa de mercado (CPC, art. 850). É o denominado *reforço de penhora*. Nesse caso, de acordo com a lei poderá: a) apreender outros bens para atingir o valor desejado; ou b) pedir a substituição por bens de maior valor.

Ocorre **redução** da penhora (geralmente descoberto após a avaliação) quando os bens apreendidos são de valor excessivamente maior que o crédito exequendo e acessórios. Neste

---

[20] STJ, 3ª Turma, REsp 121.775/PR e REsp 470.878/RS.
[21] Art. 843. Tratando-se de penhora de bem indivisível, o equivalente à quota-parte do coproprietário ou do cônjuge alheio à execução recairá sobre o produto da alienação do bem.

caso: a) poderá o magistrado determinar a liberação de alguns bens; ou b) substituir esses por bens de menor valor, em sendo possível (CPC, art. 850).

Ocorre **renovação** quando for necessária a realização de outra penhora decorrente da mesma execução (CPC, art. 851). De acordo com o referido artigo, haverá renovação quando: I – a primeira for anulada; II – executados os bens, o produto da alienação não bastar para o pagamento do exequente; III – o exequente desistir da primeira penhora, por serem litigiosos os bens, ou por estarem submetidos à constrição judicial. A doutrina costuma inserir mais uma hipótese não prevista em lei, que é a situação dos bens perecidos, subtraídos ou destruídos quando já penhorados[22].

Contudo, a hipótese mais comum de modificação da penhora é sua **substituição**. O CPC se ocupou do assunto em dois artigos distintos (arts. 847 e 848). No segundo artigo a substituição é dirigida a qualquer das partes e no primeiro caso somente ao executado. Há ainda o art. 849, que explicita o aspecto formal de ser lavrado novo termo caso haja substituição. É importante ver essas situações:

Pelas partes (CPC, art. 848) – O referido artigo enumera amplo rol com sete hipóteses especificando quando seria possível a substituição dos bens penhorados. Dessa forma, ocorre a substituição dos bens:

I – se não obedecer à ordem legal;
II – se não incidir sobre os bens designados em lei, contrato ou ato judicial para o pagamento;
III – se, havendo bens no foro da execução, outros tiverem sido penhorados;
IV – se, havendo bens livres, a penhora tiver recaído sobre bens já penhorados ou objeto de gravame;
V – se incidir sobre bens de baixa liquidez;
VI – se fracassar a tentativa de alienação judicial do bem; ou
VII – se o executado não indicar o valor dos bens ou omitir qualquer das indicações previstas em lei.

Perceba que essa hipótese de substituição, ao contrário da que se refere no art. 847, não possui prazo estabelecido em lei, o que se conclui pela ausência de preclusão temporal. Nessa hipótese, o vício está na penhora, motivo pelo qual basta o enquadramento da hipótese legal no caso concreto para se verificar a pertinência da substituição (tipicidade).

Seguindo a regra estabelecida no artigo referente à ordem de bens à penhora (art. 835 do CPC), a penhora poderá ser substituída a qualquer momento por fiança bancária ou seguro--garantia judicial, por valor nunca inferior ao do débito constante da inicial acrescido de trinta por cento.

Pelo exequente. É possível que o exequente requeira a substituição do bem dado em penhora se não preencher qualquer requisito do já mencionado art. 848, mas especialmente, se o problema não tiver referência com o bem (**conteúdo**) e sim com a formalização da penhora (**forma**) (CPC, arts. 848, VII, e 847, §§ 1º e 2º).

Pelo executado. O executado poderá no prazo de dez dias (contados da intimação da penhora) requerer a substituição do bem desde que haja comprovação: a) que será menos onerosa a sua esfera patrimonial; b) que não traga prejuízo ao exequente; e c) preencha os requisitos formais do art. 847, §§ 1º e 2º, do CPC[23]. O magistrado deverá verificar a pertinência da

---
22 Humberto Theodoro Júnior, *Curso...*, cit., p. 311.
23 Art. 847. (...)
   § 1º O juiz só autorizará a substituição se o executado:

substituição com base nesses dois parâmetros substanciais (itens "a" e "b") e nos requisitos formais previstos no item "c".

É complexa a tarefa do juiz em harmonizar duas diretrizes opostas. De regra, a menor gravosidade ao executado incide em prejuízo ao exequente e vice-versa. Deve se aplicar com parcimônia estas diretrizes em atenção ao princípio da proporcionalidade. O juiz intimará o exequente para se manifestar acerca do requerimento de substituição do bem penhorado.

A doutrina é pacífica em asseverar que ambos os requisitos são cumulativos, não podendo requerer a substituição com base em apenas um deles.

Conforme visto, o executado também poderá requerer a substituição do bem penhorado por fiança bancária ou seguro-garantia judicial (CPC, art. 848, parágrafo único) que notoriamente são mais vantajosos, do ponto de vista prático, para o exequente e para a própria execução. Essa regra já tinha previsão na Lei de Execução Fiscal (Lei n. 6.830/80, art. 15, I). Por se tratar de dinheiro, não se submete ao prazo de dez dias, pois age como uma espécie de remição da execução.

Remição da execução é o pagamento efetivado pelo executado no curso do processo, antes da adjudicação ou arrematação (CPC, art. 826)[24].

Independentemente de quem tenha procedido ao pedido de substituição, compete ao magistrado, preliminarmente, ouvir a parte contrária no prazo de três dias. Pela incompatibilidade com o rito da execução, a eventual impugnação deve prescindir de dilação probatória, com todos os argumentos aptos a demonstrar o direito da parte desde já em sua petição. Trata-se de incidente processual que correrá nos mesmos autos da execução. O juiz deverá decidir de plano.

É dever do executado que requereu a substituição indicar onde se encontram os bens sujeitos à penhora, bem como exibir prova de sua propriedade e a certidão de ônus.

É possível ainda a **alienação antecipada de bens.** De ordinário, a venda do bem, fruto da penhora, somente poderá ser efetivada após a regular tramitação do processo executivo até que se alcance a fase expropriatória em que o bem será adjudicado ou alienado (de forma judicial ou por iniciativa particular). Existe, como em todas as fases do procedimento, o respeito ao devido processo legal. Contudo, essa demora, que certamente é importante para a preservação das garantias processuais, pode causar prejuízo em decorrência do perecimento do bem ou quando a venda antecipada possa gerar enorme vantagem econômica que, certamente, favorecerá ambas as partes. Diante disso, a lei cria mecanismos para permitir a alienação antecipada

---

I – comprovar as respectivas matrículas e registros, por certidão do correspondente ofício, quanto aos bens imóveis;

II – descrever os bens móveis, com todas as suas propriedades e características, bem como seu estado e o lugar onde se encontram;

III – descrever os semoventes, com indicação de espécie, número, marca ou sinal e local onde se encontram;

IV – identificar os créditos, indicando quem seja o devedor, qual a origem da dívida, o título que a representa e a data do vencimento; e

V – atribuir, em qualquer caso, valor aos bens indicados à penhora, além de especificar os ônus e os encargos a que estejam sujeitos.

§ 2º Requerida a substituição do bem penhorado, o executado deve indicar onde se encontram os bens sujeitos à execução, exibir a prova de sua propriedade e a certidão negativa ou positiva de ônus, bem como abster-se de qualquer atitude que dificulte ou embarace a realização da penhora.

24 O advérbio "antes" deve ser interpretado em conformidade com o Enunciado n. 151 da II Jornada de Direito Processual do CJF: "O legitimado pode remir a execução até a lavratura do auto de adjudicação ou de alienação (CPC, art. 826)".

desses bens. Essa regra tem previsão semelhante no procedimento especial de herança jacente (art. 742, CPC) e constitui uma espécie de alienação por iniciativa particular (quando não autorizada de ofício) de forma peculiar e antecipada.

A) Primeira hipótese: bens sujeitos a depreciação ou deterioração. Nessa situação, a lei permite a alienação antecipada se os bens forem de fácil deterioração (perda total ou parcial de suas funcionalidades em função do tempo. Atua no bem em si) ou depreciação (perda de valor de mercado. Atua não no bem em si, mas no seu valor de mercado). Dessa forma, o referido artigo enumerou alguns bens que se enquadrem nessa situação como veículos automotores, pedras e metais preciosos e estabeleceu uma norma de conceito vago e indeterminado ("outros bens móveis") para que possa haver o requerimento pela parte ou o próprio juiz de ofício determine esse expediente (ex.: alimentos, medicamentos e produtos que possuam prazo de validade incompatível com a tramitação do processo).

B) Segunda hipótese: manifesta vantagem na alienação antecipada. Nesse caso, o fato tempo tem outra importância. Não decorre da potencial desvalorização ou deterioração do bem, mas na *oportunidade* de se vender o(s) bem(ns) antes do momento regular. Aqui constitui outra norma de conceito vago e indeterminado, pois "manifesta vantagem" há de ser vista com base nas circunstâncias concretas. Dentre essas situações, é possível enumerar: "(i) custo elevado para a guarda e manutenção do bem (pois se muito caro manter o bem, com o passar do tempo esses custos podem suplantar o próprio valor do bem), como na situação de penhora de um avião; se não houver manutenção (que tem custo) e guarda adequada em hangar (que tem custo), o bem pode se tornar sucata; (ii) alta momentânea e inesperada do valor do bem penhorado, como no caso de penhora de combustível quando ocorre um aumento no preço; (iii) momento de entressafra no mercado do bem penhorado, como algum produto agrícola (que não pereça rapidamente), com aumento de preço"[25].

C) Procedimento. Com a alienação antecipada o valor da venda ficará depositado em juízo. Há uma verdadeira conversão de penhora de bem em penhora de dinheiro. Aqui aplica-se regra semelhante ao da adjudicação (art. 876, § 4º, CPC): se o valor exceder o crédito, o executado poderá levantar o valor. Se o valor (produto da venda) for inferior ao crédito a execução continua pelo remanescente (art. 851, II, CPC).

D) Contraditório cooperativo. Evidente que, por força dos arts. 9º e 10, CPC de forma genérica e art. 853, CPC de forma específica, haverá prévia intimação da parte (ou de ambas partes, se a requisição da alienação se deu pelo próprio juiz ou pelo depositário) para que se manifestem no prazo de 3 dias. Dessa decisão caberá agravo de instrumento (art. 1.015, parágrafo único, CPC). Esse contraditório é exigido não apenas nos casos do art. 853, mas sempre que ocorrer a) a alienação antecipada de bens penhorados (art. 852, CPC) ou b) alguma modificação de penhora como a substituição (art. 847, CPC), ampliação (art. 849, CPC), renovação (art. 851) ou mesmo redução (geralmente descoberto após a avaliação, quando os bens apreendidos são de valor excessivamente maior que o crédito exequendo e acessórios). O não atendimento ao contraditório enseja nulidade dessa alienação (STJ, REsp 962.794/RS, 5ª Turma).

E. Decisão de plano. Decidir de plano não quer dizer decidir liminarmente, caso contrário o parágrafo único infirmaria o *caput* do mesmo artigo o que seria um absurdo. Dessa forma, a expressão de plano significa o mais rápido possível, mas sempre observando a estrutura do contraditório. Entretanto, a despeito da previsão legal, especialmente prestigiada na duração razoável do processo (arts. 4º, CPC e 5º, LXVIII da CF) a decisão poderá não ser de plano se o

---

25 GAJARDONI-DELLORE-ROQUE-OLIVEIRA JR. *Execução e recursos*: comentários ao CPC de 2015. 2. ed. São Paulo: Gen, 2018, p. 303.

magistrado precisar de mais elementos para se convencer da necessidade da alienação antecipada dos bens.

2.1.3.5. Efeitos espaciais da penhora

O art. 845 regulamenta o que se convencionou denominar como a *dimensão espacial da penhora*. Dimensão espacial diz respeito ao local onde se procede a constrição do bem. Como se pode verificar, a regra não cria limites para que se proceda à penhora permitindo que possa ser realizada independentemente do lugar onde estejam os bens. A penhora é realizada, em regra, pelo oficial de justiça (art. 829, § 1º, CPC) e a este compete proceder os atos materiais tendentes à afetação do bem desde que nos limites territoriais da comarca (ou seção judiciária).

a) Bens em posse de terceiro. Mesmo que os bens não estejam fisicamente com o executado, mas com terceiros, esses bens podem ser apreendidos. Aliás, em nada muda a estrutura da responsabilidade patrimonial, que permite que bens do executado em posse de terceiro respondam pela obrigação (art. 790, III, CPC) em consonância com o artigo em comento. A lei é clara em falar em posse, detenção ou guarda, atos que não interferem na propriedade. Se houve efetiva transferência de domínio a questão deve ser discutida como fraude contra credores (art. 158, CC) ou fraude à execução (art. 792, CPC). E, evidente, que o terceiro poderá opor embargos de terceiro (art. 674, CPC) se a constrição atingir sua propriedade ou, na condição de possuidor, seu direito seja incompatível com o ato constritivo.

b) Bens situados fora do foro. Contudo, a lei estabelece alguns mecanismos para que o ato constritivo torne a penhora menos onerosa e mais efetiva, permitindo a penhora de bens situados fora da comarca (ou seção judiciária) do processo: *b1) Bens situados fora do foro:* o art. 845, § 2º, do CPC estabelece que se o devedor não tiver bens no foro do processo, a penhora será feita por carta, local em que se procederá a penhora, avaliação e a alienação. Tanto que os embargos por carta serão julgados no juízo deprecado se houver vício na penhora, avaliação ou alienação dos bens (CPC, art. 914, § 2º e Súmula 46 do STJ). Em dois casos, contudo, não será necessária a penhora por carta: i) nas hipóteses de penhora *on-line* (CPC, art. 854); e ii) nas hipóteses de bem imóvel ou veículos automotores que poderão ser realizadas por termo de penhora nos autos (CPC, art. 845, § 1º) com a apresentação da respectiva certidão da matrícula ou de sua existência (no caso de veículos). Trata-se de medida que objetivou simplificar a estrutura da penhora dos principais bens sujeitos a registro (imóveis e veículos automotores). Nesses casos dispensa-se a presença física do oficial de justiça ainda que o bem esteja na mesma comarca ou seção judiciária em que tramita o processo. Com o termo de penhora pronto, será enviado ao Cartório de Registro de Imóveis ou Detran, preferencialmente por meio eletrônico para que se proceda o devido apontamento; *b2) Bens imóveis*: a penhora de bens imóveis será realizada da mesma forma que a de bens móveis. Contudo, duas questões são importantes:

> (i) deve ser providenciada a averbação em registro imobiliário para conhecimento de terceiros. Constitui presunção absoluta em relação a terceiros que não podem alegar má-fé (art. 844, CPC);
> (ii) Conforme dito não será necessária a expedição de carta se se tratar de bem imóvel situado em outra comarca. Basta que se apresente em juízo a certidão da matrícula do imóvel (independentemente de sua localização) quando a penhora será formalizada por termo nos autos (CPC, art. 845, § 1º).

É importante ressaltar, por fim, que nas comarcas contíguas de fácil comunicação e nas que se situem na região metropolitana, não haverá expedição de carta precatória, pois o próprio oficial de justiça comparecerá, por força do art. 255 do CPC.

c) Bens pertencentes ao mesmo grupo econômico: o STJ possui entendimento, com o qual concordamos, que com a busca judicial por patrimônio de empresa ou sociedade que não participou da fase de conhecimento e tampouco figura na execução, não pode ser penhorado, mesmo pertencendo ao mesmo grupo econômico da executada, sem que haja prévia desconsideração da personalidade jurídica. Dessa forma, não é possível o simples redirecionamento da execução para essa empresa (REsp 1.864.620).

2.1.3.6. Penhoras especiais

2.1.3.6.1. Penhora de dinheiro em depósito ou aplicação financeira (*on-line*)

Conforme se verificou, o art. 835 estabelece como preferência absoluta na ordem de bens à penhora em dinheiro (art. 835, § 1º, CPC). Essa modalidade de penhora atende aos princípios da máxima efetividade da execução (exequente recebe em dinheiro de maneira mais efetiva), economia processual (a transferência do numerário para o exequente não necessita perpassar pelo burocrático leilão judicial) e duração razoável (entrega mais rápida sem a necessidade de mecanismos de adjudicação ou alienação).

Para o sucesso nas execuções pecuniárias e, tendo em vista a responsabilidade patrimonial, é importante que o exequente tenha ciência de bens ou valores penhoráveis do executado. Não os conhecendo é possível pedir ao juiz que faça essa investigação em contas e ativos financeiros do executado.

Portanto, além da penhora física, empreendida por oficial de justiça, a lei (art. 854 do CPC) regulamentou a penhora por meios eletrônicos, a denominada penhora *on-line*. Nada mais natural que a ampliação do leque de possibilidades de constrição de patrimônio do executado.

Essa penhora tem autorização expressa, além do art. 854 do CPC, no art. 837, ao dispor: "Obedecidas as normas de segurança instituídas sob critérios uniformes pelo Conselho Nacional de Justiça, a penhora de dinheiro e as averbações de penhoras de bens imóveis e móveis podem ser realizadas por meio eletrônico".

Uma, pela natural recalcitrância em localização dos bens penhoráveis. Outra por se tratar o dinheiro do patrimônio de maior liquidez, seja para a preferência do exequente, seja pela desnecessidade de se proceder ao moroso procedimento para conversão deste patrimônio em renda (arrematação e alienação por iniciativa particular).

Dessa forma, para que o exequente verifique a existência de algum crédito, empreendeu-se um convênio do Banco Central com o Judiciário (*Sisbajud*) permitindo que o magistrado expeça ofício às instituições bancárias por meio físico ou eletrônico, sob a supervisão do Banco Central, para que se determine o bloqueio de valores em contas correntes ou aplicações financeiras do executado[26].

---

26 Esse convênio gera um cadastramento dos magistrados que é obrigatório conforme arts. 1º e 2º da Resolução 61/2008 do CNJ:
"Art. 1º BACEN JUD SISTEMA DE ATENDIMENTO AO JUDICIÁRIO (BACENJUD) [atual SISBAJUD] é o sistema informatizado de envio de ordens judiciais e de acesso às respostas das instituições financeiras pelos magistrados devidamente cadastrados no Banco Central do Brasil, por meio da Internet.

É forma prioritária de penhora já que o executado, em princípio, não escolhe os bens que serão penhorados. Logo não é necessário o exaurimento das diligências para a busca de outros bens na medida em que dinheiro, como ressaltado, é o primeiro da lista.

Até mesmo porque a indicação dos bens somente poderá ser feita se o exequente tiver conhecimento da sua existência (art. 798, II, *c*, CPC).

Importante ressaltar que, em julgamento de recurso especial repetitivo (REsp 1.388.642/SP), o STJ firmou entendimento que cota de fundo de investimento não se equipara a dinheiro, ficando, portanto, alocado no art. 835, X e não pelo inciso I.

Algumas questões importantes:

a) sigilo bancário. Não se trata de quebra de sigilo bancário. Nem o exequente nem o juiz terão informações acerca da movimentação bancária. O direito à penhora confere ao exequente e ao Estado o direito de saber se o executado possui bens ou valores depositados em contas ou investimentos. O regime anterior (art. 655-A, CPC/73) estabelecia que o Banco Central deveria prestar informações sobre os ativos do executado. Esse pedido não mais subsiste e, portanto, não há se falar em devassa na conta. O que há é apenas a indisponibilidade dos ativos até o valor da penhora, nada mais;

b) limite. O bloqueio se limita ao valor indicado na execução. Caso se verifique que a indisponibilidade recaiu sobre valores acima dos indicados no ofício, o juiz em vinte e quatro horas da resposta do ofício do bloqueio determinará o cancelamento do que foi indisponibilizado a maior. A autoridade financeira terá igual prazo para cumprimento;

c) intimação. A despeito de a penhora *on line* ser concedida liminarmente (o que foi objeto de grande discussão quando da tramitação do projeto do CPC atual nas casas legislativas) é necessário à intimação do executado após se tornar indisponíveis os ativos financeiros. Essa intimação será feita na pessoa de seu advogado e, não havendo, pessoalmente.

O executado, uma vez intimado, poderá no prazo de cinco dias:

i) provar a impenhorabilidade dos valores penhorados;

ii) demonstrar o excesso de (futura) penhora.

Difícil imaginar, contudo, que esse prazo do executado seja próprio, tendo em vista que tanto a impenhorabilidade como o excesso de penhora são matérias de ordem pública (STJ, REsp 1.372.133/SC). Assim, a não arguição no prazo não gera impossibilidade de arguição, mas acarreta a conversão da indisponibilidade em penhora, bem como a transferência do numerário para a conta vinculada do juízo na execução.

Sendo acolhido um dos argumentos devidamente provados, o magistrado determinará o cancelamento dos valores bloqueados indevidamente (impenhoráveis ou em excesso), que deverá ser cumprido pela instituição financeira em vinte e quatro horas;

d) conversão de indisponibilidade em penhora. Uma vez não apresentados os argumentos do item acima (art. 854, § 3º, CPC) ou sendo eles rejeitados, o magistrado converterá a indisponibilidade em penhora independentemente de lavratura de termo. Nesse caso o magistrado comunicará à instituição financeira para que transfira o referido valor para a conta vinculada do juízo da execução no prazo de vinte e quatro horas;

Art. 2º É obrigatório o cadastramento, no sistema BACENJUD [atual SISBAJUD], de todos os magistrados brasileiros cuja atividade jurisdicional compreenda a necessidade de consulta e bloqueio de recursos financeiros de parte ou terceiro em processo judicial".

e) diversidade de contas. É possível o bloqueio de apenas uma conta se esta contiver valor suficiente à satisfação do crédito. Mas nada impede que se proceda a bloqueio de diversas contas até se chegar ao valor necessário;

f) banco prevento. Uma vez que os bancos recebem seus ofícios com a ordem, mas sem ciência do que os demais bancos já procederam ao bloqueio, o primeiro que proceder à constrição será a instituição preventa. Comunica-se ao Banco Central que expedirá contramandados às demais instituições de modo a não proceder à penhora, para evitar o excesso de penhora (caso haja).

A Resolução n. 61/2008 do Conselho Nacional de Justiça permite que as empresas procedam ao cadastro de uma conta corrente junto ao Superior Tribunal de Justiça para que eventual penhora recaia sobre essa específica conta (art. 4º);

g) requerimento. Conforme se depreende do art. 854 do CPC, a penhora *on-line* depende de requerimento da parte. O STJ, mesmo à luz do regime anterior, já adotava esse posicionamento (STJ, AgRg no REsp 1.296.737/BA). Apesar de na prática forense encontrar a atuação oficiosa de alguns magistrados, entende-se que esta modalidade de penhora é de interesse exclusivo das partes, motivo pela qual fugiria da esfera de disponibilidade judicial esta atuação independentemente de provocação. E se o credor não souber os dados bancários da conta a ser penhorada? O STJ entende que não é necessária a indicação da conta para a penhora de ativos financeiros do devedor[27];

h) legitimidade. Apenas o juiz poderá proceder a penhora *on-line*, nunca o oficial (que possui poderes para penhorar bens móveis ou imóveis. Assim, a autorização genérica do mandado de penhorar "tantos bens quantos bastem à satisfação do crédito" encontra limite na regra do art. 782 do CPC). Contudo, se o oficial de justiça encontrar dinheiro em espécie do executado, poderá proceder a sua penhora. Afinal o que importa na penhora em dinheiro é a localização e consequente indisponibilidade da quantia. Não importa se o meio é diverso daquele estabelecido na lei (depósito ou aplicação financeira);

i) remição da dívida. Caso haja por outra forma o pagamento da dívida o magistrado determinará imediatamente o cancelamento da indisponibilidade (por meio eletrônico) à autoridade financeira responsável;

j) responsabilidade objetiva. A instituição financeira será responsável pelos prejuízos causados ao executado em decorrência do excesso de indisponibilidade e/ou não cancelamento da indisponibilidade no prazo de vinte e quatro horas quando determinados pelo juiz. Essa regra decorre do dever de cooperação (art. 6º, CPC), especialmente por terceiros (arts. 380 e 772, III do CPC). A penhora eletrônica depende da ajuda das instituições financeiras em diversas situações: deve tornar indisponível, não poderá indisponibilizar em excesso, proceder ao cancelamento 24 horas após a indisponibilidade quando houver pagamento. Dessa forma, as instituições financeiras respondem por todos os prejuízos causados ao executado, ao exequente e terceiros;

k) limitação. A penhora *on-line* encontra limites no § 3º, I, do art. 854, que reporta implicitamente ao art. 833, § 2º, do CPC. Aqui as restrições são de duas ordens:

i) pagamento de prestação alimentícia (independentemente de sua origem: civil ou familiar). Isso porque trata-se de uma das hipóteses de impenhorabilidade os rendimentos do executado necessários ao provimento de sua família.

---

27 Processo em segredo de justiça. Extraído do site do STJ em 27-9-2023, às 13:17: https://www.stj.jus.br/sites/portalp/Paginas/Comunicacao/Noticias/2023/03032023-Penhora-on-line-de-ativos-financeiros-nao-depende-da-indicacao-de-contas-do-devedor-.aspx.

Contudo, este benefício somente poderá ser usufruído pelo executado se expressamente provar que este numerário decorre para tal finalidade. O ônus é seu (CPC, art. 373, II)[28]. Provando, o magistrado autorizará o levantamento permitindo a penhora sobre outro bem a seguir a ordem do art. 835 do CPC;

ii) até cinquenta salários mínimos mensais. A penhora de valores na conta-poupança não fica obstada desde que se mantenha o limite de quarenta salários mínimos, conforme se depreende do art. 833, X, do CPC;

l) partido político. Estabelece o art. 854, § 9º: "Quando se tratar de execução contra partido político, o juiz, a requerimento do exequente, determinará às instituições financeiras, por meio de sistema eletrônico gerido por autoridade supervisora do sistema bancário, que torne indisponíveis ativos financeiros somente em nome do órgão partidário que tenha contraído a dívida executada ou que tenha dado causa à violação de direito ou ao dano, ao qual cabe exclusivamente a responsabilidade pelos atos praticados, na forma da lei". O parágrafo é desnecessário já que o art. 15-A da Lei dos Partidos Políticos (Lei n. 9.096/95), com a redação que lhe foi dada pela Lei n. 12.034/2009, estabelece que "a responsabilidade, inclusive civil e trabalhista, cabe exclusivamente ao órgão partidário municipal, estadual ou nacional que tiver dado causa ao não cumprimento da obrigação, à violação de direito, a dano a outrem ou a qualquer ato ilícito, excluída a solidariedade de outros órgãos de direção partidária".

m) conta conjunta. A penhora *on-line* poderá alcançar conta conjunta. Aliás, é o que ficou decidido pelo STJ. Conforme o REsp 1.229.329/SP, contudo, há entendimento do STJ em sentido contrário, firmado pela Corte Especial no sentido de que a penhora sobre conta conjunta só pode afetar o saldo que cabe ao devedor (EREsp 1.734.930).

n) recurso. Da decisão que deferir ou não deferir a penhora *on-line* caberá agravo de instrumento (art. 1.015, parágrafo único, CPC). É importante frisar, como visto, que o procedimento dessa modalidade de penhora é bifásico: primeiro se estabelece a indisponibilidade e depois da manifestação é que eventualmente o bloqueio se torna penhora. Na primeira fase, o ato é irrecorrível até porque a parte poderá se manifestar (art. 854, §§ 2º e 3º, CPC), tendo limitação horizontal na exposição das matérias limitadas à impenhorabilidade ou excesso. Caso essa manifestação seja improcedente, surge o conteúdo decisório que desafia o recurso de agravo.

o) teimosinha. É possível o uso da ferramenta teimosinha procedendo à reiteração automática e programada de ordens de bloqueio de valores do devedor para conferir maior celeridade à busca de ativos financeiros (STJ, REsp 2.121.333-SP, Rel. Ministro Afrânio Vilela, Segunda Turma, por unanimidade, j. 11-6-2024, *DJe* 14-6-2024. e AgInt no REsp 2.091.261-PR, Rel. Ministro Benedito Gonçalves, Primeira Turma, por unanimidade, j. 22-4-2024, *DJe* 25-4-2024).

2.1.3.6.2. Penhora de créditos

A penhora de créditos pode ocorrer de duas formas: a) por apreensão, quando se procede à retirada do cheque, nota promissória, letra de câmbio ou outro título das mãos do executado ou quem o possua; ou b) por intimação, ao terceiro ou executado, para que não disponham do crédito, enquanto não houver a apreensão do título.

---
28 STJ, REsp 1.185.373/RJ (2010, Benedito Gonçalves).

Se a penhora recair sobre crédito que o executado tenha direito a receber, a constrição será feita pelo oficial de justiça. Dessa forma será intimado: i) o terceiro devedor para que não pague ao seu credor; e ii) o executado, credor do terceiro, para que não disponha do seu crédito (CPC, art. 855).

Se se tratar de título de crédito (letra de câmbio, cheque, promissória, duplicata) a penhora se dá pela apreensão do documento independentemente de quem esteja na sua posse. Caso não haja a apreensão, poderá o terceiro confessar a dívida quando será o depositário do valor. Fica, portanto, vinculado ao cumprimento e somente se exonera depositando em juízo o valor do crédito.

Independentemente o credor fica sub-rogado nos direitos do devedor em relação àquele crédito, podendo optar pela alienação do direito penhorado, conforme dispõe art. 857, § 1º, do CPC.

Se este direito estiver sendo pleiteado em juízo deve se proceder à **penhora no rosto dos autos** (CPC, art. 860), para que o crédito ali proveniente seja passado – até o limite da obrigação – ao credor. O STJ entendeu que é possível a penhora no rosto dos autos na arbitragem, ou seja, a penhora de crédito que tenha a receber em procedimento arbitral requerida pelo Poder Judiciário (STJ, REsp 1.678.224/SP).

As demais regras estão previstas nos arts. 858 e 859 do CPC[29].

2.1.3.6.3. Penhora de quotas ou ações de sociedades personificadas

Em havendo penhora de quotas ou ações de sócio em sociedade (simples ou empresária)[30] o juiz conferirá prazo de até três meses[31] para que a sociedade:

a) apresente balanço especial conforme estabelece em lei;

b) ofereça as quotas ou ações aos demais sócios conforme ordem legal de preferência prevista em lei ou contrato;

c) a liquidação das ações ou quotas (em não havendo interesse dos sócios) com o depósito em juízo e em dinheiro do valor apurado. Contudo poderá a própria sociedade adquirir as ações ou quotas "sem redução do capital social e com utilização de reservas, para manutenção em tesouraria". No caso de liquidação, poderá o magistrado nomear administrador (desde que requerido pelo exequente ou pela sociedade) para proceder à forma de liquidação que será levada à aprovação ou não do juízo.

Por fim, caso não haja interesse dos demais sócios no exercício de direito de preferência, não ocorra a aquisição das quotas ou ações pela sociedade e a liquidação do inciso III do *caput* seja excessivamente onerosa para a sociedade, o juiz poderá determinar o leilão judicial das quotas ou ações.

---

29 Art. 858. Quando a penhora recair sobre dívidas de dinheiro a juros, de direito a rendas, ou de prestações periódicas, o exequente poderá levantar os juros, os rendimentos ou as prestações à medida que forem sendo depositados, abatendo-se do crédito as importâncias recebidas, conforme as regras da imputação em pagamento. Art. 859. Recaindo a penhora sobre direito, que tenha por objeto prestação ou restituição de coisa determinada, o executado será intimado para, no vencimento, depositá-la, correndo sobre ela a execução.

30 Essa regra não se aplica às sociedades anônimas de capital aberto, pois nesse caso as ações serão adjudicadas ao exequente ou alienadas na bolsa de valores.

31 O prazo poderá ser dilatado se: a) superar o valor do saldo de lucros ou reservas, exceto a legal, e sem diminuição do capital social, ou por doação; ou b) colocar em risco a estabilidade financeira da sociedade simples ou empresária.

2.1.3.6.4. Penhora sobre empresa, de outros estabelecimentos e de semoventes (CPC, arts. 862-865)

A penhora que recair em estabelecimento comercial, industrial ou agrícola bem como semoventes, plantações ou edifício em construção requer disciplinamento específico tendo em vista as peculiaridades da constrição. Assim, é essencial que se nomeie administrador-depositário para que este garanta, após a penhora, a continuidade da atividade que era exercida. Assim, o estabelecimento comercial, industrial ou agrícola precisa continuar suas atividades próprias, os semoventes e as plantações precisam continuar a ser cuidados e as obras em edifício não podem ficar paralisadas. O STJ tem recente entendimento no sentido de que "É possível a penhora de quotas sociais de sócio por dívida particular por ele contraída, ainda que de sociedade empresária em recuperação judicial" (REsp 1.803.250/SP).

Essa forma de penhora não assemelha com a penhora sobre renda e faturamento da empresa, que possui disciplina específica no art. 866 do CPC.

Questão bem particularizada diz respeito à penhora de edifícios em construção que forem regulados pelo regime da incorporação imobiliária. Nesses casos a lei estabelece uma condição para a efetivação da penhora: que as unidades imobiliárias ainda não tenham sido comercializadas pelo incorporador. Tal medida visa proteger os adquirentes de boa-fé em decorrência de obrigações que não lhe dizem respeito. Essa regra é inspirada na Súmula 308 do STJ que assim dispõe: "A hipoteca firmada entre a construtora e o agente financeiro, anterior ou posterior à celebração da promessa de compra e venda, não tem eficácia perante os adquirentes do imóvel". Mas é importante analisar a presente questão sob a ótica da boa-fé. Isso porque a Súmula 375 do STJ estabelece que "O reconhecimento da fraude à execução depende do registro da penhora do bem alienado ou da prova de má-fé do terceiro adquirente", ademais o art. 792, § 2º, reformou em parte a compreensão dessa súmula ao dispor que "No caso de aquisição de bem não sujeito a registro, o terceiro adquirente tem o ônus de provar que adotou as cautelas necessárias para a aquisição, mediante a exibição das certidões pertinentes, obtidas no domicílio do vendedor e no local onde se encontra o bem".

O que quer se dizer, interpretando o art. 862, § 3º com o art. 792, § 2º e a Súmula n. 375, STJ, que a regra em comento (penhora recair apenas em unidades não comercializadas) deve ser lida com o sistema processual da fraude à execução. Logo, não basta apenas o registro da penhora (Súmula 375, STJ), mas a cabal demonstração que o comprador do imóvel (terceiro adquirente) tomou todas as cautelas necessárias para a compra exigidas de uma pessoa média: a extração de certidão negativa nos mais diversos órgãos respeitantes ao domicílio do bem (certidão negativa cível, fiscal, trabalhista, criminal, protestos etc.).

A lei não estabelece expressamente, mas, em princípio, deverá recair sobre o exequente o referido encargo que terá melhores condições de continuar a atividade exercida ou os cuidados necessários com a plantação/semovente. No caso de edifícios em construção, interpreta-se claramente do § 4º o incorporador continuará na administração da incorporação imobiliária. Contudo, se precisar ser afastado, caso não queira prosseguir com a construção ou esteja exercendo sua atividade de forma relapsa, poderá o juiz nomear: a) comissão de representantes dos compradores das unidades condominiais (art. 50 da Lei n. 4.591/64) ou b) quando a obra for financiada, será administrada por empresa ou profissional indicado por esta instituição financiadora.

O art. 865, CPC (*infra*) estabelece que essa modalidade de penhora prevista no referido artigo é residual e somente será determinada se não houver outro meio eficaz para a efetivação do crédito.

A penhora de navio e aeronave vem prevista em dois artigos do CPC: a) como ordem preferencial de penhora (art. 835, VIII) e b) como forma especial de penhora (art. 864) do qual nos ocuparemos, mas ambos são importantes para a compreensão do presente artigo. Isso porque, sendo navio e aeronave apenas o "oitavo" na ordem de preferência, sua constrição é mais difícil, mas ocorrendo sua penhora, é possível requerer ao magistrado que se continue navegando ou operando até que ocorra a efetiva alienação. Entretanto, a lei estabelece uma condicionante: O magistrado apenas autorizará o tráfego desses meios de transporte se o executado requerente fizer seguro contra eventuais riscos que possam acontecer. Isso decorre do fato de os referidos bens, além de alto valor, são típicos bens aptos a gerar grande renda (em especial, os aviões e navios comerciais) o que, com a paralisação, poderá agravar ainda mais a situação do executado. Some-se ao fato de que esses bens podem sofrer deterioração se não tiverem em trânsito, já que não terão os cuidados necessários para sua manutenção.

Há quem defenda não ser possível essa autorização do magistrado por força do art. 21, XXII, c e d, da CF, pois essa autorização ou concessão decorre especificamente do Poder Público e a conduta de "negativa de autorização" afetaria mais ao interesse público (em especial aviões de carreira ou de carga) do que propriamente o executado[32].

O seguro, como dito, serve de garantia para que o navio saindo do porto ou o avião do aeroporto possam, caso ocorra alguma avaria, não prejudicar o cumprimento da obrigação. A apólice do seguro deve cobrir a totalidade das avarias causadas no navio ou aeronave decorrente de causas humanas ou alheias à vontade.

A redação do artigo é simples e não exige maiores divagações. Quando se tratar das penhoras especiais previstas na subseção VIII (Da Penhora de Empresa, de Outros Estabelecimentos e de Semoventes: a) estabelecimento comercial, industrial ou agrícola; b) semoventes; c) plantações; d) edifícios em construção; e) bens ou renda de empresa que funcione mediante concessão ou autorização; e f) navio e aeronave, somente será aplicada se não houver outra forma de se proceder a penhora. É dizer que constitui forma subsidiária de penhora quando não for encontrado nenhum outro meio eficaz.

A motivação da regra decorre que se trata de bens de difícil ou complexa avaliação que, muitas vezes, vai em contraste com a economia processual, a duração razoável do processo e, especialmente a menor onerosidade (ou gravosidade) do executado (art. 805, CPC) e o princípio da continuidade do serviço público (que se aplica as hipóteses do art. 863, CPC). Dessa forma, os grandes beneficiários dessa regra são o executado, o exequente e o interesse público[33].

Como bem observa a doutrina: "O simples requerimento, à míngua de fundamentação, deverá ensejar a prolação de decisão para que o exequente demonstre o preenchimento dos requisitos do art. 865, sob pena de indeferimento, aplicando-se, no particular, a inteligência do art. 321. Essa demonstração pode ser feita, por exemplo, a partir da comprovação de que o executado não possui outros bens ou de que os demais bens existentes não perfazem o valor em execução"[34].

---

32 FADEL, Sergio Sahione. *Código de Processo Civil comentado*. 7. ed. Rio de Janeiro: Forense, 2000, p. 237.
33 ZANETI JR., Hermes. *Comentários ao Código de Processo Civil*. São Paulo: Revista dos Tribunais, 2016, v. XIV, p. 240.
34 MAZZEI, Rodrigo; MERÇON-VARGAS, Sarah. *Comentários ao Novo Código de Processo Civil*. 2. ed. Coord. Antônio do Passo Cabral e Ronaldo Cramer. São Paulo: Gen, 2018, p. 1.014.

2.1.3.6.5. Penhora de percentual de faturamento da empresa

As empresas concessionárias do Poder Público têm regime especial no tocante à penhora. Isso porque, em decorrência do princípio da continuidade do serviço público (art. 6º da Lei n. 8.987/1995), há de se ter uma forma peculiar para tratar a penhora de modo a não paralisar essa atividade. Assim, quando a penhora recair sobre determinados bens, sobre renda ou sobre todo o patrimônio haverá a nomeação de um depositário, preferencialmente algum diretor da própria empresa.

É importante frisar que a penhora sobre renda (art. 866, CPC) ou sobre a própria empresa (art. 865, CPC) constituem forma residual que somente poderão ocorrer se infrutíferas as demais hipóteses. Assim, a forma de constrição preferencial será sempre de determinados bens da empresa sendo a renda e a própria empresa meios subsidiários de penhora. Constitui uma limitação a extensão objetiva da penhora.

No tocante a penhora sobre a renda, deve se aplicar o que dispõe o art. 866 do CPC acerca da "penhora de percentual de faturamento de empresa" em especial seus §§ 1º a 3º, CPC.

Como, conforme ressaltado, o serviço público não pode ficar paralisado e haverá a nomeação de um administrador-depositário que estabelecerá a forma de administração e os mecanismos e formas de pagamento ao credor (afinal, esse é o propósito).

Isso porque, "a elaboração de um plano de administração constitui verdadeiro pressuposto legal da penhora sobre o faturamento, de modo que somente depois de aprovado dito plano pelo juiz é que tem lugar a implementação da medida constritiva" (STJ, HC 34.138/SP, rel. Min. João Octávio de Noronha).

Nesse caso, seria necessária a intimação do Poder Público que concedeu a autorização ou concessão? Entendemos que dependerá do tipo de constrição realizada. Se se tratar de todo o patrimônio da empresa, entendemos que sim, seria possível. Nas demais hipóteses não seria necessário. E isso porque o Decreto-lei n. 7.062/44 e o Decreto n. 41.019/57 (que regulamentam os bens e a prestação e serviços de energia elétrica), bem como o art. 35, § 1º, da Lei n. 8.987/95 ("Extinta a concessão, retornam ao poder concedente todos os bens reversíveis, direitos e privilégios transferidos ao concessionário conforme previsto no edital e estabelecido no contrato"), estabelecem que os bens imóveis, nos casos de constrição judicial, apenas deixam de pertencer ao patrimônio da concessionária se o poder concedente se manifestar sobre a questão (*RT* 688/261). Em julgamento sobre a preferência da penhora sobre faturamento, o STJ (Tema 769) estabeleceu que "a penhora do faturamento, listada em décimo lugar na ordem preferencial de bens passíveis de constrição judicial, poderá ser deferida após a demonstração da inexistência dos bens classificados em posição superior, ou, alternativamente, se houver constatação, pelo juiz, de que tais bens são de difícil alienação (art. 835, § 1º, do CPC), justificando-a por decisão devidamente fundamentada"[35].

2.1.3.7. Procedimento

i) Forma (CPC, art. 837). Conforme se verifica do art. 837, uma vez respeitadas as normas de segurança estabelecidas pelo Conselho Nacional de Justiça, a penhora em dinheiro e as consequentes averbações de penhoras de bens (móveis e imóveis) poderá ser realizada por meio eletrônico. A penhora considera-se feita mediante apreensão e o depósito dos bens.

---

[35] REsp 1.835.864-SP, Rel. Ministro Herman Benjamin, Primeira Seção, por unanimidade, j. 18/4/2024. (Tema 769).
REsp 1.666.542-SP, Rel. Ministro Herman Benjamin, Primeira Seção, por unanimidade, j. 18/4/2024 (Tema 769).
REsp 1.835.865-SP, Rel. Ministro Herman Benjamin, Primeira Seção, por unanimidade, j. 18/4/2024 (Tema 769).

ii) Resistência do executado (CPC, art. 846). Se o executado impedir a penhora obstando o ingresso do local, o oficial comunicará ao magistrado que poderá determinar ordem de arrombamento. Nesse caso a ordem de arrombamento será efetuada por dois oficiais de justiça e duas testemunhas presentes que assinaram o auto. Se necessário, será solicitada força policial para acompanhar a diligência, que poderá atribuir voz de prisão por resistência e eventual apuração criminal dos delitos de desobediência e resistência.

iii) Auto ou termo de penhora (CPC, arts. 838 e 839). Considera-se realizada penhora com a apreensão e o depósito dos bens sendo lavrado em apenas um auto caso as diligências sejam cumpridas no mesmo dia. Para cada penhora haverá um auto ou termo. O auto ou termo deve conter: a) local e data da penhora; b) nome do exequente e do executado; c) descrição completa dos bens penhorados; d) o depositário dos bens. O art. 840 estabelece onde os bens serão preferencialmente depositados:

> I – as quantias em dinheiro, os papéis de crédito, as pedras e os metais preciosos, no Banco do Brasil, na Caixa Econômica Federal ou em banco do qual o Estado ou o Distrito Federal possua mais da metade do capital social integralizado ou, na falta desses estabelecimentos, em qualquer instituição de crédito designada pelo juiz; no que concerne à joias, pedras e objetos precisos o depósito deve ser efetivado com registro do valor estimado de resgate;
> II – os móveis, os semoventes, os imóveis urbanos e os direitos aquisitivos sobre imóveis urbanos, em poder do depositário judicial e em não havendo em poder do exequente;
> III – os imóveis rurais, os direitos aquisitivos sobre imóveis rurais, as máquinas, os utensílios e os instrumentos necessários ou úteis à atividade agrícola, mediante caução idônea, em poder do executado.

Os bens podem ficar depositados com o executado em duas situações: a) expressa autorização do exequente; ou b) bens de difícil remoção.

iv) Intimação da penhora. Estabelece o art. 841 do CPC que a penhora formalizada por qualquer dos meios legais dela imediatamente será intimado o executado. Se o executado não presenciou a penhora, e em havendo advogado ou sociedade de advogados constituída, a intimação será feita ao causídico ou sociedade, caso contrário será o executado intimado pessoalmente, de preferência por via postal.

Caso tenha presenciado a penhora, sairá desde já intimado do ato constritivo.

No tocante à intimação pessoal, caso o executado tenha alterado seu endereço sem a devida comunicação ao juízo (art. 274, parágrafo único, CPC), considera-se, para todos os fins, intimado.

Estabelece o art. 844 do CPC que "para presunção absoluta de conhecimento por terceiros, cabe ao exequente providenciar a averbação do arresto ou da penhora no registro competente, mediante a apresentação de cópia do auto ou do termo, independentemente de mandado judicial".

2.1.4. PARCELAMENTO JUDICIAL E AVALIAÇÃO

2.1.4.1. Parcelamento judicial

2.1.4.1.1. Introdução

A animosidade entre as partes no processo (no caso, exequente e executado) sempre foi óbice para a composição de acordo em juízo. Muitas vezes, pela recalcitrância interminável do devedor no pagamento da obrigação, leva o credor buscar o Poder Judiciário para receber o seu crédito e, sendo citado, este devedor poderá até propor acordo. Contudo, mesmo pela demora no cumprimento da obrigação, é possível que o credor, até mesmo como revanchismo, recuse a proposta sob o argumento de que não lhe é interessante.

Era necessário ao legislador estabelecer uma regra que impusesse ou, quando muito, estimulasse a realização do acordo para cumprimento da obrigação: foi então criada uma espécie de moratória processual legal, no regime do CPC/73 (art. 745-A), que agora vem desenhada no art. 916 do CPC. Estabelece o referido artigo: "No prazo para embargos, reconhecendo o crédito do exequente e comprovando o depósito de trinta por cento do valor em execução, mais custas e honorários de advogado, o executado poderá requerer seja admitido a pagar o restante em até seis parcelas mensais, acrescidas de correção monetária e juros de um por cento ao mês".

O art. 916 do Código de Processo Civil aparentemente conflita com o art. 314 do Código Civil, pois a lei material estabelece que "ainda que a obrigação tenha por objeto prestação divisível, não pode o credor ser obrigado a receber, nem o devedor a pagar, por partes, se assim não se ajustou". Constitui, contudo, uma falsa antinomia.

Não se trata de afastar a incidência do art. 314 do Código Civil, mas, bem diferente, de criar condições para que o pagamento seja efetivado de fato. Trata-se, em verdade, de dar fundamento ao **princípio da efetividade**, pois provavelmente o credor receberá antes do momento em que normalmente receberia se o processo seguisse seu natural caminho, e da **menor onerosidade**, pois, se o próprio executado apresentou o parcelamento, é porque esta forma é menos gravosa a sua esfera jurídica.

Trata-se de um verdadeiro direito do executado, obedecidas as condições da lei, de requerer o parcelamento judicial.

Portanto, a petição deverá ser endereçada ao próprio juiz da causa, no prazo dos embargos com o requerimento para pagamento. A lei estabelece em até seis vezes o pagamento. Dentro dessa possibilidade, poderá o executado escolher a melhor forma de proceder ao pagamento. Sobre as parcelas incidem juros de um por cento ao mês.

É possível a autorização do pedido de parcelamento mesmo tendo o executado notória condição patrimonial para o pagamento em apenas uma parcela? Ou mesmo tendo condições de proceder à penhora *on-line*?

Evidente que nesse segundo caso, em não havendo o parcelamento, é provável que o executado oponha embargos (que, como regra, não possuem efeito suspensivo) autorizando ao exequente o levantamento do valor penhorado.

Contudo, entendo que mesmo nesse caso o pedido de parcelamento deva ser deferido. Primeiro porque o pagamento é também em dinheiro, respeitando a ordem de bens (art. 835, CPC). Segundo porque o cumprimento da execução deve não atender somente ao exequente, como também ao executado, e o pedido de parcelamento atende ao princípio da menor onerosidade.

É possível que o executado, mesmo sendo uma grande empresa com boa condição patrimonial, possua diversas execuções simultâneas contra si em que seja necessária uma estratégia de parcelamento para manter a sua saúde financeira.

2.1.4.1.2. Questões processuais pertinentes

a) Recusa: o parcelamento não pode ser recusado pelo exequente. Não se trata de uma imposição para composição de acordo, mas bem diferente, de um direito conferido ao executado. E mais, se os pressupostos estiverem preenchidos, também é vedado ao magistrado indeferir a moratória. Caso contrário, com receio de que o magistrado possa indeferir seu pedido, o executado não apresenta o plano de moratória, pois não quer abrir mão de opor os embargos caso haja o indeferimento. Evidente que no caso concreto deve se observar a saúde financeira do executado e verificar se, de fato, tenha condições para honrar com o acordo. Nada impede que o magistrado condicione o deferimento à demonstração da forma de pagamento, forma de obtenção do numerário entre outros requisitos que entenda importantes.

Contudo, a recusa justificada constitui decisão interlocutória que desafia o recurso de agravo de instrumento.

O exequente será intimado, contudo, para se manifestar (por meio de requerimento) exclusivamente sobre o preenchimento dos pressupostos formais do art. 916 do CPC. Enquanto não houver a decisão do magistrado sobre o requerimento (que se dará em cinco dias), o executado irá depositar regularmente as parcelas, sendo facultado ao exequente o seu levantamento.

Uma vez deferida a moratória, poderá o exequente levantar o valor depositado com a suspensão dos atos executivos. Caso indeferida, prosseguirá regularmente a execução e os valores já depositados converter-se-ão em penhora.

b) Valor: o depósito prévio de trinta por cento tem como base de cálculo o valor da execução (principal, leia-se valor do título executivo) somado aos juros, correção monetária, custas processuais (que são adiantadas pelo exequente) e honorários advocatícios (que já foram fixados pelo magistrado, conforme art. 827 do CPC). Questão interessante diz respeito à redução da verba honorária: o plano de moratória, apresentado até o terceiro dia, isenta o executado de metade dos honorários, conforme o art. 827, § 1º?

A resposta é negativa e isso porque a lei exige, para obtenção dessa sanção premial, o "integral pagamento", o que não ocorre quando se apresenta o acordo de pagamento parcelado.

Este depósito ademais já deve acompanhar a petição sob pena de preclusão consumativa. Não se pode requerer posterior juntada da guia de depósito.

c) Prazo. Como se fala em prazo dos embargos, deve ser levada em consideração como termo inicial a regra prevista no art. 231 do CPC e não a efetiva citação (= ciência formal da demanda).

d) Aplicação em execução de título executivo judicial. A questão é verificar se a regra do art. 916 se aplicaria no procedimento da execução de título judicial (cumprimento de sentença). Antes do CPC atual, havia no Brasil duas correntes.

Uma primeira corrente defendia que não seria possível, na medida em que o executado já se valeu de todo prazo possível para o pagamento e proposta de acordo, sendo mais um ônus a ser suportado pelo exequente. Ademais, não faria sentido o executado "reconhecer o crédito" diante de sentença transitada em julgado. Esse posicionamento é defendido por Humberto Theodoro Júnior e Luiz Guilherme Marinoni.

Uma segunda corrente defendia o posicionamento que seria possível a aplicação para o cumprimento de sentença. E isso decorre do fato de o pedido de parcelamento, na maioria dos casos, ser ainda mais célere que o procedimento natural da execução (penhora, intimações, leilão...). Este posicionamento era defendido por Cassio Scarpinella Bueno.

Entendíamos que a segunda corrente seguramente era a que melhor atendia aos princípios que norteiam a execução. E isso porque a celeridade que a moratória proporciona na satisfação do crédito é sobejamente superior ao trâmite regular da execução. De fato, a expressão "reconhecendo o crédito" prevista no art. 916 deve ser vista com as devidas adaptações quando do seu transporte para a aplicação no cumprimento de sentença.

Não há, de fato, *reconhecimento*, quando sobre o título repousa a coisa julgada que deflagra o já reconhecimento da existência **do crédito** por decisão judicial. Contudo o enfoque não pode ser nessa ótica. Até mesmo porque o executado pode não reconhecer o crédito (excesso de execução, cálculo equivocado, incidência a maior dos honorários) **tal qual executado**.

Dessa forma, não havia como recusar a aplicação desta regra no cumprimento de sentença em atenção às já comentadas efetividade e menor onerosidade.

Entretanto, o atual CPC se posicionou e tornou expressa a impossibilidade de aplicação em título executivo judicial (cumprimento de sentença), conforme se depreende do § 7º do art. 916. O STJ, para tornar mais enfática a regra, decidiu que "é inadmissível a moratória imposta unilateralmente pelo juiz para o parcelamento do débito objeto de cumprimento de sentença, ainda que em caráter excepcionalíssimo, diante da vedação contida no art. 916, § 7º" (REsp 1.891.577/MG).

e) Parcelamento parcial. Questão a ser discutida também é se seria possível proceder ao parcelamento parcial – reconhecendo e procedendo ao parcelamento de parte da dívida – com a consequente possibilidade de opor embargos sobre o remanescente.

A questão resulta na discordância do executado com o valor exequendo e, portanto, haveria uma espécie de "consignação parcelada", pois depositaria o que entende devido com os benefícios do parcelamento.

A situação esbarra na vontade do legislador ao instituir o parcelamento que é a possibilidade de *encerrar* a execução. A "moratória" parcial não resolveria este problema.

Contudo, não vemos como problema a possibilidade de parcelamento judicial parcial que agiria como uma quitação de uma parte da obrigação. Assim, o valor incontroverso seria objeto de parcelamento e o restante por meio de discussão judicial pelos embargos (desde que observados os prazos legais).

2.1.4.1.3. Descumprimento (CPC, art. 916, § 5º)

A lei estabelece rígido controle para o caso de descumprimento. Dessa forma, caso o executado não cumpra o parcelamento, a lei estabelece três consequências para o caso de descumprimento:

a) vencimento antecipado das demais parcelas (com o prosseguimento da execução);

b) incidência de multa de dez por cento sobre as parcelas vincendas;

c) impossibilidade de se opor embargos. O que é intuitivo em decorrência da preclusão lógica[36]. Afinal como discutir em sede de embargos a dívida que foi confessada em petição anterior? Entretanto, nada impede que o executado peticione, caso ocorram vícios no processo após a penhora (que provavelmente será realizada em virtude do inadimplemento do acordo) com fundamento no art. 903, §§ 1º e 2º, CPC).

Dessa forma, o exequente comunicará ao juízo o inadimplemento, refazendo os cálculos da execução com o valor restante acrescido da multa.

2.1.4.2. Avaliação (CPC, arts. 870-875)

Avaliação é meio de prova.

É uma das hipóteses de prova pericial no ordenamento brasileiro (CPC, art. 464). Seu objetivo é atribuir valor adequado ao bem objeto de penhora.

---

36 Discordamos, nesse sentido, de Cassio Scarpinella Bueno, que entende tratar-se de preclusão consumativa (*Curso*, cit., v. 3, p. 606).

A avaliação do bem é necessária, pois com base nela é que se poderá fazer a alienação do bem penhorado pelo valor correto.

O atual regramento da execução determina que a avaliação seja feita pelo oficial de justiça (CPC, arts. 154, V, 829, § 1º, e 870), salvo se depender de conhecimentos especializados, quando então será designado avaliador (com prazo de até dez dias para entregar o laudo).

Em quatro situações não haverá necessidade de avaliação:

a) quando houve a aceitação do valor estimado pelo executado ou vice-versa (contudo, mesmo com a aceitação das partes, poderá o magistrado proceder a avaliação quando houver fundada dúvida do juiz quanto ao real valor do bem);

b) títulos ou mercadorias que tenham cotação na bolsa comprovada por certidão ou publicação oficial;

c) se se tratar de valor dos títulos da dívida pública, ações das sociedades e títulos de crédito negociáveis na bolsa, o valor será da cotação oficial do dia, com prova de certidão ou publicação no órgão oficial competente; e

d) veículos automotores ou outros bens cujo preço médio de mercado possa ser conhecido por meio de pesquisas em órgãos oficiais ou de anúncios de venda divulgados em meios de comunicação.

Se a avaliação se der por oficial, o seu laudo integrará o auto de penhora, contudo, nas hipóteses de avaliação por especialista, o magistrado fixará prazo para a apresentação de laudo. Este laudo deverá conter a descrição completa do bem, a indicação do seu estado e o seu valor.

É possível ao avaliador, se for possível o desmembramento, avaliar o bem em partes para que facilite a expropriação do bem penhorado.

O art. 873 autoriza nova avaliação em três situações:

a) qualquer das partes arguirem, fundamentadamente, a ocorrência de erro na avaliação ou dolo do avaliador;

b) se verificar, posteriormente à avaliação, que houve majoração ou diminuição no valor do bem; ou

c) houver fundada dúvida sobre o valor atribuído ao bem.

Após a avaliação o juiz, depois de ouvir a parte contrária, poderá reduzir a penhora, ampliar a penhora ou transferir para outros bens se constatar que é acima ou abaixo do valor devido na execução. Sobre a questão, *vide* item 2.1.3.4, acerca das modificações na penhora.

2.1.5. FASE DA EXPROPRIAÇÃO

2.1.5.1. Introdução

Depois da penhora e avaliação e tendo perpassado a fase dos embargos ou impugnação é necessário verificar os mecanismos de expropriação colocados à disposição do Estado e do exequente para que possa converter em renda os bens retirados do executado.

Expropriar é transferir ao credor o direito sobre o crédito de um bem que foi retirado coativamente do devedor.

Fazendo rápida analogia com o direito administrativo a expropriação se assemelha com a desapropriação. E isso porque nesta se retira a propriedade de alguém transferindo sua propriedade ao Poder Público, naquela, enseja a alienação forçada (ou transferência, via adjudicação) para a satisfação do crédito na execução.

Se não houve a penhora de dinheiro (CPC, art. 854), a fase de expropriação se faz presente. Com a remodelação da execução decorrente da reforma empreendida pela Lei n. 11.382/2006

(CPC/73) e mantida pelo atual CPC, estabeleceu-se nova ordem e novos mecanismos expropriatórios muito mais consentâneos com a realidade.

No regime anterior, havia a predileção que o bem fosse arrematado por terceiros estranhos ao processo. Sabendo que o bem, de regra, não era levado no primeiro leilão, os terceiros aguardavam para arrematar no segundo leilão, quase sempre por valor vil. Esta forma de expropriação não favorecia ao credor, nem ao devedor e tampouco ao Estado.

Hoje a expropriação deve observar a seguinte ordem (CPC, art. 825): em primeiro lugar deve-se buscar a expropriação por meio da adjudicação. Caso não ocorra (pela vontade do potencial adjudicante ou por alguma impossibilidade técnica), deve-se tentar levá-la a efeito por meio da alienação por iniciativa particular. Em não ocorrendo essa modalidade, deve se tentar, por fim, a alienação judicial.

Há ainda uma quarta forma de expropriação que não precisa seguir necessariamente essa ordem. Trata da apropriação de frutos e rendimentos dos bens. Essa hipótese poderá ser utilizada sempre que o magistrado conseguir harmonizar os princípios da máxima efetividade do exequente com a menor onerosidade ao executado.

Assim, sistematicamente, há quatro formas de expropriação que serão analisadas mais detidamente:

---

a) adjudicação (CPC, art. 876-878);
b) alienação, que pode ser dividida em:
b1) alienação por iniciativa particular (CPC, arts. 879, I, e 880);
b2) alienação em leilão (CPC, arts. 879, II, e 881 a 903);
c) apropriação de frutos e rendimentos de bens (CPC, arts. 867-869).

2.1.5.2. Adjudicação

2.1.5.2.1. Introdução

Ocorre adjudicação quando o credor ou outro legitimado conferido por lei transfere para si, *in natura*, o(s) bem(ns) penhorado(s). Se o objeto da execução é dinheiro (quantia certa) e o exequente/legitimado deseja o bem objeto da penhora e não o seu correspondente valor, inegavelmente constitui modalidade de dação em pagamento (CC, art. 356).

É forma de aquisição derivada da propriedade móvel ou imóvel.

A adjudicação gera: a) transferência da titularidade do bem para quem o adjudicou, mas com as limitações de ônus e gravames anteriores que devem ser mantidos, como, por exemplo, servidão de passagem e usufruto; b) igualmente a transferência para exercer o direito sobre os frutos e rendimentos pendentes sobre esse bem; c) extinção da hipoteca e penhor sobre o bem desde que tenha ocorrido a prévia intimação do credor hipotecário ou pignoratício nos termos do arts. 1.436, V; 1.499, VI e 1.501 do CC. Essa intimação deve ocorrer até cinco dias (úteis) antes da adjudicação (art. 889, V, CPC)[37].

Com sistemática atual da execução, a adjudicação, que era apenas mais uma forma de expropriação[38], tornou-se a principal modalidade preferindo sobre todas as demais.

---

37 GAJARDONI-DELLORE-ROQUE-OLIVEIRA JR. *Execução e recursos...* cit., 2. ed., p. 364.
38 Tanto que o exequente somente poderia adjudicar após a hasta pública sem arrematantes (CPC revogado, art. 714) ou deveria participar da hasta pública com os demais terceiros e somente poderia adjudicar o bem se oferecer o maior lanço (CPC revogado, art. 690, § 2º).

Por isso mesmo é necessário que haja requerimento expresso da parte, na medida em que a adjudicação é uma faculdade, não podendo o credor ser compelido a aceitar o bem, já que a regra é o recebimento de quantia (objeto do pedido formulado na petição inicial da execução). Recomendável, outrossim, que o advogado tenha poderes especiais para requerê-la.

De acordo com o art. 876, § 1º, do CPC, com o requerimento da adjudicação o executado será intimado do pedido:

> I – pelo *Diário da Justiça*, na pessoa do seu advogado constituído nos autos;
> II – por carta com aviso de recebimento, quando representado pela Defensoria Pública ou não tiver procurador constituído nos autos;
> III – por meio eletrônico, quando, sendo caso do § 1º do art. 246, não tiver procurador constituído nos autos.

Essas modalidades também se aplicam ao executado citado por edital sem advogado nos autos.

Se o executado mudou o endereço sem a prévia intimação do juízo, considera-se intimado se a intimação for efetivada no seu endereço antigo (art. 274, parágrafo único, do CPC).

Além disso, a adjudicação somente poderá ser aperfeiçoada se o credor (ou os demais legitimados) oferecer valor igual ou superior ao da avaliação. Se não quiser levar pelo valor avaliado, deverá se submeter ao leilão e aguardar que ocorra o segundo leilão em que poderá atribuir lanço inferior ao da avaliação (desde que não seja valor vil).

O valor do crédito deve ser compatível com o valor do bem. Não o sendo, deve-se proceder aos devidos ajustes. O art. 876, § 4º, do CPC estabelece que se o valor do crédito for: **i)** inferior ao do bem, deve o credor depositar a diferença para proceder a adjudicação; **ii)** superior ao do bem, procede-se à adjudicação, prosseguindo a execução pelo remanescente.

Ao contrário do regime anterior, que limitava a adjudicação aos bens imóveis, hoje poderá ser exercido este direito também para bens móveis.

A lei não fixou prazo para a adjudicação. Evidente que, tendo como pressuposto o valor mínimo da avaliação, somente após esta é que se defere o direito de adjudicar. A doutrina costuma estabelecer que, à falta de prazo legal, segue-se o prazo de cinco dias previsto em lei, podendo, à evidência, o magistrado estabelecer outro prazo, como, por exemplo, até o início do leilão[39].

2.1.5.2.2. Legitimidade

A adjudicação, possui ampla legitimidade conforme se verá abaixo:

A – Exequente. O autor da execução tem legitimação para adjudicar. E deve haver seu requerimento expresso, já que sem seu pedido não poderá participar de eventual licitação entre os pretendentes à adjudicação do bem penhorado"[40].

B – Credor com garantia real. A legitimidade é conferida independentemente de prévia existência de processo/fase de execução deste credor contra o executado. A sua preferência decorre de sua garantia real e o consequente direito de sequela. Para exercer esse direito é

---

39 Conforme sugestão de Didier-Cunha-Braga-Oliveira, *Curso*, cit., v. 3, p. 618.
40 É possível que haja diversos legitimados na promoção da adjudicação, conforme dispõe o art. 876, § 6º, do CPC, hipótese em que se procederá à licitação entre os legitimados pretendentes. Para tanto, é indispensável que haja requerimento do credor ou de terceiros para concorrer à adjudicação (REsp 2.098.109-PR, Rel. Ministra Nancy Andrighi, Terceira Turma, por unanimidade, j. 5-3-2024, *DJe* 7-3-2024).

necessário ter conhecimento da ação em curso. Portanto, é fundamental que tenha sido intimado da penhora.

C – Familiares. Ascendente, descendente ou cônjuge/companheiro poderão adjudicar o bem. O que difere a atual condição com o regime anterior existente (remição) é o momento em que se exerce esse direito: enquanto na antiga remição o direito era de vinte e quatro horas após a arrematação/adjudicação, mas antes da assinatura do auto, hoje os familiares foram alçados à categoria de adjudicantes, devendo proceder ao seu direito de preferência após a avaliação.

Entre eles, a ordem é do legitimado que ofertar o maior valor (em havendo mais de um pretendente evidentemente). No caso de igualdade de oferta, haverá uma ordem de preferência: **i)** cônjuge; **ii)** companheiro; **iii)** descendente; e **iv)** ascendente (art. 876, § 6º CPC).

Os familiares do executado têm prioridade na adjudicação quando confrontados com credores comuns. Assim, havendo igualdade de oferta, os familiares têm preferência aos demais (CPC, art. 876, § 6º). Mesmo os com garantia real: a adjudicação extingue o direito real que gravava o bem (CC, art. 1.499, VI).

D – Sócio ou sociedade. Se a quota social da sociedade ou ação da sociedade anônima fechada for penhorada, os sócios ou a sociedade têm preferência sobre qualquer outro credor (até mesmo os familiares do executado). Dessa forma, assim como a preferência do cônjuge, descendentes e ascendentes, basta a sociedade ou sócio darem lanço igual ao de maior valor para que possam fazer valer seu direito.

Esta regra tem explicação em dois pontos importantes: **a)** na *affectio societatis*, já que os sócios devem ter o ânimo de constituir a sociedade e ninguém é obrigado a se associar com quem não queira; e **b)** ausência de prejuízo, já que os interessados irão receber o valor financeiro correspondente à quota.

E – Credores concorrentes. De regra, somente o exequente tem legitimidade para adjudicar, bastando, após a avaliação, pagar o preço pelo bem no valor da avaliação. A questão se torna interessante quando há diversos credores com interesse na adjudicação. Nesse caso o Código de Processo Civil criou um sistema para se apurar quem dentre os diversos legitimados terá direito ao bem penhorado.

Entre vários credores, são irrelevantes as preferências decorrentes da penhora. O que importa é que, dentre eles, der maior lanço na licitação a ser realizada pelo juízo (art. 876, § 6º). Contudo, a natureza do crédito tem influência na adjudicação. Assim basta o credor com garantia real dar o mesmo valor do maior lanço oferecido pelos credores quirografários, pois goza desta preferência.

Além desses há os legitimados previstos no art. 889, II a VIII, do CPC:

II – o coproprietário de bem indivisível do qual tenha sido penhorada fração ideal;
III – o titular de usufruto, uso, habitação, enfiteuse, direito de superfície, concessão de uso especial para fins de moradia ou concessão de direito real de uso, quando a penhora recair sobre bem gravado com tais direitos reais;
IV – o proprietário do terreno submetido ao regime de direito de superfície, enfiteuse, concessão de uso especial para fins de moradia ou concessão de direito real de uso, quando a penhora recair sobre tais direitos reais;
V – o credor pignoratício, hipotecário, anticrético, fiduciário ou com penhora anteriormente averbada, quando a penhora recair sobre bens com tais gravames, caso não seja o credor, de qualquer modo, parte na execução;
VI – o promitente comprador, quando a penhora recair sobre bem em relação ao qual haja promessa de compra e venda registrada;

VII – o promitente vendedor, quando a penhora recair sobre direito aquisitivo derivado de promessa de compra e venda registrada;
VIII – a União, o Estado e o Município, no caso de alienação de bem tombado.

2.1.5.2.3. Formalização da adjudicação

Preconiza o art. 877 do CPC que "transcorrido o prazo de cinco dias, contado da última intimação, e decididas eventuais questões, o juiz ordenará a lavratura do auto de adjudicação". Na adjudicação não há sentença sendo o auto instrumento bastante para o aperfeiçoamento e configuração da adjudicação. Dessa decisão caberá agravo de instrumento no prazo de quinze dias. A partir desse marco, cessa a possibilidade de remição da execução, conforme art. 826, CPC. Não é possível, igualmente, requerer uma nova avaliação do bem adjudicado tendo em vista a preclusão temporal no caso (STJ, REsp 1.014.705). Dessa decisão caberá agravo de instrumento no prazo de quinze dias. A adjudicação somente poderá ser desconstituída nas situações previstas no art. 903, §§ 1º a 5º, CPC aplicável por analogia no presente caso.

Se alguém objetar o direito do adjudicante em ser imitido na posse este não precisará ingressar com ação autônoma (de imissão na posse) para exercer esse direito, bastando que o pedido seja feito na própria execução por petição simples. Contudo, se um terceiro estranho ao processo estiver no imóvel será necessário o ingresso de uma ação. Isso porque esse terceiro não teve a oportunidade de exercer o contraditório sobre essa questão e, ademais, "quem adquire o bem mediante adjudicação sucede o executado em todos os direitos e ações que este porventura tinha contra quem está na posse do bem (...) Se a posse do terceiro for justa, quem adjudicou o bem necessitará respeitá-la, observado o regime jurídico pertinente. Assim, por exemplo, se o imóvel urbano estiver locado a terceiros, quem adquiriu o bem mediante adjudicação terá que primeiro, se assim preferir, denunciar a locação, concedendo prazo de noventa dias para desocupação voluntária (art. 8º da Lei n. 8.245/1991). Encerrado o prazo, poderá então o adjudicatário ingressar com ação de despejo em face do locatário. Note-se, ainda, que se a locação for por prazo determinado e contiver cláusula de vigência devidamente averbada na matrícula do imóvel, aquele que exerceu o direito de adjudicação não poderá denunciá-la, tendo que respeitar o prazo do contrato de locação na sua integralidade"[41].

Caso o bem adjudicado seja imóvel, será necessária a expedição de Carta de Adjudicação para que se possa proceder ao registro da propriedade no cartório competente e o respectivo mandado de imissão na posse. Para bem móvel não será necessário, pois a transferência se opera com a tradição, independentemente de qualquer documento em algum órgão público[42]. Nesse caso, basta a ordem de entrega.

A carta de adjudicação deve conter a descrição do imóvel fazendo a devida remissão à matrícula e respectivos registros. Também deverá conter a cópia do auto de adjudicação e prova de quitação dos impostos de transmissão do bem.

No caso de penhora de bem hipotecado, o executado poderá remir o bem até a assinatura do auto de adjudicação, oferecendo preço igual ao da avaliação, se não tiver havido licitantes, ou ao do maior lance oferecido. Na hipótese de falência ou de insolvência do devedor hipotecário, o direito de remição previsto no parágrafo anterior será deferido à massa ou aos credores em concurso, não podendo o exequente recusar o preço da avaliação do imóvel.

---

41 GAJARDONI-DELLORE-ROQUE-OLIVEIRA JR. *Execução e recursos...* cit., 2. ed., 2018, p. 391.
42 No que concerne a veículos terrestres, além da tradição é necessário o registro de propriedade junto ao DETRAN.

A adjudicação depende invariavelmente da iniciativa de algum dos legitimados previstos nos arts. 876 e 889, II a VIII, CPC). Conforme visto, a adjudicação é a forma preferencial de expropriação por ser mais rápida, com menor complexidade no procedimento e de forma menos onerosa.

Caso a alienação não se efetive, reabrirá oportunidade para nova adjudicação e possível nova avaliação. O referido artigo demonstra cabalmente que não há preclusão temporal para que se efetive a adjudicação. O que vale dizer, se ocorreu a alienação ou autorizada a penhora de frutos e rendimentos não há espaço para adjudicação, pois ocorreu outra forma de expropriação do bem. Contudo, estando ainda em aberto essa modalidade, a possibilidade de adjudicação ainda persiste, até mesmo para prestigiar o princípio da eficiência.

Isso decorre também porque o interesse na adjudicação poderá ser dar posteriormente, após frustradas as tentativas de alienação (seja judicial, seja por iniciativa particular).

Importante ressaltar que, a despeito do artigo valer-se da expressão "Frustradas as tentativas de alienação do bem" nada impede que adjudicação ocorra durante o período procedimental da alienação, justamente pelos motivos explicitados no final do primeiro parágrafo. Evidente que se a fase de licitação já começou no procedimento de alienação, "suspende-se" a possibilidade da adjudicação voltando a ser permitida quando encerrada sem sucesso essa fase de alienação. Aliás, o STJ firmou posicionamento no sentido de que enquanto não ocorrer a alienação do bem penhorado, o credor poderá a qualquer tempo pedir adjudicação. Sua prioridade justifica a ausência de preclusão temporal (REsp 2.041.861).

Havendo a reabertura para adjudicação, a depender do tempo que ocorreu a avaliação e a depender do grau de depreciação do bem, é possível que o magistrado determine uma nova avaliação. Essa questão é extremamente importante já que o art. 876, *caput*, estabelece que a adjudicação não poderá ser feita por valor inferior ao da avaliação. E esse valor deve corresponder ao efetivo valor de mercado do bem.

2.1.5.3. Alienação por iniciativa particular

2.1.5.3.1. Introdução

Uma importante modificação introduzida pela Lei Federal n. 11.382/2006 sob a luz do CPC/73 e que se manteve com o atual CPC operou-se no campo da expropriação judicial: trata-se de mais uma modalidade de transferência dos bens do executado. É o que a lei denomina *alienação por iniciativa particular*.

Constitui modalidade que pode ser utilizada caso não haja a adjudicação dos bens (qualquer que seja o motivo), mas ainda antes da alienação em leilão.

Trata-se de modalidade intermediária de expropriação: inegavelmente a adjudicação é o meio mais rápido de transferência dos bens, pois eles serão repassados *in natura* para o exequente. De outro lado, a alienação em leilão é extremamente morosa e onerosa, na medida em que se deve perpassar longo ritual para seu aperfeiçoamento.

Muitas vezes, o bem poderia ser facilmente alienado, seja porque um específico terceiro tenha imediato interesse, seja porque, dada a liquidez do bem, não haveria dificuldades em proceder à venda. Como não constitui modalidade obrigatória, tampouco é regida por norma cogente, não poderá o juiz condicionar o início da alienação judicial a anterior tentativa de alienação por iniciativa particular.

Em suma, essa modalidade de alienação é vantajosa porque: "(i) a busca ativa por interessados em adquirir o bem, em vez da mera publicação do edital do leilão, com a expectativa de que isso seja suficiente para atrair possíveis arrematantes; (ii) maior flexibilidade na divulgação, que pode se realizar por meios mais eficientes e menos dispendiosos que o leilão judicial; e (iii) maior flexibilidade das condições de pagamento, sobretudo para bens de valor expressivo, sendo possível permitir o pagamento parcelado fora dos parâmetros rigidamente estabelecidos pelo art. 895 para o leilão judicial"[43].

Dessa maneira, estabeleceu uma medida que medeia estas duas formas: constitui-se na possibilidade de o executado proceder, ele mesmo, à venda dos bens ou requerer que um corretor/leiloeiro da confiança do juízo o faça (CPC, art. 880).

Apesar de o nome sugerir que a venda se dê em caráter privado, sem intervenção estatal, constitui instituto de natureza híbrida, pois a forma da venda e suas diretrizes são todas regradas pelo juiz ou, como denomina Araken de Assis, num "sucedâneo da alienação em hasta pública"[44].

Nos Juizados Especiais Cíveis (art. 52, VII, Lei n. 9.099/95) há expressa previsão nesse sentido[45].

Portanto, três são os requisitos para operacionalizar a alienação por iniciativa particular: a penhora e avaliação dos bens suficientes para a satisfação do crédito, insucesso da adjudicação e requerimento para que proceda essa modalidade de alienação.

Importante, por fim, coadunar essa modalidade de expropriação com o que dispõe sobre o depósito dos bens penhorados previsto no art. 840 do CPC. Isso porque, em regra, o bem não ficará na custódia do executado (salvo nas hipóteses do art. 840, III, CPC: "os imóveis rurais, os direitos aquisitivos sobre imóveis rurais, as máquinas, os utensílios e os instrumentos necessários ou úteis à atividade agrícola, mediante caução idônea, em poder do executado" ou aqueles que forem de difícil remoção ou em anuindo o exequente, *ex vi* do art. 840, § 2º, do CPC).

Nas demais situações, conforme se depreende do próprio artigo, os bens móveis ou imóveis ficarão na custódia do exequente ou de um depositário. Essa observação possui relevante contorno prático, pois, se a venda será efetivada para terceiro, o bem (seja ele móvel ou imóvel) deve estar disponível para sua apresentação ao potencial comprador.

Se a posse ficasse com o executado esse provavelmente dificultaria o acesso ao bem ou criaria embaraços para frustrar a alienação.

2.1.5.3.2. Legitimidade, prazo e preço

Apesar de a norma ser endereçada de maneira exclusiva ao exequente (CPC, art. 880, *caput*), nada impede que o magistrado possa determinar a alienação de ofício.

E isso porque é atribuição do juiz tornar o processo efetivo e "velar pela duração razoável do processo" (CPC, art. 139, II). Com o advento da Lei n. 11.382/2006 sob a luz do CPC/73, criou-se uma falsa impressão de que a fase de expropriação seria de exclusiva disponibilidade das partes ao estabelecer que a adjudicação é a primeira modalidade de acordo com sua vontade (CPC, art. 876, *caput*) e, caso não queira adjudicar, poderá proceder à alienação por iniciativa particular.

---

43 GAJARDONI-DELLORE-ROQUE-OLIVEIRA JR. *Execução e recursos...* cit., 2. ed., 2018, p. 376.
44 ASSIS, Araken. *Manual da execução*. 15. ed. São Paulo: Revista dos Tribunais, 2012, p. 334.
45 Art. 52. (...) VII – na alienação forçada dos bens, o Juiz poderá autorizar o devedor, o credor ou terceira pessoa idônea a tratar da alienação do bem penhorado, a qual se aperfeiçoará em juízo até a data fixada para a praça ou leilão. Sendo o preço inferior ao da avaliação, as partes serão ouvidas. Se o pagamento não for à vista, será oferecida caução idônea, nos casos de alienação de bem móvel, ou hipotecado o imóvel.

Entretanto, a norma deve ser interpretada à luz de todo o sistema.

A *forma* como a tutela jurisdicional será prestada e *como* ela é prestada é dever do Estado-juiz. Assim, além da efetividade, o magistrado pode proceder à alienação (mesmo de ofício) quando verificar que a alienação por leilão (que ocorrerá se a alienação particular não for levada a efeito) possa causar prejuízo ao executado. Dessa forma, devendo "assegurar às partes igualdade de tratamento" (CPC, art. 139, I) a fim de evitar prejuízo ao executado, o magistrado poderá determinar a alienação mesmo que a parte não requeira. Contudo, é prudente aguardar que o exequente faça esse requerimento até mesmo para indicar terceiro interessado no bem.

Havendo Ministério Público no processo quando sua intimação se faça necessária, nada obsta que o requerimento seja procedido por este órgão.

O executado, pelos mesmos motivos, pode requerer (a despeito do silêncio da lei) a alienação.

Para que possa haver alienação por iniciativa particular é necessário que não tenha ocorrido a adjudicação. Dessa forma, o prazo se inicia após o procedimento de avaliação (CPC, art. 875) quando a parte será intimada para que dê início à expropriação dos bens. Nesse caso, poderá optar ou pela adjudicação ou pela alienação por iniciativa particular (pois seu silêncio acarretará invariavelmente a alienação por leilão).

O termo final é a arrematação no leilão judicial, ou outro que o magistrado estabelecer (CPC, art. 880, § 1º) ou o tribunal regulamentar (CPC, art. 880, § 3º).

A lei silenciou acerca do preço mínimo. De acordo com a doutrina, há duas correntes:

A primeira corrente é aquela que entende que o valor somente pode ser o da avaliação. Esta posição é defendida por Cassio Scarpinella Bueno e Araken de Assis. Importante ressaltar que essa posição era defendida sob a égide do CPC/73 e se mantém com o atual CPC. Alguns autores, como Luiz Guilherme Marinoni, Sérgio Cruz Arenhart e Daniel Mitidiero, migraram dessa corrente para a segunda (conforme será visto abaixo) em decorrência do atual CPC[46].

A segunda corrente é aquela que autoriza que a venda possa ser abaixo da avaliação desde que: a) autorize o executado (disponibilidade das partes); ou b) ocorra alguma situação que deprecie o valor do bem (circunstância autorizada pela variação do mercado, desvalorização do imóvel dentre outros). Este posicionamento é defendido por Teresa Arruda Alvim, Fredie Didier, José Miguel Garcia Medina, Daniel Neves e Alexandre Câmara.

Concordamos com a segunda posição. O CPC subtraiu na redação do artigo a menção "avaliação", estabelecendo apenas que o magistrado deve fixar "preço mínimo" o que não impede o magistrado de fixar o valor mínimo que entenda mais conveniente para o caso à luz das peculiaridades do mercado.

2.1.5.3.3. Procedimento

Preconiza o art. 880, § 1º, que "o juiz fixará o prazo em que a alienação deve ser efetivada, a forma de publicidade, o preço mínimo, as condições de pagamento e as garantias, bem como, se for o caso, a comissão de corretagem".

Não se trata de procedimento jurisdicional, mas devem ser observadas todas as regras pertinentes como se dentro de um processo fossem realizadas. É importante que o magistrado leve em consideração as peculiaridades da comarca/seção judiciária em que atua como a condição econômica da população, liquidez do bem, o mercado regional. Isso para potencializar a possibilidade de interessados e não engessar a atividade expropriatória. Nada impede que,

---

46 *Código de Processo Civil comentado*, cit., p. 823.

no curso do procedimento, haja alteração de alguma condição estabelecida pelo juiz. Essas mudanças, evidentemente, devem ser precedidas de contraditório para as partes.

O prazo a ser estabelecido dependerá do tipo de bem objeto de alienação e poderá ser ampliado caso entenda necessário o magistrado. Não constitui, portanto, prazo peremptório.

Quanto à forma de publicidade, esta dependerá do bem. Poderá ser veiculado em jornal específico (como *webmotors* ou *zapimóveis*, por exemplo) ou outro meio de comunicação que se entender pertinente para o sucesso da divulgação.

Quanto ao modo de pagamento, a questão é apenas verificar se será feito de forma parcelada ou à vista. Importante estabelecer, quando o pagamento for efetivado em parcelas, o número de vezes, a periodicidade, as garantias para o cumprimento e se será aplicada alguma sanção pelo descumprimento.

O requerimento deve conter, ao menos, a forma como o requerente pretende seja feita a alienação: por ato próprio ou por corretor/leiloeiro designado pelo juízo. Não há margem de liberdade ao magistrado indeferir o pedido de alienação se preenchidos os requisitos legais. Não pode, por exemplo, entender que será "menos onerosa" a alienação judicial no lugar da alienação por iniciativa particular, até mesmo porque muito difícil averiguar no caso concreto essa viabilidade (como o juiz pode identificar que não haverá interessados na compra do bem)?

A parte contrária deve ser intimada para se manifestar em atenção ao princípio do contraditório.

Com a alienação efetivada, será formalizado um termo nos autos devendo ser assinado pelo juiz, pelo exequente, pelo adquirente e, se estiver presente, pelo executado. Constitui a documentação nos autos de evento ocorrido fora dele.

A concordância do juiz produz ato jurídico perfeito com o encerramento da execução ou o seu prosseguimento pelo remanescente, caso o valor da alienação não cubra o montante da dívida.

Com o termo, haverá expedição de carta de alienação e o mandado de imissão na posse se se tratar de bem imóvel (CPC, art. 880, § 2º, I; CC, arts. 1.227 e 1.245) ou mandado de entrega se o bem for móvel (CPC, art. 880, § 2º, II). Após o termo não será mais possível a remição da execução (art. 826, CPC) nem nova avaliação do bem (STJ, REsp 1.014.705), somente sendo possível a sua desconstituição nas hipóteses do art. 903, §§ 1º a 5º, CPC (aplicados, nesse caso por analogia).

O § 3º do referido artigo dispõe que "os tribunais poderão detalhar o procedimento da alienação prevista neste artigo, admitindo inclusive o concurso de meios eletrônicos, e dispor sobre o credenciamento dos corretores e leiloeiros públicos, os quais deverão estar em exercício profissional por não menos que três anos".

A despeito de a União ter competência privativa para regular sobre processo, ela tem competência concorrente com os Estados para disciplinar sobre procedimento (CF, art. 24, XI). Portanto podem os Tribunais dos Estados regulamentar a forma da alienação por iniciativa particular especialmente por meios eletrônicos, o que já possuía previsão conforme art. 18 da Lei n. 11.419/2006.

2.1.5.3.4. Especificamente sobre o corretor

O corretor deve preencher três requisitos para que possa participar desta modalidade de expropriação:

a) Titulação. O corretor deve ser vinculado a sua autarquia de classe conforme dispõe art. 2º da Lei n. 6.530/78. Deve, portanto, ser detentor de "Título de Técnico em Transações Imobiliárias".

b) Credenciamento. O corretor deverá ser previamente credenciado pelo magistrado conforme provimento expedido pelo Tribunal a que aquele juiz fizer parte. Portanto, o corretor será um auxiliar do juízo, assim como o intérprete ou perito. A falta de provimento não impede a corretagem que se dará por profissional da confiança do juízo que deverá prestar compromisso. Até mesmo porque não se trata de norma de eficácia contida e esteja condicionada à regulamentação de tal provimento.

c) Experiência. A lei estabelece que os corretores devam ter experiência mínima de três anos na profissão (CPC, art. 880, § 3º).

O magistrado, ao designar o corretor, fixará o valor de sua comissão com base no valor do bem. É possível que este valor seja estabelecido entre o corretor e o exequente sujeito à aprovação judicial.

A corretagem é comum nas transações imobiliárias, mas incomum nas mobiliárias. Contudo, nada impede a nomeação de um corretor para bem móvel, máxime quando se tratar de bem cuja atribuição de valor dependa de conhecimentos especializados (obra de arte, carro antigo, ponto comercial).

Nas localidades em que não houver corretor ou leiloeiro público credenciado a indicação será de livre escolha do exequente.

2.1.5.4. Alienação em leilão judicial (arrematação)

2.1.5.4.1. Introdução

A terceira modalidade de expropriação no ordenamento brasileiro é também a mais comum: a alienação em leilão judicial é o nome dado (acertadamente) à antiga "arrematação" e à antiga "alienação em hasta pública". A correção se deu na medida em que arrematação é um dos atos que compõem esta modalidade de alienação. É o ato final em que se outorga o bem ao terceiro. Contudo, precede a este ato uma série de atividades preparatórias que não podem ser denominadas arrematação. Portanto é incorreto nominar o todo quando de apenas uma parte desse todo se refere o instituto.

Na esteira dos comentários dos artigos precedentes, o CPC corretamente estabeleceu um critério de preferência para a expropriação dos mais simples em primeiro lugar para os mais burocráticos que ficam como última opção. Evidente que a alienação judicial é o sistema mais complexo e sofisticado das formas de transferência do bem penhorado: a) seja pelo seu regramento rigorosamente detalhado, já que o CPC dedicou *setenta e seis artigos* para esse regramento (arts. 879 a 803, CPC). Por curiosidade, a alienação por iniciativa particular possui um artigo apenas (art. 880, CPC) e a adjudicação, três (arts. 876 a 878, CPC); b) seja pela necessidade de ampla participação do Poder Judiciário (na confecção de edital, organização do leilão, nomeação de leiloeiro) e a necessidade de haver terceiros para arrematar o bem. Conforme ressaltado anteriormente, não é necessário a tentativa de adjudicação e alienação por iniciativa particular para que a alienação judicial tenha lugar. Basta o não exercício do direito dessas duas formas para que se confira a possibilidade de alienação em juízo.

O art. 881 expressamente assevera que a alienação em leilão judicial será exercida quando frustrada a adjudicação e a alienação por iniciativa particular.

A transferência dos bens por esta modalidade de alienação comporta duas formas distintas:

i) leilão (CPC, art. 879, II) para bens imóveis e móveis. Preferencialmente será por meio eletrônico (art. 882, CPC)[47]. Em não sendo possível, será presencial. Antes havia a distinção dessa modalidade de expropriação entre *praça* para a venda de imóveis e *leilão* para a venda de bens móveis.

Contudo, na prática sempre havia confusão, vendo-se comumente "leilão de imóveis". Verificando-se que a distinção de nomenclatura era irrelevante, uniformizaram-se ambas as modalidades sob a rubrica do leilão. De regra, o leilão deve ocorrer onde os bens estejam situados ou no lugar designado pelo juiz (CPC, art. 884, II). Quem dirige os trabalhos é o leiloeiro (CPC, art. 883). É o leiloeiro auxiliar da justiça e incorre em todos os deveres dessa função.

Importante ressaltar, antes de tudo, que o leiloeiro deve ser público. O Leiloeiro público é terceiro em relação ao processo e o adjetivo *público* decorre desse leiloeiro (que originariamente é particular e não funcionário público como na primeira leitura possa se pensar) ser credenciado pelo Poder Judiciário, o que o alça a esta condição[48]. O credenciamento será feito na forma do art. 880, § 3º, CPC: "Os tribunais poderão editar disposições complementares sobre o procedimento da alienação prevista neste artigo, admitindo, quando for o caso, o concurso de meios eletrônicos, e dispor sobre o credenciamento dos corretores e leiloeiros públicos, os quais deverão estar em exercício profissional por não menos que 3 (três) anos". O leiloeiro tem o direito de receber do arrematante a comissão estabelecida em lei ou arbitrada pelo juiz. O STJ fixou um piso alegando que a comissão do leiloeiro deve ser no mínimo de 5% dos bens arrematados com fundamento no art. 24, parágrafo único, do Decreto 21.981/1932[49] (RMS 65.084).

Contudo, o CPC estabelece uma exceção em que a participação do leiloeiro público seja dispensada: nas hipóteses dos títulos negociados em bolsa de valores que, dado conhecimento técnico específico, será procedido por um corretor em um pregão na própria bolsa de valores.

O art. 884 assevera que são atribuições do leiloeiro:

I – publicar o edital, anunciando a alienação;
II – realizar o leilão onde se encontrem os bens, ou no lugar designado pelo juiz;
III – expor aos pretendentes os bens ou as amostras das mercadorias;
IV – receber e depositar, dentro de um dia, à ordem do juiz, o produto da alienação;
V – prestar contas nos dois dias subsequentes ao depósito.

O leiloeiro tem o direito de receber do arrematante a comissão estabelecida em lei ou arbitrada pelo juiz.

A indicação do leiloeiro será dada pelo magistrado (CPC, art. 883), mas poderá ser indicado pelo próprio exequente.

---

47 Nessa modalidade devem-se observar as garantias processuais das partes conforme regulação específica do CNJ e as regras estabelecidas na legislação sobre certificação digital.

48 "O art. 884 assevera que são atribuições do leiloeiro: I – publicar o edital, anunciando a alienação; II – realizar o leilão onde se encontrem os bens, ou no lugar designado pelo juiz; III – expor aos pretendentes os bens ou as amostras das mercadorias; IV – receber e depositar, dentro de um dia, à ordem do juiz, o produto da alienação; V – prestar contas nos dois dias subsequentes ao depósito."

49 "Art. 24. A taxa da comissão dos leiloeiros será regulada por convenção escrita que, sobre todos ou alguns dos efeitos a vender, eles estabelecerem com os comitentes. Em falta de estipulação prévia, regulará a taxa de 5% (cinco por cento), sobre móveis, mercadorias, joias e outros efeitos e a de 3% (três por cento), sobre bens imóveis de qualquer natureza. Parágrafo único. Os compradores pagarão obrigatoriamente cinco por cento sobre quaisquer bens arrematados."

O regramento da alienação por leilão eletrônico fomenta inegável celeridade, efetividade e economia processual. **Celeridade**, pois o meio de comunicação que se estabelece é mais ágil e evita a burocracia inerente aos trabalhos que antecedem a arrematação. **Efetividade**, pois a forma eletrônica tem o condão de atingir um número maior de pessoas (já que dificilmente alguém se preocupa em ler editais), além de economia, pois os gastos decorrentes dessa modalidade de comunicação são sobejamente inferiores.

Como visto, o leilão eletrônico é preferível ao leilão presencial. O regramento da alienação por leilão eletrônico fomenta inegável celeridade, efetividade e economia processual.

Celeridade, pois o meio de comunicação que se estabelece é mais ágil e evita a burocracia inerente aos trabalhos que antecedem a arrematação. *Efetividade*, pois a forma eletrônica tem o condão de atingir um número maior de pessoas (já que dificilmente alguém se preocupa em ler editais), além de economia, pois os gastos decorrentes dessa modalidade de comunicação são sobejamente inferiores.

Evidente que a norma, para que seja efetivada, padece de regulamentação na medida em que o Conselho da Justiça Federal e os Tribunais de Justiça devem regulamentar, dentro de sua esfera de competência, as diretrizes para esta forma de alienação. Por isso mesmo constitui norma de eficácia contida condicionada a esta regulamentação. Por isso mesmo constitui norma de eficácia contida condicionada a esta regulamentação que se deu pela Res. n. 236/2016. A opção do legislador em conferir ao CNJ e aos Tribunais tal atribuição decorre do fato de que as alterações legislativas (tão necessárias no mundo digital que se reinventa a olhos vistos) é muito mais rápida do que o aguardo de lei editada pelo Poder Legislativo.

Contudo, caso não seja possível o leilão eletrônico (v.g., problemas estruturais na comarca em prover um sistema eletrônico adequado) o leilão será presencial em local a ser designado pelo juiz. Não é mais necessário que se realize no "átrio do fórum" como estabelecia o CPC anterior, podendo ser em qualquer local que seja mais cômodo na escolha do magistrado, até mesmo no local em que se situem os bens, o que, aliás, é até estimulado em atenção à economia processual (art. 884, II, CPC).

Em atenção às garantias constitucionais e infraconstitucionais do processo, o § 2º do referido artigo estabelece que o leilão eletrônico deve observar os requisitos da ampla publicidade, autenticidade e segurança observando sempre a legislação acerca da certificação digital. Tais requisitos exortam o intérprete a analisar essas regras em conjunto com os arts. 193 a 199 do CPC que regulamenta a *prática eletrônica de atos processuais*.

A publicidade evidentemente é potencializada com a possibilidade de se participar à distância do leilão eletrônico, especialmente num país de dimensões continentais como o nosso em que não há a respectiva facilidade de transporte entre as regiões.

ii) pregão da bolsa de valores (CPC, arts. 871, II, e 881, § 2º) para títulos ou bens com cotação na bolsa de valores.

2.1.5.4.2. Edital

Conforme explicitado, não ocorrendo a adjudicação nem a alienação por iniciativa particular, é necessário proceder à venda dos bens por leilão. Como se trata de modalidade em que preferencialmente terceiros arrematam o produto da penhora, é necessário que se comunique a todos os interessados acerca da possibilidade de aquisição destes bens. Este ato é o edital.

Edital é a comunicação formal e pública para que terceiros e demais interessados possam comparecer em juízo numa solenidade denominada leilão para que seja possível proceder à arrematação do bem em juízo. Trata-se o edital da lei que rege a alienação em leilão.

De acordo com o art. 886 do CPC, o edital conterá:

I – a descrição do bem penhorado, com suas características e, tratando-se de imóvel, a situação e divisas, com remissão à matrícula e aos registros

É importante proceder à individuação do bem para que se possa distingui-lo de outros da mesma espécie. Conforme dispõe a lei, não é necessário transcrever o bem imóvel, bastando proceder a remissão à matrícula;

II – o valor do bem (avaliação), o preço mínimo em que pode ser alienado, as condições de pagamento e, se for o caso, a comissão do leiloeiro

Este valor, em não dependendo de conhecimentos técnicos, é apurado pelo oficial de justiça (CPC, arts. 154, V, 829, § 1º, e 870). No caso de títulos da dívida pública e de títulos negociados na bolsa, o valor do edital será o da última cotação.

A lei estabelece que o magistrado deve previamente estabelecer o valor mínimo para evitar a arrematação por preço vil (art. 891, parágrafo único, do CPC). Caso não seja fixado o valor mínimo, será vil o valor abaixo de cinquenta por cento do *quantum* fixado na avaliação;

III – o lugar onde estiverem os móveis, veículos e semoventes; e, sendo crédito ou direitos, a identificação dos autos do processo, em que foram penhorados

É importante para que os terceiros possam previamente analisar o bem antes do leilão. No que concerne aos bens imóveis (que o referido inciso omitiu), esta exigência está prevista no inciso I do referido artigo;

IV – em não sendo presencial, o sítio, na rede mundial de computadores, e o período em que se realizará o leilão. Em sendo presencial, o dia e a hora de realização

Conforme se verifica do art. 880, o leilão poderá ser virtual (preferencialmente) e, não sendo possível, de forma presencial. Nos dois casos é importante prever no edital as informações essenciais para a efetiva realização do leilão. Se virtual, o sítio e o período em que se realizará o leilão. Se presencial, o dia, hora e local;

V – a indicação de local, dia e hora de segundo leilão presencial para a hipótese de não haver interessado no primeiro

Caso não haja interessados no primeiro leilão, deve-se, desde já, no edital indicar que eventual frustração do primeiro o segundo será realizado em específico local com data e horário;

VI – menção da existência de ônus, recurso ou causa pendente sobre os bens a serem leiloados

Quando o terceiro estiver na iminência de leiloar o produto da penhora, é importante que ele saiba todas as situações que envolvam o bem e seus gravames, para que possa sopesar os benefícios ou não da sua aquisição. Nesse caso é importante a menção no edital de todos os "ônus, recurso ou causa pendentes sobre os bens a serem arrematados" para que o terceiro saiba de todos os riscos inerentes ao ato de transferência do domínio.

O leilão é modalidade *derivada* de aquisição de propriedade e é possível que no momento do leilão recaia sobre o bem algum ônus (servidão, usufruto, hipoteca) ou mesmo haja uma causa pendente. Nesse caso é importante a sua menção no edital para que o terceiro saiba de todos os riscos inerentes ao ato de transferência do domínio.

Dessa forma, é importante estar explicitado no edital:

a) a existência de outras penhoras sobre o bem. Para salvaguardar o interesse dos terceiros que tenham o mesmo direito, especialmente se a penhora tiver sido averbada no registro de imóveis;

b) a existência de recurso pendente. Esse caso terá incidência somente nas hipóteses de cumprimento provisório da sentença. E isso porque por nessa modalidade de execução é possível a alienação de propriedade (leia-se leilão) desde que se preste caução. Nesse caso o leilão poderá ser efetivado, devendo apenas recompor eventuais perdas e danos experimentados;

c) a existência de causa pendente. Aqui se refere à existência de qualquer demanda, seja ela possessória ou petitória em que se discuta o bem penhorado. Este caso, como bem refere-se a doutrina, tem por objetivo salvaguardar a vigência do art. 457 do Código Civil, que afasta a evicção quando o arrematante (na lei, adquirente) tinha conhecimento de que a coisa era litigiosa ou pertencia a outrem;

d) a existência de ônus real. Aqui é necessária a intimação dos credores. Sempre que houver algum ônus real sobre o bem é necessário intimar os respectivos credores.

2.1.5.4.3. Procedimento

a) prazo e publicidade. O art. 887 do CPC regulamenta a *publicidade* e a *forma* do edital. Para garantir a publicidade do ato, o leiloeiro público designado adotará providências para a ampla divulgação da alienação. Assim, o edital deve ser publicado ao menos cinco dias antes da data do leilão. Preferencialmente a publicação do edital se dará em sítio na rede mundial de computadores, designado pelo juízo da execução contendo a descrição detalhada dos bens (se possível, de forma ilustrada) já informando se o leilão se realizará de forma presencial ou virtual.

Caso não seja possível a publicação em sítio, o edital deverá ser afixado em local comum no Fórum (geralmente no átrio) e publicado com antecedência mínima de cinco dias em jornal local de ampla circulação, pelo menos uma vez;

b) ausência de meio. Se a comarca não possuir jornal de grande circulação "e às condições da sede do juízo, o juiz poderá alterar a forma e a frequência da publicidade na imprensa, mandar publicar o edital em local de ampla circulação de pessoas e divulgar avisos em emissora de rádio ou televisão local, bem como em sítios distintos do indicado no § 2º" (CPC, art. 887, § 4º).

Esta regra toma reforço com o disposto no § 5º do referido artigo em que os editais de bens imóveis devem ser divulgados preferencialmente nos locais destinados a "negócios imobiliários";

c) invalidade. A falta de qualquer requisito do edital, se causar prejuízo ao interessado, gerará invalidação da arrematação;

d) edital cumulado. A fim de otimizar os gastos inerentes ao edital e agilizar a comunicação nesta fase do processo, poderá o magistrado reunir num único edital várias publicações, mesmo que em execuções distintas (CPC, art. 885, § 6º);

e) intimação. De acordo com o art. 889 do CPC, serão cientificados da alienação judicial com pelo menos cinco dias de antecedência:

I – o executado, por meio de seu advogado ou, se não tiver procurador[50] constituído nos autos, por carta registrada, mandado, edital ou outro meio idôneo;

II – o coproprietário de bem indivisível do qual tenha sido penhorada fração ideal;

---

50 Conforme o art. 889, parágrafo único, "se o executado for revel e não tiver advogado constituído, não constando dos autos seu endereço atual ou, ainda, não sendo ele encontrado no endereço constante do processo, a intimação considerar-se-á feita por meio do próprio edital de leilão".

III – o titular de usufruto, uso, habitação, enfiteuse, direito de superfície, concessão de uso especial para fins de moradia ou concessão de direito real de uso, quando a penhora recair sobre bem gravado com tais direitos reais;

IV – o proprietário do terreno submetido ao regime de direito de superfície, enfiteuse, concessão de uso especial para fins de moradia ou concessão de direito real de uso, quando a penhora recair sobre tais direitos reais;

V – o credor pignoratício, hipotecário, anticrético, fiduciário ou com penhora anteriormente averbada, quando a penhora recair sobre bens com tais gravames, caso não seja o credor, de qualquer modo, parte na execução;

VI – o promitente comprador, quando a penhora recair sobre bem em relação ao qual haja promessa de compra e venda registrada;

VII – o promitente vendedor, quando a penhora recair sobre direito aquisitivo derivado de promessa de compra e venda registrada;

VIII – a União, o Estado e o Município.

Os legitimados que constam do art. 889 deverão ser intimados do dia e horário em que ocorrerá o leilão. Esta intimação será feita na pessoa do advogado da parte salvo se não tiver patrono nos autos, quando então deverá ser intimado pessoalmente (carta, mandado ou edital). Sua importância reside na possibilidade de o executado ter o direito de remir a execução, conforme o art. 826 do CPC, bem como possa acompanhar o procedimento da venda. Esta intimação também deverá ser feita na pessoa de seu cônjuge quando se tratar de bem imóvel, salvo se o regime for de separação absoluta.

A intimação dos credores com garantia real objetiva permitir que estes credores possam exercer as prerrogativas concedidas pelo seu direito real ou averbação anterior da penhora.

A averbação anterior também deve ser levada em consideração. Dessa forma, o exequente que tiver penhora averbada no imóvel, deverá ser intimado. Lembrando sempre que o sistema processual civil brasileiro entende que, entre credores de mesma classe, prevalece o critério da anterioridade.

O não cumprimento do art. 889 do CPC pode gerar consequências diversas de acordo com a doutrina.

Para a primeira corrente a inobservância da regra gera ineficácia da alienação, já que se trata de requisito necessário conforme se depreende do *caput* do art. 889 do CPC.

Para a segunda corrente há de se verificar a *vontade* do credor do direito real. E isso porque ele pode optar em não impugnar a alienação, mas manter-se como credor do direito real. Dessa forma, ao contrário do que preconiza o artigo em comento, não haveria sub-rogação para o crédito da venda, mas seu direito permaneceria sobre o mesmo bem. Este parece ser o posicionamento mais correto à luz do sistema brasileiro conforme se depreende da leitura dos arts. 804[51] e 903, § 1º[52], do CPC e do art. 1.501 do Código Civil[53] (que traz exceção à extinção da hipoteca referente ao art. 1.499, VI, do CC);

---

51 Art. 804. A alienação de bem gravado por penhor, hipoteca ou anticrese será ineficaz em relação ao credor pignoratício, hipotecário ou anticrético não intimado.

52 Art. 903. Qualquer que seja a modalidade de leilão, assinado o auto pelo juiz, pelo arrematante e pelo leiloeiro, a arrematação será considerada perfeita, acabada e irretratável, ainda que venham a ser julgados procedentes os embargos do executado ou a ação autônoma de que trata o § 4º deste artigo, assegurada a possibilidade de reparação pelos prejuízos sofridos. § 1º Ressalvadas outras situações previstas neste Código, a arrematação poderá, no entanto, ser: II – considerada ineficaz, se não observado o disposto no art. 804.

53 Art. 1.501. Não extinguirá a hipoteca, devidamente registrada, a arrematação ou adjudicação, sem que tenham sido notificados judicialmente os respectivos credores hipotecários, que não forem de qualquer modo partes na execução.

f) adiamento. Os arts. 888 e 900 do CPC disciplinam acerca do adiamento do leilão. Assevera o art. 888 que será necessário "motivo justo" para a não realização do leilão. Por motivo justo deve ser entendido qualquer motivo que (i) impeça a realização do leilão e (ii) não tenha sido causado pelo exequente (eleições, greve, eventos da natureza). Esta segunda situação ganha maior reforço na medida em que "o escrivão, o chefe de secretaria ou o leiloeiro que culposamente der causa à transferência responde pelas despesas da nova publicação, podendo o juiz aplicar-lhe a pena de suspensão por 5 (cinco) dias a 3 (três) meses, em procedimento administrativo regular" (CPC, art. 888, parágrafo único). Esta pena somente poderá ser aplicada após o devido processo administrativo;

g) arrematação. Arrematação é a aquisição em leilão do bem penhorado. É possível estabelecer seu regramento em algumas etapas:

i) A arrematação é realizada com o pagamento do preço imediatamente por depósito judicial ou por meio eletrônico (art. 892, CPC).

ii) Havendo diversos bens com diversos lançadores terá preferência aquele que preferir arrematar todos. Desta forma os que interessarem serão levados pelo maior lance e os demais pelo valor da avaliação.

iii) Não será aceita a alienação se por preço vil. O CPC estabeleceu regras mínimas para delinear o preço vil de ordem subjetiva e objetiva: a) valor estipulado pelo juiz (critério subjetivo) e b) não havendo esse critério o valor de cinquenta por cento do valor da avaliação (critério objetivo). Constitui, contudo, norma de conceito vago e indeterminado a ser definido pelo magistrado no caso concreto. O que é certo é a base conferida para a apuração de preço vil que seria o cotejo entre o valor de mercado do bem penhorado com o da arrematação. Esta "diferença" deve ser valorada pelo magistrado a ponto de se constatar se se trata ou não de preço vil.

iv) A arrematação constará de auto que será imediatamente lavrado constando as condições de alienação do bem. Será expedida carta de arrematação (se bem imóvel) ou ordem de entrega (se for bem móvel) apenas se efetuado o depósito ou prestadas as devidas garantias pelo arrematante.

v) Uma vez assinado o auto pelo juiz, pelo arrematante e pelo serventuário ou leiloeiro a arrematação considera-se perfeita e acabada em caráter irretratável mesmo que os embargos do executado sejam julgados procedentes. Esta regra tem por objetivo proteger o arrematante de boa-fé. Contudo há situações, previstas no art. 903, § 1º, do CPC em que a arrematação pode ser: "I – invalidada, quando realizada por preço vil ou com outro vício; II – considerada ineficaz, se não observado o disposto no art. 804; III – resolvida, se não for pago o preço ou se não for prestada a caução".

O prazo para o magistrado verificar as situações descritas no § 1º é de dez dias após o aperfeiçoamento da arrematação. Para tanto seu conhecimento não será dado de ofício dependendo de provocação da parte. Escoado esse prazo a invalidação da arrematação somente poderá ser empreendida por ação autônoma (em que o arrematante deve figurar como litisconsorte necessário). Assim, o CPC simplificou o sistema anterior que previa os embargos de "segunda fase".

vi) A Carta de Arrematação deverá conter (CPC, art. 901, § 2º): a) a descrição do imóvel com a indicação de sua matrícula e seus registros; b) cópia do auto de arrematação; c) prova de quitação do imposto de transmissão; e d) existência de eventual ônus real ou gravame;

h) legitimidade. Qualquer um na livre administração de seus bens poderá lançar. Contudo, o art. 890 excepciona e veda o direito de arrematar a determinado grupo de pessoas, que, a despeito de serem civilmente capazes, não detêm essa legitimidade: I – dos tutores, dos curadores, dos testamenteiros, dos administradores ou dos liquidantes, quanto aos bens confiados à sua guarda e à sua responsabilidade; II – dos mandatários, quanto aos bens de cuja administração ou alienação estejam encarregados; III – do juiz, do membro do Ministério Público e da Defensoria Pública, do escrivão, do chefe de secretaria e dos demais servidores e auxiliares da justiça, em relação aos bens e direitos objeto de alienação na localidade onde servirem ou a que se estender a sua autoridade; IV – dos servidores públicos em geral, quanto aos bens ou aos direitos da pessoa jurídica a que servirem ou que estejam sob sua administração direta ou indireta; V – dos leiloeiros e seus prepostos, quanto aos bens de cuja venda estejam encarregados; VI – dos advogados de qualquer das partes.

O § 1º do art. 892 traz interessante regra ao autorizar ao exequente o direito de arrematar. O sistema sempre entendeu que o direito do exequente em adquirir o bem somente poderia ser exercido por meio da adjudicação. Contudo, a lei permite que participe do leilão em igualdade de condições com os demais lançadores. Todavia, pela sua condição de parte e credor, a lei lhe confere um procedimento próprio distinto daquele estabelecido aos terceiros: se vier a arrematar o bem não precisará exibir o preço. Apenas deverá em até três dias depositar a diferença caso o bem possua valor maior que a dívida. Não o fazendo, os bens serão levados novamente para leilão sob suas expensas.

A regra decorre da desnecessidade de o credor depositar algum valor, ao contrário de terceiro. Em havendo mais de um credor pretendente, far-se-á licitação entre eles e, caso haja igualdade de oferta, terá preferência o cônjuge, o companheiro, o descendente e o ascendente (nessa ordem);

i) não pagamento. O não pagamento é regulamentado pelo art. 897 do CPC. Dessa forma, o não pagamento (pelo arrematante ou seu fiador) acarreta a perda da caução e a volta dos bens para novo leilão. Ademais, fica impossibilitado de participar do novo leilão. O art. 898 autoriza ao fiador que pagar o valor do lance e a multa pode requerer lhe seja transferida a arrematação;

j) arrematação de imóvel. A arrematação de bem imóvel deve seguir procedimento diferenciado. Assim:

i) quem tiver interesse na aquisição do imóvel poderá oferecer sua proposta[54] (de valor igual ou superior ao da avaliação) para pagamento de, ao menos, vinte e cinco por cento à vista e o restante parcelado em até trinta meses garantido por caução idônea se for móvel ou hipoteca do próprio imóvel (CC, art. 1.489, V). Quem fizer proposta para pagamento à vista prevalece sobre aqueles que a fizerem de forma parcelada;

ii) as propostas serão acostadas nos autos com o prazo, modalidade, indexador de correção monetária e forma de pagamento. Poderão ser pagas por meio eletrônico com correção mensal pelo índice oficial de atualização financeira a ser informado, se for o caso, para a operadora de cartão de crédito. A proposta não suspende o leilão;

iii) caso haja atraso incidirá multa de dez por cento sobre as parcelas não pagas. Essa base de cálculo será a soma da parcela inadimplida com as vincendas. No caso de inadimplemento "autoriza o exequente a pedir a resolução da arrematação ou promover, em face do arrematante, a execução do valor devido, devendo ambos os pedidos ser formulados nos autos da execução em que se deu a arrematação" (art. 895, § 5º, CPC);

---

54 CPC, art. 895: "O interessado em adquirir o bem penhorado em prestações poderá apresentar, por escrito: I – até o início do primeiro leilão, proposta de aquisição do bem por valor não inferior ao da avaliação; II – até o início do segundo leilão, proposta de aquisição do bem por valor que não seja considerado vil".

iv) havendo diversas propostas para pagamento parcelado há de se verificar quais foram as condições apresentadas por todos. Se em iguais condições o juiz decidirá por aquele que a formulou em primeiro lugar. Se em condições diferentes, a de maior valor.

Quando se tratar de imóvel de incapaz, visando a lei proteger os seus interesses, não poderá em segundo leilão ser levado por valor menor que oitenta por cento da avaliação. Desta forma, não chegando a este valor o magistrado adiará a alienação por até um ano, confiando o imóvel a um depositário idôneo. É possível, contudo, a alienação antes do novo leilão, conforme art. 896, § 1º, se algum interessado assegurar, mediante caução idônea, o valor da avaliação. Caso se arrependa, arcará com multa de vinte por cento sobre o valor da avaliação, que será revertida ao incapaz.

O imóvel ainda poderá ser locado pelo período em que aguarda novo leilão.

O imóvel sujeito a divisão poderá ser vendido em partes a requerimento da parte e com autorização do juiz (CPC, art. 894). E isso porque a parte do imóvel (que comporta divisão, repise-se) já alcança o valor da dívida e, portanto, pode, em atenção à menor onerosidade, ser vendido apenas parte e não o todo. Caso não haja lançador, far-se-á a alienação em sua integralidade.

2.1.5.5. Penhora de frutos e rendimentos de coisa móvel ou imóvel

2.1.5.5.1. Introdução

A execução por quantia certa tem por objetivo fundamental converter em dinheiro a penhora efetivada nos bens do executado. Para tanto se faz por meio da expropriação judicial que, não ocorrendo a adjudicação, pode se dar tanto por alienação em leilão judicial como por iniciativa particular. Essa medida faz com que o executado perca a titularidade do bem e poderá, em alguns casos, receber uma diferença pecuniária caso a venda do bem ultrapasse o valor da dívida.

A despeito de ser mais comum, a expropriação é medida extremamente agressiva à esfera jurídica do executado, pois, como dito, desapossa em definitivo o executado do seu bem para o cumprimento da obrigação.

Em determinadas situações essa expropriação pode ser demasiadamente gravosa e desproporcional à satisfação do crédito, pois há outras formas de cumprimento.

Assim, o magistrado deve sempre ter em mente que a efetividade da execução deve ser contrabalanceada com a menor onerosidade do executado (art. 805, CPC).

Atenta a esta situação, a lei estabelece método que consegue, a um só tempo, unir estes dois valores: satisfaz a obrigação de modo efetivo e não causa extremo gravame ao executado. Essa é a essência do presente artigo que regula a *penhora de frutos e rendimentos do bem*: constitui na possibilidade de se conferir ao exequente, de forma temporária, o direito aos *frutos e/ou rendimentos do(s) bem(ns) do executado, evitando assim a expropriação efetiva da coisa móvel ou imóvel.*

Frutos constituem todas as utilidades inerentes ao bem móvel ou imóvel geradas pelo bem que não altere a sua substância. Os frutos são classificados em *naturais*, quando não há intervenção humana, como, por exemplo, os frutos de uma árvore, *industriais*, que decorrem da atividade humana, como os frutos de uma empresa) ou *civis* (os rendimentos do bem com o aluguel de um imóvel, lucros, juros, participações, *royalties*, bônus e gratificações).

Com o cumprimento da execução e a satisfação do crédito o bem será, em sua integralidade, mantido com o executado, que poderá usá-lo da maneira que melhor lhe aprouver. O cumprimento da obrigação, nesse caso, é gradativo (*pro solvendo*) e não instantâneo (*pro soluto*).

A decretação dessa modalidade de expropriação retira do executado o uso e gozo do bem e permite que o exequente, de maneira direta ou por meio de administrador, passe a perceber esses frutos e rendimentos.

2.1.5.5.2. Natureza jurídica

No regime anterior, o CPC utilizava-se da expressão **usufruto judicial** para designar o instituto, pegando emprestado vocabulário específico do direito civil a fim de empregar nessa modalidade de expropriação (CC, arts. 1.390-1.411).

Contudo, a semelhança se encerrava apenas na nomenclatura. Sua aproximação maior seria, em verdade, com o instituto da *anticrese* (CC, arts. 1.506-1.509), instituto também do direito civil, que objetiva a percepção dos frutos do imóvel pelo credor anticrético.

Mesmo assim, a nomenclatura adotada pelo CPC (*da penhora de frutos e rendimentos de coisa móvel ou imóvel*) não foi das mais felizes, pois penhora constitui medida de garantia para futura expropriação. Já o instituto em comento versa sobre a própria satisfação do crédito e não mera garantia do juízo.

Assim, a apropriação de frutos e rendimentos constitui instituto de direito processual somente e seu regramento não é (e nem pode ser) concebido pelo direito material.

2.1.5.5.3. Pressupostos

Consoante se depreende do art. 867, dois são os requisitos para a concessão dessa medida: a) meio mais eficiente para obtenção do crédito; e b) menor gravosidade. Por eficiência deve se entender que a medida somente terá razão de ser se for mais eficaz para o pagamento ao credor.

Muitas vezes o bem penhorado é de difícil comercialização e assim é vantajoso ao exequente receber os frutos e rendimentos periódicos do bem no lugar de aguardar a morosa tramitação da alienação judicial. Entretanto, se o tempo para que os frutos/rendimentos possam quitar o crédito for muito longo, não estará preenchido o requisito da efetividade.

Pode ocorrer também que os frutos não sejam suficientes para o pagamento total da obrigação. Desta forma, seria mais *eficaz* a venda do bem. Já a menor gravosidade constituiria um pressuposto até desnecessário na medida em que o sistema executivo contempla esse artigo específico que deve nortear toda a execução (CPC, art. 805). Mas, mesmo assim, a menor gravosidade é presumida: como negar que a mera retirada dos frutos poderia causar mais prejuízo do que a perda total deste bem em decorrência da alienação? Assim, preferível que o executado fique privado *temporariamente* de obter os rendimentos do bem para o pagamento do crédito exequendo a ter que perder este bem em definitivo.

Contudo, entendemos que a regra desse artigo também tem aplicação em mais uma situação específica: quando o bem penhorado (que for o único bem do executado) não seja o suficiente para cumprir a obrigação, é possível estabelecer uma penhora de frutos e rendimentos para que se chegue até o valor faltante e, depois, se proceda à venda desse mesmo bem. Assim, se a dívida é de R$ 150 mil reais e o bem foi avaliado em R$ R$ 120 mil, nada impede que se faça penhora de rendimentos até alcançar R$ 30 mil para depois vender o bem pelo valor da avaliação e cumprir integralmente o crédito.

2.1.5.5.4. Procedimento

i) Momento. Ao contrário do sistema anterior, o atual não estabelece prazo para o requerimento da penhora de frutos e rendimentos. Contudo, é intuitivo que deva ser requerido antes do leilão judicial.

ii) Requerimento. O regime anterior exigia requerimento da parte. No atual, conforme expressa disposição do art. 867 do CPC, o juiz poderá determinar de ofício. Nada impede, no entanto, especialmente se partir do exequente, a possibilidade dessa modalidade de penhora por meio de requerimento da parte. Mas obviamente que o executado, o maior interessado em não perder o bem, possui legitimidade para requerer.

iii) Procedimento. A penhora de frutos e rendimentos guarda relação com a "penhora sobre faturamento" prevista no art. 866, CPC. Tanto que o § 3º do referido artigo dispõe: "Na penhora de percentual de faturamento de empresa, observar-se-á, no que couber, o disposto quanto ao regime de penhora de frutos e rendimentos de coisa móvel e imóvel". Para a consecução da penhora dos frutos e rendimentos, o magistrado primeiramente verificará a presença dos pressupostos para a concessão da medida (art. 867, CPC) e, após, nomeará um administrador-depositário ou algum outro legitimado previsto no art. 869, CPC (vide comentário *infra*).

Esse administrador terá seus poderes delineados nos arts. 159 a 161, CPC que regem a atividade do depositário e administrador judicial de forma geral e, de forma específica, no art. 869, §§ 1º a 5º, também do CPC. Dessa forma, o executado perderá temporariamente o direito de gozo do bem até o efetivo pagamento do exequente (principal, atualização monetária, juros, custas e honorários). O administrador-depositário passa, portanto, a ter os poderes de administração do bem e utilizá-lo para o fim determinado pelo juiz.

Independentemente de quem seja, deverá o administrador (designado pelo juízo ou alguma das partes): i) prestar contas e ii) explicitar a forma como irá proceder sua administração (sob a aceitação ou não do juiz):

a. Eficácia em relação a terceiros. A despeito de o executado ficar fora da posse do bem, nada impede que este se valha, se for necessário, dos interditos possessórios, afinal possui a posse indireta do bem. Ademais, estabelece o art. 130 do CC que "Ao titular do direito eventual, nos casos de condição suspensiva ou resolutiva, é permitido praticar os atos destinados a conservá-lo". O §1º estabelece que "A medida terá eficácia em relação a terceiros a partir da publicação da decisão que a conceda ou de sua averbação no ofício imobiliário, em caso de imóveis" o que merece críticas tendo em vista que a publicação da decisão confere ciência às partes, mas não a terceiros que tenha interesse no processo.

b. Averbação no Registro Imobiliário. Para garantir essa eficácia em relação a terceiros, deverá o exequente providenciar a averbação no Ofício Imobiliário que não necessitará de mandado judicial, bastando, para tanto, a apresentação da certidão em que conste as informações necessárias do bem, do prazo e a medida a ser efetivada. Essa sim, constitui uma ciência *erga omnes* sobre a devida publicidade da medida.

c. Legitimidade. O CPC confere liberdade no tocante a legitimidade para a nomeação do administrador-depositário. A escolha, evidentemente dependerá da deliberação do juiz com as partes (negócio jurídico processual) ou das vicissitudes do caso concreto. Dessa forma, poderá ser o exequente, o executado ou um profissional designado especificamente para esse encargo. Em qualquer caso, a(s) parte(s) deverá(ão) ser intimada(s) para se manifestar. Tendo as partes designado um administrador-depositário, deverá o juiz homologar essa escolha aplicando subsidiariamente o quanto dispõe o art. 862, § 2º, CPC. Quando a administrador for o próprio exequente ou executado (ou mesmo alguém designado por eles para cumprir essa função) poderá o juiz, se entender necessário, designar uma auxiliar do juízo para fiscalizar essa atividade. Importante frisar que, salvo o depositário judicial, a parte ou a quem for designada a função poderá recusar o encargo.

d. Forma de administração. Uma vez que houve a nomeação o administrador-depositário procederá a administração dos frutos e rendimentos. Dessa forma sua incumbência será: a) administrar os frutos e rendimentos (atividade essa que propositalmente não foi regulada pelo CPC diante das inúmeras possibilidades possíveis de frutos, rendimentos e formas de gestão); b) prestar contas, de acordo com a periodicidade a ser estabelecida pelo magistrado (podendo seguir, por analogia, os arts. 1.507 do CC[55] e 866, § 2º, CPC[56]). De toda forma, deverá o administrador submeter à apreciação judicial para que possa ser aprovada a forma pelo qual elegeu para administrar. Se houver divergência entre o administrador e as partes competirá ao juiz decidir como será feita a administração.

e. Arrendamento ou locação. Caso haja arrendamento ou locação no imóvel para terceiros, este terceiro deverá pagar diretamente ao exequente, salvo havendo administrador. Evidentemente que este terceiro deverá ser devidamente intimado acerca da mudança do polo ativo do contrato. A este administrador-depositário compete, a partir do momento em que se torna gestor dos recebimentos, cuidar igualmente das peculiaridades do contrato de arrendamento ou locação, cuidando das cobranças em caso de impontualidade, da renovação ou mesmo ajuizando ação revisional caso o aluguel esteja abaixo do valor de mercado. E é importante que o locatário ou arrendatário cumpra a exigência, pois "Se o devedor pagar ao credor, apesar de intimado da penhora feita sobre o crédito, ou da impugnação a ele oposta por terceiros, o pagamento não valerá contra estes, que poderão constranger o devedor a pagar de novo, ficando-lhe ressalvado o regresso contra o credor" (art. 312, CC). Poderá o exequente ou o administrador-depositário fazer a locação do bem móvel ou imóvel ou mesmo o arrendamento. Nesse caso as partes devem ser intimadas para se manifestar. Apesar da lei falar em locação ou arrendamento, nada impede que se trate de outro contrato oneroso como, por exemplo, direito de superfície (art. 1.370, CC).

f. Pagamento. As quantias que forem recebidas pelo administrador-depositário serão pagas ao exequente para amortizar a dívida. Esse valor não precisa ser pago em juízo (como ocorre na penhora de faturamento de empresa) sendo pago diretamente ao credor. Essa imputação do pagamento deve respeitar o que consta no título executivo e, no silêncio, aplica-se o quanto dispõe no art. 354, CC. Nos termos do § 6º do exequente será dada quitação nos autos das quantias recebidas. Evidente que, como o pagamento está sendo feito no processo o credor deve dar quitação por termo nos autos sob pena de se sujeitar às sanções processuais decorrentes dos descumprimentos dos deveres processuais prevista no art. 77, CPC

g. Quitação. O exequente dará ao executado quitação por termo nos autos das quantias recebidas (art. 869, § 6º, CPC).

2.1.6. SATISFAÇÃO DO CRÉDITO

A satisfação do crédito exequendo se dará pela adjudicação e, não ocorrendo essa modalidade, pela entrega do dinheiro ao exequente. Dessa forma, o juiz autorizará que o exequente

---

55 "Art. 1.507. O credor anticrético pode administrar os bens dados em anticrese e fruir seus frutos e utilidades, mas deverá apresentar anualmente balanço, exato e fiel, de sua administração."

56 "Art. 866. Se o executado não tiver outros bens penhoráveis ou se, tendo-os, esses forem de difícil alienação ou insuficientes para saldar o crédito executado, o juiz poderá ordenar a penhora de percentual de faturamento de empresa. § 1º O juiz fixará percentual que propicie a satisfação do crédito exequendo em tempo razoável, mas que não torne inviável o exercício da atividade empresarial."

levante o dinheiro depositado (ou o faturamento da empresa ou ainda outros frutos e rendimentos de coisas e empresas penhoradas quando:

> I – a execução for movida só a benefício do exequente singular, a quem, por força da penhora, cabe o direito de preferência sobre os bens penhorados e alienados;
> II – não houver sobre os bens alienados outros privilégios ou preferências instituídos anteriormente à penhora.

É importante ressaltar que durante o plantão judiciário, veda-se a concessão de pedidos de levantamento de importância em dinheiro ou valores ou de liberação de bens apreendidos.

Recebendo o mandado de levantamento, o exequente dará ao executado, por termo nos autos, quitação da quantia paga. Esse mandado de levantamento poderá ser substituído por transferência eletrônica do valor depositado em conta vinculada ao juízo para outra indicada pelo exequente.

Após o pagamento de todo valor, incluindo o principal, os juros, as custas e os honorários, a importância que sobrar será restituída ao executado.

Caso haja diversos credores ou exequentes, o dinheiro lhes será distribuído e entregue consoante a ordem das respectivas preferências.

No caso de adjudicação ou alienação, os créditos que recaem sobre o bem, inclusive os de natureza *propter rem*, sub-rogam-se sobre o respectivo preço, observada a ordem de preferência. Contudo, não havendo título legal à preferência, o dinheiro será distribuído entre os concorrentes, observando-se a anterioridade de cada penhora.

2.2. EXECUÇÃO DE OBRIGAÇÃO DE FAZER E NÃO FAZER COM BASE EM TÍTULO EXECUTIVO EXTRAJUDICIAL (CPC, ARTS. 814-823)

2.2.1. INTRODUÇÃO

As execuções de obrigação de fazer e não fazer diferem-se sobremaneira das demais modalidades de execução previstas no ordenamento brasileiro. E isso porque, enquanto as demais formas de execução – máxime as execuções de entrega e pagamento de quantia – se resolvem com o pagamento ou a entrega que se perfaz de maneira patrimonial, as obrigações de fazer e não fazer resultam num comportamento do executado (comissivo ou omissivo).

Tal peculiaridade, contudo, em que depende necessariamente de um agir da parte obrigada, faz com que haja maior embaraço no cumprimento da tutela, devendo o magistrado ser detentor de amplos mecanismos coercitivos para impor a regra de conduta perante o executado.

2.2.2. EXECUÇÃO DAS OBRIGAÇÕES DE FAZER

a) Petição inicial. Assim como nas obrigações de entrega, deverá o executado propor demanda, com os requisitos do art. 319 do CPC evidentemente instruída a petição inicial com o título que embasa a pretensão do exequente (CPC, arts. 798 e 799).

b) Citação. Ao receber a petição inicial o magistrado fixará um prazo para que a obrigação seja satisfeita. Não há prazo fixado em lei, na medida em que o tempo para "o fazer" depende da natureza do direito material postulado em juízo. Contudo, o juiz deverá respeitar o prazo contido no título executivo, caso haja previsão (CPC, art. 815).

Entretanto, esta regra é, na prática, inócua, pois um dos requisitos para proceder à execução é o inadimplemento e, certamente, a execução está sendo efetivada porque não houve o cumprimento espontâneo na data aprazada. Nada impede que o magistrado fixe uma data específica (10 de dezembro, v.g.) e não necessariamente um prazo.

Não obstante se tratar de prazo para o cumprimento pela parte (obrigação material), esse prazo é processual e, portanto, corre em dias úteis (REsp 1.778.885-DF, Rel. Min. Og Fernandes, Segunda Turma, por unanimidade, *DJe* de 21-6-2021).

c) Multa. Trata-se de multa coercitiva (*astreintes*), principal instrumento da execução indireta que objetiva influenciar o executado a cumprir a obrigação específica. A multa serve como uma pressão psicológica, pois o não cumprimento da obrigação mantém o dever de cumprimento somado ao pagamento da multa.

Poderá fixar, até mesmo de ofício, a multa pecuniária por dia (ou outro período que o magistrado entenda mais adequado) de não cumprimento (CPC, art. 814), que poderá ter outra periodicidade se assim entender o juiz. A parte final do referido art. 814 estabelece que o magistrado deve fixar a data a partir da qual a multa será devida. Da mesma forma que o magistrado poderá mudar o valor da multa quando esta estiver prevista em contrato (CPC, art. 814, parágrafo único).

Aqui a lei disse menos do que queria. O texto fala somente em "reduzir", quando na verdade é possível ampliar, já que a multa tem natureza coercitiva e o magistrado deve empregá-la de acordo com a realidade fática da causa. Este permissivo está no também já mencionado art. 537, § 1º, do CPC.

A multa é facultativa. Nem poderia ser diferente. Os arts. 139, IV, e 536, § 1º, do CPC autorizam um poder geral de efetivação judicial.

Aliás o STJ já afastou a aplicação da multa por entender desarrazoada conforme REsp 1.069.441.

d) Possibilidades. O executado, ao receber a citação, poderá:

i) cumprir a obrigação. Quando então a execução somente será encerrada com o pagamento das custas e honorários advocatícios;

ii) opor embargos no prazo de quinze dias. Os embargos opostos não precisam de garantia do juízo. Não só pela previsão em lei, mas pela justa impossibilidade de fazê-lo. E isso porque, ao contrário do pagamento em dinheiro ou de entrega, *depositar o direito já feito* seria a própria satisfação da obrigação (não se imagina que o executado que deva construir um muro o faça somente para opor embargos). O prazo de quinze dias começa a correr da juntada aos autos do mandado de citação cumprido;

iii) ficar inerte. Caso o executado não opte por nenhuma das situações anteriores, o juiz determinará o cumprimento forçado, cumprimento este que variará conforme a natureza da obrigação (fungível ou infungível).

Assim, o caráter personalíssimo da obrigação gera relevantes impactos no procedimento executivo. Lembrando que este cumprimento forçado, ou fase de execução forçada, será necessário nas hipóteses de oposição de embargos sem efeito suspensivo ou nos casos em que houver inércia.

d1) Sendo a obrigação infungível (CPC, art. 816), a única forma de pressionar o cumprimento da obrigação é a imposição de multa. E isso porque **apenas o executado** tem a possibilidade de cumprir a obrigação. Ganham mais relevância, portanto, as medidas coercitivas. Assim, conforme se verifica do art. 816 do CPC, nem todas as obrigações de fazer podem ser realizadas por terceiro. A infungibilidade pode ser dividida em duas modalidades:

i) obrigações *intuitu personae*. Nesse caso, por convenção, a obrigação somente pode ser cumprida por aquele com quem se contratou. Um cantor específico não pode ser substituído por outro, assim como o credor não precisa aceitar a pintura de quadro, por pintor diverso;

ii) obrigações de conhecimento específico. Há situações, contudo, que a destreza técnica e peculiaridades do direito material impossibilitam que terceiro possa cumprir a prestação, como no caso da restauração de determinada obra sacra em que apenas uma pessoa é capacitada para tanto.

Caso não seja cumprida, a despeito desse meio de coerção, a obrigação será resolvida em perdas e danos. Dessa forma, ou haverá liquidação incidente para a apuração das perdas e danos, ou ocorrerá incontinenti execução por quantia certa quando esta indenização já tiver sido prevista no contrato (cláusula penal).

d2) Sendo a obrigação fungível (CPC, arts. 817-820; CC, art. 249[57]**)**, o exequente terá quatro opções: **i)** requerer o cumprimento por terceiro; **ii)** cumprir a obrigação pessoalmente ou preposto à custa do executado; **iii)** requerer que o cumprimento se dê pelo próprio executado[58]; ou **iv)** requerer a conversão em perdas e danos.

Na primeira hipótese, como se trata de obrigação fungível, não precisará que seja cumprida pelo executado (a construção de um muro, v.g.). Dessa forma, a execução poderá ser procedida por terceiro, à custa do executado. É possível enxergar nesta modalidade de cumprimento duas formas de execução: a primeira a obrigação específica de fazer, na medida em que o terceiro irá cumprir a obrigação; a segunda como execução de quantia, na medida em que o valor gasto pelo terceiro será cobrado, nos mesmos autos do executado.

Contudo, uma ressalva importante: é recomendável que o magistrado, mesmo antes de determinar que o exequente adiante as quantias necessárias ao cumprimento da obrigação (CPC, art. 817, parágrafo único), intime o executado para fazê-lo. E isso porque não seria razoável pensar que o exequente, que sofreu prejuízo pelo inadimplemento do executado, ainda tenha que arcar com essa despesa. Nesse caso, como a obrigação do executado para o terceiro (pagar quantia) não é **finalística**, mas de **meio** (viabilizar a realização), poderá o juiz determinar a cominação de multa ou outra medida coercitiva para o pagamento.

Realizada a prestação, o juiz ouvirá as partes no prazo de dez dias e, não havendo impugnação, considerará satisfeita a obrigação.

Se o terceiro não cumprir a obrigação que a si foi designada, poderá o credor, nos termos do art. 819 do CPC, requerer no prazo de quinze dias para que o juiz autorize-o a concluir/reparar por conta do contratante.

Haverá a instauração de um incidente (CPC, art. 819, parágrafo único) ouvindo-se o contratante no prazo de quinze dias. E, se constatado o inadimplemento, haverá a apuração do custo das despesas necessárias que ficarão ao encargo do terceiro. Assim, haverá verdadeiro título executivo contra o terceiro a ser cobrado, eventualmente, nos moldes do cumprimento de sentença.

Poderá o exequente, contudo, exercer seu direito de preferência (CPC, art. 820) e proceder ele próprio à execução ou por meio de preposto.

---

57 Art. 249. Se o fato puder ser executado por terceiro, será livre ao credor mandá-lo executar à custa do devedor, havendo recusa ou mora deste, sem prejuízo da indenização cabível.
58 Quando então haverá o aumento de atividades coercitivas sobre o executado, como, por exemplo, o aumento da multa pecuniária.

Esse direito somente pode ser exercido até cinco dias após a apresentação da proposta pelo terceiro.

Hoje compete à parte ou ao juiz decidir qual terceiro deverá realizar a obrigação. No regime anterior à Lei n. 11.382/2006 (ainda sob a égide do CPC/73), era necessária uma "licitação particular" onerosa e burocrática para escolher o terceiro.

A lei é omissa, mas nada impede que o exequente, ao requerer que a obrigação seja cumprida por terceiro, já peça que este faça a proposta.

Após, será ouvida a parte contrária.

Compete, em regra, ao exequente indicar o terceiro que prestará o fato. Este terceiro deve apresentar sua proposta com os custos daí decorrentes[59].

Outra questão opera relevante impacto no campo do procedimento: se o exequente, desde já, requer a cobrança das perdas e danos (desiste da obrigação específica), poderá proceder à execução de título extrajudicial cujo valor será colhido da cláusula contratual que terá previamente fixado o dano.

Contudo, se frustrar a execução após a tentativa do cumprimento da obrigação específica, poderá o magistrado determinar a conversão em perdas e danos. Neste caso, trata-se de execução de título judicial (CPC, art. 523) e isso porque o magistrado declara o dever de pagamento de quantia, já que o exequente adiantou os valores para que o terceiro cumprisse a obrigação e deve ser ressarcido pelo executado.

2.2.3. EXECUÇÃO DAS OBRIGAÇÕES DE NÃO FAZER

Tecnicamente não se trata de uma obrigação de não fazer, mas de *desfazer*, na medida em que o ato de abstenção que deveria ser respeitado não foi. Constitui o oposto da obrigação de fazer, pois deve-se desfazer aquilo que foi feito e não poderia. Essa é a dicção do art. 822 do CPC.

Aqui se diferencia da tutela inibitória, que objetiva proibir a prática do ato (tutela repressiva), pois seu objetivo é retornar ao *status quo ante* (tutela reparatória). Dessa forma o mero temor, ou concretos indícios que o sujeito possa fazer o que estava proibido, não permite a execução nesses moldes, mesmo que o exequente seja detentor de título executivo extrajudicial. Isso ocorre porque um dos requisitos para promover qualquer execução é a existência do estado de inadimplemento. Nesse caso deve a parte se socorrer de demanda de conhecimento (CPC, art. 536).

Há duas formas de obrigações negativas (não fazer): i) **permanentes**, em que o desfazer é ainda possível (a demolição de uma casa cuja construção estava vedada); e as ii) **instantâneas**, cuja possibilidade de restaurar o *status quo* não é possível (a emissora que estava impossibilitada de passar determinada reportagem). Desta forma a obrigação se resolve somente em perdas e danos.

2.3. EXECUÇÃO DE ENTREGA DE COISA CERTA E INCERTA COM BASE EM TÍTULO EXECUTIVO EXTRAJUDICIAL (CPC, ARTS. 806-813)

2.3.1. EXECUÇÃO DE ENTREGA DE COISA CERTA

A execução de entrega de coisa com base em título executivo extrajudicial possui um regime diferente do cumprimento de sentença de entrega de coisa.

---

59 É possível que haja mais de uma proposta em que o magistrado poderá optar pelo menor preço em atenção à menor onerosidade para o executado.

a) Petição inicial. Aqui, deverá o executado propor *demanda própria*, com os requisitos do art. 319 do CPC, instruindo a petição inicial com o título que embasa a pretensão do exequente (CPC, arts. 798 e 799).

b) Citação. Ao receber a petição inicial o magistrado determinará a citação do executado (sempre por oficial de justiça) para que entregue a coisa no prazo de quinze dias ou, querendo, apresente embargos para discutir a exigibilidade da obrigação.

c) Opções do executado. O executado, uma vez citado, possui algumas opções previstas no ordenamento:

c1) se a parte deseja cumprir a obrigação entregando a coisa, o seu depósito, em princípio, acarreta a extinção da execução, uma vez satisfeita a obrigação (CPC, art. 924, II). Contudo, duas questões são importantes:

i) deverá o exequente ser intimado da entrega do bem na medida em que o devedor poderá depositar coisa diversa da qual o credor não é obrigado a aceitar, mesmo que de maior valor;

ii) nem sempre a execução se encerra com o depósito. E isso porque é possível, conforme o art. 807 do CPC, após o termo de entrega, a execução prosseguir para o pagamento de frutos ou ressarcimento de prejuízos. Ademais (e independentemente dos frutos e ressarcimentos), o depósito deve vir acompanhado do correspondente pagamento das custas e honorários. Nesses casos, em não havendo o respectivo depósito desse valor, haverá a conversão da execução de entrega para execução por quantia. Será necessária, igualmente, liquidação incidente para apuração do exato valor a ser executado;

c2) a parte poderá, como dito, opor embargos no prazo de quinze dias, independentemente de seguro o juízo (contados da juntada aos autos do mandado de citação cumprido);

c3) há ainda uma última situação: o executado pode manter-se inerte, não cumprindo a obrigação. Nesse caso o magistrado tomará as medidas necessárias para que a obrigação seja adimplida, ou, ao menos, resolvida pecuniariamente a favor do credor (CPC, arts. 806, § 1º, e 536, § 1º). Assim poderá:

i) fixar multa pecuniária por dia de atraso (CPC, art. 806, § 1º) que pode ter outra configuração quanto ao período (hora, semana etc.) e que somente incidirá **após** os quinze dias que a parte tinha para proceder ao depósito da coisa (assim a lei fala na *fixação* da multa ao despachar a petição inicial, mas sua *incidência* se dará quando transcorrido o prazo legal). A multa também poderá ser fixada se o executado opôs embargos e não obteve efeito suspensivo;

ii) determinará a expedição de mandado de busca e apreensão (se for bem móvel) ou imissão na posse (se for imóvel). Essa medida também será aplicada se os embargos não forem recebidos com efeito suspensivo (o que constitui a regra). Ocorre que na medida em que existam embargos pendentes, sob pena de se perder o objeto da execução, o bem apreendido não será entregue incontinenti ao exequente, devendo ficar depositado em juízo até o término do incidente;

iii) caso o bem esteja em poder de terceiro (CPC, art. 808) porque alienado a este no curso da execução, o terceiro deverá depositá-lo para, somente após, ser ouvido. No Brasil há duas correntes sobre a possível defesa do terceiro:

Primeira corrente: oposição de embargos de terceiro (Nelson Nery, Luiz Guilherme Marinoni e Marcelo Abelha).

Segunda corrente: oposição de embargos à execução, afinal o terceiro é sucessor do executado (Vicente Greco Filho).

iv) caso o bem tenha se deteriorado, ou esteja desaparecido, a obrigação converte-se em perdas e danos, gerando a conversão automática da execução de entrega para a execução de quantia, que abrangerá: **1) o valor do bem; 2) custas e honorários; 3) eventual benfeitoria ou fruto; 4) a multa pecuniária; e 5) as perdas e danos**. No caso de não constar no título o valor da coisa, ou sendo impossível a sua avaliação, o exequente deve estabelecer uma estimativa que estará sujeita a arbitramento judicial (CPC, art. 809, § 1º). Serão apurados em liquidação o valor da coisa e os prejuízos.

Por fim, estabelece o art. 810 do CPC que "havendo benfeitorias indenizáveis feitas na coisa pelo executado ou por terceiros, de cujo poder ela houver sido tirada, a liquidação prévia é obrigatória. Se houver saldo em favor do executado, o exequente depositará ao requerer a entrega da coisa; se houver saldo em favor do exequente, este poderá cobrá-lo nos autos do mesmo processo".

2.3.2. EXECUÇÃO DE ENTREGA DE COISA INCERTA

A execução de entrega de coisa incerta ocorre sempre que recair sobre coisas determinadas pelo seu gênero e sua quantidade (CPC, art. 811). **Não se pode confundir incerteza com fungibilidade**. A coisa fungível é o bem móvel que pode ser trocado por outro de mesma espécie, qualidade e quantidade (CC, art. 85). Assim, cinco sacas de café não são indeterminadas, mas fungíveis, pois quaisquer cinco sacas de café do executado são válidas e esta hipótese não necessita do procedimento que a lei determina.

Coisa incerta é aquela que se constitui como determinável, mas a **escolha** é determinante. Assim, nas crias de um cavalo de raça em que cada um poderá ter aptidões diferentes.

Quando se tratar de entrega de coisa incerta segue-se o mesmo procedimento estabelecido para a entrega de coisa certa. A diferença ocorre no momento da individualização da coisa:

a) Se a escolha couber ao executado (seja pelo contrato, seja na sua omissão, já que a lei confere a ele a prerrogativa primária), este será citado para entregar a coisa incerta individualizada (CPC, art. 811). Esta entrega deve ser feita em quinze dias.

b) Se a escolha couber ao exequente (porque assim foi determinado em contrato), deverá indicar o bem *já* escolhido na petição inicial sob pena de preclusão. Assim, a escolha competirá, diante da contumácia, ao executado.

De qualquer forma, competindo a escolha ao exequente ou ao executado, cada qual poderá impugnar a escolha do outro no prazo de **quinze dias**. Este prazo será contado a partir da juntada aos autos do mandado de citação devidamente cumprido, se competir ao exequente, e do depósito, se competir ao executado.

No momento da concentração (escolha do bem) há de se observar a regra do art. 244 do CC, em que o devedor não é obrigado a fornecer a coisa melhor nem pode dar a coisa pior.

Conforme dispõe o art. 812 do CPC, deverá o magistrado julgar de plano ou, caso seja necessário, nomeará perito.

3.

RESPOSTAS DO EXECUTADO

O estudo das respostas do executado pressupõe a compreensão das posições jurídicas exercidas ao longo do processo. Em decorrência do contraditório as partes se alternam em posições diversas de acordo com os atos processuais que serão praticados. Assim, quando o réu contesta, ele está exercendo uma posição jurídica ativa e o autor deve se sujeitar a essa apresentação de defesa.

No entanto, essas diferentes alternâncias de posições estão intimamente atreladas ao modelo de atividade jurisdicional exercida em juízo. Em um processo/fase de conhecimento (comum ou especial) as partes estão abstratamente em situação análoga e, portanto, tendo o Poder Judiciário por finalidade precípua a declaração do direito por meio de ampla atividade cognitiva, é intuitivo que haja grande variação de posições decorrentes da necessidade de amplo diálogo processual[1].

Entretanto, em se tratando da atividade executiva, em que, por força da eficácia abstrata do título, se objetiva o cumprimento da norma jurídica (decorrente de decisão judicial ou título produzido fora do processo), há menor variação nas posições, pois as partes não estão simétricas perante o conflito.

O legislador, todavia, estabelece algumas modalidades de respostas para permitir ao executado se insurgir contra a atividade jurisdicional executiva no plano formal ou no mérito. Classicamente têm-se: **(a)** embargos à execução e **(b)** impugnação. Ademais, a praxe forense admite, há muito, a possibilidade de se insurgir (desde que preenchidos determinados requisitos), por meio da denominada **(c)** "exceção de pré-executividade". É sobre essas três modalidades que recairão os estudos empreendidos neste capítulo específico.

Contudo, há outras modalidades de defesa pelo executado (desenvolvida ao longo de outros capítulos na execução) como: a) a impugnação ante a indisponibilidade de ativos financeiros (art. 854, § 3º, CPC); b) a impugnação de vícios na arrematação, nos casos de invalidade, ineficácia, inadimplemento ou não prestação de caução (art. 903, § 1º, CPC); c) impugnação à avaliação (art. 874, CPC); d) impugnação à penhora ou à avaliação incorreta (arts. 917, § 1º, e 525, § 11, CPC); e) defesas heterotópicas (art. 784, § 1º, CPC).

---
1   Marcelo Abelha. *Manual de execução civil*. 5. ed. São Paulo: Gen, 2015, p. 457.

3.1. EMBARGOS À EXECUÇÃO

3.1.1. INTRODUÇÃO

Conforme exposto ao longo dos capítulos precedentes, a execução (processo ou fase) objetiva satisfazer um direito previsto no título executivo. Como o cumprimento espontâneo é mais desejável do ponto de vista da economia e efetividade, o sistema exige que o executado seja citado para pagamento. Uma vez citado, poderá o executado cumprir ou não a obrigação.

Contudo, não lhe é conferido, de regra, o direito de debater. A função precípua da execução é concretizar aquilo que o título atesta. A eficácia abstrata do título retira da execução a possibilidade de discussão sobre o mérito e autoriza o desencadeamento de atos expropriatórios independentemente do direito subjetivo material.

Entretanto, após a criação do título, alguns acontecimentos podem surgir gerando reflexos importantes na subsistência da própria obrigação. Assim, em virtude da impossibilidade de sua ampla discussão no processo executivo (pena de ferir a já sinalada eficácia abstrata) há instrumento próprio para alegar esta pretensão: os embargos à execução.

Estes embargos não consistem numa mera resistência do executado para com a pretensão do exequente, tal como se vê na contestação no processo/fase de conhecimento. Aqui há inversão de polos e o executado assume a posição ativa com firme propósito de se desconstituir o título que aparelha a execução do credor. Esta inversão se dá com nova demanda, daí por que a doutrina praticamente pacífica propugnar a natureza de ação dos embargos do devedor (a questão será mais bem estudada no item seguinte).

Os embargos, como demanda autônoma que são, nasceram de uma necessidade de se adequar o contraditório na execução com a "pureza" da execução que não poderia permitir a inserção de matéria de mérito.

3.1.2. NATUREZA JURÍDICA

Há duas formas de se analisar a natureza jurídica dos embargos: pela sua **estrutura** ou pelos seus **efeitos**.

Quanto à sua **estrutura**, há de se perguntar se os embargos têm natureza de ação ou mero incidente. Os embargos no Código de Processo Civil de 1939 tinham natureza jurídica de mero incidente. À luz do CPC/73 e CPC/2015, praticamente toda doutrina defende que os embargos tenham natureza de **ação**. E isso porque, a despeito de se tratar de *resistência do executado*, há dedução de pedido que, por diversos motivos, objetiva impedir a execução indevida.

Constitui nova demanda com pedido próprio mediante provocação (CPC, art. 2º), cognição diferenciada, nova relação jurídica em que podem não figurar as mesmas pessoas (v.g., cônjuge), procedimento distinto e finalidade diversa.

Há ainda dois argumentos de ordem legal que ajudam a defender a tese dos embargos como ação: o art. 914, § 1º, do CPC assevera sejam os embargos "distribuídos por dependência" e "instruídos com cópias das peças processuais relevantes".

Mas principalmente o art. 775 do CPC que estabelece o princípio da disponibilidade da execução. Nesse caso, se os embargos versarem sobre o mérito, não poderá o exequente desistir da execução sem a concordância do embargante.

Do que se colhe da doutrina, há dois importantes posicionamentos contrários: Harold Pabst, em seu pioneiro trabalho sobre a natureza jurídica dos embargos do devedor[2], e mais recentemente, Cassio Scarpinella Bueno.

Especificamente para o segundo autor seria uma contradição asseverar que o executado apresenta uma "ação" para exercer a sua "defesa". Até mesmo porque defesa consiste na possibilidade de se voltar contra pedido de tutela jurisdicional formulado. É o que ocorre.

Há ainda quem defenda posicionamento intermediário, entendendo que os embargos consistem num misto de ação e defesa como Nelson Nery e Rosa Nery[3]. E ainda há quem defenda que a sua natureza dependerá da matéria veiculada, como José Miguel Garcia Medina[4].

Quanto aos **efeitos**, deve se perquirir se a natureza dos embargos é declaratória, constitutiva ou mesmo mandamental[5].

> **Uma primeira corrente** defende o posicionamento que os embargos têm natureza declaratória uma vez que o pedido de declaração é acerca da existência ou inexistência da dívida. Desta forma, os embargos estarão satisfeitos com a declaração de que o crédito é inexigível. Este posicionamento é majoritário na doutrina italiana e no Brasil possui defensores como Ada Pellegrini Grinover e Celso Neves.
> **Uma segunda corrente** defende o posicionamento que os embargos têm natureza constitutiva. Para essa doutrina, a (só) declaração do direito não consegue satisfazer integralmente o interesse do devedor, pois a mera declaração de inexistência do débito não inviabiliza a execução. A inexistência do crédito (único efeito obtido se os embargos tivessem efeito declaratório) é o **motivo** que levará a retirar a eficácia do título. Desta forma o efeito constitutivo (negativo) é que tem o condão de subtrair do título suas peculiaridades que levam ao desencadeamento dos atos executivos. Esta posição é adotada por praticamente toda a doutrina brasileira.
> **Uma terceira corrente** defende a eficácia mandamental dos embargos. É posicionamento minoritário esposado por Pontes de Miranda e Ovídio Baptista Silva. Para o primeiro autor, a força mandamental decorre do "contramandamento que proíba a concretização da força executiva ou o efeito executivo"[6].

3.1.3. MATÉRIAS ARGUÍVEIS

Historicamente as execuções de título judicial e extrajudicial sempre se diferenciaram pelo grau de cognição dos embargos e esta era sua peculiaridade mais marcante, pois o procedimento da execução em si era idêntico. Contudo, enquanto a cognição dos embargos para título extrajudicial era ampla, permitindo aduzir quaisquer matérias que seriam passíveis no

---

2   PABST, Haroldo. *Natureza jurídica dos embargos do devedor.* 2. ed. Rio de Janeiro: Forense, 2000.
3   *CPC comentado*, cit., p. 1121.
4   *Execução*, cit., p. 118-120. Em suma o autor assevera o seguinte: se os embargos veicularem um pedido para que se reconheça uma situação jurídica outorgando um bem jurídico ao embargante, estar-se-á diante de nova ação. Contudo, se o objetivo dos embargos versar sobre as condições da ação executiva ou a validade dos atos, não há propriamente pedido formulado tratando-se de mera defesa incidental.
5   Há ainda alguns autores que enxergam uma natureza híbrida dependendo da matéria alegada, como Paulo Henrique dos Santos Lucon e Araken de Assis.
6   *Comentários ao Código de Processo Civil*, cit., p. 5. t. XI.

processo de conhecimento (CPC/73, art. 745), para título judicial era limitada a algumas matérias (CPC/73, art. 741).

As reformas empreendidas pelas Leis n. 11.232/2005 e n. 11.383/2006 (na vigência do CPC/73) não tiveram o condão de alterar esta realidade. Mesmo modificando a estrutura e a nomenclatura da defesa para título judicial (que desde 2005 se denomina impugnação) no cumprimento de sentença, a cognição ali é mais limitada do que a cognição dos embargos à execução. O CPC atual manteve a mesma estrutura.

Apesar de o art. 917 do CPC dividir a matéria dos embargos em incisos, torna-se desnecessária a sua discriminação, na medida em que o inciso VI estabelece uma verdadeira **cláusula geral**, autorizando quaisquer matérias utilizáveis no processo de conhecimento. Desta forma, o que o inciso quer deflagrar é a inexistência de limitação na cognição dos embargos, quer no plano horizontal (matérias arguíveis), quer no plano vertical (profundidade com que o magistrado poderá analisar essas questões em sede de embargos).

Paulo Henrique Lucon[7] estabelece importante ressalva: os títulos executivos cambiais (CPC, art. 784, I) possuem limitação, tendo em vista a sua natureza. Tendo a abstração como um dos requisitos fundamentais a sua existência, o negócio jurídico que deu causa ao título não entrará em discussão. Apenas os títulos causais (como a duplicata, v.g.), em que a relação jurídica subjacente se reveste de importância, necessitam a fundamentação dessa causa de pedir.

Assim, é possível alegar em sede de embargos à execução:

3.1.3.1. Inexequibilidade do título ou inexigibilidade da obrigação

Não há execução sem título (CPC, arts. 786 e 798, I). E além de ser título, deve preencher os requisitos necessários para a perfeita individualização da obrigação (CPC, art. 783), sob pena de nulidade (CPC, art. 803 I).

Dessa forma, a execução não poderá ser instaurada sem o título executivo em decorrência da taxatividade (com as ressalvas já feitas no capítulo sobre princípios).

Ademais, a obrigação que estampa o título deverá ser líquida, certa e exigível.

As nulidades da execução não se encerram somente na falta de título, motivo pelo qual o inciso I do art. 917 deve ter interpretação extensiva e receber as hipóteses do art. 803, II e III[8].

Ainda, qualquer matéria que gerar vício formal na execução (inépcia da petição inicial, ilegitimidade de parte) deve ser alegada por esse inciso. Constituem matérias de ordem pública que, em verdade, sequer precisariam ser suscitadas em embargos, podendo ser alegadas em petição simples a qualquer momento ou por meio da denominada "exceção de pré-executividade".

3.1.3.2. Penhora incorreta ou avaliação errônea

A penhora incorreta tem uma interpretação mais ampla do que a lei sugere: aplica-se o inciso II em três situações distintas: a) quando houver penhora de bem impenhorável (CPC, art. 833, e Lei n. 8.009/90); b) quando da atribuição de valor errado aos bens; e c) não observância da ordem estabelecida em lei (CPC, art. 835).

---

7 *Código de Processo Civil interpretado*. 3. ed. São Paulo: Atlas, 2008, p. 2359.
8 Art. 803. É nula a execução se: (...) II – o executado não for regularmente citado; III – for instaurada antes de se verificar a condição ou de ocorrer o termo.

Tanto a alínea "a" como a "c" constituem matérias de ordem pública cognoscíveis de ofício e, portanto, dispensáveis de alegação em embargos.

Avaliação errônea constitui erro de atribuição de valor conferido, tanto pelo oficial de justiça como pelo avaliador (nas hipóteses em que se necessita de conhecimento especializado). O § 1º do art. 917 estabelece que tanto a incorreção da penhora como da avaliação poderão ser impugnadas por simples petição no prazo de quinze dias contados da ciência do ato. A regra objetiva evitar que a parte apresente embargos somente para discutir essa questão. Assim, se o objeto de discussão for apenas as matérias desse inciso, basta mera petição. Se, contudo, houver outras questões a serem discutidas, alega-se essa matéria em sede de embargos.

Há uma questão de ordem prática que gera influência na alegação dessas matérias. O prazo dos embargos começa a correr, em regra, da juntada aos autos do mandado de citação devidamente cumprido ou em alguma hipótese do art. 231 do CPC, a depender da modalidade de citação empreendida. A mudança do *dies a quo* (que se deu pela Lei n. 11.382/2006, na vigência do CPC/73) foi motivada pela atual desnecessidade de garantia do juízo para a oposição dos embargos.

Logo, em não sendo mais condição para sua apresentação, não raro os embargos serão opostos **antes** de qualquer penhora realizada e, consequentemente, antes da avaliação.

Especialmente naquelas hipóteses que dependam de avaliador e há necessidade de se instaurar um incidente (CPC, art. 970, parágrafo único). Assim, restaria inócuo o inciso para esta situação em particular que, por constituir fato superveniente, não é passível de ser alegado.

Dessa forma, não pode o executado embargante ser apenado com preclusão temporal, podendo alegar esta matéria no prazo de quinze dias após a juntada do auto de penhora em interpretação extensiva ao art. 342, I, do CPC.

Dúvidas há na doutrina sob a forma de alegação desta matéria. Parte da doutrina defende o aditamento dos embargos[9] aproveitando a defesa já existente. Outros defendem a possibilidade de novos embargos[10].

3.1.3.3. Excesso de execução ou cumulação indevida de execuções

O inciso III estabelece duas matérias de defesa distintas: o excesso de execução e a cumulação indevida. Nos dois casos é necessário socorrer-se de artigos esparsos para a devida compreensão.

O art. 917, § 2º, enumera as hipóteses de excesso de execução:

I – quando o exequente pleiteia quantia superior à do título: constitui a forma clássica de excesso e também a mais comum. Ocorre quando se pleiteia valor superior do que aquele consignado no título. Nesse caso específico é ônus do executado estabelecer qual o valor correto sob pena de rejeição liminar dos embargos (CPC, art. 917, § 3º);

II – quando recai sobre coisa diversa daquela declarada no título: aqui o exequente requer obrigação distinta daquela estabelecida no título. As perdas e danos não se incluem nessa situação, pois somente poderão ser fixados no curso do processo (seja a conversão subjetiva, seja objetiva) e não quando da propositura;

III – quando se processa de modo diferente do que foi determinado no título: os modelos executivos seguem o procedimento de acordo com a natureza da obrigação. Dessa

---

9 Daniel Neves, *Manual de direito processual civil*. 5. ed. São Paulo: Gen, 2013, p. 1042.
10 Paulo Lucon, *Código de Processo Civil interpretado*. 3. ed. São Paulo: Atlas, 2008, p. 2364.

forma, não se pode ingressar com execução de quantia, quando o direito obrigacional do título for entrega de coisa, por exemplo;

IV – quando o exequente, sem cumprir a prestação que lhe corresponde, exige o adimplemento da prestação do executado: é a aplicação da *exceptio non adimpleti contractus* (CC, art. 476) analisada sob a dinâmica processual;

V – se o exequente não provar que a condição se realizou: se houve o estabelecimento de uma condição (negócio jurídico subordinado a evento futuro e incerto) para o cumprimento da obrigação e não houve sua correspondente efetivação, não se há falar em inadimplemento (CPC, art. 786) e, portanto, inexigível a prestação.

Quanto à cumulação de execuções estabelece o art. 780 do CPC: "O exequente pode cumular várias execuções, ainda que fundadas em títulos diferentes, quando o executado for o mesmo e desde que para todas elas seja competente o mesmo juízo e idêntico o procedimento".

A cumulação indevida acarreta a resolução do processo. Como se trata de vício formal, nada impede que a parte apresente estes diversos pedidos em demandas próprias.

3.1.3.4. Retenção por benfeitorias necessárias ou úteis, nos casos de execução para entrega de coisa certa

Nas ações que envolvam a entrega do bem é possível que aquele que o possuía tenha feito benfeitorias e deseja ser ressarcido delas.

Se a ação em que se reivindica o bem for de conhecimento, deverá o réu fazer seu pedido de retenção em sede de contestação sob pena de preclusão (CPC, art. 497).

Portanto, o inciso IV em comento somente se aplica às execuções para entrega de coisa com base em título executivo extrajudicial (CPC, arts. 806-810). Antes de 2006 o direito de retenção era exercido em embargos próprios (retenção de benfeitorias), que foram revogados.

Conforme expressamente estabelecido em lei, somente as benfeitorias necessárias e úteis são susceptíveis de indenização, aliás, em perfeita consonância com o direito material (CC, art. 1.219).

Interessante possibilidade na retenção por benfeitorias está no § 5º do próprio art. 917 ao estabelecer que: "Nos embargos de retenção por benfeitorias, o exequente poderá requerer a compensação de seu valor com o dos frutos ou dos danos considerados devidos pelo executado, cumprindo ao juiz, para a apuração dos respectivos valores, nomear perito, observando-se, então, o art. 464".

Nesse caso os embargos não têm o condão de extinguir a execução, mas simplesmente dilatar a marcha do procedimento.

O executado ao embargar poderá reter o bem até que seja indenizado dos gastos efetivados no bem. Contudo, quando o exequente se manifestar acerca dos embargos, poderá requerer compensação com eventuais danos ou mesmo frutos devidos do executado para com o exequente em virtude da posse do bem.

Para tanto, será necessário nomear um perito para que possa, em seu laudo, apurar tanto o valor das benfeitorias como os frutos e danos sofridos pelo executado. Se a apuração dos valores depender de meros cálculos aritméticos, poderá o magistrado dispensar a nomeação de perito.

Se o exequente caucionar o valor das benfeitorias (ou, ao menos, o resultante da compensação) poderá ser imitido na posse do bem (CPC, art. 917, § 6º).

3.1.3.5. Incompetência absoluta ou relativa do juízo da execução

A incompetência relativa era arguida por meio de exceção a ser apresentada juntamente com os embargos (art. 742, CPC/73). A incompetência absoluta sempre pôde e sempre poderá ser alegada a qualquer tempo, por se tratar de objeção, mas, a despeito de sua natureza não preclusiva, pode ser apresentada em sede de embargos (nos mesmos moldes em que se criou semelhante regra para alegação em contestação).

3.1.3.6. Qualquer matéria que lhe seja lícito deduzir como defesa em processo de conhecimento

Conforme visto no item 3.1.3, os embargos à execução fundados em título executivo extrajudicial possuem ampla cognição (vertical e horizontal), podendo neles arguir qualquer matéria que seria lícito deduzir como defesa em processo de conhecimento, discutindo-as (exceção feita às cambiais, conforme ressalvado).

Este inciso veiculará as exceções substanciais, pois discutirá frontalmente a matéria de fundo e não a forma.

As limitações cognitivas se encontram em outras defesas na execução como a impugnação (CPC, art. 525, § 1º), e até mesmo na atípica "exceção de pré-executividade" (em que se permite a alegação de matérias de ordem pública e as que, não sendo, não demandem dilação probatória).

3.1.4. PROCEDIMENTO

a) Prazo (CPC, art. 915). Os embargos serão oferecidos no prazo de quinze dias contados conforme as regras previstas no art. 231 do CPC[11].

O prazo será de quinze dias, mesmo havendo litisconsórcio com procuradores diferentes. Não incide, portanto, a regra do art. 229 do CPC (CPC, art. 915, § 3º). Dessa forma o prazo é simples, independentemente do número de executados embargantes.

Igualmente não incide a regra do art. 229, § 1º, do CPC. Assim, havendo vários executados e a juntada aos autos dos mandados se deu em dias distintos, o prazo para que todos se defendam conta-se **individualmente** e não do último.

---

11 Art. 231. Salvo disposição em sentido diverso, considera-se dia do começo do prazo:
I – a data de juntada aos autos do aviso de recebimento, quando a citação ou a intimação for pelo correio;
II – a data de juntada aos autos do mandado cumprido, quando a citação ou a intimação for por oficial de justiça;
III – a data de ocorrência da citação ou da intimação, quando ela se der por ato do escrivão ou do chefe de secretaria;
IV – o dia útil seguinte ao fim da dilação assinada pelo juiz, quando a citação ou a intimação for por edital;
V – o dia útil seguinte à consulta ao teor da citação ou da intimação ou ao término do prazo para que a consulta se dê, quando a citação ou a intimação for eletrônica;
VI – a data de juntada do comunicado de que trata o art. 232 ou, não havendo esse, a data de juntada da carta aos autos de origem devidamente cumprida, quando a citação ou a intimação se realizar em cumprimento de carta;
VII – a data de publicação, quando a intimação se der pelo Diário da Justiça impresso ou eletrônico;
VIII – o dia da carga, quando a intimação se der por meio da retirada dos autos, em carga, do cartório ou da secretaria.

O próprio § 1º do art. 915 estabelece uma exceção: quando o litisconsórcio for formado entre cônjuges ou companheiros quando então conta-se da juntada do último (mandado ou AR).

b) Autuação (CPC, art. 914, § 1º). Os embargos serão distribuídos por dependência, mas autuados em apartado. Essa providência de documentação de atos própria objetiva facilitar a instrução, permitir o devido prosseguimento da execução e facilitar no julgamento. Os embargos serão instruídos com as peças que entende o embargante pertinentes e serão declaradas autênticas pelo próprio advogado sob sua responsabilidade pessoal.

c) Garantia do juízo (CPC, art. 914). Os embargos não precisam de garantia do juízo para sua oposição, salvo se houver requerimento de efeito suspensivo, ou seja, não é necessário caucionar o valor que se discute na execução para poder opor embargos (como ocorria até o advento da Lei n. 11.382/2006).

d) Competência. Os embargos serão distribuídos por dependência ao juízo da execução (CPC, art. 914, § 1º) e, como corolário lógico, correrão no mesmo juízo (CPC, art. 61). Constitui regra de competência funcional decorrente da conexão por sucessividade.

Questão interessante diz respeito à situação dos bens do executado. Como a penhora deve ser feita no foro da situação da coisa, caso o executado somente tenha bens em outra comarca, deverá haver expedição de carta precatória (CPC, art. 845, § 2º), pois o juízo da execução não pode proceder à penhora fora de sua competência. Portanto, no juízo deprecado, por economia processual, é que se procederão a penhora, a avaliação e a alienação do bem.

Para onde os embargos, portanto, deverão ser endereçados? A matéria será fator determinante para a fixação de competência conforme art. 914, § 2º, do CPC.

Sistematicamente o artigo assim dispõe: se a matéria versar sobre vícios ou defeitos na penhora, avaliação ou alienação de bens, o foro competente para processamento e julgamento será do juízo deprecado. Caso contrário a escolha é livre, mas o julgamento, nesse caso, será exclusivamente do juízo deprecante.

Este entendimento foi ratificado pelo Enunciado 46 da Súmula do STJ: "Na execução por carta, os embargos do devedor serão decididos no juízo deprecante, salvo se versarem unicamente vícios ou defeitos da penhora, avaliação ou alienação dos bens".

Contudo, há uma questão importante a ser asseverada: com o novo sistema de execução, os embargos não dependem mais da prévia garantia do juízo e é muito provável que sejam opostos sem que nenhuma penhora tenha sido realizada.

Desta forma, a regra somente pode ser aplicada se, quando da oposição dos embargos, já houver penhora. Caso contrário, por se tratar de direito superveniente, será alegado por petição em momento próprio.

e) Legitimidade. De regra, a legitimidade para opor os embargos pertence ao **executado.** É importante diferenciar o executado do devedor. Devedor é todo aquele que, no plano do direito material, contraiu alguma obrigação. Nem sempre será demandado. Executado é aquele que figura no polo passivo de uma demanda executiva. Como o conceito de parte no ordenamento é eminentemente processual, é possível que o executado, que tem legitimidade para opor embargos, não seja, no direito material, o devedor. Tanto que poderá ingressar com o incidente justamente para provar essa situação.

Havendo pluralidade de executados, haverá pluralidade de embargos. É possível que os embargos opostos por um aproveitem aos demais, desde que a defesa entre eles, executados, seja comum.

O **Ministério Público** tem legitimidade para opor embargos desde que a demanda se enquadre em alguma das situações previstas para sua participação.

Os **responsáveis patrimoniais** (CPC, art. 790) que, de regra, não possuem obrigação, mas responsabilidade, como podem figurar como executados, também têm legitimidade para figurar como embargantes.

Da mesma forma o **curador especial** (Enunciado 196 da Súmula do STJ) tem legitimidade em nome do executado citado de forma ficta (edital ou hora certa).

O **cônjuge** tem legitimidade para opor embargos à execução. Contudo, sua legitimidade fica condicionada: se estiver no título, mesmo que não seja executado, detém legitimidade para opor embargos à execução. Se não estiver no título somente poderá se socorrer dos embargos de terceiro (CPC, art. 674, § 2º, I).

Os embargos devem necessariamente ser opostos em face do exequente. Mesmo que ele não seja, de fato, credor. O mero dado objetivo de estar no polo passivo confere legitimidade passiva ao executado.

f) Efeitos. Historicamente os embargos sempre foram recebidos no seu efeito suspensivo (revogado art. 739, § 1º, CPC/73). Tratava-se de suspensão *ope legis*, na medida em que não permitia ao magistrado decidir acerca da suspensão, uma vez que estava prevista em lei.

Contudo, a lei estabelecia uma incongruência: suspendia-se o processo justamente para aquele que, em virtude da natureza abstrata do título executivo, era o detentor do direito em juízo. Melhor dizendo, o exequente deveria suportar com o ônus do tempo em detrimento do executado que usufruiria do efeito suspensivo. O legislador, ainda sob a égide do CPC/73, atento a esta situação, resolveu retirar a suspensividade inerente dos embargos e passou a tratá-la como forma excepcional. O atual CPC manteve a mesma regra (art. 919, CPC).

Todavia, é possível a concessão de efeito suspensivo *ope judicis* a requerimento do embargante desde que concorram, **cumulativamente**[12], dois requisitos:

> **i) a verificação dos requisitos para a concessão da tutela provisória.** Dessa forma, os mesmos requisitos necessários para a tutela provisória de urgência (**probabilidade do direito** e o **perigo de dano ou o risco de resultado útil do processo**). É necessário, portanto, que o executado demonstre, ainda que de maneira perfunctória, a pertinência dos embargos e sua provável procedência (*fumus*), bem como que a normal tramitação da execução (sem a suspensão) pode causar dano ao embargante ou ao resultado útil do processo (*periculum*);
>
> **ii) garantia do juízo.** Além da demonstração dos requisitos da tutela provisória, deverá estar garantido o juízo com a penhora, caução ou depósito. Dessa forma, a garantia do juízo ordinariamente não é necessária, salvo para a obtenção do efeito suspensivo.

A garantia do juízo é exigida mesmo que a matéria pudesse ser discutida por exceção de pré-executividade (REsp 1.772.516). E, ainda, entende o STJ que "A caução prestada em ação conexa pode ser aceita como garantia do juízo para a concessão de efeito suspensivo a embargos à execução" (STJ, REsp 1.743.951-MG).

A área de abrangência dos efeitos poderá ser total ou parcial, a depender do espectro de impugnação. Assim, se os embargos versarem apenas sobre parte da matéria objeto de execução, a parte não impugnada terá sua regular tramitação. Mesmo com a concessão do efeito suspensivo, não se impede a efetivação de atos de reforço, substituição ou redução de penhora e avaliação de bens (art. 919, § 5º, CPC).

---

12 Nesse sentido, STJ, REsp 1846080.

Ainda no tocante à abrangência dos efeitos, não se aplica o **efeito expansivo subjetivo** como regra. Dessa forma, se apenas um dos litisconsortes opuser embargos, obtendo, *ipso facto*, efeito suspensivo, apenas ele terá direito ao sobrestamento. Para os demais, a execução correrá normalmente. Contudo, se a matéria dos embargos tiver pertinência com os demais, o sobrestamento atinge a todos.

Por ser concedida com base em juízo sumário, fundado nos requisitos da tutela provisória, é inerente a esse tipo de provimento sua provisoriedade. Dessa forma, a decisão relativa aos efeitos poderá ser, por decisão fundamentada, **modificada ou revogada** a qualquer momento.

g) Carta precatória. O § 2º do art. 915 cria regra especial aos embargos por carta precatória, o que afasta a incidência do art. 231, IV, do CPC[13]. Assim, o referido artigo de lei estabelece que nas execuções por carta o prazo para embargos será contado: i) "da juntada, na carta, da certificação da citação, quando versarem unicamente sobre vícios ou defeitos da penhora, da avaliação ou da alienação dos bens"; e ii) "da juntada, nos autos de origem, do comunicado de que trata o § 4º deste artigo ou, não havendo este, da juntada da carta devidamente cumprida, quando versarem sobre questões diversas da prevista no § 2º, inciso I, deste parágrafo".

Nos atos de comunicação por cartas (precatória, rogatória ou de ordem) a comunicação ao juiz deprecante será feita imediatamente por meio eletrônico pelo juízo deprecado, acerca da citação realizada.

Dessa forma, o termo inicial para a contagem do prazo não se conta como na regra geral; da juntada aos autos da carta precatória cumprida, **mas da juntada aos autos da comunicação feita pelo juízo deprecado ao deprecante de que ocorreu a citação**.

h) Valor da causa. Tendo os embargos à execução natureza jurídica de ação, devem ser atendidas as prescrições do art. 292 do CPC. No caso, toda demanda deverá ter valor da causa (art. 291). Normalmente o valor da causa dos embargos é o mesmo que o da execução. Tal fato não decorre da "suposta" acessoriedade existente (o que não existe, a despeito do art. 775 do CPC), mas do proveito econômico que os embargos podem proporcionar: se o interesse é o não pagamento da dívida, evidentemente que o valor da causa entre execução e embargos será o mesmo, pois na justa medida que o credor deseja receber determinado valor, o executado não pretende pagá-lo.

Contudo, há situações em que o valor da causa será diferente como o excesso de execução (em que terá como base de cálculo a diferença) ou a retenção de benfeitorias (cuja base será o valor delas).

Em caso de vício processual que não se tenha como atribuir valor (v.g., inépcia da petição inicial executiva) o valor da causa será apenas para fins fiscais (CPC, art. 291).

i) Contraditório. Recebidos os embargos, o exequente será ouvido no prazo de quinze dias.

j) Impedimento e suspeição. Estabelece o § 7º do art. 917 que tanto o impedimento quanto a suspeição serão arguidos da mesma forma que se deduz em processo de conhecimento (arts. 146 e 148).

k) Rejeição liminar dos embargos. De acordo com o art. 918 do CPC, os embargos podem ser rejeitados liminarmente quando: i) forem intempestivos; ii) nas hipóteses gerais de indeferimento da petição inicial e improcedência liminar do pedido (arts. 330 e 332, CPC); e iii) quando forem manifestamente protelatórios.

---

[13] Art. 231, IV, do CPC: "o dia útil seguinte ao fim da dilação assinada pelo juiz, quando a citação ou a intimação for por edital".

l) Recurso. Os embargos, como dito, têm natureza de ação cognitiva e, portanto, não se inserem no parágrafo único do art. 1.015 do CPC. Dessa forma, não há falar em cabimento de agravo de instrumento, já que o referido parágrafo o permite dentro do "processo de execução" e os embargos são outra ação. Dessa forma, os embargos à execução seguem o regime normal de recorribilidade de qualquer ação (apelação contra sentença e interlocutórias não agraváveis e agravo de instrumento contra as interlocutórias com previsão no art. 1.015, CPC). Insta apenas ressaltar que expressamente caberá agravo de instrumento das decisões sobre os **efeitos** dos embargos (art. 1.015, X, CPC).

3.2. IMPUGNAÇÃO (CPC, ART. 525)

3.2.1. DEFINIÇÃO E NATUREZA JURÍDICA

Como dito no item anterior, até a reforma empreendida na execução em 2005 (na vigência do CPC/73) a execução de título judicial e a execução de título extrajudicial podiam ser impugnadas por meio dos embargos à execução, que possuíam o mesmo regime jurídico para as duas modalidades de título.

A diferença estava no plano da cognição: enquanto os embargos com base em título extrajudicial tinham cognição livre, permitindo ao executado deduzir qualquer matéria tendente a neutralizar os efeitos do título (CPC/73, art. 745), e consequentemente, na ampla possibilidade de o magistrado analisar esta matéria, na execução de título judicial a cognição era limitada. A natural restrição se dava pelo anterior processo de conhecimento em que as matérias poderiam ser livremente deduzidas (CPC/73, art. 741).

Com as mudanças trazidas pela Lei n. 11.282/2005, a defesa típica da execução de título judicial (cumprimento de sentença) agora se denomina **impugnação** (CPC/73, arts. 475-J, § 1º, 475-L e 475-M e CPC/2015, art. 525).

É controversa a natureza jurídica da impugnação. No Brasil surgiram três correntes:

Defesa – há autores que entendem que o estabelecimento do processo sincrético criou uma fase própria para a defesa denominada impugnação. Não se trata de ação autônoma, mas de mero incidente (exceção). Esse posicionamento é defendido por Cassio Scarpinella Bueno, José Miguel Garcia Medina, Teresa Arruda Alvim e Luiz Rodrigues Wambier.

Ação – outra parcela da doutrina visualiza a impugnação como ação incidente. Se a defesa é substancialmente a mesma que os embargos, não há se falar em natureza jurídica diversa. Esse posicionamento é defendido por Arruda Alvim e Araken de Assis.

Híbrida – existe uma terceira corrente que confere, de acordo com a matéria apresentada na impugnação, natureza de ação ou defesa. Este posicionamento é defendido por Leonardo Greco.

Entendemos que a impugnação tenha natureza de defesa. Especialmente pela vontade do legislador em estabelecer, na execução de título judicial, o modelo sincrético. Dessa forma, da mesma maneira que se derrubaram as barreiras na relação processo de conhecimento-processo de execução e processo de liquidação-processo de execução, nada mais intuitivo que a impugnação seja também apenas uma fase do processo único que é composto de fase de conhecimento, fase de liquidação (eventual), fase de execução (eventual) e fase de impugnação (eventual).

Evidente que a impugnação como defesa (inserindo uma fase no processo único) relativiza o princípio do desfecho único da execução, pois se a atividade executiva é tendente a tão só satisfazer o crédito do exequente, a possibilidade de insurgir por defesa nesta modalidade de processo podendo obter sentença que declare a inexistência do crédito, apta a fazer coisa julgada material, cria diversas variantes para o fim da execução. A decisão sobre impugnação caberá agravo de instrumento, salvo se extinguir o processo, quando então caberá apelação (arts. 1.015, parágrafo único, 1.009 e Enunciado 93 da I Jornada de Direito Processual Civil – CJF).

3.2.2. MATÉRIAS (FUNDAMENTOS)

Como observado, a cognição é limitada na impugnação. Tal circunstância decorre do fato de estar o executado impedido de levantar todas as matérias que normalmente se alegam em defesa. Vejamos as matérias.

3.2.2.1. Falta ou nulidade de citação se, na fase de conhecimento, o processo correu à revelia

Constitui fato anterior à formação do título.

Nesse caso, a decisão está contaminada com o que se chama de vício transrescisório, que diz respeito a fatos anteriores à produção do título. Há dúvidas na doutrina se a ausência de citação constitui pressuposto de existência ou de validade do processo. Independentemente, aqueles que defendem a inexistência têm como pressuposto que a magnitude do vício impede a sua preclusão, motivo pelo qual seria recomendado alegar a matéria em impugnação ou mesmo posteriormente pela denominada *querela nullitatis* que, justamente pode ser ação declaratória, não se submete a nenhum prazo prescricional ou decadencial.

Aqueles que defendem a citação como pressuposto de validade (portanto, sua falta gera nulidade), igualmente, não devem preocupar-se com a observância do prazo bienal da ação rescisória na medida em que se trata de vício transrescisório.

É importante que tenha tipificado a revelia. A simples falta de citação não acarreta a revelia, pois é possível o comparecimento espontâneo (CPC, art. 239, § 1º) que pela instrumentalidade das formas supre a "forma" citação ou, conforme o caso, pode, por opção prévia da lei, não acarretar revelia (CPC, art. 345).

3.2.2.2. Ilegitimidade das partes

Pode o executado alegar a ilegitimidade das partes do processo de execução. A questão é de rara incidência. E isso porque foi certificada em sentença (imunizada pela coisa julgada) a condenação daquele específico executado sobre aquela específica dívida.

3.2.2.3. Inexequibilidade do título ou inexigibilidade da obrigação

O legislador corrigiu o equívoco que constava no CPC/73. Não se trata de inexigibilidade do título, mas da obrigação. O título não é inexigível, mas inexequível. Por exemplo, quando sobre a obrigação pender condição ou termo ainda não verificável. A inexigibilidade da obrigação refere-se ao interesse de agir na execução. O título é inexequível também nas hipóteses dos §§ 12 a 15 quando a decisão tiver por fundamento lei ou ato normativo declarados inconstitucionais pelo STF ou quando colidir com aplicação ou interpretação dada à lei ou ato normativo pelo mesmo tribunal.

3.2.2.4. Penhora incorreta ou avaliação errônea

Tanto a penhora incorreta como a avaliação errônea devem ser atacadas na impugnação, sob pena de preclusão. E isso porque ambas ocorreram antes da apresentação da impugnação (já que este incidente está condicionado à segurança do juízo e à avaliação) e, portanto, constitui o primeiro momento em que o executado pode falar aos autos.

Existe, é fato, a possibilidade de não ter havido ainda avaliação dos bens penhorados (v.g., discordância com o valor atribuído pelo oficial ou necessidade de prova técnica). Nessa situação, a parte deve apresentar a sua impugnação, e eventualmente contestar o valor da avaliação a ser arbitrada em incidente próprio.

Esta regra tem por objetivo concentrar todos os atos de defesa do executado num único instrumento a fim de evitar dilações desnecessárias.

3.2.2.5. Excesso de execução ou cumulação indevida de execuções

O art. 917, § 2º, define que há excesso de execução quando: a) o exequente pleiteia quantia superior à do título, b) recai sobre coisa diversa daquela declarada no título, c) ela se processa de modo diferente daquele que consta no título, d) o exequente, sem provar que cumpriu sua parte, cobra do executado o seu adimplemento; e e) o credor não provar que a condição se realizou.

Quando se asseverar que o exequente cobrou acima do valor do título, é preciso atentar que deve o impugnante informar de imediato o valor correto, apresentando demonstrativo discriminado e atualizado de seu cálculo (art. 525, § 4º, CPC).

Caso não haja a indicação do valor correto ou não apresentando o demonstrativo, o magistrado terá duas opções: a) rejeitará a impugnação liminarmente, se o excesso for seu único fundamento; ou b) não apreciará o excesso, se houver outro fundamento.

3.2.2.6. Incompetência absoluta ou relativa do juízo da execução

O CPC/73 não regulava o assunto. Há de se verificar a pertinência de se alegar incompetência tendo em vista a competência funcional horizontal do juízo da fase de conhecimento em efetivar o cumprimento de sentença. No tocante à absoluta não há nenhuma dificuldade em compreender que essa modalidade de incompetência poderá ser alegada a qualquer tempo e grau de jurisdição. Assim, caso se constate a incompetência em sede de cumprimento, será possível sua alegação em impugnação.

A problemática orbita em torno da incompetência relativa que deveria ter sido alegada na fase de conhecimento sob pena de prorrogação (CPC, art. 65). Contudo, é possível a alegação da incompetência relativa em duas hipóteses previstas no ordenamento:

i) no cumprimento de sentença arbitral, penal condenatória, estrangeira e decisão interlocutória estrangeira em que a formação do título se deu fora do juízo cível;

ii) nas hipóteses do art. 516, parágrafo único, do CPC em que se estabelecem os "foros concorrentes" para a efetivação do cumprimento. Poderá o executado alegar o não preenchimento dos requisitos necessários para a alteração de comarca.

3.2.2.7. Qualquer causa impeditiva, modificativa ou extintiva da obrigação como pagamento, novação, compensação, transação ou prescrição desde que

superveniente à sentença

Trata-se de rol exemplificativo. Em atenção à eficácia preclusiva da coisa julgada, exige-se que estas matérias sejam supervenientes ao trânsito em julgado. Assim, é erro falar em superveniente à sentença, quando na verdade deve ser superveniente ao trânsito em julgado. Assim, a prescrição que aqui se aduz refere-se à prescrição intercorrente (Enunciado 150 da Súmula do STF) e não à prescrição originária da pretensão.

É importante asseverar que a alegação de impedimento e suspeição ficará sujeita à regra geral (arts. 146 e 148, CPC) contida na parte geral.

3.2.3. GARANTIA DO JUÍZO

Não é necessária a garantia do juízo para a apresentação de impugnação. Historicamente, tanto a execução para título judicial (cumprimento) como para extrajudicial dependiam da garantia do juízo para a oferta de defesa. A premissa decorria da isonomia substancial, já que o exequente era portador de título executivo dotado de eficácia abstrata. A garantia do juízo gerava um efeito colateral relevante na execução: a proliferação das defesas fora dos embargos/impugnação (exceções de pré-executividade). Em 2006 subtraiu essa exigência dos embargos contra título executivo extrajudicial. E agora a impugnação contra título judicial não mais depende da segurança do juízo conforme se verifica do art. 525 do CPC.

O relevante efeito colateral é a perda da importância da exceção de pré-executividade na medida em que nem os embargos à execução nem a impugnação dependem de caução para ser apresentadas (salvo quando se requerer efeito suspensivo).

3.2.4. PRAZO

O prazo para impugnação será de quinze dias uma vez transcorrido o prazo do art. 523 (requerimento do exequente para que o executado pague a obrigação no prazo de quinze dias). O prazo é de pleno direito e não haverá nova intimação após o decurso do prazo para pagamento voluntário. Assim, o executado no dia que for intimado saberá que possui quinze dias para pagar e "trinta" para ofertar impugnação. Aplica-se à impugnação a regra do art. 229 (prazo em dobro para litisconsortes com procuradores diferentes).

3.2.5. EFEITO SUSPENSIVO

Assim como no regime anterior à impugnação, como regra, não possui efeito suspensivo. Dessa forma "a apresentação de impugnação não impede a prática de atos executivos, inclusive os de expropriação (...)" (art. 525, § 6º, CPC). Contudo, poderá o executado obter o efeito suspensivo *ope judicis* se preencher dois requisitos cumulativos:

i) a verificação dos requisitos para a concessão da tutela provisória. Dessa forma, os mesmos requisitos necessários para a tutela provisória de urgência (**probabilidade do direito** e o **perigo de dano ou o risco de resultado útil do processo**). É necessário, portanto, que o executado demonstre, ainda que de maneira perfunctória, a pertinência da impugnação e sua provável procedência (*fumus*), bem como a demonstração que a normal tramitação da execução (sem a suspensão) pode causar dano ao embargante ou ao resultado útil do processo (*periculum*);

ii) garantia do juízo. Além da demonstração dos requisitos da tutela provisória, deverá estar garantido o juízo com a penhora, caução ou depósito. Dessa forma, a garantia do juízo ordinariamente não é necessária salvo para a obtenção do efeito suspensivo.

Mesmo com a concessão do efeito suspensivo, não haverá impedimento da prática de atos de substituição, reforço ou redução de penhora, bem como de avaliação de bens.

A **área de abrangência** dos efeitos poderá ser total ou parcial a depender da área de impugnação. Assim, se a impugnação versar apenas sobre parte da matéria objeto de execução, a parte não impugnada terá sua regular tramitação (art. 525, § 8º, CPC).

Ainda no tocante à abrangência dos efeitos, não se aplica o **efeito expansivo subjetivo** como regra. Dessa forma, se apenas um dos litisconsortes opuser embargos obtendo, *ipso facto*, efeito suspensivo, apenas ele terá direito ao sobrestamento. Para os demais a execução correrá normalmente. Contudo, se a matéria dos embargos tiver pertinência com os demais, o sobrestamento atinge a todos.

Por ser concedida com base em juízo sumário fundado nos requisitos da tutela provisória, é inerente a esse tipo de provimento sua provisoriedade. Dessa forma, a decisão relativa aos efeitos poderá ser, por decisão fundamentada, **modificada ou revogada** a qualquer momento.

Nesse sentido, é possível ao exequente requerer o prosseguimento da execução desde que preste, nos próprios autos, caução idônea que será arbitrada pelo juiz. A caução terá a função (eventual) de ressarcir o executado de eventuais danos que possa vir a sofrer pelo prosseguimento regular do procedimento executivo.

O legislador tornou expressa a possibilidade de se alegar por simples petição, no prazo de quinze dias da comprovada ciência do fato: **a)** fatos supervenientes (surgidos após a apresentação da impugnação); **b)** validade e adequação da penhora; e **c)** validade e adequação da avaliação e dos demais atos executivos subsequentes.

Entendemos, contudo, que, se algum desses fatos puder, alternativamente: i) ser matéria de ordem pública ou ii) não sendo, não depender de dilação probatória para sua comprovação, a parte poderá alegar por meio de exceção de pré-executividade, conforme será visto abaixo. O prazo de quinze dias deverá ser respeitado caso a matéria seja dispositiva. Se cogente, poderá ser conhecida a qualquer tempo e grau de jurisdição.

A decisão que julgar a impugnação, em regra, não extingue o processo, o que desafia o recurso de agravo de instrumento (art. 1.015, parágrafo único, CPC). Contudo, "No sistema regido pelo NCPC, o recurso cabível da decisão que acolhe impugnação ao cumprimento de sentença e extingue a execução é a apelação" (REsp 1.698.344/MG).

3.2.6. SOBRE A COISA JULGADA INCONSTITUCIONAL (ESPECIFICAMENTE OS ARTS. 525, §§ 12 A 15, E 535, §§ 5º A 8º, CPC)

3.2.6.1. Introdução

A coisa julgada poderá ser desconstituída de forma típica (ação rescisória, *querela nullitatis*[14], alegação de erro material) ou de forma atípica (defendida por parcela da doutrina como *relativização ou desconsideração da coisa julgada material*). Na primeira hipótese, tem-se a desconstituição com base na lei, havendo critérios mais objetivos para sua aferição. No segundo

---

14 Boa parte da doutrina entende que a *querela* não se presta à desconstituição da coisa julgada, pois essa sequer se formou tendo em vista que ela objetiva declarar a inexistência jurídica.

caso, a desconsideração se dá com base em princípios (especialmente a proporcionalidade e razoabilidade) tendo por base boa dose de subjetivismo do julgador que irá desconstituir a coisa julgada anterior.

A denominada **coisa julgada constitucional é a possibilidade de a parte executada alegar a inexigibilidade do título executivo judicial quando Lei ou Ato Normativo da qual se fundamentou a decisão (que se tornou no título) foi declarado inconstitucional ou interpretado como incompatível com a CF pelo STF em controle concentrado ou difuso.**

No início a tradição romana, de julgamentos privados, levava o legislador simplesmente a ignorar a força do julgado nulo, havendo sempre uma ação para desconstituí-lo como a *infitiatio judicati* e a *restitutio in integrum*.

Contrário era o direito germânico que instituiu uma sentença de eficácia *erga omnes* a qual não era sujeita a nenhuma impugnação recursal (validade formal da sentença). Posteriormente o direito alemão criou mecanismos para desconstituir suas sentenças denominado revisão do procedimento (*Wiederaufnahme des Verfahrens*)[15].

Evidente que prestigiar a segurança é garantir uma tutela jurisdicional efetiva. Afinal "àquele a quem a justiça reconheceu a existência de um direito, por decisão não mais sujeita a qualquer recurso no processo em que foi proferida, o Estado deve assegurar a sua plena e definitiva fruição, sem mais poder ser molestado pelo adversário. Se o Estado não oferecer essa garantia, a jurisdição nunca assegurará em definitivo a eficácia concreta dos direitos dos cidadãos"[16].

Claro que a segurança jurídica não é um bem absoluto e, como bem observa Leonardo Greco, "nem mesmo a vida, que pode ser sacrificada para salvar outra vida, por exemplo"[17]. Aliás é valiosa a lição de Norberto Bobbio da qual somente haveria dois direitos realmente absolutos: não ser torturado e não ser escravizado[18].

A norma tem como pressuposto a superioridade hierárquica da Constituição sobre todos os demais atos normativos. Assim, "por força da supremacia constitucional, nenhum ato jurídico, nenhuma manifestação de vontade pode subsistir validamente se for incompatível com a Lei Fundamental"[19].

Importante asseverar que a decisão que aplicou a norma inconstitucional não é invalidada de pleno direito (independentemente do grau de invalidade que se lhe atribua). É necessário se socorrer dos mecanismos colocados à disposição do Estado para que se possam produzir os seus regulares efeitos para dentro e para fora do processo.

O CPC vigente, após longa evolução histórica[20], teve aperfeiçoada a redação do texto anterior e o art. 525, §§ 12 a 15, assim dispõem:

---

15 Importante asseverar que no Brasil a ação rescisória foi instituída em 1843, incorporada ao Regulamento n. 737, de 1850.
16 Leonardo Greco, *Eficácia da declaração* erga omnes *de constitucionalidade ou inconstitucionalidade em relação à coisa julgada anterior, relativização da coisa julgada*, Fredie Didier Jr. (org.), 2. ed., Salvador: JusPodivm, 2006, p. 224-225.
17 Idem, ibidem, p. 225.
18 *A era dos direitos*, Rio de Janeiro: Campus, 1992, p. 187.
19 BARROSO, Luís Roberto. *Interpretação e aplicação da Constituição*. 3. ed. São Paulo: Saraiva, 1999, p. 156.
20 O CPC estabeleceu importantes alterações no plano da coisa julgada inconstitucional que tinha sua previsão no art. 475-L, § 1º, do CPC/73 que, por sinal, é fonte de aperfeiçoamento do dispositivo anterior do art. 741, parágrafo único, do também CPC/73 (que por sua vez adveio da Medida Provisória n. 2.180-35/2001, em seu art. 10). O art. 741, parágrafo único, estabelecia que: "Para efeito do disposto no inciso II deste artigo,

> § 12. Para efeito do disposto no inciso III do § 1º deste artigo, considera-se também inexigível a obrigação reconhecida em título executivo judicial fundado em lei ou ato normativo considerado inconstitucional pelo Supremo Tribunal Federal, ou fundado em aplicação ou interpretação da lei ou do ato normativo tido pelo Supremo Tribunal Federal como incompatível com a Constituição Federal, em controle de constitucionalidade concentrado ou difuso.
> § 13. No caso do § 12, os efeitos da decisão do Supremo Tribunal Federal poderão ser modulados no tempo, em atenção à segurança jurídica.
> § 14. A decisão do Supremo Tribunal Federal referida no § 12 deve ser anterior ao trânsito em julgado da decisão exequenda.
> § 15. Se a decisão referida no § 12 for proferida após o trânsito em julgado da decisão exequenda, caberá ação rescisória, cujo prazo será contado do trânsito em julgado da decisão proferida pelo Supremo Tribunal Federal.

A redação dos parágrafos é clara ao estabelecer que **todo título executivo judicial que tenha por base dispositivo de lei ou ato normativo declarado inconstitucional pelo STF (em controle concentrado ou difuso) pode ser impugnado, pois se tornou inexigível.**

É importante que essa declaração de inconstitucionalidade seja **causa suficiente** para que haja a inversão do resultado da decisão. Caso contrário, não será possível a mera alegação de inconstitucionalidade[21].

Requisitos. Tendo em vista as diversas hipóteses de desconstituição da coisa julgada previstas no ordenamento é importante estabelecer os requisitos para a aplicação do art. 525, § 12:

i) que haja uma decisão do STF em controle de constitucionalidade concentrado ou difuso;

ii) que o STF tenha decretado a inconstitucionalidade de Lei ou Ato Normativo (ou estabelecido uma mutação interpretativa, ou seja, entendimento que sua aplicação/interpretação seja incompatível com a CF: as denominadas técnicas de "interpretação conforme", "declaração sem redução de texto" ou "declaração de inconstitucionalidade");

iii) que essa Lei ou Ato Normativo, agora inconstitucional, tenha sido o fundamento da decisão que se tornou título executivo judicial;

iv) que a parte alegue essa questão (para tornar o título inexigível) em sede de **impugnação** (se a decisão ainda não transitou em julgado) ou por meio de **ação rescisória** (se a decisão já transitou em julgado). Isso porque o direito que fundou o título agora não mais existe.

---

considera-se também inexigível o título judicial fundado em lei ou ato normativo declarados inconstitucionais pelo Supremo Tribunal Federal ou em aplicação ou interpretação tidas por incompatíveis com a Constituição Federal". Com o advento da Lei n. 11.232/2005, o art. 741 migrou para o art. 475-L e recebeu um parágrafo (o primeiro) para acomodar a anterior redação: "Para efeito do disposto no inciso II do *caput* deste artigo, considera-se também inexigível o título judicial fundado em lei ou ato normativo declarados inconstitucionais pelo Supremo Tribunal Federal, ou fundado em aplicação ou interpretação da lei ou ato normativo tidas pelo Supremo Tribunal Federal como incompatíveis com a Constituição Federal".

21 ARAUJO, José Henrique Mouta. Rescisória e impugnação nos casos de títulos executivos inconstitucionais: a modulação no controle difuso de constitucionalidade. *REpro*, n. 288. São Paulo: RT, fevereiro/2019, p. 211-234.

3.2.6.2. Modulação dos efeitos

O § 13 permite que o Supremo Tribunal Federal **module** os efeitos da decisão em atenção à segurança jurídica. Constitui expediente que já existia na lei das ações do controle (art. 27, Lei n. 9.868/99 e art. 11 da Lei n. 9.882/99).

No nosso sistema prevalece a tese de que a declaração de inconstitucionalidade proferida pelo STF decorrente de ação direta **tenha efeito retroativo**, ou seja, que alcance as situações anteriores a declaração (*ex tunc*). Entretanto essa regra sofre temperamentos podendo haver modulação dos seus efeitos. O art. 27 da Lei n. 9.868/99 permite a eficácia *ex nunc* da decisão por "razões de segurança jurídica ou de excepcional interesse social" desde que "por maioria de dois terços de seus membros". Essa regra vem prevista igualmente no art. 525, § 13, do CPC[22].

Esta modulação tem por finalidade "proteger a boa-fé, no plano do direito público, a presunção de legitimidade dos atos emanados de autoridade pública. Essas ideias, indisputavelmente, se ligam à ideia de segurança jurídica"[23].

Portanto, a regra é a eficácia retroativa e, somente por exceção, os efeitos não têm essa característica, ou produzindo seus efeitos para a frente ou a partir de determinado marco decidido pelo Supremo (marco fixado artificialmente pelo Supremo).

Um bom marco para se verificar a não retroação da decisão é a boa-fé dos atos praticados ou mesmo a onerosidade excessiva que pode decorrer com o desfazimento desses mesmos atos.

Nesse sentido, Hugo de Brito Machado dá relevante exemplo acerca da nocividade que a retroação pode ocasionar: "Imaginemos a decisão que declara inconstitucional uma lei que isenta de tributo a importação de determinada mercadoria. Se tal decisão produzir efeitos a partir da decisão da lei, então todas as importações já ocorridas ensejam a exigência de tributo, e o que é pior, ensejam a consideração daquelas importações como crime de descaminho".

Aliás, não se nega, tampouco, o efeito vinculante da decisão consoante se depreende do art. 28, parágrafo único, da lei: "A declaração de constitucionalidade ou inconstitucionalidade, inclusive a interpretação conforme a constituição e a declaração parcial de inconstitucionalidade sem redução de texto têm eficácia contra todos e efeito vinculante em relação aos órgãos do poder judiciário e à administração pública federal, estadual e municipal".

3.2.6.3. Alcance temporal

Poderia uma decisão posterior proferida pelo STF em controle (concentrado ou difuso) retroagir para alcançar relações jurídicas já acobertadas pela coisa julgada material e o ato jurídico perfeito?

Para Nelson Nery se o título judicial é a decisão acobertada pela coisa julgada, "esse título judicial goza de proteção constitucional"[24], entende o autor que se sobrevier decisão posterior – ainda que do STF – não teria o condão de atingir a coisa julgada que "já havia sido formada e dado origem àquele título judicial"[25].

---

22 Art. 525, § 13. No caso do § 12, os efeitos da decisão do Supremo Tribunal Federal poderão ser modulados no tempo, em atenção à segurança jurídica.
23 Teresa Arruda Alvim Wambier e José Miguel Garcia Medina, *Dogma da coisa julgada. Hipóteses de relativização*, São Paulo: Revista dos Tribunais, 2003, p. 43.
24 *CPC comentado*, 11. ed. São Paulo: Revista dos Tribunais, 2006.
25 Idem, ibidem.

Mesmo assim entende o autor que a decisão do STF que declara inconstitucional lei (ou mesmo ato normativo) tem eficácia retroativa, ou seja, projeta seus efeitos *ex tunc*. Entretanto, entende o citado autor que essa retroatividade tem limite na coisa julgada.

Assim, apenas a decisão do STF anterior à formação do título é que poderia determinar a inconstitucionalidade da lei para fins de impedir a formação do título executivo (= decisão da inconstitucionalidade anterior ao trânsito em julgado da decisão).

A problemática estava longe de estar pacificada.

Teresa Arruda Alvim e José Miguel Garcia Medina[26] entendiam que seria desnecessária a propositura de ação rescisória (com a observância do biênio decadencial), na medida em que a decisão a ser atacada se tornou juridicamente inexistente.

E isso porque a declaração de inconstitucionalidade da referida lei a retirou do ordenamento, assim, a decisão que com base nela foi julgada não existe, pois falta uma das condições da ação, qual seja, a possibilidade jurídica do pedido (que, à época da publicação do texto, era considerada uma condição da ação)[27].

Assim a medida cabível, coerentemente, seria a ação declaratória de inexistência sem sujeição de qualquer prazo prescricional, dada a imprescritibilidade dessa modalidade de ação.

Para os autores não se está a atribuir função "rescindente" para a impugnação, pois nesses casos não há nada a rescindir na medida em que se está diante de decisão que não se imunizou pela coisa julgada, já que se baseou "em lei que não era lei".

Há, nesses casos, uma função atribuída normalmente aos embargos que é a declaratória, pois, se a sentença é inexistente, "à execução faltará, *ipso facto*, o título executivo"[28].

O CPC, em seu § 14, estabelece que a decisão do Supremo Tribunal Federal deverá ser anterior ao trânsito em julgado da decisão exequenda. Portanto, prestigia-se a possibilidade de: **a)** o STF declarar a inconstitucionalidade da lei ou ato (em controle difuso ou concentrado) ou a sua incompatibilidade em face da Constituição; **b)** permitir a modulação ou não dos efeitos a depender do caso concreto; **c)** contudo a eventual retroação dos efeitos apenas alcançaria as decisões ainda não transitadas em julgado.

Todavia, se já houver o trânsito em julgado, para conferir mais força à decisão do Supremo de incompatibilidade ou inconstitucionalidade, mesmo que a decisão tenha passado em julgado, será possível a decretação de sua inexigibilidade por meio de **ação rescisória**. Seu prazo começa a correr a partir do trânsito em julgado da decisão do Supremo Tribunal Federal.

Esse prazo vem causando muitos debates doutrinários. A começar pela localização geográfica, já que esse prazo deveria estar no art. 975 do CPC que versa sobre a contagem de prazo para ação rescisória.

Segundo, porque o prazo da rescisória, como sabido, é de 2 (dois) anos que se extingue com o trânsito em julgado da última decisão do processo. Nesse caso, teríamos uma rescisória com prazo absolutamente indeterminado, já que basta ao STF declarar a inconstitucionalidade de Lei ou Ato Normativo para começar a fluir o prazo da rescisória.

O prazo decadencial de dois anos serve justamente para conferir segurança jurídica também à parte vitoriosa da demanda. Imagine a possibilidade de a qualquer momento ser

---

26 Teresa Arruda Alvim Wambier e José Miguel Garcia Medina, *O dogma da coisa julgada e sua relativização*, São Paulo: Revista dos Tribunais, 2003.

27 É importante asseverar que um dos autores da obra já se posicionou em clássico livro sobre o tema que a ausência das condições da ação constituem pressuposto processual de existência (Teresa Arruda Alvim Wambier. *Nulidades do processo e da sentença*, 4. ed. São Paulo: Revista dos Tribunais, 1998).

28 Idem, ibidem, p. 73.

possível vulnerar a coisa julgada a depender de posterior decisão do STF? É por isso que alguns autores (ver por todos, MARINONI) defendem a inconstitucionalidade desse dispositivo.

3.3. EXCEÇÃO EXECUTIVA – "EXCEÇÃO DE PRÉ-EXECUTIVIDADE"

3.3.1. INTRODUÇÃO

Na clássica tipologia das ações, a execução é processo cujo objetivo consiste na satisfação de um direito já declarado por decisão judicial ou por documento que, por si só, contenha os elementos necessários para desencadear a atividade jurisdicional executiva. Todos eles decorrem de expressa opção político-legislativa.

Esta posição de vantagem conferida pelo título executivo decorrente de sua eficácia abstrata projeta importantes efeitos para o plano do processo. Como o direito está abstratamente definido pelo título, não é necessário ao magistrado investigar acerca da existência do direito subjacente, motivo pelo qual a tutela executiva é toda desenhada para a sua realização e não descoberta.

Dessa forma, não se tem um procedimento voltado ao contraditório, mas sim para o cumprimento da obrigação. Quando o Código de Processo Civil de 1973 foi levado a efeito, era grande a preocupação em tornar a concretização do título eficaz, motivo pelo qual se criaram algumas barreiras para impedir a mera protelação da marcha do processo pelo simples exercício do direito da ampla defesa.

O executado não era citado para se defender, mas sim para pagar ou nomear bens à penhora. A defesa deveria ser empreendida por ação autônoma, e não dentro do mesmo processo, para não desnaturar a atividade que ali se exerce e, principalmente, para o exercício desse direito de defesa, era necessário garantir o juízo, ou seja, para se discutir a higidez do título era necessário prestar caução.

A adoção dessas medidas tem por escopo reequilibrar a situação das partes no processo e eram como são adotadas de forma a não causar prejuízo ao exequente, em manifesta situação de vantagem no plano do direito material.

Contudo, é relativa à presunção da existência do crédito. É possível que o desencadeamento dos atos executivos se dê com base em título executivo espúrio, ou a cobrança seja feita de maneira errônea.

No regime anterior a 2006, tanto os embargos à execução como a impugnação (que se denominava embargos) dependiam da garantia do juízo para sua apresentação. Era nesse sentido que se colocava a questão: seria justo impor a garantia do juízo para se defender de título manifestamente inidôneo? E se a parte não possui bens ou valores suficientes para garantir o juízo? Como fica o exercício constitucional do contraditório?

Era esta a função da exceção de pré-executividade. Seu objetivo é permitir a impugnação de vícios inerentes ao título executivo ou a própria demanda que o veicula independentemente da oposição das defesas típicas (embargos/impugnação).

Já está superada a discussão acerca do contraditório na execução. Tal situação decorre de pelo menos dois motivos:

> a) a Constituição Federal assegura a ampla defesa e o contraditório *ex vi* do art. 5º, LIV e LV, independentemente de que processo esteja se tratando;
> b) se o sistema brasileiro adota o princípio da menor gravosidade (CPC, art. 805) como assegurá-lo sem que a parte tenha, correspondentemente, os instrumentos para exercer o direito conferido em norma legal?

A discussão sobre a exceção já remonta décadas. Apesar de incerta a origem, parece bem aceita que os primeiros contornos foram dados por Pontes de Miranda em parecer para a Companhia Siderúrgica Mannesmann, em 1966. O incidente desenvolvido pelo autor alagoano teve por objetivo evitar a garantia do juízo para denunciar vícios processuais cognoscíveis de ofício.

Como se trata de nova situação dentro do processo, não prevista na cadeia regular de atos, inegavelmente a exceção tem a natureza jurídica de incidente processual.

Mas uma pergunta se apresenta relevante: não havendo mais a necessidade de garantia do juízo (motivo que levou a criação do instituto) nem para embargos nem para impugnação, há ainda interesse de agir na apresentação do incidente? Acreditamos que sim. Primeiro porque as matérias que no incidente possam ser arguidas não desnaturam a natureza do processo executivo (ordem pública e que não demandem dilação probatória). Ademais, é possível tomar ciência de alguma situação (v.g., recibo de pagamento ou falta de um pressuposto processual) após o escoamento do prazo dessas medidas típicas. Não seria útil a efetividade do processo estabelecer um mecanismo de preclusão referente a essas situações pela sua não apresentação no prazo oportuno para embargos ou impugnação.

3.3.2. CABIMENTO E NOMENCLATURA

A despeito de não haver regramento acerca dessa modalidade de incidente, a doutrina e a jurisprudência admitem a exceção de pré-executividade para levantar todas as matérias de ordem pública, **sejam elas pertinentes ao título** (v.g., ilegitimidade, falta de interesse de agir, prescrição) **sejam elas pertinentes ao próprio processo de execução** (v.g., inépcia da petição inicial, falta de citação).

É importante frisar que, a despeito de sua não previsão expressa, o CPC estabeleceu em seu art. 518 que "**todas as questões relativas à validade do procedimento de cumprimento da sentença e dos atos executivos subsequentes poderão ser arguidas pelo executado nos próprios autos e nestes serão decididas pelo juiz**". Com o devido respeito, não se pode dar a esse artigo dimensão maior do que ele tem. Não se trata de institucionalizar a exceção de pré-executividade no Código. A possibilidade de análise de questões relativas à viabilidade do procedimento sempre pôde ser apreciada de ofício e isso decorre de todo sistema (arts. 337, § 3º, e 485, § 5º, do CPC). Assim, o art. 518 (e aí está o seu mérito) reforçou a viabilidade de apreciação de ofício, por exceção ou por requerimento simples das questões ali enumeradas.

Contudo, o amadurecimento do instituto fez-se permitir também o cabimento para matérias dispositivas, desde que não dependam de dilação probatória, pois, do contrário, tornariam a demanda cognitiva em processo de execução. Desta forma, se houver prova cabal e documental do pagamento, poderá ser apresentado por meio de exceção.

Assim o cabimento desse incidente se limita às:

---

a) matérias de ordem pública. Que podem ser conhecidas de ofício a qualquer tempo e grau de jurisdição. Em verdade seria até desnecessária a existência do incidente na medida em que a provocação dessas matérias independe de qualquer solenidade específica;

b) matérias dispositivas com prova pré-constituída. Nesse caso a matéria não é cognoscível de ofício, mas o executado possui prova de plano que demonstra a existência de algum fato que elida a atividade executiva (v.g., pagamento, compensação, novação). O Enunciado 393 da Súmula do STJ estabelece que na execução fiscal a exceção de pré-executividade se aplica às matérias de ordem pública **que** não demandarem dilação probatória.

> O STJ tem entendimento no sentido de que: "exceção de pré-executividade. Juntada de prova pré-constituída ou complementação de documentos. Possibilidade. Dilação probatória. Não configuração. Em sede de exceção de pré-executividade, o juiz pode determinar a complementação das provas, desde que elas sejam preexistentes à objeção" (REsp 1.912.277-AC, Rel. Min. Nancy Andrighi, Terceira Turma, por unanimidade, *DJe* 20-5-2021).

Quanto à nomenclatura, apesar de apenas importar no plano acadêmico, a doutrina costuma criticar o substantivo "exceção" como o adjetivo "pré-executividade". Este último é contestado pela sua equivocada designação temporal: se é "pré-executivo" certamente deveria vir *antes* da execução e não no curso dela. Assim, é melhor denominar simplesmente como "executivo".

Já a expressão exceção também é criticada na medida em que traduz como sinônimo de disponibilidade e o incidente tem como objetivo precípuo a alegação das matérias de ordem pública. Esta relevância fez alguns autores até dividirem em "exceção de pré-executividade" e "objeção de pré-executividade"[29].

Contudo, discordamos dessa restrição: primeiro porque independentemente da nomenclatura ser a correta para o caso, o que importa são os efeitos que ela produz. Há diversos institutos no processo que não refletem aquilo que de fato representam, e nem por isso deixam de ser utilizados, como o usufruto judicial, a tutela antecipada pelo incontroverso, execução de obrigação de não fazer, entre outros. Segundo, porque o vocábulo exceção é uma expressão polissêmica: i) pode ser considerada como defesa em sentido *lato*, seja como o direito abstrato de defesa ou exercício de defesa; ii) exceção pode ser vista também como matéria circunscrita à esfera de disponibilidade das partes (em contraposição à objeção); iii) exceção pode ser, por fim, designativo de uma das defesas do réu, denominadas exceções rituais.

No caso, a exceção designa a primeira situação, ou seja, exceção na locução em comento é o exercício do direito de defesa. Portanto, mais correto será denominá-la exceção executiva. Denominar como "objeção" seria diminuir o campo de aplicabilidade do instituto que, também, aplica-se às matérias dispositivas.

3.3.3. PROCEDIMENTO

Na falta de previsão legal, a exceção executiva deve ser analisada sobre aquilo que se tem admitido na doutrina e jurisprudência.

a) Forma. Justamente por falta de previsão legal, a exceção pode ser alegada por petição simples. Esta resposta se torna mais evidente quando a matéria discutida for de ordem pública. Sendo matéria cognoscível de ofício, a lei despe de formalidade o ato, pois constitui apenas uma forma de mostrar ao juiz sobre aquilo que deveria ter sido apreciado e não foi. Tendo a jurisprudência autorizado a análise das matérias também dispositivas desde que não demandem dilação probatória, a petição simples é também permitida, pois a importância não está nas alegações da peça, mas no documento hábil a impedir o desencadeamento dos atos executivos.

b) Prazo. Em se tratando de matéria de objeção, esta pode ser alegada a qualquer tempo durante o trâmite do procedimento executivo. Em se tratando de matéria dispositiva com

---

29 Sérgio Shimura, *Título executivo*, 1997, p. 70-71.

prova pré-constituída, a alegação deve ser feita na primeira oportunidade em que a parte falar aos autos sob pena de preclusão (CPC, art. 278).

O prazo para que o exequente se manifeste acerca da exceção será conferido pelo magistrado. No seu silêncio, será de cinco dias (CPC, art. 218, § 3º).

Interessante questão diz respeito à pertinência da exceção quando a matéria já foi veiculada em sede de embargos ou impugnação. Se a matéria já foi decidida em sede de embargos, seja ela matéria cogente ou dispositiva, operou, para aquele juiz, preclusão. O fato de a matéria ser de ordem pública não autoriza que o mesmo magistrado possa lhe dar novos contornos se ela já foi decidida em algum momento (preclusão horizontal). Nada impede, contudo, que esta matéria possa ser analisada em sede de recurso pelo Tribunal.

Mas permitir o incidente seria autorizar a utilização de dois instrumentos com fins idênticos para desconstituir o mesmo vício, dentro do mesmo processo.

Nada impede, contudo, que se alegue a exceção executiva sobre vícios ocorridos após a penhora (que podem, repise-se, ser objeto de embargos de segunda fase).

Esse é o sentido da decisão em Agravo Regimental no Agravo em Recurso Especial, n. AgRg no AREsp 564703/SP, da relatoria do Ministro Raul Araújo, da 4ª Turma, ao estabelecer:

> AGRAVO INTERNO NO AGRAVO EM RECURSO ESPECIAL. AÇÃO DE COBRANÇA DE TAXA CONDOMINIAL. IMPUGNAÇÃO DO CUMPRIMENTO DE SENTENÇA. ALEGAÇÃO DE EXCESSO DE EXECUÇÃO. MATÉRIA JÁ APRECIADA EM EXCEÇÃO DE PRÉ-EXECUTIVIDADE E SOBRE A QUAL SE OPEROU PRECLUSÃO. PROVIMENTO NEGADO.
> 1. A jurisprudência do STJ é firme no sentido de que as questões decididas definitivamente em **exceção de pré-executividade** não podem ser **renovadas** por ocasião da oposição de **embargos à execução** ou impugnação do cumprimento de sentença, em razão da preclusão.
> 2. No caso, o eg. Tribunal de origem consignou, de acordo com os precedentes do STJ, a ocorrência de preclusão quanto ao tema referente ao excesso de execução, uma vez que a matéria foi decidida em sede de exceção de pré-executividade.
> 3. Agravo interno a que se nega provimento.

c) Efeitos. A exceção de pré-executividade não tem o condão de suspender o procedimento executivo. Há pelo menos dois bons motivos: i) o art. 921 do CPC, que estabelece as hipóteses de suspensividade, é taxativo e não contempla, obviamente, a hipótese da exceção executiva; ii) independentemente desse motivo, os embargos/impugnação hoje não possuem mais efeito suspensivo *ope legis*.

Justamente por ser a exceção incidente aquela em que se decidem questões de plano, não deverá o magistrado se alongar na sua análise e decisão, sob pena de causar prejuízo ao executado. Desta forma, a não suspensividade não trará gravames à parte, caso o magistrado decida com celeridade o incidente.

d) Recorribilidade. A exceção de pré-executividade poderá ter três destinos: i) julgada procedente, acarretando a extinção da execução; ii) julgada procedente, regularizando o vício e prosseguindo a execução; e iii) julgada improcedente, prosseguindo a execução. No primeiro caso, caberá recurso de apelação. Nos demais, por se tratar de decisão interlocutória, desafia o recurso de agravo de instrumento.

e) Coisa julgada. Há de se ter em mente que a execução, justamente por não enfrentar o direito material, em regra, não faz coisa julgada. Contudo, não quer dizer que isso nunca ocorra. Já está pacificado que a verificação de prescrição ou decadência produz esse efeito. Normalmente, a discussão sobre o mérito fica diferida para os embargos, ação autônoma que possui extinção e coisa julgada próprias. Contudo, a oposição da exceção executiva discutindo matéria dispositiva transporta para o universo da execução matéria de mérito. Pergunta-se: a decisão endoprocessual sobre essa modalidade de matéria, uma vez transitada em julgado, é apta a fazer coisa julgada material?

A resposta só pode ser positiva.

f) Campo de atuação. Pela sua própria gênese a exceção executiva tem incidência nas execuções de título executivo judicial (cumprimento de sentença) bem como na execução de título executivo extrajudicial.

g) Honorários advocatícios. Como constitui incidente processual, caberão honorários advocatícios independentemente do seu resultado. Aliás, já se posicionou neste sentido o STJ[30].

---

30   3ª Turma, REsp 944.917/SP, rel. Min. Nancy Andrighi, j. 18-9-2008.

4.

SUSPENSÃO E EXTINÇÃO DO PROCESSO DE EXECUÇÃO

4.1. SUSPENSÃO

O CPC atual ampliou significativamente as hipóteses de suspensão do processo executivo. No regime anterior (art. 791) havia três hipóteses, o atual diploma prevê cinco. Ademais, tratou de regulamentar a tormentosa questão da prescrição intercorrente nos casos de inviabilidade de prosseguimento da execução pela não localização dos bens do executado.

4.1.1. HIPÓTESES DE SUSPENSÃO DA EXECUÇÃO

De acordo com o art. 921, suspende-se a execução:

a) nas hipóteses dos arts. 313 e 315, no que couber

Apesar de desnecessário (pois constituem hipóteses gerais de suspensão que se aplicam a todo e qualquer processo), o legislador faz referência às hipóteses de sobrestamento previstas na Parte Geral do CPC nos arts. 313 e 315.

b) no todo ou em parte, quando os embargos à execução forem recebidos no efeito suspensivo

Conforme dito no capítulo sobre defesas do executado, como regra, os embargos não são recebidos no seu efeito suspensivo. Contudo, é possível a concessão *ope judicis* desse efeito desde que demonstre: i) os requisitos para a concessão da tutela provisória; e ii) a garantia do juízo. O efeito suspensivo poderá ser total ou parcial a depender da extensão horizontal que foi objeto de impugnação pelos embargos.

c) inexistência de bens penhoráveis ou quando não for localizado o executado

Constitui a hipótese mais comum de sobrestamento. A função da execução por quantia é a expropriação de bens do executado. A razão de ser dessa modalidade procedimental é subtrair o patrimônio do executado para convertê-lo em renda ao exequente. Não havendo bens, torna-se inútil a atividade executiva que, preponderantemente, alimenta-se dessa atividade.

Contudo, o legislador estabeleceu uma linha mestra para atender a todos os valores protegidos no processo. De um lado, não é correto determinar a imediata extinção do processo, na medida em que o exequente não é o culpado pela falta de bens. No entanto, é possível que o executado, de alguma forma, adquira condições suficientes para satisfazer a execução (mudança de emprego, recebimento de herança). Assim, determina-se a suspensão do processo. De outro lado, o processo não pode prolongar-se indefinidamente no aguardo de eventuais bens que possam surgir, comprometendo a segurança jurídica.

Dessa forma, estabeleceu-se que haverá o sobrestamento, mas delimitado por um prazo.

O CPC, inspirando-se no Enunciado 314 da Súmula do STJ[1] e no art. 40 da Lei de Execuções Fiscais[2], estabeleceu que o prazo de suspensão se dará por até um ano. Durante esse interregno de tempo ficará suspensa a prescrição. Após esse prazo, sem que se localizem bens ou o próprio executado, o magistrado retirará o processo da suspensão e o enviará ao arquivo (que serão desarquivados a qualquer momento, quando forem encontrados bens penhoráveis do executado). Ademais, depois de escoado o prazo de um ano de suspensão, começa a correr o prazo da prescrição intercorrente. Como o Código se omitiu em relação ao prazo, outorga-se ao Enunciado 150 da Súmula do STF a função de regulamentar o tema. Assim, "prescreve a execução no mesmo prazo de prescrição da ação". A depender da natureza obrigacional, o prazo será o mesmo da propositura da ação. Em regra, seguirá o que dispõe o art. 206, § 5º, I, do CC: "Prescreve em cinco anos: I – a pretensão de cobrança de dívidas líquidas constantes de instrumento público ou particular".

Após o prazo prescricional, em atenção ao princípio do contraditório efetivo e para evitar decisões surpresa, o magistrado concederá prazo de quinze dias para que as partes se manifestem e após, sem que acolha algum dos argumentos, decretará a prescrição com a consequente resolução do processo com análise de mérito.

A novidade trazida com a Lei n. 14.195/21 é que também haverá suspensão da execução se não encontrar o executado. E a essa situação se aplica todas as regras vistas na prescrição intercorrente acima (conforme art. 921, §§ 1º a 7º, CPC).

d) insucesso da alienação de bens por falta de licitantes e não houver, no prazo de quinze dias, a indicação de outros bens ou a adjudicação pelo credor

Aqui se tem a simples situação da alienação frustrada por ausência de licitantes, desinteresse do adjudicante nos bens e a não indicação de outros bens no prazo de 15 dias. Nesses

---

1 Súmula 314 do STJ. Execução fiscal. Prescrição intercorrente. Penhora. Bens penhoráveis não localizados. Suspensão do processo por um ano. Findo esse prazo começa a fluir a prescrição quinquenal intercorrente. CTN, art. 174. Lei n. 6.830/80, art. 40.
2 Art. 40. O juiz suspenderá o curso da execução, enquanto não for localizado o devedor ou encontrados bens sobre os quais possa recair a penhora, e, nesses casos, não correrá o prazo de prescrição.
§ 1º Suspenso o curso da execução, será aberta vista dos autos ao representante judicial da Fazenda Pública.
§ 2º Decorrido o prazo máximo de 1 (um) ano, sem que seja localizado o devedor ou encontrados bens penhoráveis, o juiz ordenará o arquivamento dos autos.
§ 3º Encontrados que sejam, a qualquer tempo, o devedor ou os bens, serão desarquivados os autos para prosseguimento da execução.
§ 4º Se da decisão que ordenar o arquivamento tiver decorrido o prazo prescricional, o juiz, depois de ouvida a Fazenda Pública, poderá, de ofício, reconhecer a prescrição intercorrente e decretá-la de imediato.
§ 5º A manifestação prévia da Fazenda Pública prevista no § 4º deste artigo será dispensada no caso de cobranças judiciais cujo valor seja inferior ao mínimo fixado por ato do Ministro de Estado da Fazenda.

casos, como o processo não tem mais finalidade, além de aguardar a expropriação dos bens, será feito o sobrestamento.

e) parcelamento da dívida em decorrência da moratória processual

A moratória processual (art. 916 do CPC) constitui uma das opções do executado ao ser citado para a execução. Nessa modalidade, ele tem interesse no cumprimento (o que descarta a possibilidade de não cumprimento ou oposição de embargos), contudo, não possui lastro financeiro para o cumprimento integral da dívida no prazo de três dias (o que exclui, portanto, o pagamento de plano, que lhe confere a sanção premial de efetivar o pagamento de apenas metade dos honorários).

Dessa forma, o executado requererá o pagamento parcelado nos termos do art. 916 do CPC.

Uma vez que houve petição no sentido de assumir a dívida acrescida de juros, atualização monetária e honorários, não há sentido prosseguir a execução com a prática dos atos regulares de penhora e avaliação, se o pagamento está sendo efetivado de forma parcelada.

Portanto, procede-se à suspensão do processo para permitir essa forma de fragmentação do cumprimento da execução.

f) por convenção das partes

O art. 922 do CPC (aperfeiçoando a regra do art. 792 do CPC/73) estabelece mais uma hipótese de suspensão: por convenção das partes. Contudo, ao contrário do pedido de sobrestamento existente na teoria geral (art. 313 do CPC), cujo motivo é, em regra, a tentativa de acordo, a suspensão nessa hipótese tem apenas um motivo, tempo necessário para o cumprimento de acordo. Não se confunde com a hipótese anterior, pois naquela há um pedido de parcelamento em que as diretrizes estão fixadas em lei. Aqui é um mero pedido de suspensão para que o devedor possa arregimentar o dinheiro necessário (por meio da venda de algum bem, empréstimo, aguardo de algum negócio futuro) a fim de cumprir a obrigação.

4.1.2. PRÁTICA DE ATOS DURANTE O PERÍODO DE SUSPENSÃO

Estabelece o art. 923 do CPC que "suspensa a execução, não serão praticados atos processuais, podendo o juiz, entretanto, salvo no caso de arguição de impedimento ou de suspeição, ordenar providências urgentes".

4.2. EXTINÇÃO DA EXECUÇÃO

A execução possui um final, em regra, diverso daquele que se dá com o processo de conhecimento (procedimento comum ou especial).

Conforme estabelece o art. 925 do CPC, a extinção só produz efeitos quando declarada por sentença. Será sempre por sentença, ainda que a decisão sirva apenas para declarar a satisfação da execução (art. 924, II, do CPC). Aqui acreditamos que devem mitigar os rigores do art. 489, § 1º, do CPC. Isso porque dada a singeleza, em regra, dos provimentos que ensejam a extinção da execução (declaração de indeferimento da petição inicial, da satisfação do crédito, a renúncia ao crédito e a prescrição intercorrente), não é necessário percorrer todo o itinerário do artigo que prevê a fundamentação qualificada.

Não se trata de renunciar ao que dispõe o artigo, mas, ao contrário, a declaração do magistrado nas situações presentes no art. 924 prescindem, *a priori*, de grandes elucubrações.

A decisão da execução é apta a fazer coisa julgada? Conforme já defendemos no capítulo respeitante à coisa julgada, sim. Não há razão lógica para não acobertar pela *res iudicata* pelo simples fato de não haver (em sede executiva) ampla discussão do direito material.

Essa regra toma ainda mais força se houver a oposição dos embargos e, consequentemente, ampliação da cognição para o processo de conhecimento.

O art. 924 enumera as hipóteses em rol não exaustivo de extinção do processo de execução. Assim, extingue-se a execução quando:

> I – a petição inicial for indeferida;
> II – a obrigação for satisfeita;
> III – o executado obtiver, por qualquer outro meio, a extinção total da dívida;
> IV – o exequente renunciar ao crédito;
> V – ocorrer a prescrição intercorrente.

As hipóteses II, III e IV eram previstas de modo semelhante no CPC/73, no art. 794. A hipótese I (indeferimento da petição inicial) estava prevista como regra geral no então art. 295 do CPC/73, que se aplicava à execução por força do art. 798 do mesmo diploma.

A novidade veio com a extinção pela prescrição intercorrente. Conquanto já fosse uma consequência natural dessa decretação, o legislador entendeu necessário tornar expressa essa previsão.

5.

EXECUÇÕES ESPECIAIS

5.1. EXECUÇÃO DE ALIMENTOS

A execução de alimentos constitui uma execução

> **a)** de pagamento de quantia certa e
> **b)** que possui procedimento especial em decorrência do objeto da prestação.

Essa especialidade reflete na forma de execução autorizando, como será visto, intensos atos de execução indireta (como prisão ou protesto) e direta (como desconto em folha).

5.1.1. ALIMENTOS NO PLANO DO DIREITO MATERIAL

Orlando Gomes define alimentos como "prestações para a satisfação das necessidades vitais de quem não pode provê-las por si"[1]. Dentre as necessidades vitais, compreende-se a alimentação, educação, transporte, vestuário, tratamento médico e odontológico além de lazer.

Para entender a execução de alimentos e todas as peculiaridades decorrentes do procedimento, é necessário estabelecer a classificação dos alimentos no plano do direito material.

a) Quanto à natureza: podem ser naturais ou civis. Serão **naturais ou necessários** aqueles que se prestam à satisfação dos direitos essenciais e indispensáveis. Já os **civis ou côngruos** têm por objetivo apenas manter a condição socioeconômica da família. Nesse caso, o *quantum* depende da possibilidade do alimentante.

b) Quanto à causa jurídica: podem ser legais (também denominados legítimos pela doutrina), voluntários ou indenizatórios. Serão **legais** aqueles que decorrem de um dever de prestar alimentos, seja em virtude do parentesco, casamento ou união estável (CC, arts. 1.694, 1.723 e art. 7º, Lei n. 9.278/96). Serão **voluntários** aqueles que decorrem de uma declaração de vontade *inter vivos* (sem obrigação legal estabelecendo esse dever) ou *mortis causa* (legado, CC, art. 1.920). Por fim, serão **indenizatórios** aqueles decorrentes da prática de um ato ilícito conforme os arts. 948, II e 950 do Código Civil.

Mesmo na vigência do CPC mantém-se acesa discussão doutrinária no sentido de se enquadrarem ou não os alimentos indenizatórios no procedimento especial da execução de alimentos (que autoriza, dentre outras coisas, a prisão civil e o desconto em folha de pagamento do devedor). Há quem entenda ainda ser possível a execução especial de alimentos, mas apenas

---

[1] GOMES, Orlando. *Direito de família*. 11. ed. Rio de Janeiro: Forense, 1999, p. 427.

para permitir alguns atos diferenciados (como a constituição de renda), mas não incidiria a prisão nem o desconto em folha.

Uma **corrente restritiva** entende que a execução especial se aplica apenas aos alimentos decorrentes do direito de família. Esse é o posicionamento majoritário no STJ (HC 182.228, HC 224.769)[2] e da doutrina. A alegação é a de que os atos de coerção (em especial a prisão) devem sempre ser interpretados de forma restritiva, de modo que apenas a dívida de alimentos do direito de família ensejaria essas atividades executivas especiais. Ademais:

> "A definição de 'alimentos legítimos', embora vinculada por muitos civilistas aos alimentos de Direito de Família, não encontra previsão legal, o que pode gerar dúvidas quanto ao alcance do dispositivo, razão por que não convém o seu emprego no dispositivo em epígrafe.
>
> Dessa forma, assim como o atual art. 528 do Código de Processo Civil não individualiza a espécie de alimentos autorizadores da prisão civil no caso de inadimplência, desaguará na conclusão de manutenção da orientação jurisprudencial pacificada até o presente momento, firmada no sentido de que o não pagamento de alimentos oriundos de Direito de Família credenciam a medida drástica da prisão.
>
> Aliás, essa é a dicção do inciso LXVII do art. 5º da Carta Magna e do Pacto de San José da Costa Rica (Convenção Americana de Direitos Humanos), as quais somente admitem a prisão civil por dívida, se esta provier de obrigação alimentar.
>
> De mais a mais, os alimentos de Direito de Família são estimados de acordo com a possibilidade do alimentante e a necessidade do alimentado, de modo que, em princípio, o devedor tem condições de arcar com esses valores. Se não paga os alimentos, é porque está de má-fé, ao menos de modo presumido, o que torna razoável a coação extrema da prisão civil em prol da sobrevivência do alimentado.
>
> Já os alimentos indenizativos (aqueles que provêm de um dano material) são arbitrados de acordo com o efetivo prejuízo causado, independentemente da possibilidade do devedor. Dessa forma, a inadimplência do devedor não necessariamente decorre de má-fé. A prisão civil, nesse caso, seria desproporcional e poderia encarcerar indivíduos por sua pobreza. O mesmo raciocínio se aplica para verbas alimentares, como dívidas trabalhistas, honorários advocatícios etc.
>
> Enfim, a obrigação alimentar que credencia à prisão civil não é qualquer uma, mas apenas aquela que provêm de normas de Direito de Família" (Tópico 2.3.2.163 do Parecer Final 956/2014 do Senado sobre o NCPC).

Uma **corrente ampliativa** defende a aplicação aos alimentos indenizativos asseverando que não há razão para se diferenciar o procedimento pela **causa**, tendo em vista a **natureza da prestação** (alimentar ou não), que deve ser fator determinante para a adoção do rito específico. Para essa corrente, à qual aderimos, há dois pontos nucleares: a) o ato ilícito praticado poderá gerar a incapacidade da vítima, de modo que essa não terá condições de arcar com sua subsistência, e o processo deve prover mecanismos contundentes para o cumprimento da tutela; b) o art. 139, IV, do CPC autoriza o uso de medidas "indutivas, coercitivas, mandamentais ou sub-rogatórias necessárias para assegurar o cumprimento de ordem judicial, inclusive nas ações que tenham por objeto prestação pecuniária", logo não haveria razão para restringir a ação de alimentos decorrentes de ato ilícito. Este é o posicionamento de Luiz Guilherme Marinoni.

---

2 E mais recentemente no HC 523.357-MG, Rel. Min. Maria Isabel Gallotti, Quarta Turma, por unanimidade, *DJe* 16/10/2020: "Alimentos decorrentes de ato ilícito. Natureza indenizatória. Prisão civil. Rito executivo próprio. Art. 533 do CPC/2015. Não cabimento. Não se aplica o rito excepcional da prisão civil como meio coercitivo para o adimplemento dos alimentos devidos em razão da prática de ato ilícito".

Além dos motivos apresentados, entendemos não haver por que restringir os alimentos ao direito de família se ambos possuem a mesma função: subsistência. Estabelecer qual tipo de obrigação deve conferir direitos a uma execução mais efetiva com expedientes processuais mais contundentes é querer dizer que a obrigação alimentar decorrente do direito de família é abstratamente mais importante que a obrigação alimentar decorrente de um ato ilícito que causou a invalidade permanente da vítima.

c) Quanto à finalidade: Os alimentos podem ser definitivos, provisórios ou provisionais. Os **definitivos** são aqueles concedidos em sentença com base em cognição exauriente e apta a fazer coisa julgada. A despeito de definitivos, podem ser revistos se ocorrer causa superveniente (CC, art. 1.499; Lei n. 5.478/68, art. 15). **Provisórios** são aqueles concedidos liminarmente em ação de alimentos pelo rito especial (Lei n. 5.478/68, art. 4º), ação esta que só é possível se houver prova pré-constituída do parentesco (art. 2º da Lei). **Provisionais**, com previsão no art. 1.706 do CC, são aqueles "fixados pelo juiz, nos termos da lei processual". No regime do CPC/73, alimentos provisionais eram aqueles concedidos por meio de medida cautelar (CPC/73, art. 852) preparatória ou incidental a uma ação em que se discutiriam alimentos definitivos (veiculada em uma investigação de paternidade, separação, divórcio, anulação de casamento, dissolução de união estável). Como seu objetivo é prover o alimentando pelo curso do processo, bem como o pagamento das custas e honorários advocatícios decorrentes da demanda, denomina-se *ad litem*. Com o CPC atual, as cautelares típicas foram abolidas (dentre elas as cautelares de alimentos provisionais) e os pedidos "preparatórios" (denominados antecedentes pelo CPC atual) e incidentais, em ações em que não há prova pré-constituída do parentesco, devem ser formulados por meio de tutela provisória de urgência (art. 300 e s. do CPC). Assim, a classificação perdeu muito de sua importância.

Nos provisórios, a concessão depende apenas da prova pré-constituída do parentesco e da demonstração (ainda que sumária) da necessidade alimentar (arts. 2º e 4º da Lei 5.478/68). Nos provisionais, atualmente compreendidos como pedido de tutela de urgência, será necessária a presença dos requisitos ensejadores da concessão de urgência (*fumus boni iuris* e *periculum in mora*). Importante frisar que tanto os alimentos provisórios (Lei n. 5.478/68) quanto os decorrentes de pedido de tutela de urgência (art. 300 e seguintes do CPC) constituem formas de antecipação de tutela, na medida em que se antecipam os mesmos alimentos que serão usufruídos em caráter definitivo pela sentença[3].

A diferença entre eles está apenas nos pressupostos de concessão, na medida em que possuem a mesma natureza (alimentos não definitivos).

Todos eles ensejam a execução de alimentos, regulamentada pelo Novo Código como "cumprimento de sentença que reconhece a exigibilidade da obrigação de prestar alimentos". Essa modalidade de execução, como expressamente autorizada pelo CPC em seu art. 528, abrange tanto os alimentos fixados por sentença (definitivos) quanto aqueles fixados em decisão interlocutória (provisórios ou decorrentes de tutela de urgência).

Quanto ao momento: os alimentos podem ser pretéritos, atuais ou futuros. **Pretéritos** quando alcançam os alimentos anteriores à propositura da demanda. **Atuais** quando se pleiteiam a partir do ajuizamento. **Futuros** são aqueles cobrados somente a partir da sentença. A classificação tem relevância na medida em que a execução prevista no art. 528, § 3º, do CPC possui o implemento da prisão civil como meio de coerção que só pode ser cominado com base

---

3   Ovídio Baptista da Silva assevera que "o que são provisórios ou definitivos não são os alimentos, mas os respectivos provimentos jurisdicionais" (*Curso de processo civil*, v. 2, p. 28).

nos três últimos meses vencidos, bem como os meses vincendos no curso do processo (Enunciado 309 da Súmula do STJ[4]).

5.1.2. MODALIDADES DE EXECUÇÃO DE ALIMENTOS

A execução dos alimentos poderá estar fundada em título executivo judicial (modalidade mais comum) ou em título executivo extrajudicial.

5.1.2.1. Cumprimento de sentença

No regime anterior havia três correntes acerca da cobrança de alimentos decorrente de título executivo judicial.

Uma primeira corrente entendia que, mesmo sendo cumprimento de sentença, deveria ser instaurada uma execução autônoma (Nelson Nery Jr., Humberto Theodoro Júnior).
Uma segunda corrente entendia que deveria seguir regularmente as regras do cumprimento de sentença (Marcelo Abelha Rodrigues e Alexandre Freitas Câmara).
Uma terceira corrente, por fim, entendia que, a depender da forma executiva que pretendesse efetivar o cumprimento (na época regida pelos arts. 732 e 733, CPC/73), poderia ser execução autônoma ou cumprimento de sentença (Antônio Cláudio da Costa Machado).

O CPC atual encerrou essa polêmica ao estabelecer que o cumprimento far-se-á mediante cumprimento de sentença.

5.1.2.1.1. Procedimento

Esta regra se aplica tanto aos alimentos definitivos quanto aos provisórios.

a) A despeito de a lei, no Capítulo IV, fazer menção ao "cumprimento de sentença", aqui também se aplica para as decisões interlocutórias, que, no mais, já estão mencionadas no art. 528 do CPC.

b) É necessário requerimento do exequente, não se admitindo o cumprimento de sentença instaurado de ofício pelo juízo (seguindo a regra das demais execuções por quantia). Se os alimentos forem definitivos, a execução se processará nos mesmos autos. Se provisória, em autos apartados.

c) Quanto à competência, o cumprimento poderá ser efetivado tanto no juízo em que se produziu o título como no juízo do domicílio do alimentando, bem como pelas regras decorrentes do art. 516, parágrafo único, do CPC.

d) O executado será intimado para:

> **d1)** pagar a obrigação constante do título;
> **d2)** demonstrar que já houve o pagamento ou
> **d3)** mostrar a impossibilidade de efetuá-lo.

---

4 Enunciado n. 309 da Súmula do STJ: "O débito alimentar que autoriza a prisão civil do alimentante é o que compreende as três prestações anteriores ao ajuizamento da execução e as que se vencerem no curso do processo".

e) Devidamente intimado, o executado terá cinco opções:

E1) EFETIVAR O PAGAMENTO	Pagando espontaneamente, o executado se livra momentaneamente das medidas sub-rogatórias e coercitivas inerentes a esse modelo executivo. Mas, por se tratar de relação de trato sucessivo, as obrigações se prolongam no tempo. Assim, eventual posterior inadimplemento permite o prosseguimento das medidas executivas.
E2) DEMONSTRAR A IMPOSSIBILIDADE DE PAGAMENTO	O executado deverá demonstrar cabalmente a impossibilidade de efetivar o pagamento. É necessário demonstrar a impossibilidade absoluta. Sendo possível pagamento parcial da obrigação fixada no título, deverá o executado demonstrar em juízo.
E3) IMPUGNAR	Poderá o executado, nos termos do art. 525 do CPC, impugnar o cumprimento de sentença.
E4) DEMONSTRAR QUE HOUVE O PAGAMENTO	Nesse caso, o executado demonstra que o exequente não possui interesse de agir, gerando a extinção da execução com fundamento no art. 485, VI, do CPC.
E5) FICAR INERTE	Se o executado não efetivar o pagamento: I – o juiz determinará o protesto do pronunciamento judicial (decisão interlocutória ou sentença) nos termos do art. 517 do CPC; II – o juiz poderá determinar a prisão pelo prazo de um a três meses; III – poderá o exequente, contudo, optar por promover o cumprimento de sentença nos termos dos arts. 523 e seguintes do CPC, em que há duas peculiaridades: i) o exequente abre mão da medida coercitiva da prisão; ii) mesmo que a impugnação ao cumprimento de sentença obtenha efeito suspensivo *ope judicis*, não obstará o levantamento mensal da prestação alimentícia.

Questão importante que deve ser enfrentada: existe alguma hierarquia entre essas medidas? A despeito de valiosa parcela da doutrina asseverar não existir[5], inclusive sendo essa a posição do STJ ao estabelecer que compete livremente ao exequente essa escolha (STJ, RHC 28.853/RS), entendo que há, de certa forma, uma ordem que atende a diversos valores permeados no Código: **Primeiro**, a possibilidade de desconto em folha. Isso porque, inegavelmente, o desconto em folha ou a expropriação de alugueres/rendimentos é maneira mais célere e eficaz do que a penhora e atende ao princípio da máxima efetividade da execução. **Segundo**, o protesto, que constitui medida coercitiva menos onerosa que a penhora. **Terceiro**, a penhora de bens. A atividade sub-rogatória permitindo a expropriação dos bens protege em maior medida a dignidade humana do que a prisão. **Quarto**, a prisão como *ultima ratio*.

5.1.2.1.2. Protesto

Constitui medida coercitiva para o cumprimento da obrigação alimentar.

---
5   Cassio Scarpinella Bueno, *Curso sistematizado de direito processual civil*, v. 3, p. 406-407.

A possibilidade de protesto não é novidade no caso de título executivo extrajudicial. A Lei n. 9.492/97 já trazia essa possibilidade no seu art. 1º ao estabelecer: "Art. 1º Protesto é o ato formal e solene pelo qual se prova a inadimplência e o descumprimento de obrigação originada em títulos e outros documentos de dívida".

Entretanto, com o CPC em vigor possibilitou-se o protesto também dos títulos judiciais no caso de inadimplemento voluntário da obrigação.

Especificamente em relação às prestações de alimentos, é possível o protesto tanto no caso de título executivo extrajudicial como nos casos de sentença ou decisão interlocutória. No caso da decisão interlocutória, trata-se de verdadeira exceção à regra do art. 517 do CPC, já que possibilita o protesto para decisões de que não ocorreu ainda o trânsito em julgado.

Além disso, também estabelece uma condicionante para o protesto, que corresponde à justificativa que pode o devedor apresentar. De forma que não ocorrerá o protesto caso a justificativa apresentada pelo devedor seja aceita pelo magistrado (art. 528, § 1º, do CPC – aplicável tanto para o título judicial quanto para o extrajudicial).

Outra peculiaridade é em relação à possibilidade de cumulação do protesto com os demais meios de execução forçada, ou seja, o protesto pode ser aplicado cumulativamente com outros mecanismos de execução, inclusive com a prisão civil.

5.1.2.1.3. Desconto em folha

O desconto em folha vem regulamentado no art. 529 do CPC. Constitui medida sub-rogatória para o cumprimento da obrigação alimentar.

Constitui uma verdadeira penhora sobre salário ou qualquer outro tipo de valor recebido decorrente da relação de trabalho, em expressa exceção à impenhorabilidade dos vencimentos, conforme o art. 833, IV e § 2º, do CPC.

Inegavelmente constitui uma forma prática e racional para a transferência dos valores devidos de quem deve prestar alimentos para quem os necessita. É sabido que, muitas vezes, a exigência dos alimentos traz consigo a animosidade entre quem presta e quem recebe. Não raro ocorre até de maneira proposital o não cumprimento da obrigação e a desagradável situação de se comunicar em juízo para as providências cabíveis. O desconto em folha evita essa situação, na medida em que permite, sem contato direto das partes, o pagamento direto ao alimentando por meio daquele a quem tem o dever de remunerar o alimentante.

Algumas questões procedimentais são importantes:

a) Aplicação. Essa regra se aplica quando o executado for funcionário público, militar, diretor ou gerente de empresa ou empregado sujeito à legislação do trabalho.

b) Forma. O credor dos alimentos deverá, na petição, requerer o desconto em folha, já indicando (e constitui ônus seu) o empregador com os dados necessários (v.g., nome da empresa ou da pessoa jurídica de direito público, o sócio ou o responsável pela provisão da remuneração). Caso não tenha as informações, deverá requerer perante o juízo da execução que se tome as medidas cabíveis, como a expedição de ofício a órgãos públicos a fim de apurar esses dados (art. 20 da Lei de Alimentos).

Se o magistrado entender adequada essa forma de execução, deve expedir ofício para o responsável pelo pagamento de modo que se proceda ao devido desconto em folha com a indicação do credor, do devedor, o valor da importância, a conta para o depósito e o prazo em que esse desconto deve viger (CPC, arts. 529, parágrafo único, e art. 912, § 2º).

c) Eficácia temporal. O desconto em folha tem eficácia retroativa ou apenas para os alimentos futuros?

Essa questão era controvertida no CPC/73. **Para uma primeira corrente**, esse mecanismo somente teria aplicabilidade para os alimentos futuros. A justificativa era simples: como os alimentos pretéritos não entram no plano da necessidade, não é necessário existir um mecanismo especial para sua cobrança, de modo que estes alimentos – pretéritos – seriam cobrados por meio da execução tradicional. Era a posição defendida por Cassio Scarpinella Bueno e Nelson Nery Jr.

Para uma segunda corrente, seria aplicável tanto para os alimentos futuros como para os pretéritos, não havendo por que estabelecer uma distinção entre eles, já que todos são, igualmente, devidos. Esse era o posicionamento de Luiz Guilherme Marinoni, Sérgio Cruz Arenhart e Fredie Didier Jr.

Com o CPC atual, essa discussão foi pacificada e se optou pela segunda corrente. É o que expressamente autoriza o § 3º do art. 529: "Sem prejuízo do pagamento dos alimentos vincendos, o débito objeto de execução pode ser descontado dos rendimentos ou rendas do executado, de forma parcelada, nos termos do *caput* deste artigo, contanto que, somado à parcela devida, não ultrapasse cinquenta por cento de seus ganhos líquidos".

d) Sanção. No **plano civil**, o terceiro responde solidariamente com o alimentante ao dever alimentar enquanto perdurar o dever de prestação, não podendo se insurgir contra a ordem do Estado. Já no **plano penal**, o art. 22, parágrafo único, da Lei de Alimentos estabelece constituir crime contra a administração da justiça o empregador ou funcionário público se abster de repassar ou prestar informações pertinentes quando requerido. Nesse caso, a detenção será de seis meses a um ano, "sem prejuízo da pena acessória de suspensão do emprego de 30 (trinta) a 90 (noventa) dias". Essa regra está reforçada no art. 529, § 1º, do CPC.

e) Defesa do executado. Mesmo que o executado tenha se insurgido contra a execução (por meio de impugnação, se título judicial, ou de embargos à execução, se extrajudicial), o desconto em folha deve ser efetivado, e, ainda que nessa defesa se tenha obtido efeito suspensivo *ope judicis*, não se impedirá a cobrança dos alimentos, pois, dada sua natureza emergencial, não poderá esperar a efetivação do contraditório para perceber o que lhe é devido. É o que estabelece o art. 913 do CPC, que deve ser aplicado como regra geral tanto para título extrajudicial como para cumprimento de sentença. Trata-se do mesmo cuidado que possui o art. 1.012, § 1º, inciso II, do CPC ao subtrair o efeito suspensivo das sentenças que condenam em alimentos.

Essa regra não se aplica somente ao caso de desconto em folha, mas para toda e qualquer forma de expropriação. Evidente que, de maneira excepcional, poderá o magistrado, no caso concreto e sopesando a situação em jogo, atribuir o efeito suspensivo quando o executado demonstrar cabalmente a sua impossibilidade e o exequente tiver, por outros meios, condição de subsistência ainda que provisória.

A última regra já serve como fundamento da primeira: se o *quantum* alimentar, ainda sujeito a certificação pelo Tribunal, pode ser percebido desde já por cumprimento provisório, por que impedir a sua percepção dentro da execução quando o direito já está certificado? Até mesmo porque o art. 528 do CPC expressamente possibilita o cumprimento de sentença nos casos de decisão interlocutória, ou seja, alimentos não definitivos.

Caso o desconto em folha seja insuficiente, nada impede que seja medida correlata com a penhora de bens. Foi esse o entendimento do STJ em decisão da Terceira Turma:

> **É admissível o uso da técnica executiva de desconto em folha de dívida de natureza alimentar ainda que haja anterior penhora de bens do devedor.**
> Inicialmente, salienta-se que a legislação revogada, em sua versão original, consagrava tão somente a expropriação de bens como técnica executiva nas obrigações de pagar quantia certa (art. 646 do CPC/1973), ao passo que, para as obrigações de fazer e de não fazer, estabelecia-se a possibilidade

de imposição de uma multa como única forma de evitar a conversão em perdas e danos na hipótese de renitência do devedor em cumprir a obrigação definida em sentença. Contudo, a tipicidade dos meios executivos, nesse contexto, servia essencialmente à demasiada proteção ao devedor. Nesse aspecto, o CPC/2015 evoluiu substancialmente, a começar pelo reconhecimento, com o status de norma fundamental do processo civil (art. 4º), que o direito que possuem as partes de obter a solução integral do mérito compreende, como não poderia deixar de ser, não apenas a declaração do direito (atividade de acertamento da relação jurídica de direito material), mas também a sua efetiva satisfação (atividade de implementação, no mundo dos fatos, daquilo que fora determinado na decisão judicial). Diante desse novo cenário, não é mais correto afirmar que a atividade satisfativa somente poderá ser efetivada de acordo com as específicas regras daquela modalidade executiva, mas, sim, que o legislador conferiu ao magistrado um poder geral de efetivação, que deve, todavia, observar a necessidade de fundamentação adequada e que justifique a técnica adotada a partir de critérios objetivos de ponderação, razoabilidade e proporcionalidade, de modo a conformar, concretamente, os princípios da máxima efetividade da execução e da menor onerosidade do devedor, inclusive no que se refere às impenhorabilidades legais e à subsidiariedade dos meios atípicos em relação aos típicos. Na hipótese, pretende-se o adimplemento de obrigação de natureza alimentar devida pelo genitor há mais de 24 (vinte e quatro) anos, com valor nominal superior a um milhão e trezentos mil reais e que já foi objeto de sucessivas impugnações do devedor, sendo admissível o deferimento do desconto em folha de pagamento do débito, parceladamente e observado o limite de 10% sobre os subsídios líquidos do devedor, observando-se que, se adotada apenas essa modalidade executiva, a dívida somente seria inteiramente quitada em 60 (sessenta) anos, motivo pelo qual se deve admitir a combinação da referida técnica sub-rogatória com a possibilidade de expropriação dos bens penhorados (REsp 1.733.697/RS).

5.1.2.1.4. Constituição de renda (CPC, art. 533)

Constitui medida sub-rogatória para o cumprimento da obrigação alimentar.

Quando se tratar de alimentos decorrentes de ato ilícito e sendo uma obrigação de trato sucessivo, é possível um reforço de garantia para o cumprimento da obrigação: por requisição do juiz, o devedor constituirá capital para garantir o pagamento periódico dos alimentos ao exequente-alimentando.

Portanto, por expressa previsão do art. 533 do CPC, essa regra não se aplica aos alimentos decorrentes do direito de família.

Desta forma, o artigo estabelece regra que tem por objetivo **ampliar** as hipóteses de cumprimento da obrigação alimentar decorrente de ato ilícito enquanto perdurar essa obrigação. Assim dispõe o referido artigo: "Quando a indenização por ato ilícito incluir prestação de alimentos, caberá ao executado, a requerimento do exequente, constituir capital cuja renda assegure o pagamento do valor mensal da pensão".

a) Requerimento. A despeito da possibilidade de o magistrado praticar medidas coercitivas, sub-rogatórias, indutivas e mandamentais de ofício (art. 139, IV, CPC), a lei não autoriza, nesse caso, a prática da constituição de capital de ofício pelo magistrado.

b) Objeto. Conforme se verifica do § 1º do art. 533 do CPC, esse capital poderá ser constituído por imóveis, direitos reais sobre imóveis suscetíveis de alienação, títulos da dívida pública ou aplicações financeiras em bancos oficiais. Para resguardar a eficiência da garantia, a constituição de capital será inalienável e impenhorável enquanto perdurar a obrigação, constituído patrimônio de afetação.

c) Substituição. De acordo com o § 2º do art. 533, autoriza-se a substituição do capital pela "inclusão do exequente em folha de pagamento de pessoa jurídica de notória capacidade econômica ou, a requerimento do executado, por fiança bancária ou garantia real, em valor a ser arbitrado de imediato pelo juiz". Essa substituição tem por objetivo evitar uma onerosidade excessiva ao executado, prestigiando a menor onerosidade da execução.

d) Cláusula *rebus sic stantibus*. Se as condições econômicas se alterarem, poderá o magistrado, a requerimento da parte, deferir o aumento ou diminuição da garantia se sobrevier, de fato, modificação nas condições de quem presta os alimentos. Aliás, muito bem estabelece Cassio Scarpinella Bueno: "Eles, os efeitos das decisões judiciais, são, por definição, aderentes à realidade externa do processo – é o processo que serve ao direito material, não o contrário – e, por isto mesmo, devem-se modificar para mais bem regulá-la"[6].

Deve ser a requerimento da parte, pois a alteração decorre de situação de **fato** e não de **direito**, motivo pelo qual se faz importante o pedido da parte com os pertinentes motivos.

e) Base de cálculo. É possível, ainda, que esses alimentos possam ser fixados pelo salário mínimo base. O indexador, estabelecido no § 4º do art. 533 do CPC tem como finalidade manter o valor enquanto perdurar a obrigação. Não se trata de fixar o salário mínimo como indexador econômico, pois haveria flagrante inconstitucionalidade, conforme o art. 7º, IV da Constituição Federal. Aliás, o Enunciado n. 490 da Súmula do STF estabelece: "A pensão correspondente à indenização oriunda de responsabilidade civil deve ser calculada com base no salário mínimo vigente ao tempo da sentença e ajustar-se-á às variações ulteriores".

O que se pretende é somente manter o valor de acordo com a realidade vigente (papel que o salário mínimo – com todas as eventuais críticas quanto ao seu valor – cumpre bem).

f) Liberação. Com o fim da obrigação (se esta for, evidentemente, por prazo determinado), o magistrado determinará a liberação das garantias (cancelamento da garantia prestada, cessação do desconto em folha ou liberação do capital).

5.1.2.1.5. Prisão civil

Constitui medida coercitiva para o cumprimento da obrigação alimentar.

Caso não haja pagamento, nem justificativa da sua impossibilidade, o magistrado determinará a prisão civil do alimentante (CPC, art. 528, § 3º; Lei de Alimentos, art. 19; CF, art. 5º, LXVII). Não constitui forma autônoma de mecanismo executório, mas meio que vem apensado à ordem de pagamento.

Para o deferimento da medida, é indispensável o não pagamento **voluntário** e **inescusável**. Não há limite para o deferimento da prisão: a cada novo inadimplemento, nova ordem poderá ser deferida. Dessa forma, "Basta o inadimplemento de uma parcela, no todo ou em parte, para decretação da prisão civil prevista no art. 528, § 7º, do CPC" (conforme o Enunciado n. 147 da II Jornada de Direito Processual Civil do CJF).

Algumas questões sobre a prisão civil do devedor de alimentos são importantes:

a) Requerimento. A despeito da imperatividade do art. 528, § 3º, do CPC e do seu correlato poder geral de efetivação, a prisão depende de requerimento da parte ou do Ministério Público, sendo vedada a sua decretação de ofício. Este é o posicionamento majoritário no STJ.

Não constitui, contudo, o entendimento de que partilhamos. Se o magistrado possui amplos poderes para exigir o cumprimento da tutela, não se pode negar o poder geral de efetivação e permitir que a prisão seja concedida de ofício como meio de coerção ao cumprimento da obrigação. Ademais, como os alimentos, no mais das vezes, decorrem de obrigação decorrente de direito de família, é de se ver que, a despeito da inadimplência, constitui medida extremamente agressiva aos olhos de um filho (v.g.) o requerimento de prisão do próprio pai. O juiz,

---

6 *Curso sistematizado de direito processual civil*, v. 3, p. 419.

por força do art. 139, IV, do CPC, possui amplos poderes "coercitivos e mandamentais" para a efetivação da tutela. Ademais, não há na lei a previsão de prévio requerimento, como ocorre para o deferimento da penhora *on-line*, por exemplo.

b) Natureza jurídica. A prisão civil não tem caráter sancionatório, mas coercitivo. Dessa forma, a prisão efetivada não tem o condão de amortizar a dívida. É apenas um meio de coagir ao cumprimento específico. Tanto que, se houver o pagamento, a ordem de prisão será imediatamente cassada. A prisão será em regime fechado. Evita-se assim a sensação de impunidade de permitir ao devedor de alimentos a possibilidade de usufruir de regime semiaberto, ou, pior, prisão domiciliar. Evidente que para muitos a mera possibilidade do regime semiaberto é forma coercitiva suficiente para o cumprimento da obrigação. Contudo, há casos em que apenas o regime fechado cumpre adequadamente o papel ao qual a prisão coercitiva foi destinada: o pagamento da obrigação por quem tenha condições de arcar com ela.

Contudo, a lei estabelece expressamente que o devedor de alimentos será recluso separadamente dos presos comuns.

c) Alcance material. A prisão alcança: a) decisões judiciais – decisão interlocutória (alimentos provisórios ou decorrentes de sentença definitiva); e b) acordos estabelecidos fora do processo em que se determina o cumprimento do dever alimentar. Desde que todos estes decorram do direito de família (alimentos legítimos). Não se aplica a prisão civil para o pagamento das custas e honorários do processo.

d) Alcance temporal I. A prisão civil somente poderá ser decretada em decorrência do inadimplemento dos últimos três meses ou as parcelas vincendas e que vierem a vencer no curso da execução. E isso porque o executado não pode ser prejudicado pela demora do exequente em promover a execução. Atento a essa questão, o STJ sedimentou tal entendimento no Enunciado n. 309 de sua Súmula, com o seguinte teor: "O débito alimentar que autoriza a prisão civil do alimentante é o que compreende as três prestações anteriores ao ajuizamento da execução e as que se vencerem no curso do processo". O CPC adotou expressamente o posicionamento do Enunciado da Súmula em seu art. 528, § 7º.

e) Alcance temporal II. Qual o tempo de prisão? Existe uma divergência entre dois dispositivos legais que regulam o assunto: o art. 19 da Lei de Alimentos estabelece como prazo máximo sessenta dias. Segundo o art. 528, § 3º, o prazo seria de um a três meses. Nesse aspecto, o CPC (art. 1.072, V) perdeu a oportunidade de pacificar a questão, especialmente porque fez alterações na Lei de Alimentos. Poderia também ter aproveitado a oportunidade para sanar essa diferença de prazos. Assim, subsiste a aparente divergência.

Descartando as correntes doutrinárias que estabelecem prazo diferenciado para as diversas modalidades de alimentos, a questão deve ser resolvida pela singela regra da aplicação da lei no tempo: o CPC atual é lei posterior à Lei n. 5.478/68, regulando-a. Dessa forma, deve prevalecer o entendimento de que o prazo de prisão será de um a três meses. Esse é o entendimento também do STJ (RHC 23.040/MG). O STJ entende ainda que "A decisão que decreta a prisão civil do devedor de alimentos deve ser fundamentada no tocante à dosimetria do prazo de encarceramento (entre 1 mês e 3 meses), notadamente quando se adotar prazo superior ao mínimo legal"[7].

f) Urgência. O STJ defende mais um requisito necessário para a configuração da prisão: a urgência de receber os alimentos. Assim, "A prisão civil do devedor de alimentos pode ser

---

7 Processo em segredo de justiça, Rel. Ministro Raul Araújo, Quarta Turma, por unanimidade,, j. 12-3-2024.

afastada quando particularidades do caso concreto permitem aferir a ausência de urgência no recebimento dos alimentos executados"[8].

g) Recurso. Por se tratar de decisão interlocutória, caberá agravo de instrumento com pedido de efeito suspensivo para determinar a suspensão da ordem de prisão (CPC, arts. 1.015, parágrafo único, e 995, parágrafo único)[9]. Nada impede, outrossim, que a parte impetre *habeas corpus* quando houver ilegalidade na determinação da prisão.

5.1.2.1.6. Execução por quantia – meios expropriatórios

Além do desconto em folha e da constituição de renda (este último aplicado apenas aos alimentos indenizatórios), o cumprimento de sentença dos alimentos poderá seguir o regime da execução comum com prática de atos materiais como a penhora.

Assim, não cumprida a obrigação (seja por impossibilidade do desconto em folha, seja por ineficácia do protesto), resta como terceira forma de cumprimento a tradicional execução por quantia certa, com penhora dos bens e outros meios expropriatórios para satisfação do crédito (arts. 530 e 913, ambos do CPC). De acordo com recente entendimento, o STJ entende ser possível a cumulação da expropriação com medidas de coerção pessoal no mesmo procedimento em regime de cumulação de medidas executivas (REsp 1.930.593/MG).

Com efeito, tanto o art. 530 (cumprimento de sentença) quanto o art. 913 (execução de título extrajudicial) do CPC remetem à execução por quantia certa.

Não há mais dúvidas quanto ao título[10], pois o CPC trata, ainda que em momentos distintos, tanto do título judicial quanto do extrajudicial expressamente.

A diferença, entretanto, está nas regras gerais da execução (art. 797 e s. do CPC). Enquanto para execução de título extrajudicial são aplicáveis, no caso do cumprimento de sentença são desnecessárias, especialmente porque não há que se falar em petição inicial instruída com o título. Claro que sempre observando as regras especiais aplicáveis à execução de alimentos.

Com isso, a execução de alimentos fixada em título extrajudicial é modalidade de execução, que se submete às regras gerais da execução, observando as regras específicas para a execução de alimentos. Já no caso do cumprimento de sentença, não tendo o devedor cumprido a obrigação, é possível a adoção do procedimento sub-rogatório pela penhora dos bens, bem como todos os mecanismos expropriatórios para o cumprimento da obrigação de alimentos. Ademais, a Quarta Turma do STJ[11] decidiu que é possível incluir na execução de alimentos as parcelas da pensão vencidas no decorrer do processo, mesmo pelo rito da penhora, aplicando-se por analogia o que é previsto para o rito da prisão (art. 528, § 7º, do CPC).

Perceba que essa diferenciação de mecanismos de execução (título judicial ou extrajudicial), estabelecida pelo sistema, decorre das peculiaridades do direito material, um regime **próprio** e **diferenciado**.

---

8   Processo em segredo de justiça, Rel. Ministro Moura Ribeiro, Terceira Turma, por unanimidade, j. 20-2-2024, *DJe* 23-2-2024.
9   "Art. 995. (...) Parágrafo único. A eficácia da decisão recorrida poderá ser suspensa por decisão do relator, se da imediata produção de seus efeitos houver risco de dano grave, de difícil ou impossível reparação, e ficar demonstrada a probabilidade de provimento do recurso."
10 Na vigência do CPC/73 discutia-se o título a que se referia o art. 732 era judicial ou extrajudicial. A doutrina divergia. Uma primeira corrente entendia tratar-se de título judicial apenas (José Miguel Garcia Medina. *Código de Processo Civil comentado*, p. 837), e uma segunda corrente acreditava tratar-se tanto de título judicial quanto extrajudicial (Cassio Scarpinella Bueno, Luiz Guilherme Marinoni).
11 Processo em segredo de justiça.

5.1.2.2. Execução de alimentos (título executivo extrajudicial)

A execução de alimentos fundada em título executivo extrajudicial é a modalidade mais incomum.

Poderá seguir o rito especial ou o procedimento comum (quando então não haverá possibilidade de prisão e a única "regra especial" será a possibilidade de desconto em folha – art. 912 do CPC). Existe estreita relação entre a execução de alimentos com base em título executivo extrajudicial (arts. 911 a 913, CPC) e o cumprimento de sentença (arts. 528 a 533, CPC). Primeiro por se tratar de obrigações de mesma natureza, o que autoriza, de certa forma, os mesmos mecanismos de efetivação. Segundo, pelas regras autorizadoras de comunicação de procedimento previstas nos arts. 318, parágrafo único, 513 e 771, parágrafo único, e 911, parágrafo único, do CPC. É possível encontrar similaridades especialmente com o confronto dos arts. 528 e 911 do CPC (comunicação do executado para pagamento em 3 dias), bem como os arts. 528, § 8º, e 913 do CPC (opção de execução pelo procedimento comum da penhora) e 912 e 529 do CPC (desconto em folha de pagamento).

Por se tratar de ação autônoma (e não de uma fase do processo já existente), o executado será citado para, em três dias: a) pagar, b) provar que já pagou ou c) justificar o motivo da recusa. Esse prazo "conta-se em dias úteis e na forma dos incisos do art. 231 do CPC, não se aplicando seu § 3º" (Enunciado n. 146 da II Jornada de Direito Processual Civil do CJF).

a) Com o devido pagamento, encerra-se a execução (CPC, art. 924, II). Por devido pagamento entenda-se a quitação de todas as parcelas vencidas.

Não feito o pagamento, o executado poderá defender-se para:

b) alegar o pagamento, quando então haverá o encerramento da execução igualmente pelo art. 924, II, do CPC; ou

c) justificar o motivo da recusa. Nesse caso não haverá o encerramento, mas determinação da fase da penhora com expedição de mandado de penhora e avaliação. Caso não se encontrem bens, a execução ficará sobrestada (CPC, art. 921, III) até se encontrarem ou adquirirem bens que satisfaçam o crédito. Não faz sentido determinar a prisão quando comprovada a impossibilidade, na medida em que sua função não é sancionatória, mas sim de coação ao pagamento pelo executado.

d) É possível ao executado a oposição de embargos à execução. Os embargos, por força do art. 929, não possuem efeito suspensivo como regra. Contudo, o ordenamento permite essa suspensão desde que garantido o juízo e comprovados os requisitos da tutela provisória (art. 919, § 1º, CPC). Na execução de alimentos, contudo, eventual efeito suspensivo não impede o levantamento do valor dos alimentos depositados, dado o caráter provisional. Outras medidas, porém, poderão ficar suspensas por força da obtenção do efeito suspensivo *ope judicis*.

Em resumo:

PROCEDIMENTO DA EXECUÇÃO DE ALIMENTOS	CUMPRIMENTO DE SENTENÇA/DECISÃO QUE FIXA ALIMENTOS	EXECUÇÃO DE TÍTULO EXECUTIVO EXTRAJUDICIAL QUE FIXA ALIMENTOS
DESCONTO EM FOLHA DE PAGAMENTO	Art. 529 do CPC	Art. 912 do CPC
PROTESTO	Art. 528, § 1º, do CPC, combinado com art. 517 do CPC	Lei n. 9.492/97 (regulamenta o protesto de títulos)

MEIOS EXECUTIVOS EXPROPRIATÓRIOS	Art. 530 do CPC, combinado com o art. 831 e seguintes do CPC	Art. 913 do CPC, combinado com o art. 824 e seguintes do CPC
PRISÃO CIVIL	Art. 5º, LXVII, da CF; art. 528, § 3º, e art. 19 da Lei n. 5.478/68	Art. 5º, LXVII, da CF; art. 911 do CPC, combinado com art. 528, § 3º, e art. 19 da Lei n. 5.478/68

5.2. EXECUÇÃO CONTRA A FAZENDA PÚBLICA

5.2.1. INTRODUÇÃO

A execução por quantia certa, que constitui uma espécie de procedimento comum da tutela executiva, tem como objetivo principal a penhora de patrimônio do executado (medidas sub-rogatórias) para que possa ser adjudicado ou alienado judicialmente a fim de satisfazer o crédito exequendo.

Para tanto, o Código de Processo Civil tipifica uma série de mecanismos para a apreensão dos bens e a consequente transferência para o patrimônio do terceiro/exequente. Ocorre que estas regras não se aplicam quando a Fazenda Pública figurar no polo passivo da execução.

O art. 100 do Código Civil estabelece que "Os bens públicos de uso comum do povo e os de uso especial são inalienáveis, enquanto conservarem a sua qualificação, na forma que a lei determinar". Portanto, quando a Fazenda Pública está sendo executada, desaparece a responsabilidade patrimonial ordinariamente estabelecida no art. 789 do CPC.

Como decorrência dessa vedação, uma das hipóteses de impenhorabilidade (no plano processual) previstas no Código de Processo Civil são os bens inalienáveis (no plano material), conforme o art. 833, I do CPC.

Dessa forma, é necessário o estabelecimento de um procedimento distinto que se amolde a essas peculiaridades em decorrência da proteção do erário público e, ao mesmo tempo, permita a execução em face do Poder Público para atender aos interesses do exequente. Trata-se de verdadeira aplicação da instrumentalidade do processo para adequar o procedimento diante das exigências do direito material.

A razão de se estabelecer um procedimento diferenciado para a Fazenda Pública decorre de três importantes motivos:

i) a indisponibilidade dos seus bens (comuns, especiais ou dominicais), sendo eles, em regra, impenhoráveis e inalienáveis;
ii) a aplicação do princípio da continuidade do serviço público, pois a disposição desses bens, de uso público, pode causar prejuízo à população em geral; e
iii) o princípio da isonomia, já que o pagamento de maneira diferenciada (por meio de precatório) prestigia o pagamento uniforme e não diferenciado pelas execuções que forem se findando antes.

O fato de o regime processual contra a Fazenda Pública prescindir de penhora não retira a sua natureza executiva. É importante a observação, pois há parcela da doutrina que nega natureza executiva a essa modalidade procedimental. Não há, efetivamente, constrição de bens[12]. Há quem, ainda, entenda se tratar de execução imprópria[13] ou falsa[14].

É, contudo, modalidade de execução. Conforme estudamos, a execução estabelece mecanismos tendentes a proporcionar no plano prático o cumprimento efetivo do que está previsto no título executivo. **Executar é satisfazer**. Execução é a prática de atos dispostos pelo Estado para realizar materialmente o direito declarado no título. Não se objetiva com a execução **conferir direitos** (competência afeta à tutela cognitiva e ao legislador quando cria a eficácia abstrata dos títulos executivos extrajudiciais), mas apenas **outorgá-los** a quem possui uma situação jurídica de vantagem.

Por isso as execuções por coerção (cuja efetivação decorre de um estímulo para que o próprio executado cumpra a obrigação) e as execuções de alimentos (que podem ter como elemento satisfativo o desconto em folha ou o elemento coercitivo prisão) também são consideradas modalidades executivas. Junto com o pagamento por precatório, são formas diversas de satisfazer a obrigação.

5.2.2. CONCEITO DE FAZENDA PÚBLICA E ALCANCE DA EXECUÇÃO

A locução "Fazenda Pública" é polissêmica. Originariamente está relacionada à parte financeira da Administração Pública. Não por acaso é comum denominar-se Secretaria ou Ministério da Fazenda e não "ministério da economia" ou "ministério das finanças".

Contudo, seu uso frequente fez com que essa expressão se aplicasse em sentido lato, permitindo entender também que o conceito de Fazenda Pública constitui o Poder Público em juízo[15].

A Fazenda Pública é composta das pessoas jurídicas de direito público interno: União, Estados, Distrito Federal e Municípios. Estes entes, que não possuem personalidade jurídica própria, compõem o que se denomina **administração pública direta**.

Contudo, ao lado da administração pública direta, há os entes que possuem personalidade jurídica própria, como as autarquias e fundações públicas (art. 41, Código Civil). Essa regra se estende também às agências reguladoras, que ostentam a condição de "autarquias especiais".

As sociedades de economia mista e as empresas públicas não fazem parte da Fazenda Pública, pois, apesar de integrarem a administração indireta, são pessoas jurídicas de direito privado e não usufruem das prerrogativas processuais inerentes ao Poder Público (art. 173, § 2º, CF).

Contudo, há uma exceção: a Empresa Brasileira de Correios e Telégrafos (ECT). Apesar de constituir empresa pública, goza das prerrogativas da Fazenda por força do Decreto-lei n. 509/69, em seu art. 12, que assim disciplina: "A ECT gozará de isenção de direitos de importação de materiais e equipamentos destinados aos seus serviços, dos privilégios concedidos à Fazenda Pública, quer em relação a imunidade tributária, direta ou indireta, impenhorabilidade de seus bens, rendas e serviços, quer no concernente a foro, prazos e custas processuais". Com algumas ressalvas impostas pelo STJ[16].

---

12 Marcelo Abelha, *Manual...*, p. 399.
13 Humberto Theodoro Júnior, *Curso de direito processual civil*, v. 2, p. 379.
14 Cândido Dinamarco, *Instituições...*, p. 610.
15 Leonardo José Carneiro da Cunha, *A Fazenda Pública em juízo*. 12. ed. São Paulo: Dialética, 2014. p. 15.
16 "Empresa Brasileira de Correios e Telégrafos – ECT. Prerrogativa de intimação pessoal. Inaplicabilidade. Sistema PJE. Cadastro do advogado feito em nome próprio. Intimação. Validade" (REsp 1.574.008/SE).

O referido decreto foi recepcionado da Constituição Federal, conforme entendem STJ[17], TST[18] e STF[19].

É importante ressaltar que o *status* de "Fazenda Pública" nem sempre guarda relação com critérios de competência em razão da pessoa. Isso porque: a) a existência de varas especializadas da Fazenda Pública (estadual, municipal ou anexos fazendários) depende de previsão em organização judiciária, de modo que diversas comarcas não a possuem, sendo absorvida pelas varas cíveis ou judiciárias; b) a despeito de a União constituir organicamente ente integrante da Fazenda Pública, sua competência é da Justiça Federal, por força do art. 109 da Constituição Federal; c) as sociedades de economia mista e empresas públicas podem ter sua competência (a depender da organização judiciária) nas varas de Fazenda Pública.

5.2.3. REGIME DA EXECUÇÃO CONTRA A FAZENDA PÚBLICA NO CPC

Em virtude da condição que ostenta a Fazenda Pública, o CPC desenvolveu um microssistema portador de regras próprias acerca dessa modalidade de execução. No CPC/73 a modalidade era prevista nos arts. 730, 731 e 741 (que regulamentavam a execução contra a Fazenda fundada em título executivo judicial), bem como no art. 100 da Constituição Federal e algumas normas previstas no ADCT.

Contudo, os artigos versavam apenas sobre o cumprimento de sentença contra a Fazenda Pública, vale dizer, apenas seria possível valer-se do procedimento executivo contra o Poder Público após perpassar uma fase cognitiva de definição desse direito.

Todavia, mesmo sob a égide do CPC revogado, já se entendia que as regras da execução contra a Fazenda Pública se aplicavam tanto para título judicial como para extrajudicial, conforme se depreendia do Enunciado n. 279 da Súmula do STJ: "É cabível execução de título extrajudicial contra a Fazenda Pública".

No regime anterior, ficavam excluídas, portanto, as regras dos então arts. 475-J e seguintes do CPC/73 (que versavam sobre o cumprimento de sentença) e os arts. 646 e seguintes, também do CPC/73 (que versavam sobre a execução por quantia certa). Apenas se aplicavam as regras referentes à liquidação de sentença (CPC/73, arts. 475-A a 475-H), já que não havia nenhum regramento semelhante no referido microssistema.

O CPC vigente, corretamente estabeleceu regras distintas para a execução contra a Fazenda Pública com base em título executivo judicial e extrajudicial.

Primeiro no tocante à forma. A execução contra a Fazenda, quando fundada em título executivo judicial, não se processava como cumprimento, mas por meio de ação de execução autônoma.

Não fazia sentido, contudo, tendo em vista a evolução do ordenamento da autonomia das execuções de título judicial para o sincretismo. Essa evolução, conforme amplamente estudado na parte geral da execução, começou com as obrigações de fazer no Código de Defesa do Consumidor (1990), alcançando as demais obrigações pelas alterações posteriores no CPC até culminar com a execução de quantia em 2005. Faltava, de fato, a execução contra Fazenda Pública.

---

17 No julgamento do AgRg no Agravo 418.318/DF, publicado no *DJ* 29-3-2004.
18 Precedentes: Acórdão TST RR 296.549, 4ª Turma, *DJ* 5-3-1999, Rel. Min. Galba Velloso; RR 658.304, 5ª Turma, *DJ* 22-6-2001, Rel. Aluysio Santos; RR 713.812, 5ª Turma, *DJ* 26-10-2001, Rel. Min. João Batista Brito Pereira; RR 734.521, 5ª Turma, *DJ* 9-11-2001, Rel. Min. Guedes Amorim; RR 368.344, 5ª Turma, *DJ* 16-11-2001, Rel. Min. Gelson de Azevedo; AIRR 698.262, *DJ* 16-11-2001, Rel. Min. João Batista Brito Pereira.
19 No julgamento do Recurso Extraordinário 220.906-9, publicado no *DJ* de 24-11-2002.

Agora seu regramento se dá, sem prejuízo das disposições contidas no art. 100 da Constituição Federal e das normas do ADCT (que se aplicam a ambos os casos de execução), nos arts. 534 e 535 do CPC (para cumprimento de sentença) e no art. 910 do CPC (para execução de título executivo extrajudicial).

5.2.4. PROCEDIMENTO

5.2.4.1. Cumprimento de sentença

Se a execução contra a Fazenda Pública tiver por base título executivo judicial, o cumprimento da sentença não se dará mais de forma autônoma como no regime anterior, mas no mesmo processo de formação do título (atividade sincrética).

O art. 534 restringe a execução contra a Fazenda Pública apenas à quantia certa. Discute-se se seria possível a execução contra o Poder Público no tocante às obrigações específicas (de fazer e não fazer e entrega de coisa certa ou incerta).

Entendemos que a execução diferenciada, nos moldes que a lei estabelece, apenas se justifica pelo regime orçamentário para pagamento dessa obrigação (precatórios). Na medida em que as obrigações específicas não se enquadram nessa situação, valerá, para elas, o regime obrigacional comum das obrigações de entrega de coisa e de fazer ou não fazer (CPC, art. 536 e seguintes).

a) Fase inicial. A despeito de sua especialidade, a execução contra a Fazenda Pública igualmente depende de provocação. Como a execução não se instaura mais em processo autônomo, prescinde de petição inicial. Assim, a Fazenda será intimada na pessoa de seu representante legal "por carga, remessa ou meio eletrônico" (art. 535, CPC).

Como os seus bens são impenhoráveis, a Fazenda será intimada não para pagar sob pena de penhora, mas para opor impugnação no prazo de trinta dias.

Havia acesa discussão sobre o prazo para resposta da Fazenda tendo em vista a antinomia entre o art. 730 do CPC/73 (que estabelecia o prazo de dez dias) e a Lei n. 9.494/97 (com previsão de prazo para a oposição de trinta dias)[20]. O CPC atual expressamente acabou com essa celeuma ao estabelecer no art. 535 o prazo de trinta dias.

A requerimento do exequente, será apresentado o demonstrativo do cálculo, conforme exigido pelo art. 534 do CPC, contendo:

> I – o nome completo e o número de inscrição no Cadastro de Pessoas Físicas ou no Cadastro Nacional da Pessoa Jurídica do exequente;
> II – o índice de correção monetária adotado;
> III – os juros aplicados e as respectivas taxas;
> IV – o termo inicial e o termo final dos juros e da correção monetária utilizados;
> V – a periodicidade da capitalização dos juros, se for o caso;
> VI – a especificação dos eventuais descontos obrigatórios realizados.

Havendo diversos exequentes, cada qual deverá apresentar seu próprio demonstrativo, podendo o magistrado, entendendo tratar-se de litisconsórcio facultativo (art. 113, §§ 1º e 2º, CPC), limitar o seu número, desde que seja facultativo.

---

20 O prazo será o mesmo quando a execução for movida contra o INSS, mas em razão de previsão em lei específica (art. 130 da Lei Federal n. 8.213/91).

b) Conduta da Fazenda Pública. A Fazenda, ao ser intimada, poderá tomar três providências:

b1) impugnar. Mantendo a coerência do procedimento executivo comum, na medida em que a Fazenda se sujeita igualmente ao cumprimento de sentença (que se perfaz no mesmo processo), guardadas as devidas peculiaridades inerentes à condição que ostenta, a Fazenda não oporá embargos, mas sim impugnação.

Na impugnação, a cognição horizontal é limitada, podendo o Poder Público apenas versar sobre determinadas matérias. O rol é idêntico àquele destinado à impugnação de sentença geral, com a evidente supressão do item "penhora incorreta ou avaliação errônea", dado o regime diferenciado dessa execução. Portanto, é possível arguir:

i) Falta ou nulidade de citação se, na fase de conhecimento, o processo correu à revelia.

Constitui fato anterior à formação do título.

Nesse caso, a decisão está contaminada com o que se chama de vício transrescisório, que diz respeito a fatos anteriores à produção do título. Há dúvidas na doutrina se a ausência de citação constitui pressuposto de existência ou de validade do processo. Independentemente disso, aqueles que defendem a inexistência têm como pressuposto que a magnitude do vício impede a sua preclusão, motivo pelo qual seria recomendado alegar a matéria em impugnação ou mesmo posteriormente pela denominada *querela nullitatis*, que, justamente por ser ação declaratória, não se submete a nenhum prazo prescricional ou decadencial.

Aqueles que defendem a citação como pressuposto de validade (portanto, sua falta gera nulidade) igualmente não devem se preocupar com a observância do prazo bienal da ação rescisória, na medida em que se trata de vício transrescisório.

É importante que se tenha tipificado a revelia. A simples falta de citação não acarreta a revelia, pois é possível o comparecimento espontâneo (CPC, art. 239, § 1º), que pela instrumentalidade das formas, supre a "forma" citação ou conforme o caso pode, por opção prévia da lei, não acarretar revelia (CPC, art. 345).

ii) Ilegitimidade das partes.

Pode o executado alegar a ilegitimidade das partes do processo de execução. A questão é de rara incidência. E isso porque foi certificada em sentença (imunizada pela coisa julgada) a condenação daquele específico executado sobre aquela específica dívida.

iii) Inexequibilidade do título ou inexigibilidade da obrigação.

O legislador corrigiu o equívoco que constava no CPC/73. Não se trata de inexigibilidade do título, mas da obrigação. O título não é inexigível, mas inexequível, por exemplo, quando sobre a obrigação pender condição ou termo ainda não verificável. A inexigibilidade da obrigação refere-se ao interesse de agir na execução. O título é inexequível também nas hipóteses dos §§ 5º a 8º do art. 535 quando a decisão tiver por fundamento lei ou ato normativo declarados inconstitucionais pelo STF ou quando colidir com aplicação ou interpretação dada à lei ou ato normativo pelo mesmo tribunal.

iv) Excesso de execução ou cumulação indevida de execuções.

O art. 917, § 2º, do CPC define que há excesso de execução quando: a) o exequente pleiteia quantia superior à do título; b) recai sobre coisa diversa daquela declarada no título; c) se processa de modo diferente daquele que consta no título; d) quando o exequente, sem provar que cumpriu sua parte, cobra do executado o seu adimplemento; e e) o credor não provar que a condição se realizou.

Quando se asseverar que o exequente cobrou acima do valor do título, é preciso atentar que deve o impugnante informar de imediato o valor correto, apresentando demonstrativo discriminado e atualizado de seu cálculo (arts. 535, § 2º, e 525, § 4º, CPC).

Caso não haja a indicação do valor correto ou não apresentando o demonstrativo, o magistrado terá duas opções: a) rejeitará a impugnação liminarmente, se o excesso for seu único fundamento; ou b) não apreciará o excesso se houver outro fundamento.

v) Incompetência absoluta ou relativa do juízo da execução.

O CPC/73 não regulava o assunto. Há de se verificar a pertinência de se alegar incompetência tendo em vista a competência funcional horizontal do juízo da fase de conhecimento em efetivar o cumprimento de sentença. No tocante à absoluta, não há nenhuma dificuldade em compreender que essa modalidade de incompetência poderá ser alegada a qualquer tempo e grau de jurisdição. Assim, caso se constate a incompetência em sede de cumprimento, será possível sua alegação em impugnação.

A problemática orbita em torno da incompetência relativa, que deveria ter sido alegada na fase de conhecimento, sob pena de prorrogação (CPC, art. 65). Contudo, é possível a alegação da incompetência relativa em duas hipóteses previstas no ordenamento:

– no cumprimento de sentença arbitral, penal condenatória, estrangeira e decisão interlocutória estrangeira em que a formação do título se deu fora do juízo cível;

– nas hipóteses do art. 516, parágrafo único, do CPC, em que se estabelecem os "foros concorrentes" para a efetivação do cumprimento. Poderá o executado alegar o não preenchimento dos requisitos necessários para a alteração de comarca.

vi) Qualquer causa impeditiva, modificativa ou extintiva da obrigação como pagamento, novação, compensação, transação ou prescrição, desde que superveniente ao trânsito em julgado da sentença.

Trata-se de rol exemplificativo. Em atenção à eficácia preclusiva da coisa julgada, exige-se que estas matérias sejam supervenientes ao trânsito em julgado. Assim, a prescrição que aqui se aduz refere-se à prescrição intercorrente (Enunciado n. 150 da Súmula do STF) e não à prescrição originária da pretensão. O legislador em boa hora alterou a expressão "superveniente à sentença" por "trânsito em julgado". Já era esse o posicionamento da jurisprudência (STJ, REsp 1.381.654/RS).

É importante asseverar que a alegação de impedimento e suspeição ficará sujeita à regra geral (arts. 146 e 148, CPC) contidas na parte geral.

A impugnação possui efeito suspensivo automático (ainda que não haja previsão expressa em lei), ao contrário da impugnação da execução contra particular, que não o possui como regra[21], podendo a parte requerer o efeito suspensivo *ope judicis*.

A aplicação do efeito suspensivo, como dito, não decorre de regra específica, mas de uma interpretação do sistema que rege as execuções contra a Fazenda. Primeiro porque a obtenção do efeito suspensivo (*ope judicis*) depende de penhora, o que não seria possível, já que a Fazenda Pública não se sujeita à penhora, caução ou depósito pelos motivos já abordados. Segundo porque a expedição de precatório ou requisição de pequeno valor depende do trânsito em julgado (art. 100, §§ 3º e 4º, da CF). Dessa forma, somente é possível a determinação desse pagamento quando se encerrarem as discussões sobre o crédito (= encerramento da impugnação).

Poderá o magistrado rejeitar liminarmente a impugnação se: i) fora do prazo (o prazo é próprio); ii) que não incida sobre as hipóteses estabelecidas no art. 535, CPC; e iii) quando alegar excesso de execução mas não atribuir o valor que entende correto (art. 535, § 2º, CPC).

---

21 Art. 525, § 6º: "A apresentação de impugnação não impede a prática dos atos executivos, inclusive os de expropriação, podendo o juiz, a requerimento do executado e desde que garantido o juízo com penhora, caução ou depósito suficientes, atribuir-lhe efeito suspensivo, se seus fundamentos forem relevantes e se o prosseguimento da execução for manifestamente suscetível de causar ao executado grave dano de difícil ou incerta reparação".

b2) impugnar parcialmente. Poderá a Fazenda apresentar impugnação apenas parcial acerca da execução. Dessa forma, enquanto se discute, em sede de impugnação, o *quantum debeatur*, prossegue-se com a execução pela parte incontroversa (ou seja, expede-se requisição de precatório ou RPV). Não se trata nesse caso de burla ao art. 100, § 8º, da CF ("É vedada a expedição de precatórios complementares ou suplementares de valor pago, bem como o fracionamento, repartição ou quebra do valor da execução para fins de enquadramento de parcela do total ao que dispõe o § 3º deste artigo"), pois não se trata de uma tentativa de fracionamento de valor, mas apenas uma impugnação parcial.

b3) não impugnar. Se a Fazenda não impugnar (ou se a impugnação for rejeitada ou julgada improcedente):

i) Em se tratando de valor acima do teto legal, o Presidente do Tribunal competente expedirá a ordem de pagamento do crédito por meio de precatório judicial, seguindo o que se estabelece na Constituição Federal.

ii) Em se tratando de valor abaixo do teto legal (RPV), o próprio juiz dirigirá ordem à pessoa que foi citada no processo pelo ente público para que efetive o pagamento da obrigação de pequeno valor no prazo de até dois meses contados da entrega da requisição. O pagamento será efetivado em depósito na agência de banco oficial mais próximo da residência do exequente.

Dessa forma, o Tribunal fará a inclusão da dívida para o pagamento até o último dia do exercício subsequente (se a inscrição se deu até o dia 1º de julho do ano anterior).

Não incide sobre a Fazenda Pública a multa de dez por cento prevista no art. 523, § 1º, do CPC, por expressa disposição do art. 534, § 2º. Acabou, portanto, a polêmica instaurada no regime anterior quando do advento da Lei n. 11.232/2005 que instituiu a multa de dez por cento caso o executado intimado na execução por quantia certa não efetive o pagamento.

Também se considera inexigível a obrigação reconhecida no título executivo judicial "fundado em lei ou ato normativo considerado inconstitucional pelo Supremo Tribunal Federal, ou fundado em aplicação ou interpretação da lei ou do ato normativo tido pelo Supremo Tribunal Federal como incompatível com a Constituição Federal, em controle de constitucionalidade concentrado ou difuso".

Sobre o tema, reportamos o leitor ao capítulo sobre "respostas do executado", item 3.2.6, *supra*.

5.2.4.2. Execução de título extrajudicial em face da Fazenda Pública

Como visto, não havia previsão expressa da execução contra a Fazenda Pública no Código de Processo Civil de 1973. Contudo, a aplicação extensiva ao regime da execução de título executivo extrajudicial já era aceita pela majoritária doutrina e pelo STJ, conforme se depreende do Enunciado n. 279 de seu Tribunal[22].

O regramento dessa modalidade, trazido agora expressamente pelo CPC vigente, vem disciplinado no art. 910, que menciona a aplicação subsidiária dos arts. 534 e 535 do CPC (art. 910, § 3º, CPC).

Contudo, em se tratando de instauração de um processo (e não mera fase de uma causa já instaurada), é importante frisar algumas importantes alterações em relação ao cumprimento de sentença para a execução contra a Fazenda Pública nesse caso:

---

22 Súmula 279: "É cabível execução por título extrajudicial contra a Fazenda Pública".

a) Natureza jurídica. Por se tratar de verdadeira ação a ser proposta pelo interessado-exequente (e não de mera fase de processo já existente), é necessária a propositura de uma petição inicial (arts. 319, 798 e 799, CPC) apresentando o título executivo (art. 798, I, *a*, CPC);

b) A Fazenda será citada (e não intimada) pessoalmente por oficial de justiça (art. 247, III, CPC) para opor embargos à execução (e não impugnação) no prazo de trinta dias. Esses embargos têm natureza de ação. Aplica-se ao caso o art. 182, § 2º, do CPC.

O art. 1.012, § 1º, III, do CPC estabelece que não terá efeito suspensivo a sentença que "extingue sem resolução do mérito ou julga improcedentes os embargos do executado".

Ocorre que, nesses casos, como o pagamento de precatório ou RPV pressupõe o trânsito em julgado (ou seja, não pode mais haver discussão acerca do crédito exequendo), a apelação, quando os embargos forem opostos pela Fazenda Pública, será invariavelmente recebida no duplo efeito.

c) A cognição horizontal é livre nos embargos, de modo que o executado poderá "alegar qualquer matéria que lhe seria lícito deduzir como defesa no processo de conhecimento" (art. 910, § 2º, CPC).

d) Caso não haja oposição dos embargos ou estes sejam rejeitados/improcedentes, haverá expedição de precatório ou requisição de pequeno valor em favor do exequente, conforme o art. 100 da Constituição Federal.

e) Igualmente, os embargos têm efeito suspensivo automático, pelos mesmos motivos deduzidos na impugnação da Fazenda Pública.

É possível estabelecer as principais diferenças entre o cumprimento de sentença contra a Fazenda Pública e a execução contra a Fazenda Pública fundada em título executivo extrajudicial:

CUMPRIMENTO DE SENTENÇA	EXECUÇÃO
Inicia-se como fase de um procedimento	Inicia-se como ação autônoma
O contraditório se dá pela intimação da Fazenda Pública	O contraditório se dá pela citação da Fazenda Pública
A defesa é exercida por meio de impugnação	A defesa é exercida por meio de embargos à execução
As matérias objeto de impugnação ficam condicionadas às seguintes hipóteses: I – falta ou nulidade da citação se, na fase de conhecimento, o processo correu à revelia; II – ilegitimidade de parte; III – inexequibilidade do título ou inexigibilidade da obrigação; IV – excesso de execução ou cumulação indevida de execuções; V – incompetência absoluta ou relativa do juízo da execução; VI – qualquer causa modificativa ou extintiva da obrigação, como pagamento, novação, compensação, transação ou prescrição, desde que supervenientes ao trânsito em julgado da sentença.	As matérias objeto dos embargos à execução são ilimitadas (cognição horizontal plena), podendo ser alegada qualquer matéria que lhe seria lícito deduzir como defesa no processo de conhecimento.

5.2.5. O PAGAMENTO PELO PODER PÚBLICO: EXPEDIÇÃO DE PRECATÓRIO E REQUISIÇÃO DE PEQUENO VALOR

5.2.5.1. Introdução

Precatório constitui uma ordem judicial de pagamento dirigida à Fazenda Pública (Federal, Distrital, Estadual e Municipal), decorrente de sentença ou título executivo extrajudicial, para que esta destine parcela de seu orçamento de modo a cumprir com esse pagamento, respeitada a ordem cronológica no exercício financeiro seguinte.

A regulamentação do precatório vem disciplinada no art. 100 da Constituição Federal e nos arts. 86 e 87 do ADCT.

Contudo, a Ação Direta de Inconstitucionalidade n. 4.357, da relatoria do então Ministro Ayres Britto, foi julgada procedente, declarando inconstitucionais alguns dispositivos (que vieram com a EC n. 62/2009). O próprio STF determinou a suspensão do julgamento para deliberar sobre os aspectos temporais do julgado. Posteriormente, em decisão de 25 de março de 2015, o STF estabeleceu que as alterações apenas se darão após o transcurso de cinco exercícios financeiros, conforme se verifica da ementa abaixo:

> Concluindo o julgamento, o Tribunal, por maioria e nos termos do voto, ora reajustado, do Ministro Luiz Fux (Relator), resolveu a questão de ordem nos seguintes termos: 1) – modular os efeitos para que se dê sobrevida ao regime especial de pagamento de precatórios, instituído pela Emenda Constitucional n. 62/2009, por 5 (cinco) exercícios financeiros a contar de primeiro de janeiro de 2016; 2) – conferir eficácia prospectiva à declaração de inconstitucionalidade dos seguintes aspectos da ADI, fixando como marco inicial a data de conclusão do julgamento da presente questão de ordem (25-3-2015) e mantendo-se válidos os precatórios expedidos ou pagos até esta data, a saber: 2.1.) fica mantida a aplicação do índice oficial de remuneração básica da caderneta de poupança (TR), nos termos da Emenda Constitucional n. 62/2009, até 25.03.2015, data após a qual (i) os créditos em precatórios deverão ser corrigidos pelo Índice de Preços ao Consumidor Amplo Especial (IPCA-E) e (ii) os precatórios tributários deverão observar os mesmos critérios pelos quais a Fazenda Pública corrige seus créditos tributários; e 2.2.) ficam resguardados os precatórios expedidos, no âmbito da administração pública federal, com base nos arts. 27 das Leis n. 12.919/2013 e Lei n. 13.080/2015, que fixam o IPCA-E como índice de correção monetária; 3) – quanto às formas alternativas de pagamento previstas no regime especial: 3.1) consideram-se válidas as compensações, os leilões e os pagamentos à vista por ordem crescente de crédito previstos na Emenda Constitucional n. 62/2009, desde que realizados até 25.03.2015, data a partir da qual não será possível a quitação de precatórios por tais modalidades; 3.2) fica mantida a possibilidade de realização de acordos diretos, observada a ordem de preferência dos credores e de acordo com lei própria da entidade devedora, com redução máxima de 40% do valor do crédito atualizado; 4) – durante o período fixado no item 1 acima, ficam mantidas a vinculação de percentuais mínimos da receita corrente líquida ao pagamento dos precatórios (art. 97, § 10, do ADCT), bem como as sanções para o caso de não liberação tempestiva dos recursos destinados ao pagamento de precatórios (art. 97, § 10, do ADCT); 5) – delegação de competência ao Conselho Nacional de Justiça para que considere a apresentação de proposta normativa que discipline (i) a utilização compulsória de 50% dos recursos da conta de depósitos judiciais tributários para o pagamento de precatórios e (ii) a possibilidade de compensação de precatórios vencidos, próprios ou de terceiros, com o estoque de créditos inscritos em dívida ativa até 25.03.2015, por opção do credor do precatório, e 6) – atribuição de competência ao Conselho Nacional de Justiça para que monitore e supervisione o pagamento dos precatórios pelos entes públicos na forma da presente decisão, vencido o Ministro Marco Aurélio, que não modulava os efeitos da decisão, e, em menor extensão, a Ministra Rosa Weber, que fixava como marco inicial a data do julgamento da ação

direta de inconstitucionalidade. Reajustaram seus votos os Ministros Roberto Barroso, Dias Toffoli e Gilmar Mendes. Presidência do Ministro Ricardo Lewandowski. Plenário, 25-3-2015.

Assim, a regulamentação de precatório instituída pela EC n. 62/2009 apenas terá validade até o exercício financeiro de 2020.

5.2.5.2. Procedimento do precatório

Conforme dito, a expedição de precatório vem regulamentada nos arts. 100 da CF e 87 do ADCT.

a) Fase inicial. Uma vez expedida a ordem de pagamento pelo presidente do Tribunal competente, o cartório autuará cópia das principais peças dos autos originários e a certidão do trânsito em julgado;

É amplamente majoritário o posicionamento de que essa atividade é meramente administrativa e não jurisdicional. Esse é o posicionamento pacífico da jurisprudência do STJ e do STF especialmente: i) em decorrência do julgamento da ADI 1.098/SP; ii) pelos Enunciados 311 da Súmula do STJ[23] e 733 da Súmula do STF[24].

Assim, o presidente do Tribunal não tem competência para alterar valor ou discutir sucessão, o que deve ser analisado pelo juiz de primeiro grau. O presidente do Tribunal, que, por ato omissivo ou comissivo, retardar ou tentar frustrar a liquidação regular dos precatórios incorre em crime de responsabilidade, respondendo também perante o Conselho Nacional de Justiça (art. 100, § 7º, CF).

b) Juros e correção monetária. Questão extremamente relevante para fins de pagamento é saber se incidem nos precatórios atualização monetária e juros. Haverá atualização monetária, conforme o § 5º do art. 100 da CF e o § 12 do mesmo artigo. Os juros, apesar da omissão legislativa, também incidirão nos precatórios. Isso porque: i) constituem modalidade de pedido implícito e incidem em qualquer relação jurídica, salvo disposição em contrário (art. 322, § 1º, CPC); ii) é igualmente o posicionamento do Enunciado da Súmula 254 do STF[25].

Contudo, importante frisar que os juros não serão pagos entre a inscrição do precatório e o efetivo pagamento. Isso porque os juros decorrem da *mora* do devedor, e o prazo para o pagamento independe da vontade do Poder Público, já que é constitucionalmente estabelecido que deve ser respeitada a ordem cronológica, sendo o pagamento efetivado no exercício seguinte (STF, RE 305.186/SP, 362.519/PR e STJ AgRg no REsp 1.240.532/RS). Contudo, caso haja *atraso no pagamento*, deverão incidir esses juros conforme sedimentado na Súmula Vinculante 17[26].

Por maioria de votos, o Plenário do Supremo Tribunal Federal decidiu que não incidem juros de mora no período compreendido entre a expedição do precatório ou requisição de pequeno valor (RPV) e o efetivo pagamento, considerado o "período de graça" previsto na Constituição (1º de julho até o fim do exercício financeiro seguinte). A questão foi objeto do

---

23 Súmula 311: "Os atos do presidente do tribunal que disponham sobre processamento e pagamento de precatório não têm caráter jurisdicional".
24 Súmula 733: "Não cabe recurso extraordinário contra decisão proferida no processamento de precatórios".
25 Súmula 254: "Incluem-se os juros moratórios na liquidação, embora omisso o pedido inicial ou a condenação".
26 Súmula Vinculante n. 17: "Durante o período previsto no § 1º do art. 100 da Constituição, não incidem juros de mora sobre os precatórios que nele sejam pagos" (o § 1º foi alterado pela EC n. 62/2009 o que não altera a função da súmula).

RE 1.169.289, com repercussão geral (Tema 1037), ao qual a Corte negou provimento na sessão virtual concluída em 15-6-2020.

Havendo mora no pagamento, como devem ser pagos os juros moratórios decorrentes do atraso? Por meio de precatório complementar, que não precisa se submeter a novo processo (execução contra a Fazenda). Deve o exequente apresentar o cálculo, a Fazenda é intimada a se manifestar e após decisão judicial expede-se o precatório complementar (STF, REsp 385.413/MG). Isso porque o precatório não possui efeito de pagamento (STJ, REsp 2.625)[27].

c) Inscrição. Após a expedição do precatório, será inscrito no órgão competente para efetuar a ordem de despesa. Se o precatório for inscrito até o dia 1º de julho (para aprovação do orçamento), o numerário será pago até o final do exercício seguinte (dezembro do ano subsequente).

A EC n. 99/2017 teve por objetivo alterar os arts. 101, 102, 103 e 105 do ADCT (atos esses que foram inseridos pela EC n. 94/2016). O objetivo dessa Emenda foi ampliar o prazo para pagamento dos precatórios vencidos, que antes deveria ocorrer em 31 de dezembro de 2020 para 31 de dezembro de 2024 (bem como, evidentemente, todos que se vencerem nesse período).

Ademais, deve se adotar o Índice Nacional de Preços ao Consumidor (IPCA-E) ou por outro que venha tomar o seu lugar. Essa regra abrange os Estados, DF e Municípios, mas não a União.

Para tanto, o Estado deverá "depositar mensalmente em conta especial do Tribunal de Justiça local, sob única e exclusiva administração deste, 1/12 (um doze avos) do valor calculado percentualmente sobre suas receitas correntes líquidas apuradas no segundo mês anterior ao mês de pagamento, em percentual suficiente para a quitação de seus débitos e, ainda que variável, nunca inferior, em cada exercício, ao percentual praticado na data da entrada em vigor do regime especial a que se refere este artigo, em conformidade com plano de pagamento a ser anualmente apresentado ao Tribunal de Justiça local" (art. 101, ADCT).

d) Honorários de sucumbência. A Lei n. 9.494/97, em seu art. 1º-D, estabelece: "Não serão devidos honorários advocatícios pela Fazenda Pública nas execuções não embargadas". Essa regra era contraditória com o art. 20, § 4º, do CPC/73, que determinava honorários em execução embargada ou não.

O atual CPC estabelece no art. 85, § 7º: "Não serão devidos honorários no cumprimento de sentença contra a Fazenda Pública que enseje a expedição de precatório, desde que não tenha sido impugnada".

Da inédita regra é possível extrair três importantes conclusões: **i)** o legislador optou por tornar expressa questão que já era pacífica na jurisprudência sobre a inexigibilidade de honorários. Isso porque os honorários de sucumbência decorrem do princípio da causalidade (quem deu causa à demanda deve arcar). A Fazenda não deu causa à execução, pois seu ajuizamento é a única forma de obter a expedição de precatório (já que a Fazenda não pode cumprir espontaneamente, sob pena de violar a regra cronológica). Além disso, o Supremo Tribunal Federal já havia declarado a constitucionalidade do art. 1º-D da Lei n. 9.494/97. Ademais, seria

---

[27] "Processual civil. Execução de sentença promovida contra a Fazenda. Decisão que recusou o cômputo de juros moratórios alusivos ao período compreendido entre a expedição do precatório e o seu pagamento. Recurso especial. Alegada violação ao art. 794, I, do CPC. Dissídio. A expedição do precatório não produz o efeito de pagamento, razão pela qual não elide a incidência dos juros moratórios, que serão computados enquanto não solvida a obrigação. (...). Precedentes desta Corte, configuradores do dissídio. Recurso provido" (STJ, REsp 2.625/PR 1990/0002984-8, Rel. Min. Ilmar Galvão, julgamento em 16-5-1990, 2ª Turma, *DJ* 4-6-1990, p. 5055, *RT* v. 659, p. 199).

financeiramente mais favorável à Administração Pública a impugnação parcial da execução, ainda que com argumentos frágeis, do que reconhecer a dívida. Por essa razão, manter o entendimento favorável ao cabimento de honorários advocatícios mesmo que não impugnada a execução premia o conflito, e não a solução célere e consensual da lide. **ii)** sem impugnação não há resistência nem causalidade, logo, não há honorários; e **iii)** a lei tratou de deixar expresso que essa regra se aplica apenas ao cumprimento de sentença. Contudo, não há razão para proibir a extensão dessa regra à execução com base em título executivo extrajudicial pelos mesmos motivos observados nos itens i e ii, e também em razão da aplicação subsidiária das regras do cumprimento de sentença à execução contra Fazenda Pública.

Nesse mesmo sentido se posicionaram Leonardo Carneiro da Cunha[28] e o Fórum Permanente de Processualistas Civis[29], além do julgamento de casos repetitivos (Tema 1190) pelo STJ: "Na ausência de impugnação à pretensão executória, não são devidos honorários advocatícios sucumbenciais em cumprimento de sentença contra a Fazenda Pública, ainda que o crédito esteja submetido a pagamento por meio de Requisição de Pequeno Valor – RPV"[30].

5.2.5.3. Exceções ao regime dos precatórios

Em regra, para todo crédito contra a Fazenda Pública deve-se expedir precatório para o efetivo pagamento, seguindo uma ordem cronológica estabelecida em lei. Entretanto, há algumas exceções, constitucionalmente previstas.

> **a)** créditos de pequeno valor (em que não há necessidade de expedição de precatório);
> **b)** créditos de natureza alimentícia (com expedição de precatório, mas sem necessidade de observar a fila cronológica);
> **c)** créditos de idosos, enfermos e deficientes (com expedição de precatório, mas sem necessidade de observar a fila cronológica).

A) CRÉDITOS DE PEQUENO VALOR

Os créditos de pequeno valor constituem caso de dispensa de precatório. A norma veio com a EC n. 62/2009, que inseriu a regra no § 3º do art. 100 da CF. Este artigo apenas menciona "obrigações definidas em leis como de pequeno valor que as Fazendas referidas devam fazer em virtude de sentença judicial transitada em julgado".

Assim, os juizados especiais federais (Lei Federal n. 10.259/2001), que possuem o teto de sessenta salários mínimos, estabeleceram em seu art. 17, que as obrigações serão cumpridas

---

28 Ainda que seja caso de precatório, haverá honorários na execução fundada em título extrajudicial que não seja embargada. Em outras palavras, o § 7º do art. 85 do CPC não se aplica às execuções fundadas em título executivo extrajudicial, somente guardando pertinência com os cumprimentos de sentença que não sejam impugnados. Aliás, é do próprio texto do § 7º do art. 85 do CPC que se extrai essa conclusão: ali há expressa menção a cumprimento de sentença e a ausência de impugnação, estando de fora da previsão a execução fundada em título extrajudicial e os embargos à execução (CUNHA, Leonardo Carneiro da. *Fazenda Pública em juízo*. 13. ed. Rio de Janeiro: Forense, 2016, p. 131).
29 Enunciado n. 240 FPPC: "São devidos honorários nas execuções fundadas em título executivo extrajudicial contra a Fazenda Pública, a serem arbitrados na forma do § 3º do art. 85".
30 REsp 2.029.636-SP, Rel. Ministro Herman Benjamin, Primeira Seção, por unanimidade,, j. 20-6-2024 (Tema 1190); REsp 2.029.675-SP, Rel. Ministro Herman Benjamin, Primeira Seção, por unanimidade,, j. 20-6-2024 (Tema 1190); REsp 2.030.855-SP, Rel. Ministro Herman Benjamin, Primeira Seção, por unanimidade,, j. 20-6-2024 (Tema 1190); REsp 2.031.118-SP, Rel. Ministro Herman Benjamin, Primeira Seção, por unanimidade,, j. 20-6-2024 (Tema 1190).

sem a necessidade de precatório. O § 3º do mesmo art. 17 dispõe ser vedado o fracionamento/repartição ou quebra do valor. Assim, se exceder a sessenta salários, será pago mediante precatório (§ 4º da LJEF), a não ser que a parte renuncie ao excedente.

O art. 100, § 8º, da CF tem redação semelhante, estabelecendo que "É vedada a expedição de precatórios complementares ou suplementares de valor pago, bem como o fracionamento, repartição ou quebra do valor da execução para fins de enquadramento de parcela do total ao que dispõe o § 3º desse artigo".

O referido parágrafo tem o objetivo de impedir o credor de se aproveitar indevidamente. Ao fracionar o precatório, uma parte do valor ficaria enquadrada nas situações de baixo valor (e, portanto, fora da ordem de precatórios), assim o credor receberia uma parte sem precatório e a outra com.

Aos Estados, Municípios e DF cabe fixar o teto para dispensa de precatório. Enquanto não houver regra disciplinando a questão, segue o que dispõe o art. 87 do ADCT:

> Art. 87. Para efeito do que dispõem o § 3º do art. 100 da Constituição Federal e o art. 78 deste Ato das Disposições Constitucionais Transitórias serão considerados de pequeno valor, até que se dê a publicação oficial das respectivas leis definidoras pelos entes da Federação, observado o disposto no § 4º do art. 100 da Constituição Federal, os débitos ou obrigações consignados em precatório judiciário, que tenham valor igual ou inferior a:
> I – quarenta salários mínimos, perante a Fazenda dos Estados e do Distrito Federal;
> II – trinta salários mínimos, perante a Fazenda dos Municípios.

Nessas hipóteses (de dispensa), apesar de a sentença conter alto grau de efetividade, continua havendo a necessidade de execução, que será mitigada (pois sem precatório). Ou seja, nessa excepcional hipótese, o que está dispensado é apenas o precatório, mas isso não significa que seja desnecessário o cumprimento de sentença ou execução do título extrajudicial. Pelo contrário, o cumprimento de sentença ou execução são imprescindíveis para as requisições de pequeno valor[31]. Assim, a Fazenda será citada/intimada para opor embargos/impugnação, e depois haverá o imediato pagamento.

Outra questão se apresenta muito importante. Havendo litisconsórcio contra o Poder Público (União, v.g.) e se a condenação sobejar a sessenta salários mínimos, mas o crédito individual de cada um dos litisconsortes ficar abaixo desse valor, haverá precatório? Nesse caso não. Se cada um dos litigantes fosse separadamente ao Poder Judiciário, certamente não haveria precatório, pois não atingiria o teto legal. O que dirá em conjunto, em que há verdadeira cumulação de demandas. Não compensaria às partes formar litisconsórcio e perder o benefício estabelecido no art. 87 do ADCT.

B) CRÉDITOS DE NATUREZA ALIMENTÍCIA

Créditos de natureza alimentícia: preferência estabelecida pelo art. 100, § 1º, da CF (EC n. 62/2009)[32] – os créditos de natureza alimentícia são aqueles necessários para assegurar minimamente uma vida digna (salários, vencimentos, proventos, pensões e suas complementações, benefícios previdenciários; entre outros) e serão pagos preferencialmente, em detrimento

---

31 Nesse mesmo sentido, Leonardo Carneiro da Cunha: "A sentença, nesses casos de dispensa do precatório, não perde sua feição condenatória nem elimina a necessidade de um futuro e posterior processo de execução. O que se dispensa é, apenas, a expedição do precatório" (*A Fazenda Pública em juízo*, 13. ed., p. 371).

32 CF, art. 100, § 1º: "Os débitos de natureza alimentícia compreendem aqueles decorrentes de salários, vencimentos, proventos, pensões e suas complementações, benefícios previdenciários e indenizações por morte ou por invalidez, fundadas em responsabilidade civil, em virtude de sentença judicial transitada em julgado, e serão pagos com preferência sobre todos os demais débitos, exceto sobre aqueles referidos no § 2º deste artigo".

de todos os demais débitos (exceto os previstos no § 2º do art. 100, que constituem créditos de alimentos qualificados, conforme será visto no próximo item).

Perceba que não haverá, nesse caso, exclusão do precatório, mas direito de preferência (Enunciado n. 655 da Súmula do STF[33] e Enunciado n. 144 da Súmula do STJ[34]).

Há quem defenda que esse rol seria exaustivo (Humberto Theodoro Júnior, Fredie Didier Jr., Juvêncio Vasconcelos Viana[35]), por se tratar de norma excepcional, que deve ser interpretada restritivamente.

E quanto aos honorários advocatícios?

O STF entende que os honorários constituem verba alimentar (RE 470.407/DF), conforme os arts. 22 e 23 da Lei n. 8.906/94. Assim o STJ também (Corte Especial EREsp 706.331/PR).

Esse entendimento restou cristalizado na Súmula Vinculante 47, que assim dispõe: "Os honorários advocatícios incluídos na condenação ou destacados do montante principal devido ao credor consubstanciam verba de natureza alimentar cuja satisfação ocorrerá com a expedição de precatório ou requisição de pequeno valor, observada ordem especial restrita aos créditos dessa natureza".

C) CRÉDITO DE NATUREZA ALIMENTAR ESPECIAL

Constitui crédito especial, pois, além de destinado aos alimentos (conforme estipulado no § 1º do art. 100 da CF), é pedido de crédito requerido por pessoas que mais dele necessitam: idosos, enfermos e portadores de deficiência (agora com a redação atribuída pela Emenda Constitucional n. 94/2016).

Estabelece o § 2º do art. 100 da CF: "§ 2º Os débitos de natureza alimentícia cujos titulares, originários ou por sucessão hereditária, tenham 60 (sessenta) anos de idade, ou sejam portadores de doença grave, ou pessoas com deficiência, assim definidos na forma da lei, serão pagos com preferência sobre todos os demais débitos, até o valor equivalente ao triplo fixado em lei para os fins do disposto no § 3º deste artigo, admitido o fracionamento para essa finalidade, sendo que o restante será pago na ordem cronológica de apresentação do precatório".

O art. 1.048 do CPC e o art. 71 do Estatuto da Pessoa Idosa (Lei n. 10.741/2003) conferem essa prerrogativa aos idosos e enfermos, e com a Emenda Constitucional n. 62/2009 esse benefício alcançou também os precatórios.

A EC n. 94 retirou a dúvida sobre esse crédito ser ou não personalíssimo ao estabelecer expressamente que poderá ser "originário ou por sucessão hereditária". Essa previsão afastou o posicionamento contrário de que seria apenas personalíssimo, conforme a Resolução n. 115/2010, em seu art. 10, § 2º[36], e alguns julgados do STJ (RMS, 444.836/MG).

Essa prioridade, contudo, tem um limite: até o triplo do limite fixado em lei para dispensa do precatório.

---

33 Enunciado n. 655: "A exceção prevista no art. 100, *caput*, da Constituição, em favor dos créditos de natureza alimentícia, não dispensa a expedição de precatório, limitando-se a isentá-los da observância da ordem cronológica dos precatórios decorrentes de condenações de outra natureza".

34 Enunciado n. 144: "Os créditos de natureza alimentícia gozam de preferência, desvinculados os precatórios da ordem cronológica dos créditos de natureza diversa".

35 VIANA, Juvêncio Vasconcelos. Novas considerações acerca da execução contra a Fazenda Pública. *Revista Dialética de Direito Processual*, São Paulo, Dialética, v. 5, ago. 2003.

36 Resolução n. 115/2010, art. 10: "O pagamento preferencial previsto no § 2º do art. 100 da CF será efetuado por credor e não importará em ordem de pagamento imediato, mas apenas em ordem de preferência. 2º O exercício do direito personalíssimo a que alude o § 2º do art. 100 dependerá de requerimento expresso do credor, com juntada dos documentos necessários à comprovação da sua condição, antes da apresentação do precatório ao Tribunal competente, devendo o juízo da execução processar e decidir o pedido".

> Assim:
> Na Justiça Federal seria de 180 salários mínimos (teto = 60 s.m.)
> Nos Estados e DF seria de 120 salários mínimos (teto = 40 s.m.)
> Nos Municípios seria de 30 salários mínimos (teto = 30 s.m.)
> O que ultrapassar será pago na ordem cronológica do precatório alimentar (art. 100, § 2º, CF).

5.2.5.4. Sequestro

Conforme visto, o não pagamento do precatório gerará a incidência de juros moratórios. Contudo, a EC n. 62/2009 estabeleceu uma nova medida mais contundente: o sequestro da quantia destinada ao pagamento do precatório (art. 100, § 6º, CF). Aplica-se quando ocorrer: a) preterição na ordem de preferência do precatório e b) não alocação orçamentária de valor necessário para pagamento do débito.

Também se aplica nas hipóteses de não cumprimento do art. 78 do ADCT e §§ 1º a 4º:

> Art. 78. Ressalvados os créditos definidos em lei como de pequeno valor, os de natureza alimentícia, os de que trata o art. 33 deste Ato das Disposições Constitucionais Transitórias e suas complementações e os que já tiverem os seus respectivos recursos liberados ou depositados em juízo, os precatórios pendentes na data de promulgação desta Emenda e os que decorram de ações iniciais ajuizadas até 31 de dezembro de 1999 serão liquidados pelo seu valor real, em moeda corrente, acrescido de juros legais, em prestações anuais, iguais e sucessivas, no prazo máximo de dez anos, permitida a cessão dos créditos.
> § 1º É permitida a decomposição de parcelas, a critério do credor.
> § 2º As prestações anuais a que se refere o *caput* deste artigo terão, se não liquidadas até o final do exercício a que se referem, poder liberatório do pagamento de tributos da entidade devedora.
> § 3º O prazo referido no *caput* deste artigo fica reduzido para dois anos, nos casos de precatórios judiciais originários de desapropriação de imóvel residencial do credor, desde que comprovadamente único à época da imissão na posse.
> § 4º O Presidente do Tribunal competente deverá, vencido o prazo ou em caso de omissão no orçamento, ou preterição ao direito de precedência, a requerimento do credor, requisitar ou determinar o sequestro de recursos financeiros da entidade executada, suficientes à satisfação da prestação.

Essa figura jurídica, tecnicamente, assemelha-se mais a um arresto do que propriamente ao sequestro, pois o objeto de apreensão é dinheiro e não coisa determinada. Não ostenta natureza cautelar, mas satisfativa de natureza executiva. Constitui uma clara exceção à regra de que os bens públicos não podem sofrer constrição patrimonial.

Uma questão importante no plano da legitimidade: quem deve estar no polo passivo do sequestro? A Fazenda ou o credor que recebeu antes do seu momento?

> **Uma primeira corrente** defende que a Fazenda Pública deve figurar no polo passivo (Ovídio Baptista), pois o sequestro incide sobre as rendas públicas.
> **Uma segunda corrente**, contudo, defende que o sequestro será contra o credor, pois incidirá sobre o patrimônio daquele que recebeu antes do momento normal (Barbosa Moreira, Alexandre Câmara).
> **Uma terceira corrente** autoriza um litisconsórcio passivo entre ambos (Araken de Assis). Entendemos mais adequada essa segunda posição.

Quanto à legitimação ativa, é importante frisar que o sequestro não pode ser determinado de ofício. A legitimidade ativa será de qualquer credor preterido (inclusive os que antecedem o credor imediato – substituição processual).

5.2.5.5. Parcelamento de precatórios

Existem duas formas de parcelamento de precatórios:

A) Forma prevista no art. 78 do ADCT (regulamentado pela EC n. 30/2000), que prevê uma hipótese de parcelamento:

> Art. 78. Ressalvados os créditos definidos em lei como de pequeno valor, os de natureza alimentícia, os de que trata o art. 33 deste Ato das Disposições Constitucionais Transitórias e suas complementações e os que já tiverem os seus respectivos recursos liberados ou depositados em juízo, os precatórios pendentes na data de promulgação desta Emenda e os que decorram de ações iniciais ajuizadas até 31 de dezembro de 1999 serão liquidados pelo seu valor real, em moeda corrente, acrescido de juros legais, em prestações anuais, iguais e sucessivas, no prazo máximo de dez anos, permitida a cessão dos créditos.
> § 1º É permitida a decomposição de parcelas, a critério do credor.
> § 2º As prestações anuais a que se refere o *caput* deste artigo terão, se não liquidadas até o final do exercício a que se referem, poder liberatório do pagamento de tributos da entidade devedora.
> § 3º O prazo referido no *caput* deste artigo fica reduzido para dois anos, nos casos de precatórios judiciais originários de desapropriação de imóvel residencial do credor, desde que comprovadamente único à época da imissão na posse.
> § 4º O Presidente do Tribunal competente deverá, vencido o prazo ou em caso de omissão no orçamento, ou preterição ao direito de precedência, a requerimento do credor, requisitar ou determinar o sequestro de recursos financeiros da entidade executada, suficientes à satisfação da prestação.

Nesse caso não podem ser objeto de parcelamento: pequeno valor, natureza alimentícia, descritos no art. 33 do ADCT[37] e os com recursos já liberados ou depositados em juízo. Só alcançam os precatórios pendentes até a data da promulgação da EC n. 30/2000 e os que decorram de ações iniciais ajuizadas até 31 de dezembro de 1999. Ademais, permite-se cessão de crédito (art. 778, III, CPC).

B) Hipótese prevista no § 20 do art. 100, com a redação que lhe foi atribuída pela EC n. 94/2016, ao dispor: "Caso haja precatório com valor superior a 15% (quinze por cento) do montante dos precatórios apresentados nos termos do § 5º deste artigo, 15% (quinze por cento) do valor deste precatório serão pagos até o final do exercício seguinte e o restante em parcelas iguais nos cinco exercícios subsequentes, acrescidas de juros de mora e correção monetária, ou mediante acordos diretos, perante Juízos Auxiliares de Conciliação de Precatórios, com redução máxima de 40% (quarenta por cento) do valor do crédito atualizado, desde que

---

37 "Art. 33. Ressalvados os créditos de natureza alimentar, o valor dos precatórios judiciais pendentes de pagamento na data da promulgação da Constituição, incluído o remanescente de juros e correção monetária, poderá ser pago em moeda corrente, com atualização, em prestações anuais, iguais e sucessivas, no prazo máximo de oito anos, a partir de 1º de julho de 1989, por decisão editada pelo Poder Executivo até cento e oitenta dias da promulgação da Constituição".

em relação ao crédito não penda recurso ou defesa judicial e que sejam observados os requisitos definidos na regulamentação editada pelo ente federado".

5.2.5.6. Compensação

A compensação é fruto da EC n. 62/2009, objetivando compensar o crédito de precatórios com eventual crédito que a Fazenda Pública tenha com esse credor. Assim dispõem os §§ 9º e 10 do art. 100 da CF:

> § 9º No momento da expedição dos precatórios, independentemente de regulamentação, deles deverá ser abatido, a título de compensação, valor correspondente aos débitos líquidos e certos, inscritos ou não em dívida ativa e constituídos contra o credor original pela Fazenda Pública devedora, incluídas parcelas vincendas de parcelamentos, ressalvados aqueles cuja execução esteja suspensa em virtude de contestação administrativa ou judicial.
> § 10. Antes da expedição dos precatórios, o Tribunal solicitará à Fazenda Pública devedora, para resposta em até 30 (trinta) dias, sob pena de perda do direito de abatimento, informação sobre os débitos que preencham as condições estabelecidas no § 9º, para os fins nele previstos.

A situação é anti-isonômica, para não dizer o mínimo. Isso porque a compensação será de um crédito decorrente de decisão transitada em julgado (crédito do particular) com um crédito indicado pela Fazenda Pública.

Essa questão foi objeto de ADIs (4.357/DF e 4.425/DF) que, extraindo parte da decisão, estabelecem o seguinte: "O regime de compensação dos débitos da Fazenda Pública inscritos em precatórios, previsto nos §§ 9º e 10 do art. 100 da CF, incluídos pela EC n. 62/2009, embaraça a efetividade da jurisdição (CF, art. 5º, XXXV), desrespeita a coisa julgada material (CF, art. 5º, XXXVI), vulnera a Separação dos Poderes (CF, art. 2º) e ofende a isonomia entre o Poder Público e o particular (CF, art. 5º, *caput*), cânone essencial do Estado Democrático de Direito (CF, art. 1º, *caput*)".

PROCESSO NOS TRIBUNAIS E MEIOS DE IMPUGNAÇÃO DAS DECISÕES JUDICIAIS

1.

PRECEDENTES JUDICIAIS

1.1. HISTÓRICO

Permitam-me começar com uma pequena nota introdutória:
É dificílima a sistematização dos precedentes no Brasil. Dificílima.

Nós, historicamente, sempre fomos um país ligado à escola do *civil law* (com a tradição quase que exclusiva na aplicação da lei ao caso concreto) que tentava, dentro de suas possibilidades, e dos limites legislativos, aplicar mecanismos de obediência a decisões pretéritas.

O Brasil, conforme será visto, ao mudar sua estrutura de aplicação do direito, fortalecendo o sistema de precedentes, não se tornou um sistema de *common law*, ou, como por vezes se lê por aí, a aplicação do neologismo "commolonização" ou "commonlização". Nós possuímos um desenho próprio; talvez tenhamos estabelecido uma terceira escola.

É importante entender como se deu essa mutação na forma da aplicação do direito no nosso país.

Alfredo Buzaid asseverava que os mecanismos de uniformização da jurisprudência decorrem invariavelmente de opção legislativa[1] e que o próprio direito determina suas regras. Constitui um produto volitivo do ser humano. O direito, portanto, é artificial[2].

Diante disso, duas escolas sistematizaram a aplicação do direito e a análise sobre elas servirá como premissa para a nossa compreensão sobre precedentes.

A escola do *civil law* é denominada para referenciar os países da América Latina e da Europa Continental no modo como estes aplicam o direito ao caso concreto. De outro lado, denomina-se a escola do *common law* a maneira como a Inglaterra, Estados Unidos, Irlanda

---

1 Da Uniformização da Jurisprudência. *Revista da Associação dos Juízes do Rio Grande do Sul*, n. 34, jul. 1985, p. 211-212.
2 Hermes Zanetti. Precedentes Normativos formalmente vinculantes? In: *Precedentes*, coord. geral Fredie Didier. Salvador: JusPodivm, 2015, p. 411. v. 3.

do Norte, Irlanda, Nova Zelândia e algumas de suas ex-colônias tratam a aplicação desse mesmo direito[3].

Tanto a escola do *civil law* oriunda do sistema romano-germânico como a escola do *common law* decorrente do sistema anglo-saxão adotam, de certa forma, os mecanismos dos precedentes como ferramenta para fundamentação de casos concretos.

A notória diferença entre esses dois sistemas diz respeito:

i) ao seu alicerce sobre a segurança jurídica: enquanto no sistema do *civil law* a segurança se refere, principalmente, às **leis** (*code law*, e que se desenvolveu de forma mais intensa no período das codificações surgidas especialmente após a Revolução Francesa)[4], no *common law* a segurança advém das decisões pretéritas do Poder Judiciário (*case law*); e

ii) ao grau de intensidade em que se utiliza esse mecanismo e à vinculação que o precedente pode ocasionar aos casos futuros[5].

O Brasil originariamente se filiou ao sistema *civil law*[6] e está descobrindo paulatinamente a necessidade de utilizar os precedentes como forma de aplicação do direito e fonte para julgamento.

O sistema *common law*, ao contrário, sempre utilizou os precedentes como a principal fonte de aplicação do direito (decorrente especialmente do *stare decisis*)[7], não só pela sua estrutura mas, principalmente, pela sua história[8] obrigando, os órgãos inferiores ao respeito ao que foi decidido, conquanto versem sobre a mesma questão (*biding effects*)[9].

---

3 Canadá e Índia, apesar de terem sido colonizados pela Inglaterra, adotam um sistema misto entre *civil* e *common law*.

4 Dentro do sistema do *civil law* aplicado no Brasil, passou-se de uma quase total obediência à lei (não podendo extrair dela interpretação diversa daquela que o texto apresentava), até a permissão de sua interpretação (norma). Isso, como será visto, decorre não apenas de se pensar nas codificações sob a filtragem constitucional, como a utilização mais intensa dos princípios e a nova forma de produção legislativa (cláusulas gerais e normas de conceito vago e indeterminado) que exigem maior concreção do magistrado no momento de decidir (o sistema brasileiro é composto de fato, valor e norma).

5 Tendo superadas as diferenças mais notórias que se estabeleciam antigamente, como a de que o sistema *civil law* seria basicamente um sistema escrito e o *common law* um sistema oral. Como bem observa Michele Taruffo, "a distinção entre processo oral e processo escrito nunca representou, e não representa hoje, a distinção entre processo de *common law* e processo de *civil law* (...) o processo de *common law* inclui numerosos atos escritos (provavelmente não menos numerosos do que aqueles com que se desenvolve o processo de *civil law*" (Aspectos Fundamentais do processo civil de *civil law* e *common law*. In: *Processo civil comparado*: ensaios. São Paulo: Marcial Pons, 2013, p. 15).

6 No tocante ao direito infraconstitucional, conquanto nosso direito constitucional se aproximar do direito norte-americano de tradição do *Common Law*. É com base nesse encontro entre as duas escolas no nosso direito que surgiram institutos como o mandado de segurança, o *habeas corpus*, o *habeas data* e o controle de constitucionalidade (*judicial review*).

7 O *stare decisis* (ficar com as coisas decididas) advém de uma expressão maior "*stare decisis et non quieta movere*", ou seja, os órgãos judiciais ficam estreitamente vinculados aos precedentes. Não se pode confundir com o sistema do *common law*. Constitui apenas "um elemento do moderno *common law*" (MARINONI), já que este existia muito antes da existência do *stare decisis*. A adoção rígida do stare decisis apenas se inicia no século XIX.

8 Apesar de que hoje os sistemas contemporâneos não podem mais ser vistos como modelos "puros", devendo se levar em consideração a convergência dessas duas escolas (NUNES, Dierle e LACERDA, Rafaela, *Contraditório e precedentes*: primeiras linhas. Novas tendências do processo civil, Salvador: JusPodivm, p. 350. v. 2).

9 Mesmo no *common law*, há diferentes graus de vinculação. Assim, a rigidez da aplicação dos precedentes na Inglaterra é maior do que a que ocorre nos Estados Unidos.

Nesse sistema o direito é basicamente produzido pelos juízes que assumem, de certo modo, o papel afeto ao Legislativo (*judge made law*)[10] como corolário de sua história de mais de 1.000 anos[11].

Em decorrência disso, os precedentes, historicamente no Brasil, apenas orientavam, estimulavam, exortavam os juízos e tribunais na sua aplicação. A lei sempre foi a principal fonte do direito. Negavam-se, nesse sentido, as decisões pretéritas como fonte de direito[12] ou, no máximo, como fonte reflexa e secundária[13]. Mesmo que a lei não trouxesse a resposta adequada à solução, era dela que se deveria buscar a resolução da questão levada a juízo. Ideia presa ao sistema rígido da tripartição de poderes[14].

No Brasil, no Código anterior, havia situações em que determinadas decisões (que geram precedentes) vinculavam o Judiciário na sua obediência como: **a)** o controle de constitucionalidade concentrado; **b)** o julgamento de recursos especial e extraordinário repetitivos; e **c)** a súmula vinculante.

Em outros casos, a adoção do precedente não era obrigatória, mas estava num patamar mais elevado que a mera boa vontade para aplicação de casos pretéritos, como, por exemplo, os casos de: a) repercussão geral; b) art. 285-A; c) art. 518, § 1º; d) art. 475, § 3º; e e) art. 557, CPC/73. Isso porque não havia, correlato a esses artigos, algum que atribuía essa eficácia vinculante como o atual art. 927 do CPC, bem como não era esse o espírito da legislação anterior.

Em continuidade ao desenvolvimento histórico, o sistema da codificação passou com o tempo a admitir que a segurança do sistema não só fosse baseada apenas na aplicação das leis escritas, mas também em uma interpretação criativa pelo Poder Judiciário. Assim, com esse giro linguístico, a participação do juiz na concreção da norma (criatividade judicial) o fez buscar, pensar (e respeitar) a jurisprudência que norteava a aplicação da lei[15].

A passagem do Estado Legislativo para o denominado Estado Constitucional gerou uma série de alterações importantes especialmente no plano da aplicação do direito.

Primeiro porque o Estado estabelecia que os princípios não eram, propriamente, norma. Norma sempre foi considerada lei, regra. Os princípios apenas fundamentavam as normas (hoje os princípios são, ao lado da lei, espécies de norma)[16]. Dessa forma, o racionalismo do período moderno fomentava o sistema jurídico unitário de (principalmente) uma fonte: a lei que era casuística e de fácil aferição.

No século XIX, o iluminismo, portanto, buscava a completude do direito por meio das leis. Mas não apenas isso: supunha-se que a todos os casos iguais aplicar-se-ia a mesma lei e, portanto, criava-se um método de subsunção do fato à norma extremamente rudimentar. O juiz era apenas um aplicador da lei.

---

10 Também chamada de "lei comum" ou "lei da terra", partindo-se dessa ideia que o direito é construído pelos juízes.
11 Observa José Rogério Cruz e Tucci, no sistema do *common law*, que "os costumes foram se transformando, mediante lento processo evolutivo, em direito jurisprudencial, norteado pela concepção de que a *Common Law* correspondia a uma ordem jurídica superior, cujos princípios foram conservados e somente poderiam ser revelados pelos juízes (...) em suas respectivas decisões" (*Precedente judicial como fonte do direito*, São Paulo: Revista dos Tribunais, 2004, p. 10-11).
12 Cândido DINAMARCO asseverava (à luz do CPC/73) que "a jurisprudência não é fonte de direito, tanto quanto juiz não é legislador e jurisdição não é atividade criativa de direitos" (*Instituições de direito processual civil*. 3. ed. São Paulo: Malheiros, 2003, v. I, p. 82).
13 MANCUSO, Rodolfo de Camargo. *Sistema brasileiro de precedentes*. São Paulo: RT, 2015, p. 39.
14 O Código Civil francês, no início do século passado, por exemplo, vedava a interpretação judicial da lei.
15 Sem prejuízo que o sistema *common law* passou a adotar uma série de leis escritas para proceder a regulação de um sem-número de matérias (Marinoni, Luiz Guilherme. *Precedentes obrigatórios*, cit., p. 18).
16 BARROSO, Luís Roberto. *Interpretação e aplicação da Constituição*. 7. ed., São Paulo: Saraiva, 2009, p. 352.

Contudo, a mera subsunção era insuficiente para a resolução dos diversos problemas jurídicos que permeavam o sofisticado sistema de interpretação e aplicação do direito:

i) a norma, especialmente num país de extensão continental como o Brasil, pode gerar diversas interpretações de acordo com o momento histórico, a cultura e a região em que se aplica;

ii) a lei não pode (nem pode pretender) regular todas as situações possíveis carecedoras de direito. As inovações sociais são mais rápidas que a aptidão do legislador em edificar as leis. Como conclusão, o sistema legal sem lacunas é utópico e fictício;

iii) mesmo as normas existentes não podem ser amoldadas de maneira uniforme, pois há casos que exigem do magistrado a devida interpretação sobre circunstâncias fáticas peculiares cujo mero texto da lei, abstrato, não alcança "por maior precisão que se busque na redação dos textos legais, suas palavras reservam sempre uma margem, maior ou menor, de porosidade significativa, por meio da qual penetra a atividade interpretativa do juiz"[17].

iv) Some-se ao fato que, ao longo das últimas décadas, uma série de fatores contribuíram para a mudança de paradigma e (consequentemente) a utilização dos precedentes: a) as mudanças qualitativas e quantitativas dos litígios; b) o expressivo aumento demográfico; c) o amplo acesso à justiça em decorrência de leis oportunizadoras e do conhecimento dos direitos da população; d) a necessidade de melhora na prestação jurisdicional não apenas em relação ao critério qualitativo como também na efetividade dessa prestação.

v) Em continuação à nova hermenêutica processual, o sistema nervoso que antes era atribuído aos Códigos hoje é conferido à Constituição. Assim, os Códigos não têm mais a pretensão exauriente de antes, no sentido de regular todo o tema do qual se incumbe, mas apenas disciplinar questões infraconstitucionais sempre devendo ser analisadas sob o filtro da Constituição.

vi) Ademais, no que concerne à interpretação jurídica, sedimentou-se a separação (que era uma só no regime meramente legislativo)[18] entre texto e norma. O legislativo redige o texto, as normas são fruto da interpretação dada pelos operadores do direito.

Se a norma é objeto de interpretação, há de se convir que a interpretação dada pelos tribunais deve ser dotada de alguma carga de normatividade, sob pena de se tornarem inócuas as decisões judiciais para fins da unidade do direito.

vii) E por fim, no que concerne ao fenômeno da técnica legislativa, a legislação, antes redigida exclusivamente de forma casuística, deu passo também à forma de redação por meio de cláusulas gerais e normas de conceito vago e indeterminado[19]. Assim o sistema brasileiro

---

17 HART, H.L.A. *Ensaios sobre a teoria do direito e filosofia*. Rio de Janeiro: Elsevier, 2010, p. 69.
18 Esse entendimento unitário entre texto e norma decorria da natureza declaratória da jurisdição em que apenas se declarava, no caso concreto, a norma preexistente, sem que se criasse nova norma (criatividade judicial).
19 Daniel Mitidiero esclarece bem a dificuldade do problema ao asseverar que "as normas contêm conceitos juridicamente indeterminados e se caracterizam pela circunstância de seu pressuposto de incidência constituir um termo indeterminado. A sua consequência, contudo é determinada. O problema que surge em juízo diz respeito à caracterização do termo indeterminado. É necessário primeiro precisar o termo indeterminado para que depois a norma possa ser aplicada por subsunção. Diferentemente das normas que apresentam conceitos jurídicos indeterminados, as normas que contêm cláusulas gerais trazem dupla indeterminação: o pressuposto de incidência é indeterminado e a sua consequência também é indeterminada. Daí a existência de um duplo problema em juízo: precisar o que significa termo indeterminado empregado pelo legislador e delinear quais as consequências jurídicas da incidência da norma" (Fundamentação e precedente – dois discursos a partir da decisão judicial, in *Força dos precedentes*, org. Luiz Guilherme Marinoni, 2. ed., Salvador: JusPodivm, 2012, p. 131).

aos poucos vem adquirindo uma forma híbrida, ora com normas fechadas, prevendo com exatidão as situações que deseja disciplinar, ora com normas abertas, conferindo maior liberdade ao magistrado, dentro da criatividade judicial, na concreção da norma[20].

Quanto mais flexível for o ordenamento (cláusulas gerais, normas de conceito vago, aplicação de princípios) maior a importância dos Tribunais Superiores e o correlato respeito às suas decisões para conferir previsibilidade e confiança[21]. É este o objeto do nosso estudo.

Em conclusão, não se pode mais dizer que hoje, ao menos em nossa opinião, o sistema brasileiro seja exclusivamente legalista. Logo, o princípio da legalidade (art. 5º, II, da Constituição Federal) deve ter um novo ressignificado.

Conquanto a lei seja ainda a mais importante fonte do direito, ela se harmoniza com as demais fontes para que o juiz, no momento de decidir, valha-se do ordenamento como um todo. Tanto o é que o juiz poderá decidir, contrário à lei, com fundamento em um princípio ou mesmo com base em um precedente.

1.2. INTRODUÇÃO AO ESTUDO DOS PRECEDENTES NO DIREITO ATUAL

Assim, essas mudanças todas ocorridas ao longo da passagem do Estado meramente Legislativo para o Estado Constitucional geraram uma nova forma de interpretar o direito para sua melhor aplicação. Dessa forma, ao mesmo tempo que existe uma atividade interpretativa do juiz decorrente da denominada "porosidade das normas", deve haver (como um sistema de freios e contrapesos) certa uniformidade da jurisprudência para se conferir a segurança e previsibilidade desejadas.

Conforme estabelece com precisão Hermes Zanetti Jr., é equívoco "sustentar um modelo jurisprudencial opinativo em face das mudanças radicais que sofreu no último século a teoria da interpretação jurídica e o papel da Constituição como fonte do direito"[22].

A decisão judicial pode gerar dois efeitos distintos dentro do sistema jurídico: um efeito sobre o caso concreto, na medida em que a decisão regulará a situação *fattispecie*, e um para a ordem jurídica, na medida em que exerce uma função institucional ao promover a unidade do direito por meio da formação de precedentes que visam, dentre outros valores igualmente importantes, à igualdade, à coerência normativa e à segurança jurídica[23].

O abandono da singularidade em prol da similaridade é uma necessidade no nosso sistema[24]. A lei não garante a isonomia das partes, pois ela perpassa pela interpretação dos tribunais. A igualdade de entendimento e respeito a eles gera a isonomia entre as partes.

Mesmo no tocante às demais fontes de aplicação do direito, com o passar do tempo vêm se avolumando as críticas que se estabelecem ao modelo de aplicação da jurisprudência no Brasil. Essas críticas são direcionadas especialmente às súmulas vinculantes e persuasivas. Quanto às primeiras é comum asseverar que o enunciado abstrato e enxuto dessas súmulas não consegue ter penetração necessária (encaixe) para a aplicação de todos os casos que sofram a sua potencial incidência. Essa sumariedade de informações contida na súmula gera uma

---

20 MITIDIERO, Daniel. Fundamentação e precedente – dois discursos a partir da decisão judicial, in *Força dos precedentes*, org. Luiz Guilherme Marinoni, 2. ed., Salvador: JusPodivm, 2012, p. 130.
21 Teresa Arruda Alvim Wambier. A vinculatividade dos precedentes e o ativismo judicial – paradoxo apenas aparente. In: *Precedentes*, coord. geral Fredie Didier. Salvador: JusPodivm, 2015, v. 3, p. 263.
22 Precedentes (*treat like cases alike*) e o novo Código de Processo Civil. *RePro* 235, Revista dos Tribunais, p. 294.
23 Idem, ibidem, p. 125.
24 Expressão utilizada por NUNES, Dierle e LACERDA, Rafaela, *Contraditório e precedentes*: primeiras linhas. Novas tendências do processo civil, Salvador: JusPodivm, p. 343. v. 2.

desconexão entre o caso concreto (em que se deseja aplicar a súmula e os acórdãos que geraram a formação da súmula). É dizer que "a aplicação dessa regra universalizada não se funda na analogia dos fatos, mas sobre uma regra geral"[25].

Assim não se pode esquecer dos fatos e direitos que geraram o precedente, pois, do contrário, permitir-se-á que uma série de fatos distintos daqueles tratados da decisão paradigma seja acobertada por este por força da denominada "generalidade".

Dessa forma, a utilização da súmula (seja ela vinculante ou não) como fonte de direito para um dado caso concreto deve ser sempre interpretada com fundamento nos julgamentos que lhe deram base (Enunciado 166 do FPPC), sob pena de tornar a súmula como mero texto de lei. Essa questão será mais bem desenvolvida adiante.

1.3. DEFINIÇÃO E CLASSIFICAÇÃO

1.3.1. DEFINIÇÃO

O dicionário jurídico mais conceituado dos Estados Unidos define "precedente" como a *"decided case that furnishes a basis for determining later cases involving similar facts or issues"*[26]. Precedente é uma norma jurídica retirada de uma decisão judicial. A norma é o resultado da interpretação da lei, e também é o resultado da interpretação de uma decisão.

Em um período não muito distante, o direito brasileiro apenas se utilizava da expressão precedente para designar uma decisão pretérita que havia sido aplicada em uma decisão posterior de um caso análogo como seu fundamento para decidir. Ou seja, precedente era entendido no seu sentido literal: decisão anterior aplicada em caso posterior semelhante. *O precedente somente era assim considerado no momento em que era aplicado como fundamento para outra causa e não no nascimento da própria decisão.*

Basta pensar que a notória decisão da Suprema Corte Norte-Americana no caso Marbury *vs.* Madison (1.871) não foi anunciada, quando da sua publicação, como um "precedente" para fins de sua aplicação como forma de controle de constitucionalidade difuso em casos futuros. Mas essa decisão adquiriu essa condição, na medida em que foi sendo adotada nas futuras decisões.

No Brasil, como se verá, há alguns precedentes que "nascem" precedentes, pois a lei previamente lhes concede essa eficácia. É verdade que essa forma de compreender o precedente, ainda que em menor escala, sempre existiu (ainda que não fosse denominado assim). Basta pensar que, desde os anos 60, consideram-se as decisões em controle concentrado proferidas pelo STF com força *erga omnes*. Se a decisão alcança a todos, tem-se aqui um precedente automático, pois casos análogos devem ter como resultado a decisão proferida pela Suprema Corte.

É por isso que no Brasil a **palavra precedente assume função dúplice**: a) tanto serve para designar decisões que nascem precedentes e devem ser observadas em casos futuros (art. 927, CPC em especial incisos I a III como será visto), b) bem como também no sentido tradicional (assemelhando-se ao *common law*) em que o precedente adquire esse *status* quando o juiz posterior se vale de decisão anterior (arts. 926 e 489, § 1º, V e VI, CPC).

Precedente não se confunde com jurisprudência. Contudo, há quem entenda que ambos (em verdade toda produção decisória judicial) estejam sob a rubrica de um conceito maior

---

25 NUNES, Dierle e LACERDA, Rafaela, *Contraditório*, cit., p. 360.
26 GARNER, Bryan. *Black's Law Dictionary*. 9. ed. St. Paul: West, 2009, p. 1295.

que constitui o denominado "direito jurisprudencial" (Teresa Arruda Alvim[27] e Cassio Scarpinella Bueno[28]).

Jurisprudência é a aglutinação de uma série de julgados seguindo vetorialmente uma mesma direção, reiterando o entendimento sobre determinada questão[29]. Portanto, para que se configure "jurisprudência" é necessário o consórcio de três fatores distintos: a existência de vários julgados; que sejam harmônicos entre si; e que tenham sido proferidos em determinado decurso do tempo (pois apenas a longevidade do posicionamento uniforme pode conferir "força persuasiva" à jurisprudência).

Ambos (precedentes e jurisprudência) servem para conferir (de maneira persuasiva ou não) orientação aos julgamentos futuros. A jurisprudência, como regra, não possui força formalmente vinculante. O sistema de precedentes é formalizado para que haja identidade de entendimento entre causas idênticas (como, por exemplo, nas causas repetitivas) e a jurisprudência tem seu enfoque maior para a uniformização de temas sobre causas diversas[30].

As causas de família não são repetitivas (seriais), já que cada caso deve ser tratado individualmente (claro que há causas que podem ser tratadas como seriais, por exemplo, no caso da prisão civil do devedor dos alimentos que efetua o pagamento parcial da dívida)[31], mas, em regra, a ideia de precedente seria pouco utilizada nessas situações. Já nas questões tributárias ou previdenciárias seria de grande valia a utilização de precedentes por se tratar de causas ditas repetitivas.

A jurisprudência é uma linha uniforme de entendimentos sobre o tema. Ela deve ser estável, íntegra e coerente. Só se analisa jurisprudência a partir de um grupo de julgados. Cada uma dessas decisões pode, individualmente, ser um precedente.

Precedente não se confunde igualmente com **enunciado de súmula**. Este constitui uma compilação de diversos julgados da qual se extrai uma ideia central que servirá de norte (= facilitação) para os futuros julgamentos.

Assim, por exemplo, o Enunciado 269 da Súmula do STF estabelece que "o mandado de segurança não é substitutivo de ação de cobrança". Vale dizer que muitos litigantes foram ao Judiciário pleitear, por mandado de segurança, créditos diversos, de natureza e valores distintos. Nesse caso, independentemente dessas situações terem como fundamento questões distintas, todas chegaram à mesma conclusão. Assim, "súmulas são enunciados sintéticos da jurisprudência de um tribunal, nos quais refletem linhas de decisões reiteradamente tomadas sobre determinados pontos de direito"[32].

Os enunciados de súmula não se confundem com súmula vinculante. Muitos asseveram que com a suposta impositividade de sua aplicação por força do art. 927, IV, do CPC os enunciados de súmula se equivalem às súmulas vinculantes.

Contudo, constitui uma falsa ideia, em nossa opinião. As súmulas vinculantes não são apenas de obrigatória aplicação (salvo nos casos de distinção ou superação), o que não acontece com as súmulas de tribunais superiores, de acordo com nosso entendimento (conforme se

---

27 WAMBIER, Alvim. Precedentes e evolução do direito. In: WAMBIER, Teresa Arruda Alvim (Coord.). *Direito jurisprudencial*. São Paulo: RT, 2012.
28 *Manual de direito processual civil*. São Paulo: Saraiva, 2015.
29 Miguel REALE assevera que jurisprudência é "a forma de revelação do direito que se processa através do exercício da jurisdição, em virtude de uma sucessão harmônica de decisões dos tribunais" (*Lições preliminares de direito*. 22. ed. São Paulo: Saraiva, 1995, p. 167).
30 Alexandre Freitas Câmara. *Novo processo civil brasileiro*. São Paulo: Atlas, 2015, p. 426.
31 Idem, ibidem, p. 427.
32 Cândido Rangel Dinamarco. *Vocabulário do processo civil*. São Paulo: Malheiros, 2009, p. 272.

verificará), como também seu "modo de produção" é diferenciado, pois, conforme estabelece o art. 103-A da Constituição Federal, é necessário: a) *quorum* qualificado "mediante decisão de dois terços dos seus membros"; b) reiteradas decisões sobre matéria constitucional; c) alcance de vinculação aos demais órgãos do Poder Judiciário e à administração pública direta e indireta, nas esferas federal, estadual e municipal; d) acerca das quais haja controvérsia atual entre órgãos judiciários ou entre esses e a administração pública; e e) que acarrete grave insegurança jurídica e relevante multiplicação de processos sobre questão idêntica.

O mero enunciado de súmula de tribunal superior não exige *quorum* qualificado, não vincula a administração pública (e tampouco o Poder Judiciário, como será visto) e não tem como pressuposto as questões dos itens "d" e "e".

É importante frisar que, a despeito de estar enquadrado no CPC como modalidade de precedente, **enunciado de súmula não pode ser considerado propriamente um precedente**.

Como será abordado oportunamente, a matéria-prima de um precedente é sempre uma decisão que julga um caso (subjetivo ou objetivo). O enunciado de súmula constitui um enunciado sintético de diversos julgados, sendo, em verdade, um resumo da jurisprudência que possui a finalidade de facilitar o trabalho dos juízes e tribunais para não recorrer a diversos julgados de modo a exercer o seu dever de autorreferência[33].

Assim, o enunciado de súmula não reflete uma decisão, mas um conjunto de decisões[34].

O enunciado de súmula despreza o caso concreto que ensejou a formação da decisão e cria um enunciado de caráter meramente genérico, muitas vezes completamente desapegado das circunstâncias fáticas do julgado. Essa situação impede ou ao menos dificulta a extração da *ratio decidendi* para a formação do precedente.

Mas o *ser* se diferencia do *dever-ser*. Na prática, os enunciados de súmula deveriam se ater aos fatos, já que o art. 926, em seu § 2º, estabelece que: "Ao editar enunciados de súmula, os tribunais devem ater-se às circunstâncias fáticas dos precedentes que motivaram sua criação". Dessa forma, a súmula que não seguir esse padrão de confecção deve ser considerada inválida[35].

Em virtude disso, há quem estabeleça nomenclaturas diversas para designar as decisões vinculantes dos tribunais como padrões decisórios (Alexandre Câmara e o próprio art. 966, § 5º do CPC), provimentos vinculantes via atribuição legal (Georges Abboud).

Contudo, para meros fins didáticos e apenas para fins de nomenclatura, denominaremos os enunciados de súmula como precedentes, tal como faz o Código de Processo Civil.

Precedente é uma decisão universalizável. Os juízes devem se preocupar em dar decisões que sirvam como orientação e não uma decisão qualquer[36].

---

33 Luiz Guilherme Marinoni observa: "As súmulas nunca conseguiram contribuir para a unidade do direito. Foram pensadas a partir de uma compreensão muito superficial do sistema em que as decisões têm efeito obrigatório ou a partir das máximas" (*Precedentes obrigatórios*. 4. ed. São Paulo: RT, 2015, p. 286). Dessa forma, enquanto o precedente depende de um estudo aprofundado dos fatos para extrair sua *ratio decidendi*, "a súmula normalmente é aplicada a partir da pura e simples invocação de seu texto, assim como se faz com os dispositivos legais" (Lucas Buril. *Precedentes judiciais e o direito processual civil*. 2. ed. Salvador: JusPodivm, 2017, p. 334).
34 BARBOSA MOREIRA, José Carlos. *Temas de direito processual*: súmula, jurisprudência, precedente: uma escalada e seus riscos. Nona série. São Paulo: Saraiva, 2007, p. 303.
35 BURIL, Lucas. *Precedentes judiciais e o direito processual civil*, cit., p. 334.
36 José Miguel Garcia Medina. *O Novo Código de Processo Civil comentado*. São Paulo: Revista dos Tribunais, 2015, p. 1240.

Nem toda decisão "se torna" um precedente (Enunciado 315 do FPPC). Constitui uma decisão proferida em caso anterior e que pode ser vinculante ou persuasiva para casos subsequentes e análogos. Nesse sentido, difere do sistema de precedentes do sistema *common law*. Como se verá no Brasil, o precedente também pode ser prospectivo, já que ele é precedente por força de lei, ou seja, ele foi concebido para ser precedente, diferente do sistema norte-americano ou inglês, em que o precedente é, como regra, retrospectivo, pois apenas adquire a condição de precedente quando o magistrado da decisão posterior utiliza-se de julgado anterior. Nesse sistema uma decisão prévia não pode ser considerada precedente sem que seja contextualizada com uma nova decisão que lhe utilizará como fonte de aplicação ao caso concreto.

O precedente pode ser identificado a partir de apenas uma decisão bastando a existência de um *leading case* para orientar os casos futuros.

Precedente igualmente não se pode confundir com decisão judicial, pois decorre dela. Seu fato gerador ou matéria-prima é a decisão. Mas o precedente se extrai de fatos jurídicos relevantes (o Código fala em "fundamentos determinantes" nos arts. 489, § 1º, e 979, § 2º) e que sejam aptos a incidir sobre casos futuros com a mesma base.

A partir de então, fica fácil chegar a uma conclusão que já havia sido mencionada linhas atrás:

Nem toda decisão forma precedente[37], mas todo precedente é oriundo de uma ou mais decisões judiciais. Há decisões que sequer adquirem o *status* de precedente, como aquela que simplesmente aplica a lei que não possui qualquer controvérsia quanto a sua aplicação ou a decisão que menciona um precedente sem trazer nenhuma especificação diferente para o caso. Assim, o precedente é a decisão pretérita e não a decisão nova[38].

Precedente é uma decisão judicial extraída de um caso concreto em que o seu núcleo essencial (*ratio*) poderá ser diretriz de casos que discutam a mesma questão. O precedente, de certa forma, reduz a margem de liberdade dos juízes quanto à aplicação do direito já que os vincula a suas próprias decisões ou de outro órgão (de mesma ou superior hierarquia)[39].

Ele não incide sobre o texto e sim sobre a norma (já que ambos, como dito, não se confundem). É sobre a norma (resultado de interpretação sobre o texto) que repousa o objeto de precedentes. Os precedentes que estabelecem uma dada interpretação à norma jurídica conferem estabilidade jurídica e geram a confiabilidade da sociedade em dada interpretação sobre essa norma.

Sua função é garantir racionalidade para o sistema. Os precedentes, por serem consideradas normas gerais e abstratas, criam regras de comportamento humano para que o julgamento de casos posteriores tenha o mesmo tratamento isonômico (*treat like cases alike*).

Os precedentes não afastam o juiz da lei, mas lhe impõem a atenção à interpretação judicial sobre ela. Constitui o sistema de precedentes "um contrapeso ao aumento da presença de normas principiológicas no ordenamento. Enquanto estas contribuem para a ampliação de possibilidades de que o juiz produza uma decisão aderente às necessidades do caso, o sistema de precedentes evita que se derive para um casuísmo puro, que permitiria que qualquer interpretação da lei valesse apenas para o caso em que é aplicada, sem que o cidadão tivesse certeza de que o caso futuro seria tratado do mesmo modo"[40].

---

37 MARINONI, Luiz Guilherme, *Precedentes obrigatórios*. São Paulo: Revista dos Tribunais, 2010, p. 215-216.
38 ZANETTI JR. *O valor vinculante dos precedentes*. Salvador: JusPodivm, 2015, p. 328-329.
39 ZANETTI JR., Hermes, Precedentes (*treat like cases alike*) e o Novo Código de Processo Civil. *RePro* 235/2014. p. 295.
40 VITORELLI, Edilson. A prática do sistema de precedentes judiciais obrigatórios, cit., p. 750.

Ademais, não podem ser aplicados de maneira automática. Aliás, nenhum texto jurídico pode (*vide* a fundamentação analítica prevista no art. 489, § 1º, I e V, CPC). Pensar o contrário seria voltar ao sistema exegeta francês do século XIX. O que é obrigatório é a utilização desses precedentes como fonte de direito para suas decisões, assegurando a estabilidade, integralidade e coerência exigidas no art. 926 do CPC.

O magistrado, na aplicação do precedente, poderá fazer os devidos ajustes sem que tenha que aceitar cegamente o que foi decidido anteriormente.

Como bem observam Lenio Streck e Georges Abboud sobre os precedentes, "não existe uma prévia e pronta regra jurídica apta a solucionar por efeito cascata diversos casos futuros"[41]. Nenhuma norma (e precedente é norma) pode ser aplicada sem interpretação.

Muito se discute sobre a liberdade judicial e a aplicação de precedentes. É importante falar sobre essa questão antes de adentrar no estudo específico sobre precedentes.

A independência funcional do magistrado é necessária para: a) liberdade das interferências institucionais dos demais poderes; e b) submissão ao ordenamento jurídico e não a convicções particulares[42].

Os juízes ainda veem com ressalvas a técnica de precedentes que pode afetar sua independência funcional. Contudo, constitui em nossa opinião uma premissa falsa. Hierarquia de graus não é de mando, mas sim de competência por derrogação[43]. Não se pode confundir independência judicial com insubordinação por não respeitar decisões anteriores.

Já que "o modelo de precedentes, contudo, pode ser útil, a fim de se afastar a ideia de que, a cada nova decisão, o texto legal pode ser considerado como se não houvesse um histórico sobre como deve ser aplicado e interpretado"[44].

Ademais, não se pode confundir as garantias da magistratura com as do juiz. As garantias não pertencem a ele, magistrado, mas à sociedade[45]. Ele é um agente do Estado que corporifica a jurisdição.

Não se nega que a vinculação aos precedentes ainda causa certo pânico no sistema *civil law* brasileiro, pois nosso direito sempre foi escrito e legal, além de uma latente inspiração iluminista francesa em evitar a concentração de poder (da boca da lei para a boca da jurisprudência).

É evidente que não se pode pensar que o juiz seria um servidor público impotente e inanimado, que apenas reproduziria as teses estabelecidas nos precedentes.

Entretanto, ao defender essa ampla liberdade, estar-se-ia diante de um paradoxo: de um lado o juiz tem liberdade para decidir, mas de outro os demais juízes não precisam respeitar essa decisão em casos futuros.

A aplicação dos precedentes e sua vinculação podem atingir a conduta do juiz de forma legitimada, já que constitui fonte jurídica. Caso contrário, não haveria por que estabelecer tribunais de superposição para, justamente, conferir a última palavra sobre a correta aplicação do direito[46].

---

41 O NCPC e os precedentes. Afinal, do que estamos falando? In: *Precedentes*, Coord. Geral. Fredie Didier. Salvador: JusPodivm, 2015, v. 3, p. 178.
42 NERY, Nelson. *Princípios do processo na Constituição Federal*, cit., p. 149.
43 CINTRA-GRINOVER-DINAMARCO. *Teoria geral do processo*, cit., p. 182.
44 MEDINA, José Miguel Garcia. *O Novo Código de Processo Civil comentado*. São Paulo: RT, 2015, p. 1242.
45 PORTANOVA, Rui. *Princípios do processo civil*. Porto Alegre: Livraria do Advogado, 1995, p. 75.
46 MARINHO, Hugo Chacra Carvalho e. A independência funcional dos juízes e os precedentes vinculantes. In: *Precedentes*, v. 3. Coord. Geral. Fredie Didier. Salvador: JusPodivm, 2015, p. 94.

É importante ressaltar, no conceito da liberdade judicial, que "os princípios basilares dos diversos ambientes decisionais podem recomendar o uso de expressões com textura aberta, e isto, é claro, deve influir no espaço de liberdade que tem o juiz para tomar a decisão. É uma técnica que oxigena o direito, permitindo que nele penetrem elementos da realidade externa: sociais, éticos e até científicos"[47].

Nesses casos é sempre recomendável a alteração da denominada jurisprudência quando a sociedade muda. É diferente da mudança de opinião, pois esta decorre de fatores pessoais o que é incompatível com a impessoalidade do cargo.

É um direito do cidadão ser tratado de forma isonômica e saber desde já quais são as normas a que ele deve ficar submetido.

Nos tempos atuais, as partes devem, para a celebração de seus negócios ou atos jurídicos, não apenas verificar se a sua pretensão está escorada na lei, mas também como pensam os tribunais sobre o tema. A segurança jurídica hoje se baseia em uma série de fontes e não apenas na estrita legalidade.

1.3.2. CLASSIFICAÇÃO

Há várias formas de classificar os precedentes. Três nos parecem úteis para a compreensão do instituto no direito processual brasileiro:

1.3.2.1. Quanto à forma de aplicação

Declarativo – nessa modalidade de precedente se reconhece e aplica-se a norma, por meios interpretativos, que já existe (v.g., súmula vinculante).

Criativo – ao contrário da primeira, aqui o julgador cria e aplica a norma jurídica. Isso ocorre quando, v.g., supre lacuna normativa ou julga com base em cláusulas gerais/normas de conceito vago e indeterminado.

1.3.2.2. Quanto à origem do precedente

Vertical – quando a fonte do precedente decorre de Tribunal hierarquicamente superior do órgão que deseja aplicá-lo.

Horizontal – quando a fonte do precedente decorre de órgão de mesma hierarquia daquele que irá aplicá-lo.

Autoprecedente (*self-precedent*)[48] – Como bem observam Marinoni, Arenhart e Mitidiero, "não é possível respeitar quem não se respeita"[49]. A primeira premissa do respeito ao precedente é que o próprio tribunal siga suas decisões. Portanto, considera-se autoprecedente quando o magistrado ou o órgão julgador se vale de precedente próprio para julgar caso análogo.

Quando, dentro de um processo, um órgão inferior desrespeita um órgão superior (v.g., o STJ determina que o juiz de primeiro grau expeça um ofício em decorrência da decisão

---

47 WAMBIER. Teresa Arruda Alvim. A vinculatividade dos precedentes e o ativismo judicial – paradoxo apenas aparente. In: *Precedentes*, v. 3. Coord. Geral. Fredie Didier. Salvador: JusPodivm, 2015, p. 268.

48 Há autores que entendem que o autoprecedente é uma forma de precedente horizontal (ZANETTI JR., Hermes, Precedentes..., cit., p. 313).

49 *Curso de processo civil...*, cit., p. 646.

proferida e este recusa) não se trata de desrespeito a um precedente, mas desobediência judicial endoprocessual que comporta reclamação constitucional (art. 488, II, CPC). A aplicação do precedente, como regra, se dá em outro processo diverso.

1.3.2.3. Quanto à obrigatoriedade[50]

Vinculante/obrigatório (*biding precedent*)[51] – precedente vinculante é aquele que o Poder Judiciário deve aplicar independentemente de concordar com ele ou não. É a regra no sistema *common law*. O precedente vincula a quem deva aplicá-lo. Não há regra no sistema norte-americano que estabeleça essa vinculação, que é cultural e não legislativa. Assim, os precedentes vinculantes proíbem qualquer juiz de decidir de forma contrária à que foi estabelecida no precedente (conforme entendimento do Fórum Permanente dos Processualistas Civis, Enunciados n. 169 e 170, somente sendo possível a sua não aplicação por força do *distinguish* ou superação).

As decisões dentro de um processo são sempre vinculantes quando de um órgão superior a um órgão inferior (cumprimento de uma carta de ordem, v.g.), o que, como dito, não se trata de precedente, mas de mera questão de hierarquia funcional.

No CPC brasileiro os precedentes obrigatórios vêm previstos no art. 927[52].

Persuasivo (*persuasive precedent*) – Precedente persuasivo é aquele que pode ser utilizado como argumento para a posição a ser firmada em decisão futura, mas não é vinculativo, ou seja, é recomendado que o precedente seja aplicado em decorrência da necessidade de uniformização da jurisprudência (art. 926, CPC), mas ele não pode ser imposto e nenhuma medida ou recurso será cabível em decorrência dessa "desobediência". É possível o cabimento de recurso pela matéria, mas não pelo fato de o magistrado não respeitar o precedente. Para Marinoni, "é preciso que o órgão decisório tenha alguma obrigação diante da decisão já tomada. O reflexo deste constrangimento ou desta obrigação apenas pode estar na fundamentação. A Corte obrigada não pode ignorar o precedente, devendo apresentar convincente fundamentação para não adotá-lo"[53].

1.4. IMPORTÂNCIA DOS PRECEDENTES

a) Isonomia

No Estado Liberal a igualdade era identificada *a priori* ao estabelecer que todos eram iguais perante a lei. Não se levava em consideração as peculiaridades fáticas que poderiam fazer a lei ser interpretada de forma diversa, gerando, dessa forma, grandes injustiças no momento de aplicação do direito.

O art. 5º da CF consagra a igualdade no mesmo patamar de diversos valores fundamentais.

---

50 DIDIER, Fredie; BRAGA, Paula Sarno; OLIVEIRA, Rafael. *Curso de direito processual civil*, 5. ed. Salvador: JusPodivm, 2010, p. 388-391.
51 É importante não confundir a obrigatoriedade do precedente com a imutabilidade da decisão (coisa julgada). A coisa julgada torna imutável a decisão para as partes, o respeito ao precedente diz respeito à estabilidade dada à interpretação jurídica (MARINONI, Luiz Guilherme. *Precedentes obrigatórios*, cit., p. 112).
52 Conforme teremos oportunidade de demonstrar, entendemos que nem todas as hipóteses previstas no referido artigo sejam vinculantes.
53 MARINONI, Luiz Guilherme, *Precedentes obrigatórios*, cit., p. 118.

A conhecida expressão *"treat like cases alike"* (tratar de maneira igual as causas iguais) deve ser levada como um dos pontos fundamentais à compreensão dos precedentes no Brasil. O raciocínio que deve ser aplicado sobre a questão é relativamente simples: se a lei tem sua aplicação uniforme para todos os que sofrem a sua incidência, a interpretação sobre essa mesma lei e demais fontes do direito igualmente deve ser uniforme, pena de esvaziar o conteúdo do princípio.

Rodolfo de Camargo Mancuso[54] assevera com precisão: "É plausível que a isonomia aplique-se à norma legislada, mas não atue em face da norma judicada?".

É até fonte de resignação maior daquele que restou sucumbente no processo ao verificar que a sua situação foi julgada de maneira igual a diversos outros casos, do que aquele que percebe sua derrota em comparação a outro processo que, a despeito da mesma situação, teve resultado distinto.

b) Segurança jurídica (previsibilidade)

A segurança judicial está estreitamente ligada à previsibilidade de suas decisões[55]. A "jurisprudência lotérica"[56], como hoje vem sendo (pejorativamente) denominada por segmento da doutrina, que consiste na dispersão de posicionamentos sobre o mesmo tema em casos distintos o que impõe uma série de efeitos nocivos ao sistema jurisdicional: **i)** o descrédito da sociedade com o Poder Judiciário, na medida em que não se sabe qual o posicionamento correto para aquela situação específica, especialmente quando, em outro processo, um litigante usufrui de determinado direito que lhe foi tolhido em processo diverso; e **ii)** falsa noção de vitória, pois juízes e desembargadores que resolvem aplicar apenas sua convicção no caso podem momentaneamente conferir essa errônea sensação de vitória que será corrigida nos tribunais superiores.

Se, ao longo da história, sempre se defendeu que o magistrado aplicasse a lei e a ela estivesse vinculado, por que não dizer o mesmo sobre a interpretação judicial dessa mesma lei?

Luiz Henrique Volpe Camargo bem observa que: "Privilegiar a autonomia funcional do juiz como garantia do magistrado e não do jurisdicionado é o mesmo que concordar com respostas judiciais díspares, pois, se no Brasil há milhares de juízes e se cada um tiver a liberdade de decidir à sua maneira casos que se reproduzirem e que foram distribuídos pelas varas país afora, certamente, cada magistrado solucionará a questão de um modo"[57].

A liberdade é do Poder Judiciário e não do juiz. Deve ele sim se submeter às decisões próprias e a dos tribunais superiores. O magistrado deve servir ao jurisdicionado e não a ele mesmo[58].

c) Efetividade

A atividade jurisdicional na solução das questões que lhe são submetidas é complexa e sofisticada. A lei estabelece a prática de uma série de atos tendentes a permitir ao julgador estar em condições de decidir. A busca da verdade possível decorre não apenas da análise e prova dos fatos trazidos como também da incidência do direito sobre esses fatos. São duas situações distintas, aferidas em momentos diversos, e todas elas igualmente complexas.

O sistema de precedentes pode ajudar a minorar o trabalho do magistrado na busca da solução adequada ao caso. Levar em consideração o trabalho anterior exercido pelo órgão judicial permite que o magistrado apenas confira o acerto do precedente e verifique o "encaixe"

---

54 *Divergência jurisprudencial e súmula vinculante*. 3. ed., São Paulo: Revista dos Tribunais, 2007, p. 125.
55 NUNES, Jorge Amaury Maia. *Segurança jurídica e súmula vinculante*. São Paulo: Saraiva, 2010, p. 82-83.
56 CAMBI, Eduardo. Jurisprudência lotérica. *Revista dos Tribunais*. São Paulo: Revista dos Tribunais, ano 90, v. 786, p. 108-128, abr. 2001.
57 *Direito jurisprudencial*, Coord. Teresa Arruda Alvim Wambier, São Paulo: Revista dos Tribunais, 2012, p. 582.
58 MARINONI, Luiz Guilherme. *Precedentes obrigatórios*. São Paulo: Revista dos Tribunais, 2010, p. 65.

no caso concreto em que se pretende atuar a decisão pretérita. Evidente que toda essa atividade deve ser devidamente fundamentada nos termos do art. 489, § 1º, V, do CPC.

A efetividade opera ainda um efeito colateral aparentemente benéfico: o desestímulo de se buscar o Judiciário ou prosseguir nele. O dissídio jurisprudencial incentiva os litigantes na tentativa da sorte na loteria judiciária com advogados que, muitas vezes, podem oferecer aos seus clientes teses ou soluções jurídicas capazes de convencer o Judiciário a encampar sua tese.

O entendimento firmado e respeitado no mesmo sentido pode fazer o potencial autor pensar nas suas viabilidades, sopesando os gastos com causídico, custas, perícia etc.

Ademais, inibe a interposição de recursos manifestamente protelatórios (máxime pelas novas regras de multa, honorários em fase recursal e litigância) quando já se tem certeza que a tese não prosperará no Tribunal *ad quem*.

d) Eficiência

Como uma das acepções do princípio da eficiência (ora estudado no capítulo sobre princípios, *vide* item 1.10) a aplicação dos precedentes diminui a carga de trabalho exercida pelos juízes. O trabalho quase industrial exercido infelizmente no modelo atual fruto de mau aparelhamento do judiciário gera uma atividade ineficiente e morosa.

Sem prejuízo dessa situação, há metas a serem alcançadas, como se o desempenho do magistrado fosse prioritariamente numérico. Conforme metas traçadas anualmente pelo Conselho Nacional de Justiça[59].

A redução de demandas pela utilização dos precedentes gera diversos efeitos importantes na estrutura: **i)** mais tempo para que o magistrado se atualize e se inteire sobre o que se vem decidindo nos tribunais (especialmente superiores); **ii)** possibilidade de melhorar suas decisões com mais fundamentos e argumentos a ponto de gerar melhor aceitação pela parte de sua sucumbência; e **iii)** mais tempo para que se analisem questões de casos individuais que não possuem potencialidade a gerar precedente em decorrência de suas peculiaridades (*hard cases*).

1.5. APLICAÇÃO

Uma vez compreendida a definição de precedente e sua importância, resta questionar: qual ou quais julgados podem ser considerados um precedente? E uma vez fixado o precedente como verificar sua aplicação no caso concreto?

Importante asseverar que o precedente não é simplesmente formado. Para que seja aplicado é necessário que o juiz, ao analisar um caso concreto, valha-se de decisão pretérita como paradigma de julgamento. Aí está-se a falar de precedente. No Brasil, como dito, ao contrário dos sistemas *common law*, o precedente, em uma de suas acepções, é fabricado antes mesmo de sua aplicação em casos futuros (art. 927, CPC). Ou seja, no Brasil o precedente possui sua condição de existência pela mera previsão da decisão prevista no art. 927 do CPC ou em decisões que possuam fundamentos determinantes universalizáveis. Mas sua eficácia está condicionada à aplicação pelo juízo posterior.

Sem prejuízo da aplicação tradicional dos precedentes em que um juízo do futuro vale-se de uma decisão do passado em caso análogo como fonte do direito. Essa é uma decorrência da necessidade de uniformização prevista no art. 926 do CPC.

A formação de um precedente e sua respectiva aplicação é tarefa que exige uma série de cuidados e formalidades para o correto estabelecimento de sua função: servir de *leading case* para idênticos casos no futuro.

---

59 Disponível em: https://www.cnj.jus.br/gestao-e-planejamento/metas/metas-2019/.

Quando um juiz vale-se de um precedente este deve, antes de tudo, ser interpretado. Para tanto, é necessário o cumprimento de determinadas etapas:

a) a extração da *ratio decidendi*;

b) verificar se constitui um precedente "forte";

c) verificar o encaixe com o caso a ser aplicado o precedente (*distinguish*);

a) a extração da *ratio decidendi*

Toda decisão judicial é composta de dois importantes elementos: as circunstâncias de fato (que estão sendo analisadas *in concreto*) e a tese jurídica (que constitui a incidência do direito sobre os fatos apreciados). No tocante à tese jurídica, é necessário extrair dela o núcleo essencial que servirá como precedente. A este núcleo os ingleses chamam de **ratio decidendi** (razão de decidir)[60] e os americanos de ***holding***.

Ratio decidendi, portanto, são as razões necessárias e suficientes para a solução da causa ou de qualquer questão julgada pelo tribunal[61].

Tudo que não compuser o núcleo que formará o precedente será levado em consideração apenas "de passagem" pelo julgador para as suas razões de decidir no novo caso. Assim, por exclusão, toda matéria que se encontra fora do precedente é denominada ***obiter dictum*** (apenas de passagem, ou em tradução literal "dito para morrer").

Esse fenômeno de se estabelecer o que constitui a *ratio decidendi* (fundamentos determinantes como diz o CPC brasileiro) e o que não (questões periféricas) denomina-se **decomposição**. É importante asseverar que proceder à interpretação de um precedente para se extrair dele sua *ratio* é tarefa até mais complexa do que interpretar a lei[62].

Conforme já tivemos a oportunidade de estabelecer é importante frisar "que a *ratio decidendi* não é pontuada ou individuada pelo órgão julgador que profere a decisão. Cabe aos juízes, em momento posterior, ao examinarem-na como precedente, extrair a 'norma legal' (abstraindo-a do caso) que poderá ou não incidir na situação concreta"[63], a despeito de o Brasil poder formar precedentes prévios (v.g., art. 927, CPC).

Assim para que a *ratio* adquira a sua função de servir como precedente é necessário o preenchimento básico de dois requisitos: **i)** serviu a um caso concreto; **ii)** tenha aptidão para ser universalizada[64].

Em interessante exemplo colhido da obra de Didier, Braga e Oliveira[65], os autores exemplificam o conceito de prova escrita para fins e efeito de cabimento da ação monitória. A Súmula 299 do STJ estabelece que o cheque prescrito constitui prova escrita sem eficácia executiva para o ajuizamento de monitória, assim como o contrato de abertura de conta corrente (Súmula 247, STJ). Assim, constituem esses dois casos hipóteses de prova escrita formando a *ratio*

---

60   Para Dierle Nunes e Rafaela Lacerda, a *ratio decidendi* pode assumir diversas acepções: "i) compreendida como norma geral que se vê afirmada como suficiente para decidir o caso num esquema de subsunção (...); ii) compreendida como uma versão contextualizada da norma geral que se liga aos fatos e aos argumentos que a enunciam para resolver o caso; iii) compreendida como um argumento essencial da argumentação judicial, podendo ser um fato ou uma norma" (*Contraditório e precedentes*: primeiras linhas. Novas tendências do processo civil, Salvador: JusPodivm, 2014, p. 352. v. 2).

61   CRAMER, Ronaldo. *Precedentes judiciais. Teoria e dinâmica*. São Paulo: Gen, 2016, p. 106.

62   WAMBIER, Teresa Arruda Alvim. Precedentes e evolução do direito. In: *Direito jurisprudencial*, 2012. Coord. Teresa Arruda Alvim Wambier.

63   TUCCI, José Rogério, *Precedente judicial como fonte do direito, Curso...*, cit., p. 175.

64   DIDIER, Fredie; BRAGA, Paula Sarno; OLIVEIRA, Rafael, *Curso de direito processual civil*, 5. ed., Salvador: JusPodivm, 2010, v. 2, p. 384.

65   Idem, ibidem, p. 382.

decidendi para casos futuros quando se discute o cabimento desses documentos em sede de ação monitória.

É importante ressaltar que o resultado do julgamento anterior (que servirá como precedente) é irrelevante para a situação. A improcedência ou procedência só tem importância para aquele processo e nele deve ser levado em consideração pela parte dispositiva da decisão. Assim, é da fundamentação que se extrai a *ratio*. O sistema brasileiro prestigia muito a conclusão da decisão (parte dispositiva) especialmente para aferição de contagem de votos. Destarte, haverá decisão unânime num dado sentido se os três juízes concluíram da mesma forma ainda que com fundamentos diferentes. Para formação do precedente é importante a adesão da fundamentação de um juiz para o outro.

Para a individuação e identificação da *ratio decidendi* na doutrina inglesa são bem conhecidos dois testes:

> **Teste de *Wambaugh*** – esse método consiste em separar aquilo que se entende como a suposta *ratio decidendi* de uma decisão e inserir uma palavra a fim de inverter o seu significado. Se, com a inversão, o julgamento se mantiver o mesmo, é porque o elemento escolhido não constitui *ratio*. Caso ocorra a alteração, teremos identificado o núcleo que formará o precedente.
> **Teste de *Goodhart*** – aqui, isolam-se do suposto precedente os fatos denominados materialmente relevantes e sua decisão. A *ratio* será a forma como foram julgados esses fatos.

b) verificar se constitui um precedente "forte"

No sistema brasileiro, há diferentes níveis de peso que se possam atribuir a um precedente. Têm-se os precedentes vinculativos (como a inconstitucionalidade declarada pelo STF) que são sempre precedentes fortes, pois condicionam a atividade decisória posterior sobre a mesma questão. Os precedentes não vinculantes podem deter diversos níveis de "força" conforme uma série de fatores, dentre eles a conformação do precedente ao caso concreto.

Estabelecer precedente forte é conferir legitimidade ao precedente para que ele possa servir de paradigma a casos futuros. O precedente comum é aquele originado de casos individuais e sem a observância do procedimento padrão.

Essa questão se desdobra em duas acepções: **i)** verificar a competência para atribuir o precedente (análise extrínseca); e **ii)** verificar a "qualidade" do precedente a ser aplicado (análise intrínseca).

Na primeira questão, é importante verificar quem, conforme a lei, possui competência para disciplinar o precedente. No segundo caso, é fundamental constatar quem pode ser paradigma.

É importante sistematizar alguns requisitos necessários para que o precedente seja considerado apto a ser paradigma de casos futuros:

> i) que tenha ocorrido prévio e amplo debate;
> ii) que tenha havido publicidade anterior para que haja a participação de interessados na formação do precedente e a efetiva possibilidade de participação de terceiros (*amicus curiae*) para agregar elementos no julgamento;
> iii) julgamento por *quorum* qualificado conforme o tribunal;
> iv) publicidade posterior para ciência dos interessados e para que seja uma diretriz a casos futuros;
> v) possibilidade de revisão.

Assim, para que o precedente possa ter força e ser aplicado a casos análogos ele pode ser forte (porque observadas as regras procedimentais para sua formação) ou também pode ser comum (desde que faça parte de um grupo de decisões sob a mesma referência formando jurisprudência).

Teresa Arruda Alvim estabelece importante sistematização dos diversos níveis de precedentes presentes no ordenamento brasileiro:

i) precedentes fortes – são aqueles que o desrespeito autoriza o cabimento de reclamação como as ações do controle (ADI, ADPF, ADC) e os julgamentos decorrentes de coletivização, sendo eles repetitivos ou não, como o incidente de resolução de demandas repetitivas, a assunção de competência e os recursos de estrito direito repetitivos (desde que exauridas, nesse último caso, as instâncias ordinárias);
ii) precedentes médios – são aqueles impugnáveis mediante recurso como, por exemplo, os enunciados de súmulas do STJ e STF;
iii) precedentes fracos – aqui a questão é meramente cultural, desejando que haja o respeito, mas não havendo medida de controle como os tribunais e o respeito a sua própria jurisprudência.

c) verificar o encaixe com o caso a ser aplicado o precedente (*distinguish*)

Uma vez estabelecida a *ratio decidendi*, é necessário verificar se a demanda que será objeto de julgamento guarda referibilidade com o precedente firmado.

Assim é necessário fixar uma primeira premissa importante: para que dois casos sejam considerados iguais e se possa aplicar o precedente do anterior no posterior, a igualdade não precisa ser absoluta[66]. Aliás, nunca as duas situações: o precedente e a demanda a ser aplicada serão exatamente iguais, pois, caso houvesse essa exigência, não teria como existir precedentes para casos futuros[67]. Nesses casos há de se observar quais foram os fatos essenciais que motivaram a prolação da decisão anterior e verificar as semelhanças com o caso a ser aplicado[68].

É importante asseverar que os critérios de aferição dessa similaridade em nada se comparam com os tradicionais estudos sobre a teoria da identidade jurídica ou mesmo dos elementos da ação (*tria eadem*), muito utilizados para a identificação de relação entre causas com o efeito de se aferir, dentre outros, a litispendência, a conexão, a continência e a coisa julgada.

Quando um magistrado deixa de aplicar precedente por inadequação ao caso atual, não está revogando a *ratio decidendi* anterior, mas sim criando uma nova aplicada àquele caso e que poderá ser, no futuro, precedente de outro caso.

Diferentemente da *overruling*, a distinção poderá ser exercida por qualquer juiz do Brasil. É possível que um magistrado de primeiro grau de uma cidade do interior afaste a aplicação de um julgado do STF pela distinção. Aliás, o Enunciado 174 do FFPC estabelece: "A realização da distinção compete a qualquer órgão jurisdicional, independentemente da origem do precedente invocado".

Há quem estabeleça na doutrina a diferença entre distinção ampliativa e restritiva. Nesses casos não há propriamente uma distinção porque ele é aplicado no caso futuro, mas permite

---

66 Luiz Henrique Volpe Camargo confere interessante exemplo: estabelece-se em determinado julgamento de condomínio informal de casas a divisão de despesas entre os condôminos (*ratio decidendi*). Esse precedente pode ser aplicado da mesma maneira em um condomínio de lojas ou escritórios *(Direito jurisprudencial,* coord. Teresa Arruda Alvim Wambier, São Paulo: Revista dos Tribunais, 2012, p. 566).
67 BURIL DE MACÊDO, Lucas. *Precedentes judiciais e o direito processual civil.* 2. ed. Salvador: JusPodivm, 2017, p. 264.
68 Idem, ibidem.

ampliar ou reduzir a incidência do precedente[69]. Assim, "a denominada distinção ampliativa ocorre quando um determinado precedente passa a ser aplicado, por meio de decisões posteriores, a fatos em relação aos quais não tinha a decisão originária feito menção. Nessa situação ocorre uma expansão silenciosa do precedente originário"[70].

Contrariamente, a distinção restritiva ocorre quando diminui-se o espectro de abrangência do precedente, não levando em consideração, no caso futuro, fatos substanciais relevantes que serviram para formar a decisão originária. Trata-se, em verdade, da figura do *overriding* que será visto abaixo.

1.6. DINÂMICA DOS PRECEDENTES (TÉCNICAS DE SUPERAÇÃO, DISTINÇÃO, SINALIZAÇÃO OU TRANSFORMAÇÃO)

Os precedentes nem sempre serão aplicados no caso concreto: a) porque podem ser **apenas meramente persuasivos**, quando fortemente se recomenda que sejam seguidos, mas o magistrado poderá não aplicá-lo (p. ex., mera jurisprudência de um tribunal) ou b) porque ocorreu inaplicabilidade/relativização no uso dos precedentes pelos métodos de superação, distinção, sinalização ou transformação.

a) Superação (*overruling* e *overriding*)

Até 1966, na Inglaterra os precedentes somente poderiam ser alterados se o Parlamento editasse expressamente regra que modificasse o posicionamento do precedente. A partir daquele ano, com o *Practice Statement*, permitiu-se que a própria Câmara dos Lordes tivesse autonomia para tanto.

O precedente, assim como a lei em sentido estrito, pode perder sua aderência quando houver substancial alteração na lei ou no próprio direito material (aspectos culturais, sociais, religiosos). Não seria crível pensar um sistema de precedentes rígidos, inflexíveis e infensos às alterações supervenientes à sua formação.

Essa mudança é denominada *overruling*.

Assim, *overruling* é a revogação ou superação do precedente em decorrência de uma alteração legislativa ou mudança na sociedade.

Importante observar que a superação do precedente deve ser medida excepcional e ocorrer por força (dentre outras, como dito) dos seguintes fatores: a) alteração legislativa, b) manifesto erro no precedente ou c) alteração social, econômica, política.

Há duas formas de superação dos precedentes:

a1) Superação total (*overruling*) – É a possibilidade de os tribunais reanalisarem os fundamentos que motivaram a criação do precedente e atribuir uma nova interpretação a ele. Nesse caso, o precedente perde sua força persuasiva ou vinculante e outro tomará o seu lugar. Em regra, essa substituição se dá de forma **expressa** (*express overruling*). A decisão que acolhe o novo precedente já revoga expressamente o precedente pretérito.

Contudo, nada impede (ainda que raro) que a superação se dê de forma **tácita** (*implied overruling*), sem que a nova decisão mencione a revogação da anterior. O modelo da violação tácita, contudo, afronta o princípio da fundamentação das decisões judiciais, tendo em vista que Poder Judiciário deve enfrentar a questão, explicitando os motivos pelo qual aquele precedente não pode mais ser utilizado.

---

69 PEIXOTO, Ravi. *Superação do precedente e segurança jurídica*. 2. ed. Salvador: JusPodivm, 2016, p. 190-191.
70 Idem, ibidem.

Atento a isso, o CPC adotou a superação expressa ao estabelecer, no art. 927, § 4º, que: "A modificação de enunciado de súmula, de jurisprudência pacificada ou de tese adotada em julgamento de casos repetitivos observará a necessidade de fundamentação adequada e específica, considerando os princípios da segurança jurídica, da proteção da confiança e da isonomia".

Ademais, o magistrado/tribunal poderá conferir **efeitos pretéritos** (*retrospective effects*) ou **futuros** (*prospective effects*). No primeiro caso a revogação opera efeitos *ex tunc*. Assim, a decisão que foi substituída não poderá ser utilizada como paradigma em casos pretéritos, mas que ainda estejam pendentes de julgamento. No segundo caso operam-se efeitos *ex nunc*. Dessa forma, o precedente revogado poderá normalmente produzir seus efeitos para casos anteriores (ainda não julgados), mas não poderá servir de paradigma para casos futuros à sua revogação[71]. Falaremos sobre a modulação dos efeitos da superação do precedente (item 1.7.2, *infra*).

a2) **Superação parcial (*overriding*)** – nesse caso não se trata de substituição de precedentes, mas a limitação de sua incidência. Assim "a distinção feita no *overriding* supõe que o litígio anterior, caso fosse visto na perspectiva da nova situação e do novo entendimento, teria outra solução"[72]. Assim haverá a reescrita quando o Tribunal estabelece o alcance do precedente. Assim, algo que não foi levado em consideração na decisão anterior é levado em consideração nesse.

Em qualquer caso, a decisão sobre a superação do precedente deve ser tão ou mais cuidadosa que aquele que o formou.

b) Distinção (*distinguish*) – Para que o precedente exerça sua função de fonte do direito é necessária a devida relação entre o caso concreto e o caso paradigma. Se os casos não possuem identidade, o juiz deve rejeitá-lo pela técnica da distinção.

Portanto, distinção é método pelo qual o magistrado deixa de aplicar o precedente sob o argumento de haver diferença entre o caso presente e o caso pretérito. Não se trata de não concordar com o precedente ou de entender que ele seja incorreto[73]. A questão reside apenas na inadequação do caso precedente ao caso concreto.

O método de cotejo entre as duas decisões não possui relação com a clássica identificação das ações (teoria da tríplice identidade) entre as partes, causa de pedir e pedido. O confronto se dá no plano da identidade de casos. Se as causas fossem idênticas, seria caso de coisa julgada[74].

Teresa Arruda Alvim estabelece a identidade **absoluta ou integral** e **essencial** de casos. Dessa forma, há identidade absoluta quando os fatos relevantes de cada caso são semelhantes, por exemplo, a cobrança de diversos consumidores sobre a assinatura básica de empresas de telefonia. Já na identidade essencial, não há semelhança fática, contudo, os fatos possuem um núcleo fático com identidades jurídicas semelhantes; pessoas que pedem indenização por dano moral por perda de membros diferentes do corpo em casos distintos[75].

É fundamental que o juiz fundamente de forma analítica a distinção, não bastando apenas rejeitar o precedente invocado pela parte. É por isso que o art. 489, § 1º, VI, do CPC estabelece que não se considera fundamentada a decisão que "deixar de seguir enunciado de súmula,

---

71 TUCCI, José Rogério, *Precedente judicial como fonte do direito*, cit., p. 179-180.
72 MARINONI, Luiz Guilherme. *Precedentes obrigatórios*, cit., p. 347.
73 "Não significa que o precedente constitui *bad law*, mas somente *inapplicable law*" (MARINONI, Luiz Guilherme. *Precedentes obrigatórios*, cit., p. 231).
74 GAJARDONI-DELLORE-ROQUE-OLIVEIRA JR. Execução e recursos. In: *Comentários ao CPC 2015*. São Paulo: Gen, 2017, p. 591.
75 WAMBIER, Teresa Arruda Alvim. Precedentes e evolução do direito. In: WAMBIER, Teresa Arruda Alvim (Coord.). *Direito jurisprudencial*. São Paulo: RT, 2012, p. 57-64.

jurisprudência ou precedente invocado pela parte, sem demonstrar a existência de distinção no caso em julgamento ou a superação do entendimento".

Diferentemente da *overruling*, que somente pode ser estabelecida pelo tribunal que criou o precedente, a distinção poderá ser feita por qualquer juiz de qualquer caso concreto. Não há, portanto, competência específica.

Como uma espécie de ramificação da *distinguish*, tem-se a denominada *disapproval precedent*. Enquanto a distinção pura estabelece o confronto entre duas decisões no plano fático, a *disapproval* seria em relação à questão jurídica. Assim, poderia o magistrado afastar a aplicação do precedente por não concordar com a tese adotada pelo anterior magistrado, ainda que os fatos sejam exatamente os mesmos. Dessa forma, o juiz deixa de seguir o precedente obrigatório, criando, para o caso, uma nova questão de direito.

Defender essa tese seria enfraquecer a teoria dos precedentes, pois, ainda que vinculante, o precedente poderia não ser utilizado, sob o argumento que o juízo do caso concreto não concorda com a tese jurídica adotada na decisão anterior.

Assim, é altamente recomendado – e essa é a essência da adoção do sistema de precedentes – que o juiz adote a decisão pretérita mesmo não concordando com a fundamentação jurídica adotada. Não se trata de contradição do magistrado, já que a adoção do precedente é recomendada (art. 926, CPC) ou mesmo imposta (art. 927, I, II e III, CPC). Aliás, o Fórum Permanente dos Processualistas Civis editou enunciado exatamente nesse sentido: "Enunciado n. 172. A decisão que aplica precedentes, com a ressalva de entendimento do julgador, não é contraditória".

c) Sinalização (*signaling*) – Consiste num mecanismo que prepara o precedente para que seja superado no futuro. É em verdade um "*pré-overruling*". O Tribunal identifica que o precedente está equivocado ou não corresponde mais à realidade atual e sinaliza que pretende, no futuro, não mais se utilizar daquele precedente como fonte de julgamento. A sinalização não é feita num processo específico. Essa técnica tem por objetivo alertar e preparar a sociedade para a futura mudança e manter a confiança da população no sistema de precedentes. O tribunal não desconhece que o precedente é inconsistente, mas, em atenção à segurança jurídica e ao respeito às diretrizes do art. 926 do CPC, aplica-o ao caso concreto, informando, contudo, a sua perda de força como fonte do direito em futuras situações análogas.

Objetiva não gerar grandes surpresas com a mudança do precedente. Assim há uma manifestação pública (sem haver superação) sobre a preocupação de aderência daquele precedente em relação aqueles fatos.

Importante ressaltar que o tribunal, ao proceder à sinalização, não fica vinculado a, de fato, revogar o precedente. A sinalização constitui um sinal de que o precedente está enfraquecendo. Nada impede que ele ainda possa ser adotado em futuras decisões.

A sinalização é adequada para que o tribunal possa amadurecer a questão a fim de criar o novo precedente enquanto o anterior ainda não é revogado. Essa técnica também é chamada de julgamento-alerta[76].

d) Transformação (*transformation*) – Há quem defenda se tratar de uma espécie de superação implícita[77]. De fato, os dois institutos são muito semelhantes. Contudo, a transformação constitui mais uma prática do que propriamente um instituto a ser encartado no estudo

---

76 PEIXOTO, Ravi. *Superação do precedente e segurança jurídica*. 2. ed. Salvador: JusPodivm, 2016, p. 198. Em sentido contrário, entendendo tratar-se de fenômenos distintos, CABRAL, Antônio do Passo. A técnica do julgamento-to-alerta na mudança da jurisprudência consolidada. *RePro*, São Paulo: RT, n. 221, 2013, p. 39.
77 CRAMER, Ronaldo. *Precedentes judiciais:* teoria e dinâmica. São Paulo: Gen, 2016, p. 153.

dogmático da teoria dos precedentes[78]. Trata-se, na verdade, de uma superação disfarçada: o tribunal diz que está seguindo determinado precedente, mas, ao aplicá-lo ao novo caso concreto, cria nova decisão, com nova *ratio decidendi*. Em outras palavras, diz que está fazendo uma coisa (seguir o precedente) e está fazendo outra (criar nova norma jurídica). Essa atitude do tribunal gera insegurança jurídica (pois não se está respeitando na prática o precedente), e ofende o sistema jurídico (pois alega que determinado precedente está sendo utilizado como fonte de direito e na verdade está criando nova decisão sob novo e autônomo fundamento).

1.7. APLICAÇÃO DOS PRECEDENTES NO CPC

1.7.1. UMA SISTEMATIZAÇÃO DOS PRECEDENTES NO CPC

Conforme já ressaltado, o Brasil, historicamente, é um país de tradição na *civil law*, muito em decorrência da colonização portuguesa aqui implementada.

Mesmo em se tratando de valores implícitos inerentes à própria sistemática do processo e dos valores concebidos pela Constituição Federal (pois, ao criar e conferir hierarquia aos diferentes órgãos lhes atribuindo funções específicas, espera-se que os entendimentos sejam respeitados tanto dos superiores para os inferiores como dentro da mesma hierarquia), a uniformidade e estabilidade das decisões foram positivadas no CPC[79].

A ideia básica dos arts. 926 a 928, que se apresentava de maneira mais contundente no Projeto da Câmara, veio substituir o subaproveitado incidente de uniformização de jurisprudência e permitir a estabilidade da jurisprudência e a otimização da prestação jurisdicional.

Os precedentes ingressaram de maneira definitiva no atual CPC não apenas no capítulo específico que os menciona (Livro III, Título I, Capítulo I, arts. 926 a 928), mas também em uma série de dispositivos esparsos que conferem coerência com a nova sistemática de precedentes e ajudam a viabilizar a sua aplicação[80]. Assim:

a) o melhor dimensionamento do princípio do contraditório (arts. 9º e 10, CPC) especialmente com a vedação da não surpresa das decisões;

b) como controle da fundamentação das decisões judiciais (art. 489, § 1º, CPC), em especial o inciso VI, que proíbe ao Poder Judiciário em geral "deixar de seguir enunciado de súmula, jurisprudência ou precedente invocado pela parte, sem demonstrar a existência de distinção no caso em julgamento ou a superação do entendimento", bem como o inciso V do mesmo artigo em que não se considera fundamentada a decisão judicial se o magistrado se limita a invocar precedente ou enunciado de súmula sem identificar seus fundamentos determinantes ou a sua correta adequação do caso ou, ainda, "deixar de seguir enunciado de súmula, jurisprudência ou precedente invocado pela parte, sem demonstrar a existência de distinção no caso em julgamento ou a superação do entendimento" (inciso VI);

c) a previsão da reclamação constitucional para: "III – garantir a observância de enunciado de súmula vinculante e de decisão do Supremo Tribunal Federal em controle concentrado de constitucionalidade"; e "IV – garantir a observância de acórdão proferido em julgamento de

---

78 MACÊDO, Lucas Buril de. *Precedentes judiciais e o direito processual civil*. Salvador: JusPodivm. 2016, p. 276.
79 ROCHA LIMA, Tiago Asfor. *Breves considerações sobre os precedentes no projeto do novo Código de Processo Civil*, Salvador: JusPodivm, 2014, p. 738, v. 3.
80 ZANETTI JR., Hermes. Precedentes (*treat like cases alike*) e o novo Código de Processo Civil, *RePro* 235, Revista dos Tribunais, p. 328-331.

incidente de resolução de demandas repetitivas ou de incidente de assunção de competência"; conforme art. 988, III e IV, do CPC;

d) a inclusão como hipótese de "presunção de repercussão geral" da decisão que contrariar súmula ou precedente do STF ou tese fixada em julgamento de casos repetitivos (art. 1.035, § 3º, I, CPC);

e) a inaplicabilidade da remessa necessária quando a sentença estiver fundada em: "I – súmula de tribunal superior; II – acórdão proferido pelo Supremo Tribunal Federal ou pelo Superior Tribunal de Justiça em julgamento de recursos repetitivos; III – entendimento firmado em incidente de resolução de demandas repetitivas ou de assunção de competência; IV – entendimento coincidente com orientação vinculante firmada no âmbito administrativo do próprio ente público, consolidada em manifestação, parecer ou súmula administrativa" (art. 496, § 4º, CPC);

f) na possibilidade de improcedência liminar do pedido quando seu conteúdo for contrário a: I – enunciado de súmula do Supremo Tribunal Federal ou do Superior Tribunal de Justiça; II – acórdão proferido pelo Supremo Tribunal Federal ou pelo Superior Tribunal de Justiça em julgamento de recursos repetitivos; III – entendimento firmado em incidente de resolução de demandas repetitivas ou de assunção de competência; IV – enunciado de súmula de tribunal de justiça sobre direito local (art. 332, CPC);

g) nos poderes do relator no tribunal (art. 932, CPC) em que poderá: "IV – negar provimento a recurso que for contrário a: a) súmula do Supremo Tribunal Federal, do Superior Tribunal de Justiça ou do próprio tribunal; b) acórdão proferido pelo Supremo Tribunal Federal ou pelo Superior Tribunal de Justiça em julgamento de recursos repetitivos; c) entendimento firmado em incidente de resolução de demandas repetitivas ou de assunção de competência"; e ainda "V – depois de facultada a apresentação de contrarrazões, dar provimento ao recurso se a decisão recorrida for contrária a: a) súmula do Supremo Tribunal Federal, do Superior Tribunal de Justiça ou do próprio tribunal; b) acórdão proferido pelo Supremo Tribunal Federal ou pelo Superior Tribunal de Justiça em julgamento de recursos repetitivos; c) entendimento firmado em incidente de resolução de demandas repetitivas ou de assunção de competência;

h) nas tutelas de evidência (art. 311, II), o magistrado poderá decidir liminarmente quando "II – as alegações de fato puderem ser comprovadas apenas documentalmente e houver tese firmada em julgamento de casos repetitivos ou em súmula vinculante";

i) no cabimento dos embargos de declaração por omissão quando "deixe de se manifestar sobre tese firmada em julgamento de casos repetitivos ou em incidente de assunção de competência aplicável ao caso sob julgamento" (art. 1.022, parágrafo único, CPC). Aliás, esse artigo constitui importante fonte para demonstração de distinção e superação na medida em que a parte provoca o Poder Judiciário sobre a omissão quanto ao precedente e, em resposta, o magistrado deve responder se de fato foi omisso ou, caso contrário, somente poderá se manifestar pela superação ou distinção do julgado ao caso concreto;

j) na dispensa de caução em cumprimento provisório da sentença quando "a sentença a ser provisoriamente cumprida estiver em consonância com súmula da jurisprudência do Supremo Tribunal Federal ou do Superior Tribunal de Justiça ou em conformidade com acórdão proferido no julgamento de casos repetitivos" conforme art. 521, IV, do CPC;

k) na ação rescisória, com fundamento no art. 966, V (violar manifestamente norma jurídica), em que caberá ação rescisória "contra decisão baseada em enunciado de súmula ou acórdão proferido em julgamento de casos repetitivos que não tenha considerado a existência de distinção entre a questão discutida no processo e o padrão decisório que lhe deu fundamento" (art. 966, §§ 5º e 6º, CPC);

l) na assunção de competência cujo objetivo, além de decidir causa/remessa/recurso com "relevante questão de direito com grande repercussão social" (art. 947, CPC), é prevenir ou compor a divergência interna entre câmaras ou turmas do tribunal (art. 947, § 4º, CPC);

m) como exclusão da ordem preferencial de julgamento, conforme o art. 12, § 1º, II e III

n) para julgamento de plano do conflito de competência (art. 955, parágrafo único, I e II, CPC);

o) na impossibilidade de desistência da tese jurídica, "A desistência do recurso não impede a análise de questão cuja repercussão geral já tenha sido reconhecida e daquela objeto de julgamento de recursos extraordinários ou especiais repetitivos" (art. 998, parágrafo único, CPC).

Estabelece o art. 926 do CPC que "os tribunais devem uniformizar sua jurisprudência e mantê-la estável, íntegra e coerente". Percebam que a lei fala em jurisprudência e não em precedente. A despeito da diferença entre ambos os institutos, acreditamos que a locução "jurisprudência" foi utilizada em sentido amplo para abarcar também o conceito de precedente[81].

Por jurisprudência **estável** deve se ter em mente que o magistrado não pode simplesmente mudar o posicionamento que vinha sendo adotado pela jurisprudência de maneira súbita. Estabilizar é manter aquilo que já está uniformizado[82]. Essa é a ideia do art. 489, § 1º, VI, da qual não é fundamentada a decisão em que o magistrado deixa de seguir "jurisprudência" sem demonstrar distinção ou superação. Perceba que a mera jurisprudência no Brasil não é vinculante, mas constitui uma espécie de dever jurídico adotá-la caso haja o devido encaixe e não haja alterado as circunstâncias motivadoras de sua aplicação (FPPC, Enunciado 455).

Não se defende, de modo algum, que haja "fossilização de entendimentos"[83] que já estão superados. Até mesmo porque, sendo a sociedade dinâmica e estando em constante modificação, é natural que a jurisprudência tenha que acompanhar essas mudanças. Mas não se pode confundir uma alteração paulatina que ocorre na sociedade e reflete, por consequência, na jurisprudência com a abrupta mudança de posicionamento.

O estabelecimento de um maior número de decisões vinculantes no direito brasileiro constitui um reflexo dessa instabilidade. Assim, cria-se uma espécie de uniformização "artificial" (e não se fala aqui em sentido pejorativo), pois a estabilidade da aplicação do direito não decorre somente de uma uniformidade de entendimentos voluntários, mas também de uma imposição do legislador.

Por outro lado, para se evitar que uma ou algumas decisões tomadas sem a devida e aprofundada reflexão se tornem vinculantes para casos futuros, recomenda-se um amadurecimento da controvérsia (leia-se, amplos debates nos processos de origem, com produção probatória, decisões fundamentadas, tendo perpassado pela plataforma do duplo grau) para somente após se instaurar mecanismos uniformizadores vinculativos, como, por exemplo, Incidente de Resolução de Demandas Repetitivas.

A jurisprudência **íntegra** é aquela em que há decisão em conformidade com o ordenamento jurídico (FPPC, Enunciado 456) e deve levar em conta o passado daquela decisão. Alexandre Freitas Câmara[84], em interessante analogia, analisa a possibilidade de um livro ser escrito por diversos romancistas sendo que cada um deles escreverá um capítulo passando ao outro que deve continuar a história. Perceba que o escritor seguinte não pode criar uma nova

---

81 Nesse mesmo sentido, SCARPINELLA BUENO, Cassio. *Manual de direito processual civil*. São Paulo: Saraiva, 2015, p. 543.
82 DONIZETTI, Elpídio. *Curso didático de direito processual civil*. 20. ed. São Paulo: Gen-Atlas, 2017, p. 1205.
83 WAMBIER; TALAMINI. *Curso avançado de processo civil*. 16. ed. São Paulo: RT, 2016, v. 2, p. 701.
84 *O novo processo civil brasileiro*. São Paulo: Atlas, 2015, p. 432-433.

história devendo se basear nos capítulos anteriores interpretando-os. É assim que o juiz, ao aplicar a jurisprudência no caso concreto, deve se comportar.

Ademais, a jurisprudência deve ser **coerente**, pois deve ser aplicada a casos análogos à mesma posição. É o que se denomina "dever de autorreferência" (FPPC, enunciados n. 454 e 455). Assim, não pode haver contradição entre julgados da mesma Turma/Câmara sobre situações análogas, por exemplo.

Para tanto:

i) edição de enunciado de súmula. Os tribunais editarão enunciados de súmula relativos à sua jurisprudência dominante que devem se ater às circunstâncias fáticas dos precedentes que originaram sua formação;

ii) fundamentação. Ao decidirem com base nos precedentes, a fundamentação deve ser pormenorizada, conforme arts. 11 e 486, § 1º, especialmente os incisos V e VI, do CPC. Não existe a mera aplicação do precedente sem que haja a devida interpretação. Mesmo na aplicação dos precedentes obrigatórios. Por exemplo, na fundamentação com base no art. 927 não basta a mera utilização da decisão/súmula pretérita como se decorresse de simples ato de silogismo, mas, ao contrário, deve haver fundamentação por se tratar de "atos hermenêuticos"[85].

Ademais, nas hipóteses de superação de enunciado de súmula de jurisprudência pacificada ou de tese em julgamentos repetitivos deve-se igualmente proceder à fundamentação adequada e específica em atenção aos princípios da confiança e isonomia;

iii) publicidade. Os tribunais devem publicar seus precedentes tematicamente e proceder à ampla divulgação, em especial na rede mundial de computadores (internet) para amplo acesso aos operadores do Direito e ao público em geral.

O CPC procurou sistematizar no art. 927 as situações em que se aplicarão os precedentes em julgamentos análogos no Brasil. Logo de cara o referido artigo diz imperativamente que os "juízes e tribunais observarão":

a) As decisões do Supremo Tribunal Federal em controle concentrado de constitucionalidade;
b) Os enunciados de súmula vinculante;
c) Os acórdãos em: c1) Assunção de competência; c2) Resolução de demandas repetitivas; e c3) Julgamento de recursos especial e extraordinário repetitivos;
d) Os enunciados de súmula do STF, se a matéria for constitucional, ou os enunciados de súmula do STJ, se a matéria for infraconstitucional;
e) A orientação dada pelo Plenário ou órgão especial de tribunal aos quais estes juízes e tribunais estiverem vinculados (é importante frisar que a decisão de plenário ou órgão especial vincula os desembargadores do próprio tribunal, mas não os demais órgãos).

É de se perceber que por questões históricas e culturais que as decisões de primeira instância não são dotadas de eficácia vinculante, conquanto faça parte do sistema de decisões do Poder Judiciário. Apenas as decisões de tribunais podem emitir padrões decisórios. Outra questão é que as decisões (não os enunciados de súmulas que são criados por outros procedimentos) que formam os precedentes obrigatórios são sempre oriundas de órgãos colegiados. Decisão monocrática não pode proferir decisão vinculante a não ser que for para seguir decisão vinculante.

---

85 Lenio STRECK e Georges ABBOUD. Afinal, do que estamos falando? In *Precedentes*, v. 3. Coord. Geral. Fredie Didier. Salvador: JusPodivm, 2015, p. 181.

Entendemos que, para além das hipóteses contidas no art. 927 (com as ressalvas que traçaremos abaixo, a repercussão geral reconhecida em recurso extraordinário igualmente constitui uma hipótese de precedente vinculante).

Primeiro, por meio do art. 1.030, I, *a*, CPC que permite ao Presidente ou Vice do Tribunal negar seguimento a recurso extraordinário "que discuta questão constitucional à qual o Supremo Tribunal Federal não tenha reconhecido a existência de repercussão geral ou a recurso extraordinário interposto contra acórdão que esteja em conformidade com entendimento do Supremo Tribunal Federal exarado no regime de repercussão geral". Ou seja, caso não haja reconhecimento de repercussão geral, o recurso futuro que verse sobre o mesmo tema sequer será admitido. Ainda quando se recorre de acórdão que se funda em tese com repercussão geral reconhecida pelo STF.

Segundo, por meio do art. 1.039, parágrafo único, CPC que versa sobre o processamento dos recursos especial e extraordinário repetitivos, que assim estabelece: "Decididos os recursos afetados, os órgãos colegiados declararão prejudicados os demais recursos versando sobre idêntica controvérsia ou os decidirão aplicando a tese firmada. Parágrafo único. Negada a existência de repercussão geral no recurso extraordinário afetado, serão considerados automaticamente inadmitidos os recursos extraordinários cujo processamento tenha sido sobrestado. O recurso extraordinário que foi afetado para julgamento, caso não tenha sido reconhecida a repercussão geral, todos os demais recursos sobrestados não serão admitidos.

Terceiro, pelo art. 998, parágrafo único, CPC que autoriza o recorrente a desistir do recurso, mas não da tese desse mesmo recurso caso já tenha repercussão geral reconhecida (tendo em vista a relevância e transcendência da matéria – art. 1.035, § 1º, CPC).

Quarto, o art. 979, § 3º que versa sobre a publicidade do julgamento de repercussão geral: "A instauração e o julgamento do incidente serão sucedidos da mais ampla e específica divulgação e publicidade, por meio de registro eletrônico no Conselho Nacional de Justiça. § 3º Aplica-se o disposto neste artigo ao julgamento de recursos repetitivos e da repercussão geral em recurso extraordinário".

Quinto, o art. 988, §5º, II, CPC que versa sobre o cabimento de reclamação contra acórdão de recurso extraordinário com repercussão geral reconhecida ou de acórdão proferido em julgamento de recursos extraordinário ou especial repetitivos, quando não esgotadas as instâncias ordinárias.

Sexto, o art. 1.030, II, CPC que autoriza a retratação quando divergir do entendimento do STF em repercussão geral: "III – encaminhar o processo ao órgão julgador para realização do juízo de retratação, se o acórdão recorrido divergir do entendimento do Supremo Tribunal Federal ou do Superior Tribunal de Justiça exarado, conforme o caso, nos regimes de repercussão geral ou de recursos repetitivos".

Sétimo, o art. 1.030, V, que compete ao presidente ou vice do tribunal recorrido: "V – realizar o juízo de admissibilidade e, se positivo, remeter o feito ao Supremo Tribunal Federal ou ao Superior Tribunal de Justiça, desde que: a) o recurso ainda não tenha sido submetido ao regime de repercussão geral ou de julgamento de recursos repetitivos".

Oitavo, o art. 1.042, CPC da qual: "Cabe agravo contra decisão do presidente ou do vice-presidente do tribunal recorrido que inadmitir recurso extraordinário ou recurso especial, salvo quando fundada na aplicação de entendimento firmado em regime de repercussão geral ou em julgamento de recursos repetitivos".

Nono, o art. 1.035, §8º, CPC que assim dispõe: "Negada a repercussão geral, o presidente ou o vice-presidente do tribunal de origem negará seguimento aos recursos extraordinários sobrestados na origem que versem sobre matéria idêntica".

Sobre a interpretação do art. 927 e a compreensão dos precedentes no Brasil, a doutrina brasileira é muito divergente como poderemos ver no panorama abaixo. Há, ao menos, quatro diferentes correntes:

> **A – Só os Tribunais Superiores podem produzir precedentes**
> **B – Todo o art. 927, CPC enumera precedentes vinculantes**
> **C – Apenas a Constituição Federal pode estabelecer precedentes vinculantes**
> **D – Apenas os três primeiros incisos do art. 927, CPC constituem precedentes vinculantes (pois neles há outra norma que lhe confere impositividade)**

A – Só os Tribunais Superiores podem produzir precedentes

Há importante posicionamento doutrinário no sentido de que os "tribunais" a que alude o art. 926 do CPC somente podem ser os Tribunais Superiores, pois apenas esses produziriam precedentes[86]. Estas cortes não têm função de uniformizar a jurisprudência (tarefa que é afeta aos órgãos inferiores), mas sim a de conferir uniformidade ao direito e produzir, em caráter exclusivo, os precedentes que deverão ser seguidos pela própria corte e pelos órgãos inferiores. Dessa forma, repita-se, apenas as Cortes Superiores formam precedentes. Os Tribunais Regionais/Locais formam tão só a jurisprudência[87].

Como decorrência, todo precedente produzido pelas Cortes Superiores é obrigatório. Para essa doutrina a vinculatividade (autoridade) do precedente não decorre da lei, mas sim da autoridade que o produz.

Essa doutrina estabelece que os tribunais regionais e locais são tribunais voltados à justiça do caso concreto e fomentar o debate sobre as possíveis questões a serem travadas perante os tribunais superiores que, a despeito de também julgarem o caso concreto, têm como função precípua conferir a última palavra sobre a correta interpretação da lei federal e da Constituição.

Usam-se, portanto, da causa concreta como um meio para se chegar ao fim, que é a unidade do direito. Ao contrário, as cortes de justiça valem-se da interpretação do direito como um meio para que se obtenha como fim a resolução do caso concreto[88].

Assim, as denominadas "Cortes de Justiça" (tribunais regionais e locais) criam a determinação dos textos de lei e dos princípios, podendo até haver dispersão de entendimentos entre eles até que haja orientação definitiva pelos tribunais superiores[89].

É por isso que nessas cortes (TJs, TRFs) há técnicas de uniformização de jurisprudência, como a assunção de competência e o incidente de resolução de demandas repetitivas.

Dessa forma, as decisões proferidas em casos repetitivos (IRDR e recursos de estrito direito repetitivos) e assunção de competência não seriam, tecnicamente, precedentes, na medida em que aqueles são meios de resolução de conflitos de massa ou questões múltiplas ou de repercussão social. Já estes não têm por finalidade julgar casos pendentes repetitivos ou prevenir casos que possam decorrer da relevância social (assunção de competência), mas "de atribuir sentido ao direito e desenvolvê-lo de acordo com as necessidades sociais"[90]. Por isso,

---

86 MARINONI; ARENHART; MITIDIERO. *Curso de processo civil*. 2. ed. São Paulo: RT, 2016, v. 2, p. 641-647.
87 MITIDIERO, Daniel. *Precedentes, da persuasão à vinculação*. São Paulo: RT, 2016, p. 96.
88 MITIDIERO, Daniel. *Precedentes, da persuasão à vinculação*, cit., p. 642.
89 MITIDIERO, Daniel. *Precedentes, da persuasão à vinculação*. São Paulo: RT, 2016, p. 90.
90 MARINONI; ARENHART; MITIDIERO. *Curso de processo civil*. 2. ed. São Paulo. RT, 2016, v. 2, p. 648.

para que adquiram o *status* de precedente, essas causas devem passar pelo crivo dos tribunais superiores (por RE ou REsp). Para essa posição, portanto, o rol do art. 927 não é taxativo, na medida em que as decisões promanadas de julgamentos de recurso especial e extraordinário não repetitivos e o julgamento dos embargos de divergência também seriam precedentes vinculantes.

Há quem entenda, ainda, que o art. 927, no que concerne aos tribunais regionais ou locais, não estabelece precedentes, mas jurisprudência vinculante[91].

Outra posição doutrinária assevera que o art. 927 não enumera precedentes, mas um "sistema de provimentos vinculantes via atribuição legal"[92].

E que não pode haver precedente que nasça precedente. O precedente somente pode ser assim considerado quando fruto de hermenêutica exercida pelo juiz do futuro. É "sua aceitação e aplicação pelas instâncias inferiores do judiciário que o transformam em precedente"[93].

B – Todo o art. 927, CPC enumera precedentes vinculantes

Há quem defenda que todas as hipóteses do art. 927 sejam obrigatórias (Hermes Zanetti[94], Dierle Nunes, Humberto Theodoro Jr, Arruda Alvim, Araken de Assis e Cândido Dinamarco). O tempo verbal "observarão" confere a ideia (que veremos abaixo se correta ou não) que todas as hipóteses descritas sejam vinculantes. É o que se entendeu também no FPPC nos Enunciados 169 e 170[95].

Trata-se de estrita interpretação semântica ao art. 927, CPC.

C – Apenas a Constituição Federal pode estabelecer precedentes vinculantes

José Rogério Cruz e Tucci, Nelson Nery[96] e Rosa Nery e Cassio Scarpinella Bueno são contrários à ideia de vinculação prevista no art. 927, III a V, do CPC. Primeiro porque apenas existe hierarquia jurisdicional do tribunal sobre o juiz em casos de **competência recursal**. Segundo porque a vinculação de preceitos abstratos (como súmulas não vinculantes, jurisprudência, entendimento de plenário, cortes especiais, incidente de resolução de demandas repetitivas e assunção de competência) apenas poderia ser dada pela Constituição Federal, que estabelece vinculação somente às súmulas vinculantes e controle concentrado de constitucionalidade[97].

Entendemos que a CF não tenha a prerrogativa exclusiva de estabelecer os precedentes vinculantes. Primeiro, não há nenhum preceito contido na Constituição que diga isso. Segundo, ainda que se avente a discussão da tripartição de poderes, se o Poder Legislativo tem o poder de editar normas infraconstitucionais que estabeleçam regras de condutas – imperativas – para

---

91 MITIDIERO, Daniel. *Precedentes, da persuasão à vinculação*. São Paulo: RT, 2016, p. 109.
92 ABBOUD, Georges. *Processo constitucional brasileiro*. São Paulo: RT, 2016, p. 568.
93 Idem, ibidem, p. 577.
94 ZANETTI JR., Hermes, *Comentários ao Código de Processo Civil*, cit., p. 1.321-1.332.
95 Enunciado 169. (art. 927) Os órgãos do Poder Judiciário devem obrigatoriamente seguir os seus próprios precedentes, sem prejuízo do disposto no § 9º do art. 1.037 e no § 4º do art. 927. (Grupo: Precedentes) Enunciado 170. (art. 927, *caput*) As decisões e precedentes previstos nos incisos do *caput* do art. 927 são vinculantes aos órgãos jurisdicionais a eles submetidos. (Grupo: Precedentes).
96 Para esse autor, em especial, não se pode estabelecer precedentes em situações em que já há previsão de lei. Como o sistema brasileiro é prioritariamente legal, o sistema de precedentes vinculantes não teria sentido (Núcleo duro do Novo CPC é inconstitucional. Disponível em: <www.jota.info/justiça>. Acesso em: 19 set. 2018). Contudo, se a própria lei estabelece quais são os precedentes, o Poder Legislativo está legitimando o Poder Judiciário para essa função.
97 NERY JR., Nelson; NERY, Rosa Maria de Andrade. *Comentários ao Código de Processo Civil*, 2015, p. 1836-1837. Nesse sentido, BUENO, Cassio Scarpinella. *Novo Código de Processo Civil anotado*, p. 571.

toda sociedade, por que não poderia estabelecer efeitos vinculantes para padrões decisórios oriundos do Poder Judiciário?[98]

D – Apenas os três primeiros incisos do art. 927, CPC constituem precedentes vinculantes (pois neles há *outra* norma que lhe confere impositividade)

Acreditamos que a questão deva ser analisada por outro ângulo. Primeiro não há inconstitucionalidade no art. 927 do CPC e tampouco previsão expressa na Constituição Federal que confira a ela o poder de estabelecer exclusivamente quais decisões sejam vinculantes no ordenamento brasileiro. Ainda que a Carta Magna estabeleça o controle concentrado de constitucionalidade e a súmula vinculante (arts. 102, § 2º, e 103-A, CF). Segundo porque nem todas as hipóteses previstas no art. 927 constituem precedentes obrigatórios.

Para que haja essa vinculação, em nosso entender, é necessário que esta imposição esteja prevista em **outra norma**[99] (seja ela constitucional ou não) que atribua essa impositividade, ou seja, outros artigos que fortalecem a sua observância.

Apenas para demonstrar nossa tese, o **inciso I** tem a sua previsão estabelecida no art. 102, § 2º, da Constituição Federal; o **inciso II** tem previsão no art. 103-A da Constituição Federal; já o **inciso III** nos arts. 947, § 3º, 985 e 1.040 do CPC, respectivamente.

Todas elas indicam que a decisão ou enunciado de súmula ali previstos têm observância obrigatória. Afinal, se o Brasil ainda adota (ao menos em certa medida) um sistema *civil law*, cuja lei é a principal fonte do direito, compete a essa lei dizer o que devemos respeitar.

Nas demais hipóteses, por falta de previsão, há um "dever jurídico" em seguir os posicionamentos pretéritos em decorrência da segurança e previsibilidade que deve permear a jurisprudência no Brasil (arts. 926 e 489, § 1º, VI), mas não se trata propriamente de vinculação dos juízes futuros.

Ademais, sob o ponto de vista prático, como se permitir a "obrigatoriedade" dos enunciados de súmulas do STF e STJ (art. 927, IV) sendo que há uma infinidade de enunciado de súmulas já superadas, mas ainda não extirpadas do ordenamento, bem como algumas antinomias como, por exemplo, os enunciados 621 do STF e 84 do STJ.

Ainda, há uma correspondência entre as hipóteses dos incisos I, II e III do art. 927 (e a repercussão geral), com as hipóteses do art. 988, III, IV e § 5º, CPC. Portanto, as situações mencionadas são as **únicas** que cabem reclamação por desrespeito a precedente.

Mas há ainda uma questão extremamente importante que deve ser levada em consideração para o estabelecimento da impositividade do padrão decisório: **como os precedentes vinculantes no Brasil decorrem da lei, é necessário cuidado tanto na criação do precedente quanto em sua aplicação ao caso concreto.**

Já tivemos a oportunidade de falar amplamente sobre a aplicação, especialmente no item 1.5, *supra*. Nossa preocupação, neste momento, reside na formação do precedente.

Assim, se o precedente constitui, em sua essência, uma decisão judicial, e se para que uma decisão judicial seja proferida é necessária a anterior observância do **princípio do contraditório** (arts. 9º e 10, CPC), não pode haver a formação de um precedente sem que esse requisito esteja preenchido[100].

---

98 ROCHA, Felipe Borring. *Princípio da jurisdição equivalente*. Salvador: JusPodivm, 2019, p. 108.
99 Nesse mesmo sentido, CÂMARA, Alexandre Freitas. O novo processo civil brasileiro, cit., p. 434-436. Com a mesma conclusão, mas com premissas diferentes Teresa Arruda ALVIM, sustenta que apenas poderá ser vinculante aqueles padrões decisórios que contarem com a reclamação para forçar o seu cumprimento (no caso o art. 988, CPC indica o art. 927, incisos I, II e III, CPC)
100 CÂMARA, Alexandre Freitas. *Levando os padrões decisórios a sério*. São Paulo: Atlas, 2018, p. 180.

Já que o precedente vinculará pessoas que sequer participaram do processo que gerou sua formação, há "uma necessidade de compensação sistêmica consistente em abrir espaço para uma maior participação da sociedade no procedimento de construção desses padrões decisórios (precedentes ou enunciados de súmula) dotados de eficácia vinculante"[101].

Esse contraditório não diz respeito apenas à oportunidade de as partes se manifestarem, mas também na participação de terceiros que possam a) ampliar o debate, trazendo elementos e circunstâncias não imaginadas pelas partes, b) esclarecimentos sobre situações das quais as partes não tinham conhecimento.

Assim, a participação de terceiros interessados, audiências públicas, especialistas e do *amicus curiae* é tão importante. Este último, em especial, precisa possuir representatividade adequada[102] para que haja sua intervenção.

Dessa forma, muito mais do que a mera previsão legal, a escolha dessas decisões como precedentes decorre do fato de que nos procedimentos de sua formação houve amplo e intenso contraditório, em sua grande maioria com a participação de especialistas, pessoas externas ao conflito, mas a ele ligadas por um vínculo de natureza institucional.

Veja:

PRECEDENTE	PROCEDIMENTO
Decisão em controle concentrado de constitucionalidade	Art. 7º, § 2º, da Lei n. 9.868/99: "O relator, considerando a relevância da matéria e a representatividade dos postulantes, poderá, por despacho irrecorrível, admitir, observado o prazo fixado no parágrafo anterior, a manifestação de outros órgãos ou entidades". Art. 6º da Lei n. 9.882/99: "Art. 6º Apreciado o pedido de liminar, o relator solicitará as informações às autoridades responsáveis pela prática do ato questionado, no prazo de dez dias. § 1º Se entender necessário, poderá o relator ouvir as partes nos processos que ensejaram a arguição, requisitar informações adicionais, designar perito ou comissão de peritos para que emita parecer sobre a questão, ou ainda, fixar data para declarações, em audiência pública, de pessoas com experiência e autoridade na matéria. § 2º Poderão ser autorizadas, a critério do relator, sustentação oral e juntada de memoriais, por requerimento dos interessados no processo". Art. 21, XVII, do RISTF: "convocar audiência pública para ouvir o depoimento de pessoas com experiência e autoridade em determinada matéria, sempre que entender necessário o esclarecimento de questões ou circunstâncias de fato, com repercussão geral ou de interesse público relevante".

---

101 *Levando os padrões decisórios a sério*, p. 184.
102 A despeito de o tema ter sido desenvolvido no capítulo destinado às intervenções de terceiro, representatividade adequada é uma espécie de autorização para postular em juízo em nome de um grupo de pessoas sem que haja autorização formal para tanto.

Enunciado de súmula vinculante	Art. 103-A: "O Supremo Tribunal Federal poderá, de ofício ou por provocação, mediante decisão de dois terços dos seus membros, após reiteradas decisões sobre matéria constitucional, aprovar súmula que, a partir de sua publicação na imprensa oficial, terá efeito vinculante em relação aos demais órgãos do Poder Judiciário e à administração pública direta e indireta, nas esferas federal, estadual e municipal, bem como proceder à sua revisão ou cancelamento, na forma estabelecida em lei". Art. 927, § 2º, CPC: "A alteração de tese jurídica adotada em enunciado de súmula ou em julgamento de casos repetitivos poderá ser precedida de audiências públicas e da participação de pessoas, órgãos ou entidades que possam contribuir para a rediscussão da tese".
Decisão em IRDR	Art. 983 do CPC: "O relator ouvirá as partes e os demais interessados, inclusive pessoas, órgãos e entidades com interesse na controvérsia, que, no prazo comum de 15 (quinze) dias, poderão requerer a juntada de documentos, bem como as diligências necessárias para a elucidação da questão de direito controvertida, e, em seguida, manifestar-se-á o Ministério Público, no mesmo prazo. § 1º Para instruir o incidente, o relator poderá designar data para, em audiência pública, ouvir depoimentos de pessoas com experiência e conhecimento na matéria".
Decisão em incidente de assunção de competência	Art. 983 do CPC: "O relator ouvirá as partes e os demais interessados, inclusive pessoas, órgãos e entidades com interesse na controvérsia, que, no prazo comum de 15 (quinze) dias, poderão requerer a juntada de documentos, bem como as diligências necessárias para a elucidação da questão de direito controvertida, e, em seguida, manifestar-se-á o Ministério Público, no mesmo prazo. § 1º Para instruir o incidente, o relator poderá designar data para, em audiência pública, ouvir depoimentos de pessoas com experiência e conhecimento na matéria". (Artigo decorrente da aplicação pelo microssistema de formação de precedentes vinculantes.)
Decisão em recursos especial e extraordinário repetitivos	Art. 1.038 do CPC: "O relator poderá: I – solicitar ou admitir manifestação de pessoas, órgãos ou entidades com interesse na controvérsia, considerando a relevância da matéria e consoante dispuser o regimento interno; II – fixar data para, em audiência pública, ouvir depoimentos de pessoas com experiência e conhecimento na matéria, com a finalidade de instruir o procedimento; III – requisitar informações aos tribunais inferiores a respeito da controvérsia e, cumprida a diligência, intimará o Ministério Público para manifestar-se".

Há ainda outra questão no que diz respeito à formação do precedente.

Não basta a mera estrutura formal do colegiado que proferirá a decisão a ser alçada ao *status* de precedente: é necessário que ele tenha efetivamente debatido a matéria, fazendo jus à existência da própria função dessa atividade.

Assim, não é suficiente a existência do contraditório, mas é necessário que a resposta do Poder Judiciário, em decorrência do ônus argumentativo, se dê de forma qualificada[103].

Há duas formas de deliberação colegiada para a apuração do resultado de um julgamento:

Deliberação *seriatim* (em série): modelo de deliberação em que há mera soma dos votos dos membros do órgão colegiado para a apuração do resultado da causa ou recurso. A análise se dá prioritariamente pela parte dispositiva do julgamento. Não há propriamente um diálogo entre os julgadores.

Deliberação *per curiam* (pelo tribunal): nesse modelo há necessariamente um prévio diálogo entre os membros do colegiado para que a apresentação da decisão final seja uma manifestação do colegiado e não de seus membros (não obstante poder haver algum voto dissonante).

O primeiro modelo dificulta sobremaneira a extração da *ratio decidendi*, pois a preocupação dessa deliberação é apenas proclamar o resultado da causa e não precisar o(s) fundamento(s) determinante(s) que levou(levaram) o colegiado a decidir[104].

Ademais, juízes que possuem fundamentação diferente, mas que chegam a resultados idênticos (dispositivo) gera dois efeitos nocivos para o ordenamento: não apenas municia o recorrente com mais argumentos fomentando a recorribilidade como enfraquece o sistema de precedentes já que não há uma fundamentação comum para que seja possível a extração dos fundamentos determinantes (*ratio decidendi*).

Em conclusão, a questão dos precedentes no nosso ordenamento deve ser vista sob o enfoque de algumas perspectivas fundamentais:

i) No Brasil, "precedente" tem duas acepções: tanto é a utilização de decisão pretérita como fundamento para uma decisão futura (assemelhando-se, nesse ponto, ao sistema *common law*) como o estabelecimento, pela lei, de decisões ou enunciado de súmula que são vinculantes para os juízes do futuro. Assim, há os precedentes que se recomendam ser seguidos por dever de integridade, coerência e estabilidade e os precedentes que devem ser seguidos por imposição legal. Não há nada de inconstitucional ou de desvirtuamento do sistema *common law* (o que,

---

103 CÂMARA, Alexandre Freitas. *Levando os padrões decisórios a sério*, cit., p. 256.
104 Cristiane Miranda Botelho e Regivaldo Fiorindo (Deliberação nas cortes superiores. Julgamento per *seriatim* e *per curiam*. Importância da fixação da *ratio decidendi*. Delineamento de técnicas processuais de distinção – distinguishing. Exame de caso paradigmático julgado pela turma nacional de uniformização dos juizados especiais federais. RePro 258, ago. 2016) estabelecem sistematização das vantagens e desvantagens do modelo *seriatim*: "i) confere publicidade aos votos proferidos pelos membros da corte, reforçando sua autoridade; ii) auxilia a corte a corrigir seus próprios erros; iii) ajuda a compreender melhor o julgamento e aumenta a consciência jurídica da sociedade; iv) constitui garantia para os direitos civis, além de ter um valor psicológico junto da parte sucumbente e perante os demais juízes que compartilhavam da opinião divergente; v) legitima a atuação da corte, que, de outro modo, somente seria legitimada pelo lado vencedor; vi) possibilita a interpretação dinâmica da Constituição, deixando-a aberta para futuras interpretações; vii) promove o debate público, abrindo o diálogo entre juízes, entre esses e professores, contribuindo, ainda, para o desenvolvimento do Direito. De outro lado, encontram-se os motivos que vão de encontro à aceitabilidade do voto dissidente e do formato *per seriatim*: i) os votos divergentes colocam em risco a autoridade, o prestígio e a legitimidade da corte; ii) enfraquecem a credibilidade da corte; iii) representariam um perigo à unidade e à solidariedade da corte, bem como à certeza e segurança do direito; iv) causam confusão desnecessária na compreensão do julgamento, reduzindo a força persuasiva do julgado; v) a decisão não é vista como pronunciamento final da corte, mas sim a decisão da maioria ou minoria; vi) há demora na redação final da decisão; vii) a possibilidade de voto divergente pode ser mal utilizada, sendo empregada apenas para promoção pessoal do juiz dissidente; viii) as questões constitucionais são politicamente sensíveis para se admitir votos dissidentes e, por fim, ix) o voto dissidente é totalmente desnecessário, já que não há interesse na opinião daquele juiz que ficou minoritário".

aliás, não seria problema, pois se trata da realidade e aplicação do NOSSO sistema). O legislador apenas tornou obrigatório o que deveria ser respeitado de forma natural, como lógica do sistema. Aliás, "porque a criação dessa obrigatoriedade forte para esses precedentes seria 'mais' inconstitucional do que o flagrante desrespeito ao princípio da isonomia?"[105]. Ademais, "não se deve perder de vista que o dever de respeitar a posição do STF ou do STJ é, indiretamente, o dever de respeitar a lei e a Constituição Federal na interpretação dada pelos órgãos cuja função constitucional e cuja razão de ser é dar a palavra final sobre o sentido da lei e da Constituição Federal"[106]. Dizendo de maneira mais direta: a segurança jurídica deve se encontrar não apenas na isonomia presente *na lei*, mas também na isonomia presente *na aplicação da lei*.

ii) De uma decisão pretérita é possível se extrair sua *ratio decidendi*, que será aplicada em casos futuros. De um enunciado de súmula apenas "seu extrato generalizante". Não há nada de errado no fato de a lei estabelecer excepcionalmente um enunciado de súmula como precedente. As críticas oriundas da doutrina nesse sentido de que o Brasil passou da "boca-da-lei" para a "boca-da-súmula", em nosso sentir não convence. A aplicação dos enunciados de súmula somente pode se dar com a devida interpretação (arts. 489, § 1º, V, e 927, § 1º, CPC), não se podendo aplicá-los pelo simples método de silogismo ou subsunção.

iii) Assim, por disposição, legal há precedentes que **podem** ser observados (v.g., mera jurisprudência ou enunciados de súmulas não vinculantes[107]), como dito, em decorrência do dever de uniformização, estabilidade, integridade e coerência (art. 926, CPC), e há precedentes que **devem** ser observados (art. 927, I, II e III, CPC). Não se trata de um critério orgânico (função das cortes supremas), mas de mera opção político-legislativa[108]. Apesar de desnecessário já que a própria Constituição Federal confere eficácia vinculativa e *erga omnes*, o CPC tratou de sistematizar no artigo, além das hipóteses do inciso III, as decisões em controle concentrado de constitucionalidade e enunciados de súmula vinculante (incisos I e II)[109].

iv) Não obstante se tratar de opção legislativa, o objetivo da vinculação, antes mesmo do respeito às decisões pretéritas, é evitar a dispersão de entendimentos sobre o mesmo tema que causam insegurança e descrédito do Poder Judiciário. É por isso que a vinculação se dá em todas as esferas, permitindo que tribunais regionais/locais emitam precedentes vinculantes no âmbito de sua competência.

v) É inegável que o debate deve se dar em todas as esferas para que haja a devida formação do precedente. É a denominada teoria circular da jurisprudência, em que os órgãos inferiores trazem subsídios para os julgamentos e firmamentos de precedentes pelos órgãos superiores e os órgãos superiores estabelecem diretrizes de "como" os órgãos inferiores devem decidir.

vi) Trazendo a reboque o item anterior, o denominado "direito jurisprudencial" tem por objetivo regulamentar a atividade do Poder Judiciário. A fonte da jurisprudência é, em regra, a própria lei. E compete ao próprio Poder Judiciário controlar a constitucionalidade dessa mesma lei até mesmo com força vinculante. Dessa forma, criar "padrões decisórios com eficácia

---

105 ARRUDA ALVIM-DANTAS. *Recurso especial, recurso extraordinário e a nova função dos tribunais superiores no direito brasileiro*. 3. ed. São Paulo: RT, 2016, p. 283.
106 ARRUDA ALVIM-DANTAS. *Recurso especial*, cit., p. 284.
107 Posição que demonstraremos abaixo a despeito de os enunciados de súmula estarem previstos no art. 927 do CPC.
108 Ronaldo Cramer usa a expressão "condição originária" (precedentes decorrentes da lei) ou "reconhecimento posterior" (para identificar os precedentes não vinculantes, mas utilizados pelos juízes em casos futuros) (*Precedentes judiciais*, cit., p. 210).
109 Como explicamos ao longo do capítulo, entendemos que as hipóteses do art. 927, IV e V, não podem ser vinculantes (*infra*).

vinculativa representa uma decorrência lógica dessas premissas"[110]. Há, ainda, a Recomendação n. 134 do STJ, que dispõe sobre o tratamento do sistema de precedentes no direito brasileiro. Constitui, em verdade, uma espécie de *soft law*[111] direcionada especialmente aos membros do Poder Judiciário. Apesar de não ser dotado de eficácia vinculante, como são as Resoluções e os Enunciados Administrativos (art. 102, § 5º, do RI-CNJ), ela assume fundamental papel na padronização dos precedentes, na devida compreensão das teses vinculantes, sem que, para tanto, seja necessária uma morosa alteração legislativa pelo Congresso. A despeito de a Recomendação ser muito prolixa, ela atende a sua finalidade de orientar e direcionar a formação e a criação de precedentes.

vii) Por fim, goste-se ou não, constitui uma escolha legislativa: o legislador tinha a opção de deixar o sistema mais maleável ou com maior segurança jurídica. Optou-se pelo segundo valor constitucional. Constitui escolha legítima e que foi votada e aprovada no Congresso democraticamente eleito.

1.7.2. DINÂMICA DO PRECEDENTE NO CPC BRASILEIRO: SUPERAÇÃO (*OVERRULING*) E DISTINÇÃO (*DISTINGUISH*)

Se o Brasil adota um ordenamento com base em precedentes, naturalmente deve possuir mecanismos de superação e distinção para evitar o engessamento do direito e a evolução do sistema.

Os sistemas de distinção e superação fazem pressupor a força vinculante dos precedentes. Isso porque é justamente a utilização desses expedientes, quando necessários, que impedem a estabilização indefinida de um determinado posicionamento jurídico.

Afinal não seria crível imaginar que um juiz tenha que adotar um precedente com base numa lei que, posteriormente, foi revogada. Ademais, as mudanças culturais e sociais fazem com que o precedente perca sua razão de ser (FPPC, Enunciado 322).

É importante frisar que a mudança da legislação ou de fatos sociais, políticos e culturais não tem o condão de revogar a decisão objeto de precedente enquanto julgamento do caso concreto.

A decisão a que o precedente serviu de base se mantém íntegra em proteção ao direito adquirido e à coisa julgada. A fotografia tirada pelo julgador à época se baseou nos elementos que o ordenamento provia naquele momento histórico. O que ocorre é a perda de eficácia da decisão enquanto precedente no momento atual, pois aquela fonte de direito deixou de ser em razão das mudanças ocorridas.

A alteração poderá ser da tese jurídica adotada **a)** no enunciado de súmula, **b)** em julgamento de casos repetitivos ou **c)** de jurisprudência dominante do Supremo Tribunal Federal e dos tribunais superiores.

Nas duas primeiras hipóteses (*a* e *b*) é possível se designar audiência pública prévia, com participação de pessoas, órgãos ou entidades que possam contribuir para a rediscussão da tese. Nesses casos é notória a necessidade de participação de *amici curiae* (art. 138, CPC) para colaborar na compreensão da alteração da tese.

---

110 ROCHA, Felipe Borring. *Princípio da jurisdição equivalente*. Salvador: Editora JusPodivm, 2019, p. 107.
111 *Soft law* pode ser definido como um "manual de boas práticas", uma espécie de norma regulatória que possui imperatividade limitada, ou seja, não obriga seus destinatários e não cria obrigações jurídicas, mesmo assim produz efeitos concretos práticos. É como uma norma de conduta (como a cortesia, por exemplo). Não é obrigatória (= não é mas as pessoas se valem dela constantemente).

Nas duas últimas hipóteses (*b* e *c*) é possível haver modulação dos efeitos "da alteração no interesse social e no da segurança jurídica". O sistema de modulação dos efeitos já é experimentado no controle de constitucionalidade (art. 27 da Lei Federal n. 9.868/99) ao dispor: "Art. 27. Ao declarar a inconstitucionalidade de lei ou ato normativo, e tendo em vista razões de segurança jurídica ou de excepcional interesse social, poderá o Supremo Tribunal Federal, por maioria de dois terços de seus membros, restringir os efeitos daquela declaração ou decidir que ela só tenha eficácia a partir de seu trânsito em julgado ou de outro momento que venha a ser fixado".

Evidente que aqui se fala em declaração de inconstitucionalidade e lá se fala em alteração de precedentes (art. 927, § 3º).

A modulação deve ser verificada no caso concreto em atenção à segurança jurídica e o interesse social. Assim uma decisão que [agora] proíbe a importação de dada mercadoria deve ser apenas para o futuro, pois os atos praticados antes dessa decisão foram feitos com previsão no ordenamento. Entretanto, outras decisões poderão retroagir para casos pretéritos como a possibilidade de isenção ou abrandamento de uma infração tributária (art. 106, II, *a* e *c*, do CTN).

O STF já esposou entendimento no sentido de não retroagirem os efeitos de um precedente para alcançar um fato pretérito (RE 590.809/RS), o que vale dizer que, mesmo havendo alteração no posicionamento da corte, esta alteração não poderá alcançar situações jurídicas já consolidadas.

1.7.3. PRECEDENTES: MODULAÇÃO DOS EFEITOS

É natural que a **criação das leis** projete seus efeitos para o **futuro**, até mesmo em decorrência do princípio da irretroatividade (arts. 6º da LINDB[112] e 5º XXXVI, CF[113]).

Igualmente é natural que as **decisões judiciais** sejam um reflexo das **situações passadas**, ou seja, a decisão delibera sobre aquilo que aconteceu e, sobre esse acontecido, produzirá os seus efeitos.

Ocorre que as decisões judiciais, a) assim como as leis, constituem uma espécie de norma e b) podem exercer função de precedente (se houver *ratio* generalizante).

Ou seja, ela possui dois vieses, para o futuro e para o passado.

Dessa forma, pergunta-se: as decisões que formam precedentes vinculantes, projetam seus efeitos apenas para o futuro ou para as situações pretéritas também?

É importante analisar o direito positivo e suas consequências no mundo prático.

O art. 927, § 3º, CPC estabelece que: "Na hipótese de alteração de jurisprudência dominante do Supremo Tribunal Federal e dos tribunais superiores ou daquela oriunda de julgamento de casos repetitivos, **pode haver modulação dos efeitos** da alteração no interesse social e no da segurança jurídica" (g.n.).

Modular é estabelecer o marco inicial de quando uma decisão produzirá seus efeitos.

A possibilidade de modulação, aliás, já existe no ordenamento no art. 27 da Lei n. 9.868/99 (Ações de Controle Concentrado): "Ao declarar a inconstitucionalidade de lei ou ato normativo, e tendo em vista razões de segurança jurídica ou de excepcional interesse social, poderá o Supremo Tribunal Federal, por maioria de dois terços de seus membros, restringir os efeitos daquela declaração ou decidir que ela só tenha eficácia a partir de seu trânsito em julgado ou de outro momento que venha a ser fixado".

---

112 "Art. 6º A Lei em vigor terá efeito imediato e geral, respeitados o ato jurídico perfeito, o direito adquirido e a coisa julgada."
113 "Art. 5º (...) XXXVI – a lei não prejudicará o direito adquirido, o ato jurídico perfeito e a coisa julgada; (...)."

A diferença é que nesse art. 27 a **retroatividade é a regra** e o art. 927, § 3º, não se posiciona sobre isso (estabelecendo apenas a *possibilidade* de modulação)[114], pois seu texto não fala em *restringir os efeitos daquela declaração ou decidir que ela só tenha eficácia a partir de seu trânsito em julgado ou de outro momento que venha a ser fixado*.

Logo, nos casos de formação de precedente, sendo omisso o tribunal no sentido da modulação, restariam três situações distintas[115]:

> a) eficácia *ex tunc*, alcançando situações pretéritas, evidentemente não alcançadas pela coisa julgada (*retrospective overruling*);
> b) eficácia *ex nunc* da qual atingirá apenas os fatos futuros que tenham ocorrido após a formação do precedente (*prospective overruling*);
> c) dependerá do julgador no caso concreto como será a modulação (ponderação).

O STF possui diversos julgados no sentido do item "b" de que os precedentes não retroagem para alcançar fato pretérito, em consonância com o já ressaltado princípio da irretroatividade (RE 590.809/RS). O STJ possui recente entendimento no sentido da eficácia *ex nunc*, com modulação excepcional para atingir casos pretéritos: "Inviável a pretendida modulação de efeitos da alegada alteração de entendimento da jurisprudência deste Superior Tribunal de Justiça. Na forma do entendimento desta Corte, "a modulação de efeitos do art. 927, § 3º, do CPC/15 deve ser utilizada com parcimônia, de forma excepcional e em hipóteses específicas, em que o entendimento superado tiver sido efetivamente capaz de gerar uma expectativa legítima de atuação nos jurisdicionados e, ainda, exigir o interesse social envolvido" (AgInt nos EDcl no REsp 1321564/RJ. Ministra Assusete Magalhães, *DJe* 27-5-2021).

A LINDB, com a alteração dada em 2008 em seu art. 24, estabelece mais um limite a possibilidade de retroação: "**A revisão**, nas esferas administrativa, controladora ou **judicial**, quanto à validade de ato, contrato, ajuste, **processo** ou norma administrativa **cuja produção já se houver completado levará em conta as orientações gerais da época, sendo vedado que, com base em mudança posterior de orientação geral, se declarem inválidas situações plenamente constituídas**".

O que o referido artigo quer dizer, no plano do direito intertemporal jurisprudencial, é que não se pode retroagir quando a decisão anterior foi dada com fundamento nas orientações vigentes na época da ocorrência.

Essa afirmação está intimamente ligada à segurança jurídica. Como bem observa Teresa Arruda Alvim "a dimensão do princípio da segurança jurídica que serve de plano de fundo para a modulação é a subjetiva: liga-se à necessidade de pautas de conduta sejam conhecidas, de molde a permitir o planejamento das ações, sem surpresas posteriores"[116].

A compreensão da LINDB está correta, deixando totalmente superada a terrível Súmula 400 do STF: "Decisão que deu razoável interpretação à lei, ainda que não seja a melhor, não autoriza recurso extraordinário pela letra *a* do art. 101, III, da CF".

Esse enunciado demonstra uma situação atualmente não desejada no ordenamento: instabilidade quando da formação da decisão e (consequentemente) impossibilidade de valer-se a posteriori de alguma medida (rescisória ou RE) para desconstituí-la (sobre a Súmula 343 do STF tecemos nossas considerações quando do estudo da ação rescisória).

---

114 Como também ocorre no art. 525, § 13, CPC.
115 ZANETTI JR, Hermes. *Comentários ao novo Código de Processo Civil*. Coord. Antônio do Passo Cabral e Ronaldo Crames. São Paulo: Gen, 2015, p. 1.329 e 1.330.
116 *RJLB*, ano 6, n. 1, p. 1.396, 2020.

O que quer dizer, em linha de princípio, que os valores e orientações estabelecidos na época da decisão devem prevalecer sobre as futuras alterações que possam surgir no futuro, desde que devidamente sedimentadas nas orientações da época de sua formação.

A garantia do direito adquirido, ato jurídico perfeito e coisa julgada devem prevalecer, como regra. Do contrário, qualquer mudança social, política, econômica ou jurídica, terá o condão de alterar as situações pretéritas regidas pelo sistema anterior (com fundamento na confiança, na boa-fé objetiva e na segurança jurídica).

Ademais, esse cuidado ainda é ressaltado em lei para as situações futuras. O art. 23 da mesma LINDB estabelece que: "A decisão administrativa, controladora ou **judicial** que estabelecer **interpretação ou orientação nova sobre norma de conteúdo indeterminado, impondo novo dever ou novo condicionamento de direito, deverá prever regime de transição** quando indispensável para que o novo dever ou condicionamento de direito seja cumprido de modo proporcional, equânime e eficiente e sem prejuízo aos interesses gerais".

Trata-se de um **regime jurídico de transição**, com base (igualmente) na segurança jurídica, na boa-fé objetiva e na confiança das relações para que a sociedade possa ter tempo para compreender as mudanças empreendidas pela nova decisão (num efeito similar a da *vacatio legis*).

Dessa forma, entendemos que a terceira solução seja inegavelmente a mais correta (ponderação dos efeitos da modulação). A segurança jurídica deve ser protegida, em especial, nesse tocante, das normas processuais: não pode haver valores sociais ou morais intrínsecos. Em sentido bem prático, quando uma peça é protocolada (ação, defesa, recurso etc.) é com base nas situações vigentes naquela época que se deve reger a questão, mas há de se ter a possibilidade de retroação especialmente quando a decisão anterior não foi dada com base em entendimento sedimentado e orientações gerais.

Afinal, como exigir o respeito a um precedente que sequer existia no momento da decisão?

Portanto, lendo a lei processual e com base no princípio da irretroatividade, é possível compreender que, via de regra, o precedente projetará seus efeitos para o futuro, contudo, poderá o emissor do precedente estabelecer outro marco (*prospective* ou *retrospective overruling*). As balizas que devem ser levadas em consideração para a possibilidade de **retroatividade** (afinal ninguém nega que o precedente é formado para projetar efeitos presentes e futuros) são a **segurança jurídica e o interesse social.**

Uma importante questão de legitimidade: apenas a quem produziu o precedente assiste legitimidade para estabelecer a sua modulação. Esse é o entendimento do STF sobre a questão: "Compete exclusivamente ao órgão prolator da decisão, que altera jurisprudência dominante do Supremo Tribunal Federal e dos tribunais superiores ou que altera jurisprudência oriunda de julgamento de casos repetitivos, modular os seus efeitos com fundamento no art. 927, § 3º, do CPC"[117].

Por fim, há, igualmente a modulação dos efeitos quando uma lei ou ato normativo for considerada inconstitucional pelo STF em controle concentrado ou difuso. Nesse caso, o título executivo (= sentença transitada em julgado com base na lei, agora, inconstitucional) será considerado inexigível. Se a decisão do Supremo for anterior ao trânsito em julgado basta alegar em sede de execução (impugnação). Se for após caberá ação rescisória.

Sobre o tema, reporta o leitor ao capítulo sobre defesas do executado *supra*.

---

117 AREsp 1.033.647-RO, Rel. Ministro Paulo Sérgio Domingues, Primeira Turma, por unanimidade, publicado em 8-4-2024.

2.

O MICROSSISTEMA DA COLETIVIZAÇÃO DE JULGAMENTOS REPETITIVOS NO ORDENAMENTO BRASILEIRO

2.1. INTRODUÇÃO

A tutela da coletivização das causas repetitivas ou não repetitivas deve ser vista por diversos aspectos.

Especialmente no sistema anterior era vigente a inexistência de hierarquia funcional na organização do Poder Judiciário no sentido de não vinculação dos juízes à decisão de outros. Cada magistrado ao julgar era independente e podia exercer sua livre convicção conforme cada caso, analisando, independentemente de casos pretéritos, os fatos e direitos de cada demanda que lhe era submetida.

Contudo os atos judiciais podem ser revistos por órgãos em regra de grau superior. A decisão proferida pelo órgão revisor gera um dever de obediência pelo órgão inferior que, por vezes, devia até cumprir (mesmo contrário à sua vontade), por carta de ordem, as determinações do órgão superior sobre a nova decisão.

Assim, o sistema jurisdicional brasileiro podia ser desenhado sob três enfoques distintos: **a)** a **liberdade judicial**, no sentido de permitir ao magistrado a possibilidade de apreciar livremente os fatos e a aplicação do direito à luz do caso concreto, mesmo havendo posicionamento contrário das Cortes Superiores[1]; **b)** o **dever de respeito** às decisões dos órgãos superiores que modificam a sua decisão; e **c)** a **teoria circular da jurisprudência**, pois os órgãos superiores influenciam, exortam, incentivam os inferiores a seguir seus posicionamentos, mas estes mesmos órgãos inferiores, no enfrentamento dos casos concretos, podem trazer novas questões para que os órgãos superiores repensem seus posicionamentos e fixem novas teses.

Este último contribui, sobremaneira, para o aperfeiçoamento da jurisprudência, pois permite a um remoto juiz de primeiro grau de pequena comarca influenciar no posicionamento firmado pelas Cortes Superiores.

---

1 Com as exceções previstas no sistema como, v.g., súmula vinculante, controle concentrado de constitucionalidade e repercussão geral.

Em especial sobre o item "a" é preciso estabelecer as premissas necessárias para a devida compreensão das causas repetitivas.

A liberdade judicial acarreta um colateral efeito de permitir resultados diferentes para causas idênticas[2]. E tendo o sistema de massificação das lides (macrolides) crescido exponencialmente com multiplicidades de situações tendo por base uma mesma controvérsia, é possível se instaurar (como de fato se instaura) uma sensação de insegurança jurídica na medida em que a previsibilidade de êxito de uma causa decorrente da correta aplicação do direito ao caso fica comprometida pela oscilação interpretativa da jurisprudência.

O direito processual civil brasileiro vem passando por diversas modificações para conferir maior celeridade e efetividade à prestação da tutela jurisdicional.

Estas medidas têm por objetivo valorizar os precedentes e a jurisprudência pacificada pelos tribunais ao conferir, na medida do possível, solução igual para casos idênticos (*treat like cases alike*).

Constitui o que se denomina "efeito expansivo" ou "eficácia extra-autos dos julgados" para fora do processo em que a decisão foi tomada.

O CPC/73 foi concebido numa época de prestígio ao individualismo. Com a propensão de causas "coletivizadas" e a despersonalização do indivíduo, o Código não se amoldava mais a esses novos direitos decorrentes de mudanças sociais, culturais, acesso a informação (a denominada sociedade da informação), bem como a causas de massa em decorrência de direitos análogos.

O sistema, ao longo de sua história, tomou e vem tomando medidas paliativas para tentar frear a crescente divergência de julgamento sobre casos idênticos, como a edição de súmulas, o controle concentrado de constitucionalidade, as súmulas vinculantes, a uniformização de jurisprudência e a repercussão geral.

Entretanto era necessário desenvolver novas alternativas para dar solução à litigiosidade repetitiva ou potencialmente repetitiva e conferir um tipo de coletivização de demandas individuais[3]. Essas técnicas, além de permitir a aplicação uniforme para casos idênticos, também permitem a efetivação de *aceleração do procedimento* na medida em que evitam etapas processuais que, dada a circunstância das identidades de causas, se tornam prescindíveis.

O CPC tratou de conferir trato uniforme para o **julgamento de recursos especial e extraordinário repetitivo (arts. 1.036-1.041)** que antes eram tratados de maneira esparsa e com regras próprias (arts. 543-B e 543-C, CPC/73). Ademais criou a técnica de **julgamento de processos repetitivos (arts. 976-987).** Esses procedimentos se somam aos dos recursos de revista repetitivos (CLT, arts. 896-B e 896-C) que não serão abordados neste *Manual* dados os limites que aqui se estabelecem.

É possível falar então em um verdadeiro microssistema ou procedimento para casos repetitivos. Ainda que possuam mecanismos diferentes e procedimentos distintos para sua formação, o sistema cria vasos comunicantes entre eles ao estabelecer sua sistematização no art. 928 do CPC, bem como no art. 979, § 3º, do mesmo diploma e no art. 896-B da CLT (FPPC, Enunciados 345, 346, 347 e 363).

Este capítulo não versa sobre assunção de competência, pois, apesar da mesma *ratio*, não se trata de multiplicidade de processos, como se verá a seguir. Mas tanto o IRDR como o IAC fazem parte de um mesmo microssistema: o de formação de precedentes vinculantes. Isso será

---

2 RODRIGUES, Ruy Zoch. *Ações repetitivas.* São Paulo: Revista dos Tribunais, 2010, p. 147.
3 MONNERAT, Fábio Victor da Fonte. A jurisprudência uniformizada como estratégia de aceleração do procedimento. In *Direito jurisprudencial.* Coord. Teresa Arruda Alvim Wambier. São Paulo: Revista dos Tribunais, 2012, p. 344.

devidamente estudado nos itens respectivos desses institutos, mas o Enunciado n. 141 da II Jornada de Direito Processual (CJF) já observou bem a questão ao aduzir que "É possível a conversão de Incidente de Assunção de Competência em Incidente de Resolução de Demandas Repetitivas, se demonstrada a efetiva repetição de processos em que se discute a mesma questão de direito".

Se o ordenamento deseja igualdade e coerência e se estabelece no art. 926 que a jurisprudência brasileira deve ser estável, íntegra e coerente, há necessidade de existência de certos mecanismos de uniformização de causas repetitivas.

Mas por que é necessária a criação desses instrumentos se o ordenamento já possui as causas coletivas, bem como a possibilidade de reunião de causas por conexão?

Esses instrumentos não são aptos a evitar as demandas seriais. Isso porque:

a) As ações coletivas normalmente possuem um legitimado que representa as partes na tutela de seus interesses (v.g., art. 5º, Lei n. 7.347/85) enquanto nos instrumentos de causas repetitivas cada um se mantém como titular da sua própria demanda.

b) Ao contrário das ações coletivas, nas causas repetitivas há uma espécie de fragmentação da cognição (não em relação às causas afetadas, mas nas demais que estão pendentes e as que serão propostas com base em mesma controvérsia), pois, além da questão comum a todas serão julgadas as particularidades de cada caso perante o juiz competente.

c) As ações coletivas não impedem a busca individual em demanda própria (art. 104, CDC). Dessa forma nem sempre a coisa julgada alcançará o autor individual que possua o mesmo direito material, pois primeiro o pedido dessa demanda coletiva deve ser julgado procedente (coisa julgada *secundum eventum litis*) e segundo, que a parte deve pedir suspensão da sua demanda individual.

d) Os direitos individuais e homogêneos que possuem estreita ligação com a repetição de causas não se amoldam propriamente nos direitos coletivos em sentido *lato*, sendo denominados "direitos impropriamente coletivos". Isso porque há um núcleo homogêneo que os liga (o que motivou o legislador, de certa forma, a categorizá-los como direitos coletivos – art. 81, III, da Lei n. 8.078/90) mas há uma grande porção de heterogeneidade que os separa. Se de um lado o objeto da relação obrigacional é o mesmo, os valores são diferentes. Nesses casos os processos coletivos funcionam adequadamente para as relações estritamente homogêneas entre si, já que é sobre ela que recairá a cognição da causa dado o fato, que a sentença é de condenação genérica (art. 95, CDC). Nesses casos haverá diversas liquidações de sentença e processos individuais para que cada litigante cobre particularmente o que lhe é devido.

2.2. INCIDENTE DE RESOLUÇÃO DE DEMANDAS REPETITIVAS

O incidente de resolução de demandas repetitivas constitui, talvez, o maior trunfo do Código para fomentar a isonomia e a efetividade das decisões judiciais. O CPC brasileiro já conhecia (e manteve) as regras sobre recursos especial e extraordinário repetitivos e a repercussão geral. Mas era necessário ir além.

O que se estabeleceu foi uma ampliação do instituto dos recursos especial e extraordinário repetitivos (que foi satisfatório no nosso sistema) fora do plano dos recursos. Dada a similaridade dos institutos, ambos possuem diversas regras análogas e artigos que se correspondem.

Era, portanto, necessário estabelecer regra semelhante para as demandas, até mesmo porque o microssistema das tutelas coletivas no Brasil, como dito, máxime para a proteção de direitos individuais homogêneos, era ineficaz para resolver todas as possíveis situações das denominadas *macrolides*.

Como bem observam Marinoni, Arenhart e Mitidiero, "demandas repetitivas constituem uma anomalia no sistema processual. De fato, nada justifica que uma mesma questão deva ser examinada várias vezes pelo Judiciário, apenas porque se refere a partes diferentes"[4]. Contudo no sistema judiciário brasileiro, máxime em causas de natureza previdenciária ou tributária, chega-se ao absurdo de um tributo ser exigível a determinada pessoa, mas a outra não em decorrência da mera convicção judicial sobre a questão. O mesmo ocorre, por exemplo, nos benefícios previdenciários em que pessoas que exerciam a mesma função, pelo mesmo período, sofram a incidência da lei de forma diversa.

O IRDR (nomenclatura que usaremos doravante) constitui instrumento que objetiva conferir solução uniforme a causas repetitivas por meio de julgamento de causa(s)-piloto(s) que terá efeito vinculante para todos os casos presentes e futuros sobre a mesma matéria dentro da abrangência territorial daquele tribunal.

O incidente terá sua análise: a) aos processos afetados (= escolhidos para julgamento) pelo órgão responsável pela análise do incidente que também julgará o caso concreto; b) aos processos pendentes e futuros não afetados haverá um desmembramento da cognição da causa para dois diferentes órgãos: **i) pelo juízo (juiz/câmara natural)** que procederá ao julgamento da demanda no caso concreto e **ii) pelo órgão colegiado competente do tribunal** (art. 981) que decidirá as questões comuns pertinentes aos casos similares objeto de instauração do incidente (art. 976, CPC) por meio do **procedimento padrão**.

Objetiva obter decisão diretamente do tribunal competente que vinculará todos os processos que contenham a mesma questão de direito, garantindo interpretação isonômica.

O IRDR possui influência em dois sistemas distintos que foram criados como alternativa às ações coletivas:

a) *Group Litigation Order* (sistema inglês) – permite que demandas que contenham direitos semelhantes possam tramitar conjuntamente para que haja julgamento harmônico e efetivo. Abrange tanto as questões de fato como as de direito. Esse procedimento (também chamado de **causa-piloto ou processos-teste**) é marcado pela unidade no procedimento e no julgamento, pois o órgão responsável pelo julgamento do incidente analisa não só as questões comuns como as outras questões peculiares ao caso. Esse procedimento é adotado no julgamento de recursos repetitivos e na uniformização de jurisprudência nos juizados especiais (art. 14, Lei n. 10.259/2001 e art. 19, Lei n. 12.153/2009).

b) *Mustervergahren* (sistema alemão) – procede-se ao julgamento de uma causa **(procedimento-modelo ou procedimento-padrão)** que será referência para os demais julgamentos. Nesse caso ocorre uma fragmentação do julgamento em que as questões comuns serão julgadas pelo tribunal sendo que as questões particulares serão afetas ao juiz natural de cada demanda.

A ideia originária dos autores do Anteprojeto era adotar o sistema alemão. O sistema consolidado no atual CPC adota um pouco dos dois modelos.

---

4   *O novo processo civil*. São Paulo: RT, 2015, p. 564.

De um lado se aproxima do sistema inglês ao estabelecer que não haverá cisão de julgamento, pois "o órgão colegiado incumbido de julgar o incidente e de fixar a tese jurídica julgará igualmente o recurso, a remessa necessária ou o processo de competência originária de onde se originou o incidente" (art. 978, parágrafo único, CPC)[5]. De outro, assemelha-se ao procedimento-modelo ao estabelecer que "A desistência ou o abandono do processo não impede o exame do mérito do incidente" (art. 976, § 1º, CPC).

Não se trata de boa opção, porém. Concentrar o julgamento de diversas causas com temas comuns é extremamente salutar, pois permite um julgamento qualitativa e quantitativamente melhor, além do já mencionado prestígio à segurança jurídica, previsibilidade e efetividade jurisdicional, ou seja, a adoção da causa-piloto.

Agora os julgamentos dessa natureza desprezam as questões particulares (margem de heterogeneidade) que cada causa possui. O STJ vem, prioritariamente, adotando a causa-piloto como forma de condução do incidente, já que autoriza a efetiva participação dos recursos afetados para o julgamento da controvérsia, em atenção ao princípio do contraditório[6].

Ademais, é importante frisar que do julgamento do IRDR (art. 987, CPC) poderá caber recurso especial e/ou recurso extraordinário. E estabelecem os arts. 102, III, e 105, III, da CF que o cabimento desses recursos decorre de decisão de uma **causa**. Ou seja, a adoção somente poderá ser pela causa-piloto, pois não se pode imaginar a mera interposição de recursos de estrito direito por particulares sobre um "processo objetivo"[7].

2.2.1. CABIMENTO E REQUISITOS

Como dito, o IRDR tem sua incidência nas causas cuja pretensão de direito material seja comum (demandas isomórficas) ou no tocante ao direito processual (art. 928, parágrafo único, CPC). Ademais, o incidente poderá ser aplicado não apenas aos casos de demandas individuais homogêneas, mas em situações de "inúmeros direitos, relações e situações jurídicas de estrutura muito heterogênea, mas no bojo das quais haja um extrato comum da discussão"[8].

---

[5] Nesse sentido, o STJ entendeu que: "Não cabe recurso especial contra acórdão proferido pelo Tribunal de origem que fixa tese jurídica em abstrato em julgamento do IRDR, por ausência do requisito constitucional de cabimento de 'causa decidida', mas apenas naquele que aplique a tese fixada, que resolve a lide, desde que observados os demais requisitos constitucionais do art. 105, III, da Constituição Federal e dos dispositivos do Código de Processo Civil que regem o tema" (REsp 1.798.374/DF, Rel. Min. Mauro Campbell Marques, Corte Especial, por unanimidade, j. 18-5-2022).

[6] Ocorre que a adoção da sistemática da causa-modelo não é de livre escolha do Tribunal. Pelo contrário, o Código de Processo Civil a permite em apenas duas hipóteses: quando houver desistência da parte que teve o (único) processo selecionado como representativo de controvérsia multitudinária, nos termos do art. 976, § 1º, do CPC; e quando há "pedido de revisão da tese jurídica fixada no IRDR, o qual equivaleria ao pedido de instauração do incidente (art. 986 do CPC), [caso em que] o Órgão Julgador apenas analisa a manutenção das teses jurídicas fixadas em abstrato, sem qualquer vinculação a qualquer caso concreto" (...) "No Incidente de Resolução de Demandas Repetitivas, a regra é a participação das partes dos recursos selecionados como representativos da controvérsia, que constitui núcleo duro do princípio do contraditório, na perspectiva da representatividade adequada. O CPC/2015, sem prejuízo da participação dos *amici curiae* e MP no incidente, imputou à parte da causa-piloto a condição de representante dos eventuais afetados pela decisão, pois fala em juízo em nome de todos e em razão da identidade de interesses, de modo que a Corte a quo tem o dever de garantir que tal representação seja efetivamente exercida de forma adequada" (REsp 1.916.976-MG, Rel. Ministro Herman Benjamin, Segunda Turma, por unanimidade, j. 21-5-2024).

[7] Sem partes.

[8] CABRAL. Antônio do Passo. *Comentários ao Novo Código de Processo Civil*. São Paulo: Gen, 2015, p. 1420.

Não há qualquer restrição no tocante à matéria que poderá ser objeto do incidente (FPPC, Enunciado 88).

A instauração do incidente depende da presença de dois fatores cumulativos:

a) repetição de processos que versem sobre a mesma questão de direito. Aqui se constitui, conforme ressaltado, uma tendência no ordenamento que, dada a massificação de direitos, potencializou no judiciário brasileiro as denominadas "causas comuns". O CPC precisou adequar-se a essa nova realidade. Não havendo múltiplos processos que veiculem matéria de grande relevância, o caso será do incidente de *assunção de competência* (art. 947, CPC) a ser estudado *infra*. Constituem o IRDR e a assunção de competência regimes que são ligados e se complementam (FPPC, Enunciado 334).

Assim como no litisconsórcio multitudinário, não há, e nem se pretende que haja, um número mínimo de causas para a instauração do incidente. Aliás, esse foi o entendimento consolidado no Enunciado 87 do FPPC. Sobre mesma questão de direito há de se compreender tese comum entre as causas.

O art. 976, I, utiliza-se da expressão "efetiva repetição de processos que contenham controvérsia sobre a mesma questão unicamente de direito". Ao valer-se dessa locução, retira a possibilidade da instauração de incidente preventivo. Assim, não há a possibilidade do cabimento de IRDR para "causas com potencial possibilidade de repetição".

A versão do Senado permitia a prévia instauração se houvesse potencialidade para a multiplicação de causas idênticas. Isso decorre da fácil identificação de causas dessa natureza independentemente da "efetiva" existência de causas repetitivas, como, por exemplo, demandas que discutam plano econômico, questões tributárias ou propaganda enganosa.

Contudo o legislador do CPC consolidado entendeu por bem estabelecer um critério retrospectivo para aferição das causas (e não prospectivo) para um melhor amadurecimento da discussão jurídica sobre a questão. Discordamos, contudo, dessa posição.

Primeiro porque prejuízo nenhum acarreta com essa tomada de posição. Independentemente de quantas causas serão demandadas no futuro, a possibilidade de julgamento uniforme é medida salutar e prestigia os princípios preconizados no art. 976, I, do CPC.

Segundo porque (nas causas que não sejam de competência originária) há de se esperar o processo chegar ao tribunal (após longa instrução probatória) para que se instaure o incidente. Essa mesma situação vai acontecer com todos os processos em curso. De modo que a apresentação do incidente, independentemente de causas existentes, desestimula a litigância e evita longa instrução probatória de processos "efetivos" atentando contra a celeridade e economia processual;

b) que essa multiplicidade de feitos possa gerar risco de ofensa à isonomia e à segurança jurídica. A ofensa à isonomia e à segurança jurídica decorre da possibilidade de coexistirem decisões conflitantes perante os diferentes juízos; aqui sim se faz um juízo prospectivo. Acreditamos que nesse caso pode haver o risco potencial. É necessária, efetivamente, a existência de processos seriais, mas o risco de ofensa à isonomia ou à segurança jurídica pode ser empírico. Pensar o contrário seria permitir a prolação de uma série de decisões conflitantes para somente após permitir a instauração do incidente[9]. É importante que se estabeleça um critério: uma coisa é requerer a instauração do incidente quando os julgados sobre aquela questão são sempre no mesmo sentido. Nesse caso não cabe IRDR por falta de interesse (art. 976, II, CPC). Outra é existir uma série de causas ainda não julgadas e uma delas chegar ao

---

9   Em sentido contrário, entendendo que a imprevisão acerca do resultado deve ser efetiva, CABRAL. Antônio do Passo. *Comentários ao Novo Código de Processo Civil*. São Paulo: Gen, 2015, p. 1422.

tribunal (por julgamento ou causa originária). Nesse segundo caso, ainda que não haja julgamentos conflitantes e, portanto, não se saiba como será decidido, é possível a instauração do IRDR (o próprio dispositivo vale-se da expressão "risco"). O caráter repressivo do incidente está bastante configurado no inciso I do art. 976.

Contudo o dissídio jurisprudencial é ínsito a um sistema que, ao longo de sua história, prestigiou a ampla liberdade judicial e a sua não vinculação aos precedentes[10].

O incidente poderá ser suscitado quantas vezes forem necessárias desde que os requisitos estejam preenchidos. Poderá ainda ser suscitado mesmo com indeferimento anterior, desde que preenchido o requisito faltante que motivou a sua inadmissão (aspecto formal). Tal situação decorre da primazia do julgamento de mérito adotada pelo CPC.

É importante apenas estabelecer um critério de ordem territorial: a multiplicidade de causas, o risco de ofensa à isonomia e à segurança jurídica devem estar circunscritos no âmbito da competência daquele tribunal (regional ou local). Assim, ainda que haja em diversos Estados da Federação inúmeras causas repetitivas com essa potencialidade, não haverá interesse se *naquele* Estado não houver inúmeras causas naquele sentido.

Assim como nos recursos repetitivos, mantém-se aqui a disponibilidade formal da parte. Assim, "a desistência ou abandono do processo não impede o exame de mérito do incidente" (art. 976, § 1º, CPC). Se o titular do direito de uma causa ou recurso, que ensejou (ou foi um dos responsáveis) a instauração do incidente, resolver abandonar ou desistir do seu processo não impede a continuidade do IRDR. Não há, tecnicamente, causa-piloto, mas tese comum a ser fixada. Logo, a desistência ou abandono não acarretará nenhuma perda de objeto do incidente.

2.2.2. LEGITIMIDADE

O art. 977 do CPC confere legitimidade para a instauração do incidente:

a) pelo próprio juiz ou relator de ofício. Percebam que a lei atribui a legitimidade ao relator somente e não a qualquer desembargador, nem ao presidente e tampouco ao vice que, no mais das vezes, cuida do juízo de admissibilidade dos recursos. Os ministros do STJ e do STF não poderão instaurar o incidente por terem, à sua disposição, como dito, outra técnica de julgamento. É intuitivo autorizar ao Poder Judiciário *sponte propria* provocar a instauração do incidente por ter melhores condições de aferir a multiplicidade de demandas. Atribuiu-se ao juiz (e não apenas ao relator) para permitir que o magistrado dos juizados especiais possa instaurar o incidente. Isso porque é possível que no âmbito desse procedimento haja uma questão repetitiva que nunca será levada ao tribunal, pois as decisões de juizado são revistas pelas Câmaras/Turmas Recursais.

Outra questão importante é que os juízes/relatores poderão, em vez de instaurar de ofício, oficiar ao Ministério Público ou Defensoria Pública para que o façam. A razão de ser desse expediente é que o processo que se encontra na mão daquele juiz, apesar de preencher os requisitos do art. 976, não se encontra adequado à afetação por conter fraca argumentação, por exemplo[11];

b) às partes. Igualmente poderão as partes do processo, onde se encontra a questão repetitiva, requerer, por petição, a instauração do IRDR. Deverá a parte instruir com os documentos necessários para o preenchimento dos pressupostos do incidente. Durante a tramitação

---
10   VOLPE CAMARGO, Luiz Henrique. *O incidente de resolução de demandas repetitivas no projeto do Novo CPC: a comparação entre a versão do Senado Federal e da Câmara dos Deputados*. Salvador: JusPodivm, 2014, v. 3, p. 282.
11   CABRAL, Antônio do Passo. *Comentários*, cit., p. 1425.

do CPC na Câmara dos Deputados a ideia era conferir uma legitimidade mais ampla a (também) pessoas jurídicas de direito público e associações que tivessem por objeto pertinência temática do tema a ser enfrentado. Essa ampliação, contudo, não foi levada a efeito. Apesar da natureza institucional para a instauração do incidente não nos parece contraditório autorizar a legitimação das partes (que possuem interesse próprio) na instauração do incidente;

c) ao Ministério Público. A lei não confere detalhamento no que diz respeito à legitimidade do Ministério Público (art. 976, § 2º), mas parece evidente que dependerá de relevante interesse social (arts. 127 e 129, III, CF). Caso o Ministério Público não seja o autor do incidente, deverá necessariamente ser intimado do processo como fiscal do ordenamento jurídico. Ademais, poderá assumir o polo ativo superveniente (sucessão processual) em caso de desistência ou abandono. A despeito de o art. 976, § 2º, falar em participação obrigatória, não há como impor essa condição ao Ministério Público dada sua independência funcional. O que se exige, sob pena de nulidade, é sua intimação para o incidente (arts. 178, 279 e 982, III, CPC);

d) à Defensoria Pública. Igualmente a lei não fornece detalhamento sobre sua legitimidade. Contudo parece restar claro que a Defensoria apenas terá legitimidade na defesa de interesses das pessoas com necessidades econômicas. Essa já é a posição da jurisprudência acerca da legitimação da Defensoria para ação civil coletiva (STJ, REsp 912.849) que deve ser tomada como parâmetro para as demandas repetitivas.

Questão interessante diz respeito a vários requerimentos de IRDR. Nesses casos não há se falar em litispendência. Nesse sentido coadunamos com a solução firmada pelos Enunciados 89 ("Havendo apresentação de mais de um pedido de instauração do incidente de resolução de demandas repetitivas perante o mesmo tribunal todos deverão ser apensados e processados conjuntamente; os que forem oferecidos posteriormente à decisão de admissão serão apensados e sobrestados, cabendo ao órgão julgador considerar as razões neles apresentadas") e 90 ("É admissível a instauração de mais de um incidente de resolução de demandas repetitivas versando sobre a mesma questão de direito perante tribunais de 2º grau diferentes") do FPPC.

2.2.3. COMPETÊNCIA

O pedido de instauração será dirigido ao Presidente do Tribunal. Sua função é meramente administrativa.

O art. 977 estabelece que o IRDR seja dirigido ao "presidente de tribunal". Ao não mencionar de que tribunal se trata (ao contrário do Projeto da Câmara, que confinava aos TJs e TRFs), entendemos que se aplica a qualquer tribunal regional ou local (TJ, TRF, TRT[12] e TRE) conforme entendimento do Enunciado 343 do FPPC[13].

Por esse motivo não cabe a instauração de IRDR nos Tribunais Superiores, porque: a) o legislador fala em "Estados" e "Região", conforme os já mencionados arts. 982, I, e 985, I; b) ademais, o art. 987 fala justamente do cabimento dos recursos especial e extraordinário da decisão que julga o IRDR. Contudo, o STJ, em decisão de Corte Especial, entendeu ser possível o cabimento em sede do seu Tribunal (tanto em competência originária como recursal), se preenchidos os requisitos previstos em lei (AgInt na Pet 11.838). Constitui grande discussão no plano da doutrina e da jurisprudência. Contudo, entendemos pelo não cabimento em

---

12 Além do permissivo legal (art. 15, CPC) insere o IRDR no microssistema já utilizado pela Justiça do Trabalho nos arts. 896-B e 896-C da CLT.
13 Os arts. 982, I, e 985, I, falam em "Estados" e "Região".

Tribunais Superiores, já que, para esses, o CPC instituiu técnica semelhante: recursos especial e extraordinário repetitivos.

Em sede dos juizados especiais, a despeito de a Turma Recursal não constituir propriamente um Tribunal (art. 92, CF), dispõe a Recomendação n. 134 do CNJ, em seu art. 37: "Recomenda-se aos tribunais que criem, no âmbito dos Juizados Especiais, órgãos uniformizadores da respectiva jurisprudência, para que possam, nos termos do art. 98 da CRFB/1988, apreciar os Incidentes de Resolução de Demandas Repetitivas suscitados a partir de processos da sua competência", desde que não haja prévia afetação pelo respectivo Tribunal regional ou estadual (§ 1º).

Após a distribuição os autos serão encaminhados para o órgão colegiado competente para julgar o incidente (órgão esse que será indicado pelo Regimento Interno de cada tribunal, em regra, o mesmo que procede à uniformização de jurisprudência). Correta a posição do CPC em não estabelecer o órgão competente nesse sentido, sob pena de violar a autonomia organizacional de cada tribunal (art. 96, I, *a*, CF). Nessa oportunidade, procederá ao juízo de admissibilidade para aferir a presença dos pressupostos previstos no art. 976 do CPC. A **competência do órgão para o julgamento do incidente e a fixação da tese** se estende também para o **julgamento do caso concreto** contido no recurso, remessa necessária ou causa de competência originária que originou o incidente. A decisão que admite ou não admite o IRDR é irrecorrível (STJ, 1.631.846/DF). Isso porque, além de caber novo incidente em caso de inadmissibilidade (art. 976, § 3º, CPC) não caberá recurso especial, pois apenas será cabível quando houver julgamento de mérito do incidente (art. 987, CPC).

O art. 978 foi omisso quando a instauração do incidente se deu a partir de causa que está tramitando em primeiro grau. Nesse caso é recomendável que se proceda ao sobrestamento do feito até o julgamento do incidente com o julgamento pelo próprio juízo singular, pena de supressão de instância.

2.2.4. NÃO CABIMENTO

Estabelece o art. 976, § 4º, do CPC: "§ 4º É incabível o incidente de resolução de demandas repetitivas quando um dos tribunais superiores, no âmbito de sua respectiva competência, já tiver afetado recurso para definição de tese sobre questão de direito material ou processual repetitiva".

A regra foi estabelecida para evitar que corram, concomitantemente, duas técnicas para definição da tese que podem gerar orientações diversas. Assim, se o processo já estiver afetado para a técnica de julgamento dos recursos de estrito direito repetitivos, não haverá interesse em instaurar o incidente.

2.2.5. PROCEDIMENTO

Inicialmente, é importante frisar que o IRDR faz parte de **dois microssistemas distintos:** i) o microssistema de casos repetitivos (em que figura também os recursos especial e extraordinário repetitivos – art. 928, CPC) e ii) o microssistema de formação dos precedentes vinculantes. Dessa forma, a estrutura do incidente não apenas é fonte de procedimento para as demais medidas de ambos os microssistemas como também aplica, no que for omisso, regras de outros procedimentos.

Enunciado 143: "A revisão da tese jurídica firmada no incidente de resolução de demandas repetitivas pode ser feita pelas partes, nos termos do art. 977, II, do CPC/2015".

a) Fase inicial – O incidente de resolução de demandas repetitivas começará por **petição** (se formalizado pelas partes, defensoria ou Ministério Público) ou por **ofício** (se pelo juiz ou tribunal). A petição/ofício deve estar acompanhada dos documentos necessários para que se preencham os pressupostos de cabimento. Não serão exigidas, em nenhuma hipótese, custas processuais. Não há momento para ingresso do IRDR, contudo, "Não caberá a instauração de IRDR se já encerrado o julgamento de mérito do recurso ou da ação originária, mesmo que pendente de julgamento embargos de declaração" (STJ, AREsp 1.470.017/SP).

b) Publicidade – Em se tratando de litígios seriais em que será dado tratamento uniforme a eles, é necessário instituir mecanismos para viabilizar a consecução do IRDR. Assim, uma vez instaurado o incidente, é necessário conferir a devida e ampla publicidade para o conhecimento de todos os juízes e tribunais que estiverem atuando sobre casos análogos, bem como das partes e de todos os interessados na resolução do litígio. Essa publicidade serve não apenas para permitir aos juízes, no âmbito daquele Estado/região, sobrestar o feito que contenha questões análogas como para evitar a indiscriminada instauração de incidente se, sobre aquela matéria, já foi instaurado. Para tanto:

i) haverá registro eletrônico perante o Conselho Nacional de Justiça que será comunicado pelo órgão competente no julgamento do incidente;

ii) os Tribunais devem manter atualizadas as informações em seus *sites* sobre a(s) questão(ões) de direito submetida(s) ao incidente. Para facilitar a identificação dos processos abrangidos pela decisão do incidente o registro eletrônico das teses jurídicas conterá, ao menos, **os fundamentos determinantes da decisão (*ratio decidendi*) e os dispositivos normativos a que fazem referência.**

Ademais, conforme será visto, poderá haver ampla discussão por setores da sociedade como *amici curiae* e especialistas naquele específico tema.

c) Poderes do relator – É necessária a escolha do(s) processo(s) que servirão de base para o julgamento (causa-piloto). Assim, é possível que o processo que foi a motivo da instauração do incidente contenha argumentação incompleta ou teses mal fundamentadas. Assim, a afetação não tem relação com a admissibilidade do incidente (conquanto seja a situação mais comum). Vale dizer, nem sempre a causa que ensejou o incidente será afetada. Os critérios de aferição das causas a serem afetadas dependem de argumentos amplos e claros. Uma vez admitido o incidente nos termos do art. 978, parágrafo único, do CPC, o relator no Tribunal:

i) suspensão. Determinará o sobrestamento de todas as demandas, individuais e coletivas, que tramitam na esfera de competência daquele Estado ou região. Para tanto, haverá comunicação aos órgãos jurisdicionais competentes (juízes diretores dos fóruns de cada comarca ou seção judiciária), e a eles compete tomar as medidas necessárias dentro de sua competência para o devido sobrestamento. Essa correta medida evita que o tribunal comunique a cada juiz daquele Estado sobre o incidente, gerando custo e demora injustificada. Essa suspensão é automática, não sendo necessária decisão própria da suspensão. A mera admissibilidade do incidente já acarreta *ipso facto* o sobrestamento[14]. É o que se extrai da leitura dos arts. 982, I, e principalmente 313, IV, do CPC. Ademais, a suspensão (ao contrário do que ocorre em boa parte dos recursos ou em embargos à

---

14 Em sentido oposto, o Enunciado n. 140 da II Jornada de Direito Processual: "A suspensão de processos pendentes, individuais ou coletivos, que tramitam no Estado ou na região prevista no art. 982, I, do CPC não é decorrência automática e necessária da admissão do IRDR, competindo ao relator ou ao colegiado decidir acerca da sua conveniência".

execução) não tem como requisito para sua concessão a demonstração dos requisitos da tutela provisória (Enunciado n. 92, FPPC).

Ampliação territorial da suspensão. Poderão ainda as partes, Defensoria e MP apresentar **requerimento** ao Presidente dos Tribunais Superiores (competentes, respectivamente, para conhecer dos recursos extraordinário ou especial) quando a matéria versar sobre questão federal constitucional ou infraconstitucional. Nesses casos, o presidente do tribunal superior poderá, por razões de **segurança jurídica** ou **excepcional interesse social, estender o sobrestamento para todo o território nacional** até posterior decisão em recurso especial ou extraordinário a ser interposto dos casos que versem sobre a mesma questão objeto do incidente (art. 1.029, § 4º, CPC).

Uma vez estabelecida a comunicação da suspensão e o juízo adequando suas causas análogas ao sobrestamento, é possível à parte alegar a distinção de sua causa (questão comum) daquela que foi objeto de afetação. Apesar de não haver dispositivo específico regulando essa questão no IRDR, é possível extrair do microssistema com base em regramento previsto nos recursos repetitivos (art. 1.037, §§ 9º a 13, CPC[15]). Aliás, é o entendimento do Enunciado n. 481 do FPPC.

Caso não haja a interposição de recurso especial ou extraordinário contra a decisão do incidente, cessa a suspensão contida no art. 982, I, do CPC. Por fim, "Determinada a suspensão decorrente da admissão do IRDR (art. 982, I), a alegação de distinção entre a questão jurídica versada em uma demanda em curso e aquela a ser julgada no incidente será veiculada por meio do requerimento previsto no art. 1.037, § 10" (Enunciado n. 142 da II Jornada de Direito Processual Civil do CJF).

ii) informações. Se necessário for, requisitará informações sobre os processos em curso aos juízes que possuem demandas sobrestadas conforme item acima, que deverão respondê-las no prazo de quinze dias;

iii) MP. Intimará o Ministério Público para, em querendo participar, se manifestar no prazo de quinze dias. Sua manifestação se dará após o prazo de quinze dias para que as partes e demais interessados apresentem suas manifestações (*infra*);

iv) oitiva. Para colher melhores dados ao julgamento e ampliar a participação no processo o relator deverá ouvir: a) as partes; b) pessoas, órgãos e entidades com interesse na controvérsia; c)

---

15 Art. 1.037, § 9º Demonstrando distinção entre a questão a ser decidida no processo e aquela a ser julgada no recurso especial ou extraordinário afetado, a parte poderá requerer o prosseguimento do seu processo.
§ 10. O requerimento a que se refere o § 9º será dirigido:
I – ao juiz, se o processo sobrestado estiver em primeiro grau;
II – ao relator, se o processo sobrestado estiver no tribunal de origem;
III – ao relator do acórdão recorrido, se for sobrestado recurso especial ou recurso extraordinário no tribunal de origem;
IV – ao relator, no tribunal superior, de recurso especial ou de recurso extraordinário cujo processamento houver sido sobrestado.
§ 11. A outra parte deverá ser ouvida sobre o requerimento a que se refere o § 9º, no prazo de 5 (cinco) dias.
§ 12. Reconhecida a distinção no caso:
I – dos incisos I, II e IV do § 10, o próprio juiz ou relator dará prosseguimento ao processo;
II – do inciso III do § 10, o relator comunicará a decisão ao presidente ou ao vice-presidente que houver determinado o sobrestamento, para que o recurso especial ou o recurso extraordinário seja encaminhado ao respectivo tribunal superior, na forma do art. 1.030, parágrafo único.
§ 13. Da decisão que resolver o requerimento a que se refere o § 9º caberá:
I – agravo de instrumento, se o processo estiver em primeiro grau;
II – agravo interno, se a decisão for de relator.

amicus curiae (se necessário)[16]; d) demais interessados. Todos serão ouvidos no prazo comum de quinze dias e poderão requerer a juntada de documentos, pedir diligências e praticar atos necessários à comprovação do alegado;

v) medidas de urgência. Eventual medida de urgência no curso do processo será dirigida ao próprio juiz natural da causa e não ao Tribunal;

vi) suspensão parcial. É possível o sobrestamento parcial, máxime nas hipóteses de cumulação de pedidos em que um dos pedidos não submete a tese a ser estabelecida no IRDR (Enunciado 205, FPPC).

d) Julgamento – Concluídas todas as diligências necessárias, o relator solicitará dia para proceder ao julgamento do incidente:

i) prazo. Tendo em vista o escopo do incidente (evitar riscos à isonomia e à segurança jurídica) é importante que haja urgência no seu julgamento. O incidente, portanto, deverá ser julgado no prazo de um ano. Caso não seja cumprida a regra, cessará a suspensão dos processos, salvo se houver decisão contrária do relator fundamentada. Para viabilizar o cumprimento do prazo estabelece o art. 980 que o incidente terá prioridade na tramitação dos demais feitos, salvo nas hipóteses que envolvam réu preso e *habeas corpus*;

ii) juízo de admissibilidade. Após a distribuição, compete ao órgão colegiado que deverá proceder ao julgamento do incidente fazer o juízo de admissibilidade, verificando se estão presentes os requisitos ensejadores para sua instauração, nos termos do art. 976. Dada a importância do incidente, não há se falar em admissibilidade pelo relator monocraticamente, como se estabelece na regra do art. 932 do CPC. Aqui é necessário que essa admissibilidade seja efetivada pelo órgão colegiado (no mesmo sentido, Enunciado 91, FPPC);

iii) ordem de julgamento. Conforme se depreende do art. 984 do CPC, o julgamento do incidente deve observar a seguinte ordem:

a) haverá exposição do objeto do incidente pelo relator;

b) poderá haver sustentação de suas razões (art. 937, § 1º, CPC), em prazo sucessivo, do autor e do réu do processo originário e do MP (cada um no prazo de trinta minutos). Após, os demais interessados (em prazo global para todos de trinta minutos, podendo ser dilatado dependendo do número de inscritos) desde que tenha feito a inscrição para exposição com dois dias de antecedência;

iv) julgamento. No julgamento haverá a exposição de todos os fundamentos suscitados na tese, sejam favoráveis ou contrários que serão consignados no acórdão. Aqui há uma interessante exceção ao que dispõe o art. 489, § 1º, IV, do CPC. Isso porque o referido artigo não considera fundamentada qualquer decisão que "não enfrentar todos os argumentos deduzidos no processo capazes de, em tese, **infirmar** a conclusão adotada pelo julgador" (grifo nosso). Veja que a obrigatoriedade de apreciar todas as questões surge apenas quando vai se desacolher o pedido da parte. Contudo, o art. 984, § 2º, observa que "O conteúdo do acórdão abrangerá a análise de todos os fundamentos suscitados concernentes à tese jurídica discutida, sejam favoráveis ou contrários"[17].

Quanto à incidência da tese jurídica decidida, esta será aplicada:

iv.i) eficácia presente. Em todos os processos (individuais ou coletivos) que versem sobre a mesma questão de direito nos limites territoriais da competência do tribunal (incluindo juizados especiais, FPPC, Enunciado n. 93 e art. 985, I, CPC). Se o processo foi afetado (= selecionado para

---

16 A fim de proceder melhor instrução é possível ao magistrado designar audiência pública para a oitiva do *amicus curiae* e demais pessoas com conhecimento da matéria (art. 983, § 1º, CPC).

17 Nesse sentido, o Enunciado n. 305 do FPPC: "No julgamento de casos repetitivos, o tribunal deverá enfrentar todos os argumentos contrários e favoráveis à tese jurídica discutida, inclusive os suscitados pelos interessados".

o IRDR), além da questão comum, o órgão competente julgará também as questões particulares de cada caso (a não ser que tenha havido desistência). Aos demais processos pendentes aplicar-se-á apenas a *ratio decidendi* (motivos determinantes, questão comum julgada) como premissa de julgamento. As questões particulares serão julgadas pelo juiz natural de cada causa. A aplicação independe de o processo estar suspenso ou não[18];

iv.ii) eficácia futura. Em todos os casos futuros que versem sobre idêntica questão de direito nos limites territoriais da competência do tribunal, salvo se houver revisão de tese conforme o art. 986 do CPC. Quando se trata de eficácia futura, há uma importante peculiaridade: em sendo eficácia presente, a aplicação da tese do IRDR se dará sem grandes solenidades, pois os processos estavam pendentes à época da decisão do incidente. Contudo, se os processos surgiram após a fixação da tese, a aplicação do IRDR é vinculante, mas deve o magistrado fundamentar sua decisão ao aplicá-la (art. 489, § 1º, V e VI, CPC). Isso porque nesses casos é possível que tenha ocorrido superação ou mesmo distinção ao caso concreto.

Em ambos os casos, à desobediência do órgão em aplicar a tese caberá reclamação constitucional nos termos dos arts. 985, § 1º, e 988, IV, do CPC. A reclamação será dirigida ao próprio órgão julgador da IRDR (art. 988, § 1º, CPC e Enunciado 349, FPPC).

Conforme se verifica do art. 985, § 2º, do CPC: "Se o incidente tiver por objeto questão relativa a prestação de serviço concedido, permitido ou autorizado, o resultado do julgamento será comunicado ao órgão, ao ente ou à agência reguladora competente para fiscalização da efetiva aplicação, por parte dos entes sujeitos a regulação, da tese adotada". A comunicação a esses órgãos objetiva "não só levar a uma implementação mais rápida e correta da decisão do IRDR, mas também estimular, se for o caso, mudança nas rotinas de fiscalização ou nas normas administrativas editadas pelo regulador"[19]. Essa questão, na prática forense, é muito corriqueira nos serviços prestados a grande parte da população que são controlados, por exemplo, internet, telefonia, aviação civil, entre outros. Nesses casos, se houver decisão acerca de algum procedimento a ser cumprido pelas companhias telefônicas, a ANATEL deverá ser informada para exercer sua função fiscalizatória no sentido de que as empresas cumpram a decisão, sob pena de sofrer medidas judiciais e administrativas;

v) recurso. Do julgamento do incidente quanto à matéria de fundo (mérito) caberá recurso especial ou extraordinário a depender de a matéria versar sobre norma infraconstitucional ou constitucional respectivamente. Aqui, residem *cinco peculiaridades importantes*:

Primeira. Ao contrário do sistema tradicional dos recursos especial e extraordinário, em que o efeito suspensivo somente poderá ser concedido *ope judicis*, aqui será efetivado *ope legis*, ou seja, como na apelação, o efeito suspensivo será automático (art. 987, § 1º, CPC). Nesse sentido, há presunção favorável à tese, que pode eventualmente ser desconstituída no Tribunal Superior. O objetivo do efeito suspensivo automático é justamente, dada a perda de eficácia da suspensão atribuída pelo tribunal regional, evitar que os TJs ou TRFs profiram decisões conflitantes, quando o objetivo do RE e do REsp é justamente trazer uniformidade nacional para a decisão. Em decisão recente o STJ asseverou no mesmo sentido: "Interposto Recurso Especial ou Recurso Extraordinário contra o acórdão que julgou Incidente de Resolução de Demandas Repetitivas – IRDR, a suspensão dos processos realizada pelo relator ao admitir o incidente só cessará com o julgamento dos referidos recursos, não sendo necessário, entretanto, aguardar o trânsito em julgado" (REsp 1.869.867/SC, Rel. Min. Og Fernandes, Segunda Turma, por unanimidade, j. 20-4-2021).

Segunda. A decisão de mérito (*ratio decidendi*) desses recursos e a consequente tese adotada terão eficácia em todo território nacional (e não apenas no Estado em que

---

18 Por exemplo, o IRDR não foi julgado no prazo de um ano (art. 980, parágrafo único, CPC).
19 CABRAL, Antônio do Passo. *Comentários*, cit., p. 1447.

se deu a origem do incidente), alcançando todos os processos (individuais e coletivos) que versem sobre mesma tese de direito.

Terceira. Em se tratando de recurso extraordinário, haverá presunção de repercussão geral da questão constitucional discutida (arts. 987, § 1º, e 1.035, § 3º, II, CPC), o que corrobora a presunção favorável de que a tese poderá ser desconstituída no STF.

Quarta. Em havendo desistência da ação originária ou recurso que originou a instauração do IRDR como dito, o incidente prossegue para julgamento das questões comuns. Ocorre que nesse caso constitui-se a denominada jurisdição objetiva[20], pois não há mais "caso concreto" subjacente. Nesses casos não caberá recurso especial ou extraordinário, pois tanto o art. 102, III, como o art. 105, III, da CF exigem "causas decididas" para o cabimento dos recursos de estrito direito. E nesses casos não há mais propriamente uma causa concreta a ser julgada[21].

Quinta. Ainda que não seja parte do processo afetado, qualquer litigante que tiver seu processo sobrestado conforme art. 982, I, é legitimado para interpor recurso especial ou extraordinário (Enunciado 94, FPPC).

Sexta. De acordo com decisão de Corte Especial do STJ (REsp n. 1.798.374/DF), de relatoria do Ministro Mauro Campbell, decidiu que "não cabe recurso especial contra acórdão proferido pelo Tribunal de origem que fixa tese jurídica em abstrato em julgamento do IRDR, por ausência do requisito constitucional de cabimento de 'causa decidida', mas apenas naquele que aplica a tese fixada, que resolve a lide, desde que observados os demais requisitos constitucionais do art. 105, III, da Constituição Federal e dos dispositivos do Código de Processo Civil que regem o tema". Isso quer dizer que, as excepcionais hipóteses em que se aplica a "causa-modelo", como não há caso concreto envolvido, carecem de interesse recursal.

e) Revisão de tese – É possível que se proceda à revisão de tese firmada no incidente de ofício ou com requerimento formulado pelos legitimados do art. 977, III, do CPC. Há evidente equívoco, fruto de erro do relatório final. Não há por que excluir as partes (977, II, CPC) do espectro de legitimidade, sendo que elas possuem a mesma legitimidade para instaurar o incidente (Enunciado n. 473, FPPC).

A revisão somente poderá ser feita se demonstrar alteração nas circunstâncias jurídicas, pois sobre a tese firmada incide a preclusão extraprocessual *ceteris paribus*[22]. Assim é possível por uma alteração legislativa superveniente ou mesmo pelo novo entendimento estabelecido pelos Tribunais Superiores.

O requerimento de revisão deve preencher os mesmos requisitos formais que foram necessários para a fixação do incidente (art. 982, CPC), até mesmo porque há regra geral nesse sentido (art. 927, § 2º) em que se poderá exigir "audiências públicas e da participação de pessoas, órgãos ou entidades que possam contribuir para a rediscussão da tese".

2.3. JULGAMENTO DE RECURSOS ESPECIAL E EXTRAORDINÁRIO REPETITIVOS

2.3.1. INTRODUÇÃO

O incidente destinado ao julgamento dos recursos especial e extraordinário repetitivos faz parte desse microssistema das denominadas causas repetitivas.

---

20 Conforme expressado por CABRAL, Antônio do Passo. *Comentários*, cit., p. 1452-1453.
21 Idem, ibidem.
22 Idem, p. 1449.

Há um incrível número de recursos especial e extraordinário sendo dirigidos diariamente aos Tribunais Superiores, justamente esses recursos que não atuam na função de uma terceira ou quarta revisão (= julgamento de causas), mas no exercício de conferir a correta interpretação da Lei Federal e da Constituição.

Ademais, é desnecessário manter toda a solenidade do trâmite recursal para **cada recurso especial ou extraordinário**, quando existem diversos outros recursos dessa espécie: a) ou com base na mesma fundamentação de direito (constitucional no caso do recurso extraordinário e federal, no caso de recurso especial) ou b) que a matéria versada naquele específico recurso já tenha diversos precedentes consolidados no tribunal que procederá ao seu julgamento.

Portanto, essa técnica de julgamento veio racionalizar a prestação jurisdicional no âmbito específico dos recursos especial e extraordinário nos tribunais superiores, justamente os tribunais que emitem a última palavra sobre a correta interpretação do ordenamento jurídico e, para alguns, são os únicos órgãos que emitem precedentes[23].

O que era tratado de forma esparsa no regime anterior (o julgamento de recurso extraordinário repetitivo veio com a regulamentação da repercussão geral em 2006[24] e o recurso especial repetitivo veio em 2008), agora (e corretamente) ficou unificado nos arts. 1.036 a 1.041. O CPC estabeleceu minucioso regramento para disciplinar a técnica de julgamento de recursos de estrito direito repetitivo, conforme se exporá, detalhadamente, a seguir.

2.3.2. CABIMENTO

Para que se aplique a regra do julgamento repetitivo é necessário o preenchimento de apenas um requisito: que haja **multiplicidade de recursos especial e extraordinário com fundamento em idêntica controvérsia**.

O tempo verbal contido no art. 1.036 do CPC ("haverá afetação") demonstra que não há facultatividade. O procedimento será obrigatório sempre que se enquadrar na situação descrita no referido artigo. Não há "discricionariedade" ou margem de liberdade na instauração do incidente. Ao contrário do Incidente de Resolução de Demandas Repetitivas em que não basta apenas a efetiva repetição de processos, mas também é necessário verificar o risco de ofensa à isonomia e à segurança jurídica (art. 976, II, CPC).

Evidente que o julgamento conjunto de recursos repetitivos gerará isonomia e segurança jurídica (já que todos os casos iguais estão recebendo o mesmo resultado) e constitui, na nossa opinião, uma questão presumível. Contudo, não é requisito essencial para a instauração do incidente, conquanto dificilmente o julgamento conjunto será contrário a esses dois valores.

Não se sabe ao certo o número de recursos mínimos para enquadrar-se na aplicação da norma e de fato não será possível criar uma regra definitiva já que dependerá de decisões ou mesmo disposições pelos Tribunais Regionais/Locais.

Nota-se que, a despeito do regramento bastante elucidativo contido no CPC, os Regimentos Internos desses tribunais superiores estabelecerão regras complementares para ajudar no bom desenvolvimento dessa modalidade de julgamento.

Por "idêntica controvérsia" verifica-se mesma questão de direito. Os recursos especial e extraordinário não apreciam de forma direta provas (Enunciado 7 da Súmula do STJ), mas

---

23   Dentre outros, Luiz Guilherme Marinoni. *Precedentes obrigatórios*. 4. ed. São Paulo: RT, 2015, p. 297 e s.
24   E, diga-se, a disciplina contida no art. 543-B do CPC/73 apenas regulamentava a discussão de múltiplos recursos extraordinários apresentarem ou não repercussão geral.

apenas de forma reflexa. Seu objeto é mais restrito que o IRDR, que admite discussões sobre direito local, o que é vedado no incidente aqui estudado.

O julgamento dos recursos especial e extraordinário repetitivos é marcado por um **procedimento trifásico**: na primeira parte, que se pode denominar juízo de afetação, momento em que se procederá à escolha dos recursos que serão submetidos a julgamento; na segunda fase, competirá ao relator identificar dentre os recursos afetados o que será objeto de julgamento (delimitação do objeto litigioso do incidente), bem como proceder a oitiva das pessoas interessadas e terceiros; por fim, numa terceira fase, tem-se o julgamento desses recursos com a consequente produção de efeitos dessa decisão.

2.3.3. PROCEDIMENTO

a) Competência

Compete ao Presidente ou Vice do Tribunal recorrido (Tribunal de Justiça ou Tribunal Regional Federal) selecionar dois ou mais recursos representativos da controvérsia que serão levados aos tribunais superiores (STJ ou STF) a fim de se proceder a sua afetação (estabelecimento dos recursos pilotos/paradigmas/*leading case* para a fixação da tese). Trata-se da técnica de **julgamento por amostragem**. É absolutamente livre a escolha desses recursos, podendo (como na prática de fato ocorre) que seja um número bem maior de recursos.

Quando se estuda a competência, sob outro enfoque se está estudando a legitimidade, pois compete ao presidente ou vice-presidente do tribunal de justiça ou tribunal regional federal proceder a instauração do incidente com a seleção de dois ou mais recursos.

Essa legitimidade também é conferida ao relator do tribunal superior (STF/STJ), já que o art. 1.036, § 5º, estabelece que "o relator em tribunal superior também poderá selecionar 2 (dois) ou mais recursos representativos da controvérsia para julgamento da questão de direito independentemente da iniciativa do presidente ou do vice-presidente do tribunal de origem", conforme será visto abaixo. Não se trata apenas de nova seleção para substituir ou complementar os recursos afetados pelos tribunais regionais, mas verdadeira legitimidade para a instauração do incidente.

A despeito do silêncio da lei, nada impede que a instauração se dê por requerimento de uma das partes, do Ministério Público, da Defensoria Pública e até de terceiros.

Ademais, relevante alteração foi inserida no Regimento Interno do Supremo Tribunal Federal (Incluído pela Emenda Regimental n. 54, de 1º de julho de 2020):

Art. 326-a. Os recursos indicados como representativos de controvérsia constitucional pelas instâncias de origem e os feitos julgados no Superior Tribunal de Justiça sob a sistemática de recursos repetitivos serão registrados previamente ao Presidente, que poderá afetar o tema diretamente ao Plenário Virtual, na forma do art. 323 do regimento interno, distribuindo-se o feito por sorteio, em caso de reconhecimento da repercussão geral, a um dos ministros que tenham se manifestado nesse sentido.

§ 1º Caso os recursos representativos de controvérsia constitucional ou os feitos julgados no STJ sob a sistemática de recursos repetitivos não recebam proposta de afetação pelo Presidente e sejam distribuídos, poderá o relator proceder na forma do art. 326, *caput* e parágrafos.

§ 2º A decisão proferida nos processos mencionados no § 1º será comunicada à instância de origem e ao Superior Tribunal de Justiça, respectivamente, inclusive para os fins do art. 1.037, § 1º, do Código de Processo Civil.

Procurando atender à finalidade maior de sua própria instituição, o legislador preocupou-se em minimizar o impacto da multiplicidade de recursos extraordinários lastreados em idêntica questão constitucional ou federal controvertida.

No regime anterior, tanto para recurso especial como para recurso extraordinário, era possível que a amostragem ocorresse com apenas um recurso. Hoje, a lei prudentemente estabelece no mínimo dois para um melhor juízo de afetação desses recursos.

O sistema anterior nada previa sobre qual o critério para a escolha dos recursos para o julgamento de recurso extraordinário. A Resolução n. 8/2008 estabelecia, em sede de recurso especial, que "serão selecionados pelo menos um processo de cada Relator e, dentre esses, os que contiverem maior diversidade de fundamentos no acórdão e de argumentos no recurso especial" (art. 1º, § 1º).

O § 6º do art. 1.033 estabelece que somente sejam selecionados recursos:

i) requisito formal: é necessário que o recurso seja admissível. O regime anterior era silente nesse sentido. E não havia lógica permitir que um recurso fosse submetido à afetação quando não preenchesse os requisitos de admissibilidade. Evidente que, por força do art. 1.026, § 3º, permite-se que o tribunal superior releve o vício da inadmissibilidade (desde que o recurso seja tempestivo) ou permita sua correção em não sendo grave. Mas este poder é conferido aos tribunais superiores. Como a amostragem que aqui se refere é feita pelos tribunais regionais e locais, apenas os recursos admissíveis é que podem ser submetidos ao juízo de afetação. Contudo, como a admissibilidade compete ao tribunal superior (art. 1.030, parágrafo único), a admissibilidade feita pelo tribunal regional ou local é apenas provisória;

ii) requisito substancial: além de admissível, o recurso deve conter abrangente argumentação e discussão acerca da questão a ser decidida. Constitui critério mais bem detalhado que o regime constante do CPC/73. Assim, os recursos que contiverem maior argumentação acerca da questão debatida têm potencialidade para ser escolhidos.

Contudo a competência dos tribunais inferiores não é exclusiva. Assim como se previa no Regimento Interno do STF, os tribunais superiores poderão:

ii.i) Não se vincular à decisão dos recursos selecionados e escolher outros representativos da controvérsia. Afinal, se o juízo de afetação será procedido pelos tribunais superiores, estes podem não concordar com os recursos paradigmas que lhes foram submetidos. Isso ocorre, pois os Tribunais Superiores possuem uma dimensão nacional e conhecimento da realidade dos diversos Estados da Federação, ao contrário dos Tribunais Regionais que se circunscrevem ao seu limite geográfico. Para tanto, poderão estes tribunais requerer que os tribunais lhe enviem outros (talvez em número maior) para que possa proceder a nova escolha;

ii.ii) Proceder à amostragem. É possível que os próprios tribunais superiores procedam à amostragem prevista no art. 1.033. Para tanto, deverão ter ciência da existência de multiplicidade de recursos com fundamento em idêntica controvérsia, o que poderá ser verificado com o expediente do art. 1.038, III, do CPC. Essa regra também vem prevista no Regimento Interno do STF no seu art. 328, parágrafo único.

b) Sobrestamento

Os demais processos, individuais ou coletivos, que não foram selecionados para os Tribunais Superiores, ficarão sobrestados, aguardando o julgamento dos recursos escolhidos. Por se tratar de decisão regional, dada por Tribunal de Justiça ou Tribunal Regional Federal, o sobrestamento ficará circunscrito a todos os recursos que estejam abarcados por aquele tribunal.

A suspensão de todos os processos com base em idêntica controvérsia no Brasil apenas se dará no momento em que o tribunal superior emitir juízo positivo sobre a afetação dos recursos escolhidos. Uma vez determinada a suspensão pelo STJ ou pelo STF, os tribunais locais não têm a opção de cumprimento ou não. E isso porque esta competência, com o processamento do recurso, foi outorgada aos tribunais superiores. Não se trata meramente de um acatamento decorrente de uma hierarquia formal entre os órgãos, mas de se verificar quem possui competência para o ato.

Assim, a suspensão se dará em dois momentos: quando da escolha dos recursos pelos tribunais regionais ou locais a suspensão será limitada ao Estado ou Região dos processos selecionados; quando houver o juízo de afetação, o sobrestamento se expande para todo território nacional (art. 1.037, II, CPC).

Diferentemente do IRDR, que deve ser feito pelo órgão colegiado quando da sua admissibilidade, o sobrestamento é feito pelo relator.

c) Pedido de exclusão

O art. 1.036, §§ 2º e 3º, prevê a possibilidade de o interessado se dirigir ao presidente ou vice que exclua da decisão de suspensão e consequentemente inadmita recurso especial ou extraordinário intempestivo. Isso porque independentemente do resultado do julgamento dos recursos repetitivos, o recurso intempestivo não poderá usufruir da decisão na medida em que não ultrapassa sequer o juízo de admissibilidade.

O recorrente será ouvido em cinco dias sobre esse requerimento, podendo se manifestar. Da decisão que indeferir o requerimento caberá agravo interno no prazo de quinze dias.

d) Atividade no Tribunal

Uma vez preenchidos todos os requisitos do item "a" (*supra*), o Tribunal Superior submeterá a sua apreciação os recursos escolhidos para o juízo de afetação.

d1) se negativa sua decisão, entendendo não haver afetação, o relator do Tribunal Superior comunicará ao presidente ou vice do tribunal de origem acerca de sua decisão para que se revogue a suspensão dos demais processos;

d2) se positiva sua decisão o Tribunal Superior tomará **três** providências distintas:

i) identificação – procederá à identificação da questão que será objeto de julgamento. Essa questão é muito relevante para se apurar o objeto litigioso do incidente;

ii) suspensão geral – determinará a suspensão de todos os processos pendentes (individuais e coletivos) com base em idêntica controvérsia em todo território nacional. Nesse caso compete ao juiz ou relator do respectivo processo intimar as partes, comunicando-lhes acerca do sobrestamento.

A parte intimada poderá alegar **erro de paradigma**, ou seja, a tese que foi objeto de afetação em sede de recurso especial ou extraordinário é diversa da tese apresentada na causa específica e que foi indevidamente sobrestada.

> Assim, se o Supremo decidiu que as questões sobre a alíquota do IOF não têm repercussão geral, é cabível recurso da decisão que, equivocadamente, inadmitiu recurso extraordinário que versava sobre base de cálculo do IOF.

Dessa forma, a parte poderá requerer o prosseguimento regular de sua causa.

Esse requerimento será formulado a quem estiver no comando do processo no momento da decisão de afetação. Dependerá do momento cronológico em que o processo se encontrar. Assim:

> **I – juiz**, se o processo sobrestado estiver em **primeiro grau** (ainda pendente de sentença);
> **II – relator**, se o processo sobrestado estiver no **tribunal de origem** (ou seja, ainda sem decisão do tribunal sobre o recurso no tribunal de origem);
> **III – relator do acórdão** recorrido se for sobrestado, no tribunal de origem, **recurso especial ou extraordinário** (já houve acórdão mas o recurso interposto – especial ou extraordinário – ainda estiver na origem);
> **IV – relator do recurso especial ou extraordinário**, no tribunal superior, cujo processamento houver sido sobrestado (o recurso especial e/ou extraordinário já se encontra no tribunal superior).

A outra parte poderá manifestar-se, no prazo de cinco dias, acerca do requerimento.

Caso seja reconhecida a distinção (erro de paradigma) verificando que não há identidade entre o recurso afetado e o processo objeto de requerimento, o procedimento irá depender a quem competia a sua apreciação:

– nos casos **I, II e IV**, o próprio juiz ou relator dará andamento ao feito;

– no caso **III**, o relator comunicará sua decisão ao presidente ou vice que determinou o indevido sobrestamento para que o recurso especial ou extraordinário seja encaminhado ao respectivo Tribunal Superior a fim de proceder a sua admissibilidade e eventual julgamento.

Dessa decisão caberá agravo de instrumento se o processo estiver em primeiro grau e agravo interno se a decisão for do relator no tribunal;

iii) amostragem nacional – como a questão sobre a afetação pode ter repercussão em todo território nacional, já que poderá haver outros recursos com base em idêntica controvérsia em outras regiões ou Estados da Federação, o Tribunal Superior requisitará de cada tribunal (TJ ou TRF) um exemplar de recurso representativo da controvérsia.

Os critérios de escolha serão feitos pela mesma forma que se empreende no art. 1.036, § 6º, não impedindo que o Tribunal Superior recuse e peça a escolha de outro, conforme art. 1.036, § 4º.

Demais questões:

i) a cognição do tribunal se circunscreve exclusivamente à questão objeto de afetação, não podendo discutir questões que fogem desse espectro de incidência. Qualquer decisão que transborde os limites não poderá ser considerada *ratio decidendi*, mas sim *obiter dicta*. Contudo, essa regra não se aplica aos recursos requisitados nos termos do inciso III do art. 1.037. Nesse caso, o Tribunal deverá decidir em primeiro lugar o objeto de afetação e somente após, em acórdão específico para cada processo, as demais questões;

ii) em havendo mais de uma afetação, o critério será cronológico: prevento é o relator que primeiro tiver proferido decisão que identificou a questão a ser julgada (art. 1.037, I, e § 3º, CPC).

e) Prazo

Estabelece o § 4º do art. 1.037 que os recursos afetados devem ser julgados em até um ano e terão preferência sobre todos os outros recursos, à exceção do *Habeas Corpus* e dos feitos que envolvam réu preso.

O prazo de um ano conta-se da publicação da decisão que identifica a questão a ser julgada (art. 1.037, I, CPC).

Contudo, o descumprimento desse prazo não gera a impossibilidade de fixação da tese, mas apenas **daquele relator** especificamente sobre aqueles processos afetados. Assim, nada impede que outro relator, recebendo dois ou mais recursos do tribunal de origem, possa proceder à afetação, conforme art. 1.036 do CPC.

f) Pedido de informações

Estabelece o *caput* do art. 1.038 do CPC: "O relator poderá: (...) III – requisitar informações aos tribunais inferiores a respeito da controvérsia; cumprida a diligência, intimará o Ministério Público para manifestar-se". Esta regra permite que o relator solicite informações aos tribunais inferiores a fim de obter elementos sobre a situação que lhe será apresentada. Nesse caso os tribunais regionais e locais funcionarão na condição de *amici curiae*.

A ideia é fomentar o debate sobre a tese objeto de julgamento. Para tanto, permite-se a participação dos tribunais regionais e locais, do Ministério Público, de "pessoas, órgãos ou entidades com interesse na controvérsia" (art. 1.038, I) e a participação de terceiros "com experiência e conhecimento na matéria" (art. 1.038, II).

Assim: **i)** tanto os tribunais como o MP terão prazo de 15 dias para se manifestar, preferencialmente por meio eletrônico; **ii)** haverá a intimação de pessoas ou órgãos com interesse na controvérsia e pessoas com experiência e conhecimento na matéria (*amicus curiae*); **iii)** após o decurso do prazo de manifestação do MP e a remessa de cópia do relatório aos demais ministros, o processo será incluído em pauta tendo preferência sobre todos os demais (à exceção do *habeas corpus* e os que envolvam réu preso); **iv)** poderá o relator, se entender conveniente, fixar data para audiência pública e tomar o depoimento dos eventuais *amici curiae*; **v)** esse acórdão deve abranger a análise dos fundamentos relevantes no tocante à tese jurídica discutida; **vi)** "se os recursos versarem sobre questão relativa a prestação de serviço público objeto de concessão, permissão ou autorização, o resultado do julgamento será comunicado ao órgão, ao ente ou à agência reguladora competente para fiscalização da efetiva aplicação, por parte dos entes sujeitos a regulação, da tese adotada" (art. 1.040, IV).

g) Julgamento

Uma vez julgado o recurso representativo da controvérsia, o Tribunal Superior dará publicidade a sua decisão e os tribunais de origem poderão:

a) se retratar, quando então os recursos serão declarados prejudicados; ou

b) decidir aplicando a tese aos recursos.

Caso tenha sido negada a repercussão geral no recurso extraordinário afetado e no representativo da controvérsia, todos os demais recursos sobrestados serão sumariamente inadmitidos.

Uma vez publicado o acórdão paradigma:

i) se o acórdão recorrido **coincidir** com a orientação do acórdão paradigma emitido pelo Tribunal Superior, o presidente ou vice do tribunal de origem **negará seguimento** aos recursos sobrestados. Isso quer dizer que se os recursos escolhidos não obtiverem êxito no tribunal superior (que manteve o acórdão), os recursos sobrestados serão denegados por força do efeito vinculante dessa decisão;

ii) se o acórdão recorrido **divergir** da orientação do acórdão paradigma emitido pelo Tribunal Superior, o órgão que proferiu o acórdão recorrido **reexaminará** a causa de competência originária, o recurso anteriormente julgado ou a remessa necessária. Se o recurso versar sobre outras questões além da questão objeto da afetação, caberá ao presidente ou vice do tribunal local, independentemente de ratificação do recurso, desde que seja admitido, determinar a remessa ao tribunal superior para o julgamento dessas outras questões (art. 1.041, § 2º);

– se o órgão mantiver o acórdão divergente, o recurso (especial/extraordinário) será remetido ao tribunal superior correspondente para aplicação do art. 1.036, § 1º, do CPC;

– se o órgão se retratar, alterando o acórdão divergente, "se for o caso, decidirá as demais questões ainda não decididas, cujo enfrentamento se tornou necessário em decorrência da alteração" (art. 1.041, § 2º, CPC);

iii) os processos sobrestados em primeiro ou segundo graus terão seu **regular trâmite** para aplicação da tese pelo Tribunal Superior. Importante ressaltar que, de acordo com entendimento do STJ, não é necessário aguardar o trânsito em julgado para a aplicação do paradigma firmado em recurso repetitivo[25].

h) Desistência

Sendo, de fato, a tese da causa idêntica à tese julgada, poderá a parte, antes da prolação da sentença, desistir da ação. Essa desistência, independentemente do momento, dar-se-á sem anuência do réu. Constitui negócio jurídico unilateral não receptício. Sendo essa desistência antes de oferecida a contestação, a parte ficará isenta de custas e honorários de sucumbência. Após, será necessária a anuência do réu.

---

25 AgInt no REsp 2.060.149-SP, Rel. Ministro Herman Benjamin, Segunda Turma, por unanimidade, j. 8-8-2023.

3.
INCIDENTE DE ASSUNÇÃO DE COMPETÊNCIA

3.1. CABIMENTO

O incidente de assunção de competência (ou afetação do julgamento)[1] constitui outro incidente destinado a uniformizar a jurisprudência de modo simplificado. Sua decisão gera a formação de precedente obrigatório (art. 927, III, CPC) a ser respeitado, a depender do tribunal, nos limites de sua abrangência.

Não se trata de criação do atual CPC, mas um aperfeiçoamento do mecanismo (subaproveitado) do regime anterior que estava previsto no art. 555, § 1º (com a redação que lhe foi dada pela Lei n. 10.352/2001), do CPC/73.

Este artigo (como dito, fruto da Lei n. 10.352/2001) objetivou ampliar as situações de uniformização de jurisprudência existentes, já que o anterior Incidente de Uniformização de Jurisprudência, previsto nos arts. 476 a 479 do CPC/73, era extremamente burocrático e sofisticado. Assim, permitiu outorgar ao Regimento Interno dos Tribunais a possibilidade de julgar a assunção de competência.

Lá se estabelecia no referido artigo que "no julgamento de apelação ou de agravo, a decisão será tomada, na câmara ou turma, pelo voto de 3 (três) juízes. § 1º Ocorrendo relevante questão de direito, que faça conveniente prevenir ou compor divergência entre câmaras ou turmas do tribunal, poderá o relator propor seja o recurso julgado pelo órgão colegiado que o regimento indicar; reconhecendo o interesse público na assunção de competência, esse órgão colegiado julgará o recurso".

O CPC trouxe algumas melhorias e a esperança de que, dadas as novas técnicas de uniformidade do direito previstas no atual diploma, possa a assunção assumir a importância devida dentre os mecanismos de uniformização.

Assim, preconiza o art. 947: "É admissível a assunção de competência quando o julgamento de recurso, da remessa necessária ou de causa de competência originária envolver relevante questão de direito, com grande repercussão social, sem repetição em múltiplos processos".

---

1 ASSIS, Araken de. *Manual dos recursos cíveis*, 2. ed., São Paulo: Revista dos Tribunais, 2008, p. 343.

> O atual sistema traz três importantes mudanças: **a)** amplia o cabimento do incidente para todos os recursos, além da remessa necessária e ações de competência originária (e não apenas apelação e agravo, como no regime anterior); **b)** amplia a legitimidade para propor o incidente, que antes pertencia apenas ao relator e hoje a diversos legitimados (Ministério Público, Defensoria Pública, parte e o próprio relator); e **c)** alteração parcial dos requisitos para sua concessão, conforme se verá a seguir.

Trata-se de técnica de deslocamento *interna corporis* de um caso (recurso, remessa necessária ou causa de competência originária) a um órgão colegiado[2], de mais envergadura, para seu julgamento quando envolver **questão de direito** com **grande repercussão social e sem repetição em múltiplos processos**. Constitui uma exceção à regra da *perpetuatio jurisdictionis*, já que o órgão competente não será aquele que originariamente seria o devido para o julgamento. Tem por finalidade prevenir ou reprimir controvérsia sobre determinada matéria de direito para que essa decisão seja vinculante aos juízes e órgãos fracionários do respectivo tribunal nas decisões futuras em casos análogos.

O incidente de assunção de competência se distancia dos incidentes de casos repetitivos (recursos especial e extraordinário repetitivos e IRDR), pois estes objetivam o tratamento de multiplicidade de causas, e a assunção justamente objetiva tratar de casos sem repetição. Contudo, assemelha-se a esses institutos na medida em que ambos formam um microssistema de formação de precedentes vinculantes[3]. Como tal, aplicam-se, no que couber, as regras dos demais procedimentos, por exemplo a ampliação do contraditório (até para possuir legitimidade para se tornar precedente vinculante) por meio de audiências públicas, participação de especialistas no tema, Ministério Público e *amicus curiae*. Esse é o entendimento dos Enunciados n. 460 e 467 do FPPC.

O incidente de assunção de competência poderá ser instaurado em qualquer tribunal, sem distinção: tribunais regionais, tribunais de justiça e tribunais superiores. Aliás, nesse sentido o Enunciado 468 do FPPC, ao estabelecer que "o incidente de assunção de competência aplica-se a qualquer tribunal".

Além da formação de precedente vinculante, a assunção de competência, em síntese, objetiva: a) estabelecer o julgamento de relevante caso perante órgão colegiado que possua composição maior de modo a delimitar o posicionamento daquele tribunal sobre aquele específico tema; e b) como forma de uniformização da jurisprudência interna de determinado tribunal quando já houver potencial ou instaurada divergência *interna corporis*.

Dessa forma, quatro são os requisitos para a apresentação do incidente: **i)** que seja relevante questão de direito (interesse público); **ii)** que envolva grande repercussão social; **iii)** que não seja objeto de processos múltiplos; e **iv)** em sede de recurso, remessa necessária ou causa originária do tribunal.

(i) Relevante questão de direito é norma de conceito vago e indeterminado que deverá ficar a cargo do órgão competente para julgamento quando verificar a hipótese de cabimento do incidente. Deve ser considerada a situação que envolva tese jurídica que tenha a potencialidade de gerar diversos recursos com base em idêntica controvérsia (incidente preventivo) ou que vise compor a divergência entre câmaras ou turmas do tribunal (incidente repressivo).

---

2 Este órgão colegiado será designado pelo Regimento Interno de cada tribunal (como, por exemplo, estabelecido na Emenda Regimental n. 24/2016, que alterou o Regimento Interno do STJ para adequá-lo ao NCPC.
3 DIDIER; CUNHA, *Curso de direito processual civil*, v. 3, cit., p. 658.

Nesse caso é desejável que o órgão competente se manifeste sobre o assunto em questão para evitar ou reprimir a divergência jurisprudencial. Como no caso do incidente preventivo não será possível prova cabal dos casos futuros, "basta razoável percepção de uma divergência futura e possível"[4]. Ademais, "não é cabível a instauração de incidente de assunção de competência (IAC) enquanto a questão de direito não tiver sido objeto de debates, com a formação de um entendimento firme e sedimentado, nos termos do § 4º do art. 927 do Código de Processo Civil[5]".

(ii) A grande repercussão social constitui um efeito colateral do item anterior. É da própria essência do incidente de assunção prevenir ou reprimir a dispersão jurisprudencial.

Não se trata apenas de uma questão numérica de causas com decisões distintas (até mesmo porque, para essas situações, há o incidente de resolução de demandas repetitivas e os recursos especial e extraordinário repetitivos), mas de evitar decisões conflitantes, o que traz ínsita a ideia de interesse social, decorrente da segurança e previsibilidade das decisões, conforme amplamente ressaltado no capítulo sobre precedentes. É identificada por parte da doutrina como a mesma questão social que se verifica na repercussão geral (art. 1.035, CPC). Dessa forma, o Enunciado n. 469 do FPPC estabelece que a repercussão social abrange também a política, a econômica, a social e a jurídica.

O art. 926 do CPC, conforme visto, estabelece o dever de os tribunais em manter sua jurisprudência estável, íntegra e coerente. A assunção de competência constitui mais um instituto destinado ao cumprimento dessa finalidade.

(iii) Não ser objeto de processos múltiplos foi o mecanismo criado pela lei para evitar a sobreposição de institutos uniformizadores dentro da mesma situação. Assim, casos relevantes, mas sem potencialidade para serem múltiplos como a amplitude do conceito de direito adquirido ou o direito do transgênero de se valer do sanitário feminino, por exemplo[6].

(iv) E em sede de recursos, remessa necessária ou ação originária do tribunal foi a devida tomada de posição do legislador do novo diploma em face do regime anterior, que apenas permitia a utilização do instituto para os julgamentos de apelação e de agravo. Dessa forma, é cabível em qualquer causa que esteja em trâmite no tribunal, inclusive nos tribunais superiores. Contudo, não se admite o incidente perante juízos de primeira instância.

Por fim, importante frisar que o STJ vem entendendo a inadmissibilidade da assunção de competência no âmbito do STJ fora das hipóteses previstas no art. 947, CPC (AgInt na Pet 12.642/SP).

3.2. PROCEDIMENTO

a) Legitimidade. Podem propor o incidente: qualquer das partes, a Defensoria Pública, o Ministério Público ou mesmo o relator de ofício. Nas situações em que o Ministério Público não propôs, deverá ser intimado para intervir no feito e contribuir com o debate sobre o tema (arts. 976, § 1º, e 1.038, III, CPC). O interesse do Ministério Público, no silêncio da lei, decorre não apenas da estruturação do microssistema entre os incidentes de causas repetitivas com assunção de competência, como também pelo art. 178, I, do CPC.

---

4 DINAMARCO, Cândido. *A reforma da reforma*. São Paulo: Malheiros, 2002, p. 140.
5 QO no REsp 1.882.957-SP, Rel. Ministra Nancy Andrighi, Segunda Seção, j. 8-2-2023.
6 Tanto que o Enunciado 141 das II Jornadas de Direito Processual Civil (CJF) estabelece que é "possível a conversão de Incidente de Assunção de Competência em Incidente de Resolução de Demandas Repetitivas, se demonstrada a efetiva repetição de processos em que se discute a mesma questão de direito".

Assim, entendo que o Ministério Público, bem como a Defensoria Pública, por sua função institucional de defesa das garantias de direito fundamental podem propor o incidente, ainda que sua intervenção não se faça necessária no caso concreto.

b) Objeto. O objeto da assunção de competência é requerer (por meio do incidente) que o recurso, a remessa ou a causa originária sejam julgados pelo órgão colegiado estabelecido pelo regimento dado o seu interesse público. Nesse caso, a decisão proferida vinculará todos os órgãos fracionários e juízes na competência territorial daquele tribunal.

c) Revisão de tese. Assim como nos estudos dos precedentes, é possível a revisão de tese (*overruling*).

d) *Amicus curiae*. Por fazer parte do microssistema de formação de precedentes obrigatórios juntamente com os incidentes de causas repetitivas (art. 928, CPC), haverá, para a contribuição no julgamento e a melhora qualitativa da decisão, a participação de *amicus curiae*, conforme art. 138 do CPC.

e) Audiência pública e terceiros. Igualmente poderá designar audiências públicas para ouvir pessoas com conhecimento e experiência na matéria, conforme arts. 983, § 1º, e 1.038, II, do CPC.

f) Publicidade. O art. 927, § 5º, estabelece que "os tribunais darão publicidade aos seus precedentes". Essa publicidade não se aplica apenas quando o precedente já estiver formado (= decisão de assunção de competência transitada em julgado) mas também na construção do precedente. Assim, nos termos do art. 979 e seus parágrafos do CPC, o itinerário para se estabelecer a assunção de competência deverá ser divulgado nos termos do referido artigo, ainda que o § 3º expressamente estenda essa exigência apenas aos recursos especial e extraordinário repetitivos e repercussão geral em recurso extraordinário.

g) Competência. O CPC não estabelece qual órgão será o competente para o julgamento do incidente, outorgando-o ao Regimento Interno de cada Tribunal (art. 947, § 1º, CPC). Contudo, conforme explicitado, para que o contraditório seja horizontalizado e gere a efetividade de um precedente, é fundamental que seja um órgão de total ou grande participação dos juízes membros do tribunal (pleno, corte especial). Aqui, como dito, há uma exceção à regra do juiz natural e da *perpetuatio jurisdictionis*, já que o órgão originariamente previsto em lei não procederá ao julgamento. Ademais, o IAC gera um efeito anexo, que é a prevenção ou superação de divergência entre órgãos fracionários do mesmo tribunal. Nesse caso, é imperioso que o órgão que procederá a essa prevenção/superação seja com um número significativo de participantes, a justificar a neutralização da divergência entre os órgãos.

O órgão designado no Regimento Interno poderá:

g1) inadmitir o incidente, tendo em vista o não preenchimento dos pressupostos de cabimento. Nesse caso, devolverá ao relator para que haja julgamento regular da ação originária, remessa necessária ou recurso

g2) admitir o incidente e proceder tanto ao julgamento da causa (caso concreto) como a fixação da tese que servirá como padrão decisório para o estabelecimento de precedente obrigatório.

4.

AÇÃO RESCISÓRIA

4.1. INTRODUÇÃO E NATUREZA JURÍDICA

Conforme será visto no capítulo sobre teoria geral dos recursos, existem três maneiras de atacar as decisões judiciais: por meio dos recursos, por meio dos sucedâneos recursais e pelas ações autônomas de impugnação. Os recursos se diferenciam das demais medidas pela sua previsão no ordenamento como recursos (taxatividade). As ações impugnativas autônomas e os sucedâneos se diferenciam basicamente pela formação ou não de nova relação jurídica de direito processual. No segundo caso não há nova formação (como, por exemplo, no pedido de reconsideração) e no primeiro forma-se relação distinta da anterior, como ocorre na ação rescisória.

Pois bem.

Uma vez formada a coisa julgada, em regra, impede-se qualquer discussão que seja sobre a matéria que foi debatida em juízo (CPC, art. 502). Trata-se das manifestações da segurança jurídica e estabilidade dos provimentos jurisdicionais.

Contudo, em algumas raras hipóteses, o sistema positivo (e, em alguns casos, a doutrina e a jurisprudência), antevendo os valores que estão em jogo, previamente estabelecem medidas para que a decisão acobertada pela coisa julgada possa ser rediscutida.

Assim é que se tem: **a)** a impugnação da coisa julgada inconstitucional (CPC5, arts. 525, § 12, e 535, § 5º); **b)** a relativização atípica da coisa julgada; **c)** a *querela nullitatis*[1]; **d)** a discussão sobre erro material (art. 494, I, CPC); e **e)** a ação rescisória.

É sobre essa última que se ocupa este capítulo.

Ação rescisória é uma ação num primeiro momento desconstitutiva (constitutiva-negativa) que objetiva remover o invólucro da coisa julgada de uma decisão de mérito (ou a ela equiparada por lei) em decorrência de uma das hipóteses do art. 966 do CPC, permitindo que a decisão, agora sem o óbice que impunha sua imutabilidade, possa ser rediscutida.

É importante delimitar o seu **cabimento**:

---

1 Nesse caso, em decorrência da gravidade do vício que alcança o ato (inexistência) sequer formou-se coisa julgada, mas uma "aparência de coisa julgada".

i) Quanto à sua decisão – o art. 485 do CPC/73 usava a expressão "a sentença de mérito transitada em julgada" para explicitar a decisão que poderia ser rescindida. Uma rápida leitura no dispositivo podia levar o intérprete a confinar o cabimento da ação rescisória apenas às sentenças em que se operou o trânsito em julgado.

A proposição era incompleta, contudo. A despeito de nem a lei e tampouco a jurisprudência condicionarem o cabimento da rescisória ao exaurimento de todos os recursos existentes (*vide* Enunciado 514 da Súmula do STF)[2], a sentença normalmente é sujeita a recurso que opera, como regra, efeito substitutivo (CPC, art. 1.008).

Esse efeito tem o condão de transferir ao acórdão a qualidade **de última decisão** daquele processo e, portanto, é ela que transitará em julgado e, igualmente, será a decisão sujeita a rescisão.

A rescisória, portanto, presta-se a atacar toda e qualquer decisão (sentenças, acórdãos [de tribunais regionais e tribunais superiores], decisões interlocutórias e decisões monocráticas no tribunal) que versem sobre o mérito da causa.

O CPC, para evitar desvios interpretativos, estabeleceu em seu art. 966 a expressão "decisão de mérito" sem limitar qual tipo de provimento se está enfrentando.

É controverso o conceito de mérito em processo civil, sendo a corrente mais adequada, a nosso ver, ao sistema do CPC brasileiro, como sinônimo de objeto litigioso (causa de pedir + pedido).

O Código de Processo Civil não define mérito (a Exposição de Motivos do Código anterior indicava que mérito era sinônimo de lide), mas indica quando ocorre a resolução com mérito. Essas hipóteses vêm previstas nos três incisos do art. 487 do CPC.

Quanto aos incisos I (acolhimento/rejeição do pedido do autor) e II (prescrição/decadência) parece não haver dúvida na doutrina acerca do cabimento da ação rescisória, pois ambos tratam de alguma forma de acolhimento ou rejeição do pedido do autor pelo juiz.

Dúvidas pairam na doutrina acerca do inciso III, pois compreendem situações que, a despeito de se tratar de decisões de mérito e aptas a produzir coisa julgada material, não há propriamente uma atividade de julgamento (daí comumente denominadas sentenças de mérito atípicas)[3].

Em nosso entendimento, contudo, com as ressalvas que serão apresentadas no item sobre ação anulatória, a sentença de mérito homologatória pode, em alguns casos, ser apta a ensejar o cabimento da ação rescisória. Isso porque, independentemente da disponibilidade do objeto litigioso em juízo, é possível verificar, após o trânsito em julgado do processo, alguma das hipóteses ensejadoras de rescisão, em especial dos incisos I, II, III (primeira parte), VI, VII e VIII do art. 966 do CPC.

Dessa forma, não importa se a resolução do mérito se deu por julgamento, prescrição/decadência ou autocomposição. Todas elas ensejam (se enquadradas nas hipóteses legais e no enquadramento apresentado abaixo conforme será explicado no item da ação anulatória) o cabimento da rescisória.

Há quem defenda, contudo, que as decisões homologatórias sejam objeto de ação anulatória, o que será analisado adiante.

---

2   Importante que não é pressuposto da rescisória o esgotamento dos recursos cabíveis. Basta o trânsito em julgado. Assim, se a parte recorreu até o último recurso possível ou se deixou transcorrer o prazo recursal caberá rescisória da mesma forma, conforme o entendimento da Súmula 514 do STF: "Admite-se ação rescisória contra sentença transitada em julgado ainda que contra ela não se tenha esgotado todos os recursos".

3   WAMBIER, Teresa Arruda Alvim. *Nulidades do processo e da sentença*. São Paulo: Revista dos Tribunais, 2007, p. 109.

O STJ tem se posicionado no sentido de ser possível ação rescisória contra decisão homologatória. Assim: "Sob essa ótica, conclui-se que a presente ação não deveria ter sido extinta, uma vez que é via eleita adequada para buscar a desconstituição de decisão que homologou a renúncia formulada pela autora da ação anulatória", concluiu a ministra ao determinar o prosseguimento do pedido rescisório (REsp 1.674.240).

Contudo, existem, excepcionalmente, decisões proferidas sem resolução de mérito (art. 485, CPC) que são sujeitas a ação rescisória. Isso porque estas sentenças terminativas possuem uma peculiar característica que as afasta das tradicionais sentenças sem mérito e as aproxima das sentenças definitivas: o impedimento de nova propositura da demanda: é o caso, por exemplo, de perempção (art. 486, § 3º, CPC) em que se impede a repropositura da causa em qualquer circunstância, o que tornaria essas decisões **imunizadas pela coisa julgada material de maneira oblíqua**.

Há ainda as decisões sem resolução de mérito em que a nova propositura fica condicionada à correção do vício que ensejou a resolução. Estas situações são mencionadas no art. 486, § 1º, do CPC (litispendência e incisos I, IV, VI e VII do art. 485, CPC). Nesses casos, em nossa opinião, somente poderá se falar em cabimento de rescisória se impossível a correção do vício tal qual determinado pelo juiz na sentença terminativa (ex.: determinar o aditamento da petição inicial por falta de algum requisito que está preenchido).

Aliás, o CPC, no art. 966, § 2º, tornou expressa essa proposição ao estabelecer: "Nas hipóteses previstas no *caput*, será rescindível a decisão transitada em julgado que, embora não seja de mérito, impeça: I – nova propositura da demanda; ou II – admissibilidade do recurso correspondente".

No segundo caso que versa sobre *admissibilidade do recurso correspondente*, há um erro na redação do inciso: todo recurso será submetido ao crivo da admissibilidade[4]. O que pode ocorrer é a admissibilidade positiva ou negativa. Dessa forma, se uma vez prolatada decisão terminativa e o recurso correspondente não for admitido pelo órgão *ad quem*, poderá caber ação rescisória (sem prejuízo da parte poder se valer do agravo interno antes do ajuizamento daquela medida).

ii) Quanto aos seus fundamentos – diverge a doutrina sobre os fundamentos genéricos da rescisória (já que os fundamentos específicos estão previstos no art. 966 do CPC e constituem a causa de pedir da rescisória ou, melhor dizendo, seu cabimento).

> **Uma primeira corrente** entende que a rescisória se presta a subtrair do ordenamento jurídico decisões com nulidades absolutas ou proferidas em processos eivados de nulidade dessa natureza. Dessa forma a ação rescisória objetivaria rescindir a decisão para retirar a nulidade que macula a decisão ou processo (Cassio Scarpinella Bueno, Teresa Arruda Alvim).
> **Uma segunda corrente** entende, contudo, que não se pode confundir os conceitos de "nulidade" e "rescindibilidade". Para esta corrente a nulidade se convalida com o trânsito em julgado e se torna um vício de rescindibilidade, que autoriza o ajuizamento da ação rescisória (José Carlos Barbosa Moreira).

A questão em nosso entender, apesar de interessante, é meramente acadêmica. Se a nulidade perdura após o trânsito em julgado (e, portanto, sujeita a rescisão) ou se a nulidade se convalida

---

4 Negando-se o Poder Judiciário a proceder o exame de admissibilidade, poderá caber mandado de segurança ou correição parcial e, se ocorrido o trânsito em julgado, até poderá ser admitida rescisória, mas por um motivo específico: violação manifesta à norma jurídica (art. 966, V, CPC).

com o trânsito, mas fica em "estado de rescindibilidade", é irrelevante, pois em qualquer dos casos caberá a medida desde que tipificada em alguma das hipóteses do art. 966 do CPC.

O que é fato: de decisões anuláveis (ou nulidade relativa) não caberá rescisória, pois estas se convalescem no curso do processo por força da preclusão (CPC, art. 278). Igualmente os vícios de inexistência, pois o juridicamente inexistente não está sujeito à rescisão (já que não se desconstitui o que não existe, declara-se), mas a ação declaratória de inexistência (a denominada *querela nullitatis*). Portanto apenas se rescinde decisões juridicamente existentes.

É importante não baralhar os conceitos de nulidade com rescindibilidade. Conquanto seja muito comum que ambos coexistam quando do ajuizamento da medida, há decisões que ensejam ação rescisória (rescindibilidade) em que não estão eivadas de nulidade (como, por exemplo, a descoberta de prova nova, art. 966, VII, CPC).

A ação rescisória, no seu **juízo rescindente**, constitui-se numa ação desconstitutiva (constitutiva negativa) porque seu objeto precípuo é o desfazimento da anterior coisa julgada. Já no seu eventual **juízo rescisório**, dependendo do caso (arts. 968, I, e 974, CPC), a rescisória pode ter natureza declaratória, constitutiva, condenatória ou mandamental, consoante a natureza do pedido que será novamente julgado. Eventual, pois, como se verá, nem toda rescisória depende de nova decisão.

Cada um dos fundamentos descritos no art. 966 do CPC corresponde a uma causa de pedir distinta da ação rescisória e, portanto, deve ela claramente estar especificada na petição inicial.

Importante dizer que o rol do referido artigo é taxativo, não comportando interpretação extensiva[5].

iii) Quanto aos diversos processos – a despeito de não haver restrição quanto à decisão sujeita a ação rescisória, nem sempre essa medida será autorizada pelo ordenamento jurídico. É importante verificar algumas hipóteses e se elas estão sujeitas a rescisão:

iii.i) Tutela provisória – em regra, as decisões proferidas sobre um juízo de cognição sumária não podem adquirir contornos de definitividade e, como decorrência, não fazem coisa julgada material, que seria o pressuposto para o cabimento da ação rescisória. De acordo com boa parte da doutrina, apenas as tutelas provisórias resolvidas com fundamento em prescrição e decadência seriam sujeitas a essa medida desconstitutiva.

Contudo, conforme tivemos oportunidade de nos manifestarmos no capítulo sobre tutela provisória, as medidas cautelares, em nossa opinião, produzem coisa julgada material e, portanto, não faria sentido alijar esse procedimento do cabimento da ação rescisória.

Questão interessante diz respeito ao cabimento de ação rescisória após os dois anos de decurso do prazo para o ajuizamento de ação para rever, reformar ou invalidar a tutela antecipada antecedente fruto de estabilização (art. 304, §§ 2º a 6º, CPC). Sobre o tema, reportamos o leitor, novamente, ao capítulo específico de tutela provisória.

iii.ii) Processo de execução – é controversa a discussão sobre o cabimento de rescisória em execução, havendo quem entenda que seja cabível[6] e quem entenda que não[7]. A discussão reside no fato de se existir resolução de mérito ou não em sede executiva: se o mérito foi julgado, caberá a medida, caso contrário não. A controvérsia diz respeito exclusivamente ao processo de execução, pois com a eventual oposição de embargos, aparentemente não restam dúvidas

---

5   A única exceção, bem trazida por Jose Carlos Barbosa Moreira, diz respeito à sentença que julga partilha (art. 658, CPC).
6   Luiz Eduardo Mourão. *Coisa julgada*. Belo Horizonte: Fórum. 2008, p. 320.
7   Arruda Alvim, Araken de Assis, Eduardo Arruda Alvim. *Comentários ao CPC*. 2. ed., Revista dos Tribunais, p. 1040-1041.

sobre o cabimento de rescisória já que o incidente forma um processo cognitivo para discussão do crédito[8].

Para responder a essa questão é importante estabelecer algumas premissas:

a) Vige como regra geral na execução o princípio da *nulla executio sine titulo*. Como consequência, não se discute a existência do crédito nessa seara dada a eficácia abstrata de que goza o título (= prescindibilidade de provas sobre o direito apresentado)[9].

b) Assim, a cognição do magistrado fica limitada não a essa situação (existência da dívida), mas sobre a existência do título e sobre a admissibilidade dos atos executivos que serão empregados para a obtenção da tutela executiva.

c) O mérito da execução, ao contrário do processo de conhecimento, decorre do encerramento da demanda com a satisfação ou não do credor. A diferença reside em aspectos eminentemente formais: o mérito do processo de conhecimento se operacionaliza com **atividade cognitiva** e na execução com **atividade material executiva**. A execução se encerra mediante sentença (CPC, art. 925) com fundamento nas hipóteses do art. 924 do CPC. O art. 924 em seus incisos II, III e IV corresponde, justamente, às hipóteses dos incisos I e III, *a* e *c*, do art. 487 do CPC, ou seja, há julgamento de mérito em todas essas hipóteses. Somente a hipótese constante do inciso I do art. 924 caracteriza sentença sem resolução de mérito, quando o juiz indefere a petição inicial.

d) Está superada, há tempos, a tentativa de se negar natureza jurisdicional da execução. Se a execução constitui um prosseguimento do processo cognitivo ou, por força dos títulos extrajudiciais uma cognição ínsita ao título, evidente que se trata de atividade jurisdicional. E sendo, há de se ter as garantias decorrentes, por opção política do devido processo. Assim, a segurança jurídica decorrente da coisa julgada deve atender aos dois (afinal ambos são apenas meios para a obtenção da tutela – bem da vida)[10]. Aliás, até com mais sentido a atividade executiva que transforma concretamente pretensão abstrata.

e) É possível, como se viu, que o processo de execução se encerre de forma anômala, pela falta de pressupostos processuais e condições da ação. Nesse caso fará coisa julgada formal. O credor terá a opção de buscar novamente a via executiva (desde que corrija o vício que ensejou a resolução) ou buscar a via cognitiva (quando a resolução decorreu por falta de um dos requisitos do título em que não há possibilidade de regularização).

f) Em suma: o processo de execução encerrado por falta de condições da ação e pressupostos processuais fará coisa julgada formal, como qualquer processo. Contudo, se encerrado declarando por sentença (art. 925, CPC) alguma das hipóteses do art. 924 do CPC (à exceção do inciso I), à evidência fará coisa julgada material apta a ser desconstituída por ação rescisória. E ainda, se o motivo da sentença executiva for resolução do processo por algum pressuposto que impeça a sua repropositura (ex. peremção) entendemos que também caberá a medida.

iii.iii) Mandado de segurança – O art. 15 da revogada Lei n. 1.533/51 estabelecia que a decisão sobre mandado de segurança não fazia coisa julgada. O STF encampou essa tese ao editar o Enunciado 304 da sua Súmula. Está superado, contudo, esse entendimento. O art. 19 da Lei n. 12.016/2009 estabelece que "a sentença ou o acórdão que denegar mandado de segurança, sem decidir o mérito, não impedirá que o requerente, por ação própria, pleiteie os seus

---

8 Salvo nas hipóteses em que a discussão é meramente processual, como, por exemplo, no art. 917, II e V, CPC.
9 Excepcionalmente se admite cognição sobre a relação creditícia no corpo da própria execução por meio da denominada "exceção de pré-executividade" desde que preenchidos os requisitos delineados pela doutrina e pela jurisprudência (*vide* capítulo sobre defesas do executado, *infra*).
10 Luiz Eduardo Ribeiro Mourão, *Coisa julgada*. Belo Horizonte: Forum, 2008, p. 309.

direitos e os respectivos efeitos patrimoniais". Assim, a decisão sobre mandado de segurança que verse sobre o mérito fará coisa julgada material e, portanto, sujeito a ação rescisória.

iii.iv) Liquidação de sentença – Independentemente da (interessante) discussão acerca da natureza jurídica da decisão que julga a liquidação (sentença ou decisão interlocutória – *vide* capítulo sobre liquidação, *supra*) o recurso cabível é o agravo de instrumento, conforme art. 1.015, parágrafo único, do CPC. Contudo, essas doutrinas majoritariamente convergem para um fato: a decisão que julga liquidação, independentemente da natureza de seu provimento, é apta a fazer coisa julgada material e, portanto, rescindível.

Essa posição se mantém firme mesmo após o advento da Lei n. 11.232/2005 (sob a vigência do CPC/73) que categorizou a liquidação, na maioria dos casos, como **fase** e não mais como **processo**, como no regime anterior.

Apesar da cognição parcial (pois a liquidação deve respeitar os limites da condenação) constitui outra lide, com outro objetivo (fixação do *quantum debeatur*) e, portanto, necessária a estabilidade dessa relação.

iii.v) Jurisdição voluntária – entendimento majoritário da doutrina sinaliza na não formação de coisa julgada em processos de jurisdição voluntária. Em faltando requisito essencial, não será cabível ação rescisória, mas apenas ação anulatória (CPC, art. 966, § 4º), por se tratar de sentença meramente homologatória.

Contudo, entendemos que a decisão sobre jurisdição voluntária faz coisa julgada e, portanto, não há razão para o não cabimento de rescisória (conforme tivemos oportunidade de nos manifestar no capítulo sobre jurisdição).

iii.vi) Juizados Especiais Cíveis – Por expressa vedação normativa (art. 59, Lei n. 9.099/95) não cabe ação rescisória nos juizados especiais cíveis. Aos juizados especiais federais (art. 1º da Lei n. 10.259/2001) e aos juizados da Fazenda Pública (art. 27 da Lei n. 12.153/2009), como utilizam supletivamente dos Juizados Especiais Cíveis, estende-se a limitação.

A doutrina costuma estabelecer profundas críticas à vedação na medida em que a sentença dos juizados poderá manifestar alguma das hipóteses do art. 966 do CPC[11].

iii.vii) Processos objetivos – Não é cabível ação rescisória em acórdão proferido em Ação Direta de Inconstitucionalidade nem em Ação Declaratória de Constitucionalidade (art. 26, Lei n. 9.868/99) bem como contra acórdão de Arguição de Preceito Fundamental (art. 12, Lei n. 9.882/99).

4.2. *IUDICIUM RESCINDENS* E *IUDICIUM RESCISSORIUM*

A ação rescisória, na sua estrutura, possui três juízos distintos e entre eles dependentes: o **juízo de admissibilidade**, o **juízo rescindente** e o **juízo rescisório**.

No primeiro, o Tribunal recairá sua cognição sobre os requisitos necessários para que a ação rescisória seja admissível. Aqui, compreendem-se tanto os **requisitos gerais** para qualquer ação (pressupostos processuais e condições da ação) como os **requisitos específicos** (o depósito prévio de 5%, a observância do prazo, a legitimidade, a competência e o enquadramento em alguma das hipóteses do art. 966, CPC).

Trata-se de ação de fundamentação vinculada. A causa de pedir deve se enquadrar especificamente numa das situações previstas no art. 966 do CPC sob pena de inadmissibilidade.

---

11 Alexandre Freitas Câmara, *Juizados especiais cíveis estaduais e federais*. Rio de Janeiro: Lumen Juris, 2009, p. 158, e Joel Dias Figueira Jr., *Juizados especiais da Fazenda Pública*. São Paulo: Revista dos Tribunais, 2010, p. 277-278.

Importante frisar que nessa etapa específica não se verifica a pertinência da fundamentação (que será objeto do próprio mérito da rescisória), mas da sua mera alegação *in statu assertionis*, ou seja, ainda que não tenha havido de fato manifesta violação a norma jurídica, a mera alegação de sua violação autoriza ao magistrado admitir a ação rescisória pelo seu cabimento.

Ultrapassado o juízo de admissibilidade, passa o Tribunal ao julgamento de fundo, e este é dividido no *iudicium rescindens* e *iudicium rescissorium*.

O primeiro é, certamente, o mais importante elemento da cognição judicial. Isso porque é da procedência desse juízo que se retirará do ordenamento a decisão que se pretende invalidar.

Após este juízo de procedência (= invalidação da decisão) é que se passa ao último juízo, se for necessário: o rescisório.

Nesse, o Tribunal deverá proferir nova decisão sobre a questão que agora padece de resolução conforme seu próprio (e anterior) pronunciamento.

Contudo, nem sempre será necessário este derradeiro juízo. Tal circunstância ocorre por desnecessidade ou mesmo impossibilidade de o Tribunal decidir essa questão.

Abstratamente, existem duas hipóteses em que o juízo rescindente é **suficiente** para a obtenção da tutela jurisdicional pretendida:

a) quando a rescisão exaure a atividade judicial não necessitando de uma atividade ulterior. Assim, quando o Tribunal decreta ofensa à coisa julgada (CPC, art. 966, IV), o objetivo da rescisória é retirar do mundo jurídico a segunda decisão mantendo a autoridade da primeira. Não há necessidade de nova decisão, pois a decisão originária está protegida pelo ato jurídico perfeito;

b) quando o juízo rescisório não pode ser exercido pelo Tribunal. Nesse caso a rescisão não exaure a atividade judicial, mas o Tribunal não tem permissão (competência funcional) para atuar regulando o caso concreto. É o que ocorre com a incompetência absoluta, falta ou nulidade de citação, ou, ainda, ausência de intimação do Ministério Público.

Como visto anteriormente, no juízo rescindente a decisão será sempre constitutiva (constitutiva negativa, desconstitutiva) se procedente. Se improcedente, como em todos os casos será declaratória, pois atestará a inexistência do pedido rescisório.

Já no juízo rescisório ela será sempre de acordo com o pedido do autor (declaratória, constitutiva, condenatória e, mais amplamente para parte da doutrina, também executiva e mandamental).

Sendo o juízo rescindente constitutivo, insta verificar se os efeitos típicos da constituição aqui também serão sentidos. Isso porque a decisão constitutiva tem eficácia *ex nunc*, já que estabelece **uma nova situação** a partir de seu provimento, mas não desconsidera a situação anterior que terá sua eficácia até a decisão que gerou a modificação.

Contudo, como bem observa Barbosa Moreira, "as soluções radicais (eficácia *ex tunc* – eficácia só *ex nunc*) seduzem pela simplicidade, mas nenhuma delas se mostra capaz de atender satisfatoriamente, em qualquer hipótese, ao jogo de interesses contrapostos (...). Parece impossível resolver bem todos os problemas concretos à luz de regras aprioristicas inflexíveis. Muitas vezes ter-se-ão que levar em conta dados do direito material"[12].

É o que ocorre, por exemplo, com a hipótese do art. 182 do Código Civil ao estabelecer que, "anulado o negócio jurídico, restituir-se-ão as partes ao estado em que antes dele se achavam, e, não sendo possível restituí-las, serão indenizadas com o equivalente". Perceba que em alguns casos a eficácia constitutiva também pode retroagir para alcançar fatos pretéritos[13].

---

12 BARBOSA MOREIRA, José Carlos. *Comentários ao Código de Processo Civil*. 15. ed. Rio de Janeiro: Gen, 2010, p. 265.
13 Pontes de Miranda, *Tratado das ações*, t. III, p. 15.

4.3. HIPÓTESES DE CABIMENTO EM ESPÉCIE (CAUSA DE PEDIR)

As hipóteses de cabimento da ação rescisória podem ter um fundamento:

FUNDAMENTO	CONCEITO	HIPÓTESES NO ART. 966
Endógeno	Quando o fundamento da rescindibilidade se encontra dentro do processo (vício no processo ou na decisão)	Incisos I, II, III, IV, V, VI e VIII
Exógeno	Quando o fundamento da rescindibilidade se encontra fora do processo	Inciso VII

4.3.1. PREVARICAÇÃO, CONCUSSÃO OU CORRUPÇÃO DO JUIZ

O Código de Processo Civil de 1939, em seu art. 798, previa situação análoga ao juiz peitado – incorrido em peita ou suborno.

A prevaricação, concussão ou corrupção do juiz constitui conduta criminal típica, previstas no capítulo dedicado aos "Crimes contra a Administração Pública".

Estes crimes estão, respectivamente, previstos nos arts. 319, 316 e 317 do Código Penal.

> **Prevaricação (art. 319, CP)** – "retardar ou deixar de praticar, indevidamente, ato de ofício, ou praticá-lo contra disposição expressa de lei, para satisfazer interesse ou sentimento pessoal".
> **Concussão (art. 316, CP)** – "exigir, para si ou para outrem, direta ou indiretamente, ainda que fora da função ou antes de assumi-la, mas em razão dela, vantagem indevida".
> **Corrupção (art. 317, CP)** – "solicitar ou receber, para si ou para outrem, direta ou indiretamente, ainda que fora da função ou antes de assumi-la, mas em razão dela, vantagem indevida, ou aceitar promessa de tal vantagem".

Não é necessário que o magistrado tenha sido condenado por sentença transitada em julgado, tampouco depende de ação penal em curso. Assim, não é condição para a tipicidade dessa hipótese de rescisória aguardar a persecução criminal para o ajuizamento da ação.

Os fatos podem ser provados no corpo da rescisória, mas é evidente que a eventual sentença penal condenatória proferida vincula o juiz da rescisória (eficácia positiva da sentença penal condenatória).

A recíproca, contudo, não é verdadeira. A procedência na rescisória não vincula o juízo criminal.

Entretanto, se a sentença for **absolutória** (ausência de fato ou de autoria), a ação rescisória receberá influxos da sentença penal, sendo rejeitada de plano. O que não ocorre se o motivo da resolução da ação penal for em decorrência da absolvição por falta de provas ou extinção da punibilidade por prescrição ou morte.

Eventual acórdão em que um dos desembargadores tenha agido com uma das hipóteses penais acima também pode ser objeto de rescisão. Isso porque o voto de apenas um dos membros do colegiado repercute no julgamento do recurso. O acórdão é julgamento de vontades individuais. Se uma delas está contaminada por um dos vícios repudiados pela lei, o resultado destas vontades também estará.

4.3.2. PROFERIDA POR JUIZ IMPEDIDO OU POR JUÍZO ABSOLUTAMENTE INCOMPETENTE

O art. 966, II, do CPC trata de dois fundamentos diversos para a rescisória.

O juiz será impedido nas hipóteses do art. 144 do CPC. O impedimento do juiz acarreta falta de pressuposto processual de validade (imparcialidade objetiva). Importante frisar que a suspeição do juiz não acarreta motivo para rescisória, pois o rol do art. 966 é taxativo e não comporta interpretação extensiva.

Tanto a incompetência relativa como a suspeição se sanam no próprio processo, pois, por opção político-legislativa, são matérias sujeitas à preclusão.

É rescindível também o acórdão se um dos julgadores tenha proferido voto não obstante estar impedido.

Por fim, é irrelevante que tenha havido exceção de impedimento[14] ou mesmo que esta tenha sido rejeitada, pois a natureza da matéria não inibe a propositura da ação rescisória.

E isso porque o impedimento é modalidade de vício que não se convalida e a decisão de mérito proferida por juiz impedido é nula mesmo após o trânsito em julgado.

Enquanto o impedimento é vício do juiz, a incompetência absoluta é vício do juízo. E apenas esta modalidade enseja ação rescisória.

São os casos de competência material, em razão da pessoa e funcional, e em algumas situações também a territorial (como, por exemplo, o art. 47, CPC) e sobre o valor da causa (v.g., Juizados Especiais Federais e Juizados da Fazenda Pública).

Não é necessário anular a sentença para que seja proferida outra, pois o tribunal tem competência para efetivar o julgamento desde que seja sua esfera de competência (cível para família, por exemplo). Entretanto, quando se tratar de um caso cível que foi processado na Justiça do Trabalho deverá ser remetido os autos para a Justiça competente, que verificará a pertinência ou não se de manterem eficazes os atos praticados pelo juízo anterior (art. 64, §§ 3º e 4º, CPC).

A questão é de simples constatação: a ação rescisória será endereçada sempre ao tribunal vinculado ao prolator da decisão rescindenda. Se o tribunal julgar, nesse caso, estaria igualmente incorrendo no mesmo vício de incompetência que ensejou a propositura da ação rescisória.

4.3.3. DOLO OU COAÇÃO DA PARTE VENCEDORA EM DETRIMENTO DA PARTE VENCIDA OU COLUSÃO OU SIMULAÇÃO ENTRE AS PARTES A FIM DE FRAUDAR A LEI

O Código de Processo Civil impõe obediência aos deveres de lealdade e boa-fé, relacionados em seus arts. 77 a 80 (além de artigos esparsos, como 1.026, § 2º, e 774).

A preocupação do legislador com a probidade processual autoriza a possibilidade da ação rescisória para desconstituir decisão de mérito transitada em julgado nos casos de **dolo, coação, simulação ou colusão**.

Dolo, como elemento tipo do cabimento da rescisória, é ato da parte (e se estende ao seu advogado) e não do juiz.

---

14 Conforme tivemos oportunidade de apresentar no capítulo sobre Modalidade de Respostas (*supra*), entendemos que a expressão "exceção" ainda se mantém para a arguição do impedimento ou suspeição.

Assim, se a parte vencedora impediu a atuação do vencido, influenciou equivocadamente o juiz, afastando-o da verdade, o autor induziu o réu à revelia ou dificultou a produção de uma prova, subtraiu documento dos autos.

É preciso que o dolo uma vez reconhecido tenha sido **fator determinante** do resultado a que chegou o juiz no processo. É necessário um nexo de causalidade entre sua atividade e o resultado da demanda.

Por coação entende-se a "pressão física ou moral exercida sobre o negociante, visando obrigá-lo a assumir uma obrigação que não lhe interessa"[15] e por simulação a "declaração falsa, enganosa, da vontade, visando aparentar negócio diverso do efetivamente desejado"[16].

A segunda parte do art. 966, III, do CPC guarda relação com o disposto no art. 142 do mesmo Código. Ambos falam da situação em que as partes se valem do processo para obtenção de finalidade ilegal ou com intuito de fraudar a lei.

Tem-se como exemplo as famosas "casadinhas" por vezes existentes na Justiça do Trabalho[17], ou situações em que as partes utilizam o processo para prejudicar terceiros (como, por exemplo, a criação de um processo falso com base em garantia real para fugir do concurso de credores ou o divórcio fraudulento para salvaguardar o patrimônio de um dos cônjuges).

A situação aqui retratada é diferente do dolo, pois este é ato unilateral e aquele é bilateral.

A repulsa do ordenamento pela situação é tão grave que a lei preocupou-se em legitimar expressamente o Ministério Público para propor ação rescisória nessas situações (art. 967, III, *b*, CPC).

No caso da colusão, igualmente, aquele que foi prejudicado poderá ingressar com ação rescisória (art. 967, II, CPC).

Majoritária doutrina estende a aplicabilidade do processo fraudulento ao processo simulado (conluio no processo para prejudicar terceiros). A própria doutrina se confunde nesse ponto, já que confunde fraude (contra lei) com simulação (contra terceiros)[18].

Ambos são marcados pela inexistência de litígios verdadeiros.

---

15 TARTUCE, Flávio. *Manual de direito civil*, Rio de Janeiro: Gen, 2011, p. 208.
16 GONÇALVES, Carlos Roberto. *Direito civil brasileiro*. 8. ed., São Paulo: Saraiva, 2010, v. 1, p. 481.
17 Acordo fraudulento entre reclamante e reclamada para dar indevida quitação ao contrato de trabalho com o pagamento de verbas rescisórias que não correspondem ao *quantum* devido.
18 AUSÊNCIA DE DEMONSTRAÇÃO DE VÍCIOS DE CONSENTIMENTO OU DEFEITOS DE FORMA. DISTINÇÃO CONCEITUAL ENTRE PROCESSO SIMULADO E PROCESSO FRAUDULENTO. Relativamente ao enquadramento da pretensão rescindente no inciso VIII do art. 485 do CPC, fundado no argumento de que, na realidade, não existiu uma lide, e sim um processo forjado no intuito de obter fins ilícitos, não é demais lembrar a distinção conceitual entre processo simulado e processo fraudulento. Ensina Coqueijo Costa que "no processo simulado, as partes não têm interesse real na produção dos efeitos jurídicos do processo", ao passo que "no processo fraudulento têm e de tais efeitos normais se querem aproveitar, usando de fraude para conseguir esse resultado". Mas, prossegue o autor, a rescisória "só se justifica na hipótese de processo fraudulento, não assim de processo simulado". É que somente a colusão para fraudar a lei é contemplada no art. 485, inciso III, do CPC, arrematando com a lição de que "a simulação redundará em anulação do processo da causa principal, mas não em ação rescisória" (in *Ação rescisória*, p. 64). Além disso, a pretensa simulação do processo não é motivo para invalidação do acordo, visto que a invalidação da transação remete necessariamente à ocorrência de vício de consentimento. Nesse sentido, os elementos trazidos com a inicial não evidenciam a hipótese da ocorrência de vício de consentimento, mas de ajuste mediante concessões recíprocas livremente manifestadas. Recurso provido (TST, ROAR 7394000722003504 – 72.2003.5.04.0900, publ. em 6-6-2003).

4.3.4. OFENSA À COISA JULGADA

Se, em regra, uma lei não pode retroagir para prejudicar uma decisão proferida, o que dizer então de uma nova decisão que pode prejudicar o resultado da anterior?

Preconiza o art. 505 do CPC: "Nenhum juiz decidirá novamente as questões já decididas relativas à mesma lide (...)". Rigorosamente falando, a existência de coisa julgada anterior repele a propositura de ação com os mesmos elementos (*tria eadem*).

No Brasil, é irrelevante se a parte, no curso do segundo processo, alegou objeção de coisa julgada ou mesmo se o magistrado indeferiu essa alegação. A tipicidade é abstrata e não se condiciona à prévia alegação das partes, ao contrário da *revocazione* do direito italiano em que se condiciona sua oposição à não decisão sobre o tema na sentença rescindenda (CPC italiano, art. 395, 5).

O prestígio e a proteção que o ordenamento jurídico confere à coisa julgada justificam essa hipótese de rescindibilidade. Assim, será rescindível a sentença (e mais amplamente qualquer decisão) que fez coisa julgada material, quando sobre o caso já havia outra coisa julgada material.

Tanto a violação ao efeito positivo como negativo da coisa julgada geram a possibilidade de rescisão.

A **violação ao efeito positivo** acontece quando a decisão do segundo processo relega premissa importante estabelecida no primeiro. Nesse caso haverá uma incompatibilidade jurídica, mas não prática.

No primeiro processo a cobrança de determinado crédito foi julgada improcedente. No segundo, houve cobrança de juros decorrentes desse mesmo crédito que foi julgado procedente[19].

Nesse caso o magistrado rechaçou a premissa do processo anterior (existência da dívida) e julgou o novo pedido de maneira diversa.

A **violação ao efeito negativo**, mais grave, ocorre quando o magistrado julga novamente o mesmo objeto, criando, portanto, uma incompatibilidade prática.

A nova demanda (que será rescindida) estará proibida de conhecer a matéria em consideração ao efeito negativo da coisa julgada material.

Pode ocorrer que, a despeito desse pressuposto processual negativo, uma segunda ação idêntica à primeira venha a ser proposta e transite em julgado.

O que fazer?

Nesse caso, se a decisão **ainda for rescindível** (= dentro do prazo de 2 anos) caberá ação rescisória por violação à coisa julgada, conforme o art. 966, IV, do CPC.

Contudo, discussão de extrema importância diz respeito ao trânsito em julgado dessas duas demandas idênticas tendo se escoado o prazo decadencial da rescisória, ou seja: sendo as duas demandas não mais sujeitas à rescisão, qual prevalecerá?

No Brasil há duas correntes muito bem delineadas.

Primeira corrente: prevalece a primeira coisa julgada – Para essa primeira corrente (e entre seus seguidores divergem os argumentos de sua posição), prevalece a primeira coisa julgada porque: a) está constitucionalmente assegurada a garantia da coisa julgada (CF, art. 5º, XXXVI); b) em decorrência da segurança jurídica; c) o juiz deveria extinguir o segundo processo por falta de interesse de agir (CPC, art. 485, VI); d) o juiz deveria extinguir o segundo processo em virtude

---
19 Barbosa Moreira, *Comentários ao CPC*, cit., p. 226-227.

da coisa julgada anterior (já que se trata de pressuposto processual negativo – CPC, art. 485, V)[20];
e) pelo direito adquirido. Essa posição é seguida por Cassio Scarpinella Bueno, Nelson Nery, Teresa Arruda Alvim, José Miguel Garcia Medina, Araken de Assis e Arruda Alvim.

Segunda corrente: prevalece a segunda coisa julgada – para uma segunda corrente a coisa julgada formada no segundo processo deve prevalecer sobre a primeira[21], especialmente porque a norma posterior (a decisão judicial produz uma norma individual e concreta, conforme vimos) deve prevalecer sobre a norma anterior. Ademais, há um dado decorrente da observação prática: como imaginar que a parte, durante todo o processo e mesmo após o seu término, não tenha se insurgido contra o novo processo em detrimento da coisa julgada anterior? A não utilização da rescisória faz desaparecer a coisa julgada? Ademais, "a oferta do caminho da ação rescisória significa que o sistema processual não pretendeu que a segunda sentença fosse simplesmente desconsiderada, instável ou ineficaz: se o caminho é a sua rescisão, enquanto não for rescindida ela prevalece e impõe-se sobre a primeira"[22]. Essa posição é defendida por José Carlos Barbosa Moreira, Luiz Guilherme Marinoni, Humberto Theodoro Júnior, Eduardo Talamini, Fredie Didier Jr.

Entendemos que a questão é tormentosa e nunca haverá, de fato, uma resposta plenamente satisfatória[23]. Contudo, entendemos que a segunda posição seja a mais adequada ao regime jurídico brasileiro. É importante explicar.

Se a segunda decisão ainda for rescindível, prevalecerá a primeira coisa julgada, devendo a segunda ser objeto de ação rescisória para desconstituir a coisa julgada posteriormente formada.

Se a última decisão não mais for rescindível, prevalecerá essa segunda. Há dois argumentos a nosso ver importantes que levaram à tomada dessa posição:

> **i) o sistema de invalidades do direito processual brasileiro (convalidação)** – o sistema processual (ao contrário do privado) prestigia a convalidação das invalidades quando não arguida em momento oportuno. Assim, a invalidade da segunda sentença não mais subsiste, pois ela transitou em julgado e escoou o prazo da rescisória. É comum na doutrina o emprego das expressões "sanatória geral das invalidades" ou "coisa soberanamente julgada"[24];
>
> **ii) o atual conceito de decisão no ordenamento pátrio (temporalidade)** – se são duas decisões eficazes e sem invalidade (em razão do decurso do tempo) há de se tratar a sentença como norma individual e concreta. Sendo norma para as partes, segue-se a tradicionalíssima regra da norma posterior que revoga a anterior (art. 2º, § 1º, LINDB).

---

20 Há autores, como Teresa Arruda Alvim Wambier e José Miguel Garcia Medina, que entendem que a falta de interesse de agir na segunda demanda (condição da ação) é pressuposto de existência do processo e, portanto, sequer rescindível, pois não se formou a coisa julgada (*O dogma da coisa julgada*, São Paulo: Revista dos Tribunais, 2003, p. 203).
21 Pontes de Miranda (*Comentários ao CPC*, t. VI, 1975, p. 285) condiciona a prevalência da segunda "salvo se a primeira já se executou, ou começou de executar-se".
22 Cândido Dinamarco, *Instituições*, cit., v. III, p. 336.
23 Assim escreveu Barbosa Moreira em seu *CPC comentado*, cit., p. 225.
24 Diz Barbosa Moreira: "A passagem da sentença, da condição de rescindível à de irrescindível, não pode, é claro, diminuir-lhe o valor. Aberraria dos princípios tratar como inexistente ou como nula uma decisão que nem rescindível é mais, atribuindo ao vício, agora, relevância, maior do que tinha durante o prazo decadencial" (*Comentários ao CPC*, cit., p. 225).

Via de regra, haverá apenas julgamento rescindente e não rescisório, pois a decisão da rescisória retirará do mundo jurídico a decisão excedente, mantendo aquela que, sob sua ótica, deve prevalecer.

Por fim, se uma ação foi proposta antes da outra, mas a segunda terminou antes de transitar em julgado, caberá ação rescisória? Sim, pois a proteção à coisa julgada é mais importante que o vício processual da litispendência que restou não observado.

4.3.5. VIOLAR MANIFESTAMENTE NORMA JURÍDICA

O CPC atual alterou a anterior redação prevista no CPC/73 (art. 485, V) que estabelecia o cabimento de ação rescisória quando "violar literal disposição de lei". O sistema atual fala em "violar manifestamente norma jurídica".

Não é cabível ação rescisória por injustiça da decisão ou interpretação equivocada acerca de uma prova. Esta regra sempre foi o traço caracterizador dessa medida, por se tratar de ação de fundamentação vinculada.

É no inciso V do art. 966 que se encontra a maior prova de sua dependência à tipicidade: a violação manifesta à norma. É importante estabelecer com precisão de que se trata a requestada violação manifesta à norma jurídica.

i) Alcance – Sempre foi pacífico na doutrina e na jurisprudência que lei, tal como empregada no dispositivo do CPC/73, constitui expressão ampla, abrangendo tanto a lei estrangeira como a nacional, tanto material como processual, tanto constitucional como infraconstitucional (art. 59 da CF). Abrange também as Constituições Estaduais, Medidas Provisórias, Leis Orgânicas, decretos, regulamentos e até mesmo regimentos internos.

O legislador havia dito menos do que queria. Sempre foi pacífico no sistema que a lei não pode ser considerada apenas a "regra" ou a "norma posta em vigor", mas também princípios[25]. Assim, violar texto de lei deve ser compreendido como "violar o sistema e não necessariamente a lei posta"[26]. A regra foi construída numa época em que a afronta à lei era o pior desacato possível à ordem jurídica[27].

O direito positivo brasileiro não se constrói apenas por artigos esparsos, mas de um conjunto deles que, axiologicamente, podem formar um princípio. Assim, é fácil compreender que a violação a um princípio é até mais grave na medida em que não se ofende apenas um artigo senão diversos de maneira direta ou reflexa.

Neste passo, a alteração empreendida pelo CPC atual merece aplausos, na medida em que usa expressão mais ampla, qual seja, "norma jurídica".

Entendemos que a decisão que desrespeita precedentes vinculantes (art. 927, I, II e III, CPC) também se sujeita à rescisão. Isso porque, se há lei (regra) dizendo que os precedentes devem ser respeitados, sua desobediência acarreta violação à lei. Assim, se uma súmula vinculante foi desrespeitada (= não aplicada no caso concreto), a rescisória não se volta ao enunciado de súmula, mas à decisão que não aplica o referido enunciado.

A Lei n. 13.256/2016, que alterou o CPC ainda no seu período de *vacatio*, ampliou ainda mais a incidência do cabimento de rescisória com base no inciso V. Se antes a aplicação era somente texto de lei (com a interpretação extensiva dada pela doutrina) e depois norma (regras

---

25 Ver por todos Teresa Arruda Alvim Wambier, *Recurso especial*, cit., p. 518-521.
26 Idem, p. 518.
27 Idem, ibidem.

e princípios), agora também caberá rescisória no que concerne à errônea aplicação dos precedentes judiciais. Isso é o que estabelece a redação dos §§ 5º e 6º do art. 966:

§ 5º Cabe ação rescisória, nos termos do inciso V do *caput* deste artigo, contra decisão baseada em enunciado de súmula, acórdão ou precedente previsto no art. 927, que não tenha considerado a existência de distinção entre a questão discutida no processo e o padrão decisório que lhe deu fundamento.

§ 6º Quando a ação rescisória fundar-se na hipótese do § 5º deste artigo, caberá ao autor, sob pena de inépcia, demonstrar, fundamentadamente, tratar-se de situação particularizada por hipótese fática distinta ou questão jurídica não examinada, a impor outra solução jurídica.

Compreende-se aqui um sentido negativo da aplicação dos precedentes. O Código em diversas passagens exorta e, por vezes, impõe a aplicação dos precedentes (sentido positivo), conforme se verifica dos arts. 489, § 1º, 496, § 4º, 332, 932, §§ 4º e 5º, entre outros. O que quer dizer, para dar vigência e sustentação ao art. 926 (da qual a jurisprudência deva ser íntegra, estável e coerente) e para permitir a correta aplicação do art. 927 (que versa sobre os denominados "precedentes obrigatórios"), o legislador vale-se de diversos dispositivos no sentido de fomentar a aplicação dos precedentes. O precedente somente poderá não ser aplicado por superação ou distinção (art. 489, § 1º, VI).

O referido § 5º estabelece justamente o contrário: sendo um precedente aplicado no caso concreto de maneira equivocada, pois o padrão decisório que lhe serviu de base não se amolda à situação *fattispecie*, caberá ação rescisória, no prazo decadencial de dois anos.

Assim, alargou-se o conceito de violação de norma jurídica para inserir também o caso de não aferição do *distinguish*.

Para tanto, criou-se mais um requisito da petição inicial da rescisória. Assim como no art. 1.029, § 1º, do CPC, exige-se a cabal demonstração da distinção entre a tese aplicada e o caso julgado, bem como a apresentação da tese que deveria ter sido.

ii) Literalidade – Maiores dificuldades, no regime do CPC anterior, apresentaram-se na compreensão do que era "violação literal a dispositivo de lei", principalmente à luz do Enunciado 343 da Súmula do STF, que tem a seguinte redação: "Não cabe ação rescisória contra ofensa a literal dispositivo de lei, quando a decisão rescindenda se tiver baseado em texto legal de interpretação controvertida nos tribunais". Esta súmula trata da tese da "interpretação razoável".

A expressão literal adjetivada pelo legislador ao substantivo lei teve por finalidade especificar o seu conceito e circunscrever sua área de atuação.

Assim, o cabimento da ação rescisória somente seria admitido com base nesse inciso se, ao tempo da aplicação da norma no caso concreto (função subsuntiva), não havia dúvidas no plano da jurisprudência, acerca de sua interpretação. Ainda que após o trânsito em julgado essa dissidência tenha desaparecido e a interpretação sobre a norma tenha se uniformizado.

Justamente porque havia, à época do julgamento, duas ou mais posições acerca da interpretação da mesma norma jurídica, a aplicação de qualquer uma delas teria aptidão para estar correta. A divergência jurisprudencial acarreta insegurança jurídica sobre o verdadeiro alcance e conteúdo da norma[28].

---

28 Contudo, em recente decisão, o STJ permitiu o cabimento de ação rescisória quando a uniformização do entendimento ocorreu após o trânsito em julgado da decisão, afastando a incidência da Súmula 343 do STF (REsp 2.148.566/RS pela 3ª Turma do STJ).

Questão semelhante norteou por longo espaço de tempo a jurisprudência do Supremo Tribunal Federal relativamente à interpretação razoável de norma jurídica para fins de cabimento dos recursos extraordinário e especial (Enunciado 400 da Súmula do STF).

Contudo, está pacificado na jurisprudência[29] que, se a violação decorreu da interpretação de normas constitucionais, não se deve aplicar a referida Súmula 343, ou seja, **ainda que haja divergência doutrinária, a violação de "lei" para aplicação de norma constitucional será móvel para o cabimento de ação rescisória**.

Importante frisar, igualmente, que a propositura de ação rescisória por violação a literal disposição de lei não exige o prequestionamento, ou seja, não é necessário que a norma tenha sido expressa ou implicitamente referida na decisão rescindenda.

Nesse passo, o art. 485, V, do CPC/73, assim como o recurso especial e extraordinário, possuía mecanismo de estrito direito, não permitindo a função rescindente o reexame de fatos ou provas, mas apenas de direito, sob pena de se transformar a rescisória num recurso ordinário com prazo dilatado após o trânsito em julgado.

Todavia, ainda na vigência do CPC/73, pelo inciso V do art. 485, interpretava também a violação no sentido de que o tribunal considerou a norma contrária àquela dada pelo STF e pelo STJ, já que esses tribunais desempenham o papel de interpretar e preservar a legislação federal e constitucional, uniformizando a jurisprudência em decisões paradigmáticas.

Esta foi a interpretação que se deu à expressão "violar literal disposição de lei". Literal no sentido de flagrante, inequívoco, evidente. Literal no sentido que qualquer um que analisar o julgamento terá condições objetivas de verificar que o julgador errou na aplicação da lei.

Nada obstante a construção que se deu em torno da redação daquele artigo, o dispositivo empregado no CPC atual, sem qualquer dúvida, imprimiu redação cuja precisão técnica é muito superior à do CPC/73.

Importante ressaltar que violação de lei, ainda que constitua matéria de ordem pública, não poderá ser apreciada pelo juízo da rescisória se não foi devidamente alegada na petição inicial em decorrência dos propósitos específicos dessa ação (STJ, REsp 1.663.326).

4.3.6. PROVA FALSA

Falso é a desconformidade entre o efetivamente ocorrido e o fato atestado pela prova.

Dispõe o art. 966, VI, do CPC que é possível desconstituir o julgado por meio de ação rescisória se "fundada em prova cuja falsidade tenha sido apurada em processo criminal, ou venha a ser demonstrada na própria ação rescisória".

Havendo falsidade, a sentença passou a ter outro fundamento, devendo, portanto, ter outro desfecho. Assim, a prova falsa deve ter nexo de causalidade com o resultado do processo. A regra do inciso versa sobre a falsidade de toda e qualquer espécie probatória. Essa prova poderá ser testemunhal, documental, pericial ou outra que tenha sido produzida no processo de conhecimento transitado em julgado.

A despeito da literalidade da lei, a falsidade também poderá ter sido decretada em ação declaratória na esfera cível com esse objetivo (arts. 427 e 19, II, CPC). A procedência do pedido da **ação declaratória** autônoma impede a propositura da rescisória em atenção à eficácia positiva da coisa julgada.

---

29 Ver, por todos, STF, Pleno, RE-ED 328.812; STJ, REsp 1.073.509; EREsp 608.122.

É irrelevante se a falsidade da prova documental que baseou a decisão seja **ideológica** (incongruência entre a realidade e a representação fática contida no documento) ou **material** (deturpação do próprio documento). A falsidade na construção da prova ou no seu conteúdo igualmente acarreta a falsidade.

O fato de não haver arguido a falsidade da prova no processo original não inibe o emprego da rescisória. A preclusão não projeta seus efeitos para fora do processo.

4.3.7. PROVA NOVA

Se "o autor, posteriormente ao trânsito em julgado, obtiver prova nova, cuja existência ignorava ou de que não pôde fazer uso, capaz, por si só, de lhe assegurar pronunciamento favorável", caberá ação rescisória.

Constitui hipótese diferenciada de ação rescisória, pois não se trata de mera invalidade da decisão ou erro de julgamento, mas de verdadeira injustiça, pela não possibilidade/conhecimento de se utilizar de prova essencial para a demonstração da juridicidade do direito.

Para a aplicabilidade dessa hipótese é necessária a conjugação de quatro requisitos: a **novidade**, o **desconhecimento ou impossibilidade**, a **pertinência** e a **forma**.

Novidade – Por prova nova entende-se aquela estranha à causa e não com o momento de sua formação. Não se pode imaginar que a prova nova seja aquela constituída posteriormente. Assim é aquela que não foi apresentada no curso do processo originário. Ela já existia quando da prolação do julgado rescindendo, mas não foi oportunamente apresentada.

É importante que se prove o momento em que obteve a prova, pois a lei determina que ela tenha sido obtida após o trânsito em julgado.

Daí decorrem duas questões importantes: **i)** a prova deveria existir quando da efetivação do trânsito em julgado; e **ii)** deve ter sido obtida após o trânsito (pois se fosse possível sua juntada anterior, não haveria razão de se ingressar com ação rescisória).

Desconhecimento ou impossibilidade – Ademais, a prova somente terá aptidão de admitir a rescisória se houver cabal comprovação da existência de contingências que obstaram sua utilização na demanda anterior. Assim, sua admissibilidade está condicionada ao **(i)** desconhecimento ou **(ii)** inacessibilidade à prova[30].

Pertinência – Ademais, a prova deve ser pertinente à solução do caso do processo originário. Se a sua produção não tiver aptidão de modificar o resultado do processo não há se falar em rescisória.

Forma – Divergia a doutrina acerca da interpretação do inciso VII (que no CPC/73 falava apenas em documento).

Havia uma **corrente restritiva** entendendo se aplicar apenas para documentos, seguindo a então literalidade da lei. Assim, a lei era clara ao asseverar documento, não podendo estender essa aplicação à testemunha, inspeção judicial dentre outros. Decorre também da fragilidade de algumas provas como a testemunhal e da verificação de sua formação em contraditório como a prova pericial (Rodrigo Barinoni e Flávio Yarshell). Por documento podem ser considerados, além do papel, a fotografia, DVD, CD, fita magnética e todos aqueles enquadrados no art. 422 do CPC.

---

30 Nesse sentido, "a apresentação de nova prova é um vício rescisório quando, apesar de preexistente ao julgado, não foi juntada ao processo originário pelo interessado por desconhecimento ou por impossibilidade" (AR 5.196-RJ, Rel. Ministro Mauro Campbell Marques, Primeira Seção, *DJe* 19-12-2022).

Havia, contudo, uma **corrente extensiva** entendendo aplicar para outros meios de prova como testemunhal e inspeção judicial. O DNA realizado após o trânsito em julgado de uma ação de investigação de paternidade é bom exemplo do cabimento de rescisória[31].

Este foi o posicionamento que prevaleceu no CPC. Há entendimento do STJ solidificando essa questão: "No novo ordenamento jurídico processual, qualquer modalidade de prova, inclusive a testemunhal, é apta a amparar o pedido de desconstituição do julgado rescindendo na ação rescisória" (REsp 1.770.123-SP).

Importante ressaltar que o fato deve ter sido alegado no processo originário. Não caberá rescisória se o fato não houver sido invocado no feito que originou a decisão rescindenda. E isso decorre da eficácia preclusiva da coisa julgada já que não se pode ampliar a cognição do tribunal ao conhecer de matérias que não foram levantadas na decisão atacada, mas apenas os meios de provas acerca de fatos anteriormente trazidos.

Não se permite que a rescisória seja apresentada sem a prova nova, salvo se ainda não se teve acesso, quando poderá ingressar com uma anterior ação de exibição, requerendo (se ficar próximo do decurso do prazo decadencial) com o ajuizamento da rescisória o seu sobrestamento (art. 313, V, *a*) para que se possa apresentar o documento no outro processo.

Por fim, inadmissível a rescisória fundada em documento particular quando a lei exige instrumento público para a prova do ato (CPC, art. 406).

4.3.8. ERRO DE FATO

O erro de fato constitui mais uma hipótese de **decisão injusta**.

Para a perfeita compreensão dessa hipótese deve-se levar em consideração o inciso VIII do art. 966 e seu § 1º.

O referido artigo estabelece o cabimento em rescisória quando "fundada em erro de fato, verificável do exame dos autos". O § 1º do mesmo artigo estabelece:

> § 1º Há erro de fato quando a decisão rescindenda admitir fato inexistente ou quando considerar inexistente fato efetivamente ocorrido, sendo indispensável, em ambos os casos, que o fato não represente ponto controvertido sobre o qual o juiz deveria ter se pronunciado.

Assim, não cabe ação rescisória contra fato cuja avaliação foi equivocada ou defeituosa da prova ou sobre matéria controvertida. Igualmente, não se pode confundir erro de fato com erro material. Este não dá causa à rescisão, podendo ser alegado a qualquer momento até mesmo por embargos de declaração (constitui vício transrescisório).

De acordo com sistematização estabelecida por José Carlos Barbosa Moreira[32] e adotada por majoritária doutrina, são requisitos para essa hipótese de rescindibilidade:

a) que o fundamento da decisão tenha sido o erro de fato, ou seja, que tenha sido esse erro o fato determinante para o resultado do processo;

b) que o erro possa ser verificado de plano, sem a necessidade de dilação probatória;

---

31 STJ, REsp 331.550, a despeito de muitos autores defenderem a denominada "relativização da coisa julgada" (*vide supra* no capítulo sobre coisa julgada), pelo qual não haveria sequer prazo de rescisória, pois essa circunstância seria um vício transrescisório e poderia ser alegada a qualquer momento (ver, por todos, Cândido Dinamarco, Teresa Arruda Alvim, Humberto Theodoro Júnior).

32 *Comentários ao CPC*, cit., p. 149-150.

c) que o fato não seja controvertido. A falta de controvérsia pode decorrer da não alegação das partes sobre o tema (omissão bilateral)[33], da assunção por uma delas sobre a alegação da outra (fato assumido), ou mesmo a não manifestação de uma delas (omissão unilateral);

d) que sobre ele não tenha havido nenhum pronunciamento judicial. Assim, o juiz crê que o fato existiu (quando não verdade *não existiu*) ou pensa que não existiu (quando na verdade *existiu*).

4.4. AÇÃO ANULATÓRIA E AÇÃO DECLARATÓRIA DE INEXISTÊNCIA

Dispõe o art. 966, § 4º, do CPC: "4º Os atos de disposição de direitos, praticados pelas partes ou por outros participantes do processo e homologados pelo juízo, bem como os atos homologatórios praticados no curso da execução, estão sujeitos à anulação, nos termos da lei".

A ação anulatória prevista no art. 486 do CPC/73 foi, de certa forma, mantida pelo Projeto do Senado com apenas algumas importantes alterações na redação do artigo, como será visto. Constitui ação que objetiva anular ato praticado **pelas partes ou auxiliares da justiça**.

É importante fragmentar o estudo a respeito da ação anulatória para sua melhor compreensão.

4.4.1. NOMENCLATURA E SUA DIFERENÇA COM AÇÃO RESCISÓRIA

O CPC vigente trocou as expressões "atos judiciais" por "atos de disposição de direito, praticados pelas partes ou outros participantes do processo" e "rescindidos" por "sujeitos à anulação".

O perfeito delineamento dessas expressões objetiva extremar do conceito de rescisória. Fala-se em ato das partes ou dos auxiliares da justiça, pois o objetivo da ação anulatória não é atacar a decisão judicial (objeto direto da ação rescisória), mas o ato das partes e auxiliares da justiça em afronta ao direito material (muitas vezes o ato imediatamente anterior à decisão).

A ação anulatória não pode, por exemplo, ser tratada como sucedâneo recursal, na medida em que ela não faz *as vezes de um recurso*, pois o objetivo deste último é impugnar uma decisão judicial. A ação anulatória, quando muito, apenas de maneira indireta objetiva atacar uma decisão judicial, pois sua função é impugnar o ato praticado pelas partes em juízo.

4.4.2. CABIMENTO

As situações que comportam o cabimento da ação anulatória são relativas aos atos (apenas das partes e auxiliares da justiça) que podem ou não depender de ulterior decisão judicial para a produção de seus efeitos (negócio jurídico receptício ou não receptício).

Esses atos, a despeito de atos jurídicos e processuais, não formam coisa julgada. Assim, não são rescindidos, mas "invalidados" pela ação anulatória.

No Brasil, há duas correntes sobre o cabimento da ação anulatória.

Uma primeira corrente, majoritária, entende que a ação rescisória é cabível contra os atos de disposição de direito que foram homologados pelo juízo (sentenças homologatórias).

---

[33] Nesse caso somente é possível a rescisória se o fato deveria ter sido conhecido de ofício.

O ataque não seria à sentença, mas ao ato em si. Esse posicionamento é defendido por Ronaldo Cramer, José Miguel Garcia Medina, Rodrigo Barioni.

Uma segunda corrente entende que as sentenças homologatórias (art. 487, III, CPC) não são suscetíveis de ação rescisória. Apenas o ato das partes e auxiliares da justiça. Até mesmo porque a não homologação dos atos jurídicos é a regra no ordenamento brasileiro (art. 200, CPC). Essa corrente é defendida por Leonardo Cunha, Fredie Didier Jr., Luiz Guilherme Marinoni.

Defendemos essa segunda corrente:

---

a) se o objeto da impugnação for a própria sentença de homologação, nesse caso caberá ação rescisória pelos motivos demonstrados *supra*;

b) se o objeto da impugnação for o ato das partes ou do auxiliar da justiça, caberá ação anulatória, esteja ele homologado ou não. Até mesmo porque há diversos atos que não dependem de homologação (art. 200, CPC);

c) a homologação não altera o ato, se restringindo em atestar "sua conformidade formal com os ditames do direito. Dessa forma, como mera certificação formal, sem qualquer avaliação do conteúdo do ato jurídico homologado, é certo que esse ato homologatório nada valora e nada decide"[34];

d) assim, constitui um ato processual transparente[35] porque não agrega nada ao ato a ser homologado, quando muito lhe reconhece o ato jurídico perfeito;

e) dessa forma a sentença homologatória pode ser desconstituída por ação rescisória, mas o ato praticado pelas partes ou auxiliares da justiça, por ação anulatória.

A ação anulatória cabe para atos homologatórios. Mas como diferenciar da possibilidade de rescisão da própria decisão homologatória?

Num primeiro momento a diferenciação poderia ser estabelecida pela **profundidade da cognição judicial sobre o ato**: a ação anulatória se preocupa com as formalidades extrínsecas, meramente formais do ato[36]. A anulatória, pois, aprecia substancialmente a transação. Assim, se a pretensão do autor for questionar o ato das partes que foi homologado, a questão será da ação do art. 966, § 4º, do CPC. Contudo, se a pretensão se volta contra a própria decisão que homologou a vontade das partes, a hipótese seria da ação do art. 966, *caput*, do CPC.

A decisão homologatória poderia, num segundo momento, ser diferenciada pela **modalidade de jurisdição pela qual foi proferida**. Se contenciosa, tem aptidão para formar coisa julgada material (CPC, art. 487, III, *b*), pois constitui decisão de mérito. Assim, se o ato for de mérito e se objetiva impugnar a própria decisão, o caso será de **ação rescisória**. No que concerne à jurisdição voluntária, majoritária doutrina defende que sua decisão não seja apta a fazer coisa julgada material (CPC/73, art. 1.111)[37]. Nesse caso, a ação será **anulatória**.

---

34 MARINONI-ARENHART-MITIDIERO. *Curso de processo civil*. 2. ed. São Paulo: RT, 2016, v. 2, p. 632.
35 PONTES DE MIRANDA, Francisco Cavalcanti. *Tratado da ação rescisória*. 5. ed. Rio de Janeiro: Forense, 1976, p. 222.
36 Cassio Scarpinella Bueno. *Curso*, cit., v. 5, p. 453.
37 Independentemente da supressão da regra no CPC vigente.

Contudo, entendemos que a jurisdição voluntária também produz coisa julgada material e, portanto, suscetível de rescisória. Todavia, é possível caber anulatória se o objeto da anulação for o ato praticado pelas partes no curso do procedimento da jurisdição voluntária que ensejou a homologação.

De qualquer sorte, em razão da eventual impossibilidade de se inferir qual é a medida judicial adequada para o caso concreto, nas hipóteses acima delineadas, há entendimento no sentido de ser possível o recebimento de uma pela outra, com a aplicação do princípio da fungibilidade.

4.4.3. PROCEDIMENTO

A ação anulatória será dirigida ao juízo prolator da decisão homologatória (art. 61, CPC).

Seu prazo, diferente da rescisória que é processual (2 anos, art. 975, CPC), vem regulamentado pela lei material e é ela que deve ser observada para efeitos de prescrição ou decadência.

A petição inicial, com observância no art. 319 do CPC, poderá observar o procedimento comum.

Sua legitimação ativa e passiva segue as mesmas regras previstas no direito material.

Se proposta anulatória com uma demanda ainda em curso, haverá a suspensão do processo principal (CPC, art. 313, V *a*).

4.4.4. AÇÃO DECLARATÓRIA DE INEXISTÊNCIA

Com a ação rescisória e a ação anulatória convive a denominada ação declaratória de inexistência, também conhecida como *querela nullitatis* (*querela nullitatis insanabilis, actio nullitatis* ou mesmo *actio nullitatis insanabilis*). A ação declaratória de inexistência tem por finalidade alegar vícios de inexistência[38]. Vícios de inexistência são situações tão graves que comprometem a própria constituição do ato, havendo, portanto, um ato aparente. São os casos de ausência de citação do réu, a sentença proferida por quem não seja magistrado, a sentença não assinada, a ausência de petição inicial. Evidente que aqui se parte de uma classificação aceita por boa parte da doutrina sobre os denominados pressupostos processuais de existência. Há, contudo, diversas outras classificações estabelecidas na doutrina e também na jurisprudência.

Sua previsão legal está no art. 19 e 525, § 1º, I, do CPC. Não há prazo para a apresentação dessa ação, na medida em que a inexistência constitui um vício transrescisório (José Maria Tesheiner) que pode ser alegado a qualquer momento, até mesmo depois dos dois anos para a propositura da ação rescisória. Mas o vício de inexistência não permite o cabimento de rescisória, pois esta pressupõe processo juridicamente existente. Por fim, a competência será do juízo de primeiro grau que julgou a causa. Na tabela a seguir é possível verificar as principais diferenças entre as três ações.

---

38 Há quem entenda que nem sequer seria possível falar em "vício de inexistência", já que isso estaria no plano da validade (= ato existente, mas inválido), pois o ato nem sequer se formou. Entendo, contudo, conforme explicado no capítulo sobre invalidades, que se trata de um vício que comina a própria existência do ato.

AÇÃO	RESCISÓRIA	DECLARATÓRIA	ANULATÓRIA
Previsão legal	Art. 966, CPC	Arts. 19, I, e 525, § 1º, I, CPC	Art. 966, § 4º, CPC
Quanto à cognição	Ação de fundamentação vinculada	Ação de fundamentação livre	Ação de fundamentação mista (qualquer tema, mas de cunho homologatório)
Prazo	2 anos	Imprescritível	4 anos, em regra
Competência	Tribunal	Juiz de 1º grau que julgou o caso	Juiz de 1º grau que julgou o caso
Objeto	Pressupostos de validade e pressupostos negativos	Pressupostos de existência	Decisão homologatória nula
Caução prévia	Exige depósito de 5%	Não exige	Não exige
Natureza	Constitutiva	Declaratória	Constitutiva
Efeitos da decisão	Pode haver nova decisão	Deve haver nova decisão	Deve haver nova decisão

4.5. LEGITIMIDADE

Legitimidade (para a causa) é a autorização conferida por lei para que alguém tutele determinado direito em juízo em face de outrem, igualmente autorizado por lei.

O art. 967 do CPC confere legitimidade ativa para a propositura da ação rescisória a quem foi parte no processo ou seu sucessor, ao terceiro juridicamente interessado e ao Ministério Público. Esta legitimidade é autônoma e concorrente[39]. É autônoma na medida em que cada um dos legitimados individualmente poderá ingressar com a demanda. É concorrente, pois a propositura por um não afasta a possibilidade dos demais em se utilizar da ação.

Contudo, a legitimidade deve ser aferida especialmente pelo capítulo da sentença que se deseja rescindir. Assim, aquele que figurou como parte em determinada demanda em litisconsórcio, mas não integra o capítulo que se deseja rescindir, não terá legitimidade para propor ou ser demandado na rescisória.

É importante analisar as situações separadamente:

4.5.1. PARTE NO PROCESSO OU SUCESSOR

O art. 967, I, quer deflagrar o conceito de parte puramente processual, ou seja, parte é quem pede e contra quem se pede determinada providência jurisdicional. Portanto, a autorização para ajuizar a demanda independe da sua **legitimidade** (por exemplo, a parte ilegítima tem *legitimidade* para entrar com ação rescisória se foi parte no processo, até mesmo para

---
39 Rodrigo Klippel. *A coisa julgada e sua impugnação*. Rio de Janeiro: Lumen Juris, 2008, p. 144.

discutir essa condição) ou de sua **efetiva participação** (o revel que não ingressou nos autos tem legitimidade da mesma forma que o réu que se defendeu).

O que importa é sua **contemporaneidade** no momento da formação da coisa julgada. Dessa forma, se era parte, mas, por qualquer motivo, foi excluído do feito, não poderá ingressar com a ação. *A contrario sensu*, se ingressou no processo ainda que somente no seu final (v.g., assistente litisconsorcial), terá legitimidade para a demanda.

O sucessor *causa mortis* seguirá o mesmo regime de legitimidade tradicional: primeiro será legitimado o espólio e, resolvida a partilha, os seus herdeiros.

4.5.2. TERCEIRO JURIDICAMENTE INTERESSADO

Na concepção tradicional, terceiro é todo aquele que, independentemente da sua legitimidade, figura fora do processo.

A primeira questão que se coloca é acerca do interesse de agir do terceiro em ajuizar ação rescisória na medida em que, justamente por ser terceiro, não é alcançado pelos limites subjetivos da coisa julgada quando ela o prejudicar (CPC, art. 506). Em não alcançando sua esfera jurídica, nada impede que ajuíze ação autônoma para discutir o que entende por direito.

Não se pode confundir **eficácia natural da sentença**, que é a impossibilidade de confinar os efeitos da decisão somente aos integrantes do processo, com **autoridade da coisa julgada**, que constitui opção político-legislativa e determina *quem* será atingido pela imutabilidade proveniente da decisão.

Contudo, existem hipóteses em que o terceiro, mesmo exercendo nessa condição, sofrerá os efeitos da *res iudicata*. Assim ocorre:

i) com o adquirente de coisa litigiosa (CPC, art. 109, § 3º);

ii) com o substituído processual (como o condômino que não figurou na demanda por se tratar de litisconsórcio facultativo);

iii) com o assistente simples, que não sofre a coisa julgada, mas os efeitos da decisão (CPC, art. 123). Aqui uma questão importante: **a justiça da decisão (ou "eficácia da intervenção", "efeitos da decisão") é a coisa julgada que atinge apenas o terceiro.** Logo, este não poderá discutir em eventual e posterior processo contra o assistido os fundamentos e premissas (daí a expressão "justiça") que serviram de base ao magistrado para proferir a sentença do processo original, pois se tornaram indiscutíveis.

A eficácia da intervenção atinge não só a parte dispositiva da sentença, mas também a fundamentação. Nesse caso em particular, sofre a justiça da decisão somente aquele que interveio no processo como assistente, caso contrário não.

Entendemos que o assistente simples, se possui legitimidade para ingressar no feito, igualmente possui legitimidade para ajuizar ação rescisória.

Não há sentido subtrair do terceiro a possibilidade de rescisão (se enquadrada em algumas das hipóteses legais) se sofre imutabilidade ainda mais forte que das partes.

Duas perguntas, contudo, devem ser feitas para a devida compreensão da questão:

– Como permitir a rescisão da decisão sobre objeto que não lhe pertence, afinal o assistente simples não é detentor do bem jurídico que foi disputado?

Não é esse o fato gerador para ajuizamento da rescisória. Tanto que o Ministério Público (por legitimação extraordinária) ou o terceiro prejudicado possuem. O enquadramento no art. 966 e a condição de terceiro juridicamente interessado (967, II), outorgam ao assistente simples essa legitimidade.

– **Como autorizar o ajuizamento da rescisória se os seus atos ficam subordinados à concordância do assistido?**

É necessário, contudo, ressaltar que a não oposição de rescisória pela parte principal não quer dizer que esta discorde da ação rescisória oposta pelo terceiro. Na prática nada impede que o assistente simples recorra quando a parte principal não o fez. Aliás, o próprio CPC estabelece que se o assistido for revel, o assistente agirá em substituição processual (art. 121, parágrafo único, CPC).

Há muitos valores em jogo que podem sopesar no desestímulo da parte em ingressar com a medida (contratação de novo advogado, recolhimento de custas e a caução de 5%, desgaste psicológico);

iv) com o advogado, quando o objeto da rescisão for a fixação dos honorários advocatícios. Na demanda figura como terceiro, mas na rescisória tem legitimidade de parte. Aliás, o STJ entendeu que: "A ação rescisória, quando busca desconstituir sentença condenatória que fixou honorários advocatícios sucumbenciais, deve ser proposta não apenas contra o titular do crédito principal formado em juízo, mas também contra o advogado em favor de quem foi fixada a verba honorária" (REsp 1.651.057/CE e AR 3.700/SP);

v) na sucessão processual *causa mortis* (CPC, art. 110). Nesse caso, a parte terá legitimidade como parte e não como terceiro, conforme se verifica do art. 967, I, do CPC;

vi) na hipótese de colusão entre as partes (CPC, art. 966, III) não só o MP, mas também o terceiro possui legitimidade para tanto nessa específica hipótese.

Portanto, a possibilidade de terceiro ingressar com a ação rescisória depende de três fatores concorrentes: **a)** qualidade de terceiro (independentemente de ter sido parte em algum momento); **b)** a decisão rescindenda deve atingir a sua esfera jurídica; **c)** ter sofrido os efeitos da coisa julgada material[40].

4.5.3. MINISTÉRIO PÚBLICO

O MP pode ser legitimado ativo na ação rescisória se figurou como parte ou como fiscal da ordem jurídica. Contudo o CPC, no referido art. 967, limita a atuação do *Parquet* a três situações específicas: a) se não foi ouvido em processo cuja sua intervenção se fizesse necessária; b) quando a sentença decorreu de colusão das partes com o objetivo de fraudar a lei; e c) em outros casos que se imponham a sua intervenção.

Na segunda hipótese (b), as partes necessariamente estarão no polo passivo da demanda em litisconsórcio necessário.

O rol previsto no inciso III era restrito a alguns casos, mas já vinha tendo interpretação ampla de acordo com o STJ[41]. Era também o entendimento do Enunciado 407 da Súmula do TST. Esse posicionamento foi cristalizado com a alínea *c* que estabeleceu a participação do MP "em outros casos em que se imponha a sua atuação".

Ademais, nas hipóteses do art. 178 (hipóteses de intervenção do Ministério Público como fiscal da ordem jurídica) o *Parquet* será intimado a intervir quando não for parte.

Quanto à **legitimidade passiva**, que não tem previsão em lei, há de se tomar como regra que todos aqueles que figuraram na relação jurídica do processo devem estar como réus na rescisória.

Portanto, formar-se-ia litisconsórcio passivo necessário. Assim (v.g.) o litisconsórcio ativo formado na demanda originária será agora passivo na rescisória. Mesmo que a formação

---

40 Rodrigo Baroni. *Ação rescisória e recursos para os tribunais superiores*. São Paulo: Revista dos Tribunais, 2010, p. 42.
41 Em sentido contrário, José Carlos Barbosa Moreira. *Comentários ao CPC*. 15. ed. Rio de Janeiro: Gen, 2010, p. 173.

seja facultativa na demanda a ser rescindida (v.g., solidariedade), será obrigatória sua formação na demanda rescisória.

Há duas exceções à regra, contudo:

i) sendo litisconsórcio simples, a decisão não precisará ser igual para todos, de modo que, se apenas um dos litisconsortes passivos não for condenado, os autores da demanda originária poderão se insurgir *apenas* contra ele;

ii) se a parte que figurou na demanda originária não figurar no capítulo a ser desconstituído, não poderá ser réu na demanda rescisória por falta de interesse.

4.5.4. AQUELE QUE NÃO FOI OUVIDO NO PROCESSO

O art. 967, IV, conferiu legitimidade para rescisória a mais um sujeito: "aquele que não foi ouvido no processo em que lhe era obrigatória a intervenção". Acreditamos que a regra seja redundante, pois seria possível conferir interpretação extensiva à categoria do "terceiro juridicamente interessado". Seria o caso de, v.g., citação dos demais sócios no incidente de desconsideração de pessoa jurídica que não foram cientificados ou dos recorrentes que não foram intimados acerca do sobrestamento em julgamento de recursos repetitivos.

4.6. COMPETÊNCIA

4.6.1. REGRA GERAL

Questão das mais discutidas no âmbito doutrinário e na prática forense diz respeito à competência para o julgamento da ação rescisória. Para que se possa enfrentar essa problemática há de se partir de uma premissa absoluta: a competência para ação rescisória será sempre de um **Tribunal**.

A) Não é possível o ajuizamento perante o juízo de primeira instância que não possui competência nem para processar, tampouco para julgar uma ação rescisória.

B) Procedimentos que não têm previsão de Tribunal (como os Juizados Especiais) não admitem rescisória (art. 59, Lei n. 9.099/95 e Enunciado 44 do FONAJEF)[42].

Com base nessa premissa, é importante formular outra indagação. Dentre os tribunais existentes, qual deles será o competente? Essa questão somente pode ser respondida se se souber qual **decisão judicial** que será objeto de rescisão. Como visto, a decisão deve, de ordinário, ser de mérito e proporcionado o trânsito em julgado.

Como regra, a competência é **horizontal**, pois o **próprio tribunal** é competente para a análise rescisória de seu **próprio julgado**.

É o que estabelece a Constituição Federal:

i) para o Supremo Tribunal Federal (art. 102, I, *j*);

ii) para o Superior Tribunal de Justiça (art. 105, I, *e*);

iii) para o Tribunal Regional Federal (art. 108, I, *b*);

iv) para o Tribunal de Justiça (em que a Constituição Federal outorga a disciplina para a Constituição Estadual, Regimento Interno ou Organização Judiciária, conforme seu art. 125, § 1º).

---

42 Alexandre Freitas Câmara (*Ação Rescisória*, Rio de Janeiro: Lumen Juris, 2007, p. 279) traz uma interessante exceção: a rescisão de acórdão em recurso extraordinário interposto contra decisão de Colégio/Turma Recursal, por força do Enunciado 640 da Súmula do STF.

Contudo, a competência poderá ser **vertical** quando:

a) se a decisão de mérito[43] **transitada em julgado for a sentença de primeiro grau** (seja pela não recorribilidade, seja pela não ocorrência de efeito substitutivo), o órgão competente será o Tribunal que oferece ascendência àquele juízo. Portanto, uma sentença proferida por juiz estadual e juiz federal terá como competente o Tribunal de Justiça e o Tribunal Regional Federal, respectivamente. Aliás, este último tribunal também é competente quando o magistrado estadual estiver investido de jurisdição federal, conforme art. 109, § 3º, da CF.

É importante frisar que a sentença de mérito não transita em julgado (e, portanto, não será o objeto da rescisória) se o acórdão ou decisão monocrática do tribunal, por força da apelação ou remessa necessária, **substituir** a sentença (CPC, art. 1.008). A substituição pode se dar por (a1) não provimento ou (a2) provimento objetivando a reforma. A substituição somente ocorre se o recurso for conhecido e a decisão de julgamento não anular a anterior. Não importa se houve ou não provimento. O julgamento, decidindo pela reforma ou manutenção, substitui a decisão anterior.

O acórdão que dá provimento à apelação para anular a sentença não a substitui, pois determina a prolação de outra em seu lugar;

b) se do acórdão de segundo grau houver sido interposto recurso especial ou extraordinário que foram admitidos e (b1) não providos ou (b2) providos para reformar a decisão de segundo grau.

Nesses dois casos (b1 e b2) ocorreu o efeito substitutivo de modo que a competência será do Superior Tribunal de Justiça ou do Supremo Tribunal Federal. Se os recursos de estrito direito não foram conhecidos (ou foram para anular o acórdão do tribunal) competente será o Tribunal de Justiça ou Tribunal Regional Federal competente.

Contudo, é importante enfrentar algumas questões importantes em relação a esta regra de competência.

A primeira delas diz respeito ao Enunciado 249 da Súmula do STF, que assim estabelece: "É competente o Supremo Tribunal Federal para a ação rescisória quando, embora não tendo conhecido do recurso extraordinário, ou havendo negado provimento ao agravo, tiver apreciado a questão federal controvertida".

Relevante frisar que este Enunciado continua vigendo. Contudo, para que se possa permitir sua correta aplicação é necessário estabelecer algumas alterações formais. **Em primeiro lugar** falava-se em "questão federal controvertida" na medida em que competia ao Supremo o julgamento dessa matéria (o STJ e sua respectiva competência para questões federais vieram com a CF/88). **Em segundo lugar** porque à época não era tão clara essa distinção entre "conhecer, não conhecer, dar ou negar provimento". Desta forma, onde se lê "não tendo conhecido" deve ser interpretado como "conhecido". Quer dizer, a leitura deve ser tida como: "É competente o Supremo Tribunal Federal para a ação rescisória quando, conhecido do recurso extraordinário, tiver apreciado a questão constitucional controvertida". Até mesmo porque, se o recurso não foi conhecido, como poderia ter enfrentado a questão controvertida?

A segunda delas constitui um caso peculiar: conforme se verificou, a competência será dos Tribunais Superiores se e quando o recurso passar pela fase de admissibilidade e, no mérito, houver julgamento sobre os *errores in judicando*, operando desta forma a substituição do julgado. Caso contrário, invalidando a decisão anterior (*errores in procedendo*) ou não admitido o recurso, a competência será do tribunal local.

---

43 Aqui se aplica também a situação do art. 966, § 2º, do CPC.

Mas e se o vício, que será objeto de ação rescisória, residir na própria inadmissão do recurso? Não seria possível pensar que o não conhecimento decorrente da falta de preparo poderia ser um erro de fato ou violação a literal letra da lei (CPC, art. 966, VIII e V, respectivamente)?

Efetivamente, na decisão em si não há análise de mérito pela via direta, mas há de forma oblíqua, na medida em que o não conhecimento torna imutável a decisão anterior, decisão esta que, por não possuir vícios tipificados no art. 966 do CPC, não cabe rescisória.

Neste caso a rescisória opera apenas o *ius rescindens*, anulando a decisão de não conhecimento, determinando o seguimento do feito a partir do recurso (agora) admitido;

c) "as causas entre Estado estrangeiro ou organismo internacional e Município ou pessoas domiciliadas ou residentes no País" (CF, arts. 109, II, e 105, II, c, e CPC, art. 1.027, II, b). Aqui o caso é de competência vertical *per saltum*, pois dessa sentença caberá recurso especial direto ao STJ sem que o processo passe pelos tribunais de segunda instância. Nesse caso, como a **qualidade das partes vincula o juízo da causa ao STJ** que é o tribunal imediatamente superior, será lá, no STJ, que deverá ser processada e julgada a ação rescisória.

4.6.2. A COMPETÊNCIA NA TEORIA DOS CAPÍTULOS DAS DECISÕES

Questão interessantíssima para o estudo da competência diz respeito à coisa julgada parcial. É possível que no curso do processo seja decidida parcela do conflito, operando decisões parciais de mérito. Assim, a decisão que indefere determinado pedido cumulado do autor por estar a pretensão prescrita e até mesmo a impugnação parcial da sentença por apelação (CPC, art. 1.002) que opera o trânsito em julgado daquilo que não se recorreu.

Nesses casos existe decisão de mérito sobre parcela do conflito (art. 356, CPC), que é apta a fazer coisa julgada própria.

Imagine que o autor vá a juízo e formule os pedidos **a, b, c** e **d**. O réu contesta sobre **a, b** e **c** e confessa a existência do pedido **d**. Sobre essa confissão, haverá decisão de mérito. O processo vai para a fase instrutória e sobrevém sentença condenando o réu aos pedidos remanescentes (**a, b** e **c**). O réu em sede de apelação recorre somente de **a** e **b**. A matéria **c** transita em julgado. Em decisão dada pelo tribunal, o acórdão nega provimento ao recurso, mantendo a sentença. Deste acórdão o réu interpõe recurso especial somente no tocante a matéria **a**. O recurso é admitido e a ele, no STJ, é negado provimento.

Percebam que, se o réu tiver interesse em ingressar com rescisória, terá três juízos competentes: quanto à matéria **d** (que transitou em julgado no curso do processo) e à matéria **c** (que não foi recorrida), será perante o Tribunal de Justiça. Quanto à matéria **b** (que não foi objeto de apelação) será também perante o mesmo tribunal. Mas a matéria **a**, se eventualmente tiver que ser rescindida, será perante o STJ.

Percebam que nesse caso ocorreram diversas coisas julgadas (parciais) em momentos distintos do processo. Haveria então tantas rescisórias quantas fossem as decisões de mérito transitadas em julgado? É o entendimento predominante na doutrina[44].

---

44 BARBOSA MOREIRA, José Carlos. Sentença objetivamente complexa, trânsito em julgado e rescindibilidade. In: *Aspectos polêmicos e atuais dos recursos cíveis e assuntos afins*. In: NERY JR., Nelson; WAMBIER, Teresa Arruda Alvim (coords.). São Paulo: Revista dos Tribunais, 2007, v. 11; TALAMINI, Eduardo. *Coisa julgada e sua revisão*. São Paulo: Revista dos Tribunais, 2005, p. 192.

É o que entende igualmente o Tribunal Superior do Trabalho em seu Enunciado 100, II, ao estabelecer: "Havendo recurso parcial no processo principal, o trânsito em julgado dá-se em momentos e em tribunais diferentes, contando-se o prazo decadencial para a ação rescisória do trânsito em julgado de cada decisão, salvo se o recurso tratar de preliminar ou prejudicial que possa tornar insubsistente a decisão recorrida, hipótese em que flui a decadência a partir do trânsito em julgado da decisão que julgar o recurso parcial (ex-Súmula 100 – alterada pela Res. 109/2001)".

Contudo, este não é o posicionamento esposado pelo STJ[45]. Para este Tribunal o prazo para a [única] rescisória será contado do **último** trânsito em julgado no processo. Esse posicionamento restou cristalizado no Enunciado 401 da Súmula dominante daquele Tribunal, ao estabelecer: "O prazo decadencial da ação rescisória só se inicia quando não for cabível qualquer recurso do último pronunciamento judicial".

Não há como concordar com o entendimento do Superior Tribunal de Justiça. E isso porque:

a) para que se opere a coisa julgada é necessário o preenchimento de quatro requisitos: **i)** decisão jurisdicional; **ii)** que verse sobre o mérito; **iii)** que tenha sido exarada em cognição exauriente; e **iv)** que tenha transitado em julgado.

Se a decisão preencheu estes quatro requisitos, certamente operou-se a coisa julgada. Havendo coisa julgada, flui automaticamente o prazo para a propositura da ação rescisória. Se houver mais de uma coisa julgada no processo, certamente haverá mais de uma rescisória;

b) a possibilidade de fragmentação do mérito não pode ser desprezada pelo ordenamento, como de fato não é. Não há motivo plausível para que se proíba que parte do conflito seja resolvida em caráter de definitividade antes de outra, se já houver essa possibilidade. A boa técnica da economia, efetividade e celeridade processual orientam essa vertente. Aliás, o CPC concretizou essa questão claramente no art. 356, que prevê o julgamento antecipado parcial do mérito.

Evidentemente que essa situação somente poderá ser concretizada se houver autonomia entre aquilo que se antecipou e aquilo que prosseguirá ainda para decisão definitiva (pedidos em cumulação simples). Se houver relação de prejudicialidade entre elas (cumulação sucessiva), deve-se seguir o posicionamento do STJ para não tornar prejudicada a coisa julgada antecipada.

Contudo, o STF resolveu se posicionar sobre a questão (ainda na vigência do CPC/73). No *Informativo* n. 740, o Ministro Marco Aurélio (que é oriundo da Justiça do Trabalho) adotou em dois casos cíveis a teoria da coisa julgada progressiva[46] e consequentemente uma rescisória para cada coisa julgada (RE 666.589/DF).

Diante desse novo posicionamento o próprio STJ, em *posterior julgado* (REsp 1.353.473/PR), manteve a aplicação do Enunciado 401, mas asseverou que, caso houvesse posicionamento firmado no STF em sentido contrário, poderia proceder à revisão desse enunciado.

O art. 975 tomou aparentemente uma posição híbrida em que harmoniza tanto o Enunciado 401 da Súmula do STJ como o Enunciado 100, II, da Súmula do TST e majoritária doutrina:

---

45 Decisão de Corte Especial (REsp 404.777) que vale a pena a parcial transcrição: "A coisa julgada material é a qualidade conferida por lei à sentença/acórdão que resolve todas as questões suscitadas pondo fim ao processo, extinguindo, pois, a lide. Sendo a ação una e indivisível, não há que se falar em fracionamento da sentença/acórdão, o que afasta a possibilidade do seu trânsito em julgado parcial".

46 A coisa julgada progressiva é expressamente admitida no CPC (arts. 356 e 975) e na jurisprudência do STJ (AgInt no AgInt no REsp 2.038.959-PR, Rel. Ministro Herman Benjamin, Segunda Turma, por unanimidade, j. 16-4-2024).

isso porque, ao contrário do enunciado do STJ (que usa a expressão "só se inicia"), o artigo diz que o direito "extingue-se" em dois anos do trânsito em julgado. Assim, o termo inicial se daria com o trânsito em julgado de cada decisão, mas o termo final conforme o art. 975 do CPC.

Em outras palavras, o CPC não alterou o *dies ad quem* do prazo fatal. Ele continua sendo de dois anos após a última decisão proferida no processo. Contudo, antecipou-se o termo inicial do prazo, ou seja, se uma decisão parcial de mérito for prolatada no curso do processo, tendo ocorrido seu trânsito em julgado, competirá ao advogado, defensor ou procurador adotar a melhor estratégia para o caso concreto: poderá tanto ingressar imediatamente com ação rescisória sobre esse capítulo, como poderá aguardar a última decisão do processo para ajuizar uma ação única.

4.7. PRAZO

O art. 975 estabelece que o prazo para ingressar com a ação rescisória se extingue após dois anos do **trânsito em julgado da última decisão proferida no processo**.

Dessa forma se estabelece um critério temporal **objetivo** (trânsito em julgado) e não **subjetivo** (momento em que se tomou ciência dos fatos ensejadores à propositura da demanda rescisória).

Há, contudo, dois casos em que se adota o critério subjetivo para fins de contagem do prazo:

> **a) O § 2º do art. 975** – estabelece que quando a fundamentação da ação rescisória consistir em prova nova que ignorava ou não pôde fazer uso em momento oportuno, o termo inicial será da data da descoberta da prova.
> Para estabelecer um critério mínimo de segurança jurídica fixou-se, para esse caso, o prazo máximo de cinco anos após o trânsito em julgado da última decisão do processo (independentemente de quando se deu a descoberta). Caso contrário, instaurar-se-ia insegurança muito grande para parte vencedora sempre aguardando a eventual possibilidade de a parte contrária ingressar com a medida.
> **b) O § 3º do art. 975** – "Nas hipóteses de simulação ou colusão das partes, o prazo começa a contar, para o terceiro prejudicado e para o Ministério Público, que não interveio no processo, a partir do momento em que têm ciência da simulação ou da colusão".

O prazo é o mesmo (2 anos), apenas muda-se o termo inicial da contagem desse prazo. Não o critério objetivo do trânsito em julgado, mas o critério subjetivo da ciência da decisão.

Este prazo é **decadencial**, pois constitui direito potestativo exercido por meio de ação desconstitutiva. Sua principal consequência prática é que o prazo não se interrompe ou se suspende. Contudo, a despeito da natureza do prazo, estabelece o § 1º do art. 975 que "prorroga-se até o primeiro dia útil imediatamente subsequente o prazo a que se refere o *caput*, quando expirar durante férias forenses, recesso, feriados ou em dia em que não houver expediente forense", já seguindo a tendência de flexibilização da contagem de prazo dos atos processuais que apenas correm em dias úteis.

Por ter previsão em lei, obviamente que a decadência que se verifica é a legal (e não convencional, conforme art. 210, CC) permitindo o conhecimento de ofício pelo magistrado diante da inobservância do prazo estabelecido.

Insta ressaltar que o Enunciado 264 da Súmula do STF regulamenta a **prescrição intercorrente** para a ação rescisória. Assim, se ficar parada por mais de dois anos (adaptando-se ao Código atual, pois a súmula que diz cinco anos foi editada sob a égide do Código de 1939) o Tribunal poderá decretar a sua prescrição.

Exceções ao art. 975 do CPC. O referido artigo sofre alguns temperamentos, quer no tocante ao prazo, quer no tocante ao início de fluência dos dois anos. É importante verificar estas situações:

a) Prazo. Conforme se verificou, o prazo para ajuizamento da ação rescisória será de dois anos.

Inevitável questão a ser enfrentada diz respeito às prerrogativas conferidas à Fazenda Pública e ao Ministério Público por força dos arts. 180 e 183 do CPC.

Numa primeira leitura a resposta certamente será positiva na medida em que os artigos que conferem essas prerrogativas a estes entes não discriminam (como fazia o regime anterior) quais atos teriam o prazo em dobro.

Importante asseverar que já houve tentativa de estender essa prerrogativa também ao prazo da rescisória exclusivamente à Fazenda Pública por meio de duas Medidas Provisórias (MP 1.577/97 e 1.703-18/98) que foram derrubadas por duas ADI: 1.753 e 1.910.

Dessa forma, numa segunda leitura é possível afirmar categoricamente que não há prazo diferenciado para rescisória a nenhum destes entes, tampouco ao defensor público que igualmente possui prazo em dobro para todos os atos processuais sob sua competência.

Este prazo é material, externo ao processo (apesar de previsto no CPC) e não é alcançado pelas prerrogativas de prazo em dobro. Se assim fosse possível, os prazos de prescrição e decadência para Fazenda Pública, Ministério Público e Defensor Público também seriam contados em dobro.

Se não em razão da pessoa, mas em razão da matéria, há uma exceção à regra no ordenamento: trata-se do art. 8º-C da Lei n. 6.739/79 (com a redação que lhe foi dada pela Lei federal n. 10.267/2001), que assim dispõe: "É de oito anos, contados do trânsito em julgado da decisão, o prazo para ajuizamento de ação rescisória relativa a processos que digam respeito a transferência de terras públicas rurais".

A regra tem motivo em virtude da latente grilagem existente nas vendas de bens públicos rurais, permitindo, com prazo mais dilatado, a possível revisão das decisões.

b) Contagem. Em regra, a contagem de prazo deve se dar a partir do trânsito em julgado da última decisão do processo, independentemente de quando a parte tomou ciência dos motivos que levaram ao pedido de rescisão.

Já restou sedimentado na jurisprudência do STJ[47] que, a despeito de o juízo de admissibilidade ter natureza declaratória e, portanto, seus efeitos *ex tunc*, o prazo para rescisória não se contará da decisão recorrida quando o recurso não tiver sido admitido, **mas da decisão que determinou o seu não seguimento**. Seria, por assim dizer, uma decisão declaratória atípica, pois seus efeitos se projetariam para o futuro motivado pela existência da litispendência.

Contudo, há forte entendimento desse mesmo tribunal no sentido de estabelecer eficácia declaratória com efeitos *ex tunc* quando o recurso não foi admitido por intempestividade ou mesmo configuração de erro grosseiro ou má-fé[48].

---

47 STJ, 5ª Turma, REsp 1003403/MG, rel. Min. Arnaldo Esteves Lima, j. 2-6-2009.
48 STJ, 1ª Turma, REsp 1186694/DF, rel. Min. Luiz Fux, j. 3-8-2010.

4.8. PROCEDIMENTO

a) Petição inicial e o depósito prévio. Como a ação rescisória tem natureza jurídica de ação, sua materialização se dá pela petição inicial.

Esta petição inicial deve preencher os requisitos dos arts. 319, 320 e 968 do Código de Processo Civil (e, se for o caso, o art. 966, § 5º).

Além dos requisitos genéricos que toda petição inicial deve conter (causa de pedir, pedido, endereçamento, valor da causa), a ação rescisória deve estar instruída com os documentos necessários ao entendimento da controvérsia.

Tal fato decorre de sua autonomia procedimental em relação ao processo em que se deseja a rescisão. Assim, as peças necessárias ao processo não só decorrem de sua admissibilidade (certidão do trânsito em julgado e a decisão rescindenda) como também outras peças do processo e fora dele, hábeis a provar o alegado (v.g., prova nova, CPC, art. 966, VII).

O primeiro requisito especial da rescisória é a possibilidade (se for o caso) de cumular o pedido de rescisão com o de nova decisão (sobre esse assunto, recomenda-se a leitura dos comentários relativos ao item em comento, acima).

O segundo é o depósito de cinco por cento sobre o valor da causa, como caução, caso a demanda seja unanimemente declarada inadmissível ou improcedente. O não recolhimento prévio desse valor enseja a inadmissibilidade da petição inicial (CPC, art. 968, § 3º). Independentemente da alíquota, o estabelecimento de um teto valorativo. Assim, o depósito não poderá nunca exceder a mil salários mínimos. Essa regra tem por objetivo permitir a utilização da rescisória para os casos em que o valor da causa é excessivamente alto.

Em caso de indeferimento da petição inicial, o relator poderá facultar ao autor o levantamento do depósito judicial dos 5%, de acordo com o STJ. Contudo, entende o STJ que, havendo extinção da rescisória sem mérito por perda do objeto (retratação da sentença), o depósito será devolvido ao autor da rescisória, já que este não deu causa à extinção[49].

Algumas questões sobre o depósito devem ser observadas:

i) Isenção. O § 1º do art. 968 do CPC isenta de recolhimento a União, os Estados, os Municípios, suas respectivas autarquias e fundações de direito público, o Ministério Público, a Defensoria Pública e os que tenham obtido o benefício da gratuidade de justiça. Os últimos não tinham previsão específica no regime anterior.

A Caixa Econômica Federal também está isenta, conforme o art. 24-A e seu parágrafo único da Lei n. 9.028/95.

ii) Improcedência liminar do pedido. Para ação rescisória aplicam-se as regras da improcedência liminar do pedido (arts. 332 e 968, § 4º, CPC).

iii) Tribunal incompetente. Estabelece o art. 968, § 5º, do CPC que se for reconhecida a incompetência do tribunal para o julgamento da ação rescisória:

> iii.i) o autor será intimado para emendar a petição inicial de modo a adaptar o objeto da rescisória quando a decisão indicada à rescisão (i1) tenha sido sem resolução do mérito e não se enquadre na hipótese de juiz impedido ou juízo absolutamente incompetente ou (i2) tenha sido substituída por decisão superior;
> iii.ii) nesse caso o réu também poderá complementar os seus fundamentos de defesa;
> iii.iii) os autos então serão remetidos ao tribunal competente para o julgamento.

---

49 3ª Turma, REsp 2.137.256-MT, rel. Min. Nancy Andrighi, por unanimidade, j. 13-8-2024.

iv) Justiça do Trabalho. Na Justiça do Trabalho aplica-se regra especial prevista no art. 836 da CLT que determina o depósito prévio de 20% (vinte por cento). Portanto, resta inaplicável o Enunciado 194 da Súmula do TST, que dispensava o depósito prévio. Percebam que a Justiça do Trabalho foi da isenção absoluta à cobrança desproporcional, sem observar a regra do CPC.

É importante verificar algumas questões respeitantes à petição inicial da ação rescisória[50]:

v) Cumulação de causas de pedir – nada impede a cumulação dentro da mesma rescisória de uma ou mais causas de pedir se houver mais de um argumento para a rescisão. Assim, o magistrado pode ser impedido e absolutamente incompetente (CPC, art. 966, II), bem como poderá ter havido ofensa à coisa julgada e violação manifesta à norma jurídica (CPC, art. 966, IV e V).

Nesse caso, está o magistrado vinculado a todas as causas de pedir formuladas? É possível entender que o princípio da adstrição (ou congruência) atinja também a *causa petendi*?

Conforme estudado no capítulo sobre sentença, o princípio da adstrição também tem relação com a causa de pedir. No específico caso da rescisória, tem-se um fenômeno diferenciado: a adstrição *secundum eventum litis*. E isso porque, dependendo do resultado da rescisória, as eventuais causas de pedir não decididas perdem sua importância. Explica-se.

Se a rescisória for improcedente, evidente que as causas de pedir não analisadas serão importantes, pois poderia estabelecer outro resultado na demanda.

Se a rescisória for procedente, resta indiferente a omissão na medida em que o desiderato da rescisória (= desconstituição da decisão) foi alcançado.

Portanto o erro formal ficará relativizado diante do fim obtido, conforme a dicção do art. 282, § 2º, do CPC.

Não se pode negar que o recurso da parte contrária poderá trazer prejuízo para o vencedor, uma vez que apenas uma de suas causas de pedir foi analisada. Como não se aplica em sede recursal de rescisória o efeito translativo (CPC, art. 1.013, §§ 1º e 2º), é recomendável que a parte apresente embargos de declaração ante a omissão do magistrado na sentença.

Se a decisão transitar em julgado, sem que o Órgão Jurisdicional tenha se manifestado a respeito, caberá rescisória de rescisória com base em violação manifesta à norma jurídica (CPC, art. 966, V).

vi) Enquadramento incorreto – se o autor formular pretensão rescisória, mas proceder o enquadramento legal de maneira equivocada, seria possível o Tribunal, de ofício, apreciar a questão? O Brasil, consoante majoritário entendimento doutrinário, adota a teoria da substanciação[51]. Dessa forma, os fatos são importantes, sendo irrelevante a fundamentação jurídica esposada. Mesmo que os fatos trazidos na rescisória sejam, justamente, a matéria de direito da causa rescindenda.

Assim, a tipificação legal poderá ser concedida livremente pelo julgador, conquanto se mantenham incólumes os fatos trazidos.

Contudo, na rescisória, a dedução da causa pedir, a despeito de motivada a um fundamento jurídico (ou seja, na tipicidade em alguma das situações do art. 966, CPC), estes constituem o

---

50 Problemáticas levantadas por Rodrigo Klippel, *Coisa julgada e sua impugnação*. Rio de Janeiro: Lumen Juris, 2008, p. 95-99.
51 Alguns autores defendem que o Brasil adota uma teoria híbrida seguindo tanto a substanciação como a individualização: Botelho de Mesquita, Ovídio Baptista da Silva, José Rogério Cruz e Tucci, Milton Paulo de Carvalho.

próprio fato da ação rescisória. Assim, em nossa opinião, o equívoco na hipótese rescindenda do art. 966 do CPC levaria ao indeferimento da petição inicial.

Some-se ao fato que há situações em que a rescisória baseia-se exclusivamente em fatos e não no fundamento jurídico, como no caso da prova nova e erro dos fatos. Nesse caso, sob pena de violar o princípio da demanda, não será possível o conhecimento sem prévio requerimento. Aliás, este é o entendimento majoritário do STJ (5ª T., rel. Min. Felix Fischer, REsp 162.018, *DJ* 2-5-2000);

b) Defesa e revelia. Após a propositura da rescisória, o réu será citado para se defender no prazo de quinze a trinta dias (CPC, art. 970). A despeito de parcela da doutrina defender a natureza mista do prazo, prepondera o entendimento que se trata de prazo judicial, pois será fixado, nos limites estabelecidos em lei, pelo relator.

A discussão não é meramente acadêmica. E isso porque se discute a aplicabilidade dos arts. 183 e 180 do CPC (prazo em dobro para Fazenda Pública e Ministério Público) à rescisória. Há duas correntes:

> **A primeira corrente** defende a inaplicabilidade do prazo diferenciado. A tal conclusão se chega pelo fato de o prazo ser judicial e quem deve estabelecer é o magistrado. Defender o contrário seria inutilizar o estabelecido em lei que propugna como prazo máximo trinta dias. Este posicionamento é defendido por Barbosa Moreira, Bernardo Pimentel, Luiz Guilherme Marinoni, Fredie Didier e Leonardo Cunha.
>
> **A segunda corrente** propugna a aplicação dos arts. 180 e 183 também à rescisória. E isso porque, se a desconstituição da coisa julgada formada reveste-se de interesse público, não haveria por que subtrair da rescisória este benefício. Ademais, o próprio art. 188 não estabelece nenhuma restrição quanto a sua aplicabilidade em prazo legal ou prazo judicial. Este posicionamento é defendido por Nelson Nery e majoritária jurisprudência do STJ[52].
>
> Evidente que quem defende a aplicabilidade dos arts. 180 e 183 também entende que há a incidência do art. 229 do CPC (contagem de prazo em dobro para litisconsortes com procuradores diferentes).

Se o prazo para ajuizar a rescisória é material, o prazo para defesa é processual e, portanto, parece-nos fora de dúvida que o prazo será em dobro, a teor dos arts. 180 e 183, pois não há ressalva na lei.

O CPC é claro nesse sentido:

> Art. 180, § 2º Não se aplica o benefício da contagem em dobro quando a lei estabelecer, de forma expressa, prazo próprio para o Ministério Público.
>
> Art. 183, § 2º Não se aplica o benefício da contagem em dobro quando a lei estabelecer, de forma expressa, prazo próprio para o ente público.

Outra interessante discussão diz respeito à possibilidade de revelia na ação rescisória caso o réu não se defenda, sendo regularmente citado.

É tranquilo o entendimento da incidência da revelia caso o réu não apresente defesa sobre o fato constitutivo do direito do autor. Contudo, discute-se sobre a incidência dos **efeitos** da revelia.

---

52 STJ, 6ª Turma, REsp 363.780/RS, e STF, RE 94.960/RJ.

Ao menos os efeitos materiais da revelia (presunção de veracidade dos fatos narrados) não incidem[53]. Justifica-se por uma questão de perspectiva:

i) como a presunção exarada pela revelia, que é relativa, se sobrepõe à autoridade da coisa julgada?

ii) uma vez formalizada a coisa julgada, o direito se torna indisponível e, portanto, incide o art. 345, II, do CPC, que inibe a aplicabilidade dos efeitos materiais da revelia nesse caso. Constitui matéria de ordem pública cognoscível a qualquer tempo e grau de jurisdição (CPC, arts. 485, § 3º, e 337, § 5º);

iii) consoante se depreende da leitura do art. 970 do CPC, após a defesa do réu, observar-se-á, no que couber, o procedimento comum. Não é mencionada, portanto, a questão da revelia, logo, quis o legislador não permitir a incidência dos efeitos decorrentes dela.

A reconvenção é cabível desde que se pretenda, com ela, rescindir o julgado.

Exemplo de fácil compreensão é do autor parcialmente sucumbente que deseja, em reconvenção de ação rescisória, desconstituir o julgado no tocante à parte que não saiu vencedora.

Para que se autorize a reconvenção é necessário que se preencham dois requisitos:

i) a observância do prazo de dois anos; e

ii) o depósito prévio dos cinco por cento (CPC, art. 968, II).

c) Fase probatória. A fase probatória é eventual, mas pode existir no procedimento da ação rescisória. Tal conclusão se extrai da conjunção dos arts. 966, VI, 972 e 973 do CPC.

Para a produção da prova poderá o Tribunal: **i)** ele próprio produzir a prova se entender conveniente (ex.: a oitiva de uma testemunha); ou **ii)** determinar a remessa ao juízo de primeiro grau competente fixando prazo de um a três meses para a produção da prova e devolução dos autos.

Questionamento importante diz respeito à autonomia do juiz de primeiro grau: poderá indeferir a produção da prova ou praticar atos distintos daqueles que foram determinados (v.g., produzir prova não solicitada)?

A resposta é negativa. O magistrado tem poderes de **condução** e não de **decisão** sobre as provas. Não é de sua competência decidir acerca da pertinência probatória. Sua necessidade advém do mero dado objetivo de que o Tribunal não dispõe de ambiente procedimental para a referida produção.

d) Ministério Público. A intervenção do Ministério Público é obrigatória na ação rescisória (a despeito de omissa a lei nesse sentido). É possível enquadrar o seu cabimento no art. 178, I, do CPC, "interesse público", já que a desconstituição da coisa julgada e o rompimento da segurança jurídica certamente são fatores de interesse que motiva a participação do órgão do *Parquet*.

e) Medidas de urgência. A redação do art. 486 do CPC/73, anterior à alteração que lhe foi dada pela Lei n. 11.280/2006, impedia que ação rescisória suspendesse a decisão rescindenda, leia-se, a medida judicial não teria o condão de impedir a execução (definitiva) da decisão transitada em julgado.

Esse posicionamento era seguido pela jurisprudência e chegou até a ser sumulada em alguns tribunais (Súmula 234, TFR).

---

53 Nesse sentido é o Enunciado 398 da Súmula do TST: "Na ação rescisória, o que se ataca na ação é a sentença, ato oficial do Estado, acobertado pelo manto da coisa julgada. Assim sendo, e considerando que a coisa julgada envolve questão de ordem pública, a revelia não produz confissão na ação rescisória".

Gradativamente, doutrina e jurisprudência começaram a admitir a utilização de medidas cautelares em caráter excepcional para obter a suspensão da decisão.

Com o advento da tutela antecipada em 1994, alterou-se consideravelmente a forma como a doutrina e a jurisprudência enfrentavam a questão: se antes a discussão era saber **se seria cabível cautelar para suspender a medida**, depois a questão ficou circunscrita a saber **qual medida deveria ser adotada** no caso concreto.

À margem dessa discussão havia no ordenamento brasileiro dois artigos que relativizavam a discussão:

> **O art. 71, parágrafo único, da Lei n. 8.212/91 (Organização da Seguridade Social)** – "Será cabível a concessão de liminar nas ações rescisórias e revisional, para suspender a execução do julgado rescindendo ou revisando, em caso de fraude ou erro material comprovado".
>
> **O art. 15 da Medida Provisória n. 2.180-35/2001** – "Aplica-se à ação rescisória o poder geral de cautela de que trata o art. 798 do Código de Processo Civil [refere-se ao CPC/73]". Esta regra, contudo, padece de inconstitucionalidade na medida em que a EC n. 32/2001 estabeleceu que norma processual não podia ser criada por Medida Provisória.

Com a redação da Lei n. 11.280/2006 pode-se dizer que a Medida Provisória foi revogada (LINDB, art. 2º, § 1º) e acabou a discussão que pairava na doutrina: No CPC/73 a medida judicial, após 2006, era escolhida pelo autor da ação rescisória conforme os requisitos de admissibilidade que tivesse em mãos e a necessidade da urgência *in concreto* (medida antecipatória ou assecuratória).

O CPC atual, no art. 969, manteve a regra e apenas estabeleceu genericamente que a suspensão pode ser dada por **tutela provisória**.

Esta medida será apresentada ao relator da rescisória que terá competência para decidir, de maneira monocrática, sobre o pleito de urgência.

f) Decisão da rescisória. Concluída a instrução haverá abertura de vista ao autor e réu de modo a apresentarem suas razões finais em prazo sucessivo de dez dias para cada. Em seguida, os autos (se processo não eletrônico) serão enviados ao relator para julgamento[54].

f1) Com a procedência do pedido o Tribunal:

i) rescindirá a decisão (em todos os casos);

ii) determinará a restituição do depósito de cinco por cento previamente efetuado (art. 968, II, CPC);

iii) se for o caso, proferirá novo julgamento.

f2) Com a improcedência do pedido o Tribunal:

i) determinará a favor do réu a reversão da importância do depósito de cinco por cento previamente efetuado (art. 968, II, CPC);

ii) determinará o pagamento regular das custas e honorários e despesas (art. 82, § 2º, CPC).

g) Execução do julgado. Com o julgamento da rescisória haverá a execução do julgado (acórdão) aplicando-se todas as regras pertinentes ao cumprimento de sentença (CPC, arts. 523 e s.). A competência será do próprio tribunal (CPC, art. 516, I).

---

54 Art. 968. Na ação rescisória, devolvidos os autos pelo relator, a secretaria do tribunal expedirá cópias do relatório e as distribuirá entre os juízes que compuserem o órgão competente para o julgamento.

Parágrafo único. A escolha de relator recairá, sempre que possível, em juiz que não haja participado do julgamento rescindendo.

Contudo, o art. 969 do CPC estabelece que "a propositura da ação rescisória não impede o cumprimento da decisão rescindenda, ressalvada a concessão de tutela provisória". Dessa forma, é possível o cumprimento provisório do julgado enquanto a rescisória não é definitivamente julgada, salvo se a parte obtiver a suspensão da executoriedade por meio de tutela provisória.

5.

PRORROGAÇÃO DOS JULGAMENTOS NÃO UNÂNIMES PELO TRIBUNAL

5.1. INTRODUÇÃO

A grande maioria da doutrina[1] criticava veementemente a existência dos embargos infringentes no ordenamento pátrio. As críticas eram de toda ordem: **a)** constitui uma segunda fase de apelação (o tribunal já decidiu a questão); **b)** é da essência dos julgamentos de tribunal ser colegiado e a divergência e a aceitação pela maioria dos votos fazem parte da decisão; **c)** não se conhece ordenamento estrangeiro que ainda preveja os embargos infringentes, apenas no Brasil.

Contudo, as críticas se fixavam no campo da conjectura. E isso porque em estudo empreendido pelo Conselho Nacional de Justiça a interposição dos embargos infringentes constituía apenas 1% dos recursos interpostos no Brasil. E dentro desse índice, metade deles vinha logrando provimento, ou seja, **os embargos não constituíam empecilho para a efetividade e funcionavam**.

Todavia, as críticas que se faziam a este recurso surtiam efeitos gradativos. A cada reforma legislativa que se empreendia no ordenamento (em especial a conferida pela Lei n. 10.352/2001) o legislador diminuía o espectro de abrangência dos embargos, retirando-lhes a dimensão de seu cabimento[2].

A função dos embargos era a prevalência do voto divergente.

---

1   Em sentido contrário, alguns autores ainda defendiam a sua manutenção. Ver por todos Flávio Cheim Jorge.
2   Na última reforma procedida (empreendida pela Lei Federal n. 10.352/2001) modificou-se sensivelmente seu cabimento ficando da seguinte forma: "Art. 530. Cabem embargos infringentes quando o acórdão não unânime houver reformado, em grau de apelação, a sentença de mérito, ou houver julgado procedente ação rescisória. Se o desacordo for parcial, os embargos serão restritos à matéria objeto da divergência". Antes da reforma, qualquer que fosse a sentença caberia apelação e qualquer que fosse o resultado do acórdão (reformando ou não a sentença) caberiam embargos infringentes. Da mesma forma, independentemente do resultado da ação rescisória, desde que fosse não unânime, cabiam embargos infringentes.

5.2. A TRANSFORMAÇÃO DO RECURSO EM TÉCNICA DE JULGAMENTO

Era natural então, dada a sua utilidade, que os embargos infringentes permanecessem no ordenamento. Contudo, a opção legislativa foi de substituir sua natureza recursal, por técnica de julgamento.

Essa técnica de julgamento não apenas **amplia a incidência das situações de cabimento** (pois estende sua abrangência além da apelação e rescisória para o agravo de instrumento) como também a **sua aplicação**, já que, ao contrário do CPC/73, em que a decisão não unânime só era reanalisada por provação via embargos infringentes (voluntariedade), agora qualquer situação não unânime, desde que preenchendo os requisitos do art. 942, *caput* e § 3º, será objeto de nova apreciação.

5.3. HIPÓTESES DE CABIMENTO

a) Apelação

O sistema atual voltou ao regime utilizado antes da reforma empreendida em 2001. Explica-se. Até a reforma dada pela Lei n. 10.352, os embargos infringentes eram oponíveis contra a apelação decorrente de qualquer sentença (com ou sem análise do mérito). Com o objetivo de restringir seu cabimento[3], a referida lei apenas permitia o cabimento de embargos infringentes diante de decisões de mérito e que a apelação tenha reformado a sentença (era vedada a dupla sucumbência para fins de cabimento de embargos). 7.2.1

O CPC ampliou e permite que o mero julgamento da apelação, com reforma ou confirmação da sentença (STJ, REsp 1.733.820), decorrente de sentença definitiva ou terminativa, será objeto da técnica de julgamento.

E se houver oposição prévia dos embargos de declaração? Em nossa opinião, com razão o Enunciado n. 137 da II Jornada de Direito Processual Civil (CJF) ao asseverar que, "Se o recurso do qual se originou a decisão embargada comportou a aplicação da técnica do art. 942 do CPC, os declaratórios eventualmente opostos serão julgados com a composição ampliada".

O STJ igualmente estendeu o cabimento da ampliação do colegiado para julgamento não unânime em apelação contra sentença de mandado de segurança. Assim, "a técnica de ampliação do colegiado, prevista no art. 942 do CPC/2015, aplica-se também ao julgamento de apelação interposta contra sentença proferida em mandado de segurança" (REsp 1.906.378-MG, Rel. Min. Nancy Andrighi, Terceira Turma, por unanimidade, j. 11-5-2021). E no mesmo sentido, REsp 1.868.072.

b) Ação rescisória

Assim como no regime anterior, somente caberá a técnica de julgamento se a ação rescisória (não unânime) for julgada procedente. Em melhor aperfeiçoamento técnico, o art. 942, § 3º, I, estabelece a locução "rescisão da sentença". Assim a técnica, nessa hipótese específica, aplicar-se-á *secundum eventum litis*, pois dependerá da procedência do pedido (e a consequente rescisão) para a sua aplicação.

Não há rescisória apenas contra sentenças. Essa era uma crítica que há muito vinha sendo feita pela doutrina do então art. 485 (CPC/73). O CPC atual corretamente valeu-se do termo "decisão" (art. 966). Mas somente aplica-se a técnica de julgamento não unânime para as sentenças por expressa disposição de lei, o que implicitamente limita seu cabimento apenas às

---

3 Nesse sentido adotando posicionamento sugerido por Barbosa Moreira.

rescisórias interpostas perante os tribunais regionais ou locais (e não para tribunais superiores, por exemplo).

c) Agravo de instrumento

A técnica de julgamento ampliado se aplica ao acórdão não unânime proferido em agravo de instrumento. Contudo é necessário que (i) o acórdão tenha reformado a decisão interlocutória e (ii) que o conteúdo da decisão seja de mérito.

Sobre essa segunda questão, o Enunciado 255 da Súmula do STJ já previa situação análoga especificamente para o agravo retido ao estabelecer: "Cabem embargos infringentes contra acórdão, proferido por maioria, em agravo retido, quando se tratar de matéria de mérito".

Tome como exemplo a decisão que afasta a prescrição. A interposição do agravo pode acarretar a decretação da prescrição e consequentemente a resolução do processo com análise de mérito (CPC, art. 487, parágrafo único). "Neste caso, o julgamento do agravo é final, porque encerra o processo, tendo conteúdo e fazendo as vezes de sentença (CPC, art. 162, § 1º) [art. 203, § 1º, CPC/2015]. O resultado do julgamento do agravo, portanto, o equipara à apelação, razão pela qual deve ser dado ao caso o mesmo tratamento que se dá à apelação"[4].

No STJ, há entendimento que a técnica de julgamento ampliado em agravo de instrumento só seria cabível quando este fosse interposto contra decisão interlocutória na fase de conhecimento (AREsp 1.654.813). Isso porque o posicionamento do STJ é no sentido de que essa técnica só será exigível nas hipóteses em que o agravo de instrumento julgar antecipadamente o mérito da causa "o que permite a interpretação de que tal dispositivo se dirige às ações de conhecimento, não se aplicando, assim, ao processo de execução".

STJ entendeu caber também a técnica de ampliação do colegiado nos casos de agravo não unânime que reforma decisão sobre crédito em recuperação, pois "a decisão que põe fim ao incidente de impugnação de crédito, pronunciando-se quanto à validade do título (crédito), seu valor e a sua classificação, é inegavelmente uma decisão de mérito" (REsp 1.797.866). E, ainda, REsp 1.960.580-MT.

Igualmente, em análise de um caso para bolsa de doutorado, aceitou a ampliação do julgamento em decisão não unânime em sede de mandado de segurança (STJ, REsp 1.837.582).

E, por fim, "Em se tratando de aclaratórios opostos a acórdão que julga agravo de instrumento, a aplicação da técnica de julgamento ampliado somente ocorrerá se os embargos de declaração forem acolhidos para modificar o julgamento originário do magistrado de primeiro grau que houver proferido decisão parcial de mérito" (STJ, REsp 1.841.584/SP). E, ainda, "Deve-se aplicar a técnica do julgamento ampliado, prevista no art. 942 do CPC, aos embargos de declaração quando o voto divergente puder alterar o resultado unânime do acórdão de apelação"[5].

---

4 Nelson Nery e Rosa Maria Andrade Nery, *Código de Processo Civil anotado*, 10. ed., São Paulo: Revista dos Tribunais, 2007, p. 448-449.

5 AgInt no AREsp 1.873.065/SP, Rel. Min. Marco Buzzi, Quarta Turma, j. 22-2-2022, *DJe* 4-3-2022; AgInt nos EDcl no REsp 1.856.141/AM, Rel. Min. Ricardo Villas Bôas Cueva, Terceira Turma, j. 16-11-2021, *DJe* 22-11-2021; AgInt no AREsp 1.534.327/ES, Rel. Min. Nancy Andrighi, Terceira Turma, j. 25-10-2021, *DJe* 28-10-2021; AgInt no AgInt nos EDcl no REsp 1.744.623/MT, Rel. Min. Paulo de Tarso Sanseverino, Terceira Turma, j. 18-5-2021, *DJe* 24-5-2021; REsp 1.910.317/PE, Rel. Min. Antonio Carlos Ferreira, Quarta Turma, j. 2-3-2021, *DJe* 11-3-2021; REsp 1.786.158/PR, Rel. Min. Nancy Andrighi, Rel. p/ acórdão Min. Marco Aurélio Bellizze, Terceira Turma, j. 25-8-2020, *DJe* 1º-9-2020.

5.4. PROCEDIMENTO

a) Sessão. A técnica de julgamento para afastar a divergência do julgado pode se dar na mesma ou em outra sessão. Preferencialmente, em sendo possível a prorrogação do julgamento dar-se-á na **mesma sessão** desde que tenham julgadores suficientes e presentes para garantir a possibilidade de inversão do julgado. Caso não seja possível, será designada **nova sessão** em que se contará com a participação de outros julgadores (intimados conforme dispuser o Regimento Interno de cada tribunal).

b) Efeito regressivo. É possível aos desembargadores que já efetivaram seu voto proceder ao juízo de retratação quando do prosseguimento do julgamento para afastar a divergência.

c) Sustentação oral. Não será permitida a apresentação de novas razões de recurso ou aditamento ao recurso já interposto. Contudo é facultado às partes e terceiros sustentar oralmente suas razões aos novos julgadores. Igualmente é facultado a apresentação de novos memoriais, pois constitui novo julgamento (STJ, AgInt nos EDcl na PET no REsp 1771770/TO).

d) Alcance. A decisão judicial é formalizada pela conjunção de três elementos: relatório, fundamento e dispositivo. A divergência, para fins de cabimento da técnica, deve ser aferida na parte dispositiva da decisão[6]. Isso quer dizer que são irrelevantes as diferentes premissas levantadas pelos julgadores conquanto tenham convergido na sua conclusão. É o que se afere do art. 942 que alude ao "resultado da apelação".

> **Exemplo:** dois desembargadores entendem que a pretensão sobre a dívida está prescrita. Um desembargador entende que houve o pagamento. Nesse caso, a despeito de se pautarem por fundamentos diversos, todos chegaram à mesma conclusão – a dívida é inexigível.

Há alguns casos, contudo, em que a técnica poderá ter base na fundamentação, mesmo que a parte dispositiva não tenha divergência, ao menos aparente.

Existem casos, como dito em capítulo próprio, que a coisa julgada se opera *secundum eventum litis*, vale dizer, **a fundamentação determina o grau de imutabilidade da decisão.** Como exemplo, pode-se asseverar a ação popular improcedente por falta de provas.

Num julgamento de apelação da referida ação, dois desembargadores entendem que a improcedência decorre da falta de provas e outro ressalta a improcedência por motivo diverso.

Dessa forma, se a divergência na fundamentação comportar alguma vantagem prática, caberá o incidente. No exemplo citado, a despeito de a parte dispositiva não haver discrepância da decisão, a fundamentação é nesse caso "o provimento em razão da improcedência do pleito do autor configura um *plus* em relação ao provimento com base na improcedência por insuficiência de provas, pois naquela hipótese há coisa julgada material impeditiva de nova Ação Popular, nos termos do art. 268 [atual 486, CPC] do CPC"[7].

Ademais, a 3ª Turma do STJ entendeu (o que discordamos por violação ao princípio da inércia e da proibição da reformatio in pejus) que "os novos julgadores convocados analisem integralmente o recurso, não se limitando aos pontos sobre os quais houve inicialmente divergência" (REsp 1.771.815).

e) Matérias cogentes. É possível na prorrogação do julgamento o tribunal apreciar matérias de ordem pública mesmo que não tenham sido suscitadas em sede de apelação,

---

6 STJ, 6ª Turma, REsp 343.623/SP, rel. Min. Vicente Leal, j. 20-11-2001, *DJ* 4-2-2002.
7 Bernardo Pimentel Souza, *Introdução aos recursos cíveis e à ação rescisória*, 2. ed., São Paulo: Saraiva, p. 65.

rescisória ou agravo de instrumento. Mesmo que a matéria de ordem pública tenha sido julgada de maneira unânime é possível a sua apreciação em sede de prorrogação de julgamento.

f) Proibição de dispensa do quinto julgador. O STJ enfrentou interessante questão[8] e, atendendo as regras do devido processo legal, não permitiu a dispensa do quinto julgador, mesmo já havendo quórum suficiente para já proclamar o resultado. Isso porque a técnica de julgamento ampliado, mais do que mera contagem de votos para apurar o resultado[9], constitui forma de "maximizar e aprofundar as discussões jurídicas ou fáticas a respeito da divergência então instaurada, possibilitando, para tanto, inclusive, nova sustentação oral. Isso porque a técnica do julgamento tem como intenção privilegiar, sobretudo, o debate ampliado de ideias, com o reforço do contraditório, assegurando às partes o direito de influência para que possam ter a chance de participar do convencimento dos julgadores que ainda não conhecem o caso".

5.5. NÃO CABIMENTO

Conforme dispõe o § 4º do art. 942, não se aplica a técnica de prorrogação ao julgamento:

I – do incidente de assunção de competência e ao de resolução de demandas repetitivas;
II – da remessa necessária;
III – não unânime proferido, nos tribunais, pelo plenário ou pela corte especial.

---

8   STJ, REsp 1.890.473-MS, Rel. Min. Ricardo Villas Bôas Cueva, Terceira Turma, por unanimidade, *DJe* 20-8-2021.
9   O que, numa primeira leitura poderia se aferir pela redação do art. 942, CPC: "em número suficiente para garantir a possibilidade de inversão do resultado inicial, assegurado às partes e a eventuais terceiros o direito de sustentar oralmente suas razões perante os novos julgadores".

6.
RECLAMAÇÃO

6.1. INTRODUÇÃO

O ponto de partida para a devida compreensão do instituto da reclamação no nosso ordenamento perpassa, necessariamente, pela ideia de segurança jurídica, que constitui fator imprescindível na vida em sociedade, máxime pelo dinamismo que o mundo contemporâneo impõe.

No plano que nos interessa, o papel da segurança não pertence apenas ao Poder Legislativo na sua função típica de edificação de normas jurídicas. A jurisdição, na sua função precípua de aplicação do direito, também exerce importante fator na proteção do referido princípio. Assim, a previsibilidade das decisões judiciais demonstra a confiança dos jurisdicionandos e potencializa a credibilidade do Poder Judiciário. Ademais, a observância às regras de competência, bem como a obediência hierárquica funcional às decisões dos tribunais superiores (em letra minúscula, pois aqui se assevera em sentido *lato*), também constitui acepção do princípio da segurança.

A reclamação é considerada a "garantia das garantias"[1].

É para preservar essa segurança que a existência da reclamação se faz necessária. Dessa forma, no sistema brasileiro, o instituto exerce uma tríplice função: i) preservar a competência originariamente de um tribunal (juízo natural); ii) garantir a autoridade de decisões (obediência funcional vertical); e iii) observar as decisões/súmulas decorrentes da imposição prevista em algumas das hipóteses do art. 927 do CPC[2].

A reclamação tem sua gênese na jurisprudência do Supremo Tribunal Federal decorrente da teoria do *implied powers* (poderes implícitos). Assim, os tribunais têm o poder explícito de julgamento, mas implicitamente há, igualmente, o poder de que suas decisões sejam efetivadas, que sua competência seja preservada e que se fomente a unidade do direito. O cabimento da reclamação, portanto, "aumenta a eficácia decisória dos julgados, conferindo-lhes maior força por ocasião do respectivo cumprimento e potencializa as normas de competência"[3].

---
1 DANTAS, Marcelo Navarro Ribeiro. *Reclamação constitucional*. Porto Alegre: Fabris, 2000, p. 501.
2 Os denominados "precedentes fortes" (Teresa Arruda Alvim Wambier).
3 MORATO, Leonardo Lins. *Reclamação*. São Paulo: RT, 2006, p. 234.

6.2. PREVISÃO LEGAL

Como dito, a base da reclamação reside na teoria dos poderes implícitos que remonta à concepção do próprio STF. Assim já se admitia a reclamação para preservação de sua competência ou garantia da autoridade de suas decisões.

O Regimento Interno do STF, a partir de meados dos anos 1950, passou a admitir a reclamação expressamente (arts. 156-162) e que adquiriu força de lei com a EC n. 77, que atribuiu ao RISTF essa envergadura.

A Constituição Federal de 1988 estabeleceu definitivamente a reclamação no ordenamento nos arts. 102, I, *i*, e 105, I, *f*. Logo após a edição da Constituição Federal, foi editada a Lei n. 8.038/90 (arts. 13 a 18) que regulamentou, no plano infraconstitucional, a reclamação no âmbito do STF e do STJ.

A EC n. 3/93 permitiu o cabimento de reclamação para o cumprimento de decisões em controle abstrato de constitucionalidade. Posteriormente a EC n. 45/2004 permitiu o cabimento de reclamação para garantir a aplicação da súmula vinculante (art. 103-A, § 3º, CF e, posteriormente, Lei Federal n. 11.417/2006, art. 7º, além da Lei Federal n. 9.784/99, art. 64-B).

O Código de Processo Penal Militar prevê a reclamação nos arts. 584 a 587.

Ainda há previsão da reclamação na Lei Federal n. 9.882/99, art. 13, e nos regimentos internos dos tribunais superiores: RISTF (arts. 156-162) e RISTJ (arts. 187-192).

Aliás, os regimentos internos preveem qual órgão dentro do tribunal será o responsável pelo julgamento da Reclamação (art. 96, I, CF).

O CPC estabeleceu expressamente o regramento da reclamação nos arts. 988 a 993, revogando os arts. 13 a 18 da Lei n. 8.038/90 (art. 1.072, IV, CPC).

6.3. NATUREZA JURÍDICA

Para que se possa definir sua natureza é necessária a formulação de três questionamentos.

O primeiro questionamento que deve ser ressaltado é sua **natureza jurisdicional**. Não se pode enxergar como atividade administrativa. Tal divergência decorria de sua confusão com a correição parcial que possui essa natureza.

A reclamação depende de provocação, é apta a fazer coisa julgada, permite o cabimento de tutelas provisórias e depende de capacidade postulatória, situações jurídicas estas não permitidas se a natureza fosse meramente administrativa.

O segundo é que se trata de atividade jurisdicional de jurisdição contenciosa. Há conflito, há caráter substitutivo, há lide.

O terceiro é saber, dentro da atividade jurisdicional contenciosa, o que vem a ser a reclamação. Não se trata de recurso (como defendiam José Frederico Marques e Alcides de Mendonça Lima), pois não tem previsão em lei com essa finalidade (ausência de taxatividade, art. 994, CPC).

Sua previsão na Constituição e no CPC é de competência originária e não recursal. Forma-se nova relação jurídica e não prolonga a mesma relação de direito processual. O objetivo da reclamação não é a reforma da decisão (efeito substitutivo) nem a sua revogação para que outra a substitua, mas de mera cassação da decisão ou a preservação da competência do tribunal.

Entendemos não se tratar igualmente de incidente processual (como defende Egas Moniz de Aragão), pois para que seja necessário é importante que seja: a) questão nova e b) apresentada em processo já existente. A reclamação não necessariamente será apresentada em processo em trâmite (ex.: reclamação contra descumprimento de decisão judicial por autoridade administrativa ou desrespeito de autoridade contra súmula vinculante em procedimento administrativo).

Contudo, a dúvida mais aguda reside no fato de ser a reclamação uma ação[4] ou mero exercício do direito de petição. Essa tomada de posição gera importantes impactos no plano procedimental.

Se se optar pela primeira vertente, prestigiam-se as garantias constitucionais de ampla defesa, contraditório, devido processo legal, bem como a necessidade de se formular uma petição inicial com observância do art. 319 do CPC e decisão apta a formar coisa julgada. Em caso contrário, nenhum desses requisitos precisaria estar presente, pois, como dito, trata-se de mero direito de petição (CF, art. 5º, XXXIV, a).

Consideramos tratar de ação por diversos fatores: a) depende de provocação das partes ou do Ministério Público (RISTF, art. 156; RISTJ, 187; CPC, art. 988) e não pode ser de ofício como atividade administrativa; b) a reclamação gera a cassação do ato e não a sua reforma ou anulação; c) exige capacidade postulatória; d) faz coisa julgada; e) é medida jurisdicional e não administrativa.

Majoritária doutrina segue o entendimento de que a Reclamação constitui ação[5], contudo a jurisprudência do STF entende que a reclamação constitui direito de petição, conforme o art. 5º, XXXIV, a, da CF, com base no julgamento da ADI 2.212-1, para permitir que Estados possam disciplinar a reclamação constitucional, conforme se verifica:

> 1. A natureza jurídica da reclamação não é a de um recurso, de uma ação e nem de um incidente processual. Situa-se ela no âmbito do direito constitucional de petição previsto no art. 5º, inciso XXXIV, da CF. Em consequência, a sua adoção pelo Estado-membro, pela via legislativa local, não implica em invasão da competência privativa da União para legislar sobre direito processual (art. 22, I, da CF).
> 2. A reclamação constitui instrumento que, aplicado no âmbito dos Estados-membros, tem como objetivo evitar, no caso de ofensa à autoridade de um julgado, o caminho tortuoso e demorado dos recursos previstos na legislação processual, inegavelmente inconvenientes quando já tem a parte uma decisão definitiva. Visa, também, à preservação da competência dos Tribunais de Justiça estaduais, diante de eventual usurpação por parte de Juízo ou outro Tribunal local.
> 3. A adoção desse instrumento pelos Estados-membros, além de estar em sintonia com o princípio da simetria, está em consonância com o princípio da efetividade das decisões judiciais.
> 4. Ação direta de inconstitucionalidade improcedente (ADI 2.212, rel. Min. Ellen Gracie, *DJ* de 14-11-2003).

6.4. CABIMENTO

O CPC vigente ampliou significativamente as hipóteses de cabimento da reclamação constitucional.

A Constituição Federal trazia duas hipóteses de cabimento de reclamação. Essas duas hipóteses são dirigidas necessariamente aos Tribunais Superiores sem que seja necessário o

---

[4] Há ainda os que entendem tratar-se a reclamação de remédio processual sem natureza recursal (Cândido Dinamarco, Humberto Theodoro Júnior).

[5] MEDINA, José Miguel, *Novo Código de Processo Civil comentado*, 3. ed. São Paulo: RT, 2015, p. 1332; LEONEL, Ricardo de Barros. *Reclamação constitucional*. São Paulo: RT, 2011, p. 171; DANTAS, Marcelo Navarro Ribeiro. *Reclamação constitucional no direito brasileiro* cit., p. 459-461.

esgotamento das instâncias ordinárias, ou seja, mesmo que oriunda de decisão de primeiro grau caberá reclamação diretamente ao STJ ou ao STF. O CPC, além de enumerar as hipóteses previstas pela Constituição Federal, trouxe outras duas hipóteses estabelecendo o cabimento de todas elas para qualquer tribunal (e não apenas ao STF e ao STJ). Dessa forma, a reclamação não tem aplicação apenas para assegurar a autoridade das normas individuais e concretas do tribunal, mas amparar a interpretação das matérias que esses tribunais sedimentaram[6].

A despeito do CPC enumerar as potenciais situações em cinco hipóteses (art. 988, I a IV e § 5º, II), essencialmente caberá reclamação por: a) usurpação de competência; e b) desrespeito a uma decisão (específica ou precedente vinculante). Assim, caberá reclamação para:

a) Preservar a competência do Tribunal (art. 988, I, CPC)

A reclamação não se aplica para a discussão de conflito de competência de juízes de primeiro grau.

Essa hipótese objetiva evitar que órgãos inferiores (judiciais) usurpem a competência prevista na Constituição Federal ou em Organização Judiciária (ou Constituição Estadual, regimento interno) para os Tribunais. Além do CPC, essa regra já vinha prevista na Constituição Federal, nos arts. 102, I, *l*, e 105, I, *f*.

A usurpação da competência pode ser tanto da competência originária como recursal dos tribunais.

E ela pode ser tanto comissiva (usurpação *stricto sensu*) como omissiva (impedimento do exercício regular de suas funções).

Inadmitir o agravo em recurso especial ou recurso extraordinário do art. 1.042 no tribunal de origem (sabendo que sua admissibilidade somente pode ser dada pelos tribunais superiores). Aliás, é o que estabelece o Enunciado 727 da Súmula do STF, ao dispor: "Não pode o magistrado deixar de encaminhar ao Supremo Tribunal Federal o agravo de instrumento interposto da decisão que não admite recurso extraordinário, ainda que referente a causa instaurada no âmbito dos juizados especiais".

Com o fim do juízo bipartido ou admissibilidade provisória do órgão prolator da decisão em quase todos os recursos, certamente serão ampliadas as situações em que caberá reclamação no ordenamento. O FPPC, já atento a essa questão, editou diversos enunciados para exemplificar as situações legitimadoras de reclamação:

207. Cabe reclamação, por usurpação da competência do tribunal de justiça ou tribunal regional federal, contra a decisão de juiz de 1º grau que inadmitir recurso de apelação.
208. Cabe reclamação, por usurpação da competência do Superior Tribunal de Justiça, contra a decisão de juiz de 1º grau que inadmitir recurso ordinário, no caso do art. 1.027, II, *b*.
209. Cabe reclamação, por usurpação da competência do Superior Tribunal de Justiça, contra a decisão de presidente ou vice-presidente do tribunal de 2º grau que inadmitir recurso ordinário interposto com fundamento no art. 1.027, II, *a*.
210. Cabe reclamação, por usurpação da competência do Supremo Tribunal Federal, contra a decisão de presidente ou vice-presidente de tribunal superior que inadmitir recurso ordinário interposto com fundamento no art. 1.027, I.
211. Cabe reclamação, por usurpação da competência do Superior Tribunal de Justiça, contra a decisão de presidente ou vice-presidente do tribunal de 2º grau que inadmitir recurso especial não repetitivo.

---

6 COSTA, Eduardo José Fonseca da. *Breves comentários ao Novo Código de Processo Civil*. Coord. Teresa Arruda Alvim Wambier et al. São Paulo: RT, 2015, p. 2204.

212. Cabe reclamação, por usurpação da competência do Supremo Tribunal Federal, contra a decisão de presidente ou vice-presidente do tribunal de 2º grau que inadmitir recurso extraordinário não repetitivo.

Apesar de mais raro, é possível que a usurpação de competência se dê por autoridade administrativa. O STF possui competência para instaurar inquérito contra membro do Congresso Nacional (art. 102, I, *b*, CF) por infração penal. Se qualquer órgão abrir esse inquérito, caberá reclamação[7]. Igualmente constitui usurpação de competência quando "o Tribunal de origem não conhece do pedido de reconsideração como agravo em recurso especial, a despeito de pedido subsidiário expresso" (Rcl 46.756-RJ, Rel. Ministro Marco Aurélio Bellizze, Segunda Seção, por unanimidade, j. 18-4-2024, *DJe* 25-4-2024).

b) Garantir a autoridade da decisão do tribunal

Nesse caso, caberá reclamação contra ato que desrespeite ou desobedeça a uma decisão de Tribunal. Nas palavras de Ricardo de Barros Leonel, "existe uma decisão do STF ou do STJ, em um processo subjetivo, da qual emana uma determinada solução, que vem a ser desacatada, em situação vinculada ao feito no qual foi proferida aquela decisão. Os destinatários do comando (autoridade) da deliberação advinda das cortes superiores não o observam, praticando atos de desconformidade com ele"[8]. O CPC/2015 amplia a definição do autor para qualquer tribunal e não apenas STJ e STF.

É necessário, contudo, que:

i) a decisão seja de qualquer Tribunal, leia-se, de órgão jurisdicional, não se admitindo reclamação quando o desrespeito a processo subjetivo for de autoridade administrativa[9];

ii) que seja uma decisão específica, concreta. Assim, não caberá reclamação por ato que contrarie o "mero entendimento jurisprudencial da corte" (a não ser que se enquadre na hipótese do inciso IV do art. 988);

iii) que a desobediência se dê por órgão inferior ao desrespeitado. Assim não caberá reclamação se o próprio tribunal desrespeita sua decisão (STF, Pleno, Rcl 647).

Antes do advento do CPC atual essa hipótese específica abrangia tanto processos subjetivos como objetivos (nesse caso o desrespeito, para fins de cabimento de reclamação constitucional, poderia ter sido causado por autoridade administrativa, dada a força vinculante e *erga omnes* dos processos dessa natureza).

O atual diploma deslocou essa situação para o inciso III do art. 988, que será verificada a seguir no item "e", *infra*.

O desrespeito poderá ser tanto por um ato comissivo como omissivo. Nesse segundo caso, a não remessa injustificada dos autos pelo juiz de primeiro grau para o tribunal *ad quem* após a interposição do recurso de apelação pode gerar cabimento de reclamação, sem prejuízo de outras medidas concorrentes, como correição parcial e mandado de segurança.

---

[7] DIDIER JR.; CUNHA, Leonardo Carneiro da. *Curso de direito processual civil*: meio de impugnação às decisões judiciais e processo nos tribunais. 13. ed. Salvador: JusPodivm, 2016, p. 543.
[8] *Reclamação constitucional* cit., p. 191.
[9] Assim, se em sede de recurso extraordinário foi concedida a segurança negada nas instâncias inferiores, compete ao tribunal superior emitir ordem para que o magistrado de primeiro grau cumpra a decisão. Se o magistrado emitir a ordem e a autoridade administrativa (v.g., a secretaria da saúde se recusa a fornecer o medicamento que o impetrante de mandado de segurança tem direito por lei) se recusar a cumprir decisão caberá petição ao próprio juiz da causa (juiz natural da execução) impondo o cumprimento da ordem e não reclamação.

c) Contra ato que desrespeitou súmula vinculante[10] **e observância de decisão do STF em controle concentrado de constitucionalidade**

Tanto a súmula vinculante como o controle concentrado de constitucionalidade pelo Supremo Tribunal Federal são as únicas previsões de precedentes vinculantes previstas na Constituição Federal.

A súmula vinculante vem regulamentada na Constituição Federal no art. 103-A e pela Lei Federal n. 11.417/2006, que estabelece a edição, revisão e cancelamento de súmula vinculante. No art. 7º tem-se o seu regramento:

Art. 7º Da decisão judicial ou do ato administrativo que contrariar enunciado de súmula vinculante, negar-lhe vigência ou aplicá-lo indevidamente caberá reclamação ao Supremo Tribunal Federal, sem prejuízo dos recursos ou outros meios admissíveis de impugnação.
§ 1º Contra omissão ou ato da administração pública, o uso da reclamação só será admitido após esgotamento das vias administrativas.
§ 2º Ao julgar procedente a reclamação, o Supremo Tribunal Federal anulará o ato administrativo ou cassará a decisão judicial impugnada, determinando que outra seja proferida com ou sem aplicação da súmula, conforme o caso.

Três considerações se mostram importantes:

i) é possível a utilização de recursos também ou outros meios de impugnação. Assim, é facultado à parte tanto valer-se de recurso por ofensa a súmula vinculante como da própria reclamação;

ii) ao contrário dos recursos que fazem parte do procedimento, a reclamação é medida excepcional. Assim, para evitar seu uso desenfreado, se a decisão for administrativa, é necessário o prévio exaurimento dessas vias. Apesar de intensa discussão doutrinária sobre a constitucionalidade (já que ofenderia frontalmente o art. 5º, XXXV, CF, ao condicionar a utilização da reclamação ao esgotamento recursal), entendemos que não há nada de inconstitucional. A lei apenas restringe a reclamação (o que é possível), mas não outras medidas jurisdicionais.

Essa regra vem complementada com o art. 64-B da Lei n. 9.784/99, que diz: "Art. 64-B. Acolhida pelo Supremo Tribunal Federal a reclamação fundada em violação de enunciado da súmula vinculante, dar-se-á ciência à autoridade prolatora e ao órgão competente para o julgamento do recurso, que deverão adequar as futuras decisões administrativas em casos semelhantes, sob pena de responsabilização pessoal nas esferas cível, administrativa e penal".

Ademais, a própria Constituição estabelece caso semelhante na Justiça Desportiva que condiciona o acesso ao Poder Judiciário no exaurimento dessa justiça (art. 217, § 1º, CF);

iii) tanto a súmula vinculante como o controle concentrado de constitucionalidade pelo STF alcançam não apenas o Poder Judiciário, mas também a administração pública. Assim, o respeito a esses precedentes para fins de cabimento de reclamação não se dá apenas no âmbito do Judiciário. Contudo, não caberá reclamação constitucional se o Poder Legislativo, no exercício de suas funções, edita norma que contrarie a súmula ou decisão do STF em ADI, ADC ou ADPF. Nessas situações caberá ação direta de inconstitucionalidade e não reclamação (STF, Pleno, Rcl-AgRg 2.617/MG).

---

10 CF, art. 103-A: "§ 3º Do ato administrativo ou decisão judicial que contrariar a súmula aplicável ou que indevidamente a aplicar, caberá reclamação ao Supremo Tribunal Federal que, julgando-a procedente, anulará o ato administrativo ou cassará a decisão judicial reclamada, e determinará que outra seja proferida com ou sem a aplicação da súmula, conforme o caso".

Quanto à questão de reclamação para garantir a observância das decisões em controle de constitucionalidade, essa hipótese já era compreendida pela interpretação do art. 102, I e § 2º, da CF, bem como no próprio art. 988, II, do CPC. Contudo, o CPC resolveu tornar expressa a hipótese em seu art. 988, III. Aqui se fala em cabimento de reclamação em processos denominados "objetivos", que são os casos que não discutem fatos concretos, pois não há conflitos entre sujeitos. Seu objetivo é a verificação se uma norma é compatível (ou sua interpretação) com a Constituição.

Os processos objetivos (ação direta de inconstitucionalidade, ação direta de inconstitucionalidade por omissão, ação declaratória de constitucionalidade e arguição de descumprimento de preceito fundamental[11]) têm eficácia vinculante e *erga omnes*, daí a maior importância do papel da reclamação. Qualquer órgão judiciário ou administrativo que desrespeitar a referida decisão caberá reclamação.

Exemplos: contra ato judicial que desrespeite decisão do STF em ADI ou ADC (seja ela definitiva ou liminar) e que detenha eficácia vinculante (ex.: Fazenda Pública ingressa com reclamação no STF caso tenha sido concedida, contra si, tutela antecipada numa das hipóteses proibidas previstas na Lei n. 9.494/97 decorrentes da ADC n. 4, que determinou ser constitucional as restrições e vedações à concessão de tutela antecipada contra Fazenda Pública); contra ato judicial que determina a execução de julgado de maneira diversa da decidida pelo STF ou se recuse a executar.

d) Observância de precedentes oriundos de julgamento de casos repetitivos

Estabelece o art. 928 do CPC que casos repetitivos são os decorrentes do incidente de resolução de demandas repetitivas ou os recursos de estrito direito repetitivos. Se o CPC atribuiu força vinculante a essas duas situações, seria desnecessária a previsão autônoma do inciso IV, podendo esta ser enquadrada na hipótese do inciso II: "garantir a autoridade das decisões do tribunal". Ocorre que essa hipótese se aplica apenas ao incidente de resolução de demandas repetitivas, já que os recursos especial e extraordinário repetitivos se sujeitam ao prévio exaurimento das instâncias para o cabimento de reclamação (conforme análise *infra*).

Em caso de simples omissão do magistrado acerca do precedente, caberão embargos de declaração (art. 1.022, parágrafo único, CPC). E, posteriormente o recurso principal (apelação, agravo de instrumento etc.).

e) Observância de decisão em sede de assunção de competência

Importante estabelecimento trazido pelo novo diploma diz respeito ao alcance da reclamação para determinados casos. Assim, nas hipóteses dos incisos III e IV do art. 988 (controle concentrado, súmula vinculante, IRDR, julgamentos repetitivos e assunção de competência) caberá reclamação não apenas porque deixou de aplicar a tese indevida, como também porque houve aplicação e tese equivocada.

Nelson Nery e Rosa Nery bem observam que as novas hipóteses de cabimento de reclamação não podem ser consideradas inconstitucionais (sob o argumento de que apenas a CF poderia prever essas situações), pois é perfeitamente possível enquadrar os incisos III e IV na hipótese do inciso II: "garantir a autoridade das decisões do tribunal"[12].

Da mesma forma que nos casos repetitivos, em caso de simples omissão do magistrado sobre o precedente, caberão embargos de declaração (art. 1.022, parágrafo único, CPC). E, posteriormente, o recurso principal (apelação, agravo de instrumento etc.).

---

11 A ADPF depende de relação jurídica subjacente (ao contrário das demais ações referidas), contudo possui caráter objetivo dado seu caráter *erga omnes* (no que se refere à extensão da decisão) e sua possibilidade de modulação de efeitos (art. 10, Lei n. 9.882/99).
12 *Comentários ao CPC*. São Paulo: RT, 2015, p. 1978-1979.

f) Reclamação conforme Res. n. 12/2009 do STJ

Uma das hipóteses de cabimento do recurso especial refere-se à divergência de entendimento entre os tribunais regionais/locais (art. 105, III, *c*, CF). Tal previsão decorre de uma das funções do Superior Tribunal de Justiça em exercer sua função paradigmática e, consequentemente, uniformizar a jurisprudência sobre norma infraconstitucional.

Entretanto, por força do Enunciado n. 203 da Súmula desse tribunal, não cabe recurso especial contra decisão de colégio recursal de Juizado Especial Cível. Contudo, é possível ocorrer um descompasso entre o posicionamento desses juizados especiais e o STJ sobre determinada matéria.

Na esfera federal não há essa problemática, pois o art. 14 da Lei n. 10.259/2001 estabelece pedido de uniformização de interpretação de lei federal, que será dirimido pelo conjunto de turmas divergentes sob a supervisão de um juiz coordenador.

Para que esse expediente possa ser adotado também no JEC, editou-se a Res. n. 12/2009, que autoriza o cabimento de reclamação constitucional (mesmo sem previsão na Constituição Federal) contra decisões de turmas recursais dos Juizados Especiais Cíveis.

Aqui a reclamação assume verdadeira natureza recursal, com prazo de ajuizamento de 15 dias.

6.5. NÃO CABIMENTO DE RECLAMAÇÃO

a) Atividade legislativa

Ainda que oriunda de processo objetivo, a vinculação não atinge eventual e ulterior atividade legislativa. Pelo princípio da separação de poderes, o legislador é livre para elaborar lei contrária ao entendimento dos Tribunais Superiores. Sua vinculação está na Constituição. Nesse caso somente restaria o emprego das ações do controle de constitucionalidade.

b) Trânsito em julgado

Apesar de a reclamação não ser submetida a qualquer tipo de prazo, o STF sedimentou o posicionamento de que não será admissível a reclamação contra decisão judicial transitada em julgado. Motivo: tornaria a reclamação um sucedâneo de ação rescisória. Este entendimento restou sedimentado no Enunciado 734 da Súmula do STF, que assim dispõe: "Não cabe reclamação quando já houver transitado em julgado o ato judicial que se alega tenha desrespeitado decisão do Supremo Tribunal Federal". O CPC tornou expressa a questão no seu art. 988, § 5º, I.

Convém observar duas questões importantes:

i) se após o ajuizamento da reclamação constitucional sobrevier o trânsito em julgado, não haverá impedimento para a utilização da medida, pois a reclamação não foi usada como sucedâneo de rescisória. Assim, a decisão **a ser protegida** provavelmente já transitou em julgado. A decisão **a ser atacada**, esta é que não pode ter transitado em julgado;

ii) não se pode ingressar com reclamação constitucional para reformar/mudar/anular decisão judicial transitada em julgado (sucedâneo indevido), mas da decisão transitada em julgado que estiver sendo desrespeitada caberá reclamação (execução pelo juiz de primeiro grau de maneira diversa da determinada pelo STF).

> Em resumo: após o trânsito em julgado não caberá reclamação para desfazer a decisão, mas caberá reclamação para fazer cumprir essa decisão.

c) Proposta perante o Supremo Tribunal Federal ou perante o Superior Tribunal de Justiça para garantir a observância de precedente de repercussão geral ou de recurso especial em questão repetitiva, quando não esgotadas as instâncias ordinárias

Aqui se trata de mais uma hipótese de reclamação, desde que preenchida determinada condição: o prévio exaurimento das instâncias ordinárias.

Em sua redação original, o art. 988, IV, do CPC/2015 previa o cabimento de reclamação para garantir a observância de precedente proferido em julgamento de "casos repetitivos", os quais, conforme o disposto no art. 928 do Código, abrangem o incidente de resolução de demandas repetitivas (IRDR) e os recursos especial e extraordinário repetitivos.

O § 5º do art. 988 com a redação dada pela Lei n. 13.256/2016 teve por objetivo retirar dos Tribunais Superiores o encargo exclusivo de controlar a observância dos precedentes (decorrentes de repercussão geral e recursos de estrito direito repetitivos). Assim, apenas caberá reclamação se houver o exaurimento das instâncias ordinárias, tal qual se exige para o cabimento dos recursos especial e extraordinário (Enunciados 281 do STF e 207 do STJ). E isso porque a reclamação diretamente ao STJ, sem o prévio exaurimento, violaria a celeridade e eficiência processuais.

O Enunciado n. 138 da II Jornada de Direito Processual Civil (CJF) corretamente estabeleceu que "É cabível reclamação contra acórdão que aplicou indevidamente tese jurídica firmada em acórdão proferido em julgamento de recursos extraordinário ou especial repetitivos, após o esgotamento das instâncias ordinárias, por analogia ao quanto previsto no art. 988, § 4º, do CPC".

Como constatação, conforme recente entendimento do STJ ficou firmado o não cabimento de reclamação para controle de entendimento estabelecido em recurso especial repetitivo (Rcl 36.476/SP). Igualmente: "É incabível o ajuizamento de reclamação contra decisão que defere ou indefere o sobrestamento do feito em razão de processamento de pedido de uniformização ou recurso especial repetitivo" (Rcl 31.193-SC, Rel. Min. Regina Helena Costa, Primeira Seção, j. 16-9-2021).

Contudo, o STJ vai reavaliar se a reclamação pode ser utilizada contra o descumprimento das teses vinculantes que fixa, por meio dos julgamentos de recursos repetitivos, para evitar a explosão do número de reclamações constitucionais. Até agora, como visto, a posição é a de proibir esse uso para discutir a **aplicação errada** ou mesmo **a não aplicação** das teses vinculantes. Trata-se de jurisprudência defensiva adotada pelos colegiados. Foi o que levou a Comissão de Jurisprudência a sugerir a edição de uma súmula sobre o tema: A reclamação constitucional não é instrumento adequado para o controle da aplicação dos entendimentos firmados pelo Superior Tribunal de Justiça em recursos especiais repetitivos.

Todavia, essa posição cria um verdadeiro paradoxo, já que o Tribunal fixa posição e exige seu cumprimento, mas não deseja fazer qualquer tipo de controle sobre isso. Ademais, o STJ admite reclamação contra decisão em recursos especiais regulares, mas não quando se trata de repetitivos[13]. Por outro lado, o STF admite o uso da reclamação contra o desrespeito de suas teses firmadas em controle de constitucionalidade e **com repercussão geral reconhecida**. E ainda admite reclamação para esclarecer a extensão do conteúdo da decisão paradigma e para exercer um **novo juízo sobre casos já julgados**.

---

13 Essa posição contraria o Enunciado 138 da II Jornadas de Direito Processual CJF ao dispor: "É cabível reclamação contra acórdão que aplicou indevidamente tese jurídica firmada em acórdão proferido em julgamento de recursos extraordinário ou especial repetitivos, após o esgotamento das instâncias ordinárias, por analogia ao quanto previsto no art. 988, § 4º, do CPC".

Há ainda entendimento do STJ aceitando reclamação em face de recursos repetitivos, mas não permitindo para análise de mérito da aplicação. Assim: "a Corte Especial do Superior Tribunal de Justiça possui o entendimento de que não cabe **reclamação** para o **exame** da correta **aplicação** de precedente obrigatório formado em julgamento de recurso especial **repetitivo** à realidade do processo" (AgInt na Rcl 42.618/PR). No mesmo sentido: Rcl 36.476/SP e AgInt na Rcl 42.658/RJ.

6.6. LEGITIMIDADE

A legitimidade da reclamação vem disciplinada nos arts. 988, 990 e 991 do CPC.

O art. 988 estabelece que qualquer interessado e o Ministério Público podem propor a reclamação. Quanto ao Ministério Público, sua legitimidade é deferida em qualquer situação, possuindo legitimação concorrente e disjuntiva, pois o respeito às decisões judiciais e a competência estabelecida para o tribunal são de interesse público (assim como a participação do Ministério Público é necessária nos incidentes de resolução de demandas repetitivas, nos recursos especial e extraordinário repetitivos, por exemplo).

É importante estabelecer a diferença entre o "interessado" previsto nos arts. 988 e 990. No primeiro refere-se à legitimação ativa para propor a reclamação que, em regra, será a parte no processo em que se perpetrou a usurpação de competência, a desobediência da decisão ou a inobservância de súmula ou precedente. Portanto, aquele que foi prejudicado.

Já os interessados a que alude o art. 990 são aqueles que seriam atingidos pela decisão que foi impugnada pela reclamação.

No que concerne à legitimidade passiva há de se atentar para uma importante questão. Há sempre uma autoridade que desrespeita a decisão (específica ou precedente) ou usurpa competência. Contudo essa autoridade não será, necessariamente, o polo passivo da reclamação. Será aquele que for beneficiário dessa decisão.

6.7. COMPETÊNCIA

A competência deve ser verificada em dois momentos: na distribuição e no julgamento. Ao contrário dos recursos em que o legislador atual, em sua quase maioria, optou em subtrair o juízo bipartido (à exceção dos recursos especial e extraordinário que, por força do *recall* a que foi submetido o CPC atual pela Lei n. 13.256/2016, voltaram a ser estruturados com o juízo bipartido), a reclamação pode perpassar por um sistema bifásico. Isso é possível porque a leitura do dispositivo encerra uma faculdade. A distribuição da reclamação poderá ser perante qualquer tribunal, mas seu julgamento será feito por órgão jurisdicional cuja competência foi usurpada ou a autoridade desrespeitada.

O CPC, em seu art. 988, § 3º, estabelece uma importante regra de prevenção: sempre que possível, a reclamação será distribuída perante o relator da causa principal. Dessa forma, em uma decisão desrespeitada em que se apresentou reclamação, o relator dessa decisão violada receberá a medida.

Há situações, contudo, em que o processo não possuía relator. É o caso da inadmissão, pelo tribunal de origem, do agravo de admissão (art. 1.042, CPC). Dessa forma, deverá ser sorteado um relator no tribunal superior que teve sua competência usurpada.

Antes de se ter a previsão da reclamação no CPC, discutia-se o seu cabimento para tribunais locais, vale dizer, seria possível discutir preservação de competência ou garantir autoridade de tribunal local/regional?

O principal argumento contrário a essa possibilidade residia na ausência de previsão legal, já que a Constituição Federal apenas disciplinava a reclamação aos Tribunais Superiores, assim somente lei federal poderia regular sua instituição (art. 22, I, CF), por se tratar de norma processual.

Contudo, desde antes da vigência do atual diploma o STF[14] já vinha permitindo a reclamação fora dos Tribunais Superiores, sintaticamente por três argumentos: a) na concepção do STF (com o qual, como visto, não concordamos), **a reclamação não possui natureza de ação**, mas de **direito de petição** (CF, art. XXXIV), portanto não invadiria a competência legislativa da União sobre direito processual; b) atenção ao **princípio da simetria**, que estabelece haver uma relação simétrica entre as normas previstas na Constituição Federal e as previstas nas Constituições Estaduais e Municipais; e c) no **princípio da efetividade**, pois não apenas as decisões/competência de Tribunais Superiores, mas de Tribunais Locais e Regionais devem ser respeitadas. Aqui se dá vigência à teoria dos poderes implícitos, já que nada adianta se conferir poder explícito sem a correlata possibilidade de se fazer respeitar esse mesmo poder. Sem essa possibilidade, retirar-se-ia o cabimento da reclamação de uma das situações mais comuns: o exercício do juízo de admissibilidade da apelação pelo juiz de primeiro grau, usurpando a competência do tribunal.

A reclamação se insere num terceiro grupo de procedimento. Sem prejuízo dos procedimentos especiais, que são regulados pelas peculiaridades do direito material e do procedimento comum (adotados por exclusão), a reclamação é instrumento para conferir efetividade às decisões ou preservar a competência de tribunais. Seu objeto não é o direito material, mas fiscalizar a atuação do Poder Judiciário sobre este direito material.

Além dos argumentos acima esposados, o atual regime não mais confina a competência exclusiva aos Tribunais Superiores, valendo-se genericamente da expressão "tribunal", o que nos permite concluir que está autorizado o cabimento de reclamação para qualquer tribunal. Aliás, nesse sentido é o Enunciado n. 208 do Fórum Permanente de Processualistas Civil (FPPC): "Cabe reclamação, por usurpação da competência do Superior Tribunal de Justiça contra a decisão de juiz de 1º grau que inadmitir recurso ordinário no caso do art. 1.027, II, *b*". Ademais, o § 1º do art. 988 não limita a competência para julgamento somente ao STF e ao STJ, o que nos permite igualmente pensar que se o legislador desejasse essa restrição teria a oportunidade de fazê-lo.

Ademais, e talvez como argumento mais importante, são os deveres de integridade, estabilidade e coerência previstos no art. 926 do CPC.

Não obstante essas argumentações é provável que hajam vozes que se insurjam contra a constitucionalidade desse dispositivo alegando que apenas a Constituição Federal poderá limitar essa competência (que não é prevista lá, como dito, para os demais tribunais). Entretanto essa discussão, no nosso sentir, não procede. A União, por meio de Lei Federal, tem competência exclusiva para legislar sobre normas de processo (art. 22, I, CF), dentre elas sobre o cabimento para tribunais.

E a União editou o Código de Processo Civil, Lei Federal, a qual ampliou a incidência da reclamação para os demais tribunais. Aliás, esse já era o posicionamento da jurisprudência.

Contudo, e incoerentemente, não se autorizava aos Tribunais Regionais Federais disciplinarem reclamação constitucional, pois a competência do art. 108 da CF é taxativa.

---

14 ADI 2.212, j. 2-10-2003.

O CPC atual encerrou essa polêmica ao estabelecer no art. 988, § 1º: "A reclamação pode ser proposta perante qualquer tribunal, e seu julgamento compete ao órgão jurisdicional cuja competência se busca preservar ou cuja autoridade se pretenda garantir".

Esse foi o entendimento do Enunciado n. 207 do FPPC, que assim dispõe: "Cabe reclamação, por usurpação da competência do tribunal de justiça ou tribunal regional federal, contra a decisão de juiz de 1º grau que inadmitir recurso de apelação".

6.8. MEDIDAS CONCORRENTES

O art. 988, § 6º, estabelece: "A inadmissibilidade ou o julgamento do recurso interposto contra a decisão proferida pelo órgão reclamado não prejudica a reclamação". A lei, portanto, permite medidas concorrentes ante a decisão. Assim, é cabível reclamação bem como recurso da decisão que se enquadra nas hipóteses do art. 988, *caput*. Acreditamos que nenhum interessado em se utilizar da reclamação deixe de recorrer da decisão permitindo a sua preclusão. Mesmo que a parte não tenha recorrido (ou seu recurso tenha sido inadmitido ou improvido) caberá reclamação, que não se submete, nesse caso, à preclusão.

Contudo, se o recurso for conhecido e, no mérito, provido, fica prejudicada a análise da reclamação, já que outra medida fez a função da reclamação. Nesse caso, o autor seria carecedor do direito de ação por falta de interesse de agir.

6.9. PROCEDIMENTO

O procedimento da reclamação constitucional estava previsto no CPC/73, nos arts. 187-192 do RISTJ e arts. 156-162 do RISTF. O CPC atual regulamenta a questão nos arts. 988 a 993:

i) independentemente da discussão de sua natureza ser ajuizada na forma de uma petição dirigida ao Presidente do Tribunal:

a) será necessário instruir com prova documental já que não se admitem provas no curso da reclamação (arts. 988, § 2º, do CPC e 156, parágrafo único, do RISTF). O procedimento da reclamação, nesse tocante, assemelha-se com o mandado de segurança, que não admite dilação probatória. É importante que se apresente documentalmente a decisão ou ato da autoridade que ensejou a reclamação;

b) a reclamação será autuada e distribuída ao relator da causa principal sempre que possível;

c) a petição inicial da reclamação deve preencher os requisitos do art. 319 do CPC;

d) é importante frisar que a reclamação não possui prazo. Contudo, conforme visto, não poderá ser ajuizada após o trânsito em julgado da decisão a teor do Enunciado 734 da Súmula do Supremo Tribunal Federal;

ii) o relator poderá decidir liminarmente a reclamação quando a matéria em questão for objeto de matéria consolidada pela Corte (art. 161, RISTF e 932, CPC);

iii) ao despachar a reclamação o relator:

a) requisitará informações da autoridade que supostamente praticou o ato ilegal em 10 dias (prazo este peremptório)[15];

b) poderá suspender o ato impugnado para evitar dano irreparável (art. 989, II). Trata-se de tutela provisória concedida no bojo da reclamação. A reclamação se insere no grupo de

---

15 Deve prevalecer o entendimento da Lei sobre o do RISTF (art. 157), que confere prazo de 5 dias.

ações que já contêm pedido próprio de tutela provisória, assim como ação de alimentos, ação civil pública, mandado de segurança, embargos de terceiro, entre outras. Evidente que essa regra será aplicada apenas nas hipóteses em que houver a existência de um processo. Constitui reprodução do revogado art. 14 da Lei n. 8.038/90;

c) determinará a citação do beneficiário da decisão impugnada para, querendo, apresentar contestação no prazo de quinze dias. Inequivocamente, o CPC toma partido no tocante à natureza da reclamação e a apresenta como ação, em posição contrária do STF. Com a necessidade de citação do beneficiário da decisão, entre ele e a autoridade formar-se-á um litisconsórcio passivo necessário unitário;

iv) o Ministério Público que não for parte terá vista dos autos em cinco dias após o decurso do prazo das informações e o oferecimento de contestação pelo beneficiário do ato impugnado (art. 991, CPC). Não houve significativas alterações em relação ao regime anterior, a não ser obviamente que o prazo não se conta apenas após as informações, mas também do escoamento do prazo para contestar. Assim, nas reclamações em que não propôs, o Ministério Público atuará como fiscal da ordem jurídica, submetendo-se às regras dos arts. 178-180 do CPC;

v) "Julgando procedente a reclamação, o Tribunal cassará a decisão exorbitante de seu julgado ou determinará medida adequada à solução da controvérsia." O CPC melhorou a redação anterior (art. 17, Lei n. 8.038/90). E também: "O Presidente determinará o imediato cumprimento da decisão, lavrando-se o acórdão posteriormente" (art. 19).

Assim, se a decisão for de afronta a súmula vinculante, o pedido será de cassação da decisão para que se profira outra em seu lugar. Se for contra ato administrativo, será apenas anulada, pois o Judiciário não pode proferir outra no seu lugar (que deve ser dada pela administração pública). Se o caso for de usurpação de competência, o pedido deve ser que o Tribunal Superior profira a decisão no lugar daquele que usurpou sua competência (pedido de avocação dos autos para o Tribunal). Se contra desrespeito a decisão judicial, a sua cassação sem necessidade de se proferir outra (daí por que não se trata de reforma)[16];

vi) das decisões de reclamação cabem somente: embargos de declaração, recurso extraordinário, recurso especial e agravo interno (caso a decisão seja monocrática);

vii) a reclamação não tem custas nem condenação em honorários, pois o STF entende se tratar, como dito, de mero direito de petição e não uma ação. Há divergência na doutrina e na jurisprudência. O STJ entendia, sob o regime do CPC anterior, a vedação de honorários de sucumbência, pois se trata de mero "incidente processual" (STJ, Rcl 502/GO). Contudo, em nossa opinião, uma vez estabelecida a condição de ação, deve haver sucumbência pelo princípio da causalidade;

viii) há valor da causa com valor meramente estimativo.

---
16 NERY JUNIOR, Nelson; NERY, Rosa Maria de Andrade. *Código de Processo Civil comentado e legislação extravagante*. 10. ed. São Paulo: Revista dos Tribunais, 2007, p. 1979.

7.

DEMAIS INCIDENTES NO TRIBUNAL

7.1. DO INCIDENTE DE ARGUIÇÃO DE INCONSTITUCIONALIDADE

É possível estabelecer o controle de constitucionalidade no Brasil de duas formas:

i) Pelo denominado **controle concentrado**, em que o STF possui competência exclusiva para receber as denominadas "ações do controle" (ADI, ADC, ADO e ADPF) dos legitimados do art. 103, CF e o STF decidirá o referido processo objetivo (sem caso concreto) acerca da constitucionalidade da lei. Essa decisão é vinculante e *erga omnes* (art. 102, CF);

ii) Pelo denominado **controle difuso**, em que qualquer juiz do país poderá na fundamentação de sua decisão (*incidenter tantum*), afastar a aplicação de lei sob a alegação que seu texto está em descompasso com a CF. O magistrado procede a esse controle dentro de um caso concreto do qual fará coisa julgada apenas para as partes.

Quando se fala em decisões de primeiro grau, não há nenhuma dificuldade na medida em que o juiz o faz, como dito, incidentemente na decisão e essa fundamentação, em regra, não fará coisa por força dos limites objetivos (art. 503, § 1º, III, CPC).

Contudo, as decisões de tribunal, seja em ações originárias, seja em sede recursal, possui uma peculiaridade a mais: a necessidade de se respeitar a reserva de plenário (art. 97, CF). Quando isso ocorre (declaração incidental de inconstitucionalidade) é necessária a instauração desse incidente (arts. 948-950, CPC): o denominado instituto do *full bench*.

A lei não estabelece restrição no tocante à legitimidade podendo ser instaurado pelas partes, terceiros, pelo próprio Poder Judiciário de ofício e pelo Ministério Público e Defensoria nos processos em que esses entes participarem.

Igualmente não há prazo, apenas devendo, obviamente, ser apresentado antes do julgamento.

Estabelece o art. 948 do CPC que: "Arguida, em controle difuso, a inconstitucionalidade de lei ou de ato normativo do poder público, o relator, após ouvir o Ministério Público e as partes, submeterá a questão à turma ou à câmara à qual competir o conhecimento do processo".

A arguição poderá ser:

a) rejeitada, quando então prosseguirá o julgamento. Entendemos que, em situações das quais já houve julgamento sobre a constitucionalidade da lei ou ato normativo[1], poderá o relator, sem remeter ao MP e às partes, indeferir monocraticamente;

b) acolhida, quando o processo será remetido ao órgão especial ou plenário para julgamento.

O Presidente do tribunal designará sessão de julgamento. Esse julgamento com reserva de plenário exige *quorum* qualificado[2]. Para o julgamento, será remetida cópia do acórdãos para todos os juízes participantes.

O Regimento interno estabelecerá os prazos e condições para que as pessoas jurídicas de direito público responsáveis pela edição do ato questionado se manifestem no incidente caso tenham interesse.

Igualmente será franqueada a possibilidade dos legitimados do art. 103 da CF procederem manifestação por escrito sobre a questão constitucional, podendo apresentar memoriais e juntar documentos.

Por fim, será igualmente oportunizada, considerando a relevância da matéria e a representatividade dos postulantes, o relator poderá admitir, em decisão irrecorrível, a manifestação de outros órgãos ou entidades.

A decisão (de procedência ou improcedência do incidente) passará a fazer parte do julgamento da causa, recurso ou remessa necessária que estão submetidos a julgamento.

7.2. CONFLITO DE COMPETÊNCIA

O CPC de 1939 (assim como o atual Código de Processo Penal) utilizava, equivocadamente, a expressão "conflito de jurisdição".

Ocorre conflito de competência quando **(i)** dois os mais juízes se dão por competentes para uma causa (**conflito positivo**); **(ii)** dois ou mais juízes se dão por incompetentes, atribuindo um ao outro a competência (**conflito negativo**); ou ainda **(iii)** quando surge a controvérsia acerca da reunião ou separação de processos (**conflito por afinidade de processos**).

No segundo caso há conflito, pois ambos se dizem incompetentes para o julgamento do feito. No primeiro caso, de raríssima incidência prática, dois juízes se dizem igualmente competentes para o julgamento. O terceiro caso é irrelevante se o conflito seja positivo ou negativo. A questão é a discordância a respeito da necessidade ou não de reunião dos feitos ou qual deles seria o prevento para julgamento.

Há situações que impedem ou limitam o uso do conflito de competência, assim: **i)** não poderá ser suscitado pela parte que arguiu, anteriormente, incompetência relativa em preliminar de contestação; **ii)** não pode haver conflito se uma das causas já foi julgada (Súmula 59 do STJ). O conflito apenas pode se dar em juízos de mesma hierarquia, pois se forem de hierarquia diversa, prevalece o de maior grau. Igualmente não é possível alegar o incidente nas hipóteses de competência relativa, pois essas se resolvem pelos critérios de dinâmica de competência (conexão, continência, prorrogação, derrogação). Contudo, nada impede que a parte contrária, que não arguiu a incompetência, suscite o conflito.

---

1 "Art. 949. (...) Parágrafo único. Os órgãos fracionários dos tribunais não submeterão ao plenário ou ao órgão especial a arguição de inconstitucionalidade quando já houver pronunciamento destes ou do plenário do Supremo Tribunal Federal sobre a questão."

2 Súmula Vinculante, n. 10: "Viola a cláusula de reserva de plenário (CF, artigo 97) a decisão de órgão fracionário de Tribunal que embora não declare expressamente a inconstitucionalidade de lei ou ato normativo do poder público, afasta sua incidência, no todo ou em parte".

O STJ já estabeleceu conflito de competência entre órgão estatal e juízo arbitral (2ª Seção, CComp 111.230/DF). Nesse caso a defesa do STJ é que a arbitragem constitui função jurisdicional.

O cabimento do incidente está previsto no art. 66 do CPC, mas seu procedimento vem previsto nos arts. 951-959 do mesmo Código.

Têm legitimidade para suscitar o conflito o próprio juiz (por ofício), o Ministério Público e as partes (por petição), conforme dispõe o art. 951, CPC. O Ministério Público, de qualquer forma, nas hipóteses que não apresentou, será ouvido nos conflitos que versarem sobre as hipóteses de sua participação (art. 178, CPC) no prazo de 5 dias.

O juiz que não acolher a competência declinada pela parte, deverá suscitar o conflito, salvo se a atribuir a outro juízo.

Já a competência será do tribunal. Há de se verificar qual. Os Tribunais de Justiça e os Tribunais Regionais Federais julgam os conflitos dos juízes a eles vinculados. Quando o conflito se der entre um juiz cível e um federal, a resolução será suscitada ao primeiro tribunal convergente, no caso, no STJ.

O STF julga os conflitos de tribunais superiores (CF, art. 102, I, *o*). Os demais conflitos ficam a cargo do STJ (CF, art. 105, I, *d*).

Será endereçado ao tribunal competente que: **i)** poderá suspender o feito para julgamento, se o conflito for positivo. Nessa hipótese poderá designar um juiz para julgar eventuais medidas de urgência. Se houver precedente qualificado (I – súmula do Supremo Tribunal Federal, do Superior Tribunal de Justiça ou do próprio tribunal ou II – tese firmada em julgamento de casos repetitivos ou em incidente de assunção de competência) sobre a questão, poderá o relator julgar de plano o conflito.

Após a distribuição o relator determinará a oitiva dos juízes em conflito para que prestem informações e, se um deles foi o suscitante, apenas daquele que ainda não participa do incidente.

A decisão não apenas versará sobre o conflito declarando o juízo competente como também sobre a validade dos atos praticados pelo juiz anterior (arts. 64, § 4º, e 957, CPC).

8.
ORDEM DOS PROCESSOS NOS TRIBUNAIS

8.1. INTRODUÇÃO

A ordem dos processos nos Tribunais exerce, no plano do Código de Processo Civil, duas importantes funções: **a)** estabelece a tramitação das causas originárias e dos recursos nos tribunais, desde sua distribuição, registro, passando pela escolha do relator, até o seu definitivo julgamento e **b)** dispõe sobre os incidentes existentes nos tribunais como o incidente de resolução de demandas repetitivas, o incidente de assunção de competência, a ação rescisória, a reclamação, a arguição de inconstitucionalidade, o conflito de competência e a homologação de sentença estrangeira e a concessão do *exequatur* à carta rogatória (temas que serão tratados em outros capítulos).

O Brasil possui 34 Tribunais que versam sobre matéria cível (2 Tribunais Superiores, 5 Tribunais Regionais e 27 Tribunais Estaduais). Os Tribunais de 2º grau são compostos no mínimo por 7 desembargadores e não há um número máximo. O STJ possui 33 ministros e o STF onze.

A divisão das funções no Tribunal se dá da seguinte forma[1]:

Pleno	Composto pela totalidade dos membros do Tribunal. Estabelecem atividade legislativa (regimento interno), executiva (deliberação administrativa) e judiciária (julgamento de determinadas causas).
Órgão Especial	Quando o número de componentes do Tribunal for significativo e inviabilizaria reunião por plenário, há um órgão que faz as vezes e objetiva especialmente pacificar o entendimento das câmaras ou turmas.
Turmas ou Câmaras por matéria	Julga recursos, remessa necessária e causas de competência originária de acordo com a matéria.

---

1 LEMOS, Vinícius Silva. *Recursos e processos nos tribunais*. 5. ed. Salvador: JusPodivm, 2021, p. 74.

8.2. DISTRIBUIÇÃO

a) Registro

Com o protocolo dos autos no tribunal (recurso, remessa necessária ou ação de competência originária) haverá registro para imediata distribuição (conforme estabelece o art. 93, XV, CF[2]). A imediata distribuição a que alude o art. 929 retira dos regimentos internos dos tribunais esse expediente que editava regras específicas a esse respeito.

Ademais, a imediata distribuição evita que, no interregno de tempo entre o registro e a distribuição a um relator (que pode demorar mais que o necessário), o Presidente ou Vice do tribunal pratiquem atos provisórios (como, por exemplo, pedidos de urgência). Dessa forma, o próprio relator ficará encarregado desses atos, conferindo uniformidade às questões contidas no processo[3]. E ainda, impede que se formem pilhas de processos pendentes de registro junto às secretarias dos Tribunais[4].

É possível que se utilize do denominado "protocolo integrado" (descentralização) para a apresentação da peça processual, podendo ser protocolizado na comarca de melhor conveniência ao peticionário. A anterior súmula que regulava o assunto proibindo protocolo integrado nos tribunais superiores foi cancelada (Enunciado 256 da Súmula do STJ).

b) Distribuição

As regras de distribuição estão previstas nos arts. 284 a 290 do CPC. A distribuição tem como diretrizes básicas: **i) a aleatoriedade e igualdade (art. 285); ii) a alternatividade (com exceção das distribuições por dependência [art. 286]); iii) o registro (art. 284); iv) a possibilidade de fiscalização pelos sujeitos do processo (art. 289); v) a impessoalidade na prestação da atividade pública; e vi) juiz natural.**

Para fomentar a lisura e a boa-fé, a distribuição atenderá às regras aleatórias de distribuição alternativa, conferindo a devida publicidade a este ato. De qualquer forma as regras pertinentes à distribuição serão definidas pelo Regimento Interno de cada Estado.

c) Prevenção

Estabelece o parágrafo único do art. 930 do CPC que o primeiro recurso protocolado torna prevento o relator para eventual recurso ulterior a ser apresentado no mesmo processo ou com ele conexo. Constitui uma regra geral de prevenção de recursos e feitos de competência originária no Tribunal. Assim, compete ao próprio relator que atribuir efeito suspensivo ao recurso julgar a apelação, o recurso especial ou extraordinário (arts. 1.012, § 1º, I, e 1.029, § 5º, I, CPC).

O Regimento Interno do Supremo Tribunal Federal, nos arts. 67 e 69, traz importantes regras específicas sobre prevenção dos Tribunais:

> Art. 67. Far-se-á a distribuição entre todos os Ministros, inclusive os ausentes ou licenciados por até trinta dias, excetuando o Presidente.
> § 1º A distribuição que deixar de ser feita a Ministro ausente ou licenciado, será compensada, quando terminar a licença ou ausência, salvo se o Tribunal dispensar a compensação.
> § 2º Não será compensada a distribuição que deixar de ser feita ao Vice-Presidente quando substituir o Presidente.
> § 3º Em caso de impedimento do Relator, será feito novo sorteio, compensando-se a distribuição.

---

2 "Art. 93 (...) XV – a distribuição de processos será imediata, em todos os graus de jurisdição."
3 NERY-NERY. *Código de Processo Civil comentado*, cit., p. 1847.
4 WAMBIER-CONCEIÇÃO-RIBEIRO-MELLO. *Primeiros comentários ao Novo Código de Processo Civil*. São Paulo: RT, 2015, p. 1323.

> § 4º Haverá também compensação quando o processo tiver de ser distribuído por prevenção a determinado Ministro.
>
> § 5º Salvo os casos de prevenção, o ministro que estiver ocupando a Presidência do Tribunal Superior Eleitoral será excluído da distribuição de processos com pedido de medida liminar ou qualquer outro pedido de natureza urgente, com posterior compensação, durante os três meses anteriores e o mês posterior ao pleito eleitoral. (Alteração feita pela Emenda Regimental n. 54/2020.)
>
> Art. 69. O conhecimento do mandado de segurança, do *habeas corpus* e do recurso civil ou criminal torna preventa a competência do Relator, para todos os recursos posteriores, tanto na ação quanto na execução, referentes ao mesmo processo.
>
> § 1º Se o Relator deixar o Tribunal, a prevenção referir-se-á à Turma julgadora.
>
> § 2º Vencido o Relator, a prevenção referir-se-á ao Ministro designado para lavrar o acórdão.
>
> § 3º Se o recurso tiver subido por despacho do Relator, no agravo de instrumento, ser-lhe-á distribuído ou ao seu sucessor.

8.3. ATIVIDADE DO RELATOR

Antes de tudo é importante conferir destaque que o CPC atual em amplo apego à celeridade processual eliminou a figura do juiz-revisor. O revisor anteriormente exercia uma espécie de fiscalização do trabalho do relator o que não ocorre mais. Perde-se em segurança, mas ganha-se em tempo. Constitui evidentemente uma opção do legislador. Entendo que foi válida a opção, pois qualquer dos membros do colegiado que integra o julgamento poderá interferir na validade das intercorrências processuais independentemente do seu *status* de revisor ou não.

A) Poderes do relator. Os Tribunais são vocacionados a emitir decisões colegiadas. Esta constatação decorre, dentre diversos outros fatores, da previsão do duplo grau de jurisdição em nosso ordenamento.

Por força da Constituição Federal os juízes que compõem os tribunais são aqueles que ascenderam na carreira por critérios de antiguidade e merecimento (quando se trata de segundo grau) e por indicação na formação de lista tríplice (quando se trata de tribunal superior).

Se as decisões dos juízes de primeira instância podem ser revistas por outro órgão, que este órgão seja **qualitativa e quantitativamente melhor**.

Em linha de princípio o é **qualitativamente**. E isso porque os desembargadores possuem mais experiência e tempo de foro, o que lhes confere melhor condição para analisar o caso. Mas não é suficiente. Os desembargadores julgam em colegiado (daí a progressão **quantitativa**).

Enquanto o juiz da causa ao julgar deve prestar contas somente com sua consciência, no Tribunal os desembargadores devem, entre si, prestar satisfação sobre seu voto, o que exige maior cuidado.

Entretanto, para desburocratizar o sem-número de recursos levados aos tribunais diariamente, bem como racionalizar algumas atividades judiciais, o ordenamento sentiu a necessidade de criar mecanismos para reduzir o impacto do número excessivo de processos em segundo grau.

Conferiu-se, portanto, ao relator o poder de praticar determinados atos no processo (alguns de cunho decisório) isoladamente para abreviar o trâmite dos recursos. Estes atos foram escolhidos dentre os que se revestem de urgência, importância e causem repercussão dentro do processo.

Esses poderes são delegados[5]. É simplesmente uma atividade preliminar em que se permite ao relator praticar atos expressamente a si atribuídos decorrentes de sua competência funcional.

Portanto essa competência é delegada e não originária[6].

Dessa forma, a autorização da prática desses atos é constitucional e não ofende ao princípio do juiz natural: **i)** porque em nenhum momento a Constituição assevera que os recursos sejam necessariamente julgados por órgão colegiado; **ii)** o relator é o juiz natural quando procede a este julgamento antecipado.

Assim, com a distribuição, os autos serão conclusos com o relator, que terá:

a) o prazo de trinta dias para elaborar seu voto e devolver os autos com o relatório à secretaria. Se o legislador propugnou pela observância da distribuição imediata, não faz sentido o recurso chegar rapidamente nas mãos do relator, mas perdurar longo tempo sem análise. Portanto, a lei lhe conferiu prazo (ainda que impróprio) de trinta dias;

b) de praticar, de imediato, as atividades preconizadas no art. 932 do CPC: o legislador tratou de sistematizar (acertadamente) como regra geral as atividades do relator em qualquer recurso ou ação de competência originária de tribunal, o que se encontrava apenas de forma precária no art. 557 do CPC/73 e de forma específica, mas direcionada ao agravo de instrumento, no art. 527 do CPC/73.

No rol do art. 932 encontram-se atividades ordinatórias (de gestão processual) e decisórias, como se verifica abaixo:

I – Dirigir e ordenar o processo no tribunal

Além do dever de gestão que deverá exercer ao longo do procedimento na fase recursal, deverá produzir as provas que sejam possíveis e necessárias além de homologar eventual autocomposição das partes. Aliás, ao relator assistem os mesmos deveres contidos no art. 139 do CPC no que se refere ao ordenamento do processo e observar as regras ali previstas;

II – Apreciar pedido de tutela provisória

É possível que a parte formule pedido de tutela provisória seja em sede de recurso, seja em sede de ação originária no tribunal. Em ambos os casos a competência pertence ao relator. O pedido de tutela provisória poderá tanto ser de urgência como de evidência (muito comum para retirar o efeito suspensivo do recurso de apelação, por exemplo);

III – Não conhecer de recurso inadmissível, prejudicado, ou que não tenha impugnado especificamente os fundamentos da decisão recorrida

Consoante asseverado no capítulo sobre teoria geral dos recursos, o agravo de instrumento possui peculiaridade procedimental no sentido de se reunir na mesma pessoa (relator) o exame de admissibilidade e mérito (quando então participará do julgamento com o colegiado).

Assim, sempre que o relator constatar a ausência de um dos requisitos de admissibilidade genéricos (tempestividade, adequação, preparo...) ou específicos do agravo (ausência de peças, falta de indicação do nome dos advogados), poderá o relator **não conhecer de plano**.

Recurso **manifestamente inadmissível** é aquele que, sem maiores esforços (e geralmente não há), o recurso não preenche os requisitos de admissibilidade.

Recurso **prejudicado** é aquele que perde o seu objeto e, portanto, torna-se desprovido de pretensão recursal. O exemplo clássico vem previsto no próprio art. 1.017, § 1º, do CPC em que o magistrado de primeiro grau poderá reconsiderar a decisão tornando o agravo

---

5   Barbosa Moreira assevera que o relator age como um "porta-voz" avançado. Neste sentido também Flávio Cheim Jorge.
6   Em sentido contrário: CARVALHO, Fabiano. *Poderes do relator nos recursos, art. 557, CPC*. São Paulo: Saraiva, 2008, p. 51.

prejudicado. Outro, é o agravo interposto contra decisão em cautelar que indeferiu a produção antecipada da prova (testemunha enferma) que, na tramitação do agravo, veio a falecer.

Recurso que não tenha **impugnado especificamente os fundamentos da decisão recorrida** é medida que objetiva dar vigência ao princípio da dialeticidade, que se constitui na exigência de que "todo o recurso deve ser discursivo, argumentativo, dialético. A mera insurgência contra a decisão não é suficiente. Não basta apenas manifestar a vontade de recorrer. Deverá também o recorrente demonstrar o porquê de estar recorrendo, alinhando as razões de fato e de direito pelas quais entende que a decisão está errada, bem como o pedido de nova decisão"[7].

Não há mais, como no regime anterior, a possibilidade de o relator julgar monocraticamente contra "jurisprudência dominante do tribunal", sendo sempre exigida uma súmula ou precedente obrigatório;

IV – Negar provimento a recurso com tese contrária aos precedentes vinculantes dos Tribunais

Mais um artigo em que o ordenamento brasileiro abre as portas para uma tentativa de estabelecer uma uniformização de entendimento jurisprudencial para fomentar a segurança e a previsibilidade das decisões[8].

Assim, poderá o relator, monocraticamente, negar provimento a agravo quando for:

a) súmula do Supremo Tribunal Federal, do Superior Tribunal de Justiça ou do próprio tribunal;
b) acórdão proferido pelo Supremo Tribunal Federal ou pelo Superior Tribunal de Justiça em julgamento de recursos repetitivos;
c) entendimento firmado em incidente de resolução de demandas repetitivas ou de assunção de competência.

Duas correções técnicas à lei. A palavra confronto, utilizada pela lei, significa comparar, fazer face mutuamente, melhor adotar a expressão contraste, que dá ideia de contrariedade, oposição. Outra crítica é o fato de que é a tese jurídica apresentada pela parte que gera contraste e não o recurso[9].

Contudo, o art. 932, IV e V, não exaure todas as possibilidades de julgamento de mérito pelo relator. O Enunciado 568 da Súmula do STJ estabelece que "o relator, monocraticamente e no Superior Tribunal de Justiça, poderá dar ou negar provimento ao recurso quando houver entendimento dominante acerca do tema". Assim, trata-se de uma verdadeira "repristinação por meio de enunciado de súmula" já que o CPC anterior, em seu art. 557 (que corresponde hoje, de certa forma, ao art. 932, CPC) previa a possibilidade de se negar provimento (impropriamente denominado "negar seguimento") a recurso contrário a jurisprudência dominante do próprio tribunal ou de tribunal superior. A ideia da regra é racionalização da atividade decisória, pois se o padrão decisório é vinculante para o colegiado e deve ser respeitado, também o é para o relator que já pode monocraticamente decidir a questão antecipadamente;

V – Dar provimento a recurso quando a decisão for contrária a precedentes vinculantes dos tribunais

---

7   JORGE, Flávio Cheim. *Teoria geral dos recursos cíveis*. 3. ed. São Paulo: RT, 2007, p. 166.
8   Sobre o tema, imprescindível a consulta de: WAMBIER, Teresa Arruda Alvim. *Recurso especial, recurso extraordinário e ação rescisória*. 2. ed. São Paulo: RT, 2008.
9   As críticas foram levantadas (acertadamente, como usual) por: BARBOSA MOREIRA, José Carlos. *Comentários ao Código de Processo Civil*. 10. ed. Rio de Janeiro: Forense, 2002, v. V, p. 662-663.

Seguindo a mesma linha do inciso anterior, e a fim de prestigiar a adoção dos precedentes, poderá o relator, monocraticamente, dar provimento a recurso interposto contra decisão que seja contrária a precedentes dos tribunais. Em atenção ao princípio do contraditório, o provimento a recurso somente será possível após oportunizada à parte contrária a apresentação de contrarrazões.

Assim, será possível dar provimento quando a decisão recorrida for contrária a:

a) Súmula do STF, STJ ou do próprio tribunal;
b) acórdão do STF, STJ em julgamento de processos repetitivos;
c) entendimento firmado em incidente de demandas repetitivas ou assunção de competência.

VI – Decidir incidente de desconsideração da personalidade jurídica quando este for instaurado originariamente perante o tribunal

Uma vez que o CPC vigente positivou o incidente de desconsideração da personalidade jurídica (arts. 133 a 137) constitui agora uma das atribuições do relator conhecer desse incidente quando instaurado diretamente no tribunal;

VII – Intimação do Ministério Público

A intimação do Ministério Público somente se fará necessária se se enquadrar em alguma das causas que a sua participação (*rectius*, intimação) seja obrigatória. A intimação far-se-á preferencialmente por meio eletrônico. Sua manifestação será em 15 dias;

VIII – Outras atribuições previstas no Regimento Interno do Tribunal

Dadas as peculiaridades de cada tribunal e o respeito ao seu regimento, o legislador do atual CPC não estabeleceu um rol taxativo ao art. 932, permitindo que o relator eventualmente possa praticar outros atos não previstos na lei federal, mas que fossem previstos no regimento. Assim como, por exemplo, se vê nos arts. 24 do RISTJ[10] e 21 do RISTF[11].

---

10 "Art. 24. Compete ao Presidente de Seção: I – presidir as sessões, onde terá apenas o voto de desempate; II – manter a ordem nas sessões; III – convocar sessões extraordinárias; IV – mandar incluir em pauta os processos de sua Seção e assinar as atas das sessões; V – assinar os ofícios executórios e quaisquer comunicações referentes aos processos julgados pela respectiva Seção; VI – indicar ao Presidente funcionários da Secretaria do Tribunal a serem designados para os cargos de direção de sua Seção; VII – assinar a correspondência de sua Seção."

11 "Art. 21. São atribuições do Relator:
I – ordenar e dirigir o processo;
II – determinar às autoridades judiciárias e administrativas providências relativas ao andamento e à instrução do processo, bem como à execução de seus despachos, exceto se forem da competência do Plenário, da Turma ou de seus Presidentes;
III – submeter ao Plenário, à Turma, ou aos Presidentes, conforme a competência, questões de ordem para o bom andamento dos processos;
IV – submeter ao Plenário ou à Turma, nos processos da competência respectiva, medidas cautelares necessárias à proteção de direito suscetível de grave dano de incerta reparação, ou ainda destinadas a garantir a eficácia da ulterior decisão da causa;
V – determinar, em caso de urgência, as medidas do inciso anterior, *ad referendum* do Plenário ou da Turma;
VI – determinar, em agravo de instrumento, a subida, com as razões das partes, de recurso denegado ou procrastinado, para melhor exame;
VII – requisitar os autos originais, quando necessário;
VIII – homologar as desistências, ainda que o feito se ache em mesa para julgamento;
IX – julgar prejudicado pedido ou recurso que haja perdido o objeto;

B) Princípio da cooperação. Em atenção aos princípios do contraditório e da cooperação (arts. 6º, 9º e 10), o legislador, acertadamente, estabeleceu que:

b1) antes de considerar o recurso inadmissível, o relator concederá prazo de cinco dias para que o recorrente sane o vício ou complemente a documentação exigível. Assim, v.g., na falta de alguma peça obrigatória para o traslado do agravo de instrumento, o relator apenas poderá indeferir após o não cumprimento, por parte do recorrente, do pedido de emenda;

b2) ademais, preconiza o art. 933 do CPC: "Se o relator constatar a ocorrência de fato superveniente à decisão recorrida, ou a existência de questão apreciável de ofício ainda não examinada, que devam ser considerados no julgamento do recurso, intimará as partes para que se manifestem no prazo de 5 (cinco) dias".

A superveniência somente poderá ser considerada se após a decisão recorrida (contudo antes do julgamento do recurso). Dessa forma, o art. 493 não se aplica apenas nas instâncias ordinárias. Estas questões podem ser conhecidas de ofício a qualquer momento, mas, em respeito a se evitarem decisões-surpresa, as partes devem ter a oportunidade de se manifestar previamente. Trata-se da extensão da cognição no tribunal sobre matérias surgidas posteriormente (efeito devolutivo recursal).

Se ocorrer no curso da sessão de julgamento haverá o seu sobrestamento para que as partes se manifestem. Caso tenha sido o segundo ou terceiro juiz quando da vista dos autos, deverá este encaminhar ao relator para que tome as medidas adequadas, conforme o art. 931.

8.4. FASE DE JULGAMENTO

a) Remessa ao presidente

Após as providências atribuídas ao relator, não sendo o caso de julgamento monocrático, os autos serão remetidos ao presidente, que designará o dia da sessão de julgamento procedendo à devida publicidade no órgão oficial. O art. 935 estabelece que entre a data da publicação da pauta e a sessão de julgamento haja um intervalo de no mínimo cinco dias. As partes terão direito à vista dos autos em cartório após a publicação da pauta de julgamento.

As causas que não foram julgadas na sessão pela qual foram destinadas serão colocadas na pauta imediatamente posterior.

X – pedir dia para julgamento dos feitos nos quais estiver habilitado a proferir voto, ou passá-los ao Revisor, com o relatório, se for o caso;

XI – remeter *habeas corpus* ou recurso de *habeas corpus* ao julgamento do Plenário;

XII – assinar cartas de sentença;

XIII – delegar atribuições a outras autoridades judiciárias, nos casos previstos em lei e neste Regimento;

XIV – apresentar em mesa para julgamento os feitos que independam de pauta;

XV – determinar o arquivamento de inquérito, quando o requerer o Procurador-Geral;

XVI – assinar a correspondência oficial, em nome do Supremo Tribunal Federal, nas matérias e nos processos sujeitos à sua competência jurisdicional, podendo dirigir-se a qualquer autoridade pública, inclusive ao Chefe dos Poderes da República.

§ 1º Poderá o Relator arquivar ou negar seguimento a pedido ou recurso manifestamente intempestivo, incabível ou improcedente e, ainda, quando contrariar a jurisprudência predominante do Tribunal, ou for evidente a sua incompetência.

§ 2º Poderá ainda o Relator, em caso de manifesta divergência com a Súmula, prover, desde logo, o recurso extraordinário.

§ 3º Ao pedir dia para julgamento ou apresentar o feito em mesa, indicará o Relator, nos autos, se o submete ao Plenário ou à Turma, salvo se pela simples designação da classe estiver fixado o órgão competente."

b) Ordem

A lei estabelece uma ordem de julgamento dos recursos, remessa necessária e de causas de competência originária de tribunal. Assim deve-se obedecer ao seguinte critério cronológico:

i) casos que a lei confere preferência legal (v.g., mandado de segurança, recursos repetitivos, idoso e enfermo etc.);

ii) requerimentos de preferência apresentados até o início da sessão;

iii) os que já se tenham iniciado na sessão anterior;

iv) os demais casos.

De acordo com o art. 946, o agravo de instrumento será julgado antes da apelação interposta no mesmo processo, e, se julgados na mesma sessão, aquela precede esta. Isso, obviamente, quando o agravo de instrumento possuir matéria diversa do mérito da causa (p. ex., impugnação de alguma questão processual), visto que a sentença de mérito faz o agravo pendente de julgamento sobre o mérito (ou parcela dele) perder o objeto, conforme será mais bem explicado no capítulo sobre agravo de instrumento.

c) Sessão

Na sessão de julgamento, a tramitação obedecerá à seguinte ordem: i) exposição da causa pelo relator; ii) manifestação do recorrente; iii) manifestação do recorrido; iv) manifestação do Ministério Público (se houver sua intervenção no feito). O prazo conferido a cada um é de quinze minutos improrrogáveis.

A lei limita a possibilidade de manifestação (sustentação oral) para as partes e Ministério Público nas seguintes hipóteses: na apelação, no recurso ordinário, no recurso especial, no recurso extraordinário, nos embargos de divergência, na ação rescisória, no mandado de segurança, na reclamação, no agravo interno (originário de apelação, recurso especial, recurso extraordinário ou recurso ordinário), no agravo de instrumento (desde que verse sobre decisão de urgência ou evidência) e nas demais hipóteses estabelecidas no regimento interno do tribunal respectivo.

Cumpre frisar que o STJ deu importante passo para a melhora nos julgamentos e maior publicidade dos atos processuais praticados (tal como já ocorre no STF). Dessa forma, com a Emenda Regimental n. 45/2024, as partes terão acesso ao voto do relator e a possibilidade de pedido de destaque (o Ministro levar o julgamento ao plenário físico, mantendo-se os votos dos magistrados aposentados). Todos os recursos e causas de competência originária, a critério do relator, poderão ser levados ao julgamento virtual, com as exceções previstas no art. 184-A, § 1º, do RISTJ: as queixas-crime, os embargos de divergência envolvendo discussão de mérito e as ações e inquéritos penais originários. O fundamento é que os embargos de divergência constituem importante instrumento de uniformização da jurisprudência do Tribunal, e as ações penais originárias decorrem de foro privilegiado. Em ambos os casos há diversas discussões, o que levaria à preferência pelo sistema presencial.

Dessa forma, o Tribunal poderá julgar de forma virtual a maioria dos processos que tramitam no STJ.

A emenda regimental prevê que "será dada publicidade, no sistema da sessão virtual assíncrona, ao relatório e voto do relator e dos demais ministros, à medida que forem apresentados, ressalvadas as hipóteses de sigilo" (art. 184-E). Assim será possível acompanhar os votos dos Ministros à medida que forem sendo prolatados.

Quanto às sustentações orais, as partes poderão encaminhar tanto sustentações quanto memoriais por meio eletrônico, após a publicação da pauta (no máximo 48 horas antes de iniciado o julgamento virtual).Obviamente que o STJ deverá criar um sistema para abrigar os julgamentos virtuais.

d) Sustentação oral

Compete ao processo civil (CPC e legislação extravagante) delimitar as situações em que seja cabível sustentação oral. Os Regimentos devem obedecer a esta escolha legislativa (art. 96, I, *a*, CF) e não podem dispor sobre sustentação oral (proibindo casos que o CPC autorizou ou tenha autorizado hipóteses não previstas) sem que lei federal tenha disposto, dada a competência exclusiva da União para regulamentar matéria de processo (art. 22, I, CF).

Dessa forma entendemos inconstitucional a disposição contida no art. 937, IX, que permite a manifestação oral em outras hipóteses previstas "no regimento interno do tribunal". Se a competência é exclusiva da União (= lei federal) não poderá, em atenção ao princípio da indelegabilidade das funções estatais, conferir a Regimento essa função.

Nelson Nery Jr. e Rosa Nery bem observam que "Regimento Interno de tribunal é diploma normativo destinado a criar direito material administrativo, isto é, a determinar o funcionamento *interna corporis* do tribunal, mas não tem competência para criar direitos e obrigações para terceiros, tampouco legislar sobre direito processual, como é o caso da fixação das regras sobre sustentação oral"[12].

A sustentação oral é, nos termos do art. 937, do CPC, permitida nas seguintes situações:

a) no recurso de apelação;
b) no recurso ordinário;
c) no recurso especial;
d) no recurso extraordinário;
e) nos embargos de divergência;
f) na ação rescisória, no mandado de segurança e na reclamação;
g) no agravo de instrumento interposto contra decisões interlocutórias que versem sobre tutelas provisórias de urgência ou da evidência;
h) em outras hipóteses previstas em lei ou no regimento interno do tribunal;
i) no recurso interposto contra a decisão monocrática de relator que julgar o mérito (art. 7º, § 2º-B, da Lei n. 8.906/94, com redação dada pela Lei n. 14.365/2022).

Quanto à hipótese *f*, é necessário tecer alguns comentários.

Primeiro, que, nos processos de competência originária previstos naquelas hipóteses, caberá sustentação oral no agravo interno interposto contra decisão do relator que os extinga.

Segundo, a Lei n. 13.676/2018 trouxe importante alteração à sustentação oral do mandado de segurança ao alterar o art. 16 da Lei n. 12.016/2009.

O objetivo da reforma foi assegurar o direito de sustentação oral durante a sessão de julgamento em sede de agravo interno interposto contra decisão monocrática no mandado de segurança que aprecia pedido de tutela provisória, ou contra decisão de mérito.

Sempre se permitiu a sustentação oral em mandado de segurança (arts. 16 da LMS e 937, VI, do CPC). O que se permite agora é que, quanto às decisões antes da decisão de mérito, a decisão liminar, julgada pelo relator, poderá ser objeto de sustentação oral.

Agora cabe sustentação oral tanto da decisão de mérito como da decisão liminar.

A sustentação oral poderá ser requerida pelo procurador da parte até o início da sessão. Nesse caso, seu feito será julgado preferencialmente, obedecendo, obviamente, às preferências legais. Se o advogado possuir domicílio profissional em cidade diversa do tribunal em que se realizará a sustentação, poderá ser solicitado que se realize por meio de videoconferência ou

---

12 NERY-NERY, *Código de Processo Civil comentado*, cit., p. 1861.

algum outro recurso tecnológico de transmissão de dados (sons e imagens) em tempo real (arts. 236, § 3º, e 937, § 4º, CPC).

De acordo com o STJ, por ausência de previsão legal, a realização do julgamento na modalidade virtual, quando expressamente requerida a sessão presencial, não acarreta nulidade do julgamento, justamente por não haver prejuízo (*pas de nullité sans grief*)[13].

Para tanto, o advogado deve requerê-lo até o dia anterior ao da sessão. Na sessão de julgamento, após o relator expor a causa, será dada a palavra primeiro ao recorrente e depois ao recorrido pelo prazo improrrogável de 15 minutos cada, a fim de que possam demonstrar suas alegações na sustentação oral. A sustentação oral é a verbalização das razões do recurso ou das contrarrazões, de modo que não poderá o advogado trazer em sua exposição temas novos que não foram objeto de contraditório (arts. 10 e 933, CPC). A Segunda Turma do STJ estabeleceu que: "Em respeito ao princípio da não surpresa, é vedado ao julgador decidir com base em fundamentos jurídicos não submetidos ao contraditório no decorrer do processo" (REsp 2.049.725-PE, Rel. Ministro Humberto Martins, Segunda Turma, j. 25-4-2023).

Há uma tendência nos tribunais em estabelecer redução do tempo de sustentação oral para cinco minutos. É o que se viu recentemente no STJ, ao definir esse prazo para as hipóteses de agravo interno/regimental nos temas criminais (5ª e 6ª Turmas), já que o Código de Processo Penal não confere prazo nesses casos. A tendência é que as Turmas de direito privado (3ª e 4ª) sigam no mesmo sentido. Igualmente, o TJSC, por meio da Resolução n. 1/2022, da COJEPE-MEC, conferiu prazo de cinco minutos nas sustentações perante as Turmas Recursais dos Juizados Especiais.

A tendência, na minha opinião, é salutar. Primeiro que, na prática, o número excessivo de sustentações faz com que os advogados tenham que ficar na sessão por horas e horas. Segundo, que as sessões muito longas fazem com que os Desembargadores e Ministros possam perder a atenção, em especial nas últimas sustentações. Terceiro, aquele que fará a sustentação, seja ele advogado, procurador, defensor ou promotor, deve desenvolver seu poder de concisão, já que o que será ali apresentado foi desenvolvido nas razões ou contrarrazões de seu recurso e nos memoriais. Por ter havido expresso veto ao art. 7º, IX-A, da L. 8.906/94[14], é possível que as sustentações sejam assíncronas, ou seja, a sustentação seja gravada antes da sessão de julgamento para que os magistrados assistam em momento que entenderem conveniente. Essa prática já vem acontecendo com frequência no STF.

Na sustentação oral no incidente de resolução de demandas repetitivas aplicar-se-á a regra do art. 984, CPC, no que couber.

Há uma PEC, apresentada pela OAB e referendada pelo Senado que visa incluir um parágrafo único no art. 133 da CF/88, garantindo que os advogados possam apresentar seus argumentos oralmente perante todos os tribunais, tanto no âmbito judicial quanto no administrativo, sob pena de nulidade dos julgamentos caso esse direito seja violado. Ou seja, não poderá haver lei ou regimento restringindo a possibilidade de sustentação oral.

e) Preliminar

As questões preliminares formuladas em sede de recurso serão decididas antes do mérito. Se a preliminar for acolhida e impedir o julgamento do mérito, o recurso será inadmitido. Caso a preliminar seja rejeitada ou não prejudicar o julgamento do mérito haverá:

---

13 REsp 1.995.565-SP, Rel. Ministra Nancy Andrighi, Terceira Turma, *DJe* 24-11-2022.
14 "Sustentar oralmente, durante as sessões de julgamento, as razões de qualquer recurso ou processo presencial ou telepresencial em tempo real e concomitante ao julgamento."

e1) vício sanável. Evita-se o formalismo processual excessivo. A tendência do CPC atual em mitigar os rigores da forma (instrumentalidade) somada ao prestígio do princípio da primazia do mérito (art. 488) permite que o magistrado possa relevar vício sanável determinando sua renovação ou a realização do ato processual (se possível no próprio tribunal, caso não seja converterá o julgamento em diligência para que essa tarefa seja cumprida pelo juízo de primeiro grau). O intuito dessa regra é maximizar o aproveitamento da atividade processual e permitir que os resultados dos procedimentos tenham os efeitos esperados no tribunal;

e2) admissibilidade não unânime. Em decisões colegiadas, nem sempre a decisão sobre a admissibilidade é unânime. Nesse caso há de se estabelecer um critério de coerência lógica sob pena de eternizar o conflito em sede de Tribunal.

De ordinário os juízes procedem à análise dos requisitos de admissibilidade e, se todos estiverem concordes (= juízo positivo), haverá julgamento de mérito. Todavia pode ocorrer que dois juízes propugnem pela admissibilidade do recurso e um deles não (juízo de admissibilidade não unânime). Como se procederia à análise do mérito nesse caso?

Quem dá solução a este imbricado problema é o art. 937 do CPC, ao estabelecer: "Rejeitada a preliminar, ou se com ela for compatível a apreciação do mérito, seguir-se-ão a discussão e julgamento da matéria principal, sobre a qual deverão se pronunciar os juízes vencidos na preliminar".

Dessa forma, o juiz vencido deverá se pronunciar sobre o mérito **como se**, por ficção, houvesse "admitido" o recurso. Nesta situação, poderá o juiz que rejeitou o recurso na admissibilidade dar-lhe, no mérito, provimento.

e3) Provas. O art. 938, § 3º, CPC autoriza ao tribunal, quando entender que a produção de determinada prova seja necessária para o julgamento do recurso ou da causa, determine a conversão do julgamento em diligência para que essa prova seja produzida: i) no próprio tribunal ou ii) perante o juiz de primeiro grau a depender da complexidade da prova ou da natureza do procedimento que se estiver tratando.

f) Vista

O magistrado que não se sentir habilitado a proferir seu voto na sessão poderá pedir vista pelo prazo máximo de dez dias (prorrogáveis excepcionalmente por mais dez dias). Após esse prazo o recurso será reincluído na pauta da sessão seguinte à data da sua devolução. Caso não haja a devolução no prazo (ou o pedido de prorrogação) haverá requisição dos autos pelo presidente do órgão fracionário para julgamento na sessão posterior. Se mesmo assim o juiz que requereu vista não se sentir habilitado ao julgamento, o presidente deve convocar substituto para proferir o voto, conforme estabelece o regimento interno do tribunal.

g) Decisão

Após a prolação dos votos o presidente anunciará o resultado do julgamento. O acórdão será redigido pelo relator. Se este for vencido, essa atribuição será do juiz que emitiu o primeiro voto vencedor.

Quanto à documentação desse ato, há de se observar as seguintes proposições:

- todo acórdão conterá ementa, que será publicada no órgão oficial no prazo de dez dias. O acórdão será publicado em trinta dias contados da sessão de julgamento. Não sendo cumprido esse prazo, as notas taquigráficas substituirão o acórdão para todos os fins legais;
- os votos, acórdãos e demais atos podem ser registrados em documento eletrônico. Contudo, devem ser impressos para juntada aos autos do processo quando não for eletrônico.

9.

SISTEMA RECURSAL: A TEORIA GERAL DOS RECURSOS

9.1. CONCEITO DE RECURSO, NATUREZA JURÍDICA, REMÉDIOS

Uma vez verificada a existência de um conflito de interesses ou situação em que deva submeter à intervenção estatal e, sendo vedada, como regra, a autotutela no nosso ordenamento, as partes se socorrem do Poder Judiciário para a obtenção de tutela jurisdicional adequada. O Estado, como decorrência do princípio da inafastabilidade (CF, art. 5º, XXXV, e CPC, art. 3º), deve proferir uma decisão que confira uma resposta à pretensão formulada. Essa decisão prolatada, contudo, nem sempre pode estar em consonância com a realidade fático-jurídica apresentada.

Assim, sempre foi grande a preocupação das legislações em criar mecanismos para a correção das decisões judiciais.

Para permitir maior chance de acerto no processo sem comprometer tanto o seu tempo, o legislador estabeleceu uma linha média que deve ser traçada para harmonizar os vetores da segurança e efetividade: estabelecer a criação de remédios para impugnar decisões judiciais, mas limitar os casos e oportunidades de uso.

A existência dos recursos decorre basicamente de quatro fatores:

a) o natural inconformismo humano;
b) finalidade corretiva, pois há a possibilidade de erro das decisões. Mais do que isso é a utilidade preventiva, pois o magistrado, sabedor que sua decisão pode ser revista, tomará maior cuidado ao proferi-la;
c) no interesse do Estado na correta aplicação do direito no caso concreto, pois a revisão da decisão gera mais justiça e segurança;
d) na uniformização da aplicação do direito, já que decisões diferentes em casos análogos geram desprestígio do Poder Judiciário.

Os atos processuais, especialmente aqueles praticados pelo juiz, podem conter algum vício, fato este que reclama a utilização de algum remédio estabelecido no sistema, seja para expurgar o ato viciado, seja para adequá-lo às regras de direito.

Recurso é uma espécie que lhe são gênero os demais remédios (que serão vistos adiante).

Recurso é ato processual voluntário de impugnação dentro do mesmo processo, colocado à disposição das partes, do Ministério Público ou de terceiro para reformar, anular, esclarecer ou integralizar uma decisão judicial.

Os recursos têm a finalidade de retardar a produção dos efeitos da coisa julgada. Enquanto houver recurso pendente a decisão não se torna definitiva nem seus efeitos imutáveis.

a) Natureza jurídica – Prevalece na doutrina que a natureza jurídica dos recursos seja de exercício (ou prolongamento) do direito de ação desenvolvido dentro do mesmo processo em que a decisão foi prolatada. Mesmo que exercida por quem não estava originariamente na demanda, como terceiro, ou o Ministério Público, constitui derivação do direito originário de ação que se deu quando da propositura da petição inicial.

Não se trata de ação autônoma como uma pequena parcela da doutrina estrangeira defendia (Emilio Betti, Jaime Guasp), mas de um verdadeiro direito de ação desenvolvido no curso do processo. Contudo, despeito da tranquilidade com que repousa a natureza recursal, esta não fica imune a críticas, em especial pela falta de igualdade entre os elementos da ação originários da demanda e as que se encontram no recurso.

Isso porque nem sempre há simetria entre a tríplice identidade que motivou a propositura da causa (em regra uma pretensão substancial)[1] com aquela que se encontra em sede de recurso que, por muitas vezes, tem motivação exclusivamente processual. Alguns autores defendem então que se trata de pretensão autônoma exercida em *simultaneus processus*[2].

b) Taxatividade – O Código de Processo Civil, ao contrário do que fez com outros institutos como a litispendência, a conexão e a coisa julgada, não estabeleceu definição de recurso, limitando a enumerar suas hipóteses no art. 994.

Entendemos que o ordenamento jurídico pode deixar à autonomia das partes a instituição de meios hábeis para impugnar as decisões judiciais. Assim, não se pode permitir, v.g., a denominada "apelação por instrumento", que foi aventada por um período de tempo, se não há previsão em lei que legitime essa espécie recursal. Não se pode permitir, igualmente, a criação de recurso por negócio jurídico processual (art. 190, CPC). O autorregramento das partes esbarra na limitação constitucional em conferir legitimidade somente para a União para regulação sobre recursos. Com base nesse mesmo raciocínio, equivocado, em nossa opinião, o entendimento do STJ (AgRg na Recl 18.108/BA) ao estabelecer o cabimento de reclamação **como recurso** nas decisões de Turma Recursal dos Juizados Especiais quando houver violação a norma infraconstitucional, pois não se permite o cabimento de recurso especial nessa sede (Enunciado 203, STJ e art. 105, III, CF) já que essa Turma não ostenta a condição de tribunal, permitindo-se apenas o cabimento de recurso extraordinário quando houver violação a dispositivo da CF (art. 102, III, CF e Enunciado 640, STF).

Assim, é importante que se diga que **o conceito de recurso não está na teoria geral do direito, mas no direito positivo**, pois será o ordenamento jurídico de cada país que definirá o conceito de recurso, ou melhor, estabelecerá quais remédios sejam efetivamente recursos.

O art. 994 do CPC estabelece que são cabíveis ou seguintes recursos:

---

1   Com honrosas exceções como a ação rescisória e a ação anulatória em que é possível que seu fundamento seja exclusivamente processual.
2   ARRUDA ALVIM; ASSIS, Araken de; ARRUDA ALVIM, Eduardo. *Comentários*, cit., p. 1088.

> I – Apelação;
> II – Agravo de instrumento;
> III – Agravo interno;
> IV – Embargos de declaração;
> V – Recurso ordinário;
> VI – Recurso especial;
> VII – Recurso extraordinário;
> VIII – Agravo em recurso especial ou extraordinário;
> IX – Embargos de divergência.

Uma observação importante: a despeito da aparente exaustividade recursal quando o referido artigo se vale da expressão "seguintes recursos" em seu *caput*, o art. 994 não enumera todos os recursos possíveis. O sistema, nas mais diversas leis federais, pode estabelecer, e de fato o faz, regramento recursal próprio, como nos Juizados Especiais (que contemplam recurso inominado contra as sentenças) e na execução fiscal (a depender do valor da condenação que preveem os embargos infringentes ou de alçada, conforme o art. 34 da Lei federal n. 6.830/80).

c) Competência – Só existe recurso por previsão em lei federal. E isso porque o art. 22, I, da Constituição Federal outorgou competência exclusiva para a União sobre matéria **processual**. Dessa forma, como dito há pouco, não apenas o Código de Processo Civil, mas outras legislações podem regulamentar recursos. Estabelecer a quem compete esse poder ganha importância na medida em que a própria CF confere aos Estados competência concorrente para regular sobre **procedimento (art. 24, XI, CF)**.

Saber o que é norma de processo e de procedimento constitui assunto ainda indefinido na ciência processual. Isso certamente causa impacto no plano dos recursos. Afinal, recurso é matéria de processo ou procedimento?

Parece ser unânime na doutrina a dificuldade de se estabelecer a distinção entre matéria processual e matéria procedimental até mesmo porque, no mais das vezes, a segunda acompanha a primeira, pois a esta confere funcionalidade[3]. Há quem defenda que processo e procedimento sejam "noções indissociáveis entre si", já que possuem "o mesmo objeto e papel"[4].

De acordo com Arruda Alvim[5], as normas de processo podem ser identificadas por dois traços característicos importantes:

i) possuem estreita relação com as normas de direito material já que a este serve como instrumento (v.g., legitimidade, capacidade, provas, competência);

ii) as normas de processo invariavelmente devem ser iguais para todos, diferente das normas de procedimento não gerais que, dada sua especificidade, visam atender a determinada região ou Estado (v.g., regras específicas de citação, processamento do procedimento eletrônico).

Afinal, recurso pode ser considerado matéria de processo ou procedimento? A resposta a esse questionamento tem implicação prática, pois defender que recurso seja matéria de procedimento seria autorizar aos Regimentos Internos (que são, em regra, produzidos pelos Estados) a criação de recursos (como, por exemplo os denominados "agravos regimentais" que serão estudados no capítulo sobre os recursos em espécie).

---
3   Arruda Alvim, *Manual de direito processual civil*, 13. ed., São Paulo: Revista dos Tribunais, 2010, p. 138.
4   SARNO BRAGA, Paula. *Norma de processo e norma de procedimento*. Salvador: JusPodivm, 2015, p. 455. Em sentido contrário, GAJARDONI, Fernando da Fonseca. *Flexibilização procedimental*, cit., p. 30-64.
5   *Manual de direito processual civil*, cit., p. 139.

Contudo, em nossa opinião, seguindo ampla doutrina brasileira, recurso é matéria de processo porque: **a)** foram criados por normas constitucionais que não podem ser alteradas por normas procedimentais; **b)** mesmo que fosse matéria de procedimento, para justificar a competência do Estado na regulação da matéria haveria de se ter alguma especificidade (leia-se uma regra *não geral*) para que lhe legitime esse poder, conforme interpretação do art. 24 da CF, em especial seus parágrafos. Dessa forma, matéria de processo cria as normas que conferem o direito a recorrer e a matéria de procedimento pode estabelecer a forma do exercício de recorrer (ex.: valor do preparo, órgão em que será protocolizado o recurso etc.)

d) Voluntariedade e ônus – O ato recursal é composto de um elemento descritivo (que se refere à dialeticidade recursal) e um ato volitivo (que decorre do princípio dispositivo). Esse segundo elemento nos interessa para esse tópico. É necessário **voluntariedade**, ou seja, vontade de recorrer (o que afasta do rol dos recursos a remessa necessária[6] que constitui condição de trânsito em julgado de algumas sentenças contra a Fazenda Pública) e o ato de recorrer constitui um ônus e não um dever, pois o dever é satisfação de um interesse alheio enquanto o ônus é a satisfação de um interesse próprio. Ninguém pode ser obrigado a recorrer. Os prejuízos advindos da inércia atingem exclusivamente aqueles que se omitiram. Essa questão explica a possibilidade de o Ministério Público poder desistir de um recurso ainda que atue como fiscal da ordem jurídica (explicitado com mais vagar no item sobre legitimidade recursal, *infra*).

e) Recursos e outros remédios processuais – Não se pode confundir recurso com outros meios de impugnação das decisões judiciais. De fato, existem semelhanças já que todos, de alguma forma, objetivam impugnar o provimento jurisdicional emitido.

Durante muito tempo se tentou distinguir recurso de ações autônomas pelo critério cronológico, estabelecido pela coisa julgada: assim, caberia recurso se o processo ainda estivesse em curso, caso contrário, seriam necessárias as ações autônomas (ação rescisória, v.g.). Esse método não seria válido, por exemplo, no direito português em que se autoriza a interposição de recursos após o trânsito em julgado, daí por que o direito lusitano estabelece a diferenciação entre recursos ordinários e extraordinários, CPC, art. 676, 1. (No Brasil, após o trânsito em julgado, não é possível a interposição de recursos.)

Este critério, além de não conferir todos os contornos para uma perfeita diferenciação (já que leva em consideração apenas o aspecto do *momento* da apresentação da medida), também não responde uma série de questões, como a possibilidade de mandado de segurança e embargos de terceiro contra ato judicial (apresentados antes do trânsito em julgado e sem ostentar natureza recursal).

Dessa forma, a atual doutrina costuma traçar duas características importantes:

i) o recurso não cria, ao contrário das ações autônomas, uma nova relação jurídica processual (= novo processo), mas sim prolonga a vida útil do processo, retarda a sua coisa julgada. Daí Pontes de Miranda asseverar que apenas se recorre de processos vivos.

Tanto é verdade que a propositura de nova ação idêntica à outra que está em fase recursal opera litispendência e não coisa julgada. Não há nova lide, é a mesma que será novamente apreciada. O recorrido não é "citado", mas intimado para apresentar contrarrazões[7].

Apesar de sabido, é importante não confundir processo com autos. Processo é relação jurídica processual que se desenvolve sobre determinado procedimento. Assim, só haverá "novo"

---

6   Que também estaria excluída por força da ausência de taxatividade.
7   Salvo nas excepcionais hipóteses de citação para integrar a causa e já apresentar recurso, conforme arts. 331, § 1º, e 332, § 4º, CPC.

processo se houver nova relação jurídica processual com autonomia procedimental. Já o vocábulo autos (seja em processo físico ou eletrônico) refere-se à documentação de atos processuais. Autos constituem a materialização do processo ou incidente. No agravo de instrumento formam-se autos, mas dentro do mesmo processo, pois a relação jurídica não mudou;

ii) o direito de recorrer independe de quaisquer vícios na sentença e pode até não conter vícios de nenhuma ordem, pois o seu pressuposto é a existência de uma decisão desfavorável (sucumbência). Já as ações impugnativas autônomas têm como base justamente a fundamentação (causa de pedir) que está intimamente ligada à ideia de vício. Para recorrer basta o inconformismo, para ingressar com uma ação impugnativa é necessário demonstrar o vício e não somente a injustiça. Não se pode ingressar com ação rescisória pela mera sucumbência, mas pela tipificação em uma das hipóteses do art. 966 do CPC, bem como é permitida a apresentação de embargos de terceiro apenas se houver constrição ou ameaça de constrição (art. 674, CPC).

Assim, é possível estabelecer a seguinte classificação[8]:

> **Recursos –** dependem de vontade da parte, seguem na mesma relação jurídico-processual e não têm como pressuposto o vício da decisão e sim a sucumbência.
> **Ações autônomas de impugnação –** necessário que se forme nova relação processual; visam impugnar uma decisão, mas devem ter por fundamento um vício, v.g., mandado de segurança, ação rescisória, embargos de terceiro, *querela nullitatis* e a reclamação constitucional[9].
> **Sucedâneo recursal –** todo meio de impugnação de decisão que não constitua um recurso (por ausência de tipicidade) nem se enquadra como ação de impugnação: assim são os casos de pedido de reconsideração, suspensão de segurança, remessa necessária, correição parcial. Aqui, a única diretriz concebível para agrupar institutos tão heterogêneos é pela exclusão. Todos os meios que não se enquadrarem nos recursos e nas ações impugnativas constituirão sucedâneos recursais.

Essa sistematização é importante para afastar os argumentos de que uma decisão que não caiba recurso (por previsão legal) seja inconstitucional. Não raro se observam considerações de ofensa ao duplo grau em virtude da não recorribilidade de alguns provimentos.

Com o devido acatamento, essa tese não se sustenta porque: **a) nem toda decisão é recorrível, mas toda decisão é atacável**. Assim, mesmo nas decisões de que não caibam recurso é possível que a parte se socorra de algum remédio previsto no ordenamento; **b)** o princípio do duplo grau de jurisdição, como se verá, não constitui uma garantia, mas um princípio que pode ser mitigado pelo legislador em determinadas situações prestigiando, no caso, o princípio da efetividade, outro valor igualmente importante para o sistema.

---

8   A classificação é baseada na sistematização empreendida por Didier-Cunha, *Curso*, cit., p. 27. Alguns autores estabelecem uma divisão bipartida apenas com recursos e sucedâneos recursais, entendendo que os últimos são definidos por exclusão: são todos os não recursos, mas que objetivam impugnar uma decisão judicial (Araken de Assis). Há ainda quem defina em recursos, sucedâneos internos e externos (Daniel Neves).
9   O mandado de segurança somente será cabível contra decisão judicial conquanto não caiba nenhum recurso no caso concreto com efeito suspensivo (art. 5º, II, da Lei n. 12.016/2009 e Súmula 267 do STF). Alguns autores (Nelson Nery, Min. Gilmar Mendes) entendem que o mandado de segurança pode ser impetrado contra casos teratológicos que poderiam gerar à parte dano de difícil ou incerta reparação diante da ineficiência do recurso nessas circunstâncias.

9.2. CLASSIFICAÇÃO DOS RECURSOS

Dentre as diversas classificações empreendidas pela doutrina, existem três classificações que, em nossa concepção, auxiliam a compreensão da sistemática recursal. Sem prejuízo, as demais formas de classificação serão estudadas ao longo desse capítulo:

9.2.1. QUANTO À FINALIDADE: RECURSOS ORDINÁRIOS E EXTRAORDINÁRIOS

A primeira classificação leva em consideração a distinção entre **recursos ordinários e recursos extraordinários**.

A nomenclatura é criticada por autorizada doutrina já que confunde gênero com espécie, como no caso do *recurso ordinário* e do *recurso extraordinário* (que, ao mesmo tempo, empresta o nome para este gênero de classificação e para uma espécie recursal própria). Preferimos, portanto, utilizar a expressão **recursos comuns** e de **estrito direito** para identificar essa modalidade de classificação. Mas não raro utilizaremos ao longo da obra, porque arraigadas no vocabulário jurídico, as expressões "ordinário" e "extraordinário".

O critério classificatório só se justifica após a promulgação da CF de 1988 e a criação do STJ, com a inserção do recurso especial no nosso ordenamento, já que antes apenas o recurso extraordinário inseria-se nessa categoria.

O ponto nuclear é o objetivo imediato tutelado pelo recurso. Enquanto os recursos de estrito direito têm como finalidade tutelar o **direito objetivo**, os recursos comuns visam tutelar o **direito subjetivo** dos recorrentes.

Explica-se.

Os recursos de estrito direito não buscam precipuamente a correção da justiça da decisão. Visam, precipuamente, averiguar se a norma foi corretamente aplicada ao caso concreto. É para evitar antagonismos das decisões judiciais, fomentar a uniformização e criar um sistema nomofilático que servem estes recursos.

> Imagine uma ação em que servidores cobram da administração pública na justiça, individualmente, diferenças salariais que deveriam ter sido incorporadas aos seus vencimentos. É comum alguns juízes concederem a incorporação e outros tantos não com base nas distintas interpretações à lei que lhes confere esse benefício. Inequivocamente estes servidores terão que conviver com uma situação inusitada: pois uns recebem por exercer a função e outros, que exercem a mesmíssima função não, mesmo se enquadrando na mesma realidade fático-jurídica. Os recursos excepcionais objetivam dar a última palavra sobre a correta interpretação da lei nesse caso.

Essas peculiaridades fazem com que esses recursos possuam um juízo de admissibilidade diferenciado, muito mais complexo que os demais. Como não visam à tutela do direito subjetivo, o próprio ordenamento impõe uma série de condições específicas inerentes somente a eles. Assim, por exemplo, não examinam matéria fática, é necessário o esgotamento de todos os recursos ordinários e não julgam matéria que não fora decidida anteriormente (pois necessário o prequestionamento).

São considerados recursos de estrito direito no nosso sistema, como dito, o recurso especial e o recurso extraordinário. São de estrito direito, pois apenas se pode discutir matéria de direito (Súmula 7, STJ).

Já os recursos comuns não são excepcionais e visam a tutela do direito subjetivo apresentado pelas partes. O problema não é a correta aplicação da norma, mas a correção da decisão à luz das circunstâncias do caso concreto (*ius litigationis*). Basta para esses casos que seja alegada a injustiça da decisão, que constitui um móvel para o interesse recursal. Estes recursos permitem ampla revisão da matéria fática e probatória. São exemplos a apelação, os agravos, os embargos infringentes da Lei de Execução Fiscal, o recurso inominado, os embargos de declaração e o recurso ordinário.

9.2.2. QUANTO À COGNIÇÃO: RECURSOS DE FUNDAMENTAÇÃO LIVRE E VINCULADA

O segundo critério de classificação é o que se refere aos recursos de fundamentação livre e vinculada.

Nos recursos de fundamentação vinculada a lei exige a presença de determinados requisitos para que tenha o seu cabimento preenchido. Há uma limitação no plano da dialeticidade que restringe os argumentos que o recorrente poderá deduzir. Os recursos de fundamentação vinculada se baseiam obrigatoriamente em teses predeterminadas. Assim, não basta a existência de uma decisão. É necessário que nessa decisão tenha algum requisito específico que integre o cabimento do recurso. Constitui uma tipicidade argumentativa.

Assim, por exemplo, os embargos de declaração têm como fato gerador a existência de uma contradição, obscuridade, erro material ou omissão. O recurso especial pressupõe não só a existência de um acórdão proferido por Tribunal, como também que haja – neste acórdão – violação à lei federal. O mesmo se aplica ao recurso extraordinário que necessita que a decisão tenha violado a Constituição Federal. Não se pode, em nenhum desses recursos, levantar matéria fora do âmbito previsto em lei, sob pena de inadmissibilidade.

Já os recursos de fundamentação livre não se prendem a nenhuma hipótese preexistente ou vício da decisão. O cabimento do recurso **se atrela somente à decisão e não ao motivo**. Assim, para a apelação basta a existência da sentença e sua sucumbência, independentemente dos motivos que levam à interposição do recurso (ainda que seja por razões meramente protelatórias), o interesse de agir do recorrente reside justamente na incompatibilidade da decisão prolatada com a tutela pretendida.

São exemplos de recurso com fundamentação livre: a apelação, os agravos (de instrumento, interno e de admissão), os embargos infringentes na Lei de Execução Fiscal, o recurso ordinário, o recurso inominado nos juizados especiais.

Há quem defenda no Brasil que o agravo de instrumento, com a adoção da taxatividade trazida pelo art. 1.015 do CPC constitua um recurso de fundamentação vinculada, pois a recorribilidade estaria atrelada a hipóteses previamente determinadas pelo legislador[10]. Em complemento, é possível, diante de todas as atuais decisões do STJ, dizer que o agravo de instrumento possui uma classificação híbrida já que ora há cabimento específico no art. 1.015, CPC, ora há cabimento genérico, conforme se depreende da decisão (STJ, REsp 1.696.396).

Esta classificação também possui grande importância prática principalmente ao evidenciar a dificuldade de se identificar o juízo de admissibilidade do juízo de mérito dos recursos de fundamentação vinculada.

---

10 ROSSONI, Igor Bimkowski. *Recursos Extraordinários e Ação Rescisória por Ofensa à Norma Jurídica*. Salvador; JusPodivm, 2019, p. 55.

Nos recursos de fundamentação livre esse problema praticamente inexiste. É clara a divisão entre os diferentes juízos não havendo justaposição de um para com o outro. E isso porque o exame de prelibação se contentará em proceder à análise dos requisitos formais, tais como a tempestividade, o preparo, a inexistência de fato impeditivo dentre outros.

O campo de cognição do judiciário nesse caso é limitado a aspectos formais do recurso que se interpôs. Contudo, nos recursos de fundamentação vinculada, o juízo, **além** dos requisitos regulares de admissibilidade, também deve verificar a questão do **cabimento** do recurso, ou seja, sua cognição, mesmo que perfunctória, deverá recair sobre o mérito do recurso.

A questão é relevante, pois ao analisar o cabimento do recurso (v.g., verificando violação à lei federal como cabimento do recurso especial) estaria o magistrado analisando o mérito desse mesmo recurso, já que a análise empreendida pelos tribunais superiores seria justamente sobre essa violação?

E mais. Se o cabimento desses recursos exige que se perpasse sobre a violação de Lei Federal e da Constituição (especialmente os arts. 102, III, *a*, e 105, III, *a*, da CF) como admitir que se tivesse analisado esse mesmo recurso e a ele negado provimento? Como permitir que se analisasse, no plano do mérito, recurso que na admissibilidade (cabimento pela violação) foi admitido?

Imagine que o Tribunal de Justiça de determinado Estado não admita um recurso especial alegando que não há cabimento, pois não houve violação de lei federal. Trata-se de decisão de admissibilidade ou de mérito?

A questão está longe de estar pacificada. Há diversos julgados dos tribunais superiores ressaltando as dificuldades de se traçar uma correta linha divisória entre os diferentes juízos[11].

A melhor saída, ou ao menos a mais satisfatória, seria estabelecer com precisão *no que* consiste essa verificação da adequação. Barbosa Moreira, em clássico estudo sobre o tema[12], ao qual, desde já, aderimos aqui, refere-se à cognição empreendida.

Assim, a análise do cabimento no plano da admissibilidade será feita *in statu assertionis*. Em a parte, alegando a violação, é sobre essa afirmação que o órgão responsável pela admissibilidade deve se basear. Se o recorrente não alegou a violação ou alega violação a lei federal quando na verdade a violação é de norma de outra natureza (constitucional, estadual, v.g.), poderá o tribunal não conhecer do recurso.

A quem compete a análise de mérito apreciará, se de fato essa norma foi violada, a guarida do Estado com o provimento do recurso.

Repita-se: se a parte recorrente alegou a violação a uma lei federal, ainda que o órgão que fizer a admissibilidade não concorde com a alegação, deverá admitir o recurso, pois a análise do mérito será feita pelo tribunal *ad quem*, sob pena de indevida usurpação de competência.

9.2.3. QUANTO À AUTONOMIA: RECURSOS DE INTERPOSIÇÃO LIVRE E SUBORDINADA (RECURSO ADESIVO)

Em regra, a interposição de um recurso por uma das partes não fica condicionada a apresentação de recurso pela parte contrária. Isso porque, no mais das vezes, apenas uma delas sai vencida e consequentemente apenas ela possui interesse recursal. O recurso que não se

---

11 STF, Pleno RE 298.695/SP; RE 219.852/SP; STJ, AgRg no Ag 737.040/SP.
12 Que significa "não conhecer" um recurso? In *Temas de direito processual*, sexta série, São Paulo: Saraiva, 1997, p. 128-129.

sujeita a outro para que produza seus regulares efeitos se enquadra na classificação de recursos com interposição livre.

Não raro, contudo, existe a possibilidade de nenhum dos litigantes sair totalmente vitorioso na demanda, de modo que a sentença possa torná-los reciprocamente vencedores e vencidos, o que se denomina na doutrina tanto italiana como brasileira de **sucumbência recíproca**.

A propõe ação de cobrança em face de **B** cobrando R$ 1000,00. A sentença julga parcialmente procedente o pedido e condena **B** a pagar a **A** R$ 500,00. Ambos têm interesse recursal. **A**, que não obteve tudo que queria e **B** que terá que pagar um valor, quando na verdade sua defesa era sobre a inexigibilidade total da cobrança.

Por vezes, a sucumbência parcial de uma das partes é bem aceita, o que lhe tira a vontade de recorrer. Todavia, nada impede que a outra parte (também sucumbente) tenha interesse na interposição do recurso, o que, se procedente no tribunal, poderá piorar a decisão daquele já que já tinha se conformado com a parcial derrota.

Neste caso, a parte que não havia recorrido será, de certa forma, tomada de surpresa com o recurso interposto pela outra parte quando for intimada para apresentar contrarrazões, pois, achava que a outra parte não teria interesse em recorrer. Dessa forma, **a fim de se evitar um agravamento da decisão (*reformatio in pejus*) e tendo perdido o prazo original para o recurso, poderá a parte interpor recurso adesivo e contrarrazões no mesmo prazo**.

O recurso adesivo é, portanto, clara manifestação de economia processual. Visa evitar a interposição precipitada do recurso pelo parcialmente vencido tendo a tranquilidade que sua inércia não gerará nenhum prejuízo já que poderá impugnar a decisão em outro momento. Se a outra parte não recorrer a parte igualmente não recorre.

Assim, dois são os requisitos para a utilização do recurso adesivo: **sucumbência recíproca e conformação inicial com o julgado**.

A despeito de bem aceita no vocabulário jurídico, é criticada na doutrina autorizada a expressão *adesivo*. Isso porque a locução gera entendimento que o recurso ora interposto adere ao da outra parte no sentido de assistência, de ajuda[13], o que não é o caso. Melhor seria o termo *subordinado* que evitaria esse tipo de distorção. Contudo, a expressão já é adotada tanto pela lei ("aderir o outro") como nos mais diversos regimentos internos, de modo que, para fins de explanação, adota-se a terminologia tradicional.

É importante falar de seu processamento:

a) **natureza** – Não se trata de **modalidade de recurso**, mas **forma de interposição de recurso**. Assim, existe a forma independente e a forma adesiva. O recurso adesivo é exatamente o mesmo que seria interposto autonomamente, só alterando seu **modo** de interposição. Dessa forma o recurso adesivo não entra na classificação das espécies de recurso junto com a apelação, o recurso especial etc., mas como uma forma de apresentação desses recursos em decorrência de determinados fatores;

b) **sucumbência recíproca** – Somente é possível nos casos de sucumbência recíproca (art. 997, § 1º, CPC), quando publicada a decisão embora ambos pudessem recorrer, um deles espera o comportamento do outro para apenas então recorrer. É irrelevante a proporção da sucumbência: 50%/50%, 90%/10%, o pressuposto é que ambos tenham interesse recursal simultâneo[14];

---

13   Diferenciação bem identificada no direito português.
14   De acordo com o STJ, a concessão de gratuidade da justiça em sede de sentença que julga a demanda improcedente configura sucumbência recíproca apta a permitir o uso de recurso adesivo. Isso porque impacta diretamente nos honorários de sucumbência do advogado da parte vencedora (STJ, REsp 2.111.554).

c) remessa necessária – Não cabe recurso adesivo em reexame necessário (remessa necessária), pois não se espera comportamento algum da outra parte, já que se sabe que a matéria irá ser levada ao Tribunal por força da devolutividade obrigatória (efeito translativo). Ainda que o caso se enquadre nas situações excludentes de remessa necessária preconizadas no art. 496, §§ 3º e 4º (e, portanto, depende de recurso por parte da Fazenda), mesmo assim não poderá caber recurso adesivo, por ausência de previsão, conforme se verificará item abaixo;

d) cabimento – É cabível na apelação, no recurso especial e no recurso extraordinário. Não se admite recurso adesivo em agravo de instrumento (STJ, REsp 336.135) nem em sede de recurso inominado (Enunciado 88 do FONAJE[15] e 59 do FONAJEF[16]). Entendemos, contudo possível fazer uma interpretação extensiva à norma contida no art. 997, § 2º, II, do CPC para incluir a possibilidade de interposição de recurso adesivo exclusivamente nas situações em que o agravo de instrumento "fizer as vezes" da apelação como na impugnação de decisões parciais de mérito, conforme arts. 356, § 5º, e 1.015, II, do CPC;

e) admissibilidade – O recurso adesivo deve obedecer aos requisitos de admissibilidade existentes para os recursos, inclusive o preparo (conforme dispuser lei estadual ou local sobre o assunto) e seu prazo é o mesmo para ofertar contrarrazões. É possível que o recurso adesivo abranja todo o conteúdo das contrarrazões, tornando-as desnecessárias. Mas nada impede que se formulem os dois desde que em peças autônomas. Importante ressaltar que não há preclusão consumativa entre recurso adesivo e contrarrazões (*RSTJ* 137/185), assim, não é necessária a interposição simultânea de ambas as peças.[17];

f) prazo em dobro – Por força dos arts. 183 e 180, a Fazenda Pública e o Ministério Público, respectivamente, possuem prazo em dobro para interposição de recurso adesivo como para todos os demais atos do processo;

g) legitimidade – Por interpretação literal ao art. 997 do CPC, que estabelece competir à parte aderir ao recurso da outra, não cabe recurso adesivo por terceiros. Igualmente não cabe recurso adesivo quando o MP atua como fiscal da ordem jurídica. Não há a ele a denominada sucumbência recíproca que se exige para a interposição do referido recurso (*RT* 611/163);

h) subordinação – O exame do recurso adesivo fica condicionado ao exame do recurso principal (art. 997, III, CPC). Assim, as razões do recurso adesivo somente serão analisadas se o recurso principal for conhecido, pois, se seu objetivo é o não agravamento da decisão (já que havia anteriormente se conformado com ela), o não conhecimento do recurso ou a sua desistência atinge o objetivo colimado pelo recorrente;

i) recurso adesivo e o sistema de preclusões – É importante verificar algumas questões práticas sobre o recurso adesivo e o sistema de preclusões:

> **i1)** sucumbência recíproca. Ambas as partes recorrem. Uma delas desiste do recurso. Arrepende-se. É intimada para contrarrazões. Cabe a interposição do recurso adesivo? Não, pois operou **preclusão lógica**. O primeiro pressuposto do adesivo é não ter recorrido[18];

---

15 Enunciado 88. Não cabe recurso adesivo em sede de Juizado Especial, por falta de expressa previsão legal.
16 Enunciado 59. Não cabe recurso adesivo nos Juizados Especiais Federais.
17 Essa regra, contudo, não se aplica no STF, conforme art. 321, § 3º, do seu Regimento Interno: "Art. 321. O recurso extraordinário para o Tribunal será interposto no prazo estabelecido na lei processual pertinente, com indicação do dispositivo que o autorize, dentre os casos previstos nos arts. 102, III, *a, b, c*, e 121, § 3º, da Constituição Federal. (...) § 3º Se o recurso extraordinário for admitido pelo Tribunal ou pelo Relator do agravo de instrumento, o recorrido poderá interpor recurso adesivo juntamente com a apresentação de suas contrarrazões".
18 Entendendo ser caso de preclusão consumativa, Didier-Cunha, *Curso*, cit., p. 93. Contudo, o STJ esposou entendimento no sentido de "a renúncia expressa ao prazo para interposição do recurso principal não pode

> **i2)** sucumbência recíproca. Ambas as partes recorrem. Uma delas recorre de parte da sentença apenas. Arrepende-se e deseja complementar o recurso com a matéria faltante. É intimada para contrarrazões. Cabe adesivo? Não, pois operou **preclusão consumativa**;
> **i3)** sucumbência recíproca. Ambas as partes recorrem. Uma delas protocoliza o recurso fora do prazo e não é conhecido. É possível ainda a interposição de recurso adesivo? Não porque operou a **preclusão temporal**;

j) recurso adesivo cruzado ou condicionado – É permitido no sistema na medida em que o STJ e o STF detêm competências distintas.

> **EXEMPLO.** Tese tributária, em sede de recurso, com duas fundamentações: ilegalidade e inconstitucionalidade. O acórdão exclui o tributo com base na **ilegalidade**. Logo o Poder Público, sucumbente, interpõe recurso especial para discutir a ilegalidade (por se tratar de matéria federal). Neste instante surge o interesse recursal para que a parte vencedora interponha recurso extraordinário **adesivo condicionado** ao recurso especial do fisco para que a tese da inconstitucionalidade seja apreciada pelo STF **caso** o STJ dê provimento ao recurso do fisco. Assim, decretando a legalidade, é importante que agora se discuta (no STF) a questão da constitucionalidade. Se a parte não interpuser o recurso extraordinário, fatalmente verá sua tese de inconstitucionalidade precluir.

9.3. DUPLO GRAU DE JURISDIÇÃO

Antes de tudo, é importante não se baralhar os conceitos de *grau de jurisdição* com *instância*.

A palavra instância é criticada por segmento da doutrina que defende até a sua exclusão do ordenamento brasileiro alegando franco desuso[19]. A expressão, em nossa opinião, contudo, se mantém ainda plenamente vigente (v.g., arts. 102, III, e 105, III, CF) e é possível harmonizar a incidência de *instância* e *graus* até por se tratar, em nosso sentir, de fenômenos distintos.

> **Instância** é termo ligado à organização judiciária sendo certo que na estrutura do Poder Judiciário existem órgãos hierarquicamente inferiores e superiores. É um conceito estático, pois se refere à condição do juiz dentro do sistema organizacional do Estado.
> Assim, os juízes de primeira instância são aqueles lotados nas comarcas/seções judiciárias dos fóruns; os desembargadores estão nos tribunais regionais e locais que funcionam como segunda instância; os ministros dos tribunais superiores exercem suas atividades em instância especial.
> **Grau de jurisdição** é um conceito dinâmico, pois não é ligado à organização judiciária de forma estática, mas no contato do Poder Judiciário com a causa. E este contato (das diversas instâncias) pode variar conforme as regras de competência estabelecidas em lei.
> Assim, uma ação de despejo será processada em primeira instância e em primeiro grau de jurisdição (primeiro contato do judiciário com a causa). Aquele que foi sucumbente poderá interpor recurso de apelação para o segundo grau de jurisdição, na segunda instância.

---

ser estendida, de forma presumida e automática, ao prazo recursal do recurso adesivo, pois este é um direito exercitável somente após a intimação para contrarrazões ao recurso da parte adversa (REsp, 1.899.732).

19 Cândido Dinamarco, *Vocabulário do processo civil*, cit., p. 161-162.

Mas nem sempre é assim.

Pelas regras de competência previstas no ordenamento, a ação rescisória será julgada originariamente por um tribunal. Assim, se o tribunal competente for o Tribunal de Justiça do Estado de Minas Gerais (por exemplo), a ação será processada na segunda instância (organização judiciária), mas em primeiro grau de jurisdição (primeiro contato do Judiciário com aquela causa).

Voltando ao tema principal desse tópico, a proteção ao duplo grau de jurisdição tem íntima relação com a preocupação do ordenamento em evitar abuso de poder pelo juiz, que poderia ocorrer se não houvesse controle de seus atos, afinal, um juiz, sabendo que sua decisão é soberana e não seria sujeita a controle, poderia torná-lo até um despótico, conforme advertência de Montesquieu.

Trata-se de princípio consagrado e enraizado na generalidade dos ordenamentos jurídicos, sendo desconhecidas as sociedades que o tenham ignorado totalmente[20].

Existe dúvida na doutrina sobre o alcance do duplo grau, é dizer com outras palavras, o duplo grau necessariamente deve ser feito por outro órgão ou se será possível ser pelo mesmo que prolatou a decisão? Sobre essa questão há duas correntes na doutrina:

> **Eficácia horizontal** – o duplo grau pode ser exercido também perante o mesmo órgão ou de **mesma hierarquia** (Liebman, Nelson Nery). Assim, haveria duplo grau no julgamento dos embargos infringentes na Lei de Execução Fiscal, no agravo interno e no recurso inominado dos juizados especiais cíveis que são recursos interpostos para órgãos de mesma hierarquia.
>
> **Eficácia vertical** – o duplo grau somente pode ser exercido se para órgão distinto e de **hierarquia superior** (Barbosa Moreira, Flavio Cheim Jorge). O duplo grau somente estaria configurado se para órgão distinto, como no caso do agravo de instrumento, apelação e recursos especial e extraordinário. Dessa forma, haveria duplo grau (aplicável à apelação, por exemplo) e duplo exame (aplicado ao agravo interno, por exemplo).

Seguimos a primeira corrente. O pressuposto para a aplicação do duplo grau é o **reexame da decisão** e um **novo provimento**. Se este requisito estiver preenchido, configura-se a existência do duplo grau. Poderá haver duplo grau sem que haja recurso (v.g. remessa necessária) e poderá haver recurso sem que haja duplo grau (interposição de RE e REsp), mas o alcance desse princípio não se limita apenas a órgão de hierarquia diversa.

A grande maioria dos motivos que levam a propugnar a existência do duplo grau (falibilidade humana, controle das decisões, natural insatisfação do indivíduo) é muito bem preenchida pela revisão da decisão, não importando se por órgão superior ou não. Apenas uma das argumentações trazidas pelos operadores do Direito não se enquadra nessa posição (juízes superiores são mais antigos e podem julgar com mais maturidade e experiência) o que não é argumento suficiente para defender a posição contrária, na nossa opinião.

Contudo, há alguns autores contrários ao duplo grau asseverando questões que aqui, resumidamente, passa-se a expor[21]:

---

20 Na Espanha, por exemplo, não se pode recorrer de decisões com valor da causa abaixo de 3 mil euros (*Ley de Enjudiciamiento Civil*, art. 455).

21 As razões aqui são trazidas por Oreste Nestor Souza Laspro na sua obra *Duplo grau de jurisdição no direito processual civil*, São Paulo: Revista dos Tribunais, 1995, p. 17-18. Mas também são contrários ao duplo grau Luiz Guilherme Marinoni e Sidnei Amendoeira Jr.

a) morosidade do processo – os recursos prolongam a vida do processo, elevam as custas e geram uma situação de conforto àquele que não tem razão, pois podem, por meio do procedimento, retardar a marcha do processo e demorar na outorga da tutela. Esse gasto de tempo causa o denominado dano marginal (dano decorrente da demora do processo);

b) descrédito do juízo de primeira instância – se de fato prevalece a decisão do Tribunal a decisão de primeiro grau perde toda importância. Especialmente em localidades menores em que se deposita no juiz a esperança na solução dos conflitos o juiz ficará de mãos atadas sem que ele seja a garantia da pacificação naquela região ou cidade. Nos dizeres de Marinoni-Arenhart, a defesa do duplo grau mostra que "a sentença de primeiro grau não é suficiente, devendo sempre ser revista"[22];

c) jurisdição é una e indivisível – sendo o poder jurisdicional uno, qualquer decisão proferida pelo tribunal gerará incerteza no ordenamento. Se a decisão for **retificada** pelo tribunal, sinal que a decisão monocrática de nada serviu. Se for **ratificada**, qual foi a função do tribunal? Qualquer uma das posições gera descrédito;

d) afastamento do princípio da imediatidade – é o juiz de primeiro grau que toma contato direto com as provas orais e tem melhores condições de dizer o direito, não o Tribunal. Ademais, o juiz da comarca (seção/subseção) conhece a realidade daquela região. Sabe os costumes e as peculiaridades daquela localidade muito mais que o Tribunal.

As principais teses de defesa para a **manutenção** do princípio do duplo grau são: **a)** juízes que sabem que serão submetidos a controle tomam maior cuidado em suas decisões; **b)** a revisão será feita por juízes mais experientes. Ainda que não seja possível aferir conhecimento jurídico de maneira abstrata, o tempo de carreira é fator importante para permitir o reexame pelos tribunais. Além disso, normalmente são magistrados que possuem mais tempo para se dedicar ao recurso, seja porque possuem menos causas para julgamento, seja porque o material probatório já está pronto, devendo apenas rever o *iter* desenvolvido pelo juiz *a quo*. Nesse mesmo item, some-se uma particularidade de conteúdo prático. Os tribunais, em regra, têm melhor estrutura do que os juízes de primeira instância que, no mais das vezes, sofrem com a falta de equipamento e efetivo para a condução das tarefas do juízo; **c)** a natural insatisfação da parte que a apreciação do recurso pode trazer algum "conforto psicológico"; **d)** a falibilidade humana, na medida em que uma revisão tem grandes chances de se aferir o equívoco praticado[23].

Importante ressaltar que a regra do duplo grau não incide para qualquer recurso. No plano constitucional, apenas o recurso ordinário constitui manifestação do duplo grau, pois é o primeiro recurso da decisão final do processo que possui competência originária, em regra, no tribunal (arts. 105, II, e 102, II, CF)[24]. Os recursos especial e extraordinário, em regra, a parte já exerceu o duplo grau por meio dos denominados recursos "ordinários" ou "comuns", como apelação e o agravo de instrumento. Não seria lógico criar um "triplo grau de jurisdição". Ademais, estes recursos possuem devolutividade restrita na medida em que se permite apenas a apresentação de matéria de direito e fundamentação vinculada.

Afinal, o princípio do duplo grau de jurisdição está ou não assegurado pela Constituição Federal? Teria o duplo grau uma garantia constitucional?

---

22 *Processo de conhecimento*. São Paulo: Revista dos Tribunais, 2007, v. 2, p. 487.
23 O que também pode gerar o equívoco antes inexistente...
24 As decisões sobre crime político e sentença de Estado/organismo estrangeiro contra município ou domiciliado no Brasil são decisões de primeira instância de que cabem recurso ordinário aos Tribunais Superiores e, portanto, constituem manifestação do duplo grau da mesma forma.

Apenas a Constituição do Império de 1824 previa em seu art. 158 o duplo grau de jurisdição. Todas as constituições que advieram posteriormente, inclusive a atual, não dispuseram sobre o princípio.

A CF, no art. 5º, LV, assegurou a todos o direito ao contraditório, a ampla defesa e os recursos a ele inerentes, mas não indicou expressamente o princípio do duplo grau.

O duplo grau vem previsto na Convenção Americana de Direitos Humanos, art. 8º, n. 2, alínea h – Pacto de São José da Costa Rica, aplicável somente no direito processual penal. Ademais, esse tratado não tem *status* constitucional (art. 5º, § 3º, CF), pois com a EC n. 45 para que os tratados internacionais tenham eficácia no Brasil como norma constitucional devem ser submetidos às duas casas do Congresso em dois turnos e alcançada a maioria qualificada de três quintos. Constitui norma supralegal.

Há três correntes sobre a categorização do duplo grau de jurisdição:

Uma primeira corrente defende o duplo grau como princípio e não como garantia prevista de maneira implícita na Constituição Federal com a previsão de Tribunais. Não se trata de princípio absoluto, podendo ser relativizado com a criação de leis infraconstitucionais que prestigiem outros valores igualmente importantes, como, por exemplo, a efetividade (Nelson Nery).

Uma segunda corrente defende o duplo grau no sistema, mas sem previsão alguma na Constituição Federal, nem de forma implícita. Para esta corrente constitui apenas um princípio, assim como a corrente acima, de caráter não absoluto (Barbosa Moreira, Oreste Laspro).

Uma terceira corrente defende o duplo grau como garantia constitucional, o que se interpreta como a impossibilidade de se criarem normas infraconstitucionais que mitiguem a incidência do princípio (Nelson Luiz Pinto)[25].

Defendemos a primeira corrente. Constitui princípio implícito: seja porque a Constituição Federal prevê a existência de Tribunais (CF, arts. 92 e s.) que conferem ao nosso sistema uma estrutura hierarquizada[26], seja porque está ligada à ideia de Estado de Direito que contém em si uma dupla função: i) para o particular que pode manusear recursos para exercer o seu controle; e ii) para o Estado do qual os órgãos superiores fiscalizam os inferiores. Se fosse uma garantia, teria *status* de um direito constitucional que não permitiria ao legislador ordinário diminuir ou retirar sua incidência.

Contudo, conforme se extrai de diversos exemplos retirados do CPC e outras normas infraconstitucionais, o direito ao duplo grau não é absoluto. Veja-se a hipótese do art. 1.013, §§ 3º e 4º, do CPC (julgamento *per saltum*), das decisões interlocutórias irrecorríveis no JEC (Enunciado n. 15 do FONAJE) e das inúmeras ações cíveis e criminais cuja competência originária seja do STF, das diversas decisões sem recorribilidade imediata, especialmente com a limitação da interposição do agravo empreendida CPC (arts. 1.009, § 1º, e 1.015), e também das decisões que são irrecorríveis, como a decisão na produção antecipada de provas (art. 382, § 4º) ou a decisão em arguição de descumprimento de preceito fundamental (art. 12, Lei n. 9.882/99).

Nesses casos, a retirada ou redução de incidência do princípio do duplo grau se justifica quando o legislador, ao criar a regra (que retira ou exclui) se fundamente em **outro princípio** igualmente relevante. No caso pode se basear no princípio da duração razoável do processo (CF, art. 5º, LXVIII) ou da efetividade.

---

25 *Manual dos recursos cíveis*, 3. ed., São Paulo: Malheiros, 2004, p. 85.
26 Especialmente sabendo que a atividade precípua dos tribunais é o julgamento de recursos (reexame) e não a apreciação de causas de competência originária.

Daí se verifica que **a Constituição Federal prestigia o duplo grau não como garantia, mas como princípio**. Nesse sentido se posicionam o STF[27] e o STJ[28].

9.4. JUÍZO DE ADMISSIBILIDADE E JUÍZO DE MÉRITO

Assim como para o ajuizamento de uma causa é necessário o preenchimento de determinados requisitos (pressupostos processuais e condições da ação), também os recursos devem preencher alguns requisitos sem os quais não serão apreciados.

A atividade pela qual o juiz ou tribunal verifica se se encontram preenchidos tais requisitos é denominada **juízo de admissibilidade**.

Em se tratando os recursos de um prolongamento do exercício do direito de ação, nada mais intuitivo que exista uma correlação entre as condições da ação/pressupostos processuais e a admissibilidade dos recursos. Assim, é necessário, com os devidos reparos, transportar para fase recursal as exigências do ajuizamento de uma ação[29]. A admissibilidade do recurso permite a apreciação de seu mérito (CPC, art. 938).

Chama-se, portanto, de admissibilidade o juízo que declara a aptidão do recurso para ser analisado. Chama-se de mérito a verificação da matéria de fundo, ou seja, a existência ou não de fundamento acerca daquilo que se postula.

Varia a forma como se realiza o juízo de admissibilidade (que constitui matéria do direito positivo), variação esta realizada pela lei. Entretanto, existe, a despeito das vicissitudes, um sistema básico, como regra geral.

É importante ressaltar que o juízo de admissibilidade constitui **questão preliminar** e não prejudicial. Tanto as preliminares como as prejudiciais constituem espécie de um gênero maior, denominadas *questões prévias*. Sua diferença principal está na relação existente com a causa principal. Os requisitos de admissibilidade recursal são matéria preliminar, pois a sua ausência impede a apreciação do mérito do recurso. Se prejudiciais fossem, apenas influenciariam no teor da decisão.

9.4.1. ADMISSIBILIDADE (REGRAMENTO GERAL)

9.4.1.1. Regras gerais

Como se disse, a admissibilidade é pressuposto de análise do mérito. É possível destacar alguns pontos fundamentais do instituto:

i) norma cogente – o exame de admissibilidade constitui matéria de ordem pública, devendo o Poder Judiciário conhecer dele de ofício[30]. Por se tratar de matéria processual, insere-se dentro da rubrica genérica ("pressupostos processuais e condições da ação"). A única exceção à regra, de raríssima incidência prática, se encontra em requisito de admissibilidade específico do agravo de instrumento em processo físico, que consiste na comunicação ao juiz da causa acerca da interposição do recurso de agravo, que é dirigido diretamente ao tribunal (art. 1.018, CPC);

---

27 RE 356.287/SP.
28 REsp 258.174.
29 Mesmo sabendo que os requisitos para propor uma ação são verificados de fatos exteriores e anteriores ao processo e os para o recurso são inferidos no próprio processo já existente.
30 Nesse sentido: STJ, EAREsp 548.827-MG, Rel. Ministro Francisco Falcão, Corte Especial, j. 6-9-2023.

ii) competência – o juízo de admissibilidade no Brasil era, ao contrário do sistema italiano e do alemão, exercido, como regra, em **duas etapas**: a primeira pelo juízo que proferiu a decisão recorrida e a segunda pelo órgão *ad quem* quando do julgamento efetivo do recurso. A decisão do órgão *ad quem*, evidentemente, prevalecia sobre a decisão do órgão originário, já que as decisões não possuíam nenhum grau de vinculação.

O atual sistema **eliminou o juízo bipartido em alguns recursos e manteve em outros**, sendo hoje o Tribunal *ad quem* o órgão competente para apreciação de sua admissibilidade.

O CPC conferiu ao relator (art. 932, III) poderes gerais para admissibilidade. A regra geral do referido artigo se aplica ao recurso de apelação, ao agravo de instrumento, ao agravo interno, ao recurso ordinário, ao agravo em recurso especial/extraordinário e aos embargos de divergência. No recurso especial e no recurso extraordinário a admissibilidade é feita pelo presidente/vice do tribunal recorrido, sem prejuízo de nova admissibilidade pelo Tribunal Superior[31]. Os embargos de declaração seguem regra própria e são dirigidos ao próprio prolator da decisão.

RECURSO DO CPC	ÓRGÃO DESTINATÁRIO	JUÍZO DE ADMISSIBILIDADE	JUÍZO DE MÉRITO
Apelação	Juiz da causa	Relator	Relator/colegiado
Agravo de instrumento	Tribunal	Relator	Relator/colegiado
Agravo interno	Relator	Relator	Colegiado
Embargos de declaração	Prolator da decisão	Prolator da decisão	Prolator da decisão
Recurso ordinário	Tribunal de Origem/ juiz da causa	STJ/STF	STJ/STF
Recurso especial e recurso extraordinário	Tribunal de origem (regra)[32]	Tribunal de origem (regra)	STJ/STF
Agravo de admissão	Tribunal de origem	Tribunal Superior	Tribunal Superior
Embargos de divergência	Tribunal Superior	Tribunal Superior	Tribunal Superior

Em decisões colegiadas, nem sempre a decisão sobre a admissibilidade é unânime. Nesse caso, há de se estabelecer um critério de coerência lógica sob pena de eternizar o conflito em sede de Tribunal.

De ordinário, os juízes procedem à análise dos requisitos de admissibilidade e, se todos estiverem concordes (= juízo positivo), haverá julgamento de mérito. Todavia, pode ocorrer que dois juízes propugnem pela admissibilidade do recurso e um deles não (juízo de admissibilidade não unânime). Como se procederia à análise do mérito nesse caso?

Quem dá solução a este imbricado problema é o art. 939 do CPC ao estabelecer que, "se a preliminar for rejeitada ou se a apreciação do mérito for com ela compatível, seguir-se-ão a

---

31 "O juízo de admissibilidade do recurso especial é bifásico. O exame de admissibilidade realizado pela Corte local não vincula o STJ, que possui competência para verificar novamente a existência dos pressupostos dos recurso dirigidos à Corte Superior" (AgInt no AREsp 1.973.028/RJ).
32 Podendo também ser o juiz da causa ou a Turma Recursal competente (*vide* Enunciado 640, STF).

discussão e o julgamento da matéria principal, sobre a qual deverão se pronunciar os juízes vencidos na preliminar".

Dessa forma, o juiz vencido deverá se pronunciar sobre o mérito **como se**, por ficção, houvesse "admitido" o recurso. Nesta situação, poderá o juiz que rejeitou o recurso na admissibilidade dar-lhe, no mérito, provimento.

Aliás, não reside nenhuma contradição, como bem observado por Nelson Nery e Rosa Nery ao asseverar que "Se o colegiado afastar a questão preliminar levantada pelas partes passará ao exame do mérito do feito (recurso ou ação), ocasião em que todos os juízes, tanto os que proferiram votos vencedores quanto os que proferiram votos vencidos na preliminar, votarão a respeito do mérito da causa"[33];

iii) recurso – como a parte não pode ser privada de ver o juízo de admissibilidade exercido pelo órgão *ad quem*, o sistema SEMPRE conferirá a ele um instrumento em caso de decisão denegatória. Caberá, portanto, sempre o recurso de agravo interno ou agravo de admissão (para o caso de recurso especial ou extraordinário) para determinar a admissibilidade do recurso. A exceção à regra fica com os embargos de declaração de decisão de primeiro grau em que não caberá agravo de instrumento por ausência de previsão (art. 1.015, CPC);

iv) revogação – o juízo de admissibilidade pode ser revogado pelo próprio juízo, seja porque a parte contrária alertou acerca do vício quando das contrarrazões, seja porque houve um novo exame pelo próprio órgão. Mesmo que haja juízo positivo anterior. Pela nova dimensão do contraditório deverá o juiz, antes de revogar, comunicar as partes para que se manifestem (arts. 9º e 10, CPC);

v) pendências de julgamento – é possível a ocorrência de determinadas pendências que precedem ao julgamento. Trata-se das situações de fato superveniente, da sanabilidade dos vícios e da produção de provas. No tocante ao fato superveniente o art. 933 (em consonância ao art. 493, CPC) permite ao magistrado "constatar a ocorrência de fato superveniente à decisão recorrida ou a existência de questão apreciável de ofício ainda não examinada que devam ser considerados no julgamento do recurso, intimará as partes para que se manifestem no prazo de 5 (cinco) dias"[34]. O juiz poderá também suprir vício sanável determinando sua realização ou renovação desse ato seja no tribunal (se possível) ou em primeiro grau de jurisdição, intimando as partes. Aqui se tem excelente reforma do CPC. Poderá o magistrado flexibilizar a regularidade formal do recurso para atender ao que se denomina "princípio da primazia do mérito no âmbito recursal". Aqui somente é possível a regularização de vício formal sanável, ou seja, questões como intempestividade ou falta de fundamentação específica do recurso não podem ensejar prazo para regularização. Há situações em que a própria lei estabelece o regramento específico para a sanação do vício, como o art. 1.007, § 4º (recolhimento em dobro do preparo não recolhido no prazo), ou o art. 1.029, § 3º, "O Supremo Tribunal Federal ou o Superior Tribunal de Justiça poderá desconsiderar vício formal de recurso tempestivo ou determinar sua correção, desde que não o repute grave". Deverá o juízo, em atenção ao princípio do contraditório participativo, intimar a parte para regularizar a situação no prazo de 5 dias

---

33 *Código de Processo Civil comentado*, 10. ed., São Paulo: Revista dos Tribunais, 2007, comentários ao art. 561, p. 967.

34 A forma e o momento de verificação se encontram nos §§ 1º e 2º do referido artigo: "§ 1º Se a constatação ocorrer durante a sessão de julgamento, esse será imediatamente suspenso a fim de que as partes se manifestem especificamente. § 2º Se a constatação se der em vista dos autos, deverá o juiz que a solicitou encaminhá-los ao relator, que tomará as providências previstas no *caput* e, em seguida, solicitará a inclusão do feito em pauta para prosseguimento do julgamento, com submissão integral da nova questão aos julgadores".

(art. 932, parágrafo único, CPC) e, em atenção ao princípio da cooperação (sob a vertente do dever de esclarecimento), informar no provimento o que deve ser feito para a regularização do ato processual.

Por fim, poderá o tribunal proceder à produção de prova convertendo o julgamento em diligência que será, se possível, no próprio tribunal e, não sendo, em primeiro grau;

vi) juízo positivo – do juízo de admissibilidade **positivo** não cabe recurso e, portanto, não precisa de fundamentação completa tal como se exige no art. 489, § 1º, do CPC. E isso porque o seu efeito é abrir via para a apreciação do mérito e este é o desenvolvimento normal do processo.

Há motivos: **a)** poderá a parte contrária deduzir em contrarrazões o seu inconformismo, que será resolvido em preliminar de julgamento recursal (art. 938 do CPC); **b)** mesmo que a parte não se manifeste em contrarrazões a matéria não estará preclusa, pois constitui norma cogente e, portanto, revogável a qualquer tempo, inclusive pelo colegiado.

Contudo, é necessária decisão fundamentada nas hipóteses dos recursos de fundamentação vinculada já que o cabimento (= enquadramento do recurso nas hipóteses abstratas da lei) deve ser devidamente delineado. Portanto, nesses casos, mesmo sendo um juízo positivo, é necessária a fundamentação.

Já o juízo negativo deve ser explícito e fundamentado, pois dele se pode recorrer já que não se pode subtrair do órgão *ad quem* a possibilidade de apreciação;

vii) vocabulário – as expressões para o juízo de admissibilidade são *"conhecer ou não conhecer", "admitir ou não admitir", "receber ou não receber" e "dar ou negar seguimento"*. Para o juízo de mérito (= juízo analisa o conteúdo do recurso) a expressão é "dar ou negar provimento".

viii) natureza jurídica – é muito importante saber sobre a natureza jurídica do juízo de admissibilidade. A doutrina é relativamente tranquila em estabelecer que, sendo positivo ou negativo o juízo de admissibilidade, sua natureza será **declaratória**.

> Quando o órgão analisa os requisitos de admissibilidade recursal ele apenas constata a existência ou não desses requisitos (declarará ausência do preparo quando o recurso já era deserto, declara a intempestividade quando o recurso já fora interposto fora do prazo). Assim, o magistrado apenas certifica situação processual que ocorreu. A decisão reporta a uma situação **preexistente**.

O grande problema que se apresenta, quando se afirma que a decisão do juízo de admissibilidade é declaratória, diz respeito aos seus efeitos. Sendo de natureza declaratória, os efeitos possuem caráter retroativo (*ex tunc*). A decisão declaratória, portanto, em regra, produz efeitos pretéritos[35].

> Assim, se numa dada ação um cheque é declarado falso, o será desde sua emissão, antes mesmo do pronunciamento que atestou a sua falsidade. A decisão que declara a união estável declarará (e produzirá todos os seus regulares efeitos) também desde o momento em que ela se formalizou, e não do dia da decisão que reconheceu o vínculo.

---

35 A decisão declaratória do controle de constitucionalidade poderá ter seus efeitos modulados pelo Supremo "tendo em vista razões de segurança jurídica ou de excepcional interesse social" sendo de natureza *ex nunc*, vale dizer, "restringir os efeitos daquela declaração ou decidir que ela só tenha eficácia a partir de seu trânsito em julgado ou de outro momento que venha a ser fixado" (art. 27, Lei n. 9.868/99).

A questão dos efeitos tem capital importância na teoria dos recursos quando se estuda o momento de formação da coisa julgada. A coisa julgada somente se opera quando se exaurir a possibilidade de recursos sobre aquela decisão.

Quanto ao **juízo positivo**, não há dúvidas nem problemas a esse respeito, pois uma decisão que verifica a adequação do recurso com as normas formais vigentes será processada e terá seu regular trânsito. O **juízo negativo**, contudo, pode acarretar dificuldades práticas que serão agora abordadas.

Sendo o juízo negativo, seguiria o mesmo raciocínio que o juízo positivo, já que um recurso, v.g., não ficou intempestivo quando o judiciário assim o decretou, mas já o era no momento de sua interposição, por isso sua eficácia [deveria ser] retroativa.

Isso porque a existência ou inexistência dos requisitos, como dito, são anteriores ao pronunciamento de admissibilidade e não é a partir dessa decisão que se gera o vício, mas é a partir dela, decisão, que se reconhece.

A regra da retroatividade padece de um grave problema.

Exemplo: a parte apresenta recurso especial de um acórdão e o Tribunal, após **três anos** com o processo na "conclusão", profere **juízo de admissibilidade negativo**. Se a decisão, nesse caso, tivesse eficácia retroativa, **o trânsito em julgado se daria da decisão atacada**, ou do último dia da interposição como entendem alguns[36], pois o recurso não conhecido juridicamente é inexistente e o último ato válido do processo foi a decisão recorrida. Nesse caso concreto, seguindo essa premissa, a parte **perdeu** o prazo para ação rescisória, pois já escoado o biênio decadencial, que contaria do trânsito em julgado.

Alguns autores defendiam a possibilidade de uma ação rescisória condicional (Nelson Nery), caso o recorrente constatasse a proximidade do escoamento do prazo para a referida ação diante da inércia do judiciário em emitir um provimento sobre a admissibilidade. Outros autores defendiam a desistência do recurso para resguardar o prazo da medida.

Verificando esta problemática, o STJ, ao decidir sobre o termo inicial para o ajuizamento da rescisória, fixou que terá como dia de início o trânsito em julgado da decisão que não conhecer do recurso.

Assim: "O prazo de decadência da ação rescisória começa a fluir do trânsito em julgado da decisão proferida no recurso extraordinário não conhecido" (STJ, 4ª T., REsp 34.014/RJ, rel. Min. Ruy Rosado Aguiar, *DJ*, 7-11-1994). Hoje já está pacificado no STJ este posicionamento, conforme EREsp 404.777/DF, Corte Especial. Nesse mesmo sentido, em decisão recente: STJ, AgInt no AREsp 1747548/SP.

O excepcional **provimento declaratório com eficácia *ex nunc*** está mais em conformidade com a segurança jurídica. Aliás, essa modulação de efeitos em provimento declaratório já era possível nas decisões sobre controle de constitucionalidade, segundo o art. 27 da Lei n. 9.868/99[37], conforme dito anteriormente.

---

36 Ver por todos Eduardo Arruda Alvim, *Direito processual civil*, 2. ed., São Paulo: Revista dos Tribunais, 2008, p. 747.
37 Art. 27. Ao declarar a inconstitucionalidade de lei ou ato normativo, e tendo em vista razões de segurança jurídica ou de excepcional interesse social, poderá o Supremo Tribunal Federal, por maioria de dois terços de seus membros, restringir os efeitos daquela declaração ou decidir que ela só tenha eficácia a partir de seu trânsito em julgado ou de outro momento que venha a ser fixado.

Aliás, sobre esse problema manifestou-se Eduardo Arruda Alvim[38]: "Não se pode, nessa hipótese, raciocinar com uma lógica ortodoxa ou geométrica, no sentido de que, por se tratar de decisão declaratória, a sua eficácia *seria retroativa* senão que a lógica, no caso, tem de ficar subordinada à sua funcionalidade".

Assim, o trânsito começa a correr da própria decisão que não conheceu do recurso (última decisão, portanto, conforme Enunciado 401 da Súmula do STJ e art. 975 do CPC), pena de subtrair da parte direito legítimo franqueado pela lei processual. Todavia, os Tribunais vêm entendendo que no caso de flagrante intempestividade (recurso evidentemente interposto fora do tempo), não gozaria o recorrente da eficácia *ex nunc*, perdendo, portanto, o prazo para a rescisória[39].

9.4.1.2. Juízo de admissibilidade em espécie

Há dois critérios de classificação conhecidos sobre os pressupostos de admissibilidade. O primeiro leva em consideração a divisão dos pressupostos em **intrínsecos e extrínsecos** (Barbosa Moreira, José Miguel Garcia Medina).

Os intrínsecos decorrem do **direito de recorrer** (cabimento, legitimidade, interesse e inexistência de fato impeditivo ou extintivo), já os extrínsecos referem-se ao **exercício do direito de recorrer** (tempestividade, regularidade formal e preparo).

A segunda classificação divide os pressupostos em **objetivos e subjetivos** (Humberto Theodoro Júnior). Os objetivos referem-se ao próprio recurso e os subjetivos à pessoa que recorre. Adotaremos neste *Manual* o segundo critério.

9.4.1.2.1. Pressupostos objetivos

A) Recorribilidade

Para que se possa recorrer, o pronunciamento que se enfrenta deve ser recorrível. É necessário, portanto, saber quais os atos praticados pelo juiz no processo e, consequentemente, verificar a possibilidade de recurso sobre esse ato.

O juiz, no desempenho de suas funções, pratica atos de diversas naturezas e formas com repercussões importantes para o processo. Em razão das dificuldades do sistema recursal anterior, o legislador atual optou conscientemente em sistematizar os atos do juiz para facilitar a utilização dos recursos.

O art. 203 do CPC enumera os pronunciamentos do juiz: sentenças, decisões interlocutórias e despachos.

Sentenças – A redação do art. 203, § 1º, dada pelo legislador atual define a sentença como: "Ressalvadas as disposições expressas dos procedimentos especiais, sentença é o pronunciamento por meio do qual o juiz, com fundamento nos arts. 485 e 487, põe fim à fase cognitiva do procedimento comum, bem como extingue a execução". Em regra, toda sentença é recorrível. Sobre o assunto, reportamos o leitor ao capítulo específico sobre sentença.

Decisões interlocutórias – As decisões interlocutórias definem-se por exclusão. Constituem uma não sentença. Resolvem: i) questões incidentes; ii) atendem requerimentos das partes; e iii) atuam de ofício sobre situações no processo[40].

---

38 *Direito processual civil*, cit., p. 747.
39 STJ, REsp 441.252/CE; 511.998/SP, 714.580/PR.
40 Teresa Arruda Alvim Wambier. *Os agravos no CPC brasileiro*, cit., p. 123. Para a autora (e concordamos com essa opinião), é limitado alegar que a decisão interlocutória resolve apenas questões (pontos controvertidos), pois

Vale dizer, uma vez que o ordenamento não enumerou as interlocutórias, estas podem ser consideradas sempre que o juiz, no curso do processo, resolver situação que possa causar prejuízo a uma das partes. O CPC estabelece interlocutória (art. 203) como: "Decisão interlocutória é todo pronunciamento judicial de natureza decisória que não se enquadre no § 1º". As interlocutórias são, em regra, recorríveis, sejam de maneira imediata (art. 1.015, CPC) sejam de maneira diferida (art. 1.009, § 1º, CPC).

Ao estabelecer que decisão interlocutória não se enquadra na definição de sentença, pode-se dizer atualmente que **"decisão interlocutória é o ato que poderá incorrer numa das hipóteses dos arts. 485 ou 487 (CPC), mas que não encerre a fase de conhecimento do procedimento comum ou extinga a execução"**.

Despachos – Os despachos não têm potencialidade a causar prejuízo e, portanto, não são recorríveis (CPC, art. 1.001). São provimentos que não resolvem questões nem há uma atividade mental que culmina com uma escolha específica[41] (ao contrário das sentenças e das interlocutórias). O juiz, quando exortado a participar do processo, pode praticar atos que não geram uma decisão. Sua causa final é propiciar a movimentação do processo[42].

Uma questão relevante dentro desse contexto é saber se o *cite-se* (de maneira geral) é um provimento recorrível. No Brasil há três correntes sobre o assunto:

- os que defendem **ser recorrível** (Rita Gianesini e Barbosa Moreira);
- os que defendem **não ser recorrível** (Teresa Arruda Alvim);
- os que **condicionam a recorribilidade ao caso concreto** (Fredie Didier Jr.).

Entendemos ser o cite-se irrecorrível por vários motivos:

a) o réu pode se defender. Seria ilógico pensar que o réu teria dois instrumentos distintos (contestação e agravo) a ser apreciados por órgãos distintos sobre a mesma situação;

b) norma cogente. Os pressupostos de admissibilidade da petição inicial são de ordem pública. Dessa forma, o fato de ordenar a citação não quer dizer que foi o último momento de verificação da sua aptidão. Aliás, é comum no cotidiano forense aguardar a manifestação do réu (por meio das preliminares) para eventualmente indeferir a petição inicial;

c) fundamentação. O sistema brasileiro não admite decisões implícitas. Assim, o ato de citar não pode fazer pressupor ao intérprete que a petição seja apta. É necessária a devida fundamentação.

Excepcionalmente, defendemos a recorribilidade do cite-se (quando então assumiria a função de decisão interlocutória) em sede de **execução**. Nessa modalidade de processo não se discute propriamente o mérito e o executado (se a modalidade for quantia) terá três dias para pagar sob pena de penhora. A fim de evitá-la, caberia recurso de agravo.

Nesse caso, os embargos não seriam a medida mais adequada porque: **i)** são opostos no prazo de quinze dias e levarão o tempo de uma ação cognitiva; **ii)** os embargos, no regime atual, não têm propriamente efeito suspensivo (apenas *ope judicis*), de modo que a oposição dos embargos, em regra, não acarretará a suspensão do processo e a paralisação do ato de penhora.

---

pode ser decretada de ofício ou para atender ao requerimento da parte. "A não ser, é claro, que se empregue o termo *questão num outro sentido, talvez menos técnico*" (*Os agravos no CPC brasileiro*, cit., p. 124).

41 Teresa Arruda Alvim Wambier. *Os agravos no CPC brasileiro*, cit., p. 129.
42 Concessão de vista à parte contrária sobre a juntada de documento, a remessa dos autos para o Tribunal, a anotação no distribuidor acerca da apresentação de reconvenção, remessa dos autos ao MP.

Nem se diga sobre a denominada exceção de pré-executividade, já que, por não ter previsão no sistema e, não possui efeito suspensivo, além de estar limitada pela jurisprudência às matérias de ordem pública ou dispositivas que não demandem dilação probatória.

Atos ordinatórios – Os atos ordinatórios foram criados para desburocratizar os trabalhos judiciais propiciando que os auxiliares da justiça pratiquem para auxiliar a atividade judicial.

Os atos praticados pelo serventuário (e pela própria função que este exerce) não comportam duas escolhas, duas alternativas de atuação, por isso há quem diga que essa atividade é fruto de um "automatismo judicial" (Cândido Dinamarco). Assim é possível exemplificar com o carimbo de juntada e a vista dos autos fora de cartório. Estes atos não comportam nenhum juízo de cognição e dessa forma em nenhuma hipótese podem causar prejuízo e, portanto, não podem ser atacados por recurso. O critério distintivo entre despachos e atos ordinatórios é a atividade intelectiva do juiz.

Os atos ordinatórios, a despeito de serem praticados pelo serventuário da justiça, são considerados ato judicial por delegação (atos judiciais indiretos) e podem ser revistos pelo juiz quando necessário.

Acórdãos e decisões unipessoais no Tribunal – Por fim, nos termos do art. 204 do CPC: "Acórdão é o julgamento colegiado proferido pelos tribunais". O atual CPC estabeleceu uma sutil alteração para explicitar a verdadeira natureza do acórdão.

Isso porque, no regime anterior, acórdão era toda decisão proferida pelos tribunais, conforme se depreendia do então art. 163 do CPC/73. Ao estabelecer, corretamente, que acórdãos são apenas decisões colegiadas, retira-se dessa classificação as inúmeras decisões monocráticas proferidas pelo relator no Tribunal. As decisões monocráticas proferidas no tribunal (art. 932, III, IV, V e VI, CPC) são recorríveis.

B) Tempestividade

É a exigência que o recurso interposto seja apresentado dentro do prazo previsto em lei. Decorre do princípio constitucional da segurança jurídica e para evitar o retardamento desnecessário do processo. O não cumprimento da tempestividade acarreta preclusão temporal (art. 223, CPC).

Apesar de ser prazo peremptório, excepcionalmente é possível sua dilação por negócio jurídico processual, assim como a dilação pelo juiz também é possível, conforme o art. 139, VI, do CPC. E a redução desse prazo é permitida com a autorização das partes (art. 222, § 1º, CPC).

O sistema recursal do CPC estabelece, no que concerne aos prazos, trato uniforme para praticamente todos os recursos do ordenamento: todos terão prazo de quinze dias (inclusive os agravos). Apenas os embargos de declaração manterão seu prazo de cinco dias (art. 1.003, § 5º, CPC). Em legislação extravagante, o recurso inominado nos Juizados Especiais Cíveis possui prazo de dez dias (art. 42, Lei n. 9.099/95) assim como os embargos infringentes da Lei de Execução Fiscal (art. 34, Lei n. 6.830/80) e a apelação no ECA (art. 198, II, Lei n. 8.069/90)[43].

Algumas exceções:

i) Fazenda Pública e Ministério Público. Computam o prazo em dobro para recorrer (arts. 183 e 180, CPC, respectivamente, e Súmula 116 do STJ[44]), estendendo-se também para as autarquias e fundações públicas que não só configuram-se como Fazenda Pública (administração indireta) como também possuem lei que regulamenta essa condição (Lei n. 9.469/97, art. 10).

---

43   Com a redação dada pela Lei n. 12.594/2012.
44   "A Fazenda Pública e o Ministério Público têm prazo em dobro para interpor agravo regimental no Superior Tribunal de Justiça."

Contudo, não incide o prazo em dobro para a Fazenda em duas oportunidades:
– Nos Juizados Especiais Federais (art. 9º da Lei n. 10.259/2001).
– Nos Juizados Especiais da Fazenda Pública (art. 7º da Lei n. 12.153/2009).

Conforme bem observa Joel Dias Figueira Júnior: "Silenciou, contudo, no que tange ao prazo do Ministério Público; por conseguinte, para o Ministério Público vigora a regra do art. 188 [atual 180] do Código de Processo Civil, mais precisamente o prazo em dobro para recorrer"[45].

ii) Defensoria Pública. Os defensores públicos têm prazo em dobro para recorrer (art. 186, CPC, e LC n. 80, arts. 44, I, e 128, I).

Dúvidas havia na doutrina se os advogados que exerçam função equivalente à do defensor (advogados que mantêm convênio com o Poder Público ou os pertencentes a núcleo de prática jurídica das Faculdades de Direito) teriam o mesmo benefício. O CPC atual, corretamente, acabou com a celeuma e adotou a teoria ampliativa ao estabelecer no art. 186, § 3º: "O disposto no *caput* se aplica aos escritórios de prática jurídica das Faculdades de Direito reconhecidas na forma da lei e às entidades que prestam assistência jurídica gratuita em razão de convênios firmados com a Defensoria Pública". Isso porque:

a) a assistência judiciária é instituto indissociável do Estado Democrático de Direito e o direito ao amplo acesso à justiça (CF, art. 5º, XXXV). Assim, o Estado que não possuir Defensoria Pública ou esta não puder cumprir a demanda daquele Estado, pode manter convênio com a OAB para que se preste esse serviço[46]. Isso é uma realidade;

b) em sendo realidade, como diferenciar advogados (públicos e privados) que exercem a **mesma atividade**? O beneficiário atendido por um defensor terá prazo diferenciado daquele que é atendido por um advogado dativo? A base é a mesma, constitui função pública delegada[47];

c) o argumento da possibilidade de recusar causas é inconsistente. Normalmente os advogados que se cadastram para exercer essa modalidade de atividade são, justamente, aqueles que, na advocacia privada, não conseguem aferir clientes suficientes para manter uma remuneração adequada e digna.

iii) Litisconsortes – Os litisconsortes assistidos por procuradores distintos (art. 229, CPC) também gozam do prazo em dobro. Têm por finalidade facilitar a elaboração de recurso. **O CPC, diversamente do posicionamento jurisprudencial anterior, estabelece expressamente a necessidade de os advogados pertencerem a escritórios de advocacia diferentes.**

Contudo, não se contará em dobro se apenas um deles houver sucumbido. Nesse caso, como o interesse será de apenas um dos litisconsortes, desaparece o motivo pelo qual o prazo é diferenciado.

Esta questão restou pacificada no Enunciado 641 da Súmula do Supremo Tribunal Federal ao asseverar que "não se conta em dobro o prazo para recorrer quando só um dos litisconsortes haja sucumbido".

Embora seja muito difícil pressupor a real sucumbência, pois se trata de argumento subjetivo, alguns casos são claros, como a exclusão de um litisconsorte ativo e a consequente manutenção do outro.

---

45 *Juizados Especiais da Fazenda Pública*, São Paulo: Revista dos Tribunais, 2010, p. 240.
46 Até, eventualmente, o MP (CF, art. 127).
47 Nelson Nery, Rosa Nery, *CPC comentado*, cit., p. 1564.

Por fim, perde-se o benefício do prazo em dobro se apenas um deles apresentou defesa (em sendo processo físico, pois a regra não se aplica ao processo eletrônico).

É importante falar agora sobre a dinâmica dos prazos.

A tempestividade é verificada com o protocolo no cartório do juízo (art. 1.003, § 5º, CPC) ou em protocolo integrado/decentralizado (art. 929, parágrafo único, CPC).

Um dos aspectos mais importantes quando se examina o requisito da tempestividade é o termo inicial do prazo para a interposição do recurso.

O art. 1.003 do CPC regulamenta o início do prazo dos recursos ao estabelecer que se conta da data em que os advogados, a sociedade de advogados, a advocacia pública, a Defensoria Pública ou o Ministério Público são intimados da decisão.

Assim:

i) se a decisão for proferida em audiência considerarão intimados a partir dela;

ii) o recurso interposto pelo réu contra decisão antes da citação conta-se nos termos do art. 231, I a VI, do CPC[48];

iii) se o recurso for enviado pelo correio, o prazo, para fins de verificação da tempestividade, será considerado interposto no dia da postagem. Portanto, não mais subsiste o Enunciado 216 da Súmula do STJ, que dispunha: "A tempestividade de recurso interposto no Superior Tribunal de Justiça é aferida pelo registro no protocolo da Secretaria e não pela data da entrega na agência do correio". Essa superação também foi o entendimento do Enunciado 96 do FPPC;

iv) em havendo feriado local ou regional, será ônus do recorrente comprovar[49]. Contudo, em atenção à primazia do mérito, a falta de comprovação é vício suscetível de correção, conforme o art. 932, parágrafo único, CPC. Nesse sentido o Enunciado 66 da I Jornada de Direito Processual Civil – CJF. Contudo, infelizmente, esse não é o posicionamento firmado no Superior Tribunal de Justiça.

O art. 1.003, § 6º, do CPC estabelece: "O recorrente comprovará a ocorrência de feriado local no ato de interposição do recurso". Assim, numa interpretação literal e isolada do artigo, teria agido de forma correta o STJ na decisão de 20-11-2017 em Corte Especial sobre o tema (AREsp 957.821/MS) da relatoria do Min. Raul Araújo, bem como em diversas decisões anteriores proferidas especialmente na Primeira[50], Segunda[51] e Terceira Turmas[52]. Em recente decisão, igualmente de Corte Especial, o STJ ratificou seu entendimento concluindo que "é necessária a comprovação de feriado local no ato de interposição do recurso, sendo aplicado

---

48 Art. 231. Salvo disposição em sentido diverso, considera-se dia do começo do prazo:
I – a data de juntada aos autos do aviso de recebimento, quando a citação ou a intimação for pelo correio;
II – a data de juntada aos autos do mandado cumprido, quando a citação ou a intimação for por oficial de justiça;
III – a data de ocorrência da citação ou da intimação, quando ela se der por ato do escrivão ou do chefe de secretaria;
IV – o dia útil seguinte ao fim da dilação assinada pelo juiz, quando a citação ou a intimação for por edital;
V – o dia útil seguinte à consulta ao teor da citação ou da intimação ou ao término do prazo para que a consulta se dê, quando a citação ou a intimação for eletrônica;
VI – a data de juntada do comunicado de que trata o art. 232 ou, não havendo esse, a data de juntada da carta aos autos de origem devidamente cumprida, quando a citação ou a intimação se realizar em cumprimento de carta.
49 A Corte Especial do STJ definiu que os feriados forenses não previstos em lei federal não são considerados fatos notórios e precisam demonstrar a suspensão do expediente no tribunal local. REsp 1813684.
50 AgInt no AREsp 1.041.706/DF.
51 AgInt no AREsp 932.244/SP.
52 AgInt no REsp 1.626.179/MT.

os efeitos desta decisão tão somente aos recursos interpostos após a publicação do REsp 1.813.684/SP" (rel. Min. Raul Araújo, rel. p/acórdão Min. Luis Felipe Salomão, Corte Especial, por unanimidade, j. 2-10-2019, *DJe* 18-11-2019). Ademais, "A simples referência à existência de feriado local previsto em Regimento Interno e em Código de Organização Judiciária Estadual não é suficiente para a comprovação de tempestividade do recurso especial nos moldes do art. 1.003, § 6º, do CPC/2015" (REsp 1.763.167/GO, rel. Min. Moura Ribeiro, rel. p/acórdão Min. Nancy Andrighi, 3ª T., por maioria, j. 18-2-2020, *DJe* 26-2-2020). E foi reafirmado em recentes acórdãos: EAREsp 1.663.952, AREsp 1.779.552/GO, AgInt no AREsp 1.989.007/SE e AgInt no AREsp 2.075.830/RJ.

Contudo, o entendimento do STJ, em nossa opinião, está equivocado por três importantes motivos:

iv.a) esse artigo deve ser interpretado como outros tantos artigos que regulam, talvez, uma das principais motivações do CPC: o princípio da primazia do mérito. Nesse sentido há, em especial, os arts. 1.029, § 3º ("O Supremo Tribunal Federal ou o Superior Tribunal de Justiça poderá desconsiderar vício formal de recurso tempestivo ou determinar sua correção, desde que não o repute grave"), e 932, parágrafo único ("antes de considerar inadmissível o recurso, o relator concederá o prazo de 5 (cinco) dias ao recorrente para que seja sanado vício ou complementada a documentação exigível");

iv.b) ademais, não se trata no caso de intempestividade, pois o recurso foi protocolizado no prazo – apenas se comprovou posteriormente a existência de feriado local;

iv.c) e ainda, a questão sequer versa sobre a intempestividade (vício insanável), mas de regularidade formal. É como o preparo recursal. Caso o recorrente não comprove o recolhimento do preparo no ato da interposição do recurso, a parte poderá recolher posteriormente em dobro (art. 1.007, § 4º, CPC);

O STJ decidiu ao menos uma vez ser favorável à questão dos feriados locais, estabelecendo que feriado local previsto em lei federal não precisa de comprovação, porque se presume conhecido pelos magistrados (REsp 1.997.607)[53]. Em resposta a esse posicionamento, o Legislativo editou a Lei Federal n. 14.939/2024 para que não se permita o indeferimento de plano do recurso que não comprovou o feriado local, determinando prazo para sua correção (art. 932, parágrafo único, CPC), em atenção ao princípio da primazia do mérito[54].

v) o prazo será **interrompido**: **a)** por falecimento da parte; **b)** por falecimento do advogado; **c)** por motivo de força maior (os três casos previstos no art. 1.004, CPC)[55]; e **d)** por meio dos embargos de declaração (art. 1.026, CPC).

---

53 Igualmente entendeu o STJ que a segunda-feira de Carnaval, a Quarta-Feira de Cinzas, os dias da Semana Santa que antecedem a Sexta-Feira da Paixão, o Dia da Consciência Negra, o dia de *Corpus Christi* e o do Servidor Público não são feriados nacionais, então se deve demonstrar sua ocorrência e aplicabilidade (AgInt no AREsp n. 2.247.475/SP, Rel. Ministro Herman Benjamin, Segunda Turma, *DJe* 26-6-2023, e AgInt no REsp 2.439.111-RS, Rel. Ministro Herman Benjamin, Segunda Turma, por unanimidade, j. 6-2-2024).

54 Art. 1.003. § 6º: "O recorrente comprovará a ocorrência de feriado local no ato de interposição do recurso, e, se não o fizer, o tribunal determinará a correção do vício formal, ou poderá desconsiderá-lo caso a informação já conste do processo eletrônico".

55 O STJ estende também para os casos de enfermidade do advogado: "Caso exista atestado médico dispondo que o advogado deva se afastar do trabalho, não há que se falar em substabelecimento dos poderes recebidos, podendo o pedido de devolução do prazo recursal ser formulado incidentalmente". Contudo, não basta a mera juntada do atestado médico. É necessário comprovar a incapacidade absoluta para o exercício da advocacia e que seja o único advogado daquela parte (AgInt no AREsp 1.720.052-PR, Rel. Ministro Moura Ribeiro, Terceira Turma, por unanimidade, *DJe* 11-4-2024, e, ainda, AgInt no AREsp 1.223.183-RS, Rel. Ministro Marco Buzzi, Quarta Turma, por unanimidade, *DJe* 5-10-2023).

Veja que os dois primeiros casos (falecimento da parte e do advogado) são causas de suspensão do processo, conforme art. 313, I, do CPC, mas de interrupção do prazo para recurso. São fenômenos distintos: a suspensão (*ex nunc*) paralisa o processo que continua a partir do evento que ensejou a estagnação do feito. Mas os prazos para recurso serão restituídos integralmente (eficácia *ex tunc*).

Contudo, há casos de suspensão do prazo ou do processo previstos na regra geral do CPC. Assim, haverá **suspensão: a)** no recesso forense (art. 220); **b)** por obstáculo criado pela própria parte (art. 221); **c)** pela perda da capacidade processual de qualquer das partes, de seu representante legal ou de seu procurador (art. 313, I); **d)** pelo relator, diante da alegação de impedimento ou suspeição (art. 146, § 2º); **e)** com a afetação dos recursos especial ou extraordinário repetitivos (art. 1.037, II); **f)** com o recebimento do incidente de resolução de demandas repetitivas (art. 982, I);

vi) o recurso interposto por um dos litisconsortes a todos aproveita. Na verdade, o CPC atual (art. 1.005) manteve a mesma deficitária redação do CPC/73 (art. 509). Isso porque não é apenas a questão de interesses distintos ou opostos que geram o efeito expansivo subjetivo, mas a natureza do litisconsórcio, se simples ou unitário. Assim, em sendo unitário, o recurso interposto por um alcança aos demais, o que não ocorre se o litisconsórcio for simples que deve ser analisada a questão concreta para se apurar o interesse comum. Para tornar clara essa opção da possibilidade de haver interesse comum no litisconsórcio simples, estabelece o art. 1.005, parágrafo único, do CPC que, "Havendo solidariedade passiva, o recurso interposto por um devedor aproveitará aos outros quando as defesas opostas ao credor lhes forem comuns". Contudo, em sentido oposto, o STJ, no *Informativo* n. 743, estabeleceu que "a regra do art. 1.005 do CPC/2015, não se aplica apenas às hipóteses de litisconsórcio unitário, mas também a quaisquer outras hipóteses em que a ausência de tratamento igualitário entre as partes gere uma situação injustificável, insustentável ou aberrante" (REsp 1.993.772/PR);

vii) se a parte tomar ciência da decisão de forma diferente da prevista no art. 1.003 do CPC, à luz da instrumentalidade das formas, o prazo então terá iniciado.

Mas havendo dúvidas se o advogado de fato está ciente, deve se manter o requisito formal da intimação (v.g., o mero ato de peticionar pedindo vista ou requerendo algo não demonstra cabalmente a ciência, pois é possível que o advogado não tenha tido contato com o processo).

O STF já entendeu que a propositura do recurso antes do prazo é intempestiva (= juridicamente inexistente). Por prazo, leia-se antes da respectiva intimação no *Diário Oficial*. É a esdrúxula tese do **recurso prematuro** (recurso prepóstero), afinal, se o recurso foi interposto, evidentemente a parte tomou ciência da decisão por outro meio. Ademais, se o objetivo do prazo próprio é justamente responsabilizar a parte pela demora do andamento processual, não faz sentido nenhum apenar aquele que apresenta o recurso antes mesmo do prazo.

A "teoria do recurso prematuro", a despeito de minoritária, possuía incidência em alguns julgados do STJ e do STF (AgRg em REsp 788.099). Todavia, essa questão restou resolvida no CPC atual em seu art. 218, § 4º, ao estabelecer que "será considerado tempestivo o ato praticado antes do termo inicial do prazo". Assim, afastou-se a tese da inadmissibilidade do recurso apresentado antes da fluência do prazo.

Há outra situação. O centro das atenções sobre essa teoria confina-se especificamente na hipótese de interposição de recurso especial/extraordinário na pendência de embargos de declaração pela parte contrária.

Exemplo: o acórdão foi publicado[56] e, ato contínuo, as partes intimadas da decisão. Uma delas apresenta embargos de declaração e a outra, recurso especial. O recurso especial seria, portanto, intempestivo porquanto prematuro, já que, a despeito de as partes terem sido intimadas da decisão, faltaria ao recorrente do REsp pressuposto de cabimento, pois não ocorreu o "prévio exaurimento das instâncias ordinárias" (art. 105, III, CF c/c Súmula 281, STF) na medida em que os embargos *ainda* não foram julgados (sabendo que o exaurimento dos recursos ordinários é pressuposto para cabimento dos recursos "extraordinários").

Já no regime anterior essa tese não se sustentava por vários motivos:

a) não é possível o recorrente saber se a parte irá ou não apresentar embargos de declaração. Some-se a isso a burocracia do judiciário. Os embargos podem ter sido protocolizados por meio de protocolo integrado, o que levará muito tempo para sua juntada, tempo este que já teria feito escoar o prazo do recurso especial;

b) sem contar que os embargos poderão ser intempestivos, o que acarretará na não interrupção do prazo para outro recurso;

c) ademais, os embargos constituem recurso *sui generis*, pois ausente o efeito substitutivo e desnecessária a sucumbência – o que o configura como um recurso diferenciado dos demais previstos no sistema.

O STJ (consoante entendimento que se colhe abaixo)[57] amenizou a aplicação desse entendimento, permitindo a reiteração do recurso especial após o julgamento dos embargos de declaração (Súmula 418 do STJ).

Contudo, ainda não era o suficiente. O protocolo do recurso acarretava preclusão consumativa para o recorrente, vale dizer, existia a impossibilidade de complementá-lo após o julgamento dos embargos, pois, se esses embargos modificassem a decisão (efeito infringente) não se permitia a possibilidade de aditamento do recurso exclusivamente sobre a questão modificada.

Não ocorrendo esse excepcional efeito, o recurso se mantém, como se mantém igualmente a vontade do recorrente em que seu recurso seja processado e julgado. Assim, não haveria por que exigir do recorrente uma reiteração do seu próprio recurso (ainda que mera questão formal), pois o não pedido de desistência torna explícita a vontade de o recurso ser julgado!

Constitui mais uma manifestação da não desejada jurisprudência defensiva estabelecida pelos Tribunais Superiores.

Em decisão proferida no regime do CPC anterior, o STF asseverou que "a parte poderia, no primeiro dia do prazo para a interposição do extraordinário, protocolizar este recurso, independentemente da interposição dos embargos declaratórios pela parte contrária. Afirmou-se ser desnecessária a ratificação do apelo extremo. Concluiu-se pela tempestividade do extraordinário" (RE 680.371 AgRg).

Em resumo, eram duas dificuldades que se apresentavam na relação do recurso especial/extraordinário na pendência do julgamento de embargos de declaração pela parte contrária: em havendo efeito infringente, não poderia haver aditamento. Em não havendo, era necessária ratificação sob pena de desistência tácita do recurso.

---

56 Quer se asseverar aqui que "publicação" e "intimação" são situações distintas dadas em momentos distintos no processo. Publicar é tornar público o que se dará logo após a serventia ter registrado a decisão e colocado à disposição para a análise pelas partes. Intimar é ato formal de se comunicar a parte, pela imprensa oficial, acerca da decisão. Esta gera presunção absoluta de conhecimento da decisão e, a partir dela, corre o prazo para o recurso.

57 STJ, 2ª Turma, EDcl no REsp 644.948/CE, rel. Min. Castro Meira; REsp 644.948/CE; REsp 776.265.

O CPC, mais uma vez, resolveu as duas situações ao estabelecer em seu art. 1.024, § 5º: "Se os embargos de declaração forem rejeitados ou não alterarem a conclusão do julgamento anterior, o recurso interposto pela outra parte antes da publicação do julgamento dos embargos de declaração será processado e julgado independentemente de ratificação".

Assim, somente se a decisão dos embargos alterar o julgado é que se necessitará de ratificação, permitindo a complementação do julgado conforme o § 4º do mesmo artigo.

Por fim, em recente entendimento, o STJ entendeu que: "Não há prorrogação do término do prazo recursal se ocorrer eventual indisponibilidade do sistema eletrônico no Tribunal no meio do curso do prazo para interposição do recurso, sendo admitida a prorrogação apenas nas hipóteses em que a indisponibilidade do sistema coincida com o primeiro ou o último dia do prazo recursal, caso em que o termo inicial ou final será protraído para o primeiro dia útil seguinte"[58]. E, ainda, é possível "a comprovação da instabilidade do sistema eletrônico, com a juntada de documento oficial, em momento posterior ao ato de interposição do recurso" (EAREsp 2.211.940-DF, Rel. Ministra Nancy Andrighi, Segunda Seção, por unanimidade, j. 12-6-2024, *DJe* 18-6-2024).

C) Preparo

O preparo consiste no adiantamento das custas de processamento do recurso.

A sanção para falta de preparo oportuno denomina-se deserção (art. 1.007, CPC). Trata-se de causa objetiva de inadmissibilidade e é a única condição de inadmissibilidade que recebe nominação própria (conforme dito, deserção). O preparo é composto não apenas das custas judiciais como o porte de remessa e retorno (quando exigido pela legislação).

i) Natureza jurídica – O preparo tem natureza de tributo. Majoritária doutrina categoriza o preparo como **taxa** (já que decorre de uma atuação estatal complementar como a autuação de nova capa, remessa para outra instância). Contudo, parcela da doutrina entende tratar-se de **contribuição**, pois em muitos Estados o critério é estabelecido com base na vantagem a ser auferida com o recurso (v.g., base de cálculo do preparo é o valor da condenação com uma específica alíquota).

ii) Preclusão consumativa – O preparo deverá ser comprovado no momento da interposição do recurso (art. 1.007, CPC) sob pena de **preclusão consumativa**.

Esta alteração se deu sob a égide do CPC/73 (pela Lei n. 8.950/94), para simplificar a marcha recursal (retirando a possibilidade de os autos serem remetidos ao contador, após a admissibilidade do recurso para que seja inferido o valor do preparo a ser recolhido). Em reforço, o Enunciado 187 da Súmula dominante do STJ: "É deserto o recurso interposto para o Superior Tribunal de Justiça, quando o recorrente não recolhe, na origem, a importância das despesas de remessa e retorno dos autos".

Contudo, o CPC estabeleceu regra mais flexível. No lugar de decretar de imediato a preclusão consumativa pela falta de preparo e/ou das custas de porte e retorno, o juiz deverá intimar a parte na pessoa de seu advogado para realizar o recolhimento **em dobro**, sob pena de deserção. Fundamental lembrar que, "em consonância com o princípio da cooperação processual, é indispensável ao reconhecimento da deserção que o juiz intime a parte para regularizar o preparo – especificando qual o equívoco que deverá ser sanado" (REsp 1.818.661-PE, Rel. Ministro Marco Aurélio Bellizze, Terceira Turma, *DJe* 25-5-2023).

Nessa hipótese, se a parte cumprir a exigência, mas efetivar o recolhimento parcial do preparo (e das custas de porte e retorno), não confere ao recorrente os benefícios do art. 1.007, § 2º.

---

[58] AgInt nos EAREsp 1.817.714-SC, Rel. Ministro Raul Araújo, Corte Especial, *DJe* 15-3-2023.

Há um caso, contudo, que o recolhimento fica diferido para outra oportunidade.

Nos juizados especiais cíveis cujo preparo do recurso inominado poderá ser feito em até 48 horas após sua interposição (art. 42, § 1º, da Lei n. 9.099/95).

iii) Competência – Compete aos Estados (quando se tratar de processo perante a Justiça Estadual) disciplinar os respectivos valores das custas de preparo que englobam tanto a taxa judiciária como as despesas postais (porte de remessa e retorno dos autos). Como são estaduais, podem variar de Estado para Estado.

iv) Insuficiência do preparo – Como compete aos Estados disciplinar o preparo, correlatamente devem estabelecer o valor a ser recolhido, que nem sempre, diga-se, é claro. Ocorre que eventual erro do recorrente por **dúvida objetiva** não acarreta a imediata deserção. Verificando a insuficiência, o juiz concederá prazo suplementar de cinco dias para o recolhimento do remanescente (CPC, art. 1.007, § 2º). O artigo em comento é a formalização normativa de um entendimento que o STJ já vinha defendendo acerca da insuficiência de preparo.

Há dois critérios para se admitir essa complementação:

> **I) que haja dúvida objetiva** (dificuldade em se aferir o valor exato do preparo que, no mais das vezes, exige cálculo aritmético para sua apuração). Estados que tiverem recursos com valor fixo, não se sujeitam a essa regra, pois afasta o critério da dúvida;
> **II) que o valor insuficiente seja próximo do valor real**. O juiz deverá seguir critérios de razoabilidade para verificar se houve erro no recolhimento ou má-fé. A lei não estipula o valor mínimo que deve ser recolhido. Os tribunais, contudo, estabelecem alguns parâmetros para se aferir essa possibilidade. O STJ já entendeu que o recolhimento do preparo sem as custas de porte e retorno admitem complementação. O CPC tornou essa regra expressa ao acrescentar as custas de porte e retorno (art. 1.007, § 2º) como parte integrante do preparo. Assim, a insuficiência dessas custas também acarreta o benefício do aditamento previsto no referido artigo.

Esta regra não se aplica aos Juizados Especiais Cíveis que possuem legislação extravagante (pois o preparo do recurso inominado é regido por preceito específico). É o que entende o Enunciado 80 do FONAJE. Contudo, o Enunciado n. 98 do FPPC, contrariamente, estabelece que: "(art. 1.007, §§ 2º e 4º) O disposto nestes dispositivos aplica-se aos Juizados Especiais".

v) Exclusões legais – Há duas causas de exclusão de preparo (e de porte de remessa e retorno): **uma subjetiva e outra objetiva**. A primeira refere-se à **pessoa** que recorre e goza de isenção legal, são elas: o Ministério Público, Fazendas Públicas (administração direta e autarquias)[59] e os beneficiários da justiça gratuita.

Parcela da doutrina[60] levanta interessante questão de ordem tributária: poderia uma norma federal (CPC) estabelecer a isenção de alguns entes acerca de tributo estadual? Já que somente pode isentá-lo quem possui competência para instituir tal tributo (CF, art. 151, III).

Por esse motivo o STJ editou Enunciado 178 de sua súmula dominante, que assim dispõe: "O INSS não goza de isenção do pagamento de custas e emolumentos, nas ações acidentárias e de benefícios propostas na Justiça Estadual".

---

59 A regra não se aplica às autarquias fiscalizadoras do exercício profissional (art. 4º, parágrafo único, Lei n. 9.289/96, e STJ, AgRg no Ag 1.077.600). Igualmente a lei excluiu as Fundações Públicas. Estas, a despeito de integrar a Fazenda Pública (administração pública indireta) ficaram excluídas de isenção, pois o art. 1.005, § 1º, expressamente menciona a União, Estados, Distrito Federal, Municípios e respectivas autarquias.
60 Arruda Alvim, Araken de Assis, Eduardo Alvim, *Comentários ao CPC*, cit., p. 1134-1135.

Contudo, na prática, em regra, os Estados estabelecem a mesma isenção prevista no art. 1.007, § 1º, do CPC.

A segunda refere-se ao **próprio recurso**. Assim, há dispensa de preparo por disposição de Lei Federal aos embargos de declaração, aos embargos infringentes de alçada (LEF) ao agravo em REsp ou RE, os recursos no ECA (Lei n. 9.069/90, art. 198, I). É importante frisar que o CPC não estabelece quais recursos possuem preparo, pois dependerá do regimento interno ou lei de custas regionais/locais. Mas o CPC disciplina (como de fato o faz) os recursos que gozam de isenção.

Em todo processo eletrônico, está dispensado o recolhimento do porte de remessa e retorno (conforme art. 1.007, § 3º, CPC).

vi) Justo impedimento – Nos termos do art. 1.007, § 6º, do CPC não será considerado deserto o recurso por **justo impedimento**.

O que vem a ser justo impedimento se colhe do próprio Código de Processo Civil no art. 223, § 1º: "Considera-se justa causa o evento alheio à vontade da parte e que a impediu de praticar o ato por si ou por mandatário". Hipóteses como greve bancária, enchentes, paralisações na cidade são comuns exemplos citados na doutrina.

vii) Expediente bancário – Havia discussão na jurisprudência se a instituição bancária responsável pelo recolhimento da guia de preparo seria auxiliar do judiciário, pois em caso positivo seu expediente deveria observar o mesmo expediente forense, podendo-se prorrogar o prazo para o recolhimento ao dia posterior caso não fosse cumprido.

O Enunciado 484 da súmula dominante do STJ resolveu a questão ao estabelecer: "Admite-se que o preparo seja efetuado no primeiro dia útil subsequente, quando a interposição do recurso ocorrer após o encerramento do expediente bancário". E, ainda, "Considera-se recolhido devidamente o preparo no dia em que realizado o pagamento perante o correspondente bancário, ainda que outro tenha sido o dia da compensação bancária" (AgInt nos EDcl no AREsp 2.283.710-AP, Rel. Min. Antonio Carlos Ferreira, Quarta Turma, por unanimidade, *DJe* 16-5-2024).

viii) Preenchimento de guia – O CPC resolveu tormentosa situação que ocorria na prática forense: havia entendimento jurisprudencial minoritário no sentido de que o recolhimento equivocado das custas poderia acarretar deserção. Contudo não era esse o posicionamento que prevalecia[61]. O § 7º do art. 1.007 assim estabelece: "O equívoco no preenchimento da guia de custas não implicará a aplicação da pena de deserção, cabendo ao relator, na hipótese de dúvida quanto ao recolhimento, intimar o recorrente para sanar o vício no prazo de 5 (cinco) dias".

ix) Litisconsórcio – Havendo litisconsórcio, o recolhimento de apenas um deles não aproveita aos demais, pois constitui requisito particular de cada litigante, independentemente da natureza do litisconsórcio (simples ou unitário). São coisas distintas: uma é o **aproveitamento do recurso** do litisconsorte na relação unitária (ou em algumas situações, quando o litisconsórcio for simples), e outra (e que não é possível) diz respeito ao **aproveitamento das custas**. Caso a parte interponha recurso deserto, esse recurso específico não será admitido, mas poderá o recorrente que "perdeu" seu recurso ser beneficiado com o recurso da outra parte que havia recolhido o preparo. Assim, a jurisprudência da "Terceira Turma do STJ é firme no sentido de que somente há prazo em dobro para litisconsortes com diferentes procuradores quando, além de existir dificuldade em cumprir o prazo processual e consultar os autos, for recolhido mais de um preparo

---

61 STJ, REsp 443.374, REsp 541.266.

recursal. Havendo interposição de recurso em conjunto e o recolhimento de um só preparo, não há que se falar na duplicação legal do prazo" (REsp 1.694.404).

Contudo há uma relevante exceção: nos casos de litisconsortes necessários em recursos para o STJ (art. 6º, § 1º, da Lei n. 11.636/2007), o preparo de um recurso já será adequado para o preenchimento do requisito de todos os demais.

x) desistência do recurso – Caso o recorrente tenha desistido do recurso que verse sobre pedido de gratuidade da justiça, não será possível requerer o recolhimento de preparo. Isso porque o pedido de desistência tem natureza declaratória (como se o recurso nunca tivesse existido). Dessa forma, não há fato gerador para a cobrança e não incide, portanto, o art. 99, § 7º, CPC[62].

D) Cabimento (adequação, correspondência)

Conforme visto no tópico respeitante à recorribilidade, a primeira indagação a ser feita pelo recorrente é verificar **se aquela decisão é recorrível**. Sendo recorrível, cumpre agora analisar se aquele é o **recurso adequado** para aquela situação.

De ordinário, o sistema recursal brasileiro se mostra relativamente claro no que concerne ao cabimento dos recursos. O CPC leva em consideração a correspondência entre a decisão e o recurso adequado (assim, das sentenças caberá apelação, das decisões interlocutórias agravo de instrumento, e assim por diante conforme sistemática de cabimento prevista no CPC, na CF e em legislação extravagante). Entretanto, nem sempre é fácil identificar qual decisão se está enfrentando (máxime para se extremar os casos de decisão interlocutória e sentença).

E é por isso que ainda se utiliza no nosso ordenamento o **princípio da fungibilidade**, que possui estreita relação com a instrumentalidade das formas (art. 277, CPC), com o princípio do aproveitamento dos atos (art. 283, parágrafo único, CPC) e com o princípio da primazia do mérito no âmbito recursal (arts. 4º, 488 e 932, parágrafo único, CPC). A expressão "fungibilidade" foi emprestada pelo legislador civil ao processual. Lá as coisas fungíveis são aquelas que podem ser substituídas por outras da mesma espécie, qualidade e quantidade.

Para o plano do processo civil, "o princípio da fungibilidade colima, em última análise, evitar que o recorrente seja prejudicado nos casos em que, o sistema recursal enseja margem a dúvidas (objetivas) sendo que nessa hipótese, tanto um recurso como outro devem ser admitidos"[63].

A compreensão do princípio perpassa pelo entendimento que o sistema brasileiro adota o princípio da congruência da qual o juiz está, em regra, adstrito ao pedido do requerente. Há casos, contudo, que se permite a concessão de determinada medida distinta daquela que foi formulada. Para isso, é preciso que a lei tenha instituído a fungibilidade entre a medida postulada e a requerida.

Isso já é usado em larga escala no nosso sistema, como as possessórias e as medidas de urgência.

O CPC não prevê a fungibilidade de maneira generalizada. Mas previa no art. 810 do CPC/39. Há uma razão histórica para a omissão da lei atual. O sistema recursal de 1939 era extremamente complexo e sofisticado, definia as decisões, para fins de recorribilidade, pelo conteúdo e pouco se sabia sobre o conteúdo delas. A par disso, quase como uma assunção de

---

62 Nesse sentido: REsp 2.119.389-SP, Rel. Ministra Nancy Andrighi, Terceira Turma, por unanimidade, j. 23-4-2024, *DJe* 26-4-2024.
63 Eduardo Arruda Alvim, *Direito*, cit., p. 713.

culpa, o legislador criou uma regra instituindo a fungibilidade. Dessa forma, não havendo erro grosseiro nem má-fé, o juiz poderá receber um recurso por outro como se o correto fosse[64].

O CPC/73, mais simplificado e evoluído, retirou expressamente essa regra, pois a fungibilidade, em princípio, perdeu sua razão de ser e não[65]. Alfredo Buzaid (autor daquele diploma) estabeleceu um mecanismo extremamente singelo: sentença é ato do juiz que encerra o processo. Decisão interlocutória é toda decisão de primeiro grau que não tem essa função (de encerramento). Da primeira caberá apelação, da segunda, agravo. Todavia, a prática demonstrou que não seria tão fácil assim. O arquétipo abstrato desenhado pelo legislador para estabelecer a perfeita compatibilidade entre decisão e recurso é incompatível com a riqueza da casuística forense. Ainda havia casos que geravam dúvidas na doutrina e na jurisprudência. Dessa forma, a fungibilidade teve que voltar ao sistema, não mais na forma de regra, mas como princípio implícito. O que mudou entre a fungibilidade do CPC/73 e a do regime anterior foram apenas os requisitos autorizadores. No sistema de 1939 falava-se em **ausência de erro grosseiro e má-fé**. No sistema do CPC/73, a aplicação do princípio dependia, de acordo com o STJ, de **dúvida objetiva e boa-fé**.

O erro grosseiro é naturalmente absorvido pela dúvida objetiva. Se há dúvida objetiva (dúvida oriunda de dissídios doutrinários e na jurisprudência decorrente da não clareza/omissão da lei) certamente a escolha por uma ou outra medida afasta o erro grosseiro: são proposições inconciliáveis.

Essa dúvida evidentemente deve ser contemporânea, no sentido de que o cotejo entre os entendimentos dissidentes de jurisprudência e doutrina deve ser atual. A jurisprudência e a doutrina – e esta é uma constatação natural – evoluem, modificam posicionamentos, reveem conceitos e firmam novas diretrizes sobre o mesmo tema.

A divergência pode se dar até de tribunais diferentes de esferas diferentes (Tribunal de Justiça com Tribunal Regional Federal, por exemplo). Imagine-se que o recurso será endereçado para o Tribunal de Justiça de determinado Estado que não tem dúvidas sobre o recurso cabível daquela decisão. Imagine, contudo, que o Tribunal Regional Federal a que aquele Estado é vinculado possui divergência sobre este recurso entendendo ser outro. Nesse caso **há** dúvida objetiva, até mesmo porque as causas não se esgotam no âmbito das justiças locais.

É importante falar da boa-fé.

A jurisprudência dominante de nossos tribunais entendia a má-fé como a utilização do recurso com prazo maior, quando se perdeu o recurso com prazo menor. A má-fé seria a utilização de um recurso por outro com a manifesta e deliberada vontade de se obter vantagem. Conforme dito, no sistema atual perdeu-se um pouco a importância de falar-se em má-fé (nos moldes interpretativos do STJ) na medida em que todos os recursos possuem prazo de quinze dias (à exceção dos embargos de declaração que, casuisticamente, não são fonte de aplicação da fungibilidade).

---

64 Assim dispunha o CPC/39 em seu art. 810: "Salvo a hipótese de má-fé ou erro grosseiro, a parte não será prejudicada pela interposição de um recurso por outro, devendo os autos ser enviados à Câmara, ou turma, a que competir o julgamento".
65 Alfredo Buzaid, na Exposição de Motivos do CPC/73, assim asseverou: "É certo que, para obviar aos inconvenientes da interposição errada de um recurso por outro, o Código vigente admite o seu conhecimento em instância superior e ordena a remessa à câmara ou turma, desde que não esteja viciado de má-fé ou erro grosseiro (art. 810). O Código consagrou, nesse preceito legal, a teoria do 'recurso indiferente' (*Sowohl-auch--theorie*) como ensinam os autores alemães. Essa solução não serviu, porém, para melhorar o sistema, porque a frequência com que os recursos, erroneamente interpostos, não são conhecidos pelo tribunal evidenciou que a aplicação do art. 810 tem valor limitadíssimo".

Em nosso sentir, porque a dúvida é objetiva afasta-se, igualmente, a má-fé. Se a parte tem o direito de usar o recurso, ela terá todos os direitos inerentes a ele (até mesmo o prazo).

Assim, é possível concluir que tanto o erro grosseiro quanto a má-fé foram absorvidos pela dúvida objetiva[66].

Contudo, contrário a esta lógica, o STJ entende que a fungibilidade somente pode ser aplicada se o recorrente se socorreu do prazo menor dentre os recursos à disposição e que gerariam dúvida no caso concreto[67]. Entendemos que a questão da boa-fé ficará sobremodo reduzida no novo diploma em decorrência da uniformidade de prazo para a interposição dos recursos.

Nelson Nery[68] enumera três situações em que a fungibilidade pode ser adotada:

a) quando o CPC estabelece como sentença uma decisão interlocutória ou o contrário;

b) quando o sistema (doutrina/jurisprudência) tem dúvidas acerca da natureza de dado pronunciamento judicial, o que gera dúvidas sobre o recurso;

c) quando houver equívoco por parte do juiz, ao proferir um pronunciamento por outro.

Independentemente, o atual CPC estabeleceu expressamente a possibilidade de fungibilidade recursal em três situações: i) na possibilidade de conversão de embargos de declaração em agravo interno (art. 1.024, § 3º, CPC); ii) na possibilidade de conversão de recurso especial em extraordinário (art. 1.032, CPC); e iii) na possibilidade de conversão de recurso extraordinário em especial (art. 1.033, CPC) em decorrência da violação reflexa da Constituição (Súmula 633, STF).

Dessa forma, é possível sistematizar historicamente a fungibilidade no ordenamento brasileiro da seguinte maneira:

CODIFICAÇÃO	FUNGIBILIDADE	REQUISITOS
CPC/39	*Ope legis* (art. 810)	Ausência de erro grosseiro e de má-fé
CPC/73	*Ope judicis*	Dúvida objetiva e boa-fé
CPC/2015	*Ope judicis*	Dúvida objetiva apenas, pois com a uniformização dos prazos perdeu a razão de ser a "teoria do prazo menor" e, portanto, a exigência de boa-fé
CPC/2015	*Ope legis* (arts. 1.024, § 3º, 1.032 e 1.033)	Nos dois primeiros casos, dúvida objetiva. No último, violação reflexa à Constituição Federal

O TRF da 1ª Região, em recente decisão, confirmou essa questão ao estabelecer que o princípio da fungibilidade somente é aceito quando há dúvidas na interposição do recurso adequado (Processo n. 0043965-09.2013.4.01.0000/RO).

E) Inexistência de fato impeditivo ou extintivo para recorrer

Profere-se juízo de admissibilidade negativo[69] quando existir algum fato que impeça ou extinga o direito de a parte recorrer. São requisitos verificados endoprocessualmente, ou seja, apenas por requisitos aferíveis dentro do processo.

---

66 Entendeu o STJ que não há fungibilidade de apelação em recurso ordinário contra sentença de mandado de segurança interposto no Tribunal (RMS 66.905/SP).
67 STJ, REsp 1.104.451/SC.
68 *Teoria geral dos recursos*, 6. ed., São Paulo: Revista dos Tribunais, 2004, p. 146.
69 É o único, pois todos os requisitos de admissibilidade têm natureza positiva.

Consubstanciam-se nas atitudes tomadas pelo recorrente que impedem que seu recurso seja admitido para a apreciação do mérito. Constitui a exigência de que não tenha ocorrido nenhum fato que conduza à extinção ou impedimento do direito de recorrer.

Se a parte praticou algum ato incompatível com o recurso aplica-se a proibição da *venire contra factum proprium*.

Os **fatos extintivos** são a **renúncia** ao recurso e a **aquiescência** à decisão. Os **fatos impeditivos** são a **desistência do recurso** ou da ação, o **reconhecimento jurídico do pedido** e a **renúncia ao direito sobre o que se funda a ação**.

E1) FATOS EXTINTIVOS

I) Renúncia – é negócio jurídico de disponibilidade de uma posição jurídica em que a parte abre mão do direito de recorrer. Pode ser manifestada expressa ou tacitamente.

Como se trata de extinção de direitos, ela deve ser interpretada restritivamente e, portanto, não se presume. Assim, para que ela seja declarada (especialmente a tácita) devem emergir dados precisos de um comportamento da parte tendente a ver renunciado aquele direito.

i) Apenas se renuncia ao recurso não interposto. Renuncia-se ao direito de recorrer e não do ato recurso.

ii) Seu efeito é a preclusão consumativa de apresentar recurso e consequentemente gerar o trânsito em julgado da decisão. É negócio jurídico unilateral não receptício, pois não depende da outra parte para que produza seus efeitos imediatamente.

A renúncia determina o trânsito em julgado da decisão. Contudo, o STJ, estabeleceu uma hipótese particularizada entendendo que a renúncia ao prazo recursal necessita de homologação especificamente para permitir a abertura do prazo para propor ação rescisória (REsp 1.344.716/RS) ou, ao menos, intimação da parte contrária. Assim: "Inexistindo homologação judicial do pedido de renúncia, não se pode permitir a abertura do prazo decadencial de dois anos para propor ação rescisória antes que ocorra a indispensável intimação da parte interessada".

iii) A renúncia poderá ser expressa ou tácita. A expressa ocorre quando o recorrente se manifesta no sentido de não interpor o recurso; a tácita, quando o recorrente deixa transcorrer *in albis* o prazo recursal.

iv) Havia grande divergência doutrinária em relação à renúncia prévia, ou seja, a renúncia antes mesmo da prolação da decisão. No Brasil havia duas correntes doutrinárias: a que não permitia por entender que o direito sobre o qual incidiria a renúncia ainda não nascera e com a renúncia prévia estaria suprimindo o duplo grau de jurisdição, princípio cogente que não admite convenção das partes. Ademais, como renunciar uma decisão que sequer se sabe seu teor? (Barbosa Moreira); outra corrente (Nelson Nery) entendia ser possível. Se há permissão para o compromisso arbitral, não haveria por que se proibir a convenção da renúncia. O direito de apelar não é de ordem pública, sendo uma faculdade. Se há possibilidade de transacionar sobre o objeto litigioso (transação, reconhecimento, renúncia), bem como eleição de foro e ônus da prova, por que se vedaria uma disposição processual, como a renúncia?

Se pode o mais, pode o menos.

O atual CPC se posicionou favorável à renúncia prévia ao estabelecer a possibilidade de negócio jurídico processual antes ou durante o processo (art. 190) em que as partes podem dispor sobre condutas processuais podendo até abrir mão do direito de recorrer.

De toda forma, a renúncia prévia, mesmo para aqueles que a defendiam, perde sua eficácia quando a decisão do magistrado se reveste de algum vício como *error in procedendo* ou decisão *extra, infra* ou *ultra petita*, pois o vício não era esperado (a sucumbência pode ser esperada).

v) É possível renunciar ao direito de recorrer quando o a causa versar sobre direito indisponível? Quando se trata de direitos indisponíveis, o sistema cria consequências processuais potestativas, como a impossibilidade de confissão (art. 392), a não incidência dos efeitos da revelia (art. 355, II), a citação pessoal (arts. 247, I, e 695, § 3º) dentre outros. Mas estas restrições limitam-se ao primeiro grau de jurisdição e não atingem a possibilidade de renunciar ao direito de recorrer. Há consequências relevantes. Numa Ação Civil Pública, o Ministério Público não é obrigado a recorrer, podendo se conformar com a decisão prolatada.

vi) Havendo litisconsórcio, a renúncia manifestada por um não influencia aos demais, mesmo sendo litisconsórcio unitário.

II) Aquiescência – É a prática de ato capaz de demonstrar a conformação em relação à decisão desfavorável. Aliás, é o que preconiza o art. 1.000: "A parte, que aceitar expressa ou tacitamente a decisão, não poderá recorrer. Parágrafo único. Considera-se aceitação tácita a prática, sem qualquer reserva, de ato incompatível com a vontade de recorrer".

Difere-se a renúncia da aquiescência. Quem aquiesce a uma decisão, se curva diante dela, aceitando-a. A renúncia é ato de vontade, abdicação, e a aquiescência é ato de conformismo, de incompatibilidade com o desejo de recorrer.

Os tratamentos serão diferentes. A aquiescência pode ser expressa quando a parte pratica ato incompatível com o recurso.

Cabe aquiescência após a interposição do recurso? A despeito de boa parte da doutrina entender o contrário, seguimos a tese restritiva, de impossibilidade. E isso porque a lei fala em "não poderá recorrer" e a utilização do verbo no futuro revela a ausência de interposição de anterior recurso (a lei não se socorre de palavras inúteis). Assim, qualquer manifestação contrária à interposição do recurso deve ser denominada desistência.

São exemplos de aquiescência: a) a entrega das chaves pelo locatário na ação condenatória do despejo; b) efetuar o pagamento na ação de indenização; c) levantar o valor consignado; d) apresentar contas na ação de prestação de contas.

A aquiescência não pode ser presumida. Deve haver elementos concretos no processo para sua decretação (STJ, REsp 896.385). Como exemplo o pedido de parcelamento da dívida que gera aceitação tácita da decisão (STJ, REsp 722.997).

Há interessante situação no cumprimento provisório de sentença que não acarreta, por expressa disposição de lei, aquiescência da parte. O art. 520, § 3º, do CPC estabelece que "se o executado comparecer tempestivamente e depositar o valor, com a finalidade de isentar-se da multa, o ato não será havido como incompatível com o recurso por ele interposto". Constitui mecanismo para elidir a multa sem que isso resulte em preclusão lógica ou fato extintivo do direito de recorrer (aquiescência): se o executado comparece espontaneamente e deposita o valor para meros fins de isenção da multa esse ato não resulta em incompatibilidade com o recurso ora interposto. Dessa forma, promove-se um incentivo para que o executado proceda ao depósito do valor devido, sem que isso prejudique o recurso interposto em que se discute o valor devido.

E2) FATOS IMPEDITIVOS

I) Desistência da ação. É ato de natureza processual em que o autor abre mão do processo. Dispõe de sua condição processual ativa (autor) que adquirira com a propositura da demanda. A iniciativa da desistência da ação cabe ao autor que tem que contar com a anuência do réu, caso já tenha transcorrido o prazo para a resposta, pois a parte poderá desistir até a oferta da contestação (art. 485, § 4º, CPC). Após a defesa o autor somente poderá desistir até a sentença e com a anuência do réu (art. 485, § 5º, CPC). Constitui, portanto, importante instrumento que prestigia a boa-fé, na medida em que evita que o autor, sucumbente na demanda, desista da causa com sentença de mérito em seu desfavor para substituí-la por uma sentença terminativa.

Portanto, trata-se de ato bilateral que apenas se aperfeiçoa com a manifestação da parte contrária. Difere-se da renúncia à pretensão, pois nesta o autor renuncia ao direito da própria pretensão, naquela apenas daquele processo. Com a aceitação do réu, gera um efeito vinculativo ao juiz, que é obrigado a homologar a extinção.

II) Reconhecimento do pedido, transação e a renúncia à pretensão em que se funda a ação (mecanismos autocompositivos). Constituem atos de direito material que se projetam no processo. Ambos são atos privativos respectivamente do réu e do autor que acarretam normalmente resolução de mérito a favor da parte contrária. Se reconheceu ou renunciou o direito, não poderá apresentar recurso por preclusão lógica, porque ato de disposição do direito material é incompatível com a vontade de recorrer, salvo se o recurso versar sobre a invalidade do reconhecimento ou da renúncia do direito.

III) Desistência do recurso é ato unilateral que independe da parte contrária (art. 998 do CPC) em que, após a interposição do recurso, manifesta a parte ao juiz o interesse em não ver o recurso julgado.

Independe da parte contrária, pois ausente o prejuízo.

A desistência pressupõe recurso já interposto. Quando a lei fala a "qualquer tempo" quer limitar a desistência da interposição do recurso até o momento do julgamento, ou seja, mesmo se o julgamento já tiver se iniciado é possível requerer a desistência (STJ, REsp 689.439). Contudo entendemos que, se já houve o início da leitura dos votos, não será mais possível desistir do recurso[70]. Há entendimento do STJ no sentido de que mesmo após a prolação do voto do relator é possível a desistência do recurso (REsp 890.529/RJ).

Assim como a renúncia, a desistência não necessita de homologação judicial. Basta que a parte protocolize sua intenção. Os efeitos se produzem a partir do momento em que é exteriorizada. Constitui negócio jurídico unilateral não receptício. Contudo o STJ, no Recurso Especial 1.308.830/RS, da lavra da Ministra Nancy Andrighi, impediu a desistência do recurso sob o argumento da fixação da tese específica.

A decisão apresentada nesse acórdão reputa-se, em nossa opinião, equivocada. Não há autorizador em lei para permitir a desistência do recurso com base no "interesse social", além de desconsiderar que as decisões em regra têm eficácia *inter partes*[71].

Contudo, o CPC permite a flexibilização da desistência (arts. 200 e 998, CPC) em situações específicas (diversas daquelas que motivaram o acórdão acima referido). Preconiza o art. 998, parágrafo único, que: "a desistência do recurso não impede a análise de questão cuja repercussão geral já tenha sido reconhecida e daquela objeto de julgamento de recursos extraordinários ou especiais repetitivos".

Dessa forma, tem-se o incólume direito da parte desistir do recurso referente ao caso concreto, mas a tese, uma vez apresentada nas situações aduzidas no parágrafo único (recurso com repercussão geral reconhecida ou recurso especial/extraordinário repetitivos que tenha sido devidamente afetado), poderá ser levada a julgamento. Nesses dois casos há motivos relevantes: a) no caso da repercussão geral a análise feita não decorre apenas da relevância da questão discutida (o que por si só já seria motivo bastante), mas especialmente da transcendência da questão para atingir fora dos limites subjetivos daquela causa; b) nos recursos especial e extraordinário repetitivos, como o próprio nome sugere, pressupõe "multiplicidade de recursos

---

70 Nesse sentido, MEDINA, José Miguel Garcia. *O Novo Código de Processo Civil comentado*, cit., p. 1361.
71 Há ainda recente julgado do STJ da Terceira Turma no mesmo sentido, em que o interesse social justifica o julgamento do recurso mesmo após o pedido de desistência (REsp 1.721.705), já que "é papel do Superior Tribunal de Justiça (STJ) uniformizar a legislação infraconstitucional e fixar teses que servirão de referência para as instâncias ordinárias em todo o país".

extraordinários ou especiais com fundamento em idêntica questão de direito" (art. 1.036, CPC). Assim, o interesse do recurso é individual, mas a fixação da tese já foi "aderida" pelo Poder Judiciário e essa é insuscetível de desistência.

Portanto, a questão de direito veiculada naquele recurso (e em diversos outros, afetados ou sobrestados) não pode ser "desistida" por ter os Tribunais Superiores a função de instituir a unidade do direito e formalizar precedentes (arts. 926 e 927, CPC). Mas mantém-se o direito de desistir do recurso específico, conforme art. 998 do CPC. O Enunciado n. 65 da I Jornada de Direito Processual Civil (CJF) amplia as exceções do parágrafo único do art. 998 para o caso de assunção de competência. Entendemos correto, pois, a despeito de não haver repetição de causas, a tese esposada é de interesse público, conforme se depreende do art. 947 do CPC.

Há quem critique esse dispositivo sob o argumento de que a desistência do recurso limitaria o tribunal apenas a um órgão consultivo, já que não julgaria o caso concreto. Ocorre que nas situações previstas em lei há importância capital no julgamento já que tanto os recursos especial e extraordinário repetitivos como o recurso extraordinário com repercussão geral reconhecida são instrumentos que formam precedentes vinculantes e sua decisão atingirá todos os recursos sobrestados (eficácia presente) e todos os recursos com a mesma tese que vierem a ser interpostos (eficácia futura) independentemente do julgamento ou não do recurso que era o *leading case*.

Outra questão relevante: É possível ao Ministério Público desistir do recurso interposto?

Uma primeira corrente defende sua impossibilidade tendo em vista a indisponibilidade do direito que se postula como regra quando há atuação do MP e, no silêncio da lei, aplicar-se-ia a disposto no art. 576 do CPP em que se veda ao *Parquet* desistir do recurso[72]. É o posicionamento defendido por José dos Santos Carvalho.

Uma segunda corrente (à qual nos filiamos) defende a sua possibilidade. Primeiro que não há regra expressa no CPC sobre o tema. Segundo porque recurso é remédio voluntário (tanto para a interposição como para a sua desistência). Ademais, a não recorribilidade gera uma prestação jurisdicional mais célere que também constitui interesse público, justamente o que o MP visa proteger. Afinal, se o Ministério Público entende que não é o caso de continuar com o recurso, seja pela inviabilidade, seja por não acreditar na tese, por que deveria prosseguir apenas para procrastinar o feito? Esse posicionamento é defendido por Hugo Nigro Mazzilli e Nelson Nery.

A desistência pode ser expressa ou tácita: é tácita quando a parte pratica ato incompatível com o recurso já interposto (v.g., não juntar os originais [razões recursais + documentos] em cartório após a interposição de recurso via fac-símile).

A desistência pode ser total ou parcial (STJ, REsp 337.572). Afinal, se a parte pode recorrer no todo ou em parte (art. 1.002, CPC), por que essa possibilidade não pode alcançar a desistência? Contudo, a desistência parcial apenas poderá ser concretizada se o capítulo desistido não tiver relação de prejudicialidade com o capítulo que será submetido a julgamento. É necessário que haja autonomia entre eles. Assim, não poderá a parte desistir do pedido recursal referente à rescisão do contrato e manter o pedido de perdas e danos, pois há expressa prejudicialidade entre eles (não se pode imaginar o julgamento das perdas e danos sem verificar a rescisão contratual).

---

72 Mesmo na esfera penal há certa flexibilização. Preconizam Nestor Távora e Fábio Roque Araújo que "nada impede que o promotor, após a apresentação do recurso, se arrependa, e nas razões, traga argumentos que ratificam a decisão que ele impugnou. Isso não significa desistência, cabendo ao tribunal decidir analisando todos os argumentos" (*Código de Processo Penal para concursos*. 7. ed. Salvador: JusPodivm, p. 544).

Contudo, é possível a desistência, ainda que de pedidos prejudiciais entre si no tocante ao pedido conteúdo. Assim, em sentido inverso, nada impediria a desistência das perdas e danos (conteúdo), mantendo-se o pedido de rescisão contratual (continente). Portanto, o que de fato viabiliza a possibilidade de desistência é a aptidão do pedido se sustentar em julgamento recursal independentemente do pedido da qual houve desistência.

É possível desistir do recurso e, ainda dentro do prazo recursal, interpor outro? Para alguns autores seria possível, pois a desistência do recurso gera a inexistência jurídica e, portanto, insuscetível de acarretar preclusão consumativa[73].

Contudo, o posicionamento seguido no STJ é no sentido de acarretar a preclusão consumativa[74].

Entendemos mais adequada a segunda posição. É irrelevante se a desistência acarreta na inexistência jurídica daquele recurso. A preclusão consumativa alcança a conduta e não necessariamente o ato. Assim, a desistência do recurso é um ato cuja recorribilidade posterior constitui conduta incompatível. Pensar o contrário seria permitir uma burla legal ao sistema. Se a parte deseja aditar seu recurso dentro do prazo recursal, não poderá fazê-lo por ter se operado preclusão consumativa. Contudo, se desistir desse recurso e interpuser outro (repito, dentro do prazo), seria possível?

É importante agora proceder ao estudo dos requisitos subjetivos, ou seja, os requisitos pertinentes à pessoa que recorre.

9.4.1.2.2. Pressupostos subjetivos

A) Legitimidade

Para postular em juízo a parte precisa ter legitimidade *ad causam* (art. 17, CPC). Sem o preenchimento dessa condição o pedido formulado (mérito) não poderá ser apreciado. Como o recurso constitui uma extensão ao direito de ação, também exige que a parte tenha legitimidade. Assim, para que o recurso seja admissível é necessário que a parte que o interponha seja qualificada para tal.

A questão se analisa no campo subjetivo.

A legitimidade objetiva estreitar o círculo e separar as pessoas que podem recorrer daquelas que não podem. A lei limita o rol dos possíveis recorrentes. Se permitisse que qualquer um pudesse utilizar os recursos, o sistema seria inoperante e inviável. Legitimidade é a outorga conferida pela lei para que determinadas pessoas possam interpor recursos.

Assim, a regra relativa à legitimidade recursal leva em consideração qual a relevância que a decisão causará no agente.

É perfeitamente possível que a parte tenha legitimidade recursal, mas não tenha interesse. A legitimidade refere-se a um momento lógico anterior àquele em que se cogita o interesse. Somente após ter verificada a legitimidade é que poderá constatar se há ou não interesse.

A legitimidade é permanente. Alguém a adquire pela simples condição de ser parte (ou demais legitimados conferidos por lei) e perdura enquanto permanecer nessa situação. O interesse é transitório e atual. Deve se verificar o interesse com base nas circunstâncias decorrentes daquela decisão. A legitimidade é extrínseca, pois a sua existência é apurada fora da decisão recorrida (mas dentro do processo). Já o interesse tem uma acepção intrínseca, pois sua aferição é constatada com base na decisão.

---

73 NEVES, Daniel Assumpção. *Manual de direito processual civil*. 5. ed. São Paulo: Gen, 2013, p. 629.
74 STJ, REsp 866.006, REsp 651.931 e REsp 246.062.

A confusão entre os institutos decorre da má redação do art. 996, que confere legitimidade a parte "vencida", quando na verdade, basta o vocábulo "parte" para lhe conferir essa condição.

O art. 996 dispõe que o "recurso pode ser interposto pela parte vencida, pelo terceiro prejudicado e pelo Ministério Público, como parte ou como fiscal da ordem jurídica".

A1) Parte – É quem pede e contra quem se pede determinada providência jurisdicional. Dessa forma, todos os que ingressarem no processo, ainda que no seu curso, adquirem a condição de parte, como o litisconsorte ulterior a boa parte das intervenções de terceiro (o assistente litisconsorcial, o denunciado a lide, o chamado ao processo). É importante frisar que o assistente litisconsorcial tem legitimidade autônoma para recorrer enquanto o assistente simples, a despeito de gozar dessa legitimidade, subordina-se à vontade do assistido.

Assim entende Barbosa Moreira que "o assistente, quer do art. 54 [atual art. 124], quer o do art. 50 [atual art. 119], também é parte, embora não parte principal"[75]. O STJ entende que o assistente simples recorre na qualidade de terceiro prejudicado e não de parte (STJ, 3ª T., REsp 205.516, Min. Ari Pargendler, 17-8-1999). Entendemos que o assistente simples recorre como terceiro prejudicado, assim como o *amicus curiae* (art. 138, § 3º, CPC), pois ambos, mesmo atuando no processo, mantêm sua condição de terceiro. O *amicus curiae* mantém sua condição de terceiro pelo seu interesse predominantemente institucional no processo. Tanto que sua legitimidade recursal se limita aos embargos de declaração. Apenas poderá interpor recurso especial ou extraordinário em julgamento de IRDR (art. 138, §§ 1º e 3º).

O litisconsorte, independentemente da sua condição, é parte. O revel é parte – a despeito de não estar fisicamente no processo. A parte, para recorrer, não precisa ser [considerada] legítima. Aliás, poderá recorrer, na condição de parte, da decisão que lhe subtraiu o direito de conduzir o processo (STJ, REsp 696.934). Aqueles que litigam em jurisdição voluntária, mesmo não sendo considerados para o ordenamento como partes (são chamados de interessados), para fins recursais são partes. O sucessor igualmente é parte.

A2) Ministério Público – O Ministério Público pode recorrer, de acordo com a lei (CPC, art. 996), seja como titular do direito de ação (v.g., CF, art. 129, III; CDC, art. 82, I), seja como fiscal da ordem jurídica (v.g., CPC, art. 179). Não é necessário que o MP tenha efetivamente participado do feito, bastando que na causa necessite de sua participação e que tenha sido intimado para tanto. Mesmo que ele já tenha comparecido aos autos alegando que não participaria, é suficiente para que sua legitimidade esteja presente.

São exemplos os processos falimentares, as ações de estado e os casos de jurisdição voluntária.

O MP deve preencher todos os requisitos de admissibilidade inerentes ao recurso, como se parte fosse (à exceção do preparo).

Não há grandes questões sobre o Ministério Público recorrer na condição de parte. O que se torna relevante é o alcance do seu recurso na condição de fiscal da ordem jurídica. Nesse caso sua legitimidade é **concorrente** (pois além dele a parte também é legitimada) e **disjuntiva** (pois seu recurso poderá ser apresentado independentemente do recurso da parte vencida). Essa é a razão do Enunciado 99 da Súmula do STJ. Ademais, o MP pode recorrer "na ação de acidente do trabalho, ainda que o segurado esteja assistido por advogado" (Enunciado 226 da Súmula do STJ) e também de sentença homologatória, pois o *Parquet* não é fiscal da parte, mas fiscal da correta aplicação do ordenamento jurídico. O STJ, contudo, não permite recurso pelo Ministério Público se esse acordo favoreceu incapaz (REsp 1.323.677).

---

75 *Comentários ao Código de Processo Civil*, 7. ed., Rio de Janeiro: Forense, 1998, v. 5, p. 290.

O MP pode igualmente recorrer adesivamente. Todavia, não poderá interpor recurso adesivo quando atuar como fiscal da ordem jurídica, já que o referido recurso pressupõe "sucumbência recíproca" e o *Parquet* não sofre sucumbência quando atua nessa condição.

Se a causa cuja intervenção do MP cessar, também gera ilegitimidade superveniente para recorrer. Nesse sentido é o entendimento do STJ: "Improcedente o pedido de usucapião, cessa a intervenção obrigatória do Ministério Público (art. 499 do CPC [atual 996, CPC]), não tendo seu representante legitimidade para recorrer da decisão, proferida em sede de execução de honorários de advogados, no que tange à incidência de correção monetária sobre os mesmos, questão apenas de interesse das partes e do advogado (art. 99, § 1º, da Lei n. 4.215/63)" (STJ, REsp 2852/PR e também REsp 712.175).

O Ministério Público Estadual/DF possui legitimidade para interpor recurso extraordinário desde que a decisão seja originária de tribunais locais (e não do STJ) [RE 262.178].

O MP poderá recorrer mesmo quando indeferida a sua intervenção.

A3) Terceiro prejudicado – O recurso de terceiro prejudicado brasileiro é influenciado pelo CPC italiano (art. 404) no seu *oposizione de terzo*. Quanto ao terceiro juridicamente interessado, por causar diversas discussões na doutrina e na jurisprudência, há de se fazer algumas ressalvas.

Terceiro prejudicado é aquele que não foi parte no processo. Trata-se o recurso de terceiro de uma espécie de intervenção de terceiros na fase recursal.

É necessário ao terceiro demonstrar "a possibilidade de a decisão sobre a relação jurídica submetida à apreciação judicial atingir direito de que se afirme titular ou que possa discutir em juízo como substituto processual". Numa interpretação literal poder-se-ia pensar que a legitimidade recursal do terceiro ficaria circunscrita às situações que discutam a relação de direito material. Como consequência, o recurso cabível seria apenas apelação. Contudo há interlocutórias que versam sobre mérito (máxime arts. 356 e 1.015, I e II, CPC) em que o terceiro terá condições de apresentar agravo de instrumento.

Daí decorre a grande zona cinzenta que divide os planos da legitimidade e do interesse. Assim, a legitimidade do terceiro é aferida com base na sua posição em relação ao que está sendo discutido no processo. É possível aferir o interesse do terceiro prejudicado em três potenciais situações: i) terceiro é litisconsorte necessário não integrado na demanda; ii) terceiro poderia ser litisconsorte facultativo igualmente não integrado na demanda; e iii) terceiro, não teria legitimidade de parte, mas possui interesse jurídico no processo[76].

É exemplo tradicional o sublocatário que não interveio no processo em primeiro grau ou mesmo do fiador.

O terceiro ingressará com o recurso, seguindo os mesmos requisitos das partes e com o mesmo prazo[77] que estas têm para recorrer (STJ, REsp 74.597).

Uma última questão: as partes, muitas vezes se valem do mandado de segurança como sucedâneo recursal, nas hipóteses de decisões que não cabem recurso (art. 5º, II da Lei n. 12.016/2009). Contudo, o terceiro possui um benefício que a parte não possui: caso não tenha tido a chance de recorrer, poderá impetrar MS para impugnar a decisão judicial (STJ, RMS 51532).

A4) Advogado – O advogado não é parte nem terceiro[78] e, portanto, não possui legitimidade para recorrer. Sua única função é ser representante judicial da parte. Importante questão

---

76 MITIDIERO, Daniel. *Processo civil*. São Paulo: RT, 2021, p. 163.
77 O prazo recursal para o terceiro incidirá de certa maneira como uma preclusão "pamprocessual", pois a preclusão é fenômeno interno ao processo e como regra não atinge terceiros.
78 Há quem entenda ser o advogado terceiro prejudicado (STJ, REsp 834.100/PR).

que se apresenta na prática é a legitimidade do advogado para recorrer dos honorários advocatícios arbitrados em sentença.

Os honorários, segundo o Estatuto da OAB, são verba complementar, pertencente ao advogado, que não se confunde com os honorários contratuais e, tampouco, com a condenação do direito material acertado na sentença.

O EOAB (art. 23, Lei n. 8.906/94) entendeu que os honorários pertencem ao advogado, logo, este possui interesse autônomo para recorrer independente da parte contrária. Antes atuava sempre como representante da parte. Agora também possui direitos no processo. E isso porque o direito é próprio. Permitir que a parte recorresse seria trabalhar com legitimação extraordinária que apenas decorre de lei, o que não é o caso. O entendimento, todavia, não é pacificado. Há julgados do STJ, contudo, defendendo esse entendimento: "Honorários advocatícios. Legitimidade recursal. Parte e advogado. Concorrência. A parte e o advogado possuem legitimidade recursal concorrente quanto à fixação dos honorários advocatícios" (REsp 1.776.425-SP).

Há ainda outra situação em que a jurisprudência entendeu o interesse autônomo do advogado para recorrer (STJ, 4ª T., REsp 12.031/SP). É a prevista na regra do art. 234, §§ 1º e 2º, do CPC, que assim dispõem: "§ 1º É lícito a qualquer interessado exigir os autos do advogado que exceder prazo legal. § 2º Se, intimado, o advogado não devolver os autos no prazo de 3 (três) dias, perderá o direito à vista fora de cartório e incorrerá em multa correspondente à metade do salário mínimo".

Neste caso (que pode gerar até mesmo processo disciplinar junto à Ordem dos Advogados do Brasil), por ser multa diretamente ao advogado, este poderá recorrer (e possui legitimidade para tanto) de maneira autônoma[79].

Uma questão importante: os auxiliares de justiça não têm legitimidade para recorrer, mesmo que trate de direito próprio como é o caso da fixação dos honorários do perito (STJ, 4ª T., REsp 12.426/SP, *RJSTJ*, 46/188, e REsp 410.793). Os fundamentos são simples: i) não está previsto em lei sua legitimidade; ii) poderá requerer por ação autônoma.

A5) União (Lei n. 9.469/97, art. 5º) – A referida lei cria outra situação de legitimidade fora do art. 996 do CPC ao permitir a possibilidade recursal da União nas causas não previstas na Constituição Federal (art. 109, I).

Preconiza o art. 5º da referida lei: "A União poderá intervir nas causas em que figurarem como autoras ou rés, autarquias, fundações públicas, sociedades de economia mista e empresas públicas federais".

O parágrafo único é o que interessa para o estudo aqui proposto: "Parágrafo único. As pessoas jurídicas de direito público poderão, nas causas cuja decisão possa ter reflexos, ainda que indiretos, de natureza econômica, intervir, independentemente da demonstração de interesse jurídico, para esclarecer questões de fato e de direito, podendo juntar documentos e memoriais reputados úteis ao exame da matéria e, se for o caso, recorrer, hipótese em que, para fins de deslocamento de competência, serão consideradas partes".

É necessário, antes, estabelecer algumas premissas.

Constitui forma de intervenção de terceiros[80] (juntamente com as conhecidas modalidades previstas no CPC) com algumas características específicas:

---

79 Art. 234. (...) § 3º Verificada a falta, o juiz comunicará o fato à seção local da Ordem dos Advogados do Brasil para procedimento disciplinar e imposição de multa.
80 Há autores que enquadram esta modalidade de intervenção como *amicus curiae* (Cassio Scarpinella Bueno, Amicus curiae *no processo civil brasileiro:* um terceiro enigmático, São Paulo: Saraiva, 2006, p. 214).

a) o interesse que se apresenta em juízo não é jurídico, mas sim econômico[81];

b) a Fazenda não adquire condição de parte, a não ser que interponha recurso.

O recurso objetiva resguardar o seu interesse econômico. Aqui, diversamente do que ocorre com as demais intervenções de terceiro em que o terceiro adquire a condição de parte com o ingresso, a União apenas adquirirá esta condição com a interposição de recurso;

c) a intervenção pode ser dada por qualquer pessoa de direito público e aplica-se a qualquer tipo de causa, ainda que envolva apenas particulares;

d) constitui intervenção desprovida de maiores solenidades, bastando o comparecimento da Fazenda Pública com a apresentação de documentos, provas e memoriais, sem a necessidade de se formalizar novo procedimento. Justamente pode não haver interesse jurídico, parece desnecessária a intimação das partes para verificar se existe este interesse ou não. A intimação seria apenas formal, cujo objetivo é resguardar o contraditório;

e) do que se colhe das – poucas – informações trazidas pela lei, não parece que a União tenha ampla atuação no processo. Sua atividade está confinada, como dito, aos esclarecimentos de fato e de direito, com a juntada de documentos, provas e memoriais. Os poderes conferidos são menores que o do assistente simples.

Conforme se verifica da lei, a Fazenda não pode excursionar sobre pontos incontroversos do processo, apenas os controvertidos.

Por consequência lógica, se apenas pontos controvertidos serão objeto de sua intervenção, é-lhe vedada a apresentação de defesa, pois esta é cronologicamente anterior à formação da questão. Se a controvérsia se dá com a contestação, como poderia a Fazenda utilizá-la se sua função é, justamente, esclarecer os pontos controvertidos? É como bem assevera Leonardo José Carneiro da Cunha[82]: "Se é possível à pessoa jurídica de direito público, na intervenção anômala, contestar, seria ela que estaria fazendo surgir a questão no processo";

f) se recorrer desloca-se a competência. Como a Fazenda não ingressa como parte, não haverá deslocamento da competência. Veja que a Constituição Federal (art. 109, I) fala de autora, ré, assistente e oponente, sabendo que esta modalidade de intervenção não se enquadra em nenhuma delas. Contudo, com a interposição do recurso, e somente nesta oportunidade, adquire a condição de parte. A simples interposição do recurso gera o deslocamento da competência, independentemente de sua admissibilidade. Dessa forma, o exame de admissibilidade já será no novo juízo. Este é o entendimento da lei.

Todavia, aceitar este entendimento é inverter a hierarquia normativa do sistema e permitir que uma lei ordinária altere a competência estabelecida constitucionalmente. Dessa forma, seria inaceitável permitir que o TRF reveja (por força do deslocamento) uma sentença proferida por juiz estadual que a ele – tribunal – não está vinculado.

Correto é entender que a interposição do recurso não geraria o deslocamento da competência, aliás, é o posicionamento do Enunciado 55 da Súmula do STJ: "O Tribunal Regional Federal não é competente para julgar recurso de decisão proferida por juiz estadual não investido de jurisdição federal".

Esta regra ofende também o art. 108, II, da CF, que estabelece competência dos Tribunais Regionais Federais para julgar as decisões dos juízes federais e dos estaduais "no exercício da competência federal da área de sua jurisdição";

---

81 A despeito de também este interesse ser jurídico, deste a intervenção prescinde. É necessário o critério econômico, o que, aliás, não é usual no nosso sistema, sempre pautado pelo interesse eminentemente jurídico.

82 *A Fazenda Pública em juízo*, 6. ed., São Paulo: Dialética, 2008, p. 164.

g) a União não será atingida pela coisa julgada porquanto, pelos limites subjetivos, a coisa julgada somente atinge as partes, não terceiros (contudo atingirá terceiros *in utilibus*). Entretanto haverá a incidência da *res iudicata* quando a União interpuser recurso, já que, nessa situação, adquire o *status* de parte.

B) Interesse

Não basta a parte ter legitimidade recursal. É necessário ter interesse para tanto.

O interesse recursal segue os mesmos critérios que o interesse de agir categorizado como condição da ação. É necessário demonstrar a necessidade de se utilizar da via recursal para atingir ao objetivo pretendido como o único meio necessário para tanto.

Há casos no ordenamento em que, a despeito de haver sucumbência, o recurso não é meio necessário (juízo positivo de admissibilidade recursal, a decisão que julga a alegação de impedimento e suspeição), pois o tribunal poderá de ofício rever a decisão, não havendo a necessidade de recorrer.

A utilidade revela-se no resultado do julgamento do recurso; deve ser mais vantajosa do ponto de vista prático do que a decisão impugnada, ou seja, é necessário demonstrar a sucumbência.

O interesse para recorrer independe da fundamentação do recurso (decorrente do desacerto da decisão), pois depende somente de uma decisão que o prejudique[83]. É a existência da sucumbência que move o interesse. A demonstração do interesse é inferida objetivamente, vale dizer, não basta apenas demonstrar o inconformismo. É necessário demonstrar a situação de desvantagem que a sentença produziu.

Não há, no sistema processual civil, como no direito processual penal, norma que se aplique ao caso: art. 577, parágrafo único do CPP: "Não se admitirá, entretanto, recurso da parte que não tiver interesse na reforma ou modificação da decisão".

Entretanto, a expressão interesse vem subentendida com o adjetivo "vencida" do art. 996, que alude ao fato de a decisão não ter proporcionado, igualmente, à parte, tudo aquilo que ela poderia esperar. O CPC conduziria à conclusão, em uma superficial análise, que interesse em recorrer residiria num descompasso entre aquilo que fora pedido com aquilo que as partes obtiveram.

Para evitar essa situação, autores dividem a sucumbência em formal e material. Assim:

Há **sucumbência formal** quando o conteúdo da parte dispositiva da decisão judicial divergir do que foi requerido pela parte no processo. É a diferença entre o que foi requerido e o que foi concedido. Constitui um critério quase matemático, pois se apura a diferença entre o que se pede na demanda e na sentença.

Há **sucumbência material** quando, independentemente da formulação das partes, a decisão judicial colocar a parte ou terceiro em situação de desvantagem pior do que tinha antes do processo.

Entretanto, o critério da sucumbência formal não se mostra completamente satisfatório para as múltiplas situações existentes: o revel pode recorrer e nada pediu, os pedidos implícitos (aqueles que o juiz poderá conceder de ofício – juros, honorários) não foram pedidos e cabe recurso de sua decisão. E o terceiro ou o Ministério Público[84], como fiscal da ordem jurídica, que nada pediram ao processo e possuem interesse de recorrer.

---

83 Sem prejuízo da possibilidade de não conhecimento do recurso por falta de fundamentação, nos termos do art. 932, III, do CPC.
84 O Ministério Público, aliás, não precisa demonstrar interesse, pois a norma já lhe conferiu previamente este interesse *in abstrato*.

O principal defeito do critério formulado com base no prejuízo (formal) consiste em limitar o confronto em uma ótica retrospectiva. Apenas se compara a situação da parte em face daquela em que se encontrava antes da decisão.

Assim, a existência dessas situações fez emergir na doutrina outra forma de pensar no interesse. O critério não seria mais formal, mas sim material. A sucumbência material não se liga propriamente ao prejuízo perpetrado com a decisão proferida no seu aspecto formal, mas sim, e principalmente, aos efeitos prejudiciais da decisão, independentemente de ter sido pedido ou não.

Com a sucumbência material, o confronto não será feito de forma retrospectiva, mas prospectiva, ou seja, tiver interesse em recorrer quando o recorrente puder obter algum proveito do ponto de vista prático.

Com base nessa premissa, pergunta-se se seria possível a interposição de recurso pela parte vencedora. A resposta é positiva. Basta que a decisão (por meio do recurso que será interposto) possa ser mais vantajosa ao devedor sob o ponto de vista prático. Alguns casos podem ilustrar bem a situação narrada.

Primeiro caso. Há controvérsia sobre o cabimento de recurso quando a parte formula pedido sucessivo e é deferido apenas o pedido subsidiário (art. 326, CPC). Acreditamos que exista interesse recursal quando, nas hipóteses de cumulação imprópria, o magistrado conceda apenas o pedido subsidiário tendo negado o principal. Nessa situação a sentença, de fato, foi procedente (pois o pedido "2", requerido em atenção à eventualidade, foi integralmente concedido). A despeito de esse pedido ter sido devidamente formulado na petição inicial, havia uma escala de interesses, e a decisão final não atendeu a todas as expectativas do autor, já que claramente existia preferência pelo pedido principal.

Segundo caso. Também é possível analisar o interesse na hipótese do réu que alega preliminar (que, tendo sido acolhida, acarreta a resolução do processo) e recorre objetivando uma decisão de mérito no tribunal.

Nesse último caso, mesmo que a sentença seja, aparentemente e sob certo aspecto, favorável ao réu, extinto o processo, fica este ainda sujeito a ser acionado novamente. A decisão que o favoreceria integralmente e de forma inequívoca seria a de improcedência.

Nesse sentido é a jurisprudência do Superior Tribunal de Justiça (3ª T., REsp 710.887/SP, Min. Humberto Gomes de Barros, j. 5-10-2005).

Mas a pergunta permanece: Mesmo que o réu tenha levantado em preliminar? Sim, pois isso decorre da regra da eventualidade (Nery, Teresa Arruda Alvim, Flávio Cheim)[85]. Ademais, trata-se de matéria de ordem pública; logo, mesmo que a parte não tivesse levantado a questão, o juiz poderia apreciá-la de ofício. Não se trata de um *venire contra factum proprium*. A improcedência é um *plus* em relação à carência.

Ao terminar de ler esta explicação, certamente o leitor fará duas perguntas: 1) como o Tribunal julgará o mérito pela primeira vez sem que tenha passado sob o crivo do *juízo a quo*?; 2) se houve preliminar de inépcia, como agora requerer que, no Tribunal, se desconsidere a inépcia e decida o mérito? (sabendo que as questões preliminares, como questões prévias, impedem o julgamento de mérito).

Evidente que para a primeira pergunta a questão a ser enfrentada deve estar em condições de imediato julgamento (para que se possa aplicar o art. 1.013, § 3º, I, CPC), pois caso contrário a aplicação não pode ser feita: haveria interesse recursal, mas não haveria possibilidade de reforma.

---

85   Este é o entendimento do STJ em acórdão do Min. Humberto Gomes de Barros, 3ª T., REsp 710.287/SP.

No segundo caso, há de se afastar a preliminar em detrimento do interesse. Se a invalidade foi desconsiderada pela parte prejudicada, é porque não lhe causou gravame (CPC, art. 282, § 1º). Mesmo em se tratando de nulidade absoluta (em que o prejuízo é aferido objetivamente, pois o interesse é público). Trata-se de uma nova leitura do modelo constitucional de processo.

Terceiro caso. É possível a interposição de recurso exclusivamente para requerer a majoração dos honorários advocatícios. A parte saiu integralmente vencedora, o juiz fixou honorários, mas o advogado entendeu que o *quantum* é abaixo do trabalho efetivamente realizado. Mesmo havendo integral vitória resta o interesse recursal.

Quarto caso. A oposição de embargos de declaração da parte integralmente vencedora por algum dos vícios enumerados no art. 1.022, CPC (obscuridade, contradição, erro material ou omissão).

Quinto caso. A possibilidade da parte integralmente vencedora da sentença impugnar decisões interlocutórias em que foi sucumbente no curso do processo (art. 1.009, § 1º, CPC) justamente para evitar que, com a apelação da parte contrária, o Tribunal eventualmente possa reformar todo julgado sem levar em conta essas decisões que prejudicaram a parte originariamente vencedora.

Outra questão importante é verificar que a interposição do recurso deve trazer algum benefício prático ao recorrente. Dessa forma, não se pode recorrer da motivação da decisão, mas apenas da parte dispositiva. Se o magistrado rechaçou todos os fundamentos esposados pela parte no processo, mas julgou o pedido procedente, não há se falar em recurso.

O critério é objetivo: a sucumbência justifica o recurso, não a negativa de fundamentos. Se o juiz julgou improcedente pela prescrição, não poderá o réu recorrer para que se julgue improcedente pela improcedência de fundo (*res in judicium deducta*), pois o resultado prático seria o mesmo.

Até mesmo porque somente a parte dispositiva (como regra) é que ficará acobertada pela coisa julgada, não a sua fundamentação (CPC, art. 504)[86], carecendo de interesse a invocação da *ratio decidendi*, já que a motivação não produz nenhum efeito prático no processo. Assim é o entendimento de Araken de Assis[87].

Há, todavia, casos em que a fundamentação repercute sobre a formação da coisa julgada. Assim, verifica-se nas ações coletivas em que há coisa julgada *secundum eventum litis*. Nesses casos, quando a sentença for julgada improcedente por insuficiência de provas (fundamentação), não se fará coisa julgada material. É interesse do réu que a fundamentação seja modificada – improcedência *stricto sensu* – para que a sentença da demanda coletiva seja imunizada pela coisa julgada.

Igualmente o caso do réu que recorre da sentença de improcedência da demanda com base em prescrição. Apesar de ter vencido no dispositivo requer a alteração da fundamentação para reconhecimento de pagamento a fim de evitar futura ação de locupletamento ilícito.

No regime anterior, se a decisão tivesse por base dois ou mais fundamentos que, isoladamente, seriam aptos a manter a decisão recorrida, era obrigatório que a parte recorresse atacando todos os fundamentos, sob pena do seu recurso não possuir interesse (utilidade). E isso porque a impugnação de apenas um fundamento não teria o condão de modificar a decisão que poderia ser mantida pelo outro fundamento não atacado.

---

86 Salvo nas hipóteses autorizadoras do art. 503, § 1º, do CPC.
87 *Manual dos recursos*, São Paulo: Revista dos Tribunais, 2007, p. 160.

O entendimento anterior era previsto no Enunciado 283 da Súmula do STF: "É inadmissível o recurso extraordinário quando a decisão recorrida assenta em mais de um fundamento suficiente e o recurso não abrange todos eles", e, em sentido semelhante mas exigindo a interposição de recursos especial e extraordinário, o Enunciado 126 da Súmula do STJ.

O CPC estabelece no art. 1.034, parágrafo único, a seguinte disposição: "Admitido o recurso extraordinário ou o recurso especial por um fundamento, devolve-se ao tribunal superior o conhecimento dos demais fundamentos para a solução do capítulo impugnado".

É importante entender que constitui mais uma hipótese de efeito translativo, aplicando-se, no que couber, a hipótese do art. 1.013, §§ 1º e 2º. Dessa forma, ainda que a parte não recorra de todos os fundamentos pertinentes ao capítulo impugnado essa matéria subirá *ex vi legis* ao tribunal.

Também é possível recorrer da questão prejudicial do art. 503, § 1º, do CPC, ainda que a parte seja totalmente vencedora. Nesses casos a parte venceu a parte dispositiva, mas perdeu a questão prejudicial. Se o réu alega uma prejudicial de nulidade do contrato, o juiz poderá julgar a demanda improcedente (a favor do réu, portanto), alegando se tratar de inadimplemento contratual apenas. Pode o réu, nesse caso, recorrer para impugnar a questão sobre a validade do contrato.

Uma última questão.

É possível ao Ministério Público recorrer de uma decisão em que saiu vencedor, tendo ele mesmo proposto a demanda. Bem observa Eduardo Arruda Alvim[88]: "Pode, por exemplo, recorrer de uma ação declaratória de nulidade de casamento, por ele ajuizada e julgada procedente, por entender que, ante as provas produzidas, a ação deveria ter sido julgada improcedente, *apesar* de o pedido por ele formulado ter sido na íntegra".

9.4.2. MÉRITO RECURSAL

Sendo positivo o juízo de admissibilidade, o órgão *ad quem* procederá à apreciação do mérito recursal.

O mérito do recurso é a pretensão recursal. A pretensão pode ter por escopo a reforma, a invalidação, a integração ou o esclarecimento da decisão (estes dois últimos específicos dos embargos de declaração).

É importante frisar que o mérito do recurso pode coincidir ou não com o mérito da causa. Assim, pode-se tanto recorrer de uma sentença de mérito de total improcedência (mérito da causa = mérito recursal), como pode se recorrer de uma resolução sem análise do mérito, v.g., ilegitimidade de parte quando então o mérito recursal não guarda correspondência com o mérito da causa.

9.4.2.1. Causa de pedir recursal. Vício de juízo e vício de atividade

Como qualquer demanda os recursos têm uma causa de pedir. A causa de pedir recursal constitui-se do elemento necessário a autorizar a reforma, invalidação, integração ou esclarecimento da decisão recorrida.

Assim, é importante verificar qual tipo de vício enseja o reexame do ato judicial impugnável.

---

88 *Direito processual*, cit., p. 762.

A argumentação pode ser de reforma ou invalidação nos erros praticados pelo juízo na sentença, respectivamente denominados *error in iudicando* e *error in procedendo*.

A) Error in iudicando (reforma da decisão). Constitui no erro de julgamento, no erro de juízo. Trata-se de uma má apreciação da questão de direito ou da questão de fato, requerendo, desta forma, a reforma da decisão.

Este erro investiga o conteúdo da decisão. O juiz decidiu mal, apreciou mal aquilo que lhe foi submetido para ser decidido. A cognição do tribunal deve ser mais aguda, pois o caso refere-se, no mais das vezes, ao próprio mérito da causa. Aplicou lei errada, valeu-se de precedente que não se aplica ao caso (*distinguish*) ou já ultrapassado (*overruling*), não observou enunciado de súmula que se enquadra ao caso, deixou de analisar fato que constava expressamente nos autos, decidiu com base em fatos não alegados, não levou em consideração o relevante depoimento da testemunha na audiência entre outros.

Assim, se um magistrado indefere determinada incidência de uma multa alegando que se aplica ao caso a lei X, poderá a parte recorrer pedindo a aplicação da lei Y. O tribunal entende que o juiz de primeiro grau se equivocou na aplicação, subtrai o posicionamento esposado na sentença e enquadra o posicionamento que entende correto.

Nesses casos, há verdadeira reforma e o tribunal substitui a decisão do juízo *a quo*. Substitui, porque não há nada que o leve a retornar o processo ao primeiro grau novamente. Ele está verdadeiramente pronto para receber uma nova decisão (seja para manter, seja para alterar o julgado anterior).

B) Error in procedendo. Constitui no vício de atividade, um defeito na decisão apta a ser invalidada. Veja, uma coisa é uma decisão errada, da qual o tribunal pode corrigi-la. Outra é a decisão defeituosa, que deve ser invalidada para que seja proferida uma nova.

Este vício não está ligado ao conteúdo da decisão, mas à forma, já que não ataca o acerto da decisão. Enquanto os vícios de juízos guardam referibilidade com o direito material, os vícios de atividade têm observância no direito processual.

Lá é vício da decisão, ao julgar, aqui o vício é de má condução processual, defeito na condução do processo.

O vício de atividade ocorre quando o juiz desrespeita norma de procedimento provocando gravame à parte.

Error in procedendo poderá ser intrínseco ou extrínseco. Será intrínseco quando o vício ocorrer na própria decisão (como, por exemplo, a prolação de sentença terminativa, o julgamento antecipado do mérito tolhendo a produção de alguma prova ou uma decisão *extra petita*). Nesse caso, há duas situações possíveis: a) ou o Tribunal determinará (caso constate o vício) a anulação da sentença para que seja proferida outra; ou b) procederá ao julgamento imediato do mérito se a matéria estiver em condições de imediato julgamento (art. 1.013, § 3º, I, CPC).

Será extrínseco quando o vício é anterior à decisão. Nesse caso é importante levar em consideração que tipo de invalidade se está tratando. Isso porque o sistema processual brasileiro admite invalidades (= nulidades) sujeitas e não sujeitas à preclusão (art. 278 e parágrafo único, CPC). Em sendo sujeita à preclusão, a não alegação na primeira oportunidade enseja impossibilidade de renovação da alegação em apelação. Nas demais não se opera preclusão para o Poder Judiciário, podendo haver sua verificação a qualquer tempo, ainda que tenha sido decidido anteriormente.

São exemplos o ato de designar perícia e não intimar as partes para apresentar quesitos, pronunciar-se a respeito de determinado fato já alcançado pela preclusão, pela ausência de fundamentação de decisão interlocutória, não intimação do Ministério Público quando sua intervenção se fizer necessária.

Se um magistrado profere uma sentença sem resolução de mérito e a parte apela, em regra o tribunal[89], entendendo não haver o vício que ensejou a resolução, anula a sentença para que o juiz de primeiro grau (agora devendo considerar a existência da nulidade) julgue o mérito.

Nada impede que ambos sejam alegados no mesmo recurso se houver a presença dos dois na decisão. Todavia, o vício de atividade deverá vir antes do vício de juízo, pois aquele gera a anulação da decisão e este a reforma. Há uma relação de preliminaridade entre ambas.

Uma última questão importante é a forma de julgamento proferida em cada caso. Se houver *error in procedendo*, o julgamento será rescindente, pois determinará a invalidação da decisão recorrida determinando novo julgamento ao órgão *a quo*[90].

Quando o julgamento acolhe ou não o *error in judicando*, fala-se em julgamento substitutivo, pois opera a substituição da decisão recorrida pela decisão do recurso. Só caberá efeito substitutivo se o recurso for conhecido. É o que entende o art. 1.008 do CPC. Assim, eventual ação rescisória será contra o acórdão e não contra a sentença.

Ainda que a decisão negue provimento ao recurso, ou no jargão forense "confirme" a decisão, haverá efeito substitutivo de sorte que passará a ter eficácia a decisão substitutiva e não a confirmada.

9.4.2.2. Proibição da *reformatio in pejus* e vedação ao benefício comum

***Reformatio in pejus* (reforma para pior) é o agravamento da sucumbência da decisão para aquele que recorreu ao Tribunal.** Ou seja, a parte recorre para ver sua situação melhorada, mas, ao contrário, o tribunal entende que não só o recorrente não tem o direito que postula no recurso como piora a sua situação.

Em nosso sistema não há regra explícita da vedação da *reformatio in pejus*. Todavia, esta vedação existe e é extraída do sistema, principalmente da compreensão do efeito devolutivo recursal. Assim, há no Brasil, de forma geral, uma proibição da reforma para pior. A *reformatio in pejus*, ainda que não expressa em artigo específico, decorre da conjugação de diversos artigos do CPC: 141, 492, 1.002, 1.010, III, e especialmente, o art. 1.013.

Há muito tempo se permitia a *reformatio*, pois nosso sistema adotava o benefício comum (*communio remedii*) da qual se permitia ao tribunal modificar a decisão como bem quisesse, ainda que fosse contra aquele que sozinho interpusera o recurso. Chama-se benefício comum porque o recurso interposto pela parte sucumbente aproveitava também a outra parte, podendo o órgão *ad quem* agravar a situação do recorrente se entender que o recorrido (a quem se pode aproveitar o recurso) tenha ainda mais razão do que foi estabelecido na decisão recorrida.

Hoje esse benefício deve ser visto com ressalvas. Assim, a proibição da *reformatio in pejus* tem por objetivo impedir que o tribunal destinatário do recurso possa piorar a situação do recorrente que impugna a decisão. Caso contrário, seria extrapolar indevidamente a função do efeito devolutivo (que devolve a matéria impugnada), pois o tribunal não pode conhecer de matérias não suscitadas pela parte nas razões do recurso.

---

89 Em regra, pois poderá aplicar a regra do julgamento *per saltum* (art. 1.013, § 3º, CPC) caso se enquadre nas hipóteses ensejadoras de cabimento.
90 Nem sempre o acolhimento do vício de atividade acarreta novo julgamento pelo juízo *a quo*. Basta verificar os casos de decisão *extra* ou *ultra petita* quando o acórdão apenas retirará os excessos da decisão recorrida (princípio do aproveitamento dos atos processuais).

Se a parte ganhou 100 e pediu majoração para 200 o mérito do recurso será conceder ou não os 200 (ou, ao menos, o meio-termo entre 100 e 200). Se o tribunal reduz os 100 para 80 ocorreu *reformatio in pejus* porque julgou fora do pedido (*extra petita*) já que a parte recorrente não pediu a diminuição da condenação.

É importante observar que a piora, contudo, deve centrar-se no plano prático, ou seja, se **concretamente** ocorreu uma piora na situação do recorrente. Assim, se o tribunal, ao julgar o recurso, não alterar a decisão, mas alterar seus fundamentos, não haverá reforma para pior, apenas mudança na fundamentação. Assim, se a sentença julgou improcedente o pedido por falta de provas, nada impede que altere o fundamento alegando prescrição. Essa "mudança" não altera o dispositivo, que continuou improcedente e não gerou a vedação da *reformatio in pejus*. Aliás, essa questão já foi defendida em algumas decisões no STJ sobre o tema (AgRg no RMS 28.147/MS e AgRg no AREsp 369.691/RJ).

Contudo, se uma sentença terminativa (art. 485, CPC) foi recorrida e o tribunal mantém a sentença, mas com outro fundamento do mesmo art. 485, poderá se tratar de uma indevida *reformatio in pejus* se o fundamento anterior permitia a repropositura da ação e o fundamento atual não (art. 486, § 1º, CPC)[91].

A *reformatio* apenas tem incidência na sucumbência recíproca, porque se a sucumbência for integral, não há como o tribunal piorar a situação do recorrente, a não ser que se julgue *ultra* ou *extra petita*, o que geraria a nulidade da decisão ou do excesso.

Contudo, a *reformatio in pejus* não tem incidência em, ao menos, quatro casos específicos no sistema:

(i) nos casos em que a outra parte apresentou recurso. Assim, a devolutividade também assiste ao litigante adverso que tem o direito de ver o seu recurso ser apreciado. Dessa forma, na sucumbência recíproca não há se falar em *reformatio*, pois ambos recorrentes pediram reforma;

(ii) nas matérias de ordem pública. Dado o seu interesse público, essas matérias podem ser apreciadas a qualquer tempo e grau de jurisdição independentemente de provocação das partes porque possuem *ex vi legis* sujeição ao duplo grau de jurisdição. Assim, se o tribunal verificar, v.g., a ilegitimidade de parte poderá decretá-la mesmo que isso piore a situação do recorrente;

(iii) quando houver supressão de instância legal. Nos casos permissivos do art. 1.013, § 3º, I, é permitido que o tribunal conheça da matéria de fundo (mérito) como se de primeiro grau fosse quando houver os requisitos ali presentes. Neste caso, independentemente da matéria processual veiculada pelo recorrente, o tribunal poderá proferir uma decisão de mérito em desfavor do recorrente;

(iv) na majoração dos honorários. Por força do art. 85, § 11, do CPC, o tribunal poderá majorar os honorários advocatícios em caso de recurso. Se a parte sucumbente interpuser recurso ao qual foi negado provimento, serão devidos honorários (majorados) mesmo não havendo pedido expresso da outra parte.

Quanto à *reformatio* em remessa necessária existem duas correntes: uma, majoritária, no sentido de que não se pode piorar a situação. Este é o entendimento do STF e do STJ que editou o Enunciado 45 de sua Súmula.

---

91 "Art. 486. (...) § 1º No caso de extinção em razão de litispendência e nos casos dos incisos I, IV, VI e VII do art. 485, a propositura da nova ação depende da correção do vício que levou à sentença sem resolução do mérito."

Outra corrente defendida por Nelson Nery entende que é possível a piora. E isso porque a remessa necessária tem devolutividade ampla, podendo o tribunal modificar a decisão no que não estiver correto. Seria ilógico imaginar que a sentença só poderia ser modificada se favorecesse a Fazenda Pública, pois a finalidade da remessa é certificar se a sentença de improcedência foi ou não corretamente decidida. Em conclusão: o efeito devolutivo impede a *reformatio in pejus*. E isso porque se o tribunal está adstrito às razões recursais, e as razões logicamente só pedem que se melhore a situação, por certo não pode o tribunal agravá-la.

Por fim, não existe no processo civil, ao contrário do processo penal[92], *reformatio in pejus* indireta. Ou seja, o tribunal anula a sentença para que seja proferida nova decisão. Nada impede que o juiz de primeiro grau profira decisão pior que a anterior[93].

9.5. EFEITOS DOS RECURSOS

É importante ressaltar, antes de tudo, que o presente item se dedica a um panorama geral sobre os efeitos recursais. Entendemos mais adequado, pois quando do estudo dos recursos em espécie, passaremos a tratar os efeitos de maneira mais aprofundada e particularizada a espécie de recurso que se esteja enfrentando.

Os atos do processo, como condutas praticadas pelos seus sujeitos (atos jurídicos em sentido estrito), tendem a produzir efeitos sobre a relação jurídica de direito processual. Essa é a condição que torna um mero fato em um fato jurídico: sua aptidão para atuar na esfera de direito dos indivíduos.

Então, é possível definir efeitos recursais como as consequências jurídicas que resultam para o processo da interposição de um recurso.

Os efeitos são, via de regra, atribuídos por lei. Contudo, entendemos ser plenamente possível a convenção processual sobre a atribuição de efeitos pelas partes (art. 190, CPC), permitindo tanto o cumprimento provisório de recursos que sejam recebidos no efeito suspensivo, como estabelecer efeito suspensivo convencional aos recursos que, por lei, não vierem atribuídos com esse efeito.

9.5.1. EFEITO OBSTATIVO

Também denominado impedimento ao trânsito em julgado

Sendo o processo uma entidade complexa, movida por um conjunto de atos concatenados, sua dinâmica é alimentada pela preclusão. Assim, os atos devem ser praticados no tempo e modo tal qual estipulado em lei. A não observância das regras para prática do ato acarreta a perda da possibilidade de sua prática, sofrendo os efeitos da contumácia. Um recurso não interposto gera a preclusão máxima (trânsito em julgado da decisão).

Todavia, a interposição do recurso impede[94] o trânsito em julgado. O recurso prolonga a litispendência, no mesmo juízo ou em diverso. Toda interposição de recurso tem o efeito direto e imediato de prevenir a preclusão temporal[95].

---

92 STJ, HC 341.117/ES.
93 Nesse sentido, MIRANDA, Gilson Delgado; SHIMURA, Sérgio. Há vedação à *reformatio in pejus* no novo CPC? In: *Questões relevantes sobre recursos, ações de impugnação e mecanismos de uniformização de jurisprudência.* São Paulo: RT, 2017, p. 33.
94 Expressão usada por Barbosa Moreira e criticada por Nelson Nery que entende correto "retardar" e não impedir a coisa julgada. Dinamarco entende que se aplicam os dois para casos diferentes.
95 DINAMARCO, Cândido Rangel. *Nova era do processo civil*, São Paulo: Malheiros, 2003, p. 109.

9.5.2. EFEITO DEVOLUTIVO (VERTICAL, HORIZONTAL, TRANSLATIVO E EXPANSIVO)

O efeito devolutivo é elemento nuclear de um recurso ou de praticamente todos os recursos. Constitui uma consequência da sua interposição, pois sua finalidade é viabilizar a nova apreciação da decisão pelo Poder Judiciário, logo, por meio desse efeito "devolve-se" a matéria para o órgão responsável pelo reexame.

Entende-se por efeito devolutivo a transferência ao órgão *ad quem* e, em alguns casos, ao próprio órgão, do conhecimento da matéria que foi devidamente impugnada, com o objetivo de reexaminar a questão recorrida. É efeito comum a todos os recursos. E constitui manifestação do princípio dispositivo.

Na teoria geral do processo, o princípio dispositivo e, como consequência, o princípio da inércia, estabelecem que o juiz não pode agir de ofício e depende da provocação do interessado para atuar no caso concreto. Com a conjugação de ambos os princípios se constrói um novo, denominado princípio da congruência ou da adstrição (correlação, correspondência), a qual veda ao magistrado julgar acima, abaixo ou fora do pedido.

Fazendo um transporte desse princípio para a esfera recursal, que nada mais é do que uma renovação do direito de ação, tem-se o efeito devolutivo. O efeito devolutivo estabelece que o Tribunal (pelo princípio da inércia) está cognitivamente limitado a exatamente aquilo que a parte recorreu (dispositivo) conforme arts. 1.002 e 1.013, do CPC.

Ao contrário de situações autorizadas por lei em primeiro grau (art. 324, § 1º, CPC), no tribunal não se admite recurso com pedido genérico, devendo a parte se manifestar precisamente sobre o gravame sofrido (princípio da dialeticidade), sob pena de inadmissão (art. 932, III, CPC).

O objeto da devolutividade constitui o mérito do recurso, mesmo que ele verse sobre matéria exclusivamente processual. É possível, aliás, que a matéria de cunho processual em primeiro grau seja o mérito do recurso, como, por exemplo, o acolhimento (ou não acolhimento de uma preliminar).

Outra questão interessante, como asseverado, é que devolutividade não quer dizer remessa a outro órgão, pois há recursos que serão examinados pelo próprio prolator (Lei n. 6.830/80, art. 34, e embargos de declaração, v.g. bem como casos em que não há remessa a tribunal, como a decisão de Turma Recursal no JEC).

O efeito devolutivo pode ser analisado:

a) Por sua extensão (plano horizontal ou apenas efeito devolutivo) – é decorrência do princípio dispositivo. Dispositivo, porque compete ao recorrente escolher o que será submetido ao tribunal dentre as matérias da qual foi sucumbente. Mesmo porque o recurso pode impugnar no todo ou em parte a decisão (art. 1.002, CPC). Dessa forma se o recorrente impugna parte da decisão o tribunal somente poderá julgar o que foi impugnado ainda que a sucumbência tenha sido maior.

A expressão extensão traz a ideia de amplitude, horizonte (daí denomina-se no plano horizontal). É denominado também, simplesmente, efeito devolutivo.

b) Por sua profundidade (plano vertical ou efeito translativo) – decorre do princípio inquisitório. Existem determinadas matérias que, por opção legislativa, podem ser apreciadas pelo Tribunal ainda que delas a parte não tenha recorrido. É como se houvesse um efeito devolutivo *ex vi legis*. O que parcela da doutrina chama de efeito devolutivo no plano vertical ou profundidade (Barbosa Moreira) outros denominam translativo (Nelson Nery). Um bom exemplo sobre a profundidade do efeito devolutivo está previsto nos §§ 1º e 2º do art. 1.013. Aqui se fala dos argumentos e fundamentos que dão base ao que foi recorrido (decorrente do efeito devolutivo horizontal).

Se o autor recorre por força da improcedência do pedido que não lhe concedeu o pagamento de determinada quantia, o recurso versará sobre a quantia (efeito devolutivo) e o fundamento que levou à improcedência (v.g., prescrição). Contudo, os demais fundamentos desse mesmo capítulo que não foram apreciados, como, por exemplo, o pagamento efetuado, serão levados em consideração por força do efeito translativo.

Assim, a extensão do efeito devolutivo delimita a profundidade. Vale dizer, os fundamentos de um capítulo não recorrido não poderão ser apreciados pelo tribunal.

Se a parte foi sucumbente sobre dano moral e dano material e recorreu apenas do dano moral, apenas os argumentos que dão base ao dano moral poderão ser apreciados no Tribunal. Os fundamentos do dano material precluíram junto com a não recorribilidade desse capítulo.

Há uma estreita coordenação entre a extensão e a profundidade do efeito devolutivo[96], de modo que este está condicionado aos capítulos que a parte escolheu para aquele. Ou melhor dizendo, essa *profundidade do efeito devolutivo* somente pode ser aplicada em referência às matérias (extensão) do que foi impugnado.

Se, por exemplo, a decisão condenou a parte em A, B e C e esta recorrer apenas de A e B, as matérias inerentes ao efeito translativo (que sobrem de ofício) somente serão acerca dos capítulos A e B. A respeito do capítulo C não será apreciado nenhuma matéria que possa ser conhecida de ofício, pois não houve sequer impugnação desse tema.

Há quem defenda que exista uma diferença entre efeito translativo e efeito devolutivo vertical. O primeiro caso versa apenas sobre matérias de ordem pública (e seriam submetidas a apreciação do tribunal independentemente de impugnação). O segundo caso constitui a devolutividade das questões não decididas, mas condicionadas ao capítulo da decisão que foi impugnado (art. 1.013, §§1º e 2º, CPC). Entendemos, contudo, que constitui apenas uma distinção terminológica.

Ademais, o efeito devolutivo se submete a outro tipo de classificação: Poderá ser ainda **expansivo**.

Como visto, por força do efeito devolutivo o juiz deve apreciar o recurso nos limites de extensão que ele foi interposto. Há casos, porém, em que o julgamento vai além. Assim, o objeto da decisão ultrapassa os limites aquilo que foi impugnado pelo recorrente. Isso ocorre por força do efeito expansivo, que somente poderá ser autorizado por previsão legal ou negócio jurídico (caso contrário, seria uma decisão *extra* ou *ultra petita*). O efeito expansivo, por sua vez, pode ser subjetivo ou objetivo.

– **Será objetivo** quando um capítulo impugnado produz efeitos sobre outro capítulo não recorrido (v.g., a impugnação e decisão sobre a investigação de paternidade no tribunal gerará efeitos sobre o capítulo de alimentos que não foi recorrido). O efeito expansivo objetivo será **interno** quando atingir a um capítulo da mesma decisão ou **externo** quando atingir a um capítulo de outra decisão (v.g., decisão que declara a nulidade de ato poderá atingir, pelo princípio da concatenação, outros atos que dele dependam).
– **Será subjetivo** quando a decisão de um recurso alcançar outra pessoa (parte ou terceiro) que não recorreu. Assim é o caso do art. 1.005 do CPC, em que o recurso interposto pela parte alcança os demais litisconsortes (desde que sua formação seja unitária). Isso também se aplica aos embargos de declaração que interrompem a contagem de prazo para outros recursos não só para quem interpôs, mas também para a outra parte.

---

96 Klippel, Rodrigo Bastos, Antônio Adonias. *Manual de processo civil*, 4. ed., Salvador: JusPodivm, 2014, p. 709.

9.5.3. EFEITO SUSPENSIVO

O efeito suspensivo é o ato de bloquear temporariamente a produção de efeitos da decisão.

Há três formas de se aplicar o efeito suspensivo no Brasil:

***Ope legis* (efeito suspensivo próprio):** constitui na atribuição de efeito suspensivo automático a uma decisão por força de lei. Há apenas dois recursos que possuem essa característica no CPC: a apelação (art. 1.012)[97] e os recursos especial e extraordinário especificamente contra decisão do Incidente de Resolução de Demandas Repetitivas (art. 987, § 1º, CPC)[98].

***Ope judicis* (efeito suspensivo impróprio):** é a atribuição de efeito suspensivo decorrente de uma decisão judicial. A concessão de efeito suspensivo se dará em regra por requerimento da parte, mas nada impede que, pelo poder geral de cautela e a possibilidade da prática de atos para garantir a efetividade do processo (arts. 5º, XXXV, CF e 139, IV, CPC), que a concessão se dê de ofício. Todo e qualquer recurso que não possua efeito suspensivo poderá obtê-lo se preencher os requisitos previstos em lei (art. 995, parágrafo único, 1.019, I e 1.029, § 5º, CPC).

Por derivação: há situações em que os efeitos do recurso não decorrem da sua regra legal, mas de uma situação anterior em que se encontrava a decisão. É o caso dos embargos de declaração. A despeito de o art. 1.026 estabelecer que os embargos não têm efeito suspensivo (como regra) eles vão ter que seguir, em verdade, os efeitos da decisão. Se a sentença prolatada (v.g.) se sujeita a apelação com efeito suspensivo próprio, a decisão já nasce ineficaz e os embargos de declaração, consequentemente, manterão essa situação. Ou seja, os embargos de declaração pegaram "carona" no efeito suspensivo que pertence, por lei, à apelação.

Contudo, caso a decisão seja sujeita a recurso com efeito devolutivo como regra (v.g. agravo de instrumento), os embargos não têm o condão de suspender a decisão (salvo nas hipóteses do próprio art. 1.026, § 1º, CPC). Nesse mesmo sentido o Enunciado 218 do FPPC.

Isso se reflete no cabimento de mandado de segurança nos termos do art. 5º, II, da Lei n. 12.016/2009. Isso porque não caberá mandado de segurança "de decisão judicial da qual caiba recurso com efeito suspensivo", ou seja, se qualquer recurso tem ou pode ter esse efeito, o mandado de segurança somente poderá ser impetrado contra ato judicial de decisões irrecorríveis ou que não sejam imediatamente recorríveis (como no caso do art. 1.009, § 1º, CPC).

É importante asseverar que nem todos os recursos desprovidos de efeito suspensivo automático possuem requisitos na lei para a concessão. Do que se depreende do CPC, apenas a apelação sem efeito suspensivo (pela lei) e nos embargos de declaração há expressa previsão (os requisitos da tutela provisória).

Nos demais recursos, a despeito de haver a previsão de possibilidade de concessão do referido efeito, não há, correlatamente, os requisitos para sua atribuição (como se vê nas hipóteses de agravo de instrumento, recurso especial e recurso extraordinário) e há aqueles que sequer se menciona a possibilidade de concessão (agravo interno, recurso ordinário, embargos de divergência).

Contudo, em todos eles caberá a possibilidade de efeito suspensivo, devendo a parte demonstrar os requisitos da tutela provisória (art. 932, II, CPC). Seria impensável imaginar a concessão do efeito suspensivo pelo juiz pelo mero requerimento do recorrente sem que haja qualquer requisito que demonstre a necessidade de concessão.

---

97 E mesmo nela há casos em que se permite o imediato cumprimento provisório (art. 1.012, §§ 1º e 2º), as decisões interlocutórias "apeláveis" (art. 1.009, § 1º, CPC), art. 14, § 3º, da Lei n. 12.016/2009, art. 58, V, da Lei n. 8.245/91, art. 14 da Lei n. 5.478/68, entre outros).
98 Nas demais hipóteses o efeito será apenas devolutivo.

Dessa forma se exige:

> **Fumus boni iuris (probabilidade de provimento do recurso):** demonstração da alta probabilidade de êxito do recurso.
> **Periculum in mora (risco de dano grave, de difícil ou impossível reparação):** demonstração de risco caso a decisão produza seus regulares efeitos.

O efeito suspensivo é uma qualidade que adia a produção dos efeitos da decisão impugnada até que o recurso seja efetivamente julgado. Com ele, o comando emergente da decisão não pode ser executado até que transite em julgado a decisão (art. 995, CPC).

Assim, com a publicação do ato, passa a correr o prazo para a interposição do recurso. Se aquele recurso previsto no ordenamento tiver efeito suspensivo (*ope legis*), deve-se aguardar a eventual interposição do recurso. Enquanto isso, a decisão não produz efeitos (= não se permite o cumprimento provisório do julgado).

É por isso que parcela da doutrina critica a nomenclatura "efeito suspensivo", pois, se a decisão está sujeita a recurso, ela *ainda* não produz efeitos. Dessa forma, a interposição do recurso não suspende (pois a suspensão é fenômeno daquilo que já produz efeitos), mas **obsta** a produção dos potenciais efeitos.

Daí o mais correto seria denominar "efeito obstativo", pois o recurso apenas prolonga um estado que já existe: o da ineficácia.

Contudo, a expressão "efeito suspensivo" pode e é aplicada normalmente nos recursos que não o possuem como regra (agravo de instrumento, v.g.). Nesse caso, como dependem de requerimento e deferimento (*ope judicis*), produzem efeitos desde o momento de sua prolação.

Se a impugnação da decisão for parcial, a suspensividade será sobre a parte recorrida, podendo se executar (via autos suplementares, se o processo não for eletrônico) a parte que não foi, desde que a parte recorrida seja independente daquela que não se recorreu. Apenas não se aplica se os pedidos mantiverem vínculo de dependência entre si. Assim, se se recorre da rescisão do contrato apenas, o pedido que não foi recorrido (reintegração de posse, por exemplo) também será suspenso, dada a prejudicialidade existente entre eles.

9.5.4. EFEITO REGRESSIVO OU RETRATAÇÃO

Denomina-se efeito regressivo a faculdade que alguns recursos têm de atribuir ao órgão *a quo* (ou seja, ao próprio órgão que proferiu a matéria) a possibilidade de reconsiderar a decisão recorrida. Sabendo que, em regra, a matéria será apreciada por outro órgão (*ad quem*). Chama-se regressivo porque a "devolução" será para o próprio juízo prolator da decisão como fizesse as vezes de um *bumerangue*, daí por que a matéria regressa para o mesmo órgão a fim de permitir (se for o caso), sua retratação.

Assim, têm-se duas formas de aplicação do efeito regressivo: aquele **por vontade do juiz** (mas nunca de ofício!) e aquele *ex vi legis*. No primeiro, são os casos em que o juiz reconsidera sua própria decisão, como na comunicação acerca do agravo de instrumento (quando o processo for físico) nos termos do art. 1.018, CPC) e no caso apelação em casos especiais (contra sentenças terminativas, contra sentenças proferidas antes da citação do réu e no procedimento do ECA, Lei n. 8.069/90, art. 198, VII).

Nos casos em que a lei estabelece o efeito regressivo, pode-se falar dos embargos de declaração e os embargos infringentes na execução fiscal que são recursos dirigidos ao próprio prolator da decisão.

Há ainda o agravo interno, que possui uma situação híbrida. A decisão foi proferida monocraticamente pelo relator, mas com a interposição do agravo interno, haverá efeito regressivo para este relator, mas efeito devolutivo para os demais integrantes do colegiado.

9.5.5. EFEITO SUBSTITUTIVO

Preconiza o art. 1.008 do CPC que "o julgamento proferido pelo tribunal substituirá a decisão impugnada no que tiver sido objeto de recurso".

Esta regra quer afirmar que, uma vez admitido o recurso, mesmo que a ele se tenha negado provimento, o acórdão do tribunal terá substituído a decisão recorrida. É fundamental que o recurso tenha sido admitido, pois a admissão autoriza ao órgão julgador excursionar sobre o mérito.

Com isso, quer ressaltar que a decisão que *julgar* o recurso sempre prevalece sobre a decisão recorrida, independentemente do seu conteúdo.

Não incide, portanto, o efeito substitutivo em três situações: a) quando o recurso não for admitido; b) quando a decisão tiver a função de invalidar a decisão recorrida (*error in procedendo*), já que nesses casos haverá função rescindente e não haverá decisão que prevaleça (= não haverá o que substituir), pois a decisão recorrida será expurgada do mundo jurídico devendo ser proferida uma nova; e c) quando se aplicar a teoria da causa madura nas hipóteses do art. 1.013, § 3º, I e III, já que nessas situações o tribunal decidirá a questão de mérito pela primeira vez, tendo em vista que o juízo de primeiro grau, por ter proferido sentença terminativa (inciso I) ou por ter sido omisso (inciso III) não o fez.

A regra, por ser longe de ter viés acadêmico, torna fundamental verificar sua consequência prática. Bem observou Cassio Scarpinella Bueno[99]: "Aqui também o que está em evidência são as consequências do seu julgamento, e não, propriamente, as consequências sentidas no plano do processo ou fora dele pela simples interposição do recurso".

Sua principal consequência prática refere-se à competência para o ajuizamento da ação rescisória.

A competência para a apreciação de rescisória de sentença será do tribunal competente, seja para a apelação não recebida ou não interposta. Esta regra de competência também se aplica à apelação que teve julgamento de mérito (conhecida). A diferença reside no órgão fracionário competente para julgamento que será disciplinado de acordo com o Regimento Interno de cada tribunal (CF, art. 96, I, *a*).

Com a apresentação de recurso especial ou extraordinário que tenham sido conhecidos, a competência será do STJ ou STF, respectivamente. Para dar maior ênfase e evitar – o que normalmente ocorre – as notórias confusões entre admissibilidade e mérito, o STF editou a Súmula 249, que possui o seguinte teor: "É competente o Supremo Tribunal Federal para a ação rescisória quando, embora não tenha conhecido do recurso extraordinário, ou havendo negado provimento ao agravo, tiver apreciado a questão federal controvertida". Importante asseverar que a súmula foi editada anteriormente à CF/88, ou seja, as questões federais eram de competência do STF.

---

99 *Curso sistematizado de direito processual civil*, São Paulo: Saraiva, 2008, p. 88.

Ocorre que a súmula é contraditória, e demonstra a dificuldade que se tem para divisar a admissibilidade do mérito.

9.5.6. EFEITO ATIVO

O efeito ativo (também chamado de contrassuspensivo ou suspensivo inverso) é uma das modalidades de antecipação da tutela recursal (juntamente com o efeito suspensivo em alguns casos) aplicável especialmente nas decisões monocráticas em sede de agravo de instrumento nos casos de urgência.

Constitui efeito criado pela doutrina (a nomenclatura é atribuída ao processualista Eduardo Talamini[100]) justamente para resolver uma questão de ordem prática: ao contrário da apelação, muitas vezes a decisão denegatória de primeiro grau ou é uma tutela provisória ou há urgência na revisão da decisão (indeferimento do rol de testemunha há poucos dias da audiência). Nesses casos, a concessão do efeito suspensivo pelo relator ao receber o recurso não é suficiente, pois o recorrente não deseja que a decisão deixe de produzir efeitos: ele deseja que ela seja imediatamente reformada.

O efeito suspensivo tem espaço nas decisões positivas (ou seja, aquelas requeridas pela outra parte e que foram concedidas pelo juiz) em que a suspensão da decisão atende, no plano concreto, o interesse do recorrente (ex.: decisão que determina inserir o nome em órgão de restrição cadastral de crédito ou decisão que determina cessar uma atividade).

Já o efeito ativo se aplica aos casos das decisões negativas (em que a própria parte recorrente requereu algo em primeiro grau e foi indeferido. Nesses casos, não adianta o efeito suspensivo, pois não se pode suspender o que não foi concedido. É necessária uma decisão do tribunal que se conceda um ato comissivo, ativo, como nos casos de negativa de intervenção cirúrgica.

9.5.7. DEMAIS EFEITOS

Há ainda, alguns efeitos que se projetam em situações muito peculiares do processo:

A – Efeito condicionado: ocorre quando a admissibilidade e processamento de um recurso ou capítulo de um recurso está subordinada a admissibilidade de outro recurso. Isso ocorre no recurso adesivo (art. 997, § 2º, CPC) que não será admitido se o recurso independente não for e também nas decisões interlocutórias não agraváveis, em que não serão apreciadas (em preliminar de apelação) caso a apelação contra a sentença não seja admitida (art. 1.009, § 1º, CPC).

B – Efeito diferido: ocorre em apenas uma situação no CPC brasileiro. O recurso extraordinário, quando interposto conjuntamente com o recurso especial, será apreciado (= devolvido) apenas após o julgamento do recurso especial no STJ (art. 1.031, CPC).

9.6. PRINCÍPIO DA VOLUNTARIEDADE, CONSUMAÇÃO, COMPLEMENTARIDADE E UNIRRECORRIBILIDADE

Pelo princípio da **voluntariedade**, é necessária a vontade da parte para que haja recurso. Assim, não existe recurso de ofício, em atenção ao princípio dispositivo e da inércia. É por isso que o reexame necessário não pode ser considerado recurso.

Outra manifestação do princípio da voluntariedade é o não conhecimento do recurso quando há fato extintivo ou impeditivo de recorrer, como a renúncia ou desistência.

---

[100] A nova disciplina do agravo e os princípios constitucionais do processo. *REPro*, São Paulo: RT, 1995, n. 80.

O princípio da **consumação** determina que, uma vez interposto, o recurso gere preclusão consumativa para impugnar o ato judicial. Assim, não se pode completar o recurso se se esqueceu de alguma questão mesmo no prazo legal. Exceção à regra refere-se aos embargos de declaração opostos pela outra parte que gere a integração da decisão necessitando a outra parte emendar o seu recurso com a nova parte[101]. Essa regra é justamente a contraposição do princípio da **complementaridade**. Assim, de regra, não se pode aditar um recurso pelo princípio da consumação, salvo se houver embargos de declaração integrativos (complementaridade), conforme prevê o art. 1.024, § 4º, do CPC

O princípio da **unirrecorribilidade** (também denominado singularidade ou unicidade) determina que caiba apenas um recurso contra cada decisão. Dessa forma a parte não pode se valer de dois recursos para impugnar o mesmo provimento jurisdicional. A previsão dos recursos no CPC, na CF e em algumas leis extravagantes conferem, com tranquila facilidade, o cabimento de cada recurso para cada decisão judicial. Mesmo em situações aparentemente mais complexas, a lei tratou de resolver a situação como: **a)** uma decisão agravada, em que a parte contrária opõe embargos de declaração por omissão e essa omissão é suprida com matéria que piora a situação do já agravante. Nesse caso não caberá novo agravo da mesma decisão, mas emenda do agravo anteriormente interposto (art. 1.024, § 4º, CPC); **b)** quando matéria com conteúdo de decisão interlocutória for apresentada dentro da sentença caberá somente apelação e não apelação + agravo de instrumento (art. 1.009, § 3º, CPC); **c)** igualmente, o capítulo da sentença: "O capítulo da sentença que confirma, concede ou revoga a tutela provisória é impugnável na apelação" (art. 1.013, § 5º, CPC). Mesmo nos casos em que se desiste do primeiro recurso para interpor o segundo ainda dentro do prazo recursal e se esbarra na preclusão consumativa, como já se posicionou o STJ nesse sentido[102].

Todos serão objeto de estudo mais detalhado nos recursos em espécie.

9.7. REMESSA NECESSÁRIA

9.7.1. INTRODUÇÃO

A remessa necessária[103] (duplo grau de jurisdição obrigatório ou reexame necessário), foi inicialmente denominada como *recurso de ofício* remonta suas raízes no período medieval, mantendo-se nas Ordenações Afonsinas e Manuelinas. Denominava-se recurso de ofício, pois competia ao juiz recorrer (= remeter ao tribunal) de sua própria sentença, sob pena de duras sanções, podendo até mesmo perder o cargo.

Sua origem de fato se deu no direito processual penal português "com o objetivo de servir como um contrapeso, a fim de minimizar eventuais desvios do processo inquisitório"[104] e aos poucos foi sendo introduzido no nosso ordenamento (CPC/39) permitindo a interposição de recursos voluntários ou de ofício (arts. 821 e 822).

O CPC/73 retirou-lhe o caráter recursal e o inseriu fora do grupo dos recursos.

---

101 É importante ressaltar que essa regra não se aplica ao processo penal por força do art. 600 do CPP.
102 A preclusão consumativa pela interposição de recurso enseja a inadmissibilidade do segundo inconformismo interposto pela mesma parte e contra o mesmo julgado, pouco importando se o recurso posterior é o adequado para impugnar a decisão e tenha sido interposto antes de decorrido o prazo recursal" (REsp 2.075.284-SP, Rel. Ministro Marco Aurélio Bellizze, Terceira Turma, j. 8-8-2023).
103 É a nomenclatura eleita pelo CPC, constando expressamente nos arts. 936, 942, § 4º, II, 947, 978, parágrafo único, e 1.040, II.
104 Leonardo José Carneiro da Cunha. *A Fazenda*, cit., p. 188.

O CPC atual estabeleceu a mesma tônica, alocando-o no Capítulo XII "Da sentença e da coisa julgada".

É importante entender sua natureza jurídica.

9.7.2. NATUREZA JURÍDICA

Conforme dito, o CPC/73 retirou a natureza recursal do reexame, tendo sido mantido pelo ordenamento atual.

Como tivemos oportunidade de asseverar no início deste capítulo, a condição de existência de um recurso não se encontra na ciência do direito. Não há atributos internos ou externos que possam conferir a determinado instituto a sua natureza de recurso a não ser a sua mera previsão em lei como tal (a despeito de haver uma série de peculiaridades similares entre a remessa e os recursos). Recurso é conferido pelo direito positivo de cada país. Determinadas medidas ostentam natureza recursal em um dado ordenamento e em outro não.

Contudo, vem crescendo na atual doutrina o entendimento de que a remessa necessária constitua um recurso[105]. O argumento trazido pela doutrina[106] que defende essa posição se resume nos seguintes argumentos: i) existe ato de provocação (pelo próprio órgão judicial em decorrência da lei; ii) o tribunal ao julgar a remessa necessária profere decisão que, independentemente do resultado, substituirá a sentença; iii) não seria correto asseverar que a remessa necessária seja condição de eficácia da sentença. Além de não definir o que seja, mas sim pelos efeitos que produz, há sentenças que produzem efeitos imediatamente (mesmo antes da remessa) como, por exemplo, a sentença no Mandado de Segurança (art. 14, § 1º, Lei n. 12.016/2009).

Contudo, não concordamos com essa opinião. **Remessa necessária é condição de eficácia de algumas sentenças contra o Poder Público para que se possa produzir a coisa julgada**. É a necessidade de que determinadas sentenças sejam confirmadas pelo tribunal ao qual está vinculado o juiz, ainda que não tenha havido recurso pelas partes, sob pena de nunca transitarem em julgado[107]. Constitui ato jurídico complexo, pois a produção dos efeitos fica circunscrita a uma conjugação de vontades de dois órgãos distintos[108].

O fato de a sua definição ser dada pelos seus efeitos (condição de eficácia) e não pelo conteúdo em si, não desnatura do fato de que, em nosso entendimento, não constitui propriamente um recurso.

Ademais, não basta apenas ser condição de eficácia (já que, como dito, há sentenças sujeitas a remessa necessária que produzem seus efeitos *incontinenti*, como a sentença do mandado de segurança). É condição de eficácia para produzir a coisa julgada[109].

---

105 Sem prejuízo de parte da doutrina que, desde sempre, defende a natureza recursal da remessa necessária (PONTES DE MIRANDA, Francisco Cavalcanti. *Comentários ao Código de Processo Civil*. Rio de Janeiro: Forense, 1974, t. V, p. 215; ASSIS, Araken de. *Manual dos recursos cíveis*. 2. ed. São Paulo: RT, 2008, p. 870-875).

106 Especialmente pelos autores Eduardo José Fonseca da Costa, Roberto Campos Gouveia Filho (opiniões ainda não materializadas em texto), Fredie Didier Jr. e Leonardo Carneiro da Cunha (*Curso de direito processual civil*. 13. ed. Salvador: JusPodivm, 2016, v. 3, p. 401-404).

107 Assim, Súmula 423 do STF: "Não transita em julgado a sentença por haver omitido o recurso *ex officio*, que se considera interposto *ex lege*".

108 SCARPINELLA BUENO, Cassio. *Curso sistematizado de direito processual civil*. 2. ed., São Paulo: Saraiva: 2010, v. 5, p. 459.

109 Dessa forma "a plenitude eficacial da sentença fica subordinada à sua confirmação em sede de remessa necessária" (OLIVEIRA JR., Zulmar Duarte. *Processo de conhecimento e cumprimento de sentença. Comentários ao CPC 2015*. São Paulo: Gen, 2016, p. 591).

Para tornar ainda mais clara essa proposição, colhe-se na doutrina e na jurisprudência uma série de argumentos tendentes a afastar a tese da natureza recursal do reexame. São elas:

a) taxatividade – A decisão sobre a existência de um recurso num dado ordenamento não pertence à ciência do direito, mas ao direito positivo. Somente haverá recurso quando previsto em lei. Assim, se a remessa necessária não é considerada como tal pelo ordenamento, logicamente não pode ser considerada recurso;

b) voluntariedade – somente haverá recurso por ato volitivo do agente. Não se admite recurso (que é manifestação do direito de ação) por impulso oficial. O que seria um contrassenso admitir que o próprio magistrado recorra de sua própria decisão. Entendemos inadequada a classificação de recursos voluntários e compulsórios;

c) ausência de legitimidade – o juiz não é categorizado como parte legítima para recorrer (CPC, art. 996), ainda mais de sua própria decisão;

d) ausência de prazo – não há prazo para a remessa, sendo que a tempestividade é nota marcante dos recursos. Mesmo os recursos interpostos por entes com prerrogativas (como a Fazenda Pública e o Ministério Público) esse prazo é em dobro, mas constitui prazo próprio (preclusivo);

e) bis in idem – se a Fazenda apelar parcialmente, haverá reexame da outra parte, em decorrência do efeito translativo. Se de fato fosse considerado o reexame um recurso, ofenderia o princípio da unirrecorribilidade (unicidade, singularidade) na medida em que seriam interpostos "dois recursos" contra a mesma decisão;

f) falta de regularidade formal e dialeticidade – a remessa não possui razões nem contrarrazões, não é necessário formular pedido de nova decisão e não necessita demonstrar as razões de fato e de direito com que fundamentam a reforma, exigências necessárias nos recursos;

g) formação de coisa julgada – a não propositura de um recurso gera o trânsito em julgado da decisão (que constitui um dos seus principais efeitos), podendo ser sujeita a rescisória no prazo de dois anos. A remessa necessária é automática, independentemente da vontade da parte. Logo, impede a coisa julgada (Enunciado 423 da Súmula do STF).

9.7.3. HIPÓTESES DE CABIMENTO

O CPC/73, em sua redação original, previa o "reexame necessário" para as hipóteses: i) de anulação de casamento; ii) proferida contra a União, Estado e Município; e iii) julgamento improcedente de execução fiscal da Fazenda Pública. Essa lei passou por duas significativas alterações com as Leis n. 9.469/97 e n. 10.352/2001.

O CPC atual não alterou as hipóteses de cabimento da remessa necessária previstas no CPC/73 quando dessas alterações, que continua sendo aplicada nas seguintes situações:

a) a sentença preferida contra as Fazendas Públicas e respectivas autarquias e fundações de direito público

Esta hipótese refere-se ao processo/fase de conhecimento (apto a permitir a formação do título executivo). Somente se aplica às sentenças e não às decisões interlocutórias. Dessa forma, não se pode aceitar a ideia de que a decisão concessiva de tutela provisória contra o Poder Público (por ser satisfativa e de mérito) submete-se à remessa necessária. Neste sentido é o entendimento do STJ (REsp 659.200/DF).

Igualmente não há remessa necessária de acórdãos, ainda que a causa seja de competência originária do tribunal (e, portanto, o acórdão seja o primeiro provimento final daquela causa).

Discute-se na atual doutrina se a decisão com fundamento no art. 356 do CPC seria passível de remessa necessária. Isso porque, a despeito de decisão interlocutória, constitui decisão definitiva sobre o mérito.

Uma primeira corrente (interpretação extensiva) entende que sim, já que a remessa necessária se relaciona com as decisões de mérito proferidas contra a Fazenda Pública. As decisões do 356 do CPC são decisões parciais de mérito e sobre essa parte, far-se-á coisa julgada, uma vez exauridos os recursos possíveis. Sendo a remessa obrigatória, condição de eficácia da sentença contra a Fazenda Pública para permitir a coisa julgada, não há razão de se excluir essa situação. Este é o entendimento esposado por Didier Jr. e Cunha[110].

Uma segunda corrente (interpretação restritiva) entende que não. Primeiro porque as hipóteses devem ser analisadas restritivamente (a lei fala em sentença). Segundo porque poderia se gerar um tumulto processual de como a remessa poderia ser feita, como seria levada ao tribunal apenas parte (com ou sem instrumento). Este é o entendimento defendido por Gajardoni, Dellore, Roque e Oliveira Jr.[111].

Nossa tendência é seguir a primeira corrente. Não apenas pelos motivos trazidos pelos autores, como também um que reputamos extremamente relevante. A função da remessa é a proteção do erário público. Não há razão lógica para uma decisão parcial do mérito não ter remessa e outra, ao final do procedimento sobre (também) o mérito ter. Independentemente de a lei falar em sentença (e a decisão parcial do art. 356, em nossa opinião, não é sentença) há de se fazer uma adequação formal a essa situação.

Ademais, se o magistrado julgar antes e parcialmente o mérito e depois a outra parte, apenas a que consta na sentença será sujeita à remessa. Então o magistrado que, por algum motivo, deixar para decidir tudo ao final permitirá a remessa do todo?

Se a Fazenda for sucumbente pela reconvenção, igualmente haverá reexame. Além disso, aplica-se a toda e qualquer matéria, mesmo que exclusivamente honorários. Este é o Enunciado 325 da Súmula do STJ: "A remessa oficial devolve ao Tribunal o reexame de todas as parcelas da condenação suportadas pela Fazenda Pública, inclusive honorários de advogado".

As agências reguladoras também se submetem ao reexame como autarquias especiais.

Não estão inclusas no reexame necessário as sociedades de economia mista e empresas públicas, que, por ostentarem a condição de pessoas jurídicas de direito privado, sequer gozam das demais prerrogativas como o prazo em dobro.

Não se aplica às sentenças terminativas já que a expressão "contra" a Fazenda é limitada à resolução do mérito. A sentença sem resolução não procedeu ao acertamento do direito e, portanto, não pode ser enquadrada nas hipóteses do reexame;

b) a sentença que julgar procedente, no todo ou em parte, os embargos à execução fiscal da Fazenda Pública

A lei fala expressamente em processo de execução fiscal para cobrança de dívida ativa. Assim, qualquer outra modalidade de execução movida pela ou contra a Fazenda que não tenha por objeto dívida ativa não está sujeita ao duplo grau obrigatório. Esse entendimento foi cristalizado no Enunciado da II Jornada de Direito Processual Civil do CJF: "A sentença de rejeição dos embargos à execução opostos pela Fazenda Pública não está sujeita à remessa necessária".

Dessa forma, apenas a título exemplificativo, nos embargos do devedor em execução por quantia certa, julgados improcedentes numa execução comum, mesmo tendo como sucumbente

---
110 *Curso de direito processual civil*, cit., p. 405.
111 *Processo de conhecimento e cumprimento de sentença. Comentários ao CPC 2015*, cit., p. 593.

a Fazenda, não caberá remessa necessária nem pelo inciso I (mesmo em se tratando de processo cognitivo), nem pelo inciso II (que optou por limitar o tipo de execução sujeita ao benefício).

Ademais, o art. 1.012, III, do CPC impõe a executoriedade imediata da sentença que julgam improcedentes os embargos do executado, sendo que este cumprimento provisório da sentença é incompatível com a ritualística da execução contra a Fazenda Pública;

c) demais casos previstos em lei

O rol não é taxativo, autorizando a remessa obrigatória em outras hipóteses:

i) sentença concessiva da segurança (art. 14, § 1º, Lei n. 12.016/2009);

ii) sentença que extinguir ação popular por carência de ação ou improcedência do pedido (art. 19, Lei n. 4.717/65);

iii) sentença em processo cautelar proferida contra o Poder Público (art. 3º, Lei n. 8.437/92).

9.7.4. EXCLUSÕES LEGAIS

Os §§ 3º e 4º do art. 496 estabelecem as situações em que, mesmo sucumbente a Fazenda, não se aplicará a remessa necessária. As exclusões levam em consideração dois critérios: um com base no valor e o outro com base no conteúdo da decisão.

a) com base no valor

As causas cuja condenação seja de pequeno valor não se submetem ao reexame necessário. Assim, estabeleceu-se um teto valorativo para as situações que não se submetem à hipótese legal:

I – **1.000 (mil) salários mínimos** para a União e as respectivas autarquias e fundações de direito público;

II – **500 (quinhentos) salários mínimos** para os Estados, o Distrito Federal, as respectivas autarquias e fundações de direito público, e os Municípios que constituam capitais dos Estados;

III – **100 (cem) salários mínimos** para todos os demais municípios e respectivas autarquias e fundações de direito público.

A grande questão **(o que é um problema)** é tratar de maneira uniforme **um patamar valorativo quando há muita disparidade na receita entre municípios e entre Estados. Ademais, há muitos municípios que não são capitais que possuem receita maior que muitos Estados. Logo estabelecer um critério uniforme sem observar a realidade concreta pode onerar sobremaneira os Estados e municípios com menor capacidade financeira.**

E se a condenação na sentença for ilíquida? O art. 496, § 3º, estabelece que "Não se aplica o disposto neste artigo quando a condenação ou o proveito econômico obtido na causa for de valor certo e líquido inferior a (...)" o que demonstra que a restrição apenas se aplica quando o valor da sentença for líquido.

Nesses casos, entende o STJ (com o que integralmente concordamos) que haverá remessa, pois é melhor manter do que suprir uma prerrogativa da qual não se sabe ainda se possui direito. Nesse sentido, o Enunciado n. 490 da súmula do STJ: "A dispensa de reexame necessário, quando o valor da condenação ou do direito controvertido for inferior a sessenta salários mínimos, não se aplica a sentenças ilíquidas".

b) com base no conteúdo da decisão (eficácia dos precedentes)

O CPC estabeleceu salutar sistematização das hipóteses de não cabimento de reexame quando a sentença estiver fundamentada em precedentes. Aqui o critério funda-se na grande probabilidade de a sentença ser confirmada no Tribunal. Assim, se há essa probabilidade, não se justifica que se obstem os efeitos da decisão. Dessa forma, de acordo com o § 4º do art. 496, não se aplica a remessa quando a sentença estiver fundada em:

I – súmula de tribunal superior;
II – acórdão proferido pelo Supremo Tribunal Federal ou pelo Superior Tribunal de Justiça em julgamento de recursos repetitivos;
III – entendimento firmado em incidente de resolução de demandas repetitivas ou de assunção de competência;
IV – entendimento coincidente com orientação vinculante firmada no âmbito administrativo do próprio ente público, consolidada em manifestação, parecer ou súmula administrativa.

Há ainda uma terceira exceção: trata-se do Juizado Especial da Fazenda Pública que não admite a remessa necessária por força do art. 11 da Lei n. 12.153/2009 e o Juizado Especial Federal (art. 13 da Lei n. 10.259/2011).

9.7.5. PROCEDIMENTO

A despeito de a lei não falar em contraditório e a despeito de se saber que as sentenças contra a Fazenda Pública, uma vez preenchendo os requisitos autorizadores, ensejam a remessa, é imperiosa a intimação da parte contrária para se manifestar ou esclarecer que o caso enseja o reexame. Assim, poderá a parte: a) melhorar os argumentos que demonstram o acerto da sentença e/ou b) explicitar que o caso não enseja a remessa porquanto se enquadre numa das hipóteses dos §§ 3º e 4º do art. 496.

Não se trata de contrarrazões (porque não há razões), mas de mera possibilidade de manifestação. Em havendo apelação parcial, nada impede que a parte, em contrarrazões, manifeste-se sobre a apelação e, para mera simplificação do ato, já se manifeste sobre as demais questões que serão objeto de remessa necessária.

No caso de haver apelação, deve-se aguardar o processamento dela para que a remessa seja apreciada, já que é necessário o julgamento conjunto.

Contudo, há contundente equívoco na lei. O art. 496, § 1º, estabelece que "não interposta a apelação no prazo legal, o juiz ordenará a remessa dos autos ao tribunal" dando a entender que se houver a interposição de apelação não haverá remessa necessária. Ocorre que a lei não estabelece de quem seria esse recurso, podendo dar margem a entender que, nos casos de sucumbência recíproca, a interposição de apelação pelo particular somente não permitiria a remessa necessária pelo Poder Público. Ademais, ainda que se entenda que o recurso seja o da Fazenda Pública, é possível que esse recurso do Poder Público não seja admitido (por ausência de algum requisito de admissibilidade) o que não invalida o direito de remessa necessária. Igualmente, nas hipóteses do Poder Público não impugnar todas as matérias, a remessa necessária se encarregaria de devolver o resto. Ou seja, o efeito translativo da remessa não pode sofrer restrições se devidamente enquadrado no art. 496, CPC.

Aplica-se à remessa necessária o art. 935 do CPC: "Entre a data de publicação da pauta e a da sessão de julgamento decorrerá, pelo menos, o prazo de 5 (cinco) dias, incluindo-se em nova pauta os processos que não tenham sido julgados, salvo aqueles cujo julgamento tiver sido expressamente adiado para a primeira sessão seguinte". Este julgamento terá preferência se devidamente requerido nos termos do art. 936.

Não há preparo.

9.8. HONORÁRIOS ADVOCATÍCIOS EM SEDE DE RECURSO

Os honorários advocatícios não são devidos apenas na sentença (e nas demais decisões que tiverem condenação), mas também serão fixados em fase recursal (art. 85, § 11, CPC).

O objetivo da regra é dúplice: primeiro, **permitir remuneração adicional** ao advogado em decorrência do seu justo trabalho extra na interposição e condução do recurso ou contrarrazões e segundo, no **caráter inibitório**, pois a parte terá que sopesar economicamente a vantagem de interpor recurso não levando em consideração apenas o preparo, os juros e a correção monetária, mas também os honorários advocatícios extras que poderá arcar. Constitui notório combate para desestimular o uso do recurso como meio protelatório para o prosseguimento da demanda.

Assim, poderá o Tribunal, de ofício, no julgamento do recurso, elevar os honorários fixados na decisão tendo em vista o trabalho adicional exercido pelo causídico, seguindo as mesmas regras da fixação de honorários aplicada para o primeiro grau. O limite que a lei estabelece é que os honorários observem os mesmos critérios adotados nos §§ 2º e 3º do referido artigo (base de cálculo geral e da Fazenda Pública, respectivamente).

Esse teto, contudo, aplica-se apenas para a fase de conhecimento, conforme dispõe expressamente o § 11. Quer a regra, portanto, deixar bem claro que os honorários em fase de cumprimento de sentença não se submetem a nenhuma limitação que se tenha dado na anterior fase cognitiva. Assim, ainda que na fase de conhecimento (até mesmo em decorrência de complementares honorários recursais) os honorários tenham chegado ao teto de 20%, é possível a fixação de novos honorários em cumprimento de sentença.

É importante estabelecer algumas premissas.

Primeira premissa: Os honorários recursais incidem apenas em algumas situações. Dessa forma, somente poderão incidir nos casos em que a decisão de 1º grau houve a fixação de honorários (sentenças ou a decisão interlocutória de mérito – art. 1.015, II, CPC) ou que verse sobre alguma situação prevista no art. 485 do CPC, como, por exemplo, os incisos I, VII, IX e parágrafo único do art. 1.015, do mesmo diploma[112]. Nas demais hipóteses em que não há fixação de honorários como tutela provisória, arbitragem, desconsideração, gratuidade, litisconsórcio, intervenção de terceiros, e as demais hipóteses do art. 1.015, CPC, não caberá majoração de honorários.

Importante ressaltar que se a decisão impugnada possa estabelecer honorários, mas o juiz foi omisso, poderá o Tribunal fixar honorários suprindo essa omissão (art. 1.013, § 3º, III, CPC) e já majorar os honorários em decorrência da atividade recursal.

Segunda premissa: É irrelevante se a decisão do tribunal for colegiada ou unipessoal (art. 932, III a V CPC) (FPPC, Enunciado n. 242).

Terceira premissa: Caso não conste a condenação de majoração em honorários na decisão cabem embargos de declaração, pois constitui modalidade de pedido implícito (art. 322, § 1º, CPC). E caso tenha escoado o prazo dos embargos e ocorrido o trânsito em julgado, caberá pedido em ação própria conforme art. 85, § 18 do CPC. Assim a parte teria direito a honorários na ação originária e em outra ação sobre os honorários de majoração que não foram requeridos (mas eram seus de direito). Contudo, o STJ entende que em caso de omissão do relator sobre honorários na decisão monocrática, poderá o colegiado, em sede de acórdão arbitrá-la até mesmo de ofício (STJ, EDcl no AgInt no AREsp 1.249.853-SP).

---

112 VOLPE CAMARGO, Luiz Henrique. *Breves comentários ao novo Código de Processo Civil*. São Paulo: RT, 2015, p. 321-322.

Quarta premissa: Se o recurso não for admitido ou for improvido, haverá majoração dos honorários estabelecidos anteriormente. Assim, se a parte ré, por exemplo, foi condenada a pagar 10% de honorários ao advogado da parte autora em 1º grau e recorrer, ainda que seu recurso sequer supere a segunda fase de conhecimento, haverá majoração dos honorários. Isso porque o art. 85, § 11 claramente fala que o tribunal "majorará" a verba honorária dando a ideia de adição, soma (FPPC, Enunciado n. 241). Isso ganha reforço com o julgamento no STJ pelo Tema repetitivo 1059, que assim dispôs: "a majoração dos honorários de sucumbência prevista no art. 85, § 11, do CPC pressupõe que o recurso tenha sido integralmente desprovido ou não conhecido pelo tribunal, monocraticamente ou pelo órgão colegiado competente. Não se aplica o art. 85, § 11, do CPC em caso de provimento total ou parcial do recurso, ainda que mínima a alteração do resultado do julgamento ou limitada a consectários da condenação" (ProAfR no REsp 1.865.553/PR).

Em caso de provimento integral do recurso haverá duas situações: tanto a inversão como a majoração dos honorários de sucumbência. Esse, aliás, é o entendimento do Enunciado 243 do FPPC, que assim dispõe: "No caso de provimento do recurso de apelação, o tribunal redistribuirá os honorários fixados em primeiro grau e arbitrará os honorários de sucumbência recursal".

No caso de provimento parcial é necessário estabelecer uma regra aritmética.

Os índices não variam (10 a 20%), mas a base de cálculo sim.

Dessa forma, se numa ação de cobrança se pleiteia R$ 50.000,00 e a sentença é parcialmente condenando o réu a pagar ao autor R$ 30.000,00, incidirão, por exemplo, 10% de honorários ao advogado do autor sobre esse valor e 10% ao advogado do réu sobre os restantes R$ 20.000,00.

Em caso de recurso do autor e com o provimento parcial (ex. a condenação de R$ 30.000,00 foi elevada para R$ 40.000,00) ter-se-á a seguinte situação:

i) o advogado do autor receberá 10% de R$ 40.000,00 referentes ao novo valor de primeiro grau e mais 10% (por exemplo) referentes a esse mesmo valor decorrente da sucumbência recursal;

ii) o advogado do réu receberá 10% de R$ 10.000,00 referente ao novo valor de primeiro grau e mais 10% (por exemplo) referente a esse mesmo valor decorrente da sucumbência recursal.

O STJ, aliás, entende a majoração nos casos de sucumbência recíproca. Assim: "Honorários advocatícios de sucumbência. Majoração. Artigo 85, § 11, do CPC de 2015. Sucumbência recíproca. Inexistência de óbice. Readequação da sucumbência. Circunstância que impede a majoração de honorários em sede recursal. A sucumbência recíproca, por si só, não afasta a condenação em honorários advocatícios sucumbenciais nem impede a sua majoração em sede recursal" (AgInt no AREsp 1.495.369-MS, Rel. Min. Luis Felipe Salomão, Quarta Turma, por unanimidade, j. 1º-9-2020, *DJe* 16-10-2020).

Quinta premissa: Revendo nossa opinião anterior, entendemos possível majorar honorários advocatícios nas hipóteses de interposição de recurso no mesmo grau de jurisdição. Isso porque, não faz o menor sentido proibir honorários quando a parte tanto quando recorre para a mesma instância (v.g., agravo interno, embargos de declaração) como para outra (v.g., apelação, agravo de instrumento, recurso especial) o advogado está do mesmo modo fazendo o recurso (dialeticidade), formulando contrarrazões e ainda acompanhando o julgamento. O que justificaria a não incidência seria o fato do recurso subir para outro grau de jurisdição? Evidente que quando o recurso de embargos vier depois acompanhado de outro recurso (apelação, por exemplo) a incidência dos honorários deve ser feita num contexto desses recursos de forma conjunta.

Assim, a leitura do § 11 do art. 85, que diz que o "O tribunal, ao julgar recurso, majorará os honorários fixados anteriormente", deve ser lido para os embargos de declaração opostos em primeiro grau também. Afinal, como admitir a majoração de honorários em sede de tribunal, mas não perante o juiz da causa?

Nesse sentido, há sólidos argumentos de boa parte da doutrina que defende a incidência de honorários em sede de embargos de declaração como Zulmar Duarte: "Claramente, o dispositivo disse menos do que pretendia (*lex minus dixit quam voluit*), já que seu objetivo é o aumento dos honorários pela interposição de recurso e não confinar sua aplicação aos tribunais. Não fosse isso, para se argumentar, tal entendimento tornaria a disposição inaplicável perante os juizados especiais ('turmas recursais' — Lei n. 9.099 de 1995) ou ainda nos recursos analisados pelo juiz de primeiro grau (art. 34 da Lei n. 6.830 de 1980), o que certamente não foi o objetivo do legislador"[113]. Em sentido contrário, Enunciado n. 16 do ENFAM: "Não é possível majorar os honorários na hipótese de interposição de recurso no mesmo grau de jurisdição (art. 85, § 11, do CPC/2015)".

No sentido do Enunciado, o STJ já sedimentou o entendimento que "não é cabível a majoração dos honorários recursais no julgamento de agravo interno ou de embargos de declaração" (EDcl no AgInt no AREsp 1.677.575/PR, Rel. Ministro Moura Ribeiro, Terceira Turma, j. 1º-3-2021, *DJe* 4-3-2021)[114].

Seja qual for o posicionamento não se pode defender como o STF o fez, que aplicou a majoração dos honorários em sede de embargos de declaração como método de sancionar o recorrente por se valer de recurso protelatório (RE 929.925 AgR-EDcl/RS). O sistema já consta com mecanismos suficientes para essa finalidade (arts. 1.026, §§ 2º e 3º, e 80, VII, CPC) não sendo, de modo algum, necessário que se estabeleça, por via oblíqua, uma sanção pelos honorários.

Sexta premissa: De acordo com entendimento majoritário do STJ, caberá majoração dos honorários mesmo que a parte contrária não tenha apresentado contrarrazões. Isso porque é possível que o advogado, mesmo não tendo apresentado resposta, tenha efetivamente trabalhado no recurso com entrega de memoriais, sustentação oral, acompanhamento na sessão de julgamento etc. Ademais, a majoração tem uma finalidade inibitória para impedir a mera interposição de recurso protelatório quando o réu for revel, por exemplo, e sabe que dificilmente apresentará contrarrazões. Aliás, esse é o entendimento do Enunciado n. 7 da I Jornada de Direito Processual Civil (CJF): "A ausência de resposta ao recurso pela parte contrária, por si só, não tem o condão de afastar a aplicação do disposto no art. 85, § 11, do CPC" e do STJ (AgInt nos EDcl no REsp 1.357.561/MG)[115].

Sétima premissa: A majoração possui um teto. Esse teto é de 20% (art. 85, §§ 2º e 3º, CPC). Dessa forma, se o juiz de primeiro grau fixou honorários sucumbenciais em 15%, por exemplo, não poderá o tribunal, em sede de recurso acrescer mais 10%, pois extrapolaria o teto

---

113 Os honorários recursais nos embargos de declaração contra sentença. Disponível em: http://genjuridico.com.br/2019/04/04/os-honorarios-recursais-nos-embargos-de-declaracao-contra-a-sentenca. Acesso em: 6 set. 2020, às 21 horas.

114 Nesse mesmo sentido: EDcl no AgInt no AREsp 1.752.699/SP, Rel. Min. Marco Aurélio Bellizze, Terceira Turma, j. 4-4-2022, *DJe* 7-4-2022; EDcl no AgInt no REsp 1.944.179/SP, Rel. Min. Moura Ribeiro, Terceira Turma, j. 4-4-2022, *DJe* 6-4-2022; AgInt no AREsp 1.753.412/GO, Rel. Min. Ricardo Villas Bôas Cueva, Terceira Turma, j. 21-3-2022, *DJe* 30-3-2022; EDcl no AgInt no REsp 1.876.946/SP, Rel. Min. Antonio Carlos Ferreira, Quarta Turma, j. 14-3-2022, *DJe* 18-3-2022; EDcl no AgInt no AREsp 1.882.759/SP, Rel. Min. Herman Benjamin, Segunda Turma, j. 21-2-2022, *DJe* 15-3-2022; AgInt no AREsp 1.738.588/PR, Rel. Min. Nancy Andrighi, Terceira Turma, j. 25-10-2021, *DJe* 28-10-2021; AgInt no AREsp 1.882.996/PR.

115 Em outro julgado, a Corte Superior (AgInt no AREsp 1.882.996/PR) entendeu "no sentido de que a majoração da verba honorária, na forma do art. 85, § 11, do CPC/2015, independe de comprovação do efetivo trabalho adicional pelo advogado da parte recorrida".

legal. Veja a redação do art. 85, § 11: "O tribunal, ao julgar recurso, majorará os honorários fixados anteriormente levando em conta o trabalho adicional realizado em grau recursal, observando, conforme o caso, o disposto nos §§ 2º a 6º, sendo vedado ao tribunal, no cômputo geral da fixação de honorários devidos ao advogado do vencedor, ultrapassar os respectivos limites estabelecidos nos §§ 2º e 3º para a fase de conhecimento". É esse o entendimento também do Enunciado 241 do FPPC da qual *os honorários de sucumbência recursal serão somados aos honorários pela sucumbência em primeiro grau, observados os limites legais*.

O que leva à lógica conclusão que, se o juiz de primeiro grau fixou os honorários do advogado em 20%, não poderá o tribunal aumentá-lo sob pena de extrapolar o teto fixado em lei.

Oitava premissa: Quanto mais recursos forem interpostos, mais honorários podem ser estabelecidos (sempre no limite de 20% como índice final).

Nona premissa: Não cabem honorários recursais quando, por força do recurso, a decisão do Tribunal anula a sentença. Porque nesse caso, ao invalidar a decisão de 1º grau por *error in procedendo*, estará o Tribunal anulando toda a sentença, incluindo o capítulo da verba honorária que será fixado novamente por nova decisão[116].

Décima premissa: O recurso interposto pela parte vencedora para ampliar a condenação, e caso esse recurso não tenha sido conhecido, ou mesmo desprovido, não acarretará honorários de sucumbência recursal para a parte contrária. Isso porque a leitura do art. 85, § 11, do CPC estabelece expressamente que somente serão majorados os "honorários fixados anteriormente", de modo que, não havendo arbitramento de honorários pelas instâncias ordinárias, não haverá incidência da referida regra. Nesse sentido é o posicionamento do STJ (EAREsp 1.847.842-PR, Rel. Ministro Herman Benjamin, Corte Especial, por unanimidade, *DJe* 21-9-2023, Corte Especial).

---

116 AgInt nos EDcl no REsp 2.004.107-PB, Rel. Ministro Mauro Campbell Marques, Segunda Turma, *DJe* 19-12-2022.

10.

RECURSOS EM ESPÉCIE

10.1. APELAÇÃO

10.1.1. INTRODUÇÃO

O primeiro recurso a ser examinado é a apelação. Dada a sua importância para a ciência processual, desconhece-se ordenamento ou área do Direito (que contenha autonomia processual) que não tenha previsão da apelação, mesmo que seja com outra nomenclatura[1]. É chamado de recurso por excelência[2].

A apelação é cabível em todos os procedimentos: comum ou especial, cabível também na execução. Tanto nos casos de jurisdição contenciosa como nos casos de jurisdição voluntária.

É recurso que se interpõe contra a sentença (CPC, arts. 203, § 1º, 485, 487, 925 e 1.009) e contra as decisões interlocutórias não agraváveis (art. 1.009, § 1º, CPC).

i) Apelação contra as sentenças

A apelação cabe tanto contra as decisões no processo de conhecimento como também contra as sentenças em execução (CPC, arts. 924 e 925).

Há, contudo, no ordenamento determinadas sentenças que não comportam o recurso de apelação:

a) a sentença proferida no Juizado Especial Cível que desafia o recurso inominado (art. 41, Lei n. 9.099/95);

b) a sentença que julga os embargos infringentes da Lei de Execução Fiscal nas condenações até 50 ORTN[3] (art. 34, Lei n. 6.830/80); e

c) a sentença proferida na Justiça Federal entre Estado ou organismo estrangeiro, de um lado, e, de outro, município ou pessoa residente ou domiciliada no Brasil (art. 1.027, II, *b*, CPC).

---

1 Na Justiça do Trabalho, por exemplo, denomina-se Recurso Ordinário.
2 José Carlos Barbosa Moreira, *Comentários ao Código de Processo Civil*, 7. ed., Rio de Janeiro: Forense, 1998, v. V, p. 402.
3 Obrigações Reajustáveis do Tesouro Nacional.

O ordenamento atual encerrou antiga polêmica sobre os capítulos da sentença que possuíam natureza de decisão interlocutória, havendo quem defendesse que desse capítulo caberia agravo de instrumento (mesmo que a decisão estivesse *dentro* da sentença) e outros de que caberia apelação desprovida (nessa parte) de efeito suspensivo. O § 3º do art. 1.009 estabelece que caberá apelação da matéria que integre a sentença, ainda que verse sobre as hipóteses do art. 1.015 do CPC (cabimento de agravo de instrumento), ou seja, ainda que a matéria tenha conteúdo de decisão interlocutória, desde que inserida geograficamente na sentença, é absorvida por essa e caberá apelação. E, ainda, o § 5º do art. 1.013, que estabelece: "O capítulo da sentença que confirma, concede ou revoga a tutela provisória é impugnável na apelação". Até mesmo porque a possibilidade de confusão entre os provimentos sempre é possível, já que a decisão interlocutória de mérito (art. 1.015, II, CPC) e as sentenças (art. 487, CPC) geram coisa julgada material (art. 502, CPC) sujeita a rescindibilidade (art. 966, CPC). Consistem em decisões de mesmo conteúdo e que diferem apenas por ocorrerem em momentos processuais diversos e serem submetidas a recursos distintos.

É nesse sentido o Enunciado n. 390 do FPPC: "Resolvida a desconsideração da personalidade jurídica na sentença, caberá apelação".

A notória diferença entre elas (com a qual discordamos) é que nos agravos de instrumento contra decisões interlocutórias de mérito, não há sustentação oral e não se permite a ampliação do julgamento colegiado em caso de não unanimidade (arts. 937 e 942, respectivamente), o que é previsto em sede de apelação.

Independentemente da discussão doutrinária anterior, acreditamos tratar de melhor solução, pois permite a interposição de apenas um recurso, a apelação (recebido cada capítulo com seu efeito respectivo) seguindo a tendência do CPC em simplificar o sistema recursal.

ii) Apelação contra decisões interlocutórias irrecorríveis

Ao longo da história processual brasileira, apelação sempre foi o recurso cabível exclusivamente contra as sentenças[4].

Contudo, as mudanças empreendidas pelo legislador de 2005 (por meio da Lei n. 11.232), ainda no regime anterior, fortalecendo o sincretismo entre conhecimento e execução, teve como efeito colateral e forçoso a alteração da definição de sentença que era qualificada pela sua finalidade (*ato que põe termo ao processo*) passando a ser definida pelo seu conteúdo (*enquadramento em alguma das hipóteses dos arts. 267 e 269, CPC/73*). A alteração levou parcela da doutrina a defender a existência de sentenças agraváveis na medida em que o conteúdo era determinante para a configuração do pronunciamento e assim as [então] interlocutórias passaram a ser qualificadas como sentenças parciais. E por estarem em posição de julgamento parcial do mérito, não podiam ser desafiadas por apelação que leva consigo os autos do processo para o tribunal. As alterações trazidas no novo Código arrefeceram esses problemas.

O atual CPC aparentemente afastou esse problema ao prever: a) a possibilidade de decisões interlocutórias de mérito (art. 1.015, II); b) o conceito de interlocutória ser por exclusão ao conceito de sentença (art. 203, §§ 1º e 2º), o que permite compreender que basta para ser interlocutória o provimento "não encerrar a fase de conhecimento ou execução e ter conteúdo decisório"; c) a previsão expressa que as decisões parciais de mérito desafiam o recurso de agravo de instrumento (art. 356, § 5º, CPC).

Contudo, ao estabelecer a taxatividade do rol do agravo (que será vista com mais vagar no capítulo destinado a esse recurso) e a não preclusão imediata das demais interlocutórias,

---

4   Foi assim no CPC/39, art. 820, e no CPC/73, art. 513.

permitiu-se a sua devolução por meio de apelação. Portanto hoje a apelação é o recurso cabível contra decisões interlocutórias que não admitem agravo de instrumento.

Explica-se.

O CPC brasileiro é, historicamente, rígido no tocante ao momento para a prática dos atos processuais. Em cada etapa procedimental, caso não houvesse a devida prática do ato (ou houvesse sua prática de forma imperfeita), a consequência era a preclusão.

Assim, no regime anterior, diante de decisão não atacada por agravo gerava a impossibilidade para a parte que a decisão pudesse ser modificada.

Tal premissa é reforçada na medida que aquele regramento estabelecia um amplo sistema de recorribilidade, pois praticamente todas as decisões interlocutórias emergentes no processo desafiavam o recurso de agravo[5].

A regra era o cabimento de agravo retido, aplicável a todas as situações em que a lei não confiava ao agravo de instrumento essa função (art. 522, parte final, CPC/73). A apelação no regime anterior, portanto, era circunscrita às matérias não abarcadas nas decisões interlocutórias surgidas no procedimento, pois: a) ou eram impugnadas por agravo (instrumento ou retido) ou b) não eram impugnadas e, portanto, operava-se sobre elas a preclusão (à exceção feita as matérias de ordem pública).

O CPC aprovado aboliu a figura do agravo retido. Para preencher a lacuna, o sistema atual valeu-se de mecanismo similar ao aplicado na Justiça do Trabalho, potencializando o princípio da irrecorribilidade em separado das interlocutórias[6].

Assim, ampliou-se a extensão do efeito devolutivo da apelação ao abarcar, além das matérias objeto de recurso que se encontram na sentença (**extensão horizontal**), as matérias que serão levadas por força de lei (**extensão vertical**) e aquelas inerentes às interlocutórias não agraváveis (**efeito devolutivo diferido**).

É importante falar sobre alguns pontos dessa nova estrutura recursal:

a) Hipóteses – por expressa disposição legal (art. 1.009, § 1º, CPC) essa regra se aplica somente na fase de conhecimento. Não há incidência em execução (judicial ou extrajudicial) e liquidação de sentença.

b) Impugnação expressa – para permitir que essas decisões sejam apreciadas pelo tribunal é necessário suscitar (= impugnar) em preliminar de apelação ou nas contrarrazões (caso tenha vencido a sentença) sob pena de renúncia tácita e consequente preclusão. Apenas não haverá preclusão se a matéria for de ordem pública quando então, mesmo diante da inércia do recorrente, a matéria será submetida à apreciação do tribunal por força do efeito translativo.

10.1.2. OS EFEITOS DA APELAÇÃO

Apesar de os efeitos na teoria geral dos recursos já terem sido objeto de tópico próprio (item 6.5, *supra*) o seu estudo específico na da apelação constitui premissa essencial para a compreensão de uma série de situações processuais como a limitação cognitiva do Tribunal, o *jus novorum*, a *reformatio in pejus* e o julgamento *per saltum*. O CPC não sistematizou uma

---

5 Eram pouquíssimas as situações irrecorríveis no sistema anterior. Apenas a título de exemplo, a decisão que julgava exceção de impedimento e suspeição (art. 313, CPC/73).

6 O Projeto da Câmara, aproximando-se ainda mais do regime utilizado na Justiça do Trabalho, exigia, como condição da devolutividade, o prévio protesto na primeira oportunidade em que a parte falasse nos autos. No texto consolidado a ideia não prevaleceu, mantendo-se a proposta estabelecida pelo Senado, ou seja, a devolutividade está condicionada a posterior manifestação por meio do recurso da decisão final da fase de conhecimento.

"teoria geral dos efeitos recursais" de modo que a grande maioria das disposições aplicáveis a todos os recursos (sem prejuízo de regras particulares de cada qual previstas especialmente nos arts. 1.019, I, 1.026 e 1.029, § 5º, CPC) está prevista no regramento da apelação, especialmente no tocante ao efeito devolutivo (art. 1.013, CPC).

10.1.2.1. Efeito devolutivo

Pela voluntariedade, o recorrente demonstra seu direito de recorrer. Pelo efeito devolutivo, o recorrente escolhe, entre todas as matérias da qual foi sucumbente na decisão, o que será objeto de recurso.

Quando se estuda o efeito devolutivo se objetiva verificar **quais matérias serão objeto de apreciação pelo Tribunal** em decorrência da apelação.

Após o exame de admissibilidade, abre-se a oportunidade para a apreciação de mérito pelo órgão *ad quem*.

É importante ressaltar que não há uma perfeita simetria entre aquilo que se recorreu e aquilo que se verificou no curso do processo quando da sua propositura e respectiva defesa (formalizando o objeto do processo)[7].

O material transportado para o tribunal de modo a estabelecer o trabalho a ser exercido na fase recursal depende de manifestação da parte. Aliás, Nelson Nery[8] já escreveu que "o efeito devolutivo é manifestação do *princípio dispositivo*".

O **princípio da adstrição da sentença ao pedido** determina que o magistrado deva julgar em congruência com aquilo que foi formulado. Esta regra, com os devidos reparos, pode ser transportada para o campo recursal e recebe o nome de *efeito devolutivo*. Aliás, somente será devolvido o que for recorrido (*tantum devolutum quantum appellatum*).

Compete à parte eleger as matérias que serão "devolvidas" ao Tribunal.

> Assim, se Caio foi sucumbente no valor de R$ 1.000,00 (mil reais), mas apelou apenas de metade desse valor, somente esta parte recorrida será objeto de apreciação pelo Tribunal *ad quem* (mesmo que o Tribunal verifique na sentença que a extensão da sucumbência é maior).

Da mesma forma quando a parte recorre de apenas uma das matérias que lhe foi desfavorável (recorreu apenas de dano moral, mas foi sucumbente também sobre o dano material), o Tribunal não poderá, sob pena de ofender o princípio da inércia, julgar *extra petita* e analisar os tópicos que, proposital ou inadvertidamente, foram deixados de lado (CPC, art. 1.002).

Importante que se diga, igualmente, até mesmo para a fixação da matéria a ser devolvida, que o recurso nunca poderá cobrir área maior que a da sentença. Da mesma forma que o Tribunal está adstrito às razões recursais, o recorrente está vinculado àquilo que foi decidido. "Nenhum recurso devolve ao tribunal uma pretensão maior que a da lide posta em juízo". (Cândido Dinamarco)[9].

---

7   Na expressão de Sydney Sanches. Objeto do processo e objeto litigioso do processo, *Revista de Jurisprudência do Tribunal de Justiça do Estado de São Paulo*, São Paulo: Lex, v. 55, nov./dez. 1978, p. 13-28.
8   *Teoria geral dos recursos*, 4. ed., São Paulo: Revista dos Tribunais, 1997, p. 361.
9   *Nova era do processo civil*. São Paulo: Malheiros, 2003, p. 118.

Esta limitação, de impedir que o órgão superior fique impossibilitado de analisar matérias estranhas às razões recursais, tem autorizador na lei, consoante se depreende do art. 1.013, *caput*, do CPC.

O efeito devolutivo, sob esse plano, gera três consequências práticas[10]:

a) impedimento de se trazer matérias que não foram requeridas ao juízo *a quo* (**vedação ao *jus novorum***);

b) limitação do tribunal estritamente ao que foi impugnado;

c) proibição da *reformatio in pejus* (conforme estudado no capítulo sobre teoria geral dos recursos). Afinal, se o Tribunal apenas está limitado ao que foi requerido e o que foi requerido sempre será para melhorar a decisão, não poderá o tribunal agravar aquilo que foi decidido em primeiro grau.

A expressão efeito devolutivo é equívoca (apesar de esse "equívoco" não gerar nenhuma consequência prática). Seu conceito surgiu no direito romano. O poder originário de julgar pertencia ao soberano. Este delegava esta parcela de poder a órgãos inferiores e após o julgamento era devolvido ao próprio soberano para revisão. Daí a expressão.

Esta nomenclatura estaria em desconformidade com nosso ordenamento na medida em que o juiz de primeira instância tem competência originária (e não delegada) para julgamento dos feitos de sua competência. Assim, a devolução deve ser analisada em seu conceito jurídico (= transferir) e não pelo léxico (devolver)[11].

10.1.2.1.1. A ampliação da extensão do efeito devolutivo (o denominado efeito devolutivo condicionado)

Como visto, o recorrente elege expressamente as matérias que serão levadas ao tribunal (efeito devolutivo) ficando a análise limitada ao que foi impugnado. Contudo é possível a ampliação da cognição na esfera recursal, que pode ser dada de duas formas: por força do **efeito translativo** (conforme será visto adiante) e/ou pelo **efeito devolutivo condicionado** (art. 1.009, §§ 1º e 2º) objeto do presente tópico.

Ao longo do processo, até a prolação da sentença, o magistrado profere uma série de decisões interlocutórias resolvendo questões incidentes. Algumas são recorríveis e outras não.

As decisões que desafiam agravo de instrumento **são casuísticas** (art. 1.015, CPC), bem como em algumas poucas situações previstas no próprio CPC (ex. arts. 354, parágrafo único, 1.037, § 13, 1.027, § 1º) ou em legislação extravagante (ex. art. 100, Lei n. 11.101/2005, art. 17, § 10, Lei n. 8.249/92 e art. 19, § 1º, Lei n. 4.717/65). Estas decisões, além de submetidas a recurso imediato, são sujeitas a preclusão caso não sejam impugnadas.

Todas as demais decisões, por exclusão, não sofrem preclusão imediata[12] e serão devolvidas ao Tribunal por meio da interposição de eventual apelação.

Assim, para que essas matérias possam ser apreciadas pelo tribunal, é imperioso que a parte as deduza em preliminar de apelação contra a decisão final (ou nas contrarrazões). Se deduzidas em contrarrazões, a parte contrária será intimada para se manifestar a respeito delas.

---

10 Conforme observado por Barbosa Moreira (*Comentários*, cit., p. 426).

11 Há autores que entendem haver acerto na nomenclatura na medida em que a matéria é devolvida ao próprio Poder Judiciário que é uno (Barbosa Moreira).

12 É equívoco asseverar que as decisões não precluem, pois toda decisão é sujeita à preclusão. Difere-se apenas o momento em que ela ocorreu.

Sobre esse efeito devolutivo condicionado é importante estabelecer algumas questões de ordem prática:

a) Quando a lei fala em preliminar (art. 1.009, § 1º, CPC) o conceito não pode ser confundido com o de questões prévias no sentido de "obstar a apreciação da subordinada, tornando-a desnecessária ou mesmo impossível" mas apenas um conceito geográfico de se apreciar antes a impugnação à decisão interlocutória e somente depois a impugnação da sentença[13-14-15].

b) A apreciação da preliminar pressupõe recurso admissível. Assim, se o recurso não for admitido, a preliminar (que impugnou uma interlocutória no curso do processo) também não será apreciada. Afinal a intempestividade ou a ausência de preparo, por exemplo, contaminam todo o recurso e não apenas um capítulo. Contudo, se for possível fragmentar a admissibilidade por capítulo do recurso será possível apreciar somente a preliminar (por exemplo, a preliminar preenche o requisito da dialeticidade enquanto as razões recursais contra a sentença, não – art. 932, III, CPC).

c) Quando a parte vencida apresenta apelação sobre a sentença e também impugna decisão interlocutória não agravável, o apelado será intimado para ofertar contrarrazões **contra** (o capítulo que versa sobre) **a apelação** e **contra** (o capítulo que versa sobre) **a decisão interlocutória**.

d) É possível que o apelado (vencedor da sentença) queira, em atenção à regra da eventualidade, impugnar decisão interlocutória em seu desfavor no curso do processo que não comportava, naquele momento processual, recurso. E isso porque, não obstante no presente momento esteja satisfeito com o julgado, o recurso da parte contrária poderá reformar o que foi decidido. Assim, o apelado deseja colocar no tablado das discussões do tribunal essas decisões interlocutórias para a eventualidade do recurso da parte contrária ser acolhido e provido. Qual o motivo dessa premissa? Ela decorre da ideia de que a vitória da parte faz "perder o interesse" em impugnar as decisões interlocutórias proferidas em seu desfavor no curso do processo. Nesses casos, como dito, o não conhecimento ou não provimento da apelação da parte contrária gera a perda do objeto da impugnação apresentada pelo apelado, pois o motivo que o levou a impugnar (que é justamente evitar a *reformatio in pejus*) cessou.

Para tanto bastará formular contrarrazões à apelação da parte vencida que farão as vezes de um recurso. Nessa situação haverá a inusitada situação que o apelante será intimado para ofertar **contrarrazões das contrarrazões.**

e) Dessa forma, há hoje duas modalidades de contrarrazões: **e1) contrarrazões passivas**, no sentido de resistência sobre o recurso apresentado (seja contra a sentença, seja contra a decisão interlocutória) e **e2) contrarrazões ativas**, quando a parte vencedora, *ad argumentandum*, impugna decisão interlocutória não agravável proferida em seu desfavor. Esta última modalidade é um verdadeiro recurso interposto no "corpo" das contrarrazões (apenas como analogia, a reconvenção não perde sua natureza de ação por estar inserida dentro da contestação). Não se trata de recurso adesivo, e não se pode confundir com essa figura, pois não houve *sucumbência recíproca* nem *conformação inicial com o julgado*, exigências para o cabimento dessa forma de interposição recursal.

---

13 Nesse caso deve-se conferir prazo para recolher em dobro (art. 1.007, § 4º, CPC).
14 DIDIER JR.; CUNHA. *Curso...*, cit., p. 169.
15 Aplicando-se aqui as regras do recurso adesivo, conforme art. 997, § 2º, do CPC.

f) Entretanto, é possível que a parte vencedora tenha interesse recursal em impugnar a decisão interlocutória independentemente de recurso da parte contrária por exemplo, a decisão que no curso do processo condenou a parte em multa de litigância de má-fé (Enunciado n. 67 da I Jornada de Direito Processual Civil – CJF). Nesses casos: f1) a parte poderá ofertar apelação própria contra a decisão interlocutória que lhe causou prejuízo ou f2) apresentar contrarrazões ao recurso da parte contrária, e seu interesse subsiste mesmo que o apelo da outra parte seja inadmitido ou improvido (conforme será visto no próximo item).
g) Essas contrarrazões em que se formula um verdadeiro recurso, como dito, ficam subordinadas e condicionadas ao recurso da outra parte. Estão subordinadas, pois, qualquer que seja o motivo que leve à não apreciação do recurso da parte vencida (inadmissibilidade, desistência), acarretará a não apreciação do recurso da parte vencedora. É igualmente subordinado, pois sua apreciação fica na dependência do não provimento do apelo da outra parte. Essa regra faz todo o sentido.
h) A parte vencida poderá ter interesse em apelar apenas de decisão interlocutória não agravável proferida em seu desfavor e não recorrer da sentença? Sim, em decorrência do **princípio dispositivo e da voluntariedade**. Até mesmo porque muitas vezes a impugnação sobre a decisão interlocutória, se acolhida, poderá anular todo processo, tornando prejudicada a apreciação da impugnação sobre a sentença.
i) Diante de uma decisão interlocutória não agravável a parte resolve impetrar mandado de segurança nos termos permissivos do art. 5º, II, da Lei n. 12.016/2009. Poderá ao final, após a sentença, devolver essa mesma matéria em preliminar de apelação nos termos do art. 1.009, § 1º, do CPC? Acreditamos que a resposta dependerá do resultado do mandado de segurança: se não admitido (= não julgado) sim, pois não houve pronunciamento judicial sobre a questão. Entretanto, se o mandado de segurança foi julgado no seu mérito decidindo a questão, não será mais possível dado o *ne bis in idem* e a coisa julgada sobre ela.

Apesar de essa medida ser de certa forma positiva, na medida em que a supressão de um recurso no curso do processo desburocratiza a atividade de primeiro grau, se a questão devolvida (que não pôde ser enfrentada por agravo) for uma nulidade que não puder ser sanada em segundo grau (indeferimento de perícia, v.g.) a questão terá que ser integralmente devolvida para primeiro grau, a fim de se produzir a prova inadmitida devendo se decretar a nulidade de todos os atos praticados até então. Cai por terra o motivo que ensejou a reforma: efetividade e economia processual.

Ademais, muitos advogados se valem do mandado de segurança como sucedâneo recursal para ver sua pretensão analisada imediatamente pelo Tribunal, sem ter que aguardar a prolação da sentença e o trâmite do julgamento da apelação. Especialmente em situações que ficaram de fora do rol do art. 1.015, como a decisão sobre incompetência absoluta, indeferimento liminar da reconvenção, quebra de sigilo bancário, entre outras. Nessas hipóteses a parte não tem interesse em esperar a subida de posterior apelação para que seja verificada a incompetência absoluta.

10.1.2.2. Efeito translativo (efeito devolutivo vertical ou profundidade)

Em regra, portanto, a atividade do Tribunal fica confinada às matérias impugnadas, conforme se depreende do *caput* do art. 1.013 do CPC: "A apelação devolverá ao tribunal o conhecimento da matéria impugnada".

Contudo, existem outras matérias que, a despeito de não terem sido impugnadas ou decididas, serão levadas ao tribunal de ofício. Essas matérias não sofrem preclusão com a prolação de sentença e, portanto, abre-se via livre para sua apreciação pelo órgão competente para apreciação do recurso.

Como a voluntariedade recursal é condição para a fixação do material de trabalho do órgão *ad quem*, estas matérias serão transportadas a superior instância por força do que se convencionou denominar **efeito translativo** (Nelson Nery).

O efeito translativo é também denominado por parte da doutrina (Barbosa Moreira) de **efeito devolutivo vertical, profundidade** ou *ex vi legis*[16].

É chamada de profundidade, porque as matérias que a parte elege para que sejam apreciadas e são inseridas nas razões recursais são vistas sob a ótica horizontal ou extensão.

- Efeito devolutivo horizontal, extensão ou simplesmente devolutivo
- Efeito devolutivo vertical, profundidade ou translativo

O efeito devolutivo, dessa forma, poderá ser verificado como num plano cartesiano: na **ótica horizontal** (também denominada **extensão** ou, simplesmente, **efeito devolutivo**), consistem as matérias com base nas quais o recorrente impugna a sentença, podendo ser no todo ou em parte (art. 1.002, CPC). Contudo, essas matérias estão veiculadas em argumentos (causas de pedir ou fundamentos de defesa), e nisso consiste a **ótica vertical** (também denominada **profundidade** ou **efeito translativo**).

Há quem defenda que exista uma diferença entre efeito translativo e efeito devolutivo vertical. O primeiro caso versa apenas sobre matérias de ordem pública (e seriam submetidas a apreciação do tribunal independentemente de impugnação). O segundo caso constitui a devolutividade das questões não decididas, mas condicionadas ao capítulo da decisão que foi impugnado (art. 1.013, §§1º e 2º, CPC). Entendemos, contudo, que constitui apenas uma distinção terminológica.

Em interessante analogia[17], é de se pensar que a ótica horizontal sejam as raias de uma piscina olímpica: o recorrente poderá impugnar para o tribunal todas as raias ou apenas algumas. E apenas as raias impugnadas serão levadas ao tribunal, de todas as possíveis. Já a ótica vertical consiste na profundidade da piscina. A profundidade consiste em todos os argumentos inerentes àquela raia. Ainda que não se recorra de todos os argumentos (porque, por exemplo, o juiz apreciou apenas uma das causas de pedir para conferir a vitória à parte contrária), todos os demais serão levados ao tribunal pelo efeito translativo. Assim, a escolha das raias que serão recorridas pertence à parte, mas a profundidade ligada a cada raia decorre da lei. Afinal, "toda profundidade" será analisada.

Em conclusão, "a extensão é o que será julgado e a profundidade é com que material o tribunal trabalhará"[18].

---

16 Há, contudo, quem defenda que o efeito translativo não se confundiria com o efeito devolutivo vertical, mas com uma de suas hipóteses. Assim, apenas se aplicariam as matérias de ordem pública não em decorrência do efeito devolutivo na profundidade, mas como uma exceção à regra ao próprio efeito devolutivo (ARRUDA ALVIM, José Manoel. *Novo contencioso cível no CPC/2015*. São Paulo: RT, 2016, p. 459).
17 FERREIRA, Willian Santos. *Comentários ao Código de Processo Civil*. São Paulo: Saraiva, 2017, v. 4, p. 442.
18 *Comentários ao Código de Processo Civil*, cit., v. 4, p. 442.

A profundidade somente poderá ser verificada após a extensão. É por isso que a expressão *tantum devolutum quantum appellatum* (que diz respeito à extensão) deve ser agregada com o a locução *vel appellari debebat* (que se refere à profundidade).

Como a extensão constitui manifestação do princípio dispositivo, ela poderá ser total ou parcial (art. 1.002, CPC). Já a profundidade, que decorre do princípio inquisitivo, será sempre integral, pois dentro da extensão devolvida, todo material pertinente a ela (profundidade) será levado ao Tribunal.

Assim, qualquer matéria que, por algum motivo, tiver autorização para ser apreciada pelo Tribunal *independentemente* de recurso da parte nesse sentido, será levada com base nesse efeito.

Constitui uma espécie de devolução automática[19]. Nesses casos, como o princípio inquisitivo deve ser analisado excepcionalmente, o efeito translativo não se presume: sempre decorre de lei. As causas que serão adiante estudadas consistem em **exceção à regra ao efeito devolutivo**, pois permitem que matérias não recorridas sejam apreciadas no tribunal

São casos de matérias submetidas ao efeito translativo no CPC: **i)** art. 1.013, §§ 1º e 2º; **ii)** art. 1.013, § 3º, inciso I; **iii)** as matérias de ordem pública (arts. 485, § 3º, e 337, § 5º); **iv)** art. 496.

10.1.2.2.1. CPC, art. 1.013, §§ 1º e 2º

Para sua exata compreensão é necessário organizar o assunto de maneira sistemática com algumas regras da teoria geral do processo.

Dada a inércia da jurisdição, o autor deve provocar a atividade judicial por meio da demanda formulando nela ao menos um pedido. Todavia, o pedido de per si não é hábil para fixar a demanda. A correta compreensão do pedido somente é possível com o correlato fundamento a ele vinculado, a causa de pedir. Estes são os elementos integrantes do objeto litigioso.

A causa de pedir é composta pelos fatos e pelo fundamento jurídico do pedido. Nada impede, contudo, que existam várias causas de pedir (causas de pedir compostas) que, isoladamente, seriam fundamento para este pedido, mas foram apresentadas em conjunto.

Da mesma forma o réu, quando apresenta defesa, formula pedido (de resistência à pretensão). Nesse pedido é possível que o réu tenha mais de um argumento para demonstrar a inexistência do direito do autor.

Conforme se expôs, o princípio da congruência (ou adstrição) condiciona a atividade jurisdicional ao quanto foi pedido. Esta manifestação é a adoção pelo nosso sistema da **lide projetada** desenvolvida por Liebman (lide é aquilo que se projeta para o processo) em detrimento da **lide social** desenvolvida por Carnelutti (lide existe dentro e fora do processo como uma realidade social).

Este princípio impõe ao judiciário a análise de todo o pedido, mas não de todas causas de pedir ou fundamentos de defesa. E isso porque, no campo da cognição judicial, o magistrado com base apenas em uma causa de pedir, ou um fundamento de defesa, já pode estar apto a decidir a causa.

Não seria crível imaginar que o juiz fosse obrigado a analisar todas as causas de pedir ou fundamentos de defesa, quando, somente por um deles, o magistrado já estivesse convencido sobre a questão que se deseja demonstrar. Aliás, o próprio art. 489, § 1º, IV, CPC reforça essa questão, pois apenas não será considerada fundamentada a decisão que "não enfrentar todos os argumentos deduzidos no processo capazes de, em tese, infirmar a

---

[19] Nesse sentido Teresa Arruda Alvim Wambier, *Omissão judicial e embargos de declaração*, São Paulo: Revista dos Tribunais, 2005, p. 189.

conclusão adotada pelo julgador", ou seja, a obrigação de analisar todos argumentos é apenas para rejeitar, e não para conceder.

Assim, é possível que o magistrado analise apenas uma das causas de pedir formuladas e/ou um dos fundamentos de defesa apresentados quando estes se mostrarem suficientes para dar suporte à postulação feita por uma das partes. Contudo, as causas de pedir formuladas e/ou um dos fundamentos de defesa mesmo que o magistrado não os tenha analisado (e, portanto, sequer estarão no fundamento da sentença), serão levados ao tribunal por força do efeito translativo (ou efeito devolutivo vertical/profundidade).

Exemplo 1

Numa ação de rescisão contratual, o autor apresenta dois fundamentos (causas de pedir) contra o réu: inadimplemento e nulidade de determinada cláusula. Estas duas causas de pedir, autonomamente, são aptas a conferir a procedência da demanda. O magistrado, analisando o inadimplemento, já constatou a sua ocorrência, julgando procedente o pedido de rescisão sob este fundamento.

O réu recorre com base exclusivamente nesse fundamento e consegue provar no tribunal a sua não ocorrência. Contudo, a despeito de o tribunal dar provimento ao apelo nesse sentido, manteve a sentença, na medida em que procedeu a análise da nulidade da cláusula (causa de pedir não recorrida) e verificou sua ocorrência.

Assim, restou rejeitado o inadimplemento, mas mantida a procedência da demanda com base em outro argumento: nulidade da cláusula contratual. Este transporte da matéria está autorizado por força do efeito translativo.

Exemplo 2

Numa defesa em ação de cobrança, o réu alega a prescrição da dívida e o pagamento. O magistrado na análise dos fundamentos de defesa constata que a pretensão, de fato, está prescrita. Certamente não será necessário averiguar o pagamento, pois a prescrição torna a apreciação desse ponto desnecessária. O autor sucumbente apela ao tribunal com base naquilo que foi decidido (prescrição) e consegue provar que a dívida ainda é exigível.

O tribunal, contudo, acolhe a alegação da não prescrição, mas mantém a sentença com base no pagamento que ocorreu (e não havia sido decidido pelo juízo *a quo*).

Dessa forma poderá o tribunal dar provimento ao recurso, mas manter a sentença, na medida em que adotou o posicionamento omitido.

Percebam que o tribunal terá a sua disposição todos os elementos que o juiz da causa tinha quando do julgamento. A apelação devolve o que foi pedido e as questões (que fundamentaram **aqueles pedidos recorridos**) mesmo que (essas questões) não tenham sido objeto de apelação.

Como dito, estes dois casos estão autorizados por força de uma espécie de efeito devolutivo *ex vi legis*. Autorizada doutrina denomina este instituto a profundidade do efeito devolutivo sob a ótica vertical (Barbosa Moreira).

Como o efeito devolutivo pressupõe ato volitivo do agente e essas matérias serão processadas e analisadas independentemente da vontade de quem recorre, seu transporte decorre de outro princípio, de natureza inquisitiva, denominado **efeito translativo**.

É assim que preconizam os dois parágrafos em comento[20]:

Art. 1.013. A apelação devolverá ao tribunal o conhecimento da matéria impugnada.

§ 1º Serão, porém, objeto de apreciação e julgamento pelo tribunal todas as questões suscitadas e discutidas no processo, ainda que não tenham sido solucionadas, desde que relativas ao capítulo impugnado.

§ 2º Quando o pedido ou a defesa tiver mais de um fundamento e o juiz acolher apenas um deles, a apelação devolverá ao tribunal o conhecimento dos demais.

Não se trata de julgamento *infra petita* pelo juízo *a quo*, mas de autorização legal.

Tanto que a decisão pode ser reformada e não invalidada, caso o magistrado não tenha apreciado todos os fundamentos do pedido.

Nesse sentido, José Carlos Barbosa Moreira[21]: "Não constitui motivo para invalidar, a nosso ver, a omissão do órgão judicial em apreciar algum dos fundamentos do pedido. Uma de duas: ou o vencido deixa de recorrer, e a decisão transita em julgado; ou apela, e o *seu* recurso basta para devolver à cognição do tribunal o(s) restante(s) fundamento(s). Em qualquer caso inexistirá prejuízo para o vencedor. Anular a sentença, nessas condições, é solução que não nos parece compatível com a diretriz, adotada pelo Código, de aproveitar, sempre que possível, o ato praticado, ainda que defeituoso".

Evidentemente que se causa de pedir não analisada e apreciada pelo tribunal depender de provas (que não puderem ser apreciadas pelo tribunal nos termos do art. 938, § 3º, CPC), deverá haver invalidação da sentença para que seja produzida prova. Constitui questão interessante e rara no sistema: **o tribunal determinará que o juízo *a quo* produza prova sobre fato que a lei o autorizou não apreciar**. Dessa forma, o juiz corrigirá um erro que por ele não foi cometido.

A diferença entre os parágrafos é que no primeiro cuida-se de questões (= pontos controvertidos) que podem ser de fato ou de direito, de forma ou de fundo; no segundo versa-se sobre os fundamentos (causa de pedir ou fundamento de defesa).

O CPC, para deixar ainda mais claro estabelece que não são todas as questões suscitadas e discutidas ao longo do processo, mas apenas aquelas pertinentes ao capítulo recorrido. Assim, a extensão do efeito devolutivo condiciona a devolutividade da sua profundidade, pois "constituindo-se em capítulos diferentes, a apelação interposta apenas contra parte da sentença que tratou da ação, não devolve ao tribunal o exame da reconvenção, sob pena de violação das regras do *tantum devolutum quantum appellatum* e da proibição da *reformatio in peius*" (STJ, REsp 474.962/SP).

Dessa forma, a apelação devolve o que foi pedido e as questões (que fundamentaram **aqueles pedidos recorridos**) mesmo que (essas questões) não tenham sido objeto de apelação. Aliás, essa questão foi objeto do Enunciado 100 do FPPC ao estabelecer que "não é dado ao tribunal conhecer de matérias vinculadas ao pedido transitado em julgado por ausência de impugnação".

O art. 1.013, §§ 1º e 2º, possui outra função importante: ao permitir a provocação do tribunal sobre causas de pedir que não foram decididas em primeiro grau, por força do efeito translativo, permite que o tribunal decida sobre o tema.

---

20 Perceba que o *caput* traz a regra do efeito devolutivo, e os dois parágrafos subsequentes enunciam as exceções.
21 *Comentários...*, cit., p. 439.

E qual a importância? Não havendo a remessa dessas causas de pedir ou fundamentos de defesa ao tribunal, não haveria julgamento sobre elas, e, consequentemente, não haveria prequestionamento para permitir o cabimento de recursos especial ou extraordinário.

10.1.2.2.2. CPC, art. 1.013, §§ 3º e 4º

Antes do atual CPC o sistema anterior já previa o julgamento *per saltum* (ou **teoria da causa madura**) em apenas uma hipótese (art. 515, § 3º, CPC/73): o tribunal conhecer a matéria de mérito diante da impugnação de uma sentença meramente terminativa.

O ordenamento processual brasileiro sempre prestigiou a natureza *revisio prioris instantiae* da apelação, tratando o tribunal, a quem se destina o recurso, mero órgão de revisão.

Contudo, sob a égide do CPC/73, a Lei Federal n. 10.352/2001 trouxe importante inovação no sistema processual brasileiro, com a permissibilidade, diante de uma sentença sem resolução de mérito em que a parte tenha interposto apelação, que o tribunal não só julgue o que foi apelado (matéria processual), como avance no seu exame para julgar o mérito[22].

Esta regra se divorciou do modelo então existente no sistema brasileiro que apenas autorizava a apreciação do mérito pelo tribunal se e quando houver prévia resolução (também de mérito) pelo juízo *a quo*.

Esta proibição encontrava eco em dois grandes fundamentos do sistema brasileiro: **i)** o duplo grau de jurisdição, que confere às partes a dupla análise do direito controvertido; e **ii)** o efeito devolutivo, que limita a atividade do tribunal somente àquilo que foi recorrido.

Logo, o mencionado art. 515, § 3º, do CPC/73 autorizava um verdadeiro julgamento *per saltum*, pelo Tribunal em relação ao juízo *a quo*.

Quando da edição da regra, alguns autores propugnaram a sua inconstitucionalidade, por violar o duplo grau de jurisdição e também o art. 463 do CPC/73 (que, à época, tinha a seguinte redação: "Ao publicar a sentença de mérito, o juiz cumpre e acaba o seu ofício jurisdicional (...)"). Nesse sentido, José Rogério Cruz e Tucci[23].

Outros, desde sua concepção, já propugnavam pela sua constitucionalidade e utilidade no ordenamento jurídico (ver, por todos, Cândido Dinamarco)[24].

Para que a regra anterior fosse aplicada eram necessários três requisitos fundamentais: **a)** que a sentença fosse terminativa; **b)** que a matéria fosse de direito; e **c)** que estivesse em condições de imediato julgamento.

O CPC atual, em seu art. 1.013, §§ 3º e 4º, manteve o regime do julgamento *per saltum*, ampliando suas hipóteses e inserindo situações que não se tratam propriamente de efeito translativo. Assim, a despeito de nem todas as situações aqui previstas decorrerem desse efeito (mas apenas as hipóteses dos incisos I, III e § 4º do art. 1.013), para evitar uma indesejável cisão preferimos tratar de todo instituto nessa oportunidade. Em todas as três hipóteses o tribunal julgará além do que foi objeto do recurso, mas nos limites do objeto litigioso da causa (conforme será visto *infra*).

Dessa forma, há dois requisitos cumulativos para a aplicação da regra:

Primeiro: que a matéria esteja em condições de imediato julgamento;

---

22 Eis o texto da lei em questão: "Art. 515. (...) § 3º Nos casos de resolução do processo sem julgamento do mérito (art. 267, CPC/73), o tribunal pode julgar desde logo a lide, se a causa versar questão exclusivamente de direito e estiver em condições de imediato julgamento".
23 *Lineamentos da nova reforma do CPC*, São Paulo: Revista dos Tribunais, 2002, p. 58-60. De acordo com o autor, se não proferiu sentença de mérito, não exauriu o seu ofício jurisdicional...
24 *A reforma da reforma*, São Paulo: Malheiros, 2002, p. 150-164.

Segundo: que se enquadre em alguma das situações dos §§ 3º e 4º do art. 1.013, CPC que podem ser agrupadas da seguinte forma:

> **a)** as situações em que o mérito da causa não foi total ou parcialmente apreciado (incisos I e III) ou quando houve resolução com análise mérito, mas por prescrição ou decadência, ou seja, não houve julgamento da causa propriamente dita (§ 4º). Nesses casos haverá propriamente um julgamento *per saltum*;
> **b)** nas hipóteses em que a sentença está formalmente viciada (incisos II e IV). Nessas hipóteses é impróprio falar em julgamento imediato do mérito pelo tribunal, pois houve julgamento em primeiro grau (defeituoso, mas houve)

Em resumo, graficamente as hipóteses podem ser vistas:

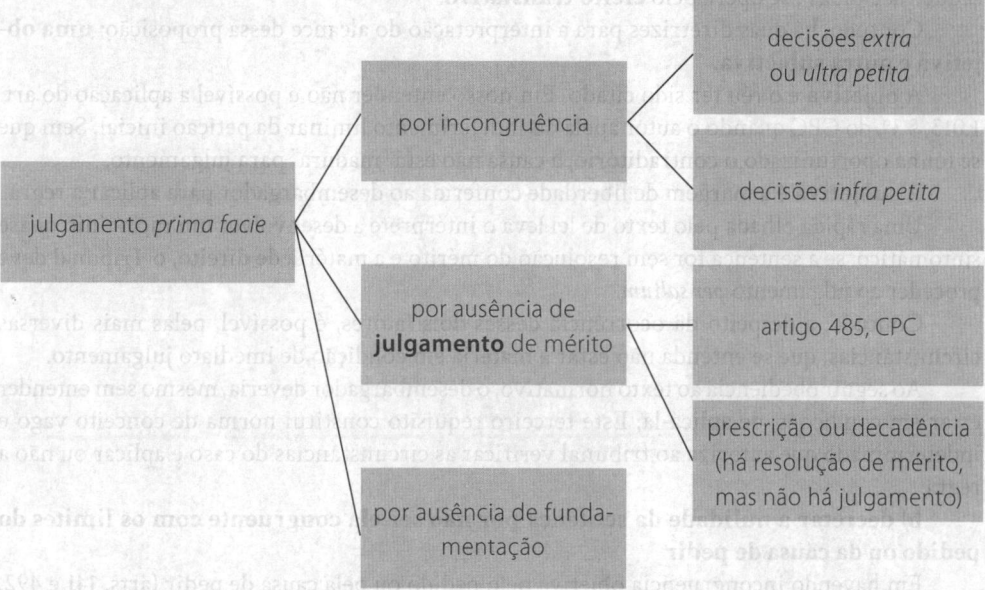

Antes, se exigia que a matéria fosse de direito e houvesse condições de imediato julgamento. Dada a dificuldade de se compreender o verdadeiro alcance de matéria de direito, sabendo que há diversas matérias de fato que não demandam dilação probatória e entendendo que "estar em condições de imediato julgamento" englobaria a matéria de direito, o legislador optou apenas pelo critério geral de *estar em condições de imediato julgamento*.

Assim, a matéria de direito encontra-se no plano subsuntivo, isto é, da aplicação do fato à norma. Já a matéria de fato consiste num plano anterior: a da própria existência do fato narrado. Dessa forma, o campo de cognição do magistrado percorrerá duas etapas: a primeira analisando a existência do fato e a segunda, dado o fato por existente, verificando se a norma jurídica (e mais amplamente o direito) ventilada aplica-se ao caso *fattispecie*.

Para a perfeita compreensão, deve-se aplicar ao julgamento *per saltum* o art. 355, I, do CPC. O dispositivo permite o julgamento antecipado do mérito quando a questão discutida não necessitar de outras provas. Esta, para todos os fins, deve ser aquela matéria incontroversa, que não dependa de dilação probatória.

Assim, são hipóteses que autorizam a aplicação da regra (além da hipótese que sempre deve estar presente de a causa estar em condições de imediato julgamento):

a) reformar sentença fundada no art. 485

São as hipóteses das sentenças em que não se resolvem o mérito, pois se a sentença foi resolvida com análise do mérito (em regra), o sistema autoriza a revisão pelo tribunal (efeito substitutivo). Nessa situação, o tribunal ao receber a apelação por impugnação a vício exclusivamente de ordem material poderá: a1) manter a sentença tendo em vista que o vício existe e é insanável; a2) invalidar a sentença tendo em vista que não há o vício ou existindo, é sanável e portanto, determinando o retorno do processo ao juízo de primeiro grau para a produção de provas; e a3) reformar a sentença tendo em vista que não há o vício ou existindo, é sanável, e, como a matéria está pronta para julgamento, julgar o mérito como se primeira instância fosse.

Essa autorização para que o Tribunal conheça de matérias que não foram impugnadas (e sequer decididas), se opera pelo **efeito translativo**.

Contudo, há duas diretrizes para a interpretação do alcance dessa proposição: **uma objetiva e outra subjetiva.**

A **objetiva** é o réu ter sido citado. Em nosso entender não é possível a aplicação do art. 1.013, § 3º, do CPC quando o autor apela do indeferimento liminar da petição inicial. Sem que se tenha oportunizado o contraditório, a causa não está "madura" para julgamento.

A **subjetiva** é a margem de liberdade conferida ao desembargador para aplicar a regra.

Uma rápida olhada pelo texto de lei leva o intérprete a desenvolver um raciocínio quase sintomático: se a sentença for sem resolução do mérito e a matéria de direito, o Tribunal deve proceder ao julgamento *per saltum*.

Contudo, a despeito da ocorrência desses dois fatores, é possível, pelas mais diversas circunstâncias, que se entenda não estar a matéria em condição de imediato julgamento.

Ao seguir obediência ao texto normativo, o desembargador deveria, mesmo sem entender estar em condições, de aplicá-la. Este terceiro requisito constitui norma de conceito vago e indeterminado que autoriza ao tribunal verificar as circunstâncias do caso e aplicar ou não a regra.

b) decretar a nulidade da sentença por não ser ela congruente com os limites do pedido ou da causa de pedir

Em havendo incongruência objetiva pelo pedido ou pela causa de pedir (arts. 141 e 492, CPC), o magistrado pode não aplicar o efeito rescindente ao anular a sentença e desde já decidir o mérito nos parâmetros corretos, conforme apresentado nos elementos objetivos da demanda;

c) constatar a omissão no exame de um dos pedidos, hipótese em que poderá julgá-lo

Ainda na esteira da incongruência objetiva, se o magistrado decidir *citra petita*, poderá o Tribunal apreciar a matéria faltante. A omissão se tornou objeção processual, já que permite seu conhecimento de ofício, pois a possibilidade do conhecimento de ofício supera o efeito preclusivo dos embargos de declaração (em decorrência de sua não interposição no caso de omissão) e a preclusão *pro judicato* caso os embargos tenham sido opostos e a eles negado provimento/conhecimento. Aqui, igualmente se opera o **efeito translativo**.

d) decretar a nulidade de sentença por falta de fundamentação

Se a sentença carecer de fundamentação (art. 489, § 1º, CPC) e o juiz determinar sua anulação, poderá não devolver o processo para primeiro grau e proceder, ele mesmo, a fundamentação. Evidente que a matéria deve estar em condições de julgamento. Aliás, isso é o que ficou sedimentado no Enunciado n. 307 do Fórum Permanente dos Processualistas Civis: "Reconhecida a insuficiência da sua fundamentação, o tribunal decretará a nulidade da sentença e, preenchidos os pressupostos do § 3º do art. 1.013, decidirá desde logo o mérito da causa". Normalmente a causa está madura, pois, se o juiz julgou (ainda que com fundamentação deficiente), é porque vislumbrou que as provas já estavam devidamente produzidas;

e) por prescrição ou decadência

Quando o processo for extinto por prescrição e decadência (art. 487, II, CPC) há a denominada **resolução imprópria de mérito**, pois houve resolução do conflito, mas não houve julgamento do conflito, pois o magistrado sequer decidiu sobre o direito material controvertido.

E isso porque, com a constatação da prescrição/decadência, fica prejudicado o exame da matéria de fundo não apreciando o pedido do autor.

Com isso, é possível ao Tribunal, ao analisar recurso interposto contra essa modalidade de sentença, *se for o caso*, afastar a prescrição/decadência e, desde já, incursionar na análise de mérito, desde que a matéria esteja em condições de imediato julgamento (**efeito translativo**).

Por fim, dúvida resta acerca da necessidade ou não de o apelante formular requerimento específico de aplicação do dispositivo.

Há autorizada doutrina entendendo ser imperioso o requerimento. Os argumentos são diversos[25]: **a)** a extensão do efeito devolutivo se subordina ao princípio dispositivo; **b)** o julgamento de mérito não constitui "dever inexorável" do tribunal; **c)** sem pedido, poderá ocorrer a *reformatio in pejus*, vedada em nosso sistema.

Contudo, não é o nosso entendimento. A regra foi criada justamente para permitir ao tribunal a prática de ato tendente a fomentar a **efetividade do processo**. Se os estudos do processo seguem a passos largos para o formalismo-valorativo efetivo, negar esse poder oficioso à atividade jurisdicional é nadar na contramão desse desenvolvimento.

A natureza publicista do processo exige que o Estado preste a tutela da melhor forma que estiver ao seu alcance. Se a regra foi criada para fomentar a efetividade, como o tribunal pode ficar restrito à vontade do recorrente?

Há ainda outros motivos.

Não é necessário requerer o pedido para a apreciação do mérito, pois este já foi formulado na petição inicial. Salvo nos casos de disponibilidade do direito material, o pedido do autor perdura até o final do processo.

Quando o autor recorre da sentença que extinguiu o processo sem resolução de mérito, recorre justamente porque deseja que o obstáculo que impediu o julgamento seja afastado. Uma vez afastado o obstáculo, não resta alternativa ao Poder Judiciário senão julgar o mérito. Esta regra está em perfeita consonância com o princípio dispositivo.

Ademais, conforme visto, a aplicação da regra transfere ao Tribunal a **competência funcional** de analisar o caso não como reexame, mas exame da lide. A competência funcional é norma cogente, portanto, independe de requerimento da parte para que esta seja aplicada. Não há, *in casu*, derrogação.

Nesse sentido Rodrigo Barioni[26]: "Como a competência funcional é pressuposto processual de validade do processo, vez que absoluta, na hipótese do § 3º do art. 515 (art. 1.013, § 3º, do

---

25 Esses argumentos são trazidos por Araken de Assis (*Manual dos recursos cíveis*. São Paulo: Revista dos Tribunais, 2007, p. 396). Nesse sentido ainda Ricardo de Carvalho Aprigliano (*A apelação e seus efeitos*. 2. ed. São Paulo: Atlas, 2007, p. 158-161).
26 *Efeito devolutivo da apelação civil*, São Paulo: Revista dos Tribunais, 2007, p. 174.

CPC) não há que se perquirir sobre a vontade do recorrente em ver julgada a lide diretamente pelo tribunal".

Ademais, se há autorização legal para aplicação do dispositivo (a norma fala "o tribunal deve decidir desde logo o mérito"), evidentemente que esta autorização decorre do princípio do impulso oficial. Além disso, o Tribunal "não está propriamente julgando o recurso, mas sim fazendo o que o juízo inferior faria se os autos lhes fossem devolvidos. Nestes casos, o recurso funciona apenas como instrumento de eliminação de empecilho criado pelo primeiro grau ao julgamento"[27].

Contudo, este entendimento contrário (necessidade de formulação expressa pelo recorrente) levou alguns autores a achar que a norma não se submetia ao efeito translativo, mas ao devolutivo, na medida em que depende de requerimento. A tese, em nossa opinião, não procede, *data venia*.

A uma, porque não depende de requerimento expresso conforme exposto. **A duas**, mesmo que esse requisito fosse necessário, o autor não transporta para as razões recursais o mérito a ser julgado. Apenas manifesta seu desejo que isso possa ser feito desde que preenchidas as circunstâncias existentes do dispositivo mencionado.

Para que haja devolutividade, o tribunal deve se atentar somente às razões recursais. Nos casos em comento, as razões recursais são de ordem meramente processual (já que a sentença é terminativa) e há apenas um pedido para que o mérito possa ser apreciado, sem que "esse mérito" tenha sido, em sede de recurso, efetivamente deduzido.

10.1.2.2.3. Matérias de ordem pública

"Há casos, entretanto, em que o sistema processual autoriza o órgão *ad quem* a julgar fora do que consta das razões ou contrarrazões do recurso, ocasião em que não se pode falar em julgamento *extra*, *ultra* ou *infra petita*. Isso ocorre normalmente com as questões de ordem pública"[28].

Matérias de ordem pública são aquelas que, dada a sua importância para o sistema (= interesse público), têm autorização para ser conhecidas de ofício a qualquer tempo e grau de jurisdição (arts. 337, § 5º, e 485, § 3º, CPC)[29].

São os casos das matérias processuais que, dada a natureza publicista da jurisdição, interessam ao Estado (pressupostos processuais e condições da ação).

Dessa forma, como não opera a preclusão, essas matérias podem ser analisadas pelo tribunal nada obstante não tenham sido alegadas nas razões recursais e (sequer) tenham sido objeto de questionamento na sentença.

> **Exemplo:** se a petição inicial for inepta e passar despercebida pelo crivo do réu e do magistrado, certamente haverá julgamento sobre a matéria de fundo (já que não há óbice processual que impeça sua análise). O réu devolvendo ao tribunal somente a matéria de mérito que sucumbiu, poderá o tribunal, constatando a falta de pressuposto processual de desenvolvimento, determinar, se possível, a sua regularização (art. 938, § 1º, CPC) e, não sendo possível, a resolução do processo sem análise do mérito.

---

27 Gervásio Lopes Jr., *Julgamento de mérito direto pelo tribunal*, Salvador: JusPodivm, 2007, p. 164-165.
28 Nelson Nery, *Teoria geral*, cit., p. 409.
29 De acordo com Ricardo de Carvalho Aprigliano (*Ordem pública e processo*. São Paulo: Atlas, 2011, p. 106), ordem pública constitui "o conjunto de regras técnicas que o sistema concebe para o controle tempestivo da regularidade do processo, necessariamente voltadas para o objetivo maior de permitir que seus escopos sejam atingidos com rapidez, economia e racionalidade".

10.1.2.2.4. Remessa necessária (CPC, art. 496)

Conforme visto no capítulo da teoria geral dos recursos, a remessa necessária (ou reexame obrigatório) não constitui recurso, mas **condição de eficácia da sentença contra a Fazenda Pública**.

Assim opera-se o efeito translativo na medida em que a matéria será *ex vi legis* levada ao tribunal, mesmo que o Poder Público não interponha recurso, nas hipóteses enquadradas no art. 496, CPC.

10.1.2.3. Efeito suspensivo

Todo recurso pode ter efeito suspensivo (art. 995, parágrafo único, CPC). Apenas a apelação tem este efeito de forma automática (efeito suspensivo próprio).

Em nossa opinião, contudo, o legislador incorreu em terrível equívoco ao manter o efeito suspensivo automático para apelação (CPC, art. 1.012).

É de longa data que a doutrina vem questionando a permanência desse efeito como regra no sistema da apelação. Não se pode conceber que prévia e abstratamente se estabeleça o efeito suspensivo para a apelação, permitindo que apenas em alguns casos autorize-se o cumprimento provisório da sentença. O efeito suspensivo deve ser concedido à luz do caso concreto diante das peculiaridades da causa.

A opção do efeito suspensivo *ope legis* (decorrente da lei) adotada pelo nosso sistema é de questionável utilidade. Sob o argumento que uma decisão sem cunho definitivo não possa produzir efeitos pela potencialidade de ulterior alteração pelo tribunal, não satisfaz.

Com precisão Luiz Guilherme Marinoni e Daniel Mitidiero[30] asseveram sobre a opção do direito brasileiro pela regra do efeito suspensivo "na medida em que não permite uma adequada distribuição do peso do tempo no processo de acordo com a evidência da posição jurídica sustentada pela parte. Observe-se que quem tem de suportar o tempo de tramitação do recurso é a parte que dele precisa para lograr uma situação mais vantajosa no processo. De outro lado, essa mesma opção encerra uma incômoda contradição em nosso sistema de tutela dos direitos, porquanto o direito brasileiro, ao mesmo tempo em que admite a eficácia imediata da tutela antecipatória, lastreada em cognição sumária (juízo de probabilidade), não permite, salvo em contadas exceções, a eficácia imediata da sentença de procedência, que tem esteio em cognição exauriente (juízo de certeza)".

Há casos, como dito (sem prejuízo de outros, previstos em legislação extravagante), em que a apelação não terá o condão de suspender a sentença, permitindo o cumprimento provisório do julgado:

I – homologa divisão ou demarcação de terras;
II – condena a pagar alimentos;
III – extingue sem resolução do mérito ou julga improcedentes os embargos do executado;
IV – julga procedente o pedido de instituição de arbitragem;
V – confirma, concede ou revoga tutela provisória;
VI – decreta a interdição.

---

30 *Código de Processo Civil comentado artigo por artigo*, São Paulo: Revista dos Tribunais, 2008, comentários ao art. 520, p. 531.

A apelação recebida no duplo efeito sobrestará a sentença até o julgamento definitivo da apelação. Recebida, contudo, apenas no efeito devolutivo, poderá o apelado iniciar o cumprimento provisório da sentença formando autos complementares, se o processo for físico (CPC, art. 1.012, § 2º).

É importante ressaltar, conforme dito, que há outras situações de sentenças que não ficam suspensas por força da apelação decorrente de legislação extravagante. Assim, a título de exemplo, a sentença do Mandado de Segurança (art. 14, § 3º, Lei n. 12.016/2009), a sentença das ações locatícias (art. 58, V, Lei n. 8.245/91), a sentença na Ação Civil Pública (art. 14, Lei n. 7.347/85), as sentenças decorrentes de interesse de pessoas idosas (art. 85, Lei n. 10.741/2003), art. 90 do Código de Defesa do Consumidor etc.

10.1.2.3.1. Modulação dos efeitos da apelação

a) é possível a concessão de efeito suspensivo à apelação que seja desprovida desse efeito (o denominado efeito suspensivo impróprio ou efeito suspensivo *ope judicis*), com base nos §§ 3º e 4º do art. 1.012 do CPC.

Assim, as apelações que, excepcionalmente, não têm efeito suspensivo pela lei podem obter esse efeito fundado em circunstâncias concretas da causa (tal como ocorre na obtenção do efeito suspensivo para os demais recursos).

> **Exemplo:** o pai é condenado a pagar alimentos definitivos em sede de sentença. Objetiva apelar para alterar o *quantum* alimentar. Contudo, no dia da prolação da sentença o réu perde o emprego e não terá condições de pagar sequer os alimentos em cumprimento provisório (arts. 520 e 1.012, § 1º, II, CPC). Nesse caso, para evitar as medidas coercitivas típicas dessa modalidade de execução, requer efeito suspensivo *ope judicis* a sua apelação.

É necessário, contudo, que haja a demonstração de um dos seguintes requisitos: a1) demonstração de potencial provimento do recurso ou a2) sendo relevante o fundamento, "houver risco de dano grave ou difícil reparação".

Para tanto, é necessária a formulação de requerimento: **i) ao relator do recurso**, se já distribuída apelação ou **ii) ao próprio tribunal**, se ainda não distribuída (mas já interposto o recurso) ficando condicionado ao relator a ser designado para o recurso o exame da questão.

b) é igualmente possível a subtração do efeito suspensivo de apelação requerendo tutela antecipada após a sentença. A antecipação de tutela teria o condão de permitir a produção dos efeitos da decisão (que ficariam originariamente sobrestados com a apelação) permitindo, desde já, o cumprimento provisório da decisão.

> **Exemplo:** o autor ingressa com ação de obrigação de fazer para que o plano de saúde lhe custeie uma intervenção cirúrgica prevista no contrato, mas recusada pelo plano. A sentença condena o plano de saúde, que apela. Ao ser intimado para as contrarrazões, seu estado se agrava (em decorrência da [ainda] não realização da cirurgia). Sabendo que a apelação do plano será recebida no duplo efeito, e que não poderá aguardar o trâmite normal do Tribunal sob pena de dano grave ou de difícil reparação, requer a antecipação de tutela ao juiz da causa para que permita o cumprimento provisório do julgado.

Outra situação perfeitamente possível e ainda mais comum, é o pedido de **tutela de evidência após a sentença**. Se a tutela de evidência (nas hipóteses previstas em lei) pode ser concedida antes da prolação da sentença, com base em juízo sumário e força provisória, com mais razão poderá ser concedida após a sentença com fundamento em cognição exauriente do juízo prolator da decisão.

Isso porque a decisão concessiva de tutela de evidência permite, desde já, o cumprimento provisório do julgado. Assim, se a parte, em sede de contrarrazões ou por petição simples, requerer ao relator pedido de tutela, é possível a concessão da tutela de evidência, subtraindo o efeito suspensivo da apelação autorizando o cumprimento provisório. Trata-se de verdadeira tutela de evidência qualificada, já que fundada na cognição exauriente do magistrado, contudo de cunho provisório, pois sujeita a reexame pela via recursal. Se pode o menos (tutela de evidência com possibilidade de imediata execução do direito antes da sentença), evidentemente pode o mais (tutela de evidência com possibilidade de imediata execução do direito após a prolação da sentença).

Entendemos que esse pedido caiba em qualquer situação de êxito da parte em sentença, numa interpretação ampliada do art. 311, IV, do CPC. É medida para distribuir de forma mais adequada o ônus do tempo do processo, pois permitirá que a parte que demonstrou o direito em primeiro grau (com amplo contraditório oportunizado e produção probatória) usufrua provisoriamente do direito até certificação final com o exaurimento das vias recursais.

Em consonância com esse posicionamento está o Enunciado n. 144 da II Jornada de Direito Processual do CJF: "No caso de apelação, o deferimento de tutela provisória em sentença retira-lhe o efeito suspensivo referente ao capítulo atingido pela tutela".

Por fim, tanto nas hipóteses de concessão como nas de subtração do efeito suspensivo é possível que haja urgência, e existe a premente situação procedimental de o recurso ser distribuído perante o juízo prolator da decisão para, somente após razoável período, ser levado ao tribunal com o sorteio do relator.

Nesse caso, não faria o menor sentido distribuir o pedido de modulação dos efeitos legais perante esse juízo. O pedido pode ser formulado por mera petição (com cópia das principais peças do processo) diretamente ao tribunal, que, sorteando o relator e decidindo sobre a medida, já será prevento para o julgamento do recurso.

10.1.2.3.2. Efeito suspensivo e os capítulos da sentença

Interessante questão que se apresenta no plano do efeito suspensivo diz respeito ao julgamento de diversos capítulos da sentença ou a sentença de ações conexas em relação ao princípio da unirrecorribilidade.

Sabendo que caberá apenas uma apelação dessa sentença, quais seriam os efeitos desse recurso quando a decisão julgar ações conexas ou diversos capítulos, cada qual com seus efeitos próprios (v.g., despejo cumulado com cobrança de aluguéis ou alimentos cumulados com investigação de paternidade)?

Em situações como essa, cada capítulo terá seus efeitos respeitados. Assim, a apelação interposta de uma sentença não impede o cumprimento provisório do despejo (que é recebido apenas no efeito devolutivo, conforme art. 58, V, Lei n. 8.245/91), mas os aluguéis ficarão suspensos por se enquadrarem na regra geral (art. 1.012, *caput*, CPC).

10.1.3. PROCESSAMENTO DA APELAÇÃO

Esquematicamente a apelação pode ser processada da seguinte maneira:

> **i – a apelação é endereçada ao próprio juiz da causa no prazo de 15 dias**
> **ii – ao juiz compete:**
> a) abrir vista para contrarrazões;
> b) em havendo apelação adesiva, a intimação do apelante para formular contrarrazões;
> **iii – no tribunal será sorteado um relator que:**
> a) procederá ao juízo de admissibilidade do recurso;
> b) atribuirá os efeitos em que a apelação será recebida;
> c) poderá decidir o recurso monocraticamente nas hipóteses do art. 932, IV e V[31];
> d) em não sendo o caso do item "c" elaborará seu voto para o julgamento colegiado.

Quanto à regularidade formal da apelação, o art. 1.010 do CPC exige: I – o nome e a qualificação das partes, II – a exposição do fato e do direito; III – as razões do pedido de reforma ou de decretação de nulidade; IV – o pedido de nova decisão.

A despeito de se utilizar no inciso I do referido artigo a expressão "qualificação", não é necessária a qualificação completa (que já foi feita no processo), mas apenas a menção do nome das partes. As razões recursais (inciso II) serão apresentadas em peça distinta da petição de interposição, esta, para o juiz de primeiro grau. Decorre do princípio da dialeticidade e há estreita relação com a causa de pedir prevista no art. 319, III, CPC. O pedido pode consistir, conforme visto na teoria geral dos recursos, em **reforma ou invalidação** (inciso III). O inciso IV do art. 1.010 constitui uma complementação do inciso III, pois ao pedir a reforma ou invalidação naturalmente se formula um novo pedido. No primeiro caso de alteração da decisão anterior pelo acórdão que irá substituir a sentença. No segundo caso, que o acórdão invalide a sentença para que seja proferida outra no lugar.

É possível ainda, excepcionalmente, que a apelação exerça o **efeito integrativo decorrente do efeito translativo**, decidindo o que deixou de ser em primeiro grau, como nas hipóteses dos incisos I e III do art. 1.013, § 3º, do CPC.

Em seguida, o magistrado deve abrir vista para contrarrazões como manifestação do princípio do contraditório. Seu prazo é igual ao da apelação: quinze dias.

Não compete ao juiz da causa o exame de admissibilidade. A admissibilidade é feita exclusivamente pelo tribunal na pessoa do relator (item *a*). Por essa sistemática, que decorre do direito positivo, é possível enxergar a questão por duas óticas.

Por um lado, a outorga da admissibilidade ao tribunal desafoga o juízo de primeiro grau dessa trabalhosa função. Especialmente porque seu trabalho é quantitativamente maior que o

---

31 Art. 932. Incumbe ao relator: (...)
IV – negar provimento a recurso que for contrário a:
a) súmula do Supremo Tribunal Federal, do Superior Tribunal de Justiça ou do próprio tribunal;
b) acórdão proferido pelo Supremo Tribunal Federal ou pelo Superior Tribunal de Justiça em julgamento de recursos repetitivos;
c) entendimento firmado em incidente de resolução de demandas repetitivas ou de assunção de competência;
V – depois de facultada a apresentação de contrarrazões, dar provimento ao recurso se a decisão recorrida for contrária a:
a) súmula do Supremo Tribunal Federal, do Superior Tribunal de Justiça ou do próprio tribunal;
b) acórdão proferido pelo Supremo Tribunal Federal ou pelo Superior Tribunal de Justiça em julgamento de recursos repetitivos;
c) entendimento firmado em incidente de resolução de demandas repetitivas ou de assunção de competência.

exercido pelo tribunal. Ademais, é comum uma dupla análise da admissibilidade na medida em que esse juízo, quando fragmentado, era provisório, podendo o tribunal, dada a condição cogente que reveste essa análise, rever esses pressupostos. Além disso, elimina o agravo de instrumento contra a decisão denegatória de apelação em primeiro grau.

Destinando a admissibilidade a apenas um órgão, resolve-se essa questão e diminui o trabalho do Poder Judiciário. Afinal é o tribunal mesmo quem dará a última palavra sobre esse juízo.

Por outro lado, é possível que a admissibilidade empreendida apenas no tribunal possa causar uma diligência inútil do recurso no tribunal.

Uma boa parte dos recursos interpostos são "filtrados" no juízo de origem por faltar-lhes pressupostos de admissibilidade. Mesmo assim, é corrente a reclamação dos tribunais dos inúmeros recursos que lhe são endereçados diariamente.

Diante disso, é possível que um recurso manifestamente intempestivo chegue ao tribunal, receba a devida distribuição, seja sorteado para um relator e se verifique o que poderia ter-se evitado desde a origem: o recurso é inadmissível. Dessa forma se retorna a origem para eventual cumprimento de sentença. No sentido da lei, contudo, foi o entendimento do Enunciado n. 68 da I Jornada de Direito Processual Civil (CJF).

Contudo, há uma questão que pode gerar graves complicações práticas. Parece-nos equivocada a opção legislativa de outorgar ao tribunal o juízo de admissibilidade, mantendo a possibilidade de retratação (ainda que em casos excepcionais, como se verá *infra*) pelo juízo *a quo*. Isso porque só há razão de falar na retratação de recurso **admissível**, já que aquele que ainda não foi admitido não pode produzir efeito algum. Nesse caso há um problema de estruturação lógica: o juízo de admissibilidade cronologicamente deveria preceder a retratação, juízo esse que não é permitido ao juiz de primeiro grau. Ademais, como permitir a retratação se a apelação, sendo intempestiva, gerou o trânsito em julgado da sentença por "ausência de impugnação"? Existe uma flagrante incompatibilidade entre o efeito regressivo e a competência para o juízo de admissibilidade.

Em consonância com o que foi defendido, o Enunciado 293 do FPPC estabelece: "Se considerar intempestiva a apelação contra sentença que indefere a petição inicial ou julga liminarmente improcedente o pedido, não pode o juízo *a quo* retratar-se".

Nessa situação, entendemos somente seja possível enxergar a questão sobre um enfoque: nos casos em que se permita a retratação, o magistrado poderá fazer o juízo positivo de admissibilidade (evidentemente que apenas o positivo, já que o juízo negativo torna prejudicada qualquer possibilidade de retratação).

Nesses casos entendemos que o juízo de retratação tenha natureza de decisão interlocutória agravável (com fundamento no mérito da causa, art. 1.015, II, CPC).

Os efeitos (item b) já foram tratados anteriormente. A apelação, à luz do art. 1.012 do CPC, será recebida no duplo efeito, ou seja, efeito devolutivo e suspensivo, com as exceções já apresentadas *supra*.

Quanto ao julgamento pelo relator (item c) é importante falar sobre os poderes do relator na apelação. O recrudescimento desses poderes iniciou-se desde antes do CPC/73 e durante sua vigência nas diversas reformas empreendidas. O CPC atual, mantendo a tendência desse fortalecimento, estabeleceu no art. 932 uma série de atividades ordinatórias e decisórias a serem desempenhadas pelo relator monocraticamente.

Essas atividades não estão apenas relacionadas com a apelação. Constitui uma verdadeira regra geral, na medida em que o art. 932 tem incidência para todos os recursos e causas de competência originária dos Tribunais.

O relator poderá proceder a supressão de vícios sanáveis (art. 932, parágrafo único, CPC) em atenção aos já mencionados princípios da primazia do mérito (art. 4º e 488, CPC) e instrumentalidade das formas (art. 277, CPC).

Poderá ainda proceder ao julgamento monocrático quando a decisão ou o recurso contrastarem posicionamento anterior dos tribunais (decorrente de súmula dos Tribunais Superiores ou do próprio tribunal, de decisão de Incidente de Resolução de Demandas Repetitivas e recursos repetitivos ou Assunção de Competência) conforme arts. 1.011, I, e 932, IV e V, do CPC.

O art. 557 do CPC/73[32] já continha, de certo modo, essa previsão que agora se apresenta de maneira mais ampla, muito pelas diretrizes do CPC atual em atendimento aos precedentes judiciais e muito também pelo surgimento de institutos (como IRDR) e aperfeiçoamento de outros (assunção de competência e recursos de estrito direito repetitivos).

Dessa forma, para realçar a verdadeira força vinculante dos precedentes, poderá negar provimento monocraticamente a recurso cuja tese seja contrária a precedentes obrigatórios (arts. 932, IV, e 927, I, II e III, CPC) bem como poderá (após abertura do prazo para contrarrazões), dar provimento monocraticamente a recurso fundado em precedentes obrigatórios (arts. 932, V, e 927, I, II e III, CPC).

Não haveria realmente motivo para que o relator, verificando que a matéria do recurso guarde correspondência com o precedente ou seja contrário a ele, não pudesse julgar de plano, pois o respeito ao art. 927 deve ser de todos.

E é exatamente por isso que a aparente limitação contida no art. 932, IV e V[33] do CPC acerca de *quais* precedentes obrigatórios autorizam o julgamento monocrático deve ser desconsiderada.

É importante frisar que entendemos "tacitamente cancelado" o enunciado 568 da Súmula do STJ que estabelece: "o relator, monocraticamente e no Superior Tribunal de Justiça, poderá dar ou negar provimento ao recurso quando houver entendimento dominante acerca do tema". O Enunciado, supostamente. traz a possibilidade de mais uma hipótese de julgamento monocrático para além das hipóteses previstas no art. 932, IV e V. Contudo entendemos que a **colegialidade dos tribunais seja a regra** (conforme expusemos no capítulo sobre a *Ordem dos processos nos Tribunais* e também no *Duplo grau de jurisdição, infra*) não podendo se admitir decisão monocrática de mérito fora das situações previstas no citado art. 932, CPC[34].

10.1.4. RETRATAÇÃO (O DENOMINADO EFEITO REGRESSIVO)

Preconiza o art. 494 que publicada a sentença, o juiz, em regra, não poderá mais alterá-la. Dessa forma, esgota, neste momento e temporariamente, o seu ofício jurisdicional (que será

---

32 Art. 557. O relator negará seguimento a recurso manifestamente inadmissível, improcedente, prejudicado ou em confronto com súmula ou com jurisprudência dominante do respectivo tribunal, do Supremo Tribunal Federal, ou de Tribunal Superior.

33 Art. 932, IV e V: "a) súmula do Supremo Tribunal Federal, do Superior Tribunal de Justiça ou do próprio tribunal; b) acórdão proferido pelo Supremo Tribunal Federal ou pelo Superior Tribunal de Justiça em julgamento de recursos repetitivos; c) entendimento firmado em incidente de resolução de demandas repetitivas ou de assunção de competência"

34 No mesmo sentido, entendendo que o Enunciado 568 do Súmula do STJ ficou sem base normativa não podendo mais ser aplicado, OLIVEIRA JR., Zulmar Duarte. *A colegialidade nos tribunais e o novo CPC*. Disponível em: <http://www.jota.com.br>. Texto de 27 de junho de 2016.

retomado, quando do trânsito em julgado, com a fase executiva ou quando a sentença for invalidada pelo acórdão).

Há ainda, contudo, algumas atividades afetas ao juiz após a sentença: **i)** a correção de erro material; **ii)** a análise de embargos de declaração; **iii)** a abertura de vista para contrarrazões de apelação; e **iv)** a prática de atos materiais decorrentes de decisão executiva ou mandamental, como, v.g., aplicação de multa.

Fora destas hipóteses, fica vedado ao magistrado praticar qualquer outro ato após a sentença. Em consequência, também não poderá o juízo, ao receber a apelação, alterar o conteúdo da sentença por ter constatado eventual equívoco cometido. Melhor dizendo, **é vedada a retratação**.

Todavia, há situações expressamente previstas em lei em que se autoriza a possibilidade de retratação pelo juiz de primeiro grau, aplicando aqui o **efeito regressivo** (plenamente adotado no regime procedimental do agravo).

Assim:

a) Na sentença liminar. Nos casos de **indeferimento da petição inicial por vício insanável (CPC, arts. 330 e 331)**, o magistrado poderá se retratar no prazo de cinco dias (*vide* capítulo sobre petição inicial). A mesma regra se aplica nos casos de **improcedência liminar do pedido (art. 332, § 3º, do CPC)**, quando o magistrado julgar improcedente de plano o pedido do autor nas hipóteses ali previstas. Aqui, igualmente, o prazo para retratação é de cinco dias.

b) Nas sentenças terminativas. Estabelece o art. 485, § 7º, que o magistrado poderá se retratar em qualquer das hipóteses de resolução do processo sem análise de mérito. Esta hipótese prestigia o princípio da primazia do mérito, uma vez que permite ao magistrado reconsiderar sua sentença quando verificar a não ocorrência do defeito processual que motivou a resolução.

É, contudo, hipótese de baixa incidência prática.

Isso porque o magistrado, entendendo que exista um vício insanável que motive a resolução do feito, por força dos arts. 9º e 10 do CPC, deverá intimar as partes previamente antes dessa decisão. Dessa forma, as partes terão oportunidade de influenciar no convencimento do julgador, demonstrando os motivos pelo qual não deve haver a prolação da sentença terminativa.

Se mesmo assim ele proferiu a sentença, é porque não se convenceu dos argumentos da parte. Certamente não será agora, após proferir a sentença, que irá se convencer dos mesmos argumentos trazidos anteriormente.

c) ECA. Por fim, dada a especialidade da lei, a apelação interposta no Estatuto da Criança e do Adolescente (ECA), cuja retratação também é permitida **(art. 198, VII, da Lei Federal n. 8.069/90)**.

10.1.5. A PROIBIÇÃO DO *JUS NOVORUM*

A lei pode autorizar ou não que novas questões sejam levadas ao tribunal. Os sistemas menos rígidos, que não adotam a regra da eventualidade, autorizam que os tribunais possam examinar novas questões (*novum iudicium*). Contudo, os sistemas cujas fases são marcadas por rigorosos meios de preclusão autorizam ao órgão superior apenas corrigir a sentença do juízo *a quo* (*revisio prioris instantiae*).

O sistema brasileiro, apesar das progressivas flexibilizações empreendidas ao longo dos tempos, ainda adota o segundo método, por seguir um sistema rígido de preclusões (CPC, arts.

329 e 336). A adoção por um ou outro método tem uma consequência muito importante: prestigiar a decisão de primeiro grau.

Consoante se depreende do art. 1.014 do CPC, "as questões de fato não propostas no juízo inferior poderão ser suscitadas na apelação, se a parte provar que deixou de fazê-lo por motivo de força maior".

Trata-se de regra que possui íntima relação com o efeito devolutivo. Se este apenas autoriza o conhecimento de matérias impugnadas pelo recorrente, aquele apenas autoriza matérias novas desde que haja justo impedimento. Possui também relação com a estabilização da causa que se dá pelo art. 329, CPC (no plano da argumentação das partes) e pelo art. 357, II, IV e § 1º, CPC (no plano das questões de fato que serão objeto de prova e na delimitação das questões de direito que serão relevantes para a decisão).

Conforme entende autorizada doutrina, "o sistema contrário, ou seja, o da permissão de inovar no procedimento da apelação estimularia a deslealdade processual, porque propiciaria à parte que guardasse suas melhores provas e seus melhores argumentos para apresentá-los somente ao juízo recursal de segundo grau"[35].

Não se pode confundir fatos novos com documentos novos. O art. 1.014 refere-se expressamente a fatos novos. Os documentos novos são regulamentados pelo art. 435, CPC[36].

A análise do fato novo levado em consideração pelo Tribunal deverá, evidentemente, ser precedida de prévio contraditório das partes nos seguintes termos:

Art. 933. Se o relator constatar a ocorrência de fato superveniente à decisão recorrida ou a existência de questão apreciável de ofício ainda não examinada que devam ser considerados no julgamento do recurso, intimará as partes para que se manifestem no prazo de 5 (cinco) dias.
§ 1º Se a constatação ocorrer durante a sessão de julgamento, esse será imediatamente suspenso a fim de que as partes se manifestem especificamente.
§ 2º Se a constatação se der em vista dos autos, deverá o juiz que a solicitou encaminhá-los ao relator, que tomará as providências previstas no *caput* e, em seguida, solicitará a inclusão do feito em pauta para prosseguimento do julgamento, com submissão integral da nova questão aos julgadores.

Residem, contudo, fora do âmbito de abrangência proibição do *jus novorum*:

i) as questões de direito, Trata-se do enquadramento jurídico sobre os fatos. É importante frisar que as questões de direito (fundamento jurídico) fazem parte da causa de pedir (art. 319, III, CPC), mas não constituem elemento essencial dela e, portanto, não precluem, dada a expressa adoção do nosso ordenamento pela teoria da substanciação;

ii) as matérias de fato cognoscíveis de ofício na sua grande maioria, matérias de ordem pública que, portanto, podem ser apreciadas a qualquer tempo e grau de jurisdição (arts. 485, § 3º, 342, II e 337, § 5º, CPC);

iii) as questões trazidas em apelação pelo terceiro interessado (CPC, art. 983). Se este ingressou no processo pela primeira vez apenas para recorrer, certamente as questões

---

35 Nelson Nery e Rosa Nery, *Código de Processo Civil comentado...*, cit., p. 860.
36 "Art. 435. É lícito às partes, em qualquer tempo, juntar aos autos documentos novos, quando destinados a fazer prova de fatos ocorridos depois dos articulados ou para contrapô-los aos que foram produzidos nos autos. Parágrafo único. Admite-se também a juntada posterior de documentos formados após a petição inicial ou a contestação, bem como dos que se tornaram conhecidos, acessíveis ou disponíveis após esses atos, cabendo à parte que os produzir comprovar o motivo que a impediu de juntá-los anteriormente e incumbindo ao juiz, em qualquer caso, avaliar a conduta da parte de acordo com o art. 5º."

recursais apresentadas são novidade para o processo[37]. Como a preclusão é fenômeno endoprocessual, o terceiro não foi alcançado por ela;

iv) as questões de fato, não cogentes, mas que possuem autorização para que sejam analisadas a qualquer tempo conforme se verifica do art. 342, III, CPC ou que decorreram de direito superveniente (CPC, arts. 342, I, e 493);

v) força maior. É possível às partes trazerem questões de fato *novas* quando tenha ocorrido motivo de força maior. Três são as situações que tipificam questões de fato novas: **a)** quando o evento não havia ocorrido até o último momento em que a parte poderia tê-lo feito antes da sentença; **b)** o fato ocorreu, mas dele a parte desconhecia; **c)** o fato ocorreu, a parte dele tinha ciência, mas não poderia apresentá-lo por impossibilidade decorrente de circunstância alheia a sua vontade.

Importante não confundir fato novo com fato superveniente. Este não foi apresentado porque não existia. Aquele não foi porque a parte desconhecia (mas o fato já existia) ou não podia.

Questão interessante que se lança na doutrina é saber se a parte pode produzir prova sobre esses novos fatos que, como se sabe, para que tenham eficácia jurídica, precisam ser provados.

Evidente que essa prova necessita ser produzida, pena de tornar inócua a permissibilidade da regra. Contudo, há de se atentar a algumas questões:

a) é fundamental o exercício do contraditório, autorizando a parte contrária a se manifestar acerca das provas apresentadas (CPC, art. 437, § 1º);

b) como o tribunal, de regra, não possui expediente procedimental adequado para a produção de todos os tipos de prova, expedirá carta de ordem para que se proceda a realização da prova pelo juiz da causa.

Quem poderá exercer o controle da permissibilidade ou não do *jus novorum* é o tribunal, não podendo o juiz da causa, pena de usurpação de competência, exercer essa função.

10.2. AGRAVO DE INSTRUMENTO

10.2.1. INTRODUÇÃO E CABIMENTO

Talvez seja o agravo de instrumento o recurso que mais tenha sofrido alterações ao longo dos tempos na história processual brasileira. Especialmente após 1995, inúmeras reformas foram feitas alterando sua competência para interposição, regime, hipóteses de cabimento de pressupostos de admissibilidade, poderes ao relator, peças obrigatórias.

Tantas alterações decorrem de ser o agravo, notadamente, o recurso mais frequente na realidade dos operadores do Direito, podendo ser interposto diversas vezes no mesmo processo (ao contrário da apelação, que será interposta apenas uma vez contra a sentença e decisões interlocutórias não agraváveis ao final da etapa de conhecimento). Ademais, o agravo de instrumento, (juntamente com o extinto agravo retido) cabiam contra toda e qualquer decisão interlocutória de primeiro grau emergente no processo. Raríssimas eram as situações que não comportavam esse recurso (como a decisão que não acolhia a exceção de impedimento e suspeição, CPC/73, art. 313).

---

37 Importante frisar que esta regra NÃO se aplica ao réu revel (que pode trazer argumentos pela primeira vez em sede recursal, pois a lei autoriza que ingresse a qualquer momento, CPC, art. 346, parágrafo único), sob pena de criar uma vantagem indevida a este réu.

Há, no direito brasileiro, quatro modalidades do recurso de agravo:
a) Agravo de instrumento (art. 1.015, CPC);
b) Agravo interno (art. 1.021, CPC);
c) Agravo de Admissão (art. 1.042, CPC);
d) Agravo contra decisão do Presidente do Tribunal que suspende a segurança (art. 15, da Lei n. 12.016/2009)[1].

Os demais agravos serão estudados oportunamente nos capítulos posteriores. Aqui nos dedicaremos exclusivamente ao estudo do agravo de instrumento.

Agravo de instrumento é o recurso cabível contra as decisões interlocutórias agraváveis. Por decisão interlocutória, conforme já estudado no capítulo dos atos processuais, entende-se toda decisão proferida pelo magistrado no curso do processo em primeiro grau que não seja uma sentença (art. 203, § 2º, CPC).

O CPC adota um sistema casuístico de recorribilidade elegendo quais situações cabem agravo de instrumento imediatamente e quais decisões não (quando caberá apelação posteriormente). O ordenamento prevê, portanto, diante de duas possibilidades:

---

a) decisões interlocutórias agraváveis – as decisões interlocutórias de primeiro grau agraváveis admitem agravo de instrumento que será processado diretamente no Tribunal (hipóteses do art. 1.015 e outras previstas ao longo do próprio CPC e legislação extravagante, conforme se verá *infra*). A sua não interposição do recurso acarreta preclusão de se manifestar sobre o tema;

b) decisões interlocutórias não agraváveis – todas as demais hipóteses que não se enquadrem no regime de recorribilidade do art. 1.015 do CPC não caberá agravo de instrumento. Contudo, nessas hipóteses, as decisões não imediatamente recorríveis não serão tidas como preclusas (ou, como assevera Zulmar Duarte de Oliveira Jr., haverá uma "preclusão elástica"[2]), e as matérias nelas versadas poderão ser devolvidas ao tribunal por meio de futura apelação, desde que a parte expressamente requeira em preliminar desse recurso ou em contrarrazões (art. 1.009, § 1º, CPC).

Entretanto, essa regra deve conversar com os demais dispositivos do CPC, em especial com o art. 278 que assim dispõe: "a nulidade dos atos deve ser alegada na primeira oportunidade em que couber à parte falar nos autos, sob pena de preclusão". **Há um paradoxo na legislação:** há a exigência de alegação de nulidade na primeira oportunidade em que falar aos autos[3] sob pena de preclusão *versus* a não preclusão das decisões não agraváveis (que somente serão impugnadas com futura e eventual apelação).

Aqui, contudo, deve-se analisar a questão em dois momentos: i) verificar se a invalidade não pode ser conhecida de ofício; e ii) sendo de ofício, verificar se parte já tinha conhecimento dessa invalidade antes mesmo de valer-se da apelação.

---

1 Esse agravo, apesar de ser decisão monocrática de tribunal, não pode ser confundido com o agravo interno: i) é decisão do Presidente do Tribunal e não do relator; ii) tem prazo de 5 dias e não 15 como o agravo interno; iii) é levado, sem contraditório, para julgamento na sessão seguinte a sua interposição. O agravo interno tem contrarrazões e será incluído em futura pauta; e iv) não pode ter efeito suspensivo. O agravo interno poderá preencher os requisitos do art. 995, parágrafo único, CPC.

2 "Elasticidade da preclusão e o centro de gravidade do processo", publicado em 29-6-2015 no *site* JOTA (www.jota.uol.com.br).

3 O que não ocorre com as nulidades que possam ser conhecidas de ofício pelo juiz, mas que, mesmo assim, devem ser alegadas se a parte já tiver conhecimento delas em atenção à boa-fé processual.

No primeiro caso, sendo a invalidade dispositiva, a parte que não alegar acarretará invariavelmente preclusão, por força do art. 278 do CPC. Constitui uma questão objetiva, mesmo com a previsão do art. 1.009, § 1º, CPC.

No segundo caso há uma questão de ordem subjetiva. O parágrafo único do art. 278 do CPC, em complemento, estabelece que "não se aplica o disposto no *caput* às nulidades que o juiz deva decretar de ofício", o que vale dizer que as invalidades de ordem pública não precluem. Entretanto não poderá a parte, sob pena de ofensa à cooperação e à boa-fé processual, "segurar" a nulidade para alegá-la apenas no momento da apelação (a denominada e já comentada "nulidade de bolso ou de algibeira"). Então deve-se analisar se parte, de fato, tinha conhecimento da invalidade sob pena de preclusão para a própria parte (mas não para o juízo).

Outra questão, bem levantada pela doutrina[4], diz respeito a decisão de saneamento do feito. O art. 357, § 1º, do CPC estabelece que após o saneamento, as partes podem pedir esclarecimentos ou requerer ajustes no prazo de 5 dias, sendo que, após esse prazo, a decisão se torna estável.

Sabe-se que, se houver, em princípio, dentro da decisão de saneamento, questões previstas no art. 1.015 do CPC, caberá agravo de instrumento, caso contrário, devem ser suscitadas em preliminar de apelação (art. 1.009, § 1º, CPC).

A questão que se põe é a seguinte: poderá o legislador estabelecer a estabilidade e tornar a decisão sobre essas matérias irrecorrível?

Acreditamos não ser possível a estabilidade alcançar nem as matérias de ordem pública e tampouco a recorribilidade (imediata ou diferida das matérias). A estabilidade refere-se exclusivamente "às questões de fato e de direito fixadas na decisão do art. 357 do CPC, não havendo pedido de esclarecimentos ou ajustes pelas partes"[5].

Há uma infinidade de doutrinadores que criticam, em nossa opinião com razão, a taxatividade do rol do art. 1.015, CPC. As críticas são pertinentes e aderimos a elas, mas importante esclarecer que a taxatividade não está relacionada com a ofensa ao duplo grau de jurisdição, pois:

i) o duplo grau, sendo princípio ligado a segurança jurídica, pode ser relativizado por outras normas que prestigiem valores diversos, igualmente importantes como a efetividade;

ii) não se trata propriamente de irrecorribilidade, mas de diferimento da impugnação para outro recurso em outra oportunidade.

Mas a despeito dos argumentos de não se tratar de ofensa ao duplo grau, está aí uma triste e injustificada taxatividade. Não se justifica a previsão limitadora do agravo de instrumento. O argumento da redução de recursos não convence.

Primeiro porque dessas decisões não agraváveis os advogados podem impetrar mandado de segurança (art. 5º, II, Lei n. 12.016/2009)[6], o que levará ao tribunal não um recurso, mas

---

4 DIDIER JR.; CUNHA, *Curso*..., cit., p. 227-228.
5 GAJARDONI; DELLORE; ROQUE; OLIVEIRA JR. *Processo de conhecimento e cumprimento de sentença*, cit., p. 180-181.
6 Sobre esse artigo, duas questões importantes devem ser esclarecidas:
  1) O artigo diz que cabe MS "de decisão judicial da qual caiba recurso com efeito suspensivo". O que poderia levar a imaginar que apenas a apelação e RE ou REsp de julgamento de IRDR que possuem efeito suspensivo automático estariam abrangidos. Contudo, todos os recursos têm ou podem ter efeito suspensivo (*ope legis* ou *ope judicis* – art. 995, CPC). Logo, enquadra-se em todos os recursos;

uma ação impugnativa (o que tecnicamente dá na mesma, pois haverá tramitação semelhante à de um recurso com a inclusão em pauta e julgamento da medida)[7].

> Claro que a jurisprudência deve compatibilizar esse instrumento processual com a sistemática dos recursos, em especial do agravo de instrumento:
> a) o prazo de 120 dias do MS é completamente incompatível com o sistema da recorribilidade imediata do nosso ordenamento;
> b) no MS admite-se sustentação oral (no agravo de instrumento, salvo nos casos contra decisão de tutela provisória, não);
> c) há intimação do Ministério Público, o que em regra não há no agravo; e,
> d) uma vez denegada a segurança, caberá recurso ordinário para o STJ, com a vantagem de não se exigir prequestionamento nem violação à lei federal, ou seja, uma grande vantagem em relação à decisão (acórdão) de um agravo de instrumento em que caberá REsp ou RE com todas as reconhecidas e rígidas exigências recursais.

Contudo, excepcionalmente, admite-se o conhecimento da impetração de mandado de segurança nos tribunais de justiça para fins de exercício do controle de competência dos juizados especiais (AgInt no RMS 70.750-MS, *DJe* 10-5-2023) contrariando a Súmula 376 do STJ.

Segundo porque ao desguarnecer determinadas decisões de recorribilidade imediata gera-se um grave prejuízo para as partes e para o processo.

É importante enfrentar alguns casos que geram graves problemas de ordem prática:

i) a decisão sobre incompetência absoluta não poderá ser objeto de agravo de instrumento. Dessa forma, se o magistrado rejeitar a alegação dessa natureza o processo terá seu regular trâmite e somente poderá ser levada ao tribunal em preliminar de apelação (art. 1.009, § 1º, CPC). Acolhendo o relator a tese recursal, determinará a remessa ao órgão competente que poderá, se for o caso (art. 64, § 4º, CPC), conservar os atos praticados ou proferir nova decisão sobre os atos que estavam sob a custódia do juízo incompetente;

Há, em decorrência dessa situação, entendimento no STJ (RMS 58.578/SP) no sentido de que seja "possível a impetração de mandado de segurança, em caso de dúvida razoável sobre o cabimento de agravo de instrumento, contra decisão interlocutória que examina competência".

ii) a decisão que indefere perícia igualmente não se sujeita à agravo de instrumento. Dessa forma, a parte apenas poderá impugnar a questão em preliminar de apelação. Entendendo o tribunal pela necessidade de se proceder à perícia, poderá determinar a anulação do processo até a fase instrutória, ocasionando grande demora ao processo, que poderia ser arredada caso a questão pudesse ter sido solucionada imediatamente por recurso. É importante que, dada a complexidade da prova pericial, somada a normal importância de que ela se reveste para o julgamento da causa, não poderá, em princípio, simplesmente haver "conversão de julgamento em diligência" para que o tribunal possa decidir "o recurso após a conclusão da instrução" (art. 938, § 3º, CPC);

---

2) Poder-se-ia dizer que a decisão interlocutória não seria irrecorrível, mas imediatamente irrecorrível, já que poderá se valer da apelação em outro momento. Contudo, a questão é do tempo em que a medida deve ser concedida (art. 5º, XXXV, CF e arts. 3º e 4º, CPC).

7 Constitui, em nosso entender, a mesma premissa equivocada de não se permitir a admissibilidade dos recursos especial e extraordinário nos próprios Tribunais Superiores. De nada adianta "filtrar" na origem, recursos que subirão por agravo de admissão. Aliás, pelas estatísticas do próprio STJ, mais de 70% dos recursos que lhe são submetidos para julgamento são estes agravos de decisão denegatória no tribunal de origem.

iii) a decisão que indefere o rol de testemunhas igualmente não é agravável. A questão aqui ainda é mais grave. O tribunal poderá entender que a testemunha tolhida da audiência de instrução tinha pertinência. Nesse caso qualquer situação que se tome é inadequada: se permitir a oitiva da testemunha de forma isolada em primeiro ou segundo grau (art. 938, § 3º, CPC) perderá significativamente o valor como prova, pois o interesse do depoimento é justamente contextualizar com os demais depoimentos e argumentos trazidos ao longo da audiência (rebater fatos, proceder a acareação, levantar contradita) para que o magistrado forme sua convicção. A oitiva isolada, desapegada das demais, perde sua importância; Contudo, se anular todo processo até a fase instrutória para que se permita nova audiência, as testemunhas e depoimentos até então formulados prejudicarão a oitiva da nova testemunha, pois esta terá conhecimento de todos os argumentos até então trazidos, em violação à regra do art. 456 do CPC. Sem prejuízo de grave violação a duração razoável do processo. Nesse sentido, STJ, RMS 65.943/SP.

Nos dois últimos exemplos a solução seria tentar "enquadrar" na produção antecipada de prova (art. 381, CPC) tutela provisória, que permitiria o cabimento do agravo de instrumento (art. 1.015, I, CPC). Só que em nenhum desses casos se enquadra na hipótese do art. 381, I, pois não se trata de perecimento de prova (v.g., a testemunha não está enferma), mas da importância de ser produzida no momento oportuno.

Terceiro porque a desenfreada interpretação ampliativa é o pior dos mundos para a prática processual.

Imagine o advogado que resolve interpor agravo de instrumento de decisão não agravável pela lei, mas autorizada por interpretação extensiva dada por uma Turma do STJ. O TJ rejeita o agravo sob o argumento de não se enquadrar nas hipóteses do art. 1.015. Nesse caso, não poderá reiterar esse pedido em sede de apelação, pois já operou a preclusão consumativa, já que a consumação não decorre de o ato ser adequado ou não, mas de sua mera prática.

> *De lege ferenda*, para evitar maiores prejuízos, seria desejável que o inciso I (tutelas provisórias) fosse interpretado de maneira ampla para abarcar, igualmente, as decisões que possam resultar lesão grave e de difícil reparação, tal como ocorria no CPC revogado (já que as tutelas provisórias abrangem apenas os pedidos requeridos em tutela cautelar, antecipada e de evidência). Dessa forma, reduziria o impacto que a "taxatividade" do art. 1.015 possa causar. Nessas circunstâncias (como acontecia no regime anterior) competirá ao tribunal verificar se a situação levada ao tribunal por agravo se enquadra de fato em caso de lesão grave e difícil reparação.

Esse foi o recente posicionamento da **Corte Especial do STJ** estabelecendo que a taxatividade do rol do art. 1.015 é "mitigada" permitindo a agravabilidade de imediato desde que concorram dois fatores cumulativos: a) urgência e b) inutilidade do julgamento da questão no futuro recurso de apelação. Apesar das expressões vagas como "urgência" e "inutilidade", entendo que esse sistema é ainda melhor do que o regime duro da taxatividade ou aquele que admite interpretação extensiva que gera enorme insegurança conforme exposto supra (STJ, REsp 1.696.396).

No tocante às decisões interlocutórias agraváveis previstas em Lei, o CPC estabelece em extenso rol treze hipóteses de cabimento de agravo de instrumento (sem prejuízo de outras previstas em legislação extravagante ou no próprio CPC, conforme se verifica do art. 1.015, XIII).

I) Decisões proferidas em tutelas provisórias

As tutelas provisórias têm como fato gerador a urgência ou a evidência do direito. No primeiro caso existe o potencial perecimento de pessoas e coisas que exige o pronto atendimento pelo tribunal por meio do agravo (normalmente acompanhado de efeito suspensivo ou de antecipação dos efeitos da tutela recursal, o denominado "efeito ativo"). No segundo caso, o tempo do processo é prejudicial ao autor, que suportará esse ônus mesmo tendo demonstrado a altíssima probabilidade do seu direito. Em qualquer desses dois casos é necessária a interposição incontinenti de recurso. Em decisão recente o STJ entendeu que "O conceito de 'decisão interlocutória que versa sobre tutela provisória' previsto no art. 1.015, I, do CPC/2015, abrange as decisões que examinam a presença ou não dos pressupostos que justificam o deferimento, indeferimento, revogação ou alteração da tutela provisória e, também, as decisões que dizem respeito ao prazo e ao modo de cumprimento da tutela, a adequação, suficiência, proporcionalidade ou razoabilidade da técnica de efetivação da tutela provisória e, ainda, a necessidade ou dispensa de garantias para a concessão, revogação ou alteração da tutela provisória" (REsp 1.752.049/PR).

Assim, as decisões que postergam a análise da tutela provisória para outro momento (como, por exemplo, após a apresentação da defesa) são igualmente agraváveis especialmente quando a parte a requer de forma liminar. Assim também é o Enunciado n. 29 do FPPC: "É agravável o pronunciamento judicial que postergar a análise do pedido de tutela provisória ou condicionar sua apreciação ao pagamento de custas ou a qualquer outra exigência".

II) Decisões interlocutórias que versem sobre o mérito da causa

Ainda reside no direito brasileiro celeuma acerca dessa hipótese: as decisões que versam sobre parcela do mérito da causa e possuem conteúdo previsto no art. 487 do CPC são sentenças parciais ou decisão interlocutória com conteúdo de mérito?

Contudo, entendemos que inegavelmente essas decisões são interlocutórias que versam sobre o mérito. Primeiro porque, ao contrário das sentenças, não há uma previsão a respeito das decisões interlocutórias, podendo elas serem de mérito ou não. Segundo porque o próprio CPC, em especial nos seus arts. 356 (julgamento antecipado parcial do mérito) e 1.015, II, nos leva a chegar a essa conclusão, pois são decisões sobre o mérito, mas cabem agravo de instrumento (como, por exemplo, a decisão concessiva de tutela antecipada[8] ou a exclusão de um dos pedidos por prescrição). Terceiro, o sistema processual brasileiro prestigia o pressuposto recursal do cabimento, em que caberá um específico recurso para cada tipo de decisão. Autorizar "sentenças agraváveis" ou a utilização *de lege ferenda* da denominada "apelação por instrumento" (que chegou a ser aventada no regime anterior) feriria essa regra e geraria uma enorme confusão aos operadores de direito na prática.

O próprio CPC toma cuidado com essas situações que possam gerar dúvida, deixando claro o cabimento do recurso de apelação quando a **matéria da decisão interlocutória for decidida dentro da sentença**, como, por exemplo, o art. 1.009, § 3º, em que "o disposto no *caput* deste artigo aplica-se mesmo quando as questões mencionadas no art. 1.015 integrarem capítulo da sentença" e 1.013, § 5º, CPC "O capítulo da sentença que confirma, concede ou revoga a tutela provisória é impugnável na apelação".

Uma importante questão que deve ser enfrentada diz respeito à recorribilidade e seus efeitos. Isso porque a sentença é desafiada por apelação, que será recebida, como regra, no duplo efeito automático. Já da decisão parcial de mérito caberá agravo de instrumento, que, em regra, não possui efeito suspensivo (art. 995, CPC). Exposto esse panorama, pode-se pensar que a decisão interlocutória de mérito é dotada de maior efetividade que a sentença final, já que naquela se autoriza o cumprimento provisório da decisão e dessa não. Entendemos, *de lege*

---

[8] Apesar de nessa específica hipótese ser decisão de mérito, possui hipótese própria de agravo de instrumento, no inciso I, do art. 1.015, CPC.

ferenda, que da decisão interlocutória de mérito agravada o recurso deveria ser recebido no efeito suspensivo automático. Nesse sentido o Enunciado n. 13 do CEAPRO: "O efeito suspensivo automático do recurso de apelação, aplica-se ao agravo de instrumento interposto contra a decisão parcial do mérito prevista no art. 356 (art. 1.015)"[9]. De outro lado, o Enunciado n. 705 do FPPC entende que deve haver requerimento do efeito suspensivo nos termos do art. 1.013, §§ 3º e 4º, CPC.

III) Decisões sobre rejeição de convenção de arbitragem

A convenção de arbitragem é matéria que deve ser alegada em preliminar de contestação (art. 337, X, CPC), sob pena de preclusão, pois não é dado ao Poder Judiciário analisar essa questão de ofício (art. 337, § 5º, CPC). Assim, a decisão que rejeitar a alegação de convenção de arbitragem apresentada pelo réu desafiará o recurso de agravo de instrumento para evitar que o processo tenha percorrido um longo itinerário para se verificar, *a posteriori*, que se deve fazer cumprir a cláusula arbitral prevista no contrato.

Há quem defenda no direito brasileiro (Fredie Didier e Leonardo Cunha) que a decisão sobre arbitragem, como versa sobre competência (jurisdicional e arbitral), poderia ser estendida às demais situações de competência, absoluta e relativa, que não estão contempladas no art. 1.015, CPC. Esse posicionamento já foi adotado, igualmente, em um julgado do STJ (REsp 1.679.909/RS).

A decisão do acolhimento da convenção de arbitragem igualmente deve ser agravável em atenção à isonomia.

IV) Decisão que julgar incidente de desconsideração da personalidade jurídica

Cabe agravo da decisão que acolhe ou rejeita a desconsideração da personalidade jurídica. É importante ressaltar que o CPC autoriza a formação da desconsideração de duas formas: como incidente (quando apresentada no curso do processo) ou na própria petição inicial. No primeiro caso, a decisão será interlocutória, já que necessariamente o processo ficará suspenso para o julgamento do incidente (art. 134, § 3º, CPC). No segundo caso, como não haverá suspensão (art. 134, § 2º, CPC) é possível que o juiz julgue sobre a desconsideração dentro da sentença. Nesse caso, caberá apelação. Nesse sentido, Enunciado n. 390, FPPC.

V) Rejeição do pedido de gratuidade ou acolhimento de seu pedido de revogação

O CPC igualmente encerrou antiga polêmica sobre o recurso cabível da decisão de pedido de gratuidade. Isso porque o art. 17 da então Lei n. 1.060/50 previa o recurso de apelação para as decisões proferidas em consequência da aplicação dessa lei. Contudo, majoritárias doutrina e jurisprudência defendiam a utilização do agravo de instrumento. Uma vez que a lei foi internalizada para o CPC vigente, coube a este a missão de estabelecer o recurso cabível. O art. 101 do CPC estabelece que o recurso cabível será o agravo de instrumento, a não ser que o acolhimento ou revogação se dê na sentença, quando então será cabível apelação (arts. 101 e 1.009, § 3º, do CPC).

O Enunciado n. 612 do FPPC, corretamente, interpreta para além do art. 1.015, V, ao permitir o cabimento de agravo de instrumento "contra decisão interlocutória que, apreciando pedido de concessão integral da gratuidade da Justiça, defere a redução percentual ou o parcelamento de despesas processuais".

---

[9] Em sentido diverso, o Enunciado n. 49 do ENFAM: "No julgamento antecipado parcial de mérito, o cumprimento provisório da decisão inicia-se independentemente de caução (art. 356, § 2º, do CPC/2015), sendo aplicável, todavia, a regra do art. 520, IV".

Ademais, se a parte pediu isenção total, mas o magistrado concedeu apenas parcial caberá recurso de agravo. Igualmente para a isenção de alguns atos ou pedido de parcelamento[10].

Importante frisar que o recorrente está isento de recolher preparo nesse agravo (quando a legislação pertinente exigir o recolhimento de preparo) até a decisão do relator sobre a questão (art. 11, § 1º, CPC).

Importante frisar também, que a concessão do benefício da gratuidade não permite a interposição imediata de agravo. Deverá a parte impugnar a concessão (por petição simples, na contestação, réplica ou contrarrazões de recurso, a depender do momento). Acolhendo, caberá agravo; não acolhendo, a parte não poderá recorrer imediatamente, devendo levar a matéria em preliminar de apelação quando da prolação da sentença (art. 1.009, § 1º, CPC).

Em atenção à isonomia, a admissão da gratuidade igualmente é agravável. É desejável interpretação extensiva já que ambas (rejeição e acolhimento) podem causar prejuízo para as diferentes partes,

VI) Exibição ou posse de documento ou coisa

Exibição é meio de prova para obtenção de documento ou coisa que pode ser requerido na fase probatória ou por meio de tutela provisória. A hipótese se refere à exibição apresentada pela parte que formará um incidente (art. 396, CPC). Se requerida por terceiro, será formalizada por meio de ação (incidental) que desafia o recurso de apelação. Tanto a decisão que autoriza a exibição como aquela que rejeita, caberá agravo de instrumento.

VII) Exclusão de litisconsorte

Mais uma hipótese que deflagrava grandes dificuldades operacionais. A despeito de não haver dúvidas de que a exclusão de um dos litisconsortes desafiava o recurso de agravo de instrumento, remanescia a divergência sobre qual decisão se estava enfrentando (sentença ou decisão interlocutória com conteúdo de sentença).

Desse pronunciamento, justamente por não encerrar o processo (= pôr fim à fase cognitiva em primeiro grau de jurisdição), caberá agravo de instrumento. O STJ entendeu que a decisão que indefere o pedido de exclusão não caberá agravo de instrumento e somente poderá ser atacada por apelação (REsp 1.724.453/SP).

Em decorrência da isonomia, a admissão de litisconsorte também caberá agravo de instrumento, pois se pode haver prejuízo com a exclusão, poderá haver com a inserção.

VIII) Rejeição de pedido de limitação de litisconsórcio multitudinário

O CPC tornou expresso o que já vinha sendo, historicamente, admitido na doutrina e na jurisprudência: a decisão que rejeita o pedido de limitação do litisconsórcio. A lei não se vale da locução "multitudinário" nem no art. 113, nem no art. 1.015, VIII, mas o pedido de limitação somente pode acontecer nessas hipóteses, pois o instituto do litisconsórcio é previsto em lei (desde que preenchidas as hipóteses legais).

Essa previsão legal tem fundamento na duração razoável do processo (arts. 4º e 139, II, CPC), pois o número excessivo de litigantes pode ocasionar prejuízo para a defesa ou rápida solução do litígio.

No mesmo sentido do item anterior (vii), a decisão sobre admissão do litisconsórcio multitudinário é agravável.

IX) Admissão ou inadmissão de intervenção de terceiros

Outra questão em que não há dúvidas diz respeito à decisão sobre o ingresso do terceiro no processo. Uma vez que a oposição se tornou procedimento especial (mas, em nossa opinião,

---

10 SILVEIRA. Marcelo Augusto da. *Recursos, sucedâneos recursais e ações autônomas de impugnação no CPC*. Salvador: JusPodivm, 2020, p. 543.

não perdeu sua natureza de intervenção de terceiro, já que nada há de especial para estar inserida naqueles procedimentos específicos), as demais hipóteses hoje existentes no CPC (assistência, denunciação da lide, chamamento ao processo, *amicus curiae* e incidente de desconsideração da personalidade jurídica) e as previstas fora dele (intervenção nos alimentos [art. 1.698, CC]; intervenção anômala do Poder Público [Lei n. 9.657/96]) são decididas por decisão interlocutória. O STJ, em reforço, já decidiu sobre o tema (REsp 1.950.084/MG).

Contudo, existe uma questão especial sobre o *amicus curiae* a ser tratada: conforme dispõe o art. 138 do CPC, a decisão que acolhe a sua participação é irrecorrível. A que rejeita é agravável, mas do acolhimento não cabe recurso nem imediato, tampouco diferido. Assim, não se pode deduzir em preliminar de apelação questão sobre a admissão do terceiro, por expressa disposição legal.

Trata-se de decisão interlocutória irrecorrível.

X) Concessão, modificação ou revogação do efeito suspensivo aos embargos à execução

Os embargos consistem em ação autônoma que objetiva na defesa do executado na execução de título executivo extrajudicial nos termos do art. 914, do CPC (para o título executivo judicial tem-se a impugnação).

Da decisão que extingue sem resolução do mérito ou julga improcedentes os embargos à execução é cabível apelação. Contudo, da decisão que concede, modifica ou revoga os efeitos dos embargos (lembrando que os embargos não possuem efeito suspensivo automático, podendo o embargante requerer caso garanta o juízo e demonstre os requisitos da tutela provisória) caberá agravo de instrumento. Da decisão sobre os efeitos da impugnação também caberá agravo de instrumento, por força do art. 1.015, parágrafo único, do CPC.

É importante frisar que o referido inciso X fala em decisão sobre "concessão, modificação ou revogação", mas não fala da decisão que rejeita o efeito suspensivo. E é nessa questão, diante da omissão legislativa, que entendemos caber agravo de instrumento, não pelo inciso X, mas pelo inciso I (decisão sobre tutela provisória) com fundamento no art. 929, § 1º, CPC[11]. Há, entendimento do STJ nesse sentido (REsp 1.745.358/SP).

XI) Redistribuição do ônus da prova nos termos do art. 373, § 1º

O CPC prevê como regra o ônus estático da prova da qual compete ao autor a apresentação de seus fatos constitutivos e ao réu os fatos impeditivos, extintivos ou modificativos.

É possível, contudo que haja uma redistribuição do ônus da prova. "Nos casos previstos em lei ou diante de peculiaridades da causa relacionadas à impossibilidade ou à excessiva dificuldade de cumprir o encargo nos termos do *caput* ou à maior facilidade de obtenção da prova do fato contrário, poderá o juiz atribuir o ônus da prova de modo diverso, desde que o faça por decisão fundamentada, caso em que deverá dar à parte a oportunidade de se desincumbir do ônus que lhe foi atribuído" (§ 1º). Aqui se trata da denominada carga dinâmica ou ônus dinâmico da prova.

Assim, o CPC contém expressa previsão de que o magistrado pode, nos termos do mencionado artigo, redistribuir o ônus da prova, desde que presentes as circunstâncias ali mencionadas. Trata-se de decisão que defere a redistribuição ou que indefere a redistribuição.

XII) Conversão da ação individual em ação coletiva (*vetado*)

XIII) Outros casos expressamente previstos em lei

---

11 "Art. 919. Os embargos à execução não terão efeito suspensivo. § 1º O juiz poderá, a requerimento do embargante, atribuir efeito suspensivo aos embargos quando verificados os requisitos para a concessão da tutela provisória e desde que a execução já esteja garantida por penhora, depósito ou caução suficientes."

Além de todas as hipóteses constantes de lei esparsas[12], além dos incisos em comento, o CPC atual enumera outras situações nas quais o recurso cabível será o de agravo de instrumento, a saber: a) decisões interlocutórias proferidas em liquidação de sentença; b) no processo de execução e cumprimento de sentença; e c) no processo de inventário. Estes casos vêm previstos no parágrafo único do art. 1.015. Nessas situações não há restrição do artigo. De qualquer decisão interlocutória em execução, cumprimento de sentença, inventário ou liquidação caberá agravo de instrumento (REsp 1.803.925/SP).

Contudo, dentro do CPC há algumas situações que comportam agravo de instrumento, como:

a) qualquer decisão interlocutória que versar sobre alguma das hipóteses dos arts. 485 ou 487 do CPC. O art. 487 vem previsto no inciso I do art. 1.015, mas o art. 485 não, como a hipótese que rejeitar liminarmente a reconvenção mantendo o processo originário (art. 354, parágrafo único, CPC);

b) na decisão interlocutória que solucionar o caso de distinção quando sobrestado recurso no tribunal superior: "Demonstrando distinção entre a questão a ser decidida no processo e aquela a ser julgada no recurso especial ou extraordinário afetado, a parte poderá requerer o prosseguimento do seu processo" (art. 1.037, § 13, I, CPC).

c) Os arts. 354, parágrafo único, 356, § 5º, 1.027, § 1º, 1.037, § 13, I, CPC.

Entretanto, além do rol legal e a interpretação dada pelo STJ acima sobre a denominada "taxatividade mitigada", há outras situações que houve posicionamento do tribunal superior sobre o tema.

Por fim, é importante falar da possibilidade ou não de agravo de instrumento nos juizados especiais. No tocante aos juizados especiais federais (arts. 4º e 5º da Lei n. 10.259/2001)[13] e nos juizados especiais da fazenda pública (arts. 3º e 4º da Lei n. 12.153/2009)[14] é de fácil interpretação que ambas as leis estabelecem a recorribilidade das decisões de urgência e esse recurso somente poderá ser o agravo de instrumento **(são decisões interlocutórias + de 1º grau + que causam prejuízo + têm previsão no art. 1.015, I, CPC)**.

Já nos juizados especiais cíveis não há previsão de recorribilidade das interlocutórias. Isso vem reforçado no Enunciado n. 15 do FONAJE "Nos Juizados Especiais não é cabível o recurso de agravo, exceto nas hipóteses dos artigos 544 e 557 do CPC"[15]. Contudo, entendemos que em atenção ao diálogo das fontes previsto no microssistema dos juizados, é cabível agravo de instrumento das decisões de urgência nos juizados especiais cíveis.

Esse entendimento está reforçado no Enunciado n. 60 do Conselho Supervisor do Sistema de Juizados Especiais do TJSP: "No sistema dos Juizados Especiais cabe agravo de instrumento somente contra decisão suscetível de causar à parte lesão grave e de difícil reparação, bem como nos casos de inadmissão do recurso inominado" que está em consonância com a ideia de proteção da lesão ou ameaça a direito (arts. 5º, XXXV, CF e 3º, CPC).

---

12 Como, por exemplo: arts. 19, § 1º, da Lei n. 4.717/65; 7º, § 1º, da Lei n. 12.016/2009; 19, § 2º, da Lei n. 5.478/68; e 100 da Lei n. 11.101/2005.

13 "Art. 4º O Juiz poderá, de ofício ou a requerimento das partes, deferir medidas cautelares no curso do processo, para evitar dano de difícil reparação. Art. 5º Exceto nos casos do art. 4º, somente será admitido recurso de sentença definitiva."

14 "Art. 3º. O juiz poderá, de ofício ou a requerimento das partes, deferir quaisquer providências cautelares e antecipatórias no curso do processo, para evitar dano de difícil ou de incerta reparação. Art. 4º Exceto nos casos do art. 3º, somente será admitido recurso contra a sentença."

15 A referência aos artigos era do CPC/73 e versava sobre o agravo de admissão e agravo interno.

10.2.2. PROCEDIMENTO

O agravo de instrumento, quando veiculado em autos físicos, possuía uma peculiaridade que o diferia de todos os demais recursos do ordenamento: **era o único recurso em que o órgão do Poder Judiciário que o apreciaria não teria à sua disposição os autos do processo em sua integralidade para a análise em confronto com as razões recursais.**

Essa frase se encontra no futuro do pretérito, pois os processos atualmente tramitam em autos eletrônicos (de origem ou digitalizados) e restaram poucos ainda processos físicos. Assim, o tribunal terá em suas mãos acesso a todo o processo bem como o juiz de primeiro grau que terá pleno conhecimento do agravo. Essa mudança estrutural impactará no traslado de peças para o agravo e na comunicação do recurso para o juízo *a quo*.

Fácil verificar que os demais recursos, quando enviados para o órgão destinatário (ou quando esta análise se operar pelo mesmo juízo, como é o caso dos embargos de declaração) o processo será recebido de forma integral. No caso do agravo de instrumento, as razões recursais serão levadas ao Tribunal, mas o processo permanecerá em primeira instância.

Evidente que para que o Tribunal tenha conhecimento da causa a fim de proceder ao julgamento, a lei determina o traslado de cópia de determinadas peças do processo para que se forme, juntamente com as razões recursais, um instrumento, que será remetido diretamente ao Tribunal. Algumas peças são obrigatórias; outras facultativas, o que será visto adiante. Aliás, o nome do recurso decorre justamente dessa formalização entre as razões recursais e as peças que o instruem formando um instrumento que será dirigido ao tribunal.

É necessário que se apresente no agravo de instrumento o nome e o endereço dos advogados do agravante e do agravado (CPC, art. 1.016, IV). O objetivo é facilitar a comunicação dos patronos, especialmente no que concerne à decisão sobre os efeitos do recurso. O nome do advogado do agravado ficará dispensado quando o agravo for interposto contra decisões liminares da qual o réu ainda não tenha sido citado.

O preparo dependerá da organização judiciária de cada Estado.

Uma última questão. Era controverso na doutrina o início do prazo para a interposição de agravo de instrumento da decisão que concede liminar no processo (seja de natureza cautelar, seja de natureza antecipatória), previsto no art. 1.003, §§ 1º e 2º, do CPC.

Nesses casos, o réu, agravado, ainda não está integralizando o polo passivo da demanda. O STJ vem decidindo (corretamente) que o prazo não começa da intimação da liminar, mas sim do mandado de intimação cumprido juntado aos autos, consoante dispõe o art. 231, I e II, do CPC[16]. O § 2º do art. 1.003 expressamente determina que se aplique a regra do art. 231, o que colocou fim à controvérsia.

10.2.2.1. Peças para a formação do instrumento

Conforme foi explicitado, as peças do agravo de instrumento devem ser juntadas ao recurso de modo a facilitar a compreensão das razões esposadas perante o Tribunal. Contudo, três perguntas são importantes para o dimensionamento da questão: **a)** quais são as peças necessárias para o traslado; **b)** se estas peças devem ou não ser autenticadas; e **c)** qual a consequência da inobservância desta regra.

---

16 Processual civil. Recurso especial. Agravo de instrumento. Prazo recursal. Citação. Decisão concessiva de tutela antecipada. Termo inicial. Juntada aos autos do mandado de intimação. Jurisprudência pacífica do STJ. Recurso especial provido (REsp 1.081.312/RJ (2008/0181414-6), rel. Min. Benedito Gonçalves).

a) As peças são de responsabilidade do agravante. Já houve um momento da história recente do processo (Lei n. 9.139/95) em que competia à serventia proceder ao traslado. A lei tratou de enumerar em um artigo quais são as peças necessárias e, por exclusão, todas as demais são facultativas (CPC, art. 1.017, I a III).

As peças facultativas são aquelas que competem ao agravante escolher dentre todas do processo para iluminar a compreensão do Tribunal acerca da controvérsia.

No atual CPC, **seis** são as **peças obrigatórias**. Entretanto elas são obrigatórias a depender da **fase do processo** (é possível que ainda não haja réu citado e, portanto, não haverá a cópia da contestação nem da procuração do agravado, conforme se verificará) ou da **oportunidade** (se o magistrado indeferiu uma tutela provisória pleiteada na petição inicial, não haverá "petição que ensejou a decisão agravada", pois a própria petição inicial fará essa função).

São elas:

i) cópia da petição inicial;

ii) cópia da contestação;

iii) cópia da petição que originou a decisão agravada;

iv) cópia da decisão agravada;

v) cópia da certidão de intimação da decisão ou outro documento oficial que comprove a tempestividade – esta peça tem por objetivo comprovar a tempestividade do recurso. O relator do Tribunal terá acesso ao agravo (com a chancela do protocolo), todavia, não sabe "a partir de quando" correu aquele prazo. Certidão de intimação é o carimbo acostado pela serventia no processo constatando que a decisão saiu no *Diário Oficial*.

Se a função da certidão é comprovar a tempestividade, evidentemente que nos casos em que agravante apresentou o agravo a menos de 15 dias da publicação da decisão (= tornar pública em cartório) não será necessário o seu traslado.

Igualmente nos casos em que ficar cientificado de outra forma da decisão e que fique de consignado no processo, como no caso da "ciência" tão comum no cotidiano forense. Nesse caso, como a lei exige "ou outro documento oficial" será necessário requerer ao cartório que "certifique a ciência", de modo ao perfeito cumprimento do disposto no art. 1.017 do CPC.

Também não será necessária a certidão de intimação quando a parte se insurgir com agravo de instrumento de uma decisão proferida em audiência (que evidentemente recaia em alguma das situações do art. 1.015, CPC), pois, nesse caso, o termo de audiência fará as vezes da certidão;

vi) cópia da procuração outorgada aos advogados do agravante e do agravado – as procurações têm por objetivo facilitar a comunicação processual. Se o agravado ainda não estiver nos autos (agravo contra decisão liminar), não será necessária a procuração do agravado.

Nos casos em que a procuração de uma das partes decorrer de lei e não por instrumento, como é o caso das Fazendas, do Ministério Público e do Defensor Público, também não há necessidade da juntada da procuração.

Igualmente não necessitará de procuração se a parte recorrer no período em que estiver juntando a procuração no processo, nos termos permissivos do art. 104 do CPC.

b) No que diz respeito ao inciso II do art. 1.017. O advogado, sob sua responsabilidade pessoal, poderá declarar que não tem como proceder ao traslado de algumas das peças necessárias. Assim, se a parte não tiver como proceder ao traslado de uma ou algumas peças (v.g., os autos estão em carga com a parte contrária ou houve o extravio daquele específico volume em que consta a peça), poderá o advogado declarar a falta delas. A lei não determinou como será feita a supressão: se a mera declaração é suficiente para o preenchimento do requisito ou se o magistrado, dada a situação, concederá prazo para que a parte regularize com as peças necessárias.

Independentemente de declaração, a falta de cópia de qualquer peça não acarretará a resolução de plano do agravo, devendo o relator conceder prazo de cinco dias para que o agravante sane o vício ou regularize a peça faltante (arts. 1.017, § 3º, e 932, parágrafo único, CPC).

c) Sendo eletrônico o processo, dispensa-se o traslado de peças, a não ser que a parte queira juntar novos documentos úteis à compreensão da controvérsia (art. 1.017, § 5º, CPC). Contudo, de acordo com o STJ: "A disposição constante do art. 1.017, § 5º, do CPC/2015, que dispensa a juntada das peças obrigatórias à formação do agravo de instrumento em se tratando de processo eletrônico, exige, para sua aplicação, que os autos tramitem por meio digital tanto no primeiro quanto no segundo grau de jurisdição" **(REsp 1.643.956/PR)**.

10.2.2.2. Sobre o específico requisito de admissibilidade do art. 1.018 do CPC

Há requisitos de admissibilidade que iluminam todos os recursos (como a tempestividade, a adequação e a legitimidade) e outros que apenas atingem um ou alguns recursos específicos (como a repercussão geral, que se aplica apenas ao recurso extraordinário e o preparo que não alcança todos os recursos).

A exigência preconizada no art. 1.018 do CPC constitui requisito específico previsto somente para o agravo de instrumento: trata-se da comunicação do agravo, feita pelo agravante, ao juiz da causa no prazo de 3 dias.

A regra do art. 1.018 (então art. 526, CPC/73) foi implementada no ordenamento com a Lei n. 9.139/95 quando se estabeleceu que o agravo de instrumento seria interposto diretamente no tribunal sem que fosse previamente apresentado perante o juiz da causa. Ocorre que a lei originária estabelecia a exigência de cumprimento (preceito), mas não estabelecia uma sanção.

Diante da deficiência normativa, havia quem entendesse que a regra era facultativa, pois sua criação foi engendrada para atender ao agravante já que, para parte da doutrina, a única finalidade da norma era permitir a retratação do juízo. Em não havendo, consistia em mero ônus (Cândido Dinamarco).

Ocorre que a função precípua da norma não é (mas também) permitir a reconsideração pelo juízo *a quo*, que, aliás, podia e pode ser dada a qualquer tempo até mesmo quando o juiz tomar ciência da decisão do tribunal, mas permitir que a parte contrária tenha ciência do agravo sem ter que se deslocar de sua comarca para dirigir-se ao Tribunal. Esta norma é inspirada na economia processual (Nelson Nery).

Ainda na égide do CPC/73, criou-se uma sanção que se manteve no CPC atual:

> Art. 1.018. O agravante poderá requerer a juntada, aos autos do processo, de cópia da petição do agravo de instrumento, do comprovante de sua interposição e da relação dos documentos que instruíram o recurso.
> § 1º Se o juiz comunicar que reformou inteiramente a decisão, o relator considerará prejudicado o agravo de instrumento.
> § 2º Não sendo eletrônicos os autos, o agravante tomará a providência prevista no *caput*, no prazo de 3 (três) dias a contar da interposição do agravo de instrumento.
> § 3º O descumprimento da exigência de que trata o § 2º, desde que arguido e provado pelo agravado, importa inadmissibilidade do agravo de instrumento.

Veja que se o processo for eletrônico, o tribunal terá a sua disposição todo o processo de modo virtual. Assim, não há necessidade de cumprimento da regra quando o processo estiver sendo conduzido por meio dessa plataforma.

Contudo, em sendo físico, é **obrigatória** a apresentação de cópia do agravo e a relação dos documentos que o instruíram. A despeito de o *caput* utilizar-se da locução "poderá", os §§ 2º e 3º não deixam dúvidas que o não cumprimento do disposto nesse artigo gera inadmissibilidade do recurso.

Entretanto, na prática, os juízes de primeira instância vêm informando aos Tribunais acerca do cumprimento quando intimados a prestar informações. A despeito da praticidade, esta conduta deve ser evitada na medida em que a lei expressamente **confere ao agravado a legitimidade exclusiva para fazê-lo**.

Trata-se de **direito disponível da parte** (assim como os casos de competência relativa e arbitragem, por exemplo) e a sua natureza não cogente decorre da ausência de prejuízo para o processo e restrito interesse do agravante e do agravado.

Logo, se o agravado não arguir falta de requisito de admissibilidade específico do agravo é porque não terá causado prejuízo algum se deslocar ao Tribunal para ter acesso ao recurso. E mais. Não sendo possível o conhecimento de ofício, o agravado deve formular sua manifestação na primeira oportunidade em que falar nos autos (ou seja, nas contrarrazões) sob pena de preclusão. É o que se verifica do art. 278[17] do CPC. Em havendo retratação, o agravo será considerado prejudicado.

10.2.2.3. Formas de interposição do agravo de instrumento

O agravo poderá ser interposto:
a) por protocolo ao Tribunal competente;
b) por protocolo integrado;
c) postagem com registro de aviso de recebimento;
d) via *fac-símile* (quando então as peças devem ser juntadas no momento em que se apresentar o recurso original ao protocolo, sob pena de preclusão).

10.2.2.4. Poderes do relator no agravo de instrumento

10.2.2.4.1. Introdução

Os Tribunais são vocacionados a emitir decisões colegiadas. Esta constatação decorre, dentre diversos outros fatores, da previsão principiológica do duplo grau de jurisdição em nosso ordenamento.

Se as decisões dos juízes de primeira instância podem ser revistas por outro órgão, que este órgão seja, ao menos no plano abstrato, **qualitativa e quantitativamente melhor**.

Em linha de princípio o é **qualitativamente** porque os desembargadores possuem mais experiência e tempo de foro, o que lhes confere, ao menos na teoria, melhores condições para analisar o caso. Mas não é suficiente. Os desembargadores julgam em colegiado (noção **quantitativa**).

Enquanto o juiz da causa, ao julgar, deve prestar contas somente com sua consciência, no Tribunal os desembargadores devem, entre si, se comunicar sobre seu voto, ponderar sobre as soluções o que exige, talvez, maior cuidado ainda.

---

17 "Art. 278. A nulidade dos atos deve ser alegada na primeira oportunidade em que couber à parte falar nos autos, sob pena de preclusão."

Entretanto, para desburocratizar o sem-número de recursos levados aos Tribunais diariamente bem como racionalizar algumas atividades judiciais, o ordenamento sentiu a necessidade de criar mecanismos para reduzir o impacto do número excessivo de processos em segundo grau.

Conferiu-se, portanto, ao relator o poder de praticar determinados atos no processo (alguns de cunho decisório) isoladamente, para abreviar o trâmite dos recursos. Estes atos foram escolhidos dentre os quais se revestem de urgência, importância e causem repercussão dentro do processo.

Esses poderes são delegados[18]. É simplesmente uma atividade preliminar em que se permite ao relator praticar atos expressamente a si atribuídos decorrentes de sua competência funcional.

Portanto, essa competência é delegada e não originária[19].

Dessa forma, a autorização da prática destes atos é constitucional e não ofende ao princípio do juiz natural: **i)** porque em nenhum momento a Constituição assevera que os recursos tenham que ser apreciados exclusivamente por órgãos colegiados; **ii)** o relator é o juiz natural quando procede aos atos circunscritos especialmente nos arts. 1.019 e 932, CPC.

10.2.2.4.2. Atividade do relator

O CPC fragmenta essa atividade em dois dispositivos: no art. 932, que estabelece os **poderes gerais** do relator para todo e qualquer recurso bem como para as causas de competência originária dos Tribunais e o art. 1.019, que prevê os **poderes específicos** do relator inerentes ao agravo de instrumento. Esses poderes (gerais e específicos) assumem entre si uma relação de preliminaridade, pois os poderes específicos somente serão exercidos caso não haja a aplicação dos poderes gerais.

Assim, somados, a atividade do relator poderá ser:

a) não conhecer de recurso inadmissível, prejudicado, ou que não tenha impugnado especificamente os fundamentos da decisão recorrida (art. 932, III, CPC)

Consoante asseverado no capítulo sobre teoria geral dos recursos, o agravo de instrumento possui peculiaridade procedimental no sentido de se reunir na mesma pessoa (relator) o exame de admissibilidade e mérito (quando então participará do julgamento com o colegiado).

Assim, sempre que o relator constatar a ausência de um dos requisitos de admissibilidade genéricos (tempestividade, adequação, preparo...) ou específicos do agravo (ausência de peças, falta de indicação do nome dos advogados) poderá o relator **não conhecer de plano**.

Recurso **manifestamente inadmissível** é aquele que, sem maiores esforços (e geralmente não há), não preenche os requisitos de admissibilidade.

Recurso **prejudicado** é aquele que perde o seu objeto e, portanto, se torna desprovido de pretensão recursal. O exemplo clássico vem previsto no próprio art. 1.018, § 1º, do CPC, em que o magistrado de primeiro grau poderá reconsiderar a decisão tornando o agravo prejudicado. Outro, é o agravo interposto contra decisão em cautelar que indeferiu a produção antecipada da prova (testemunha enferma que, na tramitação do agravo, veio a falecer).

Recurso que não tenha **impugnado especificamente os fundamentos da decisão recorrida** objetiva dar vigência ao princípio da dialeticidade, que consiste na exigência de

---

18 Barbosa Moreira assevera que o relator age como um "porta-voz" avançado. Nesse sentido também Flávio Cheim Jorge.
19 Em sentido contrário, Fabiano Carvalho, *Poderes do relator nos recursos, art. 557, CPC*, São Paulo: Saraiva, 2008, p. 51.

"todo o recurso deve ser discursivo, argumentativo, dialético. A mera insurgência contra a decisão não é suficiente. Não basta apenas manifestar a vontade de recorrer. Deverá também o recorrente demonstrar o porquê de estar recorrendo, alinhando as razões de fato e de direito pelas quais entende que a decisão está errada, bem como o pedido de nova decisão"[20].

b) negar provimento a recurso contrário aos precedentes dos Tribunais

Mais um artigo em que o ordenamento brasileiro abre as portas para uma tentativa de estabelecer uma uniformização de entendimento jurisprudencial para fomentar a segurança e a previsibilidade das decisões[21].

Assim, poderá o relator, monocraticamente, negar provimento a agravo quando for contrário a:

I – súmula do Supremo Tribunal Federal, do Superior Tribunal de Justiça ou do próprio tribunal;
II – acórdão proferido pelo Supremo Tribunal Federal ou pelo Superior Tribunal de Justiça em julgamento de recursos repetitivos;
III – entendimento firmado em incidente de resolução de demandas repetitivas ou de assunção de competência.

A palavra *confronto*, utilizada pela lei, significa comparar, fazer face mutuamente. Melhor adotar a expressão **contraste**, que dá ideia de contrariedade, oposição. Outra crítica é o fato de que é a tese jurídica apresentada pela parte que gera contraste e não o recurso em si mesmo[22]. Sobre o assunto, reportamos o leitor para o capítulo "ordem dos processos no tribunal". Ademais, como já expusemos em diversas passagens dessa obra, não é possível confinar a possibilidade de se negar provimento ao recurso apenas pelas hipóteses previstas no inciso IV do art. 932, mas sim para toda e qualquer hipótese de contraste a precedente obrigatório (art. 927, CPC).

A despeito do art. 1.019 apenas mencionar o art. 932, IV (negar provimento monocraticamente), é evidente que também se aplica o art. 932, V (dar provimento monocraticamente). Não faria o menor sentido outorgar ao Poder Judiciário seguir precedentes para proteger a decisão que se funda no padrão decisório previsto em lei, mas não seguir precedentes para proteger o recurso que se funda nesse mesmíssimo padrão decisório. Aliás, não constitui grande dificuldade interpretativa, pois, além da isonomia, é previsto de maneira geral no art. 932 que se aplica para todos os recursos[23]. Nesse sentido o Enunciado n. 592 do FPPC.

c) Concessão do efeito suspensivo ao recurso ou a antecipação de tutela da pretensão recursal (efeito ativo)

Já se teve a oportunidade de estudar, no capítulo sobre teoria geral dos recursos, os seus efeitos, de modo que se dispensa aqui qualquer explicação sobre sua definição.

A explicação será, portanto, meramente operacional.

Apenas a apelação tem efeito suspensivo automático (*ope legis*). Todos os demais recursos podem ter efeito suspensivo (*ope judicis*) se a parte requerer (art. 995, parágrafo único, CPC).

Para se entender quando será necessário o requerimento de efeito suspensivo ou ativo, um exemplo pode esclarecer a questão: se a parte requer uma medida de urgência (uma

---

20 CHEIM JORGE, Flávio. *Teoria geral dos recursos cíveis*. 3. ed., São Paulo: Revista dos Tribunais, 2007, p. 166.
21 Sobre o tema imprescindível a consulta de *Recurso especial, recurso extraordinário e ação rescisória*, de Teresa Arruda Alvim Wambier. 2. ed. São Paulo: Revista dos Tribunais, 2008.
22 As críticas foram levantadas (acertadamente, como usual) por Barbosa Moreira em seus *Comentários ao Código de Processo Civil*. 10. ed. Rio de Janeiro: Forense, 2002, v. V, p. 662-663.
23 É, nesse sentido, o acertado entendimento de Zulmar Duarte (*Execução e recursos*: comentários ao CPC. São Paulo: Gen, 2017, p. 1.097).

intervenção cirúrgica, por exemplo), e é negada em primeiro grau, é possível a interposição de agravo de instrumento (decisão interlocutória + urgência) para o Tribunal. Todavia, entre o protocolo do recurso e o acórdão do agravo (que poderá modificar a decisão negada) percorre-se um razoável lapso de tempo (meses), tempo este que o agravante não tem. Dessa forma é possível requerer providências urgentes no tribunal. Estas medidas "liminares" no tribunal denominam-se efeito suspensivo ou ativo (nome dado à antecipação da tutela recursal[24]).

Falta saber quando será concedido o efeito suspensivo e o efeito ativo.

Sempre que a decisão do magistrado de primeiro grau for negativa sobre o requerimento da própria parte agravante, o efeito será ativo. Quando, contudo, a decisão for positiva decorrente de pedido da outra parte, o efeito será suspensivo. O efeito ativo surgiu de uma inaptidão do efeito suspensivo em tutelar todas as situações carecedoras de tutela recursal. Assim, em muitos casos apenas o sobrestamento da decisão não é suficiente. É necessário, por vezes, um ato comissivo, ativo, daí a existência da antecipação dos efeitos da tutela recursal, que nada mais é do que a possibilidade de usufruir a tutela do acórdão (decisão definitiva) no início do agravo.

Assim, se se tiver interesse de o tribunal conceder o que o juiz negou (requerimento da própria parte + decisão negativa) o efeito pretendido é ativo. Se contudo se deseja obstar a produção de efeitos de uma decisão (requerimento pela outra parte + decisão positiva) o efeito pretendido será suspensivo.

d) Intimação do agravado

Em atenção ao contraditório, o agravado será intimado para se manifestar no mesmo prazo da interposição do recurso (quinze dias). A intimação será por carta com aviso de recebimento, e pessoalmente quando não tiver advogado. Se tiver, será por publicação no *Diário Oficial* ou por carta dirigida ao seu próprio advogado com aviso de recebimento, igualmente. Se o agravado ainda não integra a relação processual, deverá ser intimado (pois, por exemplo, a decisão foi concedida liminarmente) por todas as formas possíveis a depender das circunstâncias fáticas (a despeito da restrição do art. 1.019, II, CPC). Nesses casos, devidamente intimado, entendemos se tratar de formalismo exagerado proceder agora a sua citação, especialmente pela regra do art. 239, § 1º, CPC.

e) Intimação do Ministério Público

A intimação do Ministério Público somente se fará necessária se se enquadrar em alguma das causas em que a sua participação (*rectius*, intimação) seja obrigatória. A intimação far-se-á preferencialmente por meio eletrônico. Sua manifestação será em 15 dias.

De acordo com o art. 1.020 do CPC, o relator solicitará dia para julgamento em prazo não superior a um mês da intimação do agravado.

Por fim, a despeito de o CPC atual não conter regra semelhante à do CPC/73 no sentido de autorizar ao relator requerer informações ao juízo *a quo*, nada impede que essa conduta seja requerida, apesar do silêncio da lei.

10.2.2.4.3. Situação do agravo quando da prolação de sentença

Qual o destino do agravo de instrumento diante da superveniente prolação da sentença?

Para a compreensão do tema é importante estabelecer duas premissas.

---

24 Noticia-se que o nome tenha sido criado pelo professor Eduardo Talamini.

Primeira premissa: o agravo de instrumento (assim como a maioria dos recursos cíveis) não possui, como regra, efeito suspensivo automático (art. 995, CPC), de modo que a interposição do agravo não obsta o natural desenvolvimento da causa. Salvo nos casos em que esse efeito for requerido e concedido (arts. 995, parágrafo único, e 1.019, I, CPC).

Segunda premissa: não é possível que o processo de primeiro grau aguarde o julgamento do agravo para que seja proferida sentença, já que nosso ordenamento veda a sentença condicional; seria "ampliar a extensão dos efeitos devolutivos do agravo sem base legal" (a expressão é de um acórdão do STJ, da lavra de Sálvio de Figueiredo Teixeira)[25].

Feitas as premissas, é importante verificar o que ocorre com o agravo de instrumento caso sobrevenha sentença de mérito.

Se a decisão interlocutória versar sobre tutela provisória de urgência a sentença absorverá a decisão proferida, mesmo pendente de agravo, pois a cognição da sentença (exauriente) se sobrepõe à decisão (sumária). Nesses casos, o agravo de instrumento interposto (e não julgado) fica prejudicado, conforme art. 932, III, do CPC. Esse é o entendimento atual do STJ (REsp 1.232.489/RS).

Essa regra não se aplica para as demais decisões que versarem sobre o mérito (art. 1.015, II, CPC), pois estas possuem regime próprio no julgamento antecipado parcial do mérito (art. 356, CPC) e não se submetem a posterior sentença[26].

A questão, portanto, não é de hierarquia, mas de cognição, ou seja, a profundidade do exame da matéria pelo juiz de primeiro grau se sobrepõe à hierarquia funcional do tribunal. Pensar o contrário seria pressupor que toda decisão proferida pelo tribunal em sede de agravo de instrumento impediria que o juiz, na sentença, proferisse decisão em sentido diverso, gerando um indesejado efeito positivo da coisa julgada sem que tenha ocorrido o trânsito em julgado.

O art. 946 do CPC cuida das demais hipóteses de decisão interlocutória. Assim, havendo sentença com a consequente interposição de apelação, o agravo de instrumento pendente de julgamento será analisado antes da apelação: "Art. 946. O agravo de instrumento será julgado antes da apelação interposta no mesmo processo. Parágrafo único. Se ambos os recursos de que trata o *caput* houverem de ser julgados na mesma sessão, terá precedência o agravo de instrumento".

E se a apelação não for interposta? No Brasil há duas correntes.

Uma primeira corrente entende que o agravo de instrumento fica prejudicado, já que sem a apelação ocorre o trânsito em julgado da sentença, não havendo se falar em julgamento do agravo de instrumento após essa etapa procedimental. Afinal, encerrado o processo (com o trânsito) nenhum outro ato poderá ser praticado (Teresa Arruda Alvim, Barbosa Moreira).

A referida autora, aliás, entende que o agravo pode obstar a preclusão da decisão interlocutória impugnada, mas não a coisa julgada decorrente da sentença, pois "o fato de a matéria da decisão impugnada consistir em pressuposto lógico da sentença, neste caso pouco importa"[27].

Uma segunda corrente entende que não ocorrerá o trânsito enquanto o agravo não for julgado (mesmo ausente a apelação). Haveria, portanto, uma condição suspensiva para a formação da coisa julgada (assim como ocorre com a remessa necessária), já que o agravo pode ter o condão de anular a sentença (Nelson Nery).

---

25 STJ, 4ª T., REsp 292.565/RS, j. 27-11-2001, *DJ* 5-8-2002, p. 347.
26 Nesse sentido, STJ, REsp 1.921.166-RJ.
27 *Os agravos no CPC brasileiro*, 4. ed., São Paulo: Revista dos Tribunais, 2005, p. 582.

Seguimos essa segunda corrente. Assim entendemos equivocada a premissa de que o agravo de instrumento julgado diante de uma sentença não recorrida estaria violando a coisa julgada ou causando efeito rescindente da sentença que já havia transitado em julgado.

A premissa é equivocada, pois se há uma condição suspensiva, não há se falar em trânsito em julgado enquanto o agravo não for decidido.

10.3. AGRAVO INTERNO

10.3.1. PODERES DO RELATOR

Os Tribunais são vocacionados a emitir decisões colegiadas. Esta constatação decorre, dentre diversos outros fatores, da recepção do duplo grau de jurisdição em nosso ordenamento.

A revisão das decisões pressupõe não apenas juízes com mais tempo de carreira e melhores condições para exercer essa função, como também em maior número conferindo maior possibilidade de acerto na questão submetida.

Entretanto, para desburocratizar o sem-número de recursos levados aos Tribunais diariamente bem como racionalizar algumas atividades judiciais, era necessário criar mecanismos para reduzir o impacto do número excessivo de processos em segundo grau.

Conferiu-se, portanto, ao relator o poder de praticar determinados atos no processo (alguns de cunho decisório) isoladamente, para abreviar o trâmite dos recursos. Estes atos foram escolhidos dentre os quais se revestem de urgência, importância e causem repercussão dentro do processo.

Esses poderes são delegados, agindo o juiz como um porta-voz avançado (Barbosa Moreira), em que se permite ao relator praticar atos expressamente a si atribuídos decorrentes de sua competência funcional.

Dessa forma, a autorização da prática destes atos monocráticos é constitucional e não ofende ao princípio do juiz natural: **i)** porque em nenhum momento a Constituição assevera que os recursos sejam necessariamente julgados por órgãos colegiados; **ii)** o relator é o juiz natural quando procede a este julgamento antecipado.

10.3.2. CABIMENTO

Esse agravo tinha previsão em artigos esparsos no CPC/73 (arts. 120, parágrafo único, 532, 545 e 557, § 1º) além de alguns previstos em legislação extravagante, como os arts. 25, § 2º, e 39 da Lei n. 8.038/90.

É o recurso cabível contra as decisões monocráticas do relator no Tribunal, leia-se, qualquer tribunal (TJ, TRF, STJ, STF). É possível, contudo, que caiba agravo interno de decisão monocrática proferida não pelo relator, mas pelo Presidente ou Vice-Presidente do Tribunal. Assim ocorre nas hipóteses dos arts. 1.030, I e III e § 2º, 1.035, § 7º, e art. 39 da Lei n. 8.038/90.

Assim, o agravo interno cabe contra toda e qualquer decisão (recurso de fundamentação livre) seja sobre admissibilidade, seja sobre o mérito recursal: o critério diferenciador para o cabimento do agravo interno é: decisão de tribunal + monocrática do relator).

Há situações excepcionais em que a decisão monocrática do relator não permitirá o cabimento do agravo interno como nas decisões irrecorríveis, a decisão que admite o *amicus curiae* (arts. 138 e 950, § 3º, CPC), a decisão que concede prazo suplementar para o recolhimento de preparo em decorrência do justo impedimento (art. 1.007, § 6º, CPC) e a decisão acerca da prejudicialidade do recurso extraordinário em relação ao recurso especial, bem como a rejeição dessa prejudicialidade pelo Supremo Tribunal Federal (art. 1.031, §§ 2º e 3º, CPC).

O agravo é denominado **interno** porque revisto *internamente* pelo próprio órgão colegiado da qual o relator faz parte.

O CPC atual tratou de outorgar capítulo próprio a esse agravo que antes, como dito, estava hospedado em artigos esparsos. Essa sistematização teve o mérito de: **a)** criar o agravo interno contra toda e qualquer decisão monocrática prolatada no tribunal (já que no regime anterior havia restrição em alguns casos; **b)** conferir a ele a previsão de recurso (já que havia dúvidas na doutrina acerca de sua natureza); **c)** estabelecer um nome específico ao recurso, pois o CPC anterior o denominava apenas pela locução "agravo", o que fazia a doutrina e a jurisprudência alcunhar esse recurso nos mais diversos predicados: "regimental", "agravinho", "agravo de mesa" etc.

10.3.3. AGRAVO REGIMENTAL

Para alguns autores, a enumeração dos agravos contidos no Código, bem como em legislação esparsa, sob a égide do regime anterior era insuficiente para regular todas as situações carentes deste tipo de recurso.

Nestes casos, a falta de regulação legal levou os Tribunais a criar os denominados "agravos regimentais".

Contudo, este denominado agravo regimental não preenche dois requisitos necessários para sua admissão no plano recursal: **i)** não esta previsto em Lei Federal e, portanto, ofende a taxatividade (CPC, art. 994); **ii)** somente a União tem competência para criar recursos (CF, art. 22, I) por Lei Federal, pois trata-se de matéria de processo e não de procedimento. Estes agravos eram criados pelos regimentos e, portanto, careciam de competência legislativa para sua existência.

Poderiam ser tratados, quando muito, como sucedâneos recursais, mas não como recursos propriamente ditos.

Admitia-se, contudo, a criação de normas procedimentais desde que para **regulamentar o agravo interno já previsto no Código de Processo Civil**. Assim, o *modus operandi* do agravo que tem sua previsão no Código pode ser disciplinado pelo regimento. Este autorizador igualmente está previsto na Constituição Federal, uma vez os Estados detêm competência concorrente para regular procedimento (CF, art. 24, XI).

O CPC deixou isso claro ao estabelecer no art. 1.021 que o agravo interno será regulado pelo CPC, contudo, "observadas, quanto ao processamento, as regras do regimento interno do tribunal".

10.3.4. NATUREZA

No regime do CPC/73, era controversa a discussão acerca da natureza do agravo interno, havendo quem sustentasse consistir em mero controle do que foi decidido antecipadamente pelo relator (Barbosa Moreira, Luiz Guilherme Marinoni, Eduardo Talamini). Não sendo necessário apresentar *novas* razões, bastando reiterar para o colegiado uma competência que, em verdade, já era sua. Já outra corrente se posicionava no sentido de **sua natureza recursal** (Nelson Nery Jr., Flávio Cheim Jorge, Bernardo Pimentel), isso porque: **a)** atende a taxatividade (prevista em lei federal); **b)** há singularidade (único recurso para aquela específica situação); **c)** voluntariedade (depende de provocação); **d)** não pode ocorrer a *reformatio in pejus*.

Parecia não haver dúvidas de que o agravo interno constitui um recurso. Além dos fundamentos apresentados acima, possui função de reforma, já que a decisão antecipada pode ser controlada para que o colegiado emita outra decisão revendo a anterior. Ademais, a previsão de recurso no Brasil decorre do direito positivo e não da ciência do direito. O CPC ressalta a sua previsão como recurso (art. 994, III).

Dessa forma, o agravo interno é uma terceira modalidade de agravo, junto com o agravo de instrumento e o agravo de admissão dos recursos de estrito direito.

10.3.5. PROCEDIMENTO

O agravo interno poderá ser interposto pelas partes, pelo Ministério Público e pelo terceiro prejudicado seguindo a mesma regra de legitimidade do art. 996 do CPC.

Seu prazo, em qualquer caso, será de quinze dias (art. 1.003, § 5º, CPC). Aplicam-se as regras dos arts. 180, 183 e 229 do CPC. Questão interessante diz respeito aos agravos internos existentes em legislação extravagante. Isso porque houve a uniformização dos prazos no CPC, mas não se alterou o prazo de alguns recursos previstos em leis esparsas, como o recurso inominado nos Juizados Especiais, os embargos infringentes da Lei de Execução Fiscal ou a apelação no ECA, que se mantém com o prazo de dez dias.

Contudo, por força do art. 1.070 do CPC "é de 15 (quinze) dias o prazo para a interposição de qualquer agravo, previsto em lei ou em regimento interno de tribunal, contra decisão de relator ou outra decisão unipessoal proferida em tribunal".

O diploma processual expandiu para todas as demais situações abrangidas fora do Código a uniformidade de prazo (v.g., art. 15 da Lei n. 12.016/2009, art. 4º, § 3º, da Lei n. 8.437/92 e art. 39 da Lei n. 8.038/90).

Ao contrário do regime anterior, em que se dispensava o preparo a essa modalidade do recurso, no atual sistema compete ao regimento interno de cada tribunal dispor sobre a questão. Contudo, por ter caráter interno e sendo dirigido à própria câmara ou turma, não há, em princípio, fato gerador para a fixação de preparo (v.g., remessa a outro tribunal, nova autuação). Trata-se de atividade administrativa simples, nos mesmos moldes que os embargos de declaração.

Será imediatamente remetido ao relator que, após abrir vista ao agravo para contrarrazões (no prazo de quinze dias), poderá se retratar. Em não se retratando, os autos serão enviados à mesa para julgamento colegiado, com inclusão na pauta.

Não caberá, em regra, sustentação oral em agravo interno. Apenas será possível em ação rescisória, mandado de segurança e reclamação constitucional propostas diretamente no tribunal contra a decisão de extinção perpetrada pelo relator (art. 937, VI, § 3º, CPC).

O agravo interno não se submete ao regime da ordem cronológica de julgamento estabelecida no art. 12 do Código de Processo Civil conforme se depreende do art. 12, § 2º, IV e VI. Há um importante motivo para esse tratamento diferenciado: o caso já foi julgado. A ordem deveria ter sido respeitada no julgamento anterior. O agravo interno se presta apenas a proceder a revisão, pelo colegiado, da decisão do relator.

Os embargos de declaração poderão ser convertidos em agravo interno se o órgão julgador entender ser este o recurso adequado, desde que intime a parte previamente em 5 dias para adaptar ao recurso convertido (art. 1.024, § 3º, CPC).

10.3.6. EFEITOS

O agravo interno possui efeito devolutivo, pois permitirá o reexame da matéria. Sua limitação está em apontar o *error in judicando* ou *in procedendo* da decisão monocrática. Como desdobramento de alguns recursos, o efeito devolutivo pode também hospedar o **efeito regressivo**. A retratação decorrente da interposição do recurso difere-se da mera reconsideração. Na primeira, é necessário recurso para que o juiz, aplicando o efeito regressivo, modifique o seu posicionamento antes esposado. Na segunda, a retratação, quando autorizada, independe de vontade da parte, podendo ser exercida oficiosamente pelo órgão destinatário do recurso (que, em certa medida, é o mesmo que proferiu a decisão). O § 2º do art. 1.021 condiciona a possível retratação à interposição do recurso pela parte.

Quanto ao efeito suspensivo, a interposição do agravo interno, como a maioria dos recursos, não terá o condão de suspender a decisão. Contudo, nada impede que o relator do agravo interno possa manter o efeito suspensivo já existente no recurso anterior.

É possível ainda a concessão do efeito suspensivo *ope judicis*, desde que preenchidos os requisitos do art. 995, parágrafo único, do CPC, cláusula geral inerente a todos os recursos.

10.3.7. DIALETICIDADE E FUNDAMENTAÇÃO ADEQUADA

Em decorrência da dialeticidade (art. 932, III, CPC), na petição de agravo interno o recorrente impugnará especificamente os fundamentos da decisão, e, como consequência, pelo princípio da fundamentação adequada, é vedada ao relator a mera reprodução dos fundamentos da decisão agravada. Assim, não se pode apenas reproduzir os fundamentos do recurso anterior, bem como reproduzir a mesma decisão que ensejou o agravo interno. A observação legal é importante: evita mera atividade protelatória por meio do recurso. Assim entende o STJ (AgInt no AREsp 1.151.650/RS).

10.3.8. AGRAVO INTERNO PROTELATÓRIO

Preconiza o § 4º do art. 1.021 do CPC que quando o agravo interno for declarado manifestamente inadmissível ou improcedente em votação unânime, o órgão colegiado, em decisão fundamentada, condenará o agravante a pagar ao agravado multa fixada entre um e cinco por cento do valor atualizado da causa.

Trata-se de sanção processual e pecuniária que se insere no campo do abuso do direito processual. Sendo que a interposição de qualquer outro recurso está condicionada ao depósito prévio da multa.

Esta aplicação **não é automática**, já que "a condenação do agravante ao pagamento da aludida multa, a ser analisada em cada caso concreto, em decisão fundamentada, pressupõe que o agravo interno se mostre manifestamente inadmissível ou que sua improcedência seja de tal forma evidente que a simples interposição do recurso possa ser tida, de plano, como abusiva ou protelatória" (STJ, EREsp 1.120.356). Ainda, é necessário justificar a razão pela qual o recorrente agiu com abuso (STJ, AREsp 886.843/SP). Nesse mesmo sentido: "Em regra, descabe a imposição da **multa**, prevista no **art. 1.021, § 4º, do Código de Processo Civil** de 2015, em razão do mero **improvimento** do **Agravo Interno** em votação unânime, sendo necessária a configuração da manifesta inadmissibilidade ou **improcedência** do recurso a autorizar sua aplicação, o que não ocorreu no caso" (AgInt na AR 5267/PR, Ministra Regina Helena Costa, *DJe* 1º-7-2021).

Há quem entenda, contudo, que essa multa seja *in re ipsa*, o que vale dizer, a mera situação de o agravo interno ser declarado inadmissível ou improcedente por votação unânime já acarretaria a fixação da multa. Esse entendimento pode ser extraído da interpretação literal do § 4º que se vale da expressão "condenará".

A defender esse segundo posicionamento teríamos no CPC uma multa que apena o agravante *secundum eventum litis* independentemente de haver má-fé ou não. É dizer de forma clara: o resultado do agravo e não a conduta do agravante seria o fato gerador para a incidência da multa.

Entretanto, não se pode analisar isoladamente o parágrafo sem contextualizá-lo com os demais dispositivos pertinentes do CPC. Em interessante texto sobre o assunto, com o qual integralmente concordamos, Luiz Dellore assevera que "sendo assim, só é caso de aplicação de multa no agravo interno que foi negado por acórdão se, anteriormente, o relator tiver proferido decisão monocrática nas hipóteses restritas do art. 932, IV e V, do NCPC. Caso contrário – ou seja, se o relator julgar com base em 'jurisprudência ou entendimento dominante' – apenas no caso de recurso protelatório (com base no art. 80, VII, considerando a litigância de má-fé) é que será cabível a multa"[28].

A incidência imediata da multa, contudo, não se aplica ao beneficiário da gratuidade da justiça e à Fazenda Pública, que podem proceder ao pagamento no final do processo.

10.4. EMBARGOS DE DECLARAÇÃO

10.4.1. INTRODUÇÃO

Na conceituação tradicional, os recursos objetivam reformar as decisões judiciais. Sua função é alterar a realidade fática do julgado. Essa é a essência da própria existência do sistema recursal.

Contudo é necessário que a decisão esteja formalmente correta, tendo respondido a todos os argumentos trazidos pelas partes de forma clara e não contraditória. A adequação a essas exigências formais objetiva não apenas permitir ao jurisdicionado entender o exato conteúdo da decisão, como também viabilizar a interposição do devido recurso no caso de sucumbência.

Todavia, como corolário ao dever de fundamentar as decisões judiciais (CF, art. 93, IX, e CPC, art. 489, II) é necessário que a decisão não seja omissa, nem contraditória, obscura ou padeça de erro material. Quando se encontrar em uma dessas situações, será cabível a interposição de embargos de declaração.

Os embargos de declaração objetivam esclarecer uma decisão obscura, ou contraditória, corrigir decisão eivada de erro material ou integralizar uma decisão omissa.

Não há notícia de embargos de declaração no direito romano. Sua origem está no direito português.

Importante que se entenda que o substantivo "embargos" constitui expressão polissêmica no ordenamento, significando tanto como **ação** (como os embargos à execução e os embargos de terceiro) como **recurso** (embargos infringentes da Lei de Execução Fiscal, embargos de declaração), como **medida judicial** (embargo de obra).

Os embargos tanto podem ser um **recurso preparatório** (aperfeiçoam a decisão para viabilizar o recurso principal) como **satisfativo** (seu objetivo é unicamente o esclarecimento,

---

[28] DELLORE, Luiz. *Agravo interno negado*. Sempre há imposição da multa? Disponível em: <http://www.jota.com.br>. Texto de 5 de dezembro de 2016.

aperfeiçoamento ou integração da decisão). Em ambos os casos, de acordo com já sedimentadas doutrina e jurisprudência, os embargos constituem recurso de **fundamentação vinculada**.

É de fundamentação vinculada, pois as razões recursais estão atreladas a algum vício enquadrado numa das hipóteses-tipo do art. 1.022 do CPC. Diferente da apelação (por exemplo) em que basta a prolação da sentença, independentemente dos motivos, para que esteja presente a possibilidade recursal, os embargos se circunscrevem a matérias previamente estabelecidas pelo legislador.

Justamente por não ter função reformadora como regra, alguns autores retiram dos embargos sua natureza recursal (Alexandre de Paula, Barbosa Moreira, Sérgio Bermudes) até mesmo por não estarem presentes nos embargos todos os requisitos inerentes aos recursos.

Todavia, consoante ressaltado no capítulo do agravo interno, a existência de um recurso não decorre de atributos intrínsecos, mas sim de opção político-legislativa. Dessa forma, a simples previsão dos embargos no sistema recursal (CPC, art. 994, IV) não deixa dúvidas de sua natureza[29]. Ademais, não é necessário que estejam presentes todos esses requisitos. Para cada recurso a lei estabeleceu o preenchimento de determinados requisitos, havendo os requisitos que se aplicam a todos (como a tempestividade, a legitimidade e a adequação) e havendo aqueles que existem em um ou em alguns, mas não em todos (como o preparo, o prequestionamento e a repercussão geral).

Os embargos constituem verdadeira exceção ao **princípio da singularidade**, pois permitem a interposição de mais de um recurso contra a mesma decisão.

10.4.2. CABIMENTO

O legislador erigiu quatro vícios pelos quais os embargos são oponíveis: **obscuridade, contradição, erro material e omissão**. A reforma empreendida na Lei n. 8.950/94 ainda no CPC/73 retirou a *dúvida* como um dos vícios por entender que constitui requisito subjetivo e extremamente genérico, fazendo com que os juízes se tornassem consultores das partes. E o CPC atual normatizou uma hipótese relativamente bem aceita na doutrina e na jurisprudência: o erro material.

É importante enfrentá-los.

Obscuridade – A obscuridade é a difícil compreensão do texto decisório. Certamente o mais complexo dos vícios na medida em que se entremostra muito difícil definir com precisão a obscuridade. A obscuridade somente poderá ser analisada em contexto com toda decisão. Por isso, é tão difícil encontrar nos livros de doutrina (mesmo naqueles que tratam especificamente sobre os embargos) um exemplo de obscuridade devido à necessidade de se aferir *in concreto* com toda a decisão ou parte dela. Ou seja, a obscuridade somente poderá ser exemplificada diante de um contexto decisório e não apenas demonstrando um excerto da decisão.

Barbosa Moreira[30] assevera que existem várias gradações de obscuridade, desde a ambiguidade à total inteligibilidade do julgado.

Há, ainda, a possibilidade de se classificar em dois tipos a obscuridade: a **ideológica** e a **material**.

A **obscuridade material** é o erro mecânico, a incompreensão não partiu do intelecto do juiz, mas de um vício de ordem formal da própria decisão. Imagine que, na impressão da

---

29 Havia um projeto encabeçado pelo IBDP no sentido de se retirar a natureza recursal dos embargos, mesmo mantendo-os no ordenamento. Este projeto foi arquivado.
30 *Comentários ao Código de Processo Civil*, 15. ed., Rio de Janeiro: Forense, 2010, p. 553.

sentença, duas linhas saíram sobrepostas a outra, tornando ininteligível o que fora escrito, ou a própria decisão tenha saído com linhas apagadas em decorrência de falha na impressão, ou mesmo uma decisão em que a letra do juiz seja incompreensível.

Já a **ideológica** (certamente a mais comum) **é o defeito na transmissão da ideia**. O magistrado não conseguiu transpor para o papel suas motivações de forma clara e precisa.

Contradição – Ocorre contradição quando o magistrado, ao decidir, deduz proposições inconciliáveis entre si. A contradição pode ocorrer tanto da passagem entre os elementos integrantes da decisão (v.g., da fundamentação para o dispositivo) como dentro do mesmo elemento (v.g., incompatibilidade na própria fundamentação ou no dispositivo). Assim, na sentença assevera que a testemunha presenciou os fatos, que a perícia certificou tal situação, mas, por falta de provas, julga improcedente o pedido.

Ademais, a contradição possui **natureza intrínseca**: a contradição sempre se estabelece entre o julgado e ele mesmo e não entre a decisão e a lei ou a jurisprudência[31]. Assim, ainda que o magistrado tome por inexistente uma lei que existe, não constitui contradição, mas *error in judicando*. Portanto, a falsa percepção da realidade externa não enseja contradição para fins de embargos de declaração.

Omissão – Ocorre omissão quando o magistrado deixar de decidir determinada questão dentro da decisão que seja relevante ao deslinde do processo. Muitas vezes, dada a alta carga de trabalho e o número excessivo de pedidos e requerimentos formulados, pode o magistrado, por descuido, não apreciar questão pertinente ao julgamento da causa.

Assim, são três requisitos necessários para que ocorra a omissão: **i)** que o magistrado não tenha decidido sobre o tema (decisão *citra petita*); **ii)** que essa omissão seja encontrada dentro da decisão; e **iii)** que o fato omitido seja relevante para o processo.

Se a parte formulou determinado pedido e o magistrado decidiu sobre outra questão do processo (v.g., pedido formulado pela parte contrária), deixando de apreciá-lo, **não constitui omissão, mas negativa de prestação jurisdicional**. Como não houve decisão, não operou a preclusão e, portanto, a parte pode requerer novamente o pedido ao próprio juiz.

Caso a negativa jurisdicional continue, poderá a parte impetrar mandado de segurança ou mesmo apresentar correição parcial. Mas é fundamental que a omissão ocorra *na* decisão aberta para enfrentar a questão da parte postulante, ou seja, o magistrado deve ter apresentado nos autos uma decisão e dentro dela ter deixado de decidir.

Ademais, o vício deve ser pertinente. Se a omissão recaiu sobre fato que, se trazido à luz pelos embargos, não tiver o condão de influenciar no julgado, incabível será o recurso. Dessa forma, o fato omitido deve ser qualificado como **jurídico ou jurígeno** (aquele que produz efeitos jurídicos) e não o **fato simples** (que apenas ajuda a compreender o fato jurígeno, dando-lhe suporte).

Não caberão embargos, v.g., pela mulher vitoriosa na demanda para que o magistrado aponte expressa e minuciosamente na sentença do divórcio litigioso quantas vezes o marido a traiu e em que períodos, pois tais informações, a despeito de terem sido debatidas no processo, não terão repercussão alguma no resultado da causa.

---

31 EDcl no AgRg no REsp 1.954.864/SC, Rel. Min. Reynaldo Soares da Fonseca, Quinta Turma, j. 15-3-2022, *DJe* 18-3-2022; EDcl no AgInt no AREsp 1.520.414/RJ, Rel. Min. Marco Aurélio Bellizze, Terceira Turma, j. 14-3-2022, *DJe* 18-3-2022; EDcl nos EDcl no REsp 1.881.707/PE, Rel. Min. Ricardo Villas Bôas Cueva, Terceira Turma, j. 14-3-2022, *DJe* 18-3-2022; EDcl no AgInt nos EDcl nos EAREsp 1.666.120/MT, Rel. Min. Francisco Falcão, Corte Especial, j. 22-2-2022, *DJe* 24-2-2022; EDcl no AgInt no AREsp 1.930.439/RJ, Rel. Min. Sérgio Kukina, Primeira Turma, j. 21-2-2022, *DJe* 24-2-2022; AgInt no AREsp 1.929.622/SP, Rel. Min. Marco Aurélio Bellizze, Terceira Turma, j. 21-2-2022, *DJe* 23-2-2022.

Igualmente cabem embargos de declaração quando o juiz se omite sobre matérias de ordem pública, ainda que não suscitadas pelas partes, tanto no plano processual (ex. arts. 337, § 5º, 485, § 3º, CPC) como no plano material (ex. art. 51 da Lei n. 8.078/90, arts. 1º e 51 do CDC, 210, 2.035, parágrafo único, 168 e 169 do CC).

Entendemos correto também o cabimento de embargos de declaração quando o acórdão "embora convergente na conclusão, deixe de declarar os fundamentos divergentes" (Enunciado n. 598, FPPC).

Não há omissão quando o juiz, ao analisar uma das diversas causas de pedir, já verifica ser suficiente para acolher o pedido do autor não apreciando as demais (até mesmo porque serão todas devolvidas ao tribunal na ocasião de eventual recurso da parte sucumbente, por força do art. 1.013, §§ 1º e 2º, CPC). Contudo, enquanto não houver causa de pedir que conceda o pedido postulado, o juiz tem o dever de enfrentar todas elas sob pena de omissão (art. 489, § 1º, IV, CPC).

Contudo, o legislador do CPC atual foi além no alcance da omissão, conferindo-lhe novo dimensionamento. Seguindo a tendência de se criar um Código em que haja o respeito aos precedentes judiciais, gerando segurança e previsibilidade de suas decisões, erigiu-se ao conceito de omissão três novas circunstâncias:

a) a decisão será omissa se não se manifestar sobre a tese firmada em julgamentos de demandas repetitivas;

b) a decisão será omissa se não se manifestar sobre a tese firmada em assunção de competência aplicável ao caso sob julgamento;

c) quando não seguir os requisitos necessários para a fundamentação das decisões judiciais previstos no art. 489, § 1º, do CPC.

No caso dos itens "a" e "b", especificamente no que versa sobre decisão em incidente de resolução de demandas repetitivas e assunção de competência, é cabível, por força do art. 988, IV, do CPC o cabimento de reclamação[32]. Nesse caso é possível, até para evitar a tramitação da reclamação que gerará relativo dispêndio de trabalho e tempo, a oposição de embargos de declaração e, diante de sua negativa, a apresentação da reclamação perante o órgão que teve sua decisão desrespeitada.

No que concerne à fundamentação, em atenção ao princípio da dialeticidade, compete ao embargante explicitar exatamente qual foi o descumprimento do magistrado no que concerne ao padrão decisório e demonstrar, evidentemente, que a falta de fundamentação adequada impediu a compreensão do que restou decidido.

O dever de decidir pertence ao Poder Judiciário, mas o recurso destinado a apontar a falha na decisão deve demonstrar de modo preciso o equívoco do provimento.

Assim, o instrumento cabível para a decisão não fundamentada ou que não segue posição firmada em casos repetitivos ou assunção de competência são os embargos de declaração.

Erro material – É o erro de fácil percepção e que notoriamente não reflete a real vontade que o juízo desejava exprimir. Assim, "o erro material dá-se quando o juiz escreveu coisa diversa do que queria escrever, quando o teor da sentença ou despacho não coincide com o que o juiz tinha em mente exarar, quando, em suma, a vontade declarada diverge da real"[33].

Numa hipotética hierarquia, o erro material seria o menor dos vícios do juiz. É quase um equívoco. Visivelmente não foi aquela a intenção do julgador ao decidir.

---

32 A desobediência no seguimento de decisão de recursos especial e extraordinário repetitivos apenas permite o cabimento de reclamação se houver o esgotamento das instâncias ordinárias (art. 988, § 5º, II, CPC).

33 José Alberto dos Reis, *Código de Processo Civil anotado*, 2. ed., Coimbra, 1940, art. 667, p. 130.

É possível que ocorra um **erro de cálculo** (v.g., condenação do réu em mil reais de danos materiais e mil reais de danos morais, mas na parte dispositiva condená-lo a mil e quinhentos reais) ou mesmo **erro material estrito** (determinar a retirada do nome do réu da SERASA, mas requerer a expedição de ofício do SPC).

A verdade é que o erro material pode ser atacado tanto por embargos de declaração[34] como por petição simples como de ofício pelo magistrado, conforme os termos permissivos do art. 494 do CPC.

Constitui vício transrescisório, ou seja, pode ser alegado a qualquer tempo e grau de jurisdição até mesmo após o prazo de dois anos da rescisória.

10.4.3. PROCESSAMENTO

10.4.3.1. Competência

Os embargos serão endereçados ao próprio prolator da decisão no prazo de cinco dias úteis. Podem ser opostos tanto pela parte vencedora como pela parte vencida do julgado. Isso porque o ponto fundamental não é o acerto da decisão, mas vícios formais, que podem acometer tanto ao vencedor como ao vencido (v.g., é possível ao vencedor da causa apresentar embargos, pois omissa a decisão no tocante aos honorários advocatícios devidos).

Os embargos são o único recurso que mantém prazo diferenciado. Assim, todos os recursos que gozam do efeito substitutivo terão prazo de quinze dias e o recurso de embargos, cinco dias[35].

No Código Eleitoral, os embargos de declaração excepcionalmente possuem prazo de 3 dias (art. 275, § 1º, Lei n. 4.737/65).

Haverá prazo em dobro para oposição de embargos quando as partes estiverem em litisconsórcio com procuradores diferentes (art. 229). Com a expressa disposição que se aplica a regra do referido art. 229 aos embargos de declaração (art. 1.023, § 1º, CPC), suprimiu-se o posicionamento da não contagem em dobro no tocante a esse recurso[36]. Igualmente haverá prazo em dobro para Fazenda Pública, Ministério Público e Defensoria Pública (arts. 183, 180 e 186, respectivamente).

Fala a lei genericamente em juiz (= *prolator da decisão*), porque nem sempre será o próprio juiz da causa que dará ensejo a um dos vícios do art. 1.023 do CPC, já que cabem embargos de declaração contra acórdãos ou decisões monocráticas no tribunal proferidos, à evidência por outro órgão.

Uma questão importante que se deve asseverar é a respeito das decisões sujeitas aos embargos. No regime anterior, uma leitura desatenta ao então art. 535 do CPC/73 poderia levar o intérprete a considerar que os embargos fossem cabíveis somente contra sentenças e acórdãos.

A doutrina majoritária já conferia, contudo, uma interpretação mais ampla alcançando igualmente as decisões interlocutórias (afinal, diante de uma decisão omissa, recorrer do quê?). O STJ defendia esse entendimento há algum tempo[37].

---

34 STJ, 5ª Turma, ED no REsp 255.709/SP, rel. Min. José Arnaldo Fonseca, j. 13-9-2000.
35 Os recursos previstos em legislação extravagante poderão ter prazo diferenciado, como a apelação no ECA, o recurso inominado no JEC e os embargos infringentes da Lei de Execução Fiscal de que ostentam prazo de 10 dias.
36 STJ, 3ª Turma, AgRg nos EDcl no AgI 743.651/DF.
37 STJ, 4ª Turma, REsp 37.252, rel. Min. Sálvio de Figueiredo Teixeira, j. 13-12-1993, *DJ* 28-2-1994, e REsp 1.017.135.

O CPC, no *caput* do art. 1.022 estabelece o cabimento dos embargos "contra qualquer decisão", espancando de vez a pequena reminiscência doutrinária que tendia a conferir uma interpretação restritiva ao cabimento dos embargos.

Se cabem embargos contra decisões interlocutórias a resposta é a mesma para os despachos, a despeito de a lei retirar a possibilidade de recurso contra esse tipo de pronunciamento (CPC, art. 1.001).

Nesse sentido, Barbosa Moreira[38] ("Ainda quando o texto legal, *expressis verbis*, a qualifique de 'irrecorrível', há de entender-se que o faz com a ressalva implícita concernente aos embargos de declaração") e Araken de Assis[39] ("O fato de o despacho não provocar gravame às partes não o isenta dos defeitos do art. 535 [atual art. 1.022]. Por exemplo: o juiz designa a audiência de instrução e julgamento para certo dia, mas o provimento omite a hora da solenidade")[40].

Outro ponto relevante diz respeito ao princípio da "identidade física do juiz" no julgamento dos embargos. Estaria o prolator da decisão inquinada obscura, contraditória, omissa ou eivada de erro material adstrito ao julgamento dos embargos contra ela interpostos?

A resposta é afirmativa.

Todos os vícios mencionados, salvo a omissão, são de ordem subjetiva de modo que ninguém melhor que o próprio magistrado para verificar em que medida sua decisão padece de correção. Para alguns, constitui um típico **efeito devolutivo**[41] (e aqui há, de fato, concordância da expressão com o ato "devolver", pois retornará ao próprio juiz autor da decisão).

Para outros, **efeito regressivo**, pois "os embargos declaratórios não têm o efeito de devolver o conhecimento da causa a um outro órgão, mas ao próprio juiz ou turma prolatora, o que a rigor não é autêntica devolução, mas mera *regressão* – aquele que já decidiu e que em alguns casos já não poderia inovar no processo"[42].

A distinção da nomenclatura, contudo, não possui importância prática, mas meramente acadêmica.

Entretanto, essa regra – da identidade física – se excepciona se por qualquer motivo, transitório ou permanente, o magistrado tiver que se ausentar daquele juízo. São os casos de afastamento, suspensão, promoção, transferência, falecimento, aposentadoria ou qualquer outro motivo idôneo. Assim, "Os embargos de declaração devem ser apreciados pelo órgão julgador da decisão embargada, independentemente da alteração de sua composição, o que não ofende o princípio do juiz natural nem excepciona o princípio da identidade física do juiz"[43].

Em todas essas situações os autos serão enviados ao substituto legal para que proceda ao julgamento.

---

38 *Comentários ao Código de Processo Civil*, 7. ed., Rio de Janeiro: Forense, 1998, p. 550.
39 *Manual dos recursos*, São Paulo: Revista dos Tribunais, 2008, p. 586.
40 Neste sentido é o STJ: "Processual civil – Embargos declaratórios – Cabimento – Despacho. São cabíveis embargos de declaração contra despacho" (1ª Turma, EDcl no REsp 207.435/RS, rel. Min. Garcia Vieira, j. 3-8-1999, *DJ* 20-9-1999).
41 SIMARDI FERNANDES, Luís Eduardo. *Embargos de declaração*. 3. ed. São Paulo: Revista dos Tribunais, 2012, p. 69-70.
42 DINAMARCO, Cândido Rangel. *Nova era do processo civil*, São Paulo: Malheiros, p. 151.
43 AgRg nos EDcl no HC 522.131/ES, Rel. Min. Antonio Saldanha Palheiro, Sexta Turma, j. 17-10-2019, *DJe* 28-10-2019; HC 331.881/GO, Rel. Min. Felix Fischer, Quinta Turma, j. 8-11-2016, *DJe* 22-11-2016; AgRg no AREsp 654.202/SP, Rel. Min. Reynaldo Soares da Fonseca, Quinta Turma, j. 24-11-2015, *DJe* 1º-12-2015; RHC 48.400/RJ, Rel. Min. Gurgel de Faria, Quinta Turma, j. 17-3-2015, *DJe* 30-3-2015; HC 405.847/SP (decisão monocrática), Rel. Min. Laurita Vaz, Presidência, j. 4-7-2017, publicado em 1º-8-2017.

A identidade física é tão presente que se os embargos forem opostos contra decisão de relator ou outra decisão singular oriunda de Tribunal, o julgamento dos embargos será dado monocraticamente (art. 1.024, § 2º, CPC).

10.4.3.2. Preparo e contraditório

Duas peculiaridades dessa modalidade de recurso: a ausência de preparo (regra absoluta) e de contraditório (que comporta exceções). Não há preparo, pois não há atividade judicial ensejadora do recolhimento.

Explica-se.

O STF já decidiu que o preparo possui natureza de tributo, mais especificamente uma taxa. Assim, para que seja recolhido o preparo é necessário que haja um fato gerador, no caso uma contraprestação pelo Estado que motive tal recolhimento. Esta contraprestação pode se dar, v.g., com a autuação de novos autos (o que gerará gastos com autuação de nova capa) e remessa para outro Tribunal (serviços com diligência) quando se fala evidentemente de processos físicos.

Os embargos não geram novo processo nem novo incidente e, ainda, não há remessa para lugar algum, pois compete ao próprio prolator da decisão proceder ao julgamento.

Sem fato gerador, sem preparo.

Ademais, constitui política legislativa. O CPC não estabelece quais recursos possuem preparo. Esse regramento depende de disposições previstas em legislação esparsa, organização judiciária ou regimento interno.

Contudo, o CPC prevê quais recursos **não possuem preparo**. Apenas o agravo de admissão de recurso especial e extraordinário e os embargos de declaração.

Quanto ao contraditório, os fundamentos são outros. Parte da doutrina assevera que a ausência de contraditório decorre da sua desnecessidade já que o embargante faz referência ao que já consta dos autos e foi objeto de contraditório.

Ademais, se os embargos objetivam, como regra, o aperfeiçoamento da decisão e não haveria o porquê da existência do contraditório já que o resultado dos embargos seria a melhora da decisão.

Portanto, por ausência de prejuízo (*pas de nullité sans grief*) e pela desnecessidade de manifestação (já que não influenciará em nada a decisão do juízo) o contraditório é, em princípio, inadmitido.

Contudo, há uma situação em que o contraditório deve se fazer presente: nas hipóteses em que os embargos tiverem a potencialidade de modificar a decisão prolatada, tema de que nos ocuparemos a seguir.

10.4.3.2.1. Especificamente sobre o efeito modificativo dos embargos (efeito infringente)

Conforme apresentado, os embargos de declaração possuem uma finalidade peculiar no sistema recursal na medida em que sua função precípua não é alterar a sorte do julgado (improcedente para procedente – efeito substitutivo), mas sim produzir o efeito integrativo/aclaratório conquanto esteja enquadrada em uma das hipóteses do art. 1.022 do CPC[44].

---

44 Os embargos não se prestam para formular pedido de reconsideração: EDcl no AgRg no AREsp 1.862.327/SC, Rel. Min. Olindo Menezes (Desembargador convocado do TRF 1ª Região), Sexta Turma, j. 15-3-2022, *DJe* 18-3-2022; EDcl no AgRg no AREsp 1.946.653/SP, Rel. Min. Antonio Saldanha Palheiro, Sexta Turma, j. 15-3-2022,

Contudo e invariavelmente, ao proceder à análise e ao julgamento dos embargos, poderá o magistrado ser obrigado a alterar o julgado e mudar todo o rumo da decisão.

Trata-se de um **efeito secundário, indireto e eventual** do seu julgamento.

Exemplo: O autor ingressa em juízo cobrando determinada importância. O réu contesta e alega dois fundamentos de defesa: prescrição e pagamento. O magistrado esqueceu-se de analisar a prescrição verificando apenas a questão do pagamento. Neste tocante, o autor provou melhor a existência da dívida e o pedido foi julgado procedente. O réu interpôs embargos sob o argumento que a decisão foi omissa ao não analisar a prescrição. O magistrado acolhe os embargos, verifica, de fato, a existência da prescrição, e altera o julgado na medida em que a dívida, a despeito de existente, é (agora) inexigível.

Assim, deve o magistrado proceder a uma primeira análise perfunctória nos embargos e verificar se – da sua análise – existe uma *potencialidade* de alteração da realidade fática da decisão. Caso positivo deverá, antes de julgar, abrir vistas ao contraditório.

Este fenômeno denomina-se **efeito infringente/modificativo dos embargos**. Constitui efeito excepcional dos embargos, mas que possui previsão legal (CPC, arts. 494, II, 1.023, § 2º, 1.024, §4º, e Enunciado 278 da Súmula do TST).

É possível verificar o efeito infringente em, pelo menos, cinco situações distintas: **a)** quando o magistrado afastar a contradição e mudar o resultado do julgado; **b)** quando o magistrado suprir a omissão; **c)** quando conhecer de matéria de ordem pública, igualmente em decorrência da omissão; **d)** o fato novo autorizado por lei (CPC, art. 493); e **e)** nos casos de omissão especificamente sobre não ter adotado precedente que deveria ter seguido, pois aplicável ao caso (art. 1.022, parágrafo único, I, CPC).

É importante observar que o efeito infringente não pode ser a **causa** do pedido de embargos, mas o **efeito** gerado pelo seu julgamento. Assim, não pode haver pedido de modificação do julgado por meio dos embargos (esse pedido somente poderá ser feito pelos recursos que operam efeito substitutivo ou rescindente), mas é possível que, uma vez esclarecendo ou suprimindo o vício apontado, o magistrado altere sua decisão. Nesse caso pode se operar o efeito modificativo (STJ, REsp 1.016.848, e STF, RE 250.396).

O RISTF em seu art. 338 autoriza o efeito infringente: "Se os embargos forem recebidos, a nova decisão se limitará a corrigir a inexatidão, ou sanar a obscuridade, dúvida, omissão, contradição, *salvo se algum outro aspecto da causa tiver de ser apreciado como consequência necessária*" (grifo nosso).

Portanto, o CPC condiciona a existência do contraditório aos embargos se seu eventual acolhimento implicar alteração da decisão embargada (art. 1.023, § 2º).

A observância é necessária. Dispõe o Enunciado n. 614 do Fórum Permanente dos Processualistas Civis que "não tendo havido prévia intimação do embargado para apresentar

---

DJe 18-3-2022; EDcl no AgRg no AREsp 1.989.773/SP, Rel. Min. Ribeiro Dantas, Quinta Turma, j. 15-3-2022, *DJe* 18-3-2022; EDcl no AgRg no AREsp 2.012.291/SP, Rel. Min. João Otávio de Noronha, Quinta Turma, j. 15-3-2022, *DJe* 18-3-2022; AgRg no AREsp 2.035.697/SC, Rel. Min. Reynaldo Soares da Fonseca, Quinta Turma, j. 15-3-2022, *DJe* 18-3-2022; AgInt no AREsp 1.954.353/RJ, Rel. Min. Marco Aurélio Bellizze, Terceira Turma, j. 14-3-2022, *DJe* 18-3-2022; RCD no AgInt no AREsp 1.878.854/SP, Rel. Min. Mauro Campbell Marques, Segunda Turma, j. 8-2-2022, *DJe* 17-2-2022; AgRg no HC 706.265/PR, Rel. Min. Joel Ilan Paciornik, Quinta Turma, j. 14-12-2021, *DJe* 16-12-2021; RCD no AgInt no AREsp 1.695.499/SP, Rel. Min. Raul Araújo, Quarta Turma, j. 12-4-2021, *DJe* 13-5-2021; RCD no AgInt no AgInt nos EDcl no AREsp 1.588.683/SP, Rel. Min. Francisco Falcão, Segunda Turma, j. 2-2-2021, *DJe* 12-2-2021; RCD no AgRg no AREsp 1.598.686/SC, Rel. Min. Laurita Vaz, Sexta Turma, j. 30-6-2020, *DJe* 4-8-2020; AgInt no REsp 1.733.091/GO, Rel. Min. Sérgio Kukina, Primeira Turma, j. 10-3-2020, *DJe* 13-3-2020.

contrarrazões aos embargos de declaração, se surgir divergência capaz de acarretar o acolhimento com atribuição de efeito modificativo do recurso durante a sessão de julgamento, esse será imediatamente suspenso para que seja o embargado intimado a manifestar-se no prazo do § 2º do art. 1.023".

10.4.3.3. O julgamento será realizado em cinco dias

Constitui prazo impróprio, sem nenhuma consequência endoprocessual. O art. 1.024, § 1º, estabelece que "nos tribunais, o relator apresentará os embargos em mesa na sessão subsequente, proferindo voto e, não havendo julgamento nessa sessão, será o recurso incluído em pauta automaticamente".

10.4.4. QUESTÕES PROCESSUAIS

10.4.4.1. Efeitos

Os embargos de declaração, se apresentados tempestivamente, são aptos a produzir diversos efeitos.

O primeiro, como não poderia deixar de ser, refere-se ao **obstativo da coisa julgada (total ou parcial)**. E isso porque a interposição dos embargos (aliás como qualquer outro recurso) prolonga a litispendência, postergando o trânsito em julgado da decisão.

O **efeito devolutivo** decorre na medida em que todos os recursos no sistema processual, em nossa opinião, apresentam esse efeito. É devolutivo, porque devolve ao Poder Judiciário a reapreciação da matéria impugnada. Como o efeito devolutivo é manifestação do princípio dispositivo, o magistrado não pode conhecer de matérias que não foram embargadas, mesmo que verifique, numa melhor e ulterior leitura, que a decisão padece de vício que havia sido constatado quando da sua prolação, sob pena de decidir *extra petita*[45].

Conforme visto *supra*, a presença do efeito devolutivo nos embargos não é unânime, havendo quem entenda que em verdade se aplica o **efeito regressivo**, já que a devolução (= efeito) somente poderia acontecer se houvesse remessa para outro órgão. Entendemos, contudo, que a celeuma não possui nenhuma importância prática, interessando apenas à discussão acadêmica sobre processo.

Quanto ao **efeito suspensivo**, os embargos de declaração seguem a regra dos demais recursos: a inexistência do efeito suspensivo automático previsto em lei (arts. 1.026 e 995 do CPC (em que os recursos não impedem a produção de efeitos do julgado, salvo a apelação na maioria dos casos que possui efeito automático decorrente de lei).

Dessa forma, como apenas a apelação possui efeito suspensivo *ope legis*, nos demais recursos (assim como nos embargos de declaração)[46] permite-se a eventual concessão de efeito

---

45 Numa ação de cobrança, a parte requer a cobrança de duas dívidas conexas. O réu se defende e alega dentre outras coisas o pagamento de ambas. A sentença é omissa quanto a este ponto da defesa. O réu apresenta embargos alegando omissão quanto ao pagamento somente no caso de uma das dívidas. Se acolhido o pleito recursal, não poderá o magistrado estender o pagamento para a outra dívida, uma vez que não foi requerida em recurso.

46 E mesmo a apelação, conforme art. 1.012, § 1º, do CPC e alguns casos de legislação extravagante não possuem efeito suspensivo.

suspensivo *ope judicis* desde que preenchidos determinados requisitos (arts. 995, parágrafo único, e 1.026, § 1º, CPC):

a) probabilidade de provimento do recurso;

b) sendo relevante a fundamentação, houver risco de dano grave ou de difícil reparação.

São requisitos cumulativos, ou basta o preenchimento de um deles? A despeito de o CPC valer-se da locução "ou" no art. 1.026, § 1º, o art. 995, parágrafo único, usa o aditivo "e" o que entendemos mais correto, pois não basta a mera probabilidade de provimento do recurso, mas também o risco de dano que a produção dos efeitos da decisão possa gerar na esfera jurídica do recorrente. A falta de um deles, no nosso entender, geraria impossibilidade de concessão do efeito suspensivo.

Contudo, na prática forense, os embargos de declaração sofrem, em boa parte dos casos, o efeito suspensivo por derivação: são situações em que os efeitos do recurso não decorrem da sua regra legal, mas de uma situação anterior em que se encontrava a decisão. A despeito de o art. 1.026 estabelecer que os embargos não têm efeito suspensivo (como regra) eles vão ter que seguir, em verdade, os efeitos da decisão. Se a sentença prolatada (v.g.) se sujeita a apelação com efeito suspensivo próprio, a decisão já nasce ineficaz e os embargos de declaração, consequentemente, manterão essa situação. Ou seja, os embargos de declaração pegaram "carona" no efeito suspensivo que pertence, por lei, à apelação.

Entretanto, caso a decisão seja sujeita a recurso com efeito devolutivo como regra (v.g., agravo de instrumento), os embargos não têm o condão de suspender a decisão (salvo nas hipóteses do próprio art. 1.026, § 1º, CPC). Nesse mesmo sentido o Enunciado n. 218 do FPPC. Importante deixar claro que a suspensividade alcança apenas a decisão embargada, e não outras decisões incidentes no curso do processo (AgInt no REsp 1.845.957/RS, Rel. Min. Maria Isabel Gallotti, Quarta Turma, j. 4-10-2021, *DJe* 8-10-2021).

O **efeito translativo** (ou efeito devolutivo vertical, profundidade) é possível nos embargos de declaração, porque se a matéria é cogente, não recai sobre ela preclusão para o juiz (nesse sentido, STJ, REsp 1.054.269; 768.475; 487.927). Dessa forma poderá o magistrado, no julgamento dos embargos, conhecer de matéria de ordem pública que não havia verificado quando da prolação da decisão originária.

Efeito interruptivo. Disciplina o art. 1.026 do CPC que "os embargos de declaração não possuem efeito suspensivo e interrompem o prazo para a interposição de recurso".

A interrupção decorrente dos embargos faz com que o prazo do recurso principal seja restituído integralmente, sob o fundamento de que todos têm o direito de recorrer (no prazo integral) diante de uma decisão clara. A interrupção gera efeito *ex tunc*, pois zera o prazo para a interposição do próximo recurso (diferente do que seria se o efeito fosse suspensivo).

De acordo com posicionamento firmado no STJ: "Os embargos de declaração, quando opostos contra decisão de inadmissibilidade do recurso especial proferida na instância ordinária, não interrompem o prazo para a interposição do agravo previsto no art. 1.042 do CPC, único recurso cabível, salvo quando a decisão for tão genérica que impossibilite ao recorrente aferir os motivos pelos quais teve seu recurso negado, de modo a inviabilizar a interposição do agravo"[47]. Outra questão, também enfrentada pelo STJ, é que os embargos apenas

---

47 AgRg no AREsp 1.923.569/MG, Rel. Min. Antonio Saldanha Palheiro, Sexta Turma, j. 8-3-2022; *DJe* 14-3-2022; AgInt nos EDcl no AREsp 1.950.180/MS, Rel. Min. Luis Felipe Salomão, Quarta Turma, j. 13-12-2021, *DJe* 15-12-2021; AgInt nos EDcl no AREsp 1.799.956/RJ, Rel. Min. Raul Araújo, Quarta Turma, j. 20-9-2021, *DJe* 15-10-2021; EDcl no AgRg no REsp 1.893.102/RO, Rel. Min. Joel Ilan Paciornik, Quinta Turma, j. 21-9-2021, *DJe* 27-9-2021;

interrompem o prazo para a interposição de outros recursos não podendo fazer interpretação extensiva para abarcar nessa interrupção qualquer outra manifestação ou defesa[48].

Algumas questões importantes:

i) Alcance subjetivo (efeito expansivo subjetivo). A interrupção do prazo beneficia ambas as partes. Isso quer dizer que se a parte, por exemplo, desejar interpor recurso de apelação e verifica que o litigante adverso opôs embargos declaratórios, é possível aguardar o julgamento deste recurso, pois o prazo para a interposição do recurso se interrompe para ambos.

Esta regra tem por objetivo preservar a economia processual e afastar o problema da preclusão consumativa. Afinal, se a parte interpôs apelação e os embargos, uma vez julgados, trouxeram mais um argumento desfavorável, como poderá a parte prejudicada se insurgir contra essa nova situação se o seu recurso já fora interposto? Essa regra será mais bem explicada adiante.

Ademais, este efeito difuso do efeito interruptivo decorre de uma situação de coerência lógica: se há obscuridade na decisão, v.g., como fazer com que esta obscuridade seja sanada somente para quem recorreu? Evidente que no caso atingem-se ambas as partes.

O efeito expansivo subjetivo alcança também o terceiro prejudicado (STJ, REsp 712.319).

No Juizado Especial Cível os embargos de declaração não mais suspendem a contagem de prazo para outro recurso (Lei Federal n. 9.099/95, art. 50). O art. 1.064 do CPC estabelece que o prazo dos embargos nesse procedimento se interrompe nos juizados especiais. Essa regra também foi alterada nos embargos de declaração previstos no Código Eleitoral (art. 275) que antes suspendiam e agora interrompem o prazo, por força do art. 1.067 do CPC.

No entanto, é importante frisar que: "Os embargos de declaração opostos por uma das partes não interrompem ou suspendem o prazo que a outra dispõe para embargar a mesma decisão, pois o prazo para recorrer é comum entre elas"[49].

ii) Inadmissão dos embargos. Parcela da doutrina entende que os embargos somente poderão interromper o prazo se forem admitidos (ver, por todos, Edward Carlyle Silva[50]) e isso porque os embargos que não foram conhecidos não existem e, portanto, não podem produzir efeitos (na teoria da "escada ponteana", o que não existe, não pode produzir efeitos).

Todavia, este não é o entendimento do Superior Tribunal de Justiça, que já sedimentou parecer no sentido de que os embargos, independentemente do motivo de sua inadmissão, interrompem a contagem de prazo para a interposição de outros recursos. Pensar diferente seria ferir de morte a **segurança jurídica**.

AgInt no AREsp 1.876.303/RJ, Rel. Min. Assusete Magalhães, Segunda Turma, j. 30-8-2021, *DJe* 2-9-2021; AgInt no AREsp 1.527.405/SP, Rel. Min. Antonio Carlos Ferreira, Quarta Turma, j. 22-3-2021, *DJe* 26-3-2021. E em decisão mais recente: AgInt no AREsp 1.216.265-SE, Rel. Ministro Ricardo Villas Bôas Cueva, Terceira Turma, *DJe* 25-5-2023.

48 REsp 1.822.287-PR, Rel. Ministro Antonio Carlos Ferreira, Quarta Turma, j. 6-6-2023.

49 EDcl nos EDcl no REsp 1.829.862/SP (recurso repetitivo), Rel. Min. Antonio Carlos Ferreira, Segunda Seção, j. 9-6-2021, *DJe* 15-6-2021; AgInt no AREsp 1.590.108/PR, Rel. Min. Moura Ribeiro, Terceira Turma, j. 4-5-2020, *DJe* 7-5-2020; AgInt no AREsp 1.330.005/SP, Rel. Min. Sérgio Kukina, Primeira Turma, j. 20-2-2020, *DJe* 28-2-2020; EDcl nos EDcl no AgInt no REsp 1.476.664/DF, Rel. Min. Raul Araújo, Quarta Turma, j. 17-12-2019, *DJe* 3-2-2020; AgInt no AREsp 419.296/MS, Rel. Min. Og Fernandes, Segunda Turma, j. 6-12-2018, *DJe* 13-12-2018; AgInt no REsp 1.588.857/PE, Rel. Min. Sérgio Kukina, Primeira Turma, j. 19-6-2018, *DJe* 26-6-2018.

50 *Direito processual civil*, 2. ed., Niterói: Impetus, 2008, p. 394.

> **Explica-se:** Sendo os prazos do magistrado impróprios, em que sua inobservância não gera nenhuma sanção processual, é comum que o julgamento dos embargos (cinco dias) não seja respeitado (especialmente porque é sobremodo difícil para o juiz dar vazão ao excesso de causas a ele submetidas).
> Se a parte sabe que os embargos podem não ser recebidos com efeito interruptivo, permitir-se-ia a imediata interposição de apelação (às escuras) **sem que os embargos tivessem sido julgados**, pois o juiz pode manter o processo na conclusão por período superior ao estabelecido pela lei.

E de acordo com o próprio Superior Tribunal de Justiça, as únicas hipóteses de não interrupção são os casos de: a) intempestividade (REsp 434.913); b) desistência voluntária do recurso (REsp 1.833.120); e c) quando os embargos não deduzem nenhum vício do art. 1.022, CPC (AgInt nos EDcl no AREsp 2410475/SP).

Entretanto, conforme entendimento do próprio Superior Tribunal de Justiça, até mesmo nos casos de intempestividade o prazo se interrompe para a parte contrária exclusivamente, pois ela não deu causa à contumácia (EDcl nos EDcl no REsp 1829862/SP, Ministro Antonio Carlos Ferreira, *DJe* 15-6-2021). "A oposição tempestiva de embargos de declaração por uma das partes não interrompe o prazo para que a outra parte igualmente oponha embargos ao mesmo julgado. Precedentes").

iii) O efeito interruptivo e os capítulos da decisão. O efeito interruptivo excepciona com a premissa de que os capítulos de uma decisão constituem unidades autônomas da própria sentença, decisão interlocutória ou acórdão.

E isso porque geralmente os efeitos são produzidos na medida em que se impugna um determinado capítulo. Capítulos não recorridos, quando **independentes** dos demais, transitam em julgado (se dependentes são atingidos pelo efeito expansivo objetivo).

Ocorre que o efeito interruptivo, para que se dê a devida efetividade, interrompe não só a parte impugnada, como também **toda a decisão**. "Até como forma de reservar para um mesmo e futuro momento a impugnação integral do julgado por recurso com objetivo precípuo de cassação e substituição (princípio da unirrecorribilidade)"[51].

10.4.4.2. Embargos de declaração de embargos de declaração

Discute-se na doutrina dúvida a respeito da possibilidade de se interporem embargos de declaração de embargos de declaração.

A resposta é afirmativa. Há, entretanto, de se estabelecer uma distinção importante.

Se a parte opôs embargos de uma decisão e estes embargos, por qualquer motivo (não conhecimento ou negativa de provimento), não aperfeiçoaram/integralizaram a decisão, **não cabem** novos embargos daquela mesma decisão. Não se podem dar "dois tiros no mesmo alvo". Seria atentar contra o princípio da unirrecorribilidade (unicidade, singularidade).

Todavia, uma vez interpostos os embargos e o juiz, ao acolhê-los, julgá-los e **criar um novo vício** (que esteja tipificado, evidentemente, no art. 1.022, CPC), caberão novos embargos. Assim, somente cabem embargos de embargos se a decisão dos primeiros embargos contiver contradição, obscuridade ou omissão[52].

---

51 Luís Guilherme Aidar Bondioli, *Embargos de declaração*, São Paulo: Saraiva, 2005, p. 203.
52 Esse é o entendimento do STJ, que, em virtude da preclusão consumativa, é descabida a discussão acerca da decisão anteriormente embargada: EDcl nos EDcl no AgInt no AREsp 1.810.305/ES, Rel. Min. Luis Felipe

Entretanto, o CPC esposa posicionamento diverso. Interpretando o art. 1.026, § 4º, pode-se extrair a possibilidade de se interporem novos embargos para discutir a mesma decisão dos embargos anteriores e estes forem rejeitados. O parágrafo estabelece: "Não serão admitidos novos embargos de declaração se os dois anteriores houverem sido considerados protelatórios". O que vale dizer, mesmo havendo não conhecimento dos primeiros embargos, caberiam novos embargos para enfrentar **a mesma** decisão.

Em nosso sentir, como dissemos anteriormente, esse posicionamento é equívoco, pois ofende a unirrecorribilidade, além de se tratar de pedido inútil, já que endereçado ao próprio juiz que anteriormente inadmitiu o recurso.

10.4.4.3. *Reformatio in pejus*

A proibição da *reformatio in pejus* está intimamente atrelada ao efeito devolutivo. Se o Tribunal está adstrito somente àquilo que foi recorrido e se a parte recorre somente para melhorar a sua situação, certamente o órgão que analisará o recurso não pode agravar a situação do recorrente.

Contudo, não incide a proibição da *reformatio in pejus* nos embargos na medida em que o juiz tem **amplos poderes** para esclarecer sua decisão, inclusive piorando-a.

O interesse recursal dos embargos não tem como fato gerador a sucumbência. Dessa forma não se há falar em reforma para pior e sim corrigir (aperfeiçoar) aquilo que deveria ser feito.

Contudo, entendemos que há situações em que se autoriza a reforma para pior:

a) quando o recurso tiver efeito infringente, quando então o magistrado poderá alterar o conteúdo do recurso;

b) na aplicação do efeito translativo, ao analisar, como visto anteriormente, matérias de ordem pública.

10.4.4.4. **Princípio da complementaridade**

O sistema adota a regra da preclusão consumativa (ou princípio da consumação) no campo dos recursos. Assim, se a parte interpôs o recurso tempestivamente, e deseja, mesmo que dentro do prazo recursal, aditá-lo ou alterá-lo, não poderá, como regra, fazê-lo.

Contudo, uma situação poderá quebrar essa regra.

A decisão dos embargos de declaração interpostos pela parte contrária que gere a modificação do julgado poderá trazer novos contornos à decisão que repercute de maneira bastante relevante no campo da preclusão consumativa.

> **Imagine o exemplo:** Decisão interlocutória proferida. Para **A** essa decisão foi improcedente e, portanto, interpôs incontinenti agravo de instrumento para o Tribunal (pois a situação revestia-se de urgência). Para **B** a decisão, a despeito de procedente, foi omissa e, portanto, interpôs embargos de declaração para o próprio juiz da causa.

Salomão, Quarta Turma, j. 21-3-2022, *DJe* 24-3-2022; AgInt no AgInt no AREsp 1.030.707/RJ, Rel. Min. Maria Isabel Gallotti, Quarta Turma, j. 21-2-2022, *DJe* 25-2-2022; EDcl nos EDcl no AgInt no AREsp 1.864.363/MG, Rel. Min. Regina Helena Costa, Primeira Turma, j. 14-2-2022, *DJe* 17-2-2022; EDcl nos EDcl no AgRg no AREsp 1.904.551/SC, Rel. Min. João Otávio de Noronha, Quinta Turma, j. 8-2-2022, *DJe* 14-2-2022; EDcl nos EDcl no AgInt nos EDcl no RMS 58.748/RO, Rel. Min. Herman Benjamin, Segunda Turma, j. 26-4-2021, *DJe* 1º-7-2021; EDcl nos EDcl no AgInt no AREsp 1.658.088/SP, Rel. Min. Manoel Erhardt (Desembargador convocado do TRF-5ª Região), Primeira Turma, j. 21-6-2021, *DJe* 24-6-2021.

Os embargos foram providos, tendo o magistrado suprido a omissão. A matéria até então omitida piorou no plano prático a situação daquele que havia interposto agravo de instrumento.

Nesse específico caso poderá aditar o agravo para inserir a matéria faltante em atenção aos princípios da celeridade e economia processual.

O CPC tratou de tornar expresso o que era, anteriormente, apenas objeto de estudo doutrinário: "Caso o acolhimento dos embargos de declaração implique modificação da decisão embargada, o embargado que já tiver interposto outro recurso contra a decisão originária tem o direito de complementar ou alterar suas razões, nos exatos limites da modificação, no prazo de 15 (quinze) dias, contado da intimação da decisão dos embargos de declaração" (art. 1.024, § 4º).

10.4.4.5. Multa

A despeito de os embargos constituírem recurso essencial para o desenvolvimento do processo e uma garantia que todos os jurisdicionados terão direito a uma decisão clara, os embargos, da mesma forma, consistem em recurso que permite grande dilatação da marcha do procedimento.

A uma, porque interrompem a contagem do prazo para os demais recursos. A duas, porque na prática, pelos mais diversos motivos, dificilmente os embargos são julgados nos cinco dias que a lei assina.

Para evitar que os embargos sejam manuseados tão somente para retardar a marcha do processo é necessário o estabelecimento de um freio inibitório.

Instituiu-se a multa pelo uso indevido dos embargos de declaração.

O art. 1.026, §§ 2º e 3º, assim dispõe: "Quando manifestamente protelatórios os embargos de declaração, o juiz ou o tribunal, em decisão fundamentada, condenará o embargante a pagar ao embargado multa não excedente a dois por cento sobre o valor atualizado da causa. Na reiteração de embargos de declaração manifestamente protelatórios, a multa será elevada a até dez por cento sobre o valor atualizado da causa, e a interposição de qualquer recurso ficará condicionada ao depósito prévio do valor da multa, à exceção da Fazenda Pública e do beneficiário da gratuidade da justiça, que a recolherão ao final".

Algumas questões devem ser levadas em consideração:

a) manifestamente protelatório é norma de conceito vago e indeterminado que depende da aferição do magistrado no caso concreto. Não há uma definição segura e objetiva. Consiste na mesma dificuldade de se apurar os deveres das partes e a litigância de má-fé prevista nos arts. 77 e 80 do CPC;

b) a multa não se soma, substitui-se. Dois por cento se tornam dez por cento (e não doze) no caso de reiteração;

c) não é necessária a oposição de embargos de declaração sequenciais. Basta que haja no processo dois embargos de declaração com caráter protelatório para que a multa seja majorada, independentemente do momento procedimental em que foram opostos;

d) a multa é revertida para o embargado, conforme dispõe o texto de lei. Tal providência é correta na medida em que quem sofrerá com os ônus do atraso do processo será o litigante adverso;

e) o recolhimento da multa (de dois ou de dez por cento) é condição de admissibilidade do recurso principal. Equivocou-se a lei ao utilizar o vocábulo "interposição", pois o não recolhimento da multa não tem o condão de impedir a interposição do recurso e sim o seu conhecimento. Se o embargante sofreu apenas uma multa (2%, portanto), o seu recolhimento será necessário para a admissibilidade do recurso principal.

Há, contudo, em sentido contrário ao exposto, entendimento de Corte Especial do STJ (ED no REsp 765.878), em que apenas a multa de dez por cento se submete à regra. Assim, se o recorrente foi apenado com uma multa de apenas dois por cento e resolver interpor o recurso principal, não precisaria do prévio recolhimento da multa para que seu recurso seja admitido. Não coadunamos, como dito, com esse posicionamento;

f) o valor da multa, tendo como base de cálculo um percentual sobre o valor da causa, não necessariamente reflete o parâmetro correto da punição. E isso porque as causas de grande valor podem criar uma situação inexequível ao embargante (inibindo aqueles que tenham direito a interpor embargos) e as de baixo valor nenhuma consequência irão produzir (estimulando que não tenha razão a interpor o recurso). Some-se a isso que a multa sempre atingirá de maneira mais contundente as pessoas de renda média: as de renda baixa não pagam e as de renda alta não se importam;

g) a multa pode ser aplicada de ofício;

h) mesmo os beneficiários da justiça devem recolher a multa, pois sua isenção não atinge os litigantes de má-fé. Pensar o contrário seria conferir a possibilidade de o beneficiário agir com improbidade no processo. Nesse caso o CPC atual foi expresso, apenas assegurando o recolhimento ao final do processo;

i) essa regra (item "h") se aplica igualmente para a Fazenda Pública;

j) o STJ traçou o entendimento (em Recurso Especial Repetitivo, REsp 1.250.739/PA) acerca da possibilidade de se cumular a multa dos embargos de declaração com litigância de má-fé, por entender que há incidências distintas[53].

10.4.4.6. Fungibilidade

A fungibilidade dos recursos já foi tratada em capítulo próprio.

Sendo os embargos recurso, naturalmente sobre eles pode incidir a aplicação da fungibilidade. Entretanto, dadas as peculiaridades da sua natureza, em especial sua **finalidade** (diferente dos demais recursos) e sua **fundamentação vinculada**, torna difícil incidir no conceito da dúvida objetiva para gerar a confusão entre os embargos de declaração e recurso outro.

Há, contudo, historicamente, uma situação em que a fungibilidade se faz presente nos embargos de declaração. Conforme aduzimos *supra*, o regime anterior (art. 535, CPC/73) restringia, por determinado segmento da doutrina e da jurisprudência, o cabimento de embargos de declaração apenas para *sentenças e acórdãos*.

Isso fez com que houvesse posicionamento no sentido do não cabimento de embargos para decisões monocráticas proferidas no Tribunal. Assim, quando da oposição dos embargos de declaração diante de uma decisão monocrática, o relator aplicava a fungibilidade recebendo esses embargos como agravo interno.

---

53 EDcl nos EDcl nos EDcl no REsp 1.829.945/TO, Rel. Min. Nancy Andrighi, Terceira Turma, j. 14-12-2021, *DJe* 17-12-2021; AgInt no REsp 1.910.327/TO, Rel. Min. Marco Buzzi, Quarta Turma, j. 31-5-2021, *DJe* 4-6-2021; EDcl no REsp 1.819.848/DF, Rel. Min. Mauro Campbell Marques, Segunda Turma, j. 21-11-2019, *DJe* 27-11-2019; EDcl nos EDcl no AgInt nos EDcl no REsp 1.599.526/SP, Rel. Min. Gurgel de Faria, Primeira Turma, j. 21-6-2018, *DJe* 29-8-2018; AgRg no REsp 1.287.055/DF, Rel. Min. Regina Helena Costa, Primeira Turma, j. 2-5-2017, *DJe* 10-5-2017; AgInt no AREsp 945.694/CE, Rel. Min. Marco Aurélio Bellizze, Terceira Turma, j. 25-10-2016, *DJe* 10-11-2016; REsp 1.250.739/PA (recurso repetitivo), Rel. Min. Mauro Campbell Marques, Rel. p/ acórdão Min. Luis Felipe Salomão, Corte Especial, j. 4-12-2013, *DJe* 17-3-2014.

Em nosso entendimento, um erro, seja pelo cabimento dos embargos de decisão monocrática, seja pela finalidade completamente distinta de cada um desses recursos (um para reforma, outro para esclarecimento/aperfeiçoamento). Assim, ao converter um recurso pelo outro, o "novo" recurso teria corpo de agravo mas substância de embargos.

O CPC, em seu art. 1.024, § 3º, antevendo as dificuldades que podem gerar com essa conversão, estabeleceu o seguinte: "O órgão julgador conhecerá dos embargos de declaração como agravo interno se entender ser este o recurso cabível, desde que determine previamente a intimação do recorrente para, no prazo de 5 (cinco) dias, complementar as razões recursais, de modo a ajustá-las às exigências do art. 1.021, § 1º".

Dessa forma, ao aplicar a fungibilidade e exigir a prévia intimação do recorrente para adaptar seu recurso ao agravo, permite que este possa desenvolver sua fundamentação de maneira mais condizente com o recurso convertido.

10.5. RECURSO ORDINÁRIO

10.5.1. INTRODUÇÃO

O recurso ordinário (ou recurso ordinário constitucional) é um recurso cabível contra as decisões finais proferidas por tribunais para julgamento de causas de competência originária desses tribunais. Esse recurso será dirigido aos Tribunais Superiores que exercem, nesse caso, a função de "Tribunal de segundo grau de jurisdição".

É recurso cabível nas hipóteses previstas na Constituição Federal (arts. 102, II, e 105, II) e que foram reproduzidas no Código de Processo Civil (art. 1.027, I e II) apenas nas situações de competência da legislação processual. Nos importa apenas tratar do recurso ordinário no âmbito do CPC. Dessa forma, o art. 1.027 estabelece que:

> Serão julgados em recurso ordinário:
> I – pelo Supremo Tribunal Federal, os mandados de segurança, os *habeas data* e os mandados de injunção decididos em única instância pelos tribunais superiores, quando denegatória a decisão;
> II – pelo Superior Tribunal de Justiça:
> *a)* os mandados de segurança decididos em única instância pelos tribunais regionais federais ou pelos tribunais de justiça dos Estados e do Distrito Federal e Territórios, quando denegatória a decisão;
> *b)* os processos em que forem partes, de um lado, Estado estrangeiro ou organismo internacional e, de outro, Município ou pessoa residente ou domiciliada no País.
> § 1º Nos processos referidos no inciso II, alínea *b*, contra as decisões interlocutórias caberá agravo de instrumento dirigido ao Superior Tribunal de Justiça, nas hipóteses do art. 1.015.

O predicado *ordinário* serve para designar que este recurso não é extraordinário (estrito direito), a despeito de sua competência ser dos Tribunais Superiores (que usualmente são vocacionados para os recursos excepcionais).

A nomenclatura reveste-se de importância na medida em que as limitações comuns dos recursos especial e extraordinário (cognição de matéria de direito, prévio exaurimento de instância, prequestionamento) não se encontram neste recurso que possui a devolutividade ilimitada sem as exigências formais típicas daqueles recursos.

Ademais, não constitui recurso de fundamentação vinculada, como se verifica nos recursos especial e extraordinário.

Dessa forma, não incidem nestes Tribunais os Enunciados 7 do STJ e 279 do STF, já que, como dito, a devolutividade é ampla, podendo ser suscitadas matérias processuais, visto que incide nesta via, outrossim, o efeito translativo.

Em verdade o Recurso Ordinário Constitucional, a despeito de ser endereçado aos Tribunais Superiores, assemelha-se muito mais com a apelação do que com o recurso de estrito direito.

Possuem estes recursos os mesmos requisitos de admissibilidade, bem como a exigência do juízo bipartido (CPC, art. 1.028 c/c art. 247 do RISTJ e art. 34 da Lei n. 8.038/90[54]).

Os Tribunais Superiores exercem o segundo grau de jurisdição. É pertinente estabelecer a diferença de cabimento do recurso ordinário para o STF e para o STJ, demonstrada a seguir.

10.5.2. RECURSO ORDINÁRIO PARA O SUPREMO TRIBUNAL FEDERAL

Consoante verifica do art. 1.027, I, três são os requisitos para o cabimento de recurso ordinário ao STF:

a) decisão de mandado de segurança, *habeas data* **e mandado de injunção;**

b) decisão denegatória. O recurso ordinário possui cabimento *secundum eventum litis*, já que somente será cabível quando a decisão for denegatória. É recurso cabível pelo impetrante, favorecendo especificamente ao particular, e não ao Estado[55].

A decisão sujeita a este recurso deve ser a decisão final (acórdão), não cabendo o recurso de decisão monocrática. Eventual interlocutória não será impugnada pelo recurso ordinário.

Conforme entendimento majoritário da doutrina, *denegar* tem acepção ampla: significa resolução do processo com análise de mérito ou sem análise de mérito. Dessa forma, é irrelevante se a decisão é definitiva ou terminativa, já que sempre será espécie de um gênero maior (denegatória);

c) competência originária. O recurso ordinário só cabe contra acórdão proferido em única instância pelos Tribunais Superiores (STJ, TSE etc.). Dessa forma, estes tribunais julgando em competência recursal não podem ter suas decisões atacadas por recurso ordinário.

10.5.3. RECURSO ORDINÁRIO PARA O SUPERIOR TRIBUNAL DE JUSTIÇA

O recurso ordinário constitucional para o Superior Tribunal de Justiça se aplica em duas situações distintas:

10.5.3.1. Mandado de segurança[56]

Cabível contra decisão que denegue mandado de segurança em decisões de única instância proferidas nos Tribunais Regionais Federais, Tribunais de Justiça dos Estados/Distrito Federal.

---

54 "Art. 34. Serão aplicadas [no recurso ordinário], quanto aos requisitos de admissibilidade e ao procedimento no Tribunal recorrido, as regras do Código de Processo Civil relativas à apelação."

55 Observam ainda os referidos autores que se a decisão for dividida em capítulos, de procedência e improcedência, caberão, respectivamente, recurso extraordinário e recurso ordinário constitucional.

56 Aqui a lei estabeleceu uma restrição não encontrada no Recurso Ordinário para o STF: não cabe o referido recurso para decisão de *Habeas Data* nem de Mandado de Injunção (a despeito da equívoca interpretação que se pode dar ao art. 20, II, *b*, da Lei n. 9.507/97: "Art. 20. O julgamento do *habeas data* compete: (...) II – em grau de recurso: (...) *b*) ao Superior Tribunal de Justiça, quando a decisão for proferida em única instância pelos Tribunais Regionais Federais"). Esta regra deve ser interpretada como cabimento de Recurso Especial

Como bem observa Bernardo Pimentel Souza[57], não caberá o referido recurso de acórdão do Tribunal Regional do Trabalho ou Tribunal Regional Eleitoral, tampouco da decisão do Colégio Recursal do Juizado Especial Cível.

Caso haja sucumbência recíproca, havendo capítulo concessivo da ordem e denegatório, caberão, desse acórdão, recurso especial/extraordinário da concessão e ordinário da decisão denegatória.

Mesmo que o motivo da denegação do mandado de segurança se der por fundamento *exclusivamente constitucional*, caberá o recurso para o STJ.

E isso porque o inciso II do art. 105 não cria esta restrição, como o faz o inciso III do mesmo artigo da Constituição Federal.

Aliás, em reforço a este entendimento está o Enunciado 281 da Súmula do STF, ao asseverar: "É inadmissível o recurso extraordinário quando couber, na justiça de origem, recurso ordinário da decisão impugnada".

10.5.3.2. Causas internacionais

Constitui causa atípica. São as hipóteses em que o recurso é cabível para "as causas em que forem partes Estado estrangeiro ou organismo internacional, de um lado, e, do outro, Município ou pessoa residente ou domiciliada no País".

São causas previstas na Constituição Federal (art. 105, II, *c*), mas decorrem de demandas processadas e julgadas na Justiça Federal. O processamento é *per saltum*. Da sentença do juiz de primeira instância caberá recurso ordinário diretamente para o STJ. Aplicam-se, quanto a esse recurso, os requisitos de admissibilidade e o procedimento relativo à apelação e o Regimento Interno do Superior Tribunal de Justiça.

A nacionalidade da pessoa pouco importa para o cabimento do recurso. Relevante para o caso é seu domicílio.

Conforme se observa do art. 1.027, § 1º, do CPC, as decisões interlocutórias nessa hipótese desafiam agravo de instrumento diretamente ao Superior Tribunal de Justiça. Assim também disciplina o art. 13, III, do RISTJ. Aqui se aplicam tanto as regras tradicionais do agravo de instrumento como as previstas no Regimento Interno do STJ.

10.5.4. PROCESSAMENTO

a) O recurso deve ser apresentado ao presidente ou vice-presidente do Tribunal *a quo*, conforme dispuser o regimento interno do Tribunal, que apenas deverá abrir vista para contrarrazões. Assim como a apelação, não compete ao órgão prolator da decisão exercer o juízo de admissibilidade.

Poderá ser também para o juízo *a quo* na hipótese prevista no art. 105, II, *c*, da CF. O CPC autoriza a possibilidade de aplicação do art. 1.013, § 3º (julgamento de plano pelo tribunal *ad quem*), ao recurso ordinário.

b) O prazo é de quinze dias.

c) Não haverá revisor, consoante se depreende do art. 23 do RISTF, arts. 35 e 248, parágrafo único, do RISTJ, além do art. 40 da Lei n. 8.038/90.

---

e não Recurso Ordinário Constitucional, pena de conferir ao legislador ordinário poder de revogar a competência fixada pela Constituição, o que é vedado.
57 *Introdução*, cit., p. 411.

d) Não cabe recurso adesivo por não previsão legal.

e) No tribunal será sorteado um relator a quem compete proceder ao exame de admissibilidade.

É importante compreender que essa admissibilidade é empreendida pelo relator em decisão unipessoal.

f) Os autos serão, após a distribuição, enviados ao Ministério Público, quando necessária sua intervenção, para que tenha vista no prazo de cinco dias (art. 35, Lei n. 8.038/90 c/c RISTJ, arts. 64, III, e 248).

g) Não sendo o caso de indeferimento liminar, o relator pedirá dia para julgamento.

h) O legislador do CPC/73 era omisso no tocante aos efeitos do recurso ordinário. Assim, pelo fato desse recurso ter procedimento semelhante ao da apelação, teria duplo efeito, consoante se depreende do art. 520, *caput*, do CPC/73, conforme entendimento da doutrina. Contudo, a legislação específica retira o efeito suspensivo da apelação em alguns casos, casos estes que têm hipótese de cabimento neste recurso. Assim, o mandado de segurança (Lei n. 12.016/2009, art. 14, § 3º) e o mandado de injunção (Lei n. 8.038/90, art. 24) seriam recebidos somente no seu efeito devolutivo, porque a apelação contra esses dois remédios constitucionais é recebida apenas nesse efeito[58]. Desde já discordávamos dessa posição entendendo que, no silêncio da lei, em todos os casos de recurso ordinário haveria o duplo efeito. Não se podia conferir nesse caso interpretação extensiva.

O CPC atual acabou com a celeuma. O § 2º do art. 1.027 estabelece que o recurso ordinário seguirá o disposto no art. 1.029, § 5º. Este parágrafo dispõe:

> § 5º O pedido de concessão de efeito suspensivo a recurso extraordinário ou a recurso especial poderá ser formulado por requerimento dirigido:
> I – ao tribunal superior respectivo, no período compreendido entre a publicação da decisão de admissão do recurso e sua distribuição, ficando o relator designado para seu exame prevento para julgá-lo;
> II – ao relator, se já distribuído o recurso;
> III – ao presidente ou ao vice-presidente do tribunal recorrido, no período compreendido entre a interposição do recurso e a publicação da decisão de admissão do recurso, assim como no caso de o recurso ter sido sobrestado, nos termos do art. 1.037.

Logo, a lei torna explícito que o recurso ordinário não terá efeito suspensivo *ope legis*, contudo, será possível a sua obtenção por requerimento ao órgão competente.

10.6. RECURSOS ESPECIAL E EXTRAORDINÁRIO

10.6.1. DEFINIÇÃO

Para que se possa efetivamente entender a função dos recursos especial e extraordinário dentro do sistema processual e político do direito brasileiro, é preciso partir da premissa de que a lei (e mais amplamente o *direito*), qualquer que seja o seu sentido e alcance, deva incidir e ser aplicada de modo uniforme para todos aqueles que ficam sujeitos a ela.

---

[58] Consoante se depreende da Lei n. 9.507/97, em seu art. 15, parágrafo único, "quando a sentença conceder o *habeas data*, o recurso terá efeito meramente devolutivo". Contudo, o cabimento de recurso ordinário constitucional, como se disse, é *secundum eventum litis*, pois somente será interposto da decisão de denegar o *habeas data* (art. 105, II, *a*, CF). Assim, o recurso interposto da decisão que denegar o *habeas data* será recebido no seu duplo efeito.

Qualquer que seja o ordenamento jurídico de que esteja se tratando, por mais rudimentar que seja, deve prestar obediência ao conceito básico de que aplicação do direito há de ser igual para todos e evitar, na medida do possível, as divergências e antagonismos verificados entre as decisões dos Tribunais quando aplicam a mesma norma.

E aqui assume o papel dos recursos especial e extraordinário. É importante que assim se entenda, esses meios de impugnação têm natureza excepcional, pois, mais importante que o interesse direto da parte que recorre, é a primazia do interesse público. Daí sua rubrica de recursos extraordinários.

Não se deseja com a utilização desses recursos, *principaliter*, o reexame da causa, papel afeto aos recursos comuns (apelação e agravo, por exemplo), mas a discussão da questão de direito (constitucional ou federal) e o devido enquadramento jurídico da norma no caso concreto. A análise do caso concreto constitui um efeito colateral desses recursos. Mas os fatos são analisados (não julgados ou alterados!), até mesmo para a fixação de precedentes, já que a *ratio decidendi* pressupõe a fixação de **fatos essenciais**. Dessa forma:

> Alguns recursos têm forma menos rígida, são dirigidos a tribunais locais ou estaduais, não apresentam exigências muito rígidas quanto à sua admissibilidade, comportam discussão de matéria de fato e de direito e a mera sucumbência é motivo bastante para deflagrar o interesse na sua interposição. A estes chamamos de **recursos comuns, ou ordinários**. A apelação, por exemplo, devolve ao tribunal toda a matéria impugnada, bem como as questões de fato e de direito suscitadas e discutidas no processo ainda que a sentença não as tenha julgado por inteiro.
>
> Outros recursos, ao contrário, apresentam rigidez procedimental quanto à sua admissibilidade, são restritos às questões de direito, dirigem-se exclusivamente aos tribunais da cúpula judiciária, não são vocacionados à correção da mera injustiça da decisão e apresentam, além da sucumbência, um *plus*, que é a uniformidade normativa. A estes chamamos de **excepcionais, estrito direito ou extraordinários**. Os recursos especial e extraordinário só têm por fundamento as questões de direito especificadas na própria Constituição Federal (**recursos de fundamentação vinculada**), desde que a transgressão aos dispositivos nela indicados tenha ocorrido no tribunal de origem, onde as questões foram ventiladas (ou em primeiro grau de jurisdição, como nos casos da decisão dos embargos infringentes da Lei de Execução Fiscal (art. 34 da Lei n. 6.830/80 e Súmula 640, STF).

É preciso fazer uma ressalva: o Enunciado 283 da Súmula do STF estabelece que "é inadmissível o recurso extraordinário, quando a decisão recorrida assenta em mais de um fundamento suficiente e o recurso não abrange todos eles". A leitura do enunciado confirma que os recursos de estrito direito não estão totalmente desapegados da justiça subjetiva, pois se a preocupação fosse exclusivamente de violação normativa, bastaria que o recurso fosse admitido por apenas um argumento, afinal, o que importa é análise da correção jurídica e não fática.

10.6.2. HISTÓRICO

Os recursos de estrito direito têm sua descendência imediata do *writ of error* estabelecido em 1789 com a federalização norte-americana. Assim, com a independência das trezes colônias em face do Reino Unido em 1776, foi promulgada a Constituição em 1787, em que se previu a criação de um Tribunal Supremo para fiscalizar todos os demais tribunais inferiores.

Dessa forma, deu-se vida à *Supreme Court* e ao *The Judiciary Act* para a organização do Poder Judiciário por força da Constituição.

O sistema norte-americano, fincado nas raízes da *Common Law*, é mais compacto que o sistema brasileiro (decorrente originariamente da *Civil Law*). Isso porque a cúpula do judiciário lá é restrita a apenas um tribunal (Supremo) e com número menor de juízes (nove). No sistema brasileiro, há uma difusão de competência com diversos tribunais superiores (justiça [que abarca as questões cíveis, administrativas, criminais e tributárias], militar, eleitoral, trabalho) e acima dele o Supremo Tribunal Federal para as questões constitucionais. Não obstante, os Tribunais Superiores no Brasil, STF e STJ têm sua origem na *Corte di Cassazione* italiana, na *Cour de Cassation* francesa e no Supremo Tribunal de Justiça Português.

10.6.3. FUNÇÕES DOS RECURSOS DE ESTRITO DIREITO

Uma primeira constatação: conforme visto, os recursos de estrito direito não visam diretamente à correção da injustiça da decisão recorrida. São recursos essencialmente voltados ao controle da aplicação da norma e não sobre os fatos da causa.

À primeira vista pode causar estranheza dizer que o recurso extraordinário e o recurso especial não visam à correção da injustiça da decisão recorrida, afinal, um dos escopos da jurisdição é dar o direito a quem tenha o direito (Chiovenda).

Há de se entender, por relevante, que o Supremo Tribunal Federal e o Superior Tribunal de Justiça não são "mais um" tribunal colocado à disposição das partes para o exercício do direito recursal, mas sim as altas cortes encarregadas de manter o império e a unidade da norma federal e constitucional. É dizer em outras palavras, a CF não prevê o "triplo grau de jurisdição".

Essas premissas são mais fortes que a mera possibilidade de se recorrer, pura e simplesmente. Até mesmo porque é sabido que os motivos que levam à interposição de um recurso excedem a simples sucumbência objetiva. Decorre de diversos outros fatores, como a natural insatisfação humana nas decisões que lhe são contrárias, a tentativa de retardamento do processo, dentre outros.

É certo que a parte utiliza-se desse expediente para ver reformada sua decisão desfavorável, daí sua natureza eminentemente processual. Assim, os recursos ordinários têm conotação subjetiva (sua proteção), mas os recursos extraordinários têm conotação objetiva e, por via oblíqua, subjetiva.

Claro que não é fácil a compreensão, afinal qual a utilidade do direito objetivo se não assegurar um direito subjetivo?

O interesse do litigante vencido funciona mais como um móvel, um estímulo para a decisão dos tribunais superiores. É importante frisar que a simples situação de sucumbência, de prejuízo, que é mais que suficiente para a tipificação do **interesse** exercido nos recursos *comuns*, não é suficiente para embasar os de índole excepcional, que ainda requerem o implemento, um *plus*. É o que Rodolfo Mancuso[59] chama de caráter bifronte.

É por isso que não basta a demonstração da injustiça (direito subjetivo) que será apreciado apenas por via reflexa. É preciso que esta injustiça esteja veiculada em uma das hipóteses do recurso especial ou extraordinário hospedadas nos arts. 102, III, e 105, III, da CF (direito objetivo).

São funções do STJ e do STF e consequentemente dos recursos de estrito direito:

---

59 *Recurso extraordinário e recurso especial*. 8. ed. São Paulo: Revista dos Tribunais, 2003, p. 125.

10.6.3.1. Defesa da norma jurídica

A defesa da norma jurídica pode ser compreendida em três níveis distintos:

> **Criação da norma geral e abstrata** (estabelecida, em regra, pelo Poder Legislativo).
> **Criação da solução para o caso concreto** (exercício do Poder Judiciário). Compete ao Judiciário, em seus mais diversos níveis, impor a aplicação adequada do direito no caso concreto (*ius litigationis*).
> **Função nomofilática.** Não adianta apenas a criação da lei e a sua imposição pelo Judiciário. É necessário um sistema racional para garantir a integridade das normas do direito positivo fazendo com que se conceda a interpretação exata da lei, ainda que seja utópico esse desiderato (função semelhante desempenhada pela ADI, ADC) (*ius constitutionis*). Atualmente se fala em **nomofilaquia dialética ou tendencial**, pois a uniformidade que se busca não é apenas da norma, mas do direito como um todo.

Os Tribunais Superiores, portanto, mais do que a justiça subjetiva (solução do caso concreto), têm por objetivo corrigir a justiça objetiva (correta interpretação e aplicação da norma no caso). Dessa forma, "as Cortes Supremas não são censoras, com a palmatória escondida atrás das costas, dos erros e dos acertos das Cortes de Justiça. Não exercem função de controle: não são terceiras ou quartas instâncias. São mais como estrelas-guias, que procuram indicar qual é o caminho que deve ser seguido para a unidade do direito"[60].

Contudo, há quem defenda[61] que os tribunais superiores não seriam tribunais de teses, mas tribunais de revisão do caso concreto fazendo as vezes de uma "terceira ou quarta instância".

Esse posicionamento é contrário à formação de "superdecisões", que trariam solução à lide antes mesmo da apresentação do caso concreto (com a formação dos precedentes vinculantes, por exemplo). o STF e STJ rejulgam casos e não precipuamente criam teses. Para os autores, não há falar em "objetivação" dos recursos extraordinário e especial, pois esses tribunais fugiriam de sua função de proteger direitos subjetivos para simplesmente conferir a última palavra à correta interpretação da lei ou da CF[62].

Não concordamos com isso, contudo. O direito subjetivo como forma precípua de julgamento já é outorgado para o duplo grau (juízes e tribunais regionais/locais). A estes compete reanalisar fatos e provas e, à luz do ordenamento jurídico, resolver o caso concreto. Os Tribunais Superiores, ao contrário, julgam também o caso concreto (caso contrário a matéria sequer seria levada ao tribunal), contudo o caso concreto somente será julgado: a) se houver repercussão social (o que é previsto para o RE e deveria ser previsto para o REsp) e b) se houver violação normativa.

Não se pode permitir que brigas de vizinhos, discussões sobre inadimplemento, interpretação de cláusula contratual, possam abarrotar os (já abarrotados) Tribunais Superiores (além das inúmeras questões de esfera criminal que são levadas ao Supremo, sendo, atualmente, oitenta por cento do trabalho da Corte).

---

60 MITIDIERO, Daniel. *Processo civil*. São Paulo: RT, 2021, p. 237.
61 NERY-ABBBOUD. Inovações e polêmicas sobre RE e REsp no CPC-2015: funções dos tribunais superiores, recursos contra juízo de admissibilidade e embargos de declaração formadores de causa decidida ficcional. In: *Novo CPC aplicado*: visto por processualistas. São Paulo: RT, 2017, p. 235-249.
62 Inovações e polêmicas, cit., p. 235-249.

Quando os arts. 102, III, e 105, III, da CF estabelecem o julgamento das "causas decididas em única ou última instância", de fato não se fala em *fixar teses*, mas em momento algum asseveram que não seria essa sua função. Do contrário, não haveria a exigência do prévio exaurimento das instâncias ordinárias.

Dessa forma, o desenho estabelecido pela Constituição Federal aos recursos especial e extraordinário (prévio exaurimento, matéria de direito, violação de norma, prequestionamento) molda a atividade que será exercida pelos Tribunais Superiores em relação a esses recursos.

A **função dikelógica** ("busca de justiça no caso levado ao tribunal, mediante a correta aplicação do direito")[63] assume papel não protagonista, pois as partes sofrerão reflexamente os efeitos da decisão, já que a função do STF e do STJ é a preservação do direito objetivo.

10.6.3.2. Uniformização da jurisprudência

Estabelece o art. 926 do CPC que "Os tribunais devem uniformizar sua jurisprudência e mantê-la estável, íntegra e coerente".

O sistema estruturante brasileiro do Poder Judiciário é piramidal (assim como ocorre na [praticamente] totalidade de países democráticos).

O Supremo está no ápice da pirâmide e abaixo dele uma série de juízes e tribunais que devem analisar as questões fáticas que lhes são submetidas, devendo, sobre elas: elucidar a verdade (verossimilhança) dos fatos e a aplicação do direito à espécie.

Como as decisões do Supremo Tribunal Federal e do Superior Tribunal de Justiça não são, em regra, vinculantes, os órgãos inferiores estão livres para a apreciação dos fatos e a aplicação do direito que melhor lhes aprouver. Esta liberdade interpretativa confere um sistema difuso de decisões criando a indesejável situação de **casos iguais, resultados diferentes**.

Assim, se a edição de uma lei conferir a determinado grupo de servidores certo benefício não repassado pelo Estado, estes poderão ir ao Judiciário discutir este direito. Certamente alguns juízes concederão; outros não; outros, até concederão de forma parcial (retroativo a determinado mês, por exemplo). Apesar de possível, não é desejável que pessoas que exerçam a mesma função requeiram perante o Judiciário o mesmo direito, com base na mesma lei, sobre os mesmos fatos, no mesmo momento histórico e tenham resultados diferentes. Os diversos recursos (de ambas as partes, Estado e servidores) serão levados ao Superior Tribunal de Justiça, que procederá à uniformização do resultado. Ou bem todos têm o direito, ou nenhum terá.

O regime implantado pelo CPC, especialmente nos arts. 926, 927, 332, 496, § 4º, 489, § 1º, VI, 932, IV e V, 947, 976 e 988, objetiva retirar dos ombros dos Tribunais Superiores a função exclusiva de uniformização, permitindo que os órgãos inferiores possam conferir uniformidade à aplicação do direito tendo em vista a ampliação vinculativa de precedentes. Assim, os demais membros na verticalização do Poder Judiciário se tornaram verdadeiros "fiscais da aplicação dos precedentes", decorrente do que dispõe o *caput* do art. 927 do CPC.

Não se nega que a divergência jurisprudencial é importante para a evolução do direito, afinal os juízes são oriundos de regiões diferentes da qual devem ser respeitadas as culturas e costumes diversos e, certamente, ajuda a enriquecer o debate. Por isso que os Tribunais Superiores, como órgãos de controle, podem criar uma nova solução, ou adotar alguma interpretação esposada por órgão inferior.

Como dito, o CPC valeu-se de diversos mecanismos para fomentar a uniformização da jurisprudência no ordenamento brasileiro, seja com a criação/aperfeiçoamento de institutos

---

63 ARRUDA ALVIM-DANTAS. *Recurso especial*, cit., p. 316-317.

com essa finalidade (incidente de resolução de demandas repetitivas, assunção de competência, recursos de estrito direito repetitivos), seja com a implementação de requisitos processuais para a efetivação de determinados atos (respeito à jurisprudência é condição de fundamentação, possibilidade de julgamento monocrático caso decisão ou recurso sejam contrários a posicionamentos firmados), seja, ainda, como mecanismos de repressão caso haja esse desrespeito (reclamação constitucional).

10.6.3.3. Função paradigmática

As decisões judiciais que não possuam força vinculante, exercem importante função paradigmática na medida em que **estimulam** os órgãos inferiores a seguir o posicionamento ali firmado (também chamada de função persuasiva).

10.6.4. HIPÓTESES DE CABIMENTO DOS RECURSOS EXTRAORDINÁRIO E ESPECIAL

É de se verificar que as hipóteses de cabimento dos recursos especial e extraordinário são encontradas na Constituição Federal de modo que seu *modus operandi* é inferido no Código de Processo Civil.

10.6.4.1. Recurso especial (art. 105, III, CF)

Ao longo de décadas foi o recurso extraordinário responsável pela preservação da aplicação da Constituição e das leis federais. Alguns óbices foram criados, especialmente na década de 1960, para evitar a desenfreada subida dos recursos para a Suprema Corte, como a arguição de relevância e outras normas regimentais.

Entretanto, essas medidas não foram suficientes para diminuir a avalanche de recursos, culminando no que se chamou de *crise do Supremo*.

Assim, por sugestão de José Afonso da Silva, a Constituição Federal de 1988 criou o Superior Tribunal de Justiça. Sua missão seria desafogar o Supremo e zelar pela integridade e uniformização da interpretação do direito federal infraconstitucional. Por conseguinte, instituiu-se o recurso especial, que foi a via processual eleita para encaminhar a este Tribunal as questões federais.

O STJ possui competência para: a) julgar suas causas originárias (art. 105, I, CF); b) julgar recurso ordinário de sua competência (art. 105, II, CF); e c) julgar recurso especial (art. 105, III, CF).

À luz do texto constitucional não cabe recurso especial contra decisão proferida por juiz de primeiro grau, até mesmo quando a decisão não puder ser impugnada mediante recurso algum para o tribunal, como a hipótese dos embargos infringentes de alçada. Pelo mesmo motivo, não cabe recurso especial contra decisão proferida pelo colégio recursal em sede de juizado especial, por não se tratar de um tribunal (art. 92, CF). Nesse sentido é o Enunciado 203 da Súmula do STJ em consonância com o art. 105, III, da CF.

O recurso especial é cabível das decisões colegiadas dos tribunais de justiça, dos tribunais regionais federais, bem como dos tribunais regionais eleitorais (art. 278 da Lei n. 4.737/65).

A decisão deve ser colegiada, pois há decisões monocráticas (ex.: art. 932, IV e V, do CPC) em que o relator decide a causa, mas não gera o prévio exaurimento das instâncias ordinárias (conforme será visto *infra*), pois ainda desafia o recurso de agravo interno.

Assim, o cabimento do recurso especial (REsp) se dá:

Decorrente de uma decisão colegiada
Decisão oriunda do julgamento em sede de TJ, TRF ou TRE
que violou Lei Federal

Todavia, o recurso especial é cabível somente nos casos em que tenha caráter jurisdicional. Assim, "os atos do presidente do tribunal que disponham sobre o processamento e o pagamento de precatório não têm caráter jurisdicional" (Enunciado 311 da Súmula do STJ).

Portanto, caberá recurso especial nas seguintes hipóteses:

a) Decisão que contrariar tratado ou lei federal ou negar-lhes vigência

É corrente na doutrina que trata-se de dispositivo genérico no qual estão contidas todas as demais hipóteses de cabimento de recurso especial.

Lei federal para fins de recurso especial é lei infraconstitucional editada pela União. Estão excluídos do cabimento de recurso especial portarias, instruções normativas, decretos e pareceres. Igualmente não cabe Recurso Especial contra regimento interno de tribunal (Enunciado 399 da Súmula do STF[64]). Existe uma diferença entre lei nacional e lei federal a qual é irrelevante para o tema aqui exposto.

Tratados internacionais, quando ratificados pelo Congresso, são também sujeitos a recurso especial (arts. 49, I, e 84, VIII, CF) seguindo a tese da **teoria dualista** (contrária à monista, da qual os tratados são autoaplicáveis).

Não é aplicável o recurso especial para simples interpretação de cláusula contratual, nos termos do Enunciado 5 da Súmula do STJ.

O termo contrariar é mais amplo que negar vigência. **Contrariar supõe toda e qualquer forma de ofensa ao texto legal, seja não a aplicando, seja aplicando de forma errônea.** Assim, interpretar de maneira equivocada não quer dizer negar vigência. Contrariar contém negar vigência. **A negativa de vigência, que é mais restrita, aplica-se aos casos em que a lei deveria ser aplicada, mas não foi.**

O STJ vem entendendo que contrariar e negar vigência são expressões sinônimas.

b) Decisão que julgar válido ato de governo local contestado em face de lei federal

Sempre foi a mais controvertida das três hipóteses que versam sobre recurso especial.

A EC n. 45 alterou a alínea *b* de forma que compete ao STJ dirimir o conflito que envolva um **ato** (e não mais lei) de governo local (estadual ou municipal) em face de uma lei federal. (O confronto de duas leis de entes federados diversos é objeto de recurso extraordinário.)

Alcançam tanto os atos normativos quanto os atos executivos provenientes do Poder Executivo e do Legislativo dos Estados-membros, do DF e dos Municípios.

A expressão *julgar válido* remete à necessidade de um contraste entre o ato do governo e a lei federal, pois, se acolhido o ato, a lei restou afrontada. Assim, só há cabimento quando o tribunal de origem decide em favor da legalidade do ato de governo local, em detrimento da Constituição Federal.

---

64 Importante frisar que o Enunciado foi editado quando ainda competia ao STF a competência sobre julgamento de lei federal.

c) Decisão que der a lei federal interpretação divergente da que lhe haja atribuído outro tribunal

Sabe-se que o STJ dentre outras atribuições tem a função de uniformizar a jurisprudência nacional, proferindo decisões paradigmáticas. Exatamente por isso cabe recurso especial por divergência jurisprudencial. Não cabe recurso especial por divergência entre órgão do mesmo tribunal (Enunciado 13 da Súmula do STJ), somente entre tribunais diferentes. Mas não precisam ser tribunais de Estados diferentes. Pode haver divergência entre um Tribunal de Justiça e um Tribunal Regional Federal, mesmo porque não haveria outra forma de dirimir essa controvérsia, salvo por este dispositivo.

Neste caso é cabível o especial quando a Corte de origem tiver atribuído à lei federal interpretação diferente da conferida por outro tribunal. A função neste caso é uniformizar a jurisprudência dos tribunais do país acerca da interpretação da lei federal.

Deve-se demonstrar a divergência aduzindo que o acórdão recorrido está dissentindo do acórdão paradigma (acórdão de outro tribunal) juntando cópia ou citação do repositório de jurisprudência, podendo ser por via eletrônica.

Esta é, aliás, a orientação do art. 1.029, § 1º, do CPC, que assim disciplina: "Quando o recurso fundar-se em dissídio jurisprudencial, o recorrente fará a prova da divergência com a certidão, cópia ou citação do repositório de jurisprudência, oficial ou credenciado, inclusive em mídia eletrônica, em que houver sido publicado o acórdão divergente, ou ainda com a reprodução de julgado disponível na rede mundial de computadores, com indicação da respectiva fonte, devendo-se, em qualquer caso, mencionar as circunstâncias que identifiquem ou assemelhem os casos confrontados".

Importante asseverar que esse dissídio deve se dar entre acórdãos, já que "a decisão monocrática não se presta à caracterização de dissídio jurisprudencial" (AgInt no AREsp 1846401-DF, Min. Felipe Salomão, Quarta Turma, j. 10-2-2009, *DJe* 26-2-2009).

Feito isso, deve o recorrente proceder ao confronto analítico do julgado recorrido e do julgado paradigma para que demonstre o dissídio. Evidente que ambos os acórdãos devem ter como supedâneo a mesma base fática, ou seja, trataram de caso semelhante, mas adotaram teses jurídicas opostas.

Assim, o recorrente deve demonstrar o dissenso na interpretação do direito federal infraconstitucional por meio da transcrição de trechos dos acórdãos confrontados que revelam a divergência. O novo artigo permite que o recorrente possa também comprovar a divergência mediante simples citação ou reprodução do paradigma disponível em mídia eletrônica.

Se se tratar de enunciado de súmula, basta a mera indicação com base no art. 124 do Regimento Interno do Superior Tribunal de Justiça.

O STJ entendeu recentemente que é possível a dispensa da comparação analítica se houver notória divergência, bastando a apresentação dos acórdãos (AgRg no Ag 681.596/DF).

Ademais, de acordo com o entendimento do STJ:

i) O acórdão paradigma deve ser do TJ ou TRF, não sendo possível de Tribunal de Justiça Especializada como TRT, por exemplo (STJ, REsp 989.912/RS);

ii) É necessário que a divergência seja contemporânea não se admitindo uso de decisões que não reflitam o entendimento atual do STJ (Súmula 83, STJ).

Conforme dito, a previsão da primeira hipótese de cabimento de recurso especial (alínea *a*) seria o suficiente para delimitar o cabimento do recurso especial. Prova disso é que existe certa superposição entre as alíneas *a* e *c*, já que, se o acórdão não deu a melhor interpretação à lei federal, por certo a ofendeu. Não se pode deixar de dizer então que esta alínea é um reforço da alínea *a*. A diferença é que, nesse caso, a constatação de violação da lei federal é objetivamente inferida pela apresentação dos acórdãos destoantes (motivo que levou a criar uma hipótese autônoma).

10.6.4.2. Recurso extraordinário (art. 102, III, CF)

Trata-se de recurso inspirado no modelo norte-americano tendo sido adotado pelo direito brasileiro logo após o advento da República. O STF é corte de revisão e não de cassação.

Ao contrário do recurso especial, é cabível recurso extraordinário contra decisão do Colégio ou Turma Recursal e Juizado Especial Cível, pois a lei não exige que a decisão tenha sido proferida por tribunal.

Aliás, é o que está prescrito no Enunciado 640 da Súmula do STF, ao asseverar que "é cabível recurso extraordinário contra decisão proferida por juiz de primeiro grau nas causas de alçada, ou por turma recursal de juizado especial cível ou criminal". Assim, é irrelevante que o julgado impugnado tenha sido proferido por tribunal. Importante é a prévia interposição de todos os recursos processuais cabíveis no caso.

Todavia, o recurso extraordinário é cabível somente nos casos em que tenha caráter jurisdicional. Assim, "não cabe recurso extraordinário contra decisão proferida no processamento de precatórios" (Enunciado 733 da Súmula do STF).

Cabe recurso extraordinário de decisão de recurso especial?

Entendemos que sim. É possível que o acórdão do STJ estabeleça uma questão de inconstitucionalidade que ensejará a interposição do recurso extraordinário. Assim já entendeu o STF (Pleno, AI 145.589/RJ e AG 141.518/DF). É importante que a questão constitucional seja diversa de outras que foram decididas nas instâncias comuns.

a) Decisão recorrida que contraria dispositivo da Constituição Federal

Trata-se de hipótese típica de recurso extraordinário. A contrariedade deve ser direta, frontal, não cabendo RE por **ofensa indireta ou reflexa (ou "não oblíqua")**. Assim, se se ofende a lei federal, muitas vezes atinge, por via oblíqua, o texto constitucional (de permeio). Da ofensa à norma infraconstitucional cabe recurso especial.

É o que entende o Enunciado 636 da Súmula do STF ao asseverar que não cabe Recurso Extraordinário contra o princípio da legalidade quando se pressuponha a análise de legislação infraconstitucional. Igualmente estabelecido no art. 1.033 do CPC.

Exemplo: não caberá recurso extraordinário para a defesa do direito do consumidor com base no art. 170, V, da Constituição Federal quando se tem uma lei federal (Lei n. 8.078/90) regulamentando as relações de consumo. O princípio da proibição de discussão de ofensa reflexa tem por objetivo preservar a competência do STJ, evitando usurpação de competência pelo Supremo.

Foi um dos motivos de se estabelecer uma estrutura principiológica no atual CPC (arts. 1º a 11) para evitar a interposição de recurso extraordinário contra a violação de qualquer princípio de cunho processual.

Contrariar dispositivo significa desatender ao seu preceito, sua vontade. E tem aplicação ampla como violar, contrastar, infringir. Negar vigência significa declarar revogada ou deixar de aplicar alguma norma federal.

A palavra "dispositivo" tem aplicação ampla, podendo abarcar também princípios que não estejam escritos na CF (art. 5º, § 2º). Abrange também tratados e convenções internacionais de direitos humanos aprovados pelo Congresso.

O vetusto Enunciado 400 da Súmula do STF dispõe que a "decisão que deu razoável interpretação à lei, ainda que não seja a melhor, não autoriza recurso extraordinário pela letra *a* do art. 101, III, da CF"[65].

Essa questão de razoabilidade da interpretação do direito vem gerando grandes discussões doutrinárias e jurisprudenciais. E isso porque o polêmico enunciado tem apenas um propósito: tentativa de redução dos recursos extraordinários que chegam ao STF, já que existe um patente subjetivismo na interpretação da súmula (jurisprudência defensiva).

Assim, se a contrariedade é a causa de pedir do recurso, não se pode, por boa lógica, indeferi-lo sob o argumento que o julgado deu "razoável interpretação" à Constituição Federal.

Se o STF é o guardião e o intérprete da Constituição Federal (art. 102) resta incompatível a aplicabilidade do Enunciado 400, pois do contrário teria que se admitir que o STF, sem base em nenhum texto autorizador de lei, dividiria com outros tribunais a atribuição de emitir a última palavra na interpretação constitucional, visto que o acórdão recorrido já deu a razoabilidade interpretativa necessária ao texto de lei assim prevalecendo sobre qualquer outro.

Seria até difícil, recorrendo ao artifício da razoabilidade, utilizar-se da rescisória com base na violação de normas jurídicas (art. 966, V, CPC), já que sempre haverá a defesa de que a lei foi interpretada de maneira "razoável" quando de sua aplicação. Esta flexibilização afastará a incidência da rescisória sob a interpretação de que, se não houve ofensa, estaria a rescisória fazendo as vezes de recurso ordinário com prazo de dois anos.

b) Decisão que declara a inconstitucionalidade de tratado ou lei federal

Trata-se na hipótese de instrumento destinado ao controle de constitucionalidade das leis. É controle difuso, incidental, da qual qualquer juiz brasileiro pode pronunciar-se acerca da inconstitucionalidade de um dispositivo legal.

Quando na decisão recorrida houver o reconhecimento da inconstitucionalidade de tratado ou lei federal, cabe recurso extraordinário com base nessa alínea. A inconstitucionalidade pode ser tanto material (conteúdo da norma) como formal (vício na edição da norma).

Dessa forma o STF, como guardião da Constituição Federal, deve rever se a norma tida como inconstitucional realmente está contaminada com tal vício.

c) Decisão que julgar válida lei ou ato de governo local contestado em face da Constituição

Nesse caso a decisão recorrida privilegiou a lei ou ato local em detrimento da própria Constituição Federal. Assim, o Recurso Extraordinário tem aplicabilidade para defesa da Carta Magna. Nesses casos, houve uma situação de contrariedade ou de negativa de vigência da Lei Maior, pois a norma local é de duvidosa constitucionalidade.

Ato de governo local significa leis, portarias, decretos oriundos pelos Estados ou Municípios. Abrange tanto legislação estadual como municipal e "ato de governo local" alcança os atos oriundos dos Poderes Executivo e Legislativo.

d) Decisão que julgar válida lei local contestada em face de lei federal

Trata-se de hipótese acrescentada pela EC n. 45. A introdução desta alínea para Recurso Especial colocou fim a uma questão que se apresentava tanto no STF como no STJ sobre qual recurso cabível. E isso porque a despeito de se tratar de um conflito de leis com violação a uma

---

65 Enunciado editado antes da CF/88. O atual artigo é 102, III.

lei federal (o que se poderia imaginar o manejo de recurso especial), a outorga de competências deve ser feita pela CF (arts. 22, 24 e 30, I).

Se há um conflito entre a competência local (estadual ou municipal) e a competência da Federação, a questão é constitucional, pois a disciplina da competência dos entes federativos é típica matéria constitucional.

Não se trata de hierarquia de leis, mas de competência no sentido de se saber quem, no âmbito da Constituição Federal, poderá regulamentar a questão.

Trata-se de um conflito de competência legislativa, portanto.

A diferença com a alínea *c* está na forma como foi aplicada a lei. Se o ato ou lei local prevalece sobre a norma constitucional, está-se diante da letra *c*. Diversamente, se a lei local invade a competência da lei federal, cabe recurso extraordinário. O Supremo dirá quais das unidades federadas podem atuar legislativamente no caso concreto.

Aqui, entendemos que a aplicação desse inciso pode ser dar em duplo sentido vetorial: assim também caberá recurso extraordinário quando a decisão julgar com base em lei federal contestada em face de lei local. Isso porque não há privilégios entre os entes federativos já que a questão, repise-se, não é de hierarquia, mas de competência.

10.6.5. CARACTERÍSTICAS

10.6.5.1. Prévio exaurimento das instâncias ordinárias

Pela sua natureza especial, os recursos de estrito direito só terão cabimento quando exaurida a possibilidade de interposição de recursos ordinários (comuns) contra a decisão. Enquanto for cabível recurso comum, não haverá o exaurimento prévio necessário. Enquanto houver cabimento de algum recurso comum (apelação, agravo de instrumento, agravo interno etc.) ainda que a decisão tenha violado a Constituição ou Lei Federal, **não caberão ainda** recurso especial ou extraordinário.

Essa exigência vem prevista nos arts. 102, III, e 105, III, da Constituição ao referir-se a *"causas decididas em única ou última instância"*. Ademais, se os tribunais da Federação é que darão a última palavra de acordo com suas atribuições, compreende-se o interesse quando se exauriram todas as formas de impugnação experimentadas.

É a definitividade da decisão que motiva os recursos extraordinários. É o esgotamento, pela via comum, de todos os recursos ordinários possíveis. Essa questão tem importante impacto na (agora extinta) **teoria do recurso prematuro**, ora estudado no capítulo sobre teoria geral dos recursos e, aparentemente, resolvido com a reforma do CPC.

O cabimento dos recursos especial e extraordinário se perfaz pela preclusão quanto aos recursos cabíveis nas instâncias inferiores. Gera como consequência a impossibilidade de seu exercício *per saltum* (como ocorre em alguns ordenamentos estrangeiros), deixando *in albis* alguma possibilidade de impugnação.

Assim entendem os Enunciados 281 da Súmula do STF e 207 da Súmula do STJ.

É até intuitivo. Se os Tribunais Superiores têm por função precípua verificar como e em que medida vêm os Tribunais locais aplicando a lei federal e a Constituição, é necessário que estes Tribunais já tenham, de alguma forma, decidido sobre essas questões, até para permitir a uniformização, interpretação e aplicação adequada do direito.

Por "causas decididas" pressupõe decisão final (exauridos os recursos possíveis). O final não se limita à **natureza do pedido** (execução, conhecimento ou cautelar), à **qualidade da**

decisão (decisão de mérito, sem mérito), o **tipo de decisão** (sentenças, acórdão ou interlocutória), tampouco ao **tipo de jurisdição** (contenciosa ou voluntária).

10.6.5.2. Decisão de tribunal

Em regra, os recursos especial e extraordinário são cabíveis somente de decisões de tribunal. Por tribunal, leia-se, aqueles enumerados na CF em seu art. 92.

A redação acerca do cabimento dos recursos especial e extraordinário sofre, contudo, pequena alteração que confere importante efeito ao sistema processual. Isso porque o art. 102, III, da Constituição Federal estabelece ao Supremo Tribunal Federal "julgar, mediante recurso extraordinário, as causas decididas em única ou última instância, quando a decisão recorrida (...)", sem que haja menção expressa de algum tribunal.

Já o art. 105, III, do mesmo diploma legal estabelece o cabimento de recurso especial. Assim, compete ao Superior Tribunal de Justiça "julgar, em recurso especial, as causas decididas, em única ou última instância, pelos Tribunais Regionais Federais ou pelos tribunais dos Estados, do Distrito Federal e Territórios, quando a decisão recorrida (...)".

O fato de a Constituição limitar o cabimento de recurso especial às decisões de "tribunal" fez com que a jurisprudência dos tribunais superiores fixasse o entendimento que o recurso extraordinário poderia ser interposto contra qualquer decisão jurisdicional ainda que não seja de tribunal (Enunciados 640 da Súmula do STF), desde que tenha ocorrido o prévio exaurimento das instâncias comuns.

A referida súmula indica que em Colégio/Turma Recursal de Juizados Especiais estaduais e as decisões de primeiro grau nas causas de alçada como, por exemplo, a decisão em execução fiscal acerca dos embargos infringentes (art. 34, Lei n. 6.830/80), que, mesmo não sendo proferidas por um tribunal, cabe recurso extraordinário.

Contudo, o mesmo não ocorre com o recurso especial que, em virtude da restrição no seu cabimento, há entendimento consolidado no STJ no sentido de não cabimento dessa modalidade de recurso contra decisão de Turma Recursal (Súmula 203, STJ).

Diante dessa restrição indaga-se: E se a decisão do Juizado Especial violar uma lei federal?

Aqui há de se fazer um corte procedimental.

No tocante aos juizados especiais federais e juizados especiais da Fazenda Pública, estes procedimentos preveem a possibilidade de **uniformização de jurisprudência** (art. 14, Lei n. 10.259/2001[66] e art. 18, Lei n. 12.153/2009[67]). Contudo, conforme se depreende dos artigos 14 e 18 acima referidos, a proteção, para fins de cabimento do incidente se refere apenas a questões de direito material, deixando completamente desabrigada a possibilidade de alegação de violação processual. Uma restrição injustificada e incompreensível.

No tocante aos juizados especiais cíveis, por ausência desse instrumento, caberá **reclamação** para o Tribunal de Justiça. E do acórdão dessa reclamação caberá recurso especial para o STJ.

---

66   Art. 14. Caberá pedido de uniformização de interpretação de lei federal quando houver divergência entre decisões sobre questões de direito material proferidas por Turmas Recursais na interpretação da lei.

67   Art. 18. Caberá pedido de uniformização de interpretação de lei quando houver divergência entre decisões proferidas por Turmas Recursais sobre questões de direito material.

É o que se depreende do art. 1º da Resolução n. 3/2016 do STJ:

> Art. 1º Caberá às Câmaras Reunidas ou à Seção Especializada dos Tribunais de Justiça a competência para processar e julgar as Reclamações destinadas a dirimir divergência entre acórdão prolatado por Turma Recursal Estadual e do Distrito Federal e a jurisprudência do Superior Tribunal de Justiça, consolidada em incidente de assunção de competência e de resolução de demandas repetitivas, em julgamento de recurso especial repetitivo e em enunciados das Súmulas do STJ, bem como para garantir a observância de precedentes.

10.6.5.3. Não servem para revisão da matéria de fato (recursos de estrito direito)

Os recursos extraordinário e especial, por sua natureza e finalidade, **não servem para a mera revisão da matéria de fato analisada nas instâncias ordinárias**, pois nesse aspecto não existe questão federal ou constitucional a ser analisada. A restrição cognitiva decorre do próprio objetivo dos recursos de estrito direito: a justiça objetiva. A análise do fato está sempre circunscrita a determinada causa e, portanto, esses fatos não transcendem para outra demanda. Já o erro de direito pode influenciar os demais juízes em futuras aplicações (na forma de precedente).

Portanto, a limitação da devolutividade desses recursos cinge-se aos temas jurídicos circunscritos e debatidos no acórdão recorrido. Não há devolução para apuração da verdade fática que já restou sedimentada em graus inferiores. É como se houvesse uma "coisa julgada fática" ao término do processo em segundo grau. Compete aos Tribunais Superiores a coisa julgada sobre o "direito". Ou seja, os fatos podem ser amplamente debatidos em 1ª e 2ª instância, mas os tribunais apenas apreciarão a questão do enquadramento do direito sobre os fatos.

Daí pois não serem vocacionados à revisão da matéria fática, pois a indigitada injustiça teria por causa uma má análise dos fatos, erronia corrigível somente pelos recursos ordinários. Os recursos extraordinário e especial se limitam à adequação do julgado às regras previstas na Constituição ou em Lei Federal, respectivamente (Enunciados 279 da Súmula do STF e 7 da Súmula do STJ). Igualmente não é possível rever interpretação dada a cláusulas contratuais (Súmulas 5 do STJ e 454, STF). O STJ, aliás, entende que "os limites subjetivos e objetivos da coisa julgada não podem ser analisados pelo STJ na via do recurso especial, por infringir o disposto no enunciado da Súmula 7/STJ" (REsp 2.035.667-RJ, Rel. Ministro Francisco Falcão, Rel. para acórdão Ministra Assusete Magalhães, Segunda Turma, *DJe* 22-6-2023).

Entretanto, a circunstância de que os fatos da causa não devem ser reapreciados não significa em si que em sede de REsp ou RE se desconsiderem os fatos como elementos jurídicos necessários à justa prestação jurisdicional. A matéria de fato que fica excluída do âmbito desses recursos é aquela cujo conhecimento pelo STF e pelo STJ apenas levaria a um mero reexame de prova. Podem e devem os tribunais superiores analisar os fatos (pois é impossível verificar a correta aplicação do direito sem o conhecimento dos acontecimentos históricos que ocorreram na causa).

Em princípio, o destinatário da prova é o juiz de primeiro grau, cabendo ao tribunal da qual ele é subordinado rever a eventual correção de uma equivocada cognição probatória. Em geral, encerra-se aí a atividade jurisdicional do Estado na busca da verdade fática.

O Tribunal Superior poderá, v.g., determinar a condenação em dano moral negada nas instâncias inferiores. Com os mesmos fatos, o STJ interpretou de forma diversa e chegou à conclusão distinta da dos outros órgãos (REsp 819.192/PR).

Assim, qualquer questão que verse sobre reexame de prova (gravação telefônica suficiente para comprovar o adultério, v.g.) não tem guarida nos recursos excepcionais, pois isso não interessa à preservação do ordenamento jurídico.

Mas antes, uma premissa necessária: o que vem a ser com precisão matéria de fato e de direito?

Já dissemos que o espectro de cognição desses instrumentos não é amplo como nos recursos comuns, ao invés, é restrito aos lindes da matéria jurídica, pois, do contrário, teríamos que converter o STJ e o STF em instâncias ordinárias, retirando-lhes a excepcionalidade da qual foram vocacionados: preservação da unidade normativa.

A importância da distinção entre fato e direito ganhou maior relevo no sistema atual não apenas pela questão da interposição de recursos especial e extraordinário, mas, especialmente pelos institutos de uniformização de direito (IRDR, recursos de estrito direito repetitivos) em que a uniformidade se dá pelas questões de direito. Entretanto, nem sempre é fácil traçar as fronteiras do que é matéria de fato e matéria de direito.

Numa visão geral a análise cognitiva do magistrado no caso concreto reside em dois pontos: na **fixação dos fatos** e no **enquadramento jurídico**. Na primeira situação o magistrado estabelece, ainda que no campo da verdade possível ou verossimilhança (a depender da corrente que se siga sobre a busca da verdade no processo civil), como ocorreram os fatos que deram ensejo àquela demanda. Logo após, numa próxima etapa, já com os fatos concretizados, estabelece o seu enquadramento jurídico. Aqui não se fala em examinar os fatos, mas aplicar o direito adequado.

E o que se constata da jurisprudência e da doutrina sobre o assunto, é importante verificar qual aspecto deve prevalecer, qual aspecto deve ser dominante: o fático ou o jurídico. Assim, a questão será predominantemente fática se houver necessidade de reexaminar provas ou reavaliar como os fatos teriam ocorrido.

Dessa forma, quando o recurso tratar de valoração ou admissibilidade da prova, esta poderá ser revista. A valoração sempre pressupõe a contrariedade a um princípio ou regra jurídica. Assim, o reexame não se confunde com valoração. A **valoração da prova**, em que se autoriza a interposição dos recursos de estrito direito, decorre da equivocada aplicação/ negativa de vigência de algum princípio ou norma pertinente às provas. Assim, a valoração refere-se à sua *admissibilidade* (*regras de direito probatório*) (v.g., admitiu a inversão do ônus da prova, em causa que versava sobre direito indisponível da parte, em ofensa ao art. 373 do CPC) ou *valor jurídico* (*objeto de convicção*) (v.g., levou em consideração uma testemunha quando havia no processo diversos documentos dispondo de maneira contrária).

Já o reexame implica reapreciação dos elementos probatórios para verificar se foram bem aplicados (Enunciado 7 da Súmula do STJ) ou bem interpretados (Enunciados 5 da Súmula do STJ e 454 da Súmula do STF[68]). Este método é proibido nos recursos extraordinários, tendo em vista que a decisão proferida nas instâncias inferiores é soberanamente julgada em virtude da ampla devolutividade que ali se permite.

O STJ vem entendendo que é possível majorar ou diminuir o valor quando ínfimo ou exorbitante de:

---

[68] A interpretação de cláusula contratual também não permite os recursos excepcionais, pois diz respeito à verificação da vontade das partes no momento da contratação. Isto é matéria fática e não jurídica. Pois é matéria de fato saber qual é a intenção do contraente no momento da contratação (Súmulas 5 do STJ e 454 do STF).

> Dano moral (REsp 994.171/AI)
> *Astreintes* (Corte Especial, EREsp 742.949/PR)
> Honorários advocatícios (AREsp 322.829/PE)

Qual argumento, pois, para se verificar se errou para menos ou para mais se se trata de análise de fato? Evitar o enriquecimento sem causa, que é matéria de direito.

Ademais, vem se admitindo o cabimento de recurso especial quando houver violação à norma legal de interpretação contratual, como, por exemplo, os arts. 111, 112, 113 e 114, do Código Civil[69] (STJ, REsp 1.013.976/SP e REsp 1.532.544/RJ).

A questão toma novas cores quando se trata de qualificar **normas de conceito vago ou indeterminado e cláusulas gerais.**

Toda norma jurídica, como qualquer estrutura de linguagem existente, deve se valer de conceitos para auxiliar o magistrado na aplicação na hipótese concreta.

Como técnica legislativa, esses conceitos podem ser determinados ou indeterminados. São determinados quando não permitem interpretação ampla, já que o conceito lhe é objetivamente apresentado. Assim ocorre nos prazos processuais previstos em lei, nas hipóteses de crimes inafiançáveis, no estabelecimento da maioridade, entre outros.

Já os conceitos indeterminados constituem método legislativo para que se atribua a determinada norma conteúdo variável. Seu alcance não está previsto em lei, devendo o juiz participar da "concreção da norma" para sua devida e perfeita extensão.

Isso porque "nem sempre convém, e às vezes é impossível, que a lei delimite com traços de absoluta nitidez, o campo de incidência de uma regra jurídica, isto é, que descreva em termos pormenorizados e exaustivos todas as situações fáticas a que há de ligar-se este ou aquele efeito no mundo jurídico. Recorre então o legislador ao expediente de fornecer simples indicações de ordem genérica, dizendo o bastante para tornar claro o que lhe parece essencial, e deixando ao aplicador da norma, no momento da *subsunção* – quer dizer, quando lhe caiba determinar se o fato singular e concreto com que se defronta corresponde ou não ao modelo abstrato"[70].

Assim, o ordenamento é recheado de normas de conceito indeterminado ou vago como acontece com a "boa-fé contratual", "contrário à moral e aos bons costumes", "função social da propriedade", "em casos de urgência", "motivo grave", "bom pai de família", "hipossuficiente", "marca notória".

---

69 Art. 111. O silêncio importa anuência, quando as circunstâncias ou os usos o autorizarem, e não for necessária a declaração de vontade expressa.
Art. 112. Nas declarações de vontade se atenderá mais à intenção nelas consubstanciada do que ao sentido literal da linguagem.
Art. 113. Os negócios jurídicos devem ser interpretados conforme a boa-fé e os usos do lugar de sua celebração. § 1º A interpretação do negócio jurídico deve lhe atribuir o sentido que: I – for confirmado pelo comportamento das partes posterior à celebração do negócio; II – corresponder aos usos, costumes e práticas do mercado relativas ao tipo de negócio; III – corresponder à boa-fé; IV – for mais benéfico à parte que não redigiu o dispositivo, se identificável; e V – corresponder a qual seria a razoável negociação das partes sobre a questão discutida, inferida das demais disposições do negócio e da racionalidade econômica das partes, consideradas as informações disponíveis no momento de sua celebração. § 2º As partes poderão livremente pactuar regras de interpretação, de preenchimento de lacunas e de integração dos negócios jurídicos diversas daquelas previstas em lei.
Art. 114. Os negócios jurídicos benéficos e a renúncia interpretam-se estritamente.
70 José Carlos Barbosa Moreira. Regras de experiência e conceitos juridicamente indeterminados. In: *Temas de direito processual*. 2ª série. São Paulo: Saraiva, 1988, p. 64.

Teresa Arruda Alvim[71] aponta **três vantagens** para a utilização dos conceitos vagos e indeterminados:

i) alcance – por ser norma não casuística, atinge um maior número de situações fáticas, muitas vezes sequer previstas pelo legislador;

ii) duração – pela sua vagueza semântica, essas normas se adaptam com mais facilidade às mudanças sociais e jurídicas, não necessitando da criação de *nova* norma para regular aquela situação;

iii) adequação – dadas as realidades diferentes, nos diferentes locais em que a norma é aplicável, a indeterminação permite que o juiz possa adaptar com mais precisão às vicissitudes daquela região, permitindo que essa mesma norma se aplique com a mesma precisão em outro local que possui, evidentemente, outras características.

Os Tribunais Superiores poderão dar a correta interpretação e a última palavra sobre a concreção da norma. Se, de fato, a norma de conteúdo indeterminado e vago padece de complementação pelo judiciário e as diversas decisões decorrentes da aplicação dessa norma são difusas (pois cada juiz interpretará a aplicará conforme sua convicção), compete aos tribunais de superposição estabelecer e uniformizar o entendimento dessa regra geral. Assim, são estes tribunais que vão dizer o que é preço vil, quais são os bens móveis que guarnecem a residência sujeitos à impenhorabilidade do bem de família[72].

10.6.5.4. Repercussão geral no recurso extraordinário e a relevância no recurso especial

10.6.5.4.1. Da repercussão geral

O estudo da repercussão geral pressupõe perpassar por dois relevantes pontos: **i)** a função do Supremo Tribunal Federal sob a ótica interna; e **ii)** a relação do Supremo com os demais tribunais (análise externa do STF).

10.6.5.4.1.1. A função do STF sob a ótica interna

Do ponto de vista histórico, os Tribunais Supremos, mais especificamente a sua função, perpassaram por três fases distintas:

> **Uma primeira fase** em que se apreciava a lei em abstrato, independentemente da apreciação do mérito da causa, gênese do Tribunal de Cassação Francês (que deu ensejo aos tribunais superiores de hoje). Nesses casos, dado o restrito campo de cognição, a função do Supremo era anular a decisão, para que outra corte inferior analisasse o mérito que lhe era subtraído.
> **Uma segunda fase** resultou no sistema de uniformização de jurisprudência. Esta nova função não criou grandes alterações estruturais na sua atividade, na medida em que a aplicação da jurisprudência resulta na interpretação de leis.
> **Numa terceira fase**, e é o estágio atual em que o ordenamento vive, refere-se ao controle das causas decididas (como bem se lê na CF, arts. 102, III, e 105, III).

---

71 Questões de fato, conceito vago e a sua controlabilidade através de recurso especial. In: *Aspectos polêmicos e atuais do recurso especial e do recurso extraordinário*. Coord. Teresa Arruda Alvim Wambier. São Paulo: Revista dos Tribunais, 1998, p. 439.
72 DIDIER JR.; CUNHA, *Curso...*, cit., p. 257.

Nessa nova fase, mais do que uniformizar o direito, é importante impingir unidade à Constituição e como decorrência espraiar esta unidade a todo ordenamento brasileiro. Assim ao Supremo, **na ótica interna, compete-lhe guardar a Constituição**.

Diante dessa premissa, há de se perguntar como o Supremo pode desempenhar a sua função: deve examinar, sem exceção, todas as causas que são trazidas ao seu crivo pelo sistema recursal, ou apenas aquelas que, numa primeira análise, tragam alguma relevância para a coletividade, objetivando, portanto, a unidade do direito?

Conforme visto, os novos lineamentos dos Tribunais Superiores não permitem que a mera justiça subjetiva, em determinado caso concreto, tenha potencialidade para movimentar a máquina do Supremo, oportunizando um verdadeiro julgamento de terceira e às vezes até de quarta "instância".

10.6.5.4.1.2. Análise externa do STF

Há uma segunda premissa importante: o Supremo Tribunal Federal julga em demasia. Este superlativo pode causar ao menos duas consequências práticas: uma **intrínseca** e outra **extrínseca**.

Quanto à primeira. A tendência de se julgar mais que sua capacidade comporta, invariavelmente acarreta numa diminuição qualitativa das decisões. Não há tempo hábil a investigar a fundo questões de grande relevância, justamente porque outras questões de grande relevância estão no aguardo do julgamento e o tempo, por vezes, é tão importante quanto a "qualidade" da tutela prestada.

No tocante à segunda, há uma situação perversa: quanto mais o STF julga, mais o STF julgará. Não, não se trata de uma proposição contraditória, mas de uma constatação de ordem prática.

O Supremo Tribunal Federal, como órgão máximo na hierarquia judiciária, tem por objetivo aplicar a correta interpretação da Constituição Federal em todos os casos levados à sua apreciação.

Na verticalização, os órgãos inferiores devem interpretar conforme aquilo que o Supremo, a quem compete a última palavra, decidiu. Contudo, na escala industrial em que os julgamentos vêm sendo submetidos, torna-se humanamente impossível aos órgãos (tribunais e juízos) decidir em conformidade com este tribunal superior.

Dessa forma, não podendo decidir sob essa perspectiva, os órgãos decidirão de acordo com sua convicção. Esta convicção íntima que cada juiz, cada desembargador possui, pode ocasionar (como de fato ocasiona) decisões diversas. Diferentes interpretações sob a mesma norma aplicada a casos idênticos no mesmo momento histórico. Ainda que no novo sistema tenda a diminuir a divergência pela necessidade de respeito aos precedentes, especialmente os ditos "vinculantes" (art. 927, CPC).

Com essas divergências, a constatação sob a correta interpretação dos preceitos constitucionais fica de forma difusa para todos os tribunais.

Destas decisões divergentes, as partes recorrem, pois sabem que o Supremo pode interpretar de forma diversa. Assim, mais recursos serão processados e mais recursos serão desembocados no Supremo Tribunal Federal. Dessa forma, quanto mais o Supremo trabalha, mais ele vai trabalhar.

Era necessária a criação de um **filtro**. Um filtro que fizesse que somente algumas causas fossem submetidas ao Supremo Tribunal Federal. Somente causas que pudessem causar impacto numa coletividade, extrapolando os limites daquela específica lide. Criou-se, portanto, o requisito da repercussão geral.

Repercussão geral é requisito de admissibilidade consubstanciado na exigência de que o recorrente demonstre a relevância da questão constitucional veiculada no recurso extraordinário, sob o prisma econômico, político, social ou jurídico, a fim de ensejar o conhecimento do recurso pelo Supremo Tribunal Federal, em razão de interesse superior da preservação do direito objetivo (logo, não é fundado no interesse subjetivo do recorrente).

A questão constitucional sujeita a repercussão geral deve ter sofrido violação direta e não reflexa. Entende o STF que se a violação for de forma oblíqua (art. 1.033, CPC e Enunciado 636 da Súmula do STF) não haverá repercussão geral (RE 584.608 e RE 688.001). Na verdade, o caso não é falta de repercussão geral, já que a matéria sequer é constitucional[73].

O que parece indubitável é a aproximação que a reforma fez entre o STF e a sociedade. E isso porque a repercussão tornou o Supremo num verdadeiro catalisador de sentimentos da sociedade, já que decidirá para parcela da população ou toda ela as questões que se revestem de relevância.

Podem-se enumerar, pelo menos até aqui, dois pontos positivos na criação da repercussão:

i) fomentar a verticalização das decisões judiciais, o que já é uma tendência com o CPC (especialmente arts. 332, 489, § 1º, 496, § 4º, 926, 927, 932, IV e V), permitindo a compatibilização das decisões e a sua igualdade;

ii) racionalizar a atividade judicial, na medida em que se permitirá apenas que alguns recursos sejam processados, quando efetivamente trouxerem benefícios à unidade do direito objetivo.

Trata-se de um filtro que impede que o STF se torne uma verdadeira "quarta instância". Luiz Guilherme Marinoni e Daniel Mitidiero[74] definem repercussão como a soma de relevância (questão relevante) com transcendência (questão que repercuta fora dos limites daquela lide).

10.6.5.4.2. Localizando a repercussão geral no sistema normativo

A repercussão geral veio com a Emenda Constitucional n. 45, que acrescentou ao art. 102 da Constituição Federal o § 3º. Trata-se de norma que carecia de lei regulamentadora que veio em 2006 com a Lei Federal n. 11.418. Esta norma inseriu, no CPC/73, os arts. 543-A e 543-B. O CPC regulamenta a repercussão geral no art. 1.035.

Ato contínuo, a Emenda Regimental n. 21/2007 alterou no Regimento Interno do Supremo Tribunal Federal os arts. 322 até 329, que regulamentam a repercussão. E algumas outras alterações foram feitas pela Emenda Regimental n. 54/2020 (arts. 323-B e 326-A).

Uma crítica que se faz ao legislador é no sentido de se ter inserido a regra dentro do CPC quando há outras disciplinas (como o direito penal, por exemplo) que possuem regulamento processual próprio e aplicam as regras de repercussão. Seria melhor a criação de uma lei para esta finalidade ou mesmo inserir em uma lei "neutra" (como a Lei Federal n. 8.038/90, por exemplo).

10.6.5.4.3. Natureza jurídica

Constitui pressuposto específico de cabimento do recurso extraordinário, de modo que, embora dotado de peculiaridades, se insere no juízo de admissibilidade desse recurso.

---

73 DIDIER JR.; CUNHA. *Curso de direito processual civil*, cit., v. 3, p. 372.
74 *Repercussão geral*, São Paulo: Revista dos Tribunais, 2007, p. 33.

O próprio art. 102, § 3º, da CF assevera que a repercussão deve ser demonstrada "a fim de que o Tribunal examine a admissão do recurso".

Não se constitui ao que parece em um novo requisito de admissibilidade, mas pressuposto de cabimento do recurso (cabimento porque apenas o recurso extraordinário o tem como exigência), mais especificamente dentro dele um quase sub-requisito de admissibilidade à recorribilidade[75].

E isso porque, ao se asseverar que não existe repercussão geral no caso concreto, está-se evidentemente aduzindo que a decisão é irrecorrível, pois da decisão que não apresenta repercussão não cabe recurso.

A repercussão geral é também método de formação de precedente vinculante no ordenamento fora do rol previsto no art. 927, CPC.

10.6.5.4.4. Cabimento

A definição do que vem a ser repercussão geral é encontrada no § 1º do art. 1.035, assim: "questões relevantes do ponto de vista econômico, político, social ou jurídico que ultrapassem os limites subjetivos do processo".

É possível extrair dois requisitos cumulativos para a aferição da repercussão geral: **a relevância e a transcendência**.

Os critérios para a apuração de repercussão geral (tanto a sua definição como os critérios propriamente) são **subjetivos**, já que os Ministros do Supremo Tribunal Federal têm ampla liberdade na apuração da relevância social, econômica, política ou jurídica da questão federal de índole constitucional. Todos esses elementos se inserem em conceitos jurídicos indeterminados, devendo ser analisados a cada caso, levando-se em conta as peculiaridades de cada situação.

10.6.5.4.5. Presunção de repercussão

Essa ampla liberdade, porém, encontra limites no art. 1.035, § 3º, do CPC.

O CPC estabelece as hipóteses que geram a presunção de repercussão (§ 3º), vale dizer, enquadrada a matéria do recurso numa das hipóteses previstas na referida regra, o STF não precisará perquirir a relevância política, econômica, social ou jurídica e, tampouco, a sua transcendência, pois estas já estarão, por assim dizer, presumidas. Essas hipóteses têm por finalidade valorizar os posicionamentos firmados pelo STF.

Assim, presume-se a repercussão quando a decisão recorrida:

I – impugnar decisão contrária a súmula ou jurisprudência dominante do STF;

II – questionar decisão que tenha reconhecido a inconstitucionalidade de tratado ou lei federal, nos termos do art. 97 da Constituição Federal.

O primeiro caso possui finalidade de prestigiar os precedentes e fomentar a uniformização da jurisprudência. Afinal, se um órgão jurisdicional decide contrário a súmula ou precedente do STF, é de interesse do Supremo, como uma de suas funções, verificar, pois: **a)** a decisão recorrida está errada e precisa ser adaptada à correta interpretação do STF sobre a matéria; ou **b)** a decisão está correta e o STF, com base nas argumentações esposadas, poderá alterar o seu entendimento, adequando-o a uma nova realidade.

---

75 E aqui seguindo o posicionamento de Bruno Dantas em seu excelente *Repercussão geral*. São Paulo: Revista dos Tribunais, 2008, p. 218.

Esse caso não é um requisito subjetivo como os demais, mas **objetivo**. Trata-se de presunção legal de existência da repercussão. Esta é a função uniformizadora do STF.

No outro caso, em havendo a decisão recorrida declarado a inconstitucionalidade de lei federal ou tratado (controle difuso, abstrato, incidental), caberá recurso extraordinário (art. 102, III, *b*, CF) e o STF, como guardião da Constituição, deverá aferir se de fato a norma é inconstitucional.

Ressalte-se que essa presunção é absoluta, pois nesses dois casos haverá repercussão, não havendo como interpretar de forma diversa.

10.6.5.4.6. Dimensão subjetiva da repercussão geral

Além da relevância, deve-se levar em consideração a transcendência "que ultrapassa os interesses subjetivos do processo".

Há de se perguntar: a repercussão geral para que tenha eficácia deverá atingir a quantas pessoas? Verificar a dimensão subjetiva é verificar quantas e quais pessoas serão atingidas pelo recurso extraordinário interposto.

Será que apenas haverá repercussão se toda a sociedade sofrer os impactos da decisão, ou é possível delimitar grupos sociais específicos (afrodescendentes, habitantes de um determinado município, portadores de HIV, professores universitários, trabalhadores rurais, contribuintes, dentre outros)?

Repercussão geral não quer dizer repercussão integral.

Além disso, "não é de se imaginar que o STF tenha por função tutelar estritamente os interesses totais da sociedade, sem qualquer apreço por aqueles interesses afetos a grupos marginalizados (as minorias), ou mesmo por interesses que, embora pertencentes a grupos majoritários, não são totais"[76].

Daí o contexto não é numérico e sim qualitativo.

Um exemplo imaginário: se uma classe específica de trabalhadores interpõe recurso extraordinário diante de um acórdão que violou algum direito que lhe foi tolhido, é provável que esse recurso tenha repercussão geral mesmo sendo uma classe muito específica de trabalhadores (ex. restauradores de arte sacra do período pós-barroco) que contém apenas 15 pessoas no Brasil exercendo essa função.

10.6.5.4.7. Procedimento

i) Competência – a competência é exclusiva do plenário do STF que só poderá propugnar pela não existência da repercussão por maioria qualificada de seus membros, já que o art. 102, § 3º, da CF estabelece que a recusa depende "da manifestação de dois terços de seus membros", o que equivale a oito ministros. O Tribunal de origem não pode fazer a análise da existência ou não da repercussão geral sob pena de usurpação de competência (art. 988, I, CPC). É possível, contudo, ao Tribunal *a quo* inadmitir o recurso extraordinário por ausência de repercussão geral em apenas duas situações: a) quando o recorrente não exerceu seu ônus argumentativo e sequer mencionou na peça recursal acerca do preenchimento dos requisitos da repercussão geral (regularidade formal); e b) nas hipóteses do art. 1.030, I, *a*, CPC[77].

---

76 Bruno Dantas, *Repercussão geral*, cit., p. 239.
77 Recebida a petição do recurso pela secretaria do tribunal, o recorrido será intimado para apresentar contrarrazões no prazo de 15 (quinze) dias, findo o qual os autos serão conclusos ao presidente ou ao vice-presidente do tribunal recorrido, que deverá: I – negar seguimento: a) a recurso extraordinário que discuta questão

É denominado por Arruda Alvim como *quorum* prudencial. Isso significa que aqui (assim como nos EUA e na Alemanha) basta que uma minoria vislumbre a repercussão para que ela seja aceita.

Existe uma explicação lógica para o *quorum*. A verificação da repercussão geral perpassa por conceito jurídico indeterminado. Esta indeterminação necessariamente envolve alta carga de subjetivismo na aplicação do caso em espécie. Assim, o elevado *quorum* seria como um "elemento compensador" da natural redução de previsibilidade das decisões do Supremo[78].

A repercussão geral, conforme o art. 323 do RISTF, é o último requisito a ser apreciado. Assim, a admissibilidade (provisória) ordinariamente é feita pelos Tribunais Regionais e a repercussão geral (após o recurso admitido) no Supremo.

Contudo, seria contraproducente estabelecer um plenário físico para todo recurso extraordinário que fosse levado ao STF. A intenção de diminuição de trabalho do STF cairia por terra, pois, ao contrário, deveria trabalhar muito mais.

Para acomodar a exigência constitucional de deliberação plenária com a desburocratização dessa atividade, o Regimento Interno do STF estabeleceu uma espécie de "deliberação colegiada por meio eletrônico".

De acordo com o Regimento Interno do STF (arts. 323 e 324), a análise preliminar do Recurso Extraordinário caberá ao relator que deverá, quando não for o caso de inadmissão monocrática, submeter aos demais ministros, por via eletrônica, sua manifestação sobre a repercussão geral. Ainda, de acordo com o art. 323-B (dado pela Emenda Regimental n. 54/2020), o relator poderá propor, por meio eletrônico, a revisão do reconhecimento da repercussão geral quando o mérito do tema ainda não tiver sido julgado.

Os ministros encaminharão sua manifestação por meio eletrônico no prazo de 20 dias. Entregues os votos haverá a contagem para aferição da existência ou não da repercussão. Decorrido o prazo, sem manifestação presume-se a existência da repercussão. Portanto, o silêncio do julgador acerca da questão gera uma aceitação da repercussão geral no caso concreto.

A decisão que nega a repercussão geral é irrecorrível (art. 1.035, CPC). Contudo a regra do referido artigo deve estar em consonância com o Regimento Interno do STF. Dessa forma, a decisão que aqui se trata é a decisão colegiada (do plenário). A eventual decisão monocrática sobre a repercussão (ex. inadmite o recurso por já ter sido a repercussão negada anteriormente sobre o mesmo tema) desafiará agravo interno, conforme art. 327, § 2º, do RISTF.

ii) Dialeticidade – o recorrente deverá demonstrar a repercussão em sede de recurso (CPC, art. 1.035, § 2º) para apreciação exclusiva do STF. O regime anterior do CPC/73 exigia que se deduzisse em preliminar de recurso. Essa exigência geográfica não é mais necessária, bastando que se apresente nas razões recursais. Aliás, foi o que entendeu o Enunciado 224 do FPPC: "A existência de repercussão geral deve ser demonstrada de forma fundamentada, sendo dispensável sua alegação em preliminar ou em tópico específico".

iii) *Amicus curiae* – O terceiro que se verifica no § 4º do art. 1.035 é o *amicus curiae*, desde que devidamente constituído por advogado para que possa ofertar suas razões acerca da existência ou não de repercussão geral no caso em concreto (CPC, art. 138).

---

constitucional à qual o Supremo Tribunal Federal não tenha reconhecido a existência de repercussão geral ou a recurso extraordinário interposto contra acórdão que esteja em conformidade com entendimento do Supremo Tribunal Federal exarado no regime de repercussão geral.

78 Nesse sentido Bruno Dantas, *Repercussão geral*, cit., p. 239.

Regulamentado pelo RISTF, art. 323, § 2º. Trata-se de terceiro de natureza institucional (a exemplo do que se dá nos casos de controle de constitucionalidade – Lei n. 9.868/99, art. 7º, § 2º) que tem interesse diferente do da parte (sobre esse terceiro, *vide* capítulo sobre intervenção de terceiros).

O *amicus curiae* exerce relevante função de ajudar na compreensão especialmente da relevância política, econômica, social ou jurídica, atuando, guardadas as devidas diferenças, como um perito.

Assim, sua função é ajudar a interpretar os valores da sociedade para fins de julgamento. Preconiza o § 4º: "O relator poderá admitir, na análise da repercussão geral, a manifestação de terceiros, subscrita por procurador habilitado, nos termos do Regimento Interno do Supremo Tribunal Federal".

iv) Sobrestamento – importante questão que possui relação com os precedentes vinculantes diz respeito ao novo § 5º do art. 1.035. Uma vez reconhecida a repercussão geral o relator determinará o sobrestamento de todos os processos pendentes (individuais ou coletivos) que versem sobre a mesma questão.

Essa norma tem alcance para todos os processos que estiverem tramitando no território nacional. Constitui, em verdade, regramento similar ao estabelecido no julgamento de recursos especial e extraordinário repetitivos que será visto *infra*.

A repercussão geral não tem somente a finalidade de gerar um precedente para o futuro, mas igualmente regular de maneira uniforme os casos pendentes, daí a necessidade do sobrestamento. Como esse sobrestamento tem a potencialidade de atingir um número altamente significativo de processos (centenas, milhares) é que se estabelece a preferência no julgamento que será visto no item "vi", *infra*[79].

v) Pedido de exclusão – o art. 1.035, § 6º, prevê a possibilidade de interessado se dirigir ao presidente ou vice que exclua da decisão de suspensão e consequentemente inadmita recurso especial ou extraordinário intempestivo.

O recorrente será ouvido em cinco dias sobre esse requerimento, podendo se manifestar. Da decisão que indeferir o requerimento referido no § 6º ou que aplicar precedente de repercussão geral ou de recurso especial repetitivo caberá apenas agravo interno, nos termos do art. 1.021.

vi) Prazo – uma vez reconhecida a repercussão geral, deverá o recurso ser julgado no prazo de até um ano. A Lei n. 13.256/2016 retirou a sanção que se previa no caso de descumprimento, sob pena de cessar a suspensão dos processos com base em idêntica matéria em todo o território nacional, permitindo a eles a continuidade normal de sua tramitação. Portanto, considera-se esse prazo de julgamento um prazo impróprio, como condiz a regra dos prazos judiciais. O prazo conta-se a partir do reconhecimento da repercussão pelo STF.

Para viabilizar o cumprimento desse prazo (ainda que impróprio), o julgamento nesse caso terá prioridade sobre todos os demais ressalvados os casos de *habeas corpus* e que envolvam réu preso.

vii) Súmula – a súmula da decisão sobre a repercussão geral constará de ata que será publicada no *Diário Oficial* e valerá como acórdão.

---

[79] NUNES, Dierle; BAHIA, Alexandre; PEDRON, Flávio Quinaud. In: STRECK, Lenio Luiz; NUNES, Dierle; CUNHA, Leonardo Carneiro; FREIRE, Alexandre (Coord.). *Comentários ao Código de Processo Civil*. São Paulo: Saraiva, 2016, p. 1379.

viii) Repercussão geral e o julgamento de recursos repetitivos – A técnica de julgamento de recursos repetitivos tem estreita relação com a repercussão geral. Assim, é possível que o tribunal de origem (ou turmas recursais), verificando multiplicidade de recursos com mesma questão de direito, selecione dois ou mais recursos para que possam ser levados ao STF a fim de serem afetados e julgados. Os demais ficarão sobrestados. Esse expediente objetiva evitar a subida de inúmeros recursos ao STF sendo que esta remessa poderá ser desnecessária caso se verifique a ausência de repercussão geral.

Esta escolha pelo Tribunal *a quo* não vincula o STF, que poderá trocar os recursos escolhidos ou mesmo escolher outros (além dos indicados) para que sejam objeto de afetação. Igualmente nada impede que se faça uma escolha tardia, ou seja, quando já existem diversos recursos com base em idêntica controvérsia no próprio STF, este procede à seleção dos recursos a serem analisados, devolvendo os demais para os tribunais de origem a fim de que sejam sobrestados (art. 328, parágrafo único, RISTF[80]).

Negada a existência de repercussão geral todos os recursos extraordinários sobrestados serão inadmitidos pelo próprio tribunal de origem (arts. 1.035, § 8º e 1.039, parágrafo único, CPC). Aqui não se trata de conferir ao Tribunal inferior competência para apreciação da repercussão geral que é privativa, como dito do STF, mas de respeitar a eficácia do precedente, pois é desnecessária a subida de recurso que veicula a mesma tese inadmitida anteriormente por falta de repercussão geral.

10.6.5.4.8. A relevância no recurso especial (EC n. 125/2022)

10.6.5.4.8.1. Introdução

Uma das situações mais notórias que a excessiva litigiosidade brasileira experimenta é o fato de que o imenso número de recursos que sobem para os Tribunais Superiores retira desses recursos a principal função para a qual foram vocacionados: fixação de teses, formação de precedentes e conferência da correta interpretação da Lei federal ou da Constituição (função nomofilática). De acordo com o Relatório Estatístico do próprio site do STJ, o Superior Tribunal de Justiça, só no ano de 2022 (até agosto), já recebeu 231.522 processos, lembrando que em 2021 foram recebidos no STJ 408.770 processos novos originários e recursais, dos quais 57.930 foram recursos especiais e 233.120 foram agravos em recurso especial.

Some-se ainda, em especial no STF, a ocupação majoritária para o julgamento de casos penais para pessoas beneficiárias de foro privilegiado, que também retira da Corte Suprema o tempo necessário para a fixação dessas teses.

Assim, esses tribunais vêm deixando de exercer uma função constitucional para agir como se 3ª ou 4ª instância fossem.

Diante desse cenário caótico que vivem os Tribunais, entre erros e acertos, o STJ e o STF estabelecem **filtros** para limitar o número de recursos nesses Tribunais de Superposição.

Em boa parte das situações, entendemos que erram ao criar filigranas e mecanismos subjetivos para impedir recursos, muitas vezes merecedores de análise e devido direito ao julgamento. É o que se denomina na doutrina de **jurisprudência defensiva**.

---

80 Art. 328, parágrafo único. Quando se verificar subida ou distribuição de múltiplos recursos com fundamento em idêntica controvérsia, a Presidência do Tribunal ou o(a) Relator(a) selecionará um ou mais representativos da questão e determinará a devolução dos demais aos tribunais ou turmas de juizado especial de origem, para aplicação dos parágrafos do art. 543-B [atual art. 1.036, § 1º, CPC/2015] do Código de Processo Civil.

Contudo, acertam ao estabelecer filtros legais para permitir a subida apenas de recursos que possam ter relevância e impacto na sociedade. Assim ocorreu com a criação da **repercussão geral** para o recurso extraordinário ao STF (com a Emenda Constitucional n. 45/2004), com a **transcendência do recurso de revista no TST** (com a MP n. 2.226/2001 e, posteriormente, com a Lei n. 13.647/2017) e, agora, com a **relevância do recurso especial** decorrente da EC n. 125/2022, que foi também um desejo externado por membros do próprio STJ.

Essa emenda inseriu no art. 105 da CF os §§ 2º e 3º, mas ainda padece de lei infraconstitucional que será inserida, provavelmente, no Código de Processo Civil.

Um primeiro problema de direito intertemporal: ao contrário da repercussão geral com a EC n. 45, que claramente estabeleceu que sua aplicabilidade apenas ocorreria após a criação de lei regulamentadora, o § 2º do art. 105 da CF estabelece, em notória antinomia, que, "no recurso especial, o recorrente deve demonstrar a relevância das questões de direito federal infraconstitucional discutidas no caso, **nos termos da lei**, a fim de que a admissão do recurso seja examinada pelo Tribunal, o qual somente pode dele não conhecer com base nesse motivo pela manifestação de 2/3 (dois terços) dos membros do órgão competente para o julgamento".

Contudo, o art. 2º da própria EC n. 125 estabelece que: "A relevância de que trata o § 2º do art. 105 da Constituição Federal será exigida nos recursos especiais interpostos **após a entrada em vigor desta Emenda Constitucional**, ocasião em que a parte poderá atualizar o valor da causa para os fins de que trata o inciso III do § 3º do referido artigo". E o art. 3º estabelece que "Esta Emenda Constitucional entra em vigor na data de sua publicação"[81]. Ou seja, a relevância produzirá efeito desde já ou deve aguardar a lei regulamentadora?

Como a EC estabelece "nos termos da lei" para o devido delineamento do conceito de relevância, bem como o preenchimento de regras de procedimento, entendemos que se deverá aguardar a lei para que os Tribunais possam fazer a devida aplicação desse requisito de admissibilidade de recursos especial[82]. Contudo, essa resposta é uma visão acadêmica. Na prática, entendo, por cautela, que os advogados, procuradores, promotores e defensores, ao aviar o recurso especial, já devem alegar a relevância, ainda que não haja lei infraconstitucional prevista. Dessa forma, impõe-se ao recorrente o ônus de demonstrar esse requisito nas razões recursais.

Acreditamos que, tal como ocorre com a repercussão geral, a alegação de relevância poderá ser mecanismo de formação de precedente vinculante a ser encartado no ordenamento para além do art. 927 do CPC.

10.6.5.4.8.2. Presunção de relevância

A Emenda estabeleceu algumas hipóteses como de *relevância predeterminada normativamente*. Assim, o § 3º do art. 105 da CF estabelece que haverá relevância presumida (e, em nosso entender, presunção absoluta, não admitindo prova em contrário) nos casos que podem ser sistematizados da seguinte forma:

---

81 Assim, repetindo a Lei n. 14.343/2021 sobre citação, informa a entrada em vigor imediata mesmo dependendo de lei regulamentadora.
82 Nesse sentido, DELLORE, Luiz; GAJARDONI, Fernando da Fonseca; ROQUE, André Vasconcelos; OLIVEIRA JR., Zulmar Duarte. *Novidade no recurso especial: primeiras reflexões sobre a EC 125 e o requisito da relevância das questões de direito federal infraconstitucional (REsp com RQF)*. Disponível em: https://www.migalhas.com.br/coluna/tendencias-do-processo-civil/370739/novidade-no-recurso-especial. Acesso em: 5 set. 2022.

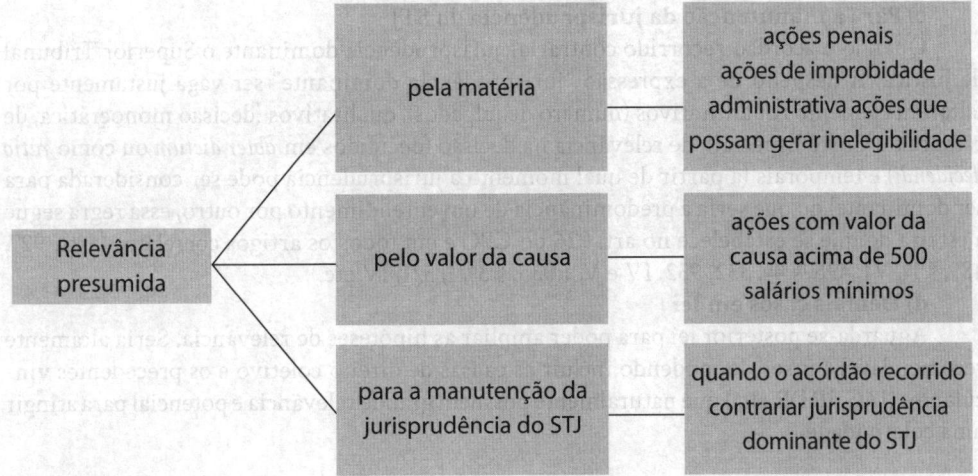

a) Pela matéria

Ao estabelecer as ações penais, de improbidade administrativa e que possam gerar inelegibilidade, demonstra que o legislador se preocupou com causas ligadas a efeitos políticos. Mesmo as ações penais podem gerar suspensão de efeitos políticos (art. 15, III, da CF). Assim, as causas penais terão automaticamente relevância, mesmo que seja um ilícito penal de menor importância. Já os cíveis, por mais relevantes que sejam, devem se submeter à questão do valor ou aguardar uma lei infraconstitucional determinar quais casos também terão relevância.

b) Pelo valor

Nas ações que ultrapassem 500 salários mínimos também haverá presunção de relevância. É realmente muito estranho atrelar a relevância ao valor da causa, pois pode haver causas de alto valor sem relevância e outras de baixo ou inestimável valor que se revestem de grande importância. Como bem observam Dierle Nunes e Cícero Lisboa: "para uma pessoa abastada, o resultado de uma ação de valor de 501 salários mínimos pouco impacto pode gerar em sua vida, de outro lado, para uma pessoa hipossuficiente, o resultado de uma ação possessória com o valor de 50 salários mínimos sobre seu único imóvel, representará a perda de sua moradia. O primeiro interporá seu REsp com relevância predeterminada, o segundo terá de exercer o ônus argumentativo para demonstrar a relevância em preliminar de seu recurso. Tal opção ofende claramente os direitos fundamentais da isonomia e da dignidade da pessoa humana"[83].

Em complemento, o art. 105, § 2º, da CF estabelece que "a relevância de que trata o § 2º do art. 105 da Constituição Federal será exigida nos recursos especiais interpostos após a entrada em vigor desta Emenda Constitucional, **ocasião em que a parte poderá atualizar o valor da causa para os fins de que trata o inciso III do § 3º do referido artigo**".

Para concluir, é de se supor que os litigantes passem a adaptar suas estratégias para transpor os obstáculos para acesso ao STJ. Nas causas de valor inestimável, em que o valor da causa é fixado aleatoriamente em R$ 10 ou R$ 100 mil apenas "para efeitos fiscais", prefira-se, a partir de agora, montante superior a quinhentos salários mínimos, de modo a atrair a hipótese de relevância presumida do inciso III do art. 105, § 3º.

---

83 *Primeiras impressões da arguição de relevância no recurso especial.* Disponível em: https://www.conjur.com.br/2022-jul-18/nunes-lisboa-emenda-constitucional-12522#_ftn1. Acesso em: 22 ago. 2022.

c) Para a manutenção da jurisprudência do STJ

Quando o acórdão recorrido contrariar jurisprudência dominante o Superior Tribunal de Justiça. A despeito de a expressão "jurisprudência dominante" ser vaga justamente por faltarem elementos quantitativos (número de julgados), qualitativos (decisão monocrática, de câmara ou Corte Especial), de relevância na decisão (decididos em *obter dictum* ou como *ratio decidendi*) e temporais (a partir de qual momento a jurisprudência pode ser considerada para ser dominante) do que seria a predominância de um entendimento por outro, essa regra segue a esteira do que se estabelece no art. 926 do CPC e em todos os artigos correlatos (arts. 927, 489, § 1º, VI, 496, § 4º, 332, 932, IV e V, 1.035, § 3º, I, 521, IV etc.).

d) Demais casos em lei

Aguarda-se posterior lei para poder ampliar as hipóteses de relevância. Seria altamente recomendável a inserção, podendo incluir as causas de direito coletivo e os precedentes vinculantes (IAC, IRDR etc.) que naturalmente possuem grande relevância e potencial para atingir uma coletividade.

10.6.5.4.8.3. Competência e *quorum*

De acordo com o § 2º do art. 105, "No recurso especial, o recorrente deve demonstrar a relevância das questões de direito federal infraconstitucional discutidas no caso, nos termos da lei, a fim de que a admissão do recurso seja examinada pelo Tribunal, o qual somente pode dele não conhecer com base nesse motivo pela manifestação de 2/3 (dois terços) dos membros do órgão competente para o julgamento".

No entanto, como dito, em decorrência da entrada em vigor imediata determinada pelo art. 2º da EC n. 125/2022, recomenda-se ao advogado que em seus novos recursos especiais se abra uma preliminar expressa sobre a relevância e se explique: a) em qual das hipóteses normativamente estruturadas no art. 105, 3º, ele se enquadra; ou b) que seu recurso apresenta transcendência ao caso em apreço e o tipo de relevância (jurídica, econômica, social e/ou política) que seu caso traz, em conformidade com as hipóteses de cabimento do recurso previstas no inciso III do art. 105.

Para a advocacia, ainda há de se perceber que a não relevância somente ocorrerá pela manifestação de 2/3 dos membros do órgão competente para o julgamento, o que, na prática, significa que nas turmas do STJ, compostas por cinco ministros, será essencial o convencimento da relevância por dois dos julgadores do Colegiado para viabilizar o acesso. Tal percepção acentua o papel do ônus argumentativo junto aos ministros para viabilizar a admissão dos novos recursos especiais.

Contudo, no cotidiano do STJ, a análise de admissibilidade se dá quase sempre por decisões monocráticas. Dessa forma, a análise colegiada certamente criará dois graves problemas: a) uma injustificada diferenciação entre a análise do requisito da relevância (que deve ser feito por todos os membros da Turma) e os demais requisitos de admissibilidade (prequestionamento, preparo, tempestividade, adequação etc.), que podem ser feitos monocraticamente, seja no tribunal de origem, seja no tribunal superior; b) maior burocracia, na medida em que apenas para se fazer a admissibilidade seria necessária a convocação de todos os ministros integrantes da Turma.

De outro lado, estabeleceu-se o mesmo quórum de deliberação para aplicação do filtro: dois terços dos julgadores, embora no STF a deliberação sempre caiba ao Plenário, ao passo que no STJ caberá à Turma a quem competir julgar o recurso especial.

Ademais, no âmbito do STF, a negativa de repercussão geral se estende a todos os demais recursos extraordinários que versem sobre a mesma matéria, os quais são barrados de forma muito mais célere (art. 1.035, § 8º, do CPC). É difícil imaginar que ao STJ não se atribua o mesmo poder.

10.6.5.5. Prequestionamento

10.6.5.5.1. Introdução e definição

Coerente aos objetivos dos recursos de estrito direito, em que uma de suas finalidades é a defesa da norma jurídica, é importante ressaltar que compete aos tribunais superiores emitirem a última palavra sobre a correta interpretação da norma federal ou da Constituição. Dessa forma, é necessário que a matéria objeto de apreciação pelos Tribunais de Superposição já tenha sido debatida nas instâncias inferiores.

Não é finalidade do STJ e do STF julgar propriamente casos (ao menos de maneira direta), mas verificar o acerto da aplicação da norma pelas instâncias inferiores. Sua atividade é de controle.

Prequestionamento consiste na necessidade de a questão constitucional ou federal ter sido expressamente decidida no acórdão recorrido.

Nelson Nery assevera que "o que não se encontra *dentro* do ato judicial que se pretende impugnar por RE ou REsp não pode ser deles objeto"[84].

Ao contrário do que se aparentava ao longo da história do processo civil brasileiro, o prequestionamento não é uma criação exclusivamente jurisprudencial (muito porque sua referência tem por base, em grande parte, enunciado de súmulas do STF e do STJ), mas se extrai originariamente da expressão "causas decididas", locução prevista tanto no cabimento do recurso especial (art. 105, III, CF) como no cabimento do recurso extraordinário (art. 102, III, CF).

O prequestionamento é, em verdade, a própria essência do recurso, pois não se recorre de violação alguma se o acórdão não o tiver julgado, já que nas instâncias superiores não se aplica a regra do *iura novit curia* (= juiz não pode nos Tribunais Superiores, conhecer de matéria de direito prequestionada no acórdão recorrido).

O vocábulo prequestionamento inexistente na CF/88 era expresso nas Constituições de 1891 até 1946, e foi sob a égide desta última Constituição que foram editados os Enunciados 282 e 356 do STF, importantes para o entendimento da matéria.

10.6.5.5.2. Natureza e objeto de incidência

Alguns autores afirmam que o prequestionamento é um **requisito de admissibilidade** dos recursos de estrito direito (Alfredo Buzaid[85]), outros como **etapa no exame de seu conhecimento** (Nelson Nery[86]), ou ainda **mera decorrência do princípio dispositivo e do efeito devolutivo**, em relação ao recurso que provoca a manifestação do Tribunal *a quo*, acerca da questão constitucional ou federal" (José Miguel Garcia Medina)[87]. Entendemos se tratar de um requisito de admissibilidade exclusivo dos recursos especial e extraordinário. Contudo a

---

84 *Teoria geral dos recursos*, 7. ed. São Paulo: RT, 2014, p. 281.
85 *RTJ* 109/299.
86 *Ainda sobre o prequestionamento – embargos de declaração prequestionadores. Aspectos polêmicos e atuais dos recursos cíveis e outras formas de impugnação às decisões judiciais.* Coord. Teresa Wambier e Nelson Nery. São Paulo, Revista dos Tribunais, 2000, p. 85.
87 *O prequestionamento nos recursos extraordinário e especial.* São Paulo: Revista dos Tribunais, 2002, p. 408.

discussão de sua natureza possui importância apenas acadêmica, pois a geração dos seus efeitos (inadmissibilidade do recurso em caso de não preenchimento do prequestionamento) é entendimento convergente na doutrina.

Quanto ao objeto de incidência, há três correntes sobre no que recai o prequestionamento:

a) Atividade das partes – Há autores que entendem ser o prequestionamento ato privativo das partes: estas provocam o tribunal para que este se manifeste. Assim, o prequestionamento não reside na decisão impugnada, mas lhe é anterior. A própria expressão prequestionar significa "questionar antes", suscitar previamente, em coerência o prequestionamento é produzido pelas partes (José Miguel Garcia Medina e Theotonio Negrão).

b) Atividade dos Tribunais – Majoritária doutrina e os Tribunais Superiores defendem que o prequestionamento é atividade desenvolvida pelo tribunal recorrido, no sentido de decidir uma questão que será submetida a reexame pelo tribunal excepcional. Assim, independentemente de quem traga a questão, é imperioso que a questão deva constar no acórdão recorrido. Logo, se prequestionamento é a presença de determinada questão constitucional ou federal na decisão recorrida, pouco importa se a parte trouxe a matéria ou o próprio tribunal recorrido *sponte propria* ventilou.

c) Teoria mista ou eclética – Há uma terceira corrente que une as duas correntes anteriores. Assim, não apenas a parte deve ter suscitado a matéria como o tribunal deverá ter decidido sobre ela (Ovídio Baptista da Silva[88]).

Defendemos, seguindo a majoritária doutrina e jurisprudência, a segunda corrente por três importantes motivos:

i) O termo *prequestionamento* não está previsto de forma expressa e sistematizada em nosso ordenamento (apenas agora no CPC vigente para deflagrar situações específicas nos arts. 941, § 3º, e 1.025). Utiliza-se como figura de linguagem para expressar o instituto a locução "causas decididas" hospedada nos arts. 102, III, e 105, III, da CF, que demonstram a exigência da **decisão** e não do **questionamento**.

ii) Poder-se-ia imaginar que não haveria decisão sem questionamento, o que torna válido o argumento. Contudo, é possível que o Tribunal profira decisão *extra* ou *ultra petita*, analise pedido implícito ou ainda conheça de matérias de ordem pública que não foram objeto de alegação pela parte ao longo do processo[89]. Ademais, admitir que prequestionamento seja atividade dos tribunais não se está a rechaçar a argumentação da parte, que é essencial para a formalização da decisão objeto de recurso excepcional.

O que se está a dizer é que a cognição judicial para fins e efeito de verificação do prequestionamento recairá sobre a decisão, independentemente do que se alegou. Não será necessário, portanto, ao magistrado proceder a uma longa análise retrospectiva de todo processo para verificar *quando e como* as partes suscitaram as questões recorridas, mas apenas fazer um cotejo entre as razões recursais e a decisão atacada.

iii) Aceitar essa corrente seria relegar o entendimento jurisprudencial e sumular firmado pelos Tribunais Superiores, máxime pelos Enunciados 282 e 356 do STF, que asseveram, cada um ao seu jeito, da necessidade de a matéria estar inserida na decisão judicial. O prequestionamento pode ser preenchido com a análise de matéria no voto vencido (art. 941, § 3º, CPC, restando superada a Súmula 320 do STJ)[90].

---

88 *Curso de processo civil*. 7. ed., Rio de Janeiro: Forense, 2006, v. I, p. 431.
89 Evidente que todas essas matérias, se forem conhecidas devem ser submetidas ao devido contraditório cooperativo nos termos dos arts. 9º e 10 do CPC.
90 "Súmula 320, STJ. A questão federal somente ventilada no voto vencido não atende ao requisito do prequestionamento."

Uma vez compreendido, portanto, que o prequestionamento constitui atividade dos tribunais, é importante falar sobre alguns temas em que essa escolha tem reflexo.

10.6.5.5.3. Prequestionamento implícito e explícito

O que será objeto de prequestionamento, pela própria devolutividade restrita dos recursos excepcionais, é a matéria de direito, ou seja, o que será objeto de cognição pelos tribunais de superposição é saber se o enquadramento jurídico estabelecido pelos órgãos inferiores (dados os fatos *já* estabelecidos) está correto.

Contudo, nem sempre esse enquadramento jurídico dado, no mais das vezes pelos tribunais regionais ou locais, vem acompanhado do respectivo artigo de lei correspondente, seja porque **i)** o julgador simplesmente se omitiu; seja porque **ii)** o fundamento jurídico aplicado pelo julgador não tem previsão em lei (como a violação a algum princípio[91] ou mesmo ausência de regra sobre o caso).

Em relação ao primeiro caso, está-se diante de uma problemática muito atual: se é possível o mero enquadramento jurídico[92] para se afigurar o prequestionamento ou se é necessária a expressa menção do artigo de lei violado[93].

Dessa situação, a doutrina e a jurisprudência erigiram os conceitos de **prequestionamento implícito** e **prequestionamento explícito (ou numérico)**.

No prequestionamento explícito o tribunal enfrenta a matéria e indica os artigos referentes àquela matéria. No prequestionamento implícito o tribunal apenas enfrenta a matéria sem mencionar os artigos.

É importante asseverar que até mesmo na doutrina há dúvidas acerca do que vem a ser prequestionamento implícito e explícito, havendo quem defenda se tratar o prequestionamento explícito do fato da matéria de direito ser "claramente, objetivamente, palpavelmente, facilmente identificadas na decisão recorrida. Seja porque se trata de tese já conhecida pelo Supremo Tribunal Federal e pelo Superior Tribunal de Justiça, seja porque a fundamentação da decisão permite de sua leitura, o evidenciamento da questão que foi discutida e julgada no caso concreto". Já no prequestionamento implícito a tese "não é tão clara quanto à sua conformação e aos seus limites"[94].

Majoritária doutrina entende que prequestionamento explícito é a situação que permite entender que a tese sobre a matéria constitucional ou federal esteja claramente identificada na decisão recorrida. Essa tese determina que o tribunal *a quo*, em sede de acórdão, mencione expressamente o dispositivo de lei ou constitucional violado e cuja violação constitui causa de pedir para os recursos excepcionais (alguns chamam de prequestionamento numérico).

Assim, não bastaria simplesmente o tribunal decidir as questões. Já o prequestionamento implícito aduz que o artigo de lei em si não constitui nenhuma questão, bastando a menção da tese violada no acórdão.

O STF exige a expressa menção do artigo constitucional que haveria sido violado[95].

---

91 STJ, REsp 143.518/RJ.
92 Exemplo: "Indefiro a petição inicial conquanto inepta".
93 Exemplo: "Indefiro a petição inicial conquanto inepta com fundamento no art. 330, parágrafo único, inciso II, do CPC".
94 Cassio Scarpinella Bueno. *Curso sistematizado de direito processual*. São Paulo: Saraiva, 2010, v. 5, p. 276 e 278.
95 STF, AgRg no RE 449.137.

O STJ admite com reservas o prequestionamento implícito, desde que do exame das razões recursais seja possível concluir induvidosamente qual dispositivo de lei se entende contrariado. Mas é o posicionamento majoritário[96].

A exigência por qualquer tribunal que seja para o prequestionamento explícito é, a nosso ver, descabida. Isso porque:

i) a mera indicação do artigo de lei não qualifica a matéria de direito violada e, portanto, não seria obrigatória a sua inserção na decisão. Assim, dizer que "não determina a penhora do bem de família" ou "não determina a penhora do bem de família com fundamento na Lei n. 8.009/90" não muda, em nossa opinião, o teor da decisão;

ii) nem sempre a violação sujeita a recurso especial ou extraordinário decorre de uma regra, podendo ser de princípio jurídico;

iii) um requisito de admissibilidade (ou que seja etapa do julgamento do recurso) não pode ficar exclusivamente ao alvedrio do próprio tribunal que procederá seu acolhimento (a denominada jurisprudência defensiva). Essa premissa não muda pelo fato de o prequestionamento ser atividade exclusiva do tribunal. Uma coisa é o julgamento com base na tese jurídica (supostamente) violada: aqui constitui um dever do tribunal, em decorrência da inafastabilidade, responder à pretensão recursal. Outra coisa é fundamentar a sua decisão com artigos de lei, o que constitui uma faculdade;

iv) é possível que se decida não transcrevendo ou mencionando o artigo, mas fundamentando a decisão por meio de paráfrase normativa (sem se limitar, evidentemente, a mera paráfrase desprovida de fundamentação, o que violaria o art. 489, § 1º, I, CPC).

10.6.5.5.4. Prequestionamento e as matérias de ordem pública (a profundidade do efeito devolutivo na instância especial)

Há uma aparente antinomia entre os artigos que mencionam as **matérias de ordem pública** (485, § 3º, e 337, § 5º, do CPC) com a **devolutividade restrita** preconizada na Constituição Federal para os recursos especial e extraordinário.

Isso porque as matérias de ordem pública, pela sua natureza cogente, podem ser apreciadas a qualquer tempo e grau de jurisdição. Mas a devolutividade nos recursos de estrito direito depende de prequestionamento.

Diante dessa situação, pergunta-se: poderia o Superior Tribunal de Justiça conhecer da prescrição que não foi anteriormente suscitada? Seria possível ao STF, pela primeira vez no processo, conhecer de uma nulidade absoluta?

Num primeiro momento, o entendimento era de negar o conhecimento de forma absoluta das matérias não prequestionadas. Isso porque, a despeito do livre trânsito que essas normas gozam (as normas cogentes), elas são barradas pela devolutividade própria dos recursos excepcionais.

A situação decorre de dois fatores importantes:

i) permitir a análise irrestrita dessas matérias transformaria o STJ e o STF em instâncias ordinárias, num verdadeiro "terceiro grau de jurisdição". Portanto, essas matérias teriam seu limite cognitivo nas instâncias inferiores;

ii) a finalidade desses recursos não é a justiça subjetiva, mas sim a função de corrigir desvios interpretativos e unificar a jurisprudência. Dessa feita, a lógica aplicada aos recursos

---

96 STJ, REsp 1.370.152/RJ e AgRg no Ag 1263401/RS.

ordinários não pode ser a mesma aplicada aos recursos extraordinários, dada a total diversidade de objetos perseguidos.

Evidentemente que essas matérias podiam ser objeto de apreciação pelas instâncias superiores desde que devidamente prequestionadas. Assim, se o vício processual foi alegado e decidido nas instâncias ordinárias, terá livre acesso para ser apreciada mais uma vez.

Se não prequestionadas não podiam. Como não constituem tribunais de correção, mas de mera uniformização de interpretação, o conhecimento oficioso de matéria não ventilada fugiria do espectro de sua jurisdição, não sendo, portanto, possível.

Num segundo momento o entendimento então rígido dos tribunais foi flexibilizado. Assim, se o recurso especial ou extraordinário subiu para os tribunais superiores por qualquer motivo, as matérias de ordem pública poderão ser apreciadas ainda que se encontrem em **capítulo diverso** daquele objeto de recurso (e, portanto, de prequestionamento)[97]. Constitui, dessa forma, uma exceção ao regramento então existente, pois, uma vez admitido o recurso de estrito direito, não havia limitação cognitiva vertical (como de fato não há) por parte do tribunal superior, apenas a horizontal, fixada pelo recorrente[98].

Este é o entendimento merece aplausos esta mudança de paradigma. Porque:

a) pelo completo desperdício da atividade jurisdicional, já que os vícios que não puderam ser apreciados nas instâncias superiores serão objeto de posterior ação rescisória, criando maiores gastos ao processo;

b) se o recurso estiver na instância superior por outro motivo não há motivo para a não apreciação de matéria de ordem pública ainda que não prequestionada. Aliás, é o que dispõe o art. 257 do Regimento Interno do STJ e o Enunciado n. 456 da súmula do STF: "O Supremo Tribunal Federal, conhecendo do recurso extraordinário, julgará a causa aplicando o direito à espécie". Essa regra agora restou sedimentada no art. 1.034 do CPC: "Admitido o recurso extraordinário ou o recurso especial, o Supremo Tribunal Federal ou o Superior Tribunal de Justiça julgará o processo, aplicando o direito". Nesse mesmo sentido, o art. 255, § 5º, do RISTJ: "No julgamento do recurso especial, verificar-se-á, preliminarmente, se o recurso é cabível. Decidida a preliminar pela negativa, a Turma não conhecerá do recurso; se pela afirmativa, julgará a causa, aplicando o direito à espécie, com observância da regra prevista no art. 10 do Código de Processo Civil";

c) o art. 485, § 3º, do CPC (que constitui a redação atual do art. 267, § 3º, do CPC/73) contém a locução "enquanto não ocorrer o trânsito em julgado" que não havia na redação anterior. Não foi por acaso. As instâncias especiais orbitam ainda na litispendência do processo, de modo que não há como proibir a apreciação dessas matérias.

Essa premissa decorre de o prequestionamento ser apreciado apenas no juízo de admissibilidade. A análise de mérito é diferente do juízo de admissibilidade (ainda que se entenda que o prequestionamento *não seja* juízo de admissibilidade, é lá que ele será apreciado).

Contudo, infelizmente, há uma espessa barreira no STJ e STF que entendem não ser tribunais de rejulgamento de causas e não poderia apreciar de ofício matérias não abordadas no acórdão do tribunal regional/local (STF, AI 733.846, STJ EAREsp 326.097/CE e REsp 1.422.020/SP). Apesar de não ser unânime, é majoritário.

---

97 STJ, REsp 801.154, REsp 869.534, REsp 911.520, REsp 1.080.808 e REsp 1.189.771.
98 Ricardo de Carvalho Aprigliano (*Ordem pública e processo*, São Paulo: Atlas, 2011, p. 235-238) defende o posicionamento de que as matérias de ordem pública somente podem ser objeto de apreciação se constituírem o objeto do recurso e que não tenha havido o prequestionamento.

10.6.5.5.5. Os embargos de declaração para fins de prequestionamento e a teoria do prequestionamento ficto

Entendido por majoritária doutrina e jurisprudência que o prequestionamento é atividade dos tribunais (a despeito de respeitosos entendimentos contrários), nem sempre este se desincumbe da atividade que lhe é afeta. Assim, a ausência de determinada questão no acórdão impugnado pode ser uma falha atribuída à omissão do órgão judicial que proferiu o aresto.

Não é preciso ir muito longe para saber que o sistema processual prevê expressamente um remédio capaz de dar cabo às omissões perpetradas por órgãos judiciais no desempenho de suas funções judicantes – os embargos de declaração. Estes para fim exclusivo de prequestionamento (Enunciado 356 da Súmula do STF).

Assim, na medida em que se aumenta o rigor com que os tribunais verificam o cumprimento do prequestionamento é idêntica a proporção da utilização do referido recurso para se obter trânsito nas instâncias superiores.

Entretanto, por diversos motivos, nem sempre os juízes recebem bem o pedido formulado pelas partes, alertando-as sobre a ausência de algum ponto ou questão. Dessa forma, dois fatos possíveis e nocivos podem acontecer: a rejeição dos embargos e a consequente cominação de multa (CPC, art. 1.026, § 2º).

Quanto ao segundo caso e para evitar essa situação foi editado o Enunciado 98 da Súmula do Superior Tribunal de Justiça: "Embargos de declaração manifestados com notório propósito de prequestionamento não têm caráter protelatório".

Quanto ao primeiro caso é necessária uma análise mais detida.

Conforme dito, o prequestionamento somente poderá ser obtido por meio dos embargos de declaração quando for possível imputar à instância ordinária a falha na entrega da prestação jurisdicional.

Aqui surge um problema: muitas vezes o tribunal, mesmo tendo falhado na entrega da prestação jurisdicional, recusa-se a suprir a falha e rejeita os embargos[99].

Os tribunais superiores tomaram posições diametralmente opostas sobre a questão. É importante falar separadamente delas.

Posição do STJ (teoria objetiva) – O grande óbice do STJ era seguir o entendimento do Enunciado 211 sua Súmula, que assim dispõe: "Inadmissível o recurso especial quando a questão a despeito da oposição de embargos declaratórios não foi apreciada pelo tribunal *a quo*".

Cria-se uma situação aparentemente sem saída: a única forma de prequestionar o acórdão omisso é por meio dos embargos de declaração que foram rejeitados pelo tribunal *a quo*.

Para evitar esse dano, proveniente dessa decisão (de rejeição dos embargos) os advogados apresentavam recurso especial para o STJ, não para discutir a matéria de fundo (que está obstada de trânsito dada a falta de prequestionamento), mas por negativa de vigência ao artigo do cabimento dos embargos de declaração (atual art. 1.022, II, do CPC).

Este recurso especial tinha nítido caráter rescindente, pois determinava a anulação da decisão que rejeitou os embargos para permitir a sua apreciação pelo tribunal recorrido.

Para o STJ, a análise é **objetiva**, pois o prequestionamento só será satisfeito com um pronunciamento da instância inferior, independentemente de a parte ter feito tudo que estava ao seu alcance para tentar cumprir a exigência constitucional.

---

99   Recusa esta que vem com as mais diversas justificativas, como o tribunal não está obrigado a responder todas as questões das partes em afronta ao art. 489, § 1º, IV, do CPC.

Assim, como bem assevera a doutrina, não se faz um juízo de valor sobre a atuação do recorrente, que envolvesse qualificá-lo mais ou menos diligente. O ponto é que não haverá recurso se não houver decisão, pois não existe, para o STJ, o prequestionamento ficto.

Posicionamento do STF (teoria subjetiva) – O STF parte de uma análise **subjetiva** da questão. Assim, se a parte requereu por embargos a integração da decisão recorrida e este recurso foi rejeitado, preenchido está o requisito do prequestionamento, pois a parte fez de tudo ao seu alcance para o preenchimento da exigência. Constitui a **teoria do prequestionamento ficto**[100]. Este posicionamento restou consagrado no Enunciado 356 da Súmula do STF, que assim dispõe: "O ponto omisso da decisão, sobre o qual não foram opostos embargos declaratórios, não pode ser objeto de recurso extraordinário, por faltar o requisito do prequestionamento".

Posicionamento do CPC – O atual CPC tomou partido da teoria do STF, prestigiando o prequestionamento ficto ao estabelecer: "Consideram-se incluídos no acórdão os elementos que o embargante suscitou para fins de prequestionamento, ainda que os embargos de declaração sejam inadmitidos ou rejeitados, caso o tribunal superior considere existentes erro, omissão, contradição ou obscuridade" (art. 1.025).

Entendemos que, em reforço ao art. 1.025, tem-se a exigência da fundamentação analítica pela leitura *a contrario sensu* do art. 489, § 1º, do CPC, especialmente em seus incisos IV e VI.

Ademais, ao adotar a teoria subjetiva o CPC prestigia o princípio da primazia do mérito, conforme, especialmente para esse caso, o art. 1.029, § 3º.

O STJ, em inúmeros julgados, contudo, vem admitindo o prequestionamento ficto desde que a parte faça dupla alegação: fale sobre a violação à lei federal e, da mesma forma, sobre a violação ao art. 1.022, CPC (rejeição dos embargos de declaração)[101].

10.6.5.6. Sobre a questão do parágrafo único do art. 1.034 do CPC

Estabelece o art. 1.034 em seu parágrafo único que "admitido o recurso extraordinário ou o recurso especial por um fundamento, devolve-se ao tribunal superior o conhecimento dos demais fundamentos para a solução do capítulo impugnado".

Aqui, a semelhança do que dispõe o art. 1.013, §§ 1º e 2º, do CPC constitui os limites do efeito devolutivo nos recursos de estrito direito.

Mas é importante fazer uma ressalva entre os limites horizontais (efeito devolutivo propriamente dito) e os limites verticais (efeito translativo).

Nos limites horizontais encontram-se os capítulos.

Assim, se o acórdão do Tribunal de Justiça, em sede de apelação, negou provimento aos pedidos A e B da parte e houve recurso especial ou extraordinário apenas sobre o item A, não poderá o tribunal superior apreciar o item B, pois este encontra-se precluso (leia-se, operou coisa julgada desse capítulo) em decorrência do princípio dispositivo e do efeito devolutivo.

Esta é a dicção do parágrafo único ao estabelecer "capítulo impugnado".

Dessa forma, fica sem efeito, em nossa opinião, o Enunciado 528 da Súmula do STF, que assim dispõe: "Se a decisão contiver partes autônomas, a admissão parcial, pelo presidente do

---

100 *Vide* decisões do STF sobre o assunto: RE 629.943 e RE 591.961.
101 "Para a aplicação do art. 1.025 do CPC/2015 e para o conhecimento das alegações da parte em sede de recurso especial, é necessário: a) a oposição dos embargos de declaração na Corte de origem; b) a indicação de violação do art. 1.022 do CPC/2015 no recurso especial; e, c) a matéria deve ser: i) alegada nos embargos de declaração opostos; ii) devolvida a julgamento ao Tribunal *a quo* e; iii) relevante e pertinente com a matéria". EDcl no AgInt no AREsp 2.222.062-DF, Rel. Ministro Francisco Falcão, Segunda Turma, *DJe* 23-8-2023.

tribunal *a quo*, de recurso extraordinário que, sobre qualquer delas se manifestar, não limitará a apreciação de todas pelo Supremo Tribunal Federal, independentemente de interposição de agravo de instrumento".

Aliás, este foi o entendimento do Enunciado 223 do FPPC.

Esse enunciado supõe que o Tribunal Superior não fica limitado apenas ao capítulo admitido pelo tribunal *a quo*, mas também ao capítulo indeferido (já que o processo sobe como um todo)[102]. Evidente que a interposição de agravo de admissão[103] sobre esse capítulo inadmitido abre-se a via para que o tribunal analise toda matéria.

Nos limites verticais encontram-se os fundamentos do capítulo.

O pedido formulado em sede recursal deve ser fundamentado. Especialmente os recursos especial e extraordinário, que constituem recursos de estrito direito (de fundamentação vinculada), é necessário demonstrar o cabimento do recurso em uma das alíneas contidas no art. 102, III, da CF para extraordinário ou 105, III, da CF para especial.

É possível, ainda, que haja mais de um fundamento para impugnar o mesmo capítulo. Assim, a título de exemplo, a parte poderá ingressar com recurso especial com fundamento em violação de lei federal (art. 105, III, *a*, CF) e divergência jurisprudencial (art. 105, III, *c*, CF).

Compete ao presidente/vice do tribunal recorrido, proceder a admissibilidade no tocante ao enquadramento dos argumentos do recurso nas hipóteses tipificadas nos artigos da Constituição, pois, como dito, são recursos de fundamentação vinculada.

Caso o tribunal recorrido acolha o recurso por um argumento, mas desacolha o outro, todos serão devolvidos ao tribunal superior por força do efeito translativo.

10.6.5.7. Decisões definitivas

O cabimento de recurso especial e recurso extraordinário pressupõe que a decisão impugnada seja um julgamento definitivo, ou seja, fundado em cognição exauriente. A expressão *definitivo* não está relacionada com o julgamento da causa, mas com a profundidade do conhecimento exercido pelo magistrado para proferir a decisão.

Assim, consolidando esse entendimento, o STJ editou a Súmula 86, nos seguintes termos: "Cabe recurso especial contra acórdão proferido em julgamento de agravo de instrumento". Nesse mesmo sentido, o STF possui o mesmo posicionamento (RE 153.831/SP).

Como não é a decisão, mas a cognição fator importante, não caberá recursos de estrito direito quando a decisão versar sobre tutela provisória. Esse posicionamento é verificado no STF, por meio da Súmula 735 que assim dispõe: "Não cabe recurso extraordinário contra acórdão que defere medida liminar". O STJ igualmente possui esse entendimento conforme se depreende do AgRg no AREsp n. 620.462/SP.

Os argumentos para essa vedação são diversos:

a) não há decisão definitiva sobre o caso dada em última instância como se exige para esses recursos (prévio exaurimento das instâncias ordinárias). Seria, portanto, uma decisão precária;

b) a análise da aferição do preenchimento dos requisitos para a concessão da tutela provisória pressupõe reexame de fatos e provas, o que é vedado pela Súmula 7 do STJ;

---

102 Essa expressão, comum no cotidiano forense, pode se aplicar também ao caso de processo eletrônico, em que o tribunal terá à sua disposição todo o processo.

103 O Enunciado da Súmula fala em "agravo de instrumento" porque editada antes da reforma que aboliu essa forma de processamento desse recurso em 2009.

c) ademais, desautorizaria o recurso extraordinário, pois constitui matéria prevista em Lei Federal (art. 300, CPC) e, portanto, a violação à Constituição seria reflexa e não direta (art. 5º, XXXV, CF).

10.6.6. PROCESSAMENTO

i) Interposição. Os recursos especial e extraordinário serão interpostos no prazo de quinze dias (art. 1.003, § 5º, CPC) contados da publicação na imprensa oficial para o presidente ou vice-presidente do tribunal de origem em petições distintas (art. 1.029, CPC). Se a interposição for conjunta, não precisa ser feito simultaneamente por ausência de previsão legal nesse sentido (não há regra de preclusão consumativa fixada em lei). Os recursos virão acompanhados de preparo que será recolhido no Tribunal de origem (Súmula 187, STJ, e art. 10 da Lei n. 11.636/2007).

ii) Admissibilidade e contraditório. Ao receber os recursos, a secretaria do tribunal intimará o recorrido, abrindo-lhe vista para apresentar contrarrazões no prazo de quinze dias (art. 1.030, CPC). Na versão original do CPC, findo este prazo os autos seriam remetidos ao Tribunal, independentemente de admissibilidade.

Tratava-se de inovação do atual CPC, já que no sistema do CPC/73 o juízo *a quo* procedia à análise da admissibilidade do recurso, que não vinculava o órgão *ad quem*. Ao contrário do que se sucede em outras legislações, na sistemática processual brasileira, via de regra, os recursos sempre foram interpostos perante o próprio órgão de que emanou a decisão impugnada. Apenas numa segunda etapa é que se encaminha ao órgão *ad quem* para julgamento de mérito.

A sistemática do CPC/73 fazia surgir o problema da discriminação das competências sob o ponto de vista funcional. Nos sistemas em que se endereça **já** ao grau superior, o mecanismo, por esse prisma, se torna mais fácil, visto que será nesse órgão que se exercerá toda atividade cognitiva dos juízos de prelibação e delibação. Nesse ponto, merecia aplausos a alteração da regra pela nova legislação, já que tanto a atividade de conhecimento como a análise do mérito recursal ficam concentradas no órgão *ad quem*.

Contudo, a reforma durou pouco. A Lei n. 13.256/2016 voltou com a regra original. Dessa forma, compete aos Tribunais Regionais/locais procederem ao juízo de admissibilidade.

A manutenção do regime do CPC/73 foi o principal motivo da criação dessa "reforma da reforma" instrumentalizada pela Lei n. 13.256/2016. Não se desejava retirar o "filtro" estabelecido pelos tribunais dos Estados, já que se permitiria a subida de todos os recursos. Contudo, a suposta contenção em segundo grau é apenas aparente, pois os recursos serão levados aos Tribunais Superiores por meio do agravo (art. 1.042, CPC).

Conforme se verifica, a redação do art. 1.030 do CPC dispõe, sistematizadamente, que o relator possui cinco atividades distintas.

Ele pode: a) proceder ao juízo de admissibilidade (incisos I e V)[104]; b) praticar atos ordinatórios (incisos II, III e IV). Importante frisar que, havendo vício sanável, o Tribunal tem o dever de proceder a sua correção nos termos do art. 932, § único e 1.029, § 3º, CPC.

Compete ao presidente ou vice-presidente do tribunal recorrido exercer essas possíveis cinco condutas:

---

[104] Em nosso entender há equívoco legislativo já que o inciso I que versa sobre negativa de seguimento poderia muito bem abranger o inciso V, que dispõe sobre admissibilidade. As duas expressões são sinônimas e não há razão para que ambas estejam previstas em incisos distintos.

I – NEGAR SEGUIMENTO:
a) a recurso extraordinário que:
a1) versa sobre questão constitucional **desprovida de repercussão geral** de acordo com o STF (nesses casos, ausente a repercussão geral em caso análogo, os recursos futuros serão inadmitidos, pois não preenchem essencial requisito desse recurso);
a2) impugna **acórdão que esteja em conformidade com o entendimento do STF** (já reconhecida a repercussão geral);
b) a recurso extraordinário ou especial que **impugna acórdão que está em conformidade com o entendimento do STF ou do STJ em sede de recursos repetitivos.**

Em resumo: poderá negar seguimento se decisão do STF sobre caso análogo que não possui repercussão geral ou a decisão tiver como fundamento precedente firmado em julgamento de recurso especial ou recurso extraordinário repetitivo.

Dessas situações caberá agravo interno em 15 dias (art. 1.021, CPC). Nesses casos não caberá agravo de admissão, pois o agravo interno (para quem designar o regimento do tribunal) tem por finalidade "servir como veículo de distinção: o recorrente poderá demonstrar que seu caso é distinto, a justificar a não aplicação dos precedentes obrigatórios"[105]. Da decisão do agravo interno caberá reclamação para o STF ou do STJ com fundamento no art. 988, § 5º, II, do CPC (aqui já demonstrado que exauriu as instâncias ordinárias).[106]

Não cabe recurso especial ou extraordinário da decisão do agravo interno, pois tanto o art. 102, III, como o art. 105, III, da CF aludem a "causas decididas" e essa decisão não é sobre a causa.

II – REMETER AO ÓRGÃO JULGADOR PARA EVENTUAL RETRATAÇÃO
Caso o acórdão recorrido seja divergente do entendimento do STF em recursos repetitivos ou repercussão geral. Nesse caso o objetivo é a observância do precedente. Em havendo retratação, o presidente ou o vice-presidente não procederá a retratação (art. 1.030, V, *c*, CPC);

III – SOBRESTAR RECURSO
Quando a tese for a mesma de recurso repetitivo ainda não julgado no STJ ou no STF. Nesse caso, não haverá nesse momento juízo de admissibilidade, conforme art. 1.030, V, *a*, do CPC.

Desse ato poderá caber agravo interno no prazo de 15 dias (art. 1.021, CPC).

IV – SELECIONAR RECURSOS
Como representativo da controvérsia nos termos do art. 1.036, § 6º, do CPC, já que "somente podem ser selecionados recursos admissíveis que contenham abrangente argumentação e discussão a respeito da questão a ser decidida". Nesse caso também não haverá juízo de admissibilidade pelo presidente ou vice-presidente.

V – PROCEDER AO JUÍZO DE ADMISSIBILIDADE
Caso positivo, deve remeter os autos para o STF ou para o STJ, conforme o caso, desde que:
– O recurso ainda não seja submetido ao regime de repercussão geral ou recursos repetitivos;
– Tenha sido o recurso selecionado como representativo da controvérsia;
– O tribunal, instado nos termos do inciso II, não se retratou.

Dessa forma, das decisões previstas no art. 1.030, CPC, caberá:

---

105 DIDIER JR.; CUNHA. *Curso de direito processual civil*. 13. ed. Salvador: JusPodivm, 2016, p. 317.
106 STF, 1ª Turma, EDcl no AgRg na Rcl n. 22.306.

RECURSO	HIPÓTESES	NATUREZA DO RECURSO	PREVISÃO LEGAL
Agravo em recurso especial ou em recurso extraordinário (art. 1.042, CPC)	Juízo de inadmissibilidade comum com análise individual do recurso (tempestividade, preparo, prequestionamento etc.)	Em regra, recurso especial ou extraordinário de natureza simples	Art. 1.030, V e §1º, CPC
Agravo interno (art. 1.021, CPC)	Juízo de inadmissibilidade quando a decisão recorrida está em conformidade aos precedentes vinculantes	Em regra, recurso especial ou extraordinário de natureza repetitiva	Arts. 927, 1.035 e 1.030, I, II e III, CPC

O CPC estabelece, como dito, em decorrência da efetividade, da primazia do mérito e da instrumentalidade das formas a possibilidade (=dever) de o Tribunal Superior (STF ou STJ) desconsiderar o vício formal de recurso (desde que ele seja tempestivo) que não seja grave e determinar a sua correção em prazo a ser assinalado (art. 1.029, § 3º, CPC). Constitui mais uma manifestação da tentativa de convalidação dos atos para dar vigência ao princípio da primazia do mérito (arts. 4º, 932, parágrafo único, e 488, CPC).

Sempre nos pareceu exagerada a postura dos Tribunais Superiores procederem a um rigoroso controle formal de admissibilidade na análise dos recursos de estrito direito sob a alegação que neles há mais intensa manifestação de interesse público. Contudo deveria ser exatamente o contrário, pois quanto maior o interesse público mais necessária é a intervenção dos tribunais para uniformizar e interpretar corretamente a lei federal e a Constituição[107].

Assim, é necessário o concurso de alguns fatores para a convalidação do vício formal: a) que o recurso seja tempestivo (pois a intempestividade é vício insanável); b) que não seja grave. Por vício não grave leia-se aquele que pode ser corrigido.

É possível que o relator proceda de duas formas. Ele poderá tanto determinar a correção como desconsiderar o vício.

iii) Agravo em recurso especial ou extraordinário. O não recebimento dos recursos especial e extraordinário enseja a interposição de agravo no prazo de quinze dias para o Supremo Tribunal Federal ou para o Superior Tribunal de Justiça.

A Lei n. 12.322/2010 já havia alterado substancialmente o regime do agravo que se processava sob a forma de instrumento (no regime do CPC/73) e passou a ser processado nos autos do processo.

A reforma de 2010 teve por objetivo trazer economia e celeridade, pois não haveria mais gasto nem delongas na formação e traslado de peças que instruíam o recurso. Como o agravo fica dentro do processo, caso seja deferido (= dado provimento) quando da sua apreciação pelo Tribunal Superior, o processo já estará nas mãos do Ministro, não sendo mais necessário ordenar a subida do recurso da instância inferior. O que parece inegável, independentemente da reforma, é que constitui uma nova ou diferente modalidade de agravo, pois não se enquadra nas hipóteses até então existentes. É possível sistematizar em agravos contra decisões de primeira instância

---

107 SICA, Heitor Vitor Mendonça. *Código de Processo Civil anotado*. Coord. José Rogério Cruz e Tucci e outros. Rio de Janeiro: GZ, 2016, p. 1416.

(agravo de instrumento) e contra decisões de segunda instância (interno e agravo em recurso especial ou extraordinário).

Não havia uma nomenclatura definitiva para denominar essa modalidade recursal havendo quem o chamasse simplesmente de "agravo"[108] outros "agravo *stricto sensu*" e ainda "agravo nos autos do processo". Os Tribunais Superiores já se manifestaram sobre a questão: o Supremo Tribunal Federal denomina Agravo no Recurso Extraordinário (ARE) conforme Resolução n. 450/2010. Já o Superior Tribunal de Justiça denomina Agravo em Recurso Especial (AREsp) conforme Resolução n. 7/2010. Essa é a nomenclatura adotada pelo sistema atual (CPC, art. 1.042).

No CPC cabe agravo contra decisão de presidente ou de vice-presidente do tribunal recorrido que inadmitir recurso extraordinário ou recurso especial, salvo quando fundada na aplicação de precedente de repercussão geral e de recurso especial repetitivo (art. 1.042).

É importante estabelecer algumas regras sobre seu processamento:

a) A interposição do recurso deve ocorrer perante o Presidente ou Vice do Tribunal recorrido, independentemente do pagamento de custas ou despesas postais, aplicando-se a ela o regime de repercussão geral e dos recursos especiais repetitivos, inclusive quanto à possibilidade de sobrestamento e de juízo de retratação.

b) O agravado será intimado para apresentar resposta em quinze dias e, ato contínuo, os autos serão remetidos, para julgamento, ao tribunal superior competente (caso não tenha havido retratação pelo Tribunal recorrido).

c) Se tiver ocorrido interposição conjunta dos recursos especial e extraordinário, será necessário que o agravante interponha um agravo para cada recurso não admitido. A regra decorre do fato de que a competência para o julgamento desses recursos é distinta, como se sabe.

d) O agravo poderá ser julgado juntamente com o recurso especial ou extraordinário, assegurada ao recorrente a possibilidade de sustentação oral.

e) Havendo apenas um recurso, ele será remetido ao tribunal competente, para julgamento. Se, de outra parte, houver sido interposto especial e extraordinário, ambos serão remetidos ao STJ que, após proceder ao julgamento do agravo e, eventualmente, do recurso especial, os remeterá ao STF, para julgamento, se o recurso não estiver prejudicado.

Por fim, há entendimento do STJ que apenas caberá agravo de admissão para os recursos especial e extraordinário simples, não se aplicando aos recursos repetitivos (STJ, 4ª Turma, AgRg na MC n. 23.595/RJ).

iv) Efeitos. O recurso especial e o recurso extraordinário serão recebidos no seu efeito devolutivo. A ausência do efeito suspensivo autoriza o cumprimento provisório do julgado. Apenas o recurso de estrito direito interposto contra decisão de IRDR será recebido, *ope legis*, com o efeito suspensivo (art. 987, § 1º, do CPC). A jurisprudência no regime anterior não permitia a obtenção de efeito suspensivo por meio da regra geral de suspensão (o então art. 558, CPC/73), tampouco a utilização do mandado de segurança.

A saída que os operadores do Direito encontraram para resguardar os casos em que se pudesse harmonizar a um só tempo a vigência plena que alguns recursos gozam em serem dotados somente no seu efeito devolutivo com a necessidade de se preservar o resultado útil do julgamento do recurso, quando a execução do julgado puder ocasionar dano irreparável, foi a **medida cautelar**.

---

108 Pois não há mais a necessidade de formação de um instrumento com as peças que antes eram trasladadas.

A cautelar teria a função de suspender a eficácia do julgado já que o recurso é desprovido de efeito para esse fim (art. 800, parágrafo único, CPC/73 e Enunciados 634 e 635, Súmula do STF).

O CPC atual, em atenção aos diversos problemas surgidos na prática forense, como qual seria o órgão competente para o ajuizamento da medida, passou a estabelecer, no art. 1.029, § 5º, a possibilidade de requerimento, pelo recorrente, de efeito suspensivo. O pedido poderá ser formulado perante o relator, no caso de o recurso já houver sido distribuído.

Na hipótese de requerimento formulado antes da distribuição do recurso, estabelece o inciso I do § 5º do art. 1.029 que o pedido deve ser formulado perante o tribunal competente para o julgamento do recurso (STJ ou STF, conforme o caso) "no período compreendido entre a publicação da decisão de admissão do recurso e sua distribuição". Na hipótese, o relator designado para o julgamento do pedido fica prevento. Se o recurso for sobrestado nos termos do art. 1.037 (recursos especial e extraordinário repetitivos), o pedido será feito ao presidente ou vice-presidente do tribunal local. O tribunal recorrido também é competente no período compreendido entre a interposição do recurso e a publicação da decisão de sua admissão.

Contudo, há uma específica situação em que haverá efeito suspensivo em sede de recurso especial e extraordinário *ope legis*: na situação prevista no art. 987, § 1º, os eventuais recursos de estrito direito interpostos contra a decisão em incidente de resolução de demandas repetitivas. Assim, o recurso tem efeito suspensivo, presumindo-se a repercussão geral de questão constitucional eventualmente discutida.

v) Processamento dos recursos na instância superior.

É possível a interposição conjunta de recurso especial e extraordinário. Constitui uma exceção à regra ao princípio da unirrecorribilidade (unicidade, singularidade).

Pode ocorrer que a decisão se baseia em dois ou mais fundamentos que, autonomamente, permitem que o acórdão se sustente. Nessa situação é necessário que o recorrente impugne todos os fundamentos, pois de nada adianta impugnar um se o outro, não recorrido, tenha condição de manter a decisão. Constitui o que nos Estados Unidos se convencionou chamar de *two issue rule*[109].

Assim, é preciso que os dois fundamentos sejam *ratio decidendi*. Se um for *ratio decidendi* e o outro *obiter dictum*, a regra não se aplica.

Essa disposição foi cristalizada no Brasil por meio do Enunciado 283 da Súmula do STF, que assim dispõe: "É inadmissível o recurso extraordinário, quando a decisão recorrida assenta em mais de um fundamento suficiente e o recurso não abrange todos eles". E há entendimento consolidado no STJ de que essa regra se aplica integralmente ao recurso especial[110].

Contudo, essa regra não se aplica apenas para fundamentos constitucionais, mas também se o acórdão contiver fundamentos constitucionais e infraconstitucionais, pelo que se lê do Enunciado 126 da Súmula do STJ: "É inadmissível recurso especial, quando o acórdão recorrido assenta em fundamentos constitucional e infraconstitucional, qualquer deles suficiente, por si só, para mantê-lo, e a parte vencida não manifesta recurso extraordinário".

Entretanto, se a CF apenas assegura determinada matéria que é de fato prevista em Lei Federal (ex.: direito do consumidor, criança e adolescente, união estável) caberá recurso especial com base na já mencionada **teoria da eficácia direta ou não reflexa (oblíqua)**, da qual para o cabimento do recurso extraordinário a violação deve ser direta da Constituição. Se para seu

---

109 KEMMERICH, Clovis Juarez. A Súmula 283 do Supremo Tribunal Federal. In: MITIDIERO, Daniel; AMARAL, Guilherme. *Processo civil*: estudos em homenagem ao professor Carlos Alberto Alvaro de Oliveira. São Paulo: Atlas, 2012, p. 63.
110 STJ, AgInt no REsp 1.970.326/RS e AgInt no AREsp 2.048.837/RN.

cabimento pressupõe a análise de normas infraconstitucionais, caberá recurso especial. Dessa forma, é possível sistematizar da seguinte forma:

CIRCUNSTÂNCIAS	CABIMENTO	PREVISÃO
Acórdão em que há violação de Lei Federal e da Constituição em capítulos diferentes	*Possibilidade* de interposição de recurso especial e recurso extraordinário	Arts. 1.029 e 1.031, CPC
Acórdão em que há violação de Lei Federal e da Constituição no mesmo capítulo (previsão simultânea de violação em norma constitucional e infra)	*Obrigatoriedade* de interposição de recurso especial e recurso extraordinário	Súmula 126, STJ
Acórdão em que há violação de Lei Federal, mas que a CF assegura o referido direito	*Possibilidade* de interposição de recurso especial	Súmula 636, STF, e art. 1.033, CPC

A interposição não precisa ser simultânea. É necessário que ela seja no prazo comum de 15 dias. A locução contida no *caput* do art. 1.031 "na hipótese" já demonstra a não obrigatoriedade. O que vale dizer, não há preclusão consumativa se o recurso especial for interposto no segundo dia e o recurso extraordinário no décimo quarto dia.

Em havendo interposição conjunta de recursos especial e extraordinário, uma vez admitidos serão remetidos ao Superior Tribunal de Justiça para julgamento do recurso especial. Concluído o julgamento os autos serão remetidos ao Supremo Tribunal Federal para apreciação do recurso extraordinário.

Se o relator do recurso especial entender que a matéria do recurso extraordinário é prejudicial, em decisão irrecorrível, sobrestará o seu julgamento e determinará a remessa dos autos ao STF para julgamento do recurso extraordinário.

Contudo, se o Supremo entender que a matéria do recurso especial é prejudicial, determinará a remessa dos autos para o Superior Tribunal de Justiça para que haja o julgamento do recurso especial e somente após o retorno para o STF para o julgamento do recurso extraordinário.

Conforme observa balizada doutrina: "A prejudicialidade do recurso extraordinário em face do especial depende do fato de o julgamento do extraordinário ser condição para o útil julgamento do especial. Ou seja, quando o julgamento do recurso especial for suficiente para substituir a decisão recorrida, o julgamento do extraordinário não será prejudicial. O exemplo mais comum para ilustrar a prejudicialidade do recurso extraordinário é aquele em que o dispositivo de lei que se pretenda ver aplicado em favor do recorrente tenha sido declarado inconstitucional pelo tribunal local, pois não poderá o STJ apreciar a má aplicação de tal lei antes que o STF decida se a referida lei federal é, ou não, constitucional"[111].

Quanto à prejudicialidade, é necessário tecer alguns comentários. Como visto, o Enunciado 126 do STJ estabelece que o recurso especial é inadmissível quando o acórdão se fundamenta em questão constitucional e infraconstitucional e a parte não apresenta recurso extraordinário.

---

111 Arruda Alvim, Araken de Assis, Eduardo Arruda Alvim, *Comentários ao Código de Processo Civil*, 2. ed., São Paulo: Revista dos Tribunais, 2012, p. 1255-1256.

Da mesma forma se a parte ingressou com ambos os recursos, mas o recurso especial não foi admitido, fica sem efeito o recurso extraordinário, pois o acórdão se manterá pelo fundamento infraconstitucional (mesmo com o provimento do recurso extraordinário no STF). É essa a compreensão da parte final do § 1º do art. 1.031 do CPC.

Da mesma forma o provimento do recurso especial fica em condição suspensiva aguardando o provimento do recurso extraordinário, pois poderá recair na mesma situação. É o que se denomina substitutividade compartilhada[112].

O Enunciado 281 do STF ainda implica outra interessante questão. Impugnado o acórdão do TJ ou TRF por meio de recurso extraordinário atacando dois fundamentos constitucionais, qual será seu destino se o STF entender que apenas um possui repercussão geral?

Nesse caso entendemos que o recurso não pode ser admitido, pelos mesmos argumentos apresentados. Se há um fundamento constitucional que foi inadmitido por ausência de repercussão geral, o recurso será inadmitido, pois este fundamento possui condições de manter o acórdão recorrido.

vi) Fungibilidade. O legislador tornou expressas duas situações em que se admite a aplicação da fungibilidade entre os recursos de estrito direito:

a) De recurso especial para extraordinário (CPC, art. 1.032) – Se o relator do recurso no STJ entender que a matéria, objeto de recurso especial, versar sobre questão constitucional, concederá prazo de quinze dias para que o recorrente emende seu recurso e se manifeste sobre a questão constitucional e a existência de repercussão geral. Nesse caso os autos serão remetidos ao Supremo Tribunal Federal, que poderá devolver ao Superior Tribunal de Justiça caso entenda, em sede de admissibilidade, não tratar a questão do recurso matéria constitucional.

b) De recurso extraordinário para especial (CPC, art. 1.033 e Enunciado 636 da Súmula do STF) – Igualmente, se o STF entender como reflexa a ofensa à Constituição apresentada no recurso extraordinário por ter por pressuposto a revisão da interpretação de lei federal ou tratado, remeterá os autos para julgamento como recurso especial.

O que se tem por fundamento no art. 1.033 é compreender que somente caberá recurso extraordinário quando a própria Constituição, diretamente, for atacada. Se uma lei federal for atingida diretamente, mas de forma indireta também a CF, caberá recurso especial. É por essa razão que se editou o Enunciado 636 da Súmula do STF: "Não cabe recurso extraordinário por contrariedade ao princípio constitucional da legalidade, quando a sua verificação pressuponha rever a interpretação dada a normas infraconstitucionais pela decisão recorrida".

Vale dizer, toda e qualquer violação a lei federal seria indiretamente uma violação ao princípio da legalidade (art. 5º, II, CF). A fim de evitar que os advogados pudessem escolher "qual" tribunal destinar seu recurso, o CPC tratou de positivar o posicionamento firmado no Enunciado.

Perceba que o enunciado não foi revogado. Ele se mantém hígido mesmo com o advento do atual CPC. O que mudou (e poderá ser lido dessa nova forma sem maiores problemas) foi a sanção pelo descumprimento da norma. Antes, era o *descabimento*, agora a *fungibilidade*.

Importante ressalva trazida pela doutrina, contudo[113]: se se tratar de Turma Recursal de Juizado Especial não há se falar em conversão, pois o STJ não admite recurso especial de decisão de juizados (Enunciado 203, STJ).

---

112 Expressão utilizada por KEMMERICH, Clovis Juarez. A Súmula 283 do Supremo Tribunal Federal. In: *Processo civil*: estudos em homenagem ao professor Carlos Alberto Alvaro de Oliveira, cit., p. 77.
113 DIDIER JR.; CUNHA. *Curso de direito processual civil*, cit., v. 3, p. 357.

10.7. EMBARGOS DE DIVERGÊNCIA

10.7.1. INTRODUÇÃO

Diversos são os instrumentos fixados pelo legislador para estabelecer a uniformização da jurisprudência no território nacional. Desde a conferência de poderes aos juízes para julgar de acordo com precedentes firmados (v.g., arts. 332, 932, IV e V, e 496, § 4º, CPC), exigência de respeito aos precedentes pelas partes (art. 1.022, parágrafo único, I, CPC), a necessidade de aplicação de jurisprudência, salvo por distinção ou superação (art. 489, § 1º, VI, CPC), até a utilização de institutos como a reclamação, o IRDR e os recursos especial e extraordinário repetitivos para o respeito ao que já se chamou de "Direito Jurisprudencial"[114].

Essa preocupação é ainda mais evidente no STJ e no STF, já que a função desses tribunais é conferir a correta interpretação das normas (constitucional e infraconstitucional)[115].

Os embargos de divergência constituem um recurso (CPC, arts. 994, IX, e 1.043) com o objetivo de uniformizar a jurisprudência interna do Superior Tribunal de Justiça ou do Supremo Tribunal Federal. Isso porque, não raro, as diferentes Turmas dos Tribunais Superiores podem interpretar de maneira diversa a Lei Federal ou a Constituição e, dessa forma, chegarem a resultados diversos para situações similares. Obviamente que essas divergências devem ser resolvidas, pois, "do contrário, as Cortes Supremas, em vez de promoverem a unidade do direito, estariam contribuindo para a sua dispersão"[116].

Sua base legal vem prevista nos já referidos artigos, bem como no Regimento Interno dos dois Tribunais Superiores (RISTF, arts. 330-336, e RISTJ, arts. 266-267).

Constitui instrumento para dar vigência à necessidade de os Tribunais Superiores abrirem diálogo para superar essa discordância e uniformizar sua jurisprudência, mantendo-a estável, íntegra e coerente (art. 926, CPC).

10.7.2. DISTINÇÃO COM OUTRAS FIGURAS

Este recurso não se confunde com o recurso especial com base no art. 105, III, c, da Constituição Federal. Porque aqui o objetivo é a uniformização da lei federal em todo o país e, portanto, a divergência é entre Tribunais diversos. Nos embargos de divergência, o dissídio é interno do mesmo Tribunal (STJ ou STF).

O presente recurso tem, a finalidade de uniformização de entendimentos dentro do mesmo Tribunal, já que não parece razoável que provenham, do mesmo órgão julgador, decisões em sentido diverso. Tal circunstância caracteriza ofensa ao princípio da isonomia, além de gerar situação causadora de estranheza: imagine-se que determinada questão recebe solução diversa a depender de quem a julga, se, por exemplo, a 1ª e a 2ª Turma têm posicionamentos diversos, no mesmo tribunal. O fim dos embargos de divergência é o de remediar essa circunstância.

---

114 WAMBIER, Teresa Arruda Alvim. Precedentes e evolução do direito. In: WAMBIER, Teresa Arruda Alvim (Coord.). *Direito jurisprudencial*. São Paulo: RT, 2012.
115 Luiz Guilherme Marinoni ressaltou que a função dos embargos de divergência é "a discussão das teses divergentes e para a definição daquela que deve prevalecer, identificando-se o sentido do direito que deve imperar na corte, orientar a sociedade e guiar os tribunais inferiores" (*O STJ enquanto corte de precedentes*. 2. ed. São Paulo: RT, p. 214).
116 MITIDIERO, Daniel. *Processo civil*. São Paulo: RT, 2021, p. 276.

Trata-se, assim como os recursos de estrito direito, de instrumento que não serve à defesa dos interesses subjetivos do recorrente, mas sim de uniformização de julgados. Assim, o pedido da parte recorrente é no sentido de que haja uniformidade, o que pode favorecer lhe de maneira reflexa, na medida em que o resultado é alterado, caso haja provimento do recurso.

Ainda de acordo com a sua finalidade, os embargos de divergência somente têm lugar quando se tratar de divergência atual. Por outras palavras, se o tribunal superior adotava entendimento em um sentido, tendo posteriormente alterado o seu posicionamento, não há lugar para a interposição desse recurso.

10.7.3. CABIMENTO

O cabimento vem previsto nos arts. 1.043 e 1.044 do CPC e pode ser resumido da seguinte forma:

a) quando a decisão de órgão fracionário;
b) em sede de recurso extraordinário ou especial;
c) divergir de qualquer outro órgão do mesmo tribunal;
d) sendo que essa divergência (entre o acórdão embargado e o acórdão paradigma) verse sobre o mérito, ou. seja, um acórdão de mérito e outro que não tenha conhecido do recurso, mas apreciado a controvérsia.

Nesses casos, é importante que o órgão julgador dos embargos reconstrua a análise do caso para poder verificar qual das posições tomadas pelas diferentes Turmas está correta e encontra amparo no ordenamento jurídico.

O CPC atual trouxe muitas alterações no que concerne ao cabimento do recurso. Na sistemática do CPC/73, eles eram tratados em apenas um artigo, havendo intensa divergência doutrinária e jurisprudencial sobre diversas questões, que atualmente são objeto da lei. Os embargos de divergência revestem-se de algumas características.

Conforme o CPC/73, somente poderia ser interposto o recurso de decisão de Turma, apenas do STJ ou do STF, não se admitindo a interposição contra decisão proferida em seção, órgão especial[117] ou plenário do tribunal. O *caput* do art. 1.043 estabelece que é embargável a decisão proferida por órgão fracionário (turma ou seção).

Veja-se que no *caput* exige a lei que a decisão seja proveniente de órgão fracionário; mas em seus incisos I e II vê-se que a decisão pode ser confrontada com decisão *de qualquer outro órgão* do mesmo tribunal. Por outras palavras, têm cabimento os embargos de divergência quando, por exemplo, a decisão de uma seção divergir com a do órgão especial. Realmente, a sistemática do CPC/73 era tanto mais restritiva em relação ao cabimento deste recurso, fato que causa estranheza: se o recurso tem por fim a unificação dos posicionamentos de um mesmo Tribunal, qual o sentido em limitar o seu cabimento?

O CPC atual, na sua redação originária, dispunha ser possível manejar os embargos em ações de competência originária; nos termos do CPC/73 os embargos só se admitiam de decisões proferidas em recurso especial ou extraordinário.

A reforma empreendida pela Lei n. 13.256/2016 estranhamente restringindo o cabimento do recurso estabelece que apenas será cabível contra decisão de recursos de estrito direito. Entendemos que não faz nenhum sentido limitar a uniformização apenas em julgamento dos recursos de estrito direito alijando as causas de competência originária. A uniformização é

---

117   O Órgão Especial do STJ é considerado órgão pleno.

necessária não apenas em sede recursal, mas também para as ações propostas nos tribunais superiores. Realmente não se entendeu a reforma.

Não é importante se o julgamento se deu por maioria de votos ou por unanimidade. Outra alteração digna de nota diz respeito à possibilidade de serem admitidos os embargos de acórdão proferido pelo mesmo órgão do qual emanou a decisão embargada, desde que tenha havido alteração de sua composição, em mais da metade de seus membros.

Decisão monocrática não comporta embargos. Na hipótese, é necessário instar a manifestação do colegiado, por meio da interposição do recurso de agravo. Permanecendo a divergência, têm lugar os embargos.

Igualmente não cabe contra decisão de agravo de instrumento ou agravo interno. Entretanto existe uma peculiar situação em que seriam cabíveis embargos de divergência contra a decisão destes recursos.

i) Acórdão paradigma. Da interpretação do regramento constante do CPC/73, diversas eram as divergências oriundas, em relação à admissão dos embargos de divergência. Para que o acórdão seja paradigma e possa ser confrontado é necessário que haja **identidade fática** entre as causas, mas com **soluções jurídicas diversas**. Contudo, o STJ possui julgados entendendo que a identidade fática não precisa ser absoluta (REsp 1144667 e AgRg nos EAREsp 300967).

Como não poderia deixar de ser, é necessário, nas razões dos embargos, a demonstração do confronto analítico entre a tese embargada e a tese a ser adotada (RISTF, art. 331). Assim:

> Art. 331. A divergência será comprovada mediante certidão, cópia autenticada ou pela citação do repositório de jurisprudência, oficial ou credenciado, inclusive em mídia eletrônica, em que tiver sido publicada a decisão divergente, ou ainda pela reprodução de julgado disponível na internet, com indicação da respectiva fonte, mencionando, em qualquer caso, as circunstâncias que identifiquem ou assemelhem os casos confrontados.

Ademais, a divergência apresentada deve ser **atual**. Este é o sentido e o propósito do Enunciado 168 da Súmula do STJ, que assim dispõe: "Não cabem embargos de divergência, quando a jurisprudência do tribunal se firmou no mesmo sentido do acórdão embargado" e do Enunciado 247 da Súmula do STF: "O relator não admitirá os embargos da Lei n. 623, de 19-2-1949, nem deles conhecerá o Supremo Tribunal Federal, quando houver jurisprudência firme no Plenário no mesmo sentido da decisão embargada". Nesse sentido ainda (STJ, AgInt nos EREsp 1848530).

Assim não se pode proceder a cotejo de acórdão em que, a despeito de ser antigo, não há mais este entendimento no tribunal.

O STJ entende vício insanável o não preenchimento do requisito da juntada da cópia de inteiro teor dos acórdãos para o confronto analítico, conforme Embargos de Divergência em Agravo em Recurso Especial n. 1666914-SP.

Ademais, conforme o Enunciado n. 158 do STJ, só se há falar em confronto quando o tribunal que emitiu a decisão paradigma ainda tenha competência para aquela específica matéria.

Não cabem ainda, embargos de divergência de decisão de embargos de divergência conforme entendimento do STJ (EDcl no AgRg na Pet 13771 e AgInt nos EAREsp 957460).

Conquanto haja entendimento de parcela da doutrina sobre ser a decisão dos embargos de divergência um precedente vinculante (para além das hipóteses do art. 927, CPC) esse não parece ser o entendimento do STJ ao estabelecer que "a admissão dos embargos de divergência não enseja o sobrestamento de recursos que versem sobre o mesmo tema" (AgInt nos EREsp 1893525, AgInt nos EREsp 1878250 e AgInt nos EREsp 1619575).

ii) Matéria e cognição. Não há restrição no campo das matérias a serem levantadas em sede de embargos de divergência. Assim, como a lei não estabelece limitação cognitiva, a análise dos embargos pode se debruçar tanto na divergência no tocante ao mérito quanto no juízo de admissibilidade.

Aliás, este é o entendimento de José Carlos Barbosa Moreira[118], para quem "é indiferente que o acórdão da turma haja deixado de conhecer do recurso ou que, dele conhecendo, lhe tenha dado ou negado provimento".

Contudo, era condição essencial que as decisões estivessem no mesmo patamar cognitivo, ou seja, a divergência deveria se dar entre dois acórdãos que apreciaram o mérito ou que não conheceram do recurso. Não era possível proceder ao cotejo analítico entre acórdão que não conheceu do recurso com acórdão que julgou o mérito[119].

O CPC atual, como se viu, passa a prever a possibilidade de embargos de divergência entre acórdão que versou sobre o mérito e acórdão que não tenha admitido o recurso, no inciso III do art. 1.043, mas é claro ao estabelecer como requisito, para tanto, que a decisão *tenha apreciado a controvérsia*.

A única restrição é a vedação de que argumentos proferidos em *obiter dictum* sejam objeto de embargos de divergência por dissídio jurisprudencial (AgInt nos EDcl nos EREsp 1327910).

A previsão atual do CPC já vinha sendo sustentada em doutrina, antes, mesmo, do advento do atual CPC, na medida em que o juízo de admissibilidade dos recursos excepcionais muito se assemelha ao julgamento de mérito, pois, ao dizer que o recurso não tem como pressuposto o cabimento por não violação à lei federal, certamente está fazendo uma análise do conteúdo do recurso que, no mérito, não seria suscetível de provimento.

10.7.4. PROCEDIMENTO

a) O prazo de interposição do recurso é de 15 dias. Esse prazo também é conferido para apresentar contrarrazões. Fazenda Pública, Ministério Público, Defensor Público e os litisconsortes com procuradores diferentes de escritórios diferentes (se os autos forem físicos) terão prazo em dobro.

b) Por falta de previsão legal, não é cabível recurso adesivo (CPC, art. 997, II).

c) A comprovação da divergência será feita por aplicação do art. 1.043, § 4º, do CPC, que assim dispõe: "O recorrente provará a divergência com certidão, cópia ou citação de repositório oficial ou credenciado de jurisprudência, inclusive em mídia eletrônica, onde foi publicado o acórdão divergente, ou com a reprodução de julgado disponível na rede mundial de computadores, indicando a respectiva fonte, e mencionará as circunstâncias que identificam ou assemelham os casos confrontados"[120]. De acordo com o STJ, constitui vício insanável a ausência dessa certidão quando da interposição dos embargos[121].

---

118 *Comentários ao CPC*, cit., p. 634.
119 Esse é o entendimento majoritário do STJ (Corte Especial, AgRg no EREsp 120.542/SC, rel. Min. Garcia Vieira, j. 1º-2-2002).
120 E, ainda, o art. 266, § 4º, do Regimento Interno do STJ.
121 Processo em segredo de justiça, Rel. Ministra Daniela Teixeira, Terceira Seção, por unanimidade, *DJe* 18-3-2024; AgRg nos EAREsp 2.301.144-PR, Rel. Ministro Reynaldo Soares da Fonseca, Terceira Seção, por unanimidade, *DJe* 17-6-2024; AgInt nos EREsp 1.903.273/PR, Corte Especial, Rel. Ministro Luis Felipe Salomão, *DJe* 16-5-2022, e AgRg nos EREsp 1.991.582/MG, Rel. Ministro Antonio Saldanha Palheiro, Terceira Seção, *DJe* 11-11-2022

d) É necessário preparo. Sejam os embargos para o STJ (conforme art. 5º da Lei n. 11.636/2007), sejam os embargos para o STF (RISTF, art. 335, § 2º). E, nesse sentido, STJ, AgRg nos EAg 1297519.

e) Com a distribuição, os autos serão conclusos ao relator para proceder ao exame de admissibilidade (RISTF, art. 335). Da decisão que não admite o recurso caberá agravo interno no prazo de cinco dias (RISTF, art. 317; CPC, art. 1.021; Lei n. 8.038/90, art. 39).

f) Após a oitiva do embargado os autos serão conclusos para julgamento (RISTF, art. 267). Caberá sustentação oral (art. 937, V, CPC).

g) Os embargos, como praticamente todos os recursos brasileiros, não possuem efeito suspensivo *ope legis*, podendo, contudo, o relator concedê-lo em havendo requerimento e preenchidos os requisitos do art. 995, parágrafo único, do CPC.

h) As demais regras de procedimento serão regulamentadas pelo Regimento Interno, conforme dispõe o art. 1.044 do CPC (RISTF, arts. 330-336, e RISTJ, arts. 266-267).

REFERÊNCIAS

ABELHA, Marcelo. *Manual de execução civil*. 5. ed. São Paulo: Gen, 2015.
ABBOUD, Georges. *Processo constitucional brasileiro*. São Paulo: RT, 2016.
ALEXY, Robert. *Teoria dos direitos fundamentais*. São Paulo: Malheiros, 2008.
ALLORIO, Enrico. Critica della teoria del giudicato implicito. *Rivista di Diritto Processuale Civile*. Padova: Cedam, 1938, parte II. v. 15.
_____. *La coza giudicatta rispetto ai terzi*. Milão: Giuffrè, 1935.
ALVES, José Carlos Moreira. *Direito romano*. Rio de Janeiro: Forense, 1983. v. 1.
ALVES, Tatiana Machado. *Gerenciamento processual no Novo CPC*. Salvador: JusPodivm, 2019.
AMARAL, Guilherme Rizzo. *Comentários às alterações do Novo CPC*. São Paulo: RT, 2015.
AMARAL SANTOS, Moacyr. *Comentários ao Código de Processo Civil*. 5. ed. Rio de Janeiro: Forense, 1989. v. 4.
_____. *Primeiras linhas de direito processual civil*. 17. ed. São Paulo: Saraiva, 1988.
_____. _____. 23. ed. São Paulo: Saraiva, 2009. v. 3.
_____. _____. 24. ed. São Paulo: Saraiva, 2008. v. 2.
_____. _____. 25. ed. São Paulo: Saraiva, 2007. v. 1.
_____. _____. 26. ed. São Paulo: Saraiva, 2010, v. 2.
AMERICANO, Jorge. *Comentários ao Código de Processo Civil brasileiro*. São Paulo, 1958. t. I.
APRIGLIANO, Ricardo de Carvalho. *A apelação e seus efeitos*. 2. ed. São Paulo: Atlas, 2007.
_____. *Ordem pública e processo*. São Paulo: Atlas, 2011.
AQUINO, São Tomás de. *Iniciação à filosofia*. São Paulo: Editora do Brasil, 1964.
ARAGÃO, Egas Dirceu Moniz de. *Comentários ao Código de Processo Civil*. Rio de Janeiro: Forense, 1974. v. 2.
_____. Conexão e tríplice identidade. *Ajuris*, n. 28/72.
_____. Preclusão (processo civil). In: *Saneamento do processo*. Estudos em homenagem ao Prof. Galeno Lacerda. Porto Alegre: Fabris, 1989.
_____. *Sentença e coisa julgada*. Exegese do Código de Processo Civil. Rio de Janeiro: Aide, 1988; Rio de Janeiro: Aide, 1992.
ARAUJO, José Henrique Mouta. Rescisória e impugnação nos casos de títulos executivos inconstitucionais: a modulação no controle difuso de constitucionalidade. *REpro*, n. 288. São Paulo: RT, fevereiro/2019.
ARAÚJO, Marcelo Cunha de. *Coisa julgada inconstitucional:* hipóteses de flexibilização e procedimentos para impugnação. Rio de Janeiro: Lumen Juris, 2007.
ARENHART, Sérgio Cruz. *Curso de processo civil*. Processo de conhecimento. São Paulo: Revista dos Tribunais, 2007. v. 2.

ARMENTA DEU, Teresa. *Lecciones de derecho procesal civil:* proceso de declaración, proceso de ejecución y procesos especiales. 2. ed. Madrid: Marcial Pons, 2004.

AROCA, Juan Montero. *El nuevo proceso civil* – Ley 1/2000. Valencia: Tirant lo Blanch, 2000.

_____. *El nuevo proceso civil*. 2. ed. Valencia: Tirant lo Blanch, 2001.

ARRUDA ALVIM, Eduardo. *Direito processual civil*. 2. ed. São Paulo: Revista dos Tribunais, 2008.

_____. *Tutela provisória*. 2. ed. São Paulo: Saraiva, 2019.

ARRUDA ALVIM, José Manoel. Ação declaratória incidental. *RePro*, n. 20. São Paulo: Revista dos Tribunais, out.-dez. 1980, p. 10.

_____. *Direito processual civil*. 2. ed. São Paulo: Revista dos Tribunais, 2008. v. 2.

_____. Dogmática jurídica e o novo Código de Processo Civil. *RePro*, n. 1. São Paulo: Revista dos Tribunais, 1974, p. 128.

_____. *Manual de direito processual civil*: parte geral. 10. ed. São Paulo: Revista dos Tribunais, 2006. v. 1 e 2.

_____. *Manual de direito processual civil*: parte geral. 13. ed. São Paulo: Revista dos Tribunais, 2010.

_____. *Novo contencioso cível no CPC/2015*. São Paulo: RT, 2016.

_____; ASSIS, Araken de; ARRUDA ALVIM, Eduardo. *Comentários ao CPC*. 2. ed. São Paulo: Revista dos Tribunais, 2012.

ARRUDA ALVIM, Thereza. *Questões prévias e os limites objetivos da coisa julgada*. São Paulo: Revista dos Tribunais, 1977.

ASSIS, Araken de. *Cumulação de ações*. 2. ed. São Paulo: Revista dos Tribunais, 1995.

_____. *Eficácia civil da sentença penal*. 2. ed. São Paulo: Revista dos Tribunais, 2000.

_____. *Manual da execução*. 11. ed. São Paulo: Revista dos Tribunais, 2007.

_____. _____. 15. ed. São Paulo: RT, 2012.

_____. *Manual dos recursos cíveis*. São Paulo: Revista dos Tribunais, 2007.

_____. _____. 2. ed. São Paulo: Revista dos Tribunais, 2008.

_____. *Processo civil brasileiro*. São Paulo: RT, 2015. v. 1.

_____. *Processo civil brasileiro*. São Paulo: RT, 2015, v. II, t. II.,

_____. Reflexões sobre a eficácia preclusiva da coisa julgada. *Saneamento do processo*. Estudos em homenagem ao Prof. Galeno Lacerda. Porto Alegre: Fabris, 1989.

ATTARDI, Aldo. Tema di limitti oggettivi della cosa giudicata. *Rivista Trimestrale di Diritto e Procedura Civile*, ano XLIV, 1990.

ÁVILA, Humberto. *Teoria dos princípios*. 9. ed. São Paulo: Malheiros, 2009.

BARBI, Celso Agrícola. *Ação declaratória no processo civil brasileiro*. 3. ed. São Paulo: Sugestões Literárias, 1968.

BARBOSA, Antônio Alberto Alves. *Da preclusão processual civil*. 2. ed. São Paulo: Revista dos Tribunais, 1994.

BARBOSA MOREIRA, José Carlos. A eficácia preclusiva da coisa julgada material no sistema do processo civil brasileiro; coisa julgada e declaração; limites objetivos da coisa julgada no sistema do novo Código de Processo Civil. *Temas de direito processual* – Primeira série. 2. ed. São Paulo: Saraiva, 1988.

_____. Ainda e sempre a coisa julgada. São Paulo, *RT*, v. 416, 1970, p. 15.

_____. *Comentários ao Código de Processo Civil*. 7. ed. Rio de Janeiro: Forense, 1998. v. V.

_____. _____. 10. ed. Rio de Janeiro: Forense, 2002. v. V.

_____. _____. 15. ed. Rio de Janeiro: Gen, 2010.

_____. Considerações sobre a chamada "relativização" da coisa julgada material; correntes e contracorrentes no processo civil contemporâneo. *Temas de direito processual* – Nona série. São Paulo: Saraiva, 2007.

_____. Conteúdo e efeitos da sentença: variações sobre o tema; os poderes do juiz na direção e instrução do processo; considerações sobre a causa de pedir na ação rescisória. *Temas de direito processual* – Quarta série. São Paulo: Saraiva, 1989;

_____. *Temas de direito processual* – Sexta série. São Paulo: Saraiva, 1997.

_____. Eficácia da sentença e autoridade da coisa julgada, *Ajuris*, v. 28, Porto Alegre, p. 24, jul. 1983.

_____. *Litisconsórcio unitário*. Rio de Janeiro: Forense, 1972.

_____. *Manual de direito processual civil*. 4. ed. São Paulo: Revista dos Tribunais, 2008.

_____. *O novo processo civil brasileiro*. 23. ed. Rio de Janeiro: Forense, 2005.

_____. _____. 27. ed. Rio de Janeiro: Forense, 2008.

_____. *Questões prejudiciais e coisa julgada*. Rio de Janeiro: Borsoi, 1967.

_____. Questões velhas e novas em matéria de classificação das sentenças. *Temas de direito processual* – Oitava série. São Paulo: Saraiva, 2004.

_____. Regras de experiência e conceitos juridicamente indeterminados. *Temas de direito processual* – Segunda série. São Paulo: Saraiva, 1988.

_____. Sobre os pressupostos processuais. *Temas de direito processual* – Quarta série. São Paulo: Saraiva, 1989.

_____. Súmula, jurisprudência e precedentes: uma escalada e seus riscos. *Temas de direito processual* – Nona série. São Paulo: Saraiva, 2007.

BARIONI, Rodrigo. *Ação rescisória e recursos para os tribunais superiores*. São Paulo: Revista dos Tribunais, 2010.

_____. *Efeito devolutivo da apelação civil*. São Paulo: Revista dos Tribunais, 2007.

BARROSO, Luís Roberto. *Interpretação e aplicação da Constituição*. 7. ed. São Paulo: Saraiva, 2009.

BATISTA, Francisco de Paula. *Compêndio de teoria e prática do processo civil*. Campinas: Russel, 2002.

BAUR, Fritz. Da importância da dicção "iura novit curia". *RePro*, n. 3, p. 169, São Paulo: Revista dos Tribunais, jul.-set. 1976.

BEDAQUE, José Roberto dos Santos. *Causa petendi e o contraditório*. São Paulo: Revista dos Tribunais, 2007. v. 12 (Coleção Temas Atuais de Direito Processual Civil).

_____. *Código de Processo Civil interpretado*. 3. ed. Coord. Antônio Carlos Marcato. São Paulo: Atlas, 2008.

_____. *Direito e processo*. 2. ed. São Paulo: Malheiros, 2001.

_____. *Efetividade do processo e técnica processual*. São Paulo: Malheiros, 2005; 2. ed. São Paulo: Malheiros, 2006.

_____. Os elementos objetivos da demanda examinados à luz do contraditório. In: CRUZ E TUCCI, José Rogério; BEDAQUE, José Roberto dos Santos (coords.). *Causa de pedir e pedido no processo civil* (questões polêmicas). São Paulo: Revista dos Tribunais, 2002.

_____. *Poderes instrutórios do juiz*. 2. ed. São Paulo: Revista dos Tribunais, 1994.

_____. _____. 3. ed. São Paulo: Revista dos Tribunais, 2001.

BELLINETTI, Luiz Fernando. *Sentença civil*: perspectivas conceituais no ordenamento jurídico brasileiro. São Paulo: Revista dos Tribunais, 1994.

BERMUDES, Sergio. *Introdução ao processo civil*. 4. ed. Rio de Janeiro: Forense, 2006.

BETTI, Emilio. *Diritto processuale civile italiano*. Roma: Società Editrice del Foro Italiano, 1936.

BOBBIO, Norberto. *A era dos direitos*. 10. ed. Rio de Janeiro: Campus, 1992.

_____. *Teoria do ordenamento jurídico*. 10. ed. Brasília: UnB, 1999.

BOMFIM JÚNIOR, Carlos Henrique de Morais et al. *Coisa julgada*: de Chiovenda a Fazzalari. Coord. Rosemiro Pereira Leal. Belo Horizonte: Del Rey, 2007.

BONDIOLI, Luís Guilherme Aidar. *Embargos de declaração*. São Paulo: Saraiva, 2005.

BONÍCIO, Marcelo José Magalhães. *Comentários à execução civil*. São Paulo: Saraiva, 2008. Obra em coautoria.

BOTELHO, Cristiane Miranda; FIORINDO, Regivaldo. Deliberação nas cortes superiores. Julgamento *per seriatim* e *per curiam*. Importância da fixação da *ratio decidendi*. Delineamento de técnicas processuais de distinção – *distinguishing*. Exame de caso paradigmático julgado pela turma nacional de uniformização dos juizados especiais federais. *RePro* v. 258, ago. 2016.

BRAGA, Paula Sarno. *Processo civil*. Salvador: JusPodivm, 2018. v. 19.

_____; OLIVEIRA, Rafael Alexandria. *Curso de direito processual civil*. 10. ed. Salvador: JusPodivm, 2015.

_____. *Normas de processo e normas de procedimento*. Salvador: JusPodivm, 2015.

_____. *Processo civil*: teoria geral do processo civil. Salvador: JusPodivm, 2012. v. 18.

BRANCO, Paulo Gustavo Gonet. *Juízo de ponderação na jurisdição constitucional*. São Paulo: Saraiva, 2009.

BRANDÃO, Fabrício dos Reis. *Coisa julgada*. São Paulo: MP Editora, 2005.

BRUSCHI, Gilberto Gomes; NOLASCO, Rita Dias; AMADEO, Rodolfo da Costa Manso Real. *Fraudes patrimoniais e a desconsideração da personalidade jurídica no Código de Processo Civil de 2015*. São Paulo: RT, 2016.

BÜLOW, Oskar von. *La teoría de las excepciones procesales y los presupuestos procesales*. Buenos Aires: El Foro, 1999; Buenos Aires: Librería El Foro, 2008.

BURGER, Adriana Fagundes. Reflexões em torno da eficácia preclusiva da coisa julgada. *Revista Jurídica*, n. 223, 1996.

BURIL, Lucas. *Precedentes judiciais e o direito processual civil*. 2. ed. Salvador: JusPodivm, 2017.

BURINI, Bruno Corrêa. *Efeitos civis da sentença penal*: atualizado conforme a reforma processual. Coord. Carlos Alberto Carmona. São Paulo: Atlas, 2007.

BUZAID, Alfredo. *Ação declaratória no direito brasileiro*. 2. ed. São Paulo: Saraiva, 1986.

_____. *Comentários ao novo Código de Processo Civil*. São Paulo: Gen, 2015.

_____. *Do agravo de petição no sistema do Código de Processo Civil*. São Paulo: Saraiva, 1956.

_____. *Estudos e pareceres de direito processual civil*. São Paulo: Revista dos Tribunais, 2002.

CABRAL, Antônio do Passo. A técnica do julgamento-alerta na mudança da jurisprudência consolidada. *RePro*, São Paulo: RT, n. 221, 2013.

_____. *Breves comentários ao novo Código de Processo Civil*. São Paulo: RT, 2015.

_____. *Coisa julgada e preclusões dinâmicas*. Salvador: JusPodivm, 2013.

_____. *Comentários ao novo Código de Processo Civil*. São Paulo: Gen, 2015.

_____. *Convenções processuais*. Salvador: JusPodivm, 2015.

_____. *Despolarização do processo, legitimidade ad actum e zonas de interesse*: sobre a migração entre polos da demanda. In: ZUFELATO, Camilo; YARSHELL, Flávio Luiz (org.). *40 anos da teoria geral do processo no Brasil*: passado, presente e futuro. São Paulo: Malheiros, 2013.

_____. Estabilidades processuais como categoria incorporada ao sistema do CPC. *Grandes temas do CPC*: coisa julgada e outras estabilidades processuais. Salvador: JusPodivm, 2018. v. 12.

CALAMANDREI, Piero. *Direito processual civil*. Tradução de Luiz Abezia e Sandra Drina Fernandes Barbiery. Campinas: Bookseller, 1999. v. 2.

_____. *Eles os juízes, vistos por um advogado*. São Paulo: Martins Fontes, 1995.

_____. *Estudos de direito processual civil na Itália*. Campinas: LZN, 2003.

CALMON, Petrônio. *Fundamentos da mediação e da conciliação*. 3. ed. Brasília: Gazeta Jurídica, 2015.

CÂMARA, Alexandre Freitas. *Ação rescisória*. Rio de Janeiro: Lumen Juris, 2007

_____. *Juizados especiais cíveis estaduais e federais*. 5. ed. Rio de Janeiro: Lumen Juris, 2009.

_____. *Levando os padrões decisórios a sério*. São Paulo: Atlas, 2018.

_____. *Lições de direito processual civil*. 8. ed. Rio de Janeiro: Lumen Juris, 2003, v. 1.

_____. _____. 15. ed. Rio de Janeiro: Lumen Juris, 2006.

_____. _____. 18. ed. Rio de Janeiro: Lumen Juris, 2008. v. 1.

_____. _____. 24. ed. São Paulo: Atlas, 2012, v. 1.

_____. *O novo processo civil brasileiro*. São Paulo: Atlas, 2015.

CAMBI, Eduardo. *A prova civil*. São Paulo: RT, 2006.

_____. *Direito constitucional à prova*. São Paulo: RT, 1999.

_____. Jurisprudência lotérica. *Revista dos Tribunais*. São Paulo, ano 90, v. 786, abr. 2001, p. 108-128.

_____. Teoria das cargas dinâmicas (distribuição dinâmica do ônus da prova). *Grandes temas do NCPC*. 2. ed. Salvador: JusPodivm, 2016, v. 5.

_____; DOTTI, Rogéria; PINHEIRO, Paulo Eduardo D'arce; MARTINS, Sandro Gilbert; KOZIKOSKI, Marcelo. *Curso de processo civil completo*. 2. ed. São Paulo: RT, 2019.

_____; NEVES, Regina das. Flexibilização procedimental no novo Código de Processo Civil. *Doutrina selecionada:* Parte Geral. Salvador: JusPodivm, 2015 (Coleção Novo CPC, v. 1).

CAMPOS, Ronaldo Cunha. *Limites objetivos da coisa julgada*. Rio de Janeiro: Aide, 1988.

CANOVA, Augusto Cerino. La domanda giudiziale ed il suo contenuto. *Commentario del Codice di Procedura Civile*. Torino: UTET, 1980. t. 1, Libro Secondo.

CARACIOLA, Boari; DELLORE, Luiz. Antecipação de tutela *ex officio*? In: SCARPINELLA BUENO, Cassio et al. (coord.). *Tutela provisória no novo CPC*. São Paulo: Saraiva, 2016.

CARNEIRO, Athos Gusmão. *Intervenção de terceiros*. 8. ed. São Paulo: Saraiva, 1996.

_____. *Jurisdição e competência*. 12. ed. São Paulo: Saraiva, 2002.

CARNELUTTI, Francesco. *Instituições do processo civil*. Campinas: Servanda, 1999. v. 1.

_____. *Lezioni di diritto processuale civile*. Padova: CEDAM, 1986. v. 4.

_____. *Sistema di diritto processuale civile*. Padova: CEDAM, 1936. v. 1 e 2.

_____. *Teoria geral do direito*. São Paulo: Lejus, 1999.

CARREIRA ALVIM, J. E. *Teoria geral do processo*. 11. ed. Rio de Janeiro: Forense, 2007.

CARVALHO, Fabiano. *Poderes do relator nos recursos, art. 557, CPC*. São Paulo: Saraiva, 2008.

CARVALHO, Milton Paulo de. *Do pedido no processo civil*. Porto Alegre: Fabris, 1992.

CASTRO, Artur Anselmo de. *Direito processual civil declaratório*. Coimbra: Almedina, 1982.

CHIOVENDA, Giuseppe. Cosa giudicata e preclusione. *Saggi di diritto processuale civile*. 3. ed. Milano: Giuffrè, 1993. v. 3.

_____. Cosa juzgada y preclusión. *Ensaios de derecho procesal*. Buenos Aires: EJEA, 1949.

_____. *Instituições de direito processual civil*. Campinas: Bookseller, 1998. v. 1 e 2.

_____. *Instituições do processo civil*. Tradução de Adrián Sotero de Witt Batista (com base na 5. ed. italiana). São Paulo: ClassicBook, [s.d.]. v. 1.

_____. *Principii di diritto processuale civile*. Napoli: Jovene, 1965.

CINTRA, Antonio Carlos de Araújo. *Comentários ao Código de Processo Civil*. Rio de Janeiro: Forense, 2000. v. 4.

_____. _____. 2. ed. Rio de Janeiro: Forense, 2003. v. 4.

_____; GRINOVER, Ada Pellegrini; DINAMARCO, Cândido Rangel. *Teoria geral do processo*. 16. ed. São Paulo: Malheiros, 2000.

COELHO, Fábio Ulhoa. *Manual de direito comercial*. 16. ed. São Paulo: Saraiva, 2005.

CORRÊA, Fábio Peixinho Gomes. *O objeto litigioso no processo civil*. São Paulo: Quartier Latin, 2009.

COSTA, Alfredo Araújo Lopes da. *Direito processual civil brasileiro*. 2. ed. Rio de Janeiro: Konfino, 1948.

_____. *Manual elementar de direito processual civil*. 3. ed. Rio de Janeiro: Forense, 1982.

COSTA, Eduardo José Fonseca da. *Breves comentários ao Novo Código de Processo Civil*. Coord. Teresa Arruda Alvim Wambier et al. São Paulo: RT, 2015.

_____. *Levando a imparcialidade a sério*. Salvador: JusPodivm, 2018.

COSTA, Susana Henriques da. *Condições da ação*. São Paulo: Quartier Latin, 2005.
COUTURE, Eduardo J. *Fundamentos do direito processual civil*. 3. ed. Florianópolis: Conceito Editorial, 2008.
_____. *Vocabulário jurídico*. Buenos Aires: Depalma, 1976.
CRAMER, Ronaldo. *Precedentes judiciais*: teoria e dinâmica. São Paulo: Gen, 2016.
CREMONESE, Paulo Henrique. *A avaria grossa e o novo Código de Processo Civil*. Disponível em: <http://www.jus.com.br>. Publicado em janeiro de 2016.
CRESCI SOBRINHO, Elicio de. *Objeto litigioso no processo civil*. Porto Alegre: Fabris, 2008.
CRETELLA JÚNIOR, J. *Curso de direito romano*: o direito romano e o direito civil brasileiro. 14. ed. Rio de Janeiro: Forense, 1991.
CRUZ E TUCCI, José Rogério. *A causa petendi no processo civil*. 3. ed. São Paulo: Revista dos Tribunais, 2009.
_____. *A denominada "situação substancial" como objeto do processo na obra de Fazzalari*. RePro, São Paulo: Revista dos Tribunais, n. 68, out./dez. 1992.
_____. *Causa petendi no processo civil*. 2. ed. São Paulo: Revista dos Tribunais, 2001.
_____. *Comentários ao Código de Processo Civil*. Coord. Cassio Scarpinella Bueno. São Paulo: Saraiva, 2017, v. 2.
_____. *Limites subjetivos da eficácia da sentença e da coisa julgada civil*. São Paulo: Revista dos Tribunais, 2006.
_____. *Lineamentos da nova reforma do CPC*. São Paulo: Revista dos Tribunais,
_____. *Precedente judicial como fonte do direito*. São Paulo: Revista dos Tribunais,
_____. *Reflexões sobre a cumulação subsidiária de pedidos*. In: CRUZ E TUCCI, José Rogério; BEDAQUE, José Roberto dos Santos (coords.). *Causa de pedir e pedido*. São Paulo: Revista dos Tribunais, 2002.
_____; AZEVEDO, Luiz Carlos de. *Lições de história do processo civil romano*. 1. ed. 2. tir. São Paulo: Revista dos Tribunais, 2001.
CUNHA, Leonardo José Carneiro da. *A Fazenda Pública em juízo*. 12. ed. São Paulo: Dialética, 2014.
_____. *A Fazenda Pública em juízo*. 13. ed. Rio de Janeiro: Forense, 2016.
_____. *Jurisdição e competência*. São Paulo: RT, 2008.
DALLARI, Dalmo de Abreu. *Elementos de teoria geral do Estado*. 19. ed. São Paulo: Saraiva, 1995.
DANTAS, Bruno. *Repercussão geral*. São Paulo: Revista dos Tribunais, 2008.
DANTAS, Marcelo Navarro Ribeiro. *Admissibilidade e mérito na execução*. RePro, n. 47, São Paulo: Revista dos Tribunais, 1986, p. 38-39.
_____. *Reclamação constitucional*. Porto Alegre: Fabris, 2000.
DELLORE, Luiz. *Agravo interno negado. Sempre há imposição da multa?* Disponível em: <http://www.jota.com.br>. Publicado em 5 de dezembro de 2016.
_____. *Processo de conhecimento e cumprimento de sentença*. São Paulo: Gen, 2016.
DESTEFENNI, Marcos. *Curso de processo civil*. 2. ed. São Paulo: Saraiva, 2009. v. 1, t. I.
DEU, Teresa Armenta. *Lecciones de derecho procesal civil*. 2. ed. Madrid/Barcelona: Marcial Pons, 2004.
DIDIER JR., Fredie. *Curso de direito processual civil*: teoria geral do processo e processo de conhecimento. 9. ed. Salvador: JusPodivm, 2008. v. 1.
_____. _____. 18. ed. Salvador: JusPodivm, 2016. v. 1.
_____. *Curso de direito processual civil*. 22. ed. Salvador: JusPodivm, 2020, v. 1.
_____. *Introdução ao direito processual civil e processo de conhecimento*. 15. ed. Salvador: JusPodivm, 2013, v. 1; 16. ed. Salvador: JusPodivm, 2014. v. 1.

_____; BRAGA, Paula Sarno; OLIVEIRA, Rafael. *Curso de direito processual civil:* direito probatório, decisão judicial, cumprimento e liquidação da sentença e coisa julgada. 2. ed. Salvador: JusPodivm, 2008. v. 2.

_____. *Curso de direito processual civil:* teoria da prova, direito probatório, decisão, precedente, coisa julgada e tutela provisória. 10. ed. Salvador: JusPodivm, 2015.

_____; CUNHA, Leonardo Carneiro da. *Curso de direito processual civil:* meio de impugnação às decisões judiciais e processo nos tribunais. 13. ed. Salvador: JusPodivm, 2016.

_____; _____; BRAGA, Paula Sarno; OLIVEIRA, Rafael Alexandria de. *Curso de direito processual civil.* 7. ed. Salvador: JusPodivm, 2017. v. 5.

_____; CABRAL, Antônio do Passo; CUNHA, Leonardo Carneiro da. *Por uma nova teoria dos procedimentos especiais:* dos procedimentos às técnicas. Salvador: JusPodivm, 2018.

DINAMARCO, Cândido Rangel. *A instrumentalidade do processo.* 4. ed. São Paulo: Malheiros, 1991;

_____. 5. ed. São Paulo: Malheiros, 1996.

_____. 7. ed. São Paulo, Malheiros, 1999.

_____. *A reforma da reforma.* São Paulo: Malheiros, 2002.

_____. *Capítulos da sentença.* São Paulo: Malheiros, 2002.

_____. *Conceito de mérito em processo civil.* 2. ed. São Paulo: RT, 1987.

_____. *Execução civil.* 6. ed. São Paulo: Malheiros, 1998.

_____. *Fundamentos do processo civil moderno.* Polêmicas do processo civil. 2. ed. São Paulo: Malheiros, 1987.

_____. *Instituições de direito processual civil.* 2. ed. São Paulo: Malheiros, 2002. v. 1.

_____. _____. 2. ed. São Paulo: Malheiros, 2009. v. 4.

_____. _____. 2. ed. São Paulo: Malheiros, 2002, v. III.

_____. _____. 7. ed. São Paulo: Malheiros, 2017, v. III.

_____. *Litisconsórcio.* 8. ed. São Paulo: Malheiros, 2009.

_____. *Nova era do processo civil.* São Paulo: Malheiros, 2003.

_____. *O conceito de mérito em processo civil. Fundamentos do processo civil moderno.* 2. ed. São Paulo: Malheiros, 1987.

_____. *Vocabulário do processo civil.* São Paulo: Malheiros, 2009.

_____; LOPES, Bruno Vasconcelos Carrilho. *Teoria geral do novo processo civil.* São Paulo: Malheiros, 2016.

_____; BADARÓ, Gustavo Henrique Righi Ivany; LOPES, Bruno Vasconcelos Carrilho. *Teoria geral do processo.* 32. ed. São Paulo-Malheiros e Juspodivm, 2020.

DINAMARCO, Pedro da Silva. *CPC interpretado.* Coord. Antônio Carlos Marcato. 3. ed. São Paulo: Atlas, 2008.

DINIZ, Maria Helena. *Curso de direito civil brasileiro.* 24. ed. São Paulo, Saraiva, 2009, v. 2.

_____. *Compêndio de introdução à ciência do direito.* 25. ed. São Paulo: Saraiva, 2014.

_____. *Teoria geral do direito civil.* 26. ed. São Paulo: Saraiva.

DONIZETTI, Elpídio. *Curso didático de direito processual civil.* 20. ed. São Paulo: Gen/Atlas, 2017.

DUARTE, Bento Herculano; OLIVEIRA JR., Zulmar Duarte. *Princípios do processo civil.* São Paulo: Gen, 2012.

DWORKIN, Ronald. *Taking rights seriously.* 7. ed. Cambridge: Harvard University Press, 1999.

ESTELLITA, Guilherme. *Da cousa julgada, fundamentos jurídicos e extensão aos terceiros.* Tese (Doutorado) – Faculdade de Direito do Rio de Janeiro, 1936.

FABRÍCIO, Adroaldo Furtado. *Ação declaratória incidental.* 4. ed. São Paulo: Saraiva, 2009.

_____. "Extinção do processo" e mérito da causa. *Saneamento do processo*: estudos em homenagem ao prof. Galeno Lacerda. Porto Alegre: Fabris, 1989.

FADEL, Sérgio Sahione. *Código de Processo Civil comentado*. Rio de Janeiro: Forense, 1982. v. 2.

_____. *Código de Processo Civil comentado*. 7. ed. Rio de Janeiro: Forense, 2000.

FAZZALARI, Elio. Azione civile (teoria generale e diritto processuale). *Digesto delle discipline privatistiche*. Sezione civile. Torino: UTET, 1988.

_____. *Instituições de direito processual*. Tradução de Elaine Nassif. Campinas: Bookseller, 2006.

_____. *Istituzioni di diritto processuale*. 8. ed. Padova: CEDAM, 1996.

FERNANDES, Antonio Scarance. *Prejudicialidade*. São Paulo: Revista dos Tribunais, 1988.

_____. *Teoria geral do procedimento e o procedimento no processo penal*. São Paulo: Revista dos Tribunais, 2005.

FERNANDES, Sérgio Ricardo de Arruda. Alguns aspectos da coisa julgada no direito processual civil brasileiro. *RePro*, n. 62, São Paulo: Revista dos Tribunais, abr.-jun. 1991.

FERRAZ JÚNIOR, Tercio Sampaio. *Introdução ao estudo do direito*. 2. ed. São Paulo: Atlas, 2005.

FERREIRA, Aurélio Buarque de Holanda. *Novo dicionário Aurélio da língua portuguesa*. 2. ed. Rio de Janeiro: Nova Fronteira, 1986.

FERREIRA, Willian Santos. *Breves comentários ao novo Código de Processo Civil*. São Paulo: RT, 2015.

_____. *Comentários ao Código de Processo Civil*. São Paulo: Saraiva, 2017. v. 4.

FIGUEIRA JR., Joel Dias. *Juizados especiais da Fazenda Pública*. São Paulo: Revista dos Tribunais, 2010.

FONTOURA, Lucia Helena Ferreira Palmeiro da. *Recurso especial*. Questão de fato/questão de direito. Porto Alegre: Fabris [s.d.].

FORNACIARI JÚNIOR, Clito. *Reconhecimento jurídico do pedido*. São Paulo: Revista dos Tribunais, 1977.

FREIRE, Rodrigo da Cunha Lima. *Condições da ação: enfoque sobre o interesse de agir no processo civil brasileiro*. São Paulo: Revista dos Tribunais, 2000.

FUX, Luiz. A tutela dos direitos evidentes. *Jurisprudência do Superior Tribunal de Justiça*, Brasília, ano 2, n. 15, abr. 2000.

Curso de direito processual civil. 4. ed. Rio de Janeiro: Forense, 2008. v. 1.

GAJARDONI, Fernando. *Flexibilização procedimental*. São Paulo: Atlas, 2008.

_____. *O NCPC e o fim da gestão na Justiça*. Disponível em: <www.jota.info.br>. Acesso em: 22 dez. 2014.

_____. Reflexões sobre a inconstitucional regra da ordem cronológica de julgamento dos processos no Novo CPC. *Repercussões do Novo CPC*. Magistratura. Salvador: JusPodivm, 2015. v. 1.

_____; DELLORE, Luiz; ROQUE, Andre; OLIVEIRA JR., Zulmar. *Execução e recursos: comentários ao CPC 2015*. São Paulo: Gen, 2017.

_____; _____; _____. *Execução e recursos*: comentários ao CPC de 2015. 2. ed. São Paulo: Gen, 2018.

_____; _____; _____. *O livre convencimento motivado não acabou no novo CPC*. Disponível em: <http://www.jota.info>. Texto publicado em 6 de maio de 2015.

_____; _____; _____. *Processo de conhecimento e cumprimento de sentença*. São Paulo: Gen, 2016.

_____; _____; _____. *Teoria geral do processo*. São Paulo: Gen, 2015.

GANUZAS, Francisco Javier Ezquiaga. *Iura novit curia y aplicación judicial del derecho*. Valladolid: Lex Nova, 2000.

GARCIA, Gustavo Filipe Barbosa. *Coisa julgada:* novos enfoques no direito processual, na jurisdição metaindividual e nos dissídios coletivos. São Paulo: Método, 2007.

GARNER, Bryan. *Black's Law Dictionary*. 9. ed. St Paul: West, 2009.

GIANNICO, Maurício. *A preclusão no direito processual civil brasileiro*. 2. ed. São Paulo: Saraiva, 2007.

GIANNOZZI, Giancarlo. *La modificazione della domanda nel processo civile*. Milano: Giuffrè, 1958.

GILBERTONI, Carla Adriana Comitre. *Teoria e prática do direito marítimo*. Rio de Janeiro: Livraria e Editora Renovar, 1998.

GIORGIS, José Carlos Teixeira. *A lide como categoria comum do processo*. Porto Alegre: Letras Jurídicas, 1991.

GOLDSCHMIDT, James. *Derecho procesal civil*. Tradução de Prieto Castro. Barcelona: Labor, 1939.
GOMES, Flávio Marcelo. *Coisa julgada e estado de filiação*: o DNA e o desafio à estabilidade da sentença. Porto Alegre: Fabris, 2009.
GOMES, Orlando. *Direito de família*. 11. ed. Rio de Janeiro: Forense, 1999.
_____. *Direitos reais*. 10. ed. Rio de Janeiro: Forense, 1993.
GONÇALVES, Carlos Roberto. *Direito civil brasileiro*. 8. ed. São Paulo: Saraiva, 2010. v. 1.
GONÇALVES, Marcus Vinicius Rios. *Novo curso de direito processual civil*. 4. ed. São Paulo: Saraiva, 2007. v. 1.
_____. *Novo curso de direito processual civil*: processo de conhecimento (2ª parte) e procedimentos especiais. 6. ed. São Paulo: Saraiva, 2010.
GONÇALVES, Marcelo Barbi. *Teoria geral da jurisdição*. Salvador: JusPodivm, 2020.
GRECO, Leonardo. *A teoria da ação no processo civil*. São Paulo: Dialética, 2003.
_____. *Eficácia da declaração* erga omnes *de constitucionalidade ou inconstitucionalidade em relação à coisa julgada anterior, relativização da coisa julgada*. Org. Fredie Didier Jr. 2. ed. Salvador: JusPodivm, 2006.
_____. *Instituições de processo civil*. 5. ed. São Paulo: Gen, 2015. v. I.
_____. *Instituições de processo civil*. 3. ed. São Paulo: Gen, 2015. v. II.
_____. *Jurisdição voluntária moderna*. São Paulo: Dialética, 2003.
_____. Publicismo e privatismo no processo civil. *RePro*, v. 164. São Paulo: RT, 2008, p. 47.
GRECO FILHO, Vicente. *Direito processual civil*. 20. ed. São Paulo: Saraiva, 2009. v. II.
GRINOVER, Ada Pellegrini. *Ação declaratória incidental*. São Paulo: Revista dos Tribunais, 1972.
_____. *Os limites objetivos e a eficácia preclusiva da coisa julgada*. O processo. Estudos e pareceres. São Paulo: DPJ, 2006.
GUASP, Jaime. *Derecho procesal civil*. Introducción, parte general y procesos declarativos y de ejecución ordinarios. 4. ed. Madrid: Civitas, 1998. t. I.
GUERRA, Marcelo Lima, *Direitos fundamentais e a proteção do credor na execução civil*. São Paulo: Revista dos Tribunais, 2003.
GUILLÉN, Victor Fairén. *Doutrina general del derecho procesal*. Barcelona: Bosch, 1990.
_____. *Estudios de derecho procesal*. Madrid: Revista de Derecho Privado, 1955.
GUIMARÃES, Luiz Machado. *Preclusão, coisa julgada e efeito preclusivo*. Estudos de direito processual civil. Rio de Janeiro: Jurídica e Universitária, 1969.
HABSCHEID, Walter J. *Introduzione al diritto processuale civile comparato*. Rimini: Maggioli, 1985.
_____. La teoria dell'oggetto del processo nell'attuale dottrina tedesca. Tradução de Angela Loaldi. *Rivista di Diritto Processuale Civile,* ano XXXV, seconda serie, n. 3, jul./set. 1980.
HART, H. L. A. *Ensaios sobre a teoria do direito e filosofia*. Rio de Janeiro: Elsevier, 2010.
HEINITZ, Ernesto. *I limiti oggettivi della cosa giudicata*. Padova: CEDAM, 1937.
HENRIQUES FILHO, Ruy Alves. *Direitos fundamentais e processo*. Rio de Janeiro: Renovar, 2008.
JARDIM, Augusto Tanger. *A causa de pedir no direito processual civil*. Porto Alegre: Livraria do Advogado, 2008.
JESUS, Damásio Evangelista de. *Código de Processo Penal anotado*. 14. ed. São Paulo: Saraiva, 1998.
JOBIM, Marco Felix. *As funções da eficiência no processo civil brasileiro*. São Paulo: RT, 2018.
_____. *Cultura, escolas e fases metodológicas do processo*. 4. ed. Porto Alegre: Livraria do Advogado, 2018.
JORGE, Flávio Cheim. *Teoria geral dos recursos cíveis*. 3. ed. São Paulo: Revista dos Tribunais, 2007.
KEMMERICH, Clovis Juarez. A Súmula 283 do Supremo Tribunal Federal. In: MITIDIERO, Daniel; AMARAL, Guilherme (coord.). *Processo civil:* estudos em homenagem ao professor Carlos Alberto Alvaro de Oliveira. São Paulo: Atlas, 2012.
KLIPPEL, Rodrigo. *A coisa julgada e sua impugnação* (Relativização da coisa julgada). Rio de Janeiro: Lumen Juris, 2008.

_____. *Teoria geral do processo civil*. Niterói: Impetus, 2007.

_____; BASTOS, Antônio Adonias. *Manual de processo civil*. 4. ed. Salvador: JusPodivm, 2014.

LACERDA, Galeno. Aspectos principais das medidas cautelares e dos procedimentos específicos. *Revista Forense*, Rio de Janeiro, v. 246.

_____. *Despacho saneador*. Porto Alegre: Fabris, 1953.

LAMY, Eduardo. *Tutela provisória*. São Paulo: Gen, 2018.

LASPRO, Oreste Nestor Souza. *Duplo grau de jurisdição no direito processual civil*. São Paulo: Revista dos Tribunais, 1995.

LAZZARINI. Alexandre Alves. *A causa petendi nas ações de separação judicial e de dissolução de união estável*. 1. ed. 2. tir. São Paulo: Revista dos Tribunais, 1999.

LEAL, Rosemiro Pereira. *Relativização inconstitucional da coisa julgada*: temática processual e reflexões jurídicas. Belo Horizonte: Del Rey, 2005.

_____. *Teoria geral do processo*: primeiros estudos. Rio de Janeiro: Gen, 2009.

LEITE, Clarisse Frechiani Lara. *Prejudicialidade no processo civil*. Col. Theotonio Negrão. São Paulo: Saraiva, 2008.

LEMOS, Vinícius Silva. *Recursos e processos nos tribunais*. 5. ed. Salvador: JusPodivm, 2021.

LENT, Friederich. *Diritto processuale civile tedesco*. Parte prima. Tradução de Edoardo Ricci. Nápoles: Morano, 1962.

LEONEL, Ricardo de Barros. *Causa de pedir e pedido*: o direito superveniente. São Paulo: Método, 2006.

_____. *Reclamação constitucional*. São Paulo: RT, 2011.

_____. *Tutela jurisdicional diferenciada*. São Paulo: RT, 2010.

LIEBMAN, Enrico Tullio. Ainda sobre a sentença e sobre a coisa julgada. In: *eficácia e autoridade da sentença*. 4. ed. Rio de Janeiro: Forense, 2007. n. III.

_____. *Eficácia e autoridade da sentença e outros escritos sobre a coisa julgada*. 4. ed. Rio de Janeiro: Forense, 2007.

_____. *Estudos sobre o processo civil brasileiro*. Campinas: Bestbook, 2001.

_____. *Manual da execução*. 3. ed. São Paulo: Saraiva, 1968.

_____. *Manual de direito processual civil*. 3. ed. Tradução de Cândido Rangel Dinamarco. São Paulo: Malheiros, 2005. v. 1.

_____. *Manual de processo civil*. Rio de Janeiro: Forense, 1981.

_____. O despacho saneador e o julgamento de mérito. *Estudos sobre o processo civil brasileiro*. São Paulo: Bestbook, 2001.

LIMA, Alcides de Mendonça. *Comentários ao Código de Processo Civil*. 5. ed. Rio de Janeiro: Forense, 1987.

LIMA, Paulo Roberto de Oliveira. *Contribuição à teoria da coisa julgada*. São Paulo: Revista dos Tribunais, 1997.

LOPES, João Batista. *Ação declaratória*. 3. ed. São Paulo: Revista dos Tribunais, 1991.

_____. *A prova no direito processual civil*. 2. ed. São Paulo: RT, 2002.

_____. *Curso de direito processual civil*. São Paulo: Atlas, 2005. v. 1.

_____. São Paulo: Atlas, 2006. v. 2.

_____. Natureza jurídica do processo e conceito de tutela jurisdicional. In: ZUFELATO, Camilo; YARSHELL, Flávio Luiz (Coord.). *40 anos da teoria geral do processo no Brasil*. São Paulo: Malheiros, 2013.

LOPES JR., Gervásio. *Julgamento de mérito direto pelo tribunal*. Salvador: JusPodivm, 2007.

LUCON, Paulo Henrique dos Santos. *Código de Processo Civil interpretado*. 3. ed. São Paulo: Atlas, 2008.

_____. *Eficácia das decisões e execução provisória*. São Paulo: Revista dos Tribunais, 2000.

_____. Tutela do contraditório no Código de Processo Civil de 2015. *Questões relevantes sobre recursos, ações de impugnação e mecanismos de uniformização de jurisprudência*. São Paulo: RT, 2017.

LUGO, Andrea. *Manuale di diritto processuale civile*. 30. ed. Milano: Giuffrè, 1999.

LUHMAN, Niklas. A posição dos tribunais no sistema jurídico. *Ajuris*, n. 49, p. 149-168.

MACÊDO, Lucas Buril de. *Precedentes judiciais e o direito processual civil*. 2. ed. Salvador: JusPodivm, 2017.

_____; PEIXOTO, Ravi; FREIRE, Alexandre. *Coleção novo CPC doutrina selecionada*. Salvador: JusPodivm, 2015. v. 1.

MACHADO, Daniel Carneiro. *A coisa julgada inconstitucional*. Belo Horizonte: Del Rey, 2005.

MACHADO, Marcelo Pacheco. *A correlação no processo civil*. Salvador: JusPodivm, 2015.

_____. *Novo CPC*: princípio da cooperação e processo civil do arco-íris. Disponível em: <www.jota.info>. Acesso em: 27 abr. 2015.

_____. *Novo CPC*: que coisa julgada é essa? Disponível em: <http://www.sindadvogados-j.com.br/index.php?p=detalhePublicacao&id=1360>. Acesso em: 19 fev. 2015.

_____. *Prazos nos juizados especiais em dias corridos*: não esperávamos por esta do FONAJE. Disponível em: <http://www.jota.com.br>. Texto publicado 21 de junho de 2016.

MANCUSO, Rodolfo de Camargo. *Jurisdição coletiva e coisa julgada*: teoria geral das ações coletivas. 2. ed. São Paulo: Revista dos Tribunais, 2007.

_____. *Recurso extraordinário e recurso especial*. 8. ed. São Paulo: Revista dos Tribunais, 2003.

_____. *Sistema brasileiro de precedentes*. São Paulo: RT, 2015.

MARCATO, Antônio Carlos. *Procedimentos especiais*. 16. ed. São Paulo: Atlas, 2016.

MARDER, Alexandre S. *Das invalidades no direito processual civil*. São Paulo: Malheiros, 2010.

MARINHO, Hugo Chacra Carvalho e. A independência funcional dos juízes e os precedentes vinculantes. In: DIDIER Jr.. Fredie (coord. geral). *Precedentes*. Salvador: JusPodivm, 2015. v. 3.

MARINONI, Luiz Guilherme. *Coisa julgada inconstitucional*: a retroatividade da decisão de (in)constitucionalidade do STF sobre a coisa julgada: a questão da relativização da coisa julgada. São Paulo: Revista dos Tribunais, 2008.

_____. *Precedentes obrigatórios*. São Paulo: RT, 2010.

_____. _____. 4. ed. São Paulo: RT, 2015.

_____. *Técnica processual e tutela dos direitos*. São Paulo: Revista dos Tribunais, 2004.

_____. *Teoria geral do processo*. São Paulo: RT, 2006.

_____. *Teoria geral do processo*. 2. ed. São Paulo: Revista dos Tribunais, 2007.

_____. *Tutela inibitória*. São Paulo: Revista dos Tribunais, 2000.

_____; ARENHART, Sérgio Cruz. *Curso de processo civil*. 6. ed. São Paulo: Revista dos Tribunais, 2007. v. 2.

_____; _____. *Manual do processo de conhecimento*. 5. ed. São Paulo: Revista dos Tribunais, 2006.

_____; _____. *Processo de conhecimento*. São Paulo: Revista dos Tribunais, 2007. v. 2.

_____; _____; _____; MITIDIERO, Daniel. *CPC comentado*. 3. ed. São Paulo: Revista dos Tribunais.

_____; _____; _____; _____. *Coisa julgada sobre questão*. São Paulo: RT, 2018.

_____; _____; _____; _____. *Curso de processo civil*. São Paulo: Revista dos Tribunais, 2015, v. 1.

_____; _____; _____; _____. *Curso de processo civil*. 2. ed. São Paulo: RT, 2016. v. 2.

_____; _____; _____; _____. *Novo Código de Processo Civil*. São Paulo: RT, 2015.

_____; _____; _____; _____. *O novo processo civil*. São Paulo: RT, 2015.

_____; _____; _____; _____. *O STJ enquanto corte de precedentes*. 2. ed. São Paulo: RT.

_____; _____; _____; _____. *Prova e sua convicção*. 4. ed. São Paulo: RT, 2018.

_____; MITIDIERO, Daniel. *Código de Processo Civil comentado artigo por artigo*. São Paulo: Revista dos Tribunais, 2008.

_____. *Repercussão geral*. São Paulo: RT, 2007.

MARQUES, José Frederico. *Instituições de direito processual civil*. 3. ed. Rio de Janeiro: Forense, 1969. v. 4.

_____. *Manual de direito processual civil*. 3. ed. São Paulo: Saraiva, 1974. v. 1.

MARTINS, Ives Gandra da Silva; MENDES, Gilmar Ferreira. *O controle concentrado de constitucionalidade*. São Paulo: Saraiva, 2001.

MARTINS, Pedro Batista. *Comentários ao Código de Processo Civil*. Rio de Janeiro: [s.n.], 1943. t. III.

MARTINS, Sandro Gilbert. *A defesa do executado por meio de ações autônomas*. Defesa heterotópica. São Paulo: Revista dos Tribunais, 2002.

MAXIMILIANO, Carlos. *Hermenêutica e aplicação do direito*. Rio de Janeiro: Forense, 1985.

MAZZA, Alexandre. *Manual de direito administrativo*. 3. ed. São Paulo: Saraiva, 2014.

MAZZEI, Rodrigo Reis; ROSADO, Marcelo da Rocha. A cláusula geral de efetivação e as medidas indutivas no CPC/15. *Medidas executivas atípicas:* grandes temas do NCPC. Salvador: JusPodivm, 2018. v. 11.

_____; MERÇON-VARGAS, Sarah. *Comentários ao Novo Código de Processo Civil*. 2. ed. Coord. Antônio do Passo Cabral e Ronaldo Cramer. São Paulo: Gen, 2018.

MEDINA, José Miguel Garcia. *Direito processual civil moderno*. 2. ed. São Paulo: RT, 2016.

_____. *Novo Código de Processo Civil comentado*. 3. ed. São Paulo: RT, 2015.

_____. *O prequestionamento nos recursos extraordinário e especial*. 3. ed. São Paulo: Revista dos Tribunais, 2002.

_____; WAMBIER, Teresa Arruda Alvim. *Processo civil moderno*: parte geral e processo de conhecimento. São Paulo: Revista dos Tribunais, 2009. v. 1.

MELLO, Marcos Bernardes de. *Teoria do fato jurídico:* plano de eficácia, 1a parte. 3. ed. São Paulo: Saraiva, 2007.

_____. *Teoria do fato jurídico:* plano da existência. 14. ed. São Paulo: Saraiva, 2007.

MENDES, Gilmar Ferreira; COELHO, Inocêncio Mártires; BRANCO, Paulo Gustavo Gonet. *Curso de direito constitucional*. 2. ed. São Paulo: Saraiva, 2008.

MENDES, João de Castro. *Limites objectivos do caso julgado em processo civil*. Lisboa: Ática, 1968.

MENESTRINA, Francesco. *La pregiudiziale nel processo civile*. Milano: Giuffrè, 1963.

MESQUITA, José Ignácio Botelho de. *A autoridade da coisa julgada e a imutabilidade da motivação da sentença*. Teses, estudos e pareceres. São Paulo: Revista dos Tribunais, 2005. v. 2.

_____. *A coisa julgada*. Rio de Janeiro: Forense, 2006.

_____. *Causa petendi nas ações reivindicatórias*. Teses, estudos e pareceres de processo civil. São Paulo: Revista dos Tribunais, 2006.

_____. *Sentença e coisa julgada*. Teses, estudos e pareceres de processo civil. São Paulo: Revista dos Tribunais, 2005. v. 2.

_____. *Teses, estudos e pareceres de processo civil*: direito de ação, partes e terceiros, processo e política. São Paulo: Revista dos Tribunais, 2005. v. 1.

_____. *Teses, estudos e pareceres de processo civil*: jurisdição e competência, sentença e coisa julgada, recursos e processos de competência originária dos tribunais, a motivação e o dispositivo da sentença. São Paulo: Revista dos Tribunais, 2005. v. 2.

MILMAN, Fabio. *Improbidade processual*. Rio de Janeiro: Forense, 2007.

MIRABETE, Julio Fabbrini. *Processo penal*. 8. ed. São Paulo: Atlas, 1998.

MIRANDA, Gilson Delgado; SHIMURA, Sérgio. Há vedação à *reformatio in pejus* no novo CPC? *Questões relevantes sobre recursos, ações de impugnação e mecanismos de uniformização de jurisprudência*. São Paulo: RT, 2017.

MITIDIERO, Daniel Francisco. *Colaboração no processo civil*: pressupostos lógicos e éticos. Coord. Luiz Guilherme Marinoni e José Roberto dos Santos Bedaque. São Paulo: Revista dos Tribunais, 2009. v. 14 (Coleção Temas Atuais de Direito Processual Civil).

_____. *Processo civil*. São Paulo: RT, 2021.

_____. *Comentários ao Código de Processo Civil*. São Paulo: Memória Jurídica, 2004. t. 1.

_____. *Elementos para uma teoria contemporânea do processo civil brasileiro*. Porto Alegre: Livraria do Advogado, 2005.

_____. Fundamentação e precedente – dois discursos a partir da decisão judicial. In: MARINOI, Luiz Guilherme (org.). *Força dos precedentes*. 2. ed. Salvador: JusPodivm, 2012.

_____. *Manual de direito processual civil*. São Paulo: Método, 2009.

_____. *Precedentes, da persuasão à vinculação*. São Paulo: RT, 2016.

_____. Tendências em matéria de tutela sumária: da tutela cautelar à técnica antecipatória. In: DIDIER JR., Fredie (org.). *Reconstruindo a teoria geral do processo*. Salvador: JusPodivm, 2012.

_____; ZANETI JÚNIOR, Hermes. *Introdução ao estudo do processo civil*: primeiras linhas de um paradigma emergente. Porto Alegre: Sergio Antonio Fabris, 2004.

MONNERAT, Fábio Victor da Fonte. A jurisprudência uniformizada como estratégia de aceleração do procedimento. In: WAMBIER Teresa Arruda Alvim (coord.). *Direito jurisprudencial*. São Paulo: Revista dos Tribunais, 2012.

MONTANS DE SÁ, Renato. A efetivação processual do direito das obrigações – a tutela dos direitos obrigacionais sob a ótica da técnica processual. In: BUENO, Cassio Scarpinella (coord.). *Impactos processuais do direito civil*. São Paulo: Saraiva, 2008.

_____. Coisa julgada – Inexigibilidade do título executivo em face de declaração de inconstitucionalidade superveniente: uma interpretação do art. 475-L, § 1o, do CPC. In: BUENO, Cassio Scarpinella; WAMBIER, Teresa Arruda Alvim (coords.). *Aspectos polêmicos da nova execução*. São Paulo: Revista dos Tribunais, 2008.

_____. *Eficácia preclusiva da coisa julgada*. São Paulo: Saraiva, 2011.

_____. *Código de Processo Civil anotado e comentado*. Coord. Luís Antônio Giampaulo Sarro et al. São Paulo: Rideel, 2020.

_____; NACLE, Ricardo Amin Abraão. Os pedidos implícitos à luz do entendimento do STJ. In: *CPC de 2015 visto pelo STJ*. Coord. Teresa Arruda Alvim et al. São Paulo: RT, 2021.

_____; NACLE, Ricardo Amin Abraão. *Da eficácia subjetiva na fraude à execução e na desconsideração da personalidade jurídica*: a decisão pode alcançar outros processos? Coord. Araken de Assis e Gilberto Gomes Bruschi: RT, 2021.

MONTEIRO, João. *Curso de direito processual civil*. 3. ed. São Paulo: Duprat, 1912. v. 1.

MONTELEONE, Girolamo. *Diritto processuale civile*. 2. ed. Padova: CEDAM, 2001.

MONTESANO, Luigi; ARIETA, Giovanni. *Trattato di diritto processuale civile*. Padova: CEDAM, 2001. t. I.

MONTESQUIEU. *O espírito das leis*. São Paulo: Abril Cultural, 1973.

MORATO, Leonardo Lins. *Reclamação*. São Paulo: RT, 2006.

MOURÃO, Luiz Eduardo Ribeiro. *Coisa julgada*. Belo Horizonte: Fórum, 2008.

MURITIBA, Sérgio. *Ação executiva lato sensu e ação mandamental*. São Paulo: Revista dos Tribunais, 2005.

NACLE, Ricardo Amin Abrahão. *Os poderes de coerção do juiz na execução das obrigações de pagar*. Dissertação (Mestrado), PUC/SP, 2018.

NERY Jr., Nelson. *Aspectos polêmicos e atuais dos recursos cíveis e outras formas de impugnação às decisões judiciais*. Coord. Teresa Wambier e Nelson Nery Jr.. São Paulo: Revista dos Tribunais, 2000.

_____. *Núcleo duro do Novo CPC é inconstitucional*. Disponível em: <www.jota. info/justiça>. Acesso em: 19 set. 2018.

_____. *Princípios do processo na Constituição Federal*: processo civil, penal e administrativo. 9. ed. São Paulo: Revista dos Tribunais, 2009.

_____. *Teoria geral dos recursos*. 6. ed. São Paulo: Revista dos Tribunais, 2004.

_____. *Teoria geral dos recursos*. 7. ed. São Paulo: RT, 2014.

_____; NERY, Rosa Maria de Andrade. *Código de Processo Civil comentado e legislação extravagante*. 10. ed. São Paulo: Revista dos Tribunais, 2007.

_____; _____. *Código de Processo Civil comentado e legislação extravagante*. 11. ed. São Paulo: Revista dos Tribunais, 2010.

_____; _____. *Comentários ao Código de Processo Civil*. São Paulo: RT, 2015.

_____; _____. *Teoria geral dos recursos*. 4. ed. São Paulo: Revista dos Tribunais, 1997; 6. ed. São Paulo: Revista dos Tribunais, 2004.

_____; ABBOUD, Georges. Inovações e polêmicas sobre RE e REsp no CPC-2015: funções dos tribunais superiores, recursos contra juízo de admissibilidade e embargos de declaração formadores de causa decidida ficcional. *Novo CPC aplicado*: visto por processualistas. São Paulo: RT, 2017.

NEVES, Celso. *Coisa julgada civil*. São Paulo: Revista dos Tribunais, 1971.

_____. *Estrutura fundamental do processo civil*. 2. ed. Rio de Janeiro: Forense, 1997.

NEVES, Daniel Amorim Assumpção. *Ações probatórias autônomas*. São Paulo: Saraiva, 2008.

_____. *Manual de direito processual civil*. São Paulo: Método, 2009.

_____. _____. 5. ed. São Paulo: Gen, 2013.

_____. *Manual de direito processual civil*. 8. ed. Salvador: JusPodivm, 2016.

_____. *Novo Código de Processo Civil*. Salvador: JusPodivm, 2016.

_____. *Novo CPC para advogados*. São Paulo: Gen, 2017.

NOJIRI, Sérgio. *A interpretação judicial do direito*. São Paulo: RT, 2005.

_____. *O dever de fundamentar as decisões judiciais*. 2. ed. São Paulo: Revista dos Tribunais, 2000.

NORONHA, Carlos Silveira. A causa de pedir na execução. *RePro*, São Paulo: Revista dos Tribunais, n. 75, jul.-set. 1994, p. 28.

NUNES, Dierle; LACERDA, Rafaela. *Contraditório e precedentes*: primeiras linhas. Novas tendências do processo civil. Salvador: JusPodivm, 2014. v. 2.

_____. Novo enfoque para as tutelas diferenciadas no Brasil? Diferenciação procedimental a partir da diversidade de litigiosidades. *RePro*, São Paulo: Revista dos Tribunais, v. 184, p. 109-140, jun. 2010.

_____; BAHIA, Alexandre; PREDON, Flávio Quinaud. *Teoria geral do processo*. Salvador: JusPodivm, 2020.

NUNES, Jorge Amaury Maia. *Segurança jurídica e súmula vinculante*. São Paulo: Saraiva, 2010.

OAKLEY, Hugo Botto. *La congruência procesal*. Córdoba: M.E.L. Editor, 2006.

OLIVEIRA, Bruno Silveira de. *Conexidade e efetividade processual*. Coords. José Roberto dos Santos Bedaque e José Rogério Cruz e Tucci. São Paulo: Revista dos Tribunais, 2007. v. 8 (Coleção Temas Fundamentais de Direito).

OLIVEIRA, Carlos Alberto Alvaro de. *Do formalismo no processo civil*. Proposta de um formalismo-valorativo. 3. ed. São Paulo: Saraiva, 2009.

_____. Garantia do contraditório. In: CRUZ E TUCCI, José Rogério (coord.). *Garantias constitucionais*. São Paulo: Revista dos Tribunais, 1999.

_____. O problema da eficácia da sentença. In: OLIVEIRA, Carlos Alberto Alvaro de *(org.)*. *Eficácia e coisa julgada*. Rio de Janeiro: Forense, 2006.

_____. Perfil dogmático da tutela de urgência. *Ajuris*, n. 70, 1997, p. 205.

_____; MITIDIERO, Daniel. *Curso de direito processual civil*. São Paulo: Atlas, 2010. v. 1.

OLIVEIRA, Vallisney de Souza. *Nulidade da sentença e o princípio da congruência.* São Paulo: Saraiva, 2004.

OLIVEIRA JR., Zulmar Duarte. *A colegialidade nos tribunais e o novo CPC.* Disponível em: <http://www.jota.com.br>. Texto publicado em 27 de junho de 2016.

_____. *Elasticidade na preclusão e o centro de gravidade do processo.* Disponível em: <http://www.jota.uol.com.br>. Texto publicado em 29 de junho de 2015.

_____. *Execução e recursos:* comentários ao CPC 2015. São Paulo: Gen, 2017.

_____. *O princípio da oralidade no processo civil.* Porto Alegre: Nuria Fabris, 2011.

_____. *Processo de conhecimento e cumprimento de sentença. Comentários ao CPC 2015.* São Paulo: Gen, 2016.

OLIVEIRA NETO, Olavo de. *Conexão por prejudicialidade.* São Paulo: Revista dos Tribunais, 1994.

PABST, Haroldo. *Natureza jurídica dos embargos do devedor.* 2. ed. Rio de Janeiro: Forense, 2000.

PALACIO, Lino Enrique. *Manual de derecho procesal civil.* Buenos Aires: Abeledo-Perrot, 1986. v. 1.

PASSOS, J. J. Calmon de. *Comentários ao Código de Processo Civil.* Rio de Janeiro: Forense, 1974. v. 3.

_____. *Esboço de uma teoria das nulidades aplicada às nulidades processuais.* Rio de Janeiro: Forense, 2002.

PAULA, Alexandre de. *O processo civil à luz da jurisprudência.* Rio de Janeiro: [s.n.], 1958-1960. v. 4 e 13.

PAVAN, Dorival Renato. *Comentários ao Código de Processo Civil.* Coord. Cassio Scarpinella Bueno. São Paulo: Saraiva, 2017. v. 2.

PEIXOTO, Ravi. *Superação do precedente e segurança jurídica.* 2. ed. Salvador: JusPodivm, 2016.

_____. *Standards probatórios no direito processual brasileiro.* Salvador: JusPodivm, 2021.

PEREIRA, Luís Guilherme; FIGUEIRA, Janahim Dias. *O protesto da sentença no novo CPC.* Disponível em: <www.queirozcavalcanti.adv.br>. Acesso em: 9 mar. 2015.

PEREIRA, Rosalina P. C. Rodrigues. *Ações prejudiciais à execução.* São Paulo: Saraiva, 2001.

PIMENTEL, Wellington Moreira. *Comentários ao Código de Processo Civil.* São Paulo: Revista dos Tribunais, 1975. v. 3.

_____. *Os limites objetivos da coisa julgada, no Brasil e em Portugal.* Estudos de direito processual civil em homenagem a José Frederico Marques. São Paulo: Saraiva, 1982.

PINHO, Humberto Dalla Bernardina. *Incidente de conversão da ação individual em coletiva no CPC projetado:* exame crítico do instituto. Disponível em: <www.processoscoletivos.net>. Acesso em: 17 nov. 2014.

PINTO, Junior Alexandre Moreira. *A causa petendi e o contraditório.* São Paulo: Revista dos Tribunais, 2007. v. 12 (Coleção Temas Atuais de Direito Processual Civil).

_____. *Conteúdo e efeitos das decisões judiciais.* Coord. Carlos Alberto Carmona. São Paulo: Atlas, 2008.

_____. *Sistemas rígidos e flexíveis: a questão da estabilização da demanda.* In: CRUZ E TUCCI, José Rogério; BEDAQUE, José Roberto dos Santos (coord.). *Causa de pedir e pedido no processo civil* (questões polêmicas). São Paulo: Revista dos Tribunais, 2002.

PINTO, Nelson Luiz. *Manual dos recursos cíveis.* 3. ed. São Paulo: Malheiros, 2004.

PLANIOL, Marcel; RIPERT, Georges. *Traité pratique de droit civil français.* Paris, [s.d.]. t. 7.

PONTES DE MIRANDA, Francisco C. *Comentários ao Código de Processo Civil.* Rio de Janeiro: Forense, 1976. v. 4.

_____. _____. Rio de Janeiro: Forense, 1975. t. VI.

_____. _____. 3. ed. Rio de Janeiro: Forense, 1997. t. II.

_____. _____. 3. ed. Rio de Janeiro: Forense, 2002. t. V.

_____. _____. Rio de Janeiro: Forense, 1974. t. IV e V.

_____. *Tratado da ação rescisória.* 5. ed. Rio de Janeiro: Forense, 1976.

_____. *Tratado das ações:* ação, classificação e eficácia. 2. ed. São Paulo: Revista dos Tribunais, 1972. t. I.

PORTANOVA, Rui. *Princípios do processo civil.* Porto Alegre: Livraria do Advogado. 1995.

PORTO, Sérgio Gilberto. *Coisa julgada civil*. 3. ed. São Paulo: Revista dos Tribunais, 2006.

_____. Sobre o propósito e alcance do art. 474 do CPC. *Revista Síntese de Direito Civil e Processual Civil*, Porto Alegre: Síntese, n. 1, 1999, p. 39 e 46.

_____; USTÁRROZ, Daniel. *Lições de direitos fundamentais no processo civil*. Porto Alegre: Livraria do Advogado, 2009.

POTHIER, Joseph. *Tratado de las obligationes*. Buenos Aires: Heliasta S.R.L., 1978.

PROTO-PISANI, Andrea. *Lezioni di diritto processuale civile*. 3. ed. Napoli: Jovene, 1999.

PUGLIESE, Giovanni. Giudicato civile. *Enciclopedia del diritto*. Milano: Giuffrè, 1969. v. 18.

RAMOS, André Luiz Santa Cruz. *Coisa julgada inconstitucional*. Salvador: JusPodivm, 2007.

RAMOS, Manuel Ortells. *Derecho procesal civil*. 5. ed. Navarra: Thomson-Aranzadi, 2004.

RÁO, Vicente. *Ato jurídico*: noção, pressupostos, elementos essenciais e acidentais. O problema do conflito entre os elementos volitivos e a declaração. 4. ed. 2. tir. São Paulo: Revista dos Tribunais, 1999.

RÁO, Vicente. *O direito e a vida dos direitos*. 6. ed. São Paulo: RT, 2005.

REALE, Miguel. *Lições preliminares de direito*. 22. ed. São Paulo: Saraiva, 1995.

REDENTI, Enrico. Il giudicato sul punto di diritto. *Riv. Trim. di Dir. e Proced. Civile*, 1949.

REGO, Hermenegildo Souza. Os motivos da sentença e a coisa julgada. *RePro*, São Paulo: Revista dos Tribunais, n. 35, p. 14 e 21.

REIS, José Alberto dos. *Código de Processo Civil anotado* (volume único). 2. ed. Coimbra: Coimbra Ed., 1940.

_____. _____. 2. ed. Coimbra: Coimbra Ed., 1984. v. 5.

REZENDE FILHO, Gabriel. *Curso de direito processual civil*. São Paulo: Saraiva, 1951. v. 3;

_____. _____. 8. ed. São Paulo: Saraiva, 1968. v. 2.

RICCI, Gian Franco. "Individuazione" o "sostanziazione" nella riforma del processo civile. *Rivista Trimestrale di Diritto e Procedura Civile*, n. 4, Milano: Giuffrè, 1995.

RIZZARDO, Arnaldo. *Limitações do trânsito em julgado e desconstituição da sentença*. Rio de Janeiro: Forense, 2009.

ROCCO, Alfredo. *La sentencia civil*: la interpretación de las leyes procesales. Buenos Aires: El Foro, 2003.

_____. *Trattato di diritto processuale civile*. Torino: UTET, [s.d.]. v. 1.

ROCHA, Felipe Borring. *Princípio da Jurisdição Equivalente*. Salvador: JusPodivm, 2019.

ROCHA LIMA, Tiago Asfor. *Breves considerações sobre os precedentes no projeto do novo Código de Processo Civil*. Salvador: JusPodivm, 2014. v. 3.

RODOVALHO, Thiago. O necessário diálogo entre doutrina e jurisprudência na concretização do NCPC, art. 139, inc. IV (atipicidade dos meios executivos). *Medidas executivas atípicas:* grandes temas do NCPC. Salvador: JusPodivm, 2018. v. 11.

RODRIGUES, Fernando Pereira. *O novo processo civil:* os princípios estruturantes. Coimbra: Almedina, 2013.

RODRIGUES, Marcelo Abelha. *Manual de direito processual civil*. 4. ed. São Paulo: Revista dos Tribunais, 2008.

RODRIGUES, Ruy Zoch. *Ações repetitivas*. São Paulo: Revista dos Tribunais, 2010.

RODRIGUES, Silvio. *Direito civil*. 15. ed. São Paulo: Saraiva, 1985. v. 2.

ROSEMBERG, Leo. *Tratado de derecho procesal civil*. Tradução de Angela Romera Vera. Buenos Aires: EJEA, 1955. t. II.

ROSS, Alf. *Direito e justiça*. Tradução de Edson Bini. São Paulo: Edipro, 2000.

ROSSONI, Igor Bimkowski. *Recursos extraordinários e ação rescisória por ofensa à norma jurídica*. Salvador; JusPodivm, 2019.

RUBIN, Fernando. *Polêmicas supressões no novo CPC*. Disponível em: <http:// www.portalprocessual. com>. Texto publicado em 7 de outubro de 2015.

SANCHES, Sydney. Objeto do processo e objeto litigioso do processo. *Revista de Jurisprudência do Tribunal de Justiça do Estado de São Paulo*, São Paulo: Lex, v. 55, nov.-dez. 1978, p. 13-28.

SANDEL, Michael. *Justiça* – O que é fazer a coisa certa. Trad. Heloisa Matias e Maria Alice Máximo. Rio de Janeiro: Civilização Brasileira, 2012,

SANTOS, Ernane Fidélis dos. *Manual de direito processual civil*: processo de conhecimento. 12. ed. São Paulo: Saraiva, 2007. v. 1.

SANTOS, J. M. Carvalho. *Código de Processo Civil interpretado*. 3. ed. Rio de Janeiro: Freitas Bastos, 1946. v. 4.

SANTOS, Nelton dos. *CPC interpretado*. Coord. Antônio Carlos Marcato. 3. ed. São Paulo: Atlas, 2008.

SATTA, Salvatore. *Direito processual civil*. 7. ed. Tradução de Luis Autuori. Rio de Janeiro: Borsoi, 1973.

SAVIGNY, F. C. de. *Sistema del derecho romano actual*. 2. ed. Madrid: Centro Editorial de Góngora, [s.d.].

SCARPINELLA BUENO, Cassio. Amicus curiae *no processo civil brasileiro*: um terceiro enigmático. São Paulo: Saraiva, 2006; 2. ed. São Paulo: Saraiva, 2008.

_____. *A nova etapa da reforma do Código de Processo Civil*. São Paulo: Saraiva, 2006. v. 1.

_____. *Código de Processo Civil interpretado*. 3. ed. Coord. Antônio Carlos Marcato. São Paulo: Atlas, 2008.

_____. *Curso sistematizado de direito processual civil*. São Paulo: Saraiva, 2007, v. 1.

_____. _____. 4. ed. São Paulo: Saraiva, 2010. v. 1 e 5.

_____. _____. 3. ed. São Paulo: Saraiva, 2010. v. 2. t. I e v. 3.

_____. _____. São Paulo: Saraiva, 2011. v. 2, t. II.

_____. _____. 2. ed. São Paulo: Saraiva, 2011. v. 5.

_____. *Curso sistematizado de direito processual civil*: procedimento comum: ordinário e sumário. São Paulo: Saraiva, 2007. v. 2. t. I.

_____. *Curso sistematizado de direito processual civil*: tutela jurisdicional executiva. 3. ed. São Paulo: Saraiva, 2008.

_____. *Ensaio sobre o cumprimento das sentenças condenatórias*. São Paulo: Saraiva, 2006.

_____. *Execução provisória e antecipação de tutela*. São Paulo: Saraiva, 1999.

_____. *Manual de direito processual civil*. São Paulo: Saraiva, 2015.

_____. *Partes e terceiros no processo civil brasileiro*. São Paulo: Saraiva, 2003.

_____. *Processo civil de interesse público*: uma proposta de sistematização. Processo civil e interesse público. São Paulo: Revista dos Tribunais, 2003.

_____. *Projetos de novo Código de Processo Civil comparados e anotados*: Senado Federal (PLS n. 166/2010) e Câmara dos Deputados (PL n. 8.046/2010). São Paulo: Saraiva, 2014.

SCHÖNKE, Adolf. *Derecho procesal civil*. Tradução de Leonardo Prieto Castro. Barcelona: Bosch, 1950.

_____. *Direito processual civil*. Campinas: Romana, 2003.

SCHREIBER, Anderson. *A proibição do comportamento em contraditório* – Tutela da confiança e venire contra factum proprium. Rio de Janeiro: Renovar, 2005.

SCHWAB, Karl Heinz. *El objeto litigioso en el proceso civil*. Buenos Aires: EJEA, 1968.

SHIMURA, Sérgio. *Comentários ao Código de Processo Civil*. Coord. Cassio Scarpinella Bueno. São Paulo: Saraiva, 2017. v. 3.

_____. *Título executivo*. São Paulo: Saraiva, 1997.

SICA, Heitor Victor Mendonça. *Código de Processo Civil anotado*. Coordenação de José Rogério Cruz e Tucci e outros. Rio de Janeiro: GZ, 2016.

_____. Comentários aos arts. 188 a 202 e 206 a 235. In: SCARPINELLA BUENO, Cassio (coord.). *Comentários ao Código de Processo Civil*. São Paulo: Saraiva, 2017, v. 1.

_____. *Comentários ao Código de Processo Civil.* Coord. Cassio Scarpinella Bueno. São Paulo: Saraiva, 2017, v. 2.

_____. *Preclusão processual civil.* São Paulo: Atlas, 2006.

_____. Reflexões em torno da teoria geral dos procedimentos especiais. *RePro*, São Paulo: Revista dos Tribunais, n. 208, abr. 2012.

SILVA, Beclaute Oliveira. *A garantia fundamental à motivação da decisão judicial.* Salvador: JusPodivm, 2007.

SILVA, Edward Carlyle. *Direito processual civil.* 2. ed. Niterói: Impetus, 2008.

SILVA, Michelle Najara Aparecida. Aplicação parametrizada dos precedentes judiciais no conhecimento dos recursos no STJ como técnica de gestão processual voltada para redução dos efeitos da jurisprudência defensiva. *RePro*, São Paulo: Revista dos Tribunais, v. 302, p. 343 376, abr. 2020.

SILVA, Ovídio A. Baptista da. Coisa julgada relativa. *Revista Dialética de Direito Processual*, n. 13, São Paulo, p. 108, abr. 2004.

_____. *Conteúdo da sentença e coisa julgada e conteúdo da sentença e mérito da causa. Sentença e coisa julgada.* 4. ed. Rio de Janeiro: Forense, 2003.

_____. *Curso de processo civil.* 3. ed. São Paulo: RT, 2000, v. 3.

_____. _____. 7. ed. Rio de Janeiro: Forense, 2006. v. 1.

_____. *Jurisdição e execução na tradição romano-canônica.* 2. ed. São Paulo: Revista dos Tribunais, 1997.

_____. *Sentença e coisa julgada.* 2. ed. Porto Alegre: Fabris, 1988.

_____. *Sentença e coisa julgada*: ensaios. Porto Alegre: Sérgio Antônio Fabris, 1979.

SILVEIRA. Marcelo Augusto da. *Recursos, sucedâneos recursais e ações autônomas de impugnação no CPC.* Salvador: JusPodivm, 2020.

SIMARDI FERNANDES, Luís Eduardo. *Breves comentários ao novo Código de Processo Civil.* São Paulo: RT, 2015.

_____. *Embargos de declaração.* 3. ed. São Paulo: Saraiva, 2012.

_____. *Poderes do juiz e efetividade na execução civil.* São Paulo: EDC, 2022.

SIQUEIRA, Cleanto Guimarães. *A defesa no processo civil*: as exceções substanciais no processo de conhecimento. 3. ed. São Paulo: Saraiva, 2008.

SOTELO, Vazquez. "Objeto actual" y "objeto virtual" en el proceso civil español. In: JAYME, Fernando Gonzaga; FARIA, Juliana Cordeiro de; LAUAR, Maira Terra. *Processo civil:* novas tendências: estudos em homenagem ao Prof. Humberto Theodoro Júnior. Belo Horizonte: Del Rey, 2008.

SOUZA, Bernardo Pimentel. *Introdução aos recursos cíveis e a ação rescisória.* 4. ed. São Paulo: Saraiva, 2007; 6. ed. São Paulo: Saraiva, 2009.

SOUZA, Everardo de. Do princípio da eventualidade no sistema do Código de Processo Civil. *Revista Forense*, Rio de Janeiro: Forense, n. 251, jul.-set., 1975, p. 106.

SOUZA, Miguel Teixeira de. Aspectos do novo processo civil português. *RePro*, São Paulo: Revista dos Tribunais, n. 86, ano 22, p. 175, abr.-jun. 1997.

SPADONI, Joaquim Felipe. *Ação inibitória.* 2. ed. São Paulo: Revista dos Tribunais, 2007.

STOCO, Rui. *Abuso do direito e má-fé processual.* São Paulo: RT, 2002.

STOLZE GAGLIANO, Pablo; PAMPLONA FILHO, Rodolfo. *Manual de direito civil.* São Paulo: Saraiva, 2017.

_____. *Novo curso de direito civil.* 9. ed. São Paulo: Saraiva, 2008. v. I.

STRECK, Lenio; ABBOUD, Georges. Afinal, do que estamos falando? In: DIDIER Jr., Fredie (coord. geral). *Precedentes.* Salvador: JusPodivm, 2015. v. 3.

STRECK, Lenio; NUNES, Dierle; CUNHA, Leonardo Carneiro; FREIRE, Alexandre. *Comentários ao Código de Processo Civil.* São Paulo: Saraiva, 2016.

TABOSA, Fábio. *Código de Processo Civil interpretado*. Coord. Antônio Carlos Marcato. 3. ed. São Paulo: Atlas, 2008.

TALAMINI, Eduardo. *Coisa julgada e sua revisão*. São Paulo: Revista dos Tribunais, 2005.

_____. Prova emprestada no processo civil ou penal. *Revista de Processo*, v. 91, ano 23, São Paulo: RT, 1998.

_____. *Comentários ao novo Código de Processo Civil*. Rio de Janeiro: Gen, 2015.

_____. *Medidas judiciais coercitivas e proporcionalidade*: a propósito do bloqueio do WhatsApp por 48 horas (em 17/12/2015). www.migalhas.com.br. Acesso em: 23 abr. 2017.

_____. Partes, terceiros e coisa julgada (os limites subjetivos da coisa julgada). In: DIDIER Jr., Fredie; WAMBIER, Teresa Arruda Alvim (coords.). *Aspectos polêmicos e atuais sobre terceiros no processo civil e assuntos afins*. São Paulo: Revista dos Tribunais, 2004.

_____. *Tutela relativa aos deveres de fazer e não fazer e sua extensão aos deveres de entrega de coisa*. São Paulo: Revista dos Tribunais, 2000.

_____. *Tutela relativa aos deveres de fazer e não fazer e sua extensão aos deveres de entrega de coisa* (CPC, arts. 461 e 461-A; CDC, art. 84). 2. ed. São Paulo: Revista dos Tribunais, 2003.

_____. A nova disciplina do agravo e os princípios constitucionais do processo. *REPro*. São Paulo: RT, 1995, n. 80.

TARTUCE, Fernanda. *Mediação no Novo CPC*: questionamentos reflexivos. Disponível em: <http://www.fernandatartuce.com.br/site/aulas/doc_view/ 339-mediacao-no-novo-cpc-tartuce.html>. Acesso em: 22 jan. 2015.

_____. *Mediação nos conflitos civis*. 2. ed. São Paulo: RT, 2015.

TARTUCE, Flávio. *Direito civil*. 12. ed. São Paulo: Gen, 2015. v. 1.

_____. *Manual de direito civil*. São Paulo: Gen, 2011. v. único.

TARUFFO, Michele. Aspectos fundamentais do processo civil de *civil law* e *common law*. *Processo civil comparado*: ensaios. São Paulo: Marcial Pons, 2013.

_____. Giudicato sulle questione. *Rivista di Diritto Processuale*, v. 27, p. 275-282.

_____. *La motivazione della sentenza civile*. Padova: CEDAM, 1975.

TARZIA, Giuseppe. Aspectos da reforma do Código de Processo Civil. *RePro*, São Paulo: Revista dos Tribunais, n. 79, jul./set. 1995, p. 53.

TEIXEIRA, Eduardo Didonet. O novo CPC e o uso da ata notarial em juízo. *Revista de Doutrina*. Disponível em: <www.trf4.jus.br>. Acesso em: 29 nov. 2014.

TEIXEIRA, Guilherme Freire de Barros. *O princípio da eventualidade no processo civil*. São Paulo: Revista dos Tribunais, 2005. v. 10 (Coleção Temas Atuais de Direito Processual Civil).

TEMER, Sofia. *Participação no processo civil*. Repensando litisconsórcio, intervenção de terceiros e outras formas de atuação. Salvador: JusPodivm, 2020.

TESHEINER, José Maria. *A eficácia da sentença e a coisa julgada no processo civil*. São Paulo: Revista dos Tribunais, 2002.

_____. *Pressupostos processuais e nulidades no processo civil*. São Paulo: Saraiva, 2000.

THEODORO JÚNIOR, Humberto. *Curso de direito processual civil*. 53. ed. Rio de Janeiro: Forense, 2019, v. 2.

_____. *Curso de direito processual civil*. 56. ed. Rio de Janeiro: Forense, 2016. v. 1.

_____. *Curso de direito processual civil*: procedimentos especiais. 42. ed. Rio de Janeiro: Forense, 2010. v. 2.

_____. _____. 45. ed. Rio de Janeiro: Forense, 2010.

_____. *Curso de direito processual civil*: teoria geral do direito processual civil e processo de conhecimento. 47. ed. Rio de Janeiro: Forense, 2007; . . 50. ed. Rio de Janeiro: Forense, 2009. v. 1.

_____. Nulidades no CPC. *Revista Síntese de Direito Civil e Processual Civil*. v. 1, set.-out. 1999.

_____; FARIA, Juliana Cordeiro de. O tormentoso problema da inconstitucionalidade da sentença passada em julgado. In: DIDIER JÚNIOR, Fredie (coord.). *Relativização da coisa julgada*. 2. ed. Salvador: JusPodivm, 2006.

TOBIAS, José Antônio. *Iniciação à filosofia*. São Paulo: Editora do Brasil, 1964.

TUCCI, Rogério Lauria. *Da ação e do processo civil na teoria e na prática*. São Paulo: Saraiva, 1978.

VERDE, Giovanni. *Profili del processo civile*. 5. ed. Napoli: Jovene, 1999. v. 1.

VESCOVI, Enrique. La modificación de la demanda. *RePro*, São Paulo: Revista dos Tribunais, n. 30, abr.-jun. 1983, p. 209.

VIANA, Juvêncio Vasconcelos. Novas considerações acerca da execução contra a Fazenda Pública. *Revista Dialética de Direito Processual*, São Paulo: Dialética, v. 5, ago. 2003.

VITORELLI, Edilson. *Mudou o CPC!* A prática do sistema de precedentes judiciais obrigatórios. *Processo civil contemporâneo:* homenagem aos 80 anos do professor Humberto Theodoro Jr. São Paulo: Gen, 2018.

_____. *As boas intenções das quais o inferno está cheio*. Disponível em: <http://www.edilsonvitorelli.com>. Texto publicado em 29 de novembro de 2016.

_____. Raciocínios probabilísticos implícitos e o papel das estatísticas na análise probatória. *RePro* 297, p. 369-396, nov. 2019.

VITORELLI, Edilson; OSNA, Gustavo. *Introdução ao processo civil e à resolução de conflitos*. Salvador: JusPodivm, 2022.

VOLPE CAMARGO, Luiz Henrique. *Breves comentários ao novo Código de Processo Civil*. São Paulo: RT, 2015.

_____. *Direito jurisprudencial*. Coord. Teresa Arruda Alvim Wambier. São Paulo: Revista dos Tribunais, 2012.

_____. *O incidente de resolução de demandas repetitivas no projeto do Novo CPC:* a comparação entre a versão do Senado Federal e da Câmara dos Deputados. Salvador: JusPodivm, 2014. v. 3.

WACH, Adolf. *La pretensión de declaración*. Tradução de Juan M. Semon. Buenos Aires: EJEA, 1962.

WAMBIER, Luiz Rodrigues. *Sentença civil*: liquidação e cumprimento. 3. ed. São Paulo: Revista dos Tribunais, 2006.

_____; ALMEIDA, Flávio Renato Correia de; TALAMINI, Eduardo. *Curso avançado de processo civil*. 9. ed. São Paulo: Revista dos Tribunais, 2007. v. 1.

_____; _____. _____. 11. ed. São Paulo: Revista dos Tribunais, 2010.

_____; _____. _____. 13. ed. São Paulo: Revista dos Tribunais, 2014. v. 3.

_____; TALAMINI, Eduardo. *Curso avançado de processo civil*. 16. ed. São Paulo: Revista dos Tribunais, 2016. v. 2.

WAMBIER, Teresa Arruda Alvim. *Controle das decisões judiciais por meio de recursos de estrito direito e de ação rescisória*. São Paulo: Revista dos Tribunais, 2002.

_____. *Nulidades do processo e da sentença*. 4. ed. São Paulo: Revista dos Tribunais, 1998.

_____. _____. 6. ed. São Paulo: Revista dos Tribunais, 2007.

_____. _____. 10. ed. São Paulo: Revista dos Tribunais, 2019.

_____. *Omissão judicial e embargos de declaração*. São Paulo: Revista dos Tribunais, 2005.

_____. *Os agravos no CPC brasileiro*. 4. ed. São Paulo: Revista dos Tribunais, 2005.

_____. *Precedentes e evolução do direito*. In: WAMBIER, Teresa Arruda Alvim (Coord.). *Direito jurisprudencial*. São Paulo: Revista dos Tribunais, 2012.

_____. *Recurso especial, recurso extraordinário e ação rescisória*. 2. ed. São Paulo: RT, 2008.

_____; CONCEIÇÃO, Maria Lúcia Lins; RIBEIRO, Leonardo Ferres da Silva; MELLO, Rogério Licastro Torres. *Primeiros comentários ao Novo Código de Processo Civil*. São Paulo: RT, 2015.

WAMBIER, Teresa Arruda Alvim: CONCEIÇÃO, Maria Lúcia Lins; RIBEIRO, Leonardo Ferres da Silva; MELLO, Rogério Licastro Torres. A vinculatividade dos precedentes e o ativismo judicial – paradoxo apenas aparente. In: DIDIER Jr., Fredie (coord. geral). *Precedentes*. Salvador: JusPodivm, 2015. v. 3.

_____; _____; _____; _____. *Primeiros comentários ao novo Código de Processo Civil*. São Paulo: RT, 2015.

_____; DANTAS, Bruno. *Recurso especial, recurso extraordinário e a nova função dos tribunais superiores no direito brasileiro*. 3. ed. São Paulo: RT, 2016.

_____; DIDIER JR., Fredie; TALAMINI, Eduardo; DANTAS, Bruno. *Breves comentários ao novo Código de Processo Civil*. São Paulo: RT, 2015.

_____; MEDINA, José Miguel Garcia. *O dogma da coisa julgada*: hipóteses de relativização. São Paulo: Revista dos Tribunais, 2003.

WATANABE, Kazuo. *Da cognição do processo civil*. 2. ed. São Paulo: Cebepej, 1999.

YARSHELL, Flávio Luiz. *Antecipação de prova sem o requisito da urgência e direito autônomo à prova*. São Paulo: Malheiros, 2009.

_____. *Breves comentários ao novo Código de Processo Civil*. São Paulo: RT, 2015.

_____. *Comentários ao CPC*. 2. ed. Org. Antônio do Passo Cabral e Ronaldo Cramer. São Paulo: Gen, 2016.

_____. *Curso de direito processual civil*. São Paulo: Marcial Pons, 2014, v. 1.

_____. *Tutela jurisdicional*. 2. ed. São Paulo: DPJ, 2006.

ZANETTI, Hermes. Precedentes normativos formalmente vinculantes. In: DIDIER Jr., Fredie (coord. geral). *Precedentes*. Salvador: JusPodivm, 2015. v. 3.

ZANETTI JR., Hermes. *Comentários ao Código de Processo Civil*. São Paulo: Saraiva, 2016. v. XIV.

_____. *Comentários ao novo Código de Processo Civil*. Coord. Antônio do Passo Cabral e Ronaldo Crames. São Paulo: Gen, 2015.

_____. Eficácia e efeitos nas sentenças cíveis: o direito material e a definição de eficácia natural postos em distinção com a eficácia processual sentencial. In: OLIVEIRA, Carlos Alberto Alvaro de (coord.). *Eficácia e coisa julgada*. Rio de Janeiro: Forense, 2006.

_____. *Introdução ao estudo do processo civil*: o problema da verdade no processo civil – modelos de prova e procedimento probatório. Porto Alegre: Sergio Antonio Fabris Ed., 2004.

_____. *O valor vinculante dos precedentes*. Salvador: Juspodivm, 2015.

_____. Precedentes (*treat like cases alike*) e o Novo Código de Processo Civil. *RePro*, São Paulo: Revista dos Tribunais, v. 235, 2014.

_____. *Comentários ao Código de Processo Civil*, coord. Sérgio Arenhart e Daniel Mitidiero. São Paulo: RT, 2018. v. XIV.

ZANZUCCHI, Marco Tullio. *Diritto processuale civile*. 6. ed. Milano: Giuffrè, 1964. v. 1.

_____. *Nuove domande, nuove eccezioni e nuove prove in apello (art. 490-491 CPC)*. Milano: SEL, 1964.

ZAVASCKI, Teori. *Processo de execução*. 3. ed. São Paulo: Revista dos Tribunais, 2004.

_____. Sentenças declaratórias, sentenças condenatórias e eficácia executiva dos julgados. In: DIDIER JR., Fredie (coord.). *Leituras complementares de processo civil*. 7. ed. Salvador: JusPodivm, 2009.